前

《外教社简明德汉、汉德词典》是一部简明、实用的语文工具书。本词典是为满足中国读者学习德语以及德语国家的汉语工作者和学习者学汉语的需要而编写的。

本词典德汉部分共收 28 000 余词条。收词以德语中常用词为主，兼收部分通用的经贸、科技词汇，也选收了一些新词语和外来语，条目后的释义部分均加注汉语拼音，以帮助外国人掌握汉语发音和表达。

本词典汉德部分共收 25 000 余词条。条目按汉语拼音字母次序排列，收词以汉语中常用词为主，条目和例证的德译力求正确和规范。值得一提的是，我们把许多汉语虚词的用法说明，翻译成德语，此举有助于德语国家的汉语学习者正确理解、使用和掌握汉语。

本词典采用新正字法。而且我们还把新正字法的规则及德语正字法，新旧字形变更表一并作为附录列于书末，供读者参考。

编者

2003 年 1 月

外教社

简明德汉-汉德词典

德汉部分

江燮松　李清华　钱　杰

汉德部分

江燮松　章鹏高　蔡幼生　吴佩华

潘忠懿　李友文　曾广声　彭念慈

SFLEP Handwörterbuch Deutsch-Chinesisch Chinesisch-Deutsch

上海外语教育出版社

外教社 SHANGHAI FOREIGN LANGUAGE EDUCATION PRESS

图书在版编目（CIP）数据

外教社简明德汉—汉德词典 / 江燮松等编.
—上海：上海外语教育出版社，2008
（外教社简明外汉—汉外词典系列）
ISBN 978-7-81095-879-0
Ⅰ. 外… Ⅱ. 江… Ⅲ. ①德语—词典②词典
—德、汉 Ⅳ. H336

中国版本图书馆CIP数据核字（2005）第138402号

出版发行：上海外语教育出版社
（上海外国语大学内） 邮编：200083
电　　话：021-65425300（总机）
电子邮箱：bookinfo@sflep.com.cn
网　　址：http://www.sflep.com.cn http://www.sflep.com
责任编辑：毛小红

印　　刷：上海中华商务联合印刷有限公司
经　　销：新华书店上海发行所
开　　本：850×1280 1/64 印张 20.75 字数 2604千字
版　　次：2008年8月第1版 2008年8月第1次印刷
印　　数：5 000 册

书　　号：ISBN 978-7-81095-879-0 / H·346
定　　价：45.00 元

Vorwort

Das 《SFLEP-Handwörterbuch Deutsch-Chinesisch und Chinesisch-Deutsch》 ist ein handliches, philologisches Gebrauchsnachschlagewerk, das den Bedürfnissen chinesischer Deutschlerner und deutschsprachiger Chinesischlerner entspricht.

Der Teil Deutsch-Chinesisch enthält über 28 000 Stichwörter, bei deren Auswahl großer Wert auf am häufigsten gebrauchte Wörter gelegt wurde; daneben wurden auch gebräuchliche Wörter aus den Bereichen Wirtschaft, Handel, Wissenschaft und Technik sowie Neologismen und Fremdwörter in das Wörterbuch aufgenommen. Damit ausländische Benutzer die Stichwörter auch aussprechen können, folgt jedem Stichwort die lateinische Umschrift des Chinesischen (Pinyin)

Der Teil Chinesisch-Deutsch enthält mehr als 25 000 Stichwörter, die nach Pinyin alphabetisch angeordnet sind. Bei ihrer Auswahl wurden vor allem am häufigsten gebrauchte chinesische Ausdrücke berücksichtigt. Eine korrekte und der chinesischen Stilebene entsprechende deutsche Übersetzung von Stichwörtern und Beispielen wurde angestrebt. Es sei zu erwähnen, dass Anmerkungen zum Gebrauch von chinesischen Füllwörtern auch in Deutsch stehen, damit ausländische Benutzer diese richtig verstehen, gebrauchen und beherrschen.

Das vorliegende Wörterbuch folgt der neuen Rechtschreibung des Deutschen. Außerdem sind ihre Regeln und ein Verzeichnis zur Gegenüberstellung von Wörtern und Wortgruppen in der alten und der neuen Schreibung als Anhang dem Wörterbuch beigelegt.

Shanghai, im Januar 2008

Die Herausgeber

目　　录
Inhaltsverzeichnis

外教社简明德汉-汉德词典

德汉部分

编者：江燮松　李清华　钱　杰

汉德部分

编者：江燮松　章鹏高　蔡幼生
吴佩华　潘忠懿　李友文
曾广声　彭念慈

策划编辑：张春明

责任编辑：毛小红

特约编辑：谭余志

封面设计：王中维

版式设计：张春明

德 汉 部 分
Wörterbuch Deutsch-Chinesisch

用法说明
Hinweise für den Benutzer

一 词　　目

1. 词目按德语字母次序排列，用黑正体字母排印。
2. 每一单词或复合词均单独列为一个词目。

二 注　　音

1. 词的重音用短线号"-"表示长读音，用圆点号"·"表示短读音，分别注在相应的元音下。如：

Frage　　schweigen
Ball　　machen

2. 若同一个词有两种重音读法，则在该词目下注以两种重音，如：

dadurch　　ungefähr

3. 外来词或发音不按德语语音规则的词，在其后的方括号"[ ]"内注出国际音标。词性则注在国际音标后。如：

Ingenieur [ɪnʒeˈniøːɐ] *m* -s, -e

Cup [kap] *m* -s, -s

三 释　　义

1. 一个词或一个词组（或习语）有多种不同释义的用分号"；"隔开；词义较近的用逗号"，"隔开。
2. 释义后收入的词组或例句作为例证，例证后附汉语译文。释义和有关例证之间用冒号"："隔开。
3. 例证通常放在有关释义后，但有时将难以归在某一释义后的例证排列在几种释义的最末作为独立的例证。
4. 圆括弧内的汉语是表示对释义内容的必要限制或补充性说明。

四 语　　法

各种词类均用斜体德语缩写形式注出。（见略语表）

1. 动词

（1）强变化和不规则变化动词的右上角注有“*”号，其变化形式可查本词典附录一。

（2）用 haben 构成完成时的不及物动词均注 *vi*；用 sein 构成完成时的不及物动词均注 *vi*（*s*）。少数可用 sein 和 haben 构成完成时的动词则注 *vi*（*h*/*s*）或 *vi*（*s*/*h*）。

（3）词形相同、但意义、职能、用法不同的动词，用罗马数字（置于方格内）I、II、III 等将其分开。如：

beraten* I *vt* 建议，劝告，给…出主意；商议，商讨 II *vi* 商量，商讨 III *rfl* 商讨，商量

2. 名词

（1）名词词目后面用斜体字母 *m*（阳性），*f*（阴性），*n*（中性）注明词性。

（2）名词后列出该名词的单数第二格和复数第一格的词尾。如：

Ball *m* -(e)s, ¨-e

Abgabe *f* -, -n

Dach *n* -(e)s, ¨-er

（3）有些名词只用复数形式，则用 *pl* 表明，如：

Gliedmaßen *pl*

（4）词形相同、但其词源、词性、复数、意义等不同的名词，用罗马数字（置于方格内）I、II、III 等隔开。如：

Band I *n* -(e)s, ¨-er

II *m* -(e)s, ¨-e

III *n* -(e)s, -e

IV [bænd] *f* -, -s

（5）名词化形容词的变格与形容词相同，在词性后注以“（按形容词变化）”。如：

Deutsche *m*/*f*（按形容词变化）德国人

Abgeordnete *m*/*f*（按形容词变化）代表，议员

（6）复合名词一般只注明词性，其词尾变化不再列出。

3. 介词

介词后注有（*G*），（*D*），（*A*）的分别表示支配第二格，第三格，第四格；注有（*D*/*A*）的表示既可支配第三格，又可支配第四格；注有（*G*/*D*）的表示可支配第二格，也可支配第三格。如：

nach *prp*（*D*）　　durch *prp*（*A*）

über *prp* (*D/A*)　　　zufolge *prp* (*G/D*)

五 符　号

1. 代字号"～"用于代表词目。在释义后收入的词组或例句中出现的原形词目,用代字号来代替。如:

Bad *n* -(e)s, ⸚er (沐)浴,(洗)澡: ein ～ nehmen 洗澡

herausnehmen *vt* 拿出,取出: einen Zahn ～ 拔掉一颗牙齿

2. 圆括号"(　)"用于:

(1) 对释义内容作补充性说明。如

(光线)减弱

预订(书报,入场券等)

(2) 加注用法方面的说明。如:

(用于短语)

(只用作表语)

(3) 可以省略的部分。如:

gern(e) *adv*

er tat (so), als ob er es nicht gehört hätte

(4) 可以互换的部分。如:

Anstalten zu (或 für) etw machen (或 treffen)

3. 方括号"[　]"用于:

(1) 注明国际音标。

(2) 搭配中的一个词,可选用意义不同的词来代换。如:

einen Roman [die Lage] analysieren 分析一部长篇小说[形势]

Geld gegen eine Quittung geben [erhalten] 凭单据付款[收款]

六 略 语 表

adj	Adjektiv	形容词
adv	Adverb	副　词
A	Akkusativ	第四格
art	Artikel	冠　词
aux	Auxiliarverb	助动词
cj	Konjunktion	连　词
D	Dativ	第三格
etw	etwas	某事，某物
f	Femininum	阴性名词
G	Genitiv	第二格
h	haben	（用 haben 构成完成时）
intj	Interjektion	感叹词
jd	jemand	某人（第一格）
jm	jemandem	某人（第三格）
jn	jemanden	某人（第四格）
js	jemandes	某人（第二格）
m	Maskulinum	阳性名词
n	Neutrum	中性名词
N	Nominativ	第一格
num	Numerale	数　词
PI	Partizip I	第一分词
PII	Partizip II	第二分词
pl	Plural	复　数
pron	Pronomen	代　词
prp	Präposition	介　词
rfl	reflexives Verb	反身动词
s	sein	（用 sein 构成完成时）
vi	intransitives Verb	不及物动词
vt	transitives Verb	及物动词

A

A *n* -, - (德语第一个字母): von ～ bis Z 从头到尾,全部; wer ～ sagt, muss auch B sagen 一旦开始就要干到底

Aal *m* -(e)s, -e 鳗鲡 mánlí

aalglatt *adj* 滑头的 huátóude,圆滑的 yuánhuáde

Aas *n* **I** -es, -e 兽尸 shòushī,腐尸 fǔshī **II** -es, Äser 坏蛋 huàidàn;臭女人 chòunǚrén,娼妇 chāngfù

aasen *vi* 浪费 làngfèi,挥霍 huīhuò: mit dem Geld [den Kräften] ～ 浪费金钱[精力]

ab **I** *prp* (*D*/*A*) **1.** (表示地点 *D*) 从…起 cóng … qǐ: ～ Berlin 从柏林出发; ～ Bord [Werk] 船上[工厂]交货 **2.** (表示时间、数量 *D*/*A*) 从…起 cóng … qǐ: ～ heute 从今天起; ～ erstem (或 ersten) Juli 从 7 月 1 日起; ～ 10 Euro 从 10 欧元起 **II** *adv* 离开 líkāi,脱离 tuōlí: Gewehr ～! 枪放下! Hut ～! 佩服! ～ und zu 偶尔,间或; auf und ～ 上上下下,来来回回

abändern *vt* 稍微改动 shāowēi gǎidòng,修改 xiūgǎi: einen Plan ～ 修改一个计划

abarbeiten **I** *vt* 做工偿还 zuògōng chánghuán;做完 zuòwán **II** *rfl* 劳累地干活 láolèide gànhuó

Abart *f* -, -en 变种 biànzhǒng

abartig *adj* 变态的 biàntàide

Abbau *m* -(e)s, -e 开采 kāicǎi,采掘 cǎijué;拆除 chāichú,拆卸 chāixiè;降低 jiàngdī,减低 jiǎndī;消除 xiāochú;裁减 cáijiǎn,减少 jiǎnshǎo

abbauen **I** *vt* 开采 kāicǎi,采掘 cǎijué: Kohle ～ 采煤;拆除 chāichú,拆卸 chāixiè: eine Maschine ～ 拆卸一台机器;裁减 cáijiǎn,减少 jiǎnshǎo: Beamte ～ 裁减公务员;降低 jiàngdī: Preise ～ 降低价格;分解 fēnjiě: chemische Verbindungen ～ 分解化合物 **II** *vi* 体力衰退 tǐlì shuāituì,衰老 shuāilǎo

abbeißen* *vt* 咬下 yǎoxià,咬掉 yǎodiào: ein Stück vom Kuchen ～ 咬下一块蛋糕

abbekommen* *vt* 分得 fēndé,得到 dédào: sein (en) Teil ～ 分得自己的一份;弄掉 nòngdiào: den Schmutz von Händen ～ 使劲弄掉手上脏物

abberufen* *vt* 召回 zhàohuí,调离 diàolí: einen Botschafter ～ 召回一大使

abbestellen *vt* 取消(预订) qǔxiāo,回掉(预约) huídiào: eine Ware ～ 取消预订的货物; den Elektriker ～ 回掉预约的电工

abbezahlen *vt* 分期偿付 fēnqī chángfù: der Kühlschrank ～ 分期支付冰箱货款;付清 fùqīng,偿清 chángqīng: eine Schuld ～ 偿清一笔债务

abbiegen* **I** *vi* (*s*) 拐弯 guǎiwān: (nach) rechts ～ (向)右转弯; in eine Straße ～ 拐入一条街 **II** *vt* 使弯曲 shǐ wānqū: einen Eisenstab ～ 将一铁棒折弯;阻止 zǔzhǐ,岔开 chàkāi: ein Gespräch ～ 岔开话题

Abbild *n* -(e)s, -er 写照 xiězhào,映象 yìngxiàng;反映 fǎnyìng,画像 huàxiàng

abbilden *vt* 画下来 huàxiàlái,塑造 sùzào

Abbildung *f* -, -en 插图 chātú,图片 túpiàn,照片 zhàopiàn

abbinden* *vt* 解开 jiěkāi,解下 jiěxià: die Krawatte ～ 解下领带;扎住 zāzhù,扎紧 zājǐn: die Ader ～ 扎住血管;箍 gū,箍紧 gūjǐn: ein Fass ～ 箍一只桶

abblasen* *vt* 吹掉 chuīdiào,吹净 chuījìng: den Staub ～ 吹去灰尘;取消 qǔxiāo: eine Aktion ～ 取消一项活动

abblättern **I** *vi* (*s*) 落叶 luòyè: die Rosen beginnen abzublättern 玫瑰开始落叶;脱落 tuōluò: der Lack blättert ab 油漆脱落了 **II** *vt* 剥去…的叶子 bāoqù … de yèzi: Rüben ～ 剥去萝卜的叶子

abblenden **I** *vt* 使(光线)暗淡 shǐ àndàn,使(光线)减弱 shǐ jiǎnruò: ein Licht ～ 把灯光变弱;缩小…的光圈 suōxiǎo

… de guāngquān II *vi* (光线)减弱 jiǎnruò；缩小(光圈) suōxiǎo

abblitzen *vi*(*s*) 碰钉子 pèngdīngzi，遭到拒绝 zāodào jùjué

abblocken *vt* 抵挡 dǐdǎng；挡住 dǎngzhù，阻止 zǔzhǐ

abbrausen I *vt* (用莲蓬头)淋洗 línxǐ，淋洒 línsǎ：die Kinder ～ 给孩子淋洗 II *rfl* 淋浴 línyù III *vi*(*s*) (呼啸着)急驶过去 jíshǐ guòqù

abbrechen* I *vt* 折断 zhéduàn，折下 zhéxià：eine Blüte ～ 折下一朵花；拆除 chāichú：ein Haus ～ 拆除一幢房屋；中断 zhōngduàn，断绝 duànjué：die Reise ～ 中断旅行 II *vi*(*s*) 折断 zhéduàn：der Bleistift ist abgebrochen 铅笔折断了；中止 zhōngzhǐ，中断 zhōngduàn：die Musik brach jäh ab 音乐突然中断 III *PII* abgebrochen 不连贯的 bùliánguànde：～e Worte 断断续续的话

abbremsen *vt*/ *vi* 制动 zhìdòng，刹(车) shā，刹住 shāzhù

abbrennen* I *vt* 烧毁 shāohuǐ，烧掉 shāodiào；酸洗 suānxǐ，浸洗 jìnxǐ；燃放(花炮，烟火) ránfàng，发射(火箭) fāshè II *vi*(*s*) 烧尽 shāojìn，烧毁 shāohuǐ，烧完 shāowán；失火烧光 shīhuǒ shāoguāng；烧焦 shāojiāo；(牧场、耕地)干旱 gānhàn

abbringen* *vt* 把…引离 bǎ … yǐnlí，把…引开 bǎ … yǐnkāi：jn vom rechten Weg ～ 使某人离开正路；去掉 qùdiào，拿掉 nádiào：den Fleck vom Kleid ～ 去掉衣服上的污渍

abbröckeln *vi*(*s*) 脱落 tuōluò：der Kalk bröckelt von der Wand ab 石灰从墙上脱落；(价格)逐渐下跌 zhújiàn xiàdiē，(股票)行情逐渐下跌 hángqíng zhújiàn xiàdiē：die Aktienkurse bröckeln ab 股票行情逐渐下跌

Abbruch *m* -(e)s, ⸚e 拆除 chāichú，拆卸 chāixiè；中断 zhōngduàn，断绝 duànjué，中止 zhōngzhǐ

abbuchen *vt* 注销(账目) zhùxiāo，销账 xiāozhàng；将…记入借方 jiāng … jìrù jièfāng

abbürsten *vt* 刷净 shuājìng，刷去 shuāqù：Haare von der Jacke ～ 刷掉夹克衫上的头发

abbüßen *vt* 补偿 bǔcháng，抵偿 dǐcháng；赎(罪) shú

Abc [a:be:'tse: 或 abe'tse:] *n* -, - 字母表 zìmǔbiǎo；基础知识 jīchǔ zhīshi，入门 rùmén

ABC-Abwehr *f* 防原子 fáng yuánzǐ、生物 shēngwù、化学(武器) huàxué

Abc-Buch *n* 初级读物 chūjí dúwù，启蒙读物 qǐméng dúwù

abchecken *vt* 检查 jiǎnchá，审查 shěnchá

ABC-Kampfmittel *pl* 原子 yuánzǐ、生物 shēngwù、化学武器 huàxué wǔqì

ABC-Krieg *m* (使用)原子、生物、化学武器(的)战争 yuánzǐ、shēngwù、huàxué wǔqì zhànzhēng

Abc-Schütze *m* 初学识字的儿童 chūxué shízì de értóng，初学者 chūxuézhě

ABC-Schutzmaske *f* 防原子、生物、化学武器的面具 fáng yuánzǐ、shēngwù、huàxué wǔqì de miànjù

ABC-Waffen *pl* = ABC-Kampfmittel

Abdampf *m* -(e)s, ⸚e 废气 fèiqì；排气 páiqì

abdampfen *vi*(*s*) (火车、轮船)开走 kāizǒu，驶离 shǐlí；出发 chūfā，动身 dòngshēn

abdämpfen *vt* 使降低 shǐ jiàngdī，使缓和 shǐ huǎnhé，使柔和 shǐ róuhé

abdanken I *vt* 解雇 jiěgù，罢免 bàmiǎn II *vi* 辞职 cízhí，退职 tuìzhí，下台 xiàtái；(国王)退位 tuìwèi：der König dankte ab 国王退位了

abdecken *vt* 揭下…的盖子 jiēxià … de gàizi，揭去…的覆盖物 jiēqù … de fùgàiwù：den Motor (des Autos) ～ 揭开(汽车的)发动机盖；覆盖 fùgài；偿还(债务等) chánghuán；满足 mǎnzú：die Bedürfnisse ～ 满足需要

abdichten *vt* 填塞 tiánsāi 密封 mìfēng

abdrehen I *vt* 拧下 nǐngxià，拧断 nǐngduàn，扭断 niǔduàn：den Schlüssel ～ 拧断钥匙；关住 guānzhù，拧熄 nǐngxī：das Licht ～ 关灯；das Gas [Wasser] ～ 关上煤气[水]；拍摄完毕 pāishè wánbì：einen Film ～ 拍完一部电影 II *vi*(*s*) 转变航向 zhuǎnbiàn hángxiàng：das Schiff drehte (nach Norden) ab 船转变航向(向北)

Abdruck *m* I -(e)s, -e 印刷 yìnshuā；重印 chóngyìn，复印 fùyìn，重印本 chóngyìnběn，再版本 zàibǎnběn II -(e)s, ⸚e 印迹 yìnjì，痕迹 hénjì；模印 móyìn

abdrucken *vt* 印刷 yìnshuā；刊登 kāndēng，刊载 kānzǎi

abdrücken I *vt* 扳动 bāndòng，扣动 kòudòng：das Gewehr ～ 扣动步枪的扳机（开枪）；撑开 chēngkāi，推开 tuīkāi；按下 ànxià，捺下… nàxià …（留下印痕）：einen Finger auf Papier ～ 在纸上按一指印；抱着亲吻 bàozhe qīnwěn：ein Kind ～ 抱着一小孩亲吻 II *rfl* 留下印痕 liúxià yìnhén

abend *adv* 晚上 wǎnshang

Abend *m* -s，-e 晚上 wǎnshang，傍晚 bàngwǎn，黄昏 huánghūn：gestern [heute] ～ 昨[今]晚；Montag ～星期一晚上；am ～ 在晚上；gegen ～ 傍晚；zu ～ essen 吃晚饭；Guten ～！晚上好！晚会 wǎnhuì：musikalischer ～ 音乐晚会；末期 mòqī，后期 hòuqī：am ～ des Lebens 暮年

Abendakademie *f* 夜大学 yèdàxué，业余大学 yèyú dàxué

Abendblatt *n* 晚报 wǎnbào

Abendbrot *n*，**Abendessen** *n* 晚饭 wǎnfàn，晚餐 wǎncān

Abenddämmerung *f* 黄昏 huánghūn

Abendkarte *f* 晚场票 wǎnchǎngpiào

Abendkleid *n*（妇女穿的）晚礼服 wǎnlǐfú

Abendkurs *m* 夜校 yèxiào；晚间行情 wǎnjiān hángqíng

Abendkursus *m* 夜校 yèxiào

Abendland *n* 西方国家 xīfāng guójiā；欧洲 Ōuzhōu

abendlich *adj* 傍晚的 bàngwǎnde，晚上的 wǎnshangde

Abendprogramm *n*（电视、广播）晚间节目 wǎnjiān jiémù

Abendrot *n* 晚霞 wǎnxiá，夕照 xīzhào

abends *adv* 在晚上 zài wǎnshang，在黄昏 zài huánghūn，在傍晚 zài bàngwǎn；每晚 měi wǎn

Abendschule *f* 夜校 yèxiào

Abendspitze *f* 夜间供电高峰时间 yèjiān gōngdiàn gāofēng shíjiān

Abendstudent *m* 夜大学生 yèdàxuéshēng

Abendstudium *n* 晚上学习 wǎnshang xuéxí；在夜校学习 zài yèxiào xuéxí

Abenduniversität *f* 夜大学 yèdàxué

Abendzeitung *f* 晚报 wǎnbào

Abenteuer *n* -s，- 冒险 màoxiǎn，冒险活动 màoxiǎn huódòng，惊险遭遇 jīngxiǎn zāoyù；艳遇 yànyù，奇遇 qíyù

abenteuerlich *adj* 冒险的 màoxiǎnde，惊险的 jīngxiǎnde，离奇的 líqíde，荒诞的 huāngdànde

Abenteuerroman *m* 惊险小说 jīngxiǎn xiǎoshuō

Abenteurer *m* -s，- 冒险家 màoxiǎnjiā：Paradies der ～ 冒险家的乐园；骗子 piànzi

Abenteurertum *n* -s 冒险主义 màoxiǎn zhǔyì，冒险活动 màoxiǎn huódòng

aber I *adv* 又 yòu，再 zài：～ und ～ mals 一次又一次地；tausend und ～ tausend (Grüße) 成千上万次（问候）；（加强语气）真是 zhēnshi，的确 díquè，实在是 shízai shì：～ gern 当然愿意；～ ja 那还用说 Aber das ist ja wunderbar！这真妙极了！II *cj* 但是 dànshì，可是 kěshì，然而 rán'ér：der Arzt ist noch jung，～ sehr tüchtig 这医生还年轻，但能力很强；klein，～ oho 个子虽小，但很能干；虽然小，但很不错

Aberglaube *m* -ns 迷信 míxìn

abergläubisch *adj* 迷信的 míxìnde

aberkennen* *vt*（经判决）剥夺 bōduó，褫夺 chǐduó，取消 qǔxiāo：jm die bürgerlichen Ehrenrechte ～ 剥夺某人公民权

abermalig *adj* 再次的 zàicìde，又一次的 yòuyīcìde

abermals *adv* 再一次地 zàiyīcìde

abessen* I *vt* 吃光 chīguāng；吃掉 chīdiào II *vi* 吃完饭 chī wán fàn

abfahren* I *vi(s)* 出发 chūfā，启程 qǐchéng，动身 dòngshēn：wir fahren mit dem Zug ab 我们乘火车走；der Zug ist abgefahren 火车开走了；碰钉子 pèngdīngzi，扫兴 sǎoxìng：jn ～ lassen 使某人碰钉子，拒绝某人；auf jn [etw] ～ 被某人[某事]迷了心窍 II *vt* 运走 yùnzǒu：Müll [Schnee] ～ 把垃圾[雪]运走；压断 yāduàn，碾断 niǎnduàn：dein Wagen hat dem Hund ein Bein abgefahren 你的车子压断了这条狗的一条腿；（因行驶而）磨损 mósǔn

Abfahrt *f* -，-en 启程 qǐchéng，出发 chūfā；开出 kāichū，驶出 shǐchū；（滑雪）斜坡 xiépō

Abfall *m* -s，=e 垃圾 lājī，废料 fèiliào，废屑 fèixiè；残物 cánwù；背离 bèilí，背弃 bèiqì，脱离 tuōlí；落下 luòxià，下降 xiàjiàng；山坡 shānpō，斜坡 xiépō

Abfalleimer *m* 垃圾桶 lājītǒng

abfallen* *vi(s)* 降落 jiàngluò，倾斜

qīngxié: das Flugzeug ist abgefallen 飞机降落了; der Berg fällt steil ab 山坡陡峭地倾斜; 落下 luòxià, 脱落 tuōluò: die Blätter fallen ab 树叶落下; 剩下 shèngxià, 残余 cányú: es fällt noch ein großes Stück Stoff ab 还剩下一大块衣料; 减少 jiǎnshǎo, 下降 xiàjiàng: die Stromspannung [der Druck des Wassers] fällt rasch ab 电压[水压]迅速下降; Kunden fallen ab 顾客减少; 脱离 tuōlí, 背离 bèilí: von der Partei ～脱党; vom Glauben ～ 脱离信仰; von jm ～ 背弃某人; 退步 tuìbù; 显得逊色 xiǎnde xùnsè: der zweite Band des Buches fällt gegen den ersten ab 此书第二卷比不上第一卷; 消瘦 xiāoshòu: durch seine Krankheit ist er sehr abgefallen 他生病后瘦多了

abfällig *adj* 不赞成的 bù zànchéngde, 否定的 fǒudìngde, 反对的 fǎnduìde; 贬低的 biǎndīde, 轻蔑的 qīngmiède

Abfallprodukt *n* 废料制成的产品 fèiliào zhìchéng de chǎnpǐn; 副产品 fùchǎnpǐn

Abfallverwertung *f* 废物利用 fèiwù lìyòng

abfangen* *vt* 拦截 lánjié, 截获 jiéhuò, 捕获 bǔhuò: eine Nachricht ～ 截获一消息; einen Agenten ～ 捕获一特务

abfärben *vi* 掉色 diàoshǎi, 退色 tuìshǎi: der blaue Pyjama färbt ab 蓝色睡衣裤掉色; 对…产生影响 duì … chǎnshēng yǐngxiǎng: der schlechte Umgang färbt den Jungen ab 结交不好的朋友对这少年产生影响

abfassen *vt* 草拟 cǎonǐ, 撰写 zhuànxiě: einen Brief ～ 写一封信; einen Roman ～ 创作一部长篇小说; 逮住 dǎizhù, 捉住 zhuōzhù, 拿获 náhuò: einen Dieb ～ 抓住一小偷

abfaulen *vi(s)* 烂掉 làndiào, 烂后脱落 làn hòu tuōluò: die Blätter faulen ab 树叶烂了落下

abfegen *vt* 擦净 cājìng, 扫净 sǎojìng: den Schnee vom Geländer ～ 扫去栏杆上的雪

abfeiern *vt* 补休 bǔxiū

abfertigen *vt* 办好…(寄送)手续 bànhǎo … shǒuxù: Pakete ～ 办好包裹寄送手续; 结关 jiéguān: ein Schiff ～ 办好船只航行手续; 接待(顾客) jiēdài; 打发 dǎfa: jn kurz ～ 生硬地把某人打发走

abfeuern *vt* 开(枪, 炮) kāi: eine Kanone ～ 开炮; 射出 shèchū, 发射 fāshè: eine Rakete ～ 发射一火箭

abfinden* I *vt* 使…满足 shǐ … mǎnzú, 使得到(部分)补偿 shǐ dédào bǔcháng: die Geschädigten ～ 使受损失者得到(部分)补偿 II *rfl* 甘心于 gānxīn yú, 容忍 róngrěn: sich mit seiner neuen Umgebung ～ 顺应新环境; sich mit seinem Schicksal ～ 听天由命

Abfindung *f* -, -en 补偿(费) bǔcháng, 赔偿(费) péicháng

abflauen *vi(s)* 逐渐缓和 zhújiàn huǎnhé, 逐渐减弱 zhújiàn jiǎnruò; (行情)下跌 xiàdiē

abfliegen* I *vi(s)* 起飞 qǐfēi: das Flugzeug fliegt in der Nacht ab 飞机在夜里起飞; 飞走 fēizǒu: die Vögel fliegen ab 鸟儿飞走了; ich fliege ab 我乘飞机走 II *vt* (用飞机)运走 yùnzǒu, 空运 kōngyùn: Verwundete ～ (用飞机)运走伤员

abfließen* *vi(s)* 流走 liúzǒu, 流出 liúchū, 流去 liúqù (资金、货币等)外流 wàiliú

Abflug *m* -(e)s, ⸗e 起飞 qǐfēi; 飞走 fēizǒu

Abfluss *m* -es, ⸗e 流出 liúchū, 流走 liúzǒu; 出水口 chūshuǐkǒu, 排水沟 páishuǐgōu; (资金)外流 wàiliú

abfordern *vt* 向…要 xiàng … yào, 要求 yāoqiú, 索取 suǒqǔ: der Polizist fordert mir die Kennkarte ab 警察要我出示身份证

abfragen *vt* 提问 tíwèn, 考问 kǎowèn

abfrieren* *vi(s)* 冻死 dòngsǐ, 冻坏 dònghuài

Abfuhr *f* -, -en 运走 yùnzǒu; 拒绝 jùjué: jm eine ～ erteilen 拒绝某人

abführen I *vt* 押走 yāzǒu, 带走 dài zǒu: die Gangster ～ 把歹徒押走; 引开 yǐnkāi, 引离 yǐnlí: jn vom rechten Weg ～ 把某人引离正道; Gase ～ 把气体排掉; 缴纳 jiǎonà, 支付 zhīfù: Beiträge [Steuern] ～ 缴纳会费[税款] II *vi* 通便 tōngbiàn: er konnte schon drei Tage nicht ～ 他已经三天大便不通了

Abführmittel *n* 泻药 xièyào

Abgabe *f* -, -n 交付 jiāofù, 交出 jiāochū; 交还 jiāohuán; 出售 chūshòu; 传(球) chuán; (多用复数)税 shuì, 捐税 juānshuì: ～n zahlen 纳税; 租金 zūjīn; 汇票 huìpiào

abgabenfrei *adj* 免税的 miǎnshuì de
Abgang *m* -(e)s, ⸚e (车,船)驶离 shǐlí,开走 kāizǒu,离职 lízhí;退场 tuìchǎng;损耗 sǔnhào
Abgase *pl* 废气 fèiqì
abgearbeitet *adj* (因劳累)疲惫不堪的 píbèi bùkān de
abgeben* **I** *vt* 交给 jiāogěi,交出 jiāochū,交付 jiāofù: jm ein Geschenk ~ 交给某人一件礼品;交还 jiāohuán: die Bücher ~ 把书交还;存放 cúnfàng: den Mantel in der Garderobe ~ 把大衣存放在衣帽间;(低价)出售 chūshòu,出让 chūràng,出租 chūzū: Obst [Eier] ~ (廉价)出卖水果[蛋]; ein Zimmer an einen Studenten ~ 出租一房间给大学生;传(球) chuán: den Ball an den Verteidiger ~ 将球传给后卫;射击 shèjī: einen Schuss auf jn ~ 向某人开一枪;散发 sànfā,发出 fāchū: Wärme ~ 发出热量,发表 fābiǎo: ein Versprechen ~ 做出承诺;充当 chōngdāng,成为 chéngwéi: eine lächerliche Figur ~ 充当一个可笑的角色;放弃 fàngqì(职位): seine Funktion an einen anderen ~ 把自己的工作交给别人;揍 zòu: jm eins ~ 打某人一下 **II** *rfl* 忙于 mángyú,从事于 cóngshì yú,于…打交道 yú … dǎjiāodao: sich mit Tieren [gewissen Dingen] ~ 跟动物[某些动物]打交道
abgebrannt *adj* 无钱的 wúqiánde,囊空如洗的 nángkōngrúxǐ de
abgebrüht *adj* 冷淡的 lěngdànde,冷漠的 lěngmòde,狡猾的 jiǎohuáde,圆滑的 yuánhuáde
abgedroschen *adj* 用坏的 yòng huài de,空洞的 kōngdòngde,陈腐的 chénfǔde: ~e Worte 陈词滥调
abgefeimt *adj* 奸刁的 jiāndiāode,狡猾的 jiǎohuáde,诡计多端的 guǐjì duōduān de
abgegriffen *adj* 用(得过多而受)损的 yòng sǔn de,用坏的 yòng huài de
abgehen* **I** *vi(s)* 离开 líkāi,离去 líqù: von der Schule ~ 离校;(车,船)开走 kāizǒu;发出 fāchū: der Brief ist abgegangen 信发出了;放弃 fàngqì,舍弃 shěqì: von seinem Standpunkt ~ 放弃他的立场;脱离 tuōlí,脱落 tuōluò: der Knopf ist abgegangen 纽扣掉了;逝世 shìshì: mit Krebs ~ 患癌症逝世;进行 jìnxíng: etw geht (nicht) gut ab 某事进展(不)顺利;销路 xiāolù: die Ware geht gut ab 这货品销路好;扣除 kòuchú: 10 Euro gehen (von der Gesamtsumme) ab (从总额中)扣除 10 欧元 **II** *vt* 视察 shìchá,巡视 xúnshì: die Front ~ 巡视前线
abgekartet *adj* 预谋的 yùmóude,秘密设置的 mìmì shèzhì de
abgelegen *adj* 偏远的 piānyuǎnde,偏僻的 piānpìde
abgelten* *vt* 付清 fùqīng,赔偿 péicháng,清偿 qīngcháng: einen Verlust ~ 赔偿损失
abgemacht *adj* 约定的 yuēdìngde,商定了的 shāngdìnglede: Abgemacht! 一言为定!(或:就说定了!)
abgemessen *adj* 适当的 shìdàngde,有分寸的 yǒu fēncun de,慎重的 shènzhòngde
abgeneigt *adj* 不感兴趣的 bù gǎn xìngqù de,不愿意的 bú yuànyì de,不乐意的 bù lèyì de
abgenutzt *adj* 破旧的 pòjiùde,用坏的 yòng huài de
Abgeordnete *m/f* (按形容词变化)代表 dàibiǎo,议员 yìyuán
abgerissen *adj* 不连贯的 bù liánguàn de,断断续续的 duànduànxùxùde: ~e Sätze 不连贯的句子;褴褛的 lánlǚde
abgeschabt *adj* 穿坏的 chuān huài de,穿破的 chuān pò de
abgeschieden *adj* 偏僻的 piānpìde,偏远的 piānyuǎnde;死去的 sǐqùde,亡故的 wánggùde
abgeschlossen *adj* 独立的 dúlìde;与世隔绝的 yǔ shì géjué de
abgeschmackt *adj* 枯燥的 kūzàode,空洞的 kōngdòngde,乏味的 fáwèide
abgesehen *adj* 除…外 chú … wài: ~ von dir 除你之外
abgespannt *adj* 疲劳不堪的 píláo bùkān de,极为疲惫的 jíwéi píbèi de
abgestanden *adj* 不(再)新鲜的 bù xīnxiānde: ~e Luft 污浊的空气; ~es Bier 走味的啤酒
abgetan *adj* 解决了的 jiějuélede,完成了的 wánchénglede
abgewinnen* *vt* 赢得 yíngdé 博得 bódé: jm Geld ~ 从某人赢得钱; jm einen freundlichen Blick ~ 博得某人友好的目光
abgewöhnen **I** *vt* 使…戒掉 shǐ … jièdiào,改掉 gǎidiào: jm eine schlechte

Gewohnheit ～ 使某人戒掉坏习惯 II *rfl* 戒除 jièchú，戒掉 jièdiào：sich（*D*）das Rauchen ～ 戒烟

abgezehrt *adj* 消瘦的 xiāoshòude，憔悴的 qiáocuìde

abgezogen *adj* 抽象的 chōuxiàngde

abgießen* *vt* 把…的水滗掉 bǎ … de shuǐ bìdiào，倒掉 dàodiào；浇铸 jiāozhù

Abglanz *m* -es 反光 fǎnguāng，反照 fǎnzhào；余辉 yúhuī

Abgleich *m* -(e)s 平衡 pínghéng，均衡 jūnhéng；调整 tiáozhěng，调准 tiáozhǔn

abgleichen* *vt* 使平衡 shǐ pínghéng，使平整 shǐ píngzhěng，使平坦 shǐ píngtǎn；调整 tiáozhěng

abgleiten* *vi*（*s*）滑下 huáxià，滑倒 huádǎo，滑脱 huátuō；无效 wúxiào，不起作用 bù qǐ zuòyòng

Abgott *m* -(e)s，⸗er 偶像 ǒuxiàng，宠儿 chǒng'ér，崇拜的对象 chóngbàide duìxiàng

abgrämen *rfl* 因忧愁而憔悴 yīn yōuchóu ér qiáocuì，苦恼 kǔnǎo

abgrasen *vt* 吃光…的草 chīguāng … de cǎo；仔细地搜寻 zǐxì de sōuxún，找遍 zhǎobiàn

abgrenzen I *vt* 确定…的界线（或界限）quèdìng … de jièxiàn II *rfl* 划清界线（或界限）huàqīng jièxiàn：sich von dieser Tendenz ～ 与这种倾向划清界限

Abgrund *m* -(e)s，⸗e 深谷 shēngǔ，深渊 shēnyuān

abgründig I *adj* 深渊的 shēnyuānde，极深的 jíshēnde，深不可测的 shēn bùkě cè de II *adv* 极 jí，非常 fēicháng

abgucken I *vt* 偷看学会 tōukàn xuéhuì：jm eine Kunst ～ 看会某人一种手艺 II *vi* 偷看 tōukàn，抄袭 chāoxí：von seinem Nachbarn ～ 偷看邻座

Abguss *m* -es，⸗e 铸件 zhùjiàn；浇铸 jiāozhù，铸造 zhùzào

abhaben* *vt* 得到…一份 dédào … yīfèn；没戴 méi dài：den Schlips ～ 没戴领带

abhacken *vt* 砍下 kǎnxià，砍掉 kǎndiào

abhaken *vt* 从钩上取下… cóng gōu shàng qǔxià …：den Fensterladen ～ 从钩上放下百叶窗；打钩号（标出）dǎgōuhào：Namen in der Liste ～ 在名单名字上打钩

abhalten* *vt* 挡住 dǎngzhù，抵住 dǐzhù：der Schirm hält den Regen ab 伞挡住雨水；阻止 zǔzhǐ，阻碍 zǔ'ài：jn von seinen unüberlegten Handlungen ～ 阻止某人鲁莽的行动；举行 jǔxíng：eine Sitzung［Wahlen］～举行一会议［选举］

abhandeln *vt* 讨价还价买下 tǎojià-huánjià mǎixià，压价购买 yājià gòumǎi；详尽地论述 xiángjìn de lùnshù，讨论 tǎolùn

abhanden *adv*（用于短语）etw ist（jm）～ gekommen 某物丢失了 mǒuwù diūshīle

Abhandlung *f* -，-en 文章 wénzhāng，论文 lùnwén

Abhang *m* -(e)s，⸗e 斜坡 xiépō，山坡 shānpō

abhängen I *vt* 摘下 zhāixià，取下 qǔxià（悬挂着的东西）：ein Bild ～ 取下一幅画 II* *vi* 依赖于 yīlài yú，取决于 qǔjué yú，视…而定 shì … ér dìng：das hängt von ihm［dem Wetter］ab 这取决于他［天气］

abhängig *adj* 依赖于 yīlài yú，取决于 qǔjué yú：von jm［etw］～ sein 取决于某人［某事］

Abhängigkeit *f* 依赖 yīlài，从属 cóngshǔ

abhärten *vt*/*vi*/*rfl* 锻炼（身体）duànliàn，磨炼 móliàn

abhauen* I *vt* 砍掉 kǎndiào：Äste ～ 砍掉树枝；jm den Kopf ～ 砍掉某人的头 II *vi*（*s*）〔俗〕溜走 liūzǒu，逃走 táozǒu

abheben* I *vt* 提取 tíqǔ，取出 qǔchū：100 Euro von der Bank ～ 从银行取出100欧元 II *vi*（飞机等）升空 shēngkōng：die Maschine hebt schnell ab 飞机快速升空

abheilen *vi*（*s*）治愈 zhìyù，治好 zhìhǎo

abhelfen* *vi* 弥补 míbǔ，消除 xiāochú：einem Mangel ～ 弥补不足；einem Missstand ～ 消除一弊端

Abhilfe *f* - 弥补 míbǔ，消除 xiāochú：unverzüglich ～ schaffen 刻不容缓地消除（弊端）

abhold *adj* 不感兴趣的 bù gǎn xìngqù de，讨厌的 tǎoyànde：jm［etw（*D*）］～ sein 讨厌某人［某事］

abholen *vt* 去拿 qùná，取 qǔ：ein Paket ～ 取一包裹；接 jiē，迎接 yíngjiē：jn zum Essen ～ 接某人吃饭

abhorchen *vt* 听诊 tīngzhěn：jn［das Herz］～ 对某人［心脏］听诊；留心倾听 liúxīn qīngtīng，偷听 tōutīng，窃听 qiètīng

abhören *vt* 收听 shōutīng，细听 xìtīng：einen Sender ～ 收听电台；考问 kǎowèn：Schüler ～ 考问学生；对…进行听诊 duì … jìnxíng tīngzhěn：jn [das Herz] ～ 对某人[心脏]听诊；窃听 qiètīng，偷听 tōutīng；监听 jiāntīng

Abhörgerät *n* 监听器 jiāntīngqì，窃听器 qiètīngqì

Abitur *n* -s，-e 高级中学毕业考试 gāojízhōngxué bìyè kǎoshì

Abturient *m* -en，-en 高级中学毕业生 gāojí zhōngxué bìyèshēng，高级中学毕业班学生 gāojí zhōngxué bìyèbān xuésheng

abjagen I *vt* 夺下 duóxià，夺取 duóqǔ：jm etw ～ 夺下某人某物 II *rfl* 疲于奔命 pí yú bēn mìng

abkassieren *vt* 收款 shōukuǎn，收钱 shōuqián

abkaufen *vt* 买下 mǎixià；相信 xiāngxìn：Das kaufe ich dir nicht ab！我不相信你！

Abkehr *f* - 离开 líkāi；背弃 bèiqì，抛弃 pāoqì

abkehren I *vt* 扫除 sǎochú，扫干净 sǎogānjìng，擦掉 cādiào II *rfl* 转身 zhuǎnshēn，转过脸去 zhuǎn guò liǎn qù；背离 bèilí，抛弃 pāoqì

abklären *vt* 澄清 chéngqīng，弄清楚 nòngqīngchǔ：verschiedene Bautechniken ～ 把不同的建筑技术弄清楚

abklemmen *vt* （用摄子）夹住 jiāzhù

abklopfen *vt* 掸去 dǎnqù，拍掉 pāidiào，敲掉 qiāodiào；叩诊 kòuzhěn：der Arzt klopft die Brust seines Patienten mit dem Finger ab 医生用手指叩诊他病人的胸部；亲切地拍 qīnqiè de pāi：das Pferd ～ 亲切地拍拍马

abknapsen *vt* 扣掉 kòudiào，扣除 kòuchú：jm etw ～ 扣掉某人某物；节省 jiéshěng，节约 jiéyuē：sich （*D*） etw vom Essen ～ 从伙食中省下一些来

abknipsen *vt* 摘下 zhāi xià；摘除 zhāichú；拍完 pāi wán：einen Film ～ 拍完一胶卷

abknöpfen *vt* 解开…的纽扣 jiěkāi … de niǔkòu：die Kapuze ～ 解开风帽的纽扣；骗取 piànqǔ，诈取 zhàqǔ

abkochen I *vt* 煮熟 zhǔshú，煮透 zhǔtòu；把…煮开消毒 bǎ … zhǔkāi xiāodú II *vi* 野炊 yěchuī

abkommandieren *vt* 派遣 pàiqiǎn，调遣 diàoqiǎn

Abkomme *m* -n，-n 后代 hòudài，后裔 hòuyì

abkommen* *vi*(*s*) 偏离 piānlí，脱离 tuōlí，离开 líkāi：von der Fahrbahn ～ 离开车行道；vom Thema ～ 离题；放弃 fàngqì：von einem Plan ～放弃一计划；（运动）起跑 qǐpǎo

Abkommen *n* -s，- 协议 xiéyì，协定 xiédìng

abkömmlich *adj* 能脱身的 néng tuōshēn de，可不需要的 kě bù xūyàode，非必需的 fēi bìxūde，可以省的 kěyǐ shěngde

Abkömmling *m* -s，-e 后裔 hòuyì，子孙 zǐsūn；衍生物 yǎnshēngwù

abkoppeln *vt* 松开 sōngkāi，使…脱钩 shǐ … tuōgōu：den Eisenbahnwagen ～ 使火车车箱脱钩

abkratzen *vt* 刮掉 guādiào，刮净 guājìng

abkühlen I *vt* 使…变凉 shǐ … biànliáng，使…冷却 shǐ … lěngquè II *vi*(*s*/*h*) 变凉 biànliáng，冷却 lěngquè

Abkunft *f* - 出身 chūshēn，来源 láiyuán

abkupfern *vt* 抄袭 chāoxí，剽窃 piāoqiè

abkürzen *vt* 缩短 suōduǎn：eine Rede ～ 缩短讲演；缩写 suōxiě，简写 jiǎnxiě：einen Namen ～ 简写一名字

Abkürzung *f* -，-en 缩短 suōduǎn；缩写 suōxiě，简写 jiǎnxiě；近路 jìnlù

Ablade *f* - 卸下 xièxià，卸空 xièkōng

Abladefrist *f* 卸货期限 xièhuò qīxiàn

Abladekosten *pl* 卸货费用 xièhuò fèiyòng

abladen* *vt* 卸下 xièxià，卸 xiè：Steine ～ 卸下石头；推卸 tuīxiè：die Schuld auf andere ～ 把罪责推给别人；发泄 fāxiè：seinen Ärger ～ 发泄其怒火

Abladeort *m* 卸货地点 xièhuò dìdiǎn

Abladeplatz *m* 卸货场 xièhuòchǎng；垃圾场 lājīchǎng

Ablader *m* -s，- 卸货工人 xièhuò gōngrén

Ablage *f* -，-n 保管处 bǎoguǎnchù，存放处 cúnfàngchù；档案室 dàng'ànshì，资料室 zīliàoshì；文件 wénjiàn，档案 dàng'àn

ablagern I *vt* 使淤积 shǐ yūjī，使沉积

shǐ chénjī II *rfl* 淤积 yūjī,沉积 chénjī,沉淀 chéndiàn III *vi* 久藏 jiǔcáng,存放 cúnfàng

Ablass *m* ...lasses, ...lässe (天主教)赦罪 shèzuì;排泄 páixiè

ablassen* I *vt* 排出 páichū,排去 páiqù,排空 páikōng: Gas [Wasser] ～ 排出气体[水];放干 fànggān: die Badewanne ～ 把浴缸的水放干;给…减价 gěi … jiǎnjià,给…打折扣 gěi … dǎzhékòu;发出 fāchū: den Zug ～ 发出火车 II *vi* 放弃 fàngqì,停止 tíngzhǐ: von einem Plan ～ 放弃一计划

Ablauf *m* -(e)s 流走 liúzǒu,流去 liúqù,流出 liúchū;出水口 chūshuǐkǒu,排水口 páishuǐkǒu;经过 jīngguò,过程 guòchéng,进程 jìnchéng;期满 qīmǎn,到期 dàoqī

ablaufen* I *vi(s)* 流走 liúzǒu,流去 liúqù: das Regenwasser ist durch den Fluss abgelaufen 雨水通过河流流走;到期 dàoqī,期满 qīmǎn: der Pass läuft ab 护照到期 II *vt* 走遍 zǒubiàn: alle Geschäfte ～ 走遍所有的商店;匆匆看过 cōngcōng kànguò;跑着经过 pǎozhe jīngguò: die Strecke ～ 跑过这段路;跑破(鞋) pǎopò: die Absätze ～ 跑破鞋后跟

ablauschen *vt* 留心听后得知 liúxīn tīng hòu dézhī;暗中听到 ànzhōng tīngdào,偷听到 tōutīng dào

Ablaut *m* -(e)s, -e 换音(如: helfen, half, gehofen) huànyīn

Ableben *n* -s 逝世 shìshì

Ableben(s)versicherung *f* 人寿保险 rénshòu bǎoxiǎn

ablecken *vt* 舔干净 tiǎngānjìng,舔去 tiǎnqù

ablegen I *vt* 放下 fàngxià,放 fàng: der Gast legt Stock und Tasche ab 客人放下手杖和包;脱下 tuōxià: seinen Mantel ～ 脱下其大衣;抛弃 pāoqì,丢弃 diūqì: einen Fehler ～ 改正一错误;作出 zuòchū: ein Geständnis von etw ～ 承认某事;eine Prüfung ～ (进行)考试;分类存放 fēnlèi cúnfàng: die Akten in den Ordner ～ 把文件放入档案夹 II *vi* 起航 qǐháng,离岸 lí'àn

ablehnen *vt* 拒绝 jùjué,否决 fǒujué: seine Einladung höflich ～ 婉言谢绝其邀请;不承认 bù chéngrèn,否定 fǒudìng: einen Plan ～ 否定一项计划

Ablehnung *f* -, -en 拒绝 jùjué,否决 fǒujué,否定 fǒudìng

ableiten I *vt* 使转向 shǐ zhuǎnxiàng,使转移 shǐ zhuǎnyí: den Fluss ～ 使河流改道;排去 páiqù,排出 páichū: Wasser ～ 把水排出;Wärme ～ 散去热气;来源于 láiyuán yú,由…派生 yóu … pàishēng: das Wort ist vom Griechischen abgeleitet 这个词来源于希腊语;(出身)追溯到… zhuīsù dào …: seine Familie von den Hugenotten ～ 他家(可)追溯到胡格诺派教徒 II *rfl* 起源于 qǐyuán yú,由来于 yóulái yú: sich aus (或 von) etw ～ 起源于某(事)物

Ableitung *f* -, -en 转向 zhuǎnxiàng,转移 zhuǎnyí;引开 yǐnkāi,引导 yǐndǎo,疏导 shūdǎo;推论 tuīlùn,推导 tuīdǎo,推断 tuīduàn;词源 cíyuán,派生 pàishēng(词)

ablenken I *vt* 使转向 shǐ zhuǎnxiàng,使偏离 shǐ piānlí: einen Wagen von der Landstraße ～ 使一辆车子离开公路;使分心 shǐ fēnxīn,转移…注意力 zhuǎnyí … zhùyìlì: den Kranken ～ 分散病人的注意力 II *rfl* 分心 fēnxīn,分散注意力 fēnsàn zhùyìlì,散心 sànxīn III *vi* 离开 líkāi(题目): vom Thema ～ 离开(题目)

Ablenkung *f* 方向偏转 fāngxiàng piānzhuǎn;散心 sànxīn

ablesen* *vt* 照…宣读 zhào … xuāndú: seine Rede vom Blatt ～ 照稿讲演;看…读数 kàn … dúshù: die Gasuhr ～ 看煤气表示数;看出 kànchū,仔细观察得知 zǐxì guānchá dézhī,猜出 cāichū: Gedanken von js Gesicht ～ 从某人的脸看出其想法

ableuchten *vt* 用灯光探照 yòng dēngguāng tànzhào

ableugnen *vt* 否定 fǒudìng,否认 fǒurèn,不承认 bù chéngrèn

abliefern *vt* 交付 jiāofù,交出 jiāochū;交售 jiāoshòu

Ablieferung *f* -, -en 交付 jiāofù,交货 jiāohuò;交售 jiāoshòu

Ablieferungsfrist *f* 交付期限 jiāofù qīxiàn

Ablieferungsschein *m* 交货单 jiāohuòdān

Ablieferungssoll *n* 农产品交售额 nóngchǎnpǐn jiāoshòu'é,农产品征购额 nóngchǎnpǐn zhēnggòu'é

Ablieferungstermin *m* 交货日期 jiāohuò rìqī，交售日期 jiāoshòu rìqī

abliegen* *vi* 远离 yuǎnlí：der Bahnhof liegt vom Ort ab 火车站离居民点很远

ablocken *vt* 引诱出 yǐnyòuchū，逗引 dòuyǐn，骗出 piànchū：jm ein Geheimnis ～ 诱骗某人泄密；jm Geld ～ 骗取某人的钱

ablösbar *adj* 可赎回的 kě shúhuí de；可偿还的 kě chánghuán de

ablöschen *vt* 熄灭 xīmiè，扑灭 pūmiè：einen Brand ～ 扑灭一场火（灾）；擦（去）cā：die Wandtafel ～ 擦黑板；用吸墨纸吸去 yòng xīmòzhǐ xīqù；淬火 cuìhuǒ

ablösen I *vt* 松开 sōngkāi；解开 jiěkāi：den Verband ～ 松开绷带；接替 jiētì，取代 qǔdài：einen Kollegen ～ 接替一同行的工作；揭开 jiēkāi，分开 fēnkāi：Briefmarken ～ 揭下邮票；偿还 chánghuán，付清 fùqīng：Schulden ～ 偿还债务 II *rfl* 脱落 tuōluò，脱离 tuōlí；换班 huànbān，轮流 lúnliú，交替 jiāotì

Ablösung *f* -，-en 分离 fēnlí，隔开 gékāi，脱离 tuōlí；接替 jiētì，换班 huànbān；换班的人 huànbān de rén

abluchsen *vt* 骗取 piànqǔ：er hat mir viel Geld abgeluchst 他骗了我许多钱

abmachen *vt* 取下 qǔxià，解下 jiěxià，拿下 náxià：die Schnur (vom Paket) ～ 解下（包裹的）绳子；约定 yuēdìng，商定 shāngdìng，了结 liǎojié：diese heikle Angelegenheit unter uns ～ 在我们间（私下）了结这棘手的事

Abmachung *f* -，-en 协定 xiédìng，商定 shāngdìng，协议 xiéyì

abmagern *vi(s)* 变瘦 biànshòu，消瘦 xiāoshòu

abmalen I *vt* 临摹 línmó，画出 huàchū II *rfl* 显出 xiǎnchū，反映出 fǎnyìngchū：Schrecken malte sich in seinem Gesicht ab 他神色惊慌

Abmarsch *m* -es 出发 chūfā，开拔 kāibá

abmarschieren *vi(s)* 出发 chūfā，开拔 kāibá

abmelden I *vt* 报告离开 bàogào líkāi，注销 zhùxiāo：ein Kind in (或 von) der Schule ～ 报告一儿童退学；通知取消 tōngzhī qǔxiāo：seinen Besuch ～ 通知取消访问；sein Telefon ～ 通知撤销电话 II *rfl* 报告迁出 bàogào qiānchū，报告（或通知）离开 bàogào líkāi，报告注销户口 bàogào zhùxiāo hùkǒu：sich polizeilich ～ 到警察局注销户口

Abmeldung *f* -，-en 报告离开 bàogào líkāi，报告迁出 bàogào qiānchū，注销 zhùxiāo

abmessen* *vt* 测量 cèliáng：die Länge ～ 测量长度；（从整体中）量取 liángqǔ：1 Liter Milch (von der Milchkanne) ～ （从牛奶罐中）量取一升牛奶

Abmessung *f* -，-en 测量 cèliáng；规格 guīgé，尺寸 chǐcun

abmontieren *vt* 拆除 chāichú，拆卸 chāixiè

abnagen *vt* 啃掉 kěndiào，咬掉 yǎodiào；啃光 kěnguāng

Abnahme *f* - 取下 qǔxià，取走 qǔzǒu；减少 jiǎnshǎo，降低 jiàngdī，衰退 shuāituì；买下 mǎixià；接收 jiēshōu，验收 yànshōu

abnehmen* I *vt* 取下 qǔxià，拿下 náxià，摘下 zhāixià：die Brille ～ 摘下眼镜；取走 qǔzǒu，抢走 qiǎngzǒu，没收 mòshōu：jm die Eintrittskarte ～ 收下某人的入场券；帮着拿 bāngzhe ná：einer alten Frau den Koffer ～ 帮一老太太提箱子；替做 tì zuò：jm die schwierige Arbeit ～ 替某人做困难的工作，验收 yànshōu：einen Neubau ～ 验收一新建筑物；检阅 jiǎnyuè：die Parade ～ 阅兵；买下 mǎixià：Waren ～ 买下货物 II *vi* 减少 jiǎnshǎo，缩小 suōxiǎo，衰退 shuāituì：um 10% ～ 减少 10%；an Gewicht ～ 体重减轻；der Mond nimmt ab 月亮渐亏

Abnehmer *m* -s，- 顾客 gùkè，买主 mǎizhǔ

Abnehmerland *n* 进口国 jìnkǒuguó

Abneigung *f* -，-en 反感 fǎngǎn，厌恶 yànwù

abnorm *adj* 反常的 fǎnchángde，不正常的 bú zhèngchángde，异常的 yìchángde

abnutzen，abnützen *vt* 用旧 yòng jiù，用损 yòng sǔn，用坏 yòng huài：die Kleider ～ 穿坏衣服

Abonnement [abɔnəˈmã:] *n* -s，-s 预订（书报、入场券等）yùdìng

Abonnent *m* -en，-en 预订者 yùdìngzhě，订户 dìnghù

abonnieren *vt* 预订 yùdìng：eine Zeitung ～ 预订一份报纸

abordnen *vt* 派遣 pàiqiǎn，委派 wěipài

Abordnung *f* -, -en 派遣 pàiqiǎn,委派 wěipài;代表团 dàibiǎotuán

Abort *m* -(e)s, -e 厕所 cèsuǒ: auf den ～ gehen 去厕所

abpacken *vt* (按一定分量)包装 bāozhuāng,把…分成小份包装 bǎ … fēnchéng xiǎofèn bāozhuāng: Kaffee ～ 把咖啡(按一定分量)包装起来

abpassen *vt* 等待 děngdài,等候 děnghòu: eine günstige Gelegenheit ～ 等待有利的时机;使合适 shǐ héshì,使合身 shǐ héshēn: den Vorhang in der Länge ～ 使窗帘长度合适

abpfeifen* *vt/vi* (体育比赛时)吹哨暂停或比赛结束 chuī shào zàntíng huò bǐsài jiéshù

abpflücken *vt* 采下 cǎixià,摘下 zhāixià

abplagen *rfl* 操心 cāoxīn,伤神 shāngshén: sich mit einem (schwierigen) Problem ～ 为一个(困难的)问题操心

abprallen *vi(s)* 弹回 tánhuí,跳回 tiàohuí

abpressen *vt* 勒索 lèsuǒ,榨取 zhàqǔ: jm Geld ～ 榨取某人钱财;逼迫…做出 bīpò … zuòchū: jm ein Versprechen ～ 迫使某人做出承诺;勒紧 lēijǐn: die Angst presst ihm den Atem ab 他吓得透不过气来

Abprodukte *pl* 三废(废水,废气,废料) sānfèi;废物 fèiwù,垃圾 lājī

abprotzen I *vt* (使火炮与辎重车)脱离 tuōlí II (士兵用语)大便 dàbiàn

abpumpen *vt* (用泵)抽掉 chōudiào: Öl ～ 把油抽出;借 jiè: jm Geld ～ 向某人借钱

abputzen *vt* 擦去 cāqù,抹去 mǒqù,擦干净 cāgānjìng: die Schuhe ～ 把鞋子擦干净; das Kind ～ 将小孩屁股揩干净;粉刷 fěnshuā: ein Haus ～ 粉刷一幢房屋

abrackern *rfl* 劳累地干活 láolèi de gànhuó

abrasieren *vt* 刮去 guāqù,剃去 tìqù

abraten* *vt/vi* *劝阻 quànzǔ: jm von* etw ～ 劝某人不做某事

abräumen *vt* 撤去 chèqù: die Teller ～ 撤去盘碟;收拾 shōushi: den Tisch ～ 收拾桌子

abrechnen I *vt* 扣除 kòuchú: die Steuern vom Lohn ～ 从工资中把税扣除 II *vi* 清算 qīngsuàn,结算 jiésuàn

Abrechnung *f* -, -en 结算 jiésuàn,算清 suànqīng,扣除 kòuchú

Abrede *f* -, -n 协定 xiédìng,协议 xiéyì,约定 yuēdìng;否定 fǒudìng: etw in ～ stellen 否定某事

abreden I *vi* 劝阻 quànzǔ: jm ～, etw zu tun 劝阻某人别做某事 II *vt* 商定 shāngdìng,约定 yuēdìng

abreiben* *vt* 擦掉 cādiào: den Fleck (vom Kleid) ～ 擦掉(衣服上的)污斑;擦干 cāgān: das Kind nach dem Baden ～ 洗澡后把小孩身体擦干

Abreise *f* - 动身 dòngshēn,启程 qǐchéng,出发 chūfā

abreisen* *vi(s)* 动身 dòngshēn,启程 qǐchéng,出发 chūfā

abreißen* I *vt* 拆除 chāichú: eine Brücke ～ 拆除一座桥;撕下 sīxià,扯下 chěxià: ein Kalenderblatt ～ 撕下一页日历 II *vi(s)* 折断 zhéduàn;中断 zhōngduàn

Abreißkalender *m* 可逐页撕下的日历 kě zhúyè sīxià de rìlì

abrichten *vt* 训练 xùnliàn,驯服 xùnfú: einen Hund ～ 训练一条狗;校准 jiàozhǔn,调整 tiáozhěng: ein Geschütz ～ 校准一门炮

abriegeln *vt* 把…闩起来 bǎ … shuānqǐlái: die Tür ～ 把门闩起来;封锁 fēngsuǒ: die Straße ～ 封锁街道

abringen* *vt* 争得 zhēngdé,夺取 duóqǔ: dem Meer neues Land ～ 向海洋夺取新土地; jm ein Zugeständnis ～ 迫使某人承认

abrinnen* *vi(s)* 流下 liúxià,滴下 dīxià

Abriss *m* -es, -e 草图 cǎotú,略图 lüètú;概要 gàiyào,梗概 gěnggài;拆除 chāichú

Abruf *m* -(e)s 召回 zhàohuí,撤回 chèhuí;提取(款项) tíqǔ;要求供货 yāoqiú gōnghuò

abrufen* *vt* 召回 zhàohuí,叫走 jiàozǒu: jn aus einer Sitzung ～ 把某人从会场叫走;报站 bàozhàn,报时 bàoshí: der Schaffner ruft die Stationen ab 乘务员报站;要求供应(订购货物) yāoqiú gōngyìng;预告 yùgào;提取(款项) tíqǔ;(计算机)调用 diàoyòng: gespeicherte Informationen ～ 调用储存的信息

abrunden *vt* 使成圆形 shǐ chéng yuán-

xíng；使完善 shǐ wánshàn；使成整数（如 81，5 成为 81 或 82）shǐ chéng zhěngshù
abrupfen *vt* 拔掉 bádiào，拔除 báchú，拔去 báqù
abrupt *adj* 不连贯的 bù liánguànde，断断续续的 duànduànxùxùde；中断的 zhōngduànde；中断的 zhōngduànde，突然的 tūránde
abrüsten I *vi/vt* 裁减军备 cáijiǎn jūnbèi：allgemein ～ 普遍裁军，Kernwaffen ～ 裁减核武器 II *vt* 拆除脚手架 chāichú jiǎoshǒujià：ein Haus ～ 拆除房子的脚手架
Abrüstung *f* - 裁减军备 cáijiǎn jūnbèi
Absage *f* -，-n 拒绝 jùjué，回绝 huíjué，谢绝 xièjué；取消 qǔxiāo
absagen I *vt* 回绝 huíjué，谢绝 xièjué，取消 qǔxiāo：seinen Besuch ～ 取消其访问 II *vi* 放弃 fàngqì，戒除 jièchú：aller Tradition ～ 抛弃一切传统，dem Alkohol ～ 戒酒
absägen *vt* 锯掉 jùdiào，锯断 jùduàn：einen Ast ～ 锯掉一树枝；解雇 jiěgù，裁（减）去 cáiqù
Absatz *m* -es，⸚e 鞋后跟 xiéhòugēn；（文章等）段落 duànluò；销路 xiāolù；楼梯（中间）平台 lóutī píngtái
absaufen* *vi(s)* （船灌水）沉没 chénmò；淹死 yānsǐ
absaugen* *vt* 吸掉 xīdiào，吸去 xīqù：den Staub ～ 吸掉灰尘；吸净 xījìng：den Teppich ～ 吸净地毯上的灰尘
abschaben *vt* 刮掉 guādiào，刮去 guāqù，刮净 guājìng；剃去 tìqù，剃掉 tìdiào：sich（*D*）den Bart ～ lassen（叫人）刮（去）胡子
abschaffen *vt* 废除 fèichú，取消 qǔxiāo，撤消 chèxiāo：ein Gesetz ～ 废除一法令；辞退 cítuì，解雇 jiěgù
abschälen I *vt* 剥去…皮 bāoqù … pí，去掉…壳 qùdiào … ké：einen Apfel ～ 削去苹果的皮 II *rfl* 皮壳脱落 píké tuōluò
abschalten I *vt* 断开 duànkāi，切断 qiēduàn，关 guān：das Licht ～ 关灯 II *vi* 思想开小差 sīxiǎng kāixiǎochāi，思想不集中 sīxiǎng bù jízhōng
abschätzen *vt* 估计 gūjì，估价 gūjià：Schaden ～ 估损
abschätzig *adj* 轻视的 qīngshìde，轻蔑的 qīngmiède，蔑视的 mièshì de
Abschätzung *f* -，-en 估计 gūjì，评定 píngdìng，鉴定 jiàndìng
Abschätzungsausschuss *m* 评估委员会 pínggū wěiyuánhuì
Abschätzungsbeamte *m/f*（按形容词变化）评估官员 pínggū guānyuán
Abschätzungskommission *f* 评估委员会 pínggū wěiyuánhuì
Abschaum *m* -(e)s（社会）糟粕 zāopò，渣滓 zhāzǐ：der ～ der Gesellschaft 社会渣滓
abscheiden* I *vt* 使分离 shǐ fēnlí；分离 fēnlí，分解出 fēnjiěchū II *rfl* 析出 xīchū，游离出 yóulíchū：in der Lösung scheidet sich Kupfer ab 从这溶液中析出铜 III *vi(s)* 逝世 shìshì，去世 qùshì
abscheren* *vt* 剪去 jiǎnqù，剃去 tìqù；剪光 jiǎnguāng，剃光 tìguāng；切断 qiēduàn，剪断 jiǎnduàn
Abscheu *m* -s 憎恶 zēngwù，厌恶 yànwù
abscheulich I *adj* 可恶的 kěwùde，丑恶的 chǒu'ède，可憎的 kězēngde；讨厌的 tǎoyànde；卑鄙的 bēibǐde II *adv* 非常 fēicháng，极其 jíqí
abschicken *vt* 寄出 jìchū，发出 fāchū；派出 pàichū
abschieben* I *vt* 移开 yíkāi，挪开 nuókāi；把…打发走 bǎ … dǎfazǒu，驱逐 qūzhú II *vi(s)* 走开 zǒukāi，离开 líkāi
Abschied *m* -s，-e 告别 gàobié，离别 líbié：von jm ～ nehmen 与某人告别；（特指军官、公务员）辞职 cízhí，退职 tuìzhí，免职 miǎnzhí：um seinen ～ ersuchen 请求辞职；jm den ～ geben 辞去某人
abschießen* I *vt* 发射 fāshè；击落 jīluò，击毁 jīhuǐ II *vi(s)* 疾驰而去 jíchí ér qù
abschirmen *vt* 遮住 zhēzhù；掩护 yǎnhù，保护 bǎohù；屏蔽 píngbì
abschlachten *vt* 屠宰 túzǎi；屠杀 túshā
abschlaffen I *vt* 使疲惫 shǐ píbèi II *vi* 松弛 sōngchí
Abschlag *m* -(e)s，⸚e 减价 jiǎnjià，折扣 zhékòu；减税 jiǎnshuì，免税 miǎnshuì；部分款项 bùfen kuǎnxiàng，分期款项 fēnqī kuǎnxiàng：auf ～ kaufen 用分期（部分）付款方式购买
abschlagen* I *vt* 打落 dǎluò，打掉 dǎdiào，拍去 pāiqù；拆去 chāiqù，拆掉 chāidiào；拒绝 jùjué，谢绝 xièjué；击退 jītuì：den Angriff ～ 击退进攻 II

vi(*h*/*s*)减价 jiǎnjià,跌价 diējià: das Getreide hat (或 ist) abgeschlagen 谷物跌价了

abschlägig *adj* 拒绝的 jùjuéde

abschläglich *adj* 分期(付款)的 fēnqī de

Abschlagszahlung *f* 部分付款 bùfēn fùkuǎn,分期付款 fēnqī fùkuǎn

abschlanken *vi* 变苗条 biàn miáotiao

abschleifen* *vt* 磨平 mópíng,磨光 móguāng;磨掉 módiào

abschleppen I *vt* 拖走 tuōzǒu: ein Auto ～ 把一辆汽车拖走 II *rfl* 费力地拖(搬,提等) fèilì de tuō: sich mit (或 an) dem Koffer ～ 费力地拖着搬动箱子

abschließen* I *vt* 锁上 suǒshàng,锁住 suǒzhù: die Tür ～ 锁上门;隔绝 géjué,隔离 gélí,封锁 fēngsuǒ: etw von der Luft ～ 使某物与空气隔绝;结束 jiéshù: die Untersuchung ～ 结束检查;结算 jiésuàn,结清 jiéqīng: die Rechnung ～ 结清账目;订立 dìnglì,缔结 dìjié: ein Abkommen ～ 订立一协定 II *vi* 结束 jiéshù,告终 gàozhōng: mit etw ～ 以某事告终;断绝往来 duànjué wǎnglái,断绝关系 duànjué guānxì: mit jm ～ 与某人断绝往来

Abschluss *m* -es, ⸚e 结束 jiéshù;缔结 dìjié,订立 dìnglì;成交 chéngjiāo

Abschlussabrechnung *f* 决算 juésuàn;(交易所)证券经纪人代客买卖清单

Abschlussarbeiten *pl* 年终结算 niánzhōng jiésuàn

Abschlussbilanz *f* 年终资产负债表 niánzhōng zīchǎn fùzhàibiǎo

Abschlusskosten *pl* 成交费用 chéngjiāo fèiyong;(保险)开办费 kāibànfèi

Abschlusskurs *m* 收盘价格 shōupán jiàgé

abschmecken *vt* (品)尝…的味道 cháng … de wèidao

abschmeicheln *vt* 通过说奉承的话骗取 tōngguò shuō fèngchengde huà piànqǔ: jm ein Versprechen ～ 用甜言蜜语骗得某人的允诺

abschmettern *vt* 严厉拒绝 yánlì jùjué,狠狠打回去 hěnhěn dǎhuíqù

abschmieren I *vt* 润滑 rùnhuá;打 dǎ,揍 zòu II *vi*(*s*) (飞机)坠落 zhuìluò,坠毁 zhuìhuǐ

abschminken *vt* 擦掉(脸上的化妆品) cādiào;放弃 fàngqì: sich (*D*) etw ～ 放弃某事物

abschneiden* I *vt* 剪下 jiǎnxià,割下 gēxià,切下 qiēxià: ein Stück Brot ～ 切下一块面包;切断 qiēduàn,截断 jiéduàn: die Stadt von der Zufuhr ～ 切断城市供给;缩短 suōduǎn: den Weg ～ 缩短路程 II *vi* 以…结束 yǐ … jiéshù,取得…结果 qǔdé … jiéguǒ: er hat bei der Prüfung gut abgeschnitten 他考试成绩很好

Abschnitt *m* -(e)s, -e (整体的)一部分 yí bùfen;(联票可以撕开的)票据 piàojù,凭单 píngdān,单据 dānjù;段落 duànluò,章节 zhāngjié;时期 shíqī,阶段 jiēduàn;路段 lùduàn;条款 tiáokuǎn

abschnüren *vt* 结扎 jiézā,扎紧 zājǐn,扎断 zāduàn

abschöpfen *vt* 撇去 piēqù: den Schaum ～ 撇去泡沫;吸收 xīshōu: einen Währungsüberhang ～ 吸收余资,使游资回笼;提取 tíqǔ,抽取 chōuqǔ: den Rahm von der Milch ～ 从牛奶提取乳脂

abschrauben *vt* 拧下 nǐngxià,旋下 xuánxià

abschrecken* *vt* 吓退 xiàtuì,吓倒 xiàdǎo;使冷却 shǐ lěngquè,将…淬火 jiāng … cuìhuǒ

Abschreckung *f* -, -en 威慑 wēishè,恐吓 kǒnghè;淬火 cuìhuǒ

abschreiben* I *vt* 抄写 chāoxiě: den Aufsatz noch einmal ～ 把文章再誊抄一遍;扣除 kòuchú,注销 zhùxiāo: 500 Euro für die Abnutzung der Maschine ～ 为这机器的损耗扣除 500 欧元;用坏 yòng huài: einen Bleistift ～ 用坏一支铅笔;抄袭 chāoxí: der Schüler hatte seine Hausaufgabe (vom Nachbarn) abgeschrieben 这学生(从邻座同学)抄袭了家庭作业 II *vi* 书面拒绝 shūmiàn jùjué III *rfl* (因书写)用坏 yòng huài: die Feder schreibt sich rasch ab 这钢笔(尖)写起来很快会坏

Abschreibung *f* -, -en 折旧 zhéjiù;注销 zhùxiāo

Abschreibungsbasis *f* 折旧基价 zhéjiù jījià

Abschreibungskosten *pl* 折旧费 zhéjiùfèi

Abschreibungsreserve *f* 折旧准备金 zhéjiù zhǔnbèijīn

Abschreibungssatz *m* 折旧率 zhéjiùlǜ

Abschreibungsvergünstigung *f* 折旧优惠 zhéjiù yōuhuì

abschreiten* *vt* 检阅 jiǎnyuè，巡视 xúnshì；步测 bùcè

Abschrift *f* -，-en 副本 fùběn，抄本 chāoběn，复本 fùběn

abschuften *rfl* 辛苦劳动 xīnkǔ láodòng；劳累 láolèi

Abschuss *m* -es，¨-e 发射 fāshè；击落 jīluò；命中的射击 mìngzhòng de shèjī

Abschussbasis *f* 火箭发射基地 huǒjiàn fāshè jīdì

Abschussbock *m* 火箭发射台 huǒjiàn fāshètái

Abschussrampe *f* 火箭发射架 huǒjiàn fāshèjià

abschüssig *adj* 倾斜的 qīngxiéde，陡峭的 dǒuqiàode

abschütteln *vt* 抖落 dǒuluò，摇落 yáoluò：Krümel vom Tischtuch ～ 把台布上碎屑抖掉；摆脱 bǎituō，驱除 qūchú：das Joch ～ 摆脱桎梏；den Schlaf ～ 驱除睡意

abschwächen I *vt* 减弱 jiǎnruò II *rfl* 变弱 biànruò，减弱 jiǎnruò

Abschwächung *f* -，-en 减弱 jiǎnruò，缓和 huǎnhé，(经济)趋于衰退 qū yú shuāituì：～ der Preise 价格疲软

Abschwächungstendenz *f* 衰退趋势 shuāituì qūshì

abschweifen *vi*(*s*) 偏离 piānlí，离开 líkāi：vom Thema ～ 离题

abschwellen* *vi*(*s*) 消肿 xiāozhǒng：die entzündete Hand schwillt ab 那发炎的手消肿了；减退 jiǎntuì：der Sturm schwoll ab 风暴减退了

abschwenken I *vi*(*s*) 改变方向 gǎibiàn fāngxiàng，转向 zhuǎnxiàng II *vt* 洗净 xǐjìng

abschwören* I *vi* 发誓放弃 fāshì fàngqì：einem Glauben ～ 发誓放弃某信仰 II *vt* 发誓否认 fāshì fǒurèn

Abschwung *m* -s，¨-e (经济)衰退 shuāituì：einen ～ bremsen 阻止(经济)衰退；(体育)跳下动作 tiàoxià dòngzuò

absehbar *adj* 可预见的 kě yùjiàn de，可见的 kějiànde，在望的 zàiwàngde：in ～er Zeit 不久以后

absehen* I *vt* (通过观察)学得 xuédé，学会 xuéhuì：jm die Fertigkeit ～ 向某人学会这技能；偷看 tōukàn，抄袭 chāoxí；预见 yùjiàn，看到 kàndào，看出 kànchū：das Ende der Kämpfe ist nicht abzusehen 斗争的结局无法预料 II *vi* 不予考虑 bùyǔ kǎolǜ；放弃 fàngqì，不做 bùzuò：von dem Kauf ～ 放弃采购

absein* *vi*(*s*) 掉 diào，落 luò；离开 líkāi；断开 duànkāi；筋疲力尽 jīn pí lì jìn

Abseite *f* -，-n (纺织品的)反面 fǎnmiàn；邻室 línshì，耳房 ěrfáng

abseitig *adj* 偏僻的 piānpìde；怪僻的 guàipìde，古怪的 gǔguàide

abseits I *adv* 在旁边 zài pángbiān，在稍远处 zài shāo yuǎnchù：～ stehen (或 sein) (足球运动)越位 II *prp* (*G*) 在离开…的地方 zài líkāi … de dìfāng

absenden* *vt* 寄出 jìchū，发出 fāchū：den Brief ～ 把信寄出；派遣 pàiqiǎn，派出 pàichū：einen Kurier ～ 派出一个信使

Absender *m* -s，- 寄信人 jìxìnrén，发信人 fāxìnrén；汇款人 huìkuǎnrén，发货人 fāhuòrén

absetzen I *vt* 放下 fàngxià：das Gepäck ～ 放下行李；脱下 tuōxià，拿下 náxià：die Brille ～ 摘下眼镜；让…下车(船) ràng … xiàchē：jn am Bahnhof ～ 叫某人在火车站下来；使沉积 shǐ chénjī，使沉淀 shǐ chéndiàn；撤销…职务 chèxiāo … zhíwù：den Richter ～ 撤销法官职务；(大量)销售 xiāoshòu：Waren ～ 销售货物；扣除 kòuchú，减去 jiǎnqù II *rfl* 沉积 chénjī，沉淀 chéndiàn；离去 líqù

absichern *vt* 使安全 shǐ ānquán，使保险 shǐ bǎoxiǎn，提供担保 tígōng dānbǎo：einen Kredit ～ 为一笔信贷提供担保

Absicht *f* -，-en 意图 yìtú，企图 qǐtú，打算 dǎsuan：mit ～ 有意地

absichtlich *adj* 有意的 yǒuyìde，故意的 gùyìde，存心的 cúnxīnde

absinken* *vi*(*s*) (船)沉没 chénmò；(压力、成绩等)下降 xiàjiàng；(道德)堕落 duòluò

absitzen* I *vt* (坐牢)服刑 fúxíng II *vi*(*s*) 下(马、车) xià

absolut *adj* 完全的 wánquánde，绝对的 juéduìde；独裁 dúcái，专制的 zhuānzhìde

Absolutismus *m* - 专制主义 zhuānzhì zhǔyì，专制政体 zhuānzhì zhèngtǐ

absolutistisch *adj* 专制主义的 zhuānzhì zhǔyì de

Absolvent *m* -en, -en 毕业生 bìyèshēng,(在校的)应届毕业生 yīngjiè bìyèshēng

absolvieren *vt* 毕业于 bìyè yú: das Gymnasium ～ 毕业于高级文理中学;修毕 xiūbì,完成 wánchéng;通过 tōngguò: eine Prüfung ～ 通过考试;宽恕 kuānshù,赦免 shèmiǎn

absondern I *vt* 隔离开来 gélí kāi lái: die kranken Tiere von den gesunden ～ 把有病动物与健康动物隔离开来;分泌 fēnmì: Schweiß ～ 分泌汗液 II *rfl* 脱离 tuōlí,分离 fēnlí,与…隔离开来 yǔ … gélí kāi lái

Absonderung *f* -, -en 隔离 gélí,分开 fēnkāi;分别清算 fēnbié qīngsuàn;分泌 fēnmì,排泄 páixiè

Absonderungsanspruch *m* 优先债权 yōuxiān zhàiquán,优先诉权 yōuxiān sùquán

absorbieren *vt* 吸收 xīshōu,吸入 xīrù

abspalten* *vt*/*rfl* 劈下 pīxià;分裂(出来) fēnliè

abspannen *vt* 卸套 xiè tào,松套 sōng tào: das Pferd ～ 给马卸下套具;放松 fàngsōng,使松弛 shǐ sōngchí: die Glieder ～ 松弛四肢

Abspannung *f* -, -en 缓和 huǎnhé,弛缓 chíhuǎn,松弛 sōngchí;电压降低 diànyā jiàngdī

absparen *vt* 节省 jiéshěng: sich (*D*) jeden Euro ～ 节省每一欧元

absperren I *vt* 关 guān,锁 suǒ: die Wohnungstür ～ 把住房门关上(或锁上);停 tíng: das Wasser [den Strom] ～ 停水[电];封锁 fēngsuǒ: ein Gefahrengebiet ～ 封锁一危险区;隔离 gélí: ein krankes Kind ～ 隔离一病孩 II *rfl* 不与人往来 bù yǔ rén wǎnglái,自我封闭 zìwǒ fēngbì

abspiegeln *vt*/*rfl* 反映 fǎnyìng,映照 yìngzhào

abspielen I *vt* 放(电影、录音带等) fàng;传(球) chuán II *rfl* 发生 fāshēng

Absprache *f* -, -n 约定 yuēdìng,协商 xiéshāng,商定 shāngdìng

absprechen* *vt* 约定 yuēdìng;否定 fǒudìng,否认 fǒurèn: jm die Fähigkeit ～ 否定某人的能力

abspringen* *vi*(*s*) 跳下 tiàoxià;裂开 lièkāi,剥落 bōluò;弹回 tánhuí

abspülen *vt* 冲洗干净 chōngxǐ gānjìng,冲刷掉 chōngshuādiào

abstammen *vi*(*s*) 出身 chūshēn;起源于 qǐyuán yú,来源于 láiyuán yú

Abstammung *f* -, -en 出身 chūshēn;源于 yuán yú,起源 qǐyuán

Abstand *m* -(e)s, ..̈e 距离 jùlí;赔款 péikuǎn,赔偿 péicháng

abstatten *vt* (用作功能动词)作 zuò: jm (einen) Bericht ～ 向某人作报告; jm einen Besuch ～ 对某人进行访问; jm seinen Dank ～ 对某人致谢

abstauben *vt* 除去…的灰尘 chúqù … de huīchén;(偷偷)拿走 názǒu

abstechen* I *vt* 刺死(动物) cìsǐ: ein Schwein ～ 宰杀一头猪;掘出 juéchū,挖出 wāchū: Torf ～ 挖掘泥煤;捅开…使其流出 tǒngkāi … shǐ qí liúchū,放出 fàngchū: den Wein ～ 开桶放出葡萄酒; einen Hochofen ～ 开炉出铁 II *vi* 形成对照 xíngchéng duìzhào

Abstecher *m* -s, - (计划之外的)(顺路)旅行 lǚxíng: einen ～ ins Gebirge machen (顺路)到山里

abstehen* I *vi* 远离站立 yuǎnlí zhànlì: das Haus steht ein wenig von der Straße ab 这幢房屋离公路稍远 II *vi*(*s*) (饮料)变味 biànwèi III *vt* 站立度过 zhànlì dùguò

absteigen* *vi*(*s*) 降下 jiàngxià,下降 xiàjiàng;下(车、马) xià,下山 xiàshān;下榻 xiàtà,投宿 tóusù

abstellen *vt* 放下 fàngxià: den Eimer ～ 把桶放下;停放 tíngfàng,存放 cúnfàng: das Fahrrad ～ 存放自行车;关 guān,关掉 guāndiào: den Haupthahn ～ 关总龙头; das Radio ～ 关收音机;革除 géchú,废除 fèichú: schlechte Gewohnheiten ～ 抛弃坏习惯;使适应 shǐ shìyìng,使合乎 shǐ héhū: mehrere Veranstaltungen auf das gleiche Thema ～ 使几个活动围绕同一主题进行

abstempeln *vt* 盖印 gài yìn,在…上加戳 zài … shang jiā chuō

absterben* *vi*(*s*) 渐渐死 jiànjiàn sǐ;枯萎 kūwěi;坏死 huàisǐ;(肢体)麻木 mámù

Abstieg *m* -(e)s, -e 下山 xiàshān,下行 xiàxíng;下山的路 xiàshān de lù;下降 xiàjiàng,走下坡路 zǒuxiàpōlù,衰退 shuāituì

abstimmen I *vi* 表决 biǎojué: über die Vertrauensfrage ～ 对信任问题表决 II *vt* 调整 tiáozhěng，调准 tiáozhǔn（音调）：des Radio ~ 调准收音机

Abstimmung *f* -，-en 投票 tóupiào；校准 jiàozhǔn，调节 tiáojié

Abstimmungsergebnis *n* 投票结果 tóupiào jiēguǒ

Abstimmungslokal *n* 投票站 tóupiàozhàn

abstinent *adj* 禁酒的 jìnjiǔde，禁欲的 jìnyùde，节制的 jiézhìde

Abstinenzler *m* -s，- 禁欲者 jìnyùzhě，有节制的人 yǒu jiézhì de rén

abstoppen I *vt* 使停住 shǐ tíngzhù，止住 zhǐzhù：das Auto ~ 使汽车停住；停止 tíngzhǐ：die Produktion ~ 停止生产 II *vi* 停住 tíngzhù

abstoßen* *vt* 推开 tuīkāi：den Kahn (mit dem Ruder) vom Ufer ~（用桨）把小船推离岸；把…脱手 bǎ … tuōshǒu：die Waren schnell ~ 迅速把货物脱手；摆脱 bǎituō：eine Krankheit ~ 摆脱一疾病；使讨厌 shǐ tǎoyàn，使厌恶 shǐ yànwù；撞坏 zhuànghuài

abstoßend *adj* 讨厌的 tǎoyànde，令人厌恶的 lìng rén yànwùde

abstrakt *adj* 抽象的 chōuxiàngde

abstrahieren *vt* 概括 gàikuò，抽象 chōuxiàng

abstreichen* I *vt* 擦去 cāqù，擦净 cājìng：den Schmutz von den Sohlen ~ 把鞋底污垢擦净；减掉 jiǎndiào：von einer Forderung 100 Euro ~ 从一应付款项扣掉 100 欧元 II *vi(s)*（飞禽）飞走 fēizǒu

abstreifen *vt* 脱掉 tuōdiào，脱去 tuōqù；摆脱 bǎituō；巡逻 xúnluó

abstreiten* *vt* 不承认 bù chéngrèn，否认 fǒurèn

Abstrich *m* -(e)s，-e 减少 jiǎnshǎo，削减 xuējiǎn；涂片 túpiàn

Absturz *m* -es，¨-e 坠落 zhuìluò，坠毁 zhuìhuǐ

abstürzen I *vi(s)* 坠落 zhuìluò II *vt* 摔断 shuāiduàn，摔破 shuāipò：sich (*D*) das Genick ~ 摔断颈骨

absuchen *vt* 搜查 sōuchá，搜寻 sōuxún

absurd *adj* 荒唐的 huāngtángde，荒谬的 huāngmiùde，背理的 bèilǐde

Absurdität *f* -，-en 荒唐 huāngtáng，荒谬 huāngmiù，谬论 miùlùn

Abszess *m* -es，-e 脓疡 nóngyáng，脓肿 nóngzhǒng

Abt *m* -(e)s，¨-e 修道院院长 xiūdàoyuàn yuànzhǎng

abtasten *vt* 触 chù，摸 mō：js Schädel ~ 摸某人的脑瓜；探索 tànsuǒ：alle Absichten ~ 探索各种意图

Abteil *n* -s，-e 火车车厢分隔间 huǒchē chēxiāng fēngéjiān

abteilen *vt* 把…分开 bǎ … fēnkāi，划分 huàfēn；分隔 fēngé；隔开 gékāi：einen Raum in einzelne Kammern ~ 把一个房间隔成一个个小室

Abteilung *f* - 分开 fēnkāi，划分 huàfēn

Abteilung *f* -，-en（机关、企业的）部门 bùmén，处 chù，科 kē，室 shì，组 zǔ；（医院的）科 kē，室 shì

abtippen *vt* 用打字机打下 yòng dǎzìjī dǎxià

Äbtissin *f* -，-nen 女修道院院长 nǚ xiūdàoyuàn yuànzhǎng

abtragen* *vt*（铲）平（土丘）píng；拆除（建筑物）chāichú；从桌上移开 cóng zhuōshang yíkāi，收拾（餐具）shōushi；（分期）偿还 chánghuán，付清 fùqīng；穿坏 chuān huài

abträglich *adj* 有害的 yǒuhàide：etw ist jm [der Gesundheit] ~ 某（事）物对某人[身体健康]有害

abtreiben* I *vt* 使偏离方向 shǐ piānlí fāngxiàng；排出 páichū，排除 páichú，驱除 qūchú：Würmer ~ 驱虫；使堕胎 shǐ duòtāi：ein Kind ~ 堕胎 II *vi(s)* 漂走 piāozǒu，偏离 piānlí

Abtreibung *f* -，-en 堕胎 duòtāi，打胎 dǎtāi，人工流产 réngōng liúchǎn

abtrennen *vt* 拆下 chāixià；隔开 gékāi；撕下（收据）sīxià：Scheck vom Scheckbuch ~ 从支票本上撕下支票

abtreten* I *vi(s)* 下台 xiàtái，退场 tuìchǎng；辞职 cízhí；上厕所 shàng cèsuǒ；离去 líqù：~ lassen（军人用语）解散；去世 qùshì II *vt* 出让 chūràng，转让 zhuǎnràng：jm etw ~ 把某物转让给某人；踏坏 tà huài，穿坏 chuān huài：den Absatz ~ 穿坏鞋跟；用脚踩掉 yòng jiǎo duòdiào，弄 nòng，顿足 dùn zú：den Schmutz ~ 跺脚把脏物弄去

Abtritt *m* -s，-e 下台 xiàtái，退场 tuìchǎng；辞职 cízhí，引退 yǐntuì；简易厕所 jiǎnyì cèsuǒ

abtrocknen I *vt* 擦干 cāgān，抹去 mǒqù：sich (*D*) die Tränen ~ 擦干眼泪 II *vi(s)* 变干 biàngān，晾干 liànggān：der

Boden ist bei dem Wind abgetrocknet 地面在风中吹干了

abtun* *vt* 脱下 tuōxià，取下 qǔxià，摘下 zhāixià：die Kleidungsstücke ～ 脱下衣服；轻蔑地处置 qīngmiède chǔzhì：einen Vorwurf mit ein paar Worten ～ 三言两语轻蔑地对付一项责备；杀掉 shādiào，干掉 gàndiào；了结 liǎojié，解决 jiějué

abwägen* *vt* 考虑 kǎolǜ，斟酌 zhēnzhuó，权衡 quánhéng

abwälzen *vt* 推卸 tuīxiè，推诿 tuīwěi，推给 tuīgěi：die Verantwortung auf den Kollegen ～ 将责任推给同事；转嫁 zhuǎnjià

abwarten *vt* 耐心等待 nàixīn děngdài，等待…过去 děngdài … guòqù，静候…结束 jìng hòu … jiéshù：die Entscheidung ～ 耐心等待决定；Abwarten und Tee trinken！别急，耐心等一下！

abwärts *adv* 向下 xiàngxià，往下 wǎngxià

abwaschen* *vt* 把…洗干净 bǎ … xǐgānjìng；洗掉 xǐdiào，洗去 xǐqù

Abwasser *n* -s，⸗ 废水 fèishuǐ，脏水 zāngshuǐ

abwechseln I *vt* 交替 jiāotì，轮流 lúnliú，换班 huànbān II *rfl* 轮流 lúnliú，交替 jiāotì，换班 huànbān：die beiden wechseln sich ab 两人轮班

Abwechs(e)lung *f* -，-en 交替 jiāotì，更换 gēnghuàn；调剂 tiáojì；消遣 xiāoqiǎn，娱乐 yúlè

Abwege *pl* 邪路 xiélù，歧途 qítú：auf ～ geraten（或 kommen）走上歧途

Abwehr *f* - 防守 fángshǒu，防御 fángyù；抵抗 dǐkàng，抵制 dǐzhì；反间谍机关 fǎn jiàndié jīguān；（全部）防守队员 fángshǒu duìyuán

abwehren I *vt* 打退 dǎtuì，击退 jītuì：einen Ansturm ～ 击退一次冲锋；防止 fángzhǐ，阻挡 zǔdǎng：ein Unglück ～ 防止一次不幸；拒绝 jùjué，谢绝 xièjué：einen Einwand ～ 驳斥不同意见 II *vi* 拒绝 jùjué

abweichen* *vi*（s）偏离 piānlí：vom Kurs ～ 偏离航线；不一致 bù yīzhì，有所不同 yǒusuǒ bùtóng：die Gutachten weichen voneinander ab 专家意见各不相同；摆脱 bǎituō，放弃 fàngqì：von einer Gewohnheit ～ 放弃一种习惯

abweisen* *vt* 拒绝 jùjué，拒斥 jùchì，谢绝 xièjué：den Vorschlag ～ 拒绝建议；das Geschenk ～ 拒收礼物；击退 jītuì，打退 dǎtuì：den Feind ～ 击退敌人

Abweisung *f* -，-en 拒绝 jùjué，驳回 bóhuí

abwenden* *vt* 掉转 diàozhuǎn，扭转 niǔzhuǎn：das Gesicht ～ 把脸转过去；避开 bìkāi，挡开 dǎngkāi，挡住 dǎngzhù：避免 bìmiǎn，防止 fángzhǐ

abwerfen* *vt* 投下 tóuxià，扔下 rēngxià；生利 shēnglì：einen guten Profit ～ 带来可观利润；脱去 tuōqù，掀去 xiānqù：Bettdecke ～ 掀去床罩或被子

abwerten *vt* 使贬值 shǐ biǎnzhí：eine Währung ～ 使货币贬值

Abwertung *f* -，-en 贬值 biǎnzhí

abwesend *adj* 缺席的 quēxíde，不在的 bùzàide

Abwesenheit *f* - 缺席 quēxí，不在 bùzài

abwickeln *vt* 卷开 juǎnkāi；了结 liǎojié，解决 jiějué，完成 wánchéng

abwiegeln I *vt* 平息（愤怒）píngxī II *vi* 把（大事）化小 bǎ … huà xiǎo，和稀泥 huóxīní

abwiegen* *vt* 称出…的重量 chēngchū … de zhòngliàng；考虑 kǎolǜ，权衡 quánhéng

abwirtschaften *vt* 经营不善而破产 jīngyíng bùshàn ér pòchǎn

abwischen *vt* 拭去 shìqù，揩去 kāiqù：sich（*D*）die Tränen vom Gesicht ～ 揩去脸上眼泪；抹净 mǒjìng，擦净 cājìng：den Stuhl mit einem Lappen ～ 用抹布把椅子擦干净

abwürgen *vt* 使窒息 shǐ zhìxī，勒死 lēisǐ：jm die Kehle ～ 勒死某人；扼杀 èshā，压制 yāzhì，镇压 zhènyā：einen Streik ～ 镇压一次罢工；消灭 xiāomiè，清除 qīngchú：einen Gegner ～ 清除一敌手

abzahlen *vt*（分期）偿付 chángfù，付清 fùqīng

abzählen *vt* 点 diǎn，数 shǔ，清点 qīngdiǎn

Abzahlung *f* -，-en 分期支付 fēnqī zhīfù，付清 fùqīng：etw auf ～ kaufen 以分期付款方式购买

abzehren I *vt* 消耗 xiāohào，使消瘦 shǐ xiāoshòu：das Fieber zehrte sie（zum Skelett）ab 发烧使她消瘦（得皮包骨）II *rfl* 变得消瘦 biàn dé xiāoshòu，变得憔

悴 biàn de qiáocuì III *vi*(*s*) 消瘦 xiāoshòu，衰弱 shuāiruò

Abzeichen *n* -s，- 徽章 huīzhāng，证章 zhèngzhāng，奖章 jiǎngzhāng；符号 fúhào，标记 biāojì，记号 jìhao

abzeichnen I *vt* 描画 miáohuà，临摹 línmó，复制 fùzhì；在…上签字 zài…shang qiānzì，作记号 zuòjìhào II *rfl* 显露 xiǎnlù

abziehen* I *vt* 脱去 tuōqù，脱下 tuōxià：den Handschuh ～ 脱下手套；剥(皮) bō：Tomaten ～ 剥番茄的皮；印(底片) yìn；印刷 yìnshuā；扣除 kòuchú，减去 jiǎnqù：die Krankenkasse ～ 扣除医疗保险金；撤出 chèchū，退出 tuìchū：Truppen ～ 撤出部队；拔出 báchū，吸出 xīchū：den Schlüssel ～ 拔出钥匙；die Flüssigkeit ～ 吸出液体 II *vi*(*s*) 撤走 chèzǒu，离开 líkāi：die Besatzung zieht ab 驻军撤离了；开拔 kāibá；飞走 fēizǒu；消散 xiāosàn：der Rauch zieht ab 烟消散了

abzielen *vi* 对准 duìzhǔn，针对 zhēnduì：auf etw [jn] ～ 对准某事[某人]

Abzug *m* -(e)s，⸚e 撤离 chèlí，撤退 chètuì；出口 chūkǒu，排气口 páiqìkǒu；扣除 kòuchú；(枪的)扳机 bānjī；税 shuì；相片 xiàngpiàn；拷贝 kǎobèi；校样 jiàoyàng

abzüglich *prp* (*G*) 扣除 kòuchú

abzugsfähig *adj* 能扣除的 néng kòuchú de

Abzweig *m* -(e)s，-e 支路 zhīlù，支线 zhīxiàn

abzweigen I *vi*(*s*) 分岔 fēnchà：links zweigt die Straßenbahnlinie ab 左侧分岔出有轨电车线；拐弯 guǎiwān II *rfl* 岔出 chàchū：an diesem Punkt zweigen sich die Linien ab 这些线路在这里分岔出去 III *vt* (款项)指定用途 zhǐdìng yòngtú；私留 sī liú，挪用 nuóyòng：Geld für etw ～ 私留钱用于某事

Abzweigung *f* -，-en (款项)专用 zhuānyòng；支线 zhīxiàn，支管 zhīguǎn；岔路 chàlù

ach *intj* 啊 ā，哎呀 āiyā，唉 āi，啊哟 āyō

Ach *n* -s，-(s) 悲叹 bēitàn，哀叹 āitàn：mit ～ und Krach 艰苦地，好不容易地

Achat [a'xa:t] *m* -(e)s，-e 玛瑙 mǎnǎo

Achillesferse [a'xɪlɛs...] *f* -，-n 致命的弱点 zhìmìngde ruòdiǎn，要害 yàohài

Achse ['aksə] *f* -，-n 轴 zhóu，轮轴 lúnzhóu；轴线 zhóuxiàn

Achsel ['aksl] *f* -，-n 肩 jiān，肩膀 jiānbǎng：mit den ～n zucken 耸耸肩膀(表示不知道，不懂，无能为力等)；腋 yè

acht *num* 八 bā：ein Kind von ～ Jahren 一个八岁的小孩；heute vor ～ Wochen 八周前的今天

Acht *f* I -，-en 八 bā：mit der ～ fahren 乘八路车 II -(只用于短语)留心 liúxīn，注意 zhùyì：etw außer ～ lassen 无视某事，不顾某事；sich (vor jm [etw]) in ～ nehmen 留心提防(某人[某事])

achte *num* 第八 dìbā

achten I *vt* 尊重 zūnzhòng，尊敬 zūnjìng，重视 zhòngshì：jn gering ～ 轻视某人；js Gefühle ～ 尊重某人感情；认为 rènwéi：etw für eine Schande ～ 认为某事是耻辱 II *vi* 注意 zhùyì，重视 zhòngshì：auf js Rat ～ 重视某人劝告；auf die Worte des Lehrers ～ 注意听老师的话；照看 zhàokàn：auf das Kind ～ 照看孩子

achtens *adv* 第八 dìbā

Achter *m* -s，- 八人赛艇 bārén sàitǐng；(溜冰)八字形花式 bāzìxíng huā shì

Acht geben* *vi* 注意 zhùyì，留心 liúxīn，当心 dāngxīn：auf jn [etw] ～ 当心某人[某事]

achtlos *adj* 不注意的 bù zhùyìde，漫不经心的 màn bù jīngxīn de，不在意的 bù zàiyìde

Achtung *f* -，-en 注意 zhùyì，留神 liúshén，小心 xiǎoxīn；尊重 zūnzhòng，敬重 jìngzhòng，尊敬 zūnjìng：jm ～ entgegenbringen 尊敬某人

achtzig *num* 八十 bāshí

Achtzig *f* -，-en 八十 bāshí；八十岁 bāshísuì：er ist Mitte (der) ～ 他八十五岁左右

achtziger *adj* (不变化)有关八十年的 yǒuguān bāshínián de；八十年代的 bā shí niándài de：in den ～ Jahren des vorigen Jahrhunderts 上个世纪八十年代

Achtziger *m* -s，- 八十岁的男人 bāshísuìde nánren，八旬老人 bāxún lǎorén；八〇年(酿)的葡萄酒 bālíng nián de pútáojiǔ

ächzen *vi* 叹息 tànxī，呻吟 shēnyín

Acker *m* -s，⸚ 耕地 gēngdì

Ackerbau *n* 耕作 gēngzuò；农业 nóngyè

Ackerland *n* -(e)s 耕地 gēngdì
ackern *vi/vt* 耕(田) gēng，犁(田) lí
Actionfilm ['ækʃən. . .] *m* 情节紧张的电影 qíngjié jǐnzhāngde diànyǐng
Adamsapfel *m* -s，⸗ 喉结 hóujié
Adamskostüm *n* 赤裸 chìluǒ：im ～ 赤身裸体地，赤条条地(指男子)
addieren *vt* 加 jiā，加算 jiā suàn：Zahlen ～ 把数目相加
Addition *f* -，-en 加 jiā，加法 jiāfǎ，加算 jiā suàn
Adel *m* -s 贵族 guìzú；高尚 gāoshàng，高贵 gāoguì
Ader *f* -，-n 动脉 dòngmài；静脉 jìngmài；血管 xuèguǎn；天赋 tiānfù，气质 qìzhì，才干 cáigàn：eine poetische [musikalische] ～ haben 具有诗人的[音乐的]天赋；纹理 wénlǐ；矿脉 kuàngmài，脉络 màiluò
Adjektiv *n* -s，-e 形容词 xíngróngcí
Adjutant *m* -en，-en 副官 fùguān
Adler *m* -s，- 鹰 yīng
adlig *adj* 贵族的 guìzúde，高贵的 gāoguìde，高尚的 gāoshàngde
Admiral *m* -s，-e 海军上将 hǎijūn shàngjiàng
adoptieren *vt* 收养 shōuyǎng，领养 lǐngyǎng
Adoption *f* -，-en 收养 shōuyǎng；领养 lǐngyǎng
Adoptivkind *n* 养子 yǎngzǐ，义子 yìzǐ
Adressat *m* -en，-en 收信人 shōuxìnrén，收件人 shōujiànrén
Adresse *f* -，-n 住址 zhùzhǐ，地址 dìzhǐ，通讯处 tōngxùnchù；请愿书 qǐngyuànshū；(公开的)贺信 hèxìn，感谢信 gǎnxièxìn
adressieren *vt* 写上姓名地址 xiěshàng xìngmíng dìzhǐ：Briefe ～ 把姓名地址写到信上
adrett *adj* (衣着)清洁的 qīngjiéde，整齐的 zhěngqíde，雅致的 yǎzhide
Advent *m* -(e)s，-e 基督降临节 jīdū jiànglín jié
Adverb n -s, -ien 副词 fùcí
adverbial *adj* 副词的 fùcíde，状语的 zhuàngyǔde
Adverbialsatz *m* 状语从句 zhuàngyǔ cóngjù
Aerobiologie [aerobiolog'i:] *f* 大气生物学 dàqì shēngwùxué
Aerobus *m* 供出租用的直升机 gōng chūzū yòng de zhíshēngjī；缆车 lǎnchē
Aeroclub *m* (＝Aeroklub) 航空俱乐部 hángkōng jùlèbù
Aeroelastizität *f* 气动弹性力学 qìdòng tánxìng lìxué
Aeromedizin *f* 航空医学 hángkōng yīxué
Aerosol [aero'zo:l] *n* -s，-e (药物)喷剂 pēnjì；烟 yān，雾 wù
aerosolieren *vt* 喷雾 pēnwù，喷洒 pēnsǎ
Aerotrain ['aerotrẽ:] *m* -s，-s 气垫列车 qìdiàn lièchē，悬浮列车 xuánfú lièchē
Affäre *f* -，-n 事件 shìjiàn，不愉快的事情 bù yúkuài de shìqing；桃色事件 táosè shìjiàn
Affe *m* -n，-n 猴 hóu，猿 yuán；蠢人 chǔnrén，笨蛋 bèndàn；花花公子 huāhuā gōngzǐ；(士兵用语)背包 bèibāo，背囊 bèináng
Affekt *m* -(e)s，-e 情绪 qíngxù，感情 gǎnqíng，内心冲动 nèixīn chōngdòng
affektiert *adj* 做作的 zuòzuòde，矫揉造作的 jiǎo róu zào zuò de，装腔作势的 zhuāng qiāng zuò shì de
affenartig *adj* 猴子似的 hóuzi shìde
Affenhitze *f* - 极热 jírè，酷热 kùrè
Affenliebe *f* - 溺爱 nì'ài
Affentheater *n* 无聊的举动 wúliáode jǔdòng，胡闹 húnào，可笑的事情 kěxiàode shìqing
affig *adj* 愚蠢的 yúchǔnde；自负的 zìfùde，爱虚荣的 ài xūróng de
Affinität *f* -，-en 亲合性 qīnhéxìng，亲合力 qīnhélì；亲缘关系 qīnyuán guānxì
Affix *n* -es，-e 词缀 cízhuì
Afghane *m* -n，-n 阿富汗人 āfùhàn rén
afghanisch *adj* 阿富汗的 āfùhànde
Afghanistan [af'ga:nɪsta:n] 阿富汗 Āfùhàn
Afrika 非洲 Fēizhōu
Afrikaner *m* -s，- 非洲人 fēizhōurén
afrikanisch *adj* 非洲的 fēizhōude
After *m* -s，- 肛门 gāngmén
Agent *m* -en，-en 特务 tèwu，间谍 jiàndié；代理人 dàilǐrén，代理商 dàilǐshāng
Agentur *f* -，-en 通讯社 tōngxùnshè；代办处 dàibànchù，代理处 dàilǐchù，经理处 jīnglǐchù
Aggregat *n* -(e)s，-e 聚合体 jùhétǐ，聚集体 jùjítǐ；成套设备 chéngtào shèbèi，成套机器 chéngtào jīqì，机组 jīzǔ

Aggregatzustand *m* -(e)s 聚集态 jùjítài, 物态 wùtài

Aggression *f* -, -en 侵略 qīnlüè, 侵犯 qīnfàn

Aggressionskrieg *m* 侵略战争 qīnlüè zhànzhēng

Aggressionspolitik *f* 侵略政策 qīnlüè zhèngcè

aggressiv *adj* 侵略的 qīnlüède, 侵犯的 qīnfànde; 好斗的 hàodòude, 攻击性的 gōngjīxìngde

Aggressor *m* -s, -en 侵略者 qīnlüèzhě

Agitation *f* -, -en 宣传 xuānchuán, 鼓动 gǔdòng: eine ～ für [gegen] etw betreiben 为支持[反对]…进行宣传鼓动

Agitator *m* -s, -en 宣传鼓动者 xuānchuān gǔdòng zhě

agitieren *vt* 宣传 xuānchuán, 鼓动 gǔdòng

Agrarbevölkerung *f* 农业人口 nóngyè rénkǒu

agrarisch *adj* 农业的 nóngyède

Agrarland *n* 农业国 nóngyèguó

Agrarmarkt *m* 农产品市场 nóngchǎnpǐn shìchǎng

Agrarpolitik *f* 农业政策 nóngyè zhèngcè

Agrarproduktion *f* 农业生产 nóngyè shēngchǎn

Agrikultur *f* 农业 nóngyè; 耕作 gēngzuò

Ägypten 埃及 Āijí

Ägypter *m* -s, - 埃及人 āijírén

ägyptisch *adj* 埃及的 āijíde

Ahle *f* -, -n 锥子 zhuīzi

ähneln *vi* 像 xiàng, 相似 xiāngsì: er ähnelt sehr seinem Vater 他酷似他父亲

ahnen *vt* 猜想 cāixiǎng, 猜测 cāicè; 预感 yùgǎn, 预料 yùliào, 料到 liàodào; 担心 dānxīn

Ahn *m* -(e)s /-en, -en 祖先 zǔxiān, 祖宗 zǔzong

ähnlich *adj* 相像的 xiāngxiàngde, 类似的 lèisìde: sie ist ihrer Mutter gar nicht ～ 她一点不像她的母亲

Ähnlichkeit *f* -, -en 相似 xiāngsì, 类似 lèisì

Ahnung *f* -, -en 预感 yùgǎn; 担心 dānxīn; 模糊知道 móhu zhīdào, 约莫知道 yuēmo zhīdào: keine ～ haben 一无所知, 一窍不通

ahnungslos *adj* 毫无所知的 háowú suǒ zhī de, 不知情的 bù zhīqíngde, 未料到的 wèi liàodào de

Ahorn *m* -s, -e 槭(属) qì

ahuman *adj* 非人道的 fēi réndàode

Ähre *f* -, -n 穗 suì

Aids [eɪdz] *n* -, unz (不用冠词, 只用单数) 艾滋病 àizībìng

Air [ɛːɐ] *n* -s, -s 外表 wàibiǎo, 外貌 wàimào, 派头 pàitóu; (动听的)歌曲 gēqǔ; 似歌曲的器乐曲 sì gēqǔ de qìyuè qǔ

Airbag ['ɛːɐbɛk] *n* -s, -s (汽车的)安全气垫 ānquán qìdiàn, 防撞气垫 fángzhuàng qìdiàn

Airbus ['ɛːɐ...] *m* 大型客机 dàxíng kèjī, 空中客车 kōngzhōng kèchē

Airconditioner [... kəndɪʃənɐ] *m* -s, -; **Airconditioning** [... kəndɪʃnɪŋ] *n* -s, -s 空调设备 kōngtiáo shèbèi

Airfresh [... frɛʃ] *n* - 空气洁净剂 kōngqì jiéjìngjì

Airport [... pɔːt] *m* -s, -s 机场 jīchǎng, 航空港 hángkōnggǎng

Akademie *f* -, -n 科学院 kēxuéyuàn, 研究院 yánjiūyuàn; 学会 xuéhuì; 专科院校 zhuānkē yuànxiào, 高等学院 gāoděng xuéyuàn

Akademiker *m* -s, - 科学院院士 kēxuéyuàn yuànshì; 大学毕业者 dàxué bìyèzhě; 大学教师 dàxué jiàoshī

akademisch *adj* (高等)专科学院的 zhuānkē xuéyuàn de; 研究院的 yánjiūyuànde, 学会的 xuéhuìde; 学究式的 xuéjiūshìde, 迂腐的 yūfǔde, 空谈的 kōngtánde

Akazie *f* -, -n (金)合欢(属) héhuān

akklimatisieren *rfl* 适应气候 shìyìng qìhòu, 适应环境 shìyìng huánjìng, 服水土 fú shuǐtǔ

Akkord *m* -(e)s, -e 和弦 héxián; 一致 yīzhì, 协调 xiétiáo; 计件工资 jìjiàn gōngzī: im ～ arbeiten 按计件工资工作

Akkordeon *n* -s, -s 手风琴 shǒufēngqín

Akku (Akkumulator 的简称) *m* -s, -s 蓄电池 xùdiànchí

Akkumulation *f* -, -en 积累 jīlěi; 堆积 duījī; 蓄电 xùdiàn

Akkumulator *m* -s, -en 蓄电池 xùdiànchí: einen ～ aufladen 给蓄电池充电; (计算机)累加器 lěijiāqì, 寄存器 jìcúnqì

Akkusativ *m* -s, -e 第四格 dìsìgé, 宾格 bīngé

Akkusativobjekt *n* 第四格宾格 dìsìgé bīnyǔ
Akontozahlung *f* 分期付款 fēnqī fùkuǎn
Akrobat *m* -en, -en 杂技演员 zájì yǎnyuán
Akrobatik *f* - 杂技艺术 zájì yìshù
akrobatisch *adj* 杂技的 zájìde
Akt *m* -(e)s, -e 行为 xíngwéi,行动 xíngdòng;(戏剧的)幕 mù;仪式 yíshì;裸体像 luǒtǐxiàng;性行为 xìngxíngwéi;(马戏、杂耍等)演出 yǎnchū,节目 jiémù
Akte *f* -, -n 卷宗 juànzōng,案卷 ànjuàn,档案 dàng'àn: jn in den ～n führen 掌握某人的档案材料;文件 wénjiàn,公文 gōngwén
Aktenordner *m* 文件夹 wénjiànjiā
Aktenschrank *m* 文件柜 wénjiànguì
Aktentasche *f* 公文包 gōngwénbāo
Akteur [ak'tøːɐ̯] *m* -s, -e 演员 yǎnyuán;活动家 huódòngjiā
Aktie *f* -, -n 股票 gǔpiào,股份 gǔfèn: ～n (an)kaufen [auswerfen] 购买[抛售]股票
Aktiengesellschaft *f* 股份公司 gǔfèn gōngsī
Aktion *f* -, -en 行动 xíngdòng,措施 cuòshī,活动 huódòng;事件 shìjiàn
Aktionär *m* -s, -e 股东 gǔdōng;股票持有人 gǔpiào chíyǒurén
Aktionärsversammlung *f* 股东大会 gǔdōng dàhuì
Aktionsradius *m* - (船、飞机的)活动半径 huódòng bànjìng,活动范围 huódòng fànwéi
aktiv *adj* 积极的 jījíde,主动的 zhǔdòngde;活动的 huódòngde;活性的 huóxìngde;服现役的 fú xiànyì de
Aktiv *n* -s, -e (动词的)主动态 zhǔdòngtài
Aktivist *m* -en, -en 积极分子 jījí fènzǐ
Aktivität *f* -, -en 主动性 zhǔdòngxìng,积极性 jījíxìng;活动性 huódòngxìng
Aktualität *f* -, -en 现实性 xiànshíxìng,现实意义 xiànshí yìyì
Aktualneurose *f* - (恐吓引起的)神经官能症 shénjīng guānnéngzhèng
aktuell *adj* 现实的 xiànshíde,有现实意义的 yǒu xiànshí yìyì de,合乎时代的 héhū shídài de
Akupressur *f* -, -en 按摩疗法 ànmó liáofǎ
Akupunktur *f* -, -en 针灸 zhēnjiǔ,针灸疗法 zhēnjiǔ liáofǎ
Akustik *f* - 声学 shēngxué;音响学 yīnxiǎngxué;音响效果 yīnxiǎng xiàoguǒ
akut *adj* 剧烈的 jùliède;急性的(疾病) jíxìngde;迫切的 pòqiède
Akzent *m* -(e)s, -e 重音 zhòngyīn;音调 yīndiào,口音 kǒuyīn,腔调 qiāngdiào;强调 qiángdiào,重点 zhòngdiǎn: den ～ auf etw legen 强调某事
akzeptabel *adj* 可接受的 kě jiēshòu de;可承兑的 kě chéngduì de
akzeptieren *vt* 接受 jiēshòu,赞同 zàntóng;承兑 chéngduì
Alarm *m* -(e)s, -e 警报 jǐngbào
alarmieren *vt* 向…报警 xiàng … bàojǐng,向…发出警报 xiàng … fāchū jǐngbào
Albaner *m* -s, - 阿尔巴尼亚人 ā'ěrbāníyàrén
Albanien 阿尔巴尼亚 Ā'ěrbāníyà
albanisch *adj* 阿尔巴尼亚的 ā'ěrbāníyàde
albern I *adj* 愚蠢的 yúchǔnde,傻的 shǎde,幼稚的 yòuzhìde;乏味的 fáwèide II *vi* 举止幼稚可笑 jǔzhǐ yòuzhì kěxiào;嬉笑 xīxiào;胡说八道 hú shuō bā dào
Album *n* -s, ...ben 照相簿 zhàoxiàngbù,影集 yǐngjí;纪念册 jìniàncè;集邮本 jíyóuběn
Alchemie *f* - 炼丹术 liàndānshù,炼金术 liànjīnshù
Algebra *f* - 代数(学) dàishù
Algerien 阿尔及利亚 Ā'ěrjílìyà
Algerier *m* -s, - 阿尔及利亚人 ā'ěrjílìyà rén
algerisch *adj* 阿尔及利亚的 ā'ěrjílìyàde
alias *adv* 别名 biémíng,化名 huàmíng,又称 yòuchēng
Alibi *n* -s, -s 不在犯罪现场 bùzài fànzuì xiànchǎng: sein ～ beweisen 证明其不在现场;不在现场的证明 bùzài xiànchǎng de zhèngmíng: ein ausgezeichnetes ～ erbringen 提供最有力的不在现场的证明
Alkohol *m* -s, -e 酒 jiǔ;酒精 jiǔjīng,乙醇 yǐchún
Alkoholika *pl* 含酒精饮料 hán jiǔjīng yǐnliào
Alkoholiker *m* -s, - 酒徒 jiǔtú
Alkoholmissbrauch *m* 酗酒 xùjiǔ

all *pron/ num* 全部(的) quánbù，所有(的) suǒyǒu，一切(的) yīqiè，每(个的) měi：～e Menschen 所有人；～e fünf Minuten 每(隔)五分钟；～es oder nichts 要么全部，要么全无；～es Gute 万事如意；～es in ～em 总而言之，总的说来；vor ～em 首先，主要是

All *n* -s 宇宙 yǔzhòu，万物 wànwù

alle *adv* 用尽 yòngjìn，完了 wánliǎo：das Geld ist ～ 钱用完了；完毕 wánbì，结束 jiéshù

Allee *f* -，-n 林阴道 línyīndào

allein I *adj* 单独的 dāndúde，孤单的 gūdānde，独个的 dúgède II *adv* 单独地 dāndúde，孤独地 gūdúde，惟一地 wéiyīde；仅 jǐn，只 zhǐ，单单 dāndān：er fühlt sich ～ 他感到孤独 III *cj* 可是 kěshì，然而 rán'ér，但是 dànshì

alleinig *adj* 惟一的 wéiyīde，单独的 dāndúde

alleinstehend *adj* 孤零零的 gūlínglíngde，单独的 dāndúde，孤独的 gūdúde；未婚的 wèihūnde，独身的 dúshēnde，单身的 dānshēnde；无亲属的 wú qīnshǔ de

allemal *adv* 总是 zǒng shì，始终 shǐzhōng，永远 yǒngyuǎn，无论如何 wúlùn rúhé：ein für ～ 永远地，一劳永逸地，彻底地

allenfalls *adv* 充其量 chōngqíliàng，至多 zhìduō；或许 huòxǔ，可能 kěnéng；万不得已时 wàn bù dé yǐ shí

allerbest *adj* 最好的 zuìhǎode，最佳的 zuìjiāde，最优的 zuìyōude

allerdings *adv* 固然 gùrán，诚然 chéngrán，虽然 suīrán；的确 díquè，确实 quèshí；可是 kěshì，但是 dànshì，不过 búguò

allerhand *adj* 各种各样的 gè zhǒng gè yàng de，形形色色的 xíngxíngsèsède；许许多多的 xǔxǔduōduōde，好多的 hǎoduōde

allerherzlichst *adj* 最衷心的 zuì zhōngxīnde

allerlei *adj* 形形色色的 xíngxíngsèsède，各种的 gèzhǒngde，各种各样的 gè zhǒng gè yàng de

Allerlei *n* -s，-s (大)杂烩 záhuì

allesamt *adv* 〔口〕全都 quándōu，统统 tǒngtǒng

allgemein *adj* 共同的 gòngtóngde，总的 zǒngde；普通的 pǔtōngde，一般的 yībānde，普遍的 pǔbiànde：im ～en 大体上，一般地

Allgemeinarzt *m* (非专科的)普通医生 pǔtōng yīshēng，(通看各科的)开业医生 kāiyè yīshēng

allgemeingültig *adj* 普遍有效的 pǔbiàn yǒuxiàode

Allgemeingut *n* 公有财产 gōngyǒu cáichǎn，公共财产 gōnggòng cáichǎn

Allgemeinheit *f* -，-en (只用单数)公众 gōngzhòng，普遍性 pǔbiànxìng；(复数)空泛的话 kōngfànde huà

Allgemeininteresse *n* 公共利益 gōnggòng lìyì，公众利益 gōngzhòng lìyì

allgemeinverständlich *adj* 通俗易懂的 tōngsú yì dǒng de

Allgemeinwohl *n* 公共福利 gōnggòng fúlì，公众福利 gōngzhòng fúlì

Allheilmittel *n* 万应灵药 wàn yìng líng yào

Allianz *f* -，-en 联盟 liánméng，同盟 tóngméng：eine ～ bilden 结成同盟

alliieren *rfl* 结盟 jiéméng；联合 liánhé

Alliierte *m/ f* (按形容词变化)同盟者 tóngméngzhě，同盟国 tóngméngguó

alljährig *adj* 一年一度的 yī nián yī dù de，每年的 měiniánde，年年的 niánniánde

alljährlich *adj* 每年的 měiniánde

Allmacht *f* 万能 wànnéng，全能 quánnéng；无限权力 wúxiàn quánlì；无限威力 wúxiàn wēilì

allmächtig *adj* 万能的 wànnéngde，全能的 quánnéng de，有无限权力的 yǒu wúxiàn quánlì de

allmählich I *adj* 渐渐的 jiànjiànde，逐渐的 zhújiànde，逐步的 zhúbùde II *adv* 渐渐地 jiànjiànde，逐渐地 zhújiànde，逐步地 zhúbùde

allseitig *adj* 各方面的 gè fāngmiàn de，全面的 quánmiànde；普遍的 pǔbiànde，一般的 yībānde

allseits *adv* 各方面地 gè fāngmiàn de，普遍地 pǔbiànde；处处 chùchù，到处 dàochù，各处 gèchù

Alltag *m* 平日 píngrì，平时(周末和假日除外) píngshí

alltäglich *adj* 平常的 píngchángde，日常的 rìchángde，通常的 tōngchángde：eine ～e Geschichte 一个平凡的故事；每天的 měitiānde

alltags *adv* 平时或日常(周末和假日除

外）píngshí huò rìcháng，在工作日 zài gōngzuòrì

Alltagskleidung *f*（平时）上班穿的衣服 shàngbān chuān de yīfu

Alltagsleben *n*（单独的）日常生活 rìcháng shēnghuó

allumfassend *adj* 包罗万象的 bāo luó wàn xiàng de，无所不包的 wú suǒ bù bāo de

Allwetterjäger *m* 全天候战斗机 quántiānhòu zhàndòujī

Allwetterstraße *f* 全天候公路 quántiānhòu gōnglù

allwissend *adj* 有无限知识的 yǒu wúxiàn zhīshi de，无所不知的 wú suǒ bù zhī de，万事通的 wànshìtōngde

allzu *adv* 过分地 guòfèn de，太 tài，过于 guòyú

allzuviel *adv* 太多 tài duō

Alm *f* -，-n 高山牧场 gāoshān mùchǎng，山上牧地 shānshàng mùdì

Alpdruck *m* -s，⸗e 梦魇 mèngyǎn

Alpen *pl* 阿尔卑斯山 ā'ěrbēisīshān

Alphabet *n* -(e)s，-e 字母表 zìmǔbiǎo，子母系统 zǐmǔ xìtǒng

alphabetisch *adj* 按字母的 àn zìmǔ de

alphabetisieren *vt* 按字母排列 àn zìmǔ páiliè

Alptraum *m* 恶梦 èmèng，梦魇 mèngyǎn

als *cj* 当作 dàngzuò，作为 zuòwéi：～ Student 作为大学生；比 bǐ，比较 bǐjiào：du bist fleißiger ～ ich 你比我用功；nichts ～ Unsinn 一派胡言；zu ...，～ dass 太…以致不：er ist zu jung，～dass er das verstehen könnte 他太年轻，所以不能理解这点；当…时候 dāng … shíhou：～ er kam，schrieb ich den Brief 他来时我正在写信；（在比较句中与 ob 或 wenn 连用）好像 hǎoxiàng，似乎 sìhū：er tat (so)，～ ob er es nicht gehört hätte 他装得没有听到似的

also I *cj* 所以 suǒyǐ，于是 yúshì，因此 yīncǐ，那就是说 nà jiùshì shuō：～ los 那就开始吧 II *adj* 如此 rúcǐ，那么 nàme，这样 zhèyàng

alt *adj* 年老的 niánlǎode，岁 suì：er ist 20 Jahre ～ 他 20 岁；旧的 jiùde，陈旧的 chénjiùde；古旧的 gǔjiùde，古老的 gǔlǎode；过时的 guòshíde；不新鲜的 bù xīnxiānde：das Brot schmeckt aber ziemlich ～ 这面包味道可相当不新鲜

Altar *m* -s，⸗e 祭坛 jìtán，圣坛 shèngtán

Alte *m/f*（按形容词变化）老者 lǎozhě，老（年）人 lǎorén；老头 lǎotou，老妇 lǎofù；父亲 fùqīn，母亲 mǔqīn

Alter *n* -s，- 年岁 niánsuì，年龄 niánlíng，年纪 niánjì，年代 niándài；晚年 wǎnnián，老年 lǎonián；老年人 lǎoniánrén：das ～ ehren 敬老

altern I *vi*（*s*/*h*）衰老 shuāilǎo，变老 biànlǎo；老化 lǎohuà II *vt* 使衰老 shǐ shuāilǎo：das schreckliche Erlebnis hat ihn über Nacht gealtert 这可怕的经历使他一夜间变得衰老了

Alternative *f* -，-n 抉择 juézé，二者择一 èrzhě zé yī：vor einer ～ stehen 面临抉择

Altersaufbau *m* 年龄结构 niánlíng jiégòu，年龄构造 niánlíng gòuzào

Altersblödsinn *m* 老年痴呆 lǎonián chīdāi

Altersgenosse *m* -n，-n 同龄人 tónglíngrén

Altersheilkunde *f* 老年医学 lǎonián yīxué

Altersheim *n* 养老院 yǎnglǎoyuàn，敬老院 jìnglǎoyuàn

Alterssoziologie *f* 老年社会学 lǎonián shèhuìxué

Altertum *n* -s 古代 gǔdài

Altertümer *pl* 古物 gǔwù，古董 gǔdǒng

altertümlich *adj* 古的 gǔde，古代的 gǔdàide；古老的 gǔlǎode，古式的 gǔshìde，古色古香的 gǔ sè gǔ xiāng de

Älteste *m/f*（按形容词变化）年龄最大者 niánlíng zuìdàzhě，年长者 niánzhǎngzhě；长子 zhǎngzǐ，长女 zhǎngnǚ

Althändler *m* 卖旧货的人 mài jiùhuò de rén，旧货商 jiùhuòshāng

althergebracht *adj* 传统的 chuántǒngde，沿袭已久的 yánxí yǐ jiǔ de

althochdeutsch *adj* 古高地德语的 gǔ gāodì déyǔ de

altklug *adj* 早熟的 zǎoshúde，少年老成的 shàonián lǎochéngde，老气的 lǎoqìde

ältlich *adj* 不很年轻的 bù hěn niánqīngde，上了年纪的 shàngle niánjì de，带有老气的 dàiyǒu lǎoqìde，半老的 bànlǎode

Altmaterial *n* 旧料 jiùliào,废料 fèiliào,可利用的废品 kě lìyòng de fèipǐn
Altmeister *m* 老手 lǎoshǒu,老专家 lǎozhuānjiā,名家 míngjiā
altmodisch *adj* 过时的 guòshíde,旧式的 jiùshìde,不时髦的 bù shímáode
Altwaren *pl* 旧货 jiùhuò,旧物 jiùwù,旧衣 jiùyī
Altwarenhändler *m* 旧货商 jiùhuòshāng
Aluminium *n* -s 铝 lǚ
Amateur [ama'tøːr] *m* -s, -e (文娱、体育、艺术、科技等的)业余活动者 yèyú huódòng zhě,业余爱好者 yèyú àihào zhě
Ambition *f* -, -en 虚荣心 xūróngxīn,奢望 shēwàng,野心 yěxīn
Amboss *m* -es, ⸗e 铁砧 tiězhēn,砧 zhēn
ambulant *adj* 门诊的 ménzhěnde: eine ～e Behandlung 门诊治疗; einen Patienten ～ behandeln 门诊治疗一病人
Ambulanz *f* -, -en 野战医院 yězhàn yīyuàn;救护车 jiùhùchē;门诊部 ménzhěnbù
Ambulanzwagen *n* 救护车 jiùhùchē
Ameise *f* -, -n 蚂蚁 mǎyǐ
amen *intj* (基督教祈祷的结束语)阿门 āmén
Amerika 美洲 Měizhōu;美国 Měiguó
Amerikaner *m* -s, - 美洲人 měizhōurén;美国人 měiguórén
amerikanisch *adj* 美洲的 měizhōude;美国的 měiguóde
Aminosäure *f* -, -n 氨基酸 ānjīsuān
Amme *f* -, -n 乳母 rǔmǔ,奶妈 nǎimā
Amnestie *f* -, -n 大赦 dàshè: eine ～ erlassen (或 verkünden) 宣布大赦; nur die politischen Häftlinge fallen unter die ～ 只有政治犯下属大赦范围
amnestieren *vt* 大赦 dàshè,赦免 shèmiǎn
Amnesty International ['æmnesti intə'næʃənl] *f* 大赦国际 dàshè guójì
Amöbe *f* -, -n 阿米巴 āmǐbā,变形虫 biànxíngchóng
Amok *m* -s (用于短语) ～ laufen 乱砍乱杀 luàn kǎn luàn shā,狂杀 kuáng shā
Amokläufer *m* 杀人狂 shārénkuáng,乱砍乱杀者 luàn kǎn luàn shā zhě
Amoral *f* - 不道德 bùdàodé
amoralisch *adj* 非道德性的 fēi dàodéxìngde;不道德的 bùdàodéde
amortisieren *vt* 摊提(资产) tān tí,扣除…折旧费 kòuchú … zhéjiùfèi;分期偿还(债券等) fēnqī chánghuán
Ampel *f* -, -n 交通管理灯(红绿灯) jiāotōng guǎnlǐ dēng;挂灯 guàdēng,(盆花)吊篮 diàolán
Ampere [ã'pɛːr] *n* (-s), - 安培 ānpéi
Amphibie *f* -, -n 两栖动物 liǎngqī dòngwù
Ampulle *f* -, -n 安瓿(剂) ānbù
Amputation *f* -, -en 截肢 jiézhī,切除 qiēchú
amputieren *vt* 截去(肢体) jiéqù
Amsel *f* -, -n 乌鸫 wūdōng
Amt *n* -(e)s, ⸗er 职 zhí,职务 zhíwù,职位 zhíwèi;(行政机关的)部 bù,厅 tīng,局 jú,处 chù,所 suǒ
amtieren *vi* 任职 rènzhí;代理行使职权 dàilǐ xíngshǐ zhíquán
amtlich *adj* 公务上的 gōngwùshàngde,官方的 guānfāngde
Amtsantritt *m* 上任 shàngrèn,就职 jiùzhí
Amtsdeutsch *n* 文牍德语 wéndú déyǔ
Amtsgericht *n* 初级法院 chūjí fǎyuàn
Amtsmissbrauch *m* 滥用职权 lànyòng zhíquán
Amtsschimmel *m* 文牍主义 wéndú zhǔyì,官僚作风 guānliáo zuòfēng
Amulett *n* -(e)s, -e 护身符 hùshēnfú
amüsant *adj* 有趣的 yǒuqùde,逗人乐的 dòurénlède,好玩的 hǎowánde
amüsieren I *vt* 使有趣 shǐ yǒuqù,使高兴 shǐ gāoxìng,使快乐 shǐ kuàilè II *rfl* 觉得有趣 juéde yǒuqù,感到快乐 gǎndào kuàilè
an I *prp* (*D/A*) 1. (*D*) (表示地点)在…旁边 zài … pángbiān,在…上 zài … shang: ～ der Grenze 在边境; das Bild hängt ～ der Wand 像挂在墙上;(表示时间)在…时间 zài … shíjiān: am Abend 在晚上; ～ meinem Geburtstag 在我生日的那天; am 1. Mai 在5月1日 2. (*A*) (表示地点)到…旁边 dào … pángbiān,到…上 dào … shang: sich ～s Fenster setzen 坐到窗口;(表示方向)对 duì,致 zhì: einen Brief ～ jn schreiben 给某人写一封信; sich ～ jn wenden 求助某人;(表示时间与 bis 连用) die Sitzung dauerte bis ～ den frühen Morgen 会议开到次日清晨 3. (*D*) (和其他词连

用或用于固定词组）～ einer Krankheit leiden 患一疾病; reich ～ Erfahrungen sein 具有丰富经验 II *adv* 大约 dàyuē, 大概 dàgài, 近于 jìn yú: er ist ～ die dreißig (Jahre alt) 他大约三十来岁; 接通 jiētōng, 开着 kāizhe: das Radio ist ～ 收音机开着; er hat die Heizung ～ 他开了暖气; von ... ～ 从…起 cóng … qǐ, 从…开始 cóng … kāishǐ: von heute ～ 从今天起

Analgen *n* -s, -e = Analgetikum

Analgetikum *n* -s, ...ka 镇痛药 zhèntòngyào, 止痛药 zhǐtòngyào

analog *adj* 相似的 xiāngsìde, 类似的 lèisìde

Analogcomputer *m* 模拟电子计算机 mónǐ diànzǐ jìsuànjī

Analogie *f* -, -n [… i:ən] 类似 lèisì, 类比 lèibǐ; 类推法 lèituīfǎ, 类比法 lèibǐfǎ

Analphabet *m* -en, -en 文盲 wénmáng

Analysator *m* -s, -en 分析器 fēnxīqì; 检偏振镜 jiǎn piānzhèn jìng

Analyse *f* -, -n 分析 fēnxī, 分解 fēnjiě

analysieren *vt* 分解 fēnjiě, 分析 fēnxī, 仔细研究 zǐxì yánjiū: einen Roman [die Lage] ～ 分析一部长篇小说[形势]

Ananas *f* -s, -se / - 菠萝 bōluó, 凤梨 fènglí

Anarchie *f* -, -n 无政府状态 wúzhèngfǔ zhuàngtài; 无秩序 wú zhìxù, 混乱 hùnluàn

anarchisch *adj* 无政府状态的 wúzhèngfǔ zhuàngtài de, 无秩序的 wú zhìxù de, 混乱的 hùnluànde

Anarchismus *m* - 无政府主义 wúzhèngfǔ zhǔyì

Anarchist *m* -en, -en 无政府主义者 wúzhèngfǔ zhǔyì zhě

anarchistisch *adj* 无政府主义的 wúzhèngfǔ zhǔyì de

Anästhesie *f* -, -n 麻醉 mázuì: eine allgemeine ～ 全身麻醉

Anatomie *f* -, -n 解剖学 jiěpōuxué; 解剖学研究所 jiěpōuxué yánjiūsuǒ

***anatomisch** adj 解剖学的 jiěpōuxuéde*

anbahnen I *vt* 为…打开局面 wèi … dǎkāi júmiàn, 为…铺平道路 wèi … pūpíng dàolù: eine Verbindung [Handelsbeziehungen] ～ 建立联系[贸易关系] II *rfl* 显露 xiǎnlù, 出现 chūxiàn: ein neues Verhältnis bahnte sich zwischen ihnen an 他们之间出现了新的关系

anbändeln *vi* 接近 jiējìn, 搭讪 dāshàn, 亲近 qīnjìn: er versuchte mit ihr anzubändeln 他试图与她亲近(或向她求爱)

Anbau *m* I -(e)s 耕作 gēngzuò, 种植 zhòngzhí; 加建 jiājiàn, 附建 fùjiàn, 扩建 kuòjiàn II -(e)s, -ten 附属建筑物 fùshǔ jiànzhùwù, 侧屋 cèwū, 边房 biānfáng

anbauen *vt* 耕作 gēngzuò, 种植 zhòngzhí: Getreide ～ 种植谷物; 加建 jiājiàn, 附建 fùjiàn: einen Schweinestall ans Haus ～ 在房屋旁加建一猪圈

Anbaufläche *f* 种植面积 zhòngzhí miànjī

Anbeginn *m* -(e)s 开始 kāishǐ, 开端 kāiduān, (世界)之初 zhī chū

anbehalten* *vt* 穿(戴)着不脱 chuānzhe bùtuō: den Mantel ～ 穿着大衣不脱

anbei *adv* (随信)附寄 fùjì, 附上 fùshàng

anbeißen* I *vt* 开始咬 kāishǐ yǎo: den Apfel ～ 开始咬苹果 II *vi* (鱼)吞饵 tūn ěr, 上钩 shànggōu; 上当 shàngdàng

anbelangen *vt* (用于短语) was jn [etw] anbelangt 至于某人[某事] zhìyú mǒurén [mǒushì]

anberaumen *vt* 确定(或约定)时间或地点 quèdìng shíjiān huò dìdiǎn: ein Treffen für nächste Woche ～ 确定下周碰头

anbeten *vt* 敬慕 jìngmù, 崇敬 chóngjìng, 崇拜 chóngbài

Anbetracht *m* (用于短语) in ～ 鉴于 jiànyú, 考虑到 kǎolǜ dào

anbetreffen* *vt* (用于短语) was jn [etw] anbetrifft 至于某人[某事] zhìyú mǒu rén [mǒu shì]

anbetteln *vt* 乞讨 qǐtǎo, 乞求 qǐqiú: jn um etw ～ 向某人乞讨某物

anbieten* I *vt* 提供 tígōng: Waren (zum Verkauf) ～ 提供货物(出售); 自愿给予 zìyuàn jǐyǔ, 提供 tígōng: jm seinen Wagen ～ 提供其车子给某人; 建议 jiànyì, 提议 tíyì: jm neue Verhandlungen ～ 向某人建议进行新的谈判 II *rfl* 自愿效劳 zìyuàn xiàoláo: sich als Vermittler ～ 愿作调解人

anbinden* *vt* 系住 xìzhù, 缚牢 fùláo, 系紧 xìjǐn: einen Kahn am Ufer ～ 所小船系在岸边

Anblick *m* -(e)s, -e 看 kàn, 瞥见 piējiàn; 光景 guāngjǐng; 景象 jǐngxiàng

anblicken *vt* 注视 zhùshì，看着 kànzhe
anbohren I *vt* 在…上钻洞 zài … shang zuāndòng；开始在…上钻洞 kāishǐ zài … shang zuāndòng；探听 tàntīng：jn um etw ～ 向某人探听某事 II *vi* 小心打听 xiǎoxīn dǎting：bei jm ～ 向某人小心打听
anbrechen* I *vt* 折 zhé，弄折 nòngzhé：einen Zweig ～ 弄折一树枝；动用 dòngyòng，打开并消耗 dǎkāi bìng xiāohào：noch eine Flasche Wein ～ 又开一瓶葡萄酒喝 II *vi*（*s*）开始 kāishǐ，来临 láilín：eine neue Zeit [der Frühling] ist angebrochen 一个新时代[春天]开始了
anbrennen* I *vt* 点燃 diǎnrán，点 diǎn：eine Kerze ～ 点一支蜡烛；sich（*D*）eine Zigarette ～ 点燃一支香烟 II *vi*（*s*）着火 zháohuǒ，点着 diǎnzhe，开始燃烧 kāishǐ ránshāo；烧糊 shāohú，烧焦 shāojiāo
anbringen* *vt* 带来 dàilái，搬来 bānlái：etw ～ 带来某物；装上 zhuāngshàng，安上 ānshàng，安装 ānzhuāng：einen Spiegel über den Schränken ～ 在橱柜上方装上一面镜子；安排 ānpái，安置 ānzhì，安插 ānchā：seinen Sohn bei dieser Firma als Lehrling ～ 把其儿子安插在这公司当学徒；提出 tíchū：einen Wunsch [eine Klage] ～ 提出一个愿望[一控诉]；卖掉 màidiào，出售（货物）chūshòu
Anbruch *m* -(e)s 开始 kāishǐ，开端 kāiduān：bei ～ der Dunkelheit 天黑时；vor ～ des Tages 黎明前
anbrüllen *vt*（动物）对…吼叫 duì … hǒujiào；大声斥责 dàshēng chìzé
Andacht *f* -，-en 虔诚 qiánchéng，祷告 dǎogào，祈祷 qídǎo，凝神 níngshén，专心 zhuānxīn，全神贯注 quán shén guàn zhù
andächtig *adj* 虔诚的 qiánchéng de；凝神的 níngshén de，专心的 zhuānxīn de，全神贯注的 quán shén guàn zhù de
andauern *vi* 持续 chíxù，延续 yánxù
andauernd *adj* 持续的 chíxùde，延续的 yánxùde，不间断的 bù jiànduànde
Andenken *n* -s，- 纪念 jìniàn；纪念品 jìniànpǐn，作纪念赠品 zuò jìniàn zèngpǐn
ander *pron* I（作形容词用）另外的 lìngwàide，其他的 qítāde，不同的 bùtóngde：ein ～es Buch 另一本书；～er Meinung sein 持不同意见；am ～en Morgen 翌日清晨；mit ～en Worten 换言之；unter ～en Umständen 在其他情况下 II（作名词用）另外的人（或事物）lìngwàide rén，其他的人（或事物）qítāde rén：ein ～er 另一个人；wir ～(e)n 我们其他人；einen Tag um den ～en 日复一日，一天又一天
ander(e)nfalls *adv* 否则 fǒuzé，要不然 yàobùrán
and(e)rerseits *adv* 另一方面 lìng yī-fāngmiàn
andermal *adv* 另一次 lìng yícì，下一次 xià yícì，下一回 xià yīhuí
ändern I *vt* 修改 xiūgǎi，改变 gǎibiàn：die Verfassung ～ 修改宪法；den Kurs ～ 改变航向 II *rfl* 变化 biànhuà：das Wetter wird sich ～ 天气要变；das lässt sich nicht ～ 这是不能改变的
anders *adv* 不同 bùtóng，不一样 bùyīyàng：er ist ganz ～ geworden 他完全变了样了
anderthalb *num* 一个半 yīgèbàn，一又二分之一 yī yòu èrfēn zhī yī：vor ～ Tagen 一天半之前；～ Jahre alt sein 一岁半
Änderung *f* -，-en 变化 biànhuà，改变 gǎibiàn，变更 biàngēng
andeuten I *vt* 暗示 ànshì，指点 zhǐdiǎn：ein Vorhaben ～ 暗示一计划；勾画 gōuhuà：die Umrisse mit ein paar Strichen ～ 用几笔勾画出轮廓；简述 jiǎnshù，略提 lüètí II *rfl* 预示 yùshì，显露 xiǎnlù
Andeutung *f* -，-en 暗示 ànshì，提及 tíjí，勾画 gōuhuà，征兆 zhēngzhào
andocken *vt* 对接（航天器）duìjiē
Andockung *f* -，-en（航天器的）对接 duìjiē
Andora 安道尔 Āndào'ěr
Andragogik *f* - 成人教育学 chéngrén jiàoyùxué
Andrang *m* -s 拥挤 yōngjǐ：am Postschalter herrscht großer ～ 邮局窗口很拥挤；挤提存款 jǐtí cúnkuǎn，挤兑 jǐduì
andrehen *vt* 旋开 xuánkāi，扭开 niǔkāi：das Radio ～ 打开收音机；das Gas ～ 开煤气；拧紧（螺丝）nǐngjǐn；劝诱…买下… quànyòu … mǎixià …：jm eine Kopie ～ 劝诱某人买下复制品
andringen* *vi*（*s*）逼近 bījìn，推近 tuījìn，进攻 jìngōng；涌向 yǒngxiàng，涌到 yǒngdào，上涨 shàngzhǎng

androgyn *adj* 雌雄同体的 cí xióng tóng tǐ de，两性畸形的 liǎngxìng jīxíng de
Androgynie *f* - 雌雄同体 cí xióng tóng tǐ，两性体 liǎngxìngtǐ
androhen *vt* 以…威胁 yǐ … wēixié，恫吓 dònghè，恐吓 kǒnghè：jm die Entlassung ～ 以开除来威胁某人
Androhung *f* -，-en 威胁 wēixié，恐吓 kǒnghè，恫吓 dònghè
Android *m* -en，-en （科学幻想小说中的）机器人 jīqìrén
Andrologie *f* - 男性医学 nánxìng yīxué
aneignen *rfl* 侵占 qīnzhàn，把…占为己有 bǎ … zhàn wéi jǐ yǒu：sich（*D*）js Vermögen ～ 把某人的财产占为己有；学会 xuéhuì，掌握 zhǎngwò：sich（*D*）eine fremde Sprache ～ 掌握一门外语
aneinander *adv* 互相 hùxiāng，彼此 bǐcǐ wir denken oft ～ 我们常常彼此想念；彼此靠近 bǐcǐ kàojìn
aneinandergeraten* *vi*（*s*）互相争吵 hùxiāng zhēngchǎo，互相冲突 hùxiāng chōngtū
Anekdote *f* -，-n 轶事 yìshì
anekeln *vt* 使反感 shǐ fǎngǎn，使讨厌 shǐ tǎoyàn，使厌恶 shǐ yànwù：seine Stimme ekelt sie an 他的声音令她厌恶
anerkannt *adj* 公认的 gōngrènde
anerkennen* *vt* 承认 chéngrèn：etw offiziell ～ 正式承认某事；赞许 zànxǔ，赏识 shǎngshí：jn als tüchtigen Menschen ～ 赞扬某人是个能干的人
Anerkennung *f* -，-en 承认 chéngrèn：die staatliche ～ 得到国家承认；赞赏 zànshǎng，重视 zhòngshì：～ finden 获得好评
anfahren* I *vi*（*s*）（车辆）开动 kāidòng II *vt* 驶向 shǐxiàng：Berlin ～ 驶向柏林；运来 yùnlái：Kartoffeln ～ 把土豆运来；（开车）撞着 zhuàngzháo，撞倒 zhuàngdǎo
Anfahrt *f* -，-en 靠近 kàojìn，驶近 shǐjìn；到达 dàodá，到来 dàolái；车道 chēdào；去路 cùlù，通道 tōngdào
Anfall *m* -s，⸚e 袭击 xíjī，攻击 gōngjī；（疾病等）发作 fāzuò；收获 shōuhuò，产量 chǎnliàng
anfallen* I *vt* 袭击 xíjī，攻击 gōngjī：jn von hinten ～ 从背后袭击某人；（疾病等）袭击 xíjī：Fieber fällt jn an 某人发烧 II *vi*（*s*）附带产生 fùdài chǎnshēng，同时生成 tóngshí shēngchéng：etw fällt bei der Produktion als Nebenprodukt an 在生产中同时产生了副产品
anfällig *adj* 身体虚弱的 shēntǐ xūruòde，易受感染的 yì shòu gǎnrǎn de，容易得病的 róngyì débìng de
Anfang *m* -(e)s，⸚e 开始 kāishǐ，开端 kāiduān：ein guter ～ 良好的开端；am（或 zu）～ 开始时；am ～ dieses Jahrhunderts 本世纪初；von ～ an 从开始起；von ～ bis Ende 从头到尾；aller ～ ist schwer 万事开头难
anfangen* I *vt* 开始 kāishǐ，着手 zhuóshǒu：eine Rede ～ 开始讲演；做 zuò，办 bàn：er hat das geschickt angefangen 他巧妙地办了此事 II *vi* 开始 kāishǐ：mit der Arbeit ～ 开始这工作；mit jm nichts ～ können 对某人毫无办法，与某人搞不到一块
Anfänger *m* -s，- 初学者 chūxuézhě，新手 xīnshǒu
anfänglich I *adj* 开始的 kāishǐde，最初的 zuìchūde II *adv* 开始 kāishǐ，起初 qǐchū，起先 qǐxiān
anfangs *adv* 开始 kāishǐ，起初 qǐchū，起先 qǐxiān：～ ging alles glatt 开始时一切都顺利
anfassen *vt* 抓住 zhuāzhù，捉住 zhuōzhù，触摸 chùmō：Fass mich nicht an！别抓住我（或别碰我）！对待 duìdài，处理 chǔlǐ：jn zart ～ 温和对待某人
anfechten* *vt* 否认 fǒurèn，认为…无效 rènwéi … wúxiào；攻击 gōngjī，反对 fǎnduì；使不安 shǐ bù'ān，使烦恼 shǐ fánnǎo
anfeinden *vt* 敌视 díshì，敌对 díduì，攻击 gōngjī
anfertigen *vt* 生产 shēngchǎn，制作 zhìzuò，制造 zhìzào：Schmuck ～ 制作首饰；做 zuò：ein Verzeichnis ～ 做一个目录
anfetzen *vt/vi*（青年用语）够味儿 gòuwèir；有吸引力 yǒu xīyǐnlì；有刺激性 yǒu cìjīxìng
anfeuern *vt* 给…生火 gěi … shēnghuǒ：den Kessel ～ 给锅炉生火；鼓励 gǔlì，鼓舞 gǔwǔ，激励 jīlì
anfixen *vt* 引诱吸毒 yǐnyòu xīdú，促使吸毒 cùshǐ xīdú
anflehen *vt* 恳求 kěnqiú，哀求 āiqiú，乞求 qǐqiú：jn um Beistand ～ 恳求某人支持
Anflug *m* -s，⸚e 飞近 fēijìn，飞来 fēilái，（飞机）进（机）场（的）飞行 jìnchǎng

fēixíng；少许痕迹 shǎoxǔ hénjì，一丝痕迹 yìsī hénjì：ein ～ von Stolz 一丝自豪痕迹

anfordern *vt*（迫切）要求 yāoqiú，请求 qǐngqiú

Anforderung *f* -，-en 要求 yāoqiú：hohe ～en an jn stellen 向某人提出高要求；要求供货 yāoqiú gōnghuò，要求交货 yāoqiú jiāohuò；订货 dìnghuò

Anfrage *f* -，-n 询问 xúnwèn；询价 xúnjià；（议会中的）质问 zhìwèn

anfragen *vi* 询问 xúnwèn：bei jm bescheiden ～ 谦虚地询问某人

anfressen* I *vt* 咬 yǎo，啃 kěn：Mäuse haben den Speck angefressen 耗子把肥肉啃了；腐蚀 fǔshí，侵蚀 qīnshí II *rfl* 吃得发胖 chīde fāpàng：sich（*D*）einen Bauch ～ 吃出个大肚子

anfreunden *rfl* 与…交朋友 yǔ … jiāo péngyou，与…结交 yǔ … jiéjiāo：sich mit jm ～ 与某人交朋友

anführen *vt* 带领 dàilǐng，率领 shuàilǐng，引导 yǐndǎo：die Truppe ～ 率领这支部队；援引 yuányǐn，引用 yǐnyòng，列举 lièjǔ：Tatsachen ～ 列举事实；etw als Beweis ～ 举出某事作为证明：einen Brief ～ 引用一封信；捉弄 zhuōnòng，愚弄 yúnòng

Anführer *m* -s，- 领导者 lǐngdǎozhě，指挥者 zhǐhuīzhě；头目 tóumù

Anführungszeichen *n* 引号（„“）yǐnhào

Angabe *f* -，-n 说明 shuōmíng，陈述 chénshù，报告 bàogào；指示 zhǐshì；说明语 shuōmíngyǔ

angaffen *vt* 张口呆视 zhāngkǒu dāishì，张口惊视 zhāngkǒu jīngshì

angängig *adj* 可行的 kěxíngde，可能的 kěnéngde，可允许的 kě yǔnxǔ de

angeben* I *vt* 说明 shuōmíng，告知 gàozhī，陈述 chénshù：seinen Namen ～ 说出自己的名字；告发 gàofā：den Täter bei der Polizei ～ 向警察局告发作案者；确定 quèdìng，规定 guīdìng：das Tempo ～ 确定速度；勾画出 gōuhuàchū，…标出 … biāochū：eine Linie ～ 勾画出一条线；发球 fāqiú；出牌 chūpái；开价 kāijià：den Preis ～ 开价 II *vi* 吹牛 chuīniú，说大话 shuōdàhuà，夸耀 kuāyào：mit etw ～ 夸耀某事

Angeber *m* -s，- 牛皮大王 niúpí dàwáng；告发者 gàofāzhě，告密者 gàomì zhě；发牌者 fāpáizhě，发球者 fāqiúzhě

angeblich I *adj* 所谓的 suǒwèide，自称的 zìchēngde；假装的 jiǎzhuāngde II *adv* 据说 jùshuō，据称 jùchēng：er ist ～ verreist 据说他出门旅行去了

angeboren *adj* 天生的 tiānshēngde，先天的 xiāntiānde，遗传的 yíchuánde

Angebot *n* -s，-e 建议 jiànyì，提议 tíyì；报价 bàojià，发盘 fāpán；提供 tígōng，供应 gōngyìng：ein großes ～ an Obst 大量供应水果

Angebotsausschreibung *f* 招标 zhāobiāo

angehen* I *vi*（*s*）开始 kāishǐ：Wann geht das Theater an? 戏何时开演？点燃 diǎnrán，点亮 diǎnliàng：die Lampe geht an 灯亮起来了；可以忍受 kěyǐ rěnshòu，尚可 shàngkě II *vt* 涉及 shèjí，关系到 guānxìdào：das geht uns nichts an 这和我们毫不相干；请求 qǐngqiú：jn um Unterstützung ～ 请求某人支援：die Bank um ein Darlehen ～ 请求银行贷款；攻击 gōngjī，袭击 xíjī：seinen Gegner ～ 攻击其敌人

angehend *adj* 将来的 jiāngláide，未来的 wèiláide，在成长中的 zài chéngzhǎngzhōng de：ein ～er Gelehrter 一位未来的学者

angehören *vi* 属于 shǔyú：einer Partei ～ 属于一政党：etw gehört der Vergangenheit［der Geschichte］an 某事已成过去［历史］

Angehörige *m/f*（按形容词变化）家属 jiāshǔ，亲属 qīnshǔ；成员 chéngyuán

Angehörigkeit *f* - 从属关系 cóngshǔ guānxì；籍 jí

Angeklagte *m/f*（按形容词变化）被告 bèigào

Angel *f* -，-n 钓竿 diàogān，钓具 diàojù；铰链 jiǎoliàn，门轴 ménzhóu

angelaufen *adj* 迅速积累的 xùnsù jīlěide，增长的 zēngzhǎngde：～e Schulden 迅速积累的债务

Angeld *n* 定金 dìngjīn，保证金 bǎozhèngjīn

Angelegenheit *f* -，-en 事 shì，事情 shìqing，事务 shìwù；事件 shìjiàn

angelegentlich *adj* 紧迫的 jǐnpòde，迫切的 pòqiède；热切的 rèqiède，坚决的 jiānjuéde

angeln *vi/vt* 钓（鱼）diào：～ gehen 去钓鱼；sich（*D*）jn ～ 把某人引上钩（或

把某人搞到手)；Fische ～ 钓鱼

Angelpunkt *m* 重点 zhòngdiǎn，要点 yàodiǎn，关键 guānjiàn

angemessen *adj* 合适的 héshìde，适宜的 shìyíde，适当的 shìdàngde

angenehm *adj* 舒适的 shūshìde，惬意的 qièyìde，令人愉快的 lìng rén yúkuàide：einen ～en Eindruck machen 给人一个美好的印象

angenommen *adj* 假定的 jiǎdìngde，假设的 jiǎshède；承兑的 chéngduìde，接受的 jiēshòude

angeregt *adj* 热烈的 rèliède，活跃的 huóyuède，愉快的 yúkuàide：ein ～ es Gespräch 活跃的谈话；sich ～ unterhalten 愉快地交谈

angesehen *adj* 受尊敬的 shòu zūnjìng de，有名望的 yǒu míngwàng de，令人敬重的 lìng rén jìngzhòng de

Angesicht *n* -(e)s，-er 面貌 miànmào，容颜 róngyán，脸 liǎn：im ～ des Volkes [der Gefahr] 面对人民[危险]；jn von ～ kennen 跟某人只是面熟

angesichts *prp* (*G*) 面对着 miànduìzhe，面临着 miànlínzhe：～ des Feindes 面对敌人；鉴于 jiànyú，考虑到 kǎolǜdào

angespannt *adj* 紧张的 jǐnzhāngde，专心的 zhuānxīnde，竭尽全力的 jiéjìn quánlì de；严重的 yánzhòngde

Angestellte *m*/*f* (按形容词变化)职员 zhíyuán，雇员 gùyuán

angestrengt *adj* 努力的 nǔlìde，尽力的 jìnlìde；劳累的 láolèide，紧张的 jǐnzhāngde

angetrunken *adj* 微醉的 wēizuìde

angewandt *adj* 应用的 yìngyòngde，实用的 shíyòngde：～e Wissenschaften 应用科学

angewiesen *adj* 依靠的 yīkàode，依赖的 yīlàide：auf jn [etw] ～ sein 依赖某人[某事]

angewöhnen *vt* 使习惯于 shǐ xíguàn yú：dem Kinde ～，früh aufzustehen 使这孩子习惯于早起；sich (*D*) etw ～ 使自己习惯于某事

Angewohnheit *f* -，-en (不良)习惯 xíguàn，特性 tèxìng

angezeigt *adj* 合适的 héshìde，适宜的 shìyíde，恰当的 qiàdàngde：etw für ～ halten 认为某事合适

Angina *f* -，...nen 咽喉炎 yānhóuyán，扁桃腺炎 biǎntáoxiànyán

angleichen* *vt* 使适合于 shǐ shìhé yú，使相适应 shǐ xiāng shìyìng：die Löhne den Preisen ～ 使工资和价格相适应

Angler *m* -s，- 钓鱼者 diàoyúzhe

angliedern *vt* 合并 hébìng，并入 bìngrù：einen Vorort dem Stadtbezirk ～ 使一郊区并入城区

Angloamerikaner *m* -s，- 英裔美国人 yīng yì měiguórén

anglotzen *vt* 呆呆地盯着 dāidāide dīngzhe，凝视 níngshì

Angora 安哥拉 Āngēlā

angreifen* *vt* 攻击 gōngjī：den Feind von vorn ～ 从前面进攻敌人；抨击 pēngjī：den Redner heftig ～ 猛烈抨击讲演者；抓 zhuā，握 wò，碰 pèng，触 chù；腐蚀 fǔshí：Säure greift das Metall an 酸腐蚀金属；损坏 sǔnhuài，损害 sǔnhài：starker Kaffee greift das Herz an 浓咖啡损害心脏；动用 dòngyòng，开始消耗 kāishǐ xiāohào：Kasse ～ 动用备用现金

Angreifer *m* -s，- 进攻者 jìngōngzhě，侵略者 qīnlüèzhě

angrenzen *vi* 接界 jiējiè，交界 jiāojiè，毗连 pílián：der Garten hat damals noch an den Wald angegrenzt 当时这花园还与树林毗连

Angriff *m* -(e)s，-e 进攻 jìngōng，攻击 gōngjī；抨击 pēngjī；开始 kāishǐ，着手 zhuóshǒu：etw in ～ nehmen 着手做某事

Angst *f* -，⸚e 害怕 hàipà，不安 bù'ān，恐惧 kǒngjù：～ vor jm [etw] haben 害怕某人[某事]

Angsthase *m* -n，-n 胆小鬼 dǎnxiǎoguǐ，懦夫 nuòfū

ängstigen I *vt* 使害怕 shǐ hàipà，使焦虑 shǐ jiāolǜ，使胆怯 shǐ dǎnqiè II *rfl* 害怕 hàipà，胆怯 dǎnqiè，焦虑 jiāolǜ：sich vor jm [etw] ～ 害怕某人[某事]

Angstkäufe *pl* 抢购 qiǎnggòu

Angstkurse *pl* 恐慌行情 kǒnghuāng hángqíng

ängstlich *adj* 害怕的 hàipàde，胆小的 dǎnxiǎode，恐惧的 kǒngjùde

Angstmeier *m* 胆小鬼 dǎnxiǎoguǐ，懦夫 nuòfū

Angstpeter *m* 胆小鬼 dǎnxiǎoguǐ，懦夫 nuòfū

Angstpreis *m* 恐慌价格 kǒnghuāng jiàgé

Angstschweiß *m* (因惊吓而出的)冷汗 lěnghàn
Angstverkäufe *pl* 恐慌出售 kǒnghuāng chūshòu
angucken *vt* 注视 zhùshì,仔细看 zǐxìkàn: jn lächelnd ~ 微笑着端详某人
anhaben* *vt* 穿着 chuānzhe,戴着 dàizhe: den Mantel ~ 穿着大衣;指摘 zhǐzhāi,损害 sǔnhài: jm [etw] nichts ~ können 不能损害某人[某事]
anhaften *vi* 粘着 niánzhuó,附着 fùzhuó;摆脱不掉 bǎituō bú diào
anhaken *vt* 钩住 gōuzhù: die Gartentür ~ 把花园的门钩住;在…旁画钩 zài … páng huàgōu: die Namen in einer Liste ~ 在名单的名字旁画钩
Anhalt *m* -(e)s, -e 支撑物 zhīchēngwù,立足点 lìzúdiǎn;依据 yījù,根据 gēnjù: einen ~ suchen 寻找根据
anhalten* I *vt* 使停住 shǐ tíngzhù: den Wagen ~ 使车子停住; den Schritt ~ 停住脚步;敦促 dūncù,督促 dūcù,教导 jiàodǎo: die Kinder zur Ordnung ~ 教孩子遵守秩序 II *vi* 停住 tíngzhù: das Auto hielt vor dem Haus an 汽车停在房屋前;持续 chíxù,继续 jìxù: der Regen hält an 雨继续下着 III *PI* **anhaltend** 持续不断的 chíxù búduàn de
Anhalter *m* -s, - (用于短语) per ~ fahren (或 reisen) 拦车搭乘 lán chē dāchéng,免费搭乘便车旅行 miǎnfèi dāchéng biànchē lǚxíng
Anhaltspunkt *m* 论据 lùnjù,依据 yījù;线索 xiànsuǒ: ich habe keinerlei ~e 我一无所知,我一点线索都没有
anhand *prp* (G) 根据 gēnjù,借助 jièzhù: ~ der Unterlagen etw beweisen 根据书面证据证实某事物
Anhang *m* -s, -e 附录 fùlù,补遗 bǔyí,附件 fùjiàn;信徒 xìntú,追随者 zhuīsuízhě;家属 jiāshǔ,亲属 qīnshǔ,朋友 péngyou
anhängen *vt* 挂上 guàshàng: den Hörer ~ 挂上电话听筒(或耳机); einen Waggon ~ 挂上一节车厢;背后说(某人) bèihòu shuō: jm einen Spitznamen ~ 背后给某人起绰号;添加 tiānjiā,附加 fùjiā: zwei Nullen ~ 加上两个零
anhängen* *vi* 缠着 chánzhe,附着 fùzhuó,压在心头 yā zài xīntóu: seine Vergangenheit hängt ihm noch an 他尚未完全摆脱他的过去;依附 yīfù,追随 zhuīsuí,信仰 xìnyǎng: jm treu ~ 忠实地追随某人; einer Lehre ~ 信仰一学说
Anhänger *m* -s, - 挂车 guàchē,拖车 tuōchē;信徒 xìntú,支持者 zhīchízhě,追随者 zhuīsuízhě
anhauchen *vt* 朝…呵气 cháo … hēqì: die Fensterscheibe ~ 朝窗玻璃呵气
anhäufen I *vt* 堆积 duījī,积聚 jījù;积攒 jīzǎn,积累 jīlěi: Geld ~ 积攒钱; Wissen ~ 积累知识 II *rfl* 积聚 jījù,堆积 duījī
anheben* I *vt* 把…升高一点 bǎ … shēnggāo yìdiǎn: das Glas ~ 举杯;提高(工资、价格) tígāo II *vi* 开始 kāishǐ
anheften *vt* (用大针脚)把…缝上 bǎ … féngshàng,(用别针)别上 biéshàng,钉上 dìngshàng: jm den Orden ~ 给某人别上勋章
anheimeln *vt* 使感到亲切 shǐ gǎndào qīnqiè,使感到如在家里 shǐ gǎndào rú zài jiālǐ
anheimgeben* I *vt* 把…交给…处理 bǎ … jiāogěi … chǔlǐ II *rfl* 醉心于 zuìxīn yú,把自己交付给 bǎ zìjǐ jiāofù gěi: sich der Kunst ~ 醉心于艺术
anheimstellen *vt* 听任(某人)决定 tīngrèn juédìng
anherrschen *vt* 斥责 chìzé,呵斥 hēchì,怒斥 nùchì
anheuern I *vt* 雇(船员) gù: einen neuen Matrosen ~ 雇一新水手 II *vi* 受雇(当船员) shòugù
Anhieb *m* (用于短语) auf ~ 立即 lìjí,初次尝试 chūcì chángshì
anhimmeln *vt* 敬慕 jìngmù,崇拜 chóngbài
Anhöhe *f* -, -n 小丘 xiǎoqiū,岗 gǎng,高地 gāodì
anhören I *vt* 倾听 qīngtīng,留心听完 liúxīn tīngwán: den Angeklagten ~ 留心听完被告说话; js Meinung ~ 倾听某人的意见 II *rfl* 听起来 tīngqǐlái: etw hört sich gut [schlecht] an 某事听起来很好[糟糕]
animalisch *adj* 动物的 dòngwùde,兽性的 shòuxìngde;冲动的 chōngdòngde
Animator *m* -s, -en 动画片绘制者 dònghuàpiàn huìzhìzhě
animieren *vt* 鼓舞 gǔwǔ,激励 jīlì;使兴奋 shǐ xīngfèn
Animosität *f* -, -en 仇恨 chóuhèn,憎恶 zēngwù,仇视 chóushì

Ankauf *m* -s, ⸚e (尤指贵重物品的)购买 gòumǎi,大量购买 dàliàng gòumǎi,买进 mǎijìn

ankaufen I *vt* 大量购买 dàliàng gòumǎi,买进 mǎijìn II *rfl* 购置地产而定居 gòuzhì dìchǎn ér dìngjū

Ankäufer *m* -s, - 购买者 gòumǎizhě,买主 mǎizhǔ

Ankaufskosten *pl* 采购成本 cǎigòu chéngběn

Ankaufspreis *m* 买价 mǎijià

Anker *m* -s, - 锚 máo: den ～ auswerfen 抛锚停泊

anketten *vt* 把…缚在链上 bǎ … fù zài liànshàng,用链锁住 yòng liàn suǒzhù

Anklage *f* -, -n 控诉 kòngsù,控告 kònggào: die ～ gegen jn erheben 对某人提出控诉,控告某人

anklagen *vt* 控诉 kòngsù,控告 kònggào: jn wegen eines Betruges ～ 控告某人诈骗

Ankläger *m* -s, - 起诉人 qǐsùrén,控诉人 kòngsùrén

Anklageschrift *f* 起诉书 qǐsùshū,诉状 sùzhuàng

Anklang *m* -(e)s, ⸚e 相同之处 xiāngtóng zhī chù,类似之处 lèisì zhī chù;赞同 zàntóng: ～ finden (或 haben) 得到赞同

ankleben I *vt* 贴上 tiēshàng,黏上 niánshàng II *vi*(*s*) 贴住 tiēzhù,黏住 niánzhù

ankleiden I *vt* 替…穿衣 tì … chuānyī: ein Kind ～ 替一小孩穿衣 II *rfl* 穿衣 chuānyī: sich rasch ～ 迅速穿衣

Ankleideraum *m* 更衣室 gēngyīshì

Ankleidezimmer *n* = Ankleideraum

anklingeln I *vt* 打电话 dǎdiànhuà: jn ～ 打电话给某人 II *vi* 打电话 dǎdiànhuà: bei jm ～ 打电话给某人

anklingen* *vi* 听得出 tīngdechū,看得出 kàndechū,感觉得出 gǎnjuédechū;与…相似 yǔ … xiāngsì,部分与…一致 bùfen yǔ … yízhì,令人忆起 lìng rén yì qǐ: das Gedicht klingt an Heine an 这首诗令*人想到海涅*

anklopfen *vi* 敲门 qiāomén: an die (或 der) Tür ～ 敲门

anknipsen *vt* 开(灯、收音机等) kāi: das Licht ～ 开灯

anknöpfen *vt* 把…扣到…上 bǎ … kòudào … shàng: die Kapuze an den Mantel ～ 把兜帽扣到大衣上

anknüpfen I *vi* 连接 liánjiē,接上 jiēshàng: ich knüpfe dort an, wo wir gestern aufgehört haben 昨天我们在哪里停下,今天我们就从那里开始; an alte Traditionen ～ 继续老传统 II *vt* 建立 jiànlì,开始 kāishǐ: mit anderen Ländern enge Handelsbeziehungen ～ 和其他国家建立紧密的贸易关系

ankommen* *vi*(*s*) 到达 dàodá,抵达 dǐdá: pünktlich um 7 Uhr in Beijing [zu Hause] ～ 七点准时抵达北京[到家];找到工作 zhǎodào gōngzuò,受雇于 shòugù yú: bei einer Firma ～ 在一家公司找到工作;接近 jiējìn,驶近 shǐjìn: das Auto kam in großem Tempo an 汽车高速驶近过来;受欢迎 shòuhuānyíng,得到赞扬 dédào zànyáng: der Film ist gut angekommen 这电影得到很多赞许;对付 duìfu,战胜 zhànshèng: gegen jn [etw] anzukommen suchen 试图对付某人[某事];取决于… qǔjué yú …,视…而定 shì … ér dìng,重要的是… zhòngyàode shì …: es kommt auf jn [etw] an 这取决于某人[某事]

Ankömmling *m* -s, -e 新生婴儿 xīnshēng yīng'ér;新来者 xīnláizhě

ankönnen* *vi* 对付 duìfu,对抗 duìkàng,抗衡 kànghéng: gegen jn [etw] nicht ～ 不能对抗某人[某事]

ankoppeln *vt* 连接 liánjiē,挂上 guàshàng,拴上 shuānshàng: einen Eisenbahnwagen ～ 把一节火车车厢挂上

ankotzen *vt* 使憎恶 shǐ zēngwù,使厌恶 shǐ yànwù: der ganze Laden kotzt mich an 这整桩事情使我反感

ankrallen I *vt* (用爪)抓住 zhuāzhù;强求 qiǎngqiú II *rfl* 紧紧抓住 jǐnjǐn zhuāzhù: der Vogel krallt sich am Käfig an 这只鸟紧紧抓住鸟笼

ankreuzen *vt* 在…旁打叉 zài … páng dǎchā: einen Fehler im Diktat ～ 在听写错误处打叉

ankündigen I *vt* 预先通知 yùxiān tōngzhī,预告 yùgào: seinen Besuch ～ 预先通知要去拜访 II *rfl* 预示 yùshì: ein Unheil kündigt sich an 出现了不祥之兆

Ankündigung *f* -, -en 预告 yùgào,预示 yùshì,事先通知 shìxiān tōngzhī

Ankündigungsschreiben *n* 发货通知单 fāhuò tōngzhīdān;汇票通知单 huìpiào tōngzhīdān

Ankunft *f* - 到达 dàodá，到来 dàolái

anlächeln *vt* 微笑着注视 wēixiàozhe zhùshì：jn freundlich ～ 友好地微笑着注视某人

anlachen *vt* 笑着注视某人 xiàozhe zhùshì mǒurén：sie lachten einander an 他们笑着相互注视

Anlage *f* -，-n 建立 jiànlì，建造 jiànzào；布置 bùzhì，设置 shèzhì；公共设施 gōnggòng shèshī，公共绿化带 gōnggòng lǜhuàdài，公园 gōngyuán；装备 zhuāngbèi，设备 shèbèi，装置 zhuāngzhì；素质 sùzhì，天赋 tiānfù，天资 tiānzī；投资 tóuzī；资产 zīchǎn；书信等的附件 shūxìn děng de fùjiàn；草案 cǎo'àn，计划 jìhuà，规划 guīhuà

anlangen I *vi*(*s*) 到达 dàodá：glücklich am Ziel der Wanderung ～ 幸运地到达漫游目的地 II *vt* 至于… zhìyú…，关系到 guānxì dào，涉及 shèjí：was mich anlangt，so ... 至于(说到)我，那…

Anlass *m* -es，-̈e 诱因 yòuyīn，动机 dòngjī，理由 lǐyóu；机会 jīhuì，时机 shíjī

anlassen* I *vt* 发动 fādòng，开动 kāidòng：das Auto ～ 开动汽车；穿着不脱 chuānzhe bù tuō：den Mantel ～ 穿着大衣不脱；开着不关 kāizhe bù guān：das Radio ～ 开着收音机不关；退火 tuìhuǒ，回火 huíhuǒ II *rfl* 显得 xiǎnde，显露 xiǎnlù，现出 xiànchū：das Geschäft lässt sich günstig an 生意显得有利

Anlasser *m* -s，- 起动器 qǐdòngqì

anlässlich *prp* (*G*) 值此… zhí cǐ…，在…之际 zài … zhī jì，由于… yóuyú … ～ des Geburtstages 为了庆祝生日

Anlauf *m* -(e)s，-̈e 助跑 zhùpǎo：den ～ verkürzen 缩短助跑；开始 kāishǐ：～ zur Arbeit nehmen 开始工作

anlaufen* I *vi*(*s*) 开动 kāidòng，启动 qǐdòng：der Plan läuft an 计划开始进行；变色 biànsè；失去光泽 shīqù guāngzé，变模糊 biàn móhu，变暗淡 biàn àndàn：die Brille ist angelaufen 眼镜变模糊了 II *vt* 停靠 tíngkào，向…靠岸 xiàng … kào'àn：eine Insel ～ 向一岛屿停靠

Anlaut *m* -(e)s，-e (一个词或一个音节的)第一个音素 dìyīgè yīnsù

anlegen I *vt* 靠放 kàofàng，安放 ānfàng：eine Leiter an den Baum ～ 把一梯子安放在树旁；den Säugling an die Brust ～ 给婴儿喂奶；穿上 chuānshàng：Uniform ～ 穿上制服；添加 tiān jiā，添放 tiānfàng：Holz ～ 添加木柴；瞄准 miáozhǔn，对准 duìzhǔn：das Gewehr auf jn ～ 端枪瞄准某人；加上 jiāshàng，戴上 dàishàng：dem Gefangenen Handschellen ～ 给囚犯戴上手铐；兴建 xīngjiàn，建造 jiànzào：eine Eisenbahn ～ 铺设一条铁路；投入 tóurù，投资 tóuzī：Geld in Wertpapieren ～ 投资做有价证券业务；Konto ～ 开账户 kāizhànghù；设计 shèjì，规划 guīhuà II *vi* 停泊 tíngbó，停靠 tíngkào，靠岸 kào'àn：das Schiff legte an der Küste an 船停靠在海岸边

Anlegeplatz *n* 停泊处 tíngbóchù，停靠处 tíngkàochù

Anleger *m* -s，- 投资者 tóuzīzhě；存款人 cúnkuǎnrén，储蓄人 chǔxùrén

anlehnen I *vt* 把…倚靠在…上 bǎ … yǐkào zài … shang：die Leiter an die Wand ～ 把梯子靠到墙上；虚掩 xūyǎn，让…留条缝 ràng … liú tiáo fèng：die Tür [das Fenster] ～ 让门[窗]留条缝 II *rfl* 倚靠 yǐkào：das Kind lehnte sich an sie an 这孩子倚靠着她；依据 yījù，以…为蓝本 yǐ … wéi lánběn：sich an die Vorlage ～ 依据这样本

Anleihe *f* -，-n (长期)贷款 dàikuǎn，借款 jièkuǎn，放款 fàngkuǎn：eine ～ aufnehmen [zurückzahlen] 接受[偿还]一笔贷款

Anleiheabkommen *n* 贷款协定 dàikuǎn xiédìng

Anleihebank *f* 放款银行 fàngkuǎn yínháng

Anleihebesitzer *m* 债券持有人 zhàiquàn chíyǒurén

Anleihelaufzeit *f* 贷款期限 dàikuǎn qīxiàn

Anleihemarkt *m* 债券市场 zhàiquàn shìchǎng，借贷市场 jièdài shìchǎng

Anleihepapiere *pl* 债券 zhàiquàn

anleiten *vt* 指导 zhǐdǎo，教导 jiàodǎo，指点 zhǐdiǎn；引导 yǐndǎo

Anleitung *f* -，-en 指导 zhǐdǎo，引导 yǐndǎo，说明 shuōmíng：jm ～en geben 给某人指导

anlernen *vt* 指导 zhǐdǎo，教 jiào，带(学徒)入门 dài rùmén

Anlernkraft *f* 学徒 xuétú

anliefern *vt* 送(货)到指定地点 sòng dào zhǐdìng dìdiǎn；提供 tígōng，供应 gōngyìng

Anlieferung *f* -, -en 送货 sònghuò；提供 tígōng，供应 gōngyìng

Anlieferungsschein *m* 送货通知单 sònghuò tōngzhīdān；送货单 sònghuòdān

Anliegen *n* -s, - 深为关心的事情 shēn wèi guānxīn de shìqing；愿望 yuànwàng，请求 qǐngqiú

Anlieger *m* -s, - 邻近居民 línjìn jūmín

anlocken *vt* 引诱 yǐnyòu，吸引 xīyǐn：Kunden ～ 吸引顾客

anlügen* *vt* 对…说谎 duì … shuōhuǎng，对…撒谎 duì … sāhuǎng

anmachen *vt* 装上 zhuāngshàng，挂上 guàshàng，使固定 shǐ gùdìng：einen Spiegel an der Wand ～ 把镜子挂在墙上；打开…的开关 dǎkāi … de kāiguān：das Radio ～ 打开收音机；点燃 diǎnrán，生(火) shēng：den Ofen ～ 生炉子；拌和 bànhuò，拌匀 bànyún，调制 tiáozhì：Farben mit Wasser ～ 用水调颜料；Salat mit Essig ～ 用醋拌生菜；鼓动某人跟着一起做 gǔdòng mǒu rén gēnzhe yìqǐ zuò

anmahnen *vt* 通知…到期 tōngzhī … dàoqī；催(缴款或还物) cuī

Anmarsch *m* -es 进军 jìnjūn，挺进 tǐngjìn，推进 tuījìn

anmarschieren *vi(s)* 列队行进 lièduì xíngjìn，列队前来 lièduì qiánlái

anmaßen *rfl* 无理要求 wúlǐ yāoqiú，妄求 wàngqiú：sich (*D*) Vorrechte ～ 无理要求有优先权

anmaßend *adj* 自负的 zìfùde，狂妄自大的 kuángwàng zìdà de，傲慢的 àomànde

Anmaßung *f* -, -en 无理要求 wúlǐ yāoqiú；自负 zìfù，傲慢 àomàn，狂妄 kuángwàng

anmelden I *vt* 通知 tōngzhī，宣告 xuāngào：js Besuch ～ 通知某人来访；申报 shēnbào，登记 dēngjì：ein Warenzeichen ～ 商标注册；为…报名 wèi … bàomíng：sein Kind zur Schutzimpfung ～ 给他的孩子报名注射疫苗；提出 tíchū：Ansprüche ～ 提出要求 II *rfl* 通报 tōngbào，通知 tōngzhī：sich durch die Sekretärin ～ lassen 请女秘书为自己通报；预约 yùyuē，登记 dēngjì，报名 bàomíng：sich telefonisch beim Arzt ～ 打电话预约看病；sich polizeilich ～ 向警察局报户口；表明 biǎomíng：eine Krankheit hat sich durch Fieber angemeldet 发烧表明患了一疾病

Anmeldung *f* -, -en 通知 tōngzhī，通报 tōngbào；登记 dēngjì，挂号 guàhào，报名 bàomíng；登记处 dēngjìchù，挂号处 guàhàochù，报名处 bàomíngchù

anmerken *vt* 觉察 juéchá，看出 kànchū，注意到 zhùyìdào：jm seine Sorgen ～ 看出他的忧虑；dabei ist anzumerken, dass ... 对此必须注意，…

Anmerkung *f* -, -en 注释 zhùshì，注解 zhùjiě，注脚 zhùjiǎo；说明 shuōmíng；评语 píngyǔ

Anmut *f* - 美丽 měilì，优美 yōuměi，妩媚 wǔmèi

anmutig *adj* 优美的 yōuměide，优雅的 yōuyǎde，雅致的 yǎzhide

annageln *vt* 使固定 shǐ gùdìng，(用钉)把…钉牢 bǎ … dìngláo

annähen *vt* 缝上 féngshàng：den Saum ～ 缝上贴边

annähern I *rfl* 走近 zǒujìn，(相互)亲近 qīnjìn II *vt* 使(尽可能)相符 shǐ xiāngfú，使接近 shǐ jiējìn

annähernd *adv* 接近 jiējìn，大概 dàgài，差不多 chàbuduō

Annäherung *f* -, -en 接近 jiējìn，亲近 qīnjìn，靠拢 kàolǒng；近似值 jìnsìzhí

Annahme *f* -, -n 接受 jiēshòu，收下 shōuxià；采纳 cǎinà，通过 tōngguò；录用 lùyòng，收养 shōuyǎng；认为 rènwéi；假定 jiǎdìng，猜测 cāicè，假设 jiǎshè；承兑 chéngduì

annehmbar *adj* 可接受的 kě jiēshòu de，可采纳的 kě cǎinà de

annehmen* I *vt* 接受 jiēshòu：ein Trinkgeld ～ 接受小费；eine Einladung ～ 接受邀请；通过 tōngguò，批准 pīzhǔn：die Entschließung einstimmig ～ 决定一致通过；雇用 gùyòng，录用 lùyòng：neue Arbeiter ～ 录用新工人；假设 jiǎshè，假定 jiǎdìng，认为 rènwéi：ich nehme an, dass ... 我认为…；Wechsel ～ 承兑汇票 II *rfl* 关心 guānxīn，照顾 zhàogù：sich des Verletzten ～ 关心受伤者；把…放在心上 bǎ … fàng zài xīnshang：Nimm dir das an! 你要把这放在心上！

annektieren *vt* (用暴力)兼并 jiānbìng，并吞 bìngtūn

Annexion *f* -, -en (用暴力)兼并 jiānbìng，并吞 bìngtūn

Annonce [a'nõ:sə] *f* -, -n (报刊上的)广告 guǎnggào

annoncieren [anõ'ʃs...] I *vi* 登广告 dēngguǎnggào II *vt* 为…做广告 wèi … zuò guǎnggào：Waren ～ 为货物做广告
Annuität *f* -, -en 每年应付的息金与部分债款 měinián yìngfù de xījīn yǔ bùfen zhàikuǎn；年金 niánjīn
annullierbar *adj* 可撤销的 kěchèxiāo de
annullieren *vt* 废除 fèichú，取消 qǔxiāo：ein Gesetz ～ 废除一项法律；einen Vertrag ～ 宣布一项条约无效
Annullierung *f* - 宣布无效 xuānbù wúxiào，作废 zuòfèi，取消 qǔxiāo
Annullierungsgebühr *f* 撤销费 chèxiāofèi
anöden *vt* 使觉得无聊 shǐ juéde wúliáo，使厌烦 shǐ yànfán：eine einförmige Landschaft ödet ihn an 单调的风光使他厌烦
anomal *adj* 异常的 yìchángde，特殊的 tèshūde，不规则的 bù guīzéde，不正常的 bú zhèngchángde
anonym *adj* 不知名的 bù zhīmíngde，匿名的 nìmíngde，无名的 wúmíngde
anordnen *vt* 命定 mìngdìng，规定 guīdìng：eine Untersuchung ～ 命令做一调查；排列 páiliè，整理 zhěnglǐ：die Bücher neu ～ 重新整理这些书；(医生)嘱咐 zhǔfù
Anordnung *f* -, -en 命令 mìnglìng，规定 guīdìng；安排 ānpái，整理 zhěnglǐ
Anorexie *f* -, -n 缺乏食欲 quēfá shíyù；厌食 yànshí
anorganisch *adj* 无机的 wújīde：～e Chemie 无机化学
anormal *adj* 不规则的 bù guīzéde，异常的 yìchángde，病态的 bìngtàide，不正常的 bú zhèngchángde
anpacken I *vt* 抓住 zhuāzhù，握住 wòzhù：jn von hinten ～ 从背后抓住某人；着手 zhuóshǒu，处理 chǔlǐ：eine Arbeit richtig ～ 正确地着手一项工作 II *vi* 动手帮助 dòngshǒu bāngzhù，协助 xiézhù
anpassen I *vt* 使合适 shǐ héshì，使适应 shǐ shìyìng：Bauteile einander ～ 使建筑构件相配合；etw den Situationen ～ 使某事物适应形势 II *rfl* 适应 shìyìng：sich den modernen Lebensbedingungen ～ 适应现代生活条件
Anpassung *f* - 适应 shìyìng，适合 shìhé，调整 tiáozhěng
anpassungsfähig *adj* 能适应的 néng shìyìng de，能调节的 néng tiáojié de
Anpassungskünstler *m* 看风使舵者 kàn fēng shǐ duò zhě，随机应变者 suí jī yìng biàn zhě
Anpassungsprozess *m* 调整过程 tiáozhěng guòchéng，适应过程 shìyìng guòchéng
anpeilen *vt* (用无线电)测定(船、飞机、灯塔等的)方位 距离 cèdìng fāngwèi、jùlí：einen Sender ～ 测定一发射台的位置；注视 zhùshì：jn [etw] ～ 注视某人[某物]
anpfeifen* I *vi* (裁判员)鸣笛(或吹哨)宣布比赛开始 míngdí xuānbù bǐsài kāishǐ II *vt* 鸣笛(或吹哨)开始… míngdí kāishǐ …：der Schiedsrichter pfiff das Spiel an 裁判员鸣笛开始比赛；呵责 hēzé，斥责 chìzé
anpflanzen *vt* 栽种 zāizhòng，培植 péizhí，播种 bōzhòng：Bäume [Blumen] ～ 种植树木[花卉]
anpflaumen *vt* 愚弄 yúnòng，取笑 qǔxiào
anpinseln *vt* 涂色 túsè，刷上 shuāshàng：die Augenwimpern ～ 画眼睫毛
anprangern *vt* 痛斥 tòngchì，公开谴责 gōngkāi qiǎnzé：jn als Staatsfeind ～ 公开谴责某人是国家的敌人
anpreisen* *vt* 赞扬 zànyáng，夸奖 kuājiǎng，吹嘘 chuīxū，吹捧 chuīpěng
Anprobe *f* -, -n (衣服)试穿 shìchuān
anprobieren *vt* 试穿 shìchuān，试戴 shìdài：Schuhe ～ 试穿鞋子
anpumpen *vt* 向…借钱 xiàng … jièqián：er hat mich um 50 Euro angepumpt 他向我借了 50 欧元
anraten* *vt* 劝告 quàngào：jm Vorsicht ～ 劝告某人当心；推荐 tuījiàn：jm eine Medizin ～ 向某人推荐一种药
anrauchen *vt* 开始吸(烟) kāishǐ xī：eine Zigarre ～ 开始吸一支雪茄；对着…喷烟 duìzhe … pēn yān
anrechnen *vt* 要价 yàojià，作价 zuòjià：einen hohen Preis ～ 要价很高；记账 jìzhàng，开账单 kāizhàngdān；评价 píngjià，对待 duìdài
Anrecht *n* -(e)s, -e 要求的权利 yāoqiúde quánlì，(根据权利而提出的)要求 yāoqiú：auf etw (*A*) ～ haben 有要求某物的权利
Anrede *f* -, -n 称呼 chēnghu，称谓

chēngwèi；(与人攀谈的)开场白 kāichǎngbái

anreden *vt* 称呼 chēnghu：jn mit *Du* [Sie] ～ 用"你"[您]称呼某人；与…打招呼 yǔ … dǎzhāohu，与…攀谈 yǔ … pāntán：jn auf der Straße ～ 在街上与某人打招呼；请求 qǐngqiú：jn um Rat ～ 请某人出主意

anregen *vt* 激励 jīlì，鼓励 gǔlì：jn zu intensiver Arbeit ～ 激励某人努力工作；建议 jiànyì，提议 tíyì：ein Unternehmen ～ 建议采取行动；增进 zēngjìn：etw regt den Appetit an 某事增进食欲

Anregung *f* -，-en 激励 jīlì，鼓励 gǔlì：jm eine ～ zu etw geben 鼓励某人做某事；发起 fāqǐ，发动 fādòng；建议 jiànyì；振奋 zhènfèn，兴奋 xīngfèn：Kaffee zur ～ trinken 喝咖啡提神

anreichern *vt* 增加 zēngjiā，积累 jīlěi，使丰富 shǐ fēngfù：den Goldbestand ～ 增加黄金储备；angereichertes Uran 浓缩铀

Anreiz *m* -es，-e 刺激 cìjī，诱惑 yòuhuò；鼓动 gǔdòng：ein materieller ～ 物质刺激

Anreizartikel *m* 为招揽顾客而亏本出售的商品 wèi zhāolǎn gùkè ér kuīběn chūshòu de shāngpǐn

Anreizprämie *f* 鼓励性奖金 gǔlìxìng jiǎngjīn

Anrichte *f* -，-n 餐具柜(顶面用于放置配好的菜) cānjùguì

anrichten *vt* 做(饭菜) zuò：das Abendbrot ～ 做晚饭；端上 duānshàng：sie richtet das Essen an 她端上饭菜；造成 zàochéng，引起 yǐnqǐ：Verwüstungen ～ 造成破坏

Anriss *m* -es，-e 裂缝 lièfèng

anrüchig *adj* 不体面的 bù tǐmiàn de，名声极坏的 míngshēng jíhuài de，声名狼藉的 shēngmíng lángjí de

Anruf *m* -(e)s，-e 呼唤 hūhuàn；电话 diànhuà，通话 tōnghuà；盘问口令 pánwèn kǒulìng

anrufen* I *vt* 呼喊 hūhǎn，叫住 jiàozhù：ein vorbeifahrendes Taxi ～ 叫正从旁边行驶的出租车停住；打电话给… dǎdiànhuà gěi …：einen Freund ～ 打电话给一朋友；呼吁 hūyù，恳求 kěnqiú，请求 qǐngqiú：jn um Unterstützung ～ 请求某人援助 II *vi* 打电话 dǎdiànhuà：bei jm ～ 打电话给某人

anrühren *vt* 碰 pèng，接触 jiēchù，触摸 chùmō；论及 lùnjí，涉及 shèjí；感动 gǎndòng，打动 dǎdòng；搅和 jiǎohuo，调和 tiáohé：einen Teig ～ 拌和生面团

Ansage *f* -，-n 宣告 xuāngào，宣布 xuānbù；预告 yùgào；通告 tōnggào；口授 kǒushòu

ansagen *vt* 宣告 xuāngào，宣布 xuānbù；预告 yùgào；通告 tōnggào，报告 bàogào；口授 kǒushòu

Ansager *m* -s，- 播音员 bōyīnyuán，广播员 guǎngbōyuán；(戏院)报幕员 bàomùyuán，(比赛)讲解员 jiǎngjiěyuán

ansammeln I *vt* 积累 jīlěi，积聚 jījù，收集 shōují，收藏 shōucáng：Antiquitäten ～ 收藏古玩 II *rfl* 聚集 jùjí，堆积 duījī

ansässig *adj* 居住的 jūzhùde，定居的 dìngjūde：in ... ～ sein 居住地…，定居在…

Ansatz *m* -es，¨-e 附加部分 fùjiā bùfen，延长部分 yáncháng bùfen，增设部分 zēngshè bùfen；开始 kāishǐ，开端 kāiduān；(油脂、铁锈、污垢等)附着物 fùzhuówù：den ～ vom Zahnstein entfernen 洗牙；估价 gūjià，估计 gūjì，规定价格 guīdìng jiàgé：etw in ～ bringen 对某物进行估价；沉淀物 chéndiànwù

Ansatzpunkt *m* 出发点 chūfādiǎn；根据 gēnjù

anschaffen *vt* 购买 gòumǎi，添置 tiānzhì，置办 zhìbàn：sich einen neuen Anzug ～ 购置一套新西装

Anschaffung *f* -，-en 购置 gòuzhì，添置 tiānzhì，置办 zhìbàn：～ in bar 以现金汇付

Anschaffungskosten *pl* 实际购置成本 shíjì gòuzhì chéngběn

Anschaffungspreis *m* 购置价格 gòuzhì jiàgé

Anschaffungswert *m* 购置价值 gòuzhì jiàzhí

anschalten *vt* 接通…电流 jiētōng … diànliú，打开 dǎkāi：das Licht [das Radio] ～ 开灯[收音机]

anschauen *vt* 观看 guānkàn，仔细观察 zǐxì guānchá，端详 duānxiáng

anschaulich *adj* 直观的 zhíguānde，形象的 xíngxiàngde，生动逼真的 shēngdòng bīzhēn de

Anschauung *f* -，-en 看法 kànfǎ，见解 jiànjiě，观点 guāndiǎn：eine ～ vertreten 代表一种观点；～en mit jm teilen 和某

人观点相同

Anschein *m* -(e)s 外表 wàibiǎo，印象 yìnxiàng；假象 jiǎxiàng：er erweckt den ～，als wäre ihm die Sache gleichgültig 他给人的印象似乎是对此事无所谓的样子；den ～ wahren 保持外表；allem（或 dem）～ nach 看样子，好像

anscheinend *adv* 看样子 kàn yàngzi，显然 xiǎnrán，似乎 sìhū：～ ist niemand [jemand] zu Hause 看样子没有人[有人]在家

anschicken *rfl* 正准备 zhèng zhǔnbèi，正打算 zhèng dǎsuan，想着手做 xiǎng zhuóshǒu zuò：er schickte sich an zu arbeiten 他正准备工作

Anschlag *m* -(e)s，⸚e 打 dǎ，击 jī，敲 qiāo，触 chù，碰 pèng，按（键）àn：die Schreibmaschine hat einen harten ～ 这打字机打起来很费力；估价 gūjià，估算 gūsuàn；布告 bùgào，招贴 zhāotiē；射击姿势 shèjī zīshì；行刺 xíngcì，谋杀 móushā：einen ～auf jn verüben 谋杀某人

anschlagen* I *vt* 打 dǎ，击 jī，敲 qiāo，触 chù，碰 pèng，按 àn：eine Taste ～ 按键；固定 gùdìng，钉住 dìngzhù：eine Holzleiste ～ 钉住木条；张贴 zhāngtiē：ein Plakat ～ 张贴广告；撞破 zhuàngpò，撞伤 zhuàngshāng；估计 gūjì II *vi* 拍打 pāida，冲击 chōngjī：die Wellen schlagen（an das Ufer）an 波浪拍打着（岸）碰到 pèngdào、触到（游泳池边）chùdào III *vi*（*s*）碰撞 pèngzhuàng，撞破 zhuàngpò，碰伤 pèngshāng：ich bin mit dem Kopf an die Wand angeschlagen 我的头碰到墙上（碰伤）了 IV *rfl* 碰 pèng，撞 zhuàng：ich habe mir an der Wand den Kopf angeschlagen 我头撞到了墙上

Anschlagpreis *m* 最低拍卖价格 zuìdī pāimài jiàgé，开拍价格 kāipāi jiàgé

Anschlagsäule *f* 广告柱 guǎnggàozhù

anschleichen* I *rfl* 潜近 qiánjìn：sich（an das Haus）～ 潜近（房屋）II *vt* 潜近 qiánjìn：das Haus ～ 潜近房屋 III *vi*（*s*）蹑手蹑脚地走近 niè shǒu niè jiǎo de zǒujìn：ich bin an das Haus angeschlichen 我蹑手蹑脚地走近了房屋

anschließen* *vt* 接通 jiētōng，连接 liánjiē；锁上 suǒshàng，锁住 suǒzhù：den Handwagen ～ 把手推小车锁上 II *vi* 贴身 tiēshēn，紧贴 jǐntiē：das Kleid schließt eng an 这件衣服紧绷着；紧接 jǐnjiē，毗邻 pílín：die Terrasse schließt an die Veranda an 露台紧接着阳台 III *rfl* 同意 tóngyì，赞成 zànchéng：sich einer Meinung [einem Abkommen] ～ 赞成一种意见[一协定]；参加 cānjiā，加入 jiārù：sich einer Partei ～ 参加一政党；紧接 jǐnjiē：an den Vortrag schließt sich eine Diskussion an 报告之后接着进行讨论

anschließend *adv* 紧接着 jǐnjiēzhe，随后 suíhòu：～ war ein Film 接着是放了电影

Anschluss *m* -es，⸚e 连接 liánjiē，接触 jiēchù，接通 jiētōng；（政治上）联合 liánhé，加入 jiārù，合并 hébìng

Anschlussauftrag *m* 后续订货 hòuxù dìnghuò，后续订单 hòuxù dìngdān

Anschlussbuchung *f* 订联运机票 dìng liányùn jīpiào

Anschlussfahrkarte *f* 联运车（船）票 liányùn chēpiào

Anschlussflug *m* 联运飞行 liányùn fēixíng，衔接飞行 xiánjiē fēixíng

Anschlusszug *m* 联运列车 liányùn lièchē，衔接列车 xiánjiē lièchē

anschmiegen *vt/rfl* 紧靠 jǐnkào，紧贴 jǐntiē；假依 wēiyī

anschmieren II *vt* 弄脏 nòngzāng，乱涂乱抹 luàn tú luàn mǒ：die Wände ～ 乱涂墙壁；蒙骗 mēngpiàn，欺骗 qīpiàn；高价骗售 gāojià piàn shòu II *rfl*（不慎）弄脏 nòngzāng：sich an der frisch gestrichenen Bank ～ 在刚漆过的长凳上把身子弄脏；拍马屁 pāimǎpì：sich bei jm ～ 拍某人马屁

anschnallen I *vt*（用皮带）扣住 kòuzhù，系紧 xìjǐn II *rfl* 系安全带 jì ānquándài：sich im Flugzeug ～ 在飞机上系上安全带把身子扣住

Anschnallgurt *m*（飞机座位上的）安全带 ānquándài

anschnauzen *vt* 愤怒斥责 fènnù chìzé，大声斥责 dàshēng chìzé

anschneiden* *vt* 切开 qiēkāi，切第一片 qiē dìyī piàn；触及（问题）chùjí，提出（问题）tíchū；（乒乓球）削球 xuēqiú

anschrauben *vt* 用螺钉固定 yòng luódīng gùdìng，旋紧 xuànjǐn

anschreiben* *vt* 记账 jìzhàng，挂账 guàzhàng；向…提出书面申请 xiàng … tíchū shūmiàn shēnqǐng

Anschreibungskonto *n*（客户购货的）赊购账 shēgòuzhàng
Anschrift *f* -, -en 通信处 tōngxìnchù, 地址 dìzhǐ
anschuldigen *vt* 控告 kònggào: jn etw（*G*）～ 控告某人某事
Anschuldigung *f* -, -en 指控 zhǐkòng, 控告 kònggào: falsche ～ 诬告
anschwärzen I *vt* 使略变黑 shǐ lüè biànhēi; 诽谤 fěibàng II *vi*(*s*) 变黑 biànhēi, 熏黑 xūnhēi
anschwellen* *vi*(*s*) 膨胀 péngzhàng, 肿 zhǒng, 发肿 fāzhǒng; 上涨 shàngzhǎng, 涨水 zhǎngshuǐ; (声音)增强 zēngqiáng
Anschwellung *f* -, -en 上涨 shàngzhǎng; 肿胀 zhǒngzhàng; 肿块 zhǒngkuài
ansehen* *vt* 注视 zhùshì, 细看 xìkàn, 观看 guānkàn: jn freundlich ～ 友好地注视某人; sich（*D*）einen Film [ein Fußballspiel] ～ 看了一部电影[一场足球比赛]; 认为 rènwéi, 看作 kànzuò: jn für einen Gelehrten [als einen Künstler] ～ 把某人看作学者[艺术家]; etw als seine Pflicht ～ 把某事视为自己的责任; 看出 kànchū: jm seinen Ärger am Gesicht ～ 从他脸上看出他生气; 容忍 róngrěn, 坐视 zuòshì: ich kann das nicht mehr mit ～ 这种事我不能再容忍了, 对这事我不能坐视不管
Ansehen *n* -s 外表 wàibiǎo, 外貌 wàimào, 外观 wàiguān; 声誉 shēngyù, 威望 wēiwàng: ein großes（或 hohes）～ genießen 享有崇高的威望
ansein *vi*(*s*) 开着 kāizhe, 点着 diǎnzhe: das Licht ist an 灯在开着; der Ofen ist angewesen 炉子已点着
ansetzen I *vt* 把…接上 bǎ … jiēshàng, 把…缝上 bǎ … féngshàng, 把…放在…上 bǎ … fàng zài … shang; 确定 quèdìng, 规定（日期等）guīdìng: Lohn ～ 确定工资; 估计 gūjì, 估算 gūsuàn, 估（价）gū; 投入 tóurù, 使用 shǐyòng; 长出（花蕾）zhǎngchū, 结出 jiēchū; 产生 chǎnshēng, 生出（锈层）shēngchū: das Messer hat Rost angesetzt 刀生了一层锈; 调和 tiáohé, 拌和 bànhuò, 搅和 jiǎohuo II *vi* 开始 kāishǐ, 着手 zhuóshǒu, 准备做 zhǔnbèi zuò: zu einer Frage [Antwort] ～ 准备发问[回答]; 长花蕾 zhǎng huālěi, 抽芽 chōuyá III *rfl* 形成 xíngchéng, 结晶 jiéjīng
Ansicht *f* -, -en 外观 wàiguān; 风景片 fēngjǐngpiàn; 观点 guāndiǎn, 意见 yìjiàn, 看法 kànfǎ, 见解 jiànjiě: eine ～ aussprechen 说出一意见; meiner ～ nach（或 nach meiner ～）据我看
Ansichtskarte *f* 风景画片 fēngjǐng huàpiàn, 美术明信片 měishù míngxìnpiàn
ansiedeln I *rfl* 定居 dìngjū: sich auf dem Lande ～ 在乡下定居 II *vt* 使定居 shǐ … dìngjū: Bauern auf Neuland ～ 使农民在新开垦地定居
Ansiedlung *f* -, -en 移民区 yímínqū, 居民点 jūmíndiǎn; 移民 yímín
ansonsten *adv* 此外 cǐwài, 否则 fǒuzé
anspannen *vt* 张紧 zhāngjǐn, 拉紧 lājǐn: die Saite ～ 张紧(琴)弦; 套好(车) tàohǎo, 系好(牲畜) xìhǎo: die Kutsche ～ 套好马车; den Ochsen ～ 把牛套到车上; 竭尽 jiéjìn: alle Kräfte ～ 竭尽全力
Anspannung *f* -, -en 紧张 jǐnzhāng, 努力 nǔlì, 使出全力 shǐchū quánlì; 紧缩 jǐnsuō: ～ am Kapitalmarkt 资本市场紧缩
ansparen *vt* 攒钱 zǎnqián
anspielen I *vi* 暗指 ànzhǐ, 影射 yǐngshè: auf etw（*A*）～ 影射某事; 发牌 fāpái, 先出牌 xiān chūpái II *vt* 试奏 shìzòu: ein Musikstück ～ 试奏一乐曲; 发牌 fāpái, 先出牌 xiān chūpái: er hat Herz angespielt 他先出了红桃; 传球 chuánqiú: den Mittelstürmer ～ 向中锋传球
Anspielung *f* -, -en 影射 yǐngshè, 暗指 ànzhǐ, 隐喻 yǐnyù
anspitzen *vt* 弄尖 nòngjiān, 削尖 xiāojiān, 磨尖 mójiān: einen Bleistift ～ 把铅笔削尖; 推动 tuīdòng, 催促 cuīcù
Ansporn *m* -s 刺激 cìjī, 鼓舞 gǔwǔ, 鞭策 biāncè
anspornen *vt* 用靴刺踢马 yòng xuēcì tī mǎ; 刺激 cìjī, 激励 jīlì, 鼓舞 gǔwǔ: ihr Lob spornte ihn zu noch größeren Leistungen an 她的表扬激励他取得更大的成绩
Ansprache *f* -, -n（简短的）致词 zhìcí, 讲演 jiǎngyǎn
ansprechen* I *vt* 对…说话 duì … shuōhuà, 与…攀谈 yǔ … pāntán, 招呼 zhāohu: jn freundlich ～ 友好地招呼某人; 请求 qǐngqiú: jn um Hilfe [Rat] ～

请某人帮助[出主意]；征求…的意见 zhēngqiú … de yìjiàn: er sprach ihn auf den Vorfall von gestern an 他询问他关于昨天事件的意见；把…看作 bǎ … kànzuò: etw als etw ～ 把某物看作某物；受欢迎 shòuhuānyíng，让人喜欢 ràng rén xǐhuan: das Buch hat viele Menschen angesprochen 这本书很受许多人欢迎；辨认和判断…的踪迹 biànrèn hé pànduàn … de zōngjì: ein Tier aus der Spur ～ 判断一动物的踪迹 **II** *vi* 能发出声音 néng fāchū shēngyīn；开始发出声音 kāishǐ fāchū shēngyīn: diese Flöte spricht leicht an 此笛容易吹(出声音)；反应 fǎnyìng，反响 fǎnxiǎng

ansprechend *adj* 引起兴趣的 yǐnqǐ xìngqù de，吸引人的 xīyǐn rén de，有感染力的 yǒu gǎnrǎnlì de

Anspruch *m* -(e)s, ⸗e 要求 yāoqiú: etw in ～ nehmen 占用(或使用)某物；权利 quánlì: ～ auf etw haben 有权要求某物

Anspruchsabtretung *f* 转让债权 zhuǎnràng zhàiquán

Anspruchsbefriedigung *f* 理赔 lǐpéi

anspruchsberechtigt *adj* 有理由提出要求的 yǒu lǐyóu tíchū yāoqiú de

Anspruchserhaltung *f* 维护权利 wéihù quánlì

Anspruchsgläubiger *m* 遗产继承人 yíchǎn jìchéngrén

anspruchslos *adj* 要求不高的 yāoqiú bùgāo de，知足的 zhīzúde，简朴的 jiǎnpǔde；平淡的 píngdànde，平庸的 píngyōngde

Anspruchsmacher *m* 索赔人 suǒpéirén

Anspruchsrecht *n* 要求赔偿损失权 yāoqiú péicháng sǔnshī quán

Anspruchsschuldner *m* 索赔债务人 suǒpéi zhàiwùrén

anspruchsvoll *adj* 要求过高的 yāoqiú guògāo de，不容易满足的 bù róngyì mǎnzú de；不知足的 bù zhīzúde；高雅的 gāoyǎde，高品位的 gāopǐnwèide

anspucken *vt* 向…啐唾沫 xiàng … cuì tuòmo

anspülen *vt* 把…冲到边上 bǎ … chōng dào biānshàng，冲积 chōngjī

anstacheln *vt* 鼓舞 gǔwǔ，激励 jīlì: js Ehrgeiz ～ 鼓舞某人的志气

Anstalt *f* -, -en 机关 jīguān，机构 jīgòu；学校 xuéxiào，学院 xuéyuàn；疗养机构 liáoyǎng jīgòu；企业 qǐyè；准备 zhǔnbèi，部署 bùshǔ: ～en zu (或 für) etw machen (或 treffen) 为某事做准备

Anstand *m* -(e)s, ⸗e 有礼貌的行为态度 yǒu lǐmào de xíngwéi tàidu，端庄的举止 duānzhuāngde jǔzhǐ: etw aus (lauter) ～ tun 出于礼貌做某事

anständig **I** *adj* 正派的 zhèngpàide，规矩的 guījude，有礼貌的 yǒu lǐmào de: sich ～ nehmen 举止端庄的；合适的 héshìde，体面的 tǐmiànde；可观的 kěguānde，相当大的 xiāngdāng dà de **II** *adv* 相当大地 xiāngdāng dà de，非常 fēicháng，狠狠地 hěnhěnde: er ist aber ～ verprügelt worden 他被狠狠地揍了一顿；～ leben können 可以体面地生活

Anstandsbesuch *m* 礼节性访问 lǐjiéxìng fǎngwèn

anstandshalber *adv* 由于礼节的关系 yóuyú lǐjié de guānxì

anstandslos *adv* 毫不犹豫地 háobù yóuyù de，毫无顾虑地 háowú gùlǜ de，毫不踌躇地 háobù chóuchú de

anstarren *vt* 盯 dīng，凝视 níngshì，目不转睛地注视 mù bù zhuǎn jīng de zhùshì

anstatt **I** *prp* (*G*) 代替 dàitì: ～ des Ministers sprach sein Vertreter 部长的代表代替他发言 **II** *cj* 不…而 bù … ér: ～ zu schlafen, hören sie Radio 他们不睡觉，而是听收音机

anstauen **I** *vt* 阻拦 zǔlán，拦截 lánjié: der Damm soll den Fluss ～ 堤坝是筑来拦河的 **II** *rfl* 拥塞 yōngsè，积聚 jījù: die Autos stauen sich an 汽车拥塞

anstaunen *vt* 惊异地注视 jīngyìde zhùshì，惊视 jīngshì

anstechen* *vt* 刺进 cìjìn，戳 chuō，刺伤 cìshāng: ein Stück Fleisch mit der Gabel ～ 用叉子戳一块肉；打开 dǎkāi: ein Fass (Wein) ～ 打开一桶(葡萄酒)

anstecken **I** *vt* (用别针)别住 biézhù，别上 biéshàng，戴上 dàishàng: einen Orden ～ 戴上一枚勋章；点燃 diǎnrán: sich (*D*) die Tabakspfeife ～ 给自己点燃烟斗；感染 gǎnrǎn，传染 chuánrǎn: jn mit einer Krankheit ～ 把一疾病传染给某人 **II** *vi* 传染 chuánrǎn: diese Krankheit steckt nicht an 这种疾病不传染 **III** *rfl* 传染上 chuánrǎnshàng: ich habe mich (bei ihr) angesteckt 我(被她)传染上了

Ansteckung *f* -, -en 传染 chuánrǎn

anstehen* *vi* 排队等候 páiduì děnghòu: in Reihen nach etw ～ 排队等候搞到某物;适合 shìhé,适宜 shìyí,合适 héshì: Bescheidenheit steht ihr gut an 她谦虚是很对的;迟疑 chíyí,犹豫 yóuyù: nicht ～, etw zu tun 毫不犹豫地做某事;刻不容缓地去做某事: etw ～ lassen 推迟某事,拖延处理某事

ansteigen* *vi(s)* 上升 shàngshēng,升高 shēnggāo: das Ufer steigt sanft an 岸缓缓地上升;上涨 shàngzhǎng,上升 shàngshēng: der Wasserstand steigt weiter an 水位继续上升;提高 tígāo,增加 zēngjiā,增多 zēngduō: der Verbrauch steigt beträchtlich an 消耗明显提高

anstelle *prp* (G) 替代 tìdài,代替 dàitì

anstellen I *vt* 把…靠放… bǎ … kào fàng…: eine Leiter an den Baum ～ 把梯子靠树放;旋开 xuánkāi,打开 dǎkāi: den Fernseher ～ 打开电视;聘用 pìnyòng,雇用 gùyòng,指派 zhǐpài: jn als Heizer ～ 雇某人当炉工; jn ～, etw zu tun 指派某人做某事;做 zuò,进行 jìnxíng,作 zuò: Versuche ～ 做试验 II *rfl* 排队等候 páiduì děnghòu;处理事情 chǔlǐ shìqing: sich unvernünftig ～ 处理事情欠理智;假装 jiǎzhuāng: er stellte sich an, als wüsste er von nichts 他装得一无所知的样子

Anstellung *f* -, -en 雇用 gùyòng,聘请 pìnqǐng,任用 rènyòng;职务 zhíwù,职位 zhíwèi

Anstellungsbedingungen *pl* 聘用条件 pìnyòng tiáojiàn

Anstellungseignung *f* 聘用资格 pìnyòng zīgé

anstellungsfähig *adj* 有资格被录用的 yǒu zīgé bèi lùyòng de,可以录用的 kěyǐ lùyòng de

Anstellungsprüfung *f* 聘用考试 pìnyòng kǎoshì

Anstellungsschreiben *n* 聘书 pìnshū

Anstellungsvertrag *m* 聘用合同 pìnyòng hétong

Anstellungszeit *f* 聘用期 pìnyòngqī

Anstieg *m* -s 上升 shàngshēng,升高 shēnggāo;增加 zēngjiā,提高 tígāo;上坡 shàngpō,登高 dēnggāo

anstieren *vt* 凝视 níngshì,呆望 dāiwàng

anstiften *vt* 挑起 tiǎoqǐ,引起 yǐnqǐ,造成 zàochéng;唆使 suōshǐ,煽动 shāndòng,教唆 jiàosuō

Anstifter *m* -s, - 煽动者 shāndòngzhě,教唆者 jiàosuōzhě,策划者 cèhuàzhě

Anstiftung *f* -, -en 唆使 suōshǐ,引诱 yǐnyòu

anstimmen *vt* 开始唱 kāishǐ chàng,开始演奏 kāishǐ yǎnzòu;发出声音 fāchū shēngyīn

Anstoß *m* -es, ¨-e 推动 tuīdòng;(足球)开球 kāiqiú;发动 fādòng;愤怒 fènnù,恼怒 nǎonù;障碍 zhàng'ài

anstoßen* I *vt* 推动 tuīdòng,推 tuī,撞击 zhuàngjī II *vi* (祝酒)碰杯 pèngbēi,干杯 gānbēi: auf jn [auf js Gesundheit] ～ 为某人[某人健康]碰杯;(足球)开球 kāiqiú III *vi(s)* 碰 pèng,碰撞 pèngzhuàng: mit dem Kopf an den Tisch ～ 头撞到桌子上;引起反感 yǐnqǐ fǎngǎn,引起厌恶 yǐnqǐ yànwù: bei jm ～ 引起某人反感,引起某人恼火

anstößig *adj* 不正派的 bú zhèngpài de,令人作呕的 lìng rén zuò'ǒu de,有伤风化的 yǒu shāng fēnghuà de

anstreben *vt* 谋求 móuqiú,追求 zhuīqiú,力图 lìtú,力争 lìzhēng

anstreichen* *vt* 油漆 yóuqī,粉刷 fěnshuā: ein Haus (neu) ～ (重新)粉刷一幢房屋;划出 huàchu,标出 biāochū;划(火柴) huà

anstrengen I *vt* 尽力使用 jìnlì shǐyòng,使费力 shǐ fèilì,使费劲 shǐ fèijìn: das Sprechen strengt ihn an 他说话吃力 II *rfl* 努力 nǔlì,尽力 jìnlì,使劲 shǐjìn: sich gewaltig ～ 尽最大努力 III *pl* **anstrengend** 费力的 fèilìde,费劲的 fèijìnde,努力的 nǔlìde

Anstrengung *f* -, -en 努力 nǔlì,尽力 jìnlì,费力 fèilì: ～en machen 作出努力

Anstrich *m* -(e)s, -e 油漆 yóuqī,粉刷 fěnshuā;颜色 yánsè,(涂上的)油漆 yóuqī;色彩 sècǎi,样子 yàngzi,风格 fēnggé: sich einen gelehrten ～ geben 做出博学的模样

Ansturm *m* -s 冲击 chōngjī,袭击 xíjī;蜂拥而来(的人群) fēngyōng ér lái;抢购 qiǎnggòu

A

Antagonismus *m* -, ...men 对抗(性) duìkàng, 不可调和的对立 bùkě tiáohé de duìlì

Antarktika *f* - 南极洲 Nánjízhōu

Antarktis *f* - 南极地带 nánjí dìdài

antarktisch *adj* 南极洲的 nánjízhōu de, 南极地带的 nánjí dìdài de

antasten *vt* 触摸 chùmō, 触及 chùjí; 侵犯 qīnfàn, 危及 wēijí

Anteil *m* -s, -e (应得的)一份 yīfèn, 份额 fèn'é; 参加 cānjiā, 参与 cānyù; 同情 tóngqíng: an js Unglück warmen ～ nehmen (或 zeigen) 对某人的不幸表示同情; 股份 gǔfèn, 股票 gǔpiào: ～e erwerben 买进股票

Anteilbesitzer *m* 股票持有者 gǔpiào chíyǒuzhě

anteilig *adj* 按份额的 àn fèn'é de, 应得那一份的 yīngdé nàyīfèn de; 分配的 fēnpèide, 分摊的 fēntānde

Anteilnahme *f* - 关心 guānxīn, 关怀 guānhuái, 同情 tóngqíng; 参与 cānyù, 参加 cānjiā; 慰问 wèiwèn, 哀悼 āidào

Anteilnehmer *m* 受益人 shòuyìrén

Anteilschein *m* 股份凭证 gǔfèn píngzhèng, 股票 gǔpiào, 息票 xīpiào

Anteilseigner *m*, **Anteilsinhaber** *m* 股东 gǔdōng

Anteilszeichner *m* 股票认购人 gǔpiào rèngòurén

Anteilszertifikat *n* 股份证书 gǔfèn zhèngshū

Antenne *f* -, -n 天线 tiānxiàn

Anthologie *f* -, -n 文选 wénxuǎn, 诗选 shīxuǎn

Anthropologismus *m* - 人本主义 rénběn zhǔyì

antiautoritär *adj* 反权威的 fǎn quánwēi de

Antibabypille [...'be:bi...] *f* 避孕药丸 bìyùn yàowán

Antibiotikum *n* -s, ...ka 抗生素 kàngshēngsù, 抗菌素 kàngjūnsù

antibiotisch *adj* 抗生的 kàngshēng de, 抗菌的 kàngjūn de

Antidopingbestimmung *f* 反兴奋剂规定 fǎn xīngfènjì guīdìng

antidemokratisch *adj* 反民主的 fǎn mínzhǔ de

Antidumpinggesetz [...'dampɪŋ...] *n* 反倾销法 fǎnqīngxiāofǎ

Antidumpingzoll [...'dampɪŋ...] *m* 反倾销税 fǎnqīngxiāoshuì

Antifaschismus *m* 反法西斯主义 fǎn fǎxīsī zhǔyì

Antifaschist *m* -en, -en 反法西斯主义者 fǎn fǎxīsī zhǔyì zhě

antik *adj* 古希腊罗马的 gǔ Xīlà Luómǎ de, 古典的 gǔdiǎnde

Antike *f* -, -n 古希腊罗马及其文化 gǔ Xīlà Luómǎ jíqí wénhuà; 古希腊罗马艺术作品 gǔ Xīlà Luómǎ yìshù zuòpǐn

Antikörper *m* 抗体 kàngtǐ

Antilope *f* -, -n 羚羊 língyáng

Antipanzerwaffe *f* 反坦克武器 fǎn tǎnkè wǔqì

Antiquar *m* -s, -e 旧书商 jiùshūshāng; 古玩商 gǔwánshāng

Antiquariat *n* -s, -e 旧书店 jiùshūdiàn

Antiquitäten *pl* 古物 gǔwù, 古文物 gǔwénwù, 古玩 gǔwán

Anti-Raketen-Raketen *pl* 反导弹导弹 fǎn dǎodàn dǎodàn

Antisemit *m* -en, -en 反犹太主义者 fǎn yóutài zhǔyì zhě

Antisemitismus *m* - 反犹太主义 fǎn yóutài zhǔyì

Antlitz *n* -es, -e 面目 miànmù, 脸 liǎn, 面貌 miànmào

Antonym *n* -s, -e 反义词 fǎnyìcí

Antrag *m* -(e)s, =e 提议 tíyì, 建议 jiànyì, 动议 dòngyì: einen ～ einbringen 提出一项动议; 申请 shēnqǐng, 申请书 shēnqǐngshū; 求婚 qiúhūn: einem Mädchen einen ～ machen 向一少女求婚

antreffen* *vt* 遇见 yùjiàn, 见到 jiàndào

antreiben* *vt* 驱赶 qūgǎn: der Kutscher treibt die Pferde an 马车夫驱赶马匹; 驱使 qūshǐ, 推动 tuīdòng, 催促 cuīcù: jn zum Fleiß ～ 催促某人勤奋; 开动 kāidòng, 推动 tuīdòng, 启动 qǐdòng: etw elektrisch ～ 用电驱动某物

antreten* I *vi*(s) 排队 páiduì, 列队 lièduì, 集合 jíhé: der Größe nach ～ 按个子高矮列队; 到场 dàochǎng, 出场 chūchǎng: gegen den Weltmeister ～ 出场与世界冠军比赛 II *vt* 开始做 kāishǐ zuò: eine Reise ～ 开始旅行; 上任 shàngrèn, 就职 jiùzhí: js Nachfolge ～ 接替某人上任

Antrieb *m* -(e)s, -e 动机 dòngjī; 传动 chuándòng, 动力 dònglì, 推动力 tuīdònglì; 传动装置 chuándòng zhuāngzhì

Antritt *m* -(e)s 开始 kāishǐ；就职 jiùzhí；接受 jiēshòu，继承 jìchéng

antun* *vt* 给…带来 gěi … dàilái，施加 shījiā：jm ein Leid ～ 给某人带来一痛苦；使陶醉 shǐ táozuì，使迷恋 shǐ míliàn：die Musik hat es uns angetan 音乐使我们陶醉；穿 chuān，戴 dài

Antwort *f* -，-en 回答 huídá，答复 dáfù：eine ～ geben 作出回答

antworten *vi* 回答 huídá，答复 dáfù：er antwortet (mir) auf meine Frage 他回答我的问题

anvertrauen I *vt* 委托 wěituō，托付 tuōfù，信托 xìntuō II *rfl* 信任 xìnrèn，信赖 xìnlài；倾吐 qīngtǔ，吐露 tǔlù

anwachsen* *vi(s)* 生根 shēnggēn；增加 zēngjiā，增长 zēngzhǎng

Anwalt *m* -(e)s，¨-e 律师 lǜshī；辩护人 biànhùrén

Anwaltsbüro *n* 律师事务所 lǜshī shìwùsuǒ

anweisen* *vt* 指派 zhǐpài，指示 zhǐshì，命令 mìnglìng；指定给 zhǐdìng gěi，分配给 fēnpèi gěi；汇款 huìkuǎn，汇寄 huìjì：das Geld durch die Post ～ 通过邮局汇钱

Anweisung *f* -，-en 指示 zhǐshì，规定 guīdìng，命令 mìnglìng；说明书 shuōmíngshū，指南 zhǐnán；安排 ānpái，指定 zhǐdìng；汇寄 huìjì；汇票 huìpiào

anwenden* I *vt* 应用 yìngyòng，运用 yùnyòng，使用 shǐyòng：ein Heilmittel ～ 使用一种药物；Gewalt ～ 使用暴力 II *PII* **angewandt** 应用的 yìngyòngde，实用的 shíyòngde：～e Mathematik 应用数学

Anwendung *f* -，-en 应用 yìngyòng，运用 yùnyòng，使用 shǐyòng：etw in (或 zur) ～ bringen 使用某物

anwendungsbereit *adj* 随时可以用的 suíshí kěyǐ yòng de

anwesend *adj* 到场的 dàochǎngde，在场的 zàichǎngde，出席的 chūxíde：er war die ganze Zeit ～ 他自始至终都在场

Anwesenheit *f* - 到场 dàochǎng，在场 zàichǎng，出席 chūxí

Anzahl *f* - 数 shù，数量 shùliàng；数目 shùmù：eine größere ～ der Gäste war nicht gekommen 相当多的客人没来

Anzeichen *n* -s，- 征兆 zhēngzhào，预兆 yùzhào：～ eines drohenden Krieges 战争迫在眉睫；标志 biāozhì，迹象 jìxiàng

Anzeige *f* -，-n 广告 guǎnggào；告密 gàomì，告发 gàofā，报告 bàogào：jn [etw] zur ～ bringen 检举某人[某事]；通告 tōnggào，书面通知 shūmiàn tōngzhī

anzeigen *vt* 预示 yùshì，显示 xiǎnshì，表示 biǎoshì：das Barometer zeigt schönes Wetter an 气压表预示晴好的天气；书面通知 shūmiàn tōngzhī，刊登 kāndēng：seine Vermählung ～ 登载结婚启事；告密 gàomì，告发 gàofā，报告 bàogào：den Dieb ～ 告发小偷；den Mord ～ 报告谋杀

anziehen* I *vt* 穿 chuān，穿上 chuānshàng：Schuhe [die Uniform] ～ 穿鞋[制服]；替…穿(衣) tì … chuān：den Kranken [das Kind] ～ 替病人[小孩]穿衣服；吸 xī，吸收 xīshōu，吸引 xīyǐn：der Magnet zieht das Eisen an 磁体吸铁；Salz zieht die Feuchtigkeit an 盐吸水分；das Buch zieht ihn an 这本书吸引着他；拉动 lādòng，拉近 lājìn：die Pferde ziehen den Wagen an 马拉着车子；拉紧 lājǐn，绷紧 bēngjǐn：den Bogen ～ 拉紧弓 II *rfl* 穿衣(服) chuānyī III *vi* 开始拉 kāishǐ lā，启动 qǐdòng：der Zug zieht an 列车启动；(物价)上涨 shàngzhǎng，提高 tígāo：die Preise ziehen scharf an 物价猛涨 IV *vi(s)* 接近 jiējìn，移近 yíjìn：der Feind zieht an 敌人逼近

Anziehungskraft *f* 引力 yǐnlì，重力 zhònglì；吸引力 xīyǐnlì

Anzug *m* -(e)s，¨-e 男式成套西服 nánshì chéngtào xīfú：seinen besten ～ anziehen 穿他最好的一套西服；im ～ sein 接近 jiējìn，移近 yíjìn，临近 línjìn：ein böses Gewitter [Unwetter] ist im ～ 一场可怕的雷雨[暴风雨]即将来临；der Feind ist im ～ 敌人逼近了

anzünden *vt* 点燃 diǎnrán，点着 diǎnzháo：eine Kerze [Laterne] ～ 点燃蜡烛[灯笼]；sich (*D*) eine Zigarette ～ 点支烟

Apartment [a'partmənt] *n* -s，-s 公寓(套房) gōngyù

Apartmenthaus *n* 公寓 gōngyù；(隐语)妓院 jìyuàn

Aperitif *m* -s，-s (饭前饮用的)开胃酒 kāiwèijiǔ

Apfel *m* -s，¨ 苹果 píngguǒ：der ～ fällt nicht weit vom Stamm 有其父必有

其子
Apfelsine *f* -, -n 橙 chéng
Apfelsinensaft *m* 橙汁 chéngzhī
Aphorismus *m* -, ...men 格言 géyán, 箴言 zhēnyán
apolitisch *adj* 不关心政治的 bù guānxīn zhèngzhì de, 不问政治的 bùwèn zhèngzhì de
Apotheke *f* -, -n 药房 yàofáng, 药店 yàodiàn; 药包 yàobāo, 药箱 yàoxiāng
Apotheker *m* -s, - 药剂师 yàojìshī
Apparat *m* -(e)s, -e 仪器 yíqì, 器械 qìxiè, 装置 zhuāngzhì; 机构 jīgòu, 机关 jīguān; 收音机 shōuyīnjī; 照相机 zhàoxiàngjī; 电话机 diànhuàjī: am ~ sein 在打电话
Appell *m* -s, -e 警告 jǐnggào, 告诫 gàojiè; 集合 jíhé; 呼吁 hūyù
Appetit *m* -s 胃口 wèikǒu, 食欲 shíyù: Guten ~! (饭前)祝胃口好!
appetitlich *adj* 引起食欲的 yǐnqǐ shíyù de, 美味可口的 měiwèi kěkǒu de
Appetitzügler *m* 抑制食欲的药 yìzhì shíyù de yào
Applaus *m* -es 鼓掌声 gǔzhǎng shēng, 喝彩声 hècǎi shēng
Apposition *f* -, -en 同位语 tóngwèiyǔ
Aprikose *f* -, -n 杏 xìng; 杏树 xìngshù
April *m* -(s), -e (*pl* selten) 四月 sìyuè
aprilfrisch *adj* 极新鲜的 jí xīnxiān de, 非常新颖的 fēicháng xīnyǐng de
Aprilscherz *m* 愚人节玩笑 yúrénjié wánxiào
Aquanautik *f* - 深海考察 shēnhǎi kǎochá
Aquarium *n* -s, ...ien 水族馆 shuǐzúguǎn; 养鱼缸 yǎngyúgāng, 水族池 shuǐzúchí
Äquator *m* -s 赤道 chìdào
Äquatorialguinea 赤道几内亚 Chìdàojǐnèiyà
äquivalent *adj* 相当的 xiāngdāngde, 相同的 xiāngtóngde, 等值的 děngzhíde
Ära *f* -, ...ren 纪元 jìyuán, 时代 shídài
Araber *m* -s, - 阿拉伯人 ālābórén
Arabien 阿拉伯 Ālābó
arabisch *adj* 阿拉伯的 ālābóde, 阿拉伯人的 ālābórénde, 阿拉伯语的 ālābóyǔde
Arbeit *f* -, -en 工作 gōngzuò, 劳动 láodòng; 课业 kèyè, 作业 zuòyè; 论文 lùnwén, 著作 zhùzuò; 职业 zhíyè, 工作 gōngzuò; 功 gōng; 工艺制品 gōngyì zhìpǐn; 制作 zhìzuo
arbeiten I *vi* 工作 gōngzuò, 劳动 láodòng, 干活 gànhuó: an einem Schuh ~ 制鞋; an einem Roman ~ 正在写一本小说; auf Bestellung ~ 按订货工作; für jn ~ 为某人工作; nach einem Modell ~ 按一模型干活; über einen Dichter ~ 研究一诗人; ums tägliche Brot ~ 为每日的面包工作; unter einem Pseudonym ~ 用假名干活; 运转 yùnzhuǎn, 活动 huódòng, 工作 gōngzuò: die Maschine arbeitet tadellos 这机器运转令人满意; das Herz arbeitet (normal) 心脏工作(正常); (体育)锻炼 duànliàn, 练习 liànxí II *vt* 制作 zhìzuò 做 zuò: Schuhe [Möbel] ~ 制鞋[家具] III *rfl* 干活干得… gànhuó gànde…, 累得 lèide: meine Mutter hat sich krank gearbeitet 我母亲累得病了; 费力地通过(或到达) fèilìde tōngguò: sich durch den Urwald ~ 艰难吃力地穿过原始森林
Arbeiter *m* -s, - 工人 gōngrén: ein gelernter Arbeiter 熟练工
Arbeiterbewegung *f* 工人运动 gōngrén yùndòng
Arbeiterin *f* -, -nen 女工 nǚgōng
Arbeiterklasse *f* 工人阶级 gōngrén jiējí
Arbeiterschaft *f* - 全体工人 quántǐ gōngrén
Arbeitgeber *m* 雇主 gùzhǔ
Arbeitnehmer *m* 雇员 gùyuán, 职工 zhígōng
Arbeitsabkommen *n* 劳资协议 láozī xiéyì, 雇用合同 gùyòng hétong
arbeitsam *adj* 勤劳的 qínláode
Arbeitsamt *n* 劳动局 láodòngjú
Arbeitsanzug *m* 工作服 gōngzuòfú
Arbeitsaufteilung *f* 劳动分工 láodòng fēngōng
Arbeitsbereich *m* 工作范围 gōngzuò fànwéi, 职务范围 zhíwù fànwéi
Arbeitsbeschaffung *f* 就业(机会) jiùyè
Arbeitsbescheinigung *f* 工作证明(书) gōngzuò zhèngmíng
Arbeitsförderung *f* 促进劳动就业 cùjìn láodòng jiùyè
Arbeitshygiene *f* 劳动卫生学 láodòng wèishēngxué; 工人的劳动保健 gōngrénde láodòng bǎojiàn

Arbeitskraft *f* 劳动力 láodònglì，人力 rénlì；人手 rénshǒu

arbeitslos *adj* 失业的 shīyède

Arbeitslose *m/f*（按形容词变化）失业者 shīyèzhě

Arbeitslosenhilfe *f* 失业救济金 shīyè jiùjìjīn

Arbeitslosigkeit *f* 失业 shīyè

Arbeitsmarkt *m* 劳动市场 láodòng shìchǎng

Arbeitsplatz *m* 工作场所 gōngzuò chǎngsuǒ；工作岗位 gōngzuò gǎngwèi

Arbeitsrecht *n* 劳动法 láodòngfǎ

Arbeitsstelle *f* 工作场所 gōngzuò chǎngsuǒ，工作岗位 gōngzuò gǎngwèi；（研究所的）室 shì，组 zǔ

Arbeitsstreitigkeiten *pl* 劳动纠纷 láodòng jiūfēn

Arbeitstag *m* 工作日 gōngzuòrì；规定每天工作的时间 guīdìng měitiān gōngzuò de shíjiān

Arbeitsunfall *m* 劳动事故 láodòng shìgù，工伤事故 gōngshāng shìgù

Arbeitsverhältnis *n* 劳动条件 láodòng tiáojiàn；雇佣关系 gùyōng guānxì

Arbeitsvertrag *m* 劳资契约 láozī qìyuē，雇用合同 gùyòng hétong

Arbeitsweise *f* 工作方式 gōngzuò fāngshì，工作方法 gōngzuò fāngfǎ

Arbeitszeit *f* 劳动时间 láodòng shíjiān，工作时间 gōngzuò shíjiān

Arbeitszimmer *n* 办公室 bàngōngshì，工作室 gōngzuòshì

Archäologie *f*- 考古学 kǎogǔxué

Architekt *m* -en, -en 建筑师 jiànzhùshī

Architektur *f* -, -en 建筑学 jiànzhùxué；建筑风格 jiànzhù fēnggé

Archiv [ar'ci:f] *n* -s, -e 档案 dàng'àn；档案馆 dàng'ànguǎn

Arena *f* -, ...nen 比赛场地 bǐsài chǎngdì；舞台 wǔtái，竞争场所 jìngzhēng chǎngsuǒ

arg I *adj* 坏的 huàide，恶的 ède，恶劣的 èliède，讨厌的 tǎoyànde：～e Pläne 恶毒的计划；厉害的 lìhaide，可怕的 kěpàde II *adv* 很 hěn，非常 fēicháng：der Koffer ist ～ schwer 这箱子重得要命

Argentinien 阿根廷 Āgēntíng

Argentinier *m* -s, - 阿根廷人 āgēntíngrén

argentinisch *adj* 阿根廷的 āgēntíngde

Ärger *m* -s 不愉快 bù yúkuài，恼火 nǎohuǒ，生气 shēngqì；麻烦 máfan，烦恼 fánnǎo

ärgerlich *adj* 生气的 shēngqìde，恼怒的 nǎonùde，恼火的 nǎohuǒde；烦心的 fánxīnde

ärgern I *vt* 使恼火 shǐ nǎohuǒ，使恼怒 shǐ nǎonù，触怒 chùnù：jn ～ 触怒某人 II *rfl* 生气 shēngqì，恼火 nǎohuǒ，恼怒 nǎonù：sich an jm ～ 对某人生气：sich über etw ～ 对某事恼火

Ärgernis *n* -ses, -se 不快 bùkuài；不愉快的事 bù yúkuài de shì，烦恼事 fánnǎoshì

Argument *n* -(e)s, -e 论点 lùndiǎn，理由 lǐyóu，论据 lùnjù：ein ～ vorbringen 提出一个论据

Argumentation *f* -, -en 理由 lǐyóu，论据 lùnjù

argumentiertn *vi* 提出论据 tíchū lùnjù，陈述理由 chénshù lǐyóu；辩论 biànlùn：mit jm über etw ～ 与某人辩论某事；für [gegen] etw ～ 陈述赞成[反对]某事的理由

Argwohn *m* -(e)s 怀疑 huáiyí，猜疑 cāiyí

Aristokrat *m* -en, -en 贵族（成员）guìzú

Aristokratie *f* -, -n 贵族 guìzú，贵族阶层 guìzú jiēcéng；贵族统治 guìzú tǒngzhì

Arktis *f*- 北极地区 běijí dìqū

arm *adj* 贫穷的 pínqióngde，贫困的 pínkùnde；贫乏的 pínfáde，缺少的 quēshǎode：～ an etw sein 对…贫乏；可怜的 kěliánde

Arm *m* -(e)s, -e 胳臂 gēbei，臂 bì：mit verschränkten ～en zusehen 袖手旁观；袖子 xiùzi；支流 zhīliú；臂状物 bìzhuàngwù

Armee *f* -, -n 军队 jūnduì；军 jūn

Ärmel *m* -s, - 袖子 xiùzi：etw aus dem ～ (或 aus den ～n) schütteln 易如反掌地做某事

Armenien 亚美尼亚 Yàměiníyà

Armenier *m* -s, - 亚美尼亚人 yàměiníyàrén

armenisch *adj* 亚美尼亚的 yàměiníyàde

armselig *adj* 很贫穷的 hěn pínqióng de；可怜的 kěliánde；蹩脚的 biéjiǎode，

糟糕的 zāogāode

Armut *f* - 贫穷 pínqióng，贫困 pínkùn；贫乏 pínfá，缺乏 quēfá

Aroma *n* -s，...men/-s 香气 xiāngqì，香味 xiāngwèi，芳香 fāngxiāng

arrangieren [arã'ʒiː...] **I** *vt* 安排 ānpái，布置 bùzhì；准备 zhǔnbèi；改编(乐曲) gǎibiān **II** *rfl* (与某人)协商 xiéshāng，妥协 tuǒxié：sich mit jm ～ 与某人协商(或妥协)

Arrest *m* -(e)s，-e 拘留 jūliú，监禁 jiānjìn，禁闭 jìnbì；扣留 kòuliú，扣押 kòuyā；拘留所 jūliúsuǒ

arrogant *adj* 狂妄自大的 kuángwàng zìdà de，傲慢的 àomànde

Arsch *m* -(e)s，⸚e 屁股 pìgu，臀部 túnbù；笨蛋 bèndàn，窝囊废 wōnangfèi

Art *f* -，-en 类别 lèibié，种类 zhǒnglèi；方式 fāngshì，方法 fāngfǎ；举止 jǔzhǐ，态度 tàidu；性质 xìngzhì，特性 tèxìng

artig *adj* 乖的 guāide，听话的 tīnghuàde，规矩的 guījude：Sei ～！听话！乖点儿！有教养的 yǒu jiàoyǎng de，有礼貌的 yǒu lǐmào de

Artikel *m* -s，- 商品 shāngpǐn，货物 huòwù，物品 wùpǐn；论文 lùnwén，文章 wénzhāng；冠词 guàncí；款项 kuǎnxiàng，条文 tiáowén，项目 xiàngmù

Artillerie *f* -，-n 炮兵(部队) pàobīng

Artist *m* -n，-en 马戏团演员 mǎxìtuán yǎn-yuán，杂耍艺人 záshuǎ yìrén

Artistik *f* - 马戏 mǎxì，杂技 zájì

Artothek *f* -，-en 出借艺术品的博物馆 chūjiè yìshùpǐn de bówùguǎn；艺术品出租馆 yìshùpǐn chūzūguǎn

Arznei *f* -，-en 药 yào，药物 yàowù，药品 yàopǐn

Arzt *m* -es，⸚e 医生 yīshēng，大夫 dàifu，医师 yīshī

Ärztin *f* -，-nen 女医生 nǚyīshēng，女大夫 nǚdàifu，女医师 nǚyīshī

ärztlich *adj* 医生的 yīshēngde；医疗的 yīliáode

As *n* -ses，-se [牌]爱斯 àisī；(体育中的)最强者 zuìqiángzhě

Asche *f* - 灰 huī，灰烬 huījìn

Aschenbecher *m* -s，- 烟灰缸 yānhuīgāng

Aserbaidschan 阿塞拜疆 Āsèbàijiāng

Aserbaidschaner *m* -s，- 阿塞拜疆人 āsèbàijiāngrén

aserbaidschanisch *adj* 阿塞拜疆的 āsèbàijiāngde

Asiat *m* -en，-en 亚洲人 yàzhōurén

asiatisch *adj* 亚洲的 yàzhōude

Asien 亚(细亚)洲 Yàzhōu

asozial *adj* 对社会有害的 duì shèhuì yǒuhài de；与社会不合群的 yǔ shèhuì bù héqúnde

Aspekt *m* -(e)s，-e 观点 guāndiǎn，看法 kànfǎ，(问题的)方面 fāngmiàn

Asphalt *m* -s，-e 柏油 bǎiyóu，沥青 lìqīng

Aspirant *m* -en，-en 候选人 hòuxuǎnrén，候补者 hòubǔzhě；(大学)研究生 yánjiūshēng

Assemblage [asamb'laːʒə] *f* -，-n 现代抽象派拼贴画 xiàndài chōuxiàngpài pīntiēhuà

Assembler [ə'semblə] *m* -s，- (计算机)程序语言 chéngxù yǔyán；翻译程序 fānyì chéngxù

Assistent *m* -en，-en 助手 zhùshǒu，助理 zhùlǐ，助教 zhùjiào

Assoziation *f* -，-en 联合 liánhé，结合 jiéhé；联合会 liánhéhuì；(无意的)联想 liánxiǎng

Ast *m* -es，⸚e (粗)树枝 shùzhī

Ästhet *m* -en，-en 审美家 shěnměijiā，唯美主义者 wéiměi zhǔyì zhě

Ästhetik *f* -，-en 美学 měixué

ästhetisch *adj* 美学的 měixuéde，审美的 shěnměide；雅致的 yǎzhìde，文雅的 wényǎde

Asthma *n* -s 哮喘 xiàochuǎn

Astrologie *f* - 星占学 xīngzhānxué，占星术 zhānxīngshù

Astronaut *m* -en，-en 宇航员 yǔhángyuán

Astronom *m* -en，-en 天文学家 tiānwénxuéjiā

Astronomie *f* - 天文学 tiānwénxué

ASW *f* (=außersinnliche Wahrnehmung) 超感官知觉 chāo gǎnguān zhījué，超感觉力 chāo gǎnjué lì

Asyl *n* -s，-e 避难 bìnàn：jm politisches ～ gewähren 允许(同意)某人政治避难；避难所 bìnànsuǒ，收容所 shōuróngsuǒ

Asylant *m* -en，-en 请求政治避难者 qǐngqiú zhèngzhì bìnàn zhě

asynchron *adj* 异步的 yì bùde，不同步的 bù tóngbùde

Asynchronrechner *m* 异步计算机 yìbù jìsuànjī

Atem *m* -s 呼吸 hūxī,气息 qìxī: in einem ～ 一口气地,接连地; ～ holen 吸气,呼吸

atemlos *adj* 气喘吁吁的 qìchuǎn xūxūde,上气不接下气的 shàngqì bùjiē xiàqì de

Atemzug *m* -(e)s, ..̈-e 一口气 yìkǒuqì,一次呼吸 yícì hūxī

Atheismus *m* - 无神论 wúshénlùn

Atheist *m* -en, -en 无神论者 wúshénlùnzhě

Äther *m* -s 太空 tàikōng,苍穹 cāngqióng;乙醚 yǐmí

Äthiopien 埃塞俄比亚 Āisài'ébǐyà

äthiopisch *adj* 埃塞俄比亚的 āisài'ébǐyàde

Athlet *m* -en, -en 运动员 yùndòngyuán,竞技者 jìngjìzhě

Atlantik *m* -s 大西洋 dàxīyáng

atlantisch *adj* 大西洋的 dàxīyángde

Atlas *m* -/...sses, ...se/...lanten 地图册 dìtúcè,地图集 dìtújí

atmen I *vi* 呼吸 hūxī: durch den Mund ～ 用口呼吸 II *vt* 吸入 xīrù: frische Luft ～ 吸入新鲜空气

Atmosphäre *f* -, -n 大气 dàqì,大气层 dàqìcéng;空气 kōngqì;大气压 dàqìyā;气氛 qìfēn,环境 huánjìng

Atom *n* -s, -e 原子 yuánzǐ

atomar *adj* 原子的 yuánzǐde,核能的 hénéngde,核武器的 héwǔqìde

Atomaufrüstung *f* 核扩军 hékuòjūn

Atombombe *f* 原子弹 yuánzǐdàn

Atombusen *m* 大乳房 dà rǔfáng

Atom-Ei *n* (俗)原子反应堆 yuánzǐ fǎnyìngduī

Atomenergie *f* 原子能 yuánzǐnéng,核能 hénéng

Atomkraft *f* 原子能 yuánzǐnéng,核能 hénéng

Atomkraftwerk *n* 原子能发电站 yuánzǐnéng fādiànzhàn,核电站 hédiànzhàn

Atomkrieg *m* 核战争 hézhànzhēng

Atommotor *m* 原子能发动机 yuánzǐnéng fādòngjī

Atommüll *m* 核垃圾 hélājī

Atomreaktor *m* 原子反应堆 yuánzǐ fǎnyìngduī,核反应堆 héfǎnyìngduī

Atomsperrvertrag *m* 核不扩散条约 hé bùkuòsàn tiáoyuē

Atomtest *m* 核试验 héshìyàn

Atomteststoppabkommen *n* 停止核武器试验条约 tíngzhǐ héwǔqì shìyàn tiáoyuē

Atomwaffe *f* 核武器 héwǔqì

Atomwaffensperrvertrag *m* 核武器不扩散条约 héwǔqì bùkuòsàn tiáoyuē

Atomwissenschaft *f* 原子科学 yuánzǐ kēxué,核科学 hékēxué

Attaché [...ˈʃeː] *m* -s, -s (使馆)随员 suíyuán,专员 zhuānyuán

Attentat *n* -(e)s, -e (政治)谋杀 móushā,行刺 xíngcì,暗杀 ànshā

Attentismus *m* - (证券交易中的)观望立场(态度) guānwàng lìchǎng

attraktiv *adj* 有吸引力的 yǒu xīyǐnlìde,吸引人的 xīyǐn rén de;漂亮的 piàoliangde,迷人的 mírénde

Attribut *n* -s, -e (语法)定语 dìngyǔ;标志 biāozhì,特征 tèzhēng,象征 xiàngzhēng

Attributsatz *m* 定语从句 dìngyǔ cóngjù

auch *cj*/*adv* 同样 tóngyàng,也 yě;甚至 shènzhì,连…也 lián … yě,就是…也 jiùshì … yě: keiner kannte ihn, ～ mein Bruder nicht 没有人认识他,就连我兄弟也不;此外 cǐwài: sie gab mir ～ (noch) etwas Geld 此外她还给我一些钱;真的 zhēnde,确实 quèshí: ich fühle mich krank, und ich bin es ～ 我觉得生病了,果然如此;(用于让步句) was (immer) ～ kommen mag, wir halten zusammen 不管(即使,尽管,无论)发生什么情况,我们总在一起

Audienz *f* -, -en (正式)接见 jiējiàn,会见 huìjiàn

audiolingual *adj* (语言教学)听说的 tīngshuō de

audiovisuell *adj* 视听(法)的 shìtīngde

auf I *prp* (*D*/*A*) 1. (*D*) (表示地点)在…之上 zài … zhī shang: das Buch liegt ～ dem Tisch 书在桌子上; ～ dem Bahnhof warten 在火车站等候 2. (*A*) (表示地点)到…之上 dào … zhī shàng: ich lege das Buch ～ den Tisch 我把书放到桌上;(表示方向)向… xiàng …,到… dào …,往… wǎng …: ～ den Markt gehen 到市场去;(表示延续一段时间): ～ ein paar Tage verreisen 出去旅行几天; Auf Wiedersehen! 再见!(表示时间先后接续): ～ Regen folgt Sonne 雨过天晴;(表示距离)在…距离内 zài … jùlí nèi：～ 50 Meter Entfernung gab er 5 Schüsse ab 在 50 米内他开了五枪；(表示目的)为了… wèile …：Auf Ihre Gesundheit! 祝您健康！(表示方式方法)用…方式 yòng … fāngshì：etw ～ Deutsch sagen 用德语说某事；das Glas ～ einen Zug austrinken 一口喝完这杯；(表示程度)：jm ～s Haar gleichen 完全像某人 **II** *adv* 站起来 zhànqǐlái：Auf (denn), wir wollen gehen! 站起来，我们就走！起身 qǐshēn：sie ist schon früh ～ 她很早就起床；开始 kāishǐ：Auf, lasst uns singen! 让我们开始唱吧！开着 kāizhe：die Tür ist ～ 门开着；张开 zhāngkāi，睁开 zhēngkāi：Mund ～! 张开嘴！Bücher ～! 打开书本！(与其他词构成固定词组) ～ und ab 来回地，上上下下；von ... ～ 从…起；～ und davon 突然溜之大吉

aufatmen *vi* 深深地吸一口气 shēnshēnde xī yīkǒuqì，深呼吸 shēnhūxī；舒一口气 shū yīkǒuqì，松口气 sōngkǒuqì

Aufbau *m* -s, -e/-ten 建设 jiànshè，建立 jiànlì，设立 shèlì：der ～ des Landes 建设国家；结构 jiégòu：der innere ～ des Atoms 原子的内部结构；(建筑物的)上层结构 shàngcéng jiégòu

aufbauen **I** *vt* 建筑 jiànzhù，建造 jiànzào：ein Haus ～ 建造一幢房屋；搭起 dāqǐ：ein Zelt ～ 搭一帐篷；建设 jiànshè，建立 jiànlì：eine eigene Industrie [den neuen Staat] ～ 建设自己的工业[新的国家]；重建 chóngjiàn；组合 zǔhé；合成 héchéng：eine Maschine ～ 装配一台机器；培养 péiyǎng，提拔 tíbá：jn als Kandidaten für eine Partei ～ 培养某人为一政党预备党员；在…基础上建立 zài … jīchǔshàng jiànlì：die Politik auf das Volksinteresse ～ 把政策建立在人民利益基础上 **II** *rfl* 站立 zhànlì：sich vor [hinter] jm ～ 站立在某人前面[后面]

aufbäumen *rfl* 猛然直起身 měngrán zhíqǐshēn：die Schlange bäumt sich auf 蛇猛然直起身子；反对 fǎnduì，反抗 fǎnkàng：sich gegen die Ungerechtigkeit ～ 反对不公正 fǎnduì bù gōngzhèng

aufbereiten *vt* 选(矿) xuǎn；净化 jìnghuà；整理 zhěnglǐ

aufbessern *vt* 改善 gǎishàn，改良 gǎiliáng，提高 tígāo：seine Sprachkenntnisse ～ 提高自己的语言知识

aufbewahren *vt* 保存 bǎocún，保管 bǎoguǎn：Wertsachen ～ 保管珍贵物品；Gepäck auf dem Bahnhof ～ lassen 将行李寄存在车站

aufbinden* *vt* 解开 jiěkāi，松开 sōngkāi；捆好 kǔnhǎo：das Kochgeschirr auf den Rucksack ～ 把炊具捆在背包上；欺骗 qīpiàn：jm etw ～ 欺骗某人；jm einen Bären ～ 愚弄欺骗某人(使其相信)

aufblähen **I** *vt* 使膨胀 shǐ péngzhàng，使上涨 shǐ shàngzhǎng **II** *rfl* 自负 zìfù，自夸 zìkuā：sich mit seinen Kenntnissen ～ 炫耀其知识

aufblasen* **I** *vt* 使膨胀 shǐ péngzhàng，打气 dǎqì：einen Ballon ～ 给气球打气 **II** *rfl* 自负 zìfù，自我吹嘘 zìwǒ chuīxū：Blas dich nicht so auf! 你别这样自吹自擂！

aufblicken *vi* 朝上看 cháoshàngkàn，仰望 yǎngwàng：zu den Wolken ～ 仰望云彩；尊敬 zūnjìng，仰慕 yǎngmù：zu jm ～ 仰慕某人

aufblühen *vi(s)* (花蕾)开放 kāifàng；繁荣 fánróng，发展 fāzhǎn，兴盛 xīngshèng：die Künste blühen auf 艺术繁荣

aufbrauchen *vt* 耗尽 hàojìn，用完 yòngwán

aufbrechen* **I** *vt* 拆开 chāikāi，撬开 qiàokāi，打开 dǎkāi **II** *vi(s)* (花)开放 kāifàng；启程 qǐchéng，出发 chūfā：zu einer Reise ～ 动身去旅行

aufbringen* *vt* 筹措 chóucuò，筹集 chóují：Kapitalien ～ 筹集资金；能够打开 nénggòu dǎkāi；使流行 shǐ liúxíng，提倡 tíchàng：neue Sitten ～ 提倡新风俗；截获 jiéhuò，捕获 bǔhuò；激怒 jīnù；挑拨 tiǎobō

Aufbruch *m* -(e)s, ¨-e 启程 qǐchéng，动身 dòngshēn 上路 shànglù；裂缝 lièfèng

aufbürden *vt* 使某人负担某事 shǐ mǒurén fùdān mǒushì：jm einen Haufen Arbeit ～ 要某人承担起一大堆工作

aufdecken *vt* 揭开 jiēkāi，揭去 jiēqù：das Bett ～ 揭去床单；揭露 jiēlù，暴露 bàolù，揭穿 jiēchuān：eine Verschwörung ～ 揭露一阴谋

aufdrehen *vt* 打开 dǎkāi，拧开 nǐngkāi

aufdringlich *adj* 纠缠不休的 jiūchán bùxiū de

aufeinander *adv* 重叠 chóngdié；互相 hùxiāng，相互 xiānghù：sie achten ～，nehmen Rücksicht ～ 他们相互照顾，相

互体谅

aufeinanderfolgen *vi(s)* 连续 liánxù,接连 jiēlián

aufeinanderprallen *vi(s)* 相撞 xiāngzhuàng

Aufenthalt *m* -(e)s, -e 居留 jūliú,逗留 dòuliú;逗留地 dòuliúdì,住地 zhùdì

auferlegen *vt* 使…负担 shǐ … fùdān,把…托给 bǎ … tuōgěi: jm Geldbuße ~ 对某人罚款; jm eine harte Prüfung ~ 对某人严格考核

auferstehen* *vi(s)* 复活 fùhuó,起死回生 qǐ sǐ huí shēng,再生 zàishēng

aufessen* *vt* 吃完 chīwán,吃光 chīguāng

auffahren* I *vi(s)* 撞到…上 zhuàng dào … shàng: auf einen Lastwagen ~ 撞到货车上;猛然跳起 měngrán tiàoqǐ: aus dem Schlaf ~ 从睡中突然惊起;突然发怒 tūrán fānù: furchtbar ~ 可怕地暴怒 II *vt* 用车运来 yòng chē yùnlái;(大量地)摆上(菜肴) bǎishàng

auffallen* *vi(s)* 引人注意 yǐn rén zhùyì,惹人注目 rě rén zhùmù: ihre Begabung fiel allen auf 她的才华引起众人注意;落在…上面 luò zài … shàngmian: der Ball fiel außerhalb des Spielfeldes auf 球落到球场外面

auffällig *adj* 引人注意的 yǐn rén zhùyì de,惹人注目的 rě rén zhùmù de,显眼的 xiǎnyǎnde

auffangen* *vt* 接 jiē,接住 jiēzhù: den Ball ~ und weitergeben 接住球并传给别人;截住 jiézhù,截获 jiéhuò;抵挡 dǐdǎng;偶然听到(或看到) ǒurán tīngdào

auffassen *vt* 理解 lǐjiě,领会 lǐnghuì: den Text schnell ~ 很快理解课文;理解为… lǐjiě wéi…,看成… kànchéng…: etw als persönliche Beleidigung ~ 把某事理解为人身攻击

Auffassung *f* -, -en 理解力 lǐjiělì;观点 guāndiǎn,看法 kànfǎ,见解 jiànjiě: nach meiner ~ 或 meiner ~ nach 根据我的看法

auffinden* *vt* 寻找后发现 xúnzhǎo hòu fāxiàn,找到 zhǎodào,探出 tànchū

aufflammen *vi(s)* (突然)燃起 ránqǐ,冒起火焰 màoqǐ huǒyàn;(突然)亮起 liàngqǐ;激起 jīqǐ

auffliegen* *vi(s)* 飞起 fēiqǐ;突然打开 tūrán dǎkāi: der Deckel flog auf 盖子突然打开;突然告吹 tūrán gàochuī

auffordern *vt* 请求 qǐngqiú,要求 yāoqiú: jn zum Schweigen ~ 要求某人沉默;邀请 yāoqǐng: ein Mädchen zum Tanz ~ 邀请一姑娘跳舞

Aufforderung *f* -, -en 要求 yāoqiú,敦促 dūncù: ~ zur Einbringung von Kapitalien 要求提交资金

Aufforderungssatz *m* 祈使句 qíshǐjù

Aufforderungsschreiben *n* 催交书 cuījiāoshū

aufführen I *vt* 演出 yǎnchū,上演 shàngyǎn: ein Musikstück [ein Ballet] ~ 演出一音乐作品[芭蕾舞];建筑 jiànzhù,建造 jiànzào: eine Mauer aus Bruchsteinen ~ 用碎石建造一围墙;举出 jǔchū,提出 tíchū: Beispiele ~ 举出例子; Fragen ~ 提出问题 II *rfl* 举止 jǔzhǐ,举动 jǔdòng: sich anständig [unverschämt] ~ 举止正派[无耻]

Aufführung *f* -, -en 上演 shàngyǎn,演出 yǎnchū: ein Theaterstück zur ~ bringen 上演一剧本;列举 lièjǔ,举出 jǔchū;行为 xíngwéi,举止 jǔzhǐ

Aufgabe *f* -, -n 交付 jiāofù;使命 shǐmìng,任务 rènwu: eine ~ ausführen 执行一项任务;(学生的)作业 zuòyè;放弃 fàngqì,退出 tuìchū,脱离 tuōlí

aufgeben* I *vt* 交付 jiāofù,邮寄 yóujì,发 fā: ein Päckchen bei der Post ~ 在邮局寄一小包;布置(作业) bùzhì: den Schülern eine Übersetzung ~ 布置学生翻译;戒掉 jièdiào,不再做 bùzài zuò: das Rauchen, Trinken ~ 不再抽烟、喝酒;放弃 fàngqì: seinen Plan ~ 放弃其计划;嘱咐 zhǔfù,交代 jiāodài,托付 tuōfù: ich gab ihm auf, über die Angelegenheit zu schweigen 我嘱咐他对此事保持沉默 II *vi* (中途)退出比赛 tuìchū bǐsài: nach zehn Runden gab der Boxer auf 十个回合后这拳击手退出比赛

aufgehen* *vi(s)* 上升 shàngshēng,升起 shēngqǐ,升高 shēnggāo: die Sonne geht im Osten auf 太阳在东方升起;发芽 fāyá,长出 zhǎngchū: die Saat geht auf 种子发芽;油然而生 yóurán ér shēng: eine Ahnung geht in mir auf 一种预感在我心里油然而生;领悟 lǐngwù;打开 dǎkāi: die Tür ist aufgegangen 门打开了;破开 pòkāi,开裂 kāiliè,绽开 zhànkāi: die Blase ist aufgegangen 水泡破了;溶化 rónghuà,化为 huàwéi;除尽 chújìn,无余

数 wú yúshù: In welchen Zahlen geht die 5 auf? 哪些数可被 5 除尽?

Aufgeld *n*-(e)s, -er 贴水 tiēshuǐ, 差价 chājià, 折扣 zhékòu; 加价 jiājià, 附加费 fùjiāfèi

aufgeregt *adj* 激动的 jīdòngde, 不安的 bù'ānde

aufgeschlossen *adj* 对…感兴趣的 duì … gǎnxìngqù de, 容易接受的 róngyì jiēshòu de

aufgeschossen *adj* 又高又瘦的 yòu gāo yòu shòu de, 瘦长的 shòuchángde

aufgießen* *vt* 泡 pào, 沏 qī: Tee ～ 沏茶; 给…加 gěi … jiā, 浇上 jiāoshàng

aufgliedern *vt* 把…分开 bǎ … fēnkāi: die Menschen in bestimmte Typen ～ 把人划分为某些类型

aufgreifen *vt* 抓住 zhuāzhù, 逮住 dǎizhù, 截住 jiézhù; 考虑 kǎolǜ, 着手研究 zhuóshǒu yánjiū

aufgrund *prp* (*G*或与 von 连用) 由于 yóuyú, 因为 yīnwèi

aufhaben* I *vt* 戴着 dàizhe: eine Mütze [eine Brille] ～ 戴着帽子[眼镜]; 有(作业) yǒu, 要做(作业) yào zuò: in Deutsch haben wir heute nichts auf 今天我们德语课没有什么作业; 张开着 zhāngkāizhe: die Augen [den Mund] ～ 张开着眼睛[口]; 喝完 hēwán, 吃完 chīwán: Hast du deine Suppe auf? 你喝完你的汤没有? II *vi* 开着 kāizhe, 营业 yíngyè: am Sonntag hat der Laden nicht auf 星期日商店不营业

aufhalten* I *vt* 阻止 zǔzhǐ, 拦住 lánzhù, 阻挡 zǔdǎng; 耽误 dānwu, 耽搁 dānge, 延误 yánwù; 保持开着 bǎochí kāizhe: die Tür ～ 让门开着 II *rfl* 停留 tíngliú, 逗留 dòuliú: sich im Hause ～ 留在家里; 感到恼火 gǎndào nǎohuǒ, 感到气愤 gǎndào qìfèn: sich über jn [etw] ～ 对某人[某事]感到气愤

aufhängen* I *vt* 悬挂 xuánguà, 挂上 guàshàng, 吊起 diàoqǐ: ein Bild im Zimmer ～ 在室内挂一幅画; 欺骗 qīpiàn: jm eine Lüge ～ 用谎话欺骗某人 II *rfl* 上吊 shàngdiào, 自缢 zìyì

aufheben* *vt* 拾起 shíqǐ, 捡起 jiǎnqǐ, 举起 jǔqǐ: einen Handschuh ～ 拾起一只手套; die Hand zum Schwur ～ 举起手宣誓; 保存 bǎocún, 把…留着 bǎ … liúzhe: etw zum Andenken ～ 保存某物留念; 废除 fèichú, 取消 qǔxiāo: ein Gesetz ～ 废除一法律

Aufhebung *f*-, -en 废除 fèichú, 取消 qǔxiāo

aufheitern I *vt* 使(感到)愉快 shǐ yúkuài II *rfl* 转晴 zhuǎnqíng, 放晴 fàngqíng: das Wetter heitert sich auf 天气转晴

aufhelfen *vi* 扶起 fúqǐ, 搀起 chānqǐ: einem Gestürzten ～ 把一个摔倒在地的人扶起来

aufhören *vi* 停止 tíngzhǐ, 终止 zhōngzhǐ: der Lärm hört plötzlich auf 喧闹声突然停止; es hat aufgehört mit Schneien 雪停了

aufkaufen *vt* 大量购买 dàliàng gòumǎi: Getreide ～ 大量收购粮食

aufklären I *vt* 澄清 chéngqīng, 把…弄明白 bǎ … nòng míngbai: ein Missverständnis ～ 消除一误解; 解释 jiěshì, 说明 shuōmíng: jn über jn [etw] ～ 向某人解释某人[某事]; 侦察 zhēnchá II *rfl* 放晴 fàngqíng, 晴朗起来 qínglǎng qǐlái: das Wetter hat sich aufgeklärt 天已晴朗起来; 变得友好 biàndé yǒuhǎo: ihr Blick klärte sich auf 她的目光变得友好

Aufklärung *f*-, -en 澄清 chéngqīng, 解释 jiěshì, 说明 shuōmíng; 开导 kāidǎo, 教导 jiàodǎo: die (sexuelle) ～ der Jugendlichen 对青年进行性教育; 侦察 zhēnchá, 摸清情况 mōqīng qíngkuàng; 启蒙运动 qǐméng yùndòng

aufkleben *vt* 贴上 tiēshàng, 往…上贴 wǎng … shang tiē: eine Briefmarke auf den Brief ～ 把邮票贴到信封上

Aufkleber *m*-s, - 标签 biāoqiān, 标记 biāojì, (航空)邮签 yóuqiān

aufknöpfen *vt* 解开…的纽扣 jiěkāi … de niǔkòu: die Weste ～ 解开背心纽扣

aufkochen *vt* 把…煮沸 bǎ … zhǔfèi; 把…再煮一下 bǎ … zài zhǔ yīxià: die Suppe von gestern ～ 把昨天的汤再煮一下

aufkommen* *vi*(*s*) 发生 fāshēng, 形成 xíngchéng, 产生 chǎnshēng: ein Gewitter kommt auf 雷阵雨形成了; 担保 dānbǎo, 承担 chéngdān, 负责 fùzé: für den gesamten Schaden ～ 负责赔偿全部损失; 恢复健康 huīfù jiànkāng; 抗衡 kànghéng: gegen jn [etw] nicht ～ 比不上某人[某物]

Aufkömmling *m*-s, -e 暴发户 bàofāhù

aufkündigen *vt* 声明作废 shēngmíng zuòfèi：ein Abkommen ～ 声明废除一协定

Auflage *f* -，-n 版 bǎn，版次 bǎncì；一版的印数 yībǎn de yìnshù；层 céng，表层 biǎocéng

auflassen* *vt* 让…开着 ràng … kāizhe：das Fenster nachts ～ 让窗子夜间开着；让…戴着 ràng … dàizhe：den Hut ～ 帽子戴着不脱；许可…不上床 xǔkě … bù shàngchuáng：die Kinder eine Stunde länger ～ 允许孩子们迟睡一小时；转让 zhuǎnràng：einen Bauplatz ～ 转让一工地；废弃 fèiqì，停办 tíngbàn

aufleben *vi*(*s*) 苏醒 sūxǐng，复活 fùhuó；精神振作起来 jīngshén zhènzuò qǐlái；活跃起来 huóyuè qǐlái

auflegen *vt* 把…放上去 bǎ … fàngshàngqù：den Hörer ～ 放上听筒；出版 chūbǎn：ein Buch ～ 出版一本书；发行 fāxíng：eine Anleihe zur Zeichnung ～ 发行债券以供认购

auflehnen I *rfl* 反对 fǎnduì，反抗 fǎnkàng：sich gegen Unterdrückung ～ 反对压迫；撑在…上 chēngzài … shang：sich auf das Fensterbrett ～ 把胳膊撑在窗台上 II *vt* 把…放(或靠)在 bǎ … fàng zài：die Arme auf die Mauer ～ 把胳臂靠在墙上

auflesen* *vt* 拾起 shíqǐ，捡起 jiǎnqǐ：Papier [Perlen] ～ 拾起纸[珠子]

auflösbar *adj* 可溶解的 kěróngjiěde；可解除的 kějiěchúde，可废除的 kěfèichúde

auflösen I *vt* 松开 sōngkāi，解开 jiěkāi；解除 jiěchú，取消 qǔxiāo：seine Verlobung ～ 解除其婚约；解散 jiěsàn：einen Verein ～ 解散一协会；解决 jiějué：eine Frage ～ 解决一问题；使溶解 shǐ róngjiě：eine Tablette in Wasser ～ 使药片溶解在水里 II *rfl* 溶化 rónghuà，溶解 róngjiě：der Zucker löst sich in Flüssigkeit auf 糖溶解在液体里；散开 sànkāi，松开 sōngkāi，解散 jiěsàn：die Menschenansammlung löste sich auf 人群散开了

aufmachen I *vt* 打开 dǎkāi：die Tür ～ 开门：die Augen ～ 张开眼睛；开设 kāishè，设立 shèlì，开(业) kāi：einen Laden ～ 开设一家商店；摆设 bǎishè，布置 bùzhì：die Waren ～ 摆设货品 II *rfl* 出发 chūfā，动身 dòngshēn：sich gleich ～ 立即动身；(风)开始吹 kāishǐ chuī：der Wind macht sich auf 起风了；准备 zhǔnbèi，打算 dǎsuan III *vi* (商店)开门 kāimén，开张 kāizhāng：die Geschäfte machen morgens um 8 Uhr auf 商店早上 8 点开门

Aufmachung *f* -，-en 装潢 zhuānghuáng，门面装饰 ménmian zhuāngshì

aufmerken *vi* 注意 zhùyì，留神 liúshén：auf etw [jn] ～ 注意某物[某人]

aufmerksam *adj* 注意的 zhùyìde，留神的 liúshénde；关心的 guānxīnde，殷勤的 yīnqínde，体贴的 tǐtiēde，周到的 zhōudàode

Aufmerksamkeit *f* -，-en 注意(力) zhùyì，关注 guānzhù，留心 liúxīn：js ～ erregen 引起某人注意；殷勤 yīnqín，关心 guānxīn，乐于助人 lèyú zhù rén；小礼品 xiǎolǐpǐn

aufmuntern *vt* 使高兴 shǐ gāoxìng，使愉快 shǐ yúkuài：jn mit ein paar Worten ～ 说几句话使某人高兴起来；鼓舞 gǔwǔ，鼓励 gǔlì

aufmüpfig *adj* 难管束的 nán guǎnshù de，逆反的 nìfǎnde

Aufnahme *f* -，-n 接待 jiēdài，留宿 liúsù：jm für die ～ danken 感谢某人接待；接受 jiēshòu，接纳 jiēnà，吸收 xīshōu；反响 fǎnxiǎng，反应 fǎnyìng；记录 jìlù，录下 lùxià，灌制 guànzhì；照相 zhàoxiàng，照片 zhàopiàn；开始 kāishǐ；接待室 jiēdàishì

Aufnahmegebühr *f* 入会费 rùhuìfèi，入学费 rùxuéfèi

Aufnahmeprüfung *f* 入学考试 rùxué kǎoshì，录用考试 lùyòng kǎoshì

aufnehmen* *vt* 拿起 náqǐ：den Telefonhörer ～ 拿起电话听筒；拾起 shíqǐ，捡起 jiǎnqǐ：den Handschuh ～ 捡起手套；抬起 táiqǐ，举起 jǔqǐ：den Verletzten ～ 抬起受伤者；接待 jiēdài：jn freundlich ～ 友好地接待某人；接受 jiēshòu，接纳 jiēnà，吸收 xīshōu：jn als Teilhaber in sein Geschäft ～ 接受某人为其商店股东；容纳 róngnà：das Staubecken nimmt alles Wasser auf 水库容纳了所有的水；开始做 kāishǐ zuò，着手做 zhuóshǒu zuò：seine Studien ～ 着手搞他的研究工作；记录 jìlù，记载 jìzǎi：eine Krankheitsgeschichte ～ 书写一份(疾)病史；拍摄 pāishè：die Landschaft ～ 把风景拍摄下来；录音 lùyīn：eine Rede ～ 把一讲演录到磁带上；借贷 jièdài，接受

jiēshòu: bei der Bank einen Kredit ～ 在银行借到一笔贷款
aufnötigen *vt* 强迫…接受 qiǎngpò…jiēshòu: jm einen Vertrag ～ 强迫某人接受一合同; jm noch ein Stück Kuchen ～ 硬劝某人再吃一块蛋糕
aufopfern *rfl* 牺牲 xīshēng,献身 xiànshēn: sich für jn [das Vaterland] ～ 为某人[祖国]献身
aufpassen *vi* 注意 zhùyì,专心 zhuānxīn: beim Unterricht ～ 上课专心听讲; auf jn [etw] ～ 注意某人[某事]; 照料 zhàoliào,照管 zhàoguǎn,照看 zhàokàn: auf die Kinder ～ 照料孩子们
aufpflanzen I *vt* 竖起 shùqǐ,树立 shùlì,插上 chāshàng: eine Fahne ～ 插上一面旗; das Seitengewehr ～ 上刺刀 II *rfl* 挑衅地站立着 tiǎoxìnde zhànlìzhe
aufraffen I *vt* 急速拾起 jísù shíqǐ,急速提起 jísù tíqǐ II *rfl* 费力地站起来 fèilìde zhànqǐlái
aufragen *vi* 耸立 sǒnglì,突起 tūqǐ
aufräumen I *vi* 整理 zhěnglǐ,收拾 shōushi: die Wohnung ～ 收拾住所 II *vi* 放弃 fàngqì,消除 xiāochú: mit überholten Ansichten ～ 放弃过时的观点
aufrecht *adj* 直的 zhíde,笔直的 bǐzhíde,挺直的 tǐngzhíde: vor Müdigkeit nicht mehr ～ stehen können 累得腰也直不起来; 正直的 zhèngzhíde,诚实的 chéngshíde
aufrechterhalten* *vt* 保持 bǎochí,维持 wéichí: seine Autorität ～ 维护其权威
aufregen I *vt* 使不安 shǐ bù'ān,使激动 shǐ jīdòng,使兴奋 shǐ xīngfèn: diese Nachrichten regten mich auf 这些消息使我感到不安; 重新勾起 chóngxīn gōuqǐ,重新激起 chóngxīn jīqǐ: Gefühle in jm ～ 重新激起他内心的感情 II *rfl* 激动 jīdòng,不安 bù'ān; 恼火 nǎohuǒ,愤怒 fènnù: sich über seinen Chef fürchterlich ～ 对他的上司极为恼火
Aufregung *f* -, -en 激动 jīdòng; 纷扰 fēnrǎo,骚动 sāodòng
aufrichten I *vt* 使竖立 shǐ shùlì; 建立 jiànlì,建设 jiànshè: ein Denkmal ～ 建立一纪念碑; 使振作 shǐ zhènzuò,使坚强 shǐ jiānqiáng,鼓舞 gǔwǔ: einen Verunglückten ～ 使一遭受不幸的人振作起来 II *rfl* 竖立 shùlì,直立 zhílì,挺直身子 tǐngzhí shēnzi; 站立起来 zhànlì qǐlái; 受到鼓舞 shòudào gǔwǔ
aufrichtig *adj* 正直的 zhèngzhíde,真诚的 zhēnchéngde,坦率的 tǎnshuàide
Aufruf *m* -s, -e 点名 diǎnmíng,呼名 hūmíng; 号召 hàozhào,呼吁 hūyù; 宣布(货币)停止流通 xuānbù tíngzhǐ liútōng
aufrufen* *vt* 点名 diǎnmíng; 号召 hàozhào,呼吁 hūyù: die Bevölkerung zu einer Demonstration ～ 号召居民参加游行示威; 宣布(货币)停止流通 xuānbù tíngzhǐ liútōng,回收(货币) huíshōu
Aufruhr *m* -(e)s, -e 骚动 sāodòng,暴乱 bàoluàn: ～ stiften 煽动暴乱
aufrüsten *vi* 扩充军备 kuòchōng jūnbèi
Aufrüstung *f* - 扩充军备 kuòchōng jūnbèi
aufrütteln *vt* 摇醒 yáoxǐng,唤醒 huànxǐng
aufsagen *vt* 背诵 bèisòng; 通知解雇 tōngzhī jiěgù
Aufsatz *m* -es, ⸚e 文章 wénzhāng,作文 zuòwén,论文 lùnwén; 表尺 biǎochǐ,瞄准器 miáozhǔnqì; 放在上面的东西 fàngzài shàngmian de dōngxi,(餐桌上、家具上的)装饰品 zhuāngshìpǐn
aufschaukeln *vt* 使…更加颠簸 shǐ…gèngjiā diānbǒ,使…更加摆荡 shǐ…gèngjiā bǎidàng
aufschieben* *vt* 推迟 tuīchí,延期 yánqī: seine Hochzeit ～ 推迟他的婚礼; 推开 tuīkāi: eine Schiebetür ～ 推开拉门
Aufschlag *m* -(e)s, ⸚e (着地时的)碰撞 pèngzhuàng,撞击 zhuàngjī; 发球 fāqiú; 翻边 fānbiān; 加价 jiājià,增价 zēngjià
aufschlagen* I *vt* 打开 dǎkāi,翻开 fānkāi,张开 zhāngkāi: ein Buch ～ 翻开书; 竖立 shùlì,建立 jiànlì,搭起 dāqǐ: ein Gerüst ～ 搭起一支架; 打碎 dǎsuì,打破 dǎpò: ein Ei ～ 打碎一只蛋; 翻起 fānqǐ,翻上 fānshang: den Mantelkragen ～ 翻上大衣领 II *vi(s)* 猛烈地撞到 měngliède zhuàngdào: das abstürzende Flugzeug schlug auf den Boden auf 坠落的飞机猛烈地撞到地上; 向上冒 xiàngshàngmào: das Feuer schlug auf 火向上冒 III *vi* 涨价 zhǎngjià,提价 tíjià: das Brot schlägt um 10 Prozent auf 面包涨价百分之十; der Kaufmann hat aufgeschlagen 商人提价了
aufschließen* I *vt* 用钥匙打开 yòng

yàoshi dǎkāi: die Tür [das Zimmer] ～ 用钥匙开门[房间]；解释 jiěshì，介绍 jièshào，说明 shuōmíng: ein Kunstwerk dem Publikum ～ 向观众介绍一艺术品；吐露 tǔlù，倾诉 qīngsù；选 xuǎn，洗(矿石) xǐ II *vi* 紧跟 jǐngēn，紧靠 jǐnkào III *rfl* 倾诉 qīngsù，倾吐 qīngtǔ

Aufschluss *m* -es，⸗e 启发 qǐfā，说明 shuōmíng，解释 jiěshì: jm über jn [etw] ～ geben (或 bringen) 向某人说明某人[某事]；消息 xiāoxi，情况 qíngkuàng

aufschlussreich *adj* 富于启发的 fù yú qǐfā de

aufschrauben *vt* 旋开 xuànkāi，拧开 nǐngkāi

aufschreiben* *vt* 记下 jìxià，写下 xiěxià；开处方 kāi chǔfāng；记下…姓名地址 jìxià … xìngmíng dìzhǐ

Aufschrift *f* -，-en 标题 biāotí；题词 tící；姓名地址 xìngmíng dìzhǐ，通讯处 tōngxùnchù；标签上的字样 biāoqiānshang de zìyàng

Aufschub *m* -(e)s，⸗e 耽搁 dānge，延期 yánqī，推迟 tuīchí: etw ohne ～ beantworten 立刻答复某事

aufschwingen* *rfl* 高飞 gāofēi，翱翔 áoxiáng，飞舞而上 fēiwǔ ér shàng；振作起来 zhènzuò qǐlái，(经犹豫后)打定主意 dǎdìng zhǔyi: sich zu einer Rede ～ 打定主意去讲演

Aufschwung *m* -s，⸗e 上升 shàngshēng，发展 fāzhǎn，繁荣 fánróng；振奋 zhènfèn，上进 shàngjìn

Aufsehen *n* -s 引人注目 yǐn rén zhùmù，轰动 hōngdòng: dieses Buch hat viel ～ erregt (或 gemacht) 这本书引起很大轰动

aufsein *vi(s)* [口](门)开着 kāizhe，未上锁 wèi shàngsuǒ；起床 qǐchuáng，还未上床 háiwèi shàngchuáng，还醒着 háixǐngzhe

aufsetzen I *vt* 戴上 dàishàng，缝上 féngshàng: der Braut den Schleier ～ 给新娘戴上面纱；einen Flicken auf die Hose ～ 在裤子上缝一块补钉；把…放到炉子上 bǎ … fàngdào lúzishang: Kartoffeln zum Kochen ～ 把土豆放到炉子上煮；使…坐直 shǐ … zuòzhí: das Kind in seinem Bett ～ 把小孩放在床上坐直；(在建筑物上)增建 zēngjiàn: ein Stockwerk ～ 加建一层楼；使着陆 shǐ zhuólù: der Pilot setzte das Flugzeug sicher auf 飞行员驾驶飞机平稳着陆；起草 qǐcǎo，草拟 cǎonǐ: ein Testament ～ 草拟一遗嘱；装出 zhuāngchū，摆出 bǎichū: ein Lächeln ～ 装出微笑 II *rfl* 坐起 zuòqǐ，坐直 zuòzhí III *vi* 着陆 zhuólù

Aufsicht *f* -，-en 监督 jiāndū，监视 jiānshì；监督人 jiāndūrén，看管人员 kānguǎn rényuán；平面图 píngmiàntú

Aufsichtsrat *m* 监事会 jiānshìhuì，监事 jiānshì

aufspringen* *vi(s)* 突然跳起 tūrán tiàoqǐ；跳上 tiàoshàng: auf einen anfahrenden Zug ～ 跳上一列正在开动的火车；打开 dǎkāi，弹开 tánkāi，绽开 zhànkāi

aufspüren *vt* 探索而发现 tànsuǒ ér fāxiàn，跟踪找到 gēnzōng zhǎodào: einen Wolf ～ 追踪发现一只狼；junge Talente ～ 发现有才华的青年人

Aufstand *m* -(e)s，⸗e 起义 qǐyì，暴动 bàodòng: einen ～ organisieren 组织一次起义

aufstehen* I *vi(s)* 起身 qǐshēn；起立 qǐlì；反抗 fǎnkàng，起来反对 qǐlái fǎnduì: gegen (或 wider) jn [etw] ～ 起来反对某人[某事] II *vi* 敞开着 chǎngkāizhe: die ganze Nacht hat das Tor aufgestanden 大门整夜敞开着

aufsteigen* *vi(s)* 登上 dēngshàng，跨上 kuàshàng: auf eine Straßenbahn ～ 登上一辆有轨电车；升起 shēngqǐ，上升 shàngshēng: die Sonne steigt am Horizont auf 太阳正从地平线上升起；晋升 jìnshēng，升为 shēngwéi: zum Minister ～ 升任部长；出现 chūxiàn，发生 fāshēng: ein Verdacht stieg in ihm auf 他心里起了怀疑

aufstellen *vt* 竖放 shùfàng，安放 ānfàng: ein Bett ～ 安放一张床；布置 bùzhì，组成 zǔchéng: Wachen am Unglücksort ～ 在事故发生地布岗；提名 tímíng: jn als Kandidaten ～ 提名某人为候选人；拟定 nǐdìng，提出 tíchū: ein Programm ～ 提出一个纲领；开列 kāiliè，列出 lièchū: die Rechnung ～ 开列帐单；获得 huòdé，取得 qǔdé: einen neuen Rekord ～ 创造新纪录；翻起 fānqǐ，竖起 shùqǐ: den Kragen seines Mantels ～ 竖起其大衣领

Aufstellung *f* -，-en 竖放 shùfàng；提名 tímíng；拟定 nǐdìng；建立 jiànlì；清单 qīngdān

Aufstieg *m* -(e)s 上升 shàngshēng；登高 dēnggāo；晋升 jìnshēng；发展 fāzhǎn，繁荣 fánróng；上坡(路) shàngpō，登山道 dēngshāndào

aufsuchen *vt* 探望 tànwàng，探访 tànfǎng：die Verwandten ～ 探望亲戚；den Arzt ～ 找医生看病；查找 cházhǎo：Telefonnummer im Fernsprechbuch ～ 在电话号码簿上查找电话号码；捡起 jiǎnqǐ，拾起 shíqǐ：Stecknadeln ～ 拾起大头针

Auftakt *m* -(e)s，-e 开始 kāishǐ，开场 kāichǎng，序幕 xùmù，序曲 xùqǔ

auftanken *vt/vi* 加油 jiāyóu，加注燃料 jiāzhù ránliào：ein Flugzeug ～ 给飞机加油

auftauchen *vi*(*s*) 冒出 màochū，浮出 fúchū：der Kopf des Ertrinkenden tauchte noch einmal auf 溺水者的头再次浮出水面；(突然)显露 xiǎnlù，出现 chūxiàn：in der Ferne tauchten Türme der Stadt auf 远处显露出城市的塔楼；Fragen tauchen auf 问题出现了

auftauen I *vt* 使融化 shǐ rónghuà，使解冻 shǐ jiědòng：die Sonne hat das Eis aufgetaut 太阳光把冰融化；使…化开 shǐ … huàkāi：er hat das Rohr aufgetaut 他使管子里的冰化开 II *vi*(*s*) 融化 rónghuà：die Schneekruste ist aufgetaut 雪的表面已经融化了；解冻 jiědòng：im Frühling taut die Erde auf 春天大地解冻；变得活跃起来 biànde huóyuè qǐlái，变得不拘束 biànde bù jūshù：nach einigen Gläsern Wein taute er auf 喝了几杯葡萄酒后，他变得毫不拘束

Auftrag *m* -(e)s，..e 任务 rènwu，委托 wěituō；订货 dìnghuò，订单 dìngdān

auftragen* I *vt* 端上 duānshàng：das Essen ～ 端上饭菜；涂抹 túmǒ：Farbe ～ 涂抹颜色；穿破 chuānpò，穿旧 chuānjiù：die Kinder wachsen so schnell，dass sie ihre Kleidung gar nicht ～ können 孩子们长得很快，他们根本不可能把衣服穿到破旧；委托 wěituō，托付 tuōfù：jm ein Amt ～ 委任某人任某职 II *vi* 鼓起 gǔqǐ，隆起 lóngqǐ

Auftraggeber *m* 订货人 dìnghuòrén，订户 dìnghù，买主 mǎizhǔ

Auftragnehmer *m* 供货人 gōnghuòrén，受托人 shòutuōrén，卖主 màizhǔ

auftreiben* *vt* 扬起 yángqǐ：der Wind treibt Staub auf 风扬起尘土；使膨胀 shǐ péngzhàng，鼓起 gǔqǐ；筹措(资金) chóucuò；找到 zhǎodào：ein Nachtlager ～ 找到住宿处；使惊起 shǐ jīngqǐ；赶(牲畜) gǎn；箍 gū

auftreten* *vi*(*s*) 登场 dēngchǎng，登台 dēngtái，上台表演 shàngtái biǎoyǎn；出现 chūxiàn：auf dem Markt als Konkurrent ～ 在市场上以竞争者出现；态度 tàidu，举止 jǔzhǐ：bescheiden ～ 举止谦虚；脚踩地 jiǎo cǎidì：er trat leise auf，damit niemand erwachte 他轻轻地踩地，为了不吵醒人

Auftrieb *m* -(e)s，-e 驱赶牲畜 qūgǎn shēngchù；鼓舞 gǔwǔ，推动 tuīdòng；浮力 fúlì

Auftritt *m* -(e)s，-e 登场 dēngchǎng，登台(演出) dēngtái；(戏中的)场 chǎng；争吵 zhēngchǎo

aufwachen *vi*(*s*) 睡醒 shuìxǐng，醒来 xǐnglái：aus einem Traum ～ 从梦中醒来

aufwachsen* *vi*(*s*) 长大 zhǎngdà，成长 chéngzhǎng

Aufwand *m* -(e)s 耗费 hàofèi，浪费 làngfèi，挥霍 huīhuò；花费 huāfèi，支出 zhīchū

aufwarten *vi* 款待 kuǎndài；侍候 shìhòu，侍奉 shìfèng：den Gästen ～ 侍候客人；提供 tígōng，给予 jǐyǔ

aufwärts *adv* 向上 xiàngshàng：der Lift fährt ～ 电梯向上开

aufweisen* *vt* 指出 zhǐchū，指明 zhǐmíng，显示 xiǎnshì

aufwenden* *vt* 花费 huāfèi，使用 shǐyòng，耗费 hàofèi

aufwendig *adj* 奢侈的 shēchǐde，浪费的 làngfèide

aufwerfen* I *vt* 翻(土) fān；掷在上面 zhì zai shàngmian；堆起 duīqǐ；使…向上 shǐ … xiàngshàng：die Hände ～ 举起双手；猛力推开 měnglì tuīkāi；提出讨论 tíchū tǎolùn II *rfl* 自命为 zìmìng wéi：sich zum Beschützer über jn ～ 自命为某人的保护者

aufzählen *vt* (逐一)点数 diǎnshù：jm die Summe ～ 把这款项点交给某人；列举 lièjǔ，枚举 méijǔ：die Namen von Tieren ～ 列举动物的名称

aufzeichnen *vt* 画上 huàshàng，记下 jìxià；录下 lùxià

Aufzeichnung *f* -，-en 画上 huàshàng；记下 jìxia；录下 lùxià；图样 túyàng；笔记 bǐjì，记录 jìlù，录像 lùxiàng，

录音 lùyīn
aufziehen* I *vt* 拉起 lāqǐ，升起 shēngqǐ：den Rollladen ～ 拉起百叶窗；拉开 lākāi：den Vorhang ～ 拉开窗帘；抚育 fǔyù，抚养 fǔyǎng：das Kind ～ 抚育这孩子；给…上发条 gěi … shàng fātiáo：die Uhr ～ 给钟上发条；张紧 zhāngjǐn，绷紧 bēngjǐn：die Saiten der Geige ～ 张紧小提琴弦；开设 kāishè，建立 jiànlì：einen Betrieb ～ 开设一家企业；eine Partei ～ 建立一政党；开始 kāishǐ；愚弄 yúnòng，戏弄 xìnòng；饲养 sìyǎng，培植 péizhí II *vi*（*s*）临近 línjìn，来临 láilín：ein Gewitter zieht auf 一场雷阵雨来临；列队行进 lièduì xíngjìn；前来值岗 qiánlái zhígǎng
Aufzug *m* -(e)s，¨-e（戏剧的）幕 mù；电梯 diàntī，升降机 shēngjiàngjī；列队行进 lièduì xíngjìn
Augapfel *m* 眼珠 yǎnzhū；最珍贵的东西 zuì zhēnguìde dōngxi
Auge *n* -s，-n 眼睛 yǎnjing，目 mù：kurzsichtige ～n 近视眼；große ～n machen 惊异；ein ～ zudrücken 睁一眼，闭一眼；ein ～ auf jn [etw] haben 注意（或喜欢）某人［某事］；ein wachsames ～ auf jn haben 严密注意某人；jn nicht aus den ～n lassen 盯住某人；jm die ～n öffnen 使某人认清事实真相；jm Sand in die ～n streuen 欺骗某人；jn mit den ～n verfolgen 注意某人；jm etw unter vier ～n sagen 私下将某事告诉某人；seine ～n gegen etw schließen 对某事不闻不问；jm nicht in die ～n blicken（或 sehen）können 对某人问心有愧；etw mit ganz anderen ～n ansehen 用完全不同的眼光观察某事；aus den ～n，aus dem Sinn 眼不见，心不想；（骰子、骨牌等的）点 diǎn；芽眼 yáyǎn，幼芽 yòuyá：die ～n einer Kartoffel 土豆的芽眼
Augenarzt *m* 眼科医生 yǎnkē yīshēng
Augenblick *m* 片刻 piànkè，时刻 shíkè，瞬间 shùnjiān：Warte noch einen ～！你稍等片刻！das war ein wichtiger ～ 这是重要的时刻；jeden ～ 随时；im ～ 眼下，目前，现时
augenblicklich I *adj* 眼下的 yǎnxiàde，现时的 xiànshíde；瞬间的 shùnjiānde，一时的 yìshíde II *adv* 立即 lìjí，当即 dāngjí，马上 mǎshàng
Augenbraue *f* 眉毛 méimao
Augendeckel *m* 眼皮 yǎnpí
Augenhöhle *f* 眼窝 yǎnwō，眼眶 yǎnkuàng
Augenklinik *f* 眼科医院 yǎnkē yīyuàn
Augenmaß *n* 目测 mùcè，目测力 mùcèlì
Augenmerk *n* 注意力 zhùyìlì：sein ～ auf etw [jn] richten 特别注意某事［某人］；js ～ auf jn [etw] lenken 转移某人对某人［某事］的注意力
Augenschein *m* 亲眼所见 qīnyǎn suǒjiàn；表面印象 biǎomiàn yìnxiàng：man soll nicht nach dem ～ urteilen 不应该根据表面印象来下判断
Augenzeuge *m* 目击者 mùjīzhě，见证人 jiànzhèngrén
August *m* -s，-e 八月 bāyuè
Auktion *f* -，en 拍卖 pāimài
Aula *f* -，…len 大礼堂 dàlǐtáng
Aurora *f* - 朝霞 zhāoxiá，曙光 shǔguāng，晨曦 chénxī；极光 jíguāng；（罗马神话中的）曙光女神 shǔguāng nǚshén
aus I *prp*（*D*）从…出来 cóng … chūlái：～ dem Zimmer gehen 从房间走出来；来源于… láiyuán yú …：etw ～ den Akten wissen 从档案中知道某事；出身于… chūshēn yú …：～ dem Mittelstand 出身于中产阶级家庭；用…制成 yòng … zhìchéng：ein Eimer ～ Kunststoff 用塑料制成的桶；由于 yóuyú，出于 chūyú：～ Höflichkeit [Dummheit] etw sagen 由于礼节［愚蠢］说出某事 II *adv* 结束 jiéshù，完了 wánliǎo，完毕 wánbì：der Krieg ist ～ 战争结束了；外出 wàichū，出去 chūqù：(mit jm) ～ sein（和某人）外出；关掉 guāndiào：Licht ～！打灯关掉！（用于词组）从…出发 cóng … chūfā：von da ～ 从那里起；von Berlin ～ nach Hause fahren 从柏林（出发）乘车回家；von js Standpunkt ～ etw betrachten 从某人的立场观察某事
ausarbeiten I *vt* 制订 zhìdìng，草拟 cǎonǐ，作出 zuòchū：Pläne schriftlich ～ 书面制订计划；润色 rùnsè，修订 xiūdìng II *rfl*（通过体力劳动）锻炼身体 duànliàn shēntǐ
ausatmen I *vi*（把空气）呼出 hūchū：einatmen，Luft anhalten，～ 吸气，屏气，呼气 II *vt* 呼出 hūchū：die Luft ～ 呼出空气
Ausbau *m* -(e)s，-ten 拆出 chāichū；扩建 kuòjiàn；改建 gǎijiàn；扩大 kuòdà：矿井扩建 kuàngjǐng kuòjiàn

ausbauen *vt* 拆出 chāichū,取出 qǔchū: den Motor aus dem Auto ~ 从汽车上拆下发动机;扩建 kuòjiàn,改建 gǎijiàn: ein Haus ~ 扩建一幢房屋;扩大 kuòdà,扩充 kuòchōng: das Eisenbahnnetz ~ 扩大铁路网

ausbessern *vt* 修理 xiūlǐ,修缮 xiūshàn,修补 xiūbǔ

ausbeuten *vt* 剥削 bōxuē;开拓 kāituò,开发 kāifā,开采 kāicǎi;利用 lìyòng

Ausbeuter *m* -s, - 剥削者 bōxuēzhě

Ausbeuterklasse *f* 剥削阶级 bōxuē jiējí

Ausbeutung *f* -, -en 剥削: die ~ des Menschen durch den Menschen beseitigen 消灭人剥削人(的现象);开采 kāicǎi,开发 kāifā

ausbilden I *vt* 培养 péiyǎng,教育 jiàoyù,培训 péixùn: Lehrlinge [Studenten] ~ 培养学徒[大学生] II *rfl* 自我培养 zìwǒ péiyǎng,发展起来 fāzhǎn qǐlái

Ausbildung *f* -, -en 培养 péiyǎng,教育 jiàoyù,训练 xùnliàn;发展 fāzhǎn,产生 chǎnshēng

ausbleiben* *vi(s)* 外出不归 wàichū bù guī: die Gäste bleiben aus 客人们外出不归;(预期的)未来 wèilái,未到 wèidào: Bestellungen bleiben aus 订的货未到

Ausblick *m* -(e)s, -e 眺望(景色) tiàowàng;展望 zhǎnwàng,预见 yùjiàn

ausbrechen* I *vt* 折断 zhéduàn,折裂 zhéliè;挖出 wāchū;呕吐 ǒutù II *vi(s)* 逃走 táozǒu,逃遁 táodùn;爆发 bàofā: ein Krieg [eine Revolution] bricht aus 战争[革命]爆发;突然发生 tūrán fāshēng: in Weinen (或 Tränen) ~ 号啕大哭; in Wut ~ 大发雷霆

ausbreiten I *vt* 摊开 tānkāi,铺开 pūkāi,展开 zhǎnkāi: einen Stadtplan ~ 摊开一张城市地图;伸展 shēnzhǎn,伸开 shēnkāi: die Arme ~ 伸开双臂; die Flügel ~ 展开双翼;传播 chuánbō,散布 sànbù: ein Gerücht ~ 散布谣言;扩大 kuòdà: seine Herrschaft ~ 扩大其统治 II *rfl* 蔓延 mànyán,散播 sànbō: Nebel breitet sich über der Stadt aus 雾弥漫在城市上空;展现 zhǎnxiàn,展开 zhǎnkāi: die Ebene breitet sich vor ihm aus 平原在他面前展开

Ausbruch *m* -(es), ⸚e 爆发 bàofā,突发 tūfā;越狱 yuèyù,逃遁 táodùn

ausbürgern *vt* 取消…国籍 qǔxiāo … guójí: jn ~ 取消某人的国籍

Ausdauer *f* - 毅力 yìlì,持久 chíjiǔ,耐久力 nàijiǔlì,坚持 jiānchí: große ~ in etw haben (或 besitzer) 对某事具有很大的毅力

ausdehnen I *vt* 使膨胀 shǐ péngzhàng,延长 yáncháng,扩展 kuòzhǎn;扩大 kuòdà: Wärme dehnt die Körper aus 热使物体膨胀; seinen Besuch ~ 延长其访问 II *rfl* 延伸 yánshēn,延长 yáncháng,膨胀 péngzhàng: eine Kältewelle hat sich über ganz Deutschland ausgedehnt 寒流已扩展到整个德国

ausdenken* *vt* 想出 xiǎngchū,想像出来 xiǎngxiàng chūlái: sich eine Ausrede ~ 想出一个借口; etw ist nicht auszudenken 某事简直不敢想象

Ausdruck *m* -(e)s, ⸚e 词 cí,词语 cíyǔ,言词 yáncí;措词 cuòcí,表达 biǎodá: etw zum ~ bringen 表达某事;表情 biǎoqíng: ein Gesicht ohne ~ 一张毫无表情的脸; in sein Gesicht trat ein entschlossener ~ 他脸上现出果断的表情

ausdrücken I *vt* 挤出 jǐchū,压出 yāchū;表达 biǎodá,表明 biǎomíng: einen Gedanken richtig ~ 正确表达一个思想;表示 biǎoshì,计算 jìsuàn II *rfl* 表达 biǎodá,措词 cuòcí,说话 shuōhuà: er drückt sich sehr gut aus 他善于辞令

ausdrücklich *adj* 明确的 míngquède,特别强调的 tèbié qiángdiào de;断然的 duànránde

Ausdrucksweise *f* 表达方式 biǎodá fāngshì

auseinander *adv* (向不同方向)分开 fēnkāi,相互分开地 xiānghù fēnkāi de,相隔地 xiānggéde: wir sind schon lange ~ 我们已经分开很久了,我们早已分手了

auseinanderbringen* *vt* 使分开 shǐ fēnkāi,使分离 shǐ fēnlí;使不和 shǐ bùhé

Auseinanderentwicklung *f* - 各自朝不同方向发展 gèzì cháo bùtóng fāngxiàng fāzhǎn

auseinandergehen* *vi(s)* 分开 fēnkāi,分手 fēnshǒu,分道扬镳 fēn dào yáng biāo;碎裂 suìliè,碎散 suìsàn;分岔 fēnchà;分歧 fēnqí;发胖 fāpàng

auseinandernehmen* *vt* 拆开 chāikāi,拆散 chāi sàn,拆卸 chāixiè

auseinandersetzen I *vt* 解释 jiěshì，说明 shuōmíng：jm den Tatbestand ～ 向某人说明事实情况 II *rfl* 深入探讨 shēnrù tàntǎo，研究 yánjiū：sich mit einer Frage ～ 深入探讨一问题；争论 zhēnglùn，辩明 biànmíng：sich mit jm ～ 同某人辩论清楚

Auseinandersetzung *f* -，-en 解释 jiěshì，说明 shuōmíng，阐述 chǎnshù；研究 yánjiū；探讨 tàntǎo；争论 zhēnglùn，辩论 biànlùn

ausfahren* I *vt* 驾车或推童车带…兜风 jià chē huò tuī tóngchē dài … dōufēng：sie hat das Baby täglich ausgefahren 她天天推童车带婴儿散步；用车送 yòng chē sòng：die Post hat die Pakete noch nicht ausgefahren 邮局尚未把包裹送给收件人；使滑出 shǐ huáchū，放下 fàngxià：der Pilot hat das Fahrgestell des Flugzeuges ausgefahren 飞行员已经放下飞机起落架；以最高速度驾驶 yǐ zuìgāo sùdù jiàshǐ；（拐弯时）车子在外沿行驶 chēzi zài wàiyán xíngshǐ II *vi*(*s*) 乘车（船）出游 chéngchē chūyóu：sie sind gestern Abend ausgefahren 他们昨晚已乘车出游了

Ausfahrt *f* -，-en 驶去 shǐ qù；乘车出游 chéngchē chūyóu；出口 chūkǒu，出口处 chūkǒuchù

Ausfall *m* -(e)s，⸚e 脱落 tuōluò；亏损 kuīsǔn；缺少 quēshǎo；取消 qǔxiāo；停止运转 tíngzhǐ yùnzhuǎn；缺勤 quēqín；诽谤 fěibàng

ausfallen* *vi*(*s*) 脱落 tuōluò，掉落 diàoluò：im Alter fallen die Zähne aus 人到老年牙齿脱落；停止 tíngzhǐ，不举行 bù jǔxíng，不进行 bù jìnxíng：die Versammlung [die Diskussion] fällt aus 大会[讨论]不举行；出现…结果 chūxiàn … jiéguǒ：Wie ist die Prüfung ausgefallen? 考试结果如何呢？失灵 shīlíng，停止运转 tíngzhǐ yùnzhuǎn：die Telefonverbindung fällt aus 电话中断了

ausfertigen *vt* 签发 qiānfā，出具 chūjù

Ausfertigung *f* -，-en 签发 qiānfā，出具 chūjù；文本 wénběn

ausfindig *adj*（用于短语）～ machen 找到 zhǎodào

ausflippen *vi* 沉醉于吸毒 chénzuì yú xīdú；由忧郁变为狂喜 yóu yōuyù biànwéi kuángxǐ；厌世 yànshì，看破红尘 kànpò hóngchén

Ausflucht *f* -，⸚e 借口 jièkǒu；躲避 duǒbì，逃避 táobì

Ausflug *m* -(e)s，⸚e 远足 yuǎnzú，郊游 jiāoyóu：einen ～ an die See machen 作一次到海边去的远足；飞走 fēizǒu

Ausfluss *m* -es，⸚e 出水口 chūshuǐkǒu，排水口 páishuǐkǒu；分泌物 fēnmìwù；结果 jiéguǒ，后果 hòuguǒ

Ausfuhr *f* -，-en 出口 chūkǒu，输出 shūchū

Ausfuhrabgabe *f* 出口税 chūkǒushuì

Ausfuhrartikel *m* 出口商品 chūkǒu shāngpǐn

Ausfuhrauftrag *m* 出口订单 chūkǒu dìngdān

ausführen *vt* 邀请…外出（看戏、上餐馆等）yāoqǐng … wàichū；（看戏、上餐馆等）；带领…外出 dàilǐng … wàichū；出口 chūkǒu，输出 shūchū；执行 zhíxíng，实行 shíxíng，实施 shíshī，完成 wánchéng；陈述 chénshù，阐述 chǎnshù

Ausfuhrerklärung *f* 出口报关单 chūkǒu bàoguāndān

Ausfuhrgenehmigung *f* 出口许可证 chūkǒu xǔkězhèng

Ausfuhrkontingent *n* 出口配额 chūkǒu pèi'é

ausführlich *adj* 详细的 xiángxìde，详尽的 xiángjìnde：etw ～ erzählen 详细地讲述某事

Ausfuhrpapiere *pl* 出口单据 chūkǒu dānjù

Ausfuhrquote *f* 出口限额 chūkǒu xiàn'é

Ausfuhrsubvention *f* 出口补贴 chūkǒu bǔtiē

Ausführung *f* -，-en 实施 shíshī；式样 shìyàng，规格 guīgé；制作 zhìzuò；阐述 chǎnshù，解释 jiěshì

ausfüllen *vt* 填满 tiánmǎn，填充 tiánchōng：die Grube mit Steinen ～ 用石头把坑填起来；占据 zhànjù，占满 zhànmǎn：das Glück füllt ihn aus 幸福占据他整个心；（时间上）利用 lìyòng，用于 yòng yú：die Pause unterhaltsam ～ 利用休息聊天；填写 tiánxiě：ein Formular ～ 填写一份表格；胜任 shèngrèn，履行 lǚxíng：er füllt seinen Posten gut aus 他很好地胜任他的岗位；使充实 shǐ chōngshí，使满足 shǐ mǎnzú：der Beruf füllt ihn aus 这个职业使他感到充实

Ausgabe *f* -，-n 发放 fāfàng，分发 fēnfā; 支出 zhīchū; 开支 kāizhī; 交付 jiāofù, 递送 dìsòng; 版 bǎn; 版本 bǎnběn, 版次 bǎncì; (杂志)期 qī

Ausgang *m* -(e)s, ¨-e 外出 wàichū; 出口(处) chūkǒu; 外发邮件 wàifā yóujiàn; 外出许可 wàichū xǔkě; (一个地方的)终点 zhōngdiǎn; (时间上的)终了 zhōngliǎo, 结束 jiéshù; (事情的)结局 jiéjú, 结果 jiéguǒ; 结尾 jiéwěi

Ausgangspunkt *m* 出发点 chūfādiǎn

ausgeben* I *vt* 支出 zhīchū, 开支 kāizhī; 分发 fēnfā, 发放 fāfàng; 发行 fāxíng, 发售 fāshòu; 发布 fābù, 公布 gōngbù I *rfl* 冒充 màochōng: sich als (或 für) etw ～ 冒充自己是 …; 用尽心力 yòngjìn xīnlì

ausgebucht *adj* (全部)预订(售)完了的 yùdìng wánle de

ausgefallen *adj* 奇特的 qítède, 罕见的 hǎnjiànde

Ausgeflippte *m* /*f* (按形容词变化)沉醉于吸毒的人 chénzuì yú xīdú de rén, 吸毒解闷的人 xīdú jiěmèn de rén; 厌世的人 yànshì de rén

ausgehen* *vi*(*s*) 外出 wàichū, 出外玩 chūwài wán; 结果 jiéguǒ; 从…出发 cóng … chūfā, 出于 chūyú, 用光 yòngguāng, 出自 chūzì, 用尽 yòngjìn, 完结 wánjié: die Kraft geht jm aus 某人力气耗尽了; 脱落 tuōluò, 掉下 diào xià

ausgenommen *cj* 除了 chúle: alle kommen, ～ ein einziger 除了一个人, 大家都到了; 除非 chúfēi: der Ausflug findet statt, ～ es regnet 郊游一定举行, 除非下雨

ausgerechnet *adj* 偏偏 piānpiān, 偏巧 piānqiǎo: ～ heute bin ich krank 偏偏今天我生病了

ausgeschlossen *adj* 不可能的 bù kěnéngde

ausgezeichnet *adj* 优秀的 yōuxiùde, 杰出的 jiéchūde, 极好的 jíhǎode: das Essen schmeckt ～ 饭菜味道好极了

ausgiebig *adj* 丰富的 fēngfùde, 可观的 kěguānde; 尽量的 jǐnliàngde; 深入的 shēnrùde

ausgleichen* *vt* 使均衡 shǐ jūnhéng, 使平衡 shǐ pínghéng, 使相等 shǐ xiāngděng; 使平整 shǐ píngzhěng, 使平坦 shǐ píngtǎn; 解决 jiějué, 消除 xiāochú, 调解 tiáojiě; 补偿 bǔcháng, 抵消 dǐxiāo

ausgleiten *vi*(*s*) 滑倒 huádǎo; 滑掉 huádiào, 滑脱 huátuō

ausgraben* *vt* 挖出 wāchū, 掘出 juéchū, 发掘 fājué

aushalten* I *vt* 坚持 jiānchí, 顶住 dǐngzhù, 忍住 rěnzhù: den Druck ～ 顶住压力; die Hitze nicht ～ können 热得受不了; 供养 gōngyǎng, 赡养 shànyǎng; 把(音)拖长 bǎ tuōcháng II *vi* 坚持 jiānchí, 忍受 rěnshòu, 忍耐 rěnnài; 持续 chíxù

Aushang *m* -s, ¨-e 布告 bùgào, 通告 tōnggào; 招贴 zhāotiē

ausharren *vi* 坚持 jiānchí, 坚忍 jiānrěn

aushelfen* *vi* 帮助 bāngzhù, 接济 jiējì, 援助 yuánzhù: jm mit Geld ～ 以钱接济某人; (临时)顶替 dǐngtì

auskennen *rfl* 熟悉 shúxī, 精通 jīngtōng, 了解 liǎojiě

Auskenner *m* -s, - (对某事)熟悉的人 shúxīde rén, 精通者 jīngtōngzhě

Ausklammerung *f* 排除 páichú; 〈语法〉破句框 pòjùkuàng

Ausklang *m* -(e)s, ¨-e 声音(逐渐)消失 shēngyīn xiāoshī; 尾声 wěishēng, 结局 jiéjú, 收尾 shōuwěi

auskleiden I *vt* 给…脱衣服 gěi … tuō yīfu; (用某物)衬里 chènlǐ; 给…砌内衬 gěi … qì nèichèn II *rfl* 脱去衣服 tuōqù yīfu

auskommen* *vi*(*s*) 相处 xiāngchǔ: wir kommen gut miteinander aus 我们相互间相处得很好; 够用 gòuyòng, 足够 zúgòu: mit dem Geld gut [schlecht] ～ 钱够用[不够用]

Auskunft *f* -, ¨-e (询问的)答复 dáfù, 消息 xiāoxi, 情报 qíngbào: die ～ verweigern 拒绝答复; eine falsche ～ erhalten 得到一个错误的情报; 问讯处 wènxùnchù

Auskunftsperson *f* 知情人 zhīqíngrén; 民意调查对象 mínyì diàochá duìxiàng

auslachen I *vt* 讥笑 jīxiào, 取笑 qǔxiào: jn ～ 取笑某人 II *rfl* 尽情地笑 jìnqíngde xiào

ausladen* *vt* 卸下 xièxià, 卸空 xièkōng; 使下车(船) shǐ xiàchē; 取消对…的邀请 qǔxiāo duì … de yāoqǐng

Auslage *f* -, -en (橱窗中的)陈列品 chénliè pǐn, 展品 zhǎnpǐn; 垫款 diànkuǎn

Ausland *n* -s 外国 wàiguó: ins ～ reisen 出国旅行

Ausländer *m* -s, - 外国人 wàiguórén

ausländisch *adj* 外国的 wàiguóde

Auslandsgespräch *n* 国际长途电话 guójì chángtú diànhuà

Auslandsstudium *n* 国外留学 guówài liúxué

auslassen* I *vt* 放出 fàngchū，排出 páichū；发泄 fāxiè；放过 fàngguò，省略 shěnglüè，删掉 shāndiào；放宽 fàngkuān，放长（衣服）fàngcháng；溶化 rónghuà，熬（油）áo；关掉 guāndiào，熄灭 xīmiè II *rfl* 发表意见 fābiǎo yìjiàn：sich in bitteren Worten ～ 发怨言

auslaufen* *vi*（*s*）流出 liúchū，溢出 yìchū，流空 liúkōng；驶离（港口）shǐlí：das Schiff läuft aus 船驶离港口

Auslaufhaltung *f* 放养（家畜或家禽）fàngyǎng

ausleeren I *vt* 使变空 shǐ biànkōng，倒空 dàokōng：die Flasche ～ 把瓶子倒空 II *vi/rfl* 解大便 jiědàbiàn

auslegen *vt* 陈列 chénliè；垫付 diànfù；注释 zhùshì，解释 jiěshì；在…上铺砌 zài … shàng pùqì；设计 shèjì，规划 guīhuà

ausleihen* I *vt* 出借 chūjiè，借给 jiè gěi：jm etw ～ 借给某人某物 II *rfl* 向某人借来… xiàng mǒurén jièlái …：sich（*D*）von jm etw ～ 向某人借来某物

Auslese *f* -，-n 挑选 tiāoxuǎn；精选品 jīngxuǎnpǐn；优秀者 yōuxiùzhě；文选 wénxuǎn；特制上等葡萄酒 tèzhì shàngděng pútáojiǔ

ausliefern *vt* 提供 tígōng，交货 jiāohuò；引渡 yǐndù，移交 yíjiāo；听任…摆布 tīngrèn … bǎibu

auslöschen *vt* 熄灭 xīmiè；使消失 shǐ xiāoshī，消灭 xiāomiè；擦去 cāqù

auslösen *vt* 扳动 bāndòng，拨动 bōdòng；引起 yǐnqǐ；招致 zhāozhì：eine Explosion ～ 引起爆炸；取出 qǔchū；赎回 shúhuí

ausmachen *vt* 关 guān，熄 xī：das Licht [das Radio] ～ 关灯[收音机]；认出 rènchū，识别 shíbié；解决 jiějué；商定 shāngdìng，商妥 shāngtuǒ：den Lohn für eine Arbeit ～ 商定工作的工资；构成 gòuchéng，成为 chéngwéi；总数为 zǒngshù wéi，总计 zǒngjì：die Kosten machen zusammen 500 Euro aus 费用总计为 500 欧元；有…关系 yǒu … guānxì：die paar Minuten machen nichts [nicht viel] aus 这几分钟没有[没有多大]关系

Ausmaß *n* -es，-e 大小 dàxiǎo，规模 guīmó：～e eines Gebäudes 大楼的规模；范围 fànwéi，程度 chéngdù：das ～ der Leiden 痛苦的程度；in großem ～ 大规模地，大量地

Ausnahme *f* -，-n 例外 lìwài：mit ～ von Montag 星期一例外；keine Regel ohne ～ 没有无例外的规则；mit（或 bei）jm eine ～ machen 把某人看作例外

Ausnahmezustand *m* 紧急状态 jǐnjí zhuàngtài；例外情况 lìwài qíngkuàng；围城状态 wéichéng zhuàngtài

ausnahmslos *adj* 无例外的 wú lìwàide，一概 yígài

ausnahmsweise *adv* 例外地 lìwàide，破例地 pòlìde，特殊地 tèshūde：etw ～ erlauben 破例允许某事

ausnehmen* I *vt* 取出 qǔchū，掏出 tāochū，骗取 piànqǔ：jn beim Kartenspiel tüchtig ～ 打牌时大赢某人的钱；把…当作例外 bǎ … dāngzuò lìwài，除外 chúwài II *rfl* 给人以印象 gěi rén yǐ yìnxiàng，显出 xiǎnchū

ausnehmend *adj* 格外的 géwàide，特别的 tèbiéde

ausnutzen，ausnützen *vt* 使用 shǐyòng，利用 lìyòng：die Situation ～ 利用局势；为谋私利而利用 wèi móu sīlì ér lìyòng，充分利用 chōngfèn lìyòng：die Notlage eines Landes ～ 利用一国的困境

auspacken *vt*（从箱包等中）取出 qǔchū：Kleider [Bücher] ～ 从箱里取出衣服[书]；把…里的东西全部取出 bǎ … lǐ de dōngxī quánbù qǔ chū：den Koffer ～ 把箱子里的东西全部取出

auspfeifen* *vt* 喝倒彩 hè dàocǎi，发出嘘声 fāchū xūshēng：einen Redner ～ 对演讲人发出嘘声

ausplündern *vt* 把…的东西抢光 bǎ … de dōngxi qiǎngguāng：Reisende ～ 抢光旅游者的东西；Dörfer ～ 对许多村庄进行洗劫：Diebe plünderten den Laden völlig aus 小偷把商店的东西全部偷光

ausprägen I *vt* 铸造（硬币）zhùzào II *rfl* 显示出来 xiǎnshì chūlái

ausprobieren *vt* 试用 shìyòng，试 shì，试验 shìyàn：neue Tabletten an jm ～ 在某人身上试验新的药片

ausrauben *vt* 把…的东西抢光 bǎ … de dōngxi qiǎngguāng；把…里面的东西抢空 bǎ … lǐmiànde dōngxi qiǎngkōng：ein Haus ～ 把屋内的财物抢劫一空

ausräumen *vt* 把…全部搬出 bǎ … quánbù bānchū; 腾出 téngchū; 清除 qīngchú; 侵蚀 qīnshí; 偷光 tōuguāng

ausrechnen *vt* 计算出 jìsuànchū; 估计出 gūjìchū, 估量 gūliáng: sich gute Chancen ～ 估计有好的机遇

Ausrede *f* -, -n 借口 jièkǒu, 托词 tuōcí, 推托 tuītuō: nach einer ～ suchen (或 sich (*D*) eine ～ ausdenken) 找一个借口; immer eine ～ wissen 总找得到借口, 总有推托

ausreden I *vi* 讲完 jiǎngwán: jn nicht ～ lassen 不让某人讲完话 II *vt* 劝阻 quànzǔ, 劝…不作 quàn … bú zuò III *rfl* 推托 tuītuō, 制造借口 zhìzào jièkǒu

ausreichen *vi* 够 gòu, 足够 zúgòu

ausreichend *adj* 足够的 zúgòude, 够用的 gòuyòngde; (学生成绩) 及格 jígé

Ausreise *f* -, -n 出国旅行 chūguó lǚxíng; 出境 chūjìng

ausreißen* I *vt* 拔出 báchū, 拔掉 bádiào II *vi* (*s*) 脱落 tuōluò, 撕破 sīpò; 逃跑 táopǎo, 溜掉 liūdiào, 跑掉 pǎodiào: vor jm [etw] ～ 为避开某人[某事]而逃走

ausrichten I *vt* 对齐 duìqí; (出钱) 举办 jǔbàn; 转告 zhuǎngào; 办成 bàn chéng; 开发 kāifā II *rfl* 列队看齐 lièduì kànqí

ausrufen* *vt* (大声) 叫出 jiàochū; 惊呼 jīnghū; 宣布 xuānbù, 通知 tōngzhī

ausruhen I *vt* 使休息 shǐ xiūxi: die Augen ～ 让眼睛休息 II *vi*/*rfl* 休息 xiūxi

ausrüsten *vt* 装备 zhuāngbèi, 配备 pèibèi: einen Betrieb mit Spezialmaschinen ～ 用特种机器配备一企业

Ausrüstung *f* -, -en 装备 zhuāngbèi, 配备 pèibèi

Aussage *f* -, -n 陈述 chénshù, 供词 gòngcí, 证词 zhèngcí; (艺术作品) 思想内容; sīxiǎng nèiróng; 见解 jiànjiě, 看法 kànfǎ

aussagen I *vi* 说出 shuōchū, 陈述 chénshù, 供述 gòngshù II *vt* 说出 shuōchū, 说明 shuōmíng, 表明 biǎomíng

Aussagesatz *m* 陈述句 chénshùjù

Aussatz *m* -es 麻风 máfēng

ausschalten *vt* 切断(电流) qiēduàn, 关闭 guānbì: eine Maschine ～ 切断机器的电源; 排除 páichú, 消除 xiāochú: die Kriegsgefahr ～ 消除战争危险

ausscheiden I *vt* 排泄 páixiè; 挑出 tiāochū; 排除 páichú; 沉淀 chéndiàn II *vi* (*s*) 离开 líkāi; (比赛中) 被淘汰 bèi táotài; 非除在外 páichú zàiwài

ausschlafen I *vi*/*rfl* 睡够 shuìgòu: ich habe (mich) noch nicht ganz ausgeschlafen 我还没有完全睡够 II (通过睡眠) 消除 xiāochú: seinen Ärger ～ 用睡眠去息怒

Ausschlag *m* -(e)s, ¨-e 疹 zhěn, 斑疹 bānzhěn; 振幅 zhènfú, 摆幅 bǎifú, 偏转 piānzhuǎn; 决定作用 juédìng zuòyòng; 发球 fāqiú, 开球 kāiqiú

ausschlagen* I *vt* 敲掉 qiāodiào, 打掉 dǎdiào, 打落 dǎluò; 回绝 huíjué, 拒绝 jùjué; 遮盖 zhēgài, 蒙上 méngshàng, 铺饰 pūshì II *vi* (钟) 敲完 qiāowán; 踢 tī III *vi* (*s*) 发展 fāzhǎn, 结局 jiéjú IV *vi* (*h*/*s*) 偏转 piānzhuǎn V *vi* (*s*/*h*) 萌芽 méngyá, 抽出嫩叶 chōuchū nènyè

ausschlaggebend *adj* 决定性的 juédìngxìngde, 起决定性的 qǐ juédìngxìng de, 有决定性意义的 yǒu juédìngxìng yìyì de

ausschließen* *vt* 把…关在门外 bǎ … guān zài ménwài; 开除 kāichú, 逐出 zhúchū: jn aus einer Partei [einem Kollektiv] ～ 把某人开除出一个党[一集体]; 不让…参加 bú ràng … cānjiā: jn von der Feier ～ 不让某人参加庆祝活动; 排除 páichú, 使不可能 shǐ bù kěnéng

ausschließlich I *adj* 仅有的 jǐnyǒude, 惟一的 wéiyīde II *adv* 只 zhǐ, 仅 jǐn, 惟 wéi III *prp* (*G*) 除…外 chú … wài, 不包括 bù bāokuò

Ausschluss *m* 开除 kāichú; 排除 páichú, 除外 chúwài

ausschreiben* *vt* 全部写出(不用缩写) quánbù xiěchū; 抄出(一部分) chāochū; 开(收据等) kāi; 登广告 dēng guǎnggào

Ausschreibung *f* -, -en (书面) 公告 gōnggào; 招聘 zhāopìn; 招标 zhāobiāo

Ausschuss *n* I -es 废物 fèiwù, 废品 fèipǐn II -es, ¨-e 委员会 wěiyuánhuì

Ausschusslimit *n* 废品允许率 fèipǐn yǔnxǔlǜ

Ausschussrate *f* 废品率 fèipǐnlǜ

Ausschussware *f* 次品 cìpǐn, 等外品 děngwàipǐn

Ausschweifung *f* -, -en 放荡不羁的行为 fàngdàng bùjī de xíngwéi, 纵情欢乐 zòngqíng huānlè

aussehen* *vi* 期待地看着 qīdàide

kànzhe: nach dem Wetter ~ 看天气; er sah am Fenster lange nach ihr aus 他久久地伫立窗口盼着看到她; 看上去 kànshàngqù, 看样子 kànyàngzi, 好像 hǎoxiàng: gesund [jung, krank] ~ (外表) 看上去健康[年轻, 有病]; es sieht nach Regen aus 看上去好像要下雨

Aussehen *n* -s 外貌 wàimào, 外观 wàiguān

aussein* *vi(s)* 结束 jiéshù, 完了 wánliǎo: der Krieg ist aus 战争结束了; das Feuer ist aus 火灭了; 外出 wàichū, 出外 chūwài: am Sonntag war sie mit ihren Bekannten aus 星期天她同熟人出去了

außen *adv* 在外面 zài wàimiàn

Außendienst *m* 外勤工作 wàiqín gōngzuò

Außendienstler *m* 外勤人员 wàiqín rényuán

Außenhandel *m* 对外贸易 duìwài màoyì, 国际贸易 guójì màoyì

Außenhandelsbank *f* 对外贸易银行 duìwài màoyì yínháng

Außenhandelsbeziehungen *pl* 对外贸易关系 duìwài màoyì guānxì

Außenhandelsdefizit *n* 对外贸易逆差 duìwài màoyì nìchā

Außenhandelsminister *m* 外贸部长 wàimào bùzhǎng

Außenhandelsüberschuss *m* 对外贸易顺差 duìwài màoyì shùnchā

Außenhandelsunternehmen *n* 对外贸易企业 duìwài màoyì qǐyè

Außenhandelsvolumen *n* 对外贸易额 duìwài màoyì'é

Außenminister *m* 外交部长 wàijiāo bùzhǎng

Außenministerium *n* 外交部 wàijiāobù

Außenpolitik *f* 外交政策 wàijiāo zhèngcè

außenpolitisch *adj* 外交政策的 wàijiāo zhèngcè de

Außenstände *pl* 应收款项 yīng shōu kuǎnxiàng

Außenwelt *f* 外界 wàijiè

außer I *prp (D)* 在…之外 zài … zhīwài: ~ der Zeit kommen 不在规定时间来; ~ sich sein 非常激动; 除…外 chú … wài, 除了 chúle: ~ dir kommt niemand 除了你没有人来 II *cj* 除了 chúle, 除非 chúfēi: niemand kann mir helfen, ~ ich selbst 除了我自己, 没有人能帮我的忙

außerdem *adv* 此外 cǐwài; 而且 érqiě, 况且 kuàngqiě

Äußere *n* -n 外侧 wàicè, 表面 biǎomiàn; 外表 wàibiǎo, 外貌 wàimào

außerhalb I *prp (G)* 在…之外 zài … zhī wài: ~ des Gartens 在花园外面; ~ der Dienstzeit 在服务时间之外 II *adv* 在外面 zài wàimiàn; 在城外 zài chéngwài: er wohnt ~ 他住在城外; sie kommt von ~ 她从外地来

Außerkraftsetzung *f* -, -en 失效 shīxiào

äußerlich *adj* 表面的 biǎomiànde, 外表的 wàibiǎode; 外用的 wàiyòngde; 肤浅的 fūqiǎnde, 浅薄的 qiǎnbóde

äußern I *vt* 说出 shuōchū, 发表 fābiǎo, 表明 biǎomíng: seine Meinung ~ 说出自己的意见 II *rfl* 发表意见 fābiǎo yìjiàn: sich unumwunden über jn [etw] ~ 对某人[某事]坦率地发表意见

außerordentlich I *adj* 特别的 tèbiéde, 特殊的 tèshūde, 非凡的 fēifánde II *adv* 很 hěn, 非常 fēicháng: ~ begabt sein 非常有才华

außerplanmäßig *adj* 计划以外的 jìhuà yǐwài de; 火车时刻表外的 huǒchē shíkèbiǎo wài de, 加班(车)的 jiābānde

äußerst I *adj* 极端的 jíduānde, 非常的 fēichángde, 极其的 jíqíde II *adv* 极其 jíqí, 非常 fēicháng, 特别 tèbié

außerstande *adv* (用于短语) ~ sein, etw zu tun 没有能力做某事

Äußerung *f* -, -en (所发表的)意见 yìjiàn, 表态 biǎotài

aussetzen I *vt* 丢弃 diūqì, 遗弃 yíqì; 放到外面 fàng dào wàimiàn; 使…遭受 shǐ … zāoshòu: jn [etw] einer Gefahr ~ 使某人[某事物]遭受危险; 悬赏 xuánshǎng: einen Preis für Hörspiel ~ 广播剧有奖征稿; 中止 zhōngzhǐ, 延期 yánqī; 批评 pīpíng, 指摘 zhǐzhāi II *vi* 停止 tíngzhǐ, 中止 zhōngzhǐ: die Musik hat plötzlich ausgesetzt 音乐突然停止; 中断 zhōngduàn: mit der Arbeit ~ 中断工作 III *rfl* 遭受… zāoshòu …: sich der Sonne ~ 置身于阳光曝晒; sich einer Gefahr ~ 置自身于危险中

Aussicht *f* -, -en 眺望 tiàowàng, 景色 jǐngsè, 风光 fēngguāng; 前景 qiánjǐng, 前途 qiántú, 前程 qiánchéng: glänzende

～en haben 有辉煌的前程
aussichtslos *adj* 没有希望的 méiyǒu xīwàng de，没有前途的 méiyǒu qiántú de
aussöhnen I *vt* 使和解 shǐ héjiě II *rfl* 和解 héjiě
aussondern *vt* 挑出 tiāochū；剔出 tīchū，剔除 tīchú
aussperren *vt* 把…关在门外 bǎ … guān zài ménwài；解雇 jiěgù，开除 kāichú
ausspionieren *vt* 侦查 zhēnchá，侦探出 zhēntànchū
Aussprache *f* -，-n 语音 yǔyīn，发音 fāyīn；口音 kǒuyīn；谈话 tánhuà，讨论 tǎolùn；交换意见 jiāohuàn yìjiàn
aussprechen* *vt* 读出…的音 dúchū … de yīn：ein Wort laut ～ 大声读出一个词；表达 biǎodá，说出 shuōchū：einen Wunsch ～ 说出一愿望；宣布 xuānbù，公布 gōngbù，公告 gōnggào：eine Strafe ～ 宣布惩罚 II *rfl* 说出意见 shuōchū yìjiàn：sich lobend über js Leistung ～ 对某人的成绩说些赞扬话；说出心里话 shuōchū xīnlihuà，倾诉 qīngsù III *vi* 把话说完 bǎ huà shuōwán：jn ruhig ～ lassen 让某人把话说完
Ausspruch *m* -(e)s，¨-e 格言 géyán，名言 míngyán
Ausstand *m* -(e)s，¨-e 停工 tínggōng，罢工 bàgōng
ausstatten *vt* 给予 jǐyǔ，赋予 fùyǔ，授与 shòuyǔ：jn mit Rechten ～ 赋予某人权利；布置 bùzhì，配备 pèibèi，装备 zhuāngbèi：eine Wohnung mit neuen Möbeln ～ 用新家具布置住所；装潢 zhuānghuáng，装饰 zhuāngshì：ein Buch künstlerisch ～ 把书装潢得很有艺术性
Ausstattung *f* -，-en 装备 zhuāngbèi；装潢 zhuānghuáng；嫁妆 jiàzhuang；家具 jiājù；舞台布景 wǔtái bùjǐng，服装 fúzhuāng，道具 dàojù
ausstehen* I *vi* 陈列出售 chénliè chūshòu；尚在期待中 shàng zài qīdài zhōng，尚未来到 shàng wèi láidào，未收到 wèi shōudào II *vt* 忍受 rěnshòu：Angst [Durst] ～ 忍受惊恐[干渴]
aussteigen* *vi*(*s*) 下车 xiàchē，下船 xiàchuán：aus dem Auto [dem Boot] ～ 从汽车[小船]上下来；退出 tuìchū，脱离 tuōlí：aus einem Geschäft ～ 放弃一笔生意
Aussteiger *m* -s，-（欲摆脱社会约束过自由生活的）现代隐士 xiàndài yǐnshì
ausstellen *vt* 陈列 chénliè，展览 zhǎnlǎn：Waren ～ 展出商品；填发 tiánfā，签发 qiānfā：jm einen Pass ～ 给某人签发护照；布置 bùzhì，分派 fēnpài，安排 ānpái：Wachen（或 Posten）～ 布岗哨；关掉 guāndiào：das Radio [den Ventilator] ～ 关收音机[电风扇]；责难 zénàn，指摘 zhǐzhāi：ich habe Mängel an der gelieferten Ware auszustellen 我必须指出所提供的货物有不少毛病
Ausstellung *f* -，-en 展览会 zhǎnlǎnhuì；安排 ānpái，安置 ānzhì；填发 tiánfā，签发 qiānfā；责难 zénàn，指摘 zhǐzhāi
aussterben* *vi*(*s*) 绝种 juézhǒng，灭绝 mièjué
Aussteuer *f* -，unz 嫁妆 jiàzhuang
Ausstieg *m* -(e)s，-e 下车 xiàchē；下车门 xiàchēmén
ausstoßen* *vt* 开除 kāichú，赶出 gǎnchū；冒出 màochū，喷出 pēnchū，排出 páichū；（突然）发出 fāchū；生产 shēngchǎn
ausstreichen* *vt* 删去 shānqù，划掉 huàdiào；熨平 yùnpíng；涂刷 túshuā，涂抹 túmǒ
aussuchen *vt* 挑选 tiāoxuǎn；挑出 tiāochū，选出 xuǎnchū；搜遍 sōubiàn，找遍 zhǎobiàn
Austausch *m* -(e)s 交换 jiāohuàn；交流 jiāoliú：～ von Gedanken 思想交流；der ～ von Studenten 交换留学生
austauschen *vt* 交换 jiāohuàn，互换 hùhuàn：Gefangene ～ 交换俘虏；Botschafter ～ 互派大使；交流 jiāoliú：Erfahrungen ～ 交流经验
Austauschpraktikum *n*（两国间）学生交流学习 xuésheng jiāoliú xuéxí
austeilen *vt* 分发 fēnfā，分配 fēnpèi；给予 jǐyǔ
Auster *f* -，-n 牡蛎 mǔlì，蚝 háo
austragen* *vt* 把…送上门 bǎ … sòngshàngmén：Milch [Zeitungen] ～ 把牛奶[报纸]送给订户；怀胎足月 huáitāi zúyuè：ein Kind ～ 足月分娩；了结 liǎojié：Streitigkeiten vor Gericht ～ 在法庭上了结争端；举行 jǔxíng：ein Länderspiel ～ 举行一次国际比赛；传播 chuánbō：Neuheiten ～ 传播新闻：sich ～ 注销(自己名字)zhùxiāo
Australien 澳大利亚 Àodàlìyà

Australier *m* -s, - 澳大利亚人 àodàlìyàrén

australisch *adj* 澳大利亚的 àodàlìyàde;澳大利亚人的 àodàlìyàrén de

austreten* I *vi*(s) 退出 tuìchū: aus dem Verein [der Partei] ～ 退出协会[党];站出 zhànchū: aus der Reihe ～ 从行列里站出来;出去(解手) chūqù: ～ gehen 上厕所去;野兽走出密林 yěshòu zǒuchū mìlín;冒出 màochū,泄出 xièchū: Blut tritt aus 血流出来 II *vt* 踩灭 cǎimiè,踏灭 tàmiè: ein Feuer ～ 把火踩灭;踩坏 cǎihuài,踏坏 tàhuài,磨损 mósǔn: die Kinderschuhe ～ 穿破童鞋;踩出 cǎichū: einen Fußsteig ～ 踩出一条小路

austrinken* *vt* 喝空 hèkōng,饮尽 yǐnjìn: das Bier ～ 把啤酒喝光; das Glas ～ 把玻璃杯里饮料喝掉

ausüben *vt* 从事 cóngshì,做 zuò: sie übt keinen Beruf aus 她没有什么职业;行使 xíngshǐ: die Herrschaft ～ 行使统治;施加 shījiā,施以 shīyǐ: Einfluss auf jn ～ 对某人施加影响;执行 zhíxíng,实施 shíshī,完成 wánchéng

Ausverkauf *m* -(e)s, ⸚e 减价出售存货 jiǎnjià chūshòu cúnhuò,季末廉价出售存货 jìmò liánjià chūshòu cúnhuò;处理商品商店 chǔlǐ shāngpǐn shāngdiàn

Auswahl *f* - 挑选 tiāoxuǎn;(可供选择的物品)品种 pǐnzhǒng;挑选出的人或事物 tiāoxuǎnchū de rén huò shìwù

auswählen *vt* 挑选 tiāoxuǎn,选择 xuǎnzé: jn [etw] ～ 挑选某人[某物]; Gedichte für eine Sammlung ～ 选出诗歌结集

Auswanderer *m* -s, - 移居国外的人 yíjū guówài de rén

auswandern *vi*(s) 移居国外 yíjū guówài

auswärtig *adj* (只用作定语)外地的 wàidìde,涉外的 shèwàide: die ～e Politik 外交政策

auswechseln *vt* 掉换 diàohuàn,更换 gēnghuàn

Ausweg *m* -(e)s, -e 出路 chūlù: einen ～ finden 找到一条出路; keinen ～ mehr wissen 不知如何是好

ausweichen* *vi*(s) 让路 rànglù,让开 ràngkāi,躲让 duǒràng;回避 huíbì,避开 bìkāi: einem Kampf ～ 避开斗争; einer Entscheidung ～ 回避一决定

Ausweis *m* -es, -e 证件 zhèngjiàn,身份证 shēnfènzhèng;权益证书 quányì zhèngshū

ausweisen* I *vt* 驱逐出境 qūzhú chūjìng;证明是 zhèngmíng shì,证实是 zhèngshí shì II *rfl* 证明身份 zhèngmíng shēnfen;显出 xiǎnchū,证实 zhèngshí

auswendig *adv* 熟记 shújì: etw ～ lernen 熟记某事; etw in- und auswendig kennen 通晓某事; ein Gedicht ～ können 能背诵一首诗

ausweiten I *vt* 撑大 chēngdà;扩大 kuòdà II *rfl* 变宽 biànkuān;扩大 kuòdà

auswerten *vt* 利用(经验、资料) lìyòng

Auswirkung *f* -, -en 影响 yǐngxiǎng,作用 zuòyòng,效果 xiàoguǒ

auszahlen I *vt* 付给 fùgěi: den Arbeitern den Lohn ～ 付给工人们工资 II *rfl* 值得 zhídé: diese Arbeit zahlt sich bestimmt aus 这工作一定是值得的

auszeichnen I *vt* 表扬 biǎoyáng,奖励 jiǎnglì,嘉奖 jiājiǎng;给…打上记号 gěi … dǎshàng jìhao;给…标上价格 gěi … biāoshàng jiàgé;使显出特征 shǐ xiǎnchū tèzhēng II *rfl* 显得突出 xiǎnde tūchū,出众 chūzhòng,以…见长 yǐ … jiàncháng

Auszeichnung *f* -, -en 表扬 biǎoyáng,优异成绩 yōuyì chéngjì;嘉奖 jiājiǎng;奖金 jiǎngjīn,奖章 jiǎngzhāng;标价 biāojià;标出字体 biāochū zìtǐ

Auszeit *f* -, -en (篮排球比赛的)暂停 zàntíng

ausziehen* I *vt* 脱去 tuōqù,给…脱衣 gěi … tuōyī: das Kind ～ 给小孩脱衣;拉出 lāchū,抽出 chōuchū,拔出 báchū II *rfl* 脱衣服 tuō yīfu III *vi*(s) 外出 wàichū,动身 dòngshēn;搬家 bānjiā,迁移 qiānyí,迁出 qiānchū

Auszubildende *m*/*f* (按形容词变化)职业受训者 zhíyè shòuxùn zhě,接受培训者 jiēshòu péixùn zhě

Auszug *m* -(e)s, ⸚e 摘录 zhāilù,节录 jiélù;搬家 bānjiā,迁出 qiānchū,迁移 qiānyí;(照相机等)可拉出的部件 kě lāchū de bùjiàn

Autarkie *f* -, -n [... 'ki:ən] 自给自足 zìjǐ zì zú,闭关自守 bìguān zìshǒu

authentisch *adj* 真实的 zhēnshíde;可靠的 kěkàode;有效的 yǒuxiàode

Autismus *m* - (心理学)孤独性 gūdúxìng,我向思考 wǒxiàng sīkǎo

Auto *n* -s, -s 汽车 qìchē

Autobahn *f* 高速公路 gāosù gōnglù
Autobiographie *f* 自传 zìzhuàn
Autobus *m* 公共汽车 gōnggòng qìchē
Autodidakt *m* -en, -en 自学(成才)者 zìxuézhě, 自修者 zìxiūzhě
Autofahrer *m* 汽车驾驶员 qìchē jiàshǐyuán, 驾驶汽车的人 jiàshǐ qìchē de rén
Autogramm *n* -s, -e 名人亲笔签名 míngrén qīnbǐ qiānmíng
Autokennzeichen *n* 汽车牌照 qìchē páizhào
Automat *m* -en, -en 自动装置 zìdòng zhuāngzhì; 自动售货机 zìdòng shòuhuòjī
automatisch *adj* 自动的 zìdòngde; 机械的 jīxiède, 无意识的 wú yìshí de
Automatisierung *f* -, -en 自动化 zìdònghuà
Automobil *n* -(e)s, -e 〈缩写: Auto〉 汽车 qìchē
Automobilindustrie *f* 汽车工业 qìchē gōngyè
Automobilproduktion *f* 汽车生产 qìchē shēngchǎn
autonom *adj* 独立的 dúlìde, 自治的 zìzhìde, 自主的 zìzhǔde
Autonomie *f* -, -n 自治 zìzhì, 自主 zìzhǔ, 独立 dúlì
Autor *m* -s, -en 作者 zuòzhě, 作家 zuòjiā
Autorität *f* -, -en 权威 quánwēi, 威信 wēixìn; 权威(人士) quánwēi; 专家 zhuānjiā
Autorrecht *n* 著作权 zhùzuòquán, 版权 bǎnquán
Autoservice *m* 汽车维修服务部 qìchē wéixiū fúwùbù
Autoverleih *m* 汽车出租公司 qìchē chūzū gōngsī
Avantgarde [avã...] *f* 先驱者 xiānqūzhě, 先锋 xiānfēng: die ～ des Proletariats 无产阶级的先锋队
Axt *f* -, ¨-e 斧 fǔ
Azalee [...'leːə] *f* -, -n 杜鹃花 dùjuānhuā

B

babbeln *vt/vi* (婴儿)咿呀学语 yīyā xuéyǔ;乱扯 luàn chě,唠唠叨叨 láoláodaodao,胡说 húshuō

Baby [ˈbeːbɪ] *n* -s, -s 婴儿 yīng'ér

Babybond [ˈbeːbɪbɔnd] *m* -s, -s 面值小的债券 miànzhí xiǎode zhàiquàn,公债券 gōngzhàiquàn

Baby-Boom [ˈbeːbɪbuːm] *m* 生育高峰 shēngyù gāofēng

Bach *m* -(e)s, ⸗e 溪 xī,小河 xiǎohé

Bachelor [ˈbɛtʃəlɐ] *m* -(s), -s 学士 xuéshì

Backe *f* -, -n 面颊 miànjiá,腮帮 sāibāng;臀部 túnbù;屁股 pìgu

backen* I *vt* 烘 hōng,烤 kǎo: Brot [Fleisch] ～ 烤面包[肉];煎 jiān,炸 zhá: Eier ～ 煎鸡蛋 II *vi* 烘烤(面包等) hōngkǎo: er bäckt gern 他喜欢烘烤(面包);(面包等)在烘烤中 zài hōngkǎo zhōng

Backenbart *m* 络腮胡子 luòsāi-húzi

Backenknochen *m* 颧骨 quángǔ

Backenzahn *m* 臼齿 jiùchǐ

Bäcker *m* -s, - 面包师傅 miànbāo shīfu

Bäckerei *f* -, -en 面包铺 miànbāopù,面包房 miànbāofáng,糕点铺 gāodiǎnpù;烘烤 hōngkǎo

Backfisch *m* 油煎鱼 yóujiānyú;(14 至 17 岁的)少女 shàonǚ,姑娘 gūniang

Backofen *m* 烤(面包)炉 kǎolú,烘炉 hōnglú

Backpulver *n* 发酵粉 fājiàofěn

Backstube *f* 烘烤面包糕饼的房间 hōngkǎo miànbāo gāobǐng de fángjiān,面包房 miànbāofáng

Bad *n* -(e)s, ⸗er (沐)浴 yù,(洗)澡 zǎo: ein ～ nehmen 洗澡;浴室 yùshì,洗澡间 xǐzǎojiān;疗养浴场 liáoyǎng yùchǎng;洗澡水 xǐzǎoshuǐ

Badeanzug *m* 游泳衣 yóuyǒngyī

Badehose *f* 游泳裤 yóuyǒngkù

Bademantel *m* 浴衣 yùyī

baden I *vt* 给…洗澡 gěi … xǐzǎo: ein Baby ～ 给婴儿洗澡 II *vi* 洗澡 xǐzǎo;游泳 yóuyǒng

Badetuch *n* 浴巾 yùjīn

Badewanne *f* 浴缸 yùgāng,浴盆 yùpén

Badezimmer *n* 浴室 yùshì,浴所 yùsuǒ

baff *adj* 惊呆的 jīngdāide,张口结舌的 zhāng kǒu jié shé de,愕然的 èránde: ～ sein 惊呆 jīngdāi

Bafög, BAföG *n* -s 联邦促进教育法 liánbāng cùjìn jiàoyùfǎ;(联邦促进教育法中规定的)贷学金 dàixuéjīn

Bagage [baˈgaːʒə] *f* 坏蛋 huàidàn,无赖 wúlài,暴徒 bàotú,乌合之众 wū hé zhī zhòng

Bagatelle *f* -, -n 小事 xiǎoshì,琐事 suǒshì,微不足道的事 wēi bù zú dào de shì

bagatellisieren *vt* 轻视 qīngshì,小看 xiǎokàn,把…看得微不足道 bǎ … kànde wēi bù zú dào

Bagger *m* -s, - 挖土机 wātǔjī,挖泥机 wāníjī,挖掘机 wājuéjī

baggern I *vt* (用挖土机)挖掘 wājué II *vi* (用挖土机)挖泥(土) wā ní

Bahamas 巴哈马(群岛) Bāhāmǎ

Bahn *f* -, -en 道路 dàolù,铁路 tiělù;火车 huǒchē;轨道 guǐdào;有轨电车 yǒuguǐ diànchē;(布料等的)幅 fú

bahnbrechend *adj* 首创的 shǒuchuàngde,开拓的 kāituòde,先驱的 xiānqūde

bahnen *vt* 开辟(道路) kāipì,开(路) kāi

Bahnfracht *f* - 铁路货运 tiělù huòyùn,铁路运费 tiělù yùnfèi

bahnfrei *adj* 铁路运费免付的 tiělù yùnfèi miǎnfù de,免费运输的 miǎnfèi yùnshū de

Bahngleis *n* 路轨 lùguǐ

Bahnhof *n* 火车站 huǒchēzhàn

Bahnknotenpunkt *m* 铁路枢纽 tiělù shūniǔ

Bahnlinie *f* 铁路线 tiělùxiàn

Bahnsteig *m* 月台 yuètái,站台 zhàntái
Bahnsteigkarte *f* 站台票 zhàntáipiào
Bahnwärter *m* -s, - (铁路)巡道工 xúndàogōng
Bahre *f* -, -n 担架 dānjià;棺架 guānjià,尸体架 shītǐjià: von der Wiege bis zur ~ 从生到死
Bahrain 巴林 Bālín
Baisse ['bɛːsə] *f* -, -n (有价证券)行情下跌 hángqíng xiàdiē;不景气 bùjǐngqì,萧条 xiāotiáo
Baissegeschäft *n* 卖空证券业务 màikōng zhèngquàn yèwù,空头交易 kōngtóu jiāoyì
Baissetendenz *f* 股票行情看跌 gǔpiào hángqíng kàndiē,趋跌 qūdiē
Baisseverkauf *m* 抛售 pāoshòu
Bajonett *n* -s, -e 刺刀 cìdāo
Bakterien *pl* 细菌 xìjūn
bakteriell *adj* 细菌的 xìjūnde,由细菌引起的 yóu xìjūn yǐnqǐ de
Balance [ba'lãːs(ə)] *f* -, -n 平衡 pínghéng,均势 jūnshì: die ~ halten [verlieren] 保持[失去]平衡
balancieren [balã'siːrən] I *vi* 保持平衡 bǎochí pínghéng II *vt* 使平衡 shǐ pínghéng
bald I *adv* 很快 hěn kuài,不久 bùjiǔ,马上(就) mǎshàng;几乎 jīhū,差不多 chàbuduō II *cj* (只用于) bald... bald... 一会儿…一会儿 yíhuìr … yíhuìr,时而…时而又… shí'ér … shí'ér yòu…: ~ regnet es, ~ scheint die Sonne 天一会儿下雨,一会儿出太阳; ~ weinte sie, ~ lachte sie 她一会儿哭,一会儿笑
Baldachin *m* -s, -e (宝座、祭坛等上的)华盖 huágài
baldig *adj* 迅速的 xùnsùde,及早的 jízǎode
Balg I *m* -(e)s, ¨-e 兽皮 shòupí;玩偶的身体 wán'ǒude shēntǐ;手用吹风器(俗称皮老虎) shǒu yòng chuīfēngqì,(手风琴的)风箱 fēngxiāng II *n*/*m* -(e)s, ¨-e (r) 顽童 wántóng,小鬼 xiǎoguǐ,小淘气 xiǎotáoqì
Balken *m* -s, - 梁 liáng,横梁 héngliáng
Balkenwaage *f* 天平 tiānpíng
Balkon [bal'kɔŋ] *m* -s, -s 阳台 yángtái;(戏院的)花楼 huālóu
Ball *m* -(e)s, ¨-e 球 qiú,球状物 qiúzhuàngwù: ~ spielen 打球;舞会 wǔhuì

Ballade *f* -, -n 叙事诗 xùshìshī,叙事谣曲 xùshì yáoqǔ
ballen I *vt* 把…捏成球状 bǎ … niēchéng qiúzhuàng: den Schnee zur Kugel ~ 把雪捏成雪球 II *rfl* 结成块 jiéchéng kuài,积聚成团 jījù chéng tuán
Ballerina *f* -, ...nen, **Ballerine** *f* -, -n (尤指演主角的)芭蕾舞女演员 bāléiwǔ nǚyǎnyuán
Ballett *n* -(e)s, -e 芭蕾舞 bāléiwǔ
Balletteuse [...'tøːzə] *f* -, -n 芭蕾舞女演员 bāléiwǔ nǚyǎnyuán
Balletttänzer *m* 芭蕾舞演员 bāléiwǔ yǎnyuán
Balletttänzerin *f* 芭蕾舞女演员 bāléiwǔ nǚyǎnyuán
Ballkleid *n* 舞会(上穿的)女礼服 wǔhuì nǚ lǐfú
Ballon [ba'loːn] *m* -s, -s/-e 气球 qìqiú,玩具气球 wánjù qìqiú;球形玻璃容器 qiúxíng bōlí róngqì
ballotieren *vi* 决选投票 jué xuǎn tóupiào
Ballspiel *n* 球赛 qiúsài,打球 dǎqiú,踢球 tīqiú
Ballungsgebiet *n*, **Ballungsraum** *m*, **Ballungszentrum** *m* 工业集中和人口稠密地区 gōngyè jízhōng hé rénkǒu chóumì dìqū
Balsam *m* -s, -e 香脂 xiāngzhī;止痛药膏 zhǐtòng yàogāo;安慰 ānwèi
Bambule *f* -, -n (监狱或教管所里的)骚乱 sāoluàn,骚动 sāodòng
Bambus *m* -/-ses, -se 竹 zhú
Bambusbär *m* -en, -en 大熊猫 dàxióngmāo
banal *adj* 平庸的 píngyōngde,无关重要的 wúguān zhòngyàode,乏味的 fáwèide,空洞的 kōngdòngde
Banane *f* -, -n 香蕉 xiāngjiāo
Banause *m* -n, -n 对艺术一无所知的人 duì yìshù yìwú suǒ zhī de rén,门外汉 ménwàihàn
Band I *n* -(e)s, ¨-er 带子 dàizi,狭带 xiádài;录音带 lùyīndài,磁带 cídài;传送皮带 chuánsòng pídài;传动皮带 chuándòng pídài II *m* -(e)s, ¨-e 册 cè,卷 juàn,本 běn III *n* -(e)s, -e 锁链 suǒliàn,桎梏 zhìgù;纽带 niǔdài,联系 liánxì IV [bɛnt] *f* -, -s (尤指演奏爵士乐的)乐队 yuèduì
Bandage [ban'daːʒə] *f* -, -n 绷带 bēng-

dài

bandagieren [...ˈʒiːrən] *vt* 用绷带包扎 yòng bēngdài bāozā

Bandaufnahme *f* 录音 lùyīn

Bande *f* -, -n 一帮 yìbāng,一伙 yìhuǒ,一群(坏蛋,罪犯等) yìqún;一群小青年(或小孩) yìqún xiǎoqīngnián

bändigen *vt* 驯服 xùnfú,制服 zhìfú,控制 kòngzhì: einen Tiger ～ 驯服一只老虎;使安静 shǐ ānjìng;抑制住 yìzhìzhù

Bandit *m* -en, -en 土匪 tǔfěi,盗匪 dàofěi,歹徒 dǎitú;二流子 èrliúzi

Bandproduktion *f* 装配线生产 zhuāngpèixiàn shēngchǎn,流水线生产 liúshuǐxiàn shēngchǎn

Bandwurm *m* 绦虫 tāochóng

bang(e) *adj* 害怕的 hàipàde,不安的 bù'ānde,提心吊胆的 tí xīn diào dǎn de

Bange *f* - 害怕 hàipà,忧虑 yōulǜ: keine ～ haben 不害怕

bangen *vi* 害怕 hàipà,担忧 dānyōu: um sein Leben ～ 为他的生命担忧; mir bangt (es) vor der Prüfung 我怕考试

Bangladesch 孟加拉国 Mèngjiālāguó

Bank *f* I -, ¨-e 长凳 chángdèng,长椅 chángyǐ;工作台 gōngzuòtái,机床 jīchuáng II -, -en 银行 yínháng: ein Konto bei der ～ eröffnen 在银行开一户头;庄家的赌本 zhuāngjia de dǔběn

Bankanweisung *f* 银行支票 yínhángzhīpiào,银行汇票 yínháng huìpiào

Bankautomat *m* 自动取款机 zìdòng qǔkuǎnjī

Bankbuch *n* 银行存折 yínháng cúnzhé

Bankdirektor *m* 银行经理 yínháng jīnglǐ,银行行长 yínháng hángzhǎng

Bankett *n* -(e)s, -e 宴会 yànhuì: ein ～ geben 举行宴会

bankfähig *adj* 银行可承兑的 yínháng kě chéngduì de;可流通的 kě liútōng de,可转让的 kě zhuǎnràng de

Bankgiro *n* 银行汇划 yínháng huì huà

Bankier [baŋˈkieː] *m* -s, -s 银行家 yínhángjiā

Bankkredit *m* 银行信贷 yínháng xìndài,银行贷款 yínháng dàikuǎn

Banknote *f* 钞票 chāopiào,纸币 zhǐbì

Bankrate *f* (银行)贴现率 tiēxiànlǜ,银行利率 yínháng lìlǜ

bankrott *adj* 破产的 pòchǎnde,无偿付能力的 wú chángfù nénglì de: ～ gehen 破产 pòchǎn;破产的 pòchǎnde,垮台的 kuǎtáide

Bankrott *m* -s, -e 无偿付能力 wú chángfù nénglì,破产 pòchǎn,无力偿付债务 wúlì chángfù zhàiwù;破产 pòchǎn,垮台 kuǎtái

Bann *m* -(e)s 魔力 mólì,吸引力 xīyǐnlì;(中世纪)禁令 jìnlìng;革出教会 géchū jiàohuì

bannen *vt* 将…革出教门 jiāng … géchū jiàomén;祛除(鬼怪) qūchú;迷住 mízhù,被吸引住了 bèi xīyǐnzhù le

Banner *n* -s, - 旗 qí,旗帜 qízhì

bar *adj* 现金的 xiànjīnde,现款的 xiànkuǎnde: etw (in) ～ bezahlen 用现金支付某物;纯粹的 chúncuìde;光着的 guāngzhede,赤裸着的 chìluǒzhede;没有的 méiyǒude,缺乏的 quēfáde: ～ aller Vernunft (*G*) 毫无理智地

Bar *f* -, -s 酒吧间 jiǔbājiān,酒吧 jiǔbā,卖酒柜台 màijiǔ guìtái

Bär *m* -en, -en 熊 xióng: jm einen ～en aufbinden 哄骗某人,欺骗某人

Baracke *f* -, -n 棚屋 péngwū,(临时搭建的)简陋房子 jiǎnlòu fángzi

Barauszahlung *f* -, -en 现金支付 xiànjīn zhīfù,现金支付的款项 xiànjīn zhīfù de kuǎnxiàng

Barbados 巴巴多斯 Bābāduōsī

Barbar *m* -en, -en 野蛮人 yěmánrén,残暴的人 cánbàode rén

Barbarei *f* -, -en 野蛮 yěmán,残暴 cánbào

barbarisch *adj* 野蛮的 yěmánde,残暴的 cánbàode,残酷的 cánkùde

Barbetrag *m* 现金金额 xiànjīn jīn'é,现金总额 xiànjīn zǒng'é

Barbier *m* -s, -e 理发师 lǐfàshī

Bardame *f* 酒吧间女招待 jiǔbājiān nǚzhāodài,酒吧间女郎 jiǔbājiān nǚláng

Bareinkommen *n* 现金收入 xiànjīn shōurù

Bärendienst *m* (用于短语) jm einen ～ erweisen 给某人帮倒忙,危害某人

Bärenführer *m* 耍熊者 shuǎxióngzhě;导游者 dǎoyóuzhě

Bärenhaut *f* (用于短语) auf der ～ liegen 游手好闲

Bärenhunger *m* 极饿 jí'è: einen ～ haben 饿极了

barfuß *adj/adv* 赤着脚 chìzhejiǎo,光着脚 guāngzhejiǎo

barfüßig *adj* 光脚的 guāngjiǎode,赤脚

的 chìjiǎode

Bargeld *n* 现金 xiànjīn，现款 xiànkuǎn

bargeldlos *adj* 不用现款的 búyòng xiànkuǎn de，非现金的 fēi xiànjīn de

Bargeschäft *n* 现金买卖 xiànjīn mǎimai，现金交易 xiànjīn jiāoyì

Barguthaben *n* 现金资产 xiànjīn zīchǎn，库存现金 kùcún xiànjīn

Barhocker *m* 酒吧间的高脚凳 jiǔbājiān de gāojiǎodèng

Bariton *m* -s, -e 男中音 nánzhōngyīn；男中音歌唱家 nánzhōngyīn gēchàngjiā

barmherzig *adj* 有同情心的 yǒu tóngqíngxīn de，怜悯的 liánmǐnde，仁慈的 réncíde

Barock *n*/*m* -s 巴洛克艺术风格 bāluòkè yìshù fēnggé

Barometer *n* 气压表 qìyābiǎo，气压计 qìyājì，晴雨表 qíngyǔbiǎo

Baron *m* -s, -e 男爵 nánjué；(工业)巨头 jùtóu，大王 dàwáng

Barrabatt *m* 付现折扣 fùxiàn zhékòu，现售折扣 xiànshòu zhékòu

Barras *m* - 兵役 bīngyì：beim ～ sein 服兵役；zum ～ gehen 去当兵

Barren *m* -s, - (金属)块 kuài，条 tiáo，锭 dìng；双杠 shuānggàng

Barriere *f* -, -n 栅栏 zhàlan，障碍 zhàng'ài

Barrikade *f* -, -n 街垒 jiēlěi，路障 lùzhàng

barsch *adj* 无礼的 wúlǐde，粗暴的 cūbàode，不友好的 bù yǒuhǎode

Barschaft *f* -, -en (全部)现金 xiànjīn，现款 xiànkuǎn

Bart *m* -(e)s, ⸚e 胡须 húxū，胡子 húzi：jm um den ～ gehen 奉承某人；(某些哺乳动物的)须 xū；钥匙头 yàoshitóu，钥匙齿 yàoshichǐ

bärtig *adj* 有浓长胡须的 yǒu nóngcháng húxūde

bartlos *adj* 没有胡须的 méiyǒu húxūde，无须的 wúxūde

Barvorrat *m* 现金准备金 xiànjīn zhǔnbèijīn，库存现金 kùcún xiànjīn

Barvorschuss *m* 现金预付款 xiànjīn yùfùkuǎn

Barzahlung *f* 现金支付 xiànjīn zhīfù

Basalt *m* -(e)s, -e 玄武岩 xuánwǔyán

Basar *m* -s, -e 集市 jíshì，市场 shìchǎng；义卖场所 yìmài chǎngsuǒ

Baseball [ˈbeːsbɔːl] *m* (美式)棒球 bàngqiú；棒球运动 bàngqiú yùndòng

basieren *vi* 建立在…基础上 jiànlì zài … jīchǔshang，基于… jīyú …

Basis *f* -, Basen 基础 jīchǔ；基数 jīshù，底数 dǐshù；底基 dǐ jī，基线 jīxiàn，底线 dǐxiàn；底脚 dǐ jiǎo，柱础 zhù chǔ

Basis-Erziehung *f* 基础教育 jīchǔ jiàoyù

Basketball I *m*/*n* -s 篮球运动 lánqiú yùndòng II *m* -(e)s, ⸚e 篮球 lánqiú

Bass *m* -es, ⸚e 男低音 nándīyīn；男低音歌唱家 nándīyīn gēchàngjiā；低音部 dīyīnbù；低音乐器(尤指低音提琴) dīyīn yuèqì

Bassgeige *f* 低音提琴 dīyīn tíqín

Bassin [baˈsɛ̃ː] *n* -s, -s (人工)水池 shuǐchí，水槽 shuǐcáo，蓄水池 xùshuǐchí

Bassist *m* -en, -en 男低音歌手 nándīyīn gēshǒu；低音提琴手 dīyīn tíqínshǒu

Bassstimme *f* 男低音 nándīyīn；男低音乐谱 nándīyīn yuèpǔ

basta *intj* 够了 gòule 算了 suànle 别再说了 bié zài shuō le

Bastard *m* -s, -e (动、植物的)杂交种 zájiāo zhǒng；(贵族的)私生子 sīshēngzǐ；(骂人语)杂种 zázhǒng

basteln I *vt* (业余拼凑着)做成 zuòchéng：ein Spielzeug ～ 业余拼拼凑凑做个玩具 II *vi* (业余拼凑着)做小东西 zuò xiǎodōngxi，做小玩意儿 zuò xiǎowányìr

Bastion *f* -, -en 堡垒 bǎolěi，棱堡 léngbǎo，防御工事 fángyù gōngshì

Bastler *m* -s, - 业余爱好制作者 yèyú àihào zhìzuòzhě

Bataillon [batalˈjoːn] *n* -s, -e 营 yíng，步兵大队 bùbīng dàduì

Batterie *f* -, -n 电池(组) diànchí；炮兵连 pàobīnglián，炮兵中队 pàobīng zhōngduì

Bau *m* I -(e)s 建造 jiànzào；建筑 jiànzhù：etw ist (或 befindet sich) im ～ 某物正在建造中；构造 gòuzào，结构 jiégòu；体格 tǐgé，身材 shēncái；建筑式样 jiànzhù shìyàng；建筑工地 jiànzhù gōngdì：vom ～ sein 是行家；栽培 zāipéi，种植 zhòngzhí；拘留 jūliú，禁闭 jìnbì；禁闭室 jìnbìshì II -(e)s, -e (某些哺乳动物的)巢 cháo，洞穴 dòngxué；矿坑 kuàngkēng，矿井 kuàngjǐng III -(e)s, -ten 建筑物 jiànzhùwù

Bauablauf *m* 建筑(施工)过程 jiànzhù guòchéng

Bauarbeiten *pl* 修筑工程 xiūzhù gōngchéng,施工 shīgōng
Bauarbeiter *m* 建筑工人 jiànzhù gōngrén
Bauart *f* 建筑式样 jiànzhù shìyàng,建筑风格 jiànzhù fēnggé
Bauausschreibung *f* 建筑工程招标 jiànzhù gōngchéng zhāobiāo
Bauch *m* -(e)s, ¨-e 肚子 dùzi,腹部 fùbù;腹状之物(船腹、瓶腹等) fùzhuàng zhī wù
bauchig *adj* 有腹的 yǒufùde,隆起的 lóngqǐde,鼓起的 gǔqǐde
Bauchlandung *f* 机身着陆(不放起落架着陆,迫降) jīshēn zhuólù
bäuchlings *adv* 腹部朝下 fùbù cháoxià;趴着 pāzhe
Bauchspeicheldrüse *f* 胰腺 yíxiàn
Bauchschmerzen *pl* 肚子痛 dǔzitòng,腹痛 fùtòng
Bauchweh *n* 肚子痛 dǔzitòng
bauen I *vt* 建筑 jiànzhù,建造 jiànzào;制造 zhìzào: eine Maschine ～ 造一台机器;做 zuò,筑 zhù(指鸟、兽等筑巢,做窝);种植 zhòngzhí,耕种 gēngzhòng: Getreide [Tabak] ～ 种谷物[烟草];设计 shèjì II *vi* 造房子 zào fángzi,盖房子 gài fángzi;信任 xìnrèn,信赖 xìnlài: auf jn [etw] ～ 信赖某人[某事]
Bauer I *m* -n/-s, -n 农民 nóngmín,农夫 nóngfū;(国际象棋中的)兵 bīng,卒 zú;乡巴佬 xiāngbalǎo,土包子 tǔbāozi II *m*/*n* -s, - 鸟笼 niǎolóng
Bäuerin *f* -, -nen 女农民 nǚnóngmín;农民的妻子 nóngmínde qīzǐ
bäuerlich *adj* 农民的 nóngmínde,农村的 nóngcūnde,乡村的 xiāngcūnde;有乡村风味的 yǒu xiāngcūn fēngwèi de
Bauernfängerei *f* -, -en (易被识破的)欺诈 qīzhà,欺骗 qīpiàn
Bauerngut *n* 农庄 nóngzhuāng,农家 nóngjiā
Bauernhof *m* = Bauerngut
bauernschlau *adj* 机灵的 jīlingde,狡猾的 jiǎohuáde
Bauersfrau *f* 农妇 nóngfù,女农民 nǚnóngmín
baufällig *adj* 有倒塌危险的 yǒu dǎotā wēixiǎn de,年久失修的 niánjiǔ shīxiū de
Baugesellschaft *f* 建筑公司 jiànzhù gōngsī
Bauherr *m* (正在建造中房屋的)屋主 wūzhǔ,业主 yèzhǔ
Baukasten *m* 积木盒 jīmùhé
Baukomplex *m* 建筑群 jiànzhùqún
Baukosten *pl* 建筑费用 jiànzhù fèiyong,建筑造价 jiànzhù zàojià
Baukunst *f* 建筑艺术 jiànzhù yìshù
Baulöwe *m* 大房地产商人 dà fángdìchǎn shāngrén,(做房地产买卖的)大亨 dàhēng
Baum *m* -(e)s, ¨-e 树 shù,树木 shùmù
Baumarkt *m* 建筑市场 jiànzhù shìchǎng
Baumeister *m* 建筑师 jiànzhùshī
baumeln *vi* 来回摆动 láihuí bǎidòng,悬摆 xuán bǎi,晃动 huàngdòng
bäumen *rfl* (马)突然以后足站立 tūrán yǐ hòuzú zhànlì;反抗 fǎnkàng
Baumschule *f* 苗圃 miáopǔ
Baumwolldrillich *m* -(e)s, -e 劳动布 láodòngbù
Baumwolle *f* 棉花 miánhua
baumwollen *adj* 棉花的 miánhuade,棉织的 miánzhīde
Baumwollindustrie *f* 棉纺织工业 miánfǎngzhī gōngyè
Baumwollspinnerei *f* 棉纺 miánfǎng;棉纺厂 miánfǎngchǎng
Baumwollstoff *m* 棉布 miánbù
Baumwollwaren *pl* 棉纺织品 miánfǎng zhīpǐn
Bauplatz *m* 施工现场 shīgōng xiànchǎng,工地 gōngdì
Bausch *m* -(e)s, -e 一团 yītuán,一卷 yījuǎn,一块 yīkuài(如棉花、纸、布等);(用于短语) in ～ und Bogen 统统,全部
Bauschaffende *m*/*f* (按形容词变化)建筑业职工 jiànzhùyè zhígōng
bauschen I *vt* 使隆起 shǐ lóngqǐ,使膨胀 shǐ péngzhàng II *rfl* 隆起 lóngqǐ,鼓起 gǔqǐ,膨胀 péngzhàng
Bauschule *f* 建筑学校 jiànzhù xuéxiào
Baustein *m* 建筑石材 jiànzhù shícái;积木 jīmù;微小的贡献 wēixiǎode gòngxiàn
Baustelle *f* 工地 gōngdì,施工现场 shīgōng xiànchǎng
Baustil *m* 建筑风格 jiànzhù fēnggé,建筑式样 jiànzhù shìyàng
Baustoff *m* 建筑材料 jiànzhù cáiliào
Baustoffindustrie *f* 建(筑)材(料)工业 jiàncái gōngyè
Bauträger *m* -s, - 房地产开发公司

fángdìchǎn kāifā gōngsī
Bauwerk *n*（大）建筑物 jiànzhùwù，建筑工程 jiànzhù gōngchéng
Bauwesen *n* -s 建筑业 jiànzhùyè
Bazille *f* -，-n 细菌 xìjūn
beabsichtigen *vt* 打算 dǎsuan，企图 qǐtú：sie beabsichtigt，die Stadt bald zu verlassen 她打算马上离开这城市
beabsichtigt *PII* 有意的 yǒuyìde，故意的 gùyìde：es geschah wie ～ 这事发生好像是预谋的；das war doch nicht ～ 这可不是故意的
beachten *vt* 注意 zhùyì，重视 zhòngshì，留意 liúyì
beachtenswert *adj* 值得重视的 zhídé zhòngshì de
beachtlich I *adj* 值得注意的 zhídé zhùyì de；相当重要的 xiāngdāng zhòngyàode，颇大的 pōdàde，显著的 xiǎnzhùde II *adv* 很 hěn，颇 pō，相当 xiāngdāng
Beachtung *f* - 注意 zhùyì，重视 zhòngshì
Beamte *m* -n，-n 官员 guānyuán；公务员 gōngwùyuán，公职人员 gōngzhí rényuán
Beamtin *f* -，-nen 女官员 nǚguānyuán；女公务员 nǚgōngwùyuán，女公职人员 nǚ gōngzhí rényuán
beängstigen *vt* 令人担忧 lìng rén dānyōu，使人恐惧 shǐ rén kǒngjù
beängstigend *adj* 令人担忧的 lìng rén dānyōu de，令人害怕的 lìng rén hàipà de
beanspruchen *vt* 要求 yāoqiú，需要 xūyào；占用 zhànyòng，占去 zhànqù：die Arbeit beansprucht ihn voll und ganz 这工作占去他全部精力；die Möbel ～ viel Platz 这些家具要占许多地方；利用 lìyòng
beanstanden *vt* 对…不满 duì … bùmǎn；指责 zhǐzé
beantragen *vt* 申请 shēnqǐng：ein Stipendium [ein Visum] ～ 申请奖学金[签证]
beantworten *vt* 回答 huídá，答复 dáfù：eine Frage mündlich [schriftlich] ～ 口头[书面]回答一个问题
bearbeiten *vt* 耕作 gēngzuò：die Erde ～ 耕地；加工 jiāgōng：einen Stein ～ 加工一块石头；修订 xiūdìng：ein Buch ～ 修订一本书；改编 gǎibiān，改写 gǎixiě：ein Hörspiel für die Bühne ～ 为舞台改编一广播剧；设法说服 shèfǎ shuōfú，试图影响 shìtú yǐngxiǎng；提出 tíchū；痛打 tòngdǎ，狠揍 hěnzòu：jn mit Fußtritten ～ 用脚猛踢某人
beargwöhnen *vt* 不信任 bù xìnrèn，怀疑 huáiyí
Beatle *m* -s，-s 留长发的男青年 liú chángfà de nánqīngnián
beaufsichtigen *vt* 照看 zhàokàn，看管 kānguǎn，监督 jiāndū，管理 guǎnlǐ
beauftragen *vt* 委托 wěituō，授权 shòuquán，托付 tuōfù：jn mit einer Arbeit ～ 受托某人做一项工作
Beauftragte *m/f*（按形容词变化）代表 dàibiǎo，代理人 dàilǐrén
bebauen *vt* 耕 gēng，耕种 gēngzhòng；在…上盖房子 zài … shang gài fángzi，把房屋建造于… bǎ fángwū jiànzào yú …
beben *vi* 震动 zhèndòng，颤动 chàndòng：die Erde [das Haus] bebt 大地[房屋]在震动；发抖 fādǒu：sie bebte vor Kälte 她冷得发抖
bebildern *vt* 给…配上插图 gěi … pèishàng chātú；（常用第二分词）bunt bebilderte Zeitschriften 有彩色插图的杂志
Becher *m* -s，-（平底无把的）杯 bēi，酒杯 jiǔbēi；杯状物 bēizhuàngwù；铲斗 chǎndǒu；挖斗 wādǒu
bechern *vi* 爱喝酒 ài hējiǔ，痛饮 tòngyǐn
Becken *n* -s，- 水盆 shuǐpén；盥洗盆 guànxǐpén；水池 shuǐchí，人工水池 réngōng shuǐchí；骨盆 gǔpén；铙钹 náobó，铜钹 tóngbó
Bedacht *m* -(e)s 考虑 kǎolǜ，谨慎 jǐnshèn，小心 xiǎoxīn：etw mit ～ auswählen 经过考虑挑选某物；er sagte es ohne ～ 他说这欠考虑
bedächtig *adj* 细心的 xìxīnde，谨慎的 jǐnshènde；从容不迫的 cóng róng bù pò de
bedachtsam *adj* 慎重的 shènzhòngde，考虑周到的 kǎolǜ zhōudào de；从容不迫的 cóng róng bù pò de
bedanken *rfl* 对…致谢 duì … zhìxiè，感谢 gǎnxiè：sich bei jm für etw ～ 为某事感谢某人
Bedarf *m* -s 需要 xūyào，需求 xūqiú，需求量 xūqiúliàng：～ an Lebensmitteln 对食品的需要；～ decken 满足需要
Bedarfsartikel *m* 日用品 rìyòngpǐn，生活必需品 shēnghuó bìxūpǐn

B

bedarfsgerecht *adj* 根据需要的 gēnjù xūyào de，适合需要的 shìhé xūyào de：etw ～ produzieren 根据需要生产某物

Bedarfsgüter *pl* 日用消费品 rìyòng xiāofèipǐn

Bedarfsträger *m* 消费者 xiāofèizhě，用户 yònghù

bedauerlich *adj* 令人遗憾的 lìng rén yíhàn de，可惜的 kěxīde，使人不快的 shǐ rén bùkuài de

bedauerlicherweise *adv* 令人遗憾地 lìng rén yíhàn de，可惜地 kěxīde

bedauern I *vt* 惋惜 wǎnxī，同情 tóngqíng，怜悯 liánmǐn II *vi* 遗憾 yíhàn，抱歉 bàoqiàn

Bedauern *n* -s 同情 tóngqíng，怜悯 liánmǐn，惋惜 wǎnxī

bedauernswert *adj* 令人惋惜的 lìng rén wǎnxī de，令人同情的 lìng rén tóngqíng de，令人怜悯的 lìng rén liánmǐn de

bedecken I *vt* 盖 gài，遮盖 zhēgài，覆盖 fùgài：den Tisch mit einem Tuch ～ 把桌布铺到桌上；der Himmel ist mit Wolken bedeckt 天空被云覆盖 II *rfl* 遮盖 zhēgài，遮蔽 zhēbì

bedenken* I *vt* 考虑 kǎolǜ：die Folgen ernstlich ～ 严肃地考虑后果；赠送 zèngsòng，给予 jǐyǔ：jn mit einem Buch ～ 赠予某人一本书 II *rfl* 细想 xìxiǎng，思考 sīkǎo，思索 sīsuǒ

Bedenken *n* -s，- 思考 sīkǎo，考虑 kǎolǜ，深思熟虑 shēn sī shú lǜ；怀疑 huáiyí，顾虑 gùlǜ，疑虑 yílǜ；忧虑 yōulǜ：js ～ teilen 与某人分忧

bedenklich *adj* 令人担忧的 lìng rén dānyōu de，危险的 wēixiǎnde；有问题的 yǒu wèntí de，可疑的 kěyíde；很有顾虑的 hěn yǒu gùlǜ de，怀疑的 huáiyíde

Bedenkzeit *f* 考虑的时间 kǎolǜ de shíjiān：jm ～ geben 给予某人考虑的时间

bedeuten *vt* 意思是 yìsi shì，意味着 yìwèizhe，表示…意义 biǎoshì … yìyì：Was bedeutet das Wort？这个词作何解释？具有意义 jùyǒu yìyì，有价值 yǒu jiàzhí；示意 shìyì：ich bedeutete ihm，sein Verhalten zu verbessern 我示意他端正态度；预示 yùshì：dunkle Wolken ～ Regen 乌云预示着要下雨

bedeutend I *adj* 重要的 zhòngyàode，显著的 xiǎnzhùde，突出的 tūchūde；著名的 zhùmíngde，有名望的 yǒu míngwàng de II *adv* 很 hěn，极 jí，非常 fēicháng

bedeutsam *adj* 重要的 zhòngyàode，有意义的 yǒu yìyì de，意味深长的 yìwèi shēncháng de

Bedeutung *f* -，-en 意思 yìsi，含义 hányì：ein Wort kann mehrere ～en haben 一个词可以有多种意思；重要性 zhòngyàoxìng，意义 yìyì：von aktueller ～ sein 具有现实意义

bedeutungsvoll *adj* 有意义的 yǒu yìyì de，重大的 zhòngdàde，意味深长的 yìwèi shēn cháng de

bedienen I *vt* 服务 fúwù，服侍 fúshi，接待 jiēdài：die Kunden ～ 接待顾客；einen Kranken ～ 伺候一病人；操作 cāozuò，操纵 cāozòng：eine Maschine ～ 操纵一台机器；跟出同花色的牌 gēn chū tóng huāsè de pái II *rfl* 用 yòng，使用 shǐyòng：sich eines Vergleichs ～ 运用一个比喻；自用（食物等）zìyòng：Bitte，～ Sie sich！（招待客人用语）请随便吃！

Bedienung *f* -，-en 服务 fúwù，招待 zhāodài，服侍 fúshi；操作 cāozuò，操纵 cāozòng，使用 shǐyòng；侍者 shìzhě，招待员 zhāodàiyuán，服务员 fúwùyuán

Bedienungsgeld *n* （饭店等的）服务费 fúwù fèi，小费 xiǎofèi，小账 xiǎozhàng

Bedienungsvorschrift *f* 操作规程 cāozuò guīchéng

bedingen *vt* 以…为先决条件（或前提）yǐ … wéi xiānjué tiáojiàn，取决于 qǔjué yú，要求 yāoqiú

bedingt *adj* 由…决定的 yóu … juédìng de，视…而定的 shì … ér dìng de，附条件的 fù tiáojiàn de

Bedingung *f* -，-en 条件 tiáojiàn，前提 qiántí：jm eine ～ stellen 向某人提出一条件

bedingungslos *adj* 无条件的 wútiáojiànde，无限制的 wúxiànzhìde

bedrängen *vt* 逼迫 bīpò，紧逼 jǐnbī，纠缠 jiūchán

Bedrängnis *f* -，-se 困境 kùnjìng，窘境 jiǒngjìng，困苦 kùnkǔ：in ～ geraten 陷入困境

bedrohen *vt* 威胁 wēixié，恐吓 kǒnghè

bedrohlich *adj* 危险的 wēixiǎnde，预示有危险的 yùshì yǒu wēixiǎn de，预示有不幸的 yùshì yǒu bùxìng de

Bedrohung *f* -，-en 威胁 wēixié，恐吓

kǒnghè;造成威胁的事物 zàochéng wēixié de shìwù
bedrucken *vt* 印 yìn;在…上印上 zài … shang yìnshàng
bedrücken *vt* 压制 yāzhì,压迫 yāpò;压在心头 yā zài xīntóu,使心情沉重 shǐ xīnqíng chénzhòng
bedrückend *adj* 使人感到压抑的 shǐ rén gǎndào yāyì de,垂头丧气的 chuí tóu sàng qì de,抑郁的 yìyù de
bedrückt *adj* 沮丧的 jǔsàngde,消沉的 xiāochénde,垂头丧气的 chuí tóu sàng qì de
bedürfen* *vi* (*G*) 需要 xūyào: der Ruhe ～ 需要安静
Bedürfnis *n* -ses, -se 需要 xūyào,需求 xūqiú
bedürftig *adj* 需要…的 xūyào … de: einer Sache (*G*) ～ sein 需要某物;贫穷的 pínqióngde,贫困的 pínkùnde
beehren I *vt* 给…以荣誉 gěi … yǐ róngyù,使增光 shǐ zēngguāng;光临 guānglín II *rfl* 感到荣幸 gǎndào róngxìng: ich beehre mich, Ihnen mitzuteilen, dass . . . 我荣幸地通知您…
beeiden *vt* 以宣誓来证明 yǐ xuānshì lái zhèngmíng,发誓证实 fāshì zhèngshí
beeilen *rfl* 赶紧 gǎnjǐn,赶快 gǎnkuài
beeindrucken *vt* 给…留下深刻印象 gěi … liúxià shēnkè yìnxiàng
beeinflussen *vt* 对…产生作用 duì … chǎnshēng zuòyòng,影响 yǐngxiǎng
beeinträchtigen *vt* 妨碍 fáng'ài,损害 sǔnhài,阻碍 zǔ'ài
beenden *vt* 结束 jiéshù,使终止 shǐ zhōngzhǐ,完成 wánchéng
beendigen *vt* 结束 jiéshù,完成 wánchéng,使终止 shǐ zhōngzhǐ
beengen *vt* 限制 xiànzhì,束缚 shùfù;夹紧 jiājǐn
beerben *vt* 继承…的遗产 jìchéng … de yíchǎn: seinen Onkel ～ 继承伯父的遗产
beerdigen *vt* 埋葬 máizàng,安葬 ānzàng
Beerdigung *f* -, -en 安葬 ānzàng,葬礼 zànglǐ: zur ～ gehen 去参加葬礼
Beere *f* -, -n 浆果 jiāngguǒ
Beet *n* -(e)s, -e 畦 qí,苗圃 miáopǔ,苗床 miáochuáng
befähigen *vt* 使有能力 shǐ yǒu nénglì,使能够 shǐ nénggòu,使能胜任 shǐ néng shèngrèn
Befähigung *f* - 能力 nénglì,本领 běnlǐng,才能 cáinéng
befahrbar *adj* 可通行的 kě tōngxíng de,适宜行驶的 shìyí xíngshǐ de,可通航的 kě tōngháng de
befahren* *vt* 在…上行驶 zài … shang xíngshǐ,在…上航行 zài … shang hángxíng: eine Straße mit dem Auto ～ 开车在一条街道上行驶;行驶时将…撒在…上 xíngshǐshí jiāng … sǎ zài … shang: einen Weg mit Sand ～ 行驶时将沙撒在路上
Befall *n* -(e)s (病害害虫对植物的)侵袭 qīnxí,侵害 qīnhài
befallen* *vt* 侵袭 qīnxí,侵害 qīnhài;突然来到…身上 tūrán láidào … shēnshang: eine Traurigkeit befällt jn 某人突然感到悲伤
befangen *adj* 羞怯的 xiūqiède,拘束的 jūshùde,胆怯的 dǎnqiède;不客观的 bù kèguānde,有偏见的 yǒu piānjiàn de
befassen I *rfl* 从事 cóngshì,与…打交道 yǔ … dǎjiāodao,致力于 zhìlì yú: sich mit jm ～ 与某人打交道; sich mit Literatur ～ 从事文学 II *vt* 使从事 shǐ cóngshì: einen Beamten mit einer besonderen Aufgabe ～ 要一官员完成一项特殊任务
befehden *vt* 与…斗争 yǔ … dòuzhēng,与…战斗 yǔ … zhàndòu,攻击 gōngjī
Befehl *m* -(e)s, -e 命令 mìnglìng;指挥权 zhǐhuīquán;指令 zhǐlìng
befehlen* I *vt* 命令 mìnglìng,吩咐 fēnfu: Wie Sie ～! 遵命!(或悉听尊便!);信托 xìntuō,委托 wěituō II *vi* 指挥 zhǐhuī,统率 tǒngshuài
Befehlshaber *m* -s, - 司令员 sīlìngyuán,指挥员 zhǐhuīyuán
Befehlsregister *n* 指令寄存器 zhǐlìng jìcúnqì
Befehlsverweigerung *f* 拒绝执行命令 jùjué zhíxíng mìnglìng
Befehlsvorrat *m* 指令库 zhǐlìngkù
befestigen *vt* 使固定 shǐ gùdìng,扎牢 zāláo,捆住 kǔnzhù,钉住 dìngzhù;使牢固 shǐ láogù,加固 jiāgù;为…设防 wèi … shèfáng
befeuchten *vt* 沾湿 zhānshī,弄湿 nòngshī,润湿 rùn shī
befeuern *vt* 给…生火 gěi … shēnghuǒ;给…提供燃料 gěi … tígōng ránliào;鼓舞 gǔwǔ,鼓励 gǔlì,激励 jīlì

B

befinden* I *rfl* 在 zài，位于 wèiyú，处于 chǔyú：sich in einer schwierigen Lage ～ 处于困难的境地；觉得 juéde，感觉 gǎnjué：sich wohl [schlecht] ～ 感到身体很好[不好] II *vt* 认为 rènwéi

Befinden *n* -s 健康状况 jiànkāng zhuàngkuàng

befindlich *adj* 处在…的 chǔzài … de，现存的 xiàncúnde：der hinter dem Haus ～e Garten 位于房子后面的花园

beflaggen *vt* 用旗装饰 yòng qí zhuāngshì，挂旗于 guà qí yú…

beflecken *vt* 弄脏 nòngzāng，玷污 diànwū；败坏 bàihuài：die Ehre ～ 败坏名誉

beflügeln *vt* 加快 jiākuài，加速 jiāsù；鼓舞 gǔwǔ，激励 jīlì

befolgen *vt* 听从 tīngcóng，遵循 zūnxún，遵照 zūnzhào

befördern *vt* 运送 yùnsòng，运输 yùnshū：etw durch die (或 mit der) Post ～ 邮寄某物；提升 tíshēng，提拔 tíbá：jn zum General ～ 把某人提升为将军

Beförderung *f* -，-en 运送 yùnsòng，运输 yùnshū；提升 tíshēng，提拔 tíbá

Beförderungskosten *pl* 运(输)费(用) yùnfèi

Beförderungsmittel *n* 运输工具 yùnshū gōngjù

befragen *vt* 询问 xúnwèn，探问 tànwèn

befreien I *vt* 解放 jiěfàng，使自由 shǐ zìyóu；使摆脱 shǐ bǎituō，解除 jiěchú，免除 miǎnchú：jn aus einer Gefahr ～ 使某人脱离危险境地 II *rfl* 解放 jiěfàng，摆脱 bǎituō

befremden *vt* 使感到意外 shǐ gǎndào yìwài，使惊讶 shǐ jīngyà

Befremden *n* -s 惊讶 jīngyà，诧异 chàyì

befreunden *rfl* 和…友好 hé … yǒuhǎo，与…交朋友 yǔ…jiāo péngyou：sich mit jm ～ 和某人交朋友；习惯于 xíguàn yú

befriedigen *vt* 使满意 shǐ mǎnyì，满足 mǎnzú：sich (selbst) ～ 自慰

befriedigend PI 令人满意的 lìng rén mǎnyì de，满意的 mǎnyìde，使人满足的 shǐ rén mǎnzú de；及格的 jígéde

Befriedigung *f* -，-en 满足 mǎnzú；满意 mǎnyì：～ empfinden 感到满意

befristen *vt* 限定…的期限 xiàndìng … de qīxiàn，规定…的期限 guīdìng … de qīxiàn

befruchten *vt* 使受孕 shǐ shòuyùn，使受精 shǐ shòujīng：eine Frau künstlich ～ 给一女子进行人工授精；使丰富 shǐ fēngfù，使肥沃 shǐ féiwò

Befruchtung *f* -，-en 受孕 shòuyùn，受精 shòujīng：künstliche ～ 人工受精

Befugnis *f* -，-se 职权 zhíquán，权限 quánxiàn，许可 xǔkě

befugt *adj* (用于短语) zu etw ～ sein 受权做某事

Befund *m* -(e)s，-e 调查结果 diàochá jiéguǒ，检查结果 jiǎnchá jiéguǒ：Ohne ～ (缩写 O. B.) (检查结果)阴性，无病变

befürchten *vt* 为…担心 wèi … dānxīn，为…忧虑 wèi … yōulǜ

befürworten *vt* 赞同 zàntóng，支持 zhīchí，拥护 yōnghù

begabt *adj* 有才华的 yǒu cáihuá de，有才干的 yǒu cáigàn de，有天赋的 yǒu tiānfù de：er ist vielseitig ～ 他多才多艺

Begabtenauslese *f* 选拔人才 xuǎnbá réncái

Begabtenförderung *f* 培养人才 péiyǎng réncái

Begabung *f* -，-en 才能 cáinéng，天资 tiānzī，天赋 tiānfù：die (或 eine) ～ zu (或 für) etw haben 有某方面的才能

begatten I *vt* 与…交配 yǔ … jiāopèi，与…交媾 yǔ … jiāogòu II *rfl* 交配 jiāopèi，交媾 jiāogòu，性交 xìngjiāo

begeben* *rfl* 赴 fù，前往 qiánwǎng：sich in die Stadt ～ 进城；发生 fāshēng；开始 kāishǐ，着手 zhuóshǒu；放弃 fàngqì：sich eines Rechts ～ 放弃一权利

Begebenheit *f* -，-en 事情 shìqing，事件 shìjiàn

begegnen *vi* (s) (偶然)遇见 yùjiàn；碰见 pèngjiàn：jm auf der Straße ～ 在大街上遇见某人；遇到 yùdào，碰到 pèngdào；对付 duìfu，应付 yìngfù；对待 duìdài：jm abweisend ～ 冷淡地对待某人

Begegnung *f* -，-en 遇见 yùjiàn，会见 huìjiàn；竞赛 jìngsài

begehen* *vt* 在…上走 zài … shàng zǒu；犯 fàn，干 gàn，做 zuò：ein Verbrechen ～ 犯一罪行；den Fehler ～ 犯错误；庆祝 qìngzhù：ein Fest ～ 举行庆祝会

begehren *vt* 恳求 kěnqiú，请求 qǐngqiú；热望 rèwàng，渴望 kěwàng，追求

zhuīqiú
begehrlich *adj* 渴望的 kěwàngde，向往的 xiàngwǎngde，贪婪的 tānlánde
begeistern I *vt* 鼓舞 gǔwǔ，感动 gǎndòng，激励 jīlì II *rfl* 热衷于 rèzhōng yú，倾心于 qīngxīn yú，热爱 rè'ài III *PII* **begeistert** 热情的 rèqíngde，热忱的 rèchénde，振奋的 zhènfènde
Begeisterung *f* -，-en 鼓舞 gǔwǔ，热情 rèqíng，激情 jīqíng：in ～ geraten 感到振奋，兴奋起来
Begierde *f* -，-n 渴望 kěwàng，欲望 yùwàng：seine ～ nach Reichtum 他对财富的渴望；情欲 qíngyù
begierig *adj* 渴望的 kěwàngde，热切期待的 rèqiè qīdài de
begießen* *vt* 浇 jiāo，洒 sǎ，淋 lín：die Blumen ～ 浇花
Beginn *m* -s 开始 kāishǐ，开端 kāiduān：der ～ der Autobahn 高速公路的起点
beginnen* I *vt* 开始 kāishǐ，着手 zhuóshǒu：ein Gespräch ～ 开始谈话 II *vi* 开始 kāishǐ，着手 zhuóshǒu：mit einer Arbeit ～ 开始一项工作；es beginnt zu regnen 开始下雨了
beglaubigen *vt* 证明 zhèngmíng，公证 gōngzhèng，认证 rènzhèng：etw amtlich ～ 通过官方证明某事；委任 wěirèn：einen Botschafter bei einem Staat ～ 委派到一国家任大使
Beglaubigung *f* -，-en 证明 zhèngmíng，公证 gōngzhèng，认可 rènkě；国书 guóshū
Beglaubigungsschreiben *m* 国书 guóshū：der Botschafter überreichte sein ～ 大使递交国书
begleichen* *vt* 清偿 qīngcháng，付清 fùqīng：eine Rechnung ～ 结清账目
begleiten *vt* 陪同 péitóng，陪伴 péibàn，伴随 bànsuí：jn nach Hause ～ 陪某人回家；伴奏 bànzòu：eine Sängerin auf dem Klavier ～ 用钢琴为一女歌手伴奏
Begleiter *m* -s，- 陪同者 péitóngzhě，伴送者 bànsòngzhě；伴奏者 bànzòuzhě
Begleitung *f* -，-en 陪同 péitóng，陪伴 péibàn：in ～ von ... 在…陪同下；伴奏 bànzòu；随从 suícóng，随员 suíyuán
beglücken *vt* 使高兴 shǐ gāoxìng，使欣喜 shǐ xīnxǐ，使幸福 shǐ xìngfú
beglückwünschen *vt* 祝贺 zhùhè：jn zum Geburtstag herzlich ～ 衷心祝贺某人生日
begnadigen *vt* 减轻…的刑罚 jiǎnqīng … de xíngfá，赦免 shèmiǎn
begnügen *rfl* 知足 zhīzú，满足于 mǎnzú yú：sich mit etw ～ 满足于某事
begraben* *vt* 葬 zàng，埋葬 máizàng；埋藏 máicáng；放弃 fàngqì
Begräbnis *n* -ses，-se 葬礼 zànglǐ，安葬 ānzàng
begreifen* I *vt* 理解 lǐjiě，懂得 dǒngde，领悟 lǐngwù：den Sinn einer Sache ～ 懂得一件事的意义；包括 bāokuò II *vi* 理解 lǐjiě，懂得 dǒngde，领悟 lǐngwù
begreiflich *adj* 可领会的 kě lǐnghuì de，能理解的 néng lǐjiě de
begrenzen *vt* 形成…的边界 xíngchéng … de biānjiè；限定 xiàndìng，限制 xiànzhì
Begriff *m* -(e)s，-e 概念 gàiniàn，观念 guānniàn；见解 jiànjiě，想法 xiǎngfǎ；理解(力) lǐjiě：im ～ sein (或 stehen) 正打算(做某事)
begriffen *adj* (用于短语) in etw ～ sein 正在从事某事；er ist im Wachstum ～ 他在成长中
begrifflich *adj* 理论上的 lǐlùnshangde，概念的 gàiniànde
begründen *vt* 建立 jiànlì，创办 chuàngbàn，创立 chuànglì：einen demokratischen Staat ～ 建立一个民主的国家；eine Zeitschrift ～ 创办一份杂志；对…提出理由(或根据) duì … tíchū lǐyóu，论证 lùnzhèng
begrüßen *vt* 欢迎 huānyíng，向…致敬 xiàng … zhìjìng：ich begrüße Sie im Namen der Universität 我以大学的名义欢迎您；赞成 zànchéng，赞同 zàntóng：dieser weise Entschluss wurde von vielen Ländern herzlich begrüßt 这一明智决定受到许多国家的衷心欢迎(或拥护)
Begrüßung *f* -，-en 欢迎 huānyíng，问候 wènhòu
begucken *vt* 注视 zhùshì，打量 dǎliang
begünstigen *vt* 优待 yōudài，偏爱 piān'ài，优先照顾 yōuxiān zhàogù；有利于 yǒulì yú，有助于 yǒuzhùyú，促进 cùjìn：die Umstände ～ ihn 情况对他有利
begutachten *vt* 鉴定 jiàndìng，评定 píngdìng
begütert *adj* 富有的 fùyǒude，富裕的 fùyùde，有钱的 yǒuqiánde

begütigen *vt* 使平静 shǐ píngjìng，抚慰 fǔwèi，劝慰 quànwèi

behaart *adj* 有毛的 yǒumáode，多毛的 duōmáode

behaftet *adj* （用于短语）mit etw ～ sein 附带有某种(不愉快的)事物，受到某事物的纠缠或牵累：die Sache ist mit einem Mangel ～ 这事有缺陷

behagen *vi* 讨人喜欢 tǎo rén xǐhuan，中…的意 zhòng … de yì，使满意 shǐ mǎnyì：seine Pläne ～ ihr sehr 他的计划很中她的意

Behagen *n* -s 愉快 yúkuài，舒适 shūshì，惬意 qièyì

behaglich *adj* 舒适的 shūshìde，惬意的 qièyìde，愉快的 yúkuàide

behalten* *vt* 保留 bǎoliú，留着 liúzhe；保持 bǎochí：etw behält seinen Wert 某物保持某价值；不忘 bùwàng，记住 jìzhù：etw im Gedächtnis ～ 记住某事

Behälter *m* -s，- 容器 róngqì，贮藏器 zhùcángqì；集装箱 jízhuāngxiāng

behandeln *vt* 对待 duìdài：alle Menschen gleich ～ 对所有人都一视同仁；加工 jiāgōng，处理 chǔlǐ；操作 cāozuò，使用 shǐyòng：eine Maschine fachmännisch ～ 熟练地操作一机器；探讨 tàntǎo；医治 yīzhì，治疗 zhìliáo：einen Patienten stationär ～ 对病人作住院治疗

Behandlung *f* -，-en 对待 duìdài；处理 chǔlǐ，加工 jiāgōng；操作 cāozuò，使用 shǐyòng；治疗 zhìliáo：stationäre ～ 住院治疗

behängen I *vt* 悬挂 xuánguà，(用悬挂的东西)装饰 zhuāngshì II *rfl* 佩戴过多的装饰品 pèidài guòduō de zhuāngshìpǐn

beharren *vi* 坚持 jiānchí：bei（或 auf）seinem Entschluss ～ 坚持其决定

beharrlich *adj* 坚持的 jiānchíde，坚持不懈的 jiānchí bùxiè de，顽强的 wánqiáng de

behaupten I *vt* 声称 shēngchēng，断言 duànyán，主张 zhǔzhāng；坚持 jiānchí，保持住 bǎochízhù，维护 wéihù II *rfl* 保持住 bǎochízhù，坚持住 jiānchízhù，维持住 wéichízhù

Behauptung *f* -，-en 断言 duànyán，主张 zhǔzhāng；坚持 jiānchí，维护 wéihù

Behausung *f* -，-en（简单的）住宅 zhùzhái，住处 zhùchù，宿舍 sùshè

beheben* *vt* 排除 páichú，消除 xiāochú；提(款) tí

beheimatet *adj* 在…安家的 zài … ānjiā de，定居下来的 dìngjū xiàlái de：er ist in einer kleinen Stadt ～ 他在一个小城市定居下来

beheizen *vt* 给…生火 gěi … shēnghuǒ；给…加热 gěi … jiārè，给…供暖 gěi … gōngnuǎn：ein Haus ～ 给一房屋供暖

behelfen* *rfl* 设法应付 shèfǎ yìngfù，维持 wéichí：sich kümmerlich mit etw ～ 以某物勉强维持

behelfsmäßig *adj* 应急的 yìngjíde，权宜的 quányíde，临时的 línshíde

behelligen *vt* 打扰 dǎrǎo，烦扰 fánrǎo：jn mit Forderungen ～ 对某人要求甚多

behend(e) *adj* 敏捷的 mǐnjiéde，灵活的 línghuóde，灵巧的 língqiǎode

beherbergen *vt* 提供(某人)住宿 tígōng zhùsù，留宿 liúsù

beherrschen I *vt* 统治 tǒngzhì，控制 kòngzhì：ein Reich ～ 统治一个国家；精通 jīngtōng，掌握 zhǎngwò：mehrere Sprachen ～ 掌握好几种语言；高高耸立于 gāogāo sǒnglì yú，高出于 gāochū yú；克制 kèzhì，抑制 yìzhì：er konnte seine Leidenschaften nicht ～ 他不能克制自己的激情 II *rfl* 自我克制 zìwǒ kèzhì：sich gut ～ können 善于克制自己

beherzigen *vt* 把…牢记在心 bǎ … láojì zàixīn，铭记 míngjì：js Worte ～ 把某人的话牢记在心

beherzt *adj* 果断 guǒduàn，勇敢的 yǒnggǎnde，有胆量的 yǒu dǎnliàng de

behilflich *adj* （用于短语）jm bei etw ～ sein 帮助某人…

behindern *vt* 阻碍 zǔ'ài，妨碍 fáng'ài：den Verkehr ～ 妨碍交通

behindert *adj* 有残疾的 yǒu cánjí de，有缺陷的 yǒu quēxiàn de

Behinderte *m* /*f*（按形容词变化）残疾人 cánjí rén

Behörde *f* -，-n 当局 dāngjú，官方 guānfāng

Behördensprache *f* 官方语言 guānfāng yǔyán

behördlich *adj* 当局的 dāngjúde，官方的 guānfāngde，正式的 zhèngshìde

behüten *vt* 看管 kānguǎn，看守 kānshǒu，照管 zhàoguǎn；防护 fánghù，保护 bǎohù

behutsam *adj* 小心的 xiǎoxīnde，谨慎的 jǐnshènde，细心的 xìxīnde

bei *prp*(*D*) 1.（表示地点）在…附近 zài

… fùjìn，靠近… kàojìn …，在…处 zài … chù：～m Bahnhof 在火车站附近；die Yangtse-Brücke ～ Nanjing 南京长江大桥；～ der Post arbeiten 在邮局工作；在…那里 zài … nàli，在…家里 zài … jiālǐ：～ uns in Deutschland 在我们德国；～ seinen Eltern wohnen 住在他父母家；在…部位 zài … bùwèi：ein Kind ～ der Hand nehmen 搀着孩子的手；在…身上 zài … shēnshàng：kein Geld ～ sich haben 身上没钱 2.（表示时间）在…时候 zài … shíhou，当…时 dāng … shí：～ Tag［Nacht］在白天［夜晚］；～ heftigem Wind 在刮狂风时；～m Lernen 在学习时 3.（表示情况）在…情况下 zài … qíngkuàng xià：er ist ～ bester Gesundheit 他身体非常健康 4.（表示条件）如果 rúguǒ，假如 jiǎrú：～ schönem Wetter brechen wir auf 如果天气好，我们就出发 5.（表示原因）由于 yóuyú，因为 yīnwèi：～ deinen guten Augen brauchst du keine Brille 由于你眼睛好，所以你不用戴眼睛 6.（表示让步）尽管 jǐnguǎn，即使 jíshǐ：～ alledem 尽管如此

beibehalten* *vt* 保留 bǎoliú，保持 bǎochí，不放弃 bù fàngqì：eine Gewohnheit ～ 保留一种习惯

beibringen* *vt* 教 jiào，教授 jiàoshòu，指点 zhǐdiǎn：jm einen Tanz ～ 教某人跳舞；提出 tíchū，提供 tígōng；使遭受 shǐ zāoshòu；小心地（把不愉快之事）告诉 xiǎoxīnde gàosu …

Beichte *f* -，-n（在天主教堂向神甫做的）忏悔 chànhuǐ：zur ～ gehen 去忏悔；交代 jiāodài，坦白 tǎnbái，供认 gòngrèn

beichten I *vt* 忏悔 chànhuǐ；坦白 tǎnbái，交代 jiāodài，供认 gòngrèn：jm etw ～ 向某人坦白某事 II *vi* 忏悔 chànhuǐ：beim Pfarrer ～ 向牧师忏悔；坦白 tǎnbái，交代 jiāodài

Beichtstuhl *m* 忏悔室 chànhuǐshì

Beichtvater *m* 听取忏悔的神甫 tīngqǔ chànhuǐ de shénfu

beide *adj/pron* 1.（与冠词或代词连用）两 liǎng，双 shuāng：die ～n sind mir bekannt 这两人我都认识；außer uns ～n war niemand zu Hause 除了我们两人，没有人在家 2.（不带冠词或代词）两者 liǎngzhě，两人 liǎngrén，双方 shuāngfāng：sie haben ～ Kinder verloren 他们失去了两个孩子；～ sind verheiratet 两人都已结了婚；in ～n Fällen 在两种情况中

beiderlei *adj* 两种的 liǎngzhǒngde，两类的 liǎnglèide，两样的 liǎngyàngde

beiderseits I *prp*（*G*）两边 liǎngbiān II *adv* 双方 shuāngfāng，两方面 liǎngfāngmiàn，相互 xiānghù：～ gab es Missverständnisse 双方有过误会

beieinander *adv* 在一起 zài yīqǐ，相邻 xiānglín

Beifall *m* -s 鼓掌 gǔzhǎng，喝彩 hècǎi：jm ～ klatschen 向某人鼓掌；赞成 zànchéng，赞同 zàntóng：etw findet（js）～ 某事得到（某人的）赞成

beifällig *adj* 赞同的 zàntóngde，赞成的 zànchéngde，赞许的 zànxǔde

beifügen I *vt* 附上 fùshàng，附加 fùjiā，附入 fùrù：einer Sendung die Rechnung ～ 把账单附在信件内 II *PII* **beigefügt** 附上的 fùshàngde，附入的 fùrùde

beige［beːʒə］*adj* 本色的 běnsède，米色的 mǐsède

beigeben* *vt* 附加 fùjiā，添加 tiānjiā：einem Brief ein Foto ～ 在信内附上一张照片；把…分配给 bǎ … fēnpèi gěi（某人）：jm einen Helfer ～ 给某人配个助手；klein ～ 忍让，屈服

Beigeschmack *m* -(e)s 附带的味道 fùdàide wèidao，怪味 guài wèi，异味 yìwèi

Beihilfe *f* -，-n 补助 bǔzhù，津贴 jīntiē；同伙 tónghuǒ，同谋 tóngmóu

beikommen* *vi*（*s*）对付 duìfu：jm ～ können 对付得了某人；解决 jiějué：den Schwierigkeiten auf andere Weise ～ 用另一种方式来解决困难

Beil *n* -(e)s，-e 短柄小斧 duǎnbǐng xiǎofǔ

Beilage *f* -，-n 增刊 zēngkān，副刊 fùkān，附刊 fùkān；配菜 pèicài

beiläufig *adj* 附带的 fùdàide，顺便说到的 shùnbiàn shuōdào de

beilegen *vt* 附入 fùrù，添加 tiānjiā：dem Brief das Rückporto ～ 把回信邮资附在信中；调解 tiáojiě，调停 tiáotíng；给予 jǐyǔ，赋予 fùyǔ

beileibe *adv*（用于否定词前）千万 qiānwàn，绝对 juéduì，决 jué：das darf ～ nicht passieren 这种事是绝对不允许发生

Beileid *n* -s 哀悼 āidào，悼念 dàoniàn，慰问 wèiwèn：jm sein aufrichtiges ～ ausdrücken（或 aussprechen）向某人表

B

达自己诚挚的哀悼

beiliegen* *vi* 附上 fùshàng: die Rechnung liegt dem Paket bei 账单附在包裹里

beim = bei dem

beimengen *vt* 搀入 chānrù,搀和 chānhuo

beimessen* *vt* 给予 jǐyǔ,赋予 fùyǔ;归于 guīyú

Bein *n* -(e)s, -e (人、动物的)腿 tuǐ: ein ~ über das andere schlagen 跷起二郎腿; um 5 Uhr auf den ~en sein 5 点就起身; den Patienten wieder auf die ~e bringen helfen 帮助病员恢复健康; auf eigenen ~en stehen 自立,不依赖别人

beinah(e) *adv* 几乎 jīhū,差不多 chàbuduō: die Reise dauerte ~ einen Monat 旅行差不多花了一个月; ~ hätte ich es vergessen 我差点把这事忘了; ich wäre ~ gefallen 我差一点跌倒

Beiname *m* -ns, -n 别名 biémíng,绰号 chuòhào

beinhalten *vt* 包含有…内容 bāohán-yǒu … nèiróng,含有 hányǒu

beiordnen *vt* 派…去当副手 pài … qù dāng fùshǒu,配备 pèibèi: dem Minister sind Fachleute beigeordnet 这部长配有多个专家;(语法)使并列 shǐ bìngliè

beipflichten *vi* 同意 tóngyì,赞同 zàntóng: jm [einer Sache] ~ 赞同某人[某事]

Beirat *m* -(e)s, ¨-e 顾问组 gùwènzǔ

beirren *vt* 把…弄糊涂 bǎ … nòng hútu;使迷惑 shǐ míhuò,使犹豫 shǐ yóuyù

beisammen *adv* 一起 yīqǐ,共同 gòngtóng

Beisammensein *n* -s 团聚 tuánjù,聚会 jùhuì

Beischlaf *m* -(e)s 性交 xìngjiāo,做爱 zuò'ài

beischließen* *vt* 将(附寄的物品)封入 jiāng … fēngrù

Beisein *n* -s 出席 chūxí,在场 zàichǎng: in js ~ (或 im ~ von jm) 在某人在场时

beiseite *adv* 到一边 dào yībiān,在一边 zài yībiān: ~ springen 跳到一边去

beisetzen *vt* (隆重)安葬 ānzàng,埋葬 máizàng

Beisetzung *f* -, -en 安葬 ānzàng,埋葬 máizàng

Beispiel *n* -s, -e 例子 lìzi,例证 lìzhèng,实例 shílì: zum ~ 例如;榜样 bǎngyàng,模范 mófàn: js ~ folgen 按照某人的榜样

beispielhaft *adj* 模范的 mófànde,值得模仿的 zhídé mófǎng de

beispiellos *adj* 无前例的 wú qiánlì de,绝无仅有的 jué wú jǐn yǒu de,空前的 kōngqiánde

beispielsweise *adv* 例如 lìrú

beispringen* *vi(s)* 赶去救助 gǎn qù jiùzhù: einem Verletzten ~ 赶去救助一伤员

beißen* **I** *vt* 咬 yǎo,啃 kěn **II** *vi* 咬 yǎo,啃 kěn;刺痛 cì tòng,刺激 cìjī: der Frost beißt 寒冷刺骨; der Essig beißt auf der Zunge 醋刺激舌头

Beißzange *f* 钳子 qiánzi,夹钳 jiāqián,老虎钳 lǎohǔqián

Beistand *m* -(e)s 帮助 bāngzhù,支援 zhīyuán,援助 yuánzhù: jn um ~ bitten 请求某人帮助; jm ~ leisten 援助某人

beistehen* *vi* 帮助 bāngzhù,援助 yuánzhù: jm in der Not ~ 在困难中帮助某人

beistimmen *vi* 同意 tóngyì,赞同 zàntóng: einem Antrag ~ 赞同提案

Beistrich *m* -(e)s, -e 逗号 dòuhào,逗点 dòudiǎn

Beitrag *m* -(e)s, ¨-e 贡献 gòngxiàn: einen bescheidenen ~ zur Lösung eines Problems leisten 对解决这一问题作出一点小小贡献;应缴纳的费 yìng jiǎonà de fèi,会费 huìfèi,团费 tuánfèi;保险费 bǎoxiǎnfèi;稿件 gǎojiàn,文章 wénzhāng: einen ~ in einer Zeitschrift veröffentlichen 在杂志上发表一篇文章

beitragen* **I** *vi* 对…作出贡献 duì … zuòchū gòngxiàn,有助于 yǒuzhùyú: zur Verbesserung der Lebenslage ~ 为改善生活状况作出贡献 **II** *vt* 贡献出 gòngxiànchū: nichts [etwas] dazu ~, dass ... 对…没有[有一点]贡献

beitreten* *vi(s)* 加入 jiārù,作…的成员 zuò … de chéngyuán: einem Klub ~ 加入一俱乐部

Beitritt *m* -s, -e 参加 cānjiā,加入 jiārù

Beitrittsanmeldung *f* (要求加入某组织的)申请表 shēnqǐngbiǎo

Beiwagen *m* -s, - 边车 biānchē,拖车 tuōchē,挂车 guàchē

beiwohnen *vi* 出席 chūxí,参加 cānjiā,列席 lièxí: einer Beratung ~ 参加一次讨论会;具有 jùyǒu: einem wohnt etw bei 某人具有一种特性

Beiwort *n* -(e)s, ¨-er 形容词 xíngróngcí

Beize *f* -, -n 调料汁 tiáoliàozhī,腌渍汁 yānzìzhī,醋渍汁 cùzìzhī;(木材)染色剂 rǎnsèjì;媒染剂 méirǎnjì;(种子)消毒剂 xiāodújì;(皮革)鞣料 róuliào;(金属)酸洗液 suānxǐyè

beizeiten *adv* 按时 ànshí,及时 jíshí,准时 zhǔnshí: ~ abreisen 准时出发

beizen *vt* (用化学方法)加工 jiāgōng: das Holz ~ 加工木材;醋渍 cùzì,腌泡 yānpào: Fisch [Fleisch] ~ 把鱼[肉]用醋渍汁腌泡;刺痛 cìtòng: der Qualm beizt uns die Augen 浓烟刺痛我们的眼睛

bejahen *vt* 肯定 kěndìng,同意 tóngyì,赞成 zànchéng

bejahrt *adj* 年老的 niánlǎode,上了年纪的 shàngle niánjì de

bejubeln *vt* 为…喝彩 wèi … hècǎi,向…欢呼 xiàng … huānhū

bekämpfen *vt* 与…作斗争 yǔ … zuò dòuzhēng,反对 fǎnduì;克服 kèfú,制服 zhìfú

bekannt *adj* 有名的 yǒumíngde,知名的 zhīmíngde,闻名的 wénmíngde;熟悉的 shúxīde,众所周知的 zhòng suǒ zhōu zhī de: allgemein ~ sein 是广为人知的; für etw ~ sein 以…出名,以…著称; jn mit jm ~ machen 介绍某人与某人认识; jn mit etw ~ machen 使某人熟悉某事

Bekannte *m/f* (按形容词变化)熟人 shúrén,相识的人 xiāngshíde rén

bekanntgeben* *vt* 公布 gōngbù,发表 fābiǎo;通知 tōngzhī,告知 gàozhī

bekanntlich *adv* 众所周知地 zhòng suǒ zhōu zhī de

bekanntmachen *vt* 告知 gàozhī,通知 tōngzhī: jn mit etw ~ 告知某人某事;公布 gōngbù,通告 tōnggào: eine Verordnung durch Anschlag ~ 用告示公布一法令

Bekanntmachung *f* -, -en 公布 gōngbù,颁布 bānbù;通告 tōnggào,布告 bùgào,公告 gōnggào

Bekanntschaft *f* -, -en 结识 jiéshí,认识 rènshi,熟悉 shúxī;熟人 shúrén,相识的人 xiāngshíde rén

bekehren *vt/rfl* (使)改变思想 gǎibiàn sīxiǎng,使信奉 shǐ xìnfèng: jn [sich] zum christlichen Glauben ~ 使某人[自己]改信基督教

bekennen* I *vt* 承认 chéngrèn,供认 gòngrèn II *rfl* 承认 chéngrèn,自认 zì rèn;支持 zhīchí,拥护 yōnghù,站在…一边 zhàn zài … yībiān: sich zu einer Auffassung [einem Glauben] ~ 拥护一种见解[一种信仰]

Bekenntnis *n* -ses, -se 供认 gòngrèn,承认 chéngrèn,自白 zìbái;忏悔 chànhuǐ;信仰 xìnyǎng;教派 jiàopài

beklagen I *vt* 惋惜 wǎnxī,悲痛 bēitòng,悲伤 bēishāng: einen Toten ~ 为一死者惋惜 II *rfl* 诉苦 sùkǔ,埋怨 mányuàn: sich bei jm über etw [jn] ~ 为某事[某人]向某人诉苦

beklagenswert *adj* 可悲的 kěbēide,可叹的 kětànde,令人痛惜的 lìng rén tòngxī de

bekleben *vt* 把…贴在…上 bǎ … tiē zài … shang: die Wände mit Tapeten ~ 把墙纸贴在墙上

bekleiden *vt* (常用为 bekleidet sein) 穿着 chuānzhuó: leicht bekleidet sein 穿得单薄;授予 shòuyǔ: jn mit Macht ~ 授予某人权力;担任 dānrèn: ein Staatsamt ~ 担任公职

Bekleidung *f* -, -en 衣服 yīfu

beklemmen *vt* 压抑 yāyì,困逼 kùnbī

beklemmend *adj* 令人压抑的 lìng rén yāyì de,令人焦虑的 lìng rén jiāolǜ de,令人不安的 lìng rén bù'ān de

Beklemmung *f* -, -en 压抑感 yāyìgǎn,压迫感 yāpògǎn;害怕 hàipà,忧郁 yōuyù

beklopfen *vt* (持续)敲 qiāo,叩 kòu,叩打 kòudǎ

beknackt *adj* 见识短浅的 jiànshi duǎnqiǎn de;令人讨厌的 lìng rén tǎoyàn de,不愉快的 bù yúkuài de

bekommen* I *vt* 得到 dédào,收到 shōudào,接到 jiēdào,获得 huòdé;得(病) dé,感到 gǎndào II *vi*(*s*) 对…合适 duì … héshì,有益 yǒuyì,有好处 yǒu hǎochu: die Reise ist mir gut ~ 旅行对我有益; der Klimawechsel bekommt ihm nicht 气候的变换对他的健康无益

bekömmlich *adj* 容易消化的 róngyì xiāohuà de,有益健康的 yǒuyì jiànkāng de

bekräftigen *vt* 强调 qiángdiào,确认 quèrèn,确证 quèzhèng;坚定 jiāndìng,支持 zhīchí

bekreuzigen *rfl* (用手)在胸前画十字

zài xiōngqián huàshízì

bekriegen I *vt* 与…交战(或战斗) yǔ … jiāozhàn II *rfl* 交战 jiāozhàn,作战 zuòzhàn

bekümmern I *vt* 使担忧 shǐ dānyōu,使忧虑 shǐ yōulǜ II *rfl* 关心 guānxīn;担心 dānxīn

bekunden *vt* 表明 biǎomíng(清楚地),表示 biǎoshì: sein Mitleid ～ 表示他的同情;显示 xiǎnshì;作证 zuòzhèng

beladen* *vt* 在…上装 zài … shàng zhuāng …,把…装上 bǎ … zhuāngshàng …: ein Lastauto mit Sand ～ 把沙装上载重汽车

Belag *m* -(e)s, ..e 涂层 tú céng,薄层 bó céng;涂在面包上的食物(如肉、果酱、奶酪等) tú zài miànbāoshang de shíwù;舌苔 shétāi

belagern *vt* 包围 bāowéi,围困 wéikùn,围攻 wéigōng;围住 wéizhù,拥在…周围 yōng zài … zhōuwéi,纠缠 jiūchán

Belang *m* -(e)s, -e 利益 lìyì;紧要 jǐnyào,重要性 zhòngyàoxìng: von [ohne] ～ 有[无]重要性

belangen *vt* 起诉 qǐsù,控告 kònggào;关系到 guānxì dào …: was jn [etw] belangt, so ... 关于某人[某事],那么…

belanglos *adj* 不重要的 bù zhòngyàode,无关紧要的 wúguān jǐnyào de

belassen* *vt* 让保留原状 ràng bǎoliú yuánzhuàng,让保持原样 ràng bǎochí yuányàng: jn bei seiner Meinung ～ 让某人保留自己的意见

belasten *vt* 把…装上 bǎ … zhuāngshàng,装载 zhuāngzài;使负重担 shǐ fùzhòngdàn,给…加上负担 gěi … jiāshàng fùdān;把罪责加给 bǎ zuìzé jiā gěi…,使承担罪责 shǐ chéngdān zuìzé

belästigen *vt* 打扰 dǎrǎo,纠缠 jiūchán: der Betrunkene belästigte die Vorübergehenden 醉汉纠缠路过的行人

Belastung *f* -, -en 负载 fùzài,负荷 fùhè;负担 fùdān,压力 yālì,责任 zérèn;罪责 zuìzé,罪证 zuìzhèng

belauern vt 窥视 kuīshì,窥探 kuītàn

belaufen* *rfl* 总计 zǒngjì: die Kosten ～ sich auf 100 Euro 费用总计为 100 欧元

belauschen *vt* 偷听 tōutīng;偷看 tōukàn

beleben I *vt* 使活跃 shǐ huóyuè,使复苏 shǐ fùsū,使振奋 shǐ zhènfèn;使具有生气 shǐ jùyǒu shēngqì,使生动 shǐ shēngdòng,使有精神 shǐ yǒu jīngshén II *rfl* 活跃起来 huóyuè qǐlái,振奋起来 zhènfèn qǐlái

belebt *adj* 生气勃勃的 shēngqì bóbó de,活跃的 huóyuède;繁忙的 fánmángde,热闹的 rènaode

belecken *vt* 舔 tiǎn

Beleg *m* -(e)s, -e 证明 zhèngmíng,证据 zhèngjù;单据 dānjù,收据 shōujù;例证 lìzhèng

belegbar *adj* 可证明的 kě zhèngmíng de,可证实的 kě zhèngshí de,可考证的 kě kǎozhèng de

belegen *vt* (用…)铺(或盖、涂)在…上 pūzài … shang: ein Brot mit Käse ～ 用奶酪涂在面包上;占据 zhànjù,预订 yùdìng;证明 zhèngmíng,证实 zhèngshí

Belegschaft *f* -, -en (一个企业)全体职工 quántǐ zhígōng

Belegschaftsaktien *pl* 公司职工股 gōngsī zhígōnggǔ

belehren *vt* 教 jiāo,教导 jiàodǎo;开导 kāidǎo,劝导 quàndǎo

beleibt *adj* 肥胖的 féipàngde,肥硕的 féishuòde,丰满的 fēngmǎnde

beleidigen *vt* 侮辱 wǔrǔ,伤害 shānghài: jn durch verächtliches Betragen ～ 以蔑视的态度侮辱某人

Beleidigung *f* -, -en 侮辱 wǔrǔ,伤害 shānghài: Das ist eine ～ (für mich)! 这(对我)是一种侮辱!

belesen *adj* 博学的 bóxuéde,博览群书的 bólǎn qúnshū de

beleuchten *vt* 照明 zhàomíng,照亮 zhàoliàng;阐明 chǎnmíng,说明 shuōmíng

Beleuchtung *f* -, -en 照明 zhàomíng,照度 zhàodù,光度 guāngdù;说明 shuōmíng

Belgien 比利时 Bǐlìshí

Belgier *m* -s, - 比利时人 bǐlìshírén

belgisch *adj* 比利时的 bǐlìshíde;比利时人的 bǐlìshírénde

belichten *vt* / *vi* 曝光 bàoguāng: einen Film ～ 使胶片曝光

belieben *vt* / *vi* 喜欢 xǐhuan,愿意 yuànyì,爱 ài: jeder kann tun, was ihm beliebt 每个人愿意干什么就干什么,爱干什么就干什么

Belieben *n* -s 愿意 yuànyì,愿望 yuànwàng: nach ～ 随便

beliebig I *adj* 任何的 rènhéde：zu jeder ～en Zeit 随便什么时候 II *adv* 任意 rènyì，随便 suíbiàn：～ auswählen 任选

beliebt *adj* 受欢迎的 shòu huānyíng de，受爱戴的 shòu ài dài de：ein ～er Lehrer 一个受爱戴的教师

beliefern *vt* 提供 tígōng，供给 gōngjǐ：die Geschäfte wöchentlich mit Lebensmitteln ～ 每周对这些商店提供食品

bellen *vi* （犬）吠 fèi，（狐）叫 jiào

belobigen *vt* 称赞 chēngzàn，赞扬 zànyáng，表扬 biǎoyáng

belohnen *vt* 酬劳 chóuláo，酬报 chóubào：jn reich ～ 给某人以优厚的报酬；报答 bàodá，回报 huíbào

Belohnung *f* -，-en 报酬 bàochou，酬劳 chóuláo；报答 bàodá，回报 huíbào

belügen* *vt* 向…说谎 xiàng … shuōhuǎng，欺骗 qīpiàn

belustigen I *vt* 使高兴 shǐ gāoxìng，使开心 shǐ kāixīn II *rfl* 自娱 zì yú；取笑 qǔxiào：sich über etw ～ 取笑某事

bemächtigen *rfl*（G）占领 zhànlǐng，夺取 duóqǔ：er bemächtigte sich des Geldes 他占有钱财；侵袭 qīnxí，侵扰 qīnrǎo：Verzweiflung bemächtigt sich seiner 他陷于绝望

bemalen *vt* 给…涂上色彩 gěi … túshàng sècǎi；给…画上图画 gěi … huàshàng túhuà

bemängeln *vt* 指摘 zhǐzhāi，责备 zébèi，挑剔 tiāoti：an der Arbeit ist nichts zu ～ 在工作方面是无可挑剔的

bemannt *adj* 载人的（宇宙飞船）zàirénde；已嫁人的 yǐ jiàrén de

bemänteln *vt* 掩盖 yǎngài，掩饰 yǎnshì，遮盖 zhēgài

bemerkbar *adj* 可以察觉的 kěyǐ chájué de，可感觉到的 kě gǎnjuédào de，明显的 míngxiǎnde

bemerken *vt* 发觉 fājué，觉察 juéchá，注意到 zhùyì dào；说 shuō，讲 jiǎng；说明 shuōmíng，表明 biǎomíng：nebenbei bemerkt，... 顺便说明一下…

bemerkenswert *adj* 值得注意的 zhídé zhùyì de，显著的 xiǎnzhùde

Bemerkung *f* -，-en 意见 yìjiàn，评语 píngyǔ，解释 jiěshì

bemessen* *vt* 量 liáng，测定 cèdìng；分配 fēnpèi，限定 xiàndìng

bemühen I *rfl* 努力 nǔlì，辛劳 xīnláo，费力 fèilì，尽力 jìnlì：sich um eine Stellung ～ 努力找个职位；照顾 zhàogù，关心 guānxīn：sich um den Kranken ～ 照顾病人 II *vt* 烦劳 fánláo，麻烦 máfan：jn ～ 烦劳某人

Bemühung *f* -，-en 努力 nǔlì，辛劳 xīnláo，费神 fèishén：ich danke Ihnen für Ihre ～en 我感谢您的辛苦（劳累）

bemuttern *vt* （像母亲一样）关怀 guānhuái，照顾 zhàogù：hilflose Menschen ～ 关怀无依无靠的人

benachbart *adj* 相邻的 xiānglínde，邻近的 línjìnde

benachrichtigen *vt* 通知 tōngzhī，告诉 gàosu，报告 bàogào：jn von seiner Krankheit ～ 告诉某人自己生病

benachteiligen *vt* 不一视同仁地对待 bù yī shì tóng rén de duìdài，亏待 kuīdài，使吃亏 shǐ chīkuī

benebeln *vt* 使神志模糊 shǐ shénzhì móhu，使发昏 shǐ fāhūn；使微醉 shǐ wēi zuì

benehmen* I *rfl* 行为 xíngwéi，举止 jǔzhǐ：sich höflich gegen jn ～ 对某人彬彬有礼 II *vt* 夺走 duózǒu，拿走 názǒu：die Hitze benahm ihm den Atem 炎热使他上气不接下气

Benehmen *n* -s 行为 xíngwéi，举止 jǔzhǐ，举动 jǔdòng

beneiden *vt* 羡慕 xiànmù，妒忌 dùjì：jn um etw ～ 妒忌某人某事

benennen* *vt* 命名 mìngmíng，取名 qǔmíng：eine Straße nach einem Wissenschaftler ～ 按一科学家的名字给街道命名

benetzen *vt* 使略湿 shǐ lüè shī，使润湿 shǐ rùnshī

Bengale *m* -n，-n 孟加拉人 mèngjiālārén

Bengali *n* -（s）孟加拉语 mèngjiālāyǔ

bengalisch *adj* 孟加拉的 mèngjiālā de

Bengel *m* -s，- 顽童 wántóng，小捣蛋 xiǎodǎodàn；男孩 nánhái

Benin 贝宁 Bèiníng

Benjamin *m* -s，-e 最小的儿子 zuìxiǎode érzi；年纪最小的成员 niánjì zuìxiǎode chéngyuán

benommen *adj* 迷迷糊糊的 mímíhuhude，昏昏沉沉的 hūnhūnchénchénde

benötigen *vt* 需要 xūyào，急需 jíxū：wir ～ dringend eine Hilfskraft 我们急需一名帮手

benutzen，benützen *vt* 使用 shǐ-

B

yòng,利用 lìyòng: ein Buch ~ 使用一本书; eine Gelegenheit ~ 利用一机会; das gesparte Geld zu einer Reise ~ 利用省下来的钱去旅游

benutzerfreundlich *adj* 使用方便的 shǐyòng fāngbiànde,容易使用的 róngyì shǐyòng de

Benutzungsrecht *n* 使用权 shǐyòngquán

Benzin *n* -s, -e 汽油 qìyóu;挥发油 huīfāyóu

beobachten *vt* 注视 zhùshì,观察 guānchá: Naturerscheinungen ~ 观察自然现象;观测 guāncè;监视 jiānshì: er wird von der Polizei beobachtet 他被警方监视;遵守 zūnshǒu;觉察到 juéchádào

Beobachter *m* -s, - 观察者 guāncházhě,观察员 guāncháyuán;观测者 guāncèzhě;监视人 jiānshìrén

beordern *vt* 派到 pàidào,命令…前往 mìnglìng … qiánwǎng;命令 mìnglìng,指令 zhǐlìng

bepflanzen *vt* 种上 zhòngshàng,栽上 zāishàng: den Garten mit Rosen ~ 在花园里栽上玫瑰

bequem *adj* 舒适的 shūshìde,惬意的 qièyìde,合适的 héshìde: Machen Sie es sich ~! 请随便坐! 便利的 biànlìde,容易的 róngyìde;懒散的 lǎnsǎnde,懒惰的 lǎnduòde

bequemen *rfl* 勉强同意 miǎnqiǎng tóngyì

Bequemlichkeit *f* -, -en 舒适 shūshì;舒适的设备 shūshìde shèbèi;懒散 lǎnsǎn

beraten* I *vt* 建议 jiànyì,劝告 quàngào,给…出主意 gěi … chūzhǔyi;商议 shāngyì,商讨 shāngtǎo: einen Plan ~ 商讨一计划 II *vi* 商量,商讨 III *rfl* 商讨 shāngtǎo,商量 shāngliáng

Berater *m* -s,- 顾问 gùwèn

berauben *vt* 夺走 duózǒu,夺取 duóqǔ;剥夺 bōduó: jn eines Rechts ~ 剥夺某人一权利

berauschen I *vt* 使陶醉 shǐ táozuì,使人迷 shǐ rùmí;使醉 shǐ zuì II *rfl* 陶醉于 táozuì yú

berechnen *vt* 计算 jìsuàn,算出 suànchū: Produktionskosten ~ 算出生产成本;索 suǒ(价),要 yào(价): eine Gebühr ~ 收取费用;预计 yùjì,估计 gūjì

berechnend *adj* 专为自己打算的 zhuān wèi zìjǐ dǎsuan de,自私自利的 zìsī zì lì de,斤斤计较的 jīnjīn jìjiào de

Berechnung *f* -, -en 计算 jìsuàn;考虑 kǎolǜ,思量 sīliang;自私的打算 zìsīde dǎsuan

berechtigen I *vt* 给…以权利 gěi … yǐ quánlì II *PII* **berechtigt** 有根据的 yǒu gēnjù de,有理由的 yǒu lǐyóu de,合理的 hélǐde

Berechtigte *m/f*(按形容词变化)权利人 quánlìrén

Berechtigung *f* -, -en 权利 quánlì,资格 zīgé;根据 gēnjù,理由 lǐyóu,合理性 hélǐxìng

Berechtigungsschein *m* 许可证 xǔkězhèng,执照 zhízhào,资格证明书 zīgé zhèngmíngshū

bereden I *vt* 商量 shāngliáng,讨论 tǎolùn;说服 shuōfú,劝导 quàndǎo II *rfl* 商量 shāngliáng,商议 shāngyì

beredsam *adj* 有口才的 yǒu kǒucái de,善辩的 shànbiànde

Beredsamkeit *f* - 口才 kǒucái,雄辩 xióngbiàn,善于辞令 shànyú cílìng

beredt *adj* 有口才的 yǒu kǒucái de,雄辩的 xióngbiàn de

Bereich *m/n* -(e)s, -e 范围 fànwéi,领域 lǐngyù,区域 qūyù

bereichern I *vt* 使丰富 shǐ fēngfù,使富有 shǐ fùyǒu,充实 chōngshí II *rfl* 发横财 fāhèngcái,自肥 zìféi

bereifen *vt* 给…装上轮胎 gěi … zhuāngshàng lúntāi: ein Auto neu ~ 给汽车重新装上轮胎;给…上箍 gěi … shàng gū,箍 gū

bereift *adj* 上了霜的 shàng le shuāng de

bereinigen *vt* 消除 xiāochú,解决 jiějué;澄清 chéngqīng;结清 jiéqīng,清偿 qīngcháng

bereisen *vt* 周游 zhōuyóu,游历 yóulì,观光 guānguāng

bereit *adj* 准备好的 zhǔnbèi hǎo de;随意的 suíyìde,乐意的 lèyìde

bereiten *vt* 预备好 yùbèihǎo,准备好 zhǔnbèihǎo;带来 dàilái,引起 yǐnqǐ,引发 yǐnfā: jm Kopfzerbrechen [Freude] ~ 使某人伤脑筋[高兴]

bereithalten* *vt/rfl* 准备好 zhǔnbèihǎo: die Feuerwehr muss sich ständig ~ 消防队必须随时做好准备

bereitmachen *vt* 预备好 yùbèihǎo,准

备好 zhǔnbèihǎo
bereits *adv* 已经 yǐjing: er ist ~ gestern abgefahren 他已在昨天动身了
Bereitschaft *f* - 准备 zhǔnbèi: alles ist in ~ 一切准备就绪;乐意 lèyì,情愿 qíngyuàn;后备队 hòubèiduì
bereitstehen* *vi* 已准备好 yǐ zhǔnbèihǎo: das Essen stand schon lange bereit 饭菜早已准备好
bereitstellen *vt* 为…准备好 wèi … zhǔnbèihǎo,提供 tígōng
bereitwillig *adj* 情愿的 qíngyuànde,热心的 rèxīnde,乐意的 lèyìde
bereuen *vt* 懊悔 àohuǐ,悔恨 huǐhèn,后悔 hòuhuǐ: etw bitter (或 tief) ~ 为某事而深感悔恨
Berg *m* -(e)s, -e 山 shān: über den (或 dem) ~ sein 脱离危险;山脉 shānmài;大堆 dàduī,大量 dàliàng,许多 xǔduō
bergab *adv* 向山下 xiàng shānxià,下坡 xiàpō: mit jm geht es ~ 某人走下坡路,某人情况变坏了
bergauf *adv* 向山上 xiàng shānshàng,上坡 shàngpō: mit jm geht es ~ 某人情况好转,某人情况有起色
Bergbau *m* -s 矿业 kuàngyè;采矿工程 cǎikuàng gōngchéng
Bergbewohner *m* 山区居民 shānqū jūmín,山地人 shāndìrén
Bergekosten *pl* 救助费用 jiùzhù fèiyòng,打捞费用 dǎlāo fèiyòng
Bergelohn *m* 海上救助金 hǎishàng jiùzhùjīn,救难酬金 jiùnàn chóujīn
bergen* *vt* 抢救 qiǎngjiù,营救 yíngjiù;包含 bāohán,含有 hányǒu;隐藏 yǐncáng,藏匿 cángnì
bergig *adj* 多山的 duōshānde
Bergmann *m* -(e)s, **Bergleute** 矿工 kuànggōng
Bergpfad *m* 山间小路 shānjiān xiǎolù
Bergsport *m* 登山运动 dēngshān yùndòng
Bergsteiger *m* 登山运动员 dēngshān yùndòngyuán;登山爱好者 dēngshān àihàozhě
Bergung *f* -, -en 抢救 qiǎngjiù;营救 yíngjiù,海上救护 hǎishàng jiùhù
Bergungsdienste *pl* 救援工作 jiùyuán gōngzuò,救援服务 jiùyuán fúwù
Bergungsunternehmen *n* 打捞公司 dǎlāo gōngsī
Bergvolk *n* 山区居民 shānqū jūmín;矿工 kuànggōng
Bergwerk *n* 矿山 kuàngshān,矿井 kuàngjǐng
Bericht *m* -(e)s, -e 报告 bàogào,报道 bàodào: einen ~ über etw hören [machen, schreiben] 听[做,写]关于某事的报告; ein ~ über die Gipfelkonferenz 关于首脑会议的报导
berichten I *vt* 报告 bàogào,报道 bàodào,告知 gàozhī: er hat mir schon alles berichtet 他已经全告知了我 II *vi* 报告 bàogào,报道 bàodào: über ihre Erlebnisse [von ihrer Reise] ~ 报道他们的见闻[他们的旅行]
Berichterstatter *m* 新闻记者 xīnwén jìzhě,发言人 fāyánrén,报告人 bàogàorén
berichtigen *vt* 改正 gǎizhèng,纠正 jiūzhèng,校正 jiàozhèng: eine falsche Ansicht ~ 纠正—错误观点
beriechen* *vt* 嗅 xiù,闻 wén;嗅探 xiùtàn;试探 shìtàn
berieseln *vt* 浇水 jiāoshuǐ,浇灌 jiāoguàn;灌输 guànshū
beritten *adj* 配备马的 pèibèi mǎ de,骑马的 qímǎde: ~e Polizei 骑警队
Bernstein *m* -(e)s 琥珀 hǔpò
bersten* *vi* (s) 裂开 lièkāi,爆裂 bàoliè: bei diesem Erdbeben barst die Erde 这次地震时地面开裂; vor Lachen ~ 笑破肚皮
berüchtigt *adj* 名声坏的 míngshēng huàide,声名狼藉的 shēngmíng lángjí de,臭名昭著的 chòumíng zhāozhù de
berückend *adj* 迷人的 mírénde,有魅力的 yǒu mèilì de,蛊惑人的 gǔhuò rén de
berücksichtigen *vt* 考虑到 kǎolǜdào,顾及 gùjí,注意到 zhùyìdào: js Gesundheitszustand ~ 考虑到某人的健康状况
Beruf *m* -(e)s, -e 职业 zhíyè: Was sind Sie von ~? 您从事什么职业?
berufen* I *vt* 任命 rènmìng,委任 wěirèn,聘任 pìnrèn: jn zum Minister ~ 任命某人为部长; jn auf einen Lehrstuhl ~ 聘请某人担任教授;召集 zhàojí II *rfl* 引用 yǐnyòng,引证 yǐnzhèng,援引 yuányǐn: sich auf etw ~ 引证某事; sich auf jn ~ 请某人(作证)
beruflich *adj* 职业的 zhíyède,专业的 zhuānyède: ~ verreisen 因公出差
Berufsausbildung *f* 职业训练 zhíyè

xùnliàn,业务培训 yèwù péixùn
berufsfremd *adj* 非本行的 fēi běnháng de,不符合专业的 bù fúhé zhuānyè de
Berufskrankheit *f* 职业病 zhíyèbìng
berufsmäßig *adj* 职业上的 zhíyèshàngde,职业性的 zhíyèxìngde: er spielt ～ Tennis 他以打网球为职业
Berufsschule *f* 职业学校 zhíyè xuéxiào
berufstätig *adj* 有职业的 yǒu zhíyè de,在职的 zàizhíde
Berufstätige *m/f* (按形容词变化)有职业者 yǒu zhíyè zhě,在职者 zàizhízhě
Berufsverkehr *m* (上下班时间)交通高峰 jiāotōng gāofēng
Berufung *f* -, -en 任命 rènmìng,委任 wěirèn,聘任 pìnrèn;召集 zhàojí;本分 běnfèn,天职 tiānzhí;引用 yǐnyòng,引证 yǐnzhèng,援引 yuányǐn
beruhen *vi* 以…为基础 yǐ … wéi jīchǔ,以…为根据 yǐ … wéi gēnjù: unsere Hilfe beruht auf Gegenseitigkeit 我们的帮助是相互的
beruhigen I *vt* 使镇定 shǐ zhèndìng,宽慰 kuānwèi,使安静 shǐ ānjìng: die aufgeregte Menge ～ 使激动的人群平静下来 II *rfl* 镇定 zhèndìng,平静下来 píngjìng xiàlái: der Sturm beruhigt sich 风暴平息下来
Beruhigungsmittel *n* 镇静剂 zhènjìngjì
berühmt *adj* 著名的 zhùmíngde,有名望的 yǒu míngwàng de: mit einem Schlag ～ werden 一举成名
Berühmtheit *f* -, -en 著名 zhùmíng,有名 yǒumíng;名声 míngshēng,名气 míngqi;名人 míngrén,名流 míngliú
berühren *vt* 碰到 pèngdào,触摸 chùmō,接触 jiēchù;涉及 shèjí,提到 tídào,提及 tíjí;感动 gǎndòng,触动 chùdòng
Berührung *f* -, -en 碰 pèng,触摸 chùmō;交往 jiāowǎng,(社交)接触 jiēchù: mit jm in ～ stehen 与某人有交往
besagen *vt* 说明 shuōmíng,表明 biǎomíng
besagt *adj* 提到过的 tídàoguode,已提及的 yǐ tíjí de
besänftigen *vt* 使安静 shǐ ānjìng,使平息 shǐ píngxī
Besatzer *m* -s, - 占领军 zhànlǐngjūn,占领者 zhànlǐngzhě
Besatzung *f* -, -en (船舶或飞机的)全体工作人员 quántǐ gōngzuò rényuán,机组人员 jīzǔ rényuán;防守部队 fángshǒu bùduì,驻军 zhùjūn;占领军 zhànlǐngjūn
besaufen* *rfl* 喝醉酒 hē zuì jiǔ
beschädigen *vt* 损坏 sǔnhuài,损伤 sǔnshāng,毁坏 huǐhuài
baschaffen I *vt* 弄到 nòngdào,搞到 gǎodào,设法取得 shèfǎ qǔdé: jm Arbeit ～ 给某人找到工作 II *adj* 有…性质的 yǒu … xìngzhì de,有…性能的 yǒu … xìngnéng de,生就的 shēngjiù de: gut ～ sein 性能良好
Beschaffenheit *f* - 性能 xìngnéng,性质 xìngzhì,特性 tèxìng;情况 qíngkuàng,状态 zhuàngtài
Beschaffung *f* - 设法取得 shèfǎ qǔdé,筹措 chóucuò,搞到 gǎodào
beschäftigen I *vt* 使从事于 shǐ cóngshì yú,雇用 gùyòng,给…工作做 gěi … gōngzuò zuò;使忙碌 shǐ mánglù II *rfl* 忙于 mángyú,从事于 cóngshì yú: sich mit etw ～ 从事某事;关心 guānxīn,照顾 zhàogù: sich mit jm ～ 照料或关心某人
beschäftigt *adj* 忙的 mángde,忙碌的 mánglùde: mit etw ～ sein 忙于某事
Beschäftigten *pl* (按形容词变化)企业职工 qǐyè zhígōng
Beschäftigtenzahl *f* 职工人数 zhígōng rénshù
Beschäftigung *f* -, -en 工作 gōngzuò,职业 zhíyè,活动 huódòng;研究 yánjiū,思考 sīkǎo
Beschäftigungspolitik *f* 就业政策 jiùyè zhèngcè
beschämen *vt* 使害臊 shǐ hàisào,使感到羞愧 shǐ gǎndào xiūkuì,难为情 nánwéiqíng
beschatten *vt* 遮住…的阳光 zhēzhù … de yángguāng;暗中监视 ànzhōng jiānshì,盯梢 dīngshāo
beschauen *vt* 观察 guānchá,注视 zhùshì,察看 chákàn
beschaulich *adj* 平静的 píngjìngde,舒适的 shūshìde,安逸的 ānyìde: ein ～es Leben 安逸的生活;沉思的 chénsīde,冥想的 míngxiǎngde
Bescheid *n* -(e)s, -e 通知 tōngzhī,答复 dáfù,告知 gàozhī: jm ～ sagen (或 geben) 告知某人;详情 xiángqíng: ～ wissen 了解详情
bescheiden *adj* 谦虚的 qiānxūde;适度的 shìdùde,知足的 zhīzúde,有节制的

yǒu jiézhì de；简朴的 jiǎnpǔde，简陋的 jiǎnlòude；微薄的 wēibóde

Bescheidenheit *f* - 虚心 xūxīn，谦虚 qiānxū；简朴 jiǎnpǔ；知足 zhīzú，适度 shìdù

bescheinen* *vt* 照耀 zhàoyào，照射 zhàoshè

bescheinigen *vt* 开证明 kāi zhèngmíng，书面证明 shūmiàn zhèngmíng

Bescheinigung *f* -，-en 书面证明 shūmiàn zhèngmíng，证书 zhèngshū：jm eine ～ ausstellen 给某人出具一证明；凭证 píngzhèng，收据 shōujù

bescheißen* *vt* 以粪便弄污 yǐ fènbiàn nòngwū；欺骗 qīpiàn，诈骗 zhàpiàn

beschenken *vt* 馈赠 kuìzèng，给…送礼 gěi … sònglǐ

bescheren *vt* （圣诞节时）赠送（礼品）zèng sòng：den Kindern wurde viel beschert 孩子们得到许多礼品；给…带来（不快的意外事）gěi … dàilái

Bescherung *f* -，-en（圣诞节的）馈赠 kuìzèng；礼品 lǐpǐn；令人不快的意外事 lìng rén búkuài de yìwàishì：eine schöne ～ anrichten 闯祸，闹乱子，惹祸

beschießen* *vt* 轰击 hōngjī；射击 shèjī，炮击 pàojī

beschildern *vt* 给…安上牌子 gěi … ānshàng páizi，标牌子于 biāo páizi yú…

beschimpfen *vt* 骂 mà，辱骂 rǔmà

beschirmen *vt* 庇护 bìhù，保护 bǎohù

beschlafen* *vt* 考虑一夜后做决定 kǎolǜ yīyè hòu zuò juédìng，连夜考虑… liányè kǎolǜ：den Plan noch einmal ～ 这计划还得再考虑一夜

Beschlag *m* -(e)s，⸗e 五金配件 wǔjīn pèijiàn；马蹄铁 mǎtítiě；金属器具 jīnshǔ qìjù，金属饰物 jīnshǔ shìwù；（用于搭配）etw in ～ nehmen（或 etw mit ～ belegen）占有（或占据）某物

beschlagen* I *vt* 钉 dìng，包 bāo，把…装在…上 bǎ … zhuāng zài … shàng：einen Schuh mit Nägeln ～ 给鞋子钉底掌；ein Pferd ～ 给马钉马蹄铁 II *vi*（*s*）/*rfl* 变得模糊 biàn de móhu，蒙上一层水汽 méngshàng yīcéng shuǐqì：das Fenster beschlägt 窗玻璃上蒙上一层雾气；seine Brille beschlägt sich 他们眼镜蒙上一层水汽

beschlagen *adj* 知识丰富的 zhīshi fēngfù de，有才学的 yǒu cáixué de，很熟悉的 hěn shúxī de

Beschlagnahme *f* -，-n 没收 mòshōu，充公 chōnggōng

beschlagnahmen *vt* 没收 mòshōu，充公 chōnggōng：die Polizei beschlagnahmte das Diebesgut 警察把脏物没收了

beschleichen* *vt* 潜近 qiánjìn：jn［etw］～ 潜近某人［某物］；（情绪）逐渐侵袭 zhújiàn qīnxí，暗袭 ànxí：Furcht beschlich ihn 恐惧向他袭来

beschleunigen I *vt* 加速 jiāsù，加快 jiākuài：die Schritte ～ 加快脚步；提前 tíqián：die Abreise ～ 提前动身 II *vi* 加速 jiāsù，加快 jiākuài

beschließen* *vt* 决定 juédìng，决议 juéyì；结束 jiéshù

Beschluss *m* -es，⸗e 决定 juédìng，决议 juéyì：einen ～ fassen 作出决定；结束 jiéshù

beschlussfähig *adj* 有权作出决议的 yǒuquán zuòchū juéyì de，（达到法定人数）可做出决定的 kě zuòchū juédìng de

beschmieren *vt* 涂 tú，抹 mǒ；弄脏 nòngzāng；在…上乱涂乱画 zài … shang luàntú luànhuà

beschmutzen *vt* 弄污 nòngwū，弄脏 nòngzāng；玷污 diànwū，败坏 bàihuài

beschneiden* *vt* 剪裁 jiǎncái，剪短 jiǎnduǎn，修剪 xiūjiǎn；限制 xiànzhì，缩小 suōxiǎo，降低 jiàngdī；给…行割礼 gěi … xíng gēlǐ

beschönigen *vt* 美化 měihuà，掩饰 yǎnshì

beschränken I *vt* 限制 xiànzhì，压缩 yāsuō II *rfl* 局限于 júxiàn yú：sich auf etw［jn］～ 局限于某事［某人］

beschränkt *adj* 愚蠢的 yúchǔnde，见识短浅的 jiànshi duǎnqiǎn de，缺乏创见的 quēfá chuàngjiàn de

Beschränktheit *f* - 局限性 júxiànxìng，有限性 yǒuxiànxìng；见识短浅 jiànshi duǎnqiǎn，无知 wúzhī，愚蠢 yúchǔn

Beschränkung *f* -，-en 限制 xiànzhì，约束 yuēshù，减缩 jiǎnsuō：jm allerlei ～en auferlegen 对某人进行种种限制

beschreiben* *vt* 在…上写满字 zài … shang xiě mǎn zì：eine Tafel ～ 在黑板上写满字；描述 miáoshù 描写 miáoxiě：den Täter ～ 描述作案者

Beschreibung *f* -，-en 描述 miáoshù，描写 miáoxiě 说明 shuōmíng；说明书 shuōmíngshū

beschreiten* *vt* 在…上走 zài … shàng zǒu，踏上 tàshàng，走上 zǒushàng：neue Wege ～ 开创新的道路
beschriften *vt* 在…上写文字 zài … shang xiě wénzì：ein Schild ～ 在一块招牌上写上字
beschuldigen *vt* 指责 zhǐzé；控告 kònggào，指控 zhǐkòng：jn einer Sache (*G*) ～ 控告某人干某事
Beschuldigung *f* -，-en 指控 zhǐkòng，告发 gàofā：～en gegen jn erheben 对某人提出指控
beschummeln *vt* （在小事上）欺骗 qīpiàn，欺诈 qīzhà
Beschuss *m* -es 射击 shèjī，炮击 pàojī，轰击 hōngjī；尖锐批评 jiānruì pīpíng，抨击 pēngjī
beschütten *vt* 泼撒 pōsǎ
beschützen *vt* 保护 bǎohù，防卫 fángwèi：sein Vaterland vor Feinden ～ 保护祖国防敌侵犯
Beschützer *m* -s，- 保护者 bǎohùzhě，防护者 fánghùzhě
beschwatzen *vt* 说服 shuōfú，劝诱 quànyòu；闲谈 xiántán，谈论 tánlùn
Beschwerde *f* -，-n 申诉 shēnsù，上诉 shàngsù；不满意见 bùmǎn yìjiàn，抱怨 bàoyuàn：～ gegen（或 über）jn [etw] vorbringen（或 anbringen）对某人[某事]发怨言；病痛 bìngtòng，苦痛 kǔtòng：die ～n des Alters 老年人的病痛
beschweren I *vt* 加重量于 jiā zhòngliàng yú：lose Papiere mit einem Gegenstand ～ 用一物压在散页纸上 II *rfl* 抱怨 bàoyuàn，诉说 sùshuō，申诉 shēnsù：sich über jn [etw] ～ 抱怨某人[某事]
beschwerlich *adj* 吃力的 chīlìde，辛苦的 xīnkǔde，劳累的 láolèide
beschwichtigen *vt* 使安静 shǐ ānjìng，使平静 shǐ píngjìng，使平息 shǐ píngxī，安慰 ānwèi
Beschwichtigungspolitik *f* 绥靖政策 suíjìng zhèngcè，姑息政策 gūxī zhèngcè
beschwindeln vt 欺骗 qīpiàn，蒙骗 mēngpiàn
beschwören* *vt* 发誓 fāshì，以宣誓证实 yǐ xuānshì zhèngshí；（以魔法等）召唤 zhàohuàn，驱走 qūzǒu；请求 qǐngqiú，恳求 kěnqiú：sie beschwor ihn，nicht zu reisen 她恳求他别去旅行
beseelen I *vt* 鼓舞 gǔwǔ，赋予活力 fùyǔ huólì；（内心）充满 chōngmǎn：jn mit Mut ～ 使某人产生勇气 II *PII* **beseelt** 富有感情的 fùyǒu gǎnqíng de，有灵魂的 yǒu línghún de，受…鼓舞的 shòu … gǔwǔ de
besehen* *vt* 观看 guānkàn，打量 dǎliang，细看 xìkàn
beseitigen *vt* 排除 páichú，清除 qīngchú，铲除 chǎnchú，除掉 chúdiào：Hindernisse ～ 排除障碍；einen Rivalen ～ 除掉一个竞争者
Beseitigung *f* - →beseitigen
beseligen *vt* 使极愉快 shǐ jí yúkuài，使充满幸福 shǐ chōngmǎn xìngfú
Besen *m* -s，- 扫帚 sàozhou，长柄刷帚 chángbǐng shuāzhou；泼妇 pōfù
besessen *adj* 着了魔的 zháolemóde，发疯的 fāfēngde；热狂的 rèkuángde
besetzen I *vt* 占用 zhànyòng，占据 zhànjù，占有 zhànyǒu：für jn einen Platz ～ 为某人占一位子；占领 zhànlǐng：eine Höhe ～ 占领一高地；担任 dānrèn；缝上 féngshàng，镶上 xiāngshàng：einen Mantel mit Pelz ～ 将大衣缝上毛皮 II *PII* **besetzt** 被占据的 bèi zhànjù de；（写在电话亭、厕所门上）有人占用 yǒu rén zhànyòng
Besetzung *f* -，-en 占据 zhànjù，占领 zhànlǐng；（角色的）分配 fēnpèi，派给 pàigěi；全体演员 quántǐ yǎnyuán；全体运动员 quántǐ yùndòngyuán
besichtigen *vt* 参观 cānguān；细看 xìkàn；检查 jiǎnchá，视察 shìchá：eine Schule ～ 视察一所学校
Besichtigungsrecht *n* 检查权 jiǎncháquán，视察权 shìcháquán
besiedeln *vt* 向…移民（或殖民）xiàng … yímín
besiegeln *vt* 保证 bǎozhèng，确认 quèrèn：die Freundschaft mit einem Händedruck ～ 握手保证友谊；注定不变 zhùdìng bùbiàn，决定 juédìng：sein Untergang war bereits besiegelt 他的灭亡早就注定了；在…盖章 zài … gàizhāng
besiegen *vt* 战胜 zhànshèng，征服 zhēngfú，击败 jībài：die Mannschaft wurde mit 3:2 besiegt 球队以 2 比 3 败北；克服 kèfú，消除 xiāochú
besingen* *vt* 灌 guàn，录 lù；歌颂 gēsòng，颂扬 sòngyáng
besinnen* *rfl* 思考 sīkǎo，思索 sīsuǒ：sich kurz ～ 思索一下；想起 xiǎngqǐ，忆起 yìqǐ：sich auf Einzelheiten ～ 想起一

个个细节

besinnlich *adj* 引人深思的 yǐn rén shēnsī de,沉思的 chénsīde,思索的 sīsuǒde

Besinnung *f* - 思考 sīkǎo,思索 sīsuǒ,沉思 chénsī;知觉 zhījué:die ～ verlieren 失去知觉

besinnungslos *adj* 失去知觉的 shīqù zhījué de,晕倒的 yūndǎode,不省人事的 bù xǐng rénshì de;冲动的 chōngdòngde,丧失理智的 sàngshī lǐzhì de

Besitz *m* -es 所有物 suǒyǒuwù,占有物 zhànyǒuwù,财产 cáichǎn;占有 zhànyǒu,拥有 yōngyǒu:etw (*A*) in ～ nehmen 占有某物

besitzen* *vt* 拥有 yōngyǒu,占有 zhànyǒu,享有 xiǎngyǒu:Mut [Ausdauer] ～ 有勇气[毅力]

Besitzentziehung *f* 剥夺财产 bōduó cáichǎn,剥夺所有权 bōduó suǒyǒuquán

Besitzer *m* -s,- 物主 wùzhǔ,占有者 zhànyǒuzhě,所有人 suǒyǒurén

besitzlos *adj* 无财产的 wú cáichǎn de

Besitznachfolger *m* 所有权继承人 suǒyǒuquán jìchéngrén,财产继承人 cáichǎn jìchéngrén

Besitzrecht *n* 所有权 suǒyǒuquán,占有权 zhànyǒuquán

Besitzschutz *m* (法律上的)财产保护 cáichǎn bǎohù

Besitzstreben *n* 追求钱财 zhuīqiú qiáncái,发财欲望 fācái yùwàng

Besitztum *n* -s,¨-er 财富 cáifù,财产 cáichǎn;产业 chǎnyè,房地产 fángdìchǎn,不动产 búdòngchǎn

Besitzung *f* -,-en 产业 chǎnyè,房地产 fángdìchǎn

Besitzurkunde *f* 地契 dìqì;所有权证 suǒyǒuquánzhèng

besohlen *vt* (给鞋子)上鞋底 shàng xiédǐ,配底 pèidǐ

besolden *vt* 给…发薪 gěi … fāxīn,发饷给… fāxiǎng gěi…

Besoldungsgruppe *f* 工资级别 gōngzī jíbié,薪金级别 xīnjīn jíbié

besonder *adj* 特别的 tèbiéde,特殊的 tùshūde:im Besonderen 特别是,尤其是

Besonderheit *f* -,-en 特性 tèxìng,特点 tèdiǎn;特殊 tèshū,特别 tèbié;奇特 qítè,怪癖 guàipǐ

besonders *adv* 特别 tèbié,尤其 yóuqí;单独地 dāndúde,个别地 gèbiéde;非常 fēicháng,极其 jíqí

besonnen *adj* 周密考虑的 zhōumì kǎolǜ de,深思熟虑的 shēnsī shúlǜ de,谨慎的 jǐnshènde

besorgen *vt* 搞到 gǎodào,弄到 nòngdào;照料 zhàoliào,关怀 guānhuái,料理 liàolǐ:den Haushalt [das Baby] ～ 照料家务[小孩];完成 wánchéng,执行 zhíxíng

Besorgnis *f* -,-se 担心 dānxīn,忧虑 yōulǜ,害怕 hàipà

Besorgung *f* -,-en 购买 gòumǎi,购置 gòuzhì;处理 chǔlǐ,料理 liàolǐ

bespannen *vt* 张上 zhāngshàng,绷上 bēngshàng;套 tào

bespiegeln I *vt* 阐明 chǎnmíng,反映 fǎnyìng:die soziale Lage in einer Abhandlung ～ 在论文里反映社会状况 II *rfl* 照镜子 zhào jìngzi,自照 zì zhào

bespielen *vt* 灌 guàn,录制 lùzhì:ein Band mit alten Liedern ～ 把旧歌录到磁带上

bespitzeln *vt* 侦查 zhēnchá,暗中监视 ànzhōng jiānshì

bespötteln *vt* 嘲笑 cháoxiào,嘲弄 cháonòng

besprechen* *vt* 讨论 tǎolùn,商谈 shāngtán,商讨 shāngtǎo:eine Sache gründlich ～ 彻底讨论某事;评论 pínglùn:ein Buch ～ 评论一本书;灌 guàn,录 lù:eine Schallplatte ～ 灌一张唱片

Besprechung *f* -,-en 商谈 shāngtán,商讨 shāngtǎo,磋商 cuōshāng,会谈 huìtán;评论 pínglùn

besprengen *vt* 在…上喷洒(使微湿) zài … shang pēnsǎ

bespritzen *vt/rfl* 洒湿 sǎshī,溅湿 jiànshī;溅污 jiànwū

besprühen *vt* 喷射 pēnshè,喷洒 pēnsǎ:einen Rasen mit Wasser ～ 用水喷洒一块草地

bespucken *vt* 朝…吐唾沫 cháo … tǔ tuòmò

besser *adj* (gut 的比较级)较好的 jiàohǎode,更好的 gènghǎode:～ gesagt 更确切地说;das ist ～ als nichts 这比没有好,这聊胜于无;～ ist ～ 宁可小心些,还是谨慎些为好

bessern I *rfl* 变得更好 biànde gènghǎo,改善 gǎishàn,改正 gǎizhèng II *vt*

改善 gǎishàn，使更好 shǐ gènghǎo，改进 gǎijìn

Besserung *f* - 好转 hǎozhuǎn，改善 gǎishàn，改好 gǎihǎo：eine wirtschaftliche ～ 经济好转；Gute ～！祝你早日康复！

Besserverdienende *m/f*（按形容词变化）收入多的人 shōurù duō de rén

Besserwisser *m* -s，- 自以为什么都知道的人 zì yǐwéi shénme dōu zhīdào de rén，自以为是的人 zì yǐ wéi shì de rén

best *adj*（gut 的最高级）最好的 zuìhǎode：jn zum Besten haben（或 halten）嘲弄某人

Bestand *m* I -(e)s 存在 cúnzài，持久 chíjiǔ II -(e)s，¨-e 存货 cúnhuò，库存 kùcún，贮存量 zhùcúnliàng

bestanden *adj* 种植着…的 zhòngzhízhe … de，生长着…的 shēngzhǎngzhe … de

beständig *adj* 经久不变的 jīngjiǔ bùbiàn de，稳定的 wěndìngde；持久的 chíjiǔde，不断的 búduànde，经久的 jīngjiǔde

Bestandsaufnahme *f* 盘货 pánhuò；调查分析 diàochá fēnxī（某个时期的财经情况）

Bestandteil *m* 组成部分 zǔchéng bùfen，成分 chéngfèn

bestärken *vt* 使坚定 shǐ jiāndìng，增强 zēngqiáng，支持 zhīchí：jn in seiner Überzeugung ～ 坚定了他的信念

bestätigen I *vt* 证实 zhèngshí，证明 zhèngmíng：etw schriftlich ～ 书面证实某事；确认 quèrèn，认可 rènkě，批准 pīzhǔn：ein Urteil ～ 确认（或批准）一项判决 II *rfl* 证实 zhèngshí

bestatten *vt* 安葬 ānzàng

Bestattung *f* -，-en 安葬 ānzàng；葬礼 zànglǐ

bestäuben *vt* 在…撒粉 zài … sǎfěn；给…授花粉 gěi … shòu huāfěn

bestaunen *vt* 惊异地注视 jīngyìde zhùshì；惊叹 jīngtàn，钦佩 qīnpèi

bestechen * *vt* *行贿 xínghuì，贿赂* huìlù，收买 shōumǎi：jn mit etw（或 durch etw）～ 用某物收买某人；给…留下极好印象，吸引住：sie besticht durch ihre Schönheit 他的美貌讨人喜欢，他的美貌吸引人

bestechlich *adj* 可贿赂的 kě huìlù de，可收买的 kě shōumǎi de

Bestechung *f* -，-en 收买 shōumǎi，贿赂 huìlù

Besteck *n* -(e)s，-e 餐具（指刀、叉、匙等）cānjù

bestehen * I *vt* 经受住 jīngshòuzhù，通过 tōngguò：die Prüfung mit Auszeichnung ～ 以优异成绩通过考试：ein Abenteuer ～ 胜利通过冒险 II *vi* 存在 cúnzài，有 yǒu；由…组成 yóu … zǔchéng，构成 gòuchéng：aus etw ～ 由某物组成：das Frühstück bestand aus Brot und Joghurt 这顿早餐有面包和酸奶；在于 zàiyú：in etw (*D*) ～ 在于某事物；坚持 jiānchí：auf seinem Recht ～ 坚持他的权利；经受住 jīngshòuzhù：in der Prüfung ～ 经受住考验

bestehlen * *vt* 偷窃 tōuqiè，窃取 qièqǔ：jn (um etw) ～ 偷（某人的东西）

besteigen * *vt* 攀登 pāndēng，登上 dēngshàng：einen Gipfel ～ 登上一山峰；上（车、船、飞机）shàng，骑上 qí shàng：das Fahrrad ～ 骑上自行车

bestellen *vt* 预订 yùdìng，预定 yùdìng，订购 dìnggòu：Waren ～ 订货：Theaterkarten [ein Auto] ～ 预订戏票[一辆汽车]；约请 yuēqǐng，邀请 yāoqǐng：jn auf（或 um）11 Uhr zu sich ～ 约请某人 11 点来；转达 zhuǎndá，转致 zhuǎnzhì：Soll ich ihr etwas ～? 要我向她转告什么吗？；任命 rènmìng，指定 zhǐdìng；耕种 gēngzhòng：ein Feld ～ 耕田

Besteller *m* -s，- 订阅者 dìngyuèzhě，订户 dìnghù，预订者 yùdìngzhě；顾客 gùkè

Bestellnummer *f* 订货号码 dìnghuò hàomǎ；订购号码 dìnggòu hàomǎ

Bestellschein *m* 订货单 dìnghuòdān；订书单 dìngshūdān

Bestellung *f* -，-en 预订 yùdìng，订购 dìnggòu；订购的货 dìnggòu de huò；（要转达的）消息 xiāoxi，通知 tōngzhī；指定 zhǐdìng，任命 rènmìng；耕种 gēngzhòng

bestens *adv* 最好地 zuìhǎode，极好地 jíhǎode：es ist alles ～ vorbereitet 一切都准备得极好；衷心地 zhōngxīnde

besteuern *vt* 征…的税 zhēng … de shuì，对…征税 duì … zhēngshuì：js Vermögen ～ 征收某人财产税

bestialisch *adj* 残暴的 cánbàode，残忍的 cánrěnde，兽性的 shòuxìngde；可怕的 kěpàde，强烈的 qiángliède

Bestialität *f* -，-en 残暴 cánbào，残忍

cánrěn，兽行 shòuxíng，兽性 shòuxìng

besticken *vt* 在…上绣花 zài … shang xiùhuā，刺绣 cìxiù

Bestie ['bɛstiə] *f* -，-n 野兽 yěshòu；凶残的人 xiōngcán de rén

bestimmen *vt* 规定 guīdìng，命令 mìnglìng，指定 zhǐdìng：das Geld ist für ihn bestimmt 这钱是准备给他的；确定 quèdìng，测定 cèdìng，鉴定 jiàndìng，查明 chámíng：ein Virus ～ 查明一种病毒；说了算 shuōlesuàn，决定 juédìng：du hast hier nichts zu ～ 这里的事不是你说了算的，你无权决定这儿的事；选定 xuǎndìng，选拔 xuǎnbá：jn zum Nachfolger ～ 指定某人为继承人

bestimmt I *adj* 确定的 quèdìngde，肯定的 kěndìngde，固定的 gùdìngde；坚定的 jiāndìngde，坚决的 jiānjuéde，断然的 duànránde II *adv* 肯定 kěndìng，一定 yīdìng，无疑 wúyí：Weißt du das ～？你肯定知道这件事吗？

Bestimmung *f* -，-en 确定 quèdìng，决定 juédìng；规定 guīdìng，规章 guīzhāng；任命 rènmìng，委任 wěirèn；测定 cèdìng，鉴定 jiàndìng

Bestimmungsbahnhof *m* 目的（火车）站 mùdìzhàn

Bestimmungshafen *m* 目的港 mùdìgǎng

Bestimmungsland *n* 目的国家 mùdì guójiā

Bestimmungsort *m* 目的地 mùdìdì

Bestleistung *f*（尤指体育比赛的）最好成绩 zuìhǎo chéngjì，优异成绩 yōuyì chéngjì

bestmöglich *adj* 尽可能好的 jìn kěnéng hǎo de

bestrafen *vt* 罚 fá，处罚 chǔfá，惩罚 chéngfá：jn hart ～ 严厉惩罚某人

bestrahlen *vt* 照耀 zhàoyào；照射 zhàoshè，用射线医疗 yòng shèxiàn yīliáo：eine Geschwulst ～ 放射治疗肿瘤

Bestrahlung *f* -，-en 照耀 zhàoyào；照射 zhàoshè，放射疗法 fàngshè liáofǎ

bestreben *rfl* 努力 nǔlì，力图 lìtú，致力于 zhìlì yú

Bestreben *n* -s 努力 nǔlì；企图 qǐtú

Bestrebungen *pl* 努力 nǔlì，尽力 jìnlì，奋斗 fèndòu

bestreichen* *vt* 涂上 túshàng，抹上 mǒshàng：ein Brot mit Butter ～ 把黄油涂在面包上

bestreiken *vt* 通过罢工使…停工 tōngguò bàgōng shǐ … tínggōng

bestreiten* *vt* 争辩 zhēngbiàn，反驳 fǎnbó，辩驳 biànbó：js Worte ～ 反驳某人的话；否认 fǒurèn；支付 zhīfù，负担 fùdān：den Lebensunterhalt ～ 承担生活费用

bestreuen *vt* 在…上撒 zài … shang sǎ：Fleisch mit Pfeffer und Salz ～ 把胡椒粉和盐撒在肉上

Bestseller *m* -s，- 畅销货品 chàngxiāo huòpǐn，畅销书 chàngxiāoshū，畅销唱片 chàngxiāo chàngpiàn

bestücken *vt* 用…装备… yòng … zhuāngbèi…：die Autos mit neuen Motoren ～ 用新发动机装备汽车

bestürmen *vt* 猛冲 měngchōng，猛攻 měnggōng；纠缠 jiūchán，强求 qiǎngqiú

bestürzen *vt* 使惊慌失措 shǐ jīnghuāng shīcuò，使震惊 shǐ zhènjīng

bestürzt *adj* 震惊的 zhènjīngde，惊慌失措的 jīnghuāng shīcuò de

Bestürzung *f* - 震惊 zhènjīng，惊慌失措 jīnghuāng shīcuò

Besuch *m* -(e)s，-e 访问 fǎngwèn，拜访 bàifǎng：jm einen ～ machen（或 abstatten）对某人做一次访问；探视 tànshì；参观 cānguān：der ～ des Museums lohnt sich 参观这个博物馆是值得的；来客 láikè，访问者 fǎngwènzhě：～ haben 有客来访

besuchen *vt* 访问 fǎngwèn，拜访 bàifǎng：jn ～ 访问某人；探视 tànshì，探望 tànwàng；参观 cānguān：eine Stadt ～ 参观一城市；die Schule ～ 上学

Besucher *m* -s，- 访问者 fǎngwènzhě，来客 láikè；参观者 cānguānzhě，游客 yóukè；观众 guānzhòng，听众 tīngzhòng

Besuchszeit *f* 会客时间 huìkè shíjiān，接待时间 jiēdài shíjiān

besudeln I *vt* 把…弄脏 bǎ … nòngzāng；玷污 diànwū II *rfl* 弄脏 nòngzāng

betagt *adj* 高龄的 gāolíngde，年迈的 niánmàide；到期的 dàoqīde

betanken *vt* 给…加油 gěi … jiāyóu

Betanker *m* -s，- 加油船 jiāyóuchuán；加油飞机 jiāyóu fēijī

betasten *vt* 触 chù，摸 mō

betätigen I *rfl* 忙碌 mánglù，从事 cóngshì II *vt* 使运转 shǐ yùnzhuǎn，开动 kāidòng，操作 cāozuò：den Blinker ～ 打开方向指示灯

B

betäuben *vt* 麻醉 mázuì，使昏迷 shǐ hūnmí：jn örtlich ～ 给某人局部麻醉；jn mit Äther ～ 用乙醚对某人实施麻醉；使发昏 shǐ fāhūn，使昏头昏脑 shǐ hūn tóu hūn nǎo：der Lärm betäubte ihn 嘈杂声使他头昏脑胀

beteiligen I *rfl* 参加 cānjiā，参与 cānyù：sich an der Unterhaltung ～ 参加谈话 II *vt* 使参与 shǐ cānyù，使…有份 shǐ … yǒu fèn：jn am Gewinn ～ 分红利给某人

beten *vi* 祷告 dǎogào；祈祷 qídǎo，祈求 qíqiú

beteuern *vt* 申明 shēnmíng，明确表示 míngquè biǎoshì，保证 bǎozhèng：seine Liebe ～ 保证爱心不变

betiteln *vt* 称呼 chēnghū；给…加书名（名标题）gěi … jiā shūmíng：einen Film ～ 给一部电影起名

Beton [be'tɔŋ] *m* -s，- 混凝土 hùnníngtǔ

Betonbauer *m* 混凝土建筑工人 hùnníngtǔ jiànzhù gōngrén

betonen *vt* 重读 zhòngdú，用重音读 yòng zhòngyīn dú；强调 qiángdiào，着重 zhuózhòng：seinen Standpunkt ～ 强调自己的立场

betonieren *vt* 铺上混凝土 pūshàng hùnníngtǔ：eine Brücke ～ 给桥梁铺上混凝土

Betonung *f* -，-en 重音 zhòngyīn；强调 qiángdiào

betören *vt* 迷惑 míhuò，诱惑 yòuhuò，蛊惑 gǔhuò

Betracht *m* -(e)s 考虑 kǎolǜ（用于短语）in ～ kommen（加以）考虑；außer ～ bleiben 不予考虑

betrachten *vt* 注视 zhùshì，打量 dǎliang；观察 guānchá，思考 sīkǎo：etw einseitig ～ 片面地观察某事；认为 rènwéi，看作 kànzuò：jn als einen Betrüger ～ 把某人看作骗子

Betrachter *m* -s，- 观察者 guāncházhě，观看者 guānkànzhě

beträchtlich I *adj* 显著的 xiǎnzhùde，可观的 kěguānde，重大的 zhòngdàde；相当大的 xiāngdāng dàde II *adv* 非常 fēicháng，许多 xǔduō，甚 shèn

Betrachtung *f* -，-en 注视 zhùshì；观察 guānchá，考察 kǎochá；思索 sīsuǒ，探究 tànjiū，考虑 kǎolǜ

Betrag *m* -(e)s，-̈e 数额 shù'é，款额 kuǎn'é，金额 jīn'é：hohe Beträge überweisen 汇大笔款项

betragen* I *rfl* 举动 jǔdòng，举止 jǔzhǐ，行为 xíngwéi：sich freundlich ～ 举止友好 II *vt* 共计 gòngjì，合计 héjì，总共达 zǒng gòng dá：die Miete beträgt 200 Euro 租金共 200 欧元

Betragen *n* -s 举止 jǔzhǐ，行为 xíngwéi，态度 tàidù

betrauen *vt* 委托 wěituō，托付 tuōfù：jn mit einer Aufgabe ～ 将一任务委托某人

betrauern *vt* 悼念 dàoniàn，哀悼 āidào

betreffen* I *vt* 遭遇到 zāoyùdào：ein Unglück hat die Familie betroffen 这家遭遇到不幸；有关 yǒuguān，涉及 shèjí：was dies betrifft，... 关于这一点，… II *PI* **betreffend** 有关的 yǒuguānde

Betreffende *m/f*（按形容词变化）有关者 yǒuguānzhě，当事人 dāngshìrén

betreffs *prp*（*G*）相关 xiāngguān，有关于 yǒuguān yú：einen Antrag ～ eines Zuschusses ablehnen 拒绝一个有关补助费的申请

betreiben* *vt* 推动 tuīdòng，促进 cùjìn：eine Angelegenheit ～ 催促一件事；从事 cóngshì，进行 jìnxíng：einen Beruf ～ 从事一职业；经营 jīngyíng：ein Geschäft ～ 经营一商店

betreten* *vt* 踏 tà，踩踏 cǎità：den Rasen nicht ～！勿踩踏草地！走入 zǒurù，进入 jìnrù，踏进 tàjìn：ein Zimmer ～ 走进房间；踏上 tàshàng，登上 dēngshàng：die Tribüne ～ 登上主席台

betreuen *vt* 关心 guānxīn，照料 zhàoliào，照顾 zhàogù：die alten Leute ～ 照顾老人

Betrieb *m* -(e)s，-e 企业 qǐyè，工厂 gōngchǎng，公司 gōngsī；运转 yùnzhuǎn，运行 yùnxíng，生产 shēngchǎn：etw in [außer] ～ setzen 使某物进行[停止]运转 yùnzhuǎn；der Automat ist in ～ 自动装置正在工作；etw in ～ nehmen 将某物投入生产

betrieblich *adj* 企业的 qǐyède，企业内部的 qǐyè nèibù de，企业方面的 qǐyè fāngmiàn de

betriebsam *adj* 活跃的 huóyuède，勤奋的 qínfènde，忙碌的 mánglùde

Betriebsangehörige *m/f*（按形容词变化）企业成员 qǐyè chéngyuán，企业职工 qǐyè zhígōng

Betriebsanleitung *f* 操作规程 cāozuò guīchéng，使用说明书 shǐyòng shuō-

míngshū
betriebsbereit *adj* 可投入使用的 kě tóurù shǐyòng de
Betriebserlaubnis *f* 营业许可 yíngyè xǔkě，生产许可 shēngchǎn xǔkě
betriebsfertig *adj* 可开工的 kě kāigōng de，可交付使用的 kě jiāofù shǐyòng de
betriebsfremd *adj* 非本企业的 fēi běnqǐyè de
Betriebsrat *m* 企业管理咨询委员会 qǐyè guǎnlǐ zīxún wěiyuánhuì；企业职工委员会 qǐyè zhígōng wěiyuánhuì
Betriebswirtschaft *f* 企业经济 qǐyè jīngjì，企业管理 qǐyè guǎnlǐ
Betriebszweig *m* 企业分支 qǐyè fēnzhī；工业部门 gōngyè bùmén；生产部门 shēngchǎn bùmén
betrinken* *rfl* 喝醉酒 hēzuìjiǔ：sich sinnlos ～ 醉得不省人事，滥醉
betroffen *adj* 十分吃惊的 shífēn chījīng de，震惊的 zhènjīngde，惊愕的 jīng'ède
betrüben *vt* 使难过 shǐ nánguò，使伤心 shǐ shāngxīn，使悲伤 shǐ bēishāng
betrüblich *adj* 使人难过的 shǐ rén nánguò de，悲伤的 bēishāngde，令人忧郁的 lìng rén yōuyù de
betrübt *adj* 苦恼的 kǔnǎode，悲伤的 bēishāngde，悲痛的 bēitòngde，忧郁的 yōuyùde
Betrübtheit *f* - 痛苦 tòngkǔ，忧郁 yōuyù，悲伤 bēishāng
Betrug *m* -(e)s 欺骗 qīpiàn，欺诈 qīzhà
betrügen* *vt* 欺骗 qīpiàn，欺诈 qīzhà：jn um etw ～ 骗取某人某物
Betrüger *m* -s，- 骗子 piànzi，诈骗者 zhàpiànzhě
betrügerisch *adj* 欺骗的 qīpiànde，欺诈的 qīzhàde，不诚实的 bù chéngshí de
betrunken *adj* 喝醉酒的 hēzuìjiǔde；不清醒的 bù qīngxǐng de
Bett *n* -es，-en 床 chuáng：zu（或 ins）～ gehen 上床睡觉 shàngchuáng shuìjiào；mit jm ins ～ gehen 跟某人睡觉（发生性关系）；河床 héchuáng
Bettdecke *f* -，-n 被子 bèizi；床罩 chuángzhào
Bettel *m* -s 乞讨 qǐtǎo；旧东西 jiùdōngxī，破烂 pòlàn，破旧的东西 pòjiùde dōngxī
Bettelei *f* -，-en 行乞 xíngqǐ，乞讨 qǐtǎo；纠缠不休的央求 jiūchán bùxiū de yāngqiú
betteln *vi* 行乞 xíngqǐ，乞讨 qǐtǎo；乞求 qǐqiú，恳求 kěnqiú，央求 yāngqiú
Bettelstab *m*（用于短语）jn an den ～ bringen 使某人沦为乞丐，使某人一贫如洗；an den ～ kommen 沦为乞丐，倾家荡产
betten I *vt* 把…安放下 bǎ … ānfàng xià，小心安放 xiǎoxīn ānfàng（常用 *PII*）：nicht auf Rosen gebettet sein 生活并不优裕 II *rf* 卧倒 wòdǎo，躺下 tǎngxià
Betthase *m* 水性杨花的女子 shuǐxìng yánghuā de nǚzǐ
bettlägerig *adj* 卧病在床的 wòbìng zài chuáng de
Bettler *m* -s，- 乞丐 qǐgài，叫花子 jiàohuāzi
Betttuch *n* 床单 chuángdān，被单 bèidān
Bettwäsche *f* 床上用品（被、枕套、床单等）chuángshàng yòngpǐn
Bettzeug *n* 床上用品（被套，枕套，床单等）chuángshàng yòngpǐn
betulich *adj*（过分）亲切关怀的 qīnqiè guānhuái de，热心肠的 rèxīnchángde
beugen I *vt* 使弯曲 shǐ wānqū：den Rücken ～ 弯腰；使变位 shǐ biànwèi：ein Verb ～ 将一动词变位；使变格 shǐ biàngé：ein Substantiv ～ 将一名词变格 II *rfl* 俯身 fǔshēn，弯下身 wānxiàshēn；鞠躬 jūgōng；服从 fúcóng，屈从 qūcóng：sich js Gewalt ～ 屈从某人的暴力
Beule *f* -，-r 肿块 zhǒngkuài，肿胀 zhǒngzhàng；隆起物 lóngqǐwù；（车辆、器物等上的）凹痕 āohén，凸痕 tūhén
beunruhigen I *vt* 使不安 shǐ bù'ān，使烦恼 shǐ fánnǎo，使忧虑 shǐ yōulǜ II *rfl* 感到不安 gǎndào bù'ān，感到忧虑 gǎndào yōulǜ：sich um jn [etw] ～ 为某人[某事]担忧
beurlauben I *vt* 给…假期 gěi … jiàqī：Soldaten ～ 让士兵们休假；使…暂时停职 shǐ … zànshí tíngzhí II *rfl* 告假 gàojià；告退 gàotuì
beurteilen *vt* 评论 pínglùn，判断 pànduàn，评价 píngjià：das ist schwer zu ～ 这件事很难判断
Beute *f* - 猎获物 lièhuòwù；掠夺物 lüèduówù，战利品 zhànlìpǐn
Beutel *m* -s，- 袋 dài，（钱）包 bāo：js ～

ist leer 某人没有钱
bevölkern *vt* 居住在 jūzhù zài，使住着人 shǐ zhùzhe rén；聚集 jùjí，挤满 jǐmǎn
Bevölkerung *f* -, -en 全体居民 quántǐ jūmín，人口 rénkǒu
Bevölkerungsdichte *f* 人口密度 rénkǒu mìdù
Bevölkerungsexplosion *f* 人口激增 rénkǒu jīzēng
Bevölkerungsstruktur *f* 人口结构 rénkǒu jiégòu
Bevölkerungswachstum *n* 人口增长 rénkǒu zēngzhǎng
Bevölkerungszuwachsrate *f* 人口增长率 rénkǒu zēngzhǎnglǜ
bevollmächtigen *vt* 授权 shòuquán，授予…全权 shòuyǔ … quánquán
Bevollmächtigte *m/f*（按形容词变化）全权代表 quánquán dàibiǎo
bevor *cj* 在…前 zài … qián：Tür nicht öffnen，～ der Wagen hält 车辆停之前，不要开门
bevormunden *vt* 监护 jiānhù；管束 guǎnshù，约束 yuēshù：ich lasse mich von niemandem ～ 我不受任何人管束
bevorstehen* *vi* 来临 láilín，临近 línjìn，在…面前 zài … miànqián：die Prüfung steht bevor 即将考试；die ～de Wahl 即将举行的选举
bevorzugen *vt* 更喜欢 gèng xǐhuan，偏爱 piān'ài：ein Kind ～ 偏爱一个小孩；宁愿选取 nìngyuàn xuǎnqǔ
bewachen *vt* 看守 kānshǒu，守卫 shǒuwèi，监视 jiānshì：der Schäferhund bewacht die Herde 牧羊犬守卫着畜群
bewachsen* *vt*（植物）长满… zhǎng mǎn…，覆盖 fùgài
Bewachung *f* -, -en 看守 kānshǒu，监视 jiānshì；看守人 kānshǒurén，警卫 jǐngwèi
bewaffnen *vt/rfl* 武装 wǔzhuāng，装备 zhuāngbèi，配备 pèibèi
bewahren *vt* 保存 bǎocún，保留 bǎoliú；保护 bǎohù，防止 fángzhǐ；保持 bǎochí：*die Fassung ～ 保持镇静*
bewähren *rfl* 经受住考验 jīngshòuzhù kǎoyàn，证明是适合的 zhèngmíng shì shìhéde，表明够格 biǎomíng gòugé
bewahrheiten *rfl* 证实 zhèngshí，证明 zhèngmíng
bewährt *adj* 经过考验的 jīngguò kǎoyàn de，证明是合适的 zhèngmíng shì héshìde，可靠的 kěkàode
Bewährung *f* - 考验 kǎoyàn，证明 zhèngmíng；缓刑（期）huǎnxíng
bewältigen *vt* 完成 wánchéng，克服 kèfú，战胜 zhànshèng：die Vergangenheit ～ 战胜过去
bewandert *adj*（用于短语）～ sein 特别有经验，熟悉：er ist ～ in der französischen Literatur 他在法国文学方面造诣很深
Bewandtnis *f* -, -se 情况 qíngkuàng，性质 xìngzhì
bewässern *vt* 灌溉 guàngài：Reisfelder ～ 灌溉稻田
Bewässerungsanlage *f* 灌溉设施 guàngài shèshī
bewegbar *adj* 活动的 huódòngde，可移动的 kě yídòng de
bewegen I *vt* 挪动 nuódòng，移动 yídòng，使改变位置 shǐ gǎibiàn wèizhi；感动 gǎndòng，激动 jīdòng，激起 jīqǐ II *rfl* 动 dòng，活动 huódòng，移动 yídòng，转动 zhuǎndòng；波动 bōdòng，变动 biàndòng
bewegen* *vt* 促使 cùshǐ，劝说 quànshuō，致使 zhìshǐ：jn zum Bleiben ～ 劝说某人留下
Beweggrund *m* 动机 dòngjī
beweglich *adj* 活动的 huódòngde，可移动的 kě yídòng de；灵活的 línghuóde，敏捷的 mǐnjiéde；恳切的 kěnqiède，令人感动的 lìng rén gǎndòng de
bewegt *adj* 不安定的 bù āndìngde，动荡不安的 dòngdàng bù'ān de；感动的 gǎndòng de，激动的 jīdòngde
Bewegung *f* -, -en 活动 huódòng，运动 yùndòng，运行 yùnxíng，运转 yùnzhuǎn：eine Maschine in ～ setzen 开动机器；sich in ～ setzen 开动，开始运行；动作 dòngzuò，举动 jǔdòng；激动 jīdòng，感动 gǎndòng；（政治）运动 yùndòng：sich einer revolutionären ～ anschließen 参加革命运动
bewegungslos *adj* 不动的 bùdòngde
beweihräuchern I *vt* 向…焚香 xiàng … fénxiāng；吹嘘 chuīxū，吹拍 chuīpāi，吹捧 chuīpěng：einen Dichter ～ 吹捧一诗人 II *rfl* 自我吹嘘 zìwǒ chuīxū：du scheinst dich gerne selbst zu ～ 你似乎很喜欢自吹自擂
beweinen *vt* 为…而悲痛 wèi … ér bēitòng，为…痛哭 wèi … tòngkū

Beweis *m* -es, -e 证明 zhèngmíng，证据 zhèngjù，论证 lùnzhèng；表示 biǎoshì，表白 biǎobái，表明 biǎomíng

beweisen* *vt* 证明 zhèngmíng：einen Lehrsatz ～ 证明一定理；表明 biǎomíng，表示 biǎoshì，显示 xiǎnshì：seinen Mut ～ 显示勇气

Beweisführer *m* 举证人 jǔzhèngrén

Beweisführung *f* 论证 lùnzhèng，提供证据 tígōng zhèngjù

Beweisgegenstand *m* 证据 zhèngjù，物证 wùzhèng

Beweismaterial *n* 证明材料 zhèngmíng cáiliào

Beweismittel *n* 物证 wùzhèng，证据 zhèngjù

bewerben* *rfl* 申请 shēnqǐng，努力得到 nǔlì dédào：sich um ein Stipendium ～ 申请一份助学金；谋求(职位) móuqiú：sich bei einer Firma ～ 在一家公司谋求职位；追求 zhuīqiú，求婚 qiúhūn

Bewerber *m* -s，- 申请者 shēnqǐngzhě，求职者 qiúzhízhě，求婚者 qiúhūnzhě

Bewerbung *f* -，-en 申请 shēnqǐng，谋求 móuqiú，求职 qiúzhí；求婚 qiúhūn；申请书 shēnqǐngshū

Bewerbungsschreiben *n* 申请书 shēnqǐngshū，求职书 qiúzhíshū

bewerfen* *vt* 掷 zhì，扔 rēng；用灰泥涂(墙) yòng huīní tú

bewerkstelligen *vt* 设法做到 shèfǎ zuòdào，实现 shíxiàn，办到 bàndào

bewerten *vt* 评价 píngjià，评分 píngfēn，评定 píngdìng：der Aufsatz wurde mit „gut" bewertet 这篇作文被评为"良"

bewilligen *vt* 许可 xǔkě，同意 tóngyì，准许 zhǔnxǔ：jm einen Pass ～ 批准发护照给某人

bewirken *vt* 产生 chǎnshēng，引起 yǐnqǐ，促使 cùshǐ

bewirten *vt* 招待 zhāodài，款待 kuǎndài：er bewirtete uns mit Tee und Gebäck 他用茶和糕饼招待我们

bewirtschaften *vt* 经营 jīngyíng，管理 guǎnlǐ；耕种 gēngzhòng；支配 zhīpèi，控制 kòngzhì，调节 tiáojié

Bewirtung *f* -，-en 招待 zhāodài，款待 kuǎndài

bewohnbar *adj* 可以居住的 kěyǐ jūzhù de，适宜居住的 shìyí jūzhù de

bewohnen *vt* 住在 zhù zài，居住在 jūzhù zài

Bewohner *m* -s，- 居民 jūmín，住户 zhùhù，居住者 jūzhùzhě

bewölken *rfl* 云层遮盖 yúncéng zhēgài，云层密布 yúncéng mìbù

bewundern *vt* 赞叹 zàntàn，钦佩 qīnpèi，欣赏 xīnshǎng：jn wegen seiner Fähigkeiten ～ 赞赏某人的才能

bewundernswert *adj* 值得赞美的 zhídé zànměi de，令人钦佩的 lìng rén qīnpèi de

Bewunderung *f* -，-en 赞美 zànměi，钦佩 qīnpèi，欣赏 xīnshǎng

bewusst *adj* 有意的 yǒuyìde，故意的 gùyìde：etw ～ tun 有意做某事；清楚 qīngchu；知悉 zhīxī，意识到的 yìshídàode：sich (*D*) einer Sache (*G*) ～ sein 知悉某事；自觉的 zìjuéde，有觉悟的 yǒu juéwù de：ein ～er Funktionär 一个有觉悟的干部；已知道的 yǐ zhīdào de，已提及的 yǐ tíjí de

bewusstlos *adj* 无意识的 wú yìshí de；失去知觉的 shīqù zhījué de，不省人事的 bù xǐng rénshì de

Bewusstsein *n* -s 意识 yìshí，知觉 zhījué：bei ～ sein 神志清楚；das ～ verlieren 失去知觉；觉悟 juéwù，意识 yìshí，自信 zìxìn：das ～ haben 深信，意识到

Bewusstseinsstrom *m* 意识流 yìshíliú

bezahlen *vt* 支付 zhīfù，付钱买 fùqián mǎi：etw in Raten ～ 用分期付款方式买某物；酬报 chóubào；清偿 qīngcháng，偿还 chánghuán，付钱 fùqián：Schulden ～ 还债；Rechnung ～ 付账

Bezahler *m* -s，- 支付者 zhīfùzhě；付款者 fùkuǎnzhě；偿付者 chángfùzhě

bezähmen *vt/rfl* 克制 kèzhì，抑制 yìzhì，遏制 èzhì

bezaubern *vt* 迷人 mírén，使着魔 shǐ zháomó，蛊惑 gǔhuò

bezaubernd *adj* 令人着迷的 lìng rén zháomí de，可爱的 kě'àide，讨人喜欢的 tǎo rén xǐhuan de：eine ～e Frau 一个迷人的女子

bezeichnen I *vt* 标明 biāomíng，作标记 zuò biāojì：Straßen mit Namenschildern ～ 用路名牌标明街道；表示…的特征 biǎoshì … de tèzhēng；表示 biǎoshì；详细说明 xiángxì shuōmíng，描述 miáoshù；把…说成是 bǎ … shuōchéng shì，把…称为 bǎ … chēngwéi II *rfl* 自称 zìchēng: sich als Künstler ～ 自称是艺术家

bezeichnend *adj* 表示特征的 biǎoshì tèzhēng de，特有的 tèyǒude

Bezeichnung *f* -，-en 标记 biāojì，标志 biāozhì，符号 fúhào；名称 míngchēng，称号 chēnghào

bezeigen I *vt* 表达 biǎodá，流露 liúlù，表示 biǎoshì：jm Ehre ～ 向某人表示崇敬 II *rfl* 表示 biǎoshì：sich dafür dankbar ～ 对此表示感谢

bezeugen *vt* 证明 zhèngmíng，证实 zhèngshí，确证 quèzhèng

beziehen* I *vt* 覆盖 fùgài，套上 tàoshàng，铺上 pūshàng；定期获得 dìngqī huòdé，领取 lǐngqǔ：Gehalt ～ 领取薪水；搬入 bānrù，迁入 qiānrù，进入 jìnrù：ein Haus ～ 搬入一房屋；eine Stellung ～ 占领一阵地 II *rfl* 关系到 guānxì dào，与…有关 yǔ … yǒuguān；为云层所遮蔽 wéi yúncéng suǒ zhēbì：es bezieht sich 天阴了

Beziehung *f* -，-en 关系 guānxì，交往 jiāowǎng：mit（或 zu）jm ～en aufnehmen 与某人建立关系；die beiden Staaten unterhalten normale diplomatische ～en 这两个国家保持正常的外交关系；内在联系 nèizài liánxì；方面 fāngmiàn：jd hat in jeder ～ Recht 某人在各方面都是正确的

beziehungsweise *cj* 或者 huòzhě，或者说 huòzhě shuō，更确切地说 gèng quèqiède shuō：er wohnt in Berlin，～ in einem Vorort von Berlin 他住在柏林，更确切地说住在柏林的郊区

beziffern *vt* 用数字或号码符号标记 yòng shùzì huò hàomǎ fúhào biāojì：verschiedene Gegenstände ～ 给不同的东西标上号码；估计 gūjì，计算 jìsuàn

Bezirk *m* -s，-e 地区 dìqū，区 qū，行政管理区 xíngzhèng guǎnlǐ qū

Bezug *m* -(e)s，-e 覆盖物 fùgàiwù，套子 tàozi，罩 zhào；定期获得 dìngqī huòdé，领取 lǐngqǔ，收到 shōudào；关系 guānxì，涉及 shèjí，联系 liánxì：in ～ auf jn [etw] 关于某人[某事]，涉及某人[某事]；收入 shōurù，薪水 xīnshui

bezüglich I *prp*（G）有关 yǒuguān，关于 guānyú：～ Ihres Schreibens vom 28. dieses Monats … 关于您本月 28 日来函 … II *adj* 有关的 yǒuguānde，相关的 xiāngguānde

bezwecken *vt* 打算 dǎsuan，目的在于 mùdì zàiyú，意欲 yì yù

bezweifeln *vt* 怀疑 huáiyí：js Fähigkeiten ～ 怀疑某人的能力

bezwingen* *vt* 战胜 zhànshèng，征服 zhēngfú，克服 kèfú：den Kosmos ～ 征服宇宙

Bhutan 不丹 Bùdān

Bibel *f* -，-n 圣经 shèngjīng

Biber *m* -s，- 海狸 hǎilí；海狸皮 hǎilípí

Bibliographie *f* -，-n 图书目录 túshū mùlù，书目（提要）shūmù；目录学 mùlùxué

Bibliothek *f* -，-en 图书馆 túshūguǎn，藏书室 cángshūshì

Bibliothekar *m* -s，-e 图书馆管理员 túshūguǎn guǎnlǐyuán，图书馆馆员 túshūguǎn guǎnyuán

biblisch *adj* 圣经的 shèngjīngde

bieder *adj* 正直的 zhèngzhíde，诚实的 chéngshíde；过于诚实的 guòyú chéngshí de，太天真的 tài tiānzhēn de

biegen* I *vt* 把…弄弯 bǎ … nòng wān，使弯曲 shǐ wānqū II *vi*（*s*）转到 zhuǎndào，拐弯 guǎiwān，转弯 zhuǎnwān：in einen Seitengang ～ 转进边门 III *rfl* 弯曲 wānqū，变弯 biàn wān：der Baum bog sich im Wind 树给风吹弯了

biegsam *adj* 易弯曲的 yì wānqū de，柔韧的 róurènde；柔软的 róuruǎnde

Biene *f* -，-n 蜂 fēng，蜜蜂 mìfēng

Bienenfleiß *m* 勤奋 qínfèn，刻苦 kèkǔ

Bienenhaus *n* 养蜂场 yǎngfēngchǎng；单身女子住房 dānshēn nǚzǐ zhùfáng

Bienenstock *m* 蜂箱 fēngxiāng，蜂房 fēngfáng

Bier *n* -s，-e 啤酒 píjiǔ

Bierbauch *m* 啤酒肚 píjiǔdù

Bierbrauer *m* 酿啤酒者 niàng píjiǔ zhě；啤酒厂厂主 píjiǔchǎng chǎngzhǔ

Biertischpolitiker *m* 啤酒馆政治家 píjiǔguǎn zhèngzhìjiā

Bierleiche *f*（啤酒喝多后躺在地上睡觉的）酒鬼 jiǔguǐ

Biest *n* -(e)s，-er 牲畜 shēngchù；该死的家伙 gāisǐde jiāhuo

bieten* I *vt* 提供 tígōng：jm Geld [eine Chance] ～ 提供某人钱[一个机会]；给予 gěiyǔ；递给 dìgěi，伸给 shēngěi；出价 chūjià II *rfl* 出现 chūxiàn，呈现 chéngxiàn，有 yǒu：vom Gipfel bietet sich eine herrliche Aussicht auf den See

从山顶上可以眺望湖上景色

Bigamie *f* -, -n 重婚 chónghūn: in ~ leben 过着重婚生活

Big Boss ['big bɔs] *m* -es, -e 大老板 dàlǎobǎn,大企业主 dàqǐyèzhǔ

Bikini *m* -s, -s (分成两截的)极为短小的女子游泳衣 jíwéi duǎnxiǎo de nǚzǐ yóuyǒngyī,比基尼 bǐjīní,三点式泳装 sāndiǎnshì yǒngzhuāng

Bilanz *f* -, -en 收支平衡表 shōuzhī pínghéng biǎo;资产负债表 zīchǎn fùzhàibiǎo;收支结算 shōuzhī jiésuàn,损益清算 sǔnyì qīngsuàn;结果 jiéguǒ,结局 jiéjú

bilanzieren I *vt* 结算 jiésuàn,结账 jiézhàng,造资产负债表 zào zīchǎn fùzhàibiǎo;总结 zǒngjié II *vi* (收支)得到平衡 dédào pínghéng

Bilanzjahr *n* 会计年度 kuàijì niándù,审计年度 shěnjì niándù,财务年度 cáiwù niándù

Bilanzuntersuchung *f* 分析决算表 fēnxī juésuànbiǎo,分析资产负债表 fēnxī zīchǎn fùzhàibiǎo

bilateral *adj* 双边的 shuāngbiānde,存在于双方间的 cúnzài yú shuāngfāng jiān de: ~e Verträge schließen 缔结双边协定

Bilateralismus *m* 双边主义 shuāngbiān zhǔyì,双边性质 shuāngbiān xìngzhì

Bild *n* -(e)s, -er 图画 túhuà,图片 túpiàn;画像 huàxiàng;照片 zhàopiàn;(戏剧的)景 jǐng,场 chǎng: ein Schauspiel in sieben ~ern 七场话剧;景象 jǐngxiàng,情景 qíngjǐng: ein ~ des Schreckens 可怕的景象;概念 gàiniàn,印象 yìnxiàng: sich (*D*) ein klares ~ von etw machen können 对某事能有个清晰的印象

bilden I *vt* 构成 gòuchéng,造 zào,作 zuò: Sätze ~ 造句;培养 péiyǎng,教育 jiàoyù: jn zum Schauspieler ~ 把某人培养成演员;形成 xíngchéng,成为 chéngwéi;塑造 sùzào,做…的模型 zuò … de móxíng;使长知识 shǐ zhǎng zhīshi II *rfl* 形成 xíngchéng,出现 chūxiàn: am Himmel ~ sich Wolken 天空出现云层;增长知识 zēngzhǎng zhīshi

Bilderbuch *n* 图画书 túhuàshū,小人书 xiǎorénshū

Bildergeschichte *f* 连环画 liánhuánhuà

Bilderrätsel *n* (猜字的)画谜 huàmí,字谜画 zìmíhuà

Bildfernsprecher *m* 电视电话 diànshì diànhuà,可视电话 kěshì diànhuà

Bildfläche *f* 画面 huàmiàn;银幕 yínmù: von der ~ verschwunden 不再在公众场合出现(或露面)

Bildfunk *m* 无线电传真 wúxiàndiàn chuánzhēn,无线电传真电报 wúxiàndiàn chuánzhēn diànbào

Bildhauer *m* -s, - 雕刻家 diāokèjiā,雕塑家 diāosùjiā

bildhübsch *adj* 非常漂亮的 fēicháng piàoliang de,像图画一样美的 xiàng túhuà yīyàng měide

bildlich *adj* 用图片表示的 yòng túpiàn biǎoshì de,借助于图片的 jièzhù yú túpiàn de;比喻的 bǐyùde,形象的 xíngxiàngde

Bildnis *n* -ses, -se 像 xiàng,画像 huàxiàng,肖像 xiàoxiàng

Bildplatte *f* 录像唱片 lùxiàng chàngpiàn

Bildplattenspieler *m* 录像唱机 lùxiàng chàngjī

Bildröhre *f* 显象管 xiǎnxiàngguǎn

Bildschirm *m* (电视的)屏幕 píngmù

bildschön *adj* 非常美丽的 fēicháng měilìde,美丽无比的 měilì wúbǐde,美丽如画的 měilì rú huà de

Bildseite *f* 硬币印有头像的一面 yìngbì yìn yǒu tóuxiàng de yīmiàn,硬币正面 yìngbì zhèngmiàn

Bildtelefon *n* 可视电话 kěshì diànhuà

Bildübertragung *f* 图像传送 túxiàng chuánsòng,传真 chuánzhēn

Bildung *f* -, -en 教育 jiàoyù,教养 jiàoyǎng;知识 zhīshi,文化 wénhuà;组成 zǔchéng,构成 gòuchéng,组建 zǔjiàn

Bildungswesen *n* 教育事业 jiàoyù shìyè;教育设施 jiàoyù shèshī

Billard ['bɪljart] *n* -s, -e 台球戏 táiqiúxì,弹子戏 dànzixì

Billet(t) [bɪl'jɛt] *n* -s, -e / -s 车票 chēpiào;入场券 rùchǎngquàn

billig *adj* 便宜的 piányide,不贵的 bùguìde,低廉的 dīliánde;劣质的 lièzhìde,低劣的 dīliède;卑劣的 bēiliède;空洞的 kōngdòngde,毫无意义的 háowú yìyì de

billigen *vt* 同意 tóngyì,赞同 zàntóng,赞成 zànchéng;批准 pīzhǔn,许可 xǔkě

Billion *f* -, -en (英、德)万亿 wàn yì;(美、法、俄)十亿 shí yì

Billon [bɪl'jɔ̃ː] *m*/*n* -s (低质合金铸成的)硬币 yìngbì,辅币 fǔbì
Binärsystem *n* 二进制 èrjìnzhì
Binärziffer *f* 二进制数字 èrjìnzhì shùzì,二进制数码 èrjìnzhì shùmǎ,二进制数位 èrjìnzhì shùwèi
Binde *f* -, -n 带 dài,绷带 bēngdài;标志带 biāozhìdài,袖标 xiùbiāo
binden* I *vt* 扎 zā,捆 kǔn,系住 jìzhù: einen Kranz ~ 扎一花圈; eine Schnur um ein Paket ~ 用绳子捆一包裹;缚住 fùzhù,绑 bǎng,拴 shuān,把…打结 bǎ…dǎjié: sich die Krawatte~ 给自己打领带;装订 zhuāngdìng: eine Zeitschrift ~ 装订一本杂志;使结合 shǐ jiéhé;约束 yuēshù II *PII* **gebunden** 受约束的 shòu yuēshùde,受束缚的 shòu shùfù de,受限制的 shòu xiànzhì de
Binder *m* -s, - 领带 lǐngdài,领结 lǐngjié;包扎者 bāozāzhě,捆扎者 kǔnzāzhě,装订者 zhuāngdìngzhě
Bindestrich *m* 连字号(即 -) liánzìhào
Bindung *f* -, -en 关系 guānxì;内在联系 nèizài liánxì;义务 yìwù,责任 zérèn;化合 huàhé,结合 jiéhé;(滑雪板上用来系鞋的)皮带和扣 pídài hé kòu
binnen *prp* (*D*/*G*) 在…之内 zài…zhīnèi: ~ einem Monat (或 eines Monats) 一个月之内
Binnengewässer *n* 内陆江河湖泊 nèilù jiānghé húpō
Binnenhafen *m* 内河港埠 nèihé gǎngbù
Binnenhandel *m* 国内贸易 guónèi màoyì
Binnenmarkt *m* 国内市场 guónèi shìchǎng
Binnennachfrage *f* 国内需求 guónèi xūqiú
Binnenschifffahrt *f* 内河航运 nèihé hángyùn
Binse *f* -, -n 灯心草 dēngxīncǎo
Binsenwahrheit *f* 尽人皆知的道理 jìn rén jiē zhī de dàoli,尽人皆知的事实 *jìn rén jiē zhī de shìshí*
Biochemie *f* 生物化学 shēngwù huàxué
biochemisch *adj* 生物化学的 shēngwù huàxué de
Biogas *n* 沼气 zhǎoqì
Biogeographie *f* -, -n 生物地理学 shēngwù dìlǐxué
Biograph *m* -en, -en 传记作家 zhuànjì zuòjiā
Biographie *f* -, -n 传记 zhuànjì
Biologe *m* -n, -n 生物学家 shēngwùxuéjiā
Biologie *f* - 生物学 shēngwùxué
biologisch *adj* 生物学的 shēngwùxuéde
Biomechanik *f* 生物力学 shēngwù lìxué
Bionik *f* - 仿生学 fǎngshēngxué,仿生电子学 fǎngshēng diànzǐxué
Bionisch *adj* 仿生学的 fǎngshēngxuéde,仿生电子学的 fǎngshēng diànzǐxuéde
Biophysik *f* 生物物理学 shēngwù wùlǐxué
Biopsie *f* -, -n 活组织检查 huó zǔzhī jiǎnchá
Biosphäre *f* 生命层 shēngmìngcéng,生物圈 shēngwùquān
biotisch *adj* 生命的 shēngmìngde,生物的 shēngwùde
Birke *f* -, -n 桦树 huàshù
Birma (或 **Burma**) 缅甸 Miǎndiàn
Birmane *m* -n, -n 缅甸人 miǎndiànrén
birmanisch *adj* 缅甸的 miǎndiànde
Birne *f* -, -n 梨 lí;电灯泡 diàndēngpào;脑袋 nǎodai,脑袋瓜 nǎodaiguā
bis I *prp* (*A*) 1. (表示时间)直到…为止 zhídào…wéizhǐ: ~ nächste Woche 直到下周为止; Sprechzeit von 8 ~ 11 Uhr 门诊时间从8时至11时; Bis bald! (或 Bis dann! Bis nachher!) 回头见;一会儿见 2. (表示空间)到 dào,直到 zhídào: von oben ~ unten 从上到下; wir gingen bis zum Bahnhof 我们一直走到了火车站 3. (表示数目)至 zhì: 90 ~ 100 Meter hoch 90 至 100 米高 4. (固定搭配 ~ auf) 包括…在内 bāokuò…zàinèi,除…外 chú…wài: sie haben sich ~ auf den letzten Mann gerettet 他们全都得救了; ~ auf einen Mann kamen sie alle um 除一人外,他们全都遇难了 II *cj* 直到…为止 zhídào…wéizhǐ: er wartete, ~ ich kam 他一直等到我来
Bischof *m* -s, ⸚e 主教 zhǔjiào
bischöflich *adj* 主教的 zhǔjiàode,属主教的 shǔ zhǔjiào de
bisher *adv* 到目前为止 dào mùqián wéizhǐ,至今 zhìjīn,迄今 qìjīn
bisherig *adj* 到目前为止的 dào mùqián

wéizhǐ de,迄今的 qìjīnde

Biskuit [bis'kviːt] *n* -s, -s / -e 饼干 bǐnggān

bislang *adv* 直到现在 zhídào xiànzài,迄今 qìjīn

Biss *m* -es, -e 咬 yǎo,(咬伤的)伤口 shāngkǒu

bisschen *adj* 一些 yīxiē,少许 shǎoxǔ,一点儿 yìdiǎnr: ein ～ Brot 一点儿面包; es regnet ein ～ 下一点点雨

Bissen *m* -s, -(食物的)一口 yīkǒu,一块 yīkuài: sich (*D*) den letzten (或 jeden) ～ am (或 vom) Munde absparen 非常节俭,生活十分节俭

bissig *adj* 咬人的 yǎorénde,要咬人的 yào yǎorén de;尖刻的 jiānkède,刻薄的 kèbóde

Bistro *n* -s, -s 小酒店 xiǎojiǔdiàn,小吃店 xiǎochīdiàn

Bistum *n* -s, ¨-er 主教管区 zhǔjiào guǎnqū

bisweilen *adv* 有时候 yǒushíhòu

bitte *adv* (表示客气、有礼貌)请 qǐng: Nehmen Sie ～ Platz! 请坐!(表示歉意或谢意)别客气 bié kèqi,不谢 bùxiè: Vielen Dank für Ihre Bemühungen! — ～ (sehr 或 schön) 多谢您的帮助! —别客气!(表示同意)好 hǎo,请吧 qǐngba: Darf ich das Fenster aufmachen? — ～! 允许我把窗子打开吗? —请吧!(请求重复说一遍)请再说一遍 qǐng zàishuō yībiàn: (Wie) ～? 您说什么?(因没听懂,请对方再重复说一下);(用在问句中)请问 qǐngwèn: Wie spät ist es ～? 请问现在是几点钟?

Bitte *f* -, -n 请求 qǐngqiú,要求 yāoqiú: eine ～ um Hilfe 要求帮助; ich habe eine ～ an Sie 我对您有一个请求

bitten* I *vt* 请求 qǐngqiú: jn um Antwort ～ 请求某人答复;邀请 yāoqǐng: jn zum Tee ～ 请某人喝茶 II *vi* 请求 qǐngqiú;说情 shuōqíng: für jn [etw] ～ 为某人[某事]说情

bitter I *adj* 苦的 kǔde,有苦味的 yǒu kǔwèi de;痛苦的 tòngkǔde;辛辣的 xīnlàde,尖锐的 jiānruìde;严重的 yánzhòngde,剧烈的 jùliède,厉害的 lìhaide II *adv* 非常的 fēichángde,很 hěn,极 jí: etw ～ bereuen 对某事深感后悔

bitterböse *adj* 非常生气的 fēicháng shēngqì de,很恼火的 hěn nǎohuǒde,凶狠的 xiōnghěnde

Bitterkeit *f* -, -n 苦味 kǔwèi;痛苦 tòngkǔ,辛酸 xīnsuān

bitterlich I *adj* 略带苦味的 lüèdài kǔwèi de II *adv* 剧烈地 jùliède,厉害地 lìhaide

bittersüß *adj* 又苦又甜的 yòu kǔ yòu tián de,苦中有甜的 kǔzhōng yǒu tián de;又苦又乐的 yòu kǔ yòu lè de

Bittschrift *f* 申请书 shēnqǐngshū,请愿书 qǐngyuànshū

Bittsteller *m* 申请者 shēnqǐngzhě,请愿者 qǐngyuànzhě

Biwak *n* -s, -s / -e 野营 yěyíng,营地 yíngdì

biwakieren *vi* 露营 lùyíng,野营 yěyíng

bizarr *adj* 罕见的 hǎnjiànde,稀奇古怪的 xīqí gǔguài de,异常的 yìchángde

Blackmail ['blækmeil] *n* -s, -s 敲诈 qiāozhà,勒索 lèsuǒ

blähen I *vt* 使膨胀 shǐ péngzhàng,使鼓气 shǐ gǔqì: ein Luftzug blähte die Vorhänge 一阵风把帷幕鼓起 II *vi* (肠胃)胀气 zhàngqì III *rfl* 鼓起来 gǔqǐlái,胀起来 zhàngqǐlái;自负 zìfù,夸张 kuāzhāng

blamabel *adj* 丢脸的 diūliǎnde,不光彩的 bù guāngcǎi de

Blamage [bla'maːʒə] *f* -, -n 丢脸 diūliǎn,出丑 chūchǒu,耻辱 chǐrǔ,不光彩 bù guāngcǎi

blamieren I *vt* 使出丑 shǐ chūchǒu,使丢脸 shǐ diūliǎn,使窘迫 shǐ jiǒngpò: jn vor einer Person ～ 使某人在他人面前出丑 II *rfl* 出丑 chūchǒu,丢脸 diūliǎn,失体面 shī tǐmiàn: er hat sich vor aller Welt blamiert 他当众出丑

blank *adj* 光亮的 guāngliàngde,明亮的 míngliàngde,闪烁的 shǎnshuòde;裸露的 luǒlùde,无遮蔽的 wú zhēbì de: ～ sein 一分钱也没有,钱花得精光

blanko *adj* 空白的 kòngbáide,未填写过的 wèi tiánxiěguo de,未填数字的 wèi tián shùzì de: ～ verkaufen (股票)卖空

Blanko *n* -s, -s 空白表格 kòngbái biǎogé

Blankokauf *m* (投机)买空 mǎikōng

Blankoverkauf *m* 卖空交易 màikōng jiāoyì,抛空 pāokōng

Blankovorschuss *m* 无担保 dānbǎo fàngkuǎn

Blankowechsel *m* 空白汇票 kòngbái huìpiào

Blase *f* -, -n 泡 pào,水泡 shuǐpào;气泡 qìpào;水疱 shuǐpào,囊 náng;膀胱 pángguāng;一伙 yìhuǒ,一群伙伴 yìqún huǒbàn

blasen* I *vi* 吹 chuī,刮 guā: gegen die Scheibe ～ 对玻璃吹气;吹起 chuīqǐ,吹响 chuīxiǎng: der Trompeter bläst 号手在吹号 II *vt* 吹奏 chuīzòu: das Horn ～ 吹号;吹制 chuīzhì: Glas ～ 吹制玻璃;把…吹凉 bǎ … chuī liáng

Bläser *m* -s, - 管乐器吹奏者 guǎnyuèqì chuīzòuzhě;小号吹奏者 xiǎohào chuīzòuzhě

blasiert *adj* 自负的 zìfùde,高傲的 gāo'àode,自命不凡的 zìmìng bùfán de

Blasinstrument *n* 管乐器 guǎnyuèqì,吹奏乐器 chuīzòu yuèqì

Blasphemie *f* -, -n 亵渎 xièdú,亵渎神明的言词或行为 xièdú shénmíng de yáncí huò xíngwéi

blasphemisch *adj* 渎神的 dúshénde,辱骂的 rǔmàde

blass *adj* 苍白的 cāngbáide,无力的 wúlìde,软弱的 ruǎnruòde: ～ aussehen 显得脸色苍白;淡的 dànde,暗淡的 àndànde;纯粹的 chúncuìde

Blässe *f* - 苍白 cāngbái;暗淡 àndàn,失色 shīsè

Blatt *n* -(e)s, ¨-er 树叶 shùyè,叶子 yèzi;报纸 bàozhǐ;纸张 zhǐzhāng;书页 shūyè;一张(纸) yìzhāng,纸张 zhǐzhāng: ein ～ Papier 一张纸; kein ～ vor den Mund nehmen 坦率地发表自己的看法,直言不讳

Blattern *pl* 天花 tiānhuā

blättern I *vi* 翻阅 fānyuè: in Akten ～ 翻阅文件 II *vi(s)* 成为片状 chéngwéi piànzhuàng,剥落 bōluò III *vt* 数钱 shǔ qián;摘(叶) zhāi: Tabak ～ 采摘烟叶

Blattgold *n* 金箔 jīnbó

Blattlaus *f* 蚜虫(科) yáchóng

Blattleser *m* 阅读信息储存器 yuèdú xìnxī chǔcúnqì

Blattpflanze *f* 观叶植物 guānyè zhíwù

blau *adj* 蓝色的 lánsède,天蓝色的 tiānlánsède;酒醉的 jiǔzuìde,烂醉的 lànzuìde

blauäugig *adj* 蓝眼睛的 lányǎnjingde

bläulich *adj* 带蓝色的 dàilánsède,淡蓝色的 dànlánsède

blaumachen *vi* 不上班 bú shàngbān,不工作 bù gōngzuò,旷工 kuànggōng;旷课 kuàngkè

Blech *n* -s, -e 金属薄板 jīnshǔ báobǎn;铁皮 tiěpí;废话 fèihuà,胡说 húshuō

blechen *vi* (被迫)付钱 fùqián

Blechmusik *f* 吹奏乐 chuīzòuyuè,铜管乐 tóngguǎnyuè

Blechschaden *m* 轻度撞车 qīngdù zhuàngchē

Blei I *n* -(e)s 铅 qiān II *m/n* -(e)s, -e 铅笔 qiānbǐ

Bleibe *f* -, -n 临时住处 línshí zhùchù,住宿处 zhùsùchù,落脚处 luòjiǎochù

bleiben* *vi(s)* 停留 tíngliú,逗留 dòuliú,留下 liúxià: im Zimmer ～ 留在房间里;保持 bǎochí,持续 chíxù: gesund ～ 保持健康;坚持 jiānchí,不放弃 bú fàngqì,不改变 bù gǎibiàn: bei der Wahrheit ～ 坚持真理,说真话; Das bleibt unter uns! 这件事就咱俩知道行了(不要跟别人讲)!

bleibenlassen* *vt* 放弃 fàngqì,不做… bú zuò…,不管 bùguǎn

bleich *adj* 失色的 shīsède,苍白的 cāngbáide,退色的 tuìshǎide

bleichen* I *vt* 漂白 piǎobái,使…退色 shǐ … tuìshǎi II *vi(s)* 变白 biànbái,退色 tuìshǎi

bleiern *adj* 铅的 qiānde,铅制的 qiānzhìde;铅灰色的 qiānhuīsède;使人压抑的 shǐ rén yāyì de,沉重的 chénzhòngde

bleischwer *adj* 如铅一样沉重的 rú qiān yíyàng chénzhòngde

Bleistift *m* -s, -e 铅笔 qiānbǐ

Blende *f* -, -n 光圈 guāngquān;遮光板 zhēguāngbǎn;护墙 hùqiáng;(衣服上的)镶边 xiāngbiān,饰边 shìbiān;(用作舞台布景或分隔墙面的)假门 jiǎmén,假窗 jiǎchuāng

blenden *vt* 使眼睛发花 shǐ yǎnjing fāhuā,刺(眼) cì,眩目 xuànmù: das helle Licht blendet mich 强烈的灯光使我眼花;迷惑 míhuò

blendend *adj* 给人深刻印象的 gěi rén shēnkè yìnxiàng de,极好的 jíhǎode,非常令人满意的 fēicháng lìng rén mǎnyì de

Blendwerk *n* 幻象 huànxiàng,假象 jiǎxiàng,欺骗 qīpiàn

blessieren *vt* 使负伤 shǐ fùshāng: blessiert sein 负了伤的
Blick *m* -(e)s, -e 一眼 yīyǎn, 一瞥 yìpiē; 目光 mùguāng, 眼神 yǎnshén, 眼色 yǎnsè; 眼力 yǎnlì, 眼光 yǎnguāng; 眺望 tiàowàng, 观察 guānchá
blicken *vi* 看 kàn, 望 wàng, 瞧 qiáo: weder nach rechts noch nach links ~ 既不向右也不向左看; 目光 mùguāng…: freundlich ~ 目光友好
Blickfang *m* 引人注目的事物 yǐn rén zhùmùde shìwù
Blickfeld *n* 视野 shìyě, 视域 shìyù, 眼界 yǎnjiè: sein ~ erweitern 扩大自己的视野
Blickpunkt *m* 着眼点 zhuóyǎn diǎn, 观点 guāndiǎn; 集中点 jízhōng diǎn, 中心 zhōngxīn
Blickwinkel *m* 视角 shìjiǎo; 观点 guāndiǎn, 看法 kànfǎ
blind *adj* 瞎的 xiāde, 盲的 mángde; 盲目的 mángmùde, 不加考虑的 bù jiā kǎolǜ de; 无节制的 wú jiézhìde, 无限制的 wúxiànzhìde, 极度的 jídùde; 黯淡的 àndàn de, 模糊的 móhude
Blinddarm *m* 盲肠 mángcháng
Blinde *m/f* (按形容词变化) 盲人 mángrén, 瞎子 xiāzi
Blindekuh *f* (用于短语) ~ spielen 玩捉迷藏游戏
Blindenschrift *f* 盲文 mángwén, 盲字 mángzì
Blindflug *m* 盲目飞行 mángmù fēixíng, 按仪表飞行 àn yíbiǎo fēixíng
Blindgänger *m* 未爆炸弹 wèi bào zhàdàn
blindgläubig *adj* 盲目相信的 mángmù xiāngxìnde
Blindheit *f* - 盲 máng, 瞎 xiā, 失明 shīmíng; 无识别能力 wú shíbié nénglì, 盲目 mángmù
blindlings *adv* 盲目地 mángmùde, 轻率地 qīngshuàide
blindschreiben* *vt/vi* 不看键盘按指法打字 bú kàn jiànpán ànzhǐfǎ dǎzì
blinken *vi* 闪耀 shǎnyào, 闪烁 shǎnshuò, 闪光 shǎnguāng; 用光打信号 yòng guāng dǎ xìnhào
Blinker *m* -s, - (汽车等上的) 闪光灯 shǎnguāngdēng, 方向指示灯 fāngxiàng zhǐshìdēng; 闪光器 shǎnguāngqì; (钓鱼钩上的) 匙饵 shi'ěr
blinzeln *vi* 眨眼 zhǎyǎn, 眨眼睛 zhǎ yǎnjīng
Blitz *m* -es, -e 闪电 shǎndiàn: jd wird vom ~ erschlagen 某人遭雷击而死; 闪光 shǎnguāng
Blitzableiter 避雷针 bìléizhēn, 避雷装置 bìlei zhuāngzhì
blitzartig *adj* 闪电式的 shǎndiànshìde, 迅速的 xùnsùde
blitzblank *adj* 闪亮的 shǎnliàngde, 光洁的 guāngjiéde, 亮晶晶的 liàngjīngjīngde
blitzen *vi* 打闪 dǎshǎn, 闪电 shǎndiàn: es blitzt 在闪电; 闪烁 shǎnshuò, 闪闪发光 shǎnshǎn fāguāng; 裸体奔跑 luǒtǐ bēnpǎo
Blitzer *m* -s, - 闪光灯 shǎnguāngdēng, 镁光灯 měiguāngdēng; 裸体奔跑(示威)者 luǒtǐ bēnpǎozhě
Blitzgerät *m* 闪光灯 shǎnguāngdēng
Blitzkrieg *m* 闪电战 shǎndiànzhàn
Blitzlicht *n* 闪光 shǎnguāng, 镁光 měiguāng; 闪光灯 shǎnguāngdēng
blitzschnell *adj* 闪电似的 shǎndiàn shìde, 极快的 jíkuàide
Block *m* -s, ⸗e (同一式样房屋组成的) 街区 jiēqū, 楼区 lóuqū, 建筑群 jiànzhùqún; 大块 dàkuài; 大块木料 dàkuài mùliào, 大块石料 dàkuài shíliào, 大块金属材料 dàkuài jīnshǔ cáiliào; 集团 jítuán, 联盟 liánméng; (可一页页撕下用的) 本子 běnzi, 拍纸簿 pāizhǐbù, 便笺本 biànjiān běn
Blockade *f* -, -n 封锁 fēngsuǒ: eine ~ über ein Land verhängen 对一个国家实行封锁
Blockflöte *f* 木笛 mùdí, 竖笛 shùdí
Blockhaus *n* (用未加工的树干建造的) 木屋 mùwū
blockieren *vt* 封锁 fēngsuǒ, 阻断 zǔduàn; 堵塞 dǔsè, 阻塞 zǔsè; 阻碍 zǔ'ài, 阻挠 zǔnáo
Blockschrift *f* 大写印刷体字体 dàxiě yìnshuātǐ zìtǐ
Blockstaaten *pl* 结盟国家 jiéméng guójiā
blöd(e) *adj* 傻的 shǎde, 低能的 dīnéngde, 愚蠢的 yúchǔnde; 笨拙的 bènzhuōde; 无聊的 wúliáode; 不愉快的 bù yúkuàide, 烦人的 fánrénde
Blödsinn *m* 无聊的话 wúliáode h… 话 fèihuà; 无聊的举动 wúliá…

dòng,胡闹 húnào
blond *adj* 金黄色的 jīnhuángsède,淡黄的 dànhuángde
blondieren *vt* 将…染成金黄色 jiāng … rǎnchéng jīnhuángsè
Blondine *f* -, -n 金发女郎 jīnfà nǚláng
bloß I *adj* 赤裸的 chìluǒde;无遮蔽的 wú zhēbì de,光秃秃的 guāngtūtūde;单纯的 dānchúnde,纯粹的 chúncuìde,仅仅的 jǐnjǐnde II *adv* 只 zhǐ,只是 zhǐshì,仅 jǐn,仅仅 jǐnjǐn: ich habe ~ noch fünf Euro 我只不过还有五个欧元
Blöße *f* -, -n 赤裸 chìluǒ;(森林中的)空旷地 kōngkuàngdì;弱点 ruòdiǎn: sich eine ~ geben 暴露自己弱点,出洋相
bloßstellen I *vt* 使暴露 shǐ bàolù,使失体面 shǐ shī tǐmiàn,使出丑 shǐ chūchǒu II *rfl* 暴露出丑 bàolù chūchǒu,丢脸 diūliǎn
Blue Collar [bluːˈkɔlə] *m* -, -s 蓝领工作人员 lánlǐng gōngzuò rényuán,工人 gōngrén
Blue jeans [ˈbluːdʒiːns] *pl* (蓝布)牛仔裤 niúzǎikù
bluffen *vt* /*vi* (虚张声势进行)欺骗 qīpiàn,吓唬 xiàhu: er blufft (die Leute) gern 他喜欢吓唬人
Bluffer *m* -s, - 虚张声势的人 xū zhāng shēngshì de rén,威吓人的人 wēihè rén de rén
blühen I *vi* 开花 kāihuā;繁荣 fánróng,兴旺 xīngwàng,欣欣向荣 xīnxīn xiàng róng: das Land blüht 这国家欣欣向荣 II *PI* **blühend** 盛开的 shèngkāide,繁荣的 fánróngde,欣欣向荣的 xīnxīn xiàng róng de;无节制的 wú jiézhì de,过度的 guòdùde
Blume *f* -, -n 花 huā,花卉 huāhuì: ~ züchten 栽培花卉;香味 xiāngwèi,芳香 fāngxiāng,芬芳 fēnfāng
Blumenkohl *m* 花椰菜 huāyēcài,菜花 càihuā
Blumenstock *m* 盆花 pénhuā
Blumenstrauß *m* 花束 huāshù
Blumentopf *m* 花盆 huāpén
blumig *adj* 有花香的 yǒu huāxiāng de;有浓郁香气的 yǒu nóngyù xiāngqì de;词藻华丽的 cízǎo huálìde
Bluse *f* -, -n 女短上衣 nǚduǎnshàngyī,女衬衫 nǚchènshān
Blut *n* -(e)s 血 xuè,血液 xuèyè: ~ spucken [husten] 吐[咯]血;kaltes (或 ruhiges) ~ bewahren 保住冷静,保持沉着
blutarm *adj* 贫血的 pínxuède
Blutbad *n* 大屠杀 dàtúshā,血腥屠杀 xuèxīng túshā
Blutbank *f* 血库 xuèkù
Blutbild *n* 血象 xuèxiàng
Blutdruck *m* 血压 xuèyā: den ~ messen 量血压
blutdürstig *adj* 嗜血的 shìxuède,残忍好杀的 cánrěn hàoshā de
Blüte *f* -, -n 花 huā,花朵 huāduǒ;开花 kāihuā,开花期 kāihuāqī;繁荣 fánróng,兴旺 xīngwàng;假钞票 jiǎchāopiào
bluten *vi* 出血 chūxuè,流血 liúxuè
Blütenlese *f* (名人的)言论集 yánlùnjí
Blütenstand *m* 花序 huāxù
Blütenstaub *m* 花粉 huāfěn
blütenweiß *adj* 光亮洁白的 guāngliàng jiébái de,雪白的 xuěbáide
Bluterguss *m* 血肿 xuèzhǒng,淤血 yūxuè
Blütezeit *f* 开花期 kāihuāqī;全盛时期 quánshèng shíqī,鼎盛年代 dǐngshèng niándài,黄金时代 huángjīn shídài
Blutgefäß *n* 血管 xuèguǎn
blutgierig *adj* 嗜血的 shìxuède,凶恶的 xiōng'ède
Blutgruppe *f* 血型 xuèxíng: die vier ~n O, A, B u. AB 四种血型: O型,A型,B型和AB型
blutig *adj* 有血的 yǒu xuè de,沾满血迹的 zhānmǎn xuèjì de 血污的 xuèwūde;残酷的 cánkùde,浴血的 yùxuède
blutjung *adj* 很年轻的 hěn niánqīng de,非常年轻的 fēicháng niánqīng de
Blutkörperchen *n* 血球 xuèqiú
Blutkrebs *m* 血癌 xuè'ái,白血病 báixuèbìng
blutleer *adj* 无血的 wúxuède;苍白的 cāngbáide,无血色的 wú xuèsè de
Blutprobe *f* 血样 xuèyàng;验血 yànxuè
Blutrache *f* 家族间仇杀 jiāzú jiān chóushā,族间血仇 zú jiān xuèchóu
blutrünstig *adj* 嗜杀成性的 shìshā chéngxìng de,残忍的 cánrěnde
Blutsauger *m* 吸血鬼 xīxuèguǐ,高利贷者 gāolìdàizhě
Blutschande *f* 乱伦 luànlún
Blutspende *f* 献血 xiànxuè,供血 gōngxuè

Blutspender *m* 献血者 xiànxuèzhě,供血者 gōngxuèzhě

blutsverwandt *adj* 有血缘关系的 yǒu xuèyuán guānxì de,血亲的 xuèqīnde,近亲的 jìnqīnde

Blutübertragung *f* 输血 shūxuè

Blutung *f* -,-en 出血 chūxuè

Blutvergießen *n* 流血(牺牲) liúxuè,杀戮 shālù

Blutvergiftung *f* 血中毒 xuèzhòngdú,败血症 bàixuèzhèng

Bö *f* -,-en 疾风 jífēng,狂风 kuángfēng,风暴 fēngbào

Boa *f* -,-s 蟒蛇 mǎngshé,巨蟒 jùmǎng;(女用)狭长皮毛围巾 xiácháng pímáo wéijīn

Boardingkarte [ˈbɔːdɪŋ...] *f* 登机卡 dēngjīkǎ

Bock *m* -(e)s,¨-e (公山羊、雄鹿等)牡兽 mǔ shòu;einen ～ auf etw haben 喜欢某事;keinen ～ auf etw haben 对某事不感兴趣;den ～ zum Gärtner machen 用人不当

bockbeinig *adj* 倔强的 juéjiàngde,不听话的 bù tīnghuàde,执拗的 zhíniùde

bockig *adj* 不听话的 bù tīnghuàde,执拗的 zhíniù de,倔强的 juéjiàngde

Boden *m* -s,¨ 地 dì,土地 tǔdì,地面 dìmiàn;地板 dìbǎn;底 dǐ,底层 dǐcéng,底部 dǐbù;(屋顶下的)阁楼 gélóu,顶楼 dǐnglóu

Bodenkammer *f* 顶楼 dǐnglóu,阁楼 gélóu

Bodenkunde *f* 土壤学 tǔrǎngxué

bodenlos *adj* 无底的 wúdǐde,深不可测的 shēn bù kě cè de;闻所未闻的 wén suǒ wèi wén de,难以置信的 nányǐ zhìxìn de,非常的 fēichángde

Bodenreform *f* 土地改革 tǔdì gǎigé

Bodenschätze *pl* 矿藏 kuàngcáng,地下资源 dìxià zīyuán

Bodybuilding [ˈbɔdibɪldɪŋ] *n* -s 健美锻炼 jiànměi duànliàn

Bogen *m* -s,-/¨ 曲线 qūxiàn,弯路 wānlù;拱 gǒng,拱形 gǒngxíng,弓形 gōngxíng,(建筑物)拱形部分 gǒngxíng bùfen,拱顶 gǒngdǐng;弓 gōng,琴弓 qíngōng;(纸)张 zhāng

Boheme [bɔˈeːm] *f* 生活豪放不羁的艺术界 shēnghuó háofàng bùjī de yìshùjiè

Bohemien [boemiˈɛ̃ː] *m* -s,-s 生活豪放不羁的艺术家 shēnghuó háofàng bùjī de yìshùjiā

Bohle *f* -,-n 厚板 hòu bǎn

böhmisch *adj* 波希米亚的 bōxīmǐyàde;(用于短语) ～e Dörfer 完全不能理解,毫无所知;das kommt mir ～ vor 我觉得这很奇怪,我不理解这事

Bohne *f* -,-n 豆 dòu,豆角 dòujiǎo,菜豆 càidòu,菜豆属植物 càidòu shǔ zhíwù

Bohnenstange *f* 豆角架 dòujiǎojià;瘦长个子 shòucháng gèzi

Bohnenstroh *n* 干豆萁 gān dòuqí;(用于短语) dumm [grob] wie ～ 很笨[粗鲁]

bohnern *adj* 给…上蜡 gěi … shànglà,(用蜡)擦亮… cāliàng …

Bohnerwachs *n* 地板蜡 dìbǎnlà

bohren I *vt*/*vi* 钻(孔) zuàn,在…上打眼 zài … shàng dǎyǎn;刺进 cìjìn,穿进 chuānjìn,打进 dǎjìn;钻探 zuāntàn:nach Erdöl ～ 钻探石油 II *rfl* 钻进 zuànjìn,钻入 zuànrù,深入 shēnrù:die Zehe bohrte sich durch den Strumpf 脚趾把袜子顶破

Bohrer *m* -s,- 钻头 zuàntóu;钻孔工人 zuànkǒng gōngrén,打眼工 dǎyǎngōng

Bohrung *f* -,-en 钻 zuàn,钻孔 zuàn kǒng;钻成的孔 zuàn chéng de kǒng

böig *adj* 刮大风的 guā dàfēng de,阵风的 zhènfēng de

Boiler [ˈbɔylɐ] *m* -s,- 锅炉 guōlú,热水器 rèshuǐqì

Boje *f* -,-n 浮标 fúbiāo

Bolide *m* -n,-n 单座赛车 dānzuò sàichē

Bolivien 玻利维亚 Bōlìwéiyà

Bollwerk *n* 码头 mǎtou;堡垒 bǎolěi;防波堤 fángbōdī

Bolschewik *n* -en,-en 布尔什维克 bù'ěrshíwéikè

Bolzen *m* -s,- 销钉 xiāodīng,螺栓 luóshuān

Bombardement [bɔmbardəˈmãː] *n* -s,-s 轰炸 hōngzhà;炮击 pàojī

bombardieren *vt* 轰炸 hōngzhà,炮击 pàojī:eine Befestigung ～ 轰炸一防御工事;jn mit Fragen ～ 向某人提出连珠炮式的问题

Bombast *m* -es 言过其实的话 yán guò qí shí de huà,装腔作势故意夸大的语言 zhuāng qiāng zuò shì gùyì kuādà de yǔyán

bombastisch *adj* 夸夸其谈的 kuākuā

qítán de，言过其实的 yán guò qí shí de，净说大话的 jìng shuō dàhuà de

Bombe *f* -，-n 炸弹 zhàdàn

Bombenerfolg *m* 巨大的成就 jùdàde chéngjiù

bombenfest *adj* 防弹的 fángdànde；十分肯定的 shífēn kěndìng de，确实无疑的 quèshí wúyí de，完全有把握的 wánquán yǒu bǎwò de

bombensicher *adj* 防炸的 fángzhàde，防弹的 fángdànde；十分肯定的 shífēn kěndìng de，完全确实的 wánquán quèshí de，极有把握的 jí yǒu bǎwò de

Bomber *m* -s，- 轰炸机 hōngzhàjī

Bon [bɔŋ] *m* -s，-s 票 piào，券 quàn；发票 fāpiào，付款收据 fùkuǎn shōujù

Bonbon [bõ'bõ:] *m*/*n* -s，-s 糖果 tángguǒ

Bonus *m* -/-ses，-/-se 花红 huāhóng，红利 hónglì；特殊津贴 tèshū jīntiē

Bonze *m* -n，-n 权贵 quánguì，有权势的人 yǒu quánshì de rén；僧 sēng，和尚 héshang

Bonzokratie *f* -，-n 官僚统治 guānliáo tǒngzhì

Boom [bu:m] *m* -s，-s 景气 jǐngqì，兴旺 xīngwàng，繁荣 fánróng

Boot *n* -(e)s，-e 小船 xiǎochuán，小艇 xiǎotǐng

Bord I *n* -(e)s，-e 壁架 bìjià，搁板 gēbǎn，(分格的)架子 jiàzi II *m* -(e)s，-e 甲板 jiǎbǎn，船舷 chuánxián III (用于短语) an ～ 在船上(或飞机上)；an ～ gehen 上船(或飞机)；von ～ gehen 离开船(或飞机)；über ～ gehen 落水

Bordell *n* -s，-e 妓院 jìyuàn

borgen *vt* 借用 jièyòng，借入 jièrù：sich etw von jm ～ 向某人借用某物；借出 jièchū，借给 jiègěi：jm Geld ～ 供钱给某人

Borke *f* -，-n 树皮 shùpí

borniert *adj* 眼光短浅的 yǎnguāng duǎnqiǎn de，心胸狭窄的 xīnxiōng xiázhǎi de，思想狭隘的 sīxiǎng xiá'ài de

Börse *f* -，-n 交易所 jiāoyìsuǒ；钱包 qiánbāo，小钱袋 xiǎoqiándài

Börsenbericht *m* 交易所行情表 jiāoyìsuǒ hángqíngbiǎo

Börsenflaute *f* 交易所行情呆滞 jiāoyìsuǒ hángqíng dāizhì

Börsenhausse *f* 股票价格上涨 gǔpiào jiàgé shàngzhǎng；行情看涨 hángqíng kànzhǎng

Börsenkrach *m* 证券市场行情暴跌 zhèngquàn shìchǎng hángqíng bàodiē

Börsenkurs *m* 交易所行情 jiāoyìsuǒ hángqíng，交易所行市 jiāoyìsuǒ hángshi

Börsenmakler *m* 证券经纪人 zhèngquàn jīngjìrén

Borste *f* -，-n 鬃毛 zōngmáo

Borstenvieh *n* 猪 zhū

borstig *adj* 有鬃毛的 yǒu zōngmáo de；短而硬的 duǎn ér yìng de，毛发丛生的 máofà cóngshēng de；粗暴的 cūbàode，无礼的 wúlǐde

bösartig *adj* 恶毒的 èdúde，恶意的 èyìde，阴险的 yīnxiǎnde；恶性的 èxìngde，极其危险的 jíqí wēixiǎn de

Böschung *f* -，-en 斜面 xiémiàn，斜坡 xiépō

böse *adj* 恶的 ède，坏的 huàide，恶意的 èyìde：ein ～r Traum 一场噩梦；er hat es nicht ～ gemeint 他没有恶意；害病的 hàibìngde，恶性的 èxìngde；生气的 shēngqìde，恼火的 nǎohuǒde：jm (或 auf jn 或 über jn) ～ sein 生某人的气；不听话的 bù tīnghuà de，淘气的 táoqìde

Bösewicht *m* -(e)s，-er 坏蛋 huàidàn，恶棍 ègùn；捣蛋鬼 dǎodànguǐ，淘气鬼 táoqìguǐ

boshaft *adj* 恶毒的 èdúde，阴险的 yīnxiǎnde，尖刻的 jiānkède；幸灾乐祸的 xìng zāi lè huò de

Bosheit *f* -，-en 恶意 èyì，恶毒的言行 èdúde yánxíng

Boss *m* -es，-e 领班 lǐngbān，工头 gōngtóu；老板 lǎobǎn，上司 shàngsi；(党派)头头 tóutóu，首领 shǒulǐng

böswillig *adj* 恶意的 èyìde，恶毒的 èdúde，敌意的 díyìde

Botanik *f* - 植物学 zhíwùxué

Botaniker *m* -s，- 植物学家 zhíwùxuéjiā

botanisch *adj* 植物学的 zhíwùxuéde

Botanisiertrommel *f* 植物标本采集箱 zhíwù biāoběn cǎijí xiāng

Bote *m* -n，-n 送信人 sòngxìnrén，信差 xìnchāi；使者 shǐzhě，信使 xìnshǐ

Botengang *m* (送信、购物等)差事 chāishi

Botmäßigkeit *f* -，-en 统治 tǒngzhì，支配 zhīpèi，管辖 guǎnxiá

Botschaft *f* -，-en 大使馆 dàshǐguǎn；消息 xiāoxi，信息 xìnxī，通知 tōngzhī

Botschafter *m* -s, - 大使 dàshǐ
Botschaftsrat *m* 大使馆参赞 dàshǐguǎn cānzàn
Botswana 博茨瓦纳 Bócíwǎnà
Böttcher *m* -s, - 制木桶工人 zhì mùtǒng gōngrén
Bottich *m* -s, -e (椭)圆木桶 yuánmùtǒng
Boudoir [bu'doaːɐ] *n* -s, -s 闺房 guīfáng
Bouillon [bʊl'jõː] *f* -, -s 肉汤 ròutāng; 牛肉(或鸡肉等)清汤 niúròu qīngtāng
Boulevard [bulə'vaːr] *m* -s, -s 林阴大道 línyīn dàdào, 宽阔的大道 kuānkuòde dàdào
Boulevardbereich [bulə'vaːr...] *m* 闹市区 nàoshìqū
Boulevardblatt [bulə'vaːr...] *n* (刊登大量耸人听闻、轰动性报道的)街头小报 mǎlù xiǎobào
Boulevardboutique [bulə'vaːrbutiːk] *f* (卖时髦货的)小服装店 xiǎo fúzhuāngdiàn
Boulevardliteratur [bulə'vaːr...] *f* 马路文学 mǎlù wénxué
Boulevardstück [bulə'vaːr...] *n* 通俗戏剧 tōngsú xìjù, 娱乐剧 yúlè jù
Boulevardtanz [bulə'vaːr...] *m* 街头舞蹈 jiētóu wǔdǎo
Boulevardtheater *n* [bulə'vaːr...] (以演娱乐消遣剧为主的)小剧院 xiǎojùyuàn
Boulevardzeitung [bulə'vaːr...] *f* (刊登轰动性报导的)马路小报 mǎlù xiǎobào
bourgeois [bʊr'ʒoa] *adj* 资产阶级的 zīchǎn jiējí de
Bourgeois [bʊr'ʒoa] *m* -, - 资产阶级分子 zīchǎn jiējí fènzǐ
Bourgeoisie [bʊrʒoa'ziː] *f* -, -n 资产阶级 zīchǎn jiējí
Bouteille [bu'tɛːj(ə)] *f* -, -n 小瓶(尤指小酒瓶) xiǎopíng
Boutique [bu'tiːk] *f* -, -n (时装用品的)小商店 xiǎoshāngdiàn
Bowling ['boːlɪŋ] *n* -s, -s 保龄球 bǎolíngqiú; 地滚球 dìgǔnqiú
Box *f* -, -e/-en 箱 xiāng; 盒 hé; (用于存放某些物品或停汽车的)分隔间 fēngéjiān; (马厩的)分棚 fēnpéng; (展览会陈列展品的)小间 xiǎojiān; 简易箱形照相机 jiǎnyì xiāngxíng zhàoxiàngjī; 音箱 yīnxiāng
boxen *vt/vi* 拳击 quánjī, 打拳 dǎquán: gegen den Titelverteidiger ～ 与卫冕冠军进行拳击比赛
Boxer *m* -s, - 拳击手 quánjīshǒu, 拳击家 quánjījiā; 拳师狗 quánshīgǒu
Boxkampf *m* 拳击比赛 quánjī bǐsài
Boxring *m* 拳击台 quánjītái, 拳击场 quánjīchǎng
Boy [bɔy] *m* -s, -s 青年服务员 qīngnián fúwùyuán, 侍者 shìzhě; (女孩的)男朋友 nánpéngyou
Boykott [bɔy'kɔt] *m* -s, -e 抵制 dǐzhì, 封锁 fēngsuǒ, 联合拒绝购买 liánhé jùjué gòumǎi(或经售、使用)
boykottieren *vt* 抵制 dǐzhì, 封锁 fēngsuǒ, 联合拒绝购买 liánhé jùjué gòumǎi(或经售、使用), 拒绝跟…来往 jùjué gēn … láiwǎng
Brache *f* -, -n 休耕 xiūgēng; 休耕地 xiūgēngdì
Brachland *n* 休耕地 xiūgēngdì
brachliegen* **I** *vi* 休耕 xiūgēng; 没有被利用 méiyǒu bèi lìyòng: die besten Kräfte liegen brach 最优秀的人才未被利用 **II** *PI* **brachliegend** 闲置着的: ～es Kapital 闲置资金
Brailleschrift ['brajə ...] *f* 盲文 mángwén
bramarbasieren *vi* 自吹自擂 zìchuīzìléi, 吹牛 chuīniú, 自夸 zìkuā
Brain-Drain ['breɪndreɪn] *m* -s 人才外流 réncái wàiliú
Brain-Trust ['breintrʌst] *m* -(s), -s 智囊团 zhìnángtuán
Braintruster ['breɪntrʌstə] *m* -s, - 智囊 zhìnáng, 顾问 gùwèn
Branche ['brãʃə] *f* -, -n 行业 hángyè, 部门 bùmén; (学科)分科 fēnkē, 门类 ménlèi
Branchenkenntnis *f* 行业专门知识 hángyè zhuānmén zhīshi, 专业知识 zhuānyè zhīshi
Brand *m* -(e)s, -̈e 燃烧 ránshāo, 大火 dàhuǒ, 火灾 huǒzāi: ein Haus in ～ stecken 放火烧房子; 燃料 ránliào; 烧制 shāozhì; 口渴 kǒukě
brandaktuell *adj* 很有现实意义的 hěn yǒu xiànshí yìyì de, 有紧迫性的 yǒu jǐnpòxìng de
brandbestattet *adj* 火化的 huǒhuàde, 火葬的 huǒzàngde
Brandbestattung *f* 火化 huǒhuà, 火

葬 huǒzàng

branden *vi* 汹涌 xiōngyǒng，澎湃 péngpài；频繁 pínfán，起伏 qǐfú；大声响起 dàshēng xiǎng qǐ

Brandherd *m* 火源地 huǒyuándì；策源地 cèyuándì

Brandlegung *f* -，-en 纵火 zònghuǒ，放火 fànghuǒ

Brandmal *n* 胎痣 tāizhì；耻辱的标记 chǐrǔde biāojì

brandmarken *vt* 谴责 qiǎnzé，斥责 chìzé，痛斥 tòngchì

Brandmauer *f* 风火墙 fēnghuǒqiáng，防火墙 fánghuǒqiáng

brandneu *adj* 簇新的 cùxīnde

Brandrede *f* 煽动性的讲话 shāndòngxìngde jiǎnghuà

brandschatzen *vt/vi* 抢劫 qiǎngjié，掠夺 lüèduó，把东西抢光 bǎ dōngxi qiǎngguāng

Brandschutz *m* 防火 fánghuǒ

Brandstifter *m* 纵火犯 zònghuǒfàn，纵火者 zònghuǒzhě

Brandstiftung *f* 纵火 zònghuǒ，放火 fànghuǒ

Brandwunde *f* 灼伤 zhuóshāng，烫伤 tàngshāng

Brandy ['brɛndɪ] *m* -s，-s 白兰地酒 báilándìjiǔ

Branntwein *m* 烧酒 shāojiǔ，烈性酒 lièxìngjiǔ

Brasilianer *m* -s，- 巴西人 Bāxīrén

Brasilien [-iən] 巴西 Bāxī

braten* I *vt* 烤 kǎo，炸 zhà，煎 jiān：eine Ente ～ 烤鸭；den Fisch in Öl ～ 在油里炸鱼 II *vi* 煎 jiān，炸 zhà，烤 kǎo：die Kartoffeln ～ im Topf 土豆在锅里煎着

Braten *m* -s，- 烤肉 kǎoròu，烧肉 shāoròu，煎肉 jiānròu

Bratfisch *m* 油煎鱼 yóujiānyú，油炸鱼 yóuzháyú

Brathähnchen *m* 油煎童子鸡 yóujiān tóngzǐjī；烤鸡 kǎojī

Bratkartoffeln *pl* 煎土豆 jiāntǔdòu，炸土豆 zhàtǔdòu

Bratsche *f* -，-n 中提琴 zhōngtíqín

Bratschist *m* -en，-en 中提琴手 zhōngtíqínshǒu

Bratwurst *f* 油炸香肠 yóuzhá xiāngcháng，油煎香肠 yóujiān xiāngcháng

Brauch *m* -(e)s，⸚e 风俗 fēngsú，习惯 xíguàn

brauchbar *adj* 可使用的 kě shǐyòngde，有用的 yǒuyòngde；适用的 shìyòngde，适宜的 shìyíde

brauchen *vt* 需要 xūyào：Hilfe [Freunde，Trost] ～ 需要帮助[朋友，安慰]；morgen brauche ich nicht zu kommen 明天我不必来；用 yòng，使用 shǐyòng：für einen (或 zu einem) Rock braucht man zwei Meter 做一条裙子要用二米料子

Brauchtum *n* -s，⸚er 习惯 xíguàn，风俗 fēngsú

Braue *f* -，-n 眉毛 méimao

brauen *vt* 酿造 niàngzào；配制 pèizhì，调料 tiáoliào

Brauerei *f* -，-en 酿酒厂 niàngjiǔchǎng，啤酒厂 píjiǔchǎng；啤酒的酿造 píjiǔ de niàngzào

braun *adj* 褐色的 hèsède，棕色的 zōngsède；栗色的 lìsède：ganz ～ im Gesicht sein 面孔晒得黑黝黝

braunäugig *adj* 褐色眼睛的 hèsè yǎnjing de，棕色眼睛的 zōngsè yǎnjing de

Bräune *f* -（常晒太阳而形成）褐色的肤色 hèsède fūsè

bräunen I *vt* 使成褐色 shǐ chéng hèsè（或棕色）：die Sonne hat ihm die Haut gebräunt 太阳把他的皮肤晒成褐色 II *vi*(*s*) 变成褐色(或棕色) biànchéng hèsè III *rfl* 变成褐色(或棕色) biànchéng hèsè

braungebrannt *adj* 晒成褐色的 shài chéng hèsède

Braunkohle *f* 褐煤 hèméi

bräunlich *adj* 带褐色的 dàihèsède

Braus *m*（用于短语）in Saus und ～ leben 生活奢侈

Brause *f* -，-n 淋浴 línyù，冲澡 chōngzǎo；莲蓬头 liánpengtóu，喷头 pēntóu

Brausebad *n* 淋浴 línyù；淋浴间 línyùjiān

Brauselimonade *f* 柠檬汽水 níngméng qìshuǐ

brausen I *vt/rfl* 给…淋浴 gěi … línyù，冲洗 chōngxǐ：die Kinder ～ 给孩子们淋洗；sich jeden Morgen ～ 每天早晨淋浴 II *vi*(*s*) 疾驰 jíchí：er ist mit seinem Auto in die Stadt gebraust 他开汽车呼啸着进城去了

Braut *f* -，⸚e 新娘 xīnniáng；未婚妻 wèihūnqī

Bräutigam *m* -s，-e 新郎 xīnláng；未婚

夫 wèihūnfū

Brautkleid *n* 新娘礼服 xīnniáng lǐfú

Brautpaar *n* 未婚夫妇 wèihūn fūfù；新郎和新娘 xīnláng hé xīnniáng

brav *adj* 听话的 tīnghuàde，顺从的 shùncóngde，乖的 guāide；正派的 zhèngpàide，规规矩矩的 guīguījujude；勇敢的 yǒnggǎnde

bravo *intj* Bravo!（鼓掌喝彩、叫好声）好！hǎo！

Bravour [bra'vuːɐ] *f* - 勇敢 yǒnggǎn，大胆 dàdǎn，果断 guǒduàn；卓越的技能 zhuóyuède jìnéng，高超的技艺 gāochāode jìyì

bravourös [bravu'røːs] *adj* 了不起的 liǎobuqǐde，技艺高超的 jìyì gāochāode

Bravourstück [bra'vuːr...] *n* 绝技 juéjì，技艺 jìyì；要求演奏家充分发挥其技艺的乐曲 yāoqiú yǎnzòujiā chōngfèn fāhuī qí jìyì de yuèqǔ

brechen* I *vt* 折断 zhéduàn，打碎 dǎsuì；采 cǎi：Blumen ～ 采花；破坏 pòhuài，打破 dǎpò：das Schweigen ～ 打破沉默；呕吐 ǒutù：das Blut ～ 吐血；战胜 zhànshèng，制服 zhìfú II *vi*（s）断裂 duànliè；冲出 chōngchū：das Flugzeug brach aus den Wolken 飞机从云端飞出来；折断 zhéduàn；断绝 duànjué III *rfl* 折射 zhéshè：das Licht bricht sich in Glas 光透过玻璃折射

Brechmittel *n* 催吐剂 cuītùjì，呕药 ǒuyào：er ist für mich ein ～ 他真叫我恶心(反感)

Brechreiz *m* 恶心 ěxin：einen ～ verspüren 欲呕吐

Brechung *f* -，-en 折射 zhéshè；（元音）变换 biànhuàn

Bredouille [bre'duljə] *f* -，-n（用于短语）in der ～ sein（或 sitzen）处于窘境；in die ～ kommen 陷入困境

Brei *m* -(e)s，-e 稀饭 xīfàn，粥 zhōu，糊 hú：etw zu ～ kochen 把某物煮烂

breit *adj* 宽的 kuānde，宽阔的 kuānkuòde：lang und ～（或 des Langen und Breiten）十分详细；广大的 guǎngdàde，广泛的 guǎngfànde

breitbeinig *adj* 两腿叉开的 liǎngtuǐ chǎkāi de，叉开腿的 chǎkāi tuǐ de

breitdrücken *vt* 压扁 yābiǎn，压平 yāpíng

Breite *f* -，-n 宽 kuān，宽度 kuāndù；纬度 wěidù；宽阔 kuānkuò，宽广 kuānguǎng

breiten I *vt* 铺 pū，盖 gài：jm eine Decke auf（或 über）die Beine ～ 给某人腿上盖一条毯子；展开 zhǎnkāi，伸开 shēnkāi：der Vogel breitete seine Flügel 鸟儿展翅 II *rfl* 伸展延伸 shēnzhǎn yánshēn

Breitergrad *n* 纬度 wěidù

Breitersport *m* 群众性体育运动 qúnzhòngxìng tǐyù yùndòng

breitmachen *rfl* 使用(占用)很多地方 shǐyòng hěnduō dìfāng；散布 sànbù，扩展 kuòzhǎn；态度傲慢 tàidu àomàn

breitschlagen* *vt*（用于短语）sich ～ lassen 听人劝说 tīng rén quànshuō，被说服 bèi shuōfú

Breitseite *f* 横侧面 héngcèmiàn；船舷 chuánxián；舷侧炮 xiáncèpào

breitspurig *adj* 傲慢的 àomànde，傲慢自大的 àomàn zìdà de，专横的 zhuānhèngde

Breitwand *f* 宽银幕 kuānyínmù

Bremse *f* -，-n 制动器 zhìdòngqì，刹车 shāchē

bremsen I *vt* 制动 zhìdòng，使刹住 shǐ shāzhù：einen Lastkraftwagen ～ 刹住一辆载重汽车；减慢：die Entwicklung ～ 放慢发展(速度) II *vi* 刹车 shāchē：der Fahrer [das Auto] hat zu scharf gebremst 司机[汽车]刹车太猛

Bremslicht *n*（汽车车尾的）停车灯 tíngchēdēng，刹车灯 shāchēdēng

Bremsweg *m* 刹车距离 shāchē jùlí

brennen* I *vi* 燃烧 ránshāo，着火 zháohuǒ；点着 diǎnzháo，点亮 diǎnliàng；烧灼 shāozhuó，灼痛 zhuótòng：die Augen ～ 眼睛灼痛；渴望 kěwàng，切望 qièwàng：er brannte auf ein Wiedersehen 他热切希望重逢 II *vt* 点 diǎn，燃 rán；把…点着 bǎ … diǎnzháo，让…亮着 ràng … liàngzhe；酿制 niàngzhì：Schnaps ～ 酿制烧酒；烧制 shāozhì，烧成 shāochéng 烧伤 shāoshāng，烫伤 tàngshāng

Brennessel *f* 荨麻 xúnmá

Brennpunkt *m* 焦点 jiāodiǎn，中心 zhōngxīn，集中点 jízhōngdiǎn；燃点 rándiǎn

Brennstoff *m* 燃料 ránliào

brenzlig *adj* 有焦味的 yǒu jiāowèi de，烧焦的 shāojiāode；棘手的 jíshǒude，令人担心的 lìng rén dānxīn de

Bresche *f* -, -n 缺口 quēkǒu;(用于短语) für etw eine ～ schlagen 为某事打开缺口(或克服障碍); für jn in die ～ springen 帮助某人,替某人解决困难

Brett *n* -(e)s, -er 木板 mùbǎn;滑雪板 huáxuěbǎn;棋盘 qípán;舞台 wǔtái

Brettspiel *n* 下棋 xiàqí

Bridge [brɪtʃ] *n* - 桥牌 qiáopái: ～ spielen 打桥牌

Brief *m* -(e)s, -e 书信 shūxìn,信函 xìnhán,函件 hánjiàn

Briefbogen *m* 信纸 xìnzhǐ,信笺 xìnjiān

Briefbombe *f* 邮件炸弹 yóujiàn zhàdàn

Brieffreund *m* (不相识的)青年通信朋友 qīngnián tōngxìn péngyou,信友 xìnyǒu

Briefkasten *m* 邮箱 yóuxiāng,邮筒 yóutǒng;(收信人的)信箱 xìnxiāng

brieflich *adj* 书信的 shūxìnde,以书信形式的 yǐ shūxìn xíngshì de,书面的 shūmiànde

Briefmarke *f* 邮票 yóupiào

Briefmarkenalbum *n* 集邮册 jíyóucè

Briefmarkenkunde *f* 集邮学 jíyóuxué

Brieföffner *m* 拆信刀 chāixìndāo

Brieftasche *f* (放证件、钱等的)皮夹 píjiā

Brieftaube *f* 信鸽 xìngē

Briefträger *m* 邮递员 yóudìyuán

Briefumschlag *m* 信封 xìnfēng

Briefwechsel *m* 通信(联系) tōngxìn,信件往来 xìnjiàn wǎnglái

Brigade *f* -, -n 旅 lǚ;队 duì,组 zǔ

Brikett *n* -s, -s 煤砖 méizhuān,煤球 méiqiú,煤饼 méibǐng

brillant [brɪl'jant] *adj* 光辉的 guānghuīde,卓越的 zhuóyuède,极好的 jíhǎode

Brillant [brɪl'jant] *m* -en, -en 金刚钻 jīngāngzuàn,钻石 zuànshí,宝石 bǎoshí

Brillanz [brɪl'jants] *f* - 光辉 guānghuī;高超的技能 gāochāode jìnéng,卓越的技巧 zhuóyuède jìqiǎo

Brille *f* -, -n 眼镜 yǎnjìng

Brillenschlange *f* 眼镜蛇 yǎnjìngshé;戴眼镜的女人 dài yǎnjìng de nǚrén

bringen* *vt* 送 sòng,带来 dàilái,拿到 nádào: jm täglich das Essen ～ 每天给某人送饭;带往 dàiwǎng,伴送 bànsòng: jn ins Krankenhaus ～ 把某人送进医院;获得 huòdé,达到 dádào;做 zuò,干 gàn: eine Arbeit hinter sich ～ 完成一工作;发表 fābiǎo,登载 dēngzǎi,播送 bōsòng: einen Artikel in der Zeitschrift ～ 在杂志上发表一篇文章;带来 dàilái,造成 zàochéng: Zeit bringt Rat 时间带来主意; jm Sorge ～ 使某人烦恼;获利 huòlì,产生 chǎnshēng: Geld kann Zinsen ～ 钱能生息

Brise *f* -, -n 微风 wēifēng

Brite *m* -n, -n 不列颠人 bùlièdiānrén,英国人 yīngguórén

britisch *adj* 不列颠的 bùlièdiānde,英国的 yīngguóde

bröckeln I *vi(s)* 破碎 pòsuì,碎裂 suìliè II *vt* 使破碎 shǐ pòsuì,使碎裂 shǐ suìliè

brocken *vt* 把…弄碎 bǎ … nòngsuì,把…掰碎 bǎ … bāisuì,采摘 cǎizhāi

Brocken *m* -s, - 碎块 suìkuài,小片 xiǎopiàn,小块 xiǎokuài: ein fetter ～ (Fleisch) 一小片肥肉; ein paar ～ Englisch (或 einige englische ～) können 会几句英语

bröcklig *adj* 碎屑状的 suìxièzhuàngde;易碎的 yìsuìde,脆的 cuìde

Brokat *m* -(e)s, -e (织上金银丝浮花的)织锦 zhījǐn,锦缎 jǐnduàn,花缎 huāduàn

Brombeere *f* -, -n 黑莓 hēiméi

Bronchialkatarrh *m* -s, -e 支气管炎 zhīqìguǎnyán

Bronchien *pl* 支气管 zhīqìguǎn

Bronchitis *f* -, ...itiden 支气管炎 zhīqìguǎnyán

Bronze ['brõ:sə] *f* -, -n 青铜 qīngtóng,古铜 gǔtóng;青铜制(艺术)品 qīngtóng zhìpǐn,青铜器 qīngtóngqì

Brosamen *pl* 面包屑 miànbāoxiè,糕饼屑 gāobǐngxiè,碎屑 suìxiè

broschiert *adj* 平装的 píngzhuāngde,简装的 jiǎnzhuāngde: ～e Bücher 平装书

Broschüre *f* -, -n 小册子 xiǎocèzi,平装小书 píngzhuāng xiǎoshū

Brot *n* -(e)s, -e 面包 miànbāo;生活 shēnghuó,生计 shēngjì

Brötchen *n* -s, - 小面包 xiǎomiànbāo: kleine ～ backen (müssen) 节衣缩食,节俭度日

Brotkorb *m* 面包篮 miànbāolán: jm den ～ höher hängen 克扣某人伙食,减少某人的收入

brotlos *adj* 无工作的 wú gōngzuò de,

失业的 shīyède，无收入的 wú shōurù de

Bruch *m* -(e)s，⸗e 断裂 duànliè，破裂 pòliè；断裂处 duànlièchù，裂面 lièmiàn；挫伤 cuòshāng，骨折 gǔzhé；折痕 zhéhén，折叠处 zhédiéchù；疝气 shànqì；不遵守 bù zūnshǒu，违反 wéifǎn；（关系的）破裂 pòliè，断交 duànjiāo：der ～ mit seiner Familie 和他的家庭决裂；（数学上的）分数 fēnshù

brüchig *adj* 易碎的 yìsuìde，易破碎的 yì pòsuì de，脆的 cuìde；有裂缝的 yǒu lièfèng de

bruchrechnen *vi*（只用不定式）以分数计算 yǐ fēnshù jìsuàn

Bruchstelle *f* 断裂处 duànlièchù，折损处 zhésǔnchù

Bruchstrich *m* 分数线 fēnshùxiàn

Bruchstücke *pl* 破片 pòpiàn，碎片 suìpiàn，碎块 suìkuài；片段 piànduàn

Bruchteil *m* 小部分 xiǎobùfen

Bruchzahl *f* 分数 fēnshù；分数词 fēnshù cí

Brücke *f* -，-n 桥 qiáo，桥梁 qiáoliáng：eine ～ bauen [schlagen] 造[架设]一座桥；（假牙上的）齿桥 chǐqiáo；（狭长的）小地毯 xiǎodìtǎn

Bruder *m* -s，⸗ 兄弟 xiōngdì

Bruderkrieg *m* 自相残杀的战争 zìxiāng cánshā de zhànzhēng，内战 nèizhàn

brüderlich *adj* 弟兄的 dìxiongde，兄弟般的 xiōngdìbānde，友爱的 yǒu'àide

Brüderlichkeit *f* - 兄弟情谊 xiōngdì qíngyì，博爱 bó'ài

Brüderschaft *f* -，-en 亲密友谊 qīnmì yǒuyì，兄弟（般的）关系 xiōngdì guānxì

Brühe *f* -，-n（肉）汁 zhī，（肉）汤 tāng；污水 wūshuǐ，脏水 zāngshuǐ

brühen *vt*（用滚水）泡 pào，冲 chōng，烫 tàng

brühwarm *adj* 最新的 zuìxīnde，新鲜的 xīnxiānde

brüllen *vi* 吼叫 hǒujiào，咆哮 páoxiào；大喊大叫 dà hǎn dà jiào，号啕大哭 háotáo dà kū

Brummbär *m* 爱发牢骚的人 ài fāláosao de rén，爱抱怨的人 ài bàoyuàn de rén

Brummbass *m* 低音提琴 dīyīntíqín；深沉的男低音 shēnchénde nándīyīn，深沉的嗓子 shēnchénde sǎngzi

brummen I *vi* 发出长而低沉的声音 fāchū cháng ér dīchén de shēngyīn，沉沉的嗡嗡声 chénchénde wēngwēngshēng；咕哝 gūnong，嘟囔 dūnang II *vt* 嘟囔着说 dūnangzhe shuō，咕哝 gūnong；哼唱 hēngchàng：ein Lied ～ 哼唱一支歌

Brummfliege *f* 绿头大苍蝇 lǜtóu dàcāngying

brummig *adj* 愤愤不平的 fènfèn bùpíngde，恼怒的 nǎonùde，不满的 bùmǎnde

Brunch [brantʃ] *m* -(e)s，-(e)s/-e 早午餐 zǎo wǔcān

brunchen ['brantʃen] *vi* 吃早午餐 chī zǎo wǔcān

Brunei 文莱 Wénlái

Bruneier *m* -s，- 文莱人 wénláirén

brünett *adj*（皮肤、头发等）褐色的 hèsède，浅黑色的 qiǎnhēisède

Brunnen *m* -s，- 井 jǐng：einen ～ graben 打井；矿泉水 kuàngquánshuǐ，矿泉 kuàngquán

Brunnenvergifter *m* 给井水下毒者 gěi jǐngshuǐ xiàdú zhě；诽谤者 fěibàngzhě，造谣中伤者 zàoyáo zhòngshāng zhě

Brunst *f* -，⸗e（动物的）发情期 fāqíngqī；发情 fāqíng，发淫 fāyín

brünstig *adj* 发情的 fāqíngde，发淫的 fāyínde；热情的 rèqíngde，热烈的 rèliède

brüsk *adj* 生硬的 shēngyìngde，粗暴的 cūbàode，唐突的 tángtūde

brüskieren *vt* 粗暴地侮辱（或伤害）cūbàode wǔrǔ，无礼对待 wúlǐ duìdài

Brust *f* -，⸗e 胸部 xiōngbù，胸腔 xiōngqiāng；乳房 rǔfáng，胸脯 xiōngpú

Brustbild *n* 半身照片 bànshēn zhàopiàn

brüsten *rfl* 自吹 zìchuī，自夸 zìkuā，炫耀 xuànyào

Brustkorb *m* 胸膛 xiōngtáng，胸部 xiōngbù

Brustkrebs *m* 乳腺癌 rǔxiàn'ái

brustschwimmen* *vi*（通常用不定式）蛙泳 wāyǒng

Brüstung *f* -，-en 胸墙 xiōngqiáng，栏杆 lángān

Brut *f* -，-en 孵卵 fūluǎn，孵化 fūhuà；一窝幼仔（如幼虫、小鸡、幼鱼等）yīwō yòuzǐ：die ～ von Fischen 鱼苗；一伙（坏人）yīhuǒ

brutal *adj* 残忍的 cánrěnde，蛮横的 mánhèngde，野蛮的 yěmánde

Brutalität *f* - 残忍 cánrěn，野蛮 yěmán，蛮横 mánhèng；暴行 bàoxíng

brüten *vi* 孵化 fūhuà，孵卵 fūluǎn；思考

sīkǎo,深思 shēnsī,细想 xìxiǎng
Brüter *m* -s, - 增殖反应堆 zēngzhí fǎnyīngduī,扩大再生核燃料反应堆 kuòdà zàishēng hérǎnliào fǎnyìngduī
Bruthenne *f* 孵蛋的母鸡 fūdànde mǔjī
Bruthitze *f* 酷热 kùrè,(难以忍受的)炎热 yánrè
Brutkasten *m* 保温箱 bǎowēnxiāng,保育箱 bǎoyùxiāng,(早产儿的)暖箱 nuǎn xiāng
brutto *adv* 毛重 máozhòng;(未扣除税款和其他费用的)总收入 zǒngshōurù: er verdient 2500 Euro ～ monatlich 他每月总收入为 2500 欧元
Bruttoeinkommen *n* 总收入 zǒngshōurù,毛收入 máoshōurù
Bruttoeinnahmen *pl* 总收入 zǒngshōurù,毛收入 máoshōurù
Bruttogewicht *n* 毛重 máozhòng
Bruttogewinn *m* 总收益 zǒngshōuyì,总收入 zǒngshōurù,毛利 máolì
Bruttoinlandsprodukt (缩写 BIP) *n* 国内生产总值 guónèi shēngchǎn zǒngzhí
Bruttosozialprodukt (缩写 BSP) *n* 国民生产总值 guómín shēngchǎn zǒngzhí
Bruttoumsatz *m* 销售总额 xiāoshòu zǒng'é
Bruttovolkseinkommen *n* 国民总收入 guómín zǒngshōurù
Bub *m* -en, -en 男孩 nánhái,小家伙 xiǎojiāhuo
Bube *m* -n, -n 恶棍 ègùn,流氓 liúmáng;(纸牌中的)杰克 jiékè
Buch *n* -(e)s, ⸚er 书 shū,书籍 shūjí: ein ～ schreiben [verfassen] 写[编]一部书; ein ～ wieder auflegen 再版一本书; 账簿 zhàngbù: ～ führen 记账; das ～ der Bücher 圣经; wie ein ～ reden 滔滔不绝地讲
Buchbinder *m* (书籍)装订工人 zhuāngdìng gōngrén
Buchdrucker *m* 印刷工人 yìnshuā gōngrén
Buchdruckerei *f* 印刷厂 yìnshuāchǎng;印刷业 yìnshuāyè
Buche *f* -, -n 山毛榉 shānmáojǔ
buchen *vt* 记账 jìzhàng: Verluste (auf ein Konto) ～ 把亏损记到账上;预订(车、船、飞机票) yùdìng: einen Platz auf dem Schiff ～ 预订一张船票;记录 jìlù
Bücherei *f* -, -en 图书馆 túshūguǎn,图书室 túshūshì
Bücherschrank *m* 书橱 shūchú
Bücherwand *f* 书墙 shūqiáng;组合书架 zǔhé shūjià
Bücherwurm *m* 蛀书虫 zhùshūchóng,蠹鱼 dùyú;书呆子 shūdāizi
Buchführung *f* 簿记 bùjì,记账 jìzhàng
Buchhalter *m* 簿记员 bùjìyuán,会计师 kuàijìshī,记账人 jìzhàngrén
Buchhaltung *f* 簿记 bùjì;会计科(处) kuàijìkē,财务科(处) cáiwùkē
Buchhandel *m* 书籍业 shūjíyè,图书交易 túshū jiāoyì
Buchhändler *m* 书商 shū shāng
Buchhandlung *f* 书店 shūdiàn
Buchmacher *m* 赛马经纪人 sàimǎ jīngjìrén
Buchmesse *f* 图书博览会 túshū bólǎnhuì,图书交易会 túshū jiāoyìhuì
Buchsbaum *m* 黄杨 huángyáng
Büchse *f* -, -n 罐头 guàntou;盒子 hézi;罐 guàn
Büchsenmilch *f* 炼乳 liànrǔ,罐头牛乳 guàntou niúrǔ
Büchsenöffner *m* 开听刀 kāitīngdāo,开罐头刀 kāi guàntou dāo
Buchstabe *m* -ns, -n 字母 zìmǔ
buchstabieren *vt* 用字母把…拼出来 yòng zìmǔ bǎ … pīn chūlái,拼写 pīnxiě
buchstäblich I *adj* 按字面的 àn zìmiàn de,逐字的 zhúzìde,照字义的 zhào zìyì de II *adv* 确实地 quèshíde,不加夸张地 bù jiā kuāzhāng de,完全 wánquán
Bucht *f* -, -en 湾 wān,海湾 hǎiwān
Buchung *f* -, -en 记账 jìzhàng;预订(车、船、飞机票) yùdìng
Buckel *m* -s, - 驼背 tuóbèi,弓背 gōng bèi;隆起处 lóngqǐchù;小山 xiǎoshān,小丘 xiǎoqiū
buckeln *vi* 弓着腰 gōngzhēyāo,弓背 gōngbèi;屈从 qūcóng,卑躬屈膝 bēi gōng qū qī
bücken *rfl* 弯腰 wānyāo,俯身 fǔshēn
bucklig *adj* 驼背的 tuóbèide;高低不平的 gāodī bùpíng de,崎岖的 qíqūde
Bückling *m* -s, -e 鞠躬 jūgōng;仆人 púrén,侍者 shìzhě;熏青鱼 xūn qīngyú
buddeln *vi/ vt* 挖掘 wājué;挖出 wāchū
Buddhismus *m* - 佛教 Fójiào,佛学 fóxué
Bude *f* -, -n 小屋 xiǎowū,木板屋 mù-

bǎnwū，棚屋 péngwū；破旧房子 pòjiù fángzi；(大学生住的备有简单家具的)房间 fángjiān；货摊 huòtān

Budenzauber *m* (自己家里的)狂欢庆祝会 kuánghuān qìngzhùhuì

Budget [by'dʒeː] *n* -s，-s 预算 yùsuàn，预算案 yùsuàn'àn

budgetieren *vi* 编造预算 biānzào yùsuàn，提出预算 tíchū yùsuàn

Büfett [by'fet] *n* -s，-e 碗橱 wǎnchú，餐柜 cānguì；卖酒柜台 màijiǔ guìtái，快餐柜台 kuàicān guìtái

Büffel *m* -s，- 水牛 shuǐniú

Büffelei *f* -，-en 拼命用功 pīnmìng yònggōng，死读书 sǐdúshū

büffeln *vt/vi* 拼命用功 pīnmìng yònggōng，死读书 sǐdúshū

Büffet [by'feː] *n* -s，-s = Büfett

Bug *m* -(e)s，-e/⸗e I 〈复数 -e〉船首 chuánshǒu，飞机头 fēijītóu II 〈复数 -e/⸗e〉(马、牛的)肩部 jiānbù III 〈复数 ⸗e〉斜撑 xié chēng，支柱 zhīzhù

Bügel *m* -s，- 挂衣架 guàyījià：die Hose auf den ～ hängen 把裤子挂到衣架上；马镫 mǎdèng

Bügeleisen *n* (电)熨斗 yùndǒu，烙铁 làotie

bügeln *vt/vi* 熨 yùn，熨平 yùnpíng：eine Hose ～ 熨裤子

buhen *vi* (在戏院或在体育比赛时)发出嘘声 fāchū xūshēng，喝倒彩 hèdàocǎi

Bühne *f* -，-n 舞台 wǔtái；戏院 xìyuàn

Bühnenaussprache *f* - 舞台标准发音 wǔtái biāozhǔn fāyīn

Bühnenbild *n* 舞台布景 wǔtái bùjǐng，舞台装置 wǔtái zhuāngzhì，舞台美术 wǔtái měishù

Builder ['bildə] *pl* 增洁剂 zēngjiéjì，助洗剂 zhùxǐjì

Bulgare *m* -n，-n 保加利亚人 bǎojiālìyàrén

Bulgarien 保加利亚 Bǎojiālìyà

bulgarisch *adj* 保加利亚的 bǎojiālìyàde；保加利亚人的 bǎojiālìyàrénde

bulken *vt* 倾倒 qīngdào；灌注 guànzhù；散装 sǎnzhuāng

Bulldogge *f* -，-n 叭喇狗 bālāgǒu

Bulldozer ['buldoːzər] *m* -s，- 推土机 tuītǔjī

Bulle *m* -n，-n 公牛 gōngniú；彪形大汉 biāoxíng dàhàn；警察 jǐngchá，便衣警察 biànyī jǐngchá

Bullenhitze *f* 酷热 kùrè，炎热 yánrè，酷暑 kùshǔ

Bulletin [byl'tɛ̃ː] *n* -s，-s 公告 gōnggào，公报 gōngbào；(医生发表有名人物的)病情报告书 bìngqíng bàogàoshū；新闻简报 xīnwén jiǎnbào

Bumerangeffekt *m* 自食其果 zì shí qí guǒ，事与愿违的效果 shì yǔ yuàn wéi de xiàoguǒ

Bumerangmethode *f* 文过饰非的手法 wén guò shì fēi de shǒufǎ

Bumme *m* -s，- 闲逛 xiánguàng，散步 sànbù，溜达 liūda

Bummelant *m* -en，-en 自由散漫的人 zìyóu sǎnmàn de rén，吊儿郎当者 diào'erlángdāngzhě

Bummelei *f* -e，-en 闲荡 xiándàng，闲混 xiánhùn；懒惰 lǎnduò，松懈 sōngxiè，马虎 mǎhu

bumm(e)lig *adj* 懒散的 lǎnsǎnde，拖拉的 tuōlāde，迟缓的 chíhuǎnde

bummeln *vi*(*h*/*s*) 闲逛 xiánguang，溜达 liūda；(工作)懒散 lǎnsǎn

Bummelstreik *m* 怠工 dàigōng，磨洋工 móyánggōng

Bummler *m* -s，- 闲逛者 xiánguàngzhě，散步者 sànbùzhě；懒散者 lǎnsǎnzhě，游手好闲者 yóu shǒu hào xián zhě

bumsen *vi* 砰砰作响 pēngpēng zuòxiǎng；发生性关系 fāshēng xìng guānxì

Bumslokal *n* 低级娱乐场所 dījí yúlè chǎngsuǒ，低级酒吧间 dījí jiǔbājiān，低级舞厅 dījí wǔtīng

Bund I *m* -(e)s，⸗e 联合 liánhé，联盟 liánméng，同盟 tóngméng；腰边 yāobiān，裤腰 kùyāo II *n* -(e)s，-e 束 shù，扎 zā，捆 kǔn

Bündel *n* -s，- 捆 kǔn，把 bǎ，束 shù；行李小包 xíngli xiǎobāo

bündeln *vt* 捆扎 kǔnzā：Stroh ～ 捆扎稻草

Bundesamt *n* (部属)联邦局 liánbāngjú

Bundesbahn *f* 联邦国有铁路 liánbāng guóyǒu tiělù

Bundesbedienstete *m/f* (按形容词变化)(德国)政府雇员 zhèngfǔ gùyuán，公务员 gōngwùyuán

Bundesbruder *m* 属同一联盟或协会的人 shǔ tóngyī liánméng huò xiéhuì de rén，盟友 méngyǒu

Bundesdeutsche *m/f* (按形容词变

化)联邦德国人 liánbāngdéguórén

Bundesgenosse *m* 同盟者 tóngméngfzhě;同盟国 tóngméngguó

Bundeshaus *n* 联邦议院大厦 liánbāng yìyuàn dàshà

Bundeskanzler *m* (德、奥)联邦总理 liánbāng zǒnglǐ;(瑞士)联邦委员会主席 liánbāng wěiyuánhuì zhǔxí

Bundesland *n* (联邦国家的)州 zhōu

Bundesliga *f* 联邦(德国)甲级队联合会 liánbāng jiǎjíduì liánhéhuì

Bundesminister *m* 联邦部长 liánbāng bùzhǎng

Bundespräsident *m* (德、奥)联邦总统 liánbāng zǒngtǒng,(瑞)联邦主席 liánbāng zhǔxí

Bundesregierung *f* 联邦政府 liánbāng zhèngfǔ

Bundesrat *m* (德)联邦参议院 liánbāng cānyìyuàn

Bundesstaat *m* 联邦国家 liánbāng guójiā

Bundestag *m* 联邦议院 liánbāng yìyuàn

Bundestagsabgeordnete *m/f* (按形容词变化)联邦议会议员 liánbāng yìhuì yìyuán

Bundestagsbeschluss *m* 联邦议会决议 liánbāng yìhuì juéyì

Bundestagsdebatte *f* 联邦议会辩论 liánbāng yìhuì biànlùn

Bundestagswahl *f* 联邦议会选举 liánbāng yìhuì xuǎnjǔ

Bundeswehr *f* 联邦国防军 liánbāng guófángjūn

bündig *adj* 使人信服的 shǐ rén xìnfú de,确凿无疑的 quèzáo wúyí de;精练的 jīngliànde,简明的 jiǎnmíngde,简洁的 jiǎnjiéde: kurz und ～ 简明扼要

Bündnis *n* -ses, -se 联盟 liánméng,同盟 tóngméng,联合 liánhé: ein enges ～ mit jm eingehen 与某人订一紧密的同盟;ein militärisches ～ mit seinen Nachbarländern schließen 与其邻国结成军事联盟

bündnisfrei *adj* 不结盟的 bù jiéméngde: ～e Staaten 不结盟国家

Bungalow ['bʊŋgalo] *m* -s, -s (多附有花园的)平顶住宅 píngdǐng zhùzhái,别墅 biéshù

Bunker *m* -s, - 地下室 dìxiàshì,掩体 yǎntǐ;(粮、油、煤等的)贮藏室 zhùcángshì

Bunny ['bani] *n* -s, Bunnies 兔子 tùzi;夜总会女招待 yèzǒnghuì nǚzhāodài

bunt *adj* 彩色的 cǎisède,多色的 duōsède;多种多样的 duō zhǒng duōyàng de,经常变换的 jīngcháng biànhuàn de;杂乱的 záluànde

buntfarbig *adj* 彩色的 cǎisède,杂色的 zásède

Buntheit *f* - 五光十色 wǔ guāng shí sè,五颜六色 wǔ yán liù sè,多彩 duōcǎi;多种多样 duō zhǒng duōyàng,多样化 duōyànghuà

Buntmetall *n* 有色金属 yǒusè jīnshǔ

Buntstift *m* 彩色笔 cǎisèbǐ,颜色笔 yánsèbǐ

Bürde *f* -, -n 负担 fùdān,艰难 jiānnán

Burg *m* -, -en 城堡 chéngbǎo

Bürge *m* -n, -n 担保人 dānbǎorén,保证人 bǎozhèngrén

bürgen *iv* 担保 dānbǎo,保证 bǎozhèng: für jn [etw] ～ 为某人[某事]担保

Bürger *m* -s, - 公民 gōngmín,国民 guómín;市民 shìmín;平民 píngmín

Bürgerkrieg *m* 内战 nèizhàn

bürgerlich *adj* 公民的 gōngmínde,国民的 guómínde;市民的 shìmínde,平民的 píngmínde

Bürgermeister *m* 市长 shìzhǎng;镇长 zhènzhǎng,乡长 xiāngzhǎng;区长 qūzhǎng

Bürgernähe *f* 接近公民 jiējìn gōngmín,深入群众 shēnrù qúnzhòng

Bürgerschaft *f* -, -en (市、镇)公民(总称) gōngmín,市(镇)民(总称) shìmín;(汉堡、不来梅)州议会 zhōu yìhuì

Bürgersteig *m* 人行道 rénxíngdào

Bürgertum *n* -s 全体市民 quántǐ shìmín,市民阶层 shìmín jiēcéng;资产阶级 zīchǎn jiējí

Burgfriede(n) *m* 党派之间停止斗争的协议 dǎngpài zhī jiān tíngzhǐ dòuzhēng de xiéyì;党派斗争的中止 dǎngpài dòuzhēng de zhōngzhǐ

Bürgschaft *f* -, -en 担保 dānbǎo,保证 bǎozhèng

burlesk *adj* 滑稽的 huájīde,噱头的 xuétóude

Büro *n* -s, -s 办公室 bàngōngshì,办事处 bànshìchù: ins ～ gehen 去办公;事务所 shìwùsuǒ,营业所 yíngyèsuǒ

Bürobedarf *m* 办公用品 bàngōng-yòngpǐn

Bürochef *m* 办公室主任 bàngōngshì zhǔrèn

Bürohaus *n* 办公楼 bàngōnglóu

Bürokopiermaschine *f* 办公复印机 bàngōng fùyìnjī

Bürokrat *m* -en, -en 官僚 guānliáo, 官僚主义者 guānliáo zhǔyì zhě

Bürokratie *f* -, -n 官僚机构 guānliáo jīgòu, 官僚制度 guānliáo zhìdù

bürokratisch *adj* 官僚主义的 guānliáo zhǔyì de, 官僚政治的 guānliáo zhèngzhì de, 官僚制度的 guānliáo zhìdù de

Bürokratismus *m* - 官僚主义 guānliáo zhǔyì, 官僚政治 guānliáo zhèngzhì

Büroschluss *m* 办公结束 bàngōng jiéshù, (机关的)下班(时间) xiàbān

Bürosilo *n/m* -s, -s 办公大楼 bàngōng dàlóu

Bürotel *n* -s, -s (提供可住宿和办公的)办公旅馆 bàngōng lǚguǎn

Bursche *m* -n, -n 小青年 xiǎoqīngnián, 小伙子 xiǎohuǒzi; 家伙 jiāhuo; 学徒 xuétú, 伙计 huǒji

Bürste *f* -, -n 刷子 shuāzi, 毛刷 máoshuā

bürsten *vt/vi* 把…刷净 bǎ … shuājìng, 刷掉 shuādiào; 刷 shuā; 梳理 shūlǐ

Burundi 布隆迪 Bùlóngdí

Burundier *m* -s, - 布隆迪人 bùlóngdírén

Bus *m* -ses, -es 公共汽车 gōnggòng qìchē, 巴士 bāshì

Busch *m* -es, -e 灌木 guànmù, 矮树 ǎishù; 丛林区 cónglínqū; 热带原始森林 rèdài yuánshǐ sēnlín

Buschfunk *m* 传播小道消息 chuánbō xiǎodào xiāoxi; 小广播 xiǎoguǎngbō

buschig *adj* 灌木丛生的 guànmù cóngshēngde, 灌木茂盛的 guànmù màoshèngde; 浓密的 nóngmìde

Busen *m* -s, - (妇女的)胸脯 xiōngpú; 胸怀 xiōnghuái; 海湾 hǎiwān

Busenfreund *m* 亲密朋友 qīnmì péngyou, 知心朋友 zhīxīn péngyou, 知交 zhījiāo

Bushranger [ˈbʊʃreɪndʒə] *m* -s, - 强盗 qiángdào, 拦路抢劫者 lánlù qiǎngjié zhě

Business [ˈbɪznɪs] *n* - 商业 shāngyè, 生意 shēngyì, 营业 yíngyè

Businessman [ˈbɪznɪsmæn] *m* -(s), ...men 商人 shāngrén

Bussard *m* -s, -e 鵟 kuáng

Buße *f* -, -n 悔改 huǐgǎi, 忏悔 chànhuǐ; 罚金 fájīn, 处罚 chǔfá

büßen *vt* 忏悔 chànhuǐ, 赎罪 shúzuì; 为…而受罚 wèi … ér shòufá, 抵偿 dǐcháng; 为…付出代价 wèi … fùchū dàijià

Büßer *m* -s, - 悔罪者 huǐzuìzhě, 悔过者 huǐguòzhě, 忏悔者 chànhuǐzhě

Bußtag *m* 忏悔日 chànhuǐrì, 赎罪日 shúzuìrì

Büste *f* -, -n 半身雕塑像 bànshēn diāosùxiàng; 妇女的胸部 fùnǚ de xiōngbù, 乳房 rǔfáng; (服装店用以试穿衣服的)上身模型 shàngshēn móxíng

Büstenhalter *n* 胸罩 xiōngzhào, 奶罩 nǎizhào

Butler [ˈbatlə] *m* -s, - 管家 guǎnjiā

Büttenpapier *n* 手工(制的)纸 shǒugōngzhǐ

Butter *f* - 黄油 huángyóu, 白脱油 báituōyóu: ～ aufs Brot schmieren 把黄油涂在面包上

Butterflystil [ˈbatəflaɪ...] *m* 蝶泳 diéyǒng

Buttermilch *f* 脱脂乳 tuōzhīrǔ

buttrig *adj* 含有黄油的 hányǒu huángyóu de; 像黄油的 xiàng huángyóu de

Butzkopf *m* 海豚 hǎitún

b. w. = Bitte wenden! 请翻下页 qǐng fān xiàyè 请见背面一页 qǐngjiàn bèimiàn yīyè

bzw. = beziehungsweise *Konj.* 或者 huòzhě; 或者说得更确切些 huòzhě shuōde gèng quèqiè xiē

C

Cablenews ['keiblnju:z] *pl* 有线新闻 yǒuxiàn xīnwén
Cache-sexe [ka'ʃsɛks] *n* 小裤衩 xiǎokùchǎ,三角裤 sānjiǎokù
Caddie ['kædi] *m* -s, -s 高尔夫球球童 gāo'ěrfūqiú qiútóng;(超市的)购物车 gòuwùchē,小手推车 xiǎo shǒutuīchē
Café [ka'fe:] *n* -s, -s 咖啡馆 kāfēiguǎn
Callboy ['kɔ:lbɔɪ] *m* -s, -s 应召相公 yìngzhào xiànggōng,应召男妓 yìngzhào nánjì
Callgirl [kɔ:lgə:l] *n* -s, -s 应召女郎 yìngzhào nǚláng
Call-Girl-Ring *m* (=Callgirlring) 应召女郎组织 yìngzhào nǚláng zǔzhī;妓院 jìyuàn
Camp [kɛmp] *n* -s, -s 营 yíng,野营 yěyíng;战俘营 zhànfúyíng;野营地 yěyíng dì
campen ['kɛmpən] *vi* (在野外搭营帐或住房车度假)野营 yěyíng,宿营 sùyíng,露营 lùyíng
Camping ['kɛmpɪŋ] *n* -s 野营 yěyíng,露营 lùyíng
Campingartikel *n* 野营用品 yěyíng yòngpǐn
Campingausrüstung *f* 野营设备 yěyíng shèbèi
Campingbus *m* 野营车 yěyíngchē,(供野营用的)旅游车 lǚyóuchē
Campingfreund *m* 喜欢野营的人 xǐhuan yěyíng de rén
Campingführer *m* 野营指南 yěyíng zhǐnán
Campingplatz *m* 野营地 yěyíngdì,扎营地 zhāyíngdì
Campingstuhl *m* (野营用)轻便折叠椅 qīngbiàn zhédiéyǐ
Campmeeting ['kæmpmi:tiŋ] *n* -s, -s 野营布道会 yěyíng bùdàohuì
Cape [ke:p] *n* -s, -s 披肩 pījiān,斗篷 dǒupeng
Caravan ['ka:ravan] *m* -s, -s 客货两用车 kè huò liǎngyòng chē;露营夜宿挂斗 lùyíng yèsù guàdǒu
Caravaner *m* -s, - 用野营车旅行的人 yòng yěyíngchē lǚxíng de rén
Caravaning *n* -s 用野营车旅行 yòng yěyíngchē lǚxíng
Carnet [kar'nɛ] *n* -, -s 车辆通行证 chēliàng tōngxíngzhèng
Cartoon [kar'tu:n] *m*/*n* -(s), -s 卡通画 kǎtōnghuà,漫画 mànhuà;连环画 liánhuánhuà
Cash [kæʃ] *n* -, - 现金 xiànjīn,现款 xiànkuǎn
Cassa [k...] *f* - 现金 xiànjīn
CD *f* -, -(s) = CD-Platte
CD-Platte *f* 激光唱片 jīguāng chàngpiàn
CD-Spieler *m* 激光唱机 jīguāng chàngjī
CEE *f* (=EWG) 欧洲经济共同体 ōuzhōu jīngjì gòngtóngtǐ
Cellist [tʃɛ'list 或 ʃɛ'list] *m* -en, -en 大提琴手 dàtíqínshǒu
Cello ['tʃɛ... 或 ʃɛ...] *n* -s, -s /...lli 大提琴 dàtíqín
Celsius ['tsɛlzius] 摄氏 shèshì
Center ['sɛntɐ] *n* -s, - 中心 zhōngxīn;购物中心 gòuwù zhōngxīn,商业中心 shāngyè zhōngxīn
Central-Service ['sentrəl-'sə:vis] *m* 服务中心 fúwù zhōngxīn
Champignon ['ʃampɪnjɔŋ] *m* -s, -s 蘑菇 mógu,食用伞菌 shíyòng sǎnjùn
Champion ['tʃæmpjən] *m* -s, -s 冠军 guànjūn
Chance ['ʃã:s(ə)] *f* -, -n 机会 jīhuì,可能性 kěnéngxìng;成功的希望 chénggōng de xīwàng,成功的可能 chénggōng de kěnéng
Chancengleichheit *f* 机会均等 jīhuì jūnděng
changieren [ʃã'ʒi:rən] *vi* 闪闪发光 shǎnshǎn fāguāng,呈现出多种颜色的光

chéngxiànchū duōzhǒng yánsè de guāng: changierende Seide 闪光丝绸

Chaos ['ka:ɔs] *n* - 混乱 hùnluàn,杂乱无章 záluànwúzhāng

chaotisch [ka'o:tiʃ] *adj* 混乱的 hùnluànde,无秩序的 wú zhìxù de,杂乱无章的 záluàn wú zhāng de

Charakter *m* -s, -e 性格 xìnggé,品质 pǐnzhì,特性 tèxìng,个性 gèxìng

charakerisieren *vt* 刻画…的性格 kèhuà … de xìnggé,描绘…特性 miáohuì … tèxìng

Charakteristikum *n* -s, ...ka 典型特征 diǎnxíng tèzhēng,特性 tèxìng

charakeristisch *adj* 独特的 dútède,特有的 tèyǒude,表示特征的 biǎoshì tèzhēng de

charakterlich *adj* 性格的 xìnggéde,有关性格的 yǒuguān xìnggéde

charakterlos *adj* 意志薄弱的 yìzhì bóruò de;无特色的 wú tèsè de

Charakterzug *m* 性格特点 xìnggé tèdiǎn,特色 tèsè

Chargé d'affaires ['ʃarʒe:da'fɛ:ɐ] *m* -, -s 临时代办 línshí dàibàn

Chargenrolle ['ʃarʒən ...] *f* 配角 pèijué

Chargenspieler ['ʃarʒən ...] *m* 配角演员 pèijué yǎnyuán

charmant [ʃar'mant] *adj* 可爱的 kě'àide,讨人喜欢的 tǎo rén xǐhuan de,令人着迷的 lìng rén zháomí de

Charme [ʃarm] *m* -s 可爱 kě'ài,魅力 mèilì,妩媚 wǔmèi

Chart [tʃart] *f* -, -s 流行歌曲集 liúxíng gēqǔjí

Charta ['karta] *f* -, -s 宪章 xiànzhāng: die ~ der Vereinten Nationen 联合国宪章;文书 wēnshū,证书 zhèngshū

Charter [tʃ ... 或 ʃ ...] *m* -s, -s 特许状 tèxǔzhuàng,许可证 xǔkězhèng;租船契约 zūchuán qìyuē

Charterer [tʃ ... 或 ʃ ...] *m* -s, -(飞机、轮船的)租用人 zūyòngrén,租船人 zūchuánrén

Charterflugzeug *n* 包(租飞)机 bāojī

Chartergesellschaft *f* 特许外贸公司 tèxǔ wàimào gōngsī;包租运输公司 bāozū yùnshū gōngsī

Chartermaschine *f* 包机 bāojī,包租飞机 bāozū fēijī

chartern ['tʃartərn] *vt* 租 zū,包(飞机或船只) bāo

Chauffeur [ʃɔ'fø:ɐ] *m* -s, -e (汽车)司机 sījī,驾驶员 jiàshǐyuán

Chaussee [ʃɔ'se:] *f* -, -n 公路 gōnglù

Chauvinismus [ʃovi'nɪsmus] *m* - 沙文主义 Shāwén zhǔyì

chauvinistisch [ʃovi'nistiʃ] *adj* 沙文主义的 Shāwén zhǔyì de

Check [tʃek] *m* -s, -s (= Scheck) 支票 zhīpiào

checken ['tʃekən] *vt* 阻截 zǔjié,阻拦 zǔlán;核对 héduì,查对 cháduì,检查 jiǎnchá;理解 lǐjiě,明白 míngbai

Checker ['tʃekə] *m* -s, - 查对者 cháduìzhě;检查者 jiǎncházhě,检验员 jiǎnyànyuán

Checklist ['tʃek ...] *f* -, -s (供核对用的)清单 qīngdān;(检查仪器时用的)性能详单 xìngnéng xiáng dān

Checkliste *f* -, -n 清单 qīngdān;性能详单 xìngnéng xiáng dān;登机乘客名单 dēngjī chéngkè míngdān

Checkpoint ['tʃekpɔint] *m* -s, -s 边境检查站 biānjìng jiǎncházhàn,边卡 biānqiǎ

Chef [ʃɛf] *m* -s, -s 领导 lǐngdǎo;上司 shàngsi;主管者 zhǔguǎnzhě;老板 lǎobǎn;头头 tóutou

Chefarzt *m* 主任医师 zhǔrèn yīshī

Chefin *f* -, -nen 女领导 nǚlǐngdǎo,女主管者 nǚzhǔguǎnzhě,女上司 nǚshàngsi,女老板 nǚ lǎobǎn,女头头 nǚtóutou

Chefredakteur *m* 主编 zhǔbiān,总编 zǒngbiān

Chemie *f* - 化学 huàxué

Chemikalie *f* -, -n 化学制品 huàxué zhìpǐn;化学药品 huàxué yàopǐn,化学药剂 huàxué yàojì

Chemiker *m* -s, - 化学家 huàxuéjiā

chemisch *adj* 化学的 huàxuéde

Chemotherapie *f* 化(学)疗(法) huàliáo

Chiclegummi ['tʃikle ...] *m* -s, -s 口香糖 kǒuxiāngtáng,泡泡糖 pàopaotáng

Chiffre ['ʃɪfrə] *f* -, -n 密码 mìmǎ,暗号 ànhào;代号 dàihào,编号 biānhào

Chiffreur [ʃɪ'frø:ɐ] *m* -s, -e 密码员 mìmǎyuán

chiffrieren [ʃɪ'fri:rən] *vt* 用密码书写 yòng mìmǎ shūxiě,把…译成密码 bǎ … yìchéng mìmǎ

Chile ['tʃi:le] 智利 Zhìlì

Chilene *m* -n, -n 智利人 zhìlìrén
chilenisch *adj* 智利的 zhìlìde,智利人的 zhìlìrénde
China 中国 Zhōngguó: die Volksrepublik ～ 中华人民共和国
Chinacracker *m* 烟火 yānhuo,鞭炮 biānpào,爆竹 bàozhú
Chinawaren *pl* 中国工艺品 zhōngguó gōngyìpǐn,瓷器 cíqì
Chinese *m* -n, -n 中国人 zhōngguórén
chinesisch *adj* 中国的 zhōngguóde;中国人的 zhōngguórénde;中国话的 zhōngguóhuàde,汉语的 hànyǔde
Chinesisch *n* -s 汉语 hànyǔ
Chinesische *n* (按形容词变化)中国话 zhōngguóhuà,汉语 hànyǔ,华语 huáyǔ
Chip [tʃip] *m* -s, -s 油煎土豆片 yóujiān tǔdòupiàn;(赌博用)筹码 chóumǎ;集成电路板 jíchéng diànlù bǎn;芯片 xīnpiàn
Chirurg *m* -en, -en 外科医生 wàikē yīshēng
Chirurgie *f* -, -n 外科 wàikē;外科学 wàikēxué
chirurgisch *adj* 外科(术)的 wàikēde;外科医生的 wàikē yīshēng de
Choke [tʃo:k] *m* -s, -s (机械的)阻气门 zǔqìmén,阻塞门 zǔsèmén
Cholera ['ko:lera] *f* - 霍乱 huòluàn
Choleriker [ko'le:rikər] *m* -s, - 易怒的人 yìnùde rén;性情暴躁者 xìngqíng bàozàozhě
cholerisch [ko'le:rɪʃ] *adj* 易怒的 yìnùde,性情暴躁的 xìngqíng bàozàode
Chor *m* -s, ⸚e 合唱团 héchàngtuán,合唱队 héchàngduì;合唱 héchàng: im ～ singen 齐声唱歌;合唱曲 héchàngqǔ;一组同类的乐器的合奏 yīzǔ tónglèide yuèqì de hézòu
Choral *m* -s, ...räle (合唱的)赞美诗 zànměishī
Christ *m* -en, -en 基督教徒 jīdūjiàotú
Christbaum *m* 圣诞树 shèngdànshù
Christdemokrat *m* 基督教民主党人 jīdūjiào mínzhǔdǎngrén
Christenheit *f* - 基督教徒(总称) jīdūjiào tú
Christentum *n* -s 基督教 Jīdūjiào
christlich *adj* 基督教的 jīdūjiàode,信基督教的 xìn jīdūjiào de
Christus *m* ...ti / - 耶稣基督 Yēsū jīdū: n. Chr. (= nach Christus) 公元;v. Chr. (= vor Christus) 公元前
Chronik *f* -, -en 编年史 biānniánshǐ,年代史 niándàishǐ
chronisch *adj* 长期的 chángqīde,慢性的 mànxìngde: eine ～e Krankheit 慢性病
Chronist *m* -en, -en 编年史家 biānniánshǐjiā,年代史编写者 niándàishǐ biānxiězhě
Chronologie *f* - 年代学 niándàixué;年表 niánbiǎo;(资料等)按年月次序的排列 àn niányuè cìxù de páiliè
chronologisch *adj* 年代学的 niándàixuéde;按照年月顺序的 ànzhào niányuè shùnxù de
Cinema ['sinema] *n* -s, -s 电影院 diànyǐngyuàn
Cinemagic [sɪne'mæʒɪk] *n* -s 动画片摄影技术 dònghuàpiàn shèyǐng jìshù;特技摄影技术 tèjì shèyǐng jìshù
Cinemascope [sinema'sko:p] *n* - 立体声宽银幕电影 lìtǐshēng kuānyínmù diànyǐng
Cinerama [sine'ra:ma] *n* -s 全景电影 quánjǐng diànyǐng,宽银幕立体电影 kuānyínmù lìtǐ diànyǐng
circa = zirka (缩写: ca.)大约 dàyuē,将近 jiāngjìn
City ['sɪti] *f* -, -s 城市 chéngshì;(城市的)商业区 shāngyèqū;市中心 shìzhōngxīn
City-Bike ['sɪti baɪk] *n* -s, -s 轻型摩托车 qīngxíng mótuōchē,机动脚踏车 jīdòng jiǎotàchē
clean [kli:n] *adj* 不再吸毒的 bù zài xīdúde: ～ sein 不再服用麻醉药品
Clique ['klɪkə] *f* -, -n 派系 pàixì,小集团 xiǎojítuán
Cliquenwesen *n* 帮派 bāngpài,帮派作风 bāngpài zuòfēng,裙带风 qúndàifēng
Clog [klɔg] *m* -s, -s 木拖鞋 mùtuōxié,木屐 mùjī
Clown [klaun] *m* -s, -s (马戏、喜剧等的)丑角 chǒujué,小丑 xiǎochǒu
Coca-Cola [k... 'k...] *n* -(s) 或 *f* - 可口可乐(一种饮料;商标名) kěkǒukělè
Cocktail ['kɔkte:l] *m* -s, -s 鸡尾酒(会) jīwěijiǔ
Cocktailkleid *n* 社交礼服 shèjiāo lǐfú,鸡尾酒会女礼服 jīwěijiǔhuì nǚlǐfú
Cocktailparty [... pa:tɪ] *f* -, -s / ...ties 鸡尾酒会 jīwěijiǔhuì

Coke [koːk] *n* -(s), -s (= Coca-Cola) 可口可乐 kěkǒu-kělè

Cola *n* -(s), -s *f* -, -s (Coca-Cola 的简称)可口可乐(一种饮料) kěkǒu-kělè

collagieren [kɔla'ʒiːrən] *vt* 把…拼贴在一起 bǎ … pīn tiē zài yìqǐ,把…组合在一起 bǎ … zǔhé zài yìqǐ

College ['kɔlɪdʒ] *n* -(s), -s (综合大学中的)学院 xuéyuàn;(美国)大学 dàxué;(英国的)公学 gōngxué

Comeback [kam'bɛk] *n* -(s), -s 重新上台 chóngxīn shàngtái,重新登上舞(或体)台 chóngxīn dēngshàng wǔtái

Comicheft ['kɔmik ...] *n* 连环画册 liánhuánhuàcè,小人书 xiǎorénshū

Comic strips ['kɔmɪk'strɪps] *pl* (报刊上的)连环漫画 liánhuán mànhuà

Composer [kɔm'poːzə] *m* -s, - 电动打字机 diàndòng dǎzìjī

Computer [kɔm'pjuːtɐ] *m* -s, - 计算机 jìsuànjī,电子计算机 diànzǐ jìsuànjī,电脑 diànnǎo

Computeranlage *f* 电子计算机设备 diànzǐ jìsuànjī shèbèi

computergesteuert *adj* 电子计算机控制的 diànzǐ jìsuànjī kòngzhì de

computerisieren *vt* 电子计算机化 diànzǐ jìsuànjī huà;用电子计算机计算 yòng diànzǐ jìsuànjī jìsuàn

Computerspiel *n* 电子游戏 diànzǐ yóuxì

Computersprache *f* 电子计算机语言 diànzǐ jìsuànjī yǔyán,程序语言 chéngxù yǔyán

Computertechnik *f* 电子计算机技术 diànzǐ jìsuànjī jìshù

Computervirus *n* 电脑病毒 diànnǎo bìngdú

Conférencier [kõferɑ̃'sieː] *m* -s, -s 节目主持人 jiémù zhǔchírén

conferieren *vi* 报幕 bàomù,解说 jiěshuō,主持(节目) zhǔchí

Container [kɔn'teɪnər] *m* -s, - 集装箱 jízhuāngxiāng

Containerbau *m* 集装箱制造(工业) jízhuāngxiāng zhìzào

Container-Frachter *m* 集装箱货船 jízhuāngxiāng huòchuán

Container-Hafen *m* 集装箱港口 jízhuāngxiāng gǎngkǒu

containerisieren *vt* 集装箱化 jízhuāngxiānghuà,用集装箱装运 yòng jízhuāngxiāng zhuāngyùn

Containerkran *m* 集装箱吊车 jízhuāngxiāng diàochē

Containerlastzug *m* 集装箱载重汽车 jízhuāngxiāng zàizhòng qìchē

Containerschiff *n* 集装箱船 jízhuāngxiāngchuán

Containerzug *m* 集装箱火车 jízhuāngxiāng huǒchē

Controller [kɔn'troːlə] *m* -s, - 成本核算专家 chéngběn hésuàn zhuānjiā;(主管成本核算的)审计员 shěnjìyuán

Control Tower [kɔn'troːl tauə] *m* -s, -s (飞机场的)控制塔 kòngzhìtǎ,塔台 tǎtái

Convoi [kɔn'vɔy] *m* -s, -s (= Konvoi) 护送队 hùsòngduì;护航队 hùhángduì;车队 chēduì

cool [kuːl] *adj* 沉着的 chénzhuóde,镇静的 zhènjìngde;无可挑剔的 wú kě tiāotī de,很出色的 hěn chūsède;可靠的 kěkàode

Copilot *m* -en, -en (= Kopilot) (飞机)副驾驶员 fù jiàshǐyuán

coproduzieren *vt* (= koproduzieren) 联合生产 liánhé shēngchǎn;合作摄制(电影) hézuò shèzhì

Copyright ['kɔpirait] *n* -s, -s 版权 bǎnquán,著作权 zhùzuòquán

Costa Rica 哥斯达黎加 Gēsīdálíjiā

Costaricaner *m* -s, - 哥斯达黎加人 gēsīdálíjiārén

Couch [kautʃ] *f* -, -s / -en (瑞士) *m* -s, -(e)s 长沙发(椅) chángshāfā,睡椅 shuìyǐ

Counter ['kauntə] *m* -s, - (飞机场)检票柜台 jiǎnpiào guìtái;服务台 fúwùtái

Coupé [ku'peː] *n* -s, -s (火车)车厢分隔间 chēxiāng fēngéjiān;双座小轿车 shuāngzuò xiǎojiàochē;双座马车 shuāngzuò mǎchē

Courage [ku'raːʒə] *f* - 勇气 yǒngqì,胆量 dǎnliàng

couragiert [kura'ʒiːɐt] *adj* 有勇气的 yǒu yǒngqì de,大胆的 dàdǎnde,果断的 guǒduànde

Cousin [ku'zɛ̃ː] *m* -s, -s 堂(或表)兄弟 tángxiōngdì

Cousine [ku'ziːnə] *f* -, -n 堂(或表)姐妹 tángjiěmèi

Couture [ku'tyːɐ] *f* - 时装设计 shízhuāng shèjì;时装艺术 shízhuāng yìshù

Couturier [kuty'rie:] *m* -s, -s 时装设计师 shízhuāng shèjìshī

Cover ['kavə] *n* -s, -s (画报的)封面 fēngmiàn;唱片封套 chàngpiàn fēngtào

Coverboy ['kavəbɔi] *m* -s, -s (杂志、画报)封面男子 fēngmiàn nánzǐ

Covergirl ['kavəgə:l] *n* -s, -s (杂志、画报)封面女郎 fēngmiàn nǚláng

Cowboy ['kaubɔy] *m* -s, -s (美国西部的)骑马牧者 qímǎ mùzhě, 牛仔 niúzǎi

Cracker ['krεkə] *m* -s, -s 一种薄脆饼干 yìzhǒng báocuì bǐnggān;爆竹 bàozhú

Creation *f* -, -s (= Kreation) 新式样(服装) xīn shìyàng,(服装的)新设计 xīn shèjì;创造 chuàngzào, 创作 chuàngzuò;创造物 chuàngzàowù

Creme [krε:m] *f* -, -s 润肤膏 rùnfūgāo, 护肤脂 hùfūzhī;含奶油的食品 hán nǎiyóu de shípǐn;精华 jīnghuá, 精英 jīngyīng

Cross-Rate ['krɔs reit] *f* -, -s 套汇率 tàohuìlǜ

Cruise-Missile ['kru:z'misail] *n* -s, -s 巡航导弹 xúnháng dǎodàn

Cup [kap] *m* -s, -s 优胜杯 yōushèngbēi, 奖杯 jiǎngbēi;锦标赛 jǐnbiāosài, 冠军赛 guànjūnsài;胸罩 xiōngzhào

Curettage [kyrε'ta:ʒə] *f* -, -n (= Kürettage) 刮宫术 guāgōngshù, 刮宫 guāgōng

Curriculumforschung *f* 教学研究 jiàoxué yánjiū

Curriculumtheorie *f* 教学理论 jiàoxué lǐlùn

Curry ['kæri] *m* -s 咖喱粉 gālífěn

cutten ['katən] *vt/vi* (= cuttern) (电视、广播、电影等的)剪辑 jiǎnjí

Cutter ['katɐ] *m* -, - 剪辑员 jiǎnjíyuán;绞肉机 jiǎoròujī

D

da I *adv* 在那里 zài nàli，在那儿 zài nàr：der Mann ～ 那儿那男子；在这儿 zài zhèr：Da bin ich！我在这儿！那时 nàshí：von ～ an 从那时起；在这种情况下 zài zhè zhǒng qíngkuàng xià，因此 yīncǐ：～ muss man vorsichtig sein 因此我们得多加小心 II *cj* 因为 yīnwèi，由于 yóuyú：～ schönes Wetter war，fuhren sie ins Grüne 由于天气晴朗，他们乘车到郊外去了

dabehalten* *vt* 留下 liúxià：Gäste zum Abendessen ～ 留客人们吃晚饭

dabei *adv* 在旁边 zài pángbiān，在附近 zài fùjìn：ein Haus mit Garten ～ 旁边有花园的房屋；当时 dāngshí，其时 qíshí：er arbeitet und hört ～ Radio 他一边工作，一边听收音机；但 dàn，然而 rán'ér，却 què：er ist sehr beschäftigt，aber ～ immer hilfsbereit 他很忙，但总是乐于助人；(用于短语) ～ bleiben 坚持原来的(意见)：er bleibt ～ 他坚持自己的意见；es bleibt ～ 原来决议不变；Es ist doch nichts ～！这没有什么关系！这没什么问题！

dabeibleiben* *vi*(*s*) 留在那里 liú zài nàli

dabeisein* *vi*(*s*) 在场 zàichǎng；正要 zhèng yào，正准备 zhèng zhǔnbèi：er ist nahe dabei，etw zu tun 他正准备做某事；Ich bin dabei！我同意！

dabeisitzen* *vi* (坐)在场 zàichǎng，坐在一旁 zuò zài yīpáng

dabeistehen* *vi* (站)在场 zàichǎng，站在一旁 zhàn zài yīpáng

dableiben* *vi*(*s*) 留在那儿 liú zài nàr，留下 liúxià

Dach *n* -(e)s，-er 屋顶 wūdǐng：kein ～ über dem Kopf haben 没有房子住；die Arbeit unter ～ und Fach bringen 顺利完成工作，成功地结束工作

Dachboden *m* 阁楼 gélóu，顶楼 dǐnglóu

Dachdecker *m* 盖(或修)屋顶的工人 gài wūdǐng de gōngrén

Dachgarten *m* 屋顶花园 wūdǐng huāyuán

Dachgesellschaft *f* 控股公司 kònggǔ gōngsī，股权公司 gǔquán gōngsī；总公司 zǒnggōngsī，母公司 mǔgōngsī

Dachhase *m* 猫 māo

Dachkammer *f* 屋顶室 wūdǐngshì，阁楼间 gélóujiān

Dachpfanne *f* 波形瓦 bōxíngwǎ，屋面瓦 wūmiànwǎ

Dachrinne *f* 檐沟 yán gōu

Dachs *m* -es，-e 獾 huān；没有经验的年轻人 méiyǒu jīngyàn de niánqīngrén

Dachschaden *m* (用于短语) einen ～ haben 神经不太正常

Dachstuhl *m* 屋架 wūjià

Dachziegel *m* 瓦 wǎ

Dackel *m* -s，- 猎獾犬 lièhuānquǎn

dadurch *adv* 因此 yīncǐ，由此 yóucǐ，借此 jiècǐ；通过 tōngguo，穿过 chuānguo

dafür *adv* 为此 wèicǐ，对此 duìcǐ，以此 yǐcǐ；赞同 zàntóng：～ sein 同意

dagegen *adv* (指方向)对着 duìzhe；反对：～ sein 反对；对比之下 duìbǐ zhī xià；相反地 xiāngfǎnde

daheim *adv* 在家 zàijiā：Wie geht's ～？家里好吗？

Daheim *n* -s 家 jiā，家乡 jiāxiāng：kein ～ haben 没有家

daher *adv* 从那儿(来) cóng nàr；因此 yīncǐ，所以 suǒyǐ

daherkommen* *vi*(*s*) 走过来 zǒuguòlái，前来 qiánlái

daherreden *vi*/*vt* 信口开河 xìn kǒu kāi hé，胡说一通 húshuō yītòng

dahin *adv* 上那儿 shàng nàr，到那儿 dào nàr；到…地步 dào … dìbù，到…程度 dào … chéngdù；到那时 dào nàshí：bis ～ 直到那时；～ sein 丢失，毁坏；死去 sǐqù，完结 wánjié：sein Geld war ～ 他的钱花光了

dahinleben *vi* 混日子 hùnrìzi，过呆板

单调的生活 guò dāibǎn dāndiào de shēnghuó

dahinschwinden* *vi*(*s*) 渐渐消失 jiànjiàn xiāoshī,减少 jiǎnshǎo;消瘦下去 xiāoshòu xiàqù

dahinten *adv* 在其后 zài qíhòu,背后 bèihòu

dahinter *adv* 在…背后 zài … bèihòu,在…后面 zài … hòumian

dahinterkommen* *vi*(*s*) 发现 fāxiàn,看出 kànchū,看见 kànjiàn,得知 dézhī

dahinterstecken *vi* 幕后策划 mùhòu cèhuà;隐藏在后面(的原因) yǐncáng zài hòumian,是…的起因 shì … de qǐyīn: da steckt sicher eine neue Schikane dahinter 隐藏在后面的肯定是故意刁难

dahinterstehen* *vi* 支持 zhīchí,赞成 zànchéng: etw steht dahinter 某事…隐藏在背后

dahinziehen* I *vi*(*s*) 慢慢移动 mànmàn yídòng,慢慢掠过 mànmàn lüèguo: die Wolken sind am Himmel dahingezogen 云层已慢慢地在天边掠过 II *rfl* 延伸 yánshēn,伸展 shēnzhǎn

dalli *adv* (用于短语)～～! 快,快! komm her, aber ein bisschen ～ 过来,但是快一点;～ machen 赶快

damalig *adj* (只作定语)当时的 dāngshíde,那时的 nàshíde

damals *adv* 当时 dāngshí,那时 nàshí

Damast *m* -es, -e 缎子 duànzi,锦缎 jǐnduàn

Dame *f* -, -n 夫人 fūrén,女士 nǚshì;贵妇人 guìfùrén;主妇 zhǔfù;女主人 nǚzhǔrén;(牌戏中的)皇后 huánghòu

damenhaft *adj* 贵妇人那样的 guìfùrén nàyàng de;淑女那样的 shūnǚ nàyàng de

Damensalon [... zalõ:] *m* 女理发室 nǚlǐfàshì,女子理发厅 nǚzǐ lǐfàtīng

damit I *adv* 以此 yǐ cǐ,用此 yòngcǐ: er hatte drei Koffer und stand ～ an der Haltestelle 他带着三个箱子站在车站旁;对此 duìcǐ: Was soll ich ～ tun (或 anfangen)? 对此我该怎么办? 同时 tóngshí: ～ endete die Feier 同时庆祝会宣告结束 II *cj* 为的是… wèi de shì …,以便 … yǐbiàn …: ich sage es, ～ ihr Bescheid wisst 我说这些,为的是让你们知道

Dämlack *m* -s, -e / -s 笨蛋 bèndàn,蠢人 chǔnrén

dämlich *adj* 愚蠢的 yúchǔnde,笨的 bènde

Damm *m* -(e)s, ⸚e 水堤 shuǐdī,堤坝 dībà;路基 lùjī;nicht auf dem ～ sein 身体欠安;jn auf den ～ bringen 使某人恢复健康,帮助某人脱离困境

Dammbruch *m* 决堤 juédī

dämmen *vt* 筑堤阻拦 zhù dī zǔlán: das Wasser ～ 筑堤截住水;挡住 dǎngzhù,减低 jiǎndī

dämmerig *adj* 半明半暗的 bàn míng bàn àn de,朦胧的 ménglóngde,暗淡的 àndànde

dämmern *vi* 拂晓 fúxiǎo,破晓 pòxiǎo: der Tag (或 der Morgen) dämmert 天已破晓;薄暮 bómù,黄昏 huānghūn: der Abend dämmert 天已黄昏;es dämmert 暮色朦胧(或天将破晓);处于迷糊状态 chǔ yú míhú zhuàngtài: ich dämmerte vor mich hin 我昏昏沉沉欲睡;渐渐明白 jiànjiàn míngbai: jetzt dämmert es mir 现在我明白了

Dämmerung *f* -, -en 薄暮 bómù,黄昏 huánghūn;黎明 límíng,破晓 pòxiǎo

Dämon *m* -s, -en 恶魔 èmó,魔鬼 móguǐ

dämonisch *adj* 恶魔般的 èmóbānde;非凡的 fēifánde,超人的 chāorénde

Dampf *m* -(e)s, ⸚e 蒸气 zhēngqì,烟雾 yānwù: etw in ～ verwandeln 将某物汽化;mit ～ arbeiten 紧张地工作,加油干

dampfen *vi* 冒热气 mào rèqì,散发热气 sànfā rèqì,蒸发 zhēngfā

dämpfen *vt* 蒸煮 zhēngzhǔ,蒸熟 zhēngshú;用蒸汽处理 yòng zhēngqì chǔlǐ;抑制 yìzhì,压低 yādī

Dampfer *m* -s, - 轮船 lúnchuán,汽船 qìchuán

Dampferflotte *f* 轮船队 lúnchuánduì

Dampferlinie *f* 轮船航线 lúnchuán hángxiàn

Dampfheizung *f* 暖气设备 nuǎnqì shèbèi

Dampfkessel *m* 蒸汽锅炉 zhēngqì guōlú

Dampfkraftwerk *n* 蒸汽发电厂 zhēngqì fādiànchǎng,火力发电厂 huǒlì fādiànchǎng

Dampfmaschine *f* 蒸汽机 zhēngqìjī

Dampfschiff *n* 汽船 qìchuán,轮船 lúnchuán

Dämpfung *f* -, -en 阻尼 zǔní,减幅 jiǎnfú;衰减 shuāijiǎn;减弱 jiǎnruò;抑制 yìzhì

danach *adv* (指时间)此后 cǐhòu，后来 hòulái；(指地点)在此之后 zài cǐ zhīhòu，在这后面 zài zhè hòumian；依此 yī cǐ，据此 jùcǐ，对此 duìcǐ，就此 jiùcǐ；(指方向)向那里 xiàng nàli

Dandy ['dendi] *m* -s，-s 花花公子 huāhuā-gōngzǐ，纨袴子弟 wánkù zǐdì

Däne *m* -n，-n 丹麦人 dānmàirén

daneben *adv* 在旁边 zài pángbiān，在边上 zài biānshang；此外 cǐwài，与此同时 yǔ cǐ tóngshí

danebenbenehmen* *rfl* 举止欠佳 jǔzhǐ qiàn jiā，不得体 bù détǐ

danebengehen* *vi(s)* 未射中目标 wèi shè zhòng mùbiāo，射偏 shè piān；没成功 méi chénggōng，失败 shībài

danebenhauen* *vi* 打(劈，砍)不中 dǎ bùzhòng；答不对 dá bùduì，弄错 nòngcuò

Dänemark 丹麦 Dānmài

daniederliegen* *vi* 卧病在床 wòbìng zài chuáng；衰落 shuāiluò，萧条 xiāotiáo

Dänin *f* -，-nen (女)丹麦人 dānmàirén

dänisch *adj* 丹麦的 dānmàide；丹麦人的 dānmàirénde；丹麦语的 dānmàiyǔde

dank *prp(G/D)* 由于 yóuyú，多亏 duōkuī：～ seiner Hilfe bin ich bald mit der Arbeit fertig geworden 多亏他的帮助我很快就完成了这项工作

Dank *m* -(e)s 感谢 gǎnxiè，感激 gǎnjī，谢意 xièyì

Dankadresse *f* 感谢信 gǎnxièxìn

dankbar *adj* 感谢的 gǎnxiède，感激的 gǎnjīde：jm ～ sein 感谢某人；er ist stets ～ für Kritik 他对批评是一贯欢迎的；值得花时间(或精力)的 zhídé huā shíjiān de

Dankbarkeit *f* - 感谢 gǎnxiè，感激 gǎnjī：jm seine ～ bezeigen (或 ausdrücken，beweisen) 对某人表示感谢

Dankbrief *m* 感谢信 gǎnxièxìn

danken I *vi* 感谢 gǎnxiè，感激 gǎnjī：jm für seinen Empfang ～ 感谢某人招待 II *vt* 报答 bàodá，归功于 guīgōng yú：das ist seinem Fleiß zu ～ 此事应归功于他的勤奋

dankenswert *adj* 值得感谢的 zhídé gǎnxiè de，该受的 gāi shòu de

dankerfüllt *adj* 十分感激的 shífēn gǎnjīde，充满感谢的 chōngmǎn gǎnxiède

Dankeschön *n* -s 感谢 gǎnxiè，谢谢 xièxie：～ sagen 道声谢谢

Danksagung *f* -，-en 致谢 zhìxiè，述说谢意 shùshuō xièyì，谢词 xiècí

dann *adv* 然后 ránhòu，此后 cǐhòu，后来 hòulái；那么 nàme，此外 cǐwài；(用于告别时)那好 nàhǎo，那么 nàme：Tschüs ～！那好，再见！also ～，ich muss jetzt gehen 那好，我现在就走了

daran *adv* 在…旁 zài … páng：nahe ～ sein，etw zu tun 几乎就要做某事；在…之上 zài … zhīshang；紧接着 jǐn jiēzhe，紧跟着 jǐn gēnzhe，此后 cǐhòu；在这方面 zài zhè fāngmiàn，对此 duì cǐ：mir liegt viel ～ 我对此很感兴趣

darangehen* *vi(s)* 开始 kāishǐ，着手 zhuóshǒu

daransetzen I *vt* 把…放到…上 bǎ … fàng dào … shang，投入 tóurù II *rfl* 开始 kāishǐ，着手 zhuóshǒu

darauf *adv* 在…上 zài … shang；对此 duìcǐ；此后 cǐhòu，紧跟着 jǐn gēnzhe，紧接着 jǐn jiēzhe；因此 yīncǐ，因而 yīn'ér

darauffolgend *adj* 下一个的 xià yīgè de，紧接着的 jǐn jiēzhe de，其后的 qíhòude：am ～en Tage 第二天，次日

daraufhin *adv* 因此 yīncǐ，于是 yúshì；此后 cǐhòu，随即 suíjí；在这一方面 zài zhè yī fāngmiàn

daraus *adv* 由此 yóucǐ，从此 cóngcǐ，从中 cóngzhōng：Mach dir nichts ～！你别介意！

darbieten* I *vt* 提供 tígōng，献上 xiànshàng，奉上 fèngshàng；演出 yǎnchū，表演 biǎoyǎn，上演 shàngyǎn II *rfl* 展现 zhǎnxiàn，呈现 chéngxiàn，显露出 xiǎnlùchū

Darbietung *f* -，-en 演出 yǎnchū，表演 biǎoyǎn：etw zur ～ bringen 演出某节目；(表演的)节目 jiémù

darbringen* *vt* 提供 tígōng，呈献 chéngxiàn，赠送 zèngsòng：jm Geschenke ～ 赠送给某人礼品

darein *adv* 向里面 xiàng lǐmiàn，到里面 dào lǐmiàn

dareinfinden* *rfl* 适应 shìyìng，迁就 qiānjiù

darin *adv* 在里面 zài lǐmiàn；在这方面 zài zhè fāngmiàn，在于 zàiyú

darlegen *vt* 说明 shuōmíng，解释 jiěshì，阐明 chǎnmíng

D

Darlegung *f* -, -en 说明 shuōmíng，解释 jiěshì，分析阐述 fēnxī chǎnshù

Darlehen *n* -s, - 贷款 dàikuǎn，借款 jièkuǎn，放款 fàngkuǎn

Darlehensantrag *m* 贷款申请书 dàikuǎn shēnqǐngshū

Darlehensgeber *m* 贷与人 dàiyǔrén，贷方 dàifāng

Darlehenskasse *f* 放款银行 fàngkuǎn yínháng；小额贷款处 xiǎoé dàikuǎnchù

Darlehenskonto *n* 贷款帐户 dàikuǎn zhànghù，贷款帐目 dàikuǎn zhàngmù

Darlehensnehmer *m* 借款人 jièkuǎnrén，借方 jièfāng

Darlehenssumme *f* 贷款额 dàikuǎn'é

Darlehenszinsen *pl* 贷款利息 dàikuǎn lìxī

Darm *m* -(e)s, ⸚e 肠 cháng

darreichen *vt* 呈献 chéngxiàn；赠与 zèngyǔ，递给 dìgěi：jm etw ～ 把某物赠与某人

darstellen I *vt* 描述 miáoshù，描绘 miáohuì；讲述 jiǎngshù，阐述 chǎnshù；表示 biǎoshì，表现 biǎoxiàn，体现 tǐxiàn；表演 biǎoyǎn，演出 yǎnchū，扮演 bànyǎn II *rfl* 表明 biǎomíng，证明是 zhèngmíng shì

Darsteller *m* -s, - 男演员 nányǎnyuán，男表演者 nánbiǎoyǎnzhě

Darstellerin *f* -, -nen 女演员 nǚyǎnyuán，女表演者 nǚbiǎoyǎnzhě

Darstellung *f* -, -en 描述 miáoshù，描绘 miáohuì；阐述 chǎnshù；表演 biǎoyǎn，演出 yǎnchū；扮演 bànyǎn

darüber *adv* 在…上面 zài … shàngmiān；关于这方面 guānyú zhè fāngmiàn，对此 duìcǐ；超过 chāoguò；在此期间 zài cǐ qījiān，在这段时间里 zài zhè duàn shíjiān lǐ

darum I *adv* 在…周围 zài … zhōuwéi；对此 duìcǐ，在这方面 zài zhè fāngmiàn；为此 wèicǐ，因此 yīncǐ II *cj* 因此 yīncǐ，所以 suǒyǐ

darumkommen* *vi(s)* 放弃 fàngqì，丧失 sàngshī

darunter *adv* 在…下面 zài … xiàmian；其中 qízhōng；关于这方面 guānyú zhè fāngmiàn，对此 duìcǐ；在…以下 zài … yǐxià，低于 dīyú

darunterfallen* *vi(s)* 属于（此范围）shǔyú

darunterliegen* *vi* 在此之下 zài cǐ zhī xià；较差 jiàochà

das I *art*（中性名词的定冠词）II *pron*（指示代词）这个 zhège，那个 nàge；这 zhè，那 nà，此 cǐ III *pron*（关系代词）这 zhè，那 nà

dasein* *vi(s)* 在 zài；在场 zàichǎng；存在 cúnzài，有 yǒu：Ist noch Bier da? 还有啤酒吗？

Dasein *n* -s 存在 cúnzài；生活 shēnghuó，生存 shēngcún

Daseinsberechtigung *f* 生存权利 shēngcún quánlì，生活的权利 shēnghuó de quánlì

dasitzen* *vi* 坐在那儿 zuò zài nàr，无所事事 wú suǒ shì shì

dass *cj*（用以连接主语从句、宾语从句、定语从句、表语从句、状语从句等）

Daten *pl* 数据 shùjù，资料 zīliào；信息 xìnxī

Datenbank *f* 数据库 shùjùkù

Dateneingabe *f* 数据输入 shùjù shūrù

Datenempfänger *m* 数据接受机 shùjù jiēshòujī

Datenschutz *m*（公民私人）数据保护 shùjù bǎohù

Datenverarbeitung *f* 数据处理 shùjù chǔlǐ

datieren I *vt* 注明…的日期 zhùmíng … de rìqī：eine Urkunde ～ 在证书上注明日期；鉴定 jiàndìng(日期，年代)，确定…的年代 quèdìng … de niándài：ein Gemälde ～ 鉴定一幅画的年代 II *vi* 始于 shǐ yú，源出于 yuán chū yú

Dativ *m* -s, -e（语法）第三格 dìsāngé

Dativobjekt *n* 第三格宾语 dìsāngé bīnyǔ

Dativergänzung *f*（配价语法的）三格补足语 sāngé bǔzúyǔ

Dattel *f* -, -n 枣子 zǎozi，枣椰子 zǎoyēzi

Datum *n* -s, ...ten 年月日 nián yuè rì，日期 rìqī；(复数)资料 zīliào，数据 shùjù，作为论据的事实 zuòwéi lùnjù de shìshí

Dauer *f* - 持续 chíxù，经久 jīngjiǔ；持续时间 chíxù shíjiān，期限 qīxiàn：auf die ～ 持续下去

Dauergast *m* 常住客 chángzhùkè；常客 chángkè，老主顾 lǎozhǔgù

dauerhaft *adj* 经久的 jīngjiǔde，持久的 chíjiǔde；牢固的 láogùde，耐用的 nàiyòngde

Dauerkarte *f* (一定时间内使用的)长期票 chángqīpiào,月季票 yuèjìpiào
Dauerlauf *m* 长距离跑步 chángjùlí pǎobù: einen ~ machen 进行长跑
dauern I *vi* 历时 lìshí,持续 chíxù,延续 yánxù;持久 chíjiǔ **II** *vi* 引起…同情 yǐnqǐ … tóngqíng,令…惋惜 lìng … wǎnxī
dauernd *adj* 持续的 chíxùde,持久的 chíjiǔde,经常的 jīngchángde,不断的 bùduànde
Dauernutzungsrecht *n* 长期使用权 chángqī shǐyòngquán
Dauerregen *m* 久雨 jiǔyǔ
Dauerstellung *f* 长期职务 chángqī zhíwù,固定职位 gùdìng zhíwèi
Dauerware *f* 耐贮食物 nài zhù shíwù,耐贮品 nài zhù pǐn
Dauerwelle *f* 烫发 tàngfà;电烫发式 diàntàng fàshì
Dauerwohnrecht *n* 长期居住权 chángqī jūzhùquán
Daumen *m* -s, - 拇指 mǔzhǐ: den (或 mit dem) ~ auf etw drücken 坚持某事; ~ (或 Däumchen) drehen 闲得无聊; jm (或 für jn) den ~ halten 祝愿某人成功,希望某人交好运
Daune *f* -, -n 绒毛 róngmáo,羽绒 yǔróng,鸭绒 yāróng
Daunenbett *n* 鸭绒被 yāróngbèi,羽绒被 yǔróngbèi
Daunenjacke *f* -, -n 羽绒服 yǔróngfú
davon *adv* 从那里 cóng nàli,离那儿 lí nàr;关于这方面 guānyú zhè fāngmiàn,对此 duìcǐ: sich auf und ~ machen 跑掉,溜掉;由此 yóucǐ,因此 yīncǐ;在这些数量和种类中 zài zhèxiē shùliàng hé zhǒnglèi zhōng,其中 qízhōng: der Ausschuss hat zehn Mitglieder, ~ sind vier Frauen 委员会有十名成员,其中四名是妇女
davonbleiben* *vi(s)* 避开 bìkāi,不碰 bù pèng,不触 bù chù
davongehen* *vi(s)* 离开 líkāi,离去 líqù;去世 qùshì
davonkommen* *vi(s)* 逃脱 táotuō,逃跑 táopǎo,幸免 xìngmiǎn
davonlassen* *vt* (用于短语)die Finger ~ 不干预,不插手
davonlaufen* *vi(s)* 跑掉 pǎodiào,逃跑 táopǎo,跑开 pǎokāi
davonmachen *rfl* (偷偷地)离开 líkāi,溜掉 liūdiào
davontragen* *vt* 把…抬(扛、提、背)走 bǎ … táizǒu;获得 huòdé,赢得 yíngdé: einen Preis ~ 获得一份奖金;遭到 zāodào;遭受 zāoshòu
davor *adv* 在这以前 zài zhè yǐqián;在这前面 zài zhè qiánmian;对此 duìcǐ: er fürchtet sich ~ 他害怕此事
davorstehen* *vi* 面临 miànlín;站在前面 zhàn zài qiánmian,矗立在前面 chùlì zài qiánmian
dazu *adv* 对此 duì cǐ;为此 wèicǐ;加之 jiāzhī,加上 jiāshàng;此外 cǐwài,外加 wàijiā
dazugehören *vi* 属于… shǔyú …,和那有关系 hé nà yǒu guānxì
dazugehörig *adj* 属于此类的 shǔyú cǐlèi de,附属的 fùshǔde
dazukommen* *vi(s)* 附加 fùjiā,外加 wàijiā,加上 jiāshàng: Kommt noch etwas dazu? 还要其他什么吗?(售货员问顾客语);来到 láidào,出现 chūxiàn
dazuverdienen *vt* 附加收入 fùjiā shōurù,额外收入 éwài shōurù
dazwischen *adv* 在这之间 zài zhè zhījiān;在这期间 zai zhè qījiān;在这里面 zài zhè lǐmiàn,其中 qízhōng
dazwischenfahren* *vi(s)* 大声干涉 dàshēng gānshè(制止喧哗、吵闹等);(插嘴)打断(别人)谈话 dǎduàn tánhuà
dazwischenkommen* *vi(s)* 意外发生 yìwài fāshēng,发生不测 fāshēng bùcè;插手 chāshǒu,干预 gānyù
dazwischenreden *vi* 插嘴 chāzuǐ;打断(他人)谈话 dǎduàn tánhuà;干预 gānyù
dazwischentreten* *vi(s)* 劝解 quànjiě,调解 tiáojiě,斡旋 wòxuán
Dealer ['di:lɐ] *m* -s, - 贩毒犯 fàndúfàn
Debakel *n* -s, - 瓦解 wǎjiě,崩溃 bēngkuì,失败 shībài
Debatte *f* -, -n 辩论 biànlùn,争论 zhēnglùn,讨论 tǎolùn: eine Frage in die ~ werfen 将一问题提交讨论
debattieren I *vt* 讨论 tǎolùn,争论 zhēnglùn,辩论 biànlùn **II** *vi* 讨论 tǎolùn,争论 zhēnglùn,辩论 biànlùn: über etw (*A*) ~ 辩论某事
Debüt [... 'by:] *n* -s, -s 初次登场 chūcì dēngchǎng,初次演出 chūcì yǎnchū
Debütant *m* -en, -en 初次登场的演员 chūcì dēngchǎng de yǎnyuán
debütieren *vi* 初次登场 chūcì dēng-

chǎng，初次演出 chūcì yǎnchū

dechiffrieren [deʃɪˈfriːrən] *vt* 破译（密码等）pòyì

Deck *n* -(e)s, -s 甲板 jiǎbǎn

Deckadresse *f* 假地址 jiǎ dìzhǐ，借以掩护的地址 jièyǐ yǎnhù de dìzhǐ

Deckbett *n* 鸭绒被 yāróngbèi

Decke *f* -, -n 被子 bèizi，毯子 tǎnzi，床罩 chuángzhào；台布 táibù，覆盖物 fùgàiwù；天花板 tiānhuābǎn，顶 dǐng：mit jm unter einer ～ stecken 与某人同谋，与某人一鼻孔出气，与某人沆瀣一气

Deckel *m* -s, - 盖子 gàizi；（书的）封面 fēngmiàn；帽子 màozi：eins auf den ～ kriegen（或 bekommen）挨骂，挨一顿揍

decken I *vt* 盖 gài，覆盖 fùgài，铺 pū；掩护 yǎnhù；掩盖 yǎngài，包庇 bāobì，掩饰 yǎnshì；抵偿 dǐcháng，弥补 míbǔ **II** *rfl* 一致 yīzhì，重合 chónghé，与…相吻合 yǔ … xiāng wěnhé：sich mit etw ～ 与某事物相一致；防护 fánghù

Deckenbeleuchtung *f* 天花板上的照明 tiānhuābǎnshang de zhàomíng，顶板灯光 dǐngbǎn dēngguāng

Deckengemälde *n* 天花板上的绘画 tiānhuābǎnshang de huìhuà

Deckfarbe *f* 遮光涂料 zhēguāng túliào，不透明的颜色 bùtòumíng de yánsè

Deckmantel *m* -s 伪装 wěizhuāng，借口 jièkǒu，外衣 wàiyī：etw als ～ benutzen 以某事作为借口

Deckname *m* 假名 jiǎmíng

Deckung *f* -, -en 掩蔽（物）yǎnbì，掩护（物）yǎnhù；（体育运动）防守 fángshǒu，防卫 fángwèi；满足 mǎnzú（需要）；（商业上的）保证 bǎozhèng，担保 dānbǎo；（家畜）交配 jiāopèi；一致 yīzhì，符合 fúhé

Deckungsaufgabe *f* 掩护任务 yǎnhù rènwu

Deckweiß *n* 氧化锌 yǎnghuàxīn，白色遮光涂料 báisè zhēguāng túliào

decodieren *vt* 译电报 yìdiànbào，译码 yìmǎ，解码 jiěmǎ

de facto *adv* 事实上 shìshíshang，根据事实 gēnjù shìshí

Defätist *m* -en, -en 失败主义者 shībài zhǔyì zhě，悲观论者 bēiguānlùn zhě

defätistisch *adj* 失败主义的 shībài zhǔyì de，悲观论的 bēiguānlùnde

defekt *adj* 有缺陷的 yǒu quēxiàn de，有毛病的 yǒu máobìng de，损坏的 sǔnhuàide

Defekt *m* -(e)s, -e 缺陷 quēxiàn，毛病 máobìng；损坏 sǔnhuài

Defemination *f*（妇女的）性欲缺乏 xìngyù quēfá；非女性化（生理方面男性化）fēi nǚxìng huà

defensiv *adj* 防御的 fángyùde，防卫的 fángwèide，防守的 fángshǒude；谨慎的 jǐnshènde：～es Fahren 遵守交通规则注意安全行车

Defensivbündnis *n* 防守联盟 fángshǒu liánméng，防御同盟 fángyù tóngméng

Defensive *f* -, -n 防御 fángyù，防守 fángshǒu，防卫 fángwèi

definieren *vt* 给…下定义 gěi … xià dìngyì，解释 jiěshì，阐明 chǎnmíng

Definition *f* -, -en 定义 dìngyì，解释 jiěshì：eine ～ geben 下一定义，作一解释

Defizit *n* -s, -e 亏空（额）kuīkong，赤字 chìzì

defizitär *adj* 亏空的 kuīkongde，有赤字的 yǒu chìzì de

Defizitfinanzierung *f* 赤字财政 chìzì cáizhèng，赤字筹资 chìzì chóuzī

Deflation *f* -, -en 通货紧缩 tōnghuò jǐnsuō

deformieren *vt* 使变形 shǐ biànxíng，使走样 shǐ zǒuyàng；使变畸形 shǐ biàn jīxíng

Defroster *m* -s, -（汽车、飞机的）除霜器 chúshuāngqì

deftig *adj* 厉害的 lìhaide；下流的 xiàliúde

Degagement [... ʒəˈmaːŋ] *n* -s, -s 解除义务 jiěchú yìwù；无约束 wú yuēshù，无拘束 wú jūshù

degagieren [... ˈʒiːrən] *vt* 解除义务 jiěchú yìwù；摆脱 bǎituō

Degen *m* -s, - 剑 jiàn，军刀 jūndāo

degeneriert *adj* 蜕化的 tuìhuàde，变质的 biànzhìde；退化的 tuìhuàde，变种的 biànzhǒngde

degradieren *vt* 使降级 shǐ jiàngjí，贬黜 biǎnchù

Degustation *f* 品尝食品 pǐncháng shípǐn；品酒 pǐnjiǔ

dehnbar *adj* 可延伸的 kě yánshēn de，可伸展的 kě shēnzhǎn de，有弹性的 yǒu tánxìng de，可扩张的 kě kuòzhāng de

dehnen I *vt* 拉长 lācháng，拉宽 lā kuān，使伸展 shǐ shēnzhǎn，使伸长 shǐ shēncháng II *rfl* 延伸 yánshēn，伸展 shēnzhǎn，伸长 shēncháng

Dehumanisation *f* 非人道化 fēi réndào huà

dehumanisieren *vt* 使非人道 shǐ fēi réndào，使人失去尊严 shǐ rén shīqù zūnyán

Deich *m* -(e)s, -e 堤 dī，坝 bà，堤岸 dī'àn

Deichbruch *m* 决堤 juédī

Deichsel *f* -, -n（马车、牛车等的）辕杆 yuángǎn

deichseln *vt*（巧妙地）处理 chǔlǐ，设法完成 shèfǎ wánchéng，搞成 gǎochéng

dein *pron*（物主代词）你的 nǐde

deinerseits *adv* 在你的方面 zài nǐde fāngmiàn

de jure *adv* 法律上的 fǎlǜshangde，根据法律的 gēnjù fǎlǜ de

dekadent *adj* 颓废的 tuífèide

Dekadenz *f* - 颓废 tuífèi

Dekan *m* -s, -e（大学、学院的）系主任 xìzhǔrèn，院长 yuànzhǎng

Deklamation *f* -, -en 朗读 lǎngdú，朗诵 lǎngsòng；高谈阔论 gāo tán kuò lùn

deklamieren *vt* 朗诵 lǎngsòng，当众吟诵 dāngzhòng yínsòng，宣读 xuāndú

Deklaration *f* -, -en 宣告 xuāngào，宣布 xuānbù；宣言 xuānyán，声明 shēngmíng；（纳税）申报 shēnbào

deklarieren *vt* 宣告 xuāngào，宣布 xuānbù；声明 shēngmíng，宣称 xuānchēng；把船（货）申报海关 bǎ chuán shēnbào hǎiguān；（纳税）申报 shēnbào

deklassieren *vt* 降低…的社会地位（身份）jiàngdī… de shèhuì dìwèi；（体育比赛）打败 dǎbài，完全胜过 wánquán shèngguò

deklinieren *vt* 使变格 shǐ biàngé，将名词（代词、形容词、数词）变格 jiāng míngcí biàngé

Deklination *f* -, -en 变格 biàngé

Dekor *m*/*n* -s, -s 装饰 zhuāngshì，装潢 zhuānghuáng

Dekorateur [dekora'tøːr] *m* -s, -e（厨房或房间的）装饰家 zhuāngshìjiā，装饰师 zhuāngshìshī；制景人员 zhìjǐng rényuán

Dekoration *f* -, -en 装潢 zhuānghuáng，装饰 zhuāngshì；装饰品 zhuāngshìpǐn；舞台布景 wǔtái bùjǐng；勋章 xūnzhāng，奖章 jiǎngzhāng

Dekorationskunst *f* 装饰艺术 zhuāngshì yìshù，舞台布景艺术 wǔtái bùjǐng yìshù

dekorativ *adj* 装潢的 zhuānghuángde，装饰用的 zhuāngshì yòng de

dekorieren *vt* 装潢 zhuānghuáng，装饰 zhuāngshì，布置 bùzhì；授勋章给… shòu xūnzhāng gěi …

Dekort *m* -s, -s / -e 折扣 zhékòu；降价 jiàngjià

Dekret *n* -(e)s, -e 命令 mìnglìng，法令 fǎlìng，政令 zhènglìng

Delegation *f* -, -en 代表团 dàibiǎotuán

delegieren *vt* 委派…当代表 wěipài … dāng dàibiǎo：jn zu einer Konferenz ～ 派某人出席会议；把…委托给 bǎ … wěituō gěi：etw auf jn ～ 把某事委托给某人

Delegierte *m* /*f*（按形容词变化）代表 dàibiǎo

Delegierung *f* 委托 wěituō，转让 zhuǎnràng，让与 ràngyǔ

delikat *adj* 美味的 měiwèide；棘手的 jíshǒude，微妙的 wēimiàode；审慎的 shěnshènde

Delikatesse *f* -, -n 精美食品 jīngměi shípǐn，美味佳肴 měiwèi jiāyáo；谨慎 jǐnshèn，审慎 shěnshèn

Delikatessengeschäft *n* 美味商店 měiwèi shāngdiàn

Delikatessenladen *m* = Delikatessengeschäft

Delikatessenwaren *pl* 美味食品 měiwèi shípǐn，珍馐 zhēnxiū

Delikt *n* -(e)s, -e 不法行为 bùfǎ xíngwéi，违法 wéifǎ

Deliktsart *f* 犯罪种类 fànzuì zhǒnglèi

Deliktshaftung *f* 犯罪的责任 fànzuì de zérèn，侵权行为的责任 qīnquán xíngwéi de zérèn

Delinquent *m* -en, -en 违法者 wéifǎzhě，犯罪者 fànzuìzhě

Delirium *n* -s, ...rien 说胡话 shuō húhuà，谵妄 zhānwàng，神志不清 shénzhì bùqīng

Delphin *m* -s, -e 海豚 hǎitún

Delta *n* -s, -s（河流的）三角洲 sānjiǎozhōu

Demagoge *m* -n, -n 煽动者 shāndòngzhě，蛊惑人心者 gǔhuò rénxīn zhě

Demagogie *f* -, -n 煽动 shāndòng，蛊

惑人心的宣传 gǔhuò rénxīn de xuānchuán

demagogisch *adj* 煽动的 shāndòngde，蛊惑人心的 gǔhuò rénxīn de

Demarche [... 'marʃə] *f* -，-n 外交步骤 wàijiāo bùzhòu，外交措施 wàijiāo cuòshī

Demarkation *f* -，-en（国家间的）分界 fēnjiè，定界 dìngjiè，划界 huàjiè；（国家间的）分界线 fēnjièxiàn，分界处 fēnjiè chù

Demarkationslinie *f*（临时）分界线 fēnjièxiàn，边界线 biānjièxiàn

demaskieren I *rfl* 脱下假面具 tuōxià jiǎmiànjù；暴露 bàolù，露出真面目 lùchū zhēnmiànmù II *vt* 揭露…的面目 jiēlù … de miànmù，撕下…的假面具 sīxià … de jiǎmiànjù：einen Hochstapler ～ 揭露一伪君子

Dementi *n* -s，-s（官方）正式否认（否定）zhèngshì fǒurèn，正式辟谣 zhèngshì pìyáo

dementieren *vt*（官方）正式否认（否定）zhèngshì fǒurèn，正式辟谣 zhèngshì pìyáo：Gerüchte ～ 辟谣

Dementierung *f*（官方）否认 fǒurèn，辟谣 pìyáo

dementsprechend *adv/adj* 与此相应的 yǔ cǐ xiāngyìng de；按此 àncǐ，因此 yīncǐ，从而 cóng'ér

demgegenüber *adv* 与此相比 yǔ cǐ xiāngbǐ，与此相反 yǔ cǐ xiāngfǎn

demgemäß *adv* 如前所述 rú qián suǒ shù，据此 jùcǐ，按此 àncǐ；因此 yīncǐ

demilitarisieren *vt* 使非军事化 shǐ fēijūnshìhuà

Demission *f* -，-en 辞职 cízhí，退职 tuìzhí；下台 xiàtái

demissionieren *vi* 辞职 cízhí，辞退 cítuì；下台 xiàtái

demnach *adv* 如前所述 rú qián suǒ shù；因此 yīncǐ，依此 yīcǐ，按此 àncǐ，所以 suǒyǐ

demnächst *adv* 不久 bùjiǔ，即将 jíjiāng

Demokrat *m* -en，-en 民主主义者 mínzhǔ zhǔyì zhě，民主人士 mínzhǔ rénshì；民主党党员 mínzhǔdǎng dǎngyuán

Demokratie *f* -，-n 民主 mínzhǔ，民主主义 mínzhǔ zhǔyì，民主政体 mínzhǔ zhèngtǐ，民主政治 mínzhǔ zhèngzhì

demokratisch *adj* 民主的 mínzhǔde，民主主义的 mínzhǔ zhǔyì de，民主政体的 mínzhǔ zhèngtǐ de

demokratisieren *vt* 使民主化 shǐ mínzhǔhuà

Demokratismus *m* - 形式上的民主主义 xíngshìshang de mínzhǔ zhǔyì；极端民主化 jíduān mínzhǔhuà，表面民主化 biǎomiàn mínzhǔhuà

demolieren *vt* 拆毁 chāihuǐ，破坏 pòhuài，毁坏 huǐhuài，损坏 sǔnhuài

Demonetisierung *f* 停止流通（货币）tíngzhǐ liútōng

Demonstrant *m* -en，-en 示威游行者 shìwēi yóuxíng zhě

Demonstration *f* -，-en 示威行动 shìwēi xíngdòng，游行 yóuxíng；表演 biǎoyǎn，示范 shìfàn；表明 biǎomíng，显示 xiǎnshì

demonstrativ *adj* 论证的 lùnzhèngde，明白的 míngbáide，示威性的 shìwēixìngde，表态性的 biǎotàixìngde，故意强调的 gùyì qiángdiào de；（语法）指示的 zhǐshìde

Demonstrativpronomen *n* 指示代词 zhǐshì dàicí

demonstrieren I *vi* 示威游行 shìwēi yóuxíng：gegen den Krieg ～ 为反对战争而举行示威 II *vt*（用实例、实验等）说明 shuōmíng，表现 biǎoxiàn，演示 yǎnshì

demontabel *adj* 可以拆修的 kěyǐ chāixiū de

Demontage [demɔn'taːʒə] *f* -，-n 拆开 chāikāi，拆卸 chāixiè，拆除 chāichú

demontieren *vt* 拆开 chāikāi，拆卸 chāixiè，拆除 chāichú

demoralisieren *vt* 使道德败坏 shǐ dàodé bàihuài；使士气低落 shǐ shìqì dīluò，使泄气 shǐ xièqì

Demoskop *m* -en，-en 进行民意测验者 jìnxíng mínyì cèyàn zhě，民意调查者 mínyì diàochá zhě

Demoskopie *f* -，-n 民意测验 mínyì cèyàn，舆论调查 yúlùn diàochá

Demut *f* -，-n 恭顺 gōngshùn，顺从 shùncóng，屈从 qūcóng；低声下气 dī shēng xià qì，谦卑 qiānbēi

demütig *adj* 恭顺的 gōngshùnde，谦卑的 qiānbēide，低声下气的 dī shēng xià qì de

demütigen I *vt* 使谦卑 shǐ qiānbēi，使低声下气 shǐ dī shēng xià qì；侮辱 wǔrǔ，凌辱 língrǔ II *rfl* 屈从 qūcóng，忍辱 rěnrǔ，低声下气 dī shēng xià qì

Demütigung *f* -, -en 屈辱 qūrǔ,耻辱 chǐrǔ,忍气吞声 rěn qì tūn shēng: eine tiefe ～ erleiden 受到一次奇耻大辱

demzufolge *adv* 如前所述 rú qián suǒ shù;因此 yīncǐ,所以 suǒyǐ,按此 àn cǐ

Denkart *f* 思想方法 sīxiǎng fāngfǎ,思想方式 sīxiǎng fāngshì

denkbar I *adj* 想得到的 xiǎng de dào de,可想象的 kě xiǎngxiàng de,可能的 kěnéngde II *adv* 很 hěn,非常 fēicháng,极其 jíqí

denken* I *vi* 想 xiǎng,思考 sīkǎo: Denk, bevor du sprichst! 先想好了,再说! 想念 xiǎngniàn;想到 xiǎngdào: an jn [etw] ～ 想念某人[某事];想象为 xiǎngxiàng wéi,认为 rènwéi,对…有…想法 duì … yǒu … xiǎngfǎ: Wie denkt er über mich? 他对我有何看法? nicht gut von jm ～ 从不好的方面去想某人;想要 xiǎngyào,打算 dǎsuan: er denkt immer nur an sich sellst 他从来就只为自己打算 II *vt* 想象 xiǎngxiàng,设想 shèxiǎng,认为 rènwéi: sich (*D*) etw (*A*) ～ 想象某事;das lässt sich ～ 这是可以想象的

Denker *m* -s, - 思想家 sīxiǎngjiā,哲学家 zhéxuéjiā;思考者 sīkǎozhě

denkfaul *adj* 懒于动脑筋的 lǎn yú dòng nǎojīn de

Denkmal *n* -s, ¨-er 纪念碑 jìniànbēi,纪念像 jìniànxiàng,纪念物 jìniànwù;遗址 yízhǐ,遗迹 yíjì

Denkmethode *f* 思想方法 sīxiǎng fāngfǎ

Denkschrift *f* 备忘录 bèiwànglù;悼词 dàocí

Denksport *m* 智力游戏 zhìlì yóuxì,智力测验 zhìlì cèyàn

Denkweise *f* 思想方式 sīxiǎng fāngshì,思想方法 sīxiǎng fāngfǎ

denkwürdig *adj* 值得纪念的 zhídé jìniàn de,意义重大的 yìyì zhòngdàde

Denkzettel *m* 备忘便条 bèiwàng biàntiáo;教训 jiàoxun,训诫 xùnjiè

denn I *cj* 因为 yīnwèi;(用于形容词、副词的比较级之后)比… bǐ…: mehr ～ je (zuvor) 比过去任何时候都多 II *adv* 究竟 jiūjìng,到底 dàodǐ,除非 chúfēi: es sei ～, dass ... 除非…

dennoch *adv* 但是 dànshì,还是 háishi,虽然如此 suīrán rúcǐ,仍然 réngrán: ich werde es ～ tun 我还是要干

Denunziant *m* -en, -en 告密者 gàomìzhě,告发者 gàofāzhě

Denunziation *f* -, -en 告密 gàomì,告发 gàofā

denunzieren *vt* 告发 gàofā,告密 gàomì

Depesche *f* -, -n 电报 diànbào;(政府发给自己驻外代表的)公函 gōnghán

Deponent *m* -en, -en 储户 chǔhù;寄存者 jìcúnzhě

Deponie *f* -, -n 垃圾场 lājīchǎng,堆废物的地方 duī fèiwù de dìfang

deponieren *vt* 存放 cúnfàng,寄放 jìfàng;存储 cúnchǔ

Deportation *f* -, -en 放逐 fàngzhú,流放 liúfàng,驱逐 qūzhú

deportieren *vt* 放逐 fàngzhú,驱逐 qūzhú,流放 liúfàng

Depossedierte *m/f* (按形容词变化)被废黜者 bèi fèichù zhě,被赶下台的当权者 bèi gǎnxiàtái de dāngquánzhě

Depot [de'po:] *n* -s, -s (有价证券、贵重物品的)银行保管库 yínháng bǎoguǎnkù;仓库 cāngkù;(公共汽车的)停车场 tíngchēchǎng

Depotbank *f* 保管银行 bǎoguǎn yínháng,接收存款银行 jiēshōu cúnkuǎn yínháng

Depotgeschäft *n* 证券保管业务 zhèngquàn bǎoguǎn yèwù;寄存保管箱业务 jìcún bǎoguǎnxiāng yèwù

Depotpräparat *n* 长效药物 chángxiào yàowù,长效制剂 chángxiào zhìjì

Depotwirkung *f* 长期效用 chángqī xiàoyòng

Depression *f* -, -en 萧条 xiāotiáo,不景气 bùjǐngqì;沮丧 jǔsàng,意志消沉 yìzhì xiāochén,忧郁 yōuyù;凹地 āodì,洼地 wādì;低(气)压 dīyā

deprimieren *vt* 使沮丧 shǐ jǔsàng,使抑郁 shǐ yìyù,意志消沉 yìzhì xiāochén

Deprivation *f* -, -en (由于少时丧亲而)缺乏爱 quēfá ài(心灵受到损伤);免职 miǎnzhí,圣职褫夺 shèngzhí chǐduó

deprivieren *vt* 剥夺 bōduó,夺去 duóqù;使丧失 shǐ sàngshī(尤指儿童失去母爱)

Deputant *m* -en, -en 有实物津贴权利的人 yǒu shíwù jīntiē quánlì de rén

Deputat *n* -(e)s, -e 实物津贴 shíwù

jīntiē,实物报酬 shíwù bàochóu

Deputation *f* -, -en 代表团 dàibiǎotuán,特派代表团 tèpài dàibiǎotuán;派遣 pàiqiǎn,委派 wěipài

Deputierte *m/f* (按形容词变化)代表 dàibiǎo,委员 wěiyuán

der I *art* (阳性名词的定冠词) II *pron* (阳性名词的指示代词和关系代词)这个 zhège,他 tā

derart *adv* 如此 rúcǐ,这样 zhèyàng

derartig *adj* 这样的 zhèyàngde,这类的 zhē lèide,这种的 zhèzhǒngde,如此的 rúcǐde

derb *adj* 坚实的 jiānshíde,粗糙的 cūcāode;粗俗的 cūsúde,粗野的 cūyěde,下流的 xiàliúde;粗鲁的 cūlǔde,生硬的 shēngyìngde

Derby ['dɛrbi] *n* -s, -s 德比马赛 dé bǐ mǎ sài;(同一城市的两支球队之间的)比赛 bǐsài,对抗赛 duìkàngsài

dereinst *adv* 将来 jiānglái,有朝一日 yǒu zhāo yī rì,以后 yǐhòu;以往 yǐwǎng,过去 guòqù,曾有一次 céng yǒu yīcì

dergleichen *pron* (指示代词)这样的(人或事物) zhèyàngde,这一类的(人或事物) zhèyīlèide:...und ～ mehr 等等,以及诸如此类;～ Dinge passieren jeden Tag 这样的事每天都发生

derjenige (derjenige, diejenige, dasjenige; diejenigen) *pron* (指示代词)这样的人 zhèyàngde rén,这样的东西 zhèyàngde dōngxi;此人 cǐrén,此物 cǐwù

derlei *pron* (指示代词,不变化) = dergleichen

dermaßen *adv* = derart

derselbe (derselbe, dieselbe, dasselbe; dieselben) *pron* (指示代词)同一个 tóngyīgè,同一的 tóngyīde;同样的 tóngyàngde,相同的 xiāngtóngde;同一类的 tóngyīlèide

derweil I *adv* 在这时候 zài zhè shíhou,其间 qíjiān II *cj* 当…的时候 dāng … de shíhou,同时 tóngshí

derzeit *adv* 当时 dāngshí,那时 nàshí;现在 xiànzài,目前 mùqián

derzeitig *adj* 现在的 xiànzàide,当前的 dāngqiánde,目前的 mùqiánde;当时的 dāngshíde,那时的 nàshíde

desarmieren *vt* 解除武装 jiěchú wǔzhuāng,撤除工事 chèchú gōngshì

Desarmierung *f* 解除武装 jiěchú wǔzhuāng,撤除工事 chèchú gōngshì,撤防 chèfáng

Desaster *n* -s, - 崩溃 bēngkuì;不幸灾难 bùxìng zāinàn

Deserteur [dezer'tøːr] *m* -s, -e 逃兵 táobīng,叛离者 pànlízhě

desertieren *vi* (*h/s*) 逃跑 táopǎo,开小差 kāixiǎochāi,投敌 tóudí

desgleichen *cj/adv* 同样(地) tóngyàng,照样(地) zhàoyàng,也 yě

deshalb *adv/cj* 因此 yīncǐ,所以 suǒyǐ;为此 wèicǐ,由于这一原因 yóuyú zhè yī yuányīn

Design [di'zain] *n* -s, -s 设计 shèjì,图样 túyàng,款式 kuǎnshì;模型 móxíng

Designation *f* -, -en 称号 chēnghào;选派 xuǎnpài,委派 wěipài

Desillusion *f* -, -en 幻灭 huànmiè,失望 shīwàng;醒悟 xǐngwù

desillusionieren *vt* 使觉醒 shǐ juéxǐng,使醒悟 shǐ xǐngwù,使幻想破灭 shǐ huànxiǎng pòmiè

Desillusionierung *f* 觉醒 juéxǐng,醒悟 xǐngwù,幻想破灭 huànxiǎng pòmiè

Desillusionismus *m* 不抱幻想 bù bào huànxiǎng,持现实态度 chí xiànshí tàidù

Desinfektion *f* -, -en 消毒 xiāodú,杀菌 shājūn

desinfizieren *vt* 给…消毒 gěi … xiāodú,杀死…的细菌 shā sǐ … de xìjūn

Desinteresse *n* -s 不感兴趣 bù gǎn xìngqù,漠不关心 mò bù guānxīn,冷淡 lěngdàn

desinteressiert *adj* 不感兴趣的 bù gǎn xìngqù de,漠不关心的 mò bù guānxīn de,冷淡的 lěngdànde

desorientieren *vt* 使迷失方向 shǐ míshī fāngxiàng,使糊涂 shǐ hútu,使迷惑 shǐ míhuò,使混乱 shǐ hùnluàn

Desorientiertheit *f* 迷失方向 míshī fāngxiàng,思想混乱 sīxiǎng hùnluàn,受人迷惑 shòu rén míhuò

Despot *m* -en, -en 暴君 bàojūn,专制君主 zhuānzhì jūnzhǔ,独裁者 dúcáizhě

despotisch *adj* 暴君的 bàojūnde,专制的 zhuānzhìde,独裁的 dúcáide

dessen *pron* (指示代词、关系代词 der 和 das 的单数第二格)

Dessin [dɛ'sɛ̃ː] *n* -s, -s 图案 tú'àn,花样 huāyàng;装帧设计 zhuāngzhēn shèjì

Dessous [dɛ'suː] *n* -, - [... suːs] 妇女内衣 fùnǚ nèiyī

Destillation *f* -, -en 蒸馏(法) zhēngliú
destillieren *vt* 蒸馏 zhēngliú; 用蒸馏法提取 yòng zhēngliúfǎ tíqǔ
desto *adv/cj* 越 yuè: je ... ~ ... 越…越… yuè … yuè…; je mehr, ~ besser 越多越好; 更 gèng, 更加 gèngjiā
destruktiv *adj* 破坏性的 pòhuàixìngde, 毁灭性的 huǐmièxìngde, 危害的 wēihàide
deswegen *adv/cj* 因此 yīncǐ, 所以 suǒyǐ; 为此 wèicǐ, 由于这一原因 yóuyú zhè yī yuányīn
Detail [de'taj 或 de'ta(:)j] *n* -s, -s 细节 xìjié, 详情 xiángqíng: ~s angeben 陈述细节; etw bis ins kleinste ~ schildern 描述某事的所有细节, 对某事作极其详尽的描述
Detailhandel *m* 零售 língshòu; 零售店 língshòudiàn
Detailpreis *m* 零售价格 língshòu jiàgé
Detailverkauf *m* 零售 língshòu
Detektiv *m* -s, -e 侦探 zhēntàn, 密探 mìtàn
Detektivroman *m* 侦探小说 zhēntàn xiǎoshuō
Détente [de'tã:t] *f* - (国家间关系的) 缓和 huǎnhé
Détentepolitik *f* 缓和政策 huǎnhé zhèngcè
Detergentien *pl* 净化剂 jìnghuàjì, 清洁剂 qīngjiéjì, 去垢剂 qùgòujì
Detonation *f* -, -en 爆炸 bàozhà
detonieren *vi*(*s/h*) 爆炸 bàozhà; (音乐) 走调 zǒudiào
deuten I *vi* 指 zhǐ, 指着 zhǐzhe: mit etw auf etw [jn] ~ 用某物指着某物[某人]; 预示 yùshì, 表明 biǎomíng, 表示 biǎoshì: alles deutet auf Regen 一切都预示着有雨 II *vt* 说明 shuōmíng, 解释 jiěshì
deutlich *adj* 清楚的 qīngchǔde, 明白的 míngbaide, 明确的 míngquède, 明显的 míngxiǎnde
deutsch *adj* 德意志的 déyìzhìde, 德国的 déguóde; 德国人的 déguórénde; 德语的 déyǔde, 德文的 déwénde: die ~e Sprache 德语, 德语国家语言
Deutsch *n* -(s) 德语 déyǔ, 德文 déwén, 德国话 déguóhuà: fließend ~ sprechen 说流利的德语; Wie heißt das auf ~? 这用德语怎么说?
Deutsche I *n* /*f* (按形容词变化) 德国人 déguórén II *n* (按形容词变化) 德语 déyǔ, 德文 déwén
Deutschland *n* 德国 Déguó
Deutschlehrer *m* 德语教师 déyǔ jiàoshī
Deutschtum *n* -s 德国人的特性 déguórénde tèxìng, 德国侨民 déguó qiáomín
Deutschunterricht *m* 德语课 déyǔkè
Deutung *f* -, -en 说明 shuōmíng, 解释 jiěshì
Devaluation *f* -, -en 贬值 biǎnzhí
deviant *adj* 违反社会道德标准的 wéifǎn shèhuì dàodé biāozhǔn de; 行为反常的 xíngwéi fǎncháng de
Devise *f* -, -n 格言 géyán, 箴言 zhēnyán, 座右铭 zuòyòumíng; (复数) 外汇 wàihuì
Devisenbestand *m* 外汇储备 wàihuì chǔbèi
Devisenbewirtschaftung *f* 外汇经营 wàihuì jīngyíng, 外汇管理 wàihuì guǎnlǐ
Devisenhandel *m* 外汇买卖 wàihuì mǎimai, 外汇交易 wàihuì jiāoyì
Devisenkassakurs *m* 现汇汇率 xiànhuì huìlǜ, 即期汇率 jíqī huìlǜ
Devisenkurs *m* 外汇兑换率 wàihuì duìhuànlǜ
Devisenmarkt *m* 外汇市场 wàihuì shìchǎng
Devisenreserven *pl* 外汇储备 wàihuì chǔbèi
Devisenstelle *f* 外汇管理处 wàihuì guǎnlǐchù
Devisentransfer *m* 划汇 huàhuì, 汇兑 huìduì
Devolution *f* - (向上级法院) 移交 yíjiāo, 移审 yí shěn; 遗产复归 yíchǎn fùguī
devot *adj* 恭顺的 gōngshùnde, 谦卑的 qiānbēide
Dezember *m* -(s), - 十二月 shí'èryuè
dezent *adj* 正派的 zhèngpàide, 得体的 détǐde; 委婉的 wěiwǎnde; 柔和的 róuhéde; 不过于显眼的 bú guòyú xiǎnyǎn de
Dezernat *n* -(e)s, -e (行政、企业等机构的) 部门 bùmén
Dezernent *m* -en, -en 部门负责人(如局长、处长、科长等) bùmén fùzérén

D

dezimal *adj* 十进制的 shíjìnzhìde，小数的 xiǎoshùde
Dia *n* -s，-s（Diapositiv 的缩写）
Diabetes *m* - 糖尿病 tángniàobìng
Diabetiker *m* -s，- 糖尿病人 tángniàobìngrén
diabolisch *adj* 恶魔的 èmóde，恶魔似的 èmó shìde，残暴的 cánbàode
Diadem *n* -s，-e 王冠 wángguān，冕 miǎn；（妇女佩戴的）冠状头饰 guānzhuàng tóushì
Diagnose *f* -，-n 诊断 zhěnduàn
diagnostizieren *vt/vi* 诊断 zhěnduàn
diagonal *adj* 对角线的 duìjiǎoxiàn de，对顶线的 duìdǐngxiànde
Diagonale *f* -，-n 对角线 duìjiǎoxiàn，对顶线 duìdǐngxiàn
Diagramm *n* -(e)s，-e 图解 tújiě，图表 túbiǎo；简图 jiǎntú，示图 shìtú
Dialekt *m* -s，-e 方言 fāngyán
Dialektik *f* - 辩证法 biànzhèngfǎ
dialektisch *adj* 辩证法的 biànzhèngfǎde
Dialog *m* -s，-e 对话 duìhuà，交换意见 jiāohuàn yìjiàn
Dialyseapparat *m* 透析器 tòuxīqì，渗析器 shènxīqì
Diamant *m* -en，-en 金刚石 jīngāngshí，钻石 zuànshí
diamanten *adj* 金刚石的 jīngāngshíde，钻石的 zuànshíde
diametral *adj* 正好相反的 zhènghǎo xiāngfǎnde
Diapositiv *n* -s，-e（缩写为 Dia）透明的相片正片 tòumíngde xiàngpiàn zhèngpiàn；幻灯片 huàndēngpiàn
Diaprojektor *m* 幻灯机 huàndēngjī
Diarium *n* -s，...rien 日记本 rìjìběn；笔记本 bǐjìběn
Diarrhö(e) *f* -，-n 腹泻 fùxiè
Diaskop *n* -s，-e 投影器 tóuyǐngqì，幻灯机 huàndēngjī
Diät *f* -，-en（适合某种疾病的）特种饮食 tèzhǒng yǐnshí，规定的饮食 guīdìng de yǐnshí：～ *leben* [*essen*] 按规定饮食生活[进餐]
dich *pron*（人称代词 du 的第四格）你 nǐ
dicht I *adj* 紧密的 jǐnmìde；稠密的 chóumìde，浓密的 nóngmìde；不渗透的 bù shèntòude II *adv* 紧接着 jǐnjiēzhe，紧挨着 jǐn'āizhe，紧靠着 jǐnkàozhe：er stand ～ bei mir 他紧挨我站着
dichtbevölkert *adj* 人口密集的 rénkǒu mìjí de
Dichte *f* -，-n 密度 mìdù，浓度 nóngdù；紧密 jǐnmì
dichten I *vt* 使紧密 shǐ jǐnmì，密封 mìfēng II *vt/vi* 创作 chuàngzuò；写诗 xiě shī
Dichter *m* -s，- 诗人 shīrén，作家 zuòjiā
dichterisch *adj* 诗的 shīde；诗人的 shīrénde；用诗写成的 yòng shī xiěchéng de；富有诗意的 fùyǒu shīyì de；爱好或善于写诗的 àihào huò shànyú xiě shī de
dichthalten* *vi* 保持沉默 bǎochí chénmò，保守秘密 bǎoshǒu mìmì，守口如瓶 shǒu kǒu rú píng
Dichtkunst *f* - 诗 shī，文学 wénxué；创作 chuàngzuò
Dichtung *f* -，-en 诗歌 shīgē，文学作品 wénxué zuòpǐn；紧密 jǐnmì，密封 mìfēng；垫圈 diànquān，垫片 diànpiàn，垫料 diàn liào
dick *adj* 粗的 cūde；厚的 hòude；胖的 pàngde；密的 mìde，稠的 chóude，浓的 nóngde；浓密的 nóngmìde；肿大的 zhǒngdàde，肿胀的 zhǒngzhàngde
Dickdarm *m* 大肠 dàcháng，结肠 jiécháng
Dicke *f* -，-n 厚度 hòudù，浓度 nóngdù；粗 cū，胖 pàng
dickfellig *adj* 厚脸皮的 hòuliǎnpíde，厚颜的 hòuyánde，无动于衷的 wú dòng yú zhōng de
dickflüssig *adj* 稠的 chóude，黏稠的 niánchóude，胶黏的 jiāoniánde
Dickicht *n* -(e)s，-e 灌木丛 guànmùcóng
Dickkopf *m* 顽固的人 wángùde rén，固执的人 gùzhíde rén；顽固 wángù，固执 gùzhí
dickköpfig *adj* 顽固的 wángùde，固执的 gùzhíde
Didaktik *f* -，-en 教学法 jiàoxuéfǎ，教授法 jiàoshòufǎ，教学理论 jiàoxué lǐlùn
didaktisch *adj* 教学法的 jiàoxuéfǎde，教授法的 jiàoshòufǎde，有教育意义的 yǒu jiàoyù yìyì de
die I *art*（阴性名词和复数名词一、四格定冠词）II *pron*（阴性名词的一、四格指示代词和关系代词）这个 zhège，她 tā
Dieb *m* -(e)s，-e 贼 zéi，小偷 xiǎotōu
Diebesbande *f* 盗窃集团 dàoqiè jítuán

diebisch *adj* 偷窃成性的 tōuqiè chéngxìng de;偷偷摸摸的 tōutōumōmōde,贼似的 zéishìde,鬼鬼祟祟的 guǐguǐsuìsuìde

Diebstahl *m* -s, ¨-e 偷窃 tōuqiè,偷窃行为 tōuqiè xíngwéi

Diele *f* -, -n 地板 dìbǎn;门厅 méntīng,前厅 qiántīng

dienen *vi* 供职 gòngzhí,服役 fúyì;服务 fúwù: dem Volk mit Leib und Seele ~ 全心全意为人民服务; dem Schulwesen treu ~ 忠诚地为教育事业服务;有助于 yǒuzhù yú,有利于 yǒulì yú,有益于 yǒuyì yú: die Fortschritte in der Medizin ~ der Gesundheit der Menschen 医学的进步有利于人们的健康

Diener *m* -s, - 仆人 púrén,佣人 yōngrén,雇工 gùgōng;勤杂工 qínzágōng;(儿童向大人)鞠躬 jūgōng,行礼 xínglǐ: einen tiefen ~ machen 深深地一鞠躬

dienlich *adj* 有益的 yǒuyìde,有用的 yǒuyòngde

Dienst *m* -es, -e 服务 fúwù,效劳 xiàoláo,帮助 bāngzhù;工作 gōngzuò,勤务 qínwù,职务 zhíwù: einen ~ antreten 就职; im ~ sein 在职; außer ~ 退职,离职;行政部门 xíngzhèng bùmén,服务机构 fúwù jīgòu

Dienstag *m* -s, -e 星期二 xīngqī'èr: (am) ~ morgen [vormittag, abend] 星期二早上[上午,晚上]

Dienstalter *n* 在职时间 zàizhí shíjiān,工龄 gōnglíng;服役时间 fúyì shíjiān,军龄 jūnlíng;资历 zīlì

Dienstangelegenheit *f* 公事 gōngshì,公务 gōngwù

Dienstantritt *m* 就职 jiùzhí,到任 dàorèn

Dienstanzug *m* 工作服 gōngzuòfú,制服 zhìfú

Dienstausweis *m* 工作证 gōngzuòzhèng

dienstbereit *adj* 乐于服务的 lèyú fúwù de,好行方便的 hào xíng fāngbian de

Dienstbezüge *pl* 薪水 xīnshui,薪金 xīnjīn

diensteifrig *adj* 热情的 rèqíngde,热心的 rèxīnde,乐于助人的 lèyú zhùrén de

Dienstenthebung *f* 停职 tíngzhí

Dienstentlassung *f* 免职 miǎnzhí,退职 tuìzhí

dienstfrei *adj* 不上班的 bù shàngbānde,空闲的 kòngxiánde,休息的 xiūxide

Dienstgrad *m* 军阶 jūnjiē,军衔 jūnxián;职位 zhíwèi,等级 děngjí

diensthabend *adj* 值班的 zhíbānde,值勤的 zhíqínde

dienstlich *adj* 公务上的 gōngwùshang de,职务上的 zhíwùshang de;官方的 guānfāngde

Dienstmädchen *n* 女仆 nǚpú,女佣人 nǚyōngrén

Dienststelle *f* (国家或行政)机关 jīguān,办公室 bàngōngshì

Dienststunden *pl* 工作时间 gōngzuò shíjiān 办公时间 bàngōng shíjiān

Dienstvorschrift *f* 工作守则 gōngzuò shǒuzé,服务守则 fúwù shǒuzé

Dienstweg *m* 官方途径 guānfāng tújìng,行政手续 xíngzhèng shǒuxù

dienstwidrig *adj* 违反工作守则的 wéifǎn gōngzuò shǒuzé de,违反劳动纪律的 wéifǎn láodòng jìlǜ de

Dienstwohnung *f* 公房 gōngfáng,机关宿舍 jīguān sùshè

Dienstzeugnis *n* 工作证明书 gōngzuò zhèngmíngshū,工作鉴定书 gōngzuò jiàndìngshū

Dienstzulage *f* 工龄补贴 gōnglíng bǔtiē

diesbezüglich *adj* 对此 duìcǐ,有关此事的 yǒuguān cǐshì de,有关这方面的 yǒuguān zhè fāngmiàn de

Diesel *m* -(s), - 柴油(发动)机 cháiyóujī

Dieselöl *n* 柴油 cháiyóu

dieser (dieser, diese, dieses; diese) *pron* (指法代词)这个 zhège

diesig *adj* 雾蒙蒙的 wù méngméng de,多雾的 duōwùde,模糊的 móhude

diesjährig *adj* 今年的 jīnniánde

diesmal *adv* 这次 zhècì

diesseits I *adv* 在这一边 zài zhè yìbiān II *prp* (*D*) 在这一边 zài zhè yìbiān: ~ der Grenze 边界的这一边

Dietrich *m* -(e)s, -e 万能钥匙 wànnéngyàoshi,撬锁工具 qiào suǒ gōngjù

diffamieren *vt* 污蔑 wūmiè,中伤 zhòngshāng,诽谤 fěibàng

differential [..tsia:l] *adj* 有区别的 yǒu qūbié de,有差异的 yǒu chāyì de

Differenz *f* -, -en 差别 chābié,差异 chāyì;差额 chā'é;意见分歧 yìjiàn fēnqí

D

differenzieren *vt/vi* 区分 qūfēn，区别 qūbié；求…的微分 qiú … de wēifēn

digital *adj* 用手指的 yòng shǒuzhǐ de；数字的 shùzìde，计数的 jìshùde

Digitalcomputer *m* 数字计算机 shùzì jìsuànjī

Digitaluhr *f* 数字式手表（或钟）shùzìshì shǒubiǎo

Diktat *n* -(e)s, -e 听写 tīngxiě，口述 kǒushù，口授（笔录）kǒushòu：ein ～ aufnehmen 录下口授的东西；听写练习 tīngxiě liànxí；命令 mìnglìng，支配 zhīpèi，强制 qiángzhì

Diktator *m* -s, ...oren 专制者 zhuānzhìzhě，独裁者 dúcáizhě

diktatorisch *adj* 独裁的 dúcáide，专制的 zhuānzhìde

Diktatur *f* -, -en 专政 zhuānzhèng；独裁 dúcāi，专制 zhuānzhì

diktieren *vt* 口授 kǒushòu，口述 kǒushù，让…听写 ràng … tīngxiě；命令 mìnglìng，支配 zhīpèi，强制 qiángzhì：etw ist von etw diktiert 某事受某事所支配

Diktion *f* - 措词 cuòcí，用词的选择 yòngcí de xuǎnzé；用词风格 yòngcí fēnggé；说话方式 shuōhuà fāngshì

Dilemma *n* -s, -s/-ta 困境 kùnjìng，窘境 jiǒngjìng，进退两难 jìntuì liǎngnán：sich in einem ～ befinden 处于困境；jn in ein ～ bringen 使某人陷于困境

Dilettant *m* -en, -en（对某一领域不甚精通的）业余爱好者 yèyú àihàozhě，浅薄的涉猎者 qiǎnbóde shèlièzhě；外行 wàiháng，半吊子 bàndiàozi

dilettantisch *adj* 外行的 wàihángde，非专门的 fēi zhuānménde，浅薄涉猎的 qiǎnbó shèliè de，半吊子式的 bàndiàozishìde

Dilettantismus *m* - 浅薄涉猎 qiǎnbó shèliè，业余爱好 yèyú àihào

Dimension *f* -, -en 尺度 chǐdù，尺寸 chǐcun；维 wéi，元 yuán；面积 miànjī，容积 róngjī，大小 dàxiǎo；范围 fànwéi，规模 guīmó，方面 fāngmiàn

DIN（全称为 Deutsche Industrie-Norm = Verbandszeichen des Deutschen Instituts für Normung）德国（工业）标准 déguó biāozhǔn

Diner [...'neː] *n* -s, -s 午餐 wǔcān；宴会 yànhuì：jn zum ～ einladen 邀请某人赴宴

Ding *n* -es, -e/-er 东西 dōngxi，物件 wùjiàn；玩意儿 wányìr，（叫不出名堂的）东西 dōngxi；事情 shìqing，情况 qíngkuàng：vor allen ～en 尤其，特别，首先；etw geht nicht mit rechten ～en zu 某事很离奇，某事是不对头的；事件 shìjiàn；（复数 Dinger）小东西 xiǎo dōngxi，小姑娘 xiǎo gūniang

dingen* *vt* 雇用 gùyòng；收买 shōumǎi

dingfest *adj*（用于短语）jn ～ machen 逮捕某人，捕获某人

Dinner ['dinə] *n* -s, -(s) 正餐 zhèngcān，晚餐 wǎncān

Diözese *f* -, -n（天主教）主教管区 zhǔjiào guǎnqū

Diphtherie *f* -, -n 白喉 báihóu

Diphthong *m* -(e)s, -e 复合元音 fùhéyuányīn

Diplom *n* -s, -e（大学毕业）文凭 wénpíng，学业证书 xuéyè zhèngshū；（理工、经济等学科的）硕士学位 shuòshì xuéwèi；奖状 jiǎngzhuàng

Diplomat *m* -en, -en 外交官 wàijiāoguān；外交家 wàijiāojiā

Diplomatengut *n* 外交官的免税物品 wàijiāoguān de miǎnshuì wùpǐn

Diplomatenviertel *n* 使馆区 shǐguǎnqū

Diplomatenwasser *n*（诙谐语）外交酒 wàijiāojiǔ；香槟酒 xiāngbīnjiǔ

Diplomatie *f* -, -n 外交 wàijiāo：die ～ des Lächelns 微笑外交；外交手腕 wàijiāo shǒuwàn

diplomatisch *adj* 外交的 wàijiāode，外交上的 wàijiāoshangde；有外交手腕的 yǒu wàijiāo shǒuwàn de，有策略的 yǒu cèlüè de，老练的 lǎoliànde：sich ～ benehmen 举止机灵

Diplomingenieur [...ʒən'jøːr] *m* 硕士工程师 shuòshì gōngchéngshī，学位工程师 xuéwèi gōngchéngshī

dir *pron*（人称代词 du 的第三格）你 nǐ

direkt Ⅰ *adj* 直接的 zhíjiēde：die ～e Rede 直接引语；径直的 jìngzhíde，直达的 zhídáde：ein ～er Zug nach Beijing 开往北京的直达列车；直率的 zhíshuàide，直截了当的 zhíjié-liǎodàngde；十足的 shízúde Ⅱ *adv* 直接地 zhíjiēde，径直地 jìngzhíde：ich habe mich ～ an den Chef gewandt 我已直接找了老板；立即 lìjí；全然 quánrán，简直 jiǎnzhí，真是 zhēnshi

Direktfoto *n* 静电照相照片 jìngdiàn zhàoxiàng zhàopiàn;一次成像照片 yícì chéngxiàng zhàopiàn

Direktion *f* -, -en 管理 guǎnlǐ,领导 lǐngdǎo,指挥 zhǐhuī;管理处 guǎnlǐchù,经理处 jīnglǐchù

Direktive *f* -, -n 命令 mìnglìng,指令 zhǐlìng,指示 zhǐshì

Direktor *m* -s, -en 经理 jīnglǐ,厂长 chǎngzhǎng;署长 shǔzhǎng,局长 júzhǎng,处长 chùzhǎng;校长 xiàozhǎng;主任 zhǔrèn;总监 zǒngjiān

Direktorium *n* -s, ...rien 董事会 dǒngshìhuì,理事会 lǐshìhuì;领导机关 lǐngdǎo jīguān

Direktstudent *m* 正规大学的学生 zhèngguī dàxué de xuésheng

Direktübertragung *f*(电视、电台广播的)直接播送 zhíjiē bōsòng,实况转播 shíkuàng zhuǎnbō

Direktverkauf *m* (产品)直销 zhíxiāo,直接出售 zhíjiē chūshòu

Direktwerbung *f* 直接(寄给顾客的)广告 zhíjiē guǎnggào

Dirigent *m* -en, -en (乐队,合唱团等)指挥 zhǐhuī

dirigieren *vt* 指挥(乐队) zhǐhuī;指导 zhǐdǎo,指引 zhǐyǐn,调度 diàodù,管理 guǎnlǐ

dirigistisch *adj* (经济)由国家统治的 yóu guójiā tǒngzhì de

Dirne *f* -, -n 妓女 jìnǚ,娼妓 chāngjì

Disco *f* -, -s (= Diskothek) 迪斯科音乐 dísikē yīnyuè;迪斯科舞厅 dísikē wǔtīng;唱片收藏(库) chàngpiàn shōucáng

Discounter [dis'kauntə] *m* -s, - 廉价品商店店主 liánjiàpǐn shāngdiàn diànzhǔ

Discounthaus [dis'kaut...] *n* 廉价品商店 liánjiàpǐn shāngdiàn

Disharmonie *f* -, -n 不协调 bù xiétiáo,不和谐 bù héxié;不谐音 bù xiéyīn,不一致 bù yīzhì

disharmonisch *adj* 不协调的 bù xiétiáo de,不和谐的 bù héxiéde;不谐音的 bù xiéyīnde,不一致的 bù yīzhìde

Diskette *f* -, -n (计算机)软盘 ruǎnpán: etw auf ~ speichein 把…储存在软盘上

Diskont *m* -s, -e 贴现 tiēxiàn;贴现率 tiēxiànlǜ;折扣 zhékòu

diskontfähig *adj* 可贴现的 kě tiēxiàn de,可打折扣的 kě dǎzhékòu de

Diskothek *f* -, en 迪斯科音乐 dísikē yīnyuè;迪斯科舞厅 dísikē wǔtīng;唱片收藏(库) chàngpiàn shōucáng

Diskotreff *m* 迪斯科舞会 dísikē wǔhuì

Diskoveranstaltung *f* 迪斯科舞会 dísikē wǔhuì,迪斯科活动 dísikē huódòng

Diskrepanz *f* -, -en 不一致 bù yīzhì,差异 chāyì,不符合 bù fúhé

diskret *adj* (在说话、行动等方面)谨慎的 jǐnshènde,考虑周到的 kǎolǜ zhōudàode;不引人注意的 bù yǐn rén zhùyì de,不显眼的 bù xiǎnyǎn de;秘密的 mìmìde,机密的 jīmìde

Diskretion *f* -, -en 谨慎 jǐnshèn,保密 bǎomì

diskriminieren *vt* 歧视 qíshì;贬低 biǎndī,损害…的信誉 sǔnhài … de xìnyù

Diskus *m* -, -se/...ken 铁饼 tiěbǐng: ~ werfen 掷铁饼

Diskussion *f* -, -en 讨论 tǎolùn,议论 yìlùn,辩论 biànlùn,商量 shāngliáng: etw zur ~ stellen 把某事提出来讨论

diskutabel *adj* 可讨论的 kě tǎolùn de,可商议的 kě shāngyì de,可考虑的 kě kǎolǜ de

Diskutant *m* -en, -en 讨论者 tǎolùnzhě

diskutieren I *vi* 讨论 tǎolùn,议论 yìlùn,商量 shāngliáng: über etw ~ 讨论某事 II *vt* 讨论 tǎolùn,议论 yìlùn,就…交换意见 jiù … jiāohuàn yìjiàn: den Vorschlag ~ 讨论这建议

dispensieren *vt* 免除 miǎnchú

Display [dis'plei] *n* -s, -s 陈列 chénliè,展览 zhǎnlǎn;数据显示器 shùjù xiǎnshìqì,指示器 zhǐshìqì;展销会装饰品 zhǎnxiāohuì zhuāngshìpǐn

Displaymaterial *n* 装饰陈列物的用品 zhuāngshì chénlièwù de yòngpǐn

disponieren *vi* 支配 zhīpèi;处理 chǔlǐ,安排 ānpái

Disposition *f* -, -en 支配 zhīpèi,使用 shǐyòng,处理 chǔlǐ;布置 bùzhì,安排 ānpái,配备 pèibèi

Dispositionsfonds *m* 自由支配基金 zìyóu zhīpèi jījīn

Dispositionsrecht *n* 支配权 zhīpèiquán,处理权 chǔlǐquán

Disproportion *f* -, -en 比例失调 bǐlì shītiáo;不均衡 bù jūnhéng

Disput *m* -(e)s, -e 争论 zhēnglùn,辩论 biànlùn,争执 zhēngzhí

D

Disqualifikation *f* -, -en 无资格 wú zīgé,取消资格 qǔxiāo zīgé

disqualifizieren *vt* 取消…的资格 qǔxiāo … de zīgé,认为…不合格 rènwéi … bù hégé,表明…不够格 biǎomíng … bú gòugé

Dissertant *m* -en, -en 撰写博士论文者 zhuànxiě bóshì lùnwén zhě,博士研究生 bóshì yánjiūshēng

Dissertation *f* -, -en 博士论文 bóshì lùnwén

Dissident *m* -en, -en 异教徒 yìjiàotú,不信宗教的人 bú xìn zōngjiào de rén;持不同政见者 chí bùtóng zhèngjiàn zhě

Distanz *f* -, -en 距离 jùlí: eine kurze ～ halten 保持短距离;保持距离 bǎochí jùlí,疏远 shūyuǎn;间隔 jiàngé

Distanzgeschäft *n* 非现场交易 fēi xiànchǎng jiāoyì;(看样品或目录)订货成交 dìnghuò chéngjiāo

Distanzhandel *m* 邮购业务 yóugòu yèwù

distanzieren I *rfl* 与…保持距离 yǔ … bǎochí jùlí,疏远 shūyuǎn II *vt* (体育竞赛)超过 chāoguò,胜过 shèngguò

Distrikt *m* -(e)s, -e 区 qū,行政区 xíngzhèngqū,管区 guǎnqū;地区 dìqū,区域 qūyù

Disziplin *f* -, -en 纪律 jìlǜ,风纪 fēngjì: die ～ wahren 维护纪律;学科 xuékē;体育项目 tǐyù xiàngmù

Disziplinarbefugnis *f* (对公职人员违法的)惩戒权限 chéngjiè quánxiàn

disziplinarisch *adj* 纪律的 jìlǜde,惩戒的 chéngjiède: jn ～ bestrafen 给某人以纪律处分

Disziplinarstrafe *f* 纪律处分 jìlǜ chǔfèn,惩罚 chéngfá

diszipliniert *adj* 有纪律的 yǒu jìlǜ de,守纪律的 shǒu jìlǜ de

Diva *f* -, -s/ . . . ven (电影、戏剧等的)女明星 nǚmíngxīng,女主角 nǚzhǔjué;主要女歌手 zhǔyào nǚgēshǒu

Diversifikation *f* -, -en (产品)多样化 duōyànghuà;开发新产品 kāifā xīnchǎnpǐn

diversifizieren *vt* 使产品多样化 shǐ chǎnpǐn duōyànghuà;开发新产品 kāifā xīnchǎnpǐn

Diversionsgruppe *f* 破坏集团 pòhuài jítuán;间谍集团 jiàndié jítuán

Diversionstätigkeit *f* 破坏活动 pòhuài huódòng;间谍活动 jiàndié huódòng

Dividende *f* -, -n 股息 gǔxī,红利 hónglì,债息 zhàixī

dividieren *vt* 除(尽) chú: 30 dividiert durch 5 gibt (或 ist) 6 用5除30得6

Division *f* -, -en 除(法) chú;(陆军)师 shī,(海军)分舰队 fēn jiànduì

doch I *cj* 但是 dànshì,可是 kěshì,然而 rán'ér: er versprach zu kommen, ～ sein Vater wurde krank 他答应来的,可是他父亲病了 II *adv* (用来加强语气) Nein ～! 不是的! Komm ～ mal her zu mir! 你到我这里来一下!(表示不耐烦) Lass mich ～ los! 放开我吧!(加强愿望语气) Käme er ～ endlich! 要是他来就好了!(表示愤慨) Das ist ～ zu dumm! 这太蠢了!(表示希望得到肯定的回答) Du hilfst mir ～? 你真帮助我吗?(表示原来知道,一时想不起的事) Wie war das ～? 这是怎么回事?(用于回答否定的的疑问句) Hast du denn die Arbeit nicht gemacht? —— ～! 你难道没干这工作吗? ——不,干的! 确实 quèshí,一定 yídìng,无疑 wúyí

Docht *m* -(e)s, -e 灯芯 dēngxīn,烛芯 zhúxīn

Dock *n* -s, -s 船坞 chuánwù;船厂 chuánchǎng

Docking *n* -s, -s (宇宙飞船的)对接 duìjiē

Dockingmanöver *n* (宇宙飞船)对接动作 duìjiē dòngzuò

Dogma *n* -s, . . . men 教条 jiàotiáo,教义 jiàoyì,教理 jiàolǐ

dogmatisch *adj* 教条的 jiàotiáode,教义的 jiàoyìde;教条主义的 jiàotiáo zhǔyì de;武断的 wǔduànde,专断的 zhuānduànde

Dohle *f* -, -n 寒鸦 hányā

Doktor *m* -s, -en 博士 bóshì;博士学位 bóshì xuéwèi: jn zum ～ promovieren 授予某人博士学位;大夫 dàifu,医生 yīshēng

Doktorand *m* -en, -en 博士生 bóshìshēng

Doktorarbeit *f* 博士论文 bóshì lùnwén

Doktorvater *m* 博士生导师 bóshìshēng dǎoshī

Doktorwürde *f* 博士学位 bóshì xuéwèi,博士头衔 bóshì tóuxián

Doktrin *f* -, -en 教条 jiàotiáo, 教义 jiàoyì; 学说 xuéshuō, 主义 zhǔyì
doktrinär *adj* 教条的 jiàotiáode, 教条主义的 jiàotiáo zhǔyì de, 死板的 sǐbǎnde
Dokument *n* -(e)s, -en 公文 gōngwén, 文件 wénjiàn; 文献 wénxiàn, 资料 zīliào; 证书 zhèngshū, 证件 zhèngjiàn
Dokumentalist *m* -en, -en 文献工作者 wénxiàn gōngzuòzhě, 档案工作者 dàng'àn gōngzuòzhě
Dokumentalistik *f* - 文献学 wénxiànxué; 文献管理 wénxiàn guǎnlǐ
Dokumentar *m* -s, -e = Dokumentalist
Dokumentarfilm *m* 纪录片 jìlùpiàn
dokumentarisch *adj* 文献的 wénxiànde, 文件的 wénjiànde; 记录的 jìlùde, 纪实的 jìshíde; 证书的 zhèngshūde
Dokumentation *f* -, -en 文献资料汇编 wénxiàn zīliào huìbiān
dokumentieren *vt* 用文件(或证书)证明 yòng wénjiàn zhèngmíng, 为…提供文件(或证书) wèi … tígōng wénjiàn; 证明 zhèngmíng, 表明 biǎomíng
Dolch *m* -(e)s, -e 短剑 duǎnjiàn, 匕首 bǐshǒu
Dolde *f* -, -n 伞形花序 sǎnxíng huāxù
Dollar *m* -s, -s 元 yuán, 美元 měiyuán
dolmetschen *vi/vt* 口译 kǒuyì, 当译员 dāng yìyuán
Dolmetscher *m* -s, - 口译工作者 kǒuyì gōngzuòzhě, 译员 yìyuán
Dom *m* -(e)s, -e 大教堂 dàjiàotáng; (一个教区内的)总教堂 zǒngjiàotáng
Domäne *f* -, -n 国有土地 guóyǒu tǔdì; 知识领域(或范围) zhīshi lǐngyù
dominant *adj* 占优势的 zhàn yōushì de, 统治的 tǒngzhìde; 显眼的 xiǎnyǎnde
dominieren *vi* 处于支配地位 chǔyú zhīpèi dìwèi, 统治 tǒngzhì, 主宰 zhǔzǎi
Dominikaner *m* -s, - 多米尼加人 duōmǐníjiārén; 多明我会修道士 duōmíngwǒhuì xiūdàoshi
dominikanisch *adj* 多米尼加人的 duōmǐníjiārénde; 多明我会修道士的 duōmíngwǒhuì xiūdàoshi de
Domino I *m* -s, -s (化装舞会上穿的带有面具、头巾等的)化装外衣 huàzhuāng wàiyī II *n* -s, -s 多米诺骨牌 duōmǐnuò gǔpái
Donner *m* -s, - 雷 léi, 雷鸣 léimíng; 雷鸣般的轰鸣 léimíngbānde hōngmíng
donnern *vi* 打雷 dǎléi: es donnert 打雷了; 发出隆隆声 fāchū lónglóngshēng: die Motoren ~ ununterbrochen 马达声隆隆不绝; 咆哮 páoxiào, 厉声叱骂 lìshēng chìmà: er donnerte gegen die Maßnahmen 他暴跳如雷反对这些措施
Donnerschlag *m* 霹雳 pīlì
Donnerstag *m* 星期四 xīngqīsì
Donnerwetter *n* 雷雨天气 léiyǔ tiānqì, 雷暴雨 léibàoyǔ; (表示惊奇、愤怒等)啊呀 āyā, 该死 gāisǐ
doof *adj* 愚蠢的 yúchǔnde, 笨拙的 bènzhuōde; 无聊的 wúliáode, 令人厌烦的 lìng rén yànfán de
Doofmann *m* 笨蛋 bèndàn, 蠢货 chǔnhuò
dopen, dopen I *vt* (为了提高成绩)给(运动员)服用兴奋剂 gěi … fúyòng xīngfènjì II *rfl* 服兴奋剂 fú xīngfènjì
Doping, Doping *n* -s, -s 使用兴奋剂 shǐyòng xīngfènjì
Dopingkontrolle *f* 兴奋剂验查 xīngfènjì yànchá
Doppel *n* -s, - 复制品 fùzhìpǐn, 抄本 chāoběn, 副本 fùběn, 抄件 chāojiàn; (乒乓、网球等运动的)双打 shuāngdǎ
Doppelbestrafung *f* 双重处罚 shuāngchóng chǔfá
Doppeldecker *m* -s, - 双翼飞机 shuāngyì fēijī; 双层公共汽车 shuāngcéng gōnggòng qìchē
doppeldeutig *adj* 双重意义的 shuāngchóng yìyì de, 意义双关的 yìyì shuāngguān de
Doppelgänger *m* -s, - 面貌酷似的人 miànmào kùsì de rén
Doppelkinn *n* (因胖而形成的)双下巴 shuāng xiàba
Doppelpunkt *m* 冒号 màohào
doppelseitig *adj* 两面的 liǎngmiànde, 两边的 liǎngbiānde
doppelsinnig *adj* 意义双关的 yìyì shuāngguān de, 具有双重意义的 jùyǒu shuāngchóng yìyì de
doppelt I *adj* 两倍的 liǎngbèide, 加倍的 jiābèide, 双重的 shuāngchóngde; 两面的 liǎngmiànde: ein ~es Spiel treiben 阴一套, 阳一套, 耍两面派手法; mit ~er Zunge sprechen 说话两面三刀 II *adv* 双倍地 shuāngbèide, 加倍地 jiābèi-

D

de，双重地 shuāngchóngde：die Fenster sind ～ verglast 窗子都装上了双层玻璃

Doppelverdiener *m* 兼职兼薪的 jiānzhí jiānxīn de；(用复数)双职工 shuāngzhígōng

Doppelverdienst *m* 双薪 shuāngxīn

Doppelversicherung *f* 双保险 shuāng bǎoxiǎn

doppelzüngig *adj* 口是心非的 kǒu shì xīn fēi de，伪善的 wěishànde

Dorf *n* -(e)s，⸚er 村庄 cūnzhuāng，乡村 xiāngcūn：auf dem ～ wohnen 住在农村；乡村居民 xiāngcūn jūmín，村民 cūnmín

dörflich *adj* 村庄的 cūnzhuāngde，乡村的 xiāngcūnde

Dorfschule *f* 村校 cūnxiào

Dorn *m* -(e)s，-en 刺 cì：jm ein ～ im Auge sein 是某人的眼中钉；keine Rose ohne ～en 没有无刺的玫瑰(或没有十全十美的幸福)

dornig *adj* 有刺的 yǒucìde；棘手的 jíshǒude，多困难的 duō kùnnan de，多障碍的 duō zhàng'ài de

Dornkrone *f* 荆冠 jīng guān

dorren *vi*(*s*) 变干 biàngān，干枯 gānkū

dörren I *vt* 使干燥 shǐ gānzào，风干 fēnggān，烘干 hōnggān II *vi* 变干 biàngān，干枯 gānkū

Dörrfisch *n* 鱼干 yú gān

Dörrgemüse *n* 菜干 càigān，干菜 gāncài

Dörrobst *n* 干果 gānguǒ；果干 guǒgān

dort *adv* 那儿 nàr，那里 nàli：da und ～ 有些地方

dorther *adv* 从那儿 cóng nàr：von ～ kommen 从那儿来

dorthin *adv* 向那儿 xiàng nàr，上那儿 shàng nàr

dortig *adj* 那儿的 nàrde，那里的 nàlide

Dose *f* -，-n 盒 hé，匣 xiá；罐头 guàntou，听头 tīngtóu；插座 chāzuò

dösen *vi* 微睡 wēishuì，打瞌睡 dǎ kēshuì，打盹儿 dǎdǔnr；走神 zǒushén，发愣 fālèng

dosieren *vt* (配药时)测定准确的剂量 cèdìng zhǔnquède jìliàng

Dosis *f* -，...sen 剂量 jìliàng，用量 yòngliàng；一剂 yījì，一服 yīfù：jm eine ～ verordnen 对某人开一剂药；份量 fènliàng

dotieren *vt* 赠与…(款项) zèng yǔ …，给…酬报 gěi … chóubào，让…有收入 ràng … yǒu shōurù

Dotter *m*/*n* -s，- 蛋黄 dànhuáng

doubeln [ˈduːbəln] *vt*/*vi* 替代(演员) tìdài

Double [ˈduːbl] *n* 替身演员 tìshēn yǎnyuán，替代演员 tìdài yǎnyuán

Dozent *m* -en，-en 讲师 jiǎngshī；大学教师 dàxué jiàoshī

dozieren I *vt* 讲授 jiǎngshòu，教授 jiàoshòu，给…讲课 gěi … jiǎngkè II *vi* 用教训的口吻讲(或作报告) yòng jiàoxun de kǒuwěn jiǎng

Drache *m* -n，-n 龙 lóng

Drachen *m* -s，- 龙 lóng；风筝 fēngzheng；泼妇 pōfù，悍妇 hàn fù

Dragée [draˈʒeː] *n* -s，-s 或 *f* -，-n 夹心糖果 jiāxīn tángguǒ；糖衣药丸 tángyī yàowán

Draht *m* -(e)s，⸚e 金属丝 jīnshǔsī，铁丝 tiěsī；电线 diànxiàn，导线 dǎoxiàn：auf ～ sein 十分机灵，特别警觉

Drahtseilbahn *f* 铁索道 tiěsuǒdào，缆车 lǎnchē

Drachtzange *f* 钢丝钳 gāngsīqián

Drahtzieher *m* -s，- 拉丝工人 lāsī gōngrén；幕后操纵者 mùhòu cāozòngzhě

drakonisch *adj* 严厉的 yánlìde，强硬的 qiángyìngde

drall *adj* (尤指妇女)丰满的 fēngmǎnde，丰腴的 fēngyúde，健美的 jiànměide

Drall *m* -(e)s 旋转 xuánzhuǎn；来复线 láifùxiàn；倾向 qīngxiàng

Drama *n* -s，...men 戏剧 xìjù，剧本 jùběn；戏剧性事件 xìjùxìng shìjiàn，戏剧性场面 xìjùxìng chǎngmiàn：etw ist ein ～ 某事是难以实现的，某事是困难的

Dramatik *f* - 戏剧艺术 xìjù yìshù；富有戏剧性 fùyǒu xìjùxìng，激动人心 jīdòng rénxīn

Dramatiker *m* -s，- 剧作家 jùzuòjiā，剧本作者 jùběn zuòzhě

dramatisch *adj* 戏剧的 xìjùde，剧本的 jùběnde；戏剧性的 xìjùxìngde，戏剧般的 xìjùbānde，激动人心的 jīdòng rénxīn de

dramatisieren *vt* 把…改编成剧本 bǎ … gǎibiān chéng jùběn；使戏剧化 shǐ xìjùhuà，使富于戏剧性 shǐ fù yú xìjùxìng

Dramaturg *m* -en，-en (舞台演出的)艺术顾问 yìshù gùwèn，(舞台的)编剧

biānjù

Drang *m* -(e)s 压力 yālì；匆忙 cōngmáng，紧迫 jǐnpò；冲动 chōngdòng；渴望 kěwàng，欲望 yùwàng，强烈要求 qiángliè yāoqiú：etw aus innerem ～ tun 出于内心迫切要求而做某事

drängeln I *vt* 挤 jǐ，推挤 tuījǐ；催逼 cuībī，催促 cuīcù II *rfl* 拥挤 yōngjǐ，挤进 jǐjìn：sich nach vorn ～ 往前挤

drängen I *vt* 推 tuī，挤向 jǐxiàng：jn an die Seite ～ 把某人挤到一旁；催促 cuīcù，催逼 cuībī：jn ～，schneller zu arbeiten 催促某人快点干活 II *rfl* 挤向 jǐxiàng，拥向 yōngxiàng：sich durch die Menge in den Vordergrund ～ 从人群中向前挤；力争 lìzhēng，力求 lìqiú III *vi* 拥 yōng，挤 jǐ，紧迫 jǐnpò：die Zeit drängt 时间紧迫

Dranktonne *f* 猪食槽 zhūshícáo；饭桶（指不摘食的胖人）fàntǒng

drastisch *adj* 激烈的 jīliède，强烈的 qiángliède，严厉的 yánlìde；明显的 míngxiǎnde，露骨的 lùgǔde；有不良影响的 yǒu bùliáng yǐngxiǎng de

Draufgänger *m* -s，- 胆大妄为的人 dǎn dà wàng wéi de rén，鲁莽的人 lǔmǎngde rén，冒失鬼 màoshiguǐ

draufgängerisch *adj* 胆大妄为的 dǎn dà wàng wéi de，鲁莽的 lǔmǎngde，胆大的 dǎndàde

draufgehen* *vi*(*s*) 死去 sǐqù，丧命 sàngmìng；用尽 yòngjìn，耗去 hàoqù，损坏 sǔnhuài

Draufgeld *n* 定金 dìngjīn；小账 xiǎozhàng；补贴 bǔtiē，附加费 fùjiāfèi

drauflоswirtschaften *vi* 乱花钱 luànhuāqián

draufzahlen *vt* 添付（钱款）tiānfù；有亏损 yǒu kuīsǔn，亏空 kuīkong

draußen *adv* 在外面 zài wàimiàn：er steht ～ vor der Tür 他站在门外边；在远处某地（在海上、前线等）zài yuǎnchù mǒudì，在远方 zài yuǎnfāng：～ in der Welt 远在国外

drechseln *vt*（用旋床）旋制 xuànzhì：ein Stuhlbein ～ 旋制一只椅脚

Drechsler *m* -s，- 旋工 xuàngōng

Dreck *m* -s 污物 wūwù，污垢 wūgòu：jn mit ～ bewerfen 诽谤某人；泥淖 nínào，泥浆 níjiāng；粪便 fènbiàn；无价值的东西 wú jiàzhí de dōngxi，废旧的东西 fèijiùde dōngxi

Dreckfink *m* 肮鬼（尤指小孩）zāngguǐ；下流坯 xiàliúpī

dreckig *adj* 肮脏的 āngzāngde；卑鄙的 bēibǐde，下流的 xiàliúde；不怀好意的 bù huái hǎoyì de

Dreharbeiten *pl*（电影的）拍摄工作 pāishè gōngzuò

Drehbank *f* 车床 chēchuáng，机床 jīchuáng

Drehbleistift *m* 活动铅笔 huódòng qiānbǐ，转动铅笔 zhuàndòng qiānbǐ

Drehbuch *n* 电影脚本 diànyǐng jiǎoběn，电影剧本 diànyǐng jùběn

drehen I *vt* 旋转 xuánzhuǎn，转动 zhuàndòng：den Hals ～ 转动脖子；die（或 seine）Fahne nach dem Wind(e) ～ 见风使舵；einen Film ～ 拍摄一部电影；Daumen ～ 什么事也不做；搓 cuō，卷 juǎn II *rfl* 旋转 xuánzhuǎn，转动 zhuàndòng：die Erde dreht sich um die Sonne 地球绕着太阳转；关系到 guānxìdào，涉及 shèjí，以…为主题 yǐ … wéi zhǔtí：in der Diskussion drehte es sich um wichtige Dinge 讨论围绕着重要事情进行

Drehorgel *f* 手摇风琴 shǒu yáo fēngqín

drei *num* 三 sān：nicht bis ～ zählen können 非常愚笨

Drei *f* -，-en 三 sān；三人 sān rén：Spiel zu ～en 三人游戏；三分 sānfēn：im Singen bekam（或 hatte）er eine ～ 他唱歌得了个三分

Dreieck *n* -s，-e 三角形 sānjiǎoxíng

Dreieckig *adj* 三角形的 sānjiǎoxíngde：～es Verhältnis 三角恋爱关系

Dreieinigkeit *f*（基督教中圣父、圣子、圣灵的）三位一体 sānwèi yītǐ

dreifach *adj* 三倍的 sānbèide；三重的 sānchóngde

Dreifuß *m* 三脚架 sānjiǎojià；鼎 dǐng

dreinblicken *vi* 注视 zhùshì，盯望 dīngwàng

dreinreden *vi* 插话 chāhuà；插手 chāshǒu，干预 gānyù

Dreirad *n* -(e)s，..er（尤指儿童骑的）脚踏三轮车 jiǎo tà sānlúnchē；三轮汽车 sān lún qìchē；三轮车 sānlúnchē

dreißig *num* 三十 sānshí

dreist *adj* 大胆的 dàdǎnde，放肆的 fàngsìde，冒失的 màoshide，莽撞的 mǎngzhuàngde

Dreistigkeit *f* -，-en 大胆 dàdǎn，放肆 fàngsì，冒失 màoshi；厚颜无耻 hòu-

D

yán wúchǐ

dreiviertel *num* 四分之三 sìfēn zhī sān；三刻 sānkè：～ fünf 四点三刻，五点差一刻

dreizehn *num* 十三 shísān：Nun schlägt's (aber) ～！这真是闻所未闻！这可太过分了！

dreschen* *vt* 打（谷）dǎ，脱粒 tuōlì；痛打 tòngdǎ，鞭笞 biānchī：jn grün und blau ～ 把某人打得青一块紫一块；Phrasen ～ 说空话，言之无物

Dress *m* -es，-e 运动服 yùndòngfú

dressieren *vt* 训练（动物）xùnliàn，驯兽 xùnshòu

Dressing *n* -s，-s 调味品 tiáowèipǐn，色拉调味汁 sèlā tiáowèizhī

Dressmann [ˈdrɛsmən] *m* -s，...men 男模特儿 nánmótèr

Dressur *f* -，-en 驯兽 xùnshòu

dribbeln *vi*（足球）带球 dàiqiú，盘球 pánqiú

Drill *m* -(e)s 操练 cāoliàn，训练 xùnliàn

drillen *vt* 操练 cāoliàn，训练 xùnliàn；分行播种 fēnháng bōzhòng，条播 tiáobō

Drilling *m* -s，-e 三胞胎中的一个 sānbāotāi zhōng de yígè；（复数）三胞胎 sānbāotāi

dringen I *vi*(*s*) 侵入 qīnrù，渗入 shènrù；穿过 chuānguò，透过 tòuguò：die ersten Sonnenstrahlen ～ durch das Fenster 晨光透进窗子 II *vi* 强求 qiǎngqiú，催逼 cuībī，催促 cuīcù：auf Zahlung ～ 催逼付款；auf eine Entscheidung ～ 坚决要求裁决

dringend *adj* 迫切的 pòqiède，紧迫的 jǐnpòde，紧急的 jǐnjíde，急切的 jíqiède：etw ～ benötigen 急需某物；ich muss dich ～ sprechen 我有急事要跟你商谈

dringlich *adj* 紧迫的 jǐnpòde，迫切的 pòqiède，紧急的 jǐnjíde，急切的 jíqiède

Drink *m* -s，-s（含酒精的）饮料 yǐnliào

drinnen *adv* 在里面 zài lǐmiàn，在室内 zài shìnèi

dritt *num* 第三 dìsān：die Dritte Welt 第三世界；（与 zu 连用）zu ～ kommen 三人一起来

Drittel *n* -s，- 三分之一 sānfēn zhī yī

drittens *adv* 第三 dìsān，第三点 dìsāndiǎn

Dritterwerber *m* 第三购买人 dìsān gòumǎirén

Drittland *n* 第三国 dìsānguó

Drive [draif] *m* -s，-s 意向 yìxiàng，渴望 kěwàng，追求 zhuīqiú；动力 dònglì

droben *adv* 上面 shàngmian，上边 shàngbian

Droge *f* -，-n 药材 yàocái，药物 yàowù；麻醉剂 mázuìjì；毒品 dúpǐn

drogenabhängig *adj* 有毒瘾的 yǒu dúyǐn de

Drogenabhängigkeit *f* 吸毒瘾 xīdúyǐn

Drogensucht *f* 毒瘾 dúyǐn

Drogerie *f* -，-n 药房 yàofáng，保健药品商店 bǎojiàn yàopǐn shāngdiàn

Drogist *m* -en，-en 保健药品商店店主（或雇员）bǎojiàn yàopǐn shāngdiàn diànzhǔ

drohen *vi* 威胁 wēixié，恐吓 kǒnghè：jm mit der Strafe ～ 以惩罚威胁某人；面临…危险 miànlín … wēixiǎn，迫近 pòjìn，岌岌可危 jíjí kě wēi：Gewitter droht 雷雨即将来临；der Turm drohte einzustürzen 这钟楼快要倒塌了

Drohne *f* -，-n 雄蜂 xióngfēng；寄生虫 jìshēngchóng，懒汉 lǎnhàn

dröhnen *vi* 作隆隆声 zuò lónglóngshēng

Drohpolitik *f* 威胁政策 wēixié zhèngcè

Drohung *f* -，-en 威胁 wēixié，恐吓 kǒnghè：eine ～ aussprechen（或 äußern）发出一威胁

drollig *adj* 滑稽的 huájīde，滑稽可笑的 huájī kěxiào de，令人发笑的 lìng rén fāxiào de，逗人笑的 dòu rén xiào de

Dromedar *n* -s，-e 单峰骆驼 dānfēng luòtuo

Drops *m*/*n* -，-（酸味）水果糖 shuǐguǒtáng

Droschke *f* -，-n 出租马车 chūzū mǎchē；出租汽车 chūzū qìchē

Drossel *f* -，-n 鸫属 dōngshǔ；野兽的咽喉 yěshòude yānhóu；扼流圈 èliúquān

drosseln *vt* 调小 tiáo xiǎo，调节 tiáojié；使减速 shǐ jiǎnsù；节制 jiézhì，削减 xuējiǎn，减小 jiǎn xiǎo，降低 jiàngdī

drüben *adv* 那边 nàbiān，对面 duìmiàn：da ～ 在那边；在海洋那边 zài hǎiyáng nàbiān，在边界那边 zài biānjiè nàbiān

Druck *m* I -(e)s，¨-e 压 yā，压力 yālì：einen ～ auf jn [etw] ausüben 对某人[某事]施加压力；压迫 yāpò；压迫 yāpò，按压 ànyā；困境 kùnjìng，困难 kùnnan：in ～ geraten（或 kommen）陷入困境 II -s，

-e 印刷 yìnshuā: etw in ～ geben 把某物付印；印刷字体 yìnshuā zìtǐ；印刷品 yìnshuāpǐn，出版物 chūbǎnwù；版本 bǎnběn

Drụckampel *f* 行人控制的交通指挥灯 xíngrén kòngzhì de jiāotōng zhǐhuī dēng

Drụ̈ckeberger *m* -s, - 躲避麻烦的人 duǒbì máfan de rén，逃避工作的人 táobì gōngzuò de rén

drụcken *vt* 印刷 yìnshuā，把…付印 bǎ … fùyìn: Bücher [Zeitungen] ～ 印刷书籍[报纸]

drụ̈cken I *vt* 挤 jǐ，压 yā: das Wasser aus einem Schwamm ～ 把海绵里的水挤出；加盖 jiāgài: ein Siegel auf eine Urkunde ～ 在证件上盖印；压低 yādī: die Preise [die Löhne] ～ 压低价格[工资]；使苦恼 shǐ kǔnǎo，使压抑 shǐ yāyì: etw drückt jn 某事使某人苦恼 II *rfl* 悄悄溜走 qiāoqiāo liūzǒu，逃避 táobì: sich beiseite ～ 躲在一旁 III *vi* 按 àn，压 yā，揿 qìn: mit der Hand auf die Türklinke ～ 用手按门把手；挤压 jǐyā: diese Schuhe ～ 这双鞋子挤脚

drụ̈ckend *adj* 沉重的 chénzhòngde，难忍的 nánrěnde，闷热的 mēnrède: eine ～e Hitze 难受的酷热

Drụcker *m* -s, - 印刷工人(包括排字工人) yìnshuā gōngrén，(计算机的)打印机 dǎyìnjī

Drụ̈cker *m* -s, - 门的把手 mén de bǎshou；按钮 ànniǔ；弹簧锁 tánhuángsuǒ: auf dem letzten ～ 在最后时刻；am ～ sein (或 sitzen) 有决定性影响

Druckerei *f* -, -en 印刷厂 yìnshuāchǎng，印刷所 yìnshuāsuǒ

Drụckfehler *m* 印刷错误 yìnshuā cuòwù

Drụckgewerbe *n* 印刷业 yìnshuāyè

Drụckknopf *m* 按钮 ànniǔ，揿钮 qìnniǔ，按键 ànjiàn

Drụckmittel *n* 施压手段 shīyā shǒuduàn，高压手段 gāoyā shǒuduàn

Drụckprobe *f* 校样 jiàoyàng，清样 qīngyàng

Drụcksache *f* 印刷品 yìnshuāpǐn

drụcksen *vi* 犹豫 yóuyù，吞吞吐吐 tūntūntǔtǔ

Drụckverbot *n* 禁止翻印 jìnzhǐ fānyìn

Drum [drʌm] *f* -, -s 鼓 gǔ；(爵士乐团的)打击乐器组 dǎjī yuèqì zǔ

Drummer [ˈdrʌmə] *m* -s, - 鼓手 gǔshǒu，打击乐器演奏者 dǎjī yuèqì yǎnzòuzhě

drụnten *adv* 在那下面 zài nà xiàmian

Drü̱se *f* -, -n 腺 xiàn

Dschụngel *m/n* -s, - 热带丛林 rèdài cónglín

du̱ *pron* (人称代词)你 nǐ

Duali̱smus *m* - 二元论 èryuánlùn；二元性 èryuánxìng，二重性 èrchóngxìng

duali̱stisch *adj* 二元论的 èryuánlùnde；二元的 èryuánde，二重性的 èrchóngxìngde

Dua̱lsystem *n* 二进制 èrjìnzhì；双轨教育制 shuāngguǐ jiàoyù zhì

Dü̱bel *m* -s, - 膨胀螺钉 péngzhàng luódīng，销钉 xiāodīng

dü̱beln *vt* 用销钉(或膨胀螺钉)钉牢 yòng xiāodīng dìng láo

Dublee *n* -s, -s 镀上金、银的金属 dù shàng jīn、yín de jīnshǔ

dụcken I *rfl* 俯身 fǔshēn，弯腰 wān yāo；屈从 qūcóng，屈服 qūfú II *vt* 使屈从 shǐ qūcóng，使屈服 shǐ qūfú

Dụckmäuser *m* -s, - 胆小无主见的人 dǎnxiǎo wú zhǔjiàn de rén

Du̱delsack *m* 风笛 fēngdí

Du̱den *m* -s 杜登词典 dùdēng cídiǎn

Duẹll *n* -s, -e 决斗 juédòu: jn zum ～ (heraus) fordern 要求与某人进行决斗

duelli̱eren *rfl* 决斗 juédòu: er duellierte sich (mit ihm) wegen einer Beleidigung 他因受侮辱而(与他)决斗

Duẹtt *n* -s, -e 二重唱(曲) èrchóngchàng；二重奏(曲) èrchóngzòu；二重唱(或二重奏)演出小组 èrchóngchàng yǎnchū xiǎozǔ

Dụft *m* -(e)s, ¨-e 香气 xiāngqì，香味 xiāngwèi，芳香 fāngxiāng

dụften *vi* 散发香味 sànfā xiāngwèi: die Veilchen ～ stark 紫罗兰散发出浓烈香味

dụftig *adj* 细薄的 xì bó de，稀疏的 xīshūde，薄雾状的 bówùzhuàngde

Dụftstoff *m* 香料 xiāngliào

Dụftwasser *n* 香水 xiāngshuǐ

Duka̱tengold *n* 纯金 chúnjīn

dụlden I *vt* 容忍 róngrěn，容许 róngxǔ: die Sache duldet keine Veränderung 此事不容许改变；忍受 rěnshòu: schweres Leid ～ 忍受巨大痛苦 II *vi* 忍受 rěnshòu，忍耐 rěnnài: er duldet standhaft 他坚强地忍受着

dụldsam *adj* 容忍的 róngrěnde，宽恕的

kuānshùde
dumm *adj* 笨的 bènde，愚蠢的 yúchǔnde；傻的 shǎde；不好的 bùhǎode，糟糕的 zāogāode；不愉快的 bù yúkuàide，令人恼火的 lìng rén nǎohuǒ de；头晕的 tóuyūnde，眩晕的 xuànyùnde
dummdreist *adj* 冒失的 màoshide，蛮干的 mángànde
Dummheit *f* -，-en 愚蠢 yúchǔn，愚蠢的行为 yúchǔnde xíngwéi；蠢事 chǔnshì，傻事 shǎshì：eine gewaltige ～ machen（或 begehen）干一件大蠢事
Dummkopf *m* 笨蛋 bèndàn，傻瓜 shǎguā
dümmlich *adj* 笨头笨脑的 bèn tóu bèn nǎo de，傻乎乎的 shǎhūhūde
Dummy [ˈdʌmi] *m* -s，-s 模仿物 mófǎngwù；（做模拟撞车用的）假人 jiǎrén
dumpf *adj* 潮湿闷气的 cháoshī mènqì de，有霉味的 yǒu méiwèi de；沉闷的 chénmènde，低沉的 dīchénde；迟钝的 chídùnde，呆笨的 dāibènde；昏昏沉沉的 hūnhūn chénchén de
Dumping [ˈdʌm...] *n* -s 倾销 qīngxiāo
Dumpingpolitik *f* 倾销政策 qīngxiāo zhèngcè
Dumpingpreis *m* 倾销价格 qīngxiāo jiàgé
Düne *f* -，-n 沙丘 shāqiū
Dung *m* -(e)s 肥料 féiliào
düngen *vt* 施肥 shīféi，上肥 shàngféi：das Feld [den Kohl] ～ 给田地[卷心菜]施肥
Dünger *m* -s，- 肥料 féiliào
Düngung *f* -，-en 施肥 shīféi
dunkel *adj* 暗的 ànde，黑暗的 hēi'ànde；深的 shēnde，深色的 shēnsède，暗色的 ànsède；模糊的 móhude；暧昧的 àimèide，可疑的 kěyíde，隐秘的 yǐnmìde；阴暗的 yīn'ànde，黑暗的 hēi'ànde
Dunkel *n* -s 暗 àn，黑暗 hēi'àn；模糊 móhu；隐秘 yǐnmì
Dünkel *m* -s 自负 zìfù，傲慢 àomàn，自高自大 zìgāozìdà
dünkelhaft *adj* 自负的 zìfùde，傲慢的 àomànde，自高自大的 zì gāo zì dà de
Dunkelheit *f* - 黑暗 hēi'àn，昏暗 hūn'àn；深色 shēnsè，黑色 hēisè
dunkeln *vi*（天气）渐暗 jiàn'àn，变暗 biàn'àn：es dunkelt 天气渐黑
Dunkelziffer *f* -，-n 隐瞒的（统计）数字 yǐnmán de shùzì

dünken* I *vt* 觉得 juéde，以为 yǐwéi II *rfl* 自以为 zì yǐwéi
dünn *adj* 薄的 bóde；稀的 xīde，稀疏的 xīshūde；清淡的 qīngdànde；细小的 xìxiǎode，瘦长的 shòuchángde；瘦的 shòude
Dünndarm *m* 小肠 xiǎocháng
dünn(e)machen *rfl* 悄悄离去 qiāoqiāo líqù
Dunst *m* -es，⸚e 蒸气 zhēngqì；雾气 wùqì，烟雾 yānwù；污浊空气 wūzhuó kōngqì
dünsten I *vt* 炖 dùn，煨 wēi，焖 mèn II *vi* 散发（一种难闻的）气味 sànfā qìwèi
dunstig *adj* 有雾的 yǒuwùde，雾蒙蒙的 wù méngméng de，有烟雾的 yǒu yānwù de；烟雾腾腾的 yānwù téngténg de
Duo *n* -s，-s 二重奏 èrchóngzòu；二部曲的对唱者（或演奏者）èrbùqū de duìchàngzhě
durch I *prp* (A) 穿过 chuānguò，通过 tōngguò：～ den Wald [die Stadt] gehen 穿过树林[城市]；经过 jīngguò：～ das ganze Jahr 经过整年；借助于 jièzhù yú，通过 tōngguò，由于 yóuyú：etw ～ Fleiß erreichen 由于努力而达到某事；（被动态中）被 bèi，由 yóu：er wurde ～ einen Schuss getötet 他被一枪打死 II *adv* 过去 guòqù，开过 kāiguò，行过 xíngguò：unser Bus ist ～ 我们的公共汽车已开过；（考试）通过 tōngguò：er ist ～ 他通过考试；（病人）度过危险期 dùguò wēixiǎnqī：der Kranke ist ～ 病人已过了危险期；折断 zhéduàn：er hat den Ast ～ 他把树枝折断了；破裂 pòliè，穿破 chuānpò：meine Hose ist ～ 我的裤子破了；通读 tōngdú，读完 dúwán：ich habe das Buch ～ 我已读完了这本书；～ und ～ 完全，彻底：er ist ～ und ～ ein Egoist 他彻头彻尾是个自私自利者
durcharbeiten I *vt* 仔细研究 zǐxì yánjiū；钻研 zuānyán：das neue Buch gründlich ～ 仔细研究这本新书；彻底加工 chèdǐ jiāgōng II *rfl* 穿过 chuānguò，通过 tōngguò：sich ein Dickicht ～ 穿过灌木丛 III *vi* 持续地工作 chíxùde gōngzuò：die Nacht ～ 通宵工作
durchaus *adv* 完全地 wánquánde，绝对地 juéduìde；无论如何 wúlùn rúhé，一定 yídìng，绝对 juéduì
durchbeißen* *vt* 咬穿 yǎochuān，咬断 yǎoduàn

durchblättern *vt* 翻阅 fānyuè，浏览 liúlǎn

durchblicken *vi* 透过…看去 tòuguò … kànqù

durchblutet *adj* 血液流通的 xuèyè liútōng de

durchbraten* *vt/vi* 烤熟 kǎoshú，煎透 jiāntòu，炸透 zhátòu

durchbrechen* I *vt* 把…断成两半 bǎ … duàn chéng liǎngbàn，折断 zhéduàn；贯穿 guànchuān，在…上开一个洞（孔）zài … shang kāi yígè dòng：ein Fenster ～ 开一扇窗 II *vi*（*s*）折断成两半 zhéduàn chéng liǎngbàn；掉入 diàorù，陷入 xiànrù；冲破 chōngpò，突破 tūpò

durchbrechen* *vt* 冲破 chōngpò，突破 tūpò

durchbrennen* *vi*（*s*）烧断 shāoduàn，烧坏 shāohuài；烧尽 shāojìn，烧透 shāotòu；逃跑 táopǎo，偷偷逃走 tōutōu táozǒu

durchbringen* *vt* 救活（病人）jiùhuó，使渡过困难 shǐ dùguò kùnnan；使（议案）通过 shǐ tōngguò，批准（议案）pīzhǔn；耗尽 hàojìn，花完 huāwán

Durchbruch *m* -(e)s，…e 突破 tūpò，冲破 chōngpò：einen ～ durch die gegnerische Stellung erzielen 突破敌人阵地；决口 juékǒu；产生 chǎnshēng，出现 chūxiàn：zum ～ kommen 突然发生

durchdenken* *vt* 深思熟虑 shēn sī shú lǜ

durchdenken* *vt* 全面考虑 quánmiàn kǎolǜ

durchdrehen I *vt* 绞碎 jiǎosuì，绞 jiǎo：Fleisch [Kartoffeln] ～ 把肉[土豆]绞碎 II *vi*（*h/s*）（感情）失去控制 shīqù kòngzhì，失去理智 shīqù lǐzhì，慌乱 huāngluàn

durchdringen* *vt* 通过 tōngguò，穿过 chuānguò，穿透 chuāntòu：der Scheinwerfer durchdrang die Dunkelheit 探照灯光穿透黑暗；充满 chōngmǎn：von etw durchdrungen sein 内心充满了某事物

durchdrücken *vt* 强行贯彻 qiángxíng guànchè；压榨 yāzhà，压挤 yājǐ；使挺直 shǐ tǐngzhí，伸直 shēnzhí

Durcheinander *n* -s 混乱 hùnluàn，杂乱 záluàn，乱七八糟 luànqībāzāo

durcheinander *adv* 混乱地 hùnluànde，杂乱地 záluànde，乱七八糟 luànqībāzāo

durcheinanderbringen* *vt* 使混乱 shǐ hùnluàn，弄乱 nòngluàn；使头昏脑涨 shǐ tóu hūn nǎo zhàng，使心烦意乱 shǐ xīn fán yì luàn；弄颠倒 nòng diāndǎo，混淆 hùnxiáo

durcheinandergehen* *vi*（*s*）弄得乱七八糟 nòngde luànqībāzāo，变得乱糟糟 biànde luànzāozāo，乱套 luàntào

durcheinanderreden *vi* 七嘴八舌一齐说 qī zuǐ bā shé yìqí shuō；语无伦次 yǔ wú lúncì，胡言乱语 húyán luànyǔ

Durchfahrt *f* -，-en（车、船等）通过 tōngguò，经过 jīngguò；通道 tōngdào，出入口 chūrùkǒu

Durchfall *m* -s，…e 腹泻 fùxiè；失败 shībài，落选 luòxuǎn：das Drama erlebte einen glänzenden ～ 这戏剧很不受欢迎

durchfallen* *vi*（*s*）失败 shībài，落选 luòxuǎn：er fiel bei der Wahl durch 他落选了；不受（观众、读者）欢迎 bù shòu huānyíng；（考试）不及格 bù jígé：er ist im Examen durchgefallen 他考试不及格

durchfechten* *vt* 经过奋斗而获得 jīngguò fèndòu ér huòdé，为…斗争到最后胜利 wèi … dòuzhēng dào zuìhòu shènglì

durchforschen *vt*（科学）考察 kǎochá，详细研究 xiángxì yánjiū；探索 tànsuǒ；搜寻 sōuxún

Durchfuhr *f* -，-en（商品经第三国的）过境运输 guòjìng yùnshū，转口运输 zhuǎnkǒu yùnshū

durchführen *vt* 进行 jìnxíng，执行 zhíxíng，实施 shíshī：einen Versuch ～ 进行一次试验；einen Befehl ～ 执行一项命令；einen Plan ～ 实施一计划

Durchfuhrerlaubnis *f* 过境许可 guòjìng xǔkě，转口许可 zhuǎnkǒu xǔkě

Durchfuhrhandel *m* 过境贸易 guòjìng màoyì，转口贸易 zhuǎnkǒu màoyì

Durchfuhrland *n* 通过国 tōngguò guó

Durchführung *f* -，-en 贯彻 guànchè，实施 shíshī，执行 zhíxíng：etw zur ～ bringen 将某事付者实施

Durchfuhrzoll *m* 过境税 guòjìngshuì，通行税 tōngxíngshuì，转口税 zhuǎnkǒushuì

Durchgang *m* -(e)s，…e 穿过 chuānguò，通过 tōngguò，经过 jīngguò：Kein ～（或 ～ verboten 或 ～ nicht gestattet）！禁止通过！通道 tōngdào，通路

D

tōnglù,过道 guòdào;(时间上的)阶段 jiēduàn,时期 shíqī;(体育运动的)轮 lún

durchgängig *adj* 总的 zǒngde,一贯的 yíguànde,毫不例外的 háobù lìwài de

durchgeben* *vt* 传达 chuándá,传递 chuándì;广播 guǎngbō,播送 bōsòng: eine Nachricht im Fernsehen ～ 通过电视发布消息

durchgehen* *vi(s)* (人等)穿过 chuānguò,通过 tōngguò,经过 jīngguò;逃走 táozǒu,逃跑 táopǎo;(马)脱缰乱跑 tuō jiāng luàn pǎo;(线)穿过(针眼) chuānguò;(议案等)通过 tōngguò **II** *vt* 审查 shěnchá,检查 jiǎnchá,复核 fùhé

durchgehend *adj* 直达的 zhídáde;持续不断的 chíxù búduàn de,连续的 liánxùde,不休息的 bù xiūxī de: das Geschäft ist ～ geöffnet 这商店全天营业

durchglühen **I durchglühen** *vi(s)* 烧得通红 shāode tōnghóng,烧透 shāotòu **II durchglühen** *vt* 使充满(热情、喜悦等) shǐ chōngmǎn: Freude durchglühte ihn 他满怀着喜悦的心情

durchgreifen* *vi* (伸到…中)抓取 zhuāqǔ;采取果断措施 cǎiqǔ guǒduàn cuòshī,采取果断行动 cǎiqǔ guǒduàn xíngdòng

durchhalten* **I** *vi* 坚持住 jiānchízhù,坚持到底 jiānchí dàodǐ **II** *vt* 经受住 jīngshòuzhù,把…坚持到底 bǎ … jiānchí dàodǐ: etw ～ 将某事坚持到底

durchheizen *vt*/*vi* (使房间等)完全暖和起来 wánquán nuǎnhuo qǐlái,烧得非常暖 shāode fēicháng nuǎn;日夜供暖 rìyè gōngnuǎn

durchhelfen* *vi* 帮助…渡过困难(或难关) bāngzhù … dùguò kùnnan

durchkämmen **I durchkämmen** *vt* 梳透 shūtòu,梳通 shūtōng **II durchkämmen** *vt* 彻底搜查 chèdǐ sōuchá

durchkommen* *vi(s)* 穿过 chuānguò,经过 jīngguò,通过 tōngguò;行得通 xíngdetōng,达到目的 dádào mùdì;通过(考试) tōngguò;渡过难关 dùguò nánguān,恢复健康 huīfù jiànkāng;通知 tōngzhī,发布 fābù;胜任或完成工作 shèngrèn huò wánchéng gōngzuò

durchkreuzen **I durchkreuzen** *vt* 在…上打叉 zài … shang dǎchā,打叉勾销 dǎchā gōuxiāo,划掉 huàdiào **II durchkreuzen** *vt* 使受挫折 shǐ shòu cuòzhé,挫败 cuòbài,破坏 pòhuài

Durchlass *m* -es, ⸚e 通路 tōnglù,通道 tōngdào;通行 tōngxíng,允许通过 yǔnxǔ tōngguò

durchlassen* *vt* 放行 fàngxíng,放…使通过 fàng … shǐ tōngguò;使透过 shǐ tòuguò

durchlässig *adj* 透光的 tòuguāngde,透气的 tòuqìde,可透过的 kě tòuguò de,可渗透的 kě shèntòu de;不紧密的 bù jǐnmìde

durchlaufen* **I durchlaufen** *vi(s)* 匆匆穿过 cōngcōng chuānguò,跑过 pǎoguò: durch ein Tor ～ 匆匆穿过(大)门;浏览 liúlǎn: durch die Ausstellung ～ 在展览馆匆匆浏览一遍 **II durchlaufen** *vt* 念完 niànwán;经历过 jīnglìguò,经受过 jīngshòuguò;走遍 zǒubiàn,跑步穿过 pǎobù chuānguò: alle Länder der Welt ～ 走遍世界各国;全身突然感到 quánshēn tūrán gǎndào: ein Schauder durchlief sie 她(全身)突然感到一阵恐惧

durchleben *vt* 度过 dùguò,经历 jīnglì,经受 jīngshòu

durchlesen* *vt* 从头到尾地读 cóngtóu dào wěi de dú,通读 tōngdú

durchleuchten *vt* 透视 tòushì: einen Patienten ～ 给一病人透视;照亮 zhàoliàng: alle Ecken und Winkel ～ 把各个角落都照遍;查明 chámíng,查清 cháqīng: js Vergangenheit ～查清某人的过去

durchlöchern *vt* 在…上打洞[打眼] zài … shang dǎdòng [dǎyǎn],在…上穿(许多)孔 zài … shang chuānkǒng;使布满窟窿 shǐ bùmǎn kūlong

durchmachen *vt* 结业 jiéyè: die Grundschule ～ 上完小学;经受 jīngshòu,遭受 zāoshòu: eine Wandlung ～ 经历一变化(过程)

Durchmesser *m* -s, - 直径 zhíjìng

durchnehmen* *vt* 讲解 jiǎngjiě,研究 yánjiū,论述 lùnshù;审查 shěnchá,审核 shěnhé

durchnummerieren *vt* (从头到尾)编连续号 biān liánxùhào,排页码 pái yèmǎ

durchprüfen *vt* 彻底检查 chèdǐ jiǎnchá

durchprügeln *vt* 痛打 tòngdǎ,狠揍 hěnzòu

durchqueren *vt* 穿过 chuānguò,越过 yuèguò,横渡 héngdù: den Wald ～ 穿过树林; das Schiff durchquert die Ozeane 这船横渡大洋

durchrechnen *vt* 从头到尾算一遍 cóngtóu dào wěi suàn yībiàn，核算 hésuàn

durchregnen *vi* (屋顶)漏雨 lòuyǔ

Durchreise *f* -，-n 经过 jīngguò，路过 lùguò

durchreisen I **durchreisen** *vi*(*s*) 旅行经过 lǚxíng jīngguò，路过 lùguò II **durchreisen** *vt* 游遍 yóu biàn，周游 zhōuyóu：ein Gebiet mehrere Wochen lang ～ 数周之久游遍一地区

Durchreisende *m*/*f* (按形容词变化) 过路客 guòlùkè，旅行经过者 lǚxíng jīngguòzhě

Durchreisevisum *n* (旅行)过境签证 guòjìng qiānzhèng

durchrütteln *vt* (激烈地)震动 zhèndòng，摇动 yáodòng

Durchsage *f* -，-n (通过无线电、电话等传出的)通知 tōngzhī，通告 tōnggào，消息 xiāoxi

durchsagen *vt* (通过无线电、电话、扩音器等)广播通知 guǎngbō tōngzhī；传达 chuándá

durchsägen *vt* 锯成两部分 jùchéng liǎng bùfen，锯开 jùkāi，锯断 jùduàn

durchschauen I **durchschauen** *vi* 通过…看 tōngguò … kàn II **durchschauen** *vt* 看穿 kànchuān，识破 shípò，洞察 dòngchá：js Doppelzüngigkeit ～ 看透某人的两面派手法

Durchschlag *m* -s，⸚e 复写的副本 fùxiěde fùběn，复写本 fùxiěběn

durchschlagen* I **durchschlagen** *vi*(*s*) 穿过 chuānguò，透过 tòuguò；显露 xiǎnlù，显示 xiǎnshì：die Eigenschaften der Mutter sind in ihr durchgeschlagen 她显露出母亲的一些性格 II *vt* 敲断 qiāoduàn，打断 dǎduàn，打穿 dǎchuān；打字复写 dǎzì fùxiě III *rfl* 闯过 chuǎngguò；艰难度日 jiānnán dùrì IV **durchschlagen** *vt* 打通 dǎtōng，打穿 dǎ chuān：ein Stein hat die Fensterscheibe ～ 石头击穿玻璃窗

Durchschnitt *m* -(e)s，-e 平均数 píngjūnshù，平均值 píngjūnzhí：im ～ 平均；截面 jiémiàn，剖面 pōumiàn

durchschnittlich *adj* 平均的 píngjūnde；一般的 yībānde，中等的 zhōngděngde

Durchschnittseinkommen *n* 平均收入 píngjūn shōurù

Durchschnittswert *m* 平均值 píngjūnzhí

Durchschrift *f* -，-en 复写的副本 fùxiěde fùběn，复写本 fùxiěběn

durchschütteln *vt* 使劲地摇动 shǐjìnde yáodòng

durchsehen* I *vt* 仔细查看 zǐxì chákàn，审阅 shěnyuè；审查 shěnchá，审核 shěnhé；匆匆翻阅 cōngcōng fānyuè，粗略地看一下 cūlüède kànyīxià；校阅 jiàoyuè，校订 jiàodìng，校对 jiàoduì II *vi* (透过某物)看出去 kànchūqù；看清 kànqīng

durchsetzen I *vt* 贯彻 guànchè，实现 shíxiàn II *rfl* 得以贯彻 déyǐ guànchè，得以实现 déyǐ shíxiàn，达到目的 dádào mùdì，获得承认(或赞同) huòdé chéngrèn

durchsichtig *adj* 透明的 tòumíngde；显而易见的 xiǎn ér yì jiàn de，明显的 míngxiǎnde

durchsickern *vi*(*s*) 渗出 shènchū，渗漏 shènlòu；泄漏 xièlòu，透露 tòulù

durchsprechen* *vt* 详细讨论 xiángxì tǎolùn，细谈 xìtán：Details genau ～ 详细细地讨论细节

durchstehen* *vt* 经受 jīngshòu，忍受住 rěnshòuzhù，顶住 dǐngzhù，坚持 jiānchí

durchstöbern *vt* 翻寻 fānxún，彻底搜寻 chèdǐ sōuxún，翻遍 fānbiàn

durchstreichen* *vt* 划掉 huàdiào，删去 shānqù

durchstreifen *vt* 漫游 mànyóu：das Land ～ 漫游这个国家

durchsuchen *vt* (彻底)搜查 sōuchá，搜寻 sōuxún：das Haus von oben bis unten ～ 把屋子从上到下搜查一遍

durchtränken *vt* 把…浸透 bǎ … jìntòu，使湿透 shǐ shītòu

durchtrieben *adj* 狡猾的 jiǎohuáde，欺诈的 qīzhàde

durchwachen *vt* 不眠度过 bù mián dùguò，(一段时间)醒着 xǐngzhe：Die Nacht ～! 彻夜不眠

Durchwahl *f* - 直拨 zhíbō

durchwählen *vi* 直接拨通电话 zhíjiē bōtōng diànhuà，直拨 zhíbō

durchwandern *vt* (步行)漫游 mànyóu，游历 yóulì，漫游而熟悉(一地区) mànyóu ér shúxī

durchweg(s) *adv* 完全 wánquán，统统 tǒngtǒng，无例外地 wú lìwài de

durchwühlen *vt* 乱翻 luànfān，乱找 luànzhǎo：eine Schublade nach Geld ～ 乱翻抽屉找钱

durchziehen* I **durchziehen** *vi*(*s*) 穿过 chuānguò，经过 jīngguò，穿越 chuānyuè II **durchziehen** *vt* 漫游 mànyóu，游历 yóulì；穿越 chuānyuè；贯穿 guànchuān；布满 bùmǎn，充满 chōngmǎn：das Gesicht ist von Falten durchzogen 脸上布满了皱纹

Durchzug *m* -s，¨-e 通风 tōngfēng；通过 tōngguò，穿越 chuānyuè

dürfen* I（情态动词）*vi* 允许 yǔnxǔ，许可 xǔkě，容许 róngxǔ：Darf ich rauchen？我可以吸烟吗？应该 yīnggāi，应当 yīngdāng：das darf nicht geschehen 这不应当发生；可以 kěyǐ：Sie ～ das ruhig glauben 您尽管可以相信这点；（表示猜测）可能 kěnéng，也许 yěxǔ，或许 huòxǔ：morgen dürfte schönes Wetter sein 明天可能是好天；er dürfte der Täter sein 他没准是作案人；需要 xūyào，（只）要 yào：die Suppe darf nur 10 Minuten kochen 这汤只需煮十分钟 II（独立动词）*vt*/*vi* 能 néng，可以 kěyǐ，得到许可 dédào xǔkě：Dürfen wir heute ins Kino？我们今天可以去看电影吗？das habe ich nie gedurft 我从来就没允许这样做过

dürftig *adj* 贫困的 pínkùnde，寒酸的 hánsuānde；不足的 bùzúde，微薄的 wēibóde；可怜的 kěliánde

dürr *adj* 干的 gānde，干枯的 gānkūde；干瘦的 gānshòude，瘦长的 shòuchángde；贫瘠的 pínjíde，荒芜的 huāngwúde

Durst *m* -es 渴 kě：großen ～ haben 口渴极了；渴望 kěwàng；渴求 kěqiú：～ nach Wahrheit [Wissen] 渴望真理[知识]

dursten *vi* 口渴 kǒukě

dürsten *vi* 口渴 kǒukě；渴望 kěwàng，热望 rèwàng

durstig *adj* 口渴的 kǒukěde；渴望的 kěwàngde

Dusche *f* -，-n 淋浴装置 línyù zhuāngzhì；淋浴 línyù：eine warme ～ nehmen 热水淋浴

duschen *vi*/*rfl* 淋浴 línyù：（sich）kalt ～ 用冷水淋浴

Düse *f* -，-n 喷嘴 pēnzuǐ，喷口 pēnkǒu

Dusel *m* -s 半昏迷（状态）bàn hūnmí；昏沉沉 hūnhūn chénchén；幸运 xìngyùn，侥幸 jiǎoxìng

Düsenflugzeug *n* -(e)s，-e 喷气式飞机 pēnqìshì fēijī

Dussel *m* -s，- 蠢人 chǔnrén，笨蛋 bèndàn

düster *adj* 阴暗的 yīn'ànde，黑暗的 hēi'ànde；阴郁的 yīnyùde，忧郁的 yōuyùde，阴沉的 yīnchénde

Dutzend *n* -s，-e 一打 yìdá：zwei ～ frische Eier Kaufen 买二打新鲜鸡蛋；～e von Menschen 几十个人；zu ～en 大量地；etw in（或 zu，nach）～en verkaufen 按打出售某物

duzen *vt* 对…称"你" duì … chēng"nǐ"：jn ～ 对某人称"你"

Dynamik *f* - 动力学 dònglìxué；动力 dònglì

dynamisch *adj* 动力学的 dònglìxuéde，动力的 dònglìde；有生气的 yǒu shēngqìde，活跃的 huóyuède，有力的 yǒulìde；动态的 dòngtàide

dynamisieren *vt* 发动 fādòng，启动 qǐdòng，推动 tuīdòng；使社会福利与生活开支相适应 shǐ shèhuì fúlì yǔ shēnghuó kāizhī xiāng shìyìng

Dynamit *n* -s 达那炸药 dánà zhàyào，甘油炸药 gānyóu zhàyào

Dynamo *m* -s，-s 发电机 fādiànjī，（用于自行车上的）摩电机 módiànjī

Dynast *m* -en，-en（世袭的）君主 jūnzhǔ，（小）诸侯 zhūhóu

Dynastie *f* -，-n 王朝 wángcháo，朝代 cháodài

Dysenterie *f* -，-n 痢疾 lìji

dysenterisch *adj* 痢疾的 lìjide

Dysmelie *f* -，-n（先天性）四肢残废 sìzhī cánfèi，（先天性）四肢畸形 sìzhī jīxíng

Dysphorie *f* -，-n 烦躁不安 fánzào bù'ān

dystroph *adj* 营养不良的 yíngyǎng bùliángde

D-Zug ['de:...] *m* 快车 kuàichē

D-Zug-Tempo *n* 高速度 gāosùdù，飞快 fēikuài

D-Zug-Zuschlag *m* 快车加快费 kuàichē jiākuàifèi

E

Ebbe *f* -, -n 落潮 luòcháo,退潮 tuìcháo: ~ und Flut 落潮和涨潮; Fluss mit ~ und Flut 有潮水涨落的河流;低潮 dīcháo,不振 bùzhèn;缺钱 quēqián,拮据 jiéjū

eben I *adj* 平的 píngde,平坦的 píngtǎnde;平正的 píngzhengde,平面的 píngmiànde,均匀的 jūnyúnde II *adv* 刚才 gāngcái,方才 fāngcái;很快 hěn kuài,马上 mǎshàng;正是 zhèngshì,刚好 gānghǎo: das wollte ich ja ~ sagen 这正是我要说的;恰好 qiàhǎo,正好 zhènghǎo;差一点就不能 chàyīdiǎn jiù bùnéng: ich erreiche ~ noch den Zug 我正好赶上火车;就 jiù,就是 jiùshì,简直 jiǎnzhí: es ist ~ so und lässt sich nicht ändern 事情就是这样,无法更改;(重读表示强调)是的 shìde,正是 zhèngshì,就是 jiùshì: „ich finde ihn sehr unzuverlässig."— „~!" "我认为他很不可靠"—"就是嘛!"

Ebenbild *n* 类似 lèisì,相像(的人) xiāngxiàng: er ist das ~ seines Vaters 他活像他父亲

ebenbürtig *adj* 相等的 xiāngděngde,不相上下的 bù xiāng shàng xià de;出身相同的 chūshēn xiāngtóng de

ebenda *adv* 在同一处 zài tóngyī chù,(引文)同上 tóngshàng

ebendort *adv* 就在那个地方 jiù zài nàge dìfāng

Ebene *f* -, -n 平原 píngyuán,平地 píngdì;平面 píngmiàn;水平 shuǐpíng,级 jí,等级 děngjí: auf gleicher [höchster] ~ (在)同[最高]级(上)

ebenfalls *adv* 同样地 tóngyàngde,相同地 xiāngtóngde,也 yě: Danke, ~! 谢谢,也同样祝愿您!

ebenmäßig *adj* 对称的 duìchènde,匀称的 yúnchènde

ebenso *adv* 相同的 xiāngtóngde,相等地 xiāngděngde,同样 tóngyàng

Eber *m* -s, - 公猪 gōngzhū

ebnen *vt* 使平坦 shǐ píngtǎn,平整 píngzhěng: den Boden ~ 平整土地; jm den Weg (或 die Wege) ~ 为某人铺平道路,为某人清除障碍

Echo *n* -s, -s 回声 huíshēng,反响 fǎnxiǎng;反应 fǎnyìng,响应 xiǎngyìng,共鸣 gòngmíng: seine Vorschläge fanden ein starkes ~ 他的建议引起了强烈的反应

echt *adj* 真的 zhēnde,真正的 zhēnzhèngde,纯的 chúnde;真实的 zhēnshíde,地道的 dìdàode;不退色的 bù tuìshǎi de

Eckball *m* 角球 jiǎoqiú

Ecke *f* -, -n 角 jiǎo,角落 jiǎoluò: an der ~ sitzen 坐在角落里;一段路 yī duàn lù: eine tüchtige ~ fahren 乘车乘了好长一段路;拐角处 guǎijiǎochù;地区 dìqū: er wohnt auch in der ~ 他也住在这地区

Eckensteher *m* 二流子 èrliúzi,游手好闲者 yóu shǒu hào xián zhě

Eckfenster *n* 壁角窗 bì jiǎo chuāng

Eckhaus *n* 拐角处的房屋 guǎijiǎochù de fángwū

eckig *adj* 有角的 yǒu jiǎo de,方的 fāngde;不灵活的 bù línghuóde,笨拙的 bènzhuōde

Economyklasse [ɪˈkɔnəmɪ...] *f* 经济舱(位) jīngjìcāng,二等舱 èrděngcāng

Ecuador 厄瓜多尔 Èguāduō'ěr

Ecuadorianer *m* -s, - 厄瓜多尔人 èguāduō ěrrén

edel *adj* 高尚的 gāoshàngde,崇高的 chónggāode;名贵的 míngguìde,贵重的 guìzhòngde;纯种的 chúnzhǒngde;高贵的 gāoguìde

Edelfresswelle *f* 高消费 gāoxiāofèi;奢侈风 shēchǐfēng,吃喝风 chīhēfēng

Edelmann *m* -(e)s, ...leute 贵族 guìzú;思想高尚的人 sīxiǎng gāoshàng de rén

Edelmetall *n* 贵金属 guìjīnshǔ

Edelstahl *m* 特种钢 tèzhǒnggāng,优质

钢 yōuzhìgāng
Edelstein *m* 宝石 bǎoshí
Edition *f* -, -en 出版 chūbǎn；版 bǎn，版本 bǎnběn
Effekt *m* -(e)s, -e 效果 xiàoguǒ，效力 xiàolì；作用 zuòyòng，影响 yǐngxiǎng；效应 xiàoyìng
Effekten *pl* 有价证券 yǒujià zhèngquàn；动产 dòngchǎn，财物 cáiwù
effektiv *adj* 有效的 yǒuxiàode，生效的 shēngxiàode；实在的 shízàide，实际的 shíjìde
Effemination *f* -, -en 女性化 nǚxìnghuà，女子气 nǚzǐqì
effeminieren *vt* 使女性化 shǐ nǚxìnghuà
effeminiert *adj* 成为女性的 chéngwéi nǚxìngde，女性化的 nǚxìnghuàde
Efficiency [ɪˈfɪʃənsɪ] *f* - 经济效益 jīngjì xiàoyì
egal *adj* 一样的 yīyàngde，同样的 tóngyàngde；无关紧要的 wúguān jǐnyào de，随便的 suíbiànde：mir ist alles ～ 一切对我都无所谓
egalisieren *vt* 使相等 shǐ xiāngděng，使平等 shǐ píngděng，拉平 lāpíng：einen Rekord ～ 平一项纪录
Egalität *f* - 平等 píngděng
Egge *f* -, n 耙 pá
eggen *vt/vi* 耙(地) pá
Egoismus *m* -, ...men 自私自利 zìsī zìlì；利己主义 lìjǐ zhǔyì，自我主义 zìwǒ zhǔyì
Egoist *m* -en, -en 自私自利的人 zìsī zìlì de rén；利己主义者 lìjǐ zhǔyì zhě，自我主义者 zìwǒ zhǔyì zhě
egoistisch *adj* 自私自利的 zìsī zìlì de，利己的 lìjǐde
eh I *cj* = ehe II *adv* 以前 yǐqián：seit ～ und je 向来，历来，一向
ehe *cj* 在…之前 zài … zhīqián
Ehe *f* -, -n 婚姻 hūnyīn：eine ～ schließen 结婚；eine ～ scheiden (或 trennen) 离婚
Ehebruch *m* 通奸 tōngjiān，私通 sītōng
Ehefrau *f* 妻子 qīzi
Ehegatte *m* -n, -n 丈夫 zhàngfū
Ehegüterrecht *n* 夫妻财产法 fūqī cáichǎnfǎ，婚姻财产法 hūnyīn cáichǎnfǎ
Eheleute *pl* 夫妻 fūqī
ehelich *adj* 婚姻的 hūnyīnde，夫妻的 fūqīde；合法婚姻所生的 héfǎ hūnyīn suǒ shēng de，嫡出的 díchūde
ehelichen *vt* 和…结婚 hé … jiéhūn
ehelos *adj* 未婚的 wèihūnde，独身的 dúshēnde：～ leben 过独身生活
ehemalig *adj* 从前的 cóngqiánde，以前的 yǐqiánde
ehemals *adv* 从前 cóngqián，以前 yǐqián
Ehemann *m* 丈夫 zhàngfū
Ehepaar *n* 夫妻 fūqī
eher *adv* 早一些 zǎo yīxiē，更早些 gèng zǎo xiē，较早 jiào zǎo；宁可 nìngkě；(与其…)倒不如说 dào bùrú shuō，更确切地说 gèng quèqiède shuō：er ist ～ schlau als klug 他与其说是聪明，不如说是狡猾
Eherecht *n* - 婚姻法 hūnyīnfǎ
Ehescheidung *f* 离婚 líhūn
Eheschließung *f* 结婚 jiéhūn
Ehevertrag *m* 婚姻契约书 hūnyīn qìyuēshū(婚前对于财产、权利等的协议)
ehrbar *adj* 正直的 zhèngzhíde，正派的 zhèngpàide；可尊敬的 kě zūnjìng de
Ehre *f* -, -n 名誉 míngyù，荣誉 róngyù：jn zu ～ bringen 使某人获得荣誉；Mit wem habe ich die ～? 请问尊姓大名？尊敬 zūnjìng，敬仰 jìngyǎng：etw [jn] in ～ halten 尊重某事物[某人]；自尊 zìzūn，自敬 zìjìng
ehren *vt* 尊敬 zūnjìng，崇敬 chóngjìng：das Alter ～ 尊敬老人；尊重 zūnzhòng，重视 zhòngshì；嘉奖 jiājiǎng
Ehrenbürger *m* 荣誉市民(或公民) róngyù shìmín
Ehrendoktor *m* 名誉博士 míngyù bóshì
Ehrengast *m* 贵宾 guìbīn，来宾 láibīn
ehrenhaft *adj* 正派的 zhèngpàide，正直的 zhèngzhíde
Ehrenmal *n* 纪念碑 jìniànbēi
Ehrenmitglied *n* 名誉会员 míngyù huìyuán
Ehrenmünze *f* 纪念币 jìniànbì，纪念章 jìniànzhāng
Ehrenpräsident *m* 名誉主席 míngyù zhǔxí
Ehrenpreis *m* 荣誉奖 róngyùjiǎng，奖赏 jiǎngshǎng
Ehrenrechte *pl* 公民权 gōngmínquán：die bürgerlichen ～ 公民权
ehrenrührig *adj* 毁人名誉的 huǐ rén míngyù de，诽谤的 fěibàngde
Ehrensache *f* 有关名誉(面子)的事情

yǒuguān míngyù de shìqing;理所当然的义务 lǐ suǒ dāng rán de yìwù

Ehrenschutz *m* 保护名誉 bǎohù míngyù,荣誉保护 róngyù bǎohù

ehrenvoll *adj* 光荣的 guāngróng de

Ehrenvorsitzende *m/f* (按形容词变化)名誉主席 míngyù zhǔxí

Ehrenwort *n* 誓言 shìyán

Ehrerbietung *f* - 敬重 jìngzhòng,恭敬 gōngjìng

Ehrfurcht *f* 敬畏 jìngwèi,崇敬 chóngjìng

Ehrgefühl *n* 荣誉感 róngyùgǎn,自尊心 zìzūnxīn

Ehrgeiz *m* 抱负 bàofù,志向 zhìxiàng;虚荣心 xūróngxīn,功名心 gōngmíngxīn,奢望 shēwàng

ehrlich *adj* 诚实的 chéngshíde,可靠的 kěkàode;真诚的 zhēnchéngde,正直的 zhèngzhíde,不说谎的 bù shuōhuǎngde

Ehrlichkeit *f* - 诚实 chéngshí,老实 lǎoshi,正直 zhèngzhí;真诚 zhēnchéng;廉洁 liánjié

Ehrung *f* -, -en 荣誉 róngyù,光荣 guāngróng,敬意 jìngyì;颁奖仪式 bānjiǎng yíshì

Ehrverlust *m* 丧失公民权 sàngshī gōngmínquán

ehrwürdig *adj* 令人崇敬的 lìng rén chóngjìng de,使人敬畏的 shǐ rén jìngwèi de

Ei *n* -(e)s, -er 蛋 dàn,卵 luǎn

Eiche *f* -, -n 橡树 xiàngshù,栎树 lìshù

Eichel *f* -, -n 橡树果实 xiàngshù guǒshí;(纸牌中的)梅花 méihuā,草花 cǎohuā;龟头 guītóu;阴蒂 yīndì

Eichhörnchen *n* -s, - 松鼠 sōngshǔ

Eid *m* -(e)s, -e 誓言 shìyán,誓约 shìyuē:einen ～ leisten 宣誓

Eidbruch *m* 违背誓约 wéibèi shìyuē,违背誓言 wéibèi shìyán

Eidechse *f* -, -n 蜥蜴 xīyì;蝎虎 xiēhǔ,壁虎 bìhǔ

Eidesformel *f* 宣誓格式 xuānshì géshi;誓文 shìwén

Eidgenosse *m* 瑞士公民 ruìshì gōngmín

Eierkuchen *m* 蛋饼 dànbǐng,煎蛋饼 jiāndànbǐng

Eierstock *m* 卵巢 luǎncháo

Eifer *m* -s 热心 rèxīn,热忱 rèchén:etw mit ～ anfassen (或 betreiben) 热情地做某事;努力 nǔlì,勤奋 qínfèn;激动 jīdòng:jn in ～ bringen 使某人激动

Eiferer *m* -s, - 狂热者 kuángrèzhě

Eifersucht *f* 嫉妒 jídù,妒忌 dùjì

eifersüchtig *adj* 妒忌的 dùjìde,嫉妒的 jídùde

eifrig *adj* 热情的 rèqíngde,热心的 rèxīnde;努力的 nǔlìde,不倦的 bùjuànde,勤奋的 qínfènde:～ arbeiten [lernen] 努力工作[学习]

Eigelb *n* -(e)s, -e 蛋黄 dànhuáng,卵黄 luǎnhuáng

eigen *adj* 自己的 zìjǐde,属于某人自己的 shǔyú mǒurén zìjǐ de:das ist sein ～ 这是属于他自己的;特别的 tèbiéde,特殊的 tèshūde;独特的 dútède,特有的 tèyǒude;奇特的 qítède,罕见的 hǎnjiànde;过于讲究的 guòyú jiǎngjiu de,爱挑剔的 ài tiāotī de,苛求的 kēqiúde

Eigenakzept *n* 期票 qīpiào,本票 běnpiào

Eigenart *f* 特点 tèdiǎn,独特性 dútèxìng,特征 tèzhēng

eigenartig *adj* 特别的 tèbiéde,奇特的 qítède,独特的 dútède,罕见的 hǎnjiànde

Eigenbedarf *m* 个人的需要 gèrénde xūyào;国内需要 guónèi xūyào

Eigenbericht *m* 本报记者报道 běnbào jìzhě bàodǎo,本报消息 běnbào xiāoxi

Eigenbrötler *m* -s, - 怪人 guàirén,孤僻的人 gūpìde rén

Eigengewicht *n* 自重 zìzhòng;净重 jìngzhòng;比重 bǐzhòng

eigenhändig *adj* 亲手的 qīnshǒude:～e Unterschrift 亲笔签名

Eigenheit *f* 特性 tèxìng,特质 tèzhì,特征 tèzhēng

Eigenkontrolle *f* 自我监督 zìwǒ jiāndū

Eigenlob *n* 自我称赞 zìwǒ chēngzàn,自我吹嘘 zìwǒ chuīxū,自夸 zìkuā:～ stinkt 自吹自擂,令人作呕

eigenmächtig *adj* 任意的 rènyìde,专横的 zhuānhèngde,未经批准的 wèi jīng pīzhǔn de

Eigenname *m* 专有名词 zhuānyǒu míngcí

Eigennutz *m* -es 利己 lìjǐ,自私自利 zìsī zìlì

eigennützig *adj* 利己的 lìjǐde,自私的 zìsīde

E

eigens *adv* 特别 tèbié，特地 tèdì，专门 zhuānmén
Eigenschaft *f* -，-en 特性 tèxìng，性能 xìngnéng，性质 xìngzhì，品质 pǐnzhì；资格 zīgé，身份 shēnfen，名义 míngyì
Eigensinn *m* 任性 rènxìng，固执 gùzhí
eigensinnig *adj* 任性的 rènxìngde，固执的 gùzhíde；固执己见的 gùzhí jǐjiàn de，顽固的 wángùde
eigenstaatlich *adj* 主权国家的 zhǔquán guójiā de，独立国的 dúlìguóde
eigenständig *adj* 独立的 dúlìde
eigentlich I *adj* 真正的 zhēnzhèngde，真实的 zhēnshíde；原来的 yuánláide，本来的 běnláide II *adv* 实在 shízài，实际上 shíjìshang；根本上 gēnběnshang，严格地说 yángéde shuō；究竟 jiūjìng，到底 dàodǐ
Eigentum *n* -s 财产 cáichǎn，所有物 suǒyǒuwù；所有制 suǒyǒuzhì
Eigentümer *m* -s，- 所有者 suǒyǒuzhě，物主 wùzhǔ；有价证券持有人 yǒujià zhèngquàn chíyǒurén
eigentümlich *adj* 奇特的 qítède，古怪的 gǔguàide；特有的 tèyǒude，独特的 dútède
Eigentumsabtretung *f* 转让财产 zhuǎnràng cáichǎn，转让所有物 zhuǎnràng suǒyǒuwù
Eigentumsrecht *n* 所有权 suǒyǒuquán，产权 chǎnquán
Eigentumsverhältnis *n* 所有制关系 suǒyǒuzhì guānxì
Eigentumswohnung *f* 私有住宅 sīyǒu zhùzhái
eigenwillig *adj* 固执己见的 gùzhí jǐjiàn de，执拗的 zhíniùde，任性的 rènxìngde
eignen *rfl* 适合 shìhé，适于 shì yú：sich nicht zum Lehrer ～ 不适合当教师；适用 shìyòng，适宜 shìyí：dieser Stoff eignet sich nicht zu einem（或 für einen）Mantel 这料子不适宜做件大衣
Eignung *f* -，-en 才干 cáigàn，才能 cáinéng，能力 nénglì；适宜 shìyí
Eilauftrag *m* 紧急任务 jǐnjí rènwu
Eilbrief *m* 快信 kuàixìn
Eildienst *m* 快速服务 kuàisù fúwù
Eile *f* - 紧急 jǐnjí，迅速 xùnsù，匆忙 cōngmáng，急切 jíqiè：etw hat ～ 某事很紧急
eilen I *vi*（*s*）赶去 gǎnqù，赶快前往 gǎnkuài qiánwǎng II *vi* 紧急 jǐnjí，急迫 jípò III *rfl* 赶忙 gǎnmáng，赶紧 gǎnjǐn
Eilgebühr *f* 快递费 kuàidìfèi
eilig *adj* 急忙的 jímángde，匆促的 cōngcùde，匆忙的 cōngmángde；急迫的 jípòde，紧急的 jǐnjíde
Eilpaket *n* 快递邮包 kuàidì yóubāo，快件包裹 kuàijiàn bāoguǒ
Eilzug *m* 快车（较 D-Zug 慢）kuàichē
Eimer *m* -s，- 桶 tǒng，提桶 títǒng，水桶 shuǐtǒng
ein I *art*（不定冠词）一（个、位、种、件等）yī：～ Mann 一个男人；～e Frau 一个女人；～ Kind 一个孩子 II *pron*（不定代词）某人 mǒurén，某一个 mǒu yīgè：～er von uns 我们中的一个；ein（e）s der Mädchen 女孩子中的一个 III *num*（重读）一 yī，一个 yīgè：（与名词连用，变化同不定冠词）wir sind stets ～er Meinung 我们的意见始终一致；（与分数词、钟点连用，不变化）ein Drittel 三分之一；es ist ein Uhr 现在是一点钟
Einakter *m* -s，- 独幕剧 dúmùjù
einander *pron* 彼此 bǐcǐ，相互 xiānghù：～ helfen 相互帮助
einarbeiten I *vt* 使熟悉 shǐ shúxī，使了解 shǐ liǎojiě，指引入门 zhǐyǐn rùmén；加上 jiāshàng，添上 tiānshàng II *rfl* 熟悉（新工作）shúxī：sich erst in die neuen Aufgaben ～ 先熟悉一下新的任务
einäschern *vt* 烧成灰 shāo chéng huī；火化 huǒhuà，火葬 huǒzàng：einen Toten ～ 火化一死者
einatmen *vi*/*vt* 吸气 xīqì；吸入 xīrù
einäugig *adj* 独眼的 dúyǎnde
Einbahnstraße *f* 单行道 dānxíngdào
einbalsamieren *vt* 给（尸体）涂防腐剂 gěi … tú fángfǔjì；洒大量香水于… sǎ dàliàng xiāngshuǐ yú …
Einband *m* -(e)s，⸚e 装帧 zhuāngzhēn；封皮 fēngpí，封面 fēngmiàn
einbauen *vt* 装进 zhuāngjìn，安装 ānzhuāng：den Motor in ein Auto ～ 将发动机装进汽车；造在里面 zào zài lǐmiàn：einen Schrank in eine Wand ～ 把壁橱砌入墙内
Einbaum *m* -(e)s，⸚e 独木舟 dúmùzhōu
Einbauschrank *m* 壁橱 bìchú
einbegriffen *adj* 加算在内的 jiā suàn zàinèi de，包括在内的 bāokuò zàinèi de，计入的 jìrùde
einbehalten* *vt* 扣留 kòuliú，扣除

kòuchú
einberufen* *vt* 召开 zhàokāi,召集 zhàojí: eine Konferenz ~ 召开一次会议;征召(入伍) zhēngzhào: jn zum Militärdienst ~ 征召某人入伍
einbetten *vt* 埋进 máijìn,包入 bāorù: ein Kabel in die Erde ~ 把一根电缆埋入地下; das Kloster ist in ein Tal eingebettet 修道院隐没在山谷中
einbeziehen* *vt* 把…包括(或计算)在内 bǎ … bāokuò zàinèi
einbiegen* *vi*(*s*) 拐入 guǎirù: in eine Straße ~ 拐进一街道;转弯 zhuǎnwān: nach links ~ 向左转弯
einbilden *rfl* 想象 xiǎngxiàng,产生错觉 chǎnshēng cuòjué,想入非非 xiǎng rù fēi fēi;自负 zìfù,自夸 zìkuā
Einbildung *f* -, -en 想象 xiǎngxiàng,幻想 huànxiǎng,错觉 cuòjué;自负 zìfù,骄傲自大 jiāo'ào zìdà
Einbildungskraft *f* 想像力 xiǎngxiànglì
einbinden* *vt* 包扎 bāozā,包裹 bāoguǒ;装订(书刊) zhuāngdìng
einblenden *vt* 使渐显(指电影、电视中的画面) shǐ jiànxiǎn;使渐强(指电影、广播中的声音) shǐ jiànqiáng
Einblick *m* 洞察 dòngchá,了解 liǎojiě,认识 rènshi: einen ~ in etw (*A*) bekommen 了解某事; sich (*D*) einen ~ in etw (*A*) verschaffen 设法了解某事
einbrechen* I *vi*(*s*) 闯入(偷盗) chuǎngrù,破门而入 pò mén ér rù: Diebe waren in den Raum eingebrochen 贼闯入房间偷盗;破裂 pòliè,陷落 xiànluò;(突然)来临 láilín: die Nacht bricht ein 夜幕降临 II *vi* 闯入(盗窃) chuǎngrù III *vt* 破开 pòkāi,撬开 qiàokāi,撞开 zhuàngkāi: eine Mauer ~ 挖开一堵墙
Einbrecher *m* -s, - 入室盗窃犯 rùshì dàoqièfàn,盗贼 dàozéi
einbringen* *vt* 收进(粮、草等) shōujìn,储入 chǔrù: Kartoffeln ~ 将土豆入仓;带来 dàilái;提出 tíchū: einen Antrag ~ 提出一项动议;引…进港 yǐn … jìngǎng: ein Schiff in den Hafen ~ 把船引进港;产生(效果、收益等) chǎnshēng
einbrocken *vt* 捏碎(投入) niēsuì: das Brot in die Suppe ~ 把面包捏碎投入汤里;自讨苦吃 zì tǎo kǔ chī: die Sache hast du dir selbst eingebrockt 你这是咎由自取
Einbruch *m* -(e)s, ⸚e (为盗窃而)入室 rùshì,破门盗窃 pòmén dàoqiè;突破 tūpò,侵入 qīnrù;来临 láilín,开始 kāishǐ;倒塌 dǎotā,崩溃 bēngkuì: ein ~ der Kurse 行情暴跌
einbruchssicher *adj* 防盗窃的 fángdàoqiède
einbuchten *vt* 使坐牢 shǐ zuòláo,监禁 jiānjìn
einbürgern I *vt* 使入国籍 shǐ rù guójí,给与国籍 jǐyǔ guójí: sie wurde in die USA eingebürgert 她入了美国籍 II *rfl* 归化 guīhuà,入国籍 rù guójí;成为习惯 chéngwéi xíguàn
Einbuße *f* -, -n 损失 sǔnshī,损害 sǔnhài: ~ erleiden 遭受损失
einbüßen *vt* 丧失 sàngshī,损失 sǔnshī,损害 sǔnhài: seine Freiheit [sein Leben] ~ 丧失其自由[其生命]
einchecken [...tʃ...] I *vt* 为…办理登机手续 wèi … bànlǐ dēngjī shǒuxù II *vi* 办登机手续 bàn dēngjī shǒuxù
eindämmen *vt* 阻止 zǔzhǐ,控制 kòngzhì,限制 xiànzhì;拦蓄 lánxù
eindecken *rfl* 贮备 zhùbèi,贮存 zhùcún
eindeutig *adj* 明确的 míngquède,不含糊的 bù hánhude,不会引起误会的 bùhuì yǐnqǐ wùhuì de
eindeutschen *vt* 把…吸收入德语 bǎ … xīshōu rù déyǔ,使德语化 shǐ déyǔhuà
eindrängen I *vi*(*s*) 挤向 jǐ xiàng,闯入 chuǎngrù II *rfl* 挤进 jǐjìn,闯入 chuǎngrù
eindringen* *vi*(*s*) 侵入 qīnrù,闯入 chuǎngrù;涌进 yǒngjìn;探讨 tàntǎo,探究 tànjiū: in ein Problem ~ 探讨一个问题
eindringlich *adj* 强烈的 qiángliède,迫切的 pòqiède,有力的 yǒulìde;强调的 qiángdiàode,告诫的 gàojiède
Eindringling *m* -s, -e 侵入者 qīnrùzhě,入侵者 rùqīnzhě,闯入者 chuǎngrùzhě
Eindruck *m* -(e)s, ⸚e 印象 yìnxiàng: ~ auf jn machen 给某人留下印象; den ~ haben, dass ... 有这印象…
eindrücken *vt* 压入 yārù;压坏 yāhuài
eindrucksvoll *adj* 给人深刻印象的 gěi rén shēnkè yìnxiàng de,感人的 gǎnrénde
einengen *vt* 使狭窄 shǐ xiázhǎi;限制 xiànzhì,束缚 shùfù
einerlei *adj* 无关紧要的 wúguān jǐnyào

E

de，无所谓的 wúsuǒwèide，一个样 yīgèyàng：das ist (mir) ～ 这（对我）是无所谓的

Einerlei *n* -s 千篇一律 qiān piān yīlǜ，单调 dāndiào：das ～ des Alltags 天天老一套

einernten *vt* 收割 shōugē，收获 shōuhuò；获得 huòdé，赢得 yíngdé

einerseits *adv* 一方面 yīfāngmiàn：～ ...，andererseits ... 一方面…，另一方面…

einfach I *adj* 简单的 jiǎndānde，简易的 jiǎnyìde；简朴的 jiǎnpǔde，朴素的 pǔsùde；单个的 dāngède，单一的 dānyīde II *adv* 简直 jiǎnzhí，完全 wánquán，干脆 gāncuì，实在 shízài：das wäre ～ wunderbar 这简直妙极了

Einfachheit *f* - 简单 jiǎndān，简易 jiǎnyì；朴素 pǔsù

einfädeln *vt* 把（线）穿入针中 bǎ chuānrù zhēn zhōng；穿线于 chuānxiàn yú；准备 zhǔnbèi，设法做到 shèfǎ zuòdào

einfahren* I *vi*（*s*）驶入 shǐrù II *vt* 运入（收获物）yùnrù：die Ernte ～ 把收获物（粮、干草等）运入谷仓；对（车辆）试车 duì shìchē

Einfahrt *f* -，-en 驶入 shǐrù；入口 rùkǒu

Einfall *m* -(e)s，¨-e 突然的想法 tūránde xiǎngfǎ，突然产生的念头 tūrán chǎnshēng de niàntou；侵入 qīnrù，侵袭 qīnxí

einfallen* *vi*（*s*）倒塌 dǎotā，坍下 tānxià，崩溃 bēngkuì；插入 chārù，加入 jiārù；落下 luòxià；想起 xiǎngqǐ：mir fällt nichts Passendes ein 我想不出什么合适的

Einfallstraße *f* 进城公路 jìnchéng gōnglù

Einfalt *f* - 简单 jiǎndān，朴素 pǔsù，单纯 dānchún；天真 tiānzhēn，幼稚 yòuzhì，憨直 hānzhí

einfältig *adj* 单纯的 dānchúnde，头脑简单的 tóunǎo jiǎndān de；天真的 tiānzhēnde，幼稚的 yòuzhìde

Einfamilienhaus *n* 单宅房屋 dānzhái fángwū，独家住宅 dújiā zhùzhái

einfangen* *vt* 抓住 zhuāzhù，逮住 dǎizhù，捉住 zhuōzhù；描述 miáoshù，表现 biǎoxiàn（情调、气氛等）

einfarbig *adj* 单色的 dānsède，一色的 yīsède

einfassen *vt* 给…镶边 gěi … xiāngbiān，镶嵌 xiāngqiàn；给…围栏 gěi … wéilán，给…装框 gěi … zhuāngkuàng

einfetten *vt* 给…涂油（脂）gěi … túyóu；给…擦油 gěi … cāyóu

einfinden* *rfl* 到场 dàochǎng，露面 lòumiàn，来到 láidào

einfließen* *vi*（*s*）流入 liúrù：etw ～ lassen 顺便说起，附带提及某事

einflößen *vt* 注入 zhùrù，灌入 guànrù，喂 wèi：einem Kranken Arznei ～ 给病人喂药；引起 yǐnqǐ：jm Mitleid [Vertrauen] ～ 引起某人同情[信任]

Einfluss *m* -es，¨-e 影响 yǐngxiǎng，作用 zuòyòng：einen positiven ～ auf jn [etw] haben（或 ausüben）对某人[某事]产生积极的影响

Einflussbereich *m* 影响范围 yǐngxiǎng fànwéi，势力范围 shìli fànwéi

Einflussgebiet *n* 势力范围 shìli fànwéi

einflussreich *adj* 有影响的 yǒu yǐngxiǎng de，有势力的 yǒu shìli de，施以影响的 shī yǐ yǐngxiǎng de

einfordern *vt* 要求 yāoqiú，索取 suǒqǔ：eine Schuld ～ 索取债款

einförmig *adj* 单调的 dāndiàode，一样的 yīyàngde

einfrieren* I *vi*（*s*）冻牢 dòngláo，冻结 dòngjié；被冰封住 bèi bīng fēngzhù：das Schiff ist eingefroren 船被冰封住 II *vt* 冷藏 lěngcáng，用冷冻保藏 yòng lěngdòng bǎocáng：Fleisch ～ 把肉冷冻起来；使停顿 shǐ tíngdùn，冻结 dòngjié：Kredite ～ 冻结贷款

einfügen I *vt* 插入 chārù，嵌入 qiànrù；补上 bǔshàng，加上 jiāshàng：ein Zitat in einen Text ～ 在一篇文字里加上一语录 II *rfl* 适应 shìyìng，溶入 róngrù：sich schnell in die neue Umgebung ～ 很快适应新的环境

einfühlen *rfl* 设想自己处身于… shèxiǎng zìjǐ chǔshēn yú…；对…能体会 duì … néng tǐhuì：der Schauspieler fühlt sich in seine Rolle ein 演员进入了角色

Einfuhr *f* -，-en 进口 jìnkǒu，输入 shūrù

einfuhrabhängig *adj* 依赖进口的 yīlài jìnkǒu de

Einfuhrartikel *m* 进口货 jìnkǒuhuò，进口项目 jìnkǒu xiàngmù

Einfuhrbeschränkung *f* 进口限制 jìnkǒu xiànzhì

einführen *vt* 进口 jìnkǒu，输入 shūrù；介

绍 jièshào,引入 yǐnrù;提倡 tíchàng,应用 yìngyòng,采用 cǎiyòng,实施 shíshī;插入 chārù,导入 dǎorù: einen Schlauch in den Magen ~ 把软管插到胃里

Einfuhrquote *f* 进口配额 jìnkǒu pèi'é

Einführung *f* -, -en 输入 shūrù;插入 chārù;引言 yǐnyán,导言 dǎoyán,入门 rùmén;采用 cǎiyòng

einfüllen *vt* 装入 zhuāngrù,注入 zhùrù,灌入 guànrù

Eingabe *f* -, -n 申请书 shēnqíngshū,呈文 chéngwén,请愿书 qǐngyuànshū;呈递 chéngdì;输入 shūrù

Eingang *m* -(e)s, ⸗e 入口 rùkǒu,门口 ménkǒu;到达 dàodá;收到的邮件(或货物) shōudàode yóujiàn

eingangs I *adv* 开始时 kāishǐ shí,开头时 kāitóu shí II *prp* (*G*) 在…的开头 zài … de kāitóu,在开始…时 zài kāishǐ … shí: ~ eines Berichtes 在一报告的开头

Eingangsabfertigung *f* 结关 jiéguān,海关放行 hǎiguān fàngxíng

Eingangszoll *m* 进口税 jìnkǒushuì

eingeben* *vt* 给 gěi(病人)服 fú(药),给…喂 gěi … wèi: jm eine Arznei ~ 给某人喂药;引起 yǐnqǐ,促使 cùshǐ;呈递 chéngdì,提交 tíjiāo;输入 shūrù: Zahlen in den Computer ~ 把数字输入电子计算机

eingebildet *adj* 自负的 zìfùde,骄傲自满的 jiāo'ào zìmǎn de,自高自大的 zì gāo zì dà de

Eingeborene *m/f* (按形容词变化)当地居民 dāngdì jūmín,土著人 tǔzhùrén

Eingebung *f* -, -en 灵感 línggǎn: eine ~ haben 有灵感

eingedenk *adj* 挂念的 guàniànde,不忘的 bùwàngde,挂记的 guàjìde,记在心中的 jì zài xīnzhōng de: einer Sache (*G*) ~ sein 将某事记在心中,挂念某事

eingefallen *adj* 消瘦的 xiāoshòude,凹陷的 āoxiànde,凹进去的 āo jìnqù de

eingehen* I *vi*(*s*) 到达 dàodá;死亡 sǐwáng,枯死 kūsǐ;同意 tóngyì,接受 jiēshòu: auf einen Plan ~ 同意一项计划;深入进行研究 shēnrù jìnxíng yánjiū: auf ein Problem ~ 进一步研究一问题 II *vt* 赞同 zàntóng,同意 tóngyì,接受 jiēshòu,订立 dìnglì,签订 qiāndìng: einen Vertrag ~ 签订一条约

eingehend *adj* 详细的 xiángxìde,详尽的 xiángjìnde,深入的 shēnrùde: etw ~ diskutieren 深入地讨论某事

Eingemachte *n* (按形容词变化,无复数)(用水果、蔬菜等自制的)罐头食品 guàntou shípǐn

Eingeständnis *n* -ses, -se 承认 chéngrèn,供认 gòngrèn,坦白 tǎnbái

eingestehen* *vt* 承认 chéngrèn,供认 gòngrèn,坦白 tǎnbái

Eingeweide *pl* 内脏 nèizàng

Eingeweihte *m/f* (按形容词变化)知情人 zhīqíngrén,知道内情的人 zhīdào nèiqíng de rén

eingewöhnen I *vt* 使习惯 shǐ xíguàn,使适应 shǐ shìyìng II *rfl* 习惯 xíguàn,适应 shìyìng

eingießen* *vt* 注入 zhùrù,倒入 dàorù: den Kaffee in die Tassen ~ 把咖啡倒入杯里

eingleisig *adj* 单轨的 dānguǐde

eingliedern I *vt* 使加入 shǐ jiārù,纳入 nàrù,列入 lièrù;使适应 shǐ shìyìng II *rfl* 加入 jiārù,编入 biānrù;适应 shìyìng: sich in die Gemeinschaft ~ 加入集体中

eingraben* I *vt* 埋入 máirù,种入 zhòngrù: eine Pflanze ins Erdreich ~ 将一植物栽入土里 II *rfl* 挖壕沟 wā háogōu;挖洞 wā dòng

eingreifen* *vi* (齿轮)衔接上 xiánjiē shàng,啮合 nièhé;参与 cānyù,干预 gānyù,干涉 gānshè: in die Diskussion ~ 参与讨论

Eingriff *m* -(e)s, -e (外科)手术 shǒushù;干预 gānyù,侵犯 qīnfàn

einhaken I *vt* 钩住 gōuzhù,钩牢 gōuláo,扣住 kòuzhù II *rfl* 挽住 wǎnzhù III *vi* 打断(讲话) dǎduàn,插话 chāhuà

Einhalt *m* 制止 zhìzhǐ,阻止 zǔzhǐ,妨碍 fáng'ài: einer Sache (*D*) ~ gebieten (或 tun) 制止某事

einhalten* I *vt* 遵循 zūnxún,遵守 zūnshǒu,履行 lǚxíng;不偏离 bù piānlí II *vi* 停止 tíngzhǐ,中止 zhōngzhǐ: halt mit dem Reden ein! 不要说话了!

einhandeln *vt* 买进 mǎijìn;(以某物)换进 huànjìn

einhändigen *vt* 把…交给(某人) bǎ … jiāogěi,递交 dìjiāo,交付 jiāofù

einhauen* I *vt* 打入 dǎrù: einen Nagel in das Brett ~ 将一只钉子打入薄板里;打破 dǎpò: jm den Schädel ~ 打破某人的头 II *vi* 砍去 kǎnqù,打去 dǎqù: auf jn [etw] ~ 向某人[某物]打去;贪食 tān

E

shí，猛吃猛喝 měng chī měng hē：tüchtig in den Kuchen ～ 狼吞虎咽地吃糕饼

einheften *vt* 缝入 féngrù，缝紧 féng jǐn，缝订 féng dìng；装订 zhuāngdìng；将…夹入（文件夹内）jiāng … jiārù：Unterlagen in einen Ordner ～ 将资料夹入一文件夹内

einheimisch *adj* 本地的 běndìde，本土的 běntǔde；国内的 guónèide，本国制的 běnguó zhì de

einheimsen *vt* 获取 huòqǔ，得到 dédào，获得 huòdé

Einheirat *f* -，-en 入赘 rùzhuì，嫁入 jiàrù

einheiraten *vi* 入赘 rùzhuì；嫁入 jiàrù；通过婚姻而加入或继承 tōngguò hūnyīn ér jiārù huò jìchéng：in ein Bauerngut ～ 通过婚姻而继承一农庄

Einheit *f* -，-en 统一 tǒngyī，团结 tuánjié；部队 bùduì；单位 dānwèi

einheitlich *adj* 统一的 tǒngyīde，一致的 yīzhìde；相同的 xiāngtóngde，一样的 yīyàngde，一律的 yílǜde

Einheitsfront *f* 统一战线 tǒngyī zhànxiàn

Einheitsgewicht *n* 标准重量 biāozhǔn zhòngliàng

Einheitsmaß *n* 统一尺寸 tǒngyī chǐcun，统一标准 tǒngyī biāozhǔn

Einheitspreis *m* 统一价格 tǒngyī jiàgé，单一价格 dānyī jiàgé

Einheitsschule *f* 学制统一的学校 xuézhì tǒngyī de xuéxiào

einheizen I *vt* 生火 shēnghuǒ II *vi* 生火 shēnghuǒ；喜欢喝酒 xǐhuan hē jiǔ；训斥 xùnchì，责骂 zémà，警告 jǐnggào：jm ～ 训斥某人

einhellig *adj* 一致的 yīzhìde，无异议的 wú yìyì de，同意的 tóngyìde

einholen *vt* 赶上 gǎnshàng，追上 zhuīshàng：～ und überholen 赶上并超过；弥补 míbǔ；收起 shōuqǐ；购入 gòurù；隆重迎接 lóngzhòng yíngjiē；征求 zhēngqiú：js Meinung ～ 征求某人的意见

einig *adj* 一致的 yīzhìde：sich（*D*）mit jm ～ sein 和某人意见一致；统一的 tǒngyīde，团结的 tuánjiéde

einige *pron*（不定代词）一些 yīxiē，少许 shǎoxǔ：ich habe darin ～ Erfahrung 我在这方面有一些经验；几个 jǐge，数个 shùge：～ schöne Bücher 几本好书；相当大 xiāngdāng dà，相当多 xiāngdāng duō：das wird noch ～ Zeit dauern 这还要延续相当长的时间

einigemal *adv* 几次 jǐcì，数回 shùhuí

einigen I 使统一 shǐ tǒngyī，团结 tuánjié：Völker ～ 使各民族团结起来 II *rfl* 取得一致 qǔdé yīzhì：sich über etw（*A*）～ 对某事取得一致意见

einigermaßen *adv* 相当 xiāngdāng，颇 pō；有点 yǒudiǎn，多少 duōshǎo：es ist ～ kalt draußen 外面天气相当冷

einiggehen* *vi*（*s*）意见一致 yìjiàn yīzhì：darin gehe ich mit dir einig 在这方面我和你的意见是一致的

Einigkeit *f* - 一致 yīzhì，团结 tuánjié，协力 xiélì

Einigung *f* -，-en 统一 tǒngyī，联合 liánhé，团结 tuánjié，一致 yīzhì

einimpfen *vt* 给…注射 gěi … zhùshè，给…接种 gěi … jiēzhòng；向…灌输 xiàng … guànshū

einjährig *adj* 一年的 yīniánde；一岁的 yīsuìde

einkalkulieren *vt* 把…预计在内 bǎ … yùjì zàinèi，算入 suànrù，计入 jìrù

einkassieren *vt* 收缴 shōujiǎo，收进 shōujìn；拿走 názǒu，吞掉 tūndiào

Einkauf *m* -(e)s，⸚e 购物 gòuwù，购买 gòumǎi，采购 cǎigòu：Einkäufe machen 去采购，去买东西；所购物 suǒ gòuwù

einkaufen I *vt* 采购 cǎigòu，买进 mǎijìn：jn in eine Lebensversicherung ～ 为某人买人寿保险 II *vi* 买东西 mǎi dōngxī，购物 gòuwù

Einkäufer *m* -s，- 采购员 cǎigòuyuán，购货员 gòuhuòyuán

Einkaufsbummel *m* 逛商店 guàng shāngdiàn

Einkaufspreis *m* 批发价 pīfājià

Einkaufsviertel *n* 商业区 shāngyèqū；市区采购中心 shìqū cǎigòu zhōngxīn

Einkaufszentrum *n* 购物中心 gòuwù zhōngxīn

einkehren *vi*（途中到饭店）休息 xiūxi，投宿 tóusù；（幸福）来到 láidào，（不幸）降临 jiànglín

einkerkern *vt* 监禁 jiānjìn，囚禁 qiújìn

einkesseln *vt* 包围 bāowéi

einklagen *vt* 通过控诉而得 tōngguò kòngsù ér dé；起诉追索、要求 qǐsù zhuīsuǒ、yāoqiú（权利、债务等）

einklammern *vt* 把…括入括号内 bǎ … kuòrù kuòhào nèi

Einklang *m* 一致 yīzhì，协调 xiétiáo：im (或 in) ～ mit etw stehen (或 sein) 与某事物相一致；etw mit etw in ～ bringen 使某事物与另一事物相协调

einkleben *vt* 贴入 tiērù，黏入 niánrù

einkleiden *vt* 给…穿上衣服 gěi…chuānshàng yīfu

einkommen* *vi(s)* 收入 shōurù；抵达 dǐdá，到达终点 dàodá zhōngdiǎn；申请 shēnqǐng：um Urlaub ～ 请假

Einkommen *n* -s，- 收入 shōurù，工资 gōngzī，进款 jìnkuǎn

Einkommensquelle *f* 收入来源 shōurù láiyuán

Einkommensteuer *f* 所得税 suǒdéshuì

einkommensteuerfrei *adj* 免征所得税的 miǎn zhēng suǒdéshuì de

Einkommensteuerhinterziehung *f* 逃避所得税 táobì suǒdéshuì，偷税 tōushuì

einkreisen *vt* 包围 bāowéi，围困 wéikùn，封锁 fēngsuǒ

Einkünfte *pl* 收入 shōurù：regelmäßige ～ haben 有定期收入

einladen* *vt* 邀请 yāoqǐng：jn zum Essen ～ 邀请某人吃饭；装载 zhuāngzài：Pakete ～ 装载包裹

Einladung *f* -，-en 邀请 yāoqǐng：eine ～ annehmen 接受邀请

Einlage *f* -，-n 附加物 fùjiāwù；脚底衬垫 jiǎodǐ chèndiàn；存款 cúnkuǎn；投资 tóuzī；补牙填料 bǔyá tiánliào；(演出中间)插入的节目 chārùde jiémù

einlagern *vt* 将…收藏入库 jiāng…shōucáng rùkù：Kartoffeln ～ 把土豆收藏入仓库

Einlass *m* -es，¨-e 允许进入 yǔnxǔ jìnrù：sie bat um ～ 她请求允许入内

einlassen* I *vt* 准许…入内 zhǔnxǔ…rùnèi，让…进入 ràng…jìnrù；使…流入 shǐ…liúrù II *rfl* 参加 cānjiā，参与 cānyù；交往 jiāowǎng，来往 láiwǎng

Einlauf *m* -(e)s，¨-e (邮件、车船等)到达 dàodá；灌肠 guàncháng

einlaufen* I *vi(s)* 流入 liúrù；到达 dàodá；缩水 suōshuǐ，收缩 shōusuō；跑步进场地 pǎobù jìnchǎngdì II *vi(s/h)* 驶入 shǐrù，进入 jìnrù III *rfl* 发动 fādòng，试车运转 shìchē yùnzhuǎn IV *vt* (经常穿用)使…穿着合脚 shǐ…chuānzhuó héjiǎo：die Schuhe erst zu Hause ～ 先在家经常穿这鞋子使之合脚

einleben *rfl* 习惯 xíguàn，熟悉 shúxī

einlegen *vt* 放入 fàngrù，放进 fàngjìn；存入 cúnrù：Geld ～ 存钱；插入 chārù，添加 tiānjiā；腌渍 yānzì，盐渍 yánzì；镶嵌 xiāngqiàn，嵌入 qiànrù；提出 tíchū：ein Veto gegen etw ～ 反对某事，对某事提出否决

einleiten *vt* 使开始 shǐ kāishǐ：die Feier mit einer Rede ～ 庆祝会以讲演开始；导入 dǎorù，引入 yǐnrù

Einleitung *f* -，-en 序言 xùyán，导言 dǎoyán；引入 yǐnrù，导入 dǎorù；前奏 qiánzòu，序曲 xùqǔ

einleuchten *vi* 说服 shuōfú，使…明了 shǐ…míngliǎo：jm leuchtet etw ein 某人理解了某事

einliefern *vt* 交付 jiāofù，把…送到 bǎ…sòngdào

Einlieferung *f* -，-en 交付 jiāofù，送到 sòngdào

einlösbar *adj* 可赎回的 kě shúhuí de；可兑现的 kě duìxiàn de；可转换的 kě zhuǎnhuàn de

einlösen *vt* 赎回 shúhuí：ein Pfand ～ 赎回抵押品；兑付 duìfù，兑现 duìxiàn；履行 lǚxíng：sein Versprechen ～ 履行诺言

Einlösungsfonds *m* 货币兑现基金 huòbì duìxiàn jījīn；偿债基金 cháng zhài jījīn

einmachen *vt* (蔬菜、水果等煮熟)装瓶贮存 zhuāng píng zhùcún

einmal *adv* 一次 yīcì：auf ～ 一下子，忽然；～ für allemal 一劳永逸地；以后 yǐhòu，有一天 yǒu yītiān；以前 yǐqián，从前有一次 cóngqián yǒu yīcì：es war ～ … (常用于故事开头)从前… cóngqián…；某一时候 mǒu yī shíhòu；nicht ～ 甚至连…也不

Einmalbesteck *n* 一次性餐具 yīcìxìng cānjù

Einmalflasche *f* 一次性玻璃瓶 yīcìxìng bōlí píng

einmalig *adj* 一次的 yīcìde，一次性的 yīcìxìngde；惟一的 wéiyīde，无与伦比的 wú yǔ lún bǐ de，了不起的 liǎobuqǐde：er zahlte ihr eine ～e Abfindung 他付给了她一次性补偿费

Einmannwagen *m* 无售票员的电车 wú shòupiàoyuán de diànchē

Einmarsch *m* -es 进驻 jìnzhù，进入 jìnrù，开入 kāirù

E

einmarschieren *vi*(*s*) 进驻 jìnzhù，开入 kāirù

einmeißeln *vt* 将…雕凿在…上 jiāng … diāozáo zài … shang

einmengen I *vt* 将…混入 jiāng … hùnrù，拌和 bànhuò II *rfl* 参加 cānjiā，插手 chāshǒu，干预 gānyù

einmieten *rfl* 租房子住 zū fángzi zhù：sich bei jm ～ 在某人处租房住

einmischen I *vt* 搀入 chānrù：etwas Zitronensaft und Zucker in den Quark ～ 把一点柠檬汁和糖搀进凝乳 II *rfl* 干涉 gānshè，介入 jièrù：er mischt sich in alles ein 他样样都要插一手

einmütig *adj* 一致的 yīzhìde，共同的 gòngtóngde，协调的 xiétiáode：etw ～ beschließen 一致决定某事

Einnahme *f* -，-n 收入 shōurù，进款 jìnkuǎn，工资 gōngzī；服用 fúyòng；占领 zhànlǐng

einnehmen* *vt* 收入 shōurù，得到 dédào；吃 chī，进餐 jìncān；服(药) fú：Nehmen Sie diese Medizin dreimal täglich ein! 这药您每日服三次！占有 zhànyǒu，占据 zhànjù；占领 zhànlǐng；吸引 xīyǐn，博得 bódé；装载 zhuāngzài

Einöde *f* - 荒僻地区 huāngpì dìqū，荒漠 huāngmò

einordnen I *vt* 把…分类 bǎ … fēnlèi，整理 zhěnglǐ，排列 páiliè II *rfl* 适应于 shìyìng yú；拐入规定的车行道 guǎirù guīdìngde chēxíngdào

einpacken *vt* 包入 bāo rù，装入 zhuāngrù，裹入 guǒrù；捆扎 kǔnzā，包装 bāozhuāng：Geschenke (in buntes Papier) ～ (用彩色纸)包装礼品

einpauken *vt* (jm etw ～) 填鸭式地教 tiányāshìde jiāo；(sich etw ～) 死记硬背 sǐ jì yìng bèi

einpflanzen *vt* 种 zhòng，栽种 zāizhòng，栽培 zāipéi；给…移植 gěi … yízhí

einprägen I *vt* 在…上铸上 zài … shang zhùshàng，刻铸 kèzhù：einen Kopf in eine Münze ～ 在硬币上铸一头像；使牢记 shǐ láojì II *rfl* 铭记 míngjì，牢记 láojì

einquartieren I *vt* 替…安排住宿 tì … ānpái zhùsù；使宿营 shǐ sùyíng II *rfl* 宿营 sùyíng，驻扎 zhùzhā；住宿 zhùsù

einrahmen *vt* 把…装入框架 bǎ … zhuāngrù kuàngjià，给…装框架 gěi … zhuāng kuàngjià

einräumen *vt* 收拾 shōushi，整理 zhěnglǐ；把…放进 bǎ … fàngjìn；让予 ràngyǔ，让给 rànggěi

einrechnen *vt* 计入 jìrù，把…算在内 bǎ … suàn zàinèi，包括 bāokuò

einreden I *vt* 说服 shuōfú II *vi* 恳切地说服 kěnqiède shuōfú，规劝 guīquàn，力劝 lìquàn：auf jn ～ 力劝某人

einreiben* *vt* 把…擦入 bǎ… cārù，涂抹 túmǒ：Fisch mit Salz ～ 将盐抹在鱼上

einreichen *vt* 提出 tíchū，递交 dìjiāo，呈递 chéngdì：ein Gesuch an den Direktor ～ 向主任提出一申请

einreihen I *vt* 编入 biānrù，排入 páirù，列入 lièrù II *rfl* 加入(队伍) jiārù，排列 páiliè，加入行列 jiārù hánglìe

Einreise *f* 入境 rùjìng

Einreiseerlaubnis *f* 入境许可 rùjìng xǔkě

einreisen *vi*(*s*) 入境 rùjìng

einreißen* I *vi*(*s*) 扯破 chěpò，撕破 sīpò；蔓延 mànyán，传开 chuánkāi II *vt* 扯破 chěpò，撕破 sīpò；拆毁 chāi huǐ，拆除 chāichú

einrenken *vt* 使(脱臼的关节)复位 shǐ fùwèi：ein Bein ～ 使一(脱臼的)腿复位；整顿 zhěngdùn，使恢复正常 shǐ huīfù zhèngcháng

einrennen* *vt* 撞开 zhuàngkāi，撞破 zhuàngpò：offene Türen ～ 多此一举，做无意义的事

einrichten I *vt* 安排 ānpái，布置 bùzhì：ein Zimmer mit modernen Möbeln ～ 用新式家具布置房间；整理 zhěnglǐ，改编 gǎibiān；设立 shèlì，建立 jiànlì，创办 chuàngbàn II *rfl* 布置 bùzhì，安排 ānpái，准备 zhǔnbèi；适应 shìyìng

Einrichtung *f* -，-en 安排 ānpái，布置 bùzhì；陈设 chénshè；装置 zhuāngzhì，设备 shèbèi；公共设施 gōnggòng shèshī；慈善机构 císhàn jīgōu

einrücken I *vi*(*s*) 开进 kāijìn，进驻 jìnzhù；参军 cānjūn，开始服兵役 kāishǐ fú bīngyì：er ist zur Luftwaffe eingerückt 他已经参加空军了 II *vt* 使缩进 shǐ suōjìn，使缩排 shǐ suōpái；移进 yíjìn

eins *num*/*adj* 一 yī：～ und ～ ist (或 macht 或 gibt) zwei 一加一等于二；～ sein 同时发生，一致 yīzhì；mit jm ～ sein (或 werden) 和某人意见一致

einsam *adj* 孤独的 gūdúde，寂寞的 jìmòde；人迹稀少的 rénjì xīshǎode，僻静

的 pìjìngde，偏僻的 piānpìde

Einsamkeit *f* - 孤独 gūdú，寂寞 jìmò；人迹稀少 rénjì xīshǎo，僻静 pìjìng，偏僻 piānpì

einsammeln *vt* 收集 shōují，筹集 chóují，搜集 sōují；募集 mùjí(捐款)

Einsatz *m* -es，..-e 投入 tóurù，调动 diàodòng；使用 shǐyòng；插入 chārù(物)；押金 yājīn，抵押 dǐyā；赌注 dǔzhù；开始 kāishǐ(演奏)，起奏 qǐ zòu，起唱 qǐ chàng

einschalten I *vt* 接通(电源) jiētōng，开 kāi，开动 kāidòng：eine Maschine ～ 开机器；插入 chārù II *rfl* 干涉 gānshè；参加 cānjiā，参与 cānyù：sich in etw ～ 参与某事

einschärfen *vt* 再三嘱咐 zàisān zhǔfù，恳切地劝导 kěnqiède quàndǎo，告诫 gàojiè

einschätzen *vt* 评价 píngjià，估价 gūjià，估计 gūjì

einschenken *vt* 注入 zhùrù，斟 zhēn，倒 dào

einschieben* *vt* 把…推入 bǎ … tuīrù；插入 chārù，添入 tiānrù，记入 jìrù：einige Zitate in den Aufsatz ～ 把几句引语插到文章里

einschießen* I *vt* 击碎 jīsuì，击毁 jīhuǐ；试(枪) shì：ein Gewehr ～ 试枪；射入 shèrù：den Fußball ～ 将足球射入球门 II *rfl* 熟悉射击 shúxī shèjī

einschlafen* *vi*(*s*) 入睡 rùshuì，睡着 shuìzháo，(四肢)麻木 mámù；长眠 chángmián，死亡 sǐwáng；逐渐停止 zhújiàn tíngzhǐ，渐渐中断 jiànjiàn zhōngduàn

einschläfern *vt* 使…入睡 shǐ … rùshuì；麻醉 mázuì，麻痹 mábì

Einschlag *m* -(e)s，..-e 击中 jīzhòng；(衣服)贴边 tiēbiān；伐木 fámù；气质 qìzhì；折扣 zhékòu

einschlagen* I *vt* 打入 dǎrù：Pfähle in die Erde ～ 把桩子打进地里；打破 dǎpò，打碎 dǎsuì：Eier ～ 把蛋打破；砍伐 kǎnfá：Brennholz ～ 砍伐木材；包入 bāorù；翻入 fānrù；选择 xuǎnzé，取道 qǔdào II *vi* 打击 dǎjī，击中 jīzhòng，不停地打 bùtíngde dǎ：auf jn ～ 不停地打某人；逐渐熟悉工作 zhújiàn shúxī gōngzuò；有成效 yǒu chéngxiào，有效果 yǒu xiàoguǒ

einschleichen* *rfl* 潜入 qiánrù，偷偷地走进 tōutōude zǒujìn，溜进 liūjìn

einschleppen *vt* 把(船)拖进港 bǎ tuōjìn gǎng；将…带入(指疾病、虫害等并传播) jiāng … dàirù

einschließen* I *vt* 锁入 suǒrù，关入 guānrù；包围 bāowéi，围住 wéizhù；包括 bāokuò，把…一齐计算在内 bǎ … yīqí jìsuàn zàinèi II *rfl* 把自己锁在屋里 bǎ zìjǐ suǒ zài wūlǐ；包括 bāokuò，一齐计算在内 yīqí jìsuàn zàinèi III *PII* **eingeschlossen** 包括在内 bāokuò zàinèi

einschließlich I *adv* 包括在内 bāokuò zàinèi：bis ～ Seite 20 到(包括)第 20 页为止 II *prp* (*G*) 包括在内 bāokuò zàinèi：～ aller Unkosten 包括所有杂费在内

einschlummern *vi*(*s*) 微睡 wēishuì，入睡 rùshuì；长眠 chángmián，安息 ānxī

einschmuggeln *vt* 把…走私入境 bǎ … zǒusī rùjìng，私运入… sī yùnrù …；偷带进 tōu dàijìn

einschnappen *vi*(*s*) (弹簧锁)扣住 kòuzhù，锁住 suǒzhù，碰上 pèngshàng；(因小事而)生气 shēngqì，不高兴 bù gāoxìng

einschneiden* *vt* 凿刻 záokè，刻入 kèrù：Namen in die Baumrinde ～ 把名字刻在树皮上；切碎 qiēsuì(并投入)：Zwiebeln ～ 将洋葱切碎放入

Einschnitt *m* -(e)s，-e 切入 qièrù，切开 qiēkāi；切口 qièkǒu；缺口 quēkǒu，凹槽 āocáo；重大事件 zhòngdà shìjiàn

einschränken I *vt* 限制 xiànzhì，限定 xiàndìng，约束 yuēshù；减少 jiǎnshǎo；削减 xuējiǎn；紧缩 jǐnsuō II *rfl* 节约 jiéyuē

Einschränkung *f* -，-en 限制 xiànzhì，节制 jiézhì，削减 xuējiǎn

einschrauben *vt* 把…旋入 bǎ … xuánrù，把…拧进 bǎ … nǐngjìn，拧紧 nǐngjǐn

Einschreib(e)brief *m* 挂号信 guàhàoxìn

einschreiben* *vt* 登记 dēngjì，把…记入 bǎ … jìrù；寄挂号 jì guàhào：einen Brief ～ lassen 将一封信挂号，寄一封挂号信

Einschreiben *n* -s，- 挂号信 guàhàoxìn，挂号邮件 guàhào yóujiàn

Einschreib(e)päckchen *n* 挂号邮包 guàhào yóubāo

Einschreib(e)sendung *f* 挂号邮件 guàhào yóujiàn

einschüchtern *vt* 恐吓 kǒnghè,恫吓 dònghè,威胁 wēixié,吓唬 xiàhu

einsehen* *vt* 看到 kàndào,认识 rènshi,看清 kànqīng: seinen Irrtum ～ 认识其错误;理解 lǐjiě,明白 míngbai;审阅 shěnyuè

einseifen I *vt* 给…涂上肥皂 gěi … túshàng féizào II *rfl* 涂上肥皂 túshàng féizào

einseitig *adj* 只有一边的 zhǐyǒu yībiān de;一方面的 yīfāngmiànde;片面的 piànmiànde,主观的 zhǔguānde,单方面的 dānfāngmiànde

einsenden* *vt* 投寄 tóujì,把…寄往 bǎ … jìwǎng;呈送 chéngsòng

Einsendung *f* -, -en 投寄 tóujì,送达 sòngdá;投寄物 tóujìwù,邮件 yóujiàn

einsetzen I *vt* 放入 fàngrù,安上 ānshàng,装置 zhuāngzhì;委任 wěirèn,指定 zhǐdìng: jn in ein Amt ～ 委派某人任某职;使用 shǐyòng,投入 tóurù: seine ganze Kraft für jn [etw] ～ 为某人[某事]全力以赴;孤注一掷 gū zhù yī zhì,下注 xiàzhù;冒险 màoxiǎn II *vi* 开始 kāishǐ III *rfl* 辩护 biànhù,替…说话 tì … shuōhuà

Einsicht *f* -, -en 认识 rènshi,见识 jiànshi,理解 lǐjiě;理智 lǐzhì,理性 lǐxìng,明白 míngbai;审查 shěnchá,查阅 cháyuè: ～ in die Akten nehmen (或 haben) 审查(或查阅)档案

einsichtig *adj* 明智的 míngzhìde,审慎的 shěnshènde;明白的 míngbáide,易懂的 yì dǒng de,可理解的 kě lǐjiě de

Einsiedler *m* -s, - 隐居者 yǐnjūzhě,隐士 yǐnshì,孤独者 gūdúzhě

einsilbig *adj* 单音节的 dān yīnjié de;不爱开口的 bù ài kāikǒu de,寡言的 guǎyánde;话语简短的 huàyǔ jiǎnduǎn de,三言两语的 sān yán liǎng yǔ de

einspannen *vt* 装进 zhuāngjìn,绷紧 bēngjǐn;拧紧 nǐngjǐn;套(马、牛、车) tào;拉某人来 lā mǒurén lái(工作): jn tüchtig ～ 叫某人忙个不停

einsparen *vt* 节约 jiéyuē,节省 jiéshěng

einsperren *vt* 关入 guānrù,锁入 suǒrù;监禁 jiānjìn,关押 guānyā

einspielen I *vt* 试奏 shìzòu,(通过放映、演出)收回 shōuhuí(成本) II *rfl* 练熟 liànshú;习以为常 xí yǐ wéi cháng

einspringen* *vi*(*s*) (短期的)代替 dàitì: für jn ～ 代替某人;(锁)弹入 tánrù,碰上 pèngshàng,锁住 suǒzhù

einspritzen *vt* 注射 zhùshè,喷射 pēnshè

Einspruch *m* -(e)s, ⸚e 反对 fǎnduì,抗议 kàngyì,异议 yìyì: ～ erheben 提出抗议

einst *adv* 从前 cóngqián,从前有一次 cóngqián yǒu yīcì;将来 jiānglái,总有一天 zǒng yǒu yītiān

Einstandspreis *m* 成本价格 chéngběn jiàgé,进货价格 jìnhuò jiàgé

einstecken *vt* 插入 chārù,放进口袋 fàngjìn kǒudài: die Zigaretten ～ 把香烟放入口袋;关进监牢 guānjìn jiānláo;忍受 rěnshòu

einstehen* *vi*(*s*) 保证 bǎozhèng,担保 dānbǎo: für etw [jn] ～ 为某事[某人]担保;承担(责任) chéngdān,赔偿 péicháng: für einen Schaden ～ 赔偿损失

einsteigen* *vi*(*s*) 登上 dēngshàng,上(车、船、飞机) shàng;参加 cānjiā,参与 cānyù;潜入 qiánrù,爬入 párù

einstellen I *vt* 把…放入 bǎ … fàngrù,安置 ānzhì;雇用 gùyòng,聘用 pìnyòng;停止 tíngzhǐ;校准 jiàozhǔn,调准 tiáozhǔn II *rfl* 来到 láidào;准备 zhǔnbèi,调整 tiáozhěng,适应 shìyìng,迎合 yínghé

Einstellung *f* -, -en 中止 zhōngzhǐ,停止 tíngzhǐ;雇用 gùyòng;校准 jiàozhǔn,调准 tiáozhǔn;意见 yìjiàn,观点 guāndiǎn,态度 tàidu,见解 jiànjiě

Einstellungsstopp *m* 停止招工 tíngzhǐ zhāogōng

Einstieg *m* -(e)s, -e 上车(船、飞机) shàngchē;车门 chēmén;开始 kāishǐ,着手 zhuóshǒu

einstig *adj* 过去的 guòqùde,以前的 yǐqiánde,从前的 cóngqiánde

einstimmen I *vi* 加入唱 jiārù chàng,加入奏 jiārù zòu;同意 tóngyì,赞成 zànchéng II *vt* 使调和 shǐ tiáohé,使统一 shǐ tǒngyī,使协调 shǐ xiétiáo;为…调音 wèi … tiáoyīn;调整 tiáozhěng,使在情绪上有所准备 shǐ zài qíngxùshang yǒusuǒ zhǔnbèi

einstimmig *adj* 一致的 yīzhìde,一致同意的 yīzhì tóngyì de;一种声调的 yīzhǒng shēngdiào de

einstmals *adv* 以往 yǐwǎng,从前有一次 cóngqián yǒu yīcì,当时 dāngshí;以后 yǐhòu,将来 jiānglái

einströmen *vi*(*s*) 注入 zhùrù,流入 liúrù;(人群)涌入 yǒngrù
einstudieren *vt* 练习(以掌握某一手艺) liànxí,排练 páiliàn,排演 páiyǎn;背熟 bèishú
Einsturz *m* -s 倒塌 dǎotā,坍塌 tāntā
einstürzen *vi*(*s*) 倒塌 dǎotā,坍塌 tāntā,塌下 tāxià
einstweilen *adv* 在此时 zài cǐshí,其间 qíjiān;暂时 zànshí,暂且 zànqiě
eintauschen *vt* 交换 jiāohuàn,换取 huànqǔ
einteilen *vt* 划分 huàfēn,分配 fēnpèi,支配 zhīpèi: eine Stadt in Bezirke ～ 把一城市划分成几个区
eintönig *adj* 单调 dāndiào,乏味的 fáwèide,一成不变的 yī chéng bù biàn de
Eintracht *f* - 和睦 hémù,融洽 róngqià,一致 yīzhì: in (Frieden und) ～ leben 和睦相处
eintragen* *vt* 运入 yùnrù,搬入 bānrù;登记 dēngjì,记入 jìrù,注册 zhùcè;产生 chǎnshēng,带来 dàilái
einträglich *adj* 有好处的 yǒu hǎochu de,有利可图的 yǒulì kě tú de;可获利的 kě huòlì de
eintreffen* *vi*(*s*) 到达 dàodá,抵达 dǐdá;应验 yìngyàn,实现 shíxiàn
eintreten* I *vi*(*s*) 进入 jìnrù;达到 dádào;开始 kāishǐ,发生 fāshēng;加入 jiārù: in die Gewerkschaft ～ 加入工会;维护 wéihù,辩护 biànhù,主张 zhǔzhāng: für jn ～ 祖护某人 II *vt* 踩碎 cǎisuì;踢坏 tīhuài,踢入 tīrù,踹开 chuàikāi
eintrichtern *vt* 灌输 guànshū;灌入 guànrù;反复告诫 fǎnfù gàojiè
Eintritt *m* -(e)s, -e 进入 jìnrù,入场 rùchǎng;人口 rùkǒu;加入 jiārù;开始 kāishǐ
Eintrittskarte *f* 入场券 rùchǎngquàn
einüben *vt* (通过)练习 liànxí(掌握某一技巧),练会 liànhuì,熟练 shúliàn
Ein- und Ausschalter *m* 开关 kāiguān
einverleiben *vt* 合并 hébìng,并入 bìngrù,使…加入 shǐ … jiārù; (sich (*D*) etw ～) 吞下 tūnxià,吃下 chīxià
Einvernahme *f* -, -n 传讯 chuánxùn,审问 shěnwèn
Einvernehmen *n* -s 和睦 hémù;一致 yīzhì
einverstanden *adj* 同意的 tóngyìde: mit jm [etw] ～ sein 同意某人[某事]
Einverständnis *n* -ses, -se 同意 tóngyì,赞同 zàntóng,认同 rèntóng,一致 yīzhì
Einwand *m* -(e)s, ⸚e 异议 yìyì,反对 fǎnduì: einen ～ gegen etw [jn] erheben (或 geltend machen) 反对某事[某人]
Einwanderer *m* -s, - 移民 yímín,侨民 qiáomín
einwandern *vi*(*s*) (从外国)移入 yírù,移入定居 yírù dìngjū
einwandfrei *adj* 无可非议的 wú kě fēi yì de,无异议的 wú yìyì de,无懈可击的 wú xiè kě jī de,无可指摘的 wú kě zhǐzhāi de
einwechseln *vt* 兑换 duìhuàn,把…换成 bǎ … huàn chéng: fremdes Geld in heimische Währung ～ 把外币兑换成本国货币
Einwegbehälter *m* 一次性器皿 yīcìxìng qìmǐn
Einwegflasche *f* 一次性瓶子 yīcìxìng píngzi
Einwegglas *n* 一次性杯子 yīcìxìng bēizi
Einwegkohlepapier *n* 一次性复写纸 yīcìxìng fùxiězhǐ
Einwegpackung *f* 一次性包装 yīcìxìng bāozhuāng
Einweg-Raumschiff *n* 不返回地面的宇宙飞船 bù fǎnhuí dìmiàn de yǔzhòu fēichuán
Einwegspritze *f* 一次性注射器 yīcìxìng zhùshèqì
Einwegverpackung *f* 一次性包装 yīcìxìng bāozhuāng
einweihen *vt* 为…举行开幕式 wèi … jǔxíng kāimùshì,为…举行落成仪式 wèi … jǔxíng luòchéng yíshì;初次使用 chūcì shǐyòng,初次穿戴 chūcì chuāndài;向…透露 xiàng … tòulù,告知 gàozhī: jn in die Geheimnisse ～ 向某人透露秘密
einweisen* *vt* 安排 ānpái,送入 sòngrù: den Kranken in ein Krankenhaus ～ 安排病人住医院;使入门 shǐ rùmén,使熟悉 shǐ shúxī;给…指明行车方向 gěi … zhǐmíng xíngchē fāngxiàng: ein Fahrzeug ～ 给一辆机动车指示行车方向
einwenden* *vt* 反对 fǎnduì,提出异议 tíchū yìyì: er hat manches [nichts] gegen den Vorschlag einzuwenden 他有

E

好些理由[没有理由]反对这个建议

einwerfen* *vt* 将…投入 jiāng… tóurù；打破 dǎpò，扔碎 rēngsuì；插进…话（表示反对）chājìn … huà

einwickeln I *vt* 包入 bāorù，裹入 guǒrù；游说 yóushuì，哄骗 hǒngpiàn，诓骗 kuāngpiàn II *rfl* 包 bāo，裹住 guǒzhù：sich in den Mantel ～ 裹上大衣

einwilligen *vi* 同意 tóngyì，赞同 zàntóng：in etw (A) ～ 同意某事

Einwirkung *f* -，-en 影响 yǐngxiǎng，作用 zuòyòng

Einwohner *m* -s，- 居民 jūmín

Einwohnermeldeamt *n* 户籍管理处 hùjí guǎnlǐchù

Einwohnerzahl *f* 人口数字 rénkǒu shùzì，居民人数 jūmín rénshù

Einwurf *m* -(e)s，⸚e 投入 tóurù，掷入 zhìrù；反对 fǎnduì，异议 yìyì；(信箱的)投信口 tóuxìnkǒu；(足球)掷界外球 zhì jièwàiqiú

einzahlen *vt* 缴款 jiǎokuǎn，付款 fùkuǎn，存款 cúnkuǎn，(通过邮局)汇款 huìkuǎn

Einzelgänger *m* 不与人交往的人 bù yǔ rén jiāowǎng de rén，古怪的人 gǔguàide rén

Einzelhandel *m* 零售 língshòu

Einzelhandelsverkaufspreis *m* 商品零售价格 shāngpǐn língshòu jiàgé

Einzelheit *f* -，-en 细节 xìjié，细目 xìmù，详情 xiángqíng

einzeln *adj* 单个的 dāngède，个别的 gèbiéde，单独的 dāndúde，单一的 dānyīde：im Einzelnen 详尽地

Einzelwirtschaft *f* 个体经济 gètǐ jīngjì

Einzelzimmer *n* 单人房间 dānrén fángjiān

einziehen* I *vi*(*s*) 开进 kāijìn，开入 kāirù，进入 jìnrù；搬进 bānjìn；渗进 shènjìn，透入 tòurù II *vt* 收进 shōujìn；抽回 chōuhuí，没收 mòshōu；征收 zhēngshōu，回收 huíshōu；征召(入伍) zhēngzhào；装上 zhuāngshàng；嵌入 qiànrù，接入 jiērù：eine Scheibe in einen Fensterrahmen ～ 将玻璃嵌入窗框；einen Faden in die Nadel ～ 穿针引线

einzig I *adj* 惟一的 wéiyīde，独一无二的 dú yī wú 'èr de，无比的 wúbǐde II *adv* 只 zhǐ，仅 jǐn，惟 wéi

Einzug *m* -(e)s，⸚e 搬入 bānrù，迁入 qiānrù；开入 kāirù，进驻 jìnzhù；收进 shōujìn，回收 huíshōu

Eis *n* -es 冰 bīng：etw auf ～ legen 把某事搁置起来

Eisbahn *f* 滑冰场 huábīngchǎng，溜冰场 liūbīngchǎng

Eisbein *n* 蹄髈 típǎng

Eisbrecher *m* 破冰船 pòbīngchuán

Eiscreme *f* 冰淇淋 bīngqílín

Eisen *n* -s，- 铁 tiě；铁制器物 tiězhì qìwù

Eisenbahn *f* 铁路 tiělù，铁道 tiědào

Eisenbahnlinie *f* 铁路线 tiělùxiàn

Eisenbahnnetz *n* 铁路网 tiělùwǎng

Eisenbahntransport *m* 铁路运输 tiělù yùnshū

Eisenbahntruppe *f* 铁道部队 tiědào bùduì，铁道兵 tiědàobīng

Eisenbergwerk *n* 铁矿山 tiěkuàngshān

Eisenhüttenindustrie *f* 钢铁工业 gāngtiě gōngyè，冶金工业 yějīn gōngyè

eisern *adj* 铁的 tiěde，铁制的 tiězhìde；坚定的 jiāndìngde，钢铁般的 gāngtiěbānde

Eishockey [...hɔki] *n* 冰球运动 bīngqiú yùndòng，冰上曲棍球 bīngshang qūgùnqiú

eisig *adj* 冰冷的 bīnglěngde；冷冰冰的 lěngbīngbīngde

eiskalt *adj* 冰冷的 bīnglěngde，严寒的 yánhánde；冷淡的 lěngdànde

eislaufen* *vi*(*s*) 溜冰 liūbīng，滑冰 huábīng

Eisschrank *m* 冰箱 bīngxiāng

Eiszeit *f* 冰河纪 bīnghéjì，冰河时代 bīnghé shídài

eitel *adj* 自负的 zìfùde，好虚荣的 hào xūróng de，过分注重外表的 guòfèn zhùzhòng wàibiǎo de；真正的 zhēnzhèngde，纯粹的 chúncuìde；空虚的 kōngxūde，空洞的 kōngdòngde

Eiter *m* -s 脓 nóng

eitern *vi* 生脓 shēngnóng，化脓 huànóng

Eiweiß *n* -(e)s，-e 蛋白 dànbái，蛋清 dànqīng

Ekel I *m* -s 厌恶 yànwù，憎恶 zēngwù，恶心 ěxin，反感 fǎngǎn：vor jm [etw] ～ empfinden (或 haben) 对某人[某事物]感到厌恶 II *n*/ *m* -s，- 讨厌的家伙 tǎoyànde jiāhuǒ

ekelhaft *adj* 讨厌的 tǎoyànde，令人厌恶的 lìng rén yànwù de，令人憎恶的 lìng

rén zēngwù de
ekeln *vi/rfl* 讨厌 tǎoyàn，厌恶 yànwù，起反感 qǐ fǎngǎn，感到恶心 gǎndào ěxin
Ekstase *f* -, -n 陶醉 táozuì，狂喜 kuángxǐ，极度兴奋 jídù xīngfèn，入迷 rùmí：in ～ geraten 兴奋到了极点，陷于恍惚状态
Elan *m* -s 热情 rèqíng，干劲 gànjìn，精力 jīnglì，热忱 rèchén
Elaste *pl* 弹性塑料 tánxìng sùliào，合成橡胶 héchéng xiàngjiāo
elastisch *adj* 有弹性的 yǒu tánxìngde，有伸缩性的 yǒu shēnsuōxìngde，灵活的 línghuóde
Elastizität *f* - 弹性 tánxìng，弹力 tánlì；灵活性 línghuóxìng
Elch *m* -(e)s, -e 驼鹿 tuólù
Elefant *m* -en, -en 象 xiàng：er benahm sich wie ein ～ im Porzellanladen 他笨手笨脚
elegant *adj* 时髦的 shímáode，考究的 kǎojiude；灵巧的 língqiǎode，优美的 yōuměide，熟练的 shúliànde；完美的 wánměide，雅致的 yǎzhide
Eleganz *f* - 时新 shíxīn，考究 kǎojiu；优美 yōuměi，精致 jīngzhì；灵巧 língqiǎo；高尚 gāoshàng
Elektrakomplex *m* -es 恋父情结 liànfù qíngjié
elektrifizieren *vt* 使电气化 shǐ diànqìhuà
Elektriker *m* -s, - 电工 diàngōng，电学家 diànxuéjiā
elektrisch *adj* 电的 diànde，电气的 diànqìde，电动的 diàndòngde：～es Spielzeug 电动玩具
elektrisieren I *vt* 使充电 shǐ chōngdiàn，使起电 shǐ qǐ diàn；使激奋 shǐ jīfèn，使兴奋 shǐ xīngfèn，使激动 shǐ jīdòng II *rfl* 触电 chùdiàn
Elektrizität *f* -, -en 电 diàn，电能 diànnéng
Elektroartikel *m* 家用电器 jiāyòng diànqì
Elektrode *f* -, -n 电极 diànjí
Elektrofahrzeug *n* 电动汽车 diàndòng qìchē，电瓶车 diànpíngchē
Elektrogeschäft *n* 电器商店 diànqì shāngdiàn
Elektromobil *n* = Elektrofahrzeug
Elektromotor *m* 电动机 diàndòngjī
Elektron *n* -s, -en 电子 diànzǐ
Elektronenschleuder *f* 电子回旋加速器 diànzǐ huíxuán jiāsùqì
Elektronik *f* - 电子学 diànzǐxué
elektronisch *adj* 电子学的 diànzǐxuéde
Element *n* -(e)s, -e 电池 diànchí；元素 yuánsù；(自然界的)要素 yàosù；自然力 zìránlì；原理 yuánlǐ，基础 jīchǔ；组成部分 zǔchéng bùfen；分子(指人) fènzǐ：üble [gefährliche] ～e 坏[危险]分子；适应的环境和工作条件 shìyìngde huánjìng hé gōngzuò tiáojiàn：in seinem ～ sein 处于适宜的环境，得心应手
elementar *adj* 基本的 jīběnde；初级的 chūjíde，基础的 jīchǔde；自然力的 zìránlìde，不可抗拒的 bùkě kàngjù de，威力强大的 wēilì qiángdàde
elend *adj* 痛苦的 tòngkǔde，悲惨的 bēicǎnde，不幸的 bùxìngde；贫穷的 pínqióngde，困苦的 kùnkǔde；有病的 yǒubìngde，虚弱的 xūruòde；恶劣的 èliède，卑鄙的 bēibǐde
Elend *n* -s 痛苦 tòngkǔ，不幸 bùxìng；贫困 pínkùn，贫穷 pínqióng
elf *num* 十一 shíyī
Elfenbein *n* -s 象牙 xiàngyá
Elfenbeinküste *f* 象牙海岸 Xiàngyáhǎi'àn
elfte *num* 第十一 dìshíyī
Elite *f* -, -n 精华 jīnghuá，精英 jīngyīng，优秀分子 yōuxiù fènzǐ
Ellbogen *m* -s, - 肘 zhǒu
Ellbogenmensch *m* 善于钻营的人 shànyú zuānyíng de rén
Ellenbogen *m* -s, - = Ellbogen
Ellenbogengesellschaft *f* 充满竞争的社会 chōngmǎn jìngzhēng de shèhuì
Ellipse *f* -, -n 椭圆 tuǒyuán；省略句 shěnglüèjù
El Salvador 萨尔瓦多 Sà'ěrwǎduō
Elster *f* -, -n 喜鹊 xǐquè
elterlich *adj* 双亲的 shuāngqīnde，父母的 fùmǔde
Eltern *pl* 双亲 shuāngqīn，父母亲 fùmǔqīn
Elternhaus *n* 父母的家 fùmǔde jiā，父母的房子 fùmǔde fángzi；家庭 jiātíng，老家 lǎojiā
elternlos *adj* 无父母的 wú fùmǔ de，孤儿的 gū'érde

E

Elternschaft *f* - 家长 jiāzhǎng(学生的父母亲总称);做父母亲 zuò fùmǔqīn

E-Mail ['i:me:l] *f* -, -s 电子函件 diànzǐ hánjiàn,电子邮件 diànzǐ yóujiàn

Emaille [e'maljə] *f* -, -n 搪瓷 tángcí,珐琅 fàláng,瓷釉 cíyòu

Emanzipation *f* -, -en 解放 jiěfàng: ～ der Frauen 妇女的解放

emanzipieren *vt/rfl* 解放 jiěfàng

Embargo *n* -s, -s 禁运 jìnyùn;封港 fēnggǎng

Emigrant *m* -en, -en (政治)流亡者 liúwángzhě;移居外国的人 yíjū wàiguó de rén

Emigration *f* -, -en (政治)流亡 liúwáng;流亡地 liúwángdì

emigrieren *vi*(s)(由于政治、宗教、种族主义等原因而)永久移居外国 yǒngjiǔ yíjū wàiguó,流亡国外 liúwáng guówài

Emission *f* -, -en (债券等的)发行 fāxíng;放射 fàngshè

Emotion *f* -, -en 感情冲动 gǎnqíng chōngdòng,情绪 qíngxù,激动 jīdòng,激情 jīqíng

Empfang *m* -(e)s, ¨-e 收到 shōudào;收听 shōutīng,收看 shōukàn,接收 jiēshōu;领到 lǐngdào;接待 jiēdài,款待 kuǎndài,欢迎 huānyíng;欢迎会 huānyínghuì,招待会 zhāodàihuì;接待处 jiēdàichù

empfangen* *vt* 收到 shōudào;接收 jiēshōu,收听 shōutīng,收看 shōukàn;接待 jiēdài,欢迎 huānyíng,招待 zhāodài

Empfänger *m* -s, - 收件人 shōujiànrén,收受者 shōushòuzhě;收音机 shōuyīnjī,接收机 jiēshōujī

empfänglich *adj* 易接受的 yì jiēshòu de,易受感动的 yì shòu gǎndòng de

Empfängnis *f* -, -se 受胎 shòutāi,怀孕 huáiyùn

empfehlen* I *vt* 介绍 jièshào,推荐 tuījiàn;建议 jiànyì,劝告 quàngào;问候 wènhòu: ～ Sie mich bitte Ihren Eltern 请代我向您的父母问好! II *rfl* 自荐 zìjiàn;适当 shìdàng,合适 héshì,值得推荐 zhídé tuījiàn;告辞 gàocí,告别 gàobié

empfehlenswert *adj* 值得推荐的 zhídé tuījiàn de

Empfehlung *f* -, -en 推荐 tuījiàn,介绍 jièshào;建议 jiànyì,劝告 quàngào;问候 wènhòu,致意 zhìyì: eine ～ ausrichten 代…致意

empfinden* *vt* 感觉 gǎnjué,感受 gǎnshòu,感到 gǎndào

empfindlich I *adj* 敏感的 mǐngǎnde;缺乏抵抗力的 quēfá dǐkànglì de,易患病的 yì huànbìng de: ein ～es Kind 易患病的孩子;严重的 yánzhòngde,剧烈的 jùliède,令人悲痛的 lìng rén bēitòng de: ein ～er Verlust 严重损失;感觉敏锐的 gǎnjué mǐnruì de;易坏的 yì huài de II *adv* 很 hěn,非常 fēicháng

Empfindung *f* -, -en 感觉 gǎnjué,感受 gǎnshòu,知觉 zhījué

empor *adv* 向上 xiàngshàng,向高处 xiàng gāochù

emporarbeiten *rfl* 努力向上 nǔlì xiàngshàng,努力工作 nǔlì gōngzuò,努力发展事业 nǔlì fāzhǎn shìyè,争取提升 zhēngqǔ tíshēng

empören I *vt* 使发怒 shǐ fānù,激怒 jīnù II *rfl* 愤怒 fènnù;反抗 fǎnkàng: sich gegen eine Diktatur ～ 反抗专制独裁 III *PI* **empörend** 令人恼火的 lìng rén nǎohuǒ de,可恨的 kěhènde IV *PII* **empört** 愤怒的 fènnùde

emsig *adj* 孜孜不倦的 zīzī bù juàn de,勤奋的 qínfènde,勤劳的 qínláode,热切的 rèqiède

Ende *n* -s, -n 终点 zhōngdiǎn,尽头 jìntóu;结束 jiéshù,结尾 jiéwěi,结局 jiéjú: er ist ～ fünfzig 他将近六十岁; am ～ sein 精疲力竭; letzten ～s 归根到底; ～ gut, alles gut 结局好,一切都好

enden *vi* 结束 jiéshù,完毕 wánbì,终止 zhōngzhǐ;死去 sǐqù,身亡 shēnwáng

endgültig *adj* 最终的 zuìzhōngde,最后决定的 zuìhòu juédìng de,不可改变的 bùkě gǎibiàn de

Endhafen *m* 目的港 mùdìgǎng

Endkurs *m* 收盘价格 shōupán jiàgé

endlich *adj* 最后 zuìhòu,最终 zuìzhōng,终于 zhōngyú,总算 zǒngsuàn: Na ～! 终于来了!

endlos *adj* 无穷的 wúqióngde,无止境的 wúzhǐjìngde,漫长的 mànchángde

Endlösung *f* 最终解决办法 zuìzhōng jiějué bànfǎ

Endung *f* -, -en 词尾 cíwěi;结尾 jiéwěi,结局 jiéjú,终止 zhōngzhǐ

Endverbraucherpreis (缩写 EVP) *m* 消费价格 xiāofèi jiàgé

Endziel *n* 最后目的 zuìhòu mùdì,最后目标 zuìhòu mùbiāo;最后目的地 zuìhòu mùdìdì

Energie *f* -, -n 精力 jīnglì,活力 huólì,毅力 yìlì,耐力 nàilì: mit aller ~ vorgehen 全力以赴;能 néng,能量 néngliàng

energisch *adj* 有力的 yǒulìde,精力旺盛的 jīnglì wàngshèng de;坚决的 jiānjuéde,果断的 guǒduànde

eng *adj* 狭的 xiáde,狭窄的 xiázhǎide;狭隘的 xiá'àide,受限制的 shòu xiànzhì de;紧的 jǐnde: eine ~e Jeans 一条很紧的牛仔裤;亲密的 qīnmìde

Engagement [ãgaʒə'mã:] *n* -s, -s 义务 yìwù;约束 yuēshù,约定 yuēdìng,承担 chéngdān;聘用 pìnyòng,聘请 pìnqǐng;邀请跳舞 yāoqǐng tiàowǔ

engagieren [ãga'ʒi:rən] I *vt* (根据合同)聘用 pìnyòng,聘请 pìnqǐng;邀请跳舞 yāoqǐng tiàowǔ II *rfl* 承担义务 chéngdānyìwù,受约束 shòu yuēshù

Enge *f* - 狭窄 xiázhǎi,狭小 xiáxiǎo;狭窄的地方 xiázhǎide dìfāng;困境 kùnjìng: jn in die ~ treiben 把某人逼入窘境

Engel *m* -s, - 天使 tiānshǐ,安琪儿 ānqí'ér

engherzig *adj* 心胸狭窄的 xīnxiōng xiázhǎi de,小心眼的 xiǎoxīnyǎnde,气量小的 qìliàng xiǎode

England *n* 英国 Yīngguó

Engländer *m* -s, - 英国人 yīngguórén

englisch *adj* 英国的 yīngguóde;英国人的 yīngguórénde;英语的 yīngyǔde

Englisch *n* -(s) 英语 yīngyǔ

Englische *n* -n (按形容词变化,只与定冠词连用,无复数)英语 yīngyǔ

Engpass *m* 关隘 guān'ài,峡谷 xiágǔ;瓶颈口 píngjǐngkǒu

en gros [ã'gro] *adv* 大量地 dàliàngde,成批地 chéngpīde: etw ~ einkaufen 成批地购买某物

engstirnig *adj* (思想)狭隘的 xiá'àide,保守的 bǎoshǒude

Enkel *m* -s, - 孙 sūn;外孙 wàisūn

Enkulturation *f* -, -en 适应某种文化 shìyìng mǒuzhǒng wénhuà

enorm I *adj* 巨大的 jùdàde,非常大的 fēicháng dà de;奇妙的 qímiàode,极好的 jíhǎode II *adv* 非常 fēicháng,很 hěn,极 jí

Ensemble [ã'sã:bl] *n* -s, -s 全体 quántǐ,总体 zǒngtǐ;全体演出人员 quántǐ yǎnchū rényuán;剧团 jùtuán,歌舞团 gēwǔtuán,文工团 wéngōngtuán;合唱 héchàng,合奏 hézòu

entarten *vi*(*s*) 蜕化 tuìhuà,变质 biànzhì,堕落 duòluò

entbehren I *vt* 缺乏 quēfá,短少 duǎnshǎo II *vi* (*G*) 缺乏 quēfá,缺少 quēshǎo: die Ergebnisse ~ jeglicher wissenschaftlichen Grundlage 这些结论缺乏任何科学根据

entbehrlich *adj* 可缺少的 kě quēshǎo de,非必需的 fēi bìxū de,多余的 duōyú de

Entbehrung *f* -, -en 缺乏 quēfá,缺少 quēshǎo,匮乏 kuìfá

entbieten* *vt* 告知 gàozhī,通知 tōngzhī 转达 zhuǎndá

entbinden* I *vt* 解除 jiěchú,免除 miǎnchú: jn von etw ~ 免去某人(负责)某事;接生 jiēshēng,助产 zhùchǎn: die Ärztin hat meine Frau entbunden 女医生为我妻子接生 II *vi* 分娩 fēnmiǎn: sie hat gestern entbunden 她昨天分娩

entblößen I *vt* 使赤裸 shǐ chìluǒ,暴露 bàolù,裸露 luǒlù II *PII* **entblößt** 裸露的 luǒlùde,赤裸的 chìluǒde

entbürokratisieren *vt* 克服官僚主义 kèfú guānliáo zhǔyì,非官僚主义化 fēi guānliáo zhǔyì huà

entdecken *vt* 发现 fāxiàn,看到 kàndào: ein neues Element ~ 发现一种新元素;发觉 fājué,找到 zhǎodào

Entdecker *m* -s, - 发现者 fāxiànzhě

Entdeckung *f* -, -en 发现 fāxiàn;发觉 fājué;揭示 jiēshì

Ente *f* -, -n 鸭 yā

entehren *vt* 败坏…的名声 bàihuài … de míngshēng,侮辱 wǔrǔ;奸污 jiānwū,强奸 qiángjiān

enteignen *vt* 没收 mòshōu,剥夺 bōduó

entfachen *vt* 点燃 diǎnrán;激起 jīqǐ,引起 yǐnqǐ,煽起 shānqǐ

entfallen* *vi*(*s*) 掉落 diàoluò,遗落 yíluò;忘记 wàngjì,遗忘 yíwàng,忘却 wàngquè: der genaue Wortlaut des Briefs ist mir ~ 信中的原话我已忘了;归于 guīyú,分配 fēnpèi,分摊 fēntān;取消 qǔxiāo

entfalten I *vt* 展开 zhǎnkāi,摊开 tānkāi,打开 dǎkāi;施展 shīzhǎn,发挥 fāhuī;开展 kāizhǎn;显示 xiǎnshì,说明 shuōmíng II *rfl* 展开 zhǎnkāi,开放 kāifàng;发挥 fāhuī 发展 fāzhǎn

entfärben I *vt* 使掉色 shǐ diàoshǎi,使

E

脱色 shǐ tuōsè II *rfl* 退色 tuìshǎi，变色 biànsè

entfernen I *vt* 去掉 qùdiào，去除 qùchú，移去 yíqù，除去 chúqù；解除 jiěchú：jn aus dem Amt ～ 免去某人职务 II *rfl* 离去 líqù；疏远 shūyuǎn

Entfernung *f* -，-en 距离 jùlí，相距 xiāngjù；排除 páichú，去除 qùchú；解雇 jiěgù，撤职 chèzhí；离去 líqù

entfesseln *vt* 激起 jīqǐ，挑起 tiǎoqǐ；发动 fādòng：einen Krieg ～ 发动一次战争

entfetten *vt* 使去脂 shǐ qùzhī，使脱脂 shǐ tuōzhī；减肥 jiǎnféi

Entfettungskur *f* 减肥疗法 jiǎnféi liáofǎ

entfliegen* *vi(s)* 飞走 fēizǒu，飞掉 fēidiào

entfliehen* *vi(s)* 逃走 táozǒu，逃脱 táotuō；逝去 shìqù，流逝 liúshì

entfremden I *vt* 使疏远 shǐ shūyuǎn，离间 líjiàn II *rfl* 疏远 shūyuǎn，脱离 tuōlí

entführen *vt* 诱骗 yòupiàn，拐走 guǎizǒu；劫持 jiéchí，绑架 bǎngjià

Entführer *m* -s，- 拐子 guǎizi，拐骗者 guǎipiànzhě；劫持者 jiéchízhě，绑架者 bǎngjiàzhě

Entführung *f* -，-en 诱骗 yòupiàn，拐走 guǎizǒu；劫持 jiéchí，绑架 bǎngjià

entgegen *prp* (*D*) 违背 wéibèi，与…相反 yǔ… xiāngfǎn：～ der Anordnung 与规定相反；迎向 yíngxiàng，面对 miànduì

entgegenarbeiten *vi* (*D*) 反对 fǎnduì，对抗 duìkàng，抵制 dǐzhì，阻挠 zǔnáo

entgegenbringen* *vt* 带向 dàixiàng，带往 dàiwǎng；给予 jǐyǔ，予以 yǔyǐ，表示 biǎoshì：jm Vertrauen ～ 对某人表示信任

entgegeneilen *vi(s)* (*D*) 急忙迎向 jímáng yíngxiàng，迎面奔去 yíngmiàn bēnqù

entgegenfahren* *vi(s)* (*D*) 迎面驶去 yíngmiàn shǐqù，驶向 shǐxiàng，驶近 shǐjìn

entgegengehen* *vi(s)* (*D*) 迎面走去 yíngmiàn zǒuqù，走向 zǒuxiàng，走近 zǒujìn

entgegengesetzt *adj* 相反的 xiāngfǎnde，对立的 duìlìde；完全不同的 wánquán bùtóng de

entgegenkommen* *vi(s)* (*D*) 朝…迎面而来 cháo … yíngmiàn ér lái；迎合 yínghé，迁就 qiānjiù

Entgegenkommen *n* -s 帮助 bāngzhù，支持 zhīchí，效劳 xiàoláo；迎合 yínghé，迁就 qiānjiù

entgegenlaufen* *vi(s)* (*D*) 迎着…跑去 yíngzhe … pǎoqù，跑向 pǎoxiàng；跟…相反 gēn … xiāngfǎn，违背 wéibèi：das läuft meinen Wünschen entgegen 这违背我的愿望

entgegennehmen* *vt* 接受 jiēshòu：js Glückwünsche ～ 接受某人的祝贺；收下 shōuxià，收到 shōudào

entgegensehen* *vi* (*D*) 等待 děngdài，期待 qīdài，面对… miàn duì …：der Zukunft freudig ～ 愉快地面对未来

entgegensetzen *vt* 以…来对抗 yǐ … lái duìkàng，以…来反对 yǐ … lái fǎnduì：jm [einer Sache] etw ～ 以某事来反对某人[某事]

entgegenstehen* *vi*(*D*) 与…对立 yǔ … duìlì，对抗 duìkàng，妨碍 fáng'ài：jm ～ 与某人对立

entgegentreten* *vi(s)* (*D*) 迎向 yíngxiàng，阻挡 zǔdǎng；跟…对抗 gēn … duìkàng，与…作斗争 yǔ … zuò dòuzhēng

entgegnen *vt/vi* 回答 huídá，答复 dáfù；反驳 fǎnbó

Entgegnung *f* -，-en 回答 huídá，答复 dáfù；反驳 fǎnbó

entgehen* *vi(s)* (*D*) 逃脱 táotuō，逃避 táobì：jm [einer Sache] ～ 避开某人[某事]；错过 cuòguò：sich (*D*) etw ～ lassen 错过某事；忽略 hūlüè：etw entgeht jm 某人忽略某事

entgeistert *adj* 惊吓得目瞪口呆的 jīngxiàde mù dèng kǒu dāi de，惊愕的 jīng'ède

Entgelt *n* -(e)s，-e 报酬 bàochou，酬金 chóujīn：ohne ～ arbeiten 无报酬劳动

entgelten* *vt* 酬谢 chóuxiè，报答 bàodá；补偿 bǔcháng，偿付 chángfù

entgleisen *vi(s)* 出轨 chūguǐ，脱轨 tuōguǐ：der Zug ist entgleist 火车出轨了；失言 shīyán，失礼 shīlǐ

entgleiten* *vi(s)* （从手里）滑落 huáluò，滑掉 huádiào

enthaaren *vt* 除毛 chúmáo，去毛 qùmáo,拔毛 bámáo

enthalten* I *vt* 包括 bāokuò,含有 hányǒu II *rfl* 放弃 fàngqì,戒除 jièchú: sich des Rauchens ～ 戒烟,不抽烟;克制 kèzhì: ich konnte mich einer Äußerung nicht ～ 我忍不住发表了一个意见

Enthaltung *f* -, -en 放弃 fàngqì;克制 kèzhì,节制 jiézhì

enthaupten *vt* 斩首 zhǎnshǒu,砍头 kǎntóu

entheben* *vt* 解除 jiěchú,免去 miǎnqù: jn seines Postens ～ 解除某人的职务

enthüllen I *vt* 为…揭幕 wèi … jiēmù;揭露 jiēlù,揭开 jiēkāi: eine Lüge ～ 揭露谎言;揭示 jiēshì: die Zukunft ～ 揭示未来 II *rfl* 显露 xiǎnlù

Enthusiasmus *m* - 热情 rèqíng,热心 rèxīn,热忱 rèchén,振奋 zhènfèn

Enthusiast *m* -en, -en 热情者 rèqíngzhě,热心者 rèxīnzhě,热中者 rèzhōngzhě

enthusiastisch *adj* 热情的 rèqíngde,热心的 rèxīnde,振奋的 zhènfènde

entkernen *vt* 去核 qùhé,除核 chúhé: Kirschen ～ 去掉樱桃的核

entkleiden I *vt* 给…脱衣 gěi … tuōyī;解除 jiěchú,免去 miǎnqù: jn seiner Macht (*G*) ～ 剥夺某人的权力 II *rfl* 脱衣 tuōyī

entkolonialisieren *vt* 非殖民化 fēi zhímín huà

entkommen* *vi*(*s*)(*D*) 逃走 táozǒu,逃脱 táotuō,脱身 tuōshēn: seinen Verfolgern ～ 逃离追击者

entkorken *vt* 拔去…的塞子 báqù … de sāizi,拔去瓶塞 báqù píngsāi: eine Flasche ～ 拔去瓶子的塞子

entkräften *vt* 使无力 shǐ wúlì,使衰弱 shǐ shuāiruò;反驳 fǎnbó,驳倒 bódǎo;使无效 shǐ wúxiào

entladen* I *vt* 卸下(货) xièxià: Kartoffeln ～ 把土豆卸下; einen Wagen ～ 卸下车子的货;放(电) fàng II *rfl* 放电 fàngdiàn;爆发 bàofā,发泄出来 fāxiè chūlái

entlang I *prp* (*A*/*D*) 沿着 yánzhe: die Straße ～ (或 ～ der Straße) 沿着大街 II *adv* 沿着 yánzhe,顺着 shùnzhe

entlarven *vt* 揭露 jiēlù,揭穿 jiēchuān: jn als Hochstapler ～ 揭露某人是骗子(或伪君子)

entlassen* *vt* 让…离去 ràng … líqù,释放 shìfàng;解雇 jiěgù,开除 kāichú,免去…的职务 miǎnqù … de zhíwù: der Angestellte wurde wegen einer Unterschlagung fristlos ～ 这个职员因贪污而被永远开除

entlasten *vt* 减轻…负担 jiǎnqīng … fùdān,减轻…罪责 jiǎnqīng … zuìzé;免除…职责 miǎnchú … zhízé

entlauben I *vt* 除去…的叶子 chúqù … de yèzi II *rfl* 落叶 luòyè

entlaufen* *vi*(*s*) 逃走 táozǒu,逃跑 táopǎo,跑掉 pǎodiào

entlausen *vt* 除去…的虱子 chúqù … de shīzi

entledigen *rfl* 摆脱 bǎituō,解脱 jiětuō: sich js ～ 摆脱某人,干掉某人;脱去 tuōqù: sich eines Kleidungsstückes ～ 脱去一件衣服;完成 wánchéng,了却 liǎoquè: sich einer Aufgabe ～ 完成一项任务

entleeren *vt* 排空 páikōng,出空 chūkōng;使空洞 shǐ kōngdòng,使无内容 shǐ wú nèiróng

entlegen *adj* 遥远的 yáoyuǎnde,偏僻的 piānpìde

entlehnen *vt* 借用 jièyòng,吸收 xīshōu

Entlehnung *f* -, -en 借用 jièyòng,吸收 xīshōu;借用词 jièyòngcí

entleihen* *vt* 借 jiè,借用 jièyòng;借来 jièlái

entloben *rfl* 解除婚约 jiěchú hūnyuē

entlocken *vt* 诱出 yòuchū,引出 yǐnchū: jm ein Geheimnis ～ 诱引某人说出秘密

entmilitarisieren *vt* 使非军事化 shǐ fēi jūnshìhuà

entmutigen *vt* 使失去勇气 shǐ shīqù yǒngqì,使失去信心 shǐ shīqù xìnxīn,使沮丧 shǐ jǔsàng

entmythologisieren *vt* 使非神化 shǐ fēi shénhuà

entnehmen* *vt* 提取 tíqǔ,取出 qǔchū;引用 yǐnyòng;推测 tuīcè,得知 dézhī

Entpolitisierung *f* -, -en 非政治化 fēi zhèngzhìhuà

entpuppen *rfl* 现出原形 xiànchū yuánxíng,显露 xiǎnlù,暴露 bàolù: sich als Betrüger ～ 显露出骗子的真面目

entrahmen *vt* 使脱脂 shǐ tuōzhī: Milch ～ 使牛奶脱脂

entreißen* *vt* 抢走 qiǎngzǒu,夺走

E

duózǒu

entrichten *vt* 缴纳 jiǎonà，缴付 jiǎofù；偿还 chánghuán

entringen* **I** *vt*（扭打中）夺走 duózǒu **II** *rfl* 挣脱 zhèngtuō

entrinnen* *vi*(*s*) 流出 liúchū；流逝 liúshì，逝去 shìqù；逃脱 táotuō

entrollen *vt* 展开 zhǎnkāi，铺开 pūkāi

entrosten *vt* 除锈 chú xiù

entrüsten **I** *vt* 使愤怒 shǐ fènnù，激怒 jīnù **II** *rfl* 愤怒 fènnù，发怒 fānù：sich über jn [js Verhalten] ～ 对某人[某人的行为]发怒

entrüstet *adj* 愤怒的 fènnùde，恼怒的 nǎonùde，愤慨的 fènkǎide

entsaften *vt* 提取…的果汁 tíqǔ … de guǒzhī，榨取…的液汁 zhàqǔ … de yè zhī

entsagen *vi* 放弃 fàngqì，抛弃 pāoqì，戒掉 jiè diào：dem Rauchen ～ 戒烟

entschädigen *vt* 补偿 bǔcháng，赔偿 péicháng：jn angemessen ～ 给某人适当的补偿

Entschädigung *f* -，-en 赔偿 péicháng，补偿 bǔcháng；赔偿费 péichángfèi，补偿费 bǔchángfèi

entscheiden* **I** *vt* 决定 juédìng，决断 juéduàn；判决 pànjué，判定 pàndìng **II** *vi* 决定 juédìng，裁定 cáidìng，判决 pànjué：über etw ～ 对某事做出决定 **III** *rfl* 选择 xuǎnzé，决定 juédìng；结果表明 jiéguǒ biǎomíng

entscheidend *adj* 决定性的 juédìngxìngde，十分重要的 shífēn zhòngyàode

Entscheidung *f* -，-en 决定 juédìng，判定 pàndìng；裁决 cáijué，裁定 cáidìng：eine ～ treffen 作出裁定；das Spiel um die ～ 决赛

Entscheidungsfrage *f*（用 ja 或 nein 回答的）是非疑问句 shìfēi yíwènjù

entschieden *adj* 坚决的 jiānjuéde，决定的 juédìngde；果断的 guǒduànde，断然的 duànránde；肯定的 kěndìngde，明确的 míngquède

entschlafen* *vi*(*s*) 长眠 chángmián，逝去 shìqù

entschleiern *vt* 揭去…的面纱 jiēqù … de miànshā；揭露 jiēlù，揭开 jiēkāi，使暴露 shǐ bàolù：js Absichten ～ 揭露某人的意图

entschließen* *rfl* 决心 juéxīn，决定 juédìng

entschlossen *adj* 果断的 guǒduànde，果敢的 guǒgǎnde，坚决的 jiānjuéde，坚定的 jiāndìngde：～ für etw kämpfen 坚决为某事而斗争

Entschlossenheit *f* - 果敢 guǒgǎn，坚决 jiānjué，坚定 jiāndìng

entschlüpfen *vi*(*s*)(*D*) 溜走 liūzǒu，逃脱 táotuō；失言 shīyán

Entschluss *m* -es，⸗e 决心 juéxīn，决定 juédìng，决断 juéduàn

Entschlusskraft *f* 决断力 juéduànlì

entschuldigen **I** *vt* 原谅 yuánliàng，包涵 bāohan：Entschuldigen Sie bitte meine Verspätung! 请原谅，我迟到了！为…开脱 wèi … kāituō，为…申辩 wèi … shēnbiàn **II** *rfl* 请求原谅 qǐngqiú yuánliàng，道歉 dàoqiàn；辩白 biànbái；请假 qǐngjià

Entschuldigung *f* -，-en 原谅 yuánliàng，道歉 dàoqiàn；辩白 biànbái，托辞 tuōcí，借口 jièkǒu；请假 qǐngjià

entsetzen **I** *rfl* 惊慌 jīnghuāng，惊恐 jīngkǒng，恐惧 kǒngjù **II** *vt* 使惊慌 shǐ jīnghuāng，使惊恐 shǐ jīngkǒng；为…解围 wèi … jiěwéi **III** *PII* **entsetzt** 吃惊的 chījīngde，惊慌的 jīnghuāngde，惊愕的 jīng'ède：über so viel Unverschämtheit war er ～ 他对如此多的无耻之事感到吃惊

entsetzlich *adj* 可怕的 kěpàde，恐怖的 kǒngbùde；厉害的 lìhaide，惊人的 jīngrénde，非常的 fēichángde

Entsexualisierung *f*（在衣着打扮上）男子女性化 nánzǐ nǚxìnghuà；女子男性化 nǚzǐ nánxìnghuà

entsinnen* *rfl*(*G*) 想起 xiǎngqǐ，回忆起 huíyìqǐ：sich js [einer Sache] ～ 记起某人[某事]

Entsorgung *f* -，-en 清除三废 qīngchú sānfèi；三废处理 sānfèi chǔlǐ

Entspannung *f* - 缓和 huǎnhé；放松 fàngsōng，松弛 sōngchí

entsprechen* *vi*(*D*) 符合 fúhé，适应 shìyìng：das entspricht völlig der Wirklichkeit 这完全符合实际情况；满足 mǎnzú

entsprechend **I** *adj* 相应的 xiāngyìngde，相当的 xiāngdāngde；有关的 yǒuguānde，主管的 zhǔguǎnde **II** *prp*(*D*) 按照 ànzhào，依照 yīzhào：～ seinem Vorschlag 按照他的建议

entsprießen* *vi(s)(D)* 萌芽 méngyá，发芽 fāyá；出生于 chūshēng yú，出身于 chūshēn yú，长出 zhǎngchū：der ersten Ehe waren zwei Söhne entsprossen 两个儿子是头一次婚姻生下的

entspringen* *vi(s)* 发源于 fāyuán yú：der Rhein entspringt auf den Alpen 莱茵河发源于阿尔卑斯山；起源于 qǐyuán yú，出自于 chūzì yú；逃脱 táotuō，逃离 táolí

entstammen *vi* 出身于 chūshēn yú；来源于 láiyuán yú

entstehen* *vi(s)* 发生 fāshēng，产生 chǎnshēng，形成 xíngchéng，出现 chūxiàn

Entstehung *f* -，-en 发生 fāshēng，产生 chǎnshēng，形成 xíngchéng，出现 chūxiàn

entstellen *vt* 使变形 shǐ biànxíng，使变丑 shǐ biànchǒu；曲解 qūjiě，歪曲 wāiqū

enttäuschen I *vt* 使失望 shǐ shīwàng，使沮丧 shǐ jǔsàng：du hast mich bitter (或 schwer) enttäuscht 你使我大失所望 II *PII* enttäuscht 失望的 shīwàngde

Enttäuschung *f* -，-en 失望 shīwàng

entthronen *vt* 使…下台 shǐ … xiàtái，废黜 fèichù

entwaffnen *vt* 解除…的武装 jiěchú … de wǔzhuāng；使…无法对付 shǐ … wúfǎ duìfu，消除 xiāochú

entwässern *vt* 排去…里的水 páiqù … lǐ de shuǐ

Entwässerungsanlage *f* 排水系统 páishuǐ xìtǒng，排水设施 páishuǐ shèshī

Entwässerungskanal *m* 排水渠 páishuǐqú，下水道 xiàshuǐdào

entweder *cj* (只与 oder 连用) ～ ... oder ... 不是…就是… búshì … jiùshì …，或…或… huò … huò …：～ kommt mein Vater oder mein Bruder 不是我父亲来，就是我兄弟来

entweichen* *vi(s)* 逃走 táozǒu，逃跑 táopǎo；泄漏 xièlòu，散发 sànfā；消失 xiāoshī，离开 líkāi

entweihen *vt* 亵渎 xièdú，污辱 wūrǔ

entwenden *vt* 偷窃 tōuqiè，盗窃 dàoqiè

entwerfen* *vt* 起草 qǐcǎo，草拟 cǎonǐ

entwerten *vt* 使贬值 shǐ biǎnzhí，使无价值 shǐ wú jiàzhí；使作废 shǐ zuòfèi，使无效 shǐ wúxiào

Entwerter *m* -s，- (公共电、汽车的)自动剪票机 zìdòng jiǎnpiàojī

entwickeln I *vt* 发展 fāzhǎn，发挥 fāhuī；研制 yánzhì，开发 kāifā，设计 shèjì，阐明 chǎnmíng；产生 chǎnshēng；培养 péiyǎng；冲洗(相片) chōngxǐ II *rfl* 发展 fāzhǎn；生长 shēngzhǎng，发育 fāyù；产生 chǎnshēng，散发 sànfā

Entwicklung *f* -，-en 发展 fāzhǎn，发育 fāyù，生长 shēngzhǎng，成长 chéngzhǎng；培养 péiyǎng，培育 péiyù；研制 yánzhì，开发 kāifā，设计 shèjì；产生 chǎnshēng，形成 xíngchéng

Entwicklungshilfe *f* (发达国家提供的)发展援助 fāzhǎn yuánzhù

Entwicklungsland *n* 发展中国家 fāzhǎnzhōng guójiā

entwischen *vi(s)(D)* 偷偷溜掉 tōutōu liūdiào，潜逃 qiántáo

entwöhnen I *vt* 使放弃习惯 shǐ fàngqì xíguàn，使戒掉 shǐ jièdiào；使断奶 shǐ duànnǎi：einen Säugling ～ 给婴儿断奶 II *rfl* 放弃习惯 fàngqì xíguàn，戒掉 jièdiào：sich des Trinkens [des Rauchens] ～ 戒酒[烟]

Entwurf *m* -(e)s，..e 草图 cǎotú，设计图样 shèjì túyàng：einen ～ ausarbeiten 设计草图；草案 cǎo'àn，草稿 cǎogǎo，提纲 tígāng：der ～ einer Verfassung 一部宪法草案；计划 jìhuà，设计 shèjì：einen gefassten ～ um jeden Preis ausführen 不惜一切代价完成已订的计划

entwurzeln *vt* 连根拔除 lián gēn báchú，根除 gēnchú 根绝 gēnjué

entzaubern *vt* 解除妖术 jiěchú yāoshù；使失去魅力 shǐ shīqù mèilì；使清醒 shǐ qīngxǐng

entziehen* I *vt* 收回 shōuhuí，剥夺 bōduó，不再给予 bùzài jǐyǔ II *rfl* 逃避 táobì；躲开 duǒkāi，避开 bìkāi：er entzog sich seiner Verantwortung 他逃避自己的责任

entziffern *vt* 解释 jiěshì，辨读 biàndú；辨识 biànshí，辨认 biànrèn

entzücken *vt* 使喜悦 shǐ xǐyuè，使陶醉 shǐ táozuì

entzückend *adj* 可爱的 kě'àide，讨人喜欢的 tǎo rén xǐhuande，媚人的 mèiréndе

entzündbar *adj* 可燃的 kěránde，易着火的 yì zháohuǒ de，易燃的 yìránde

entzünden I *vt* 点燃 diǎnrán；引起…的激情 yǐnqǐ … de jīqíng II *rfl* 着火 zháohuǒ；引起 yǐnqǐ；发炎 fāyán

Entzündung *f* -，-en 点燃 diǎnrán，燃烧 ránshāo；发炎 fāyán

entzwei *adj* 破碎的 pòsuìde，断裂的 duànliè de：der Teller ist ～ 盘子打碎了

entzweigehen* *vi*（*s*）破碎 pòsuì，断裂 duànliè

entzweischlagen* *vt* 击碎 jīsuì，打碎 dǎsuì，敲破 qiāopò

Enzyklopädie *f* -，-n 百科全书 bǎikē quánshū

Epidemie *f* -，-n 传染病 chuánrǎnbìng，流行病 liúxíngbìng，时疫 shíyì

epidemisch *adj* 传染的 chuánrǎnde，流行性的 liúxíngxìngde，流行病的 liúxíngbìngde

Epigone *m* -n，-n 子孙 zǐsūn，后裔 hòuyì；模仿者 mófǎngzhě

Epik *f* - 史诗 shǐshī，叙事诗 xùshìshī；叙事文学 xùshì wénxué

Epiker *m* -s，- 史诗诗人 shǐshī shīrén，叙事文学作家 xùshì wénxué zuòjiā

Epilog *m* -(e)s，-e 跋 bá，结束语 jiéshùyǔ，后记 hòujì；收场白 shōuchǎngbái

episch *adj* 史诗的 shǐshīde，叙事诗的 xùshìshīde，叙事文学的 xùshì wénxué de

Episode *f* -，-n（生活中一系列事件中的）一个事件 yīge shìjiàn；（文艺作品中的）一个情节 yīge qíngjié，插曲 chāqǔ；（音乐中的）插曲 chāqǔ，间奏曲 jiānzòuqǔ

epochal *adj* 划时代的 huàshídàide，开新纪元的 kāi xīnjìyuán de

Epoche *f* -，-n 纪元 jìyuán，时代 shídài：～ machen 开辟新纪元

epochemachend *adj* 划时代的 huàshídàide，开辟新纪元的 kāipì xīnjìyuán de

Epos n -，Epen 史诗 shǐshī，叙事诗 xùshìshī

er *pron*（人称代词）他 tā；它 tā（代替阳性名词）

erachten *vt* 把…看作 bǎ … kànzuò，认为 rènwéi：etw für（或 als）nötig～ 认为某事是必要的

erarbeiten *vt*（通过努力）获得 huòdé；挣得 zhèngdé；掌握 zhǎngwò；拟就 nǐjiù

erbarmen I *vt* 使同情 shǐ tóngqíng，使怜悯 shǐ liánmǐn II *rfl* 同情 tóngqíng，怜悯 liánmǐn：er hat sich des Kindes erbarmt 他同情这个孩子

Erbarmen *n* -s 同情 tóngqíng，怜悯 liánmǐn

erbärmlich I *adj* 可怜的 kěliánde，令人怜悯的 lìng rén liánmǐn de，悲惨的 bēicǎnde；蹩脚的 biéjiǎode，很坏的 hěnhuàide，低劣的 dīliède；卑鄙的 bēibǐde，可耻的 kěchǐde II *adv* 很 hěn，极其 jíqí，非常 fēicháng

erbarmungslos *adj* 没有怜悯心的 méiyǒu liánmǐnxīn de，无情的 wúqíngde，冷酷的 lěngkùde

erbauen *vt* 建造 jiànzào，建成 jiàn chéng；启发 qǐfā，鼓舞 gǔwǔ；使高兴 shǐ gāoxìng

Erbe I *m* -n，-n 继承人 jìchéngrén II *n* -s 遗产 yíchǎn

erben *vt* 继承 jìchéng；遗传 yíchuán

erbeuten *vt* 夺得 duódé，掠得 lüèdé，缴获 jiǎohuò

erbitten* *vt* 请求 qǐngqiú，恳求 kěnqiú，通过请求而获得 tōngguò qǐngqiú ér huòdé：js Verzeihung ～ 请求某人原谅

erbittert *adj* 激烈的 jīliède，厉害的 lìhaide；激怒的 jīnùde，恼火的 nǎohuǒde

erblich *adj* 遗传的 yíchuánde：～ belastet sein 有遗传缺陷的；可继承的 kě jìchéng de，世袭的 shìxíde

erblicken *vt* 看到 kàndào，看见 kànjiàn；发现 fāxiàn，发觉 fājué

erbrechen* I *vt* 砸开 zákāi，打开 dǎkāi；呕吐 ǒutù II *vi/rfl* 呕吐 ǒutù

erbringen* *vt* 提供 tígōng，提出 tíchū，弄来 nònglái

Erbschaft *f* -，-en 继承 jìchéng；遗产 yíchǎn：eine ～ antreten 继承遗产

Erbse *f* -，-n 豌豆 wāndòu

Erdbeben *n* 地震 dìzhèn

Erdbebenherd *m* 震源 zhènyuán

Erdbebenstärke *f* 地震级数 dìzhèn jíshù

Erdbeere *f* 草莓 cǎoméi

Erdboden *m* 地 dì，地面 dìmiàn：wie vom ～ verschluckt 像被大地吞没，突然消失

Erde *f* -，-n 地球 dìqiú；土地 tǔdì，地面

dìmiàn；泥土 nítǔ，土壤 tǔrǎng；尘世 chénshì，人世间 rénshìjiān
Erdgeschoss *n* （楼房的）底层 dǐcéng
erdichten *vt* 捏造 niēzào，虚构 xūgòu
Erdkarte *f* 世界地图 shìjiè dìtú
Erdkugel *f* 地球 dìqiú
Erdkunde *f* 地理学 dìlǐxué
Erdnuss *f* 花生 huāshēng，落花生 luòhuāshēng
Erdöl *n* 石油 shíyóu
Erdölerkundung *f* 石油勘探 shíyóu kāntàn
Erdölfeld *n* 油田 yóutián：～ erschließen 开发油田
Erdrutsch *m* 塌方 tāfāng，滑坡 huápō
erdulden *vt* 忍受 rěnshòu，经受 jīngshòu，遭受 zāoshòu
ereifern *rfl* 变得激动 biànde jīdòng，激昂 jī'áng
ereignen *rfl* （突然事件的）发生 fāshēng，出现 chūxiàn
Ereignis *n* -ses，-se 事件 shìjiàn，意外的事情 yìwàide shìqing
erfahren* I *vt* 获悉 huòxī，得知 dézhī；经历 jīnglì，遭受 zāoshòu，体验 tǐyàn II *PII* **erfahren** 有经验的 yǒu jīngyàn de，经验丰富的 jīngyàn fēngfùde，熟练的 shúliànde
Erfahrung *f* -，-en 经验 jīngyàn，实际知识 shíjì zhīshi，体会 tǐhuì：～en austauschen 交流经验
erfassen *vt* 把握 bǎwò，抓住 zhuāzhù；理解 lǐjiě，领会 lǐnghuì；把…列入（名单、统计之中） bǎ … lièrù；考虑 kǎolǜ，把…包括在内 bǎ … bāokuò zàinèi
erfinden* *vt* 发明 fāmíng；编造 biānzào，捏造 niēzào，虚构 xūgòu
Erfinder *m* -s，- 发明者 fāmíngzhě
Erfindergeist *m* 发明创造精神 fāmíng chuàngzào jīngshén
erfinderisch *adj* 有发明才能的 yǒu fāmíng cáinéng de，有创造力的 yǒu chuàngzàolì de
Erfindung *f* -，-en 发明 fāmíng；发明物 fāmíngwù；编造 biānzào，捏造 niēzào，虚构 xūgòu
Erfolg *m* -(e)s，-e 成就 chéngjiù，成果 chéngguǒ，结果 jiéguǒ，成效 chéngxiào：viel [wenig] ～ haben 成效显著[不大]
erfolgen *vi(s)* （作为结果）发生 fāshēng，产生 chǎnshēng，结果是 jiéguǒ shì
erfolglos *adj* 无成效的 wú chéngxiào de，不成功的 bù chénggōngde，无结果的 wú jiéguǒ de；徒劳的 túláode
erfolgreich *adj* 成功的 chénggōngde，有成就的 yǒu chéngjiù de，有成效的 yǒu chéngxiào de
Erfolgsmensch *m* 有成就的人 yǒu chéngjiùde rén，幸运儿 xìngyùn'ér
erforderlich *adj* 必要的 bìyàode，必需的 bìxūde
erfordern *vt* 要求 yāoqiú，需要 xūyào：das erfordert Geduld 这需要耐心
Erfordernis *n* -es，-se 要求 yāoqiú，需要 xūyào
erforschen *vt* 研究 yánjiū，探讨 tàntǎo，探索 tànsuǒ
erfreuen I *vt* 使高兴 shǐ gāoxìng，使快乐 shǐ kuàilè II *rfl* 感到欣喜 gǎndào xīnxǐ；享有 xiǎngyǒu：sich eines guten Rufes ～ 享有好名声
erfreulich *adj* 令人高兴的 lìng rén gāoxìng de，使人快乐的 shǐ rén kuàilè de
erfrieren* I *vt* 冻坏 dòng huài，冻伤 dòngshāng II *vi(s)* 冻死 dòngsǐ
erfrischen I *vt* 使精神振作 shǐ jīngshén zhènzuò，使恢复精神 shǐ huīfù jīngshén II *vi* 清爽 qīngshuǎng（可口） dieses Obst erfrischt köstlich 这种水果清爽可口 III *rfl* 恢复精神 huīfù jīngshén，感到有精神 gǎndào yǒu jīngshén
Erfrischung *f* -，-en 恢复精神 huīfù jīngshén，冷饮 lěngyǐn，点心 diǎnxīn，小吃 xiǎochī
erfüllen I *vt* 充满 chōngmǎn，满足 mǎnzú：Bitten [Wünsche] ～ 满足请求[愿望]；完成 wánchéng，实现 shíxiàn，履行 lǚxíng：der Betrieb hat den Produktionsplan vorfristig erfüllt 工厂提前完成了生产计划；占据 zhànjù，占去 zhànqù II *rfl* 实现 shíxiàn
Erfüllung *f* -，-en 满足 mǎnzú；实现 shíxiàn，完成 wánchéng：mein Wunsch ist in ～ gegangen 我的愿望实现了
ergänzen *vt* 补充 bǔchōng，使…完整 shǐ … wánzhěng 充实 chōngshí
Ergänzung *f* -，-en 补充 bǔchōng；（配价语法的）补足语 bǔzúyǔ
ergeben* I *vt* 有…结果 yǒu … jiéguǒ，产生 chǎnshēng，得出 déchū II *rfl* 得出 déchū，产生 chǎnshēng；寄托 jìtuō，

E

沉湎于… chénmiǎn yú…；顺从 shùncóng，听任 tīngrèn；投降 tóuxiáng

Ergebnis *n* -ses, -se 结果 jiéguǒ，成果 chéngguǒ；结论 jiélùn；答案 dá'àn

ergehen* I *vi*(*s*) 发布 fābù，公布 gōngbù：eine Anweisung ist ergangen 一道指示发布了；etw über sich ～ lassen 忍受某事；处于…状况 chǔyú… zhuàngkuàng：ihm ist es dort gut ergangen 他在那里情况良好 II *rfl* 散步 sànbù；滔滔不绝 tāotāo bùjué，长篇大论 cháng piān dà lùn，赘述 zhuìshù

ergiebig *adj* 肥沃的 féiwòde，丰富的 fēngfùde，多产的 duōchǎnde；很有用的 hěn yǒuyòng de

ergießen* *rfl* 涌出 yǒngchū，涌入 yǒngrù，倾注 qīngzhù，倾泻 qīngxiè

ergo *cj* 因此 yīncǐ，于是 yúshì

Ergonomik *f* - 人类工程学 rénlèi gōngchéngxué

ergötzen I *vt* 使高兴 shǐ gāoxìng，使欢乐 shǐ huānlè，使轻松愉快 shǐ qīngsōng yúkuài II *rfl* 感到高兴 gǎndào gāoxìng，感到愉快 gǎndào yúkuài

ergreifen* *vt* 抓住 zhuāzhù，握住 wòzhù；逮住 dǎizhù；打动 dǎdòng，深深感动 shēnshēn gǎndòng：sein schweres Los ergreift mich sehr 他痛苦的命运使我深为感动；采取 cǎiqǔ：die Initiative ～ 采取积极主动态度；夺取 duóqǔ：die Macht ～ 掌握政权

ergründen *vt* 探索 tànsuǒ，探究 tànjiū，对…寻根究底 duì … xún gēn jiū dǐ

erhaben *adj* 高尚的 gāoshàngde，崇高的 chónggāode，庄严的 zhuāngyánde；高于…的 gāo yú … de，高出来的 gāo chūlái de，凸起的 tūqǐde

erhalten* I *vt* 收到 shōudào，得到 dédào：einen Befehl ～ 接到命令；获得 huòdé，取得 qǔdé；保持 bǎochí，保存 bǎocún：ein historisches Bauwerk ～ 保护历史建筑；抚养 fǔyǎng II *rfl* 保持 bǎochí，保养 bǎoyǎng：sich frisch and gesund ～保持身心健康

erhältlich *adj* 可取得的 kě qǔdé de，可获得的 kě huòdé de，可买到的 kě mǎidào de

Erhaltung *f* -，-en 维持 wéichí，保持 bǎochí，保存 bǎocún；供养 gòngyǎng，抚养 fǔyǎng

erhängen I *vt* 绞杀 jiǎoshā，吊死 diàosǐ II *rfl* 自缢 zìyì，上吊 shàngdiào

erheben* I *vt* 举起 jǔqǐ，抬起 táiqǐ，提高 tígāo；提出 tíchū；征收 zhēngshōu，收取 shōuqǔ II *rfl* 起立 qǐlì，起身 qǐshēn；上升 shàngshēng，高飞 gāo fēi；(起来)反抗 fǎnkàng；发生 fāshēng，产生 chǎnshēng，出现 chūxiàn

erhebend *adj* 庄严的 zhuāngyánde，隆重的 lóngzhòngde，壮丽的 zhuànglìde

erheblich *adj* 重要的 zhòngyàode，显著的 xiǎnzhùde，可观的 kěguānde

erheitern *vt* 使高兴 shǐ gāoxìng，使开心 shǐ kāixīn，使愉快 shǐ yúkuài

erhellen I *vt* 照亮 zhàoliàng，照明 zhàomíng；使明白 shǐ míngbai，阐明 chǎnmíng II *rfl* 变得明亮 biànde míngliàng，明朗起来 mínglǎng qǐlái

erhoffen *vt* 希望得到 xīwàng dédào，盼望 pànwàng，期待 qīdài

erhöhen I *vt* 加高 jiāgāo；提高 tígāo，增加 zēngjiā，增大 zēngdà II *rfl* 增加 zēngjiā，增大 zēngdà，提高 tígāo

Erhöhung *f* -，-en 加高 jiāgāo，提高 tígāo；山冈 shāngāng，山丘 shānqiū

erholen *rfl* 休养 xiūyǎng，复原 fùyuán，恢复 huīfù：sich völlig ～ 得到充分休息；回升 huíshēng，好转 hǎozhuǎn：der Markt erholt sich 市场回稳

Erholung *f* - 休养 xiūyǎng，休息 xiūxi，复原 fùyuán；恢复 huīfù；复苏 fùsū；(价格)回稳 huíwěn

erhören *vt* 同意 tóngyì，满足 mǎnzú；听着 tīngzhe

erinnern I *vt* 提醒 tíxǐng：jn an ein gegebenes Versprechen ～ 提醒某人所做的允诺；使想起 shǐ xiǎngqǐ，使回忆起 shǐ huíyìqǐ：diese Dame erinnert mich an meine Tante 这位妇女使我想起了我的姑妈 II *rfl* 回忆 huíyì，记得 jìdé，记起 jìqǐ：sich an jn [etw] ～ 记起某人[某事物]

Erinnerung *f* -，-en 回忆 huíyì，记忆 jìyì；记忆力 jìyìlì，记性 jìxing；纪念 jìniàn

erkälten I *rfl* 受凉 shòuliáng，伤风 shāngfēng，感冒 gǎnmào II *vt* 使感到冷 shǐ gǎndào lěng，着凉 zháoliáng

Erkältung *f* -，-en 伤风 shāngfēng，感冒 gǎnmào

erkämpfen *vt* (经过斗争而)赢得 yíngdé，(经过努力而)得到 dédào，争得 zhēngdé

erkennbar *adj* 可看出的 kě kànchū de，可辨识的 kě biànshí de

erkennen* I *vt* 看出 kànchū，看清 kànqīng；认出 rènchū，辨认 biànrèn；认识到 rènshi dào；识别 shíbié，确定 quèdìng II *vi* 判决 pànjué：das Gericht erkannte auf sechs Monate Gefängnis 法庭判决六个月监禁

erkenntlich *adj* 可认识的 kě rènshi de，可识别的 kě shíbié de；感谢的 gǎnxiède，感激的 gǎnjīde：jm ～ sein 感谢某人

Erkenntnis *f* -，-se 认识 rènshi：zu der（或 einer）～ kommen 认识到 rènshi dào；知识 zhīshi；理解 lǐjiě，了解 liǎojiě

erklären I *vt* 说明 shuōmíng，解释 jiěshì；声明 shēngmíng，宣布 xuānbù，宣告 xuāngào；阐明 chǎnmíng II *rfl* 声明 shēngmíng，宣称 xuānchēng：sich für [gegen] jn ～ 声明支持[反对]某人

Erklärung *f* -，-en 说明 shuōmíng，解释 jiěshì；阐明 chǎnmíng；声明 shēngmíng，宣告 xuāngào：eine ～ abgeben（或 veröffentlichen）发表一个声明

erklingen* *vi*（*s*）开始响 kāishǐ xiǎng，响起 xiǎngqǐ

erkranken *vi*（*s*）患病 huànbìng，生病 shēngbìng

Erkrankung *f* -，-en 患病 huànbìng，生病 shēngbìng；疾病 jíbìng

erkunden *vt* 侦察 zhēnchá，查明 chámíng，查出 cháchū

erkundigen *rfl* 打听 dǎting，询问 xúnwèn：sich nach dem Weg ～ 问路

erlangen *vt* 获得 huòdé，得到 dédào；达到 dádào

Erlass *m* -es，-e〈奥〉...-e → erlassen

erlassen* *vt* 公布 gōngbù，发布 fābù，颁布 bānbù：einen Befehl ～ 发布一项命令；免除 miǎnchú，赦免 shèmiǎn，豁免 huòmiǎn

erlauben *vt* 许可 xǔkě，允许 yǔnxǔ，准许 zhǔnxǔ；使有可能 shǐ yǒu kěnéng：sich（*D*）etw ～ 随意做某事，敢于做某事，擅自做某事

Erlaubnis *f* -，-se 准许 zhǔnxǔ，允许 yǔnxǔ，同意 tóngyì

erläutern *vt* 解释 jiěshì，阐明 chǎnmíng

Erläuterung *f* -，-en 解释 jiěshì，说明 shuōmíng

erleben *vt* 经历 jīnglì，身历 shēnlì，体验到 tǐyàn dào，感受到 gǎnshòu dào：er hat viel Schweres erlebt 他经历过许多艰难的事情；活到 huódào

Erlebnis *n* -ses，-se 经历 jīnglì，阅历 yuèlì；事件 shìjiàn

erledigen I *vt* 完成 wánchéng，了结 liǎojié，做好 zuòhǎo；消灭 xiāomiè，干掉 gàndiào II *rfl* 完结 wánjié，了结 liǎojié

erledigt *adj* 已了结的 yǐ liǎojié de，已完成的 yǐ wánchéng de；精疲力竭的 jīng pí lì jié de，疲惫的 píbèide；空缺的 kòngquēde

erlegen *vt* 杀死 shāsǐ，打死 dǎsǐ，射死（猎物）shèsǐ；支付 zhīfù

erleichtern *vt* 减轻 jiǎnqīng；使轻易 shǐ qīngyì，简化 jiǎnhuà，使容易 shǐ róngyì；使安心 shǐ ānxīn，使宽慰 shǐ kuānwèi；拿走 názǒu，夺走 duózǒu，偷走 tōuzǒu

erleichtert *adj* 轻松的 qīngsōngde，放心的 fàngxīnde，宽慰的 kuānwèide

Erleichterung *f* -，-en 减轻 jiǎnqīng，缓和 huǎnhé；轻松 qīngsōng

erleiden* *vt* 遭受 zāoshòu，遭到 zāodào：eine Niederlage ～ 遭到失败；忍受 rěnshòu，经受 jīngshòu

erlernbar *adj* 可学到的 kě xuédào de，可学会的 kě xuéhuì de

erlernen *vt* 学会 xuéhuì，学到 xuédào：eine Fremdsprache ～ 学会一种外语

erlesen *adj* 选出的 xuǎnchūde，精选的 jīngxuǎnde；优等的 yōuděngde，精美的 jīngměide，卓越的 zhuóyuède

erleuchten *vt* 照明 zhàomíng，照亮 zhàoliàng；启发 qǐfā，恍然大悟 huǎngrán dà wù

erliegen* *vi*（*s*）（*D*）屈服于 qūfú yú，屈从于 qūcóng yú：dem Gegner ～ 败于对手；死于 sǐ yú：einer Krankheit ～ 死于一疾病

erlöschen* *vi*（*s*）熄灭 xīmiè；减弱 jiǎnruò，逐渐消失 zhújiàn xiāoshī；停止 tíngzhǐ，失效 shīxiào，被取消 bèi qǔxiāo

erlösen *vt* 解救 jiějiù，解脱 jiětuō，拯救 zhěngjiù；（变）卖(而)得 màidé

Erlöser *m* -s，- 解救者 jiějiùzhě，拯救者 zhěngjiùzhě；救世主 jiùshìzhǔ

erlügen* I *vt* 捏造 niēzào，虚构 xūgòu II *PII* erlogen 捏造的 niēzàode，虚假的 xūjiǎde，不真实的 bù zhēnshíde

ermächtigen *vt* 授权 shòuquán，授予…全权 shòuyǔ … quánquán，委任 wěirèn

E

ermahnen *vt* 告诫 gàojiè，劝告 quàngào；提醒 tíxǐng
ermangeln *vi* 缺乏 quēfá，短少 duǎnshǎo：einer Sache (G) ～ 缺少某物
ermäßigen *vt* 减少 jiǎnshǎo，减轻 jiǎnqīng；降低 jiàngdī
ermessen* *vt* 推测 tuīcè，判断 pànduàn，估计 gūjì
ermitteln *vt* 查明 chámíng，查出 cháchū，弄清 nòngqīng；确定 quèdìng，核定 hédìng；算出 suànchū
ermöglichen *vt* 使…成为可能 shǐ … chéngwéi kěnéng，使有利于 shǐ yǒulì yú
ermorden *vt* 谋杀 móushā，凶杀 xiōngshā
ermüden I *vt* 使疲倦 shǐ píjuàn，使困倦 shǐ kùnjuàn II *vi* (s) 疲倦 píjuàn，困倦 kùnjuàn，疲乏 pífá
ermuntern *vt* 使振奋 shǐ zhènfèn，使活跃 shǐ huóyuè；鼓励 gǔlì，激励 jīlì
ermutigen *vt* 鼓励 gǔlì，激励 jīlì，勉励 miǎnlì，使振作 shǐ zhènzuò
ernähren *vt* 供养 gòngyǎng，养活 yǎnghuo；喂养 wèiyǎng
ernennen* *vt* 委任 wěirèn，任命 rènmìng，指派 zhǐpài：jn als (或 zum) Rektor ～ 任命某人为校长
erneuern *vt* 修缮 xiūshàn，修整 xiūzhěng；更新 gēngxīn，换新 huànxīn；恢复 huīfù，修复 xiūfù；重申 chóngshēn，延长 yáncháng
Erneuerung *f* 1. →erneuern 2. 改革 gǎigé，革新 géxīn，创新 chuàngxīn
erneut *adj* 更新的 gēngxīnde，重新的 chóngxīnde，再次的 zàicìde
erniedrigen *vt/rfl* 轻视 qīngshì，贬低 biǎndī，侮辱 wǔrǔ
ernst *adj* 严肃的 yánsùde，认真的 rènzhēnde；有说服力的 yǒu shuōfúlì de，重要的 zhòngyàode；危险的 wēixiǎnde，严重的 yánzhòngde
Ernst *m* -es 严肃 yánsù，认真 rènzhēn：mit etw ～ machen 认真对待某事，把某事付诸实行；严重性 yánzhòngxìng，危险性 wēixiǎnxìng；重要 zhòngyào，严峻 yánjùn
Ernstfall *m* 紧急情况 jǐnjí qíngkuàng，紧要关头 jǐnyào guāntóu
ernsthaft *adj* 严肃的 yánsùde，认真的 rènzhēnde；重要的 zhòngyàode；真正的 zhēnzhèngde，确实的 quèshíde，当真的 dàngzhēnde，严重的 yánzhòngde
ernstlich I *adj* 认真的 rènzhēnde；严重的 yánzhòngde；重大的 zhòngdàde II *adv* 认真地 rènzhēnde；非常 fēicháng，极其 jíqí；危急地 wēijíde
Ernte *f* -，-n 收成 shōucheng，收获 shōuhuò；收获物 shōuhuòwù
ernten *vt* 收割 shōugē，收获 shōuhuò；得到 dédào，获得 huòdé
Erntevorhersage *f* 估产 gūchǎn
ernüchtern *vt* 使清醒 shǐ qīngxǐng；使醒悟 shǐ xǐngwù
Eroberer *m* -s，- 征服者 zhēngfúzhě，占领者 zhànlǐngzhě
erobern *vt* 占领 zhànlǐng，征服 zhēngfú；争取到 zhēngqǔ dào，赢得 yíngdé
Eroberung *f* -，-en 占领 zhànlǐng，征服 zhēngfú；掠夺物 lüèduówù；占领地 zhànlǐngdì
eröffnen I *vt* 开办 kāibàn，开设 kāishè：ein Geschäft ～ 开办一家商店；开 kāi，开幕 kāimù：eine Sitzung ～ 开一个会议；表白 biǎobái，吐露 tǔlù，说出 shuōchū II *rfl* 出现 chūxiàn，呈现 chéngxiàn，展现 zhǎnxiàn
Eröffnung *f* -，-en 1. →eröffnen 2. (弈棋)开局 kāijú
erogen *adj* 刺激性欲的 cìjī xìngyù de
erörtern *vt* 探讨 tàntǎo，讨论 tǎolùn，议论 yìlùn
Eros *m* - (希腊神话中的爱神)厄洛斯 èluòsī；性爱 xìng'ài
Eros-Center *n* (隐语)妓院 jìyuàn
Erostess *f* -，-(e)n (隐语)妓女 jìnǚ
Erotical *n* -s，-s (有音乐伴奏的)色情剧 sèqíngjù，色情电影 sèqíng diànyǐng
Erotik *f* - 色情 sèqíng，性冲动 xìngchōngdòng，性欲 xìngyù；性行为 xìngxíngwéi
Erotika *pl* 色情作品 sèqíng zuòpǐn
erotisch *adj* 性爱的 xìng'àide，色情的 sèqíngde：～es Rückgrat 女友，情妇
erotisieren *vt* 刺激性欲 cìjī xìngyù；性欲化 xìngyùhuà
Erotologie *f* - 性科学 xìngkēxué，性爱学 xìng'àixué
erpicht *adj* 渴望获得…的 kěwàng huòdé … de，热衷于…的 rèzhōng yú … de；渴求 kěqiú：auf den Alkohol ～ sein 贪杯
erpressen *vt* 敲诈 qiāozhà，勒索 lèsuǒ，强取 qiángqǔ
erproben *vt* 试验 shìyàn，检验 jiǎnyàn，

erwähnen I *vt* 提及 tíjí,谈及 tánjí II *PII* **erwähnt** 被提及的 bèi tíjí de: wie oben ～ 如上所述

erwärmen I *vt* 使暖和 shǐ nuǎnhuo,使温暖 shǐ wēnnuǎn,使暖热 shǐ nuǎnrè II *rfl* 变得暖和 biànde nuǎnhuo

erwarten *vt* 等候 děnghòu,等待 děngdài: ein Kind (或 ein Baby) ～ 怀孕 huáiyùn; 期待 qīdài,预期 yùqī: man erwartet viel von ihm 大家对他期望很大

Erwartung *f* -, -en 期待 qīdài,期望 qīwàng,企盼 qǐpàn: ～en auf etw [jn] setzen 对某事[某人]寄予期望

erwartungsvoll *adj* 充满期望的 chōngmǎn qīwàng de

erwecken *vt* 唤醒 huànxǐng;引起 yǐnqǐ,唤起 huànqǐ: js Mitleid ～ 引起某人的同情

erwehren *rfl* 自卫 zìwèi,抗拒 kàngjù,防御 fángyù

erweichen I *vt* 使变软 shǐ biànruǎn,弄软 nòngruǎn;使软化 shǐ ruǎnhuà,感动 gǎndòng II *vi*(s) 变软 biànruǎn;软化 ruǎnhuà,变温和 biàn wēnhé

erweisen* I *vt* 证明 zhèngmíng,证实 zhèngshí;表示 biǎoshì II *rfl* 表明 biǎomíng,证实 zhèngshí

erweitern I *vt* 扩大 kuòdà,放宽 fàngkuān,加宽 jiākuān: die Produktion ～ 扩大生产;延伸 yánshēn II *PII* **erweitert** 扩大的 kuòdàde,扩展的 kuòzhǎnde: der ～e Satz 扩展句

Erwerb *m* -(e)s, -e 获得 huòdé;掌握 zhǎngwò;买进 mǎijìn;收入 shōurù;收益 shōuyì;工作 gōngzuò,职业 zhíyè;获得物 huòdéwù,购得物 gòudéwù

erwerben* *vt* 购买 gòumǎi,购置 gòuzhì;获得 huòdé;掌握 zhǎngwò;取得 qǔdé,赢得 yíngdé

erwerbslos *adj* 失业的 shīyède,无收入的 wú shōurù de

erwidern *vt* 回答 huídá,答复 dáfù;回报 huíbào,报答 bàodá: eine Einladung ～ 回请

erwischen *vt* 捉住 zhuōzhù,捕获 bǔhuò,逮住 dǎizhù,抓住 zhuāzhù,正好够抓着 zhènghǎo gòu zhuāzháo;正好赶上 zhènghǎo gǎnshàng;刚好碰上 gānghǎo pèngshàng,偶然得到 ǒurán dédào: jn hat es erwischt 某人生病了,某人受伤了,某人遇难身亡

erwünscht *adj* 如愿的 rúyuànde,符合愿望的 fúhé yuànwàng de,预期的 yùqīde;受人欢迎的 shòu rén huānyíng de

erwürgen I *vt* 使窒息而死 shǐ zhìxī ér sǐ,掐死 qiāsǐ,扼死 èsǐ;扼杀 èshā II *rfl* 上吊 shàngdiào(而死),自缢 zìyì

Erz *n* -es, -e 矿 kuàng,矿石 kuàngshí

erzählen *vt* 叙说 xùshuō,讲述 jiǎngshù: jm eine Geschichte ～ 给某人讲一个故事;告知 gàozhī,说 shuō

Erzähler *m* -s, - 讲述者 jiǎngshùzhě,叙述者 xùshùzhě,讲故事者 jiǎnggùshìzhě;(短篇小说)作家 zuòjiā

Erzählung *f* -, -en 讲述 jiǎngshù,叙述 xùshù;故事 gùshì,短篇小说 duǎnpiān xiǎoshuō: eine ～ lesen 读一篇小说

Erzbischof *m* 大主教 dàzhǔjiào

erzeugen *vt* 产生 chǎnshēng,引起 yǐnqǐ;生产 shēngchǎn,制造 zhìzào: Maschinen ～ 制造机器

Erzeuger *m* -s, - 生产者 shēngchǎnzhě,制造者 zhìzàozhě;亲生父亲 qīnshēng fùqin

Erzeugnis *n* -ses, -se 产品 chǎnpǐn,制品 zhìpǐn;作品 zuòpǐn,创作 chuàngzuò

Erzeugung *f* - 生产 shēngchǎn,制造 zhìzào

Erzfeind *m* 主要敌人 zhǔyào dírén,头号敌人 tóuhào dírén,死敌 sǐdí

erziehen* *vt* 教育 jiàoyù,培养 péiyǎng;教养 jiàoyǎng

Erzieher *m* -s, - 教育者 jiàoyùzhě,教育工作者 jiàoyù gōngzuòzhě,教师 jiàoshī

Erziehung *f* - 教育 jiàoyù;教养 jiàoyǎng

erzielen *vt* 达到 dádào,取得 qǔdé: gute Resultate ～ 获得好的结果

erzwingen* *vt* 强迫 qiǎngpò,迫使 pòshǐ: ein Geständnis von jm ～ 强迫某人承认

es *pron* I (人称代词)它 tā(代替中性名词单数): ich kenne das Buch, ～ ist ein Prachtband 我知道这本书,它是个精装本 II (代替上句中的表语或名词)这 zhè,这个 zhège: er war glücklich und sie war ～ auch 他是幸福的,她也是幸福的; ich höre junge Männer singen, ～ sind wohl Studenten 我听见年青人唱歌,这大概是大学生 III (用作无人称动词的主语) ～ regnet 下雨了; ～ klopft 有人

E

黢门；～ ist dunkel 天黑了；es geht 这样行

Esel *m* -s, - 驴子 lǘzi；蠢人 chǔnrén，蠢货 chǔnhuò

Eskalation *f* -, -en（军事、事件）逐步升级 zhúbù shēngjí，逐步扩大 zhúbù kuòdà

eskalieren *vt* 使逐步升级 shǐ zhúbù shēngjí，使逐步上升 shǐ zhúbù shàngshēng：den Krieg ～ 使战争逐步升级

Espresso I *m* -(s), -s（用蒸汽加压煮出的）浓咖啡 nóng kāfēi II *n* -(s), -(s)（供应用蒸汽加压煮出的浓咖啡的）小咖啡馆 xiǎo kāfēiguǎn

Espressoautomat *m* 投币自动出售咖啡的装置 tóubì zìdòng chūshòu kāfēi de zhuāngzhì

Essay [ˈɛse] *m*/*n* -s, -s 小品文 xiǎopǐnwén，随笔 suíbǐ，杂文 záwén，散文 sǎnwén

essbar *adj* 可吃的 kěchīde，可食用的 kěshíyòngde

Essbesteck *n* 餐具 cānjù（刀、叉、匙）

essen * I *vt* 吃 chī II *vi* 吃 chī，吃饭 chīfàn：zu Mittag [zu Abend] ～ 吃中饭[晚饭]

Essen *n* -s 吃 chī，吃饭 chīfàn；饭菜 fàncài；宴会 yànhuì

Essig *m* -s, -e 醋 cù

Esslöffel *m* 食匙 shíchí，汤匙 tāngchí

Esswaren *pl* 食品 shípǐn

Esszimmer *n* 餐厅 cāntīng

Este（或 Este）*m* -n, -n 爱沙尼亚人 àishāníyàrén

Estland 爱沙尼亚 Àishāníyà

estnisch *adj* 爱沙尼亚的 àishāníyàde

etablieren I *vt* 建立 jiànlì，设立 shèlì，开设 kāishè；确立 quèlì II *rfl* 开业 kāiyè，立业 lìyè；定居 dìngjū，安顿 āndùn，安身 ānshēn

Etage [eˈtaːʒə] *f* -, -n 层 céng，楼层 lóucéng

Etappe *f* -, -n 一段行程 yīduàn xíngchéng，路段 lùduàn，路程 lùchéng；阶段 jiēduàn，时期 shíqī

Etat [eˈtaː] *m* -s, -s（国家）预算 yùsuàn，预算案 yùsuàn'àn；（某一用途的）资金 zījīn，款项 kuǎnxiàng；（私人的）开支 kāizhī，开销（计划）kāixiāo

Ethik *f* - 伦理学 lúnlǐxué

ethisch *adj* 伦理学的 lúnlǐxuéde；道德的 dàodéde

Ethos *n* - 伦理 lúnlǐ，道德 dàodé，德性 déxìng

Etikett *n* -(e)s, -e(n)/-s 标签 biāoqiān，签条 qiāntiáo，标记 biāojì

Etikette *f* -, -n 礼仪 lǐyí，礼节 lǐjié：die diplomatische ～ 外交礼节

etikettieren *vt* 贴标签于… tiē biāoqiān yú…，用签条标明 yòng qiāntiáo biāomíng

etliche *pron*/*num* 几个 jǐgè，若干 ruògān；相当多 xiāngdāngduō，好多 hǎoduō：～ achtzig Euro 八十多个欧元；～ Tage 几天

Etui [ɛtˈviː] *n* -s, -s 盒 hé，袋 dài，匣 xiá，套 tào

etwa *adv* 约 yuē，大约 dàyuē；比如 bǐrú，例如 lìrú；也许 yěxǔ，还可能 hái kěnéng：nicht ～ 绝对不是，肯定没有

etwas I *pron*（不定代词）某事 mǒushì，某物 mǒuwù，某东西 mǒudōngxi II *adv* 有点 yǒudiǎn，稍微 shāowēi，少许 shǎoxǔ：～ Salz [Zucker] 少许盐[糖]；～ mehr [schöner] 多[漂亮]一点

euch *pron*（人称代词 ihr 的第三格和第四格）你们 nǐmen

euer *pron* I（物主代词）你们的 nǐmende II（人称代词 ihr 的第二格）你们 nǐmen

Eule *f* -, -n 猫头鹰 māotóuyīng

Eunuch *m* -en, -en 阉人 yānrén；太监 tàijiān，宦官 huànguān

Europa 欧洲 Ōuzhōu

Europäer *m* -s, - 欧洲人 ōuzhōurén

europäisch *adj* 欧洲的 ōuzhōude

evakuieren *vt* 疏散（人口）shūsàn，撤退 chètuì，迁走 qiānzǒu；将…搬空 jiāng … bānkōng；把…抽成真空 bǎ … chōuchéng zhēnkōng

evangelisch *adj* 基督教的 jīdūjiàode，新教的 xīnjiàode，福音派新教会的 fúyīnpài xīnjiàohuìde

eventuell I *adj* 可能发生的 kěnéng fāshēng de II *adv* 可能 kěnéng，或许 huòxǔ

Evolution *f* -, -en 演变 yǎnbiàn，进化 jìnhuà，演化 yǎnhuà

ewig *adj* 永远的 yǒngyuǎnde，永恒的 yǒnghéngde，永存的 yǒngcúnde；不停的 bùtíngde，没完的 méiwánde；长久的 chángjiǔde，不间断的 bù jiànduànde

Ewigkeit *f* -, -en 永久 yǒngjiǔ，永恒 yǒnghéng，不变 búbiàn；无穷 wúqióng，长久 chángjiǔ，漫长 màncháng：in alle

F

Fabel *f* -, -n 寓言 yùyán；虚构的故事 xūgòude gùshì，虚构 xūgòu；（史诗、叙事文学、戏剧等的）情节 qíngjié：die ～ eines Films 电影的情节

fabelhaft *adj* 寓言般的 yùyánbānde，美妙的 měimiàode，出色的 chūsède，极好的 jíhǎode，了不起的 liǎobuqǐde：das Essen war ～ 饭菜好极了

Fabeltier *n* （神话或童话中的）怪兽（如麒麟、龙等）guàishòu

Fabrik *f* -, -en 工厂 gōngchǎng

Fabrikant *m* -en, -en 工厂主 gōngchǎngzhǔ，制造商 zhìzàoshāng

Fabrikarbeiter *m* 工厂工人 gōngchǎng gōngrén

Fabrikat *n* -(e)s, -e 产品 chǎnpǐn，制成品 zhìchéngpǐn

Fabrikation *f* -, -en 制造 zhìzào，生产 shēngchǎn

fabrizieren *vt* 生产 shēngchǎn，制造 zhìzào；制作 zhìzuò，搞出 gǎochū，做成 zuòchéng

Fach *n* -(e)s, ¨-er 抽屉 chōuti；专业 zhuānyè，学科 xuékē：Welches ～ studieren Sie? 您学的哪个专业？er ist vom ～ 他是行家，他是内行

Facharbeiter *m* 熟练工人 shúliàn gōngrén，技工 jìgōng

Facharzt *m* 专科医生 zhuānkē yīshēng

Fachbereich *m* 专业领域 zhuānyè lǐngyù，专业范围 zhuānyè fànwéi；（大学里的）系 xì

Fächer *m* -s, - 扇子 shànzi

Fachgebiet *n* 专业 zhuānyè；专业领域 zhuānyè lǐngyù

Fachgeschäft *n* 专门商店 zhuānmén shāngdiàn，经营某种商品的商店 jīngyíng mǒuzhǒng shāngpǐn de shāngdiàn

fachkundig *adj* 专家的 zhuānjiāde，内行的 nèihángde，熟练的 shúliànde

fachlich *adj* 专业的 zhuānyède，专科的 zhuānkēde，专门的 zhuānménde

Fachmann *m* -(e)s, ¨-er / Fachleute 专家 zhuānjiā，内行 nèiháng

fachmännisch *adj* 专家的 zhuānjiāde，内行的 nèihángde，老练的 lǎoliànde

Fachpersonal *n* 专业技术人员 zhuānyè jìshù rényuán，技术工 jìshùgōng

Fachrichtung *f* （大专院校的）专业 zhuānyè

Fachschule *f* 专科学校 zhuānkē xuéxiào，职业学校 zhíyè xuéxiào，技术学校 jìshù xuexiào

Fachterminus *n* 术语 shùyǔ，专门用语 zhuānmén yòngyǔ

Fachwerk *n* 桁架建筑 héngjià jiànzhù

Fackel *f* -, -n 火炬 huǒjù；火把 huǒbǎ

fackeln *vi* 迟疑 chíyí，犹豫 yóuyù：nicht lange ～ 不犹豫

fade *adj* 无味的 wúwèide，淡的 dànde；乏味的 fáwèide，枯燥的 kūzàode，单调的 dāndiàode

Faden *m* -s, ¨- / - 线 xiàn；丝 sī；关系 guānxì，联系 liánxì；头绪 tóuxù，思路 sīlù，线索 xiànsuǒ：den ～ verlieren（讲话时）突然失去头绪，突然思路中断

Fagott *n* -(e)s, -e 巴松管 bāsōngguǎn，大管 dàguǎn，低音管 dīyīnguǎn

fähig *adj* 有能力的 yǒu nénglì de，有才能的 yǒu cáinéng de；能够做的 nénggòu zuò de：er ist zu großen Leistungen ～ 他能成大器

Fähigkeit *f* -, -en 才能 cáinéng，才智 cáizhì，能力 nénglì：die ～ zu etw haben 有能力（本领）做某事

fahl *adj* 苍白的 cāngbáide，灰白的 huībáide

fahnden *vi* 搜寻 sōuxún，搜查 sōuchá，缉拿 jīná：nach jm ～ 缉拿某人

Fahne *f* -, -n 旗 qí，旗帜 qízhì；标识 biāozhì；（低劣的）女服 nǚfú；（口里发出）酒味 jiǔ wèi；长条校样 chángtiáo jiàoyàng

Fahnenflucht *f* （从军队）开小差 kāi xiǎochāi

Fähnrich *m* -s, -e 军官候补生 jūnguān

F

hòubǔshēng,见习士官 jiànxí shìguān
Fahrausweis *m* 车票 chēpiào,船票 chuánpiào,飞机票 fēijīpiào;(瑞士)驾驶执照 jiàshǐ zhízhào
Fahrbahn *f* 行车道 xíngchēdào
fahrbereit *adj* 作好行驶准备的 zuòhǎo xíngshǐ zhǔnbèi de
Fahrdiagraph *m* -en, -en 行驶计时器 xíngshǐ jìshíqì
Fähre *f* -, -n 渡船 dùchuán
fahren* Ⅰ *vt* 驾驶 jiàshǐ,开 kāi: einen Lastwagen ～ 驾驶卡车;运送 yùnsòng,载送 zàisòng: die Kohlen zur Fabrik ～ 运煤到工厂;行驶 xíngshǐ: einen Umweg ～ 行驶一段弯路 Ⅱ *vi*(*s*) 乘 chéng,坐 zuò,搭 dā(车,船): mit der Bahn ～ 乘火车; ans Meer ～ 坐车去海边;行驶 xíngshǐ;快速动作 kuàisù dòngzuò: aus dem Bett ～ 从床上跃起; er fuhr mit der Hand in die Tasche 他迅速把手伸进衣袋
Fahrer *m* -s, - 司机 sījī,驾驶员 jiàshǐyuán,驾驶者 jiàshǐzhě
Fahrerlaubnis *f* 驾驶执照 jiàshǐ zhízhào
Fahrgast *m* 乘客 chéngkè
Fahrgeld *n* 乘车费 chéngchēfèi;船费 chuánfèi,车费 chēfèi
Fahrgestell *n* 车身底架 chēshēn dǐjià;飞机起落架 fēijī qǐluòjià
fahrig *adj* 坐立不安的 zuò lì bù ān de,急促的 jícùde,慌张的 huāngzhāngde;心不在焉的 xīn bù zài yān de
Fahrigkeit *f* - 漫不经心 màn bù jīng xīn;毛躁 máozao
Fahrkarte *f* 车票 chēpiào,船票 chuánpiào
Fahrkartenautomat *m* 自动售票机 zìdòng shòupiàojī
fahrlässig *adj* 粗心的 cūxīnde,疏忽的 shūhude;由粗心而引起的 yóu cūxīn ér yǐnqǐ de
Fahrlehrer *m* 驾驶教师 jiàshǐ jiàoshī,驾驶教练 jiàshǐ jiàoliàn
Fahrplan *m* 行车时刻表 xíngchē shíkèbiǎo
fahrplanmäßig *adj* 按照行车时刻表的 ànzhào xíngchē shíkèbiǎo de
Fahrpreis *m* (车,船)票价 piàojià
Fahrprüfung *f* 驾驶考试 jiàshǐ kǎoshì
Fahrrad *n* 自行车 zìxíngchē
Fahrschein *m* 车票 chēpiào,船票 chuánpiào
Fahrschule *f* 驾驶学校 jiàshǐ xuéxiào
Fahrschüler *m* 驾驶学校的学生 jiàshǐ xuéxiào de xuésheng;(每天)乘车上学的学生 chéngchē shàngxué de xuésheng
Fahrstrecke *f* 行程 xíngchéng,里程 lǐchéng
Fahrstuhl *m* 电梯 diàntī,升降机 shēngjiàngjī;(残疾人用的)轮椅 lúnyǐ
Fahrt *f* -, -en 行驶 xíngshǐ: in voller ～ 全速行驶; in ～ kommen (或 geraten) 激动(或兴奋)起来;车速 chēsù;旅行 lǚxíng,远足 yuǎnzú,徒步漫游 túbù mànyóu: auf ～ gehen 去徒步旅行,去远足
Fährte *f* -, -n 迹印 jìyìn,足迹 zújì
Fahrtrichtung *f* 行驶方向 xíngshǐ fāngxiàng,航向 hángxiàng
Fahrwasser *n* 航道 hángdào,水道 shuǐdào
Fahrwerk *n* 飞机起落架 fēijī qǐluòjià
Fahrzeit *f* 行驶时间 xíngshǐ shíjiān
Fahrzeug *n* 交通工具 jiāotōng gōngjù,运输工具 yùnshū gōngjù,机动车 jīdòngchē
fair [fɛːɐ] *adj* 正派的 zhèngpàide,公正的 gōngzhèngde,诚实的 chéngshíde;公平的 gōngpíngde,合乎规定的 héhū guīdìng de: Fair fahren! 行车安全礼让!
Fairness ['fɛːɐnɛs] *f* - 公正 gōngzhèng,正派 zhèngpài,公平合理 gōngpíng hélǐ,遵守体育道德准则 zūnshǒu tǐyù dàodé zhǔnzé
Fakir *m* -s, -e (伊斯兰教的)托钵僧 tuōbōsēng;(印度教的)苦行者 kǔxíngzhě
Faksimile *n* -s, -s 摹写本 móxiěběn;摹真本 mózhēnběn;(无线电)传真 chuánzhēn
Fakt *n*/*m* -es, -en / s (Faktum 的简略) 事实 shìshí
faktisch *adj* 实际上的 shíjìshangde,事实的 shìshíde
Faktor *m* -s, -en 因素 yīnsù,要素 yàosù;系数 xìshù,因数 yīnshù,因子 yīnzǐ
Faktum *n* -s, ...ten / ...ta 事实 shìshí,实情 shíqíng
Fakultät *f* -, -en (大学的)系 xì,院 yuàn;(高等院校或系的)全体师生员工 quántǐ shīshēng yuángōng
fakultativ *adj* 选修的 xuǎnxiūde,可任意选择的 kě rènyì xuǎnzé de,非强迫的 fēi qiǎngpòde

Falke *m* -n, -n 隼 sǔn,猎鹰 lièyīng
Fall *m* -(e)s, ⸗e 落下 làxia;跌倒 diēdǎo: zu ~ kommen 跌倒;失败 shībài: etw zu ~ bringen 使某事失败;下降 xiàjiàng,下跌 xiàdiē;衰落 shuāiluò,衰败 shuāibài;事情 shìqing,事件 shìjiàn,情况 qíngkuàng: auf jeden ~ 无论如何;案件 ànjiàn;病情 bìngqíng;(语法)格 gé
Fallbeil *n* 断头台 duàntóutái
Falle *f* -, -n 陷阱 xiànjǐng;罗网 luówǎng,圈套 quāntào: jm eine ~ stellen 给某人设一圈套,使某人上当; jm in die ~ gehen 上某人当,中某人的计
fallen* *vi(s)* 落下 luòxia: der Vorhang fällt 幕落;跌倒 diēdǎo,摔倒 shuāidǎo;下降 xiàjiàng,下跌 xiàdiē: die Aktien ~ 股票下跌;落在 luò zài,落于 luò yú: js Augen (或 Blicke) ~ auf etw [jn] 某人的目光落在某物[某人]上; etw fällt jm in die Hände 某物落到某人手中;死亡 sǐwáng,阵亡 zhènwáng;倾斜 qīngxié;陷落 xiànluò,沦于 lún yú;处于 chǔyú,进入(某种状态) jìnrù: in Ohnmacht ~ 突然晕倒; wer hoch steigt, fällt tief 爬得高,摔得重
fällen *vt* 砍伐 kǎnfá,砍倒 kǎndǎo;宣布 xuānbù: ein Urteil gegen (或 über) jn ~ 对某人进行判决;使沉淀 shǐ chéndiàn;使落下 shǐ luòxià,使垂下 shǐ chuíxia
fallenlassen* *vt* 抛弃 pāoqì,不支持 bù zhīchí;放弃 fàngqì: seine Absicht ~ 放弃其意图;疏远 shūyuǎn: jn ~ 疏远某人;(附带地)说出 shuōchū: kein Wort über jn [etw] ~ 闭口不谈某人[某事]
fällig *adj* 到期的 dàoqīde,满期的 mǎnqīde(指应付款项等);应该做的 yīnggāi zuò de
Fallout ['fɔ:laut] *m* -s, -s 放射性散落物 fàngshèxìng sànluòwù
Fallreep *n* -(e)s, -e 舷梯 xiántī
falls *cj* 如果 rúguǒ,假如 jiǎrú,要是 yàoshì
Fallschirm *m* 降落伞 jiàngluòsǎn
Fallschirmspringer *m* 跳伞者 tiàosǎnzhě,跳伞运动员 tiàosǎn yùndòngyuán;伞兵 sǎnbīng
fallweise *adv* 个别地 gèbiéde;偶然地 ǒurán de
falsch *adj* 假的 jiǎde,伪造的 wěizàode;错误的 cuòwùde;虚假的 xūjiǎde,不真实的 bù zhēnshíde;不老实的 bù lǎoshide,虚伪的 xūwěide
fälschen *vt* 伪造 wěizào,仿造 fǎngzào
Fälscher *m* -s, - 伪造者 wěizàozhě,造假者 zàojiǎzhě
Falschgeld *n* 伪币 wěibì,假钞票 jiǎ chāopiào
fälschlich *adj* 不正确的 bù zhèngquède,谬误的 miùwùde
Falschmünzer *m* 伪造货币者 wěizào huòbì zhě
Fälschung *f* -, -en 伪造 wěizào;伪造品 wěizàopǐn,赝制品 yànzhìpǐn
Faltboot *n* 折叠式划艇 zhédiéshì huátǐng
Falte *f* -, -n 折 zhé,折叠 zhédié;褶 zhě,褶子 zhězi;皱 zhòu,皱纹 zhòuwén
falten *vt* 折叠 zhédié: die Hände ~ 合手,合掌;使皱起 shǐ zhòuqǐ: die Stirn ~ 皱眉头
Falter *m* -s, - 蝴蝶 húdié
Faltgarage [...gaːʒə] *f* 折叠式帐篷车库 zhédiéshì zhàngpeng chēkù
faltig *adj* 有折痕的 yǒu zhéhén de,有褶痕的 yǒu zhěhén de;多皱纹的 duō zhòuwén de
familiär *adj* 亲密的 qīnmìde,不拘的 bùjūde;家庭的 jiātíngde
Familie *f* -, -n 家庭 jiātíng,家 jiā;家族 jiāzú;(生物的)科 kē;(化学的)族 zú
Familienangehörige *m/f* (按形容词变化)家庭成员 jiātíng chéngyuán
Familiendisko *f* 家庭迪斯科舞会 jiātíng dísīkē wǔhuì
Familienleben *n* 家庭生活 jiātíng shēnghuó
Familienname *m* 姓 xìng
Familienstand *m* 婚姻状况 hūnyīn zhuàngkuàng
Fan [fɛn] *m* -s, -s 迷 mí,狂热追随者 kuángrè zhuīsuízhě
Fanatiker *m* -s, - 狂热者 kuángrèzhě,热中者 rèzhōngzhě
fanatisch *adj* 狂热的 kuángrède,笃信的 dǔxìnde
Fanatismus *m* - 狂热性 kuángrèxìng
Fanfare *f* -, -n 军号 jūnhào;军号声 jūnhàoshēng
Fang *m* -(e)s, ⸗e 捕捉 bǔzhuō;捕捞 bǔlāo;捕获物 bǔhuòwù,收获 shōuhuò: sie haben einen guten ~ gemacht 他们收获不小

F

fangen* I *vt* 捉 zhuō,捉住 zhuōzhù,抓住 zhuāzhù,逮住 dǎizhù,捕获 bǔhuò;接住 jiēzhù,截住 jiézhù II *rfl* 落入 luòrù,陷入 xiànrù: der Fisch fängt sich im Netz 鱼落网;恢复常态 huīfù chángtài: der Motor fängt sich 发动机运转恢复正常;恢复(内心)平静 huīfù píngjìng

Farbband *n* (打字机)色带 sèdài

Farbe *f* -, -n 颜色 yánsè;颜料 yánliào,染料 rǎnliào;油漆 yóuqī;色彩 sècǎi;彩色 cǎisè;肤色 fūsè

färben I *vt* 给…着色 gěi … zhuósè,染 rǎn II *rfl* 获得颜色 huòdé yánsè,染色 rǎnsè,变色 biànsè

farbenblind *adj* 色盲的 sèmángde

farbenprächtig *adj* 色彩丰富的 sècǎi fēngfùde,五彩缤纷的 wǔcǎi bīnfēn de,艳丽的 yànlìde

Färberei *f* -, -en 印染厂 yìnrǎnchǎng,染坊 rǎnfang

Farbfernsehen *n* 彩色电视 cǎisè diànshì

Farbfernseher *m* 彩色电视机 cǎisè diànshìjī

Farbfernsehkamera *f* 彩色电视摄像机 cǎisè diànshì shèxiàngjī

Farbfilm *m* 彩色影片 cǎisè yǐngpiàn;彩色胶卷 cǎisè jiāojuǎn

Farbfoto *n* 彩色照片 cǎisè zhàopiàn

farbig *adj* 彩色的 cǎisède;带色的 dàisède,有色的 yǒusède

Farbige *m*/*f* (按形容词变化)有色人种的人 yǒusè rénzhǒng de rén

Farbkontrast *m* (彩电的颜色)对比度(调节器) duìbǐdù

farblos *adj* 无色的 wúsède;无血色的 wú xuèsè de,苍白的 cāngbáide;不生动的 bù shēngdòngde,无趣味的 wú qùwèi de,无特色的 wú tèsè de

Farb-Portable [... pɔːtəbl] *n* -, -s 手提式彩色电视机 shǒutíshì cǎisè diànshìjī

Farbstift *m* 彩色铅笔 cǎisè qiānbǐ,彩色蜡笔 cǎisè làbǐ

Farbstoff *m* 颜料 yánliào,染料 rǎnliào

Farbtelebild-System *n* 彩色传真照相系统 cǎisè chuánzhēn zhàoxiàng xìtǒng

Färbung *f* -, -en 染色 rǎnsè,着色 zhuósè;色彩 sècǎi

Farm *f* -, -en 农庄 nóngzhuāng,农场 nóngchǎng;饲养场 sìyǎngchǎng

Farmer *m* -s, - 农场主 nóngchǎngzhǔ

Fasan *m* -(e)s, -e / -en 雉 zhì,野鸡 yějī

Fasching *m* -s, -e / -s 狂欢节 kuánghuānjié,嘉年华会 jiāniánhuáhuì

Faschingsball *m* (狂欢节)化装舞会 huàzhuāng wǔhuì

Faschismus *m* - 法西斯主义 fǎxīsī zhǔyì

Faschist *m* -en, -en 法西斯主义者 fǎxīsī zhǔyì zhě,法西斯分子 fǎxīsī fènzǐ

faschistisch *adj* 法西斯的 fǎxīsīde

faschistoid *adj* 像法西斯的 xiàng fǎxīsī de,模仿法西斯的 mófǎng fǎxīsī de

Faser *f* -, -n 纤维 xiānwéi

Fass *n* -es, ¨-er 桶 tǒng,圆桶 yuántǒng: ein ～ aufmachen 开一个狂欢的宴会

Fassade *f* -, -n (房屋的)正面 zhèngmiàn,临街门面 línjiē ménmian

fassen I *vt* 抓住 zhuāzhù;逮捕 dàibǔ;俘获 fúhuò;抓 zhuā,握 wò;容纳 róngnà;表达 biǎodá;理解 lǐjiě,领悟 lǐngwù: etw ins Auge ～ 凝视某物; einen Entschluss ～ 作出一项决定 II *rfl* 平静 píngjìng,镇静 zhènjìng,克制 kèzhì,忍耐 rěnnài

fasslich *adj* 易了解 yì liǎojiě,能理解的 néng lǐjiě de

Fassung *f* -, -en 灯座 dēngzuò,灯头 dēngtóu;座架 zuòjià;边框 biānkuàng,框架 kuàngjià;沉着 chénzhuó,镇静 zhènjìng,镇定 zhèndìng;措词 cuòcí;文稿 wéngǎo;文本 wénběn: die erste ～ 第一个文本,第一个文稿

fassungslos *adj* 不知所措的 bù zhī suǒ cuò de,仓皇失措的 cāng huáng shī cuò de

Fassungsvermögen *n* 理解力 lǐjiělì;容量 róngliàng

fast *adv* 几乎 jīhū,差不多 chàbuduō,差一点 chàyīdiǎn: ～ hätte er den Zug verpasst 他差一点误了火车

fasten *vi* 斋戒 zhāijiè,吃素 chīsù;节食 jiéshí,节制饮食 jiézhì yǐnshí

Fastenzeit *f* 斋期 zhāiqī;四旬斋期 sìxún zhāiqī,大斋期(包括复活节前四十天) dàzhāiqī

Fastnacht *f* - 大斋期的前夜 dàzhāiqī de qiányè,圣灰星期三的前夕 shènghuī xīngqīsān de qiánxī

Faszination *f* -, -en 迷惑力 míhuòlì,魅力 mèilì,魅惑 mèihuò

faszinierend *adj* 迷人的 mírénde,令

人神魂颠倒的 lìng rén shénhún diāndǎo de
fatal *adj* 极不幸的 jí bùxìng de,糟糕的 zāogāode;恼人的 nǎorénde;不幸的 bùxìngde
Fatalismus *m* - 宿命论 sùmìnglùn
fatalistisch *adj* 宿命的 sùmìngde,宿命论的 sùmìnglùnde
Fata Morgana *f* -, ...nen / -, -s 海市蜃楼 hǎi shì shèn lóu;幻想 huànxiǎng,空中楼阁 kōng zhōng lóu gé
faul *adj* 腐烂的 fǔlànde;懒惰的 lǎnduòde;拖欠的 tuōqiànde,不可靠的 bù kěkàode
faulen *vi(s)* 腐烂 fǔlàn,腐败 fǔbài,变坏 biànhuài
faulenzen *vi* 懒散 lǎnsǎn,游手好闲 yóu shǒu hào xián,无所事事 wú suǒ shì shì
Faulenzer *m* -s, - 游手好闲者 yóu shǒu hào xián zhě,懒汉 lǎnhàn
Faulheit *f* - 懒惰 lǎnduò,懒散 lǎnsǎn
faulig *adj* 腐烂的 fǔlànde,腐败的 fǔbàide,发臭的 fāchòude
Fäulnis *f* - 腐烂 fǔlàn,腐朽 fǔxiǔ
Faulpelz *m* 游手好闲者 yóu shǒu hào xián zhě,懒汉 lǎnhàn,懒鬼 lǎnguǐ
Fauna *f* -, ...nen 动物群 dòngwùqún;动物志 dòngwùzhì
Faust *f* -, ⸚e 拳头 quántóu: auf eigene ~ 依靠自己地,独立地; eine ~ machen 握拳
fausten *vt* 用拳击打 yòng quán jīdǎ
Fausthandschuh *m* (拇指分开,其他四指连在一道的)连指手套 liánzhǐ shǒutào
Faustkampf *m* 拳击(比赛) quánjī
Favorit *m* -en, -en 受宠的人 shòuchǒngde rén,亲信 qīnxìn,心腹 xīnfù;(比赛中)最有希望的获胜者 zuì yǒu xīwàng de huòshèngzhě
Fax *n* -, -(e) 传真 chuánzhēn
Faxgerät *n* 传真(电报)机 chuánzhēnjī,无线电传真设备 wúxiàndiàn chuánzhēn shèbèi
Faxen *pl* 愚蠢的玩笑 yúchǔnde wánxiào;丑态 chǒutài,鬼脸 guǐliǎn
Fazit *n* -s, -e / -s 结果 jiéguǒ,结局 jiéjú;总数 zǒngshù
Feature [ˈfiːtʃɐ] *n* -s, -s 或 *f* -, -s (电台或电视台)专题节目 zhuāntí jiémù;报刊特辑 bàokān tèjí,专题特写 zhuāntí tèxiě
Februar *m* -(s), -e 二月 èryuè
fechten* I *vt* (用剑等)格斗 gédòu: einen Gang ~ 斗一个回合 II *vi* 击剑 jījiàn,斗剑 dòujiàn: mit jm (或 gegen jn) ~ 与某人斗剑;战斗 zhàndòu
Fechter *m* -s, - 击剑运动员 jījiàn yùndòngyuán
Feder *f* -, -n 羽毛 yǔmáo;弹簧 tánhuáng,发条 fātiáo;笔尖 bǐjiān,笔头 bǐtóu: zur ~ greifen 拿起笔杆; von der ~ leben 以写作为生
Federball *m* 羽毛球 yǔmáoqiú;羽毛球运动(或比赛) yǔmáoqiú yùndòng
Federbett *n* 羽绒被 yǔróngbèi
Federhalter *m* 钢笔杆 gāngbǐgǎn,钢笔 gāngbǐ
federn I *vi* 有弹性 yǒu tánxìng II *vt* 给…装上弹簧 gěi … zhuāngshàng tánhuáng,使有弹性 shǐ yǒu tánxìng;拔去…羽毛 báqù … yǔmáo;用羽毛填塞… yòng yǔmáo tiánsāi …
Fee *f* -, -n 仙女 xiānnǚ;女妖 nǚyāo
Feeling [ˈfiːlɪŋ] *n* -s, -s 感觉 gǎnjué,感受 gǎnshòu;吸毒时的舒适感 xīdúshí de shūshìgǎn
fegen I *vt* 扫除 sǎochú,清扫 qīngsǎo,扫去 sǎoqù,清除 qīngchú;擦去 cāqù,抹掉 mǒdiao II *vi(s)* 掠过 lüèguò,疾驶 jíshǐ
Fehde *f* -, -n 敌对 díduì,争执 zhēngzhí,争吵 zhēngchǎo
fehl *adv* (只用于短语): ~ am Platz(e) sein 不合适,不恰当
fehlen *vi* 缺乏 quēfá,缺少 quēshǎo: es fehlt ihm an Geld 他缺少钱;丢失 diūshī;短少 duǎnshǎo: mir fehlt ein Buch 我少一本书;使人怀念(或想念) shǐ rén huáiniàn: unsere Mutter fehlt uns sehr 我们非常怀念母亲;缺席 quēxí: es fehlt niemand 没有人缺席;(表示健康状况) jm fehlt etw 某人感到有什么不舒服; Was fehlt dir? 你有什么不舒服吗?
Fehler *m* -s, - 错误 cuòwù,差错 chācuò;缺点 quēdiǎn,缺陷 quēxiàn: einen ~ begehen (或 machen) 犯一个错误
fehlerhaft *adj* 有错误的 yǒu cuòwù de,有缺点的 yǒu quēdiǎn de
fehlerlos *adj* 无错误的 wú cuòwù de,无缺点的 wú quēdiǎn de
Fehlgeburt *f* 流产 liúchǎn,早产 zǎochǎn,小产 xiǎochǎn

F

fehlgehen* *vi(s)* 走错路 zǒu cuò lù，迷路 mílù；误会 wùhuì，误解 wùjiě；未击中目标 wèi jīzhòng mùbiāo

Fehlgriff *m* 错误的措施 cuòwùde cuòshī；过失 guòshī，失策 shīcè

Fehlschlag *m* 挫折 cuòzhé，失败 shībài；未击中 wèi jīzhòng，失误 shīwù，未命中 wèi mìngzhòng

fehlschlagen* *vi* 受挫 shòucuò，失败 shībài；失误 shīwù，未击中 wèi jīzhòng

Fehlstunde *f* 旷工 kuànggōng；旷课 kuàngkè

Fehltritt *m* 失足 shīzú；失身 shīshēn，失贞 shīzhēn

Fehlurteil *n* 错误的判断 cuòwùde pànduàn；误判 wùpàn

Feier *f* -，-n 庆祝 qìngzhù，庆祝会 qìngzhùhuì：eine ～ veranstalten 举行庆祝会；典礼 diǎnlǐ

Feierabend *m* 下班 xiàbān；（下班后至就寝前的）休息时间 xiūxī shíjiān

feierlich *adj* 庄严的 zhuāngyánde，隆重的 lóngzhòngde，节日的 jiérìde

feiern I *vt* 庆祝 qìngzhù，欢庆 huānqìng：das Wiedersehen ～ 庆祝重逢；歌颂 gēsòng，赞美 zànměi II *vi* 停止工作 tíngzhǐ gōngzuò，放下工作（休息）fàngxià gōngzuò：krank ～ 装病不工作

Feierschicht *f*（矿业上因经济原因被迫）歇班 xiēbān

Feiertag *m* 节日 jiérì，假日 jiàrì

feig(e) *adj* 胆小的 dǎnxiǎode，胆怯的 dǎnqiède，懦弱的 nuòruòde

Feige *f* -，-n 无花果（树）wúhuāguǒ

Feigheit *f* - 胆怯 dǎnqiè，懦弱 nuòruò

Feigling *m* -s，-e 胆怯的人 dǎnqiède rén，胆小鬼 dǎnxiǎoguǐ

feil *adj* 可出售的 kě chūshòu de，上市的 shàngshìde；可收买的 kě shōumǎi de，可雇用的 kě gùyòng de

feilbieten* *vt* 兜售 dōushòu，出售 chūshòu

Feile *f* -，-n 锉刀 cuòdāo

feilen I *vt* 锉 cuò：einen Schlüssel ～ 锉一把钥匙 II *vi* 锉 cuò：an einem Werkstück ～ 锉一件工件；琢磨 zhuómó，润色 rùnsè：an jedem Satz ～ 每个句子都琢磨

feilschen *vi* 讲价 jiǎngjià，还价 huánjià

Feilscher *m* -s，- 讨价还价者 tǎo jià huán jià zhě

fein *adj* 细的 xìde，纤细的 xiānxìde；细嫩 xìnèn，精细的 jīngxìde，精致的 jīngzhìde；灵敏的 língmǐnde；上等的 shàngděngde，纯粹的 chúncuìde；优美的 yōuměide，文雅的 wényǎde，讲究的 jiǎngjiude；正派的 zhèngpàide，规矩的 guījude

feind *adj*（只和 sein、bleiben 或 werden 连用）敌视的 díshìde：jm ～ sein（或 bleiben）与某人为敌

Feind *m* -(e)s，-e 敌人 dírén，敌对者 díduìzhě，仇敌 chóudí；敌军 díjūn

Feindflug *m*（穿越敌人上空的）飞行 fēixíng：vom ～ zurück（士兵玩笑语）同女朋友约会回来

feindlich *adj* 敌对的 díduìde，敌方的 dífāngde，敌意的 díyìde

Feindschaft *f* -，-en 敌对 díduì，仇恨 chóuhèn，敌意 díyì

feindselig *adj* 敌对的 díduìde，敌意的 díyìde，仇恨的 chóuhènde

Feindseligkeit *f* -，-en 敌对 díduì，敌对行动 díduì xíngdòng；敌意 díyì

feinfühlig *adj* 善解人意的 shànjiě rényì de，感觉敏锐的 gǎnjué mǐnruì de

Feingehalt *m* 纯度 chúndù，成色 chéngsè

Feingold *n* 纯金 chúnjīn

Feinheit *f* -，-en 细致 xìzhì，纤细 xiānxì；精致 jīngzhì；文雅 wényǎ；细微差别 xìwēi chābié

Feinkost *f* - 美味 měiwèi，美食 měishí

Feinschmecker *m* 美食家 měishíjiā

feist *adj* 饱满的 bǎomǎnde，肥胖的 féipàngde

Feld *n* -(e)s，-er 田地 tiándì，耕地 gēngdì；原野 yuányě，旷野 kuàngyě；场地 chǎngdì；战地 zhàndì，战场 zhànchǎng；（室外比赛的）全体上场运动员 quántǐ shàngchǎng yùndòngyuán；矿区 kuàngqū，井田 jǐngtián；领域 lǐngyù，范围 fànwéi，方面 fāngmiàn

Feldbett *n* 行军床 xíngjūnchuáng

Feldflasche *f* 行军水壶 xíngjūn shuǐhú

Feldforschung *f* 现场民意测验 xiànchǎng mínyì cèyàn；实地考察 shídì kǎochá

Feldfrucht *f* 农作物 nóngzuòwù

Feldhase *m* 野兔 yětù

Feldstecher *m* 双筒望远镜 shuāngtǒng wàngyuǎnjìng

Feldwebel *m* -s，- 中士 zhōngshì

Feldweg *m* 田间小路 tiánjiān xiǎolù

Feldzug *m* 战役 zhànyì；作战 zuòzhàn，出征 chūzhēng

Fell *n* -(e)s，-e 兽皮 shòupí，皮毛 pímáo：ein dickes ～ haben 感觉迟钝；厚脸皮

Fellhändler *m* 皮货商 píhuòshāng

Fellowship [ˈfɛloʊʃɪp] *f* -，-s 会员资格 huìyuán zīgé；奖学金 jiǎngxuéjīn

Fels *m* -en 岩 yán，岩石 yánshí；磐石 pánshí

Felsen *m* -s，- 岩石 yánshí，山崖 shānyá；磐石 pánshí

felsenfest *adj* 坚如磐石的 jiān rú pánshí de，不可动摇的 bùkě dòngyáo de

felsig *adj* 岩石的 yánshíde，多岩石的 duō yánshíde

feminin *adj* 女的 nǚde，女性的 nǚxìngde；女人似的 nǚrénshìde，女人气的 nǚrénqìde，软弱的 ruǎnruòde；阴性的 yīnxìngde

Femininum *n* -s，...na 阴性名词 yīnxìng míngcí；阴性 yīnxìng

Feminist *m* -en，-en 女权主义者 nǚquán zhǔyì zhě

Feministin *f* -，-nen 女权主义代表(女) nǚquán zhǔyì dàibiǎo

feministisch *adj* 女权主义的 nǚquán zhǔyì de

Fenchel *m* -s 茴香 huíxiāng

Fenster *n* -s，- 窗 chuāng；das ～ öffnen [schließen] 打开[关上]窗户；(陈列)橱窗 chúchuāng

Fensterbrett *n* 窗台 chuāngtái，窗台板 chuāngtáibǎn

Fensterladen *m* 百叶窗 bǎiyèchuāng，窗板 chuāngbǎn

Fensterputzer *m* 擦玻璃窗的清洁工 cā bōlíchuāng de qīngjiégōng

Fensterscheibe *f* 窗玻璃 chuāngbōlí

Ferien *pl* 假期 jiàqī，休假 xiūjià：in die ～ fahren (或 gehen) 去度假

Ferienpass *m* 假期旅行证 jiàqī lǚxíng zhèng

Ferienreise *f* 假期旅行 jiàqī lǚxíng

fern *adj* 远的 yuǎnde，遥远的 yáoyuǎnde：in ～er Zukunft 在遥远的将来

Fernabtasten *n* 遥感(技术) yáogǎn

fernbleiben* *vi*(*s*) 缺席 quēxí，不在 bùzài，不参加 bù cānjiā：der Arbeit ～ 旷工

Fernbomber *m* 远程轰炸机 yuǎnchéng hōngzhàjī

Ferne *f* -，-n 远处 yuǎnchù，远方 yuǎnfāng；远离 yuǎnlí，远隔 yuǎngé，遥远 yáoyuǎn

ferner I *adj* 更远的 gèngyuǎnde，更进一步的 gèng jìn yíbù de II *adv* 今后 jīnhòu，此后 cǐhòu

fernerhin *adv* 今后 jīnhòu，将来 jiānglái；此外 cǐwài，而且 érqiě

Fernerkundung *f* 远距离勘探 yuǎnjùlí kāntàn；遥控勘探 yáokòng kāntàn

Ferngasversorgung *f* 远程供应天然气 yuǎnchéng gōngyìng tiānránqì

ferngelenkt *adj* 遥控的 yáokòngde，远距离操纵的 yuǎnjùlí cāozòng de

Ferngeschoss *n* 远程导弹 yuǎnchéng dǎodàn；远程大炮炮弹 yuǎnchéng dàpào pàodàn

Ferngespräch *n* 长途电话 chángtú diànhuà

Fernglas *n* 望远镜 wàngyuǎnjìng

fernhalten* I *vt* 使…远离 shǐ … yuǎnlí，不使…接近 bù shǐ … jiējìn，避开 bìkāi：schlechte Einflüsse von den Kindern ～ 不使坏影响接近儿童 II *rfl* 远离 yuǎn lí，避开 bìkāi：sich von jm ～ 避开某人

fernliegen* *vi* 无意 wúyì：es lag mir (vollig) fern，ihn zu beleidigen 我(绝对)无意侮辱他

Fernrakete *f* -，-n 远程导弹 yuǎnchéng dǎodàn

Fernrohr *n* (单筒)望远镜 wàngyuǎnjìng

Fernschreiben *n* 电传 diànchuán

Fernschreiber *m* 电传打字机 diànchuán dǎzìjī

Fernshulung *f* 函授 hánshòu

Fernsehansager *m* 电视播音员 diànshì bōyīnyuán

Fernsehapparat *m* 电视机 diànshìjī

fernsehen* *vi* 看电视 kàn diànshì

Fernsehen *n* -s 电视 diànshì；电视台 diànshìtái

Fernseher *m* 电视机 diànshìjī；看电视的人 kàn diànshì de rén

Fernsehfassung *f* -，en 电视剧本 diànshì jùběn

Fernsehfernsprechen *n* 电视电话 diànshì diànhuà，影像电话 yǐngxiàng diànhuà

Fernsehfernsprecher *m* 电视电话机 diànshì diànhuàjī，影像电话机 yǐngxiàng diànhuàjī

Fernsehfilm *n* 电视影片 diànshì yǐngpiàn，电视剧 diànshìjù

F

Fernsehinterview *n* 答电视记者问 dá diànshì jìzhě wèn, 电视采访 diànshì cǎifǎng

Fernsehkolleg *n* 电视讲座 diànshì jiǎngzuò; 电视教育 diànshì jiàoyù

Fernsehkommentator *m* 电视评论员 diànshì pínglùnyuán

Fernsehleute *pl* 电视台工作人员 diànshìtái gōngzuò rényuán

Fernsehnetz *n* 电视网 diànshìwǎng

Fernsehprogramm *n* 电视节目 diànshì jiémù: vierzig ~e empfangen 能收四十套电视节目; 电视节目报 diànshì jiémùbào

Fernsehreihe *f* 系列电视(节目) xìliè diànshì

Fernsehreklame *f* 电视广告 diànshì guǎnggào

Fernsehreportage *f* 电视报道 diànshì bàodào

Fernsehröhre *f* 显像管 xiǎnxiàngguǎn

Fernsehschirm *m* 电视屏幕 diànshì píngmù

Fernsehsendung *f* 电视播送 diànshì bōsòng

Fernsehserie *f* 电视连续剧 diànshì liánxùjù

Fernsehsprecher *m* = Fernsehansager

Fernsehstation *f* 电视台 diànshìtái

Fernsehtelefon *n* 电视电话 diànshì diànhuà, 影像电话 yǐngxiàng diànhuà

Fernsehtruhe *f* 电视机柜 diànshìjīguì

Fernsehübertragung *f* 电视转播 diànshì zhuǎnbō

Fernsehumsetzer *m* 电视转播站 diànshì zhuǎnbōzhàn

Fernsehuniversität *f* 电视大学 diànshì dàxué

Fernsehvolk *n* 电视观众(总称) diànshì guānzhòng

Fernsehzimmer *n* (看电视的)电视室 diànshìshì

Fernsehzuschauer *m* 电视观众 diànshì guānzhòng

Fernsprechauskunftdienst *m* (长途电话)查号台 cháhàotái

Fernsprechautomat *m* 投币(自动)电话 tóubì diànhuà

Fernsprechbuch *n* 电话(号码)簿 diànhuàbù

Fernsprecher *m* 电话 diànhuà, 电话机 diànhuàjī

Fernsprechsäule *f* (公路旁)呼救电话 hūjiù diànhuà

fernstehen* *vi* 疏远 shūyuǎn, 远离 yuǎnlí, 陌生 mòshēng: er steht uns sehr fern 他和我们非常疏远

Fernstudium *n* 函授(学习) hánshòu

Fernuniversität *f* 函授大学 hánshòu dàxué

Fernunterricht *m* 函授教学 hánshòu jiàoxué, 函授课程 hánshòu kèchéng

Fernverkehr *m* 长途电话 chángtú diànhuà; 长途交通(运输) chángtú jiāotōng

Fernwärme *f* 远距离管道暖气 yuǎnjùlí guǎndào nuǎnqì

Ferse *f* -, -n 脚后跟 jiǎohòugen; 袜后跟 wàhòugēn

fertig *adj* 完成了的 wánchénglede, 做好的 zuòhǎode, 现成的 xiànchéngde; 完结的 wánjiéde; 结束了的 jiéshùlede; 准备好的 zhǔnbèihǎode: das Essen ist ~ 饭准备好了; mit etw ~ werden 对付得了某事; mit jm ~ sein 与某人一刀两断, 不再同某人来往

fertigbringen* *vt* 完成 wánchéng, 做到 zuòdào, 结束 jiéshù

fertigen *vt* 制造 zhìzào, 生产 shēngchǎn, 制作 zhìzuò

Fertigkeit *f* -, -en 熟练技巧 shúliàn jìqiǎo, 技能 jìnéng

fertigmachen I *vt* 准备 zhǔnbèi; 结束 jiéshù, 完成 wánchéng; 使疲惫不堪 shǐ píbèi bùkān; 责备 zébèi, 斥责 chìzé: Den werde ich aber ~! 我非训他一顿不可! 杀死 shāsǐ, 结果…的生命 jiéguǒ … de shēngmìng; 拼(版) pīn, 制(版) zhì II *rfl* 准备好 zhǔnbèihǎo: sich zum Abmarsch ~ 准备好出发

fertigstellen *vt* 完成 wánchéng, 完工 wángōng, 结束 jiéshù

Fertigteil *n* (建筑)预制件 yùzhìjiàn; 构件 gòujiàn, 成品件 chéngpǐnjiàn

Fertigung *f* -, -en 生产 shēngchǎn, 制作 zhìzuò

Fertigungsablauf *m* 生产过程 shēngchǎn guòchéng

Fertigungsgang *m* 生产过程 shēngchǎn guòchéng

Fertigwaren *pl* 制成品 zhìchéngpǐn

Fessel *f* -, -n 束缚 shùfù, 羁绊 jībàn; 镣

铐 liàokào，枷锁 jiāsuǒ，桎梏 zhìgù：jn in ～n legen 给某人戴上镣铐；脚腕子 jiǎowànzi

fesseln *vt* 缚住 fùzhù，系住 jìzhù，捆住 kǔnzhù；给…上镣铐 gěi … shàng liàokào；吸引住 xīyǐnzhù：der Roman hat mich gefesselt 这部长篇小说吸引了我

fest *adj* 固体的 gùtǐde；坚硬的 jiānyìngde，坚固的 jiāngùde，牢固的 láogùde；果断的 guǒduànde，坚定的 jiāndìngde；紧紧的 jǐnjǐnde，严实的 yánshide；有牢固基础的 yǒu láogù jīchǔ de，稳固的 wěngùde

Fest *n* -(e)s，-e 节日 jiérì；庆典 qìngdiǎn，庆祝活动 qìngzhù huódòng

festfahren* I *vi(s)* 陷入泥(雪)中 xiànrù ní zhōng，搁浅 gēqiǎn，卡住 qiǎzhù II *rfl* 陷入泥(雪)中 xiànrù ní zhōng，搁浅 gēqiǎn，卡住 qiǎzhù；停顿 tíngdùn，陷入困境 xiànrù kùnjìng

Festeinkommen *n* 固定收入 gùdìng shōurù

Festgehalt *n* 固定薪金 gùdìng xīnjīn，固定工资 gùdìng gōngzī

festhalten* I *vt* 紧握住 jǐnwòzhù，紧抓住 jǐnzhuāzhù：jn am Arm ～ 抓住某人手臂；记下 jìxià，摄下 shèxià，录下 lùxià；使留下 shǐ liúxià，留住 liúzhù II *vi* 坚持 jiānchí：an dieser Idee ～ 坚持这种思想 III *rfl* 抓紧 zhuājǐn，扶住 fúzhù，抓住 zhuāzhù：sich am Geländer [an jm] ～ 抓住栏杆[某人]

festigen *vt/rfl* 巩固 gǒnggù，加强 jiāqiáng，增强 zēngqiáng

Festigkeit *f* - 坚固 jiāngù，稳固 wěngù；坚定 jiāndìng；强度 qiángdù

Festigung *f* - 巩固 gǒnggù，加强 jiāqiáng；稳定 wěndìng，稳固 wěngù

Festival *n* -s，-s 联欢节 liánhuānjié，艺术节 yìshùjié，节日庆祝演出 jiérì qìngzhù yǎnchū

Festkapital *n* 固定资本 gùdìng zīběn

festklemmen *vt/vi(s)* 夹紧 jiājǐn，夹牢 jiāláo，别住 biézhù

Festkurs *m* 固定汇率 gùdìng huìlǜ

Festland *n* 陆地 lùdì，大陆 dàlù，洲 zhōu

festlegen I *vt* 规定 guīdìng，确定 quèdìng，决定 juédìng；投(资) tóu：Kapital ～ 投资 II *rfl* 决定下来 juédìng xiàlái，承担下来 chéngdān xiàlái，承诺 chéngnuò

festlich *adj* 节日的 jiérìde，节日似的 jiérìshìde，华丽的 huálìde；庄严的 zhuāngyánde，隆重的 lóngzhòngde

festliegen* *vi* (日期等)确定 quèdìng；搁浅 gēqiǎn

Festlohn *m* (工人)固定工资 gùdìng gōngzī

festmachen *vt* 使固定 shǐ gùdìng，钉牢 dìngláo，系紧 xìjǐn：eine Ziege am Baum ～ 把一只羊拴在树上；确定下来 quèdìng xiàlái

Festmeeting [...mi:tiŋ] *n* -s，-s 节日集会 jiérì jíhuì

festnageln *vt* 钉牢 dìngláo；缠住 chánzhù，牵制住 qiānzhìzhù；明确指出 míngquè zhǐchū

Festnahme *f* 逮捕 dàibǔ，拘押 jūyā

festnehmen* *vt* 逮捕 dàibǔ，拘押 jūyā

Festpreis *m* 固定价格 gùdìng jiàgé

festschnallen *vt/rfl* 扣紧 kòujǐn，扣住 kòuzhù

festschrauben *vt* (用螺丝)拧紧 nǐngjǐn，旋紧 xuánjǐn

festschreiben* *vt* 制定 zhìdìng，规定 guīdìng

festsetzen I *vt* 规定 guīdìng，决定 juédìng，确定 quèdìng：einen Termin ～ 确定期限；约定 yuēdìng；拘留 jūliú，拘捕 jūbǔ，监禁 jiānjìn II *rfl* 定居 dìngjū，落户 luòhù：sich im Gebirge ～ 在山(区)里落户；驻防 zhùfáng，据守 jùshǒu；附着 fùzhuó，黏附 niánfù III *PII* festgesetzt 规定的 guīdìngde

Festspiele *pl* (定期举行的)文艺会演 wényì huìyǎn，艺术节 yìshùjié

feststehen* *vi* 确定 quèdìng，肯定 kěndìng，定下 dìngxià

feststellen *vt* 确认 quèrèn，确定 quèdìng，查明 chámíng；发觉 fājué，发现 fāxiàn，注意到 zhùyìdào；明确表示 míngquè biǎoshì，强调 qiángdiào，声明 shēngmíng：ich möchte ～，dass dies nicht zutrifft 我要声明，这不对头

Festtag *m* 节日 jiérì

Festung *f* -，-en 要塞 yàosài，堡垒 bǎolěi

Festwoche *f* 庆祝周 qìngzhùzhōu，演出周 yǎnchūzhōu

Festzug *m* 节日游行队伍 jiérì yóuxíng duìwu

Fetisch *m* -es，-e (原始民族崇拜的)偶

F

像 ǒuxiàng，崇拜物 chóngbàiwù

fett *adj* 肥的 féide，胖的 pàngde；脂肪多的 zhīfáng duō de；肥沃的 féiwòde

Fett *n* -(e)s，-e 油脂 yóuzhī，脂肪 zhīfáng

Fettauge *n* （浮在汤上的）油珠 yóuzhū，油花 yóuhuā

fetten I *vt* 给…涂上油脂或润滑油 gěi … túshàng yóuzhī huò rùnhuáyóu II *vi* 分泌油脂 fēnmì yóuzhī，含油脂 hán yóuzhī

Fettfleck *m* 油渍 yóuzì，油斑 yóubān

fettgedruckt *adj* 粗体字的 cūtǐzìde，黑体字排印的 hēitǐzì páiyìn de

fettig *adj* 油腻的 yóunìde，油污的 yóuwūde

Fetzen *m* -s，- 碎片 suìpiàn，碎条 suìtiáo，碎布 suìbù：ein ～ Tuch 一块碎布；etw in ～ zerreißen 把某物撕得粉碎

feucht *adj* 潮湿的 cháoshīde，湿的 shīde

Feuchtigkeit *f* - 潮湿 cháoshī，湿度 shīdù；湿气 shīqì，潮气 cháoqì

feudal *adj* 封建的 fēngjiànde

Feudalismus *m* - 封建主义 fēngjiànzhǔyì

feudalistisch *adj* 封建主义的 fēngjiàn zhǔyì de

Feuer *n* -s，- 火 huǒ，火焰 huǒyàn：für jn die Kastanien aus dem ～ holen 为某人火中取栗；火灾 huǒzāi；炮火 pàohuǒ，射击 shèjī；热情 rèqíng，热心 rèxīn，激情 jīqíng：～ fangen 燃起激情，燃起爱慕之心

Feuerbestattung *f* 火葬 huǒzàng，火化 huǒhuà

Feuereifer *m* 热心 rèxīn，热情 rèqíng，热忱 rèchén

feuerfest *adj* 耐火的 nàihuǒde

Feuergefahr *f* 火灾危险 huǒzāi wēixiǎn

feuergefährlich *adj* 容易着火的 róngyì zháohuǒ de，易燃的 yìránde，易爆的 yìbàode

Feuerleiter *f* 救火梯 jiùhuǒtī，消防梯 xiāofángtī

Feuerlöscher *m* 灭火器 mièhuǒqì

Feuermelder *m* 火灾报警器 huǒzāi bàojǐngqì，警钟 jǐngzhōng

feuern I *vi* 开火 kāihuǒ，射击 shèjī；生火 shēnghuǒ II *vt* 扔 rēng，抛 pāo，丢 diū；开除 kāichú；解雇 jiěgù

feuerrot *adj* 火红的 huǒhóngde

Feuertaufe *f* 炮火的洗礼 pàohuǒde xǐlǐ，战火考验 zhànhuǒ kǎoyàn

Feuerwaffe *f* 射击武器 shèjī wǔqì，枪械 qiāngxiè，火器 huǒqì

Feuerwehr *f* 消防队 xiāofángduì；消防车 xiāofángchē

Feuerwerk *n* 焰火 yànhuǒ，花炮 huāpào

Feuerzeug *n* 打火机 dǎhuǒjī

Feuilleton [foej(e)ˈtõ:] *n* -s，-s（报刊的）文艺专栏 wényì zhuānlán；广播（或电视）的文艺节目 guǎngbō de wényì jiémù

feurig *adj* 火红的 huǒhóngde；闪闪发光的 shǎnshǎn fāguāng de；激昂的 jī'ángde，热情的 rèqíngde，激情的 jīqíngde；烈性的 lièxìngde

Fiasko *n* -s，-s 失败 shībài，惨败 cǎnbài，灾难 zāinàn

Fibel *f* -，-n 入门书 rùménshū；识字课本 shízì kèběn，初级读本 chūjí dúběn

Fichte *f* -，-n 云杉 yúnshān，红松 hóngsōng

fidel *adj* 快活的 kuàihuode，愉快的 yúkuàide，兴高采烈的 xìng gāo cǎi liè de

Fidschi [fidʒi] 斐济 Fěijì

Fidschianer *m* -s，- 斐济人 fěijìrén

Fieber *n* -s，- 发热 fārè，发烧 fāshāo，热度 rèdù：～ haben 有热度，发烧：das ～ steigt [fällt] 热度升高了[退了]；狂热 kuángrè，高度兴奋 gāodù xīngfèn

fieberhaft *adj* 发烧的 fāshāode；狂热的 kuángrède，烦躁的 fánzàode，焦灼的 jiāozhuóde

fiebern *vi* 发烧 fāshāo；兴奋 xīngfèn，激动 jīdòng

Fieberthermometer *n* 体温计 tǐwēnjì

Fiesling *m* -s，-e 讨厌鬼 tǎoyànguǐ，令人讨厌的家伙 lìng rén tǎoyàn de jiāhuo

Figur *f* -，-en 身材 shēncái，身段 shēnduàn，外形 wàixíng：jd hat eine ebenmäßige ～ 某人身材匀称；画像 huàxiàng，塑像 sùxiàng，形象 xíngxiàng，人物 rénwù；棋子 qízǐ

figürlich *adj* 形象的 xíngxiàngde，外形的 wàixíngde；转义的 zhuǎnyìde

Fiktion *f* -，-en 编造 biānzào，虚构 xūgòu，杜撰 dùzhuàn，假设 jiǎshè

Fiktionalismus *m* 虚构主义 xūgòu zhǔyì

fiktiv *adj* 编造的 biānzàode，虚构的 xūgòude，假设的 jiǎshède

Filet [fi'le:] *n* -s, -s（牛、猪的）里脊肉 lǐjiròu，腰肉 yāoròu；（去骨、刺的）鱼片 yúpiàn；（家禽的）胸脯肉 xiōngpúròu

Filialbank *f* 银行分支机构 yínháng fēnzhī jīgòu，银行分行 yínháng fēnháng

Filiale *f* -, -n 分支机构 fēnzhī jīgòu；分店 fēndiàn，分部 fēnbù，分行 fēnháng

Film *m* -(e)s, -e 胶卷 jiāojuǎn，软片 ruǎnpiàn；影片 yǐngpiàn，电影 diànyǐng；薄膜 bómó，薄层 bócéng

Filmatelier *n* 摄影棚 shèyǐngpéng

Filmbearbeitung *f* 电影改编 diànyǐng gǎibiān

Filmcocktail *m* -s, -s 电影招待会 diànyǐng zhāodàihuì

Filmemacher *m* 电影编导 diànyǐng biāndǎo

filmen I *vt* 拍摄（电影）pāishè **II** *vi* 拍摄电影 pāishè diànyǐng；在电影中扮演角色 zài diànyǐng zhōng bànyǎn juésè

Filmfan *m* 影迷 yǐngmí

Filmfestspiele *pl* 电影节 diànyǐngjié

Filmkamera *f* 电影摄影机 diànyǐng shèyǐngjī

Filmmontage *f* 电影蒙太奇 diànyǐng méngtàiqí，电影剪辑 diànyǐng jiǎnjí

Filmschauspieler *m* 电影演员 diànyǐng yǎnyuán

Filmstar *m* 电影明星 diànyǐng míngxīng

Filmtrick *m* 电影特技 diànyǐng tèjì

Filter *m/n* -s, - 过滤器 guòlǜqì；滤光器 lǜguāngqì；滤色镜 lǜsèjìng；滤波器 lǜbōqì；（香烟）过滤嘴 guòlǜzuǐ：eine Zigarette mit ～ 有过滤嘴的香烟

filtern *vt* 过滤 guòlǜ，滤清 lǜqīng

Filterpapier *n* 过滤纸 guòlǜzhǐ

Filterzigarette *f* 过滤嘴香烟 guòlǜzuǐ xiāngyān

filtrieren *vt* 滤清 lǜqīng，滤去 lǜqù，过滤 guòlǜ

Filz *m* -es, -e 毡 zhān；毡状物 zhānzhuàngwù；毡帽 zhānmào；吝啬鬼 lìnsèguǐ

filzen I *vi* 吝啬 lìnsè；变成毡 biànchéngzhān，粘结起来 zhānjié qǐlái **II** *vt* 彻底搜查 chèdǐ sōuchá，检查 jiǎnchá

Filzokratie *f* -, -n 帮派体系 bāngpài tǐxì；任人唯亲 rèn rén wéi qīn

filzokratisch *adj* 任人唯亲的 rèn rén wéi qīn de；帮派体系的 bāngpài tǐxì de

Finale *n* -s, -/-s 决赛 juésài；最后乐章 zuìhòu yuèzhāng，终曲 zhōngqǔ

Finalsatz *m* 目的从句 mùdì cóngjù

Finanz *f* - 财政 cáizhèng，金融 jīnróng，财务 cáiwù

Finanzamt *n* 财政局 cáizhèngjú；税务局 shuìwùjú

Finanzen *pl* 财政 cáizhèng，财务 cáiwù；金融 jīnróng，财产 cáichǎn；国家财政状况 guójiā cáizhèng zhuàngkuàng

finanziell *adj* 财政的 cáizhèngde，财务的 cáiwùde，金融的 jīnróngde，经济的 jīngjìde

finanzieren *vt* 以资金供给 yǐ zījīn gōngjǐ，筹资 chóuzī，提供资金 tígōng zījīn

Finanzierung *f* -, -en →finanzieren

Finanzminister *m* 财政部长 cáizhèng bùzhǎng

Finanzspritze *f* 财政支持 cáizhèng zhīchí（对受破产威胁企业提供的财政支持）

Finanzwelt *f* 财政界 cáizhèngjiè，金融界 jīnróngjiè

Findelkind *n* 弃儿 qì'ér，弃婴 qìyīng

finden* I *vt* 找到 zhǎodào；发现 fāxiàn：jn schlafend ～ 发现某人在睡觉；觉得 juéde，认为 rènwéi，感到 gǎndào：ich finde das nicht in Ordnung 我觉得这事不正常；etw unpassend ～ 认为某事不合适 **II** *rfl* 被找到 bèi zhǎodào，被发现 bèi fāxiàn：Das wird sich ～！这会有个水落石出的！die Brieftasche hat sich gefunden 皮夹子找到了；sich in etw ～ 顺应某事

Finder *m* -s, - 拾得者 shídézhě，拾物人 shíwùrén

Finderlohn *m* 给拾得者的酬金 gěi shídézhě de chóujīn

findig *adj* 机智的 jīzhìde，机灵的 jīlingde

Finger *m* -s, - 手指 shǒuzhǐ：keinen ～ rühren（或 krumm machen）袖手旁观，不肯动手帮忙；die ～ von etw lassen 对某事不插手；krumme（或 lange）～ machen 偷窃，扒窃；etw mit dem kleinen ～ machen 做某事毫不费力气；sich (*D*) etw an den（或 zehn，fünf）～n abzählen können 对某事很容易想像，对某事一目了然

Fingerabdruck *m* -(e)s, ⸚e 指纹 zhǐ-

F

wén

fingerfertig *adj* 手巧的 shǒuqiǎode，手指灵巧的 shǒuzhǐ língqiǎo de，熟练的 shúliànde

Fingerhut *m*（缝纫用的）顶针 dǐngzhen

Fingernagel *m* 手指甲 shǒuzhǐjia：sich（*D*）die Fingernägel schneiden 剪指甲

fingieren *vt* 杜撰 dùzhuàn，捏造 niēzào，伪造 wěizào

Finitum *n* -s，...ta 动词变化形式 dòngcí biànhuà xíngshì

Finne *m* -n，-n 芬兰人 fēnlánrén

finnisch *adj* 芬兰的 fēnlánde

Finnland 芬兰 Fēnlán

finster *adj* 昏暗的 hūn'ànde，黑暗的 hēi'ànde；阴森森的 yīnsēnsēnde；忧郁的 yōuyùde，抑郁的 yìyùde，阴沉的 yīnchénde；模糊的 móhude，隐晦的 yǐnhuìde；可疑的 kěyíde

Finsternis *f* - 黑暗 hēi'àn，昏暗 hūn'àn

Finte *f* -，-n 佯攻 yánggōng，虚击 xūjī；花招 huāzhāo，诡计 guǐjì

Firma *f* -，...men 公司 gōngsī，商行 shānghháng，商号 shānghào

Firmenchef *m* 业主 yèzhǔ，商号老板 shānghào lǎobǎn

Firnis *m* -ses，-se 清漆 qīngqī，罩光漆 zhàoguāngqī；凡立水 fánlìshuǐ，泡力司 pàolìsī；虚饰 xū shì，装门面 zhuāngménmian，装饰 zhuāngshì

First Lady [ˈfəːstleidi] *f* -，-s / - Ladies 第一夫人 dìyī fūrén

Fisch *m* -es，-e 鱼 yú：er ist gesund wie ein ～ im Wasser 他像水中鱼一样健康（自由自在）；weder ～ noch Fleisch 非驴非马（或不伦不类）；das sind faule ～e 这纯属谎言，这都是无稽之谈

Fischausbeute *f* - 捕鱼量 bǔyúliàng

Fischdampfer *m*（远洋）渔轮 yúlún

fischen I *vt* 捕（鱼）bǔ；捞出 lāochū，掏出 tāochū II *vi* 捕鱼 bǔyú，钓鱼 diàoyú

Fischer *m* -s，- 捕鱼人 bǔyúrén，渔夫 yúfū，渔民 yúmín

Fischerei *f* - 捕鱼 bǔyú；渔业 yúyè，水产业 shuǐchǎnyè

Fischfang *m* 捕鱼 bǔyú

Fischfanggebiet *n* 捕鱼区 bǔyúqū

Fischfleisch *n* 鱼肉 yúròu

Fischzucht *f* 养鱼 yǎngyú：künstliche ～ 人工养鱼

Fischzug *m* 用网捕鱼 yòng wǎng bǔyú；一网鱼 yīwǎngyú；有利可图之事 yǒulì kětú zhī shì

Fiskus *m* - 国库 guókù，金库 jīnkù；国家资产 guójiā zīchǎn

Fistelstimme *f* 假声 jiǎshēng，假嗓子 jiǎsǎngzi

Fitnesscenter [ˈfitnɛssɛntə] *n* 健身中心 jiànshēn zhōngxīn

Fitness-Programm *n* 训练计划 xùnliàn jìhuà，锻炼计划 duànliàn jìhuà

Fitnessstudio *n* 健身房 jiànshēnfáng

Fitnesstest *m* 身体素质测验 shēntǐ sùzhì cèyàn

Fitnesstraining [ˈfitnɛstreːniŋ] *n* 提高身体素质的锻炼 tígāo shēntǐ sùzhì de duànliàn

Fittich *m* -(e)s，-e 翼 yì，翅膀 chìbǎng

fix *adj* 固定的 gùdìngde；敏捷的 mǐnjiéde，灵敏的 língmǐnde，灵巧的 língqiǎode：～ und fertig sein 精疲力竭；jn ～ und fertig machen 使某人破产，毁了某人

Fixe *f* -，-n 毒品注射器 dúpǐn zhùshèqì

fixen *vi*（交易所）卖空 màikōng；自己注射毒品 zìjǐ zhùshè dúpǐn

Fixer *m* -s，-（交易所）卖空者 màikōngzhě；自己注射毒品者 zìjǐ zhùshè dúpǐn zhě

fixieren *vt* 将…记录下来 jiāng … jìlù xiàlái；使固定 shǐ gùdìng；规定 guīdìng，确定 quèdìng；定（影）dìng；注视 zhùshì，凝视 níngshì

Fixstern *m* 恒星 héngxīng

Fixum *n* -s，...xa 固定收入 gùdìng shōurù，固定工资 gùdìng gōngzī

flach *adj* 平坦的 píngtǎnde；低的 dīde；矮的 ǎide；浅的 qiǎnde；肤浅的 fūqiǎnde，浅显的 qiǎnxiǎnde，平淡的 píngdànde

Fläche *f* -，-n 面 miàn，平面 píngmiàn；地面 dìmiàn，面积 miànjī

flachfallen* *vi*（*s*）不举行 bù jǔxíng，告吹 gàochuī，取消 qǔxiāo

Flachmann *m* -(e)s，⸚er 小扁酒瓶 xiǎo biǎn jiǔpíng

Flachs *m* -es 亚麻 yàmá；无聊 wúliáo，胡闹 húnào：～ machen 瞎胡闹，干无聊的勾当

Flagge *f* -，-n 旗 qí，旗帜 qízhì：die ～ aufziehen（或 hissen）升旗；die ～ auf halbmast setzen 下半旗

flaggen *vi* 升旗 shēngqí，挂旗 guàqí

Flaggschiff *n* 旗舰 qíjiàn

flagrant *adj* 公然的 gōngránde，明显的 míngxiǎnde

Flamme *f* -，-n 火焰 huǒyàn，火舌 huǒshé；in ～n aufgehen 付之一炬；(男子的)情人 qíngrén，恋人 liànrén

flammend *adj* 激情的 jīqíngde，激昂的 jī'ángde，热烈的 rèliède；闪闪发光的 shǎnshǎn fāguāng de，发亮的 fāliàngde

Flammenmeer *n* 火海 huǒhǎi

Flanell *m* -s，-e 法兰绒 fǎlánróng

Flanke *f* -，-n 侧面 cèmiàn，侧翼 cèyì；(动物的)肋 xié，肋腹 xiéfù

flanken *vi/vt* (尤指足球运动)从侧面直传对方球门前 cóng cèmiàn zhíchuán duìfāng qiúménqián

flankieren *vt* 站立在…的两侧 zhànlì zài … de liǎngcè

Flansch *m* -(e)s，-e 凸缘 tūyuán，法兰 fǎlán

Flasche *f* -，-n 瓶 píng；eine ～ Bier 一瓶啤酒；奶瓶 nǎipíng

Flaschenzug *m* 滑轮组 huálúnzǔ，辘轳 lùlú，滑车 huáchē

Flash ['flɛʃ] *m* -s，-s (电影的)回闪 huíshǎn，倒叙 dàoxù；注射毒品后的幻觉 zhùshè dúpǐn hòu de huànjué

Flashback ['flɛʃbæk] *m* 重现的幻觉 chóngxiàn de huànjué

flatterhaft *adj* (在感情等方面)易变的 yìbiànde，反复无常的 fǎnfù wúcháng de，轻浮的 qīngfúde

flattern *vi(s/h)* 展翅飞翔 zhǎnchì fēixiáng，飞来飞去 fēi lái fēi qù；(在空中)飘扬 piāoyáng，飘动 piāodòng

flau *adj* 感到不舒服的 gǎndào bù shūfu de；虚弱的 xūruòde，无力的 wúlìde；走了味的 zǒu le wèi de，淡而无味的 dàn ér wú wèide；暗淡的(色彩) àndànde；萧条的 xiāotiáode，不景气的 bùjǐngqìde，疲软的 píruǎnde

Flaum *m* -(e)s 绒毛 róngmáo；细毛 xìmáo，茸毛 róngmáo；胎毛 tāimáo

Flause *f* -，-n (多数用复数)胡思乱想 hú sī luàn xiǎng：jm seine ～n austreiben 叫某人不要胡思乱想；借口 jièkǒu，推托 tuītuō，谎言 huǎngyán

Flechte *f* -，-n 地衣 dìyī；疱疹 pàozhěn；辫子 biànzi

flechten* *vt* 编 biān，编织 biānzhī

Fleck *m* -(e)s，-e 斑点 bāndiǎn，污渍 wūzì；污点 wūdiǎn；地方 dìfāng，地点 dìdiǎn：nicht vom ～ kommen 无进展

Flecken *m* -s，- 污渍 wūzì，斑点 bāndiǎn；污点 wūdiǎn；补丁 bǔding，补缀块 bǔzhuìkuài

fleckig *adj* 有斑点的 yǒu bāndiǎn de；有污渍的 yǒu wūzì de，污迹斑斑的 wūjì bānbān de

Fledermaus *f* 蝙蝠 biānfú

Flegel *m* -s，- 态度粗鲁的人 tàidu cūlǔ de rén，粗野的人 cūyěde rén

Flegelei *f* -，-er 粗野 cūyě，粗暴 cūbào

flegelhaft *adj* 粗野的 cūyěde，粗鲁的 cūlǔde

flehen *vi* 乞求 qǐqiú，哀求 āiqiú，恳求 kěnqiú

flehentlich *adj* 哀求的 āiqiúde，恳切的 kěnqiède

Fleisch *n* -(e)s 肉 ròu：～ in Dosen 罐头肉

Fleischbrühe *f* 肉汁 ròuzhī，骨头汤 gǔtoutāng

Fleischer *m* -s，- 屠夫 túfū，屠宰者 túzǎizhě，卖肉者 màiròuzhě

Fleischerei *f* -，-en 肉店 ròudiàn，肉铺 ròupù

fleischig *adj* 多肉的 duōròude，肥胖的 féipàngde

Fleischklößchen *n* 肉丸子 ròuwánzi，肉圆 ròuyuán

Fleischwaren *pl* 肉制品 ròuzhìpǐn，肉类食品 ròulèi shípǐn

Fleischwolf *m* 绞肉机 jiǎoròujī

Fleiß *m* -es 勤奋 qínfèn，努力 nǔlì，用功 yònggōng：jn zum ～ anhalten 督促某人用功；ohne ～ kein Preis 不勤奋，就无收获

fleißig *adj* 勤奋的 qínfènde，努力的 nǔlìde，用功的 yònggōngde；煞费苦心的 shà fèi kǔ xīn de，下了工夫的 xià le gōngfu de；屡次的 lǚcìde，经常的 jīngchángde

flektieren *vt* 把…变格(或变位) bǎ … biàngé

fletschen *vt* 露出 lùchū：die Zähne ～ 龇牙咧嘴

Fleurist [flø'rist] *m* -en，-en 喜爱花的人 xǐ'ài huā de ren；种花的园丁 zhònghuā de yuándīng；花卉研究者 huāhuì yánjiūzhě

flexibel [flɛ'ksi:bl] *adj* 易弯的 yìwānde；可变的 kěbiànde，灵活的 línghuóde：flexible Altersgrenze 灵活的退休年龄

Flexibilität *f* - 柔韧性 róurènxìng；灵

F

活性 línghuóxìng，适应能力 shìyìng nénglì

Flexion *f* -，-en 词形变化 cíxíng biànhuà

flicken *vt* 补缀 bǔzhuì，修补 xiūbǔ

Flickwerk *n* 拼凑的东西 pīncòude dōngxī

Flickwort *n* 补缀词 bǔzhuìcí，语助词 yǔzhùcí

Flickzeug *n* 修补工具(如补车胎用的橡皮、胶水等) xiūbǔ gōngjù，缝补用品 féngbǔ yòngpǐn

Flieder *m* -s，- 丁香 dīngxiāng

Fliege *f* -，-n 苍蝇 cāngying：zwei ～n mit einer Klappe schlagen 一举两得，一箭双雕；蝴蝶结 húdiéjié，横领结 hénglǐngjié

fliegen* I *vi*(*s*) 飞 fēi，飞行 fēixíng，飞翔 fēixiáng：ich fliege nach Paris 我飞往巴黎；乘飞机 chéng fēijī；飘扬 piāoyáng；被解雇 bèi jiěgù，被(学校)开除 bèi kāichú II *vt* 驾驶(飞机) jiàshǐ；(由飞机)运送 yùnsòng

Flieger *m* -s，- 飞行员 fēixíngyuán；空军人员 kōngjūn rényuán；飞禽 fēiqín；飞机 fēijī；(短距离比赛的)自行车运动员或赛马 zìxíngchē yùndòngyuán huò sàimǎ

Fliegeralarm *m* 空袭警报 kōngxí jǐngbào

Fliegerkosmonaut *m* 宇航员 yǔhángyuán

Fliegertruppe *f* 空军部队 kōngjūn bùduì，航空兵部队 hángkōngbīng bùduì

fliehen* I *vt* 逃避 táobì，避开 bìkāi，远离 yuǎnlí：die Stadt [die Versuchung] ～避开城市[引诱] II *vi*(*s*) 逃走 táozǒu，逃跑 táopǎo；飞逝 fēishì，迅速流逝 xùnsù liúshì

Fliehkraft *f* 离心力 líxīnlì

Fließband *n* 流水线 liúshuǐxiàn，装配线 zhuāngpèixiàn，流水作业线 liúshuǐ zuòyèxiàn：am ～ arbeiten 在流水线上工作

Fließbandarbeit *f* 流水作业 liúshuǐzuòyè，在装配线上工作 zài zhuāngpèixiànshang gōngzuò

Fließbandfertigung *f* (自动)流水作业线生产 liúshuǐ zuòyèxiàn shēngchǎn，(自动)装配线生产 zhuāngpèixiàn shēngchǎn

fließen* *vi*(*s*) 流 liú，流动 liúdòng，流淌 liútǎng：der Rhein fließt durch Deutschland 莱茵河流经德国

fließend *adj* 流利的 liúlìde，流畅的 liúchàngde：er spricht ～ Deutsch 他说一口流利的德语；不固定的 bù gùdìng de

Fließkunde *f* (物理)流变学 liúbiànxué

Fließlehre *f* = Fließkunde

flimmern I *vi*(*h*/*s*) 闪闪发光 shǎnshǎn fāguāng，闪烁 shǎnshuò II *vt* 擦亮 cāliàng

flink *adj* 灵巧的 língqiǎode，敏捷的 mǐnjiéde，利索的 lìsuode

Flinte *f* -，-n 长枪 chángqiāng，猎枪 lièqiāng

Flip *m* -s，-s 福利普酒(掺有鸡蛋的一种混合饮料) fúlìpǔjiǔ；(花样滑冰的)旋转 xuánzhuǎn

Flipper *m* -s，- 弹子游戏机 dànzǐ yóuxìjī，自动台球游艺台 zìdòng táiqiú yóuyìtái

flippern *vi* 玩弹球 wán tánqiú，玩自动游艺台球 wán zìdòng yóuyì táiqiú

Flitterwochen *pl* 蜜月 mìyuè：～ verbringen 度蜜月

floaten ['floutn] *vi* (货币)浮动 fúdòng：漂浮 piāofú

Floating ['floutiŋ] *n* -s，-s(货币汇率等的)币值浮动 bìzhí fúdòng

Flocke *f* -，-n 絮状物 xùzhuàngwù，片状物 piànzhuàngwù；雪片 xuěpiàn

Floh *m* -s，⸚e 跳蚤 tiàozǎo

Flohmarkt *m* 跳蚤市场 tiàozao shìchǎng，旧货市场 jiùhuò shìchǎng

Flor *m* -s，-e 盛开的花簇 shèngkāide huācù；(棉、丝等织成的)薄纱 bóshā；面纱 miànshā；黑纱 hēishā：einen ～ am Ärmel tragen 袖上戴黑纱

Flora *f* -，...ren 植物界 zhíwùjiè；植物志 zhíwùzhì

florieren *vi* 茂盛 màoshèng，繁荣 fánróng，兴旺 xīngwàng，兴隆 xīnglóng

Floskel *f* -，-n 华丽的辞藻 huálìde cízǎo，空洞的言词 kōngdòngde yáncí

Floß *n* -es，⸚e 木排 mùpái，木筏 mùfá，筏子 fázi；(钓竿上的)浮子 fúzi

Flosse *f* -，-n 鱼鳍 yúqí；(游泳、潜水用的)脚蹼 jiǎopǔ

Flöte *f* -，-n 笛子 dízi

flöten *vi* 吹笛子 chuī dízi，发出笛子般的声音 fāchū dízibānde shēngyīn；说奉承话 shuō fèngchenghuà

flötengehen* *vi*(*s*) 丢失 diūshī，丧失 sàngshī，失去 shīqù

flott *adj* 敏捷的 mǐnjiéde，迅速的 xùnsùde；in ～em Tempo fahren 快速行驶；漂亮的 piàoliangde，时髦的 shímáode；时式的 shíshìde，生动活泼的 shēngdòng-huópo de，富有生气的 fùyǒu shēngqì de；漂浮的 piāofúde，浮起的 fú qǐ de

Flotte *f* -，-n 船队 chuánduì，舰队 jiànduì

Flottille *f* -，-n 小船队 xiǎo chuánduì，小舰队 xiǎo jiànduì；捕鱼船队 bǔyú chuánduì

Flöz *n* -es，-e 地层 dìcéng；矿层 kuàngcéng

Fluch *m* -(e)s，⸚e 咒骂 zhòumà，诅咒 zǔzhòu；灾祸 zāihuò，灾难 zāinàn

fluchen *vi* 咒骂 zhòumà：auf（或 über）jn ～ 咒骂某人

Flucht *f* -，-en 逃走 táozǒu，逃跑 táopǎo；（房屋等的）排 pái，列 liè

fluchtartig *adj* 匆匆的 cōngcōngde，仓促的 cāngcùde，慌忙的 huāngmángde

flüchten I *vi*(*s*) 逃走 táozǒu，逃跑 táopǎo II *rfl* 逃避 táobì，躲避 duǒbì

Fluchthilfe *f* 帮助逃跑 bāngzhù táopǎo，帮助叛逃 bāngzhù pàntáo

flüchtig *adj* 逃跑的 táopǎode，在逃的 zàitáode；匆匆的 cōngcōngde，急速的 jísùde；草率的 cǎoshuàide，肤浅的 fūqiǎnde；暂时的 zànshíde，瞬间的 shùnjiānde

Flüchtling *m* -s，-e 逃亡者 táowángzhě；难民 nànmín

Flug *m* -(e)s，⸚e 飞 fēi，飞翔 fēixiáng；飞行 fēixíng；（鸟）群 qún

Flugabkommen *n* 航空协定 hángkōng xiédìng

Flugblatt *n* 传单 chuándān

Flügel *m* -s，- 翅 chì，翼 yì；（飞机的）机翼 jīyì；（门、窗等的）扇 shàn，（房屋的）边房 biānfáng，侧厅 cètīng；（三角）大钢琴 dàgāngqín；（党派中的左、右）翼 yì，派 pài；（军队中的左、右）翼 yì

Flügeltür *f* 双扇门 shuāngshànmén，折门 zhémén

Flugfeld *n* 飞机场 fēijīchǎng，飞行场 fēixíngchǎng

Fluggesellschaft *f* 航空公司 hángkōng gōngsī

Flughafen *m* 机场 jīchǎng，航空港 hángkōnggǎng

Flugkorridor *m* 飞行通道 fēixíng tōngdào，飞行走廊 fēixíng zǒuláng

Fluglinie *f* 航线 hángxiàn；航空公司 hángkōng gōngsī

Flugplatz *m*（飞）机场 jīchǎng，机坪 jīpíng；飞机座位 fēijī zuòwèi

Flugpost *f* 航邮 hángyóu；航空邮件 hángkōng yóujiàn

Flugschein *m*（飞）机票 jīpiào

Flugschreiber *m* 飞行记录仪 fēixíng jìlùyí，黑匣子 hēixiázi

Flugticket *n* 飞机票 fēijīpiào

Flugwesen *m* 航空事业 hángkōng shìyè

Flugzeit *f* 飞行时间 fēixíng shíjiān

Flugzeug *n* -(e)s，-e 飞机 fēijī

Flugzeugträger *m* 航空母舰 hángkōng mǔjiàn

Flunder *f* -，-n 比目鱼 bǐmùyú，鲽 dié

flunkern *vi* 撒谎 sāhuǎng，哄骗 hǒngpiàn

fluoreszieren *vi* 发荧光 fā yíngguāng

fluorieren *vt*（= fluorisieren）氟处理 fú chǔlǐ

Flur I *m* -s，-e 前厅 qiántīng，前室 qiánshì；走廊 zǒuláng，过道 guòdào；楼梯平台 lóutī píngtái II *f* -，-en 耕地 gēngdì，田野 tiányě，草地 cǎodì；田地界标 tiándì jièbiāo

Fluss *m* -es，⸚e 河 hé，川 chuān，江 jiāng

Flussbett *n* 河床 héchuáng

Flussfisch *m* 淡水鱼 dànshuǐyú，河鱼 héyú

Flusshafen *m* 河港 hégǎng

flüssig *adj* 液态的 yètàide，流质的 liúzhìde；流畅的 liúchàngde，流利的 liúlìde；流动的 liúdongde：～es Kapital 流动资金

Flüssigkeit *f* -，-en 液体 yètǐ，流体 liútǐ；流利 liúlì，流畅 liúchàng

Flusspferd *n* 河马 hémǎ

flüstern *vi/vt* 低声细语 dīshēng xìyǔ，耳语 ěryǔ，窃窃私语 qièqiè sīyǔ

Flüsterpropaganda *f* 嘀咕 dígu，议论 yìlùn，私下传播 sīxià chuánbō

Flüsterwitz *m*（私下传播的）政治笑话 zhèngzhì xiàohua

Flut *f* -，-en 潮水 cháoshuǐ，涨潮 zhǎngcháo：eine ～ von ... 一大批…

fluten I *vi*(*s*)（潮水）涨 zhǎng，上涨 shàngzhǎng；蜂拥 fēngyōng，涌向 yǒngxiàng，川流不息 chuān liú bù xī II *vt* 给（水闸）放满水 gěi fàng mǎn shuǐ；使（潜

F

艇)下潜(原指使水舱充水) shǐ xià qián

Flutlicht *n* 强力照明 qiánglì zhàomíng,泛光照明 fànguāng zhàomíng

Flyboat ['flaibout] *n* -s, -s 快艇 kuàitǐng

Flymobil *n* -s, -e 飞行汽车 fēixíng qìchē

Fly-over [flai'ouvə] *m* -s, -s 天桥 tiānqiáo,立交桥 lìjiāoqiáo

Föderalismus *m* - 联邦主义 liánbāng zhǔyì;联邦制 liánbāngzhì

Föderation *f* -, -en 联盟 liánméng,联邦 liánbāng;联合会 liánhéhuì

föderieren *vt* 联合 liánhé;实现邦联 shíxiàn bānglián

Fohlen *n* -s, - 小马 xiǎo mǎ,驹子 jūzi

Folge *f* -, -n 后果 hòuguǒ,结果 jiéguǒ: etw hat etw zur ～ 某事产生某种结果(或后果);序列 xùliè,次序 cìxù

folgen *vi*(*s/h*) 跟随 gēnsuí,追随 zhuīsuí: jm [etw(*D*)] ～(或 auf jn [etw] ～)紧随着某人[某事物];dem (或 auf den) Winter folgt ein schönes Frühjahr 严冬过去,美丽的春天到来;结果产出 jiéguǒ chǎnchū,由此产生 yóucǐ chǎnshēng,由…可以得出结论 yóu … kěyǐ déchū jiélùn: Was folgt daraus? 由此产生怎样的后果呢? 倾听 qīngtīng,注意 zhùyì,注视 zhùshì: aufmerksam dem Unterricht ～ 注意地听课;听从 tīngcóng: das Kind hat der Mutter immer gefolgt 这孩子总是听从母亲的

folgendermaßen *adv* 如下 rúxià

folgenschwer *adj* 后果严重的 hòuguǒ yánzhòngde;严重的 yánzhòngde,重大的 zhòngdàde

folgerichtig *adj* 一贯的 yīguànde,连贯的 liánguànde,始终如一的 shǐzhōng rúyī de;合乎逻辑的 héhū luójí de

folgern *vt* 得出结论 déchū jiélùn,推断出 tuīduànchū

folglich *adv* 因此 yīncǐ,因而 yīn'ér,所以 suǒyǐ

folgsam *adj* 听话的 tīnghuàde,顺从的 shùncóngde

Folie *f* -, -n 薄膜 bómó,箔 bó

Folter *f* -, -n (老虎凳之类的)刑具 xíngjù;拷问 kǎowèn,用刑 yòngxíng;折磨 zhémó

foltern *vt* 拷问 kǎowèn,用刑 yòngxíng;折磨 zhémó

Fön *m* -s, -e (理发用的)电吹风器 diànchuīfēngqì

Fond [fõ:] *m* -s, -s (汽车等的)后座 hòuzuò;(画的)背景 bèijǐng;基础 jīchǔ

Fonds [fõ:] *m* -, - / [fõ:s] 基金 jījīn,资金 zījīn

fönen *vt* (用电吹风)吹干 chuīgān

Fontäne *f* -, -n 喷泉 pēnquán;喷水池 pēnshuǐchí

Football ['futbɔ:l] *m* -(s) 足球 zúqiú;美式橄榄球 měishì gǎnlǎnqiú

foppen *vt* 戏弄 xìnòng,愚弄 yúnòng

forcieren *vt* 强行 qiángxíng,强加 qiángjiā,强行贯彻 qiángxíng guànchè;推动 tuīdòng,加快 jiākuài,推进 tuījìn

Förderer *m* -s, - 推动者 tuīdòngzhě,促进者 cùjìnzhě,资助者 zīzhùzhě,赞助者 zànzhùzhě

förderlich *adj* 促进的 cùjìnde,有用的 yǒuyòngde,有益的 yǒuyìde

fordern *vt* 要求 yāoqiú,向…要 xiàng … yào: etw (von jm) ～ (向某人)要求某物; einen hohen Preis von jm ～ 向某人索取高价; etw fordert etw 某事要求某事物; der Unfall hat viele Opfer gefordert 这次事故使许多人丧失生命

fördern *vt* 促进 cùjìn,资助 zīzhù;采掘 cǎijué;输送 shūsòng

Forderung *f* -, -en 要求 yāoqiú;挑战 tiǎozhàn;索款 suǒkuǎn,要账 yàozhàng

Förderung *f* - 支持 zhīchí,资助 zīzhù,帮助 bāngzhù;开采 kāicǎi,采掘 cǎijué;开采量 kāicǎiliàng

Forelle *f* -, -n 鳟鱼 zūnyú

Form *f* -, -en 形式 xíngshì,形状 xíngzhuàng,样子 yàngzi,外貌 wàimào;款式 kuǎnshì;体态 tǐtài;礼节 lǐjié,礼貌 lǐmào;模型 móxíng;(体力和精神上的)状态,竞技状态: in guter ～ sein 处于良好的竞技状态

formal *adj* 形式上的 xíngshìshangde,外表的 wàibiǎode,外形的 wàixíngde

Formalien *pl* 形式 xíngshì,手续 shǒuxù,程序 chéngxù,惯例 guànlì

Formalismus *m* -, ...men 形式主义 xíngshì zhǔyì

Formalität *f* -, -en 表面形式 biǎomiàn xíngshì;惯例 guànlì,手续 shǒuxù

Format *n* -(e)s, -e (出版物的)版本 bǎnběn,开本 kāiběn;(纸张等的)尺寸 chǐcun,大小 dàxiǎo;卓越 zhuóyuè,重要 zhòngyào

Formation *f* -, -en 队形 duìxíng;构成 gòuchéng,形成 xíngchéng,组成 zǔchéng;地层 dìcéng,岩层 yáncéng

Formel *f* -, -n 惯用语 guànyòngyǔ,套语 tàoyǔ;俗套话 sútàohuà;公式 gōngshì,式 shì

formell *adj* 形式的 xíngshìde,拘守形式的 jū shǒu xíngshì de;正式的 zhèngshìde,礼仪上的 lǐyíshangde,礼节性的 lǐjiéxìngde

Formelsprache *f* 公式语言 gōngshì yǔyán

formen *vt* 形成 xíngchéng,构成 gòuchéng;给…造型 gěi … zàoxíng,塑造 sùzào;培养 péiyǎng,造就 zàojiù

förmlich *adj* 形式的 xíngshìde,拘守形式的 jū shǒu xíngshì de,生硬的 shēngyìngde;正式的 zhèngshìde,礼仪上的 lǐyíshang de;完全的 wánquánde,真正的 zhēnzhèngde,全然 quánrán

formlos *adj* 不成形的 bù chéngxíngde,不定形的 bù dìngxíngde;不讲礼仪的 bùjiǎng lǐyí de,随便的 suíbiànde

Formular *n* -s, -e 表格 biǎogé: ein ～ ausfüllen 填写一表格

formulieren *vt* 阐述 chǎnshù,表述 biǎoshù,用言词表达 yòng yáncí biǎodá: mündlich ～ 口头表达;撰写 zhuànxiě

Formulierung *f* -, -en 表达 biǎodá;撰写 zhuànxiě;文本 wénběn

forsch *adj* 果断的 guǒduànde,有魄力的 yǒu pòlì de

forschen *vi* 研究 yánjiū,调查 diàochá,探讨 tàntǎo: nach etw ～ 调查某事

Forscher *m* -s, - 研究者 yánjiūzhě,科学工作者 kēxué gōngzuòzhě,探讨者 tàntǎozhě

Forschung *f* -, -en 研究 yánjiū,探讨 tàntǎo;研究工作 yánjiū gōngzuò

Forschungsergebnis *n* 研究成果 yánjiū chéngguǒ

Forschungsinstitut *n* 研究所 yánjiūsuǒ,研究院 yánjiūyuàn

Forschungsvorhaben *n* 研究计划 yánjiū jìhuà

Forschungszentrum *n* 研究中心 yánjiū zhōngxīn

Forst *m* -es, -e/-en (营造的)森林 sēnlín,营造林 yíngzàolín

Förster *m* -s, - 森林管理员 sēnlín guǎnlǐyuán,林务员 línwùyuán,护林员 hùlínyuán

Försterei *f* -, -en 森林管理所 sēnlín guǎnlǐsuǒ,守林人住所 shǒulínrén zhùsuǒ

Forsthaus *n* 守林人住所 shǒulínrén zhùsuǒ,森林管理所 sēnlín guǎnlǐsuǒ

Forstschutz *m* 森林保护 sēnlín bǎohù

fort *adv* 离开 líkāi,离去 líqù: ～ 从这里走开! von hier! in einem ～ 不断地,一个劲地; ～ und ～ 持续不断地; und so ～ 等等

fortan *adv* 从此以后 cóngcǐ yǐhòu

fortbewegen I *rfl* 行进 xíngjìn,移动 yídòng II *vt* 移动 yídòng,挪动 nuódòng

fortbilden I *rfl* 进修 jìnxiū,深造 shēnzào II *vt* 使深造 shǐ shēnzào,使进一步提高 shǐ jìnyībù tígāo

Fortbildung *f* 深造 shēnzào,提高 tígāo

fortbringen* I *vt* 带走 dàizǒu,拿走 názǒu,运走 yùnzǒu,移开 yíkāi II *rfl* 生活 shēnghuó,生存 shēngcún

fortdauern *vi* 延续 yánxù,继续 jìxù

fortfahren* *vi*(*s/h*) (乘车、船等)离去 líqù,离开 líkāi;继续 jìxù,继续进行 jìxù jìnxíng,继续说 jìxùshuō

fortführen *vt* 带走 dàizǒu,带去 dàiqù,带开 dàikāi;继续进行 jìxù jìnxíng

Fortgang *m* 离开 líkāi,离去 líqù;进展 jìnzhǎn,进步 jìnbù

fortgehen* *vi*(*s*) 走开 zǒukāi,离去 líqù;继续下去 jìxù xiàqù

fortgeschritten *adj* 进步的 jìnbùde,先进的 xiānjìnde

Fortgeschrittene *m/f* (按形容词变化)进步者 jìnbùzhě,学习先进的学生 xuéxí xiānjìnde xuésheng

fortgesetzt *adj* 继续的 jìxùde,连续的 liánxùde,不断的 bùduànde

fortkommen* *vi*(*s*) 离开 líkāi,离去 líqù;遗失 yíshī,丢失 diūshī;继续行进 jìxù xíngjìn;进展 jìnzhǎn

fortlaufen* *vi*(*s*) 跑开 pǎokāi,离开 líkāi

fortpflanzen *rfl* 繁殖 fánzhí,生殖 shēngzhí,蔓延 mànyán,传播 chuánbō

fortschicken *vt* 把…打发走 bǎ … dǎfazǒu,解雇 jiěgù;寄出 jìchū

fortschreiten* *vi*(*s*) 进展 jìnzhǎn,前进 qiánjìn

Fortschritt *m* 进步 jìnbù: ～e machen 取得进步

F

fortschrittlich *adj* 进步的 jìnbùde，先进的 xiānjìnde，前进的 qiánjìnde

fortsetzen *vt* 继续 jìxù：eine Tradition ～ 继承传统

Fortsetzung *f* -，-en 继续 jìxù，(一个作品的)连载 liánzǎi：～ folgt 待续

Fortsetzungsroman *m* 连载小说 liánzǎi xiǎoshuō

fortwährend *adj* 持续的 chíxùde，不断的 bùduànde

fortziehen* I *vt* 拉开 lākāi，拉去 lāqù II *vi*(*s*) 搬家 bānjiā，迁移 qiānyí

Forum *n* -s，...ren / ...ra 讨论会 tǎolùnhuì，论坛 lùntán；法庭 fǎtíng，(对某事作决定的)委员会 wěiyuánhuì

Foto I *n* -s，-s 照片 zhàopiàn，相片 xiàngpiàn II *m* -s，-s 照相机 zhàoxiàngjī

fotogen *adj* (= photogen) 适合镜头的 shìhé jìngtóu de；上相的 shàngxiàngde；照相自然的 zhàoxiàng zìrán de

fotografieren I *vt* 给…摄影 gěi…shèyǐng，给…拍照 gěi…pāizhào II *vi* 摄影 shèyǐng，拍照 pāizhào

Fotokopie *f* 影印件 yǐngyìnjiàn，复印件 fùyìnjiàn

fotokopieren *vt* 影印 yǐngyìn，照相复制 zhàoxiàng fùzhì

Fotokopierer *m* 复印机 fùyìnjī

Fotoplakat *n* 照片标语牌 zhàopiàn biāoyǔpái

Fotosatz *m* (= Photosatz) 照相排版 zhàoxiàng páibǎn

Foul [faul] *n* -s，-s (体育比赛中)犯规 fànguī

foulen *vt*/*vi* (体育比赛中)犯规 fànguī

Foyer [foa'je:] *n* -s，-s (戏院，电影院等的)回廊 huíláng，门厅 méntīng，休息厅 xiūxitīng

Fracht *f* -，-en 货运 huòyùn；运费 yùnfèi；(载运的)货物 huòwù

Frachtbrief *m* 运货单 yùnhuòdān

Frack *m* -(e)s，¨-e 燕尾服 yànwěifú

Frage *f* -，-n 问题 wèntí，疑问 yíwèn，发问 fāwèn：jm eine ～ stellen (或 an jn eine ～ richten) 对某人提个问题；in ～ kommen 在考虑之内，(此事)可做；außer ～ stehen (或 sein) 毋庸置疑；etw in ～ stellen 使某事产生疑问，危及某事；ohne ～ 毫无问题

Fragebogen *m* 调查表 diàocháblǎo，征求意见表 zhēngqiú yìjiànbiǎo

fragen I *vt* 问 wèn：jn nach etw ～ 向某人打听某事；jn um etw ～ 向某人请教某事；Darf ich Sie etwas ～? 我可以问您一些事吗? II *vi* (用于否定句中)(不)管 guǎn，(不)问 wèn：nach etw [jm] nicht ～ 不管某事[某人] III *rfl* 问自己 wèn zìjǐ，想 xiǎng，思索 sīsuǒ

Fragezeichen *n* 问号 wènhào

fraglich *adj* 成问题的 chéng wèntí de，有疑问的 yǒu yíwèn de，不确定的 bù quèdìngde，无把握的 wú bǎwò de；提到的 tídàode，有关的 yǒuguānde

fraglos *adv* 无疑地 wúyíde，不成问题 bùchéng wèntí

Fragment *n* -(e)s，-e (文艺作品等的)未完稿 wèiwángǎo，片断 piànduàn，残稿 cángǎo，残片 cánpiàn

fragmentarisch *adj* 片断的 piànduànde，不完全的 bù wánquánde，残缺不全的 cánquē bù quán de

fragwürdig *adj* 值得怀疑的 zhídé huáiyí de，成问题的 chéng wèntí de，可疑的 kěyíde

Fraktion *f* -，-en 议会党团 yìhuì dǎngtuán

Franken *m* -s，- (瑞士货币单位)法郎 fǎláng

frankieren *vt* 贴邮票 tiē yóupiào

Frankreich 法国 Fǎguó

Franzose *m* -n，-n 法国人 fǎguórén

französisch *adj* 法国的 fǎguóde；法国人的 fǎguórénde；法语的 fǎyǔde

frappant *adj* 引人注目的 yǐn rén zhùmù de，惊人的 jīngrénde

Fräse *f* -，-n 铣刀 xǐdāo；铣床 xǐchuáng；旋耕机 xuángēngjī

fräsen *vt* 铣 xǐ；(用旋耕机)耕作 gēngzuò

Fraß *m* -es 粗劣的食物 cūliède shíwù；饲料 sìliào；(害虫对植物的)侵蚀 qīnshí，蛀噬 zhù shì

Fratze *f* -，-n 丑脸 chǒuliǎn，怪脸 guàiliǎn，丑相 chǒuxiàng；脸 liǎn，面孔 miànkǒng

Frau *f* -，-en 妇女 fùnǚ，女人 nǚrén；妻子 qīzi，太太 tàitai，夫人 fūrén

Frauenarzt *m* 妇科医生 fùkē yīshēng

Fräulein *n* -s，- 小姐 xiǎojiě；未婚女子 wèihūn nǚzǐ，姑娘 gūniang

fraulich *adj* 妇女的 fùnǚde，妇女般的 fùnǚbānde

frech *adj* 大胆的 dàdǎnde，粗鲁的 cūlǔde，放肆的 fàngsìde，厚颜无耻的 hòuyán wúchǐ de

Frechheit *f* -, -en 厚颜无耻 hòuyán wúchǐ;放肆 fàngsì

frei *adj* 自由的 zìyóude,无拘束的 wú jūshù de,不受约束的 bù shòu yuēshù de;空余的 kòngyúde,空闲的 kòngxiánde,闲置的 xiánzhìde;空旷的 kōngkuàngde,露天的 lùtiānde;免费 miǎnfèi,免税的 miǎnshuìde

Freibad *n* 露天游泳场 lùtiān yóuyǒngchǎng

Freibetrag *m* 免税数额 miǎnshuì shù'é

Freigabe *f* 释放 shìfàng;解除(管制) jiěchú,取消(限制) qǔxiāo,开放 kāifàng

freigeben* I *vt* 释放 shìfàng: einen Gefangenen ～ 释放一个俘虏;取消(限制性措施) qǔxiāo,开放 kāifàng;让某人通过 ràng mǒurén tōngguò: er gab mir den Weg frei 他让我走这条路;放假 fàngjià,给假 gěi jià II *vi* 给假 gěi jià,放假 fàngjià: jm für zwei Tage ～ 给某人两天假

freigebig *adj* 慷慨的 kāngkǎide,大方的 dàfāngde

freihalten* *vt* 替…付餐饮费 tì … fù cānyǐnfèi,保留 bǎoliú,占(座位) zhàn;保持畅通 bǎochí chàngtōng

freihändig *adj* 徒手的 túshǒude,不用工具的 bùyòng gōngjù de;不用手的 bùyòng shǒu de: ～ Rad fahren 双手脱把骑自行车

Freiheit *f* -, -en 自由 zìyóu,自主 zìzhǔ;特权 tèquán,优先权 yōuxiānquán

freiheitlich *adj* 爱自由的 ài zìyóu de;关于自由的 guānyú zìyóu de

Freiheitsliebe *f* 爱好自由 àihào zìyóu,热爱自由 rè'ài zìyóu

Freiheitsstrafe *f* 监禁 jiānjìn,关押 guānyā

Freiherr *m* 男爵 nánjué

Freikarte *f* 免费入场券 miǎnfèi rùchǎngquàn

freilassen* *vt* 释放 shìfàng,使获自由 shǐ huò zìyóu,放生 fàngshēng

Freilauf *m* -s, -e(自行车、摩托车的)飞轮 fēilún;空转 kōngzhuàn

freilich *adv* 当然 dāngrán,无疑 wúyí;诚然 chéngrán,不过 bùguò

freimachen *vt* I 付…的邮资 fù … de yóuzī,贴邮票 tiē yóupiào II *rfl* 请假 qǐngjià,不去上班 bù qù shàngbān

Freimarke *f* 邮票 yóupiào

freimütig *adj* 坦白的 tǎnbáide,直率的 zhíshuaide,耿直的 gěngzhíde,直言相告的 zhíyán xiānggào de

freipressen *vt* (通过绑架、劫持飞机、扣留人质等手段)胁迫(对方)释放在押人员 xiépò shìfàng zàiyā rényuán

Freischlag *m* (冰球、曲棍球、马球等的)罚任意球 fá rènyìqiú

freisprechen* *vt* 开释 kāishì,宣判无罪 xuānpàn wúzuì: der Angeklagte wurde freigesprochen 被告被宣判无罪

Freispruch *m* 宣判无罪 xuānpàn wúzuì

freistehen* *vi* 有自由 yǒu zìyóu,听便 tīngbiàn: es steht jm frei, etw zu tun 某人有做某事的自由

freistellen *vt* 听任…决定 tīngrèn … juédìng: jm etw ～ 由某人决定某事

Freistil *m* (摔跤、游泳等的)自由式 zìyóushì

Freistoß *m* (足球比赛)罚任意球 fá rènyìqiú

Freitag *m* -s, -e 星期五 xīngqīwǔ

Freitod *m* 自杀 zìshā,自尽 zìjìn

Freiübungen *pl* 自由体操 zìyóutǐcāo

freiwillig *adj* 自愿的 zìyuànde,志愿的 zhìyuànde

Freiwillige *m/f* (按形容词变化)志愿者 zhìyuànzhě

Freizeit *f* 空闲时间 kòngxián shíjiān,业余时间 yèyú shíjiān

Freizeitbeschäftigung *f* 业余活动 yèyú huódòng

Freizeitpädagogik *f* 业余教育(学) yèyújiàoyù

Freizügigkeit *f* - 迁徙自由 qiānxǐ zìyóu;慷慨 kāngkǎi,大方 dàfāng

fremd *adj* 陌生的 mòshēngde,不熟悉的 bù shúxī de: ich bin hier ～ 我在这儿感到人地生疏;外国的 wàiguóde,异乡的 yìxiāngde;异样的 yìyàngde,不习惯的 bù xíguànde;别人的 biérénde,他人的 tārénde

Fremde I *m/f* (按形容词变化)外国人 wàiguórén,外地人 wàidìrén,异乡人 yìxiāngrén;陌生人 mòshēngrén II *f* - 外国 wàiguó;异乡 yìxiāng,外地 wàidì

Fremdenführer *m* 旅游指南 lǚyóu zhǐnán;导游 dǎoyóu,导游者 dǎoyóuzhě

fremdgehen* *vi(s)* 通奸 tōngjiān,私通 sītōng: mit jm ～ 与某人通奸

Fremdheit *f* - 陌生 mòshēng;外国风格 wàiguó fēnggé,奇特 qítè;拘谨 jūjǐn

F

Fremdkörper *m* 异物 yìwù，异体 yìtǐ，杂质 zázhì
fremdländisch *adj* 外国的 wàiguóde，来自外国的 láizì wàiguóde
Fremdsprache *f* -，-n 外国语 wàiguóyǔ，外语 wàiyǔ
Fremdsprachendidaktik *f* 外语教学法 wàiyǔ jiàoxuéfǎ
Fremdspracheninstitut *n* 外国语学院 wàiguóyǔ xuéyuàn
Fremdstoff *m* 有毒的异体物质 yǒudúde yìtǐ wùzhì；添加物 tiānjiāwù
Fremdwort *n* 外来词 wàiláicí
frenetisch *adj* 疯狂的 fēngkuángde，狂热的 kuángrède，热烈的 rèliède
Frequenz *f* -，-en 频率 pínlǜ；周率 zhōulǜ；次数 cìshù；出现率 chūxiànlǜ
Fresse *f* -，-n 嘴巴 zuǐba：die ～ halten 住嘴；die große ～ haben 吹牛，夸张；面孔 miànkǒng
fressen* I *vt* （指动物）吃 chī；（粗俗用语指人）大吃 dàchī，大嚼 dàjué；消耗 xiāohào II *vi* 腐蚀 fǔshí，侵蚀 qīnshí；折磨 zhémó
Fressen *n* -s 饲料 sìliào；（粗俗语）食物 shíwù
Freude *f* -，-n 愉快 yúkuài，高兴 gāoxìng，欢乐 huānlè：jm eine ～ machen（或 bereiten）使某人高兴；乐趣 lèqù，喜欢 xǐhuan：die ～ an der Arbeit haben 抱有对工作的乐趣；乐事 lèshì，令人愉快的事物 lìng rén yúkuài de shìwù
freudig *adj* 高兴的 gāoxìngde，欢乐的 huānlède，愉快的 yúkuàide；可喜的 kěxǐde；令人愉快的 lìng rén yúkuài de
freudlos *adj* 不快活的 bù kuàihuóde，不愉快的 bù yúkuàide，不高兴的 bù gāoxìngde；悲伤的 bēishāngde
freuen I *vt* 使高兴 shǐ gāoxìng，使愉快 shǐ yúkuài II *rfl* 感到高兴 gǎndào gāoxìng，感到喜悦 gǎndào xǐyuè：sich an etw（*D*）（或 über etw（*A*））～ 对某事感到高兴；sich an jm（或 über jn）～ 对某人感到高兴；sich auf jn［etw］～ 高兴地期待着某人［某事］
Freund *m* -(e)s，-e 朋友 péngyou，（女方的）男朋友 nánpéngyou；爱好者 àihàozhě
Freundin *f* -，-nen 女朋友 nǚpéngyou
freundlich *adj* 友好的 yǒuhǎode，亲切的 qīnqiède；宜人的 yírénde，温暖的 wēnnuǎnde，美好的 měihǎode，（令人）愉快的 yúkuàide：～es Wetter 晴朗的天气；eine ～e Umgebung 令人愉快的环境
Freundschaft *f* -，-en 友好 yǒuhǎo，友谊 yǒuyì，亲切 qīnqiè；朋友（总称）péngyou；亲戚 qīnqi，亲友 qīnyǒu
freundschaftlich *adj* 友好的 yǒuhǎode，友谊的 yǒuyìde
Freundschaftsmeeting [... mi:tiŋ] *n* -s，-s 友谊联欢会 yǒuyì liánhuānhuì
Friede *m* -ns，-n，**Frieden** *m* -s，- 和平 hépíng；和睦 hémù，和谐 héxié：in dieser Familie herrscht kein ～ 这个家庭里没有和睦可言；宁静 níngjìng，平静 píngjìng；和约 héyuē
Friedensaufruf *m* 呼吁和平 hūyù hépíng
Friedenskampf *m* 为和平而斗争 wèi hépíng ér dòuzhēng
Friedensvertrag *m* 和约 héyuē
Friedhof *m* 公墓 gōngmù，墓地 mùdì
friedlich *adj* 和平的 hépíngde：die ～e Koexistenz 和平共处；安静的 ānjìngde，宁静的 níngjìngde
friedliebend *adj* 爱好和平的 àihào hépíng de
frieren* I *vi* 感到冷 gǎndào lěng：jn friert（es）（或 es friert jn）某人感到冷；ich friere an den Händen［Füßen］我感到手［脚］冷；结冰 jiébīng，结冻 jiédòng：heute nacht hat es gefroren 昨天夜间结冰了 I *vi*（*s*）冻结 dòngjié，冻硬 dòngyìng：der Boden ist hart gefroren 土地冻硬了
frigid(e) *adj* 冷淡的 lěngdànde，索然无味 suǒrán wúwèi；（妇女）性欲冷淡的 xìngyù lěngdàn de
Frikadelle *f* -，-n 油煎肉饼 yóu jiān ròubǐng，炸肉丸 zháròuwán
frisch *adj* 新鲜的 xīnxiānde，干净的 gānjìngde：Achtung（或 Vorsicht），～ gestrichen！当心，油漆未干！凉爽的 liángshuǎngde；健康的 jiànkāngde，活泼的 huópode，朝气蓬勃的 zhāoqì péngbó de，精力充沛的 jīnglì chōngpèi de；新近的 xīnjìnde，新到的 xīn dào de，刚刚的 gānggāngde
Frischfisch *m* 鲜鱼 xiānyú
Frischfleisch *n* 鲜肉 xiānròu
Frischgemüse *n* 新鲜蔬菜 xīnxiān shūcài
Frischgrün *n* 新的绿化区 xīnde lǜhuàqū；新种的树木、草坪等 xīn zhòng de

shùmù、cǎopíng děng)
Frischluft *f* 新鲜空气 xīnxiān kōngqì
Frischmilch *f* 鲜牛奶 xiānniúnǎi
Frischobst *n* 新鲜水果 xīnxiān shuǐguǒ
Frischoperierte *m/f* (按形容词变化)刚动过手术的病人 gāng dòngguo shǒushù de bìngrén
Friseur [fri'zøːɐ] *m* -s, -e 理发师 lǐfàshī
Friseurin *f* -, -n 女理发师 nǚlǐfàshī
Friseuse [fri'zøːzə] *f* -, -n = Friseurin
frisieren I *rfl/vt* 梳理头发 shūlǐ tóufà; 替…理发 tì… lǐfà: jn ~ 给某人理发 **II** *vt* (对新闻报道等)篡改 cuàngǎi,美化 měihuà
Friseursalon *m* 理发厅 lǐfàtīng,理发店 lǐfàdiàn
Frisiersalon *m* = Friseursalon
Frist *f* -, -en 期限 qīxiàn: eine ~ um zwei Wochen verlängern 延期两周
Fristenlösung *f* 允许的堕胎期限 yǔnxǔde duòtāi qīxiàn
fristlos *adj* 无期限的 wú qīxiàn de;立即的 lìjíde
Frisur *f* -, -en 头发式样 tóufà shìyàng,发式 fàshì
frivol *adj* 轻薄的 qīngbóde,轻浮的 qīngfúde,猥亵的 wěixiède,黄色的 huángsède
Frivolität *f* -, -en 轻浮 qīngfú,轻薄 qīngbó,猥亵 wěixiè;轻浮举动 qīngfú jǔdòng,轻薄话 qīngbóhuà
froh *adj* 高兴的 gāoxìngde,快乐的 kuàilède,快活的 kuàihuode;令人愉快的 lìng rén yúkuài de,使人高兴的 shǐ rén gāoxìngde: ~ über etw sein (或 werden) 对某事感到高兴
fröhlich *adj* 欢乐的 huānlède,愉快的 yúkuàide,兴高采烈的 xìng gāo cǎi liè de: Fröhliche Weihnachten! 圣诞快乐!
frohlocken *vi* 欢呼 huānhū,颂扬 sòngyáng,得意洋洋 déyì yángyáng
fromm *adj* 虔诚的 qiánchéngde,虔敬的 qiánjìngde;善良的 shànliángde,善意的 shànyìde,好心肠的 hǎo xīncháng de
Frömmigkeit *f* - 虔诚 qiánchéng,虔敬 qiánjìng;善行 shànxíng
Front *f* -, -en 前面 qiánmian,正面 zhèngmiàn;前部 qiánbù;前线 qiánxiàn,前方 qiánfāng;战线 zhànxiàn;阵线 zhènxiàn,党派 dǎngpài
frontal *adj* 正面的 zhèngmiànde,前面的 qiánmiande
Frosch *m* -(e)s, ¨-e 蛙 wā,青蛙 qīngwā
Froschmann *m* 蛙人 wārén,潜水员 qiánshuǐyuán
Frost *m* -es, ¨-e 冰冻 bīngdòng,严寒 yánhán
Frostbeule *f* 冻疮 dòngchuāng
frösteln *vi* 冷得发抖 lěngde fādǒu
frostig *adj* 霜冻的 shuāngdòngde,严寒的 yánhánde,寒冷的 hánlěngde;冷淡的 lěngdànde,冷冰冰的 lěngbīngbīngde
Frucht *f* -, ¨-e 水果 shuǐguǒ,果实 guǒshí;成果 chéngguǒ,结果 jiéguǒ,收获 shōuhuo;胎儿 tāi'ér
fruchtbar *adj* 肥沃的 féiwòde;有成果的 yǒu chéngguǒ de,有成效的 yǒu chéngxiào de;多产的 duōchǎnde,产仔多的 chǎnzǐ duōde
fruchten *vi* 产生效果 chǎnshēng xiàoguǒ,有效 yǒuxiào,有用 yǒuyòng
fruchtlos *adj* 无效的 wúxiàode,无结果的 wú jiéguǒ de,无用的 wúyòngde
früh I *adj* 早的 zǎode: am ~en Morgen 早晨 **II** *adv* 早晨 zǎochen: morgen ~ 明天早晨; von ~ bis spät 从早到晚
Frühe *f* - 清晨 qīngchén,黎明 límíng: wir sind in aller ~ aufgebrochen 我们一清早就出发了
früher I *adj* 过去的 guòqùde,先前的 xiānqiánde **II** *adv* 以前 yǐqián,从前 cóngqián: 3 Stunden ~ 提前三小时; ~ oder später 迟早
frühestens *adv* 最早 zuì zǎo: ~ in einer Woche 最早一星期后
Frühgeburt *f* 早产 zǎochǎn;(不足2500克重的)早产儿 zǎochǎn'ér
Frühgeschichte *f* 古代史 gǔdàishǐ,早期 zǎoqī
frühinvalid *adj* 早期残废的 zǎoqī cánfèi de
Frühjahr *n* 春(季) chūn
Frühling *m* -s, -e 春(季) chūn;青春 qīngchūn;繁荣 fánróng
Frühlingsfest *n* 春节 Chūn Jié
frühreif *adj* 早熟的 zǎoshúde
Frühstück *n* -(e)s, -e 早餐 zǎocān
frühstücken I *vi* 用早餐 yòng zǎocān **II** *vt* 把…作早餐 bǎ … zuò zǎocān,早餐吃… zǎocān chī …
Frühwarnflugzeug *n* 预警飞机 yùjǐng fēijī

F

Frühwarnsystem *n* 预警系统 yùjǐng xìtǒng
frühzeitig *adj* 早的 zǎode；过早的 guòzǎode，提早的 tízǎode
Fuchs *m* -es，..̈-e 狐狸 húli；狐皮 húpí；狡猾的人 jiǎohuáde rén：ein (schlauer) ～ 一个狡猾的人；红棕色的马 hóng zōngsè de mǎ
Fuchsschwanz *m* 狐尾 hú wěi；手锯 shǒujù，狐尾锯 hú wěi jù
fuchteln *vi* 挥舞 huīwǔ，挥动 huīdòng
fuchtig *adj* 恼怒的 nǎonùde，恼火的 nǎohuǒde
Fuge *f* -，-n 缝隙 fèngxì，接缝 jiēfèng，接合处 jiēhéchù；赋格曲 fùgéqǔ
fügen I *vt* 连接 liánjiē：einen Stein an (或 auf) den anderen ～ 把一块砖砌在另一块上；添加 tiānjiā，补充 bǔchōng；安排 ānpái，布置 bùzhì **II** *rfl* 顺从 shùncóng，服从 fúcóng：sich jm [etw(*D*)] ～ 顺从某人[某事]
fügsam *adj* 顺从的 shùncóngde，服从的 fúcóngde，依顺的 yīshùnde，温顺的 wēnshùnde
Fügung *f* -，en 命运的安排 mìngyùn de ānpái，机遇 jīyù，运气 yùnqì；(语法)搭配 dāpèi
fühlbar *adj* 明显的 míngxiǎnde；可感觉到的 kě gǎnjuédào de
fühlen I *vt* 感觉 gǎnjué，感到 gǎndào，感知 gǎnzhī：er fühlte heftige Schmerzen im Bein 他感到腿上剧烈疼痛；摸 mō，触 chù：etw Hartes ～ 摸到硬的东西 **II** *rfl* 感觉 gǎnjué，感到 gǎndào：sich allein [wohl] ～ 感到孤独[舒服]；认为 rènwéi，觉得 juéde：sich verpflichtet ～，etw zu tun 觉得有义务做某事
Fühler *m* -s，- 触角 chùjiǎo，触须 chùxū：die ～ ausstrecken 试探
Fühlung *f* - 联系 liánxì；接近 jiējìn，接触 jiēchù：mit jm ～ behalten 与某人保持联系
Fühlungnahme *f* - 接触 jiēchù，建立联系 jiànlì liánxì
führen I *vt* 领导 lǐngdǎo，率领 shuàilǐng：einen Betrieb ～ 领导一个工厂；eine Delegation ～ 率领一个代表团；带领 dàilǐng，引导 yǐndǎo：ein Kind (an der Hand) ～ 牵一孩子(的手)；einen Blinden (am Arm) über die Straße ～ 领一盲人过街；过 guò(某种生活)；驾驶 jiàshǐ；提出 tíchū；进行 jìnxíng；有 yǒu，带有 dàiyǒu(标志)；携带 xiédài，使用 shǐyòng **II** *vi* 导致 dǎozhì，导向 dǎoxiàng，通向 tōng xiàng：es wird zu nichts Gutes ～ 这样做不会有好结果；领先 lǐngxiān，带头 dàitóu：er führte bei dem Rennen 他在赛跑中领先 **III** *Pl* **führend** 领导的 lǐngdǎode，主导的 zhǔdǎode，居先的 jūxiānde：～e Männer 领导人物
Führer *m* -s，- 领袖 lǐngxiù，领导人 lǐngdǎorén；向导 xiàngdǎo；旅行指南 lǚxíng zhǐnán；驾驶员 jiàshǐyuán
Führerschein *m* 驾驶执照 jiàshǐ zhízhào
Fuhrmann *m* 赶马车的人 gǎn mǎchē de rén
Führung *f* -，-en 领导 lǐngdǎo，指导 zhǐdǎo；领导班子 lǐngdǎo bānzi；领先 lǐngxiān；导游参观 dǎoyóu cānguān；进行 jìnxíng；使用 shǐyòng，操纵 cāozòng；举止 jǔzhǐ，态度 tàidu
Führungsschicht *f* 领导层 lǐngdǎocéng，领导阶层 lǐngdǎo jiēcéng
Führungsstil *m* 领导风格 lǐngdǎo fēnggé，领导作风 lǐngdǎo zuòfēng
Fuhrwerk *n* 马车 mǎchē，牛车 niúchē
Fülle *f* - 充满 chōngmǎn，丰富 fēngfù，许多 xǔduō，大量 dàliàng：in Hülle und ～ 大量；肥胖 féipàng，丰盈 fēngyíng
füllen I *vt* 注入 zhùrù，灌满 guànmǎn，装满 zhuāngmǎn：einen Sack mit etw ～ 用某物把一袋子装满；(位置)占满 zhànmǎn，占据 zhànjù：die Bücher ～ das ganze Regal 书籍占满整个书架；der Aufsatz füllt zehn Seiten 这篇文章有十页 **II** *rfl* 充满 chōngmǎn，装满 zhuāngmǎn：ihre Augen füllten sich mit Tränen 她的眼睛噙满泪水
Füller *m* -s，- 自来水笔 zìláishuǐbǐ，钢笔 gāngbǐ
Füllfederhalter *m* = Füller
füllig *adj* 丰满的 fēngmǎnde，又胖又圆的 yòu pàng yòu yuán de
Fund *m* -(e)s，-e 拾得物 shídéwù；发掘物 fājuéwù，出土文物 chūtǔ wénwù；拾得 shídé，发现 fāxiàn
Fundament *n* -(e)s，-e 基础 jīchǔ，根基 gēnjī；地基 dìjī，地脚 dìjiǎo；底座 dǐzuò，基座 jīzuò
fundamental *adj* 基础的 jīchǔde，基本的 jīběnde，根本的 gēnběnde
Fundbüro *n* 失物招领处 shīwù zhāolǐngchù

Fundgrube *f* 丰富的矿坑 fēngfùde kuàngkēng；宝库 bǎokù，富源 fùyuán
fundieren *vt* 给…打下基础 gěi … dǎxià jīchǔ；为…提供资金 wèi … tígōngzījīn
fünf *num* 五 wǔ
fünfte *num* 第五 dìwǔ
fünfzehn *num* 十五 shíwǔ
fünfzig *num* 五十 wǔshí
Funk *m* -(e)s 无线电 wúxiàndiàn，无线电广播 wúxiàndiàn guǎngbō；无线电收音机 wúxiàndiàn shōuyīnjī；无线广播电台 wúxiàn guǎngbō diàntái；收发报机 shōufābàojī
Funkamateur *m* 无线电业余爱好者 wúxiàndiàn yèyú àihàozhě
Funkampel *f* 无线电信号灯 wúxiàndiàn xìnhàodēng
Funke *m* -ns，-n **Funken** *m* -s，- 火星 huǒxīng，火花 huǒhuā
funkeln *vi* 发火花 fā huǒhuā，闪耀 shǎnyào
funkelnagelneu *adj* 崭新的 zhǎnxīnde，全新的 quánxīnde
Funker *m* -s，- 无线电报务员 wúxiàndiàn bàowùyuán，话务员 huàwùyuán
Funktion *f* -，-en 功能 gōngnéng，作用 zuòyòng，官能 guānnéng；职务 zhíwù，职责 zhízé
Funktionär *m* -s，-e 干部 gànbù，工作人员 gōngzuò rényuán
funktionell *adj* 起作用的 qǐ zuòyòngde，有效的 yǒuxiàode；功能的 gōngnéngde，机能的 jīnéngde
funktionieren *vi* 起作用 qǐ zuòyòng；（机器等）运行 yùnxíng；行使职责 xíngshǐ zhízé
Funktionsverb *n* 功能动词 gōngnéng dòngcí
für *prp* (A) 为了 wèile：～ jn [etw] arbeiten 为某人[某事]干活 gànhuó；赞成 zànchéng，赞同 zàntóng，支持 zhīchí：～ jn [etw] sein 支持某人[某事]；对于 duìyú：das ist zu schwer ～ mich 这对我来说太难了，我觉得这太难了；用于 yòngyú，给 gěi：ein Buch ～ Kinder 一本儿童书（籍）；认为 rènwéi：jn ～ intelligent halten 认为某人聪明；代替 dàitì：～ die ganze Belegschaft sprechen 代表全体职工说话；用以买 yòng yǐ mǎi，交换 jiāohuàn：etw ～ einen günstigen Preis kaufen 以优惠的价格购买某物；为期 wéiqī：～ einige Wochen verreisen 外出旅行几周；因为 yīnwèi：jn ～ etw belohnen 因为某事酬劳某人；（用于词组）Schritt ～ Schritt 逐步；Tag ～ Tag 每天
Furche *f* -，-n 犁沟 lígōu，垄沟 lǒnggōu；（脸上的）皱纹 zhòuwén
Furcht *f* - 害怕 hàipà，惧怕 jùpà，恐惧 kǒngjù
furchtbar I *adj* 可怕的 kěpàde II *adv* 非常 fēicháng，极其 jíqí：～ heiß 热得不得了
fürchten I *vt/rfl* 怕 pà，害怕 hàipà，担心 dānxīn，惧怕 jùpà：das Kind fürchtet sich im Dunkeln 这孩子在黑暗里感到害怕 II *vi* 为…担忧 wèi … dānyōu，担心 dānxīn：für（或 um）jn [etw] ～ 为某人[某事]担忧
fürchterlich I *adj* 可怕的 kěpàde II *adv* 非常 fēicháng，极其 jíqí
furchtlos *adj* 无畏的 wúwèide，勇敢的 yǒnggǎnde
furchtsam *adj* 畏惧的 wèijùde，胆怯的 dǎnqiède
Fürsorge *f* - 关心 guānxīn，关怀 guānhuái，照顾 zhàogù，照料 zhàoliào
fürsorglich *adj* 关心的 guānxīnde，关怀的 guānhuáide，照顾的 zhàogùde，照料的 zhàoliàode
Fürsprache *f* -，-n 说情 shuōqíng，讲情 jiǎngqíng，调解 tiáojiě
Fürsprecher *m* -s，- 说情者 shuōqíngzhě，代言人 dàiyánrén；律师 lǜshī
Fürst *m* -en，-en 诸侯 zhūhóu，君侯 jūnhóu；侯爵 hóujué
fürstlich *adj* 王侯的 wánghóude，君侯的 jūnhóude，侯爵的 hóujuéde；丰富的 fēngfùde，优厚的 yōuhòude
Furunkel *m/n* -s，- 疖子 jiēzi
fürwahr *adv* 的确 díquè，确实 quèshí，真的 zhēnde
Furz *m* -es，¨-e 屁 pì：einen ～ lassen 放屁
furzen *vi* 放屁 fàngpì
Fusel *m* -s，- 劣等烧酒 lièděng shāojiǔ
Fusion *f* -，-en（企业的）合并 hébìng，联合 liánhé
Fuß *m* -es，¨-e 脚 jiǎo，足 zú：auf eigenen Füßen stehen 自力更生；zu ～ gehen 步行；最下部 zuìxiàbù，底部 dǐbù；袜底 wàdǐ：der Strumpf hat am ～ ein Loch 袜底有一个洞；（诗的）韵脚 yùnjiǎo；（旧时长度单位）呎 chǐ

F

Fußball *m* -(e)s, ⸗e 足球 zúqiú；足球运动 zúqiú yùndòng，足球比赛 zúqiú bǐsài
fußballern *vi* 踢足球 tī zúqiú
Fußballfan *m* -s, -s 足球迷 zúqiúmí
Fußballkrimi *m* （诙谐语）非常紧张精彩的足球赛 fēicháng jǐnzhāng jīngcǎi de zúqiúsài
Fußballspiel *n* 足球比赛 zúqiú bǐsài
Fußballtoto *n* /*m* 足球赛彩票 zúqiúsài cǎipiào
Fußboden *m* 地板 dìbǎn
fußen *vi* 立足于 lìzú yú，以…为根据 yǐ … wéi gēnjù，以…为立足点 yǐ … wéi lìzúdiǎn：auf etw (*D*) ～ 以某事物为根据
Fußgänger *m* -s, - 行人 xíngrén，步行者 bùxíngzhě
Fußgängerbrücke *f* 行人过街天桥 xíngrén guòjiē tiānqiáo
Fußgängerübergang *m*, **Fußgängerüberweg** *m* 人行横道 rénxíng-héngdào
Fußgängerzone *f* 人行道区 rénxíngdàoqū，步行街 bùxíngjiē
Fußgeher *m* -s, - 步行者 bùxíngzhě，行人 xíngrén
Fußmatte *f* （放在门口的）蹭鞋垫 cèngxiédiàn，擦脚垫 cājiǎodiàn；（汽车上的）脚垫 jiǎodiàn
Fußnagel *m* 脚趾甲 jiǎozhǐjia
Fußnote *f* 脚注 jiǎozhù，附注 fùzhù
Fußschweiß *m* 脚汗 jiǎohàn
Fußtritt *m* 脚踢 jiǎo tī
Futter *n* -s 饲料 sìliào；衬里 chènlǐ，（衣服的）里子 lǐzi
Futteral *n* -s, -e 盒子 hézi，套子 tàozi，鞘 qiào，壳 ké
Futterkrippe *f* 饲料槽 sìliàocáo，秣槽 mòcáo
futtern *vt* /*vi* 大量地吃 dàliàngde chī，狼吞虎咽 láng tūn hǔ yàn
füttern *vt* 给…喂饲料 gěi … wèi sìliào；给（孩子，病人）喂食 gěi wèishí；给…衬里子 gěi … chèn lǐzi，给…加衬里 gěi … jiā chènlǐ
Futur *n* -s, -e 将来时 jiāngláishí
Futurologe *m* -n, -n 未来学家 wèiláixuéjiā
Futurologie *f* - 未来学 wèiláixué
Futurum *n* -s, ...ra 将来时 jiāngláishí：erstes [zweites] ～ 第一[第二]将来时

G

Gabe *f* -, -n 礼物 lǐwù,赠品 zèngpǐn,纪念品 jìniànpǐn;施舍 shīshě,救济 jiùjì,捐赠 juānzèng: jn um eine ~ bitten 请求某人救济;才能 cáinéng,天赋 tiānfù;一次剂量 yīcì jìliàng

Gabel *f* -, -n 叉 chā,叉子 chāzi

gabeln I *vt* 用叉子叉 yòng chāzi chā: Heu [Stroh] ~ 用叉子叉干草[麦秸]; das Fleisch aus der Suppe ~ 用叉子在汤里捞肉 II *vi* 用叉(进食) yòng chā III *rfl* 叉开 chākāi,分叉 fēn chā

Gabun 加蓬 Jiāpéng

Gagger ['gegə] *m* -s, - 插科打诨的演员 chā kē dǎ hùn de yǎnyuán

Gagman ['gegmən] *m* -(s), ...men = Gagman

Gagtechnik ['geg...] *f* (增强效果的)技巧 jìqiǎo;艺术手段 yìshù shǒuduàn

gähnen *vi* 打哈欠 dǎhāqian;张开 zhāngkāi,裂开 lièkāi: ein tiefer Abgrund gähnte vor ihnen 他们面临一个深渊

Gala *f* - 盛装 shèngzhuāng,礼服 lǐfú

galant *adj* (对女子)献殷勤的 xiànyīnqínde,有礼貌的 yǒu lǐmào de

Galerie *f* -, -n 长廊 chángláng,游廊 yóuláng,柱廊 zhùláng;(剧场中票价最低的)顶层楼座 dǐngcéng lóuzuò;(总称)顶层楼座的观众 dǐngcéng lóuzuò de guānzhòng;画廊 huàláng,美术陈列馆 měishù chénlièguǎn;一长串 yī cháng chuàn,一大排 yī dà pái

Galgen *m* -s, - 绞刑架 jiǎoxíngjià,绞台 jiǎotái

Galle *f* -, -n 胆 dǎn,胆汁 dǎnzhī;胆囊 dǎnnáng

Gallenblase *f* 胆囊 dǎnnáng

Gallenstein *m* 胆(结)石 dǎn shí

Galopp *m* -s, -s / -e (马的)飞跑 fēipǎo,驰骋 chíchěng,疾驰 jíchí: im ~ davonjagen (或 davonreiten) 疾驰而去;四分之二拍的轻快横步舞 sìfēn zhī èr pāi de qīngkuài héng bù wǔ;快步 kuàibù,敏捷 mǐnjié,迅速 xùnsù

galoppieren *vi* (*h*/*s*) (马的)飞跑 fēipǎo,疾驰 jíchí,骑马疾驰 qímǎ jíchí

Gambia 冈比亚 Gāngbǐyà

Gambier *m* -s, - 冈比亚人 gāngbǐyàrén

gang (用于短语) ~ und gäbe sein 常见的,习以为常的,通常的: solche Ausdrücke sind hier ~ und gäbe 这样的表达方式在这儿常可见到

Gang *m* -(e)s, ⸚e 走 zǒu,步行 bùxíng;步子 bùzi,步伐 bùfá,步态 bùtài;走一趟 zǒu yītàng,前去 qiánqù;运动 yùndòng,运转 yùnzhuǎn: der Motor ist in ~ 马达在运转; etw in ~ bringen 使某物运转(或开动); in ~ kommen 开始,进行;(汽车行驶的)排挡 páidǎng: vom zweiten auf den dritten ~ schalten 从第二档换到第三挡;一道 yīdào(菜): das Essen besteht aus vier Gängen 那餐有四道菜;过程 guòchéng,经过 jīngguò;通道 tōngdào,过道 guòdào,走廊 zǒuláng

gangbar *adj* 可通行的 kě tōngxíng de;可行的 kěxíngde,通用的 tōngyòngde

gängig *adj* 通行的 tōngxíngde;常见的 chángjiànde;流行的 liúxíngde,畅销的 chàngxiāode;流通的 liútōngde: ~e Münze 流通的硬币

Gangster ['gɛŋstɐ] *m* -s, - 歹徒 dǎitú,匪徒 fěitú,强盗 qiángdào

Gans *f* -, ⸚e 鹅 é;蠢女人 chǔnnǚrén: So eine blöde ~! 这样一个蠢丫头!

ganz *adj* 整个的 zhěnggède,全 quán: die ~e Welt 全世界; ~ China 全中国; ~ und gar 完全;大批 dàpī,大量 dàliàng: ich habe einen ~en Haufen Arbeit 我有一大堆工作要做;完整的 wánzhěngde,完好的 wánhǎode: hier sind noch ~e Schüsseln [Tassen] 这里还有一些完整的碗[杯];完美无缺的 wánměi wúquē de: ein ~er Redner 卓越的演说家

Ganze *n* -n (按形容词变化)整体 zhěngtǐ,全体 quántǐ,全部 quánbù

gänzlich *adj* 完全的 wánquánde,全部的 quánbùde,整个的 zhěnggède

gar I *adj* (煮)熟的 shúde: das Fleisch ist noch nicht ~ 肉还没有烧熟 II *adv* 完全 wánquán,全然 quánrán,根本 gēnběn;大概 dàgài,也许 yěxǔ;真是 zhēnshi: ~ nicht 绝不; das ist ~ nicht auszudenken 这不堪设想

Garage [ga'ra:ʒə] *f* -, -n 汽车房 qìchēfáng,车库 chēkù

Garant *m* -en, -en 保证人 bǎozhèngrén,担保人 dānbǎorén;保证 bǎozhèng

Garantie *f* -, -n 保证 bǎozhèng,担保 dānbǎo: unter ~ 肯定,一定,毫无疑问

garantieren *vt* /*vi* 保证 bǎozhèng;保障 bǎozhàng;担保 dānbǎo

Garde *f* -, -n 卫兵 wèibīng,卫队 wèiduì,警卫 jǐngwèi

Garderobe *f* -, -n 衣帽间 yīmàojiān,更衣室 gēngyīshì;(个人的)全部服装 quánbù fúzhuāng,衣帽 yīmào

Gardine *f* -, -n 窗帘 chuānglián

Gardinenpredigt *f* 责备话 zébèihuà

garen I *vt* 使…熟 shǐ … shú II *vi* 变熟 biàn shú

gären* I *vi*(*h*/*s*) 发酵 fājiào;酝酿着 yùnniàngzhe II *vt* 使…发酵 shǐ … fājiào

Garn *n* -(e)s, -e 线 xiàn,棉线 miánxiàn;罗网 luówǎng: jm ins ~ gehen 落入某人圈套

garnieren *vt* 装饰 zhuāngshì,修饰 xiūshì,点缀 diǎnzhuì

Garnison *f* -, -en 驻军 zhùjūn,卫戍部队 wèishù bùduì;(一部队)驻地 zhùdì,卫戍地 wèishùdì

Garnitur *f* -, -en 装饰 zhuāngshì,边饰 biānshì;(一)套 tào,(一)副 fù;一队人员中的优秀代表 yīduì rényuán zhōng de yōuxiù dàibiǎo: die erste ~ der Mannschaft 队里的一流队员;一套内衣 yītào nèiyī;一套军装 yītào jūnzhuāng;(机器的)全套装备 quántào zhuāngbèi

Garten *m* -s, ¨ 花园 huāyuán,园 yuán

Gartenbau *m* 园艺(学) yuányì

Gärtner *m* -s, - 园丁 yuándīng,园艺家 yuányìjiā,园林工人 yuánlín gōngrén

Gärtnerei *f* -, -en 园艺 yuányì;园圃 yuánpǔ,花圃 huāpǔ

Gas *n* -es, -e 煤气 méiqì;气体 qìtǐ: ~ geben 加速,加大油门

Gasherd *m* 煤气炉灶 méiqì lúzào

Gasleitung *f* 煤气管道 méiqì guǎndào

Gasmaske *f* 防毒面具 fángdú miànjù

Gasse *f* -, -n 巷 xiàng,胡同 hútóng: eine ~ ohne Ausgang 一条死胡同;小路 xiǎolù,小径 xiǎojìng

Gassenjunge *m* 街头流浪顽童 jiētóu liúlàng wántóng

Gast *m* -(e)s, ¨-e 客人 kèrén,宾客 bīnkè,来宾 láibīn: bei jm zu ~ sein 在某人家作客;客串 kèchuàn,嘉宾 jiābīn;旅客 lǚkè,顾客 gùkè

Gastarbeiter *m* 客籍工人 kèjí gōngrén

Gästehaus *n* 招待所 zhāodàisuǒ,(迎)宾馆 bīnguǎn: das ~ der Regierung 国宾馆

gastfreundlich *adj* 好客的 hàokède,殷勤招待的 yīnqín zhāodài de

Gastfreundschaft *f* 好客 hàokè,殷勤 yīnqín,热情款待 rèqíng kuǎndài

Gastgeber *m* 主人 zhǔrén,邀请者 yāoqǐngzhě

Gasthaus *n* 饭店 fàndiàn,旅店 lǚdiàn

gastieren *vi* 客串演出 kèchuàn yǎnchū,巡回演出 xúnhuí yǎnchū;在客场比赛 zài kèchǎng bǐsài

gastlich *adj* 好客的 hàokède,殷勤的 yīnqínde,招待周到的 zhāodài zhōudào de

Gastprofessor *m* 客座教授 kèzuò jiàoshòu

Gastrokamera *f* 胃镜 wèijìng

Gastrolle *f* 客串角色 kèchuàn juésè

Gastronom *m* -en, -en 烹调学家 pēngtiáoxuéjiā;美食家 měishíjiā;(旅店、饭馆的)店主 diànzhǔ

Gastspiel *n* 访问演出 fǎngwèn yǎnchū,巡回演出 xúnhuí yǎnchū;客场球赛 kèchǎng qiúsài

Gaststätte *f* 饭店 fàndiàn,饮食店 yǐnshídiàn

Gastwirt *m* 旅馆老板 lǚguǎn lǎobǎn,店主 diànzhǔ

Gastwirtschaft *f* 饮食店 yǐnshídiàn,饭店 fàndiàn;旅馆 lǚguǎn,客栈 kèzhàn

Gasvergiftung *f* 煤气中毒 méiqì zhòngdú

Gaszähler *m* 煤气表 méiqìbiǎo

Gatte *m* -n, -n 丈夫 zhàngfū;(复数)夫妇 fūfù,夫妻俩 fūqīliǎ

Gattin *f* -, -nen 夫人 fūrén,妻子 qīzi
Gattung *f* -, -en 类 lèi,种类 zhǒnglèi,属 shǔ,类型 lèixíng
Gauch *m* -(e)s, -e / ⸚e 布谷鸟 bùgǔniǎo,杜鹃 dùjuān
Gaukelei *f* -, -en 变戏法 biànxìfǎ,魔术 móshù;欺骗 qīpiàn
Gaul *m* -(e)s, ⸚e 马 mǎ;老马 lǎomǎ,劣马 lièmǎ
Gaumen *m* -s, - 腭 è;口味 kǒuwèi
Gauner *m* -s, - 骗子 piànzi,诈骗犯 zhàpiànfàn,坏蛋 huàidàn;滑头 huátóu
Gaunerei *f* -, -en 诈骗 zhàpiàn,骗取 piànqǔ,欺诈 qīzhà
Gebäck *n* -(e)s, -e 烘烤的点心 hōngkǎode diǎnxīn,糕饼 gāobǐng
Gebärde *f* -, -n 手势 shǒushì,表情 biǎoqíng,动作 dòngzuò
gebärden *rfl* 表情 biǎoqíng,动作 dòngzuò,举止 jǔzhǐ,表现 biǎoxiàn
gebären* *vt* 生 shēng,分娩 fēnmiǎn: ein Kind ～ 生一个孩子;产生 chǎnshēng
Gebärmutter *f* 子宫 zǐgōng
Gebärmutter-Ausschabung *f* 刮宫 guāgōng
Gebärstuhl *m* 分娩椅 fēnmiǎnyǐ
Gebäude *n* -s, - 大厦 dàshà,建筑物 jiànzhùwù
Gebein *n* -(e)s, -e 骨骼 gǔgé;四肢 sìzhī,身体 shēntǐ,遗骨 yígǔ
Gebell *n* -(e)s 吠 fèi,吠叫声 fèijiàoshēng
geben* I *vt* 给 gěi,赠给 zènggěi,交给 jiāogěi,递 dì: jm etw (zu eigen) ～ 将某物(送)给某人: jm die Hand ～ 与某人握手;提供 tígōng,给予 jǐyǔ: jm ein gutes Beispiel ～ 给某人以良好的榜样;演出 yǎnchū,举行公演 jǔxíng gōngyǎn;说出 shuōchū: keinen Laut von sich ～ 一声不吭;(用作无人称动词) es gibt 有,存在; Was gibt es heute (zu essen)? 今天有什么好吃的?;(用作功能动词) eine Antwort ～ 回答 II *rfl* 平息 píngxī,减弱 jiǎnruò,停止 tíngzhǐ;自称 zìchēng,自命 zìmìng;采取某种态度 cǎiqǔ mǒuzhǒng tàidu;出现 chūxiàn,有 yǒu
Gebet *n* -(e)s, -e 祈祷 qídǎo,祈求 qíqiú
Gebiet *n* -(e)s, -e 领土 lǐngtǔ,版图 bǎntú;地区 dìqū,地带 dìdài;领域 lǐngyù,范围 fànwéi,方面 fāngmiàn
gebieten* *vt* I 命令 mìnglìng: jm etw ～ 命令某人做某事;要求 yāoqiú,需要 xūyào: die Pflicht gebietet es 责任要求这样做 II *vi* 支配 zhīpèi,掌管 zhǎngguǎn,治理 zhìlǐ: über jn [etw] ～ 支配某人[某事]
Gebilde *n* -s, - 形体 xíngtǐ,形象 xíngxiàng;产物 chǎnwù;构成物 gòuchéngwù;图象 túxiàng
gebildet *adj* 受过教育的 shòuguò jiàoyù de,有教养的 yǒu jiàoyǎng de
Gebirge *n* -s, - 山脉 shānmài
gebirgig *adj* 多山的 duōshānde
Gebiss *n* -es, -e 全副牙齿 quánfù yáchǐ,全副假牙 quánfù jiǎyá;马的衔铁 mǎ de xiántiě
geboren *adj* 出生的 chūshēngde;娘家姓…的 niángjia xìng … de: sie ist eine ～e Fischer 她娘家姓菲舍尔;天生的 tiānshēngde
Geborgenheit *f* - 安全 ānquán
Gebot *n* -(e)s, -e 规定 guīdìng;命令 mìnglìng,指示 zhǐshì;信条 xìntiáo,戒律 jièlǜ;使用 shǐyòng,具有 jùyǒu: etw [jd] steht jm zu ～ 某物[某人]供某人使用
Gebrauch *m* -(e)s, ⸚e 用 yòng,使用 shǐyòng,应用 yìngyòng: etw im (或 in) ～ haben 使用某物; von etw ～ machen 使用(或应用、利用)某物;风俗 fēngsú,习惯 xíguàn
gebrauchen *vt* 使用 shǐyòng,应用 yìngyòng,利用 lìyòng
gebräuchlich *adj* 常用的 chángyòngde,通用的 tōngyòngde
Gebrauchsanweisung *f* 使用说明书 shǐyòng shuōmíngshū,用法说明 yòngfǎ shuōmíng
Gebrauchsartikel *pl* 日用品 rìyòngpǐn
Gebrauchsgarantie *f* 使用保证书 shǐyòng bǎozhèngshū
Gebrauchsgegenstand *m* 日用品 rìyòngpǐn
Gebrauchsrecht *n* 使用权 shǐyòngquán
Gebrauchtwagen *m* 旧汽车 jiùqìchē
Gebrauchtware *f* 旧货 jiùhuò
Gebrechen *n* -s, - (身体上的)缺陷 quēxiàn,残疾 cánjí: jn von seinem ～ heilen 治愈某人的病
gebrochen *adj* 沮丧的 jǔsàngde,垂头丧气的 chuí tóu sàng qì de,消沉的

G

xiāochénde；不流利的 bù liúlìde，结结巴巴的 jiējiēbabāde：er spricht ～ Englisch 他英语说得不流利

Gebrüder（缩写 Gebr.）*pl*（合股经营的）兄弟公司 xiōngdì gōngsī

Gebrüll *n* -(e)s 吼叫声 hǒujiàoshēng

Gebühr *f* -，-en 费 fèi，费用 fèiyong；相应 xiāngyìng，相当 xiāngdāng：nach ～ 适当地，相应地；über ～ 过分地，不必要地

gebühren *vi* 应归于 yìng guīyú：etw gebührt jm 某物应归于某人

gebührenfrei *adj* 免费的 miǎnfèide

Gebührenmarke *f* 印花 yìnhuā，印花税票 yìnhuā shuìpiào

gebunden *adj* 受到约束的 shòudào yuēshù de，被束缚的 bèi shùfù de，有义务的 yǒu yìwù de；装订的 zhuāngdìngde

Geburt *f* -，-en 出生 chūshēng，诞生 dànshēng；分娩 fēnmiǎn，生育 shēngyù：von ～ blind sein 生下来就是瞎子；出身 chūshēn；产生 chǎnshēng

Geburtenboom [... bum] *m* 生育高峰 shēngyù gāofēng

Geburtenkontrolle *f* 控制生育 kòngzhì shēngyù，节制生育 jiézhì shēngyù

Geburtenreg(e)lung *f* 计划生育 jìhuà shēngyù，节制生育 jiézhì shēngyù

Geburtenrückgang *m* 出生率下降 chūshēnglǜ xiàjiàng

Geburtsfehler *m* 天生的缺陷 tiānshēngde quēxiàn，先天性缺陷 xiāntiānxìng quēxiàn

Geburtsjahr *n* 生年 shēngnián

Geburtsort *m* 出生地 chūshēngdì

Geburtstag *m* 生日 shēngri，诞辰 dànchén

Geburtsurkunde *f* 出生证 chūshēngzhèng

Gebüsch *n* -es，-e 灌木丛 guànmùcóng，丛林 cónglín

Gedächtnis *n* -ses 记忆力 jìyìlì：ein schlechtes ～ haben 记忆力不好；回忆 huíyì，纪念 jìniàn，怀念 huáiniàn：jn in gutem ～ behalten 怀念某人

Gedanke *m* -ns，-n 思想 sīxiǎng；想像 xiǎngxiàng，设想 shèxiǎng，意图 yìtú；主意 zhǔyi，念头 niàntou，看法 kànfǎ：an (或 auf) etw keinen ～n verwenden (或 verschwenden) 对某事物不花费脑筋；sich (*D*) über etw [jn] ～n machen 为某事[某人]操心；概念 gàiniàn，观念 guānniàn

Gedankenarbeit *f* 脑力劳动 nǎolì láodòng

Gedankenaustausch *m* 思想交流 sīxiǎng jiāoliú，交流思想 jiāoliú sīxiǎng

Gedankengang *m* 思路 sīlù，思维过程 sīwéi guòchéng

gedankenlos *adj* 思想不集中的 sīxiǎng bù jízhōng de，不注意的 bù zhùyìde，心不在焉的 xīn bù zài yān de

gedankenreich *adj* 思想丰富的 sīxiǎng fēngfù de

Gedankenstrich *m* 破折号 pòzhéhào

gedankenversunken *adj* 沉思的 chénsīde；心不在焉的 xīn bù zài yān de

gedeihen* *vi*(*s*) 生长良好 shēngzhǎng liánghǎo，发育良好 fāyù liánghǎo，繁茂 fánmào；发展 fāzhǎn，繁荣 fánróng

gedenken* I *vi*(*G*) 回忆 huíyì，怀念 huáiniàn：einer Sache ～ 回忆某事；js dankbar ～ 感激地怀念某人 II *vt* 打算 dǎsuan，想要 xiǎngyào，企图 qǐtú：Was ～ Sie zu tun? 您打算做什么？

Gedenkfeier *f* 纪念会 jìniànhuì

Gedenkmünze *f* 纪念硬币 jìniàn yìngbì

Gedicht *n* -(e)s，-e 诗 shī，诗歌 shīgē

Gedichtsammlung *f* 诗集 shījí

gediegen *adj* 纯粹的 chúncuìde，牢固的 láogùde：～es Gold 纯金；精良的 jīngliángde，优质的 yōuzhìde

Gedränge *n* -s 拥挤 yōngjǐ；拥挤的人群 yōngjǐde rénqún：in ein ～ geraten 陷入拥挤的人群中

gedrängt *adj* 拥挤的 yōngjǐde；简要的 jiǎnyàode，精简的 jīngjiǎnde

gedrückt *adj*（交易所）不景气 bù jǐngqì；（金融市场）银根紧 yíngēnjǐn；消沉的 xiāochénde

Geduld *f* - 忍耐 rěnnài，耐心 nàixīn，耐力 nàilì：große（或 viele）～ mit etw [jm] haben 对某事[某人]非常有耐心

gedulden *rfl* 忍耐 rěnnài，耐心等待 nàixīn děngdài

geduldig *adj* 忍耐的 rěnnàide，耐心的 nàixīnde，有忍耐力的 yǒu rěnnàilì de

geehrt *adj* 尊敬的 zūnjìngde：sehr ～er Herr 尊敬的先生（信中称呼）

geeignet *adj* 适当的 shìdàngde，合适的 héshìde，相宜的 xiāngyíde

Gefahr *f* -, -en 危险 wēixiǎn,危害 wēihài: jd läuft ～ 某人冒险
gefährden *vt* 损害 sǔnhài,危及 wēijí
Gefahrengeld *n* 危险作业津贴 wēixiǎn zuòyè jīntiē
Gefahrenträger *m* 风险承担者 fēngxiǎn chéngdānzhě
Gefahrgüter *pl* 危险品 wēixiǎnpǐn
gefährlich *adj* 危险的 wēixiǎnde;冒险的 màoxiǎnde;有生命危险的 yǒu shēngmìng wēixiǎn de
Gefährte *m* -n, -n 同伴 tóngbàn,伙伴 huǒbàn,伴侣 bànlǚ
Gefährtin *f* -, -nen 女同伴 nǚtóngbàn,女伙伴 nǚhuǒbàn,女伴侣 nǚbànlǚ
gefallen* *vi* 满意 mǎnyì,中意 zhòngyì,喜欢 xǐhuan: das Buch gefällt mir sehr 我很喜欢这本书;容忍 róngrěn,听任 tīngrèn: er läss sich (*D*) immer alles ～ 他什么都能容忍
Gefallen I *m* -s, - 帮助 bāngzhù,善意的行为 shànyìde xíngwéi: jn um einen ～ bitten 请某人帮个忙 II *n* -s 乐趣 lèqù,喜欢 xǐhuan,兴趣 xìngqù: an etw [jm] ～ haben (或 finden) 对某事[某人]有兴趣
gefällig *adj* 乐于助人的 lèyú zhù rén de,使人愉快的 shǐ rén yúkuài de,可爱的 kě'àide,好看的 hǎokànde
Gefälligkeit *f* -, -en 好意 hǎoyì,和气 héqi,殷勤 yīnqín;友好的行为 yǒuhǎode xíngwéi,效劳 xiàoláo
Gefälligkeitsakzept *n* 通融承兑 tōngróng chéngduì
Gefälligkeitswechsel *m* 通融票据(或汇票) tōngróng piàojù
gefälscht *adj* 伪造的 wěizàode,假的 jiǎde
Gefangene *m/f* (按形容词变化)俘虏 fúlǔ;犯人 fànrén,囚犯 qiúfàn
Gefangenenlager *n* 俘虏营 fúlǔyíng
gefangennehmen* *vt* 捕获 bǔhuò,俘虏 fúlǔ;迷住 mízhù,吸引住 xīyǐnzhù: die Musik nahm ihn gefangen 音乐使他入迷
Gefangenschaft *f* - 俘获 fúhuò,监禁 jiānjìn,拘禁 jūjìn
Gefängnis *n* -ses, -se 监狱 jiānyù,牢房 láofáng: jn ins ～ werfen 把某人投入监狱
Gefäß *n* -es, -e 容器 róngqì,器皿 qìmǐn
gefasst *adj* 镇静的 zhènjìngde,沉着的 chénzhuóde,自制的 zìzhìde,有准备的 yǒu zhǔnbèi de
Gefecht *n* -(e)s, -e 战斗 zhàndòu: jn außer ～ setzen 使某人失去战斗力
Geflügel *n* -s 家禽 jiāqín
Geflüster *n* -s 窃窃私语 qièqiè sīyǔ,(持续不断的)耳语 ěryǔ
Gefolge *n* -s, - 随员 suíyuán,侍从 shìcóng
gefragt *adj* 受欢迎的 shòu huānyíng de,热门的 rèménde,畅销的 chàngxiāode
Gefreite *m/f* (按形容词变化)二等兵 èrděngbīng
gefrieren* *vi*(*s*) 结冰 jiébīng,凝固 nínggù,冻结 dòngjié: der Boden ist gefroren 地面冻了起来
Gefrierpunkt *m* 冰点 bīngdiǎn,凝固点 nínggùdiǎn
Gefüge *n* -s, - 内部结构 nèibù jiégòu,构造 gòuzào;接缝 jiēfèng,接合 jiēhé
Gefühl *n* -(e)s, -e 感觉 gǎnjué,知觉 zhījué 感情 gǎnqíng: ein Mensch ohne ～ 冷酷的人
gefühllos *adj* 无感觉的 wú gǎnjué de,麻木的 mámùde;无情的 wúqíngde,冷酷的 lěngkùde
Gefühlsmensch *m* 重感情的人 zhòng gǎnqíng de rén
gefühlsvoll *adj* 富于情感的 fù yú qínggǎn de;多愁善感的 duō chóu shàn gǎn de,伤感的 shānggǎnde
gegebenenfalls 〈缩写: ggf.〉 *adv* 如果发生这种情况 rúguǒ fāshēng zhèzhǒng qíngkuàng,也许 yěxǔ
Gegebenheit *f* -, -en 现实 xiànshí,事实 shìshí,情况 qíngkuàng
gegen I *prp* (*A*) (指方向)朝 cháo,向 xiàng: ～ Norden 朝北方;(指行为、态度、作用)对 duì,反对 fǎnduì: ～ jn [etw] protestieren 对某人[某事]提出抗议; ein Mittel ～ Husten 一种治咳嗽的药;(指接触)碰到 pèngdào: Schulter ～ Schulter 肩碰肩;(用于比较)对 duì,比 bǐ: ～ ihn ist er nichts 和他相比他太渺小了 (表示交换)换 huàn,凭 píng: Geld ～ eine Quittung geben [erhalten] 凭单据付款[收款];(指时间)约 yuē,将近 jiāngjìn,左右 zuǒyòu: ～ Mitternacht 将近午夜 II *adv* 约 yuē,大约 dàyuē: ～ 1000 Menschen befanden sich im Saal 大厅里约有一千人
Gegenangriff *m* 反攻 fǎngōng

Gegenbesuch *m* 回访 huífǎng: jm einen ～ machen 回访某人

Gegenbeweis *m* 反证 fǎnzhèng

Gegend *f* -, -en 地区 dìqū, 地带 dìdài

Gegendarstellung *f* 更正报纸消息 gēngzhèng bàozhǐ xiāoxi; 相反的说法 xiāngfǎnde shuōfǎ

gegeneinander *adv* 相互 xiānghù, 相对 xiāngduì: ～ kämpfen 相互斗争

Gegenleistung *f* 回报 huíbào, 酬报 chóubào

Gegenlicht *n* 逆光 nìguāng

Gegenmaßnahme *f* 对策 duìcè, 预防措施 yùfáng cuòshī

Gegensatz *m* 对立 duìlì, 相反 xiāngfǎn: sich im (或 in) ～ zu jm befinden 与某人(的观点)对立; 对比 duìbǐ, 对照 duìzhào; 矛盾 máodùn

gegensätzlich *adj* 对立的 duìlìde, 相反的 xiāngfǎnde, 矛盾的 máodùnde

gegenseitig *adj* 互相的 hùxiāngde, 双方的 shuāngfāngde, 彼此的 bǐcǐde: sich ～ helfen 互相帮助

Gegenseitigkeitsabkommen *n* 互惠(贸易)协定 hùhuì xiédìng

Gegenseitigkeitsvertrag *m* 互惠条约 hùhuì tiáoyuē

Gegenspieler *m* 对手 duìshǒu, 对方 duìfāng; 反面人物 fǎnmiàn rénwù

Gegenstand *m* 物 wù, 物体 wùtǐ, 东西 dōngxī; 对象 duìxiàng; 题目 tímù, 话题 huàtí: von dem ～ abschweifen 离题

Gegenteil *n* 对立物 duìlìwù, 相反 xiāngfǎn, 反面 fǎnmiàn: im ～ 相反

gegenüber *prp* (*D*) (指地点)在…对面 zài … duìmiàn: sie saß uns ～ 她坐在我们对面; (指关系)对 duì, 对待 duìdài: tiefes Verantwortungsgefühl ～ der Arbeit 对工作极端负责; (指比较)比 bǐ: ～ dem Vorjahr 比上年

gegenüberstehen* *vi* 站在对面 zhàn zài duìmiàn, 面对 miàn duì, 面向 miànxiàng; 对…持…态度 duì … chí … tàidu: einem Plan kritisch ～ 对一计划持批评态度

gegenüberstellen *vt* 使对比 shǐ duìbǐ, 使比较 shǐ bǐjiào, 使对照 shǐ duìzhào; 使对质 shǐ duìzhì

gegenübertreten* *vi* (*s*) 走向… zǒuxiàng …; 对付 duìfu, 对待 duìdài, 处理 chǔlǐ

Gegenvorschlag *m* 反建议 fǎnjiànyì

Gegenwart *f* - 当代 dāngdài, 现代 xiàndài, 现在 xiànzài: die Literatur der ～ 当代文学; 在场 zàichǎng, 当面 dāngmiàn: in js ～ 当着某人的面

gegenwärtig *adj* 现在的 xiànzàide, 现代的 xiàndàide, 当前的 dāngqiánde; 在场的 zàichǎngde

Gegenwartsautor *m* 当代作家 dāngdài zuòjiā

Gegner *m* -s, - 敌人 dírén, 敌手 díshǒu; 对手 duìshǒu, 对方 duìfāng

gegnerisch *adj* 敌对的 díduìde, 敌方的 dífāngde, 敌手的 díshǒude, 对手的 duìshǒude

Gehalt I *n* -(e)s, ¨-er 薪水 xīnshui, 工资 gōngzī II *m* -(e)s, -e 内容 nèiróng, 成分 chéngfèn, 含量 hánliàng; 容量 róngliàng, 容积 róngjī

Gehaltsbezüge *pl* 薪水收入 xīnshui shōurù

Gehäuse *n* -s, - 罩 zhào, 壳 ké, 套 tào; 果心 guǒxīn

geheim *adj* 秘密的 mìmìde, 隐藏的 yǐncángde: im Geheimen 秘密地, 暗中

geheimhalten* *vt* 保守秘密 bǎoshǒu mìmì, 不泄露 bù xièlòu, 隐瞒 yǐnmán

Geheimnis *n* -ses, -se 秘密 mìmì, 机密 jīmì, 奥秘 àomì: in die ～se der Natur eindringen 探索自然界的奥秘

geheimnisvoll *adj* 神秘的 shénmìde, 不可思议的 bù kě sīyì de, 不可解释的 bùkě jiěshì de

gehen* I *vi* (*s*) 走 zǒu, 行走 xíngzǒu: zu Fuß ～ 步行; 到…去 dào … qù: einkaufen ～ 去采购; 上学 shàngxué, 就业 jiùyè: zur (或 in die) Schule ～ 上学; 开始 kāishǐ, 进入 jìnrù: an die Arbeit ～ 着手工作; 开 kāi, 开动 kāidòng: das Schiff geht nach Afrika 这船开往非洲; 离开 líkāi; 运行 yùnxíng, 作用 zuòyòng: die Uhr geht genau 钟走得准确; 导向 dǎoxiàng: der Weg geht durch den Wald 这条路穿过树林; 行 xíng, 可能 kěnéng: das geht nicht 这不行; 达到 dádào: das Wasser geht ihm bis an die Brust 水深及他的胸部; 违反 wéifǎn, 超过 chāoguò, 接近 jiējìn: das geht über seine Kräfte 这超过了他的能力; 朝向 cháoxiàng: alle Zimmer ～ nach der Straße 所有房间都临街; 适合 shìhé, 容纳 róngnà: in den Eimer ～ 10 Liter Wasser 这个桶可装十

升水;(表示境况) Wie geht es dir? 你(身体)好吗? 关系于 guānxì yú: es geht um Leben und Tod 事关生死存亡; es geht um jn [etw] 此事关系到某人[某事] II *vt* 走 zǒu,走过 zǒuguò: den Weg des Sozialismus ~ 走社会主义道路; sich Blasen unter die Füße ~ 脚底走出疱来

geheuer *adj* (常用于短语) nicht(ganz) ~ (sein) 阴森可怕的;不愉快的 bù yúkuàide,不舒服的 bù shūfude;可疑的 kěyíde;不确定的 bù quèdìngde

Gehilfe *m* -n, -n 助手 zhùshǒu,助理 zhùlǐ,帮手 bāngshou;伙计 huǒji;帮凶 bāngxiōng

Gehirn *n* -(e)s, -e 脑(子) nǎo

Gehirnerschütterung *f* 脑震荡 nǎozhèndàng

Gehirnhautentzündung *f* 脑膜炎 nǎomóyán

Gehirnwäsche *f* (政治强制)洗脑筋 xǐnǎojīn

gehoben *adj* 高雅的 gāoyǎde,庄严的 zhuāngyánde;高兴的 gāoxìngde,高涨的 gāozhǎngde;高级(职位)的 gāojíde

Gehör *n* -(e)s 听觉 tīngjué;听 tīng,倾听 qīngtīng

gehorchen *vi* 服从 fúcóng,听从 tīngcóng: einem Befehl ~ 服从命令

gehören *vi* 属…所有 shǔ … suǒyǒu: das alles gehört dem Volk 这一切都属于人民;属于 shǔyú,归入 guīrù: das gehört nicht zur Sache 这与本题无关;需要 xūyào,适合 shìhé,应该 yīnggāi: die Kinder ~ abends um neun ins Bett 孩子们晚上九点应该上床;恰当 qiàdàng,适当 shìdàng: das gehört sich (nicht) 这是(不)妥当的

gehörig *adj* 适当的 shìdàngde,适宜的 shìyíde,应有的 yīngyǒude;厉害的 lìhaide,彻底的 chèdǐde,有力的 yǒulìde;属于…的 shǔyú … de

gehörlos *adj* 聋的 lóngde

Gehörlose *m/f* (按形容词变化)聋子 lóngzi

gehorsam *adj* 服从的 fúcóngde,顺从的 shùncóngde,听话的 tīnghuàde,乖的 guāide

Gehorsam *m* -(e)s 服从 fúcóng,顺从 shùncóng: blinder ~ 盲目服从

Gehsteig *m* -(e)s, -e 人行道 rénxíngdào: den ~ benutzen 走人行道

Geige *f* -, -n 小提琴 xiǎotíqín: die erste ~ spielen 担任第一小提琴手,扮演主角,起主导作用

geigen I *vi* 拉小提琴 lā xiǎotíqín II *vt* 用小提琴奏 yòng xiǎotíqín zòu

Geiger *m* -s, - 小提琴手 xiǎotíqínshǒu

Geisel *f* -, -n 人质 rénzhì: jn als (或 zur) ~ nehmen 拿某人作为人质

Geiselbefreiung *f* 释放人质 shìfàng rénzhì

Geiselnahme *f* 扣留人质 kòuliú rénzhì

Geist *m* -(e)s, -er 意识 yìshí;智力 zhìlì,智慧 zhìhuì;精神 jīngshén,理智 lǐzhì,心灵 xīnlíng;思想 sīxiǎng,意向 yìxiàng,意图 yìtú;幽灵 yōulíng,鬼怪 guǐguài

Geisterbild *n* (电视的)重像 chóngxiàng,重影 chóngyǐng

geistesabwesend *adj* 思想不集中的 sīxiǎng bù jízhōng de,心不在焉的 xīn bù zài yān de

Geistesgegenwart *f* 镇定 zhèndìng,沉着 chénzhuó

geisteskrank *adj* 患精神病的 huàn jīngshénbìng de

Geisteskranke *m/f* (按形容词变化)精神病患者 jīngshénbìng huànzhě

Geisteswissenschaften *pl* 人文科学 rénwén kēxué,社会科学 shèhuì kēxué

Geisteszustand *m* 精神状态 jīngshén zhuàngtài,心理状态 xīnlǐ zhuàngtài

geistig *adj* 精神上的 jīngshénshangde,智力上的 zhìlìshangde,思想上的 sīxiǎngshangde: ~e Arbeit 脑力劳动; ein ~er Arbeiter 脑力劳动者

geistlich *adj* 宗教的 zōngjiàode,宗教上的 zōngjiàoshangde;教会的 jiàohuìde

Geistliche *m* (按形容词变化)教士 jiàoshì,牧师 mùshi,神甫 shénfu

Geiz *m* -es 过分节省 guòfèn jiéshěng,吝啬 lìnsè

Geizhals *m* 吝啬鬼 lìnsèguǐ

geizig *adj* 吝啬的 lìnsède,小气的 xiǎoqide

gekünstelt *adj* 不自然的 bù zìránde,做作的 zuòzuode,矫揉造作的 jiǎo róu zào zuò de

Gelächter *n* -s, - 大笑 dàxiào,笑声 xiàoshēng

gelähmt *adj* 瘫痪的 tānhuànde,麻痹的 mábìde

Gelände *n* -s, - 地区 dìqū,地域 dìyù,地带 dìdài;用地 yòng dì,场地 chǎngdì

G

Geländer *n* -s, - 栏杆 lángān，扶手 fúshǒu，围栏 wéilán

gelangen *vi*(*s*) 到达 dàodá，达到 dádào：zur Blüte ～ 繁荣；获得 huòdé：zur Erkenntnis ～ 认出，识别；付诸… fùzhū…：das Buch ist zum Druck gelangt 书已付印

gelassen *adj* 镇静的 zhènjìngde，沉着的 chénzhuóde，冷静的 lěngjìngde：～ fragen [antworten] 冷静地询问[回答]

geläufig *adj* 熟悉的 shúxīde，熟练的 shúliànde：das Fach ist ihm ～ 这专业他很熟悉；流利的 liúlìde，流畅的 liúchàngde：eine fremde Sprache ～ sprechen und lesen 流利地说和读一种外国语

gelaunt *adj* 有…情绪的 yǒu … qíngxù de：gut [schlecht] ～ sein 情绪好[不好]

gelb *adj* 黄(色)的 huángde：～e Karte (比赛时裁判出示的)黄牌

Gelbsucht *f* 黄疸病 huángdǎnbìng

Geld *n* -(e)s, -er 钱 qián，货币 huòbì；款子 kuǎnzi，资金 zījīn

Geldabwertung *f* 货币贬值 huòbì biǎnzhí

Geldabzug *m* 资金外流 zījīn wàiliú

Geldaufwertung *f* 货币增值 huòbì zēngzhí

Geldautomat *m* 自动取款机 zìdòng qǔkuǎnjī

Geldbestand *m* 库存现金 kùcún xiànjīn，现金储备 xiànjīn chǔbèi

Geldbeutel *m* 钱袋 qiándài，钱包 qiánbāo，皮夹子 píjiāzi

Geldbörse *f* = Geldbeutel

Geldmarkt *m* 金融市场 jīnróng shìchǎng，货币市场 huòbì shìchǎng

Geldmittel *pl* 资金 zījīn

Geldpolitik *f* 金融政策 jīnróng zhèngcè，货币政策 huòbì zhèngcè

Geldstrafe *f* 罚款 fákuǎn，罚金 fájīn

Geldstück *n* 硬币 yìngbì，钱币 qiánbì

Geldsumme *f* 金额 jīn'é

gelegen *adj* 合适的 héshìde，方便的 fāngbiànde，适宜的 shìyíde；坐落在…的 *zuòluò zài … de*，位于…的 *wèiyú … de*；重要的 zhòngyàode：mir ist viel daran ～ 这事对我关系重大

Gelegenheit *f* -, -en 机会 jīhuì，时机 shíjī，机遇 jīyù：bei ～ besuche ich dich 有机会我就来看你；场合 chǎnghé，情况 qíngkuàng

Gelegenheitsarbeiter *m* 临时工 línshígōng

Gelegenheitsbeschäftigung *f* 临时性工作 línshíxìng gōngzuò

gelegentlich I *adj* 偶然的 ǒuránde，不是经常的 búshi jīngcháng de II *adv* 有时 yǒushí，偶尔 ǒu'ěr

Gelehrte *m*/*f* (按形容词变化)学者 xuézhě

Geleit *n* -(e)s, - 护卫 hùwèi，扈从 hùcóng；伴随 bànsuí，伴送 bànsòng，陪同 péitóng：jm das letzte ～ geben 给某人最后送行(送葬)

geleiten *vt* 陪同 péitóng，护送 hùsòng，伴送 bànsòng

Gelenk *n* -(e)s, -e 关节 guānjié；接头 jiētóu；活节 huó jié，铰节 jiǎo jié

gelernt *adj* 有技能的 yǒu jìnéng de，熟练的 shúliànde：ein ～er Mechaniker 一个受过专门培训的机械工

Geliebte *m*/*f* (按形容词变化)情人 qíngrén，情妇 qíngfù，情夫 qíngfū

gelinde *adj* 温和的 wēnhéde，轻微的 qīngwēide，柔和的 róuhéde

gelingen* *vi*(*s*) 成功 chénggōng：ihm gelingt alles nichts 他事事都不成功

geloben *vt* 起誓 qǐshì，发誓 fāshì：jm Treue ～ 对某人誓守忠诚

Gelöbnis *n* -ses, -se 誓言 shìyán，誓约 shìyuē

gelten* I *vi* 有价值 yǒu jiàzhí：sein Wort gilt viel 他的话很有分量；有效 yǒuxiào，适用 shìyòng：der Pass gilt nicht mehr 护照已失效；etw ～ lassen 承认某事；被认为 bèi rènwéi，被当作 bèi dàngzuò：er gilt als ein (或 für einen) Dummkopf 他被人认为是个笨蛋；针对 zhēnduì，旨在 zhǐ zài：der Vorwurf hat ihm gegolten, nicht dir 责备是针对他的，不是针对你 II *vt* 值 zhí，价值 jiàzhí；需要 xūyào：jetzt gilt es, einen Entschluss zu fassen 现在需要下定决心

Geltung *f* - 效力 xiàolì，价值 jiàzhí：～ haben 有效；效果 xiàoguǒ，影响 yǐngxiǎng：zur ～ kommen 生效，起作用

gemächlich *adj* 缓慢的 huǎnmànde，从容不迫的 cóng róng bù pò de，悠闲的 yōuxiánde，舒适的 shūshìde，惬意的 qièyìde

Gemahl *m* -(e)s, -e 丈夫 zhàngfu

Gemahlin *f* -, -nen 夫人 fūrén

gemahnen *vt*/*vi* 提醒 tíxǐng，使想起 shǐ xiǎngqǐ：seine Worte ～ (uns) an unser Versprechen 他的话提醒我们不忘自己的承诺

Gemälde *n* -s, - 绘画 huìhuà,油画 yóuhuà

gemäß *prp* (*D*) 按照 ànzhào,根据 gēnjù: seinem Wunsch ～ 根据他的愿望

gemäßigt *adj* 适度的 shìdùde,温和的 wēnhéde,有节制的 yǒu jiézhì de

gemein *adj* 卑鄙的 bēibǐde,无耻的 wúchǐde,不正派的 bù zhèngpàide,不规矩的 bù guījude;共同的 gòngtóngde,共通的 gòngtōngde,公共的 gōnggòngde

Gemeinde *f* -, -n 乡 xiāng,镇 zhèn;社团 shètuán,团体 tuántǐ;全乡(镇)居民 quánxiāng jūmín;教区的全体教徒 jiàoqū de quántǐ jiàotú

Gemeineigentum *n* 公共财产 gōnggòng cáichǎn

Gemeingut *n* 公有财产 gōngyǒu cáichǎn,公共财产 gōnggòng cáichǎn,公有物 gōngyǒuwù

gemeinsam *adj* 共同的 gòngtóngde,共有的 gòngyǒude,联合的 liánhéde;一道的 yīdàode,一同的 yītóngde

Gemeinsamkeit *f* -, -en 共同性 gòngtóngxìng,共同点 gòngtóngdiǎn;一致 yīzhì

Gemeinschaft *f* -, -en 团体 tuántǐ,集体 jítǐ,联合 liánhé;住在一起 zhù zài yīqǐ,共同生活 gòngtóng shēnghuó

gemeinschaftlich *adj* 公共的 gōnggòngde,共有的 gòngyǒude;集体的 jítǐde,一起的 yīqǐde

Gemetzel *n* -s, - 大屠杀 dàtúshā,杀戮 shālù,残杀 cánshā

Gemisch *n* -es, -e 混合 hùnhé,混合物 hùnhéwù

Gemse *f* -, -n 羚羊 língyáng

Gemüse *n* -s, - 蔬菜 shūcài

Gemüsegarten *m* 菜园 càiyuán

Gemüt *n* -(e)s, -er 性情 xìngqíng,感情 gǎnqíng,脾气 píqi,气质 qìzhì: er besitzt (或 hat) kein ～ 他缺乏情感,他是个冷酷的人;(泛指)人 rén: sie ist ein ängstliches ～ 她是个胆小的人

gemütlich *adj* 舒适的 shūshìde,愉快的 yúkuàide;无拘束的 wú jūshù de;和善的 héshànde,亲切的 qīnqiède,易接近的 yì jiējìn de

Gemütlichkeit *f* - 舒适 shūshì;无拘无束 wú jū wú shù;和善 héshàn,可亲 kěqīn;亲切 qīnqiè,愉快 yúkuài

Gen *n* -s, -e 基因 jīyīn,遗传因子 yíchuán yīnzǐ

genau I *adj* 精确的 jīngquède,确切的 quèqiède,准确的 zhǔnquède;仔细的 zǐxìde,细心的 xìxīnde;详细的 xiángxìde II *adv* 正好 zhènghǎo,刚好 gānghǎo,正是 zhèngshì: das ist ～ das gleiche (或 dasselbe) 这完全是一回事

Genauigkeit *f* - 精确(性) jīngquè,准确(性) zhǔnquè;仔细 zǐxì,认真 rènzhēn,详细 xiángxì

genauso *adv* 同样地 tóngyàngde,跟…完全一样 gēn … wánquán yīyàng

Gendarm [ʒan'darm] *m* -en, -en 宪兵 xiànbīng;警察 jǐngchá

genehmigen *vt* 批准 pīzhǔn,准许 zhǔnxǔ,同意 tóngyì

Genehmigung *f* -, -en 准许 zhǔnxǔ,批准 pīzhǔn,同意 tóngyì

geneigt *adj* 准备…的 zhǔnbèi … de,有…打算的 yǒu … dǎsuan de,想要…的 xiǎngyào … de: ich bin (nicht) ～, auf seinen Vorschlag einzugehen 我(不)准备接受他的建议

General *m* -s, -e/¨-e 将军 jiāngjūn

Generalamnestie *f* 大赦 dàshè

Generaldebatte *f* 一般性辩论 yībānxìng biànlùn

Generaldirektor *m* 总经理 zǒngjīnglǐ

Generalkonsul *m* 总领事 zǒnglǐngshì

Generalkonsulat *n* 总领事馆 zǒnglǐngshìguǎn

Generallinie *f* 总路线 zǒnglùxiàn

Generalprobe *f* 彩排 cǎipái

Generalsekretär *m* 总书记 zǒngshūjì;秘书长 mìshūzhǎng: der ～ der Vereinten Nationen 联合国秘书长

Generalstreik *m* 总罢工 zǒngbàgōng

generalüberholt *adj* 大修过的 dàxiūguòde,彻底修过的 chèdǐ xiūguòde

Generalvertretung *f* 总代表 zǒngdàibiǎo,总代理 zǒngdàilǐ,独家代理 dújiā dàilǐ

Generalvertrieb *m* 独家经销 dújiā jīngxiāo

Generation *f* -, -en 代 dài,辈 bèi,世代 shìdài

Generationskonflikt *m* 代沟 dàigōu,代际冲突 dài jì chōngtū

Generationsproblem *n* 几代人之间的问题和争论 jǐdàirén zhī jiān de wèntí hé zhēnglùn

generell *adj* 一般的 yībānde，普遍的 pǔbiànde

genesen* *vi*(*s*) 病愈 bìngyù，复元 fùyuán

Genesung *f* - 病愈 bìngyù，复元 fùyuán

Genetik *f* - 遗传学 yíchuánxué

Genetiker *m* -s，- 遗传学家 yíchuánxuéjiā

genetisch *adj* 遗传学的 yíchuánxuéde

genial *adj* 有天才的 yǒu tiāncái de，有才智的 yǒu cáizhì de，卓越的 zhuóyuède，有独创性的 yǒu dúchuàngxìng de

Genie [ʒe'niː] *n* -s，-s 天才 tiāncái，天赋 tiānfù；天才人物 tiāncái rénwù

genieren [ʒe'niːrən] I *vt* 打扰 dǎrǎo，烦扰 fánrǎo，使烦恼 shǐ fánnǎo II *rfl* 感到不好意思 gǎndào bù hǎoyìsi，害羞 hàixiū；拘束 jūshù，拘谨 jūjǐn

genießbar *adj* 可以吃的 kěyǐ chī de，可以享用的 kěyǐ xiǎngyòng de，可以喝的 kěyǐ hē de；可忍受的 kě rěnshòu de，情绪好的 qíngxù hǎode

genießen* *vt* 享用 xiǎngyòng；享受 xiǎngshòu，享有 xiǎngyǒu；欣赏 xīnshǎng

Genießer *m* -s，- 好享受的人 hào xiǎngshòu de rén

Genitiv *m* -s，-e 第二格 dì'èrgé

Genitivergänzung *f* 第二格补足语 dì'èrgé bǔzúyǔ

Genitivobjekt *n* 第二格宾语 dì'èrgé bīnyǔ

genormt *adj* 标准化的 biāozhǔnhuàde

Genosse *m* -n，-n 同志 tóngzhì；同伴 tóngbàn，伙伴 huǒbàn

Genossenschaft *f* -，-en 合作社 hézuòshè

genossenschaftlich *adj* 合作社的 hézuòshède

Genossenschaftsbank *f* 合作银行 hézuòyínháng

Genossin *f* -，-nen 女同志 nǚtóngzhì

Gentechnik *f* 遗传(基因)工程学 yíchuán gōngchéngxué

genug *adv* 足够地 zúgòude，充分地 chōngfènde

genügen *vi* 足够 zúgòu，充分 chōngfèn；满足 mǎnzú

Genüge *f* -(用于短语) einer Sache (*D*) ～ tun (或 leisten) 满足… mǎnzú …，考虑… kǎolǜ …；zur ～ 充分地 chōngfènde，足够地 zúgòude

genügend *adj* 足够的 zúgòude，充分的 chōngfènde；(考试成绩)及格 jígé：die Leistungen des Schülers wurden mit „*genügend*" bewertet 这学生的成绩被评为"及格"

genügsam *adj* 易满足的 yì mǎnzú de，易知足的 yì zhīzú de

Genugtuung *f* - 满意 mǎnyì，满足 mǎnzú；赔偿 péicháng，补偿 bǔcháng，弥补 míbǔ

Genuss *m* -es，¨-e 享受 xiǎngshòu，享乐 xiǎnglè，乐趣 lèqù

Genussaktie *f* 红(利)股 hóng gǔ，股息股 gǔxī gǔ

Genussmittel *n* 嗜好品 shìhàopǐn，享乐品(如烟、酒、茶等) xiǎnglèpǐn

Geograph *m* -en，-en 地理学家 dìlǐxuéjiā，地理学者 dìlǐxuézhě

Geographie *f* - 地理学 dìlǐxué

geographisch *adj* 地理(学)的 dìlǐde

Geologe *m* -n，-n 地质学家 dìzhìxuéjiā，地质学者 dìzhìxuézhě

Geologie *f* 地质学 dìzhìxué

geologisch *adj* 地质(学)的 dìzhìde

Geomechanik *f* - 地质力学 dìzhì lìxué；地球力学 dìqiú lìxué

Geometer *m* -s，- 几何学家 jǐhéxuéjiā，几何学者 jǐhéxuézhě

Geometrie *f* -，-n 几何学 jǐhéxué

geometrisch *adj* 几何学的 jǐhéxuéde

Geopolitik *f* 地理政治学 dìlǐ zhèngzhìxué

Geostrategie *f* - 地区战略 dìqū zhànlüè

Geowissenschaften *pl* 地球科学 dìqiú kēxué，大地科学 dàdì kēxué

geozentrisch *adj* 地球中心说的 dìqiú zhōngxīn shuō de；地心的 dìxīnde

Gepäck *n* -(e)s 行李 xíngli，包裹 bāoguǒ

Gepäckannahme *f* 行李托运处 xíngli tuōyùnchù

Gepäckaufbewahrung *f* 行李寄存 xíngli jìcún；行李寄存处 xíngli jìcúnchù

Gepäckdurchsuchung *f* 行李检查 xíngli jiǎnchá

Gepäckschein *m* 行李单 xínglidān

Gepäckträger *m* 搬运工 bānyùngōng，搬运行李工人 bānyùn xíngli gōngrén；(自行车、摩托车后的)车尾架 chēwěijià，载重架 zàizhòngjià

Gepäckübergewicht *n* 行李超重

xíngli chāozhòng
Gepäckwagen *m* (列车的)行李车 xínglichē
Gepräge *n* -s, - (硬币、奖章上的)印纹 yìnwén;特殊标志 tèshū biāozhì,特征 tèzhēng
gerade I *adj* 直的 zhíde,笔直的 bǐzhíde;挺直的 tǐngzhíde;正直的 zhèngzhíde,诚实的 chéngshíde II *adv* 正在 zhèngzài;正好 zhènghǎo,恰好 qiàhǎo,刚好 gānghǎo;刚才 gāngcái
geradeaus *adv* 一直往前 yīzhí wǎng qián,径直地 jìngzhíde: ～ fahren (车、船)一直往前开 yīzhí wǎng qián kāi
geradeso *adv* 同样 tóngyàng,一样 yīyàng,恰如 qiàrú
geradesogut *adv* 同样好 tóngyàng hǎo,一样好 yīyàng hǎo
geradesoviel *adv* 同样多 tóngyàng duō,一样多 yīyàng duō
geradesowenig *adv* 同样少 tóngyàng shǎo,一样少 yīyàng shǎo
geradezu *adv* 直截了当地 zhíjié-liǎodàng de,直率地 zhíshuàide;真正地 zhēnzhèngde,确实地 quèshíde,全然 quánrán
Geragogik *f* - 老年教育(心理)学 lǎonián jiàoyùxué
Gerät *n* -(e)s, -e 工具 gōngjù;器械 qìxiè;用具 yòngjù
geraten* *vi*(*s*) 成功 chénggōng,进行得顺利 jìnxíngde shùnlì;生长得 shēngzhǎngde: die Kinder sind gut ～ 孩子们长得很好;相像 xiāngxiàng: er ist nach seinem Vater ～ 他像他的父亲;陷入 xiànrù,陷于 xiànyú,处于 chǔyú: in eine gefährliche Situation ～ 陷入危险境地
Geratewohl *n* (只用于短语) aufs ～ 碰运气,侥幸,随便: etw aufs ～ tun 碰运气做某事
geräumig *adj* 宽敞的 kuānchangde,宽大的 kuāndàde
Geräusch *n* -(e)s, -e 噪声 zàoshēng,嘈杂声 cáozáshēng,杂音 záyīn
geräuschlos *adj* 无噪声的 wú zàoshēng de,无声的 wúshēngde
geräuschvoll *adj* 嘈杂的 cáozáde,喧闹的 xuānnàode
gerben *vt* 鞣(皮) róu,鞘(皮) shāo: jm das Fell ～ 狠揍某人,痛殴某人
Gerber *m* -s, - 制革工人 zhìgé gōngrén,鞣皮匠 róupíjiàng
gerecht *adj* 公正的 gōngzhèngde,公平的 gōngpíngde,合理的 hélǐde,正义的 zhèngyìde;胜任的 shèngrènde,适合的 shìhéde: einer Aufgabe ～ werden 胜任一任务
Gerechtigkeit *f* - 正义 zhèngyì,正当 zhèngdàng;公平 gōngpíng,公正 gōngzhèng;司法 sīfǎ,审判 shěnpàn
Gerechtigkeitsgefühl *n* 正义感 zhèngyìgǎn
Gerede *n* -s 多嘴 duōzuǐ,饶舌 ráoshé;闲话 xiánhuà,谣传 yáochuán
gereizt *adj* 被激怒的 bèi jīnù de,生气的 shēngqìde
geriatrisch *adj* 老年医学的 lǎonián yīxué de
Gericht *n* -(e)s, -e 法院 fǎyuàn,法庭 fǎtíng;审判人员 shěnpàn rényuán;(一道)菜肴 càiyáo: ein ～ aus frischem Gemüse 新鲜蔬菜做成的菜肴
gerichtlich *adj* 法院的 fǎyuànde,法庭的 fǎtíngde
Gerichtshof *m* 法庭 fǎtíng,法院 fǎyuàn,全体会审法官 quántǐ huìshěn fǎguān
gering *adj* 很少的 hěnshǎode,微少的 wēishǎode,细小的 xìxiǎode: nicht im Geringsten 毫不,一点也不;低微的 dīwēide,低下的 dīxiàde,卑微的 bēiwēide
geringschätzig *adj* 鄙视的 bǐshìde,低估的 dīgūde,轻蔑的 qīngmiède,轻视的 qīngshìde
Geringschätzung *f* - 藐视 miǎoshì,鄙视 bǐshì,轻视 qīngshì
Gerippe *n* -s, - 骨骼 gǔgé;骨架 gǔjià,架子 jiàzi;(文章)结构 jiégòu
Germane *m* -n, -n 日耳曼人 rì'ěrmànrén
germanisch *adj* 日耳曼人的 rì'ěrmànrénde,日耳曼语的 rì'ěrmànyǔde
Germanist *m* -en, -en 日耳曼语学者 rì'ěrmànyǔ xuezhě,德语语言学家 déyǔ yǔyánxuéjiā
Germanistik *f* - 日耳曼语学 rì'ěrmàn yǔxué,日耳曼语言文学 rì'ěrmàn yǔyán wénxué,德语语言文学 déyǔ yǔyán wénxué
gern(e) *adv* 喜欢 xǐhuan,乐意 lèyì,高兴 gāoxìng: jn ～ haben 喜欢某人; etw ～ haben 爱好某物
Gerste *f* -, -n 大麦 dàmài: ～ anbauen 种植大麦

G

Gerstenkorn *n* 大麦粒 dàmàilì;（眼）麦粒肿 màilìzhǒng

Geruch *m* -(e)s, ⸚e 嗅觉 xiùjué;气味 qìwèi

Gerücht *n* -(e)s, -e 谣言 yáoyán,谣传 yáochuán,传闻 chuánwén

Gerüchtemacherei *f* -, -en 制造谣言 zhìzào yáoyán

Gerüst *n* -(e)s, -e 支架 zhījià,脚手架 jiǎoshǒujià: ein ~ aufstellen 搭一脚手架

gesalzen *adj* 放了盐的 fàng le yán de,咸的 xiánde;非常高的 fēicháng gāode,过高的 guògāode: ~e Preise 非常高的价格;不文雅的 bù wényǎde,粗俗的 cūsúde: einen ~en Witz erzählen 讲一个粗俗的笑话

gesamt *adj* 全部的 quánbùde,整个的 zhěnggède,所有的 suǒyǒude

Gesamtkeit *f* - 全部 quánbù,全体 quántǐ,所有 suǒyǒu

Gesamthochschule *f* 综合大学 zōnghé dàxué

Gesamtschule *f* 综合学校 zōnghé xuéxiào

Gesamtstärke *f* 总兵力 zǒngbīnglì

Gesandte *m*/*f*（按形容词变化）公使 gōngshǐ,使节 shǐjié

Gesandtschaft *f* -, -en 公使馆 gōngshǐguǎn

Gesang *m* -(e)s, ⸚e 歌唱 gēchàng;歌 gē,歌曲 gēqǔ

Gesäß *n* -es, -e 臀部 túnbù

Geschäft *n* -(e)s, -e 商店 shāngdiàn,商行 shāngháng,公司 gōngsī;买卖 mǎimai,交易 jiāoyì;事务 shìwù,工作 gōngzuò;解手 jiěshǒu

geschäftig *adj* 忙碌的 mánglùde,勤勉的 qínmiǎnde

geschäftlich *adj* 商业的 shāngyède,商务的 shāngwùde,业务的 yèwùde;因公的 yīngōngde: er ist ~ hier 他是因公来这儿的

Geschäftsaufgabe *f* 放弃交易 fàngqì jiāoyì,停业 tíngyè

Geschäftsbank *f* 商业银行 shāngyè yínháng

Geschäftserlaubnis *f* 许可营业 xǔkě yíngyè,营业许可证 yíngyè xǔkězhèng

Geschäftsführer *m* 经理 jīnglǐ,业务领导人 yèwù lǐngdǎorén

Geschäftsmann *m* -(e)s, Geschäftsleute / ...männer 商人 shāngrén

geschehen* *vi*(*s*) 发生 fāshēng,出现 chūxiàn: etw ~ lassen 任其发生;Es ist gern ~! 不用谢! 别客气!（答复对方道谢用语）;遭遇 zāoyù: jm ist ein Unrecht ~ 某人受到不公平待遇;完了 wánliǎo,没救了 méijiùle,失败 shībài: es ist um ihn ~ 他完（蛋）了

Geschehen *n* -s 发生的事情 fāshēngde shìqing,（特殊的、引人注目的）事件 shìjiàn

gescheit *adj* 聪明的 cōngmíngde,能干的 nénggànde;理智的 lǐzhìde,理性的 lǐxìngde

Geschenk *n* -(e)s, -e 礼物 lǐwù,礼品 lǐpǐn: jm ein ~ machen 送给某人一件礼物

Geschichte *f* -, -n 历史 lìshǐ,史学 shǐxué;历史著作 lìshǐ zhùzuò;故事 gùshi,短篇小说 duǎnpiān xiǎoshuō;事情 shìqing,事件 shìjiàn: Mach keine ~n! 别装模作样! 别干傻事! 别推辞了!

geschichtlich *adj* 历史的 lìshǐde,历史上的 lìshǐshang de,有关历史的 yǒuguān lìshǐ de

Geschichtsforscher *m* 历史学家 lìshǐxuéjiā

Geschick *n* -(e)s, -e 命运 mìngyùn;熟练 shúliàn,灵巧 língqiǎo,技能 jìnéng

Geschicklichkeit *f* - 熟练 shúliàn,灵巧 língqiǎo,技能 jìnéng,技巧 jìqiǎo

geschickt *adj* 熟练的 shúliànde,在行的 zàihángde;灵巧的 língqiǎode

geschieden *adj* 离了婚的 lí le hūn de

Geschirr *n* -(e)s, -e 餐具 cānjù,食具 shíjù,器皿（如碗、碟、杯等）qìmǐn;炊具 chuījù;挽具 wǎnjù

Geschirrspülmaschine *f* 餐具洗涤机 cānjù xǐdíjī,洗碗机 xǐwǎnjī

Geschlecht *n* -(e)s, -er 性别 xìngbié;家族 jiāzú,氏族 shìzú;世代 shìdài,代 dài;种类 zhǒnglèi,属 shǔ;（语法）性 xìng: männliches [weibliches, sächliches] ~ 阳性 yángxìng,阴性 yīnxìng,中性 zhōngxìng

geschlechtlich *adj* 性的 xìngde;两性的 liǎngxìngde

Geschlechtskrankheit *f* 性病 xìngbìng

Geschlechtsorgan *n* 生殖器（官）shēngzhíqì,性器官 xìngqìguān

Geschmack *m* -(e)s, ⸚e 味觉 wèijué;

味道 wèidao，滋味 zīwèi；鉴赏力 jiànshǎnglì，鉴别力 jiànbiélì；兴趣 xìngqù，趣味 qùwèi：je nach ～ 按各人的爱好（口味）

geschmacklos *adj* 无味的 wúwèide，乏味的 fáwèide；无审美力的 wú shěnměilì de，无鉴赏力的 wú jiànshǎnglì de；粗野的 cūyě de，不得体的 bù détǐ de，无礼的 wúlǐde

Geschmeide *n* -s，- 价值很高的首饰 jiàzhí hěngāode shǒushi，金银珠宝 jīn yín zhūbǎo

geschmeidig *adj* 柔软的 róuruǎnde，灵活的 línghuóde；有弹性的 yǒu tánxìng de；随机应变的 suí jī yìng biàn de

Geschöpf *n* -(e)s，-e 造物 zàowù；生物 shēngwù，人 rén

Geschoss *n* -es，-e 子弹 zǐdàn，炮弹 pàodàn；楼层 lóucéng

Geschrei *n* -(e)s 呼喊 hūhǎn；喧哗 xuānhuá

Geschütz *n* -es，-e 炮 pào，火炮 huǒpào

geschwächt *adj*（交易所行市）看跌的 kàndiēde，疲软的 píruǎnde

Geschwätz *n* -es 空谈 kōngtán，废话 fèihuà

geschwätzig *adj* 喋喋不休的 diédié bùxiū de，饶舌的 ráoshéde

geschweige *cj*（通常与 denn 连用）更不用说 gèng bùyòng shuō，何况 hékuàng：ich kann kaum gehen，～（denn）Treppen steigen 我几乎不能走路，更谈不上爬楼梯了

geschwind *adj* 快的 kuàide，迅速的 xùnsùde，敏捷的 mǐnjiéde

Geschwindigkeit *f* -，-en 速度 sùdù：die ～ erhöhen [verlangsamen] 提高[减低]速度

Geschwister *pl* 兄弟姐妹 xiōngdì jiěmèi

Geschwulst *f* -，⸚e 肿瘤 zhǒngliú：eine bösartige [gutartige] ～ entfernen 切除一个恶性的[良性的]肿瘤

Geschwür *n* -s，-e 溃疡 kuìyáng，疮疖 chuāngjiē

Geselle *m* -n，-n 满师的徒工 mǎnshīde túgōng；伙计 huǒji，帮工 bānggōng；伙伴 huǒbàn，小伙子 xiǎohuǒzi

gesellen *rfl* 结伴 jiébàn，交往 jiāowǎng，伴随 bànsuí

gesellig *adj* 交际的 jiāojìde，社交的 shèjiāode；好社交的 hào shèjiāo de；愉快的 yúkuàide，欢乐的 huānlède

Gesellschaft *f* -，-en 社会 shèhuì；团体 tuántǐ，协会 xiéhuì，公司 gōngsī；聚会 jùhuì：jn zu einer ～ einladen 邀请某人参加聚会；结伴 jiébàn，见面 jiànmiàn，交往 jiāowǎng：jm ～ leisten 陪伴某人

gesellschaftlich *adj* 社会的 shèhuìde；社交界的 shejiāojiède

Gesellschaftsordnung *f* 社会制度 shèhuì zhìdù

Gesellschaftswissenschaften *pl* 社会学 shèhuìxué；社会科学 shèhuì kēxué

Gesetz *n* -es，-e 法律 fǎlǜ，法令 fǎlìng：ein ～ verkünden（或 veröffentlichen）公布一项法令；规则 guīzé，准绳 zhǔnshéng；规律 guīlǜ，法则 fǎzé

Gesetzentwurf *m* 法律草案 fǎlǜ cǎo'àn

gesetzgebend *adj* 立法的 lìfǎde

Gesetzgeber *m* 立法者 lìfǎzhě

gesetzlich *adj* 法律(上)的 fǎlǜ de，根据法律的 gēnjù fǎlǜ de

gesetzmäßig *adj* 合法的 héfǎde；有规律的 yǒu guīlǜ de，按规则的 àn guīzé de

Gesetzmäßigkeit *f* - 合法性 héfǎxìng；规律性 guīlǜxìng

gesetzt *adj* 沉着的 chénzhuóde，稳重的 wěnzhòngde，成熟的 chéngshúde

Gesicht *n* -(e)s，-er 脸 liǎn，面孔 miànkǒng；脸色 liǎnsè，表情 biǎoqíng：ein langes ～ machen 拉长着脸，愁眉苦脸；面貌 miànmao，外观 wàiguān：das ～ der Stadt hat sich völlig geändert 这城市的面貌完全变了样

Gesichtsfeld *n* 视野 shìyě，视界 shìjiè

Gesichtspunkt *m* 观点 guāndiǎn，视角 shìjiǎo

Gesichtsverlust *m* 丢脸 diūliǎn，丢面子 diūmiànzi

Gesichtszüge *pl* 面貌 miànmào，相貌 xiàngmào；面部轮廓 miànbù lúnkuò

Gesindel *n* -s 暴徒 bàotú，流氓 liúmáng，犯罪分子 fànzuì fènzǐ

gesinnt *adj*（只与 sein 连用）有…思想的 yǒu… sīxiǎng de，有…见解的 yǒu… jiànjiě de：jm（或 gegen jn）feindlich ～ sein 对某人怀有敌意

Gesinnung *f* -，-en 思想 sīxiǎng，见解 jiànjiě，看法 kànfǎ

gespannt *adj* 急切的 jíqiède,紧张的 jǐnzhāngde;好奇的 hàoqíde,很想知道的 hěn xiǎng zhīdào de: auf etw [jn] ～ sein 急切地期待着某物[某人]

Gespenst *n* -(e)s, -er 怪鬼 guàiguǐ,幽灵 yōulíng

Gespräch *n* -(e)s, -e 谈话 tánhuà,交谈 jiāotán;(电话)通话 tōnghuà;话题 huàtí;会谈 huìtán

gesprächig *adj* 喜欢讲话的 xǐhuan jiǎnghuà de,健谈的 jiàntánde

Gestalt *f* -, -en 形象 xíngxiàng,外形 wàixíng;人物 rénwù,角色 juésè;形状 xíngzhuàng,形态 xíngtài

gestalten I *vt* 塑造 sùzào,刻画 kèhuà,使具有…形状 shǐ jùyǒu … xíngzhuàng II *rfl* 呈现(某种形式) chéngxiàn,形成 xíngchéng,演变 yǎnbiàn

Gestaltung *f* -, -en 塑造 sùzào,刻画 kèhuà;形状 xíngzhuàng,形象 xíngxiàng

Geständnis *n* -ses, -se 供词 gòngcí,坦白 tǎnbái,承认 chéngrèn: ～ ablegen 坦白,招供;自供状 zìgòngzhuàng

Gestapo *f* - (= Geheime Staatspolizei) 盖世太保 Gàishìtàibǎo(纳粹德国的秘密警察)

Gestank *m* -s 臭气 chòuqì,恶臭 èchòu

gestatten *vt* 允许 yǔnxǔ,准许 zhǔnxǔ,许可 xǔkě,容许 róngxǔ: Gestatten Sie eine Bitte? 允许我提一个请求吗? Eintritt nicht gestattet! 不准入内

Geste *f* -, -n 姿势 zīshì,手势 shǒushì

gestehen* *vt* 承认 chéngrèn,供认 gòngrèn: einen Fehler ～ 承认一个错误;坦白说出 tǎnbái shuōchū: offen gestanden, tue ich das nicht gern 坦白地说,我不乐意做此事

Gestein *n* -(e)s, -e 岩 yán,岩石 yánshí,脉岩 màiyán

Gestell *n* -(e)s, -e 架子 jiàzi,搁物架 gē wù jià;书架 shūjià;支架 zhījià,框架 kuàngjià;底座 dǐzuò,台座 táizuò

gestern *adv* 昨天 zuótiān: ～ Abend 昨天晚上;从前 cóngqián,往昔 wǎngxī

Gestirn *n* -(e)s, -e 星座 xīngzuò,天体 tiāntǐ

gestrig *adj* 昨天的 zuótiānde: die ～e Generation 上一代

Gesuch *n* -s, -e 申请书 shēnqǐngshū

gesund *adj* 健康的 jiànkāngde,健壮的 jiànzhuàngde;有益于健康的 yǒuyì yú jiànkāng de;正常的 zhèngchángde,健全的 jiànquánde

Gesundheit *f* - 健康 jiànkāng;健康状况 jiànkāng zhuàngkuàng;卫生 wèishēng

gesundheitlich *adj* 卫生的 wèishēngde,有关健康的 yǒuguān jiànkāng de

Gesundheitstraining *n* 保健运动 bǎojiàn yùndòng,保健活动 bǎojiàn huódòng

Gesundheitswesen *n* 卫生事业 wèishēng shìyè

Getränk *n* -(e)s, -e 饮料 yǐnliào

Getreide *n* -s, - 谷物 gǔwù,五谷 wǔgǔ;庄稼 zhuāngjia;粮食 liángshi

getreu *adj* 忠实的 zhōngshíde,忠诚的 zhōngchéngde,可靠的 kěkàode;符合实际的 fúhé shíjì de,如实的 rúshíde

Getriebe *n* -s, - 奔忙 bēnmáng,熙熙攘攘 xīxī rǎngrǎng,热闹景象 rènao jǐngxiàng;联动装置 liándòng zhuāngzhì,传动机构 chuándòng jīgòu

getrost *adj* 安心的 ānxīnde,放心的 fàngxīnde;有信心的 yǒu xìnxīn de

Getto *n* -s, -s (尤指犹太人被迫集中居住的)城市隔离区 chéngshì gélíqū,(城市中某类人群)聚居区 jùjūqū

Getue *n* -s 装腔作势 zhuāng qiāng zuò shì,故作姿态 gùzuò zītài

Gewächs *n* -es, -e 植物 zhíwù;农产品 nóngchǎnpǐn,土产 tǔchǎn;肿瘤 zhǒngliú

gewahr *adj* (与 werden 连用) jn (或 js) [eine Sache (或 einer Sache)] ～ werden 觉察到(或看到,发现)某人[某事]

Gewähr *f* - 保证 bǎozhèng,担保 dānbǎo

gewähren *vt* 同意 tóngyì,准予 zhǔnyǔ;提供 tígōng,给予 jǐyǔ;满足 mǎnzú: jn ～ lassen 听其自便,不妨碍某人

gewährleisten *vt* 保证 bǎozhèng,担保 dānbǎo

Gewahrsam *m* -s, -e (用于短语) etw in ～ haben (或 halten 或 nehmen) 保管某物;jn in ～ nehmen (或 setzen) 逮捕(或监禁)某人

Gewalt *f* -, -en 暴力 bàolì;权势 quánshì,强权 qiángquán,强制 qiángzhì;力气 lìqi,力 lì;威力 wēilì;强烈 qiángliè

gewaltig I *adj* 强有力的 qiángyǒulìde,强大的 qiángdàde;巨大的 jùdàde,庞大的 pángdàde;剧烈的 jùliède II *adv* 很 hěn,非常 fēicháng,大大地 dàdàde

Gewaltmaßnahme *f* 强迫手段 qiǎngpò shǒuduàn,暴力措施 bàolì cuòshī: ～n gegen die zunehmende Kriminalität treffen 对在增长中的刑事犯罪案件采取高压手段

gewaltsam *adj* 强制的 qiángzhìde,用暴力的 yòng bàolì de,强迫的 qiǎngpòde,无情的 wúqíngde

Gewalttat *f* 暴行 bàoxíng,强制行为 qiángzhì xíngwéi,暴力手段 bàolì shǒuduàn

Gewand *n*-(e)s, -̈er 衣服 yīfu,节日服装 jiérì fúzhuāng;长袍 chángpáo;法衣 fǎyī

gewandt *adj* 灵活的 línghuóde;机智的 jīzhìde,机灵的 jīlingde,熟练的 shúliànde

Gewandtheit *f*- 灵巧 língqiǎo,熟练 shúliàn,敏捷 mǐnjié,机智 jīzhì

Gewässer *n*-s, - (复数)水域 shuǐyù (江、河、湖、海的总称): die europäischen ～ 欧洲的水域;水流 shuǐliú;大片的水 dàpiànde shuǐ

Gewebe *n*-s, - 织物 zhīwù,织品 zhīpǐn;(细胞、纤维等的)组织 zǔzhī

geweckt *adj* 机灵的 jīlingde,机警的 jījǐngde,伶俐的 línglìde,头脑灵活的 tóunǎo línghuóde

Gewehr *n*-s, -e 枪 qiāng,步枪 bùqiāng,武器 wǔqì

Gewerbe *n*-s, - 手艺 shǒuyì;行业 hángyè,职业 zhíyè

Gewerbebetrieb *m*(中小型)工商企业 gōngshāng qǐyè

gewerbetätig *adj* 从事工商业活动的 cóngshì gōngshāngyè huódòng de

Gewerbetreibende *m*/*f*(按形容词变化)经营行业者 jīngyíng hángyè zhě,工商业者 gōngshāngyèzhě

gewerblich *adj* 职业的 zhíyède,行业的 hángyède,工商业的 gōngshāngyède,手工业的 shǒugōngyède

Gewerkschaft *f*-, -en 工会 gōnghuì

Gewerkschaft(l)er *m*-s, - 工会会员 gōnghuì huìyuán

gewerkschaftlich *adj* 工会的 gōnghuìde

Gewerkschaftsbund *m* 工会联合会 gōnghuì liánhéhuì

Gewicht *n*-(e)s, -e 重量 zhòngliàng;重力 zhònglì;砝码 fǎmǎ,秤砣 chèngtuó

Gewichtheben *n*-s 举重 jǔzhòng

gewichtig *adj* 重的 zhòngde;重要的 zhòngyàode,有影响的 yǒu yǐngxiǎng de

Gewinde *n*-s, - 螺纹 luówén,螺丝 luósī

Gewinn *m*-(e)s, -e 利润 lìrùn,收益 shōuyì;益处 yìchu,利益 lìyì;中奖 zhòngjiǎng,中奖彩票 zhòngjiǎng cǎipiào;赢得物 yíngdéwù

Gewinnausschüttung *f* 利润分配 lìrùn fēnpèi,利润分发 lìrùn fēnfā

gewinnberechtigt *adj* 有资格分红的 yǒu zīgé fēnhóng de,有分红权的 yǒu fēnhóngquán de

Gewinnbeteiligung *f* 分红 fēnhóng,利润分成 lìrùn fēnchéng

gewinnbringend *adj* 有利可图的 yǒulì kětú de;有益的 yǒuyì de

gewinnen* I *vt* 获得 huòdé,取得…的胜利 qǔdé … de shènglì;赢得 yíngdé,博得 bódé;说服…参加 shuōfú … cānjiā;争取到 zhēngqǔ dào;努力达到 nǔlì dádào,努力得到 nǔlì dédào;采掘 cǎijué;提取 tíqǔ II *vi* 获胜 huòshèng;增加 zēngjiā,增多 zēngduō,提高 tígāo: er hat ziemlich an Ansehen gewonnen 他在名望上有了相当大的提高

Gewinner *m*-s, - 得胜者 déshèngzhě,获胜者 huòshèngzhě;中奖者 zhòngjiǎngzhě,中彩者 zhòngcǎizhě

gewiss I *adj* 肯定的 kěndìngde,确凿无疑的 quèzáo wúyí de,有把握的 yǒu bǎwò de;某 mǒu,某一 mǒu yī,某种 mǒuzhǒng: ein gewisser Herr Müller 一位姓米勒的先生 II *adv* 肯定 kěndìng,一定 yīdìng,必定 bìdìng,无疑 wúyí

Gewissen *n*-s, - 良心 liángxīn,天良 tiānliáng: ein schlechtes (或 böses) ～ haben 问心有愧,感到内疚;ein reines ～ haben 问心无愧,心安理得

gewissenhaft *adj* 认真的 rènzhēnde,谨慎的 jǐnshènde,细心负责的 xìxīn fùzé de: einen Befehl ～ ausführen 认真执行命令

gewissenlos *adj* 没有良心的 méiyǒu liángxīn de,无责任心的 wú zérènxīn de;毫无顾忌的 háowú gùjì de,肆无忌惮的 sì wú jì dàn de

Gewissensbisse *pl* 良心谴责 liángxīn qiǎnzé,内疚 nèijiù: heftige ～ haben (或 fühlen) 感到良心谴责,感到内疚

gewissermaßen *adv* 可以这么说 kěyǐ zhème shuō,几乎可以说 jīhū kěyǐ

G

shuō，在某种程度上 zài mǒuzhǒng chéngdùshang

Gewissheit *f* - 肯定 kěndìng，确实 quèshí，确信 quèxìn；确实的事 quèshíde shì

Gewitter *n* -s，- 雷阵雨 léizhènyǔ，暴风雨 bàofēngyǔ

gewitt(e)rig *adj* 雷阵雨即将来临的 léizhènyǔ jíjiāng láilín de，雷阵雨般的 léizhènyǔbānde

gewöhnen I *vt* 使习惯于 shǐ xíguàn yú：die Kinder an Zucht und Ordnung ～ 使孩子们养成遵守纪律和秩序的习惯 II *rfl* 习惯于 xíguàn yú：sich an etw (A) ～ 习惯于某事

Gewohnheit *f* -，-en 习惯 xíguàn；习性 xíxìng：etw aus alter ～ tun 出于老习惯而做某事

gewöhnlich I *adj* 惯常的 guànchángde，一般的 yībānde，通常的 tōngchángde；粗俗的 cūsúde，粗鲁的 cūlǔde II *adv* 通常 tōngcháng

gewohnt *adj* 习惯的 xíguànde，惯常的 guànchángde：etw ～ sein 习惯于某事，对某事已成习惯

Gewürz *n* -es，-e 香料 xiāngliào，调味品 tiáowèipǐn

Gezeiten *pl* 潮汐 cháoxī

geziemen *rfl* 合适 héshì，恰当 qiàdàng，相称 xiāngchèn：es geziemt sich，älteren Leuten Platz zu machen 给年长者让坐是理所当然的

geziert *adj* 忸怩的 niǔníde，矫揉造作的 jiǎo róu zào zuò de

gezwungen *adj* 被迫的 bèipòde，强迫的 qiǎngpòde，勉强的 miǎnqiǎngde，不自然的 bù zìrán de

Ghana [ˈgaːna] 加纳 Jiānà

Ghanaer *m* -s，- 加纳人 jiānàrén

Gicht *f* - 痛风病 tòngfēngbìng，关节痛 guānjiétòng

Gier *f* - 强烈的欲望 qiánglìède yùwàng，贪心 tānxīn，贪婪 tānlán，贪欲 tānyù：eine (heftige) ～ nach etw zeigen 表现出对某事物的(强烈的)欲望：eine (heftige) ～ nach etw zeigen 表现出对某事物的(强烈的)欲望

gierig *adj* 贪心的 tānxīnde，贪婪的 tānlánde，贪求的 tānqiúde

gießen* I *vt* 倒 dào，倾注 qīngzhù；浇 jiāo：Blumen ～ 浇花；浇铸 jiāozhù II *vi* 下倾盆大雨：es gießt in Strömen 下起了倾盆大雨

Gießerei *f* -，-en 铸造 zhùzào，翻砂 fānshā；铸造厂 zhùzàochǎng，铸造车间 zhùzào chējiān，翻砂场 fānshāchǎng

Gießkanne *f* (给植物浇水的)喷水壶 pēnshuǐhú

Gießkannenprinzip *n* 平均主义 píngjūn zhǔyì；平分原则 píngfēn yuánzé

Gift *n* -(e)s，-e 毒物 dúwù，毒药 dúyào：～ nehmen 服毒(自杀)；Darauf kannst du ～ nehmen! 你对此完全可以放心！(意为：这是确凿无疑的！)

giften *rfl* 生气 shēngqì，恼火 nǎohuǒ

Giftgas *n* 毒气 dúqì

giftgrün *adj* 鲜绿色的 xiānlǜsède，铜绿色的 tónglǜsède，刺目的绿色的 cìmù de lǜsède

giftig *adj* 有毒的 yǒudúde；刺目的 cìmùde，耀眼的 yàoyǎnde；恶毒的 èdúde，狠毒的 hěndúde

Giftschlange *f* 毒蛇 dúshé

Gigant *m* -en，-en 巨人 jùrén，巨子 jùzǐ；庞然大物 pángrán dàwù

gigantisch *adj* 巨大的 jùdàde，宏伟的 hóngwěide

Gipfel *m* -s，- 山峰 shānfēng；顶峰 dǐngfēng，顶点 dǐngdiǎn

Gipfelkonferenz *f* 最高级会议 zuìgāojí huìyì，首脑会议 shǒunǎo huìyì，峰会 fēnghuì

Gipfeltreffen *n* = Gipfelkonferenz

Gips *m* -es，-e 石膏 shígāo

Gipsfigur *f* 石膏像 shígāoxiàng

Gipsverband *m* 石膏绷带 shígāo bēngdài

Giraffe *f* -，-n 长颈鹿 chángjǐnglù

Giralgeld *n* (支票、汇票等)银行货币 yínháng huòbì，转账货币 zhuǎnzhàng huòbì，汇划头寸 huìhuà tóucùn

Girant [ʒiˈrant] *m* -en，-en 背书人 bèishūrén

Giro [ˈʒiːro] *n* -s，-s 背书 bèishū；转让 zhuǎnràng，转账 zhuǎnzhàng；汇划 huìhuà

Girokonto *n* 结算账户 jiésuàn zhànghù，汇划账户 huì huà zhànghù，转账账户 zhuǎnzhàng zhànghù

Giroscheck *m* 交换支票 jiāohuàn zhīpiào，转账支票 zhuǎnzhàng zhīpiào

Gitarre *f* -，-n 吉他 jítā，六弦琴 liùxiánqín

Gitter *n* -s, -（门窗等的）格栅 gézhà；栅栏 zhàlan；光栅 guāngshān；栅极 shānjí

Glanz *m* -es 光泽 guāngzé，光辉 guānghuī；光辉灿烂 guānghuī cànlàn

glänzen *vi* 发光 fāguāng，闪光 shǎnguāng；出众 chūzhòng，显得突出 xiǎnde tūchū，引人注目 yǐn rén zhùmù

glänzend *adj* 光辉的 guānghuīde，辉煌的 huīhuángde，灿烂的 cànlànde；出色的 chūsède，杰出的 jiéchūde，显著的 xiǎnzhùde

Glanzfach *n* 成绩最好的专业 chéngjì zuìhǎode zhuānyè

Glanzleistung *f* 杰出成就 jiéchū chéngjiù，卓越的成绩 zhuóyuède chéngjì

Glas *n* -es, ⸚er 玻璃 bōlí；玻璃器皿 bōlí qìmǐn；眼镜 yǎnjìng；望远镜 wàngyuǎnjìng；一杯 yībēi：ein ~ Bier 一杯啤酒

Glaser *m* -s, - 装配玻璃工人 zhuāngpèi bōlí gōngrén，玻璃装配工 bōlí zhuāngpèigōng

Glaserei *f* -, -en 玻璃业 bōlíyè，玻璃工厂 bōlí gōngchǎng，玻璃工场 bōlí gōngchǎng

gläsern *adj* 玻璃制的 bōlízhìde；（眼睛等）无神的 wúshénde，没有神采的 méiyǒu shéncǎi de，呆滞的 dāizhìde；发出叮当响声的 fāchū dīngdāng xiǎngshēng de，作丁当响的 zuò dīngdāngxiǎng de

Glashütte *f* 玻璃工场 bōlí gōngchǎng

Glasscheibe *f* 薄玻璃（板）báobōlí，窗玻璃 chuāngbōlí

Glasur *f* -, -en 釉 yòu，珐琅 fàláng；（糕饼表层的）糖霜 tángshuāng

glatt *adj* 光滑的 guānghuáde，平滑的 pínghuáde；不费力的 bù fèilìde，顺当的 shùndangde，顺利的 shùnlìde；直接的 zhíjiēde；圆滑的 yuánhuáde，狡猾的 jiǎohuáde

Glatteis *n*（冻结在地面上的）薄冰（层）báobīng

glätten I *vt* 把…弄平 bǎ … nòngpíng，使光滑 shǐ guānghuá，使平滑 shǐ pínghuá；使平静 shǐ píngjìng，使平息 shǐ píngxī II *rfl* 变光滑 biàn guānghuá，变平滑 biàn pínghuá；平静下来 píngjìng xiàlái，平息下来 píngxī xiàlái

glattgehen* *vi*（*s*）顺利 shùnlì：etw geht glatt 某事顺利进行

glattmachen *vt* 使光滑 shǐ guānghuá，使平整 shǐ píngzhěng；办妥 bàn tuǒ；付清 fùqīng

glattstreichen* *vt* 抹平 mòpíng，捋平 luōpíng

glattweg *adv* 毫不犹豫地 háobù yóuyù de，干脆地 gāncuìde

Glatze *f* -, -n 秃头 tūtóu，秃顶 tūdǐng

Glaube *m* -ns, -n 相信 xiāngxìn，信赖 xìnlài，信任 xìnrèn：sie hat den ~n an ihn verloren 她已失去了对他的信任；信念 xìnniàn，信仰 xìnyǎng：den ~n an etw（*A*）haben［behalten］具有［保持］对某事的信念

glauben I *vt* 以为 yǐwéi，认为 rènwéi；相信 xiāngxìn，信…为真 xìn … wéi zhēn II *vi* 相信 xiāngxìn，信任 xìnrèn：ich glaube dir aufs Wort 我相信你的每句话：an jn［etw］~ 相信某人［某事］

Glaubensbekenntnis *n* 信仰 xìnyǎng；信条 xìntiáo，教义 jiàoyì；信仰的表白 xìnyǎngde biǎobái

Glaubensfreiheit *f* - 信仰自由 xìnyǎng zìyóu

glaubhaft *adj* 可信的 kěxìnde，可靠的 kěkàode，使人相信的 shǐ rén xiāngxìn de

Gläubige *m/f*（按形容词变化）信徒 xìntú，信教的人 xìnjiàode rén

Gläubiger *m* -s, - 债权人 zhàiquánrén，债主 zhàizhǔ

glaubwürdig *adj* 可信的 kěxìnde，可信赖的 kěxìnlàide，可靠的 kěkàode

gleich I *adj* 相同的 xiāngtóngde，同样的 tóngyàngde，一样的 yīyàngde；等于 děngyú：zweimal zwei ~ vier 2 乘 2 等于 4 II *adv* 立刻 lìkè，马上 mǎshàng，就 jiù

gleichaltrig *adj* 同龄的 tónglíngde

gleichberechtigt *adj* 权利平等的 quánlì píngděng de，同等权利的 tóngděng quánlì de

Gleichberechtigung *f* 平等权利 píngděng quánlì，同等权利 tóngděng quánlì：um die ~ kämpfen 为平等权利而斗争

gleichbleiben* *vi*（*s*）保持不变 bǎochí bùbiàn，照旧 zhàojiù：sich（*D*）~ 不变 bù biàn：du bist dir völlig gleichgeblieben 你一点也没有变

gleichen* *vi* 与…相同 yǔ … xiāngtóng，与…相像 yǔ … xiāngxiàng：jm［etw（*D*）］~ 与某人［某物］相像：die Zwillinge ~ sich（或 einander）aufs Haar（或 wie ein Ei dem anderen）这对

双胞胎长得一模一样
gleichermaßen *adv* 同样地 tóngyàngde，完全一样地 wánquán yīyàngde
gleichfalls *adv* 也 yě，同样 tóngyàng，一样 yīyàng
gleichgesinnt *adj* 志同道合的 zhì tóng dào hé de，志趣相投的 zhìqù xiāngtóu de，想法一致的 xiǎngfǎ yīzhì de
Gleichgewicht *n* -(e)s 平衡 pínghéng，均势 jūnshì；(内心的)平静 píngjìng，宁静 níngjìng
gleichgültig *adj* 不关心的 bù guānxīnde，不感兴趣的 bù gǎn xìngqù de；不重要的 bù zhòngyàode，无关紧要的 wúguān jǐnyào de，不在乎的 bù zàihude：das ist mir ～ 这我无所谓
Gleichgültigkeit *f*- 不关心 bù guānxīn，冷淡 lěngdàn；无关紧要 wúguān jǐnyào，不在乎 bùzàihu
Gleichheit *f*- 同一 tóngyī，一致 yīzhì；同等 tóngděng，平等 píngděng；同等权利 tóngděng quánlì
gleichmäßig *adj* 均衡的 jūnhéngde，有规律的 yǒu guīlǜ de；稳定的 wěndìng de，平衡的 pínghéngde
gleichmütig *adj* 镇静的 zhènjìngde，沉着的 chénzhuóde
gleichnamig *adj* 同(姓)名的 tóngmíngde：ein Film nach dem ～en Buch von M 根据 M 的同名著作改编的电影
Gleichnis *n* -ses, -se 譬喻 pìyù，比喻 bǐyù；寓言故事 yùyán gùshi
gleichsetzen *vt/ rfl* 把…相提并论 bǎ … xiāngtí bìnglùn，把…等同起来 bǎ … děngtóng qǐlái
Gleichung *f*-, -en 方程(式) fāngchéng
gleichzeitig *adj* 同时的 tóngshíde
Gleichzeitigkeit *f*- 同时性 tóngshíxìng，同时发生 tóngshí fāshēng
Gleis *n* -es, -e 轨道 guǐdào，铁轨 tiěguǐ：das ～ (或 die ～e) verlegen 铺设铁轨；etw wieder ins (rechte) ～ bringen 使某事重上正轨
gleiten* *vi*(s) 滑动 huádòng，滑行 huáxíng：～de Arbeitszeit 弹性工作时间；滑翔 huáxiáng
Gleitflug *m* 滑翔 huáxiáng，滑翔飞行 huáxiáng fēixíng
Gletscher *m* -s, - 冰河 bīnghé，冰川 bīngchuān
Glied *n*-(e)s, -er 四肢 sìzhī，肢体 zhītǐ；节 jié，关节 guānjié；环节 huánjié；成分 chéngfèn；成员 chéngyuán；行列 hángliè
Gliederung *f*-, -en 划分 huàfēn，分段 fēnduàn；段落 duànluò，提纲 tígāng，提要 tíyào
Gliedmaßen *pl* 四肢 sìzhī，手 shǒu，足 zú
Gliedsatz *m* 从句 cóngjù，副句 fùjù
global *adj* 全(地)球的 quánqiúde，全世界的 quánshìjiède；整体的 zhěngtǐde；大致的 dàzhìde，总体的 zǒngtǐde
Globalstrategie *f* 全球战略 quánqiú zhànlüè
Globalüberschuss *m* 总顺差 zǒng shùnchā
Globetrotter *m* -s, - 环球旅行者 huánqiú lǚxíngzhě
Globus *m* - / -es, -se 地球仪 dìqiúyí
Glocke *f*-, -n 钟 zhōng；铃 líng；钟状物(盖、罩、帽等) zhōngzhuàngwù
Glockengießer *m* 铸钟匠 zhùzhōngjiàng，铸钟人 zhùzhōngrén
glorreich *adj* 光荣的 guāngróngde，辉煌的 huīhuángde，伟大的 wěidàde
Glotze *f*-, -n 电视机(俗称) diànshìjī
glotzen *vi* 呆视 dāishì
Glotzkiste *f* = Glotze
Glück *n*-(e)s 幸福 xìngfú，幸运 xìngyùn，运气 yùnqì，好运 hǎoyùn：zum ～ 幸亏
glücken *vi*(s) 成功 chénggōng，进行得顺利 jìnxíngde shùnlì
glücklich *adj* 幸福的 xìngfúde，幸运的 xìngyùnde，成功的 chénggōngde，侥幸的 jiǎoxìngde；有利的 yǒulìde；顺利的 shùnlìde，平安的 píng'ānde
glücklicherweise *adv* 幸亏 xìngkuī，幸好 xìnghǎo，幸运地 xìngyùnde，侥幸地 jiǎoxìngde
Glücksspiel *n* 赌博 dǔbó，碰运气取胜的游戏 pèngyùnqi qǔshèng de yóuxì
Glückwunsch *m* 祝贺 zhùhè，庆贺 qìnghè
Glückwunschadresse *f*(官方的)贺信 hèxìn
Glückwunschkarte *f* 贺卡 hèkǎ
Glückwunschtelegramm *n* 贺电 hèdiàn
Glühbirne *f*(电)灯泡 dēngpào
glühen *vi* 灼热 zhuórè；发热 fārè，发红 fā hóng：ihr Gesicht glühte vor Eifer 她激动得脸都红了；兴奋 xīngfèn，激动 jīdòng，满怀热情 mǎnhuái rèqíng

Glühlampe *f* 白炽灯 báichìdēng
Glut *f* -, -en 余火 yúhuǒ,余烬 yújìn;酷热 kùrè,炎热 yánrè;热情 rèqíng,激情 jīqíng
Gnade *f* -, -n 恩惠 ēnhuì,恩赐 ēncì;仁慈 réncí,慈悲 cíbēi;怜悯 liánmǐn;宽恕 kuānshù,宽容 kuānróng
Gnadengesuch *n* 请求恩赦书 qǐngqiú ēnshè shū
gnädig *adj* 恩惠的 ēnhuìde,仁慈的 réncíde,善良的 shànliángde,宽厚的 kuānhòude,宽容的 kuānróngde: ～e Frau (高雅的称呼)夫人
Goalkeeper ['goːlkiːpə] *m* -s, - 守门员 shǒuményuán
Goalmann *m* -(e)s, ¨-er = Goalmann
Go-go-Boy ['gou gou bɔi] *m* -s, -s (夜总会)舞男 wǔnán
Go-go-Girl ['gou gou gəːl] *n* -s, -s (夜总会)舞女 wǔnǚ
Go-go-Show ['gou gou sou] *f* -, -s (夜总会中)跳舞表演 tiàowǔ biǎoyǎn
Gold *n* -(e)s 黄金 huángjīn,金子 jīnzi: 24karätiges [gediegenes 或 reines] ～ 24 开[纯]金
Goldbarren *m* 金锭 jīndìng,金块 jīnkuài,金条 jīntiáo
Goldbestand *m* 黄金储备 huángjīn chǔbèi
golden *adj* 金的 jīnde,金制的 jīnzhìde;金色的 jīnsède,金黄色的 jīnhuángsède
Goldfisch *m* 金鱼 jīnyú
goldgelb *adj* 金黄色的 jīnhuángsède
Goldgrube *f* 金矿 jīnkuàng
goldig *adj* 金(黄)色的 jīnsède;可爱的 kě'àide,逗人喜爱的 dòu rén xǐ'ài de
Goldschmied *m* 金匠 jīnjiàng,金饰工 jīnshìgōng
Golf I *m* -(e)s, -e 海湾 hǎiwān II *n* -s 高尔夫球 gāo'ěrfūqiú
Gong *m* -s, -s 锣 luó
gongen *vi* 敲锣 qiāoluó,响起锣声 xiǎngqǐ luóshēng
Gongschlag *m* 敲锣 qiāoluó;锣声 luóshēng;报时钟声 bàoshí zhōngshēng
gönnen *vt* 赐予 cìyǔ,给予 jǐyǔ;毫不忌妒地(或赞许地)承认 háobù jìdu de chéngrèn
Gönner *m* -s, - 施主 shīzhǔ,恩主 ēnzhǔ;保护人 bǎohùrén,庇护人 bìhùrén
Gotik *f* - 哥特式建筑(风格) gētèshì jiànzhù,尖顶式建筑 jiāndǐngshì jiànzhù
gotisch *adj* 哥特式的 gētèshìde,哥特体的 gētètǐde
Gott *m* -es, ¨-er 上帝 Shàngdì,神 shén: ～ sei Dank! 谢天谢地!
Gottesdienst *m* 礼拜(仪式) lǐbài,敬神 jìngshén
Göttin *f* -nen 女神 nǚshén
göttlich *adj* 神的 shénde;极好的 jíhǎode,出色的 chūsède,非凡的 fēifánde
gottlos *adj* 不信神的 bù xìnshénde;无所顾忌的 wú suǒ gùjì de
Gouverneur [guvər'nœːr] *m* -s, -e 省长 shěngzhǎng,州长 zhōuzhǎng
Grab *n* -(e)s, ¨-er 坟墓 fénmù,墓穴 mùxué
graben* I *vt* 挖 wā,掘 jué;使…凹下去 shǐ … āo'xiàqù,使…陷下去 shǐ … xiànxiàqù;采掘 cǎijué;开采 kāicǎi II *vi* 挖土 wātǔ,掘土 juétǔ;挖掘 wājué,采掘 cǎijué,开采 kāicǎi: nach etw ～ 采掘某物 III *rfl* 陷入 xiànrù,钻进 zuānjìn;铭记 míngjì,铭刻 míngkè
Graben *m* -s, ¨- 沟 gōu,渠 qú,壕沟 háogōu
Grabmal *n* -(e)s, -e / ¨-er 墓碑 mùbēi
Grabschänder *m* -s, - 盗墓者 dàomùzhě,毁坟者 huǐfénzhě
Grabschändung *f* 盗墓 dàomù,损毁坟墓 sǔnhuǐ fénmù
Grabstätte *f* 墓地 mùdì,墓穴 mùxué
Grabstein *m* 墓碑 mùbēi,墓石 mùshí
Grad *m* -(e)s, -e 度 dù,度数 dùshu;程度 chéngdù,等级 děngjí;称号 chēnghào;学衔 xuéxián
Graf *m* -en, -en 伯爵 bójué
Gräfin *f* -, -nen 伯爵夫人 bójué fūrén
grämen I *rfl* 伤心 shāngxīn,忧伤 yōushāng,悲痛 bēitòng II *vt* 使伤心 shǐ shāngxīn,使忧伤 shǐ yōushāng,使悲痛 shǐ bēitòng
Gramm *n* -s, -e 克 kè
Grammatik *f* -, -en 语法 yǔfǎ;语法书 yǔfǎshū
grammatisch *adj* 语法的 yǔfǎde,按照语法规则的 ànzhào yǔfǎ guīzé de
Grammophon *n* -s, -e 留声机 liúshēngjī,唱机 chàngjī
Grandhotel ['grãː ...] *n* 豪华饭店 háohuá fàndiàn
grandios *adj* 伟大的 wěidàde,雄伟的 xióngwěide,壮丽的 zhuànglìde
Granit *m* -(e)s, -e 花岗岩 huāgāngyán.

花岗石 huāgāngshí

Graphik *f* -, -en 版画艺术 bǎnhuà yìshù, 书画刻印艺术 shūhuà kèyìn yìshù; 版画作品 bǎnhuà zuòpǐn, 书画刻印作品 shūhuà kèyìn zuòpǐn

Graphiker *m* -s, - 版画家 bǎnhuàjiā

graphisch *adj* 版画的 bǎnhuàde; 图解的 tújiěde, 图示的 túshìde

Gras *n* -es, ¨-er 草 cǎo; 草地 cǎodì

grasen *vi* 吃草 chīcǎo

grassieren *vi* 蔓延 mànyán, 传播 chuánbō, 流传 liúchuán

grässlich *adj* 可怕的 kěpàde, 骇人的 hàirénde, 讨厌的 tǎoyànde; 很糟的 hěn zāode, 极坏的 jíhuàide; 极大的 jídàde, 极度的 jídùde; 非常的 fēichángde

Grat *m* -(e)s, -e 山脊 shānjǐ; 棱 léng; 屋脊 wūjǐ

Gräte *f* -, -n 鱼刺 yúcì, 鱼骨 yúgǔ

Gratulant *m* -en, -en 祝贺者 zhùhèzhě

Gratulation *f* -, -en 祝贺 zhùhè, 庆贺 qìnghè

gratulieren *vi* 祝贺 zhùhè: jm herzlich zur Vermählung ～ 衷心祝贺某人结婚; sich (*D*) ～ können 庆幸, 高兴

grau *adj* 灰色的 huīsède; 荒凉的 huāngliángde, 空虚的 kōngxūde; 远古的 yuǎngǔde; 模糊的 móhude

grauen *vi* 害怕 hàipà, 惧怕 jùpà: jm graut (es) vor etw (*D*) 某人害怕某事; 天色转暗或转明: es graut 天黑下来(或天亮起来); der Morgen graut 天渐亮; (头发)变灰色 biàn huīsè

Grauen *n* -s 害怕 hàipà, 惧怕 jùpà, 恐惧 kǒngjù

grausam *adj* 残酷的 cánkùde, 残忍的 cánrěnde, 野蛮的 yěmánde; 严酷的 yánkùde, 厉害的 lìhaide

Grausamkeit *f* -, -en 残酷 cánkù, 残忍 cánrěn, 残暴 cánbào; 暴行 bàoxíng

Grauzone *f* 灰色地区 huīsè dìqū; (接近犯罪活动的)边缘区 biānyuánqū

Graveur [... 'vøːr] *m* -s, -e 雕刻师 diāokèshī, 雕刻工人 diāokè gōngrén; 印刻师 yìnkèshī

gravieren *vt* 雕刻 diāokè, 镂刻 lòukè; 雕上 diāoshàng, 刻上 kèshàng

graziös *adj* 优美的 yōuměide, 优雅的 yōuyǎde; 典雅的 diǎnyǎde

Greenwich ['grɪnɪdʒ 或... ɪtʃ] 格林尼治(经度的起点) Gélínnízhì

greifbar *adj* 可抓住的 kě zhuāzhù de, 在手边的 zài shǒubiān de, 可摸到的 kě mōdàode; 明显的 míngxiǎnde, 显而易见的 xiǎn ér yì jiàn de

greifen* I *vt* 抓住 zhuāzhù, 握住 wòzhù, 捉住 zhuōzhù, 拿住 názhù II *vi* 去取 qùqǔ, 拿 ná: nach etw [jm] ～ 伸手去抓某物[某人]; jm unter die Arme ～ 经济上支持某人, 扶持某人

Greis *m* -es, -e 老人 lǎorén, 老者 lǎozhě

Greisenalter *n* 老年 lǎonián, 晚年 wǎnnián, 暮年 mùnián

Greisin *f* -, -nen 老妇 lǎofù, 老妪 lǎoyù

grell *adj* 刺目的 cìmùde, 耀眼的 yàoyǎnde; 大声的 dàshēngde, 刺耳的 cì'ěrde

Gremium *n* -s, ...ien [...iən] (完成特定任务的)委员会 wěiyuánhuì, 小组 xiǎozǔ

Grenze *f* -, -n 界线 jièxiàn, 分界线 fēnjièxiàn; 边界 biānjiè; 限度 xiàndù: alles muss seine ～n haben 凡事必须有其限度, 凡事要有分寸

grenzen *vi* 接壤 jiērǎng, 与…毗连 yǔ…pílián: Deutschland grenzt an Österreich 德国与奥地利接壤; 近于 jìnyú, 近乎 jìnhu: das grenzt an Wahnsinn 这近于疯狂

grenzenlos *adj* 无边际的 wú biānjì de, 无限的 wúxiànde; 非常的 fēichángde, 极其的 jíqíde

Grenzgewinn *m* 边际利润 biānjì lìrùn

Grenzkosten *pl* 边际成本 biānjì chéngběn

Grenzlinie *f* 边界 biānjiè; 界线 jièxiàn

Grenzsperre *f* 边界封闭 biānjiè fēngbì, 国境封锁 guójìng fēngsuǒ

grenzüberschreitend *adj* 过境的 guòjìngde

Grenzüberschreitungskosten *pl* 过境费 guòjìngfèi

Grenzwissenschaft *f* 边缘学科 biānyuán xuékē

grenzwissenschaftlich *adj* 边缘学科的 biānyuán xuékē de

Greuel *m* -s, - 恐怖 kǒngbù; 恐怖的事 kǒngbù de shì; 残暴的行为 cánbào de xíngwéi

greulich *adj* 可恶的 kěwùde, 可憎的 kězēngde, 可怕的 kěpàde, 骇人的 hàirénde

Grieche *m* -n, -n 希腊人 xīlà rén

Griechenland 希腊 Xīlà

griechisch *adj* 希腊的 xīlàde; 希腊人的 xīlà rén de; 希腊语的 xīlàyǔ de

běn máodùn

Grundzahl *f* 基数(词) jīshù

Grüne *n* (用于短语) im ～n 在野外,在大自然中; ins ～ fahren 乘车到大自然中去

Grüne *m/f* (按形容词变化)绿党党员 lǜdǎng dǎngyuán

Grüne Partei 绿党 lǜdǎng

Grüne Union 绿色同盟(欧洲农业同盟的俗称) lǜsè tóngméng

Gruppe *f* -, -n 小组 xiǎozǔ,团体 tuántǐ; 组 zǔ,班 bān,群 qún,批 pī; 族 zú; 小分队 xiǎofēnduì,小队 xiǎoduì

Gruppenaufnahme *f* 团体照 tuántǐ zhào,集体照 jítǐ zhào

Gruppenausscheid *m* 分组赛 fēnzǔ sài

Gruppenbewusstsein *n* 团队意识 tuánduì yìshí,群体意识 qúntǐ yìshí

Gruppenegoismus *m* 小团体主义 xiǎo tuántǐ zhǔyì

Gruppenkonsultation *f* 集体辅导 jítǐ fǔdǎo,集体咨询 jítǐ zīxún

Gruppentherapie *f* 集体心理治疗 jítǐ xīnlǐ zhìliáo

gruppenweise *adv* 按组地 ànzǔde,逐组地 zhúzǔde

gruppieren I *vt* 把…分组 bǎ … fēnzǔ,把…编成(班、组等) bǎ … biānchéng II *rfl* 聚集 jùjí,围着 wéizhe: sich um jn [etw] ～ 聚集在某人[某物]周围

grus(e)lig *adj* 可怕的 kěpàde,令人毛骨悚然的 lìng rén máo gǔ sǒngrán de

Gruselfilm *m* 恐怖电影 kǒngbù diànyǐng

Gruselgeschichte *f* 恐怖故事 kǒngbù gùshì

Grusinien 格鲁吉亚 Gélǔjíyà

grusinisch *adj* 格鲁吉亚的 gélǔjíyàde

Gruß *m* -es, ⸚e 问候 wènhòu,致意 zhìyì: jm Grüße senden (或 schicken) 向某人致以问候

grüßen *vt* 打招呼 dǎzhāohu,致意 zhìyì,问好 wènhǎo: jn höflich ～ 有礼貌地向某人打招呼; 欢迎: Sei (mir) gegrüßt! 欢迎你! 转达问候 zhuǎndá wènhòu: Grüße deine Eltern herzlich von mir! 请代我向你的父母致衷心的问候!

Guatemala 危地马拉 Wēidìmǎlā; (首都)危地马拉城 wēidìmǎlāchéng

Guatemalteke *m* -n, -n 危地马拉人 wēidìmǎlārén

guatemaltekisch *adj* 危地马拉的 wēidìmǎlāde

gucken *vi* 看 kàn,瞧 qiáo,瞅 chǒu

Guckloch *n* (门上)窥视孔 kuīshìkǒng,猫眼 māoyǎn

Guerillakrieg [ge'ril(j)a …] *m* 游击战 yóujīzhàn

Guide [gaid] *m* -s, -s 导游 dǎoyóu; 向导 xiàngdǎo; 旅游指南 lǚyóu zhǐnán

Guinea [gi…] 几内亚 Jǐnèiyà

Guinea-Bissau 几内亚-比绍 Jǐnèiyà-Bǐshào

Guineer *m* -s, - 几内亚人 jǐnèiyàrén

Gulasch *n/m* -(e)s, -e/-s (匈牙利式的)炖牛肉 dùn niúròu,红烧牛肉 hóngshāo niúròu

gültig *adj* 有效的 yǒuxiàode,生效的 shēngxiàode

Gültigkeit *f* - 生效 shēngxiào,有效 yǒuxiào,有效期 yǒuxiàoqī

Gummi I *n/m* -s, -s 橡胶 xiàngjiāo; 胶水 jiāoshuǐ II *m* -s, -s 橡皮 xiàngpí

Gun [gan] *m/n* -s, -s 毒品注射器 dúpǐn zhùshèqì

Gunman ['gʌnmən] *m* -s, …men 武装匪徒 wǔzhuāng fěitú; 持枪歹徒 chí qiāng dǎitú

Gunst *f* - 好意 hǎoyì,欢心 huānxīn,宠爱 chǒng'ài,好感 hǎogǎn; 有利 yǒulì: zu seinen ～en 对他有利

günstig *adj* 有利的 yǒulìde,有益的 yǒuyìde,顺利的 shùnlìde

Gurgel *f* -, -n 咽喉 yānhóu

gurgeln *vi* 漱喉 shùhóu,漱口 shùkǒu

Gurke *f* -, -n 黄瓜 huánggua

Gürtel *m* -s, - 腰带 yāodài,扣带 kòudài,带子 dàizi

gürten *vt* 系上带子 jìshàng dàizi

Guss *m* -es, ⸚e 急骤的阵雨 jízhòude zhènyǔ; 浇铸 jiāozhù,铸造 zhùzào; 铸件 zhùjiàn; 蛋糕上的涂层 dàngāoshangde túcéng

Gussstahl *m* 铸钢 zhùgāng

gut *adj* 好的 hǎode; 正派的 zhèngpàide,适度的 shìdùde; 无私的 wúsīde,高尚的 gāoshàngde; 可喜的 kěxǐde,有益的 yǒuyìde,美好的 měihǎode; 容易的 róngyìde,不费力的 bu fèilìde; 友好的 yǒuhǎode,善意的 shànyìde,亲密的 qīnmìde; 充裕的 chōngyùde,十足的 shízúde: bis dahin sind es noch ～ drei Kilometer 到那儿还有足足 3000 米; ～ und gern 至

G

少，不少于；～er Dinge sein 兴致勃勃；～en Mutes sein 兴致勃勃的，充满信心的；jm ～ sein 喜欢某人；kurz und ～ 总而言之；so ～ wie 几乎，差不多；Also gut！就这样！好吧！

Gut *n* -(e)s, ⸚er 所有物 suǒyǒuwù，财产 cáichǎn；财富 cáifù；货物 huòwù；庄园 zhuāngyuán，农场 nóngchǎng

Gutachten *n* -s, -（专家）鉴定 jiàndìng

Gutachtengebühr *f*（专家）鉴定费 jiàndìngfèi

Gutachter *m* -s, - 鉴定人 jiàndìngrén

Gutachterbericht *m* 鉴定报告 jiàndìng bàogào

gutaussehend *adj* 好看的 hǎokànde，漂亮的 piàoliangde

Güte *f* - 好意 hǎoyì，友好 yǒuhǎo，亲切 qīnqiè；质量 zhìliàng，性能 xìngnéng

Güteklasse *f* 质量等级 zhìliàng děngjí

Gütekontrolle *f* 产品质量检验 chǎnpǐn zhìliàng jiǎnyàn

Güterwagen *m* 货车 huòchē，货运车皮 huòyùn chēpí

Güterzug *m* 货运列车 huòyùn lièchē

gutgehen* *vi*（s）处于良好的健康状况 chǔyú liánghǎode jiànkāng zhuàngkuàng：jm geht es gut 某人健康状况良好；适意 shìyì，合适 héshì；进展顺利 jìnzhǎn shùnlì

Guthaben *n* -s, -（银行中的）存款 cúnkuǎn，余额 yú'é，结余 jiéyú

gutheißen* *vt* 同意 tóngyì，许可 xǔkě，赞成 zànchéng：einen Entschluss ～ 同意一决定

gutherzig *adj* 好心的 hǎoxīnde，和善的 héshànde，乐善好施的 lè shàn hào shī de

gütig *adj* 亲切的 qīnqiède，好意的 hǎoyìde，善良的 shànliángde

gütlich *adj* 友好的 yǒuhǎode，和睦的 hémùde

gutmachen *vt* 纠正 jiūzhèng，改正 gǎizhèng；补偿 bǔcháng，弥补 míbǔ：einen Schaden ～ 赔偿损失

gutmütig *adj* 善良的 shànliángde，温厚的 wēnhòude，好脾气的 hǎo píqi de；乐于助人的 lèyú zhùrén de

Gutmütigkeit *f* - 善良 shànliáng，温厚 wēnhòu，乐善好施 lè shàn hào shī

Gutsbesitzer *m*（大）地主 dìzhǔ，（大）庄园主 zhuāngyuánzhǔ

Gutschein *m* 有价票证（如息票、欠款单、存入凭条、期票、凭单支票等）yǒujià piàozhèng；收据 shōujù，凭证 píngzhèng

Gutsherr *m* 地主 dìzhǔ，农场主 nóngchǎngzhǔ，庄园主 zhuāngyuánzhǔ

guttun* *vi* 做好事 zuò hǎoshì；对…有效 duì … yǒuxiào，对…有好处 duì … yǒu hǎochu：Süßigkeiten tun den Zähnen nicht gut 甜食无益于牙齿

Guyana 圭亚那 Guīyànà

Guyaner *m* -s, - 圭亚那人 guīyànàrén

Gymnasium *n* -s, …sien 高级中学 gāojí zhōngxué，文理中学 wénlǐ zhōngxué

Gymnastik *f* - 体操 tǐcāo：～ treiben 做体操

gymnastisch *adj* 体操的 tǐcāode

Gynäkologe *m* -n, -n 妇科医生 fùkē yīshēng

Gynäkologie *f* - 妇科 fùkē，妇科学 fùkēxué

gynäkologisch *adj* 妇科的 fùkēde，妇科学的 fùkēxuéde

H

H [eɪtʃ] *n* (= Heroin) 海洛因 hǎiluòyīn: auf ~ sein 有海洛因毒瘾

Haar *n* -(e)s, -e 毛 máo,毛发 máofà,头发 tóufa: mit Haut und ~(en) 全部; aufs (或 auf ein) ~ 丝毫不差;kein gutes ~ an jm lassen 把某人说得一无是处; um ein ~ 差一点

haarig *adj* 有毛的 yǒumáode,多毛的 duōmáode;令人不快的 lìng rén bùkuài de,糟糕的 zāogāode,棘手的 jíshǒude

Haarnadel *f* 发叉 fàchā,发夹 fàjiā,簪 zān,夹叉 jiāchā

haarscharf *adj* 贴近的 tiējìnde;精确的 jīngquède,准确的 zhǔnquède

Haarschneider *m* 理发师 lǐfàshī

Haarschnitt *m* 头发式样 tóufa shìyàng,发式 fàshì;理发 lǐfà

Haarspalterei *f* 作无谓的琐细分析 zuò wúwèide suǒxì fēnxī,挑剔 tiāotī,小题大作 xiǎo tí dà zuò

haarsträubend *adj* 恐怖的 kǒngbùde,令人毛骨悚然的 lìng rén máo gǔ sǒngrán de

Haarwuchs *m* 头发的生长 tóufa de shēngzhǎng;头发的密度 tóufa de mìdù

Habe *f* - 财产 cáichǎn,所有物 suǒyǒuwù: bewegliche [unbewegliche] ~ 动[不动]产

haben* I *vt* 1. 有 yǒu,拥有 yōngyǒu,占有 zhànyǒu,具有 jùyǒu: er hat Durst 他口渴;viel Arbeit ~ 很忙,有许多事情;Beziehungen ~ 有关系,有门路 2. (与带 zu 的不定式连用)必须 bìxū,不得不 bùdébù: er hat noch zu arbeiten 他还得工作 3. (与 *adj* 或 *adv* 连用) ich habe frei 我有空 4. (与不定式连用) du hast gut reden 你说得倒容易 II *rfl* 装模作样 zhuāng mó zuò yàng: Hab dich nicht so! 你别装模作样! 结束 jiéshù: und damit hat es sich 就这些,就此结束(意为:其他无可奉告) III (作助动词,构成现在完成时和过去完成时) er hat alles falsch gemacht 他统统做错了; sie kam zu spät, weil sie sich verlaufen hatte 她来得太迟,因为她走错了路

Habgier *f* 贪心 tānxīn,贪婪 tānlán

habgierig *adj* 贪心的 tānxīnde,贪婪的 tānlánde,贪得无厌的 tān dé wú yàn de

habhaft (用于短语,支配第二格) js ~ werden 抓住某人,捕获某人: einer Sache (*G*) ~ werden 获得某物

Habicht *m* -(e)s, -e 鹰 yīng,苍鹰 cāngyīng

habilitieren I *rfl* 取得大学授课资格 qǔdé dàxué shòukè zīgé II *vt* 授予大学授课资格 shòuyǔ dàxué shòukè zīgé

Habseligkeiten *pl* 家当 jiādàng,(所有琐碎的不太值钱的)家中杂物 jiāzhōng záwù

Habsucht *f* - 贪心 tānxīn,贪婪 tānlán

Hacke *f* -, -n 锄头 chútou;脚后跟 jiǎohòugen,踵 zhǒng;鞋后跟 xiéhòugēn: Schuhe mit hohen ~n 高跟鞋;袜后跟 wàhòugen

hacken *vt* (用锄)松土 sōngtǔ,耙(土) pá;剁碎 duòsuì,砍 kǎn,劈 pī: Holz ~ 劈木头;啄 zhuó: der Hahn hackte mich (或 nach mir) 公鸡啄我

Hacken *m* -s, - 踵 zhǒng,脚后跟 jiǎohòugen;鞋后跟 xiéhòugēn;袜后跟 wàhòugēn: sich (*D*) die ~ nach etw ablaufen (或 abrennen) 为获得某物而四处奔走

Hackfleisch *n* 碎肉 suìròu,肉糜 ròumí

Hackordnung *f* (鸟类尤指鸡群中的强者啄食权的)等级制度 děngjí zhìdù

Hafen *m* -s, ¨ 港口 gǎngkǒu,码头 mǎtóu

Hafenarbeiter *m* 码头工人 mǎtóu gōngrén

Hafenstadt *f* 港口城市 gǎngkǒu chéngshì

Hafer *m* -s 燕麦 yànmài

Haft *f* - 监禁 jiānjìn,拘留 jūliú: jn in ~ nehmen (或 setzen) 拘留某人

haftbar *adj* 承担责任的 chéngdān zérèn

de: für etw ～ sein 对某事承担责任；jn (für etw) ～ machen 要某人(对某事)承担责任

Haftbefehl *m* 逮捕令 dàibǔlìng

haften *vi* 黏着 niánzhuó，黏附 niánfù，黏住 niánzhù；负责任 fù zérèn，担保 dānbǎo，保证 bǎozhèng：Eltern ～ für ihre Kinder 父母为自己的子女承担责任，父母对自己子女造成的损失负有赔偿责任

Häftling *m* -s, -e 犯人 fànrén，囚犯 qiúfàn，拘留犯 jūliúfàn

Haftung *f* - 责任 zérèn，义务 yìwù，保证 bǎozhèng：Gesellschaft mit beschränkter ～ 股份有限公司

Hagel *m* -s, - 雹子 báozi，冰雹 bīngbáo

hageln *vi* 下雹 xiàbáo：es hagelte stark 冰雹下得好厉害；像雹子一样落下 xiàng báozi yíyàng luòxia：es hagelte Schläge auf den Bösewicht 这坏蛋遭到一阵痛打

Hahn I *m* -(e)s, ¨-e 公鸡 gōngjī，雄鸡 xióngjī II *m* -(e)s, ¨-e / -en 龙头 lóngtóu，开关 kāiguān，阀门 fámén：den ～ aufdrehen (或 öffnen) 开龙头；den ～ zudrehen (或 schließen) 关龙头

Hai *m* -(e)s, -e 鲨(鱼) shā

Haifisch *m* = Hai

Haifischbranche [... brɑ̃ʃə] *f* 娱乐行业 yúlè hángyè

Hain *m* -(e)s, -e 小树丛 xiǎo shùcóng，小片稀疏森林 xiǎo piàn xīshū sēnlín

Haiti 海地 Hǎidì

Haitianer *m* -s, -, **Haitier** *m* -s, - 海地人 hǎidìrén

häkeln I *vt*/*vi* 用钩针编织 yòng gōuzhēn biānzhī，钩结 gōujié II *rfl* 与…闹着玩 yǔ … nào zhe wán，半开玩笑地争吵 bàn kāiwánxiào de zhēngchǎo：sich mit jm ～ 半开玩笑地与某人争吵

haken I *vt* 把…钩到…上 bǎ … gōudào … shang，把…挂在 bǎ … guàzài：Frau K hakte die Schlüssel in ihren Schlüsselbund K 太太将钥匙钩到自己的钥匙串上 II *vi* 钩住 gōuzhù，卡住 qiǎzhù：das Farbband hakte an einer Stelle 色带在某处卡住了

Haken *m* -s, - 钩 gōu，挂钩 guàgōu；(拳击中的)钩拳 gōuquán；拐角 guǎijiǎo：einen ～ schlagen (跑步时)突然拐弯；das ist der ～ dabei 这就是事情症结所在；die Sache hat einen (ihren) ～ 这事有其难处

Hakennase *f* 鹰钩鼻 yīnggōubí

halb *adj* 半 bàn，一半的 yíbànde；不完整的 bù wánzhěngde，不完全的 bù wánquánde；差不多的 chà bu duō de，几乎 jīhū

Halbbruder *m* 同父异母或同母异父的兄弟 tóng fù yì mǔ huò tóng mǔ yì fù de xiōngdì

halber *prp* (G) 因为 yīnwèi，由于 yóuyú，为了 wèile

Halbfinale *m* 半决赛 bànjuésài

halbherzig *adj* 半心半意的 bàn xīn bàn yì de

halbieren *vt* 二等分 èr děng fēn，把…分成相等的两部分 bǎ … fēnchéng xiāngděngde liǎng bùfen

Halbinsel *f* 半岛 bàndǎo

Halbjahr *n* 半年 bànnián，六个月 liùgè yuè

halbjährig *adj* 半年的 bànniánde，六个月的 liù ge yuè de

halbjährlich *adj* 每半年一次的 měi bànnián yīcì de

Halbkreis *m* 半圆 bànyuán

Halbkugel *f* 半球 bànqiú：die nördliche [südliche] ～ 北[南]半球

Halbleiter *m* -s 半导体 bàndǎotǐ

Halbleiterelement *n* 半导体元件 bàndǎotǐ yuánjiàn

Halbleitertechnik *f* 半导体技术 bàndǎotǐ jìshù

halbmast *adv* 旗杆的一半高度 qígān de yībàn gāodù，半旗 bànqí：die Flagge ～ setzen (或 hissen) 下半旗(表示哀悼)

Halbmesser *m* 半径 bànjìng

Halbmond *m* 半圆月亮 bànyuán yuèliang，半月(形) bànyuè

halboffen *adj* 半开的 bànkāide

Halbschlaf *m* 半睡半醒 bàn shuì bàn xǐng

Halbschuh *m* 低帮鞋 dībāngxié，浅口鞋 qiǎnkǒuxié

Halbstarke *m*/*f* (按形容词变化)阿飞 āfēi

Halbtagsarbeit *f* 半天工作 bàntiān gōngzuò

Halbtagsbeschäftigung *f* = Halbtagsarbeit

Halbtagskraft *f* 上半天班的人 shàng bàntiānbān de rén，半劳力 bànláolì

halbtot *adj* 半死的 bànsǐde

Halbwaise *f* 丧父或丧母的(未成年)孩子 sàng fù huò sàng mǔ de háizi

halbwegs *adv* 半途 bàntú，中途 zhōngtú；稍微 shāowēi，有几分 yǒu jǐfēn

Halbwelt *f*（貌似高雅而实质名声不佳的）半上流社会（阶层）bàn shàngliú shèhuì

Halbzeit *f*（比赛中的）半场 bànchǎng；（比赛或演出中上下半场间的）休息时间 xiūxi shíjiān

Halbzeug *n* 半成品 bànchéngpǐn，半制品 bànzhìpǐn

Hälfte *f* -，-n 半 bàn，一半 yībàn

Halle *f* -，-n 大厅 dàtīng，礼堂 lǐtáng；前厅 qiántīng，接待厅 jiēdàitīng

hallen *vi* 回响 huíxiǎng，发出响声 fāchū xiǎngshēng

Hallenbad *n* 室内游泳池 shìnèi yóuyǒngchí

Hallensport *m* 室内运动 shìnèi yùndòng

hallo! *intj* 喂 wèi!（用以唤起对方注意，相遇、打电话等用语）

Hallo *n* -s，-s 喧闹声 xuānnàoshēng，欢呼声 huānhūshēng

Halluzination *f* -，-en 幻觉 huànjué

Halluzinogen *n* -s，-e 致幻剂 zhìhuànjì

Halm *m* -(e)s，-e 草茎 cǎojīng；禾秆 hégǎn，麦秆 màigǎn

Hals *m* -es，-e 脖子 bózi，颈 jǐng：~ über Kopf 手忙脚乱；咽喉 yānhóu，喉咙 hóulóng，嗓子 sǎngzi：er hat es im ~ 他喉咙痛

Halsabschneider *m* 放高利贷者 fàng gāolìdài zhě，售高价商人 shòu gāojià shāngrén，诈骗者 zhàpiànzhě

Halsbinde *f* 领带 lǐngdài

halsbrecherisch *adj* 有生命危险的 yǒu shēngmìng wēixiǎn de，极危险的 jí wēixiǎnde，惊险的 jīngxiǎnde

Hals-Nasen-Ohrenarzt *m* 耳鼻喉科医生 ěrbíhóukē yīshēng

Halsschleife *f* 领结 lǐngjié

Halsschmerzen *pl* 喉咙痛 hóulóng tòng

halsstarrig *adj* 顽固的 wángùde，执拗的 zhíniùde

Halsstarrigkeit *f* unz 顽固 wángù，执拗 zhíniù

Halstuch *n* 围巾 wéijīn，领巾 lǐngjīn

halt *adv* 简直 jiǎnzhí，就是 jiùshì；干脆 gāncuì

halt! *intj* 站住 zhànzhù!，住嘴 zhùzuǐ!，够了 gòule!，停止 tíngzhǐ!

Halt *m* -(e)s，-e 停止 tíngzhǐ，停住 tíngzhù；支撑物 zhīchēngwù，支持物 zhīchíwù

haltbar *adj* 耐用的 nàiyòngde，耐久的 nàijiǔde，坚牢的 jiānláode；可久藏的 kě jiǔ cáng de；可守住的 kě shǒuzhù de

Haltbarkeit *f* unz 耐用 nàiyòng，耐久 nàijiǔ，坚牢 jiānláo；可久藏 kě jiǔ cáng

halten* I *vt* 握住 wòzhù，拿住 názhù；守住 shǒuzhù，保卫 bǎowèi，保持 bǎochí；遵守 zūnshǒu，履行 lǚxíng：ein Versprechen ~ 信守若言；举行 jǔxíng，作 zuò：die Hochzeit ~ 举行婚礼；einen Vortrag ~ 作报告；雇用 gùyòng；饲养 sìyǎng：einen Hund ~ 养一条狗；重视 zhòngshì，管理 guǎnlǐ：seine Kinder streng ~ 严格管教自己的孩子；抑制 yìzhì，屏住 bǐngzhù：den Mund ~ 闭口不言，不泄露秘密；认为 rènwéi，视作 shìzuò：jn für aufrichtig ~ 认为某人正直；留住 liúzhù，挽留 wǎnliú，阻拦 zǔlán：keiner hält euch，wenn ihr gehen wollt 你们想走，没有人会拦你们；保持 bǎochí，维持 wéichí：Abstand [Richtung] ~ 保持距离[（笔直的）方向] II *rfl* 坚持 jiānchí；经久不变 jīngjiǔ bùbiàn，不易腐烂 bùyì fǔlàn（枯萎）；保持在一状态 bǎochí zài yī zhuàngtài：wir müssen uns nach Norden ~ 我们必须向着北方 III *vi* 停住 tíngzhù，停留 tíngliú；经用 jīngyòng，耐久 nàijiǔ；遵守 zūnshǒu，重视 zhòngshì：auf Ordnung ~ 遵守秩序

Haltestelle *f* 停车站 tíngchēzhàn，公共汽车站 gōnggòng qìchēzhàn

Halteverbot *n* 禁止停车 jìnzhǐ tíngchē；禁止停车区 jìnzhǐ tíngchēqū

haltmachen *vi* 停止 tíngzhǐ，停下 tíngxià：vor nichts ~ 无所顾忌

Haltung *f* - 态度 tàidu，立场 lìchǎng；姿势 zīshì；品行 pǐnxíng，举止 jǔzhǐ；饲养 sìyǎng；自制 zìzhì

Halunke *m* -n，-n 流氓 liúmáng，无赖 wúlài；狡猾的家伙 jiǎohuáde jiāhuo，骗子 piànzi；捣蛋鬼 dǎodànguǐ

Hamburger *m* -s，- 汉堡包 hànbǎobāo

hamburgern *vi* 说汉堡方言 shuō hànbǎo fāngyán，操汉堡口音 cāo hànbǎo kǒuyīn

Hammel *m* -s，- 骟羊，阉羊 yān miányáng；笨蛋 bèndàn，傻瓜 shǎguā

Hammelfleisch *n* 羊肉 yángròu

Hammer *m* -s, — 锤 chuí, 锄头 lángtóu

hämmern I *vi* 锤击 chuíjī, 用锤子打 yòng chuízi dǎ; (接连)敲打 qiāodǎ: mit den Fäusten an (或 gegen) die Tür ～ 用拳头敲打门; 激烈地跳动 jīliède tiàodòng II *vt* 锤打 chuídǎ, 锤击 chuíjī

Hamster *m* -s, - 仓鼠 cāngshǔ

Hamsterer *m* -s, - 囤积居奇者 túnjī jūqí zhě

Hand *f* -, ≐e 手 shǒu: die linke [rechte] ～ 左[右]手; die ～ zur Faust ballen 把手握成拳头; jm die ～ drücken 同某人握手; ～ in ～ gehen 手拉着手走; alle (或 beide) Hände voll zu tun haben 忙得不可开交; an ～ (von) 借助于, 根据; jm an die ～ gehen 帮助某人; ～ und Fuß haben 经过深思熟虑; zur ～ sein 在手头

Handarbeit *f* 手工 shǒugōng; 手工制品 shǒugōng zhìpǐn; 编织品 biānzhīpǐn, 绣品 xiùpǐn

Handbuch *n* 手册 shǒucè

Händeabtrockner *m* (卫生间的)电动热风干手机 diàndòng rèfēng gānshǒujī

Händedruck *m* 握手 wòshǒu

Händeklatschen *n* -s 鼓掌 gǔzhǎng

Handel *m* -s 买卖 mǎimai, 交易 jiāoyì; 商业 shāngyè, 贸易 màoyì

handeln I *vi* 做交易 zuò jiāoyì, 做买卖 zuò mǎimai, 营业 yíngyè: im Großen [im Kleinen] ～ 经营批发[零售]; 磋商 cuōshāng, 讨价还价 tǎo jià huán jià: nicht mit sich ～ lassen 没有商量的余地; 行动 xíngdòng, 对待 duìdài, 处理 chǔlǐ: nach der Vorschrift ～ 按规定办事; 以…为主题 yǐ … wéi zhǔtí, 谈论 tánlùn: der Film handelt von der Entstehung des Lebens auf der Erde 这部电影讲的是地球上生命的起源 II *vt* 卖 mài, 出售 chūshòu III *rfl* 涉及 shèjí, 关系到 guānxì dào: es handelt sich um etw [jn] 事情关系到某事[某人]

Handelsabkommen *n* 贸易协定 màoyì xiédìng

Handelsbank *f* 商业银行 shāngyè yínháng

Handelsbilanzdefizit *n* 贸易逆差 màoyì nìchā

Handelsmakler *m* 经纪人 jīngjìrén, 中间人 zhōngjiānrén

Handelsorgan *n* 贸易机关 màoyì jīguān; 商业机构 shāngyè jīgòu

Handelsschiff *n* 商船 shāngchuán

Handelsvertrag *m* 通商条约 tōngshāng tiáoyuē, 贸易协定 màoyì xiédìng

Handelsvertreter *m* 商务代表 shāngwù dàibiǎo

Handelsvolumen *n* 贸易总额 màoyì zǒng'é

Händetrockner *m* (卫生间的)电动热风干手机 diàndòng rèfēng gānshǒujī

Handfläche *f* 手掌 shǒuzhǎng, 手心 shǒuxīn

Handgebrauch *m* (用于短语)随手使用 suíshǒu shǐyòng: zum (或 für den) ～ 供日常使用, 供随时取用

Handgelenk *n* 手腕 shǒuwàn

Handgepäck *n* (手提)小件行李 xiǎojiàn xíngli

Handgranate *f* 手榴弹 shǒuliúdàn

handgreiflich *adj* 显而易见的 xiǎn ér yìjiàn de, 明显的 míngxiǎnde; 动手的 dòngshǒude: ～ werden 打起架来

Handgriff *m* -(e)s, -e 柄 bǐng, 把手 bǎshou; (熟练的)操作 cāozuò, 技巧 jìqiǎo

Handhabe *f* -, -n 理由 lǐyóu, 根据 gēnjù, 把柄 bǎbǐng

handhaben* *vt* 使用 shǐyòng, 运用 yùnyòng, 操作 cāozuò: ein Werkzeug ～ 使用一工具; eine Methode ～ 动用一种方法

handikapen ['hɛndikɛpn] *vt* 使…不利 shǐ … bùlì, 造成障碍 zàochéng zhàng'ài, 阻碍 zǔ'ài

Handkuss *m* 吻手 wěnshǒu

Händler *m* -s, - 商人 shāngrén

handlich *adj* 便于使用的 biànyú shǐyòng de, 易于使用的 yìyú shǐyòng de, 轻便的 qīngbiànde

Handlung *f* -, -en 行为 xíngwéi, 行动 xíngdòng, 举动 jǔdòng; 情节 qíngjié, 剧情 jùqíng: die ～ des Films ist frei erfunden 这部电影的情节是虚构的; 商店 shāngdiàn

Handschlag *m* -(e)s 击掌(成交) jīzhǎng: einen Kauf mit (或 durch) ～ besiegeln 一宗买卖击掌成交; 握手 wòshǒu: jn mit (或 durch) ～ begrüßen [verabschieden] 握手问候[告别]某人

Handschrift *f* 笔迹 bǐjì, 字体 zìtǐ, 手迹 shǒujì; 手写本 shǒuxiěběn, 原稿 yuángǎo

handschriftlich *adj* 手写的 shǒuxiěde; 手稿的 shǒugǎode

Handschuh *m* 手套 shǒutào
Handtasche *f* 手提包 shǒutíbāo
Handtuch *n* 手巾 shǒujīn，毛巾 máojīn
Handumdrehen *n*（用于短语）im ～ 转眼间，很快地
Handvoll *f* -，- 一把 yībǎ：eine [ein paar] ～ Mehl 一[几]把面粉；一些 yīxiē，少数 shǎoshù，一小撮 yīxiǎocuō：nur eine ～ Zuhörer 只有少数听众
Handwagen *m* 手拉车 shǒulāchē，手推车 shǒutuīchē
Handwerk *n* 手艺 shǒuyì，手工艺 shǒugōngyì：sich in seinem ～ auskennen 精通自己的手艺
Handwerker *m* 手工业者 shǒugōngyèzhě，手工工人 shǒugōng gōngrén，手工业者 shǒugōngyèzhě；手艺人 shǒuyìrén
Handwerkszeug *n* 手工工具 shǒugōng gōngjù：das ～ des Tischlers 细木工人的手工工具
Hanf *m* -(e)s 大麻 dàmá；大麻纤维 dàmá xiānwéi
Hang *m* -(e)s，¨-e 斜坡 xiépō；爱好 àihào，偏爱 piān'ài，倾向 qīngxiàng
Hangar *m* -s，-s 飞机库 fēijīkù，飞机棚 fēijīpéng
Hängelampe *f* 吊灯 diàodēng
Hängematte *f* 吊床 diàochuáng
hängen* I *vi* 挂着 guàzhe，悬着 xuánzhe，吊着 diàozhe；依赖 yīlài；依恋 yīliàn，喜爱 xǐ'ài，依依不舍 yīyī bùshě：an jm [etw (*D*)] ～ 留恋某人[某事]；欠债 qiànzhài，负债 fùzhài：bei jm ～ 欠某人债；停留 tíngliú，逗留 dòuliú；停止不动 tíngzhǐ bù dòng，呆着 dāizhe：die Schraube hängt 这螺栓拧死了（意为：转不动了）II *vt*（hängte，gehängt）把某物挂到某处 bǎ mǒuwù guàdào mǒuchù，悬挂 xuánguà；绞死 jiǎosǐ：etw an etw (*A*) [jn] ～ 把某物浪费在某物[某人]上面 III *rfl*（hängte，gehängt）吊挂 diàoguà；附着 fùzhuó：sich an etw (*A*) [jn] ～ 附着在某物[某人]身上；依恋 yīliàn；自缢 zìyì
hängenbleiben* *vi*(*s*) 钩住 gōuzhù，挂住 guàzhù；停留 tíngliú，耽搁 dānge；留级 liújí
hängenlassen* I *vt*（挂着的东西）忘了拿走 wàngle názǒu，让…垂下 ràng … chuíxià II *rfl* 情绪低落 qíngxù dīluò，无精打采 wú jīng dǎ cǎi，垂头丧气 chuí tóu sàng qì
Hanswurst *m* -es，-e 丑角 chǒujué，滑稽角色 huájī juésè，逗人乐的人 dòu rén lè de rén
hantieren *vi* 工作 gōngzuò，忙碌 mánglù，操作 cāozuò：mit einem Werkzeug ～ 用一工具干活
Harfe *f* -，-n 竖琴 shùqín
Harke *f* -，-n 耙 pá
Harlekin *m* -s，-e 丑角 chǒujué，小丑 xiǎochǒu，滑稽角色 huájī juésè
harmlos *adj* 无害的 wúhàide，没有危险的 méiyǒu wēixiǎnde；无恶意的 wú èyì de；善良的 shànliángde，性情温和的 xìngqíng wēnhé de
Harmonie *f* -，-n 调和 tiáohé，协调 xiétiáo，和谐的声音 héxiéde shēngyīn；和睦 hémù，融洽 róngqià
Harmonika *f* -，…ken / -s 手风琴 shǒufēngqín；口琴 kǒuqín
harmonisch *adj* 和声的 héshēngde，悦耳的 yuè'ěrde，协调的 xiétiáode；和睦的 hémùde，融洽的 róngqiàde
Harn *m* -(e)s，-e 尿 niào：～ lassen 撒尿，小便
Harnblase *f* 膀胱 pángguāng
harnen *vi* 排尿 páiniào，小便 xiǎobiàn
harren *vi* 期待 qīdài，等待 děngdài：sie harrten seiner (*G*) 他们期待着他的到来；auf jn [etw] ～ 期待某人[某事物]
hart *adj* 硬的 yìngde，坚硬的 jiānyìngde：～es Wasser 硬水：eine ～e Währung 硬通货；er hat einen ～en Kopf 他头脑顽固不化；艰苦的 jiānkǔde，费力的 fèilìde；严厉的 yánlìde，严酷的 yánkùde，冷酷的 lěngkùde：ein ～er Mensch 严厉的人；剧烈的 jùliède，烈性的 lièxìngde：～e Drogen 烈性毒品
Härte *f* -，-n 坚固 jiāngù，硬度 yìngdù；不公平 bù gōngpíng，不公正 bù gōngzhèng；严厉 yánlì，无情 wúqíng，严峻 yánjùn，剧烈 jùliè；艰苦 jiānkǔ
Härteausgleich *m* 困难补助 kùnnan bǔzhù，困难救济 kùnnan jiùjì
Härtefall *m* 困难处境 kùnnan chǔjìng，艰难境况 jiānnán jìngkuàng；处境困难的人 chǔjìng kùnnan de rén
Härtefonds *m* 困难补助资金 kùnnan bǔzhù zījīn；救济金 jiùjìjīn
härten *vt* 使变硬 shǐ biànyìng，使坚硬 shǐ jiānyìng；使坚强 shǐ jiānqiáng，锻炼 duànliàn；将…淬火 jiāng … cuìhuǒ
Hartgeld *n* 硬币 yìngbì

hartherzig *adj* 心肠硬的 xīncháng yìng de，无同情心的 wú tóngqíngxīn de，冷酷的 lěngkùde

Hartherzigkeit *f*- 冷酷 lěngkù，无情 wúqíng，无同情心 wú tóngqíngxīn

Hartholz *n* 硬木材 yìng mùcái

hartleibig *adj* 便秘的 biànmìde

hartnäckig *adj* 固执的 gùzhíde，倔强的 juéjiàngde，顽固的 wángùde

Hartnäckigkeit *f*- 固执 gùzhí，坚持 jiānchí，顽固 wángù

Harz *n* -es，-e 树脂 shùzhī；松香 sōngxiāng，松脂 sōngzhī

haschen I *vi* 抓 zhuā；追逐 zhuīzhú II *vt* 捕 bǔ，捉 zhuō；抓住 zhuāzhù

Haschen *n* -s（儿童）捉人游戏 zhuō rén yóuxì

Hascher *m* -s，- 吸大麻者 xī dàmá zhě

Hase *m* -n，-n 兔 tù：ein alter ～ 老手 lǎoshǒu，行家 hángjia；mein Name ist ～ 我一点不知道；胆小鬼 dǎnxiǎoguǐ；天兔座 tiāntùzuò

Hass *m* -es 仇恨 chóuhèn，憎恨 zēnghèn

hassen *vt* 仇恨 chóuhèn，憎恨 zēnghèn

hässlich *adj* 丑的 chǒude，难看的 nánkànde：ein ～es Gesicht 一张难看的脸；丑恶的 chǒu'ède，讨厌的 tǎoyànde：er spricht ～ von seinem Bekannten 他说朋友的坏话

Hast *f*- 匆忙 cōngmáng，急忙 jímáng，仓促 cāngcù：ohne ～ 不急不忙地，从容地

hastig *adj* 匆忙的 cōngmángde，急急忙忙的 jíjí mángmáng de：～ laufen 急急忙忙地跑

Haube *f*-，-n 女帽 nǚmào，便帽 biànmào，女兜帽 nǚdōumào：unter die ～ kommen 嫁人；盖 gài，罩 zhào；头发干燥器 tóufa gānzàoqì；咖啡保温罩 kāfēi bǎowēnzhào

Hauch *m* -(e)s，-e 气 qì，气息 qìxī，呵气 hēqì：bis zum letzten ～ 直到最后一息；一阵气味 yīzhèn qìwèi；微风 wēifēng；薄层 bócéng；少许 shǎoxǔ，一点 yīdiǎn，一丝 yīsī：der ～ eines Lächelns 一丝微笑；气氛 qìfēn

hauchen I *vi* 呵气 hēqì，呼气 hūqì II *vt* 低声说 dīshēng shuō，低语 dīyǔ

hauen* I *vt* 殴打 ōudǎ，揍 zòu：jn ～ 殴打某人；jn übers Ohr ～ 欺骗某人；开采 kāicǎi；凿 záo，雕刻 diāokè；割 gē：das Gras mit der Sense ～ 用镰刀割草；砍 kǎn，劈 pī，剁 duò；扔 rēng，掷 zhì II *vi* 打 dǎ，击 jī，砍 kǎn，敲 qiāo；撞 zhuàng，撞击 zhuàngjī

Hauer *m* -s，- 采矿者 cǎikuàngzhě，矿工 kuànggōng

Haufen *m* -s，- 堆 duī，大量 dàliàng：ein großer ～ Kartoffeln 一大堆土豆；群 qún，大批 dàpī：ein ～ Kinder 一群儿童

häufen I *vt* 堆在 duī zài，堆起 duī qǐ II *rfl* 积累 jīlěi，堆积 duījī，增多 zēngduō

häufig *adj* 经常的 jīngchángde，常常的 chángchángde；时常发生的 shícháng fāshēng de，频繁的 pínfánde

Häufigkeit *f*-，-en 经常 jīngcháng，频繁 pínfán

Häufung *f*-，-en 堆积 duījī，积累 jīlěi；经常发生 jīngcháng fāshēng，经常出现 jīngcháng chūxiàn

Haupt *n* -(e)s，..er 头 tóu，首 shǒu：jn aufs ～ schlagen 击败某人；首脑 shǒunǎo，头头 tóutou，首领 shǒulǐng

Hauptaugenmerk *n* 主要的注意力 zhǔyàode zhùyìlì：sein ～ auf jn [etw] richten 将主要注意力集中于某人[某事物]上

Hauptbahnhof *m* 火车总站 huǒchē zǒngzhàn

Hauptdarsteller *m* 主要演员 zhǔyào yǎnyuán

Hauptfach *n* 主要学科 zhǔyào xuékē，主科 zhǔkē；主要课程 zhǔyào kèchéng

Hauptfigur *f* 主角 zhǔjué，主要人物 zhǔyào rénwù

Hauptgewinn *m*（彩票、有奖储蓄的）头奖 tóujiǎng

Hauptkennziffer *f* 主要指标 zhǔyào zhǐbiāo

Hauptkriegsverbrecher *m* 主要战犯 zhǔyào zhànfàn，大战犯 dàzhànfàn

Häuptling *m* -s，-e 酋长 qiúzhǎng；首领 shǒulǐng，头目 tóumù

Hauptmann *m* -(e)s，...leute 上尉 shàngwèi

Hauptperson *f* 主要人物 zhǔyào rénwù，中心人物 zhōngxīn rénwù

Hauptquartier *n* 司令部 sīlìngbù，总部 zǒngbù

Hauptrolle *f* 主角 zhǔjué；中心人物 zhōngxīn rénwù

Hauptsache *f* 主要的事 zhǔyàode shì，要点 yàodiǎn：in der ～ 基本上，大体上，主要

hauptsächlich *adj* 主要的 zhǔyàode，

特别的 tèbiéde，根本的 gēnběnde，本质的 běnzhìde
Hauptsatz *m* 主句 zhǔjù
Hauptschuld *f* - 主要过错 zhǔyào guòcuò，主要责任 zhǔyào zérèn
Hauptschule *f* （五至九年级的）普通中学 pǔtōng zhōngxué
Hauptstadt *f* 首都 shǒudū，首府 shǒufǔ，省会 shěnghuì
Hauptstraße *f* 大街 dàjiē，主街 zhǔjiē，大马路 dà mǎlù
Hauptverkehrstraße *f* 主要交通要道 zhǔyào jiāotōng yàodào
Hauptverdiener *m* 家中主要挣钱人 jiāzhōng zhǔyào zhèngqián rén
Haus *n* -es，⸗er 房屋 fángwū，房子 fángzi，住宅 zhùzhái；家 jiā，家园 jiāyuán：nach ～e gehen 回家；zu ～e sein 在家；außer ～(e) sein 外出；außer ～(e) essen 在外用餐
Hausaltar *m* 电视机(俗称) diànshìjī
Hausarbeit *f* 家庭作业 jiātíng zuòyè；家务活 jiāwùhuó
Hausarzt *m* 家庭医生 jiātíng yīshēng
Hausaufgabe *f* 家庭作业 jiātíng zuòyè
hausen *vi* 栖身 qīshēn，安身 ānshēn；住 zhù，居住 jūzhù；严重破坏 yánzhòng pòhuài，毁坏 huǐhuài，糟蹋 zāotà
Hausflur *m* 门厅 méntīng，过堂 guòtáng；过道 guòdào
Hausfrau *f* 家庭妇女 jiātíng fùnǚ，主妇 zhǔfù
Hausfreund *m* 家中常客 jiāzhōng chángkè；(主妇的)情夫 qíngfū
Hausgebrauch *m* -(e)s 家用 jiāyòng，自用 zìyòng
Haushalt *m* -(e)s，-e 家务 jiāwù，家政 jiāzhèng：einen ～ führen (或 besorgen) 料理家务
haushalten* *vi* 持家 chíjiā，操持家务 cāochí jiāwù；节约 jiéyuē，精打细算 jīng dǎ xì suàn
Haushälterin *f* 女管家 nǚguǎnjiā
Haushaltschemie *f* 家用化工产品 jiāyòng huàgōng chǎnpǐn
Haushaltsgeld *n* 家用钱 jiāyòngqián，日常开销 rìcháng kāixiāo
Haushaltsgerät *n* 家用电器 jiāyòng diànqì，[口]家电 jiādiàn
Hausherr *m* 户主 hùzhǔ，屋主 wūzhǔ，主人 zhǔrén；房东 fángdōng，房主 fángzhǔ
hausieren *vi* 挨家挨户兜售货物 āijiā āihù dōushòu huòwù
Hausierer *m* -s，- 兜售商 dōushòushāng，挨家挨户兜售货物者 āijiā āihù dōushòu huòwù zhě
häuslich *adj* 家庭的 jiātíngde，家里的 jiālǐde；节约的 jiéyuēde，会当家的 huì dāngjiā de；喜爱待在家里的 xǐ'ài dāi zài jiālǐ de
Hausmeister *m* (大楼)物业管理员 wùyè guǎnlǐyuán，负责管理房屋的人 fùzé guǎnlǐ fángwū de rén
Hausmusik *f* 家庭(范围内表演的)音乐 jiātíng yīnyuè
Hausnummer *f* (房屋)门牌号码 ménpái hàomǎ
Hausschuh *m* (房间内穿)便鞋 biànxié
haussieren *vi* (交易所)行情上涨 hángqíng shàngzhǎng
Haussuchung *f* 搜查住宅 sōuchá zhùzhái，抄家 chāojiā
Haustier *n* 家畜 jiāchù
Haustür *f* 住宅门 zhùzháimén，大门 dàmén
Hauswart *m* 看管房屋者 kānguǎn fángwū zhě，门房 ménfáng
Hauswirt *m* 房主 fángzhǔ，房东 fángdōng
Hauswirtschaft *f* 操持家务 cāochí jiāwù；家庭经济 jiātíng jīngjì
Hauswirtschaftspflegerin *f* 搞家务服务的妇女 gǎo jiāwù fúwù de fùnǚ
Haut *f* -，⸗e 皮 pí，皮肤 pífū；薄层 bócéng，膜 mó；人 rén：er ist eine ehrliche ～ 他是个老实人
Hautarzt *m* 皮肤科医生 pífūkē yīshēng
Hautcreme [... kreːm] *f* -，-s 润肤膏 rùnfūgāo
häuten I *vt* 剥皮 bāopí，扒皮 bāpí：einen Hasen ～ 剥去兔子的皮 II *rfl* 蜕皮 tuìpí，脱皮 tuōpí
hautnahe *adj* 皮下的 píxiàde；特别近的 tèbié jìn de；直接的 zhíjiēde；极为真实的 jíwéi zhēnshí de
hautnährend *adj* 对皮肤起保护滋润作用的 duì pífū qǐ bǎohù zīrùn zuòyòng de
hautschonend *adj* 保护皮肤的 bǎo[...] pífū de
hautverjüngend *adj* 滋润皮肤[...] rùn pífū de
Headline ['hɛdlain] *f* -，-s ([...] 字标题 dàzì biāotí，通栏标[...]

H

biāotí

Hearing ['hiəriŋ] *n* -(s), -s 意见听证会 yìjiàn tīngzhènghuì

Hebamme *f* -, -n 助产士 zhùchǎnshì, 接生婆 jiēshēngpó

Hebel *m* -s, - 杠杆 gànggǎn; 操纵杆 cāozònggǎn

heben* I *vt* 举起 jǔqǐ, 提起 tíqǐ, 抬起 táiqǐ; 提高 tígāo; 挖掘 wājué, 打捞 dǎlāo II *rfl* 升起 shēngqǐ, 上升 shàngshēng; 改善 gǎishàn, 好转 hǎozhuǎn

Hecht *m* -(e)s, -e 梭子鱼 suōziyú

Heckenrose *f* 野蔷薇 yěqiángwēi

Heckstarter *m* -s, - 垂直起降飞机 chuízhí qǐjiàng fēijī

Heer *n* -(e)s, -e 军队 jūnduì, 陆军 lùjūn; 大量 dàliàng, 大群 dàqún, 大批 dàpī

Hefe *f* -, -n 酵母 jiàomǔ; 渣滓 zhāzǐ, 废物 fèiwù, 社会渣滓 shèhuì zhāzǐ

Hefeteig *m* 用酵母发酵的面团 yòng jiàomǔ fājiào de miàntuán

Heft *n* -(e)s, -e I 本子 běnzi, 簿子 bùzi, 练习簿 liànxíbù; (杂志的) 期 qī II 柄 bǐng, 把手 bǎshou

heften I *vt* 装订 zhuāngdìng; 钉牢 dìngláo, 别住 biézhù; 用长针脚疏缝 yòng cháng zhēnjiao shū féng, 临时用粗针脚缝 línshí yòng cū zhēnjiao féng II *rfl* 跟着 gēnzhe, 跟随 gēnsuí

heftig *adj* 猛烈的 měngliède, 强烈的 qiángliède; 急躁的 jízàode, 冲动的 chōngdòngde, 易怒的 yìnùde

Heftigkeit *f* - 猛烈 měngliè, 强烈 qiángliè; 冲动 chōngdòng, 易怒 yìnù, 暴躁 bàozào

Heftpflaster *n* 医用胶布 yī yòng jiāobù

Hegemonie *f* -, -n 霸权 bàquán, 霸权主义 bàquán zhǔyì

hegen *vt* 保护 bǎohù; 看护 kānhù, 养育 yǎngyù; 抱有 bàoyǒu, 怀有 huáiyǒu: Wünsche ~ 怀着愿望

Hehl *n/m* (用于短语) 隐讳 yǐnhuì: kein(en) ~ aus etw machen 毫不掩饰(或隐瞒)某事

Heide I *m* -n, -n 不信教的人 bù xìnjiào de rén, 异教徒 yìjiàotú (即不信基督教、犹太教和伊斯兰教的人) II *f* -, -n 杂草丛生的荒地 zácǎo cóngshēng de huāngdì, 荒野 huāngyě, 荒原 huāngyuán

heidnisch *adj* 不信教的 bù xìnjiào de, 异教的 yìjiàode

heikel *adj* 难办的 nánbànde, 棘手的 jíshǒude; 爱挑剔的 ài tiāotīde

heil *adj* 健康的 jiànkāngde; 未受损伤的 wèi shòu sǔnshāng de; 完整的 wánzhěngde, 完好的 wánhǎode

Heil *n* -(e)s 幸福 xìngfú, 福气 fúqi, 康宁 kāngníng; 拯救 zhěngjiù, 保佑 bǎoyòu, 极乐 jílè

Heiland *m* -(e)s, -e 救世主(耶稣) jiùshìzhǔ; 耶稣基督 Yēsū Jīdū

heilbar *adj* 可治愈的 kě zhìyù de, 可医好的 kě yīhǎo de

heilen I *vt* 治愈 zhì yù, 治好 zhìhǎo, 使恢复健康 shǐ huīfù jiànkāng: eine Krankheit [einen Patienten] ~ 治愈一种疾病[一个病人] II *vi*(*h/s*) 愈合 yùhé, 痊愈 quányù

heilig *adj* 神圣的 shénshèngde, 圣洁的 shèngjiéde, 至高无上的 zhì gāo wú shàng de: der Heilige Abend 圣诞节前夕(12月24日)

Heiligabend *m* (= der Heilige Abend) 圣诞节前夕 shèngdànjié qiánxī

Heilige *m/f* (按形容词变化) 圣徒 shèngtú; 非常虔诚的人 fēicháng qiánchéng de rén

Heiligtum *n* -(e)s, ¨-er 圣地 shèngdì; 圣物 shèngwù

Heilkraft *f* 疗效 liáoxiào, 药效 yàoxiào

Heilkraut *n* 药草 yàocǎo

Heilkunde *f* - 医学 yīxué, 医术 yīshù

Heilmittel *n* 药 yào, 药剂 yàojì; 治疗法 zhìliáofǎ

heilsam *adj* 有疗效的 yǒu liáoxiào de, 可治愈的 kě zhìyù de, 有益(健康)的 yǒuyìde

Heilstätte *f* (肺病)疗养所 liáoyǎngsuǒ, 疗养院 liáoyǎngyuàn, 休养所 xiūyǎngsuǒ

Heilung *f* -, -en 治疗 zhìliáo, 疗程 liáochéng; 痊愈 quányù, 复元 fùyuán

Heim *n* -(e)s, -e 住宅 zhùzhái, 家 jiā; 养老院 yǎnglǎoyuàn, 疗养所 liáoyǎngsuǒ

Heimarbeit *f* 家庭手工业 jiātíng shǒugōngyè, 家里做的工作 jiālǐ zuò de gōngzuò

Heimat *f* -, -en 故乡 gùxiāng, 家乡 jiāxiāng, 祖国 zǔguó

Heimatland *n* 祖国 zǔguó; 家乡 jiāxiāng

heimatlos *adj* 没有家乡的 méiyǒu jiāxiāng de，无家可归的 wújiā kěguī de；无国籍的 wúguójíde

heimisch *adj* 家乡的 jiāxiāngde，本地的 běndìde；本国的 běnguóde；土长的 tǔzhǎngde；像在家里一样的 xiàng zài jiālǐ yīyàng de；熟悉的 shúxīde

Heimkehr *f* - 回家 huíjiā；回乡 huíxiāng；回国 huíguó

heimkehren *vi*(*s*) 回家 huíjiā；回乡 huíxiāng；回国 huíguó

Heimkehrer *m* -s，- 被遣返回家的战俘 bèi qiǎnfǎn huíjiā de zhànfú

heimlich *adj* 秘密的 mìmìde，悄悄地 qiāoqiāode，隐蔽的 yǐnbìde；隐藏的 yǐncángde

Heimlichkeit *f* -，-en 秘密 mìmì；隐蔽 yǐnbì，隐藏 yǐncáng

Heimlichtuer *m* -s，- 行动诡秘的人 xíngdòng guǐmì de rén，鬼鬼祟祟的人 guǐguǐsuìsuì de rén

heimsuchen *vt* 侵袭 qīnxí；使遭受（灾祸）shǐ zāoshòu

heimtückisch *adj* 阴险的 yīnxiǎnde，恶毒的 èdúde；危险的 wēixiǎnde，恶性的 èxìngde

Heimweh *n* -(e)s 思乡 sīxiāng；思家 sījiā；思念祖国 sīniàn zǔguó

heimzahlen *vt* 报答 bàodá，报复 bàofù，回报 huíbào

Heirat *f* -，-en 结婚 jiéhūn

heiraten I *vt* 和…结婚 hé … jiéhūn；娶 qǔ，嫁 jià：ein Mädchen [einen Mann] ～ 和一个姑娘[一个男子]结婚 II *vi* 结婚 jiéhūn：früh [spät] ～ 早[晚]婚

Heiratsantrag *m* 求婚 qiúhūn

Heiratsanzeige *f* 结婚广告 jiéhūn guǎnggào，结婚启事 jiéhūn qǐshì；征婚启事 zhēnghūn qǐshì

Heiratsschwindler *m* 骗婚者 piànhūnzhě

heiser *adj* 沙哑的 shāyǎde，嘶哑的 sīyǎde

heiß *adj* 热的 rède；炎热的 yánrède；亲切的 qīnqiède，热烈的 rèliède；激烈的 jīliède

heißen* I *vi* 名叫 míngjiào，名为 míngwéi：Wie ～ Sie？您叫什么名字？意味着 yìwèizhe，就是 jiùshì：das heißt（缩写为 d. h.）就是说，即；Was soll das ～？这是什么意思？Wie heißt es im Brief？信里是怎么说的？据说 jùshuō：es heißt，er wolle nächste Woche kommen 据说他下星期要来；必须 bìxū：jetzt heißt es aufpassen 现在必须当心 II *vt* 称作 chēngzuò，把…叫做 bǎ … jiàozuò：er heißt ihn einen Betrüger 他称他是骗子；jn willkommen ～ 欢迎某人；命令 mìnglìng，叫 jiào，吩咐 fēnfu：Tu，was ich dich heiße！照我吩咐的办！

heiter *adj* 快乐的 kuàilède，快活的 kuàihuode；高兴的 gāoxìngde；晴朗的 qínglǎngde

Heiterkeit *f* - 快活 kuàihuo；高兴 gāoxìng；大笑 dàxiào 晴朗 qínglǎng

heizbar *adj* 可取暖的 kě qǔnuǎn de，有取暖设备的 yǒu qǔnuǎn shèbèi de

heizen I *vt* 生火 shēnghuǒ；供暖 gōngnuǎn，加热 jiārè II *vi* 发热 fārè，供暖 gōngnuǎn

Heizer *m* -s，- 烧火工人 shāohuǒ gōngrén，司炉 sīlú

Heizkissen *n* 电热枕头 diànrè zhěntou，电热垫 diànrèdiàn

Heizkörper *m* 暖气片 nuǎnqìpiàn；加热器 jiārèqì，取暖炉 qǔnuǎnlú

Heizung *f* -，-en 暖气设备 nuǎnqì shèbèi，暖气装置 nuǎnqì zhuāngzhì；供暖 gōngnuǎn

Hektar *n* /*m* -s，-e 公顷 gōngqǐng

Held *m* -en，-en 英雄 yīngxióng；主人公 zhǔréngōng，主角 zhǔjué

heldenhaft *adj* 英雄的 yīngxióngde，英勇的 yīngyǒngde

Heldensage *f* 英雄传说 yīngxióng chuánshuō

Heldentat *f* 英雄行为 yīngxióng xíngwéi，英雄事迹 yīngxióng shìjì

Heldentum *n* -s 英雄主义 yīngxióng zhǔyì，英雄精神 yīngxióng jīngshén

helfen* *vi* 帮助 bāngzhù：jm bei der Arbeit ～ 在工作上帮助某人；有助于 yǒu zhù yú，有用 yǒuyòng，有益 yǒuyì：das Mittel hilft gegen Schmerzen 这种药治疗疼痛有效；es hilft（mir）viel [wenig] 这（对我）很有[没多少]用处

Helfer *m* -s，- 帮助者 bāngzhùzhě；助手 zhùshǒu

Helfershelfer *m* 帮凶 bāngxiōng，同犯 tóngfàn，同谋 tóngmóu

Helikopter *m* -s，- 直升飞机 zhíshēngfēijī

Heliport *m* -s，-s 直升机机场 zhíshēngjī jīchǎng

hell *adj* 明亮的 míngliàngde；光线充足的 guāngxiàn chōngzú de；浅色的 qiǎnsède，淡的 dànde；响亮的 xiǎngliàngde；纯粹的 chúncuìde，完全的 wánquánde；巨大的 jùdàde，非常的 fēichángde

hellhörig *adj* 听觉灵敏的 tīngjué língmǐn de；不隔音的 bù géyīnde；敏感的 mǐngǎnde

Helligkeit *f* - 明亮 míngliàng；亮度 liàngdù，光度 guāngdù

Helligkeitsregler *m* （电视）亮度调节器 liàngdù tiáojiéqì

Helm *m* -(e)s，-e 头盔 tóukuī；钢盔 gāngkuī；安全帽 ānquánmào，防护帽 fánghùmào；塔顶 tǎdǐng，钟楼顶 zhōnglóudǐng

Hemd *n* -(e)s，-en 衬衫 chènshān

Hemisphäre *f* -，-n 半球 bànqiú：die nördliche ～ 北半球；die rechte ～ des Großhirns 大脑右半球

hemmen *vt* 妨碍 fáng'ài，阻碍 zǔ'ài，制止 zhìzhǐ

Hemmnis *n* -ses，-se 障碍 zhàng'ài；阻碍 zǔ'ài，妨碍 fáng'ài

Hemmung *f* -，-en 妨碍 fáng'ài，阻碍 zǔ'ài；克制 kèzhì，抑制 yìzhì；拘束 jūshù，拘谨 jūjǐn；（钟表的）司行轮 sīxínglún，摆轮 bǎilún

hemmungslos *adj* 无阻碍的 wú zǔ'ài de；无拘束的 wú jūshù de，无限制的 wúxiànzhì de，放肆的 fàngsìde

Hengst *m* -(e)s，-e 牡马 mǔmǎ；牡驴 mǔlǘ；牡骆驼 mǔluòtuo

Henkel *m* -s，- 弯形手柄 wānxíng shǒubǐng，耳 ěr，把手 bǎshou

Henker *m* -s，- 刽子手 guìzishǒu

Henne *f* -，-n 母鸡 mǔjī；雌禽 cíqín

her *adv* 到这里来 dào zhèlǐ lái，向这儿来 xiàng zhèr lái：Her zu mir！到我这儿来！过去的 guòqùde，从…至今 cóng … zhìjīn，距今 jùjīn：es ist schon zwei Jahre ～ 距今已经两年了；von alters ～ 从古至今

herab *adv* 下来 xiàlái，向下 xiàngxià

herabsetzen *vt* 减低 jiǎndī，降低 jiàngdī；贬低 biǎndī，蔑视 mièshì

heran *adv* 靠过来 kàoguòlái，靠近来 kàojìnlái

heranbilden I *vt* 培养 péiyǎng，训练 xùnliàn，造就 zàojiù II *rfl* 形成 xíngchéng，发展 fāzhǎn

herangehen* *vi(s)* 走近 zǒujìn；着手 zhuóshǒu，进行 jìnxíng：an ein Problem ～ 着手研究一问题

herankommen* *vi(s)* 走近 zǒujìn，接近 jiējìn；拿到 nádào，达到 dádào，够到 gòudào；临近 línjìn：er kommt jetzt an die Fünfzig heran 他快五十岁了；搞到 gǎodào，弄到 nòngdào

herantreten* *vi(s)* 走近 zǒujìn，接近 jiējìn：an einen Schalter ～ 走到窗口前；mit einer Bitte an jn ～ 向某人提出一个请求

heranwachsen* *vi(s)* 长大成人 zhǎngdà chéngrén，成长 chéngzhǎng

heranziehen* I *vt* 把…拉过来 bǎ … lāguòlái，把…吸引过来 bǎ … xīyǐn guòlái；培育 péiyù，培养 péiyǎng，养育 yǎngyù；召来 zhàolái，请来 qǐnglai；考虑 kǎolǜ II *vi(s)* 渐近 jiànjìn，临近 línjìn

herauf *adv* 上来 shànglái，向上 xiàngshàng

heraufbeschwören* *vt* 导致 dǎozhì，引起 yǐnqǐ，招致 zhāozhì：eine Gefahr [Krise] ～ 导致一危险[危机]；唤起 huànqǐ，使人想起 shǐ rén xiǎngqǐ

Heraufkunft *f* 上升 shàngshēng，兴起 xīngqǐ

heraufziehen* I *vt* 把…拉上来 bǎ … lāshànglái：einen Eimer ～ 把一只桶拉上来 II *vi(s)* 临近 línjìn：ein schöner Morgen zieht herauf 一个美丽的早晨来临

heraus *adv* 出来 chūlái，向外 xiàng wài：Heraus mit dem Geld！把钱拿出来！出于 chūyú，出自 chūzì：aus einer Notlage ～ 出于不得已，出于无奈

herausarbeiten I *vt* 雕出 diāochū；突出 tūchū；强调 qiángdiào II *rfl* 努力解脱出来 nǔlì jiětuō chūlái：sich aus dem Sumpf ～ 从沼泽地脱身

herausbringen* *vt* 把…携带出来 bǎ … xiédài chūlái，把…拿出来 bǎ … náchūlái；出版 chūbǎn，发行 fāxíng；拿到市场上去出售 ná dào shìchǎngshang qù chūshòu；弄出 nòngchū，拔出 báchū；套出 tàochū，引出 yǐnchū；探听出 tàntīngchū，侦悉 zhēnxī；解答 jiědá，解出 jiěchū；说出 shuōchū，发出 fāchū

herausfinden* I *vt* 找出 zhǎochū；查明 chámíng II *vi/rfl* 找到出路 zhǎodào chūlù：er fand (sich) aus dem Wald heraus 找到走出森林的路

herausfordern I *vt* 向…挑战 xiàng …

tiǎozhàn，要求（某人）决斗 yāoqiú juédòu；引起 yǐnqǐ，挑起 tiǎoqǐ II *vi* 引起 yǐnqǐ，招致 zhāozhì：seine Worte forderten zur Kritik heraus 他的话招致了批评

Herausforderung *f* -，-en 挑战 tiǎozhàn，挑衅 tiǎoxìn

Herausgabe *f* - 出版 chūbǎn，发行 fāxíng；归还 guīhuán，交出 jiāochū

herausgeben* *vt* 交出 jiāochū，交还 jiāohuán，找还（零钱）zhǎohuán；出版 chūbǎn，发行 fāxíng：ein lange vergriffenes Handbuch neu ～ 重新出版一本早已售罄的手册

Herausgeber *m* 出版者 chūbǎnzhě，发行者 fāxíngzhě；编者 biānzhě

herausgehen* *vi*（*s*）走出来 zǒuchūlái；除掉 chúdiào：die Flecke gehen nicht mehr aus dem Kleid heraus 衣服上的这些斑点除不掉了；aus sich ～ 不再羞怯而变得活跃 bùzài xiūqiè ér biànde huóyuè：in Gesellschaft seiner Freunde geht er leichter aus sich heraus 在与朋友聚会时他容易变得无拘束

herauskommen* *vi*（*s*）出来 chūlái，摆脱出来 bǎituō chūlái；出版 chūbǎn，发表 fābiǎo；上市 shàngshì，问世 wènshì；得出结论 déchū jiélùn，得出结果 déchū jiéguǒ：die Rechnung kommt richtig heraus 计算结果正确；说出 shuōchū：mit einem Wunsch ～ 说出一个愿望；暴露 bàolù，公开 gōngkāi

herausnehmen* *vt* 拿出 náchū，取出 qǔchū：einen Zahn ～ 拔掉一颗牙齿；切除 qiēchú，摘除 zhāichú；擅自做 shànzì zuò，妄自尊大 wàng zì zūn dà

herauspauken *vt* 把…从困难（或危险）的环境中解脱出来 bǎ … cóng kùnnande huánjìng zhōng jiětuō chūlái

herausreißen* I *vt* 拔出 báchū，拉出 lāchū，撕下来 sīxiàlái；使摆脱 shǐ bǎituō；补救 bǔjiù，补偿 bǔcháng II *rfl* 摆脱 bǎituō，逃脱 táotuō

herausrücken I *vt* 移出来 yíchūlái，交出 jiāochū II *vi*（*s*）说出 shuōchū：nicht leicht mit der Sprache ～ 不容易把话说出来

herausschlagen* I *vt* 打落 dǎluò，打掉 dǎdiào；打出 dǎchū，击出 jīchū；牟取 móuqǔ，获得 huòdé，赚钱 zhuànqián：ich will aus der Sache keine Vorteile ～ 我不想从这件事中捞到好处 II *vi*（*s*）向外冲 xiàngwàichōng，向外窜 xiàngwàicuàn

heraussein* *vi*（*s*）剔除出来 tīchú chūlái：der Splitter ist heraus 碎片取出来了；查明 chámíng，确定 quèdìng；出版 chūbǎn，问世 wènshì

herausstellen I *vt* 把…置于门外 bǎ … zhì yú ménwài，把…置于室外 bǎ … zhì yú shìwài；指出 zhǐchū，指明 zhǐmíng，强调 qiángdiào：etw scharf［klar］～ 尖锐地［清楚地］指出某事 II *rfl* 表明 biǎomíng，证实 zhèngshí

herb *adj* 略带苦味的 lüèdài kǔwèi de，涩口的 sèkǒude；令人痛心的 lìng rén tòngxīn de，痛苦的 tòngkǔde；严肃的 yánsùde，严厉的 yánlì de，冷冰冰的 lěngbīngbīngde；生硬的 shēngyìngde

herbei *adv* 到这里来 dào zhèlǐ lái

herbeiführen *vt* 引起 yǐnqǐ，招致 zhāozhì，造成 zàochéng：js Tod ～ 造成某人死亡

Herberge *f* -，-n 小旅店 xiǎo lǚdiàn，客栈 kèzhàn，简易旅馆 jiǎnyì lǚguǎn

Herbst *m* -es，-e 秋天 qiūtiān，秋季 qiūjì

herbstlich *adj* 秋天的 qiūtiānde，有秋意的 yǒu qiūyì de，像秋天一样的 xiàng qiūtiān yīyàng de

Herd *m* -(e)s，-e 炉灶 lúzào；策源地 cèyuándì，发生地 fāshēngdì；病灶 bìngzào

Herde *f* -，-n 兽群 shòuqún，畜群 chùqún，牧群 mùqún

herein *adv* 进来 jìnlái：Herein！请进！

hereinbrechen* *vi*（*s*）袭来 xílái，冲来 chōnglái；突然降临 tūrán jiànglín，突然开始 tūrán kāishǐ：der Abend bricht herein 夜幕降临；eine Katastrophe brach über die Bewohner herein 居民突然遭到灾难

hereinfallen* *vi*（*s*）落入 luòrù；上当 shàngdàng：auf einen Schwindler ～ 上一骗子的当

hereinkommen* *vi*（*s*）进来 jìnlái：ins Zimmer ～ 进入房间；（钱）进账 jìnzhàng；来货 láihuò，到货 dàohuò

hereinrufen* *vt* 叫…进来 jiào … jìnlái：rufen Sie den Nächsten herein 请您把下一个人叫进来

hereintragen* *vt* 将…搬进来 jiāng … bānjìnlái

hereinziehen* I *vt* 把…拉进来 bǎ … lājìnlái II *vi*（*s*）开进来 kāijìnlái

hergeben* I *vt* 递给 dìgěi；交出 jiāochū，交还 jiāohuán；竭尽全力 jiéjìn

H

quánlì；提供 tígōng，献出 xiànchū II *rfl* 投身于 tóushēn yú；降低身份做某事 jiàngdī shēnfen zuò mǒushì：dazu kann ich mich nicht ～ 我不能干这种事

Hering *m* -s，-e 鲱鱼 fēiyú，青鱼 qīngyú

herkommen* *vi(s)* 过来 guòlái；原因是 yuányīn shì，来源于 láiyuán yú

Herkommen *n* -s 出身 chūshēn；习惯 xíguàn，风俗 fēngsú

herkömmlich *adj* 传统的 chuántǒngde，习惯的 xíguànde

Herkunft *f* - 出身 chūshēn，来源 láiyuán；产地 chǎndì

herleiten I *vt* 导来 dǎolái，引来 yǐnlái II *rlf* 源自… yuán zì …，溯源于… sùyuán yú … sich aus altem Adel ～ 出身于古老贵族(家庭)

hermachen I *rfl* 袭击 xíjī，攻击 gōngjī：sich über den Redner ～ 攻击演讲者；着手干某事 zhuóshǒu gàn mǒushì：sich über die Arbeit ～ 着手做这工作 II *vt/vi* 给人以…印象 gěi rén yǐ … yìnxiàng；大肆宣传 dàsì xuānchuán，渲染 xuànrǎn：von dem Erfolg viel ～ 大肆宣传这一成就

hermetisch *adj* 密封的 mìfēngde，与外界隔绝的 yǔ wàijiè géjué de

hernehmen* *vt* 取来 qǔlái，拿来 nálái；使…过度劳累 shǐ … guòdù láolèi

heroisch *adj* 英雄的 yīngxióngde，英勇的 yīngyǒngde

Heroismus *m* - 英雄主义 yīngxióng zhǔyì，英雄气概 yīngxióng qìgài

Herr *m* -n，-en 先生 xiānsheng，主人 zhǔrén；主子 zhǔzi；男子 nánzǐ

herrenlos *adj* 无主的 wú zhǔ de

herrichten *vt* 布置 bùzhì，安排 ānpái，整理 zhěnglǐ；修理 xiūlǐ，修缮 xiūshàn

herrisch *adj* 专横的 zhuānhèngde，老爷式的 lǎoyeshìde，专制的 zhuānzhìde

herrlich *adj* 壮丽的 zhuànglìde，华美的 huáměide，极美的 jíměide，美妙的 měimiàode，精彩的 jīngcǎide

Herrlichkeit *f* -，-en 壮丽 zhuànglì，华美 *huáměi，雄伟 xióngwěi，美妙 měimiào*

Herrschaft *f* -，-en 统治 tǒngzhì；政权 zhèngquán；(复数)女士们和先生们 nǚshìmen hé xiānshengmen

herrschen I *vi* 统治 tǒngzhì，支配 zhīpèi；存在 cúnzài，盛行 shèngxíng；充满 chōngmǎn，笼罩 lǒngzhào II *PI* **herrschend** 统治的 tǒngzhìde，盛行的 shèngxíngde，流行的 liúxíngde

Herrscher *m* -s，- 统治者 tǒngzhìzhě；君主 jūnzhǔ

Herrschsucht *f* - 权欲 quányù，统治野心 tǒngzhì yěxīn，支配欲 zhīpèiyù

herrschsüchtig *adj* 有统治野心的 yǒu tǒngzhì yěxīn de，贪权的 tān quán de

herrühren *vi* 起因于 qǐyīn yú，来源于 láiyuán yú

herstellen *vt* 生产 shēngchǎn，制造 zhìzào；建立 jiànlì；把…放到这里来 bǎ … fàngdào zhèlǐ lái

Hersteller *m* -s，- 制造者 zhìzàozhě，生产者 shēngchǎnzhě

Herstellung *f* -，-en 生产 shēngchǎn，制造 zhìzào；建立 jiànlì

herüber *adv* 到这边来 dào zhèbiān lái，过来 guòlái

herum *adv* 到处 dàochù，周围 zhōuwéi，四周 sìzhōu

herumdrehen I *vt* 使…旋转 shǐ … xuánzhuǎn，把…翻转 bǎ … fānzhuǎn：jm das Wort (或 die Worte) im Munde ～ 故意曲解某人的话 II *rfl* 打转 dǎzhuàn，旋转 xuánzhuǎn III *vi* 旋转 xuánzhuǎn，转动 zhuǎndòng

herumfahren* I *vi(s)* 乘车(或船)兜风 chéngchē dōufēng，游逛 yóuguàng：in der ganzen Welt ～ 周游世界；突然转身 tūrán zhuǎnshēn II *vt* 带着…兜风 dàizhe … dōufēng：ich habe ihn in der Stadt herumgefahren 我开车带他在城里玩

herumgehen* *vi(s)* 漫步 mànbù，蹓跶 liūda；绕着走 ràozhezǒu；消逝 xiāoshì：die Zeit ist wie im Fluge herumgegangen 光阴似箭；es geht ein Gerücht herum，dass . . . 有个谣言流传，说…

herumkommen* *vi(s)* 绕着…来 ràozhe … lái，躲避 duǒbì，回避 huíbì：um eine Operation ～ 避免一次手术

herumwerfen* I *vt* 拨转 bōzhuǎn，倒转 dàozhuǎn；乱掷 luàn zhì，乱扔 luànrēng II *rfl* 辗转反侧 zhǎnzhuǎn fǎn cè：er warf sich schlaflos im Bett herum 他睡不着，在床上辗转反侧

herunter *adv* 下来 xiàlái，到下面来 dào xiàmian lái：Herunter mit dir! 你下来!

herunterbringen* *vt* 取下来 qǔxiàlái，带下来 dàixiàlái；吃下 chīxià，吞下 tūnxià；败坏 bàihuài，毁坏 huǐhuài：jn finanziell ～ 经济上毁掉某人

herunterholen *vt* 拿下 náxià，取下 qǔxià，打下 dǎxià：die Birnen vom Baum ～ 从树上把梨摘下来

herunterkommen* *vi*(*s*) 走下来 zǒuxiàlái；败落 bàiluò，衰落 shuāiluò，堕落 duòluò

herunterreißen* *vt* 扯下 chěxià，撕下 sīxià，撞倒 zhuàngdǎo；用坏 yòng huài，用损 yòngsǔn；贬低 biǎndī，诋毁 dǐhuǐ einen Autor in aller Öffentlichkeit ～ 公开诋毁一作者

hervor *adv* 到前面来 dào qiánmian lái，出来 chūlái

hervorbrechen* *vi*(*s*) 突然出现 tūrán chūxiàn；突然发作 tūrán fāzuò

hervorbringen* *vt* 产生 chǎnshēng，生产 shēngchǎn：etwas Neues ～ 有所创新；发出 fāchū，说出 shuōchū：keinen Ton ～ 一声不响

hervorgehen* *vi*(*s*) 出现 chūxiàn，来自 láizì；产生 chǎnshēng；得知 dézhī，看出 kànchū

hervorheben* *vt* 使突出 shǐ tūchū，强调 qiángdiào

hervorragen *vi* 突出 tūchū，耸立 sǒnglì；出类拔萃 chū lèi bá cuì，出众 chūzhòng

hervorragend *adj* 突出的 tūchūde，出色的 chūsède，卓越的 zhuóyuède，杰出的 jiéchūde

hervorrufen* *vt* 叫…出来 jiào…chūlái：jn aus seinem Versteck ～ 把某人从其隐藏处叫出来；引起 yǐnqǐ，造成 zàochéng，招致 zhāozhì

hervortreten* *vi*(*s*) 显露 xiǎnlù，显示出来 xiǎnshì chūlái；出名 chūmíng

Herz *n* -ens，-en 心 xīn，心脏 xīnzàng；内心 nèixīn，心地 xīndì，心情 xīnqíng：～ und Hirn 感情和理智；中心：Beijing ist das ～ Chinas 北京是中国的心脏；呈心状的东西 chéng xīn zhuàng de dōngxī：ein ～ aus Marzipan 心形杏仁糖；(纸牌的)红桃 hóngtáo；(表示亲昵的称呼) Mein Herzchen！我的小心肝(小宝贝)！

herzhaft *adj* 热烈的 rèliède，尽情的 jìnqíngde；干练的 gànliànde，大胆的 dàdǎnde；美味的 měiwèide，味道浓的 wèidao nóng de

Herzinfarkt *m* 心肌梗塞 xīnjī gěngsè

Herzklopfen *n* -s 心悸 xīnjì，心跳 xīntiào

herzkrank *adj* 患心脏病的 huàn xīnzàngbìng de

herzlich I *adj* 衷心的 zhōngxīnde，诚挚的 chéngzhìde，热情的 rèqíngde；诚恳的 chéngkěnde；亲切的 qīnqiède，极友好的 jí yǒuhǎo de II *adv* 很 hěn，非常 fēicháng

herzlos *adj* 冷酷的 lěngkùde，无情的 wúqíngde，残暴的 cánbàode

Herzog *m* -(e)s，⸗e 公爵 gōngjué，大公 dàgōng

Herzschlag *m* 心搏 xīnbó，心脏跳动 xīnzàng tiàodòng；(突然)心脏停跳 xīnzàng tíng tiào，心力衰竭 xīnlì shuāijié

herzzerreißend *adj* 令人心碎的 lìng rén xīnsuì de，令人断肠的 lìng rén duàncháng de

heterogen *adj* 异质的 yìzhìde，异类的 yìlèide；不均匀的 bù jūnyúnde

Hetze *f* -，-n 急忙 jímáng，匆忙 cōngmáng；诽谤 fěibàng；煽动 shāndòng，挑拨 tiǎobō，教唆 jiàosuō，仇恨 chóuhèn

hetzen I *vt* 追捕 zhuībǔ，追猎 zhuīliè；嗾使(狗等)去咬(或袭击) sǒushǐ qù yǎo；唆使 suōshǐ，挑动 tiǎodòng II *vi*(*s*) 急忙 jímáng，匆忙 cōngmáng；煽动 shāndòng，煽起仇恨 shānqǐ chóuhèn III *rfl* 奔走得筋疲力尽 bēnzǒude jīn pí lì jìn：sich müde ～ 奔跑得疲惫不堪

Heu *n* -s (作饲料用的)干草 gāncǎo：Geld wie ～ haben 家财万贯

Heuchelei *f* -，-en 虚伪 xūwěi，伪善 wěishàn，伪装 wěizhuāng

heucheln I *vt* 假装 jiǎzhuāng，装出…样子 zhuāngchū…yàngzi II *vi* 作假 zuòjiǎ，装假 zhuāngjiǎ，佯作 yáng zuò；说假话 shuō jiǎhuà

Heuchler *m* -(e)s，- 伪善者 wěishànzhě，虚伪者 xūwěizhě，伪君子 wěijūnzǐ

heuchlerisch *adj* 虚伪的 xūwěide，伪善的 wěishànde

heuer *adv* 在今年 zài jīnnián

heulen *vi* 咆哮 páoxiào，号叫 háojiào；号哭 háokū

Heuschrecke *f* -，-n 蝗虫 huángchóng

heute *adv* 今天 jīntiān：～ Morgen 今天早上；von ～ auf morgen 从今天到明天；突然，一下子；～ über acht Tage (或 über eine Woche 或 in acht Tagen) 一星期后的今天；现在 xiànzài，当今 dāngjīn，目前 mùqián

heutig *adj* 今天的 jīntiānde；现在的

H

xiànzàide,目前的 mùqiánde

heutzutage *adv* 如今 rújīn,当今 dāngjīn,现今 xiànjīn,目前 mùqián

Hexe *f* -, -n 女巫 nǚwū,女妖 nǚyāo;巫婆 wūpó;泼妇 pōfù,老丑婆 lǎo chǒu pó

hexen *vi* 变魔术 biàn móshù,行妖术 xíng yāoshù: Ich kann doch nicht ~! 我可不会变魔术啊!

Hexenschuss *m* 腰部风湿病 yāobù fēngshībìng,腰痛 yāotòng

Hieb *m* -(e)s, -e 砍 kǎn,打 dǎ,击 jī;殴打 ōudǎ: ~e bekommen 挨揍

hier *adv* 这儿 zhèr,这里 zhèlǐ,在这里 zài zhèlǐ: ~ und da 有些地方,有时

Hierarchie *f* -, -n 等级制度 děngjí zhìdù;(等级森严的)僧侣统治 sēnglǚ tǒngzhì

hierauf *adv* 于是 yúshì;接着 jiēzhe,之后 zhīhòu,然后 ránhòu

hieraus *adv* 由此 yóucǐ,从此 cóngcǐ,从中 cóngzhōng

hierbei *adv* 在这时 zài zhèshí;在这儿 zài zhèr,在这种情况下 zài zhèzhǒng qíngkuàng xià

hierbleiben* *vi*(s)呆在这儿 dāi zài zhèr,不走 bù zǒu

hierfür *adv* 为此 wèicǐ,对此 duìcǐ

hierher *adv* 向这里来 xiàng zhèlǐ lái,到这里来 dào zhèlǐ lái

hierhergehören *vi* 属于这里 shǔyú zhèlǐ

hiermit *adv* 以此 yǐcǐ,就此 jiùcǐ;兹 zī,谨 jǐn,特此 tècǐ: ~ erkläre ich die Ausstellung für eröffnet 我特此宣布展览会开幕

hierüber *adv* 在这上面 zài zhè shàngmian,在此之上 zài cǐ zhī shàng;有关此事 yǒuguān cǐshì,关于此事 guānyú cǐshì

hiervon *adv* 对此 duìcǐ,从中 cóngzhōng,由此 yóucǐ;关于这个 guānyú zhège

hierzu *adv* 到这里 dào zhèlǐ,至此 zhìcǐ;对此 duìcǐ,关于此事 guānyú cǐshì,为此 wèicǐ

hierzulande *adv* 此地 cǐdì,本地 běndì,在此国内 zài cǐ guónèi;在我们这里 zài wǒmen zhèlǐ

hiesig *adj* 这里的 zhèlǐde,这儿的 zhèrde;本地的 běndìde,当地的 dāngdìde

Hi-Fi [ˈhaifi 或 haiˈfiː 或 ˈhaiˈfaɪ](收音、录音、扩音设备等的)高保真度 gāo bǎozhēndù,高保真音响组合 gāo bǎozhēn yīnxiǎng zǔhé

high [haɪ] *adj* 兴奋的 xīngfènde,快感的 kuàigǎnde(因吸毒而呈现的状况);陶醉的 táozuì de,飘飘然的 piāopiāorán de

Highbrow [ˈhaibrau] *m* -(s), -s (自以为)有高度文化修养的人 yǒu gāodù wénhuà xiūyǎng de rén

Highjacker [ˈhaidʒɛkə] *m* -s, - 劫持飞机的人 jiéchí fēijī de rén,劫机犯 jiéjīfàn

Highlife [ˈhailaif] *n* -s 上流社会生活 shàngliú shèhuì shēnghuó

Highlight [ˈhailait] *n* -(e)s, -s 高潮 gāocháo,最精彩的场面 zuì jīngcǎide chǎngmiàn;最重要的部分 zuì zhòngyàode bùfen

High-Society [ˈhaisəˈsaɪətɪ] *f* - 上层社会 shàngcéng shèhuì

Highway [ˈhaiweɪ] *m* -s, -s (英国)长途公路 chángtú gōnglù,(美国)高速公路 gāosù gōnglù

Hilfe *f* -, -n 帮助 bāngzhù,援助 yuánzhù: erste ~ 急救;jm ~ leisten 对某人进行帮助;助手 zhùshǒu,帮手 bāngshǒu

hilflos *adj* 无助的 wúzhùde,未受到帮助的 wèi shòu dào bāngzhù de;困惑的 kùnhuòde,不知所措的 bù zhī suǒ cuò de;不能自理的 bùnéng zìlǐ de

hilfreich *adj* 乐于助人的 lèyú zhùrén de,肯帮忙的 kěn bāngmáng de;有帮助的 yǒu bāngzhù de

hilfsbedürftig *adj* 需要帮助的 xūyào bāngzhù de

hilfsbereit *adj* 乐于帮助的 lèyú bāngzhù de,乐于助人的 lèyú zhùrén de

Hilfsmittel *n* (辅助)手段 shǒuduàn,方法 fāngfǎ;救济金 jiùjìjīn

Hilfsverb *n* 助动词 zhùdòngcí

Himbeere *f* 覆盆子 fùpénzi

Himmel *m* -s, - 天 tiān,天空 tiānkōng;天国 tiānguó,天堂 tiāntáng;上天 shàngtiān,上帝 shàngdì,老天爷 lǎotiānyé

Himmelfahrt *f* - 耶稣升天节(复活节后第四十天) yēsū shēngtiānjié

Himmelskörper *m* 天体 tiāntǐ

Himmelsrichtung *f* 方位 fāngwèi

himmlisch *adj* 天的 tiānde,天空的 tiānkōngde;极好的 jíhǎode,美好的 měihǎode;上天的 shàngtiānde

hin *adv* 到那边去 dào nàbiān qù,向 xiàng: die Straße zum Bahnhof ~ 到火车站去的马路;直到… zhídào …: bis spät in die Nacht ~ 直到深夜;遗失 yíshī, 消失 xiāoshī: alles ist ~ 所有的东西都遗失了; er [sie] ist ganz ~ 他[她]在热恋;(用于词组中) ~ und wieder 有时; ~ und her 来来回回地, 来往不绝; ~ und zurück 来回, 往返; das ist ~ wie her 这反正都一样, 完全一样

hinab *adv* 向下面去 xiàng xiàmian qù, 从这儿向下 cóng zhèr xiàngxià

hinauf *adv* 向上面去 xiàng shàngmian qù, 从这儿向上 cóng zhèr xiàngshàng

hinaus *adv* 向外面去 xiàng wàimian qù, 出去 chūqù; darüber ~ 此外

hinausgehen* *vi(s)* 到外面去 dào wàimian qù, 外出 wàichū; 到远处去 dào yuǎnchù qù; (方向)朝 cháo, 通向 tōng xiàng; 超过 chāoguò, 超越 chāoyuè

hinauskommen* *vi(s)* 出去 chūqù; 出来 chūlái, 离开 líkāi: etw kommt auf eins (或 dasselbe) hinaus 某事物到头来仍旧一样; 超过 chāoguò, 超出 chāochū: über etw ~ 超过某事物

hinauslaufen* *vi(s)* 跑出去 pǎo chūqù: Lasst uns ein wenig ~! 让我们到户外去溜达一下! 结果 jiéguǒ, (计划等的)目的 mùdì: es läuft auf eins (或 dasselbe 或 dasgleiche) hinaus 事情结果相同

hinauswerfen* *vt* 扔出 rēngchū, 掷出 zhìchū, 抛出 pāochū: sein Geld zum Fenster ~ 挥霍钱财; 驱走 qūzǒu, 轰走 hōngzǒu, 解雇 jiěgù: jn ~ 撵走某人

hinauswollen* *vi* 欲外出 yù wàichū, 想要出去 xiǎngyào chūqù; 谋求 móuqiú, 目的在于 mùdì zàiyú, 怀有…意图 huái yǒu … yìtú

hinausziehen* I *vt* 把…拉(或拖)到外面 bǎ … lādào wàimian; 拖延 tuōyán, 推迟 tuīchí, 延缓 yánhuǎn: etw bewusst (或 absichtlich) ~ 有意拖延某事 II *vi(s)* 迁移 qiānyí, 迁往 qiānwǎng; 往远方去 wǎng yuǎnfāng qù, 漫游 mànyóu: in die Welt ~ 漫游各地 III *rfl* 延缓 yánhuǎn, 拖延 tuōyán

Hinblick *m* -(e)s (只用于短语) im ~ auf 鉴于… jiànyú …, 由…看来 yóu … kànlái, 考虑到 … kǎolǜdào

hinbringen* *vt* 带往某地 dàiwǎng mǒudì; 搞成 gǎochéng, 完成 wánchéng; 度过 dùguò: die Zeit mit Lesen ~ 读书消磨时间

hinderlich *adj* 有妨碍的 yǒu fáng'ài de, 有阻碍的 yǒu zǔ'ài de

hindern *vt* 妨碍 fáng'ài, 阻碍 zǔ'ài, 阻止 zǔzhǐ: jn an (或 bei) etw ~ 妨碍某人做某事

Hindernis *n* -ses, -se 障碍 zhàng'ài; 困难 kùnnan: ein ~ beseitigen 排除障碍; 障碍物 zhàng'àiwù, 路障 lùzhàng

hindurch *adv* (指空间)通过 tōngguò, 穿过 chuānguò; (指时间)经过 jīngguò: den ganzen Tag ~ 整天

hinein *adv* 进入 jìnrù, 入内 rùnèi

Hinfahrt *f* 去程 qùchéng, 往程 wǎngchéng

hinfällig *adj* 衰弱的 shuāiruòde, 老弱的 lǎoruòde; 失效的 shīxiàode

Hingabe *f* - 献身(精神) xiànshēn; 专心 zhuānxīn; (女子)委身 wěishēn

hingeben* I *vt* 牺牲 xīshēng, 献出 xiànchū II *rfl* 沉湎于 chénmiǎn yú, 耽于 dān yú: sich ganz dem Genuss ~ 完全沉湎于享受; 献身于 xiànshēn yú, 致力于 zhìlì yú: sich einer Sache (*D*) ~ 献身于某事

hingegen *adv* 相反 xiāngfǎn, 反之 fǎnzhī, 却 què

hingehen* *vi(s)* 去那儿 qù nàr, 到那儿去 dào nàr qù; (目光)扫过 sǎoguò; 凑合 còuhe, 过得去 guòdequ; 消逝 xiāoshì, 逝去 shìqù

hinhalten* *vt* 伸出 shēnchū, 伸向 shēn xiàng, 递给 dìgěi: jm etw ~ 把某物递给某人; 拖延 tuōyán, 让…等待 ràng … děngdài: jn lange ~ 长时间耽误某人; 阻住 zǔzhù

hinhauen* I *vt* 扔掉 rēngdiào; 砍 kǎn, 打 dǎ; 击倒 jīdǎo: jn ~ 把某人击倒; 马虎地做 mǎhude zuò: einen Aufsatz ~ 草率地写一篇文章; 放弃 fàngqì II *vi* 进行顺利 jìnxíng shùnlì: das wird ~ 这会成功的 III *vi(s)* 跌倒 diēdǎo, 摔倒 shuāidǎo

hinken *vi(h/s)* 跛行 bǒxíng, 一瘸一拐地走 yī qué yī guǎi de zǒu; 不恰当 bù qiàdàng, 不合适 bù héshì

hinkommen* *vi(s)* 前往(某地) qiánwǎng, 来到(某处) láidào; 足够 zúgòu, 够用 gòuyòng: mit dem Geld ~ 这些钱够用; 进行得好 jìnxíngdehǎo, 顺利进行 shùnlì jìnxíng

hinlegen I *vt* 放下 fàngxià, 放到某处 fàngdào mǒuchù; 支付 zhīfù: viel Geld ~ 付很多钱; 表演 biǎoyǎn, 做出 zuòchū: eine Rolle ~ 扮演一个角色 II *rfl*

H

卧倒 wòdǎo，躺下 tǎngxià；跌倒 diēdǎo

hinnehmen* *vt* 接受 jiēshòu，领受 lǐngshòu；忍受 rěnshòu，容忍 róngrěn

hinreichen I *vt* 递给 dìgěi，递去 dìqù II *vi* 够用 gòuyòng，足够 zúgòu

hinreißen* *vt* 吸引住 xīyǐnzhù，使神往 shǐ shénwǎng，使兴奋 shǐ xīngfèn

hinrichten *vt* 处决 chǔjué，处死 chǔsǐ；准备好 zhǔnbèihǎo

Hinrichtung *f* -，-en 处决 chǔjué，处死 chǔsǐ

hinsein* *vi*（*s*）坏了 huàile，完了 wánle：der Hund ist hin 这狗死了；精疲力竭 jīng pí lì jié；陶醉 táozuì，被迷住 bèi mízhù，着迷 zháomí：sie waren（von dem herrlichen Anblick）ganz hin 他们（被这美景）陶醉了；去 qù：Wo ist er hin? 他到哪儿去呢？

hinsetzen I *vt* 把…放下 bǎ … fàngxià，把…放到某处去 bǎ … fàngdào mǒuchù qù II *rfl* 坐下 zuòxià

Hinsicht *f* - 关系 guānxi，方面 fāngmiàn：in dieser ～ 在这方面；in ～ auf（*A*）... 关于…

hinsichtlich *prp*（*G*）关于 guānyú，鉴于 jiànyú，涉及 shèjí，对于 duìyú

hinstellen *vt* 把…放到…去 bǎ … fàngdào … qù，把…说成 bǎ … shuōchéng，把…描述成 bǎ … miáoshù chéng，认为 rènwéi：jn als dumm ～ 认为某人愚蠢

hinten *adv* 在后面 zài hòumian，在背后 zài bèihòu，末尾 mòwěi，在最后 zài zuìhòu

hinter *prp*（*D/A*）1.（*D*）（表示地点）在…后面 zài … hòumian，在…背后 zài … bèihòu：～ der Tür 门后面 2.（*A*）（表示方向）向…后面 xiàng … hòumian，到…背后 dào … bèihòu：～ das Haus gehen 到屋子后面去

Hinterbein *n* 后腿 hòutuǐ：sich auf die ～e stellen（或 setzen）抵抗，不让步；努力 nǔlì

Hinterbliebene *m/f*（按形容词变化）死者的家属 sǐzhě de jiāshǔ

hinterbringen* I **hinterbringen** *vt* 带往后面 dàiwǎng hòumian，携到后面 xiédào hòumian；咽下 yànxià，吞下 tūnxià II **hinterbringen** *vt* 偷偷泄漏 tōutōu xièlòu，告密 gàomì：jm etw ～ 向某人告密某事

hintereinander *adv* 一个接一个地 yīge jiē yīge de，一个挨一个地 yīge ai yīge de；接连地 jiēliánde，连续地 liánxùde

Hintergedanke *m* -ns，-n 内心的想法 nèixīnde xiǎngfǎ，隐蔽的意图 yǐnbìde yìtú，内心的意图 nèixīnde yìtú：ohne ～n 毫无保留地

Hintergrund *m* 背景 bèijǐng：sich im ～ halten 不露声色；jn in den ～ drängen 使某人居于次要地位，使某人失去影响

Hinterhalt *m* 埋伏 máifú；埋伏地点 máifú dìdiǎn：jn aus dem ～ überfallen 从埋伏处袭击某人

hinterhältig *adj* 阴险的 yīnxiǎnde，奸恶的 jiān'ède

Hinterhand *f* -（纸牌游戏中的）下家 xiàjiā，末家 mòjiā；（尤指马、狗等的）后腿和臀部 hòutuǐ hé túnbù

hinterher *adv*（指空间）跟随着 gēnsuízhe，在后边 zài hòubiān；（指时间）然后 ránhòu，此后 cǐhòu，事后 shìhòu，随后 suíhòu

hinterherlaufen* *vi*（*s*）紧追 jǐnzhuī，紧跟 jǐngēn，跟随 gēnsuí；追求 zhuīqiú

Hinterland *n* 后方 hòufāng；内地 nèidì

hinterlassen* *vt* 遗留 yíliú；留下 liúxià：der Dichter hinterlässt uns ein wertvolles geistiges Erbe 诗人给我们留下一份珍贵的精神遗产

Hinterlassenschaft *f* -，-en 遗产 yíchǎn

hinterlegen *vt* 存放 cúnfàng，留存 liúcún，储存 chǔcún

Hinterlist *f* - 诡计 guǐjì，狡诈 jiǎozhà，狡猾 jiǎohuá；阴险 yīnxiǎn

hinterlistig *adj* 狡猾的 jiǎohuáde，狡诈的 jiǎozhàde，阴险的 yīnxiǎnde；诡计多端的 guǐjì duōduān de

Hintermann *m* -（e）s，..er（站或坐在）后面的人 hòumiande rén；教唆犯 jiàosuōfàn，幕后策划者 mùhòu cèhuà zhě

Hintern *m* -s，- 屁股 pìgu，臀部 túnbù：einem Kind den ～ versohlen 打小孩的屁股

Hintertür *f* 后门 hòumén：durch die ～ 通过走后门；后路 hòulù，退路 tuìlù：sich（*D*）eine ～ offenhalten（或 offenlassen）给自己留条后路

hinterziehen* *vt* 瞒报（税款）mánbào,漏税 lòushuì,逃避 táobì: Steuern ～逃避纳税,偷税

hinüber *adv* 到那边去 dào nàbiān qù,越过去 yuè guòqù;(用于短语～sein) jd ist～某人已亡故; etw ist～某物已坏了

hinunter *adv* 到下面去 dào xiàmian qù,下去 xiàqù,向下 xiàngxià

hinunterschlucken *vt* 吞下 tūnxià,咽下 yànxià: die Tabletten～吞下药片; seinen Ärger～咽下怨气

hinweg *adv* 离开 líkāi,离去 líqù: Hinweg mit dir! 滚开! über alle Schwierigkeiten～摆脱所有困难

hinweggehen* *vi(s)* 忽视 hūshì,不注意 bù zhùyì,不考虑 bù kǎolǜ: man kann nicht über die Tatsachen～不能不考虑这些事实

hinwegkommen* *vi(s)*(用于短语) über etw～克服某事,经受住某事;摆脱某事

hinwegsehen* *vi* 从…上面看过去 cóng … shàngmian kànguòqù;忽略 hūlüè,不重视 bù zhòngshì,不顾及 bù gùjí: über diese Lappalien sollte man～不应该纠缠这些鸡毛蒜皮的事

Hinweis *m*-es, -e 指示 zhǐshì,建议 jiànyì,提示 tíshì: jm einen～geben 给某人一个提示

hinweisen* I *vt* 指出 zhǐchū,指明 zhǐmíng: jn auf eine Gefahr～向某人指出危险 II *vi* 指向 zhǐxiàng,指示 zhǐshì;暗示 ànshì,表明 biǎomíng: höflich auf etw～客气地暗示某事

hinwerfen* I *vt* 扔 rēng,丢掉 diūdiào;碰倒 pèngdǎo;摔落 shuāi luò;随口说出 suíkǒu shuōchū II *rfl* 卧倒 wòdǎo,倒下 dǎoxià

hinziehen* I *vt* 拉向 lāxiàng,引向 yǐnxiàng;拖延 tuōyán II *vi(s)* 迁往 qiānwǎng,移居 yíjū III *rfl* 延迟 yánchí,延续下去 yánxù xiàqù

hinzu *adv* 此外 cǐwài,加上 jiāshàng

hinzufügen *vt* 添加 tiānjiā,增加 zēngjiā,补充 bǔchōng,附加 fùjiā

hinzukommen* *vi(s)* 到来 dàolái,加入 jiārù;添加 tiānjiā,增添 zēngtiān

Hirn *n*-(e)s, -e 脑(子) nǎo;头脑 tóunǎo,脑力 nǎolì,智力 zhìlì: sich das～zermartern 绞尽脑汁

Hirnstrombild *n* 脑电图 nǎodiàntú

Hirsch *m*-es, -e 鹿 lù

Hirse *f*- 黍 shǔ,小米 xiǎomǐ,粟 sù

Hirt *m*-en, -en 牧人 mùrén

hissen *vt* 升起 shēngqǐ,扬起 yángqǐ: die Segel～张帆; die Fahne auf Halbmast～下半旗

Historik *f*- 史学 shǐxué

Historiker *m*-s, - 历史学家 lìshǐxuéjiā

historisch *adj* 历史的 lìshǐde,有关历史的 yǒuguān lìshǐde,具有历史意义的 jùyǒu lìshǐ yìyì de

Hit *m*-(s), -s 流行歌曲 liúxíng gēqǔ;热门歌曲 rèmén gēqǔ;热门货 rèménhuò,畅销货 chàngxiāohuò

hitchhiken ['hitʃhaikən] *vi* 搭车 dāchē,搭车旅行 dāchē lǚxíng

Hitchhiker ['hitʃhaikə] *m*-s, - 搭车的人 dāchēde rén,搭车的旅行者 dāchēde lǚxíngzhě

Hitliste *f* 流行歌曲目录 liúxíng gēqǔ mùlù

Hitze *f*- 炎热 yánrè,酷热 kùrè

hitzig *adj* 性急的 xìngjíde,易激动的 yì jīdòng de,易怒的 yìnùde;热烈的 rèliède;激烈的 jīliède

Hitzkopf *m* 急性子的人 jíxìngzide rén,鲁莽的人 lǔmǎngde rén

H-Milch *f*(haltbare Milch) 能存放的牛奶 néng cúnfàng de niúnǎi

Hobby ['hɔbi] *n*-s, -s 业余爱好 yèyú àihào: ein～haben 有一种业余爱好

Hobbyist *m*-en, -en 业余爱好者 yèyú àihàozhě

Hobel *m*-s, - 刨 bào;刨刀 bàodāo

hobeln *vt* 刨 bào,刨平 bàopíng: ein Brett～把一块木板刨平

hoch *adj* 高的 gāode;很大的 hěndàde,大量的 dàliàngde 高度的 gāodùde;高等的 gāoděngde,高级的 gāojíde,高贵的 gāoguìde;崇高的 chónggāode;非常的 fēichángde;高音调的 gāo yīndiào de,尖声的 jiānshēngde

Hoch *n*-s, -s 万岁 wànsuì,万岁的呼声 wànsuì de hūshēng;高(气)压区 gāoyāqū

hochachten *vt* 高度重视 gāodù zhòngshì,很尊敬 hěn zūnjìng

Hochachtung *f*- 尊敬 zūnjìng,尊重 zūnzhòng,敬意 jìngyì,重视 zhòngshì

hochachtungsvoll I *adj* 恭敬的 gōngjìngde II *adv*(用于书信的结尾,作客套语)顺致崇高的敬意 shùnzhì chóng-

H

gāode jìngyì

Hochantenne *f* 高天线 gāotiānxiàn，室外天线 shìwài tiānxiàn

Hochbahn *f* 高架铁道 gāojià tiědào

hochdeutsch *adj* 高地德语的 gāodì déyǔ de，标准德语的 biāozhǔn déyǔ de

Hochdeutsch *n* 高地德语 gāodì déyǔ，标准德语 biāozhǔn déyǔ

Hochdruck *m* -(e)s 高压 gāoyā，高气压 gāoqìyā；高血压 gāoxuèyā；繁忙 fánmáng，全力以赴 quánlì yǐ fù

Hochebene *f* 高原 gāoyuán，高地 gāodì

Hochenergiephysik *f* unz 高能物理 gāonéng wùlǐ

hochentwickelt *adj* 高度发展的 gāodù fāzhǎn de

hochfahren* *vi(s)* 向上行驶 xiàngshàng xíngshǐ；愕然起立 èrán qǐlì：vor Schreck (vom Stuhl) ～ 吓得(从椅上)跳起来

Hochfrequenztechnik *f* 高频技术 gāopín jìshù

hochgebildet *adj* 受过高等教育的 shòuguò gāoděng jiàoyù de，非常有教养的 fēicháng yǒu jiàoyǎng de

hochgehen* *vi(s)* 升起 shēngqǐ，上升 shàngshēng；爆炸 bàozhà；发脾气 fāpíqi，发怒 fānù；被捕 bèi bǔ，被破获 bèi pòhuò

hochhalten* *vt* 高高举起 gāogāo jǔqǐ，高举 gāojǔ：die Arme ～ 高举起手臂；尊重 zūnzhòng，珍视 zhēnshì

Hochhaus *n* 高层建筑 gāocéng jiànzhù，高楼 gāolóu

hochkommen* *vi(s)* 走上来 zǒushànglái；康健起来 kāngjiàn qǐlái；振作起来 zhènzuò qǐlái

Hochkonjunktur* *f* 繁荣 fánróng；昌盛 chāngshèng

hochleben *vi* (用于短语) jn ～ lassen 对某人高呼万岁；jd lebe hoch 某人万岁，祝愿某人长寿

Hochmut *m* -s 傲慢 àomàn，自大 zìdà

hochmütig *adj* 傲慢的 àomànde，目中无人的 mù zhōng wú rén de

hochnehmen* *vt* 提起 tíqǐ，抱起 bàoqǐ；嘲笑 cháoxiào，嘲弄 cháonòng；诈骗 zhàpiàn

Hochofen *m* 高炉 gāolú

hochpolitisch *adj* 政策性极强的 zhèngcèxìng jí qiáng de，极有政治性的 jí yǒu zhèngzhìxìng de

Hochrechnung *f* (选举)预测 yùcè

Hochrüstung *f* 扩军 kuòjūn

Hochschule *f* 高等学校 gāoděng xuéxiào，大学 dàxué

Hochschulreife *f* (高中毕业)取得上大学的资格 qǔdé shàng dàxué de zīgé

Hochsommer *m* 盛夏 shèngxià，仲夏 zhòngxià

Hochspannung *f* 高电压 gāodiànyā，最大电压 zuì dà diànyā；高度紧张 gāodù jǐnzhāng，急切的期待 jíqiède qīdài；紧张的形势 jǐnzhāngde xíngshì，严重的形势 yánzhòngde xíngshì

hochspielen *vt* 渲染 xuànrǎn，夸张 kuāzhāng；吹捧 chuīpěng

Hochsprache *f* 标准语言 biāozhǔn yǔyán，规范语言 guīfàn yǔyán

Hochsprung *m* -s 跳高 tiàogāo

höchst I *adj* 最高的 zuìgāode II *adv* 极 jí，很 hěn

Hochstapler *m* -s，-(冒充有钱、有地位的)骗子 piànzi

höchstens *adv* 最多 zuìduō，至多 zhìduō，充其量 chōngqíliàng：das kostet ～ 20 Euro 这最多值 20 欧元

Höchstgeschwindigkeit *f* 最高速度 zuìgāo sùdù

hochstilisieren *vt* 大肆渲染 dàsì xuànrǎn，吹捧为 chuīpěng wéi

Höchstleistung *f* 最高成就 zuìgāo chéngjiù，最佳成绩 zuìjiā chéngjì；最高效率 zuìgāo xiàolǜ，最高效能 zuìgāo xiàonéng

Hochverrat *m* -(e)s 谋反罪 móufǎnzuì，叛逃罪 pàntáozuì，叛国罪 pànguózuì

Hochverräter *m* 叛逆罪犯 pànnì zuìfàn，谋反犯 móufǎnfàn，叛国贼 pànguózéi

Hochwasser *n* - 洪水 hóngshuǐ，水灾 shuǐzāi；海水的高潮 hǎishuǐde gāocháo，高水位 gāoshuǐwèi

Hochzeit *f* 婚礼 hūnlǐ，结婚 jiéhūn：～ halten (或 feiern) 举行婚礼

Hochzeitsausstatter *m* 结婚用品商店 jiéhūn yòngpǐn shāngdiàn

Hochzeitsreise *f* 蜜月旅行 mìyuè lǚxíng

hocken I *vi* 蹲 dūn，蹲坐 dūnzuò；蛰居 zhéjū，久坐于(某处) jiǔ zuò yú：er hockt den ganzen Tag daheim (或 zu Hause) 他整天呆在家里 II *rfl* 蹲 dūn，蹲坐 dūn-

zuò
Hocker *m* -s, - 凳子 dèngzi
Hockey ['hɔki] *n* -s 曲棍球 qūgùnqiú
Hode *m* -n, -n 或 *f* -, -n 睾丸 gāowán
Hoden *m* -s, - = Hode
Hof *m* -(e)s, ⸚e 庭院 tíngyuàn; 农家 nóngjiā; 宫廷 gōngtíng
hoffen I *vt* 希望 xīwàng, 指望 zhǐwàng: nichts mehr zu ~ haben 没有什么可希望的 II *vi* 盼望 pànwàng, 期待 qīdài: auf schönes Wetter ~ 期待着好的天气
hoffentlich *adv* 希望 xīwàng, 但愿 dànyuàn
Hoffnung *f* -, -en 希望 xīwàng, 期望 qīwàng
hoffnungslos I *adj* 无希望的 wú xīwàng de, 绝望的 juéwàngde II *adv* 非常 fēicháng, 极 jí
hoffnungsvoll *adj* 抱有希望的 bào yǒu xīwàng de, 满怀希望的 mǎnhuái xīwàng de; 大有希望的 dàyǒu xīwàng de, 有前途的 yǒu qiántú de
höflich *adj* 有礼貌的 yǒu lǐmào de, 客气的 kèqide
Höflichkeit *f* -, -en 礼貌 lǐmào, 客气 kèqi; 客套话 kètàohuà
Hofrat *m* -(e)s, ...räte 枢密官 shūmìguān; 迂腐的人 yūfǔde rén
Höhe *f* -, -n 高 gāo, 高度 gāodù; 高处 gāochù; 高地 gāodì, 山丘 shānqiū; 顶点 dǐngdiǎn, 顶峰 dǐngfēng; 水平 shuǐpíng, 高度 gāodù
Hoheit *f* -, -en 〈单数〉(国家)主权 zhǔquán, 尊严 zūnyán; 殿下 diànxià
Hoheitsgebiet *n* 领土 lǐngtǔ
Hoheitsgewässer *n* 领海 lǐnghǎi
Hoheitsrecht *n* 主权 zhǔquán
Höhenangst *f* 恐高症 kǒnggāozhèng
Höhenflug *m* 高空飞行 gāokōng fēixíng
Höhensonne *f* (治疗用的)太阳灯 tàiyángdēng; 高山太阳 gāoshān tàiyáng
Höhepunkt *m* 顶点 dǐngdiǎn; 高潮 gāocháo
höher *adj* 较高的 jiàogāode, 更高的 gènggāode
hohl *adj* 空心的 kōngxīnde, 中间空的 zhōngjiān kōngde, 凹的 āode, 凹陷的 āoxiànde; 空洞的 kōngdòngde, 无内容的 wú nèiróng de; 声音沉重的 shēngyīn chénzhòng de, 低沉的 dīchénde
Höhle *f* 洞穴 dòngxué, 山洞 shāndòng; 兽穴 shòuxué, 窝 wō; 眼窝 yǎnwō; 简陋的小室 jiǎnlòude xiǎoshì, 栖身之所 qīshēn zhī suǒ
Hohlheit *f* - 空心 kōngxīn, 空洞 kōngdòng; 贫乏 pínfá
Hohn *m* -(e)s 嘲弄 cháonòng, 讥笑 jīxiào: jn mit ~ behandeln 嘲讽地对待某人
höhnen I *vt* 讥笑 jīxiào, 嘲笑 cháoxiào II *vi* 讥笑 jīxiào, 嘲笑 cháoxiào, 挖苦 wāku
höhnisch *adj* 讽刺的 fěngcìde, 讥笑的 jīxiàode, 嘲笑的 cháoxiàode, 挖苦的 wākude
Hokuspokus *m* - 魔术 móshù, 戏法 xìfǎ; 障眼法 zhàngyǎnfǎ; 蒙骗 mēngpiàn; 恶作剧 èzuòjù
hold *adj* 优雅的 yōuyǎde, 可爱的 kě'àide, 优美的 yōuměide: jm ~ sein 喜欢某人; das Glück ist jm ~ 某人很幸运
holen *vt* 去拿来 qù nálái, 取来 qǔlái; 接来 jiēlái, 请来 qǐnglái: jn zu Hilfe ~ 去请某人来帮助; 获得 huòdé, 取得 qǔdé: sich den ersten Preis im Eiskunstlauf ~ 获得花样滑冰一等奖; 招致 zhāozhì, 染上 rǎnshang: sich (*D*) Schläge ~ 挨揍; Atem (或 Luft) ~ 吸气
Holland 荷兰 Hélán
Holländer *m* -s, - 荷兰人 hélánrén
holländisch *adj* 荷兰的 hélánde
Hölle *f* - 地狱 dìyù
hollerithieren [hɔləri'ti:rən] *vt* 打孔贮存信息 dǎkǒng zhùcún xìnxī
Hollerithkarte [hɔlə'rit...] *f* (贮存信息的)打孔卡 dǎkǒngkǎ
Hollerithverfahren *n* 打孔法(贮存信息) dǎkǒngfǎ
höllisch *adj* 地狱的 dìyùde, 地狱般的 dìyùbānde; 极大的 jídàde, 非常 fēicháng, 最 zuì
Hologramm *n* -s, -e 全息图 quánxītú
holpern *vi* (*h*/*s*) 颠簸地行驶 diānbǒde xíngshǐ; 颠簸地走动 diānbǒde zǒudòng; 结结巴巴地说 jiējiēbābāde shuō
holprig *adj* 崎岖不平的 qíqū bùpíng de, 颠簸的 diānbǒ de; 说话结结巴巴的 shuōhuà jiējiēbābāde, 笨拙的 bèn zhuōde
Holunder *m* -s, - 接骨木 jiēgǔmù
Holz *n* -es, ⸚er 木 mù, 木料 mùliào, 木材 mùcái; 树林 shùlín
Holzblasinstrument *n* 木管乐器 mùguǎnyuèqì

Hölzchen *n* -s, - 细木条 xì mùtiáo, 小木块 xiǎo mùkuài; 火柴 huǒchái

hölzern *adj* 木制的 mùzhìde; 生硬的 shēngyìngde, 呆板的 dāibǎnde, 笨拙的 bènzhuōde

Holzfäller *m* 伐木工人 fámù gōngrén

holzhaltig *adj* 含木浆的 hán mùjiāng de; 木质的 mùzhìde

Holzkohle *f* 木炭 mùtàn

Holzweg *m* (用于短语) auf dem ~ sein 错了, 想错了

Hometrainer ['houmtreinə] *m* -s, - 家用体育锻炼器械 jiāyòng tǐyù duànliàn qìxiè

Hommage [ɔ'maːʒ] *f* -, -n 崇拜 chóngbài; 敬重 jìngzhòng, 表示敬意 biǎoshì jìngyì, 尊敬 zūnjìng

Homo *m* -s, -s 同性恋者 tóngxìngliànzhě

Homoerotik *f* 同性恋 tóngxìngliàn

Homoerotiker *m* 同性恋者 tóngxìngliànzhě

homoerotisch *adj* 同性恋的 tóngxìngliànde

Homogenisator *m* 均化器 jūnhuàqì

homogenisieren *vt* 使均质化 shǐ jūnzhìhuà: Milch ~ 将牛奶均质

Homogenisiermaschine *f* = Homogenisator

homophil *adj* 同性恋的 tóngxìngliànde

Homophilie *f* - 同性恋 tóngxìngliàn

Homosexualität *f* - 同性恋爱(尤指男性) tóngxìng liàn'ài

homosexuell *adj* 同性恋爱的(尤指男性) tóngxìng liàn'ài de

Honduras 洪都拉斯 Hóngdūlāsī

Honduraner *m* -s, - 洪都拉斯人 hóngdūlāsīrén

honduranisch *adj* 洪都拉斯的 hóngdūlāsīde; 洪都拉斯人的 hóngdūlāsīrénde; 洪都拉斯文化的 hóngdūlāsī wénhuà de

Honig *m* -s 蜂蜜 fēngmì

Honorar *n* -s, -e 酬劳 chóuláo, 酬金 chóujīn, 稿费 gǎofèi

honorieren *vt* 付酬金 fù chóujīn, 付稿费 fù gǎofèi: den Schriftsteller ~ 付给作家稿费; einen Vortrag ~ 给一个报告支付酬金

Hörapparat *m* 助听器 zhùtīngqì

hörbar *adj* 听得见的 tīngdejiànde, 可听见的 kě tīngjiàn de

horchen *vi* 倾听 qīngtīng, 留神听 liúshén tīng; 偷听 tōutīng

hören I *vt* 听 tīng, 听见 tīngjiàn, 听到 tīngdào; 听取 tīngqǔ, 聆听 língtīng: ein Konzert ~ 听音乐会 II *vi* 听 tīng, 听见 tīngjiàn, 听到 tīngdào; 听着 tīngzhe, 倾听 qīngtīng; 听从 tīngcóng, 服从 fúcóng: auf jn ~ 听从某人

Hörer *m* -s, - 听者 tīngzhě, 听众 tīngzhòng; 听讲者 tīngjiǎngzhě, 旁听生 pángtīngshēng; 电话听筒 diànhuà tīngtǒng, 耳机 ěrjī

Hörfähigkeit *f* 听力 tīnglì

hörig *adj* 从属的 cóngshǔde, 隶属的 lìshǔde; (特指性生活上)对…百依百顺 duì … bǎi yī bǎi shùn

Hörigkeit *f* - 从属 cóngshǔ, 隶属 lìshǔ; 百依百顺 bǎi yī bǎi shùn

Horizont *m* -(e)s, -e 地平线 dìpíngxiàn, 天际线 tiānjìxiàn; 眼界 yǎnjiè, 视野 shìyě, 见识 jiànshi

horizontal *adj* 水平的 shuǐpíngde

Hormon *n* -s, -e 荷尔蒙 hé'ěrméng, 激素 jīsù, 内分泌 nèifēnmì

Horn *n* -(e)s, ¨-er 角 jiǎo, 角质 jiǎozhì, 角质物 jiǎozhìwù; 喇叭 lǎba, 号角 hàojiǎo; 圆号 yuánhào, 号 hào

Hornbläser *m* 吹喇叭的人 chuī lǎba de rén, 号手 hàoshǒu

Hornhaut *f* 胼胝 piánzhī, 茧 jiǎn, 老趼 lǎojiǎn; (眼)角膜 jiǎomó

Horoskop *n* -s, -e 星象 xīngxiàng, 星相 xīngxiàng; 占星 zhānxīng

Horrorfilm *m* 恐怖电影 kǒngbù diànyǐng

Horrorgeschichte *f* 恐怖故事 kǒngbù gùshì

Horrortrip *m* (吸毒后产生的)恐惧不安感觉 kǒngjù bù'ān gǎnjué

Horrorliteratur *f* 恐怖文学 kǒngbù wénxué

Hörsaal *m* 大阶梯教室 dà jiētī jiàoshì

Horse ['hɔːs] *n* - 海洛因(别称) hǎiluòyīn

Hörspiel *n* 广播剧 guǎngbōjù

Hort *m* -(e)s, -e 日托托儿所 rìtuō tuō'érsuǒ; 宝地 bǎodì, 安全所 ānquánsuǒ, 安全地带 ānquán dìdài; 财富 cáifù, 金银财宝 jīn yín cáibǎo

Hose *f* -, -n 裤 kù, 裤子 kùzi

Hosenträger *m* (裤子)背带 bèidài

Hospital *n* -s, -e / ...täler 医院 yīyuàn, 疗养院 liáoyǎngyuàn

hospitalisieren *vt* 把…送进医院(或疗养院) bǎ … sòngjìn yīyuàn

Hospitesse *f* -, -n 女护士(兼社会工作者) nühùshi
Hot dog ['hɔt'dɔk] *m*/*n* -s, -s 热狗(红肠面包) règǒu
Hotel *n* -s, -s 旅馆 lǚguǎn,饭店 fàndiàn
Hot Jazz ['hɔt'dʒæz] *m* 节奏强烈的爵士音乐 jiézòu qiángliè de juéshì yīnyuè
Hot money ['hɔtmʌni] *n* (为获取高利或保障币值而)由一国转移至另一国的流动资金 yóu yī guó zhuǎnyí zhì lìng yī guó de liúdòng zījīn,游资 yóuzī
hübsch *adj* 漂亮的 piàoliangde,好看的 hǎokànde,迷人的 mírénde,标致的 biāozhide;美好的 měihǎode,可爱的 kě'àide;可观的 kěguānde,相当(大)的 xiāngdāngde
Hubschrauber *m* 直升飞机 zhíshēngfēijī
Huf *m* -(e)s, -e 蹄 tí
Hufeisen *n* -s, - 马蹄铁 mǎtítiě
Hüfte *f* -, -n 臀部 túnbù;髋 kuān,髋部 kuānbù
Hügel *m* -s, - 小山 xiǎoshān,山丘 shānqiū
Hügelland *n* 丘陵地 qiūlíngdì,丘陵地带 qiūlíng dìdài
Huhn *n* -(e)s, ¨-er 鸡 jī;母鸡 mǔjī
Hühnchen *m* -s, - 小鸡 xiǎojī
Hühnerauge *n* 鸡眼 jīyǎn,钉胼 dīngpián
Hühnerstall *m* 鸡棚 jīpéng
Hula-Hopp *m*/*n* -s, -s 呼啦圈 hūlāquān,藤圈 téngquān;藤圈体操 téngquān tǐcāo,呼拉圈舞 hūlāquānwǔ
Hula-Mädchen *pl* 跳草裙舞的女子 tiào cǎoqúnwǔ de nǚzǐ,跳呼拉圈舞的姑娘 tiào hūlāquānwǔ de gūniáng
Hülle *f* -, -n 包裹物 bāoguǒwù,覆盖物 fùgàiwù;外壳 wàiké,外皮 wàipí;封套 fēngtào,护封 hùfēng;信封 xìnfēng;(穿在身上的)衣服 yīfu;in ~ und Fülle 丰富充足;die sterbliche ~ 遗体
hüllen *vt*/*rfl* 包 bāo,裹 guǒ,围 wéi:das Kind in eine Decke ~ 用被子裹住小孩
Hülse *f* -, -n 豆荚 dòujiá;壳 ké,套 tào,鞘 qiào,管 guǎn
human *adj* 人的 rénde,人道的 réndàode;有人性的 yǒu rénxìng de,通人情的 tōng rénqíng de;亲切的 qīnqiède,和气的 héqide,友好的 yǒuhǎode
Humangenetik *f* 人类遗传学 rénlèi yíchuánxué
Humanisierung *f* 人道化 réndàohuà;使变得对人有利 shǐ biànde duì rén yǒulì;改善人类的条件和环境 gǎishàn rénlèide tiáojiàn hé huánjìng
Humanismus *m* - 人本主义 rénběn zhǔyì,人道主义 réndào zhǔyì;人文主义 rénwén zhǔyì
Humanist *m* -en, -en 人道主义者 réndào zhǔyì zhě,人本主义者 rénběn zhǔyì zhě;人文主义者 rénwén zhǔyì zhě
humanistisch *adj* 人道主义的 réndào zhǔyì de,人文主义的 rénwén zhǔyì de,人本主义的 rénběn zhǔyì de
Humanität *f* - 人道主义 réndào zhǔyì,人性 rénxìng,博爱 bó'ài,仁慈 réncí
Humanökologie *f* 人类生态学 rénlèi shēngtàixué
Human Relations ['hjumən ri'leiʃənz] *pl* 人际关系 rénjì guānxì
Hummel *f* -, -n 土蜂 tǔfēng,野蜂 yěfēng,山蜂 shānfēng
Hummer *m* -s, - 大螯虾 dà'áoxiā
Humor *m* -s, -e 幽默 yōumò,诙谐 huīxié;幽默感 yōumògǎn
Humorist *m* -en, -en 幽默家 yōumòjiā,幽默作家 yōumò zuòjiā
humoristisch *adj* 富于幽默的 fù yú yōumò de,诙谐的 huīxiéde,滑稽的 huájīde
humpeln *vi* 跛行 bǒxíng,一瘸一拐地走路 yī qué yī guǎi de zǒulù
Hund *m* -(e)s, -e 狗 gǒu,犬 quǎn: wie ~ und Katze leben 相处不和睦; vor die ~e gehen 毁灭
hundert *num* 一百 yībǎi: ~ Personen 一百人
Hundert *n* -s, -e 一百 yībǎi
hundertmal *adv* 百次 bǎicì,百倍 bǎibèi
Hundertstel *n* -s, - 百分之一 bǎifēn zhī yī
hunderttausend *num* 十万 shíwàn
Hunger *m* -s 饥饿 jī'è: großen ~ haben 饿极了; ~ nach Wissen 求知欲,对知识如饥似渴
hungern *vi* 饥饿 jī'è,挨饿 ái'è: es hungert jn 某人肚子饿;热望 rèwàng,渴求 kěqiú: nach Glück ~ 渴望幸福
Hungersnot *f* - 饿荒 èhuāng,饥荒 jīhuang
Hungerstreik *m* 绝食 juéshí

H

hungrig *adj* 饿的 ède，饥饿的 jī'ède；渴望的 kěwàngde，渴求的 kěqiúde
Hupe *f* -，-n（汽车等的）喇叭 lǎba
hupen *vi* 揿（汽车）喇叭 qìn lǎba
hüpfen *vi*（*s*）跳跃 tiàoyuè，蹦蹦跳跳 bèngbèngtiàotiào
Hürde *f* -，-n（田径赛用的）跨栏 kuàlán；架子 jiàzi；（牧羊场的）围篱 wéilí
Hure *f* -，-n 妓女 jìnǚ，婊子 biǎozi
hurra *intj* 呜啦 wūlā 好啊 hǎo'a
huschen *vi*（*s*）倏忽而过 shūhū ér guò，轻快地走 qīngkuàide zǒu
husten I *vi* 咳嗽 késou II *vt* 咳出 kéchū：Blut ～ 咯血
Husten *m* -s，- 咳嗽 késou：～ haben（有）咳嗽
Hut I *m* -(e)s，⸚e 帽子 màozi：jm eins auf den ～ geben 责备某人；alle unter einen ～ bringen 使大家取得一致意见 II *f* - 保护 bǎohù，监督 jiāndū：in der ～ der Eltern sein 在父母的监护下；小心 xiǎoxīn，谨慎 jǐnshèn：auf der ～ sein 小心，留神
hüten I *vt* 放牧 fàngmù：Gänse［Kühe］～ 放鹅［牛］；看护 kānhù，看管 kānguǎn，保护 bǎohù：das Bett ～ müsen 必须卧床 II *rfl* 留神 liúshén，提防 dīfang，防备 fángbèi：sich ～，etw zu tun 避免做某事
Hütte *f* -，-n 小屋 xiǎowū，小茅舍 xiǎo máoshè，棚屋 péngwū；冶炼厂 yěliànchǎng，冶金厂 yějīnchǎng
Hyäne *f* -，-n 鬣狗 liègǒu
Hyazinthe *f* -，-n 风信子 fēngxìnzǐ
Hydrant *m* -en，-en 消防龙头 xiāofáng lóngtóu，配水龙头 pèishuǐ lóngtóu；给水栓 gěishuǐshuān，取水管 qǔshuǐguǎn
hydraulisch *adj* 液压的 yèyāde，流体的 liútǐde，水力的 shuǐlìde
Hydrotherapie *f* 水疗法 shuǐliáofǎ
Hygiene *f* - 卫生 wèishēng；卫生学 wèishēngxué
hygienisch *adj* 卫生的 wèishēngde，促进健康的 cùjìn jiànkāng de；卫生学的 wèishēngxuéde
Hymne *f* -，-n 圣歌 shènggē，赞歌 zàngē，赞美诗 zànměishī
Hypnose *f* -，-n 催眠（状态）cuīmián
hypnotisieren *vt* 使…入睡 shǐ … rùshuì，施催眠术 shī cuīmiánshù
Hypothek *f* -，-en 典质 diǎnzhì，抵押 dǐyā
Hypothese *f* -，-n 假定 jiǎdìng，假设 jiǎshè；前提 qiántí
hypothetisch *adj* 假定的 jiǎdìngde，假设的 jiǎshède
Hysterie *f* -，-n 癔病 yìbìng，歇斯底里 xiēsīdǐlǐ，神经质 shénjīngzhì
hysterisch *adj* 癔病的 yìbìngde；歇斯底里的 xiēsīdǐlǐde，神经质的 shénjīngzhìde

ich *pron* (人称代词)我 wǒ
Ich *n* -(s), -(s) 我 wǒ,本人 běnrén;自我 zìwǒ
ideal *adj* 高尚的 gāoshàngde,理想的 lǐxiǎngde,完美的 wánměide,称心如意的 chènxīn rúyì de
Ideal *n* -s, -e 理想 lǐxiǎng,崇高目标 chónggāo mùbiāo;完美的典型 wánměide diǎnxíng,模范 mófàn
idealisieren *vt* 使美化 shǐ měihuà,使理想化 shǐ lǐxiǎnghuà
Idealismus *m* - 理想主义 lǐxiǎng zhǔyì;唯心主义 wéixīn zhǔyì,唯心论 wéixīnlùn
Idealist *m* -en, -en 理想主义者 lǐxiǎng zhǔyì zhě,唯心论者 wéixīnlùnzhě;空想家 kōngxiǎngjiā
idealistisch *adj* 理想主义的 lǐxiǎng zhǔyì de,唯心主义的 wéixīn zhǔyì de,唯心论的 wéixīnlùnde
Idealtypus *m* -, ...typen 理想典型 lǐxiǎng diǎnxíng,典范 diǎnfàn
Idee *f* -, -n 思想 sīxiǎng,观点 guāndiǎn;念头 niàntou,主意 zhǔyì;观念 guānniàn
Ideenaustausch *m* 思想交流 sīxiǎng jiāoliú
Ideenbank *f* 意见库 yìjiànkù
Identifikation *f* -, -en 认出 rènchū;查明 chámíng;鉴定 jiàndìng,验明 yànmíng;使相同 shǐ xiāngtóng,认为一致 rènwéi yízhì
Identifikationsmethode *f* 辨认法 biànrènfǎ
identifizieren *vt* 识别 shíbié,鉴定 jiàndìng;查明 chámíng,辨认 biànrèn;认为…一致 rènwéi … yízhì,使…等同 shǐ … děngtóng
Identifizierer *m* -s, - 识别器 shíbiéqì
Identifizierung *f* -, -en 鉴定 jiàndìng,验明 yànmíng,辨认 biànrèn;使相同 shǐ xiāngtóng,认为一致 rènwéi yízhì
identisch *adj* 一致的 yīzhìde,同一的 tóngyīde,完全相等的 wánquán xiāngděng de,相等的 xiāngděngde
Identität *f* - 一致 yīzhì,相同 xiāngtóng;身份 shēnfen,正身 zhèngshēn
Identitätsnachweis *m* 身份证明书 shēnfen zhèngmíngshū;原产地证明 yuánchǎndì zhèngmíng
Identitätszeichen *n* 相同符号 xiāngtóng fúhào
Ideologe *m* -n, -n 思想家 sīxiǎngjiā,理论家 lǐlùnjiā
Ideologie *f* -, -n 思想体系 sīxiǎng tǐxì,意识形态 yìshí xíngtài,观念形态 guānniàn xíngtài
ideologisch *adj* 思想上的 sīxiǎngshangde,意识形态的 yìshí xíngtài de,思想体系的 sīxiǎng tǐxì de
Idiot *m* -en, -en 白痴 báichī;笨蛋 bèndàn,傻瓜 shǎguā
idiotisch *adj* 痴呆的 chīdāide,呆的 dāide;愚蠢的 yúchǔnde,傻的 shǎde
Idyll *n* -s, -e 田园生活 tiányuán shēnghuó;田园景色 tiányuán jǐngsè
Idylle *f* -, -n 田园诗 tiányuánshī;田园风光 tiányuán fēngguāng
idyllisch *adj* 田园般的 tiányuánbānde,宁静愉快的 níngjìng yúkuài de
I. E. = Internationale Einheit 国际单位 guójì dānwèi
Igel *m* -s, - 刺猬 cìwei
Igelkopf *m* 板刷头(发型) bǎnshuātóu
Ignorant *m* -en, -en 无知的人 wúzhīde rén,笨人 bènrén,笨蛋 bèndàn
ignorieren *vt* 无视 wúshì,不顾 bùgù,不理睬 bù lǐcǎi
ihm *pron* (人称代词 er, es 的第三格)他 tā;它 tā
ihn *pron* (人称代词 er 的第四格)他 tā
ihnen *pron* (人称代词 sie 的复数第三格)他们 tāmen
Ihnen *pron* (人称代词 Sie 的第三格)您 nín;你们 nǐmen
ihr *pron* I (人称代词)你们 nǐmen II (人称

代词 sie 单数的第三格)她 tā III (物主代词)她的 tāde;他们的 tāmende
Ihr *pron* (物主代词)您的 nínde;你们的 nǐmende
ihrerseits *adv* 在她那方面 zài tā nà fāngmiàn;在他们那方面 zài tāmen nà fāngmiàn
Ihrerseits *adv* 在您(或你们)方面 zài nín fāngmiàn
ihretwegen *adv* 为了她(或他们)的缘故 wèile tāde yuángù
Ikterus *m* 黄疸病 huángdǎnbìng
illegal *adj* 非法的 fēifǎde,地下的 dìxiàde,秘密的 mìmìde
Illegalität *f*- 非法(性) fēifǎ,违法(性) wéifǎ;地下活动 dìxià huódòng,秘密活动 mìmì huódòng
illegitim *adj* 不合法的 bù héfǎde,非法的 fēifǎde
illiberal *adj* 小气的 xiǎoqide,气量狭小的 qìliàng xiáxiǎo de
illiquid *adj* 无支付能力的 wú zhīfù nénglì de;无流动资金的 wú liúdòng zījīn de
illiterat *adj* 无知识的 wú zhīshí de,未受教育的 wèi shòu jiàoyù de
illuminieren *vt* 用灯照亮 yòng dēng zhào liàng;用彩灯装饰 yòng cǎidēng zhuāngshì,用色彩布置 yòng sècǎi bùzhì
Illusion *f*-, -en 幻想 huànxiǎng,错觉 cuòjué,假象 jiǎxiàng,幻觉 huànjué
illusionär *adj* 幻想的 huànxiǎngde
illusorisch *adj* 虚构的 xūgòude,妄想的 wàngxiǎngde,幻想的 huànxiǎngde;无谓的 wúwèide,徒劳的 túláode
Illustration *f*-, -en 说明 shuōmíng,图解 tújiě;插图 chātú;插画 chāhuà
illustrieren *vt* 用插图装饰 yòng chātú zhuāngshì;说明 shuōmíng,解释 jiěshì,图解 tújiě
Image [ˈɪmɪtʃ] *n*-(s), -s (在公众心目中的)形象 xíngxiàng
Imagepflege *f* 维护形象 wéihù xíngxiàng
imaginär *adj* 心目中的 xīnmùzhōngde,想像中的 xiǎngxiàngzhòngde;虚构的 xūgòude
Imaginärzahl *f* 虚数 xūshù
Imagination *f*-, -en 幻想 huànxiǎng;想像力 xiǎngxiànglì
imaginieren *vt* 想像 xiǎngxiàng,设想 shèxiǎng,料想 liàoxiǎng
Imagismus *m*- 意象主义 yìxiàng zhǔyì (一种资产阶级文学流派)
Imagist *m*-en, -en 意象派 yìxiàngpài,意象主义者 yìxiàng zhǔyì zhě
Imbiss *m* -es, -e 点心 diǎnxīn,小吃 xiǎochī
Imbissstand *m* 小吃摊 xiǎochītān,点心摊 diǎnxīntān
Imbissstube *f* 小吃店 xiǎochīdiàn,小饮食部 xiǎo yǐnshíbù
Imitation *f*-, -en 模仿 mófǎng,伪造 wěizào;赝品 yànpǐn,仿制品 fǎngzhìpǐn
Imitator *m*-s, -en 仿造者 fǎngzàozhě,伪造者 wěizàozhě
imitieren *vt* 模仿 mófǎng,仿造 fǎngzào,学…样 xué … yàng
Imker *m*-s, - 养蜂人 yǎngfēngrén
immanieren *vi* 内在 nèizài,固有 gùyǒu
Immaterialgüter *pl* 无形财产 wúxíng cáichǎn
Immaterialgüterrecht *n* 无形财产法 wúxíng cáichǎn fǎ,无形财产所有权(如发明专利权,著作权等等) wúxíng cáichǎn suǒyǒuquán
Immaterialproduktion *f* 无形生产 wúxíng shēngchǎn,无形产品 wúxíng chǎnpǐn
immateriell *adj* 无形的 wúxíngde,精神的 jīngshénde,非物质的 fēi wùzhìde
Immatrikulation *f*-, -en (大学)注册入学 zhùcè rùxué
immatrikulieren *vt* 注册入学 zhùcè rùxué;为…行使登记 wèi … xíngshǐ dēngjì
immens *adj* 无限的 wúxiànde,极大的 jídàde
immer *adv* 永远 yǒngyuǎn,一直 yīzhí,始终 shǐzhōng,老是 lǎoshi,总是 zǒngshì; für ～ 永远,永久; ～ mehr 越来越多; ～ wieder 反复地; ～ noch (或 noch ～) 还是,仍旧
immergrün *adj* 常青的 chángqīngde,常绿的 chánglǜde
immerhin *adv* 至少 zhìshǎo;无论如何 wúlùn rúhé,毕竟 bìjìng
Immigrant *m*-en, -en 侨民 qiáomín,移民 yímín
Immissionsschutz *m* 环境保护 huánjìng bǎohù,防止公害 fángzhǐ gōnghài
immobil *adj* 固定的 gùdìngde,不动的 bù dòngde

Immobiliarbesitz *m* 拥有不动产 yōngyǒu bùdòngchǎn
Immobiliarkredit *m* 不动产信贷 bùdòngchǎn xìndài，房地产抵押贷款 fángdìchǎn dǐyā dàikuǎn
Immobiliarvermögen *n* 房地产 fángdìchǎn，不动产 bùdòngchǎn
Immobiliarverpfändung *f* 房地产抵押 fángdìchǎn dǐyā，不动产抵押 bùdòngchǎn dǐyā
Immobilien *pl* 房地产 fángdìchǎn，不动产 bùdòngchǎn；财产权 cáichǎnquán，所有权 suǒyǒuquán
Immobilienhandel *m* 房地产交易 fángdìchǎn jiāoyì
Immobilienhändler *m* 房地产商 fángdìchǎnshāng
immobilisieren *vt* 使动产变为不动产 shǐ dòngchǎn biànwéi bùdòngchǎn；变流动资本为固定资本 biàn liúdòng zīběn wéi gùdìng zīběn
immoralisch *adj* 不道德的 bùdàodéde，道德败坏的 dàodé bàihuài de
immun *adj* 有免疫力的 yǒu miǎnyìlì de，有抵抗力的 yǒu dǐkànglì de；享有豁免权的 xiǎngyǒu huòmiǎnquán de，不要侵犯的 bùyào qīnfàn de
Immunbiologie *f* 免疫生物学 miǎnyì shēngwùxué
Immunität *f* - 免疫力 miǎnyìlì；豁免权 huòmiǎnquán：diplomatische ～ genießen（或 besitzen）享有外交豁免权
Immunreaktion *f* 免疫反应 miǎnyì fǎnyìng
Immunsystem *n* 免疫系统 miǎnyì xìtǒng
Impeachment [ɪmˈpiːtʃment] *n* -(s), -s 弹劾 tánhé
Impeachmentverfahren *n* 弹劾（诉讼）案 tánhé'àn
Imperativ *m* -s, -e 命令式 mìnglìngshì；命令 mìnglìng，要求 yāoqiú
Imperfekt *n* -(e)s, -e 过去时 guòqùshí
Imperialismus *m* - 帝国主义 dìguó zhǔyì
Imperialist *m* -en, -en 帝国主义者 dìguó zhǔyì zhě
imperialistisch *adj* 帝国主义的 dìguó zhǔyì de
impertinent *adj* 冒失的 màoshide，无理的 wúlǐde，莽撞的 mǎngzhuàngde，狂妄的 kuángwàngde
Impfaktion *f*（接种）免疫措施 miǎnyì cuòshī，（接种）防疫措施 fángyì cuòshī
impfen *vt* 给…接种 gěi … jiēzhòng，给…注射疫苗 gěi … zhùshè yìmiáo；嫁接 jiàjiē，接枝 jiēzhī
Impfschein *m* 种痘证 zhòngdòuzhèng
Impfstoff *m* 疫苗 yìmiáo，痘苗 dòumiáo
Impfung *f* -, -en 接种 jiēzhòng；注射疫苗 zhùshè yìmiáo；接枝 jiēzhī，嫁接 jiàjiē
imponieren *vi* 给人留下深刻印象 gěi rén liúxià shēnkè yìnxiàng；使人钦佩 shǐ rén qīnpèi，使人感动 shǐ rén gǎndòng
Imponiergehaben *n* -s 本能的表现 běnnéngde biǎoxiàn，雄性动物的求爱行为 xióngxìng dòngwù de qiú'ài xíngwéi
Import *m* -(e)s, -e 进口 jìnkǒu，输入 shūrù；进口货 jìnkǒuhuò
Importabgabe *f* 进口税 jìnkǒushuì
Importagent *m* 进口代理人 jìnkǒu dàilǐrén
Importakkreditiv *n* -s, -e 进口信用证 jìnkǒu xìnyòngzhèng
Importartikel *m* 进口货 jìnkǒuhuò，进口商品 jìnkǒu shāngpǐn
Importbescheinigung *f* 进口证明 jìnkǒu zhengmíng
Importbeschränkung *f* 进口限制 jìnkǒu xiànzhì
Importe *f* -, -n 进口货物 jìnkǒu huòwù
Importerklärung *f* 进口登记 jìnkǒu dēngjì，进口报关 jìnkǒu bàoguān
Importerlaubnis *f* 进口许可 jìnkǒu xǔkě
Importerzeugnis *n* 进口产品 jìnkǒu chǎnpǐn
Importeur [... ˈtøːɐ] *m* -s, -e 进口商 jìnkǒushāng，进口者 jìnkǒuzhě；进口商行 jìnkǒu shānghàng
Import-Export-Firma *f* 进出口公司 jìnchūkǒu gōngsī
Importgarantie *f* 进口担保 jìnkǒu dānbǎo
Importgeschäft *n* 进口业务 jìnkǒu yèwù，进口贸易 jìnkǒu màoyì
Importhändler *m* 进口商（人）jìnkǒushāng
importieren *vt* 进口 jìnkǒu，输入 shūrù
Importliste *f* 进口货物清单 jìnkǒu huòwù qīngdān

Importlizenz *f* 进口许可证 jìnkǒu xǔkězhèng
Importpreis *m* 进口价 jìnkǒujià: durchschnittlicher ～ 平均进口价格
Importquote *f* 进口配额 jìnkǒu pèi'é, 进口限额 jìnkǒu xiàn'é
Importsteuer *f* 进口税 jìnkǒushuì
Importverbot *n* 禁止进口 jìnzhǐ jìnkǒu
Importvertrag *m* 进口合同 jìnkǒu hétong, 进口协定 jìnkǒu xiédìng
Importvertreter *m* 进口代理商 jìnkǒu dàilǐshāng
Importzoll *m* 进口关税 jìnkǒu guānshuì
imposant *adj* 壮观的 zhuàngguānde, 雄伟的 xióngwěide; 动人的 dòngrénde; 仪表堂堂的 yíbiǎo tángtáng de
impotent *adj* 阳痿的 yángwěide, 不能性交的 bùnéng xìngjiāo de; 软弱无能的 ruǎnruò wúnéng de
Impotenz *f*- 阳痿 yángwěi; 软弱无能 ruǎnruò wúnéng
impovisieren *vi* 即兴创作 jíxìng chuàngzuō, 即兴演讲(朗诵) jíxìng yǎnjiǎng, 即兴演奏(演唱) jíxìng yǎnzòu
Impuls *m*-s, -e 推动 tuīdòng, 促进 cùjìn; 冲动 chōngdòng: etw aus einem ～ heraus tun 由于一时冲动而做某事; 脉冲 màichōng
impulsiv *adj* 冲动的 chōngdòngde, 激动的 jīdòngde
Impulstechnik *f* 脉冲技术 màichōng jìshù
imstande *adj* (用于短语) zu etw ～sein 有能力做某事: ich bin nicht ～, dir zu helfen 我没有能力帮助你
in (用于短语) ～ sein 时髦, 流行: kurze Röcke sind ～ 现在短裙流行; (人因出名)而红得发紫, 走红
in *prp* (*D*/*A*) **1.** (*D*) (表示地点)在…之中 zài … zhī zhōng, 在…里 zài … lǐ: ～der Stadt wohnen 住在城里; ～ der Ecke stehen 站在角落里; (表示时间)在…内 zài … nèi, 在…以后 zài … yǐhòu: ～ der Nacht 在夜里; im hohen Alter 老年; der Zug wird ～ 10 Minuten eintreffen 火车十分钟后就到 **2.** (*A*) (表示方向)到…里面去 dào … lǐmiàn qù, 进入…内 jìnrù … nèi: ～ den Bus steigen 上公共汽车; ～ die Schule gehen 上学; er reiste oft ～s Ausland 他常去国外旅行; er geht ～s sechzigste Jahr 他快六十岁了; (与 bis 连用): bis ～ den Sommer 直到夏天; er arbeitete bis ～ die tiefe Nacht hinein 他工作到深夜 **3.** (*D*) (表示情况, 方式, 方法等)用 yòng, 以 yǐ: ～ aller Eile 急匆匆; ～ Deutsch sagen 用德语讲; ～ barem Geld bezahlen 付现钱; im Mantel 穿大衣; ～ Schwierigkeiten sein 处于困境
inaktiv *adj* 不积极的 bù jījíde; 非现役的 fēi xiànyì de; 非活动性的 fēi huódòngxìng de
Inbegriff *m*-(e)s 全部 quánbù; 总额 zǒng'é; 典范 diǎnfàn
inbegriffen *adj* 包括在内的 bāokuò zàinèi de, 计算在内的 jìsuàn zàinèi de: alles ～ 一切(费用)包括在内; Verpackung ～ 包括包装
Inclusiv-Tour [inklu'si:vtu:r] *f*-, -s 包价旅游 bāojià lǚyóu
Incoterms ['inkotəms] *pl* 国际贸易惯例 guójì màoyì guànlì
Indefinitpronomen *n* 不定代词 bùdìng dàicí
indem **I** *cj* 以…方式 yǐ … fāngshì; 当…时候 dāng … shíhou: man erweitert die Straßen, ～ man die alten Häuser abreißt 通过拆除旧房来拓宽马路 **II** *adv* 当时 dāngshí, 在这个时候 zài zhège shíhou: ～ waren sie zum Bahnhof gelangt 这时他们到达火车站了
Indemnität *f*- 赔偿 péicháng, 补偿 bǔcháng; (议会)追认 zhuīrèn, 事后批准 shìhòu pīzhǔn
Independenz *f*- 独立 dúlì, 自主 zìzhǔ
Inder *m*-s, - 印度人 yìndùrén
indessen, indes **I** *adv* 在此期间 zài cǐ qījiān, 这时 zhè shí, 但是 dànshì, 然而 rán'ér **II** *cj* 当…的时候 dāng … de shíhou, 当…之际 dāng … zhī jì: ～ er las, unterhielten sich die anderen 他在读书时, 其他人在聊天
indeterminabel *adj* 无法确认的 wúfǎ quèrèn de, 难以确定的 nányǐ quèdìng de
Index *m*-(es), -e 指标 zhǐbiāo, 数据 shùjù; 目录 mùlù, 索引 suǒyǐn
Indexlohn *m* 按物价指数计算的工资 àn wùjià zhǐshù jìsuàn de gōngzī
Indexwährung *f* 指数本位(以物价指数为基础的币制) zhǐshù běnwèi
Indianer *m*-s, - 印第安人 yìndì'ānrén
Indien 印度 Yìndù
indifferent *adj* 冷淡的 lěngdànde, 不关心的 bù guānxīn de, 毫不在乎的 háo-

bù zàihu de
indigniert *adj* 生气的 shēngqìde，愤怒的 fènnùde：über jn [etw] ～ sein 对某人[某事]感到愤怒
Indikation *f* -, -en 适应征 shìyìngzhēng；允许中断妊娠 yǔnxǔ zhōngduàn rènshēn
Indikativ *m* -s, -e（动词的）直陈式 zhíchénshì
Indikativepreis *m* 指示性价格 zhǐshìxìng jiàgé
Indikator *m* -s, -en 指示器 zhǐshìqì，指示灯 zhǐshìdēng；指示剂 zhǐshìjì
Indio *m* -s, -s（西班牙人称呼）印第安人 yìndì'ānrén
indirekt *adj* 间接的 jiànjiēde，侧面的 cèmiànde，迂回的 yūhuíde：～e Rede 间接引语
indisch *adj* 印度的 yìndùde；印度人的 yìndùrénde
indiskret *adj* 不慎重的 bù shènzhòngde，不得体的 bù détǐde，冒失的 màoshide；泄露他人私事的 xièlòu tārén sīshì de
Indiskretion *f* -, -en 冒失 màoshi，不慎重 bù shènzhòng；泄密 xièmì，泄漏 xièlòu
indisponibel *adj* 固定的 gùdìngde；不可支配的 bù kě zhīpèi de，不能使用的 bù néng shǐyòng de；不卖的 bù mài de
Individualbesitz *m* 个人财产 gèrén cáichǎn
Individualeinkommen *n* 个人收入 gèrén shōurù
individualisieren *vt* 使个体化 shǐ gètǐhuà；具有个性 jùyǒu gèxìng，使有个人特色 shǐ yǒu gèrén tèsè
Individualisierung *f* -, -en 典型化 diǎnxínghuà，个性化 gèxìnghuà；突出特点 tūchū tèdiǎn
Individualismus *m* - 个人主义 gèrén zhǔyì
Individualität *f* -, -en 个性 gèxìng；有个性的人 yǒu gèxìng de rén
Individualsparen *n* 个人储蓄 gèrén chǔxù
Individualversicherung *f* 个人人身保险 gèrén rénshēn bǎoxiǎn
Individualwirtschaft *f* 个体经济 gètǐ jīngjì
individuell *adj* 个体的 gètǐde，个人的 gèrénde；特别的 tèbiéde，特殊的 tèshūde
Individuum *n* -s, ...duen 个体 gètǐ，个人 gèrén
Indiz *n* -es, ...zien 标志 biāozhì，标记 biāojì；推定证据 tuīdìng zhèngjù，间接证据 jiànjiē zhèngju
Indonesien 印度尼西亚 Yìndùníxīyà
Indonesier *m* -s, - 印度尼西亚人 yìndùníxīyà'rén
indonesisch *adj* 印度尼西亚的 yìndùníxīyàde；印度尼西亚人的 yìndùníxīyàrénde；印度尼西亚文的 yìndùníxīyàwénde
industrialisieren *vt* 使…工业化 shǐ … gōngyèhuà
Industrialisierung *f* - 工业化 gōngyèhuà
Industrialismus *m* - 工业化主义 gōngyèhuà zhǔyì，产业主义 chǎnyè zhǔyì
Industrie *f* -, -n 工业 gōngyè：die ～ entwickeln 发展工业
Industrieabwasser *n* 工业废水 gōngyè fèishuǐ
Industrieanlage *f* 工厂设备 gōngchǎng shèbèi，工业设施 gōngyè shèshī
Industriearbeiter *m* 产业工人 chǎnyè gōngrén
Industrieausstellung *f* 工业展览会 gōngyè zhǎnlǎnhuì
Industriebezirk *m* 工业区 gōngyèqū
Industrieboss *m* 大工业主 dà gōngyèzhǔ，工业大老板 gōngyè dà lǎobǎn
Industrieführer *m* 工业大亨 gōngyè dàhēng，产业巨头 chǎnyè jùtóu
Industriegebiet *n* 工业区 gōngyèqū
Industriegesellschaft *f* 工业发达的社会 gōngyè fādáde shèhuì
Industriegewerkschaft *f* 产业工会 chǎnyè gōnghuì
Industriegruppe *f* 产业集团 chǎnyè jítuán
Industriekombinat *n* 工业联合企业 gōngyè liánhé qǐyè
Industrieland *n* 工业国 gōngyèguó
industriell *adj* 工业的 gōngyède，产业的 chǎnyède
Industriellenkreise *pl* 工业界 gōngyèjiè
Industriemacht *f* 工业强国 gōngyè qiángguó
Industriemonopol *n* 工业垄断集团 gōngyè lǒngduàn jítuán

Industriepflanzen *pl* 经济作物 jīngjì zuòwù

Industrieprodukt *n* 工业产品 gōngyè chǎnpǐn

Industrieroboter *m* (工业)机器人 jīqìrén;机械手 jīxièshǒu

Industriestaat *m* 工业国 gōngyèguó

Industriestadt *f* 工业城市 gōngyè chéngshì

Industrievorhaben *n* 工业项目 gōngyè xiàngmù,工业资产 gōngyè zīchǎn

Industriewirtschaft *f* 工业经济 gōngyè jīngjì

Industriezentrum *n* 工业中心 gōngyè zhōngxīn

ineinander *adv* 相互地 xiānghùde,交错地 jiāocuòde

infam *adj* 可耻的 kěchǐde,卑鄙的 bēibǐde

Infanterie *f*- 步兵 bùbīng

Infarkt *m*-(e)s, -e (血管)梗塞 gěngsè,梗死 gěngsǐ

Infekt *m* -(e)s, -e 传染 chuánrǎn,感染 gǎnrǎn: ein chronischer ～ 慢性传染病

Infektion *f*-, -en 传染 chuánrǎn,感染 gǎnrǎn

Infektionskrankheit *f* 传染病 chuánrǎnbìng

Infinitiv *m* -s, -e (动词)不定式 bùdìngshì

infizieren *vt/rfl* 使感染 shǐ gǎnrǎn;感染 gǎnrǎn,传染上 chuánrǎn shàng

Inflation *f* -, -en 通货膨胀 tōnghuò péngzhàng

inflationär *adj* (加速)通货膨胀的 tōnghuò péngzhàng de

Inflationsbekämpfung *f* 反通货膨胀措施 fǎn tōnghuò péngzhàng cuòshī

Inflationsdruck *m* 通货膨胀压力 tōnghuò péngzhàng yālì

Inflationsgefahr *f* 通货膨胀危险 tōnghuò péngzhàng wēixiǎn

inflationshemmend *adj* 阻止通货膨胀的 zǔzhǐ tōnghuò péngzhàng de

Inflationskrise *f* 通货膨胀危机 tōnghuò péngzhàng wēijī

Inflationsrate *f* 通货膨胀率 tōnghuò péngzhàng lǜ

inflationstreibend *adj* 促使(或加剧)通货膨胀的 cùshǐ tōnghuò péngzhàng de

infolge *prp* (G) 由于 yóuyú,因为 yīnwèi: ～ eines Unfalls 由于交通事故; ～ schlechten Wetters 由于坏天气; ～ Nebels konnte die Maschine nicht pünktlich starten 由于有雾飞机不能准时起飞

infolgedessen *adv* 所以 suǒyǐ,因此 yīncǐ

Informatik *f*- 信息学 xìnxīxué,计算机科学 jìsuànjī kēxué

Informatiker *m* -s, - 计算机科学工作者 jìsuànjī kēxué gōngzuòzhě

Information *f*-, -en 信息 xìnxī,情报 qíngbào;报道 bàodào;通知 tōngzhī,报告 bàogào,告知 gàozhī

Informationsabteilung *f* 情报室 qíngbàoshì,情报处 qíngbàochù

Informationsamt *n* 情报局 qíngbàojú

Informationsaustausch *m* 情报交流 qíngbào jiāoliú;信息交换 xìnxī jiāohuàn

Informationsbank *f* 数据库 shùjùkù,信息库 xìnxīkù,资料库 zīliàokù

Informationsgesellschaft *f* 信息社会 xìnxī shèhuì

Informationsindustrie *f* 信息工业 xìnxī gōngyè

Informationsnetz *n* 信息(情报)网 xìnxīwǎng

Informationsspeicherung *f*- 信息储存 xìnxī chǔcún

Informationssprache *f* 信息语言 xìnxī yǔyán

Informationstransfer *m* 信息传送 xìnxī chuánsòng

Informationsverarbeitung *f* 信息处理(加工) xìnxī chǔlǐ

Informationswissenschaft *f* 信息科学 xìnxī kēxué

Informationszentrum *n* 信息中心 xìnxī zhōngxīn; 情报中心 qíngbào zhōngxīn

Informator *m* -s, -en 提供情报的人 tígōng qíngbào de rén

informieren I *vt* 报告 bàogào,通报 tōngbào,告诉 gàosu: jn über etw ～ 向某人通报某事 II *rfl* 打听 dǎting,进行了解 jìnxíng liǎojiě: sich über etw ～ 打听某事

infrarot *adj* 红外线的 hóngwàixiànde

Infrarotlampe *f* 红外线灯 hóngwàixiàndēng

Infrarotstrahl *m* 红外辐线 hóngwài fú xiàn

Infrastruktur *f* -, -en（国家的）基础设施 jīchǔ shèshī

infrastrukturell *adj* 基础设施的 jīchǔ shèshī de

Infrastrukturinvestition *f* - 基础设施投资 jīchǔ shèshī tóuzī

Infrastrukturkredit *m* 基础设施贷款 jīchǔ shèshī dàikuǎn

Infrastrukturvorhaben *n* -s 基础设施建设项目 jīchǔ shèshī jiànshè xiàngmù

Ingenieur [ɪnʒe'ni̯øːɐ̯] *m* -s, -e 工程师 gōngchéngshī

Ingenieurakademie *f* 工程学院 gōngchéng xuéyuàn

Ingenieurbau *m* I -(e)s 工程学 gōngchéngxué, 建筑学 jiànzhùxué II -(e)s, -ten 结构工程 jiégòu gōngchéng

Ingenieurbiologie *f* 工程生物学 gōngchéng shēngwùxué

Ingenieurgeologie *f* 工程地质学 gōngchéng dìzhìxué

Ingenieurökonomie *f* 工程经济 gōngchéng jīngjì

ingenieurtechnisch *adj* 工程技术的 gōngchéng jìshù de

Ingenieurwissenschaft *f* 工程技术科学 gōngchéng jìshù kēxué

ingezüchtet *adj* 近亲交配的 jìnqīn jiāopèi de

Ingroup ['ɪngruːp] *f* -, -s 派别 pàibié, 内部集团 nèibù jítuán

Ingwer *m* -s, - 姜 jiāng

Inhaber *m* -s, - 业主 yèzhǔ, 老板 lǎobǎn; 所有人 suǒyǒurén, 持有人 chíyǒurén: der ～ des Weltrekords 世界纪录保持者

Inhaberaktie *f* 不记名股票 bú jìmíng gǔpiào

Inhaberanleihe *f* 不记名贷款 bù jìmíng dàikuǎn

Inhaberpapier *n* 不记名证券 bù jìmíng zhèngquàn

Inhaberschuldverschreibung *f* 不记名债券 bú jìmíng zhàiquàn

inhaftieren *vt* 逮捕 dàibǔ; 拘留 jūliú, 拘禁 jūjìn; 关押 guānyā

Inhalt *m* -(e)s, -e 内容 nèiróng, 概要 gàiyào; 面积 miànjī, 体积 tǐjī, 容量 róngliàng; 内装的东西（或物品）nèi zhuāng de dōngxi

Inhaltsangabe *f* 内容概要 nèiróng gàiyào, 内容摘要 nèiróng zhāiyào, 内容提要 nèiróng tíyào

inhaltsarm *adj* 内容贫乏的 nèiróng pínfá de; 情节很少的 qíngjié hěnshǎo de

inhaltsreich *adj* 内容丰富的 nèiróng fēngfùde

inhaltsschwer *adj* 内容重要的 nèiróng zhòngyàode, 内容有意义的 nèiróng yǒu yìyì de

Inhaltsverzeichnis *n* 目录 mùlù, 索引 suǒyǐn; 清单 qīngdān

Initiative [...tsia'tiːvə] *f* -, -n 主动 zhǔdòng, 主动性 zhǔdòngxìng, 积极性 jījíxìng, 首创精神 shǒuchuàng jīngshén

Initiator [...tsi...] *m* -s, -en 发起人 fāqǐrén, 倡议人 chàngyìrén, 带头人 dàitóurén

Injektion *f* -, -en 注射 zhùshè: jm eine ～ geben 给某人打针

Inkasso *n* -s, -s 收款 shōukuǎn

inklusive *prp* (G) 包括…在内 bāokuò … zàinèi: ～ aller Versandkosten 一切寄费包括在内

inkognito *adv* 化名地 huàmíngde, 隐匿姓名身份地 yǐnnì xìngmíng shēnfen de

Inkognito *n* -s, -s 化名 huàmíng, 匿名 nìmíng; 隐匿身份 yǐnnì shēnfen

inkonsequent *adj* 出尔反尔的 chū ěr fǎn ěr de, 不连贯的 bù liánguànde, 前后矛盾的 qiánhòu máodùn de; 不彻底的 bù chèdǐ de

Inkulturation *f* -, -en 文化入侵 wénhuà rùqīn, 文化渗透 wénhuà shèntòu

Inland *n* -es 国内 guónèi, 本国 běnguó: im ～ und Ausland 国内外

Inländer *m* -s, - 本国人 běnguórén, 本国国民 běnguó guómín

inländisch *adj* 国内的 guónèide, 本国的 běnguóde

Inlandsgeschäft *n* 国内业务 guónèi yèwù

Inlandshandel *m* 国内贸易 guónèi màoyì

Inlandsmarkt *m* 国内市场 guónèi shìchǎng, 本国市场 běnguó shìchǎng

Inlandsnachfrage *f* 国内需求 guónèi xūqiú

I

Inlandspreis *m* 国内市场价格 guónèi shìchǎng jiàgé
Inlandsprodukt *n* 本国产品 běnguó chǎnpǐn
Inlandstransport *m* 国内运输 guónèi yùnshū
inmitten *prp* (*G*) 在…中间 zài … zhōngjiān，在…当中 zài … dāngzhōng
innehaben* *vt* 占有 zhànyǒu，占用 zhànyòng；担任 dānrèn
innehalten* **I** *vi* 中止 zhōngzhǐ，停止 tíngzhǐ，暂停 zàntíng **II** *vt* 遵守 zūnshǒu，遵从 zūncóng，奉行 fèngxíng
innen *adv* 在里面 zài lǐmiàn，在内部 zài nèibù：～ und außen 内内外外
Innenantenne *f* 室内天线 shìnèi tiānxiàn
Innenarchitektur *f* 室内装潢 shìnèi zhuānghuáng
Innendekoration *f* 室内装饰 shìnèi zhuāngshì
Innenhof *m* 内院 nèiyuàn
Innenleben *n* 内心生活 nèixīn shēnghuó，精神生活 jīngshén shēnghuó
Innenmarkt *m* 国内市场 guónèi shìchǎng
Innenminister *m* 内政部长 nèizhèng bùzhǎng
Innenpolitik *f* 对内政策 duìnèizhèngcè，国内政策 guónèi zhèngcè
innenpolitisch *adj* 国内政策的 guónèi zhèngcè de，对内政策的 duìnèi zhèngcè de
Innensenator *m* （柏林等城市的）警察局局长 jǐngchájú júzhǎng
Innenseite *f* 里面 lǐmiàn，内边 nèibiān，内部 nèibù
Innenstadt *f* 市中心 shì zhōngxīn，内城 nèichéng
inner *adj* 内部的 nèibùde，内在的 nèizàide：die ～en Angelegenheiten eines Staates 一个国家的内政；内心的 nèixīnde，本质的 běnzhìde：der ～ste Kern einer Sache 事情的最本质核心；内科的 nèikēde
innerhalb **I** *prp* (*G*) （表示地点）在…内部 zài … nèibù，在…里面 zài … lǐmiàn：～ des Hauses 在屋内；（表示时间）在…期内 zài … qī nèi，在…时间内 zài … shíjiān nèi：～ eines Jahres 一年以内 **II** *adv* 在内部 zài nèibù，在…内 zài … nèi：～ von zehn Jahren 在十年内
innerlich *adj* 内部的 nèibùde，内心的 nèixīnde；内向的 nèixiàngde
innig *adj* 热忱的 rèchénde，真挚的 zhēnzhìde，衷心的 zhōngxīnde；深切的 shēnqiède，密切的 mìqiède
Innigkeit *f* - 亲切 qīnqiè，热爱 rè'ài；衷心 zhōngxīn，真挚 zhēnzhì
Innovation *f* -，-en 革新 géxīn，改革 gǎigé，创新 chuàngxīn
innovativ *adj* 富有创造精神的 fùyǒu chuàngzào jīngshén de，革新的 géxīnde
innovieren *vt* 变革 biàngé，创新 chuàngxīn，进行革新 jìnxíng géxīn
Innung *f* -，-en 手工业同业工会 shǒugōngyè tóngyè gōnghuì
inoffiziell *adj* 非正式的 fēi zhèngshìde，非官方的 fēi guānfāng de
ins = in das
Insasse *m* -n，-n （同车、船、飞机的）乘客 chéngkè；（同狱的）犯人 fànrén；（同院的）病人 bìngrén
insbesondere *adv* 尤其 yóuqí，特别 tèbié，格外 géwài
Inschrift *f* -，-en 碑文 bēiwén，题词 tící，铭文 míngwén
Insekt *n* -s，-en 昆虫 kūnchóng
Insektengift *n* 杀虫粉 shāchóngfěn，除虫粉 chúchóngfěn
Insektenkunde *f* 昆虫学 kūnchóngxué
Insektizid *n* -s，-e 杀虫药 shāchóngyào
Insel *f* -，-n 岛 dǎo，岛屿 dǎoyǔ
Inselgruppe *f* 群岛 qúndǎo
Inselland *n* 岛国 dǎoguó
Insemination *f* -，-en 人工授精 réngōng shòujīng
Inseminator *m* -s，-en 从事人工授精的科技人员 cóngshì réngōng shòujīng de kējì rényuán
inseminieren *vt* 进行人工授精 jìnxíng réngōng shòujīng
insensibel *adj* 麻木的 mámùde，无感觉的 wú gǎnjué de
Inserat *n* -s，-e （报刊）广告 guǎnggào
Inseratenbüro *n* 广告公司 guǎnggào gōngsī
Inserent *m* -en，-en 登广告者 dēngguǎnggào zhě
inserieren *vt/vi* 刊登广告 kāndēng guǎnggào

insgeheim *adv* 秘密地 mìmìde，私下地 sīxiàde，悄悄地 qiāoqiāode

insgesamt *adv* 总共 zǒnggòng，合计 héjì，全部 quánbù

Inside [ˈɪnsaid] *m* -s，-s（足球）内锋 nèifēng

Insider [ˈɪnsaidə] *m* -s，- 知内情者 zhī nèiqíng zhě，了解内幕的人 liǎojiě nèimù de rén；团体内部的人 tuántǐ nèibù de rén

insofern **I** **insofern** *adv* 就这方面 jiù zhè fāngmiàn，就这点而论 jiù zhèdiǎn ér lùn：～ hast du Recht 就这点讲你是对的 **II** **insofern** *cj* 倘若 tǎngruò，只要 zhǐyào：ich werde kommen，～ es mir möglich ist 只要我有可能，我是会来的

Insolation *f* -，-en 中暑 zhòngshǔ

insolvent *adj* 破产的 pòchǎnde，无偿还能力的 wú chánghuán nénglì de：sich ～ erklären 宣告破产

Insolvenz *f* -，-en 破产 pòchǎn，无支付能力 wú zhīfù nénglì

Insolvenzrecht *n* 无支付能力法 wú zhīfù nénglì fǎ，破产法 pòchǎnfǎ

Insomnie *f* 失眠症 shīmiánzhèng

insoweit **I** *adv* 因此 yīncǐ，在这方面 zài zhè fāngmiàn：～ muss ich dir Recht geben 在这方面我得承认你是对的 **II** *cj* 倘若 tǎngruò，只要 zhǐyào：～ es möglich ist，wird man ihm helfen 只要有可能，人家是会帮助他的

Inspekteur *m* -s，-e 检查员 jiǎncháyuán，监督员 jiāndūyuán；总监 zǒngjiān

Inspektion *f* -，-en 检查 jiǎnchá，审查 shěnchá，考察 kǎochá；检察机关 jiǎnchá jīguān，审查机关 shěnchá jīguān

Inspektionsausschuss *m* 检察委员会 jiǎnchá wěiyuánhuì，审查委员会 shěnchá wěiyuánhuì

Inspektionsreise *f* 巡视 xúnshì，视察旅行 shìchá lǚxíng

Inspektor *m* -s，-en 巡视员 xúnshìyuán，视察员 shìcháyuán，监督员 jiāndūyuán

Inspirator *m* -s，-en 发起人 fāqǐrén；鼓动者 gǔdòngzhě

inspirieren *t* 鼓舞 gǔwǔ，激励 jīlì

Inspizient *m* -en，-en 舞台监督 wǔtái jiāndū；检查员 jiǎncháyuán，监督员 jiāndūyuán

instabil *adj* 不稳定的 bù wěndìngde

Instabilität *f* - 不稳定 bù wěndìng

Installateur *m* -s，-e 安装工人 ānzhuāng gōngrén，装配工 zhuāngpèigōng

installieren *vt* 安装 ānzhuāng，装置 zhuāngzhì

Installation *f* -，-en 安装（设备）ānzhuāng

instand *adv*（只与 halten，setzen，bringen，kommen，sein 等连用）完整 wánzhěng，完好 wánhǎo：etw ～ setzen 修好某物；etw ～ halten 保护（或保养）好某物：dort ist alles gut ～ 那里一切井井有条

Instandhaltung *f* - 维修 wéixiū，保养 bǎoyǎng，保持完整 bǎochí wánzhěng

Instandhaltungsabteilung *f* 维修部 wéixiūbù，保养部 bǎoyǎngbù

Instandhaltungsanleitung *f* 维修说明 wéixiū shuōmíng，养护说明 yǎnghù shuōmíng

Instandhaltungsbetrieb *m* 维修厂 wéixiūchǎng

inständig *adj* 急切的 jíqiède，恳切的 kěnqiède

Instandsetzung *f* -，-en 修理 xiūlǐ，维修 wéixiū，保养 bǎoyǎng

Instandswerkstatt *f* 维修车间 wéixiū chējiān

instant *adj* 速溶的 sùróng de；食用方便的 shíyòng fāngbiàn de；已配制好的 yǐ pèizhìhǎo de

Instantgetränk *n* 速溶饮料 sùróng yǐnliào

Instantkaffee *m* 速溶咖啡 sùróng kāfēi

Instantmilch *f* 速溶奶粉 sùróng nǎifěn

Instantsuppe *f* 速溶汤料 sùróng tāngliào

Instanz *f* -，-en 主管机关 zhǔguǎn jīguān，有关当局 yǒuguān dāngjú；法院 fǎyuàn

Instinkt *m* -s，-e 本能 běnnéng，天性 tiānxìng；直觉 zhíjué

instituieren *vt* 建立 jiànlì，成立 chénglì，设立 shèlì

Institut *n* -(e)s，-e 研究所 yánjiūsuǒ；学会 xuéhuì，学院 xuéyuàn

Institution *f* -，-en 公共机关 gōnggòng jīguān，国家机关 guójiājīguān；委任 wěirèn，任命 rènmìng

institutionalisieren *vt* 使制度化 shǐ zhìdùhuà; 使机关化 shǐ jīguānhuà; 使固定 shǐ gùdìng
Institutionalisierung *f* 制度化 zhìdùhuà; 机关化 jīguānhuà, 固定化 gùdìnghuà
Instrukteur *m* -s, -e 指导员 zhǐdǎoyuán, 教员 jiàoyuán
Instruktion *f* -, -en 指示 zhǐshì, 指令 zhǐlìng; 指导 zhǐdǎo
Instrument *n* -s, -e 工具 gōngjù; 乐器 yuèqì; 仪器 yíqì
instrumental *adj* 工具的 gōngjùde; 乐器的 yuèqìde; 仪器的 yíqìde
inszenieren *vt* 导演 dǎoyǎn, 策划 cèhuà, 组织 zǔzhī
Inszenierung *f* -, -en →inszenieren
intakt *adj* 原装的 yuánzhuāngde, 原封不动的 yuánfēng bùdòng de; 完好的 wánhǎode, 未受损的 wèi shòusǔn de
Integration *f* -, -en 结合 jiéhé, 一体化 yìtǐhuà, 成整体 chéng zhěngtǐ; (数学)积分 jīfēn
Integrationist *m* -en, -en 主张取消种族隔离者 zhǔzhāng qǔxiāo zhǒngzú gélí zhě
integrieren *vt* 使结合 shǐ jiéhé, 使一体化 shǐ yītǐhuà, 使成整体 shǐ chéng zhěngtǐ: integrierte Schaltung 集成电路; 求…的积分 qiú … dejīfēn
Intellekt *m* -s 理解力 lǐjiělì, 思考力 sīkǎolì; 理智 lǐzhì, 悟性 wùxing
intellektuell *adj* 有理智的 yǒu lǐzhì de, 有智力的 yǒu zhìlì de; 善于思考的 shànyú sīkǎo de
Intellektuelle *m/f* (按形容词变化) 知识分子 zhīshi fènzǐ
Intelligent *adj* 聪明的 cōngmíngde, 有才智的 yǒu cáizhì de, 明智的 míngzhìde; 理解力强的 lǐjiělì qiáng de
Intelligenz *f* - 理解力 lǐjiělì, 智力 zhìlì; 才资 cái zī, 才能 cáinéng; 知识界 zhīshijiè
Intelligenzalter *n* 智力年龄 zhìlì niánlíng
Intelligenzquotient *m* 智商 zhìshāng
Intelligenztest *m* 智力测验 zhìlì cèyàn
Intendant *m* -en, -en (剧院)经理 jīnglǐ, (电台、电视台)台长 táizhǎng
Intensität *f* - 强烈 qiángliè, 剧烈 jùliè; 强度 qiángdù, 紧张 jǐnzhāng
intensiv *adj* 强烈的 qiángliède, 紧张的 jǐnzhāngde; 深入的 shēnrùde, 全力以赴的 quánlì yǐ fù de; 内容丰富的 nèiróng fēngfùde; 强度甚大的 qiángdù shèn dà de
Intensivanbau *m* 精耕细作 jīng gēng xì zuò, 集约经营 jíyuē jīngyíng
Intensivhaltung *f* 大型养殖场 dàxíng yǎngzhíchǎng; 集约饲养(家禽、家畜) jíyuē sìyǎng
intensivieren *vt* 强化 qiánghuà, 提高 tígāo, 增强 zēngqiáng
Intensivierung *f* 强化 qiánghuà, 提高 tígāo, 增强 zēngqiáng
Intensivkurs *m* 速成班 sùchéngbān, 强化班 qiánghuàbān, 短训班 duǎnxùnbān
Intensivstation *f* 监护病房 jiānhù bìngfáng, 急救室 jíjiùshì
Intensivtherapie *f* 紧急治疗 jǐnjí zhìliáo, 强化治疗 qiánghuà zhìliáo
interagieren *vt* 相互作用 xiānghù zuòyòng, 相互影响 xiānghù yǐngxiǎng
Inter-Alpha-Gruppe *f* 国际财团 guójì cáituán
Intercity [intə'siti] *m* -s, -s = Intercity-Zug
Intercity-Verkehr *m* -s 市际特别快车交通来往 shì jì tèbié-kuàichē jiāotōng láiwǎng
Intercity-Zug *m* 市际快车 shì jì kuàichē, 特别快车 tèbié-kuàichē
Intercosmos-Programm *n* 国际宇航计划 guójì yǔháng jìhuà
interdisziplinär *adj* 多学科的 duō xuékē de, 跨学科的 kuà xuékē de
Interdisziplinarität *f* 跨学科 kuà xuékē
interessant *adj* 有趣的 yǒuqùde; 令人感兴趣的 lìng rén gǎnxìngqù de; 有利的 yǒulìde, 有利可图的 yǒulì kě tú de
Interesse *n* -s, -n 兴趣 xìngqù, 趣味 qùwèi: ～ für etw [jn] (或 an etw [jm]) haben 对某事[某人]感兴趣; 利益 lìyì, 好处 hǎochu; 爱好 àihào; 需求 xūqiú
Interessengemeinschaft *f* 利益集团 lìyì jítuán; 〈缩写 = IG〉联合企业 liánhé qǐyè
Interessenkollision *f* 利益冲突 lìyì chōngtū

Interessensphäre *f* (某国的)势力范围 shìli fànwéi

Interessent *m* -en, -en 受益者 shòuyìzhě; 参与者 cānyùzhě; 感兴趣者 gǎnxìngqùzhě; 有利害关系者 yǒu lìhài guānxì zhě

Interessenverband *m* 利益集团 lìyì jítuán, 合伙经营 héhuǒ jīngyíng

interessieren I *vt* 关注… guānzhù…, 使发生兴趣 shǐ fāshēng xìngqù, 引起…的注意 yǐnqǐ … de zhùyì II *rfl* 对…感兴趣 duì … gǎnxìngqù, 注意 zhùyì, 关心 guānxīn: sich für Politik [Musik] ～ 对政治[音乐]感兴趣

interessiert *adj* 有趣的 yǒuqùde, 对…感兴趣的 duì … gǎnxìngqù de: an jm [etw] ～ sein 对某人[某物]感兴趣

interfakultativ *adj* 跨专业的 kuà zhuānyè de

interfraktionell *adj* 议会党团之间的 yìhuì dǎngtuán zhī jiān de

intergalaktisch *adj* 星系际的 xīngxì jì de

intergruppal *adj* 社会集团之间的 shèhuì jítuán zhī jiān de

Interim *n* -s, -s 过渡时期 guòdù shíqī; 临时措施 línshí cuòshī; 过渡性调整 guòdùxìng tiáozhěng

interimistisch *adj* 暂时的 zànshíde, 过渡的 guòdùde, 临时的 línshíde: ～er Geschäftsträger 临时代办

Interimsbescheid *m* 临时性决定 línshíxìng juédìng

Interimsfaktur *f* 临时发票 línshí fāpiào; 临时货单 línshí huòdān

Interimskredit *m* 临时贷款 línshí dàikuǎn

Interimsmaßnahmen *pl* 临时措施 línshí cuòshī

Interimsregierung *f* 临时政府 línshí zhèngfǔ

Interimsquittung *f* 临时收据 línshí shōujù

Interjektion *f* -, -en 感叹词 gǎntàncí

Interkonfessionalismus *m* - 超教派主义 chāo jiàopài zhǔyì

Interkontinentalflug *m* 洲际飞行 zhōujì fēixíng

Interkontinentalrakete *f* 洲际导弹 zhōujì dǎodàn

Interkosmonaut *m* -en, -en 国际宇航员 guójì yǔhángyuán

interlingual *adj* 多种语言间的 duōzhǒng yǔyán jiān de, 国际语言间的 guójì yǔyán jiān de

Interlinguist *m* -en, -en 国际语言学家 guójì yǔyánxuéjiā

Interlockwaren *pl* 双罗纹针织品 shuāng luówén zhēnzhīpǐn

interministeriell *adj* 部际的 bùjìde, 跨部的 kuàbùde

Intermission *f* -, -en (病症)暂时消失 zànshí xiāoshī, 间歇 jiànxiē

intern *adj* 内部的 nèibùde, 不对外的 bú duìwài de, 不公开的 bù gōngkāi de, 内科的 nèikēde

Internalisation *f* 内在化 nèizàihuà

Internat *n* -(e)s, -e 寄宿学校 jìsù xuéxiào; 学生宿舍 xuésheng sùshè

international *adj* 国际间的 guójì jiān de, 国际的 guójìde

Internationale *f* -, -n 国际歌 guójìgē; 国际性组织 guójìxìng zǔzhī: die Erste ～ 第一国际

internationalisieren *vt* 使国际化 shǐ guójìhuà

Internationalisierung *f* 国际化 guójìhuà

Internationalismen *pl* 国际词语 guójì cíyǔ

Internationalismus *m* - 国际主义 guójì zhǔyì

internieren *vt* 拘留 jūliú, 监禁 jiānjìn; 隔离 gélí

Internist *m* -en, -en 内科医生 nèikē yīshēng

Interpellation *f* -, -en 责难 zénàn; (议会中的)质问 zhìwèn; 对债务人催告 duì zhàiwùrén cuī gào

interpersonal *adj* 人际间的 rénjì jiān de, 人与人之间的 rén yǔ rén zhī jiān de

interplanetarer Flug 星际飞行 xīngjì fēi xíng

Interpol *f* - 国际刑警组织 guójì xíngjǐng zǔzhī

Interpret *m* -en, -en 注释者 zhùshìzhě; 演奏者 yǎnzòuzhě, 表演者 biǎoyǎnzhě

Interpretation *f* -, -en 解释 jiěshì, 阐明 chǎnmíng, 说明 shuōmíng

interpretieren *vt* 阐明 chǎnmíng, 解释 jiěshì, 说明 shuōmíng

interrogativ *adj* 疑问的 yíwènde

Interrogativadverb *n* 疑问副词 yí-

I

wèn fùcí

Interrogativpronomen *n* 疑问代词 yíwèn dàicí

Interrogativsatz *m* 疑问句 yíwènjù

interstellar *adj* 星际的 xīngjìde

interterritorial *adj* 国家间的 guójiājiānde

intervalutarisch *adj* 货币交换的 huòbì jiāohuàn de；货币兑换的 huòbì duìhuàn de

intervenieren *vt* 干涉 gānshè，干预 gānyù，调解 tiáojiě；武装干涉别国内政 wǔzhuāng gānshè biéguó nèizhèng

Intervent *m* -en，-en 干涉者 gānshèzhě，武装干涉者 wǔzhuāng gānshè zhě

Intervention *f* -，-en 插手 chāshǒu，干预 gānyù，干涉 gānshè；干涉他国内政 gānshè tāguó nèizhèng

Interview [ˈɪtɐ...或...ˈvjuː] *n* -s，-s （记者）采访 cǎifǎng，访问谈话 fǎngwèn tánhuà：jm ein ～ geben（或 gewähren）接受某人采访

interviewen *vt* （记者）采访 cǎifǎng，访问 fǎngwèn

intim *adj* 亲密的 qīnmìde，知心的 zhīxīnde；私下的 sīxiàde；秘密的 mìmìde；深切的 shēnqiède；熟悉的 shúxīde；舒适的 shūshìde

Intimbereich *m* 隐私 yǐnsī；阴部 yīnbù

Intimfeind *m* 老对手 lǎoduìshǒu，死对头 sǐduìtou

Intimleben *n* 性生活 xìngshēnghuó

Intimus *m* -，...mi 知己 zhījǐ，知心朋友 zhīxīn péngyou

intolerabel *adj* 不能容忍的 bùnéng róngrěn de，无法容忍的 wúfǎ róngrěn de；不能宽容的 bùnéng kuānróng de

intolerant *adj* （对不同意见）不能容忍的 bùnéng róngrěn de，褊狭的 biǎnxiáde

Intoleranz *f* - 无法容忍 wúfǎ róngrěn，不能宽容 bùnéng kuānróng，褊狭 biǎnxiá，偏执 piānzhí

Intonation *f* - （演唱的）定音 dìngyīn；（句子的）语调 yǔdiào

intransitiv *adj* （动词）不及物的 bù jíwùde

Intrige *f* -，-n 阴谋 yīnmóu，诡计 guǐjì

intrigieren *vt* 搞阴谋 gǎo yīnmóu，施诡计 shī guǐjì，捣鬼 dǎoguǐ

Introversion *f* -，-en 内向 nèixiàng，内倾 nèiqīng；内性格 nèixinggé

invalid(e) *adj* 残疾的 cánjíde，伤残的 shāngcánde

Invalide *m* -n，-n 残疾人 cánjírén，伤残人 shāngcánrén；伤病员 shāngbìngyuán

Invalidität *f* - 残废 cánfèi，丧失工作能力 sàngshī gōngzuò nénglì

Invaliditätsentschädigung *f* 伤残赔偿 shāngcán péicháng

Invaliditätsgrad *m* 伤残程度 shāngcán chéngdù

Invaliditätsversicherung *f* 伤残保险 shāngcán bǎoxiǎn

Invasion *f* -，-en 入侵 rùqīn，侵略 qīnlüè；（病菌）侵入 qīnrù

Inventar *n* -s，-e 财产目录 cáichǎn mùlù；存货清单 cúnhuò qīngdān；动产 dòngchǎn，存货 cúnhuò

Inventaraufnahme *f* 盘点 pándiǎn，清点存货 qīngdiǎn cúnhuò；财产目录的编制 cáichǎn mùlù de biānzhì

Inventarbuch *n* 盘存清册 páncún qīngcè，财产簿记 cáichǎn bùjì

Inventarliste *f* 存货清单 cúnhuò qīngdān；财产目录 cáichǎn mùlù

Inventur *f* -，-en 清点财产 qīngdiǎn cáichǎn，清点存货 qīngdiǎn cúnhuò，盘点 pándiǎn

Inventurausverkauf *m* 出售清仓物资 chūshòu qīngcāng wùzī，存货甩卖 cúnhuò shuǎimài

investieren *vt* 投资 tóuzī；投入 tóurù；任命 rènmìng

Investition *f* -，-en 投资 tóuzī

Investitionsausmaß *m* 投资规模 tóuzī guīmó

Investitionsfonds *m* 投资资金 tóuzī zījīn；基金 jījīn

Investitionsquote *f* 投资额 tóuzī'é

Investitionsschutz *m* 投资保护 tóuzī bǎohù

Investitionstermin *m* 投资期限 tóuzī qīxiàn

Investitionsträger *m* 投资业务机构 tóuzī yèwù jīgòu，投资公司 tóuzī gōngsī

Investitionsumfang *m* 投资规模 tóuzī guīmó

Investitionsvolumen *n* 投资总额 tóuzī zǒng'é

Investitionsvorhaben *n* 投资项目 tóuzī xiàngmù，投资计划 tóuzī jìhuà

Investment *n* -s, -s 投资 tóuzī
Investmentbank *f* 投资银行 tóuzī yínháng
Investmentfonds *m* 投资基金 tóuzī jījīn
Investmentpapier *n* 投资股票 tóuzī gǔpiào，投资证券 tóuzī zhèngquàn，投资银行的有价证券 tóuzī yínháng de yǒujià zhèngquàn
Investmentzertifikat *n* 投资证明书 tóuzī zhèngmíngshū
inwieweit *cj/adv*（表示程度、范围）多少 duōshǎo，到何种程度 dào hézhǒng chéngdù
Inzahlungnahme *f* -, -n 折价 zhéjià，贴换 tiēhuàn
inzwischen *adv* 此刻 cǐkè；在此期间 zài cǐ qījiān，当其时 dāng qíshí；从那时起 cóng nàshí qǐ
Ipsation *f* -s, -en 手淫 shǒuyín
Ipsophon *n* -s, -e 录音电话机 lùyīn diànhuàjī
Irak *m* -s 伊拉克 Yīlākè
Iraker *m* -s, - 伊拉克人 yīlākèrén
irakisch *adj* 伊拉克的 yīlākède；伊拉克人的 yīlākèrénde
Iran *m* -s 伊朗 Yīlǎng
Iraner *m* -s, - 伊朗人 yīlǎngrén
iranisch *adj* 伊朗的 yīlǎngde；伊朗人的 yīlǎngrénde
irden *adj* 陶制的 táozhìde，黏土烧制的 niántǔ shāozhì de
irdisch *adj* 人世间的 rénshìjiānde，世俗的 shìsúde，现世的 xiànshìde；地球上的 dìqiúshangde
Ire *m* -n, -n, **Irländer** *m* -s, - 爱尔兰人 ài'ěrlánrén
irgend *adv* 某一个 mǒuyīgè，任何 rènhé：～ jemand muss helfen 无论什么人得来帮帮忙；～ jemand hat gesagt, dass du verreist bist 有个人说你旅行去了；Geben Sie mir ～ etwas! 请您随便给我些什么吧！
irgendein *pron*（不定代词）任何一个 rènhé yīgè；某一个 mǒuyīgè
irgendeinmal *adv* 任何一次 rènhé yīcì；有朝一日 yǒuzhāo yīrì
irgendwann *adv* 任何时候 rènhé shíhou，随便什么时候 suíbiàn shénme shíhou；某个时候 mǒugè shíhou
irgendwas *adv* 任何东西 rènhé dōngxi，随便什么东西 suíbiàn shénme dōngxi；某种东西 mǒuzhǒng dōngxi
irgendwelch *pron*（不定代词，按形容词变化）某种 mǒuzhǒng，某些 mǒuxiē；任何（人或东西）rènhé
irgendwer *adv* 任何人 rènhérén，随便什么人 suíbiàn shénme rén；某人 mǒurén
irgendwie *adv* 不知怎么地 bùzhī zěnme de，以某种方式 yǐ mǒuzhǒng fāngshì；不管用什么方法 bùguǎn yòng shénme fāngfǎ
irgendwo *adv* 在任何地方 zài rènhé dìfāng；在某地 zài mǒudì
irisch *adj* 爱尔兰式的 ài'ěrlánshìde；爱尔兰人的 ài'ěrlánrénde；爱尔兰语的 ài'ěrlányǔ de：～-römisches Bad 蒸汽浴
Irland 爱尔兰 Ài'ěrlán
irländisch *adj* →irisch
Ironie *f* -, -n 讽刺 fěngcì，挖苦 wākǔ，讥笑 jīxiào
Ironiker *m* -s, - 讽刺家 fěngcìjiā
ironisch *adj* 讽刺的 fěngcìde，挖苦的 wākǔde，嘲弄的 cháonòngde
irr(e) *adj* 迷乱的 míluànde，疑惑的 yíhuòde，混乱的 hùnluànde；发疯的 fāfēngde，精神失常的 jīngshén shīcháng de：～ sein 神经错乱；an jm [etw] ～ werden 对某人[某事]怀疑和失去信任
Irre I *m/f*（按形容词变化）精神病患者 jīngshénbìng huànzhě，疯子 fēngzi，狂人 kuángrén **II** *f* -（用于短语）迷路 mílù：jn in die ～ leiten（或 führen）把某人引入歧途；in die ～ gehen 迷路，搞错
irreal *adj* 不现实的 bù xiànshíde，不真实的 bù zhēnshíde
Irrealität *f* -, -en 不现实的 bù xiànshíde，非真实性 fēi zhēnshíxìng
Irredentist *m* -en, -en 领土收复主义者 lǐngtǔ shōufù zhǔyì zhě
irredentistisch *adj* 领土收复主义的 lǐngtǔ shōufù zhǔyì de
irreführen *vt* 把…引入歧途 bǎ … yǐnrù qítú，把…带坏 bǎ … dàihuài；欺骗 qīpiàn
irregehen* *vi*（s）迷失方向 míshī fāngxiàng，走错路 zǒu cuò lù；弄错 nòngcuò，搞错 gǎocuò
irregulär *adj* 非正规的 fēi zhèngguī de，不合常规的 bùhé chángguī de，不规则的 bù guīzé de
irremachen *vt* 使受迷惑 shǐ shòu míhuò，使搞糊涂 shǐ gǎohútu，使产生怀疑 shǐ chǎnshēng huáiyí，使犹豫 shǐ yóu-

yù

irren I *rfl* 误会 wùhuì,误解 wùjiě,弄错 nòngcuò,搞错 gǎocuò: sich im Datum [in der Hausnummer] ～ 搞错日期[门牌号] II *vi(s)* 徘徊 páihuái,迷路 mílù: durch die Stadt ～ 在城里徘徊

Irrenanstalt *f* 精神病院 jīngshénbìngyuàn

Irrenhaus *n* 精神病院 jīngshénbìngyuàn,疯人院 fēngrényuàn

Irrgarten *m* 迷宫 mígōng

irrig *adj* 不正确的 bù zhèngquède,错误的 cuòwùde

irrsinnig *adj* 精神错乱的 jīngshén cuòluàn de,疯狂的 fēngkuángde;非常的 fēichángde,极大的 jídàde,极其的 jíqíde;强烈的 qiángliède

Irrtum *m* -s, ⸚er 疏忽 shūhu;弄错 nòngcuò,误解 wùjiě,错误 cuòwù: im ～ sein 错了

irrtümlich *adj* 错误的 cuòwùde,弄错的 nòngcuòde

Irrweg *m* 迷途 mítú,错误的道路 cuòwùde dàolù: einen ～ gehen 走上歧途;错误的方法 cuòwùde fāngfǎ

Irrwisch *m* -es, -e 顽童 wántóng,小淘气 xiǎotáoqì,冒失轻佻的小伙子 màoshi qīngtiāo de xiǎohuǒzi

Ischämie [ɪsçɛ...] *f* -, -n 局部缺血 júbù quē xuè

Ischias [ˈɪʃias] *f* - 坐骨神经痛 zuògǔ shénjīng tòng

Ischiasnerv *m* 坐骨神经 zuògǔ shénjīng

Islam *m* -s 回教 Huíjiào,伊斯兰教 Yīsīlánjiào

islamisch *adj* 回教的 huíjiàode,伊斯兰教的 yīsīlánjiào de

Island 冰岛 Bīngdǎo

Isländer *m* -s, - 冰岛人 bīngdǎorén

isländisch *adj* 冰岛的 bīngdǎode;冰岛人的 bīngdǎorénde;冰岛语的 bīngdǎoyǔde

Ismus *m* -, ...men 主义 zhǔyì,学说 xuéshuō

Isolation *f* -, -en 隔离 gélí;孤立 gūlì;绝缘 juéyuán,绝热 juérè,隔绝 géjué

Isolationismus *m* - 孤立主义 gūlì zhǔyì

Isolationist *m* -en, -en 孤立主义者 gūlì zhǔyì zhě

Isolator *m* -s, -en 绝缘体 juéyuántǐ;绝缘(或隔声)材料 juéyuán cáiliào

Isolierbehälter *m* 保温集装箱 bǎowēn jízhuāngxiāng,断热集装箱 duànrè jízhuāngxiāng

isolieren *vt* 孤立 gūlì,隔离 gélí;使隔热 shǐ gérè,使绝缘 shǐ juéyuán,使绝热 shǐ juérè;使隔音 shǐ géyīn

Isolierstation *f* 隔离病房 gélí bìngfáng

Isolierstoff *m* 绝缘材料 juéyuán cáiliào,绝缘物质 juéyuán wùzhì

Isolierung *f* -, -en 孤立 gūlì,隔离 gélí;隔热 gérè,绝缘 juéyuán

Isometrie *f* - 等距 děng jù;同分异构现象 tóngfēn yìgòu xiànxiàng

Isotopendiagnostik *f* 同位素诊断术 tóngwèisù zhěnduànshù

Isotopenforschung *f* 同位素学 tóngwèisùxué

Isotopentherapie *f* 同位素疗法 tóngwèisù liáofǎ

Israel 以色列 Yǐsèliè

Israeli *m* -(s), -s / *f* -, -(s) 以色列人 yǐsèlièrén,犹太人 yóutàirén

israelisch *adj* 以色列的 yǐsèliède,犹太的 yóutàide

Ist-Aufkommen *n* 税收的实际收入 shuìshōu de shíjì shōurù

Ist-Bestand *m* 实际的现金结存数 shíjìde xiànjīn jiécúnshù;实际存货 shíjì cúnhuò

Ist-Betrag *m* 实际金额 shíjì jīn'é,实际数额 shíjì shù'é

Isteinnahmen *pl* 净收入 jìngshōurù,实际收入 shíjì shōurù

Istgehalt *n* 实际薪水 shíjì xīnshui

Istgewicht *n* 实际重量 shíjì zhòngliàng,净重量 jìngzhòngliàng

Istgewinn *m* 实际利润 shíjì lìrùn

Istkalkulation *f* 实际计算 shíjì jìsuàn

Istkapazität *f* 实际能力 shíjì nénglì

Istkapital *n* 实际资本 shíjì zīběn

Istkosten *pl* 实际成本 shíjì chéngběn

Istlohn *m* 实际工资 shíjìgōngzī

Iststundenverdienst *m* 每小时实际工资 měi xiǎoshí shíjì gōngzī

Istwert *m* 实际价值 shíjì jiàzhí,实值 shízhí

Istzeiten *pl* 实时 shíshí

Itaker *m* -s, - 意大利佬(蔑称) yìdàlì lǎo

Italien 意大利 Yìdàlì

Italiener *m* -s, - 意大利人 yìdàlìrén

italienisch *adj* 意大利的 yìdàlìde；意大利语的 yìdàlìyǔde

Iteration *f* -, -en（字或音节的）重复 chóngfù，重述 chóngshù；迭代法 diédàifǎ

i. V.，**I. V.** = in Vollmacht，in Vertretung 受…全权委托 shòu … quánquán wěituō，全权代理（书信签字前用）quánquán dàilǐ

J

ja I *adv* 1. (表示赞同、肯定的回答)是的 shìde，对的 duìde：~ zu etw sagen 同意某事 2. (表示要求和愿望)一定 yīdìng，必须 bìxū，非得 fēiděi：Rede ~ keinen Unsinn! 别胡说! 3. (加强语气)真的 zhēnde，确实 quèshí，果真 guǒzhēn：Das ist ~großartig! 这确实是了不起! II *cj* 甚至 shènzhì：das kann ich verstehen，~ billigen 这个我是能理解的，甚至可说是赞同的

Jabo *m* -s，-s 歼击轰炸机 jiānjī hōngzhàjī，战斗轰炸机 zhàndòu hōngzhàjī

Jacht *f* -，-en 游艇 yóutǐng，快艇 kuàitǐng，赛艇 sàitǐng

Jacke *f* -，-n 短外套 duǎnwàitào，茄克衫 jiākèshān

Jackenkleid *n* 女式套装 nǚshì tàozhuāng

Jackett *n* -s，-s/-e 西装上衣 xīzhuāng shàngyī

Jade *m/f* - 玉 yù，翡翠 fěicuì

Jagd *f* -，-en 打猎 dǎliè，狩猎 shòuliè：auf die ~ gehen 去打猎；猎区 lièqū，猎场 lièchǎng；追捕 zhuībǔ，驱赶 qūgǎn

Jagdanzug *m* 猎装 lièzhuāng

Jagdbomber *m* 歼击轰炸机 jiānjī hōngzhàjī，战斗轰炸机 zhàndòu hōngzhàjī

Jagdflugzeug *n* 歼击机 jiānjījī，战斗机 zhàndòujī

Jagdmesser *n* 猎刀 lièdāo

jagen I *vt* 追猎 zhuīliè；追击 zhuījī，追捕 zhuībǔ，追逐 zhuīzhú，赶走 gǎnzǒu II *vi*(*s/h*) 打猎 dǎliè，捕猎 bǔliè；急驰 jíchí，疾驰 jíchí；追求 zhuīqiú：nach Geld [Ruhm] ~ 追求金钱[名誉]

Jäger *m* -s，- 猎人 lièrén

jäh *adj* 猛然的 měngránde，突然的 tūránde，忽然的 hūránde；陡峭的 dǒuqiàode，险峻的 xiǎnjùnde

Jahr *n* -es，-e 年 nián：~ für ~ 逐年，年年；im ~e 1998 在 1998 年；seit ~ und Tag 许久以来；年纪 niánjì，岁数 suìshù，年龄 niánlíng：mit sechs ~en geht er in die Schule 他六岁上学

Jahrbuch *n* 年鉴 niánjiàn；年刊 niánkān；

jahrelang *adj* 多年的 duōniánde，好几年的 hǎojǐniánde，持续多年的 chíxù duōnián de，多年之久的 duōnián zhī jiǔ de

jähren *rfl* 周年 zhōunián

Jahresabonnement *n* 年度预订 niándù yùdìng；年度认股额 niándù rèngǔ'é，年度认购额 niándù rèngòu'é

Jahresabschlussprüfung *f* 年终审计 niánzhōng shěnjì

Jahresanfang *m* 年初 niánchū；新年 xīnnián

Jahresbericht *m* 年度报告 niándù bàogào；年度财务报告 niándù cáiwù bàogào

Jahresbilanz *f* 年终决算 niánzhōng juésuàn，年度决算 niándù juésuàn

Jahresbudget *m* 年度预算 niándù yùsuàn

Jahresdividende *f* 年度红利 niándù hónglì

Jahresdurchschnitt *m* 年平均 niánpíngjūn

Jahreseinkommen *n* 年收入 niánshōurù

Jahresendabrechnung *f* 年终结算 niánzhōng jiésuàn

Jahresende *n* 年终 niánzhōng

Jahresfeier *f* 周年纪念日 zhōunián jìniànrì，周年庆祝会 zhōunián qìngzhùhuì

Jahresfrist *f* 一年期限 yīnián qīxiàn

Jahresgehalt *n* 年薪 niánxīn

Jahreshauptversammlung *f* 年度全体(股东)大会 niándù quántǐ dàhuì

Jahresinventur *f* 年终盘存 niánzhōng páncún

Jahreskarte *f* 全年通用票 quánnián tōngyòngpiào

Jahreslohn *m* 年工资 nián gōngzī

Jahresplan *m* 年度计划 niándù jìhuà

Jahresprämie *f* 年度保险费 niándù bǎoxiǎnfèi

Jahrestag *m* 周年纪念日 zhōunián jìniànrì,周年纪念 zhōunián jìniàn

Jahresverbrauch *m* 全年消耗量 quánnián xiāohàoliàng;年用量 nián yòngliàng,年消费量 nián xiāofèiliàng

Jahresverlust *m* 全年亏损 quánnián kuīsǔn,年度损失 niándù sǔnshī

Jahreswechsel *m* 岁序更新 suìxù gēngxīn,新年 xīnnián

Jahreszeit *f* 季 jì,季节 jìjié

Jahrgang *m* 年级 niánjí;出生年 chūshēngnián;收获年 shōuhuònián;葡萄酒酿造的年份 pútáojiǔ niàngzào de niánfèn;同年酿造的葡萄酒 tóngnián niàngzào de pútáojiǔ;发行年度 fāxíng niándù;全年出版的杂志(或报刊) quánnián chūbǎn de zázhì

Jahrgänger *m* -s, - 同年出生的人 tóngnián chūshēng de rén: wir sind ~ 我们是同年

Jahrhundert *n* 世纪 shìjì,百年 bǎinián: das 20. ~ 20 世纪; in den neunziger Jahren des 20. ~s 在 20 世纪 90 年代

jahrhundertealt *adj* 历史悠久的 lìshǐ yōujiǔ de,古老的 gǔlǎode

jährig *adj* 一年的 yīniánde;一岁的 yī suì de;一年以来的 yīnián yǐlái de

jährlich *adj* 每年的 měiniánde,年年的 nián nián de: einmal ~ 每年一次的

Jahrmarkt *m* (一年举行一次或多次的)集市 jíshì,年市 niánshì,年集 niánjí

Jahrpacht *f* 年租金 nián zūjīn;年租赁 nián zūlìn;年租赁合同 nián zūlìn hétong

Jahrtausend *n* 十个世纪 shíge shìjì,一千年 yīqiān nián

Jahrzehnt *n* -(e)s, -e 十年 shínián

Jähzorn *m* 突然发怒 tūrán fānù,性情暴躁 xìngqíng bàozào

Jähzornig *adj* 狂怒的 kuángnùde,易怒的 yìnùde,暴躁的 bàozàode

Jalousie [ʒalu'zi:] *f* -, -n 卷帘式百叶窗 juǎnliánshì bǎiyèchuāng

Jamaika 牙买加 Yámǎijiā

Jamaikaner *m* -, - 牙买加人 yámǎijiārén

Jammer *m* -s 悲伤 bēishāng,悲哀 bēi'āi;不幸 bùxìng,痛苦 tòngkǔ;悲惨 bēicǎn,绝望 juéwàng;痛苦的事 tòngkǔde shì,可惜的事 kěxīde shì

jämmerlich *adj* 可怜的 kěliánde,悲痛的 bēitòngde,悲惨的 bēicǎnde;简陋的 jiǎnlòude,破烂的 pòlànde;卑鄙的 bēibǐde,可耻的 kěchǐde;很 hěn,十分 shífēn

jammern I *vi* 悲叹 bēitàn,诉苦 sùkǔ;哀求 āiqiú,哭诉 kūsù: um (或 über) etw [jn] ~ 为某事[某人]而悲伤 II *vt* 唤起…同情 huànqǐ… tóngqíng

jammervoll *adj* 悲惨的 bēicǎnde,不幸的 bùxìngde,可怜的 kěliánde,悲哀的 bēi'āide

Januar *m* -s 一月 yīyuè: Anfang ~ 一月初

Japan 日本 Rìběn

Japaner *m* -s, - 日本人 rìběnrén

japanisch *adj* 日本的 rìběnde;日本人的 rìběnrénde;日语的 rìyǔde

Jargon *m* -s, -s 行话 hánghuà,切口 qièkǒu

Jasager *m* -s, - 唯唯诺诺的人 wěiwěinuònuòde rén

Jasmin *m* -s, -e 茉莉花 mòlìhuā

Jasmintee *m* 茉莉花茶 mòlì huāchá

Ja-Stimme (或 Jastimme) *f* 赞成票 zànchéngpiào

jäten *vt* 拔除 báchú,除去…的野草 chúqù … de yěcǎo: den Garten ~ 拔除花园里的杂草

jauchzen *vi* 欢呼 huānhū;欢欣 huānxīn,欢乐 huānlè

Jauchzer *m* -s, - 欢呼声 huānhūshēng,喝彩声 hècǎishēng

jaulen *vi* 犬吠 quǎn fèi,狗叫 gǒu jiào

jawohl *adv* (表示加强肯定的语气)是的 shìde: Herr Ober, bringen Sie mir bitte ein Glas Wasser! — ~, mein Herr! 服务员,请拿杯水给我! —是,先生!

Jazz [dʒæs] *m* - 爵士乐 juéshìyuè

Jazzband ['dʒæsbɛnt] *f* -, -s 爵士乐队 juéshì yuèduì

jazzen ['dʒɛsn] *vi* 奏爵士乐 zòu juéshìyuè

Jazzer ['dʒɛsɐ] *m* -s, - 爵士乐演奏者 juéshìyuè yǎnzòuzhě

Jazzfan ['dʒɛsfɛn] *m* 爵士乐迷 juéshìyuèmí

Jazzfestival *n* 爵士乐节 juéshìyuèjié

je I *adv* 曾经 céngjīng,一度 yīdù,任何时候 rènhé shíhou;各 gè,每 měi;从来 cónglái: seit (或 von) ~ 从来,自古以来,一向;(与 nach 连用)按 àn: ~ nach den Umständen 按情况定 II *cj* (与比较

级连用,大多与 desto 或 um so 或 je 一起用)越 yuè,愈 yù: ~ mehr, desto (或 um so) besser 越多越好;(与 nachdem 连用)根据情况而定: er fährt oder geht zu Fuß, je nachdem 他乘车还是步行,视情况而定

Jeans [dʒi:nz] *pl* 牛仔裤 niúzǎikù

Jeansanzug *m* 牛仔衣 niúzǎiyī,牛仔服 niúzǎifú

jedenfalls *adv* 无论如何 wúlùn rúhé,不管怎样 bùguǎn zěnyàng;肯定 kěndìng,一定 yīdìng: er hat ~ nichts davon gewusst 他对这件事肯定一无所知

jeder (jeder, jede, jedes) *pron* 每个 měige: jedes Kind 每个孩子; auf jeden Fall 无论如何;每人 měirén,每一个人 měiyīgèrén: ~ von uns 我们中的每个人; das kann ~ 这是人人都会的; alles und jedes 所有的一切

jederlei *adj* 各种各样的 gè zhǒng gè yàng de

jedermann *pron* 每人 měirén,人人 rénrén

jederzeit *adv* 在任何时候 zài rènhé shíhou,随时 suíshí;时刻 shíkè,每时每刻 měi shí měi kè

jedesmal *adv* 每次 měicì;总是 zǒngshì,老是 lǎoshì

jedoch *adv* 可是 kěshì,但是 dànshì,然而 rán'ér: die Sonne schien, ~ es war kalt 阳光照耀着,可天气却仍很冷

Jeep [dʒi:p] *m* -s, -s 吉普车 jípǔchē,小型越野车 xiǎoxíng yuèyěchē

jeher *adv* 一直 yīzhí,历来 lìlái;自古以来 zìgǔ yǐlái: seit (或 von) ~ 向来,一向

jemals *adv* 曾经 céngjīng,任何时候 rènhé shíhou

jemand *pron* 有人 yǒurén,某人 mǒurén: ~ klopft an der Tür 有人敲门; War schon ~ da? 有人来过这儿吗?

Jemen 也门 Yěmén

Jemenit *m* -en, -en 也门人 yěménrén

jener (jener, jene, jenes) *pron* 那 nà,那个 nàge: zu ~ Zeit 在那时; es kam bald *dieser*, bald *jener* 一会儿这个来,一会儿那个来

jenseits I *prp* (*D*) 远离 yuǎnlí;在…的那边 zài … de nàbiān: ~ des Flusses 河的那一边,河的对岸 II *adv* 在那边 zài nàbiān: ~ vom Rhein 莱茵河对岸

Jenseits *n* - 天堂 tiāntáng;来世 láishì;九泉 jiǔquán

Jerez ['çe:rɛs] *m* - 雪利酒 xuělìjiǔ

Jet [dʒɛt] *m* -, -s 喷气推动 pēnqì tuīdòng;喷气发动机 pēnqì fādòngjī;喷气式飞机 pēnqìshì fēijī

Jetflug *m* 喷气式飞机飞行 pēnqìshì fēijī fēixíng

Jetliner ['dʒɛtlaine] *m* 喷气式班机 pēnqìshì bānjī

Jeton [ʒə'tõ:] *m* -s, -s (赌博用的)筹码 chóumǎ;投入自动装置的硬币 tóurù zìdòng zhuāngzhì de yìngbì

Jet-set ['dʒɛtset] *m* -s, -s 豪富阶层 háofù jiēcéng

jetten ['dʒɛtən] I *vi* (*s*) 乘喷气式飞机旅行 chéng pēnqìshì fēijī lǚxíng II *vt* 用喷气式飞机运输 yòng pēnqìshì fēijī yùnshū

jetzig *adj* 当前的 dāngqiánde,现在的 xiànzàide,眼下的 yǎnxiàde

jetzt *adv* 现在 xiànzài,目前 mùqián,此刻 cǐkè: von ~ an (或 ab) 今后,从现在起;如今 rújīn,现时 xiànshí

jeweilig *adj* 当时的 dāngshíde,各自的 gèzìde

jeweils *adv* 总是 zǒngshì,一直 yīzhí,每次 měicì

Job [dʒɔb] *m* -s, -s (临时)工作 gōngzuò,零活 línghuó: einen ~ suchen 找个临时工作

jobben *vi* 打工 dǎgōng,打杂 dǎzá,做临时工赚钱 zuò línshígōng zhuànqián

Jobber ['dʒɔbɐ] *m* -s, - 临时工 línshígōng,短工 duǎngōng;炒股票者 chǎo gǔpiào zhě;投机商 tóujīshāng

Joch *n* -(e)s, -e 牛轭 niú'è,枷锁 jiāsuǒ,桎梏 zhìgù;压迫 yāpò 奴役 núyì: sich einem (或 unter ein) ~ beugen 屈服于…

Jochbein *n* 颧骨 quángǔ

Jod *n* -(e)s 碘 diǎn,碘酒 diǎnjiǔ

Jogging ['dʒɔgiŋ] *n* -s 放松慢跑 fàngsōng màn pǎo,跑步锻炼 pǎobù duànliàn

Joghurt [... gurt] *m*/*n* -s, -s 酸(牛)奶 suānnǎi

Johanniskäfer *m* 萤火虫 yínghuǒchóng

Johannistag *m* 夏至日 xiàzhìrì

Jointventure ['dʒɔint'venʃə] *n* -s, -s 合资经营 hézī jīngyíng

Jordanien 约旦 Yuēdàn

Jordanier *m* -s, - 约旦人 yuēdànrén

Journal *n* -s, -e 日记 rìjì;流水帐 liúshuǐzhàng,细目帐 xìmùzhàng;航海日记

hánghǎi rìjì
Journalist *m* -en, -en 记者 jìzhě,新闻工作者 xīnwén gōngzuòzhě
Journalistik *f* - 新闻学 xīnwénxué
Jubel *m* -s 欢呼 huānhū,欢跳 huāntiào,兴高采烈 xìng gāo cǎi liè
jubeln *vi* 欢呼 huānhū,欢跃 huānyuè,欢乐 huānlè,高兴 gāoxìng;über etw (*A*) ～ 为某事欢呼;du hast zu früh gejubelt 你高兴得太早了
Jubiläum *n* -s, ...läen (逢五逢十)周年庆祝会 zhōunián qìngzhùhuì,周年纪念日 zhōunián jìniànrì
jucken *vt*/*vi* 使发痒 shǐ fāyǎng,发痒 fāyǎng
Jude *m* -n, -n 犹太人 yóutàirén
Judentum *n* -s 犹太教 Yóutàijiào,犹太民族 yóutài mínzú,犹太文化 yóutài wénhuà
Jüdin *f* -, -nen 女犹太人 nǚyóutàirén
jüdisch *adj* 犹太人的 yóutàirénde
Judo *n* -(s) 柔道 róudào,柔术 róushù
Jugend *f* - 青年时代 qīngnián shídài;年轻人 niánqīngrén,青年 qīngnián
jugendfrei *adj* 对年轻人开放的 duì niánqīngrén kāifàng de,年轻人可以参加的 niánqīngrén kěyǐ cānjiā de
jugendfrisch *adj* 有朝气的 yǒu zhāoqì de,朝气蓬勃的 zhāoqì péngbó de
Jugendfürsorge *f* 青少年福利救济事业 qīngshàonián fúlì jiùjì shìyè
Jugendheim *n* 青年宫 qīngniángōng,青年之家 qīngnián zhī jiā
Jugendherberge *f* (专为青少年旅行开设的)青年旅舍 qīngnián lǚshè
jugendlich *adj* 年轻的 niánqīngde;青年的 qīngniánde;青少年特有的 qīngshàonián tèyǒude
Jugendliche *m*/*f* (按形容词变化)年轻人 niánqīngrén,青少年 qīngshàonián
Jugendschriften *pl* 青少年读物 qīngshàonián dúwù
Jugendtreffen *n* 青年聚会 qīngnián jùhuì,青年活动 qīngnián huódòng
Jugoslawe *m* -n, -n 南斯拉夫人 nánsīlāfūrén
Jugoslawien 南斯拉夫 Nánsīlāfū
jugoslawisch *adj* 南斯拉夫的 nánsīlāfūde;南斯拉夫人的 nánsīlāfūrénde;南斯拉夫语的 nánsīlāfūyǔde
Jukebox ['dʒu:kbɔks] *f* -, -es 自动电唱机(丢进硬币即放唱片) zìdòng diànchàngjī
Juli *m* -(e)s, -s 七月 qīyuè
Jumbo-Jet ['jumbo dʒɛt] *m* -s, -s 大型喷气客机 dàxíng pēnqì kèjī
Jumelage [ʒym'la:ʒ] *f* -, -n 友好城市 yǒuhǎo chéngshì,姐妹城 jiěmèichéng
Jumpsuit ['dʒʌmpsju:t] *m* (-s), -s (女式)连衣裤 liányīkù
jung *adj* 年轻的 niánqīngde,年幼的 niányòude;von ～ an 从小起;新鲜的 xīnxiānde,新近的 xīnjìnde:～e Kartoffeln 新鲜土豆;～e Aktien 新股票;ein ～es Ehepaar 一对新婚夫妇
Junge **I** *m* -n, -n 男孩 nánhái;小青年 xiǎoqīngnián,小伙子 xiǎohuǒzi **II** *n* (按形容词变化)幼兽 yòushòu,崽 zǎi
jungenhaft *adj* 像男孩的 xiàng nánhái de;孩子气的 háiziqìde
Jungfer *f* -, -n 处女 chǔnǚ;小姐 xiǎojiě
Jungfrau *f* -, -en 少女 shàonǚ,处女 chǔnǚ
Junggeselle *m* -n, -n 单身汉 dānshēnhàn,未婚男子 wèihūn nánzǐ
Junggesellensteuer *f* - 未婚男子税 wèihūn nánzǐ shuì
Jüngling *m* -s, -e 青年人 qīngniánrén,小伙子 xiǎohuǒzi;少年 shàonián
Juni *m* (-s), -s 六月 liùyuè
Juniorpartner *m* 企业合伙人 qǐyè héhuǒrén;副手 fùshǒu
Junker *m* -s, - 容克 róngkè,德国贵族地主 déguó guìzú dìzhǔ;年轻德国贵族 niánqīng déguó guìzú
Junkie ['dʒʌŋkɪ] *m* -s, -s 吸毒者 xīdúzhě
Jura *pl* 法学 fǎxué,法律 fǎlǜ
Jurisdiktion *f* - 司法权 sīfǎquán,审判权 shěnpànquán,裁判权 cáipànquán
Jurisprudenz *f* - 法学 fǎxué,法理学 fǎlǐxué
Jurist *m* -en, -en 法学家 fǎxuéjiā,法律家 fǎlǜjiā,法理学家 fǎlǐxuéjiā
juristisch *adj* 法学的 fǎxué de,法律的 fǎlǜde
Jury [ʒy'ri:, 'ʒy:ri:] *f* -, -s 评奖委员会 píngjiǎng wěiyuánhuì;陪审团 péishěntuán
just *adv* 正好 zhènghǎo,刚巧 gāngqiǎo:～ 6 Uhr 正好六点
Justament(s)standpunkt *m* (由于死要面子,打肿脸充胖子而持的)固执态度 gùzhí tàidù

justieren *vt* 调准 tiáozhǔn，校正 jiàozhèng

Justierschraube *f* 校正螺丝 jiàozhèng luósī，调节螺丝 tiáojié luósī

Justiz *f* - 司法 sīfǎ，审判 shěnpàn；司法机关 sīfǎ jīguān，司法部门 sīfǎ bùmén

Justizbeamte *m/f*（按形容词变化）法官 fǎguān，司法官员 sīfǎ guānyuán

Justizbehörde *f* 司法当局 sīfǎ dāngjú，司法机构 sīfǎ jīgòu

Justizirrtum *m*（法庭的）错判 cuòpàn，误判 wùpàn

Justizminister *m* 司法部长 sīfǎ bùzhǎng

Justizministerium *n* 司法部 sīfǎbù

Juwel *m* -s，-en / -e 宝石 bǎoshí，珠宝 zhūbǎo；贵重饰物 guìzhòngshìwù，珍宝 zhēnbǎo

Juwelenhandel *m* 珠宝商 zhūbǎoshāng，珠宝买卖 zhūbǎo mǎimài

Juwelenladen *m* 珠宝店 zhūbǎodiàn，首饰店 shǒushìdiàn

Juwelier *m* -s，-e 珠宝商人 zhūbǎo shāngrén；金匠 jīnjiàng

Juwelierwaren *pl* 珠宝饰物 zhūbǎo shìwù

Jux *m* -es，-e 玩笑 wánxiào，诙谐 huīxié；闹着玩 nàozhewán

K

Kabale *f* -, -n 阴谋 yīnmóu, 诡计 guǐjì; 阴险行为 yīnxiǎn xíngwéi

Kabarett *n* -s, -e/-s 卡巴莱 kǎbālái, 讽刺幽默短剧 fěngcì yōumò duǎnjù; 卡巴莱剧场 kǎbālái jùchǎng; 卡巴莱剧组 kǎbālái jùzǔ; 有格子的旋转菜盘 yǒu gézi de xuánzhuǎn càipán

Kabel *n* -s, - 电缆 diànlǎn, 电线 diànxiàn; 钢绳 gāngshéng, 钢索 gāngsuǒ

Kabelauftrag *m* 电报订货 diànbào dìnghuò; 电报订货单 diànbào dìnghuòdān

Kabeldienst *m* 海底电报业务 hǎidǐ diànbào yèwù

Kabelfernsehen *n* 有线电视 yǒuxiàn diànshì

Kabelkran *m* 缆索吊车 lǎnsuǒ diàochē, 缆索起动机 lǎnsuǒ qǐdòngjī

kabeln *vt* 给…拍发海底电报 gěi … pāifā hǎidǐ diànbào

Kabelvision *f* 有线电视 yǒuxiàn diànshì

Kabelwerker *m* 电缆工人 diànlǎn gōngrén, 电缆厂工人 diànlǎnchǎng gōngrén

Kabine *f* -, -n 小房间 xiǎofángjiān, 小室 xiǎoshì, 小更衣室 xiǎo gēngyīshì; 船舱 chuáncāng, 客舱 kècāng

Kabinenbahn *f* 悬挂缆车 xuánguà lǎnchē; 缆车铁道 lǎnchē tiědào

Kabinenroller *m* 微型汽车 wēixíng qìchē

Kabinett *n* -(e)s, -e 内阁 nèigé, 全体阁员 quántǐ géyuán; (只有一个窗户的)小室 xiǎoshì, 小房间 xiǎofángjiān; 博物馆的小陈列室 bówùguǎnde xiǎo chénlièshì

Kabinettsfrage *f* 内阁信任案 nèigé xìnrèn'àn

Kabinettskrise *f* 内阁危机 nèigé wēijī

Kabinettsminister *m* 内阁部长 nèigé bùzhǎng

Kabinettsneubildung *f* 组织新内阁 zǔzhī xīn nèigé

Kabinettstück *n* 珍品 zhēnpǐn; 杰作 jiézuò

Kabinettsumbildung *f* 内阁改组 nèigé gǎizǔ

Kabinettwein *m* 上等葡萄酒 shàngděng pútáojiǔ, 最佳葡萄酒 zuì jiā pútáojiǔ

Kabotage *f* -, -n 内河航运 nèihé hángyùn; 国内运输 guónèi yùnshū; 沿海贸易(权) yánhǎi màoyì

Kachel *f* -, -n 釉砖 yòuzhuān, 瓷砖 cízhuān

Kader *m* -s, - 干部 gànbù, 骨干 gǔgàn; 主力 zhǔlì

kaduzieren *vt* 取消 qǔxiāo; 宣布…无效 xuānbù … wúxiào

Käfer *m* -s, - 甲虫 jiǎchóng, 甲壳虫 jiǎqiàochóng

Kaffee **I** *m* -s 咖啡 kāfēi: (einen) ~ trinken 喝(一杯)咖啡; 咖啡豆 kāfēidòu; 喝咖啡的早点 hē kāfēi de zǎodiǎn **II** *n* -s, -s 咖啡馆 kāfēiguǎn: ins ~ gehen 去咖啡馆

Kaffeebohne *f* 咖啡豆 kāfēidòu

kaffeebraun *adj* 咖啡色的 kāfēisède, 深棕色的 shēnzōngsède

Kaffeehaus *n* 咖啡馆 kāfēiguǎn

Kaffeekanne *f* 咖啡壶 kāfēihú

Kaffeemaschine *f* 煮咖啡壶 zhǔ kāfēi hú, 煮咖啡机 zhǔ kāfēi jī

Käfig *m* -s, -e 鸟笼 niǎolóng, 笼子 lóngzi; 外壳 wàiké, 外罩 wàizhào

kahl *adj* 无发的 wúfàde, 秃顶的 tūdǐngde; 光秃的 guāngtūde

Kahlkopf *m* 秃头 tūtóu, 光头 guāngtóu; 秃子 tūzi

kahlköpfig *adj* 秃顶的 tūdǐngde, 光秃的 guāngtūde, 光头的 guāngtóude

kahmig *adj* 发霉的 fāméide, 有霉点的 yǒu méidiǎn de

Kahn *m* -(e)s, ⸚e 小船 xiǎochuán, 舢板

shānbǎn;拖船 tuōchuán,驳船 bóchuán
Kai *m* -s, -e / -s 码头 mǎtou
Kaiarbeiter *m* 码头工人 mǎtou gōngrén
Kaigebühren *pl* 码头使用费 mǎtou shǐyòngfèi,泊船费 bóchuánfèi
Kailagergeld *n* (租用)码头仓库费 mǎtou cāngkù fèi
Kaimauer *f* 码头堤岸 mǎtou dī'àn
Kaiser *m* -s, - 皇帝 huángdì,帝王 dìwáng
Kaiserin *f* -, -nen 女皇 nǚhuáng
Kaiserinmutter *f* 皇太后 huángtàihòu
Kaiserkrone *f* 皇冠 huángguān;黑百合 hēibǎihé,贝母 bèimǔ
Kaiserreich *n* 帝国 dìguó;帝国的疆土 dìguó de jiāngtǔ
Kaisertum *n* -s 帝制 dìzhì;皇权 huángquán
Kaiumschlag *m* 码头(货物)转运 mǎtou zhuǎnyùn;转船运输 zhuǎnchuán yùnshū
Kajüte *f* -, -n 船舱 chuáncāng,舱房 cāngfáng
Kakao *m* -s, -s 可可 kěkě;可可豆 kěkědòu;可可饮料 kěkě yǐnliào
Kakerlak *m* -s / -en, -en 蟑螂 zhānglang
Kaktus *m* - / -ses, ...teen / -se 仙人掌 xiānrénzhǎng,仙人球 xiānrénqiú
Kalb *n* -(e)s, ¨er 小牛 xiǎoniú,牛犊 niúdú;小牛肉 xiǎoniúròu
Kalbleder *n* 小牛皮 xiǎoniúpí
Kalender *m* -s, - 日历 rìlì,月历 yuèlì,年历 niánlì
Kalenderuhr *f* 日历表 rìlìbiǎo,日历手表 rìlì shǒubiǎo
Kalk *m* -(e)s, -e 石灰 shíhuī
Kalkulation *f* -, -en 核算 hésuàn,计算 jìsuàn;估计 gūjì
kalkulierbar *adj* 可核算的 kě hésuàn de,可估计的 kě gūjì de
kalkulieren *vt* 计算 jìsuàn,核算 hésuàn;估计 gūjì,衡量 héngliáng
Kalorie *f* -, -n 卡路里 kǎlùlǐ,卡 kǎ(热量单位)
kalorienarm *adj* 含热量低的 hán rèliàng dī de
kalorienreich *adj* 含热量高的 hán rèliàng gāo de
Kalorimeter *n* -s, - 热量计 rèliàngjì,卡计 kǎjì
kalorisch *adj* 热量的 rèliàngde
kalt *adj* 冷的 lěngde,寒冷的 hánlěngde;~e Küche 冷菜,冷餐;冷酷的 lěngkùde;ein ~es Herz 冷酷的心;冷冰冰的 lěngbīngbīngde;不友好的 bù yǒuhǎo de,冷淡的 lěngdànde,冷漠的 lěngmòde;~ gegen jn sein 冷淡某人;~ wie Hundeschnauze sein 铁石心肠;~er Krieg 冷战
kaltblütig *adj* 冷血的 lěngxuède,冷酷的 lěngkùde,无情的 wúqíngde;冷静的 lěngjìngde;mit ~er Überlegung 以冷静的考虑
Kälte *f* - 寒冷 hánlěng;冷淡 lěngdàn,冷冰冰 lěngbīngbīng;零下 língxià;10 Grad ~ 零下10度
kältebeständig *adj* 耐寒的 nàihánde,抗冻的 kàngdòngde,耐低温的 nàidīwēnde
kaltherzig *adj* 冷酷心肠的 lěngkù xīncháng de
kaltlächelnd *adj* 无情的 wúqíngde,冷酷的 lěngkùde
Kaltverpflegung *f* 冷餐 lěngcān
Kalzium *n* -s 钙 gài
Kambodscha 柬埔寨 Jiǎnpǔzhài
Kambodschaner *m* -s, - 柬埔寨人 jiǎnpǔzhàirén
kambodschanisch *adj* 柬埔寨的 jiǎnpǔzhàide;柬埔寨人的 jiǎnpǔzhàirénde
Kamel *n* -s, -e 骆驼 luòtuo;笨蛋 bèndàn
Kamelgarn *n* 马海毛线 mǎhǎimáoxiàn
Kamelhaar *n* -(e)s, -e 骆驼毛 luòtuomáo
Kamera *f* -, -s 照相机 zhàoxiàngjī,摄影机 shèyǐngjī;摄像机 shèxiàngjī
Kamerad *m* -en, -en 同伴 tóngbàn,好友 hǎoyǒu,同事 tóngshì;同学 tóngxué;战友 zhànyǒu
Kameradschaft *f* - 友谊 yǒuyì,友情 yǒuqíng;同志关系 tóngzhì guānxì
kameradschaftlich *adj* 友好的 yǒuhǎode,同志般的 tóngzhìbānde
Kamerun 喀麦隆 Kāmàilóng
Kameruner *m* -s, - 喀麦隆人 kāmàilóngrén
Kamin *m* -s, -e 壁炉 bìlú;烟囱 yāncōng
Kamm *m* -s, ¨e 梳子 shūzi;alle(s) über einen ~ scheren 一律对待,一视同仁;鸡冠 jīguān;山脊 shānjǐ,波峰 bōfēng

kämmen I *vt* 替…梳头 tì … shūtóu,给…梳发 gěi … shū fā;梳理 shūlǐ II *rfl* 梳发 shū fā,梳头 shūtóu

Kammer *f* -, -n 小室 xiǎoshì,斗室 dǒushì;卧室 wòshì;贮藏室 zhùcángshì;议院 yìyuàn;法院 fǎyuàn,法庭 fǎtíng;枪膛 qiāngtáng

Kammermusik *f* 室内乐 shìnèiyuè

Kampagne [... 'panjə] *f* -, -n (政治、经济、社会性的)运动和活动 yùndòng hé huódòng;战役 zhànyì,出征 chūzhēng;(工农业等的)大忙季节 dàmáng jìjié

Kampf *m* -(e)s, ⸚e 战斗 zhàndòu;殴斗 ōudòu,格斗 gédòu;比赛 bǐsài;斗争 dòuzhēng

Kampfbündnis *n* (政治)斗争(的)联盟(结盟) dòuzhēng liánméng

kämpfen *vi* 斗争 dòuzhēng,战斗 zhàndòu: um die Freiheit ~ 为争取自由而斗争; für etw [jn] ~ 为某事[某人]而斗争; gegen jn [etw] ~ 为反对某人[某事]而斗争; auf Leben und Tod ~ 进行生死斗争;格斗 gédòu,搏斗 bódòu;比赛 bǐsài,竞争 jìngzhēng

Kampfer *m* -s 樟脑 zhāngnǎo

Kämpfer *m* -s, - 战士 zhànshì,士兵 shìbīng

kampffähig *adj* 有战斗能力的 yǒu zhàndòu nénglì de

Kampfflieger *m* 轰炸机(或战斗机)飞行员 hōngzhàjī fēixíngyuán

Kampfflugzeug *n* 战斗机 zhàndòujī,轰炸机 hōngzhàjī

Kampfgefährte *m* 战友 zhànyǒu

Kampfgeist *m* 斗志 dòuzhì,士气 shìqì

kampflos *adj* 无战斗的 wú zhàndòu de;未经比赛的 wèi jīng bǐsài de

Kampflust *f* 好斗性 hàodòuxìng

Kampfrakete *f* 军用火箭 jūnyòng huǒjiàn,火箭弹 huǒjiàndàn

Kampfschrift *f* (政治性的)檄文 xíwén

Kampfspiel *n* 比赛 bǐsài,竞赛 jìngsài

Kanada 加拿大 Jiānádà

Kanadier *m* -s, - 加拿大人 jiānádàrén

kanadisch *adj* 加拿大的 jiānádàde;加拿大人的 jiānádàrénde

Kanal *m* -s, ⸚e 运河 yùnhé: Panama~ 巴拿马运河;水渠 shuǐqú;秘密途径 mìmì tújìng: diplomatische Kanäle 外交途径

Kanalarbeiter *m* 下水道工人 xiàshuǐdào gōngrén;(为某一政治家疏通渠道的)幕后人士 mùhòu rénshì

Kanalhafen *m* 运河港口 yùnhé gǎngkǒu

Kanalnetz *n* 运河网 yùnhéwǎng

Kanaltunnel *m* 运河隧道 yùnhé suìdào

Kanalwähler *m* 波段选择器 bōduàn xuǎnzéqì;波段转换开关 bōduàn zhuǎnhuàn kāiguān

Kandidat *m* -en, -en 候选人 hòuxuǎnrén,候补者 hòubǔzhě;考生 kǎoshēng,应试者 yìngshìzhě

Kandidatur *f* -, -en 竞选 jìngxuǎn,候选 hòuxuǎn

kandidieren *vi* 参加竞选 cānjiā jìngxuǎn: für einen Posten ~ 竞选某一个职位

Kaneel *m* -s, -e 桂皮 guìpí,肉桂 ròuguì

Känguruh *n* -s, -s 袋鼠 dàishǔ

Kaninchen *n* -s, - 家兔 jiātù

Kanne *f* -, -n 壶 hú,桶 tǒng,罐 guàn: jn in die ~ steigen lassen 灌某人酒(大学生语)

kannegießern *vi* 闲谈政治 xiántán zhèngzhì

Kanone *f* -, -n 炮 pào,大炮 dàpào;能手 néngshǒu,行家 hángjiā,专家 zhuānjiā: etw ist unter aller ~ 非常坏,糟透了

Kante *f* -, -n 角 jiǎo,棱 léng;边 biān,边缘 biānyuán;角落 jiǎoluò: an allen Ecken und ~n 到处,各处

Kantersieg *m* 轻而易举的胜利 qīngéryìjǔ de shènglì

Kantine *f* -, -n (部队、工厂的)公共食堂 gōnggòng shítáng

Kanzlei *f* -, -en 文书处 wénshūchù,办事处 bànshìchù;事务所 shìwùsuǒ

Kanzler *m* -s, - 首相 shǒuxiàng,联邦总理 liánbāng zǒnglǐ;大学总务长 dàxué zǒngwùzhǎng

Kap *n* -s, -s 角 jiǎo,岬角 jiǎjiǎo: ~ der Guten Hoffnung (南非的)好望角

Kapazität *f* -, -en 容量 róngliàng,容积 róngjī;生产能力 shēngchǎn nénglì,产额 chǎn'é;智力 zhìlì;电容 diànróng;专家 zhuānjiā,技术能手 jìshù néngshǒu,行家 hángjia

Kapazitätserweiterung *f* 扩大生产力 kuòdà shēngchǎnlì

Kapazitätsgrenze *f* 生产能力极限 shēngchǎn nénglì jíxiàn

Kapazitätsüberwachung *f* 控制生

K

产能力 kòngzhì shēngchǎn nénglì

Kapelle *f* -, -n 小乐队 xiǎoyuèduì；唱诗班 chàngshībān；小礼拜堂 xiǎo lǐbàitáng，小教堂 xiǎojiàotáng；教堂里的小房间 jiàotáng lǐ de xiǎofángjiān

kapieren *vt/vi* ［口］理解 lǐjiě，明白 míngbai

kapital *adj* 主要的 zhǔyàode，重大的 zhòngdàde，了不起的 liǎobuqǐde，极大的 jídade：einen ～en Bock schießen 犯了一个重大错误；强壮的 qiángzhuàngde，膘肥的 biāoféide

Kapital *n* -s, -e / -ien 资本 zīběn；资金 zījīn：aus etw ～ schlagen 从某物中获利；vom ～ zehren（或 leben）靠资产生活

Kapitalabwanderung *f* 资本外流 zīběn wàiliú，资本抽逃 zīběn chōutáo

Kapitalabzug *m* 撤回资本 chèhuí zīběn，收回资本 shōuhuí zīběn

Kapitalanhäufung *f* 资本积累 zīběn jīlěi

Kapitalanlage *f* 投资 tóuzī；投资额 tóuzī'é

Kapitalanleger *m* 投资者 tóuzīzhě

Kapitalanpassung *f* 资本调整 zīběn tiáozhěng

Kapitalaufnahme *f* 筹集资金 chóují zījīn

Kapitalaufstockung *f* 扩大投资 kuòdà tóuzī，增加资金 zēngjiā zījīn，资金扩大 zījīn kuòdà

Kapitalerhöhung *f* 增资 zēngzī

Kapitalexport *m* 资本输出 zīběn shūchū

Kapitalfehler *m* 重大错误 zhòngdà cuòwù

Kapitalflucht *f* 资本抽逃 zīběn chōutáo，资本外流 zīběn wàiliú

Kapitalfonds *m* 投资基金 tóuzī jījīn，投资资金 tóuzī zījīn

Kapitalgesellschaft *f* 股份公司 gǔfèn gōngsī，资本投资公司 zīběn tóuzī gōngsī

Kapitalgüter *pl* 生产资料 shēngchǎn zīliào，资本货物 zīběn huòwù

Kapitalhilfe *f* 财政援助 cáizhèng yuánzhù

Kapitalisation *f* - 资本化 zīběnhuà

kapitalisieren *vt* 使…变为资本 shǐ … biànwéi zīběn；折算金额 zhésuàn jīn'é；投资于… tóuzī yú …

Kapitalismus *m* - 资本主义 zīběn zhǔyì

Kapitalist *m* -en, -en 资本家 zīběnjiā

kapitalistisch *adj* 资本主义的 zīběnzhǔyì de，有资本的 yǒu zīběn de

Kapitalknappheit *f* 资本短缺 zīběn duǎnquē

kapitalkräftig *adj* 资本雄厚的 zīběn xiónghòude

Kapitalmarkt *m* 资本市场 zīběn shìchǎng，金融市场 jīnróng shìchǎng

Kapitalmenge *f* 资本额 zīběn'é，本金数 běnjīnshù

Kapitalmittel *pl* 资本 zīběn，基金 jījīn

Kapitalnot *f* 资金严重短缺 zījīn yánzhòng duǎnquē

Kapitalprogramm *n* 投资计划 tóuzī jìhuà

Kapitalrückfluss *m* 资本回流 zīběn huíliú，资本回收 zīběn huíshōu

Kapitalstrom *m* 资本流动 zīběn liúdòng

Kapitaltilgung *f*（分期）偿还资本 chánghuán zīběn

Kapitalverbrechen *n* 死罪 sǐzuì，重罪 zhòngzuì

Kapitalverknappung *f* 紧缩银根 jǐnsuō yíngēn

Kapitalvorrat *m* 资本储备 zīběn chǔbèi

Kapitän *m* -s, -e 船长 chuánzhǎng，舰长 jiànzhǎng；机长 jīzhǎng；球队队长 qiúduì duìzhǎng，（体育运动队的）队长 duìzhǎng，（经济界）巨头 jùtóu，大亨 dàhēng；（英、法）陆军上尉 lùjūn shàngwèi

Kapitel *n* -s, - 篇 piān，章节 zhāngjié，回 huí

Kapitol *n* -s 美国国会大厦 měiguó guóhuì dàshà；（美国的）州议会 zhōu yìhuì

Kapitulation *f* -, -en 投降 tóuxiáng；投降条约 tóuxiáng tiáoyuē

kapitulieren *vi* 投降 tóuxiáng；认输 rènshū，屈服 qūfú；vor jm ～ 屈服于某人

Kappe *f* -, -n 便帽 biànmào，无边帽 wúbiānmào：alles auf seine eigene ～ nehmen 对一切承担责任；套 tào，盖 gài，罩 zhào

kappen *vt* 把…剪掉 bǎ … jiǎndiào，砍去 kǎnqù；砍断 kǎnduàn，割断 gēduàn

Kapsel *f* -, -n 荚 jiá；盒 hé，外壳 wàiké，套 tào，袋 dài；囊 náng；胶囊 jiāonáng

Kapselblitz *m* 镁光 měiguāng

kaputt *adj* 破碎的 pòsuìde，毁坏的 huǐhuàide，坏的 huàide：die Firma ist ～（或 ist ～ gegangen）这公司破产了；累的 lèide，疲倦的 píjuànde：ich bin ganz ～ 我累坏了

kaputtgehen *vi*（*s*）打碎 dǎsuì，毁坏 huǐhuài；垮了 kuǎle，破产了 pòchǎnle

kaputtmachen *vt* 弄坏 nònghuài，打碎 dǎsuì；使…精疲力竭 shǐ … jīng pí lì jié

Kapuze *f* -，-n 风帽 fēngmào，兜帽 dōumào

Karabiner *m* -s，- 卡宾枪 kǎbīnqiāng

Karaffe *f* -，-n（玻璃制的）大腹瓶 dàfùpíng

Karat *n* -(e)s，-e 克拉 kèlā（宝石重量单位）；开 kāi（金子纯度单位）

Karawane *f* -，-n（穿越沙漠的）骆驼商队 luòtuo shāngduì，荒漠旅行队 huāngmò lǚxíngduì；（荒漠）考察队 kǎocháduì

Kardinal *m* -s，...näle（天主教）红衣主教 hóngyī zhǔjiào，枢机主教 shūjī zhǔjiào

Karfiol *m* -s 花菜 huācài

Karfunkel *m* -s，- 红宝石 hóngbǎoshí；痈 yōng

karg *adj* 贫瘠的 pínjíde；微小的 wēixiǎode；微薄的 wēibóde；简陋的 jiǎnlòude；节约的 jiéyuēde

kärglich *adj* 少量的 shǎoliàngde，贫乏的 pínfáde，可怜的 kěliánde；简朴的 jiǎnpǔde，节俭的 jiéjiǎnde

kariert *adj* 小方格的 xiǎo fānggé de，方格纹的 fānggéwénde；毫无意义的 háowú yìyì de

Karikatur *f* -，-en 漫画 mànhuà，讽刺画 fěngcìhuà；漫画艺术 mànhuà yìshù

Karikaturist *m* -en，-en 漫画家 mànhuàjiā，讽刺画家 fěngcì huàjiā

Karneval *m* -s，-e/-s 嘉年华会 jiāniánhuáhuì，狂欢节 kuánghuānjié

Karnickel *n* -s，- 家兔 jiātù；替罪羊 tìzuìyáng；傻瓜 shǎguā

Karo *n* -s，-s 菱形 língxíng，斜方形 xiéfāngxíng；方格纹 fānggéwén；（牌戏中的）方块 fāngkuài

Karosse *f* -，-n 礼车 lǐchē；御用马车 yùyòng mǎchē

Karpfen *m* -s，- 鲤鱼 lǐyú

Karre *f* -，-n 手推车 shǒutuīchē，小板车 xiǎo bǎnchē；旧汽车 jiù qìchē；旧自行车 jiù zìxíngchē：die ～ ist total verfahren 事情全搞糟了

Karree *n* -s，-s 正方形 zhèngfāngxíng，四方形 sìfāngxíng；（小牛，猪，羊的）排骨 páigǔ

Karren *m* -s，- 1. ＝Kärre 2.（双轮、三轮、四轮）小车 xiǎochē：die Karre（或 den Karren）in den Dreck fahren 把事情弄糟

karren *vt* 用手推车装运 yòng shǒutuīchē zhuāngyùn

Karriere *f* -，-n 生涯 shēngyá，经历 jīnglì；飞黄腾达 fēihuáng téngdá：～ machen 平步青云，发迹

Karrierefrau *f* 有成就的妇女 yǒuchéngjiùde fùnǚ，女强人 nǚqiángrén

Karrierismus *m* - 向上爬 xiàngshàngpá；追求名利 zhuīqiú mínglì，个人野心 gèrén yěxīn

Karrierist *m* -en，-en 野心家 yěxīnjiā；追求名利的人 zhuīqiú mínglì de rén

karrieristisch *adj* 向上爬的 xiàngshàngpáde，追求名利的 zhuīqiú mínglìde，有个人野心的 yǒu gèrén yěxīn de

Karte *f* -，-n 卡片 kǎpiàn；明信片 míngxìnpiàn；（车，船，飞机）票 piào，入场券 rùchǎngquàn：～n bestellen 订票；菜单 càidān；名片 míngpiàn；地图 dìtú；纸牌 zhǐpái：～n spielen 玩牌，打牌

Kartei *f* -，-en 卡片索引 kǎpiàn suǒyǐn

Karting-Sport *m* 小型汽车比赛 xiǎoxíng qìchē bǐsài，卡丁车运动 kǎdīngche yùndong，卡丁车运动 kǎdīngche yùdong

Kartoffel *f* -，-n 土豆 tǔdòu，马铃薯 mǎlíngshǔ

Kartoffelbrei *m* 土豆泥 tǔdòuní

Kartoffelchips *pl* 炸土豆片 zhá tǔdòupiàn

Kartoffelkombine *f* 土豆联合收割机 tǔdòu liánhé shōugējī

Kartograph *m* -en，-en 制图员 zhìtúyuán，绘图员 huìtúyuán

Karton [...'tɔŋ 或 ...'to:n] *m* -s，-s 纸板盒 zhǐbǎnhé；纸板 zhǐbǎn，厚纸 hòuzhǐ

Karussell *n* -s，-s / -e（游乐场中的）旋转木马 xuánzhuàn mùmǎ

Kasache *m* -n，-n 哈萨克人 hāsākèrén

Kasachstan 哈萨克斯坦 Hāsàkèsītǎn

Käse *m* -s，- 乳酪 rǔlào，干酪 gānlào

Kaserne *f* -，-n 兵营 bīngyíng，营房 yíngfáng

Kasino *n* -s，-s 游乐场 yóulèchǎng，俱乐部 jùlèbù；赌场 dǔchǎng

K

Kasper *m* -s, - 小丑 xiǎochǒu, 丑角 chǒujué
Kasperletheater *n* 木偶戏 mù'ǒuxì
Kassabuch *n* 现金账 xiànjīnzhàng
Kassageschäft *n* (外汇市场)现货交易 xiànhuò jiāoyì;(证券交易所)现金交易 xiànjīn jiāoyì
Kasse *f* -, -n 钱箱 qiánxiāng;现金 xiànjīn: gegen ～ 现金买卖;出纳处 chūnàchù, 收款处 shōukuǎnchù, 付款处 fùkuǎnchù;储蓄所 chǔxùsuǒ;售票处 shòupiàochù: volle ～n machen (戏院)爆满
Kassenabhebungen *pl* 提取现金 tíqǔ xiànjīn
Kassenabschluss *m* 现金结算 xiànjīn jiésuàn
Kassenbestand *m* 库存现金 kùcún xiànjīn
Kassendefizit *n* 现金赤字 xiànjīn chìzì, 现金亏空额 xiànjīn kuīkong'é
Kassenerfolg *m* 卖座率高 màizuòlǜ gāo, 叫座 jiàozuò
Kassengeschäfte *pl* 现金交易 xiànjīn jiāoyì
Kassenguthaben *n* 现金 xiànjīn, 库存现金 kùcún xiànjīn
Kassenkonto *n* 现金账户 xiànjīn zhànghù
Kassenmanko *n* 现金赤字 xiànjīn chìzì
Kassenquittung *f* 现金收据 xiànjīn shōujù, 单据 dānjù, 凭证 píngzhèng
Kassenraum *m* 会计室 kuàijìshì, 出纳室 chūnàshì
Kassenreserve *f* 现金储备 xiànjīn chǔbèi
Kassenschalter *m* 出纳处 chūnàchù;售票处 shòupiàochù
Kassenschlager *m* 抢手货 qiǎngshǒuhuò
Kassenschrank *m* 保险箱 bǎoxiǎnxiāng, 钱柜 qiánguì
Kassenverkehr *m* 现金往来 xiànjīn wǎnglái
Kassenvorrat *m* 现金储备 xiànjīn chǔbèi
Kassenzettel *m* 付款单 fùkuǎndān, 账单 zhàngdān, 发票 fāpiào
Kassette *f* -, -n 小盒 xiǎohé, 首饰盒 shǒushihé;(照相软片的)暗盒 ànhé;磁带盒 cídàihé, 录音带 lùyīndài, 盒式磁带 héshì cídài
Kassettenfernsehen *n* (盒式)录像电视 lùxiàng diànshì
Kassettenkamera *f* 盒式摄像机 héshì shèxiàngjī
Kassettenrecorder *m* 盒式(磁带)录音机 héshì lùyīnjī, 录放机 lùfàng jī
kassieren *vt* 收(款、账) shōu: Geld ～ 收钱;收取 shōuqǔ;废除 fèichú, 撤销 chèxiāo;没收 mòshōu
Kassierer *m* -s, - 出纳员 chūnàyuán
Kastanie *f* -, -n 栗子 lìzi: jm (或 für jn) die ～n aus dem Feuer holen 为某人火中取栗
Kasten *m* -s, ¨ 箱 xiāng, 盒 hé, 柜 guì;信箱 xìnxiāng, 邮筒 yóutǒng;箱状物 xiāngzhuàngwù: etw auf dem ～ haben 有点本事, 懂得许多东西
Kastenkipper *m* 自动倾卸卡车 zìdòng qīngxiè kǎchē, 翻斗卡车 fāndǒu kǎchē
Kastenwagen *m* 运货棚车 yùnhuò péngchē
Kasus *m* -, -(语法上的)格 gé
Katakombe *f* -, -n 地下墓穴 dìxià mùxué, 坟窟 fénkū
Katalog *m* -s, -e 目录 mùlù
katalogisieren *vt* 按目录分类 àn mùlù fēnlèi, 把…编入目录 bǎ … biānrù mùlù
Katalogisierung *f* - 编目 biānmù, 编入目录 biānrù mùlù
Katalysator *m* -s, -en 催化剂 cuīhuàjì, 接触剂 jiēchùjì
Katamaran *m/n* -s, -e 双体船 shuāngtǐchuán
Katapult *n/m* -(e)s, -e 弹射器 tánshèqì;弹射座椅 tánshè zuòyǐ;弹弓 dàngōng, 弹皮弓 dànpígōng
Katapultflieger *m* 弹射(器发射的)飞机 tánshè fēijī;装有弹射器的玩具飞机 zhuāng yǒu tánshèqì de wánjù fēijī
Katapultflugzeug *n* 弹射(器发射的)飞机 tánshè fēijī
Katapultsitz *m* (飞机上的)弹射座椅 tánshè zuòyǐ
Katar 卡塔尔 Kǎtǎ'ěr
Katarer *m* 卡塔尔人 kǎtǎ'ěrrén
Katarakt I *m* -(e)s, -e 奔流 bēnliú, 瀑布 pùbù II *f* -, -e 白内障 báinèizhàng
Katarrh *m* -s, -e 卡他 kǎtā, 黏膜炎 niánmóyán;感冒 gǎnmào
Katastrophe *f* -, -n 灾害 zāihài, 祸害 huòhai;不幸 bùxìng, 大祸 dàhuò;崩溃

bēngkuì,毁灭 huǐmiè
Kategorie *f* -, -n 类别 lèibié,种类 zhǒnglèi;类目 lèimù;范畴 fànchóu
kategorisch *adj* 无条件的 wútiáojiànde,绝对的 juéduìde;明确的 míngquède,断然的 duànránde,断言的 duànyánde
Kathedrale *f* -, -n (一个教区内的)总教堂 zǒng jiàotáng,大教堂 dà jiàotáng
Katholik *m* -en, -en 天主教徒 tiānzhǔjiàotú
katholisch *adj* 天主教的 tiānzhǔjiàode
Katze *f* -, -n 猫 māo: die ～ aus dem Sack lassen 说出事情真相; die ～ im Sack kaufen 乱买东西
kauen *vt/vi* 咀嚼 jǔjué,啃 kěn: an den Nägeln ～ 咬指甲
Kauf *m* -(e)s, ..̈e 买 mǎi;买卖 mǎimai,交易 jiāoyì: ein ～ auf Kredit 信贷购买; ～ und Verkauf 买与卖; etw in ～ nehmen 忍受某事
Kaufabrechnung *f* 买货单 mǎihuòdān,购买清单 gòumǎi qīngdān
Kaufabsichtserklärung *f* 购买意向书 gòumǎi yìxiàngshū
Kaufbrief *m* 买卖契约 mǎimai qìyuē;地契 dìqì
kaufen I *vt* 买 mǎi,购买 gòumǎi: auf Baisse ～ 空头买卖,看跌购买; etw auf Raten ～ 用分期付款方式购买某物 II *vi* 买 mǎi,购买 gòumǎi: Bei wem kaufen Sie? 您在哪家店买东西?
Käufer *m* -s, - 买主 mǎizhǔ,顾客 gùkè
Kauffrau *f* 女商人 nǚshāngrén
Kaufhaus *n* 百货公司 bǎihuò gōngsī,百货商店 bǎihuò shāngdiàn
Kaufhauskonzern *m* 商业康采恩 shāngyè kāngcǎi'ēn,大商业公司 dà shāngyè gōngsī
Kaufkraft *f* 购买力 gòumǎilì
Kaufkraftschwund *m* 购买力下降 gòumǎilì xiàjiàng
käuflich *adj* 可购买的 kě gòumǎi de,出售的 chūshòude;可收买的 kě shōumǎi de,可贿赂的 kě huìlù de
Kaufmann *m* -es, ...leute 商人 shāngrén
kaufmännisch *adj* 商人的 shāngrénde;商业上的 shāngyèshangde
Kaufmannssprache *f* 商业用语 shāngyè yòngyǔ,商人用语 shāngrén yòngyǔ
Kaufmarkt *m* 买方市场 mǎifāng shìchǎng
Kauforder *f* 订货单 dìnghuòdān
Kaufpotential *n* 购买潜力 gòumǎi qiánlì
Kaufwelle *f* 购买浪潮 gòumǎi làngcháo
Kaufwut *f* 贩买热 gòumǎirè,采购热 cǎigòurè
Kaugummi *m* -s, -(s) 口香糖 kǒuxiāngtáng,橡皮糖 xiàngpítáng
kaum I *adv* 几乎不 jīhū bù,还不到 hái bù dào;刚刚 gānggāng,才 cái;难 nán,好不容易地 hǎobù róngyìde,勉强地 miǎnqiǎngde: das ist ～ zu glauben 这难以置信 II *cj* 几乎没有 jīhū méi yǒu,过不多久 guōbù duōjiǔ
Kausalsatz *m* 原因从句 yuányīn cóngjù
Kaution *f* -, -en 押金 yājīn,保证金 bǎozhèngjīn;保释金 bǎoshìjīn,担保金 dānbǎojīn: jn gegen ～ freilassen 交保释放某人
Kautionsleistung *f* 提供担保 tígōng dānbǎo;提供保证金 tígōng bǎozhèngjīn
Kautschuk *m* -s, -e 生胶 shēngjiāo,橡胶 xiàngjiāo
kauzig *adj* 怪僻的 guàipìde,奇特的 qítède,古怪的 gǔguàide
Kavalier *m* -s, -e (讨女子欢心的)彬彬有礼的人 bīnbīn yǒulǐ de rén,(对女人)献殷勤的男子 xiàn yīnqín de nánzǐ
Kavallerie *f* -, -n 骑兵(总称) qíbīng
keck *adj* 无理的 wúlǐde,粗鲁的 cūlǔde,不礼貌的 bù lǐmàode;时髦的 shímáode;活泼的 huópode,快活的 kuàihuode
Keeper *m* -s, - 足球守门员 zúqiú shǒuményuán
Keep-smiling ['ki:p'smailıŋ] *n* - 保持微笑 bǎochí wēixiào,持乐观态度 chí lèguān tàidu
Kegel *m* -s, - 锥体 zhuītǐ;(九柱戏的)柱 zhù: mit Kind und ～ in den Urlaub fahren 带全家去度假
Kehle *f* -, -n 咽喉 yānhóu,喉咙 hóulóng: aus voller ～ singen 放声歌唱; jm das Messer an die ～ setzen 把刀搁在某人脖子上,威胁某人
Kehlkopf *m* 喉头 hóutóu
Kehrbesen *m* 扫帚 sàozhou
kehren I *vt* 打扫 dǎsǎo,扫除 sǎochú,清除 qīngchú;翻转 fānzhuǎn,转向 zhuǎn-

K

xiàng：alles zum Guten（或 zum Besten）～使一切有圆满的结局；den Mantel nach dem Wind ～ 见风使舵 II *rfl* 转向 zhuǎnxiàng，转身 zhuǎnshēn：sich nicht an etw（*A*）～ 不在乎某事

Kehricht *m/n* -s 废物 fèiwù，垃圾 lājī

Kehrichteimer *m* 垃圾桶 lājītǒng

Kehrichthaufen *m* 垃圾堆 lājīduī

Kehrichtschaufel *f* 垃圾铲 lājīchǎn

Kehrseite *f* 反面 fǎnmiàn，背面 bèimiàn

keifen *vi* 破口大骂 pòkǒu dàmà

Keiferei *f* - 大吵大闹 dà chǎo dà nào

Keil *m* -(e)s，-e 楔子 xiēzi；楔形物 xiēxíngwù

Keile *f* - 揍 zòu，殴打 ōudǎ：er kriegt ～ 他挨揍

Keim *m* -(e)s，-e 胚胎 pēitāi，胚芽 pēiyá；萌芽 méngyá，起点 qǐdiǎn：etw im ～e ersticken 把某事扼杀在萌芽之中；病原 bìngyuán，病菌 bìngjūn

keimen *vi* 抽芽 chōuyá，萌芽 méngyá，发芽 fāyá

kein *pron*（不定代词）I（作形容词）没有 méiyǒu，无 wú：～e Lust haben 没有兴趣 II（作名词）无人 wúrén，没有人 méiyǒurén：ich kenne ～en 我一个人也不认识

keinerlei *adj*（不变化）绝无的 jué wú de，什么也不 shénme yě bù，绝对没有 juéduì méiyǒu：auf ～ Weise 决不

keinesfalls *adv* 毫不 háobù，绝不 jué bù，无论如何也不 wúlùn rúhé yě bù

keineswegs *adv* 绝不 jué bù，决不 juébù，毫不 háobù

keinmal *adv* 从不 cóngbù，没有一次 méiyǒu yīcì

Keks *m/n* -/-es，-/-e 饼干 bǐnggān

Kelch *m* -(e)s，-e 高脚杯 gāojiǎobēi

Keller *m* -s，- 地窖 dìjiào，酒窖 jiǔjiào；地下室 dìxiàshì

Kellner *m* -s，-（酒店、旅馆等的）服务员 fúwùyuán，侍者 shìzhě

Kellnerin *f* -，-nen 女服务员 nǚfúwùyuán，女侍者 nǚshìzhě

Kenia 肯尼亚 Kěnníyà

Kenianer *m* -s，- 肯尼亚人 kěnníyàrén

kennen* *vt* 知道 zhīdào，认识 rènshi，了解 liǎojiě：keine Grenzen ～ 无限制，是非常大的；etw wie seine Hosentasche（或 Westentasche）～ 对某事了如指掌

kennen lernen *vt* 认识 rènshi，结识 jiéshí：es freut mich（sehr），Sie kennen zu lernen 认识您非常高兴；熟悉 shúxī，知道 zhīdào

Kenner *m* -s，- 行家 hángjia，专家 zhuānjiā，内行 nèiháng

Kennkarte *f* 证件 zhèngjiàn，身份证 shēnfenzhèng

kenntlich *adj* 可识别的 kě shíbié de，可认识的 kě rènshi de，可认出的 kě rènchū de

Kenntnis *f* -，-se 知识 zhīshi，学问 xuéwen；了解 liǎojiě，知道 zhīdào：～ von etw nehmen 了解某事；jm etw zur ～ bringen 告知某人某事

Kennzeichen *n* 记号 jìhao，特征 tèzhēng，标志 biāozhì

kennzeichnen *vt* 表明 biǎomíng，标出 biāochū，给…作记号 gěi … zuòjìhào：einen Weg ～ 给一条路作标记

Kennzeichnung *f* - 符号 fúhào，标记 biāojì，特征 tèzhēng

Kennziffer *f* 指数 zhǐshù，指标 zhǐbiāo；数字代号 shùzì dàihào

Keramik *f* -，-n 陶器 táoqì；陶器制品 táoqì zhìpǐn；制陶术 zhìtáoshù

Kerker *m* -s，- 监狱 jiānyù：jn zu lebenslänglichem ～ verurteilen 判某人无期徒刑

Kerkerhaft *f* 监禁 jiānjìn，坐牢 zuòláo

Kerl *m* -(e)s，-e 人 rén，家伙 jiāhuo，小伙子 xiǎohuǒzi；情人 qíngrén

Kerlchen *n* -s，- 小家伙 xiǎojiāhuo，小鬼头 xiǎoguǐtóu

Kern *m* -(e)s，-e 果核 guǒhé，果仁 guǒrén，果实 guǒshí；中心 zhōngxīn，核心 héxīn；核 hé；芯材 xīncái

Kernbrennstoff *m* 核燃料 héránliào

Kernenergie *f* 核能 hénéng，原子能 yuánzǐnéng

Kernforschung *f* 核科学 hékēxué，核研究 héyánjiū

kerngesund *adj* 非常健康的 fēicháng jiànkāng de

Kernkraftgegner *m* 反对使用核能者 fǎnduì shǐyòng hénéng zhě

Kernkraftwerk *n* 核电站 hédiànzhàn，原子能发电站 yuánzǐnéng fādiànzhàn

Kernmacht *f* 核大国 hédàguó

Kernmannschaft *f*（体育运动中的）主力 zhǔlì，最佳运动员 zuì jiā yùndòngyuán

Kernphysik *f* 核物理学 héwùlǐxué，原子核物理 yuánzǐ héwùlǐ

Kernreaktor *m* 核反应堆 héfǎnyìngduī
Kernspaltung *f* 核裂变 hélièbiàn,核分裂 hé fēnliè
Kernstrahlung *f* 核辐射 héfúshè,核放射 héfàngshè
Kernwaffen *pl* 核武器 héwǔqì
Kernwaffenträger *m* 核武器运载工具 héwǔqì yùnzài gōngjù
Kernwaffenversuch *m* 核试验 héshìyàn
Kernwaffenversuchsstop *m* 停止核武器试验 tíngzhǐ héwǔqì shìyàn
Kerze *f* -, -n 蜡烛 làzhú
kerzengerade *adj* 笔直的 bǐzhíde
Kessel *m* -s, - 水壶 shuǐhú,水锅 shuǐguō;锅炉 guōlú;油罐车 yóuguànchē;盆地 péndì,山坳 shān'ào
Kesselwagen *m* 油罐车 yóuguànchē,油槽车 yóucáochē
Kette *f* -, -n 链 liàn,链条 liàntiáo;串 chuàn,行列 hánglie;(织物的)经纱 jīngshā;镣铐 liàokào,桎梏 zhìgù
Kettenfahrzeug *n* 履带式车辆 lǚdàishì chēliàng
Kettengebirge *n* 山脉 shānmài,山系 shānxì
Kettenhandel *m* 倒手买卖 dǎoshǒu mǎimai
Kettenladen *m* 连锁商店 liánsuǒ shāngdiàn,分店 fēndiàn,分号 fēnhào
Kettenraucher *m* 一支接一支抽烟的人 yī zhī jiē yī zhī chōuyān de rén
Kettenreaktion *f* 连锁反应 liánsuǒ fǎnyìng
keuchen *vi* 气喘 qìchuǎn,喘息 chuǎnxī
keuchend *adj* 气喘的 qìchuǎnde,气喘吁吁的 qìchuǎn xūxū de
Keuchhusten *m* 百日咳 bǎirìké
keusch *adj* 纯洁的 chúnjiéde,贞洁的 zhēnjiéde,清白的 qīngbáide;禁欲的 jìnyùde
Khaki *m* -s 黄卡其(布) huáng kǎqí
kichern *vi* 哧哧地笑 chīchīde xiào,格格地笑 gēgēde xiào
kidnappen *vt* 拐骗 guǎipiàn,诱骗 yòupiàn;绑架 bǎngjià
Kidnapper *m* -s, - 骗子 piànzi;绑架者 bǎngjiàzhě
Kidnapping *n* -s, -s 拐骗 guǎipiàn,诱骗 yòupiàn;绑架 bǎngjià
Kiefer *m* -s, - 颌(骨) hé
Kiefer *f* -, -n 松树 sōngshù
Kies *m* -es, -e 砾石 lìshí,碎石 suìshí,沙砾 shālì;钞票 chāopiào
Kiesel *m* -s, - 卵石 luǎnshí,小砾石 xiǎo lìshí,小石子 xiǎo shízǐ
Kieselsäure *f* 硅酸 guīsuān
Kiez *m* -es, -e (城市中一个)地区 dìqū;红灯区 hóngdēngqū
kiffen *vi* 吸大麻 xī dàmá
Kiffer *m* -s, - 吸大麻毒品的人 xī dàmá dúpǐn de rén
Killer *m* -s, - 杀手 shāshǒu,杀人凶手 shārén xiōngshǒu
Killersatellit *m* 拦截卫星 lánjié wèixīng
Kilo *n* -s, -(s) 千克 qiānkè,公斤 gōngjīn
Kilogramm *n* 千克 qiānkè,公斤 gōngjīn
Kilokalorie *f* 千卡 qiānkǎ,大卡(热量单位) dàkǎ
Kiloliter *m* 千升 qiānshēng
Kilometer *m*, *n* 千米 qiānmǐ,公里 gōnglǐ
Kilowatt *n* 千瓦(特) qiānwǎ
Kilowattstunde *f* 千瓦小时 qiānwǎ xiǎoshí
Kind *n* -es, -er 小孩 xiǎohái,儿童 értóng,孩子 háizi: von ～ an (或 auf) 从儿时起
Kindbett *n* 产褥期 chǎnrùqī: im ～ liegen 坐月子
Kinderarbeit *f* 儿童作品 értóng zuòpǐn;童工劳动 tónggōng láodòng
Kinderarbeitsgesetz *n* 童工保护法 tónggōng bǎohùfǎ
Kinderarzt *m* 儿科医生 érkē yīshēng
Kinderbuch *n* 儿童书籍 értóng shūjí
Kinderdorf *n* 儿童教养区 értóng jiàoyǎngqū,孤儿教养院 gū'ér jiàoyǎngyuàn
Kinderfest *n* 儿童节日 értóng jiérì
Kinderfrau *f* 保姆 bǎomǔ
Kinderfunk *m* 儿童节目(电台) értóng jiémù
Kinderfürsorge *f* 儿童救济 értóng jiùjì,儿童福利 értóng fúlì
Kindergarten *m* 幼儿园 yòu'éryuán
Kindergeld *n* 子女补助费 zǐnǚ bǔzhùfèi,多子女家庭津贴 duō zǐnǚ jiātíng jīntiē
Kinderkrippe *f* 托儿所 tuō'érsuǒ
kinderleicht *adj* 非常容易的 fēicháng róngyì de
kinderlos *adj* 无子女的 wú zǐnǚ de
kinderreich *adj* 多子女的 duō zǐnǚ de

K

Kinderspiel *n* 儿童游戏 értóng yóuxì；极容易的事 jí róngyì de shì：etw ist für jn ein ～ 某事对某人来说是轻而易举的事

Kindertagesheim *n* 日托托儿所 rìtuō tuō'érsuǒ

Kinderwochenheim *n* 全托托儿所 quántuō tuō'érsuǒ

Kinderwagen *m* 童车 tóngchē，婴儿车 yīng'érchē

Kinderzoo *m* （动物园中的）儿童游乐场 értóng yóulèchǎng

Kindesalter *n* 童年 tóngnián，幼年 yòunián

Kindesannahme *f* 收养 shōuyǎng，过继 guòjì

Kindesaussetzung *f* 遗弃儿童 yíqì értóng

Kindeskind *n* 孙子 sūnzi；子孙 zǐsūn，后代 hòudài

Kindfrau *f* 早熟少女 zǎoshú shàonǚ；有孩子气的女子 yǒu háiziqì de nǚzǐ

kindhaft *adj* 儿童般的 értóngbānde，天真的 tiānzhēnde

Kindheit *f* - 童年 tóngnián：von ～ an（或 auf）从童年起

kindisch *adj* 幼稚的 yòuzhìde，傻气的 shǎqìde；可笑的 kěxiàode

kindlich *adj* 孩子气的 háiziqìde，孩子般的 háizibānde；天真的 tiānzhēnde，单纯的 dānchúnde

Kinetose *f* -，-n 晕船（车，机等）yùnchuán

King *m* -(s)，-s 头头 tóutou，大王 dàwáng

Kinn *n* -(e)s，-e 下颚 xià'è，下巴 xiàba

Kino *n* -s，-s 电影院 diànyǐngyuàn：ins ～ gehen 去看电影

Kiosk *m* -(e)s，-e 售货亭 shòuhuòtíng；书报亭 shūbàotíng

kippen I *vt* 使倾斜 shǐ … qīngxié，把…翻倒 bǎ … fāndǎo：er kippt gern einen 他喜欢喝一杯 II *vi* (s) 失去平衡 shīqù pínghéng，倾斜 qīngxié，跌倒 diēdǎo，跌下 diēxià

Kirche *f* -，-n 教堂 jiàotáng，礼拜堂 lǐbàitáng：in die（或 zur）～ gehen 去做礼拜；教会 jiàohuì，教派 jiàopài

kirchlich *adj* 教堂的 jiàotángde，教会的 jiàohuìde；宗教仪式的 zōngjiào yíshì de

Kirgistan（**Kirgisien**）吉尔吉斯斯坦（吉尔吉斯）Jí'ěrjísīsītǎn

Kirgise *m* -n，-n 吉尔吉斯人 jí'ěrjísīrén

Kirsche *f* -，-n 樱桃 yīngtáo；樱桃树 yīngtáoshù：mit ihm ist nicht gut ～n essen 和他相处很难

Kissen *n* -s，- 枕头 zhěntou，软垫 ruǎndiàn，靠背垫 kàobèidiàn

Kiste *f* -，-n 箱子 xiāngzi，板条箱 bǎntiáoxiāng，方木箱 fāng mùxiāng

Kita *f* -，-s 日托托儿所 rìtuō tuō'érsuǒ

Kitchenette [kitʃə'nɛt] *f* -，-s 小厨房 xiǎo chúfáng

Kitsch *m* -(e)s 劣质艺术品 lièzhì yìshùpǐn，低级艺术品 dījí yìshùpǐn；拙劣的伤感文艺作品 zhuōliède shānggǎn wényì zuòpǐn

Kitt *m* -(e)s，-e 油灰 yóuhuī；胶泥 jiāoní，粘合剂 niánhéjì，胶粘剂 jiāoniánjì

Kittel *m* -s，- 工作罩衫 gōngzuò zhàoshān

Kitzel *m* -s 痒 yǎng；欲望 yùwàng；刺激 cìjī

kitzeln I *vt* 搔痒 sāoyǎng，使发痒 shǐ fā yǎng，使感到痒 shǐ gǎndào yǎng；激起 jīqǐ II *vi* 感到痒 gǎndàoyǎng，发痒 fāyǎng

kitzlig *adj* 怕痒的 pàyǎngde，发痒的 fāyǎngde；棘手的 jíshǒude

Klaffen *vi* 裂开 lièkāi，张开 zhāngkāi；出现 chūxiàn，显露 xiǎnlù；（大声）喋喋不休 diédié bùxiū

Klage *f* -，-n 诉苦 sùkǔ，哀诉 āisù，抱怨 bàoyuàn，指责 zhǐzé；诉讼 sùsòng，控告 kònggào；起诉书 qǐsùshū

Klagelied *n* 哀歌 āigē，悲歌 bēigē，挽歌 wǎngē

klagen I *vi* 诉苦 sùkǔ，抱怨 bàoyuàn；悲叹 bēitàn；申诉 shēnsù，诉讼 sùsòng：über jn [etw] ～ 抱怨某人[某事]；um jn [etw] ～ 为某人[某事]叹惜 II *vt* 抱怨 bàoyuàn，诉苦 sùkǔ：jm sein Leid ～ 向某人诉苦

Kläger *m* -s，- 起诉人 qǐsùrén，原告 yuángào

Klagerecht *n* 诉讼权 sùsòngquán

Klageschrift *f* 诉状 sùzhuàng，状纸 zhuàngzhǐ，起诉书 qǐsùshū

Klagerücknahme *f* 撤诉 chèsù

Klagezurückweisung *f* 驳回诉讼 bóhuí sùsòng

kläglich *adj* 微不足道的 wēi bù zú dào de；可怜的 kěliánde；悲惨的 bēicǎnde，

悲哀的 bēi'āide；可耻的 kěchǐde

Klammer *f* -，-n 夹子 jiāzi，钳子 qiánzi；回形针 huíxíngzhēn；括弧 kuòhú，括号 kuòhào

klammern I *vt* 夹住 jiāzhù **II** *rfl* 使劲抓住 shǐjìn zhuāzhù，寻求依靠 xúnqiú yīkào

Klang *m* -(e)s，¨-e 响声 xiǎngshēng，声音 shēngyīn；音调 yīndiào，声调 shēngdiào；音乐 yīnyuè；联想 liánxiǎng，回想 huíxiǎng

Klappe *f* -，-n 活动桌板 huódòng zhuōbǎn；盖子 gàizi；苍蝇拍 cāngyingpāi：zwei Fliegen mit einer ～ schlagen 一举两得，一箭双雕

klappen *vi* 发噼啪声 fā pīpāshēng；作拍击声 zuò pāijīshēng；顺当 shùndang，成功 chénggōng：wenn alles klappt，komme ich morgen 如果一切顺利，我明天就来

klar *adj* 清澈的 qīngchède，明亮的 míngliàngde；明白的 míngbáide，清楚的 qīngchude；明显的 míngxiǎnde，明了的 míngliǎode，明确的 míngquède：～ denken können 能冷静地进行思考；sich über etw ～ (或 in Klaren) sein 对某事一清二楚

Kläranlage *f* 污水净化设备 wūshuǐ jìnghuà shèbèi；污水处理厂 wūshuǐ chǔlǐchǎng

Klareis *n* 人造冰 rénzàobīng

klären I *vt* 澄清(问题) chéngqīng，弄清楚 nòngqīngchǔ；澄清 chéngqīng，净化 jìnghuà，滤清 lǜqīng：Abwasser ～ 净化废水 **II** *rfl* 澄清 chéngqīng，搞清楚 gǎo qīngchu，使明朗 shǐ mínglǎng：die Frage hat sich geklärt 问题弄清楚了；净化 jìnghuà，滤清 lǜqīng

Klarheit *f* -，-en 明亮 míngliàng；清楚 qīngchu，明白 míngbai：über etw ～ gewinnen 弄明白某事

Klarinette *f* -，-n 单簧管 dānhuángguǎn，黑管 hēiguǎn

klarmachen *vt* 说明 shuōmíng，说清楚 shuō qīngchu，使明了 shǐ míngliǎo：etw an einem Beispiel ～ 用一例子把某事说清楚

klarstellen *vt* 澄清 chéngqīng，说明 shuōmíng

Klärung *f* -，-en →klären

klarwerden* *vi(s)* 弄明白 nòng míngbai，认识到 rènshidào，逐渐明朗 zhújiàn mínglǎng

Klasse *f* -，-n 阶级 jiējí，社会阶层 shèhuì jiēcéng；班级 bānjí，年级 niánjí；教室 jiàoshì；等 děng，等级 děngjí，层次 céngcì；种类 zhǒnglèi

klasse *adj* (不变化)好极的 hǎojíde，了不起的 liǎobuqǐde，极好的 jíhǎode，真棒的 zhēnbàngde：diese Idee ist ～ 这个主意好极了；der Film war einfach ～ 这部电影简直棒极了

Klassefrau *f* 完美的女人(妻子) wánměide nǚrén，(相貌人品)很好的女人 hěnhǎode nǚrén

Klasseleistung *f* 优异成绩 yōuyì chéngjì

Klassemann *n* 完美的男人(丈夫) wánměide nánrén，(相貌人品)很好的男人 hěnhǎode nánrén；最好的球员 zuìhǎode qiúyuán

Klassenälteste *m/f* (按形容词变化)班长 bānzhǎng

Klassenarbeit *f* 课堂作业 kètáng zuòyè

Klassenbewusstsein *n* 阶级觉悟 jiējí juéwù

Klassenkamerad *m* 同学 tóngxué

Klassenkampf *m* 阶级斗争 jiējí dòuzhēng

Klassenkollektiv *n* 班级集体 bānjí jítǐ

Klassenlehrer *m* 班主任 bānzhǔrèn

Klassenleiter *m* ＝Klassenlehrer

Klassenstufe *f* 平行班级 píngxíng bānjí

Klassenzimmer *n* 教室 jiàoshì

klassifizieren *vt* 把…分类 bǎ … fēnlèi，把…分等级 bǎ … fēn děngjí

Klassifizierung *f* -，-en 分类 fēnlèi，分等级 fēn děngjí

Klassik *f* - 古典时期 gǔdiǎn shíqī

Klassiker *m* -s，- 经典作家 jīngdiǎn zuòjiā；古典作家 gǔdiǎn zuòjiā；大文豪 dà wénháo，大艺术家 dà yìshùjiā；大学者 dà xuézhě

klassisch *adj* 古典的 gǔdiǎnde；经典的 jīngdiǎnde，典范的 diǎnfànde，标准的 biāozhǔnde；典型的 diǎnxíngde，出色的 chūsède；传统的 chuántǒngde，正统的 zhèngtǒngde

klatschen I *vi* 拍手 pāishǒu，鼓掌 gǔzhǎng；拍 pāi，打 dǎ；说人坏话 shuō rén huàihua，背后议论 bèihòu yìlùn：über jn ～ 说某人坏话 **II** *vt* 拍 pāi，打 dǎ：Bei-

K

fall ～ 鼓掌
Klaue *f* -, -n 蹄 tí；爪子 zhuǎzi，利爪 lì zhǎo；蹩脚的字迹 biéjiǎode zìjì
Klausel *f* -, -n 附带条款 fùdài tiáokuǎn
Klavier *n* -s, -e 钢琴 gāngqín：～ spielen 弹钢琴
Klavierkonzert *n* 钢琴协奏曲 gāngqín xiézòuqǔ，钢琴音乐会 gāngqín yīnyuèhuì
Klavierquartett *n* 钢琴四重奏 gāngqín sìchóngzòu
kleben I *vt* 粘 nián，粘贴 niántiē：Marken auf einen Brief [die Postkarte] ～ 把邮票贴在一信封[明信片]上 II *vi* 粘着 niánzhe，粘 nián：dieser Leim klebt nicht 这种胶水不粘；am Geld ～ 吝啬
klebrig *adj* 粘的 niánde，有粘性的 yǒu niánxìng de，粘糊的 niánhude
Klebstoff *m* 胶粘剂 jiāozhānjì，胶水 jiāoshuǐ，糨糊 jiànghu
Klecks *m* -es, -e 污渍 wūzì，污斑 wūbān，墨水渍 mòshuǐzì
klecksen I *vi* 滴脏 dī zāng，渍 zì，弄上污斑 nòngshàng wūbān II *vt* 乱涂 luàn tú，乱画 luàn huà
Klee *m* -s 三叶草 sānyècǎo，苜蓿 mùxu：jn über den grünen ～ loben 过于夸奖某人
Kleid *n* -es, -er 妇女上衣 fùnǚ shàngyī，连衣裙 liányīqún；衣服 yīfu，服装 fúzhuāng：～er machen Leute 人要衣装
kleiden I *vt* 给…穿衣 gěi … chuānyī：das Kind ～ 给孩子穿衣服；适合 shìhé，相称 xiāngchèn：dieser Mantel kleidet mich 这件大衣我穿正合适 II *rfl* 穿衣 chuānyī：sich nach der neuesten Mode ～ 打扮得非常入时
Kleiderablage *f* 衣帽间 yīmàojiān
Kleiderbügel *m* 衣架 yījià
Kleiderbürste *f* 衣刷 yīshuā
Kleiderhaken *m* 挂衣钩 guàyīgōu
Kleiderschrank *m* 衣橱 yīchú，衣柜 yīguì
Kleiderständer *m* 衣架 yījià
kleidsam *adj* 合身的 héshēnde，合适的 héshìde，相称的 xiāngchènde
Kleidung *f* - 衣服 yīfu，服装 fúzhuāng
klein *adj* 小的 xiǎode；年幼的 niányòude，幼小的 yòuxiǎode：von ～ auf 从小起；矮的 ǎide，低的 dīde；普通的 pǔtōngde，不著名的 bù zhùmíngde；微不足道的 wēi bù zú dào de：～e Fehler 很小的错误；少量的 shǎoliàngde，小额的 xiǎo'éde；低贱的 dījiànde，低级的 dījíde
Kleinaktionär *m* 小股东 xiǎogǔdōng
Kleinanleger *m* 小股投资者 xiǎogǔ tóuzīzhě
Kleinbauer *m* 小农 xiǎonóng
Kleinbesitzer *m* 小业主 xiǎoyèzhǔ
Kleinbetrieb *m* 小企业 xiǎoqǐyè，小规模经营 xiǎo guīmó jīngyíng
Kleinbildkamera *f* 小型照相机 xiǎoxíng zhàoxiàngjī，小型摄像机 xiǎoxíng shèxiàngjī
kleinbürgerlich *adj* 小市民的 xiǎoshìmínde；小资产阶级的 xiǎo zīchǎn jiējíde；思想狭隘的 sīxiǎng xiá'ài de
Kleinbürgertum *n* 小资产阶级 xiǎozīchǎn jiējí
Kleine *m*/*f* (按形容词变化)小男孩 xiǎo nánhái，小女孩 xiǎo nǚhái；婴儿 yīng'ér
Kleingeld *n* 零钱 língqián，小额货币 xiǎo'é huòbì
Kleinhandel *m* 零售商业 língshòushāngyè，零售交易 língshòu jiāoyì
Kleinhandelspreis *m* 零售价格 língshòu jiàgé
Kleinhändler *m* 零售商 língshòushāng
Kleinigkeit *f* -, -en 小事 xiǎoshì；零星物件 língxīng wùjiàn；易做的事 yì zuò de shì；一点点 yìdiǎndiǎn
Kleinklima *n* 小气候 xiǎoqìhòu，地方气候 dìfāng qìhòu
Kleinkraftrad *n* 轻便摩托车 qīngbiàn mótuōchē，小摩托车 xiǎo mótuōchē
kleinlaut *adj* 胆小的 dǎnxiǎode，气馁的 qìněide，小声小气的 xiǎoshēng xiǎoqi de
Kleinlebewesen *n* 微生物 wēishēngwù
kleinlich *adj* 目光短浅的 mùguāng duǎnqiǎn de，狭隘的 xiá'àide；气量小的 qìliàng xiǎode，吝啬的 lìnsède；小题大做的 xiǎo tí dà zuò de，咬文嚼字的 yǎo wén jiáo zì de
kleinmachen *vt* 劈碎 pīsuì，砍碎 kǎnsuì；把…换成零钱 bǎ … huàn chéng língqián：Können Sie mir 100 Euro ～? 您能否把 100 欧元给我换成零钱？
Kleinmut *m* 胆小 dǎnxiǎo，胆怯 dǎnqiè，怯懦 qiènuò
kleinmütig *adj* 胆小的 dǎnxiǎode，胆怯的 dǎnqiède，怯懦的 qiènuòde

Kleinod *n* -(e)s, -e 珍宝 zhēnbǎo, 珠宝 zhūbǎo; 宝石 bǎoshí; 贵重首饰 guìzhòng shǒushi, 宝石饰物 bǎoshí shìwù

Kleinreparatur *f* 小修小补 xiǎoxiū xiǎo bǔ

Kleinserie *f* 小批量(生产) xiǎopīliàng

Kleinsparer *m* 小额储户 xiǎo'é chǔhù, 小户头 xiǎo hùtóu

Kleinstadt *f* 小城市 xiǎo chéngshì

Kleinstädter *m* 小城市市民 xiǎo chéngshì shìmín

kleinstädtisch *adj* 小城市的 xiǎo chéngshì de; 目光短浅的 mùguāng duǎnqiǎn de

Kleinstbildkamera *f* 袖珍照相机 xiùzhēn zhàoxiàngjī

Kleinstformat *n* 超小型尺寸 chāo xiǎoxíng chǐcun

Kleinstgarage *f* 可拆卸的小型车房 kěchāixiè de xiǎoxíng chēfáng

Kleinstlebewesen *n* 微生物 wēi-shēngwù

Kleinstpackung *f* 微型包装 wēixíng bāozhuāng

Kleinstsuper *m* 超小型接收机 chāo xiǎoxíng jiēshōujī, 袖珍收音机 xiùzhēn shōuyīnjī

Kleinstwohnung *f* (有简单煤、卫的)小住房 xiǎo zhùfáng

Kleinverdiener *m* 收入少的人 shōurù shǎo de rén

Klemme *f* -, -n 夹子 jiāzi, 钳子 qiánzi; 发夹 fàjiā; 困难 kùnnan, 困境 kùnjìng: in die ~ geraten (或 kommen) 陷入困境; jn aus der ~ ziehen (或 reißen) 使某人摆脱困境

klemmen I *vt* 夹紧 jiājǐn, 夹住 jiāzhù: den Schirm unter den Arm ~ 把雨伞夹在腋下 **II** *rfl* 轧伤 gáshāng; 努力做 nǔlì zuò: sich hinter etw ~ 努力做某事; sich hinter jn ~ 通过某人达到自己的目的 **III** *vi* 卡住 qiǎzhù, 夹住 jiāzhù: die Schublade klemmt 抽屉卡住了

Klempner *m* -s, - 白铁匠 báitiějiàng

klettern *vi(s)* 爬 pá, 攀登 pāndēng, 攀缘而上 pānyuán ér shàng: auf einen Berg ~ 爬上山; 上升 shàngshēng, 上涨 shàngzhǎng

Kletterpflanze *f* 攀缘植物 pānyuán zhíwù

Kletterschuh *m* 登山运动鞋 dēng-shān yùndòngxié

Klient *m* -en, -en 诉讼委托人 sùsòng wěituōrén, 辩护委托人 biànhù wěituō-rén; (律师的)当事人 dāngshìrén

Klima *n* -s, -s 气候 qìhòu; 气氛 qìfēn, 情绪 qíngxù

Klimaanlage *f* 空气调节设备 kōngqì tiáojié shèbèi, 空调 kōngtiáo

Klimakterium *n* -s 更年期 gēngnián-qī, 绝经期 juéjīngqī

Klimatherapie *f* 气候疗法 qìhòu liáo-fǎ

klimatisch *adj* 气候的 qìhòude

Klinge *f* -, -n 刀刃 dāorèn, 刀 dāo; 剑 jiàn: eine scharfe ~ führen 能言善辩

Klingel *f* -, -n 铃 líng, 门铃 ménlíng

klingeln I *vi* 按铃 ànlíng, 打铃 dǎlíng; 丁当声 dīngdāngshēng, 铃响声 líng-xiǎngshēng: es klingelt 铃响了 **II** *vt* 按铃唤醒 ànlíng huànxǐng: jn aus dem Bett (或 aus dem Schlaf) ~ 按铃把某人叫醒

klingen* *vi* 发出响声 fāchū xiǎng-shēng; 听起来 tīngqǐlái, 使人觉得 shǐ rén juéde: etw klingt komisch 某事听起来可笑; seine Worte ~ wie ein Vorwurf 他的话听上去象是责备

Klinik *f* -, -en 医院 yīyuàn, 附属医院 fù-shǔ yīyuàn, 诊所 zhěnsuǒ; 临床课 lín-chuángkè, 临床讲授 línchuáng jiǎngshòu

Kliniker *m* -s, - 门诊医生 ménzhěn yī-shēng, 临床医生 línchuáng yīshēng; 临床课教师 línchuángkè jiàoshī, 实习医生 shíxí yīshēng

Klinikum *n* -s ...ka 总医院 zǒng yī-yuàn; 临床教学 línchuáng jiàoxué

klinisch *adj* 医院的 yīyuànde; 临床的 línchuángde

Klinke *f* -, -n 门把 ménbǎ, 把手 bǎ-shou; 手柄 shǒubǐng

Klippe *f* -, -n 暗礁 ànjiāo, 礁 jiāo; 险阻 xiǎnzǔ, 障碍 zhàng'ài

Klipper *m* -s, - 特快大型远程客机 tè-kuài dàxíng yuǎnchéng kèjī

Klips *m* -es, -e 发夹 fàjiā, 夹子 jiāzi; 耳饰 ěrshì

klirren *vi* 叮当作响 dīngdāng zuòxiǎng; 发出铿锵声 fāchū kēngqiāngshēng: die Ketten klirrten 链条发出铿锵声

Klischee *n* -s -s 陈词滥调 chén cí làn diào, 老一套 lǎoyītào; (纸型浇铸)铅版 qiānbǎn, 凸版 tūbǎn

Klo *n* -s, -s (Klosett 的简称)厕所 cèsuǒ

Kloake *f* -, -n 阴沟 yīngōu, 下水道 xià-

K

shuǐdào

Klofrau *f* 厕所女清洁工 cèsuǒ nǚqīngjiégōng

klopfen I *vi* 敲 qiāo，打 dǎ，叩 kòu，击 jī；es klopft an der Tür 有人敲门；跳动 tiàodòng，搏动 bódòng：das Herz klopft 心在跳动；jm auf die Finger ～ 警告某人，狠狠教训某人 **II** *vt* 敲打 qiāodǎ，拍打 pāidǎ；拍掉 pāidiào：den Staub aus dem Mantel ～ 拍掉大衣上的灰尘

Klops *m* 肉丸子 ròuwánzi

Klosett *n* -s，-e 厕所 cèsuǒ；抽水马桶 chōushuǐ mǎtǒng

Klosettbürste *f* 马桶刷 mǎtǒngshuā，厕所用的刷子 cèsuǒ yòng de shuāzi

Klosettpapier *n* 手纸 shǒuzhǐ，卫生纸 wèishēngzhǐ，草纸 cǎozhǐ

Kloß *m* -es，¨-e 圆子 yuánzi，团子 tuánzi，丸子 wánzi

Kloster *n* -s，¨ 寺院 sìyuàn，庵 ān；修道院 xiūdàoyuàn：ins ～ gehen 出家

Klotz *m* -es，¨-e 大木块 dà mùkuài，一段圆木 yīduàn yuánmù；笨人 bènrén，笨汉 bènhàn：sich einen ～ ans Bein binden 自找麻烦

Klub *m* -s，-s 俱乐部 jùlèbù

Kluft I *f* -，¨-e 裂口 lièkǒu，裂缝 lièfèng；深渊 shēnyuān，深谷 shēngǔ；对立 duìlì，裂痕 lièhén，鸿沟 hónggōu **II** *f* -，-en 工作服 gōngzuòfú，制服 zhìfú

klug *adj* 聪明的 cōngmíngde；明智的 míngzhìde，理智的 lǐzhìde；精明的 jīngmíngde，机智的 jīzhìde，灵巧的 língqiǎode，伶俐的 línglìde：durch Schaden wird man ～ 吃一堑长一智

Klugheit *f* -，-en 聪明 cōngmíng；明智 míngzhì，理智 lǐzhì；伶俐 línglì，精明 jīngmíng，机智 jīzhì

knabbern *vt*/*vi* 咬 yǎo，啃 kěn，啮 niè

Knabe *m* -n，-n 男孩 nánhái：alter ～ 老兄 lǎoxiōng，老弟 lǎodì

knacken I *vi* 发咔嚓声 fā kāchāshēng **II** *vi*(s)（有声响地）破碎 pòsuì，断裂 duànliè **III** *vt*（咔嚓一声）轧开 zhákāi，敲开 qiāokāi：Nüsse ～ 敲核桃；撬开 qiàokāi

Knacki *m* -s，-s（判刑）坐牢的人 zuòláo de rén，囚犯 qiúfàn

knackig *adj* 脆的 cuìde；长相可爱的（指青年女子）zhǎngxiàng kě'ài de；身材匀称的 shēncái yúnchèn de，有魅力的 yǒu mèilì de；出色的 chūsède，杰出的 jiéchūde

Knall *m* -s，-e 爆炸声 bàozhàshēng，爆裂声 bàolièshēng，噼啪声 pīpāshēng；发疯 fāfēng

knallen *vi* 噼啪作响 pīpā zuòxiǎng，发出爆裂声 fāchū bàolièshēng，发鞭击声 fā biānjīshēng：jm eine ～ 掴某人一记耳光

knapp *adj* 不多的 bùduōde，不充足的 bùchōngzú de，短缺的 duǎnquēde：～ bei Kasse sein 手头拮据；～ ein halbes Jahr 不到半年；紧靠着 jǐnkàozhe；勉强的 miǎnqiǎngde；简明扼要的 jiǎnmíng èyào de；紧的 jǐnde，窄小的 zhǎixiǎode：die Schuhe sind mir zu ～ 这双鞋子我穿太紧

Knappheit *f* - 缺乏 quēfá，不足 bùzú，短缺 duǎnquē；简短 jiǎnduǎn，紧窄 jǐnzhǎi

Knäuel *n*/*m* -s，- 线球 xiànqiú，线团 xiàntuán；一团乱线 yītuán luànxiàn；混乱的一堆 hùnluànde yīduī

Knauser *m* -s，- 吝啬鬼 lìnsèguǐ，小气鬼 xiǎoqiguǐ，守财奴 shǒucáinú

knausern *vi* 吝啬 lìnsè，吝惜 lìnxī：mit seinem Geld ～ 吝惜自己的钱财

Knecht *m* -(e)s，-e 奴仆 núpú，佣人 yōngrén，仆人 púrén；（农村）雇工 gùgōng

knechten *vt* 奴役 núyì，压迫 yāpò

knechtisch *adj* 奴才相的 núcaixiàngde，卑躬屈膝的 bēi gōng qū xī de

Knechtschaft *f* - 被奴役 bèi núyì，压迫 yāpò，屈从 qūcóng

kneifen* **I** *vt* 捏 niē，拧 nǐng，掐 qiā，夹 jiā **II** *vi* 捏 niē，拧 nǐng，掐 qiā，夹 jiā；畏缩 wèisuō，逃避 táobì，溜走 liūzǒu

Kneifer *m* -s，- 夹鼻眼镜 jiābí yǎnjìng

Kneipe *f* -，-n 小酒店 xiǎo jiǔdiàn，大学生酒会 dàxuésheng jiǔhuì

kneten *vt* 捏 niē，揉 róu，搓 cuō；按摩 ànmó

knicken I *vt* 折 zhé，折叠 zhédié；使折裂 shǐ zhéliè，使弯曲 shǐ wānqū；使沮丧 shǐ jǔsàng **II** *vi*(s) 弯折 wānzhé，折了 zhéle，弯了 wānle

Knie *n* -s，- 膝 xī，膝盖 xīgài：auf die ～ fallen 下跪；sich vor jm auf die ～ werfen 在某人面前下跪；jm auf（或 in）die ～ zwingen 迫使某人屈服；弯曲 wānqū，弯曲处 wānqūchù；弯头 wāntóu；（裤子的）膝盖部分 xīgài bùfen

knien *vi* (单膝或双膝)下跪 xiàguì,跪 guì
Kniff *m* 拧 nǐng,捏 niē;折痕 zhéhén,皱纹 zhòuwén;诀窍 juéqiào,花招 huāzhāo
knipsen I *vt* 拍照 pāizhào,按快门 àn kuàimén;给…轧洞 gěi … zhádòng: eine Fahrkarte ~ 轧票 **I** *vi* 拍照 pāizhào
Knoblauch *m* -s 大蒜 dàsuàn,蒜 suàn
Knöchel *m* -s, - 踝骨 huáigǔ;指节骨 zhǐjiégǔ
Knochen *m* -s, - 骨 gǔ,骨头 gǔtou: sie ist nur noch Haut und ~ 她瘦得皮包骨
knochig *adj* 骨瘦如柴的 gǔ shòu rú chái de,瘦的 shòude,瘦骨嶙峋的 shòu gǔ línxún de
Knockdown [nɔk'daun] *m* (拳击比赛中的)被击倒 bèi jīdǎo,被打倒 bèi dǎdǎo
knockdown *adj* (拳击中)被击倒的 bèi jīdǎo de
knockout [nɔk'aut] 〈缩写: k. o.〉 *adj* (拳击)击倒对手(使其在规定时间不能起立) jīdǎo duìshǒu: den Gegner ~ schlagen 击败对手
Knockouter [nɔk'autə] *m* -s, - (击倒对手)取得胜利的拳击手 qǔdé shènglì de quánjīshǒu
Knopf *m* -s, ⸗e 纽扣 niǔkòu,扣子 kòuzi;按钮 ànniǔ,电钮 diànniǔ;把手 bǎshou
knöpfen *vt* 把…扣子解开 bǎ … kòuzi jiěkāi,把…扣子扣上 bǎ … kòuzi kòushàng
Knopfloch *n* 扣眼 kòuyǎn
Knospe *f* -, -n 蓓蕾 bèilěi,花苞 huābāo,芽 yá
Knoten *m* -s, - 结 jié;节 jié;情节 qíngjié;难处 nánchù,麻烦事 máfanshì: die Sache hat einen ~ 这事有麻烦;结节 jiéjié,节疱 jiépào;节(1 节 = 海里/小时) jié
Knotenpunkt *m* 结合点 jiéhédiǎn,交叉点 jiāochādiǎn;连接点 liánjiēdiǎn,枢纽(站) shūniǔ
knüllen *vt* 弄皱 nòng zhòu,揉皱 róu zhòu: Papier ~ 把纸弄皱
Knüller *m* -s, - 畅销货 chàngxiāohuò,热门 rèmén,抢手 qiǎngshǒu
knüpfen I *vt* 连接 liánjiē,扎拢 zā lǒng;编织 biānzhī;把…打结 bǎ … dǎjié,结合 jiéhé: Hoffnungen an etw ~ 寄希望于某事 **II** *rfl* 联系 liánxì,连接 liánjiē
Knüppel *m* -s, - 棍棒 gùnbàng,警棍 jǐnggùn,短棍 duǎn gùn;飞机操纵杆 fēijī cāozònggǎn,驾驶杆 jiàshǐgǎn
knusp(e)rig *adj* 松脆的 sōngcuìde,香脆的 xiāngcuìde 年轻漂亮的 niánqīng piàoliang de,美貌的 měimàode
Koalition *f* -, -en 联合 liánhé,联盟 liánméng
Koautor *m* -s, -en 合著者 hézhùzhě
Kobra *f* -, -s 眼镜蛇 yǎnjìngshé
Koch *m* -(e)s, ⸗e 厨师 chúshī,炊事员 chuīshìyuán
Kochbuch *n* 食谱 shípǔ,烹调手册 pēngtiáo shǒucè
kochen I *vi* 烹调 pēngtiáo,做饭 zuò fàn,烧菜 shāocài;煮沸 zhǔfèi: die Milch kocht schon 牛奶已煮沸 **II** *vt* 烧煮 shāozhǔ,烹调 pēngtiáo: Suppe [Fleisch] ~ 烧汤[肉]
Kocher *m* -s, - (煮食物的)小炉子 xiǎo lúzi
kochfest *adj* 耐煮的 nàizhǔde,煮后不褪色的 zhǔ hòu bù tuìshǎi de
Köchin *f* -, -nen 女厨师 nǚchúshī,女炊事员 nǚchuīshìyuán
Kochkunst *f* 烹饪技术 pēngrèn jìshù
Kochrezept *n* 食谱 shípǔ
Kode *m* -s, -s 密码 mìmǎ;电码 diànmǎ;代号 dàihào,代码 dàimǎ
Koexistenz *f* -, -en 共处 gòngchǔ,共存 gòngcún: die Fünf Prinzipien der friedlichen ~ 和平共处五项原则
Koffer *m* -s, - 箱子 xiāngzi,手提箱 shǒutíxiāng
Koffergrammophon *n* 手提留声机 shǒutí liúshēngjī
Kofferradio *n* 手提式收音机 shǒutíshì shōuyīnjī
Kofferträger *m* 行李搬运员 xíngli bānyùnyuán,搬行李工人 bān xíngli gōngrén
Kognak [kɔnjak] *m* -s, -s 法国白兰地(酒) fǎguó báilándì
Kohl I *m* -(e)s, -e 卷心菜 juǎnxīncài,洋白菜 yángbáicài: Wozu diesen alten ~ wieder aufwärmen? 干什么又老调重弹? **II** *m* -(e)s 瞎扯 xiāchě,胡说 húshuō,蠢事 chǔnshì
Kohle *f* -, -n 煤 méi: ~ abbauen (或 fördern) 采煤
Kohlenbecken *n* 煤田 méitián,火盆 huǒpén

K

Kohlenbergwerk *n* 煤矿 méikuàng
Kohlensäure *f* 碳酸 tànsuān
kohlenschwarz *adj* 乌黑的 wūhēide, 漆黑的 qīhēide
Kohlenstaublunge *f* 矿工肺病 kuànggōng fèibìng
Kohlenstift *m* 炭精棒 tànjīngbàng
Kohlenstoff *m* 碳 tàn
Kohlenträger *m* 运煤工人 yùnméi gōngrén
Kohlenvorkommen *n* 煤炭蕴藏 méitàn yùncáng
Kohlenvorrat *m* 煤炭储备 méitàn chǔbèi
Kohlepapier *n* 复写纸 fùxiězhǐ
Kohlestift *m* (绘画用)炭笔 tànbǐ
Koje *f* -, -n 船上的铺位 chuánshangde pùwèi;小卧室 xiǎo wòshì;(一边敞开的)小室 xiǎo shì;展览室 zhǎnlǎnshì
Kokain *n* -s 可卡因 kěkǎyīn,古柯碱 gǔkējiǎn
Kokainismus *m* - 可卡因瘾 kěkǎyīn yǐn
kokett *adj* 卖弄风情的 màinong fēngqíng de,卖俏的 màiqiàode
Kokette *f* -, -n 卖弄风情的女人 màinong fēngqíng de nǚrén
kokettieren *vi* 卖弄风情 màinong fēngqíng,卖俏 màiqiào
Kokettierfetzchen *n* -s, - 时髦女装 shímáo nǚzhuāng
Kokosmilch *f* 椰子汁 yēzizhī
Kokosnuss *f* 椰子 yēzi
Koks I *m* -es, -e 炭焦 tànjiāo **II** *m* -es 可卡因 kěkǎyīn
Kolben *m* -s, - 活塞 huósāi;枪托 qiāngtuō
Kolik *f* -, -en 绞痛 jiǎotòng
Kollaborateur *m* -s, -e 内奸 nèijiān,卖国贼 màiguózéi
Kollege *m* -n, -n 同事 tóngshì,同伴 tóngbàn,同行 tóngháng
Kolleggeld *n* (大学)听课费 tīngkèfèi
kollegial *adj* 同事般的 tóngshìbānde,友好的 yǒuhǎode,乐于助人的 lèyú zhù rén de
Kollegialität *f* - 同心 tóngxīn,一致 yīzhì,同事间的团结 tóngshì jiān de tuánjié;友情 yǒuqíng
Kollektion *f* -, -en 募捐 mùjuān;样品收集 yàngpǐn shōují;(个人)收藏品 shōucángpǐn

kollektiv *adj* 集体的 jítǐde
Kollektiv *n* -s, -e / -s 集体 jítǐ
Kollektiveigentum *n* 集体财产 jítǐ cáichǎn;集体所有制 jítǐ suǒyǒuzhì
Kollektivgarantie *f* 集体担保 jítǐ dānbǎo
Kollektivgut *n* 集体货物 jítǐ huòwù,公共货物 gōnggòng huòwù
kollektivieren *vt* 使集体化 shǐ jítǐhuà
Kollektivismus *m* - 集体主义 jítǐ zhǔyì
Kollektivist *m* -en, -en 集体主义者 jítǐ zhǔyì zhě
kollektivistisch *adj* 集体主义的 jítǐ zhǔyì de
Kollektivschuld *f* 集体过错 jítǐ guòcuò
Kollektivverhandlungen *pl* (劳资)集体谈判 jítǐ tánpàn
Kollektivvertrag *m* 劳资集体协议 láozī jítǐ xiéyì,集体合同 jítǐ hétong
Kollektivvollmacht *f* 集体代理权 jítǐ dàilǐquán,集体委托书 jítǐ wěituōshū
Kollektivwirtschaft *f* 集体经济 jítǐ jīngjì,集体农庄 jítǐ nóngzhuāng
Koller *m* -s, - 狂怒 kuángnù,暴怒 bàonù,发脾气 fā píqi
Kolloquium *n* -s, ...ien (学术)讨论会 tǎolùnhuì;课堂讨论 kètáng tǎolùn
kolonial *adj* 殖民地的 zhímíndìde;关于殖民地的 guānyú zhímíndì de
Kolonialgesellschaft *f* 殖民地贸易公司 zhímíndì màoyì gōngsī
Kolonialhandel *m* 殖民地贸易 zhímíndì màoyì
Kolonialismus *m* - 殖民主义 zhímín zhǔyì
Kolonialist *m* -en, -en 殖民主义者 zhímín zhǔyì zhě
kolonialistisch *adj* 殖民主义的 zhímín zhǔyì de
Kolonialpolitik *f* 殖民政策 zhímín zhèngcè
Kolonie *f* -, -n 殖民地 zhímíndì;侨居地 qiáojūdì;(生物的)群体 qúntǐ、集群 jíqún
Kolonisation *f* -, -en 殖民地开拓 zhímíndì kāituò,移民 yímín;殖民 zhímín
Kolonisator *m* -s, -en 开荒者 kāihuāngzhě,垦殖者 kěnzhízhě;殖民者 zhímínzhě
kolonisieren *vt* 开发 kāifā,开拓 kāi-

tuò；使殖民化 shǐ zhímínhuà；移民于 yímín yú

Kolonne *f* -，-n 游行队伍 yóuxíng duìwu；车队 chēduì；队 duì；（报纸的）栏 lán

Kolophonium *n* -s 松香 sōngxiāng，松脂 sōngzhī

Koloratur *f* -，-en（声乐的）花腔 huāqiāng

Koloratursängerin *f* 花腔女歌唱家 huāqiāng nǚgēchàngjiā

kolorieren *vt* 给…着色 gěi … zhuósè

Kolorit *n* -(e)s，-e / -s 色彩 sècǎi，色调 sèdiào；情调 qíngdiào；音色 yīnsè

kolossal I *adj* 巨大的 jùdàde，庞大的 pángdàde，极大的 jídàde：～es Pech haben 倒霉透了 II *adv* 非常 fēicháng，很 hěn，极 jí：～ groß 极大

Kolumbarium *n* -s，...ien（火葬场）骨灰盒存放处 gǔhuīhé cúnfàngchù

Kolumbianer *m* -s，- 哥伦比亚人 gēlúnbǐyàrén

kolumbianisch *adj* 哥伦比亚的 gēlúnbǐyàde；哥伦比亚人的 gēlúnbǐyà rénde

Kolumbien 哥伦比亚 Gēlúnbǐyà

Kolumnist *m* -en，-en 报刊专栏作者 bàokān zhuānlán zuòzhě，社论撰写者 shèlùn zhuànxiězhě

Koma *n* -s，-s / -ta 昏睡 hūnshuì，昏迷不醒 hūnmí bù xǐng

Kombi *m* -s，-s 客货两用汽车 kè huò liǎngyòng qìchē

Kombi-Box *f* -，-en 冷冻加热两用箱 lěngdòng jiārè liǎngyòngxiāng

Kombimöbel *pl* 多用途家具 duō yòngtú jiājù

Kombinat *n* -(e)s，-e 联合工厂 liánhé gōngchǎng，联合企业 liánhé qǐyè

Kombination *f* -，-en 联合 liánhé，组合 zǔhé；配合 pèihé；逻辑推论 luójí tuīlùn，联想 liánxiǎng；（球队的）互相配合 hùxiāng pèihé；结合 jiéhé，化合 huàhé

Kombine [...ˈbain] *f* -，-s / -n 联合收割机（康拜因）liánhé shōugējī

kombinieren I *vt* 使组合 shǐ zǔhé，使结合 shǐ jiéhé；推断 tuīduàn II *vi* 结合 jiéhé，联合 liánhé；推断 tuīduàn

Kombischiff *n* 客货两用船 kè huò liǎngyòngchuán

Kombischlüssel *m* 多用钥匙 duō yòng yàoshi；多用扳手 duō yòng bānshou

Kombiwagen *m* = Kombi

Komet *m* -en，-en 彗星 huìxīng

kometenhaft *adj* 飞快的 fēikuàide，快速的 kuàisùde

Komfort [...ˈfoːɐ] *m* -s 舒适 shūshì，安逸 ānyì；（住房中的）舒适现代化设施 shūshì xiàndàihuà shèshī

komfortabel *adj* 舒适的 shūshìde，惬意的 qièyìde，安逸的 ānyìde；设备舒适的 shèbèi shūshì de，设施现代化的 shèshī xiàndàihuà de

Komfortwohnung *f* 舒适豪华住宅 shūshì háohuá zhùzhái

Komik *f* - 滑稽 huájī，风趣 fēngqù，引人发笑 yǐn rén fāxiào

Komiker *m* -s，- 喜剧演员 xǐjù yǎnyuán，滑稽演员 huájī yǎnyuán

komisch *adj* 引人发笑的 yǐn rén fāxiào de，滑稽的 huájīde：sie machte ein ～es Gesicht 她做出一副滑稽可笑相；古怪的 gǔguàide，稀奇的 xīqíde：ein ～er Mensch（或 Kerl）一古怪的家伙

Komitee *n* -s，-s 委员会 wěiyuánhuì

Komma *m* -s，-s / -ta 逗号 dòuhào，逗点 dòudiǎn；小数点 xiǎoshùdiǎn

Kommandant *m* -en，-en 司令员 sīlìngyuán，司令官 sīlìngguān，指挥员 zhǐhuīyuán

Kommandantur *f* -，-en 司令部 sīlìngbù，指挥部 zhǐhuībù

Kommandeur *m* -s，-e 司令员 sīlìngyuán，司令官 sīlìngguān，指挥员 zhǐhuīyuán

kommandieren *vt* / *vi* 指挥 zhǐhuī，统帅 tǒngshuài；命令 mìnglìng

Kommanditgesellschaft *f*（KG 或 K.G.）（无限，有限）两合公司 liǎnghé gōngsī

Kommanditkapital *n*（两合公司中的）有限责任资本 yǒuxiàn zérèn zīběn

Kommanditvertrag *m* 有限责任合伙人合同 yǒuxiàn zérèn héhuǒrén hétong

Kommando *n* -s，-s / ...den 命令 mìnglìng，指令 zhǐlìng，指挥 zhǐhuī；指挥部 zhǐhuībù；支队 zhīduì，小分队 xiǎofēnduì，派遣队 pàiqiǎnduì

Kommandowirtschaft *f* 中央集权经济 zhōngyāng jíquán jīngjì

kommen* *vi*(s) 来 lái，到达 dàodá，来到 láidào：den Arzt ～ lassen 派人去叫医生；ich komme gerade von der Arbeit 我才下班回来；ans Ziel ～ 到达目的地；

K

来临 láilín，走到…去 zǒudào … qù：die Nacht kommt 夜幕降临；er kommt nach Shanghai auf die Universität 他去上海上大学；遇到 yùdào，想到 xiǎngdào，想起 xiǎngqǐ：auf einen Gedanken ～ 想起一个念头；ich komme nicht auf seinen Namen 我想不起他的名字；陷入 xiànrù：in eine schwierige Lage ～ 陷于困境；unter die Räder ～ 毁灭，堕落；来自 láizì，出自 chūzì：der Wunsch kam ihm von ganzem Herzen 这是他发自内心的愿望；触及 chùjí，忆及 yìjí：plötzlich kam ihm die Erinnerung daran 他突然回忆起这件事；突然感到 tūrán gǎndào：die Angst kam über ihn 他突然感到害怕；起源于 qǐyuán yú，出于 chūyú：eine Müdigkeit kommt vom Vitaminmangel 疲劳是缺乏维生素引起的；出现 chūxiàn：die Sonne kommt aus den Wolken 太阳从云层中出来；花费 huāfèi，值 zhí：Wie hoch kommt die Mahlzeit? 这顿饭花多少钱？获得 huòdé，得到 dédào：zu Geld ～ 得到钱；zu einer Prämie ～ 得到一笔奖金；消失 xiāoshī，丧失 sàngshī：ums Leben ～ 丧命；产生 chǎnshēng，发生 fāshēng：das kam für ihn völlig überraschend 这事对他来说完全出乎意料：ein Unglück kommt selten allein 祸不单行

kommend *adj* 未来的 wèiláide，即将到来的 jíjiāng dàolái de：das ～e Jahre 明年；am ～en Montag 下星期一

Kommentar *m* -s，-e 注释 zhùshì，评注 píngzhù：den ～ zu einem literarischen Werk schreiben（或 verfassen）对一部文学作品作评注；（时事）评论 pínglùn，述评 shùpíng

Kommentator *m* -s，-en 评论员 pínglùnyuán，述评者 shùpíngzhě；注释者 zhùshìzhě，注解者 zhùjiězhě

kommentieren *vt* 评论 pínglùn，述评 shùpíng；解说 jiěshuō，注释 zhùshì

Kommerz *m* -es 商业 shāngyè，贸易 màoyì，交易 jiāoyì

kommerzialisieren *vt* 使商品化 shǐ shāngpǐnhuà，使商业化 shǐ shāngyèhuà

Kommerzialismus *m* -（商业）利润第一主义 lìrùn dìyī zhǔyì，营利主义 yínglì zhǔyì

kommerziell *adj* 商业的 shāngyède，商务的 shāngwùde，贸易的 màoyìde

Kommilitone *m* -n，-n（大学）同学 tóngxué，学友 xuéyǒu

Kommissar *m* -s，-e 全权代表 quánquán dàibiǎo，政府特派员 zhèngfǔ tèpàiyuán，专员 zhuānyuán；警官 jǐngguān，警长 jǐngzhǎng，探长 tànzhǎng

kommissarisch *adj* 代理的 dàilǐde，临时的 línshíde

Kommission *f* -，-en 委员会 wěiyuánhuì；委托 wěituō，代销 dàixiāo：etw in ～ geben 委托代销某物

Kommissionär *m* -s，-e 经纪人 jīngjìrén，代理商 dàilǐshāng

Kommissionsartikel *m* 委托销售商品 wěituō xiāoshòu shāngpǐn

Kommissionsgebühr *f* 代理商佣金 dàilǐshāng yòngjīn，手续费 shǒuxùfèi

Kommissionsgeschäft *n* 代理业务 dàilǐ yèwù；代理行 dàilǐháng，经销店 jīngxiāodiàn

Kommissionshandel *m* 委托贸易 wěituō màoyì

Kommissionslager *m*（委托商的）商品仓库 shāngpǐn cāngkù

Kommissionsverkauf *m* 委托销售 wěituō xiāoshòu，寄售 jìshòu

Kommissionsvertreter *m* 代理人 dàilǐrén，代理商 dàilǐshāng

kommissionsweise *adv* 以委托代销的方式 yǐ wěituō dàixiāo de fāngshì

Kommittent *m* -en，-en 委托人 wěituōrén，寄售人 jìshòurén

Kommode *f* -，-n 衣柜 yīguì，五斗橱 wǔdǒuchú

kommunal *adj* 地方的 dìfāngde，本地的 běndìde；乡镇的 xiāngzhènde

Kommunalabgaben *pl* 地方税 dìfāng shuì

Kommunalanleihe *f* 地方公债 dìfāng gōngzhài，地方借款 dìfāng jièkuǎn

Kommunaleinnahmen *pl* 地方收入 dìfāng shōurù

Kommunalfinanzen *pl* 地方财政 dìfāng cáizhèng

Kommunalsteuern *pl* 地方税收 dìfāng shuìshōu

Kommunalverwaltung *f* 地方行政 dìfāng xíngzhèng，市政当局 shìzhèng dāngjú；地方自治 dìfāng zìzhì，市政管理 shìzhèng guǎnlǐ

Kommune *f* - 公社 gōngshè：die Pariser ～ 巴黎公社

Kommunikation *f* -，-en 联络 liánluò，联系 liánxì；通讯 tōngxùn，传达

chuándá；交流 jiāoliú，交往 jiāowǎng，交际 jiāojì

Kommunikationsfähigkeit *f* 交际能力 jiāojì nénglì，交往本领 jiāowǎng běnlǐng

Kommunikationsforschung *f* 社会交际学 shèhuì jiāojìxué，关系学 guānxìxué

Kommunikationsnetz *n* 通讯网 tōngxùnwǎng

Kommunikationssatellit *m* 通讯卫星 tōngxùn wèixīng

Kommuniqué [kɔmyni'ke:] *n* -s，-s 公报 gōngbào

Kommunismus *m* - 共产主义 gòngchǎn zhǔyì

Kommunist *m* -en，-en 共产主义者 gòngchǎn zhǔyì zhě，共产党员 gòngchǎndǎngyuán，共产党人 gòngchǎndǎngrén

kommunistisch *adj* 共产主义的 gòngchǎn zhǔyì de，共产党的 gòngchǎndǎngde，共产主义者的 gòngchǎn zhǔyì zhě de

Komödie *f* -，-n 喜剧 xǐjù，滑稽戏 huájīxì；趣事 qùshì；欺骗 qīpiàn，演戏 yǎnxì，装佯 zhuāngyáng

Kompagnon ['kɔmpanjõ] *m* -s，-s 股东 gǔdōng，合伙人 héhuǒrén，合股人 hégǔrén

Kompanie *f* -，-n 连 lián，连队 liánduì〈缩写：Komp.〉；公司 gōngsī，商号 shānghào〈缩写：Co. / Comp.〉

komparativ *adj* 比较的 bǐjiàode

Komparativ *m* -s，-e（语法）比较级 bǐjiàojí

Komparativsatz *m* 比较从句 bǐjiào cóngjù

Komparse *m* -n，-n（不说话的）配角演员 pèijué yǎnyuán

Kompass *m* -es，-e 罗盘 luópán，指南针 zhǐnánzhēn

Kompensation *f* -，-en 补偿 bǔcháng，赔偿 péicháng；抵消 dǐxiāo，平衡 pínghéng

Kompensationsabkommen *m* 补偿协定 bǔcháng xiédìng

Kompensationsbetrag *m* 赔偿金额 péicháng jīn'é，补偿金额 bǔcháng jīn'é

Kompensationsgeschäft *n* 补偿贸易 bǔcháng màoyì，易货贸易 yìhuò màoyì；货物交换 huòwù jiāohuàn

kompensatorisch *adj* 补偿的 bǔchángde，赔偿的 péichángde

kompensierbar *adj* 可补偿的 kě bǔcháng de

kompensieren *vt* 补偿 bǔcháng，赔偿 péicháng；平衡 pínghéng，调整 tiáozhěng

kompetent *adj* 主管的 zhǔguǎnde，有权能的 yǒu quánnéng de；能胜任的 néng shèngrèn de，在行的 zàihángde

kompilieren *vt* 汇编 huìbiān，凑集 còují

komplett *adj* 完整的 wánzhěngde：eine ～e Ausrüstung 成套设备；完全的 wánquánde，圆满的 yuánmǎnde

Komplex *m* -es，-e 总体 zǒngtǐ，全体 quántǐ，全部 quánbù；组合 zǔhé，群 qún；地区 dìqū；复合体 fùhétǐ，组合物 zǔhéwù；变态心理 biàntài xīnlǐ

Komplexprogramm *n* 总纲 zǒnggāng，整体计划 zhěngtǐ jìhuà

Komplice [...tsə] *m* -n，-n 同谋 tóngmóu，帮凶 bāngxiōng，同犯 tóngfàn

Kompliment *n* -(e)s，-e 恭维 gōngwei，奉承 fèngcheng，客套 kètào：jm ～e machen 恭维某人；Mein ～！钦佩之至！（真叫我）佩服！

komplizieren *vt/rfl*（使）复杂化 fùzáhuà

kompliziert *adj* 复杂的 fùzáde，错综的 cuòzōngde，麻烦的 máfande

Komplott *n/m* -(e)s，-e 密谋 mìmóu，谋反 móufǎn，策划 cèhuà，共谋 gòngmóu

komponieren *vt* 为…作曲 wèi … zuòqǔ，创作（乐曲、歌剧等）chuàngzuò；编排 biānpái，布局 bùjú，构思 gòusī：der Roman ist meisterhaft komponiert 这部小说的构思别具匠心；合成 héchéng

Komponist *m* -en，-en 作曲家 zuòqǔjiā，作曲者 zuòqǔzhě

Komposition *f* -，-en 作曲 zuòqǔ，谱曲 pǔqǔ；乐曲 yuèqǔ；结构 jiégòu，编排 biānpái，布局 bùjú；复合词 fùhécí

Kompost *m* -(e)s，-e 混合肥料 hùnhé féiliào，堆肥 duīféi

Kompott *n* -(e)s，-e 糖煮水果 táng zhǔ shuǐguǒ，浸于糖水中的果品 jìn yú tángshuǐzhōng de guǒpǐn

Komprador *m* -s，-en 买办 mǎibàn

Kompromiss *m/n* -es，-e 妥协 tuǒxié，和解 héjiě，互让 hùràng，谅解 liàngjiě

kompromisslos *adj* 不妥协的 bù tuǒ-

K

xié de, 不让步的 bù ràngbù de

Kompromisslösung *f* 折衷办法 zhézhōng bànfǎ, 妥协办法 tuǒxié bànfǎ

kondensieren *vt/vi* (使)液化 yèhuà, (使)冷凝 lěngníng; (使)稠合 chóuhé

Kondensmilch *f* 炼乳 liànrǔ

Kondenswasser *n* 冷凝水 lěngníngshuǐ

Kondition I *f* - 情况 qíngkuàng, 状态 zhuàngtài; 身体状况 shēntǐ zhuàngkuàng, 体质 tǐzhì **II** *f* -, -en 支付条件 zhīfù tiáojiàn; 供货条件 gōnghuò tiáojiàn

Konditionalsatz *m* 条件从句 tiáojiàn cóngjù

Konditor *m* -s, -en 糕点师傅 gāodiǎn shīfu

Konditorei *f* -, -en 糕点甜食店(附设咖啡馆) gāodiǎn tiánshí diàn

Kondolenz *f* - 哀悼 āidào, 吊唁 diàoyàn

kondolieren *vi* 吊唁 diàoyàn, 哀悼 āidào, (向死者亲属)致哀 zhì'āi

Kondom *m/n* -s, -e / -s 阴茎套 yīnjīngtào, 避孕套 bìyùntào

Konduktor *m* -s, -en 导体 dǎotǐ, 导线 dǎoxiàn

Konfekt *n* -(e)s, -e 糖果 tángguǒ; 点心 diǎnxīn

Konfektion *f* -, -en 服装生产 fúzhuāng shēngchǎn; 成衣 chéngyī; 成衣业 chéngyīyè, 制衣工业 zhìyī gōngyè

Konfektionsgeschäft *n* 服装店 fúzhuāngdiàn

Konfektionsindustrie *f* 服装工业 fúzhuāng gōngyè

Konferenz *f* -, -en 会议 huìyì, 讨论会 tǎolùnhuì, 协商会 xiéshānghuì: eine ~ abhalten 举行会议

Konfession *f* -, -en (宗教)团体 tuántǐ; 教派 jiàopài; 宗教信仰 zōngjiào xìnyǎng

konfessionslos *adj* 无教派的 wú jiàopài de

Konfiskation *f* -, -en 查抄 cháchāo, 没收 mòshōu, 充公 chōnggōng: die ~ des Vermögens 没收财产

konfiszieren *vt* 查抄 cháchāo, 没收 mòshōu, 充公 chōnggōng

Konflikt *m* -(e)s, -e 冲突 chōngtū, 争执 zhēngzhí, 争端 zhēngduān: einen ~ diplomatisch lösen 用外交方式解决一争端

konformieren *vt* 使适应 shǐ shìyìng, 使一致 shǐ yīzhì

Konformismus *m* - 顺应时代潮流 shùnyìng shídài cháoliú, 随大流 suídàliú

konformistisch *adj* 顺应时势的 shùnyìng shíshì de, 随大流的 suídàliúde

konfrontieren *vt* (jn mit jm ~) 使某人与他人对质 shǐ mǒurén yǔ tārén duìzhì; 使与…对照 shǐ yǔ … duìzhào, 对比 duìbǐ

konfus *adj* 混乱的 hùnluànde, 乱七八糟的 luànqībāzāode, 杂乱的 záluànde

Konfusion *f* -, -en 混乱 hùnluàn, 乱七八糟 luànqībāzāo, 杂乱 záluàn

Kongo 刚果 Gāngguǒ

Kongolese *m* -n, -n 刚果人 gāngguǒrén

Kongress *m* -es, -e 代表大会 dàibiǎo dàhuì, 会议 huìyì

kongruent *adj* 完全一致的 wánquán yīzhì de

Kongruenz *f* -, -en 完全一致 wánquán yīzhì; (语法上的主谓、性数格的)一致 yīzhì

kongruieren *vt* 一致 yīzhì, 相同 xiāngtóng

König *n* -(e)s, -e 国王 guówáng, 大王 dàwáng; (纸牌中的)老 K lǎoK; (国际象棋中的)王 wáng

Königin *f* -, -nen 王后 wánghòu; 女王 nǚwáng; (国际象棋中的)女王 nǚwáng

königlich *adj* 国王的 guówángde, 王室的 wángshìde; 高贵的 gāoguìde, 庄严的 zhuāngyánde; 贵重的 guìzhòngde

Konjugation *f* -, -en (动词)变位 biànwèi

konjugieren *vt* 把(动词)变位 bǎ biànwèi, 使(动词)变化 shǐ biànhuà

Konjunktion *f* -, -en 连词 liáncí

Konjunktiv *m* -s, -e (语法)虚拟式 xūnǐshì

Konjunktur *f* -, -en 经济状况 jīngjì zhuàngkuàng, 经济发展趋势 jīngjì fāzhǎn qūshì; 景气 jǐngqì

Konjunkturknick *m* 经济衰退 jīngjì shuāituì

Konjunkturtief *n* 经济萧条 jīngjì xiāotiáo

konkret *adj* 具体的 jùtǐde, 实际的 shíjìde: ~e Vorschläge machen 提出具体建议; 有形的 yǒuxíngde

konkretisieren *vt* 使具体化 shǐ jùtǐhuà
Konkubinat *n* -(e)s, -e 非法同居 fēifǎ tóngjū, 姘居 pīnjū
Konkubine *f* -, -n 情妇 qíngfù; 姘头 pīntou
Konkupiszenz *f* - 情欲 qíngyù
Konkurrent *m* -en, -en 竞争者 jìngzhēngzhě; 对手 duìshǒu
Konkurrenz *f* -, -en 竞争 jìngzhēng, 比赛 bǐsài; 竞争者 jìngzhēngzhě, 对手 duìshǒu
Konkurrenzerzeugnisse *pl* 竞争产品 jìngzhēng chǎnpǐn
Konkurrenzfähigkeit *f* 竞争能力 jìngzhēng nénglì
Konkurrenzkampf *m* 贸易竞争 màoyì jìngzhēng, 经济上的竞争 jīngjìshangde jìngzhēng
konkurrenzlos *adj* 无竞争的 wú jìngzhēng de, 无敌的 wúdíde, 独一无二的 dú yī wú èr de; 无竞争对手的 wú jìngzhēng duìshǒu de
konkurrieren *vi* 竞争 jìngzhēng; 竞赛 jìngsài, 比赛 bǐsài
Konkurs *m* -es, -e 破产 pòchǎn, 倒闭 dǎobì: in ~ gehen 陷于破产; jd steht vor dem ~ 某人面临破产
Konkursanmeldung *f* 破产申报 pòchǎn shēnbào
Konkursanzeige *f* 破产通告 pòchǎn tōnggào
Konkurserklärung *f* 宣告破产 xuāngào pòchǎn, 破产声明 pòchǎn shēngmíng
Konkursgesetz *n* 破产法 pòchǎnfǎ
Konkursgläubiger *m* 破产债权人 pòchǎn zhàiquánrén
können* I (情态助动词) *vi* 会 huì, 能够 nénggòu: er kann schnell laufen 他能跑得快; er kann schwimmen 他会游泳; nicht bis 3 zählen ~ 笨得要命; man kann nie wissen 人无先见之明, 人无事先看清问题的眼力; 可以 kěyǐ, 许可 xǔkě, 允许 yǔnxǔ: Kann ich jetzt gehen? 现在我可以走了吗? du kannst morgen mitfahren 你明天可以一起乘车去; 可能 kěnéng, 也许 yěxǔ: du kannst das Geld verloren haben 你可能把钱丢了; es kann wahr sein 这可能是真的 II (独立动词) *vt* 掌握 zhǎngwò, 懂 dǒng, 能做 néngzuò: das kann jeder 这每个人都会的; er kann kein Wort Englisch 他英文一窍不通; diese Aufgaben habe ich früher alle gekonnt 这些题目我以前都会做的; man kann alles, wenn man nur will 有志者事竟成; Was kannst du eigentlich? 你究竟会些什么? III (独立动词) *vi* 能 néng, 会 huì: ich kann nicht mehr 我干不动了, 我吃不消了; nicht aus seiner Haut (heraus) ~ 本性难移; 允许 yǔnxǔ, 可以 kěyǐ: Kann ich heute ins Kino? 今天我可以去看电影吗?
Konsekutivsatz *m* 结果从句 jiéguǒ cóngjù
konsequent *adj* 一贯的 yīguànde, 一致的 yīzhìde; 坚定的 jiāndìngde, 坚持不渝的 jiānchí bù yú de: einen Plan ~ verfolgen 坚定地贯彻一计划
Konsequenz *f* -, -en 后果 hòuguǒ, 结论 jiélùn: wir führen den Kampf bis zur letzten ~ 我们坚决战斗到底; 一贯 yīguàn, 坚持 jiānchí
Konservatismus *m* 保守主义 bǎoshǒu zhǔyì, 守旧主义 shǒujiù zhǔyì
konservativ *adj* 保守的 bǎoshǒude, 守旧的 shǒujiùde
Konservative *m/f* (按形容词变化)保守分子 bǎoshǒu fènzǐ, 守旧分子 shǒujiù fènzǐ; 保守党人 bǎoshǒudǎngrén
Konservator *m* -s, ...oren 文物保管员 wénwù bǎoguǎnyuán
Konservatorium *n* -s, ...rien 音乐学院 yīnyuè xuéyuàn
Konserve *f* -, -n 罐头食品 guàntou shípǐn, 罐头 guàntou
konservieren *vt* 把…装制罐头 bǎ … zhuāng zhì guàntou; 使…能长期贮放 shǐ … néng chángqī zhùfàng; 保存 bǎocún, 保藏 bǎocáng; 保持 bǎochí
Konsignation *f* -, -en 交付 jiāofù, 托付 tuōfù; 寄售 jìshòu; 委托代销 wěituō dàixiāo
Konsignationsverkauf *m* 寄售 jìshòu
konsignieren *vt* 寄售 jìshòu, 委托代销 wěituō dàixiāo
Konsilium *n* -s, ...lien 医生会诊 yīshēng huìzhěn; 会诊小组 huìzhěn xiǎozǔ
konsolidieren *vt/rfl* 巩固 gǒnggù, 加强 jiāqiáng
Konsonant *m* -en, -en 辅音 fǔyīn
Konspekt *m* -(e)s, -e 摘要 zhāiyào, 概要 gàiyào, 内容提要 nèiróng tíyào; 目录 mùlù

Konspiration *f* -, -en 政治阴谋 zhèngzhì yīnmóu,谋反 móufǎn
konspirieren *vi* 谋反 móufǎn,密谋策划 mìmóu cèhuà,搞阴谋 gǎo yīnmóu
konstant *adj* 经常的 jīngchángde,不变的 bùbiànde,固定的 gùdìngde;始终如一的 shǐzhōng rúyī de
Konstantkapital *n* 固定资本 gùdìng zīběn,不变资本 bùbiàn zīběn,永久资本 yǒngjiǔ zīběn
Konstantkosten *pl* 固定成本 gùdìng chéngběn
Konstanz *f* - 稳定性 wěndìngxìng,不变性 bùbiànxìng,固定性 gùdìngxìng
konstatieren *vt* 查明 chámíng,探究 tànjiū;察觉 chájué,发觉 fājué;断言 duànyán,声明 shēngmíng
Konstellation *f* -, -en 形势 xíngshì,情况 qíngkuàng,状况 zhuàngkuàng;星座的位置 xīngzuò de wèizhi
konstituieren *vt/rfl* 建立 jiànlì,组成 zǔchéng,构成 gòuchéng,制定 zhìdìng
Konstitution *f* -, -en 体格 tǐgé,体质 tǐzhì;(化学)结构 jiégòu,构造 gòuzào,组成 zúchéng;宪法 xiànfǎ
konstitutionell *adj* 符合宪法的 fúhé xiànfǎ de,宪法规定的 xiànfǎ guīdìng de;体格的 tǐgéde,体质上的 tǐzhìshangde
konstruieren *vt* 设计 shèjì,建造 jiànzào,构造 gòuzào;虚构 xūgòu,捏造 niēzào,制造 zhìzào: einen politischen Zwischenfall ～ 制造政治事端
Konstrukteur *m* -s, -e 设计师 shèjìshī,建造者 jiànzàozhě
Konstruktion *f* -, -en 设计 shèjì,制图 zhìtú;构造 gòuzào,建造 jiànzào;构思 gòusī,虚构 xūgòu;建筑方法 jiànzhù fāngfǎ;(句法)结构 jiégòu
konstruktiv *adj* 设计的 shèjìde;结构的 jiégòude;建设性的 jiànshèxìngde,有益的 yǒuyìde
Konsul *m* -s, -n 领事 lǐngshì
Konsulat *n* -(e)s, -e 领事馆 lǐngshìguǎn
Konsulatssichtvermerk *m* 领事签证 lǐngshì qiānzhèng
Konsultation *f* -, -en 协商 xiéshāng,商量 shāngliáng,磋商 cuōshāng;辅导 fǔdǎo,答疑 dáyí;医生检查和咨询 yīshēng jiǎnchá hé zīxún
konsultieren *vt* 协商 xiéshāng,商讨 shāngtǎo;向(医生、专家等)咨询 xiàng … zīxún;ein Wörterbuch ～ 查词典
Konsum *m* -s 消费 xiāofèi
Konsument *m* -en, -en 顾客 gùkè,用户 yònghù,消费者 xiāofèizhě
Konsumgenossenschaft *f* 消费合作社 xiāofèi hézuòshè
Konsumgesellschaft *f* 消费社会 xiāofèi shèhuì
Konsumgüter *pl* 消费品 xiāofèipǐn,日用品 rìyòngpǐn
Konsummarkt *m* 消费品市场 xiāofèipǐn shìchǎng
Konsumverein *m* 消费合作社 xiāofèi hézuòshè,合作商店 hézuò shāngdiàn
Konsumverzicht *f* 放弃消费 fàngqì xiāofèi,节制消费 jiézhì xiāofèi
Konsumzwang *m* 强行刺激消费 qiángxíng cìjī xiāofèi
Kontakt *m* -(e)s, -e 联系 liánxì,联络 liánluò,接触 jiēchù: mit jm in ～ stehen 与某人有联系;den ～ verlieren 失去联系;～e herstellen 建立联系
kontakten *vt/vi* 接头 jiētóu,取得联系 qǔdé liánxì;到处接头做生意 dàochù jiētóu zuòshēngyi
Kontaktgläser *pl*, **Kontaktschalen** *pl* 隐形眼镜 yǐnxíng yǎnjìng
Kontaktmann *m* -(e)s, ...leute/～er 联络员 liánluòyuán,联系人 liánxìrén,接头人 jiētóurén
kontant *adj* 现付的 xiànfùde,现金支付的 xiànjīn zhīfù de
Konterbande *f* - 走私品 zǒusīpǐn,禁运货物 jìnyùn huòwù;走私 zǒusī,非法买卖 fēifǎ mǎimai
Konterrevolution *f* 反革命 fǎngémìng
Konterrevolutionär *m* 反革命分子 fǎngémìng fènzǐ
Kontext *m* -(e)s, -e (文章的)上下文 shàngxiàwén,语境 yǔjìng
Kontinent *m* -(e)s, -e 洲 zhōu;大陆 dàlù
kontinental *adj* 大陆的 dàlùde,大陆性的 dàlùxìngde
Kontinentalklima *n* 大陆性气候 dàlùxìng qìhòu
Kontingent *n* -(e)s, -e 配额 pèi'é,定额 dìng'é;份额 fèn'é
kontingentfrei *adj* 无配额限制的 wú pèi'é xiànzhì de

kontingentiert *adj* 配额的 pèi'éde，限额的 xiàn'éde

Kontingentzuweisung *f* 配额分配 pèi'é fēnpèi

kontinuierlich *adj* 持续的 chíxùde，不断的 bùduànde，连续的 liánxùde

Kontinuität *f* - 持续性 chíxùxìng，持久性 chíjiǔxìng，连续性 liánxùxìng

Konto *n* -s，...ten 账目 zhàngmù，账户 zhànghù，户头 hùtóu：ein ～ bei der Bank eröffnen 在银行开立一账户；Geld aufs ～ einzahlen 把钱存入账户

Kontobuch *n* 账册 zhàngcè，账本 zhàngběn，账簿 zhàngbù

Kontokorrent *n* -s 往来账户 wǎnglái zhànghù，活期存款账户 huóqī cúnkuǎn zhànghù

Kontokorrenteinlagen *pl* 活期存款 huóqī cúnkuǎn，往来存款 wǎnglái cúnkuǎn

Kontokosten *pl* 银行手续费 yínháng shǒuxùfèi

Kontonummer *f* 账(户)号 zhànghào

Kontor *n* -s，-e 办事处 bànshìchù，账房间 zhàngfángjiān；海外事务所 hǎiwài shìwùsuǒ，国外分公司 guówài fēngōngsī

Kontorist *m* -en，-en 办事员 bànshìyuán，职员 zhíyuán，雇员 gùyuán

Kontoristin *f* -，-nen 女办事员 nǚbànshìyuán，女职员 nǚzhíyuán，女雇员 nǚgùyuán

Kontrakt *m* -(e)s，-e 合同 hétong，契约 qìyuē：einen ～ machen (或 aufsetzen) 订一个合同

Kontraktbruch *m* 违约 wéiyuē，毁约 huǐyuē，违背合同 wéibèi hétong

Kontrast *m* -es，-e 对比 duìbǐ，对照 *duìzhào*，*(对比之下的)悬殊差别 xuánshū* chābié

Kontrollarbeit *f* 测验 cèyàn，考查 kǎochá

Kontrollbeleg *m* 支票存根 zhīpiào cúngēn，汇票存根 huìpiào cúngēn

Kontrolle *f* -，-n 检查 jiǎnchá：eine genaue ～ vornehmen 进行一次仔细的检查；监督 jiāndū，监视 jiānshì；控制 kòngzhì

Kontrolleur [kɔntrɔ'lœr] *m* -s，-e 检查员 jiǎncháyuán，监督员 jiānduyuán；检票员 jiǎnpiàoyuán，查票员 chápiàoyuán

kontrollieren *vt* 检查 jiǎnchá，监督 jiāndū，监视 jiānshì；控制 kòngzhì：den ganzen Markt ～ 控制整个市场

Kontrollkarte *f* 考勤卡 kǎoqínkǎ

Kontrollkasse *f* 现金收入记录机 xiànjīn shōurù jìlùjī，现金出纳机 xiànjīn chūnàjī

Kontrollorgan *n* 检验机构 jiǎnyàn jīgòu，检查、监督机关 jiǎnchá、jiāndū jīguān

Kontrollrat *m* (1945—1948 年盟国对德)管制委员会 guǎnzhì wěiyuánhuì

Kontrollstelle *f* (交通车辆)检查站 jiǎncházhàn

Kontrolluhr *f* 考勤钟 kǎoqínzhōng，计时钟 jìshízhōng

Kontroverse *f* -，-n 分歧 fēnqí，争论 zhēnglùn；(科学上的)论争 lùnzhēng

Konvention *f* -，-en (尤指国际)公约 gōngyuē，协定 xiédìng；交际惯例 jiāojì guànlì

Konversation *f* -，-en 会谈 huìtán，交谈 jiāotán，谈话 tánhuà：～ in Deutsch führen 进行德语会话

Konversationslexikon *n* 百科全书 bǎikē quánshū

Konversion *f* -，-en 变换 biànhuàn，转换 zhuǎnhuàn；换算 huànsuàn；兑换 duìhuàn

Konversionskurs *m* 汇价 huìjià，折换率 zhéhuànlǜ，换算率 huànsuànlǜ

konvertibel *adj* 可兑换的 kě duìhuàn de；可转换的 kě zhuǎnhuàn de

Konzentration *f* -，-en 集中 jízhōng，专心 zhuānxīn；浓缩 nóngsuō

Konzentrationslager *n* 集中营 jízhōngyíng

konzentrieren I *vt* 集中 jízhōng，专心 zhuānxīn：die Gedanken auf etw ～ 集中思想在某事上 II *rfl* 集中 jízhōng，专注 zhuānzhù，专心 zhuānxīn：sich auf etw ～ 专注某事

konzentrisch *adj* 集中的 jízhōngde；同心的 tóngxīnde，同轴的 tóngzhóude

Konzept *n* -(e)s，-e 提纲 tígāng；草稿 cǎogǎo，草案 cǎo'àn；纲领 gānglǐng，计划 jìhuà：jm das ～ verderben 破坏某人计划

Konzeption *f* -，-en 设想 shèxiǎng，构想 gòuxiǎng；怀孕 huáiyùn

Konzern *m* -s，-e 康采恩 kāngcǎi'ēn，联合企业 liánhé qǐyè

konzernieren *vt* 康采恩化 kāngcǎi'ēnhuà，联合企业化 liánhé qǐyè huà

K

Konzert *n* -(e)s, -e 音乐会 yīnyuèhuì, 演奏会 yǎnzòuhuì: ins ～ gehen 去听音乐会;协奏曲 xiézòuqǔ
Konzertagentur *f* 音乐会演出公司 yīnyuèhuì yǎnchū gōngsī
Konzertflügel *m* 三角钢琴 sānjiǎo gāngqín
Konzertmeister *m* 第一小提琴 dìyī xiǎotíqín
Konzertsaal *m* 音乐厅 yīnyuètīng
Konzession *f* -, -en 许可证 xǔkězhèng,特许证 tèxǔzhèng: die ～ für etw erwerben 得到从事某事的许可证;让步 ràngbù,妥协 tuǒxié: jm ～en machen 向某人让步;租界 zūjiè
Konzessionär *m* -s, -e 获得许可证的人 huòdé xǔkězhèng de rén;领到许可证的人 lǐngdào xǔkězhèng de rén
Konzessionsurkunde *f* 许可证证书 xǔkězhèng zhèngshū
Konzessivsatz *m* 让步从句 ràngbù cóngjù
Kooperation *f* -, -en 合作 hézuò,协作 xiézuò
Kooperationsbeziehung *f* 合作关系 hézuò guānxì
Kooperationsgemeinschaft *f* 经济合作体 jīngjì hézuòtǐ,联营 liányíng
Kooperationspartner *m* 合作伙伴 hézuò huǒbàn,合作对象 hézuò duìxiàng
kooperativ *adj* 合作的 hézuòde,共同协作的 gòngtóng xiézuò de
kooperieren *vi* 合作 hézuò,协作 xiézuò
koordinieren *vt* 使成为等同 shǐ chéngwéi děngtóng;使并列 shǐ bìngliè;使协调 shǐ xiétiáo
Koordinierungsausschuss *m* 协调委员会 xiétiáo wěiyuánhuì
Koordinierungsmaßnahmen *pl* 协调措施 xiétiáo cuòshī
Kopf *m* -(e)s, ⸚e 头 tóu,脑袋 nǎodai: der ～ tut mir weh 我头痛; jn von ～ bis Fuß mustern 从头到脚打量某人; sich den ～ (或 die Köpfe) zerbrechen 伤透脑筋,绞尽脑汁; wie vor den ～ geschlagen sein 大惊小怪;头脑 tóunǎo: einen klaren ～ behalten 保持清醒头脑; ich habe noch alles frisch im ～ 我对一切仍记忆犹新; er hat ～ 他有头脑;人头 réntóu,人 rén: pro ～ 每人; ein kluger ～ 聪明人; den ～ aufs Spiel setzen 冒生命危险; es geht um ～ und Kragen 生死攸关;上端 shàngduān,头 tóu: der ～ einer Nadel 针头;报头 bàotóu,标题 biāotí;头状物体 tóuzhuàng wùtǐ: ein ～ Kohl 一棵白菜;领导人 lǐngdǎorén,首脑 shǒunǎo,头头 tóutou: sie ist der ～ des Unternehmens 她是企业领导; viele Köpfe, viele Sinne 人多主意多
Kopfarbeit *f* 脑力劳动 nǎolì láodòng
Kopfarbeiter *m* 脑力劳动者 nǎolì láodòngzhě
Kopfball *m* (足球比赛中的)头球 tóuqiú,头顶球 tóudǐngqiú
köpfen *vt* 砍…的头 kǎn … de tóu,斩…的首级 zhǎn … de shǒují;剪去…梢 jiǎn qù … shāo;(足球中)用头顶(球) yòng tóu dǐng
Kopfhörer *m* 耳机 ěrjī
köpfig *adj* 顽固的 wángùde
Kopfkissen *n* 枕头 zhěntou
Kopflampe *f* 矿灯 kuàngdēng
kopflos *adj* 冒失的 màoshide,没有头脑的 méiyǒu tóunǎo de,马大哈的 mǎdàhāde: er ist ganz ～ 他总是没头没脑的
Kopfnicken *n* -s 点头(表示赞同) diǎntóu
Kopfrechnen *n* -s 心算 xīnsuàn
Kopfsalat *m* 生菜 shēngcài,卷心菜 juǎnxīncài
Kopfschmerzen *pl* 头痛 tóutòng
Kopfschütteln *n* -s 摇头(表示反对) yáotóu
Kopfspiel *n* 用头顶球 yòng tóu dǐng qiú
Kopf stehen* *vi* 倒立 dàolì,三角倒立 sānjiǎo dàolì;震惊 zhènjīng;惊喜 jīngxǐ
Kopfsteuer *f* 人头税 réntóushuì
Kopftuch *n* 头巾 tóujīn
Kopfwasser *n* 洗头水 xǐtóushuǐ,护发水 hùfàshuǐ
Kopfweh *n* 头痛 tóutòng
Kopie *f* -, -n 拷贝 kǎobèi;副本 fùběn,抄本 chāoběn;艺术品的复制品 yìshùpǐnde fùzhìpǐn
kopieren *vt* 复制 fùzhì;复写 fùxiě,誊写 téngxiě;模仿 mófǎng,仿效 fǎngxiào
Kopierer *m* -s, - 复印机 fùyìnjī
Kopiermaschine *f* 晒印机 shàiyìnjī;印相机 yìnxiàngjī
Kopierpapier *n* 复印纸 fùyìnzhǐ,拷贝纸 kǎobèizhǐ,印相纸 yìnxiàngzhǐ

Kopierstift *m* 复写铅笔 fùxiě qiānbǐ
Kopilot *m* -en, -en 飞机副驾驶员 fēijī fùjiàshǐyuán
koppeln *vt* 把…系在一起 bǎ … jì zài yīqǐ; 把…联在一起 bǎ … lián zài yīqǐ, 把(车厢,挂车)挂上 bǎ guàshàng, 联合 liánhé, 连接 liánjiē: Wagen an den Zug ～ 把车厢挂到列车上
Koralle *f* -, -n 珊瑚 shānhú; 珊瑚制品 shānhú zhìpǐn
Koran *m* -s, -e (伊斯兰教的)古兰经 Gǔlánjīng
Korb *m* -(e)s, ⸚e 篮 lán, 筐 kuāng, 篓 lǒu: einen ～ bekommen 吃了闭门羹, 碰钉子, 遭到拒绝
Korbball *m* 篮球 lánqiú; 篮球运动 lánqiú yùndòng
Kord *m* -(e)s, -e 灯芯绒 dēngxīnróng
Korea 朝鲜 Cháoxiǎn
Koreaner *m* -s, - 朝鲜人 cháoxiǎnrén
koreanisch *adj* 朝鲜的 cháoxiǎnde; 朝鲜人的 cháoxiǎnrénde; 朝鲜文的 cháoxiǎnwénde; 朝鲜族的 cháoxiǎnzúde
Kork *m* -(e)s, -e 软木 ruǎnmù; 软木塞 ruǎnmùsāi
korken *adj* 软木制的 ruǎnmùzhìde
Korken *m* -s, - 瓶塞 píngsāi, 软木塞 ruǎnmùsāi
Korn I *n* -(e)s, ⸚er 种子 zhǒngzi; 谷粒 gǔlì, 谷物 gǔwù; 颗粒 kēlì: jn aufs ～ nehmen 盯住某人 II *m* -(e)s, - (谷物制成的) 烧酒 shāojiǔ, 威士忌酒 wēishìjìjiǔ
körnig *adj* 颗粒的 kēlìde; 粒状的 lìzhuàngde
Körper *m* -s, - 身体 shēntǐ, 躯体 qūtǐ; 物体 wùtǐ; 立体 lìtǐ
Körperbeschaffenheit *f* 体格 tǐgé, 体质 tǐzhì; 身体状况 shēntǐ zhuàngkuàng
Körpergröße *f* 身高 shēngāo, 身长 shēncháng; 身材 shēncái
Körperkraft *f* 体力 tǐlì
körperlich *adj* 身体的 shēntǐde, 体力的 tǐlìde; 物体的 wùtǐde
Körperschaft *f* -, -en 社团 shètuán, 团体 tuántǐ; 法人 fǎrén
Körperstrafe *f* 体罚 tǐfá
Korporation *f* -, -en 社团 shètuán, 团体 tuántǐ, 协会 xiéhuì; 法人 fǎrén; (大学)学生会 xuéshēnghuì, 联合会 liánhéhuì

Korps [ko:ɐ] *n* [ko:ɐ(s)], [ko:ɐs] 军团 jūntuán; 大学生联谊会 dàxuéshēng liányìhuì; 团 tuán: das diplomatische ～ 外交使团
korpulent *adj* 肥胖的 féipàngde, 丰满的 fēngmǎnde
korrekt *adj* 正确的 zhèngquède, 无可指摘的 wú kě zhǐzhāi de, 符合一般性准则的 fúhé yībānxìng zhǔnzé de; 端正的 duānzhèngde
Korrektor *m* -s, -en 校对者 jiàoduìzhě, 校正者 jiàozhèngzhě
Korrektur *f* -, -en 校正 jiàozhèng, 改正 gǎizhèng; 校对 jiàoduì
Korrelat *n* -(e)s, -e 相关概念 xiāngguān gàiniàn; (语法)相关词 xiāngguāncí
Korrespondent *m* -en, -en 记者 jìzhě, (新闻)通讯员 tōngxùnyuán; 文书 wénshū
Korrespondenz *f* -, -en 通讯报导 tōngxùn bàodǎo; 通信 tōngxìn, 互通信件 hùtōng xìnjiàn; 一致 yīzhì, 符合 fúhé
korrespondieren *vi* 与…通信 yǔ … tōngxìn; 一致 yīzhì, 相符合 xiāngfúhé
Korridor *m* -s, -e 走廊 zǒuláng, 过道 guòdào, 回廊 huíláng; (连接飞地或海洋的)走廊地带 zǒuláng dìdài
korrigieren *vt* 纠正 jiūzhèng, 改正 gǎizhèng, 修改 xiūgǎi
korrumpieren *vt* 贿赂 huìlù, 收买 shōumǎi; 使腐败 shǐ fǔbài
korrupt *adj* 腐败的 fǔbàide, 腐化的 fǔhuàde; 贪污的 tānwūde, 受贿的 shòuhuìde
Korruption *f* - 贪污 tānwū, 贿赂 huìlù; 腐败 fǔbài, 堕落 duòluò
Korsett *n* -(e)s, -e / -s 女式紧身内衣 nǚshì jǐnshēn nèiyī, (妇女穿在里面的)紧身胸衣 jǐnshēn xiōngyī
Kosmetik *f* - 整容术 zhěngróngshù; 化妆 huàzhuāng, 美容 měiróng
kosmisch *adj* 宇宙的 yǔzhòude
Kosmologie *f* -, -n 宇宙学 yǔzhòuxué, 宇宙起源学 yǔzhòu qǐyuán xué
Kosmonaut *m* -en, -en 宇航员 yǔhángyuán, 宇宙飞行员 yǔzhòu fēixíngyuán
Kosmonautik *f* - 航天学 hángtiānxué, 宇航学 yǔhángxué
Kosmophysiologie *f* 宇宙生理学 yǔzhòu shēnglǐxué, 航天生理学 hángtiān shēnglǐxué

Kosmos *m* - 宇宙 yǔzhòu
Kosmosflug *m* 宇宙飞行 yǔzhòu fēixíng
Kosmoskenner *m* 宇宙专家 yǔzhòu zhuānjiā，航天专家 hángtiān zhuānjiā
Kosmosprogramm *n* 探索宇宙的计划 tànsuǒ yǔzhòu de jìhuà，宇宙飞行计划 yǔzhòu fēixíng jìhuà
Kosmosrakete *f* 宇宙火箭 yǔzhòu huǒjiàn
Kost *f* - 食品 shípǐn，食物 shíwù；伙食 huǒshí
Kostarika（或 Costa Rica）哥斯达黎加 Gēsīdálíjiā
kostbar *adj* 贵重的 guìzhòngde，昂贵的 ángguìde，值钱的 zhíqiánde；珍贵的 zhēnguìde，宝贵的 bǎoguìde
kosten[1] *vi*/*vt* 价值 jiàzhí：Wieviel kostet es? 这要多少钱？die Jacke kostet 100 Euro 这件外套价值 100 欧元；花费 huāfèi：die Übersetzung hat mich drei ganze Tage gekostet 这翻译花了我三整天
kosten[2] **I** *vt* 品尝 pǐncháng，尝（味）cháng：den Wein ～ 品尝酒；经历 jīnglì，感受 gǎnshòu：jm etw ～ lassen 使某人感受某事 **II** *vi* 尝味 chángwèi：vom neuen Wein ～ 品尝一种新酒
Kosten *pl* 费用 fèiyong，花费 huāfèi，支出 zhīchū：auf eigene ～ 费用自理；auf ～ anderer leben 靠别人生活
Kostenexplosion *f* 费用暴涨 fèiyong bàozhǎng
kostenfrei *adj* 免费的 miǎnfèide，不花钱的 bù huāqiánde，无偿的 wúchángde
kostengünstig *adj* 费用少的 fèiyong shǎo de，成本低的 chéngběn dī de
kostenintensiv *adj* 费用高的 fèiyong gāo de，成本高的 chéngběn gāo de
kostenlos *adj* 免费的 miǎnfèide，不花钱的 bù huāqiánde，无偿的 wúchángde
Kostenpreis *m* 成本价格 chéngběn jiàgé
Kostenvorauszahlung *f* 费用预收 fèiyong yùshōu，预付费用 yùfù fèiyong
Kostenzuschlag *m* 附加费 fùjiāfèi
köstlich *adj* 美味可口的 měiwèi kěkǒude；精美的 jīngměide，珍贵的 zhēnguìde，精巧的 jīngqiǎode；媚人的 mèiréndе，吸引人的 xīyǐn rén de
kostspielig *adj* 花钱多的 huāqián duō de，花费的 huāfèide，昂贵的 ángguìde

Kostüm *n* -s，-e 女式服装 nǚshì fúzhuāng；戏装 xìzhuāng；化装服 huàzhuāngfú
Kot *m* -(e)s 粪便 fènbiàn；污物 wūwù；泥浆 níjiāng
Kotelett *n* -s，-e / -s 煎（烤）肉排 jiānròupái，煎（烤）排骨 jiānpáigǔ
Kotflügel *m*（汽车的）挡泥板 dǎngníbǎn；护板 hùbǎn
kotieren *vt*（交易市场上的）开价 kāijià，报价 bàojià；准许…在交易所上市 zhǔnxǔ … zài jiāoyìsuǒ shàngshì
kotig *adj* 肮脏的 āngzāngde，污秽的 wūhuìde；泥泞的 nínìngde
Krabbe *f* -，-n 蟹 xiè；小孩 xiǎohái，小宝宝 xiǎo bǎobǎo；活泼的女孩 huópode nǚhái
Krach *m* -s，-e / -s 吵闹 chǎonào，争吵 zhēngchǎo：mit jm ～ haben 与某人争吵；危机 wēijī，破产 pòchǎn：mit Ach und ～ 勉强地，费劲地，好不容易地；撞击声 zhuàngjīshēng，噼啪声 pīpāshēng
krächzen *vi*（乌鸦等）呱呱地叫 guāguāde jiào；发出沙哑声音 fāchū shāyǎ shēngyīn
Kraft *f* -，⸚e 力 lì，力量 lìliang：mit frischer ～ 精力充沛地：wieder zu Kräften kommen 恢复健康；人力 rénlì，劳动力 láodònglì：er ist eine tüchtige [zuverlässige] ～ 他是一个能干的[可靠的]工作人员；威力 wēilì；效力 xiàolì：in ～ treten 生效：außer ～ sein 失效
Kraftbrühe *f* 肉汤 ròutāng，浓肉汁 nóng ròuzhī
Kraftfahrer *m* 司机 sījī，驾驶员 jiàshǐyuán
Kraftfahrzeug *n* 机动车 jīdòngchē，汽车 qìchē
Kraftfahrzeugkennzeichen *n* 汽车牌照 qìchē páizhào
kräftig *adj* 有力的 yǒulìde，强壮的 qiángzhuàngde：jm ～ die Hand drücken 使劲地握某人的手；强烈的 qiángliède，激烈的 jīliède，严厉的 yánlìde：jm ～ die Meinung sagen 严厉地向某人说出自己的意见；牢固的 láogùde；粗野的 cūyěde，粗暴的 cūbàode；非常的 fēichángde
kräftigen **I** *vt* 使强壮 shǐ qiángzhuàng，使增强健康 shǐ zēngqiáng jiànkāng **II** *rfl* 恢复健康 huīfù jiànkāng，变强壮 biàn qiángzhuàng

kraftlos *adj* 无力的 wúlìde,虚弱的 xūruòde;无效的 wúxiàode
Kraftrad *n* 摩托车 mótuōchē
Kraftspeicher *m* 蓄电池 xùdiànchí;能量储存器 néngliàng chǔcúnqì
kraftvoll *adj* 强有力的 qiángyǒulìde,有力气的 yǒulìqìde,强壮的 qiángzhuàngde,充满力量的 chōngmǎn lìliang de
Kraftwagen *m* 机动车 jīdòngchē,汽车 qìchē
Kraftwagenanhänger *m* 拖车 tuōchē,挂车 guàchē
Kraftwerk *n* 发电厂 fādiànchǎng,动力厂 dònglìchǎng,发电站 fādiànzhàn
Kraftwerker *m* 发电厂工人 fādiànchǎng gōngrén
Kragen *m* -s, - 衣领 yīlǐng: ein hoher [steifer] ~ 一个高[硬]领; Kopf und ~ aufs Spiel setzen 冒生命危险; es geht ihm an den ~ 此事与他性命相关
Krähe *f* -, -n 乌鸦 wūyā
krähen *vi* (公鸡)啼 tí
kraheln *vi/vt* 乱涂 luàn tú,乱写 luàn xiě,涂鸦 túyā
Kram *m* -(e)s 废物 fèiwù,不值钱的东西 bù zhíqián de dōngxi,杂物 záwù;琐碎小事 suǒsuì xiǎo shì;客气 kèqi,麻烦 máfan: Mach (doch) nicht so viel ~, meine Hilfe war selbstverständlich! 别客气了,我来帮忙是理所当然的!
Krampf *m* -(e)s, ⸚e 痉挛 jìngluán,抽搐 chōuchù
krampfhaft *adj* 痉挛的 jìngluánde,抽搐的 chōuchùde;拼命的 pīnmìngde,竭尽全力的 jiéjìn quánlì de
Kran *m* -(e)s, -e / ⸚e 起重机 qǐzhòngjī,吊车 diàochē
Kranich *m* -s, -e 鹤 hè
krank ***adj*** ***有病的 yǒubìngde***,不健康的 bù jiànkāngde;忧郁的 yōuyùde: vor Heimweh ~ sein 患思乡病; jn ~ schreiben 给某人开病假
Kranke *m/f* (按形容词变化)病人 bìngrén
kränken I *vt* 使伤心 shǐ shāngxīn,使受委屈 shǐ shòu wěiqu,伤害 shānghài: jn mit Worten ~ 用言语伤害某人 II *rfl* 苦恼 kǔnǎo,感到受委屈 gǎndào shòu wěiqu,伤心 shāngxīn: sie kränkt sich über die Kleinigkeit 她为这小事生气
Krankenauto *n* 救护车 jiùhùchē
Krankenbesuch *m* 探望病人 tànwàng bìngrén;出诊 chūzhěn
Krankengeld *n* 疾病保险费 jíbìng bǎoxiǎnfèi;病假补助费 bìngjià bǔzhùfèi,病假津贴 bìngjià jīntiē
Krankenhaus *n* 医院 yīyuàn: jn ins ~ bringen 送某人进医院
Krankenkasse *f* 医疗保险机构 yīliáo bǎoxiǎn jīgòu,医疗保险公司 yīliáo bǎoxiǎn gōngsī
Krankenschein *m* 病假单 bìngjiàdān;医疗卡 yīliáokǎ,医疗单 yīliáodān
Krankenschwester *f* 女护士 nǚhùshi
Krankenstuhl *m* 病人坐椅 bìngrén zuòyǐ,病人坐的手推车 bìngrén zuò de shǒutuīchē
Krankenversicherung *f* 医疗保险 yīliáo bǎoxiǎn
Krankenwagen *m* 救护车 jiùhùchē
Krankenzimmer *n* 病房 bìngfáng
krankfeiern *vi* 装病不上班(而领取补助金) zhuāngbìng bù shàngbān
krankhaft *adj* 生病的 shēngbìngde,有病的 yǒubìngde;病态的 bìngtàide,不健康的 bù jiànkāngde
Krankheit *f* -, -en 病 bìng,疾病 jíbìng
kränklich *adj* 多病的 duōbìngde,易生病的 yì shēngbìng de;虚弱的 xūruòde,体弱的 tǐruòde
Kranz *m* -es, ⸚e 花环 huāhuán,花圈 huāquān
krass *adj* 显著的 xiǎnzhùde,显明的 xiǎnmíngde;极度的 jídùde,严重的 yánzhòngde,十足的 shízúde;粗暴的 cūbàode,粗鲁的 cūlǔde 可怕的 kěpàde
Krater *m* -s, - 火山口 huǒshānkǒu
kratzen I *vt* 搔 sāo,抓 zhuā;抓破 zhuāpò,抓伤 zhuāshāng;给…搔痒 gěi…sāoyǎng;刮去 guāqù,扒去 páqù II *vi* 扒 pá,抓 zhuā;刺痒 cìyang,搔 sāo;作摩擦声 zuò mócāshēng
Kraut *n* -(e)s, ⸚er 杂草 zácǎo;药草 yàocǎo;卷心菜 juǎnxīncài,烟叶 yānyè,烟草 yāncǎo
Krawatte *f* -, -n 领带 lǐngdài
Krebs *m* -es, -e 蟹 xiè;虾 xiā;癌 ái,肿瘤 zhǒngliú
Kredit *m* -(e)s, -e 赊欠 shēqiàn,信用贷款 xìnyòng dàikuǎn: etw auf ~ kaufen 赊购某物;信用 xìnyòng,信誉 xìnyù: ~ genießen [verspielen] 享有[失去]信誉
Kreditbank *f* 信贷银行 xìndài yínháng
Kreditbrief *m* 信用证 xìnyòngzhèng

K

kreditfähig *adj* 有偿还能力的 yǒu chánghuán nénglì de，有信用的 yǒu xìnyòng de

Kreditgeber *m* 债权人 zhàiquánrén

Kreditgenossenschaft *f* 信用合作社 xìnyòng hézuòshè

Kreditgeschäft *n* 信贷业务 xìndài yèwù，放款业务 fàngkuǎn yèwù

Kredithai *m* 高利贷者 gāolìdàizhě

Kreditmittel *pl* 贷款资金 dàikuǎn zījīn

Kreditnehmer *m* 借款人 jièkuǎnrén

Kreditrisiko *n* 贷款风险 dàikuǎn fēngxiǎn

kreditwürdig *adj* 有信用的 yǒu xìnyòng de，值得信任的 zhídé xìnrèn de，可靠的 kěkàode

Kreide *f* -，-n 粉笔 fěnbǐ：bei jm in der ～ sein（或 stehen）欠某人的债；白垩（岩）bái'è

kreidebleich *adj* 苍白的 cāngbáide

Kreis *m* -es，-e 圆 yuán，圆圈 yuánquān，圆周 yuánzhōu；界 jiè，范围 fànwéi，圈子 quānzi，社会团体 shèhuì tuántǐ：Vertreter aller ～e 各界代表；县，区

Kreisel *m* -s，- 陀螺 tuóluó

kreisen *vi* 绕圈子 ràoquānzi，环行 huánxíng，盘旋 pánxuán，旋转 xuánzhuǎn：die Erde kreist um die Sonne 地球绕太阳旋转

kreisfrei *adj* 不属县管辖的 bù shǔ xiàn guǎnxiá de，与县平行的 yǔ xiàn píngxíng de，独立于县的 dúlì yú xiàn de

Kreislauf *m* 循环 xúnhuán，周转 zhōuzhuǎn；周期 zhōuqī，轮回 lúnhuí

Kreißsaal *m* 产房 chǎnfáng，分娩室 fēnmiǎnshì

Kreisstadt *f* 县城 xiànchéng

Krem *f* -，-s 或 *m* -s，-s / -e 乳脂 rǔzhī，（鲜）奶油 nǎiyóu；润肤膏 rùnfūgāo

Kremation *f* -，-en 火葬 huǒzàng，火化 huǒhuà

Krematorium *n* -s，...rien 火葬场 huǒzàngchǎng

kremieren *vt* 把…火化 bǎ … huǒhuà

Krempe *f* -，-n 帽边 màobiān，帽檐 màoyán

Kreppapier *n* 皱纹纸 zhòuwénzhǐ

Kreuz *n* -es，-e 十字架 shízìjià，十字形符号 shízìxíng fúhào：das Internationale Rote ～ 国际红十字会；zu ～(e) kriechen 屈服，求饶；负担 fùdān；背的下半部 bèi de xiàbànbù，腰背部 yāobèibù：jn aufs ～ legen 制服某人，欺骗某人；（纸牌中的）梅花 méihuā

kreuzen I *vt* 与…交叉 yǔ … jiāochā；使相交 shǐ xiāngjiāo；使杂交 shǐ zájiāo II *rfl* 相交错 xiāngjiāocuò，互相叉过 hùxiāng chāguò III *vi*（*h*/*s*）巡航游弋 xúnháng yóuyì；（以之字形）逆风扬帆行驶 nìfēng yángfān xíngshǐ

Kreuzer *m* -s，- 巡洋舰 xúnyángjiàn

Kreuzung *f* -，-en 十字路口 shízì lùkǒu，交叉路口 jiāochā lùkǒu：an der ～ halten 停在十字路口；杂交 zájiāo；杂种 zázhǒng

Kreuzweg *m* 十字路口 shízì lùkǒu，交叉路口 jiāochā lùkǒu：an einem ～ stehen 在十字路口徘徊

kriechen* *vi*（*s*）爬 pá，爬行 páxíng，匍匐而行 púfú ér xíng：auf allen vieren ～ 四肢爬行；卑躬屈膝 bēi gōng qū qī；阿谀奉承 ēyú fèngcheng：vor jm ～ 对某人卑躬屈膝；jm in den Arsch ～ 向某人谄媚，拍某人马屁

Kriecher *m* -s，- 低声下气的人 dīshēng xià qì de rén，拍马屁者 pāi mǎpì zhě

kriecherisch *adj* 低三下四的 dīsān xiàsì de，卑躬屈膝的 bēi gōng qū qī de，阿谀奉承的 ēyú fèngcheng de

Kriechspur *f* 慢车道 mànchēdào

Krieg *m* -es，-e 战争 zhànzhēng：der kalte ～ 冷战；am ～ verdienen 发战争财

kriegen *vt* 得到 dédào，获得 huòdé，收到 shōudào：einen Orden ～ 得到一枚勋章；einen Mann [eine Frau] ～ 嫁[娶]了一个丈夫[妻子]；etw geschenkt ～ 收到别人送的东西；捉住 zhuōzhù，抓住 zhuāzhù

kriegerisch *adj* 好战的 hàozhànde；军事上的 jūnshìshangde，战争的 zhànzhēngde；有关战争的 yǒuguān zhànzhēng de

Kriegführung *f* 作战 zuòzhàn，交战 jiāozhàn

Kriegsbedarf *m* 军需品 jūnxūpǐn

Kriegsdienst *m* 兵役 bīngyì

Kriegsentschädigung *f* 战争赔款 zhànzhēng péikuǎn，战争赔偿 zhànzhēng péicháng

Kriegserklärung *f* 宣战 xuānzhàn

Kriegsflotte *f* 海军舰队 hǎijūn jiànduì

Kriegsfreiwillige *m*/*f*（按形容词变化）志愿兵 zhìyuànbīng

Kriegsgefangene *m/f*（按形容词变化）战俘 zhànfú
Kriegshafen *m* 军港 jūngǎng
Kriegsmaterial *n* 军用物资 jūnyòngwùzī，战备物资 zhànbèi wùzī
Kriegsschiff *n* 军舰 jūnjiàn
Kriegsverbrecher *m* 战犯 zhànfàn
Kriegszustand *m* 战争状态 zhànzhēng zhuàngtài
Krimi *m* -(e)，-(s) 侦探小说 zhēntàn xiǎoshuō；侦探片 zhēntànpiàn
kriminal *adj* 刑事上的 xíngshìshangde；犯刑事罪的 fàn xíngshìzuì de
Kriminalbeamte *m/f*（按形容词变化）刑警 xíngjǐng，便衣警察 biànyī jǐngchá，侦探 zhēntàn
Kriminalfilm *m* 侦探影片 zhēntàn yǐngpiān
Kriminalpolizei（缩写：Kripo）*f* 刑警队 xíngjǐngduì
Kriminalroman *m* 侦探小说 zhēntànxiǎoshuō
kriminell *adj* 犯罪的 fànzuìde，犯法的 fànfǎde
Krippe *f* -，-n（牲畜饲料）槽 cáo；日间托儿所 rìjiān tuō'érsuǒ；（用树枝等编成的）护堤 hùdī；耶稣诞生（于马槽）画 yēsū dànshēng huà
Krise *f* -，-n 危机 wēijī，紧急关头 jǐnjí guāntóu：eine ～ durchmachen 经历一场危机；（病的）危象 wēixiàng
Kristall I *m* -s，-e 结晶 jiéjīng，晶体 jīngtǐ II *n* -s 水晶玻璃 shuǐjīng bōlí；水晶玻璃制品 shuǐjīng bōlí zhìpǐn
Kriterium *n* -s，...ien 标准 biāozhǔn，准则 zhǔnzé，尺度 chǐdù
Kritik *f* -，-en 评论 pínglùn，批评 pīpíng：～ an jm［etw］üben 批评某人［某事］；评价 píngjià，评论（文章）pínglùn
Kritiker *m* -s，- 批评家 pīpíngjiā，评论家 pínglùnjiā
kritisch *adj* 批判的 pīpànde，批评的 pīpíngde；评论的 pínglùnde；紧急的 jǐnjíde，危急的 wēijíde：der ～e Augenblick 关键时刻，紧要关头；临界的 línjiède：～er Zustand 临界状态
kritisieren *vt* 批评 pīpíng，批判 pīpàn；评论 pínglùn，评价 píngjià
Kroate *m* -n，-n 克罗地亚人（又称克罗特人）kèluódìyàrén
Kroatien 克罗地亚 Kèluódìyà
kroatisch *adj* 克罗地亚的 kèluódìyàde
Krokodil *n* -s，-e 鳄鱼 èyú
Krokodilleder *n* 鳄鱼皮 èyúpí
Krokodilstränen *pl* 鳄鱼眼泪 èyú yǎnlèi：～ vergießen（或 weinen）猫哭老鼠假慈悲
Krone *f* -，-n 王冠 wángguān，冠冕 guānmiǎn；树冠 shùguān；顶端 dǐngduān，顶点 dǐngdiǎn：einen in der ～ haben 微醉
krönen *vt* 加冕 jiāmiǎn；使达到高潮 shǐ dádào gāocháo
Krönung *f* -，-en 加冕典礼 jiāmiǎn diǎnlǐ；高潮 gāocháo，圆满结束 yuánmǎn jiéshù
Kröte *f* -，-n 蟾蜍 chánchú，癞蛤蟆 làihámа；（尤指女孩）小淘气 xiǎotáoqì；讨厌的人 tǎoyànderén；钱 qián
Krücke *f* -，-n 拐杖 guǎizhàng；手杖柄 shǒuzhàng bǐng，伞柄 sǎnbǐng；不中用的人 bù zhōngyòngde rén；破烂 pòlàn
Krug *m* -(e)s，⸚e 罐 guàn，壶 hú
krumm *adj* 弯曲的 wānqūde：jn ～ und lahm schlagen 痛打某人；不正当的 bù zhèngdàngde，不正直的 bù zhèngzhíde：～e Wege gehen 走歪门邪道；keinen Finger ～ machen 袖手旁观
krumpeln I *vi* 起皱 qǐzhòu II *vt* 使…起皱纹 shǐ … qǐzhòuwén
krumpfen *vi/vt*（使）缩水 suōshuǐ
Kryobiologie *f* 低温生物学 dīwēn shēngwùxué
Kryptograph *m* -en，-en 密码机 mìmǎjī；密码员 mìmǎyuán
Kuba 古巴 Gǔbā
Kubaner *m* -s，- 古巴人 gǔbārén
kubanisch *adj* 古巴的 gǔbāde
Kübel *m* -s，- 提桶 títǒng，吊桶 diàotǒng；垃圾桶 lājītǒng
Kubikinhalt *m* 体积 tǐjī，容积 róngjī
Kubikmeter *n/m* 立方米 lìfāngmǐ，立方公尺 lìfāng gōngchǐ
Küche *f* -，-n 厨房 chúfáng；厨房设备 chúfáng shèbèi；烹调术 pēngtiáoshù；菜肴 càiyáo：kalte ～ 冷餐；in（des）Teufels ～ kommen（或 geraten）陷入困境
Kuchen *m* -s，- 蛋糕 dàngāo，糕饼 gāobǐng，点心 diǎnxīn
Küchengerät *n* 厨房用具 chúfáng yòngjù
Küchenmaschine *f* 电动厨房用具 diàndòng chúfáng yòngjù，厨房电器 chú-

fáng diànqì
Küchenschrank *m* 厨房碗柜 chúfáng wǎnguì,食柜 shíguì
Küchentuch *n* 揩碗布 kāiwǎnbù
Küchenzettel *m* 菜单 càidān,菜谱 càipǔ
Kuckuck *m* -s,-e 杜鹃 dùjuān,布谷鸟 bùgǔniǎo
Kugel *f* -,-n 球 qiú,球体 qiútǐ;子弹 zǐdàn,弹丸 dànwán;圆球物体 yuánqiú wùtǐ
kugelfest *adj* 防弹的 fángdànde,避弹的 bìdànde
Kugelschreiber *m* 圆珠笔 yuánzhūbǐ
Kuh *f* -,¨-e 母牛 mǔniú,奶牛 nǎiniú
Kuhhandel *m* 肮脏的交易 āngzāngde jiāoyì,政治上的交易 zhèngzhìshangde jiāoyì,不正当的交易 bù zhèngdàngde jiāoyì,互相讨价还价 hùxiāng tǎo jià huán jià
kühl *adj* 凉的 liángde,凉爽的 liángshuǎngde;冷静的 lěngjìngde,清醒的 qīngxǐngde;冷淡的 lěngdànde;jn～ empfangen 冷淡地接待某人
Kühlautomat *m* 自动调温电冰箱 zìdòng tiáowēn diànbīngxiāng
Kühlbox *f* 小型冰箱 xiǎoxíng bīngxiāng,冷藏容器 lěngcáng róngqì
Kühlen *vt* 使变凉 shǐ biànliáng,使冷却 shǐ lěngquè,降温 jiàngwēn
Kühlhaus *n* 冷藏库 lěngcángkù
Kühlschiff *n* 冷藏运输船 lěngcáng yùnshūchuán
Kühlschrank *m* 冰箱 bīngxiāng
Kühlturm *m* 冷却塔 lěngquètǎ
kühn *adj* 勇敢的 yǒnggǎnde,大胆的 dàdǎnde
Kühnheit *f* - → Kühn
Ku-Klux-Klan [kukluks'klaːn] *m* -(e)s 美国三K党 měiguó sānkèidǎng
Kuli *m* -s,-s 苦力 kǔlì,苦工 kǔgōng;自来水笔 zìláishuǐbǐ
Kulisse *f* -,-n 布景 bùjǐng;hinter den ～n agieren 在幕后活动;背景 bèijǐng,外围 wàiwéi
kultivieren *vt* 开垦 kāikěn;种植 zhòngzhí;(使语言、举止)文雅 wényǎ
Kultur *f* -,-en 文化 wénhuà,教育 jiàoyù;文化修养 wénhuà xiūyǎng;精神文明 jīngshén wénmíng;教养 jiàoyǎng,修养 xiūyǎng;耕作 gēngzuò,培养 péiyǎng,栽培 zāipéi
Kulturaustausch *m* 文化交流 wénhuà jiāoliú
kulturell *adj* 文化的 wénhuàde,文化上的 wénhuàshangde
Kulturerbe *n* 文化遗产 wénhuà yíchǎn
Kulturfilm *m* 科教片 kējiàopiàn
Kulturpalast *m* 文化宫 wénhuàgōng
Kulturprogramm *m* 文艺节目 wényì jiémù
Kultursaal *m* 文艺厅 wényìtīng,文化室 wénhuàshì
Kultusminister *m* 文化部长 wénhuà bùzhǎng
Kummer *m* -s 忧愁 yōuchóu,忧虑 yōulǜ,悲伤 bēishāng,痛苦 tòngkǔ,苦恼 kǔnǎo;jm ～ machen (或 bereiten) 使某人痛苦(或忧虑)
kümmerlich *adj* (少得)可怜的 kěliánde,微薄的 wēibóde;贫乏的 pínfáde,贫困的 pínkùnde;弱小的 ruòxiǎode,体弱的 tǐruòde
kümmern I *rfl* 照料 zhàoliào,照顾 zhàogù,操心 cāoxīn,担忧 dānyōu;sich um die Kinder ～ 照料孩子们;sich um Politik ～ 关心政治 **II** *vt* 使操心 shǐ cāoxīn,对…有关 duì… yǒuguān,关心 guānxīn;das soll mich wenig ～ 这与我关系不大
Kumpel *m* -s,- / -s 矿工 kuànggōng;伙伴 huǒbàn,同事 tóngshì
Kunde I *m* -n,-n 顾客 gùkè,主顾 zhǔgù;bei uns ist der ～ König 我们这里顾客是上帝 **II** *f* - 消息 xiāoxi,音信 yīnxìn,通知 tōngzhī;知识 zhīshi,学科 xuékē
Kundenbesuch *m* 访问用户 fǎngwèn yònghù,上门做生意 shàngmén zuò shēngyi
Kundendienst *m* 为顾客服务的项目 wèi gùkè fúwù de xiàngmù;顾客服务部 gùkè fúwùbù
Kundenfang *m* 招徕顾客 zhāolái gùkè
Kundenkreis *m* 消费者集团 xiāofèizhě jítuán
Kundenproduktion *f* 订货生产 dìnghuò shēngchǎn,订做 dìngzuò
kundgeben* **I** *vt* 通知 tōngzhī,宣告 xuāngào,公布 gōngbù,表明 biǎomíng;seine Ansicht ～ 表明自己的观点 **II** *rfl* 表明 biǎomíng,显露 xiǎnlù,显示 xiǎnshì
Kundgebung *f* -,-en 群众大会 qúnzhòng dàhuì,集会 jíhuì;公告 gōnggào,宣告 xuāngào;声明 shēngmíng,表明

biǎomíng

kundig *adj* 熟练的 shúliànde，老练的 lǎoliànde，熟悉的 shúxīde，有经验的 yǒu jīngyàn de：einer Sache（G）～ sein 精通某事

kündigen I *vt* 声明废除 shēngmíng fèichú，预先通知解约 yùxiān tōngzhī jiěyuē II *vi* 辞退 cítuì，解雇 jiěgù，解约 jiěyuē：einem Angestellten ～ 解雇一职员

Kundschaft *f* -，-en 顾客（总称）gùkè；探询 tànxún；情报 qíngbào，消息 xiāoxi

künfig I *adj* 将来的 jiāngláide，未来的 wèiláide II *adv* 今后 jīnhòu，将来 jiānglái：wir müssen ～ sparsamer leben 今后我们生活必须节俭些

Kunst *f* -，¨-e 艺术 yìshù；技能 jìnéng，技巧 jìqiǎo，本领 běnlǐng；人造制品 rénzào zhìpǐn

Kunstakademie *f* 艺术学院 yìshù xuéyuàn

Kunstdünger *m* 化肥 huàféi

Kunsterzeugnis *n* 手工艺品 shǒugōngyìpǐn，艺术品 yìshùpǐn，美术品 měishùpǐn

Kunstfaser *f* 合成纤维 héchéng xiānwéi，人造纤维 rénzào xiānwéi

Kunstglied *n* 假肢 jiǎzhī

Kunstgriff *m* 诀窍 juéqiào，窍门 qiàomén；诡计 guǐjì，计谋 jìmóu

Kunstherz *n* 人造心脏 rénzào xīnzàng

Kunstkautschuk *m* 合成橡胶 héchéng xiàngjiāo，人造橡胶 rénzào xiàngjiāo

Kunstkritik *f* 艺术评论 yìshù pínglùn

Kunstkritiker *m* 艺术评论家 yìshù pínglùnjiā

Kunstleder *n* 人造革 rénzàogé

Künstler *m* -s，- 艺术家 yìshùjiā，艺人 yìrén；专家 zhuānjiā，内行 nèiháng，能手 néngshǒu

Künstlerin *f* -，-nen 女艺术家 nǚyìshùjiā，女艺人 nǚyìrén；女专家 nǚzhuānjiā，女行家 nǚhángjia

künstlerisch *adj* 艺术的 yìshùde，艺术上的 yìshùshangde；艺术家的 yìshùjiāde

künstlich *adj* 人工的 réngōngde，人造的 rénzàode，假的 jiǎde：ein ～es Gebiss 一副假牙；不自然的 bù zìrán de，矫揉造作的 jiǎo róu zào zuò de

Kunstschaffen *n* 艺术创作 yìshù chuàngzuò

Kunstschatz *m* 艺术宝藏 yìshù bǎozàng，艺术珍宝 yìshù zhēnbǎo

Kunststoff *m* 塑料 sùliào，合成材料 héchéng cáiliào

Kunststoffindustrie *f* 塑料工业 sùliào gōngyè，合成材料工业 héchéng cáiliào gōngyè

Kunststofffolie *f* 塑料薄膜 sùliào bómó

Kunststück *n* 特技 tèjì，技巧 jìqiǎo，技艺 jìyì

Kunstturnen *n* -s 艺术体操 yìshù tǐcāo

Kunstwerk *n* 艺术品 yìshùpǐn

Kupfer *n* -s，- 铜 tóng；铜器 tóngqì；铜雕 tóngdiāo，铜版画 tóngbǎnhuà

Kupferdraht *m* 铜丝 tóngsī

Kupfernase *f* 酒渣鼻 jiǔzhābí

Kupferrose *f* 酒渣鼻 jiǔzhābí，红斑座疮 hóngbān zuòchuāng

Kupferschmied *m* 铜匠 tóngjiang

Kupferstich *m* 铜版画 tóngbǎnhuà，铜版（蚀刻）tóngbǎn；铜雕术 tóngdiāoshù

Kuppel *f* -，-n 圆顶 yuándǐng，半球形屋顶 bànqiúxíng wūdǐng

Kupplung *f* -，-en 联合 liánhé，接合 jiēhé；连接器 liánjiēqì，接合器 jiēhéqì；车钩 chēgōu，挂钩 guàgōu

Kur *f* -，-en 疗法 liáofǎ；治疗 zhìliáo，疗养 liáoyǎng：zur ～ fahren（或 gehen，reisen）去疗养

Kuratorium *n* -s，...rien（社团、基金会的）监督委员会 jiāndū wěiyuánhuì；（社团、基金会管理人员的）办公机构 bàngōng jīgòu

Kurbel *f* -，-n 曲柄 qūbǐng，手摇柄 shǒuyáobǐng

Kürbis *m* -ses，-se 南瓜 nánguā；葫芦 húlu；头 tóu，脑袋瓜 nǎodaiguā

Kurhaus *n* 疗养院 liáoyǎngyuàn，疗养大楼 liáoyǎng dàlóu

Kurier *m* -s，-e 外交信使 wàijiāo xìnshǐ，专差 zhuānchāi，送急件的人 sòng jíjiàn de rén

kurieren *vt* 治愈 zhìyù，治好 zhìhǎo；解除 jiěchu，消除 xiāochú

Kurort *m* 疗养地 liáoyǎngdì

kurpfuschen *vi* 无执照行医 wú zhízhào xíngyī，做江湖郎中 zuò jiānghú lángzhōng

Kurs *m* -es，-e 航线 hángxiàn，路线 lùxiàn；方针 fāngzhēn；课程 kèchéng，教程 jiàochéng，训练班 xùnliànbān；行情

K

hángqíng,行市 hángshi;(货币)流通 liútōng;外汇兑换率 wàihuì duìhuànlǜ
Kursbuch *n* (火车)行车时刻表 xíngchē shíkèbiǎo
kursieren *vi* (货币)流通 liútōng;(消息,谣言等)传播 chuánbō,流传 liúchuán
Kursus *m* -, ...se 教程 jiàochéng,课程 kèchéng,训练班 xùnliànbān: einen ~ abhalten [besuchen] 举办[参加]训练班
Kurtage [...'taːʒə] *f* -, -n 佣金 yòngjīn
Kurve *f* -, -n 曲线 qūxiàn;弯形 wānxíng,弧形 húxíng;弯道 wāndào,转弯 zhuǎnwān
kurz *adj* 短的 duǎnde: ein ~er Mantel 短大衣;短暂的 duǎnzànde: eine ~e Pause 短暂的休息;简短的 jiǎnduǎnde: eine ~e Antwort 简短的回答;etw in ~en Worten sagen 三言两语谈某事;vor ~em 不久前;附近 fùjìn,靠近 kàojìn: ~ vor dem Bahnhof 离火车站前不远处;冷淡的 lěngdànde: jn ~ abfertigen 简单生硬地把某人打发走;zu ~ kommen 吃亏
Kurzarbeiter *m* 短时工作工人 duǎn shí gōngzuò gōngrén,钟点工 zhōngdiǎngōng
kurzärm(e)lig *adj* 短袖的 duǎnxiùde
Kurzausbildung *f* 短训班 duǎnxùnbān
Kürze *f* - 短路程 duǎn lùchéng;短时间 duǎn shíjiān: in ~ 不久,马上,立即;简短的 jiǎnduǎnde,简略的 jiǎnlüède: etw in aller ~ erzählen 非常简短地叙述某事
kürzen *vt* 改短 gǎiduǎn,缩短 suōduǎn: die Pause ~ 缩短休息时间;einen Rock ~ 改短衣服;减少 jiǎnshǎo: die Ausgaben ~ 减少开支
kurzerhand *adv* 果断地 guǒduànde,断然 duànrán,不假思索地 bù jiǎ sīsuǒ de
kurzfristig *adj* 短期的 duǎnqīde;无准备的 wú zhǔnbèide;突然的 tūránde
kürzlich *adv* 最近 zuìjìn,新近 xīnjìn,不久前 bùjiǔqián
Kurzrakete *f* 短程导弹 duǎnchéng dǎodàn
Kurzschluss *m* (电流的)短路 duǎnlù;(突然的)思路中断 sīlù zhōngduàn
Kurzschrift *f* 速记 sùjì
kurzsichtig *adj* 近视的 jìnshìde;缺乏远见的 quēfá yuǎnjiàn de,目光短浅的 mùguāng duǎnqiǎn de
kurzum *adv* 总而言之 zǒng ér yán zhī,总之 zǒngzhī
Kürzung *f* -, -en → kürzen
Kurzwaren *pl* 缝纫用品(如纽扣、针、线等) féngrèn yòngpǐn
Kurzwelle *f* -, -n 短波 duǎnbō
Kusine *f* -, -n 表姐妹 biǎo jiěmèi,堂姐妹 táng jiěmèi
Kuss *m* -es, ..e 吻 wěn,接吻 jiēwěn
Küsschen *n* -s, - 亲吻 qīnwěn
küssen *vt* 和…接吻 hé … jiēwěn,吻 wěn
Kusshand *f* 飞吻 fēiwěn
Küste *f* -, -n 海岸 hǎi'àn,海滨 hǎibīn;海岸线 hǎi'ànxiàn
Küstengebiet *n* 沿海地区 yánhǎi dìqū
Küstengewässer *m* 沿海水域 yánhǎi shuǐyù,领海 lǐnghǎi
Küstenhafen *m* 沿海海港 yánhǎi hǎigǎng
Kutsche *f* -, -n (轿式)马车 mǎchē;破(汽)车 pòchē,蹩脚车 biéjiǎochē
Kutscher *m* -s, - 马车夫 mǎchēfū,赶马车的人 gǎn mǎchē de rén
Kutte *f* -, -n 袈裟 jiāshā;风雪大衣 fēng xuě dàyī
Kuwait 科威特 Kēwēitè
Kuwaiter *m* -s, - 科威特人 kēwēitè rén
Kybernetik *f* - 控制论 kòngzhìlùn

L

Laban *m* -s, -e 瘦高个子 shòu gāo gèzi
labberig *adj* 淡而无味的 dàn ér wúwèi de,清水般的 qīngshuǐbānde
Label *n* -s, -s 标签 biāoqiān;商标 shāngbiāo
laben **I** *vt* 使提神 shǐ tíshén,使清新 shǐ qīngxīn,使恢复精神 shǐ huīfù jīngshén: jn mit etw ~ 用某物使某人恢复精神 **II** *rfl* 津津有味地吃(或喝) jīnjīn yǒuwèi de chī: sich am Champagner ~ 津津有味地品尝香槟酒
labend *adj* 使人清爽的 shǐ rén qīngshuǎng de,使精力恢复的 shǐ jīnglì huīfù de,使精神振作的 shǐ jīngshén zhènzuò de
Labetrunk *m* 提神饮料 tíshén yǐnliào,清凉饮料 qīngliáng yǐnliào
labil *adj* 不稳定的 bù wěndìngde,易变的 yìbiànde;体弱多病的 tǐruò duōbìng de,易生病的 yì shēngbìng de,缺乏抵抗力的 quēfá dǐkànglì de;摇摆不定的 yáobǎi bùdìngde
Labilität *f* - 不稳定性 bù wěndìngxìng,易变性 yìbiànxìng
Labor *n* -s, -s / -e 实验室 shíyànshì,化验室 huàyànshì
Laborant *m* -en, -en 实验室助手 shíyànshì zhùshǒu,实验员 shíyànyuán;化验员 huàyànyuán;药剂师助手 yàojìshī zhùshǒu
Laborantin *f* -, -nen 女实验员 nǚshíyànyuán,女实验室助手 nǚ shíyànshì zhùshǒu;女化验员 nǚ huàyànyuán;女药剂师助手 nǚ yàojìshī zhùshǒu
Laboratorium *n* -s, ...ien = Labor
laborieren *vi* 苦心经营 kǔxīn jīngyíng,苦心钻研 kǔxīn zuānyán;受折磨 shòu zhémó,受苦 shòukǔ
Labsal *n* -(e)s, -e 神清气爽 shén qīng qì shuǎng,精神恢复 jīngshén huīfù;清凉饮料 qīngliáng yǐnliào,提神饮料 tíshén yǐnliào;使人恢复精神的事物 shǐ rén huīfù jīngshén de shìwù

Labyrinth *n* -(e)s, -e 迷宫 mígōng;曲折 qūzhé,错综复杂 cuòzōng fùzá
Lache *f* -, -n 放声大笑 fàngshēng dàxiào;死水 sǐshuǐ,积水 jīshuǐ
Lächeln *vi* 微笑 wēixiào;取笑 qǔxiào: über jn [etw] ~ 取笑某人[某事]
Lächeln *n* -s 微笑 wēixiào
lächelnd *adj* 微笑的 wēixiàode
lachen *vi* 笑 xiào: vor Freude ~ 高兴得发笑;讥笑 jīxiào,取笑 qǔxiào,嘲笑 cháoxiào: über jn ~ 取笑某人,讥笑某人; jm ins Gesicht ~ 当面嘲笑某人; nichts zu lachen haben 处境困难; Tränen ~ 笑出眼泪; wer zuletzt lacht, lacht am besten 谁在最后笑,笑得最好
Lachen *n* -s 笑 xiào: etw ist zum ~ 某事是可笑的
lachend *adj* 欢乐的 huānlède,欢笑的 huānxiàode,高兴的 gāoxìngde: der ~e Dritte 坐享其成的人
Lacher *m* -s, - 发笑者 fāxiàozhě;笑声 xiàoshēng
Lacherfolg *m* 有逗人发笑的效果 yǒu dòu rén fāxiào de xiàoguǒ
lächerlich *adj* 可笑的 kěxiàode: das ist ja ~ 这真可笑; jn ~ machen 愚弄某人;愚蠢的 yúchǔnde,荒唐的 huāngtángde;极小的 jíxiǎode,无足轻重的 wú zú qīng zhòng de,低廉的 dīliánde;非常的 fēichángde: Gemüse ist zur Zeit ~ billig 目前蔬菜非常便宜
lachhaft *adj* 可笑的 kěxiàode;荒唐的 huāngtángde,愚蠢的 yúchǔnde;极小的 jíxiǎode,微不足道的 wēi bù zú dào de
Lachsalve *f* 哄堂大笑 hōngtáng dàxiào
Lachtaube *f* 笑鸽 xiào gē
Lack *m* -(e)s, -s 漆 qī,清漆 qīngqī: fertig ist der ~ 事情就此了结
Lackaffe *m* 爱虚荣的男子 ài xūróng de nánzǐ,花花公子 huāhuā gōngzǐ
Lackarbeit *f* 漆器 qīqì;漆器手工艺 qīqì shǒugōngyì

L

lackieren *vt* 给…上油漆 gěi … shàng yóuqī，用漆涂 yòng qī tú；欺骗 qīpiàn，使上当 shǐ shàngdàng

Lade *f* -，-n 柜 guì，箱 xiāng；抽屉 chōuti

ladebereit *adj* 待装货的 dài zhuānghuò de

Ladeerlaubnis *f* 装货许可证 zhuānghuò xǔkězhèng

Ladefähigkeit *f* 装载量 zhuāngzàiliàng，负荷力 fùhèlì；电容量 diànróngliàng

Ladefrist *f* 装货期限 zhuānghuò qīxiàn

Ladegebühren *pl* 装货费 zhuānghuòfèi，装船费 zhuāngchuánfèi

laden* *vt /vi* 装 zhuāng，装运 zhuāngyùn：die Kohlen auf den Lastwagen ～ 把煤装上卡车；给…装弹药 gěi … zhuāng dànyào：die Pistole war scharf geladen 手枪已上膛；ein Gewehr ～ 给枪装上子弹；给…充电 gěi … chōngdiàn：einen Akku ～ 给蓄电池充电；die Verantwortung auf sich ～ 承担责任；sie war geladen 她非常恼火

Laden *m* -s，- 店 diàn，店铺 diànpù；百叶窗 bǎiyèchuāng；窗户的活动挡板 chuānghu de huódòng dǎngbǎn

Ladenhüter *m* 滞销品 zhìxiāopǐn，卖不出去的商品 màibùchūqùde shāngpǐn

Ladenkette *f* 连锁商店 liánsuǒ shāngdiàn

Ladenpreis *m* 零售价格 língshòu jiàgé

Ladenpapiere *pl* 船运单据 chuányùn dānjù，货运单据 huòyùn dānjù

Ladenrisiko *n* 装运风险 zhuāngyùn fēngxiǎn

Ladenschild *n* 商店招牌 shāngdiàn zhāopai

Ladenschluss *m* （商店）停止营业时间 tíngzhǐ yíngyè shíjiān，打烊时间 dǎyàng shíjiān

Ladenstraße *f* 商业步行街 shāngyè bùxíngjiē

Ladentisch *m* 柜台 guìtái：etw unter dem ～ bekommen 开后门买东西

Lader *m* -s，- 装载机械 zhuāngzài jīxiè，装料机 zhuāngliàojī；压气机 yāqìjī

Ladetermin *m* 装运天数 zhuāngyùn tiānshù；船期 chuánqī

Ladeverzeichnis *n* 装船单 zhuāngchuándān，装货清单 zhuānghuò qīngdān

Ladung *f* -，-en （装运的）货物 huòwù；（一定量的）炸药 zhàyào；负荷 fùhè，电荷 diànhè；传讯 chuánxùn，传唤 chuánhuàn

Ladungspolice *f* 货物保险单 huòwù bǎoxiǎndān

Lady ['le:di] *f* -，-s / . . . dies 太太 tàitai，女士 nǚshì；夫人 fūrén，小姐 xiǎojiě

Ladykiller ['leidikilə] *m* 专门勾引女子的人 zhuānmén gōuyǐn nǚzǐ de rén

Lage *f* -，-n 位置 wèizhi，方位 fāngwèi，环境 huánjìng：die Wohnung hat eine schöne ～ 住宅环境优美；形势 xíngshì，处境 chǔjìng，情况 qíngkuàng：die finanzielle ～ ist gut 经济形势很好；in eine peinliche ～ geraten 陷入困境；in der ～ sein 可能，有能力；层 céng：einige ～n Papier 几层纸；一轮 yīlún，一巡 yīxún，一遍 yībiàn：eine ～ Bier ausgeben 请大家各饮一杯啤酒

Lager *n* -s，- 营 yíng，野营 yěyíng；宿营地 sùyíngdì；阵营 zhènyíng；仓库 cāngkù：etw auf ～ haben 备有某物；Waren auf ～ nehmen 把货物入仓；轴承 zhóuchéng；矿层 kuàngcéng：ein neues ～ Kohle entdecken 发现一个新煤层

lagerbar *adj* 可存放的 kě cúnfàng de，能长期贮存的 néng chángqī zhùcún de

lagerfähig *adj* 能存放的 néng cúnfàng de，耐贮藏的 nài zhùcáng de

Lagerfeuer *n* 营火 yínghuǒ，篝火 gōuhuǒ

Lagergeld *n* 仓库费 cāngkùfèi，存仓费用 cúncāng fèiyong；栈租 zhànzū

lagergeldfrei *adj* 免费存放的 miǎnfèi cúnfàng de，免收栈租的 miǎn shōu zhànzū de

Lagerleben *n* 野营生活 yěyíng shēnghuó，野营活动 yěyíng huódòng

lagern I *vt* 存放 cúnfàng，储存 chǔcún：Getreide ～ 储存粮食；安置 ānzhì，安放 ānfàng II *vi* 储藏 chǔcáng，存放 cúnfàng：der Wein hat 6 Jahre im Keller gelagert 这酒在地窖已储藏了六年；安营 ānyíng，扎营 zhāyíng；躺下 tǎngxià III *rfl* 卧倒 wòdǎo，躺下休息 tǎngxià xiūxi：sich in Gras ～ 躺在草坪上休息

Lagerung *f* -，-en 贮藏 zhùcáng，贮存 zhùcún；（地质）层 céng；轴承结构 zhóuchéng jiégòu

lahm *adj* 跛的 bǒde：von Geburt an ～ sein 天生跛的；麻木的 mámùde，瘫痪的 tānhuànde；不能令人信服的 bùnéng lìng rén xìnfú de，理由不充分的 lǐyóu bù

pǎo yùndòngyuán
Langweile *f* 无聊 wúliáo，厌烦 yànfán，寂寞 jìmò
langweilen I *vt* 使无聊 shǐ wúliáo，使厌倦 shǐ yànjuàn **II** *rfl* 感到无聊 gǎndào wúliáo，感到厌倦 gǎndào yànjuàn：sich zu Tode ～ 无聊得要命
langweilig *adj* 无聊的 wúliáode，单调无味的 dāndiào wúwèide，厌倦的 yànjuànde，枯燥的 kūzàode
Langwelle *f* 长波 chángbō
langwierig *adj* 长期的 chángqīde，拖延的 tuōyánde，慢性的 mànxìngde：eine ～e Krankheit 慢性病；费时的 fèishíde，难办的 nánbànde
Langzeitflug *m* 长时间 cháng shíjiān（宇宙）飞行 fēixíng
Lanze *f* -，-n 长矛 chángmáo
Laos 老挝 Lǎowō
Laote *m* -n，-n 老挝人 lǎowōrén
Lappalie [... liə] *f* -，-n 琐事 suǒshì，鸡毛蒜皮的事 jīmáo suànpí de shì
Lappen *m* -s，- 抹布 mābù；破布 pòbù，布块 bùkuài：jm durch die ～ gehen 从某人处偷偷溜走
läppisch *adj* 幼稚的 yòuzhìde，傻笨的 shǎbènde，傻气的 shǎqìde；微小的 wēixiǎode
Lärche *f* -，-n 落叶松 luòyèsōng
Lärm *m* -(e)s 吵声 chǎoshēng，喧闹声 xuānnào shēng，喧哗 xuānhuá：～ schlagen 喧闹，大吵大嚷；大肆张扬 dàsì zhāngyáng：viel ～ um nichts 无事大惊小怪
lärmen *vi* 喧哗 xuānhuá，吵闹 chǎonào，喊叫 hǎnjiào
Lärmschlucker *m* 隔音材料 géyīn cáiliào，吸音材料 xīyīn cáiliào
Lärmschutz *m* 防噪音（污染） fáng zàoyīn
Lärmschutzwand *f* 隔音墙 géyīnqiáng，防噪音墙 fáng zàoyīn qiáng
Lärmwall *m*（高速公路两旁的）防噪音的隔墙 fáng zàoyīn de géqiáng
Larve *f* -，-n 幼虫 yòuchóng；假面具 jiǎmiànjù：jm die ～ vom Gesicht reißen 揭下某人的假面具
lasch *adj* 有气无力的 yǒu qì wú lì de，懒洋洋的 lǎnyángyángde，没劲的 méijìnde
Laser ['le:zə] *m* -s，- 莱塞 láisè，激光 jīguāng；激光器 jīguāngqì
Laseranlage *f* 激光设备 jīguāng shèbèi
Lasergerät *n* 激光仪器 jīguāng yíqì
Lasergewehr *n* 激光枪 jīguāngqiāng，激光武器 jīguāng wǔqì
lassen* **I** *vt* 放弃 fàngqì，停止 tíngzhǐ，不做 bù zuò：er kann das Rauchen nicht ～ 他戒不掉烟 Lass das! 别管它！让它去吧！存放 cúnfàng，留在 liú zài，留下 liúxià：ich habe meinen Regenschirm zu Hause gelassen 我把雨伞留在家里了；ich kann dir das Buch bis morgen ～ 我可以把书让你看到明天；允许 yǔnxǔ，许可 xǔkě，听任 tīngrèn：keinen Fremden in die Wohnung ～ 不准陌生人进屋；er lässt die Kinder toben 他听任孩子们喧闹；jn in Ruhe ～ 让某人安静，不打扰某人；让 ràng，叫 jiào，请 qǐng：den Arzt rufen ～ 让人去喊医生；ich lasse mir einen Anzug machen 我请人家给我做一套西装 **II** *rfl* 能够 nénggòu，可行 kěxíng，适宜于 shìyí yú：das Material lässt sich gut bearbeiten 这个材料很好加工；das Buch lässt sich lesen 这本书值得一读 **III** *vi* 放弃 fàngqì，戒掉 jièdiào：von etw ～ 放弃（或戒掉）某事物；离弃 líqì，离开 líkāi：von jm ～ 离开某人
lässig *adj* 马虎的 mǎhude，随便的 suíbiànde；懒散的 lǎnsǎnde，随意的 suíyìde；不注意的 bù zhùyì de，粗心的 cūxīnde
Last *f* -，-en 负荷 fùhè，重量 zhòngliàng；累赘 léizhui，负担 fùdān，劳累 láolèi：jm eine ～ abnehmen 解除某人负担；eine große ～ auf sich nehmen 承担重大责任；eine ～ auf jn abwälzen 把责任推给别人；jm etw zur ～ legen 要某人承担某事的责任；jm zur ～ fallen（或 werden）成为某人的累赘；载重的货物 zàizhòng de huòwù；债务 zhàiwù
Lastauto *n* 载重汽车 zàizhòng qìchē，卡车 kǎchē
lasten *vi* 压在 yā zài，重压在 zhòngyā zài：diese Schuld wird noch schwer auf dir ～ 这笔债务还会沉重地压在你身上
lastenfrei *adj* 不欠债的 bù qiànzhàide，没有债务负担的 méiyǒu zhàiwù fùdān de
Laster I *n* -s，- 恶习 èxí，罪恶 zuì'è，不道德的行为 bùdàodéde xíngwéi **II** *m* -s，- 卡车 kǎchē，载重卡车 zàizhòng kǎchē
lasterhaft *adj* 罪恶的 zuì'ède；放荡的 fàngdàngde，堕落的 duòluòde

L

Lasterhaftigkeit *f* - 邪恶 xié'è，罪恶 zuì'è；腐化 fǔhuà，品行不端 pǐnxíng bùduān，堕落 duòluò

Lasterleben *n* 放荡生活 fàngdàng shēnghuó，罪恶生活 zuì'è shēnghuó，腐化生活 fǔhuà shēnghuó

lästerlich *adj* 卑鄙的 bēibǐde，可恶的 kěwùde，罪恶的 zuì'ède；诽谤的 fěibàngde，辱骂的 rǔmàde，诋毁的 dǐhuǐde

Lästermaul *n* 诽谤者 fěibàngzhě，造谣中伤者 zàoyáo zhòngshāng zhě，出口伤人者 chūkǒu shāngrén zhě

lästern I *vi* 诽谤 fěibàng，辱骂 rǔmà，中伤 zhòngshāng：über jn ～ 诋毁某人 II *vt* 亵渎 xièdú：Gott ～ 亵渎上帝

Lästerung *f* -，-en 诽谤 fěibàng，中伤 zhòngshāng；亵渎 xièdú

Lästerzunge *f* 诽谤者 fěibàngzhě，造谣中伤者 zàoyáo zhòngshāng zhě，出口伤人者 chūkǒu shāngrén zhě

Lastex *n* - 弹力织物 tánlì zhīwù

Lastexhose *f* 弹力裤 tánlìkù

lästig *adj* 讨厌的 tǎoyànde，麻烦的 máfande；令人难堪的 lìng rén nánkān de，累赘的 léizhuide：jm ～fallen 成为某人的累赘，令人讨厌

Lastkahn *m* 驳船 bóchuán，拖船 tuōchuán

Lastkraftwagen *m* 卡车 kǎchē，载重汽车 zàizhòng qìchē

Latein *n* -s 拉丁文 lādīngwén：mit seinem ～ am Ende（或 zu Ende）sein 毫无办法，一筹莫展

Lateinamerika *n* -s 拉丁美洲 lādīngměizhōu

lateinisch *adj* 拉丁的 lādīngde；拉丁语的 lādīngyǔde

latent *adj* 隐藏的 yǐncángde，潜伏的 qiánfúde，潜在的 qiánzàide

Laterne *f* -，-n 灯 dēng，灯笼 dēnglong；航标灯 hángbiāodēng

Laternengarage *f* 路灯下停车的地方 lùdēng xià tíngchē de dìfāng

Latte *f* -，-n 板条 bǎntiáo，细长的木条 *xìcháng de mùtiáo*；*球门的横木 qiúmén* de héngmù；（跳高架上的）横竿 hénggān；瘦长个子 shòucháng gèzi；大量 dàliàng，许多 xǔduō：eine ～ Schulden haben 债务累累

Lattenkiste *f* 板条箱 bǎntiáoxiāng

Lattich *m* -s，-e 莴苣 wōjù

lau *adj* 温的 wēnde，温热的 wēnrède；温和的 wēnhuode，暖和的 nuǎnhuode；冷淡的 lěngdànde；不果断的 bù guǒduànde，犹豫不定的 yóuyù bùdìng de

Laub *n* -(e)s 树叶 shùyè，叶子 yèzi

Laube *f* -，-n 凉亭 liángtíng，亭子 tíngzi；（戏院中的）包厢 bāoxiāng

Laubwald *m* 阔叶树林 kuòyè shùlín

Lauch *m* -(e)s，-e 葱 cōng

Lauer *f* - 守候 shǒuhòu，潜伏 qiánfú：sich auf die ～ legen 潜伏，埋伏起来

lauern *vi* 守候 shǒuhòu，潜伏 qiánfú，埋伏 máifú；等待 děngdài：auf eine Gelegenheit ～ 等待机会

Lauf *m* -(e)s，¨-e 跑 pǎo，跑步 pǎobù：in vollem ～ 全速；过程 guòchéng，进展 jìnzhǎn：im ～e des Gespräches 在谈话过程中；im ～e der Zeit 随着时间推移；道路 dàolù，轨道 guǐdào；枪管 qiāngguǎn，枪筒 qiāngtǒng；动物的腿 dòngwù de tuǐ，脚 jiǎo：die Läufe des Hasen 兔子的腿

Laufbahn *f* 经历 jīnglì，生涯 shēngyá；跑道 pǎodào

Laufband *n* 传送带 chuánsòngdài，运输带 yùnshūdài，装配线 zhuāngpèixiàn

laufen* I *vi*(*s*) 走路 zǒulù，步行 bùxíng：nach Hause ～ 走回家；das Kind kann schon ～ 孩子已会走路；奔 bēn，跑步 pǎobù：wir ～ täglich einige Runden 我们每天跑几圈；开动 kāidòng，运转 yùnzhuǎn：ich ließ den Motor ～ 我开动马达；流动 liúdòng，流出 liúchū：der Wasserhahn läuft 水龙头漏水；有效 yǒuxiào，生效 shēngxiào：Wie lange läuft der Vertrag? 合同有效期多长？放映 fàngyìng，上映 shàngyìng：der Hauptfilm läuft bereits 正片已开始放映 II *vt* 跑出 pǎochū，跑完 pǎowán：ich habe mir Blasen gelaufen 我脚上跑出泡了；er hat einen neuen Weltrekord gelaufen 他跑出一个新的世界纪录；Schi ～ 滑雪

laufend *adj* 不断的 bùduànde，持续的 chíxùde，正在进行的 zhèngzài jìnxíng de：die ～en Geschäfte 日常的业务；das ～e Jahr 本年度；目前 mùqián、现今的 xiànjīnde：auf dem Laufenden sein 了解最新动态

Läufer *m* -s，- 赛跑运动员 sàipǎo yùndòngyuán，（足球，手球运动中的）前卫 qiánwèi；（国际象棋中的）相 xiàng，象 xiàng；狭长地毯 xiácháng dìtǎn

Laufgang *m* （狭窄的）通道 tōngdào，过

道 guòdào;(上下船、飞机的)舷梯 xiántī
Laufkundschaft *f* 流动顾客 liúdòng gùkè,过路顾客 guòlù gùkè,散客 sǎnkè
Laufschrift *f* 灯光字幕 dēngguāng zìmù
Laufsteg *m* -s, -e (时装表演的)步桥 bù qiáo,高台 gāo tái;跳板 tiàobǎn
Laufzeit *f* (一部电影在某地)放映的时间 fàngyìng de shíjiān;(借贷的)期限 qīxiàn
Laune *f* -, -n 情绪 qíngxù,心境 xīnjìng,心情 xīnqíng: guter [schlechter] ～ sein 情绪好[坏]; nach Lust und ～ 随心所欲,尽情地;变化无常的脾气 biànhuà wúcháng de píqi
launenhaft *adj* 任性的 rènxìngde,反复无常的 fǎnfù wúcháng de,爱发脾气的 ài fā píqi de,难以捉摸的 nányǐ zhuōmō de
launig *adj* 滑稽的 huájīde,幽默的 yōumòde,有趣的 yǒuqùde
Laus *f* -, ..e 虱子 shīzi: jm eine ～ in den Pelz setzen 令某人烦恼
Lausbub *m* 小淘气 xiǎotáoqì,小捣蛋 xiǎodǎodàn
Lauschaktion *f* 窃听行为 qiètīng xíngwéi,偷听行为 tōutīng xíngwéi
Lauschangriff *m* 窃听 qiètīng,偷听 tōutīng
lauschen *vi* 静听 jìngtīng,倾听 qīngtīng: auf die Musik ～ 听音乐;偷听 tōutīng: an der Wand ～ 隔墙偷听
laut I *adj* 大声的 dàshēngde,很响的 hěnxiǎngde;喧闹的 xuānnàode,嘈杂的 cáozáde: eine ～e Straße 一条嘈杂的街道; ～ lesen [singen] 大声地读[唱];公开的 gōngkāide,声张出去 shēngzhāng chūqù: das Geheimnis wurde bald ～ 秘密立刻就公开了 **II** *prp* (*G/D*) 根据 gēnjù,依据 yījù: ～ Gesetz 根据法律; ～ unseres Schreibens (或 unserem Schreiben) 根据我们的信
Laut *m* -(e)s, -e 声音 shēngyīn,响声 xiǎngshēng: keinen ～ von sich geben 保持沉默,不作声;音 yīn,音素 yīnsù
Laute *f* -, -n (一种形似琵琶的)六弦琴 liùxiánqín,诗琴 shīqín
lauten *vi* 称 chēng,谓 wèi,说明 shuōmíng;原文是 yuánwén shì,内容是 nèróng shì: Wie lautet der Brief? 信里怎么说? das Urteil lautet auf Freispruch 宣判无罪释放;听起来 tīngqǐlái: das Gutachten lautet gut 这鉴定听起来不错
läuten I *vi* 鸣 míng,响 xiǎng;铃响 líng xiǎng: es läutet 铃响了 **II** *vt* 敲钟 qiāozhōng,打铃 dǎlíng: es wurde Feuer geläutet 敲钟报火警
lauter I *adj* 真正的 zhēnzhèngde,纯的 chúnde: ～es Gold 纯金;正直的 zhèngzhíde,真诚的 zhēnchéngde: die ～e Wahrheit sagen 说真话 **II** *adv* 全是 quán shì,纯粹 chúncuì: ～ Unsinn 无稽之谈; ～ dumme Sachen machen 尽干蠢事
Lauterkeit *f* - 纯洁 chúnjié,纯粹 chúncuì
lauthals *adv* 大声地 dàshēngde,高声地 gāoshēngde,扯开嗓门地 chěkāi sǎngmén de: ～ schreien 放声大喊大叫
Lautlehre *f* 语音学 yǔyīnxué
lautlos *adj* 无声无息的 wúshēng wúxī de,寂静的 jìjìngde,悄悄的 qiāoqiāode
Lautschrift *f* 音标 yīnbiāo,音标文字 yīnbiāo wénzì: internationale ～ 国际音标
Lautsprecher *m* 扩音器 kuòyīnqì,喇叭 lǎba,扬声器 yángshēngqì
lautstark *adj* 很响的 hěn xiǎng de,响声非常大 xiǎngshēng fēicháng dà
Lautstärke *f* 音量 yīnliàng,响度 xiǎngdù
lauwarm *adj* 温热的 wēnrède,微热的 wēirède,不冷不热的 bù lěng bù rè de
Lava *f* -, ...ven (火山)熔岩 róngyán
Lavendel *m* -s 薰衣草 xūnyīcǎo
Lawine *f* -, -n 雪崩 xuěbēng;大批 dàpī,大量 dàliàng,成堆 chéng duī: eine ～ von Briefen 一大堆信件
Lawn-Tennis ['lɔːn...] *n* 草坪网球 cǎopíng wǎngqiú
lax *adj* 松弛的 sōngchíde,疏忽的 shūhude;马虎的 mǎhude,懒散的 lǎnsǎnde;不坚定的 bù jiāndìng de
Laxativ *n* -s, -e 轻泻剂 qīngxièjì
laxieren *vi/vt* 催泻 cuī xiè,通便 tōngbiàn;使泻清 shǐ xièqīng
Lazarett *n* -(e)s, -e 军医院 jūnyīyuàn,战地医院 zhàndì yīyuàn
Leader ['liːdə] *m* -s, - 乐队队长 yuèduì duìzhǎng;联赛排名领先 liánsài páimíng lǐngxiān
leasen ['liːzn] *vt* 租赁 zūlìn;租借 zūjiè;租用 zūyòng
Leasing ['liːzɪŋ] *n* -s, -s 租赁 zūlìn;出租 chūzū

L

Lebehoch *n* -s, -s 欢呼 huānhū，祝长寿 zhù chángshòu，高呼万岁声 gāohū wànsuì shēng

Lebemann *m* 花花公子 huāhuā-gōngzǐ，浪荡子 làngdàngzǐ，酒色之徒 jiǔsè zhī tú

leben *vi* 生活 shēnghuó，过活 guòhuó，度日 dùrì：sorgenfrei ～ 无忧无虑地生活；auf großem Fuße ～ 生活阔绰；居住 jūzhù：auf dem Lande ～ 住在农村；bei jm ～ 住在某人处；靠…生活 kào … shēnghuó：von jm ～ 靠某人生活；von seiner Rente ～ 靠自己养老金生活；sie lebt von ihrer Hände Arbeit 她自食其力；献身于 xiànshēn yú：für die Wissenschaft ～ 献身于科学

Leben *n* -s, - 生活 shēnghuó，生命 shēngmìng，生存 shēngcún：noch am ～ sein 还活着；ums ～ kommen 丧命；dem Vaterland das ～ widmen 为祖国献身；das ～ aufs Spiel setzen 冒生命危险；平生 píngshēng，一生 yīshēng，寿命 shòumìng：das ganze ～ 毕生；die Tage seines ～s sind gezählt 他活的日子不长了；生活 shēnghuó，生活方式 shēnghuó fāngshì：ein glückliches ～ führen 过着幸福的生活；ein neues ～ beginnen 开始新生活；活力 huólì，生气 shēngqì，活跃 huóyuè，忙碌 mánglù：auf dem Markt herrscht reges ～ 市场非常热闹

lebendig *adj* 活的 huóde；活泼的 huópode，充满生气的 chōngmǎn shēngqì de，生动的 shēngdòngde：etw bleibt ～ 记忆犹新

Lebendigkeit *f* - 活力 huólì，生气 shēngqì；活泼 huópo，活跃 huóyuè

Lebensabend *m* 晚年 wǎnnián，暮年 mùnián

Lebensalter *n* 年龄 niánlíng，年纪 niánjì

Lebensart *f* 教养 jiàoyǎng，好品行 hǎopǐnxíng，礼貌 lǐmào：ein Mann von feiner ～ 一个有教养的人；(keine) ～ haben [没]有礼貌；生活方式 shēnghuó fāngshì

Lebensbedingungen *pl* 生活条件 shēnghuó tiáojiàn

Lebensdauer *f* 寿命 shòumìng，生存期 shēngcúnqī；(机器)使用期 shǐyòngqī，使用寿命 shǐyòng shòumìng

Lebenserfahrung *f* 生活经验 shēnghuó jīngyàn

lebensfähig *adj* 有生命力的 yǒu shēngmìnglì de，有生存能力的 yǒu shēngcún nénglì de

Lebensfrage *f* 重大问题 zhòngdà wèntí，切身问题 qièshēn wèntí，有关生命的问题 yǒuguān shēngmìng de wèntí

lebensfremd *adj* 脱离生活的 tuōlí shēnghuó de，缺乏生活经验的 quēfá shēnghuó jīngyàn de，不会处世的 bùhuì chǔshì de

Lebensfreude *f* 生活的乐趣 shēnghuó de lèqù

lebensfroh *adj* 生活乐观的 shēnghuó lèguānde，乐天的 lètiānde

Lebensgefahr *f* 生命危险 shēngmìng wēixiǎn：in ～ sein 生命垂危

lebensgefährlich *adj* 有生命危险的 yǒu shēngmìng wēixiǎnde

Lebensgefährte *m* 终身伴侣 zhōngshēn bànlǚ，生活伴侣 shēnghuó bànlǚ；丈夫 zhàngfū

Lebensgefährtin *f* 终身伴侣 zhōngshēn bànlǚ，生活伴侣 shēnghuó bànlǚ；妻子 qīzǐ

Lebensgeister *pl* 精神 jīngshén，活力 huólì

Lebenshaltung *f* 生活状况 shēnghuó zhuàngkuàng，生活水平 shēnghuó shuǐpíng

Lebensjahr *n* 年龄 niánlíng，年纪 niánjì，岁数 suìshu

Lebenskraft *f* 活力 huólì，生命力 shēngmìnglì

lebenskräftig *adj* 有活力的 yǒu huólì de，有生命力的 yǒu shēngmìnglì de

Lebenskünstler *m* 善于(安排)生活的人 shànyú shēnghuó de rén

lebenslang *adj* 毕生的 bìshēngde，终身的 zhōngshēnde

lebenslänglich *adj* 终身的 zhōngshēnde：jn zu ～em Zuchthaus verurteilen 判某人无期徒刑

Lebenslauf *m* 履历 lǚlì，生活经历 shēnghuó jīnglì，简历 jiǎnlì

Lebensmittel *pl* 粮食 liángshi，食品 shípǐn；生活资料 shēnghuó zīliào

lebensmüde *adj* 厌世的 yànshìde，对生活厌倦的 duì shēnghuó yànjuàn de

lebensnah *adj* 真实的 zhēnshíde；接近生活的 jiējìn shēnghuó de，接近现实的 jiējìn xiànshí de

lebensnotwendig *adj* 生活必需的

shēnghuó bìxū de，必不可少的 bìbùkěshǎode

Lebensqualität *f* 生活质量 shēnghuó zhìliàng

Lebensretter *m* 救人生命者 jiùrén shēngmìng zhě，救命者 jiùmìngzhě

Lebensstandard *m* 生活水平 shēnghuó shuǐpíng，生活水准 shēnghuó shuǐzhǔn

Lebensstellung *f* 终身服务 zhōngshēn fúwù

Lebensstil *m* 生活作风 shēnghuó zuòfēng，生活方式 shēnghuó fāngshì

Lebensunterhalt *m* 生计 shēngjì，生活 shēnghuó；生活费 shēnghuófèi

lebensvoll *adj* 生动的 shēngdòngde，逼真的 bīzhēnde；充满生机的 chōngmǎn shēngjī de

Lebensweg *m* 人生道路 rénshēng dàolù，生活道路 shēnghuó dàolù

Lebensweise *f* 生活方式 shēnghuó fāngshì

Lebenszeit *f* 一生 yīshēng，一辈子 yībèizi，终生 zhōngshēng：auf ～ angestellt sein 终生受聘

Leber *f* -，-n 肝脏 gānzàng：frei（或 frisch）von der ～ weg reden（或 sprechen）直言不讳

Leberentzündung *f* 肝炎 gānyán

leberkrank *adj* 生肝病的 shēng gānbìng de，患有肝病的 huànyǒu gānbìng de

Lebertran *m* 鱼肝油 yúgānyóu

Leberwurst *f* 肝肠 gāncháng

Lebewesen *n* 生物 shēngwù

Lebewohl *n* -(e)s，-e / -s 告别 gàobié：jm ～ sagen 向某人告别

lebhaft *adj* 活泼的 huópode，好动的 hàodòngde：er ist von ～em Wesen 他生性好动；活跃的 huóyuède，生动的 shēngdòngde；热烈的 rèliède；热闹的 rènaode，兴旺的 xīngwàngde：ein ～er Handel 生意兴隆

Lebkuchen *m*（尤指圣诞节食用的）胡椒蜂蜜饼 hújiāo fēngmì bǐng

leblos *adj* 死的 sǐde，无生命的 wú shēngmìng de；无生气的 wú shēngqì de，死气沉沉的 sǐqì chénchén de

Lebzeiten *pl*（用于短语）bei（或 zu）～ 生前 shēngqián，在世时 zàishìshí

leck *adj* 漏的 lòude，渗漏的 shènlòude：das Fass ist ～ 这只桶漏水

Leck *n* -(e)s，-s 漏水的地方 lòushuǐ de dìfāng，漏洞 lòudòng

lecken I *vt / vi* 舔 tiǎn，舐 shì：der Hund leckte an meiner Hand 狗舔我的手；jm die Stiefel ～ 讨好某人；sich die Finger nach etw ～ 很想得到某物 II *vi* 漏 lòu，漏水 lòushuǐ：das Dach leckt 屋顶漏水

lecker *adj* 美味的 měiwèide，可口的 kěkǒude，好吃的 hǎochīde

Leckerbissen *n* 美食 měishí，可口食品 kěkǒu shípǐn

Leckerei *f* -，-en 美味甜食 měiwèi tiánshí，可口的甜食 kěkǒude tiánshí，美味食物 měiwèi shíwù

Leder *n* -s，- 皮革 pígé；皮制衣服 pí zhì yīfu；足球 zúqiú

Lederhose *f* 皮裤 píkù

ledern *adj* 皮制的 pízhìde；无聊的 wúliáode，乏味的 fáwèide，呆板的 dāibǎnde

ledig *adj* 自由的 zìyóude，无约束的 wú yuēshù de：er ist seiner Sorgen ～ 他无忧无虑；未婚的 wèihūnde，单身的 dānshēnde

lediglich *adv* 仅仅 jǐnjǐn，完全 wánquán，只不过 zhǐ bùguò

leer *adj* 空的 kōng de；未占用的 wèi zhànyòng de，空着的 kōngzhede：der Koffer ist ～ 箱子是空的；～e Köpfe 知识贫乏的人，没头脑的人；空洞的 kōngdòngde，无内容的 wú nèiróng de：ein ～es Gerede 空谈；sein Leben war ～ an Freuden 他生活无乐趣

Leere *f* - 空 kōng，空处 kōngchù，空间 kōngjiān；空虚 kōngxū，虚无 xūwú：die ～ seines Lebens 他生活的空虚

leeren I *vt* 把…出空 bǎ … chūkōng，倒空 dàokōng，使空 shǐ kōng：den Teller ～ 吃完盘中的菜；jm die Taschen ～ 取走某人的钱 II *rfl* 变空 biànkōng：der Saal leerte sich 大厅里已空了；sein Gesicht leerte sich 他的脸变得毫无表情

leerkaufen *vt* 把商品买空 bǎ shāngpǐn mǎikōng，买空商店里的东西 mǎikōng shāngdiànlǐ de dōngxi

Leerlauf *m*（机器）空转 kōngzhuàn；空忙 kōng máng

leerstehend *adj* 空的 kōngde，无人住的 wú rén zhù de

legal *adj* 合法的 héfǎde，正当的 zhèngdàngde

Legalität *f* - 合法性 héfǎxìng

L

legasthen [legas'te:n] *adj* 弱智的 ruòzhìde,(儿童)先天性智力差的 xiāntiānxìng zhìlì chā de

Legastheniker [legas'te:nikə] *m* 学习上智力差的人 xuéxíshang zhìlì chā de rén

Legasthenie *f* -, -n 先天性学习困难 xiāntiānxìng xuéxí kùnnan,先天性读写缺陷 xiāntiānxìng dúxiě quēxiàn

legen I *vt* 平放 píngfàng,使躺下 shǐ tǎngxià: den Kranken ganz flach ～ 把病人放平躺下; die Zeitungen auf den Tisch ～ 把报纸放到桌子上; etw an den Tag ～ 揭露某事; Wert auf etw ～ 重视某事 II *vi* 下蛋 xiàdàn: die Hühner ～ gut 这些母鸡下蛋多 III *rfl* 躺下 tǎngxià,卧倒 wòdǎo: sich in die Sonne ～ 躺在阳光下;平息 píngxī,缓和 huǎnhé,减弱 jiǎnruò: der Sturm legt sich allmählich 风暴渐渐停下来; sein Zorn hat sich gelegt 他的怒气平息了

Legende *f* -, -n 传说 chuánshuō,传奇 chuánqí,逸闻 yìwén;插图说明 chātú shuōmíng

legendenhaft *adj* 传说的 chuánshuōde,传奇的 chuánqíde,神话般的 shénhuà bān de

leger [le'ʒɛ:ɐ] *adj* 随便的 suíbiànde,无拘束的 wú jūshù de;洒脱的 sǎtuōde,休闲的 xiūxiánde

legieren *vt* 把…铸成合金 bǎ … zhùchéng héjīn,冶炼 yěliàn;调厚 tiáo hòu,使变稠 shǐ biànchóu

Legion *f* -, -en (古罗马)军团 jūntuán;(志愿或雇佣)军团 jūntuán

Legionär *m* -s, -e (古罗马)军团士兵 jūntuán shìbīng,(志愿或雇佣)军团士兵 jūntuán shìbīng

Legislative *f* -, -n 立法权 lìfǎquán;立法机关 lìfǎ jīguān,立法会议 lìfǎ huìyì

legitim *adj* 合法的 héfǎde,法律许可的 fǎlǜ xǔkě de;婚生的 hūnshēngde,嫡亲的 díqīnde

Legitimation *f* -, -en 证明合法 *zhèngmíng héfǎ*; *身份证 shēnfenzhèng*,证明书 zhèngmíngshū;承认合法 chéngrèn héfǎ,证明嫡生 zhèngmíng díshēng

legitimieren I *vt* 宣布…为合法 xuānbù … wéi héfǎ,使合法 shǐ héfǎ II *rfl* 证明自己身份 zhèngmíng zìjǐ shēnfen

Legitimität *f* - 合法性 héfǎxìng,正统性 zhèngtǒngxìng

Lehm *m* -(e)s, -e 粘土 niántǔ

Lehne *f* -, -n 扶手 fúshou,靠手 kàoshǒu;靠背 kàobèi

lehnen I *vt* 靠 kào,把…靠到…上 bǎ … kàodao … shang: den Kopf an js Schulter ～ 把头靠在某人肩上; das Fahrrad an (或 gegen) die Wand ～ 把自行车靠到墙上 II *vi* 倚 yǐ,靠 kào: an der Tür ～ 靠在门上; die Leiter lehnt an der Wand 梯子靠在墙上 III *rfl* 倚靠 yǐkào,靠着 kàozhe;俯身 fǔshēn: sich aus dem Fenster ～ 把身子伸到窗外

Lehnstuhl *m* 靠背椅 kàobèiyǐ

Lehnwort *n* (德语化的外来词)借词 jiècí

Lehrbuch *n* 教科书 jiàokēshū

Lehre *f* -, -n 学说 xuéshuō,理论 lǐlùn,原理 yuánlǐ;教训 jiàoxun,教育 jiàoyù: aus etw eine ～ ziehen 从某事中接受教训; jm eine ～ erteilen 给某人一个教训;学徒的学习 xuétú de xuéxí,学手艺 xué shǒuyì: bei (或 zu) jm in die ～ gehen 去某人处学艺;卡尺 kǎchǐ,量具 liángjù

lehren I *vt* 教 jiāo,讲授 jiǎngshòu: jn tanzen lehren 教某人跳舞; er lehrt Deutsch 他教授德语;说明 shuōmíng,表明 biǎomíng II *vi* 教课 jiāokè,教书 jiāoshū an der Universität ～ 在大学任教

Lehrer *m* -s, - 教师 jiàoshī,老师 lǎoshī;导师 dǎoshī

Lehrerin *f* -, -nen 女教师 nǚjiàoshī,女老师 nǚlǎoshī

Lehrerbildungsanstalt *f* 师范学院 shīfàn xuéyuàn,师范学校 shīfàn xuéxiào

Lehrerstudent *m* 师范生 shīfànshēng

Lehrgang *m* 课程 kèchéng,学程 xuéchéng;培训班 péixùnbān

Lehrgeld *n* (旧时)学徒费(今用于) xuétúfèi: ～ zahlen (或 geben) müssen 得交(付)学费,付出代价

Lehrjahr *n* 学徒年限 xuétú niánxiàn

Lehrkabinett *n* 教学实验室 jiāoxué shíyànshì

Lehrling *m* -s, -e 学徒 xuétú,艺徒 yìtú

Lehrmittel *pl* 教学用具 jiāoxué yòngjù

Lehrplan *m* 教学计划 jiāoxué jìhuà

lehrreich *adj* 富有教育意义的 fùyǒu jiàoyù yìyì de,有教益的 yǒu jiàoyì de

Lehrsaal *m* (中学的)大教室 dà jiàoshì;(大学的)阶梯教室 jiētī jiàoshì

Lehrstelle *f* 学徒岗位 xuétú gǎngwèi

Lehrstoff *m* 教材 jiàocái

Lehrstuhl *m* 大学教授职位 dàxué jiàoshòu zhíwèi: ein ～ für Physik 物理学教授职位

Lehrzeit *f* 学徒时期 xuétú shíqī

Lei *f*-, -en 片岩 piànyán; 岩石 yánshí

Leib *m*-(e)s, -er 身体 shēntǐ, 肉体 ròutǐ: mit ～ und Seele 全心全意地; am eigenen ～e 亲自; 腹 fù, 肚子 dùzi

Leibarzt *m* 保健医生 bǎojiàn yīshēng, 私人医生 sīrén yīshēng

Leibgericht *n* 最爱吃的菜 zuì 'ài chī de cài

leiblich *adj* 嫡亲的 díqīnde, 亲生的 qīnshēngde; 肉体的 ròutǐde, 身体的 shēntǐde

Leibrente *f* 终生养老金 zhōngshēng yǎnglǎojīn, 终生年金 zhōngshēng niánjīn

Leibwächter *m* 警卫员 jǐngwèiyuán, 保镖 bǎobiāo

Leibwäsche *f* 内衣裤 nèiyīkù

Leib-Seele-Problem *n* 身心问题 shēnxīn wèntí

Leiche *f*-, -n 尸体 shītǐ; 殡葬 bìnzàng, 葬礼 zànglǐ

leichenblass *adj* 像死人一样苍白的 xiàng sǐrén yīyàng cāngbáide

Leichenfeier *f* 葬礼 zànglǐ

Leichenwagen *m* 灵柩车 língjiùchē, 灵车 língchē

Leichnam *m*-(e)s, -e 尸体 shītǐ, 尸首 shīshou

leicht I *adj* 轻的 qīngde, 不重的 bùzhòngde: ein ～er Koffer 一只轻的箱子; 轻松的 qīngsōngde, 轻快的 qīngkuàide: ～e Musik hören 听轻音乐: ～e Zweifel an etw haben 对某事有些怀疑; sie tanzt ～ 她舞步轻盈; 容易的 róngyìde, 不难的 bùnánde, 简单的 jiǎndānde: die Frage ist ～ zu beantworten 这个问题容易回答 II *adv* 容易地 róngyìde, 轻易地 qīngyìde; 稍微 shāowēi, 有点 yǒudiǎn: ～ erkältet sein 略微有些感冒; er wird immer ～ böse 他老是容易发火

Leichtathlet *m*-en, -en 田径运动员 tiánjìng yùndòngyuán

Leichtathletik *f*- 田径运动 tiánjìng yùndòng: ～ treiben 从事田径运动

leichtblütig *adj* 乐观的 lèguānde, 开朗的 kāilǎngde, 乐天的 lètiānde

Leichter *m*-s, - 驳船 bóchuán

leichtfallen* *vi*(s) 感到容易 gǎndào róngyì

leichtfertig *adj* 粗心大意的 cūxīn dàyì de, 草率的 cǎoshuàide; 轻浮的 qīngfúde

Leichtfertigkeit *f*- 草率 cǎoshuài, 轻率 qīngshuài 粗心 cūxīn; 轻浮 qīngfú

Leichtgewicht *m*(拳击和举重运动的)轻量级 qīngliàngjí

leichtgläubig *adj* 轻信的 qīngxìnde, 易上当的 yì shàngdàng de

Leichtigkeit *f*- (分量)轻 qīng; 轻松 qīngsōng; 容易 róngyì

Leichtindustrie *f* 轻工业 qīnggōngyè

Leichtsinn *m* 轻率 qīngshuài, 漫不经心 màn bù jīngxīn: etw aus ～ tun 由于轻率而做某事; 不假思索 bù jiǎ sīsuǒ; 无忧无虑 wú yōu wú lǜ

leichtsinnig *adj* 轻率的 qīngshuài de, 漫不经心的 màn bù jīngxīn de, 粗心大意的 cūxīn dàyì de; 无忧无虑的 wú yōu wú lǜ de

leichtverständlich *adj* 容易理解的 róngyì lǐjiě de, 易懂的 yìdǒngde

leid *adv*(用于短语) jm ～ tun 使某人感到抱歉(或遗憾); jn [etw] ～ sein (或werden) 讨厌某人[某事], 对某人[某事物]感到厌烦

Leid *n*-(e)s 损害 sǔnhài, 不幸 bùxìng, 忧伤 yōushāng; 痛苦 tòngkǔ, 悲伤 bēishāng: ein tiefes ～ 深深的痛苦; jm ein ～ antun 损害某人; jm sein ～ klagen 向某人诉说痛苦

leiden* I *vt* 忍受 rěnshòu, 耐住 nàizhù: Hunger ～ 挨饿; etw leidet Schaden 某事物受到损害; 容忍 róngrěn, 忍受 rěnshòu: jn [etw] nicht ～ können 讨厌(或不能容忍)某人; 许可 xǔkě, 允许 yǔnxǔ[某事] II *vi* 受难 shòunàn, 受苦 shòukǔ: viel ～ 经受许多痛苦; 患病 huànbìng: an Krebs ～ 患癌症; 受损 shòusǔn: die Firma leidet unter der schlechten Führung 这个公司因领导不力而受到损失

Leiden *n*-s, - 疾病 jíbìng; 痛苦 tòngkǔ, 疾苦 jíkǔ: an einem unheilbaren ～ sterben 死于不治之症; das sind die Freuden und ～ des Lebens 这是生活中的欢乐和痛苦

Leidenschaft *f*-, -en 热情 rèqíng, 激情 jīqíng: wilde ～ 狂热; etw mit ～ tun 怀着激情做某事; 热爱 rè'ài, 偏爱 piān'ài, 爱好 àihào: ～ für die Musik 对音乐

L

的热爱；情爱 qíng'ài，情欲 qíngyù

leidenschaftlich *adj* 热情的 rèqíngde，激烈的 jīliède；狂热的 kuángrède，热恋的 rèliànde；热中的 rèzhōngde，入迷的 rùmíde

leidenschaftslos *adj* 冷静的 lěngjìngde，理智的 lǐzhìde，心平气和的 xīn píng qì hé de

leider *adv* 可惜 kěxī，令人遗憾地 lìng rén yíhàn de：er kann ～ nicht kommen 可惜他不能来；das ist ～ nicht möglich 可惜这是不可能的

leidig *adj* 不愉快的 bù yúkuàide，讨厌的 tǎoyànde

leidlich *adj* 还好的 háihǎode，尚可的 shàng kě de，还过得去的 hái guò de qù de，马马虎虎的 mǎmǎhūhūde：sie singt ～ 她唱得还可以

Leidtragende *m/f* (按形容词变化)死者亲属 sǐzhě qīnshǔ，送葬者 sòngzàngzhě；受害者 shòuhàizhě，牺牲品 xīshēngpǐn

Leidwesen *n* 遗憾 yíhàn；惋惜 wǎnxī：zu js ～ 使某人感到遗憾

Leiharbeiter *m* 借用工人 jièyòng gōngrén，借调的工作人员 jièdiào de gōngzuò rényuán

Leihbücherei *f* (私人开的)出借图书馆 chūjiè túshūguǎn，图书出租处 túshū chūzūchù

leihen* *vt* 借出 jièchū：jm etw ～ 借给某人某物；er lieh mir 40 Euro 他借给我40欧元；借入 jièrù：sich etw von jm ～ 向某人借某物；den Wagen habe ich (mir) geliehen 这辆车我是借来的

Leihfrist *f* 借期 jièqī

Leihgebühr *f* 租借费 zūjièfèi

Leihgegenstand *m* 出借项目 chūjiè xiàngmù，借贷项目 jièdài xiàngmù

Leihgeld *n* 借款 jièkuǎn，贷款 dàikuǎn

Leihhaus *n* 当铺 dàngpù

Leihpfand *n* 借贷抵押品 jièdài dǐyāpǐn

Leihschein *m* 当票 dàngpiào，抵押凭据 dǐyā píngjù；借书单 jièshūdān

Leihwagen *m* 租来的车辆 zūláide chēliàng

Leihzinsen *pl* 贷款(放款)利息 dàikuǎn lìxī

Leim *m* -(e)s，-e 胶 jiāo，胶水 jiāoshuǐ：jn auf den ～ führen 引诱某人上当；jm auf den ～ gehen (或 kriechen) 上某人圈套，上某人当

leimen *vt* 粘贴 zhāntiē，胶合 jiāohé，给…涂胶 gěi … tú jiāo；上当 shàngdàng，受骗 shòupiàn

Lein *m* -(e)s，-e 亚麻 yàmá

Leine *f* -，-n 绳子 shéngzi，索 suǒ：jn an der ～ halten (或 haben) 控制某人

Leinen *n* -s，- 亚麻布 yàmábù

Leinsamen *m* 亚麻子 yàmázǐ

Leinwand *f* -，¨-e 亚麻布 yàmábù；油画布 yóuhuàbù；银幕 yínmù

leise *adj* 轻声的 qīngshēngde，低声的 dīshēngde；小心的 xiǎoxīnde，轻轻的 qīngqīngde；微弱的 wēiruòde，轻微的 qīngwēide；不大的 bùdàde，微小的 wēixiǎode：es regnet ～ 下毛毛雨

Leisetreter *m* -s，- 伪君子 wěijūnzǐ；马屁精 mǎpìjīng；胆小怕事的人 dǎnxiǎo pàshì de rén

leisten I *vt* 做 zuò，完成 wánchéng，作出成就 zuòchū chéngjiù：nichts ～ 一事无成；给予 jǐyǔ，提供 tígōng：jm Beistand (或 Hilfe) ～ 给某人以帮助；Widerstand ～ 反抗；jm Gesellschaft ～ 陪伴某人 **II** *rfl* 故意做 gùyì zuò；(允许自己)做 zuò；(有钱)买 mǎi：sich etw ～ können 买得起某物，有钱购买某物

Leisten *m* -s，- 鞋楦 xiéxuàn，鞋模 xiémó：alles über einen ～ schlagen 对一切都不加区别地对待

Leistenbruch *m* 疝气 shànqì，小肠气 xiǎochángqì

Leistung *f* -，-en 成绩 chéngjì，成就 chéngjiù，成果 chéngguǒ；功效 gōngxiào，效率 xiàolǜ；生产能力 shēngchǎn nénglì；完成 wánchéng，执行 zhíxíng；偿付 chángfù，捐款 juānkuǎn，会费 huìfèi

Leistungsdruck *m* 工作、学习上的压力 gōngzuò、xuéxíshangde yālì

leistungsfähig *adj* 有能力的 yǒu nénglìde；效率高的 xiàolǜ gāodē；能胜任的 néng shèngrènde

Leistungskontrolle *f* (教学过程中)检查性考试 jiǎncháxìng kǎoshì；实绩检查 shíjì jiǎnchá

Leistungskurve *f* 成绩曲线图表 chéngjì qūxiàn túbiǎo，工作完成情况图表 gōngzuò wánchéng qíngkuàng túbiǎo

Leistungslohn *m* 计件工资 jìjiàn gōngzī

Leistungsprämie *f* 绩效奖金 jìxiào jiǎngjīn

Leistungsprinzip *n* 按劳付酬原则

àn láo fù chóu yuánzé，计件工资原则 jìjiàn gōngzī yuánzé

Leistungsschau *f* 观摩会 guānmóhuì

Leistungssport *m* 竞技运动 jìngjì yùndòng

Leistungssportler *m* 竞技运动员 jìngjì yùndòngyuán

Leistungszulage *f* 超额奖金 chāo'é jiǎngjīn

Leitartikel *m* 社论 shèlùn

Leitartikler *m* 撰写社论者 zhuànxiě shèlùn zhě

Leitbild *n* 榜样 bǎngyàng，模范 mófàn

leiten *vt* 领导 lǐngdǎo，主持 zhǔchí：eine Diskussion ～ 主持一讨论会；引导 yǐndǎo；引向 yǐnxiàng：jn ins Zimmer ～ 领某人进房间；通向 tōngxiàng，输送 shūsòng；传导 chuándǎo：Kupfer leitet Elektrizität gut 铜的导电性能好

leitend *adj* 领导的 lǐngdǎode，管理的 guǎnlǐde：～er Angestellter 高级职员；～er Direktor 常务董事，总经理；引导的 yǐndǎode；导电的 dǎodiànde

Leiter I *m* -s，- 领导人 lǐngdǎorén，负责人 fùzérén **II** *f* -，-n 梯子 tīzi

Leitfaden *m* 手册 shǒucè，入门书 rùménshū

Leitgedanke *m* 主导思想 zhǔdǎo sīxiǎng，中心思想 zhōngxīn sīxiǎng

Leithammel *m* 带头羊 dàitóuyáng；领头人 lǐngtóurén

Leitmotiv *n* 主题 zhǔtí，中心思想 zhōngxīn sīxiǎng；主旋律 zhǔxuánlǜ

Leitsatz *m* 指导方针 zhǐdǎo fāngzhēn，指导原则 zhǐdǎo yuánzé

Leitstern *m* 北极星 běijíxīng；指路明灯 zhǐlù míngdēng

Leitung *f* -，-en 领导 lǐngdǎo，管理 guǎnlǐ；领导人 lǐngdǎorén，领导班子 lǐngdǎo bānzi；管道 guǎndào，线路 xiànlù；电线 diànxiàn；电话线 diànhuàxiàn：die ～ ist besetzt [frei]（电话线）占线[有空]

Leitungskosten *pl* 管理费 guǎnlǐfèi

Leitungsorganisation *f* 管理机关 guǎnlǐ jīguān

Leitungspersonal *n*（全体）管理人员 guǎnlǐ rényuán

Leitungswasser *n* 自来水 zìláishuǐ

Leitwerk *n* 尾翼 wěiyì，尾翼面 wěiyìmiàn；导航装置 dǎoháng zhuāngzhì；（计算机）控制装置 kòngzhì zhuāngzhì

Lektion *f* -，-en 课 kè，课时 kèshí；（教科书中的）一课 yīkè；一堂课 yītángkè；教训 jiàoxun：jm eine ～ geben 教训某人

Lektor *m* -s，-en（外语实践课）教师 jiàoshī；（出版社的）编辑 biānjí，审稿人 shěngǎorén

Lektüre *f* -，-n 阅读材料 yuèdú cáiliào，读物 dúwù；阅读 yuèdú

lenken *vt* 操纵 cāozòng，驾驶 jiàshǐ：ein Flugzeug ～ 驾驶一架飞机；引导 yǐndǎo，指引 zhǐyǐn，把…引向 bǎ … yǐnxiàng：die Aufmerksamkeit auf etw ～ 把注意力引向某事

Lenker *m* -s，- 司机 sījī，驾驶员 jiàshǐyuán；把手 bǎshou，操纵杆 cāozònggǎn；领导者 lǐngdǎozhě，指挥者 zhǐhuīzhě

Lenkrad *n* 方向盘 fāngxiàngpán，驾驶盘 jiàshǐpán

Lenkstange *f* -，-n（自行车和摩托车的）车把 chēbǎ

Lenz *m* -es，-e（诗）春天 chūntiān；青春 qīngchūn；年岁 niánsuì

Leopard *m* -en，-en 豹 bào

Lepra *f* - 麻风病 máfēngbìng

Lerche *f* -，-n 云雀 yúnquè

Lernbegier(de) *f* - 好学 hàoxué，求知欲 qiúzhīyù

lernbegierig *adj* 好学的 hàoxuéde，勤奋学习的 qínfèn xuéxí de

Lerneifer *m* 勤学 qínxué，好学 hàoxué，用功 yònggōng

lerneifrig *adj* 勤学的 qínxuéde，好学的 hàoxuéde，努力学习的 nǔlì xuéxí de

lernen I *vt* 学习 xuéxí，学 xué：Vokabeln ～ 学习单词；Auto fahren ～ 学开汽车；学会 xuéhuì：ich habe gelernt，vorsichtig zu sein 我学会了小心谨慎 **II** *vi* 学 xué，学习 xuéxí：er lernt leicht [schwer] 他学习轻松[困难]；学艺 xué yì：er lernte in der Fabrik 他在工厂学艺

lesbar *adj* 易读的 yìdúde，容易看懂的 róngyì kàn dǒng de；字迹清楚的 zìjì qīngchude

Lesbe *f* -，-n = Lesbierin

Lesbierin *f* -，-nen 女性同性恋爱者 nǚxìng tóngxìng liàn'ài zhě

lesbisch *adj*（女性）同性恋爱的 tóngxìng liàn'ài de

Lesebuch *n* 读本 dúběn

Lesegerät *n* 缩微胶片阅读机 suōwēi jiāopiàn yuèdú jī

Lesehalle *f* 公共阅览室 gōnggòng yuèlǎnshì
lesen* Ⅰ *vt* 读 dú,阅读 yuèdú: Zeitung ～ 读报;看出 kànchū,察觉 chájué: aus seinen Augen liest man die Freude 从他的眼睛里可看出他的喜悦;Ⅱ *vt* 采摘 cǎizhāi,摘取 zhāiqǔ,拾 shí;挑选 tiāoxuǎn,拣出 jiǎnchū Ⅲ *vi* 朗读 lǎngdú,阅读 yuèdú: laut ～ 大声朗读; in einem Buch ～ 读一本书;讲课 jiǎngkè,讲授 jiǎngshòu: über die Geschichte der Philosophie ～ 讲授哲学史
Leser *m* -s, - 读者 dúzhě;采集者 cǎijízhě,拾穗者 shísuìzhě
Leseratte *f* 书呆子 shūdāizi,读书迷 dúshūmí
Leserbrief *m* 读者来信 dúzhě láixìn
leserlich *adj* 易读的 yìdúde,字迹清楚的 zìjì qīngchu de
Lesesaal *m* 阅览室 yuèlǎnshì
Lesestoff *m* 读物 dúwù,阅读材料 yuèdú cáiliào
Lesezeichen *n* 书签 shūqiān
Lesotho 莱索托 Láisuǒtuō
Lesother *m* -s, - 莱索托人 láisuǒtuōrén
Lesung *f* -, -en (文学或宗教作品的)朗读 lǎngdú;(议院)宣读法律议案 xuāndú fǎlǜ yì'àn
letal *adj* 致命的 zhìmìngde
Lette *m* -n, -n 拉脱维亚人 lātuōwéiyàrén
Letter *f* -, -n 铅字 qiānzì,活字 huózì;印刷字母 yìnshuā zìmǔ
Lettland 拉脱维亚 Lātuōwéiyà
letzt *adj* 最后的 zuìhòude: der ～e Wille 遗嘱; das ～e Haus in der Straße 这条街的最后一栋房子;最近的 zuìjìnde,刚过去的 gāng guòqùde: in der ～en Nacht 昨天夜里;(am) ～en Sonntag 上星期天; zum (或 am) Letzten 最后;剩余的 shèngyúde,惟一剩下的 wéiyī shèngxià de: mein ～es Geld 我的惟一剩下的钱
letztens *adv* 最后 zuìhòu,最终 zuìzhōng;不久前 bùjiǔqián,最近 zuìjìn
letztlich *adv* 最后 zuìhòu,最终 zuìzhōng;最近 zuìjìn
Leuchtbombe *f* 照明弹 zhàomíngdàn,闪光弹 shǎnguāngdàn
Leuchte *f* -, -n 灯 dēng;发光体 fāguāngtǐ;名人 míngrén,权威 quánwēi;杰出人物 jiéchū rénwù: er ist eine ～ der Wissenschaft 他是一位学术权威
leuchten *vi* 照明 zhàomíng,照亮 zhàoliàng,发光 fāguāng: jm ～ 用灯光给某人照亮; in den Keller ～ 照亮地下室; die Kerze leuchtet 蜡烛在发光;闪光 shǎnguāng,闪耀 shǎnyào
Leuchter *m* -s, - 烛台 zhútái;灯架 dēngjià
Leuchtkäfer *pl* 萤火虫 yínghuǒchóng
Leuchtkugel *f* 信号弹 xìnhàodàn
Leuchtpistole *f* 信号枪 xìnhàoqiāng
Leuchtrakete *f* 照明火箭 zhàomíng huǒjiàn
Leuchtreklame *f* 霓虹灯广告 níhóngdēng guǎnggào,灯光广告 dēngguāng guǎnggào
Leuchtröhre *f* 日光灯 rìguāngdēng,荧光灯 yíngguāngdēng
Leuchtturm *m* 灯塔 dēngtǎ
Leuchtuhr *f* 夜光表 yèguāngbiǎo,夜光钟 yèguāngzhōng
leugnen *vt/vi* 否认 fǒurèn,否定 fǒudìng,不承认 bùchéngrèn: seine Schuld ～ 否认有罪
Leukämie *f* -, -n 白血病 báixuèbìng
Leumund *m* -(e)s 名声 míngshēng,名誉 míngyù
Leute *pl* 人们 rénmen,公众 gōngzhòng: etw unter die ～ bringen 把某事公布于众; Kleider machen ～ 人要衣装;家人 jiārén,亲属 qīnshǔ;下级 xiàjí,部下 bùxià;全体人员或职工 quántǐ rényuán huò zhígōng
Leutnant *m* -s, -s / -e 少尉 shàowèi
leutselig *adj* (对下属和普通人)和蔼可亲的 hé'ǎi kěqīn de,平易近人的 píngyì jìn rén de
Levkoje *f* -, -n 紫罗兰花 zǐluólán huā
lexikalisch *adj* 词典的 cídiǎnde;词汇的 cíhuìde
Lexikograph *m* -en, -en 词典编纂者 cídiǎn biānzuǎnzhě
Lexikographie *f* - 词典编纂法 cídiǎn biānzuǎnfǎ,词典学 cídiǎnxué
lexikographisch *adj* 词典编纂法的 cídiǎn biānzuǎnfǎ de,词典学的 cídiǎnxuéde
Lexikologie *f* - 词汇学 cíhuìxué
Lexikon *n* -s, ...ka / ...ken 百科词典 bǎikē cídiǎn;专业词典 zhuānyè cídiǎn
Libanese *m* -n, -n 黎巴嫩人 líbānènrén
libanesisch *adj* 黎巴嫩的 líbānènde;黎巴嫩人的 líbānènrénde

Libanon 黎巴嫩 Líbānèn
Libelle *f* -, -n 蜻蜓 qíngtíng
liberal *adj* 自由的 zìyóude；自由主义的 zìyóu zhǔyì de；大方的 dàfāngde，宽容的 kuānróngde
liberalisieren *vt* 使自由化 shǐ zìyóuhuà，使自由主义化 shǐ zìyóu zhǔyì huà
Liberalismus *m* - 自由主义 zìyóu zhǔyì
liberalistisch *adj* 自由主义的 zìyóu zhǔyì de
Liberalität *f* - 自由思想 zìyóu sīxiǎng；宽宏 kuānhóng
Liberia 利比里亚 Lìbǐlǐyà
Liberianer *m* -s，- 利比里亚人 lìbǐlǐyàrén
liberianisch *adj* 利比里亚的 lìbǐlǐyàde；利比里亚人的 lìbǐlǐyàrénde
Libero *m* -s，-s（足球的）自由后卫 zìyóu hòuwèi
Libretto *n* -s，-s / ...tti 歌剧剧本 gējù jùběn，（歌剧的）歌词 gēcí
Libyen 利比亚 Lìbǐyà
Libyer *m* -s，- 利比亚人 lìbǐyàrén
libysch *adj* 利比亚的 lìbǐyàde；利比亚人的 lìbǐyàrénde
licht *adj* 亮的 liàngde，光亮的 guāngliàngde，明亮的 míngliàngde；稀疏的 xīshūde，有空间的 yǒu kōngjiān de；浅色的 qiǎnsède，淡色的 dànsède
Licht *n* -(e)s，-er 光 guāng；光源 guāngyuán；照明 zhàomíng，灯光 dēngguāng；灯 dēng：～ anschalten 开灯：das ～ geht aus 灯熄了；mir geht ein ～ auf 我突然开窍；etw ans ～ ziehen（或 bringen）暴露某事；jn hinters ～ führen 欺骗某人
Lichtbad *n* 日光浴 rìguāngyù，光浴 guāngyù；光疗 guāngliáo
Lichtbild *n* 护照上用的照片 hùzhàoshang yòng de zhàopiàn，派司照 pàisīzhào；幻灯片 huàndēngpiàn
Lichtblick *m*（在无聊或绝望中看到的）光明 guāngmíng，希望 xīwàng
lichtdicht *adj* 不透光的 bù tòuguāngde
lichten I *vt* 照亮 zhàoliàng，使光亮 shǐ guāngliàng；使…稀疏 shǐ … xīshū **II** *rfl* 亮起来 liàngqǐlái，变明亮 biànmíngliàng；变少 biànshǎo，变稀 biànxī
Lichterbaum *m* 圣诞树 shèngdànshù
Lichtermeer *n* 灯海 dēng hǎi
Lichtgeld *n* 电费 diànfèi
Lichthupe *f*（汽车超车用的）闪光信号装置 shǎnguāng xìnhào zhuāngzhì
Lichtjahr *n* 光年 guāngnián
Lichtkegel *m* -s，- 光柱 guāngzhù，光束 guāngshù
Lichtmast *m* 电线杆 diànxiàngān
Lichtreklame *f* 灯光广告 dēngguāng guǎnggào
lichtscheu *adj* 怕光的 pàguāngde；见不得人的 jiànbudé rén de，鬼鬼祟祟的 guǐguǐsuìsuìde
Lichtsignal *n* 灯光信号 dēngguāng xìnhào
Lichtspielhaus *n* 电影院 diànyǐngyuàn
Lichtspieltheater *n* = Lichtspielhaus
Lichtung *f* -，-en 森林中的空地 sēnlín zhōng de kòngdì
Lid *n* -(e)s，-er 眼皮 yǎnpí
Lidkrampf *m* 眼跳 yǎntiào
lieb *adj* 亲爱的 qīn'àide；可爱的 kě'àide，友好的 yǒuhǎode：das ist zu ～ von dir 你真太好了；听话的 tīnghuàde，乖的 guāide：ein ～es Kind 一个乖孩子；愉快的 yúkuàide，乐意的 lèyìde；受欢迎的 shòu huānyíngde：das ist mein ～stes Essen 这是我最爱吃的菜；sich bei jm ～es Kind machen 拍某人马屁
liebäugeln *vi* 想要 xiǎngyào，希望有 xīwàng yǒu：er liebäugelte schon lange mit einem neuen Mantel 他早就想要一件新大衣了；送秋波 sòng qiūbō：mit jm ～ 跟某人眉来眼去
Liebe *f* -，-n 爱 ài：die ～ zum Vaterland 对祖国的热爱；恋爱 liàn'ài，爱情 àiqíng，恋情 liànqíng：alte ～ rostet nicht 旧情难忘；好意 hǎoyì，友好 yǒuhǎo；爱人 àirén，情人 qíngrén
Liebedienerei *f* - 拍马屁 pāimǎpì，奉承 fèngcheng，阿谀奉承 ēyú fèngcheng
Liebelei *f* -，-en 调情 tiáoqíng，卖俏 màiqiào
lieben *vt* 爱 ài：seine Heimat ～ 爱自己的祖国；喜欢 xǐhuan，爱好 àihào：die Musik ～ 喜欢音乐
liebenswert *adj* 可爱的 kě'àide，讨人喜欢的 tǎorén xǐhuan de
liebenswürdig *adj* 亲切的 qīnqiède，和蔼可亲的 hé'ǎi kěqīn de，友好的 yǒuhǎode：sehr ～ zu jm sein 对某人十分友

L

好

Liebenswürdigkeit *f* -, -en 亲切 qīnqiè,和蔼可亲 hé'ǎi kěqīn,友好 yǒuhǎo: Würden Sie bitte die ～ haben, mir zu helfen? 您肯帮帮我吗?

lieber *adv* 最好 zuìhǎo,较好 jiàohǎo;宁可 nìngkě,宁愿 nìngyuàn: ich gehe ～ zu Fuß 我宁可走路; Komm ～ gleich! 最好马上来!

Liebesabenteuer *n* 风流韵事 fēngliú yùnshì

Liebesbrief *m* 情书 qíngshū

Liebesgabe *f* 施舍物 shīshěwù,救济品 jiùjìpǐn,捐助物品 juānzhù wùpǐn

Liebesgedicht *n* 爱情诗 àiqíngshī,情诗 qíngshī

Liebesgeschichte *f* 爱情小说 àiqíng xiǎoshuō,爱情故事 àiqíng gùshì;风流韵事 fēngliú yùnshì

Liebeskummer *m* 失恋的痛苦 shīliànde tòngkǔ,爱情的烦恼 àiqíngde fánnǎo

Liebeslied *n* 情歌 qínggē,恋歌 liàngē

Liebespaar *n* 情侣 qínglǚ

liebevoll *adj* 亲切的 qīnqiède,体贴的 tǐtiēde,细心的 xìxīnde,亲热的 qīnrède

liebhaben* *vt* 爱上 àishàng,喜爱 xǐ'ài,喜欢 xǐhuan

Liebhaber *m* -s, - 情人 qíngrén;追求(女人)者 zhuīqiúzhě;(业余)爱好者 àihàozhě

Liebhaberei *f* -, -en 业余爱好 yèyú àihào

liebkosen *vt* 爱抚 àifǔ,抚摸 fǔmō

lieblich *adj* 迷人的 mírénde,可爱的 kě'àide,媚人的 mèirénde;秀丽的 xiùlìde;悦耳的 yuè'ěrde

Liebling *m* -s, -e 情人 qíngrén,爱人 àirén;宠儿 chǒng'ér,红人 hóngrén: er ist der ～ des Chefs 他是领导的宠儿;(爱昵的称呼)亲爱的 qīn'àide,宝贝 bǎobèi

Lieblingsspeise *f* 最爱吃的菜 zuì'ài chī de cài

lieblos *adj* 无情的 wúqíngde,不友好的 bù yǒuhǎode;淡漠的 dànmòde,冷冰冰的 lěngbīngbīngde,硬心肠的 yìng xīncháng de

Liebreiz *m* 迷人 mírén,可爱 kě'ài

Liechtenstein ['liç...] 列支敦士登 Lièzhīdūnshìdēng

Lied *n* -es, -er 歌 gē,歌曲 gēqǔ;曲调 qǔdiào: das alte ～ 老一套,陈词滥调

Liederabend *m* 歌曲晚会 gēqǔ wǎnhuì,独唱晚会 dúchàng wǎnhuì

Liederbuch *n* 歌曲集 gēqǔjí

Liederjan *m* -(e)s, -e 浪荡子 làngdàngzǐ,放荡的人 fàngdàng de rén

liederlich *adj* 草率的 cǎoshuàide,马虎的 mǎhude;邋遢的 lātāde,不整洁的 bù zhěngjiéde;轻浮的 qīngfúde,放荡的 fàngdàngde

Lieferant *m* -en, -en 供货人 gōnghuòrén,供应商 gōngyìngshāng;交货商 jiāohuòshāng;卖方 màifāng,供货单位 gōnghuò dānwèi

lieferbar *adj* 可供应的 kě gōngyìng de,有存货的 yǒucúnhuò de

liefern *vt* 提供 tígōng: Beweise ～ 提供证据; jn ans Messer ～ 出卖某人;交货 jiāohuò,供应 gōngyìng: Waren ins Haus ～ 送货上门

Lieferschein *m* 交货单 jiāohuòdān,送货单 sònghuòdān,提货单 tíhuòdān

Lieferung *f* -, -en 交货 jiāohuò,发货 fāhuò,送货 sònghuò;供应的货物 gōngyìng de huòwù;(书籍之)分册 fēncè

Lieferwagen *m* 送货小卡车 sònghuò xiǎokǎchē

Liege *f* -, -n 睡椅 shuìyǐ,躺椅 tǎngyǐ;卧榻 wòtà

Liegegeld *n* (装,卸船的)滞期费 zhìqīfèi

liegen* *vi* 平躺 píngtǎng,卧 wò: auf dem Sofa ～ 躺在沙发上;在 zài,位于 wèiyú: die Zeitung liegt auf dem Tisch 桌子上放着报纸; Köln liegt am Rhein 科隆位于莱茵河畔;适合 shìhé: diese Arbeit liegt ihm nicht 这工作不适合他做;原因在于 yuányīn zàiyú: es liegt nur an ihm 这都怪他;关系到 guānxìdào: es hat mir vor allem daran gelegen, jedes Risiko zu vermeiden 我主要关心的是要避免任何风险; etw liegt jm am Herzen 某人对某事特别关心

liegenbleiben* *vi*(s) 躺着 tǎngzhe;遗忘 yíwàng,遗留 yíliú;滞销 zhìxiāo,积压 jīyā,卖不出去 màibùchūqù;停住 tíngzhù,卡住 qiǎzhù,搁下 liàoxià

liegenlassen* *vt* 遗忘 yíwàng,忘记 wàngjì: die Brille im Auto ～ 眼镜忘在汽车里; jn links ～ 有意不理某人,怠慢某人;搁置 gēzhì,中止 zhōngzhǐ,撂下 liàoxià: ich habe die Arbeit einige Tage ～ 我把这工作耽搁了几天

Liegestuhl *m* 躺椅 tǎngyǐ，折叠椅 zhédiéyǐ
Liegewagen *m* 卧铺车厢 wòpù chēxiāng
Lift I *m* -(e)s, -s / -e 电梯 diàntī；架空索道车 jiàkōng suǒdàochē；缆绳车 lǎnshéngchē II *m*/*n* -s, -s 脸部整容 liǎnbù zhěngróng
Liftboy *m* -s, -s 电梯司机 diàntī sījī
liften I *vi* 乘坐架空索道车 chéngzuò jiàkōng suǒdàochē II *vt* 通过整容消除皱纹 tōngguò zhěngróng xiāochú zhòuwén；给…做面部整容 gěi … zuò miànbù zhěngróng；提高 tígāo，升高 shēnggāo，吊起 diàoqǐ
Liftführer *m* ＝Liftboy
Liftkurs *m* 短训班 duǎnxùnbān；补习班 bǔxíbān
Liga *f* -, …gen 联盟 liánméng，同盟 tóngméng，协会 xiéhuì；(联赛中按各队实力编成的)级 jí，组 zǔ
Ligament *n* -(e)s, -e 韧带 rèndài
liieren *rfl* 与…有密切关系 yǔ … yǒu mìqiè guānxì；与…有暧昧关系 yǔ … yǒu àimèi guānxì
Likör *m* -s, -e 利口酒 lìkǒujiǔ，蜜酒 mìjiǔ
lila *adj* 淡紫色的 dànzǐsède，紫丁香色的 zǐdīngxiāngsède
Lilie *f* -, -n 百合花 bǎihéhuā
Liliputaner *m* -s, - 矮子 ǎizi，侏儒 zhūrú；小人国里的人 xiǎorén guó lǐ de rén
Limit *n* -s, -s / -e 限度 xiàndù，限制 xiànzhì；界限 jièxiàn
limitieren *vt* 限定 xiàndìng，限制 xiànzhì
Limonade *f* -, -n 柠檬汽水 níngméng qìshuǐ
Limone *f* -, -n 柠檬 níngméng
Limousine *f* -, -n 大型豪华轿车 dàxíng háohuá jiàochē
lind *adj* 温和的 wēnhéde，柔和的 róuhéde
Linde *f* -, -n 椴属 duànshǔ
Lindenbaum *m* 椴树 duànshù，菩提树 pútíshù
lindern *vt* 缓和 huǎnhé，减轻 jiǎnqīng：Schmerzen ～ 减轻痛苦
Linderung *f* - 减轻 jiǎnqīng，缓和 huǎnhé，缓解 huǎnjiě
Lineal *n* -s, -e 尺 chǐ，直尺 zhíchǐ
linear *adj* 线的 xiànde，直线的 zhíxiànde
Linguist *m* -en, -en 语言学者 yǔyán xuézhě
Linguistik *f* - 语言学 yǔyánxué
linguistisch *adj* 语言的 yǔyánde，语言学的 yǔyánxuéde
Linie *f* -, -n 线 xiàn，线条 xiàntiáo；排 pái，行 háng：in einer ～ stehen 站成一排；eine gerade ～ 一条直线；in erster ～ 首先；交通线 jiāotōngxiàn，路线 lùxiàn：die ～ 16 endet am Bahnhof 16 路车终点站是火车站；(政治)路线 lùxiàn，方针 fāngzhēn：von der ～ abweichen 偏离路线；(球场的)界线 jièxiàn，边线 biānxiàn，底线 dǐxiàn：der Ball hat die ～ überschritten 球已出界
Linienblatt *n* (放在书写纸张下面的)有线条衬纸 yǒuxiàntiáo chènzhǐ
Linienbus *m* 班车 bānchē
Linienflugzeug *n* 班机 bānjī
Linienflug *m* 航班 hángbān
Linienrichter *m* 巡边员 xúnbiānyuán
link *adj* 左边的 zuǒbiande，左的 zuǒde，左手的 zuǒshǒude：mit dem ～en Bein (或 Fuß) zuerst aufgestanden sein 情绪不好；zwei ～e Hände haben 笨手笨脚；内面的 nèimiànde，背面的 bèimiànde；左(派)的 zuǒ de
Linke *f* (按形容词变化)左手 zuǒshǒu，左方 zuǒfāng：jm zur ～n sitzen 坐在某人左边；(拳击中的)左手出击 zuǒshǒu chūjī；左派 zuǒpài，左翼 zuǒyì
linkisch *adj* 不灵活的 bù línghuó de，笨拙的 bènzhuōde
links *adv* 左面 zuǒmiàn，在左边 zài zuǒbian；用左手 yong zuǒshǒu：～ essen 用左手吃饭；er ist ～ 他是左撇子；内面 nèi miàn，背面 bèimiàn；左派 zuǒpài，左翼 zuǒyì
linksgängig *adj* 逆时针方向的 nì shízhēn fāngxiàng de
Linkshänder *m* -s, - 左撇子 zuǒpiězi，习惯用左手的人 xíguàn yòng zuǒshǒu de rén
Linon *m* -(s), -s 棉花细纱织物 miánhua xìshā zhīwù，上等细(麻)布 shàngděng xìbù
Linse *f* -, -n 扁豆 biǎndòu；眼睛晶体 yǎnjing jīngtǐ，晶状体 jīngzhuàngtǐ；透镜 tòujìng，镜片 jìngpiàn
linsen *vi* 偷看 tōukàn，窥视 kuīshì
Lippe *f* -, -n 嘴唇 zuǐchún：etw nicht über die ～n bringen 不敢说出某事；eine

L

(dicke) ～ riskieren 说出挑衅的话，大胆地说话

Lippenbekenntnis *n* 口头上承认 kǒutóushang chéngrèn

Lippenstift *m* 口红 kǒuhóng，唇膏 chúngāo

liquidieren *vt* 消除 xiāochú；清理 qīnglǐ，解散 jiěsàn：ein Unternehmen ～ 停办一企业；调停 tiáotíng，调解 tiáojiě：den Konflikt ～ 调解冲突；杀死 shāsǐ，除掉 chúdiào：einen Agenten ～ 除掉一特务

lispeln *vi* 咬着舌头发 s 音 yǎozhe shétou fā s yīn；低声细语 dīshēng xìyǔ

List *f* -，-en 奸计 jiānjì，诡计 guǐjì；狡猾 jiǎohuá，狡诈 jiǎozhà：voll ～ und Tücke sein 诡计多端；mit ～ und Tücke 费尽心机

Liste *f* -，-n 表 biǎo，表格 biǎogé；目录 mùlù；名单 míngdān：auf der schwarzen ～ stehen 列入黑名单

listig *adj* 狡猾的 jiǎohuáde，奸诈的 jiānzhàde；滑头的 huátóude，巧妙的 qiǎomiàode

Litauen 立陶宛 Lìtáowǎn

Litauer *m* -s，- 立陶宛人 lìtáowǎnrén

litauisch *adj* 立陶宛的 lìtáowǎnde

Liter *m/n* -s，- 升 shēng：ein ～ Milch 一升牛奶

literarisch *adj* 文学(上)的 wénxuéde

literarisieren *vt* 使文学化 shǐ wénxuéhuà，对…进行文学创作 duì … jìnxíng wénxué chuàngzuò

Literat *m* -en，-en 文学家 wénxuéjiā，作家 zuòjiā；蹩脚作家 biéjiǎo zuòjiā

Literatur *f* -，-en 文学 wénxué；文学作品 wénxué zuòpǐn；文献 wénxiàn，参考书 cānkǎoshū

Literaturgeschichte *f* 文学史 wénxuéshǐ

Literaturkritik *f* 文学评论 wénxué pínglùn

Literaturpropaganda *f* 文学宣传 wénxué xuānchuán；文学广告 wénxué guǎnggào

Literaturtheorie *f* 文学理论 wénxué lǐlùn

Literaturwissenschaft *f* 文艺学 wényìxué，文学研究 wénxué yánjiū

Litfaßsäule *f* (大街、广场的)广告柱 guǎnggàozhù

live [laif] *adj* 直播的 zhíbōde，实况转播的 shíkuàng zhuǎnbō de

Liveaufnahme *f* 实况录音(像) shíkuàng lùyīn

Live-Bericht *m* 实况报道 shíkuàng bàodào

Live-Diskussion *f* (电视、电台的)实况讨论会 shíkuàng tǎolùnhuì

Live-Foto *n* 实况照片 shíkuàng zhàopiàn；现场照片 xiànchǎng zhàopiàn

Live-Fotographie *f* 实况摄影 shíkuàng shèyǐng；现场照相 xiànchǎng zhàoxiàng

Live-Konzert *n* (电视、电台转播的)音乐会实况 yīnyuèhuì shíkuàng

Live-Sendung *f* 实况播送 shíkuàng bōsòng

Live-Show *f* [ˈlaɪfʃou] (电视转播的)演出实况 yǎnchū shíkuàng；(西方夜总会女子的)裸体表演 luǒtǐ biǎoyǎn

Livingwage [ˈliviŋweidʒ] *n* 最低生活工资(收入) zuìdī shēnghuó gōngzī

Livree *f* -，-n (司机、门房、服务员等穿的)制服 zhìfú

Lizenz *f* -，-en 执照 zhízhào，许可证 xǔkězhèng；许可 xǔkě

lizenzfrei *adj* 不用许可证的 bùyòng xǔkězhèng de

lizenzieren *vt* 发给…许可证 fāgěi … xǔkězhèng

Lizitation *f* -，-en 拍卖 pāimài

lizitieren *vt* 拍卖 pāimài

LM *n* (Lunar Module 的缩写)登月舱 dēngyuècāng，登月车 dēngyuèchē

Lob *n* -(e)s 赞美 zànměi，赞扬 zànyáng：jm ein ～ geben (或 erteilen) 赞扬某人；～ verdienen 受到表扬

lobben [ˈlɔbn] *vt* (尤指网球)(发)放高球 fàng gāo qiú

Lobby [ˈlɔbi] *f/m* -，-s 议会走廊 yìhuì zǒuláng；试图拉拢议员的集团 shìtú lālǒng yìyuán de jítuán；前厅 qiántīng，门厅 méntīng

Lobbyismus *m* -s 议会外活动 yìhuìwài huódòng，疏通 shūtōng

loben *vt* 称赞 chēngzàn，表扬 biǎoyáng，夸奖 kuājiǎng：jn [etw] ～ 赞扬某人[某事]；man soll den Tag nicht vor dem Abend ～ 不要高兴得太早

lobenswert *adj* 值得称赞的 zhídé chēngzàn de；值得表扬的 zhídé biǎoyáng de

Loblied *n* 赞歌 zàngē，颂歌 sònggē：ein ～ auf jn [etw] singen (或 anstimmen)

称赞某人[某事]

Lobrede *f* 颂词 sòngcí,赞词 zàncí;过分的吹捧 guòfènde chuīpěng

Loch *n* -(e)s, ⸚er 孔 kǒng,洞 dòng,窟窿 kūlong: wie ein ～ saufen 狂饮; ein ～ stopfen 消除亏空,还清债务; auf (或 aus) dem letzten ～ pfeifen 面临绝境,山穷水尽;监狱 jiānyù,牢房 láofáng: jn ins ～ stecken 把某人关进监牢

lochen *vt* 打洞 dǎdòng,钻孔 zuānkǒng: einen Fahrschein ～ 在车票上打洞

Locher *m* -s, - 打孔机 dǎkǒngjī

löcherig *adj* 多孔的 duōkǒngde,有洞的 yǒudòngde,有窟窿的 yǒu kūlong de

Lockangebot *n* 诱骗性报价 yòupiànxìng bàojià

Lockartikel *m* (引诱顾客上门的)橱窗中陈列的廉价商品 chúchuāngzhōng chénliède liánjià shāngpǐn

Locke *f* -, -n 鬈发 quánfa: das Haar in ～n legen 使头发鬈曲着

locken *vt* 吸引 xīyǐn,引诱 yǐnyòu,招引 zhāoyǐn: jn in die Falle ～ 引某人上钩;使鬈曲 shǐ quánqū,烫头发 tàngtóufa: er lässt sich die Haare ～ 他请人给自己鬈头发

lockend *adj* 诱人的 yòurénde,吸引人的 xīyǐn rén de

Lockenkopf *m* 头发卷曲的头 tóufa quánqū de tóu;有卷曲头发的孩子(或青年) yǒu quánqū tóufa de háizi

locker *adj* 松的 sōngde,不牢固的 bù láogùde,动摇的 dòngyáode,晃动的 huàngdòngde,松弛的 sōngchíde: bei jm ist eine Schraube ～ 某人神经不正常; ein ～es Leben führen 过放荡生活

lockerlassen* *vi* (多用于否定句)放松 fàngsōng;放弃 fàngqì,让步 ràngbù: wir dürfen jetzt nicht ～ 我们现在不能屈服

lockermachen *vt* 掏(钱) tāo,付(款) fù

lockern I *vt* 放松 fàngsōng,使松动 shǐ sōngdòng: die Glieder ～ 放松四肢 II *rfl* 松动 sōngdòng,松弛 sōngchí,变松 biànsōng: der Zahn hat sich gelockert 牙齿松动了

Lockerung *f* -, -en 放松 fàngsōng,松弛 sōngchí,松动 sōngdòng

Lockvogel *m* 囮子 ézi,诱鸟 yòuniǎo 诱骗者 yòupiànzhě,诱人入圈套的人 yòurén rù quāntào de rén;诱人上当的轻佻女子 yòurén shàngdàng de qīngtiāo nǚzǐ

lodern *vi* 熊熊燃烧 xióngxióng ránshāo,火光冲天 huǒguāng chōngtiān

Löffel *m* -s, - 匙 chí,勺 sháo;兔耳 tù'ěr;(人的)耳朵 ěrduo: die ～ spitzen 注意听; sich etw hinter die ～ schreiben 牢记某事; jn über den ～ barbieren 欺骗某人

löffeln *vt* 用匙吃 yòng chí chī;理解 lǐjiě,懂得 dǒngde

Logbuch *n* 航海日记 hánghǎi rìjì

Loge ['lo:ʒə] *f* -, -n (剧院)包厢 bāoxiāng,厢座 xiāngzuò

Logik *f* - 逻辑 luójí,逻辑学 luójíxué;逻辑性 uójíxìng

Logis [lo'ʒi:] *n* - [lo'ʒi:(s)], - [lo'ʒi:s] 住所 zhùsuǒ,宿所 sùsuǒ;船员舱 chuányuáncāng

logisch *adj* 逻辑的 luójíde,合乎逻辑的 héhū uójí de

Lohn *m* -(e)s, ⸚e 工资 gōngzī: gleicher ～ für gleiche Arbeit 同工同酬;报酬 bàochou;报应 bàoyìng,惩罚 chéngfá: er wird schon seinen ～ bekommen 他将自食其果; bei jm in ～ und Brot stehen 受雇于某人

Lohnarbeit *f* 雇佣劳动 gùyōng láodòng

Lohnarbeiter *m* 雇佣劳动者 gùyōng láodòngzhě

Lohnausfall *m* 停发工资 tíng fā gōngzī;工资损失 gōngzī sǔnshī,工资下降 gōngzī xiàjiàng

lohnen I *vt* 值得 zhídé: der Erfolg lohnt die Mühe 辛劳没白费,是有成果的; die Stadt lohnt den Besuch 这城市值得参观;报答 bàodá,酬谢 chóuxiè: jm seine Hilfe ～ 向某人报答他的帮助 II *rfl/vi* 值得 zhídé,有意义 yǒu yìyì: die Arbeit lohnt 这工作值得做; es lohnt (sich) nicht, darüber zu sprechen 对此不值得一谈

Lohnexplosion *f* 工资暴涨 gōngzī bàozhǎng

Lohnhierarchie *f* 工资等级 gōngzī děngjí;工资级别 gōngzī jíbié

Lohnsteuer *f* 工资所得税 gōngzī suǒdéshuì

Lohnstopp *m* -s, -s 工资冻结 gōngzī dòngjié

Lohnsystem *n* 工资制度 gōngzī zhìdù

L

Lohntag *m* 发薪日 fāxīnrì，发工资日 fāgōngzīrì
Loipe [ˈlɔypə] *f* -，-n 长距离滑雪道 chángjùlí huáxuědào
Lok *f* -，-s（Lokomotive 的简称）
lokal *adj* 当地的 dāngdìde，地方的 dìfāngde；局部的 júbùde
Lokal *n* -s，-e 饭馆 fànguǎn，酒店 jiǔdiàn；地方 dìfāng，场所 chǎngsuǒ
Lokalangabe *f* -，-n（语法）地点说明语 dìdiǎn shuōmíngyǔ
Lokalbestimmung *f* -，-en（语法）地点状语 dìdiǎn zhuàngyǔ
lokalisieren *vt* 确定…的位置 quèdìng … de wèizhi；使局部化 shǐ júbùhuà，把…局限在 bǎ … júxiàn zài
Lokalkrieg *m* 局部战争 júbù zhànzhēng
Lokalnachrichten *pl* 本地新闻 běndì xīnwén，地方新闻 dìfāng xīnwén
Lokalpatriotismus *m* 地方主义 dìfāng zhǔyì，乡土观念 xiāngtǔ guānniàn
Lokalsatz *m* 地点状语从句 dìdiǎn zhuàngyǔ cóngjù，地点从句 dìdiǎn cóngjù
Lokführer *m* ＝Lokomotivführer
Lokogeschäfte *pl*（商品交易所的）现货交易 xiànhuò jiāoyì
Lokohandel *m* 现货贸易 xiànhuò màoyì
Lokomarkt *m* 现货市场 xiànhuò shìchǎng
Lokomotive *f* -，-n 火车头 huǒchētóu，机车 jīchē
Lokomotivführer *m* 火车司机 huǒchē sījī
Lokomotivwerkstätte *f* 机车修理厂 jīchē xiūlǐchǎng
Lokopreis *m* 现货价格 xiànhuò jiàgé
Lokowaren *pl* 现货 xiànhuò
Lokus *m* -ses，-se 厕所 cèsuǒ，洗手间 xǐshǒujiān；抽水马桶 chōushuǐ mǎtǒng
Lombard *m/n* 抵押贷款 dǐyā dàikuǎn
lombardieren *vt* 把…作抵押贷款 bǎ … zuò dǐyā dàikuǎn
Longseller [ˈlɔŋselə] *n* -s，- 畅销书 chàngxiāoshū
Look [luk] *m* -s，-s 时式 shíshì，时装的式样 shízhuāng de shìyàng；流行风格 liúxíng fēnggé
Lorbeer *m* -s，-en 月桂树 yuèguìshù；荣誉的象征 róngyù de xiàngzhēng：～en pflücken（或 ernten）取得成就，得到荣誉；sich auf seinen ～en ausruhen 躺在功劳本上睡大觉，吃老本
Lord *m* -s，-s（英国）勋爵 xūnjué
Lore *f* -，-n 敞篷货车 chǎngpéng huòchē
los I *adj* 松开的 sōngkāide，脱落的 tuōluòde，分离的 fēnlíde，不受束缚的 bù shòu shùfù de：die Schraube ist ～ 螺丝已脱落；etw ～ haben 能干，很内行；jn [etw] ～ sein 摆脱某人[某事]；die Sorge bin ich endlich ～ 我终于摆脱了这麻烦；Was ist hier ～？这儿出什么事了？Was ist mit dir ～？你怎么啦？II *adv* 离开 líkāi；开始 kāishǐ，快 kuài，赶快 gǎnkuài：Nun aber ～！开始吧！赶快！Los，wir gehen jetzt！快，我们现在就去！
Los *n* -es，-e 签 qiān；彩票 cǎipiào，奖券 jiǎngquàn：das Große ～ ziehen（或 gewinnen）中大奖，中头奖，走鸿运；命运 mìngyùn：kein leichtes ～ haben 命运不佳，痛苦遭遇
lösbar *adj* 可溶的 kěróngde；可解决的 kě jiějué de，可解答的 kě jiědá de
losbinden* *vt* 把…解开 bǎ … jiěkāi：die Krawatte ～ 解开领带
losbrechen* I *vt* 折断 zhéduàn，使断裂 shǐ duànliè II *vi*（*s*）爆发 bàofā：ein Sturm ist losgebrochen 暴风雨突然大作
Löschblatt *n* 吸墨水纸 xīmòshuǐzhǐ
löschen *vt* 扑灭 pūmiè，关灭 guān miè，熄灭 xīmiè：eine Kerze ～ 将蜡烛熄灭；擦去 cāqù，抹去 mǎqù；注销 zhùxiāo；偿清 chángqīng；卸下 xièxià，卸货 xièhuò：ein Schiff ～ 把船上的货物卸下
Löscher *m* -s，- 吸墨纸 xīmòzhǐ，吸墨器 xīmòqì；灭火器 mièhuǒqì
Löschgeld *n* 卸货费 xièhuòfèi；码头税 mǎtoushuì，码头使用费 mǎtou shǐyòngfèi
Löschkopf *m* 清洗磁头 qīngxǐ cítóu
Löschmannschaft *f* 消防队 xiāofángduì；救火员 jiùhuǒyuán
Löschpapier *n* 吸墨水纸 xīmòshuǐzhǐ
Löschungshafen *m* 卸货港 xièhuògǎng，交货港 jiāohuògǎng
Löschungsort *m* 卸货地点 xièhuò dìdiǎn
lose *adj* 松散的 sōngsǎnde，松动的 sōngdòngde：bei ihm ist eine Schraube ～ 他头脑不正常；散装的 sǎnzhuāngde，零碎的 língsuìde：～ Ware 散装商品，零售货；散页的 sǎnyède，活页的 huóyède：～ Blätter 活页纸；任性的 rènxìngde，戏

弄的 xìnòngde：～ Reden führen 讲话随便；jm einen ～n Streich spielen 肆意捉弄某人

Lösegeld *n* 赎金 shújīn

loseisen *vt/rfl*（费力地）使…摆脱 shǐ … bǎituō，脱身 tuōshēn

losen *vi* 抽签决定 chōuqiān juédìng，抓阄 zhuājiū：um etw ～ 为决定某事抽签；wir losten，wer zuerst fahren sollte 我们抽签决定该谁先去

lösen I *vt* 解开 jiěkāi，松开 sōngkāi；解决 jiějué，解答 jiědá：eine Aufgabe ～ 解答一习题；取消 qǔxiāo，解除 jiěchú，废除 fèichú：die Verlobung ～ 解除婚约；溶解 róngjiě：Zucker in Wasser ～ 把糖溶解在水里；算出 suànchū，猜出 cāichū；购买 gòumǎi：eine Fahrkarte ～ 买一张车票 II *rfl* 松开 sōngkāi，脱落 tuōluò，脱离 tuōlí：sich von jm [etw] ～ 摆脱某人[某事]；消除 xiāochú，解除 jiěchú；溶化 rónghuà；获得澄清 huòdé chéngqīng

losfahren* *vi*(*s*) 出发 chūfā，起程 qǐchéng；冲向 chōngxiàng：auf jn ～ 冲向某人；der Hund fuhr wütend auf den Fremden los 狗凶恶地向陌生人扑去

losgehen* *vi*(*s*) 出发 chūfā，上路 shànglù；开始 kāishǐ，发生 fāshēng：das Spiel geht pünktlich um 15 Uhr los 比赛准 15 点开始；向…冲击 xiàng … chōngjī，向…袭去 xiàng … xíqù：auf ein Ziel ～ 向一目标冲去；爆炸 bàozhà

loskaufen *vt* 赎回 shúhuí

loskommen* *vi*(*s*) 离开 líkāi，摆脱 bǎituō，脱身 tuōshēn：von jm [etw] ～ 摆脱某人[某事物]

loslassen* *vt* 释放 shìfàng，放开 fàngkāi，放走 fàngzǒu：Lass mich los! 放开我！（用于贬义）派 pài，让 ràng：unqualifizierte Ärzte auf die Menschen ～ 让不合格的医生给人看病

loslegen *vi* 起劲地开始… qǐjìnde kāishǐ …：mit etw ～ 起劲地开始干某事；du kannst gleich ～ mit deiner Erzählung 你可以马上开讲了

löslich *adj* 可溶解的 kě róngjiě de

loslösen I *vt* 分开 fēnkāi，分离 fēnlí II *rfl* 脱离 tuōlí，摆脱 bǎituō

losmachen I *vt* 解开 jiěkāi，松开 sōngkāi，放开 fàngkāi：einen Kragen ～ 松开衣领 II *rfl* 解开 jiěkāi，放开 fàngkāi；摆脱 bǎituō

lossagen *rfl* 断绝关系 duànjué guānxì，宣布与…脱离关系 xuānbù yǔ … tuōlí guānxì：sich von seinen Eltern ～ 跟父母脱离关系；sich von seiner Vergangenheit ～ 与过去决裂

losschießen* I *vt* 突然开火 tūrán kāihuǒ，突然发射 tūrán fāshè II *vi*(*s*)（突然）起跑 qǐpǎo；冲向 chōngxiàng：auf jn [etw] ～ 冲向某人[某物] III *vi* 开始说话 kāishǐ shuōhuà，开始讲述 kāishǐ jiǎngshù：Schieß mal los!（你）开腔吧！

lossprechen* *vt* 宣布解除 xuānbù jiěchú：jn von einer Verpflichtung ～ 解除某人一项义务；宣告满师 xuāngào mǎnshī

Losung *f* -，-en 标语 biāoyǔ，口号 kǒuhào：Transparente mit ～en 写有口号的标语牌；口令 kǒulìng，暗语 ànyǔ

Lösung *f* -，-en 解答 jiědá，答案 dá'àn；解决办法 jiějué bànfǎ；解除 jiěchú，取消 qǔxiāo；溶液 róngyè；溶解 róngjiě

loswerden* *vt* 摆脱 bǎituō，脱离 tuōlí；出售 chūshòu，卖掉 màidiào：ich werde diese Ware kaum los 这种货物我几乎卖不掉

losziehen* *vi*(*s*) 离去 líqù，出发 chūfā；攻击 gōngjī，谩骂 mànmà，责骂 zémà：gegen（或 über）jn ～ 责骂某人

Lot *n* -(e)s，-e 垂直线 chuízhíxiàn；测锤 cèchuí，铅锤 qiānchuí：etw wieder ins (rechte) ～ bringen 使某事恢复正常；Ist alles im ～? 一切都很正常吗？

loten *vt* 用锤测水深 yòng chuí cè shuǐshēn，用铅锤测 yòng qiānchuí cè

löten *vt* 焊接 hànjiē，焊合 hànhé

Lötkolben *n* 电烙铁 diànlàotiě

Lotos *m* -，- 莲花 liánhuā

Lotosblume *f* = Lotos

lotrecht *adj* 垂直的 chuízhíde

Lotse *m* -n，-n 领港员 lǐnggǎngyuán

lotsen *vt* 给…领港 gěi … lǐnggǎng；给…导航 gěi … dǎoháng；引路 yǐnlù，引水 yǐnshuǐ：ein Schiff in den Hafen ～ 把船引航入港

Lotterie *f* -，-n 摇奖 yáojiǎng，抽奖 chōujiǎng：das ist die reinste ～ 这毫无把握，这是完全不能预测的事

Lotterleben *n* 放荡生活 fàngdàng shēnghuó

Lotterwirtschaft *f*（企业）管理混乱 guǎnlǐ hùnluàn

Lotto *n* -s，-s（儿童）盖牌游戏 gài pái yóuxì；数码奖券抽彩 shùmǎ jiǎngquàn

L

chōucǎi
Love-Story [ˈlʌvˈstɔːri] *f* -, -s 爱情故事 àiqíng gùshi;恋爱小说 liàn'ài xiǎoshuō
Löwe *m* -n, -n 狮子 shīzi;名流 míngliú,要人 yàorén: er war der ～ des Abends 他是晚会上的中心人物;狮子座 shīzizuò
Löwenanteil *m* 最大部分 zuìdà bùfen,最大份额 zuìdà fèn'é
Löwenmaul *n* 金鱼草属 jīnyúcǎoshǔ
Löwenmut *m* 极大的勇气 jídàde yǒngqì
Löwenzahn *m* 蒲公英 púgōngyīng
Löwin *f* -, -nen 母狮 mǔshī
loyal [lọaˈjaːl] *adj* 正派的 zhèngpàide,正直的 zhèngzhíde;守法的 shǒufǎde;忠诚的 zhōngchéngde
Loyalität *f* - 正直 zhèngzhí,正派 zhèngpài;守法 shǒufǎ;忠诚 zhōngchéng
Lücke *f* -, -n 空隙 kòngxì,缺口 quēkǒu,漏洞 lòudòng;缺点 quēdiǎn,缺陷 quēxiàn
Lückenbüßer *m* 替工 tìgōng,临时代替者 línshí dàitìzhě;代用品 dàiyòngpǐn,填补品 tiánbǔpǐn
lückenhaft *adj* 有裂缝的 yǒu lièfèng de,有缺口的 yǒu quēkǒu de;有缺陷的 yǒu quēxiàn de,不完善的 bù wánshànde,不完整的 bù wánzhěngde
lückenlos *adj* 无裂缝的 wú lièfèng de;无漏洞的 wú lòudòng de,完美无缺的 wánměi wúquē de,完整的 wánzhěngde
Lückenspringen *n* (交通拥挤时)钻空子超车 zuānkòngzi chāochē
Luder *n* -s, - 滑头 huátóu,骗子 piànzi,恶棍 ègùn;轻佻放荡的女人 qīngtiāo fàngdàng de nǚrén;可怜虫 kěliánchóng,不幸的人 bùxìngde rén;(诱捕野兽用的)动物尸体 dòngwù shītǐ
Lues [... es] *f* - 梅毒 méidú
Luffa *f* - 丝瓜 sīguā
Luffaschwamm *m* (洗澡用)丝瓜筋 sīguājīn
Luft *f* -, ¨-e 空气 kōngqì,大气 dàqì: frische ～ schöpfen (或 schnappen) 吸新鲜空气; *jn wie ～ behandeln* 不重视某人; in die ～ gehen (或 fliegen) 爆炸; in die ～ gucken 吃亏; jn an die ～ setzen 赶走某人;空间 kōngjiān,空地 kòngdì: jetzt gibt es ～ 现在有空地方了;微风 wēifēng,通风 tōngfēng,气流 qìliú
Luftabwehr *f* 防空 fángkōng
Luftangriff *m* 空袭 kōngxí
Luftaufnahme *f* 空中摄影 kōngzhōng shèyǐng
Luftballon *m* 气球 qìqiú
Luftbrücke *f* 空中走廊 kōngzhōng zǒuláng,空中桥梁 kōngzhōng qiáoliáng
luftdicht *adj* 不漏气的 bù lòuqì de,密封的 mìfēng de
Luftdruck *m* 大气压 dàqìyā,气压 qìyā
lüften *vt* 通风 tōngfēng,使通气 shǐ tōngqì: das Zimmer ～ 给房间通风;撩起 liáoqǐ,揭开 jiēkāi: sein Geheimnis ～ 揭露他的秘密; den Hut ～ 脱帽致意
Luftfahrt *f* 飞行 fēixíng,航行 hángxíng;航空学 hángkōngxué,航空术 hángkōngshù
Luftfahrtmedizin *f* 航空医学 hángkōng yīxué
Luftfahrzeug *n* 飞机 fēijī;飞行器 fēixíngqì,航空器 hángkōngqì
Luftfeuchtigkeit *f* 空气湿度 kōngqì shīdù
Luftfilter *m/n* 空气过滤器 kōngqì guòlǜqì
Luftfracht *f* 空运的货物 kōngyùnde huòwù;航空运输 hángkōng yùnshū;航空货运费 hángkōng huòyùnfèi
Luftgeschäft *n* 空运业务 kōngyùn yèwù
Lufthoheit *f* 领空权 lǐngkōngquán
luftig *adj* 通风的 tōngfēngde;空气流通的 kōngqì liútōng de;轻的 qīngde;轻浮的 qīngfúde,轻率的 qīngshuàide
Luftkissen *n* 气垫 qìdiàn
Luftkissenboot *n* 气垫船 qìdiànchuán
Luftkissenfahrzeug *n* 气垫式交通工具 qìdiànshì jiāotōng gōngjù
Luftkrankheit *f* 晕机 yùnjī,航空病 hángkōngbìng
Luftkrieg *m* 空战 kōngzhàn
Luftlandetruppe *f* 空降部队 kōngjiàng bùduì
luftleer *adj* 真空的 zhēnkōngde,无空气的 wú kōngqì de
Luftpirat *m* 劫机者 jiéjīzhě
Luftpiraterie *f* 劫机行为 jiéjī xíngwéi,劫持飞机 jiéchí fēijī
Luftpost *f* 航空邮件 hángkōng yóujiàn,航空邮政 hángkōng yóuzhèng
Luftpostbrief *m* 航空信 hángkōngxìn
Luftreiniger *m* 滤气器 lǜqìqì,空气净化装置 kōngqì jìnghuà zhuāngzhì

Luftröhre *f* 气管 qìguǎn
Luftschiff *n* 飞船 fēichuán，飞艇 fēitǐng
Luftschlauch *m* 内胎 nèitāi
Luftschloss *n* 空中楼阁 kōngzhōng lóugé，幻影 huànyǐng，幻想 huànxiǎng
Luftspiegelung *f* 海市蜃楼 hǎi shì shèn lóu，蜃景 shènjǐng，幻景 huànjǐng
Luftsprung *m*（高兴得）跳跃 tiàoyuè，雀跃 quèyuè
Luftstraße *f* 航线 hángxiàn
Luftstreitkräfte *pl* 空军 kōngjūn
Luftstützpunkt *m* 空军基地 kōngjūn jīdì
Lüftung *f* -，-en 通风 tōngfēng；通风装置 tōngfēng zhuāngzhì
Luftverkehr *m* 空中交通 kōngzhōng jiāotōng，航空交通 hángkōng jiāotōng
Luftwaffe *f* 空军 kōngjūn
Luftweg *m* 航空线 hángkōngxiàn；呼吸道 hūxīdào，呼吸器官 hūxī qìguān
Luftzug *m* 气流 qìliú，通风 tōngfēng，穿堂风 chuāntángfēng
Lüge *f* -，-n 谎言 huǎngyán，谎话 huǎnghuà：jn bei einer ～ ertappen 当场拆穿某人的谎言；～n haben kurze Beine 谎言不能持久
lügen* *vi/vt* 说谎 shuōhuǎng，骗人 piànrén，撒谎 sāhuǎng
lügenhaft *adj* 说谎的 shuōhuǎngde；骗人的 piànrénde，虚假的 xūjiǎde
Lügenmaul *m* 爱说谎的人 ài shuōhuǎng de rén
Lügner *m* -s，- 说谎者 shuōhuǎngzhě，骗人者 piànrénzhě
lügnerisch *adj* 爱说谎的 ài shuōhuǎng de，骗人的 piànrénde；不真实的 bù zhēnshíde，虚假的 xūjiǎ de
Luke *f* -，-n 天窗 tiānchuāng，小窗 xiǎo chuāng；舷窗 xiánchuāng，舱口 cāngkǒu
lukrativ *adj* 获利的 huòlìde，赚钱的 zhuànqiánde，生利的 shēnglìde
Lulatsch *m* -(e)s，-e（动作不灵活的）瘦高个子年青人 shòu gāo gèzi niánqīngrén
lullen *vt* 哄…睡觉 hǒng … shuìjiào，低声哼唱哄…入眠 dīshēng hēngchàng hǒng … rùmián：ein Kind in den Schlaf ～ 唱催眠曲哄孩子入睡
Lumbago *f* - 腰痛 yāotòng，腰部风湿病 yāobù fēngshībìng
Lümmel *m* -s，- 流浪汉 liúlànghàn，二流子 èrliúzi，粗人 cūrén
Lump *m* -en，-en 无赖 wúlài，流氓 liúmáng，恶棍 ègùn
lumpen *vi* 狂饮 kuángyǐn，生活放荡 shēnghuó fàngdàng：sich nicht ～ lassen 表示慷慨大方，表示花钱不吝啬
Lumpen *m* -s，- 抹布 mābù；破布 pòbù，布块 bùkuài：jn aus den ～ schütteln 严厉责备某人；破旧衣服 pòjiù yīfu：in ～ gehüllt sein 衣衫褴褛
Lumpensammler *m* 捡破烂的人 jiǎn pòlàn de rén
Lumperei *f* -，-en 小事 xiǎoshì，琐事 suǒshì；卑劣行为 bēiliè xíngwéi，无耻行径 wúchǐ xíngjìng
lumpig *adj* 卑鄙的 bēibǐde，无耻的 wúchǐde，下流的 xiàliúde；微不足道的 wēi bù zú dào de，少得可怜的 shǎode kělián de
lunar *adj* 月球的 yuèqiúde
Lunatismus *m* - 梦游症 mèngyóuzhèng
Lunch [lʌntʃ] *n* -(e)s / -，-e(s) / -e 午餐 wǔcān，便餐 biàncān
Lunchpaket *n* 午餐盒饭 wǔcān héfàn
Lunge *f* -，-n 肺 fèi：die ～ röntgen X光检查肺部
Lungenentzündung *f* 肺炎 fèiyán
Lungenheilstätte *f* 肺病疗养所 fèibìng liáoyǎngsuǒ
lungenkrank *adj* 患肺病的 huàn fèibìng de
Lungenkrankheit *f* 肺病 fèibìng
Lungentuberkulose *f* 肺结核 fèijiéhé
Lunonaut *m* -en，-en 登月宇航员 dēng yuè yǔhángyuán
Lupe *f* -，-n 放大镜 fàngdàjìng：jn [etw] unter die ～ nehmen 仔细观察某人[某事]
Lurch *m* -(e)s，-e 两栖动物 liǎngqī dòngwù
Lust *f* -，⸚e 兴趣 xìngqù，兴致 xìngzhì，喜悦 xǐyuè：～ an etw haben 对某事感兴趣；爱好 àihào，要求 yāoqiú，乐趣 lèqù：ich habe große ～，ihn anzurufen 我很想打电话给他；nach ～ und Laune 尽情地；情欲 qíngyù，性欲 xìngyù
Luster，**Lüster** *m* -s，- 枝形吊灯 zhīxíng diàodēng
lüstern *adj* 欲望的 yùwàngde，贪婪的 tānlánde：nach etw（或 auf etw）～ sein 渴望某事；好色的 hàosède，淫荡的 yín-

L

dàngde
Lüsternheit *f* - 渴望 kěwàng，贪婪 tānlán；淫荡 yíndàng，好色 hàosè
lustig *adj* 愉快的 yúkuàide，欢乐的 huānlède，高兴的 gāoxìngde：sich über jn [etw] ～ machen 拿某人[某事]寻开心；活跃的 huóyuède，诙谐的 huīxiéde；有情趣的 yǒu qíngqùde，欢快的 huānkuàide
Lustigkeit *f* - 快乐 kuàilè，欢乐 huānlè，高兴 gāoxìng；滑稽 huájī，有趣 yǒuqù
lustlos *adj* 不高兴的 bù gāoxìngde，无兴趣的 wú xìngqùde，无精打采的 wú jīng dǎ cǎi de；萧条的 xiāotiáode，呆滞的 dāizhìde，淡季的 dànjìde
Lustlosigkeit *f* - 无精打采 wú jīng dǎ cǎi，无兴趣 wú xìngqù；(证券交易)停滞 tíngzhì
Lustspiel *n* 喜剧 xǐjù
Luxemburg 卢森堡 Lúsēnbǎo
Luxemburger *m* -s，- 卢森堡人 lúsēnbǎorén
luxemburgisch *adj* 卢森堡的 lúsēnbǎode
luxuriös *adj* 豪华的 háohuáde，浪费的 làngfèide，奢侈的 shēchǐde
Luxus *m* - 豪华 háohuá，浪费 làngfèi，奢侈 shēchǐ
Luxusartikel *m* 奢侈品 shēchǐpǐn
Luxusausgabe *f* 精装版 jīngzhuāngbǎn，豪华版 háohuábǎn
Luxusdampfer *n* 豪华轮船 háohuá lúnchuán
Luxushotel *n* 豪华旅馆 háohuá lǚguǎn，豪华饭店 háohuá fàndiàn
Luxuszug *m* 豪华国际列车 háohuá guójì lièchē
lymphatisch *adj* 淋巴的 línbāde，淋巴性的 línbāxìngde
Lymphe *f* -，-n 淋巴 línbā，淋巴液 línbāyè；痘苗 dòumiáo
lynchen ['lynçn] *vt* 对…用私刑 duì … yòng sīxíng；私刑拷打 sīxíng kǎodǎ，私刑处死 sīxíng chǔsǐ
Lyrik *f* - 抒情诗 shūqíngshī
Lyriker *m* -s，- 抒情诗人 shūqíngshīrén
lyrisch *adj* 抒情诗的 shūqíngshīde；抒情的 shūqíngde，温柔的 wēnróude，感情丰富的 gǎnqíng fēngfùde
Lysol *n* -s (旧名)来苏儿 láisū'ér(消毒液)，杂酚皂液 záfēn zàoyè

M

M. A. (Magister Artium 的缩写)文科硕士 wénkē shuòshì

Maat *m* -(e)s, -e 海军军士 hǎijūn jūnshì

Machart *f* 衣服式样 yīfu shìyàng,做工 zuògōng

Mache *f* - 做作 zuòzuo,装模作样 zhuāng mú zuò yàng: etw ist ~ 某事是装出来的;制作 zhìzuò: etw in der ~ haben 着手做某事

machen I *vt* 做 zuò,作 zuò: Tee ~ 沏茶; Spaß ~ 开玩笑; Pause ~ 休息;完成 wánchéng,从事 cóngshì: eine Arbeit ~ 从事一项工作; einen Spaziergang ~ 散步; einen Vorschlag ~ 作一建议;制作 zhìzuò: Kleider ~ 做衣服; Kleider ~ die Leute 人要衣装;引起 yǐnqǐ,产生 chǎnshēng,造成 zàochéng: jm Freude ~ 使某人愉快; das Bild macht mir einen guten Eindruck 这张照片给我留下一个好印象;得出 déchū,计 jì,总结 zǒngjié: drei mal drei macht neun 三乘三等于九; das macht zusammen 50 Euro 总计 50 欧元; das macht nichts 这没有关系;作出…姿态 zuòchū … zītài,摆出…样子 bǎichū … yàngzi: große Augen ~ 吃惊; ein langes Gesicht ~ 显出不高兴的样子;充当 chōngdāng,担任 dānrèn: den Schiedsrichter ~ 充当裁判;整理 zhěnglǐ,料理 liàolǐ: das Bett ~ 整理床铺;发出 fāchū: ein großes Geschrei ~ 发出大声叫喊 II *rfl* 开始 kāishǐ,着手 zhuóshǒu: sich auf den Weg ~ 动身,上路; sich an die Arbeit ~ 开始工作;进展 jìnzhǎn,顺利进行 shùnlì jìnxíng: die Sache macht sich 事情进展顺利;适合 shìhé,相称 xiāngchèn,相配 xiāngpèi: die kleine Vase macht sich an dieser Stelle nett 小花瓶放在这地方很相称; der Hut macht sich gut zu diesem Kleid 这顶帽子和这件衣服很配

Machenschaft *f* -, -en 阴谋诡计 yīnmóu guǐjì: er beteiligte sich nicht an den ~en 他没有参与这些阴谋诡计

Maschinationen *pl* 阴谋 yīnmóu,诡计 guǐjì

Macher *m* -s, - 领头人 lǐngtóurén,积极倡议者 jījí chàngyìzhě,实干家 shígànjiā

Macherlohn *m* 工钱 gōngqian,裁缝工钱 cáifeng gōngqian

Machismo [...'tsɪs...] *m* -(s) 大男子主义 dà nánzǐ zhǔyì

Macht *f* -, ⸚e 力量 lìliang,势力 shìli,影响 yǐngxiǎng;权力 quánlì,政权 zhèngquán: die ~ ausüben 行使权力; an die ~ kommen (或 gelangen) 夺取政权,执政; das steht nicht in meiner ~ 此事我无权处理;力 lì;力量 lìliang: mit aller ~ 尽全力; über seine ~ 超出他的力量;大国 dàguó,强国 qiángguó: die imperialistischen Mächte 帝国主义列强

Machtapparat *m* 政权机构 zhèngquán jīgòu,权力机关 quánlì jīguān

Machtbefugnis *f* 权力 quánlì,权限 quánxiàn

Machtbereich *m* 权力范围 quánlì fànwéi

Machtgier *f* 权力欲 quánlìyù,政治野心 zhèngzhì yěxīn

Machthaber *m* -s, - 当权者 dāngquánzhě,统治者 tǒngzhìzhě,执政者 zhízhèngzhě

mächtig I *adj* 强大的 qiángdàde,有权力的 yǒu quánlì de,强有力的 qiángyǒulìde: ein ~er Staat 一个强国;能支配的 néng zhīpèi de,能控制的 néng kòngzhì de: er war seiner selbst nicht mehr ~ 他再也不能控制自己;巨大的 jùdàde,宽阔的 kuānkuòde: wir haben ~en Hunger 我们饿得要命 II *adv* 甚 shèn,非常 fēicháng,极其 jíqí: ~ groß [viel] 非常大[多]

machtlos *adj* 无力的 wúlìde,无势力的 wú shìli de,无能力的 wú nénglì de

Machtmissbrauch *m* 滥用职权 lànyòng zhíquán

Machtmittel *n* 强权手段 qiángquán shǒuduàn，统治工具 tǒngzhì gōngjù
Machtorgan *n* 政权机关 zhèngquán jīguān，权力机关 quánlì jīguān
Machtpolitik *f* 强权政治 qiángquán zhèngzhì
Machtprobe *f* 力量的较量 lìliangde jiàoliàng，力量的检验 lìliangde jiǎnyàn
Machtvakuum *n* 权力真空 quánlì zhēnkōng
machtvoll *adj* 强大的 qiángdàde，有力的 yǒulìde；有强大影响力的 yǒu qiángdà yǐngxiǎnglì de
Madagaskar 马达加斯加 Mǎdájiāsījiā
Madagasse *m* -n, -n 马达加斯加人 mǎdájiāsījiārén
Madam *f* -, -s / -en 夫人 fūrén，太太 tàitai，女士 nǚshì
Mädchen *n* -s, - 女孩 nǚhái，小姑娘 xiǎogūniang；女佣人 nǚyōngrén，保姆 bǎomǔ；情人 qíngrén，女朋友 nǚpéngyou
mädchenhaft *adj* 少女般的 shàonǚbānde；羞怯的 xiūqiède
Mädchenhandel *m* 贩卖妇女 fànmài fùnǚ
Made *f* -, -n 蛆 qū；幼虫 yòuchóng
Mädel *n* -s, - 女孩 nǚhái，小姑娘 xiǎogūniang；保姆 bǎomǔ，女佣人 nǚyōngrén；情人 qíngrén
madig *adj* 多蛆的 duōqūde，生蛆的 shēngqūde，虫蛀的 chóngzhùde：jn ～ machen 贬低某人，嘲笑某人
Mafia，**Maffia** *f* -, -s 黑手党 hēishǒudǎng
Mafiaboss *m* 黑手党党魁 hēishǒudǎng dǎngkuí
Mafiamethoden *pl* 黑手党采用的恐怖手段 hēishǒudǎng cǎiyòng de kǒngbù shǒuduàn
Mafiote *m* -n, -n 黑手党党徒 hēishǒudǎng dǎngtú
Mafioso *m* -(s), ...si ＝Mafiote
Magazin *n* -s, -e 杂志 zázhì，画报 huàbào；仓库 cāngkù，货房 huò fáng
Magazinsendung *f*（广播，电视的）综合节目 zōnghé jiémù
Magd *f* -, ⸚e 女仆 nǚpú，女帮工 nǚbānggōng；处女 chǔnǚ
Magen *m* -s, - 胃 wèi：nichts im ～ haben 腹中空空；mir tut der ～ weh 我胃痛
Magenblutung *f* 胃出血 wèi chūxuè
Magendurchbruch *m* 胃穿孔 wèi chuānkǒng
Magenentzündung *f* 胃炎 wèiyán
Magengeschwür *n* 胃溃疡 wèi kuìyáng
Magengrube *f* 胃窝 wèiwō，心窝 xīnwō
Magenkrebs *m* 胃癌 wèi'ái
Magenmittel *n* 健胃药 jiàn wèi yào
Magensäure *f* 胃酸 wèisuān
Magenschluss *m* 餐后小饮（酒，咖啡等）cān hòu xiǎo yǐn
Magenschmerzen *pl* 胃痛 wèi tòng
Magenspiegel *m* 胃镜 wèijìng
Magenspülung *f* 洗胃 xǐwèi
Magenverstimmung *f* 消化不良 xiāohuà bùliáng，胃功能失调 wèi gōngnéng shītiáo
mager *adj* 瘦的 shòude，瘦小的 shòuxiǎode；微薄的 wēibóde，微小的 wēixiǎode：ein ～er Lohn 微薄的工资；无脂肪的 wú zhīfáng de，低脂肪的 dī zhīfáng de
Magermilch *f* 脱脂牛奶 tuōzhī niúnǎi
Magie *f* - 魔术 móshù，巫术 wūshù
Magier *m* -s, - 魔术师 móshùshī，变戏法的人 biànxìfǎ de rén；巫医 wūyī
magisch *adj* 魔术的 móshùde；有魔力的 yǒu mólì de；不可思议的 bù kě sīyì de
Magister *m* -s, - 硕士 shuòshì：den ～ machen 做硕士（学位）；药剂师 yàojìshī
Magistrat *m* -(e)s, -e 市政府 shìzhèngfǔ，市政厅 shìzhèngtīng，市政当局 shìzhèng dāngjú
Magnet *m* -(e)s / -en, -e(n) 磁石 císhí，磁铁 cítiě；有吸引力的东西或人 yǒu xīyǐnlì de dōngxi huò rén
Magnetband *n* 磁带 cídài
Magnetbandgerät *n* 磁带录音机 cídài lùyīnjī
Magnetfeld *n* 磁场 cíchǎng
magnetisch *adj* 磁的 cíde，有磁性的 yǒu cíxìng de；有吸引力的 yǒu xīyǐnlì de，有魅力的 yǒu mèilì de
Magnetiseur [...'zøːɐ] *m* -(e)s, -e 催眠术家 cuīmiánshùjiā
magnetisierbar *adj* 可磁化的 kě cíhuà de；可催眠的 kě cuīmián de
magnetisieren *vt* 磁化 cíhuà，使起磁化 shǐ qǐ cíhuà；对…施催眠疗法 duì … shī cuīmián liáofǎ
Magnetismus *m* - 磁 cí，磁性 cíxìng；磁力 cílì；磁学 cíxué；吸引力 xīyǐnlì，魅

力 mèilì；催眠疗法 cuīmián liáofǎ
Magnetnadel *f* 磁针 cízhēn
Magnetophon *n* -s, -e（磁带）录音机 lùyīnjī
Magnetschwebebahn *f* 磁悬浮铁路（或列车）cí xuánfú tiělù
Magnettongerät *n* 磁带录音机 cídài lùyīnjī
Magnettonträger *m* 磁带 cídài
Magnolie [... liə] *f* -, -n 木兰 mùlán；玉兰树 yùlánshù
Mahagoni *n* -s 桃花心木 táohuāxīnmù
Mähbinder *m* 割捆机 gēkǔnjī
Mähdrescher *m* 联合收割机 liánhé shōugējī
Mähdrusch *m* -(e)s, -e 收割脱粒（同时进行）shōugē tuōlì
mähen *vt* 割 gē，刈 yì，收割 shōugē：(mit der Sense) Gras ～（用长柄镰刀）割草；Weizen ～ 割小麦
Mah-Jongg [... 'dʒɔŋ] *n* -s（中国的）麻将（牌）májiàng
Mahl *n* -(e)s, ⸚er / -e（一）顿 dùn，（一）餐 cān；宴会 yànhuì，聚宴 jùyàn：jn zum ～ (ein) laden 邀请某人赴宴
mahlen* *vt* 磨研 móyán，磨碎 mósuì，碾碎 niǎnsuì：Kaffee ～ 把咖啡豆磨碎
Mahlzeit *f* -, -en 膳食 shànshí，（一）餐 cān，（一）顿 dùn：eine schmackhafte ～ 一顿美味可口的饭菜；吃饭 chīfàn，进餐 jìncān：～ halten 进餐；Mahlzeit! 1.（饭前用语）祝你胃口好！2. 中午好！（或：你好！）（午饭前后同事间打招呼用语）
Mähmaschine *f* 收割机 shōugējī；割草机 gēcǎojī
Mahnbrief *m*（债权人的）催讨信 cuītǎoxìn，催讨书 cuītǎoshū，催询单 cuīxúndān
mahnen *vt* 提醒 tíxǐng；催促 cuīcù，敦促 dūncù；劝告 quàngào，警告 jǐnggào
Mahnung *f* -, -en 提醒 tíxǐng，敦促 dūncù；劝告 quàngào，警告 jǐnggào；催债信 cuīzhàixìn
Mähre *f* -, -n 老马 lǎo mǎ
Mai *m* -(e)s, -e 五月 wǔyuè
Maifeier *f* 五一节庆祝活动 wǔyījié qìngzhù huódòng
Maikäfer *m* 金龟子 jīnguīzǐ
Mailing ['meiliŋ] *n* -(s) 邮寄广告（宣传品）yóujì guǎnggào
Mailorder ['meilɔːdə] *f* -, -s 邮购 yóugòu；函购 hángòu
Main-liner ['mein laɪnə] *m* -s, - 吸海洛因的人 xī hǎiluòyīn de rén，吸毒者 xīdúzhě
Main-lining ['mein lainiŋ] *n* -s 注射海洛因 zhùshè hǎiluòyīn
Mais *m* -es, -e 玉米 yùmǐ，玉蜀黍 yùshǔshǔ
Majestät *f* -, en 陛下 bìxià；庄严 zhuāngyán，威严 wēiyán，崇高 chónggāo；雄伟 xióngwěi，壮丽 zhuànglì，气势磅礴 qìshì pángbó
majestätisch *adj* 庄严的 zhuāngyánde，威严的 wēiyánde；雄伟的 xióngwěide，壮丽的 zhuànglìde，有气魄的 yǒu qìpò de
Major *m* -s, -e 少校 shàoxiào
Majorität *f* -, -en 多数 duōshù；多数票 duōshùpiào
Makedonien (**Mazedonien**) [... iən] 马其顿 Mǎqídùn
Makel *m* -s, - 缺点 quēdiǎn，瑕疵 xiácī；污点 wūdiǎn，耻辱 chǐrǔ
Mäkelei *f* - 挑剔 tiāotī，吹毛求疵 chuī máo qiú cī，过分讲究 guòfèn jiǎngjiu
mäkelig *adj* 挑剔的 tiāotīde，吹毛求疵的 chuī máo qiú cī de，过分讲究的 guòfèn jiǎngjiu de
makellos *adj* 完美的 wánměide，没有斑点的 méiyǒu bāndiǎn de，无污点的 wúwūdiǎn de：ein ～es Leben führen 品行端正
makeln *vi* 当经纪人 dāng jīngjìrén，当掮客 dāng qiánkè
mäkeln *vi* 挑剔 tiāotī，吹毛求疵 chuī máo qiú cī：am Essen ～ 对饭菜百般挑剔；er mäkelt an allem 他百般挑剔
Makkaroni *pl* 通心粉 tōngxīnfěn，通心面 tōngxīnmiàn
Makler *m* -s, - 掮客 qiánkè；房地产经纪人 fángdìchǎn jīngjìrén
Makroaufnahme *f* 近距离照相 jìnjùlí zhàoxiàng；广角镜头照相 guǎngjiǎo jìngtóu zhàoxiàng
Makrokosmos *m* - 宏观世界 hóngguān shìjiè
Makromolekül *n* -s, -e 大分子 dàfēnzǐ，高分子 gāofēnzǐ
makromolekular *adj* 大分子的 dàfēnzǐde，高分子的 gāofēnzǐde
Makroökonomie *f* 宏观经济学 hóngguān jīngjìxué
Makrophysik *f* 宏观物理学 hóngguān

M

wùlǐxué
Makrostruktur *f* 宏观结构 hóngguān jiégòu
Mal *n* -(e)s, -e 次 cì,回 huí,次数 cìshù: das erste ～ 第一次; ein für alle ～e 一劳永逸; mit einem ～ 一下子,突然; mehrere ～e 好几次;纪念碑 jìniànbēi;标记 biāojì;斑点 bāndiǎn
mal *adv* 乘 chéng: zwei ～ drei ist sechs 二乘三等于六;一次 yīcì,一下 yīxià: Wann kommst du wieder ～ zu uns? 你什么时候再到我们这里来?
malade *adj* 无精打采的 wú jīng dǎ cǎi de;身体不舒服的 shēntǐ bù shūfu de,有点病的 yǒudiǎn bìng de
Malaie *m* -n, -n 马来人 mǎláirén
malaiisch *adj* 马来亚的 mǎláiyàde;马来西亚的 mǎláixīyàde;马来人的 mǎ láirénde
Malaise *f* -, -n 不快 bùkuài,不称心 bù chènxīn,不适 bùshì;困境 kùnjìng,不利的环境 bùlìde huánjìng
Malaria *f* - 疟疾 nüèji
Malawi 马拉维 Mǎlāwéi
Malawier *m* -s, - 马拉维人 mǎlāwéirén
Malaysia 马来西亚 Mǎláixīyà
Malediven 马尔代夫 Mǎ'ěrdàifū
Malediver *m* 马尔代夫人 mǎ'ěrdàifūrén
malen I *vt* 画 huà,绘制 huìzhì: ein Gemälde ～ 画一幅画;涂色 tú sè,油漆 yóuqī;描绘 miáohuì,描写 miáoxiě **II** *rfl* 流露出来 liúlù chūlái: Ärger malte sich auf seinem Gesicht 他脸上流露出愤怒的表情
Maler *m* -s, - 画家 huàjiā;油漆匠 yóuqījiàng;粉刷匠 fěnshuājiàng
Malerei *f* -, -en 绘画 huìhuà,绘画艺术 huìhuà yìshù;画 huà,绘画作品 huìhuà zuòpǐn
malerisch *adj* 绘画的 huìhuàde;如画一般的 rú huà yībān de,极美的 jíměide
malern *vi* 粉刷 fěnshuā;油漆 yóuqī
Mali 马里 Mǎlǐ
Malier *m* -s, - 马里人 mǎlǐrén
maligne *adj* 恶性的 èxìngde
maliziös *adj* 恶意的 èyìde,存心险恶的 cúnxīn xiǎn'è de
Malta 马耳他 Mǎ'ěrtā
Malteser *m* 马耳他人 mǎ'ěrtārén
Malz *n* -es 麦芽 màiyá: bei jm ist Hopfen und ～ verloren 某人不堪造就,某人已不可救药
Malzbonbon *m/n* 麦芽(止咳)糖果 màiyá tángguǒ
Mama *f* -, -s 妈妈 māma,母亲 mǔqīn
Mammon *m* -s 财富 cáifù,金钱 jīnqián: der schnöde ～ 不义之财
Mammut *n* -s, -el -s 猛犸(古哺乳动物) měngmǎ
Mammutfilm *m* 大型电影 dàxíng diànyǐng
man *pron* 人们 rénmen,人家 rénjiā,有人 yǒurén: man klopft 有人敲门; man sagt, dass er krank sei 人家说他病了;我们 wǒmen,我 wǒ,你 nǐ,大家 dàjiā;man tut, was man kann 我(们)尽力而为
Management [ˈmænɪdʒmənt] *n* -s, -s 管理 guǎnlǐ,处理 chǔlǐ,经营 jīngyíng;管理部门 guǎnlǐ bùmén,管理人员 guǎnlǐ rényuán
Manager [ˈmɛnɪdʒɐ] *m* -s, - 经理 jīnglǐ;(演员、运动员的)经纪人 jīngjìrén;管理人 guǎnlǐrén
manch *pron/num* 一些 yīxiē,有些 yǒuxiē: ～ böses Wort 一些恶意的话; manche sind dagegen 有些人反对
mancherlei *adj* (不变化)各种各样的 gèzhǒng gèyàng de: auf ～ Art 用各种方式;有些 yǒuxiē,好些 hǎoxiē
Manchesterstoff [...ˈʃɛ...] *m* 灯芯绒 dēngxīnróng
Manchestertum [ˈmɛntʃɛ...] *n* -s 自由贸易主义 zìyóu màoyì zhǔyì
manchmal *adv* 有时 yǒushí,偶尔 ǒu'ěr,不时 bùshí: ～ regnet es, und ～ scheint die Sonne 一会儿下雨,一会儿出太阳
Mandarine *f* -, -n 桔 jú,柑橘 gānjú
Mandarinfisch *m* 桂鱼 guìyú,鳜鱼 guìyú
Mandatar *m* -s, -e 受托人 shòutuōrén,受委任者 shòu wěirèn zhě;(奥地利)议员 yìyuán
Mandatsdauer *f* 任职期限 rènzhí qīxiàn
Mandatsgebiet *n* 托管地 tuōguǎndì
Mandel *f* -, -n 杏仁 xìngrén;扁桃 biǎntáo;扁桃腺 biǎntáoxiàn
Mandelentzündung *f* 扁桃腺炎 biǎntáoxiàn yán
Mandoline *f* -, -n 曼陀林(琴) màntuólín
Mangel *m* -s, ¨ 缺乏 quēfá,缺少 quēshǎo,不足 bùzú: ～ an Ausdauer 缺乏毅

力；～ an etw haben 感到缺少某物；缺点 quēdiǎn，毛病 máobìng，不足之处 bùzú zhī chù：Mängel beseitigen 克服缺点
mangelhaft *adj* 有缺点的 yǒu quēdiǎn de，有毛病的 yǒu máobìng de，不符合要求的 bù fúhé yāoqiú de；不及格的 bù jígé de
Mangelkrankheit *f* 营养不良症 yíngyǎng bùliáng zhèng
mangeln I *vi* 缺少 quēshǎo，短少 duǎnshǎo，缺乏 quēfá：es mangelt ihm an Zeit 他缺少时间；ihm mangelte Selbstvertrauen 他缺乏自信心；uns mangelt es an nichts 我们什么也不缺 II *vt* 把…放入轧机中熨平 bǎ … fàngrù zhájī zhōng yùnpíng：Hemden ～ 把衬衣熨平
Mangelware *f* 热门货 rèménhuò，抢手货 qiǎngshǒuhuò，畅销货 chàngxiāohuò
Mango *f* -，…onen / -s 芒果 mángguǒ
Manie *f* -，-n 狂热 kuángrè；瘾 yǐn，嗜好 shìhào
Manier *f* -，-en 方式 fāngshì，方法 fāngfǎ，式样 shìyàng；举止 jǔzhǐ，礼貌 lǐmào；教养 jiàoyǎng：er hat keine ～en 他不懂礼貌；Das ist keine ～！这不像样子！
manieriert *adj* 不真的 bù zhēnde，做作的 zuòzuode，模仿的 mófǎngde
manierlich *adj* 有礼貌的 yǒu lǐmào de，有教养的 yǒu jiàoyǎng de，懂规矩的 dǒng guījù de；相当好的 xiāngdāng hǎo de；尚好的 shànghǎo de
manifest *adj* 明显的 míngxiǎnde，清晰的 qīngxīde
Manifest *n* -es，-e 声明 shēngmíng；宣言 xuānyán；通告 tōnggào，布告 bùgào
Manipulant *m* -en，-en 操纵者 cāozòngzhě
Manipulator *m* -s，-en 操纵者 cāozòngzhě；操纵器 cāozòngqì，控制器 kòngzhìqì；变戏法的人 biàn xìfǎ de rén，魔术师 móshùshī
manipulieren *vt* 操纵 cāozòng；控制 kòngzhì，施诡计 shī guǐjì，耍花招 shuǎ huāzhāo；（熟练地）操作 cāozuò，处理 chǔlǐ
Mann *m* -(e)s，¨-er 男子 nánzǐ，男人 nánrén：ein ～ von Wort 一个说话算数的人；ein ～，ein Wort 大丈夫一言为定；丈夫 zhàngfū，ihr geschiedener ～ 她的已离了婚的丈夫；人 rén，人员 rényuán：dieser Betrieb hat tausend ～ Belegschaft 这个工厂有一千名职工
mannbar *adj* 成年的 chéngniánde
Männchen *n* -s，- 小人 xiǎorén，侏儒 zhūrú
Mannequin [manəkɛ̃] *n* /*m* -s，-s 时装模特儿 shízhuāng mótèr；人体模型 réntǐ móxíng
mannigfach *adj* 多样的 duōyàngde，各种各样的 gè zhǒng gè yàng de，多种的 duōzhǒngde
mannigfaltig *adj* 多样的 duōyàngde，各式各样的 gè shì gè yàng de，多种的 duōzhǒngde
männlich *adj* 男性的 nánxìngde，阳性的 yángxìngde，雄的 xióngde；男子的 nánzǐde，男子所特有的 nánzǐ suǒ tèyǒu de；有男子气概的 yǒu nánzǐ qìgài de，刚强的 gāngqiángde
Mannmonat *m* 工月 gōngyuè，月工作量 yuè gōngzuòliàng
Mannschaft *f* -，-en 队 duì，球队 qiúduì；全体船员 quántǐ chuányuán；全体机组人员 quántǐ jīzǔ rényuán；全体士兵 quántǐ shìbīng；全体工作人员 quántǐ gōngzuò rényuán
Mannschaftskampf *m* 团体赛 tuántǐsài
mannshoch *adj* 一人高的 yīréngāode
Mannstunde *f* 工时 gōngshí
Manntag *m* 工日 gōngrì，工 gōng
Mannweib *n* 两性人 liǎngxìngrén，阴阳人 yīnyángrén；（外表举止）像男子的女人 xiàng nánzǐ de nǚrén
Manometer *n* -s，- 压力计 yālìjì；压力表 yālìbiǎo
Manöver *n* -s，- 军事演习 jūnshì yǎnxí；（车、船等的）操纵 cāozòng，机动动作 jīdòng dòngzuò；手段 shǒuduàn，计策 jìcè，花招 huāzhāo：durch ein geschicktes ～ sein Ziel erreichen 用巧妙的手段达到目的
Manschette *f* -，-n 硬袖口 yìngxiùkǒu；（装饰用的）花盆纸套 huāpén zhǐtào；vor dem neuen Chef habe ich (alle) ～n 我对新领导怀有敬畏的心情
Mantel *m* -s，¨ 大衣 dàyī，外套 wàitào；罩 zhào，外壳 wàiké；外胎 wàitāi；护套 hùtào；伪装 wěizhuāng，掩护 yǎnhù：den ～ nach dem Wind hängen (或 drehen) 见风使舵
manuell *adj* 手工的 shǒugōngde，用手的 yòng shǒu de，手工操纵的 shǒugōng cāozòng de

Manufaktur *f* -, -en 手工制造 shǒugōng zhìzào；手工作坊 shǒugōng zuōfang；手工制品 shǒugōng zhìpǐn
manufakturieren *vt* 手工制造 shǒugōng zhìzào
Manuskript *n* -(e)s, -e 手稿 shǒugǎo；原稿 yuángǎo，草稿 cǎogǎo
Mappe *f* -, -n 公文包 gōngwénbāo；书包 shūbāo；文件夹 wénjiànjiā
Marathonlauf *m* 马拉松赛跑 mǎlāsōng sàipǎo
Marathonrede *f* 马拉松式的演讲 mǎlāsōngshì de yǎnjiǎng
Marathonsitzung *f* 马拉松式的会议 mǎlāsōngshì de huìyì
Märchen *n* -s, - 童话 tónghuà，神话故事 shénhuà gùshì；谎言 huǎngyán，无稽之谈 wújī zhī tán：Erzähle mir doch keine ～! 别给我瞎扯了!
Märchenbuch *n* 童话集 tónghuàjí，故事书 gùshishū
märchenhaft *adj* 童话般的 tónghuàbānde，寓言般的 yùyánbānde；美妙的 měimiàode，神奇的 shénqíde，奇妙的 qímiàode；难以置信的 nányǐ zhìxìn de
Märchenwelt *f* 仙境 xiānjìng，童话世界 tónghuà shìjiè
Margarine *f* - 人造黄油 rénzào huángyóu，麦淇淋 màiqílín
Marine *f* -, -n 海军 hǎijūn；舰队 jiànduì
marineblau *adj* 海军蓝的 hǎijūnlánde
Marinestation *f* 海军基地 hǎijūn jīdì，军港 jūngǎng
Marinewesen *n* 海运业 hǎiyùnyè，航务 hángwù
Marionette *f* -, -n 木偶 mù'ǒu；傀儡 kuǐlěi
Mark I *f* -, - 马克 mǎkè(德国货币) II *n* -(e)s 骨髓 gǔsuǐ
markant *adj* 显著的 xiǎnzhùde，显目的 xiǎnmùde；特出的 tèchūde，有特征的 yǒu tèzhēng de
Marke *f* -, -n 标志 biāozhì，标记 biāojì；商标 shāngbiāo；凭证 píngzhèng，票 piào，票券 piào quàn；邮票 yóupiào：fünf ～n zu 50(Cent), bitte! 请给5张50分的邮票!
Marketing *n* -(s) 销售学 xiāoshòuxué
Marketingagentur *f* 销售代办处 xiāoshòu dàibànchù
Marketingmanager *m* 销售经理 xiāoshòu jīnglǐ；经销主任 jīngxiāo zhǔrèn
marketingorientiert *adj* 按照市场需要的 ànzhào shìchǎng xūyào de；遵循市场规律的 zūnxún shìchǎng guīlǜ de
Marketing-Research *n* -(s), -s 市场调研 shìchǎng diàoyán
markieren *vt* 作记号于 zuò jìhào yú，标明 biāomíng，标出 biāochū，加标记 jiā biāojì；在…做标记 zài … zuò biāojì；假装 jiǎzhuāng，冒充 màochōng；强调 qiángdiào，使突出 shǐ tūchū
Markt *m* (e)s, ¨-e 市场 shìchǎng：den ～ beleben 活跃市场；der schwarze ～ 黑市；集市 jíshì，交易 jiāoyì；集市广场 jíshì guǎngchǎng
Marktabschwächung *f* 市场疲软 shìchǎng píruǎn
Marktanalyse *f* 市场分析 shìchǎng fēnxī，市场研究 shìchǎng yánjiū
Marktaufnahmefähigkeit *f* 市场接受能力 shìchǎng jiēshòu nénglì
Marktbedingungen *pl* 市场条件 shìchǎng tiáojiàn
marktbeherrschend *adj* 市场垄断的 shìchǎng lǒngduàn de
Marktbeherrschung *f* 市场控制 shìchǎng kòngzhì，市场垄断 shìchǎng lǒngduàn
Marktbelebung *f* 市场活跃 shìchǎng huóyuè，复苏市场 fùsū shìchǎng
Marktbericht *m* 市场情况报告 shìchǎng qíngkuàng bàogào
markten *vi* 交易 jiāoyì，买卖 mǎimai；讨价还价 tǎo jià huán jià
marktfähig *adj* 销路很好的 xiāolù hěn hǎo de，卖得出去的 màidechūqùde
marktgängig *adj* 畅销的 chàngxiāode，易出售的 yì chūshòu de：eine ～e Ware 一种畅销货
Markthalle *f* 商场 shāngchǎng，集市商场 jíshì shāngchǎng
Marktlage *f* 市场形势 shìchǎng xíngshì，市场情况 shìchǎng qíngkuàng
Marktlücke *f* 市场空缺 shìchǎng kòngquē，市场缺口 shìchǎng quēkǒu
Marktnachfrage *f* 市场需求 shìchǎng xūqiú
Marktplatz *m* 市场 shìchǎng，集市广场 jíshì guǎngchǎng
Marktpreis *m* 市场价格 shìchǎng jiàgé
Marktpsychologie *f* 市场心理学 shìchǎng xīnlǐxué
Marktschreier *m* 叫卖小贩 jiàomài

xiǎofàn
Marktwirtschaft *f* 市场经济 shìchǎng jīngjì
Marmelade *f* -, -n 果酱 guǒjiàng
Marmor *m* -s, -e 大理石 dàlǐshí
Marmorbild *n* 大理石雕像 dàlǐshí diāoxiàng
marmorn *adj* 大理石制的 dàlǐshízhìde；像大理石的 xiàng dàlǐshí de；光洁的 guāngjiéde
Marokkaner *m* -s, - 摩洛哥人 móluògērén
marokkanisch *adj* 摩洛哥的 móluògēde；摩洛哥人的 móluògērénde
Marokko 摩洛哥 Móluògē
Marone *f* -, -n / …ni（炒过的）栗子 lìzi
Marotte *f* -, -n 怪癖 guàipǐ，幻想 huànxiǎng，古怪的想法 gǔguàide xiǎngfǎ，奇想 qíxiǎng
Mars I *m* - 火星 huǒxīng II *m* -, -e（船）桅楼 wéi lóu
Marsch I *m* -(e)s, ¨-e 行军 xíngjūn，行进 xíngjìn；进行曲 jìnxíngqǔ：etw ist auf dem ～ 某事正在进行中 II *f* -, -n 沼泽地 zhǎozédì，低洼地 dīwādì，肥沃滩地 féiwò tāndì
Marschall *m* -s, ¨-e 元帅 yuánshuài
Marschflugkörper *m* 巡航导弹 xúnháng dǎodàn
marschieren *vi*（s）长距离步行 chángjùlí bùxíng；行军 xíngjūn，行进 xíngjìn，推进 tuījìn：die Demonstranten marschierten zum Rathaus 示威者向市政厅行进
Marschmusik *f* 进行曲 jìnxíngqǔ
Marter *f* -, -n 拷问 kǎowèn，拷打 kǎodǎ，刑讯 xíngxùn；折磨 zhémó，煎熬 jiān'áo
martern I *vt* 拷问 kǎowèn，拷打 kǎodǎ，刑讯 xíngxùn：jn zu Tode ～ 将某人拷打致死；使痛苦 shǐ tòngkǔ，折磨 zhémó：jn bis aufs Blut ～ 百般折磨某人 II *rfl* 折磨 zhémó，煎熬 jiān'áo
Martertod *m* 折磨致死 zhémó zhìsǐ；刑讯致死 xíngxùn zhìsǐ
Märtyrer *m* -s, - 殉难者 xùnnànzhě；殉教者 xùnjiàozhě
Marxismus *m* - 马克思主义 Mǎkèsī zhǔyì
Marxist *m* -en, -en 马克思主义者 mǎkèsī zhǔyì zhě
marxistisch *adj* 马克思主义的 mǎkèsī zhǔyì de
März *m* -(es), -e 三月 sānyuè
Marzipan *n*/*m* -s, -e 杏仁夹心糖果 xìngrén jiāxīn tángguǒ
Masche *f* -, -n 针脚 zhēnjiao；网眼 wǎngyǎn，网孔 wǎngkǒng；好机会 hǎo jīhuì；好办法 hǎo bànfǎ；诀窍 juéqiào，手段 shǒuduàn，计谋 jìmóu；花招 huāzhāo
Maschine *f* -, -n 机器 jīqì，机械 jīxiè：landwirtschaftliche ～n 农业机器；eine ～ erfinden [bauen] 发明[制造]一部机器；飞机 fēijī：mit der ～ nach Rom fliegen 乘飞机去罗马；机动车辆 jīdòng chēliàng，摩托车 mótuōchē；打字机 dǎzìjī：sie schreibt ～ 她在打字；缝纫机 féngrènjī
maschinell *adj* 机器操作的 jīqì cāozuò de，机械的 jīxiède
Maschinenbau *m* 机械工程 jīxiè gōngchéng，机器制造工业 jīqì zhìzào gōngyè；机械工程学 jīxiè gōngchéngxué
Maschinengewehr *n* 机关枪 jīguānqiāng
Maschinenkunde *f* 机械学 jīxièxué，工程学 gōngchéngxué
Maschinenpistole *f* 冲锋枪 chōngfēngqiāng，手提机枪 shǒutí jīqiāng，轻型自动枪 qīngxíng zìdòngqiāng
Maschinenschreiberin *f* 女打字员 nǚdǎzìyuán
Maschinenschrift *f* 打字字体 dǎzì zìtǐ，打字稿 dǎzìgǎo
Maschinenübersetzung *f* 机器翻译 jīqì fānyì
Maschinerie *f* -, -n 机器（复杂的）构造 jīqì gòuzào；（舞台）机械装置 jīxiè zhuāngzhì；机构 jīgòu
maschineschreiben *vi* 打字 dǎzì
Maschinist *m* -en, -en 机械师 jīxièshī，机工 jīgōng
Maser *f* -, -n 纹理 wénlǐ，木纹 mùwén；斑点 bāndiǎn，斑纹 bānwén
Maserholz *n* 有条纹的木材 yǒu tiáowén de mùcái
maserig *adj* 有木纹的 yǒu mùwén de，有斑纹的 yǒu bānwén de
masern I *vt* 使有纹理 shǐ yǒu wénlǐ，使有木纹 shǐ yǒu mùwén II *vi* 出麻疹 chū mázhěn
Masern *pl* 麻疹 mázhěn，痧子 shāzi
Maserung *f* -, -en 纹理 wénlǐ，木纹

M

mùwén，纹路 wénlu

Maske *f* -，-n 面具 miànjù，面罩 miànzhào；假面具 jiǎmiànjù：jm die ～ vom Gesicht reißen 揭露某人；die ～ fallen lassen 撕下假面具，露出真面目；演员的扮相 yǎnyuán de bànxiàng，脸谱 liǎnpǔ；石膏面模 shígāo miànmó；防护面具 fánghù miànjù

Maskenball *m* 化装舞会 huàzhuāng wǔhuì，假面舞会 jiǎmiàn wǔhuì

Maskenbildner *n* 化装师 huàzhuāngshī

Maskerade *f* -，-n 化装舞会 huàzhuāng wǔhuì；化装游行 huàzhuāng yóuxíng；化装舞会的服饰 huàzhuāng wǔhuì de fúshì；假装 jiǎzhuāng；骗人的把戏 piànrénde bǎxì

maskieren I *vt* 给…戴假面具 gěi … dài jiǎmiànjù，化装 huàzhuāng；掩蔽 yǎnbì，掩饰 yǎnshì II *rfl* 化装 huàzhuāng，装扮 zhuāngbàn，戴假面具 dài jiǎmiànjù

Maskottchen *n* -s，-（小的）吉祥物 jíxiángwù，护身物 hùshēnwù

Maskulinum *n* -s，…na 阳性名词 yángxìng míngcí

Maß *n* -es，-e 计量单位 jìliàng dānwèi；尺寸 chǐcun，大小 dàxiǎo：in（或 mit）～en 适量地，适中的；über die（或 alle）～en 过度，过分，极度；Das ～ ist voll! 这是忍无可忍了！

Massage [...'sa:ʒə] *f* -，-n 按摩 ànmó，推拿 tuīná

Massagesalon *m* 按摩院 ànmóyuàn

Massagestab *m* 振动器 zhèndòngqì，按摩用的颤震器 ànmó yòng de chànzhènqì

Massaker *n* -s，- 大屠杀 dàtúshā，血洗 xuèxǐ

massakrieren *vt* 屠杀 túshā，屠戮 túlù；折磨 zhémó

Maßanzug *m* 定做的西服 dìngzuòde xīfú

Maßarbeit *f*（按尺寸）定做的活计 dìngzuòde huóji；很规范的工作 hěn guīfàn de gōngzuò

Masse *f* -，-n 大量 dàliàng，大批 dàpī，大宗 dàzōng：Vorräte in ～n 大量的库存；群众 qúnzhòng：die breiten ～n des Volkes 广大人民群众

Massenabsatz *m* 大量销售 dàliàng xiāoshòu

Massenartikel *m* 批量生产和销售的产品 pīliàng shēngchǎn hé xiāoshòu de chǎnpǐn

Massenbedarf *m* 群众需要 qúnzhòng xūyào

Massenbedarfsartikel *m* 大量需求的商品 dàliàng xūqiú de shāngpǐn，日用品 rìyòngpǐn

Massenbewegung *f* 群众运动 qúnzhòng yùndòng

Massenerscheinung *f* 普遍现象 pǔbiàn xiànxiàng

Massenfabrikation *f* 大量生产 dàliàng shēngchǎn，大批生产 dàpī shēngchǎn

massenhaft *adj* 大量的 dàliàngde，大批的 dàpīde，数量很多的 shùliàng hěnduō de

Massenkundgebung *f* 群众大会 qúnzhòng dàhuì

Massenlinie *f* 群众路线 qúnzhòng lùxiàn

Massenmedien *pl* 大众媒介 dàzhòng méijiè，舆论工具 yúlùn gōngjù，宣传工具 xuānchuán gōngjù

Massenmord *m* 大屠杀 dà túshā

Massenorganisation *f* 群众组织 qúnzhòng zǔzhī

Massenproduktion *f* 大量生产 dàliàng shēngchǎn，大批生产 dàpī shēngchǎn

Massenpsychologie *f* 群众心理学 qúnzhòng xīnlǐxué

Massensport *m* 群众性体育活动 qúnzhòngxìng tǐyù huódòng

Massensterben *m* 大量死亡 dàliàng sǐwáng，大批消失 dàpī xiāoshī

Massenstreik *m* 大罢工 dà bàgōng

Massenvernichtungsmittel *n* 大规模杀伤性武器 dàguīmó shāshāngxìng wǔqì

Massenversammlung *f* 群众集会 qúnzhòng jíhuì

massenweise *adv* = massenhaft

Masseur [ma'sœ:r] *m* -s，-e 男按摩师 nánànmóshī，男推拿师 nántuīnáshī

Masseuse [ma'sø:zə] *f* -，-n 女按摩师 nǚ'ànmóshī，女推拿师 nǚtuīnáshī

maßgebend，**maßgeblich** *adj* 标准的 biāozhǔnde；权威的 quánwēide，决定性的 juédìngxìngde

maßhalten* *vi* 节制 jiézhì，克制 kèzhì，保持适度 bǎochí shìdù：im Essen ~ 在饮食方面适可而止

massieren *vt* I 按摩 ànmó，推拿 tuīná II 集结（军队）jíjié

massig *adj* 强壮的 qiángzhuàngde，粗壮的 cūzhuàngde；肥胖的 féipàngde，又大又重的 yòu dà yòu zhòng de；大量的 dàliàngde，大批的 dàpīde

mäßig *adj* 适当的 shìdàngde，适量的 shìliàngde，适度的 shìdùde；平凡的 píngfánde，平庸的 píngyōngde；一般的 yībānde，中等的 zhōngděngde，平平的 píngpíngde

mäßigen I *vt* 使适中 shǐ shìzhōng，使缓和 shǐ huǎnhé，减弱 jiǎnruò，控制 kòngzhì：Mäßige deine Worte！讲话别那么刺人！das Tempo ~ 放慢速度 II *rfl* 节制 jiézhì，克制 kèzhì，缓和 huǎnhé，减弱 jiǎnruò：Mäßige dich！克制一下！die Hitze hat sich etwas gemäßigt 酷热已经减弱了

Mäßigkeit *f* 节制 jiézhì，克制 kèzhì；适度 shìdù，中等 zhōngděng

Mäßigung *f* - 节制 jiézhì，克制 kèzhì；适度 shìdù，缓和 huǎnhé

massiv *adj* 坚固的 jiāngùde，结实的 jiēshide；粗暴的 cūbàode；强有力的 qiángyǒulìde；纯的 chúnde，不含其他物质的 bùhán qítā wùzhì de：~es Gold 纯金；实心的 shíxīnde：eine ~e statue 实心的雕像

maßlos *adj* 过分的 guòfènde，无度的 wúdùde，无节制的 wú jiézhìde

Maßnahme *f* -，-n 措施 cuòshī，办法 bànfǎ：~n treffen 采取措施

maßregeln *vt* 责备 zébèi；处罚 chǔfá

Maßstab *m* 尺 chǐ；比例 bǐlì；标准 biāozhǔn，尺度 chǐdù，准绳 zhǔnshéng

Mast I *m* -es，-en / -e 桅杆 wéigān；电线杆 diànxiàngān；旗杆 qígān II *f* -，-en 喂肥 wèiféi，填肥 tiánféi；填饲 tiánsì；饲料 sìliào

Mastdarm *m* 直肠 zhícháng

mästen I *vt* 喂肥 wèiféi，养肥 yǎngféi：Schweine ~ 把猪喂肥 II *rfl* 致富 zhìfù，肥己 féijǐ：sich von der Arbeit anderer ~ 靠他人的劳动来肥私

Mastente *f* 喂肥的鸭 wèiféide yā，填鸭 tiányā

Masturbation *f* -，-en 手淫 shǒuyín

masturbieren *vt*/*vi* 手淫 shǒuyín

material *adj* 材料的 cáiliàode，物质的 wùzhìde；实体的 shítǐde，物体的 wùtǐde

Material *n* -s，-ien 物质 wùzhì，原料 yuánliào，材料 cáiliào；物资 wùzī，器材 qìcái；资料 zīliào

Materialismus *m* - 唯物主义 wéiwù zhǔyì，唯物论 wéiwùlùn

Materialist *m* -en，-en 唯物主义者 wéiwù zhǔyì zhě，唯物论者 wéiwùlùnzhě

materialistisch *adj* 唯物主义的 wéiwù zhǔyì de，唯物论的 wéiwùlùnde

Materie *f* -，-n 物质 wùzhì：die organische ~ 有机物质；内容 nèiróng，范围 fànwéi；题材 tícái

materiell *adj* 物质的 wùzhìde；经济的 jīngjìde；实用主义的 shíyòng zhǔyì de，关心物质利益的 guānxīn wùzhì lìyì de

Mathematik *f* - 数学 shùxué

Mathematiker *m* -s，- 数学家 shùxuéjiā

mathematisch *adj* 数学的 shùxuéde：~er Personalausweis（德国）数据编码身份证

Matinee *f* -，-n 早场 zǎochǎng，早场演出 zǎochǎng yǎnchū

Matjeshering *m* -s，-e 腌鲱鱼 yānfēiyú

Matratze *f* -，-n 床垫 chuángdiàn，褥垫 rùdiàn；弹簧垫子 tánhuáng diànzi；气垫 qìdiàn

Matrose *m* -n，-n 水手 shuǐshǒu，海员 hǎiyuán

matt *adj* 虚弱的 xūruòde，疲倦的 píjuànde；无神的 wúshénde，无光的 wúguāngde：~e Augen 无神的眼睛；不能令人满意的 bùnéng lìng rén mǎnyì de，无说服力的 wú shuōfú lì de；萧条的 xiāotiáode；输棋的 shū qí de

Matte *f* -，-n 席子 xízi，苇席 wěixí；垫子 diànzi；（高山上的）草原 cǎoyuán，牧草地 mùcǎodì

Mattglas *n* 毛玻璃 máobōlí，磨砂玻璃 móshābōlí

Mauer *f* -，-n 墙 qiáng，墙壁 qiángbì；城墙 chéngqiáng：die Große ~ 万里长城

mauern I *vi* 砌墙 qìqiáng，砌砖 qìzhuān；（足球比赛中的）密集防守 mìjí fángshǒu，打守球 dǎ shǒuqiú II *vt* 砌 qì，筑（墙）zhù

Maul *n* -(e)s，¨-er 兽嘴 shòuzuǐ；人嘴 rénzuǐ：Halt's ~！闭嘴！sich über jn das ~ zerreißen 背后说人坏话；kein Blatt

vors ～ nehmen 直言不讳
Maulesel *m* 驴骡 lüluó
Maurer *m* -s, - 泥水匠 níshuǐjiàng,砌砖工人 qìzhuān gōngrén,泥瓦工 níwǎgōng
Mauretanien 毛里塔尼亚 Máolǐtǎníyà
Mauretanier *m* 毛里塔尼亚人 máolǐtǎníyàrén
Mauritius [...'ritsius] 毛里求斯 Máolǐqiúsī
Mauritier [...tsiər] *m* -s, - 毛里求斯人 máolǐqiúsīrén
Maus *f* -, ⸗e 老鼠 lǎoshǔ,耗子 hàozi; Mäuse vergiften 毒死老鼠; ich habe keine Mäuse mehr 我没有钱了;女小囡 nǚxiǎonān,丫头 yātou; eine süße ～ 讨人喜欢的女小囡
Mauser *f* -, -n = Mauserpistole
Mauserpistole *f* 毛瑟手枪 máosè shǒuqiāng
Mausoleum *n* -s, ...leen 陵墓 língmù,陵园 língyuán
maximal *adj* 最大的 zuìdàde,最强的 zuìqiángde,最高的 zuìgāode,极度的 jídùde;最多 zuìduō,至多 zhìduō
Maximum *n* -s, ...ma 最大值 zuìdàzhí,最高值 zuìgāozhí;最大量 zuìdàliàng,最大数 zuìdàshù
Maxirock *m* 拖地长裙 tuōdì chángqún
Mayday ['meɪdeɪ] (无线电话)呼救信号 hūjiù xìnhào
Mäzen *m* -s, -e (对艺术、体育等事业的)资助者 zīzhùzhě
Mechanik *f* -, -n 力学 lìxué;机械学 jīxièxué;机械 jīxiè,机械装置 jīxiè zhuāngzhì
Mechaniker *m* -s, - 机械师 jīxièshī,机械工 jīxiègōng,技工 jìgōng
Mechanisator *m* 农机技术员 nóngjī jìshùyuán;农机手 nóngjīshǒu
mechanisch *adj* 力学的 lìxuéde;机械学的 jīxièxuéde;机械的 jīxiède,不加考虑的 bù jiā kǎolǜ de
mechanisieren *vt* 使…机械化 shǐ…jīxièhuà: die Landwirtschaft ～ 使农业机械化
Mechanisierung *f* -, -en 机械化 jīxièhuà
Mechanismus *m* -, ...men 机械装置 jīxiè zhuāngzhì,结构 jiégòu;程序 chéngxù;机械论 jīxièlùn
meckern *vi* (羊)咩咩叫 miēmiē jiào;发牢骚 fā láosāo,抱怨 bàoyuan
Medaille [me'daljə] *f* -, -n 奖章 jiǎngzhāng;纪念章 jìniànzhāng
Medienarbeit *f* 舆论工作 yúlùn gōngzuò;新闻媒介工作 xīnwén méijiè gōngzuò;宣传报导工作 xuānchuán bàodǎo gōngzuò
Medienpolitik *f* 宣传政策 xuānchuán zhèngcè;有关使用舆论工具的政策 yǒuguān shǐyòng yúlùn gōngjù de zhèngcè
Medienzentrum *n* 传媒中心 chuánméi zhōngxīn
Medikament *n* -(e)s, -e 药物 yàowù,药品 yàopǐn,药剂 yàojì
medikamentös *adj* 用药物的 yòng yàowù de
Medium *n* -s, ...dien 媒介物 méijièwù;宣传手段 xuānchuán shǒuduàn,媒体 méitǐ(指交流、传播信息的工具)
Medizin *f* -, -en 医学 yīxué: (traditionelle) chinesische ～ 中医;药 yào,药物 yàowù
Medizinalrat *m* 医务顾问 yīwù gùwèn
Medizinalvergiftung *f* 药物中毒 yàowù zhòngdú
Medizinalwein *m* 药酒 yàojiǔ
Mediziner *m* -s, - 医生 yīshēng,医科大学生 yīkē dàxuéshēng
medizinisch *adj* 医药的 yīyàode,医学的 yīxuéde;医疗的 yīliáode,药物的 yàowùde
Meduse *f* - 水母 shuǐmǔ,海蜇 hǎizhé
Meer *n* -(e)s, -e 海 hǎi,海洋 hǎiyáng: ans ～ fahren 去海滨; übers ～ fahren 驶过大海
Meerbusen *m* (大)海湾 hǎiwān
Meerenge *f* 海峡 hǎixiá
Meeresalge *f* -, -n 海藻 hǎizǎo
Meeresarm *m* (狭长的)海湾 hǎiwān
Meeresfrüchte *pl* 海鲜 hǎixiān,海味菜肴 hǎiwèi càiyáo
Meeresklima *n* 海洋性气候 hǎiyángxìng qìhòu
Meereskunde *f* 海洋学 hǎiyángxué
Meeresschildkröte *f* 海龟科 hǎiguīkē
Meeresspiegel *m* 海平面 hǎipíngmiàn,海拔 hǎibá
Meeresstrand *m* 海滩 hǎitān,海滨 hǎibīn
Meeresstraße *f* 海上航路 hǎishàng hánglù
Meeresströmung *f* 海流 hǎiliú,潮流

cháoliú,洋流 yángliú
Meeresumwelt *f* 海洋环境 hǎiyáng huánjìng
Meeresverschmutzung *f* 海洋污染 hǎiyáng wūrǎn
Meerrettich *m* 辣根 làgēn
Meerungeheuer *n* 海怪 hǎiguài,海妖 hǎiyāo
Meerwasser *n* 海水 hǎishuǐ
Meeting ['mi: . . .] *n* -s, -s 会面 huìmiàn,会见 huìjiàn,会议 huìyì,集会 jíhuì;会谈 huìtán
megaloman *adj* 狂妄症的 kuángwàngzhèngde,夸大狂的 kuādàkuángde
Megalomane *m/f* (按形容词变化)狂妄症患者 kuángwàngzhèng huànzhě,夸大狂 kuādàkuáng
Megalomanie *f* -, -n 夸大狂 kuādàkuáng,狂妄症 kuángwàngzhèng
Megaphon *n* -s, -e 电喇叭 diànlǎba,扬声筒 yángshēngtǒng,扩音器 kuòyīnqì
Mehl *n* -(e)s, -e 面粉 miànfěn,(其他谷物)粉 fěn;粉末 fěnmò
mehlig *adj* 撒满粉的 sǎmǎnfěnde,沾上面粉的 zhānshàng miànfěn de;面粉状的 miànfěnzhuàngde;(水果)没有汁的 méiyǒu zhī de
Mehlspeise *f* 面制食品 miànzhì shípǐn
mehr *adv* 更多 gèngduō,较多 jiàoduō ～ als die Hälfte 一半多; Was willst du noch ～? 你还想要什么? du musst ～ achtgeben 你得更加注意; ～ und ～ 愈来愈…,越来越…;(与否定词连用)不再有 bùzài yǒu,不再 bùzài,再没有 zài méiyǒu: nicht ～ 不再; es ist niemand (或 keiner) ～ da 那儿不再有人了 nichts ～ 再也没有了; kein Kind ～ sein 不再是小孩了
Mehrarbeit *f* 额外劳动 éwài láodòng
Mehraufwand *m* 额外开支 éwài kāizhī,额外花费 éwài huāfèi
Mehrausgabe *f* 额外支出 éwài zhīchū,超支 chāozhī
Mehrbelastung *f* 额外负担 éwài fùdān
mehrdeutig *adj* 多义的 duōyìde,意义含糊的 yìyì hánhu de,有歧义的 yǒu qíyì de
Mehreinkommen *n* 额外收入 éwài shōurù
Mehreinnahme *f* 额外收入 éwài shōurù
mehren *vt* 增加 zēngjiā,增多 zēngduō,扩大 kuòdà: sein Eigentum (或 sein Vermögen) ～ 增加自己的财富
mehrere *pron* 好些 hǎoxiē,好几个 hǎojǐge,若干 ruògān: er war ～ Tage unterwegs 他在路上好几天; ein Wort mit ～n Bedeutungen 一个多义词; ～ Häuser waren im Hochwasser zerstört 好几栋房子在洪水中被毁坏了; ich habe noch Mehreres zu tun 我还有好些事要做
mehrerlei *adj* (不变化)好几种的 hǎojǐzhǒngde,各种各样的 gè zhǒng gè yàng de
Mehrertrag *n* 额外收获 éwài shōuhuò
mehrfach *adj* 数倍的 shùbèide,几倍的 jǐbèide;多次的 duōcìde,反复的 fǎnfùde: ～er Meister im Tennis 多次网球冠军获得者; er ist ～ vorbestraft 他曾被多次判过刑,他有过多次前科
Mehrfamilienhaus *n* 多户住宅 duōhù zhùzhái
mehrfarbig *adj* 彩色的 cǎisède,多色的 duōsède
Mehrgewicht *n* 超重 chāozhòng
Mehrgewinn *m* 超额利润 chāo'é lìrùn
Mehrheit *f* -, -en 多数 duōshù,大多数 dàduōshù,大部分 dà bùfen
Mehrkampf *m* 全能运动 quánnéng yùndòng
Mehrkosten *pl* 额外费用 éwài fèiyòng,额外开支 éwài kāizhī
Mehrling *m* -s, -e 多胞胎中之一 duōbāotāi zhōng zhī yī
Mehrlingsgeburt *f* 多胎分娩 duōtāi fēnmiǎn
mehrmalig *adj* 多次的 duōcìde,屡次的 lǚcìde,反复的 fǎnfùde
mehrmals *adv* 好多次 hǎoduōcì,一再 yīzài,反复地 fǎnfùde: er ist ～ ausgezeichnet worden 他已多次受到表扬
Mehrpreis *m* 额外价格 éwài jiàgé,追加价格 zhuījiā jiàgé
mehrschichtig *adj* 多班制的 duōbānzhìde;多层的 duōcéngde
mehrstimmig *adj* 多声部的 duōshēngbùde
Mehrverbrauch *m* 额外消耗 éwài xiāohào
Mehrwert *m* 增值 zēngzhí;剩余价值 shèngyú jiàzhí
Mehrwertsteuer *f* 增值税 zēngzhíshuì

Mehrzahl *f* 多数 duōshù，大多数 dàduōshù

Mehrzweckcomputer *m* 多用途计算机 duō yòngtú jìsuànjī

Mehrzweckflugzeug *n* 多用途飞机 duō yòngtú fēijī

Mehrzweckgebäude *n* 多用途大楼 duō yòngtú dàlóu

Mehrzweckgerät *n* 多用途器具 duō yòngtú qìjù，多用途仪器 duō yòngtú yíqì

Mehrzweckmaschine *f* 万能机器 wànnéng jīqì，多用机 duō yòng jī

Mehrzwecksaal *m* 多用途厅 duō yòngtú tīng

meiden* *vt* 避免 bìmiǎn；回避 huíbì，避开 bìkāi

Meile *f* -，-n 里 lǐ

Meilenstein *m* 里程碑 lǐchéngbēi

mein *pron*（物主代词）我的 wǒde：eins ～er Kinder（或 von ～en Kindern）ist schwer erkrankt 我的一个孩子得了重病；～er Meinung nach（或 ～es Erachtens）我认为；das ist nicht dein Mantel, sondern ～er 这不是你的大衣，而是我的；er kann nicht ～ und dein unterscheiden 他手脚不干净

Meineid *m* -(e)s，-e 伪证 wěizhèng，假誓 jiǎshì：einen ～ leisten 作伪证

meinen *vt* 认为 rènwéi，以为 yǐwéi，觉得 juéde：Was ～ Sie dazu? 您对这有何看法？ich meine, er hätte Recht 我想他是对的；意指 yìzhǐ，指…而言 zhǐ … ér yán，意思是 yìsi shì：Was ～ Sie damit? 您这话是什么意思？Dich meine ich! 我指的就是你！

meinerseits *adv* 在我这方面 zài wǒ zhè fāngmiàn，对我来说 duì wǒ lái shuō，至于我 zhìyú wǒ

meinetwegen *adv* 因我的关系 yīn wǒde guānxì，为了我的缘故 wèile wǒde yuángù：～ braucht er nicht zu kommen 因为我，他不要来了；我没意见 wǒ méi yìjiàn，我不反对 wǒ bù fǎnduì：～ kannst du gehen! 在我看来你可以走了！

Meinung *f* -，-en 意见 yìjiàn，主张 zhǔzhāng，看法 kànfǎ：seine ～ äußern 发表自己的意见；meiner ～ nach 我认为；ich bin der ～, dass... 我的意见是…；评价 píngjià：er hat eine hohe ～ von ihr 他对她评价很高

Meinungsaustausch *m* 交换意见 jiāohuàn yìjiàn

meinungsbildend *adj* 造舆论的 zào yúlùn de

Meinungsbildner *m* 造舆论的人 zào yúlùn de rén

Meinungsforschung *f* 民意调查 mínyì diàochá

Meinungsfreiheit *f* 言论自由 yánlùn zìyóu

Meinungskauf *m* 看涨购进 kànzhǎng gòujìn（股票），投机购买 tóujī gòumǎi

Meinungsmache *f* 制造舆论 zhìzào yúlùn

Meinungsmacher *m* 造舆论的人 zào yúlùn de rén

Meinungsmonopol *n* 控制舆论 kòngzhì yúlùn，垄断舆论 lǒngduàn yúlùn

Meinungsspektrum *n* 各种意见 gèzhǒng yìjiàn；各种各样的看法 gè zhǒng gèyàng de kànfǎ

Meinungstest *m* 民意测验 mínyì cèyàn

Meinungsumfrage *f* 民意测验 mínyì cèyàn，民意调查 mínyì diàochá：eine ～ machen 搞民意测验

Meinungsverschiedenheit *f* 意见分歧 yìjiàn fēnqí

Meise *f* -，-n 山雀(科) shānquè

Meißel *m* -s，- 凿子 záozi

meißeln *vt*/*vi* 凿 záo，镌 juān

meist I *adj* 大多数的 dàduōshùde：die ～e Zeit verbringe ich am Schreibtisch 大部分时间我是在写字台旁度过的；am ～en 最多 II *adv* 常常 chángcháng，通常 tōngcháng，大多 dàduō：er geht ～ diesen Weg 他惯常走这条路；die Gäste sind ～ Studenten 客人大多数是大学生

meistbietend *adj*（拍卖时）出价最高的 chūjià zuìgāo de

meistens *adv* 大多 dàduō，多半 duōbàn，常常 chángcháng，经常 jīngcháng，通常 tōngcháng：～ steht er um 6 Uhr auf 他经常是六点钟起床

Meister *m* -s，- 师傅 shīfu；名师 míngshī，名家 míngjiā，能手 néngshǒu；冠军 guànjūn；巨匠 jùjiàng：Übung macht den ～ 熟能生巧；～ über etw werden 精通(或擅长)某事

meisterhaft *adj* 出色的 chūsède，杰出的 jiéchūde；熟练的 shúliànde，高明的 gāomíngde

meistern *vt* 克服 kèfú：Schwierigkeiten ～ 克服困难；Probleme ～ 解决问题；掌

握 zhǎngwò，精通 jīngtōng：die deutsche Sprache ～ 精通德语

Meisterschaft *f* -，-en 精通 jīngtōng，熟练 shúliàn；精湛的技能 jīngzhànde jìnéng；冠军 guànjūn；冠军赛 guànjūnsài

Meisterschaftsspiel *n* 冠军赛 guànjūnsài，锦标赛 jǐnbiāosài

Meisterstück *n* 杰作 jiézuò；绝技 juéjì；（学徒满师考试的）作品 zuòpǐn

Meisterwerk *n* 杰作 jiézuò；巨大的成就 jùdàde chéngjiù

Melancholie *f* -，-n 忧郁 yōuyù，伤感 shānggǎn，消沉 xiāochén

Melancholiker *m* -s，- 多愁善感的人 duō chóu shàn gǎn de rén，忧郁的人 yōuyùde rén

melancholisch *adj* 忧郁的 yōuyùde，伤感的 shānggǎnde，消沉的 xiāochénde

Meldeamt *n* 户口登记处 hùkǒu dēngjìchù，户籍管理处 hùjí guǎnlǐchù

melden I *vt* 通知 tōngzhī，报告 bàogào，报道 bàodào：der Wetterbericht hat starke Schneefälle gemeldet 天气预报有大雪；申报 shēnbào，报告 bàogào：der Polizei einen Vorfall ～ 向警察报案 II *rfl* 报到 bàodào，报名 bàomíng，登记 dēngjì：sich polizeilich ～ 向公安机关报户口；sich zu Wort ～ 要求发言；mein Magen meldet sich 我饿极了

Meldung *f* -，-en 通知 tōngzhī，报告 bàogào：telefonisch ～ geben 电话通知；申报 shēnbào，报告 bàogào：über jn [etw] ～ machen 告发某人[某事]；消息 xiāoxi，报道 bàodào

melken* *vt*/*vi* 挤 jǐ（奶）：die Kuh ～ 给牛挤奶；den Bock ～ 做毫无意义的事

Melkerei *f* -，-en 挤奶 jǐnǎi；牛奶场 niúnǎichǎng，牛奶加工场 niúnǎi jiāgōngchǎng

Melodie *f* -，-n 曲调 qǔdiào，旋律 xuánlǜ；音调 yīndiào

melodisch *adj* 曲调的 qǔdiàode，旋律的 xuánlǜde；悦耳的 yuè'ěrde，音调优美的 yīndiào yōuměi de

Melone *f* -，-n 甜瓜 tiánguā，西瓜 xīguā；圆顶硬礼帽 yuándǐng yìnglǐmào

Memme *f* -，-n 胆小鬼 dǎnxiǎoguǐ，懦夫 nuòfū

Memoiren [...'moaːrən] *pl* 回忆录 huíyìlù

Menarche *f* - 第一次月经 dìyīcì yuèjīng，初经 chūjīng

Menge *f* -，-n 一定数量 yīdìng shùliàng；大量 dàliàng，大批 dàpī，大堆 dàduī：eine ～ Arbeit haben 有许许多多工作；eine ～ Geld 很多钱；ich habe noch eine ～ zu tun 我还有好些事要做；人群 rénqún：die große ～ ist dafür 大多数人赞成

mengen I *vt* 混合 hùnhé，搅和 jiǎohuo，拌和 bànhuò II *rfl* 互相混合 hùxiāng hùnhé；插手 chāshǒu，干预 gānyù：Menge dich nicht in seine Angelgenheit! 别干预他的事！

Mengenpreis *m* 批发价 pīfājià

Mengenrabatt *m* 批发折扣 pīfā zhékòu

Menostase *f* -，-n 闭经 bìjīng，经闭 jīngbì

Mensa *f* -，...sen / -s 大学生食堂 dàxuéshēng shítáng

Mensch *m* -en，-en 人 rén；家伙 jiāhuo：ein unerzogener ～ 一个没有教养的人；ich bin auch nur ein ～ 我也是人么（不能对我要求太高）；mit jm von ～ zu ～ sprechen 与某人推心置腹地谈；哎呀 āiyā，好家伙 hǎojiāhuo：～，da hast du aber Glück gehabt! 好家伙，你可真有运气！～，lass mich in Ruhe! 哎呀，别打搅我了！

menschenfreundlich *adj* 仁爱的 rén'àide，人道的 réndàode，和蔼的 hé'ǎide，乐于助人的 lèyú zhù rén de，友爱的 yǒu'àide

Menschengestalt *f* 人（的）形（状）rénxíng

Menschenhändler *m* 人贩子 rénfànzi；拐骗人口者 guǎipiàn rénkǒu zhě

Menschenkunde *f* 人类学 rénlèixué

menschenleer *adj* 无人的 wúrénde，荒无人烟的 huāng wú rén yān de

Menschenmenge *f* 人群 rénqún

Menschenrecht *n* 人权 rénquán

Menschenwürde *f* 人的尊严 rén de zūnyán

Menschheit *f* - 人类 rénlèi；人群 rénqún

menschlich *adj* 人的 rénde，人类的 rénlèide；人道的 réndàode，有人性的 yǒu rénxìng de，有人情的 yǒu rénqíng de；通情达理的 tōng qíng dá lǐ de

Menschlichkeit *f* - 人性 rénxìng，人情 rénqíng，人道 réndào

M

mensendiecken *vi* 做健美操 zuò jiànměicāo

Menstruation *f* -, -en 月经 yuèjīng, 行经期 xíngjīngqī

Mentalität *f* 气质 qìzhì, 思想情操 sīxiǎng qíngcāo, 精神状态 jīngshén zhuàngtài

Mentizid *m/n* -(e)s, -e 洗脑筋 xǐ nǎojīn, 换脑术 huàn nǎo shù(指强迫他人改变政治态度)

Menü *n* -s, -s (由几道菜组成的)份儿饭 fènrfàn; 菜单 càidān

Menüladen *m* 半成品食品店 bànchéngpǐn shípǐndiàn

merkbar *adj* 可察觉的 kě chájué de, 明显的 míngxiǎnde; 能记住的 néng jìzhù de: diese Zahl ist gut ～ 这个数字很好记

Merkblatt *n* 说明书 shuōmíngshū, 传单 chuándān, 便条 biàntiáo

merken I *vt* 觉察 juéchá, 发觉 fājué: einen Betrug ～ 发觉一个骗局 **II** *rfl* 记住 jìzhù: sich eine Telefonnummer ～ 记住一个电话号码

merkenswert *adj* 值得记住的 zhídé jìzhù de

merklich *adj* 显著的 xiǎnzhùde, 清楚的 qīngchude, 能察觉到的 néng chájuédào de

Merkmal *n* -s, -e 标记 biāoji, 特征 tèzhēng, 标志 biāozhì: besondere ～e besitzen 具有特殊的标志

merkwürdig *adj* 奇怪的 qíguàide, 奇特的 qítède; 值得注意的 zhídé zhùyì de

Merkwürdigkeit *f* -, -en 奇特 qítè, 奇异 qíyì; 奇怪现象 qíguài xiànxiàng, 稀奇古怪的事物 xīqí gǔguài de shìwù

Message ['mɛsɪdʒ] *f* -, -s (用信号传送的)信息 xìnxī; (文艺作品的)含意 hányì, 寓意 yùyì, 内涵 nèihán

Messband *n* 卷尺 juǎnchǐ

messbar *adj* 可测量的 kě cèliáng de

Messbecher *m* 量杯 liángbēi

Messbuch *n* 弥撒书 mísashū, 祈祷书 qídǎoshū

Messe *f* -, -n 博览会 bólǎnhuì, 商品交易会 shāngpǐn jiāoyìhuì: die Leipziger ～ 莱比锡博览会; 弥撒 mísa: zur ～ gehen 去望弥撒

messen* **I** *vt* 量 liáng, 测量 cèliáng, 测定 cèdìng: die Größe von etw ～ 量某物的尺寸; das Fieber ～ 量热度; er misst 1.95m 他身高一米九五; 打量 dǎliang, 估量 gūliáng: jn ～ 打量某人 **II** *rfl* 较量 jiàoliàng, 相比 xiāngbǐ, 比试 bǐshi: mit dir kann ich mich in dieser Hinsicht nicht ～ 在这方面我不能与你相比

Messer *n* -s, - 刀 dāo, 小刀 xiǎo dāo: jn ans ～ liefern 出卖某人; jm das ～ an die Kehle setzen 威逼某人(把刀放在某人的脖子上)

Messgeräte *pl* 测量仪表 cèliáng yíbiǎo, 计量仪器 jìliàng yíqì

Messinstrument *n* 测量仪器 cèliáng yíqì, 量具 liángjù, 仪表 yíbiǎo

Messung *f* -, -en 测量 cèliáng, 测定 cèdìng; 计量 jìliàng

Metabolismus *m* - 新陈代谢 xīnchéndàixiè

Metall *n* -s, -e 金属 jīnshǔ: seltene ～e 稀有金属

Metallarbeiter *m* 五金工人 wǔjīn gōngrén

metallen *adj* 金属的 jīnshǔde, 金属制的 jīnshǔzhìde; 响亮的 xiǎngliàng de

Metallindustrie *f* 冶金工业 yějīn gōngyè

metallisch *adj* 金属的 jīnshǔde; 像金属的 xiàng jīnshǔ de; 发金属般声音的 fā jīnshǔbān shēngyīn de; 响亮的 xiǎngliàng de

Metallurgie *f* - 冶金学 yějīnxué

metallurgisch *adj* 冶金学的 yějīnxuéde

Metallwaren *pl* 金属制品 jīnshǔ zhìpǐn, 五金商品 wǔjīn shāngpǐn

Metapher *f* -, -n 比喻 bǐyù, 隐喻 yǐnyù

Metaphysik *f* 形而上学 xíng'érshàngxué, 玄学 xuánxué

metaphysisch *adj* 形而上学的 xíng'érshàngxuéde, 玄学的 xuánxuéde

Metastase *f* -, -n (肿瘤)转移 zhuǎnyí; (语言的)转嫁法 zhuǎnjiàfǎ

metastasieren *vi* (肿瘤)转移 zhuǎnyí

Metatropismus *m* 异性感情 yìxìng gǎnqíng; 反向 fǎn xiàng

Meteor *m/n* -s, -e 流星 liúxīng, (陨石, 陨星的)曳光 yèguāng

Meteorit *m* -s / -en, -e(n) 陨石 yǔnshí, 陨星 yǔnxīng

Meteorologe *m* -n, -n 气象工作者 qìxiàng gōngzuòzhě, 气象学家 qìxiàng-

xuéjiā
Meteorologie *f* - 气象学 qìxiàngxué
meteorologisch *adj* 气象学的 qìxiàngxuéde；气候的 qìhòude
Meter *n/m* -s, - 米（公尺）mǐ
meterlang *adj* 约一米或几米长的 yuē yīmǐ huò jǐmǐ cháng de；相当长的 xiāngdāngchángde，较长的 jiàochángde
Metermaß *n* 米制卷尺 mǐzhì juǎnchǐ，米尺 mǐchǐ
Methan *n* -s 甲烷 jiǎwán，沼气 zhǎoqì
Methode *f* -, -n 方法 fāngfǎ，方式 fāngshì
Methodik *f* -, en 方法学 fāngfǎxué，方法论 fāngfǎlùn，教学法 jiàoxuéfǎ
methodisch *adj* 教学法的 jiàoxuéfǎde；有条理的 yǒu tiáolǐ de，有计划的 yǒu jìhuà de，系统的 xìtǒngde
Methomanie *f* 酒疯 jiǔ fēng
Metromanie *f* 女子色情狂 nǚzǐ sèqíngkuáng，慕男狂 mùnánkuáng
Metropole *f* -, -n 首都 shǒudū；首府 shǒufǔ；大都会 dà dūhuì；中心 zhōngxīn
Metzger *m* -s, - 屠夫 túfū；肉商 ròushāng，卖肉者 màiròuzhě
Metzgerei *f* -, -en 屠宰业 túzǎiyè；肉铺 ròupù
meucheln *vt* 暗杀 ànshā，刺杀 cìshā
Meuchler *m* -s, - 刺客 cìkè，暗杀者 ànshāzhě，杀手 shāshǒu
Meute *f* -, -n 猎犬群 lièquǎnqún；歹徒 dǎitú，暴徒 bàotú
Meuterei *f* -, -en 叛乱 pànluàn，哗变 huábiàn，兵变 bīngbiàn
Meuterer *m* -s, - 叛乱者 pànluànzhě，暴动者 bàodòngzhě，哗变者 huábiànzhě
meutern *vi* 叛乱 pànluàn，暴动 bàodòng；咒骂 zhòumà，发牢骚 fā láosao
Mexikaner *m* -s, - 墨西哥人 mòxīgērén
mexikanisch *adj* 墨西哥的 mòxīgēde；墨西哥人的 mòxīgērénde
Mexiko 墨西哥 Mòxīgē；墨西哥城 mòxīgēchéng
MFG *f* (Mitfahrgelegenheit 的缩写）搭车 dāchē
miauen *vi* （猫）喵喵叫 miāomiāojiào
Mickymaus *f* （动画形象）米老鼠 mǐlǎoshǔ
Microfiche [...fiːʃ] *m/n* -s, -s 缩微胶片 suōwēi jiāopiàn
Microprozess *m* 微处理 wēi chǔlǐ
Midimode *f* 中长时装 zhōng cháng shízhuāng，中长服装 zhōng cháng fúzhuāng
Mief *m* -(e)s 臭气 chòuqì，污浊的空气 wūzhuóde kōngqì
Miene *f* -, -n 面部表情 miànbù biǎoqíng，脸色 liǎnsè：eine saure ～ machen 板面孔，做出不高兴的样子；er verzog keine ～ 他不动声色
mies *adj* 恶劣的 èliède，糟糕的 zāogāode：～e Laune haben 情绪不好；不舒服的 bù shūfu de：mir ist ～ 我不舒服
Miesmacher *m* -s, - 发牢骚的人 fā láosao de rén，怨天尤人者 yuàn tiān yóu rén zhě，对什么都不满的人 duì shénme dōu bùmǎn de rén
Mietauto *n* 租用的汽车 zūyòngde qìchē；出租汽车 chūzū qìchē
Mietblock *m* 公寓楼群 gōngyù lóuqún
Miete *f* -, -n 房租 fángzū，租金 zūjīn；租借 zūjiè，租用 zūyòng：zur（或 in）～ wohnen 租房住；warme [kalte] ～ 包括[不包括]暖气费用的房租
mieten *vt* 租用 zūyòng，租赁 zūlìn，租借 zūjiè：ein Zimmer [einen Laden] ～ 租用一个房间[一家店铺]
Mieter *m* -s, - 房客 fángkè，租用者 zūyòngzhě，承租人 chéngzūrén
Mietertrag *m* 房租收入 fángzū shōurù，租赁收入 zūlìn shōurù
mietfrei *adj* 不收租金的 bù shōu zūjīn de
Mietkauf *m* 先租后买（租金计入买价）xiān zū hòu mǎi
Mietpreis *m* 租金 zūjīn
Mietshaus *n* （较大供出租的）公寓房 gōngyùfáng
Mietskaserne *f* （供出租的）简陋房屋 jiǎnlòu fángwū
Miettruppen *pl* 雇佣军队 gùyōng jūnduì
Mietvertrag *m* 租约 zūyuē，租赁合同 zūlìn hétong
Mietvorauszahlung *f* 预付租金 yùfù zūjīn
mietweise *adv* 以租赁方式 yǐ zūlìn fāngshì，租借地 zūjièdì
Mietwert *n* 租赁价值 zūlìn jiàzhí
Mietzeit *f* 租赁期限 zūlìn qīxiàn
Mietzins *n* 租金 zūjīn；租息 zūxī
Mietzuschuss *m* 房租补贴 fángzū bǔtiē；住宿津贴 zhùsù jīntiē

M

Migräne *f* - 偏头痛 piāntóutòng
Mikrat *n* -(e)s, -e 超缩微软片 chāo suōwēi ruǎnpiàn
Mikrobe *f* -, -n 微生物 wēishēngwù
Mikrobild *n* 缩微照片 suōwēi zhàopiàn
Mikrobiologie *f* - 微生物学 wēishēngwùxué
Mikrodokumentation *f* 缩微文献 suōwēi wénxiàn
Mikroelektronik *f* 微电子学 wēidiànzǐxué
Mikrofilm *m* 缩微胶片 suōwēi jiāopiàn
Mikrofilmarchiv *n* 缩微胶片档案 suōwēi jiāopiàn dàng'àn
Mikroklimatologie *f* 小气候学 xiǎoqìhòuxué
mikrokopieren *vt* 缩微复制 suōwēi fùzhì
Mikroökonomie *f* 微观经济学 wēiguān jīngjìxué
Mikroorganismus *m* 微生物 wēishēngwù
Mikrophon *n* -s, -e 麦克风 màikèfēng, 话筒 huàtǒng
Mikroprozessor *m* 微型信息处理机 wēixíng xìnxī chǔlǐjī
Mikrorillenschallplatte *f* 密纹唱片 mìwén chàngpiàn
Mikroskop *n* -s, -e 显微镜 xiǎnwēijìng
Milch *f* - 乳 rǔ;牛奶 niúnǎi
Milchbrot *n* 牛奶面包 niúnǎi miànbāo
Milchgeschäft *n* 牛奶及乳品商店 niúnǎi jí rǔpǐn shāngdiàn
Milchgesicht *n* 无须的少年 wúxūde shàonián,嫩白的脸蛋 nèn bái de liǎndàn
milchig *adj* 乳状的 rǔzhuàngde,乳白色的 rǔbáisède
Milchkaffee *m* 牛奶咖啡 niúnǎi kāfēi
Milchprodukte *pl* 牛奶制品 niúnǎi zhìpǐn,乳制品 rǔzhìpǐn
Milchstraße *f* 银河 yínhé
milchweiß *adj* 乳白色的 rǔbáisède
Milchzahn *m* 乳牙 rǔyá,奶牙 nǎiyá
mild *adj* 温和的 wēnhéde,和煦的 héxùde: ～es Klima 温暖的气候;温柔的 wēnróude,柔和的 róuhéde;宽大的 kuāndàde,行善的 xíngshànde
Milde *f* - 温和 wēnhé,柔和 róuhé;宽容 kuānróng,和善 héshàn,宽大 kuāndà
mildern *vt* 减轻 jiǎnqīng,缓解 huǎnjiě: eine Strafe ～ 减轻一处罚; den Schmerz ～ 减轻疼痛;减弱 jiǎnruò,和缓 héhuǎn,平息 píngxī: ihre Worte milderten seinen Zorn 她的话缓和了他的怒气
mildherzig *adj* 好心肠的 hǎo xīnchángde,心软的 xīnruǎnde
mildtätig *adj* 慈善的 císhànde,行善的 xíngshànde,大度的 dàdùde
Mildtätigkeit *f* - 仁慈 réncí,行善 xíngshàn,大度 dàdù
Milieu [mi'liø:] *n* -s, -s 环境 huánjìng,周围的环境和条件 zhōuwéi de huánjìng hé tiáojiàn: in einem schlechten ～ aufwachsen 在恶劣环境中长大;(瑞士)红灯区 hóngdēngqū
Militär I *n* -s 军队 jūnduì,武装部队 wǔzhuāng bùduì: beim ～ sein 服兵役 II *m* -s, -s 高级军官 gāojí jūnguān
Militärakademie *f* 军事学院 jūnshì xuéyuàn
Militärattache *m* (大使馆)武官 wǔguān
Militärbasis *f* 军事基地 jūnshì jīdì
Militärberater *m* 军事顾问 jūnshì gùwèn
Militärgericht *n* 军事法庭 jūnshì fǎtíng
Militärgewalt *f* 武力 wǔlì,兵力 bīnglì;军权 jūnquán
Militärhospital *n* 军医院 jūnyīyuàn
militärisch *adj* 军事的 jūnshìde,军队的 jūnduìde
militarismus *m* - 军国主义 jūnguó zhǔyì
Militarist *m* -en, -en 军国主义者 jūnguó zhǔyì zhě
militaristisch *adj* 军国主义的 jūnguó zhǔyì de
Militärmission *f* 军事顾问团 jūnshì gùwèntuán
Militärwesen *n* 军事 jūnshì
Militärwissenschaft *f* 军事科学 jūnshì kēxué
Miliz *f* -, -en 民兵 mínbīng;民兵组织 mínbīng zǔzhī
Milliardär *m* -s, -e 亿万富翁 yìwàn fùwēng,巨富 jù fù
Milliarde *f* -, -n 十亿 shíyì
Milligramm *n* 毫克 háokè
Millimeter *n* /*m* 毫米 háomǐ
Million *f* -, -en 百万 bǎiwàn
Millionär *m* -s, -e 百万富翁 bǎiwànfùwēng

Milz *f* -, -en 脾(脏) pí
Milzkrankheit *f* 脾脏病 pízàngbìng
Mimik *f* - 脸部表情 liǎnbù biǎoqíng
Mimose *f* -, -n 含羞草(属) hánxiūcǎo
minder I *adj* 较差的 jiàochàde,较次的 jiàocìde,较少的 jiàoshǎode: ～e Waren 质量较差的货物 II *adv* 次于 cìyú,亚于 yà yú,较少地 jiàoshǎode,较小地 jiàoxiǎode: nicht mehr und nicht ～ 不多不少
Minderheit *f* -, -en 少数 shǎoshù;少数派 shǎoshùpài
minderjährig *adj* 未成年的 wèichéngniánde
mindern *vt* 减少 jiǎnshǎo,减轻 jiǎnqīng;降低 jiàngdī: die Preise ～ 降低价格
minderwertig *adj* 低价的 dījiàde;差的 chàde,次的 cìde,劣的 liède
mindest *adj* 最少的 zuìshǎode,极少的 jíshǎode,一点儿 yīdiǎnr: zum ～en 至少
mindestens *adv* 至少 zhìshǎo,最少 zuìshǎo,最低限度 zuìdī xiàndù,最起码 zuì qǐmǎ: er kennt ～ schon tausend Wörter 他至少已认识一千字了
Mindestgebot *n* (拍卖时的)开价 kāijià,最低叫价 zuìdī jiàojià,最低报价 zuìdī bàojià
Mindestlohn *m* 最低工资 zuìdī gōngzī
Mindestpreis *m* 最低价格 zuìdī jiàgé
Mine *f* -, -n 地雷 dìléi;水雷 shuǐléi;笔芯 bǐxīn;矿井 kuàngjǐng,坑道 kēngdào
Mineral *n* -s, -e / -lien 矿物 kuàngwù
Mineralogie *f* - 矿物学 kuàngwùxué
mineralogisch *adj* 矿物学的 kuàngwùxuéde
Mineralöl *n* 石油 shíyóu;矿物油 kuàngwùyóu
Mineralquelle *f* 矿泉 kuàngquán
Mineralwasser *n* 矿泉水 kuàngquánshuǐ
mini *adj* (不作定语用)超短的 chāoduǎnde: ～ tragen 穿超短裙
minimal *adj* 最小的 zuìxiǎode,极小的 jíxiǎode,微小的 wēixiǎode,最低限度的 zuìdī xiàndù de
Minimalprogramm *n* 最低纲领 zuìdī gānglǐng
minimieren *vt* 把…减少到最低限度 bǎ… jiǎnshǎodào zuìdī xiàndù
Minimum *n* -s, ...ma 最小值 zuìxiǎozhí,最低值 zuìdīzhí;微量 wēiliàng,微小 wēixiǎo
Minipreisladen *m* 廉价商店 liánjià shāngdiàn
Minirock *m* 超短裙 chāoduǎnqún
Minispion *m* 微型窃听器 wēixíng qiètīngqì
Minister *m* -s, - 部长 bùzhǎng
Ministerium *n* -s, ...ien 部 bù
Ministerpräsident *m* 总理 zǒnglǐ,首相 shǒuxiàng;州政府总理 zhōu zhèngfǔ zǒnglǐ
Ministerrat *m* 国务院 guówùyuàn,部长会议 bùzhǎng huìyì
Minorität *f* -, -en 少数派 shǎoshùpài
minus I *cj* 减 jiǎn,减去 jiǎnqù: zehn ～ zwei ist (或 macht, gibt) acht 10 减 2 等于 8 II *adv* 零下 língxià: heute sind ～ 5 Grad (或 5 Grad ～) 今天是零下 5 度;负的,负极 fùjí
Minus *n* -, - 负数 fùshù,负量 fùliàng;亏空 kuīkong,不足 bùzú;缺陷 quēxiàn
Minute *f* -, -n 分(钟) fēn;片刻 piànkè,瞬间 shùnjiān: auf die ～ 准时; in den entscheidenden ～n 在关键时刻
Minutenzeiger *m* (钟表的)分针 fēnzhēn
Minze *f* -, -n 薄荷 bòhe
mischen I *vt* 混合 hùnhé,混杂 hùnzá,调制 tiáozhì II *rfl* 干预 gānyù,插手 chāshǒu: sich in etw ～ 干预某事; er mischt sich in alles 他到处插手
Mischling *m* -s, -e 混血儿 hùnxuè'ér;杂交的动物(或植物) zájiāode dòngwù
Mischmasch *m* -es 大杂烩 dàzáhuì,混杂的东西 hùnzáde dōngxi
Mischung *f* -, -en 混合 hùnhé,掺杂 chānzá;混合物 hùnhéwù;大杂烩 dàzáhuì
miserabel *adj* 很坏的 hěnhuàide,糟糕的 zāogāode: eine ～e Verpflegung 很糟糕的伙食;可怜的 kěliánde;悲惨的 bēicǎnde
Misere *f* -, -n 困苦 kùnkǔ,不幸 bùxìng;困境 kùnjìng,糟糕的处境 zāogāode chǔjìng
Miss *f* -, Misses 小姐(英语用以称呼未婚女子) xiǎojiě
missachten *vt* 轻视 qīngshì,歧视 qíshì,藐视 miǎoshì: die Gesetze ～ 藐视法律
Missachtung *f* 轻视 qīngshì,歧视 qíshì,藐视 miǎoshì

Missbildung *f* -, -en 畸形 jīxíng;(器官)变形 biànxíng

missbilligen *vt* 不赞成 bù zànchéng,反对 fǎnduì: js Ansicht ～ 不赞成某人的观点;拒绝 jùjué

Missbilligung *f* 不赞成 bù zànchéng,反对 fǎnduì;拒绝 jùjué

Missbrauch *m* 滥用 lànyòng: der ～ eines Amtes 滥用职权;强奸 qiángjiān

missbrauchen *vt* 滥用 lànyòng: seine Macht ～ 滥用其权力;奸污 jiānwū,强奸 qiángjiān

missdeuten *vt* 误解 wùjiě,曲解 qūjiě

missen *vt* 缺少 quēshǎo,缺乏 quēfá,失去 shīqù: jn [etw] nicht ～ können 没有某人[某物]不行

Misserfolg *m* 失败 shībài,不成功 bù chénggōng: einen ～ erleiden 遭到失败

Missernte *f* 歉收 qiànshōu

Missetat *f* -, -en 恶行 èxíng,罪恶 zuì'è

Missetäter *m* 犯罪分子 fànzuì fènzǐ,不法分子 bùfǎ fènzǐ;作恶者 zuò'èzhě

missfallen* *vi* 使不满 shǐ bùmǎn,使不喜欢 shǐ bù xǐhuan,使厌烦 shǐ yànfán: sein Benehmen missfiel uns 他的态度使我们不快

missgebildet *adj* 畸形的 jīxíngde,丑陋的 chǒulòude

Missgeburt *f* 怪胎 guàitāi,畸胎 jītāi

Missgeschick *n* 倒霉事 dǎoméishì,不幸 bùxìng: von einem wirtschaftlichen ～ getroffen werden 碰到经济上的不幸

missglücken *vi(s)* 失败 shībài: ein Plan ist missglückt 一计划失败了

missgönnen *vt* 嫉妒 jídù,妒忌 dùjì: jm seine gute Stellung ～ 嫉妒某人好的职位

Missgriff *m* -(e)s, -e 失策 shīcè,失误 shīwù;错误的行动 cuòwùde xíngdòng

missgünstig *adj* 嫉妒的 jídùde,猜忌的 cāijìde

misshandeln *vt* 虐待 nüèdài: ein Kind [Tier] ～ 虐待一孩子[动物]

Misshandlung *f* 虐待 nüèdài

Misshelligkeiten *pl* 不一致 bù yīzhì,争执 zhēngzhí,不和 bùhé;烦恼 fánnǎo,不愉快 bù yúkuài

Mission *f* -, -en 使命 shǐmìng,重任 zhòngrèn;外交使团 wàijiāo shǐtuán;(向国外派出的)代表团 dàibiǎotuán;传教 chuánjiào,布道 bùdào

Missionar, Missionär *m* -s, -e 传教士 chuánjiàoshì

Missklang *m* 不协调的声音 bù xiétiáo de shēngyīn,刺耳的声音 cì'ěrde shēngyīn

Misskredit *m* 坏名声 huài míngshēng,坏名誉(用于短语) huài míngyù: in ～ geraten (或 kommen) 丢脸; jn in ～ bringen 使某人丧失信誉

misslich *adj* 困难的 kùnnande,棘手的 jíshǒude;不愉快的 bù yúkuài de,难堪的 nánkān de

missliebig *adj* 不受欢迎的 bù shòu huānyíng de,不得人心的 bù dé rénxīn de

misslingen* *vi(s)* 失败 shībài,不成功 bù chénggōng: die Flucht ist misslungen 逃跑失败

Missmut *m* 心情不好 xīnqíng bùhǎo,情绪恶劣 qíngxù èliè,不愉快 bù yúkuài

missmutig *adj* 情绪不好的 qíngxù bùhǎode,闷闷不乐的 mèn mèn bù lè de,不满意的 bù mǎnyìde,阴郁的 yīnyùde

Missstand *m* 弊端 bìduān,弊病 bìbìng,恶习 èxí;恶劣情况 èliè qíngkuàng,不良状况 bùliáng zhuàngkuàng

Missstimmung *f* 烦闷 fánmèn,心绪不佳 xīnxù bùjiā,不愉快 bù yúkuài;不协调 bù xiétiáo,不和谐的气氛 bù héxié de qìfēn

misstrauen *vi* 不信任 bù xìnrèn,怀疑 huáiyí,猜疑 cāiyí: jm ～ 不信任某人; ich misstraue seinen Worten 我不相信他的话

Misstrauen *n* -s 怀疑 huáiyí,不信任 bù xìnrèn: ～ gegen jn [etw] haben 对某人[某事]有怀疑; voller ～ sein 充满疑虑

misstrauisch *adj* 不信任的 bù xìnrènde,怀疑的 huáiyíde,猜疑的 cāiyíde

Missvergnügen *n* 懊丧 àosàng,不满 bùmǎn,不愉快 bù yúkuài

Missverhältnis *n* -ses, -se 不相称 bù xiāngchèn,不相配 bù xiāngpèi,比例失调 bǐlì shītiáo

missverständlich *adj* 易误解的 yì wùjiě de,不明确的 bù míngquède,模糊不清的 móhu bù qīng de

Missverständnis *n* 误解 wùjiě,误会 wùhuì

missverstehen* *vt* 误解 wùjiě,误会 wùhuì: er hat mich missverstanden 他误解了我

Mist *m* -es 粪 fèn; 粪肥 fènféi; 废物 fèiwù; 胡闹 húnào, 无聊的事 wúliáode shì; 废话 fèihuà, 胡言乱语 húyán luànyǔ: das ist doch alles ～ 全是胡闹; er redet nur ～ 他尽是瞎说

Mistkerl *m* 畜生 chùsheng, 混蛋 húndàn

Miststück *n* 贱货 jiànhuò, 下流货 xiàliúhuò

mit I *präp* (*D*) 和… hé …, 与…一起 yǔ … yīqǐ: sich ～ jm unterhalten 与某人聊天; 连同 liántóng, 包括…在内 bāokuò … zàinèi: ～ mir waren es zehn 连我在内共 10 人; 带有 dàiyǒu: ein Mädchen ～ blondem Haar 一个有金黄色头发的姑娘; 以 yǐ, 随 suí: etw ～ Geduld ertragen 耐心地忍受某事; ～ Leib und Seele 全心全意地; 用 yòng, 以 yǐ, 借助 jièzhù: ～ dem Auto fahren 乘汽车; ～ Bleistift schreiben 用铅笔写; 涉及 shèjí, 关于 guānyú: Was ist los ～ dir? 你出了什么事啊? Wie steht es ～ Ihrem Bruder? 您的兄弟情况怎样? II *adv* 一并 yībìng, 也 yě, 还 hái, 一同 yītóng: ich war ～ dabei 当时我也在场; er will ～ gehen 他想一道去; das muss man ～ berücksichtigen 这也得一起加以考虑

Mitarbeit *f* 合作 hézuò, 协作 xiézuò; 共同参与工作 gòngtóng cānyù gōngzuò

mitarbeiten *vi* 合作 hézuò, 协作 xiézuò, 共事 gòngshì; 共同参与工作 gòngtóng cānyù gōngzuò

Mitarbeiter *m* 合作者 hézuòzhě, 同事 tóngshì, 共同工作的人 gòngtóng gōngzuò de rén

Mitautor *m* 合著者 hézhùzhě, 合写者 héxiězhě

mitbestimmen *vt*/*vi* 共同决定 gòngtóng juédìng, 参与决定 cānyù juédìng

Mitbestimmung *f* 共同决定 gòngtóng juédìng, 参与决定 cānyù juédìng

mitbeteiligt *adj* 参加的 cānjiāde, 参与的 cānyùde: an dem Gewinn ～ sein 分享利润

mitbringen* *vt* 带来 dàilái, 带着 dàizhe, 携带 xiédài, 带回 dàihuí

Mitbringsel *n* -s, - 带回来的小礼物 dàihuíláide xiǎo lǐwù

miteinander *adv* 一同 yītóng, 一起 yīqǐ; 彼此 bǐcǐ, 互相 hùxiāng: etw ～ tun 一同做某事; Glück und Unglück ～ teilen 同甘共苦

Mitbürger *m* -s, - 同胞 tóngbāo, 同乡 tóngxiāng

miterleben *vt* 共同经历 gòngtóng jīnglì, 共同度过 gòngtóng dùguò

mitfahren* *vi*(*s*) 一起乘车去 yīqǐ chéngchēqù

Mitfahrerzentrale *f* (德国)搭车介绍中心 dāchē jièshào zhōngxīn

Mitfahrgelegenheit *f* 搭便车机会 dābiànchē jīhuì

Mitfreude *f* 共同感到的欢乐 gòngtóng gǎndàode huānlè

mitfühlen *vi* 同情 tóngqíng, 有同感 yǒu tónggǎn

Mitgefühl *n* 同情 tóngqíng, 同情心 tóngqíngxīn

mitgehen* *vi*(*s*) 同去 tóngqù, 一起去 yīqǐ qù: etw ～ lassen (或 heißen) 偷走某物; 伴随 bànsuí, 跟随 gēnsuí; 一起脱落 yīqǐ tuōluò; 被吸引住 bèi xīyǐnzhù, 着迷 zháomí

Mitgift *f* - 嫁妆 jiàzhuang

Mitglied *n* 成员 chéngyuán, 会员 huìyuán

mithelfen* *vi* 帮助 bāngzhù, 协助 xiézhù

Mithilfe *f* 帮助 bāngzhù, 援助 yuánzhù, 支持 zhīchí, 协助 xiézhù

mithin *adv* 因此 yīncǐ, 所以 suǒyǐ, 可见 kějiàn

mithören *vt* 同听 tóng tīng, 一起听 yīqǐ tīng; 窃听 qiètīng, 偷听 tōutīng

Mitkämpfer *m* 战友 zhànyǒu

mitkommen* *vi*(*s*) 也来 yě lái, 同来 tónglái; 跟得上 gēn de shàng, 能跟上 néng gēnshàng

Mitleid *n* 同情 tóngqíng, 同情心 tóngqíngxīn: voller ～ sein 充满同情心; *mit jm ～ haben* (或 *fühlen, empfinden*) 同情某人

mitleiden* *vi* 同情 tóngqíng, 怜悯 liánmǐn

mitleidig *adj* 有同情心的 yǒu tóngqíngxīn de, 怜悯的 liánmǐnde

mitmachen *vt* 参加 cānjiā, 参与 cānyù; 帮着做 bāngzhe zuò; 经受 jīngshòu, 遭受 zāoshòu

Mitmensch *m* -en, -en 周围的人 zhōuwéide rén, 别人 biérén: etw für seine ～en tun 为其周围的人做某事

mitmenschlich *adj* 人与人之间的 rén yǔ rén zhījiān de

mitnehmen* *vt* 携带 xiédài，随带 suídài；顺便购买(小东西) shùnbiàn gòumǎi；顺便参观 shùnbiàn cānguān；使憔悴 shǐ qiáocuì，使疲劳 shǐ píláo；使痛苦 shǐtòngkǔ
mitrauchen *vi* 被动吸烟 bèidòng xīyān
Mitrauchen *n* 被动抽烟 bèidòng chōuyān
Mitraucher *m* 被动抽烟者 bèidòng chōuyānzhě
mitrechnen *vt* 把…计算进去 bǎ … jìsuàn jìnqù
mitreden *vi* /*vt* 参加谈话 cānjiā tánhuà，发表意见 fābiǎo yìjiàn
Mitreisende *m* /*f* (按形容词变化)旅伴 lǚbàn，同行者 tóngxíngzhě
mitreißen* *vt* 把…一道拉走 bǎ … yīdào lāzǒu，冲走 chōngzǒu；吸引 xīyǐn，使兴奋 shǐ xīngfèn
mitsamt *präp* (D) 连同 liántóng，跟 gēn，同…一起 tóng … yīqǐ
Mitschüler *m* 同班同学 tóngbān tóngxué，同学 tóngxué
mitspielen *vi* 参加游戏 cānjiā yóuxì，一起玩 yīqǐ wán；参与 cānyù；粗暴对待 cūbào duìdài
Mittag I *m* -s，-e 中午 zhōngwǔ：gegen ～ 近中午；heute ～ 今天中午；Dienstag ～ 星期二中午；zu ～ essen 吃午饭；午休 wǔxiū：～ machen 午休 **II** *n* -(e)s 午饭 wǔfàn：～ kochen 烧午饭
Mittagessen *n* 午饭 wǔfàn，午餐 wǔcān
mittags *adv* 中午 zhōngwǔ：～ ist er immer zu Hause 中午他总是在家里
Mittagspause *f* 午休 wǔxiū
Mittagsschlaf *m* 午睡 wǔshuì
Mitte *f* -，-n 中心 zhōngxīn，中间 zhōngjiān：～ Mai 五月中旬；～ des Monats 本月中旬
mitteilen I *vt* 通知 tōngzhī，告知 gàozhī：jm etw schriftlich [mündlich] ～ 把某事书面[口头]通知某人 **II** *rfl* 说出心里话 shuōchū xīnlihuà：er teilt sich wenig mit 他很少向别人讲心里话
Mitteilung *f* -，-en 通知 tōngzhī，通告 tōnggào：eine amtliche ～ (an die Presse) herausgeben (向新闻界)发表一官方通告；消息 xiāoxi，报导 bàodǎo
Mittel *n* -s，- 方法 fāngfǎ，手段 shǒuduàn；药品 yàopǐn，药物 yàowù：ein ～ gegen Fieber 一种退烧药；金钱 jīnqián，资金 zījīn：die ～ zum Unterhalt 生活费；平均值 píngjūnzhí
Mittelalter *n* 中世纪 zhōngshìjì
mittelalterlich *adj* →Mittelalter
mittelbar *adj* 间接的 jiànjiēde
mitteleuropäisch *adj* 中欧的 zhōngōude
Mittelfeld *n* (面积)中央部分 zhōngyāng bùfen；(足球)中场队员 zhōngchǎng duìyuán；(句子的)中场 zhōngchǎng，中段 zhōngduàn，(句子的)核心部分 héxīn bùfen
Mittelfinger *m* 中指 zhōngzhǐ
mittellos *adj* 没钱的 méiqiánde，贫穷的 pínqióngde
mittelmäßig *adj* 中等的 zhōngděngde，平庸的 píngyōngde，一般的 yībānde
Mittelmeer *n* 地中海 dìzhōnghǎi
Mittelohrentzündung *f* 中耳炎 zhōng'ěryán
Mittelpunkt *m* 中心 zhōngxīn，中心点 zhōngxīndiǎn；焦点 jiāodiǎn，重点 zhòngdiǎn
mittels *prp* (G/D) 用 yòng，借助 jièzhù：～ elektrischer Energie 借助电能
Mittelschule *f* 中学 zhōngxué
Mittelsmann *m* = Mittelsperson
Mittelsperson *f* 中间人 zhōngjiānrén，经纪人 jīngjìrén；调停人 tiáotíngrén，调解人 tiáojiěrén
Mittelstand *m* 中间阶层 zhōngjiān jiēcéng，中产阶级 zhōngchǎn jiējí
Mittelstreckenrakete *f* 中程导弹 zhōngchéng dǎodàn
mitten *adv* 正中 zhèngzhōng，当中 dāngzhōng，在中间 zài zhōngjiān
Mitternacht *f* 子夜 zǐyè，午夜 wǔyè，半夜 bànyè
mittler *adj* 中间的 zhōngjiānde，当中的 dāngzhōngde；中等的 zhōngděngde，平均的 píngjūnde：ein ～es Einkommen 中等收入
mittlerweile *adv* 当时 dāngshí，那时 nàshí，在这时间 zài zhè shíjiān
Mittwoch *m* -(e)s，-e 星期三 xīngqīsān
mitunter *adv* 有时 yǒushí，不时 bùshí，时而 shí'ér
mitwirken *vi* 合作 hézuò，一起干 yīqǐ gàn；协助 xiézhù，协作 xiézuò；参与 cānyù
Mitwirkung *f* 合作 hézuò；协作 xiézuò；参与 cānyù，协助 xiézhù

Mitwisser *m* 知情人 zhīqíngrén
mixen *vt* 调制 tiáozhì，配制 pèizhì；使混合 shǐ hùnhé
Mixer *m* -s，- 配制饮料者 pèizhì yǐnliào zhě，调酒师 tiáojiǔshī；（电视、电影、广播）混合录制 hùnhé lùzhì；搅拌机 jiǎobànjī，混合器 hùnhéqì
Möbel *n* -s，- 家具 jiājù
Möbelstück *n* （一件）家具 jiājù
Möbelwerker *m* 家具工人 jiājù gōngrén
mobil *adj* 活动的 huódòngde，可移动的 kě yídòng de；好动的 hào dòng de，灵活的 línghuóde；整装待发的 zhěng zhuāng dài fā de，动员了的 dòngyuánlede
Mobilheim *n* （汽车拖拉的）活动住房 huódòng zhùfáng
Mobiliar *n* -s，-e 家具（总称） jiājù
mobilisieren *vt* 动员 dòngyuán；调动 diàodòng；使变成资金 shǐ biànchéng zījīn，使变成现款 shǐ biànchéng xiànkuǎn
Mobilisierung *f* - 动员 dòngyuán；调动 diàodòng；变成资金 biànchéng zījīn，变成现款 biànchéng xiànkuǎn
möblieren *vt* 给…配置家具 gěi … pèizhì jiājù
möbliert *adj* 备有家具的 bèi yǒu jiājù de：ein ～es Zimmer mieten 租借一间带有家具的房间
Modalität *f* -，-en 方式 fāngshì，方法 fāngfǎ，情况 qíngkuàng
Modalsatz *m* 情况状语从句 qíngkuàng zhuàngyǔ cóngjù
Modalverb *n* 情态动词 qíngtài dòngcí
Mode *f* -，-n 时髦 shímáo，风尚 fēngshàng，时尚 shíshàng，流行 liúxíng：in ～ sein 流行，赶时髦（指衣着）；aus der ～ sein 已不时兴了
Modefan *m* 时髦迷 shímáomí，穿戴时髦的年轻人 chuāndài shímáo de niánqīngrén
Modefarbe *f* 流行色 liúxíngsè
Modegeck *m* -en，-en 穿着时髦的人 chuānzhuó shímáo de rén，追求时装者 zhuīqiú shízhuāng zhě
Modehaus *n* 时装公司 shízhuāng gōngsī，妇女时装商店 fùnǚ shízhuāng shāngdiàn
Modell *n* -s，-e 模型 móxíng，雏型 chúxíng；典范 diǎnfàn，样板 yàngbǎn；式样 shìyàng，类型 lèixíng；时装模特儿 shízhuāng mótèr
Modelleur [... 'løːɐ] *m* -s，-e 服装设计师 fúzhuāng shèjìshī；模型制作者 móxíng zhìzuòzhě
Modenschau *f* 时装表演 shízhuāng biǎoyǎn，时装展览 shízhuāng zhǎnlǎn
Moder *m* -s 发霉 fāméi；腐烂 fǔlàn；腐烂物 fǔlànwù
Moderator *m* -s，...oren （电视、广播讨论节目的）主持人 zhǔchírén，解说员 jiěshuōyuán
mod(e)rig *adj* 发霉的 fāméide，腐烂的 fǔlànde，有霉味的 yǒu méiwèi de
modern *adj* 现代的 xiàndàide；新式的 xīnshìde，摩登的 módēngde，时髦的 shímáode
modern *vi(h/s)* 发霉 fāméi，腐烂 fǔlàn，发臭 fāchòu
modernisieren *vt* 使现代化 shǐ xiàndàihuà；使时髦 shǐ shímáo，使时新 shǐ shíxīn
Modernisierung *f* -，-en 现代化 xiàndàihuà
Modern Jazz ['mɔdən'dʒæz] *m* 现代爵士乐 xiàndài juéshìyuè
Modesalon *m* 妇女时装店 fùnǚ shízhuāngdiàn
Modeschöpfer *m* 服装设计师 fúzhuāng shèjìshī
Modewort *n* 时髦用语 shímáo yòngyǔ，流行用语 liúxíng yòngyǔ
modisch *adj* 时髦的 shímáode，流行的 liúxíngde
Modus *m* -，...di 方式 fāngshì，方法 fāngfǎ；（动词的）式 shì；调式 diàoshì
Mofa *n* -s，-s 轻便摩托车 qīngbiàn mótuōchē
mofeln *vi(h/s)* 骑轻便摩托车兜风 qí qīngbiàn mótuōchē dōufēng
mogeln *vi* 作弊 zuòbì，作假 zuòjiǎ，做手脚 zuò shǒujiǎo：beim Kartenspiel [Würfeln] ～ 打牌[掷色子]时做手脚
mögen* I （情态动词）可能 kěnéng，大概 dàgài：sie mag etwa zwanzig Jahre alt sein 她可能 20 岁左右；er mag krank sein 他可能病了；尽管 jǐnguǎn：sie ～ Recht haben 就算他们有道理；可以 kěyǐ，许可 xǔkě er mag das Buch behalten 他可以把书留下；想要 xiǎngyào，愿 yuàn：ich möchte Herrn Müller sprechen 我想和米勒先生谈话；（现实的愿望，用第一或第二虚拟式）但愿 dànyuàn，让 ràng：Möge dein Wunsch bald in

M

Erfüllung gehen! 但愿你的愿望马上就能实现!(非现实的愿望,用第二虚拟式)但愿 dànyuàn,让 ràng: Möchte es wieder Frühling sein! 但愿春天又来到! II(独立动词) *vt* 喜欢 xǐhuan,喜爱 xǐ'ài: wir mochten ihn alle gern 我们大家都喜欢他; er mag keinen Fisch 他不喜欢吃鱼;想要有 xiǎngyào yǒu: Möchten Sie noch etwas Kaffee? 您还想要喝点咖啡吗?

möglich *adj* 可能的 kěnéngde,可行的 kěxíngde: so gut wie ～ 尽可能的好

möglicherweise *adv* 也许 yěxǔ,可能 kěnéng,或许 huòxǔ

Möglichkeit *f* -, -en 可能 kěnéng,可能性 kěnéngxìng;机会 jīhuì,前景 qiánjǐng: er hatte die ～, Deutsch zu studieren 他有机会学德语

möglichst *adv* 尽可能地 jǐnkěnéngde,尽量地 jǐnliàngde: ～ gut 尽可能的好; Halten Sie das Zimmer ～ sauber! 尽量保持房间清洁!

Mohammedaner *m* -s, - 伊斯兰教徒 yīsīlánjiàotú,穆斯林 mùsīlín

mohammedanisch *adj* 伊斯兰教的 yīsīlánjiàode,穆斯林的 mùsīlínde

Mohn *m* -(e)s, -e 罂粟 yīngsù

Möhre *f* -, -n 胡萝卜 húluóbo

Mohrenhirse *f* 高粱 gāoliang

mokant *adj* 讥讽的 jīfěngde,嘲笑的 cháoxiàode

Mokick *n* -s, -s 轻便摩托车 qīngbiàn mótuōchē

Mole *f* -, -n I 防波堤 fángbōdī II 怪胎 guàitāi

Molekularbiologie *f* 分子生物学 fēnzǐ shēngwùxué

Molekulargenetik *f* 分子遗传学 fēnzǐ yíchuánxué

Molekulargentechnik *f* 分子遗传工程学 fēnzǐ yíchuán gōngchéngxué

Moletronik *f* - 分子电子学 fēnzǐ diànzǐxué,微电子学 wēi diànzǐxué

Molkerei *f* -, -en 牛奶场 niúnǎichǎng,牛奶房 niúnǎifáng;制酪场 zhìlàochǎng,乳酪厂 rǔlàochǎng

mollig *adj* 舒适的 shūshìde,温暖的 wēnnuǎnde;圆胖的 yuánpàngde,丰满的 fēngmǎnde,富态的 fùtaide

Moment I *m* -s, -e 顷刻 qǐngkè,瞬间 shùnjiān,一会儿 yīhuìr: Einen ～, bitte! 请稍等! im ～ habe ich keine Zeit 眼下我没有空 II *n* -s, -e 契机 qìjī,转机 zhuǎnjī,因素 yīnsù;观点 guāndiǎn,依据 yījù

momentan *adj* 当前的 dāngqiánde,眼下的 yǎnxiàde,眼前的 yǎnqiánde;暂时的 zànshíde,瞬息间的 shùnxījiānde,顷刻的 qǐngkède

Monaco ['mo:nako, mo'nako] 摩纳哥 Mónàgē

Monegasse *m* -n, -n 摩纳哥人 mónàgērén

Monarch *m* -en, -en 君主 jūnzhǔ,最高统治者 zuìgāo tǒngzhìzhě

Monarchie *f* -, -n 君主政体 jūnzhǔ zhèngtǐ;君主国 jūnzhǔguó

monarchisch *adj* 君主的 jūnzhǔde;君主国的 jūnzhǔguóde,君主政体的 jūnzhǔ zhèngtǐ de

Monarchist *m* -en, -en 君主(政体)主义者 jūnzhǔ zhǔyì zhě

Monat *m* (e)s, -e 月 yuè,月份 yuèfèn: der nächste (或 folgende) ～ 下个月; jeden ～ 每月

monatelang *adj* 几个月的 jǐgèyuède,持续数月的 chíxù shùyuè de

monatlich *adj* 每月的 měiyuè de,每月一次的 měiyuè yīcì de: ～ einmal [zweimal] 每月一次[两次]

Monatsbinde *f* 月经带 yuèjīngdài

Monatsgehalt *m* 月薪 yuèxīn,月工资 yuègōngzī

Monatskarte *f* (公共交通)月票 yuèpiào

Monatsrose *f* 月季花 yuèjìhuā

Monatsschrift *f* 月刊 yuèkān

Mönch *m* -(e)s, -e 僧侣 sēnglǚ,和尚 héshang,修道士 xiūdàoshì

Mönchskloster *n* 修道院 xiūdàoyuàn,寺院 sìyuàn

Mönch(s)tum *n* - 修道生活 xiūdào shēnghuó,禁欲生活 jìnyù shēnghuó;寺院制度 sìyuàn zhìdù

Mond *m* -(e)s, -e 月亮 yuèliang,月球 yuèqiú;卫星 wèixīng: ein künstlicher ～ 人造卫星; auf (或 hinter) dem ～ leben 与世隔绝,不知世事

Mondauto *n* 月球车 yuèqiúchē

Mondfahrer *m* 登月宇航员 dēngyuè yǔhángyuán

Mondfinsternis *f* 月食 yuèshí

Mondjahr *n* 阴历年 yīnlìnián

Mondlandefähre *f* 登月舱 dēngyue-

cāng
Mondlandung *f* 登月 dēngyuè,月球着落 yuèqiú zhuóluò
Mondpreis *m* "月亮价格"(指假减价)"yuèliang jiàgé"
Mondschein *m* 月光 yuèguāng
Mondschiff *n* 登月飞船 dēngyuè fēichuán
Mondsichel *f* 蛾眉月 éméiyuè,月牙 yuèyá
Mondsüchtigkeit *f* 夜游症 yèyóuzhèng
monetisieren *vt* 使货币化 shǐ huòbìhuà,使…变为现金 shǐ … biànwéi xiànjīn
Monetisierung *f* 货币化 huòbìhuà,变为现金 biànwéi xiànjīn
Moneymaker ['mʌnɪmeɪkə] *m* -s, - 会赚钱的人 huì zhuànqián de rén,大款 dàkuǎn
Mongole *m* -n, -n 蒙古人 měnggǔrén;蒙古族人 měnggǔzúrén
Mongolei *f* 蒙古 Měnggǔ
mongolisch *adj* 蒙古的 měnggǔde;蒙古人的 měnggǔrénde;蒙古族的 měnggǔzúde
monochrom *adj* 单色的 dānsède,清一色的 qīngyīsède
Monochromasie *f* - 全色盲 quánsèmáng
Monodrama *n* 单人剧 dānrénjù,独脚戏 dújiǎoxì;单人剧剧本 dānrénjù jùběn
monogam *adj* 一夫一妻(制)的 yī fū yī qī de
Monogamie *f* - 一夫一妻制 yī fū yī qī zhì
Monographie *f* -, -n 专题著作 zhuāntí zhùzuò
Monokratie *f* -, -n 独裁统治 dúcái tǒngzhì
monokratisch *adj* 独裁统治的 dúcái tǒngzhì de
Monolog *m* -(e)s, -e 独白 dúbái
Monopol *n* -s, -e 垄断 lǒngduàn,独占 dúzhàn;专利 zhuānlì;专利权 zhuānlìquán,垄断权 lǒngduànquán
monopolisieren *vt* 垄断 lǒngduàn,独占 dúzhàn;包办 bāobàn;专营 zhuānyíng
Monopolisierung *f* -, -en 垄断 lǒngduàn,独占 dúzhàn;包办 bāobàn;专营 zhuānyíng
Monopolist *m* -en, -en 垄断资本家 lǒngduàn zīběnjiā
Monopolkapitalismus *m* 垄断资本主义 lǒngduàn zīběn zhǔyì
Monopolmacht *f* 垄断势力 lǒngduàn shìli,垄断权 lǒngduànquán
Monopolpartei *f* 独裁党 dúcáidǎng,垄断党 lǒngduàndǎng
Monopolpreis *m* 垄断价格 lǒngduànjiàgé
Monopolstellung *f* 垄断地位 lǒngduàn dìwèi;统治地位 tǒngzhì dìwèi
Monopolverband *m* 垄断组织 lǒngduàn zǔzhī,垄断集团 lǒngduàn jítuán
Monopolverbot *n* (法律上的)禁止垄断 jìnzhǐ lǒngduàn
Monopolwaren *pl* 垄断商品 lǒngduàn shāngpǐn
monoton *adj* 单调的 dāndiàode,乏味的 fáwèide,千篇一律的 qiānpiān yīlǜ de
monströs *adj* 怪异的 guàiyìde,怪物似的 guàiwushìde;异常(大)的 yìchángde;可怕的 kěpàde,可憎的 kězēngde
Monstrum *n* -s . . . stren / . . . stra 可怕的怪物 kěpàde guàiwu;畸胎 jītāi;庞然大物 pángrándàwù
Montag *m* -(e)s, -e 星期一 xīngqīyī
Montage *f* -, -n 安装 ānzhuāng,装配 zhuāngpèi;剪辑 jiǎnjí,(电影)蒙太奇 méngtàiqí
Montagemöbel *pl* 组装式家具 zǔzhuāngshì jiājù
Montagesatz *m* 成套组装式家具 chéngtào zǔzhuāngshì jiājù
Monteur [mɔn'tøːɐ] *m* -s, -e 安装工 ānzhuānggōng,装配工 zhuāngpèigōng
montieren *vt* 安装 ānzhuāng,装配 zhuāngpèi,组装 zǔzhuāng
Monument *n* -(e)s, -e 大型纪念碑 dàxíng jìniànbēi;历史文物 lìshǐ wénwù
Moor *n* -(e)s, -e 沼泽 zhǎozé,沼泽地 zhǎozédì
moorig *adj* 沼泽的 zhǎozéde,沼泽般的 zhǎozébānde
Moos I *n* -es, -e 苔 tái,藓 xiǎn II *n* -s 钱 qián
moosig *adj* 长苔藓的 zhǎng táixiǎn de,多苔藓的 duō táixiǎn de;沼泽的 zhǎozéde
Mop *m* -s, -s 拖把 tuōbǎ
Moped *n* -s, -s 轻便摩托车 qīngbiàn

M

mótuōchē;机动脚踏两用车 jīdòng jiǎotà liǎngyòngchē

Mops *m* -es, ⸚e 哈巴狗 hǎbagǒu,狮子狗 shīzigǒu;钱 qián

mopsen I *vt* 小偷小摸 xiǎo tōu xiǎo mō,捞走 lāozǒu II *rfl* 感到无聊 gǎndào wúliáo;生气 shēngqì: sich über etw ～ 为某事恼火

Moral *f* - 道德 dàodé,品行 pǐnxíng,伦理 lúnlǐ;自信心 zìxìnxīn,精神状态 jīngshén zhuàngtài,士气 shìqì;教训 jiàoxun,教育 jiàoyù,寓意 yùyì

Moralin *n* -s 虚伪 xūwěi,伪善 wěishàn

moralisch *adj* 道德的 dàodéde,道义上的 dàoyìshangde,精神上的 jīngshénshangde;有道德的 yǒu dàodé de,道德教育的 dàodé jiàoyù de

Moralist *m* -en, -en 道德家 dàodéjiā,道德主义者 dàodé zhǔyì zhě;道德说教者 dàodé shuōjiào zhě

Morast *m* -(e)s, -e / ⸚e 沼泽 zhǎozé;泥坑 níkēng,泥淖 nínào

Mord *m* -(e)s, -e 谋杀 móushā: einen ～ begehen 进行谋杀; (hilfe), ～! 救命,杀人了!

morden *vt*/*vi* 谋杀 móushā,蓄意杀害 xùyì shāhài;凶杀 xiōngshā,蓄意杀人 xùyì shārén

Mörder *m* -s, - 凶手 xiōngshǒu,杀人犯 shārénfàn

mörderisch *adj* 谋杀的 móushāde,凶杀的 xiōngshāde;要命的 yàomìngde,厉害的 lìhaide,难以忍受的 nányǐ rěnshòu de: ～e Hitze 难以忍受的炎热

morgen *adv* I 明天 míngtiān: ～ früh 明天早晨; Bis ～! 明天见! II 将来 jiānglái,未来 wèilái

Morgen *m* -s, - 早晨 zǎochen,早上 zǎoshang,上午 shàngwǔ: heute ～ 今天早上; Guten ～! 早晨好! 早安! gegen ～ 天快亮时; am frühen ～ 在清晨; er ging jeden ～ spazieren 他每天早晨散步; er wird erst am Montag ～ dort ankommen 他要星期一早上才到那里

Morgenland *n* -(e)s 东方 dōngfāng

Morgenrock *m* 晨衣 chényī,晨服 chénfú

Morgenrot *n* 朝霞 zhāoxiá,曙光 shǔguāng

morgens *adv* 早晨 zǎochen,上午 shàngwǔ: von ～ bis mittags 从早晨到中午; um 8 Uhr ～ (或 ～ um 8 Uhr) 早晨 8 点钟

morgig *adj* 明天的 míngtiānde;将来的 jiāngláide

Morphin *n* -s 吗啡 mǎfēi

Morphinist *m* -en, -en 有吗啡瘾的人 yǒu mǎfēi yǐn de rén

Morphium *n* -s = Morphin

Morphiumspritze *f* 注射吗啡 zhùshè mǎfēi,打吗啡针 dǎ mǎfēi zhēn

morsch *adj* 腐烂的 fǔlànde,腐朽的 fǔxiǔde,陈腐的 chénfǔde

Mörtel *m* -s, - 灰浆 huījiāng,砂浆 shājiāng

Mosaik *n* -s, -e(n) 马赛克 mǎsàikè,镶嵌细工 xiāngqiàn xìgōng;镶嵌图案 xiāngqiàn tú'àn

Moschee *f* -, -n 伊斯兰教寺院 yīsīlánjiào sìyuàn,清真寺 qīngzhēnsì

Moschus *m* - 麝香 shèxiāng

Moschusochse *m* 麝牛 shèniú

Moschusöl *n* 麝香油 shèxiāngyóu

Moskito *m* -s, -s 蚊子 wénzi

Moskitonetz *n* 蚊帐 wénzhàng,挡蚊纱窗 dǎng wén shāchuāng

Moslem *m* -s, -s 穆斯林 mùsīlín,伊斯兰教徒 yīsīlánjiàotú

Motel *n* -s, -s (高速公路旁的)汽车旅馆 qìchē lǚguǎn

Motiv *n* -s, -e 动机 dòngjī,缘由 yuányóu,起因 qǐyīn;题材 tícái,主题 zhǔtí

motivieren *vt* 说明…的理由 shuōmíng … de lǐyóu,提出…的论证 tíchū … de lùnzhèng;激励 jīlì,调动…积极性 diàodòng … jījíxìng

Motor *m* -s, -en / -e 马达 mǎdá,发动机 fādòngjī;动力 dònglì

Motorboot *n* 摩托艇 mótuōtǐng,汽艇 qìtǐng

Motorrad *n* 摩托车 mótuōchē

Motorroller *m* 小型摩托车 xiǎoxíng mótuōchē,轻骑 qīngqí

Motorschlepper *m* 拖拉机 tuōlājī

Motorsport *m* 摩托车、汽车运动(的总称) mótuōchē、qìchē yùndòng

Motte *f* -, -n 蛾 é;蛀虫 zhùchóng

Mottenkugel *f* 樟脑丸 zhāngnǎowán

Mottenmittel *n* 杀虫剂 shāchóngjì,防蛀剂 fángzhùjì

Motto *n* -s, -s 格言 géyán,座右铭 zuòyòumíng;题词 tící,警句 jǐngjù

motzen *vi* 发牢骚 fā láosao,发怨言 fā yuànyán

wúwèide,有胆量的 yǒu dǎnliàng de
mutlos *adj* 胆小怕事的 dǎnxiǎo pàshì de,无勇气的 wú yǒngqì de,沮丧的 jǔsàngde
mutmaßen *vt* 猜想 cāixiǎng,推测 tuīcè,假定 jiǎdìng
Mutter I *f* -,¨ 母亲 mǔqīn,妈妈 māma II *f* -,-n 螺母 luómǔ,螺帽 luómào: die ~ anschrauben [lockern] 旋紧[旋松]螺母
Muttergesellschaft *f* 总公司 zǒnggōngsī,母公司 mǔgōngsī
Mutterleib *m* 子宫 zǐgōng
mütterlich *adj* 母系的 mǔxìde;慈母般的 címǔbānde,母亲似的 mǔqīnshìde,慈爱的 cí'àide
Mutterliebe *f* 母爱 mǔ'ài
Muttermal *n* 胎痣 tāizhì,母斑 mǔbān
Muttersprache *f* 母语 mǔyǔ;本国语言 běnguó yǔyán;本民族语言 běn mínzú yǔyán
Mutwille *m* 故意 gùyì,蓄意 xùyì;恶作剧 èzuòjù,戏弄 xìnòng
mutwillig *adj* 故意的 gùyìde,蓄意的 xùyìde,存心的 cúnxīnde;恶作剧的 èzuòjùde
Mütze *f* -,-n 便帽 biànmào,帽子 màozi
mysteriös *adj* 神秘的 shénmìde,不可思议的 bù kě sīyì de,难以理解的 nányǐ lǐjiě de
Mystik *f* - 神秘主义 shénmì zhǔyì
mystisch *adj* 神秘主义的 shénmì zhǔyì de,神秘的 shenmìde
Mythologe *m* -n,-n 神话学家 shénhuàxuéjiā
Mythologie *f* -,-n 神话 shénhuà;神话学 shénhuàxué
mythologisch *adj* 神话的 shénhuàde;神话学的 shénhuàxuéde
Mythos, Mythus *m* -,...then 神话 shénhuà;传奇 chuánqí

N

na *intj* 1. (用于引入一对话) ~, wie geht's Ihnen (denn)? 喂,您身体好吗? ~, bist du bald fertig? 怎么,你快结束了吗? 2. (用于安慰) ~, nicht so ungeduldig! 好啦,别这样急躁! 3. (用于催促) ~, schnell! 喂,快一点! 4. (用于加强语气) ~, also! 你看,是这样吧! 5. (用于叮嘱、威胁) ~, warte, das wirst du noch bereuen! 好,你等着,你会后悔的! 6. (用于表示怀疑) ~, wer das glaubt! 哼,谁信这事! 7. (用于结束谈话) ~, dann bis morgen! 那么,明天见吧!

Nabel *m* -s, - 脐 qí

nach I *prp* (*D*) (表示方向) 向 xiàng,往 wǎng,到 dào: ~ Hause gehen 回家去; von links ~ rechts 从左向右; der Zug fährt ~ Beijing 火车开往北京; (表示次序,等级) 接着 jiēzhe,次于 cìyú,跟在…的后面 gēn zài … de hòumian: einer ~ dem anderen verließ den Saal 一个接一个地离开大厅; Bitte, ~ Ihnen! 你先请! (表示时间) 在…以后 zài … yǐhòu: ~ der Arbeitszeit 下班以后; ~ einer Weile 过一会儿; ~ dem Unterricht 课后; (表示方式,方法) 根据 gēnjù,依… yī …,按照 ànzhào: allem Anschein ~ 看下去,根据迹象; ~ meiner Meinung (meiner Meinung ~) 我认为; jn ~ Leistung bezahlen 按劳付给某人报酬; ~ Belieben 随意; meinem Gedächtnis ~ 根据我的记忆 II *adv* 以后 yǐhòu,后来 hòulái: ~ und ~ 逐渐地,渐渐地; ~ wie vor 一如既往,照旧,依然

nachäffen *vt* (嘲弄地) 模仿 mófǎng (别人的行动、举止或习惯)

nachahmen *vt* 模仿 mófǎng,仿效 fǎngxiào: jn ~ 模仿某人; er versuchte, die Handschrift seines Vaters nachzuahmen 他试图模仿他父亲的笔迹; 仿造 fǎngzào,仿制 fǎngzhì

Nachahmung *f* -, -en 模仿 mófǎng,仿造 fǎngzào; 仿制品 fǎngzhìpǐn,伪造品 wěizàopǐn,赝品 yànpǐn

nacharbeiten I *vt* 仿做 fǎngzuò,仿制 fǎngzhì: ein Muster ~ 仿制一模型; 后加工 hòujiāgōng,修整 xiūzhěng; 补做 bǔzuò,补回 bǔhuí: der Montag muss nachgearbeitet werden 星期一(耽误)的活要补回来 II *vi* 仿效 fǎngxiào,照样子做 zhào yàngzi zuò: der Lehrling arbeitet dem Meister nach 学徒照师傅的样子做

Nachbar *m* -s / -n, -n 邻居 línjū,邻人 línrén; 邻座 línzuò; 邻国 línguó

Nachbardorf *n* 邻近的村庄 línjìnde cūnzhuāng,邻村 líncūn

Nachbarhaus *n* 邻屋 línwū

Nachbarland *n* 邻国 línguó,邻邦 línbāng

nachbarlich *adj* 邻居的 línjūde; 邻居间的 línjūjiānde

Nachbarschaft *f* - 附近 fùjìn,邻近 línjìn; 邻居关系 línjū guānxì; 四邻 sìlín,街坊邻居 jiēfāng línjū

Nachbarschaftshilfe *f* 邻居互助 línjū hùzhù

nachbilden *vt* 模仿 mófǎng,仿制 fǎngzhì,复制 fùzhì

Nachbildung *f* -, -en 模仿 mófǎng,仿制 fǎngzhì; 复制品 fùzhìpǐn,仿制品 fǎngzhìpǐn

nachblicken *vi* 目送…离去 mùsòng … líqù: jm ~ 目送某人离去

nachdem *cj* (表示时间) 在…以后 zài … yǐhòu: ~ er das gesagt hatte, ging er 他说过以后就走了; (与 je 连用) je ~ 视情况而定 shì qíngkuàng ér dìng,按情况 àn qíngkuàng: wir werden eine Woche bleiben oder zwei, je ~ wie das Wetter ist 我们逗留一周或两周,这要看天气而定

nachdenken* *vi* 思考 sīkǎo,考虑 kǎolǜ: über etw lange ~ 长时间地考虑某事

nachdenklich *adj* 深思的 shēnsīde,沉思的 chénsīde,思索的 sīsuǒde

Nachdruck I *m* -(e)s 强调 qiángdiào,

重点 zhòngdiǎn：～ auf etw legen 强调某事 II *m* -(e)s, -s 再版 zàibǎn，重版 chóngbǎn；重印本 chóngyìnběn；翻印 fānyìn：～ verboten（或 nicht gestattet）不准翻印

nachdrucken *vt* 再版 zàibǎn，重版 chóngbǎn；翻印 fānyìn

nachdrücklich *adj* 强调的 qiángdiàode，有力的 yǒulìde，坚决的 jiānjuéde：～ auf etw hinweisen 有力地指出某事

nacheifern *vi*〈jm ～〉努力赶上某人 nǔlì gǎnshàng mǒurén，竭力仿效某人 jiélì fǎngxiào mǒurén

nacheinander *adv* 依次 yīcì，接连地 jiēliánde，一个接一个地 yīge jiē yīge de：sie betraten ～ den Saal 他们依次走进大厅；相互地 xiānghùde，彼此地 bǐcǐde

Nachen *m* -s, - 小船 xiǎochuán

nacherzählen *vt* 复述 fùshù，重述 chóngshù

Nacherzählung *f* -, -en 复述 fùshù

Nachfeld *n*（句子的）后场 hòuchǎng，后段 hòuduàn

Nachfolge *f* - 继承 jìchéng，接替 jiētì；跟随 gēnsuí；仿效 fǎngxiào

Nachfolgekandidat *m* 接班候选人 jiēbān hòuxuǎnrén

Nachfolgekonferenz *f* 后续会议 hòuxù huìyì

nachfolgen *vi*（s）跟随 gēnsuí，继…之后 jì… zhīhòu，继任 jìrèn：jm im Amt ～ 接替某人的职务；仿效 fǎngxiào，以…为榜样 yǐ… wéi bǎngyàng

Nachfolger *m* -s,- 接班人 jiēbānrén，继承人 jìchéngrén

nachforschen *vi* 调查 diàochá，调查研究 diàochá yánjiū，追查 zhuīchá，查询 cháxún：einem Geheimnis ～ 调查一秘密

Nachfrage *f* -, -n 求 qiú，需求 xūqiú：große ～ 需求量甚大；die ～ übersteigt das Angebot 供不应求；打听 dǎtīng，询问 xùnwèn：Danke der ～（或 für die ～）！谢谢您的关心！

Nachfragemarkt *m* 需求市场 xūqiú shìchǎng，买主市场 mǎizhǔ shìchǎng

nachfragen I *vi* 询问 xùnwèn，打听 dǎtīng；追问 zhuīwèn；请求 qǐngqiú：um Genehmigung ～ 请求批准 II *vt* 需求 xūqiú（商品）

Nachfrist *f* -, -en 延长的期限 yánchángde qīxiàn，宽限的日期 kuānxiànde rìqī

nachgeben* *vi* 松弛 sōngchí；屈服 qūfú，退让 tuìràng，让步 ràngbù；下沉 xiàchén，下陷 xiàxiàn：der Boden gab nach 地面陷下去了

nachgeboren *adj* 晚生的 wǎnshēngde；遗腹的 yífùde；离婚后生的 líhūn hòu shēng de

Nachgebühr *f* -, -en 欠资 qiànzī，补交邮费 bǔjiāo yóufèi

Nachgeburt *f* -, -en 胞衣 bāoyī

nachgehen* *vi*（s）跟随 gēnsuí，跟踪 gēnzōng，追随 zhuīsuí：jm auf Schritt und Tritt ～ 紧跟某人；einer Spur ～ 跟踪；从事 cóngshì：seinem Beruf eifrig ～ 热衷于自己的职业；调查 diàochá，追究 zhuījiū，查明 chámíng：einem Geheimnis ～ 追查一秘密；（钟表）走得慢 zǒude màn：die Uhr geht 10 Minuten nach 这表慢十分钟

nachgerade *adv* 逐渐地 zhújiànde，终于 zhōngyú；实在 shízai，真正 zhēnzhèng；简直 jiǎnzhí

Nachgeschmack *m* -(s)s 回味 huíwèi，余味 yúwèi

nachgiebig *adj* 松软的 sōngruǎnde；谦让的 qiānràngde，顺从的 shùncóngde，好说话的 hǎoshuōhuàde，迁就的 qiānjiùde

nachgucken *vi* 瞧瞧 qiáoqiáo，看一看 kànyīkàn

Nachhall *m* -(e)s, -e 回声 huíshēng，回响 huíxiǎng；作用 zuòyòng，影响 yǐngxiǎng

nachhaltig *adj* 经久的 jīngjiǔde，持续的 chíxùde

nachhelfen* *vi* 补习 bǔxí，辅导 fǔdǎo：jm in Englisch ～ 辅导某人英语

nachher *adv* 以后 yǐhòu，此后 cǐhòu：Bis ～！回头见！；然后 ránhòu，后来 hòulái：zwei Jahre ～ 两年以后

Nachherbst *m* -(e)s, -s 晚秋 wǎnqiū，深秋 shēnqiū

Nachhilfe *f* -, -n 补习 bǔxí，辅导 fǔdǎo；帮助 bāngzhù，支持 zhīchí

Nachhilfestunde *f* 辅导课 fǔdǎokè，补习课 bǔxíkè

Nachholbedarf *m* 补上过去需求的东西 bǔ shàng guòqù xūqiú de dōngxī

nachholen *vt* 补做 bǔzuò，追补 zhuībǔ，补上 bǔshàng：eine Prüfung ～ 补考；事

后把…接来 shìhòu bǎ … jiēlái (取来)

Nachkomme *m* -n, -n 后代 hòudài, 后人 hòurén, 子孙 zǐsūn

nachkommen* *vi* (*s*) 随后来 suíhòu lái, 跟着来 gēnzhe lái, 跟上 gēnshàng; 满足 mǎnzú, 实行 shíxíng, 履行 lǚxíng: wir werden ihrem Wunsch ～ 我们会满足他们的愿望; seiner Pflicht ～ 履行其义务

Nachkömmling *m* -s, -e (比兄姐晚生多年的) 晚生子 wǎnshēngzǐ; 姗姗来迟的人 shānshān lái chí de rén

Nachkriegsjahre *pl* 战后年代 zhànhòuniándài, 战后时期 zhànhòu shíqī

Nachkriegswirtschaft *f* 战后经济 zhànhòu jīngjì

Nachkur *f* -, -en 病后疗养 bìnghòu liáoyǎng

Nachlass *m* -es, -e/⸚e 遗产 yíchǎn, 遗物 yíwù; 减轻 jiǎnqīng, 减少 jiǎnshǎo; 减价 jiǎnjià, 降价 jiàngjià

nachlassen* I *vi* 减轻 jiǎnqīng, 减少 jiǎnshǎo, 减弱 jiǎnruò; 变差 biànchā, 下降 xiàjiàng: das Geschäft lässt nach 生意越来越不景气; sein Gehör hat sehr nachgelassen 他的听觉已大为衰退 II *vt* 放松 fàngsōng; 降低 jiàngdī, 减价 jiǎnjià: die Preise ～ 降低价格; 减轻 jiǎnqīng, 减免 jiǎnmiǎn: jm die Strafe ～ 减轻对某人的处罚; jm 300 Euro von der Schuld ～ 从债务中减免 300 欧元

nachlässig *adj* 马虎的 mǎhude, 随便的 suíbiànde, 不认真的 bù rènzhēnde, 粗心大意的 cūxīn dàyì de; 不整洁的 bùzhěngjiéde; 粗糙的 cūcāode, 草率的 cǎoshuàide

Nachlasssteuer *f* 遗产税 yíchǎnshuì

nachlesen* *vt* 查阅 cháyuè, 查对 cháduì; 收集 shōují, 拾(落穗) shí

Nachlieferung *f* 逾期交付 yúqī jiāofù; 补交 bǔjiāo

nachlösen *vt* /*vi* 补买 bǔmǎi; 补票 bǔpiào

nachmachen *vt* 摹仿 mófǎng, 仿效 fǎngxiào, 学做 xuézuò; 假冒 jiǎmào, 仿造 fǎngzào, 复制 fùzhì; 补做 bǔzuò: die Hausaufgaben ～ 补做家庭作业

Nachmittag *m* -s, -s 下午 xiàwǔ: wir waren den ganzen ～ über (或 hindurch) zu Hause 我们整个下午都在家; heute ～ 今天下午 jīntiān xiàwǔ

nachmittags *adv* 在下午 zài xiàwǔ, 每天下午 měitiān xiàwǔ: um 15 Uhr ～ (或 ～ um 15 Uhr) 下午三点钟

Nachmittagsschläfchen *n* 午睡 wǔshuì

Nachnahme *f* -, -n 交货付款 jiāohuò fùkuǎn; 货到付款 huòdào fùkuǎn

Nachname *m* -ns, -n 姓 xìng

nachnutzbar *adj* 可采用的 kě cǎiyòng de

nachnutzen *vt* 采用 cǎiyòng

nachnutzfähig *adj* 善于采纳利用(别人的方法、经验)的 shànyú cǎinà lìyòng de

Nachporto *n* -s, -s / …ti 欠资 qiànzī, 补收邮资 bǔshōu yóuzī

nachprüfen *vt* 考核 kǎohé, 审查 shěnchá, 核对 héduì; 复核 fùhé; 给…补考 gěi … bǔkǎo

Nachrede *f* -, -n 诽谤 fěibàng, 中伤 zhòngshāng, 流言蜚语 liúyán fēiyǔ: üble ～n über jn führen (或 verbreiten) 中伤某人

nachreden *vt* 诽谤 fěibàng, 中伤 zhòngshāng, 背后说(别人坏话) bèihòushuō

Nachricht *f* -, -en 消息 xiāoxi, 新闻 xīnwén, 报导 bàodǎo: eine ～ über jn [etw] 关于某人[某事]的消息; jm ～ geben 向某人报告消息; (电台, 电视的) 消息 xiāoxi, 新闻报导 xīnwén bàodǎo, 新闻节目 xīnwén jiémù: die ～en hören 听新闻节目; ～en aus aller Welt 来自世界各地的新闻报导

Nachrichtenagentur *f* 通迅社 tōngxùnshè

Nachrichtendienst *m* 情报机构 qíngbào jīgòu; 通讯社 tōngxùnshè; 新闻广播 xīnwén guǎngbō

Nachrichtensatellit *m* 通迅卫星 tōngxùn wèixīng

Nachrichtensperre *f* 新闻封锁 xīnwén fēngsuǒ, 消息封锁 xiāoxi fēngsuǒ

Nachruf *m* -(e)s, -e 讣告 fùgào, 悼文 dàowén, 悼词 dàocí

nachrüsten I *vt* 改装 gǎizhuāng II *vi* 增加军备 zēngjiā jūnbèi, 扩充军备 kuòchōng jūnbèi

Nachsaison *f* -, -s (旅游) 淡季 dànjì

nachschlagen* I *vt* 参考 cānkǎo, 查阅 cháyuè, 查(词典) chá II *vi* (*s*) 酷似 kùsì, 长得相似 zhǎngde xiāngsì: er schlägt dem Vater nach 他长得很像父亲

Nachschlagewerk *n* -(e)s, -s 参考书 cānkǎoshū,工具书 gōngjùshū,辞书 císhū

Nachschlüssel *m* -s, - 私配的钥匙 sī pèi de yàoshi

Nachschrift *f* -, -en 抄本 chāoběn;笔记 bǐjì;(书信末)附言 fùyán

Nachschuss *m* -es, ¨-e 补款 bǔkuǎn,追加款项 zhuījiā kuǎnxiàng;追加保证金 zhuījiā bǎozhèngjīn

nachsehen* I *vi* 目送 mùsòng,盯着 dīngzhe: jm ～ 目送某人; er sah dem abfahrenden Zug nach 他目送刚开走的列车;查看 chákàn,查阅 cháyuè II *vt* 审查 shěnchá,检查 jiǎnchá,查看 chákàn: eine Rechnung ～ 审查账目;原谅 yuánliàng,宽容 kuānróng,宽恕 kuānshù: jm alles ～ 原谅某人的一切

nachsenden* *vt* 转送 zhuǎnsòng,转寄 zhuǎnjì

Nachsicht *f* - 宽恕 kuānshù,体谅 tǐliàng,宽容 kuānróng: mit jm ～ haben 宽容某人

nachsichtig *adj* 宽大的 kuāndàde,宽恕的 kuānshùde,体谅的 tǐliàngde: ～ gegen jn sein 对待某人宽容

Nachsilbe *f* -, -n 后缀 hòuzhuì,词尾 cíwěi

nachsingen* *vi* 学唱 xué chàng,跟着唱 gēnzhe chàng

nachsinnen* *vi* 深思 shēnsī,沉思 chénsī,思考 sīkǎo

Nachsommer *m* -s, - (晚夏和初秋时的)风和日暖天气 fēnghé rìnuǎn tiānqì 晚到的爱情幸福 wǎn dào de àiqíng xìngfú

Nachspeise *f* -n 餐后甜食 cānhòu tiánshí

Nachspiel *n* -(e)s, -e 尾声 wěishēng,结尾部分 jiéwěi bùfen;(不愉快的)后果 hòuguǒ,结局 jiéjú

nächst *adj* 最近的 zuìjìnde,贴近的 tiējìnde: der ～e Weg 最近的路;近亲的 jìnqīnde: die ～en Verwandten 近亲;下一次的 xiàyīcìde,其次的 qícìde: das ～e Mal 下一次; im ～en Augenblick 立即; ～en Montag 下星期一;紧接着的 jǐnjiēzhede,下一个的 xiàyīgede: Wer kommt als ～er dran? 下一个是轮到谁?

nachstehen* *vi* 次于 cìyú,不如 bùrú,逊于 xùnyú: an Ausdauer ～ 在毅力方面较为逊色; jm an etw ～ 在某方面不及某人

nachstehend *adj* 下列的 xiàliède,下面的 xiàmiànde,下述的 xiàshùde

Nächstenliebe *f* - 仁爱 rén'ài,博爱 bó'ài

nächstens *adv* 不久 bùjiǔ,最近 zuìjìn;最终 zuìzhōng,到头来 dàotóulái

nachsuchen I *vt* 寻找 xúnzhǎo,搜寻 sōuxún II *vi* 恳求 kěnqiú,请求 qǐngqiú: um einen Urlaub ～ 请求准予休假

Nacht *f* -, ¨-e 夜 yè,夜间 yèjiān: Montag ～ 星期一夜里; heute ～ 今天夜里 Gute ～! (晚上告别时用语)晚安! in der ～ 在夜里; über ～ 一下子,突然; hässlich wie die ～ sein 奇丑无比; eines ～s 有一天夜晚

Nachtarbeit *f* 夜班工作 yèbān gōngzuò

nachtblind *adj* 夜盲的 yèmángde

Nachtblindheit *f* 夜盲症 yèmángzhèng

Nachtclub *m* -s, -s 夜总会 yèzǒnghuì

Nachtdienst *m* (值)夜班 yèbān,夜间服务 yèjiān fúwù

Nachteil *m* -(e)s, -e 缺点 quēdiǎn,不利 bùlì,坏处 huàichu,损失 sǔnshī: jn in ～ setzen 使某人吃亏; im ～ sein 处境不妙,处于不利地位

nachteilig *adj* 不利的 bùlìde,有害的 yǒuhàide

nächtelang *adv* 连续数夜地 liánxù shùyè de,一夜又一夜地 yī yè yòu yī yè de

Nachteule *f* 爱晚睡的人 ài wǎn shuì de rén,夜游神 yèyóushén

Nachtflug *m* 夜航 yèháng

Nachthemd *n* 睡衣 shuìyī

Nachtigall *f* -, -en 夜莺 yèyīng

nächtigen *vi* 过夜 guòyè,宿夜 sùyè

Nachtisch *m* 正餐的最后一道甜食 zhèngcān de zuìhòu yīdào tiánshí

Nachtklub *m* = Nachtclub

Nachtleben *n* 夜生活 yèshēnghuó

nächtlich *adj* 夜间的 yèjiānde,夜晚的 yèwǎnde

Nachtlokal *n* 夜总会 yèzǒnghuì

Nachtmahl *n* -(e)s, -e 晚餐 wǎncān

Nachtmarsch *m* 夜行军 yèxíngjūn

Nachtrabpolitik *f* 尾巴主义(政策) wěibazhǔyì

Nachtrag *m* -(e)s, ¨-e 附录 fùlù,增补 zēngbǔ,补遗 bǔyí

nachtragen* *vt* 随后带来 suíhòu dàilái，随后搬去 suíhòu bānqù：jm den Koffer ～ 随后把箱子给某人搬来；增补 zēngbǔ，添补 tiānbǔ；怀恨 huáihèn，记仇 jìchóu：jm sein Verhalten ～ 对某人的态度耿耿于怀；er trägt nichts nach 他不记仇

nachtragend *adj* 记仇的 jìchóude，怀恨的 huáihènde，不满的 bùmǎnde

nachträglich *adj* 追加的 zhuījiāde，补充的 bǔchōngde；事后的 shìhòude

nachts *adv* 夜间 yèjiān，在夜里 zài yèli：tags und ～ unterwegs sein 日夜在外奔波

Nachtschicht *f* 夜班 yèbān，夜工 yègōng：zur ～ gehen 上夜班

Nachtseite *f* 阴暗面 yīn'ànmiàn，黑暗面 hēi'ànmiàn

Nachttisch *m* 床头柜 chuángtóuguì

nachtun* *vt* 仿效 fǎngxiào，模仿 mófǎng

nachtwandeln *vi*(*s*/*h*) 梦游 mèngyóu，夜游 yèyóu

nachuntersuchen *vt*（对病人）复查 fùchá

Nachuntersuchung *f*（病情）复查 fùchá

nachverlangen *vt* 附加要求 fùjiā yāoqiú，补充要求 bǔchōng yāoqiú

Nachwahl *f* 补选 bǔxuǎn

Nachweis *m* -es，-e 证明 zhèngmíng，证据 zhèngjù：den ～ für etw erbringen（或 führen，liefern）为某事提出证明

nachweisbar *adj* 有据可查的 yǒujù kěchá de，可证明的 kě zhèngmíng de

nachweisen* *vt* 证明 zhèngmíng，证实 zhèngshí；指出 zhǐchū；介绍 jièshào，推荐 tuījiàn：jm eine Arbeit ～ 给某人介绍工作

Nachwelt *f* - 后代 hòudài，后辈 hòubèi

Nachwirkung *f* -，-en 后果 hòuguǒ，作用 zuòyòng，影响 yǐngxiǎng

Nachwort *n* -(e)s，-e 后记 hòujì，跋 bá

Nachwuchs *m* -es 新生力量 xīnshēng lìliàng，接班人 jiēbānrén，继任人 jìrènrén；孩子 háizi，下一代 xiàyīdài；再生（指头发等）zàishēng

Nachwuchsathlet *m* 青年田径运动员 qīngnián tiánjìng yùndòngyuán

Nachwuchskader *m* 干部接班人 gànbù jiēbānrén；年青干部 niánqīng gànbù，新干部 xīn gànbù

Nachwuchssorgen *pl* 关心接班人的培养 guānxīn jiēbānrén de péiyǎng；对接班人问题的担忧 duì jiēbānrén wèntí de dānyōu

Nachwuchsstar *m* 新星 xīnxīng，后起之秀 hòuqǐzhīxiù

nachzahlen *vt* 补交 bǔjiāo，补付 bǔfù

nachzählen *vt* 把…再数一遍 bǎ…zàishǔ yībiàn，重新点数 chóngxīn diǎnshǔ，复核 fùhé

Nachzahlung *f* -，-en 补交 bǔjiāo，加付 jiāfù；补交款 bǔjiāokuǎn，加付额 jiāfù'é

Nachzählung *f* -，-en 重数 chóngshǔ，复核 fùhé，再数一遍 zàishǔ yībiàn

Nachzoll *m* -(e)s，-̈e 追加关税 zhuījiā guānshuì，补交关税 bǔjiāo guānshuì

Nachzügler *m* -s，- 迟到的人 chídàode rén，晚来者 wǎnláizhě；晚生子 wǎnshēngzǐ，迟生的孩子 chíshēngde háizi（指比兄姐年龄小得多的孩子）

Nacken *m* -s，- 脖子 bózi，颈项 jǐngxiàng，脖颈子 bógěngzi：den ～ steifhalten 坚强不屈；jm den ～ steifen 替某人撑腰

nackt *adj* 裸体的 luǒtǐde，光身的 guāngshēnde，赤裸裸的 chìluǒluǒde

Nadel *f* -，-n 针 zhēn，缝针 féngzhēn，别针 biézhēn：wie auf ～n sitzen 如坐针毡；饰针 shìzhēn；针头 zhēntóu；唱针 chàngzhēn；针叶 zhēnyè

Nadelbaum *m* 针叶树 zhēnyèshù

Nadelöhr *n* 针眼 zhēnyǎn，针孔 zhēnkǒng

Nadelwald *m* 针叶林 zhēnyèlín

Nagel *m* -s，-̈ 指甲 zhǐjia；钉 dīng：den ～ auf den Kopf treffen 一针见血，击中要害

nageln I *vt* 钉 dìng，钉牢 dìngláo II *vi* 埋头干 máitóu gàn，努力干活 nǔlì gànhuó；钉钉子 dìng dīngzi

Nagelschere *f* 指甲剪 zhǐjiajiǎn

nagen I *vi* 咬 yǎo，啃 kěn，啮 niè：an einem Knochen ～ 啃一块骨头；腐蚀 fǔshí；折磨 zhémó：das Heimweh nagt an ihm 思乡折磨着他；II *vt* 啃下 kěnxià，咬下 yǎoxià

nah(e) *adj* 近的 jìnde，附近的 fùjìnde：die ～e Stadt 附近的城市；etw von ～em betrachten 仔细观察某事物；临近的 línjìnde，即将来临的 jíjiāng láilín de：der Sommer ist ～ 夏天即将来临；亲近的

qīnjìnde，亲密的 qīnmìde

Nähe *f* - 邻近 línjìn，附近 fùjìn：er wohnt ganz in der ～ 他就住在附近；etw aus der ～ betrachten 从近处观察某物；临近 línjìn，来临 láilín；亲近 qīnjìn

nahebringen* *vt* 使了解 shǐ liǎojiě，讲明 jiǎngmíng：jm etw ～ 使某人了解某事；使接近 shǐ jiējìn

nahekommen* *vi(s)* 接近 jiējìn，熟悉 shúxī，亲近 qīnjìn：jm ～ 亲近某人；接近 jiējìn，近乎 jìnhu

nahelegen *vt* 建议 jiànyì，要求 yāoqiú，提请 tíqǐng；导致 dǎozhì，引起 yǐnqǐ

naheliegen* *vi* 容易理解 róngyì lǐjiě，明显 míngxiǎn，可想而知 kě xiǎng ér zhī

naheliegend* *adj* 明显的 míngxiǎnde，容易理解的 róngyì lǐjiě de，可想而知的 kě xiǎng ér zhī de

nahen I *vi(s)* 临近 línjìn，接近 jiējìn，来临 láilín II *rfl* 走近 zǒujìn，靠近 kàojìn：sie haben sich der Kirche genaht 他们走进了教室

nähen *vt/vi* 缝 féng，缝制 féngzhì 缝纫 féngrèn

näher *adj* 更接近的 gèng jiējìn de，进一步的 jìn yī bù de，更详细的 gèng xiángxì de

näherbringen* *vt* 讲明 jiǎngmíng，说明 shuōmíng，使更了解 shǐ gèng liǎojiě，使更接近 shǐ gèng jiējìn：jm etw ～ 使某人进一步了解某事

Näherin *f* -，-nen 女裁缝 nǚcáiféng，女缝纫工 nǚféngrèngōng

näherkommen* *vi(s)* 与某人接近 yǔ mǒurén jiējìn：jm persönlich ～ 与某人关系接近；将近 jiāngjìn，来临 láilín：das Gewitter kommt näher 暴风雨即将来临

nähern *rfl* 接近 jiējìn，走近 zǒujìn，靠近 kàojìn：der Zug näherte sich der Grenzstation 火车渐渐地接近边境站

nahestehen* *vi* 接近 jiējìn，与…很熟 yǔ … hěn shú，与…关系密切 yǔ … guānxì mìqiè：sie stehen mir besonders nahe 他们和我特别亲近

nahezu *adv* 几乎 jīhū，差不多 chàbuduō

Nahkampf *m* 白刃战 báirènzhàn；肉搏战 ròubózhàn

Nähmaschine *f* 缝纫机 féngrènjī

Nähnadel *f* -，-n（缝衣）针 zhēn

nähren I *vt* 给…喂奶 gěi … wèinǎi；养育 yǎngyù；抱有 bào yǒu，怀抱 huáibào einen Wunsch [eine Hoffnung] ～ 抱有一愿望[希望] II *rfl* 以…为主食 yǐ … wéi zhǔshí，靠…生活 kào … shēnghuó：sich von seiner Hände Arbeit ～ 自食其力；sich hauptsächlich von Reis ～ 以米饭为主食 III *vi* 富有营养 fùyǒu yíngyǎng，滋补 zībǔ：Milch nährt sehr 牛奶很有营养

nahrhaft *adj* 有营养的 yǒu yíngyǎngde，滋补的 zībǔde，滋养的 zīyǎngde

Nährhefe *f* 酵母 jiàomǔ，食用酵母 shíyòng jiàomǔ

Nahrung *f* - 食物 shíwù，食粮 shíliáng；营养品 yíngyǎngpǐn

Nahrungsmittel *n* 粮食 liángshi，食品 shípǐn，食物 shíwù

Nahrungsindustrie *f* - 食品工业 shípǐn gōngyè

Nahrungsvergiftung *f* 食物中毒 shíwù zhòngdú

Nahrungsverweigerung *f* 绝食(斗争) juéshí；拒绝进食 jùjué jìnshí，厌食 yànshí

Naht *f* -，⸚e 缝 fèng，线缝 xiànfèng；接头 jiētóu，接缝 jiēfèng，缝口 fèngkǒu

nahtlos *adj* 无缝的 wúfèngde

Nahverkehr *m* 短途交通 duǎntú jiāotōng，近郊交通 jìnjiāo jiāotōng

Nähzeug *n* 缝纫用品(针、线、剪等) féngrèn yòngpǐn

naiv *adj* 天真的 tiānzhēnde，单纯的 dānchúnde，自然的 zìránde；幼稚的 yòuzhìde，思想简单的 sīxiǎng jiǎndān de：das ist ～ von dir 你太幼稚了；den Naiven (或 die Naive) spielen 装傻

Naivität *f* - 天真 tiānzhēn，单纯 dānchún；幼稚 yòuzhì，可笑 kěxiào，头脑简单 tóunǎo jiǎndān

Name *m* -ns，-n 名字 míngzi，姓名 xìngmíng：Wie ist Ihr ～？您尊姓大名？sich einen ～n machen 成为有名；im ～n der Universität 以大学的名义

namenlos *adj* 无名的 wúmíngde，没有名字的 méiyǒu míngzì de；无名声的 wúmíngshēng de，不出名的 bù chūmíngde；巨大的 jùdàde，非常的 fēichángde

namens I *adv* 名叫 míngjiào：ein Herr ～ Müller 一位叫米勒的先生 II *prp(G)* 代表… dàibiǎo …，以…的名义 yǐ … de míngyì：～ der Familie 代表家庭

Namensaktie *f* 记名股票 jìmíng gǔpiào

Namenstag *m* 命名(纪念)日 míng-

míngrì

namentlich I *adj* 具名的 jùmíngde，指名的 zhǐmíngde II *adv* 特别 tèbié，尤其 yóuqí

namhaft *adj* 有名的 yǒumíngde；巨大的 jùdàde，显著的 xiǎnzhùde；举出 jǔchū，说出 shuōchū（姓名）：den Verbrecher ~ machen 查出罪犯的姓名

Namibia (Sudwestafrika) 纳米比亚 Nàmǐbǐyà（西南非洲）

Namibier *m* -s，- 纳米比亚人 nàmǐbǐyàrén

nämlich I *adj* 同一的 tóngyīde，相同的 xiāngtóngde II *adv* 即 jí，也就是 yě jiùshì III *cj* 由于 yóuyú，因为 yīnwèi

Napalm *n* -s 凝固汽油 nínggù qìyóu，凝固汽油剂 nínggù qìyóujì

Napalmbombe *f* 凝固汽油弹 nínggù qìyóudàn

Napf *m* -(e)s，⸗e 盆 pén，钵 bō，盂 yú，碗 wǎn

Napfkuchen *m* 一种圆形蛋糕 yīzhǒng yuánxíng dàngāo

Narbe *f* -，-n 疤 bā，伤疤 shāngbā；疤痕 bāhén

narbig *adj* 有疤的 yǒubāde

Narkologie *f* 麻醉学 mázuìxué

Narkose *f* -，-n 麻醉 mázuì

Narkotikum *n* -s，...ka 麻醉剂 mázuìjì，麻醉药 mázuìyào

Narkotiseur [...ˈzøːɐ] *m* -s，-e 麻醉师 mázuìshī

narkotisieren *vt* 麻醉 mázuì

Narr *m* -en，-en 愚人 yúrén，笨蛋 bèndàn，傻瓜 shǎguā：jn zum ~en halten 愚弄某人；小丑 xiǎochǒu，丑角 chǒujué

Narrativik *f* - 叙述体 xùshùtǐ

Narrator *m* 叙述者 xùshùzhě

narratorisch *adj* 叙述的 xùshùde

narren *vt* 愚弄 yúnòng，戏弄 xìnòng，嘲弄 cháonòng

Narrenfest *n* 愚人节 yúrénjié

Narrenhaus *n* 疯人院 fēngrényuàn；精神病院 jīngshénbìngyuàn

närrisch *adj* 滑稽可笑的 huájī kěxiàode，痴傻的 chīshǎde，傻乎乎的 shǎhūhūde：sich ~ benehmen 举止傻乎乎的；发疯的 fāfēngde，异常的 yìchángde；狂欢的 kuánghuānde

Narziss *m* -es，-e 那喀索斯 nàkāsuǒsī（希腊神话中爱恋自己的美少年，死后变为水仙花）；自恋者 zìliànzhě

Narzisse *f* -，-n 水仙花 shuǐxiānhuā

naschen *vt* /*vi* 爱吃(甜食) ài chī 偷吃 tōu chī

Nase *f* -，-n 鼻子 bízi：die ~ hochtragen 自高自大；Mund und ~ aufsperren 目瞪口呆；jn an der ~ herumführen 摆布(或愚弄)某人

näseln *vi* 带鼻音说话 dài bíyīn shuōhuà：sie näselt，weil sie starken Schnupfen hat 他患了重感冒，故说话鼻音很重

Nasenbluten *n* 鼻出血 bí chūxuè

Nasenloch *n* 鼻孔 bíkǒng

Nasenrücken *m* 鼻梁 bíliáng

Nasenstüber *m* 温和地责备、批评 wēnhéde zébèi、pīpíng：jm einen ~ geben (或 versetzen) 温和地责备某人

naseweis *adj* 爱管闲事的 ài guǎn xiánshì de，好奇的 hàoqíde；冒失的 màoshīde

Nashorn *n* -(e)s，...hörner 犀牛 xīniú

nass *adj* 湿的 shīde，潮湿的 cháoshīde；多雨的 duōyǔde：ein nasser Sommer 多雨的夏天；ein nasses Grab finden 溺死，淹死

Nässe *f* - 潮湿 cháoshī：Vor ~ bewahren! 谨防潮湿！

nasskalt *adj* 湿冷的 shīlěngde：~ es Wetter 湿冷的天气

Nation *f* -，-en 民族 mínzú；国家 guójiā：die Vereinten ~ en 联合国

national *adj* 民族的 mínzúde，国家的 guójiāde

Nationalelf *f* -，-en 国家足球队 guójiā zúqiúduì

Nationalfeiertag *m* 国庆节 guóqìngjié

Nationalflagge *f* 国旗 guóqí

Nationalfigur *f* 民族象征 mínzú xiàngzhēng，国家象征 guójiā xiàngzhēng

Nationalhymne *f* 国歌 guógē

nationalisieren *vt* 使国有化 shǐ guóyǒuhuà，把…收归国有 bǎ … shōuguī guóyǒu；使具有国籍 shǐ jùyǒu guójí

Nationalismus *m* - 民族主义 mínzú zhǔyì；国家主义 guójiā zhǔyì

Nationalist *m* -en，-en 民族主义者 mínzú zhǔyì zhě；国家主义者 guójiā zhǔyì zhě

nationalistisch *adj* 民族主义的 mínzú zhǔyì de；国家主义的 guójiā zhǔyì de

Nationalität *f* -，-en 国籍 guójí；族 zú，民族 mínzú；少数民族 shǎoshù mínzú

Nationalitätenstaat *m* 多民族国家 duō mínzú guójiā

Nationalsozialismus *m* (简称为: Nazismus) 国家社会主义 guójiā shèhuì zhǔyì, 纳粹主义 nàcuì zhǔyì

Nationaltracht *f* 民族服装 mínzú fúzhuāng

Nationaltrikot *n* 国家队运动服 guójiāduì yùndòngfú

Nationalversammlung *f* 全国人民代表大会 quánguó rénmín dàibiǎo dàhuì

nativ *adj* 先天的 xiāntiānde, 天生的 tiānshēngde; 自然的 zìránde

NATO, Nato *f* - (North Atlantic Treaty Organization) 北约(北大西洋公约组织) běiyuē

Natriumchlorid *n* -(e)s 食盐 shíyán, 氯化钠 lǜhuànà

Natriumkarbonat *n* -(e)s 苏打 sūdá; 碳酸钠 tànsuānnà

Natur *f* -, -en 自然 zìrán, 自然界 zìránjiè, 大自然 dàzìrán: die Geheimnisse der ～ erforschen 探索自然界的秘密; 天然 tiānrán; 本性 běnxìng, 性质 xìngzhì, 天性 tiānxìng, 生性 shēngxìng: er kann seine ～ nicht verleugnen 他不做违心的事; etw geht jm gegen die ～ 某事跟某人的性格不投合, 某事违背某人的本性

Naturalien *pl* 自然产物 zìrán chǎnwù, 实物(作为支付或交换手段的) shíwù

Naturalismus *m* - 自然主义 zìrán zhǔyì

Naturbühne *f* 露天舞台 lùtiān wǔtái

Natureis *n* 天然冰 tiānránbīng

Naturell *n* -s, -e 天性 tiānxìng, 本性 běnxìng; 气质 qìzhì; 体质 tǐzhì

Naturerscheinung *f* 自然现象 zìrán xiànxiàng

Naturforscher *m* 自然科学家 zìrán kēxuéjiā, 自然科学研究者 zìrán kēxué yánjiūzhě

Naturforschung *f* 自然科学研究 zìrán kēxué yánjiū

naturgetreu *adj* 写真的 xiězhēnde, 写实的 xiěshíde, 逼真的 bīzhēnde

Naturismus *m* 裸体运动主义 luǒtǐ yùndòng zhǔyì

Naturist *m* -en, -en 裸体运动主义者 luǒtǐ yùndòng zhǔyì zhě

Naturkatastrophe *f* 自然灾害 zìrán zāihài

Naturkost *f* 天然食品 tiānrán shípǐn, 绿色食品 lǜsè shípǐn

Naturkunde *f* 自然课 zìránkè; 博物学 bówùxué

natürlich I *adj* 天然的 tiānránde; 当然的 dāngránde, 自然的 zìránde; 生来的 shēngláide, 生就的 shēngjiùde; 质朴的 zhìpǔde, 简朴的 jiǎnpǔde; 不做作的 bù zuòzuòde II *adv* 当然 dāngrán, 自然 zìrán, 毫无疑问地 háowú yíwèn de: er hat ～ Recht 他当然是对的

Naturreichtum *m* 天然财富 tiānrán cáifù, 自然财富 zìrán cáifù

Naturschätze *pl* 自然资源 zìrán zīyuán, 天然资源 tiānrán zīyuán

Naturschutz *m* 自然保护 zìrán bǎohù

Naturschützer *m* 大自然保护者 dàzìrán bǎohùzhě

Naturschutzgebiet *n* 自然保护区 zìrán bǎohùqū

Naturseide *f* 天然丝 tiānránsī, 蚕丝 cánsī

Naturwissenschaft *f* 自然科学 zìrán kēxué

naturwissenschaftlich *adj* 自然科学的 zìrán kēxué de

Nauru [na'u:ru] 瑙鲁 Nǎolǔ

Nauruer *m* 瑙鲁人 nǎolǔrén

Nazi *m* -s, -s (Nationalsozialist 的缩写) 纳粹分子 nàcuì fènzǐ

Nazismus *m* - 纳粹主义 nàcuì zhǔyì

Nebel *m* -s, - 雾 wù, 雾气 wùqì: bei Nacht und ～ 偷偷摸摸地, 悄悄地; 星云 xīngyún; 朦胧 ménglóng

neben *prp* (*D/A*) 1. (*D*) (表示地点) 在…旁边 zài … pángbiān: ～ jm sitzen 坐在某人的旁边; er stand ～ der Tür 他站在门旁 2. (*A*) 置于…旁边 zhì yú … pángbiān, 到…旁边去 dào … pángbiān qù: den Stuhl ～ den Tisch stellen 把椅子放到桌子旁边去; ich setze mich ～ ihn 我在他旁边坐下 3. (*D*) 除外 chúwài, 除了 chúle: ～ den Studenten waren noch einige Professoren dabei 除了学生外还有几个教授在场 4. (*D*) 和…相比 hé … xiāngbǐ: ～ dir verblasst alles 与你相比所有的人都大为逊色

Nebenabgaben *pl* 附加税 fùjiāshuì; 杂费 záfèi

Nebenamt *n* 兼职 jiānzhí

nebenamtlich *adj* 兼职的 jiānzhíde

nebenan *adv* 邻近 línjìn, 隔壁 gébì, 在旁边: er wohnt gleich ～ 他就住在隔壁

Nebenanschluss *m* 电话分机 diànhuà fēnjī
Nebenausgabe *f* 额外支出 éwài zhīchū，额外费用 éwài fèiyòng；报纸地方版 bàozhǐ dìfāngbǎn
nebenbei *adv* 顺便 shùnbiàn，附带 fùdài：etw nur ～ erwähnen 只是顺便提及某事
Nebenberuf *m* 兼职 jiānzhí；副业 fùyè
Nebenbuhler *m* 对手 duìshǒu，竞争者 jìngzhēngzhě；情敌 qíngdí
nebeneinander *adv* 并排 bìngpái，并列 bìngliè；相互挨着 xiānghù āizhe；同时 tóngshí
Nebeneingang *m* 边门 biānmén，侧门 cèmén
Nebeneinkommen *n* 额外收入 éwài shōurù
Nebenerscheinungen *pl* 并发症 bìngfāzhèng
Nebenfach *n* 选修科目 xuǎnxiū kēmù，次要学科 cìyào xuékē；旁边抽屉 pángbiān chōuti
Nebenfluss *m* 支流 zhīliú
Nebenfrage *f* 次要问题 cìyào wèntí；附带问题 fùdài wèntí
Nebenfrau *f* 小老婆 xiǎolǎopo，妾 qiè
Nebenkosten *pl* 额外费用 éwài fèiyòng，附加费用 fùjiā fèiyòng；杂项费用 záxiàng fèiyòng
nebenordnen *vt* 并列 bìngliè
Nebenprodukt *n* 副产品 fùchǎnpǐn
Nebenrolle *f* 配角 pèijué，次要角色 cìyào juésè
Nebensache *f* 次要的事情 cìyàode shìqíng，无关紧要的事 wúguān jǐnyào de shì
Nebensatz *m* 从句 cóngjù，副句 fùjù
Nebenstraße *f* -，-n 小街 xiǎojiē，支路 zhīlù
Nebenwirkung *f* 副作用 fùzuòyòng
neblig *adj* 有雾的 yǒuwùde，多雾的 duōwùde；模糊不清的 móhu bù qīng de，朦胧的 ménglóngde：～e Ideen 模糊的概念
nebst *prp* (*D*) 连同 liántóng，和 hé，包括…在内 bāokuò … zàinèi
Necessaire [nesɛ'sɛːr] *n* -s，-s 小手袋 xiǎo shǒudài，小包 xiǎobāo，针线包 zhēnxiànbāo
necken *vt/rfl* 打趣 dǎqù，戏弄 xìnòng，开玩笑 kāiwánxiào，挑逗 tiǎodòu：jn ～ 取笑某人；sich mit jm ～ 和某人开玩笑
Neckerei *f* -，-en 开玩笑 kāiwánxiào，打趣 dǎqù，戏弄 xìnòng，逗弄 dòunong
Necking *n* -(s)，-s（情侣间的）接吻抚摸 jiēwěn fǔmō
Neffe *m* -n，-n 侄子 zhízi；外甥 wàisheng
Negation *f* -，-en 否定 fǒudìng，否认 fǒurèn
negativ *adj* 否定的 fǒudìngde，否认的 fǒurènde；拒绝的 jùjuéde，反对的 fǎnduìde；反面的 fǎnmiànde，消极的 xiāojíde，坏的 huàide；负的 fùde；阴性的 yīnxìngde；底片的 dǐpiànde
Negativ *n* -s，-e 底片 dǐpiàn，负片 fùpiàn；负数 fùshù；阴极板 yīnjíbǎn
Neger *m* -s，- 黑人 hēirén
Negerin *f* -，-nen 女黑人 nǚhēirén
Negersklave *m* 黑奴 hēinú
negieren *vt* 否认 fǒurèn，否定 fǒudìng；不采纳 bù cǎinà，拒绝 jùjué
nehmen* *vt* 拿 ná，取 qǔ：er nimmt den Mantel und geht 他拿起大衣走了；利用 lìyòng，用 yòng，乘 chéng：ein Taxi ～ 乘坐出租车；das Flugzeug ～ 乘飞机；服用 fúyòng：Tabletten ～ 服药；吃 chī：er nimmt das Frühstück um 8 Uhr 他早上八点钟吃早餐；接纳 jiēnà，收养 shōuyǎng：ein Waisenkind zu sich ～ 收养一孤儿；认为 rènwéi：er hat den Scherz für Ernst genommen 他把开玩笑当真了；拿走 názǒu，除去 chúqù：jm die Hoffnung ～ 使某人失去希望；要求 yāoqiú，取得 qǔdé：Urlaub ～ 休假；Platz ～ 就坐；im Grunde genommen 从根本上看来
Neid *m* -(e)s 嫉妒 jídù，猜忌 cāijì，忌妒 jìdù；羡慕 xiànmù：～ gegen jn hegen 嫉妒某人
neiden *vt* 嫉妒 jídù，忌妒 jìdù；羡慕 xiànmù：jm seinen Erfolg [sein Glück] ～ 嫉妒某人的成就[幸福]
Neidhammel *m* 好忌妒的人 hào jìdù de rén
neidisch *adj* 嫉妒的 jídùde，忌妒的 jìdùde，羡慕的 xiànmùde：auf jn [etw] ～ sein 妒忌(或羡慕)某人[某事物]
neigen I *vt* 使倾侧 shǐ qīngcè，使下垂 shǐ xiàchuí：den Kopf ～ 低下头 **II** *rfl* 倾斜 qīngxié，下垂 xiàchuí；俯首 fǔshǒu，屈身 qū shēn **III** *vi* 易于 yìyú；倾向于

qīngxiàng yú：ich neige mehr zu deiner Ansicht 我更倾向于你的看法

Neigung *f* -, -en 倾斜 qīngxié；意向 yìxiàng，爱好 àihào，兴趣 xìngqù：für jn [etw] ～ fühlen 对某人[某事]有好感 趋势 qūshì，倾向 qīngxiàng：die Preise haben die ～ zu fallen 物价有下跌的趋势

nein *adv* 不 bù，不是 bùshi，不行 bùxíng 不对 bùduì：Kommst du？—～，ich habe keine Zeit 你来吗？—不来，我没有空 Aber ～！不！～，niemals！决不会！

Nektar *m* -s 神仙酒 shénxiānjiǔ，长生酒 chángshēngjiǔ；花蜜 huāmì；果汁饮料 guǒzhī yǐnliào

Nelke *f* -，-n 石竹 shízhú；丁香 dīngxiāng

nennen[*] *vt* 命名 mìngmíng，称谓 chēngwèi，把…叫做 bǎ … jiàozuò：man nennt ihn Müller 人家叫他米勒；说出名字来 shuōchū míngzi lái，列举 lièjǔ：einige Beispiele ～ 列举几个例子；称之为 chēng zhī wéi：er nennt sich Dichter 他自称是诗人

nennenswert *adj* 值得提及的 zhídé tíjí de，值得重视的 zhídé zhòngshì de；重要的 zhòngyàode

Nenner *m* -s，- 分母 fēnmǔ

Nennwert *m* 票面价值 piàomiàn jiàzhí，面值 miànzhí

Neofaschismus *m* - 新法西斯主义 xīn fǎxīsī zhǔyì

Neokolonialismus *m* 新殖民主义 xīn zhímín zhǔyì

Neonazi *m* -s，-s 新纳粹分子 xīn nàcuì fènzǐ

Neonlicht *n* 霓虹灯 níhóngdēng，氖光灯 nǎiguāngdēng；霓虹灯光 níhóngdēngguāng

Neorealismus *m* 新现实主义 xīn xiànshí zhǔyì

Nepal 尼泊尔 Níbó'ěr

Nepaler *m* -s，-，**Nepalese** *m* -n，-n 尼泊尔人 níbó'ěrrén

Nepp *m* -s 哄抬物价 hōngtái wùjià，敲竹杠 qiāozhúgàng

Nerv *m* -s，-en 神经 shénjīng：die ～en behalten 保持镇静

nerven *vt* 使人烦躁 shǐ rén fánzào，使人神经紧张 shǐ rén shénjīng jǐnzhāng

Nervenheilanstalt *f* 精神病院 jīngshénbìngyuàn

nervenkrank *adj* 患神经病的 huàn shénjīngbìng de

Nervenschmerzen *pl* 神经痛 shénjīngtòng

Nervenschwäche *f* 神经衰弱 shénjīng shuāiruò

Nervenzusammenbruch *m* 神经崩溃 shénjīng bēngkuì，神经分裂症 shénjīng fēnlièzhèng

nervös *adj* 神经上的 shénjīngshangde；神经质的 shénjīngzhìde，神经过敏的 shénjīng guòmǐn de，紧张不安的 jǐnzhāng bù'ān de

Nervosität *f* - 神经过敏 shénjīng guòmǐn，神经质 shénjīngzhì；易激动 yì jīdòng，易烦躁 yì fánzào

Nerz *m* -es，-e 水貂 shuǐdiāo 水貂皮 shuǐdiāopí

Nescafé *m* -s，-s 雀巢速溶咖啡 quècháo sùróng kāfēi

Nessel *f* -，-n 荨麻 qiánmá

Nesselfieber *n* 风疹 fēngzhěn，荨麻疹 xúnmázhěn

Nest *n* -(e)s，-er 巢 cháo，穴 xué，窝 wō：ein ～ (voll) Eier 一窝蛋；床 chuáng：ins ～ gehen 上床睡觉；小地方 xiǎo dìfāng，小城镇 xiǎo chéngzhèn

nett *adj* 亲切的 qīnqiède，友好的 yǒuhǎode：Das ist sehr ～ von Ihnen！多蒙您的好意！可观的 kěguānde；漂亮的 piàoliàngde，可爱的 kě'àide；舒适的 shūshìde，愉快的 yúkuàide

netto *adv* 纯 chún，净 jìng：er verdient monatlich ～ 2000 Euro 他每月净挣二千欧元

Nettoeinkommen *n* 净收入 jìngshōurù

Nettoeinnahme *f* = Nettoeinkommen

Nettoertrag *m* 纯收益 chúnshōuyì，净利润 jìnglìrùn

Nettogeldeinnahme *f* 纯现金收入 chún xiànjīn shōurù

Nettogewicht *n* 净重 jìngzhòng

Nettopreis *m* 净价 jìngjià，实价 shíjià

Nettoprofit *m* 纯利 chúnlì，净利 jìnglì

Nettoverlust *m* 净损 jìngsǔn，损失净额 sǔnshī jìng'é

Nettozins *m* 纯利息 chúnlìxī，净利息 jìnglìxī

Nettozinssatz *m* 净利率 jìnglìlǜ

Netz *n* -es，-e 网 wǎng，网络 wǎngluò；球网 qiúwǎng；渔网 yúwǎng；网袋

wǎngdài；蜘蛛网 zhīzhūwǎng；安全网 ānquánwǎng；交通网 jiāotōngwǎng；输电线路网 shūdiàn xiànlùwǎng：jm ins ～ gehen 落入某人的圈套；sich im eignen ～ verstricken 作茧自缚

neu *adj* 新的 xīnde：ein ～es Auto 一辆新汽车；新式的 xīnshìde；新鲜的 xīnxiānde：～e Kartoffeln 新鲜土豆；mit ～en Kräften 振作精神；新近发生的 xīnjìn fāshēng de：die ～sten Nachrichten 最新消息；von ～em 重新；aufs Neue 重新(起)

neuartig *adj* 新式的 xīnshìde，新颖的 xīnyǐngde；新奇的 xīnqíde

Neuauflage *f* (书的)新版 xīnbǎn

Neubau *m* -(e)s，-ten 新建 xīnjiàn，重建 chóngjiàn；新建筑(物) xīn jiànzhù，新盖的房子 xīngàide fángzi

Neubearbeitung *f* 重新修改 chóngxīn xiūgǎi，修订 xiūdìng；改编本 gǎibiānběn

Neudruck *m* 再版 zàibǎn，重印 chóngyìn；再版本 zàibǎnběn

neuerdings *adv* 新近 xīnjìn，最近 zuìjìn

Neuerer *m* -s，- 革新者 géxīnzhě，创新者 chuàngxīnzhě

neuerlich I *adj* 新近的 xīnjìnde，再次的 zàicìde II *adv* 再次地 zàicìde

Neuerscheinung *f* 新出版物(指新出版的书、唱片、音像作品等) xīn chūbǎnwù

Neuerung *f* -，-en 革新 géxīn，创新 chuàngxīn，更新 gēngxīn；改革 gǎigé；新方法 xīnfāngfǎ；新事物 xīnshìwù，新产品 xīnchǎnpǐn，新式样 xīnshìyàng

Neuerzählung *f* 新改写的短篇小说 xīngǎixiěde duǎnpiān xiǎoshuō，新改编的故事 xīngǎibiānde gùshì

Neugeborene *n* -n，-n (按形容词变化)新生儿 xīnshēng'ér，婴儿 yīng'ér，初生儿 chūshēng'ér

Neugier *f* 好奇 hàoqí，好奇心 hàoqíxīn：ich frage aus reiner ～ 我纯粹出于好奇问问

neugierig *adj* 好奇的 hàoqíde：～ sein 好奇，急于想知道

Neuheit *f* -，-en 新鲜 xīnxiān，新奇 xīnqí；新产品 xīnchǎnpǐn；新的东西 xīnde dōngxī；新事物 xīnshìwù

Neuigkeit *f* -，-en 新闻 xīnwén，新消息 xīn xiāoxī；新东西 xīn dōngxī，新鲜事 xīnxiān shì

Neujahr *n* 新年 xīnnián，元旦 yuándàn：Prosit ～！(祝您)新年好！

neulich *adv* 不久前 bùjiǔqián，新近 xīnjìn，最近 zuìjìn

Neuling *m* -s，-e 生手 shēngshǒu，新手 xīnshǒu，初学者 chūxuézhě，无经验者 wú jīngyàn zhě

neumodisch *adj* 时髦的 shímáode，流行的 liúxíngde，新潮的 xīncháode

neun *num* 九 jiǔ

neunfach *adj* 九倍的 jiǔbèide；九重的 jiǔchóngde；九次的 jiǔcìde

neunmal *adv* 九倍 jiǔbèi；九次 jiǔcì

neunmalklug *adj* 自作聪明的 zì zuò cōng míng de，自以为是的 zì yǐ wéi shì de

Neuntel *n* -s，- 九分之一 jiǔfēn zhī yī

neunzig *num* 九十 jiǔshí

neunziger *adj* (只作定语，不变化) die ～ Jahre 90年代

Neuordnung *f* 改组 gǎizǔ，调整 tiáozhěng

Neuprägung *f* 新词 xīncí，新词语 xīncíyǔ

Neuralgie *f* -，-n 神经痛 shénjīngtòng

neureich *adj* 新发迹的 xīn fājì de，暴发的 bàofāde

Neurologie *f* - 神经(病)学 shénjīngxué

Neuropath *m* -en，-en 神经病患者 shénjīngbìng huànzhě

Neurose *f* -，-n 神经机能病 shénjīng jīnéng bìng

Neurotiker *m* -s，- 神经机能病患者 shénjīng jīnéngbìng huànzhě

neurotisch *adj* 神经机能症的 shénjīng jīnéngzhèng de

Neuseeland 新西兰 Xīnxīlán

Neuseeländer *m* -s，- 新西兰人 xīnxīlánrén

neutral *adj* 中立的 zhōnglìde，不结盟的 bù jiéméngde，无党无派的 wú dǎng wúpàide；中性的 zhōngxìngde

Neutralität *f* - 中立 zhōnglì，不结盟 bù jiéméng；公正 gōngzhèng，不偏袒 bù piāntǎn

Neutrum *n* -s，...tra / ...tren 中性 zhōngxìng；中性名词 zhōngxìng míngcí

Neuwert *m* (东西)全新时的价值 quán xīnshí de jiàzhí，原价 yuánjià；(生产中劳动创造的)新价值 xīn jiàzhí

Neuzeit *f* 近代 jìndài；现代 xiàndài

Newcomer ['nju:kʌmə] *m* -(s)，-(s) 新

手 xīnshǒu;新来的人 xīnláide rén;新移民 xīnyímín

Nicaragua 尼加拉瓜 Níjiālāguā

Nicaraguaner 尼加拉瓜人 níjiālāguārén

nicaraguanisch 尼加拉瓜的 níjiālāguāde;尼加拉瓜人的 níjiālāguārénde

nicht *adv* 不 bù,不是 bùshì,没有 méiyǒu: er kommt heute ～ 他今天不来; ～ richtig 不对; gar ～ 根本不; ～ wahr? 不是吗? Warum ～? 为什么不呢? er trinkt ～ Kaffe, noch Tee 他既不喝咖啡也不喝茶; ～ nur ..., sondern auch 不仅…,而且…

Nichtangriffspakt *m* 互不侵犯条约 hù bù qīnfàn tiáoyuē

Nichtbeitragszahler *m* 不交会费的人 bù jiāo huìfèi de rén

Nichte *f* -, -n 侄女 zhínǚ;外甥女 wàishengnǚ

Nichtig *adj* 无关紧要的 wúguān jǐnyàode,不重要的 bù zhòngyàode,微不足道的 wēi bù zú dào de;无效的 wúxiàode,作废的 zuòfèide

Nichtigkeit *f* -, -en 无关紧要的事 wúguān jǐnyào de shì,无价值的事 wú jiàzhí de shì;无效 wúxiào,失效 shīxiào;无意义 wú yìyì,无价值 wú jiàzhí

Nichtkernwaffenstaat *m* 无核武器国家 wú héwǔqì guójiā

Nichtleiter *m* 非导体 fēidǎotǐ

Nichtmitglied *n* 非会员 fēi huìyuán,非成员 fēi chéngyuán

nichtnuklear *adj* 无核的 wúhéde

nichtöffentlich *adj* 不公开的 bù gōngkāide,内部的 nèibùde

nichtoffiziell *adj* 非官方的 fēi guānfāng de,非正式的 fēi zhèngshì de

nichtorganisiert *adj* 无党派的 wú dǎngpài de,无组织的 wú zǔzhī de

nichtpaktgebunden *adj* 不结盟的 bù jiéméngde

Nichtraucher *m* 不吸烟者 bù xīyān zhě;禁止吸烟的车厢 jìnzhǐ xīyān de chēxiāng

Nichtraucherabteil *n* 禁止吸烟的车厢 jìnzhǐ xīyān de chēxiāng,供不抽烟者乘坐的车厢 gōng bù chōuyān zhě chéngzuò de chēxiāng

Nichtrauchergaststätte *f* 不吸烟者饭店 bù xīyān zhě fàndiàn

Nichtraucherladen *m* 不吸烟者商店 bù xīyān zhě shāngdiàn

Nichtrauchersaal *m* 不吸烟者大厅 bù xīyān zhě dàtīng

nichts *pron* 没有什么 méiyǒu shénme,什么也没有 shénme yě méiyǒu,没有东西 méiyǒu dōngxī: er hat ～ gehört 他什么也没听见; er ist mit ～ zufrieden 他对什么都不满意; es gibt ～ Neues 没有什么新闻; das macht ～ 这没有关系,这不要紧; mir ～, dir ～ 一转眼,突然

Nichtschwimmer *m* 不会游泳的人 bùhuì yóuyǒng de rén

Nichtskönner *m* -s, - 无所作为的人 wú suǒ zuò wéi de rén,一事无成者 yī shì wú chéng zhě

Nichtsnutz *m* -es, -e 无用的人 wúyòngde rén,饭桶 fàntǒng

nichtssagend *adj* 没有意义的 méiyǒu yìyì de,空洞无内容的 kōngdòng wú nèiróng de;毫无表情的 háowú biǎoqíng de

Nichtstuer *m* -s, - 懒汉 lǎnhàn,二流子 èrliúzi,游手好闲者 yóu shǒu hào xián zhě

Nichtübereinstimmung *f* 不一致 bù yīzhì,不统一 bù tǒngyī,不协调 bù xiétiáo

Nichtweitergabe *f* 不转让 bù zhuǎnràng,不扩散 bù kuòsàn;防止(核)扩散 fángzhǐ kuòsàn

Nichtwissen *n* 无知 wúzhī,愚昧 yúmèi

Nichtzahlung *f* 不付款 bù fùkuǎn,拒付 jùfù

Nickel *n* -s 镍 niè

nicken I *vi* 点头 diǎntóu(同意);打瞌睡 dǎkēshuì,打盹 dǎdǔn **II** *vt* 点头表示 diǎntóu biǎoshì

nie *adv* 决不 juébù,从未 cóngwèi,从来不 cónglái bù: ～ mehr! 决不再干! ～ gehört! 从未听说过! das habe ich noch ～ gesehen 这事我还从未看见过; ～ wieder Krieg! 再也不要战争!

nieder I *adj* 低的 dīde,低矮的 dī'ǎide,低下的 dīxiàde,低级的 dījíde;低等的 dīděngde **II** *adv* 往下 wǎngxià,向下 xiàngxià;打倒 dǎdǎo: ～ mit dem Faschismus! 打倒法西斯主义! auf und ～ 上下(运动),来回

niederdrücken *vt* 压下 yāxià;压抑 yāyì,使抑郁 shǐ yìyù

Niedergang *m* -(e)s 没落 mòluò,衰退 shuāituì,衰落 shuāiluò

niedergehen* *vi(s)* 降落 jiàngluò, 下降 xiàjiàng, 落下 luòxià: ein heftiger Regen ging nieder 大雨倾盆而下

niedergeschlagen *adj* 垂头丧气的 chuí tóu sàng qì de, 沮丧的 jǔsàngde, 消沉的 xiāochénde, 郁郁不乐的 yùyù bù lè de

Niedergeschlagenheit *f* 沮丧 jǔsàng, 消沉 xiāochén, 情绪低落 qíngxù dīluò, 无精打彩 wú jīng dǎ cǎi

niederhalten* *vt* 控制 kòngzhì, 抑制 yìzhì; 压迫 yāpò, 压制 yāzhì

niederkommen* *vi(s)* 分娩 fēnmiǎn: sie kam mit einem Mädchen nieder 她生了一个女孩

Niederkunft *f* - 分娩 fēnmiǎn

Niederlage *f* -, -n 失败 shībài, 失利 shīlì: eine ～ erleiden 遭到失败; 仓库 cāngkù, 栈房 zhànfáng; 分店 fēndiàn, 分行 fēnháng, 分公司 fēngōngsī

Niederlande *pl* (= Holland) 荷兰 Hélán

Niederländer *m* -s, - 荷兰人 hélánrén

niederländisch *adj* 荷兰的 hélánde; 荷兰人的 hélánrénde; 荷兰语的 hélányǔde

niederlassen* I *vt* 降下 jiàngxià, 放下 fàngxià: den Vorhang ～ 落幕 II *rfl* 坐下 zuòxià; 住下 zhùxià, 定居 dìngjū: sich in Shanghai ～ 定居上海; 开业 kāiyè: sich als Arzt ～ 开业行医

Niederlassung *f* -, -en 安家 ānjiā, 落户 luòhù; 开业 kāiyè, 开店 kāidiàn; 营业所 yíngyèsuǒ, 分行 fēnháng, 支店 zhīdiàn; 租界 zūjiè, 殖民地 zhímíndì

Niederlassungsrecht *n* 居住权 jūzhùquán, 移居权 yíjūquán

niederlegen I *vt* 放下 fàngxià; 放弃 fàngqì, 辞去 cíqù; 写下 xiěxià, 纪录 jìlù; 拆除 chāichú II *rfl* 躺下 tǎngxià, 就寝 jiùqǐn: sich zur Ruhe ～ 躺下休息

Niederschlag *m* 打倒 dǎdǎo, 击倒 jīdǎo; 降水(指雨、露、雪、霜等) jiàngshuǐ

niederschlagen* I *vt* 打倒 dǎdǎo, 击倒 jīdǎo; 镇压 zhènyā: eine Verschwörung ～ 镇压叛乱; 降低 jiàngdī: das Fieber ～ 降低热度 II *rfl* 沉淀 chéndiàn, 下沉 xiàchén: der Nebel schlägt sich als Tau nieder 雾结成露水降下; 表现 biǎoxiàn, 反映 fǎnyìng

niederschmettern *vt* 粉碎 fěnsuì, 击溃 jīkuì, 打倒 dǎdǎo: jn [etw] mit der Faust ～ 用拳头把某人[某物]击倒; 使沮丧 shǐ jǔsàng, 使泄气 shǐ xièqì

niederschreiben* *vt* 记下 jìxià, 写下 xiěxià

Niederschrift *f* 记录 jìlù, 笔记 bǐjì, 底稿 dǐgǎo; 记下 jìxià

niedersetzen *vt/rfl* 放下 fàngxià; 坐下 zuòxià

Niederspannung *f* 低电压 dī diànyā; 低压 dīyā

Niedertracht *f* - 卑鄙 bēibǐ, 下流 xiàliú; 卑鄙下流的行为 bēibǐ xiàliú de xíngwéi

niederträchtig *adj* 卑鄙的 bēibǐde, 下流的 xiàliúde; 很厉害的 hěn lìhaide

Niederträchtigkeit *f* -, -en 卑鄙 bēibǐ, 无耻 wúchǐ; 无耻行为 wúchǐ xíngwéi, 卑鄙行径 bēibǐ xíngjìng

Niederung *f* -, -en 低洼地 dīwādì, 低地 dīdì; (社会)底层 dǐcéng: die ～en der Gesellschaft 社会的下层

Niederwasser *n* 低水位 dīshuǐwèi

niederwerfen* I *vt* 把…摔倒在地 bǎ … shuāidǎo zài dì; 镇压 zhènyā; 压倒 yādǎo, 战胜 zhànshèng; 使病倒 shǐ bìngdǎo; 使受打击 shǐ shòu dǎjī II *rfl* 跪倒 guìdǎo

niedlich *adj* 可爱的 kě'àide, 秀气的 xiùqide, 小巧玲珑的 xiǎoqiǎo línglóng de, 娇小的 jiāoxiǎode

niedrig *adj* 低的 dīde, 矮的 ǎide; 低廉的 dīliánde; 卑鄙的 bēibǐde, 下流的 xiàliúde: ～ von jm denken 把某人想得很坏

niemals *adv* 从不 cóngbù, 从来没有 cónglái méiyǒu, 从未 cóngwèi: er kam ～ wieder 他再也没来过

niemand *pron* 无人 wúrén, 没有人 méiyǒu rén: ～ von ihnen 他们中没有一个人; ～ ausgenommen 无人例外

Niere *f* -, -n 肾 shèn, 腰子 yāozi

Nierenbeckenentzündung *f* 肾盂炎 shènyúyán

Nierensteinkrankheit *f* 肾结石 shènjiéshí

Nierentisch *m* 肾形小桌 shènxíng xiǎozhuō

nieseln *vi* 下毛毛雨 xià máomaoyǔ: es nieselt 天在下毛毛雨

niesen *vi* 打喷嚏 dǎpēntì

Niete *f* -, -n 空奖 kōng jiǎng, 空签 kōng qiān; 失败 shībài; 失败者 shībàizhě; 饭

桶 fàntǒng，无用的人 wúyòngde rén，草包 cǎobāo；铆钉 mǎodīng
nieten *vt* 铆接 mǎojiē，铆牢 mǎoláo；把…加工成铆钉 bǎ … jiāgōng chéng mǎodīng
Nietennose *f*（有小铆钉的）牛仔裤 niúzǎikù
Niger 尼日尔 Nírì'ěr
Nigeria 尼日利亚 Nírìlìyà
Nigerianer *m* -s，- 尼日利亚人 nírìlìyàrén
nigerianisch *adj* 尼日利亚的 nírìlìyàde；尼日利亚人的 nírìlìyàrénde
Nihilismus *m* - 虚无主义 xūwú zhǔyì
Nihilist *m* -en，-en 虚无主义者 xūwú zhǔyì zhě
Nikotin *n* -s 尼古丁 nígǔdīng
nikotinfrei *adj* 无尼古丁的 wú nígǔdīng de，不含尼古丁的 bù hán nígǔdīng de
Nikotinvergiftung *f* 尼古丁中毒 nígǔdīng zhòngdú
Nilkrokodil *n* 非洲鳄鱼 fēizhōu èyú
Nilpferd *n* 河马 hémǎ
nimmer *adv* 永不 yǒng bù，绝不 jué bù 不再 bù zài：nie und ～ 绝不，决不
nimmermüde *adj* 不知疲倦的 bù zhī píjuàn de，永不疲倦的 yǒng bù píjuàn de
nimmersatt *adj* 吃不饱的 chī bu bǎo de，贪吃的 tān chī de
nippen *vi* 呷 xiā，呷一口 xiā yīkǒu，抿一口 mǐn yīkǒu；品尝 pǐncháng：von den Speisen ～ 尝一口菜；vom Wein ～ 尝尝酒
nirgends，nirgend(s)wo *adv* 任何地方都不 rènhé dìfāng dōu bù，没有一处 méiyǒu yī chù，到处都不 dàochù dōu bù：er war ～ zu finden 到处都找不到他
Nirwana *n* -(s)（佛教中的）涅槃 niepán，圆寂 yuánjì
Nische *f* -，-n 壁龛 bìkān（放置雕像等的墙壁凹入处）
Niveau [ni'vo:] *n* -s，-s 水平面 shuǐpíngmiàn；水准 shuǐzhǔn，（文化、物质、经济、生活等的）水平 shuǐpíng：er hat ein hohes geistiges ～ 他有很高的思想水平
niveaulos *adj* 没有水平的 méiyǒu shuǐpíng de，低水平的 dī shuǐpíng de
Nix *m* -es，-e 水怪 shuǐguài
Nixe *f* -，-n（神话中的）女水妖 nǚshuǐyāo，女水精 nǚshuǐjīng，女水怪 nǚshuǐguài
nobel *adj* 高贵的 gāoguìde，高尚的 gāoshàngde；豪华的 háohuáde；正派的 zhèngpàide；大度的 dàdùde，慷慨的 kāngkǎide
Nobelpreis *n* 诺贝尔奖金 nuòbèi'ěr jiǎngjīn
Nobelpreisträger *m* 诺贝尔奖金获得者 nuòbèi'ěr jiǎngjīn huòdézhě
noch *adv* 仍然 réngrán，还有 háiyǒu：Was gibt es ～？还有什么？Wer war denn ～ da？还有谁在场？～ ein Bier，bitte！请再来一杯啤酒！还 hái，再 zài：Wünschen Sie ～ etwas？您还想要些什么吗？还要 háiyào，更 gèng：Berlin ist ～ größer als Hamburg 柏林比汉堡更大；就 jiù：～ heute soll er zurückkommen 他今天就会回来的；weder ... ～ ... 既不…也不…
nochmal *adv* 再一次 zài yīcì
nochmalig *adj* 再一次的 zài yīcì de
nochmals *adv* 再一次 zài yīcì，重新 chóngxīn
Nomade *m* -n，-n 游牧民族的一员 yóumù mínzú de yīyuán；流浪汉 liúlànghàn
Nomadenleben *n* 游牧生活 yóumù shēnghuó；流浪生活 liúlàng shēnghuó
Nomadenvolk *n* 游牧民族 yóumù mínzú
nomadisch *adj* 游牧民族的 yóumù mínzú de；流浪的 liúlàngde
Nomen *n* -s，...mina 名词 míngcí；（可）变格（的）词（主要指名词和形容词）biàngécí
Nominaleinkommen *n* 名义收入 míngyì shōurù
Nominallohn *m* 名义工资 míngyì gōngzī
Nominalpreis *m* 名义价格 míngyì jiàgé，票面价格 piàomiàn jiàgé
Nominalwert *m* 表面价值 biǎomiàn jiàzhí，票面价值 piàomiàn jiàzhí
Nominativ *m* -s，-e 主格 zhǔgé，第一格 dìyīgé
nominell *adj* 名词（性）的 míngcíde；名义上的 míngyìshangde，有名无实的 yǒu míng wú shí de
nominieren *vt* 命名 mìngmíng；提名 tímíng；任命 rènmìng，指定 zhǐdìng
Nonchalance [nõʃa'lã:s] *f* - 无所谓 wúsuǒwèi，漠不关心 mò bù guān xīn，不在乎 bùzàihu
Non-Cooperation [nɔnkoopə'reiʃən] *f*

不合作 bù hézuò，拒绝共事 jùjué gòngshì

Non-foods ['nɔn'fuːds] *pl* 非食品 fēi shípǐn

Nonkonformismus *m* 不同见解 bùtóng jiànjiě，不同政见 bùtóng zhèngjiàn

Nonkonformist *m* -en, -en 持不同政见者 chí bùtóng zhèngjiàn zhě，有不同见解的人 yǒu bùtóng jiànjiě de rén

nonkonformistisch *adj* 不随大流的 bù suídàliú de，有主见的 yǒu zhǔjiàn de

Nonne *f* -, -n 修女 xiūnǚ；尼姑 nígū

Nonproliferation ['nɔnproulifəreiʃən] *f* - 不扩散核武器 bù kuòsàn héwǔqì，防止核扩散 fángzhǐ hékuòsàn

Nonsens *m* - / -es 胡说 húshuō，废话 fèihuà

nonstop [nɔn'stɔp] *adv* 中途不停留的 zhōngtú bù tíngliú de，连续 liánxù，不间断地 bù jiànduàn de：～ fliegen 直飞

Non-Stop-Einlass *m* 随时可买票入场 suíshí kě mǎi piào rùchǎng

Nonstopflug *m* 直达飞行 zhídá fēixíng，不着陆飞行 bùzhuólù fēixíng

Nonstopkino *n* 循环场电影院 xúnhuánchǎng diànyǐngyuàn

Nonvalenz *f* - 无支付能力 wú zhīfù nénglì

Nord I *m* -(e)s 北 běi，北方 běifāng II *m* -(e)s, -e 北风 běifēng

Norden *m* -s 北 běi，北方 běifāng；北部 běibù，北部地区 běibù dìqū：im ～ Deutschlands 在德国北部

Nordeuropa 北欧 běi Ōu

nordeuropäisch *adj* 北欧的 běi ōude

nordisch *adj* 北欧的 běi ōude，北方的 běifāngde

nördlich I *adj* 北部的 běibùde，北方的 běifāngde；朝北的 cháoběide，向北的 xiàngběide II *prp*(*G*) 在…之北 zài … zhī běi，在…北面 zài … běimiàn：～ der Stadt 在城市的北面

Nordost *m* 东北(方向) dōngběi；东北风 dōngběi fēng

Nordosten *m* 东北(方向) dōngběi；东北地区 dōngběi dìqū

Nordpol *m* 北极 běijí

Nordsee *f* - 北海 běihǎi

Nord-Süd-Dialog *m* 南北对话 nánběi duìhuà

nordwärts *adv* 朝北 cháoběi，向北 xiàngběi，往北 wǎngběi

Nordwest 西北(方向) xīběi；西北风 xīběifēng

Nordwesten *m* 西北(方向) xīběi；西北地区 xīběi dìqū

Nordwind *m* 北风 běifēng

Nörgelei *f* -, -en 牢骚 láosāo，埋怨 mányuàn，怨言 yuànyán，找岔子 zhǎochàzi

nörgeln *vi* 埋怨 mányuàn，抱怨 bàoyuàn；发牢骚 fā láosāo；找岔子 zhǎochàzi，挑剔 tiāotī

Nörgler *m* -s, - 爱发牢骚者 ài fā láosāo zhě，好埋怨的人 hào mányuàn de rén，爱找岔子的人 ài zhǎochàzi de rén，爱挑剔的人 ài tiāotī de rén

Norm *f* -, -en 准则 zhǔnzé，规则 guīzé；标准 biāozhǔn，规格 guīgé；指标 zhǐbiāo，定额 dìng'é；一般水平 yībān shuǐpíng

normal *adj* 正常的 zhèngchángde，平常的 píngchángde；正规的 zhèngguīde，合格的 hégéde；健康的 jiànkāngde，精神健全的 jīngshén jiànquán de

normalerweise *adv* 正常情况 zhèngcháng qíngkuàng，通常情况 tōngcháng qíngkuàng

normalisieren I *vt* 使正常化 shǐ zhèngchánghuà，使标准化 shǐ biāozhǔnhuà II *rfl* 恢复正常 huīfù zhèngcháng

Normalverbraucher *m* 普通消费者 pǔtōng xiāofèizhě；普通人 pǔtōngrén

Normalverdiener *m* 中等收入者 zhōngděng shōurù zhě

normen *vt* 使合标准 shǐ hé biāozhǔn，使合规格 shǐ hé guīgé，使标准化 shǐ biāozhǔnhuà

Normung *f* -, -en 标准化 biāozhǔnhuà，规格化 guīgéhuà，合标准 hé biāozhǔn

Norwegen 挪威 Nuówēi

Norweger *m* -s, - 挪威人 nuówēirén

norwegisch *adj* 挪威的 nuówēide；挪威语的 nuówēiyǔde；挪威人的 nuówēirénde

Not *f* -, ⸚e 贫困 pínkùn，困难 kùnnan，困苦 kùnkǔ：in ～ sein 处于困境；im seine ～ klagen 向某人诉苦；必要 bìyào，急迫 jípò；辛劳 xīnláo：mit Mühe und ～ 费很大劲地

Notar *m* -s, -e 公证人 gōngzhèngrén，公证员 gōngzhèngyuán

Notariat *n* -(e)s, -e 公证处 gōngzhèngchù

jm ～ sein 对某人有益(或有用)
Nützlichkeit *f* - 有益 yǒuyì，有用 yǒuyòng，有利 yǒulì
Nützlichkeitsprinzip *n* 功利主义 gōnglì zhǔyì
nutzlos *adj* 无益的 wúyìde，无用的 wúyòngde，无济于事的 wú jì yú shì de
Nutzpflanze *f* 经济作物 jīngjì zuòwù
Nutzung *f* - 利用 lìyòng，使用 shǐyòng：die friedliche ～ der Kernenergie 和平利用核能
Nykturie *f* -，-n 夜尿症 yèniàozhèng
Nylon ['nailɔn] *n* -s 尼龙 nílóng
Nylonstrumpf ['nailɔn . . .] *m* 长统尼龙丝袜 chángtǒng nílóng sīwà

Ochse *m* -n, -n 公牛 gōngniú;笨蛋 bèndàn,傻瓜 shǎguā: So ein ~! 这么个笨蛋!
ochsen *vi/vt* 苦干 kǔgàn,死用功 sǐ yònggōng,死记硬背 sǐjì yìngbèi
Ode *f* -, -n 颂歌 sònggē,颂诗 sòngshī
öde *adj* 荒凉的 huāngliángde,荒无人烟的 huāng wú rén yān de;无聊的 wúliáode,乏味的 fáwèide,空洞的 kōngdòngde
Öde *f* -, -n 荒凉 huāngliáng,冷落 lěngluò;荒凉的地区 huāngliángde dìqū,冷落的地方 lěngluòde dìfāng;沉闷 chénmèn,空虚 kōngxū,无聊 wúliáo
Ödem *n* -s, -e 水肿 shuǐzhǒng,浮肿 fúzhǒng
oder *cj* 或者 huòzhě,还是 háishi: heute ~ morgen 今天或者明天; sie wird früher oder später schon daran glauben 她迟早总会相信的; Ja ~ nein? 是还是不是?
Ödland *n* 不毛之地 bù máo zhī dì,荒地 huāngdì
Ofen *m* -s, ⸚ 炉子 lúzi,火炉 huǒlú
offen *adj* 开着的 kāizhede,敞开的 chǎngkāide;公开的 gōngkāide,坦率的 tǎnshuàide,真诚的 zhēnchéngde;空着的 kòngzhede,空缺的 kòngquēde;开放的 kāifàngde,可通行 kě tōngxíng de;正在营业的 zhèngzài yíngyè de,正在办公的 zhèngzài bàngōng de;没有解决的 méiyǒu jiějué de
offenbar I *adj* 明显的 míngxiǎnde,显然的 xiǎnránde **II** *adv* 显然地 xiǎnránde,大概 dàgài,看来 kànlái: er hat ~ die Verabredung vergessen 他显然把约会忘了
offenbaren I *vt* 显露 xiǎnlù,显示 xiǎnshì;揭露 jiēlù,公开 gōngkāi: jm ein Geheimnis ~ 向某人揭露一秘密 **II** *rfl* 表明 biǎomíng,表示 biǎoshì,表露 biǎolù: sich jm ~ 向某人吐露心事
offenbleiben* *vi(s)* 开着 kāizhe;还没解决 hái méi jiějué
Offenheit *f* - 开诚 kāichéng,坦率 tǎnshuài,真诚 zhēnchéng
offenherzig *adj* 开诚的 kāichéngde,坦诚的 tǎnchéngde,真诚的 zhēnchéngde
offenkundig *adj* 明显的 míngxiǎnde,显而易见的 xiǎn ér yì jiàn de;众所周知的 zhòng suǒ zhōu zhī de
offenlassen* *vt* 使开着 shǐ kāizhe;没有解决 méiyǒu jiějué
offensichtlich *adj* 明显的 míngxiǎnde,显而易见的 xiǎn ér yì jiàn de,显然的 xiǎnránde
offensiv *adj* 攻击的 gōngjīde,进攻的 jìngōngde;无礼的 wúlǐde,冒犯的 màofàn de
Offensive *f* -, -n 进攻 jìngōng,攻势 gōngshì: die ~ ergreifen 进攻,采取攻势
offenstehen* *vi* 敞开 chǎngkāi,开着 kāizhe;对…开放 duì … kāifàng;未结清 wèi jiéqīng,未结算 wèi jiésuàn
öffentlich *adj* 公开的 gōngkāide;公共的 gōnggòngde;国家的 guójiāde,公家的 gōngjiāde;公众的 gōngzhòngde
Öffentlichkeit *f* - 公开 gōngkāi;公众 gōngzhòng;公众意见 gōngzhòng yìjiàn,社会舆论 shèhuì yúlùn
offerieren *vt* 报价 bàojià,投标 tóubiāo
Offerte *f* -, -n 报价 bàojià,投标 tóubiāo;提供 tígōng,供应 gōngyìng
Offizialverteidiger *m* 官方指定的辩护人 guānfāng zhǐdìng de biànhùrén
offiziell *adj* 官方的 guānfāngde;正式的 zhèngshìde,政府的 zhèngfǔde;隆重的 lóngzhòngde,形式上的 xíngshìshangde
Offizier *m* -s, -e 军官 jūnguān
Offizierskasino *n* 军官俱乐部 jūnguān jùlèbù
Offiziersrang *m* 军衔 jūnxián
offiziös *adj* 半官方的 bànguānfāngde
Off-Kommentar *m* 画外音 huàwàiyīn,画外解说 huà wài jiěshuō;后台解说 hòutái jiěshuō
öffnen *vt/rfl* 开 kāi,打开 dǎkāi;张开 zhāngkāi: das Buch ~ 翻开书; einen Brief ~ 拆开信; eine Schublade ~ 打开抽屉; die Bibliothek ist abends von 18 bis 21 geöffnet 图书馆在晚上六时至九时开放
Öffner *m* -s, - 开启工具 kāiqǐ gōngjù,启子 qǐzi
Öffnung *f* -, -en 张开 zhāngkāi,打开 dǎkāi;穴 xué,孔 kǒng,洞口 dòngkǒu;裂口 lièkǒu
Öffnungspolitik *f* 开放政策 kāifàng zhèngcè
Öffnungszeit *f* 开放时间 kāifàng shíjiān;营业时间 yíngyè shíjiān
Off-shore-Bohrung [ˈɔfʃɔː...] *f* 近

海钻探 jìnhǎi zuāntàn。

oft *adv* 常常 chángcháng，经常 jīngcháng，不时 bùshí：ich bin ～ nicht zu Hause 我是经常不在家的

öfters *adv* 经常 jīngcháng，多次 duōcì

oftmalig *adj* 常常的 chángchángde，经常的 jīngchángde，多次的 duōcìde

oftmals *adv* 常常地 chángchángde，经常地 jīngchángde，屡次地 lǚcìde

Ohm *n* -(s)，- 欧姆(电阻单位) ōumǔ

Ohmmeter *n* 欧姆表 ōumǔbiǎo

ohne I *prp* (A) 无 wú，没有 méiyǒu：～ Zweifel 毫无疑问；～ weiteres 干脆，直截了当；ein Kind ～ Eltern 一个没有父母的孩子 II *cj* 而没有 ér méiyǒu，不…就… bù … jiù …：er ging，～ ein Wort zu sagen 他一句话没说就走了；(与 dass 连用) er half mir aus，ohne dass ich ihn darum gebeten hatte 我没求他，他却来帮我忙

ohnedies *adv* 本来 běnlái，反正 fǎnzhèng

Ohnehaltflug *m* 直达飞行 zhídá fēixíng，中途不降落飞行 zhōngtú bù jiàngluò fēixíng

ohnehin *adv* 总归 zǒngguī，反正 fǎnzhèng

Ohnmacht *f* -，-en 昏迷 hūnmí，昏厥 hūnjué：in ～ fallen 昏过去；软弱 ruǎnruò，无能为力 wúnéng wéilì

ohnmächtig *adj* 昏迷的 hūnmíde，无知觉的 wú zhījué de；无力的 wúlìde，软弱无能的 ruǎnruò wúnéng de

Ohr *n* -(e)s，-en 耳 ěr，耳朵 ěrduo：die ～en spitzen 注意听；mit halbem ～ zuhören 不注意听；tauben ～en predigen 白费口舌地劝说；die Wände haben ～en 隔墙有耳；lange ～en machen 好奇地竖起耳朵听，侧耳倾听；ein feines ～ für etw haben 对某事很敏感；die ～en steifhalten 不灰心，不泄气，不气馁

Öhr *n* -(e)s，-e 针眼 zhēnyǎn，针孔 zhēnkǒng

Ohr-Akupunktur *f* 耳针 ěrzhēn

Ohrenarzt *m* 耳(鼻、喉)科医生 ěrkē yīshēng

ohrenbetaubend *adj* 震耳欲聋的 zhèn ěr yù lóng de

Ohrensausen *n* 耳鸣 ěrmíng

Ohrenzeuge *m* (亲耳听见的)证人 zhèngrén

Ohrfeige *f* -，-n 耳光 ěrguāng，巴掌 bāzhang：jm eine ～ geben 打某人一记耳光

ohrfeigen *vt* 打…耳光 dǎ … ěrguāng

Ohrfeigengesicht *n* 厚脸皮 hòuliǎnpí，老面皮 lǎomiànpí

Ohrring *m* 耳环 ěrhuán

okay [o'ke:] (缩写为 o. k. 或 O. K.) *adv* 行 xíng，可以 kěyǐ，好 hǎo，就这样 jiù zhèyàng

Okkasion *f* -，-en 机会 jīhuì，时机 shíjī；便宜货 piányihuò，廉价品 liánjiàpǐn

Okkupation *f* -，-en 占领 zhànlǐng，占据 zhànjù

okkupieren *vt* 占领 zhànlǐng；占据 zhànjù，占有 zhànyǒu

Ökoladen *m* 生态商店(天然食品商店) shēngtài shāngdiàn

Ökologe *m* -n，-n 生态学家 shēngtàixuéjiā

Ökologie *f* - 生态学 shēngtàixué

ökologisch *adj* 生态学的 shēngtàixuéde，生态的 shēngtàide

Ökonometrie *f* 经济计量学 jīngjì jìliàngxué

Ökonomie *f* -n，-n 经济学 jīngjìxué；经济结构 jīngjì jiégòu；经济 jīngjì，节约 jiéyuē，节省 jiéshěng

Ökonomik *f* - 经济学 jīngjìxué；经济结构 jīngjì jiégòu；经济状况 jīngjì zhuàngkuàng

ökonomisch *adj* 经济学的 jīngjìxuéde；经济的 jīngjìde，节省的 jiéshěngde

Ökosystem *n* -s，-e 生态系统 shēngtài xìtǒng，生态平衡 shēngtài pínghéng

Ökotage [økɔ'ta:ʒə] *f* 为防止环境污染而采取的抵抗行动 wéi fángzhǐ huánjìng wūrǎn ér cǎiqǔ de dǐkàng xíngdòng

Ökotrophologe *m* -n，-n 营养学家 yíngyǎngxuéjiā；家庭经济学家 jiātíng jīngjìxuéjiā

Ökotrophologie *f* - 营养学 yíngyǎngxué；家庭经济学 jiātíng jīngjìxué

Oktober *m* -(s)，- 十月 shíyuè

Okzident *m* -s 西方国家(指欧洲) xīfāng guójiā，(旧义)西方 xīfāng

Öl *n* -(e)s，-e 油 yóu：～ ins Feuer gießen 火上加油；～ auf die Wogen gießen 平息风波，使平静下来

Ölbehälter *m* 油箱 yóuxiāng，储油器 chǔyóuqì

Oldtimer ['ouldtaimə] *m* -s，- (谑称)老

前辈 lǎoqiánbèi，元老 yuánlǎo，有经验的老手 yǒu jīngyàn de lǎoshǒu；（有收藏价值的）旧东西（如老式汽车等） jiù dōngxi

ölen *vt* 给…加油 gěi … jiāyóu，涂油 túyóu

Ölerkundung *f* -，-en 石油勘探 shíyóu kāntàn，石油勘察 shíyóu kānchá

Ölfeld *n* 油田 yóutián

Ölgemälde *n* 油画 yóuhuà

Ölgesellschaft *f* 石油公司 shíyóu gōngsī

Ölgötze *m* -n，-n 呆头呆脑的人 dāi tóu dāi nǎo de rén：wie ein ～ dastehen 呆头呆脑地站在那儿

Ölhafen *m* 油港 yóugǎng

Ölheizung *f* 燃油取暖设备 rányóu qǔnuǎn shèbèi

ölig *adj* 含油的 hányóude；涂满油的 túmǎnyóude，油腻腻的 yóunìnìde；油滑的 yóuhuáde

Oligopol *n* -s，-e 寡头卖主垄断市场 guǎtóu màizhǔ lǒngduàn shìchǎng

Oligopson *n* -s，-e 寡头买主垄断市场 guǎtóu mǎizhǔ lǒngduàn shìchǎng

Ölindustrie *f* 石油工业 shíyóu gōngyè

oliv *adj* （不变化）橄榄色的 gǎnlǎnsède，棕绿色的 zōnglǜsède

Olive *f* -，-n 橄榄 gǎnlǎn

Olivenbaum *m* 橄榄树 gǎnlǎnshù

Olivenöl *n* 橄榄油 gǎnlǎnyóu

olivgrün *adj* 橄榄绿（色）的 gǎnlǎnlǜde

Öllampe *f* 油灯 yóudēng，煤油灯 méiyóudēng

Ölleitung *f* 油管 yóuguǎn

Ölofen *m* 燃油炉 rányóulú

Ölpflanze *f* 油料植物 yóuliào zhíwù

Ölraffinerie *f* 炼油厂 liànyóuchǎng

Öltanker *m* 油轮 yóulún，油船 yóuchuán

Ölvorkommen *n* 油矿 yóukuàng，石油资源 shíyóu zīyuán

Olympiade *f* -，-n 奥林匹克运动会 àolínpǐkè yùndònghuì

Olympiadorf *n* 奥林匹克村 àolínpǐkècūn，奥运村 àoyùncūn

olympisch *adj* 奥林匹克的 àolínpǐkède，奥运会的 àoyùnhuìde；崇高的 chónggāode，威严的 wēiyánde

Oma *f* -，-s（儿童用语）祖母 zǔmǔ，奶奶 nǎinai；外婆 wàipó，姥姥 lǎolao

Oman 阿曼 Āmàn

Omaner *m* -s，- 阿曼人 āmànrén

Omelett *n* -(e)s，-e / -s 鸡蛋饼 jīdànbǐng，煎蛋卷 jiāndànjuǎn，有馅蛋饼 yǒuxiàn dànbǐng

Omnibus（简称：Bus） *m* -ses，-se 公共汽车 gōnggòng qìchē

on *adv* 在舞台上 zài wǔtáishang，在画面里 zài huàmiàn lǐ

Onanie *f* - 手淫 shǒuyín

Onkel *m* -s，- / -s 叔父 shūfù，伯父 bófù；姑丈 gūzhàng；舅父 jiùfù；姨丈 yízhàng

On-Sprecher ['ɔn . . .] *m* 台前解说员 tái qián jiěshuōyuán；画内解说员 huà nèi jiěshuōyuán

On-Stimme *f* 台前解说 tái qián jiěshuō；画面内解说 huàmiàn nèi jiěshuō

Opa *m* -s，-s（儿童用语）祖父 zǔfù，爷爷 yéye；外祖父 wàizǔfù

Open-air-Konzert ['o:p(ə)n'ɛːɐ̯] *n* 露天音乐会 lùtiān yīnyuèhuì，室外音乐会 shìwài yīnyuèhuì

Oper *f* -，-n 歌剧 gējù；歌剧院 gējùyuàn

Operateur [. . . 'tøːɐ̯] *m* -s，-e 做手术的 zuò shǒushù de，医生 yīshēng

Operation *f* -，-en（外科）手术 shǒushù；军事行动 jūnshì xíngdòng，作战 zuòzhàn；运算程序 yùnsuàn chéngxù

Operationssaal *m*（外科）手术室 shǒushùshì

operativ *adj* 手术的 shǒushùde；战略上的 zhànlüèshangde；有计划的 yǒu jìhuà de，胸有成竹的 xiōng yǒu chéng zhú de；操作上的 cāozuòshangde

Operette *f* -，-n 轻歌剧 qīnggējù；小歌剧院 xiǎo gējùyuàn

operieren I *vt* 为…动手术 wèi … dòngshǒushù：jn am Magen ～ 给某人做胃部手术 II *vi* 作战 zuòzhàn，进行军事行动 jìnxíng jūnshì xíngdòng

Opfer *n* -s，- 牺牲 xīshēng；蒙难者 méngnànzhě；牺牲品 xīshēngpǐn，受害者 shòuhàizhě；祭品 jìpǐn

opfern I *vt* 牺牲 xīshēng，献出 xiànchū，奉献 fèngxiàn II *rfl* 牺牲 xīshēng，献身 xiànshēn：sich für etw ～ 为…献身

Opium *n* -s 鸦片 yāpiàn

Opiumkrieg *m* 鸦片战争（1840-1842） Yāpiàn zhànzhēng

Opiumraucher *m* 抽鸦片的人 chōu yāpiàn de rén，鸦片烟鬼 yāpiàn yānguǐ

opponieren *vt* 反对 fǎnduì，反驳 fǎnbó

Opportunismus *m* - 机会主义 jīhuì zhǔyì；投机 tóujī

Opportunist *m* -en, -en 机会主义者 jīhuì zhǔyì zhě;投机者 tóujīzhě
opportunistisch *adj* 机会主义的 jīhuì zhǔyì de,机会主义者的 jīhuì zhǔyì zhě de;投机的 tóujīde
Opposition *f* -, -en 反对 fǎnduì,对立 duìlì;反对派 fǎnduìpài,反对党 fǎnduìdǎng
Optik *f* -, -en 光学 guāngxué;外表 wàibiǎo,外观 wàiguān;(光学仪器的)镜头 jìngtóu,透镜 tòujìng
optimal *adj* 最好的 zuìhǎode,最佳的 zuìjiāde,最高的 zuìgāode
Optimismus *m* - 乐观主义 lèguān zhǔyì
Optimist *m* -en, -en 乐观主义者 lèguān zhǔyì zhě,乐观者 lèguānzhě
optimistisch *adj* 乐观的 lèguānde,乐观主义的 lèguān zhǔyì de
optisch *adj* 光学的 guāngxuéde;视觉(上)的 shìjuéde;表面上的 biǎomiànshangde,外表的 wàibiǎode
Optoelektronik *f* - 光电子学 guāngdiànzǐxué
Orange [o'rã:ʒə] *f* -, -n 橙 chéng
orange [o'rã:ʒə] *adj* 橙色的 chéngsède,橘黄色的 júhuángsède
Orangeade [orã'ʒa:də] *f* -, -n 橙汁 chéngzhī,橘子水 júzishuǐ
Orbitalbombe *f* 洲际导弹(弹头) zhōujì dǎodàn,轨道弹头 guǐdào dàntóu
Orbitalflug *m* 轨道飞行 guǐdào fēixíng,宇宙航行 yǔzhòu hángxíng
Orbitallaboratorium *n* 轨道实验室 guǐdào shíyànshì
Orchester *n* -s, - 乐队 yuèduì,乐团 yuètuán;管弦乐队 guǎnxián yuèduì
Orchidee [ɔrçi'de:ə] *f* -, -n 兰花 lánhuā
Orden *m* -s, - 勋章 xūnzhāng;宗教团体 zōngjiào tuántǐ;教团 jiàotuán,修士会 xiūshìhuì
ordentlich *adj* 整齐的 zhěngqíde,有条理的 yǒu tiáolǐ de,井井有条的 jǐngjǐng yǒutiáo de;正式的 zhèngshìde,正规的 zhèngguīde;规矩的 guījude,正派的 zhèngpàide;像样的 xiàngyàngde
Order *f* -, -n / -s 军令 jūnlìng,命令 mìnglìng;订单 dìngdān,订货单 dìnghuòdān
Ordergeber *m* 订货人 dìnghuòrén
ordern *vt/ vi* 订货 dìnghuò,订购 dìnggòu
Ordinalzahl *f* 序数(词) xùshù
ordinär *adj* 普通的 pǔtōngde,平常的 píngchángde 鄙俗的 bǐsúde
ordnen *vt* 整理 zhěnglǐ,清理 qīnglǐ,收拾 shōushi;排列…的顺序 páiliè … de shùnxù;安排 ānpái,处理 chǔlǐ
Ordnung *f* -, -en 秩序 zhìxù,整齐 zhěngqí: mein Magen ist nicht in ～ 我的胃出毛病了;etw in ～ bringen 把某物整理好,使某物恢复正常;etw in ～ halten 使某物保持整齐;规则 guīzé,条例 tiáolì: die öffentliche ～ 公共治安;程度 chéngdù,级 jí,级次 jí cì: eine Landstraße dritter ～ 三级公路;ein Problem erster ～ 首要问题;制度 zhìdù: gegen die ～ verstoßen 违反制度
ordnungsgemäß *adj* 按照规章制度的 ànzhào guīzhāng zhìdù de;整齐的 zhěngqíde,整洁的 zhěngjiéde
Ordnungsstrafe *f* 违章罚款 wéizhāng fákuǎn,纪律处分 jìlǜ chǔfèn
Ordnungswidrigkeit *f* 违章行为 wéizhāng xíngwéi,违反规章 wéifǎn guīzhāng
Ordnungszahl *f* 序数 xùshù
Organ *n* -s, -e 器官 qìguān,感觉器官 gǎnjué qìguān: kein ～ für etw haben 对某事不理解;机关 jīguān,机构 jīgòu;(人的)声音 shēngyīn;机关报 jīguānbào
Organauspflanzung *f* 取出人体活组织(用于移植) qǔchū réntǐ huó zǔzhī
Organbank *f* 器官库 qìguānkù
Organeinpflanzung *f* 植入人体活组织 zhírù réntǐ huózǔzhī
Organgesellschaft *f* 附属公司 fùshǔ gōngsī,联营公司 liányíng gōngsī
Organisation *f* -, -en 组织 zǔzhī;机构 jīgòu,团体 tuántǐ
Organisationswissenschaft *f* 组织学 zǔzhīxué
Organisator *m* -s, -en 组织者 zǔzhīzhě,筹办者 chóubànzhě,举办人 jǔbànrén,建立者 jiànlìzhě
organisatorisch *adj* 组织的 zǔzhīde,组织方面的 zǔzhī fāngmiàn de
organisch *adj* 器官的 qìguānde,有机的 yǒujīde: die ～e Chemie 有机化学;有机体的 yǒujītǐde,有机物的 yǒujīwùde
organisieren *vt* 组织 zǔzhī,布置 bùzhì,安排 ānpái;弄到 nòngdào,搞到 gǎodào

Organismus *m* -, ...men 有机体 yǒujītǐ,有机物 yǒujīwù;生物体 shēngwùtǐ;组织 zǔzhī,机构 jīgòu

Organist *m* -en, -en 管风琴师 guǎnfēngqínshī

Organspender *m* 献出自己身体某组织的人 xiànchū zìjǐ shēntǐ mǒu zǔzhī de rén

Organtransplantation *f* (人体组织)移植 yízhí

Organverpflanzung *f* (人体组织)移植 yízhí

Orgasmus *m* -, ...men 性高潮 xìng gāocháo

Orgel *f* -, -n 管风琴 guǎnfēngqín

Orient *m* -s (旧称)东方 dōngfāng,近东(指地中海以东国家) jìndōng

Orientale *m* -n, -n 东方人 dōngfāngrén,近东人 jìndōngrén

orientieren I *vt* 通知 tōngzhī,使了解 shǐ liǎojiě II *rfl* 判定方向 pàndìng fāngxiàng,确定方向 quèdìng fāngxiàng: sich nach (或 an) der Karte ～ 根据地图确定位置;弄明白 nòng míngbai,打听 dǎting,弄清情况 nòngqīng qíngkuàng: sich über etw ～ 弄清某事的情况

Orientierung *f* - 方向 fāngxiàng,方位 fāngwèi;定向 dìngxiàng,定位 dìngwèi;判定方向 pàndìng fāngxiàng,确定方向 quèdìng fāngxiàng;了解情况 liǎojiě qíngkuàng

original *adj* 原来的 yuánláide,真正的 zhēnzhèngde;原文的 yuánwénde,原本的 yuánběnde;独特的 dútède;直接的 zhíjiēde: die Debatte wurde ～ gesendet 这次讨论的实况当时直播了

Original *n* -s, -e 原件 yuánjiàn,原物 yuánwù;原型 yuánxíng,真人物 zhēnrénwù: die ～e des Romans leben noch 这部长篇小说的真实人物尚健在;原文 yuánwén,原作品 yuánzuòpǐn,原稿 yuángǎo;性格古怪的人 xìnggé gǔguài de rén,怪人 guàirén

Originaltext *m* 原文 yuánwén

originell *adj* 独特的 dútède,有独创性的 yǒu dúchuàngxìng de,有独到见解的 yǒu dúdào jiànjiě de,新奇的 xīnqíde

Orkan *m* -(e)s, -e 飓风 jùfēng,风暴 fēngbào

Ornament *n* -(e)s, -e 装饰 zhuāngshì,装饰图案 zhuāngshì tú'àn

Ort *m* -(e)s, -e 地方 dìfāng,地点 diǎn,场所 chǎngsuǒ: an ～ und Stelle 当场,就地;居民点 jūmíndiǎn,村 cūn,镇 zhèn

Orthographie *f* -, -n 正字法 zhèngzìfǎ,缀字法 zhuìzìfǎ

orthographisch *adj* 正字法的 zhèngzìfǎde,缀字法的 zhuìzìfǎde

Orthopäde *m* -n, -n 整形外科医生 zhěngxíng wàikē yīshēng

Orthopädie *f* -, -n 整形外科学 zhěngxíng wàikēxué

orthopädisch *adj* 整形外科的 zhěngxíng wàikē de

Orthoptik *f* 矫正斜眼 jiǎozhèng xiéyǎn,矫正视轴 jiǎozhèng shì zhóu

örtlich *adj* 地方的 dìfāngde,区域性的 qūyùxìngde,地区的 dìqūde;局部的 júbùde: ～e Betäubung 局部麻醉

örtliches Organ 地方政权(机关) dìfāng zhèngquán

Ortschaft *f* -, -en 地方 dìfāng,居民点 jūmíndiǎn,镇 zhèn,村庄 cūnzhuāng

Ortsgespräch *n* (电话)区内通话 qū nèi tōnghuà

ortskundig *adj* 熟悉当地情况的 shúxī dāngdì qíngkuàng de

Ortsname *m* 地名 dìmíng,城名 chéngmíng

Ost *m* -(e)s, -e 东 dōng,东方 dōngfāng;东风 dōngfēng

Osten *m* -s 东方 dōngfāng,东部 dōngbù;东欧国家 Dōng Ōu guójiā;亚洲国家 Yàzhōu guójiā;东方人 dōngfāngrén

Osterei *n* 复活节彩蛋 fùhuójié cǎidàn

Osterhase *m* (按儿童想像)带彩蛋的兔子(通常用巧克力或糖做成) dài cǎidàn de tùzi

Ostern *n* -,- 复活节 fùhuójié

Österreich 奥地利 Àodìlì

Österreicher *m* -s, - 奥地利人 àodìlì rén

österreichisch *adj* 奥地利的 àodìlìde;奥地利人的 àodìlìrénde

Osteuropa 东欧 Dōng Ōu

Ostkirche *f* 东正教教会 dōngzhèngjiào jiàohuì

östlich *adj* 东方的 dōngfāngde,东面的 dōngmiànde,东部的 dōngbùde

Ostpolitik *f* 东方政策 dōngfāng zhèngcè

Ostsee *f* - 波罗的海 Bōluódìhǎi

ostwärts *adv* 朝东 cháodōng,向东

xiàngdōng

Ost-West-Beziehungen *pl* 东西方关系 dōngxīfāng guānxì

Ost-West-Gespräch *n* 东西方会谈 dōngxīfāng huìtán

Ost-West-Verhandlungen *pl* 东西方谈判 dōngxīfāng tánpàn

Ostwind *m* 东风 dōngfēng

Ȯtter *m* -s, - 水獭 shuǐtǎ

Ȯut [aut] *n* -(s), -(s) 出界球 chūjièqiú, 球出界 qiú chūjiè

Outsider ['autsaidə] *m* -s, - 局外人 júwàirén; 门外汉 ménwàihàn

Ouvertüre [uver'ty:rə] *f* -, -n 序曲 xùqǔ, 前奏曲 qiánzòuqǔ

oval [o'va:l] *adj* 椭圆形的 tuǒyuánxíngde, 蛋形的 dànxíngde

Ovation *f* -, -en 欢呼 huānhū, 热烈鼓掌 rèliè gǔzhǎng, 热烈欢迎 rèliè huānyíng: jm ～en bringen 向某人喝彩, 向某人表示热烈欢迎

Overdose ['o:və...] *f* -, -s 吸毒过量 xīdú guòliàng

overdressed ['o:vədrest] *adj* 衣着过分讲究的 yīzhuó guòfèn jiǎngjiu de

Overflow ['ɔ:vəflou] *m* -s (电子计算机)超负荷 chāo fùhè, 超容量 chāo róngliàng, 超储备 chāo chǔbèi

Overstatement [o:və'steitmənt] *n* -s, -s 夸张 kuāzhāng, 夸大 kuādà

Oxydation *f* -, -en 氧化(作用) yǎnghuà

oxydieren *vi/vt* 氧化 yǎnghuà; 使…氧化 shǐ… yǎnghuà

Ozean *m* -s, -e 海洋 hǎiyáng: der Stille ～ 太平洋; der Atlantische ～ 大西洋; über den ～ fahren 远涉重洋

Ozeandampfer *m* 远洋轮船 yuǎnyáng lúnchuán, 海洋轮船 hǎiyáng lúnchuán

Ozeanographie *f* - 海洋学 hǎiyángxué

Ozon *n/m* -s 臭氧 chòuyǎng

Ozonosphäre, Ozonschicht *f* 臭氧层 chòuyǎngcéng

O

P

paar *pron* (不定代词;词形不变)(与 ein 连用)几个 jǐgè,少数 shǎoshù,一些 yīxiē: ein ~ Monate 几个月; mit ein ~ Worten 用几句话,用三言两语; in ein ~ Tagen kommt er zurück 他几天以后就回来

Paar *n* -(e)s, -e 一对 yīduì,一双 yīshuāng,一副 yīfù: ein ~ neue Handschuhe [Strümpfe] 一副新手套[一双新袜子]

paaren I *vt* 使结合 shǐ jiéhé;使交配 shǐ jiāopèi II *rfl* 交配 jiāopèi,交媾 jiāogòu

paarmal *adv* 几次 jǐcì

paarig *adj* 成双的 chéngshuāngde,成对的 chéngduìde

paarweise *adv* 成双地 chéngshuāngde,成对地 chéngduìde

Pacemaker ['peismeikə] *m* -s, - 心脏起搏器 xīnzàng qǐbóqì

Pacht *f* -, -en 租契 zūqì,租约 zūyuē,租赁 zūlìn;租金 zūjīn,佃租 diànzū: die ~ erhöhen [senken] 提高[降低]租金; etw in ~ geben 租出某物; etw in ~ nehmen 租入某物

pachten *vt* 租 zū,租用 zūyòng,租赁 zūlìn

Pächter *m* -s, - 租用人 zūyòngrén,承租人 chéngzūrén;佃户 diànhù,佃农 diànnóng

Pack I *m* -(e)s, -e / ⸚e 包 bāo,捆 kǔn: ein ~ Zeitungen 一捆报纸; mit Sack und ~ 携带全部家当 II *n* -(e)s 流氓 liúmáng,歹徒 dǎitú,无赖 wúlài

Päckchen *n* -s, - 小包 xiǎobāo,小包裹 xiǎo bāoguǒ,小邮包 xiǎo yóubāo

packen *vt* 包 bāo,装入 zhuāngrù: Kleider in den Koffer ~ 把衣服装入箱子;抓住 zhuāzhù: js Hand ~ 一把抓住某人的手; das Theaterstück hat mich gepackt 这出戏感动了我

packend *adj* 动人的 dòngrénde,激动人心的 jīdòng rénxīn de,吸引人的 xīyǐn rén de: ein ~er Vortrag 一个激动人心的报告

Packer *m* -s, - 包装工人 bāozhuāng gōngrén

Packung *f* -, -en 小包 xiǎobāo,小盒 xiǎohé: eine ~ Zigaretten 一包香烟;湿敷 shīfū: kalte [warme] ~ 冷[热]敷法

Pädagoge *m* -n, -n 教育家 jiàoyùjiā,教师 jiàoshī

Pädagogik *f* - 教育学 jiàoyùxué

pädagogisch *adj* 教育的 jiàoyùde,教育学的 jiàoyùxuéde

Paddel *n* -s, - 桨 jiǎng

Paddelboot *n* 划子 huázi,(划桨的)小船 xiǎochuán

paddeln *vi* (*h/s*) 划桨 huájiǎng,划船 huáchuán;狗爬式游泳 gǒupáshì yóuyǒng

Paddelsport *m* 划船运动 huáchuán yùndòng

Pädologe *m* -n, -n 青少年(教育)学家 qīngshàoniánxuéjiā

Pädologie *f* 青少年(健康成长的科)学 qīngshàoniánxué

Pagode *f* -, -n 塔 tǎ,宝塔 bǎotǎ

Paket *n* -(e)s, -e 邮包 yóubāo,包裹 bāoguǒ

Paketkarte *f* 包裹单 bāoguǒdān

Pakistan 巴基斯坦 Bājīsītǎn

Pakistaner *m* -s, - 巴基斯坦人 bājīsītǎnrén

pakistanisch *adj* 巴基斯坦的 bājīsītǎnde;巴基斯坦人的 bājīsītǎnrénde

Pakt *m* -(e)s, -e 条约 tiáoyuē,公约 gōngyuē;协定 xiédìng: mit jm einen ~ eingehen 与某人签订一协定

paktieren *vi* 订立协定 dìnglì xiédìng,同流合污 tóng liú hé wū

Paläontologie *f* - 古生物学 gǔshēngwùxué

Palast *m* -es, ⸚e 宫殿 gōngdiàn

Palästina 巴勒斯坦 Bālèsītǎn

Palästinenser *m* -s, - 巴勒斯坦人 bālèsītǎnrén

palästinensisch *adj* 巴勒斯坦的 bālèsītǎnde
Palme *f* -, -n 棕榈树 zōnglǘshù；棕榈叶（胜利的象征）zōnglǘyè：die ～ erhalten（或 erringen）获得胜利；um die ～ kämpfen 争取胜利；jn auf die ～ bringen（或 treiben）使某人激怒；auf der ～ sein 非常愤怒，非常生气
Palpitation *f* - 心悸 xīnjì，心跳 xīntiào
Panama 巴拿马 Bānámǎ
Panamaer *m* 巴拿马人 bānámǎrén
Panda *m* -s, -s 熊猫 xióngmāo
Panik *f* -, -en 恐慌 kǒnghuāng，惊慌 jīnghuāng，慌乱 huāngluàn：in ～ geraten 陷入惊慌失措之中
panisch *adj* 惊慌的 jīnghuāngde，恐慌的 kǒnghuāngde，慌乱的 huāngluànde
Panne *f* -, -n（汽车、机械等的）损坏 sǔnhuài，故障 gùzhàng：der Wagen hatte unterwegs eine ～ 汽车在半路上发生了故障；差错 chācuò：So eine ～！真倒霉！
Panorama *n* -s, ...men 全景 quánjǐng，概观 gàiguān；回转画 huízhuǎnhuà，活动画景 huódòng huàjǐng
Panoramafilm *m* 宽银幕影片 kuānyínmù yǐngpiàn
Panoramakamera *f* 全景摄影机 quánjǐng shèyǐngjī
Panoramaspiegel *m* 后视镜 hòushìjìng
panoramieren *vi* 拍摄全景 pāishè quánjǐng
Panther *m* -s, - 豹 bào
Pantoffel *m* -s, -n /（口语）- 拖鞋 tuōxié：unter dem ～ stehen 怕老婆，惧内
Pantoffelheld *m* 怕老婆者 pàlǎopozhě
Pantoffelkino *n*（俗称）电视机 diànshìjī
Pantolette *f* -, -n（夏季）轻便高跟拖鞋 qīngbiàn gāogēn tuōxié
Pantomime I *f* -, -n 哑剧 yǎjù II *m* -n, -n 哑剧演员 yǎjù yǎnyuán
Panzer *m* -s, - 盔甲 kuījiǎ；坦克 tǎnkè 装甲车 zhuāngjiǎchē；甲壳 jiǎqiào
Panzerabwehrwaffe *f* 防坦克武器 fáng tǎnkè wǔqì
Panzerglas *n* 防弹玻璃 fángdàn bōlí
Papa *m* -, s 爸爸 bàba
Papagei *m* -en / -s, -en / -e 鹦鹉 yīngwǔ
Papier *n* -s, -e 纸 zhǐ，纸张 zhǐzhāng；证券 zhèngquàn；文件 wénjiàn，文本 wénběn；证件 zhèngjiàn；票据 piàojù
Papierdeutsch *n* 文牍德语 wéndú déyǔ
Papiergeld *n* 纸币 zhǐbì
Papierkorb *m* 字纸篓 zìzhǐlǒu
Papierkrieg *m* 公文来往 gōngwén láiwǎng；笔墨官司 bǐmò guānsi
Papierlaterne *f* 纸灯笼 zhǐdēnglong
Papierserviette *f* 纸餐巾 zhǐcānjīn，餐巾纸 cānjīnzhǐ
Papiertaschentuch *n* 纸巾 zhǐjīn，面巾纸 miànjīnzhǐ
Papiertiger *m* 纸老虎 zhǐlǎohǔ
Pappe *f* -, -n 硬纸板 yìngzhǐbǎn：nicht von ～ sein 不是纸板做的，不可低估
Pappel *f* -, -n 白杨 báiyáng，杨树 yángshù
Pappenheimer *m* -s, -（用于短语）seine ～ kennen 深知对方的优缺点，知道在跟谁打交道
Paprika *m* -s, -(s) 辣椒 làjiāo
Papst *m* (e)s, ¨-e 罗马教皇 luómǎ jiàohuáng
päpstlich *adj* 罗马教皇的 luómǎ jiàohuáng de
Papua-Neuguinea 巴布亚新几内亚 Bābùyà Xīnjǐnèiyà
Papua *m* -(s), -(s) 巴布亚人 bābùyàrén
Parabel *f* -, -n 抛物线 pāowùxiàn；寓言 yùyán，譬喻 pìyù
parabolisch *adj* 譬喻的 pìyùde；寓言的 yùyánde；抛物线的 pāowùxiànde
Parade *f* -, -n 检阅 jiǎnyuè，阅兵 yuèbīng；游行 yóuxíng；（足球守门员）全身扑出救球 quánshēn pūchū jiù qiú
Paradies *n* -es, -e 天堂 tiāntáng，伊甸园 yīdiànyuán，乐园 lèyuán；天国 tiānguó
paradox *adj* 背理的 bèilǐde，荒谬的 huāngmiùde；离奇的 líqíde，反常的 fǎnchángde
Paragraph *m* -en, -en 章 zhāng，节 jié，段落 duànluò；条款 tiáokuǎn
Paraguay [...guai] 巴拉圭 Bālāguī
Paraguayer *m* -s, - 巴拉圭人 bālāguīrén
parallel *adj* 平行的 píngxíngde
Parallele *f* -, -n 平行线 píngxíngxiàn；比较 bǐjiào，对比 duìbǐ；类似的事 lèisìde shì，可相比拟的事（或情况）kě xiāngbǐnǐ de shì

P

paramilitärisch *adj* 半军事的 bànjūnshìde，准军事性质的 zhǔnjūnshì xìngzhì de

Parasit *m* -en，-en 寄生物 jìshēngwù；寄生虫 jìshēngchóng；食客 shíkè，寄食者 jìshízhě

parat *adj* 已准备好的 yǐ zhǔnbèihǎo de；在手边的 zài shǒubiān de

pardon! [... 'dõ:] 对不起 duì bu qǐ！劳驾 láojià！

Pardon [... 'dõ:] *m* -s 原谅 yuánliàng，宽恕 kuānshù

Parese *f* -，-n 半瘫 bàntān，轻瘫 qīngtān

Parfüm *n* -s，-e / -s 香水 xiāngshuǐ；香料 xiāngliào

Park *m* -s，-s 公园 gōngyuán；停车场 tíngchēchǎng；(单位拥有的)车辆总数 chēliàng zǒngshù

Parka *m* -s，-s 风雪大衣 fēngxuě dàyī，派克大衣 pàikè dàyī

parken *vi/vt* 停放 tíngfàng，停靠 tíngkào：～ verboten！禁止停车

Parker *m* -s，- 存放汽车的人 cúnfàng qìchē de rén

Parkett *n* -(e)s，-e 复合地板 fùhé dìbǎn，镶木地板 xiāngmù dìbǎn；(剧院的)正厅前排座位 zhèngtīng qiánpái zuòwèi

Parkometer *n/m* -s，- 停车时间自动计时器 tíngchē shíjiān zìdòng jìshíqì

Parkplatz *m* 停车场 tíngchēchǎng

Parkstudent *m* 临时大学生 línshí dàxuéshēng

Parkstudium *n* 临时学习 línshí xuéxí

Parkuhr *f* = Parkometer

Parkverbot *n* -(e)s 禁止停(放)车(辆) jìnzhǐ tíngchē

Parlament *n* -(e)s，-e 议会 yìhuì，国会 guóhuì；议会大厦 yìhuì dàshà

Parlamentarier *m* -s，- 议会议员 yìhuì yìyuán，国会议员 guóhuì yìyuán

parlamentarisch *adj* 议会的 yìhuìde，国会的 guóhuìde

Parole *f* -，-n 口令 kǒulìng；口号 kǒuhào，标语 biāoyǔ：～n im Sprechchor *rufen* 齐声高呼口号；谣言 yáoyán

Partei *f* -，-en 党 dǎng，政党 zhèngdǎng，党派 dǎngpài；当事人 dāngshìrén，(诉讼的)一方 yīfāng：für jn ～ ergreifen (或 nehmen) 支持某人；in etw (*D*) ～ sein 偏袒一方，有偏见

Parteichef *m* 党领导人 dǎng lǐngdǎorén，党首脑 dǎng shǒunǎo

Parteienpluralismus *m* 多党制 duōdǎngzhì

Parteienprivileg *n* -(e)s，-ien [... iən] 政党特权 zhèngdǎng tèquán

parteifeindlich *adj* 反党的 fǎndǎngde，敌视党的 díshì dǎng de

Parteihochschule *f* 高级党校 gāojí dǎngxiào

parteiintern *adj* 党内的 dǎngnèide

parteiisch *adj* 不公正的 bù gōngzhèngde，偏袒的 piāntǎnde，有成见的 yǒu chéngjiàn de

Parteikader *m* 党员干部 dǎngyuán gànbù

Parteikonferenz *f* 党代表会议 dǎng dàibiǎo huìyì

Parteileitung *f* 党的领导 dǎngde lǐngdǎo

parteilich *adj* 党的 dǎngde；党派的 dǎngpàide

Parteilinie *f* 党的路线 dǎngde lùxiàn

parteilos *adj* 无党派的 wúdǎngpàide

Parteimitglied *n* 党员 dǎngyuán

Parteiorgan *n* 党的机构 dǎngde jīgòu，党的组织 dǎngde zǔzhī；党的刊物 dǎngde kānwù

Parteitag *m* 党代表大会 dǎng dàibiǎo dàhuì

Parterre [par'tɛr] *n* -s，-s 底层 dǐcéng，一楼 yīlóu

Partie *f* -，-n [... i:ən] 局部 júbù，部分 bùfen；郊游 jiāoyóu；(剧中的)角色 juésè；(比赛中的)一局 yījú，一盘 yīpán，一场 yīchǎng，一次 yīcì；一批 yīpī，一宗 yīzōng；(婚姻的)对象 duìxiàng

Partisan *m* -s / -en，-en 游击队员 yóujīduìyuán

Partizip *n* -s，-ien [... iən] 分词 fēncí

Partner *m* -s，- 伙伴 huǒbàn；合作者 hézuòzhě，合伙人 héhuǒrén，合股人 hégǔrén；配偶 pèi'ǒu，伴侣 bànlǚ；搭档 dādàng；(比赛中的)对手 duìshǒu

Partnerbetrieb *m* 联营企业 liányíng qǐyè；有合作关系的企业 yǒu hézuò guānxì de qǐyè，兄弟厂 xiōngdìchǎng

Partnerschaft *f* - 合作关系 hézuò guānxì，伙伴关系 huǒbàn guānxì；伴侣关系 bànlǚ guānxì

Partnerstaat *m* 伙伴国 huǒbànguó，合作国 hézuòguó

Partnerstadt *f* 伙伴城市 huǒbàn

chéngshì,合作城市 hézuò chéngshì,姊妹城市 zǐmèi chéngshì

Party ['pa:ɐti] *f* -s, -s / ...ties (社会性或娱乐性的)聚会 jùhuì,酒会 jiǔhuì

Pascher *m* -s, - 走私者 zǒusīzhě,走私犯 zǒusīfàn

Pascherei *f* -, -en 走私 zǒusī,偷运 tōuyùn,私贩 sīfàn

Pass *m* -es, -e 护照 hùzhào,通行证 tōngxíngzhèng;山中通路 shān zhōng tōnglù,关口 guānkǒu;(足球中的)传球 chuánqiú

Passage [...ʒə] *f* -, -n 通道 tōngdào 通路 tōnglù,过道 guòdào;海峡 hǎixiá 横渡 héngdù;飞越 fēiyuè;章节 zhāngjié,片段 piànduàn

Passagier [...'ʒi:ɐ] *m* -s, -e 乘客 chéngkè,旅客 lǚkè

Passagierdampfer *m* 客轮 kèlún,邮轮 yóulún

Passant *m* -en, -en 行人 xíngrén,过路人 guòlùrén;过境旅客 guòjìng lǚkè

Passbild *n* 护照照片 hùzhào zhàopiàn

passen *vi* 合身 héshēn,合适 héshì,相称 xiāngchèn,相配 xiāngpèi: dieses Kleid passt ihr gut 这衣服很合她的身; er passt nicht zum Lehrer 他不宜当教师;合…的心意 hé … de xīnyì: der neue Mann passt dem Chef nicht 新来的人不合上司的意;(纸牌游戏中的)不叫牌 bù jiào pái;(足球运动中的)传球 chuánqiú

passend *PI* 适合的 shìhéde,适当的 shìdàngde,恰当的 qiàdàngde: ein ～es Wort finden 找到一个恰当的词

passierbar *adj* 可以通行的 kěyǐ tōngxíng de

passieren I *vi*(*s*) 发生 fāshēng,出事 chūshì: Was ist hier passiert? 这里出什么事了? *so etwas ist mir noch nicht passiert* 这样的事我还没有碰到过 II *vt* 通过 tōngguò,经过 jīngguò,越过 yuèguò: eine Brücke ～ 经过一座桥; die Grenze ～ 越过边境

Passierschein *m* 通行证 tōngxíngzhèng

Passion *f* -, -en 热情 rèqíng,激情 jīqíng;嗜好 shìhào,偏爱 piān'ài

passiv *adj* 被动的 bèidòngde,消极的 xiāojíde;被动态的 bèidòngtàide

Passiv *m* -s, -e 被动态 bèidòngtài

Passkontrolle *f* 护照检查 hùzhào jiǎnchá

Pastor *m* -s ...oren / ...ore / ...öre (基督教)牧师 mùshi,传教士 chuánjiàoshì

Pate *m* -n, -n 教父 jiàofù;(旧称)教子 jiàozǐ

Patenschaft *f* -, -en 监护 jiānhù;(原民德)挂钩关系 guàgōu guānxì,扶助关系 fúzhù guānxì

Patenschaftsvertrag *m* (原民德)挂钩合同 guàgōu hétong

patent *adj* 能干的 nénggànde,出色的 chūsède,了不起的 liǎobuqǐde;可靠实用的 kěkào shíyòng de

Patent *n* -(e)s, -e 专利 zhuānlì,专利权 zhuānlìquán;委任状 wěirènzhuàng

Patentamt *n* 专利局 zhuānlìjú

Pater *m* -s, - (天主教)长老 zhǎnglǎo,教士 jiàoshì

Pathos *n* - 激情 jīqíng,慷慨 kāngkǎi,激昂 jī'áng: etw mit ～ sagen 慷慨激昂地说某事

Patient [pa'tsiɛnt] *m* -en, -en 病人 bìngrén

Patin *f* -, -nen 教母 jiàomǔ

Patriot *m* -en, -en 爱国者 àiguózhě,爱国主义者 àiguó zhǔyì zhě

patriotisch *adj* 爱国的 àiguóde,爱国主义的 àiguó zhǔyì de

Patriotismus *m* - 爱国主义 àiguó zhǔyì

Patrone *f* -, -n 子弹 zǐdàn,弹药 dànyào;软片暗盒 ruǎnpiàn ànhé;(自来水笔的)墨水管 mòshuǐ guǎn

Patrouille [pa'trʊljə] *f* -, -n 哨兵 shàobīng,巡逻队 xúnluó duì;巡逻 xúnluó,巡哨 xúnshào

patrouillieren [patrʊ'l(j)i:rən] *vi*(*s/h*) 巡逻 xúnluó,巡查 xúnchá

Patsche *f* -, -n 小手(主要指儿童) xiǎo shǒu;打(灭)火(的)棍(棒) dǎ huǒ gùn;烂泥潭 lànnítán;困境 kùnjìng,窘况 jiǒngkuàng: in der ～ sitzen (或 sein, stecken) 处于困境

Pattern ['petən] *n* -s, -s (思想、行为的)模式 móshì,类型 lèixíng;句型 jùxíng

Patternpraxis *f* 句型教学法 jùxíng jiàoxuéfǎ

Pauke *f* -, -n 定音鼓 dìngyīngǔ: mit ～n und Trompeten 完全地,彻底地

pauken I *vi* /*vt* 紧张地学习 jǐnzhāngde xuéxí,努力学习 nǔlì xuéxí II *vi* 敲鼓 qiāogǔ;(旧大学生用语)击剑 jījiàn,(用

剑)决斗 juédòu
Pauker *m* -s, - 教书匠 jiāoshūjiàng;刻苦学习的学生 kèkǔ xuéxí de xuésheng
pauschal *adj* 总算的 zǒngsuànde,总共的 zǒnggòngde,总计的 zǒngjìde;概括的 gàikuòde,笼统的 lǒngtǒngde
pauschalisieren *vt* 一般化 yībānhuà,笼统化 lǒngtǒnghuà,一概而论 yīgài ér lùn
Pauschalreise *f* (食宿和路费统包在内的)全包旅行 quán bāo lǚxíng
Pause *f* -, -n 停顿 tíngdùn,暂停 zàntíng,休息 xiūxi: eine ～ machen 休息一下; ohne ～ arbeiten 不停地工作;(乐谱的)休止符 xiūzhǐfú
pausenlos *adj* 持续的 chíxùde,不休息的 bù xiūxide,不停顿的 bù tíngdùnde
Pauspapier *n* 描图纸 miáotú zhǐ
Pavillon ['pavɪljõ] *m* -s, -s 亭子 tíngzi,楼阁 lóugé;小卖亭 xiǎomàitíng,售货亭 shòuhuòtíng;书报亭 shūbàotíng;陈列馆 chénlièguǎn,展览馆 zhǎnlǎnguǎn
Pazifik *m* -s 太平洋 tàipíngyáng
pazifisch *adj* 太平洋的 tàipíngyángde: der Pazifische Ozean 太平洋
Pazifismus *m* - 和平主义 hépíng zhǔyì
Pazifist *m* -en, -en 和平主义者 hépíng zhǔyì zhě
pazifistisch *adj* 和平主义的 hépíng zhǔyì de
Pech *n* -s, -e 倒霉 dǎoméi,背运 bèiyùn,不幸 bùxìng: ～ haben 倒霉;沥青 lìqīng,柏油 bǎiyóu
Pechvogel *m* 倒霉鬼 dǎoméiguǐ,运气不好的人 yùnqì bù hǎo de rén
pechschwarz *adj* 乌黑的 wūhēide,漆黑的 qīhēide
Pedanterie *f* -, -n 拘泥 jūnì,死板 sǐbǎn;书生气 shūshēngqì,学究气 xuéjiūqì
pedantisch *adj* 死板的 sǐbǎnde,迂腐的 yūfǔde,咬文嚼字的 yǎo wén jiáo zì de;谨小慎微的 jǐn xiǎo shèn wēi de
Peddigrohr *n* 藤条 téngtiáo
Pediküre *f* -, -n 修脚 xiūjiǎo;女修脚员 nǚxiūjiǎoyuán
pediküren *vt* 修脚 xiūjiǎo
Pedologie *f* - 土壤学 tǔrǎngxué
Pedometer *n* 计步器 jìbùqì,步程器 bùchéngqì
Peep-Show ['pi:pʃou] *f* -, -s (投币后透过小孔观看裸体女人的)色情表演 sèqíng biǎoyǎn
Pegel *m* -s, - 水标尺 shuǐbiāochǐ,水(位)尺 shuǐchǐ;水位 shuǐwèi
Pein *f* - 痛苦 tòngkǔ;苦恼 kǔnǎo,苦难 kǔnàn
peinigen *vt* 虐待 nüèdài,折磨 zhémó,使痛苦 shǐ tòngkǔ
peinlich *adj* 痛苦的 tòngkǔde,难堪的 nánkānde;过于仔细的 guòyú zǐxì de,过分的 guòfènde;刑事的 xíngshìde
Peitsche *f* -, -n 鞭子 biānzi: mit Zuckerbrot und ～ 软硬兼施
peitschen *vt* 鞭笞 biāochī,鞭打 biāndǎ,抽打 chōudǎ
pekuniär *adj* 金钱上的 jīnqiánshangde,财政的 cáizhèng de,经济的 jīngjì de
Pelerine *f* -, -n 披肩 pījiān;雨披 yǔpī
Pelle *f* -, -n (土豆、水果)皮 pí;(香)肠衣 chángyī: jm auf die ～ rücken 催逼某人,老是缠扰某人或攻击某人
pelletieren *vt* (把饲料)压成圆(筒形的)捆 yāchéng yuán kǔn;生产压缩饲料 shēngchǎn yāsuō sìliào
Pellet *n* -s, -s (小圆筒形)压缩饲料 yāsuō sìliào
Pellkartoffel *f* -, -n 带皮煮熟的土豆 dàipí zhǔshú de tǔdòu
Pelz *m* -es, -e 皮 pí;毛皮 máopí;毛皮大衣 máopí dàyī,毛皮夹克 máopí jiākè
pelzig *adj* 有毛的 yǒumáode,带毛的 dàimáode;毛茸茸的 máorōngrōngde;干涩的 gānsède;发麻的 fāmáde
Pelzmantel *m* 毛皮大衣 máopí dàyī
Pelzwerk *n* 皮货 píhuò,毛皮制品 máopí zhìpǐn
Pendel *n* -s, - (钟)摆 bǎi
pendeln *vi* I (*h*) 来回摆动 láihuí bǎidòng;摇摆 yáobǎi II (*s*) (短距离)来来回回 láilái huíhuí
penibel *adj* 过分细致的 guòfèn xìzhì de,仔细的 zǐxìde
Penis *m* -, -se / Penes 阴茎 yīnjīng
Penizillin, Penicillin *n* -s, -e 青霉素 qīngméisù,盘尼西林 pánníxīlín
pennen *vi* 睡觉 shuìjiào;不注意 bù zhùyì,心不在焉 xīn bù zài yān;性交 xìngjiāo,与人发生性关系 yǔ rén fāshēng xìngguānxì
Pension [pã'zio:n] *f* -, -en 养老金 yǎnglǎojīn,退休金 tuìxiūjīn,年金 niánjīn;退休 tuìxiū: in ～ gehen 退休;供膳食的公寓 gōng shànshí de gōngyù

Pensionär [pãzio'nɛ:r] *m* -s, -e 退休者 tuìxiūzhě, 享受养老金者 xiǎngshòu yǎnglǎojīn zhě; 住膳宿公寓者 zhù shànsù gōngyù zhě

pensionieren [pã...] *vt* 让…(领养老金)退休 ràng … tuìxiū

Penthaus *n* 楼顶房间 lóudǐng fángjiān, 屋顶间 wūdǐngjiān; 顶层公寓 dǐngcéng gōngyù

Pep *m* -(s) 锐气 ruìqì, 劲头 jìntóu, 活力 huólì, 气魄 qìpò

per *prp* (A) 以 yǐ, 经 jīng, 由 yóu, 乘 chéng: Güter ~ Schiff befördern 由船运送货物 ~ Anhalter fahren (或 reisen) 免费搭乘他人便车旅行; 每 měi: ~ Pfund 每磅; eine Ware ~ Kilo verkaufen 论公斤出售商品

perfekt *adj* 完美的 wánměide, 极好的 jíhǎode; 精通的 jīngtōngde, 熟练的 shúliànde: ~ Deutsch sprechen 说一口标准德语; (法律上)有效的 yǒuxiàode

Perfekt *n* -(e)s, -e 现在完成时 xiànzài wánchéngshí

perinatal *adj* 妇产期的 fùchǎnqīde

Perinatalogie *f* 产期医学 chǎnqī yīxué

Periode *f* -, -n 时期 shíqī, 时代 shídài; 周期 zhōuqī; 月经期 yuèjīngqī; (地质上的)纪 jì

periodisch *adj* 定期的 dìngqīde, 循环的 xúnhuánde, 周期的 zhōuqīde; 间发性的 jiànfāxìngde

Peripherie *f* -, -n 周围 zhōuwéi; (城市的)郊区 jiāoqū, 周边地区 zhōubiān dìqū, 边缘地区 biānyuán dìqū

Peripheriegeräte *pl* (计算机)辅助设备(如屏幕、键盘、打印机等) fǔzhù shèbèi

Perkussionsinstrumente *pl* 打击乐器 dǎjī yuèqì

Perle *f* -, -n 珍珠 zhēnzhū; 珠子 zhūzi; 丸药 wányào; 珠状物(如汗珠, 泪珠等) zhūzhuàngwù; 珍品 zhēnpǐn, 明珠 míngzhū

Perlmutter *f* - 或 *n* -s 珍珠母 zhēnzhūmǔ, 珍珠贝 zhēnzhūbèi; 珠母闪光层 zhūmǔ shǎnguāngcéng

Perlon *n* -s (化纤)贝纶 bèilún

permanent *adj* 持久的 chíjiǔde, 持续的 chíxùde; 常设的 chángshède

Permit ['pə:mit] *n* -s, -s 许可(证) xǔkě; 允许 yǔnxǔ

Perser *m* -s, - 波斯人 bōsīrén; 波斯地毯 bōsī dìtǎn

Persimone *f* -, -n 柿 shì

persisch *adj* 波斯的 bōsīde; 波斯人的 bōsīrénde; 波斯语的 bōsīyǔde

Person *f* -, -en 人 rén; 女人 nǚrén; (语法上的)人称 rénchēng; (戏剧中的)人物 rénwù, 角色 juésè; 本人 běnrén: in eigener ~ 亲自

Personal *n* -s 全体人员或职工 quántǐ rényuán huò zhígōng

Personalakte *f* 人事档案 rénshì dàng'àn

Personalausweis *m* 身份证 shēnfenzhèng

Personalbogen *m* 履历表 lǚlìbiǎo

Personalien *pl* 履历 lǚlì

Personalität *f* -, -en 个性 gèxìng, 性格 xìnggé

Personalkontakter *m* (德国)劳资联络人 láozī liánluòrén

Personalkredit *m* 个人贷款 gèrén dàikuǎn

Personalpronomen *n* 人称代词 rénchēng dàicí

personell *adj* 人员的 rényuánde, 人事的 rénshìde; 个人的 gèrénde, 私人的 sīrénde

personengebunden *adj* 专供某人用的 zhuān gōng mǒurén yòng de, 专为某人定的 zhuān wèi mǒurén dìng de

Personenkraftwagen *m* (缩写为 PKW) 轿车 jiàochē, 小客车 xiǎokèchē, 载客汽车 zàikè qìchē

Personenkult *m* -(e)s, -e 个人崇拜 gèrén chóngbài

Personenverkehr *m* 客运(交通) kèyùn

Personenzug *m* 普通客车 pǔtōng kèchē, 慢车 mànchē

persönlich *adj* 个人的 gèrénde, 本人的 běnrénde, 亲自的 qīnzìde: das sind meine ~en Angelegenheiten 这些都是我的私事; jn ~ kennen 认识某某本人

Persönlichkeit *f* -, -en 个性 gèxìng, 性格 xìnggé; 人格 réngé, 品格 pǐngé; 人物 rénwù, 名流 míngliú, 名人 míngrén

Persönlichkeitsentwicklung *f* 个性发展 gèxìng fāzhǎn

Perspektive *f* -, -n 前景 qiánjǐng, 远景 yuǎnjǐng, 前途 qiántú; 立场 lìchǎng, 观点 guāndiǎn; 透视 tòushì, 透视画法

tòushì huà fǎ

Perspektivplanung *f* 长远计划 chángyuǎn jìhuà，远景规划 yuǎnjǐng guīhuà

perspektivisch *adj* 未来的 wèiláide，远景的 yuǎnjǐngde；透视的 tòushìde，透视画法的 tòushìhuà fǎ de

Perspektivzeitraum *m* 远景规划的时间 yuǎnjǐng guīhuà de shíjiān

Peru 秘鲁 Bìlǔ

Peruaner *m* -s, - 秘鲁人 bìlǔrén

peruanisch *adj* 秘鲁的 bìlǔde；秘鲁人的 bìlǔrénde

Perücke *f* -, -n 假发 jiǎfà：eine ～ tragen 戴假发

Pessimismus *m* - 悲观 bēiguān；悲观主义 bēiguān zhǔyì，厌世主义 yànshì zhǔyì

Pessimist *m* -en, -en 悲观主义者 bēiguān zhǔyì zhě，厌世者 yànshìzhě

pessimistisch *adj* 悲观的 bēiguānde，厌世的 yànshìde

Pest *f* - 瘟疫 wēnyì；鼠疫 shǔyì：faul wie die ～ sein 懒得要命

Petersilie *f* - 芫荽 yánsuī，香菜 xiāngcài

Petition *f* -, -en 申请 shēnqǐng；申请书 shēnqǐngshū，请愿书 qǐngyuànshū

petitionieren *vi* 书面申请 shūmiàn shēnqǐng，请愿 qǐngyuàn：um etw ～ 为某事提出申请

Petitionsrecht *n* 申请的权利 shēnqǐng de quánlì

Petrochemie *f* - 石油化学 shíyóu huàxué

petrochemisch *adj* 石油化学的 shíyóu huàxué de

Petrodollar *m* -(e)s, -s (行话)石油美元 shíyóu měiyuán

Petroleum *n* -s 石油 shíyóu；煤油 méiyóu

Petroleumkocher *m* 煤油炉 méiyóulú

Pfad *m* -(e)s, -e 小道 xiǎodào，小径 xiǎojìng：*auf dem ～ der Tugend wandeln* 循规蹈矩

Pfahl *m* -(e)s, ¨-e 桩 zhuāng，柱 zhù，标桩 biāozhuāng

Pfand *n* -(e)s, ¨-er 典当物 diǎndàngwù，抵押品 dǐyāpǐn；押金 yājīn，抵押款 dǐyākuǎn：etw gegen (或 auf) ～ leihen 凭押金出借某物

pfändbar *adj* 可抵押的 kě dǐyā de，可典当的 kě diǎndàng de

Pfandbrief *m* 抵押契据 dǐyā qìjū，当票 dàngpiào

pfänden *vt* 抵押 dǐyā，扣押 kòuyā

Pfanne *f* -, -n 平底锅 píngdǐguō

Pfannkuchen *m* 薄煎饼 bójiānbing，油煎饼 yóujiānbing

Pfarrer *m* -s, - 牧师 mùshi，传教士 chuánjiàoshì，神甫 shénfu

Pfau *m* -(e)s, -en 孔雀 kǒngquè：der ～ schlägt ein Rad 孔雀开屏

Pfeffer *m* -s 胡椒 hújiāo：jm ～ geben 刺激某人

Pfeife *f* -, -n 笛子 dízi；哨子 shàozi：nach js ～ tanzen 跟某人指挥棒转；烟斗 yāndǒu：～ rauchen 抽烟斗

pfeifen* I *vi* 吹口哨 chuī kǒushào；(裁判)吹哨子 chuī shàozi；吹笛 chuī dí，鸣笛 míngdí；发出啸鸣声 fāchū xiàomíngshēng II *vt* 用口哨吹 yòng kǒushào chuī：eine Melodie ～ 用口哨吹一曲调；sich eins ～ 装作无所谓

Pfeifkonzert *n* 一片嘘声 yī piàn xū shēng，吹口哨起哄 chuī kǒushào qǐhòng

Pfeil *m* -(e)s, -e 箭 jiàn，矢 shǐ；箭头 jiàntóu；指针 zhǐzhēn：schnell wie ein ～ 快如箭一般

Pfeiler *m* -s, - 柱 zhù，墩 dūn；支柱 zhīzhù

Pfennig *m* -(e)s, -e / - (德国旧硬币)芬尼 fēnní：keinen ～ haben 身无分文；keinen ～ wert sein 分文不值

Pferd *n* -(e)s, -e 马 mǎ；(体育运动中的)鞍马 ānmǎ，跳马 tiàomǎ：auf dem hohen ～ sitzen 趾高气扬，骄傲自满

Pferderennen *n* 赛马 sàimǎ

Pferdestärke *f* (缩写为 PS)马力 mǎlì

Pfiff *m* -(e)s, -e 哨子声 shàozishēng；笛声 díshēng，汽笛声 qìdíshēng；手段 shǒuduàn；诡计 guǐjì，伎俩 jìliǎng，诀窍 juéqiào；妙处 miàochù

Pfifferling *m* -s, -e 鸡油菌 jīyóujùn：keinen (或 nicht einen) ～ 一点也不，毫不

pfiffig *adj* 狡猾的 jiǎohuáde，狡诈的 jiǎozhàde，精明的 jīngmíngde

Pfingsten *n* -, - 圣灵降临节 shènglíng jiànglín jié

Pfirsich *m* -s, -e 桃子 táozi

Pflanze *f* -, -n 植物 zhíwù

pflanzen *vt* 种植 zhòngzhí，栽种 zāi-

zhòng
Pflanzenfett *n* 植物油(脂) zhíwùyóu
Pflanzenkunde *f* 植物学 zhíwùxué
Pflanzenlehre *f* = Pflanzenkunde
Pflanzenöl *n* 植物油 zhíwùyóu
Pflanzenschutzmittel *n* 植物防护剂 zhíwù fánghùjì
Pflaster *n* -s, - 铺石块的路面 pū shíkuài de lùmiàn; 膏药 gāoyao, 橡皮膏 xiàngpígāo, 胶布 jiāobù
pflastern *vt* 用石铺路 yòng shí pūlù; 给…贴膏药 gěi … tiē gāoyao
Pflaume *f* -, -n 李子 lǐzi; 傻瓜 shǎguā, 蠢货 chǔnhuò
Pflege *f* -, -n 护理 hùlǐ, 照料 zhàoliào, 照管 zhàoguǎn: ein Kind in ～ nehmen 照料一个孩子
pflegearm *adj* 免烫的 miǎntàngde; 易于保养的 yìyú bǎoyǎng de
Pflegeeltern *pl* 养父母 yǎngfùmǔ, 义父母 yìfùmǔ
Pflegekind *n* 养子 yǎngzǐ, 养女 yǎngnǚ
pflegen I *vt* 照顾 zhàogù, 护理 hùlǐ, 照料 zhàoliào: einen Kranken ～ 照料一病人; 保护 bǎohù, 使整洁 shǐ zhěngjié, 保养 bǎoyǎng: seine Zähne ～ 保养自己的牙齿; 爱好 àihào, 喜欢从事 xǐhuan cóngshì: Geselligkeit ～ 喜欢社交活动 习惯于 xíguàn yú: er pflegt um 6 Uhr aufzustehen 他习惯于6点起床 II *rfl* 保养 bǎoyǎng, 保持外表整洁 bǎochí wàibiǎo zhěngjié, 修饰 xiūshì
Pfleger *m* -s, - 护理员 hùlǐyuán; 监护人 jiānhùrén, 保护人 bǎohùrén
Pflegerin *f* -, -nen 女护士 nǚhùshi, 女保育员 nǚbǎoyùyuán
pfleglich *adj* 爱护的 àihùde, 小心的 xiǎoxīnde, 细心的 xìxīnde
Pflicht *f* -, -en 义务 yìwù, 职责 zhízé: seine ～ erfüllen 履行义务
pflichttreu *adj* 尽职责的 jìn zhízé de, 有责任心的 yǒu zérènxīn de
pflichtvergessen *adj* 无责任心的 wú zérènxīn de, 疏忽失职的 shūhu shīzhí de, 不尽责的 bù jìnzé de
Pflichtversicherung *f* 法定责任保险 fǎdìng zérèn bǎoxiǎn, 强制性保险 qiángzhìxìng bǎoxiǎn
Pflichtvorlesung *f* 必修课程 bìxiū kèchéng
Pflock *m* -(e)s, ¨-e 桩 zhuāng: einen ～ in die Erde schlagen 把一根桩子打入土里
pflücken *vt* 采摘 cǎizhāi, 摘取 zhāiqǔ: Tee [Baumwolle] ～ 采茶[摘棉花]
Pflug *m* -(e)s, ¨-e 犁 lí
pflügen *vi/vt* 犁(田) lí, 耕(田) gēng
Pforte *f* -, -n 小门 xiǎomén, 入口 rùkǒu; 门房 ménfáng
Pförtner *m* -s, - 门房 ménfáng, 看门人 kānménrén; 幽门 yōumén
Pfosten *m* -s, - 柱子 zhùzi, 支柱 zhīzhù
Pfote *f* -, -n 爪子 zhuǎzi, (尤指狗, 猫的)前爪 qiánzhuǎ
Pfropfen *m* -s, - 软木塞 ruǎnmùsāi, 瓶塞 píngsāi
Pfund *n* -(e)s, -e 磅 bàng: ein halbes ～ 半磅; zwei ～ Äpfel 两磅苹果; 英镑 yīngbàng: in ～ zahlen 用英镑支付
Pfütze *f* -, -n 小水坑 xiǎo shuǐkēng, 水洼 shuǐwā; 一汪积水 yī wāng jīshuǐ
Phänomen *n* -s, -e (可感觉的)现象 xiànxiàng; 不寻常的现象 bù xúncháng de xiànxiàng; 奇迹 qíjì; 非凡的人 fēifán de rén, 行家 hángjia
Phantasie *f* -, -n 想像力 xiǎngxiànglì, 幻想力 huànxiǎnglì; 幻想 huànxiǎng, 想像 xiǎngxiàng; 怪念头 guài niàntou; 想像出来的东西 xiǎngxiàng chūlái de dōngxi; 说胡话 shuō húhuà, 呓语 yìyǔ
phantasieren *vi* 幻想 huànxiǎng, 空想 kōngxiǎng, 设想 shèxiǎng; 说梦话 shuō mènghuà, 呓语 yìyǔ; 即兴演奏 jíxìng yǎnzou
Phantast *m* -en, -en 幻想者 huànxiǎngzhě, 幻想主义者 huànxiǎng zhǔyì zhě, 空想家 kōngxiǎngjiā
phantastisch *adj* 幻想的 huànxiǎngde, 想像的 xiǎngxiàngde, 离奇的 líqíde; 美妙的 měimiàode, 极好的 jíhǎode; 难以相信的 nányǐ xiāngxìn de, 非常的 fēichángde, 惊人的 jīngrénde
Phantom *n* -s, -e 幻象 huànxiàng, 幻影 huànyǐng, 幻景 huànjǐng; 鬼怪式飞机 guǐguàishì fēijī
Pharmakologie *f* - 药理学 yàolǐxué; 药物学 yàowùxué
pharmakologisch *adj* 药理学的 yàolǐxuéde; 药物学的 yàowùxuéde
Pharmazeut *m* -en, -en 药剂师 yàojìshī
Pharmazie *f* - 药学 yàoxué, 制药学 zhìyàoxué
Phase *f* -, -n 阶段 jiēduàn, 时期 shíqī;

状态 zhuàngtài;相 xiàng;相位 xiàngwèi
Philatelie *f* - 集邮学 jíyóuxué
Philatelist *m* -en, -en 集邮者 jíyóuzhě,集邮家 jíyóujiā
Philharmonie *f* -, -n 交响乐团 jiāoxiǎngyuètuán;管弦乐队 guǎnxiányuèduì;音乐厅 yīnyuètīng
Philippinen *f* - 菲律宾 Fēilǜbīn;菲律宾群岛 fēilǜbīnqúndǎo
Philippiner *m* -s, - 菲律宾人 fēilǜbīnrén
phlippinisch *adj* 菲律宾的 fēilǜbīnde;菲律宾人的 fēilǜbīnrénde
Philister *m* -s, - 市侩 shìkuài,庸人 yōngrén
Phillumenist *m* -en, -en 集火花(指火柴商标)者 jí huǒhuā zhě,集火柴盒者 jí huǒcháihé zhě
Philologe *m* -n, -n 语文学家 yǔwénxuéjiā
Philologie *f* - 语文学 yǔwénxué;语文文献学 yǔwén wénxiàn xué
Philosoph *m* -en, -en 哲学家 zhéxuéjiā;思想家 sīxiǎngjiā
Philosophie *f* -, -n 哲学 zhéxué
philosophieren *vi* 探求哲理 tànqiú zhélǐ,研究哲学 yánjiū zhéxué;探讨 tàntǎo,深入思考 shēnrù sīkǎo
philosophisch *adj* 哲学的 zhéxuéde;富于哲理性的 fùyú zhélǐxìng de
Phimose *f* -, -n 包茎 bāojīng,包皮过长 bāopí guòcháng
Phonetik *f* - 语音学 yǔyīnxué
phonetisch *adj* 语音的 yǔyīnde,语音学的 yǔyīnxuéde,发音的 fāyīnde
Phönix *m* -es, -e 凤凰 fènghuáng;长生鸟 chángshēngniǎo,不死鸟 bùsǐniǎo
Phonogerät *n* 留声机 liúshēngjī,唱机 chàngjī
Photo I *n* -s, -s 照片 zhàopiàn,相片 xiàngpiàn **II** *m* -s, -s 照相机 zhàoxiàngjī
Photoalbum *n* 影集 yǐngjí,照相簿 zhàoxiàngbù
Photoapparat *m* 照相机 zhàoxiàngjī,摄影机 shèyǐngjī
Photoartikel *pl* 照相器材 zhàoxiàng qìcái
Photoautomat *m* -en, -en 投币自动照像装置 tóu bì zìdòng zhàoxiàng zhuāngzhì
Photograph *m* -en, -en 摄影师 shèyǐngshī,摄影者 shèyǐngzhě
Photographie *f* -, -n 摄影术 shèyǐngshù,照相术 zhàoxiàngshù;照相 zhàoxiàng,照片 zhàopiàn
photographieren *vt/vi* 摄影 shèyǐng,照相 zhàoxiàng,拍照 pāizhào
photographisch *adj* 摄影的 shèyǐngde,照相的 zhàoxiàngde
Photokopie *f* -, -n 照相复制 zhàoxiàng fùzhì;照相复制品 zhàoxiàng fùzhìpǐn
photokopieren *vt* 复印 fùyìn
Photomaterial *n* 照相材料 zhàoxiàng cáiliào
Photomodell *n* 摄影模特儿 shèyǐng mótèr
Photonenrakete *f* 光子火箭 guāngzǐ huǒjiàn
Photopapier *n* 照相纸 zhàoxiàngzhǐ
Photoreporter *m* 摄影记者 shèyǐng jìzhě
Photozelle *f* 光电池 guāngdiànchí
Phrase *f* -, -n 短语 duǎnyǔ,熟语 shúyǔ,惯用语 guànyòngyǔ;空话 kōnghuà,废话 fèihuà: ~n machen (或 reden) 说空话
Phrasendrescher *m* 爱吹牛的人 ài chuīniú de rén,说空话的人 shuō kōnghuà de rén
Phraseologie *f* -, -n 惯用语学 guànyòngyǔxué;惯用语 guànyòngyǔ,成语 chéngyǔ
Phraseologismen *pl* 惯用语 guànyòngyǔ,固定词组 gùdìng cízǔ,成语 chéngyǔ
Physik *f* - 物理学 wùlǐxué
physikalisch *adj* 物理的 wùlǐde,物理学的 wùlǐxuéde
Physiker *m* -s, - 物理学家 wùlǐxuéjiā
Physiologie *f* - 生理学 shēnglǐxué
physiologisch *adj* 生理学的 shēnglǐxuéde
Physiotherapeut *m* -en, -en 理疗医师 lǐliáo yīshī;按摩师 ànmóshī
physiotherapeutisch *adj* 理疗的 lǐliáode
Physiotherapie *f* 物理疗法 wùlǐ liáofǎ,理疗 lǐliáo
physisch *adj* 身体的 shēntǐde;肉体的 ròutǐde;自然的 zìránde
Pianist *m* -en, -en 钢琴家 gāngqínjiā,钢琴演奏者 gāngqín yǎnzòuzhě
Piano *n* -s, -s 钢琴 gāngqín

Pickel *m* -s, - 尖锄 jiānchú,鹤嘴锄 hèzuǐchú;疱疹 pàozhěn,丘疹 qiūzhěn,节子 jiēzi

picken *vt/vi* (鸟)啄食 zhuóshí;(奥地利口语)粘 zhān,贴 tiē: einen Zettel an die Wand ～ 将一字条贴到墙上

Picknick *n* -s, -e / -s 野餐 yěcān: ～ machen 举行野餐; jn zum ～ einladen 邀请某人参加野餐

Pietät *f* - 虔敬 qiánjìng,虔诚 qiánchéng;孝顺 xiàoshùn,崇敬 chóngjìng

pikant *adj* 辣的 làde,有刺激性的 yǒu cìjīxìng de;开胃的 kāiwèide;语义双关的 yǔyì shuāngguān de,不正经的 bù zhèngjingde;吸引人的 xīyǐn rén de,有趣的 yǒuqù de

Pike *f* -, -n 长矛 chángmáo: von der ～ auf lernen (或 dienen) 从基础学起

Pikkolo *f* -, -(s) 小瓶香槟酒 xiǎo píng xiāngbīnjiǔ

Piktogramm *n* -s, -e (旗语、标记等)示意法 shìyì fǎ;(尤指火车站、机场的)指示牌 zhǐshì pái,标牌 biāopái

Pile [paɪl] *m/n* -s, -s 核反应堆 héfǎnyìngduī

Pilger *m* -s, - 朝圣者 cháoshèngzhě,朝山进香者 cháoshān jìnxiāngzhě

pilgern *vi(s)* 去朝圣 qù cháoshèng,朝山进香 cháoshān jìnxiāng;徒步旅行 túbù lǚxíng,漫游 mànyóu

Pille *f* -, -n 丸 wán,药丸 yàowán;避孕药丸 bìyùn yàowán (= Antibabypille)

Pilot *m* -en, -en 飞机驾驶员 fēijī jiàshǐyuán,飞行员 fēixíngyuán;(旧称)领港员 lǐnggǎngyuán

Pilotanlage *f* 小型试验厂 xiǎoxíng shìyàn chǎng

Pilotbetrieb *m* 试验性生产 shìyànxìng shēngchǎn,试车 shìchē

Pilotfilm *m* 试映电影 shìyìng diànyǐng

pilotenlos *adj* 无人驾驶的 wúrén jiàshǐ de

Pilotsendung *f* 试播(节目) shì bō

Pilotstudie *f* (对某项工程事先进行的)可行性调查 kěxíngxìng diàochá

Pilz *m* -es, -e 蘑菇 mógu,菌 jùn,蕈 xùn: etw schießt wie ～e aus der Erde (或 aus dem Boden) 如雨后春笋一样地涌现

Pilzkopf *m* 披头发式 pītóufàshì;披头(发)式年青人 pītóushì niánqīng rén

Pinguin *m* -s, -e 企鹅 qǐ'é

Pinkel *m* -s, - (常用搭配:) ein feiner ～ 装阔的人 zhuāng kuò de rén,装文雅的人 zhuāng wényǎ de rén

Pinsel *m* -s, - 毛笔 máobǐ,画笔 huàbǐ;毛刷 máoshuā,排笔 páibǐ;呆子 dāizi,讨厌的人 tǎoyànde rén

pinseln *vt/vi* 用笔画 yòng bǐ huà,涂 tú;涂抹 túmǒ;涂刷 túshuā

Pinzette *f* -, -n 小钳 xiǎo qián,小镊 xiǎo niè

Pionier *m* -s, -e 少先队员 shàoxiānduìyuán;开拓者 kāituòzhě;先驱者 xiānqūzhě,创始人 chuàngshǐrén,创新者 chuàngxīnzhe;工兵 gōngbīng

Pipeline ['paɪplaɪn] *f* -, -s (石油、天然气远程)管道 guǎndào,输油管 shūyóuguǎn

Pirat *m* -en, -en 海盗 hǎidào

Piratensender *m* 设在公海上的非法电台 shè zài gōnghǎishàng de fēifǎ diàntái,非法电视台 fēifǎ diànshìtái

Pistole *f* -, -n 手枪 shǒuqiāng: jn auf ～n fordern 要求某人进行手枪决斗

Pizza *f* -, -s (意大利)比萨饼 bǐsàbǐng

Plache *f* -, -n 车篷 chēpéng,(帆布)遮篷 zhēpéng

placieren [pla'tsi:...] *vt* 安置 ānzhì,安排 ānpái,安放 ānfàng;投资 tóuzī;(体育)击中 jīzhòng,投中 tóuzhòng

Plage *f* -, -n 苦恼 kǔnǎo,烦恼 fánnǎo;劳累 láolèi,辛苦 xīnkǔ;祸害 huòhai

plagen I *vt* 折磨 zhémó,使痛苦 shǐ tòngkǔ: die Hitze plagt mich 酷热折磨着我;烦扰 fánrǎo,使烦恼 shǐ fánnǎo II *rfl* 劳累 láolèi,操劳 cāoláo,劳神费力 láoshén fèilì: sie hat sich ihr Leben lang geplagt 她操劳了一辈子;受苦 shòukǔ: sich mit einer Arbeit ～ 为一工作煞费苦心

Plakat *n* -(e)s, -e 招贴画 zhāotiēhuà,广告 guǎnggào,海报 hǎibào;标语牌 biāoyǔ pái

plakativ *adj* 像广告标语那样起作用的 xiàng guǎnggào biāoyǔ nàyàng qǐ zuòyòng de;有宣传作用的 yǒu xuānchuán zuòyòng de;强调的 qiángdiàode,有意渲染的 yǒuyì xuànrǎn de;醒目的 xǐngmùde

Plakette *f* -, -n 徽章 huīzhāng,纪念章 jìniànzhāng

Plan *m* -(e)s, -̈e 计划 jìhuà,规划 guīhuà,方案 fāng'àn: sich einen ～ für die Reise machen 制定一旅行计划;打算 dǎsuan，设想 shèxiǎng；草案 cǎo'àn；设计图 shèjìtú，平面图 píngmiàntú

Planaufgabe *f* 计划任务 jìhuà rènwu

Plandurchführung *f* 计划执行情况 jìhuà zhíxíng qíngkuàng

Plane *f* -，-n 帆布篷 fānbùpéng，苫布 shànbù

planen *vt* 计划 jìhuà，打算 dǎsuan，筹划 chóuhuà

Planerfüllung *f* 实现计划 shíxiàn jìhuà，完成计划 wánchéng jìhuà

planerisch *adj* 计划的 jìhuàde，在计划中规定的 zài jìhuàzhōng guīdìng de

Planet *m* -en，-en 行星 xíngxīng

Planetarium *n* -s，. . . ien 天象仪 tiānxiàngyí，太阳系仪 tàiyángxìyí；天文馆 tiānwénguǎn

plangemäß *adj* 按照计划的 ànzhào jìhuà de

planieren *vt* 平整 píngzhěng，把…弄平 bǎ … nòngpíng

Planifikateur [. . . 'tœːʁ] *m* -s，-e 国民经济计划专家 guómín jīngjì jìhuà zhuānjiā

Planifikation *f* -，-en（市场经济国家的）国民经济计划 guómín jīngjì jìhuà

Planjahrfünft *n* 五年计划 wǔnián jìhuà

Planke *f* -，-n（尤指造船用的）宽厚的木板 kuānhòude mùbǎn，木板围墙 mùbǎn wéiqiáng

Plankennziffer *f* 计划指标 jìhuà zhǐbiāo

Plankontrolle *f* 计划完成情况的检查或监督 jìhuà wánchéng qíngkuàng de jiǎnchá huò jiāndū

planlos *adj* 无计划的 wú jìhuà de

planmäßig *adj* 按计划的 àn jìhuà de，有计划的 yǒu jìhuà de

Planscherei *f* -，-en 戏水 xìshuǐ，玩水 wánshuǐ

Planstelle *f*（联邦德国预算中批准的公务员、法官或士兵的）计划编制 jìhuà biānzhì；（原民德国家机关、国营企业和*事业单位的）现有编制 xiànyǒu biānzhì*；～n einsparen 削减（或精简）编制

Plantage *f* -，-n 大种植园 dà zhòngzhíyuán，大农场 dà nóngchǎng

plantreu *adj* 按计划的 àn jìhuà de

Plantreue *f* 按计划 àn jìhuà，忠于计划 zhōngyú jìhuà

Planung *f* -，-en 计划 jìhuà，规划 guīhuà

planvoll *adj* 计划周密的 jìhuà zhōumì de，有计划的 yǒu jìhuà de

Planvorschlag *m* 作计划的建议 zuòjìhuà de jiànyì

Planvorsprung *m* 提前完成计划 tíqián wánchéng jìhuà

Planwirtschaft *f* 计划经济 jìhuà jīngjì

Planzeichnung *f* 制图 zhìtú

Planziel *n* 计划目标 jìhuà mùbiāo

plappern *vi* 喋喋不休 diédié bùxiū，唠叨 láodao；饶舌 ráoshé；（小孩）牙牙学语 yáyá xué yǔ

plärren *vi*（婴儿）大声哭闹 dà shēng kū nào

Plasmatron *n* -s，-e 等离子管 děnglízǐguǎn，等离子体源 děnglízǐtǐyuán，等离子源发生器 děnglízǐyuán fāshēngqì

Plastchemie *f* 塑料化学 sùliào huàxué

Plastedeckel *m* 塑料罩子 sùliào zhàozi，塑料封面 sùliào fēngmiàn，塑料盖 sùliàogài

Plast(e)eimer *m* 塑料桶 sùliàotǒng

Plast(e)erzeugnis *n* 塑料产品 sùliào chǎnpǐn

Plastik *f* -，-en 塑料 sùliào；塑料制品 sùliào zhìpǐn；雕塑（制品）diāosù；雕塑艺术 diāosù yìshù；整形术 zhěngxíngshù

Plastikbeutel *m* 塑料袋 sùliàodài

Plastikbombe *f* 塑料炸弹 sùliào zhàdàn

Plastikeimer *m* = Plast(e)eimer

Plastikfolie *f* 塑料薄膜 sùliào bómó

Plastiktragtasche *f* 塑料提袋 sùliào tídài

Plastiktüte *f* 塑料袋 sùliàodài

plastisch *adj* 可塑的 kěsùde，可塑性的 kěsùxìngde，造型的 zàoxíngde；立体感的 lìtǐgǎnde；形象的 xíngxiàngde，生动的 shēngdòngde，清晰的 qīngxīde；整形的 zhěngxíngde

Plastmasse *f*（待成型加工的）塑料 sùliào

Plastproduktion *f* 塑料生产 sùliào *shēngchǎn*

Plastputz *m* 塑料装饰品 sùliào zhuāngshìpǐn 塑料装潢 sùliào zhuānghuáng

Plastrohr *n* 塑料管 sùliàoguǎn

plastverarbeitend *adj* 塑料加工的 sùliào jiāgōng de

Platane *f* -，-n 悬铃木属（如法国梧桐）

xuánlíngmùshǔ

Plateau [pla'to:] *n* -s, -s 高地 gāodì, 山上的平地 shānshangde píngdì; 高原 gāoyuán

Platin *n* -s 铂 bó, 白金 báijīn

platt *adj* 平的 píngde, 扁平的 biǎnpíngde; 平庸的 píngyōngde, 平凡的 píngfánde; 无意义的 wú yìyì de, 枯燥乏味的 kūzào fáwèi de; ～ sein (对意料不到的事) 大吃一惊 dà chī yī jīng; einen Platten haben 轮胎漏气(或爆裂) lúntāi lòuqì

Plättbrett *n* 烫衣板 tàngyībǎn

plattdeutsch *adj* 低地德语的 dīdì déyǔ de

Platte *f* -, -n 平板 píngbǎn; 炉面 lúmiàn, 桌面 zhuōmiàn; 盘子 pánzi, 盆子 pénzi, 托盘 tuōpán; 盘菜 páncài, 冷拼盘 lěng pīnpán; 秃顶 tūdǐng; 唱片 chàngpiàn; 印版 yìnbǎn

Plattenbar *f* 放唱片的酒吧 fàng chàngpiàn de jiǔbā

Plattenspieler *m* 电唱机 diànchàngjī

Plattenwechsler *m* 自动换片唱机 zìdòng huàn piàn chàngjī

Plattform *f* 平台 píngtái

Plattfuss *m* (扁)平足 píngzú

Platz *m* -(e)s, ⸚e 坐位 zuòwèi, 位子 wèizi: nicht am ～ sein 不适当; Ist hier noch ein ～ frei? 这里还有空位吗? Nehmen Sie ～! 请坐! jm ～ machen 给某人让座; 地位 dìwèi, 职位 zhíwèi; 场地 chǎngdì; 广场 guǎngchǎng; 地方 dìfang, 场所 chǎngsuǒ, 地点 dìdiǎn, 位置 wèizhi; 名次 míngcì, 名位 míngwèi

platzen *vi(s)* 爆开 bàokāi, 爆裂 bàoliè, 开裂 kāiliè: ich bin vor Wut fast geplatzt 我几乎肺都要气炸了; 失败 shībài, 告吹 gàochuī, 破裂 pòliè; 败露 bàilù, 被戳穿 bèi chuōchuān

Platzkarte *f* (火车等的)对号票 duìhàopiào, 对号入座票 duì hào rù zuò piào

Platzkonzert *n* 露天音乐会 lùtiān yīnyuèhuì

Platzleuchte *f* 工作照明 gōngzuò zhàomíng; 场地照明 chǎngdì zhàomíng

Platzregen *m* 骤雨 zhòuyǔ, 暴雨 bàoyǔ

Platzvertreter *m* 代理人 dàilǐrén; 代理商 dàilǐshāng; 代销商 dàixiāoshāng

plaudern *vi* 闲谈 xiántán, 聊天 liáotiān: mit jm ～ 和某人闲聊; 泄露 xièlòu, 吐露 tǔlù

Plauderstündchen *n* 聊天的时间 liáotiān de shíjiān

Playboy ['pleibɔi] *m* 花花公子 huāhuāgōngzǐ, 追求享乐的小青年 zhuīqiú xiǎnglè de xiǎoqīngnián, 公子哥儿 gōngzǐgēr

Playgirl ['pleigə:l] *n* -s, -s 风流女子 fēngliú nǚzǐ; 妓女 jìnǚ, 应召女郎 yìngzhào nǚláng

Plazet *n* -s, -s (官方)同意 tóngyì, 许可 xǔkě

pleite *adj* 破产的 pòchǎnde, 无支付能力的 wú zhīfù nénglì de: ～ gehen (或 werden) 遭到破产; ich bin völlig ～ 我身无分文

Pleite *f* -, -n 破产 pòchǎn, 倒闭 dǎobì: ～ machen 遭破产

Plenartagung *f* 全会 quánhuì, 全体大会 quántǐ dàhuì: eine ～ einberufen 召开全会

Plenarversammlung *f* 全会 quánhuì, 全体大会 quántǐ dàhuì

Plenarvortrag *m* 向大会作的报告 xiàng dàhuì zuò de bàogào; 大会发言 dàhuì fāyán

Plenum *n* -s 全会 quánhuì, 全体会议 quántǐ huìyì; 全会的全体代表 quánhuì de quántǐ dàibiǎo

Pleoptik *f* 眼操疗法 yǎn cāo liáofǎ

Plombe *f* -, -n 封铅 fēngqiān; (补牙用的)填料 tiánliào, 镶补料 xiāngbǔliào, 填塞料 tiánsèliào

plombieren *vt* 封铅 fēngqiān; 补(牙) bǔ: einen Zahn ～ 补一颗牙

plötzlich *adj* 突然的 tūránde, 意外的 yìwàide, 突发的 tūfāde

plump *adj* 笨重的 bènzhòngde, 粗笨的 cūbènde; 笨手笨脚的 bèn shǒu bèn jiǎo de, 不灵活的 bù línghuó de; 粗俗的 cūsúde; 粗鲁的 cūlǔde, 粗暴的 cūbàode; 笨拙的 bènzhuōde, 愚蠢的 yúchǔnde

Plunder *m* -s 不值钱的东西 bù zhíqián de dōngxī, 废旧的东西 fèijiùde dōngxī, 废品 fèipǐn

plündern *vt* 抢劫 qiǎngjié, 掠夺 lüèduó; 把…抢劫一空 bǎ … qiǎngjié yīkōng; 采光 cǎiguāng, 摘光 zhāi guāng: den Obstbaum ～ 摘光果树上的果实

Plünderung *f* -, -en 抢劫 qiǎngjié, 掠夺 lüèduó, 掠取 lüèqǔ

Plural *m* -s, -e 复数 fùshù

plus I *cj* 加 jiā: drei ～ drei ist (或 macht) sechs 3 加 3 等于 6 II *adv* 零度以

上 língdù yǐshàng；正(极) zhèng，正(数) zhèng：das Thermometer zeigt fünf Grad ～ 温度计指在零上5度

Plus *n* -，- 超额 chāo'é，盈余 yíngyú，增益 zēngyì；有利 yǒulì，优势 yōushì

Plusquamperfekt *n* 过去完成时 guòqù wánchéngshí

Pneumatik I *m* -s，-s 充气轮胎 chōngqì lúntāi，内胎 nèitāi II *f* - 气体力学 qìtǐ lìxué，空气力学 kōngqì lìxué

pneumatisch *adj* 气压的 qìyāde，气体的 qìtǐde，空气的 kōngqìde，气动的 qìdòngde；(神学)精神的 jīngshénde，灵魂的 línghúnde

Pöbel *m* -s 乌合之众 wū hé zhī zhòng，暴民 bàomín，群氓 qúnméng

pochen I *vi* 敲 qiāo；击 jī：an die Tür ～ 敲门；跳动 tiàodòng：der Puls pocht 脉搏跳动；坚持要求 jiānchí yāoqiú：auf etw ～ 坚持要求某物；吹嘘 chuīxū，夸口 kuākǒu II *vt* 敲打 qiāodǎ，敲碎 qiāosuì：Kohlen ～ 把煤敲碎；痛打 tòngdǎ：jn ～ 痛打某人

Pocken *pl* 天花 tiānhuā

Pockennarbe *f* 麻子 mázi，麻点 mádiǎn

Pocketbook ['pɔkitbuk] *n* -s，-s 袖珍本 xiùzhēnběn

Podest *n* -es，-e 小平台 xiǎo píngtái，讲台 jiǎngtái

Podium *n* -s，...ien 讲台 jiǎngtái；戏台 xìtái；指挥台 zhǐhuītái

Podiumsdiskussion *f* (在电台或电视台就某一问题进行公开的)专家讨论会 zhuānjiā tǎolùnhuì

Podiumsgespräch *n* = Podiumsdiskussion

Poesie *f* -，-n 诗 shī，诗歌 shīgē，韵文 yùnwén；诗作 shīzuò；诗歌艺术 shīgē yìshù

Poet *m* -en，-en 诗人 shīrén

Poetik *f* -，-en 诗学 shīxué，诗论 shīlùn；韵律学 yùnlǜxué

poetisch *adj* 诗的 shīde，韵文的 yùnwénde；富有诗意的 fùyǒu shīyì de，具有想像力的 jùyǒu xiǎngxiànglì de

Pokal *m* -s，-e 高脚杯 gāojiǎobēi；奖杯 jiǎngbēi，优胜杯 yōushèngbēi

Pol *m* -s，- 极 jí，极地 jídì；电极 diànjí；磁极 cíjí；中心点 zhōngxīndiǎn

polar *adj* 极的 jíde，极地的 jídìde；两极的 liǎngjíde；对立的 duìlìde，相反的 xiāngfǎnde；相对的 xiāngduìde，极端的 jíduānde

Polarisrakete *f* 北极星(式)导弹 běijíxīng dǎodàn

Polaroidkamera *f* 一步成像照相机 yī bù chéng xiàng zhàoxiàngjī

Polarstern *m* 北极星 běijíxīng

Pole *m* -n，-n 波兰人 bōlánrén

Polemik *f* -，-en 争论 zhēnglùn，辩论 biànlùn；论战 lùnzhàn，笔战 bǐzhàn

Polemiker *m* -s，- 善于辩论者 shànyú biànlùn zhě

polemisch *adj* 论战的 lùnzhànde，争论的 zhēnglùnde；敌意的 díyìde，攻击性的 gōngjīxìngde

polemisieren *vi* 与…论战 yǔ … lùnzhàn，与…进行辩论 yǔ … jìnxíng biànlùn，争论 zhēnglùn：gegen jn ～ 与某人论战

Polen 波兰 Bōlán

Polier *m* -s，-e (建筑工地的)领班 lǐngbān，工头 gōngtóu

polieren *vt* 磨光 móguāng，擦亮 cāliàng，抛光 pāoguāng

Poliklinik *f* -，-en 门诊所 ménzhěnsuǒ，门诊部 ménzhěnbù

Polin *f* -，...nen 波兰女人 bōlán nǚrén

Polio *f* - 小儿麻痹症 xiǎo'ér mábìzhèng

Politanalytiker *m* 政治分析家 zhèngzhì fēnxī jiā

Politbüro *n* 政治局 zhèngzhìjú

Politik *f* - 政治 zhèngzhì；政策 zhèngcè

Politiker *m* -s，- 政治家 zhèngzhìjiā，政治活动家 zhèngzhì huódòngjiā

Politikum *n* -s，...ka 政治事件 zhèngzhì shìjiàn，有重大政治意义的事情 yǒu zhòngdà zhèngzhì yìyì de shìqing

politisch *adj* 政治的 zhèngzhìde，政治上的 zhèngzhìshangde

Politische *m/f* (按形容词变化)政治犯 zhèngzhìfàn

Politur *f* -，-en (抛光后的)光泽 guāngzé；抛光剂 pāoguāngjì，擦亮剂 cāliàngjì

Polizei *f* - 公安部门 gōng'ān bùmén，公安人员 gōng'ān rényuán，警察 jǐngchá；公安局 gōng'ānjú，警察局 jǐngchájú：sich bei der ～ anmelden 向派出所申报户口

Polizeikommissar *m* 警官 jǐngguān

polizeilich *adj* 警察的 jǐngchāde，警方的 jǐngfāngde，公安的 gōng'ānde

Polizist *m* -en, -en 警察 jǐngchá，公安人员 gōng'ān rényuán

polnisch *adj* 波兰的 bōlánde；波兰人的 bōlánrénde；波兰语的 bōlányǔde

Polo *n* -s, -s 马球(赛) mǎqiú

Polohemd *m* (开领短袖)马球球衣 mǎqiú qiúyī

Polster *n/m* -s, - 垫子 diànzi；软垫 ruǎndiàn，坐垫 zuòdiàn，靠垫 kàodiàn 床垫 chuángdiàn

polstern *vt* 给…装上软垫(或垫子) gěi … zhuāngshàng ruǎndiàn

Polterabend *m* (婚礼前夕在新娘门前摔碎盘碟祝福)闹婚之夜 nào hūn zhī yè

poltern *vi* I (*s*) 发出隆隆声 fāchū lónglóngshēng，辘辘行驶 lùlù xíngshǐ II (*h*) 咆哮 páoxiào，吵闹 chǎonào；(无恶意地)大声叫骂 dà shēng jiàomà；(摔碎盘碟祝福)闹婚 nào hūn

Polyester *m* -s, - 聚酯 jùzhǐ

Polyesterfasern *pl* 聚酯纤维 jùzhǐ xiānwéi

polygam *adj* 一夫多妻的 yī fū duō qī de，一妻多夫的 yī qī duō fū de；(动物)一雄多雌的 yī xióng duō cí de

Polygamie *f* - 一夫多妻 yī fū duō qī，一妻多夫 yī qī duō fū

Polygraph *m* -en, -en 书画刻印者 shūhuà kèyìnzhě

Polyp *m* -en, -en 珊瑚虫 shānhúchóng；息肉 xīròu；(粗俗称呼)警察 jǐngchá

polytechnisch *adj* 多种技术的 duōzhǒng jìshù de；多种工艺的 duōzhǒng gōngyì de；多种科技的 duōzhǒng kējì de

Pomade *f* -, -n 润发油 rùnfàyóu，润发脂 rùnfàzhī，润发膏 rùnfàgāo

Pomp *m* -s 过于豪华 guòyú háohuá，摆阔 bǎikuò

Pony ['pɔni] I *n* -s, -s 矮种马 ǎizhǒngmǎ，小马 xiǎomǎ II *m* -s, -s (妇女额前的)刘海 liúhǎi

Ponyfrisur *f* 刘海儿发型 liúhǎir fàxíng

Pool *m* -s, -s 联营 liányíng，集资联营 jízī liányíng，合伙经营 héhuǒ jīngyíng

Pop *m* -s 通俗音乐 tōngsú yīnyuè，流行音乐 liúxíng yīnyuè；通俗文化 tōngsú wénhuà

Pop-art *f* - = Popkunst

Popcorn *n* -s, -s 爆玉米花 bàoyùmǐhuā

Popfan ['pɔpfæn] *m* -s, -s 流行音乐迷 liúxíng yīnyuè mí

Popfarbe *f* 时髦色 shímáosè，流行色 liúxíngsè

Popgruppe *f* 流行音乐乐队 liúxíng yīnyuè yuèduì

Popkonzert *n* 流行音乐会 liúxíng yīnyuèhuì

Popkultur *f* 流行文化 liúxíng wénhuà，通俗文化 tōngsú wénhuà

Popkunst *f* 流行艺术 liúxíng yìshù，通俗艺术 tōngsú yìshù

Popliteratur *f* 流行文学 liúxíng wénxué，通俗文学 tōngsú wénxué

Popmode *f* (服装)流行式样 liúxíng shìyàng

Popmusik *f* 通俗音乐 tōngsú yīnyuè，流行音乐 liúxíng yīnyuè

Popo *m* -s, -s 屁股 pìgu

poppig *adj* 流行的 liúxíngde，新潮的 xīncháode，引人注目的 yǐn rén zhùmù de

Popsänger *m* 流行歌曲歌手 liúxíng gēqǔ gēshǒu

Popsender *m* 流行音乐广播电台 liúxíng yīnyuè guǎngbō diàntái

Popstar *m* 流行歌曲歌星 liúxíng gēqǔ gēxīng

populär *adj* 大众化 dàzhònghuà，通俗的 tōngsúde，普及的 pǔjíde；流行的 liúxíngde，大众喜爱的 dàzhòng xǐ'ài de

Popularität *f* - 通俗 tōngsú，大众化 dàzhònghuà；普及 pǔjí，流行 liúxíng

populärwissenschaftlich *adj* 科普的 kēpǔde，通俗科学的 tōngsú kēxué de

Pore *f* -, -n 小孔 xiǎokǒng，细孔 xìkǒng；毛孔 máokǒng

Porno *m* -s, -s 色情电影 sèqíng diànyǐng；色情小说 sèqíng xiǎoshuō，色情文学 sèqíng wénxué；色情书画 sèqíng shūhuà

Pornofilm *m* 色情电影 sèqíng diànyǐng

Pornofoto *n* 色情照片 sèqíng zhàopiàn

Pornograph *m* -en, -en 色情作家 sèqíng zuòjiā，黄色作品制作者(或出版人) huángsè zuòpǐn zhìzuòzhě

Pornographie *f* - 色情文学 sèqíng wénxué；色情画 sèqínghuà

pornographisch *adj* 黄色的 huángsède，色情的 sèqíngde，淫秽的 yínhuìde

Pornohändler *m* 黄色书商 huángsè shūshāng

Pornoheft *n* 色情刊物 sèqíng kānwù

Pornoladen *m* 色情商店 sèqíng shāngdiàn

P

Pornoliteratur *f* 色情文学 sèqíng wénxué
Pornomagazin *n* 黄色杂志 huángsè zázhì
Pornoroman *m* 色情小说 sèqíng xiǎoshuō，黄色小说 huángsè xiǎoshuō
Pornowelle *f* 色情文化泛滥 sèqíng wénhuà fànlàn
Pornozeitschrift *f* 色情杂志 sèqíng zázhì，黄色杂志 huángsè zázhì
porös *adj* 多孔的 duōkǒngde，有气孔的 yǒu qìkǒng de，能透气透水的 néng tòuqì tòushuǐ de
Porree *m* -s，-s 大葱 dàcōng，韭葱 jiǔcōng
Portable ['pɔrtəbl] *m/n* -s，-s 手提式电视机(收音机，收录机) shǒutíshì diànshìjī
Portal *n* -s，-e (宫殿、教堂等装饰华丽的)大门 dàmén
Portier [pɔr'tie:] *m* -s，-s 门房 ménfáng，看门人 kānménrén
Portion *f* -，-en (食物的)一份 yīfèn，一客 yīkè
Portionierer *m* 食品分切机 shípǐn fēnqiējī
portionieren *vt* 把(食物)分成一份一份 bǎ fēnchéng yīfèn yīfèn
Porto *n* -s，-s / ...ti 邮资 yóuzī，邮费 yóufèi
portofrei *adj* 免付邮资的 miǎn fù yóuzī de，邮资已付的 yóuzī yǐ fù de
Porträt [pɔr'trɛ:] *n* -s，-s 肖像 xiāoxiàng，画像 huàxiàng
porträtieren *vt* 给…画像 gěi … huàxiàng
Portugal 葡萄牙 Pútáoyá
Portugiese *m* -n，-n 葡萄牙人 pútáoyárén
portugiesisch *adj* 葡萄牙的 pútáoyáde；葡萄牙人的 pútáoyárénde；葡萄牙语的 pútáoyáyǔde
Porzellan *n* -s，-e 瓷 cí，瓷器 cíqì，瓷制器皿 cí zhì qìmǐn
Posaune *f* -，-n 长号 chánghào
Pose *f* -，-n (故意做出的)姿态 zītài，姿势 zīshì
Position *f* -，-en 姿势 zīshì，姿态 zītài；地位 dìwèi，身份 shēnfen；职务 zhíwù，职位 zhíwèi；立场 lìchǎng，见解 jiànjiě；状况 zhuàngkuàng，处境 chǔjìng；方位 fāngwèi；论断 lùnduàn，断定 duàndìng；项 xiàng，目 mù，条 tiáo
positiv *adj* 肯定的 kěndìngde，正面的 zhèngmiànde，积极的 jījíde；正的 zhèngde，阳的 yángde
Positur *f* - (在某一场合新采取的引人注目的)姿势 zīshì，摆好的姿势 bǎihǎode zīshì
Posse *f* -，-n 笑剧 xiàojù，闹剧 nàojù，诙谐剧 huīxiéjù，滑稽戏 huájīxì
Possesivpronomen *n* 物主代词 wùzhǔ dàicí
Post *f* -，-en 邮局 yóujú，邮政 yóuzhèng；邮件 yóujiàn，信件 xìnjiàn，邮包 yóubāo；邮递 yóudì
postalisch *adj* 邮局的 yóujúde，邮政的 yóuzhèngde，邮务的 yóuwùde
Postament *n* -(e)s，-e (柱子、雕像等的)基座 jīzuò
Postamt *n* 邮局 yóujú：auf das ~ gehen 到邮局去
Postanweisung *f* 邮政汇款 yóuzhèng huìkuǎn；汇款单 huìkuǎndān
Postbote *m* 邮递员 yóudìyuán
Postdampfer *m* 邮船 yóuchuán
Posten *m* -s，- 岗位 gǎngwèi，哨位 shàowèi，岗哨 gǎngshào；值勤 zhíqín，站岗 zhàngǎng；地位 dìwèi，职位 zhíwèi；项目 xiàngmù；(商品)一批 yīpī，一宗 yīzōng
Poster *n* -s，(装饰用)招贴画 zhāotiēhuà，宣传画 xuānchuánhuà
Postfach *n* 邮政信箱 yóuzhèng xìnxiāng
Postgeheimnis *n* 通信秘密 tōngxìn mìmì
Postgut *n* 邮包 yóubāo
Postkarte *f* 明信片 míngxìnpiàn
Postkasten *m* 邮箱 yóuxiāng，邮筒 yóutǒng
Postkunde *f* 邮局顾客 yóujú gùkè
postlagernd *adj* 存邮局待领的 cún yóujú dài lǐng de
Postleitzahl *f* 邮政编码 yóuzhèng biānmǎ，邮区编号 yóuqū biānhào
Postmarke *f* 邮票 yóupiào
Postpaket *n* 邮包 yóubāo，邮递包裹 yóudì bāoguǒ
Postscheck *m* 邮局支票 yóujú zhīpiào，邮局汇票 yóujú huìpiào
Postsparbuch *n* 邮局储蓄存折 yóujú chǔxù cúnzhé
Postsparkasse *f* 邮局储蓄所 yóujú

chǔxùsuǒ
Postverkehr *m* 通邮 tōngyóu，邮政运输 yóuzhèng yùnshū；邮件往来 yóujiàn wǎnglái
Postwagen *m* 邮政车 yóuzhèngchē
postwendend *adj* （通过邮局）马上 mǎshàng，立即 lìjí
Potential *n* -s，-e 位 wèi，势 shì；潜力 qiánlì，潜能 qiánnéng
potentiell *adj* 可能的 kěnéngde，潜在的 qiánzàide
Potenz *f* -，-en 能力 nénglì，力量 lìliang；生育能力 shēngyù nénglì，性能力 xìngnénglì；乘方 chéngfāng，幂 mì
power *adj* 穷苦的 qióngkǔde，贫困的 pínkùnde，可怜的 kěliánde
Pracht *f* - 壮丽 zhuànglì，华丽 huálì，豪华 háohuá，富丽 fùlì
Prachtausgabe *f* 精装本 jīngzhuāngběn
Prachtexemplar *n* 精装本 jīngzhuāngběn；精制品 jīngzhìpǐn；（谑称）杰出人物 jiéchū rénwù
prächtig *adj* 豪华的 háohuáde，富丽的 fùlìde；出色的 chūsède，有才能的 yǒu cáinéng de，极好的 jíhǎode
Prädikat *n* -(e)s，-e 谓语 wèiyǔ；称号 chēnghào，品牌 pǐnpái，名位 míngwèi；成绩 chéngjì，分数 fēnshù
Prädikativ *n* -s，-e 表语 biǎoyǔ
Präfix *n* -es，-e 前缀 qiánzhuì
prägen I *vt* 压铸 yāzhù，铸造 zhùzào，用印模冲压 yòng yìnmó chòngyā；造 zào，新造 xīn zào II *rfl* 刻印 kèyìn，铭刻 míngkè：etw prägt sich jm tief ins Gedächtnis 某事深深地印在某人的脑海中
pragmatisch adj 实际的 *shíjìde*，根据事实的 gēnjù shìshí de，实用的 shíyòngde
prägnant *adj* 确切的 quèqiède，恰当的 qiàdàngde，精辟的 jīngpìde，言简意赅的 yán jiǎn yì gāi de：etw ～ formulieren 确切地表达某事
Prägung *f* -，-en 压印 yāyìn，铸造 zhùzào；压印的图文 yāyìnde tú wén；特性 tèxìng；（新）词 cí
prahlen *vt* 吹牛 chuīniú，说大话 shuōdàhuà，吹嘘 chuīxū，夸耀 kuāyào
Prahler *m* -s，- 吹牛者 chuīniúzhě，好吹嘘的人 hào chuīxū de rén
Prahlerei *f* -，-en 吹牛 chuīniú，夸口 kuākǒu，说大话 shuōdàhuà，夸耀 kuāyào
Prahlhans *m* -es 说大话者 shuōdàhuàzhě，爱吹牛皮者 ài chuīniúpí zhě
Präkanzerose *f* -，-n 致癌疾病 zhì'ái jíbìng
Praktikant *n* -en，-en 实习生 shíxíshēng，见习生 jiànxí shēng
Praktiker *m* -s，- 实践家 shíjiànjiā，有实践经验的人 yǒu shíjiàn jīngyàn de rén
Praktikum *n* -s，...ka / ...ken 校外实习 xiàowài shíxí；实习课 shíxíkè
praktisch I *adj* 实践的 shíjiànde，实际的 shíjìde；具体的 jùtǐde；实用的 shíyòngde，有用的 yǒuyòngde；开业的 kāiyède，执业的 zhíyède：ein ～er Arzt（能看各科的）开业医生 II *adv* 事实上 shìshíshang，实际上 shíjìshang；差不多 chàbuduō，几乎 jīhū
praktizieren I *vt* 实际应用 shíjì yìngyòng，运用 yùnyòng；悄悄地转移某物 qiāoqiāode zhuǎnyí mǒuwù II *vi* 行医 xíngyī
Praktizist *m* -en，-en 事务主义者 shìwù zhǔyì zhě，经验主义者 jīngyàn zhǔyì zhě
praktizistisch *adj* 事务主义的 shìwù zhǔyì de；经验主义的 jīngyàn zhǔyì de
Praline *f* -，-n 夹心巧克力 jiāxīn qiǎokèlì
prall *adj* 饱满的 bǎomǎnde，鼓起的 gǔqǐde，丰满的 fēngmǎnde，结实的 jiēshide；强烈照耀的 qiángliè zhàoyào de
Prämie *f* -，-n 奖金 jiǎngjīn，奖赏 jiǎngshǎng，赏金 shǎngjīn；保险费 bǎoxiǎnfèi
Prämienlohn *m* 奖励工资 jiǎnglì gōngzī
Prämiensparen *n* 有奖储蓄 yǒujiǎng chǔxù
prämieren，**prämiieren** *vt* 奖赏 jiǎngshǎng，奖励 jiǎnglì，赏金 shǎngjīn，给…以奖金 gěi … yǐ jiǎngjīn，授奖给… shòu jiǎng gě …
präparieren I *vt* 把…制成标本 bǎ … zhìchéng biāoběn II *rfl* 预习 yùxí，准备 zhǔnbèi：sich auf（或 für）etw ～ 准备（或预习）某事
Präparat *n* -(e)，-e 药剂 yàojì；标本 biāoběn；切片 qiēpiàn
Präposition *f* -，-en 介词 jiècí
Präpositionalobjekt *n* 介词宾语 jiècí bīnyǔ
Präsens *n* - ...sentia / ...senzien 现

在时 xiànzàishí

Präsent *n* -(e)s, -e 小礼物 xiǎo lǐwù,小礼品 xiǎo lǐpǐn

Präsentant *m* -en, -en (支票、汇票)持票人 chípiàorén

Präsentation *f* -, -en 要求兑现 yāoqiú duìxiàn,兑换 duìhuàn;建议 jiànyì,推荐 tuījiàn

präsentieren I *vt* 给予 jǐyǔ,赠送 zèngsòng;递交 dìjiāo,呈递 chéngdì II *rfl* 呈现 chéngxiàn,出现 chūxiàn,显露 xiǎnlù

Präsident *m* -en, -en 总统 zǒngtǒng,主席 zhǔxí;议长 yìzhǎng;院长 yuànzhǎng;董事长 dǒngshìzhǎng;会长 huìzhǎng,社长 shèzhǎng

Präsidialsystem *n* 总统制 zǒngtǒngzhì

präsidieren *vi/vt* 作会议主席 zuò huìyì zhǔxí,主持会议 zhǔchí huìyì

Präsidium *n* -s, ...ien 主席团 zhǔxítuán,领导班子 lǐngdǎo bānzi;总局(尤指警察总局所在地) zǒngjú

Präsidiumsmitglied *n* 主席团成员 zhǔxítuán chéngyuán

prasseln *vi* 发出劈啪声 fāchū pīpāshēng;发出淅沥声 fāchū xīlìshēng

prassen *vi* 大吃大喝 dà chī dà hē,挥霍浪费 huīhuò làngfèi,过奢侈生活 guò shēchǐ shēnghuó

präventiv *adj* 预防的 yùfángde,预防性的 yùfángxìngde: ～e Maßnahmen 预防措施

Präventivbehandlung *f* 预防性治疗 yùfángxìng zhìliáo

Präventivmaßnahme *f* 预防性措施 yùfángxìng cuòshī

Präventivmedizin *f* 预防医学 yùfáng yīxué

Präventivverkehr *m* 有避孕措施的性生活 yǒu bìyùn cuòshī de xìngshēnghuó

Praxis *f* -, ...xen 实践 shíjiàn,运用 yùnyòng: etw in die ～ umsetzen 把某事付诸实践;实际 shíjì,实习 shíxí;实际工作 shíjì gōngzuò,实际经验 shíjì jīngyàn;开业时间 kāiyè shíjiān,门诊时间 ménzhěn shíjiān

praxiserprobt *adj* 经过实践检验的 jīngguò shíjiàn jiǎnyàn de

praxisfern *adj* 脱离实际的 tuōlí shíjì de

praxisnah(e) *adj* 结合实际的 jiéhé shíjì de,联系实践的 liánxì shíjiàn de

präzis(e) *adj* 精确的 jīngquède,精密的 jīngmìde;确切的 quèqiède

präzisieren *vt* 精确地说明 jīngquède shuōmíng,准确地表达 zhǔnquède biǎodá

Präzision *f* - 精确 jīngquè,精密 jīngmì

predigen I *vi* 传教 chuánjiào,说教 shuōjiào,讲道 jiǎngdào II *vt* 劝诫 quànjiè,训诫 xùnjiè,教导 jiàodǎo

Prediger *m* -s, - 传教士 chuánjiàoshì,说教者 shuōjiàozhě,传道士 chuándàoshì;鼓吹者 gǔchuīzhě,好说教者 hǎo shuōjiào zhě

Predigt *f* -, -en 说教 shuōjiào,讲道 jiǎngdào;劝诫 quànjiè,训诫 xùnjiè

Preis *m* -es, -e 价格 jiàgé,价钱 jiàqian;奖赏 jiǎngshǎng,奖金 jiǎngjīn;赞美 zànměi,歌颂 gēsòng;代价 dàijià: um jeden ～ 不惜一切代价

Preisausschreiben *n* 有奖竞赛 yǒu jiǎng jìngsài,悬赏征求答案 xuánshǎng zhēngqiú dá'àn

preisen* *vt* 表扬 biǎoyáng,赞扬 zànyáng,赞美 zànměi;夸奖 kuājiǎng

Preisfrage *f* 悬赏征求答案的问题 xuánshǎng zhēngqiú dá'àn de wèntí,(口、谑)难题 nántí,棘手的问题 jíshǒude wèntí;价格(贵贱的)问题 jiàgé wèntí

Preisgabe *f* 背弃 bèiqì,丢弃 diūqì,放弃 fàngqì,牺牲 xīshēng;泄露 xièlòu,泄密 xièmì

preisgeben* *vt* 放弃 fàngqì,丢弃 diūqì,牺牲 xīshēng;交出 jiāochū,献出 xiànchū;泄露 xièlòu,泄密 xièmì

preisgünstig *adj* 便宜的 piányide,价廉的 jiàliánde,低廉的 dīliánde

Preisknüller *m* 廉价品 liánjiàpǐn,降价商品 jiàngjià shāngpǐn

Preisträger *m* 获奖者 huòjiǎngzhě,得奖人 déjiǎngrén

preiswert *adj* 价格低廉的 jiàgé dīlián de,廉价的 liánjiàde,价廉物美的 jiàlián wùměi de

prekär *adj* 困难的 kùnnande,棘手的 jíshǒude,不愉快的 bù yúkuàide

prellen I *vi*(s) 碰撞 pèngzhuàng: gegen die Wand ～ 往墙上撞去 II *vt* 碰伤 pèngshāng,碰撞 pèngzhuàng,撞伤 zhuàngshāng;欺骗 qīpiàn,骗走 piànzǒu: jn um etw ～ 骗走某人的某物

Premier *m* -s, -s 总理 zǒnglǐ,首相 shǒuxiàng
Premiere *f* -, -n (戏曲、电影等的)初次上演 chūcì shàngyǎn,首演 shǒuyǎn
Premierenfieber *n* (演员首次登台的)紧张心情 jǐnzhāng xīnqíng
Premierentiger *m* 首次演出必到的观众 shǒucì yǎnchū bì dào de guānzhòng
Premierminister *m* 政府总理 zhèngfǔ zǒnglǐ
preschen *vi*(*s*) 奔驰 bēnchí, 狂奔 kuángbēn
Presse *f* - 报刊 bàokān,刊物 kānwù,杂志 zázhì;新闻界 xīnwénjiè,出版界 chūbǎnjiè;报纸评论 bàozhǐ pínglùn
Presseagentur *f* 新闻通讯社 xīnwén tōngxùnshè,新闻机构 xīnwén jīgòu
Presseamt 新闻局 xīnwénjú
Pressebüro *n* 新闻社 xīnwénshè,新闻通讯社 xīnwén tōngxùnshè
Pressechef *m* 新闻处处长 xīnwénchù chùzhǎng
Presseempfang *m* 新闻记者招待会 xīnwén jìzhě zhāodàihuì
Presseerklärung *f* 新闻公报 xīnwén gōngbào: eine ~ abgeben 发表新闻公报
Pressefreiheit *f* 新闻自由 xīnwén zìyóu;出版自由 chūbǎn zìyóu
Pressegesetz *n* 新闻法 xīnwénfǎ,出版法 chūbǎnfǎ
Presseinterview *n* 会见记者的谈话 huìjiàn jìzhě de tánhuà;(记者的)访问 fǎngwèn
Pressekarte *f* 记者证 jìzhězhèng
Pressekommentar *f* 新闻评论 xīnwén pínglùn
Pressekommunique *n* 新闻公报 xīnwén gōngbào
Pressekonferenz *f* 记者招待会 jìzhě zhāodàihuì
pressen *vt* 压 yā,揿 qìn,按 àn;压榨 yāzhà,榨取 zhàqǔ;紧抱 jǐnbào,紧握 jǐnwò;紧压 jǐnyā,使紧贴 shǐ jǐntiē;逼迫 bīpò,迫使 pòshǐ: jn zu etw ~ 逼迫某人做某事
Pressenotiz *f* 新闻简讯 xīnwén jiǎnxùn
Pressephotograph *m* 摄影记者 shèyǐng jìzhě
Pressesprecher *m* 新闻发言人 xīnwén fāyánrén
Pressestelle 新闻处 xīnwénchù
Pressewesen *n* 新闻界 xīnwénjiè,新闻事业 xīnwén shìyè
Pressezentrum *n* 新闻中心 xīnwén zhōngxīn
Pressluft *f* 压缩空气 yāsuō kōngqì
Prestige [...ʒə] *n* -s 威信 wēixìn,威望 wēiwàng;声誉 shēngyù
Prestigedenken *n* 虚荣心 xūróngxīn,爱面子思想 àimiànzi sīxiǎng
Preußen 普鲁士 Pǔlǔshì
preziös *adj* 不自然的 bù zìránde,矫揉造作的 jiǎo róu zào zuò de
Priester *m* -s, - (许多宗教中的)神职人员 shénzhí rényuán,教士 jiàoshì,僧侣 sēnglǚ,和尚 héshang;(天主教)神甫 shénfu
prima *adj* 第一流的 dìyīliúde,头等的 tóuděngde;优秀的 yōuxiùde,出众的 chūzhòngde,极好的 jíhǎode
primär *adj* 原始的 yuánshǐde,初级的 chūjíde;根本的 gēnběnde,首要的 shǒuyàode
primitiv *adj* 原始的 yuánshǐde,未开化的 wèi kāihuà de;简陋的 jiǎnlòude,粗糙的 cūcāode;文化水平低的 wénhuà shuǐpíng dīde
Prinz *m* -en, -en 王子 wángzǐ;太子 tàizǐ;亲王 qīnwáng
Prinzessin *f* -, -nen 公主 gōngzhǔ,王妃 wángfēi;亲王夫人 qīnwáng fūrén
Prinzip *n* -s -ien 原则 yuánzé,准则 zhǔnzé: im ~ 原则上;原理 yuánlǐ
prinzipiell *adj* 原则上的 yuánzéshangde,原则性的 yuánzéxìngde
Prior *m* -s, -en 修道院院长 xiūdàoyuàn yuànzhǎng
Priorität *f* -, -en (时间)优先 yōuxiān,(次序)优先 yōuxiān;优先权 yōuxiānquán
Prisma *n* -s, ...men 棱柱 léngzhù;棱镜 léngjìng,棱晶 léngjīng
privat *adj* 个人的 gèrénde,私人的 sīrénde: ~e Angelegenheiten 私事 sīshì;私下的 sīxiàde;私有的 sīyǒude,私营的 sīyíngde;不对外的 bù duìwài de
Privatangelegenheit *f* 私事 sīshì
Privateigentum *n* 私有财产 sīyǒu cáichǎn,私人财产 sīrén cáichǎn;私有制 sīyǒuzhì
privatisieren I *vi* 靠自己的财产生活 kào zìjǐde cáichǎn shēnghuó II *vt* 使私

有化 shǐ sīyǒuhuà

Privileg *n* -(e)s, -ien [...iən] 特权 tèquán,特许权 tèxǔ quán

privilegiert *adj* 有特权的 yǒu tèquán de,特许的 tèxǔde

pro *prp* (A) 每 měi: ～ Kopf 每人; ～ Stunde 每小时; ～ Stück 每个,每只

Probe *f* -, -n 试验 shìyàn,检验 jiǎnyàn; 排演 páiyǎn,排练 páiliàn; 样品 yàngpǐn,试样 shìyàng: eine ～ Kaffee 咖啡样品; jn auf ～ einstellen 试用某人

Probeabonnement *n* (报刊、杂志的)试订 shìdìng

Probeehe *f* 试婚 shìhūn

Probelauf *m* (机器等的)试车 shìchē,试运转 shìyùnzhuǎn

proben *vt/vi* 练习 liànxí,排练 páiliàn; 排演 páiyǎn,试演 shìyǎn

probieren *vt* 试验 shìyàn,试一试 shì yī shì;试穿 shìchuān;品尝 pǐncháng

Problem *n* -s, -e 问题 wèntí,难题 nántí,疑问 yíwèn

Problematik *f* - 困难性 kùnnanxìng;艰难性 jiānnánxìng;麻烦问题 máfan wèntí,难题 nántí

problematisch *adj* 很困难的 hěn kùnnan de,棘手的 jíshǒude,难以解决的 nányǐ jiějué de;有问题的 yǒu wèntí de,成问题的 chéngwèntí de

problemorientiert *adj* 针对现有问题的 zhēnduì xiànyǒu wèntí de,针对某一问题的 zhēnduì mǒu yī wèntí de

Prodekan *m* -s, -e 副院长 fù yuànzhǎng;副系主任 fù xìzhǔrèn

Produkt *n* -(e)s, -e 产品 chǎnpǐn,产物 chǎnwù;成果 chéngguǒ,结果 jiéguǒ

Produktion *f* -, -en 生产 shēngchǎn,制造 zhìzào;产品 chǎnpǐn,产量 chǎnliàng

Produktionsfähigkeit *f* 生产能力 shēngchǎn nénglì

Produktionsgenossenschaft *f* 生产合作社 shēngchǎn hézuòshè

Produktionskosten *pl* 生产费用 shēngchǎn fèiyong,生产成本 shēngchǎn chéngběn

Produktionskultur *f* 文明生产 wénmíng shēngchǎn

Produktionsmittel *pl* 生产资料 shēngchǎn zīliào

Produktionsplan *m* 生产计划 shēngchǎn jìhuà

Produktionstechnik *f* 生产技术 shēngchǎn jìshù,工艺 gōngyì

Produktionsverhältnisse *pl* 生产关系 shēngchǎn guānxì

Produktionsweise *f* 生产方式 shēngchǎn fāngshì

produktiv *adj* 生产的 shēngchǎnde,生产性的 shēngchǎnxìngde;多产的 duōchǎnde,高产的 gāochǎnde;富有创造力的 fùyǒu chuàngzàolì de

Produktivität *f* - 生产率 shēngchǎnlǜ,生产能力 shēngchǎn nénglì

Produktivkraft *f* 生产力 shēngchǎnlì

Produkttest *m* 产品跟踪调查 chǎnpǐn gēnzōng diàochá

Produzent *m* -en, -en 生产者 shēngchǎnzhě,制造者 zhìzàozhě;生产国 shēngchǎnguó

produzieren *vt/vi* 生产 shēngchǎn,制造 zhìzào

profan *adj* 世俗的 shìsúde,非宗教的 fēi zōngjiào de;平常的 píngchángde,通常的 tōngchángde

professionell *adj* 专业性的 zhuānyèxìngde,业务的 yèwùde;职业性的 zhíyèxìngde

Professor *m* -s, ...oren 教授 jiàoshòu

Profil *n* -s, -e 侧面 cèmiàn,侧面轮廓 cèmiàn lúnkuò,侧面像 cèmiànxiàng;断面 duànmiàn,剖面 pōumiàn;(轮胎或鞋底的)凹凸花纹 āo tū huāwén;明显的特征 míngxiǎnde tèzhēng

Profit *m* -(e)s, -e 利润 lìrùn,利益 lìyì;好处 hǎochu: ～ machen 获利,赚钱

profitabel *adj* 有利可图的 yǒulì kětú de

profitieren *vi* 获利 huòlì,得益 déyì

Profitwirtschaft *f* 利润经济 lìrùn jīngjì

pro forma *adv* 形式上 xíngshìshang,表面上 biǎomiànshang

Prognose *f* -, -n 预测 yùcè,预报 yùbào;预后 yùhòu

Programm *n* -s, -e 节目单 jiémùdān,说明书 shuōmíngshū;节目 jiémù;纲要 gāngyào,纲领 gānglǐng;计划 jìhuà,方案 fāng'àn,程序 chéngxù

Programmatiker *m* -s, - 制定纲领者 zhìdìng gānglǐng zhě

programmatisch *adj* 纲领性的 gānglǐngxìngde

programmgemäß *adj* 按计划的 àn jì-

huà de，按纲领的 àn gānglǐng de
Programmhinweis *f* （电视、电台）节目介绍 jiémù jièshào
programmieren *vt/vi* 编制程序 biānzhì chéngxù，制定计划 zhìdìng jìhuà，程序设计 chéngxù shèjì
Programmierer *m* -s，- 程序编制人员 chéngxù biānzhì rényuán
Programmierungstechnik *f* 编制程序技术 biānzhì chéngxù jìshù
Programmwahl *f* （电视）频道选择 píndào xuǎnzé
Progressist *m* -en，-en 进步人士 jìnbù rénshì，进步主义者 jìnbù zhǔyì zhě，进步党人 jìnbùdǎngrén
progressiv *adj* 进步的 jìnbùde，先进的 xiānjìnde；渐进的 jiànjìnde，累进的 lěijìnde
Prohibition *f* -，-en 禁止 jìnzhǐ，禁酒 jìnjiǔ
Projekt *n* -(e)s，-e 规划 guīhuà，方案 fāng'àn，项目 xiàngmù，工程 gōngchéng；设计 shèjì
Projektgruppe *f* 设计小组 shèjì xiǎozǔ，策划小组 cèhuà xiǎozǔ
projektieren *vt* 设计 shèjì，规划 guīhuà；投影 tóuyǐng，投射 tóushè
Projektierung *f* - 设计 shèjì，规划 guīhuà；投影 tóuyǐng，投射 tóushè
Projektion *f* -，-en 投影 tóuyǐng，射影 shèyǐng；幻灯投影 huàndēng tóuyǐng
Projektor *m* -s，-en 放映机 fàngyìngjī，投射机 tóushèjī；幻灯机 huàndēngjī
projizieren *vt* 投射 tóushè，投影 tóuyǐng，放映 fàngyìng
Proklamation *f* -，-en 宣布 xuānbù，公布 gōngbù；声明 shēngmíng；公告 gōnggào，布告 bùgào
proklamieren *vt* 宣告 xuāngào，宣布 xuānbù；声明 shēngmíng；公布 gōngbù
Pro-Kopf-Einkommen *n* 按人口平均收入 àn rénkǒu píngjūn shōurù
Prolet *m* -en，-en 无教养的人 wú jiàoyǎng de rén
Proletariat *n* -(e)s 无产阶级 wúchǎn jiējí
Proletarier *m* -s，- 无产者 wúchǎnzhě；～aller Länder，vereinigt euch！全世界无产者，联合起来！
proletarisch *adj* 无产者的 wúchǎnzhěde，无产阶级的 wúchǎn jiējí de
Promenade *f* -，-n （供散步的）林阴道 línyīndào
promenieren *vi*（*h*/*s*）散步 sànbù，闲逛 xiánguàng
Promesse *f* -，-n 书面诺言 shūmiàn nuòyán，允诺 yǔnnuò；期票 qīpiào，本票 běnpiào
prominent *adj* 知名的 zhīmíngde，有名的 yǒumíngde，杰出的 jiéchūde
Prominenz *f* -，-en 知名人士 zhīmíng rénshì，社会名流 shèhuì míngliú；重要性 zhòngyàoxìng，重要意义 zhòngyào yìyì
promoten *vt* 促进 cùjìn，资助 zīzhù；做宣传 zuò xuānchuán，做广告 zuò guǎnggào
Promoter *m* -s，- 商业性体育比赛（尤指拳击和摔交）主办人 shāngyèxìng tǐyù bǐsài zhǔbànrén，文艺演出主办单位 wényì yǎnchū zhǔbàn dānwèi
Promotion *f* -，-en 授予博士学位 shòuyǔ bóshì xuéwèi
promovieren I *vi* 获博士头衔 huò bóshì tóuxián II *vt* 授予…博士学位 shòuyǔ … bóshì xuéwèi
prompt I *adj* 敏捷的 mǐnjiéde，迅即的 xùnjíde；随即的 suíjíde，不加思考的 bù jiā sīkǎo de II *adv* 正好 zhènghǎo，果然 guǒrán
Pronomen *n* -s，- / ...mina 代词 dàicí
Propaganda *f* - 宣传 xuānchuán；～ für etw machen（或 treiben）为某事做宣传
Propagandist *m* -en，-en 宣传员 xuānchuányuán，鼓动者 gǔdòngzhě；推销员 tuīxiāoyuán
propagandistisch *adj* 宣传性的 xuānchuánxìngde
propagieren *vt* 宣传 xuānchuán，鼓动 gǔdòng，传布 chuánbù；推销 tuīxiāo
Propeller *m* -s，- 螺旋桨 luóxuánjiǎng，（飞机、轮船的）推进器 tuījìnqì
Prophet *m* -en，-en 预言者 yùyánzhě，先知 xiānzhī
Prophetie *f* -，-n 预示 yùshì，预言 yùyán
prophezeien *vt* 预言 yùyán，预示 yùshì；预报 yùbào
Proportion *f* -，-en 比 bǐ，比例 bǐlì；成比例 chéng bǐlì
proportional *adj* 按比例的 àn bǐlì de，成比例的 chéng bǐlì de，有比例性的 yǒu bǐlìxìng de
Prorektor *m* 大学副校长 dàxué fù xiàozhǎng，副院长 fù yuànzhǎng

Prosa *f* - 散文 sǎnwén;单调 dāndiào,平淡无奇 píngdàn wú qí

Prost! *intj* (祝酒时用语)祝君健康 zhù jūn jiànkāng!

prosit *intj* ~ Neujahr! 恭贺新禧! 新年好!

Prospekt *m* -(e)s, -e 广告 guǎnggào,说明书 shuōmíngshū,简介 jiǎnjiè;价目单 jiàmùdān;舞台背景 wǔtái bèijǐng;全景 quánjǐng;展望 zhǎnwàng

Prostituierte *f* -, -n 妓女 jìnǚ,娼妓 chāngjì

Prostitution *f* - 卖淫 màiyín

Protest *m* -es, -e 抗议 kàngyì;反对 fǎnduì: einen ~ gegen etw erheben (或 einlegen) 对某事提出抗议;拒付(票据) jùfù,不受理 bú shòulǐ

Protestant *m* -en, -en 新教徒 xīnjiàotú,基督教徒 jīdūjiàotú

protestantisch *adj* 新教的 xīnjiàode,基督教的 jīdūjiàode

Protestantismus *m* - 新教 xīnjiào,基督教 Jīdūjiào

protestieren I *vi* 抗议 kàngyì,反对 fǎnduì: gegen etw [jn] heftig ~ 强烈抗议某事[某人] II *vt* 拒付 jùfù: einen Wechsel ~ 拒付汇票

Protestkundgebung *f* 抗议集会 kàngyì jíhuì

Protestler *m* -s, - 抗议者 kàngyìzhě

Protestnote *f* 抗议照会 kàngyì zhàohuì

Prothese *f* -, -n 假肢 jiǎzhī;假牙 jiǎyá,假眼 jiǎyǎn

Protokoll *n* -s, -e 记录 jìlù;记载 jìzǎi;备忘录 bèiwànglù;(外交)议定书 yìdìngshū;外交礼仪 wàijiāo lǐyí;礼宾司 lǐbīnsī

protokollieren *vt* 把…记录下来 bǎ … jìlù xiàlái

Protz *m* -en / -es, -e(n) 爱吹嘘的人 ài chuīxū de rén,爱炫耀的人 ài xuànyào de rén

protzen *vi* 吹嘘 chuīxū,炫耀 xuànyào

Proviant *m* -s, -e (外出旅游时带的)食物 shíwù,口粮 kǒuliáng

Provinz *f* -, -en 省 shěng;外省 wàishěng,偏僻地区 piānpì dìqū,乡下 xiāngxia;文化落后地区 wénhuà luòhòu dìqū

Provision *f* -, -en 佣金 yòngjīn,回扣 huíkòu

provisorisch *adj* 暂时的 zànshíde,临时的 línshíde,应急的 yìngjíde

Provisorium *n* -s, ...ien 应急措施 yìngjí cuòshī,权宜之计 quányí zhī jì,临时措施 línshícuòshī

Provokateur [provoka'tœːr] *m* -s, -e 捣乱者 dǎoluànzhě,挑拨者 tiǎobōzhě,煽动者 shāndòngzhě

Provokation *f* -, -en 挑拨 tiǎobō,捣乱 dǎoluàn,煽动 shāndòng

provozieren *vt*/ *vi* 挑拨 tiǎobō,煽动 shāndòng,挑衅 tiǎoxìn

Prozent *n* -(e)s, -e 百分比 bǎifēnbǐ,百分率 bǎifēnlǜ,百分数 bǎifēnshù

Prozentsatz *m* 百分比 bǎifēnbǐ,百分率 bǎifēnlǜ

prozentual *adj* 按百分比的 àn bǎifēnbǐ de,所占百分比的 suǒ zhàn bǎifēnbǐ de

Prozess *m* -es, -e 诉讼 sùsòng,起诉 qǐsù: jm den ~ machen 对某人提起诉讼;过程 guòchéng,进程 jìnchéng,程序 chéngxù

prozessieren *vi* 起诉 qǐsù,提起诉讼 tíqǐ sùsòng

Prozesskosten *pl* 诉讼费用 sùsòng fèiyong

Prüfdienststelle *f* 检查站 jiǎncházhàn

prüfen *vt* 检验 jiǎnyàn,试验 shìyàn,考验 kǎoyàn;审查 shěnchá: eine Rechnung ~ 审查一账目;考试 kǎoshì: jn in Mathematik ~ 对某人进行数学考试; jn mündlich [schriftlich] ~ 对某人进行口[笔]试

Prüfung *f* -, -en 试验 shìyàn,检验 jiǎnyàn,考验 kǎoyàn;考试 kǎoshì: in (或 bei) der ~ durchfallen 考试不及格

Prügel *m* -s, - 揍 zòu,殴打 ōudǎ,痛打 tòngdǎ;(殴打用的)棍 gùn,棒 bàng: ~ kriegen (或 bekommen) 挨打

Prügelei *f* -, -en 殴打 ōudǎ,打架 dǎjià

Prügelknabe *m* 替罪羊 tìzuìyáng,代人受罪者 dài rén shòuzuì zhě

prügeln *vt*/*rfl* 殴打 ōudǎ,棒打 bàngdǎ;扭打 niǔdǎ,殴斗 ōudòu

Prügelstrafe *f* 体罚 tǐfá

Prunk *m* -(e)s 豪华 háohuá,华丽 huálì,奢侈 shēchǐ

prunken *vi* 炫耀 xuànyào;光彩夺目 guāngcǎi duómù

pseudonym *adj* 使用假名的 shǐyòng

jiǎmíng de，使用笔名的 shǐyòng bǐmíng de

Pseudonym *n* -s, -e 假名 jiǎmíng，笔名 bǐmíng

Pseudowissenschaft *f* 伪科学 wěi kēxué

pst! *intj* 嘘 xū!（要求对方安静或低声）

Psyche *f* -, -n 心灵 xīnlíng，灵魂 línghún，心理 xīnlǐ

psychisch *adj* 心灵上的 xīnlíngshangde，灵魂的 línghúnde，心理上的 xīnlǐshang de，精神上的 jīngshénshangde：~e Krankheiten [Hemmungen] 精神上疾病[障碍]

Psychoanalyse *f* 心理分析 xīnlǐ fēnxī，精神分析 jīngshén fēnxī

Psychoanalytiker *m* 精神分析学家 jīngshén fēnxī xué jiā，心理分析学家 xīnlǐ fēnxī xué jiā

psychoanalysieren *vt* 通过（精神）心理分析进行治疗 tōngguò xīnlǐ fēnxī jìnxíng zhìliáo

Psychobiologie *f* 生物心理学 shēngwù xīnlǐxué，心理生物学 xīnlǐ shēngwùxué

Psychodrama *n* 心理剧疗法 xīnlǐjù liáofǎ

Psychohygiene *f* 心理卫生学 xīnlǐ wèishēng xué

Psycholinguistik *f* - 心理语言学 xīnlǐ yǔyánxué

Psychologe *m* -n, -n 心理学家 xīnlǐxuéjiā

Psychologie *f* - 心理学 xīnlǐxué

psychologisch *adj* 心理学的 xīnlǐxuéde，心理(上)的 xīnlǐde

psychologisieren *vt* 心理化 xīnlǐhuà

Psychopharmakon *n* -s, ...ka 精神病药物 jīngshénbìng yàowù

Psychose *f* -, -n 精神病 jīngshénbìng，精神变态 jīngshén biàntài；精神极度不安 jīngshén jídù bù'ān

Psychosomatik *f* - 身心医学 shēnxīn yīxué

psychosomatisch *adj* 身心学的 shēnxīnxuéde，身心相关的 shēnxīn xiāngguān de

Psychoterror *m* 心理恐怖战术 xīnlǐ kǒngbù zhànshù

Psychotonika *pl* （精神）兴奋剂 xīngfènjì

Pub [pap] *n/m* -s, -s 小旅馆 xiǎo lǚguǎn，客栈 kèzhàn；小酒店 xiǎo jiǔdiàn

pubertär *adj* 青春期的 qīngchūnqīde，性成熟期的 xìng chéngshúqī de

Pubertät *f* - 青春期 qīngchūnqī，发身 fāshēn，性成熟期 xìng chéngshúqī

pubertieren *vi* 进入性成熟期 jìnrù xìng chéngshúqī，处于青春期 chǔyú qīngchūnqī

publik *adj* （用于短语）etw ~ machen 公布某事

Publikation *f* -, -en 发行 fāxíng，出版 chūbǎn；出版物 chūbǎnwù

Publikum *n* -s 公众 gōngzhòng；观众 guānzhòng，听众 tīngzhòng；读者 dúzhě：das Buch wird sein ~ finden 这本书会受读者欢迎的

Publikumserfolg *m* 卖座率高 màizuòlǜ gāo

Publikumsverkehr *m* 对公众开放时间 duì gōngzhòng kāifàng shíjiān，对外办公时间 duìwài bàngōng shíjiān，营业时间 yíngyè shíjiān

publizieren *vt* 发表 fābiǎo，出版 chūbǎn

Publizist *m* -en, -en 时事评论员 shíshì pínglùnyuán，新闻记者 xīnwén jìzhě，政论作家 zhènglùn zuòjiā

Publizistik *f* - 时事评论 shíshì pínglùn，政论 zhènglùn；新闻学 xīnwénxué，传播学 chuánbōxué

publizistisch *adj* 时事评论的 shíshì pínglùn de；新闻工作的 xīnwén gōngzuò de，大众传播的 dàzhòng chuánbō de

Pudding *m* -s, -e/-s 布丁（西餐中一种松软的甜点心）bùdīng

Pudel *m* -s, - 哈巴狗 hǎbagǒu，长卷毛狗 cháng juǎnmáo gǒu

Puder *m* -s, - 香粉 xiāngfěn，扑粉 pūfěn；药粉 yàofěn，粉剂 fěnjì

pudern *vt/r* 在…上搽粉 zài … shang cháfěn；扑粉 pūfěn，抹粉 mǒfěn

Puerto Rico 波多黎各 Bōduōlígè

Puertoricaner *m* -s, - 波多黎各人 bōduōlígèrén

Puff I *m* -(e)s, -e 碰 pèng，撞 zhuàng II *m* -(e)s, -e 放脏衣服的容器 fàng zāng yīfu de róngqì，桶 tǒng III *m/n* -(e)s, -s 妓院 jìyuàn

Puffer *m* -s, - 缓冲装置 huǎnchōng zhuāngzhì

Pufferstaat *m* 缓冲国 huǎnchōngguó

Puffmais *m* （爆好的）玉米花 yùmǐhuā

P

Puffmutter *f* 妓院老鸨 jìyuàn lǎobǎo，鸨母 bǎomǔ

Puffreis *m* 爆米花 bàomǐhuā

Pullover *m* -s，- 套头衫 tàotóushān，羊毛套衫 yángmáo tàoshān，绒线套衫 róngxiàn tàoshān

Puls *m* -es，-e 脉 mài，脉搏 màibó：jm den ～ fühlen 给某人按脉；脉冲 màichōng

Pulsader *f* 动脉 dòngmài

Pulsbeschleunigung *f* 心动过速 xīndòng guòsù

pulsen *vi* (脉搏、动脉的)跳动 tiàodòng，(血液)流动 liúdòng；诊脉 zhěnmài，量脉搏 liáng màibó

pulsieren *vi* ＝pulsen

Pult *n* -(e)s，-e 讲台 jiǎngtái；演讲台 yǎnjiǎngtái，指挥台 zhǐhuītái；斜面书桌 xiémiàn shūzhuō

Pulver *n* -s，- 粉 fěn，粉末 fěnmò；药粉 yàofěn；火药 huǒyào，炸药 zhàyào

Pulverfass *n* 火药桶 huǒyàotǒng

Pump *m* -(e)s，-e 借钱 jièqián，赊账 shēzhàng：auf ～ leben 靠借债度日

Pumpe *f* -，-n 泵 bèng，抽水机 chōushuǐjī；打气筒 dǎqìtǒng；心脏 xīnzàng

pumpen *vt/vi* 抽(水、气、油等) chōu，用泵抽 yòng bèng chōu；借 jiè：jm etw ～ 把某物借给某人；sich etw von jm ～ 向某人借某物

Punker ['paŋkə] *m* -s，- 朋客 péngkè，衣着发型奇特的年青人 yīzhuó fàxíng qítè de niánqīngrén；摇滚乐手 yáogǔnyuèshǒu

Punkrock ['pʌŋkrɔk] *m* 摇滚乐 yáogǔnyuè

Punkrocker *m* 摇滚乐手 yáogǔnyuèshǒu

Punkt *m* -(e)s，-e 点 diǎn；句号 jùhào；地方 dìfāng，地点 dìdiǎn；(比赛中的)分数 fēnshù，(得)分 fēn；准时 zhǔnshí，正点 zhèngdiǎn：die Versammlung beginnt ～9 Uhr 大会九点整开始；议题 yìtí，要点 yàodiǎn，项目 xiàngmù

Punktdiät *f* (逐点限量)节食法 jiéshífǎ

pünktlich *adj* 准时的 zhǔnshíde，准点的 zhǔndiǎnde，严守时刻的 yánshǒu shíkè de

Pünktlichkeit *f* - 准时 zhǔnshí，准点 zhǔndiǎn，严守时刻 yánshǒu shíkè

Pupille *f* -，-n 瞳孔 tóngkǒng

Puppe *f* -，-n 玩偶 wán'ǒu，玩具娃娃 wánjù wáwa；木偶 mù'ǒu；傀儡 kuǐlěi；人体模型 réntǐ móxíng，(服装)模特儿 mótèr；姑娘 gūniang，少女 shàonǚ

Puppenspiel *n* 木偶戏 mù'ǒuxì

pur *adj* 纯的 chúnde，纯粹的 chúncuìde：～es Gold 纯金；完全的 wánquánde

purgieren *vt* 通便 tōngbiàn，清肠 qīngcháng

Purgiermittel *n* 泻药 xièyào，通便药 tōngbiànyào

Purpur *m* -s 紫色 zǐsè，紫红色 zǐhóngsè；紫色衣料 zǐsè yīliào；紫衣 zǐyī：den ～ tragen 任红衣主教

purpurn *adj* 紫色的 zǐsède，紫红色的 zǐhóngsède

Purzelbaum *m* 跟斗 gēndou：einen ～ machen (或 schlagen，schließen) 翻一跟斗

purzeln *vi*(*s*) 打滚 dǎgǔn，跌倒 diēdǎo，摔倒 shuāidǎo

Puste *f* - 呼吸 hūxī：ich verlor die ～ 我喘不过气来

pusten I *vi* 气喘吁吁 qìchuǎn xūxū，喘气 chuǎnqì，喘息 chuǎnxī；吹气 chuīqì：ins Feuer ～ 吹火 II *vt* 吹 chuī，吹掉 chuīdiào：den Staub vom Tisch ～ 吹掉桌子上的灰尘

Pute *f* -，-n 雌吐绶鸡 cítǔshòujī，雌火鸡 cíhuǒjī；蠢婆娘 chǔnpóniáng

Puter *m* -s，- 雄吐绶鸡 xióngtǔshòujī，雄火鸡 xiónghuǒjī

Putsch *m* -(e)s，-e 暴动 bàodòng，叛乱 pànluàn；政变 zhèngbiàn

putschen *vi* 搞政变 gǎo zhèngbiàn；进行暴动 jìnxíng bàodòng

Putz *m* -es (涂墙用的)灰泥 huīní，灰浆 huījiāng；装饰品(物) zhuāngshìpǐn

putzen I *vt* 洗刷 xǐshuā，刷净 shuājìng，擦净 cājìng，擦亮 cāliàng II *rfl* 打扮 dǎban，装饰 zhuāngshì

Pyjama [py'dʒaːma 或 py'ʒaːma] *m/n* -s，-s 睡衣 shuìyī

Pyjamaparty [py'(d)ʒaːmapaːti] *F* 穿睡衣聚会 chuān shuìyī jùhuì

Pyramide *f* -，-n 金字塔 jīnzìtǎ；三角锥 sānjiǎozhuī，棱锥体 léngzhuītǐ；角锥体 jiǎozhuītǐ；角锥状物 jiǎozhuīzhuàngwù

Python *m* -s，-s 蟒蛇 mǎngshé

Q

Quabbel *m* -s 胶冻 jiāodòng，肉冻 ròudòng

quabblig *adj* 肉冻状的 ròudòngzhuàngde；松弛的 sōngchíde，松软的 sōngruǎnde；颤动的 chàndòngde

Quackelei *f* -，-en 唠叨 láodao，瞎扯 xiāchě，夸夸其谈 kuākuā qí tán

quackeln *vi* 唠叨 láodao，瞎扯 xiāchě；发牢骚 fā láosāo

Quacksalber *m* -s，- 江湖郎中 jiānghú lángzhōng，庸医 yōngyī

Quadrat *n* -(e)s，-e 正方形 zhèngfāngxíng；平方 píngfāng，二次幂 èrcìmì：das ～ von drei ist neun 3 的平方是 9；Pech im ～ haben 倒大霉

quadratisch *adj* 正方形的 zhèngfāngxíngde；平方的 píngfāngde，二次幂的 èrcìmìde

Quadratkilometer *n*（缩写为 qkm，符号为 km²）平方千米 píngfāng qiānmǐ，平方公里 píngfāng gōnglǐ

Quadratmeter *n*（缩写为 qm，符号为 m²）平方米 píngfāngmǐ，平方公尺 píngfāng gōngchǐ

Quadratschädel *m* 大头 dàtóu；顽固的人 wángùde rén，顽固脑袋 wángù nǎodai

Quadratwurzel *f* 平方根 píngfānggēn，二次根 èrcìgēn

Quadratzahl *f* 平方数 píngfāngshù，二次幂 èrcìmì

Quadrophonie *f* - 四声道立体声 sìshēngdào lìtǐshēng

quaken *vi*（蛙、鸭等）嘎嘎地叫 gāgāde jiào

quäken *vi*（婴儿）啼哭声 tíkūshēng，呱呱地啼哭 gūgūde tíkū

Qual *f* -，-en 痛苦 tòngkǔ，苦恼 kǔnǎo，折磨 zhémó：～en aushalten 忍受痛苦；jm eine ～ bereiten 给某人带来痛苦

quälen I *vt* 折磨 zhémó，使苦恼 shǐ kǔnǎo，使痛苦 shǐ tòngkǔ：die Kopfschmerzen ～ ihn sehr 头痛使他很痛苦 II *rfl* 受折磨 shòu zhémó，感到痛苦 gǎndào tòngkǔ，伤脑筋 shāngnǎojīn：er quält sich Tag und Nacht mit diesem Problem 他日夜为这个问题伤透脑筋；艰难地前进 jiānnánde qiánjìn：er quälte sich durch den hohen Schnee 他艰难地穿过深厚的雪地

quälend *adj* 痛苦的 tòngkǔde，折磨人的 zhémórénde

Quälerei *f* -，-en 痛苦 tòngkǔ，折磨 zhémó，苦恼 kǔnǎo；劳苦的工作 láokǔde gōngzuò，艰辛的劳动 jiānxīnde láodòng

Qualifikation *f* -，-en 培养 péiyǎng，进修 jìnxiū，深造 shēnzào；资格 zīgé，能力 nénglì；鉴定 jiàndìng，评定 píngdìng；合格证书 hégé zhèngshū，资格证书 zīgé zhèngshū

Qualifikationsrunde *f* 淘汰赛 táotàisài

qualifizieren I *vt* 鉴定 jiàndìng，评定 píngdìng；使具有资格 shǐ jùyǒu zīgé，使具有能力 shǐ jùyǒu nénglì；培养 péiyǎng，进修 jìnxiū；II *rfl* 具有能力 jùyǒu nénglì，获得资格 huòdé zīgé；进修 jìnxiū，提高 tígāo

qualifiziert *adj* 合格的 hégéde，有资格的 yǒu zīgé de，优良的 yōuliángde，有能力的 yǒu nénglì de；有技能的 yǒu jìnéng de，熟练的 shúliànde：～e Mehrheit 法定多数(票)

Qualifizierung *f* -，-en 资格 zīgé；鉴定 jiàndìng，评定 píngdìng；培养 péiyǎng，进修 jìnxiū

Qualifizierungslehrgang *m* 培训班 péixùnbān，业务进修班 yèwù jìnxiūbān

Qualifizierungsmaßnahme *f* 培训措施 péixùn cuòshī，进修措施 jìnxiū cuòshī

Qualifizierungsmöglichkeit *f* 进修机会 jìnxiū jīhuì，培训机会 péixùn jīhuì

Qualifizierungsplan *m* 培训计划 péixùn jìhuà，进修计划 jìnxiū jìhuà

Qualifizierungsvertrag *m* 进修协

议 jìnxiū xiéyì，培训合同 péixùn hétong

Qualität *f* -, -en 质 zhì；质量 zhìliàng，优质 yōuzhì；音质 yīnzhì，音色 yīnsè；品质 pǐnzhì，特性 tèxìng；技能 jìnéng，才能 cáinéng

qualitativ *adj* 质的 zhìde；质量的 zhìliàngde

Qualitätsabweichung *f* 质量不符 zhìliàng bùfú

Qualitätsarbeit *f* 精美工艺品 jīngměi gōngyìpǐn，优质品 yōuzhìpǐn

Qualitätsbescheinigung *f* 质量证书 zhìliàng zhèngshū

Qualitätsgarantie *f* 质量担保 zhìliàng dānbǎo

qualitätsgerecht *adj* 合格的 hégéde，符合质量要求的 fúhé zhìliàng yāoqiú de

Qualitätsmangel *m* 质量上的毛病 zhìliàngshangde máobìng，质量缺陷 zhìliàng quēxiàn

Qualitätsstahl *m* 优质钢 yōuzhìgāng，高级钢 gāojígāng

Qualitätsminderung *f* 质量降低 zhìliàng jiàngdī

Qualitätsware *f* 优质商品 yōuzhì shāngpǐn，高级商品 gāojí shāngpǐn

Qualle *f* -, -n 海蜇 hǎizhé，水母 shuǐmǔ

Qualm *m* -(e)s 浓烟 nóngyān，烟柱 yānzhù；争吵 zhēngchǎo，喧嚷 xuānrǎng

qualmen *vi/vt* 冒浓烟 mào nóngyān；抽烟 chōuyān，吸烟 xīyān

qualvoll *adj* 充满痛苦的 chōngmǎn tòngkǔ de，折磨人的 zhémórénde，极痛苦的 jí tòngkǔ de

Quant *n* -s, -en 量子 liàngzǐ

Quantenchemie *f* 量子化学 liàngzǐ huàxué

Quantenphysik *f* 量子物理学 liàngzǐ wùlǐxué

Quantität *f* -, -en 量 liàng，数量 shùliàng

quantitativ *adj* 量的 liàngde，数量的 shùliàngde

Quantum *n* -s, ...ten/...ta 量 liàng，定量 dìngliàng；份额 fèn'é

Quarantäne *f* -, -n 检疫 jiǎnyì；（对传染病的）隔离 gélí

Quarantänestation *f* -, -en 检疫站 jiǎnyìzhàn

Quark *m* -(e)s 酸凝乳 suānníngrǔ，酸奶酪 suānnǎilào；无足轻重的小事 wú zú qīng zhòng de xiǎo shì；废话 fèihuà，瞎扯 xiāchě，胡闹 húnào：von etw einen ～ verstehen 对某事一点也不懂；So ein ～！真是胡闹！

Quartal *n* -s, -e 季度 jìdù：erstes ～ 第一季度

Quartett *n* -(e)s, -e 四重唱 sìchóngchàng，四重奏 sìchóngzòu；四重唱（或四重奏）演出小组 sìchóngchàng yǎn-chū xiǎozǔ

Quartier *n* -s, -e 住处 zhùchù，寓所 yùsuǒ，住宿地 zhùsùdì；宿营地 sùyíngdì；（奥、瑞）城区 chéngqū，市区 shìqū

Quarz *m* -es, -e 石英 shíyīng，水晶 shuǐjīng

Quarzuhr *f* 石英表 shíyīngbiǎo，石英钟 shíyīngzhōng

quasi *adv* 似乎 sìhū，仿佛 fǎngfú；可以说 kěyǐ shuō

quasseln *vi* 唠叨 láodao，絮叨 xùdao，胡说八道 hú shuō bā dào，闲扯 xiánchě

Quasselstrippe *f*（谑称）电话（机）diànhuà：an der ～ hängen 打电话说个没完没了；饶舌者 ráoshézhě，喋喋不休的人 diédié bùxiū de rén

Quaste *f* -, -n 缨子 yīngzi，流苏 liúsū；（缨状的）毛束 máo shù，发束 fàshù

Quatsch *m* -es 胡说 húshuō，胡扯 húchě，废话 fèihuà：～ erzählen（或 verzapfen）讲废话；das ist ja alles ～ 这全是胡扯！傻事 shǎshì，蠢事 chǔnshì，胡闹 húnào：die Kinder machten nur ～ 这些孩子只会胡闹

quatschen *vi* 胡说 húshuō，闲聊 xiánliáo，瞎扯 xiāchě，胡说一通 húshuō yītòng

Quatschkopf *m* 喋喋不休的人 diédié bùxiū de rén

quatschnass *adj* 湿透的 shītòude，泥泞的 nínìngde

Quecksilber *n* -s 水银 shuǐyín，汞 gǒng：～ im Leib haben 生性好动，坐不住

quecksilbrig *adj* 似水银的 sì shuǐyín de，闪银光的 shǎn yínguāng de，活泼的 huópode，好动的 hàodòngde，坐不住的 zuòbuzhùde

Quelle *f* -, -n 泉 quán，源泉 yuánquán，水源 shuǐyuán；根源 gēnyuán，来源 láiyuán，原由 yuányóu，出处 chūchù：etw aus erster ～ wissen 从第一手材料得知某事

quellen* I *vi(s)* 流出 liúchū, 冒出 màochū, 涌出 yǒngchū: Blut quoll aus seiner Nase 血从他的鼻子里流出；涨起 zhàngqǐ; 泡涨 pàozhàng II *vt* 浸泡 jìnpào: die Bohnen ～ 浸泡豆子

Quellwasser *n* 泉水 quánshuǐ

quengeln *vi* (孩子)哀求 āiqiú, 泣求 qìqiú; 诉苦 sùkǔ, 埋怨 mányuàn

quer *adv* 横 héng, 横越 héngyuè, 横穿过 héngchuānguò: ～ über die Straße gehen 横穿马路; alles liegt kreuz und ～ 一切东西都乱七八糟地放着

Quere *f* - 横 héng, 横向 héngxiàng, 斜 xié, 倾斜 qīngxié: etw der ～ nach (或 nach der ～) durchschneiden 横切某物; jm in die ～ kommen (或 laufen) 偶遇某人, 挡住某人去路

querfeldein *adv* 越过田野 yuèguò tiányě

Querkopf *m* 怪僻的人 guàipìde rén, 固执的人 gùzhíde rén, 脾气古怪的人 píqi gǔguài de rén

querköpfig *adj* 古怪的 gǔguàide, 怪僻的 guàipìde, 顽固的 wángùde, 刚愎自用的 gāngbì zìyòng de

Querschnitt *m* 截面 jiémiàn, 横断面 héngduànmiàn; 概括 gàikuò, 概况 gàikuàng, 综览 zōnglǎn

Quertreiber *m* 蓄意破坏他人计划的人 xùyì pòhuài tārén jìhuà de rén, 捣乱的人 dǎoluànde rén

Querulant *m* -en, -en 爱发牢骚的人 ài fā láosāo de rén, 爱发怨言的人 ài fā yuànyán de rén

querulieren *vi* 发牢骚 fā láosāo, 埋怨 mányuàn, 抱怨 bàoyuàn

quetschen *vt* 压 yā, 榨 zhà, 挤 jǐ; 挤伤 jǐshāng, 压伤 yāshāng: sich die Finger ～ 压伤手指

Quibble ['kwibl] *n* -s, -s 遁词 dùncí, 文字游戏 wénzì yóuxì

quick *adj* 生气勃勃的 shēngqì bóbó de, 活泼的 huópode, 灵活的 línghuóde

Quickheit *f* - 生气勃勃 shēngqì bóbó, 活泼 huópo, 灵活 línghuó

quicklebendig *adj* 非常活跃的 fēicháng huóyue de, 十分活泼的 shífēn huópo de

Quickstep ['kvikstεp] *m* -s, -s 快步舞曲 kuàibù wǔqǔ

quietschen *vi* 发出刺耳的嘎吱声 fāchū cì'ěrde gāzhīshēng; 发出尖叫声 fāchū jiānjiàoshēng

Quintessenz *f* -, -en 本质 běnzhì, 核心 héxīn; 精华 jīnghuá; 结果 jiéguǒ

Quintett *n* -(e)s, -e 五重奏 wǔchóngzòu, 五重唱 wǔchóngchàng; 五重合奏者 wǔchóng hézòuzhě, 五重合唱者 wǔchóng héchàngzhě

quirlen *vt/vi* 搅拌 jiǎobàn, 搅和 jiǎohuo; 旋转 xuánzhuǎn

Quisling *m* -s, -e 内奸 nèijiān, 卖国贼 màiguózéi

quitt *adj* (只与 sein 连用)结清 jiéqīng, 两讫 liǎngqì: mit jm ～ sein 与某人结清账目, 与某人一刀两断

quittieren *vt* 签收 qiānshōu, 签字证明收到 qiānzì zhèngmíng shōudào

Quittung *f* -, -en 收据 shōujù, 发票 fāpiào: jm eine ～ über 400 Yuan geben 开给某人一张 400 多元的收据; (不愉快的)回报 huíbào, 报应 bàoyìng

Quiz [kvis] *n* -, - (电视、电台中的)知识测验 zhīshi cèyàn, 答问比赛 dáwèn bǐsài

Quizfrage *f* (电视、电台举办的)智力竞赛题 zhìlì jìngsài tí

Quizmaster *m* (电视、电台举办的)智力竞赛主持人 zhìlì jìngsài zhǔchírén

Quizsendung *f* (电视、电台举办的)智力竞赛节目 zhìlì jìngsài jiémù

Quizteam ['kvizti:m] *n* (电视中的)智力竞赛小组 zhìlì jìngsài xiǎozǔ

Quote *f* -, -n 比例 bǐlì, 份额 fèn'é; 定额 dìng'é, 分配额 fēnpèi'é; 限额 xiàn'é

quotieren *vt* 报…的价 bào … de jià, 开…的价 kāi … de jià

Quotierung *f* 报价 bàojià, 开价 kāijià

quotisieren *vt* (按份额)分配 fēnpèi, 分派 fēnpài

Q

R

Rabatt *m* -(e)s, -e 折扣 zhékòu,价格优惠 jiàgé yōuhuì
Rabauke *m* -n, -n 粗野的人 cūyěde rén,蛮横的家伙 mánhèngde jiāhuo
Rabe *m* -n, -n 乌鸦 wūyā: ein weißer ~ 稀有的东西,例外现象
Rabenaas *n* 流氓 liúmáng,无赖 wúlài,二流子 èrliúzi
Rabeneltern *pl* 狠心肠的父母 hěnxīnchángde fùmǔ
rabenschwarz *adj* 乌黑的 wūhēide,墨黑的 mòhēide,漆黑的 qīhēide
rabiat *adj* 暴怒的 bàonùde,狂怒的 kuángnùde;粗暴的 cūbàode,野蛮的 yěmánde
Rache *f* - 报仇 bàochóu,复仇 fùchóu;报复 bàofù: ~ üben 报复; an jm ~ nehmen 对某人进行报复
Rachen *m* -s, - 喉 hóu,咽 yàn,喉头 hóutóu: Halt den ~! 闭嘴!
rächen *vt/rfl* 报复 bàofù,报仇 bàochóu: jn [etw] ~ 为某人[某事]报仇; sich an jm ~ 对某人进行报复;产生恶果 chǎnshēng èguǒ: sein Leichtsinn rächte sich 他的轻率产生了不良后果
Rack-Jobber ['ræk 'dʒɔbər] *m* -s, - 租摊位者 zū tānwèi zhě
Rackjobbing [ræk'dʒɔbiŋ] *n* -s, -s 租摊位推销产品 zū tānwèi tuīxiāo chǎnpǐn,租摊直销 zū tān zhíxiāo
Rad *n* -(e)s, ⸚e 车轮 chēlún,轮盘 lúnpán: unter die Räder kommen (或 geraten) 堕落,毁灭;齿轮 chǐlún;自行车 zìxíngchē
Radar *n/m* -s, -e 雷达 léidá;雷达设备 léidá shèbèi,雷达装置 léidá zhuāngzhì
Radarabtastung *f* 雷达扫描 léidá sǎomiáo
Radarstation *f* 雷达站 léidázhàn
Radartechnik *f* 雷达技术 léidá jìshù
Radarturm *m* 雷达塔 léidátǎ
Radarwelle *f* 雷达波 léidábō
Radau *m* -s 喧哗 xuānhuá,吵闹 chǎonào
radebrechen* *vi/vt* 结结巴巴地说(一种外语) jiējiēbabade shuō
radeln *vi(s)* (口、谑)骑自行车 qí zìxíngchē
Radfahren* *vi(s)* 骑自行车 qí zìxíngchē
Radfahrer *m* 骑自行车的人 qí zìxíngchē de rén
Radfahrweg *m* 自行车道 zìxíngchēdào
radieren I *vi* 擦 cā,刮 guā II *vt* 擦去 cāqù,刮掉 guādiào;蚀刻 shíkè,侵蚀 qīnshí
Radiergummi *m* 橡皮 xiàngpí
Radierung *f* -, -en 蚀刻 shíkè,蚀刻法 shíkèfǎ;蚀刻版 shíkèbǎn,蚀刻画 shíkèhuà
Radieschen *n* -s, - 小红萝卜 xiǎo hóngluóbo,小洋萝卜 xiǎo yángluóbo
radikal *adj* 彻底的 chèdǐde,根本的 gēnběnde;过急的 guòjíde,激进的 jījìnde;无情的 wúqíngde,残忍的 cánrěnde
radikalisieren *vt* 使激化 shǐ jīhuà,使极端化 shǐ jíduānhuà
Radikalismus *m* - 极端主义 jíduān zhǔyì;激进主义 jījìn zhǔyì,过激主义 guòjī zhǔyì
Radio *n* -s, -s 收音机 shōuyīnjī;无线电 wúxiàndiàn;无线电广播 wúxiàndiàn guǎngbō;广播电台 guǎngbō diàntái: ~ hören 听广播
radioaktiv *adj* 放射性的 fàngshèxìngde,放射性引起的 fàngshèxìng yǐnqǐ de
Radioaktivität *f* 放射性 fàngshèxìng;放射现象 fàngshè xiànxiàng
Radioapparat *m* 无线电收音机 wúxiàndiàn shōuyīnjī
Radiologe *m* -n, -n 放射科医生 fàngshèkē yīshēng;放射学家 fàngshèxuéjiā
Radiologie *f* - 放射学 fàngshèxué
Radiorecorder *m* 收录两用机 shōulù liǎngyòngjī
Radiosendung *f* 无线电发射 wúxiàn-

diàn fāshè;广播 guǎngbō
Radium *n* -s 镭 léi
Radiumtherapie *f* 镭(放射)疗法 léliáofǎ
Radius *m* -, ...ien 半径 bànjìng,半径距离 bànjìng jùlí,半径范围 bànjìng fànwéi;续航力 xùhánglì;桡骨 ráogǔ
Radmantel *m* (车轮)外胎 wàitāi
Radrennen *n* 自行车比赛 zìxíngchē bǐsài
Radrennfahrer *m* (参赛的)自行车运动员 zìxíngchē yùndòngyuán
raffen *vt* 撩 liáo,提起 tíqǐ,挽起 wǎnqǐ;快速抓起 kuàisù zhuāqǐ;夺取 duóqǔ,搜刮 sōuguā,攫取 juéqǔ;给…打摺裥 gěi … dǎ zhéjiǎn
Raffgier *f* 贪心 tānxīn,贪婪 tānlán,贪财欲 tāncáiyù,贪得无厌 tān dé wú yàn
raffgierig *adj* 贪心的 tānxīnde,贪得无厌的 tān dé wú yàn de,贪图私利的 tāntú sīlì de
Raffinade *f* -, -n 精白糖 jīngbáitáng,细砂糖 xìshātáng
Raffinement *n* -s, -s 精制 jīngzhì,精炼 jīngliàn;精致 jīngzhì,完美 wánměi;狡猾 jiǎohuá,诡诈 guǐzhà,阴险 yīnxiǎn
Raffinerie *f* -, -n 精炼厂 jīngliànchǎng,提炼厂 tíliànchǎng;炼油厂 liànyóuchǎng;糖厂 tángchǎng
raffinieren *vt* 精炼 jīngliàn,精制 jīngzhì,提炼 tíliàn: Zucker ~ 精制糖; Erdöl ~ 提炼石油
raffiniert *adj* 刁钻的 diāozuānde,狡猾的 jiǎohuáde,诡计多端的 guǐjì duōduān de;巧妙的 qiǎomiàode,精心策划的 jīngxīn cèhuà de,精心设计的 jīngxīn shèjì de
Rage *f* - 发火 fāhuǒ,暴怒 bàonù,发怒 fānù: in ~ kommen (或 geraten) 大发脾气; in der ~ 急匆匆
ragen *vi* 突出 tūchū,耸立 sǒnglì: der Turm ragt zum Himmel 钟楼高耸云天
Ragout [ra'gu:] *n* -s, -s 五香肉丁 wǔxiāng ròudīng,五香鱼片 wǔxiāng yúpiàn;浓味肉末 nóng wèi ròumò,浓味鱼末 nóng wèi yúmò
Rahm *m* -(e)s 奶油 nǎiyóu,乳脂 rǔzhī
rahmen *vt* 配框架 pèi kuàngjià,配镜架 pèi jìngjià,镶框 xiāng kuàng: eine Photographie ~ 给一张照片配上镜框
Rahmen *m* -s, - 框 kuàng,框架 kuàngjià;范围 fànwéi,范畴 fànchóu: im ~ 在…范围内;环境 huánjìng,气氛 qìfēn;底盘 dǐpán,车架 chējià;句框 jùkuàng
Rain *m* -(e)s -e 田埂 tiángěng,阡陌 qiānmò
Rakete *f* -, -n 导弹 dǎodàn;火箭 huǒjiàn,火箭发动机 huǒjiàn fādòngjī: eine ~ um die Erde (ab)schießen (或 schicken) 发射一枚围绕地球运转的火箭
Raketenabschussbasis *f* 火箭发射基地 huǒjiàn fāshè jīdì,火箭发射场 huǒjiàn fāshèchǎng
Raketenabschussrampe *f* 火箭发射台 huǒjiàn fāshètái,火箭发射装置 huǒjiàn fāshè zhuāngzhì
Raketenabwehr *f* 反导弹 fǎndǎodàn
Raketenabwehrgeschütz *n* 反火箭炮 fǎnhuǒjiànpào
Raketenauto *n* 火箭发动机汽车 huǒjiàn fādòngjī qìchē
raketenbestückt *adj* 载有火箭的 zǎi yǒu huǒjiàn de,载有导弹的 zǎi yǒu dǎodàn de
Raketenendstufe *f* 最后一级火箭 zuìhòu yījí huǒjiàn
Raketenflugzeug *n* 火箭飞机 huǒjiàn fēijī
Raketenforschung *f* 火箭学 huǒjiànxué,导弹学 dǎodànxué
Raketengefechtskopf *m* 导弹弹头 dǎodàn dàntóu
Raketengeschütz *n* 火箭炮 huǒjiànpào
raketengetrieben *adj* 由火箭推进的 yóu huǒjiàn tuījìn de,以火箭为动力的 yǐ huǒjiàn wéi dònglì de
Raketenkernsprengkopf *m* 导弹核弹头 dǎodàn hédàntóu
Raketenkernwaffen *pl* 导弹核武器 dǎodàn héwǔqì
Raketenkreuzer *m* 导弹巡洋舰 dǎodàn xúnyángjiàn
Raketenmeiler *m* 核火箭反应堆 héhuǒjiàn fǎnyìngduī
Raketenmotor *m* 火箭发动机 huǒjiàn fādòngjī
Raketenschub *m* 火箭推力 huǒjiàn tuīlì
Raketenstation *f* 火箭基地 huǒjiàn jīdì
Raketenträger *m* 火箭运载工具 huǒjiàn yùnzài gōngjù
Raketen-U-Boot *n* 导弹潜艇 dǎodàn

R

qiántǐng
Raketenwaffe *f* 火箭武器 huǒjiàn wǔqì
Raketenwerfer *m* 火箭筒 huǒjiàntǒng,火箭发射装置 huǒjiàn fāshè zhuāngzhì
Raketenzeitalter *n* 火箭时代 huǒjiàn shídài
Raketenzentrum *n* 火箭发射中心 huǒjiàn fāshè zhōngxīn,导弹基地 dǎodàn jīdì
Raketenzerstörer *m* 导弹驱逐舰 dǎodàn qūzhújiàn
rammen *vt* 夯入 hāngrù,把…打进地里 bǎ… dǎjìn dìlǐ;用力撞击 yònglì zhuàngjī,撞坏 zhuànghuài
Rampe *f* -, -n 坡道 pōdào,斜坡 xiépō;装卸台 zhuāngxiètái,装车平台 zhuāngchē píngtái;舞台前沿 wǔtái qiányán
Rampenlicht *n* 脚灯灯光 jiǎodēng dēngguāng
ramponieren *vi* 严重损坏 yánzhòng sǔnhuài
Ramsch *m* -es 劣质品 lièzhìpǐn,次品 cìpǐn;破烂货 pòlànhuò
Rand *m* -es, ⸚er 边 biān,边缘 biānyuán;城市边缘 chéngshì biānyuán;(纸)边 biān,边空 biānkòng: außer ～ und Band geraten (或 sein) 高兴得忘乎所以;etw am ～e erwähnen 顺便提及某事
Randerscheinung *f* 次要现象 cìyào xiànxiàng,附带现象 fùdài xiànxiàng
Randgebiet *n* 边区 biānqū,边疆 biānjiāng;边缘学科 biānyuán xuékē
Randperson *f* 社会底层的人 shèhuì dǐcéng de rén
Rang *m* -(e)s, ⸚e 等级 děngjí,级别 jíbié,类别 lèibié;头衔 tóuxián;(剧场的)楼厅 lóutīng;名次 míngcì,排名 páimíng
rangieren [rã'ʒi:rən] I *vt* 调度 diàodù,转轨 zhuǎnguǐ: den Zug ～ 列车调轨 II *vi* (火车)调轨 diàoguǐ;名列 mínglie,排列 páiliè,排位 páiwèi: er rangiert im Dienstalter hinter mir 他服务年限比我短
Rangklasse *f* 等级 děngjí,级别 jíbié
Rangstreit *m* 争名次 zhēng míngcì,争地位 zhēng dìwèi
Ranke *f* -, -n (植物的)卷须 juǎnxū,蔓 màn
Ränke *pl* 阴谋 yīnmóu: ～ schmieden 策划阴谋
ranken I *rfl* 攀缘生长 pānyuán shēngzhǎng II *vi* (植物)长蔓 zhǎng màn,蔓生 mànshēng
Ranzen *m* -s, - 书包 shūbāo,背包 bèibāo,背囊 bèináng;大肚皮 dà dùpí
ranzig *adj* (油脂)有哈喇味的 yǒu hālawèi de
rapide *adj* 迅速的 xùnsùde,迅猛的 xùnměngde,飞快的 fēikuàide
Rappe *m* -n, -n 黑马 hēimǎ: auf Schusters ～n 步行
Raps *m* -es 油菜 yóucài,油菜子 yóucàizǐ
Rapsöl *n* 菜油 càiyóu
rar *adj* 少见的 shǎojiànde,稀有的 xīyǒude,罕见的 hǎnjiànde: eine ～e Gelegenheit 一次难得的机会; sich ～ machen 难得露面;短缺的 duǎnquēde
Rarität *f* -, -en 稀罕 xīhan,稀有 xīyǒu;稀罕的珍品 xīhande zhēnpǐn,罕见的东西 hǎnjiànde dōngxi
rasant *adj* 飞快的 fēikuàide,迅速的 xùnsùde,飞速的 fēisùde
rasch *adj* 快速的 kuàisùde,迅速的 xùnsùde,快的 kuàide
rascheln *vi* 沙沙作响 shāshā zuòxiǎng: ich hörte etwas hinter den Büschen ～ 我听到有东西在灌木丛后沙沙作响
rasen *vi* I (*s*) 疾驰 jíchí,奔跑 bēnpǎo II (*h*) 大怒 dànù,狂怒 kuángnù: vor Wut ～ 大光其火,怒不可遏
Rasen *m* -s, - 草地 cǎodì,草坪 cǎopíng
rasend I *adj* 飞快的 fēikuàide,迅速的 xùnsùde;猛烈的 měngliède,强烈的 qiángliède: in ～er Eile 急匆匆地; Mach mich nicht ～! 别惹我发火! II *adv* 很 hěn,非常 fēicháng: er ist ～ eifersüchtig 他妒忌得不得了
Rasenmäher *m* 割草机 gēcǎojī
Rasierapparat *m* 剃须刀具 tìxū dāojù
rasieren *vt* /*rfl* 刮胡子 guāhúzi,修面 xiūmiàn,剃毛发 tì máofà: jn [sich] ～ 替某人[自己]刮胡须
Rasierklinge *f* 剃须刀片 tìxū dāopiàn
Rasierkrem *f* 剃须膏 tìxūgāo
Rasiermesser *n* 剃刀 tìdāo,刮胡子刀 guāhúzidāo
Rasierwasser *n* 修面后用的香露 xiūmiàn hòu yòng de xiāng lù
Rasierzeug *n* 刮脸用具 guāliǎn yòngjù
räsonieren *vi* 谩骂 mànmà,大发牢骚 dà fa láosāo;说多余的话 shuō duōyúde huà

Rasse *f* -, -n 物种 wùzhǒng,品种 pǐnzhǒng;人种 rénzhǒng,种族 zhǒngzú
Rassendiskriminierung *f* 种族歧视 zhǒngzú qíshì
Rassenfrage *f* 种族问题 zhǒngzú wèntí
Rassenhass *m* 种族仇恨 zhǒngzú chóuhèn
Rassentrennung *f* 种族隔离 zhǒngzú gélí
Rassenunruhen *pl* 种族骚乱 zhǒngzú sāoluàn
rassig *adj* 良种的 liángzhǒngde,纯种的 chúnzhǒngde;热情的 rèqíngde,活泼的 huópode,充满活力的 chōngmǎn huólì de
rassisch *adj* 种族的 zhǒngzúde,人种的 rénzhǒngde
Rassismus *m* - 种族主义 zhǒngzú zhǔyì
Rast *f* -, -en 休息 xiūxi,歇息 xiēxi: ohne ~ und Ruhe 片刻都不休息; eine kurze ~ halten 休息片刻
rasten *vi* 休息 xiūxi,歇脚 xiējiǎo
rastlos *adj* 不知疲劳的 bùzhī píláo de,不休息的 bù xiūxide
Rat *m* -(e)s, ⸚e 忠告 zhōnggào,劝告 quàngào;建议 jiànyì,点子 diǎnzi,主意 zhǔyi: jm einen ~ geben (或 erteilen) 给某人出个主意; keinen ~ (mehr) wissen 不知所措;商量 shāngliáng,协商 xiéshāng;参议会 cānyìhuì,委员会 wěiyuánhuì,顾问 gùwèn,参事 cānshì
Rate *f* -, -n (分期付款的)期 qī,数额 shù'é: auf ~n kaufen 以分期付款购买; in ~n zahlen 分期付款
raten* I *vi* 劝告 quàngào,忠告 zhōnggào,建议 jiànyì: jm ~, etw zu tun 建议某人做某事 II *vt /vi* 猜 cāi,猜测 cāicè: ein Rätsel ~ 猜一谜语; richtig [falsch] ~ 猜对[错]
Ratenkauf *m* 以分期付款方式购买 yǐ fēnqī fùkuǎn fāngshì gòumǎi
Ratenzahlung *f* 分期付款 fēnqī fùkuǎn
Ratgeber *m* 劝告者 quàngàozhě,建议者 jiànyìzhě,忠告者 zhōnggàozhě;顾问 gùwèn
Rathaus *n* 市政府 shìzhèngfǔ,市政厅 shìzhèngtīng,市议会 shìyìhuì
Ratifikation *f* -, -en 批准 pīzhǔn,认可 rènkě
ratifizieren *vt* 批准 pīzhǔn,通过 tōngguò: einen Vertrag ~ 批准一项条约
Rating ['reitiŋ] *n* -s, -s (心理学)分析 fēnxī;评估 pínggū
Ration *f* -, -en 定量 dìngliàng,一份 yīfèn;配给物 pèijǐwù;给养 jǐyǎng,口粮 kǒuliáng: eiserne ~ 供紧急需要的储备粮
rational *adj* 明智的 míngzhìde,理性的 lǐxìngde;合理的 hélǐde
rationalisieren *vt* 使合理化 shǐ hélǐhuà,合理安排 hélǐ ānpái
Rationalisierung *f* -, -en 合理化 hélǐhuà,合理安排 hélǐ ānpái
Rationalismus *m* 理性主义 lǐxìng zhǔyì,唯理论 wéilǐlùn
rationalistisch *adj* 理性主义的 lǐxìng zhǔyì de,唯理论的 wéilǐlùn de
rationell *adj* 合理的 hélǐde,效率高的 xiàolǜ gāode: ~ arbeiten [verfahren] 合理地工作[处理];经济的 jīngjìde,合算的 hésuànde
ratlos *adj* 束手无策的 shùshǒu wú cè de,不知所措的 bù zhī suǒ cuò de,毫无办法的 háo wú bànfǎ de,一筹莫展的 yī chóu mò zhǎn de
ratsam *adj* 合适的 héshìde,值得推荐的 zhíde tuījiàn de,可取的 kěqǔde
Ratschlag *m* -(e)s, ⸚e 忠告 zhōnggào,劝告 quàngào;建议 jiànyì,意见 yìjiàn
Rätsel *n* -s, - 谜语 míyǔ;谜团 mítuán: vor einem ~ stehen 面对着一个谜,对某事困惑不解
rätselhaft *adj* 神秘的 shénmìde,难以捉摸的 nányǐ zhuōmō de,谜一般的 míyībānde,费解的 fèijiěde
rätseln *vi* 猜 cāi,猜测 cāicè,推测 tuīcè
Ratte *f* -, -n 鼠 shǔ,耗子 hàozi
rattern *vi*(*h/s*) 发叮当声 fā dīngdāngshēng,格格作响 gégé zuòxiǎng,嗒嗒作响 dādā zuòxiǎng
Raub *m* -(e)s 掠夺 lüèduó,抢掠 qiǎnglüè;掠夺物 lüèduówù,掠获品 lüèhuòpǐn
Raubausgabe *f* 盗版(出版物) dàobǎn
Raubbau *m* 滥施采掘 lànshī cǎijué,掠夺性开采 lüèduóxìng kāicǎi;滥伐 lànfá
Raubehe *f* 抢亲 qiǎngqīn
rauben *vt* 掠夺 lüèduó,抢劫 qiǎngjié: jm Geld ~ 抢某人钱;劫持 jiéchí,拐走 guǎizǒu;剥夺 bōduó
Räuber *m* -s, - 强盗 qiángdào,土匪 tǔfěi;骗子 piànzi,拐子 guǎizi: unter die

～ fallen (或 geraten) 遭抢劫，被人欺骗(或利用)

Räuberei *f* -，-en 掠夺 lüèduó，抢劫 qiǎngjié

räuberisch *adj* 掠夺的 lüèduóde，强盗般的 qiángdàobānde，好抢劫的 hào qiǎngjié de

raubgierig *adj* 贪婪的 tānlánde，掠夺成性的 lüèduó chéngxìng de

Raubkrieg *m* 掠夺战争 lüèduó zhànzhēng

Raubmord *m* 谋财害命 móucái hàimìng，杀人抢劫 shārén qiǎngjié

Raubmörder *m* 谋财害命的凶手 móucái hàimìng de xiōngshǒu

Raubschiff *n* 海盗船 hǎidàochuán

Raubtier *n* 猛兽 měngshòu，食肉动物 shíròu dòngwù

Raubüberfall *m* 抢劫 qiǎngjié，打劫 dǎjié，拦劫 lánjié

Raubvögel *pl* 猛禽 měngqín，食肉禽 shíròuqín

Raubzug *m* 强盗行径 qiángdào xíngjìng

Rauch *m* -(e)s 烟 yān，烟雾 yānwù：kein ～ ohne Flamme 无风不起浪

Rauchbombe *f* 烟幕弹 yānmùdàn

rauchen I *vt* 抽(烟) chōu，吸(烟) xī：Zigaretten ～ 抽香烟 II *vi* 吸烟 xīyān；冒烟 màoyān：es raucht in der Küche 厨房里在冒烟

Rauchen *n* -s 吸烟 xīyān，抽烟 chōuyān：sich das ～ abgewöhnen 戒烟；～ verboten! 禁止吸烟!

Raucher *m* -s，- 吸烟的人 xīyānde rén；(可)吸烟(的)车厢 xīyān chēxiāng

Raucherabteil *n* (可)吸烟(的)车厢 xīyān chēxiāng

Räucherfisch *m* 熏鱼 xūnyú

Räuchergefäß *n* 香炉 xiānglú

räuchern I *vt* 熏 xūn，熏制 xūnzhì，熏蒸 xūnzhēng，烟熏 yānxūn II *vi* 用…熏 yòng … xūn；点香 diǎnxiāng

Räucherstäbchen *n* 线香 xiànxiāng

Räucherwaren *pl* 熏制食品(如熏鱼、熏肉等) xūnzhì shípǐn

Rauchfleisch *m* 熏肉 xūnròu

Rauchglas *n* 烟色玻璃 yānsè bōlí

rauchlos *adj* 无烟的 wúyānde

Rauchmaske *f* (消防队员用的)防毒面具 fángdú miànjù

Rauchverbot *n* 禁烟 jìnyān

Rauchwaren *pl* 烟草制品(如香烟、雪茄、烟丝等) yāncǎo zhìpǐn；皮货 píhuò，毛皮制品 máopí zhìpǐn

räudig *adj* (兽类)患疥疮的 huàn jièchuāng de：ein ～es Schaf 害群之马，败类；令人讨厌的 lìng rén tǎoyàn de

raufen I *vt* 拉 lā，扯 chě，拔 bá：Unkraut aus der Erde ～ 拔地里的野草；sich die Haare ～ 非常愤怒，怒不可遏 II *vi/rfl* 厮打 sīdǎ，扭打 niǔdǎ，殴斗 ōudòu

Rauferei *f* -，-en 殴斗 ōudòu，扭打 niǔdǎ，厮打 sīdǎ

rauh *adj* 粗糙的 cūcāode，不光滑的 bù guānghuáde；生硬的 shēngyìngde，粗暴的 cūbàode，恶劣的 èliède；阴冷的 yīnlěngde，刺骨的 cìgǔde；沙哑的 shāyǎde

Rauhreif *m* 白霜 báishuāng

Raum *m* -(e)s，¨-e 室 shì，房间 fángjiān；空间 kōngjiān，地位 dìwèi，地方 dìfāng，地盘 dìpán：jm freien ～ lassen 给某人自由活动的余地；太空 tàikōng，宇宙 yǔzhòu；容积 róngjī；可能性 kěnéngxìng，机会 jīhuì：etw steht im ～ 某事有待解决

Raumanzug *m* 宇宙服 yǔzhòufú

Raumbild *n* 立体照片 lìtǐ zhàopiàn

räumen *vt* 腾出 téngchū，腾空 téngkōng；搬开 bānkāi，拿走 názǒu：das Geschirr vom Tisch ～ 把餐具从桌上拿走；离开 líkāi，让出 ràngchū；清除 qīngchú，排除 páichú：etw aus dem Weg ～ 清除某物

Räumer *m* -s，- 清洁工 qīngjiégōng，打扫工 dǎsǎogōng

Raumfahrer *m* 宇航员 yǔhángyuán

Raumfahrt *f* 宇宙航行 yǔzhòu hángxíng；宇航学 yǔhángxué，航天学 hángtiānxué

Raumfahrtbehörde *f* 航天局 hángtiānjú，宇航局 yǔhángjú

Raumfahrtindusrie *f* 航天工业 hángtiān gōngyè

Raumfahrttechnik *f* 航天技术 hángtiān jìshù

Raumfilm *m* 立体电影 lìtǐ diànyǐng

Raumflieger *m* 宇航员 yǔhángyuán

Raumflug *m* 太空轨道飞行 tàikōng guǐdào fēixíng

Raumforschung *f* 宇宙研究 yǔzhòu yánjiū，航天研究 hángtiān yánjiū，宇航学 yǔhángxué；区域考察 qūyù kǎochá

Raumgestaltung *f* 室内装修 shìnèi zhuāngxiū，室内陈设布置 shìnèi chénshè

bùzhì
Rauminhalt *m* 容积 róngjī,体积 tǐjī
Raumkaspel *f* 宇宙(密封)舱 yǔzhòucāng
Raumkunst *f* 室内装饰艺术 shìnèi zhuāngshì yìshù
räumlich *adj* 空间的 kōngjiānde;立体的 lìtǐde
Raumordnung *f* 国土整治 guótǔ zhěngzhì,土地规划 tǔdì guīhuà
Raumpendler *m* (为宇宙空间站送供给的)航天飞机 hángtiān fēijī
Raumplaner *m* 国土整治工作者 guótǔ zhěngzhì gōngzuòzhě,国土规划工作者 guótǔ guīhuà gōngzuòzhě
Raumschiff *n* 宇宙飞船 yǔzhòu fēichuán,星际飞船 xīngjì fēichuán: ein ～ starten 发射一宇宙飞船
Raumstation *f* 宇宙空间站 yǔzhòu kōngjiānzhàn,航天站 hángtiānzhàn
Raumtemperatur *f* 室内温度 shìnèi wēndù
Raumtransporter *m* 航天飞机 hángtiān fēijī
Räumung *f* - 出清 chūqīng,出空 chūkōng;迁出 qiānchū;打扫 dǎsǎo,清除 qīngchú
raunen *vt* 轻轻地说 qīngqīngde shuō,低声说 dīshēng shuō: jm etw ins Ohr ～ 低声地把某事告诉某人
Raupe *f* -, -n 幼虫 yòuchóng,毛虫 máochóng,蠋 zhú: ～n im Kopf haben 有古怪念头
Raupenschlepper *m* 履带式拖拉机(或牵引机) lǚdàishì tuōlājī
Rausch *m* -(e)s, ⸚e 酒醉 jiǔ zuì,醉意 zuìyì;兴奋 xīngfèn,陶醉 táozuì
rauschen *vi* 沙沙作响 shāshā zuòxiǎng,发呼啸声 fā hūxiào shēng,作澎湃声 zuò péngpài shēng;呼啸而过 hūxiào'érguò;迅速而引人注目地离开 xùnsù ér yǐn rén zhùmù de líkāi: sie rauschte wütend aus dem Zimmer 她愤愤地走出房间
Rauschgift *n* 麻醉毒品 mázuì dúpǐn
räuspern *rfl* 清清嗓子 qīngqīng sǎngzi;作低咳声 zuò dīkéshēng,轻咳 qīngké
rausschmeißen* *vt* 扔掉 rēngdiào,扔出 rēngchū;把…撵出去 bǎ … niǎnchūqù
Razzia *f* -, ...zien 搜捕 sōubǔ,突击搜查 tūjī sōuchá

Reader [ˈriːdɐ] *m* -s, - 读物 dúwù
reagieren *vi* 起反应 qǐ fǎnyìng,起作用 qǐ zuòyòng: auf etw ～ 对某事作出反应
Reaktion *f* -, -en 反应 fǎnyìng,反作用 fǎnzuòyòng;反动 fǎndòng;反动派 fǎndòngpài
reaktionär *adj* 反动的 fǎndòngde
Reaktionär *m* -s, -e 反动派 fǎndòngpài,反动分子 fǎndòng fènzǐ
reaktivieren *vt* 使复职 shǐ fùzhí;使恢复 shǐ huīfù;使复活 shǐ fùhuó;使复发 shǐ fùfā
Reaktivierung *f* - 复职 fùzhí;恢复 huīfù;复活 fùhuó;复发 fùfā
Reaktor *m* -s, -en 核反应堆 héfǎnyìngduī;反应器 fǎnyìngqì
Reaktorgift *f* 反应堆中毒 fǎnyìngduī zhòngdú
Reaktorkern *n* 反应堆芯 fǎnyìngduīxīn
Reaktorphysik *f* 反应堆物理学 fǎnyìngduī wùlǐxué
real *adj* 现实的 xiànshíde,实际的 shíjìde;实物的 shíwùde
Realeinkommen *n* 实际收入 shíjì shōurù
realisierbar *adj* 可以实现的 kěyǐ shíxiàn de,切实可行的 qièshí kěxíng de;可变为现金 kě biànwéi xiànjīn
realisieren *vt* 使实现 shǐ shíxiàn: einen Plan ～ 实现一项计划;换成现金 huàn chéng xiànjīn,把…变为现钱 bǎ … biànwéi xiànqián
Realismus *m* - (文艺的)现实主义 xiànshí zhǔyì,写实主义 xiěshí zhǔyì;实在论 shízàilùn
Realist *m* -en, -en 现实主义者 xiànshí zhǔyì zhě;讲究实际的人 jiǎngjiu shíjì de rén;实在论者 shízàilùnzhě
realistisch *adj* 现实的 xiànshíde,实际的 shíjìde;现实主义的 xiànshí zhǔyì de;逼真的 bīzhēnde;实在论的 shízàilùnde
Realität *f* -, -en 现实 xiànshí,真实 zhēnshí;事实 shìshí,实际情况 shíjì qíngkuàng: von den ～en ausgehen 从实际出发
Realkapital *n* 实际资本 shíjì zīběn,实物资本 shíwù zīběn
Realkontrakt *m* 实物抵押合同 shíwù dǐyā hétong
Reallohn *m* 实际工资 shíjì gōngzī
Realrecht *n* 地产权 dìchǎnquán

R

Realschule *f* 中级中学 zhōngjí zhōngxué,实用中学 shíyòng zhōngxué
Realsteuer *f* 财产税(如地产税等) cáichǎnshuì
Realwert *m* 实际价值 shíjì jiàzhí
Rebe *f* -, -n 葡萄藤 pútáoténg,葡萄枝蔓 pútáo zhīmàn
Rebell *m* -en, -en 造反者 zàofǎnzhě,叛逆者 pànnìzhě,反叛者 fǎnpànzhě
rebellieren *vi* 叛逆 pànnì,反抗 fǎnkàng,造反 zàofǎn
Rebellion *f* -, -en 叛逆 pànnì,反抗 fǎnkàng,造反 zàofǎn
rebellisch *adj* 叛逆的 pànnìde,反抗的 fǎnkàngde,造反的 zàofǎnde
Rebhuhn *n* 山鹑 shānchún,鹧鸪 zhègū
Rechen *m* -s, - 耙 pá,钉耙 dīngpá;(排成一列的)挂衣钩 guàyīgōu;(阻止污物流过的)格栅 géshān
Rechenautomat *m* 自动计算机 zìdòng jìsuànjī
Rechenbrett *n* 算盘 suànpán
Rechenmaschine *f* 计算机 jìsuànjī
Rechenschaft *f* - 说明 shuōmíng,解释 jiěshì,辩解 biànjiě: über etw ~ ablegen 对某事作出解释;报告 bàogào,汇报 huìbào;责任 zérèn: jn zur ~ ziehen 追究某人的责任
Rechenschaftsbericht *m* 工作(总结)报告 gōngzuò bàogào
Rechenschieber *m* 计算尺 jìsuànchǐ
recherchieren *vt/vi* (对…)进行调查 jìnxíng diàochá,(对…)作调查研究 zuò diàochá yánjiū
rechnen I *vi* 计算 jìsuàn,验算 yànsuàn;节约 jiéyuē,节省 jiéshěng;估计 gūjì,考虑到 kǎolǜdào: damit habe ich nicht gerechnet 这我没有考虑到;依靠 yīkào,信赖 xìnlài: auf jn ~ 信赖某人 II *vt* 计算 jìsuàn;算作 suànzuò,视作 shìzuò,当作 dāngzuò: jn zu seinen Freunden ~ 把某人看作是自己的朋友
Rechner *m* -s, - 计算者 jìsuànzhě;计算机 jìsuànjī
rechnerisch *adj* 计算的 jìsuànde;数学的 shùxuéde;会打算的 huì dǎsuan de
Rechnung *f* -, -en 计算 jìsuàn;账目 zhàngmù,账单 zhàngdān: das geht auf meine ~ 这算在我的账上; jm einen Strich durch die ~ machen 破坏某人的计划; auf eigene ~ 自担风险
Rechnungsamt *n* 审计处 shěnjìchù,审计局 shěnjìjú
Rechnungsprüfer *m* 审计员 shěnjìyuán
recht I *adj* 右的 yòude,右边的 yòubiande;右派的 yòupàide,右翼的 yòuyìde;真正的 zhēnzhèngde;正当的 zhèngdāngde;正确的 zhèngquède,恰当的 qiàdàngde,合适的 héshìde: er kam zur ~en Zeit 他来得正是时候 II *adv* 颇 pō,很 hěn,相当 xiāngdāng: ~ gern 很愿意; ~ müde 相当累
Recht *n* -(e)s, -e 权利 quánlì,权力 quánlì;法律 fǎlǜ;公正 gōngzhèng,公理 gōnglǐ: im ~ sein 有理,在理; ~ haben 做得对; jm ~ geben 同意某人的意见
Rechte *f* -n, -n 右手 yòushǒu;右边 yòubian;右翼 yòuyì;保守党派 bǎoshǒu dǎngpài
Rechteck *n* 矩形 jǔxíng,长方形 chángfāngxíng
rechtfertigen *vt* 为…辩解 wèi … biànjiě,申辩 shēnbiàn,辩护 biànhù;证明有效(或有理) zhèngmíng yǒuxiào
Rechtfertigung *f* 辩护 biànhù,证明正确 zhèngmíng zhèngquè,为自己辩解 wèi zìjǐ biànjiě
Rechthaber *m* -s, - 自以为是的人 zì yǐ wéi shì de rén,固执己见的人 gùzhí jǐjiàn de rén,强词夺理者 qiǎng cí duó lǐ zhě
Rechthaberei *f* - 自以为是 zì yǐ wéi shì,固执己见 gùzhí jǐjiàn,强词夺理 qiǎng cí duó lǐ
rechthaberisch *adj* 自以为是的 zì yǐ wéi shì de,好辩的 hào biàn de,强词夺理的 qiǎng cí duó lǐ de
rechtlich *adj* 合法的 héfǎde,法定的 fǎdìngde,公正的 gōngzhèngde;法律上的 fǎlǜshangde
rechtlos *adj* 无权利的 wú quánlì de,不受法律保护的 bù shòu fǎlǜ bǎohù de;无法制的 wú fǎzhì de
rechtmäßig *adj* 合法的 héfǎde,依法的 yīfǎde,根据法律的 gēnjù fǎlǜ de
rechts *adv* 右边 yòubian,右面 yòumiàn,右方 yòufāng
Rechtsanspruch *m* 合法要求 héfǎ yāoqiú
Rechtsanwalt *m* 律师 lǜshī
Rechtsanwaltsbüro *n* 律师事务所 lǜshī shìwùsuǒ

Rechtsbeistand *m* 诉讼代理人 sùsòng dàilǐrén
Rechtsberater *m* 法律顾问 fǎlǜ gùwèn
rechtschaffen *adj* 正直的 zhèngzhíde，诚实的 chéngshíde；十分的 shífēnde，非常的 fēichángde
Rechtschreibung *f* 正字法 zhèngzìfǎ
Rechtsfall *m* 诉讼案件 sùsòng ànjiàn
Rechtsfrage *f* 法律问题 fǎlǜ wèntí
Rechtsgefühl *n* 正义感 zhèngyìgǎn
Rechtsgelehrte *m/f* (按形容词变化)(旧词)法学家 fǎxuéjiā
rechtsgültig *adj* 具有法律效力的 jùyǒu fǎlǜ xiàolì de
Rechtsgültigkeit *f* 法律上有效 fǎlǜshang yǒuxiào，合法性 héfǎxìng
Rechtsgutachten *n* 法律鉴定 fǎlǜ jiàndìng
Rechtshilfe *e* 司法协助 sīfǎ xiézhù
rechtskräftig *adj* 具有法律上确定效力的 jùyǒu fǎlǜshang quèdìng xiàolì de
Rechtslage *f* 法律状态 fǎlǜ zhuàngtài；合法地位 héfǎ dìwèi
Rechtsmittel *pl* 法律手段 fǎlǜ shǒuduàn
Rechtspflege *f* 司法 sīfǎ
Rechtsprechung *f* -, -en 判决 pànjué；裁判 cáipàn
Rechtssache *f* 法律事件 fǎlǜ shìjiàn
Rechtsschutz *m* 法律保护 fǎlǜ bǎohù
Rechtsschutzversicherung *f* 司法保险 sīfǎ bǎoxiǎn
Rechtsspruch *m* 判决 pànjué
Rechtsstaat *m* 法治国家 fǎzhì guójiā
Rechtssystem *n* 法制 fǎzhì
rechtsungültig *adj* 无法律效力的 wú fǎlǜ xiàolì de，法律上无效的 fǎlǜshang wúxiào de
rechtsverbindlich *adj* 有法律约束力的 yǒu fǎlǜ yuēshùlì de
Rechtsweg *m* 法律途径 fǎlǜ tújìng
rechtswidrig *adj* 违法的 wéifǎde，犯法的 fànfǎde，触犯法律的 chùfàn fǎlǜ de
Rechtswissenschaft *f* 法学 fǎxué
rechtzeitig *adj* 及时的 jíshíde，按时的 ànshíde
Reck *n* -(e)s, -e / -s 单杠 dāngàng
recken *vt* 伸直 shēnzhí，伸长 shēncháng：den Hals ～ 伸长脖子；拉长 lācháng，拉直 lāzhí

Recorder *m* -s, - (=Rekorder) 录放两用机 lùfàng liǎngyòngjī
Recycling [ri'saikliŋ] *n* -s (三废的)重新利用 chóngxīn lìyòng，废品回收处理 fèipǐn huíshōu chǔlǐ
Redakteur [. . 'tøːr] *m* -s, -e 编辑 biānjí
Redakteurin *f* -, -nen 女编辑 nǚbiānjí
Redaktion *f* -, -en 编辑 biānjí；编辑部全体人员 biānjíbù quántǐ rényuán；编辑部 biānjíbù，编辑室 biānjíshì
Rede *f* -, -n 发言 fāyán，演说 yǎnshuō，报告 bàogào；讲话 jiǎnghuà，谈话 tánhuà：eine ～ halten 发表演讲；nicht der ～ wert sein 不值一提；Davon kann keine ～ sein! 此事完全不可能！此事根本不予考虑！
Redefluss *m* 讲话滔滔不绝 jiǎnghuà tāotāo bùjué，口若悬河 kǒu ruò xuán hé
redegewandt *adj* 有口才的 yǒu kǒucái de，善辩的 shànbiànde
Redekunst *f* 演说术 yǎnshuōshù，雄辩技巧 xióngbiàn jìqiǎo
reden I *vi* 说话 shuōhuà，讲话 jiǎnghuà：laut [leise] ～ 大声地[轻轻地]说话；wie ein Buch ～ 滔滔不绝，讲个不停；Du hast gut (或 leicht) ～！你说得倒轻巧！II *vt* 说 shuō，讲 jiǎng：einige Worte ～ 讲几句话
Redensart *f* 俗语 súyǔ，习语 xíyǔ，成语 chéngyǔ，典故 diǎngù；客套话 kètàohuà
Rederei *f* -, -en 废话 fèihuà，空话 kōnghuà
Redeverbot *n* 禁止(公开的政治)演说 jìnzhǐ yǎnshuō
Redewendung *f* 习语 xíyǔ，惯用语 guànyòngyǔ，固定词组 gùdìng cízǔ
redigieren *vt* 编辑 biānjí，审校 shěnjiào，校订 jiàodìng
Rediskont *m* -s, -e 再贴现 zài tiēxiàn
rediskontfähig *adj* 可再贴现的 kě zài tiēxiàn de
rediskontieren *vt* 使再贴现 shǐ zài tiēxiàn
Rediskontierung *f* 再贴现 zài tiēxiàn，转贴现 zhuǎn tiēxiàn，重贴现 chóng tiēxiàn
redlich I *adj* 正直的 zhèngzhíde，耿直的 gěngzhíde，诚实的 chéngshíde II *adv* 非常 fēicháng，很 hěn
Redner *m* -s, - 演说家 yǎnshuōjiā，演讲者 yǎnjiǎngzhě；作报告者 zuò bàogào

zhě，雄辩家 xióngbiànjiā
Rednerpult *n* 讲桌 jiǎngzhuō，讲台 jiǎngtái
reduzieren *vt* 减低 jiǎndī，缩减 suōjiǎn；简化 jiǎnhuà，约简 yuējiǎn；换算 huànsuàn，折合 zhéhé
Reede *f* -，-n 停泊场 tíngbóchǎng，泊船处 bóchuánchǔ
Reedegeschäft *n* 航运业务 hángyùn yèwù
Reedegesellschaft *f* 航运公司 hángyùn gōngsī，轮船公司 lúnchuán gōngsī
Reeder *m* -s，- 船主 chuánzhǔ，海运企业家 hǎiyùn qǐyèjiā，船运公司老板 chuányùn gōngsī lǎobǎn
Reederei *f* -，-en 船舶航运业 chuánbó hángyùnyè，轮船公司 lúnchuán gōngsī，海运公司 hǎiyùn gōngsī
reel *adj* 正直的 zhèngzhíde，诚实的 chéngshíde；实在的 shízàide，实际的 shíjìde；实惠的 shíhuìde
Referat *n* -(e)s，-e 专题报告 zhuāntí bàogào：ein ～ halten 作一个报告；评论 pínglùn
Referent *m* -en，-en 报告人 bàogàorén；鉴定人 jiàndìngrén，审定人 shěndìngrén，(政府机关某业务部门的)负责人 fùzérén
Referenz *f* -，-en 推荐 tuījiàn，介绍 jièshào；介绍人 jièshàorén，证明人 zhèngmíngrén；(关于品行、能力等的)证明 zhèngmíng，资信证明书 zīxìn zhèngmíngshū
referieren *vi* 报告 bàogào，汇报 huìbào
reflektieren I *vt* 反射 fǎnshè，反照 fǎnzhào，反映 fǎnyìng：der See reflektiert die Sonnenstrahlen 湖水反射阳光 II *vi* 考虑 kǎolǜ，思考 sīkǎo：über die Zukunft ～ 考虑未来；追求 zhuīqiú，指望 zhǐwang：auf eine Wohnung ～ 想得到一套住房
Reflex *m* -es，-e 反射 fǎnshè；反映 fǎnyìng
Reflexion *f* -，-en 反射 fǎnshè；反映 fǎnyìng；反省 fǎnxǐng；沉思 chénsī，回想 huíxiǎng
reflexiv *adj* 反省的 fǎnxǐngde；(语法)反身的 fǎnshēnde
Reflexivpronomen *n* 反身代词 fǎnshēn dàicí
Reflexkamera *f* 反光照相机 fǎnguāng zhàoxiàngjī
Reform *f* -，-en 改革 gǎigé，改良 gǎiliáng，革新 géxīn
reformieren *vt* 改革 gǎigé，改良 gǎiliáng，革新 géxīn
Reformismus *m* - 改良主义 gǎiliáng zhǔyì
Reformist *m* -en，-en 改良主义者 gǎiliáng zhǔyì zhě
Refrain [rə'frɛ̃:] *m* -s，-s (诗歌或乐曲中的)叠句 diéjù；副歌 fùgē；口头禅 kǒutóuchán
Regal *n* -s，-e 架 jià，书架 shūjià
Regatta *f* -，...tten 划船比赛 huáchuán bǐsài；赛船会 sàichuánhuì
rege *adj* 活跃的 huóyuède，有生气的 yǒu shēngqì de：geistig ～ sein 思想活跃；热闹的 rènaode；繁忙的 fánmángde；硬朗的 yìnglangde
Regel *f* -，-n 规定 guīdìng，规则 guīzé，章程 zhāngchéng；习惯 xíguàn，惯例 guànlì：in der ～ 通常，一般；月经 yuèjìng
regellos *adj* 无规则的 wú guīzé de；无秩序的 wú zhìxù de，乱哄哄的 luànhōnghōngde
regelmäßig *adj* 有规则的 yǒu guīzé de，有规律的 yǒu guīlǜ de：der Puls ist ～ 脉搏正常；定期的 dìngqīde；通常的 tōngchángde，习惯性的 xíguànxìngde：sie isst ～ um 12 Uhr 她通常在 12 点吃饭
Regelmäßigkeit *f* - 规律性 guīlǜxìng，规则性 guīzéxìng
regeln *vt* 调整 tiáozhěng，调节 tiáojié；处理 chǔlǐ；控制 kòngzhì，管理 guǎnlǐ
regelrecht *adj* 正规的 zhèngguīde，正常的 zhèngchángde；十足的 shízúde，完完全全的 wánwánquánquánde
Regelung *f* -，-en 整顿 zhěngdùn，调整 tiáozhěng，控制 kòngzhì，调节 tiáojié；规则 guīzé，规章 guīzhāng
regen I *vt* 动 dòng，活动 huódòng：Arme und Beine ～ 活动手臂和腿 II *rfl* 动 dòng，活动 huódòng：sich nicht ～ können 不能自由行动
Regen *m* -s 雨 yǔ：es sieht nach ～ aus 看上去天要下雨；auf ～ folgt Sonnenschein 雨过天晴(意为：否极泰来)
Regenbogen *m* 虹 hóng
Regenguss *m* 倾盆大雨 qīngpén dàyǔ

Regenmantel *m* 雨衣 yǔyī，雨披 yǔpī
Regenschauer *m* 阵雨 zhènyǔ，骤雨 zhòuyǔ
Regenschirm *m* 雨伞 yǔsǎn
Regent *m* -en，-en 君主 jūnzhǔ；摄政者 shèzhèngzhě，统治者 tǒngzhìzhě
Regentag *m* 雨天 yǔtiān
Regenwasser *n* 雨水 yǔshuǐ
Regenwetter *n* 雨天 yǔtiān，阴雨天气 yīnyǔ tiānqì
Regenwurm *m* 蚯蚓 qiūyǐn
Regenzeit *f* 雨季 yǔjì
Regie [re'ʒi:] *f* -，-n 导演 dǎoyǎn：er hat bei dem Film ～ geführt 他担任了这部影片的导演；管理 guǎnlǐ，领导 lǐngdǎo，经营 jīngyíng：einen Betrieb in ～ nehmen 管理一个企业
regieren I *vi* 统治 tǒngzhì，管理 guǎnlǐ，执政 zhízhèng：er regierte mit Gewalt 他用暴力统治；支配 zhīpèi，控制 kòngzhì，操纵 cāozòng：die Vernunft regiert 理智占了上风 II *vt* 统治 tǒngzhì，管理 guǎnlǐ；操纵 cāozòng；（语法）支配 zhīpèi：diese Präposition regiert den 3. Fall 这个介词支配第三格
Regierung *f* -，-en 政府 zhèngfǔ，内阁 nèigé：eine neue ～ bilden 组成一新政府；统治 tǒngzhì，治理 zhìlǐ
Regierungsabkommen *n* 政府间的协定 zhèngfǔ jiān de xiédìng
Regierungsanleihe *f* 政府放款 zhèngfǔ fàngkuǎn
Regierungsausgaben *pl* 政府开支 zhèngfǔ kāizhī
Regierungsbericht *m* 政府报告 zhèngfǔ bàogào
Regierungsbezirk *m* 行政区 xíngzhèngqū，专区 zhuānqū
Regierungsbildung *f* 组织政府 zǔzhī zhèngfǔ
Regierungschef *m* 政府首脑 zhèngfǔ shǒunǎo
Regierungsdelegation *f* 政府代表团 zhèngfǔ dàibiǎotuán
Regierungssitz *m* 政府所在地 zhèngfǔ suǒzàidì
Regierungssprecher *m* 政府发言人 zhèngfǔ fāyánrén
Regierungsumbildung *f* 政府改组 zhèngfǔ gǎizǔ
Regime [re'ʒi:m] *n* -(s)，-（多为贬义）政权 zhèngquán，政体 zhèngtǐ，统治 tǒngzhì；管理 guǎnlǐ，制度 zhìdù
Regimekritiker *m* 批评当局者 pīpíng dāngjú zhě
Regiment I *n* -(e)s，-e 统治 tǒngzhì，治理 zhìlǐ；管理 guǎnlǐ II *n* -(e)s，-er（军队中的）团 tuán
Regiolekt *m* -(e)s，-e 方言 fāngyán，土话 tǔhuà
Region *f* -，-en 地方 dìfang，地带 dìdài；地区 dìqū：（immer）in höheren ～en schweben（谑语）过着脱离现实的生活，想入非非
regional *adj* 地区的 dìqūde，地方的 dìfāngde，区域的 qūyùde
Regionalbank *f* 地区银行 dìqū yínháng
Regionalforschung *f* 区域调查 qūyù diàochá，区域考察 qūyù kǎochá
Regionalismus *m* - 地方主义 dìfāng zhǔyì；地方文学 dìfāng wénxué
Regionalpolitik *f* 地区政策 dìqū zhèngcè
Regionalprogramm *n*（电视、广播的）地方节目 dìfāng jiémù，地方台节目 dìfāngtái jiémù
Regionalsendung *f* 地方广播 dìfāng guǎngbō，地方电视节目 dìfāng diànshì jiémù
Regionalsteuer *f* 地方税 dìfāngshuì
Regisseur [reʒɪ'søːɐ] *m* -s，-e 导演 dǎoyǎn
Register *n* -s，- 名册 míngcè，登记册 dēngjìcè；目录 mùlù，记载 jìzǎi，案卷 ànjuàn：alle ～ ziehen（或 spielen lassen）想尽一切办法
registrieren *vt* 登记 dēngjì，注册 zhùcè；注意到 zhùyìdào，发觉 fājué；记下 jìxià
Registrierkasse *f* 现金出纳机 xiànjīn chūnàjī，自动收款记录器 zìdòng shōukuǎn jìlùqì
Registrierung *f* -，-en 注册 zhùcè，登记 dēngjì
reglos *adj* 不动的 bùdòngde，静止的 jìngzhǐde
regnen *vi* 下雨 xiàyǔ：es regnet stark 雨下得很大
regnerisch *adj* 多雨的 duōyǔde，下雨的 xiàyǔde
Regress *m* -es，-e 回归 huíguī，复归 fùguī；补偿 bǔcháng，赔偿 péicháng
regsam *adj* 活跃的 huóyuède，灵活的

R

línghuóde,灵便的 língbiànde

regulär *adj* 正式的 zhèngshìde,正规的 zhèngguīde;正常的 zhèngchángde,通常的 tōngchángde

regulieren *vt* 调整 tiáozhěng,调节 tiáojié;校对 jiàoduì,校准 jiàozhǔn:die Uhr ～ 校对钟表;整治 zhěngzhì,治理 zhìlǐ;偿付 chángfù

Regulierung *f* -,-en 调整 tiáozhěng,调节 tiáojié;(河道等的)治理 zhìlǐ

Regung *f* -,-en 激动 jīdòng,冲动 chōngdòng;活动 huódòng,运动 yùndòng

Reh *n* -(e)s,-e 狍 páo,麅子 páozi

Rehabilitand *m* -en,-en 康复者 kāngfùzhě,重新具有正常生活能力者 chóngxīn jùyǒu zhèngcháng shēnghuó nénglì zhě

Rehabilitation *f* -,-en 恢复名誉 huīfù míngyù,平反 píngfǎn;复原 fùyuán

rehabilitieren *vt* 给…平反 gěi … píngfǎn,便恢复名誉 shǐ huīfù míngyù;(病后)使恢复(健康) shǐ huīfù,使(身体)复原 shǐ fùyuán

reiben* I *vt* 摩擦 mócā,搓 cuō:sich die Augen [die Nase] ～ 揉眼睛[鼻子];擦伤 cāshāng;擦碎 cāsuì II *vi* 擦伤 cāshāng,擦痛 cātòng III *rfl* 擦 cā:sich an jm ～ 与某人发生摩擦

Reibung *f* -,-en 摩擦 mócā;争执 zhēngzhí,冲突 chōngtū

reibungslos *adj* 顺利的 shùnlìde,无磨擦的 wú mócā de

reich *adj* 富有的 fùyǒude,有钱的 yǒuqiánde;豪华的 háohuáde;多的 duōde,富饶的 fùráode;大量的 dàliàngde,丰富的 fēngfùde:～ an etw (*D*) sein 富有某物

Reich *n* -(e)s,-e 帝国 dìguó,王国 wángguó,国家 guójiā;领域 lǐngyù,范围 fànwéi

reichen I *vt* 递给 dìgěi,伸给 shēngěi,端上 duānshàng:jm etw ～ 递某物给某人 II *vi* 够 gòu,足够 zúgòu:der Stoff *reicht für ein Kleid 这料子够做一件衣*服;达到 dádào,延伸 yánshēn:meine Stimme reicht nicht so weit 我的声音达不到那么远

reichhaltig *adj* 内容丰富的 nèiróng fēngfùde,丰盛的 fēngshèngde,大量的 dàliàngde

reichlich I *adj* 丰富的 fēngfùde,大量的 dàliàngde;丰厚的 fēnghòude,富有的 fùyǒude;足够的 zúgòude,超过的 chāoguòde:wir sind ～ eine Stunde gelaufen 我们跑了一个多小时 II *adv* 相当 xiāngdāng,颇 pō

Reichtum *m* -s,..̈er 财产 cáichǎn,财富 cáifù;丰富 fēngfù;富丽 fùlì,豪华 háohuá

reif *adj* 成熟的 chéngshúde;成年的 chéngniánde,老练的 lǎoliànde;准备好的 zhǔnbèihǎode,考虑周到的 kǎolǜ zhōudàode

Reif *m* -(e)s 霜 shuāng

Reife *f* - 熟 shú,成熟 chéngshú

reifen I *vi* 降霜 jiàngshuāng:es reift 下霜 II *vi*(s) 成熟 chéngshú:das Getreide ist gereift 谷物成熟了;长成 zhǎngchéng,发育成人 fāyù chéngrén:der Junge ist zum Manne gereift 这个孩子长大成人;形成 xíngchéng:der Entschluss reifte in ihm 他心中已作出决定

Reifen *m* -s,- 环 huán,镯 zhuó;箍 gū;轮胎 lúntāi:den ～ aufpumpen 给轮胎打气

Reihe *f* -,-n 排 pái,行 háng,列 liè:eine ～ bilden 排成一行;队伍 duìwu;顺序 shùnxù,次序 cìxù:an die ～kommen (或 an der ～ sein) 轮到,轮上;der ～ nach (或 nach der ～) 依次,按顺序;一系列 yīxìliè;一批 yīpī:eine ganze ～ von Verwandten kam 一大批亲戚来了

Reihenfertigung *f* 批量生产 pīliàng shēngchǎn,大量生产 dàliàng shēngchǎn

Reihenfolge *f* 次序 cìxù,顺序 shùnxù

reihenweise *adv* 成排地 chéngpáide,大量地 dàliàngde

Reim *m* -(e)s,-e 韵 yùn,韵脚 yùnjiǎo;诗句 shījù:ein Gedicht in ～en 一首押韵的诗

reimen I *vi* 押韵 yāyùn,作押韵诗 zuò yāyùnshī II *vt* 使押韵 shǐ yāyùn;使合拍 shǐ hépāi,使协调一致 shǐ xiétiáo yīzhì

rein I *adj* 纯粹的 chúncuìde,纯净的 chúnjìngde;干净的 gānjìngde,清洁的 qīngjiéde:～en Mund halten 守口如瓶;etw ins Reine bringen 澄清某事;纯洁的 chúnjiéde:ein ～es Herz haben 有一颗纯洁的心 II *adv* 完全地 wánquánde,纯粹地 chúncuìde,简直 jiǎnzhí

Reinausgaben *pl* 净支出 jìngzhīchū

Reineinkommen *n* 净收入 jìngshōurù

rein(e)machen *vi* 打扫 dǎsǎo

Reinertrag *n* 净产量 jìngchǎnliàng；纯利润 chúnlìrùn，纯收益 chúnshōuyì
Reinfall *m* 上当 shàngdàng
Reingewicht *n* 净重 jìngzhòng
Reingewinn *m* 纯利 chúnlì，纯收益 chúnshōuyì
reingolden *adj* 纯金的 chúnjīnde
Reinheit *f* - 纯正 chúnzhèng，纯净 chúnjìng；清洁 qīngjié，洁净 jiéjìng；纯洁 chúnjié；清白 qīngbái
reinigen *vt* 洗涤 xǐdí，使清洁 shǐ qīngjié，使洁净 shǐ jiéjìng：die Kleider chemisch ～ lassen 用化学方法干洗衣服；sich von etw ～ 排除…；sich von einer Schuld ～ 洗刷一过失
Reinigung *f* -，-en 洗涤 xǐdí，洁净 jiéjìng，清洗 qīngxǐ；净化 jìnghuà；洗衣店 xǐyīdiàn
Reinigungsanstalt *f* 洗衣店 xǐyīdiàn
Reinigungsmittel *n* 洗涤剂 xǐdíjì，去垢剂 qùgòujì，清洁剂 qīngjiéjì；泻药 xièyào，通便药 tōngbiànyào
reinlich *adj* 干净的 gānjìngde，洁净的 jiéjìngde；爱干净的 ài gānjìng de，爱清洁的 ài qīngjié de
Reinschrift *f* 誊清稿 téngqīnggǎo，誊清本 téngqīngběn
reinseiden *adj* 纯丝的 chúnsīde，真丝的 zhēnsīde
reinsilbern *adj* 纯银的 chúnyínde
Reinvermögen *n* 纯资产 chúnzīchǎn
reinvestieren *vt* 再投资 zài tóuzī
Reinvestition *f* -，-en 再投资 zài tóuzī
reinwaschen* *rfl* 洗刷罪名 xǐshuā zuìmíng，推卸罪名 tuīxiè zuìmíng
reinwollen *adj* 纯毛的 chúnmáode
Reis I *m* -es 稻 dào；米 mǐ；米饭 mǐfàn：～ kochen 煮米饭 II *n* -es，-er 幼芽 yòuyá，嫩枝 nènzhī，枝条 zhītiáo
Reisbranntwein *m* 米酒 mǐjiǔ，黄酒 huángjiǔ，烧酒 shāojiǔ
Reisbrei *m* 米粥 mǐzhōu
Reise *f* -，-n 旅行 lǚxíng：eine ～ machen 作一次旅行；eine ～ um die Welt 环球旅行；auf ～n sein 在旅途中；Gute ～！一路平安！
Reiseapotheke *f* 旅行药箱 lǚxíng yàoxiāng
Reisebedarf *m* 旅行用品 lǚxíng yòngpǐn
Reisebüro *n* 旅行社 lǚxíngshè
Reisebus *m* 旅游车 lǚyóuchē
Reisediplomatie *f* 穿梭外交 chuānsuō wàijiāo
Reiseführer *m* 导游 dǎoyóu；旅行指南 lǚxíng zhǐnán
Reisegeld *n* 旅费 lǚfèi；*pl* 出差旅费 chūchāi lǚfèi
Reisegepäck *n* 行李 xíngli
Reisegesellschaft *f* 旅游团 lǚyóutuán
Reisekoffer *m* 皮箱 píxiāng，衣箱 yīxiāng
Reisekosten *pl* 出差费用 chūchāi fèiyong，旅费 lǚfèi
Reisekrankheit *f* 晕船 yūnchuán；晕车 yūnchē；晕机 yūnjī
Reiseland *n* 旅游目的国 lǚyóu mùdìguó
Reiseleiter *n* 旅游团领队 lǚyóutuán lǐngduì
reisen *vi*（*s*）旅行 lǚxíng；动身 dòngshēn，启程 qǐchéng：in die Ferien ～ 度假去
Reisende *m f*（按形容词变化）旅客 lǚkè，旅行者 lǚxíngzhě
Reiseonkel *n* 旅行迷 lǚxíngmí
Reisepass *m* 旅行护照 lǚxíng hùzhào
Reiseroute *f* 旅行路线 lǚxíng lùxiàn
Reisescheck *m* 旅行支票 lǚxíng zhīpiào
Reisespesen *pl* 出差旅费 chūchāi lǚfèi
Reisestipendium *n* 外出学习津贴 wàichū xuéxí jīntiē
Reiseverkehr *m* 旅客往来 lǚkè wǎnglái，旅游（业）lǚyóu
Reisewelle *f* 旅游高峰 lǚyóu gāofēng
Reisig *n* -s 干树枝 gānshùzhī，干柴枝 gānchàizhī
Reißbrett *n* 绘图板 huìtúbǎn，制图板 zhìtúbǎn
reißen* I *vt* 拉 lā；拖 tuō：das Fahrrad zur Seite ～ 把自行车拖到旁边；撕开 sīkāi，扯开 chěkāi，撕裂 sīliè：etw in Fetzen ～ 把某物撕成碎片；夺走 duózǒu，夺去 duóqù II *vi*（*s*）扯破 chěpò；撕破 sīpò；断裂 duànliè，中断 zhōngduàn：das Seil ist gerissen 绳索已断了 III *rfl* 划破 huápò，扯破 chěpò：ich habe mich am Finger gerissen 我把手指划破了；争夺 zhēngduó，争着要 zhēngzhe yào：sich um einen Auftrag ～ 争夺一份订单

R

reißend *adj* 猛烈的 měngliède，激烈的 jīliède；急速的 jísùde，飞快的 fēikuàide；畅销的 chàngxiāode

Reißnagel *m* 图钉 túdīng

Reissuppe *f* 粥 zhōu，米汤 mǐtāng

Reißverschluss *m* 拉链 lāliàn

Reißzeug *n* 绘图仪器 huìtú yíqì

reiten* *vt/vi*(*s/h*) 骑 qí，骑马 qímǎ：auf einem Pferd ～ 骑马

Reiter *m* -s，- 骑兵 qíbīng，骑马者 qímǎzhě

Reiz *m* -es，-e 刺激 cìjī：das Licht übte einen ～ auf die Augen aus 灯光对眼睛产生刺激作用；魅力 mèilì，吸引力 xīyǐnlì，诱惑力 yòuhuòlì：das hat keinen ～ mehr für mich 这对我再也没有吸引力了

reizen *vt* 刺激 cìjī；引起 yǐnqǐ，促进 cùjìn：den Appetit ～ 引起食欲；使恼怒 shǐ nǎonù，激怒 jīnù：jn bis zum Zorn ～ 使某人恼怒

reizend *adj* 媚人的 mèirénde，诱人的 yòurénde；美丽的 měilìde，可爱的 kě'àide

reizlos *adj* 无刺激性的 wú cìjīxìng de；无诱惑力的 wú yòuhuòlì de，无吸引力的 wú xīyǐnlì de；乏味的 fáwèide，平淡的 píngdànde

reizvoll *adj* 媚人的 mèirénde，有吸引力的 yǒu xīyǐnlì de，有迷惑力的 yǒu míhuòlì de

rekapitulieren *vt* 概括 gàikuò，扼要重述 èyào chóngshù，摘要说明 zhāiyào shuōmíng

Reklamation *f* -，-en 抱怨 bàoyuàn，指责 zhǐzé；索赔 suǒpéi，要求赔偿 yāoqiú péicháng

Reklame *f* -，-n 广告 guǎnggào：für etw ～ machen 为某事做广告

reklamieren *vt* 抱怨 bàoyuàn，指责 zhǐzé；索回 suǒhuí，要求收回 yāoqiú shōuhuí，要求赔偿 yāoqiú péicháng

rekonstruieren *vt* 重建 chóngjiàn，再建 zàijiàn；修复 xiūfù，使再现 shǐ zàixiàn

Rekonstruktion *f* -，-en 重建 chóngjiàn，再建 zàijiàn；修复 xiūfù，再现 zàixiàn

Rekonstruktionsarbeiten *pl* 技术改造工作 jìshù gǎizào gōngzuò，设备更新工作 shèbèi gēngxīn gōngzuò

Rekonstruktionsmaßnahme *f* 技术改造措施 jìshù gǎizào cuòshī，设备更新措施 shèbèi gēngxīn cuòshī

Rekonstruktionsplan *m* 技术改造计划 jìshù gǎizào jìhuà，设备更新计划 shèbèi gēngxīn jìhuà

Rekonvaleszent *m* -en，-en 正在康复的病人 zhèngzài kāngfù de bìngrén

Rekonvaleszenz *f* 康复期 kāngfùqī，恢复期 huīfùqī；逐渐恢复健康 zhújiàn huīfù jiànkāng

Rekord *m* -(e)s，-e 最高记录 zuìgāo jìlù，最佳成绩 zuìjiā chéngjì：einen ～ brechen 打破一项记录；einen neuen ～ aufstellen 刷新记录，创造新记录

Rektion *f* -，-en (语法上的)支配关系 zhīpèi guānxì

Rektor *m* -s，-en 校长 xiàozhǎng；大学校长 dàxué xiàozhǎng

Rekultivierung *f* -，-en 恢复植被 huīfù zhíbèi，复垦 fùkěn

Relation *f* -，-en 关系 guānxì，相关 xiāngguān；比例 bǐlì

Relationismus *m* - 相对性 xiāngduìxìng，相对主义 xiāngduì zhǔyì

relativ *adj* 相对的 xiāngduìde，比较的 bǐjiàode；有关系的 yǒu guānxì de

Relativitätstheorie *f* 相对论 xiāngduìlùn

Relativpronomen *n* 关系代词 guānxì dàicí

Relativsatz *m* 关系从句 guānxì cóngjù

Relaxation *f* -，-en (肌肉)松弛 sōngchí，放松 fàngsōng

relaxed [ri'lɛkst] *adj* 松弛的 sōngchíde，放松的 fàngsōngde

relaxen [ri'lɛksn] *vi* 放松 fàngsōng，轻松 qīngsōng

Relaxing [ri'lɛkiŋ] *n* -s 放松 fàngsōng，轻松 qīngsōng

Relief *n* -s，-s / -e 浮雕 fúdiāo；地形 dìxíng，地貌 dìmào

Religion *f* -，-en 宗教 zōngjiào，宗教信仰 zōngjiào xìnyǎng

religiös *adj* 宗教的 zōngjiàode，宗教上的 zōngjiàoshangde；虔诚的 qiánchéngde，虔敬的 qiánjìngde

Relikt *n* -(e)s，-e 遗物 yíwù，遗迹 yíjì；残余 cányú，残余物 cányúwù

Remake ['ri:'meɪk] *n* -s，-s 重新制作 chóngxīn zhìzuò，重新摄制 chóngxīn shèzhì

Rembours [rã'buːɐ̯] *m* -，- 偿付 chángfù，偿还 chánghuán

remilitarisieren *vt* 使重新武装 shǐ chóngxīn wǔzhuāng；使重新军国主义化 shǐ chóngxīn jūnguó zhǔyì huà

Remilitarisierung *f* - 重新军国主义化 chóngxīn jūnguó zhǔyì huà；重新武装 chóngxīn wǔzhuāng

Ren [rɛn, reːn] *n* -s, -s 驯鹿 xùnlù

Renaissance [rənɛˈsɑ̃ːs] *f* -, -n （欧洲十四至十六世纪的）文艺复兴 wényì fùxīng，文艺复兴时期 wényì fùxīng shíqī

Rendite *f* -, -n 红利 hónglì，生息 shēngxī

Rennbahn *f* 赛马场 sàimǎchǎng，跑马场 pǎomǎchǎng；赛车场 sàichēchǎng

Rennboot *n* 赛艇 sàitǐng

rennen* I *vi*(s) 奔 bēn，跑 pǎo：nach Hause ～ 奔回家；碰撞 pèngzhuàng，撞在 zhuàng zài II *vt* 猛撞 měngzhuàng；撞倒 zhuàngdǎo：jn [etw] über den Haufen ～ 撞倒某人[某物]；把…刺入 bǎ … cìrù

Rennen *n* -s, - （速度上的）比赛 bǐsài，竞赛 jìngsài；赛跑 sàipǎo，赛车 sàichē，赛马 sàimǎ，赛艇 sàitǐng

Rennfahrer *m* （汽车、摩托车、自行车等的）赛车运动员 sàichē yùndòngyuán

Rennjacht *f* 赛艇 sàitǐng

Rennpferd *n* 赛马 sàimǎ

Rennwagen *m* 赛车 sàichē

Rennwette *f* 赌(赛)马 dǔ mǎ

renommieren *vi* 吹牛 chuīniú，炫耀 xuànyào

renovieren *vt* 修缮 xiūshàn，修复 xiūfù，整修 zhěngxiū

Renovierung *f* -, -en 修缮 xiūshàn，修复 xiūfù，整修 zhěngxiū：Wegen ～ geschlossen! 内部修理，暂停营业！

rentabel *adj* 有利可图的 yǒulì kětú de，能赚到钱的 néng zhuàndào qián de

Rentabilität *f* - 有利 yǒulì，收益 shōuyì；利润率 lìrùnlǜ

Rente *f* -, -n 养老金 yǎnglǎojīn，退休金 tuìxiūjīn，社会保险金 shèhuì bǎoxiǎnjīn：in(或 auf) ～ gehen 退休；in ～ sein 享受退休金；利息 lìxī，红利 hónglì：von ～n leben 靠利息为生

Rentenalter *n* 退休年龄 tuìxiū niánlíng

Rentenbrief *m* 地产抵押债券 dìchǎn dǐyā zhàiquàn；年金公债 niánjīn gōngzhài

Rentenempfänger *m* 领养老金者 lǐng yǎnglǎojīn zhě

Rentenfonds *m* 退休金基金 tuìxiūjīn jījīn，养老金基金 yǎnglǎojīn jījīn；债券基金 zhàiquàn jījīn，公债基金 gōngzhài jījīn

Rentenversicherung *f* 年金保险 niánjīn bǎoxiǎn，养老保险 yǎnglǎo bǎoxiǎn

rentieren *rfl* 获利 huòlì，赚钱 zhuànqián；值得 zhídé

Rentner *m* -s, - 领养老金者 lǐng yǎnglǎojīn zhě；退休者 tuìxiūzhě

reorganisieren *vt* 改组 gǎizǔ，改编 gǎibiān

Reparation *f* -, -en 战争赔偿 zhànzhēng péicháng，赔款 péikuǎn

Reparatur *f* -, -en 修理 xiūlǐ，修补 xiūbǔ，修缮 xiūshàn

Reparaturschnelldienst *m* 快修服务 kuàixiū fúwù

reparieren *vt* 修理 xiūlǐ，修补 xiūbǔ，修缮 xiūshàn

repatriieren *vt* 遣送…回国 qiǎnsòng … huí guó；恢复…原先国籍 huīfù … yuánxiān guójí

Repatriierung *f* -, -en 遣送回国 qiǎnsòng huí guó；恢复国籍 huīfù guójí

Replantation *f* -, -en 再植 zàizhí

Report *m* -(e)s, -e 报告 bàogào；报导 bàodǎo，通讯 tōngxùn；期货升水 qīhuò shēngshuǐ；证券价格回升 zhèngquàn jiàgé huíshēng

Reportage *f* -, -n 报告文学 bàogào wénxué；报导 bàodǎo，通讯 tōngxùn；新闻报导 xīnwén bàodǎo

Reporter *m* -s, - 记者 jìzhě；通讯员 tōngxùnyuán，报导者 bàodǎozhě

Repräsentant *m* -en, -en 代表 dàibiǎo，代表人物 dàibiǎo rénwù

Repräsentantenhaus *n* 下院 xiàyuàn，众议院 zhòngyìyuàn

Repräsentation *f* -, -en 代表 dàibiǎo，代理 dàilǐ；（与身份、地位相称的）社交活动 shèjiāo huódòng，应酬 yìngchou

repräsentativ *adj* 有代表性的 yǒu dàibiǎoxìng de；壮观的 zhuàngguānde，庄重的 zhuāngzhòngde，堂皇的 tánghuángde；权威的 quánwēide，决定性的 juédìngxìngde

repräsentieren I *vt* 代表 dàibiǎo，体

现 tǐxiàn;值…价 zhí … jià,价值 jiàzhí **II** *vi* (体面地)进行社交活动 jìnxíng shèjiāo huódòng

Repressalie [...liə] *f* -, -n 压制 yāzhì,报复措施 bàofù cuòshī,报复性的暴力行为 bàofùxìngde bàolì xíngwéi

Reprint *m* -s, -s 再版 zàibǎn,重印 chóngyìn

Reprise *f* -, -n 重演 chóngyǎn,重映 chóngyìng;再版卖完的唱片 zàibǎn mài wán de chàngpiàn;交易所行情回升(到挽回损失) jiāoyìsuǒ hángqíng huíshēng;(乐章)重复 chóngfù

Reproduktion *f* -, -en 再生产 zàishēngchǎn;复制 fùzhì;复制品 fùzhìpǐn,翻版 fānbǎn

Reptil *n* -s, -e / ...lien 爬行动物 páxíng dòngwù

Reptilienfonds *m* 秘密基金 mìmì jījīn

Republik *f* -, -en 共和国 gònghéguó;共和政体 gònghé zhèngtǐ

Republikaner *m* -s, - 共和党党员 gònghédǎng dǎngyuán,拥护共和党的人 yōnghù gònghédǎng de rén,共和党人 gònghédǎngrén

republikanisch *adj* 共和政体的 gònghé zhèngtǐ de,共和国的 gònghéguóde;共和党的 gònghédǎngde,共和派的 gònghépàide

Research [rɪ'sə:tʃ] *n* -(s), -s (市场和民意)调查研究 diàochá yánjiū

Researcher [rɪ'sə:tʃɐ] *m* -s, - (市场和民意)调研员 diāoyányuán

Reserpin *n* -s 利血平(降压药) lìxiěpíng

Reserve *f* -, -n 储备 chǔbèi,储存 chǔcún,保存 bǎocún: etw in ~ halten 储存某物;后备队 hòubèiduì;预备役 yùbèiyì;预备队员 yùbèi duìyuán;克制 kèzhì,缄默 jiānmò

Reservefonds *m* 储备金 chǔbèijīn,预备金 yùbèijīn

Reserveoffizier *m* 预备役军官 yùbèiyì jūnguān

reservieren *vt* 预订 yùdìng,留给 liúgěi,保留 bǎoliú: einen Platz ~ 定座位;保管 bǎoguǎn,保存 bǎocún;贮存 zhùcún: etw für den Notfall ~ 储备应急物品

reserviert *adj* 谨慎的 jǐnshènde,冷静的 lěngjìngde,缄默的 jiānmòde;预定的 yùdìngde;保留的 bǎoliúde,冷淡的 lěngdànde

Residenz *f* -, -en (首脑、宗教或世俗领袖等的)官邸 guāndǐ;邸宅 dǐzhái;王府 wángfǔ

residieren *vi* (首脑、宗教领袖等)下榻 xiàtà

Resignation *f* - 放弃 fàngqì,舍弃 shěqì;顺从 shùncóng,听任 tīngrèn,听天由命 tīng tiān yóu mìng,悲观 bēiguān

resignieren *vi* 放弃 fàngqì,丢弃 diūqì;屈从于 qūcóng yú,听任 tīngrèn

resolut *adj* 果断的 guǒduànde,坚决的 jiānjuéde,勇敢的 yǒnggǎnde,果敢的 guǒgǎnde

Resolution *f* -, -en 决定 juédìng;决议 juéyì,决议案 juéyì'àn

Respekt *m* -(e)s 尊敬 zūnjìng,尊重 zūnzhòng,敬重 jìngzhòng: vor jm (großen) ~ haben 很尊重某人; mit ~ zu sagen 恕我直言;敬佩 jìngpèi,佩服 pèifú

respektieren *vt* 尊重 zūnzhòng,尊敬 zūnjìng,敬重 jìngzhòng

respektlos *adj* 失礼的 shīlǐde,不尊敬的 bù zūnjìngde,无礼的 wúlǐde

Ressort [re'so:ɐ] *n* -s, -s 职权范围 zhíquán fànwéi,职业范围 zhíyè fànwéi,管辖区 guǎnxiáqū

Ressource [rɛ'sʊrsə] *f* -, -n 资源 zīyuán,财源 cáiyuán;财力 cáilì,物力 wùlì

Rest *m* -es, -e 剩余 shèngyú,残余 cányú;零头料 língtóuliào,零头 língtóu;残余物 cányúwù,余渣 yúzhā

Restant *m* -en, -en 负债人 fùzhàirén;滞销货物 zhìxiāo huòwù

Restaurant [rɛsto'rã:] *n* -s, -s 饭馆 fànguǎn,酒店 jiǔdiàn,酒家 jiǔjiā,餐馆 cānguǎn

Restauration *f* -, -en 复辟 fùbì;恢复 huīfù,修复 xiūfù,修补 xiūbǔ

restaurieren **I** *vt* 修复 xiūfù,恢复 huīfù,修补 xiūbǔ;复辟 fùbì **II** *rfl* 恢复元气 huīfù yuánqì,调养 tiáoyǎng

Restbestand *m* 剩余 shèngyú,余款 yúkuǎn,余数 yúshù

restlich *adj* 剩下的 shèngxiàde,剩余的 shèngyúde

restlos *adj* 彻底的 chèdǐde,完全的 wánquánde,无剩余的 wú shèngyú de

Restrisiko *n* -s, ...ken 余(留下来的危)险 yú xiǎn

Restsumme *f* 余额 yú'é,余款 yúkuǎn

Restzahlung *f* 支付余款 zhīfù yúkuǎn

Resultat *n* -(e)s, -e 结果 jiéguǒ, 结局 jiéjú; 成果 chéngguǒ, 成就 chéngjiù
resultieren *vi* 由…引起 yóu … yǐnqǐ, 产生于 chǎnshēng yú, 造成 zàochéng
Retortenbaby *n* -s, -s 试管婴儿 shìguǎn yīng'ér
Retortenkind *n* = Retortenbaby
Retour [re'tuːɐ̯] *f* -, -en 返航 fǎnháng; 返程货运 fǎnchéng huòyùn; 来回票 láihuípiào; 退还卖方的货物 tuìhuán màifāng de huòwù
retten I *vt* 救 jiù, 挽救 wǎnjiù, 抢救 qiǎngjiù: jm das Leben [Hab und Gut] ～ 救某人的生命[财产] **II** *rfl* 逃跑 táopǎo, 躲避 duǒbì, 躲开 duǒkāi
Retter *m* -s, - 营救者 yíngjiùzhě, 援救者 yuánjiùzhě; 救星 jiùxīng, 救命恩人 jiùmìng ēnrén
Rettich *m* -s, -e 萝卜 luóbo
Rettung *f* -, -en 救 jiù, 挽救 wǎnjiù, 拯救 zhěngjiù: jm ～ bringen 搭救某人; 救护车 jiùhùchē, 急救车 jíjiùchē
Rettungsanker *m* 救命稻草 jiùmìng dàocǎo
Rettungsboje *f* 救生浮标 jiùshēng fúbiāo
Rettungsboot *n* 救生艇 jiùshēngtǐng
rettungslos I *adj* 不可救治的 bùkě jiùzhì de, 无法挽救的 wúfǎ wǎnjiù de **II** *adv* 不可救治地 bùkě jiùzhì de, 无法挽回地 wúfǎ wǎnhuí de
Rettungsring *m* 救生圈 jiùshēngquān
Rettungswagen *m* 救护车 jiùhùchē
retuschieren *vt* (照片、图画等的)修正 xiūzhèng, 修饰 xiūshì
Reue *f* - 后悔 hòuhuǐ, 悔恨 huǐhèn, 悔过 huǐguò: keine ～ zeigen 表示不后悔; tiefe ～ über etw fühlen (或 empfinden) 对某事深感后悔
reuen *vt* 使后悔 shǐ hòuhuǐ, 使懊悔 shǐ àohuǐ, 使悔恨 shǐ huǐhèn
reuevoll *adj* 后悔的 hòuhuǐde, 悔恨的 huǐhènde, 悔悟的 huǐwùde
Reugeld *n* 退约金 tuìyuējīn, 赔偿金 péichángjīn
reuig *adj* 后悔的 hòuhuǐde, 悔恨的 huǐhènde; 悔过的 huǐguòde
Revalvation *f* -, -en (货币)升值 shēngzhí
revalvieren *vt* 使(货币)升值 shǐ shēngzhí
Revanche [re'vãːʃ(ə)] *f* -, -n 报复 bàofù; 补赛(机会) bǔsài, 赢回 yínghuí; 复仇 fùchóu, 报仇 baochóu
revanchieren [revã'ʃiːrən] *rfl* 复仇 fùchóu; 报答 bàodá, 酬谢 chóuxiè
Revanchismus *m* 复仇主义 fùchóu zhǔyì
revidieren *vt* 审查 shěnchá, 审核 shěnhé; 修正 xiūzhèng, 修订 xiūdìng, 校订 jiàodìng
Revier *n* -s, -e 区 qū, 区域 qūyù; 开采区 kāicǎiqū; 派出所 pàichūsuǒ; 管辖区 guǎnxiáqū; 营区 yíngqū, 营地 yíngdì
Review [ri'vjuː] *f* -, -s 一览 yīlǎn, 展望 zhǎnwàng, 环顾 huángù
Revision *f* -, -en 修正 xiūzhèng, 修订 xiūdìng, 校订 jiàodìng; 审核 shěnhé; 复审 fùshěn, 再审 zàishěn
Revisionismus *m* - 修正主义 xiūzhèng zhǔyì
Revisionist *m* -en, -en 修正主义者 xiūzheng zhǔy zhě
revisionistisch *adj* 修正主义的 xiūzhèng zhǔyì de
Revisor *m* -s, -en 审核者 shěnhézhě, 审计员 shěnjìyuan, 查帐人 cházhàngrén
Revolte *f* -, -n 反叛 fǎnpàn, 反抗 fǎnkàng 叛乱 pànluàn, 暴动 bàodòng
revoltieren *vi* 造反 zàofǎn, 起义 qǐyì, 反叛 fǎnpàn, 暴动 bàodòng, 谋反 móufǎn
Revolution *f* -, -en 革命 gémìng; 变革 biàngé, 改革 gǎigé
revolutionär *adj* 革命的 gémìngde
Revolutionär *m* -s, -e 革命者 gémìngzhě, 革命家 gémìngjiā
Revolver *m* -s, - 左轮手枪 zuǒlún shǒuqiāng; 旋转式装置 xuánzhuǎnshì zhuāngzhì
Revue [rə'vyː] *f* -, -n 评论性杂志 pínglùnxìng zázhì, 刊物 kānwù; 歌舞节目 gēwǔ jiémù, 文艺演出 wényì yǎnchū
Rezensent *m* -en, -en 评论家 pínglùnjiā, 文艺批评家 wényì pīpíngjiā
rezensieren *vt* (对书刊、戏剧等的)评论 pínglùn
Rezension *f* -, -en (对书刊、戏剧等的)评论 pínglùn, 书评 shūpíng, 剧评 jùpíng
Rezept *n* -(e)s, -e 药方 yàofāng, 处方 chǔfāng: ein ～ (aus)schreiben (或 verschreiben, ausstellen) 开一药方; 烹饪法 pēngrènfǎ, 食谱 shípǔ; 办法 bànfǎ, 诀窍 juéqiào

rezeptieren *vt* 开(药) kāi,处(方) chǔ
rezeptiv *adj* 领会的 lǐnghuìde,易接受的 yì jiēshòu de
Rezession *f* -, -en (经济)衰退 shuāituì,不景气 bù jǐngqì
Rezitation *f* -, -en 吟诵 yínsòng,朗诵 lǎngsòng
Rezitator *m* -s, -en 朗诵者 lǎngsòngzhě,吟咏者 yínyǒngzhě
rezitieren *vt* 朗诵 lǎngsòng,诵读 sòngdú,背诵 bèisòng
R-Gespräch ['ɛr . . .] *n* (R = Rückfrage) 对方付款的长途电话 duìfāng fùkuǎn de chángtú diànhuà
Rhein *m* -(e)s 莱茵河 láiyīnhé
Rhetorik *f* - 修辞学 xiūcíxué,修辞法 xiūcífǎ;口才 kǒucái,雄辩术 xióngbiànshù
Rheumatismus *m* -, . . .men 风湿病 fēngshībìng
Rhomboid *n* -(e)s, -e 长菱形 cháng língxíng
Rhombus *m* -, . . .ben 菱形 língxíng
rhythmisch *adj* 有节奏的 yǒu jiézòu de;有韵律的 yǒu yùnlǜ de
Rhythmus *m* -, . . .men 节奏 jiézòu;韵律 yùnlǜ,节律 jiélǜ;节奏的格调 jiézòu de gédiào
richten I *vt* 指向 zhǐxiàng,对准 duìzhǔn: eine Frage an jn ～ 向某人提问题; die Aufmerksamkeit auf etw ～ 注意某事;准备 zhǔnbèi,整理 zhěnglǐ: das Essen ～ 准备饭菜;调整 tiáozhěng: die Uhr ～ 对表;修理 xiūlǐ: das Fahrrad ～ 修自行车;处决 chǔjué,处死 chǔsǐ II *rfl* 对准 duìzhǔn,指向 zhǐxiàng: ihre Augen richteten sich in die Ferne 她的目光望着远方;视…而定 shì … ér dìng;遵循 zūnxún,按…行事 àn … xíngshì: ich richte mich genau nach der Vorschrift 我完全按规定办事; das richtet sich nach dem Wetter 要看天气而定 III *vi* 判决 pànjué,判断 pànduàn: unparteiisch in einer Sache ～ 对一案件作出公正的判决
Richter *m* -s, - 法官 fǎguān,审判员 shěnpànyuán;裁判员 cáipànyuán,评判员 píngpànyuán
Richter-Skala *f* (地震)里氏震级 lǐshì zhènjí
Richtgeschwindigkeit *f* 标准行车速度 biāozhǔn xíngchē sùdù
richtig I *adj* 正确的 zhèngquède,对的 duìde;恰当的 qiàdàngde,适当的 shìdàngde;正式的 zhèngshìde,正常的 zhèngchángde;真正的 zhēnzhèngde,名符其实的 míng fú qí shí de: im ～en Fahrwasser sein 得心应手,很内行; nicht ganz ～ (im Kopf) sein 脑子有点不大正常 II *adv* 非常 fēicháng,很 hěn;确实 quèshí: ich bin ～ froh 我真高兴
Richtigkeit *f* - 正确性 zhèngquèxìng,准确性 zhǔnquèxìng
richtigstellen *vt* 更正 gēngzhèng,纠正 jiūzhèng,订正 dìngzhèng: ein Missverständnis ～ 澄清误会
Richtlinie *f* 方针 fāngzhēn,准则 zhǔnzé,准绳 zhǔnshéng;指导路线 zhǐdǎo lùxiàn
Richtplatz *m* 刑场 xíngchǎng,法场 fǎchǎng
Richtpreis *m* 官价 guānjià;牌价 páijià
Richtung *f* -, -en 方向 fāngxiàng: jm die ～ zeigen 为某人指明方向; die ～ verlieren 迷失方向;方针 fāngzhēn;流派 liúpài,潮流 cháoliú,倾向 qīngxiàng
riechen* I *vi* 发出气味 fāchū qìwèi: er riecht aus dem Mund 他有口臭; es riecht nach Knoblauch 有股大蒜味; seine Kleider ～ nach Rauch 他的衣服上有烟味;闻 wén,嗅 xiù: an einer Rose ～ 闻闻玫瑰花的香味 II *vt* 嗅到 xiùdào,闻到 wéndào;觉察到 juécháдào: jn nicht ～ können 讨厌某人
Riegel *m* -s, - 门闩 ménshuān,插销 chāxiāo
Riemen *m* -s, - 皮带 pídài;桨 jiǎng
Riese *m* -n, -n 巨人 jùrén;庞然大物 pángrán dà wù
rieseln *vi* (s/h) 作潺潺声 zuò chánchánshēng,潺潺地流 chánchánde liú,缓流 huǎn liú;下濛濛细雨 xià méngméng xìyǔ,下小雨 xià xiǎoyǔ: der Regen rieselt unaufhörlich 毛毛雨下个不停;慢慢飘落 mànman piāoluò: Schnee rieselt 在飘雪花
Riesenprofit *m* 巨额利润 jù'é lìrùn
riesig I *adj* 巨大的 jùdàde,宏伟的 hóngwěide II *adv* 非常 fēicháng,很 hěn: ～ nett [interessant] 可爱[有趣]极了
Riff *n* -(e)s, -e 礁 jiāo,暗礁 ànjiāo
rigoros *adj* 严肃的 yánsùde,严厉的 yánlìde,严酷的 yánkùde
Rind *n* -(e)s, -er 牛 niú
Rinde *f* -, -n 树皮 shùpí;表层 biǎocéng,硬皮 yìngpí

Rinderwahnsinn *m* 疯牛病 fēngniúbìng
Rindfleisch *n* 牛肉 niúròu
Ring *m* -(e)s, -e 环 huán,圈 quān,戒指 jièzhi;拳击台 quánjītái;环行路 huánxínglù;企业的联合组织 qǐyède liánhé zǔzhī,社团 shètuán
ringen* I *vt* 扭 niǔ,拧 nǐng,绞 jiǎo;扭斗 niǔdòu,搏斗 bódòu: jn zu Boden ～ 把某人摔倒在地 II *vi* 搏斗 bódòu,斗争 dòuzhēng;争夺 zhēngduó,争取 zhēngqǔ: um das Amt des Präsidenten ～ 争夺总统职位
Ringen *n* -s 摔跤 shuāijiāo,角力 juélì;搏斗 bódòu
Ringkampf *m* 摔跤比赛 shuāijiāo bǐsài
rings *adv* 周围 zhōuwéi,四周 sìzhōu,围绕着 wéiràozhe
ringsum *adv* 周围 zhōuwéi,四周 sìzhōu
Rinne *f* -, -n 槽 cáo,沟 gōu,沟渠 gōuqú;水槽 shuǐcáo,排水管 páishuǐguǎn;切口 qièkǒu
rinnen* *vi(s)* (缓慢而不断地)滴 dī,淌 tǎng,流 liú;漏水 lòushuǐ
Rippe *f* -, -n 肋骨 lèigǔ;排骨 páigǔ;肋骨状物 lèigǔzhuàngwù;(叶的)主脉 zhǔmài;(建筑上的)肋拱 lèigǒng,扇形拱 shànxínggǒng;散热片 sànrèpiàn;(船等的)肋材 lèicái,伞骨 sǎngǔ
Risiko *n* -s, -s / ...ken 危险 wēixiǎn 风险 fēngxiǎn,冒险 màoxiǎn: ein ～ übernehmen (或 tragen) 承担风险; auf eigenes ～ 自担风险
risikobereit *adj* 准备冒风险的 zhǔnbèi màofēngxiǎn de
Risikofaktor *m* 危险因素 wēixiǎn yīnsù,冒险因素 màoxiǎn yīnsù
risikolos *adj* 无风险的 wú fēngxiǎn de
risikoreich *adj* 充满风险的 chōngmǎn fēngxiǎn de
riskant *adj* 冒险的 màoxiǎnde,冒风险的 màofēngxiǎnde,有危险的 yǒu wēixiǎn de
riskieren *vt* 冒险 màoxiǎn,担…风险 dān … fēngxiǎn: das Leben ～ 冒生命危险;拿…孤注一掷 ná … gū zhù yī zhì
Riss *m* -es, -e 裂缝 lièfèng,裂口 lièkǒu,裂痕 lièhén: die Wand hat Risse bekommen 墙上出现了裂缝;草图 cǎotú,平面图 píngmiàntú
rissig *adj* 有裂缝的 yǒu lièfèng de,龟裂的 jūnliède: ～e Wände 有裂缝的墙
Ritt *m* -es, -e 骑 qí,骑马 qímǎ: in einem ～ 一口气
Ritter *m* -s, - 骑士 qíshì
ritterlich *adj* 骑士的 qíshìde,有骑士气概的 yǒu qíshì qìgài de,勇武的 yǒngwǔde;正派的 zhèngpàide,高贵的 gāoguìde;有礼的 yǒulǐde
rittlings *adv* 跨坐地 kuàzuòde,如骑马般地 rú qímǎbān de,双腿分开地 shuāngtuǐ fēnkāi de
Ritze *f* -, -n 裂痕 lièhén,裂缝 lièfèng
ritzen I *vt* 抓伤 zhuāshāng,划破 huápò,使有裂痕 shǐ yǒu lièhén;刻 kè,划 huá II *rfl* 划破 huápò,抓伤 zhuāshāng
Rivale *m* -n, -n 对手 duìshǒu,竞争者 jìngzhēngzhě
rivalisieren *vi* 竞争 jìngzhēng,竞赛 jìngsài,对抗 duìkàng
Rivalität *f* -, -en 竞争 jìngzhēng,对抗 duìkàng,争夺 zhēngduó
Robbe *f* -, -n 海豹 hǎibào
Robinie *f* -, -n 洋槐 yánghuái
Roboter ['rɔbɔ... 或 ro'bɔ...] *m* -s, - 机器人 jīqìrén;机械手 jīxièshǒu;机器般工作的人 jīqìbān gōngzuò de rén
robust *adj* 强健的 qiángjiànde,强壮的 qiángzhuàngde,结实的 jiēshide,坚实的 jiānshíde
röcheln *vi* (临终病人)发出的呼噜声或喉中发出的哮喘声 fāchūde hūlūshēng huò hóuzhōng fāchūde xiàochuǎnshēng
Rock *m* -(e)s, ⸚e 女式裙子 nǚshì qúnzi;男上衣 nánshàngyī,外套 wàitào
Rockband ['rɔkbænd] *f* -, -s 摇滚舞乐队 yáogǔnwǔ yuèduì
Rocker *m* -s, - (摩托)飞车族青年 fēichēzú qīngnián
Rockfan ['rɔkfæn] *m* -s, -s 摇滚舞迷 yáogǔnwǔmí
Rockfestival *n* 摇滚舞联欢节 yáogǔnwǔ liánhuānjié
Rockgruppe *f* 摇滚舞乐队 yáogǔnwǔ yuèduì
Rocklady ['rɔkleidi] *f* -, -s 摇滚乐女歌星 yáogǔnyuè nǚgēxīng
Rockmusik *f* 摇滚乐 yáogǔnyuè
Rockmusiker *m* 摇滚乐队队员 yáogǔn yuèduì duìyuán
Rocksängerin *f* 摇滚乐曲女歌手 yáogǔn yuèqǔ nǚgēshǒu
Rockstar *m* 摇滚乐明星 yáogǔnyuè míngxīng

rodeln *vi* (*h*/*s*) 滑雪橇 huáxuěqiāo，乘雪橇滑行 chéng xuěqiāo huáxíng
roden *vt* 开垦 kāikěn；挖 wā，掘 jué，刨 páo
Roggen *m* -s 黑麦 hēimài
roh *adj* 生的 shēngde；未加工的 wèi jiāgōng de，毛坯的 máopīde；粗鲁的 cūlǔde，生硬的 shēngyìngde；粗略的 cūlüède；大约的 dàyuēde，大致的 dàzhìde
Rohangaben *pl* 原始资料 yuánshǐ zīliào，原始数据 yuánshǐ shùjù
Rohertrag *m* 总收入 zǒng shōurù，总收益 zǒng shōuyì
Rohgewicht *n* 毛重 máozhòng
Rohgewinn *m* 毛利 máolì
Rohheit *f* -，-en 粗暴 cūbào，野蛮 yěmán；暴行 bàoxíng
Rohkost *f* 生的素食品 shēngde sùshípǐn
Rohling *m* -s，-e 粗野者 cūyězhě，粗暴者 cūbàozhě；毛坯 máopī
Rohmaterial *n* 原料 yuánliào
Rohöl *n* 原油 yuányóu
Rohr *n* -(e)s，-e（水、煤气等用的）管子 guǎnzi，管道 guǎndào，筒 tǒng；芦苇 lúwěi，芦杆 lúgān
Röhre *f* -，-n 管 guǎn，管道 guǎndào；真空管 zhēnkōngguǎn，电子管 diànzǐguǎn
Rohrleitung *f* 管道 guǎndào
Rohseide *f* 生丝 shēngsī
Rohstoff *m* 原料 yuánliào
Rohstoffeinfuhr *f* 原料进口 yuánliào jìnkǒu
Rohstoffmarkt *m* 原料市场 yuánliào shìchǎng
Rohübersetzung *f* 翻译初稿 fānyì chūgǎo
Rokoko ['rɔkoko 或 ro'kɔko] *n* -s 洛可可式（欧洲十八世纪建筑、艺术等的一种风格）luòkěkěshì
Rollback ['roulbæk] *n* -(s)，-s 倒退 dàotuì，后退 hòutuì；下降 xiàjiàng，收缩 shōusuō
Rolle *f* -，-n 滚子 gǔnzi，滚柱 gǔnzhù；滚筒 gǔntǒng，滚轮 gǔnlún；角色 juésè：*eine ～ spielen* 扮演一角色；地位 dìwèi，作用 zuòyòng：eine große [gute] ～ spielen 起重大的[好的]作用；etw spielt keine ～ 某事无关紧要；卷 juǎn，团 tuán：eine ～ Papier 一卷纸
rollen I *vi* (*s*/*h*) 滚 gǔn，滚动 gǔndòng；发出隆隆声 fāchū lónglóngshēng II *vt* 使…滚动 shǐ … gǔndòng；卷起 juǎnqǐ III *rfl* 卷起 juǎnqǐ，卷缩 juǎnsuō
Rollerbrett *n* 滑板 huábǎn
Rollladen *m* 卷帘式百叶窗 juǎnliánshì bǎiyèchuāng
Rollschuh *m* 溜冰鞋 liūbīngxié
Rollschuhbahn *f* 溜冰场 liūbīngchǎng
Rollschuhläufer *m* 旱冰运动员 hànbīng yùndòngyuán，滑旱冰的人 huá hànbīng de rén，溜冰运动员 liūbīng yùndòngyuán
Rollstuhl *m* 轮椅 lúnyǐ
Rolltreppe *f* 自动扶梯 zìdòng fútī
Roman *m* -s，-e 长篇小说 chángpiān xiǎoshuō
Romanschriftsteller *m* 小说家 xiǎoshuōjiā
Romantik *f* - 浪漫派 làngmànpài，浪漫主义 làngmàn zhǔyì，浪漫精神 làngmàn jīngshén
romantisch *adj* 浪漫主义的 làngmàn zhǔyì de；充满幻想的 chōngmǎn huànxiǎng de，富于浪漫色彩的 fùyú làngmàn sècǎi de；娇媚的 jiāomèide，富有情调的 fùyǒu qíngdiào de
Römer *m* -s，- 罗马市民 luómǎ shìmín；古罗马人 gǔ luómǎrén
römisch *adj* 罗马的 luómǎde，罗马人的 luómǎrénde
röntgen *vt*/*vi* X 光透视 àikèsīguāng tòushì，用 X 光检查 yòng àikèsīguāng jiǎnchá
Röntgenapparat *m* X 光透视机 àikèsīguāng tòushìjī，X 光设备 àikèsīguāng shèbèi
Röntgenaufnahme *f* X 光摄影 àikèsīguāng shèyǐng，X 线照相 àikèsīxiàn zhàoxiàng
Röntgenstrahlen *pl* X 射线 àikèsīshèxiàn，伦琴射线 lúnqín shèxiàn
Röntgentherapie *f* X 线治疗法 àikèsīxiàn zhìliáofǎ
rosa *adj*（不变化）淡红色的 dànhóngsède，粉红色的 fěnhóngsède，玫瑰色的 méiguisède
Rose *f* -，-n 玫瑰花 méiguihuā，蔷薇花 qiángwēihuā
rosig *adj* 玫瑰色的 méiguisède，粉红色的 fěnhóngsède；美好的 měihǎode，愉快的 yúkuàide；乐观的 lèguānde
Rosine *f* -，-n 葡萄干 pútáogān

Ross *n* -es, -e 骏马 jùnmǎ,马 mǎ: auf dem hohen ～ sitzen 神气活现,高傲
Rost *m* -(e)s, -e (火炉的)铁箅 tiěbì;炉栅 lúshān;铁锈 tiěxiù
rosten *vi*(*s*/*h*) 生锈 shēngxiù
rösten *vt* 烘 hōng,烤 kǎo,焙 bèi,炒 chǎo
rostfrei *adj* 不锈的 bùxiùde
rostig *adj* 生锈的 shēngxiùde
rot *adj* 红的 hóngde,红色的 hóngsède: ～e Zahlen 赤字
Rot *n* -s, - / -s 红色 hóngsè;红心 hóngxīn;(交通灯的)红灯 hóngdēng
Rotation *f* -, -en 旋转 xuánzhuǎn,转动 zhuàndòng;自转 zìzhuàn
Röte *f* - 红 hóng,红色 hóngsè;红晕 hóngyùn;霞光 xiáguāng
röten I *vt* 染红 rǎnhóng,使发红 shǐ fāhóng II *rfl* 变红 biànhóng,脸红 liǎnhóng
rotieren *vi*(*s*/*h*) 转动 zhuàndòng,旋转 xuánzhuǎn;自转 zìzhuàn
rötlich *adj* 带红色的 dài hóngsè de,浅红色的 qiǎnhóngsède
Rotlicht *n* 红灯 hóngdēng;红外线 hóngwàixiàn
rotnasig *adj* 红鼻子的 hóng bízi de
Rotwein *m* 红葡萄酒 hóng pútáojiǔ
Rotwelsch *n* -(es) 黑话 hēihuà,暗语 ànyǔ,切口 qièkǒu
Round-table-Konferenz ['raʊnd-'teɪbl ...] *f* 圆桌会议 yuánzhuō huìyì
Route [ruːtə] *f* -, -n 路线 lùxiàn,路程 lùchéng,旅程 lǚchéng
Rowdy ['raʊdi] *m* -s, -s / ...dies 无赖 wúlài,恶棍 ègùn,好斗成性的小流氓 hàodòu chéngxìng de xiǎoliúmáng
Rübe *f* -, -n 萝卜 luóbo;甜菜 tiáncài;脑袋瓜 nǎodaiguā
Rubel *m* -s, - 卢布 lúbù
Ruck *m* -(e)s, -e 急动 jídòng,急推 jítuī,急撞 jízhuàng,猛拉 měnglā,冲击 chōngjī: sich (*D*) einen ～ geben 振作起来; der Zug hielt mit einem scharfen ～ 火车猛震一下停了下来
Rückantwort *f* 回答 huídá,答复 dáfù,回件 huíjiàn
Rückblick *m* 回顾 huígù,回忆 huíyì,回溯 huísù
rücken I *vt* 移动 yídòng,搬动 bāndòng,挪动 nuódong II *vi*(*s*) 移动 yídòng,挪动 nuódong;出发 chūfā,开赴 kāifù: ins Feld ～ 开赴战场
Rücken *m* -s, - 背 bèi,背部 bèibù,脊背 jǐbèi: jm den ～ stärken 支持某人; jm den ～ kehren 别过脸去不睬某人(以表示轻蔑); etw hinter js ～ tun 背着某人做某事
Rückfahrkarte *f* 来回票 láihuípiào,往返票 wǎngfǎnpiào
Rückfahrschein *m* = Rückfahrkarte
Rückfahrt *f* 归程 guīchéng,回程 huíchéng
Rückfall *m* 倒退 dàotuì,退步 tuìbù;(疾病)复发 fùfā,再发 zàifā;再犯 zàifàn,累犯 lěifàn
rückfällig *adj* 再犯的 zàifànde;再发的 zàifāde,复发的 fùfāde
Rückflug *m* (飞机)返航 fǎnháng
Rückforderung *f* 要求归还 yāoqiú guīhuán
Rückfracht *f* 回运的货物 huíyùnde huòwù
Rückfrage *f* 反问 fǎnwèn,查问 cháwèn,质询 zhìxún
Rückgabe *f* 归还 guīhuán,交还 jiāohuán
Rückgang *m* 减少 jiǎnshǎo,减轻 jiǎnqīng;下降 xiàjiàng,降低 jiàngdī,缩小 suōxiǎo: ein ～ des Umsatzes 销售额降低
rückgängig *adj* 倒退的 dàotuìde,减弱的 jiǎnruòde;(用于短语) etw ～ machen 废除某事,撤销某事
Rückgrat *n* 脊椎 jǐzhuī,脊柱 jǐzhù;支持 zhīchí: jm das ～ stärken 支持某人;给某人撑腰
Rückhalt *m* 依靠 yīkào,支持 zhīchí;保留 bǎoliú
rückhaltlos *adj* 毫无保留的 háowú bǎoliú de,无条件的 wútiáojiànde
Rückkauf *m* 赎回 shúhuí,(卖出后又)买回 mǎihuí
Rückkehr *f* 旅行归来 lǚxíng guīlái,返回 fǎnhuí,回来 huílái;回乡 huíxiāng
Rücklage *f* 储蓄 chǔxù,存款 cúnkuǎn;储备金 chǔbèijīn,公积金 gōngjījīn
Rückläufer *n* (无法投递的)死信 sǐxìn
Rücklicht *n* 车尾灯 chēwěidēng,后灯 hòudēng
rücklings *adv* 向后 xiànghòu;从后面 cóng hòumian
Rücknahme *f* 撤回 chèhuí,撤销 chèxiāo
Rückreise *f* (旅行)返回 fǎnhuí,回程

R

huíchéng,归程 guīchéng;回乡之行 huíxiāng zhī xíng;回国之行 huíguó zhī xíng
Rückruf *m* 回电 huídiàn;召回 zhàohuí,唤回 huànhuí
Rucksack *m* (登山或旅行者用的)背包 bèibāo
Rückschreiben *n* 复信 fùxìn,回信 huíxìn
Rückschritt *m* 倒退 dàotuì,退步 tuìbù;倒行逆施 dào xíng nì shī,反动 fǎndòng;恶化 èhuà
rückschrittlich *adj* 倒退的 dàotuìde,退步的 tuìbùde;倒行逆施的 dào xíng nì shī de,反动的 fǎndòngde
Rücksicht *f* -, -en 注意 zhùyì,照顾 zhàogù,关心 guānxīn,考虑 kǎolǜ: auf jn [etw] ～ nehmen 照顾某人[某事]
rücksichtslos *adj* 肆无忌惮的 sì wú jì dàn de,无顾忌的 wú gùjì de;冷酷的 lěngkùde,无情的 wúqíngde
rücksichtsvoll *adj* 关心的 guānxīnde,考虑周到的 kǎolǜ zhōudào de,周密照顾的 zhōumì zhàogù de
Rücksitz *m* 后座 hòuzuò
Rückspiegel *m* (汽车的)反光镜 fǎnguāngjìng,倒车镜 dàochējìng
Rückstand *m* -(e)s, ¨-e 剩余物 shèngyúwù,残渣 cánzhā;(所欠的)尾数 wěishù;落后 luòhòu,拖延 tuōyán,拖欠 tuōqiàn
rückständig *adj* 落后的 luòhòude,守旧的 shǒujiùde;拖欠的 tuōqiànde,未付清的 wèi fùqīng de;剩余的 shèngyúde
Rückstoß *m* 反推(力) fǎntuī,反作用力 fǎnzuòyònglì,后坐力 hòuzuòlì
Rücktausch *m* 把外币换成本国货币 bǎ wàibì huànchéng běnguó huòbì
Rücktransport *m* 回运 huíyùn,倒运 dǎoyùn,运回(原来的发货地) yùnhuí
Rücktritt *m* 辞职 cízhí,退辞 tuìcí;下台 xiàtái,引退 yǐntuì;放弃 fàngqì
Rückvergütung *f* 赔偿 péicháng,偿付 chángfù,偿还 chánghuán;支付回扣 zhīfù huíkòu
Rückverkauf *m* 返销 fǎnxiāo
rückwärts adv 向后 xiànghòu,后退 hòutuì
rückwärtsgehen* *vi(s)* 恶化 èhuà,退化 tuìhuà,变坏 biànhuài
Rückwechsel *m* 逆转汇票 nìzhuǎn huìpiào,重开汇票 chóngkāi huìpiào
Rückweg *m* 归途 guītú,归程 guīchéng
Rückzug *m* 撤退 chètuì,败退 bàituì
Rudel *n* -s, - (兽)群 qún;(人)群 qún,队 duì
Ruder *n* -s, - 舵 duò;桨 jiǎng: ans ～ kommen 掌权,取得政权;(雁、鹅、鸭、蛙等的)蹼足 pǔzú
Ruderboot *n* 划艇 huátǐng,小船 xiǎochuán
Ruderer *m* -s, - 划船运动员 huáchuán yùndòngyuán
Ruderklub *m* 划船俱乐部 huáchuán jùlèbù
rudern I *vi(s/h)* 划船 huáchuán,划行 huáxíng II *vt* 划(船) huá
Ruf *m* -(e)s, -e 叫唤 jiàohuan,呼喊 hūhǎn;鸣叫 míngjiào;号召 hàozhào,呼声 hūshēng;名声 míngshēng,名誉 míngyù,名望 míngwàng: einen guten ～ haben (或 genießen) 有好的名声;聘任 pìnrèn,招聘 zhāopìn
rufen* *vi/vt* 叫 jiào,喊 hǎn,呼喊 hūhǎn;叫来 jiàolái,招来 zhàolái: ein Taxi ～ 叫一辆出租车; jn zu (或 um) Hilfe ～ 叫某人来帮忙
Rufname *m* (双名中用作称呼的)称呼名 chēnghumíng
Rufnummer *f* 电话号码 diànhuà hàomǎ
Rüge *f* -, -n 叱责 chìzé,指责 zhǐzé,责备 zébèi,申斥 shēnchì: jm eine ～ erteilen 责备某人
rügen *vt* 责备 zébèi,申斥 shēnchì;谴责 qiǎnzé,抨击 pēngjī
Ruhe *f* - 安静 ānjìng,寂静 jìjìng;安宁 ānníng,平静 píngjìng;静止 jìngzhǐ;休息 xiūxi,安息 ānxī: jm keine ～ lassen 不让某人安宁; Lass mich in ～! 别打扰我!
Ruhegeld *n* 退休金 tuìxiūjīn,养老金 yǎnglǎojīn
ruhen *vi* 休息 xiūxi;停止 tíngzhǐ,停顿 tíngdùn,中断 zhōngduàn: der Verkehr [die Produktion] ruht 交通[生产]停顿;落在 luòzài,停留在 tíngliú zài;长眠 chángmián,安息 ānxī
Ruhestand *m* 退休 tuìxiū: im ～ sein (或 leben) 过退休生活; in den ～ gehen (或 treten) 退休
Ruhetag *m* 假日 jiàrì,休息日 xiūxirì
ruhig I *adj* 安静的 ānjìngde: Sei ～! 请安静! 别着急! 平静的 píngjìngde,心平气和的 xīn píng qì hé de;冷静的 lěngjìngde;静止的 jìngzhǐde II *adv* 尽管 jǐnguǎn,不必担心地 bùbì dānxīn de,放心

地 fàngxīn de: du kannst ～ mitkommen 你不用担心一起来好了

Ruhm *m* -(e)s 荣誉 róngyù, 名声 míngshēng, 声望 shēngwàng: ～ ernten (或 erlangen) 获得荣誉

Ruhmbegierde *f* 争名 zhēngmíng, 求荣 qiúróng

ruhmbegierig *adj* 争名的 zhēngmíngde, 贪图荣华的 tāntú rónghuá de

rühmen I *vt* 称赞 chēngzàn, 颂扬 sòngyáng, 赞扬 zànyáng: seinen Fleiß ～ 赞扬他的勤劳; er rühmte an ihm die Zuverlässigkeit 他称赞他的诚实可靠 II *rfl* 自豪 zìháo, 自夸 zìkuā: sich einer Leistung (*G*) ～ 为一成绩而自豪

rühmlich *adj* 光荣的 guāngróngde, 光彩的 guāngcǎide

ruhmlos *adj* 不光彩的 bù guāngcǎide, 不名誉的 bù míngyùde; 默默无闻的 mò mò wú wén de, 不出名的 bù chūmíngde

Ruhr *f* -, -en 痢疾 lìji

Rührei *n* 炒蛋 chǎodàn

rühren I *vt* 搅动 jiǎodòng, 搅拌 jiǎobàn: den Teig ～ 搅面团; 动 dòng, 活动 huódòng: die Glieder ～ 活动四肢; 感动 gǎndòng: das rührt mich nicht 我对此无动于衷 II *vi* 来自 láizì, 由…引起 yóu… yǐnqǐ; 触动 chùdòng, 碰 pèng III *rfl* 动 dòng, 动弹 dòngtan, 活动 huódòng

rührend *adj* 动人的 dòngrénde, 感人的 gǎnrénde; 亲切的 qīnqiède

rührselig *adj* 易动感情的 yìdòng gǎnqíng de; 动人的 dòngrénde, 使人伤感的 shǐ rén shānggǎn de

Rührung *f* - 感动 gǎndòng, 激动 jīdòng; 同情 tóngqíng

Ruin *m* -s (经济、财政上的)崩溃 bēngkuì, 破产 pòchǎn

Ruine *f* -, -n 遗址 yízhǐ, 遗迹 yíjì; 废墟 fèixū

ruinieren I *vt* 使毁坏 shǐ huǐhuài, 使破产 shǐ pòchǎn II *rfl* 毁灭 huǐmiè; 破产 pòchǎn

rülpsen *vi* 打嗝儿 dǎgér

Rum *m* -s, -s 朗姆酒 lǎngmǔjiǔ

Rumäne *m* -n, -n 罗马尼亚人 luómǎnyàrén

Rumänien 罗马尼亚 Luómǎníyà

rumänisch *adj* 罗马尼亚的 luómǎníyàde; 罗马尼亚人的 luómǎníyàrénde; 罗马尼亚语的 luómǎníyàyǔde

Rumba *f* -, -s 或 *m* -s, -s 伦巴舞 lúnbāwǔ

Rumpf *m* -(e)s, ¨-e 躯干 qūgàn, 躯体 qūtǐ; 船体 chuántǐ; 机身 jīshēn

rund I *adj* 圆的 yuánde; 整的 zhěngde: eine ～e Woche 整整一星期; eine ～e Zahl 一笔整数; 丰满的 fēngmǎnde, 圆润的 yuánrùnde; 圆满的 yuánmǎnde, 成功的 chénggōngde II *adv* 大约 dàyuē, 大概 dàgài; 围绕 wéirào

Runde *f* -, -n 圆环 yuánhuán, 圈 quān, 周围 zhōuwéi; 巡逻 xúnluó, 巡回 xúnhuí; (比赛、谈判中的)一轮 yīlún, 一回合 yī huíhé, 一局 yījú, 一场 yīchǎng; 围坐的人 wéizuòde rén

Rundfahrkarte *f* 环程游览车票 huánchéng yóulǎn chēpiào

Rundfahrt *f* 环游 huányóu, 周游 zhōuyóu

Rundfrage *f* 民意测验 mínyì cèyàn: eine ～ halten 举行一次民意测验

Rundfunk *m* 无线电广播 wúxiàndiàn guǎngbō; 广播电台 guǎngbō diàntái

Rundfunkgerät *m* 收音机 shōuyīnjī

Rundfunkhörer *m* 无线电广播收听者 wúxiàndiàn guǎngbō shōutīngzhě

Rundfunkprogramm *n* 广播节目 guǎngbō jiémù, 广播节目报 guǎngbō jiémùbào

Rundfunkröhre *f* (无线电)电子管 diànzǐguǎn, 真空管 zhēnkōngguǎn

Rundfunksendung *f* 无线电广播 wúxiàndiàn guǎngbō

Rundfunksprecher *m* 电台广播员 diàntái guǎngbōyuán, 播音员 bōyīnyuán

Rundfunkstation *f* 广播电台 guǎngbō diàntái

rundlich *adj* 略圆的 lüèyuánde; 丰满的 fēngmǎnde

Rundreise *f* 环游 huányóu, 周游 zhōuyóu

Rundschau *f* 评论 pínglùn; 环顾 huángù, 展望 zhǎnwàng

rundum *adv* 周围 zhōuwéi, 四周 sìzhōu

rundweg *adv* 直截了当 zhíjié-liǎodàng, 干脆 gāncuì, 明确地 míngquède

Runzel *f* -, -n 皱纹 zhòuwén

runzeln *vt* 皱起 zhòuqǐ, 使有皱纹 shǐ yǒu zhòuwén: die Brauen ～ 皱眉头

Rüpel *m* -s, - 态度粗暴的人 tàidu cūbào de rén, 粗野的人 cūyěde rén

rupfen *vt* 拔(毛、发、草等) bá: Unkraut ～ 拔野草; Hühner ～ 拔鸡毛; mit jm

R

(noch) ein Hühnchen zu ～ haben 要与某人算账(意指要责备某人)

ruppig *adj* 粗野的 cūyěde,无礼的 wúlǐde

Ruß *m* -es, -e 煤烟子 méiyānzi,煤炱 méitái

Russe *m* -n, -n 俄罗斯人 éluósīrén,俄国人 éguórén

Rüssel *m* -s, - 象鼻 xiàng bí;(鸟、虫等的)长嘴 cháng zuǐ

rußig *adj* 煤烟的 méiyānde,烟灰的 yānhuīde,被煤烟弄脏的 bèi méiyān nòngzāng de

Russland 俄罗斯 Éluósī

russisch *adj* 俄罗斯的 éluósīde;俄罗斯人的 éluósīrénde;俄语的 éyǔde

rüsten I *vt* 准备 zhǔnbèi,装备 zhuāngbèi,配备 pèibèi II *rfl* 准备 zhǔnbèi;武装配备 wǔzhuāng pèibèi;做好准备 zuò hǎo zhǔnbèi III *vi* 进行武装准备 jìnxíng wǔzhuāng zhǔnbèi,装备起来 zhuāngbèi qǐlái

rüstig *adj* 健壮的 jiànzhuàngde,硬朗的 yìnglangde,神采奕奕的 shéncǎi yìyì de,精力充沛的 jīnglì chōngpèi de

Rüstung *f* -, -en 军备 jūnbèi,装备 zhuāngbèi;盔甲 kuījiǎ

Rüstungsbeschränkung *f* 限制军备 xiànzhì jūnbèi

Rüstungsbudget *n* 军事预算 jūnshì yùsuàn

Rüstungskontrollpolitik *f* 军备控制政策 jūnbèi kòngzhì zhèngcè

Rüstungswettlauf *m* 军备竞赛 jūnbèi jìngsài

Rute *f* -, -n 枝条 zhītiáo,柳条 liǔtiáo;杆 gān;钓鱼竿 diàoyúgān;棒 bàng;(兽、狗等的)尾巴 wěiba;阴茎 yīnjīng

Rutsch *m* -(e)s, -e 滑跌 huádiē;坍方 tānfāng;远足 yuǎnzú,短途旅行 duǎntú lǚxíng

Rutschbahn *f* 滑道 huádào;滑梯 huátī,滑坡 huápō

rutschen *vi(s)* 滑 huá;滑下来 huáxiàlái

rütteln I *vt* 摇 yáo,摇动 yáodòng: jn am Arm ～ 摇动某人的手臂 II *vi* 摇晃 yáohuàng,晃动 huàngdòng,摇动 yáodòng: der Wagen rüttelt sehr 汽车摇晃得很厉害

Ruanda 卢旺达 Lúwàngdá

Ruander *m* -s, - 卢旺达人 lúwàngdárén

S

Saal *m* -(e)s, Säle 大厅 dàtīng,礼堂 lǐtáng

Saat *f* -, -en 播种 bōzhǒng,种子 zhǒngzi;秧苗 yāngmiáo: wie die ～, so die Ernte 种瓜得瓜,种豆得豆

Saatbestellung *f* 播种 bōzhǒng,下种 xiàzhǒng

Saatgut *n* 种子 zhǒngzi

Saatzeit *f* 播种期 bōzhòngqī,播种季节 bōzhòng jìjié

Sabberlätzchen *n* (婴儿用的)围兜 wéidōu,围嘴儿 wéizuǐr

sabbern *vi* 流口水 liú kǒushuǐ,淌口水 tǎng kǒushuǐ;说废话 shuō fèihuà

Säbel *m* -s, - 军刀 jūndāo,马刀 mǎdāo;佩剑 pèijiàn

Sabotage [...ˈtaːʒə] *f* -, -n 破坏活动 pòhuài huódòng,破坏 pòhuài,怠工 dàigōng: ～ treiben (或 begehen) 搞破坏活动

Saboteur [...ˈtøːɐ] *m* -s, -e 破坏者 pòhuàizhě,怠工者 dàigōngzhě

sabotieren *vt* 破坏 pòhuài;阻挠 zǔnáo

Saccharin [zaxa...] *n* -s 糖精 tángjīng

Sachanlagen *pl* 有形固定资产 yǒuxíng gùdìng zīchǎn

Sachbearbeiter *m* 专职人员 zhuānzhí rényuán,办事人员 bànshì rényuán

Sachbeschädigung *f* 财产损害 cáichǎn sǔnhài

sachbezogen *adj* 有关的 yǒuguānde,有针对性的 yǒu zhēnduìxìng de

sachdienlich *adj* 有关的 yǒuguānde,有益的 yǒuyìde

Sache *f* -, -n 东西 dōngxi,物品 wùpǐn: du musst deine ～n mehr schonen 你必须更爱惜你的东西;事件 shìjiàn,事情 shìqing: eine ～ erledigen 完成一件事;kommen wir zur ～! 我们就言归正传吧! Bleiben Sie bitte bei der ～! 请您不要离题! 诉讼 sùsòng,案件 ànjiàn: eine ～ (vor Gericht) gewinnen 诉讼胜利

Sacheinlagen *pl* 实物入股 shíwù rùgǔ

Sachgebiet *n* 专业范围 zhuānyè fànwéi,工作范围 gōngzuò fànwéi;学科 xuékē,专业 zhuānyè

sachgemäß *adj* 恰当的 qiàdàngde,合适的 héshìde

Sachkenner *m* 专家 zhuānjiā,行家 hángjia

Sachkenntnis *f* 专业知识 zhuānyè zhīshi

sachkundig *adj* 内行的 nèihángde,熟练的 shúliànde 老练的 lǎoliànde,有经验的 yǒu jīngyàn de

Sachlage *f* 事态 shìtài,局势 júshì;实际情况 shíjì qíngkuàng

sachlich *adj* 业务上的 yèwùshangde;有关事实的 yǒuguān shìshí de,实事求是的 shí shì qiú shì de,客观的 kèguānde;朴实的 pǔshíde

sächlich *adj* 中性的 zhōngxìngde

Sachlichkeit *f* - 实事求是的态度 shí shì qiú shì de tàidu,客观性 kèguānxìng,公正 gōngzhèng

Sachlieferung *f* 实物交货 shíwù jiāohuò

Sachlohn *m* 实物工资 shíwù gōngzī

Sachspende *f* 实物捐赠 shíwù juānzèng

sacht *adj* 轻轻的 qīngqīngde,温柔的 wēnróude,温和的 wēnhéde;缓慢的 huǎnmànde;小心谨慎的 xiǎoxīn jǐnshèn de

Sachverhalt *n* -(e)s, -e 实情 shíqíng,真相 zhēnxiàng: den ～ klären 澄清事实真相;案情 ànqíng

Sachversicherung *f* 财产保险 cáichǎn bǎoxiǎn

sachverständig *adj* 具有专门知识的 jùyǒu zhuānmén zhīshi de,内行的 nèihángde,有经验的 yǒu jīngyàn de

Sachverständige *m/f* (按形容词变化)专家 zhuānjiā;鉴定人 jiàndìngrén

Sachverständigengutachten *n* 专家鉴定 zhuānjiā jiàndìng

Sachverständigenprüfung *f* =

S

Sachverständigengutachten

Sachverzeichnis *n* 内容索引 nèiróng suǒyǐn，财产目录 cáichǎn mùlù；存货清单 cúnhuò qīngdān

Sachwalter *m* -s，-（财产，业务的）受托管人 shòutuōguǎnrén，代理人 dàilǐrén；辩护人 biànhùrén

Sachwert *m* -(e)s，-e（物品的）实际价值 shíjì jiàzhí，实值 shízhí；有价实物 yǒujià shíwù

Sack *m* -(e)s，⸚e 袋 dài，包 bāo，麻布袋 mábùdài：mit ～ und Pack 带上全部家当

Sackgasse *f* 死胡同 sǐhútòng；死路 sǐlù，僵局 jiāngjú：in einer ～ stecken 束手无策，陷入僵局

Sadismus *m* 性虐待狂 xìng nüèdàikuáng，残暴色情狂 cánbào sèqíngkuáng；虐待狂 nüèdàikuáng，极度残暴 jídù cánbào

säen *vt* 下种 xiàzhǒng，播种 bōzhǒng；造成 zàochéng，促成 cùchéng，引起 yǐnqǐ，播下…的种子 bōxià … de zhǒngzi：Hass [Misstrauen] ～ 播下仇恨[不信任]的种子

Safari *f* -，-s（在东非的）徒步旅行 túbù lǚxíng，（去非洲的）团体旅行 tuántǐ lǚxíng

Safaripark *m*（在非洲乘车参观的）天然动物园 tiānrán dòngwùyuán

Safe [seːf] *m* /*n* -s，-s 保险箱 bǎoxiǎnxiāng，保险柜 bǎoxiǎnguì

Saffian *m* -s 优质山羊鞣皮 yōuzhì shānyáng róupí

Saft *m* -(e)s，⸚e 汁 zhī，液 yè；果汁 guǒzhī，菜汁 càizhī；活力 huólì，生气 shēngqì：ohne ～ und Kraft 毫无生机的，枯燥乏味的

saftig *adj* 多汁的 duōzhīde；茂盛的 màoshèngde；有生气的 yǒu shēngqì de

Saftkur *f* 液汁疗法（只吃水果汁和蔬菜汁的治疗）yèzhī liáofǎ

Saftladen *m* 经营不善的店铺（或企业）jīngyíng bùshàn de diànpù

Sage *f* -，-n 民间传说 mínjiān chuánshuō，传闻 chuánwén，流言 liúyán

Säge *f* -，-n 锯子 jùzi，锯 jù

Sägeblatt *n* 锯条 jùtiáo

Sägemaschine *f* 锯床 jùchuáng；锯木机 jùmùjī

Sägemehl *n* 锯屑 jùxiè，锯末 jùmò

Sägemesser *n* 锯齿刀 jùchǐdāo

sagen I *vt* 讲 jiǎng，说 shuō，告诉 gàosu：seine Meinung ～ 说出自己的意见；jm etw ～ 告诉某人某事；ein paar Worte ～ 讲几句话；mit wenig Worten viel ～ 意简意赅地说；jm etw ins Gesicht ～（大胆地）当面对某人直说某事；说明 shuōmíng；宣称 xuānchēng；表明 biǎomíng，意味着 yìwèizhe II *vi* 讲话 jiǎnghuà，说话 shuōhuà：Wie soll ich ～？我应该如何说呢？sage und schreibe 确实，的确

sägen *vt* 锯 jù，锯开 jùkāi

sagenhaft *adj* 传说中的 chuánshuōzhongde，传奇中的 chuánqízhongde；神话般的 shénhuàbānde；难以置信的 nányǐ zhìxìn de，惊人的 jīngrénde

Sägespäne *pl* 锯屑 jùxiè，锯末 jùmò

Sago *m* /*n* -s 西米 xīmǐ，西谷米 xīgǔmǐ

Sahne *f* - 鲜奶油 xiān nǎiyóu；掼奶油 guàn nǎiyóu

Sahnebonbon *m* /*n* 乳脂太妃糖 rǔzhī tàifēitáng

Sahneeis *n* 奶油冰淇淋 nǎiyóu bīngqílín

Saison [zɛ'zõː] *f* -，-s（商业，旅游、运动、演出等的）旺季 wàngjì，活跃季节 huóyuè jìjié

Saisonarbeiter *m* 季节工人 jìjiégōngrén，短工 duǎngōng

Saisonausverkauf *m* 季末大减价 jìmò dàjiǎnjià

saisonbedingt *adj* 季节性的 jìjiéxìngde

Saisonbeschäftigung *f* 季节性职业或工作 jìjiéxìng zhíy huò gōngzuò

saisonweise *adv* 季节性地 jìjiéxìngde

Saite *f* -，-n 弦 xián，弦线 xiánxiàn

Saiteninstrument *n* 弦乐器 xiányuèqì

Sakko *m* /*n* -s，-s（男式）便装上衣 biànzhuāng shàngyī，（一般的）西服上装 xīfú shàngzhuāng，休闲装上装 xiūxiánzhuāng shàngzhuāng

sakral *adj* 神圣的 shénshèngde；宗教的 zōngjiàode，宗教仪式的 zōngjiào yíshì de

Sakrament *n* -(e)s，-e（基督教）圣事 shèngshì，圣礼 shènglǐ；圣餐 shèngcān

Sakrileg *n* -s，-e 渎圣 dúshèng，渎圣罪 dúshèngzuì；亵渎 xièdú

Sakristei *f* -，-en（教堂里的）圣器收藏室 shèngqì shōucángshì；（教士的）更衣

室 gēngyīshì；（牧师做礼拜的）准备室 zhǔnbèishì

säkularisieren *vt*（将教会的财产）改作俗用 gǎi zuō sú yòng；使世俗化 shǐ shìsúhuà

Salamander *m* -s, - 蝾螈 róngyuán

Salami *f* -, -(s) 色拉米香肠（一种硬的熏香肠）sèlāmǐ xiāngcháng

Salamitaktik *f* 蚕食政策 cánshí zhèngcè，渗透政策 shèntòu zhèngcè

Salat *m* -(e)s, -e 生菜 shēngcài，色拉 sèlā：Mach nur keinen ～！别瞎说！不要激动！

salbadern *vi* 高谈阔论 gāo tán kuò lùn，令人厌倦地唠叨 lìng rén yàn juàn de láodao

Salbe *f* -, -n 软膏 ruǎngāo，油膏 yóugāo

salben *vt* 涂油膏 tú yóugāo；涂圣油于…（一种宗教仪式）tú shèngyóu yú…

salbungsvoll *adj* 过分庄严的 guòfèn zhuāngyán de，一本正经的 yī běn zhèng jīng de

saldieren *vt* 结算 jiésuàn，清（账）qīng；账款结清 zhàngkuǎn jiéqīng

Saldo *m* -s, -s / …den 差额 chā'é，余额 yú'é

Sales-manager ['seilsmænidʒə] *m* -s, -（企业的）经销部经理 jīngxiāobù jīnglǐ，营业部主任 yíngyèbù zhǔrèn

Sales-promoter ['seilsprəmoutə] *m* -s, -（企业的）推销员 tuīxiāoyuán

Sales-promotion ['seilsprəmouʃən] *f*（企业的）推销活动 tuīxiāo huódòng，推销业务 tuīxiāo yèwù，促销措施 cùxiāo cuòshī

Salon [za'lõ:] *m* -s, -s（雅致的）客厅 kètīng，大厅 dàtīng；交谊厅 jiāoyìtīng；沙龙（指定期举行的社交聚会）shālóng；美术展览馆 [illegible] měishù zhǎnlǎnguǎn，画廊 huàláng；（从事美容、保健等营业性的）厅 tīng，[illegible] shì，院 yuàn

salonfähig *adj* 合乎交际礼仪的 héhū jiāojì [illegible] de，适合于上流社会的 shìhé yú shàngliú shèhuì de，文雅的 wényǎde

Salonlöwe *m* 社交界名流 shèjiāojiè míngliú，善于社交的人 shànyú shèjiāo rén

Saloon [sə'lu:n] *m* -s, -s 酒家 jiǔjiā，酒馆 jiǔguǎn

salopp *adj* 马虎的 mǎhude，随便的 suíbiàn de，不修边幅的 bù xiū biānfú de

Salto *n* -s, -s / …ti 空中（翻）跟斗 kōngzhōng gēndou

Salut *m* -(e)s, -e 礼炮 lǐpào

Salve *f* -, -n（枪炮）齐射 qíshè，礼炮齐放 lǐpào qífàng

Salz *n* -es, -e 食盐 shíyán：grobes [feines] ～ 粗[细]盐；eine Rede ohne ～ halten 作一个平淡无味的报告

Salzbergwerk *m* 盐矿 yánkuàng

Salzfleisch *n* 咸肉 xiánròu

Salzgurke *f* 咸黄瓜 xiánhuánggua

salzig *adj* 咸的 xiánde；含盐的 hányánde

salzlos *adj* 淡的 dànde，无盐的 wúyánde

Salzwasser *n* 盐水 yánshuǐ，咸水 xiánshuǐ，海水 hǎishuǐ

Sambia 赞比亚 Zànbǐyà

Sambier *m* 赞比亚人 zànbǐyàrén

Samen *m* -s, - 种子 zhǒngzi，精液 jīngyè

samenlos *adj* 不育的 bùyùde，无精液的 wú jīngyè de

sämig *adj* 稠的 chóude，黏的 niánde，浓的 nóngde

Sämling *m* -s, -e 幼苗 yòumiáo

Sammelaktion *f* 募捐活动 mùjuān huódòng

Sammelbecken *n* 贮水器 zhùshuǐqì；蓄水池 xùshuǐchí；集合处 jíhéchù

sammeln I *vt* 搜集 sōují；使聚集 shǐ jùjí，收藏 shōucáng：Briefmarken ～ 收藏邮票；采集 cǎijí；积蓄 jīxù，积累 jīlěi：Erfahrungen ～ 积累经验；集中 jízhōng II *rfl* 集合 jíhé，结合 jiéhé；积聚 jījù；集中精神 jízhōng jīngshen III *vi* 募捐 mùjuān，捐款 juānkuǎn；收集 shōují，收藏 shōucáng

Sammelpass *m* 集体护照 jítǐ hùzhào

Sammelplatz *m* 集合地点 jíhé dìdiǎn；收集地点 shōují dìdiǎn

Sammlung *f* -, -en 收集 shōují，采集 cǎijí；捐款 juānkuǎn；文集 wénjí，汇编 huìbiān；收集品 shōujípǐn；收藏室 shōucángshì；集中（思想和精神）jízhōng

Sample ['sa:mpl] *n* -(s), -s 样品 yàngpǐn，式样 shìyàng；抽样调查 chōuyàng diàochá

Samstag *m* 星期六 xīngqīliù

samt I *prp* (*D*) 连同 liántóng，包括 bāokuò：～ Weib und Kindern ging er ins Ausland 他带着妻子和儿女出国去了 II *adv*（用于短语）～ und sonders 全体，全

S

部,一律

Samt *m* -(e)s, -e 丝绒 sīróng,天鹅绒 tiān'éróng

Samtkleid *n* 丝绒女服 sīróng nǚfú

sämtlich *pron* 全部的 quánbùde,所有的 suǒyǒude,一切的 yīqiède

Sanatorium *n* -s, ...ien 疗养所 liáoyǎngsuǒ,疗养院 liáoyǎngyuàn

Sand *m* -(e)s, -s / ⸚e 沙 shā,沙子 shāzi;沙土 shātǔ,沙滩 shātān: etw verläuft im ～(e) 某事毫无成果; jm ～ in die Augen streuen 迷惑某人

Sandale *f* -, -n 凉鞋 liángxié

Sandalette *f* -, -n (女式)轻便凉鞋 qīngbiàn liángxié

Sandbank *f* 沙洲 shāzhōu,沙滩 shātān

sandig *adj* 含沙的 hánshāde,沙质的 shāzhìde

Sandlerin *f* -, -nen 诱骗游客的姑娘 yòupiàn yóukè de gūniáng,(骗人上当的)拉客女郎 lākè nǚláng

Sandpapier *n* 砂纸 shāzhǐ

Sandsack *m* 沙袋 shādài

Sandstrand *m* 沙滩 shātān

Sandsturm *m* 沙尘暴 shāchénbào

Sandwich ['sɛntvɪtʃ] *m/n* -(e)s / -, -(e)s / -e 三明治 sānmíngzhì,夹心面包片 jiāxīn miànbāo piàn

sanft *adj* 温柔的 wēnróude,柔和的 róuhéde;和缓的 héhuǎnde;轻轻的 qīngqīngde;平和的 pínghéde

Sänfte *f* -, -n 轿子 jiàozi

Sanftmut *f* - 温和 wēnhé,温良 wēnliáng,温顺 wēnshùn

sanftmütig *adj* 温和的 wēnhéde,温良的 wēnliángde,温顺的 wēnshùnde

Sang *m* -(e)s, ⸚e 歌唱 gēchàng;歌曲 gēqǔ: mit ～ und Klang 完完全全

Sänger *m* -s, - 歌唱家 gēchàngjiā,歌手 gēshǒu

Sängerin *f* 女歌唱家 nǚgēchàngjiā,女歌手 nǚgēshǒu

Sanguiniker *m* -s, - 乐天派 lètiānpài,活泼开朗的人 huópo kāilǎng de rén

Sani *m* -s, -s 卫生员 wèishēngyuán,卫生兵 wèishēngbīng

sanieren I *vt* 治愈(伤口) zhìyù;给…消毒 gěi … xiāodú,(企业)整顿 zhěngdùn,调整 tiáozhěng II *rfl* (企业)振兴 zhènxīng,恢复支付能力 huīfù zhīfù nénglì

sanitär *adj* 卫生的 wèishēngde,保健的 bǎojiànde;公共卫生的 gōnggòng wèishēng de

Sanitäter *m* -s, - 保健员 bǎojiànyuán;急救员 jíjiùyuán;卫生员 wèishēngyuán

Sanitätsartikel *pl* 卫生救护用品 wèishēng jiùhù yòngpǐn

Sanktion *f* -, -en 批准 pīzhǔn,认可 rènkě;制裁 zhìcái,国际制裁 guójì zhìcái;惩罚 chéngfá

sanktionieren *vt* 批准 pīzhǔn,认可 rènkě

San Marino 圣马力诺 Shèngmǎlìnuò

Sanmarinese *m* -n, -n 圣马力诺人 shèngmǎlìnuòrén

Saphir *m* -s, -e 蓝宝石 lánbǎoshí;蓝宝石唱针 lánbǎoshí chàngzhēn

Sardine *f* -, -n 沙丁鱼 shādīngyú

Sarg *m* -(e)s, ⸚e 棺材 guāncai

Sarkasmus *m* -, ...men (尖刻的)讽刺 fěngcì,挖苦 wāku,嘲笑 cháoxiào,讥讽 jīfěng

Sarkophag *m* -s, -e 石棺 shíguān,石椁 shíguǒ

Satan *m* -s, -e 撒旦 sādàn,魔鬼 móguǐ,恶魔 èmó

Satellit *m* -en, -en 卫星 wèixīng,人造卫星 rénzào wèixīng

Satellitenbild *n* 卫星拍的照片 wèixīng pāi de zhàopiàn

Satellitenstaat *m* 卫星国 wèixīngguó,仆从国 púcóngguó

Satellitenstadt *f* 卫星城 wèixīngchéng

Satellitenübertragung *f* 卫星转播 wèixīng zhuǎnbō

Satin [za'tɛ̃ː] *m* -s, -s 缎子 duànzi,丝织品 sīzhīpǐn

Satire *f* -, -n 讽刺 fěngcì;讽刺文学 fěngcì wénxué,讽刺作品 fěngcì zuòpǐn

Satiriker *m* -s, - 讽刺作家 fěngcì zuòjiā;讽刺者 fěngcìzhě

satirisch *adj* 讽刺的 fěngcìde;讽刺文学的 fěngcì wénxué de

Satsuma [za'tsuːma] *f* -, -s 无核桔子 wúhé júzi

satt *adj* 饱的 bǎode: sich ～ essen 吃饱;厌烦的 yànfánde,厌腻的 yànnìde: jn ～ haben 厌恶某人; nicht ～ werden, etw zu tun 不厌其烦地做某事;深色的 shēnsède,浓的 nóngde;满足的 mǎnzúde

Sattel *m* -s, ⸚ 马鞍 mǎ'ān;(自行车的)鞍座 ānzuò: in allen Sätteln gerecht sein 有多方面的才能,熟悉各个方面

sattelfest *adj* 精通的 jīngtōngde，内行的 nèihángde，很有把握的 hěn yǒu bǎwò de
satteln *vt* 给…装鞍 gěi … zhuāng ān
Sattelzug *m* 牵引载重汽车 qiānyǐn zàizhòng qìchē
sättigen **I** *vt* 使吃饱 shǐ chībǎo；使满足 shǐ mǎnzú **II** *rfl* 吃饱 chībǎo；满足 mǎnzú
Sattler *m* -s，- 制鞍匠 zhìānjiàng，鞍具匠 ānjùjiàng
sattsam *adv* 充分地 chōngfènde，足够地 zúgòude，充足地 chōngzúde
saturieren *vt* 使满足 shǐ mǎnzú
Satz *m* -es，-̈e 句子 jùzi；原理 yuánlǐ，论点 lùndiǎn，定理 dìnglǐ；一套 yītào，一组 yīzǔ：ein ～ Briefmarken 一套邮票；乐章 yuèzhāng；(网球)一盘 yīpán；标准 biāozhǔn，准则 zhǔnzé；跳跃 tiàoyuè；沉淀物 chéndiànwù
Satzgefüge *n* 主从复合句 zhǔcóng fùhéjù
Satzglied *n* 句子成分 jùzi chéngfèn
Satzklammer *f* 句框 jùkuāng
Satzlehre *f* 句法 jùfǎ
Satzung *f* -，-en 章程 zhāngchéng；条例 tiáolì；法令 fǎlìng
satzungsgemäß *adj* 按法令的 àn fǎlìng de，照章的 zhàozhāngde
Satzzeichen *n* 标点符号 biāodiǎn fúhào
Sau *f* **I** -，-̈e 母猪 mǔzhū，猪 zhū；肮脏的人 āngzāngde rén，猪猡 zhūluó，下流坯 xiàliúpī **II** -，-en 野猪 yězhū
Sauarbeit *f* 脏活 zānghuó；苦活 kǔhuó，累活 lèihuó
sauber *adj* 干净的 gānjìngde，清洁的 qīngjiéde：～ gekleidet sein 穿得干干净净的；整洁的 zhěngjiéde；公正的 gōngzhèngde；品行端正的 pǐnxíng duānzhèng de，规矩的 guījude；漂亮的 piàoliangde
Sauberkeit *f* - 清洁 qīngjié；整洁 zhěngjié，仔细 zǐxì；正派 zhèngpài：die ～ des Denkens [des Arbeitsstils] 思想[工作作风]正派
saubermachen *vt* 打扫 dǎsǎo，大扫除 dàsǎochú，弄干净 nòng gānjìng
säubern *vt* 弄清洁 nòng qīngjié，清洗 qīngxǐ；清除 qīngchú，肃清 sùqīng
Sauce ['zo:sə] *f* -，-n 调味汁 tiáowèizhī，酱汁 jiàngzhī
Saudi Arabien [... iən] 沙特阿拉伯 Shātè Ālābó
Saudiaraber *m* -s，- 沙特阿拉伯人 shātèālābórén
saudumm *adj* 笨极的 bènjíde，极蠢的 jíchǔnde；令人不愉快的 lìng rén bù yúkuài de，糟糕的 zāogāode
sauer *adj* 酸的 suānde，酸味的 suānwèide；艰辛的 jiānxīnde，艰难的 jiānnánde；愤怒的 fènnùde，恼火的 nǎohuǒde，不满的 bùmǎnde，闷闷不乐的 mèn mèn bù lède：auf jn ～ sein 对某人很恼火；jm Saures geben 揍某人
Sauerei *f* -，-en 肮脏 āngzāng，杂乱无章 zá luàn wú zhāng；糟糕的事 zāogāode shì，乱七八糟的东西 luànqībāzāo de dōngxi，污秽的事物 wūhuìde shìwù
Sauerkraut *n* (酸)泡菜 pàocài
Sauermilch *f* 酸牛奶 suānniúnǎi
Sauerstoff *m* 氧 yǎng，氧气 yǎngqì
sauersüß *adj* 酸甜的 suāntiánde
Saufbruder *m* 酒友 jiǔyǒu，酒鬼 jiǔguǐ
saufen* *vt* / *vi* (牲口)饮 yǐn；(人)狂喝 kuánghē，酗酒 xùjiǔ：～ wie ein Loch 酒量极大
Säufer *m* -s，- 酒鬼 jiǔguǐ，酒徒 jiǔtú
saugen* **I** *vt* 吸 xī，吸取 xīqǔ，吮吸 shǔnxī：den Teppich ～ 吸地毯的灰尘 **II** *vi* 吸吮 xīshǔn，吸 xī，抽 chōu：an dem Daumen ～ 吸吮大拇指；an der Pfeife ～ 吸烟斗
Säugetier *n* 哺乳动物 bǔrǔ dòngwù
Säugling *m* -s，-e 婴儿 yīng'ér
Säule *f* -，-n 圆柱 yuánzhù，柱子 zhùzi；栋梁 dòngliáng，支柱 zhīzhù
Saum *m* -(e)s，-̈e (衣服)贴边 tiēbiān，折边 zhébiān 边缘 biānyuán
säumen **I** *vt* 给…镶边 gěi … xiāngbiān，(衣服)缝边 féngbiān；围绕着… wéiràozhe … **II** *vi* 犹豫 yóuyù，踌躇 chóuchú
säumig *adj* 拖拉的 tuōlāde，拖延的 tuōyánde；马虎的 mǎhude
Sauna *f* -，-s / ...nen (芬兰式)蒸汽浴 zhēngqìyù，桑拿浴 sāngnáyù；蒸汽浴室 zhēngqì yùshì
Säure *f* -，-n 酸 suān，酸味 suānwèi
säurefrei *adj* 无酸的 wúsuānde，不含酸的 bù hán suān de
Saure(n)gurkenzeit *f* -，-en (盛夏时商业、文化娱乐、政治等活动的)淡季 dànjì

Säureüberschuss *m* 胃酸过多 wèisuān guòduō
Saus *m* -es (用于短语) in ～ und Braus leben 豪华(或奢侈)地生活
säuseln I *vi* 发飒飒声 fā sàsà shēng, 发沙沙声 fā shāshā shēng II *vt* 悄悄地说 qiāoqiāode shuō, 低声地说 dīshēngde shuō
sausen I *vi* 发出呼呼声 fāchū hūhūshēng, 呼啸 hūxiào II *vi*(*s*) 疾驰 jíchí, 飞奔 fēibēn: nach Hause ～ 奔回家
Sauwetter *n* 恶劣天气 èliè tiānqì, 该死的天气 gāisǐde tiānqì, 糟糕的天气 zāogāode tiānqì
Sauwirtschaft *f* 糟糕的管理 zāogāode guǎnlǐ, 乱七八糟的经营 luànqībāzāode jīngyíng
sauwohl *adv* 很好 hěn hǎo, 愉快极了 yúkuàijíle
Saxophon *n* -s, -e 萨克斯管 Sàkèsīguǎn
Säzeit *f* 播种期 bōzhòngqī
S-Bahn *f* (Schnellbahn 的简称) (大城市的)市内高速铁路 shìnèi gāosù tiělù
Scanner ['skɛnɐ] *m* -s, - 扫描仪 sǎomiáoyí
Schabe *f* -, -n I 蟑螂 zhāngláng II 刮刀 guādāo, 刮子 guāzi
Schabemesser *n* - 雕刻用的刮刀 diāokè yòng de guādāo, 木工用的刮刀 mùgōng yòng de guādāo
schaben *vt* 刮去 guāqù, 刮掉 guādiào; 切碎 qiēsuì, 剁碎 duòsuì, 切成碎片 qiē chéng suìpiàn
Schabernack *m* -(e)s, -e 恶作剧 èzuòjù, 玩笑 wánxiào, 戏弄 xìnòng, 捣蛋 dǎodàn: jm einen ～ spielen 作弄某人; mit jm (seinen) ～ treiben 和某人逗乐
schäbig *adj* 磨损的 mósǔnde, 破旧的 pòjiùde; 吝啬的 lìnsède, 小气的 xiǎoqìde; 卑鄙的 bēibǐde, 恶劣的 èliède
Schablone *f* -, -n 样板 yàngbǎn, 图样 túyàng; 模型 móxíng; 老框框 lǎokuàngkuang, 常规 chángguī, 刻板 kèbǎn: sich an die ～ halten 墨守成规
Schach *n* -s, -s 棋 qí, 象棋 xiàngqí, 国际象棋 guójì xiàngqí; (棋赛中的)将军 jiāngjūn: jm ～ bieten 将某人一军; jn in ～ halten 控制某人, 制住某人
Schachbrett *n* 棋盘 qípán
Schacher *m* -s 肮脏交易 āngzāng jiāoyì, 讨价还价 tǎo jià huán jià
schachern *vi* 投机买卖 tóujī mǎimai, (为牟取暴利)讨价还价 tǎo jià huán jià
schachmatt *adj* (棋赛中的)被将死的 bèi jiāngsǐ de; 累坏了的 lèihuài le de, 疲倦极了的 píjuànjí le de
Schacht *m* -(e)s, ¨-e 井孔 jǐngkǒng, 通风竖井 tōngfēng shùjǐng; (升降机)井道 jǐngdào; (矿山的)矿井 kuàngjǐng; (下水道的)窨井 yìnjǐng, 检查井 jiǎnchájǐng
Schachtel *f* -, -n 盒子 hézi: eine ～ Streichhölzer [Keks] 一盒火柴[饼干]; 老太婆 lǎotàipó: So eine alte ～! 这个老太婆!
Schachtelgesellschaft *f* 子公司 zǐgōngsī
schade *adj* 可惜的 kěxīde, 遗憾的 yíhànde: es ist wirklich ～, dass du jetzt schon gehen musst 你现在就要走, 真是很遗憾
Schädel *m* -s, - 头颅 tóulú, 颅骨 lúgǔ; 脑袋 nǎodai: einen dicken ～ haben 死顽固
schaden *vi* 损害 sǔnhài, 不利于 bùlì yú, 使受损失 shǐ shòu sǔnshī: das viele Rauchen schadet seiner Gesundheit 大量抽烟有害他的健康; das schadet nichts 这没有关系
Schaden *m* -s, ¨ 损失 sǔnshī, 损害 sǔnhài; 受伤 shòushāng, 损伤 sǔnshāng; 害处 hàichu, 不利 bùlì: durch ～ wird man klug 吃一堑, 长一智
Schadenanspruch *m* 要求赔偿损失 yāoqiú péicháng sǔnshī; 索赔权 suǒpéiquán
Schadenersatz *m* 赔偿损失 péicháng sǔnshī; 赔款 péikuǎn
Schadenfeuer *n* 火灾 huǒzāi
Schadenfreude *f* 幸灾乐祸 xìng zāi lè huò
schadenfroh *adj* 幸灾乐祸的 xìng zāi lè huò de
schadhaft *adj* 损坏的 sǔnhuàide, 有毛病的 yǒu máobìng de; 朽烂的 xiǔlànde
schädigen *vt* 损害 sǔnhài, 毁坏 huǐhuài: den guten Ruf ～ 有损良好的声誉
schädlich *adj* 有害的 yǒuhàide
Schädling *m* -s, -e 害虫 hàichóng; 害人虫 hàirénchóng
Schaf *n* -(e)s, -e 羊 yáng, 绵羊 miányáng: sanft wie ein ～ sein 像绵羊一样

温顺；笨蛋 bèndàn，笨伯 bènbó

Schäfer *m* -s，- 牧羊人 mùyángrén，羊倌 yángguān

Schäferhund *m* 牧羊犬 mùyángquǎn，狼狗 lánggǒu

schaffen* *vt* 创作 chuàngzuò，创造 chuàngzào

schaffen I *vt* 完成 wánchéng，做到 zuòdào：allein kann ich das nicht ～ 我一个人无法完成这事；送往 sòngwǎng，运送 yùnsòng：ein Paket zur Post ～ 把包裹送往邮局；解决 jiějué，取得 qǔdé II *vi* 干活 gànhuó，工作 gōngzuò：auf dem Feld ～ 在田里干活

Schaffner *m* -s，-（火车上的）检票员 jiǎnpiàoyuán，列车员 lièchēyuán；（电车、公共汽车上的）售票员 shòupiàoyuán

Schäflein *n* -s，- 小（绵）羊 xiǎo yáng，羊羔 yánggāo

Schafmilch *f* 羊奶 yángnǎi

Schafott *n* -(e)s，-e 断头台 duàntóutái

Schafpelz *m* 羊皮 yángpí：ein Wolf im ～ sein 是一只披着羊皮的狼

Schafskopf *m* 笨蛋 bèndàn，蠢货 chǔnhuò

Schakal [ʃaˈkaːl] *m* -s，-e 胡狼（产于亚洲、非洲）húláng

schal *adj* 走了气的 zǒuleqìde；走了味的 zǒuleweìde；乏味的 fáwèide，无意味的 wúyìwèide

Schal *m* -s，-e / -s 围巾 wéijīn

Schale *f* -，-n 碗 wǎn，盘 pán，碟 dié，杯 bēi；壳 ké，荚 jiá，果皮 guǒpí：sich in ～ werfen 盛装打扮

schälen I *vt* 削皮 xiāopí，剥皮 bāopí，去壳 qùké II *rfl* 脱皮 tuōpí，掉皮 diào pí

Schalk *m* -(e)s，-e / ¨-e 爱捉弄人者 ài zhuōnòng rén zhě，调皮鬼 tiáopíguǐ

Schall *m* -(e)s，-e / ¨-e 声音 shēngyīn，声响 shēngxiǎng

schalldicht *adj* 隔音的 géyīnde

schallen *vi* 发出声响 fāchū shēngxiǎng，发出声音 fāchū shēngyīn；回响 huíxiǎng，反响 fǎnxiǎng

Schallgeschwindigkeit *f* 音速 yīnsù，声速 shēngsù

Schallplatte *f* 唱片 chàngpiàn

schalten *vi* 通电 tōngdiàn；汽车换挡 qìchē huàndǎng；处理 chǔlǐ，支配 zhīpèi；理解 lǐjiě

Schalter *m* -s，- 开关 kāiguān，电闸 diànzhá；（营业或服务）窗口 chuāngkǒu，柜台 guìtái

Schalterhalle *f*（火车站的）售票大厅 shòupiào dàtīng

Schaltjahr *n* 闰年 rùnnián

Schaltsatz *m*（语法）插入句 chārùjù

Schaltung *f* -，-en 接通（电路）jiētōng，（汽车）排挡 páidǎng，变速器 biànsùqì；电路 diànlù，线路 xiànlù：integrierte ～ 集成电路

Scham *f* - 羞耻 xiūchǐ，害羞 hàixiū，羞愧 xiūkuì；阴部 yīnbù

schämen *rfl* 感到惭愧 gǎndào cánkuì，害臊 hàisào：sich wegen js [einer Sache] ～ 因某人[某事]而感到惭愧

schamhaft *adj* 害羞的 hàixiūde，羞愧的 xiūkuìde

Schamlippen *pl* 阴唇 yīnchún

schamlos *adj* 无耻的 wúchǐde，不要脸的 bùyàoliǎnde，下流的 xiàliúde，厚颜无耻的 hòuyán wúchǐ de

Schampon *n* -s，-s = Shampoo

schamrot *adj* 羞得脸红的 xiūde liǎnhóng de

Schande *f* - 耻辱 chǐrǔ，丢脸 diūliǎn，羞辱 xiūrǔ

schänden *vt* 损毁 sǔnhuǐ，污损 wūsǔn；玷污 diànwū，败坏 bàihuài；奸污 jiānwū

Schandfleck *m*（家具上的）污斑 wūbān，污点 wūdiǎn，耻辱 chǐrǔ

schändlich I *adj* 可耻的 kěchǐde，丢脸的 diūliǎnde，下流的 xiàliúde，不体面的 bù tǐmiàn de II *adv* 非常 fēicháng，十分 shífēn

Schandtat *f* 无耻勾当 wúchǐ gòudàng，恶劣行径 èliè xíngjìng

Schank *m* -(e)s，¨-e（饭馆、饭店的）卖酒处 màijiǔchù，卖酒的柜台 màijiǔde guìtái

Schanze *f* -，-n I 战壕 zhànháo，堡垒 bǎolěi；跳台 tiàotái II（用于短语）sein Leben in die ～ schlagen 冒生命危险

Schar *f* -，-en 群 qún，队 duì：in (hellen) ～en 成群结队地

scharen I *rfl* 集合 jíhé，聚集 jùjí：sich um jn ～ 聚集在某人周围 II *vt* 团结 tuánjié，使聚集 shǐ jùjí：jn um sich ～ 把某人团结在自己周围

scharf *adj* 尖锐的 jiānruìde，锋利的 fēnglìde：einen ～en Blick für etw haben 对某事有锐利的目光；辛辣的 xīnlàde，浓烈的 nóngliède；刻薄的 kèbóde，严厉

的 yánlìde：eine ～e Zunge haben 讲话尖锐刻薄；急剧的 jíjùde，激烈的 jīliède：auf jn［etw］～ sein 非常渴望得到某人［某物］；明显的 míngxiǎnde，线条分明的 xiàntiáo fēnmíng de，轮廓清楚的 lúnkuò qīngchu de

schärfen *vt* 磨快 mókuài，磨尖 mójiān；增强 zēngqiáng，使敏锐 shǐ mǐnruì

Scharfschütze *m* 优秀射手 yōuxiù shèshǒu，狙击手 jūjīshǒu

Scharfsinn *m* 敏锐的洞察力 mǐnruìde dòngchálì

scharfsinnig *adj* 有敏锐洞察力的 yǒu mǐnruì dòngchálì de，机敏的 jīmǐnde

Scharlach I *m* -s，-e 猩红（色）xīnghóng，鲜红（色）xiānhóng II *m* -s 猩红热 xīnghóngrè

scharlachrot *adj* 鲜红的 xiānhóngde，猩红的 xīnghóngde

Scharm *m* -s 魅力 mèilì，妩媚 wǔmèi

scharmant *adj* 迷人的 mírénde，娇媚的 jiāomèide，有魅力的 yǒu mèilì de

scharren *vi*（用脚或爪在地上）扒 pá，抓 zhuā，刨 bào

Scharte *f* -，-n（刀刃上的）缺口 quēkǒu；（皮肤上的）裂口 lièkǒu，裂痕 lièhén；缺陷 quēxiàn，缺点 quēdiǎn：eine ～（wieder）auswetzen 弥补缺点

schartig *adj*（刀刃上）有缺口的 yǒu quēkǒu de

Scharwenzel *m* -s，- 拍马屁者 pāi mǎpì zhě，阿谀奉承者 ēyú fèngcheng zhě

scharwenzeln *vi*（*h*/*s*）（在某人面前）摇尾乞怜 yáo wěi qǐ lián，低头哈腰 dītóu hāyāo

Schatten *m* -s，- 影子 yǐngzi，阴影 yīnyǐng：jn［etw］in den ～ stellen 使某人［某物］相形见绌；jm wie ～ folgen 与某人形影不离；阴暗处 yīn'ànchù；污点 wūdiǎn

Schattenkabinett *n* 影子内阁 yǐngzi nèigé

Schattenriss *n* 剪影 jiǎnyǐng

Schattenseite *f* 背影面 bèiyǐngmiàn，阴暗面 yīn'ànmiàn，弱点 ruòdiǎn

Schattenspiel *n* 皮影戏 píyǐngxì

Schattierung *f* -，-en（图画的）阴暗部分 yīn'àn bùfen；（色彩的）浓淡 nóngdàn，形形色色 xíngxíngsèsè，各种各样 gè zhǒng gè yàng：Vertreter aller ～en 各种派别的代表

schattig *adj* 遮阴的 zhēyīnde，阴凉的 yīnliángde，背阴的 bèiyīnde

Schatulle *f* -，-n 首饰盒 shǒushihé，小钱箱 xiǎoqiánxiāng；钱柜 qiánguì

Schatz *m* -es，¨-e 财宝 cáibǎo，财富 cáifù，宝藏 bǎozàng；珍品 zhēnpǐn；资源 zīyuán，矿产 kuàngchǎn；心肝宝贝 xīngān bǎobèi

Schatzamt *n* 国库 guókù，金库 jīnkù

Schatzanweisung *f* 国库券 guókùquàn，债券 zhàiquàn

schätzbar *adj* 可估计的 kě gūjì de，可估量的 kě gūliáng de

schätzen *vt* 估计 gūjì：ich schätze dich auf dreißig（Jahre）我估计你三十岁；猜想 cāixiǎng，猜测 cāicè；重视 zhòngshì，尊重 zūnzhòng

Schätzpreis *m* 估计价格 gūjì jiàgé

Schätzung *f* -，-en 估计 gūjì，估价 gūjià；尊重 zūnzhòng，敬重 jìngzhòng；统计 tǒngjì

schätzungsweise *adv* 大概 dàgài，估计 gūjì，约莫 yuēmo

Schatzwechsel *m* 国库券（国家发行的短期债券）guókùquàn

Schau *f* -，-en 陈列 chénliè，展览 zhǎnlǎn；演出 yǎnchū；观点 guāndiǎn，观察角度 guānchá jiǎodù：etw zur ～ stellen 展览某物；jm die ～ stehlen 使某人相形见绌

Schaubude *f*（年市上用作表演的）有篷摊棚 yǒu péng tān péng

schauderhaft I *adj* 令人毛骨悚然的 lìng rén máo gǔ sǒngrán de，可怕的 kěpàde；糟糕的 zāogāode，极讨厌的 jí tǎoyàn de II *adv* 很 hěn，非常 fēicháng

schaudern *vi* 冷得发抖 lěngde fādǒu，感到寒冷 gǎndào hánlěng；感到恐怖 gǎndào kǒngbù，害怕 hàipà

schauen I *vi* 看 kān，望（去）wàng，张望 zhāngwàng：nach jm［etw］～ 关心某人［某物］II *vt* 看见 kànjiàn，看到 kàndào，发现 fāxiàn

Schauer *m* -s，- 颤抖 chàndǒu，寒战 hánzhàn；惊恐 jīngkǒng，畏惧 wèijù；阵雨 zhènyǔ；冰雹 bīngbáo

Schauerdrama *n* 恐怖剧 kǒngbùjù，惊险剧 jīngxiǎnjù

Schauergeschichte *f* 惊险故事 jīngxiǎn gùshì，难以置信的故事 nányǐ zhìxìn de gùshì

schauerlich I *adj* 可怕的 kěpàde，骇人

听闻的 hài rén tīng wén de；很糟的 hěn zāode II *adv* 极 jí，非常 fēicháng
schauern *vi* 感到害怕 gǎndào hàipà，不寒而栗 bù hán ér lì；冷得发抖 lěngde fādǒu；下暴雨 xià bàoyǔ，下大雪 xià dàxuě，下冰雹 xià bīngbáo
Schaufel *f* -，-n 铲子 chǎnzi，铁锹 tiěqiāo
schaufeln *vt*（用铲子）铲 chǎn，挖 wā，掘 jué
Schaufenster *n* 商店橱窗 shāngdiàn chúchuāng
Schaufensterbummel *m* 溜达着看橱窗 liūda zhe kàn chúchuāng：einen ～ machen（在大街上）溜达着看橱窗
Schaufensterdekoration *f* 橱窗布置 chúchuāng bùzhì
Schaugeschäft *n* 娱乐性行业 yúlèxìng hángyè
Schaukasten *m* 玻璃陈列柜 bōli chénlièguì
schaukeln I *vi* 荡秋千 dàng qiūqiān 晃荡 huàngdang，摇荡 yáodàng II 使摇摆 shǐ yáobǎi，使摆动 shǐ bǎidòng，使摇晃 shǐ yáohuàng
Schaukelpferd *n*（儿童玩具）摇动木马 yáodòng mùmǎ
Schaukelstuhl *m* 摇椅 yáoyǐ
Schaum *m* -(e)s，-e 泡沫 pàomò；白沫 báimò：～ schlagen 吹牛，说大话
Schaumgummi *m* 泡沫橡胶 pàomò xiàngjiāo
Schaumlöscher *m* 泡沫灭火器 pàomò mièhuǒqì
Schaumschläger *m* 打蛋器 dǎdànq；吹牛大王 chuīniú dàwáng，夸夸其谈者 kuākuā qí tán zhě
Schauplatz *m* 事故现场 shìgù xiànchǎng，发生地点 fāshēng dìdiǎn；活动场所 huódòng chǎngsuǒ，舞台 wǔtái
schauprozess *m* 公开审判 gōngkāi shěnpàn
schaurig *adj* 令人恐怖的 lìng rén kǒngbù de，叫人害怕的 jiào rén hàipà de
Schauspiel *n* 戏剧 xìjù；舞台剧 wǔtáijù，剧本 jùběn；场面 chǎngmiàn；景象 jǐngxiàng
Schauspieler *m* 演员 yǎnyuán
Schauspielerei *f* -，-en 演戏 yǎnxì；假装 jiǎzhuāng
Schauspielerin *f* -，-nen 女演员 nǚyǎnyuán
Schauspielhaus *n* 戏院 xìyuàn，剧场 jùchǎng
Schaustück *n* 展览品 zhǎnlǎnpǐn，陈列品 chénlièpǐn；珍玩 zhēnwán
Scheck *m* -s，-s 支票 zhīpiào：einen ～ ausstellen［einlösen］开［兑］一张支票；gekreuzter ～ 划线支票
scheckig *adj* 有花斑的 yǒu huābān de，有黑白斑纹的 yǒu hēibái bānwén de
Scheckkarte *f* 信用卡 xìnyòngkǎ
scheel *adj* 斜视的 xiéshìde，眼红的 yǎnhóngde，嫉妒的 jídùde；瞧不起人的 qiáobuqǐ rén de，藐视的 miǎoshìde；猜疑的 cāiyíde
Scheffel *m* -s，- 舍非尔（旧容积名）shèfēiěr；大木桶 dàmùtǒng：in ～n 大量地；sein Licht unter den ～ stellen 不露锋芒
scheffeln *vt* 捞取 lāoqǔ，大量攫取 dàliàng juéqǔ；堆积 duījī，聚积 jùjī
Scheibe *f* -，-n 圆盘 yuánpán，圆片 yuánpiàn；窗上的玻璃 chuāngshangde bōlí；薄片 bópiàn；靶子 bǎzi
Scheibenbremse *f* 圆盘式制动器 yuánpánshì zhìdòngqì
Scheibenwischer *m*（汽车挡风玻璃上的）刮水器 guāshuǐqì
Scheich *m* -s，-e/-s 酋长 qiúzhǎng；族长 zúzhǎng；教长 jiàozhǎng
Scheide *f* -，-n 鞘 qiào，套 tào；分水领 fēnshuǐlǐng，分界线 fēnjièxiàn；阴户 yīnhù
scheiden* I *vt* 使分开 shǐ fēnkāi；使区别 shǐ qūbié；使离婚 shǐ líhūn II *vi*（s）告别 gàobié 离开 líkāi：aus dem Dienst ～ 离职 III *rfl* 分开 fēnkāi；离婚 líhūn IV *PII geschieden* 离了婚的 lílehūnde：ein ～er Mann 一离了婚的男子；断绝关系的 duànjué guānxìde，不来往的 bù láiwǎngde
Scheidenentzündung *f* 阴道炎 yīndàoyán
Scheidung *f* -，-en 离婚 líhūn：die ～ beantragen 申请离婚；分开 fēnkāi；区别 qūbié
Schein *m* -(e)s，-e 光 guāng，光线 guāngxiàn；外表 wàibiǎo，样子 yàngzi：man soll nie nach bloßem ～ urteilen 不能以貌取人 证件 zhèngjiàn；钞票 chāopiào：ein falscher（或 unrechter）～ 一张假钞票
scheinbar *adj* 表面上的 biǎomiàn-

S

shangde；假装的 jiǎzhuāngde

Scheinbeweis *m* 假证明 jiǎzhèngmíng，伪证 wěizhèng

Scheinblüte *f* 虚假繁荣 xūjiǎ fánróng，表面繁荣 biǎomiàn fánróng，外表兴盛 wàibiǎo xīngshèng

Scheinehe *f* 假结婚 jiǎjiéhūn

scheinen* *vi* 照耀 zhàoyào，照射 zhàoshè：die Sonne schien ihm ins Gesicht 太阳照在他脸上；看来 kànlái，似乎 sìhū：er scheint keine Lust zu haben 看来他没有兴趣：es scheint so 看来是这样

scheinheilig *adj* 假惺惺的 jiǎxīngxīngde，假装诚恳的 jiǎzhuāng chéngkěnde，伪善的 wěishànde，假仁假义的 jiǎ rén jiǎ yì de

Scheinkäufer *m*（拍卖场中的）抬价人 táijiàrén；假买主 jiǎmǎizhǔ

Scheintod *m* 假死 jiǎsǐ，装死 zhuāngsǐ

scheintot *adj* 假死的 jiǎsǐde，装死的 zhuāngsǐde

Scheinwerfer *m* 探照灯 tànzhàodēng；（汽车的）车头灯 chētóudēng，前灯 qiándēng

Scheiße *f* - 屎 shǐ，粪便 fènbiàn；蹩脚货 biéjiǎohuò，破烂货 pòlànhuò；真糟糕 zhēn zāogāo；胡说 húshuō，该死 gāisǐ：in der ～ sitzen 倒霉；So eine ～！该死！倒霉！他妈的！

scheißen* *vi* 拉屎 lāshǐ；放屁 fàngpì：auf jn [etw] ～ 不屑一顾；（vor Angst）in die Hose ～（吓得）屁滚尿流

Scheißer *m* -s，- 胆小鬼 dǎnxiǎoguǐ

Scheit *n* -(e)s，-e（劈开的）木柴 mùchái，木块 mùkuài

Scheitel *m* -s，- 头路 tóulù；头顶 tóudǐng：vom ～ bis zur Sohle 从头到脚，彻头彻尾；山峰 shānfēng；顶点 dǐngdiǎn

scheiteln *vt* 把（头发）分开梳 bǎ fēnkāi shū，分出头路 fēnchū tóulù

Scheiterhaufen *m*（火刑用的）柴堆 cháiduī；（用碎面包、牛奶、糖、鸡蛋等制成的）甜食 tiánshí

scheitern *vi(s)* 失败 shībài，未成功 wèi chénggōng；（船只）触礁 chùjiāo，遇难 yùnàn

Schelle *f* -，-n 小铃 xiǎolíng；门铃 ménlíng；耳光 ěrguāng

Schelm *m* -(e)s，-e 淘气鬼 táoqìguǐ，调皮鬼 tiáopíguǐ；爱拿人开玩笑者 ài nárén kāiwánxiào zhě

Schelmerei *f* -，-en 恶作剧 èzuòjù，调皮捣蛋 tiáopí dǎodàn

schelten* **I** *vt* 责骂 zémà；大声叱责 dàshēng chìzé：jn einen Betrüger ～ 骂某人是骗子 **II** *vi* 骂人 màrén，怒骂 nù mà；责骂 zémà：über（或 auf）jn ～ 责骂某人

Schema *n* -s，-s / -ta 模式 móshì，格式 géshì，式样 shìyàng：nach ～ *F* 机械地，照老规矩，按部就班；图表 túbiǎo，示意图 shìyìtú

schematisch *adj* 图表的 túbiǎode，概括的 gàikuòde；老一套的 lǎoyītàode，公式化的 gōngshìhuàde，机械的 jīxiède

Schematismus *m* - 公式化 gōngshìhuà，公式主义 gōngshì zhǔyì

Schemel *m* -s，- 凳子 dèngzi，搁脚凳 gējiǎodèng

Schemen *m/n* -s，- 鬼怪 guǐguài，幽灵 yōulíng；模糊的轮廓 móhude lúnkuò

Schenke *f* -，-n 小酒店 xiǎojiǔdiàn

Schenkel *m* -s，- 大腿 dàtuǐ；（直角三角形的）勾 gòu，股 gǔ，（角的）边 biān；（圆规的）脚 jiǎo

schenken *vt* 赠送 zèngsòng，送给 sònggěi：jm etw zum Geburtstag ～ 把某物送给某人作生日礼物；jm sein Herz ～ 爱上某人；免去 miǎn qù，豁免 huòmiǎn：jm eine Strafe ～ 免去对某人的处罚；注入 zhùrù，斟 zhēn

Schenkung *f* -，-en 捐赠 juānzèng，馈赠 kuìzèng；捐赠金 juānzèngjīn，礼品 lǐpǐn

Scherbe *f* -，-n 碎片 suìpiàn

Schere *f* -，-n 剪子 jiǎnzi，剪刀 jiǎndāo；（虾、蟹等的）螯 áo，钳 qián

scheren I* *vt* 剪短 jiǎnduǎn，剪…的毛 jiǎn … de máo **II** *rfl* 离去 líqù，走开 zǒukāi；关心 guānxīn：sich um etw [jn] ～ 关心某事[某人] **III** *vt* 与…有关 yú … yǒuguān：Das schert mich einen Dreck！这关我屁事！

Schererei *f* -，-en 麻烦 máfan；困难 kùnnan，烦恼 fánnǎo：jm ～en machen（或 bereiten）给某人添麻烦

Scherflein *n* -s（大多用于短语）少量捐助 shǎoliàng juānzhù：sein ～ zu etw beitragen（或 beisteuern）为某事作出微薄捐助（贡献）

Scherz *m* -es，-e 玩笑 wánxiào，笑话 xiàohua：seinen ～ mit jm treiben 嘲弄某人；etw aus（或 im，zum）～ sagen 某事是说着玩的

scherzen *vi* 戏弄 xìnòng，开玩笑 kāiwánxiào，寻开心 xúnkāixīn

Scherzgedicht *n* 打油诗 dǎyóushī

scherzhaft *adj* 开玩笑的 kāiwánxiàode，寻开心的 xúnkāixīnde

Scherzname *m* 绰号 chuòhào，外号 wàihào

scheu *adj* 胆怯的 dǎnqiède，胆小的 dǎnxiǎode，害羞的 hàixiūde；受惊的 shòujīngde

Scheu *f* - 胆怯 dǎnqiè，害羞 hàixiū

Scheuche *f* -，-n（竖在田里用来吓鸟的）稻草人 dàocǎorén

scheuchen *vt* 吓走 xiàzǒu，赶走 gǎnzǒu

scheuen I *vi* 受惊 shòujīng II *vt* 害怕 hàipà，畏惧 wèijù：keine Mühe ～ 不辞辛劳 III *rfl* 害怕 hàipà；顾虑 gùlǜ

scheuern I *vt* 擦净 cājìng，擦去 cāqù；擦痛 cātòng，磨痛 mótòng：jm eine ～ 打某人一个耳光 II *vi* 擦 cā，磨擦 mócā III *rfl* 擦痒 cāyǎng

Scheuertuch *n* 抹布 mābù

Scheune *f* -，-n 谷仓 gǔcāng，粮仓 liángcāng

Scheunendrescher *m*（用于短语）wie ein ～ essen（或 fressen，futtern）饭量极大，狼吞虎咽地吃

Scheusal *n* -s，-e 丑恶的人 chǒu'ède rén，怪物 guàiwu

scheußlich I *adj* 难看的 nánkànde，丑陋的 chǒulòude；令人厌恶的 lìng rén yànwù de；恶劣的 èliède II *adv* 十分 shífēn，非常 fēicháng：～ kalt 很冷

Schi *m* -s，-er 滑雪板 huáxuěbǎn：～ fahren（或 laufen）滑雪

Schicht *f* -，-en 层 céng；矿层 kuàngcéng；阶层 jiēcéng；（工作）班 bān：diese Fabrik arbeitet in drei ～en 这工厂分三班劳动

schichten *vt* 叠放 diéfàng，堆叠 duīdié

Schichtwechsel *m*（工厂中的）换班 huànbān，交接班 jiāojiēbān

schick *adj* 时髦的 shímáode，漂亮的 piàoliangde：sich ～ anziehen 穿着时髦

Schick *m* -s 时髦 shímáo，风度 fēngdù，漂亮 piàoliang，时式 shíshì；赚钱的生意（买卖）zhuànqiánde shēngyi

schicken I *vt* 寄 jì，送 sòng：jm Geld［ein Paket］～ 寄钱［一包裹］给某人；派遣 pàiqiǎn：jn um Auskunft ～ 派某人去打听（或询问）II *rfl* 顺从 shùncóng，听从 tīngcóng；适应 shìyìng，适合 shìhé：sich in alles ～ 适应一切；sich in die Umstände ～ 适应这环境

schicklich *adj* 符合礼貌的 fúhé lǐmào de，得体的 détǐde；合适的 héshìde

Schicksal *n* -s，-e 命运 mìngyùn，遭遇 zāoyù：das ～ war sehr grausam zu ihr 命运对她太残酷了；jn seinem ～ überlassen 让某人听天由命，遗弃某人

Schicksalsgefährte *m* 共患难者 gòng huànnàn zhě

Schicksalsschlag *m* 不幸的命运 bùxìngde mìngyùn，命运的打击 mìngyùnde dǎjī，厄运 èyùn

Schickung *f* -，-en 天意 tiānyì，命运的安排 mìngyùnde ānpái

Schiebedach *n*（汽车顶上的）可移动车顶 kě yídòng chēdǐng

schieben* I *vt* 推动 tuīdòng，移动 yídòng，推卸 tuīxiè，转嫁 zhuǎnjià：die Schuld auf jn ～ 把罪责推给某人；走私 zǒusī，私运 sīyùn II *rfl* 移动 yídòng，挤进去 jǐjìnqù：sich in den Vordergrund ～ 好出风头 III *vi* 做黑市交易 zuò hēishì jiāoyì；走私 zǒusī

Schieber *m* -s，- 闩 shuān；活门 huómén；阀门 fámén；（病人使用的）便盆 biànpén；投机商 tóujīshāng

Schiebung *f* - 袒护 tǎnhù；不法行为 bùfǎ xíngwéi，舞弊 wǔbì；黑市买卖 hēishì mǎimai

Schiedsgericht *n* 仲裁法庭 zhòngcái fǎtíng；裁判委员会 cáipàn wěiyuánhuì

Schiedsrichter *m* 仲裁法庭法官 zhòngcái fǎtíng fǎguān，仲裁人 zhòngcáirén；（比赛等的）裁判员 cáipànyuán

schief *adj* 歪的 wāide，斜的 xiéde：auf die ～e Bahn kommen 走上邪路；～e Geschäfte machen 做不正当的买卖；ein ～es Gesicht machen 做出闷闷不乐的样子；不太确切的 bù tài quèqiè de；不恰当的 bù qiàdàngde；谬误的 miùwùde；怀疑的 huáiyíde；不友好的 bù yǒuhǎode

schiefgehen* *vi*（*s*）失败 shībài：etw geht schief 某事失败，某事不成功

schielen *vi* 斜视 xiéshì，斜眼 xiéyǎn：das Kind schielt 这小孩是斜眼；偷看 tōukàn，瞟 piǎo

Schienbein *n* 胫骨 jìnggǔ

Schiene *f* -，-n 铁轨 tiěguǐ，钢轨 gāngguǐ；（骨折用的）夹板 jiābǎn

S

schier I *adj* 纯粹的 chúncuìde；十足的 shízúde II *adv* 几乎 jīhū，简直 jiǎnzhí

Schießbude *f*（年市上的）射击棚 shèjīpéng

schießen* I *vt* 射击 shèjī；开枪 kāiqiāng；射死 shèsǐ；（足球赛中的）射门 shèmén：den Ball ins Tor ～ 将球射入球门；Blicke auf jn ～ 把目光投向某人 II *vi* 射击 shèjī，开枪打 kāiqiāng dǎ：auf jn ～ 向某人开枪 III *vi*（*s*）急速奔向 jísù bènxiàng，冲向 chōngxiàng；长出 zhǎngchū，迅速生长 xùnsù shēngzhǎng

Schießer *m* -s，- 给自己注射毒品的人 gěi zìjǐ zhùshè dúpǐn de rén

Schießerei *f* -，-en（连续）射击 shèjī，乱射 luànshè；对射 duìshè，交火 jiāohuǒ

Schifahrer *m* 滑雪者 huáxuězhě

Schiff *n* -(e)s，-e 船 chuán，舰 jiàn：～ der Wüste 沙漠之舟（指骆驼）；（教堂的）堂 táng，厅 tīng

Schiffsarzt *m* 船医 chuányī

schiffbar *adj* 可通船的 kě tōngchuánde，可通航的 kě tōngháng de

Schiffbau *m* 造船 zàochuán；造船业 zàochuányè

Schiffbauer *m* 造船工人 zàochuán gōngrén

Schiffbruch *m* 船只失事 chuánzhī shīshì，船舶遇难 chuánbó yùnàn：～ erleiden 遭到失败

Schiffbrücke *f* 浮桥 fúqiáo

Schiffskapitän *m* 船长 chuánzhǎng

Schiffsmannschaft *f* 全体船员 quántǐ chuányuán

Schiffsraum *m* 船舱 chuáncāng，货舱 huòcāng

Schiffswerft *f* 船坞 chuánwū

Schikane *f* -，-n 恶意刁难 èyì diāonàn：etw aus ～ tun 出于刁难做某事；mit allen ～n 设备齐全，条件舒服；eine Wohnung mit allen ～n 一套设备齐全的住房

schikanieren *vt* 恶意刁难 èyì diāonàn，折磨 zhémó

schikanös *adj* 刁难的 diāonànde，故意折磨的 gùyì zhémó de

Schilauf *m* 滑雪 huáxuě

Schiläufer *m* 滑雪者 huáxuězhě

Schild I *m* -(e)s，-e 盾 dùn，盾牌 dùnpái：etwas Böses im ～e führen 怀有阴谋，暗中策划；（帽子的）鸭舌 yāshé；（动物的）甲壳 jiǎqiào II *n* -(e)s，-er 招牌 zhāopai，牌子 páizi；标签 biāoqiān，商标 shāngbiāo

Schildbürger *m* 笨蛋 bèndàn，愚人 yúrén

Schildbürgerstreich *m* 蠢事 chǔnshì，傻事 shǎshì

Schilddrüse *f* 甲状腺 jiǎzhuàngxiàn

Schilderhaus *m* 岗亭 gǎngtíng，哨所 shàosuǒ

schildern *vt* 叙述 xùshù，描写 miáoxiě，描绘 miáohuì

Schilderung *f* -，-en 叙述 xùshù，描写 miáoxiě，描绘 miáohuì

Schildkröte *f* 龟 guī

Schildpatt *n* -(e)s 龟甲 guījiǎ，龟板 guībǎn；玳瑁壳 dàimàoké

Schildwache *f* 哨兵 shàobīng，岗哨 gǎngshào：～ stehen 站岗

Schilf *n* -(e)s，-e 芦苇 lúwěi

Schilift *m* -(e)s，-e（运送滑雪运动员的）吊索设备 diàosuǒ shèbèi

schillern *vt* 闪闪发光 shǎnshǎn fāguāng，闪烁 shǎnshuò，呈彩红色 chéng cǎihóngsè

schillernd *adj* 闪闪发光的 shǎnshǎn fāguāng de，闪烁的 shǎnshuòde，彩红色的 cǎihóngsède

Schimmel *m* -s，- 霉菌 méijūn；白马 báimǎ

schimmeln *vi*（*h*/*s*）发霉 fāméi

Schimmer *m* -s 微光 wēiguāng，闪光 shǎnguāng：nicht den leisesten ～ von etw haben 对某事毫无所知

schimmern *vi* 闪烁 shǎnshuò，闪光 shǎnguāng

Schimpanse *m* -n，-n 黑猩猩 hēixīngxing

Schimpf *m* -(e)s，-e 骂 mà，辱骂 rǔmà；侮辱 wǔrǔ：mit ～ und Schande 蒙受耻辱，奇耻大辱

schimpfen I *vi* 咒骂 zhòumà，责骂 zémà II *vt* 骂 mà，怒骂 nùmà；骂某人是… mà mǒurén shì …：jn einen Feigling ～ 骂某人是胆小鬼

schinden* I *vt* 虐待 nüèdài，折磨 zhémó：jn [das Vieh] ～ 虐待某人[牲畜]；榨取 zhàqǔ，剥削 bōxuē；揩油 kāiyóu，获得 huòdé：Eindruck ～ 引人注目，博得好评 II *rfl* 牛马似地干活 niúmǎshìde gànhuó，干苦活 gànkǔhuó

Schindluder *n*（用于短语）mit jm ～

treiben 虐待某人;mit etw ～ treiben 糟蹋某物,玩弄某物

Schinken *m* -s, - 火腿 huǒtuǐ,腿肉 tuǐròu:mit der Wurst nach dem ～ werfen 吃小亏占大便宜,投小饵钓大鱼

Schippe *f* -, -n 铲子 chǎnzi:jn auf die ～ nehmen (或 laden) 寻某人开心;eine ～ machen (或 ziehen) 撅起下唇表示生气

schippen *vt* 把…铲掉 bǎ … chǎndiào,铲除 chǎnchú

Schirm *m* -(e)s, -e 伞 sǎn;灯罩 dēngzhào;幕 mù;帽檐 màoyán

Schirmherr *m* 保护人 bǎohùrén,庇护人 bìhùrén

Schirmherrschaft *f* 保护 bǎohù,庇护 bìhù

Schirmmütze *f* 鸭舌帽 yāshémào

Schisport *m* 滑雪运动 huáxuě yùndòng

Schiss *m* -es, -e 屎 shǐ;尿 niào;惊恐 jīngkǒng,害怕 hàipà:～ haben (或 kriegen, bekommen) 害怕起来,十分惊恐

schizophren *adj* 患精神分裂症的 huàn jīngshén fēnlièzhèng de

Schizophrenie *f* -, -n 精神分裂症 jīngshén fēnlièzhèng

schlabberig *adj* 稀的 xīde,不浓的 bù nóngde

Schlacht *f* -, -en 战役 zhànyì,会战 huìzhàn

schlachten *vt/vi* 屠宰 túzǎi,屠杀 túshā

Schlachtenbummler *m* (随球队去外地观看比赛的)球迷拉拉队队员 qiúmí lālāduì duìyuán,助威者 zhùwēizhě

Schlächter *m* -s, - 屠夫 túfū,卖肉者 màiròuzhě;残杀者 cánshāzhě

Schlacke *f* -, -n 炉渣 lúzhā,矿渣 kuàngzhā,煤渣 méizhā;残渣 cánzhā,废物 fèiwù

schlackern *vi* 摇晃 yáohuàng,抖动 dǒudòng:mir schlackerten die Knie 我的双膝发抖

Schlackerschnee *m* 雨夹雪 yǔjiāxuě

schlackig *adj* 矿渣的 kuàngzhāde;雨雪交加的 yǔ xuě jiāojiā de

Schlaf *m* -(e)s 睡觉 shuìjiào,睡眠 shuìmián:den ～ des Gerechten schlafen 睡得很熟;etw im ～ tun (können) 做某事非常熟练,闭着眼睛也能做某事

Schlafanzug *m* 睡衣 shuìyī

Schläfe *f* -, -n 太阳穴 tàiyángxué

schlafen* *vi* 睡 shuì,睡觉 shuìjiào:～ gehen 去睡觉;sich ～d stellen 装睡;不专心 bù zhuānxīn

schlaff *adj* 松的 sōngde;松弛的 sōngchí de;软弱无力的 ruǎnruò wúlì de

Schlafittchen *n* -s (用于短语) jn am (或 beim) ～ kriegen (或 nehmen, packen, fressen) 揪住某人算账(或责问)

Schlafkrankheit *f* 睡眠病 shuìmiánbìng,昏睡病 hūnshuìbìng

schlaflos *adj* 失眠的 shīmiánde

Schlafmittel *f* 安眠药 ānmiányào

Schlafmütze *f* 睡帽 shuìmào;瞌睡虫 kēshuìchóng,贪睡的人 tānshuìde rén;慢性子的人 mànxìngzide rén

schläfrig *adj* 瞌睡的 kēshuìde,困倦的 kùnjuànde

Schlafsack *m* 睡袋 shuì dài

Schlafstadt *f* (诙谐语)睡觉城市 shuìjiào chéngshì(社交活动和娱乐生活较少的城市)

Schlaftherapie *f* 睡眠疗法 shuìmián liáofǎ

schlaftrunken *adj* 睡意蒙胧的 shuìyì méngióng de,尚未睡醒的 shàng wèi shuìxǐng de

Schlafwagen *m* 卧车 wòchē

schlafwandeln *vi(h/s)* 梦游 mèngyóu

Schlafwandler *m* -s, - 梦游者 mèngyóuzhě

Schlafzimmer *n* 卧室 wòshì;卧室家具 wòshì jiājù

Schlag *m* -(e)s, ¨-e 打击 dǎjī,拍打 pāidǎ;揍 zòu,打 dǎ;跳动 tiàodòng,心跳 xīntiào;类型 lèixíng;(钟)敲打声 qiāodǎshēng;中风 zhòngfēng:er hat einen ～ gehabt 他患过中风;～ auf ～ 接二连三;mit einem ～ 一下子,突然

Schlagader *f* 动脉 dòngmài

Schlaganfall *m* 中风 zhòngfēng

schlagartig *adj* 突然的 tūránde

schlagen* Ⅰ *vt* 打 dǎ,击 jī;敲牢 qiāoláo,钉牢 dìngláo:einen Nagel in die Wand ～ 把一枚钉子钉入墙里;打败 dǎbài,战胜 zhànshèng;砍伐 kǎnfá;捕获 bǔhuò;做 zuò Ⅱ *vi(h/s)* 跳动 tiàodòng:das Herz schlägt regelmäßig 心脏跳动有规律;打 dǎ,击 jī,敲 qiāo;(钟)敲打声 qiāodǎ shēng:die Uhr schlägt 5

S

钟敲5点；撞到 zhuàngdào，撞击 zhuàngjī **III** *rfl* 打架 dǎjià，扭打 niǔdǎ；走 zǒu，去 qù；争夺 zhēngduó

schlagend *adj* 令人信服的 lìng rén xìnfú de，有说服力的 yǒu shuōfúlì de，有道理的 yǒu dàolǐ de：～e Vergleiche 令人信服的比喻

Schlager *m* -s，- 流行歌曲 liúxíng gēqǔ；畅销书 chàngxiāoshū；热门货 rèménhuò；风行一时的影片、戏剧等 fēngxíng yīshí de yǐngpiàn、xìjù děng

Schläger *m* -s，-（高尔夫球）球棒 qiúbàng；（网球）球拍 qiúpāi；轻剑 qīngjiàn；搅拌器 jiǎobànqì；打手 dǎshou，爱打架的人 ài dǎjià de rén

Schlägerei *f* -，-en 斗殴 dòuōu，厮打 sīdǎ，扭打 niǔdǎ

Schlagerfestival *n* 流行音乐节 liúxíng yīnyuè jiē

schlägern *vi/vt* 砍树 kǎnshù；砍 kǎn，把…砍光 bǎ… kǎnguāng

schlagfertig *adj* 对答如流的 duì dá rú liú de，反应机灵的 fǎnyìng jīling de

schlagfest *adj* 抗震动的 kàngzhèndòngde，抗冲的 kàngchōngde

Schlaginstrument *n* 打击乐器 dǎjī yuèqì

Schlagloch *n*（马路上的）坑 kēng，洼 wā

Schlagmühle *f* 磨碎机 mósuìjī

Schlagsahne *f* 掼奶油 guàn nǎiyóu

Schlagseite *f* 船的倾斜 chuánde qīngxié，偏舷 piānxián

Schlagstock *m* 警棍 jǐnggùn

Schlagwort *n* 流行语 liúxíngyǔ；口号 kǒuhào，标语 biāoyǔ

Schlagzeile *f*（报刊上的）醒目大字标题 xǐngmù dàzì biāotí：～n machen 引起轰动

Schlamm *m* -(e)s，-e/⸗e 泥浆 níjiāng；淤泥 yūní

schlammig *adj* 泥浆的 níjiāngde，泥泞的 nínìngde

Schlampe *f* -，-n 邋遢的女人 lātāde nǚrén；破鞋 pòxié，荡妇 dàngfù

schlampig *adj* 邋遢的 lātāde；马马虎虎的 mǎmǎhuhude，吊儿郎当的 diào'erlángdāngde

Schlange *f* -，-n 蛇 shé；长队 chángduì：～ stehen 排长队

schlängeln *rfl* 爬行 páxíng，弯弯曲曲地穿过 wānwānqūqūde chuānguò；蜿蜒 wānyán，蠕动 rúdòng

Schlangenbiss *m*（毒）蛇咬的伤口 shé yǎo de shāngkǒu

Schlangenfraß *m* 蹩脚饭菜 biéjiǎo fàncài，猪狗食 zhūgǒushí

Schlangengift *n* 蛇毒 shédú

Schlangenmensch *m* 表演柔体动作的杂技演员 biǎoyǎn róutǐ dòngzuò de zájì yǎnyuán，柔体演员 róutǐ yǎnyuán

schlank *adj* 苗条的 miáotiaode，细长的 xìchángde

Schlankheitskur *f* 减肥疗法 jiǎnféi liáofǎ

Schlankheitsmittel *n* 减肥药物 jiǎnféi yàowù

schlankweg *adv* 直截了当地 zhíjiéliǎodàngde，断然地 duànránde

Schlappe *f* -，-n 失败 shībài，失利 shīlì

Schlappschwanz *m* 胆小鬼 dǎnxiǎoguǐ，懦夫 nuòfū

Schlaraffenland *n*（童话中的）极乐乡 jílèxiāng，安乐国 ānlèguó

schlau *adj* 狡猾的 jiǎohuáde，狡黠的 jiǎoxiáde，机灵的 jīlingde：eine ～e Antwort 一巧妙的回答；～ wie ein Fuchs 狡猾得像只狐狸

Schlauberger *m* -s，- 机灵鬼 jīlingguǐ

Schlauch *m* -(e)s，⸗e 橡皮管 xiàngpíguǎn；（轮胎的）内胎 nèitāi；狭长的房间 xiáchángde fángjiān

Schlauboot *n* 橡皮艇 xiàngpítǐng，橡皮船 xiàngpíchuán

schlauchen *vt* 使累极 shǐ lèi jí，使精疲力竭 shǐ jīng pí lì jié

Schlauheit *f* - 机灵 jīling，精明 jīngmíng；狡猾 jiǎohuá，诡秘 guǐmì

Schlaukopf *m* 机灵鬼 jīlingguǐ

Schlaumeier *n* 机灵鬼 jīlingguǐ

Schlawiner *m* -s，- 狡猾的人 jiǎohuáde rén，机灵鬼 jīlingguǐ；淘气鬼 táoqìguǐ，捣蛋鬼 dǎodànguǐ

schlecht **I** *adj* 坏的 huàide，不好的 bùhǎode，差的 chāde；道德败坏的 dàodé bàihuài de，品行不端的 pǐnxíng bùduān de；恶劣的 èliède；有病的 yǒubìngde，不健康的 bù jiànkāng de：es geht ihm ～ 他的处境不好，他身体不好；～ und recht 尽量地；mehr ～ als recht 勉强地 **II** *adv* 很难 hěnnán，不顺利 bù shùnlì，有麻烦 yǒu máfan

schlechterdings *adv* 完全 wánquán；简直 jiǎnzhí

schlechtgelaunt *adj* 心情不好的 xīnqíng bùhǎode
schlechthin *adv* 完全 wánquán，简直 jiǎnzhí；地地道道 dìdìdàodào，绝对地 juéduìde
schlechtmachen *vt* 说…坏话 shuō … huàihuà，贬低 biǎndī
schlechtweg *adv* 直截了当地 zhíjiéliǎodàngde；完全 wánquán
Schlechtwetter *n* 恶劣天气 èliè tiānqì
Schleck *m* -s，-e 美食 měishí，珍馐 zhēnxiū
schlecken *vt/vi* 舔食 tiǎnshí；吃甜食 chī tiánshí
Schleckerei *f* -，-en 甜食品 tiánshípǐn，美味 měiwèi
Schleckermaul *n* -s，⸗er 爱吃甜食的人 ài chī tiánshí de rén
Schlegel *m* -s，- 棒槌 bàngchui，木槌 mùchuí；(牛，羊等的)大腿肉 dàtuǐròu
schleichen* I *vi*(s) 缓缓爬行 huǎnhuǎn páxíng，蹑手蹑脚地走 niè shǒu niè jiǎo de zǒu；悄悄溜掉 qiāoqiāo liūdiào II *rfl* 潜行 qiánxíng，偷偷地走 tōutōude zǒu：sich ins Zimmer ～ 蹑手蹑脚地走进房内
schleichend *adj* 爬行的 páxíngde；缓慢的 huǎnmànde；偷偷摸摸的 tōutōumōmōde
Schleicher *m* -s，- 伪君子 wěijūnzǐ
Schleichhandel *m* 非法买卖 fēifǎ mǎimai，黑市交易 hēishì jiāoyì
Schleichhändler *m* 黑市商人 hēishì shāngrén，走私商人 zǒusī shāngrén
Schleichweg *m* 秘密小道 mìmì xiǎodào，非法途径 fēifǎ tújìng：auf ～en 偷偷摸摸地，用不正当手段
Schleier *m* -s，- 面纱 miànshā，纱头巾 shātóujīn：den ～ nehmen 作尼姑，当修女；einen ～ vor den Augen haben 看不清楚，视觉模糊；den ～ (des Geheimnisses) lüften 揭开秘密
schleierhaft *adj* 捉摸不透的 zhuōmō bù tòu de，不清楚的 bù qīngchude，神秘的 shénmì de
Schleife *f* -，-n 活结 huójié；蝴蝶结 húdiéjié；饰带 shìdài；迂回的河道或公路 yūhuíde hédào huò gōnglù
schleifen* I *vt* 磨 mó；严格训练 yángé xùnliàn II *PII* geschliffen 磨快的 mókuàide；琢磨过的 zhuómóguode，(文句)润饰过的 rùnshìguode
schleifen I *vt* 拉 lā；拖 tuō；平毁 pínghuǐ II *vi*(h/s) 拖 tuō；曳 yè：die Zügel ～ lassen 放松管教
Schleim *m* -(e)s，-e 黏液 niányè，痰 tán
Schleimer *m* -s，- 伪君子 wěijūnzǐ；马屁精 mǎpìjīng；言词虚伪的人 yáncí xūwěi de rén
Schleimhaut *f* 粘膜 niánmó
schleimig *adj* 含黏液的 hán niányè de，有黏性的 yǒu niánxìng de；粘的 niánde；逢迎的 féngyíngde
schleißig *adj* 破旧的 pòjiùde；穿坏的 chuānhuàide；磨坏的 móhuàide
schlemmen *vi* 大吃大喝 dà chī dà hē
schlendern *vi*(s) 溜达 liūda，闲逛 xiánguàng
Schlendrian *m* -(e)s 懒懒散散的工作作风 ǎnlǎnsǎnsǎnde gōngzuò zuòfēng，老一套 lǎoyītào
schlenkern *vt/vi* (悠闲地)摇摆 yáobǎi，摇动 yáodòng
Schleppe *f* -，-n 拖裙 tuōqún，长裙后襟 chángqún hòujīn
schleppen I *vt* 拖 tuō，拉 lā；扛 káng，提 tí II *rfl* (吃力地)拖着脚步走 tuōzhe jiǎobù zǒu：der Kranke schleppte sich mühsam zum Bett 病人吃力地拖着脚步向床边走去；拖延 tuōyán
schleppend *PI* 缓慢的 huǎnmànde，拖延的 tuōyánde
Schlepper *m* -s，- 拖船 tuōchuán，拖轮 tuōlún；拖拉机 tuōlājī，牵引机 qiānyǐnjī
Schleppfahrzeug *n* 牵引车 qiānyǐnchē
Schleppkahn *m* 驳船 bóchuán
Schlepptau *n* 拖缆 tuōlǎn；缆索 lǎnsuǒ，纤 qiàn
Schleuder *f* -，-n (儿童玩的)弹弓 dàngōng；投石器 tóushíqì；离心机 líxīnjī
schleudern I *vt* 投掷 tóuzhì，扔 rēng，抛 pāo：jm eine Beleidigung ins Gesicht (an den Kopf) ～ 粗暴地当面侮辱某人 II *vi*(s) 打滑 dǎhuá，(汽车)向左右打滑 xiàng zuǒyòu dǎhuá
Schleuderpreis *m* 赔本价格 péiběn jiàgé，倾销价格 qīngxiāo jiàgé
Schleuderware *f* 亏本出售的商品 kuīběn chūshòu de shāngpǐn，廉价推销的商品 liánjià tuīxiāo de shāngpǐn
schleunig *adj* 迅速的 xùnsùde，尽快地 jǐnkuàide

Schleuse *f* 闸 zhá，闸门 zhámén；水闸 shuǐzhá

schleusen *vt* 使通过水闸 shǐ tōngguò shuǐzhá，放船过闸 fàng chuán guò zhá；秘密引领 mìmì yǐnlǐng

Schleusung *f* -，-en 潜入 qiánrù；非法进入 fēifǎ jìnrù；过水闸 guòshuǐzhá

Schliche *pl* 诡计 guǐjì，花招 huāzhāo：jm auf die ～ kommen 拆穿某人的花招

schlicht *adj* 纯朴的 chúnpǔde，质朴的 zhìpǔde，单纯的 dānchúnde；（头发）光滑的 guānghuáde

schlichten *vt* 调解 tiáojiě，调停 tiáotíng；使光滑 shǐ guānghuá

Schlick *m* 淤泥 yūní，沉积物 chénjīwù

schließen* I *vt* 关上 guānshàng，关闭 guānbì；锁 suǒ；停止 tíngzhǐ；结束 jiéshù；填补 tiánbǔ；缔结 dìjié，建立 jiànlì；推断 tuīduàn II *rfl* 关上 guānshàng，连接 liánjiē：an das Referat schloss sich eine lebhafte Diskussion 报告后紧接着进行了热烈的讨论 III *vi* 关上 guānshàng；关门 guānmén；锁上 suǒshàng：die Tür schließt schlecht 这门很难关上；结束 jiéshù，中止 zhōngzhǐ：das Geschäft hat wegen Urlaub geschlossen 商店因休假不营业 IV *PII* **geschlossen** 关闭的 guānbìde；不对外开放的 bù duìwài kāifàng de

Schließer *m* -s，- 看门人 kānménrén，门房 ménfáng；门闩 ménshuān，锁门装置 suǒ mén zhuāngzhì

Schließfach *n*（供租用的）银行保险箱 yínháng bǎoxiǎnxiāng，（供租用的）邮政信箱 yóuzhèng xìnxiāng；（车站的）行李自锁保管柜 xíngli zì suǒ bǎoguǎnguì

schließlich *adv* 最终 zuìzhōng，后来 hòulái，终于 zhōngyú

Schließmiete *f* 银行贵重物品保管箱的租金 yínháng guìzhòng wùpǐn bǎoguǎnxiāng de zūjīn

Schließtag *m* 停业日 tíngyèrì

Schliff *m* -(e)s，-e 磨光 móguāng；润色 rùnsè：einer Sache den letzten ～ geben 对某事物作最后的润色；举止优雅 jǔzhǐ yōuyǎ，有礼貌 yǒu lǐmào

schlimm *adj* 坏的 huàide，恶劣的 èliède，糟糕的 zāogāode：es steht ～ mit ihm 他的情况很糟糕；不顺利的 bù shùnlìde；品德不好的 pǐndé bùhǎode；患病的 huànbìngde，害病的 hàibìngde

schlimmstenfalls *adv* 在最坏的情况下 zài zuìhuàide qíngkuàng xià

Schlinge *f* -，-n 活结 huójié；罗网 luówǎng，圈套 quāntào：den Kopf in die ～ stecken 陷入困境，自投罗网；sich（或 den Kopf）aus der ～ ziehen 死里逃生，摆脱困境

Schlingel *m* -s，- 捣蛋鬼 dǎodànguǐ，小淘气 xiǎotáoqì

schlingen* I *vt* 缠 chán，绕 rào，把…围抱 bǎ … wéibào；编扎成 biānzhāchéng II *vi* 狼吞虎咽 láng tūn hǔ yàn，急吞 jí tūn III *rfl* 盘绕 pánrào，缠绕 chánrào

schlingern *vi* 左右摇晃 zuǒyòu yáohuàng

Schlips *m* -es，-e 领带 lǐngdài

Schlipsnadel *f* 领带别针 lǐngdài biézhēn

Schlitten *m* -s，- 雪橇 xuěqiāo：unter den ～ kommen 堕落

Schlittenbahn *f* 雪橇道 xuěqiàodào，滑道 huádào

schlittern *vi*(*h*/*s*) 在冰上滑行 zài bīngshang huáxíng

Schlittschuh *m* 滑冰鞋 huábīngxié：～ laufen 滑冰

Schlitz *m* -es，-e 狭长的切口 xiáchángde qiēkǒu；细长的裂口 xìchángde lièkǒu，裂缝 lièfèng

Schlitzaugen *pl* 细长的眼睛 xìchángde yǎnjing

Schloss *n* -es，¨-er 锁 suǒ：hinter ～ und Riegel 坐牢；宫殿 gōngdiàn，皇宫 huánggōng，城堡 chéngbǎo

Schloße *f* -，-n 冰雹 bīngbáo

Schlosser *m* -s，- 钳工 qiángōng，装配工 zhuāngpèigōng；锁匠 suǒjiang

Schlosshund *m*（用于短语）heulen wie ein ～ 号啕大哭

Schlot *m* -(e)s，-e/¨-e 烟囱 yāncōng；瘦长无用的人 shòucháng wúyòngde rén；草包 cǎobāo，饭桶 fàntǒng

schlottern *vi* 发抖 fādǒu，哆嗦 duōsuō：vor Kälte ～ 冷得发抖

Schlucht *f* -，-en 深谷 shēngǔ，峡谷 xiágǔ

schluchzen *vi* 啜泣 chuòqì，呜咽 wūyè，抽噎 chōuyē

Schluck *m* -(e)s，-e 一口 yīkǒu；咽下 yànxià，吞下 tūnxià；少量 shǎoliàng：in kleinen ～en trinken 小口小口地喝

Schluckauf *m* -s 打嗝儿 dăgér
schlucken I *vt* 吞咽 tūnyàn，吞下 tūnxià II *vi* 咽 yè，吞食 tūnshí
Schlucken *m* -s 打嗝儿 dăgér
Schlucker *m* -s，-（用于短语）ein armer ～ 可怜的家伙
schluderig *adj* 草率的 căoshuàide，马虎的 măhude；不整洁的 bù zhěngjiéde，邋遢的 lātāde
Schlummer *m* -s 微睡 wēishuì，瞌睡 kēshuì
schlummern I *vi* 打瞌睡 dăkēshuì，微睡 wēishuì II *PI* **schlummernd** 潜伏的 qiánfúde，潜藏的 qiáncángde，蕴藏的 yùncángde
Schlund *m* -(e)s，‥e 咽喉 yānhóu；深渊 shēnyuān；深穴口 shēnxuékǒu
schlüpfen *vi(s)* 滑行 huáxíng，溜过去 liūguòqù；迅速穿上 xùnsù chuānshàng；迅速脱下 xùnsù tuōxià
Schlüpfer *m* -s，- 女式短衬裤 nǚshì duǎnchènkù；儿童短衬裤 értóng duǎnchènkù
Schlupfloch *n* 隐藏的洞穴 yǐncángde dòngxué；巢穴 cháoxué；躲藏处 duǒcángchǔ，隐蔽处 yǐnbìchù
schlüpfrig *adj* 滑的 huáde，又湿又滑的 yòu shī yòu huá de；黄色的 huángsède，猥亵的 wěixiède
Schlupfwinkel *m* 洞穴 dòngxué；隐匿处 yǐnnìchù
schlurfen *vi(s)* 拖着脚走 tuōzhejiǎo zǒu，拖曳而行 tuōyè ér xíng
schlürfen *vt/vi* 啜饮 chuòyǐn，咂咂地吃 zāzāde chī
Schluss *m* -es，‥e 结束 jiéshù，完结 wánjié；结局 jiéjú；结尾 jiéwěi：～ machen 结束；mit jm ～ machen 与某人一刀两断；～ für heute！今天到此结束！关闭 guānbì；(电流)短路 duǎnlù
Schlussakt *m* 最后一幕 zuìhòu yīmù；尾声 wěishēng，收场 shōuchǎng；结局 jiéjú
Schlussbemerkung *f* 结束语 jiéshùyǔ
Schlussdokument *n* 最后文件 zuìhòu wénjiàn
Schlüssel *m* -s，- 钥匙 yàoshi；关键 guānjiàn；答案 dá'àn；(音乐)谱号 pǔhào，音部记号 yīn bù jìhao；解释 jiěshì；密码 mìmǎ；扳手 bānshou
Schlüsselbund *m/n* 一串钥匙 yīchuàn yàoshi，钥匙串 yàoshichuàn
schlüsselfertig *adj* 可交付钥匙迁入居住的 kě jiāo fù yàoshi qiánrù jūzhù de
Schlüsselfigur *f* 关键人物 guānjiàn rénwù
Schlüsselindustrie *f* 基本工业 jīběn gōngyè，关键性工业(如钢铁、煤炭、采矿等工业) guānjiànxìng gōngyè
Schlüsselkind *n* 脖子上挂有钥匙的孩子(指双职工家庭中自己保管房门钥匙的小孩) bózishang guà yǒu yàoshi de háizi
Schlüsselposition *f* 关键岗位 guānjiàn gǎngwèi
Schlüsselstellung *f* 关键性位置 guānjiànxìng wèizhi，重要地位 zhòngyào dìwèi
Schlussfolgerung *f* -，-en 结论 jiélùn
schlüssig *adj* 结论性的 jiélùnxìngde，使人信服的 shǐ rén xìnfú de；决心的 juéxīnde，坚决的 jiānjuéde：sich (*D*) ～ sein 下决心；sich (*D*) (über etw) ～ werden 对…作出决定
Schlusslicht *n* 尾灯 wěidēng，后灯 hòudēng
Schlussprüfung *f* 最后一次考试 zuìhòu yīcì kǎoshì；(中学)毕业考试 bìyè kǎoshì
Schlusspunkt *m* 句号 jùhào；结束 jiéshù
Schlussrunde *f* 决赛 juésài
Schlussverkauf *m* 季末大减价(大贱卖) jìmò dàjiǎnjià，换季大拍卖 huànjì dàpāimài
Schlusswort *n* 结束语 jiéshùyǔ，后记 hòujì
Schmach *f* - 耻辱 chǐrǔ，羞辱 xiūrǔ，蒙耻 méngchǐ：jm eine ～ antun (或 bereiten) 侮辱某人
schmachten *vi* 受苦 shòukǔ；口渴 kǒukě；挨饿 ái'è：vor Hunger ～ 因饥饿而受苦；渴望 kěwàng，企盼 qǐpàn
Schmachtfetzen *m* 伤感歌曲 shānggǎn gēqǔ；伤感小说 shānggǎn xiǎoshuō，伤感电影 shānggǎn diànyǐng，伤感喜剧 shānggǎn xǐjù
schmächtig *adj* 瘦弱的 shòuruòde，瘦削的 shòuxuēde
schmachvoll *adj* 屈辱的 qūrǔde，可耻的 kěchǐde，丢脸的 diūliǎnde
schmackhaft *adj* 美味的 měiwèide，可口的 kěkǒude
schmähen *vt* 诽谤 fěibàng，辱骂 rǔmà

S

schmählich *adj* 可耻的 kěchǐde，卑劣的 bēiliède

Schmährede *f* 诽谤的话 fěibàngde huà，谩骂的话 mànmàde huà

Schmähschrift *f* 挖苦文章 wāku wénzhāng，讽刺文章 fěngcì wénzhāng，诽谤文章 fěibàng wénzhāng

schmal *adj* 狭窄的 xiázhǎide；细长的 xìchángde，苗条的 miáotiaode；瘦削的 shòuxuēde；微薄的 wēibóde

schmälern *vt* 减少 jiǎnshǎo，缩小 suōxiǎo，紧缩 jǐnsuō

Schmalhans *m*（用于短语）bei jm ist ～ Küchenmeister 某人必须省吃俭用

Schmalz *n* -es，-e 动物油 dòngwùyóu，脂肪 zhīfáng；乳脂 rǔzhī；伤感 shānggǎn

schmarotzen *vi* 依靠他人生活 yīkào tārén shēnghuó；做寄生虫 zuò jìshēngchóng，过寄生生活 guò jìshēng shēnghuó

Schmarotzer *m* -s，- 寄生生物 jìshēng shēngwù；依赖他人生活者 yīlài tārén shēnghuó zhě，寄生虫 jìshēngchóng

Schmatz *m* -es，-e 出声的接吻 chūshēngde jiēwěn，响吻 xiǎngwěn

schmatzen I *vt* 出声地吻 chūshēngde wěn II *vi* 出声地吃 chēshēngde chī

Schmaus *m* -es，-e 盛宴 shèngyàn，宴会 yànhuì

schmecken I *vi* 尝味 chángwèi，试味 shì wèi；有…味道 yǒu … wèidao：die Speise schmeckt süß 这菜味道是甜的；中意 zhòngyì，合口味 hékǒuwèi：Schmeckt Ihnen die Suppe? 汤合你的口味吗？II *vt* 尝 cháng，辨味 biànwèi

Schmeichelei *f* -，-en 谄媚 chǎnmèi，奉承 fèngcheng，恭维 gōngwei

schmeicheln *vi* 阿谀 ēyú，奉承 fèngcheng，恭维 gōngwei：jm ～ 恭维某人；使高兴 shǐ gāoxìng；使…显得（比本人、原物）更美、更好看 shǐ … xiǎnde gēng měi、gèng hǎokàn

Schmeichler *m* -s，- 马屁精 mǎpìjīng，奉承者 fèngchengzhě

schmeißen* *vt/vi* 扔 rēng，掷 zhì，投 tóu；甩手不干 shuǎishǒu bùgān；办好 bànhǎo

Schmelz *m* -es，-e 珐琅质 fàlángzhì；瓷釉 cíyòu；柔和 róuhé，圆润 yuánrùn

schmelzen* I *vi(s)* 熔化 rónghuà，融解 róngjiě II *vt* 使熔化 shǐ rónghuà；使融化 shǐ rónghuà

Schmerz *m* -es，-en 疼痛 téngtòng；痛苦 tòngkǔ，悲痛 bēitòng：tiefen ～ bei einer Trennung empfinden 分别时感到非常痛苦

schmerzen I *vi* 疼痛 téngtòng：der Zahn schmerzt stark 牙齿痛得厉害 II *vt* 使疼痛 shǐ téngtòng；使痛苦 shǐ tòngkǔ：es schmerzt mich，das zu hören 听到这事使我很痛苦

schmerzfrei *adj* 无痛的 wútòngde，不痛的 bùtòngde

schmerzhaft *adj* 疼痛的 téngtòngde；痛苦的 tòngkǔde，悲痛的 bēitòngde

schmerzlich *adj* 痛苦的 tòngkǔde，悲痛的 bēitòngde

schmerzlos *adj* 无痛的 wútòngde：kurz und ～ 快速利落，直截了当

Schmerzmittel *n* 止痛药 zhǐtòngyào

schmerzstillend *adj* 止痛的 zhǐtòngde，镇痛的 zhèntòngde

Schmetterling *m* -s，-e 蝴蝶 húdié

Schmetterlingsstil *m* 蝶泳 diéyǒng

schmettern I *vt* 猛掷 měng zhì，猛击 měng jī；用力扣（球）yònglì kòu；高唱 gāochàng II *vi* 高唱 gāochàng；发出响亮的声音 fāchū xiǎngliàngde shēngyīn

Schmied *m* -(e)s，-e 锻工 duàngōng，铁匠 tiějiang

Schmiede *f* -，-n 锻工场 duàngōngcháng，锻造车间 duànzào chējiān

Schmiedeeisen *n* 锻钢 duàngāng

schmieden *vt* 锤打 chuídǎ；锻造 duànzào；设想 shèxiǎng，策划 cèhuà：man muss das Eisen ～，solange es heiß ist 趁热打铁

schmiegen I *rfl* 紧靠 jǐnkào；紧挨着 jǐn'āizhe，偎依 wēiyī II *vt* 使紧靠 shǐ jǐnkào，使偎依 shǐ wēiyī

schmiegsam *adj* 柔软的 róuruǎnde，可弯曲的 kě wānqū de；适应的 shìyìngde，顺从的 shùncóngde

Schmiere *f* -，-n 润滑油 rùnhuáyóu；油污 yóuwū，油泥 yóuní；（低等的）小剧场 xiǎojùchǎng；简陋的巡回剧团舞台 jiǎnlòude xúnhuí jùtuán wǔtái

Schmiererei *f* 乱画 luànhuà，涂来涂去 tú lái tú qù；拙劣的画 zhuóliède huà

schmieren I *vt* 涂 tú，抹 mǒ；使润滑 shǐ rùnhuá II *vi* 乱涂 luàntú，乱写 luànxiě，乱画 luànhuà；（因漏墨水而）弄脏 nòngzāng

Schmiergeld *n* 贿金 huìjīn
Schmierheft *n* 草稿本 cǎogǎoběn,笔记本 bǐjìběn
Schmiermittel *n* 润滑剂 rùnhuájì
schminken *vt/rfl* 化妆 huàzhuāng,搽脂粉 chá zhīfěn,搽化妆品 chá huàzhuāngpǐn,化妆打扮 huàzhuāng dǎban
Schmirgelpapier *n* (金刚)砂纸 shāzhǐ
Schmiss *m* -es, -e 伤疤 shāngbā,刀伤疤痕 dāoshāng bāhén;生气 shēngqì,活力 huólì,气势 qìshì
Schmöker *m* -s, - 旧书 jiùshū;廉价通俗小说 liánjià tōngsú xiǎoshuō
schmollen *vi* 生气 shēngqì,板脸 bǎnliǎn,怄气 òuqì:mit jm ～ 跟某人怄气
Schmonzette *f* -, -n 无聊文艺 wúliáo wényì,庸俗的作品 yōngsúde zuòpǐn
schmoren *vt/vi* 焖 mèn,炖 dùn,煨 wēi;热得发昏 rède fāhūn,热得冒汗 rède màohàn
Schmu *m* -s 欺骗 qīpiàn,花招 huāzhāo:～ machen 做手脚
schmuck *adj* 好看的 hǎokànde,漂亮的 piàoliangde,可爱的 kě'àide
Schmuck *m* -(e)s, -e 首饰 shǒushi;装饰 zhuāngshì
schmücken *vt/rfl* 装饰 zhuāngshì,美化 měihuà,打扮 dǎban:sich mit fremden Federn ～ 把人家的成绩说成是自己的成绩
schmucklos *adj* 无装饰的 wú zhuāngshì de,朴素的 pǔsùde
Schmucksachen *pl* 首饰 shǒushi,装饰品 zhuāngshìpǐn
Schmuggel *m* -s 走私 zǒusī
schmuggeln *vt/vi* 走私 zǒusī,偷运 tōuyùn
Schmuggelware *f* 走私品 zǒusīpǐn
Schmuggler *m* 走私者 zǒusīzhě
schmunzeln *vi* 微笑 wēixiào
schmusen *vi* (以抚摸、拥抱、接吻)表示亲热 biǎoshì qīnrè;奉承 fèngcheng,说好话 shuō hǎohuà,甜言蜜语 tián yán mì yǔ
Schmutz *m* -es 尘垢 chéngòu,垃圾 lājī,脏物 zāngwù;卑鄙 bēibǐ,淫秽 yínhuì,下流话 xiàliúhuà,黄色的东西 huángsè de dōngxī
schmutzabweisend *adj* 去污的 qùwūde,防脏的 fángzāngde
schmutzen *vi* 弄脏 nòngzāng
schmutzig *adv* 肮脏的 āngzāngde,不干净的 bùgānjìngde;下流的 xiàliúde;卑鄙的 bēibǐde
Schmutzkittel *m* (干脏活穿的)工作服 gōngzuòfú,罩衣 zhàoyī
Schmutzliteratur *f* 色情文学 sèqíng wénxué,淫秽文学 yínhuì wénxué
Schnabel *m* -s, ¨- 鸟嘴 niǎozuǐ,喙 huì;嘴 zuǐ,口 kǒu
schnäbeln *vi* (鸟雀等)接嘴 jiēzuǐ;(不断地)亲嘴 qīnzuǐ
schnabulieren *vt* 津津有味地吃 jīnjīn yǒuwèi de chī,舒舒服服地吃 shūshūfufu de chī
Schnack *m* -(e)s, -e/¨-e 胡说 húshuō,废话 fèihuà,空谈 kōngtán
Schnalle *f* -, -n 带扣 dàikòu,扣子 kòuzi;手柄 shǒubǐng,门把 ménbà
schnallen *vt* 把…扣住 bǎ…kòuzhù;扎牢 zāláo,捆紧 kǔnjǐn
schnalzen *vt* 打响鞭 dǎ xiǎngbiān;(用舌头)咂嘴作声 zāzuǐ zuò shēng;(用手指)捻得作声 niǎnde zuò shēng,打榧子 dǎ fěizi
schnappen I *vi* 发咔嗒声 fā kādāshēng;张口咬 zhāngkǒu yǎo;吸气 xīqì:nach Luft ～ 急促地呼吸,张大口吸气 **II** *vt* 捕获 bǔhuò,抓住 zhuāzhù;(迅速地)咬住 yǎozhù;(迅速地)拿 ná;吸(空气)xī:frische Luft ～ 呼吸新鲜空气
Schnappmesser *n* 折刀 zhédāo
Schnappsack *m* 背包 bèibāo,行囊 xíngnáng
Schnappschloss *n* 弹簧锁 tánhuángsuǒ
Schnappschuss *m* 快照 kuàizhào
Schnaps *m* -es, ¨-e 烧酒 shāojiǔ,烈性酒 lièxìngjiǔ
Schnapsbruder *m* 酒徒 jiǔtú,酒鬼 jiǔguǐ
Schnapsladen *m* 酒店 jiǔdiàn,酒馆 jiǔguǎn
Schnapsnase *f* 酒渣鼻 jiǔzhābí,酒糟鼻 jiǔzāobí
schnarchen *vi* 打鼾 dǎhān,打呼噜 dǎhūlu
Schnarcher *m* 打鼾者 dǎhānzhě
schnattern *vi* 咯咯地叫 gēgēde jiào;喋喋不休 diédié bùxiū;打哆嗦 dǎduōsuo,发抖 fādǒu:vor Kälte ～ 冷得打哆嗦
schnauben I *vi* 发出鼻息声 fāchū bíxī-

S

shēng;喘气 chuǎnqì,喘息 chuǎnxī: vor Wut ～ 气呼呼 II *vt* 擤(鼻涕) xǐng: sich (*D*) die Nase ～ 擤鼻涕

schnaufen *vi* 气喘 qìchuǎn, 喘息 chuǎnxī

Schnaufer *m* -s, - 深呼吸 shēnhūxī,喘气声 chuǎnqìshēng

Schnauzbart *m* 大髭须 dàzīxū;蓄着大髭须的人 xùzhe dàzīxū de rén

Schnauze *f* -, -n (动物的)口鼻部 kǒubíbù;(人的)嘴巴 zuǐba: eine große ～ haben 说大话;die ～ voll haben 感到厌烦;etw frei nach ～ machen 事先无准备地做某事

Schnecke *f* -, -n 蜗牛 wōniú

Schneckentempo *n* 蜗牛速度 wōniú sùdù,行动缓慢 xíngdòng huǎnmàn

Schnee *m* -s 雪 xuě: ～ fegen 扫雪

Schneeball *m* 雪球 xuěqiú

Schneebesen *m* 打蛋器 dǎdànqì

schneeblind *adj* 雪盲的 xuěmángde

Schneebö *f* 雪暴 xuěbào

Schneebrille *f* 防雪盲的眼镜 fáng xuěmáng de yǎnjìng

Schneeflocken *pl* 雪花 xuěhuā,雪片 xuěpiàn

Schneekönig *m* 鹪鹩 jiāoliáo: sich freuen wie ein ～ 非常高兴,欢天喜地

Schneelawine *f* 雪崩 xuěbēng

Schneemobil *n* (南北极使用的)履带式雪地汽车 lǚdàishì xuědì qìchē

Schneepflug *m* 雪犁 xuělí; 扫雪机 sǎoxuějī

Schneeräumer *m* 扫雪机 sǎoxuějī

schneesicher *adj* (滑雪)有足够积雪的 yǒu zúgòu jīxuě de

Schneesturm *m* 暴风雪 bàofēngxuě

schneeweiß *adj* 雪白的 xuěbáide

Schneid *m* -s 魄力 pòlì,勇气 yǒngqì: jm den ～ abkaufen 吓唬某人

Schneide *f* -, -n 刃 rèn,刀口 dāokǒu: auf des Messers ～ stehen 处于紧急(或决定)关头

schneiden* I *vt* 切 qiē; 剪 jiǎn; 割 gē;裁剪 cáijiǎn;切除 qiēchú;雕刻 diāokè;假装不看见 jiǎzhuāng bù kànjiàn;阉割 yāngē II *vi* 割破 gēpò,切伤 qiēshāng;疼痛 téngtòng III *rfl* 相交 xiāngjiāo;割伤(自己) gēshāng: sich ins eigene Fleisch ～ 使自己吃亏,自食其果

schneidend *adj* 刺骨的 cìgǔde: ～e Kälte 刺骨的寒冷;尖锐的 jiānruìde,尖刻的 jiānkède: ～e Reden 尖锐的话

Schneider *m* -s, - 裁缝 cáiféng,成衣匠 chéngyījiàng

Schneiderei *f* -, -en 缝纫业 féngrènyè,裁缝铺 cáiféngpù

schneien I *vi* 下雪 xiàxuě: es schneit ununterbrochen 雪不停地下着 II *vi*(*s*) 纷纷落下 fēnfēn luòxia;突然来到 tūrán láidào

schnell *adj* 快的 kuàide,迅速的 xùnsùde;匆促的 cōngcùde

Schnellbahn *f* (简称:S-Bahn, 大城市内及市郊的)高速铁路 gāosù tiělù

Schnellboot *n* 快艇 kuàitǐng; 赛艇 sàitǐng

Schnellbügelei *f* 快熨衣服店 kuài yùn yīfudiàn

Schnellbus *m* (郊区营运的)公共汽车快车 gōnggòng qìchē kuàichē

Schnelldienst *m* 快速服务 kuàisù fúwù

schnellen I *vi*(*s*) 一跃而起 yī yuè ér qǐ,向上跳 xiàngshàngtiào;蹦起 bèngqǐ II *vt* 甩 shuǎi,抛 pāo,扔 rēng

Schnellgaststätte *f* 快餐店 kuàicāndiàn

Schnellimbiss *m* 快餐 kuàicān,小吃 xiǎochī

Schnellkochplatte *f* 速热电炉 sùrè diànlú

Schnellküche *f* 快餐部 kuàicānbù,快餐铺 kuàicānpù

Schnellkurs *m* 短训班 duǎnxùnbān,速成班 sùchéngbān

Schnellpaket *n* 快递邮包 kuàidì yóubāo

Schnellrechner *m* 电子计算机 diànzǐ jìsuànjī

Schnellreinigung *f* (干洗)快洗衣店 kuàixǐyīdiàn

Schnellrestaurant *n* 快餐餐厅 kuàicān cāntīng,快餐馆 kuàicānguǎn

Schnellschreiber *m* 高产作家 gāochǎn zuòjiā;写字快的人 xiě zì kuài de rén

schnellstens *adv* 尽快地 jǐnkuàide,迅速地 xùnsùde

Schnellstraße *f* 市内快车路 shì nèi kuàichēlù

Schnelltransporter *m* (短途)快速运输卡车 kuàisù yùnshū kǎchē

Schnellverbindung *f* 连接两地的快

速交通（如航空线）liánjiē liǎngdì de kuàisù jiāotōng

Schnellwäscherei *f* 快洗店 kuàixǐdiàn

Schnellwaschmittel *n* 快速洗涤剂 kuàisù xǐdíjì

Schnellzug *m* 快车 kuàichē

Schnellzugzuschlag *m* 快车加快费 kuàichē jiākuàifèi

schneuzen *rfl* 擤鼻涕 xǐng bítì

Schnickschnack *m* -(e)s 空谈 kōngtán，废话 fèihuà；无用之物 wúyòng zhī wù，无价值的装饰品 wù jiàzhí de zhuāngshìpǐn

schnippisch *adj* 唐突的 tángtūde，傲慢的 àomànde

Schnipsel *m/n* -s, - 碎片 suìpiàn，碎纸 suìzhǐ

Schnitt *m* -(e)s, -e 切割 qiēgē；收割 shōugē；剪辑 jiǎnjí；裁剪式样 cáijiǎn shìyàng；衣服纸样 yīfu zhǐyàng；侧面轮廓 cèmiàn lúnkuò；断面 duànmiàn；平均 píngjūn；赚钱 zhuànqián，得益 déyì：einen guten ～ machen 发财，获利

Schnittblumen *pl* 插花 chāhuā

Schnitte *f* -, -n（面包）薄片 bópiàn，切片 qiēpiàn

schnittfest *adj* 容易切的 róngyì qiē de，好切的 hǎoqiēde

Schnittlauch *m* 香葱 xiāngcōng

Schnittmuster *n*（服装）纸样 zhǐyàng

schnittreif *adj* 待收割的 dài shōugē de

Schnitzel *n* -s, - 肉排 ròupái；煎肉排 jiānròupái

schnitzen *vt* 雕刻 diāokè

Schnitzer *m* -s, - 雕刻师 diāokèshī，木雕工 mùdiāogōng；错误 cuòwù，失误 shīwù

Schnitzerei *f* -, -en 雕刻艺术 diāokè yìshù；木雕 mùdiāo，雕刻品 diāokèpǐn

schnöde *adj* 可耻的 kěchǐde，可鄙的 kěbǐde；鄙视的 bǐshìde

schnorren *vt/vi* 乞讨 qǐtǎo，乞求 qǐqiú，乞得 qǐdé

Schnorrer *m* -s, - 乞讨者 qǐtǎozhě

schnüffeln *vi* 嗅 xiù，闻 wén；探听 tàntīng；刺探 cìtàn

schnulzen *vi* 演唱情调低下的伤感歌曲 yǎnchàng qíngdiào dīxià de shānggǎn gēqǔ

schnupfen *vi* 吸鼻烟 xī bíyān；抽泣 chōuqì；抽鼻子 chōu bízi；擤鼻涕 xǐng bítì

Schnupfen I *m* -s, - 伤风 shāngfēng，流鼻涕 liú bítì II *n* -s 吸鼻烟 xī bíyān

schnuppe *adj*（用于短语）etw ist jm ～ 某人不在乎某事

schnuppern *vi/vt* 嗅 xiù，闻 wén

Schnur *f* -, ¨-e 线 xiàn，细绳 xìshéng，饰带 shìdài：über die ～ hauen（或 schlagen）得意忘形，做得过分

Schnürchen *n* -s, -（用于短语）etw läuft wie am ～ 某事进展顺利

schnüren *vt* 捆住 kǔnzhù，捆扎 kǔnzā；系住 jìzhù，缚住 fùzhù

Schnurrbart *m* 小胡子 xiǎohúzi，髭 zī

schnurren *vi*（猫）发出呼噜声 fāchū hūlūshēng；作隆隆声 zuò lónglóngshēng；发嗡嗡声 fā wēngwēngshēng

Schnürschuh *m* 系带子的鞋 jìdàizide xié

Schnürsenkel *m* -s, - 鞋带 xiédài

Schock *m* -(e)s, -s / -e 休克 xiūkè；震动 zhèndòng，震惊 zhènjīng

Schocker *m* -s, - 使人震惊（或产生恐怖）的电影、小说、戏剧等 shǐ rén zhènjīng de diànyǐng xiǎoshuō xìjù děng

schockieren *vt* 激怒 jīnù，使愤慨 shǐ fènkǎi，使厌恶 shǐ yànwù

schofel *adj* 卑劣的 bēiliède；小气的 xiǎoqìde，吝啬的 lìnsède

Schöffe *m* -n, -n 陪审员 péishěnyuán

Schokolade *f* -, -n 巧克力 qiǎokèlì；巧克力糖 qiǎokèlìtáng

schokoladen *adj* 巧克力（糖）的 qiǎokèlìde

Schokoladeneis *n* 巧克力冰淇淋 qiǎokèlì bīngqílín

Schokoladenseite *f* 好的一面 hǎode yímiàn，有利的一面 yǒulìde yímiàn，优点 yōudiǎn

Scholastik *f* 经院哲学 jīngyuàn zhéxué；烦琐哲学 fánsuǒ zhéxué

scholastisch *adj* 烦琐哲学的 fánsuǒ zhéxué de；学究式的 xuéjiūshìde，钻牛角尖的 zuān niújiǎojiān de

Scholle *f* -, -n 泥块 níkuài，土块 tǔkuài；乡土 xiāngtǔ，故土 gùtǔ；浮冰块 fúbīngkuài；地块 dìkuài；鲽 dié

schon *adv* 已经 yǐjing，早已 zǎoyǐ：er war ～ da，als wir kamen 我们来时，他已经在那里了；大概 dàgài，也许 yěxǔ；

只要 zhǐyào,仅仅 jǐnjǐn;反正 fǎnzhèng;无论如何 wúlùn rúhé;虽然 suīrán,固然 gùrán;肯定 kěndìng;到底 dàodǐ: wenn ~, denn ~ 一不做,二不休(或既然已经开始了,就索性干到底)

schön I *adj* 美丽的 měilìde,漂亮的 piàoliangde;悦耳的 yuè'ěrde;美好的 měihǎode,好的 hǎode;正派的 zhèngpàide;出色的 chūsède;可观的 kěguānde: ein ~es Geschäft machen 一笔大买卖;糟糕的 zāogāode,不愉快的 bù yúkuài de,不妙的 bùmiàode: Du bist mir ja ein ~er Freund! 看来,你可真够朋友!(反语) II *adv* 非常 fēicháng,很 hěn: Danke ~! 多谢! Bitte ~! 不用客气!

schonen I *vt* 爱护 àihù,爱惜 àixī;体谅 tǐliàng,照顾 zhàogù II *rfl* 保重 bǎozhòng,珍惜 zhēnxī,注重自己身体健康 zhùzhòng zìjǐ shēntǐ jiànkāng,注意休养 zhùyì xiūyǎng

Schönheit *f* -, -en 美 měi,美丽 měilì;美女 měinǚ;名胜古迹 míngshèng gǔjì

Schönheitschirurgie *f* 外科整容术 wàikē zhěngróngshù

Schönheitsfarm *f* -, -en 妇女美容疗养院 fùnǚ měiróng liáoyǎngyuàn

schönmachen I *vt* 装饰 zhuāngshì,修饰 xiūshì II *rfl* 打扮 dǎban,修饰 xiūshì III *vi* 狗作直立姿势 gǒu zuò zhílì zīshì

Schonung *f* -, -en 爱护 àihù,爱惜 àixī;宽容 kuānróng,怜惜 liánxī;育林区 yùlínqū,禁伐区域 jìnfá qūyù

schonungslos *adj* 无情的 wúqíngde,严厉的 yánlìde,不讲情面的 bù jiǎng qíngmiàn de

Schonzeit *f* 禁猎期 jìnlièqī

Schopf *m* -(e)s, ¨-e 满头密发 mǎntóu mìfā,浓密头发 nóngmì tóufà: die Gelegenheit beim ~e ergreifen (或 fassen, nehmen, packen) 抓住时机

schöpfen *vt/vi* (用桶)汲 jí;汲入 jírù;汲取 jíqǔ: aus dem vollen ~ 应有尽有,取之不尽

Schöpfer *m* -s, - 创造者 chuàngzàozhě;造物主 zàowùzhǔ,上帝 Shàngdì;勺子 sháozi,吊桶 diàotǒng

schöpferisch *adj* 首创的 shǒuchuàngde,有创造性的 yǒu chuàngzàoxìng de

Schöpfung *f* -, -en 创造 chuàngzào,创作 chuàngzuò;作品 zuòpǐn;(上帝)创世 chuàngshì,(上帝创造的)世界万物 shìjiè wànwù

Schornstein *m* -(e)s, -e 烟囱 yāncōng: der ~ raucht wieder 工厂又开始生产

Schoß *m* -es, ¨-e (坐姿时腰以下及大腿构成的三角形)膝上 xīshang,怀中 huáizhōng: das Kind sitzt auf dem Schoß der Mutter 孩子坐在母亲的膝上(或怀里);内部 nèibù;(衣服)下摆 xiàbǎi,后摆 hòubǎi: die Hände in den ~ legen 无所事事,袖手旁观

Schote *f* -, -n 长角荚 chángjiǎojiá: die ~n des Rapses 油菜子荚;果壳 guǒké,荚果 jiáguǒ;豆壳 dòuké;豌豆 wāndòu,豌豆荚 wāndòujiá

Schotter *m* -s, - 卵石 luǎnshí,碎石 suìshí

schottern *vt* 用碎石铺(路) yòng suìshí pū

schraffieren *vt* 在…上画影线 zài … shang huà yǐngxiàn

schräg *adj* 斜的 xiéde,歪的 wāide,不正的 bùzhèngde;怪异的 guàiyìde

Schrägstrichehe *f* (戏谑)斜线婚姻(指非婚同居,因双方姓名用斜线号隔开而得名) xiéxiàn hūnyīn

Schramme *f* -, -n 擦伤 cāshāng,抓伤 zhuāshāng;刮痕 guāhén,抓痕 zhuāhén

Schrank *m* -(e)s, ¨-e 橱 chú,柜 guì

Schranke *f* -, -n 栏栅 lánshān,拦路木 lánlùmù;界限 jièxiàn;竞技场 jìngjìchǎng

schrankenlos *adj* 无拦木的 wú lánmù de;无限的 wúxiànde,无限制的 wú xiànzhì de;无约束的 wú yuēshù de

schrankfertig *adj* 洗干净可以放入柜的 xǐgānjìng kěyǐ fàng rù guì de

Schrankwand *f* 靠壁组合柜 kào bì zǔhéguì,组合书架 zǔhé shūjià

Schraube *f* -, -n 螺丝 luósī,螺旋 luóxuán,螺钉 luódīng: eine ~ ohne Ende 一件没完没了的事; Bei dir ist wohl eine ~ los(e)? 你大概有点不大正常吧?

schrauben *vt* 拧紧 nǐngjǐn;旋 xuán,拧 nǐng

Schraubenmutter *f* 螺母 luómǔ,螺帽 luómào

Schraubenschlüssel *m* 螺旋扳手 luóxuán bānshou,扳头 bāntóu

Schraubenzieher *m* 螺丝起子 luósī qǐzi,螺丝刀 luósīdāo,旋凿 xuánzáo

Schraubstock *m* 老虎钳 lǎohǔqián
Schreck *m* -(e)s, -e 惊恐 jīngkǒng, 惊吓 jīngxià
Schreckbild *m* 恐怖景象 kǒngbù jǐngxiàng
schrecken *vt* 恐吓 kǒnghè, 使惊吓 shǐ jīngxià; 吓唬 xiàhu
Schrecken *m* -s, - 恐怖 kǒngbù, 灾祸 zāihuò: einen ～ bekommen 大吃一惊; 引起惊恐的事物(或人) yǐnqǐ jīngkǒng de shìwù
schreckhaft *adj* 胆怯的 dǎnqiède, 易惊吓的 yì jīngxià de
schrecklich I *adj* 可怕的 kěpàde, 骇人的 hàirénde, 令人吃惊的 lìng rén chījīng de; 难以忍受的 nányǐ rěnshòu de, 受不了的 shòubuliǎode II *adv* 非常 fēcháng, 极度 jídù
Schreckschuss *m* 警告性鸣枪 jǐnggàoxìng míngqiāng
Schrei *m* -(e)s, -e 叫喊 jiàohǎn, 呼喊 hūhǎn; 惊呼 jīnghū: der letzte ～ 最新式样
schreiben * *vi/vt* 写字 xiězì, 书写 shūxiě; 写信 xiěxìn, 写作 xiězuò: an einem Roman ～ 撰写长篇小说; jm (或 an jn) einen Brief ～ 给某人写一封信; der Arzt schrieb ihn krank [gesund] 医生证明他身体有病[健康]
Schreiber *m* 作者 zuòzhě, 笔者 bǐzhě; 文书 wénshū
Schreiben *n* -s, - 信件 xìnjiàn, 公文 gōngwén, 公函 gōnghán, 函件 hánjiàn
Schreiberei *f* -, -en 没完没了的抄写 méiwánméiliǎo de chāoxiě; 文书处 wénshūchù
Schreibfehler *m* 笔误 bǐwù, 书写错误 shūxiě cuòwù
Schreibheft *m* 练习簿 liànxíbù
Schreibkunst *f* 书法 shūfǎ
Schreibmaschine *f* 打字机 dǎzìjī
Schreibmaschinenpapier *n* 打字纸 dǎzìzhǐ
Schreibmaterial *n* 文具 wénjù
Schreibschrift *f* 手写稿 shǒuxiěgǎo
Schreibtisch *m* 写字台 xiězìtái
Schreibübung *f* 书法练习 shūfǎ liànxí, 习字 xízì
Schreibwaren *pl* 文具用品 wénjù yòngpǐn
Schrei *m* -(e)s, -e 大叫 dàjiào, 吼叫 hǒujiào; 叫喊 jiàohǎn
schreien * I *vi* 大叫 dàjiào, 大喊 dàhǎn; 呼叫 hūjiào; 号啕 háotáo; 哭闹 kūnào II *vt* 呼喊 hūhǎn, 喊叫 hǎnjiào, 大声叫 dàshēng jiào
schreiten * *vi*(s) 迈步走 màibù zǒu, 步行 bùxíng; 开始进行 kāishǐ jìnxíng, 着手做 zhuóshǒu zuò
Schrift *f* -, -en 文字 wénzì, 字体 zìtǐ; 笔迹 bǐjì, 字迹 zìjì; 文件 wénjiàn, 呈文 chéngwén; 论文 lùnwén, 文章 wénzhāng; 著作 zhùzuò: die Heilige ～ 圣经
schriftdeutsch *adj* 书面德语的 shūmiàn déyǔ de
Schriftdeutsch *n* 书面德语 shūmiàn déyǔ
Schriftfälscher *m* 伪造笔迹者 wěizào bǐjì zhě
Schriftführer *m* (会议)记录员 jìlùyuán, 文书 wénshū
schriftlich *adj* 书面的 shūmiànde, 笔头的 bǐtóude
Schriftsetzen *n* 排字 páizì
Schriftsetzer *m* 排字工人 páizì gōngrén
Schriftsprache *f* 书面语言 shūmiàn yǔyán
Schriftsteller *m* -s, - 作家 zuòjiā
Schriftstellername *m* 笔名 bǐmíng
Schriftstück *n* 文件 wénjiàn, 文本 wénběn
Schriftwechsel *m* 信件来往 xìnjiàn láiwǎng, 通信 tōngxìn
Schriftzeichen *n* 文字 wénzì, 字母 zìmǔ
schrill *adj* 尖锐的 jiānruìde, 尖声的 jiānshēngde, 刺耳的 cì'ěrde
schrillen *vi* 发出尖锐刺耳声 fāchū jiānruì cì'ěr shēng
Schritt *m* -(e)s, -e 步伐 bùfá; 步 bù: ～ um ～ 逐步地; auf ～ und Tritt 到处都, 处处都
Schrittmesser *m* 计步器 jìbùqì
schrittweise *adv* 一步一步地 yī bù yī bù de, 逐步地 zhúbùde; 渐渐地 jiànjiànde
schroff *adj* 陡峭的 dǒuqiàode, 陡的 dǒude; 生硬的 shēngyìngde, 粗野的 cūyěde; 突然的 tūránde, 突如其来的 tū rú qí lái de
schröpfen *vt* 榨取 zhàqǔ, 敲竹杠 qiāo zhúgàng, 骗取…许多钱 piànqǔ … xǔduō qián

S

Schrot *m/n* -(e)s, -e 磨碎的谷物 mósuìde gǔwù; 铅弹 qiāndàn, 霰弹 xiàndàn: von echtem ～ und Korn 能干可靠,诚实勤奋

Schrott *m* -(e)s, -e 废铁 fèitiě; 下脚料 xiàjiǎoliào, 金属废料 jīnshǔ fèiliào

schrubben *vt/vi* 刷净 shuājìng, 擦净 cājìng

Schrubber *m* -s, - (长柄粗毛的)地板刷子 dìbǎn shuāzi

schrumpfen *vi(s)* 干缩 gānsuō; 皱缩 zhòusuō; 缩减 suōjiǎn, 缩小 suōxiǎo

schrumpffrei *adj* 不缩水的 bù suōshuǐde, 不萎缩的 bù wěisuōde

Schubfach *m* 抽屉 chōuti

Schubkarre *f* 手推车 shǒutuīchē, 独轮车 dúlúnchē

Schubkraft *f* 推力 tuīlì

Schublade *f* 抽屉 chōuti

schüchtern *adj* 胆怯的 dǎnqiède, 胆小的 dǎnxiǎode; 怕羞的 pàxiūde, 腼腆的 miǎntiǎnde; 谨慎的 jǐnshènde

Schuft *m* -(e)s, -e 流氓 liúmáng, 恶棍 ègùn, 坏蛋 huàidàn

schuften *vi* 辛劳工作 xīnláo gōngzuò, 操劳 cāoláo, 做苦工 zuò kǔgōng

schuftig *adj* 流氓的 liúmángde, 无赖的 wúlàide; 卑鄙的 bēibǐde, 下流的 xiàliúde

Schuh *m* -(e)s, -e 鞋 xié: ～e machen [reparieren] 制[修]鞋; jm etw in die ～e schieben 把罪名推给某人,把某事的责任推给某人

Schuhanzieher *m* -s, - 鞋拔 xiébá

Schuhband *n* 鞋带 xiédài

Schuhbürste *f* 鞋刷 xiéshuā

Schuhcreme *f* 鞋油 xiéyóu

Schuhfabrik *f* 鞋厂 xiéchǎng

Schuhlöffel *m* = Schuhanzieher

Schuhmacher *m* 鞋匠 xiéjiang

Schuhputzer *m* 擦皮鞋的人 cā píxié de rén

Schuhriemen *m* 鞋带 xiédài

Schuhsohle *f* 鞋底 xiédǐ: sich (*D*) die ～*n nach etw ablaufen 为某事徒劳地奔走*

Schuhspanner *m* -s, - 鞋楦 xiéxuàn

Schukosteckdose *f* 保险插座 bǎoxiǎn chāzuò

Schukostecker *m* 保险插头 bǎoxiǎn chātóu

Schulamt *n* 教育局 jiàoyùjú

Schularbeit *f* 家庭作业 jiātíng zuòyè; (奥)课堂作业 kètáng zuòyè

Schularzt *m* 校医 xiàoyī

Schulaufgaben *pl* 家庭作业 jiātíng zuòyè

Schulbildung *f* 学校教育 xuéxiào jiàoyù

Schulbuch *n* 教科书 jiàokēshū

Schulbus *m* 校车 xiàochē

schuld *adj* 有过失的 yǒu guòshī de; 负有责任的 fù yǒu zérèn de: ～ an etw sein (或 haben) 对某事负有责任; jm [einer Sache] ～ geben 归罪于某人[某事]

Schuld *f* -, -en 债 zhài, 债务 zhàiwù: bis über die (或 beide) Ohren in ～en stecken 一身债务累累; 过错 guòcuò, 过失 guòshī, 罪责 zuìzé: Wer hat ～daran? 谁对此负责?

Schuldbeweis *m* 罪证 zuìzhèng

schuldbewusst *adj* 认罪的 rènzuìde, 自知有罪的 zì zhī yǒuzuì de

Schuldbewusstsein *n* 知罪 zhīzuì

schulden *vt* 欠债 qiànzhài, 负 fù, 欠 qiàn: jm Geld ～ 欠某人钱; 归功于… guīgōngyú …, 得感谢 děi gǎnxiè, 多亏… duōkuī …: jm Dank ～ 应向某人表示感谢

schuldenfrei *adj* 无债务的 wú zhàiwù de

schuldig *adj* 欠债的 qiànzhàide, 负债的 fùzhàide; 有罪的 yǒuzuìde, 有过失的 yǒu guòshī de; 必要的 bìyàode, 应该给予的 yīnggāi jǐyǔ de

schuldigermaßen *adv* 理所当然地 lǐ suǒ dāng rán de

Schuldigkeit *f* 责任 zérèn, 职责 zhízé, 义务 yìwù: seine ～ tun 尽其本分

schuldlos *adj* 无辜的 wúgūde, 没有过错的 méiyǒu guòcuò de

Schuldlosigkeit *f* 无罪 wúzuì, 无辜 wúgū

Schuldner *m* -s, - 债务人 zhàiwùrén

Schuldschein *m* 债据 zhàijù; 债券 zhàiquàn

Schuldspruch *m* 宣判有罪 xuānpàn yǒuzuì

Schule *f* -, -n 学校 xuéxiào; 校舍 xiàoshè; 学派 xuépài, 流派 liúpài; 教育 jiàoyù; 锻炼 duànliàn, 磨炼 móliàn; 课 kè; 学年 xuénián; 造就 zàojiù, 培养 péiyǎng: etw macht ～ 某事物有模仿者(或追随

者），某事群起仿效

schuleigen *adj* 学校的 xuéxiàode

schulen *vt* 教育 jiàoyù，培养 péiyǎng；训练 xùnliàn

Schüler *m* -s，-（中、小学）男生 nánshēng；男学生 nánxuésheng；男学徒 nánxuétú；男弟子 nándìzǐ

Schülerin *f* -，-nen（中、小学）女生 nǚshēng，女学生 nǚxuésheng；女学徒 nǚxuétú

Schülerkarte *f* 学生票 xuéshengpiào

Schülerlotsendienst *m* 学生交通员的服务工作（或组织）xuésheng jiāotōngyuán de fúwù gōngzuò

schulfähig *adj* 适合上学的 shìhé shàngxué de，能上学的 néng shàngxué de

Schulferien *pl* 学校假期 xuéxiào jiàqī

Schulfernsehen *n* 教学电视 jiàoxué diànshì

schulfrei *adj* 无课的 wúkède

schulfremd *adj* 不属于学校的 bù shǔyú xuéxiào de，与学校无关的 yǔ xuéxiào wúguān de

Schulfremdenprüfung *f*（高中）自学考试 zìxué kǎoshì

Schulfreund *m* 同学 tóngxué，学友 xuéyǒu

schulfreundlich *adj* 关心学校工作的 guānxīn xuéxiào gōngzuò de，对学校友好的 duì xuéxiào yǒuhǎo de

Schulfunk *m* 广播教学 guǎngbō jiàoxué

Schulgeld *n* 学费 xuéfèi

Schuljahr *n* 学年 xuénián；年级 niánjí

Schulkind *n* 学龄儿童 xuélíng értóng

Schulkindergarten *m* 学龄儿童幼儿园 xuélíng értóng yòu'éryuán

Schulküche *f* 学校食堂 xuéxiào shítáng

Schulmappe *f* 书包 shūbāo

Schulordnung *f* 校规 xiàoguī

Schulpause *f* 课间休息 kèjiān xiūxi

Schulpflicht *f* 义务教育 yìwù jiàoyù

schulpflichtig *adj* 已到入学年龄的 yǐ dào rùxué niánlíng de，应受义务教育的 yìng shòu yìwù jiàoyù de

Schulpraktikum *n*（师范学生）教学实习 jiàoxué shíxí

schulreif *adj* 符合入学条件的 fúhé rùxué tiáojiàn de

Schulreform *f* 教育改革 jiàoyù gǎigé

Schulstress *m* 学生负担过重 xuesheng fùdān guòzhòng

Schulter *f* -，-n 肩 jiān，肩膀 jiānbǎng：～ an ～ 肩并肩地；jn über die ～ ansehen 轻视某人，瞧不起某人；etw auf die leichte ～ nehmen 不认真对待某事；auf zwei（或 beiden）～n tragen 两面讨好，使两方都满意

schultern *vt* 挑 tiāo，扛 káng，抬 tái，把…挂在肩上 bǎ … guà zài jiānshang：einen Rucksack ～ 背上背包

Schulung *f* -，-en 培训 péixùn，学习 xuéxí，教育 jiàoyù；技能 jìnéng

schummeln *vi* 蒙骗 mēngpiàn；不老实 bù lǎoshi，作弊 zuòbì

Schund *m* -(e)s 破烂 pòlàn，废品 fèipǐn；黄色书籍 huángsè shūjí：Schmutz und ～ 粗糙低级的作品，下流黄色的作品

Schuppe *f* -，-n 鳞 lín，鳞片 línpiàn；头屑 tóuxiè；皮垢 pígòu：es fällt jm wie ～n von den Augen 某人恍然大悟

Schuppen *m* -s，- 工具棚 gōngjùpéng；车库 chēkù；堆栈 duīzhàn

schüren *vt* 拨火 bōhuǒ，使火旺 shǐ huǒ wàng；挑拨 tiǎobō，激起 jīqǐ，引起 yǐnqǐ

schürfen I *vi* 勘探 kāntàn II *vt* 采矿 cǎikuàng III *vt/rfl* 抓伤 zhuāshāng，擦伤 cāshāng

schurigeln *vt* 刁难 diāonán，折磨 zhémó；使痛苦 shǐ tòngkǔ，使苦恼 shǐ kǔnǎo

Schurke *m* -n，-n 流氓 liúmáng，恶棍 ègùn，无赖 wúlài

Schürze *f* -，-n 围裙 wéiqún：jm an der ～ hängen 依赖某人

Schürzenjäger *m* 好色之徒 hàosè zhī tú

Schuss *m* -es，¨-e 射击 shèjī，发射 fāshè；枪弹 qiāngdàn，炮弹 pàodàn；射球 shèqiú；少许 shǎoxǔ，少量 shǎoliàng：*weit vom ～ sein 在安全地方*；keinen ～ Pulver wert sein 一钱不值；in（或 im）～ sein 有条理，一切正常

Schüssel *f* -，-n 碗 wǎn，盘 pán，碟 dié；（碗中的）菜肴 càiyáo：aus einer ～ essen 同舟共济

schusseln I *vi* 匆忙行事 cōngmáng xíngshì，办事马虎 bànshì mǎhu II *vi*(s) 心神不定地乱转 xīnshén bùdìng de luànzhuǎn

schusssicher *adj* 防弹的 fángdànde

Schusswaffe *f* 轻武器 qīngwǔqì；枪支 qiāngzhī，枪械 qiāngxiè；火器 huǒqì，武器 wǔqì

Schuster *m* -s, - 鞋匠 xiéjiang;手脚笨拙的人 shǒujiǎo bènzhuōde rén,工作马虎的人 gōngzuò mǎhude rén: auf ～s Rappen reiten 步行

Schutt *m* -(e)s 废墟 fèixū;垃圾 lājī,废物 fèiwù: in ～ und Asche liegen 化为瓦砾灰烬

Schüttelfrost *m* (高烧时的)发抖 fādǒu,寒颤 hánzhàn

schütteln *vt/vi* 摇动 yáodòng,震动 zhèndòng;晃动 huàngdòng,抖动 dǒudòng: jm die Hand ～ 与某人握手;etw aus den Ärmeln (或 dem Ärmel) ～ 轻而易举地得到某物,不费吹灰之力就能做到某事

schütten I *vt* 灌注 guànzhù;倾倒 qīngdǎo II *vi* 下大雨 xià dàyǔ: es schüttet 下倾盆大雨;粮食丰收 liángshi fēngshōu

Schutz *m* -es 保护 bǎohù,防护 fánghù: bei jm ～ suchen 寻求某人保护;jn in ～ nehmen 保护某人

Schutzbrille *f* 护眼镜 hùyǎnjìng

Schütze *m* -n, -n 射击手 shèjīshǒu,射手 shèshǒu;射门者 shèménzhě

schützen I *vt* 防护 fánghù,保卫 bǎowèi: jn [etw] ～ 保护某人[某事] II *vi* 防止 fángzhǐ,预防 yùfáng: das Medikament schützt vor Erkältung 这药可预防感冒

Schutzhaft *f* 保护性监禁(拘留) bǎohùxìng jiānjìn: jn in ～ nehmen 把某人保护性监禁

Schutzherr *m* 保护人 bǎohùrén,庇护人 bìhùrén

Schützling *m* -s, -e 被保护人 bèibǎohùrén

schutzlos *adj* 无保护的 wú bǎohù de

Schutzmann *m* -es, ¨-er / ... leute 警察 jǐngchá

Schutzmaske *f* 防护面具 fánghù miànjù

schwach *adj* 虚弱的 xūruòde,无力的 wúlìde: etw steht auf ～en Füßen 某事站不住脚;薄弱的 bóruòde: einen ～en *Willen haben 意志薄弱;少量的* shǎoliàngde,微小的 wēixiǎode;弱的 ruòde,差的 chàde: das Geschäft geht (或 ist) ～ 店铺不景气;数量不多 shùliàng bù duō,人数不多的 rénshù bù duō de: ein ～es Hundert 不足一百;单薄的 dānbóde,稀薄的 xībóde;弱变化的 ruò biànhuà de

Schwäche *f* -, -n 虚弱 xūruò,无力 wúlì,乏力 fálì

schwächen *vt* 使虚弱 shǐ xūruò,减弱 jiǎnruò,削弱 xuēruò

Schwachheit *f* 虚弱 xūruò,懦弱 nuòruò

Schwachkopf *m* 头脑简单的人 tóunǎo jiǎndān de rén

schwachsinnig *adj* 迟钝的 chídùnde,弱智的 ruòzhìde,低能的 dīnéngde

Schwachstelle *f* 弱点 ruòdiǎn,薄弱环节 bóruò huánjié

Schwachstrom *m* 弱电流 ruò diànliú

schwafeln *vi* 胡说八道 hú shuō bā dào,瞎扯 xiāchě

Schwager *m* -s, ¨- 姐夫 jiěfu,妹夫 mèifu;内兄 nèixiōng,内弟 nèidì;大舅子 dàjiùzi,小舅子 xiǎojiùzi;大伯 dàbó,小叔子 xiǎoshūzi;连襟 liánjīn

Schwägerin *f* -, -nen 大姑子 dàgūzi,小姑子 xiǎogūzi;大姨 dàyí,小姨 xiǎoyí;嫂子 sǎozi,弟媳 dì xí;妯娌 zhóulǐ

Schwalbe *f* -, -n 燕子 yànzi

Schwamm *m* -(e)s, ¨-e 海绵 hǎimián;蘑菇 mógu,菌类 jūnlèi

Schwan *m* -(e)s, ¨-e 天鹅 tiān'é

schwanen *vi* 预料 yùliào,预感(灾祸等) yùgǎn: mir schwant nichts Gutes 我预感到要发生不祥的事

Schwang *m* (只用于短语) im ～e sein 流行 liúxíng; in ～ kommen 开始流行 kāishǐ liúxíng

schwanger *adj* 怀孕的 huáiyùnde,妊娠的 rènshēnde

Schwangere *f* -n, -n 孕妇 yùnfù

schwängern *vt* 使怀孕 shǐ huáiyùn

Schwangerschaft *f* -, -en 怀孕 huáiyùn,妊娠 rènshēn;怀孕期 huáiyùnqī

Schwangerschaftsurlaub *m* 怀孕假 huáiyùnjià,妊娠假 rènshēnjià

schwank *adj* 细长的 xìchángde;易摇的 yìyáode,摇摆的 yáobǎide;不坚定的 bù jiāndìngde

Schwank *m* -(e)s, ¨-e 滑稽戏 huájīxì,笑剧 xiàojù,闹剧 nàojù;开玩笑 kāiwánxiào,恶作剧 èzuòjù

schwanken *vi* 摇摆 yáobǎi,摇动 yáodòng;波动 bōdòng,起伏 qǐfú;犹豫 yóuyù,动摇不定 dòngyáo bùdìng

Schwanz *m* -es, ¨-e 尾 wěi,尾巴 wěiba: den ～ hängen lassen 垂头丧气;终段 zhōngduàn,尾声 wěishēng

schwänzeln *vi*(*h*/*s*)(狗)摇尾巴 yáo wěiba;扭着身子走 niǔzheshēnzizǒu;奉承 fèngcheng,讨好 tǎohǎo
schwänzen *vt* 逃避 táobì,故意耽误 gùyì dānwu;逃学 táoxué,旷课 kuàngkè
Schwarm *m* -(e)s, ⸚e 群 qún;爱好 àihào;热中 rèzhōng
schwärmen I *vi* 热爱 rè'ài,追求 zhuīqiú,热中于 rèzhōng yú II *vi* (*h*/*s*) 蜂拥 fēngyōng,群集 qúnjí;游荡 yóudàng
Schwärmer *m* -s, - 空想者 kōngxiǎngzhě;狂热者 kuángrèzhě;花筒 huātǒng,焰火 yànhuǒ,爆竹 bàozhú;夜蛾 yè'é,夜蝶 yèdié
schwärmerisch *adj* 热情的 rèqíngde,狂热的 kuángrède,醉心的 zuìxīnde
schwarz *adj* 黑色的 hēisède,乌黑的 wūhēide,很暗的 hěnànde;深色的 shēnsède,暗黑色的 ànhēisède: ~er Tee 红茶;非法的 fēifǎde,秘密的 mìmìde: ~e Geschäfte machen 做非法买卖; der ~e Markt 黑市;不幸的 bùxìngde;悲观的 bēiguānde;倒霉的 dǎoméide: einen ~en Tag haben 倒霉的一天; aus Schwarz Weiß machen 颠倒黑白; Schwarz auf Weiß 白纸黑字
Schwarzarbeit *f* 非法劳动 fēifǎ láodòng,黑工 hēigōng
Schwarzbrot *n* 黑面包 hēimiànbāo
schwarzfahren* *vi*(*s*) 不买票乘车 bù mǎi piào chéngchē,逃票 táopiào;无执照驾驶 wú zhízhào jiàshǐ
Schwarzfahrer *m* 无票乘车者 wúpiào chéngchēzhě,无照开车者 wúzhào kāichēzhě
Schwarzhandel *m* 黑市贸易 hēishì màoyì
Schwarzhändler *m* 黑市商人 hēishì shāngrén
schwarzhören *vi* (未缴费)私自收听广播 sīzì shōutīng guǎngbō;(未缴学费)私自去大学听课 sīzì qù dàxué tīngkè
Schwarzhörer *m* (不缴费)私自听广播者 sīzì tīng guǎngbō zhě
Schwarzmarkt *m* 黑市 hēishì
Schwarzpreis *m* 黑市价格 hēishì jiàgé
schwarzsehen* *vi* 悲观估计 bēiguān gūjì;(未缴钱)偷看电视 tōukàn diànshì
Schwarzseher *m* 悲观者 bēiguānzhě;(不交费)私下看电视者 sīxià kàn diànshì zhě
schwatzen, schwätzen *vi* 空谈 kōngtán,闲聊 xiánliáo,乱扯 luànchě,喋喋不休 diédié bùxiū: ins Blaue (或 in den Tag) hinein ~ 漫无边际地闲聊;捅出去 tǒngchūqù,泄露 xièlòu
Schwätzer *m* -s, - 饶舌者 ráoshézhě,说空话的人 shuō kōnghuà de rén
Schwebebalken *m* 平衡木 pínghéngmù
Schwebefahrzeug *n* 气垫船 qìdiànchuán
schweben *vi*(*s*/*h*) 漂过 piāoguò,漂下 piāoxià;飘荡 piāodàng,悬空 xuánkōng;盘旋 pánxuán: etw schwebt jm auf der Zunge 一时想不起某事,某句话到了嘴边突然讲不出来
Schwede *m* -n, -n 瑞典人 ruìdiǎnrén
Schweden 瑞典 Ruìdiǎn
schwedisch *adj* 瑞典的 ruìdiǎnde
Schwedisch *n* -(s) 瑞典语 ruìdiǎnyǔ
Schwefel *m* -s 硫磺 liúhuáng: wie Pech und ~ zusammenhalten 亲密无间,抱成一团
Schweif *m* -(e)s, -e (粗长的)尾巴 wěiba
schweifen *vi*(*s*) 漫游 mànyóu,漫步 mànbù
schweigen* *vi* 沉默 chénmò,默不作声 mò bù zuòshēng,不吭声 bù kēngshēng
Schweigen *n* -s 沉默 chénmò,缄默 jiānmò,沉静 chénjìng
schweigend *adj* 沉默的 chénmòde,不吭声的 bù kēngshēng de,默默无言的 mòmò wú yán de
schweigsam *adj* 沉默寡言的 chénmò guǎyán de,默默无言的 mòmò wú yán de
Schwein *n* -(e)s, -e 猪 zhū: ~ haben 走运,交运;下流坯 xiàliúpī,不正派的人 bù zhèngpài de rén,卑鄙的人 bēibǐde rén: kein ~ 一个人也没有,阒无一人
Schweinebraten *m* 烤猪肉 kǎozhūròu
Schweinefleisch *n* 猪肉 zhūròu
schweinisch *adj* 肮脏的 āngzāngde,下流的 xiàliúde,淫猥的 yínwěide
Schweiß *m* -es, -e 汗 hàn,汗水 hànshuǐ;(野兽的)血 xiě;辛劳 xīnláo: im ~e unseres Angesichts 满头大汗,汗流浃背地
schweißen *vt* 焊接 hànjiē,熔焊 róng-

S

hàn,熔接 róngjiē
Schweißfuß *m* 汗脚 hànjiǎo
schweißig *adj* 多汗的 duōhànde,出汗的 chūhànde
Schweiz *f* 瑞士 Ruìshì
Schweizer *m* -s, - 瑞士人 ruìshìrén
schweizerdeutsch *adj* 瑞士德语的 ruìshì déyǔ de
schweizerisch *adj* 瑞士的 ruìshìde
schwelen *vi* 熏烧 xūnshāo,闷烧 mènshāo;郁积 yùjī
schwelgen *vi* 大吃大喝 dà chī dà hē,狂饮欢宴 kuáng yǐn huān yàn,纵情享受 zòngqíng xiǎngshòu;沉迷 chénmí
Schwelger *m* 讲究吃喝的人 jiǎngjiu chīhē de rén
schwelgerisch *adj* 奢侈的 shēchǐde;丰盛的 fēngshèngde
Schwelle *f* -, -n 门槛 ménkǎn,门坎 ménkǎn: der Schritt über die ~ ist der schwerste 万事入门难;枕木 zhěnmù,轨枕 guǐzhěn:开始 kāishǐ,开端 kāiduān
schwellen I * *vi(s)* 肿 zhǒng,肿胀 zhǒngzhàng;(河水)上涨 shàngzhǎng;增长 zēngzhǎng: jm schwillt der Kamm 某人趾高气扬,某人自命不凡 II *vt* 使隆起 shǐ lóngqǐ;把…吹胀 bǎ… chuī zhàng
Schwellenland *n* 新兴工业国家 xīnxīng gōngyè guójiā,发达的发展中国家 fādáde fāzhǎnzhōng guójiā
Schwellenmacht *f* 核门槛国家 hé ménkǎn guójiā(有能力研究、制造核武器的国家)
schwemmen *vt* 冲刷 chōngshuā,冲洗 chōngxǐ;冲走 chōngzǒu
schwenken I *vt* 摇动 yáodòng,舞动 wǔdòng,挥动 huīdòng;冲洗 chōngxǐ II *vi(s)* 转身 zhuǎnshēn;转弯 zhuǎnwān,改变方向 gǎibiàn fāngxiàng
Schwenkflügler *m* 变翼飞机 biàn yì fēijī
schwer I *adj* 重的 zhòngde,沉重的 chénzhòngde: ihm ist ~ ums Herz 他的心情沉重;困难的 kùnnande,艰巨的 jiānjùde: aller Anfang ist ~ 万事开头难;严重的 yánzhòngde,重大的 zhòngdàde;难的 nánde,困难的 kùnnande: ~ von Begriff sein 反应慢,理解迟缓;加重的 jiāzhòngde,加强的 jiāqiángde: ~es Wasser 重水 II *adv* 很 hěn,非常 fēicháng: ~ reich 很富有
Schwerarbeit *f* 童话 tónghuà
schwerbeschädigt *adj* 受重伤的 shòu zhòngshāng de,受伤致残的 shòushāng zhì cán de
schwerbewaffnet *adj* 全副武装的 quánfù wǔzhuāng de,有重武器装备的 yǒu zhòngwǔqì zhuāngbèi de
Schwere *f* - 重力 zhònglì;重量 zhòngliàng,沉重 chénzhòng;严重 yánzhòng,重大 zhòngdà
schwerelos *adj* 失重的 shīzhòngde
Schwerenöter *m* -s, - (戏谑)对女子献殷勤者 duì nǚzǐ xiànyīnqín zhě;(有魅力和手段)使他人觉得能搞到某物的人 shǐ tārén juéde néng gǎodào mǒuwù de rén
schwerfallen* *vi(s)* 感到困难 gǎndào kùnnan,感到伤心 gǎndào shāngxīn: das Studium fiel ihm sehr schwer 他感到学习很困难
schwerfällig *adj* 动作迟钝的 dòngzuò chídùnde,笨拙的 bènzhuōde
Schwergewicht *n* 重量级 zhòngliàngjí;重点 zhòngdiǎn,要点 yàodiǎn: das ~ auf etw legen 把重点放在某事上
schwerhörig *adj* 听力差的 tīnglì chàde,重听的 zhòngtīngde
Schwerindustrie *f* 重工业 zhònggōngyè
Schwerkraft *f* 重力 zhònglì,引力 yǐnlì,万有引力 wàn yǒu yǐnlì
schwerkrank *adj* 患重病的 huàn zhòngbìng de
Schwerlastkraftwagen *m* 重型载货汽车 zhòngxíng zàihuò qìchē
schwerlich *adv* 很难 hěnnán,几乎不 jīhū bù,可能不 kěnéng bù
Schwermut *f* - 忧郁 yōuyù,伤感 shānggǎn,心情沉重 xīnqíng chénzhòng
schwernehmen* *vt* 把…看得过分认真(或严重) bǎ… kànde guòfèn rènzhēn
Schweröl *n* 重油 zhòngyóu
Schwerpunkt *m* 重点 zhòngdiǎn,中心 zhōngxīn
Schwerpunktaufgabe *f* 重点任务 zhòngdiǎn rènwu
Schwerpunktbetrieb *m* 重点企业 zhòngdiǎn qǐyè
Schwerstarbeit *f* 特重体力劳动 tè zhòng tǐlì láodòng
Schwerstarbeiter *m* 特重体力劳动

者 tè zhòng tǐlì láodòngzhě

Schwert *n* -(e)s, -er 剑 jiàn，刀 dāo：etw ist ein zweischneidiges ～ 某事有利有弊

Schwerverbrecher *m* 重罪犯 zhòngzuìfàn

schwerverdaulich *adj* 难消化的 nán xiāohuà de

schwerverständlich *adj* 难懂的 nándǒngde

schwerwiegend *adj* 重要的 zhòngyàode，重大的 zhòngdàde

Schwester *f* -，-n 姐妹 jiěmèi；女护士 nǚhùshi；修女 xiūnǚ

Schwesterfirma *f* 姐妹公司 jiěmè gōngsī

Schwesterkind *n* 外甥 wàisheng，外甥女 wàishengnǚ

Schwiegereltern *pl* 公婆 gōngpó；岳父母 yuèfùmǔ

Schwiegermutter *f* 婆婆 pópo；岳母 yuèmǔ

Schwiegersohn *m* 女婿 nǚxu

Schwiegertochter *f* 儿媳 érxí

Schwiegervater *m* 岳父 yuèfù；公公 gōnggong

Schwiele *f* -，-n (手、脚上的)老茧 lǎojiǎn，胼胝 piánzhī

schwierig *adj* 困难的 kùnnande，难解决的 nán jiějuéde；不愉快的 bù yúkuài de：sich in einer ～en Lage befinden 处境困难；难相处的 nán xiāngchǔ de，难对付的 nán duìfu de：ein ～er Mensch 一个难相处的人

Schwierigkeit *f* -，-en 困难 kùnnan，难事 nánshì：in ～ geraten (或 kommen) 陷入困境；障碍 zhàng'ài，麻烦 máfan：*jm* ～en bereiten (或 machen) 给某人制造麻烦

Schwimmbad *n* 游泳池 yóuyǒngchí

schwimmen* I *vi* (*h*/*s*) 游泳 yóuyǒng：in Glück ～ 极其幸福；漂浮 piāofú；溢出 yìchū，涌出 yǒngchū；茫然不知所措 mángrán bù zhī suǒ cuò，感到没有把握 gǎndào méiyǒu bǎwò II *vt* 在游泳中创造 zài yóuyǒng zhōng chuàngzào，游出 yóuchū：einen neuen Rekord ～ 游出新纪录

Schwimmgürtel *m* 救生圈 jiùshēngquān

Schwimmring *m* 游泳圈 yóuyǒngquān

Schwimmweste *f* 救生衣 jiùshēngyī

Schwindel *m* -s 头昏 tóuhūn，头晕 tóuyūn；谎言 huǎngyán，欺骗 qīpiàn；琐事 suǒshì，小事 xiǎo shì：der ganze ～ 全部东西，所有这些事情

schwindeln *vi* 头晕 tóuyūn；说谎 shuōhuǎng，欺骗 qīpiàn

schwinden* *vi*(*s*) 减少 jiǎnshǎo，减弱 jiǎnruò；下降 xiàjiàng，衰退 shuāituì；消失 xiāoshī；褪去 tuìqù；流逝 liúshì

Schwindler *m* -s，- 骗子 piànzi

schwindlig *adj* 头晕的 tóuyūnde；令人眩晕的 lìng rén xuànyùn de

Schwindsucht *f* (旧)肺结核 fèijiéhé

schwindsüchtig *adj* (旧)生肺病的 shēng fèibìng de，患肺结核病的 huàn fèijiéhébìng de，患痨病的 huàn láobìng de

schwingen* I *vt* 挥动 huīdòng，摇动 yáodòng，挥舞 huīwǔ：große Reden ～ 说大话，夸夸其谈 II *rfl* 跳跃 tiàoyuè，跃上 yuèshàng，腾空 téngkōng III *vi* 摆动 bǎidòng，摇动 yáodòng；震动 zhèndòng

Schwips *m* -es，-e 微醉 wēizuì，醉意 zuìyì 鞭击 biān jī

schwirren *vi*(*s*) 呼呼飞过 hūhū fēiguò，嗡嗡地飞过 wēngwēngde fēiguò，嗖嗖飞过 sōusōu fēiguò；匆匆走过 cōngcōng zǒuguò；迅速传开 xùnsù chuánkāi：Gerüchte schwirrten durch die Stadt 谣言传遍全市

schwitzen *vi* 出汗 chūhàn，流汗 liúhàn；出水汽 chūshuǐqì，渗出水滴 shènchū shuǐdī

schwören* I *vt* 宣誓 xuānshì，发誓 fāshì：einen Eid ～ 宣誓 II *vt* 发誓 fāshì，宣誓 xuānshì：auf jn [etw] ～ 坚信某人[某事]

schwül *adj* 闷热的 mēnrède，湿热的 shīrède；紧张的 jǐnzhāngde，不安的 bù'ānde；淫秽的 yínhuìde

Schwulitäten *pl* 困境 kùnjìng，窘境 jiǒngjìng：in ～ geraten (或 kommen，sein) 陷入困境

schwülstig *adj* 夸张的 kuāzhāngde，浮夸的 fúkuāde，夸夸其谈的 kuākuā qítán de

Schwund *m* -(e)s 缩减 suōjiǎn，减少 jiǎnshǎo，收缩 shōusuō；损耗 sǔnhào，消耗 xiāohào，损失 sǔnshī

Schwung *n* -(e)s，-e 推动 tuīdòng，促进 cùjìn；摆动 bǎidòng；活力 huólì，热情 rèqíng：～ haben，etw zu tun 有热情

去做某事；in ～ sein 生气勃勃，兴致很高

Schwur *m* -(e)s, ⸚e 誓言 shìyán，誓约 shìyuē

Schwurgericht *m* 刑事陪审法庭 xíngshì péishěn fǎtíng

Science-fiction ['saɪəns'fɪkʃən] *f* - 科学幻想作品 kēxué huànxiǎng zuòpǐn

Science-fiction-Autor *m* 科学幻想小说作家 kēxué huànxiǎng xiǎoshuō zuòjiā

Science-fiction-Buch *n* 科学幻想书籍 kēxué huànxiǎng shūjí

Science-fiction-Film *m* 科学幻想电影 kēxué huànxiǎng diànyǐng

sechs *num* 六 liù

sechseckig *adj* 六边形的 liùbiānxíngde

sechsfach *adj* 六倍的 liùbèide

sechsmal *adv* 六次 liùcì

sechsstündig *adj* 六小时的 liù xiǎoshí de

sechstägig *adj* 六天的 liùtiānde

sechste *num* 第六 dìliù

Sechstel *n* -s, - 六分之一 liùfēn zhī yī

sechzehn *num* 十六 shíliù

sechzig *num* 六十 liùshí

Secondhandgeschäft [sekənd'hænd ...] *n* 旧货店 jiùhuòdiàn

Secondhandkleidung *f* 旧衣服 jiù yīfu

Secondhandladen *m* 旧货店 jiùhuòdiàn

Secret Service ['si:krit'sə:vis] *m* -, - (英国的)秘密警察 mìmì jǐngchá；保安机关 bǎo'ān jīguān

Sedativum *n* -s, ...va 镇静剂 zhènjìngjì

See I *m* -s, -n 湖 hú II *f* -, -n 海 hǎi，海洋 hǎiyáng：an die ～ fahren 去海滨度假

Seebad *n* 海滨浴场 hǎibīn yùchǎng；海水浴 hǎishuǐyù

Seebär *m* 海熊 hǎixióng，海狗 hǎigǒu；*有经验的老海员 yǒu jīngyàn de lǎo hǎiyuán*，老练的水手 lǎoliànde shuǐshǒu

Seebeben *n* 海底地震 hǎidǐ dìzhèn

Seeblockade *f* 海上封锁 hǎishàng fēngsuǒ

Seebrief *m* 海运提货单 hǎiyùn tíhuòdān

Seedampfer *n* 海轮 hǎilún

Seefischerei *f* - 海洋渔业 hǎiyáng yúyè

Seegefahren *pl* 海上风险 hǎishàng fēngxiǎn

Seegurke *f* 海参 hǎishēn

Seehafen *m* 海港 hǎigǎng

Seehandel *m* 海外贸易 hǎiwài màoyì

Seehund *m* 海豹 hǎibào；海豹皮 hǎibàopí

seekrank *adj* 晕船的 yùnchuánde

Seele *f* -, -n 灵魂 línghún；精神 jīngshén，心灵 xīnlíng，内心 nèixīn：mit Leib und ～ 全心全意；mit jm ein Herz und eine ～ sein 与某人同心同德；keine ～ haben 冷酷无情；核心人物 héxīn rénwù

Seelenleben *n* 精神生活 jīngshén shēnghuó

seelenlos *adj* 冷淡的 lěngdànde，冷漠的 lěngmòde

Seelenruhe *f* 镇静 zhènjìng，很冷静 hěn lěngjìng，心神安定 xīnshén āndìng

seelenruhig *adj* 镇静的 zhènjìngde，很冷静的 hěn lěngjìngde，内心安定的 nèixīn āndìngde

seelisch *adj* 精神上的 jīngshénshangde，内心的 nèixīnde，心灵的 xīnlíngde；灵魂的 línghúnde

Seelöwe *m* 海狮 hǎishī

Seemacht *f* 海军强国 hǎijūn qiángguó

Seemann *m* -es, ...leute 海员 hǎiyuán，水手 shuǐshǒu

Seemeile 海里 hǎilǐ，浬 lǐ

Seenot *f* - 海上遇难 hǎishàng yùnàn，遭海难 zāo hǎinán：in ～ geraten 海上遇难

Seenotruf *m* 海上遇难呼救 hǎishàng yùnàn hūjiù

Seenotflugzeug *n* 救护海上遇难者用的水上飞机 jiùhù hǎishàng yùnànzhě yòng de shuǐshàng fēijī

Seenotzeichen *n* 海上遇难信号 hǎishàng yùnàn xìnhào

Seeräuber *m* 海盗 hǎidào

seetüchtig *adj* (船只)适合航海的 *shìhé hánghǎi de*

Seeufer *n* 海岸 hǎi'àn，海滩 hǎitān

Seewarte *f* 海洋观测台 hǎiyáng guāncètái

Seeweg *m* 航线 hángxiàn；海路 hǎilù

Seewesen *n* 航海业 hánghǎiyè

Seezollgrenze *f* 海岸关税区边境 hǎi'àn guānshuìqū biānjìng

Segel *n* -s, - 帆 fān,船篷 chuánpéng: die ～ einziehen [aufziehen] 收[扬]帆; mit vollen ～n 全力以赴地
Segelboot *n* 帆船 fānchuán
Segelflieger *m* 滑翔飞行员 huáxiáng fēixíngyuán
Segelflugzeug *n* 滑翔机 huáxiángjī
segeln *vi*(*h*/*s*) 张帆起航 zhāng fān qǐháng,驾驶帆船 jiàshǐ fānchuán; 飘浮 piāofú,滑翔 huáxiáng
Segelschiff *n* 帆船 fānchuán
Segelsport *n* 帆船比赛 fānchuán bǐsài
Segeltuch *n* 帆布 fānbù
Segen *m* -s 恩赐 ēncì,祝福 zhùfú: den ～ über jn [etw] sprechen 为某人[某事]祝福; 运气 yùnqì; 好事 hàoshì,同意 tóngyì: seinen ～ zu etw geben 赞同某事
segnen I *vt* 恩赐 ēncì,祝福 zhùfú;赋予 fùyǔ;赞同 zàntóng II *PII* gesegnet 受祝福的 shòu zhùfú de,幸福的 xìngfúde: mit etw ～ sein 有幸得到某物; einen ～en Appetit haben 胃口好; einen ～en Schlaf haben 睡得香(熟)
Sehbeteiligung *f* 电视(节目)收看人数 diànshì shōukàn rénshù
sehen* I *vt* 看 kàn,看见 kànjiàn,看到 kàndào;发现 fāxiàn: ich sah ihn kommen 我看见他来了; jn schon von weitem ～ 从远处已经看到某人;观看 guānkàn: den Film ～ 看电影;看出 kànchū,注意到 zhùyìdào;看看 kànkān,想想看 xiǎngxiǎng kàn: dann will ich mal ～, ob ich dir helfen kann 那我想想看,我是否能帮你忙 II *vi* 看着 kànzhe,望着 wàngzhe: in den Spiegel ～ 照镜子;关心 guānxīn,照料 zhàoliào: wir müssen nach dem Kranken ～ 我们必须照看病人; nach dem Rechten ～ 检查一切是否对头;朝向 cháoxiàng: das Fenster sieht nach dem Süden 窗子朝南
sehenswert *adj* 值得一看的 zhídé yī kàn de
Sehenswürdigkeit *f* -, -en 名胜 míngshèng,古迹 gǔjì
Sehkraft *f* 视力 shìlì
Sehne *f* -, -n 腱 jiàn;(数学)弦 xián;弓弦 gōngxián
sehnen *rfl* 渴望 kěwàng,渴念 kěniàn,怀念 huáiniàn
Sehnsucht *f* -, ∸e 渴望 kěwàng,思念 sīniàn,思慕 sīmù: ～ nach jm [etw] haben 思念某人[某事]
sehnsüchtig *adj* 渴望的 kěwàngde,思念的 sīniànde,思慕的 sīmùde
sehr *adv* 很 hěn,极其 jíqí,非常 fēicháng: ich bin jetzt ～ müde 我现在非常累; Danke ～! 非常感谢! Bitte ～! 请!不用谢! ～ krank sein 病得很重
Sehrohr *n* 潜望镜 qiánwàngjìng
seicht *adj* 浅的 qiǎnde;肤浅的 fūqiǎnde,浅薄的 qiǎnbóde
Seide *f* -, -n 丝 sī;绸 chóu;丝绸织品 sīchóu zhīpǐn
seiden *adj* 丝的 sīde,丝绸的 sīchóude,丝织的 sīzhīde: etw hängt an einem ～en Faden 某事处于危险状态,情况尚难预料
Seidenbau *m* 养蚕 yǎng cán,养蚕业 yǎngcányè
Seidengarn *n* 丝线 sīxiàn
Seidengewebe *n* 丝织物 sīzhīwù
Seidenindustrie *f* 丝绸工业 sīchóu gōngyè
Seidenkokon *m* -s, -s 蚕茧 cánjiǎn
Seidenraupe *f* 蚕 cán
Seidenstoff *m* 丝织品 sīzhīpǐn,绸缎 chóuduàn
Seidenstraße *f* 丝绸之路 sīchóu zhī lù
Seife *f* -, -n 肥皂 féizào: parfümierte (或 duftende) ～ 香皂
Seifenlauge *f* 肥皂液 féizàoyè
Seifenpulver *n* 肥皂粉 féizàofěn
Seifenschale *f* 肥皂盒 féizàohé
seifig *adj* 涂着肥皂的 túzhe féizào de
Seil *n* -(e)s, -e 绳 shéng,绳索 shéngsuǒ: am gleichen ～ ziehen 齐心协力,团结一致; jn am ～ herunterlassen 愚弄某人
Seilbahn *f* 缆车 lǎnchē,索道 suǒdào
Seilbrücke *f* 悬索桥 xuánsuǒqiáo,铁索悬桥 tiěsuǒ xuánqiáo
Seilschwebebahn *f* 悬空缆车 xuánkōng lǎnchē
Seiltanz *m* 走钢丝 zǒugāngsī
Seiltänzer *n* 走钢丝演员 zǒugāngsī yǎnyuán
Seilziehen *n* 拔河 báhé
sein* *vi*(*s*) 存在 cúnzài;在 zài,处于 chǔyú: ich bin in Shanghai zu Hause 我家住上海; sie ist heute bei guter Laune 她今天情绪很好;是… shì …: wir sind Nachbarn 我们是邻居;出生(于) chūshēng: er ist aus Deutschland 他是德国

S

人；发生 fāshēng；做 zuò，干 gàn：er war es 是他做的，这是他干的；（与带 zu 的不定式连用）应该 yīnggāi，必须 bìxū：der Schmerz ist kaum zu ertragen 痛得几乎不能忍受；能够 nénggòu：es kann ～ 这是可能的；认为 rènwéi，感觉到 gǎnjuédào：mir ist (es) nicht gut (或 übel) 我感到不舒服；in Ordnung ～ 有秩序

Sein *n* -s 生存 shēngcún，存在 cúnzài

seinerseits *adv* 他那方面 tā nà fāngmiàn，就他而言 jiù tā ér yán

seinerzeit *adv* 那时 nàshí，当时 dāngshí，过去 guòqù

seinetwegen *adv* 为了他的缘故 wèile tāde yuángù

seismisch *adj* 地震的 dìzhènde：～e Wellen 海啸

Seismologie *f* - 地震学 dìzhènxué

Seismometrie *f* - 地震测定 dìzhèn cèdìng

seit I *prp*(*D*) 自从 zìcóng，从…以来（起）cóng … yǐlái：～ langem 长久以来；～ zwei Stunden warte ich auf dich 我等了你两个小时了 II *cj* 自从…以来 zìcóng … yǐlái：er fährt kein Auto mehr，～ er den Unfall hatte 自从发生那次车祸以来，他就再也不开汽车了

seitdem I *cj* 自从…以来 zìcóng … yǐlái：～ er pensioniert ist，…，自从他退休以后，… II *adv* 从那时起 cóng nàshí qǐ，从那时以后 cóng nàshí yǐhòu：ich habe ihn ～ nicht mehr gesehen 从那以后我就再没有见到过他

Seite *f* -，-n 边 biān，面 miàn：etw von allen ～n betrachten 全面观察某事物；性格 xìnggé；面 miàn，页 yè；方面 fāngmiàn：jedes Ding hat seine zwei ～n 任何事物都有利有弊；边 biān，线 xiàn；旁 páng，侧 cè：～ an ～ 并排；jn von der ～ ansehen 藐视某人；jn auf seine ～ ziehen 把某人争取到自己方面来；jm zur ～ stehen 帮助某人

Seitenblick *m* 侧视 cèshì，偷看 tōukàn

Seitengasse *f* 小巷 xiǎoxiàng

seitens *prp*(*G*) 从…方面 cóng … fāngmiàn，在…方面 zài … fāngmiàn

Seitensprung *m* 侧跳 cè tiào，侧跃 cè yuè；乱搞男女关系 luàn gǎo nánnǚ guānxi

Seitenstraße *f* 横街 héngjiē，支路 zhīlù，小路 xiǎolù，小街 xiǎojiē

seither *adv* 此后 cǐhòu，从那时以后 cóng nàshí yǐhòu

seitlich I *adj* 旁边的 pángbiānde，侧面的 cèmiànde II *prp*(*G*) 在…旁边 zài … pángbiān：～ der Straße 路旁

seitwärts I *adv* 向边上 xiàng biānshàng，向侧面 xiàng cèmiàn II *prp*(*G*) 在…旁边 zài … pángbiān：～ der Straße 路边，路旁

Sekret *n* -(e)s，-e 分泌 fēnmì，分泌液 fēnmìyè

Sekretär *m* -s，-e 书记 shūji；秘书 mìshū；文书 wénshū；（可将写字板折叠的）写字书柜 xiězì shūguì

Sekretariat *n* -(e)s，-e 秘书处 mìshūchù；书记处 shūjichù

Sekretärin *f* -，-nen 女秘书 nǚmìshū

Sekt *m* -(e)s，-e 香槟酒 xiāngbīnjiǔ

Sekte *f* -，-n 教派 jiàopài；宗派 zōngpài，政治派别 zhèngzhì pàibié

sektiererisch *adj* 教派的 jiàopàide；宗派主义的 zōngpài zhǔyì de

Sektion *f* -，-en 部门 bùmén；部 bù，局 jú，处 chù，科 kē，组 zǔ；尸体解剖 shītǐ jiěpōu

Sektor *m* -s，-en 范围 fànwéi，领域 lǐngyù；区 qū，地区 dìqū；扇形 shànxíng

sekunda *adj*（商人用语）二等的 èrděngde，次等的 cìděngde

sekundär *adj* 次要的 cìyàode，第二位的 dì'èrwèide，从属的 cóngshǔde

Sekundärrohstoff *m* 从废料中提取的原料 cóng fèiliàozhōng tíqǔ de yuánliào，再生原料 zàishēng yuánliào

Sekunde *f* -，-n 秒 miǎo；片刻 piànkè，瞬间 shùnjiān：Eine ～ bitte！请略等片刻！

selber *pron* 自己 zìjǐ，本人 běnrén，亲自 qīnzì

selbst I *pron* 自己 zìjǐ，本人 běnrén，亲自 qīnzì II *adv* 甚至 shènzhì，即使 jíshǐ：～ der Kapitän wurde seekrank 连船长都晕船了

Selbstauslöser *m*（照相机）自拍装置 zìpāi zhuāngzhì，自拍机 zìpāijī

Selbstbedienung *f* 顾客自理 gùkè zìlǐ，自选货物 zìxuǎn huòwù，自助 zìzhù

Selbstbedienungsgaststätte *f* 自选餐厅 zìxuǎn cāntīng

Selbstbedienungsgeschäft *n* 自选商店 zìxuǎn shāngdiàn

Selbstbedienungsladen *m* 自选商店 zìxuǎn shāngdiàn

Selbstbefriedigung *f* 手淫 shǒuyín

Selbstbeherrschung *f* 自我控制 zìwǒ kòngzhì

Selbstbestimmung *f* 自决 zìjué, 自治 zìzhì; 自主 zìzhǔ

Selbstbestimmungsrecht *n* 自决权 zìjuéquán, 自治权 zìzhìquán

Selbstbewunderung *f* 自我欣赏 zìwǒ xīnshǎng

selbstbewusst *adj* 自信的 zìxìnde; 自我意识的 zìwǒ yìshí de

Selbstbewusstsein *n* 自信心 zìxìnxīn

Selbstbildnis *n* 自画像 zìhuàxiàng

Selbstbiographie *f* 自传 zìzhuàn

Selbstentlader *m* 自动卸货车 zìdòng xièhuòchē

Selbsterhaltungstrieb *m* 自我保存的本能 zìwǒ bǎocún de běnnéng, 保存自己的本能 bǎocún zìjǐ de běnnéng, 自卫本能 zìwèi běnnéng

Selbsterkenntnis *f* 自我认识 zìwǒ rènshi, 自知之明 zì zhī zhī míng

Selbsterniedrigung *f* 自卑 zìbēi, 自贬 zìbiǎn

selbstgefällig *adj* 自满的 zìmǎnde, 沾沾自喜的 zhān zhān zì xǐ de

Selbstgefühl *n* 自信心 zìxìnxīn; 自尊心 zìzūnxīn

selbstgemacht *adj* 自制的 zìzhìde

selbstgenügsam *adj* 满足现状的 mǎnzú xiànzhuàng de, 知足的 zhīzúde

selbstgerecht *adj* 自信的 zìxìnde, 自以为是的 zì yǐ wéi shì de

Selbstgespräch *n* 自言自语 zì yán zì yǔ, 独白 dúbái

Selbsthemmung *f* 自动制动 zìdòng zhìdòng

Selbsthilfe *f* 自救 zìjiù, 自助 zìzhù

Selbstkosten *pl* 成本 chéngběn

Selbstkritik *f* 自我批评 zìwǒ pīpíng: Kritik und ～ üben 进行批评和自我批评

Selbstpreis *m* 成本价格 chéngběn jiàgé

selbstlos *adj* 忘我的 wàngwǒde, 无私的 wúsīde

Selbstmord *m* 自杀 zìshā, 自尽 zìjìn: ～ begehen 自杀

selbstschließend *adj* 自动关闭的 zìdòng guānbì de, 自动锁上的 zìdòng suǒshàng de

Selbstständigkeit *f* 独立 dúlì, 独立性 dúlìxìng, 自主 zìzhǔ

selbstständig *adj* 独立的 dúlìde, 自主的 zìzhǔde, 不依赖人家的 bù yīlài rénjiā de: ～ denken [urteilen] 独立思考[判断]

Selbststeuerung *f* 自动控制 zìdòng kòngzhì, 自动调节 zìdòng tiáojié

Selbststudium *n* 自学 zìxué, 自修 zìxiū

Selbstsucht *f* 自私自利 zìsī zì lì

selbstsüchtig *adj* 自私自利的 zìsī zì lì de

selbstverständlich I *adj* 当然的 dāngránde, 自明的 zì míng de, 不言而喻的 bù yán ér yù de II *adv* 当然 dāngrán, 毫无疑问 háo wú yí wèn

Selbstverteidigung *f* 自卫 zìwèi, 正当防卫 zhèngdàng fángwèi

Selbstvertrauen *n* 自信 zìxìn, 自信心 zìxìnxīn

Selbstwählfernverkehr *m* 自拨长途电话 zì bō chángtú diànhuà

selbstzufrieden *adj* 自满的 zìmǎnde, 洋洋自得的 yángyáng zìdé de

Selenologie *f* -, -n 月球学 yuèqiúxué

Selfgovernment ['selfgʌvnmənt] *n* -s, -s 自治 zìzhì

Selfmademann *m* -s, ...men 白手起家者 báishǒu qǐ jiā zhě

Selfservice [...sə:vis] *m* - 顾客自理 gùkè zìlǐ, 自选货物 zìxuǎn huòwù, 自助 zìzhù

selig *adj* 永生的 yǒngshēngde, 在天国享福的 zài tiānguó xiǎngfú de, 有福的 yǒufúde; 非常幸福的 fēicháng xìngfúde, 极幸运的 jí xìngyùnde; 微醉的 wēizuìde; 亡故的 wánggùde, 已故的 yǐgùde

Seligmacher *m* 毒品 dúpǐn

Seller ['selə] *m* -s, - 畅销书 chàngxiāoshū, 畅销唱片 chàngxiāo chàngpiàn

Sellerie *m* -s, -(s) 芹菜 qíncài, 洋芹菜 yángqíncài

selten I *adj* 罕见的 hǎnjiànde, 稀有的 xīyǒude; 稀奇古怪的 xīqí gǔguài de II *adv* 不常 bù cháng, 很少 hěn shǎo: solch ein Mensch begegnet einem ～ 这种人难得遇见

seltsam *adj* 罕见的 hǎnjiànde, 异常的 yìchángde, 不寻常的 bù xúnchángde; 奇怪的 qíguàde, 不可思议的 bù kě sīyì de: er ist ein ～er Mensch 他是一个古怪

S

的人；er sah mich ～ an 他怪里怪气地看着我！

Semantik *f* - 语义学 yǔyìxué

Semester *n* -s, - 学期 xuéqī，半学年 bànxuénián；在某学期学习的大学生 zài mǒuxuéqī xuéxí de dàxuéshēng

Semesterbegleiter *m* 学期选课指南 xuéqī xuǎn kè zhǐnán

Semesterzeugnis *n* 学期成绩单 xuéqī chéngjìdān

Semifinale *n* -s, - 半决赛 bànjuésài

Semikolon *n* -s, -s / la 分号 fēnhào

Seminar *n* -s, -e 研究班 yánjiūbān；课堂讨论 kètáng tǎolùn；(天主教)神学院 shénxuéyuàn

Semmel *f* -, -n 小面包 xiǎomiànbāo：etw geht weg wie warme ～n 某物畅销，某物销售得很快

Senat *m* -(e)s, -e (古罗马)元老院 yuánlǎoyuàn；(美、法等的)参议院 cānyìyuàn；(欧美大学的)评议会 píngyìhuì；(柏林、汉堡等市的)市政府 shìzhèngfǔ；判决委员会 pànjué wěiyuánhuì

Senator *m* -s, ...oren (元老院)元老 yuánlǎo；(美、法)参议员 cānyìyuán；(柏林、汉堡等市的)市政府委员 shìzhèngfǔ wěiyuán

senden* *vt* 寄 jì，发 fā，送 sòng；邮寄 yóujì；派遣 pàiqiǎn；播送 bōsòng，发射 fāshè

Sender *m* -s, - 寄信人 jìxìnrén，发送者 fāsòngzhě；电台 diàntái；电视台 diànshìtái；发射台 fāshètái

Sendung *f* -, -en 寄送 jìsòng；邮寄的货物 yóujìde huòwù；播送 bōsòng，广播 guǎngbō；使命 shǐmìng

Senegal 塞内加尔 Sàinèijiā'ěr

Senegalese *m* -n, -n, **Senegaler** *m* -s, - 塞内加尔人 sàinèijiā'ěrrén

Senf *m* -(e)s, -e 芥 jiè；芥末 jièmo

senil *adj* 年迈体弱的 niánmài tǐruò de，衰老的 shuāilǎode，老态龙钟的 lǎotài lóngzhōng de

Seniorenheim *n* 养老院 yǎnglǎoyuàn，敬老院 jìnglǎoyuàn

senken I *vt* 使下垂 shǐ xiàchuí，使下沉 shǐ xiàchén，使下降 shǐ xiàjiàng：den Kopf ～ 垂下头；降低 jiàngdī，减低 jiǎndī：die Steuern ～ 降低赋税 II *rfl* 下降 xiàjiàng，下沉 xiàchén；下垂 xiàchuí，下陷 xiàxiàn：die Mauer hat sich gesenkt 墙下陷下

senkrecht *adj* 垂直的 chuízhíde

Senkrechtstarter *m* 垂直升降飞机 chuízhí shēngjiàng fēijī；青云直上的人 qīngyún zhí shàng de rén

Senkung *f* -, -en 下沉 xiàchén；坡度 pōdù；降低 jiàngdī；低(洼)地 dīdì

Sensation *f* -, -en 轰动 hōngdòng，耸人听闻 sǒng rén tīng wén，轰动一时的事件(或人物、新闻) hōngdòng yīshí de shìjiàn

sensationell *adj* 轰动的 hōngdòngde，耸人听闻的 sǒng rén tīng wén de，激起情感的 jī qǐ qínggǎn de

Sense *f* -, -n 大镰刀 dàliándāo，长柄镰刀 chángbǐng liándāo

sensibel *adj* 敏感的 mǐngǎnde

sentimental *adj* 感伤的 gǎnshāngde；易动感情的 yì dòng gǎnqíng de；多愁善感的 duō chóu shàn gǎn de

separat *adj* 分别的 fēnbiéde，隔开的 gékāide；单独的 dāndúde，独用的 dúyòngde

Separatismus *m* - 分裂主义 fēnliè zhǔyì

Separatist *m* -en, -en 分裂主义者 fēnliè zhǔyì zhě

September *m* -(s), - 九月 jiǔyuè

Serbe *m* -n, -n 塞尔维亚人 sài'ěrwéiyàrén

Serbien 塞尔维亚 Sài'ěrwéiyà

serbisch *adj* 塞尔维亚的 sàiěrwéiyàde

Serenade *f* -, -n 小夜曲 xiǎoyèqǔ

Serie *f* -, -n 系列 xìliè；套 tào，组 zǔ；成批 chéngpī；系列丛书(作品、节目等) xìliè cóngshū：eine ～ von Büchern 一套丛书；etw in ～ herstellen 成批生产某物

seriös *adj* 认真的 rènzhēnde，庄严的 zhuāngyánde，严肃的 yánsùde；可靠的 kěkàode，守信用的 shǒuxìnyòngde

Serum *n* -s, ...ren / ...a 血清 xuèqīng

Service I ['sə:vɪs] *m* - / -s (餐饮业、加油站、旅馆等的)服务 fúwù；(厂商对出售商品的)服务处 fúwùchù；售后服务 shòuhòu fúwù II [zɛr'vi:s] *n* - / -s, - 全套餐具 quántào cānjù，成套食器 chéngtào shíqì

servicefreundlich *adj* 容易操作的 róngyì cāozuò de，维修方便的 wéixiū fāngbiàn de

Serviceleistung *f* 服务工作 fúwù gōngzuò

Servicenetz *n* 服务网 fúwùwǎng,维修网 wéixiūwǎng

servieren *vt/vi* 上(菜) shàng,端上(饭菜等) duānshàng

Serviererin *f* -, -nen 女招待 nǚzhāodài,女服务员 nǚfúwùyuán

Serviette *f* -, -n 餐巾 cānjīn,餐巾纸 cānjīnzhǐ

servil *adj* 奴性的 núxìngde,十足依附的 shízú yīfù de,奴颜婢膝的 nú yán bì xī de

Servoantrieb *m* 伺服驱动 cìfú qūdòng

Servolenkung *f* 伺服操纵 cìfú cāozòng

Servomechanismus *m* 伺服机构 cìfú jīgòu

Servomotor *m* 伺服电动机 cìfú diàndòngjī

Sesam *m* -s, -s 芝麻 zhīma

Sesamöl *n* 麻油 máyóu,香油 xiāngyóu

Sessel *m* -s, - 沙发椅 shāfāyǐ;椅子 yǐzi

sesshaft *adj* 定居的 dìngjūde;久坐不肯走的 jiǔ zuò bù kěn zǒu de

Set [sɛt] *n/m* -(s), -s 一套 yītào,一部 yībù,一批 yīpī;成套的小台布 chéngtàode xiǎo táibù;成套的物品 chéngtàode wùpǐn;配套的服装 pèitàode fúzhuāng

Setting ['sɛtɪŋ] *n* -s, -s (尤指吸毒的)环境 huánjìng,气氛 qìfēn

setzen I *vt* 放 fàng,放置 fàngzhì: einen Stuhl an den Tisch ~ 把一张椅子放到桌边去; Hoffnung auf jn ~ 寄希望于某人; sein Leben aufs Spiel ~ 拿生命去冒险;种植 zhòngzhí;安装 ānzhuāng;规定 guīdìng;给…排字 gěi … páizì;写 xiě,打上 dǎshàng II *rfl* 坐下 zuòxià: sich ans Fenster ~ 坐到窗边去; Setzen Sie sich, bitte! 请坐下! sich mit jm in Verbindung ~ 与某人取得联系;沉淀 chéndiàn;下沉 xiàchén III *vi* 跳过 tiàoguò,跨过 kuàguò: *das Pferd setzte über den* Graben 这匹马跃过壕沟

Setzer *m* -s, - 排字工人 páizì gōngrén

Seuche *f* -, -n 流行病 liúxíngbìng,瘟疫 wēnyì,时疫 shíyì

seuchenfest *adj* 抗病毒传染的 kàng bìngdú chuánrǎn de

seufzen *vi* 叹气 tànqì,叹息 tànxī,呻吟 shēnyín,悲叹 bēitàn

Seufzer *m* -s, - 叹气 tànqì,叹息 tànxī

Sex *m* -(es) 性欲 xìngyù,性行为 xìngxíngwéi;性感 xìnggǎn

Sex-Appeal [...-əpi:l] *m* -s 女性的吸引力 nǚxìngde xīyǐnlì,性感 xìnggǎn,性的魅力 xìngde mèilì

Sexbombe *f* 性感女郎 xìnggǎn nǚláng;(尤指)非常性感的女电影演员 fēicháng xìnggǎnde nǚ diànyǐng yǎnyuán

Sexfilm *m* 色情电影 sèqíng diànyǐng

Sexismus *m* - 性别歧视(指歧视妇女) xìngbié qíshì

Sexliteratur *f* 色情文学 sèqíng wénxué

Sexmagazin *n* 色情杂志 sèqíng zázhì

Sexologe *m* -n, -n 性学者 xìngxuézhě

Sexologie *f* 性学 xìngxué

Sex-Party [...-pa:tɪ] *f* -s, -s 性聚会 xìngjùhuì

Sexshop [...ʃɔp] *m* 性(生活用品)商店 xìngshāngdiàn

Sexualerziehung *f* 性教育 xìngjiàoyù

Sexualforscher *m* 性学家 xìngxuéjiā

Sexualhygiene *f* 性卫生 xìngwèishēng

sexualisieren *vt* 使性欲化 shǐ xìngyùhuà,使具有性特征 shǐ jùyǒu xìngtèzhēng

Sexualität *f* - 性欲 xìngyù;性生活 xìngshēnghuó,性行为 xìngxíngwéi

Sexualleben *n* 性生活 xìngshēnghuó

Sexualpädagogik *f* 性教育学 xìngjiàoyùxué

sexuell *adj* 性的 xìngde,性生活的 xìngshēnghuóde,关于两性的 guānyú liǎngxìng de

Sexus *m* -, - 性 xìng,性别 xìngbié;性欲 xìngyù,性行为 xìngxíngwéi

Seychellen [ze'ʃɛlən] 塞舌尔 Sàishéěr

sezieren *vt* 解剖 jiěpōu(尸体);分析 fēnxī,剖析 pōuxī

Shake [ʃeik] *m* -s, -s 现代摇摆舞 xiàndài yáobǎiwǔ;混合饮料 hùnhé yǐnliào

Shakehands ['ʃeikhændz] *n* -, - 握手 wòshǒu

Shampoo [ʃɛm'pu:] *n* -s, -s 香波(洗发剂) xiāngbō

Shop [ʃɔp] *n* -s, -s 商店 shāngdiàn

Shopping ['ʃɔpɪŋ] *n* -s, -s 采购 cǎigòu,买东西 mǎi dōngxi

Shopping-Center *n* 购物中心 gòuwù zhōngxīn

Shorty ['ʃɔ:ti] *n/m* -s, -s 女睡衣连短裤 nǚshuìyī lián duǎnkù

Show [ʃo:, ʃoʊ] *f* -, -s 轻松的娱乐节目 qīngsōngde yúlè jiémù

Showbusiness ['ʃo:bɪznɪs] *n* 娱乐性

行业 yúlèxìng hángyè
Showgeschäft *n* = Showbusiness
Showman [... mən] *m* 在娱乐行业工作的人 zài yúlè hángyè gōngzuò de rén；善于安排演出吸引观众的人 shànyú ānpái yǎnchū xīyǐn guānzhòng de rén
Showmaster [... maːstə] *m* -s, - 文艺节目主持人 wényì jiémù zhǔchírén
Showstar [... staː] *m* -s, -s 表演明星 biǎoyǎn míngxīng
Shredder [ˈʃrɛdə] *m* -s, -（废旧汽车的）破碎机 pòsuìjī
sich *pron*（此系反身代词；用于第三人称单复数第三、四格或第二人称尊称单复数第三、四格）自己 zìjǐ，自身 zìshēn
Sichel *f* -, -n 镰刀 liándāo
sicher I *adj* 安全的 ānquánde；肯定的 kěndìngde，一定的 yīdìngde；可靠的 kěkàode，自信的 zìxìnde，有把握的 yǒu bǎwò de II *adv* 当然 dāngrán；确实 quèshí，肯定 kěndìng：er hat ～ den Zug versäumt 他肯定误了火车；多半 duōbàn，很可能 hěn kěnéng
Sicherheit *f* -, -en 安全 ānquán，肯定 kěndìng，有把握 yǒu bǎwò；信心 xìnxīn，自信心 zìxìnxīn；担保 dānbǎo；担保物 dānbǎowù，抵押品 dǐyāpǐn
Sicherheitsberater *m* 安全顾问 ānquán gùwèn
Sicherheitsgurt *m* 安全带 ānquándài，保险带 bǎoxiǎndài
sicherheitshalber *adv* 为安全起见 wèi ānquán qǐjiàn，为保险起见 wèi bǎoxiǎn qǐjiàn
Sicherheitskette *f* 安全链 ānquánliàn
Sicherheitslampe *f* 安全灯 ānquándēng，保险灯 bǎoxiǎndēng
Sicherheitsnadel *f*（安全）别针 biézhēn
Sicherheitsorgan *n* -s, -e（国家）安全部门 ānquán bùmén
Sicherheitspolizei *f* 公安部门 gōng'ān bùmén；（纳粹）国家秘密警察 guójiā mìmì jǐngchá
Sicherheitsrat *m* 联合国安全理事会 Liánhéguó ānquán lǐshìhuì
sicherlich *adv* 肯定 kěndìng，必定 bìdìng，无疑 wúyí：er kommt ～ nicht 他肯定不会来了
sichern I *vt* 使安全 shǐ ānquán，保护 bǎohù；确保 quèbǎo；使获得 shǐ huòdé；给…锁上 gěi … suǒshàng，扣住 kòuzhù II *vi*（野兽）闻 wén，嗅 xiù，听（周围是否安全）tīng
sicherstellen *vt*（由官方暂时）保管（赃物等）bǎoguǎn；使安全 shǐ ānquán，得到保障 dédào bǎozhàng：jn finanziell ～ 使某人经济上得到保障
Sicherung *f* -, -en 安全 ānquán；保护 bǎohù；保险装置 bǎoxiǎn zhuāngzhì；保险丝 bǎoxiǎnsī
Sicht *f* - 能见度 néngjiàndù，可见度 kějiàndù；视野 shìyě，视界 shìjiè；看法 kànfǎ，观点 guāndiǎn；期限 qīxiàn，时间 shíjiān：in ～ kommen 出现，可以看见；auf kurze [lange] ～ 短[长]期的
sichtbar *adj* 可以看到的 kěyǐ kàndào de；明显的 míngxiǎnde，显然的 xiǎnránde
Sichteinlage *f* 活期存款 huóqī cúnkuǎn
sichten *vt*（从远处）望见 wàngjiàn，看见 kànjiàn；区别 qūbié，区分 qūfēn；拣选 jiǎnxuǎn，挑选 tiāoxuǎn；整理 zhěnglǐ
sichtlich *adj* 明显的 míngxiǎnde，显而易见的 xiǎn ér yì jiàn de，显著的 xiǎnzhùde
Sichtvermerk *m*（护照）签证 qiānzhèng
Sichtwechsel *m* 即期汇票 jíqī huìpiào
sie *pron* 她 tā，它 tā；他们 tāmen；她们 tāmen；它们 tāmen
Sie *pron* 您 nín；你们 nǐmen（尊称）
Sieb *n* -(e)s, -e 筛子 shāizi；滤网 lǜwǎng，滤器 lǜqì：ein Gedächtnis wie ein ～ haben 健忘
sieben *vt* 筛 shāi；过滤 guòlǜ：Sand ～ 筛沙子；淘汰 táotài，挑选 tiāoxuǎn
sieben *num* 七 qī：in ～ Sprachen schweigen 闭口不谈
Siebensachen *pl* 个人日常生活用品 gèrén rìcháng shēnghuó yòngpǐn，随身用品 suíshēn yòngpǐn：seine ～ packen 收拾好自己的随身用品
siebente = siebte
siebte *num* 第七 dìqī：(wie) im ～n Himmel sein 感到飘飘然，犹如置身天堂（感到幸福极了）
siedeln *vi* 垦殖 kěnzhí；定居 dìngjū，安家落户 ān jiā luò hù
sieden I *vi* 煮 zhǔ，达到沸点 dádào fèi-

diǎn,沸腾 fèiténg;愤怒 fènnù II* vt(在沸水里)煮熟 zhǔshú
Siedepunkt m 沸点 fèidiǎn
Siedler m -s, - 开拓者 kāituòzhě,垦殖者 kěnzhízhě;移民 yímín
Siedlung f -, -en 垦殖 kěnzhí;移民 yímín;移民区 yímínqū;居民点 jūmíndiǎn,新住宅区 xīn zhùzháiqū
Siedlungswesen n 移民事务 yímín shìwù
Sieg m -(e)s, -e 胜利 shènglì,获胜 huòshèng: den ～ erringen 获得胜利; von ～ zu ～ schreiten 从胜利走向胜利
Siegel n -s, - 印 yìn,图章 túzhāng;封印 fēng yìn,火漆 huǒqī
siegen vi 取得胜利 qǔdé shènglì,获胜 huòshèng, 赢得 yíngdé: über alle Schwierigkeiten ～ 战胜一切困难
Sieger m -s, -胜利者 shènglìzhě,获胜者 huòshèngzhě
siegreich adj 胜利的 shènglìde,获胜的 huòshèngde, 凯旋的 kǎixuánde: ～ zurückkehren 凯旋而归
Siele f -, -n 挽具 wǎnjù: in den ～n sterben 因公殉职,工作劳累死去
Sierra Leone 塞拉利昂 Sàilālì'áng
Sierraleoner m -s, - 塞拉利昂人 sàilālì'ángrén
Signal n -s, -e 信号 xìnhào
signalisieren vt/ vi 发信号 fā xìnhào;打信号 dǎ xìnhào,用信号表示 yòng xìnhào biǎoshì;通知 tōngzhī,报告 bàogào
Signallampe f 信号灯 xìnhàodēng
Signalpfeife f 警笛 jǐngdí
Signalpistole f 信号枪 xìnhàoqiāng
Signatar m -s, -e (条约)签字者 qiānzìzhě
Signatarstaat m 签字国 qiānzìguó
Silastik n -s 化纤弹力织品 huàxiān tánlì zhīpǐn
Silastikhose f 弹力裤 tánlìkù
Silastikpullover m 弹力毛衣 tánlì máoyī
Silastikstrumpf m 弹力袜 tánlìwà
Silbe f -, -n 音节 yīnjié
Silber n -s 银 yín;银器 yínqì,银餐具 yíncānjù
Silberhaar n 银发 yínfà,白发 báifà
Silberhochzeit f 银婚 yínhūn(结婚二十五周年纪念)
silbern adj 银质的 yínzhìde;银光闪闪的 yínguāng shǎnshǎn de,银色的 yínsède: ～es Haar 银白色的头发
Silberschmied m 银匠 yínjiàng
Silhouette [zi'luɛtə] f -, -n 侧面影像 cèmiàn yǐngxiàng,剪影 jiǎnyǐng,黑色轮廓像 hēisè lúnkuòxiàng
Silofutter n 青贮饲料 qīngzhù sìliào
Silvester m/ n -s, - 除夕 chúxī
Silvesterabend m 除夕夜 chúxīyè
simplifizieren vt 使简单化 shǐ jiǎndānhuà,简单地描述 jiǎndānde miáoshù
Simulant m -en, -en 装病者 zhuāngbìngzhě
Simulation f 假装 jiǎzhuāng; 装病 zhuāngbìng
simulieren I vt 假装 jiǎzhuāng;模拟 mónǐ II vi 装病 zhuāngbìng;思考 sīkǎo,思索 sīsuǒ,考虑 kǎolǜ
simultan adj 同时进行的 tóngshí jìnxíng de;同时的 tóngshíde,一齐的 yìqíde
Simultananlage f 同声传译设备 tóngshēng chuányì shèbèi
Simultandolmetschen n -s 同声翻译 tóngshēng fānyì
Simultandolmetscher m 同声翻译员 tóngshēng fānyìyuán
Simultanübersetzung f 同声传译 tóngshēng chuányì
Sinfonie f -, -n 交响乐 jiāoxiǎngyuè
Sinfonieorchester n 交响乐团 jiāoxiǎngyuètuán,交响乐队 jiāoxiǎngyuèduì
Singapur 新加坡 Xīnjiāpō
Singapurer m -s, - 新加坡人 xīnjiāpōrén
singen* I vi 唱歌 chànggē,演唱 yǎnchàng: im Chor ～ 合唱 II vt 唱 chàng,演唱 yǎnchàng: ein Lied ～ 唱一支歌; Solo ～ 独唱; er sang Tenor 他唱男高音; js Lob ～ 称赞(或夸奖)某人
Single ['sɪŋl] m -(s), -(s) 独身 dúshēn,单身汉 dānshēnhàn,未婚者 wèihūnzhě: er lebt als ～ 他过单身汉生活
Singular m -(e)s, -e 单数 dānshù
sinken* vi(s) 下沉 xiàchén;降落 jiàngluò;落下 luòxià;下跌 xiàdiē: die Sonne sinkt 太阳落山; die Temperatur ist gesunken 温度下降了; in Schlaf ～ 沉入睡乡,入睡 den Mut ～ lassen 丧失勇气

S

Sinn *m* -(e)s, -e I *pl* 感官 gǎnguān, 官能 guānnéng: seine fünf ～e zusammennehmen 聚精会神; (nicht) bei ～en sein 头脑(不)清楚 II (只用单数)意识 yìshí, 感觉 gǎnjué: dafür habe ich keinen ～ 我对此一窍不通; 含义 hányì, 意义 yìyì: im tiefsten ～ 最深刻的含义, 想法 xiǎngfǎ, 意图 yìtú: etw kommt jm in den ～ 某人想起某事, 某人想做某事; 理解力 lǐjiělì

Sinnbild *n* 象征 xiàngzhēng

sinnen* I *vi* 考虑 kǎolǜ, 思考 sīkǎo, 思索 sīsuǒ; 企图 qǐtú: auf Rache ～ 企图复仇 II *vt* 谋划 móuhuà, 策划 cèhuà, 打算 dǎsuan: er sann nichts Gutes 他不怀好意

Sinnengenuss *m* 感官享受 gǎnguān xiǎngshòu; 性的享受 xìngde xiǎngshòu

Sinnesorgan *n* 感觉器官 gǎnjué qìguān, 感官 gǎnguān

Sinnestäuschung *f* 幻觉 huànjué, 错觉 cuòjué

sinngemäß *adj* 按意义的 àn yìyì de, 从意义上的 cóng yìyìshangde, 按照精神的 ànzhào jīngshén de

sinnlich *adj* 感觉上的 gǎnjuéshangde, 感性的 gǎnxìngde; 肉欲的 ròuyùde, 性感的 xìnggǎnde; 好色的 hàosède, 淫荡的 yíndàngde

sinnlos *adj* 无意义的 wú yìyì de; 无作用的 wú zuòyòng de; 失去理智的 shīqù lǐzhì de, 失去自制的 shīqù zìzhì de

sinnvoll *adj* 意义深远的 yìyì shēnyuǎn de; 明智的 míngzhìde, 合理的 hélǐde

Sinologe *m* -n, -n 汉学家 hànxuéjiā

Sinologie *f* - 汉学 hànxué

Sintflut *f* (圣经中说的)大洪水 dà hóngshuǐ: nach mir die ～ 以后发生什么我都不在乎

Sippe *f* -, -n 氏族 shìzú, 宗属 zōngshǔ

Sirene *f* -, -n 汽笛 qìdí; 警报器 jǐngbàoqì; (希腊神话中以歌声诱杀海员的女海妖)塞壬 sàirén; 妖妇 yāofù, 妖精 yāojing; 海牛 hǎiniú

Sirup *m* -s, -e 糖浆 tángjiāng; 果汁 guǒzhī

sistieren *vt* 取消 qǔxiāo, 中止 zhōngzhǐ, 停止 tíngzhǐ; 把…扭送到派出所 bǎ … niǔsòngdào pàichūsuǒ, 拘捕 jūbǔ

Sisyphusarbeit *f* 艰苦而无尽头的重活(源于古希腊神话: 西西弗斯为暴君, 被宙斯处罚, 要他把一块岩石推上山顶。当岩石到山顶时又滚了下来, 于是又重新推, 如此循环不止) jiānkǔ ér wújìntóu de zhònghuó

Sit-in [sɪt'ɪn] *n* -(s), -s 静坐示威 jìngzuò shìwēi, 静坐罢工 jìngzuò bàgōng; 静坐罢课 jìngzuò bàkè

Sitte *f* -, -n 风俗 fēngsú, 习惯 xíguàn; 礼节 lǐjié, 举止 jǔzhǐ; 礼貌 lǐmào; 道德 dàodé

Sittenlehre *f* 伦理学 lúnlǐxué, 道德学 dàodéxué

sittenlos *adj* 缺德的 quēdéde, 无道德的 wú dàodé de; 无教养的 wú jiàoyǎng de; 伤风败俗的 shāng fēng bài sú de

sittlich *adj* 道德上的 dàodéshangde, 合乎道德的 héhū dàodéde

Sittlichkeitsverbrechen *n* 性犯罪 xìngfànzuì

sittsam *adj* 庄重的 zhuāngzhòngde, 品行端正的 pǐnxíng duānzhèngde, 贞洁的 zhēnjiéde

Situation *f* -, -en 形势 xíngshì, 局势 júshì; 情况 qíngkuàng, 处境 chǔjìng

Situationsangst *f* 环境恐怖 huánjìng kǒngbù

Sitz *m* -es, -e 座位 zuòwèi; 椅子 yǐzi; 席位 xíwèi; 所在地 suǒzàidì, 驻地 zhùdì; (衣服)合身 héshēn: der Anzug hat einen guten ～ 这套衣服很合身

Sitzbad *n* 坐浴 zuòyù

Sitzbein *n* 坐骨 zuògǔ

sitzen* *vi(h/s)* 坐 zuò; 处于 chǔyú; 坐牢 zuòláo; 任职 rènzhí; 住 zhù; (衣服)合身 héshēn: der Anzug sitzt tadellos 这套衣服极其合身; 记牢 jìláo; 背熟 bèishú: über den Büchern ～ 埋头读书, 勤学苦读; in einem Boot ～ 同舟共济

sitzenbleiben* *vi(s)* 留级 liújí; 坐冷板凳 zuò lěngbǎndèng; 未出嫁 wèi chūjià; 无销路 wú xiāolù, 找不到买主 zhǎo bu dào mǎizhǔ

sitzenlassen* *vt* 抛弃 pāoqì; 遗弃 yíqì; 让…留级 ràng … liújí; 容忍 róngrěn, 听之任之 tīng zhī rèn zhī; 让…空等 ràng … kōngděng; 不娶 bù qǔ

Sitzfleisch *n* 坐功 zuògōng, 能耐心长坐 néng naixīn chángzuò: ～ haben 坐得住, 坐着不走; kein ～ haben 坐不住; 没有耐心

Sitzkissen *n* 坐垫 zuòdiàn

Sitzplatz *m* 坐位 zuòwèi

Sitzstreik *m* 静坐罢工 jìngzuò bàgōng

Sitzung *f* -, -en 会 huì,会议 huìyì: eine ~ abhalten 举行会议;坐着让人画像 zuòzhe ràng rén huàxiàng

Skala *f* -, ...len / -s 度 dù,刻度 kèdù;比色图表 bǐ sè túbiǎo;音阶 yīnjiē,阶梯 jiētī

Skandal *m* -s, -e 丑事 chǒushì,丑闻 chǒuwén;吵闹 chǎonào: einen ~ machen 大吵大闹

skandalös *adj* 闻所未闻的 wén suǒ wèi wén de;出丑的 chūchǒude,令人气愤的 lìng rén qìfèn de

skandieren *vt*/ *vi* 有节奏地朗读 yǒu jiézòu de lǎngdú,有顿挫地吟诵 yǒu dùncuò de yínsòng

Skat *m* -(e)s, -e / -s (德国的一种)三人纸牌游戏 sān rén zhǐpái yóuxì;(放在一旁的)两张盖着的纸牌 liǎng zhāng gàizhede zhǐpái

Skateboard ['skeɪtbɔːd] *n* -s, -s 滑板 huábǎn

Skelett *n* -(e)s, -e 骨骼 gǔgé;骷髅 kūlóu;骨架 gǔjià

Skepsis *f* - 怀疑 huáiyí

skeptisch *adj* 怀疑的 huáiyíde,不信任的 bú xìnrèn de

Ski *m* -s, -er 滑雪板 huáxuěbǎn

Skisport *m* 滑雪运动 huáxuě yùndòng

Skispringen *n* 跳台滑雪 tiàotái huáxuě

Skizze *f* -, -n 草图 cǎotú,略图 lüètú;草稿 cǎogǎo;梗概 gěnggài;随笔 suíbǐ,速写 sùxiě

skizzieren *vt* 速写 sùxiě,写生 xiěshēng;概略地叙述 gàilüè dexùshù;草拟 cǎonǐ

Sklave *m* -n, -n 奴隶 núlì,奴仆 núpú

Skonto *n*/ *m* -s, -s 付现折扣 fùxiàn zhékòu

Skooter ['skuːtɐ] *m* -s, - 碰碰车 pèngpengchē

Skorbut *m* -(e)s 坏血病 huàixuèbìng

skorbutisch *adj* 坏血病的 huàixuèbìngde

Skorpion *m* -s, -e 蝎子 xiēzi;天蝎座 tiānxiēzuò

Skript *n* -(e)s, -en / -s 手稿 shǒugǎo,原稿 yuángǎo;讲稿 jiǎnggǎo;电影剧本 diànyǐng jùběn

Skriptgirl *n* -s, -s (电影)女场记员 nǚchǎngjìyuán

Skrupel *pl* 顾忌 gùjì,顾虑 gùlǜ

skrupellos *adj* 不知羞耻的 bùzhī xiūchǐ de,肆无忌惮的 sì wú jì dàn de,恬不知耻的 tián bù zhī chǐ de

Skulptur *f* -, -en 雕塑 diāosù;雕刻品 diāokèpǐn;塑像 sùxiàng

Skyjacker ['skaidʒɛkər] *m* -s, - 劫机者 jiéjīzhě

Skylab ['skailæb] *n* -s, -s 太空实验室 tàikōng shíyànshì

Slalom *m* -s, -s 回转滑雪 huízhuǎn huáxuě,障碍滑雪 zhàng'ài huáxuě;障碍划艇 zhàng'ài huátǐng

Slang [slæŋ] *m* -s, -s 俚语 lǐyǔ;行话 hánghuà,黑话 hēihuà

Slapstick ['slæpstɪk] *m* -s, -s (一种粗俗)滑稽剧 huájījù;幕间滑稽节目 mùjiān huájī jiémù

Slawe *m* -n, -n 斯拉夫人 sīlāfūrén

slawisch *adj* 斯拉夫的 sīlāfūde;斯拉夫语的 sīlāfūyǔde

Slawistik *f* - 斯拉夫语学 sīlāfūyǔxué

Slip *m* -s, -s 三角裤 sānjiǎokù;结算单 jiésuàndān,记账单据 jìzhàng dānjù

Slipper *m* -s, - (无鞋带平底)便鞋 biànxié

Slowake *m* -n, -n 斯洛伐克人 sīluòfákèrén

Slowakei *f* 斯洛伐克 Sīluòfákè

slowakisch *adj* 斯洛伐克的 sīluòfákède;斯洛伐克人的 sīluòfákèrénde

Slowene *m* -n, -n, **Slowenier** [...iər] *m* -s, - 斯洛文尼亚人 sīluòwénníyàrén

Slowenien 斯洛文尼亚 Sīluòwénníyà

Slums [slʌmz] *pl* 贫民区 pínmínqū,贫民窟 pínmínkū

Smaragd *m* -(e)s, -e 绿宝石 lǜbǎoshí

smart *adj* 时髦的 shímáode,漂亮的 piàoliangde;潇洒的 xiāosǎde;能干的 nénggànde;老练的 lǎoliànde

Smog [smɔg] *m* -(s), -s (城市上空的)烟雾 yānwù

Smogproblem *n* 空气污染问题 kōngqì wūrǎn wèntí

Smoking *m* -s, -s 男式黑礼服 nánshì hēi lǐfú,晚宴礼服 wǎnyàn lǐfú

Snack [snæk] *m* -s, -s 快餐 kuàicān,小吃 xiǎochī

Snackbar *f* 快餐部 kuàicānbù,小吃店 xiǎochīdiàn

Snobismus *m* 假绅士派头 jiǎ shēnshì pàitou,自视风雅 zìshì fēngyǎ

snobistisch *adj* 摆出绅士派头的 bǎi-

S

chū shēnshì pàitóu de，装作很有教养的 zhuāngzuò hěn yǒu jiàoyǎng de

Snow [snoʊ] *m* -s 雪 xuě；可卡因 kěkǎyīn，白面儿 báimiànr

so I *adv* 如此 rúcǐ，这样 zhèyàng，那样 nàyàng；那么 nàme；如此地 rúcǐde：so geht es nicht 这样不行；(与 wie 连用) er ist ～ groß wie ich 他和我一样高 II *cj* 因此 yīncǐ，所以 suǒyǐ，那么 nàme：er war nicht da，～ konnten wir ihn nicht sprechen 他不在那儿，所以我们无法和他谈话；(与 dass 连用) ～ ...dass (或 ～ dass) 如此…以至于：sie war sehr krank，～ dass sie nicht kommen konnte 她病得很重，因此她不能来

sobald *cj* 一俟 yīsì，一…就… yī … jiù … ich komme，～ ich Zeit habe 我一有空就来

Society [səˈsaɪətɪ] *f* - 上流社会 shàngliú shèhuì

Socke *f* -，-n 短袜 duǎnwà；sich auf die ～n machen 赶快动身

Sockel *m* -s，- 墙脚 qiángjiǎo；基座 jīzuò；灯座 dēngzuò；管座 guǎnzuò

Socken *m* -s，- (奥、瑞)短袜 duǎnwà

Sockenhalter *m* 吊袜带 diàowàdài

Soda *f* -，或 *n* -s 苏打 sūdá，碳酸钠 tànsuānnà；苏打水 sūdáshuǐ

Sodomie *f* -，-n 兽奸 shòujiān，鸡奸 jījiān

soeben *adv* 正好 zhènghǎo；刚才 gāngcái，刚刚 gānggāng：～ hat dein Mann angerufen 你丈夫刚打来电话

Sofa *n* -s，-s 长沙发 chángshāfā

sofern *cj* 如果 rúguǒ，只要 zhǐyào，假如 jiǎrú：wir werden kommen，～ es euch passt 如果对你们合适，我们就来

sofort *adv* 立刻 lìkè，马上 mǎshàng，立即 lìjí：Komm ～ herauf! 马上上来!

Sofortaktion *f* 紧急行动 jǐnjí xíngdòng，立即行动 lìjí xíngdòng

Sofortaufgabe *f* 当务之急 dāng wù zhī jí，紧急任务 jǐnjí rènwu

Sofortbefragung *f* 立即调查 lìjí diàochá

Sofortbild *n* 一次成像照片 yīcì chéngxiàng zhàopiàn

Sofortbildkamera *f* 一次成像照相机 yīcì chéngxiàng zhàoxiàngjī

Soforteinsatz *m* 立即行动 lìjí xíngdòng，马上行动 mǎshàng xíngdòng

Soforthilfe *f* 紧急援助 jǐnjí yuánzhù，刻不容缓的援助 kè bù róng huǎn de yuánzhù

Sofortmaßnahme *f* 紧急措施 jǐnjí cuòshī

Sofortprogramm *n* 紧急计划 jǐnjí jìhuà，应急计划 yìngjí jìhuà

Sofortverbrauch *m* 立即消费 lìjí xiāofèi，马上用 mǎshàng yòng

Sofortverkehr *m* (电话)立即通话 lìjí tōnghuà

soft [sɔft] *adj* (爵士乐中)节奏温和的 jiézòu wēnhéde，(乐曲)软绵绵的 ruǎnmiānmiānde；(男青年)性情温和缠女人的 xìngqíng wēnhé chán nǚrén de，多情的 duōqíngde

Softball [...bɔːl] *m* -s 垒球 lěiqiú

Soft Drink *m* -s，-s 软饮料(酒精含量少的饮料) ruǎnyǐnliào

Soft-Eis *n* 奶油冰淇淋 nǎiyóu bīngqílín

soften *vt* (放大照片时)使光线柔和 shǐ guāngxiàn róuhé

Softie *m* -s，-s ＝ Softy

Softrock *m* 节奏慢而柔和的摇摆乐 jiézòu màn ér róuhé de yáobǎiyuè

Software [ˈsɔftwɛə] *f* -，-s (计算机)软件 ruǎnjiàn

Softy [ˈzɔfti] *m* ...ties，...ties 多愁善感的男青年 duō chóu shàn gǎn de nánqīngnián

sogar *adv* 连 lián；而且 érqiě；甚至 shènzhì：er arbeitete ～ im Urlaub 他甚至在假期也工作；er war reich，～ sehr reich 他过去有钱，甚至是很有钱

sogenannt *adj* 所谓的 suǒwèide，名义上的 míngyìshangde

sogleich *adv* 立即 lìjí，马上 mǎshàng

Sohle *f* -，-n 脚掌 jiǎozhǎng；鞋底 xiédǐ；袜底 wàdǐ；鞋垫 xiédiàn；谷底 gǔdǐ，河床 héchuáng

Sohn *m* -es，⸚e 儿子 érzi：ein unehelicher ～ 私生子；sein zweitgeborener [jüngster] ～ 他的次子[幼子]

Sojabohne *f* 大豆 dàdòu，黄豆 huángdòu

Sojamilch *f* 豆浆 dòujiāng

Sojaöl *n* 豆油 dòuyóu

Sojasoße *f* 酱油 jiàngyóu

solang(e) *cj* 只要 zhǐyào，当…之时 dāng … zhī shí：～ man lebt，muss man lernen 活到老，学到老

Solarantrieb *m* 太阳能动力 tàiyángnéng dònglì

Solarenergie *f* 太阳能 tàiyángnéng
Solarherd *m* 太阳灶 tàiyángzào
Solarium *n* -s, ...ien 日光浴室 rìguāngyùshì; 日光治疗室 rìguāng zhìliáoshì
Solarkraftwerk *n* 太阳能发电站 tàiyángnéng fādiànzhàn
Solarzelle *f* 太阳能电池 tàiyángnéng diànchí
Solawechsel *m* 本票 běnpiào, 期票 qīpiào
solch *pron* (指示代词; 变化同形容词: solcher, solche, solches; solche; 在不定冠词前不变化) 这样的 zhèyàngde(人、事物): eine solche Arbeit (或 solch eine Arbeit 或 solche Arbeit) 这样的工作; (表示程度) 如此(大)的 rúcǐde, 那样(大)的 nàyàngde: ich habe ～en Hunger 我饿得如此厉害
solcherart *adv* 如此地 rúcǐde, 这样地 zhèyàngde
solcherlei *adj* 这一类的 zhèyīlèide, 诸如此类的 zhū rú cǐ lèi de
solchermaßen *adv* 如此地 rúcǐde, 这样地 zhèyàngde
Sold *m* -(e)s, -e 军饷 jūnxiǎng: in js ～ stehen 受某人雇佣
Soldat *m* -en, -en 士兵 shìbīng, 战士 zhànshì; 军人 jūnrén
Söldner *m* -s, - 雇佣兵 gùyōngbīng
Söldnerheer *n* 雇佣军 gùyōngjūn
Solidarität *f* - 团结 tuánjié, 一致 yīzhì; 互相支持 hùxiāng zhīchí
Solidaritätsmeeting [... mi:tiŋ] *n* -s, -s 声援集会 shēngyuán jíhuì
Solidaritätsstreik *m* 声援罢工 shēngyuán bàgōng
Solidaritätszuschlag *m* (德国西部公民为支援东部建设交的) 团结友爱附加税 tuánjié yǒu'ài fùjiāshuì
solide *adj* 牢固的 láogùde, 坚固的 jiāngùde, 结实的 jiēshide; 可靠的 kěkàode, 讲信用的 jiǎng xìnyòng de; 稳定的 wěndìngde; 完好的 wánhǎode
Solist *m* -en, -en 独奏者 dúzòuzhě; 独唱者 dúchàngzhě; 独舞者 dúwǔzhě
Soll *n* -s 定额 dìng'é, 指标 zhǐbiāo; 计划任务 jìhuà rènwu; 借方 jièfāng
sollen *vi* (情态助动词) 应当 yīngdāng, 应该 yīnggāi: Wie lange soll ich warten? 我该等多久? (表示命令、要求、愿望) 叫 jiào, 让 ràng, 该 gāi: sag ihm, er soll sofort zu mir kommen 告诉他, 叫他马上到我这里来! der Teufel soll ihn holen 让他见鬼去吧! es soll nicht wieder vorkommen 这不该再发生了; 据说 jùshuō, 听说 tīngshuō: er soll krank gewesen sein 据说他生过病了; (虚拟式过去时) 本当 běndāng, 本该 běngāi: das sollte sie doch wissen 她本该知道此事; (虚拟式过去时) 如果 rúguǒ, 要是 yàoshi: sollte es regnen, dann bleiben wir zu Hause 如果下雨的话, 我们就留在家里; (提问时大多用虚拟式过去时) 难道 nándào: Sollte er doch Recht haben? 难道是他有理吗? (作独立动词用) 可以 kěyǐ, 应该 yīnggāi: Was soll das (bedeuten)? 这该是什么意思?
Sollwert *m* 应有值 yīngyǒuzhí, 额定值 édìngzhí
Sollzinsen *pl* 欠息 qiànxī
solo *adj* 独唱的 dúchàngde; 独奏的 dúzòude; 单独表演的 dāndú biǎoyǎn de
Solo *n* -s, -s / ...li 独唱 dúchàng; 独奏 dúzòu; 独舞 dúwǔ, 单人舞 dānrénwǔ
solvent *adj* 有偿付能力的 yǒu chángfù nénglì de
Solvenz *f* -, -en 偿付能力 chángfù nénglì
solvieren *vt* 支付 zhīfù, 偿付 chángfù
Somalia 索马里 Suǒmǎlǐ
Somali *m* -(s), -(s) 索马里人 suǒmǎlǐrén
somit *cj* 因此 yīncǐ, 所以 suǒyǐ
Sommer *m* -s, - 夏天 xiàtiān, 夏季 xiàjì
Sommerferien *pl* 暑假 shǔjià
Sommerfrische *f* 避暑 bìshǔ; 避暑地 bìshǔde: auf ～ sein 在避暑地休养, 在消夏
Sommerkleid *n* (女式) 夏装 xiàzhuāng
Sommersanfang *m* 夏至 xiàzhì
Sommerschlussverkauf *m* 夏末换季大贱卖 xiàmò huànjì dàjiànmài (大减价)
Sommersprossen *pl* 雀斑 quèbān
sommersprossig *adj* 有雀斑的 yǒu quèbān de
Sommerzeit *f* 夏令 xiàlìng, 夏季 xiàjì
Sonate *f* -, -n 奏鸣曲 zòumíngqǔ
Sonde *f* -, -n (医学用的) 探子 tànzi, 探针 tànzhēn; 钻探 zuāntàn; (高空) 探测装置 tàncè zhuāngzhì
Sonderangebot *n* 特价供应 tèjià gōngyìng, 廉价供应 liánjià gōngyìng; (短期内供应的) 廉价商品 liánjià shāng-

S

pǐn
Sonderausgabe *f* 特刊 tèkān，增刊 zēngkān；特别版本 tèbié bǎnběn；额外支出 éwài zhīchū，附加支出 fùjiā zhīchū
sonderbar *adj* 特殊的 tèshūde，独特的 dútède；古怪的 gǔguàide，奇怪的 qíguàide
Sonderbehandlung *f* 优惠待遇 yōuhuì dàiyù，特殊照顾 tèshū zhàogù
Sonderberichterstatter *m* 特派记者 tèpài jìzhě
Sonderbotschafter *m* 特使 tèshǐ
Sonderbriefmarke *f* 特种纪念邮票 tèzhǒng jìniàn yóupiào
Sonderfahrt *f* 加班车 jiābānchē，增开班次 zēng kāi bāncì
Sonderfall *m* 特殊情况 tèshū qíngkuàng
Sondergericht *n* 特种法庭 tèzhǒng fǎtíng；特别法庭 tèbié fǎtíng
Sondergewinn *m* 特殊利润 tèshū lìrùn
Sonderheft *n* （杂志）专刊 zhuānkān，特刊 tèkān
sonderlich *adj* 特别的 tèbiéde：ein ～er Mensch 一个奇怪的人；nicht ～ schön sein 不是特别的美丽
Sonderling *m* 怪人 guàirén
sondern *vt* 使分开 shǐ fēnkāi，使分离 shǐ fēnlí；把…分类 bǎ … fēnlèi
sondern *cj* 而是 ér shì：das ist nicht blau，～ grün 这不是蓝的，而是绿的；nicht nur. . . ，～ auch . . . 不但…，而且… bùdàn …，érqiě …
Sondernummer *f* 特刊 tèkān，专刊 zhuānkān，号外 hàowài
Sonderpädagogik *f* （对聋、哑、盲人的）专门教育学 zhuānmén jiàoyùxué
Sonderpreis *m* 特价 tèjià，降价 jiàngjià
Sonderrecht *n* 特权 tèquán，优先权 yōuxiānquán
Sonderschau *f* 单项专题展出 dānxiàng zhuāntí zhǎnchū
Sonderschule *f* 特种学校 tèzhǒng xuéxiào，弱智学校 ruòzhì xuéxiào
Sonderverkauf *m* 降价出售商品 jiàngjià chūshòu shāngpǐn，廉价供应 liánjià gōngyìng
Sonderzug *m* （火车）专车 zhuānchē；临时加开的列车 línshí jiā kāi de lièchē
sondieren *vt* 探测 tàncè，勘测 kāncè；探查 tànchá；试探 shìtàn，探询 tànxún
Sonett *n* 十四行诗 shísìhángshī
Sonnabend *m* -s，-e 星期六 xīngqīliù
Sonne *f* -，-n 太阳 tàiyáng；阳光 yángguāng，日光 rìguāng：in die ～ gehen 去晒太阳
sonnen I *vt* 晒 shài II *rfl* 晒太阳 shàitàiyáng，日光浴 rìguāngyù：sich am Strand ～ 在海滩上晒太阳
Sonnenaufgang *m* 日出 rìchū
Sonnenbad *n* 日光浴 rìguāngyù
Sonnenbatterie *f* 太阳能电池 tàiyángnéng diànchí
Sonnenblume *f* 向日葵 xiàngrìkuí
Sonnenbrille *f* 太阳镜 tàiyángjìng，墨镜 mòjìng
Sonnendach *n* 遮阳顶篷 zhēyáng dǐngpéng，凉篷 liáng péng
Sonnenglas *n* 太阳镜 tàiyángjìng，阳光保护镜 yángguāng bǎohùjìng
Sonnenöl *n* 防晒油 fángshàiyóu
Sonnenschein *m* 阳光 yángguāng，日光 rìguāng
Sonnenschirm *m* 阳伞 yángsǎn
Sonnenstich *m* 中暑 zhòngshǔ；癫狂 diān kuáng
Sonnenuhr *f* 日规 rìguī，日晷仪 rìguǐyí
Sonnenuntergang *m* 日落 rìluò
sonnenverbrannt *adj* 晒得黑黑的 shàide hēihēide
Sonnenvogel *m* 相思鸟 xiāngsīniǎo
Sonnenwende *f* 至 zhì；至点 zhìdiǎn（即夏至或冬至）
sonnig *adj* 有阳光的 yǒu yángguāng de，阳光充足的 yángguāng chōngzúde，和煦的 héxùde；快活的 kuàihuode，开朗的 kāilǎngde
Sonntag *m* -(e)s，-e 星期日 xīngqīrì
sonntäglich *adj* 星期日的 xīngqīrìde；过节一样的 guòjié yīyàng de，漂亮的 piàoliangde；每逢星期日的 měiféng xīngqīrì de
Sonntagsanzug *m* 星期日穿的（漂亮）服装 xīngqīrì chuān de fúzhuāng
Sonntagsfahrer *m* （不经常开车因而）开车技术不好的人 kāichē jìshù bùhǎo de rén
Sonntagsfahrverbot *n* 禁止星期日开私人车外出 jìnzhǐ xīngqīrì kāi sīrénchē wàichū
Sonntagsjäger *m* 偶尔去打猎的人 ǒu'ěr qù dǎliè de rén；（戏谑）星期日去找

女友的人 xīngqīrì qù zhǎo nǚyǒu de rén
Sonntagsmaler *m* 业余画家 yèyú huàjiā
Sonntagsraucher *m* 抽烟少的人 chōuyān shǎo de rén
Sonntagsruhe *f* 星期日休息 xīngqīrì xiūxi
Sonntagswitwe *f* 星期日寡妇 xīngqīrì guǎfu(因丈夫星期日经常外出而得名)
Sonny ['sʌni] *m* -s, ...ies 男孩 nánhái, 小弟弟 xiǎodìdi, 小鬼 xiǎoguǐ, 小家伙 xiǎojiāhuo
Sonnyboy ['sʌnibɔi] *m* -s, -s 不拘小节的男青年 bùjū xiǎojié de nánqīngnián, 生活浪漫的青年男子 shēnghuó làngmàn de qīngnián nánzǐ
sonor *adj* 低沉而洪亮的 dīchén ér hóngliàng de
sonst *adv* 否则 fǒuzé;此外 cǐwài: er hat ～ nichts gesagt 除此以外,他什么也没说;往常 wǎngcháng,一向 yīxiàng;其他 qítā: Sonst noch etwas? 还要其他的吗? 通常 tōngcháng,一般 yībān
sonstig *adj* 其他的 qítāde,别的 biéde; 惯常的 guànchángde,向来的 xiàngláide;以前的 yǐqiánde
sonstjemand *pron* 不管是什么人 bùguǎn shì shénme rén,无论什么人 wúlùn shénme rén
sooft *cj* 每逢 měiféng,每当 měidāng,无论何时 wúlùn héshí: ～ ich sie sehe, freue ich mich 每当我看到她,我都很高兴
sophistisch *adj* 强词夺理 qiǎng cí duó lǐ,诡辩的 guǐbiànde
Sopran *m* -s, -e 女高音 nǚgāoyīn;女高音歌手 nǚgāoyīn gēshǒu;女高音声部 nǚgāoyīn shēnbù
Sorge *f* -, -n 忧虑 yōulǜ,担心 dānxīn: in ～ um jn [etw] sein 为某人[某事]担忧; Sei ohne ～! 别担忧! 关心 guānxīn,关怀 guānhuái,照顾 zhàogù: für etw ～ tragen 关心某事,为某事操心
sorgen I *vi* 关心 guānxīn,照顾 zhàogù: für jn [etw] ～ 关心某人[某事] II *rfl* 担心 dānxīn,担忧 dānyōu: sich um jn [etw] ～ 为某人[某事]担忧
Sorgenkind *n* 让父母操心的孩子 ràng fùmǔ cāoxīn de háizi,令人担心的孩子 lìng rén dānxīn de háizi
sorgenlos *adj* 无忧无虑的 wú yōu wú lǜ de
sorgenvoll *adj* 多忧虑的 duō yōulǜ de, 忧心忡忡的 yōuxīn chōngchōng de
Sorgerecht *n* 监护权 jiānhùquán,抚养权 fǔyǎngquán
Sorgfalt *f* - 细心 xìxīn,细致 xìzhì,谨慎 jǐnshèn: ohne ～ arbeiten 漫不经意地干活
sorgfältig *adj* 谨慎的 jǐnshènde;细心的 xìxīnde,周到的 zhōudàode
sorglich *adj* 当心的 dāngxīnde,仔细的 zǐxìde;关心的 guānxīnde,照顾的 zhàogùde
sorglos *adj* 无忧无虑的 wú yōu wú lǜ de;不当心的 bù dāngxīnde,马马虎虎的 mǎmǎhuhude
sorgsam *adj* 细心的 xìxīnde,当心的 dāngxīnde,谨慎的 jǐnshènde;关心的 guānxīnde,关怀的 guānhuáide
Sorte *f* -, -n 种类 zhǒnglèi,品种 pǐnzhǒng,类型 lèixíng;(复数)外汇 wàihuì,外币 wàibì,外国有价证券的息票 wàiguó yǒujià zhèngquàn de xīpiào
Sortenhandel *m* 外币交易 wàibì jiāoyì,外汇交易 wàihuì jiāoyì
Sortenkurs *m* 汇率 huìlǜ,外汇牌价 wàihuì páijià
Sortenmarkt *m* 外汇市场 wàihuì shìchǎng
sortieren *vt* 把…分类 bǎ … fēnlèi,整理 zhěnglǐ: etw nach der Größe [Farbe] ～ 按大小[颜色]把某物分类
Sortiment *n* -(e)s, -e 花色品种 huāsè pǐnzhǒng
sosehr *cj* 尽管 jǐnguǎn
soso *adv* 不过如此 bùguò rúcǐ,还过得去 hái guòdequ: jm geht es ～ 某人健康情况还可以
SOS-Ruf *m* (国际通用的)无线电呼救信号 wúxiàndiàn hūjiù xìnhào
Soße *f* -, -n 调味汁 tiáowèizhī,沙司 shāsī
Soubrette *f* -, -n 女高音演员 nǚgāoyīn yǎnyuán
soufflieren *vt/vi* 提示 tíshì;提台词 tí táicí,提白 tí bái
Sound [saund] *m* -s, -s 声 shēng,声音 shēngyīn;声调 shēngdiào
soundso *adv* 如此如此 rúcǐ rúcǐ,如此这般 rúcǐ zhèbān;某某 mǒumǒu
Souper [zu'pe] *n* -s, -s 晚餐 wǎncān,晚宴 wǎnyàn

Souvenir [zuvəˈniːɐ̯] *n* -s, -s 纪念品 jìniànpǐn

souverän [zuvəˈreːn] *adj* 行使主权的 xíngshǐ zhǔquán de,独立自主的 dúlì zìzhǔ de;完全的 wánquánde;泰然自若的 tàirán zìruò de,确信的 quèxìn de

Souveränität *f* - 主权 zhǔquán,独立 dúlì,自主 zìzhǔ

soviel I *cj* 尽管…那么多 jǐnguǎn … nàme duō;就…而言 jiù … ér yán: ～ ich weiß, kommt er heute nicht mehr 就我所知,他今天是不会来的 II *adv* 这么多 zhème duō: ～ wie 同…一样多; ～ für heute 今天就谈那么多,今天到此结束

soweit I *cj* 就…而言 jiù … ér yán;只要 zhǐyào,倘使 tǎngshǐ II *adv* 大体上 dàtǐshang,一般地 yìbānde,总的来说 zǒngde láishuō: ～ ist alles in Ordnung 大体上一切都正常

sowenig I *adv* 尽量地少 jìnliàng de shǎo;同样地少 tóngyàng de shǎo II *cj* 尽管这么少 jǐnguǎn zhème shǎo,不管怎样少 bùguǎn zěnyàng shǎo

sowie *cj* 一…就… yī … jiù…: ich komme, ～ ich mit der Arbeit fertig bin 我工作一结束就来;以及 yǐjí,如同 rútóng

sowieso *adv* 无论怎样 wúlùn zěnyàng,反正 fǎnzhèng: ～ nicht 反正不行

Sowjet *m* -s, -s 苏维埃 Sūwéi'āi

sowjetisch *adj* 苏维埃的 sūwéi'āide,苏联的 sūliánde

sowohl *cj* (用于短语) ～ ... als (或 wie) auch ... 不仅…而且… bùjǐn … érqiě …,既…又… jì … yòu …; sie ist ～ schön als auch klug 她既漂亮又聪明

sozial *adj* 社会的 shèhuìde;社会性的 shèhuìxìngde,热心公益的 rèxīn gōngyì de,社会福利的 shèhuì fúlì de

Sozialabbau *m* 削减社会福利 xuējiǎn shèhuì fúlì

Sozialamt *m* 社会福利(救济)局 shèhuì fúlì jú

Sozialanthropologie *f* 社会人类学 shèhuì rén lèixué

Sozialarbeit *f* 社会公益工作 shèhuì gōngyì gōngzuò

Sozialarbeiter *m* 社会公益工作者 shèhuì gōngyì gōngzuòzhě,社会救济部门工作人员 shèhuì jiùjì bùmén gōngzuò rényuán

Sozialaufwand *m* (德国)国家社会福利费用 guójiā shèhuì fúlì fèiyong

Sozialbauten *pl* 社会福利住宅 shèhuì fúlì zhùzhái;慈善救济建筑设施 císhàn jiùjì jiànzhù shèshī

Sozialbeamte *m/f* (按形容词变化) 社会救济工作人员 shèhuì jiùjì gōngzuò rényuán

Sozialbericht *m* 社会福利报告 shèhuì fúlì bàogào

Sozialbudget *n* (德国)社会福利预算 shèhuì fúlì yùsuàn,社会保险预算 shèhuì bǎoxiǎn yùsuàn

Sozialcharakter *m* 人的社会性 rén de shèhuìxìng

Sozialdarwinismus *m* 社会达尔文主义 shèhuì Dá'ěrwén zhǔyì,社会进化论 shèhuì jìnhuàlùn

Sozialdemokratie *f* 社会民主主义 shèhuì mínzhǔ zhǔyì;社会民主党 shèhuì mínzhǔdǎng

sozialdemokratisch *adj* 社会民主主义的 shèhuì mínzhǔ zhǔyì de;社会民主党的 shèhuì mínzhǔdǎng de

Sozialeinkommen *n* 社会救济收入 shèhuì jiùjì shōurù

soziale Marktwirtschaft 社会市场经济 shèhuì shìchǎng jīngjì

soziale Sicherheit 社会保障 shèhuì bǎozhàng

Sozialethik *f* 社会伦理学 shèhuì lúnlǐxué

Sozialgeographie *f* 社会地理学 shèhuì dìlǐxué

Sozialhaushalt *m* 社会福利预算 shèhuì fúlì yùsuàn

Sozialhilfe *f* 社会救济 shèhuì jiùjì

Sozialhilfeempfänger *m* 接受社会救济的人 jiēshòu shèhuì jiùjì de rén

Sozialhygiene *f* 公共卫生 gōnggòng wèishēng

Sozialinvestitionen *pl* 社会福利投资 shèhuì fúlì tóuzī

Sozialisation *f* -, - 社会化 shèhuìhuà

sozialisieren *vt* 使社会化 shǐ shèhuìhuà;使国有化 shǐ guóyǒuhuà

Sozialismus *m* - 社会主义 shèhuì zhǔyì

Sozialist *m* -en, -en 社会主义者 shèhuì zhǔyì zhě

sozialistisch *adj* 社会主义的 shèhuì zhǔyì de

Sozialkritik *f* 对现存社会的批评 duì xiàncún shèhuì de pīpíng

Sozialkunde *f* 社会政治课 shèhuì zhèngzhìkè

Sozialleistungen *pl* (国家、社会机构及资方为改善职工劳动和生活条件而支出的)社会福利金 shèhuì fúlìjīn

Soziallohn *m* (具有照顾性质的)社会福利工资 shèhuì fúlì gōngzī

Sozialökologie *f* 社会生态学 shèhuì shēngtàixué

Sozialökonomie *f* 政治经济学 zhèngzhì jīngjìxué,社会经济学 shèhuì jīngjìxué

Sozialordnung *f* 社会福利制度 shèhuì fúlì zhìdù

Sozialpädagogik *f* 社会教育学 shèhuì jiàoyùxué

Sozialpartnerschaft *f* 劳资双方的社会伙伴关系 láozī shuāngfāng de shèhuì huǒbàn guānxì

Sozialplan *m* (企业破产时安排职工生活的)社会安置计划 shèhuì ānzhì jìhuà

Sozialplanung *f* 社会发展规划 shèhuì fāzhǎn guīhuà

Sozialprodukt *n* 国民生产总值 guómín shēngchǎn zǒngzhí

Sozialpsychologie *f* 社会心理学 shèhuì xīnlǐxué

Sozialreform *f* 社会改革 shèhuì gǎigé

Sozialrentner *m* 领取社会保险养老金者 lǐngqǔ shèhuì bǎoxiǎn yǎnglǎojīn zhě

Sozialrichter *m* (德国)社会福利法院法官 shèhuì fúlì fǎyuàn fǎguān

Sozialstaat *m* 社会福利国家 shèhuì fúlì guójiā

Sozialstatistik *f* (广义)社会统计学 shèhuì tǒngjìxué;(狭义)社会福利统计学 shèhuì fúlì tǒngjìxué

Sozialstruktur *f* 社会结构 shèhuì jiégòu

Sozialtarif *m* (对退休者、学生乘车等的)优待价格 yōudài jiàgé

Sozialtourismus *m* (费用较低的)优惠旅游 yōuhuì lǚyóu

Sozialversicherung *f* 社会保险 shèhuì bǎoxiǎn

Sozialwesen *n* 社会福利(公益)事业 shèhuì fúlì shìyè

Sozialwissenschaft *f* 社会学 shèhuìxué,社会科学 shèhuì kēxué

Sozialwohnung *f* (社会)福利住房 fúlì zhùfáng

Sozialzulage *f* 福利补贴 fúlì bǔtiē

Soziolekt *m* -(e)s, -e 社会方言 shèhuì fāngyán

Soziolinguistik *f* 社会语言学 shèhuì yǔyánxué

Soziologe *m* -n, -n 社会学家 shèhuìxuéjiā

Soziologie *f* - 社会学 shèhuìxué

Sozius *m* -, -se 股东 gǔdōng,合股人 hégǔrén,合伙人 héhuǒrén

sozusagen *adv* 可以说是 kěyǐ shuō shì,可以这么说 kěyǐ zhème shuō: sie ernährt ~ die ganze Familie allein 可以说是她一个人赡养了全家

Spacelab ['speislæb] *n* -s, -s 太空实验室 tàikōng shíyànshì

Spaceshuttle ['speisʃʌtl] *n* -s, -s 航天飞机 hángtiān fēijī

Spaghetti *pl* (意大利)面条 miàntiáo,细条实心面 xìtiáo shíxīn miàn

Spaghettifresser *m* -s, - 意大利佬 yìdàlìlǎo

spähen *vi* 张望 zhāngwàng,窥望 kuīwàng;侦察 zhēnchá,侦查 zhēnchá

Spalier *n* -s, -e (果树支撑用的)架 jià,棚 péng;(迎送的)夹道列队 jiādào lièduì,夹道欢迎的队伍 jiādào huānyíng de duìwu

Spalt *m* -(e)s, -e 裂缝 lièfèng,缝隙 fèngxì

Spalte *f* -, -n 裂缝 lièfèng,裂口 lièkǒu;(书、报等的)栏 lán

spalten* I *vt* 劈开 pīkāi,使裂开 shǐ lièkāi;分裂 fēnliè,不和 bùhé II *rfl* 分离 fēnlí,裂开 lièkāi

Spalter *m* -s, - 搞分裂的人 gǎo fēnliè de rén

Spaltung *f* -, -en 分裂 fēnliè,分离 fēnlí;分两派 fēn liǎngpài;(核)裂变 lièbiàn;分解 fēnjiě

Span *m* -(e)s, -e 木屑 mùxiè;铁屑 tiěxiè,金属屑 jīnshǔxiè

Spange *f* -, -n 发夹 fàjiā;别针 biézhēn;鞋扣 xiékòu,搭扣带 dākòudài

Spanien 西班牙 Xībānyá

Spanier *m* -s, - 西班牙人 xībānyárén

spanisch *adj* 西班牙的 xībānyáde: ~e Wand 屏风; etw kommt jm ~ vor 某人感觉某事很奇怪

Spanne *f* -, -n 一段时期 yīduàn shíqī;差距 chājù;差额 chā'é;一拃宽 yī zhǎ kuān(手掌张开时拇指与中指或小指两端的距离)

spannen I *vt* 拉紧 lājǐn,绷紧 bēngjǐn;夹紧 jiājǐn;(把牲畜)套到车前 tàodào chēqián II *vi* 绷紧 bēngjǐn;等待 děngdài,留神 liúshén;仔细观察 zǐxì guānchá;迫切等待 pòqiè děngdài: auf jn [etw] ~ 急切地等待某人[某事] III *rfl* 张紧 zhāngjǐn,绷紧 bēngjǐn;伸展 shēnzhǎn,横跨 héngkuà: eine Brücke spannt sich über den Fluss 河面上架起一座桥

spannend *adj* 紧张的 jǐnzhāngde;引人入胜的 yǐnrén rùshèng de;急切的 jíqiède,好奇的 hàoqíde

Spannung *f* -, -en 拉紧 lājǐn,绷紧 bēngjǐn;电压 diànyā;应力 yìnglì,张力 zhānglì;紧张心情 jǐnzhāng xīnqíng,急切心情 jíqiè xīnqíng;聚精会神 jù jīng huì shén;紧张关系 jǐnzhāng guānxì

Spannungsherd *m* 紧张局势策源地 jǐnzhāng júshì cèyuándì

Sparbuch *n* 银行存折 yínháng cúnzhé,储蓄存折 chǔxù cúnzhé

Sparbüchse *f* 储蓄罐 chǔxùguàn,扑满 pūmǎn

Spareinlage *f* 储蓄存款 chǔxù cúnkuǎn

sparen I *vt* 攒 zǎn,储蓄 chǔxù;节省 jiéshěng,省下 shěngxià;节约 jiéyuē,节用 jiéyòng: keine Kosten ~ 不惜一切费用 II *vi* 攒钱 zǎnqián;储蓄 chǔxù;节约 jiéyuē: er spart mit jedem Pfennig 他一毛不拔

Sparer *m* -s, - 储户 chǔhù,存款人 cúnkuǎnrén

Spargel *m* -s 芦笋 lúsǔn,龙须菜 lóngxūcài

Sparkasse *f* 储蓄银行 chǔxù yínháng

Sparkonto *n* 储蓄账户 chǔxù zhànghù

spärlich *adj* 贫乏的 pínfáde,缺乏的 quēfáde;稀少的 xīshǎode,少量的 shǎoliàngde

Sparmaßnahme *f* 节约措施 jiéyuē cuòshī

Sparpaket *n* 节约财政开支的一揽子计划 jiéyuē cáizhèng kāizhī de yīlǎnzi jìhuà

sparsam *adj* 节约的 jiéyuēde,很省的 hěnshěngde;经济的 jīngjìde,爱惜的 àixīde;贫乏的 pínfáde

Sparte *f* -, -n (科学、艺术等)领域 lǐngyù;部门 bùmén,组 zǔ;(报纸的)栏 lán

Spaß *m* -es, ¨-e 笑话 xiàohua,玩笑 wánxiào,滑稽 huájī: zum ~ 开开玩笑,说笑话; ~ machen 开玩笑,寻开心;愉快 yúkuài,乐趣 lèqù: die Arbeit macht ihm großen ~ 这工作带给他很大的乐趣

spaßen *vi* 开玩笑 kāiwánxiào,打趣 dǎqù

spaßhaft *adj* 有趣的 yǒuqùde,滑稽的 huájīde

Spaßvogel *m* 爱说笑话的人 ài shuō xiàohua de rén,爱开玩笑的人 ài kāiwánxiào de rén

spät *adj* 迟的 chíde,晚的 wǎnde: Wie ~ ist es? 现在几点?; bis in die ~e Nacht 直到深夜

Spätaufsteher *m* 晚起床的人 wǎn qǐchuáng de rén,睡懒觉的人 shuìlǎnjiào de rén

Spaten *m* -s, - 铁锹 tiěqiāo,铁铲 tiěchǎn

später I *adj* 将来的 jiāngláide,未来的 wèiláide;以后的 yǐhòude,今后的 jīnhòude II *adv* 将来 jiānglái,以后 yǐhòu,过后 guòhòu: zwei Tage ~ 两天后

spätestens *adv* 最晚 zuìwǎn,最迟 zuìchí,不迟于 bù chí yú: ~ morgen 最迟到明天

Spätgeschäft *n* 晚上延长营业时间的商店 wǎnshang yáncháng yíngyè shíjiān de shāngdiàn

Spätkapitalismus *m* 晚期资本主义(即目前的资本主义) wǎnqī zīběn zhǔyì

Spätverkaufstelle *f* 晚间售货点 wǎnjiān shòuhuòdiǎn,晚间商业服务部 wǎnjiān shāngyè fúwùbù

Spatz *m* -en / -es, -en 麻雀 máquè: mit Kanonen nach (或 auf) ~en schießen 对小事兴师动众; das pfeifen die ~en von allen (或 den) Dächern 这事早已尽人皆知了,人人都在谈论此事

spazieren *vi*(*s*) 闲逛 xiánguàng,散步 sànbù,溜达 liūda

spazierengehen* *vi*(*s*) 散步 sànbù: im Wald ~ 在林中散步

spazierenfahren* I *vi*(*s*) 乘车兜风 chéngchē dōufēng,开车游玩 kāichē yóuwán II *vt* 带…乘车兜风 dài … chéngchē dōufēng

Spaziergang *m* 散步 sànbù: einen ~ machen 去散步

Spaziergänger *m* -s, - 散步者 sànbùzhě

Spazierstock *m* 散步用的手杖 sànbù yòng de shǒuzhàng

Speaker ['spi:kə] *m* -s, -s 英国下议院议长 yīngguó xiàyìyuàn yìzhǎng；美国众议院议长 měiguó zhòngyìyuàn yìzhǎng

Speck *m* -(e)s, -e 脂肪 zhīfáng；肥肉 féiròu

Spediteur [ʃpedi'tø:ɐ] *m* -s, -e 运输商 yùnshūshāng，承运人 chéngyùnrén

Speed *m* -s, -s 加速 jiāsù，冲刺 chōngcì

Speed *n* -s, -s 兴奋剂 xīngfènjì，麻醉品 mázuìpǐn

Speedway ['spi:dwei] *m*/*n* -s, -s（原为赛车跑道，现指）摩托车比赛 mótuōchē bǐsài

Speedwayrennen *n*（在运动场车道上进行的）摩托车比赛 mótuōchē bǐsài

Speer *m* -(e)s, -e 矛 máo；标枪 biāoqiāng

Speichel *m* -s 口水 kǒushuǐ，唾液 tuòyè

Speichellecker *m* 马屁精 mǎpìjīng，拍马者 pāimǎzhě，奉承者 fèngchengzhě

Speicher *m* -s, - 仓库 cāngkù，货栈 huòzhàn；(堆放东西的)顶楼 dǐnglóu，阁楼 gélóu

speichern *vt* 把…贮入仓库 bǎ … zhùrù cāngkù，贮藏 zhùcáng

Speicherwerk *n*（计算机）贮存装置 zhùcún zhuāngzhì，数据贮存器 shùjù zhùcúnqì

speien* I *vi* 吐痰 tǔtán，吐唾沫 tǔ tuòmo；呕吐 ǒutù II *vt* 吐 tù，呕 ǒu；喷 pēn：Gift und Galle ～ 大动肝火

Speise *f* -, -n 菜 cài，菜肴 càiyáo；饭菜 fàncài：kalte [warme] ～n 凉[热]菜

Speisekarte *f* 菜单 càidān

speisen I *vi* 用餐 yòngcān，进餐 jìncān，吃饭 chīfàn II *vt* 给…饭吃 gěi … fàn chī，给…吃 gěi … chī；供给 gōngjǐ

Speisesaal *m* 餐厅 cāntīng，饭厅 fàntīng

Speisewagen *m*（火车上）餐车 cānchē

Spektrum *n* -s, ...tren / ...tra 谱 pǔ，光谱 guāngpǔ；多种多样 duō zhǒng duō yàng，丰富多彩 fēngfù duō cǎi

Spekulant *m* -en, -en 投机商 tóujīshāng，投机者 tóujīzhě

Spekulation *f* -, -en 投机 tóujī；投机买卖 tóujī mǎimai；推测 tuīcè，沉思 chénsī；空想 kōngxiǎng

spekulieren *vi* 投机 tóujī：mit Grundstücken ～ 用房地产做投机买卖；指望 zhǐwang：auf etw ～ 指望得到某物；思考 sīkǎo，考虑 kǎolǜ

Spelunke *f* -, -n 下等酒吧 xiàděng jiǔbā，下等饭馆 xiàděng fànguǎn；肮脏的住处 āngzāngde zhùchù

Spende *f* -, -n 捐助 juānzhù，捐赠 juānzèng；捐款 juānkuǎn

spenden *vt* 施舍 shīshě，捐助 juānzhù；给予 jǐyǔ

Spender *m* -s, - 捐赠者 juānzèngzhě，施舍者 shīshězhě

spendieren *vt* 为…付账 wèi … fùzhàng，(吃饭、喝酒等)替…付钱 tì … fùqián

Spendierhosen *pl*（用于短语）die ～ anhaben 非常慷慨 fēicháng kāngkǎi

Sperling *m* -s, -e 麻雀 máquè

Sperre *f* -, -n 路障 lùzhàng，栅栏 zhàlan；检票处 jiǎnpiàochù；禁止通行 jìnzhǐ tōngxíng，封锁期 fēngsuǒqī；禁赛 jìnsài

sperren I *vt* 封锁 fēngsuǒ：die Grenze ～ 封锁边界；关闭 guānbì；切断 qiēduàn，中止 zhōngzhǐ；禁闭 jìnbì；暂停…参加比赛 zàntíng … cānjiā bǐsài II *vi* 卡住 qiǎzhù，关不上 guān bù shàng，卡牢 kǎ láo III *rfl* 抗拒 kàngjù，拒绝 jùjué，不接受 bù jiēshòu：er sperrt sich gegen diesen Vorschlag 他反对这项建议

Spesen *pl* 费用 fèiyong；手续费 shǒuxùfèi

Spezialarzt *m* 专科医生 zhuānkē yīshēng

Spezialgeschäft *n* 专门商店 zhuānmén shāngdiàn

spezialisieren I *vt* 分类 fēnlèi；区别 qūbié II *rfl* 以…为专业 yǐ … wéi zhuānyè，专门研究 zhuānmén yánjiū

Spezialist *m* -en, -en 专家 zhuānjiā

Spezialität *f* -, -en 特性 tèxìng；专业 zhuānyè，专长 zhuāncháng；爱好 àihào；特色 tèsè，特产 tèchǎn；名菜 míngcài

speziell *adj* 特别的 tèbiéde，特殊的 tèshūde；专门的 zhuānménde，专业的 zhuānyède

Spezifik *f* - 特点 tèdiǎn；特殊的东西 tèshūde dōngxi

spezifisch *adj* 特殊的 tèshūde，特定的 tèdìngde；可比的 kěbǐde

spezifizieren *vt* 详细说明 xiángxì shuōmíng，详细列举 xiángxì lièjǔ；分项列出 fēnxiàng lièchū

Sphäre *f* -, -n 范围 fànwéi，领域 lǐngyù，界限 jièxian，权力范围 quánlì fànwéi，权

S

限 quánxiàn;天体 tiāntǐ;球体 qiútǐ
Sphinx I *f* - 斯芬克斯(古希腊神话中的带翼狮身女怪。传说她常叫过路行人猜谜,猜不出者即遭杀害) Sīfēnkèsī II *f* -, -e 或 *m* -, -e / Sphingen 狮身人面像 shīshēn rénmiàn xiàng
Spiegel *m* -s, - 镜子 jìngzi: in den ～ sehen (或 blicken, schauen) 照镜子;反射镜 fǎnshèjìng
Spiegelei *n* 荷包蛋 hébāodàn
spiegeln I *vi* 反照 fǎnzhào,反射 fǎnshè,发光 fāguāng,发亮 fāliàng II *vt* 反映 fǎnyìng,映出 yìngchū III *rfl* 反映 fǎnyìng,映照 yìngzhào,显露 xiǎnlù: die Sonne spiegelt sich im Wasser 太阳映照在水中
Spiel *n* -(e)s, -e 游戏 yóuxì;赌博 dǔbó;比赛 bǐsài,运动会 yùndònghuì: die Olympischen ～e 奥林匹克运动会: das ～ steht 2:1 比分是 2 比 1;表演 biǎoyǎn;戏剧 xìjù;儿戏 érxì;轻而易举的事 qīng ér yì jǔ de shì: das ist für ihn nur ein ～ 这对他来说是毫不费力的; im ～ sein 参与,插手; bei etw die Hand im ～ haben 插手某事; alles aufs ～ setzen 孤注一掷
Spielanzug *m* 儿童罩衫 értóng zhàoshān,宝宝衫 bǎobǎoshān
Spielbank *f* (公共)赌场 dǔchǎng
spielen I *vt* 演奏 yǎnzòu: Geige ～ 拉小提琴;玩 wán,做游戏 zuòyóuxì;打球 dǎqiú,打牌 dǎpái,下棋 xiàqí: Schach ～ 下棋;表演 biǎoyǎn,演出 yǎnchū: Was wird heute im Kino gespielt? 今天电影院放映什么?;戏弄 xìnòng: jm einen Streich ～ 捉弄某人 II *vi* 玩 wán,游戏 yóuxì;表演 biǎoyǎn;跟…比赛 gēn … bǐsài,进行比赛 jìnxíng bǐsài;戏弄 xìnòng;赌博 dǔbó: um Geld ～ 赌钱;发生 fāshēng;闪闪发光 shǎnshǎn fāguāng;飘动 piāodòng;闪动 shǎndòng
spielend *adj* 容易的 róngyìde,玩一样地 wán yīyàngde,不费劲的 bù fèijìnde
Spieler *m* -s, - 运动员 yùndòngyuán;赌棍 dǔgùn,赌徒 dǔtú;演员 yǎnyuán,演奏者 yǎnzòuzhě
Spielerei *f* -, -en 儿戏 érxì,消遣 xiāoqiǎn,玩笑 wánxiào;小事情 xiǎo shìqing,易办到的事 yì bàn dào de shì;小玩意儿 xiǎo wányìr
Spielfilm *m* 故事片 gùshipiàn
Spieliothek *f* -, -en (出租娱乐器材的)娱乐馆 yúlèguǎn;娱乐厅 yúlètīng
Spielkarte *f* 纸牌 zhǐpái,扑克牌 pūkèpái
Spielmarke *f* (赌场的)筹码 chóumǎ
Spielmeister *m* (智力)竞赛主持人 jìngsài zhǔchírén
Spielplan *m* 剧目表 jùmùbiǎo;(全部剧目的)剧目单 jùmùdān;上演(或上映)计划表 shàngyǎn jìhuàbiǎo,演出日程表 yǎnchū rìchéngbiǎo
Spielplatz *m* 儿童游戏场 értóng yóuxìchǎng,儿童乐园 értóng lèyuán
Spielraum *m* 间隙 jiànxì,余隙 yúxì;活动余地 huódòng yúdì,回旋余地 huíxuán yúdì
Spielregeln *pl* 比赛规则 bǐsài guīzé,游戏规则 yóuxì guīzé
Spielzeug *n* 玩具 wánjù;玩物 wánwù
Spieß *m* -es, -e 矛 máo,长矛 chángmáo,(烤肉用的)扦子 qiānzi,铁钎 tiěqiān: den ～ umdrehen (或 umkehren) 反戈一击,用同样手段回击对方
Spießbürger *m* 小市民 xiǎoshìmín,市侩 shìkuài
spießbürgerlich *adj* 小市民的 xiǎoshìmínde,市侩的 shìkuàide
Spießer *m* -s, - 市侩 shìkuài,庸人 yōngrén,小市民 xiǎoshìmín
Spießgeselle *m* 同犯 tóngfàn,帮凶 bāngxiōng,同谋 tóngmóu
spießig *adj* 小市民的 xiǎoshìmínde,市侩的 shìkuàide,庸俗的 yōngsúde
Spikesreifen [spaiks...] *m* 防滑轮胎 fánghuá lúntāi
Spinat *m* -(e)s 菠菜 bōcài
Spindel *f* -, -n 锭子 dìngzi,纺锤 fǎngchuí
spindeldürr *adj* 骨瘦如柴的 gǔ shòu rú chái de,瘦削的 shòuxuēde
Spinne *f* -, -n 蜘蛛 zhīzhū
spinnefeind *adj* (与 sein 连用)怀有敌意的 huáiyǒu díyì de,极其厌恶的 jíqí yànwù de,恶毒的 èdúde: jm (或 mit jm) ～ sein 与某人是死对头,与某人非常对立
spinnen* I *vt* 纺(纱) fǎng,纺(线) fǎng;(蚕)吐(丝) tǔ;(蜘蛛)结(网) jié;编造 biānzào,密谋 mìmóu II *vi* 纺织 fǎngzhī;胡说八道 hú shuō bā dào,胡言乱语 hú yán luàn yǔ;坐牢 zuòláo
Spinnerei *f* -, -en 棉纺厂 miánfǎngchǎng,纺纱厂 fǎngshāchǎng;玄想

xuánxiǎng,胡思乱想 hú sī luàn xiǎng
Spinnwebe *f* 蜘蛛网 zhīzhūwǎng;蜘蛛丝 zhīzhūsī
Spion *m* -s, -e 间谍 jiàndié,特务 tèwu;(门上的)窥视镜 kuīshìjìng
Spionage [...ʒə] *f* - 间谍活动 jiàndié huódòng
Spionageabwehr *f* 反间谍活动 fǎnjiàndié huódòng
spionieren *vi* 从事间谍活动 cóngshì jiàndié huódòng,做间谍 zuò jiàndié;窥视 kuīshì,偷看 tōukàn
Spirale *f* -, -n 螺旋线 luóxuánxiàn;螺旋形 luóxuánxíng;螺旋形的东西 luóxuánxíngde dōngxi
Spiritismus *m* - 招魂术 zhāohúnshù,关亡术 guānwángshù
Spirituosen *pl* 酒精成分高的饮料 jiǔjīng chéngfèn gāo dē yǐnliào,烈性酒 lièxìngjiǔ
Spiritus *m* -, -se 乙醇 yǐchún,酒精 jiǔjīng;烈酒 lièjiǔ
Spital *n* -s, ...täler 医院 yīyuàn
spitz *adj* 尖的 jiānde,尖形的 jiānxíngde;尖刻的 jiānkède,恶毒的 èdúde: eine ~e Zunge haben 有一张利嘴,说话刻薄;(外貌)瘦削的 shòuxuēde,消瘦的 xiāoshòude
spitzbogig *adj* 尖拱形的 jiāngǒngxíngde
Spitzbube *m* 扒手 páshǒu,小偷 xiǎotōu;骗子 piànzi,流氓 liúmáng,无赖 wúlài
spitzbübisch *adj* 淘气的 táoqìde,调皮的 tiáopíde,狡黠的 jiǎoxiáde,滑头的 huátóude
Spitze *f* -, -n 尖端 jiānduān,尖顶 jiāndǐng;顶点 dǐngdiǎn;前列 qiánliè,首位 shǒuwèi: an der ~ eines Unternehmens stehen *身为一企业领导*; *jm die ~ bieten* 抵制某人; Das ist ~! 棒极了!
Spitzel *m* -s, - 密探 mìtàn,探子 tànzi,坐探 zuòtàn,间谍 jiàndié
spitzen I *vt* 使尖 shǐjiān,削尖 xuējiān: den Bleistift ~ 削尖铅笔; die Ohren ~ 全神贯注地听 II *rfl* 期望 qīwàng,盼望 pànwàng,指望 zhǐwang III *vi* 注意 zhùyì,留心观察 liúxīn guānchá;想得到 xiǎngdedào,指望 zhǐwang
Spitzenbetrieb *m* 先进企业 xiānjìn qǐyè
Spitzendarsteller *m* 优秀演员 yōuxiù yǎnyuán,最佳演员 zuìjiā yǎnyuán
Spitzenerzeugnis *n* 尖端产品 jiānduān chǎnpǐn;优质产品 yōuzhì chǎnpǐn
Spitzenfunktionär *m* 高级干部 gāojí gànbù
Spitzengehalt *n* 最高工资 zuìgāo gōngzī
Spitzengeschwindigkeit *f* 最高速度 zuìgāo sùdù
Spitzengespräch *n* 首脑对话 shǒunǎo duìhuà,最高级会谈 zuìgāojí huìtán
Spitzengruppe *f* 先进行列 xiānjìn hángliè;成绩最佳的一组 chéngjì zuìjiā de yīzǔ
Spitzenklasse *f* 一级 yījí,头等 tóuděng 头等货 tóuděnghuò,一级货 yījíhuò
Spitzenkönner *m* 优秀专家 yōuxiù zhuānjiā,非常有才能的人 fēicháng yǒu cáinéng de rén
Spitzenkraft *f* 尖子 jiānzi,得力的人手 délìde rénshǒu
Spitzenleistung *f* 最好的成绩 zuìhǎode chéngjì;最高功率 zuìgāo gōnglǜ
Spitzenpolitiker *m* 首脑人物 shǒunǎo rénwù,高级政治家 gāojí zhèngzhìjiā
Spitzenposition *f* 主导地位 zhǔdǎo dìwè;领导地位 lǐngdǎo dìwèi
Spitzenreiter *m* 最佳骑手 zuìjiā qíshǒu 竞争中的领先者 jìngzhēngzhōng de lǐngxiānzhě;名列前茅 míng liè qiánmáo
Spitzenspiel *n* 强队比赛 qiángduì bǐsài
Spitzentreffen *n* 最高级会谈 zuìgāojí huìtán,峰会 fēnghuì
Spitzenverband *m* 总联合会 zǒngliánhéhuì,联合总部 liánhé zǒngbù
Spitzenverbrauch *m* 最高消费 zuìgāo xiāofèi
Spitzenverkehr *m* 高峰时间的交通 gāofēng shíjiān de jiāotōng
Spitzenzeit *f* 交通高峰时间 jiāotōng gāofēng shíjiān;(赛跑)优异成绩 yōuyì chéngjì;创纪录的时间 chuàng jìlù de shíjiān
spitzfindig *adj* 吹毛求疵的 chuī máo qiú cī de,小题大做的 xiǎo tí dà zuò de
spitzig *adj* 尖的 jiānde;尖刻的 jiānkède,恶毒的 èdúde
Spitzname *m* 绰号 chuòhào,诨名 hùnmíng
Spitzzüngigkeit *f* 尖刻 jiānkè,刻薄 kèbó

S

Splen *m* - 脾(脏) pí
splitten *vt* 分 fēn,分散 fēnsàn
Splitter *m* -s, - 碎片 suìpiàn,破片 pòpiàn,碎渣 suìzhā
splitterfrei *adj* (玻璃)不碎的 bùsuìde,防裂的 fángliède
splitterig *adj* 易碎的 yìsuìde,易裂的 yìliède
splittern I *vt* 使破碎 shǐ pòsuì,使裂成碎片 shǐ liè chéng suìpiàn II *vi* (*s*) 破碎 pòsuì,打碎 dǎsuì
splitternackt *adj* 赤条条的 chìtiáotiáode,一丝不挂的 yī sī bù guà de
Splitting *n* -s, -s 析股 xīgǔ,股票分割 gǔpiào fēngē
sponsern *vt* 资助 zīzhù
Sponsor *m* -s, -s 赞助商 zànzhùshāng,赞助单位 zànzhù dānwèi
spontan *adj* 本能的 běnnéngde,自发的 zìfāde,自动的 zìdòngde,自生的 zìshēngde
sporadisch *adj* 分散的 fēnsànde,散开的 sànkāide;个别的 gèbiéde,零星的 língxīngde;偶尔的 ǒu'ěrde
Sporn *m* -s, Sporen 马刺 mǎcì,靴刺 xuēcì: sich die (ersten) Sporen verdienen 初露锋芒
Sport *m* -(e)s 体育 tǐyù,体育运动 tǐyù yùndòng: ~ treiben 进行体育活动;爱好 àihào;业余爱好 yèyú àihào
Sportart *f* 体育运动项目 tǐyù yùndòng xiàngmù
Sportartikel *m* 体育用品 tǐyù yòngpǐn
Sportfan *m* 体育迷 tǐyùmí,体育爱好者 tǐyù àihàozhě
Sportfest *n* 运动会 yùndònghuì
Sportgerät *n* 运动器材 yùndòng qìcái,体育器材 tǐyù qìcái
Sportgeschäft *n* 体育用品商店 tǐyù yòngpǐn shāngdiàn
Sportgeschehen *n* 体育新闻 tǐyù xīnwén,体育消息 tǐyù xiāoxi
sportiv *adj* 体育运动的 tǐyù yùndòng de;像运动员似的 xiàng yùndòngyuán shìde;健美的 jiànměide
Sportkleidung *f* 运动服 yùndòngfú
Sportklub *m* 体育协会 tǐyù xiéhuì,体育俱乐部 tǐyù jùlèbù
Sportler *m* 运动员 yùndòngyuán
sportlich *adj* 体育的 tǐyùde,运动的 yùndòngde;运动员的 yùndòngyuánde,健美的 jiànměide;喜爱运动的 xǐ'ài yùndòng de
Sportmedizin *f* 体育医学 tǐyù yīxué
sportmedizinisch *adj* 体育医药的 tǐyù yīyào de,运动医药的 yùndòng yīyào de
Sportplatz *m* 体育场 tǐyùchǎng,运动场 yùndòngchǎng,操场 cāochǎng
Sportpreis *m* 体育运动奖 tǐyù yùndòng jiǎng
Spot [spɔt] *m* -s, -s 广告片 guǎnggàopiàn;广播广告 guǎngbō guǎnggào
Spott *m* -(e)s 嘲笑 cháoxiào,取笑 qǔxiào,讥讽 jīfěng
spottbillig *adj* 非常便宜的 fēicháng piányide,便宜透顶的 piányi tòudǐng de
Spöttelei *f* -, -en 开玩笑 kāiwánxiào,戏弄 xìnòng
spötteln *vi* 开玩笑 kāiwánxiào,捉弄 zhuōnòng,暗讽 ànfěng
spotten *vi* 嘲笑 cháoxiào,嘲弄 cháonòng,讥笑 jīxiào: etw spottet jeder Beschreibung 某事物差得非笔墨所能形容
Spötter *m* -s, - 爱戏弄人者 ài xìnòng rén zhě,嘲讽者 cháofěngzhě
Spottgedicht *n* 讽刺诗 fěngcìshī
spöttisch *adj* 嘲笑的 cháoxiàode,捉弄人的 zhuōnòngrénde,挖苦人的 wākurénde
Spottlied *n* 讽刺歌曲 fěngcì gēqǔ
spottlustig *adj* 爱挖苦人的 ài wākǔ rén de,爱嘲弄人的 ài cháonòng rén de
Sprache *f* -, -n 言语 yányu,说话 shuōhuà;发言 fāyán;语言 yǔyán;言词 yáncí: er kann (或 beherrscht) mehrere ~n 他掌握好多种语言; jm bleibt die ~ weg 某人惊讶得不知该说什么; etw zur ~ bringen 提出讨论某事;文体 wéntǐ,说话方式 shuōhuà fāngshì;切口 qiēkǒu,行话 hánghuà;语言体系 yǔyán tǐxì
Sprachfehler *m* 发音缺陷 fāyīn quēxiàn,语音有缺陷 yǔyīn yǒu quēxiàn
Sprachführer *m* 外语学习指南 wàiyǔ xuéxí zhǐnán
Sprachgefühl *n* -(e)s 语感 yǔgǎn
Sprachkabinett *n* = Sprachlabor
Sprachkompass *m* 语言指南 yǔyán zhǐnán
sprachkundig *adj* 精通多种语言的 jīngtōng duōzhǒng yǔyán de
Sprachlabor *n* 语言实验室 yǔyán shíyànshì,语音室 yǔyīnshì
sprachlich *adj* 语言的 yǔyánde,语言

上的 yǔyánshangde

sprachlos *adj* 哑口无言的 yǎ kǒu wú yán de，说不出话的 shuō bù chū huà de；缄默的 jiānmòde

Sprachmelodie *f* 语调 yǔdiào

Sprachmittler *m* 翻译工作者 fānyì gōngzuòzhě

Sprachökonomie *f* 语言精练 yǔyán jīngliàn

Sprachreise *f* 为学语言而去国外旅行 wèi xué yǔyán ér qù guówài lǚxíng

Sprachrohr *n* 喇叭筒 lǎbatǒng，话筒 huàtǒng；喉舌 hóushé

Sprachunterricht *m* 语言课 yǔyánkè，语文课 yǔwénkè

Sprachwissenschaft *f* 语言学 yǔyánxué

Sprachwissenschaftler *m* 语言学家 yǔyánxuéjiā

Spray [ʃpreː] *m*/*n* -s，-s 喷雾器 pēnwùqì；用作喷雾的液体 yòng zuò pēnwù de yètǐ；喷雾状物 pēnwùzhuàngwù，飞沫状物 fēimòzhuàngwù

Spraydose *f* 喷头 pēntóu

sprayen [ʃpreːən] *vt* 喷 pēn；向…喷射 xiàng … pēnshè；喷洒 pēnsǎ

sprechen* I *vi* 说话 shuōhuà，讲话 jiǎnghuà：laut [leise] ～ 大声[轻声]讲话 jiǎnghuà；谈话 tánhuà，交谈 jiāotán：er spricht aus Erfahrung 他这是经验之谈；发言 fāyán，演讲 yǎnjiǎng；叙说 xùshuō，讲述 jiǎngshù，谈及 tánjí；讨论 tǎolùn，商谈 shāngtán II *vt* 讲 jiǎng，说 shuō；说出 shuōch；说明 shuōmíng；跟…谈话 gēn … tánhuà：ich möchte Herrn Müller ～ 我想和米勒先生谈话；背诵 bèisòng，朗诵 lǎngsòng；宣布 xuānbù，宣告 xuāngào

Sprecher *m* -s，- 说话者 shuōhuàzhě；演讲者 yǎ… ángzhě；发言人 fāyánrén；代言人 d… ánrén；播音员 bōyīnyuán；报幕员 bà… ùyuán；讲解员 jiǎngjiěyuán

Sprechfunk *m* 对讲机 duìjiǎngjī

Sprechstunde *f* 门诊时间 ménzhěn shíjiān；接待时间 jiēdài shíjiān；会客时间 huìkè shíjiān；办公时间 bàngōng shíjiān：～ ist täglich von 9—12 Uhr 门诊时间(或对外办公接待时间)每天 9 时至 12 时

Sprechzimmer *n* 就诊室 jiùzhěnshì，门诊室 ménzhěnshì；接待室 jiēdàishì

spreizen I *vt* 分开 fēnkāi，张开 zhāngkāi，叉开 chǎkāi II *rfl* 神气活现 shénqì huóxiàn，装腔作势 zhuāng qiāng zuò shì

sprengen I *vt* 炸 zhà，爆破 bàopò；砸开 zá kāi，冲开 chōngkāi；驱散 qūsàn；给…洒水 gěi … sǎshuǐ，喷 pēn，浇(水) jiāo II *vi*(*s*) 骑马飞奔 qímǎ fēibēn，骑马疾驰 qímǎ jíchí

Sprengstoff *m* 炸药 zhàyào

Sprengwagen *m* 洒水车 sǎshuǐchē

sprenzen I *vt* 喷洒 pēnsǎ II *vi* 下毛毛雨 xià máomaoyǔ

Spreu *f* - 糠秕 kāngbǐ：die ～ vom Weizen trennen (或 sondern) 取其精华，弃其糟粕

Sprichwort *n* -(e)s，-er 谚语 yànyǔ，俗语 súyǔ；格言 géyán，箴言 zhēnyán

sprießen* *vi*(*s*) 发芽 fāyá，长出 zhǎngchū；萌发 méngfā

Springbrunnen *m* 喷水池 pēnshuǐchí，喷泉 pēnquán

springen* I *vi*(*s*/*h*) 跳 tiào，跳跃 tiàoyuè：ins Wasser ～ 跳进水里；裂开 lièkāi，断裂 duànliè；涌出 yǒngchū，喷出 pēnchū：das Blut sprang aus der Wunde 血从伤口涌出；跳过 tiàoguò：er ist (或 hat) 2，20 m hoch) gesprungen 他跳过 2.20 米高度 II *vt* 跳过 tiàoguò，跳出 tiàochū：einen neuen Rekord ～ 跳出(创造)一项新纪录

Springer *m* -s，- 跳高(或跳远、撑杆跳、三级跳、跳伞等)运动员 tiàogāo yùndòngyuán；(国际象棋中的)马 mǎ；跳跃动物(如蝗虫、青蛙、跳蚤、袋鼠等) tiàoyuè dòngwù

Sprint *m* -s，-s 短距离赛跑 duǎnjùlí sàipǎo

Sprit *m* -(e)s，-e 酒精 jiǔjīng；汽油 qìyóu，动力燃料 dònglì ránliào，液体燃料 yètǐ ránliào

Spritze *f* -，-n 灭火器 mièhuǒqì，水龙 shuǐlóng；注射器 zhùshèqì；注射 zhùshè，打针 dǎzhēn：jm eine ～ geben 给某人打一针；针剂 zhēnjì，注射剂 zhùshèjì

spritzen I *vt* 喷射 pēnshè，喷洒 pēnsǎ，溅到 jiàndào；给…喷漆 gěi … pēnqī；给…冲淡 gěi … chōngdàn；给…注射 gěi … zhùshè，给…打针 gěi … dǎzhēn：jn in den Muskel [unter die Haut] ～ 给某人作肌肉[皮下]注射 II *vi* 喷 pēn，洒 sǎ，喷水 pēnshuǐ，洒水 sǎshuǐ；溅出 jiànchū，涌出 yǒngchū III *vi*(*s*) 溅 jiàn，

S

飞溅 fēijiàn;奔跑 bēnpǎo,快走 kuài zǒu

spröd(e) *adj* 脆的 cuìde,易碎的 yìsuìde;龟裂的 jūnliède,皲裂的 jūnliède;声音沙哑的 shēngyīn shāyǎ de;难塑造的 nán sùzào de,难成形的 nán chéngxíng de;(对男性)冷漠的 lěngmòde,难接近的 nán jiējìn de,不愿交往的 bùyuàn jiāowǎng de

Spross *m* -es, -e 萌芽 méngyá,嫩枝 nènzhī;子孙 zǐsūn,后代 hòudài

Sprosse *f* -, -n (梯子的)横木 héngmù,横档 héngdàng

sprossen *vi(s)* 发芽 fāyá,抽芽 chōuyá,生长 shēngzhǎng

Sprössling *m* -s, -e 子孙 zǐsūn,后裔 hòuyì;小孩 xiǎohái

Spruch *m* -(e)s, ⸚e 格言 géyán,箴言 zhēnyán,警句 jǐngjù;判词 pàncí,裁决 cáijué;空话 kōnghuà,废话 fèihuà: Sprüche machen 说空话

Sprudel *m* -s, - 苏打水 sūdáshuǐ,矿泉水 kuàngquánshuǐ;漩涡 xuánwō;喷泉 pēnquán

sprudeln *vi(h/s)* 喷出 pēnchū,涌出 yǒngchū;沸腾 fèiténg,冒泡 mào pào,冒水花 mào shuǐhuā

sprühen I *vt* 喷洒 pēnsǎ,喷出 pēnchū II *vi(h/s)* 喷出 pēnchū,飞溅 fēijiàn;闪光 shǎnguāng,闪耀 shǎnyào;下毛毛雨 xià máomaoyǔ

Sprühmittel *n* 喷剂 pēnjì

Sprühwagen *m* 洒水车 sǎshuǐchē,喷水车 pēnshuǐchē

Sprung *m* -(e)s, ⸚e 跳跃 tiàoyuè,跃进 yuèjìn: Keine großen Sprünge machen können 担负不起这么大的费用,钱少不能大手大脚买东西;不远 bùyuǎn,短距离 duǎnjùlí;一会儿 yīhuìr,短时间 duǎnshíjiān: jn auf einen ～ besuchen 拜访一下某人; auf dem ～ sein 赶紧,急匆匆地;裂缝 lièfèng,裂纹 lièwén

Sprungbrett *n* 跳板 tiàobǎn,踏板 tàbǎn

sprungelastisch *adj* 富有弹性的 fùyǒu tánxìng de

Sprungfeder *f* 弹簧 tánhuáng

Sprungschanze *f* (滑雪比赛用的)跳跃斜坡 tiàoyuè xiépō,跳台 tiàotái

Sprungstab *m* 撑竿 chēnggān

Sprungtuch *n* (失火时消防队用以接住从楼上跳下来的人的)救生帆布 jiùshēng fānbù,接跳布 jiē tiào bù

Sprungturm *m* 跳水台 tiàoshuǐtái,跳台 tiàotái

Spucke *f* - 唾沫 tuòmo,口水 kǒushuǐ: jm bleibt die ～ weg 某人吓得目瞪口呆

spucken I *vi* 吐唾沫 tǔ tuòmo,吐口水 tǔ kǒushuǐ;吐痰 tǔtán: jm in die Suppe ～ 破坏某人计划; Gift und Galle ～ 非常生气 II *vt* 咯 kǎ,吐 tǔ: Blut ～ 咯血; große Töne ～ 吹大牛

Spucknapf *m* 痰盂 tányú

Spuk *m* -(e)s, -e 闹鬼 nàoguǐ,幽灵 yōulíng,鬼魂 guǐhún;吵闹 chǎonào,胡闹 húnào,混乱 hùnluàn

spuken *vi* 闹鬼 nàoguǐ,鬼魂作祟 guǐhún zuòsuì;胡作非为 hú zuò fēi wéi

Spule *f* -, -n 线轴 xiànzhóu,梭芯 suōxīn;筒管 tǒngguǎn;录音带盘 lùyīndài pán;线圈 xiànquān

spulen *vt* 绕 rào,卷 juǎn,缠 chán

spülen I *vt* 刷洗 shuāxǐ,冲洗 chōngxǐ;漂洗 piǎoxǐ II *vi* 冲刷 chōngshuā,拍击 pāijī;冲洗(马桶、便池) chōngxǐ

Spulwürmer *pl* 蛔虫 huíchóng

Spund I *m* -(e)s, ⸚e 桶(瓶)塞子 tǒngsāizi,木塞 mùsāi;榫头 sǔntou II *m* -(e)s, -e 毛头小伙子 máotóu xiǎohuǒzi,不成熟的小伙子 bùchéngshúde xiǎohuǒzi

Spur *f* -, -en 痕迹 hénjì;踪迹 zōngjì,足迹 zújì: jm auf der ～ sein 追踪某人; Keine ～! 一点儿都不! 丝毫没有! 微量 wēiliàng,丝毫 sīháo;轨距 guǐjù;车道 chēdào

spürbar *adj* 能感觉到的 néng gǎnjuédào de

spuren *vi* 滑出雪道 uáchū xuědào;沿前车轮迹行驶 yán qián hē lúnjì xíngshǐ;服从 fúcóng,听从 tīngcong

spüren *vt* 感觉 gǎnjué,感觉到 gǎnjuédào: Müdigkeit [Hunger] 感到疲劳[饥饿];探寻 tànxún,追踪 zhzōng

Spürhund *m* 猎犬 lièquǎn,犬 jǐngquǎn;侦探 zhēntàn,密探 mìtàn

spurlos *adj* 无影无踪的 wú g wú zōng de,不知去向的 bùzhī qùxiàng de,不留踪迹的 bù liú zōngjì de

Spürnase *f* 敏锐的鼻子 mǐn ruì de b;敏锐的嗅觉 mǐn ruì de xiùjué

Spürsinn *m* (猎犬、警犬的)嗅觉 xiùjué;感知的能力 gǎnzhī de nénglì

Spurt *m* -(e)s, -e / -s (赛跑中)冲刺 chōngcì,加快速度 jiākuài sùdù

spurten *vi(s)* 冲刺 chōngcì,加快速度

jiākuài sùdù; 飞跑 fēipǎo
Spurweite *f* (铁道的)轨矩 guǐjù
sputen *rfl* 赶快 gǎnkuài, 赶紧 gǎnjǐn, 加快 jiākuài
Sputnik *m* -s, -s 人造地球卫星 rénzào dìqiú wèixīng
Sri Lanka 斯里兰卡 Sīlǐlánkǎ
Srilanker *m* -s, - 斯里兰卡人 sīlǐlánkǎrén
Staat *m* I -(e)s, -en 国 guó, 国家 guójiā II -(e)s 豪华 háohuá, 壮观 zhuàngguān, 阔绰 kuòchuò; 华丽的节日盛装 huálìde jiérì shèngzhuāng: in vollem ~ sein 衣着豪华; mit etw ~ machen 夸耀某事物
staatenlos *adj* 无国籍的 wúguójíde
staatlich *adj* 国家的 guójiāde, 国有的 guóyǒude, 国立的 guólìde
Staatsangehörigkeit *f* 国籍 guójí
Staatsanleihe *f* 国家公债 guójiā gōngzhài
Staatsanwalt *m* 检察官 jiǎncháguān
Staatsanwaltschaft *f* 检察院 jiǎncháyuàn, 检察机关 jiǎnchá jīguān
Staatsapparat *m* 国家机器 guójiā jīqì
Staatsaufsicht *f* 国家监督 guójiā jiāndū
Staatsbeamter *m* 政府官员 zhèngfǔ guānyuán
Staatsbegräbnis *n* 国葬 guózàng
Staatsbesuch *m* 国事访问 guóshì fǎngwèn
Staatsbürger *m* 国民 guómín, 公民 gōngmín
staatseigen *adj* 国有的 guóyǒude
Staatseigentum *n* 国有财产 guóyǒu cáichǎn, 国家财产 guójiā cáichǎn
Staatsexamen *n* 国家考试 guojiā kǎoshì
staatsfeindlich *adj* 危害国家的 wēihài guójiā de, 敌视国家的 díshì guojiā de
Staatsflagge *f* 国旗 guóqí
Staatsgefährdung *f* 危害国家 wēihài guójiā
Staatsgefangene *m/f* (按形容词变化)政治犯 zhèngzhìfàn
Staatsgeheimnis *n* 国家机密 guójiā jīmì
Staatsgut *n* 国营农场 guóyíng nóngchǎng
Staatshaushalt *m* 国家预算 guójiā yùsuàn
Staatshoheit *f* 国家主权 guójiā zhǔquán
Staatsinvestitionen *pl* 国家投资 guójiā tóuzī
Staatskasse *f* 国库 guókù
Staatskommissar *m* 政府特派员 zhèngfǔ tèpàiyuán, 政府专员 zhèngfǔ zhuānyuán
Staatskosten *pl* 政府费用 zhèngfǔ fèiyong, 公费 gōngfèi
Staatskredit *m* 政府借款 zhèngfǔ jièkuǎn, 公债 gōngzhài
Staatskunst *f* 治国才能 zhìguó cáinéng, 政治手腕 zhèngzhì shǒuwàn
Staatslotterie *f* 国家彩券 guójiā cǎiquàn
Staatsmann *m* 国务活动家 guówù huódòngjiā
Staatsmonopol *n* 国家垄断 guójiā lǒngduàn
Staatsoberhaupt *n* 国家元首 guójiā yuánshǒu, 国家首脑 guójiā shǒunǎo
Staatsorgan *n* 国家机构 guójiā jīgòu
Staatspartei *f* (一党制国家的)执政党 zhízhèngdǎng
Staatsplan *m* 国家计划 guójiā jìhuà
Staatspräsident *m* 总统 zǒngtǒng
Staatsrat *m* 国务院 guówùyuàn, 国务委员会 guówù wěiyuánhuì; 枢密院 shūmìyuàn
Staatsrecht *n* 国家法 guójiāfǎ
Staatsreligion *f* 国教 guójiào
Staatsreserve *f* 国家储备 guójiā chǔbèi
Staatsschatz *m* 国库 guókù, 金库 jīnkù; 国家货币储备 guójiā huòbì chǔbèi
Staatsschuld *f* 国债 guózhài
Staatssekretär *m* 国务秘书 guówù mìshū; (英国)国务大臣 guówù dàchén; (美国)国务卿 guówùqīng
Staatssicherheit *f* 国家安全 guójiā ānquán
Staatssozialismus *m* 国家社会主义 guójiā shèhuì zhǔyì
Staatsstraße *f* 国道 guódào, 国有公路 guóyǒu gōnglù
Staatsstreich *m* 政变 zhèngbiàn, 军事政变 jūnshì zhèngbiàn
Staatssubvention *f* 政府津贴 zhèngfǔ jīntiē, 政府补助金 zhèngfǔ bǔzhùjīn

Staatstheater *n* 国家剧院 guójiā jùyuàn
Staatsverbrecher *m* 政治犯 zhèngzhìfàn
Staatsverfassung *f* 国家宪法 guójiā xiànfǎ
Staatsvermögen *n* 国家财产 guójiā cáichǎn，国有财产 guóyǒu cáichǎn
Staatsvertrag *m* (国与国之间的)国家条约 guójiā tiáoyuē，国际条约 guójì tiáoyuē
Staatswesen *n* 国体 guótǐ，国家制度 guójiā zhìdù
Staatswissenschaften *pl* 政治科学 zhèngzhì kēxué，国家学说 guójiā xuéshuō
Staatswohl *n* 公共福利 gōnggòng fúlì
Stab *m* -(e)s，¨-e 棒 bàng，棍 gùn，杖 zhàng；撑竿 chēnggān；权杖 quánzhàng；参谋部 cānmóubù，指挥部 zhǐhuībù；工作人员 gōngzuò rényuán，班子 bānzi
stabil *adj* 坚固的 jiāngùde，稳固的 wěngùde；强壮的 qiángzhuàngde，结实的 jiēshide；稳定的 wěndìngde
stabilisieren *vt* 使坚固 shǐ jiāngù；使稳定 shǐ wěndìng，巩固 gǒnggù
Stabilität *f* - 坚固 jiāngù；稳定 wěndìng，巩固 gǒnggù
Stacheldraht *m* (带刺)铁丝网 tiěsīwǎng
Stadion *n* -s，...dien (有看台的)运动场 yùndòngchǎng，体育场 tǐyùchǎng
Stadium *n* -s，...dien 阶段 jiēduàn，时期 shíqī；状态 zhuàngtài，情况 qíngkuàng
Stadt *f* -，¨-e 城市 chéngshì；市区 shìqū
Stadtbahn *f* (大城市内及市郊的)高速铁路 gāosù tiělù
Stadtbezirk *m* 市属区 shìshǔqū
Städter *m* -s，- 市民 shìmín，城市居民 chéngshì jūmín；城里人 chénglǐrén
Stadtgebiet *n* 市区 shìqū
Stadthaus *n* 市政厅 shìzhèngtīng
städtisch *adj* 城市的 chéngshìde；市属的 shìshǔde，市政的 shìzhèngde
Stadtmauer *f* 城墙 chéngqiáng
Stadtplan *m* 城市地图 chéngshì dìtú，市区图 shìqūtú
Stadtrand *m* 市郊 shìjiāo
Stadtrat *m* 市议会 shìyìhuì；市议员 shìyìyuán
Stadtrundfahrt *f* 乘车观光全市 chéngchē guānguāng quánshì
Stadtteil *m* 城区 chéngqū，市区 shìqū
Stadtverwaltung *f* 市政当局 shìzhèng dāngjú
Stadtviertel *n* 市区 shìqū，城区 chéngqū
Stadtwappen *n* 市徽 shìhuī
Stadtwerke *pl* 城市公用事业 chéngshì gōngyòng shìyè
Staffage [...'faːʒə] *f* -，-n 装饰物 zhuāngshìwù，点缀 diǎnzhuì
Staffel *f* -，-n 级 jí；等级 děngjí；(空军)飞行中队 fēixíng zhōngduì；接力赛 jiēlìsài；接力参赛队 jiēlì cānsàiduì；(南德)阶梯 jiētī
Staffellauf *m* 接力赛跑 jiēlì sàipǎo
staffeln *vt* 按等级分 àn děngjí fēn；分成等级 fēnchéng děngjí；排成梯队 páichéng tīduì
stagnieren *vi* 停顿 tíngdùn，停滞 tíngzhì，萧条 xiāotiáo；堵塞 dǔsè
stagnierend *adj* 呆滞的 dāizhìde，萧条的 xiāotiáode，淡季的 dànjìde；堵塞的 dǔsède
Stahl *m* -(e)s，¨-e / -e 钢 gāng：rostfreier ～ 不锈钢
Stahlbeton *m* 钢筋混凝土 gāngjīn hùnníngtǔ
Stahlbetonbau *m* 钢筋混凝土建筑法 gāngjīn hùnníngtǔ jiànzhùfǎ；钢筋混凝土建筑物 gāngjīn hùnníngtǔ jiànzhùwù
Stahlbetonfertigteil *n* 钢筋混凝土预制构件 gāngjīn hùnníngtǔ yùzhì gòujiàn
Stahlbetonplatte *f* 钢筋混凝土预制板 gāngjīn hùnníngtǔ yùzhìbǎn
Stahldraht *m* 钢丝 gāngsī
stählen *vt/rfl* 把…炼成钢 bǎ … liàn chéng gāng；锻炼 duànliàn：sich durch Sport ～ 通过运动锻炼身体
stählern *adj* 钢的 gāngde，钢制的 gāngzhìde；钢铁般的 gāngtiěbānde，强壮的 qiángzhuàngde，百折不挠的 bǎi zhé bù náo de
Stahlhütte *f* 钢铁厂 gāngtiěchǎng，炼钢厂 liàngāngchǎng
Stahlkammer *f* (银行)保险库 bǎoxiǎnkù
Stahlkonstruktion *f* 钢筋结构 gāngjīn jiégòu
Stahlrohrmöbel *pl* 钢管家具 gāng-

guǎn jiājù

Stahlrohrsessel *m* 钢管椅子 gāngguǎn yǐzi

Stahlskelett *n* 钢架 gāngjià, 钢梁 gāngliáng

Stahlskelettbau *m* 钢筋骨架建筑法 gāngjīn gǔjià jiànzhùfǎ; 钢筋建筑物 gāngjīn jiànzhùwù

Stahlwaren *pl* 钢材制品 gāngcái zhìpǐn

Stahlwerker *m* 钢铁工人 gāngtiě gōngrén

Stall *m* -(e)s, ⸗e 牲口棚 shēngkoupéng; 马厩 mǎjiù, 牛棚 niúpéng, 羊栏 yánglán, 猪圈 zhūjuàn, 鸡舍 jīshè

Stamm *m* -(e)s, ⸗e 树干 shùgàn; 部族 bùzú, 种族 zhǒngzú; 家族 jiāzú; 骨干 gǔgàn, 核心人员 héxīn rényuán; 词干 cígàn; 门类 ménlèi

Stammaktie *f* 普通股票 pǔtōng gǔpiào

Stammbaum *m* 家谱 jiāpǔ, 谱系 pǔxì; 家族谱系 jiāzú pǔxì; (动植物)谱系 pǔxì

Stammbuch *n* 题词留念册 tící liúniàncè, (作为留念的)题词簿 tícíbù

stammeln *vt/vi* 结结巴巴地说 jiējiēbābāde shuō, 口吃 kǒuchī

Stammeltern *pl* 祖先 zǔxiān, 鼻祖 bízǔ

stammen *vi* 出身于 chūshēn yú, 出生于 chūshēng yú, 起源于 qǐyuán yú, 源出 yuánchū: er stammt aus einer Arbeiterfamilie 他出身于工人家庭; sie stammt aus Shanghai 她生于上海

Stammesgeschichte *f* 种族史 zhǒngzúshǐ, 氏族史 shìzúshǐ

Stammgast *m* 老顾客 lǎogùkè, 常客 chángkè

Stammgericht *n* 客饭 kèfàn, 大众饭菜 dàzhòng fàncài

stämmig *adj* 粗壮的 cūzhuàngde, 魁梧的 kuíwúde, 健壮的 jiànzhuàngde

Stammkapital *n* 本钱 běnqián, 资本 zīběn

Stammkunde *m* 老主顾 lǎozhǔgù, 老顾客 lǎogùkè

Stammland *n* -es, ⸗der / -e (民族、部族、氏族的)发祥地 fāxiángdì, 故土 gùtǔ

Stammlokal *n* 常去的饭馆 chángqùde fànguǎn

Stammtisch *m* [老顾客聚会经常坐的]固定餐桌 gùdìng cānzhuō; (经常坐在一张固定餐桌聚会的)老顾客 lǎo gùkè; (老顾客在固定餐桌的)定期聚会 dìngqī jùhuì

Stammtischpolitik *f* 饭店老顾客(在固定餐桌上)的政治空谈 fàndiàn lǎo gùke de zhèngzhì kōngtán

stammverwandt *adj* 同族的 tóngzúde, 本家的 běnjiāde

stampfen I *vi*(*h/s*) 顿足 dùnzú; 踏 tà, 踩 cǎi II *vt* 捣击 dǎojī, 捣碎 dǎosuì; 把…踩实 bǎ…cǎishí; 夯实 hāngshí

Stand *m* -(e)s, ⸗e 站立 zhànlì; 站立位置 zhànlì wèizhi; 情况 qíngkuàng, 状态 zhuàngtài; 位置 wèizhi, 高度 gāodù; 等级 děngjí; 阶层 jiēcéng; 身份 shēnfen, 地位 dìwèi; 货摊 huòtān

Standard *m* -s, -s 标准 biāozhǔn, 水准 shuǐzhǔn; 规格 guīgé, 水平 shuǐpíng

standardisieren *vt* 使标准化 shǐ biāozhǔnhuà, 使规范化 shǐ guīfànhuà

Standbild *n* 立式雕像 lìshì diāoxiàng, 塑像 sùxiàng

Ständchen *n* -s, - 情歌 qínggē, 小夜曲 xiǎoyèqǔ; 小货摊 xiǎohuòtān

Ständer *m* -s, - 架 jià, 架子 jiàzi; 立架 lìjià, 柱脚 zhùjiǎo

Standesamt *m* 户籍登记处 hùjí dēngjìchu, 户籍所 hùjísuǒ

Standesunterschied *m* 社会地位差别 shèhuì dìwèi chābié

Standgeld *n* 摊位租金 tānwèi zūjīn, 展台租金 zhǎntái zūjīn; (车辆、船舶等的)滞期费 zhìqīfèi

Standgerät *n* 落地式电视机 luòdìshì diànshìjī

standhaft *adj* 坚决的 jiānjuéde, 坚定的 jiāndìngde, 顽强的 wánqiángde, 不动摇的 bù dòngyáo de

standhalten* *vi* 坚持 jiānchí, 固守 gùshǒu, 顶住 dǐngzhù; 经受 jīngshòu, 经受住 jīngshòuzhù

ständig *adj* 永久的 yǒngjiǔde, 固定的 gùdìngde: ~er Begleiter 同居男友 tóngjū nányǒu; ~e Begleiterin 同居女友 tóngjū nǚyǒu; 经常的 jīngchángde, 持续的 chíxùde

Standing ['stændɪŋ] *n* -s, -s 身份 shēnfen, 地位 dìwèi; 信誉 xìnyù; 名望 míngwàng

Standlicht *n* (汽车在暗处停放时使用的)停车信号灯 tíngchē xìnhàodēng

Standort *m* 方位 fāngwèi, 位置 wèizhi;

S

部队驻地 bùduì zhùdì
Standpauke *f* 训斥 xùnchì，训诫 xùnjiè，教训 jiàoxun，告诫 gàojiè
Standplatz *m*（出租汽车）停车场 tíngchēchǎng
Standpunkt *m* 位置 wèizhi，立足点 lìzúdiǎn；立场 lìchǎng，观点 guāndiǎn，见解 jiànjiě：einen ～ vertreten 持一种观点；jm den ～ klarmachen 向某人阐明自己的观点；js ～ teilen 赞同某人的观点
Standquartier *n* 营房 yíngfáng，驻地 zhùdì
Standrecht *n* 紧急法 jǐnjífǎ，军事管制法 jūnshì guǎnzhìfǎ；戒严法 jièyánfǎ
Stange *f* -，-n 杆 gǎn，竿 gān，棒 bàng；棒状物 bàngzhuàngwù：eine ～ Zigaretten 一条烟；eine ～ Geld 一大笔钱；jm die ～ halten 维护某人；bei der ～ bleiben 坚持某事；jn bei der ～ halten 阻止某人改变初衷；ein Anzug von der ～ 一套现成西服
stänkern *vi* 污染空气 wūrǎn kōngqì；制造争端 zhìzào zhēngduān，找茬儿 zhǎochár
Stanniol *n* -s，-e 锡箔 xībó，锡纸 xīzhǐ；铝纸 lǚzhǐ
Stanniolpapier *n* 锡纸 xīzhǐ；铝纸 lǚzhǐ
stanzen *vt* 冲孔 chòngkǒng，冲压 chòngyā，模压 móyā
Stanzmaschine *f* 冲床 chòngchuáng；冲孔机 chōngkǒngjī
Stapel *m* -s，- 堆 duī：ein ～ Bücher 一堆书；仓库 cāngkù，堆货场 duīhuòchǎng；船台 chuántái：ein Schiff läuft vom ～ 一艘船下水；einen Witz vom ～ lassen 讲一笑话
stapfen *vi*（*s*）笨重地行走 bènzhòngde xíngzǒu，艰难地行走 jiānnánde xíngzǒu
Star I *m* -(e)s，-e 椋鸟 liángniǎo **II** *m* -(e)s，-e 白内障 báinèizhàng **III** *m* -s，-s 明星 míngxīng，名演员 míngyǎnyuán；著名人物 zhùmíng rénwù
Starallüren *pl* 明星派头 míngxīng pàitóu，（爱虚荣，好耍脾气的）明星习气 míngxīng xíqì
Starfighter ['sta:rfaitə] *m* -s，- 超音速战斗机 chāoyīnsù zhàndòujī
Stargage ['sta:gaʒə] *f* -，-n 明星的高薪 míngxīngde gāoxīn
stark I *adj* 强壮的 qiángzhuàngde，有力的 yǒulìde，坚强的 jiānqiángde：er ist von ～em Körperbau 他身体结实；粗的 cūde，厚的 hòude；强有力的 qiángyǒulìde，强大的 qiángdàde；强烈的 qiángliède，严重的 yánzhòngde：～en Eindruck machen 留下强烈的印象；出色的 chūsède，优秀的 yōuxiùde：das ist seine ～e Seite 这是他的长处；浓的 nóngde，烈性的 lièxìngde：～er Alkohol 烈性酒；为数众多的 wéishù zhòngduō de：eine ～e Familie 人口多的家庭 **II** *adv* 强大地 qiángdàde，猛烈地 měngliède；多 duō，大量 dàliàng；很 hěn，极 jí：es regnete ～ 下大雨；er ist ～ verschuldet 他负债累累
Stärke *f* -，-n 力气 lìqi；力量 lìliàng；强壮 qiángzhuàng，强大 qiángdà；长处 chángchu，强项 qiángxiàng，擅长 shànchǎng：etwas ist js ～ 某事是某人的长处；人数 rénshù，兵力 bīnglì；强度 qiángdù；厚度 hòudù；浓度 nóngdù；效率 xiàolǜ；（浆衣的）淀粉 diànfěn
stärken I *vt* 使强壮 shǐ qiángzhuàng；使增强 shǐ zēngqiáng；给…上浆 gěi … shàngjiāng **II** *rfl* 恢复体力 huīfù tǐlì，恢复精力 huīfù jīnglì，强身 qiángshēn
Starkstrom *m* 高压电 gāoyādiàn
Stärkung *f* 强身 qiángshēn，滋补 zībǔ，增强 zēngqiáng，加强 jiāqiáng
Stärkungsmittel *n* 补药 bǔyào，强壮剂 qiángzhuàngjì
Starlet(t) *n* -s，-s（想当明星并举止模仿明星的）青年演员 qīngnián yǎnyuán
starr *adj* 硬的 yìngde，僵直的 jiāngzhíde，僵硬的 jiāngyìngde；呆板的 dāibǎnde，凝视的 níngshìde：vor Schrecken ～ sein 吓呆了；固执的 gùzhíde，一成不变的 yì chéng bù biàn de，死板的 sǐbǎnde
starren *vi* 凝视 níngshì，呆望 dāiwàng，呆视 dāishì：auf jn [etw] ～ 凝视着某人[某物]；jm ins Gesicht ～ 盯着某人的脸看；沾满 zhānmǎn，覆盖 fùgài：vor（或 von）Schmutz ～ 满身污秽，全是尘垢
Starrheit *f* - 僵硬 jiāngyìng；呆板 dāibǎn；凝视 níngshì；固执 gùzhí
Starrkopf *m* 顽固的人 wángùde rén，固执的人 gùzhíde rén
starrköpfig *adj* 倔强的 juéjiàngde，顽固的 wángùde，执拗的 zhíniùde
Starrsinn *m* -(e)s 顽固 wángù，固执 gùzhí
starrsinnig *adj* 固执的 gùzhíde，顽固

的 wángùde，倔强的 juéjiàngde

Start *m* (e)s, -s 起跑 qǐpǎo，出发 chūfā；起飞 qǐfēi，升空 shēngkōng；发射 fāshè；起点 qǐdiǎn，起跑点 qǐpǎodiǎn：am ～ sein 参加比赛；开端 kāiduān，开始 kāishǐ：einen guten ～ haben 有个好的开端

Startbahn *f* (飞机的起飞)跑道 pǎodào

starten I *vi(s)* 起跑 qǐpǎo；起飞 qǐfēi，升空 shēngkōng；出发 chūfā；参加比赛 cānjiā bǐsài **II** *vt* 开动 kāidòng，发动 fādòng，发射 fāshè；开始 kāishǐ，着手 zhuóshǒu

Starter *m* 起跑发令员 qǐpǎo fālìngyuán；起动器 qǐdòngqì

Startfieber *n* (运动员比赛前的)紧张情绪 jǐnzhāng qíngxù

Startpistole *f* 发令枪 fālìngqiāng

Startplatz *m* 发射场 fāshèchǎng；起跑点 qǐpǎodiǎn

Startrampe *f* 发射台 fāshètái

Start-und-Lande-Bahn *f* (机场的)起降跑道 qǐjiàng pǎodào

Statement ['steɪtmənt] *n* -s, -s 正式声明 zhèngshì shēngmíng；(电子计算机)指令 zhǐlìng

Station *f* -, -en (公共汽车，电车)车站 chēzhàn，火车站 huǒchēzhàn；(进展的)阶段 jiēduàn，时期 shíqī；中途停留 zhōngtú tíngliú：～ machen (旅行中)中途下车 zhōngtú xiàchē，途中停留 túzhōng tíngliú；freie ～ haben 享受免费膳宿；工作站 gōngzuòzhàn，台 tái，站 zhàn；(医院的)病区 bìngqū，住院部 zhùyuànbù

stationieren *vt* 派驻 pàizhù，驻扎 zhùzhā；安置 ānzhì，设置 shèzhì

Stationsarzt *m* 住院医生 zhùyuàn yīshēng

Stationsvorsteher *m* (火车站)站长 zhànzhǎng

statisch *adj* 静止的 jìngzhǐde；静力学的 jìnglìxuéde

Statist *m* -en, -en (戏剧或电影中的)跑龙套 pǎolóngtào，(演群众场面的)临时演员 línshí yǎnyuán，群众角色 qúnzhòng juésè

Statistik *f* -, -en 统计学 tǒngjìxué；统计 tǒngjì

Stativ *n* -s, -e (摄影)三脚架 sānjiǎojià

statt I *prp* (G) 代替 dàitì：～ meiner wird mein Bruder kommen 我的兄弟将代替我来 **II** *cj* 不…而… bù … ér …：～ zu arbeiten, ging er ins Kino 他不工作而去看电影

Statt *f* - 代替 dàitì，顶替 dǐngtì：etw an Zahlungs ～ liefern 以供应某物代替付款；jn an Kindes ～ annehmen 收养某人为子女

Stätte *f* -, -n 地方 dìfāng，场所 chǎngsuǒ，地点 dìdiǎn

stattfinden * *vi* 举行 jǔxíng，发生 fāshēng：das Gastspiel findet Ende Mai statt 访问演出 5 月底举行

statthaft *adj* 准许的 zhǔnxǔde，许可的 xǔkěde

Statthalter *m* 总督 zǒngdū

stattlich *adj* 魁梧的 kuíwúde；雄伟的 xióngwěide；庄严的 zhuāngyánde；壮观的 zhuàngguānde，可观的 kěguānde

Statue *f* -, -n 塑像 sùxiàng，雕像 diāoxiàng，铸像 zhùxiàng

statuieren *vt* 规定 guīdìng，确定 quèdìng，树立 shùlì：an jm ein Exempel ～ 以某人来惩一儆百

Statur *f* -, -en 身材 shēncái；体态 tǐtài，体形 tǐxíng

Status *m* -, - 地位 dìwèi，状况 zhuàngkuàng；经济状况 jīngjì zhuàngkuàng，财务状况 cáiwù zhuàngkuàng；法律地位 fǎlǜ dìwèi

Statussymbol *n* 社会地位象征 shèhuì dìwèi xiàngzhēng

Statut *n* -(e)s, -en 章程 zhāngchéng，规章 guīzhāng，法规 fǎguī

Staub *m* -(e)s, ¨e / -e 灰尘 huīchén，尘土 chéntǔ：den ～ aufwirbeln 引起轰动；sich aus dem ～ machen 逃走，溜掉；sich vor jm in den ～ werfen 屈服于某人；jn [etw] in den ～ ziehen 诋毁某人[某事]，中伤某人[某事]

Staubbesen *m* 掸子 dǎnzi，鸡毛掸子 jīmao dǎnzi

Staubbecken *n* 贮水池 zhùshuǐchí，水库 shuǐkù

stauben I *vi* 尘土飞扬 chéntǔ fēiyáng **II** *vt* 掸去…的灰尘 dǎnqù … de huīchén

staubfrei *adj* 无灰尘的 wú huīchén de

staubig *adj* 有灰尘的 yǒu huīchén de，满是灰尘的 mǎnshì huīchén de

staubsaugen *vi/vt* 用吸尘器打扫 yòng xīchénqì dǎsǎo；(用吸尘器)把…吸干净 bǎ … xīgānjìng

S

Staubsauger *m* 吸尘器 xīchénqì
Staubtuch *n* 抹布 mābù
Staubzucker *m* 绵白糖 miánbáitáng
Staudamm *m* 拦河坝 lánhébà，围堤 wéidī，水坝 shuǐbà
Staude *f* -，-n 亚灌木 yàguànmù
stauen I *vt* 截住 jiézhù，堵住 dǔzhù，拦住 lánzhù；（海运）装载 zhuāngzài II *rfl* 堆积 duījī，拥塞 yōngsè，淤积 yūjī
staunen *vi* 惊讶 jīngyà，惊诧 jīngchà，惊叹 jīngtàn：über jn［etw］～ 对某人［某事］感到惊讶不已；Bauklötze ～ 十分惊讶，大吃一惊，目瞪口呆
staunenswert *adj* 令人吃惊的 lìng rén chījīng de，惊人的 jīngrénde
Stausee *m* 水库 shuǐkù，蓄水池 xùshuǐchí
Steak [steːk] *n* -s，-s（微煎的）里脊肉片（尤指牛肉、小牛肉）lǐji ròupiàn，煎牛排 jiānniúpái
stechen* I *vi* 叮 dīng，蜇 zhē，刺 cì：Mücken ～ 蚊子叮人；扎 zhā，刺入 cìrù，戳 chuō：etw sticht jm ins Auge（或 in die Augen）某物使某人垂涎三尺 II *vt* 刺 cì，蜇 zhē，叮 dīng；刺伤 cìshāng；刺杀 cìshā；刺穿 cìchuān；雕刻 diāokè；出王牌打赢（或大牌得分）chū wángpái dǎyíng；刺激 cìjī：jn sticht der Hafer 某人得意忘形 III *vi*（*s*）（出海）航行 hángxíng：in See ～ 出海航行
Stechkarte *f* 考勤卡 kǎoqínkǎ，计时卡 jìshíkǎ
Stechmücken *pl* 蚊子 wénzi
Stechuhr *f* 考勤钟 kǎoqínzhōng
Steckbrief *m* 通缉令 tōngjīlìng，通缉通告 tōngjī tōnggào
steckbrieflich *adj* 通缉的 tōngjīde，发出通缉令的 fāchū tōngjīlìng de：jn ～ verfolgen 通缉追捕某人
Steckdose *f* 插座 chāzuò
stecken* I *vt* 放 fàng，插 chā，塞 sāi，投 tóu：einen Brief in den Umschlag ～ 把一封信放入信封；seine Nase in alles ～ 多管闲事，到处插手 II *vi* 插在 chāzài，处于 chǔyú，在 zài：Wo steckst du denn? 你跑到哪儿去了？mit jm unter einer Decke ～ 与某人同流合污
steckenbleiben* *vi*（*s*）卡住 qiǎzhù，陷入 xiànrù：der Wagen ist im Schlamm stecken geblieben 汽车陷在泥淖中了
steckenlassen* *vt* 让…插着 ràng … chāzhe，把…留着 bǎ … liúzhe
Steckenpferd *n*（用作玩具的）马头棍 mǎtóugùn，竹马 zhúmǎ；业余爱好 yèyú àihào，嗜好 shìhào，癖好 pǐhào
Stecker *m* -s，- 插头 chātóu
Steckling *m* -s，-e 插枝 chāzhī，插条 chātiáo
Stecknadel *f* 大头针 dàtóuzhēn，别针 biézhēn：jn［etw］wie eine ～ suchen 到处寻找某人［某物］
Steg *m* -(e)s，-e 小木桥 xiǎomùqiáo；（船用）跳板 tiàobǎn，栈桥 zhànqiáo；（眼镜的）鼻架 bíjià；（提琴的）琴马 qínmǎ
Stegreif *m* -(e)s，-e（用于短语）当场 dāngchǎng，即席 jíxí：eine Rede aus dem ～ halten 做一即席演讲
stehen* I *vi*（*h*/*s*）站 zhàn，立 lì，站立 zhànlì：vor dem Spiegel ～ 站在镜子前；auf eigenen Füßen ～ 独立，自力更生；位于 wèiyú，坐落 zuòluò，在 zài：die Stühle ～ an der Wand 椅子在墙旁；处在…情况 chùzài … qíngkuàng：wir ～ vor großen Schwierigkeiten 我们面临很大的困难；etw steht auf dem Spiel 某事处于危险中；das Getreide steht gut 谷物长势良好；Wie steht es mit deinem Bruder? 你弟弟情况怎样？刊登 kāndēng：Was steht in der Zeitung? 报上有什么消息？停 tíng，停止 tíngzhǐ：die Uhr steht 表停了；合身 héshēn：Wie steht mir der Hut? 我戴这顶帽子相称吗？II *vt* 站（岗）zhàn；充当 chōngdāng：er steht Wachen 他在站岗（或值勤）；Schlange ～ 排长队；Modell ～ 当模特儿 III *rfl* 与…相处 yǔ … xiāngchǔ：sich mit jm schlecht ～ 和某人相处不好；处于…经济情况 chǔyú … jīngjì qíngkuàng：er steht sich gut 他的经济情况好
stehenbleiben* *vi*（*s*）站住 zhànzhù，停住 tíngzhù；停下来 tíngxiàlái
stehenlassen* *vt* 留下 liúxià，丢下 diūxià，不管 bùguǎn；忘记 wàngjì，遗忘 yíwàng
Stehgeiger *m*（小乐队）首席小提琴手 shǒuxí xiǎotíqínshǒu
Stehimbiss *m*（站着吃的）快餐 kuàicān
Stehlampe *f* 落地灯 luòdìdēng
stehlen* I *vt* 偷 tōu，窃取 qièqǔ：Geld ～ 偷钱 II *rfl* 溜走 liūzǒu，溜掉 liūdiào；溜进 liūjìn，潜入 qiánrù
Stehplatz *m*（戏院、运动场等的）站位 zhànwèi

steif *adj* 硬的 yìngde，僵硬的 jiāngyìngde；上浆的 shàngjiāngde；不自然的 bù zìránde，生硬的 shēngyìngde，呆板的 dāibǎnde：～ und fest 固执地，倔强地；厚的 hòude，稠的 chóude；强烈的 qiángliède，猛烈的 měngliède

Steig *m* -(e)s，-e 山路 shānlù，小道 xiǎodào，小径 xiǎojìng

Steigbügel *m* 马镫 mǎdèng：jm den ～ halten 给某人(在取得一重要职位时)帮忙

steigen* I *vi*(*s*) 登上 dēngshàng，爬上 páshàng：auf einen Berg ～ 登山；in den Zug ～ 上火车；从…下来 cóng … xiàlái：aus dem Flugzeug ～ 下飞机；上升 shàngshēng，升高 shēnggāo，提高 tígāo：die Mieten sind um 30% gestiegen 房租提高了百分之三十；in die Kanne ～（喝）干杯（中的啤酒）II *vt* 登上 dēngshàng：Treppen ～ 上楼梯

steigern I *vt* 提高 tígāo，抬高 táigāo；增强 zēngqiáng，升高 shēnggāo：die Produktion ～ 提高生产；die Geschwindigkeit ～ 加快速度；(拍卖时)出价(买到) chūjià：einen Schrank ～ 拍得一只橱 II *rfl* 增加 zēngjiā，增强 zēngqiáng，提高 tígāo，加强 jiāqiáng：der Sturm steigerte sich zum Orkan 风暴增强成为飓风

steil *adj* 陡峭的 dǒuqiàode，险峻的 xiǎnjùnde；极好的 jíhǎode：ein ～er Zahn 迷人的姑娘

Stein *m* -(e)s，-e 石头 shítou，石块 shíkuài：eine Bank aus ～ 一张石凳子；jm ～e in den Weg legen 给某人制造困难；ein Herz von ～ haben 冷酷无情；砖 zhuān，石 shí；宝石 bǎoshí，钻石 zuànshí：ein ～ von zehn Karat 一颗十克拉的钻石；结石 jiéshí：er leidet an ～en 他患有结石病；bei jm einen ～ im Brett haben 为某人所重视(或喜欢)；etw ist nur ein Tropfen auf einen（或 den）heißen ～ 无济于事；über Stock und ～ 越过种种障碍

steinalt *adj* 年老的 niánlǎode，古稀之年的 gǔxī zhī nián de，年迈的 niánmàide

Steinbruch *m* 石矿 shíkuàng，采石场 cǎishíchǎng

steinern *adj* 石头的 shítoude，石制的 shízhìde；硬的 yìngde，铁石的 tiěshíde，冷酷的 lěngkùde：ein ～es Herz 铁石心肠，冷酷的心

steinigen *vt* 用石击毙 yòng shí jībì，用石头砸死 yòng shítou zásǐ

Steinkohle *f* 石煤 shíméi，烟煤 yānméi，硬煤 yìngméi

Steinkohlenbergwerk *n* 煤矿 méikuàng

Steinmetz *m* -en，-en 石匠 shíjiang，石工 shígōng

steinreich *adj* 多石头的 duō shítou de；很富有的 hěn fùyǒu de，非常有钱的 fēicháng yǒuqiánde

Steiß *m* -es，-e 臀部 túnbù，屁股 pìgu；尾骨 wěigǔ

Stelldichein *n* -(s)，-(s)（男女之间的）约会 yuēhuì，幽会 yōuhuì；会见 huìjiàn

Stelle *f* -，-n 地点 dìdiǎn，位置 wèizhi：zur ～ sein 在场，到场；auf der ～ 当场，立即；an Ort und ～ 原地，就地；an ～ von jm [etw] 代替某人[某事物]；部门 bùmén，单位 dānwèi 机关 jīguān；职位 zhíwèi，工作 gōngzuò：eine ～ suchen 寻找工作；(文章、音乐等的)一处 yīchù，一段 yīduàn，地方 dìfang；地位 dìwèi；等级 děngjí，名次 míngcì，排位 páiwèi

stellen I *vt* 竖放 shùfàng，竖立 shùlì；摆 bǎi，放 fàng，置 zhì：Tisch und Stühle ins Zimmer ～ 把桌子和椅子搬到房间里去；jn auf die Probe ～ 考验某人；etw in Frage ～ 对某事产生怀疑；拦住 lánzhù，抓住 zhuāzhù；调整 tiáozhěng，校正 jiàozhèng：die Uhr ～ 校准手表；提出 tíchū，确定 quèdìng：jm Fragen ～ 向某人提问题；jm eine Falle ～ 给某人设下一个圈套 II *rfl* 勇敢地对付 yǒnggǎnde duìfu；假装 jiǎzhuāng：sich krank ～ 装生病；价值 jiàzhí：das Kleid stellt sich auf 200 Euro 这件衣服价值 200 欧元；站到 zhàndào：sich hinter jn [etw] ～ 支持某人[某事]；相处 xiāngchǔ：sich mit jm gut ～ 与某人友好相处；采取…态度 cǎiqǔ … tàidu：sich zu etw ～ 对某事采取…态度；投案自首 tóu'àn zìshǒu；服兵役 fúbīngyì

Stellenangebot *n* 招聘 zhāopìn，招聘广告 zhāopìn guǎnggào

Stellengesuch *n* 求职 qiúzhí，谋职 móuzhí

Stellenmarkt *m* 职业介绍所 zhíyè jièshàosuǒ，招工市场 zhāogōng shìchǎng

Stellenvermittlung *f* 职业介绍 zhíyè jièshào

S

Stellenwechsel *m* 调动工作 diàodòng gōngzuò，调动岗位 diàodòng gǎngwèi

stellenweise *adv* 有些地方 yǒuxiē dìfang，部分地方 bùfen dìfang，局部 júbù

Stellplatz *m* 车位 chēwèi

Stellung *f* -，-en 姿势 zīshì，姿态 zītài；位置 wèizhi，职位 zhíwèi：eine gutbezahlte ～ suchen 找一个报酬高的职位；地位 dìwèi，身份 shēnfen；态度 tàidu；校准 jiàozhǔn，调整 tiáozhěng

Stellungnahme *f* -，-n 发表意见 fābiǎo yìjiàn，观点 guāndiǎn，看法 kànfǎ：eine ～ abegeben 表态

stellungslos *adj* 无职业的 wú zhíyè de，无职位的 wú zhíwèi de

Stellungsuche *f* 谋职申请 móuzhí shēnqǐng

stellvertretend *adj* 代理的 dàilǐde，副的 fùde：～er Vorsitzender 副主席

Stellvertreter *m* 代表 dàibiǎo，代理者 dàilǐzhě

Stelze *f* -，-n 高跷 gāoqiāo：auf ～n gehen 自高自大，装腔作势；(奥)腌猪脚 yānzhūjiǎo

stemmen I *vt* 顶住 dǐngzhù，抵住 dǐzhù；举 jǔ；凿孔 záo kǒng **II** *rfl* 支撑 zhīchēng，抵住 dǐzhù，顶 dǐng；反对 fǎnduì，抵制 dǐzhì

Stempel *m* -s，- 图章 túzhāng，印章 yìnzhāng；戳记 chuōjì；标志 biāozhì；痕迹 hénjì，特征 tèzhēng；(矿井)立柱 lìzhù

stempeln I *vt* 盖章于 gàizhāng yú，在…上打印 zài … shang dǎyìn：Briefe ～ 将信件盖邮戳；标明…的特征 biāomíng … de tèzhēng：jn zu etw ～ 给某人打上…烙印 **II** *vi* 靠领失业救济金生活 kào lǐng shīyè jiùjìjīn shēnghuó：(常用：) ～ gehen 靠领失业救济金过活

Stempelsteuer *f* 印花税 yìnhuāshuì

Stengel *m* -s，- (植物的)茎 jīng，杆 gǎn，梗 gěng

Stenogramm *n* -s，-e 速记稿 sùjìgǎo：ein ～ aufnehmen 作速记

Stenograph *m* -en，-en 速记员 sùjìyuán

Stenographie *f* -，-n 速记法 sùjìfǎ，速记 sùjì

stenographieren *vt*/*vi* 把…速记下来 bǎ … sùjìxiàlái，用速记把…记录下来 yòng sùjì bǎ … jìlùxiàlái，速记 sùjì

Stenographin *f* -，-nen 女速记员 nǚ sùjìyuán

Stenokardie *f* -，-n [...ˈiən] 狭心症 xiáxīnzhèng，心绞痛 xīnjiǎotòng

Stenotypist *m* -en，-en 速记打字员 sùjì dǎzìyuán

Stenotypistin *f* -，-nen 女速记打字员 nǚ sùjì dǎzìyuán

Steppe *f* -，-n 草原 cǎoyuán

steppen *vt* 缝 féng，缝合 fénghé

Sterbeforscher *m* 死亡学研究者 sǐwángxué yánjiūzhě

Sterbeforschung *f* 死亡学 sǐwángxué

sterben* *vi*(*s*) 死去 sǐqù，去世 qùshì，亡故 wánggù，逝世 shìshì：elend [unerwartet] ～ 痛苦地[突然]死去；an Krebs ～ 死于癌症；献身 xiànshēn：für das Volk ～ 为人民而献身

sterblich *adj* 会死的 huìsǐde，终有一死的 zhōng yǒu yī sǐ de：die ～e Hülle (或 die ～en Überreste) 遗体

stereo *adj* 两性的 liǎngxìngde；立体声的 lìtǐshēngde

Stereo *n* -s，-s 立体声 lìtǐshēng

Stereoanlage *f* 立体声装置 lìtǐshēng zhuāngzhì，(全套)立体声音响 lìtǐshēng yīnxiǎng

Stereobox *f* 立体声音箱 lìtǐshēng yīnxiāng

Stereo-Fernsehgerät *n* 立体声电视机 lìtǐshēng diànshìjī

Stereofilm *m* 立体电影 lìtǐ diànyǐng

Stereofotografie *f* 立体摄影术 lìtǐ shèyǐngshù

Stereooptik *f* 立体光学 lìtǐ guāngxué

stereophon *adj* 立体声的 lìtǐshēngde

stereophonisch *adj* 立体音响的 lìtǐ yīnxiǎng de

Stereoplatte *f* 立体声唱片 lìtǐshēng chàngpiàn

Stereotelevision [...teliviʃən] *f* 立体电视 lìtǐ diànshì

Stereoton *m* 立体声 lìtǐshēng

steril *adj* 消毒的 xiāodúde，无菌的 wújūnde；不生育的 bù shēngyù de；不结果实的 bù jiēguǒshí de；无效果的 wú xiàoguǒ de；缺乏创造性的 quēfá chuàngzàoxìng de

sterilisieren *vt* 给…消毒(或灭菌) gěi … xiāodú；使绝育 shǐ juéyù

Stern *m* -(e)s，-e 星 xīng，恒星 héngxīng：unter fremden ～en 在异乡；nach

den ～en greifen 乞求可望而不可得的东西，海底捞月；星状物 xīngzhuàngwù；(电影、戏剧等的)明星 míngxīng: er ist der neue ～ am Filmhimmel 他是影坛新星
Sternbild *n* 星座 xīngzuò
Sternchen *n* -s, - 小星星 xiǎo xīngxing；星号 xīnghào
Sterndeutung *f* 占星术 zhānxīngshù
Sternennacht *f* 星夜 xīngyè
sternhell *adj* 星光灿烂的 xīngguāng cànlàn de
Sternschnuppe *f* 流星 liúxīng
Sternwarte *f* -, -n 天文台 tiānwéntái
Sternzeichen *n* 星座 xīngzuò，生肖星座 shēngxiào xīngzuò
stet *adj* 稳定的 wěndìngde，固定的 gùdìngde，不动摇的 bù dòngyáode；经常的 jīngchángde，不断的 bùduànde，持续的 chíxùde: ～er Tropfen höhlt den Stein 滴水穿石
stetig *adj* 经常的 jīngchángde，不断的 bùduànde，持续的 chíxùde；固定的 gùdìngde，稳定的 wěndìngde
stets *adv* 总是 zǒngshì，始终 shǐzhōng；老是 lǎoshì，一直 yīzhí，经常地 jīngchángde: er kommt ～ pünktlich 他一直准时来到
Steuer I *f* -, -n 税 shuì，赋税 fùshuì，税款 shuìkuǎn；税务局 shuìwùjú II *n* -s, - 方向盘 fāngxiàngpán；舵 duò: am ～ stehen 掌舵
Steuerabschlag *m* 减税 jiǎnshuì
Steuerabteilung *f* 税务部门 shuìwù bùmén，税收部门 shuìshōu bùmén
Steuerabwehr *f* 逃避税收 táobì shuìshōu
Steuerabzug *m* 扣除税款 kòuchú shuìkuǎn，可扣除的纳税项目 kě kòuchúde nàshuì xiàngmù
Steueramt *n* 税务局 shuìwùjú
Steueraufkommen *n* (国家)全年税收 quánnián shuìshōu
Steuerbeamte *m/f* (按形容词变化)税务人员 shuìwù rényuán
steuerbefreit *adj* 免税的 miǎnshuìde，无税的 wúshuìde
Steuerbefreiung *f* 免税 miǎnshuì
steuerbegünstigt *adj* 税收优惠的 shuìshōu yōuhuìde
Steuerbescheid *m* 征收通知单 zhēngshōu tōngzhīdān，征税单 zhēngshuìdān
Steuerbord *n* (船的)右舷 yòuxián
Steuererklärung *f* (年终)报税 bàoshuì，纳税申报表 nàshuì shēnbàobiǎo
steuerfrei *adj* 免税的 miǎnshuìde
Steuerhinterziehung *f* 偷税 tōushuì，漏税 lòushuì
steuerlich *adj* 税的 shuìde，赋税的 fùshuìde
steuerlos *adj* 失控的 shīkòngde；无舵的 wúduòde；无人驾驶的 wúrén jiàshǐde
Steuermann *m* -es, ¨-er / ...leute 舵手 duòshǒu
steuern I *vt* 驾驶 jiàshǐ，操纵 cāozòng；控制 kòngzhì，调节 tiáojié II *vi*(*s*) 驶往 shǐwǎng，驶向 shǐxiàng: in den Hafen ～ 驶入港口 III *vi* 付款 fùkuǎn，出钱 chūqián；消除 xiāochú，排除 páichú，制止 zhìzhǐ: einem Missstand ～ 消除一弊端
steuerpflichtig *adj* 应纳税的 yīng nàshuì de
Steueroase *f* (口语)免税或税少的国家 miǎnshuì huò shuì shǎo de guójiā
Steuerzahler *m* 纳税人 nàshuìrén
Steward ['stju:ət] *m* -s, -s (飞机、轮船等的)服务员 fúwùyuán，乘务员 chéngwùyuán
Stewardess ['stju:ədes] *f* -, ...dessen (飞机、轮船等的)女服务员 nǚfúwùyuán，女乘务员 nǚchéngwùyuán
stibitzen *vt* 弄走 nòngzǒu，偷 tōu，窃取(食物或小东西) qièqǔ
Stich *m* -(e)s, -e 刺 cì，戳 chuō，蜇 zhē，叮 dīng；刺痛 cìtòng；讥刺 jīcì: jm einen ～ versetzen (或 geben) 讽刺某人；jn im ～ lassen 丢弃某人不管；针脚 zhēnjiao，(缝)一针 yīzhēn；版画 bǎnhuà，版画雕刻 bǎnhuà diāokè；(食物)变质 biànzhì，变味 biànwèi；(牌戏中赢)一墩牌 yīdūnpái
sticheln *vi* 缝 féng；刺绣 cìxiù；挖苦 wāku，讽刺 fěngcì，奚落 xīluò
stichhaltig *adj* 有证据的 yǒu zhèngjùde，不可辩驳的 bùkě biànbóde，站得住脚的 zhàndezhù jiǎode
Stichler *m* -s, - 爱挖苦人者 ài wāku rén zhě
Stichprobe *f* 抽样 chōuyàng；样品 yàngpǐn
Stichtag *m* (统计、调查等的)基准日 jīzhǔnrì，规定日 guīdìngrì
Stichwort I *n* -es, ¨-er 词目 címù，条目 tiáomù，词条 cítiáo II *n* -es, -e 提示

语 tíshìyǔ;(写作、发言时的)提纲 tígāng,要点 yàodiǎn

Stickarbeit *f* 刺绣 cìxiù;刺绣品 cìxiùpǐn

sticken *vt/vi* 绣 xiù,刺绣 cìxiù

Sticker *m* -s, - 刺绣工 cìxiùgōng;标签 biāoqiān,贴画 tiēhuà,贴纸 tiēzhǐ

Stickerei *f* -, -en 绣花 xiùhuā,刺绣 cìxiù;刺绣品 cìxiùpǐn,绣花品 xiùhuāpǐn

Stickhusten *m* 百日咳 bǎirìké

stickig *adj* 闷气的 mēnqìde,使人窒息的 shǐ rén zhìxī de;污浊的 wūzhuóde

Stickmuster *n* 绣花图样 xiùhuā túyàng,刺绣花样 cìxiù huāyàng

Sticknadel *f* 绣花针 xiùhuāzhēn,刺绣针 cìxiùzhēn

Stickstoff *m* 氮 dàn

Stiefbruder *m* 异父或异母的兄弟 yìfù huò yìmǔ de xiōngdi

Stiefel *m* -s, - 靴子 xuēzi,长筒靴 chángtǒngxuē: einen ～ zusammenreden 废话连篇; sich einen ～einbilden 自高自大

Stiefeltern *pl* 继父母 jìfùmǔ

Stiefgeschwister *pl* 异父或异母的兄弟姐妹 yìfù huò yìmǔ de xiōngdì jiěmèi

Stiefkind *n* 前夫或前妻的孩子 qiánfū huò qiánqī de háizi

Stiefmutter *f* 继母 jìmǔ,后母 hòumǔ

Stiefsohn *m* 前夫或前妻的儿子 qiánfū huò qiánqī de érzi,继子 jìzǐ

Stieftochter *f* 前夫或前妻的女儿 qiánfū huò qiánqī de nǚ'ér,继女 jìnǚ

Stiefvater *m* 继父 jìfù,后父 hòufù

Stiege *f* -, -n 楼梯 lóutī,陡窄的楼梯 dǒuzhǎide lóutī; 板条箱 bǎntiáoxiāng; (旧时计量单位)二十个 èrshígè,二十只 èrshízhī: eine ～ Eier 二十只鸡蛋

stiekum *adv* 悄悄地 qiāoqiāode,偷偷地 tōutōude

Stiel *m* -(e)s, -e 把 bǎ,柄 bǐng,杆 gǎn;花梗 huāgěng,叶柄 yèbǐng

stier *adj* 呆板的 dāibǎnde,目光呆滞的 mùguāng dāizhìde;无钱的 wúqiánde,拮据的 jiéjūde;生意清淡的 shēngyi qīngdànde

Stier *m* -(e)s, -e 公牛 gōngniú,种牛 zhǒngniú: den ～ bei den Hörnern packen (或 fassen) 迎着困难上,大胆地干一件棘手的事

stieren *vi* 呆呆地望 dāidāide wàng,目不转睛地看 mù bù zhuǎn jīng de kàn,凝视 níngshì

Stift I *m* -(e)s, -e 铅笔 qiānbǐ;平头钉 píngtóudīng;销子 xiāozi II *n* -(e)s, -e (教会创办的)慈善机构 císhàn jīgòu;修道院 xiūdàoyuàn;养老院 yǎnglǎoyuàn

stiften *vt* 捐赠 juānzèng,捐助 juānzhù;捐款创办 juānkuǎn chuàngbàn,捐款设立 juānkuǎn shèlì: einen Preis ～ 设立一笔奖学金;引起 yǐnqǐ,造成 zàochéng: Unruhe ～ 制造混乱,兴风作浪

stiftengehen* *vi*(s) 溜走 liūzǒu,悄悄离开 qiāoqiāo líkāi

Stifter *m* -s, - 捐助者 juānzhùzhě,赠送者 zèngsòngzhě;创办者 chuàngbànzhě,发起人 fāqǐrén

Stiftung *f* -, -en 捐赠 juānzèng,捐款 juānkuǎn;捐助 juānzhù;创办 chuàngbàn;基金会 jījīnhuì

Stil *m* -(e)s, -e 文体 wéntǐ,文风 wénfēng;笔调 bǐdiào;式样 shìyàng,艺术风格 yìshù fēnggé;姿势 zīshì;作风 zuòfēng: im großen ～ leben 生活阔绰

Stilblüte *f* (引人发笑的)用词错误 yòngcí cuòwù,修辞错误 xiūcí cuòwù

Stilistik *f* -, -en 文体学 wéntǐxué,修辞学 xiūcíxué;文体论 wéntǐlùn

stilistisch *adj* 风格的 fēnggéde,文体的 wéntǐde,修辞学的 xiūcíxuéde

still *adj* 寂静的 jìjìngde,安静的 ānjìngde,幽静的 yōujìngde;悄悄的 qiāoqiāode,无声的 wúshēngde;平静的 píngjìngde,静止的 jìngzhǐde;秘密的 mìmìde: im Stillen 暗中,私下地,秘密地

Stille *f* - 宁静 níngjìng,安静 ānjìng;静止 jìngzhǐ;沉默 chénmò,无声 wúshēng: in aller ～ 悄悄地

stillen *vt* 喂奶 wèinǎi,哺乳 bǔrǔ;止住 zhǐzhù,抑止 yìzhǐ,缓和 huǎnhé: die Schmerzen ～ 止痛;满足 mǎnzú: seine Sehnsucht [seine Neugier] ～ 满足他的渴望[他的好奇心]

stillhalten* *vi* 静止不动 jìngzhǐ bù dòng;容忍 róngrěn,忍受 rěnshòu

Stillleben *n* 静物画 jìngwùhuà

stilllegen *vt* 停止 tíngzhǐ,中止 zhōngzhǐ;关闭 guānbì,使停业 shǐ tíngyè

stillliegen* *vi* 停工 tínggōng,停产 tíngchǎn;(交通等)停顿 tíngdùn

stillos *adj* 缺乏风格的 quēfá fēnggé de;风格不协调的 fēnggé bù xiétiáo de

stillschweigen* *vi* 保持沉默 bǎochí chénmò

Stillschweigen *n* 沉默 chénmò，缄默 jiānmò：über etw ～ bewahren 对某事保持缄默；sich in ～ hüllen 保持沉默，严守秘密

stillschweigend *adj* 缄默的 jiānmòde，沉默的 chénmòde，默不作声的 mò bù zuò shēng de，悄悄的 qiāoqiāode；心照不宣的 xīnzhào bù xuān de

Stillstand *m* 静态 jìngtài，停滞不前 tíngzhì bù qián，停止状态 tíngzhǐ zhuàngtài：etw zum ～ bringen 使某事停止

stillstehen* *vi* 停止运转 tíngzhǐ yùnzhuǎn，停顿 tíngdùn：da steht einem der Verstand still 这使人难以理解(或难以置信)；(军队)立正 lìzhèng：Stillgestanden! 立正!

stilvoll *adj* 风格谐调的 fēnggé xiétiáo de，和谐的 héxiéde，有文采的 yǒu wéncǎi de，雅致的 yǎzhide

stimmberechtigt *adj* 有表决权的 yǒu biǎojuéquán de，有投票权的 yǒu tóupiàoquán de

Stimme *f* -，-n 声音 shēngyīn，嗓音 sǎngyīn，嗓门 sǎngmén，嗓子 sǎngzi：sie ist heute nicht gut bei der ～ 她今天嗓子不好；声部 shēnbù，歌声 gēshēng；(投)票 piào，选票 xuǎnpiào：eine [keine] ～ haben 有[没有]选举权

stimmen I *vt* 校准音调 jiàozhǔn yīndiào：die Instrumente ～ 校准乐器的音；使产生某种情绪 shǐ chǎnshēng mǒuzhǒng qíngxù，引起某种情绪 yǐnqǐ mǒuzhǒng qíngxù **II** *vi* 对 duì，正确 zhèngquè：die Rechnung stimmt nicht 账单不对；bei jm stimmt es nicht 某人有点不大正常；适合 shìhé，符合 fúhé；投票 tóupiào：für [gegen] jn [etw] ～ 投票支持[反对]某人[某事]

Stimmenthaltung *f* (投票时)弃权 qìquán

Stimmrecht *n* 投票权 tóupiàoquán，表决权 biǎojuéquán

Stimmung *f* -，-en 心情 xīnqíng，情绪 qíngxù：in guter ～ sein 情绪好；调音 tiáoyīn，校准音调 jiàozhǔn yīndiào；气氛 qìfēn，情调 qíngdiào；意见 yìjiàn，倾向 qīngxiàng

Stimmungsmacher *m* 煽动情绪者 shāndòng qíngxùzhě；会活跃气氛的人 huì huóyuè qìfēn de rén

stimmungsvoll *adj* 富有情趣的 fùyǒu qíngqù de

Stimmzettel *m* 选票 xuǎnpiào

stimulieren *vt* 刺激 cìjī，使兴奋 shǐ xīngfèn；感到兴奋 gǎndào xīngfèn

stinken* 发恶臭 fā èchòu，发出臭味 fāchū chòuwèi：er stinkt aus dem Mund nach Alkohol 他嘴里散发出酒臭；nach Geld ～ 钱多得不得了，非常有钱；Hier stinkt's! 这里有点不对头!

Stinklaune *f* 恶劣情绪 èliè qíngxù

stinksauer *adj* 十分气愤的 shífēn qìfèn de，非常恼火的 fēicháng nǎohuǒ de

Stipendiat *m* -en，-en 奖学金获得者 jiǎngxuéjīn huòdézhě，领取奖学金者 lǐngqǔ jiǎngxuéjīn zhě

Stipendium *n* -s，...dien 助学金 zhùxuéjīn，奖学金 jiǎngxuéjīn

Stirn *f* -，-en 前额 qián'é，额头 étóu：die ～ runzeln 皱眉头；die ～ haben 厚着脸皮，胆敢；jm [einer Sache] die ～ bieten 公然对抗某人[某事]；mit eiserner ～ 坚决地，毫不动摇地，不知羞耻地

Stirnrunzeln *n* -s 皱眉头 zhòuméitóu

stöbern *vi* 搜索 sōusuǒ，翻寻 fānxún；飞舞 fēiwǔ，纷飞 fēnfēi；彻底打扫 chèdǐ dǎsǎo

stochern *vi* 戳 chuō，捅 tǒng，拨 bō，剔 tī

Stock I *m* -(e)s，⸚e 棍 gùn，棒 bàng：steif wie ein ～ stehen 呆呆地站在那里；手杖 shǒuzhàng，拐杖 guǎizhàng：am ～ gehen 健康情况(或经济情况)欠佳；*m* -(e)s，- 楼层 lóucéng：das Haus hat drei ～ 这屋子有四层 **II** *m* -s，-s 商品储备 shāngpǐn chǔbèi，存货 cúnhuò；股份 gǔfèn，股票 gǔpiào；基本资金 jīběn zījīn

Stock-Car ['stɔk-ka:] *m* -s，-s (大功率)赛车 sàichē

Stock-Car-Rennen *n* (大功率)汽车赛 qìchēsài

stockdunkel *adj* 极暗的 jí'ànde，漆黑的 qīhēide

stocken *vi* 停顿 tíngdùn，停滞 tíngzhì，中断 zhōngduàn；凝结 níngjié；冷凝 lěngníng；发霉 fāméi，生霉 shēngméi

stockfinster *adj* 漆黑的 qīhēide，极暗的 jí'ànde

Stockfleck *m* 霉点 méidiǎn，霉斑 méibān

stockig *adj* 有霉斑的 yǒu méibān de，生霉点的 shēng méidiǎn de

S

stocksauer *adj* 非常气愤的 fēicháng qìfènde,极其愤怒的 jíqí fènnùde,恼火的 nǎohuǒde

Stockung *f* -, -en 中断 zhōngduàn,阻塞 zǔsè;停滞 tíngzhì

Stockwerk *n* 楼层 lóucéng: erstes ~ 二楼

Stoff *m* -(e)s, -e 物质 wùzhì;材料 cáiliào;布料 bùliào,衣料 yīliào,织物 zhīwù;题材 tícái,资料 zīliào;素材 sùcái

stofflich *adj* 物质的 wùzhìde;材料的 cáiliàode,原料的 yuánliàode;题材的 tícáide,素材的 sùcáide

Stoffrest *m* 零头料 língtóuliào,零头布 língtóubù

Stoffwechsel *m* 新陈代谢 xīn chén dàixiè,物质代谢 wùzhì dàixiè

stöhnen *vi* 呻吟 shēnyín,诉苦 sùkǔ,叹息 tànxī: vor Schmerz ~ 因疼痛而呻吟; über etw ~ 抱怨某事

Stolle *f* -n (长方形)果子蛋糕 guǒzi dàngāo

Stollen *m* -s, - 巷道 hàngdào;坑道 kēngdào,隧道 suìdào;(长方形)果子蛋糕 guǒzi dàngāo;防滑钉 fánghuádīng

stolpern *vi*(*s*) 绊 bàn,绊个踉跄 bàn gè liàngqiàng;跌跌撞撞地走 diēdiezhuàngzhuàngde zǒu

stolz *adj* 自豪的 zìháode,自尊的 zìzūnde: ~ auf etw sein 为某事感到自豪;骄傲自大的 jiāo'ào zìdà de,自命不凡的 zìmìng bùfánde;壮观的 zhuàngguānde,宏伟的 hóngwěide;可观的 kěguānde,大的 dàde: ein ~er Preis 昂贵的价格

Stolz *m* -es 自尊 zìzūn,自豪 zìháo,自尊心 zìzūnxīn;骄傲 jiāo'ào,傲气 àoqì,傲慢 àomàn

Stomatologe *m* -n, -n 牙科医生 yákē yīshēng;口腔医学专家 kǒuqiāng yīxué zhuānjiā

Stomatologie *f* - 口腔学 kǒuqiāngxué;牙科学 yákēxué

stomatologisch *adj* 牙科学的 yákēxuéde;口腔学的 kǒuqiāngxuéde

stoned [stəund] *adj* *受吸毒影响的* shòu xīdú yǐngxiǎng de

stopfen I *vt* 装满 zhuāngmǎn,塞满 sāimǎn;堵住 dǔzhù,塞住 sāizhù: jm den Mund ~ 堵住某人的嘴;缝补 féngbǔ,织补 zhībǔ II *vi* 塞饱 sāibǎo,狼吞虎咽 láng tūn hǔ yàn;引起便秘 yǐnqǐ biànmì: Schokolade stopft 吃巧克力容易引起便秘

Stopp *m* -s, -s 停车 tíngchē,停住 tíngzhù;中止 zhōngzhǐ,停止 tíngzhǐ;(工资、物价等的)冻结 dòngjié

Stoppel *f* -, -n 茬 chá,茬子 cházi,麦茬儿 màichár;胡子茬儿 húzi chár,头发茬儿 tóufa chár

stoppen I *vt* 使停止 shǐ tíngzhǐ,挡住 dǎngzhù,拦住 lánzhù;用秒表测定…时间 yòng miǎobiǎo cèdìng … shíjiān II *vi* 停 tíng,停下来 tíngxiàlái

Stopplicht *n* (汽车车尾的)停车灯 tíngchēdēng,尾灯 wěidēng

Stopplohn *m* 最高(限额)工资 zuìgāo gōngzī

Stopppreis *m* 顶盘 dǐngpán,最高价格 zuìgāo jiàgé,最高限价 zuìgāo xiànjià

Stoppschild *n* 停车指示牌(交通标志) tíngchē zhǐshìpái

Stoppsignal *n* 停机(车)信号 tíngjī xìnhào

Stoppuhr *f* (比赛时用的)跑表 pǎobiǎo,马表 mǎbiǎo,秒表 miǎobiǎo

Stöpsel *m* -s, - 瓶塞 píngsāi,塞子 sāizi;插头 chātóu;矮个子 ǎigèzi,矮胖子 ǎipàngzi

störanfällig *adj* 容易发生故障的 róngyì fāshēng gùzhàng de,容易受干扰的 róngyì shòu gānrǎo de

Störanfälligkeit *f* 易发生故障 yì fāshēng gùzhàng,易受干扰 yì shòu gānrǎo

Storch *m* -(e)s, -̈e 鹳 guàn;(德国童话中送子的鸟)仙鹤 xiānhè

Store [stoːɐ] *m* -s, -s 白色透明窗帘 báisè tòumíng chuānglián

stören *vt* 打扰 dǎrǎo,妨碍 fáng'ài,干扰 gānrǎo: Darf ich einen Augenblick ~? 我可以打扰一下吗?

Störenfried *m* -(e)s, -e 捣乱者 dǎoluànzhě,扰乱者 rǎoluànzhě

stornieren *vt* 抵消 dǐxiāo,冲销 chōngxiāo;撤销 chèxiāo;将…(帐目)更正 jiāng … gēngzhèng

Stornierung *f* 抵消 dǐxiāo,冲销 chōngxiāo;撤销 chèxiāo;更正 gēngzhèng

störrisch *adj* 固执的 gùzhíde,倔强的 juéjiàngde,不听话的 bù tīnghuàde

Störung *f* -, -en 干扰 gānrǎo,阻挠 zǔnáo;故障 gùzhàng;紊乱 wěnluàn

Story [ˈstoːri] *f* -, -s 故事 gùshì,短篇小说 duǎnpiān xiǎoshuō;故事情节 gùshì qíngjié;传奇 chuánqí,轶事 yìshì;新闻报道 xīnwén bàodào

Stoß *m* -es, ⸗e 撞击 zhuàngjī,碰撞 pèngzhuàng,推撞 tuīzhuàng;震动 zhèndòng: sich einen ~ geben 强令自己(去做某事);摞 luò,堆 duī,叠 dié: ein ~ Bücher [Wäsche] 一摞书[衣服]

Stoßbrigade *f* 突击队 tūjīduì

Stoßdämpfer *m* 减震器 jiǎnzhènqì,缓冲器 huǎnchōngqì

Stößel *m* -s, - (捣研用的)杵 chǔ,碾槌 niǎnchuí

stoßen* I *vt* 碰撞 pèngzhuàng,推 tuī,踢 tī: jn ins Wasser ~ 推某人下水; jn vor den Kopf ~ 伤害某人的感情,使某人受辱;捅进 tǒngjìn,打入 dǎrù;捣碎 dǎosuì II *vi*(*h*/*s*) 推 tuī,踢 tī,撞 zhuàng,碰 pèng;偶然碰到 ǒurán pèngdào,意外地遇到 yìwàide yùdào: auf Schwierigkeiten ~ 碰到困难 III *rfl* 撞着 zhuàngzhe,碰着 pèngzhe: sich an etw (*D*) ~ 不赞成,对…表示反对

stoßfest *adj* 防震的 fángzhènde,抗震的 kàngzhènde,耐冲击的 nài chōngjī de

Stoßgeschäft *n* 临时突击性工作 línshí tūjīxìng gōngzuò,突击性事务 tūjīxìng shìwù

stoßgesichert *adj* 防震的 fángzhènde,耐冲击的 nài chōngjī de

Stoßkraft *f* 冲力 chōnglì,冲击力 chōngjīlì

Stoßstange *f* (汽车前后的)保险杠 bǎoxiǎngàng

Stoßzeit *f* (交通)高峰时间 gāofēng shíjiān;突击工作时间 tūjī gōngzuò shíjiān

stottern *vi* 口吃 kǒuchī,结结巴巴地说 jiējiēbābāde shuō

stracks *adv* 直接地 zhíjiēde;立刻 lìkè,马上 mǎshàng;准确地 zhǔnquède,确切地 quèqiède;绝对地 juéduìde

Strafanstalt *f* 监狱 jiānyù,监牢 jiānláo;惩治所 chéngzhìsuǒ,劳改所 láogǎisuǒ

Strafaufschub *m* 缓期服刑 huǎnqī fúxíng

strafbar *adj* 犯法的 fànfǎde,应受惩罚的 yīng shòu chéngfá de

Strafe *f* -, -n 惩罚 chéngfá,处罚 chǔfá,惩处 chéngchǔ: eine ~ verdienen 罪有应得; jn in ~ nehmen 惩罚某人

strafen *vt* 惩罚 chéngfá,处罚 chǔfá: jn Lügen ~ 证明某人说谎; etw Lügen ~ 证明某事是虚构的

Straferlass *m* 免刑 miǎnxíng,赦免 shèmiǎn

Strafermäßigung *f* 减刑 jiǎnxíng

straff *adj* 绷紧的 bēngjǐnde,拉紧的 lājǐnde;严格的 yángéde,严峻的 yánjùnde;简明的 jiǎnmíngde,简洁的 jiǎnjiéde

Straffall *m* 刑事案件 xíngshì ànjiàn

straffällig *adj* 有罪的 yǒuzuìde,犯刑事罪的 fàn xíngshìzuì de

straffen I *vt* 拉紧 lājǐn,绷紧 bēngjǐn II *rfl* 伸直 shēnzhí,挺直 tǐngzhí,绷紧 bēngjǐn

straffrei *adj* 无罪的 wúzuìde,免受处罚的 miǎn shòu chǔfá de

Strafgericht *n* 刑事法庭 xíngshì fǎtíng;惩罚 chéngfá,处罚 chǔfá

sträflich *adj* 该罚的 gāifáde,该处罪的 gāi chǔzuì de;应受谴责的 yīng shòu qiǎnzé de,不可原谅的 bùkě yuánliàng de

Sträfling *m* -s, -e 囚犯 qiúfàn,罪犯 zuìfàn,刑事犯 xíngshìfàn

straflos *adj* 免予处分的 miǎn yǔ chǔfèn de,无罪的 wúzuìde

Strafporto *n* (邮政)欠资罚款 qiànzī fákuǎn

Strafprozess *m* 刑事诉讼 xíngshì sùsòng

Strafraum *m* (足球)罚球区 fáqiúqū

Strafrecht *n* 刑法 xíngfǎ,刑事法律 xíngshì fǎlǜ

Strafsache *f* 刑事案件 xíngshì ànjiàn

Strafstoß *m* (足球等的)罚点球 fádiǎnqiú

Strafverfahren *n* 刑事诉讼程序 xíngshì sùsòng chéngxù

Strafzoll *m* 违约税 wéiyuēshuì

Strahl *m* -(e)s, -en 光线 guāngxiàn,光束 guāngshù;射线 shèxiàn,辐射 fúshè;(喷出的)一股喷射物(如水柱,气流) yīgǔ pēnshèwù

strahlen I *vi* 发光 fāguāng,发出光芒 fāchū guāngmáng,照耀 zhàoyào;兴高采烈 xìng gāo cǎi liè,喜气洋洋 xǐ qì yángyáng;辐射 fúshè,放射 fàngshè II *vt* 发射 fāshè,播送 bōsòng

Strahlenbehandlung *f* 放射疗法 fàngshè liáofǎ

Strahlenbelastung *f* 辐射伤害 fúshè shānghài

S

Strahlenbereich *m* 辐射范围 fúshè fànwéi
strahlend *adj* 放光的 fàngguāngde，闪耀的 shǎnyàode，灿烂的 cànlànde；喜悦的 xǐyuède，容光焕发的 róngguāng huànfā de
Strahlendosis *f* 辐照剂量 fú zhào jìliàng，射线剂量 shèxiàn jìliàng
strahlenempfindlich *adj* 对照射敏感的 duì zhàoshè mǐngǎn de
Strahlengürtel *m* 辐射带 fúshèdài
Strahlenquelle *f* 辐射源 fúshèyuán
Strahlentherapeut *m* -en，-en 放射医生 fàngshè yīshēng，(用)射线(疗法的)医生 shèxiàn yīshēng
Strahlentod *m* 辐射死亡 fúshè sǐwáng
strahlenverseucht *adj* 被射线污染的 bèi shèxiàn wūrǎn de
Strahlenverseuchung *f* 射线污染 shèxiàn wūrǎn
Strahlenzone *f* 辐射区 fúshèqū
Strahlung *f* -，-en 照射 zhàoshè；射线 shèxiàn
Strahlungsleistung *f* 辐射强度 fúshè qiángdù，辐射功率 fúshè gōnglǜ
Strahlungswirkung *f* 辐射作用 fúshè zuòyòng
Strähne *f* -，-n 一绺(或一缕)头发 yīliǔ tóufa：graue ~n im Haar haben 头发里有几绺白发；(线等)一股 yīgǔ，一绞 yījiǎo
stramm *adj* 紧绷的 jǐnbēngde，紧身的 jǐnshēnde，窄小的 zhǎixiǎode；结实的 jiēshide，强壮的 qiángzhuàngde；(姿势)挺直的 tǐngzhíde；严格的 yángéde，严厉的 yánlìde；魁梧的 kuíwúde
strampeln I *vi* 蹬踢 dēng tī II *vi(s)* 骑自行车 qí zìxíngchē
Strampler *m* -s，- 婴儿连脚裤 yīng'ér liánjiǎokù
Strand *m* -(e)s，⸗e 海滩 hǎitān，沙滩 shātān
stranden *vi(s)* 搁浅 gēqiǎn；失败 shībài，无成效 wú chéngxiào，失意 shīyì
Strandkorb *m* (遮阳、防风的)沙滩篮棚 shātān kuāngpéng
Strang *m* -(e)s，⸗e (线、毛线等的)一绞 yījiǎo，一股 yīgǔ；绳索 shéngsuǒ，绞索 jiǎosuǒ：am gleichen (或 an demselben) ~ ziehen 为同一目标而努力；über die Stränge schlagen (或 hauen) 生活放荡
strangulieren *vt* 绞死 jiǎosǐ，勒死 lēisǐ
Strapaze *f* -，-n 劳累 láolèi，辛苦 xīnkǔ，艰辛 jiānxīn：~n auf sich nehmen 挑重担
strapazieren I *vt* 使过度劳累 shǐ guòdù láolèi；使损耗 shǐ sǔnhào，使用过度 shǐyòng guòdù II *rfl* 过于劳累 guòyú láolèi，过度疲劳 guòdù píláo
strapazierfähig *adj* 经久耐用的 jīngjiǔ nàiyòng de
strapaziert *adj* 过度劳累的 guòdù láolèide；使用过度的 shǐyòng guòdùde
strapaziös *adj* 辛苦的 xīnkǔde，费力的 fèilìde，劳累的 láolèide
Straße *f* -，-n 马路 mǎlù，大街 dàjiē，街道 jiēdào，道路 dàolù；公路 gōnglù；水道 shuǐdào，海峡 hǎixiá：die ~ von Gibraltar 直布罗陀海峡；auf der ~ sitzen 流落街头，失业；jn auf die ~ werfen (或 setzen) 解雇某人，赶某人搬家
Straßenarbeiter *m* 筑路工人 zhùlù gōngrén
Straßenbahn *f* 有轨电车 yǒuguǐ diànchē
Straßenbahnhaltestelle *f* 电车站 diànchēzhàn
Straßenbeleuchtung *f* 路灯 lùdēng
Straßenbenutzungsgebühr *f* 养路费 yǎnglùfèi
Straßenecke *f* 街道拐角处 jiēdào guǎijiǎochù
Straßenfeger *m* (扫大街的)清洁工 qīngjiégōng；收视率高的电视节目(尤指引人入胜的侦探片) shōushìlǜ gāodē diànshì jiémù
Straßenfest *n* 街头聚会 jiētóu jùhuì，街头庆祝活动 jiētóu qìngzhù huódòng
Straßenhandel *m* 街头买卖 jiētóu mǎimai
Straßenhändler *m* 街头小贩 jiētóu xiǎofàn
Straßenjunge *m* 街头流浪儿 jiētóu liúlàng'ér
Straßenkehrer *m* 街道清洁工 jiēdào qīngjiégōng
Straßenkreuzer *m* 大型轿车 dàxíng jiàochē
Straßenkreuzung *f* 十字路口 shízì lùkǒu
Straßenlaterne *f* 路灯 lùdēng
Straßenmädchen *n* 娼妓 chāngjì，野

Strohmann *m* 稻草人 dàocǎorén

Strohsack *m* 草垫子 cǎodiànzi

Strohwitwe *f* (戏谑)丈夫暂时离开的女子 zhàngfu zànshí líkāi de nǚzǐ

Strohwitwer *m* (戏谑)妻子暂时离开的男子 qīzi zànshí líkāi de nánzǐ

Strolch *m* -es, -e 流氓 liúmáng, 无赖 wúlài, 二流子 èrliúzi; 顽童 wántóng, 小调皮 xiǎotiáopí, 捣蛋鬼 dǎodànguǐ

strolchen *vi(s)* 游荡 yóudàng, 闲逛 xiánguàng

Strom *m* -(e)s, ⸚e 大江 dàjiāng, 河流 héliú, 川 chuān; 电流 diànliú; 水道 shuǐdào; 人流 rénliú; 气流 qìliú; 潮流 cháoliú: gegen (或 wider) den ~ schwimmen 逆水而游, 逆潮流; mit dem ~ schwimmen 顺水游泳, 随大流; es regnete in Strömen 大雨如注

stromab(wärts) *adv* 顺流而下 shùnliú ér xià

stromauf(wärts) *adv* 逆流而上 nìliú ér shàng

strömen *vi(s)* 流 liú, 冒 mào, 涌 yǒng; 激流 jīliú, 涌向 yǒngxiàng, 流出 liúchū: in den Saal ~ 涌进大厅

Stromkreis *m* 电路 diànlù, 回路 huílù

Stromsperre *f* 断电 duàn diàn

Strömung *f* -, -en 水流 shuǐliú, 流动 liúdòng; 潮流 cháoliú, 流派 liúpài

Stromzähler *m* 电表 diànbiǎo

Strophe *f* -, -n (诗歌的)节 jié, 段 duàn

strotzen *vi* 充斥 chōngchì, 充溢 chōngyì, 充满 chōngmǎn: er strotzt vor (或 von) Kraft und Gesundheit 他浑身是劲 他精神饱满

strubbelig *adj* (毛、发等)蓬乱的 péngluànde, 蓬松的 péngsōngde, 凌乱的 língluànde

Strudel *m* -s, - 漩涡 xuánwō; 混乱 hùnluàn, 纷乱 fēnluàn

Struktur *f*, -en 组织 zǔzhī, 结构 jiégòu, 构造 gòuzào

struktu[r]bestimmend *adj* 决定国民经济结构的 juédìng guómín jīngjì jiégòu de

Struk[t]urkrise *f* (先在一个部门发生的)经济危机 jīngjì wēijī

str[uk]turschwach *adj* 经济不发达的 jīngjì bù fādá de

s[tr]ukturstark *adj* 经济发达的 jīngjì fādáde

[S]trukturveränderung *f* 国民经济结构的改变 guómín jīngjì jiégòu de gǎibiàn

Strukturwandel *n* 结构变化 jiégòu biànhuà, 结构转变 jiégòu zhuǎnbiàn

Strumpf *m* -(e)s, ⸚e 长统袜 chángtǒngwà: sich auf die Strümpfe machen 赶快离开, 逃走

Strumpfhalter *m* 吊袜带 diàowàdài

Strumpfhose *f* 连袜裤 liánwàkù

struppig *adj* (毛、发等)蓬松的 péngsōngde, 散乱的 sǎnluànde, 乱糟糟的 luànzāozāode

Stube *f* -, -n 房间 fángjiān, 室 shì

Stubenhocker *m* -s, - 老待在家里的人 lǎo dāizà jiāli de rén

Stück *n* -(e)s, -e 片 piàn, 块 kuài, 件 jiàn, 只 zhī; 段落 duànluò, 章节 zhāngjié; 戏剧 xìjù, 剧本 jùběn; 乐曲 yuèqǔ: große ~e auf jn halten 很重视(或赏识)某人; in einem ~ 连续不断地, 不停地; 有价证券 yǒujià zhèngquàn; 物 wù, 东西 dōngxi

Stückarbeit *f* 计件工 jìjiàngōng

Stückdividende *f* 每股股息 měigǔ gǔxī

Stückeschreiber *m* 剧作家 jùzuòjiā

Stücklohn *m* 计件工资 jìjiàn gōngzī

Stückverkauf *m* 零售 língshòu

stückweise *adv* 逐件地 zhújiànde, 逐个地 zhúgède

Student *m* -en, -en 大学生 dàxuéshēng

Studentin *f* -, -nen 女大学生 nǚdàxuéshēng

studentisch *adj* 大学生的 dàxuéshēngde

Studie *f* -, -n 草稿 cǎogǎo, 草图 cǎotú; 习作 xízuò; 研究 yánjiū, 探讨 tàntǎo; 论文 lùnwén

studieren I *vi* 上大学 shàng dàxué; 从事科研 cóngshì kēyán, 攻读 gōngdú II *vt* (在大学)学习 xuéxí, 研究 yánjiū, 钻研 zuānyán

Studio *n* -s, -s 创作室 chuàngzuòshì, 画室 huàshì; 摄影室 shèyǐngshì; 播音室 bōyīnshì, 演播室 yǎnbōshì; 录制室 lùzhìshì; 试验剧场 shìyàn jùchǎng

Studium *n* -s, ...dien (在高等学校)学习 xuéxí, 攻读 gōngdú; 研究 yánjiū, 钻研 zuānyán

Studium generale *n* -, - 大学中一般基础知识课 dàxuézhōng yībān jīchǔ zhīshikè, 公共课 gōnggòngkè

Stufe *f* -, -n 阶段 jiēduàn,等级 děngjí;梯级 tījí: von ～ zu ～ steigen 步步登高,有成就

Stufenleiter *f* 梯 tī,阶梯 jiētī;等级 děngjí

stufenweise *adv* 逐级地 zhújíde,一步一步地 yī bù yī bù de

Stuhl *m* -(e)s, ⸚e 椅子 yǐzi: jm den ～ vor die Tür stellen 把某人赶走,解雇某人; sich zwischen zwei Stühle setzen 两头落空,两头不讨好; nicht zu ～e kommen 事情不顺利,完不成;折叠凳 zhédiédèng;座 zuò;职位 zhíwèi;大便 dàbiàn

Stuhlgang *m* 大便 dàbiàn,拉屎 lāshǐ

Stulle *f* -, -n 三明治 sānmíngzhì

stumm *adj* 哑的 yǎde;沉默的 chénmòde,无声的 wúshēngde: jn ～ machen 杀人灭口; ～ sein (或 bleiben) wie ein Grab 守口如瓶,严守秘密

Stumme *m*/*f* (按形容词变化)哑巴 yǎba

Stummel *m* -s, - 残余部分 cányú bùfen,残余的末端(烟蒂、铅笔头等) cányúde mòduān

Stummfilm *m* 无声电影 wúshēng diànyǐng

Stümper *m* -s, - 无能者 wúnéngzhě,工作拙劣的人 gōngzuò zhuōliè de rén

Stümperei *f* -en 拙劣作品 zhuōliè zuòpǐn,粗劣的活儿 cūliè de huór

stümperhaft *adj* 拙劣的 zhuōliède,粗劣的 cūliède

stumpf *adj* 钝的 dùnde,不锋利的 bù fēnglì de;无生气的 wú shēngqì de,无感觉的 wú gǎnjué de;没有光泽的 méiyǒu guāngzé de;麻木的 mámùde,迟钝的 chídùnde

Stumpf *m* -(e)s, ⸚e 残余部分 cányú bùfen,残端 cánduān: mit ～ und Stiel 全部,完全

stumpfsinnig *adj* 痴呆的 chīdāide,呆笨的 dāibènde;单调的 dāndiàode,乏味的 fáwèide

Stunde *f* -, -n 小时 xiǎoshí,钟头 zhōngtóu: anderthalb ～n 一个半小时; zu jeder ～ 随时,任何时候;课时 kèshí,课程 kèchéng: zur ～ gehen 去上课;时间 shíjiān,时刻 shíkè: in letzter (或 elfter 或 zwölfter) ～e 在最后时刻

stunden *vt* 允许延期缴付 yǔnxǔ yánqī jiǎofù,延缓…的期限 yánhuǎn … de qīxiàn

Stundengeschwindigkeit *f* 每小时平均速度 měixiǎoshí píngjūn sùdù,时速 shísù

Stundenkilometer *n* 每小时公里 měixiǎoshí gōnglǐ

stundenlang *adj* 数小时之久的 shù xiǎoshí zhījiǔ de,好几个小时的 hǎo jǐgè xiǎoshí de;很久的 hěnjiǔ de

Stundenlohn *m* 计时工资 jìshí gōngzī

Stundenplan *m* 课程表 kèchéngbiǎo;日程表 rìchéngbiǎo;工时表 gōngshíbiǎo

stundenweise *adv* 按小时地 àn xiǎoshí de,按钟点地 àn zhōngdiǎn de

Stundenzeiger *m* (钟表的)短针 duǎnzhēn,时针 shízhēn

stündlich *adj* 每小时的 měixiǎoshíde;随时的 suíshíde;不久 bùjiǔ,很快 hěn kuài

Stundung *f* -, -en 延期付款 yánqī fùkuǎn

Stundungszinsen *pl* 逾期付款利息 yúqī fùkuǎn lìxī

Stunk *m* -s 争吵 zhēngchǎo,吵架 chǎojià,不和 bùhé

Stuntgirl ['stʌntgəːl] *n* -s, -s 替身女演员 tìshēn nǚyǎnyuán

Stuntman ['stʌntmən] *m* -s, ...men 替身男演员 tìshēn nányǎnyuán

stupend *adj* 惊人的 jīngrén de,令人惊奇的 lìng rén jīngqí de

stupfen *vt* (奥、瑞)轻碰 qīng pèng,轻推 qīng tuī

stupid(e) *adj* 迟钝的 chídùnde,笨的 bènde;无聊的 wúliáode,乏味的 fáwèide

Stups *m* -es, -e 轻推 qīng tuī,轻碰 qīng pèng

stupsen *vt* 轻碰 qīng pèng,轻推 qīng tuī

stur *adj* 顽固的 wángùde,倔强的 juéjiàngde;凝视的 níngshìde,乏味的 fáwèide,无聊的 wúliáode

Sturm *m* -(e)s, ⸚e 暴风(雨) bàofēng,风暴 fēngbào,狂风 kuángfēng;猛攻 měnggōng,冲击 chōngjī;激动 jīdòng;(球队里的)前锋 qiánfēng

stürmen I *vi* 刮大风 guā dàfēng,起风暴 qǐ fēngbào;冲 chōng,涌 yǒng;(球赛中)攻门 gōngmén;充当前锋 chōngdāng qiánfēng **II** *vt* 攻占 gōngzhàn,夺取 xíqǔ;抢占 qiǎngzhàn **III** *vi*(*s*) bēn, 冲 chōng

Stürmer *m* -s, -（球类比赛中的）前锋 qiánfēng; 鲁莽的人 lǔmǎngde rén

sturmfrei *adj* 不受干扰的 bù shòu gānrǎo de, 不受袭击的 bù shòu xíjī de

stürmisch *adj* 多风暴的 duō fēngbào de, 暴风雨的 bàofēngyǔde; 热烈的 rèliède, 猛烈的 měngliède; 迅猛的 xùnměngde, 飞速的 fēisùde

Sturmtrupp *m* 突击队 tūjīduì

Sturmwind *m* 风暴 fēngbào, 狂风 kuángfēng

Sturz *m* -es, ⸚e 跌倒 diēdǎo, 跌落 diēluò, 坠落 zhuìluò, 急降 jíjiàng, 落下 luòxià; 急变 jíbiàn, 突变 tūbiàn; 推翻 tuīfān, 倾覆 qīngfù, 垮台 kuǎtái

Sturzbach *m* 急流 jíliú, 湍溪 tuān xī

stürzen I *vi*(s) 跌倒 diēdǎo, 跌下 diēxià; 坠落 zhuìluò; 垮台 kuǎtái; 涌向 yǒngxiàng, 冲向 chōngxiàng II *vt* 推翻 tuīfān; 推倒 tuīdǎo; 投入 tóurù, 扔下 rēngxià III *rfl* 冲向 chōngxiàng, 跳下 tiàoxià, 跳向 tiàoxiàng; 投入 tóurù

Sturzhelm *m*（摩托车运动员戴的）防护盔 fánghùkuī, 灰盔 huīkuī

Stuss *m* -es 瞎扯 xiāchě, 胡扯 húchě, 胡说八道 hú shuō bā dào, 废话 fèihuà

Stute *f* -, -n 母马 mǔmǎ; 母驴 mǔlǘ; 母骆驼 mǔluòtuo

Stütze *f* -, -n 支柱 zhīzhù, 支架 zhījià, 支座 zhīzuò; 支持者 zhīchízhě, 依靠(的人) yīkào; 帮手 bāngshǒu

stutzen I *vi* 惊呆 jīngdāi, 吃惊 chījīng; 起疑心 qǐyíxīn, 突然生疑 tūrán shēngyí II *vt* 修剪 xiūjiǎn, 剪短 jiǎnduǎn

stützen I *vt* 支撑 zhīchēng, 搀扶 chānfú; 支持 zhīchí, 支援 zhīyuán II *rfl* 靠着 kàozhe; 依靠 yīkào, 依赖 yīlài: er stützt sich auf die Erfahrung 他依靠经验

stützenfrei *adj* 无支柱的 wú zhīzhù de, 无依靠的 wú yīkào de

stutzig *adj* 生疑的 shēngyíde, 起疑心的 qǐyíxīn de; 惊奇的 jīngqíde, 感到奇怪的 gǎndào qíguài de

Stützpunkt *m* 支承点 zhīchéngdiǎn; 基地 jīdì, 根据地 gēnjùdì, 据点 jùdiǎn

Stützungskauf *m* 支持性购买 zhīchíxìng gòumǎi

Styling ['stailiŋ] *n* -s, -s 设计 shèjì, 造型 zàoxíng, 款式 kuǎnshì

Stylist *m* -en, -en（尤指汽车外形的）设计师 shèjìshī

subaltern *adj* 从属的 cóngshǔde, 下属的 xiàshǔde, 部下的 bùxiàde; 依从的 yīcóngde, 屈从的 qūcóngde, 低声下气的 dī shēng xià qì de

Subjekt *n* -(e)s, -e 主体 zhǔtǐ; 主概念 zhǔ gàiniàn; (语法)主语 zhǔyǔ; 坏人 huàirén, 坏家伙 huàijiāhuo

subjektiv *adj* 主体的 zhǔtǐde; 主观的 zhǔguānde; (语法)主语的 zhǔyǔde

Subjektsatz *m* 主语从句 zhǔyǔ cóngjù

Subkultur *f* -, -en 亚文化群 yà wénhuàqún

subkutan *adj* 皮下的 píxiàde

sublimieren *vt* 使理想化 shǐ lǐxiǎnghuà, 使纯化 shǐ chúnhuà; 使升华 shǐ shēnghuá

subskribieren *vt*/*vi* 预订 yùdìng, 订购 dìnggòu; 认购公债 rèngòu gōngzhài

Substantiv *n* -s, -e 名词 míngcí

Substanz *f* -, -en 物质 wùzhì, 材料 cáiliào; 核心 héxīn, 实质 shízhì; 资本 zīběn, 基本资金 jīběn zījīn, 资产 zīchǎn

subtil *adj* 细致的 xìzhìde, 微细的 wēixìde; 周全的 zhōuquánde, 周密的 zhōumìde; 微妙的 wēimiàode, 难以捉摸的 nányǐ zhuōmō de

subtrahieren *vt*/*vi* 减 jiǎn, 减去 jiǎnqù, 减法 jiǎnfǎ

Subtraktion *f* -, -en 减法 jiǎnfǎ

Subvention *f* -, -en 津贴 jīntiē, 补助金 bǔzhùjīn; 资助 zīzhù, 援助 yuánzhù

subventionieren *vt*（由国家、政府）资助 zīzhù, 补贴 bǔtiē, 援助 yuánzhù

Subversion *f* -, -en 颠覆 diānfù, 颠覆活动 diānfù huódòng

subversiv *adj* 颠覆的 diānfùde, 破坏的 pòhuàide, 煽动的 shāndòngde

Suche *f* -, -n 寻找 xúnzhǎo, 搜寻 sōuxún, 探索 tànsuǒ, 探求 tànqiú: auf der ~ nach etw 寻找某事物

suchen I *vt* 寻找 xúnzhǎo, 搜寻 sōuxún, 寻求 xúnqiú, 搜索 sōusuǒ: bei jm Hilfe ~ 在某人处寻求帮助; 试图 shìtú, 想要 xiǎngyào, 欲 yù: jm zu gefallen ~ 欲讨某人欢喜; das Weite ~ 出走, 逃走 II *vi* 寻找 xúnzhǎo, 想找到 xiǎng zhǎodào: nach einem Vermissten ~ 寻找一失踪者; nach einem Grund [einer Ausrede] ~ 寻找一理由[一借口]

Sucher *m* -s, -（摄影）取景器 qǔjǐngqì

Sucht *f* -, ⸚e 瘾 yǐn; 嗜好 shìhào, 欲望 yùwàng, 癖 pǐ: an einer ~ leiden 染上一

S

恶习；die ～ nach Alkohol 嗜好喝酒
süchtig *adj* 有瘾的 yǒuyǐnde；有嗜好的 yǒu shìhào de，有癖好的 yǒu pǐhào de
Süchtige *m/f* (按形容词变化)吸毒上瘾的人 xīdú shàngyǐn de rén
Süd I *m* (不用冠词和复数)南(指方向) nán II *m* -(e)s, -e 南风 nánfēng
Südafrika 南非 Nánfēi
Sudan *m* 苏丹 Sūdān
Sudanese *m* -n, -n 苏丹人 sūdānrén
sudeln *vi* 乱涂 luàntú，乱画 luànhuà；马马虎虎地干活 mǎmǎhuhude gànhuó
Süden *m* -s 南方 nánfāng；南方地区 nánfāng dìqū，南部 nánbù
südlich I *adj* 南方的 nánfāngde，向南的 xiàngnánde；自南方的 zì nánfāng de II *prp* (G) 在…的南面 zài … de nánmiàn
Südost *m* 东南 dōngnán，东南方 dōngnánfāng；东南风 dōngnánfēng
Südosten *m* 东南方 dōngnánfāng；东南地区 dōngnán dìqū
südöstlich *adj* 东南方的 dōngnánfāngde；东南部的 dōngnánbùde
Südostwind *w* 东南风 dōngnánfēng
Südpol *m* 南极 nánjí
Südwesten *m* 西南方 xīnánfāng；西南地区 xīnán dìqū
Südwester *m* -s, - (水手戴的)防水帽 fángshuǐmào
südwestlich *adj* 西南方的 xīnánfāngde；西南部的 xīnánbùde
Südwestwind *m* 西南风 xīnánfēng
Südwind *m* 南风 nánfēng
Suff *m* -(e)s 醉酒 zuìjiǔ；痛饮 tòngyǐn，狂饮 kuángyǐn；酒瘾 jiǔyǐn：sich dem stillen ～ ergeben 沉湎于酒，偷偷喝酒；dem ～ verfallen sein 酗酒成瘾
süffeln *vt/vi* 痛饮 tòngyǐn，独饮 dúyǐn，(津津有味地)品酌 pǐnzhuó
süffisant *adj* 自满的 zìmǎnde，沾沾自喜的 zhānzhān zìxǐ de；狂妄自大的 kuángwàng zì dà de，自以为是的 zì yǐ wéi shì de
Suffix *n* -es, -e 后缀 hòuzhuì
suggerieren *vt* 启发 qǐfā，使产生 shǐ chǎnshēng，(在精神和心灵上)施加影响 shījiā yǐngxiǎng
Sühne *f* -, -n 赎罪 shúzuì；赔偿 péicháng
sühnen *vt/vi* 偿还 chánghuán，抵偿 dǐcháng，赔偿 péicháng
Suite ['svi:t(ə)] *f* -, -n (音乐、舞蹈)组曲 zǔqǔ；侍从 shìcóng，随从人员 suícóng rényuán；(旅馆中的)套房 tàofáng
Sujet [sy'ʒɛ] *n* -s, -s (艺术表现的)主题 zhǔtí，题材 tícái，题目 tímù
sukzessiv *adj* 逐渐的 zhújiànde，逐次的 zhúcìde
Sultan *m* -s, -e 苏丹(某些伊斯兰教国家元首的称号) Sūdān
summarisch *adj* 扼要的 èyàode，概括的 gàikuòde；表面的 biǎomiànde，粗略的 cūlüède
Summe *f* -, -n 总额 zǒng'é，总数 zǒngshù；款项 kuǎnxiàng，金额 jīn'é
summen I *vi* 发嗡嗡声 fā wēngwēngshēng II *vt* 哼唱 hēngchàng
summieren I *vt* 总计 zǒngjì，合计 héjì；概括 gàikuò II *rfl* 累计 lěijì，累积 lěijī，增加 zēngjiā
Sumpf *m* -(e)s, ⁻e 沼泽 zhǎozé，沼泽地 zhǎozédì；(道德堕落等的)泥坑 níkēng，罪恶的渊薮 zuì'ède yuānsǒu
Sums *m* -es 废话 fèihuà；唠叨 láodao：einen großen ～ machen 小题大做
Sünde *f* -, -n 罪 zuì，罪行 zuìxíng，罪恶 zuì'è，罪过 zuìguo：hässlich wie die ～ sein 非常难看，丑极了
Sündenbock *m* 替罪羊 tìzuìyáng：jn zum ～ machen 把某人当作替罪羊
sündenfrei *adj* 无罪的 wúzuìde
Sündengeld *n* 赎罪金 shúzuìjīn；巨款 jùkuǎn，大量的钱 dàliàngde qián：ein ～ kosten 价格很贵
sündenlos *adj* 无罪的 wúzuìde
Sünder *m* -s, - (宗教)犯了罪孽的人 fànle zuìniè de rén，有罪的人 yǒuzuìde rén
sündhaft I *adj* 有罪孽的 yǒu zuìniè de，罪恶的 zuì'ède；邪恶的 xié'ède；很大的 hěndàde，高价的 gāojiàde II *adv* 非常 fēicháng，极其 jíqí，很 hěn
sündigen *vi* 犯罪 fànzuì，触犯教规 chùfàn jiàoguī，违背 wéibèi；犯下罪过 fàn xià zuìguò：an jm ～ 对某人犯有罪过
superklug *adj* 非常聪明的 fēicháng cōngmíngde，聪明过人的 cōngmíng guòrén de
Superlativ *m* -s, -e 最高级 zuìgāojí
superleicht *adj* 极轻的 jíqīngde；极容易的 jí róngyì de
Supermacht *f* 超级大国 chāojí dàguó
Supermann *m* -s, ⁻er 超人 chāorén，具有超过常人力量的人 jùyǒu chāoguò

chángrén lìliang de rén；作出卓著业绩的人 zuòchū zhuózhù yèjì de rén；真正的男子汉 zhēnzhèngde nánzǐhàn

Supermarkt *m* 超级市场 chāojí shìchǎng，自动售货商店 zìdòng shòuhuò shāngdiàn

supermodern *adj* 超现代化的 chāo xiàndàihuà de；极其时髦的 jíqí shímáo de

Superpreis *m* 特优价格 tè yōu jiàgé

superschlau *adj* 极其精明的 jíqí jīngmíngde，精明过人的 jīngmíng guòrén de

superschnell *adj* 极其快的 jíqí kuàide

Superspion *m* 超级间谍 chāojí jiàndié

Superstar *m* 超级明星 chāojí míngxīng，超级演员 chāojí yǎnyuán

Superstition *f* - (旧)迷信 míxìn

Supertanker *m* 超级油船 chāojí yóuchuán

Suppe *f* -，-n 汤 tāng：jm die ～ versalzen 破坏某人的计划，扫某人的兴；ein Haar in der ～ finden 挑刺儿；jm nicht das Salz in der ～ gönnen 非常妒忌某人，不让某人占一点便宜；jm in die ～ fallen 吃饭时去打扰某人

Suppenlöffel *m* 汤匙 tāngchí；勺子 sháozi

Suppenschüssel *f* 大盖碗 dàgàiwǎn

Suppenteller *m* 汤盘 tāngpán

Supplement *n* -(e)s，-e (作品)补遗 bǔyí，增补 zēngbǔ，补编 bǔbiān；补遗卷 bǔyíjuàn；(报刊)增刊 zēngkān

Supraleiter *m* 超导体 chāodǎotǐ

Supraleitfähigkeit *f* 超导性能 chāodǎo xìngnéng，超导电性 chāodǎo diànxìng

supranational *adj* 超国家的 chāo guójiā de

Surfbrett ['sːf...] *n* 冲浪板 chōnglàngbǎn

surfen ['sə:...] *vi*(*h*/*s*) 做冲浪运动 zuò chōng ng yùndòng；进行帆板运动 jìnxíng fā bǎn yùndòng；(计算机)漫游 mànyóu 浏览 liúlǎn

Surfer ['sə:...] *m* -s，- 冲浪运动员 chōn àng yùndòngyuán；帆板运动员 fān n yùndòngyuán

Sur ng ['sə:fiŋ] *n* -s 冲浪运动 chōng g yùndòng；帆板运动 fānbǎn yùndòng

S realismus [zʊrea...] *m* - 超现实主义 chāo xiànshí zhǔyì

urrealist [zʊrea...] *m* -en，-en 超现实主义者 chāo xiànshí zhǔyì zhě

surren *vi* (机器)发出隆隆声 fāchū lónglóngshēng；(昆虫)嗡嗡叫 wēngwēng jiào

Surrogat *n* -(e)s，-e 代用品 dàiyòngpǐn，替代品 tìdàipǐn

Surtaxe [zyr'taks] *f* -，-n 附加税 fùjiāshuì

suspekt *adj* 有嫌疑的 yǒu xiányí de，令人生疑的 lìng rén shēngyí de，可疑的 kěyíde

suspendieren *vt* 解除 jiěchú，免除 miǎnchú；暂令…停职 zàn lìng … tíngzhí；暂时停止 zànshí tíngzhǐ；推迟 tuīchí，推延 tuīyán，延期 yánqī

süß *adj* 甜的 tiánde，甜味的 tiánwèide；可爱的 kě'àide；甜蜜的 tiánmìde；甜美的 tiánměide，悦耳的 yuè'ěrde；诱人的 yòurénde，讨人喜欢的 tǎo rén xǐhuan de：das Mädchen sieht ～ aus 这女孩看上去很可爱；eine ～e Stimme 优美悦耳的嗓音；voll des ～en Weines sein 喝得醉醺醺

süßen *vt* 使甜 shǐ tián，给…加糖 gěi … jiā táng

Süßigkeiten *pl* 甜食 tiánshí；糖果 tángguǒ，巧克力 qiǎokèlì(糖果)

süßlich *adj* 有甜味的 yǒu tiánwèi de，略甜的 lüètiánde：ein ～er Geschmack 甜的味道；虚伪的 xūwěide，假惺惺的 jiǎxīngxīngde：ein ～es Lächeln 虚情假意的微笑；伤感的 shānggǎnde，多愁善感的 duō chóu shàn gǎn de

süßsauer *adj* 酸甜的 suāntiánde：～ lächeln 苦笑，勉强的笑

Süßspeise *f* (正餐后的)甜食 tiánshí，甜品 tiánpǐn

Süßstoff *m* 甜味剂 tiánwèijì，糖精 tángjīng

Süßwasser *n* 淡水 dànshuǐ

Süßwasserfisch *m* 淡水鱼 dànshuǐyú

Swasiland，Swaziland [...zilænd] 斯威士兰 Sīwēishìlán

Swasi *m* -，- 斯威士兰人 sīwēishìlánrén

Sweatshirt ['swɛtʃə:t] *n* -s，-s 运动衫 yùndòngshān

Sweetheart ['swi:tha:t] *n* -，-s 心上人 xīnshàngrén，恋人 liànrén，情人 qíngrén

Swimmingpool ['swimiŋpu:l] *m* -s，-s (私人)游泳池 yóuyǒngchí

S

swingen *vi* 跳摇摆舞 tiào yáobǎiwǔ；奏摇摆舞音乐 zòu yáobǎiwǔ yīnyuè

Switchgeschäft ['svɪtʃ...] *n* 转口贸易 zhuǎnkǒu màoyì，转手贸易 zhuǎnshǒu màoyì，通过第三国进行的贸易 tōngguò dìsānguó jìnxíng de màoyì，间接贸易 jiànjiē màoyì

Symbol *n* -s, -e 象征 xiàngzhēng；符号 fúhào，记号 jìhao

symbolisch *adj* 象征的 xiàngzhēngde；有象征意义的 yǒu xiàngzhēng yìyì de；符号的 fúhàode

Symmetrie *f* -, -n 对称 duìchèn，相称 xiāngchèn，均匀 jūnyún

Sympathie *f* -, -n 同情 tóngqíng，同情心 tóngqíngxīn，好感 hǎogǎn

sympathisch *adj* 有同感的 yǒu tónggǎn de，令人同情的 lìng rén tóngqíng de；让人有好感的 ràng rén yǒu hǎogǎn de，吸引人的 xīyǐn rén de

sympathisieren *vi* 表示同情 biǎoshì tóngqíng；赞成 zànchéng，有同感 yǒu tónggǎn；(也指对极端组织的)同情和支持 tóngqíng hé zhīchí

Symphonie *f* -, -n 交响乐 jiāoxiǎngyuè，交响曲 jiāoxiǎngqǔ

Symphonieorchester *n* 交响乐团 jiāoxiǎngyuètuán

Sympi *m* -s, -s (俚语、指对极左组织的)同情者 tóngqíngzhě

Symposion, Symposium *n* -s, ...ien 酒会 jiǔhuì；学术讨论会 xuéshù tǎolùnhuì，研讨会 yántǎohuì

Symptom *n* -s, -e 症状 zhèngzhuàng，症候 zhènghòu；标志 biāozhì，征兆 zhēngzhào

symptomatisch *adj* 症状的 zhèngzhuàngde，征兆的 zhēngzhàode；典型的 diǎnxíngde

Synagoge *f* -, -n 犹太教堂 yóutài jiàotáng

Synchrongetriebe [zyn'kroːn...] *n* 同步传动装置 tóngbù chuándòng zhuāngzhì

synchronisch *adj* 同步的 tóngbùde；同时发生的 tóngshí fāshēng de

synchronisieren *vt* 使同步 shǐ tóngbù；(影片)配音 pèiyīn

Synchronsprecher *m* 配音演员 pèiyīn yǎnyuán

Syndikat *n* -(e)s, -e 辛迪加 xīndíjiā，企业联合组织 qǐyè liánhé zǔzhī，财团 cáituán；(罪犯集团的)幕后组织 mùhòu zǔzhī

Syndikus *m* -, -se / ...dizi (企业、公司、社团的)常设法律顾问 cháng shè fǎlǜ gùwèn

Syndrom *n* -s, -e 综合征 zōnghézhēng

Synode *f* -, -n (基督教)代表大会 dàibiǎo dàhuì；(天主教)代表大会 dàibiǎo dàhuì，(天主教)主教会议 zhǔjiào huìyì

synonym *adj* 同义的 tóngyìde；近义的 jìnyìde

Synonym *n* -s, -e 同义词 tóngyìcí；近义词 jìnyìcí

Syntax *f* -, -en 句法 jùfǎ

Synthese *f* -, -n 综合 zōnghé，组合 zǔhé；(化学)合成 héchéng

Synthetics *pl* 合成纤维织物 héchéng xiānwéi zhīwù；化纤纺织品 huàxiān fǎngzhīpǐn

synthetisch *adj* 人造的 rénzàode，合成的 héchéngde；综合(性)的 zōnghéde

Syphilis *f* - 梅毒 méidú

syphiliskrank *adj* 梅毒的 méidúde，患梅毒病的 huàn méidúbìng de

Syrien 叙利亚 Xùlìyà

Syrer *m* -s, - 叙利亚人 xùlìyàrén

System *n* -s, -e 学说 xuéshuō，体系 tǐxì；系统 xìtǒng；体制 tǐzhì，制度 zhìdù

systematisch *adj* 有系统的 yǒu xìtǒng de，有条理的 yǒu tiáolǐ de

systematisieren *vt* 使系统化 shǐ xìtǒnghuà

systembedingt *adj* 受制度制约的 shòu zhìdù zhìyuē de，制度局限的 zhìdù júxiàn de

Systembedingtheit *f* 制度的局限性 zhìdù de júxiànxìng，制度的制约性 zhìdù de zhìyuēxìng

systemeigen *adj* 属于制度本身的 shǔyú zhìdù běnshēn de [illegible] 制度本身造成的 zhìdù běnshēn zàochéng de

systemfremd *adj* 于制[illegible]本身格格不入的 yú zhìdù běnshēn gé [illegible] bù rù de

systemimmanent *adj* 制[illegible]本身固有的 zhìdù běnshēn gùyǒu de，制[illegible]本身造成的 zhìdù běnshēn zàochéng [illegible]

systemisch *adj* 系统的 xìtǒng[illegible]

systemkonform *adj* 与制度一致的 yǔ zhìdù yīzhì de，与制度不矛盾[illegible] yǔ zhìdù bù máodùn de

Systemkritiker *m* 现存社会制度[illegible]批评者 xiàncún shèhuì zhìdù de pīpín[illegible]

zhě

systemspezifisch *adj* 制度本身特有的 zhìdù běnshēn tèyǒu de

Systemvergleich *m* 两种社会制度的对比 liǎngzhǒng shèhuì zhìdù de duìbǐ

Szene *f* -, -n (戏剧,电影)场 chǎng,场景 chǎngjǐng,场面 chǎngmiàn;舞台 wǔtái;场景地点 chǎngjǐng dìdiǎn;圈子 quānzi,界 jiè,活动领域 huódòng lǐngyù;争论 zhēnglùn,争吵 zhēngchǎo,争执 zhēngzhí: jm eine ~ machen 严厉责备某人,对某人大发脾气; sich in ~ setzen 夸耀自己,吹捧自己; etw in ~ setzen 筹划或举办某事

Szenerie *f* -, -n 舞台布景 wǔtái bùjǐng;周围景色 zhōuwéi jǐngsè,背景 bèijǐng;场景 chǎngjǐng

szenisch *adj* 场景的 chǎngjǐngde,舞台的 wǔtáide;以舞台形式的 yǐ wǔtái xíngshì de

Szenograph *m* -en, -en 场景设计师 chǎngjǐng shèjìshī

Szenographie *f* - 场景设计 chǎngjǐng shèjì

S

T

Tabak *m* -s, -e 烟草 yāncǎo,烟叶 yānyè;烟丝 yānsī,烟斗丝 yāndǒusī
Tabakhändler *m* 烟草商 yāncǎoshāng
Tabakbeutel *m* 烟丝袋 yānsīdài
Tabakindustrie *f* 烟草工业 yāncǎo gōngyè
Tabakwaren *pl* 烟草制品(如香烟、雪茄、鼻烟等) yāncǎo zhìpǐn
Tabelle *f* -, -n 表格 biǎogé,项目表 xiàngmùbiǎo;(比赛成绩)名次排列表 míngcì páiliè biǎo
Tablett *n* -s, -s / -e 盘 pán,托盘 tuōpán
Tablette *f* -, -n 药片 yàopiàn
Tabu *n* -s, -s 禁忌 jìnjì;忌讳 jìhuì,戒律 jièlǜ
tabu *adj* 禁忌的 jìnjìde,忌讳的 jìhuìde
Tachometer *n* -s, - 速度计 sùdùjì,示速器 shìsùqì;转速器 zhuànsùqì
Tadel *m* -s, - 责备 zébèi,指责 zhǐzé,责难 zénàn: jm einen scharfen ～ erteilen 严厉责备某人
tadellos *adj* 无可指责的 wú kě zhǐzé de,无缺点的 wú quēdiǎn de,无可非议的 wú kě fēi yì de
tadeln *vt* 责备 zébèi,指责 zhǐzé,谴责 qiǎnzé,责怪 zéguài
Tadschike [...'dʒi:kə] *m* -n, -n 塔吉克斯坦人 tǎjíkèsītǎnrén
Tadschikistan [...'dʒi:...] 塔吉克斯坦 Tǎjíkèsītǎn
Tafel *f* -, -n 黑板 hēibǎn;布告牌 bùgàopái;块 kuài,板(状物) bǎn;插图 chātú;图表 túbiǎo;长餐桌 chángcānzhuō,筵席 yánxí
Tafelbesteck *n* 贵重餐具 guìzhòng cānjù
tafelförmig *adj* 表格式的 biǎogéshìde
Tafelgeschirr *n* 宴席餐具 yànxí cānjù
Tafelland *n* 高原 gāoyuán,高地 gāodì
tafeln *vi* 欢宴 huānyàn,参加盛宴 cānjiā shèngyàn
täfeln *vt* 给…装护壁板 gěi … zhuāng hùbìbǎn,镶护墙板 xiāng hùqiángbǎn
Taft *m* -(e)s, -e 塔夫绸 tǎfūchóu
Tag *m* -(e)s, -e 日 rì,天 tiān,日子 rìzi: in ein paar ～en 几天内,几天后; heute in acht ～en 一周后的今天; von ～ zu ～ 一天天;白天 báitiān: am ～ 在白天; ～ für ～ 每天; Guten ～! 你好! etw an den ～ bringen 揭露某事
Tageblatt *n* 日报 rìbào
Tagebuch *n* 日记 rìjì;日记簿 rìjìbù
Tagegeld *n* 每日津贴(或补助) měirì jīntiē;每日出差补贴 měirì chūchāi bǔtiē
tagelang *adj* 几天之久 jǐtiān zhī jiǔ,好几天 hǎojǐtiān
Tagelohn *m* 日薪 rìxīn,按日计算的工资 ànrì jìsuàn de gōngzī
Tagelöhner *m* -s, - 按日计酬的临时工 ànrì jìchóu de línshígōng,短工 duǎngōng
tagelöhnern *vi* 做(按日计酬的)临时工 zuò línshígōng
tagen *vi* 开会 kāihuì;天渐黎明 tiān jiàn límíng: es tagt 天色破晓
Tagereise *f* 一天的旅程 yītiān de lǚchéng
Tagesanbruch *m* 黎明 límíng,破晓 pòxiǎo
Tagesarbeit *f* 一天的工作 yītiān de gōngzuò
Tagesaufgabe *f* 日定额 rìdìng'é,每日的任务 měirìde rènwu
Tagesausstoß *m* 日产量 rìchǎnliàng
Tagesbedarf *m* 一天所需的量 yītiān suǒxūde liàng,日需要量 rì xūyàoliàng
Tagesbericht *m* 每日新闻 měirì xīnwén
Tageseinnahme *f* 一天的收入 yītiān de shōurù,日收入 rìshōurù
Tagesereignis *n* 当天的重要事件 dāngtiānde zhòngyào shìjiàn
Tageskasse *f* 白天售票处 báitiān shòupiàochù;一天的收入 yītiān de shōurù
Tageskurs *m* (交易所)当日行情

dāngrì hángqíng;时价 shíjià,市价 shìjià

Tageslicht *n* 日光 rìguāng;白昼 báizhòu

Tagesnotierung *f* 每日牌价 měirì páijià

Tagesordnung *f* 日程 rìchéng,议事日程 yìshì rìchéng: etw auf die ~ setzen 把某事列入议事日程; an der ~ sein 时常发生

Tagespresse *f* 当天报纸 dàngtiān bàozhǐ

Tagesschau *f* (每日)电视新闻 diànshì xīnwén

Tagesschule *f* 全日制学校 quánrìzhì xuéxiào

Tagessoll *n* 日定额 rìdìng'é,日计划任务 rì jìhuà rènwu

Tagesstätte *f* 全日制托儿所 quánrìzhì tuō'érsuǒ

Tagesumsatz *m* 日销售额 rì xiāoshòu'é

Tageswert *m* 现值 xiànzhí

Tageszeitung *f* 日报 rìbào

Tageszinsen *pl* 日息 rìxī

tageweise *adv* 按日(计算) ànrì

täglich *adj* 每日的 měirìde,每天的 měitiānde,日常的 rìchángde: die ~e Arbeit 日常的工作; so etwas geschieht ~ 这种事天天都有

tags *adv* 白天 báitiān,日间 rìjiān: ~ zuvor 前一天; ~ darauf 次日,第二天

Tagschicht *f* 日班 rìbān

tagsüber *adv* 白天 báitiān,日间 rìjiān

Tagung *f* -, -en 会议 huìyì,大会 dàhuì

Taifun *m* -s, -e 台风 táifēng,热带风暴 rèdài fēngbào

Taille ['taljə] *f* -, -n 腰 yāo,腰部 yāobù;紧身胸衣 jǐnshēn xiōngyī

Takt I *m* -es, -e 拍子 pāizi,节拍 jiépāi;节奏 jiézòu: den ~ schlagen 打拍子 II *m* -es 礼貌 lǐmào,得体 détǐ,周到 zhōudào

taktfest *adj* 合节拍的 hé jiépāi de;老练的 lǎoliànde;抵抗力强的 dǐkànglì qiángde

Taktgefühl *n* 节奏感 jiézòugǎn,节拍感 jiépāigǎn;善于待人接物 shànyú dàirén jiē wù,得体 détǐ

Taktik *f* -, -en 战术 zhànshù;策略 cèlüè,手法 shǒufǎ

Taktiker *m* 战术家 zhànshùjiā,策略家 cèlüèjiā

taktisch *adj* 策略上的 cèlüèshangde,战术的 zhànshùde

taktlos *adj* 不礼貌的 bùlǐmàode,不得体的 bù détǐde;不机智的 bù jīzhìde,不圆滑的 bù yuánhuáde

Taktstock *m* 指挥棒 zhǐhuībàng

taktvoll *adj* 得体的 détǐde,周到的 zhōudàode;懂礼貌的 dǒng lǐmào de

Tal *n* -(e)s, ⸗er 谷 gǔ,山谷 shāngǔ

Talar *m* -s, -e (教士、法官穿的)长袍 chángpáo,法衣 fǎyī

Talent *n* -s, -e 才能 cáinéng,天资 tiānzī,天赋 tiānfù: er hat das ~ zum Klavierspielen 他有弹钢琴的天赋;有才能的人 yǒu cáinéng de rén,天才 tiāncái

talentiert *adj* 有才能的 yǒu cáinéng de,有才干的 yǒu cáigàn de,天资高的 tiānzī gāode

Talg *m* -(e)s, - 脂肪 zhīfáng,油脂 yóuzhī

talgig *adj* 油脂的 yóuzhīde,脂肪的 zhīfángde

Talglicht *n* 蜡烛 làzhú

Talisman *m* -s, -e 护身符 hùshēnfú,护身装饰物 hùshēn zhuāngshìwù,吉祥物 jíxiángwù

Talk [tɔ:k] *m* -s, -s 谈话 tánhuà,交谈 jiāotán

talken ['tɔ:kən] *vi* 谈话 tánhuà,交谈 jiāotán;(电视中)座谈 zuòtán,进行名人访谈 jìnxíng míngrén fǎngtán

Talk-Show ['tɔ:kʃo:] *f* -, -s (广播、电视的)谈话节目 tánhuà jiémù,电视座谈 diànshì zuòtán

tallieren *vt* 清点(货物) qīngdiǎn;(上货卸货时)点数 diǎnshǔ

Talsohle *f* 谷底 gǔdǐ;危机状态 wēijī zhuàngtài,(经济衰退到)最低点 zuìdīdiǎn

Talweg *m* 山谷间的小路 shāngǔ jiān de xiǎolù

Tango *m* -s, -s 探戈舞 tàngēwǔ

Tank *m* -s, -s (储液体的)容器 róngqì,槽 cáo,油箱 yóuxiāng;坦克 tǎnkè

tanken *vt*/*vi* 给…加汽油 gěi … jiā qìyóu,加油 jiāyóu

Tanker *m* -s, - 油船 yóuchuán,油轮 yóulún

Tankschiff *n* 油轮 yóulún

Tankstelle *f* 加油站 jiāyóuzhàn

Tankwagen *m* 贮油车 zhùyóuchē,油槽(或水槽)车 yóucáochē

T

Tanne *f* -, -n 冷杉 lěngshān，枞 cōng
Tannenbaum *m* 冷杉 lěngshān；圣诞树 shèngdànshù
Tansania 坦桑尼亚 Tǎnsāngníyà
Tansanier [...iər] *m* -s, - 坦桑尼亚人 tǎnsāngníyàrén
Tantalusqualen *pl* 坦塔罗斯的痛苦（指可望而不可即的痛苦，源出希腊神话，坦为宙斯之子，因泄露天机被罚永世站在上有果树的水中，水及下巴，口渴想喝水时水即减退，腹饥想吃果子时树枝即升高。）tǎntǎluósīde tòngkǔ
Tante *f* -, -n 姑母 gūmǔ；伯母 bómǔ；姨母 yímǔ；婶母 shěnmǔ；舅母 jiùmǔ；阿姨 āyí
Tantieme [tã'tiɛːmə] *f* -, -n 版税 bǎnshuì；演出费 yǎnchūfèi
Tanz *m* -es, ⸚e 舞 wǔ，舞蹈 wǔdǎo；舞曲 wǔqǔ；舞会 wǔhuì：zum ～ gehen 赴舞会
tanzeln *vi*(*h/s*) 跳跳蹦蹦地走 tiàotiaobèngbengde zǒu
tanzen I *vi*(*h/s*) 跳舞 tiàowǔ，舞蹈 wǔdǎo；跳向 tiàoxiàng **II** *vt* 跳（舞）tiào：Walzer ～ 跳华尔兹舞
Tänzer *m* -s, - 跳舞者 tiàowǔzhě；舞蹈演员 wǔdǎo yǎnyuán
Tanzlehrer *m* 舞蹈教师 wǔdǎo jiàoshī
Tanzmusik *f* 舞蹈音乐 wǔdǎo yīnyuè，舞曲 wǔqǔ
Tanzpartner *m* 舞伴 wǔbàn
Tanzsaal *m* 跳舞厅 tiàowǔtīng
Tanzschule *f* 舞蹈学校 wǔdǎo xuéxiào
Tapet *n* -(e)s, -e 台布 táibù：etw aufs ～ bringen 把某事提出来讨论
Tapete *f* -, -n 糊墙纸 húqiángzhǐ，糊壁布 húbìbù：die ～n wechseln 换住房，换工作
tapezieren *vt* 用纸裱糊 yòng zhǐ biǎohú，给…糊上墙纸 gěi … húshàng qiángzhǐ
Tapezierer *m* -s, - 裱糊匠 biǎohújiàng
Tapfe *f* -, -n 脚印 jiǎoyìn，足迹 zújì；鞋印 xiéyìn
Tapfen *m* -s, - = Tapfe
tapfer *adj* 勇敢的 yǒnggǎnde，大胆的 dàdǎnde，无畏的 wúwèide
Tapferkeit *f* 勇敢 yǒnggǎn，英勇 yīngyǒng，无畏 wúwèi
tappen *vi*(*s/h*) 摸索着走 mōsuǒzhe zǒu：im Dunkeln ～ 在黑暗中摸索
täppisch *adj* 笨拙的 bènzhuōde，手脚不灵活的 shǒujiǎo bù línghuó de，笨手笨脚的 bèn shǒu bèn jiǎo de，不灵巧的 bù língqiǎo de
tapsen *vi*(*s/h*) 笨拙地走 bènzhuōde zǒu，摸索着走 mōsuǒzhe zǒu
Tara *f* -, ...ren 皮重 pízhòng
Tarif *m* -s, -e 价目表 jiàmùbiǎo；收费表 shōufèibiǎo；工资等级表 gōngzī děngjíbiǎo；税率表 shuìlǜbiǎo
Tarifabkommen *n* 关税协定 guānshuì xiédìng；工资协定 gōngzī xiédìng
Tarifautonomie *f* 工资自主权 gōngzī zìzhǔquán，劳资协定自主权 láozī xiédìng zìzhǔquán
tariflich *adj* 按税率的 àn shuìlǜ de，按收费表的 àn shōufèibiǎo de
Tariflohn *m* 劳资协定工资 láozī xiédìng gōngzī
Tarifpartner *m* 劳资双方 láozī shuāngfāng
Tarifsatz *m* 税率 shuìlǜ，收费率 shōufèilǜ；运费率 yùnfèilǜ
Tarifvergünstigung *f* 关税优惠 guānshuì yōuhuì
Tarifverhandlung *f* 劳资谈判 láozī tánpàn
Tarifvertrag *m* 劳资协定 láozī xiédìng
tarnen *vt* 伪装 wěizhuāng；掩饰 yǎnshì，掩盖 yǎngài
Tarock *n/m* -s, - 杜洛克（一种纸牌游戏）dùluòkè
Tartanbahn *f* 塑料跑道 sùliào pǎodào，合成树脂体育运动场跑道 héchéng shùzhī tǐyù yùndòngchǎng pǎodào
Tasche *f* -, -n 衣袋 yīdài，口袋 kǒudai：tief in die ～ greifen(müssen) 大破费；jm auf der ～ liegen 寄人篱下，靠某人养活；手提包 shǒutíbāo，挎包 kuàbāo
Taschenbuch *n* 小笔记本 xiǎo bǐjìběn；袖珍本 xiùzhēnběn
Taschendieb *m* 扒手 páshǒu，小偷 xiǎotōu
Taschengeld *n* 零用钱 língyòngqián
Taschenlampe *f* 手电筒 shǒudiàntǒng
Taschenmesser *n* 小折刀 xiǎozhédāo
Taschenrechner *m* 袖珍计算机 xiùzhēn jìsuànjī
Taschenschirm *m* 折叠伞 zhédiésǎn
Taschentuch *n* 手帕 shǒupà
Taschenuhr *f* 怀表 huáibiǎo

Taschenwörterbuch *n* 袖珍词典 xiùzhēn cídiǎn

Tasse *f* -, -n 杯 bēi: eine ～ Kaffee [Tee] 一杯咖啡[茶]

Taste *f* -, -n 键 jiàn: die schwarzen [weißen] ～n am Klavier 钢琴上的黑[白]琴键

tasten I *vi* 用手摸索 yòng shǒu mōsuǒ II *rfl* 摸索着走 mōsuǒzhe zǒu

Tat *f* -, -en 行动 xíngdòng, 行为 xíngwéi; 功绩 gōngjì: ein Mann der ～ 实干家, 活动家; in der ～ 事实上, 实际, 确实

Tatbestand *m* 实情 shíqíng, 真相 zhēnxiàng; 构成犯罪的事实 gòuchéng fànzuì de shìshí

tatenlos *adj* 不做事的 bú zuòshì de, 闲着的 xiánzhede, 袖手旁观的 xiù shǒu páng guān de

Täter *m* -s, - 犯罪者 fànzuìzhě, 作案者 zuò'ànzhě

tätig *adj* 积极的 jījíde; 活动着的 huódòngzhede; 忙着的 mángzhede, 工作的 gōngzuòde: als Ingenieur [Lehrer] ～ sein 当工程师[教师]

Tätigkeit *f* -, -en 忙碌 mánglù, 活动 huódòng; 职业 zhíyè, 工作 gōngzuò: geistige [körperliche] ～ 脑力[体力]劳动

Tätigkeitsbereich *m* 工作范围 gōngzuò fànwéi; 活动范围 huódòng fànwéi

Tätigkeitsbericht *m* 业务报告 yèwù bàogào; 工作情况进展报告 gōngzuò qíngkuàng jìnzhǎn bàogào

Tatkraft *f* - 精力 jīnglì, 活力 huólì, 干劲 gànjìn

tatkräftig *adj* 有力的 yǒulìde; 精力旺盛的 jīnglì wàngshèng de

tätlich *adj* 动手打人的 dòngshǒu dǎ rén de, 动武的 dòngwǔde

Tatort *m* 作案现场 zuò'àn xiànchǎng

tätowieren *vt* 刺花纹于… cì huāwén yú…, 在…上刺花纹 zài … shang cì huāwén, 给…文身 gěi … wénshen

Tätowierung *f* -, -en 文身 wénshēn, 黥墨 qíng mò

Tatsache *f* 事实 shìshí, 真相 zhēnxiàng: jn vor vollendete ～n stellen 使某人面对既成事实, 先斩后奏

Tatsachenverzerrung *f* 歪曲事实 wāiqū shìshí

tatsächlich I *adj* 实际的 shíjìde, 真实的 zhēnshíde, 确实的 quèshíde: der ～e Grund 真实的原因 II *adv* 确实 quèshí, 实在 shízài, 实际上 shíjìshang: es ist ～ wahr 这确实是真的

Tatze *f* -, -n 爪子 zhuǎzi, 脚爪子 jiǎozhuǎzi, 兽掌 shòuzhǎng

Tau I *m* -(e)s 露水 lùshui II *n* -(e)s, -e 缆索 shéngsuǒ, 缆绳 lǎnshéng

taub *adj* 聋的 lóngde: gegen etw ～ sein 对某事充耳不闻; ～en Ohren predigen 对牛弹琴, 白费口舌; 麻木的 mámùde; 空的 kōngde, 不结果实的 bù jié guǒshí de

Taube *f* -, -n 鸽子 gēzi

Tauben *pl* 鸽派 gēpài, (政治、军事的)温和派 wēnhuopài

Taubheit *f* 耳聋 ěrlóng; 麻木 mámù; 无果实 wú guǒshí

taubstumm *adj* 聋哑的 lóngyǎde

Taubstumme *m/f* (按形容词变化)聋哑人 lóngyǎren

Taubstummenschule *f* 聋哑学校 lóngyǎ xuéxiào

Taubstummensprache *f* 哑语 yǎyǔ

tauchen I *vi* (*h/s*) 潜水 qiánshuǐ, 潜入水中 qiánrù shuǐzhōng II *vt* 把…浸入…中 bǎ … jìnrù … zhōng: die Hand ins Wasser ～ 把手浸入水中

Taucher *m* -s, - 潜水员 qiánshuǐyuán

tauen *vi* (*h/s*) (冰、雪)融化 rónghuà; 下露水 xià lùshui, 降露 jiàng lù

Taufe *f* -, -n 洗礼 xǐlǐ, 浸礼 jìnlǐ: die ～ empfangen (或 erhalten) 受洗礼; 命名仪式 mìngmíng yíshì

taufen *vt* 给…施洗礼 gěi … shī xǐlǐ; 命名 mìngmíng

Taufname *m* 教名 jiàomíng

taugen *vi* 有用 yǒuyòng, 适用 shìyòng: das taugt zu nichts 这毫无用处

Taugenichts *m* -(es), -e 无用之辈 wúyòng zhī bèi, 饭桶 fàntǒng

tauglich *adj* 适合的 shìhéde, 合适的 héshìde, 适宜的 shìyíde, 有用的 yǒuyòngde

Taumel *m* -s 眩晕 xuànyùn, 头晕 tóuyūn; 踉跄 liàngqiàng; 狂喜 kuángxǐ, 兴奋 xīngfèn

taumelig *adj* 头晕的 tóuyūnde

taumeln *vi* (*h/s*) 摇摇晃晃地走 yáoyaohuànghuangde zǒu, 踉跄 liàngqiàng

Tausch *m* -(e)s, -e 交换 jiāohuàn: einen ～ vornehmen 进行交换

Tauschabkommen *n* 易货协定 yìhuò xiédìng

tauschen *vt* 交换 jiāohuàn: Waren [Wohnungen] ～ 交换货物[住房]

täuschen I *vt* 迷惑 míhuò,蒙 mēng,欺骗 qīpiàn: sie ist leicht zu ～ 她极易上当受骗 II *rfl* 弄错 nòngcuò,上当 shàngdàng,误会 wùhuì

Tauschgeschäft *n* 交易 jiāoyì,实物交易 shíwù jiāoyì

Tauschhandel *m* 易货贸易 yì huò màoyì,物物交换 wùwù jiāohuàn

Tauschpartner *m* 贸易对手 màoyì duìshǒu

Täuschung *f* -, -en 欺骗 qīpiàn,蒙蔽 méngbì;错觉 cuòjué,假象 jiǎxiàng

Täuschungsmanöver *n* 欺骗手段 qīpiàn shǒuduàn,骗局 piànjú

Tauschwirtschaft *f* 易货经济 yìhuò jīngjì

tausend *num* 一千 yīqiān;很多 hěnduō: Tausend Dank! 万分感谢!

Tausend *n* -(e)s, - / -e 一千 yīqiān

Tausendfüßler *m* -s, - 千足虫(如蜈蚣) qiānzúchóng

tausendmal *adv* 千次地 qiāncìde,千遍地 qiānbiànde: ich danke Ihnen ～ 我万分感谢您

Tauwetter *n* (冰雪融化时的)温暖气候 wēnnuǎn qìhòu;解冻(时期) jiědòng

Tauziehen *n* -s 拔河比赛 báhé bǐsài

Taxameter *m* 计程表 jìchéngbiǎo

Taxation *f* -, -en 估价 gūjià,定价 dìngjià

Taxator *m* -s, ...oren 估价者 gūjiàzhě,估价员 gūjiàyuán

Taxe *f* -, -n 估价 gūjià;估定的价格 gūdìngde jiàgé,定价 dìngjià;(应付的)费 fèi,税 shuì

Tax-free-shop [tæks'fri:ʃɔp] *m* (=Duty-free-shop) 免税商店 miǎnshuì shāngdiàn

taxfrei *adj* 免税的 miǎnshuìde,无税的 wúshuìde

Taxi *n* -s, -s 出租车 chūzūchē: ein ～ bestellen 定一辆出租车

taxierbar *adj* 可估价的 kě gūjià de,可估量的 kě gūliáng de

taxieren *vt* 估计 gūjì;估价 gūjià;打量 dǎliang,审视 shěnshì

Taxifahrer *m* 出租车驾驶员 chūzūchē jiàshǐyuán,出租车司机 chūzūchē sījī

Taxigirl [...gə:l] *n* -s, -s 陪舞女郎 péiwǔ nǚláng,(隐语)妓女 jìnǚ

Team [ti:m] *n* -s, -s 队 duì;组 zǔ

Teamwork ['ti:mwə:k] *n* -s 合作 hézuò,协力 xiélì,小组协力工作 xiǎozǔ xiélì gōngzuò,集体工作 jítǐ gōngzuò

Tearoom ['ti:ru:m] *m* -s, -s 茶室 cháshì,茶馆 cháguǎn

Technik *f* -, -en 技术 jìshù;技术装备 jìshù zhuāngbèi;技巧 jìqiǎo,技能 jìnéng,技艺 jìyì

Techniker *m* -s, - 技术员 jìshùyuán,技师 jìshī;技术工人 jìshù gōngrén

technisch *adj* 技术的 jìshùde,工程的 gōngchéngde;技术上的 jìshùshangde

technisieren *vt* 使机械化 shǐ jīxièhuà;给…投入技术力量 gěi … tóurù jìshù lìliang

Technisierung *f* - 机械化 jīxièhuà

Technologe *m* -n, -n 技术专家 jìshù zhuānjiā;工艺学家 gōngyìxuéjiā

technologisch *adj* 工艺的 gōngyìde,工艺学上的 gōngyìxuéshangde

Techtelmechtel *n* -s, - (不正当的)男女关系 nánnǚ guānxì,风流韵事 fēngliú yùnshì

Teddybär *m* 玩具熊 wánjùxióng

Tee *m* -s, -s 茶叶 cháyè: grüner [schwarzer] ～ 绿[红]茶;茶 chá;茶会 cháhuì

Teebeutel *m* 袋泡茶 dàipàochá,袋装茶叶 dàizhuāng cháyè

Teebuchse *f* 茶叶罐 cháyèguàn

Teegebäck *n* 茶点 chádiǎn

Teehaus *n* 茶馆 cháguǎn

Teekanne *f* 茶壶 cháhú

Teekessel *m* (尤指烧沏茶水的)烧水壶 shāoshuǐhú

Teelöffel *m* 茶匙 cháchí

Teenager ['ti:neɪdʒə] *m* -s, - (13至19岁的)青少年 qīngshàonián

Teenager-Sprache *f* 青少年用语 qīngshàonián yòngyǔ

Teer *m* -(e)s, -e 焦油 jiāoyóu;沥青 lìqīng,柏油 bǎiyóu

Teerose *f* 月季花 yuèjìhuā

Teetasse *f* 茶杯 chábēi

Teich *m* -(e)s, -e 池塘 chítáng,水池 shuǐchí

Teig *m* -(e)s, -e 生面团 shēngmiàntuán

Teigwaren *pl* 面食 miànshí

Teil *m*/*n* -(e)s, -e 部分 bùfen: ich für

mein (en) ～ stimme zu 就我这方面来讲是同意的; zum größten ～ 极大部分地份 fèn, 份额 fèn'é; 部件 bùjiàn, 零件 língjiàn; 一方 yīfāng; 当事人 dāngshìrén

Teilautomatisierung *f* 半自动化 bànzìdònghuà, 部分自动化 bùfen zìdònghuà

teilen I *vt* 分开 fēnkāi, 等分 děngfēn: einen Apfel in vier Stücke ～ 将一只苹果分成四块; 共有 gòngyǒu, 共享 gòngxiǎng; 分担 fēndān: sie haben Freude und Leid miteinander geteilt 他们同甘共苦 II *rfl* 分开 fēnkāi: die Straße teilt sich 道路岔开了; 分担 fēndān: sich in die Arbeit ～ 分担工作

teilhaben* *vi* 分享 fēnxiǎng, 分得 fēndé; 参与 cānyù, 参加 cānjiā: an der Macht ～ 参与执政

Teilhaber *m* -s, - 合伙人 héhuǒrén, 合股人 hégǔrén, 股东 gǔdōng

Teilhaberschaft *f* -, -en 合伙关系 héhuǒ guānxì, 伙伴关系 huǒbàn guānxì 合股关系 hégǔ guānxì

Teilnahme *f* - 参加 cānjiā, 参与 cānyù, 合作 hézuò; 兴趣 xìngqù, 关心 guānxīn; 同情 tóngqíng

teilnahmslos *adj* 冷淡的 lěngdànde 漠视的 mòshìde, 漠不关心的 mò bù guānxīn de

teilnahmsvoll *adj* 非常关心的 fēicháng guānxīn de, 充满同情的 chōngmǎn tóngqíng de

teilnehmen* *vi* 参加 cānjiā, 参与 cānyù: an einer Versammlung ～ 参加一次集会; 同情 tóngqíng, 关心 guānxīn, 分享 fēnxiǎng: an js Freude ～ 分享某人的快乐

Teilnehmer *m* 参加者 cānjiāzhě, 参与者 cānyùzhě

Teilnehmerland *n* 参加国 cānjiāguó

Teilnehmerzahl *f* 出席人数 chūxí rénshù, 参加人数 cānjiā rénshù

teils *adv* 部分地 bùfende, 一部分 yībùfen: ～ neue, ～ alte Bücher wurden verkauft 卖掉了一部分新书, 一部分旧书

Teilung *f* -, -en 分 fēn, 分开 fēnkāi; 分裂 fēnliè

Teilverladung *f* 分批装运 fēnpī zhuāngyùn

Teilversicherung *f* 部分保险 bùfen bǎoxiǎn

teilweise *adv* 部分地 bùfende, 一部分 yībùfen: die Arbeit ist erst ～ fertig 工作才完成了部分

Teilzahlung *f* 分期付款 fēnqī fùkuǎn: etw auf ～ kaufen 以分期付款方式购买某物

Teilzeitschule *f* 非全日制学校 fēi quánrìzhì xuéxiào

Teint [tɛ̃:] *m* -s, -s 肤色 fūsè, 脸色 liǎnsè, 面容 miànróng

Telebild *n* 传真照片 chuánzhēn zhàopiàn

Telefax *n* -, -(e) 传真件 chuánzhēnjiàn; 传真机 chuánzhēnjī; 传真设备 chuánzhēn shèbèi

telefaxen *vt*/*vi* 发传真 fā chuánzhēn: einen Brief ～ 传真发封信

Telefon *n* -s, -e 电话 diànhuà; 电话机 diànhuàjī

Telefonbuch *n* 电话(号码)簿 diànhuàbù

Telefongebühren *pl* 电话费 diànhuàfèi

Telefongespräch *n* 电话通话 diànhuà tōnghuà

Telefonhörer *m* 电话筒 diànhuàtǒng

telefonieren *vi* 打电话 dǎdiànhuà, 通电话 tōngdiànhuà: mit jm ～ 和某人通电话

Telefonzelle *f* 电话间 diànhuàjiān, 电话亭 diànhuàtíng

Telefonzentrale *f* 电话总机 diànhuà zǒngjī

telegen *adj* 适于拍电视的 shì yú pāi diànshì de, 适于上电视镜头的 shì yú shàng diànshì jìngtóu de

Telegramm *n* -s, -e 电报 diànbào: ein ～ aufgeben 打一个电报

Telegraphenamt *n* 电报局 diànbàojú

telegraphieren *vt*/*vi* 打电报给… dǎ diànbào gěi …, 拍电报告诉… pāidiànbào gàosu …

telegraphisch *adj* 电报的 diànbàode, 用电报的 yòng diànbào de

Telekolleg *n* 电视讲座 diànshì jiǎngzuò; 电视大学 diànshì dàxué

Telekom *f* - (德国)电信公司 diànxìn gōngsī

Telephon *n* = Telefon

Teleskop *n* -s, -e 望远镜 wàngyuǎnjìng

Telespiel *n* 电子游戏 diànzǐ yóuxì, 电子游戏装置 diànzǐ yóuxì zhuāngzhì

T

Telespieler *m* 玩电子游戏的人 wán diànzǐ yóuxì de rén
Television *f* - 电视 diànshì
televisionieren *vt* （瑞士）转播电视节目 zhuǎnbō diànshì jiémù
Telex *n* -, -(e) 电传 diànchuán；电传机 diànchuánjī
telexen *vt/vi* 打电传 dǎdiànchuán：einen Brief ～ 电传一封信
Telexnetz *n* 电传网络 diànchuán wǎngluò
Teller *m* -s, - 碟 dié，盆 pén，盘 pán
Tempel *m* -s, - 庙宇 miàoyǔ，寺院 sìyuàn：jn zum ～ hinausjagen 把某人愤怒地（从屋里）赶出去
Temperament *n* -s, -e 性格活泼 xìnggé huópo，热情 rèqíng，活跃 huóyuè；气质 qìzhì，禀性 bǐngxìng，性格 xìnggé
temperamentlos *adj* 毫无热情的 háowú rèqíng de
temperamentvoll *adj* 充满激情的 chōngmǎn jīqíng de
Temperatur *f* -, -en 温度 wēndù，气温 qìwēn；热度 rèdù
Tempo *n* -s, -s 速度 sùdù；（音乐）拍子 pāizi，节拍 jiépāi
Tempolimit *n* 限制（汽车）速度 xiànzhì sùdù，允许的最高速度 yǔnxǔde zuìgāo sùdù
temporal *adj* 时态的 shítàide；时间的 shíjiānde
Temporalbestimmung *f* 时间状语 shíjiān zhuàngyǔ
Temporalsatz *m* 时间状语从句 shíjiān zhuàngyǔ cóngjù
Tempus *n* -, ...pora 动词时态 dòngcí shítài
Tendenz *f* -, -en 倾向 qīngxiàng，趋势 qūshì；意图 yìtú，意向 yìxiàng
tendenziös *adj* 有倾向性的 yǒu qīngxiàngxìng de
Tendenzprognose *f* 趋势预测 qūshì yùcè
Tenne *f* -, -n 打谷场 dǎgǔchǎng
Tennis *n* - 网球 wǎngqiú；网球运动 wǎngqiú yùndòng
Tennisplatz *m* 网球场 wǎngqiúchǎng
Tennisschläger *m* 网球拍 wǎngqiúpāi
Tennisschuh *m* 网球鞋 wǎngqiúxié
Tenor *m* -s, -e 男高音 nángāoyīn；男高音歌唱家 nángāoyīn gēchàngjiā
Teppich *m* -s, -e 地毯 dìtǎn，（南德）羊毛毯 yángmáotǎn
Teratologie *f* - 畸形学 jīxíngxué，畸胎学 jītāixué
Termin *m* -s, -e 日期 rìqī，期限 qīxiàn，约会 yuēhuì；（法院规定的）审期 shěnqī，审讯 shěnxùn；交货期 jiāohuòqī
terminal *adj* 末端的 mòduānde，终端的 zhōngduānde，结尾的 jiéwěide
Terminal *m/n* -s, -s 计算机终端设备 jìsuànjī zhōngduān shèbèi；候机大厅 hòujī dàtīng
Terminbörse *f* 交易所的期货市场 jiāoyìsuǒ de qīhuò shìchǎng
Termineinlagen *pl* 定期存款 dìngqī cúnkuǎn，定期储蓄 dìngqī chǔxù
Termingeldkonto *n* 定期存款账户 dìngqī cúnkuǎn zhànghù
termingemäß *adj* 按时的 ànshíde，按期的 ànqīde
termingerecht *adj* 按时的 ànshíde，准时的 zhǔnshíde，按期的 ànqīde
Termingeschäft *n* 期货交易 qīhuò jiāoyì，定期交易 dìngqī jiāoyì
Terminguthaben *n* 定期存款 dìngqī cúnkuǎn
Terminhandel *m* = Termingeschäft
Terminkalender *m* 记事日历 jìshì rìlì，记事本 jìshìběn
Terminmarkt *m* 期货市场 qīhuò shìchǎng
Terminologie *f* -, -n 术语 shùyǔ，专业用语 zhuānyè yòngyǔ；术语学 shùyǔxué
Terminwaren *pl* 期货 qīhuò
Terminwechsel *m* 定期汇票 dìngqī huìpiào
Terrain [...'rɛ̃ː] *n* -s, -s 地区 dìqū，地域 dìyù，地带 dìdài；领域 lǐngyù，范围 fànwéi：das ～ sondieren 小心摸清情况；～ verlieren 丧失优势；～ gewinnen 获得优势
Terrasse *f* -, -n 梯地 tīdì；平台 píngtái，阳台 yángtái，露台 lùtái，屋顶平台 wūdǐng píngtái
territorial *adj* 领土的 lǐngtǔde，领域的 lǐngyùde
Territorialgewässer *n* 领海 lǐnghǎi
Territorium *n* -s, ...ien 领土 lǐngtǔ，版图 bǎntú；地盘 dìpán，领域 lǐngyù
Terror *m* -s 恐怖 kǒngbù，暴政 bàozhèng
terrorisieren *vt* 施以暴政 shī yǐ bàozhèng；威吓 wēihè，威胁 wēixié，恐吓

kǒnghè，胁迫 xiépò

Terrorismus *m* - 恐怖主义 kǒngbù zhǔyì

Terrorist *m* -en，-en 恐怖主义者 kǒngbù zhǔyì zhě

Terzett *n* -(e)s，-e 三重唱 sānchóngchàng，三人重唱组 sānrén chóngchàngzǔ

Test *m* -(e)s，-s / -e 测试 cèshì；检验 jiǎnyàn，检测 jiǎncè

Testament *n* -(e)s，-e 遗嘱 yízhǔ；旧约或新约全书 jiùyuē huò xīnyuē quánshū

testamentarisch *adj* 遗嘱规定的 yízhǔ guīdìng de

Testamentsvollstrecker *m* 遗嘱执行人 yízhǔ zhíxíngrén

Testator *m* -s，...oren 立有遗嘱者 lì yǒu yízhǔ zhě，留有遗嘱者 liú yǒu yízhǔ zhě

testen *vt* 试验 shìyàn，测试 cèshì，检验 jiǎnyàn：eine Atombombe ～ 进行原子弹试验

Tester *m* -s，- 检验者 jiǎnyànzhě，检查者 jiǎncházhě，进行测试的人 jìnxíng cèshì de rén

Testfahrer *m* （汽车）试车员 shìchēyuán

Testladen *m* 试销商店 shìxiāo shāngdiàn；试行开业商店 shìxíng kāiyè shāngdiàn

Testmarkt *m* 新产品试销市场 xīnchǎnpǐn shìxiāo shìchǎng

Testperson *f* 被测试的人 bèi cèshì de rén

Testpilot *m* （飞机）试飞飞行员 shìfēi fēixíngyuán

Teststopp *m* 停止核试验 tíngzhǐ héshìyàn

Teststoppabkommen *n* 停止核试验协定 tíngzhǐ héshìyàn xiédìng

Teststoppvertrag *m* 停止核试验条约 tíngzhǐ héshìyàn tiáoyuē

Testverbot *n* 禁止核试验 jìnzhǐ héshìyàn

Tetanus *m* - 破伤风 pòshāngfēng

teuer *adj* 贵的 guìde，昂贵的 ángguìde；珍贵的 zhēnguìde，可贵的 kěguìde；可爱的 kě'àide，亲爱的 qīn'àide：mein Auto ist mir lieb und ～ 他很珍爱他的汽车

Teuerung *f* -，-en 物价上涨 wùjià shàngzhǎng，涨价 zhǎngjià

Teufel *m* -s，- 鬼 guǐ，魔鬼 móguǐ：Der ～ soll dich holen！见你的鬼去！Zum ～！见鬼去！滚开！

Teufelei *f* -，-en 残酷行为 cánkù xíngwéi

Teufelskerl *m* 好汉 hǎohàn，硬汉 yìnghàn

Teufelskreis *m* 恶性循环 èxìng xúnhuán

teuflisch *adj* 恶魔的 èmóde，恶魔般的 èmóbānde；残酷的 cánkùde，残忍的 cánrěnde

Text *m* -es，-e 课文 kèwén；文 wén，文章 wénzhāng，本文 běnwén；歌词 gēcí；解说词 jiěshuōcí

texten *vt* / *vi* 写广告词 xiě guǎnggàocí；为流行歌曲配词 wèi liúxíng gēqǔ pèi cí

Texter *m* -s，-（广告语等）撰稿者 zhuàngǎozhě；（流行歌曲）作词者 zuòcízhě

Textilarbeiter *m* 纺织工人 fǎngzhī gōngrén

Textilfabrik *f* 纺织厂 fǎngzhīchǎng

textilfrei *adj* （戏谑）裸体的 luǒtǐde，赤裸裸的 chìluǒluǒde

Textilien *pl* 纺织品 fǎngzhīpǐn，纺织物 fǎngzhīwù

Textilindustrie *f* 纺织工业 fǎngzhī gōngyè

Textilmesse *f* 纺织品展销会 fǎngzhīpǐn zhǎnxiāohuì

Textilwaren *pl* 纺织品 fǎngzhīpǐn，纺织物 fǎngzhīwù

Textlinguistik *f* 话语语言学 huàyǔ yǔyánxué，篇章语言学 piānzhāng yǔyánxué，章法学 zhāngfǎxué

Textur *f* -，-en（织物的）组织 zǔzhī，结构 jiégòu，质地 zhìdì；（材料等的）构造 gòuzào，构成 gòuchéng

Tezett *n* -，-（用于短语）bis zum（或 bis ins）～ 完全地，彻底地

Thailand 泰国 Tàiguó

Thailänder *m* -s，- 泰国人 tàiguórén

Thanatologie *f* 死亡学 sǐwángxué

Theater *n* -s，- 戏院 xìyuàn，剧场 jùchǎng；全场观众 quánchǎng guānzhòng；剧团 jùtuán；戏剧 xìjù；演出 yǎnchū：ins ～ gehen 去看戏；～ spielen 做戏，在演戏；Mach kein ～！别装模作样！别故意做作！

Theaterdichter *m* 剧作家 jùzuòjiā

Theaterkarte *f* 戏票 xìpiào

Theaterkasse *f* 戏院售票处 xìyuàn

T

shòupiàochù
Theaterkritik *f* 戏剧评论 xìjù pínglùn
Theaterschaffende *m/f*（按形容词变化）戏剧艺术工作者 xìjù yìshù gōngzuòzhě
Theaterstreich *m* 戏剧性事件 xìjùxìng shìjiàn，突然事变 tūrán shìbiàn
Theaterstück *n* 剧本 jùběn，戏本 xìběn
Theaterwesen *n* 戏剧事业 xìjù shìyè
Theaterwissenschaft *f* 戏剧（史）学 xìjùxué
Theaterwissenschaftler *m* 戏剧（史）学家 xìjùxuéjiā
theatralisch *adj* 舞台的 wǔtáide；适于上演的 shì yú shàngyǎn de；矫揉造作的 jiǎo róu zào zuò de，装腔作势的 zhuāng qiāng zuò shì de，过分做作的 guòfèn zuòzuo de
Theke *f* -，-n（酒吧间的）酒台 jiǔtái；（商店的）柜台 guìtái
Thema *n* -s，…men 题目 tímù，主题 zhǔtí；乐曲主题 yuèqǔ zhǔtí；主旋律 zhǔxuánlǜ
Thematik *f* -，-en 题材范围 tícái fànwéi；主题表现手法 zhǔtí biǎoxiàn shǒufǎ
thematisch *adj* 主题的 zhǔtíde，题目的 tímùde
Theologie *f* -，-n 神学 shénxué
Theoretiker *m* -s，- 理论家 lǐlùnjiā
theoretisch *adj* 理论上的 lǐlùnshangde，理论的 lǐlùnde
Theorie *f* -，-n 理论 lǐlùn；学理 xuélǐ，学说 xuéshuō
Therapie *f* -，-n 治疗 zhìliáo，疗法 liáofǎ
Thermalbad *n* 温泉浴 wēnquányù；温泉浴场 wēnquán yùchǎng
Thermobehälter *m* 保温容器 bǎowēn róngqì，保温瓶（杯）bǎowēnpíng
Thermometer *n* -s，- 温度计 wēndùjì，寒暑表 hánshǔbiǎo；体温计 tǐwēnjì，体温表 tǐwēnbiǎo
Thermoplast *m* -en，-en 热塑性塑料 rèsùxìng sùliào
Thermosflasche *f* 热水瓶 rèshuǐpíng，暖水瓶 nuǎnshuǐpíng
thesaurieren *vt* 积累 jīlěi，积聚 jījù；贮存 zhùcún，贮藏 zhùcáng
Thesaurierung *f* 积累 jīlěi，积聚 jījù；贮存 zhùcún，贮藏 zhùcáng
These *f* -，-n 命题 mìngtí；论点 lùndiǎn，论断 lùnduàn
Thron *m* -(e)s，-e 王位 wángwèi；御座 yùzuò；（戏谑）夜壶 yèhú，便壶 biànhú
Thunfisch *m* 金枪鱼 jīnqiāngyú
Tick *m* -s，-s 抽搐 chōuchù，痉挛（尤指面部）jìngluán；怪念头 guài niàntou；怪癖 guàipì
ticken *vi*（钟、表）发出滴答声 fāchū dīdāshēng；（用…）敲（出声）qiāo：mit dem Bleistift ～ 用铅笔敲出声
Ticket *n* -s，-s 票 piào，券 quàn；车票 chēpiào；船票 chuánpiào；飞机票 fēijīpiào；入场券 rùchǎngquàn
tief *adj* 深的 shēnde；低的 dīde；低沉的 dīchénde；深刻的 shēnkède，深沉的 shēnchénde；沉重的 chénzhòngde：er ist ～ gefallen（或 gesunken）他堕落得很深；bis ～ in die Nacht 直到深夜
Tiefe *f* -，-n 深 shēn；深度 shēndù；深渊 shēnyuān；内心深处 nèixīn shēnchù；低沉 dīchén
Tiefebene *f* 低地 dīdì，低原 dīyuán
Tiefenpsychologie *f* 精神分析学 jīngshén fēnxīxué
Tiefgarage [… garaːʒə] *f* 地下（汽）车库 dìxià chēkù
tiefgefrieren* *vt* 低温冷冻 dīwēn lěngdòng，深冻 shēndòng
tiefgefrostet *adj* 冷冻的 lěngdòngde
tiefgekühlt *adj* 冷藏的 lěngcángde
tiefgreifend *adj* 深入的 shēnrùde，深刻的 shēnkède，彻底的 chèdǐde
Tiefkühlfach *n*（冰箱的）冷冻格 lěngdònggé，速冻格 sùdònggé
Tiefkühlkost *f* 冷冻食品 lěngdòng shípǐn，冷藏食物 lěngcáng shíwù
Tiefkühlschrank *m* 冷冻冰箱 lěngdòng bīngxiāng；低温冷藏箱 dīwēn lěngcángxiāng
Tiefkühltruhe *f* 冷藏箱 lěngcángxiāng，冷冻箱 lěngdòngxiāng，深冻柜 shēndòngguì
Tiefladewagen *m*（装运大型机器的）平板车 píngbǎnchē
Tiefland *n* 低地 dīdì
Tiefsee *f* 深海 shēnhǎi
Tiefstand *m* 低水位 dīshuǐwèi；低水平 dīshuǐpíng，低点 dīdiǎn
Tiefstapelei *f* 谦虚（故意缩小某事的意义，克制地讲述自己的成绩、能力等）qiānxū，低估 dīgū，（故意）少说 shǎo shuō

tiefstapeln *vi*（故意）少说 shǎo shuō，低估 dīgū

Tiefstpreis *m* 最低价 zuìdījià

Tiefwasserhafen *m* 深水港 shēnshuǐgǎng

Tier *n*-(e)s，-e 动物 dòngwù，兽 shòu，牲畜 shēngchù

Tierarzt *m* 兽医 shòuyī

Tierschutzgebiet *n* 动物保护区 dòngwù bǎohùqū

Tierschutzgesetz *n* 动物保护法 dòngwù bǎohùfǎ

Tierzucht *f* 饲养牲畜 sìyǎng shēngchù；畜牧业 xùmùyè

Tiger *m*-s，- 虎 hǔ

tilgbar *adj* 可消灭的 kě xiāomiè de；可清除的 kě qīngchú de；可偿还的 kě chánghuán de

tilgen *vt* 消灭 xiāomiè，清除 qīngchú，抹去 mǒqù；偿还 chánghuán，偿付 chángfù

Tilgung *f*-，-en 消灭 xiāomiè，清除 qīngchú，抹去 mǒqù；偿还 chánghuán，清偿 qīngcháng

Tinte *f*-，-n 墨水 mòshuǐ：in der ～ sitzen 处于困境

Tip *m*-s，-s 提示 tíshì，暗示 ànshì；建议 jiànyì，忠告 zhōnggào

tippen I *vi* 轻叩 qīngkòu，轻击 qīngjī；打字 dǎzì；猜想 cāixiǎng，揣测 chuǎicè；打赌 dǎdǔ II *vt*（在打字机上）打 dǎ

tipptopp *adj* 整洁的 zhěngjiéde，干净利落的 gānjìng lìluo de；第一流的 dìyīliúde，出色的 chūsède

Tisch *m*-es，-e 桌子 zhuōzi，台子 táizi；餐桌 cānzhuō；就餐 jiùcān：zu ～ gehen 去吃饭；bei ～ 在吃饭时；der ～ war schon gedeckt 饭菜已准备好了；reinen ～ mit etw machen 澄清某事，解决某事

Tischdecke *f* 桌布 zhuōbù，台布 táibù

Tischgesellschaft *f* 宴会 yànhuì

Tischlampe *f* 台灯 táidēng

Tischler *m*-s，- 木匠 mùjiang，细木工人 xìmùgōngrén，家具工人 jiājù gōngrén

Tischlerei *f*-，-en 细木工 xìmùgōng；细木工场 xìmù gōngchǎng

Tischrechner *m* 台式电子计算机 táishì diànzǐ jìsuànjī

Tischrede *f* 宴会上讲话 yànhuìshang jiǎnghuà

Tischtennis *n* 乒乓球运动 pīngpāngqiú yùndòng，乒乓球 pīngpāngqiú

Tischtuch *n* 桌布 zhuōbù，台布 táibù

Tischzeit *f* 午餐时间 wǔcān shíjiān

Titel *m*-s，- 头衔 tóuxián，称号 chēnghào；书名 shūmíng，标题 biāotí；条款 tiáokuǎn

Toast [to:st] *n*-es，-e / -s 吐司 tǔsī，烤面包（片）kǎomiànbāo；敬酒 jìngjiǔ，干杯 gānbēi；祝酒词 zhùjiǔcí

toasten [ˈto:stən] I *vt* 烤 kǎo，烘 hōng II *vi* 举杯祝酒

Toaster [ˈto:stər] *m*-s，- 烤面包器 kǎomiànbāoqì，烤面包电炉 kǎomiànbāo diànlú

toben *vi*(*h*/*s*) 狂吼 kuánghǒu，怒号 nùháo，咆哮 páoxiào；汹涌 xiōngyǒng；嬉闹 xīnào；喧哗 xuānhuá

Tobsucht *f* - 发狂 fākuáng，狂暴 kuángbào，躁狂 zàokuáng

Tochter *f*-，⸚ 女儿 nǚ'ér；子女公司 zǐnǚ gōngsī

Tochterfirma *f* 子公司 zǐgōngsī，分公司 fēngōngsī

Tochtergesellschaft *f* = Tochterfirma

Tod *m*-es，-e 死 sǐ，死亡 sǐwáng：Kampf auf ～ und Leben 生死搏斗；mit dem ～e ringen 与病魔搏斗，生命垂危；死神 sǐshén

Todesangst *f* 怕死 pàsǐ；极度恐惧 jídù kǒngjù

Todesanzeige *f* 讣告 fùgào

Todeskampf *m* 垂死挣扎 chuísǐ zhēngzhá，殊死斗争 shūsǐ dòuzhēng

Todeskandidat *m* 临终之人 línzhōng zhī rén，濒死的人 bīnsǐ de rén

Todesstrafe *f* 死刑 sǐxíng

Todestag *m* 逝世日 shìshìrì，忌日 jìrì

Todesursache *f* 死亡原因 sǐwáng yuányīn

Todesurteil *n* 判处死刑 pànchǔ sǐxíng

Todfeind *m* 死敌 sǐdí，不共戴天的敌人 bù gòng dài tiān de dírén

todkrank *adj* 病危的 bìngwēide

tödlich *adj* 致命的 zhìmìngde，要命的 yàomìngde；威胁生命的 wēixié shēngmìng de；非常的 fēichángde，极其的 jíqíde

todmüde *adj* 精疲力竭的 jīng pí lì jié de，极度疲倦的 jídù píjuàn de

todsicher *adj* 极有把握的 jí yǒu bǎwò de

Togo 多哥 Duōgē

Togoer *m*-s，- 多哥人 duōgērén

Tohuwabohu *n* -(s), -s 一片混乱 yī piàn hùnluǎn,杂乱无章 záluàn wú zhāng

Toilette [toaˈlɛtə] *f* -, -n 盥洗室 guànxǐshì,厕所 cèsuǒ;马桶 mǎtǒng;考究的服装 kǎojiude fúzhuāng;梳妆打扮 shūzhuāng dǎban: ～ machen 梳妆打扮

Toilettenartikel *pl* 化妆品 huàzhuāngpǐn

Toilettenpapier *n* 手纸 shǒuzhǐ,卫生纸 wèishēngzhǐ

Toilettenseife *f* 香皂 xiāngzào

Toilettentisch *m* 梳妆台 shūzhuāngtái

tolerant *adj* 宽容的 kuānróngde,胸襟宽大的 xiōngjīn kuāndà de,大度的 dàdùde

Toleranz *f* -, -en 宽容 kuānróng,宽恕 kuānshù,胸襟宽大 xiōngjīn kuāndà,大度 dàdù

toll *adj* 疯狂的 fēngkuángde,疯的 fēngde: ～ sein 发疯的;棒极了 bàngjíle,好极了 hǎojíle,了不起的 liǎobuqǐde,绝妙的 juémiàode,难以想像的 nányǐ xiǎngxiàng de: das ist ja ～ 这真是妙极了

Tollhaus *n* 疯人院 fēngrényuàn

Tollheit *f* 疯狂 fēngkuáng;疯狂行为 fēngkuáng xíngwéi

tollkühn *adj* 勇敢大胆的 yǒnggǎn dàdǎn de,无畏的 wúwèide,勇猛的 yǒngměngde

Tollwut *f* 狂犬病 kuángquǎnbìng

Tolpatsch *m* -es, -e 笨手笨脚的人 bèn shǒu bèn jiǎo de rén

tolpatschig *adj* 笨手笨脚的 bèn shǒu bèn jiǎo de,不灵活的 bù línghuóde

Tölpel *m* -s, - 笨人 bènrén,笨蛋 bèndàn

tölpelhaft *adj* 笨拙的 bènzhuōde,手脚不灵活的 shǒujiǎo bù línghuó de

Tomate *f* -, -en 西红柿 xīhóngshì,番茄 fānqié

Tombola *f* -, -s (尤指慈善活动、义卖活动中的)抽奖 chōujiǎng,抽彩 chōucǎi

Ton *m* -(e)s, ¨-e 声 shēng,声音 shēngyīn: er gab keinen ～ von sich 他一声不吭,他一句话也不讲;音 yīn;音色 yīnsè;重音 zhòngyīn;色调 sèdiào;口气 kǒuqì,语调 yǔdiào,语气 yǔqì: den ～ angeben 定调子,决定一切

Tonart *f* 调 diào,音调 yīndiào;口气 kǒuqì,语调 yǔdiào,语气 yǔqì: eine andere ～ anschlagen 采取严厉的态度

Tonband *n* 录音带 lùyīndài

Tonbandgerät *n* (磁带)录放机 lùfàngjī

Tondichtung *f* 乐曲 yuèqǔ;标题音乐 biāotíyīnyuè

tönen I *vi* 发出声音 fāchū shēngyīn,响 xiǎng;侈谈 chǐtán,讲空话 jiǎng kōnghuà: ～de Worte 空话连篇,漂亮的辞藻 II *vt* 着色 zhuósè,涂色 túsè: sie hat ihr Haar getönt 她染了发

Tonfall *m* 语调 yǔdiào,声调 shēngdiào

Tonfilm *m* 有声电影 yǒushēng diànyǐng

Tonga 汤加 Tāngjiā

Tongaer *m* -s, - 汤加人 tāngjiārén

Tonleiter *f* 音阶 yīnjiē: ～n üben 练习音阶

tonlos *adj* 无声的 wúshēngde,轻声的 qīngshēngde;单调的 dāndiàode

Tonmeister *m* 录音师 lùyīnshī

Tonnage [...ʒə] *f* -, -n (船舶的)吨位 dūnwèi,装载吨数 zhuāngzài dūnshù

Tonne *f* -, -n 桶 tǒng;吨 dūn

Tönung *f* -, -en 色调 sèdiào,色彩 sècǎi;着色 zhuósè

Tonwaren *pl* 陶器 táoqì

top *adj* 杰出的 jiéchūde,极佳的 jíjiāde;最新的 zuìxīnde,最时尚的 zuì shíshàngde

Topf *m* -(e)s, ¨-e 锅 guō,盆 pén,钵 bō,罐 guàn: alles in einen ～ werfen 一律对待;混为一谈 hùn wéi yī tán,一锅端 yīguōduān

Töpfer *m* -s, - 陶器工人 táoqì gōngrén,陶工 táogōng

topfit *adj* 竞技状态极佳的 jìngjì zhuàngtài jíjiāde

Topik *f* - (文章、演讲的)题目 tímù,话题 huàtí,主题 zhǔtí;(提纲、大纲的)标题 biāotí,细目 xìmù

topisch *adj* (医学)局部的 júbùde

Topleistung *f* 最佳成绩 zuìjiā chéngjì

topless *adj* 上身裸露的 shàngshēn luǒlùde,袒胸的 tǎnxiōngde

Topmanagement [ˈtɔpmænidʒmənt] *n* (大企业中)最高领导核心 zuìgāo lǐngdǎo héxīn

Topmanager [ˈtɔpmænidʒə] *m* (企业中)高级管理人员 gāojí guǎnlǐ rényuán,(大企业、大公司的)总经理 zǒngjīnglǐ

Topmodell *n* 最佳模特儿 zuìjiā mótèr

topp! *int* 好吧 hǎo ba!,就这样吧 jiù zhèyàng ba!

Topp *m* -s, -e 桅顶 wéidǐng,(剧院内)顶层楼座 dǐngcéng lóuzuò

Topqualität *f* 最好的质量 zuìhǎode zhìliàng

Topstar *m* 超级电影明星 chāojí diànyǐng míngxīng,最佳电影演员 zuìjiā diànyǐng yǎnyuán

Tor I *n* -(e)s, -e 大门 dàmén;球门 qiúmén: ein ~ schießen 射进一球 II *m* -en, -en 傻瓜 shǎguā,笨蛋 bèndàn,蠢货 chǔnhuò

Torero *m* -(s), -s 斗牛士 dòuniúshì

Torheit *f* -, -en 愚蠢 yúchǔn;蠢事 chǔnshì

Torhüter *m* 看门人 kānménrén;守门员 shǒuményuán

töricht *adj* 笨的 bènde,傻的 shǎde,愚蠢的 yúchǔnde

Tormann *m* 守门员 shǒuményuán

Tornister *m* -s, - (军用)背包 bēibāo;(地区)书包 shūbāo

torpedieren *vt* 用鱼雷击沉 yòng yúléi jīchén;破坏 pòhuài

Torpedo *m* -s, -s 鱼雷 yúléi,水雷 shuǐléi

Torpedoboot *n* 鱼雷艇 yúléitǐng

Torte *f* -, -n 圆形大蛋糕 yuánxíng dà dàngāo

Tortur *f* -, -en 拷问 kǎowèn;折磨 zhémó,磨难 mónàn

Torwart *m* -(e)s, -e 守门员 shǒuményuán

Torweg *m* 大门通道 dàmén tōngdào

tosen *vi* 怒吼 nùhǒu,咆哮 páoxiào

tot *adj* 死的 sǐde,死亡的 sǐwángde: sich ~ stellen 装死;枯萎的 kūwěide;无生气的 wú shēngqì de,极其疲乏的 jíqí pífá de: ich bin ganz ~ 我累死了

total *adj* 完全的 wánquánde,总体的 zǒngtǐde,全面的 quánmiànde,全部的 quánbùde: er ist ~ betrunken 他酩酊大醉

Totalausverkauf *m* (出清存货)大贱卖 dàjiànmài

Totalbetrag *m* 总金额 zǒngjīn'é

Totalgewicht *n* 总重量 zǒngzhòngliàng

totalisieren *vt* 总计 zǒngjì,计算…的总数 jìsuàn … de zǒngshù

totalitär *adj* 全部的 quánbùde;极权主义的 jíquán zhǔyì de

Totalitarismus *m* - 极权主义 jíquán zhǔyì

totarbeiten *rfl* 累得要命 lèide yàomìng

Tote *m/f* (按形容词变化)死者 sǐzhě

töten *vt* 杀死 shāsǐ,弄死 nòngsǐ

totenbleich *adj* 死灰色的 sǐhuīsède

Totengräber *m* 掘墓人 juémùrén

Totenfeier *f* 葬礼 zànglǐ

Totenhemd *n* 寿衣 shòuyī

Totenmesse *f* 追思弥撒 zhuīsī mísa,安魂弥撒 ān hún mísa

Totenschein *m* 死亡证书 sǐwáng zhèngshū

totenstill *adj* 死寂的 sǐjìde,寂静的 jìjìngde,沉寂的 chénjìde

totfahren* *vt* (驾驶车辆)压死 yāsǐ,撞死 zhuàngsǐ

totlachen *rfl* 笑死 xiàosǐ,狂笑 kuángxiào

totschlagen* *vt* 打死 dǎsǐ,杀死 shāsǐ;消磨 xiāomó: die Zeit ~ (以消遣来)消磨时间

totschweigen* *vt* 对…保持沉默 duì … bǎochí chénmò

totstellen *rfl* 装死 zhuāngsǐ

Tötung *f* 杀死 shāsǐ,杀害 shāhài

Tötungsverbrechen *n* 谋杀罪 móushāzuì

Tour [tuːr] *f* -, -en 短途旅行 duǎntú lǚxíng,旅游 lǚyóu,远足 yuǎnzú,徒步旅行 túbù lǚxíng: auf ~ sein 在出门旅行中;方式 fāngshì,方法 fāngfǎ;手腕 shǒuwàn,手法 shǒufǎ;旋转 xuánzhuǎn: der Motor läuft auf vollen ~en 马达全速运转

Tourismus *m* - 旅游 lǚyóu,观光 guānguāng

Tourist *m* -en, -en 旅游者 lǚyóuzhě,观光者 guānguāngzhě,游览者 yóulǎnzhě

Touristik *f* - 旅游业 lǚyóuyè;旅游 lǚyóu

Tournee *f* -, -s / -n 巡回演出 xúnhuí yǎnchū: auf ~ sein 在巡回演出

Trab *m* -(e)s (马的)快步 kuàibù,小跑 xiǎopǎo: jn auf ~ bringen 催促某人干活

Trabant *m* -en, -en 卫星 wèixīng,人造卫星 rénzào wèixīng;依附他人者 yīfù tārén zhě,卫星国 wèixīngguó

Trabantenstadt *f* 卫星城 wèixīngchéng

traben *vi*(*h*/*s*) 快步跑 kuàibù pǎo,小跑 xiǎopǎo;匆匆地走 cōngcōngde zǒu,急急忙忙地走 jíjímángmángde zǒu

Tracht *f* -, -en (民族或职业)服装 fúzhuāng;一份 yīfèn: jm eine ～ Prügel erteilen (或 verabreichen) 揍某人一顿

trachten *vi* 力求 lìqiú,渴求 kěqiú,想望 xiǎngwàng,致力 zhìlì: nach etw ～ 追求某物

trächtig *adj* (动物)怀孕的 huáiyùnde,怀胎的 huáitāide

Track [træk] *m* -s, -s 足迹 zújì,踪迹 zōngjì

Trademark ['treidmaːk] *f* -, -s 商标 shāngbiāo

Tradeunionismus *m* 工联主义 gōnglián zhǔyì

tradeunionistisch *adj* 工联主义的 gōnglián zhǔyì de

Tradition *f* -, -en 传统 chuántǒng

traditionell *adj* 传统的 chuántǒngde,惯例的 guànlìde

Tragbahre *f* -, -n 担架 dānjià

tragbar *adj* 可搬动的 kě bāndòng de,可以携带的 kěyǐ xiédài de;可穿的 kěchuānde;可以忍受的 kěyǐ rěnshòu de

Trage *f* -n 担架 dānjià;背筐 bèikuāng

träge *adj* 懒散的 lǎnsǎnde,懒惰的 lǎnduòde;迟钝的 chídùnde

tragen* I *vt* 提 tí,挑 tiāo,背 bēi,携带 xiédài: einen Koffer ～ 提一只箱子; jm ～ helfen 帮助某人搬(或提)东西;戴 dài: eine Mütze ～ 戴一顶帽子;穿 chuān: einen neuen Anzug ～ 穿一套新西装;负荷 fùhè,支撑 zhīchēng,支承 zhīchéng: das Dach wird von Säulen getragen 屋顶被柱子支撑着;具有 jùyǒu: der Film trägt den Titel ... 这部影片的片名是…;承担 chéngdān,承受 chéngshòu;产 chǎn,结出 jiéchū: der Baum trägt keine Früchte 这棵树不结果子 II *vi* 结果实 jié guǒshí;负重 fùzhòng;(声音)传播 chuánbō: seine Stimme trägt gut 他的声音传得远

Träger *m* -s, - 搬运工 bānyùngōng,挑夫 tiāofū,脚夫 jiǎofū;获得者 huòdézhě;桁梁 héngliáng,支架 zhījià,支座 zhīzuò

Trägerrakete *f* 运载火箭(导弹) yùnzài huǒjiàn

Trägheit *f* - 懒惰 lǎnduò;惰性 duòxìng;迟钝 chídùn;惯性 guànxìng

Tragik *f* - 悲惨 bēicǎn,不幸 bùxìng;悲剧 bēijù

tragisch *adj* 悲惨的 bēicǎnde,悲剧的 bēijùde,惨痛的 cǎntòngde: etw ～ nehmen 为某事忧虑(或伤心)

Tragödie *f* -, -n 悲剧 bēijù;惨事 cǎnshì

Tragriemen *m* (皮)背带 bēidài

Tragsesse *m* 轿子 jiàozi

Tragtier *n* 驮货牲口 tuóhuò shēngkou

Trainer ['trɛː...] *m* -s, - 教练 jiàoliàn,训练者 xùnliànzhě

trainieren [trɛ...] I *vt* 训练 xùnliàn,当…的教练 dāng … de jiàoliàn II *vi* 锻炼 duànliàn,训练 xùnliàn

Training ['trɛː...] *n* -s, -s 锻炼 duànliàn,训练 xùnliàn

traktieren *vt* 虐待 nüèdài,折磨 zhémó;为难 wéinán

Traktor *m* -s, -en 拖拉机 tuōlājī

trampeln I *vi* 顿脚 dùnjiǎo,跺脚 duòjiǎo II *vi*(*s*) 用沉重的脚步行走 yòng chénzhòngde jiǎobù xíngzǒu

trampen *vi*(*s*) 搭车旅行 dāchē lǚxíng

Tramper *m* -s, - 搭车人 dāchērén

Trampschiff *n* 不定期货船 bùdìngqī huòchuán

Tran *m* -s, -e 鱼油 yúyóu,鲸油 jīngyóu,海豹油 hǎibàoyóu

Träne *f* -, -n 眼泪 yǎnlèi: die ～n hinunterschlucken 泪水往肚里咽

tränen *vi* 流泪 liúlèi

Tränengas *n* 催泪瓦斯 cuīlèi wǎsī

Tränke *f* -, -n (家畜)饮水处 yǐnshuǐchù

tränken *vt* 给家畜饮水 gěi jiāchù yǐnshuǐ;浸于… jìn yú…,浸润 jìnrùn,浸透 jìntòu

Transfer *m* -s, -s 转让 zhuǎnràng,转移 zhuǎnyí: ～ von Devisen 外汇转移;转账 zhuǎnzhàng,过户 guòhù: ～ von Aktien 股票过户;汇兑 huìduì;转车 zhuǎnchē,转运 zhuǎnyùn;(运动员)转会 zhuǎnhuì

transferabel *adj* 可兑换的 kě duìhuàn de

transferieren *vt* 转账 zhuǎnzhàng,过户 guòhù;汇兑 huìduì,划拨 huàbō;转让 zhuǎnràng,转移 zhuǎnyí

Transferierung *f* -, -en 转帐 zhuǎnzhàng,过户 guòhù;汇兑 huìduì,划拨 huàbō;转让 zhuǎnràng,转移 zhuǎnyí

Transformator *m* -s, -en 变压器 biànyāqì

Transfusion *f* -, -en 输血 shūxuè,输液

shūyè
Transistor *f* -s, -en 晶体管 jīngtǐguǎn；晶体管收音机 jīngtǐguǎn shōuyīnjī
Transistorgerät *n* 晶体管收音机 jīngtǐguǎn shōuyīnjī，半导体收音机 bàndǎotǐ shōuyīnjī
Transistorradio *n* = Transistorgerät
Transit *m*/*n* -s, -e 过境 guòjìng；过境签证 guòjìng qiānzhèng，过境许可证 guòjìng xǔkězhèng
Transitabgabe *f* 过境税 guòjìngshuì，转口税 zhuǎnkǒushuì
Transitbahnhof *m* 过境站 guòjìngzhàn，中转站 zhōngzhuǎnzhàn
Transitdeklaration *f* 过境报关单 guòjìng bàoguāndān，转口报关单 zhuǎnkǒu bàoguāndān
Transitgüter *pl* 过境货物 guòjìng huòwù，转口货物 zhuǎnkǒu huòwù
Transithandel *m* 过境贸易 guòjìng màoyì，转口贸易 zhuǎnkǒu màoyì
Transithändler *m* 中转商 zhōngzhuǎnshāng，转运代理商 zhuǎnyùn dàilǐshāng
transitieren *vt* 过境 guòjìng
transitiv *adj* 及物的 jíwùde
Transitrecht *n* 过境权 guòjìngquán，转口权 zhuǎnkǒuquán
Transitverbot *n* (外国货物)禁止过境 jìnzhǐ guòjìng
Transitverkehr *m* 过境运输 guòjìng yùnshū，联运 liányùn
Transitware *f* 过境货物 guòjìng huòwù，转口货物 zhuǎnkǒu huòwù
Transitzoll *m* 过境税 guòjìngshuì，转口税 zhuǎnkǒushuì
transnational *adj* 跨国的 kuàguóde；多国的 duōguóde
transparent *adj* 透明的 tòumíngde
Transparent *n* -(e)s, -e 标语牌 biāoyǔpái；透明画 tòumínghuà
transpirieren *vi* 出汗 chūhàn；(植物，动物)蒸发水汽 zhēngfā shuǐqì
Transplantation *f* 器官移植 qìguān yízhí
transplantieren *vt* 移植 yízhí
Transport *m* -(e)s, -e 运输 yùnshū，搬运 bānyùn；一批运输物 yīpī yùnshūwù
transportabel *adj* 容易运输的 róngyì yùnshū de，可搬运的 kě bānyùn de
Transportarbeiter *m* 运输工人 yùnshū gōngrén，搬运工人 bānyùn gōngrén
Transportband *n* 传送带 chuánsòngdài
Transportbehälter *m* 货运集装箱 huòyùn jízhuāngxiāng
Transporter *m* -s, - 运输车 yùnshūchē，运输船 yùnshūchuán，运输机 yùnshūjī
Transporteur [... 'tøːɐ̯] *m* -s, -e 运输商 yùnshūshāng；量角器 liángjiǎoqì；(缝纫机上推送布料向前移运的)装置 zhuāngzhì，送布牙 sòngbùyá
transportfähig *adj* 可运输的 kě yùnshū de，可运送的 kě yùnsòng de
transportieren *vt* 运输 yùnshū，运送 yùnsòng，发运 fāyùn；传送 chuánsòng，使转动 shǐ zhuàndòng
Transportkapazität *f* 运输量 yùnshūliàng，运输能力 yùnshū nénglì
Transportkosten *pl* 运输费用 yùnshū fèiyòng
Transportmittel *n* 运输工具 yùnshū gōngjù
Transportschiff *n* 运输船 yùnshūchuán
Transportrisiko *n* 运输风险 yùnshū fēngxiǎn
Transportschein *m* 运单 yùndān，发货通知书 fāhuò tōngzhīshū
Trapez *n* -es, -e 梯形 tīxíng；(杂技表演空中飞人用的)高秋千 gāo qiūqiān
Trassant *m* -en, -en (汇票)出票人 chūpiàorén
Trassat *m* -en, -en (汇票)付款人 fùkuǎnrén
tratschen *vi* 说长道短 shuō cháng dào duǎn，闲聊 xiánliáo；背后说人坏话 bèihòu shuō rén huàihuà
Tratte *f* -n 汇票 huìpiào
Traube *f* -, -n 葡萄 pútáo: die ～n hängen ihm zu hoch 对他来说葡萄挂得太高(意指：某人无能力做某事又不承认自己无能，而强作自我宽慰时用语)；一群 yīqún，一堆 yīduī: vor dem Eingang standen die Menschen in dichten ～n 入口处前面站着一群群人
Traubenzucker *m* 葡萄糖 pútáotáng
trauen I *vi* 信任 xìnrèn，相信 xiāngxìn: jm ～ 信任某人 II *rfl* 敢于 gǎnyú III *vt* 给…主持婚礼 gěi … zhǔchí hūnlǐ
Trauer *f* - 悲哀 bēi'āi，哀悼 āidào；丧期 sāngqī；丧服 sāngfú，表示哀悼的服饰 biǎoshì āidào de fúshì

T

Traueranzeige *f* 讣告 fùgào

Trauerbotschaft *f* 噩耗 èhào

Trauerfeier *f* 葬礼 zànglǐ

Trauerflor *m* 黑纱 hēishā

Trauerkleidung *f* 丧服 sāngfú

Trauermusik *f* 哀乐 āiyuè

trauern *vi* 哀悼 āidào，感到悲伤 gǎndào bēishāng：um jn ～ 哀悼某人逝世；戴孝 dàixiào

Trauerspiel *n* 悲剧 bēijù：es ist ein ～ mit jm 某人真倒霉，这是某人的悲剧

Trauerzug *m* 送葬行列 sòngzàng hánglìe

Traufe *f* -，-n 檐口 yánkǒu，檐头 yántóu；(从檐沟流下的)雨水 yǔshuǐ，檐水 yánshuǐ：vom Regen in die ～ kommen 避雨偏遭檐水淋，每况愈下

traulich *adj* 舒适的 shūshìde，惬意的 qièyìde；亲昵的 qīnnìde，亲密的 qīnmìde

Traum *m* -(e)s，¨e 梦 mèng；梦想 mèngxiǎng，愿望 yuànwàng：nicht im ～ daran denken 做梦也没想到此事

Traumbild *n* 梦幻 mènghuàn

Traumdeutung *f* 圆梦 yuánmèng

träumen *vi/vt* 做梦 zuòmèng，梦见 mèngjiàn；梦想 mèngxiǎng：sich (*D*) etw nicht (或 nie) ～ lassen 做梦也从来没有想到某事

Träumer *m* -s，- 梦想家 mèngxiǎngjiā，空想家 kōngxiǎngjiā

Träumerei *f* -，-en 梦幻 mènghuàn，幻想 huànxiǎng

traumwandeln *vi*(*s/h*) 梦游 mèngyóu，梦行 mèngxíng

Traumwandler *m* -s，- 梦游者 mèngyóuzhě，梦行者 mèngxíngzhě

traurig *adj* 悲伤的 bēishāngde，悲痛的 bēitòngde；不幸的 bùxìngde；痛苦的 tòngkǔde；可怜的 kěliánde

Trauring *m* 结婚戒指 jiéhūn jièzhi

Trauschein *n* 结婚证书 jiéhūn zhèngshū

Trauung *f* -，-en 婚礼 hūnlǐ，结婚 jiéhūn

Trauzeuge *m* 证婚人 zhènghūnrén

Travellerscheck ['trɛvələ...] *m* -s，-s 旅行支票 lǚxíng zhīpiào

treffen* I *vt* 击中 jīzhòng，打中 dǎzhòng，射中 shèzhòng：die Kugel hat ihn ins Herz getroffen 子弹命中他的心脏；碰到 pèngdào，遇见 yùjiàn：jn zufällig auf der Straße ～ 偶然在街上遇见某人；采取 cǎiqǔ，作出 zuòchū：Maßnahmen ～ 采取措施 II *vi*(*s*) 遭到 zāodào，碰到 pèngdào，遇上 yùshàng：auf Schwierigkeiten ～ 碰到困难 III *rfl* 碰头 pèngtóu，会面 huìmiàn；恰好 qiàhǎo，正巧 zhèngqiǎo，碰巧发生 pèngqiǎo fāshēng：es trifft sich gut，dass du heute gekommen bist 你今天来得正是时候

treffend *adj* 确切的 quèqiède，恰当的 qiàdàngde，贴切的 tiēqiède：ein ～ er Ausdruck 贴切的表达

Treffer *m* -s，- 打中 dǎzhòng，命中 mìngzhòng，射中 shèzhòng；(彩票)中奖 zhòngjiǎng，中彩 zhòngcǎi；(拳击，斗剑)击中 jīzhòng；走运 zǒuyùn，成功 chénggōng：einen ～ haben 走运，运气好

trefflich *adj* 优秀的 yōuxiùde，出色的 chūsède，杰出的 jiéchūde

Treffpunkt *m* 约会地点 yuēhuì dìdiǎn，约会处 yuēhuìchù；集合地点 jíhé dìdiǎn；会合地点 huìhé dìdiǎn

Treibeis *n* 浮冰 fúbīng

treiben* I *vt* 赶 gǎn，驱赶 qūgǎn：das Vieh in den Stall ～ 把牲口赶进棚里；驱动 qūdòng，推动 tuīdòng；迫使 pòshǐ，驱使 qūshǐ；打入 dǎrù，钻进 zuànjìn；(金属)打制成形 dǎzhì chéngxíng：Metall (mit dem Hammer) ～ (用锤子)加工金属；萌芽 méngyá，长出 zhǎngchū：der Baum treibt Blüten 树在开花；从事 cóngshì，进行 jìnxíng：Sport ～ 从事运动 II *vi*(*s*) 漂浮 piāofú，漂动 piāodòng：das Eis ist auf dem Fluss getrieben 冰块在河面上漂浮

Treibhaus *n* 温室 wēnshì，暖房 nuǎnfáng

Treibjagd *f* 围猎 wéiliè

Treibriemen *m* 传动带 chuándòngdài

Treibstoff *m* 动力燃料 dònglì ránliào，推进剂 tuījìnjì

Trend *m* -s，-s 倾向 qīngxiàng，趋势 qūshì

trennen *vt/rfl* 分开 fēnkāi，分离 fēnlí，隔开 gékāi：etw von etw ～ 把某物同某物分开；wir trennten uns am nächsten Morgen 我们在第二天早上就分手了；拆开 chāikāi：den Kragen vom Kleid ～ 从衣服上拆下领子

Trennung *f* -，-en 分开 fēnkāi；离别 líbié，分手 fēnshǒu；诀别 juébié；分居 fēnjū

Trennwand *f* 隔板 gébǎn，隔墙 géqiáng

Treppe *f* -, -n 楼梯 lóutī,阶梯 jiētī: die ～ hinaufgehen 上楼

Treppenabsatz *m* 楼梯平台 lóutī píngtái

Treppengeländer *n* 楼梯扶手 lóutī fúshou

Treppenhaus *n* 楼梯间 lóutījiān

Treppenstufe *f* 梯阶 tījiē

Tresor *m* -s, -e 保险箱 bǎoxiǎnxiāng; 保险库 bǎoxiǎnkù

treten* I *vi(s)* 举步 jǔbù,走 zǒu,走向 zǒuxiàng: auf den Balkon ～ 走上阳台; aus dem Haus ～ 走出家门 II *vi(h/s)* 踩入 cǎirù,踏 tà: auf die Bremse ～ 踩刹车; du bist (或 hast) mir auf den Fuß getreten 你踩到我的脚了 III *vt* 踩 cǎi,踏 tà,踢 tī,蹬 dēng: den Takt ～ 踏脚打拍子; jn ～ 敦促某人

treu *adj* 忠实的 zhōngshíde,忠诚的 zhōngchéngde,忠心的 zhōngxīnde,诚实的 chéngshíde: jm ～ dienen 忠实地为某人服务

Treue *f* - 忠实 zhōngshí,忠诚 zhōngchéng: jm die ～ halten 忠于某人

treuherzig *adj* 正直的 zhèngzhíde,天真的 tiānzhēnde

treulos *adj* 不忠实的 bù zhōngshíde,不忠诚的 bù zhōngchéngde,背信弃义的 bèi xìn qì yì de

Tribüne *f* -, -n 看台 kàntái,观礼台 guānlǐtái;讲台 jiǎngtái;看台上的观众 kàntáishang de guānzhòng

Tribut *m* -(e)s, -e 贡品 gòngpǐn,贡物 gòngwù,贡金 gòngjīn,贡税 gòngshuì;(为某事付出的)代价 dàijià;赞许 zànxǔ,称赞 chēngzàn

Trichter *m* -s, - 漏斗 lòudǒu;喇叭口 lǎbakǒu;喇叭筒 lǎbatǒng;(炸弹、炮弹的)弹坑 dànkēng: auf den (richtigen) ～ kommen 找到解决办法的窍门

Trick *m* -s, -e / -s 诀窍 juéqiào,窍门 qiàomén;诡计 guǐjì,花招 huāzhāo,手腕 shǒuwàn: einen ～ vorführen 耍花招

Trickfilm *m* 特技影片 tèjì yǐngpiàn;动画片 dònghuàpiān

Trieb *m* -(e)s, -e 欲望 yùwàng,本能 běnnéng;嫩枝 nènzhī,萌芽 méngyá;传动 chuándòng

Triebverbrecher *m* 强奸犯 qiángjiānfàn

Trigonometrie *f* - 三角学 sānjiǎoxué

Trikot [tri'ko:] I *m/n* -s, -s (做内衣用的)松紧织物 sōngjǐn zhīwù,弹力织物 tánlì zhīwù II *n* -s, -s (舞蹈、体操运动员等穿的)针织紧身衣 zhēnzhī jǐnshēnyī,运动衣 yùndòngyī

trillern *vi* 发颤音 fā chànyīn,发颤声 fā chànshēng;(鸟)啁啾 zhōujiū

Trinidad und Tobago 特立尼达和多巴哥 Tèlìnídá hé Duōbāgē

trinkbar *adj* 可以饮用的 kěyǐ yǐnyòng de

trinken* I *vt* 饮 yǐn,喝 hē: ein Bier ～ 喝一杯啤酒 II *vi* 饮酒 yǐnjiǔ;酗酒 xùjiǔ: er trinkt zuviel 他饮酒过度

Trinker *m* 酒徒 jiǔtú

Trinkgeld *n* 小费 xiǎofèi,酒钱 jiǔqián,小账 xiǎozhàng

Trinkglas *n* 喝水杯 hēshuǐbēi

Trinkhalm *m* (饮汽水等用的)麦管 màiguǎn,吸管 xīguǎn

Trinkkur *f* 饮水疗法 yǐnshuǐ liáofǎ

Trinkspruch *m* 祝酒词 zhùjiǔcí

Trinkwasser *n* 饮用水 yǐnyòngshuǐ

Triptyk *n* -s, -s (车辆过境时用的)三联通行证 sānlián tōngxíngzhèng

Tritt *m* -(e)s, -e 脚步 jiǎobù,步子 bùzi,步伐 bùfá;踢 tī;小踏脚架 xiǎo tàjiǎojià,小踏梯 xiǎo tàtī,踏板 tàbǎn

Trittbrett *n* (汽车等的)踏脚板 tàjiǎobǎn

trittfest *adj* 耐踩踏的 nài cǎità de;坚实的 jiānshíde

Triumph *m* -(e)s, -e 胜利 shènglì,凯旋 kǎixuán;成功 chénggōng;胜利的欢乐 shènglìde huānlè

triumphal *adj* 胜利的 shènglìde,凯旋的 kǎixuánde;伟大的 wěidàde,惊人的 jīngrénde

triumphieren *vi* 高兴 gāoxìng;战胜 zhànshèng: über seine Feinde ～ 战胜其敌人

trocken *adj* 干的 gānde,干燥的 gānzàode: ～es Wetter 干旱的天气; ～e Haut 干燥的皮肤;枯燥的 kūzàode,乏味的 fáwèide,无聊的 wúliáode: ein ～er Lehrstoff 枯燥的教材;(酒)不甜的 bùtiánde

Trockenfleisch *n* 肉脯 ròupú

trockenlegen *vt* 替…换尿布 tì … huàn niàobù,换襁褓 huàn qiǎngbǎo;排去…的水 páiqù … de shuǐ;(戏谑)禁止…喝酒 jìnzhǐ … hējiǔ

Trockenmilch *f* 奶粉 nǎifěn

T

Trockenmittel *n* 干燥剂 gānzàojì
Trockenobst *n* 干果 gānguǒ
Trockenrasierer *m* 电动剃须刀 diàndòng tìxūdāo
Trockenreinigung *f* 干洗 gānxǐ
Trockenschleuder *f* 离心式干燥机 líxīnshì gānzàojī
trocknen I *vt* 把…晾干 bǎ … liànggān,使干燥 shǐ gānzào,弄干 nònggān II *vi*(*s*) 变干 biàngān,干燥 gānzào
trödeln *vi* 磨磨蹭蹭 mómócengceng,偷懒 tōulǎn;买卖旧货 mǎimai jiùhuò;慢腾腾地走 màntēngtēngde zǒu
Trödler *m* -s, - 旧货商 jiùhuòshāng;游手好闲的人 yóu shǒu hào xián de rén
Trommel *f* -, -n 鼓 gǔ;滚筒 gǔntǒng,卷筒 juǎntǒng
trommeln *vi* 打鼓 dǎgǔ,击鼓 jīgǔ;敲打 qiāodǎ,击 jī
Trommler *m* -s, - 鼓手 gǔshǒu
Trompete *f* -, -n 喇叭 lǎba,号 hào: in die ～ stoßen 吹牛
Trompeter *m* 吹喇叭者 chuīlǎbazhě
Tropen *pl* 热带 rèdài
Tropf *m* -(e)s, ¨-e 笨蛋 bèndàn,头脑简单的人 tóunǎo jiǎndān de rén
tröpfeln I *vi*(*h/s*) 滴下 dīxià;下毛毛雨 xià máomaoyǔ II *vt* 使滴下 shǐ dīxià
tropfen *vi*(*h/s*) 滴 dī,滴下 dīxià;下零星小雨 xià língxīng xiǎoyǔ: es hat ein wenig getropft 下了几滴零星小雨
Tropfen *m* -s, - 滴 dī,点 diǎn,(水)珠 zhū: steter ～ höhlt den Stein 滴水穿石;一点儿 yìdiǎnr,少量 shǎoliàng;滴剂 dījì,药水 yàoshuǐ
tropfenweise *adv* 一滴一滴地 yī dī yī dī de
Trophäe *f* -, -n (体育比赛的)奖品 jiǎngpǐn;(胜利的)纪念品 jìniànpǐn;战利品 zhànlìpǐn;猎获物 lièhuòwù
tropisch *adj* 热带的 rèdàide
Trost *m* -es 安慰 ānwèi,宽慰 kuānwèi: jm ～ bringen (或 zusprechen) 给某人安慰; nicht ganz (或 recht) bei ～ sein 精神不正常
trösten I *vt* 安慰 ānwèi,宽慰 kuānwèi,抚慰 fǔwèi II *rfl* 自慰 zìwèi,安于 ānyú,寻求安慰 xúnqiú ānwèi
tröstlich *adj* 令人安慰的 lìng rén ānwèi de
trostlos *adj* 绝望的 juéwàngde,无希望的 wú xīwàng de;荒凉的 huāngliángde
Trostpreis *m* 安慰奖 ānwèijiǎng
trostreich *adj* 安慰的 ānwèide,令人鼓舞的 lìng rén gǔwǔ de
Trott *m* -(e)s, -e 慢步走 mànbùzǒu;老一套 lǎoyītào
Trottel *m* -s, - 白痴 báichī;傻瓜 shǎguā,笨蛋 bèndàn
trotz *präp*(*G/D*) 尽管 jǐnguǎn,不管 bùguǎn,不顾 bùgù: ～ des Regens gingen wir spazieren 尽管下雨,我们还是去散步; ～ allem 虽然如此
Trotz *m* -es 固执 gùzhí,顽固 wángù;对抗 duìkàng,违抗 wéikàng: aller Gefahr zum ～ 不顾一切危险
trotzdem I *adv* 仍然 réngrán,还是 háishi II *cj* 虽然 suīrán,尽管 jǐnguǎn: ～ es regnete, gingen sie spazieren 虽然天下雨,他们仍去散步
trotzen *vi* 抗拒 kàngjù;不顾 bùgù;倔强 juéjiàng;生气 shēngqì
trotzig *adj* 倔强的 juéjiàngde,固执的 gùzhíde
trübe *adj* 混浊的 hùnzhuóde;阴暗的 yīn'ànde;黯淡的 àndànde;忧郁的 yōuyùde;坏的 huàide,不妙的 bùmiàode: im Trüben fischen 浑水摸鱼
Trubel *m* -s 熙熙攘攘 xīxī rǎngrǎng,人声沸腾 rénshēng fèiténg,喧闹 xuānnào;混乱 hùnluàn
trüben *vt* 使混浊 shǐ hùnzhuó;使阴暗 shǐ yīn'àn;损害 sǔnhài
Trübsal *f* -, -e 悲伤 bēishāng,忧愁 yōuchóu,忧郁 yōuyù,悲哀 bēi'āi: ～ blasen 郁郁不乐
trübselig *adj* 悲愁的 bēichóude,沮丧的 jǔsàngde
Trübsinn *m* -(es) 凄凉 qīliáng,意志消沉 yìzhì xiāochén,沮丧 jǔsàng
trübsinnig *adj* 垂头丧气的 chuí tóu sàng qì de,凄凉的 qīliángde,沮丧的 jǔsàngde
Trug *m* -(e)s 幻觉 huànjué;欺骗 qīpiàn: Lug und ～ 骗人的谎话
trügen* *vi/vt* 骗人 piànrén,欺骗 qīpiàn,迷惑 míhuò
trügerisch *adj* 骗人的 piànrénde,迷惑人的 míhuò rén de,虚幻的 xūhuàn de
Trugschluss *m* 谬论 miùlùn;错误的结论 cuòwùde jiélùn
Truhe *f* -, -n 木箱 mùxiāng,箱子 xiāngzi

Trümmer *pl* 碎片 suìpiàn，瓦砾 wǎlì；废墟 fèixū：in ～n liegen 一片废墟

Trümmergrundstück *n* 瓦砾场 wǎlìchǎng

Trumpf *m* -(e)s，⸚e 王牌 wángpái：etw ist ～ 某事物眼下很流行；alle Trümpfe in der Hand (或 in den Händen) haben 稳操胜券，手中掌握所有王牌

Trunk *m* -(e)s 酒癖 jiǔpǐ，酒瘾 jiǔyǐn

Trunkbold *m* -(e)s，-e 酒鬼 jiǔguǐ，醉汉 zuìhàn

trunken *adj* 醉的 zuìde，喝醉酒的 hē zuìjiǔ de；陶醉的 táozuìde

Trunksucht *f* 嗜酒 shìjiǔ，酗酒癖 xùjiǔ pǐ

Trupp *m* -s，-s 小队 xiǎoduì，一群 yīqún

Truppe *f* -，-n 部队 bùduì；剧团 jùtuán

Truppengattung *f* 兵种 bīngzhǒng 军种 jūnzhǒng

Truppenübung *f* 部队演习 bùduì yǎnxí

Trust [trust] *m* -(e)s，-e / -s (经济垄断组织)托拉斯 tuōlāsī

Truthahn *m* 吐绶鸡 tǔshòujī，火鸡 huǒjī

Tscheche *m* -n，-n 捷克人 jiékèrén

tschechisch *adj* 捷克的 jiékède；捷克人的 jiékèrénde

tschüs，tschüss! (或 tschüs!) *int* 再见 zàijiàn，回头见 huítóujiàn

Tube *f* -，-n 管 guǎn，软管 ruǎnguǎn：auf die ～ drücken (汽车)加快速度，加大油门

tuberkulös *adj* 结核病的 jiéhébìngde

Tuberkulose *f* -，-n 结核病 jiéhébìng，肺结核 fèijiéhé

Tuch *n* **I** -(e)s，⸚er 手帕 shǒupà；头巾 tóujīn；围巾 wéijīn；披巾 pījīn；抹布 mābù，揩布 kāibù：ein rotes ～ für jn sein 激怒某人 **II** -(e)s，-e 布 bù，织物 zhīwù，衣料 yīliào

tüchtig *adj* 能干的 nénggànde，干练的 gànliànde，有才能的 yǒu cáinéng de；出色的 chūsède，优异的 yōuyìde；可观的 kěguānde，十分的 shífēnde：～ arbeiten 努力地工作

Tuchwaren *pl* 纺织品 fǎngzhīpǐn

Tücke *f* -，-n 阴险 yīnxiǎn，恶意 èyì；诡计 guǐjì：mit List und ～ 费尽心机，千方百计

tückisch *adj* 阴险的 yīnxiǎnde，恶意的 èyìde，奸刁的 jiāndiāode，险恶的 xiǎn'ède：jm einen ～en Blick zuwerfen 恶意地向某人瞟了一眼；～ lächeln 奸笑

tüfteln *vi* 苦思冥想 kǔsī míngxiǎng；钻牛角尖 zuān niújiǎojiān

Tugend *f* -，-en 道德 dàodé；德行 déxíng，美德 měidé：aus der Not eine ～ machen 使坏事变成好事

Tugendbold *m* -(e)s，-e 道貌岸然的人 dàomào ànrán de rén

tugendhaft *adj* 有道德的 yǒudàodéde，品行端正的 pǐnxíng duānzhèng de

Tulpe *f* -，-n 郁金香 yùjīnxiāng

tummeln *rfl* (儿童)嬉闹 xīnào，跑来跑去游玩 pǎolái pǎoqù yóuwán；(地区)赶快 gǎnkuài

Tumor *m* -s，...oren 肿瘤 zhǒngliú

Tumult *m* -(e)s，-e 喧哗 xuānhuá，吵闹 chǎonào；骚动 sāodòng，暴乱 bàoluàn

tun* **I** *vt* 做 zuò，干 gàn，作 zuò：er hat viel Gutes getan 他做了许多好事；实行 shíxíng：seine Pflicht ～ 尽义务，尽责任；给…带来 gěi … dàilái：jm einen Gefallen ～ 为某人效劳；mit jm [etw] nichts zu ～ haben 同某人[某事]什么关系也没有 **II** *vi* 装作 zhuāngzuò，假装 jiǎzhuāng：er tat，als ob er nichts davon wüsste 他装作对这件事一点也不知道的样子

Tünche *f* -，-n (墙壁上用的)涂料 túliào；(掩盖真情的)外表 wàibiǎo，虚饰 xūshì

Tunesien 突尼斯 Tūnísī

Tunesier *m* -s，- 突尼斯人 tūnísīrén

Tunichtgut *m* -(e)s，-e 捣蛋鬼 dǎodànguǐ，饭桶 fàntǒng，无用的人 wúyòng de rén

tunken *vt* 浸 jìn，泡 pào

Tunnel *m* -s，- / -s 隧道 suìdào，地道 dìdào

Tür *f* -，-en 门 mén：an die (或 der) ～ klopfen 敲门；jn vor die ～ setzen 把某人撵出门外；Weihnachten steht vor der ～ 圣诞节快到了

Turbine *f* -，-n 涡轮机 wōlúnjī，透平 tòupíng

turbulent *adj* 骚动的 sāodòngde，喧嚣的 xuānxiāode；紊流的 wěnliúde，湍流的 tuānliúde

Türflügel *m* 门扇 ménshàn

Türgriff *m* 门把手 ménbàshǒu

Türke *m* -n，-n 土耳其人 tǔ'ěrqírén；突厥人 tūjuérén

T

Türkei *f* 土耳其 Tǔ'ěrqí
Türkenbrot *n* 花生糖 huāshēngtáng
Türkette *f* 门链 ménliàn
türkisch *adj* 土耳其的 tǔ'ěrqíde；土耳其人的 tǔ'ěrqírénde
Türklinke *f* 门把手 ménbàshǒu，门柄 ménbǐng
Turkmene *m* -n，-n 土库曼人 tǔkùmànrén
Turkmenien 土库曼 Tǔkùmàn
Turm *m* -(e)s，⸚e 钟楼 zhōnglóu；塔楼 tǎlóu；尖塔 jiāntǎ；(国际象棋的)车 jū；跳水台 tiàoshuǐtái
türmen I *vt* 把…堆积 bǎ … duījī，把…堆叠 bǎ … duīdié II *rfl* 堆起 duīqǐ，堆积 duījī III *vi*(*s*) 逃走 táozǒu，溜跑 liūpǎo
Turmspringen *n* -s 跳台跳水 tiàotái tiàoshuǐ
turnen *vi* 做体操 zuò tǐcāo
Turner *m* -s，- 体操运动员 tǐcāo yùndòngyuán
turnerisch *adj* 体操的 tǐcāode
Turnhalle *f* 体育馆 tǐyùguǎn
Turnhemd *n* 体操衣 tǐcāoyī
Turnhose *f* 体操裤 tǐcāokù
Turnier *n* -s，-e 体育比赛 tǐyù bǐsài，竞赛 jìngsài
Turnschuh *m* 体操鞋 tǐcāoxié
Türschild *n* 门牌 ménpái
Tusche *f* -，-n 墨 mò；墨汁 mòzhī，墨水 mòshuǐ；水彩颜料 shuǐcǎi yánliào
tuscheln *vi*/*vt* 耳语 ěryǔ，窃窃私语 qièqiè sīyǔ
Tüte *f* -，-n (锥形)纸袋 zhǐdài，塑料袋 sùliàodài：eine ～ Bonbons 一袋糖果
tuten *vi* 发出嘟嘟声 fāchū dūdūshēng；(喇叭、号角等)发出尖锐声 fāchū jiānruì shēng：in das gleiche (或 dasselbe) Horn ～ 唱同一个调，意见一致
twisten *vi* 跳摇摆舞 tiào yáobǎiwǔ
Typ *m* -s，-en 型 xíng，型号 xínghào，式样 shìyàng；类型 lèixíng，典型 diǎnxíng：sie ist nicht mein ～ 我不喜欢她这种类型的人
Type *f* -，-n 铅字 qiānzì，活字 huózì；怪人 guàirén，古怪的人 gǔguàide rén
typen *vt* 按一定型号(或规格)生产 àn yīdìng xínghào shēngchǎn
Typhlitis *f* -，… tiden 盲肠炎 mángchángyán
Typhus *m* - 伤寒 shānghán，斑疹伤寒 bānzhěn shānghán
typisch *adj* 典型的 diǎnxíngde，有代表性的 yǒu dàibiǎoxìng de，特有的 tèyǒude：ein ～es Beispiel 一个典型例子
typisieren *vt* 使有典型性 shǐ yǒu diǎnxíngxìng；使…规格化 shǐ … guīgéhuà，使标准化 shǐ biāozhǔnhuà
Typisierung *f* -，-en 典型性 diǎnxíngxìng；标准化 biāozhǔnhuà，规格化 guīgéhuà
typographisch *adj* 书版印刷的 shūbǎn yìnshuā de，凸版印刷的 tūbǎn yìnshuā de
Typoskript *n* -(e)s，-e 打字稿 dǎzìgǎo
Tyrann *m* -en，-en 暴君 bàojūn，专制统治者 zhuānzhì tǒngzhìzhě；恶霸 èbà
Tyrannei *f* -，-en 暴政 bàozhèng，专制 zhuānzhì，苛政 kēzhèng；暴虐 bàonüè，专横 zhuānhèng；暴行 bàoxíng
tyrannisch *adj* 暴君的 bàojūnde；专制的 zhuānzhìde，专横的 zhuānhèngde，残酷的 cánkùde
tyrannisieren *vt* 对…施暴政 duì … shī bàozhèng，压制 yāzhì；压迫 yāpò，折磨 zhémó，虐待 nüèdài

U

U-Bahn *f* -, -en (Untergrundbahn 的简称)地下铁道 dìxià tiědào,地铁 dìtiě

übel *adj* 坏的 huàide,恶劣的 èliède,不好的 bùhǎode;不舒服的 bù shūfude,令人厌恶的 lìng rén yànwù de: mir ist (或 wird) ～ 我感到恶心

Übel *n* -s, - 恶事 èshì,祸害 huòhai;弊病 bìbìng,害处 hàichu;疾病 jíbìng;不幸 bùxìng

übelnehmen* *vt* 见怪 jiànguài,抱怨 bàoyuàn

Übelstand *m* 弊病 bìbìng,弊端 bìduān,缺点 quēdiǎn

Übeltäter *m* 作恶者 zuò'èzhě,凶手 xiōngshǒu;犯罪人 fànzuìrén

üben *vi*/*vt* 练习 liànxí,训练 xùnliàn: sie übt täglich zwei Stunden Klavier 她每天练习二小时钢琴;做 zuò,从事 cóngshì 进行 jìnxíng: Kritik an jm ～ 对某人进行批评

über *prp*(*D*/*A*) 1. (*D*)(表示地点)在…之上 zài … zhī shàng,在…的上方 zài … de shàngfāng: ～ dem Sofa hängt ein Bild 沙发的上方挂着一幅画;(表示时间)在…以后 zài … yǐhòu,在…的时候 zài … de shíhou: er ist ～ dem Lesen eingeschlafen 他在看书时就睡着了 2 (*A*)(表示方向)到…的上方 dào … de shàngfāng: ich hänge das Bild ～ das Sofa 我把画挂到沙发的上方;经过 jīngguò,穿过 chuānguò: er ging ～ den Hof 他穿过院子;(表示时间)在…以后 zài … yǐhòu,超过… chāoguò …: ～ den Winter 过冬;(表示课题、内容、对象)关于 guānyú: ein Buch ～ Goethe 一本关于歌德的书;(表示超过某一限度)大于 dà yú,多于 duō yú: ～ die Hälfte der Mitglieder 一半以上的成员;(表示手段)通过 tōngguò: ～ den Lautsprecher etw mitteilen 通过扩音器通知某事

Überaktivität *f* -, -en (不适当的)过分行为 guòfèn xíngwéi

überall *adv* 到处 dàochù: ～ beliebt sein 到处都受欢迎

überaltert *adj* 老年人占多数的 lǎoniánrén zhàn duōshù de;过老的 guòlǎode;陈旧的 chénjiùde,过时的 guòshíde

Überangebot *n* -(e)s, -e 供过于求 gōng guòyú qiú

überanstrengen I *rfl* 过度劳累 guòdù láolèi,过度疲劳 guòdù píláo II *vt* 使过度劳累 shǐ guòdù láolèi,使过度疲劳 shǐ guòdù píláo

überarbeiten I *vt* 修改 xiūgǎi,修订 xiūdìng,再加工 zàijiāgōng II *rfl* 工作过度 gōngzuò guòdù,过于劳累 guòyú láolèi

überaus *adv* 极其 jíqí,非常 fēicháng,特别 tèbié: ～ glücklich sein 非常幸福

Überbau *m* -(e)s, -e / -ten 建筑物突出部分(如阳台) jiànzhùwù tūchū bùfen;上部结构 shàngbù jiégòu;上层建筑 shàngcéng jiànzhù

überbeanspruchen *vt* 要求过度 yāoqiú guòdù;使负担过重 shǐ fùdān guòzhòng

überbekommen* *vt* 对…感到厌烦 duì … gǎndào yànfán: eine Sache ～ 对某事感到厌烦

überbetonen *vt* 过分强调 guòfèn qiángdiào

überbetrieblich *adj* 跨企业的 kuà qǐyè de

überbevölkert *adj* 人口过多的 rénkǒu guòduō de,人口过剩的 rénkǒu guòshèng de

Überbevölkerung *f* - 人口过多 rénkǒu guòduō,人口过密 rénkǒu guòmì

überbewerten *vt* 过高评价 guògāo píngjià;过高估价 guògāo gūjià

überbezahlt *adj* 薪金过高的 xīnjīn guògāo de;太贵的 tàiguìde

überbieten* *vt* (拍卖时)出价高于… chūjià gāo yú …;超过 chāoguò

Überbleibsel *n* -s, - 剩余部分 shèngyú bùfen;废墟 fèixū,遗迹 yíjì

Überblick *m* -s, -e 鸟瞰 niǎokàn，全景 quánjǐng；概要 gàiyào，梗概 gěnggài：jm einen kurzen ～ über etw geben 给某人就某事作一简短的概述；展望 zhǎnwàng

überblịcken *vt* 眺望 tiàowàng，鸟瞰 niǎokàn；展望 zhǎnwàng，环视 huánshì

überbrịngen* *vt* 送交 sòngjiāo，带交 dàijiāo，呈递 chéngdì，转致 zhuǎnzhì

Überbrịnger *m* -s, - 送交者 sòngjiāozhě，带交者 dàijiāozhě，转交者 zhuǎnjiāozhě

überbrụ̈cken *vt* 克服 kèfú，渡过 dùguò，消除 xiāochú

Überbrụ̈ckungskredit *m* -(e)s, -e 临时贷款 línshí dàikuǎn，过渡性贷款 guòdùxìng dàikuǎn

Überbrụ̈ckungsmaßnahmen *pl* 临时措施 línshí cuòshī

überbụ̈rden *vt* 使…负担过重 shǐ… fùdān guòzhòng

überdẹnken* *vt* 考虑 kǎolǜ，深思熟虑 shēn sī shú lǜ

überdies *adv* 反正 fǎnzhèng；此外 cǐwài

Überdruss *m* -es 厌烦 yànfán，厌倦 yànjuàn

überdrüssig *adj* 厌烦的 yànfánde，厌倦的 yànjuànde：sie war des langen Wartens ～ 她对长时间的等待感到厌倦了

Übereifer *m* 过分热心 guòfèn rèxīn

übereifrig *adj* 过分热心的 guòfèn rèxīn de

übereignen *vt* (权利，财产等的)转让 zhuǎnràng

Übereignung *f* -, -en (权利，财产等的)转让 zhuǎnràng

übereilen I *vt* 仓促进行 cāngcù jìnxíng，过于匆忙地做 guòyú cōngmáng de zuò II *rfl* 操之过急 cāo zhī guò jí，过于匆忙 guòyú cōngmáng

übereinạnder *adv* 相叠地 xiāngdiéde；相互 xiānghù：～ sprechen 相互议论

übereinkommen* *vi*(*s*) 同意 tóngyì，达成协议 dáchéng xiéyì，(意见)一致 yīzhì

Übereinkommen *n* -s, - 协议 xiéyì，协定 xiédìng

Übereinkunft *f* -, ¨-e 协议 xiéyì，协定 xiédìng

übereinstimmen *vi* 意见一致 yìjiàn yīzhì；相符 xiāngfú，符合 fúhé：mit jm in etw ～ 和某人在某事上相一致

übereinstimmend *adj* 一致的 yīzhìde，符合的 fúhéde

Übereinstimmung *f* -, -en 一致 yīzhì，相符 xiāngfú，符合 fúhé

übererfüllen *vt* 超额完成 chāo'é wánchéng：das Soll ～ 超额完成定额

Übererfüllung *f* -, -en 超额完成 chāo'é wánchéng

überfahren* I *vt* (用船)把…载过去 bǎ … zàiguòqù II *vi*(*s*) (乘船)过河 guòhé，渡河 dùhé

überfahren* *vt* 辗过 niǎnguo；压死 yāsǐ；违规驶过 wéiguī shǐguo；突然袭击 tūrán xíjī

Überfahrt *f* 摆渡 bǎidù，横渡 héngdù，驶过 shǐguo

Überfall *m* -s, ¨-e (突然)袭击 xíjī；突然访问 tūrán fǎngwèn

überfạllen* *vt* (突然)袭击 xíjī；意外访问 yìwài fǎngwèn；突然感到 tūrán gǎndào

überfällig *adj* 误点的 wùdiǎnde，晚点的 wǎndiǎnde；过期的 guòqīde

überfịschen *vt* 捕鱼过量 bǔyú guòliàng

überfliegen* *vt* 飞越 fēiyuè，飞过 fēiguò；匆匆翻阅 cōngcōng fānyuè

überflụ̈geln *vt* 胜过 shèngguò，超过 chāoguò

Überfluss *m* - 充裕 chōngyù，丰富 fēngfù，有余 yǒuyú，富饶 fùráo

überflüssig *adj* 多余的 duōyúde，过剩的 guòshèngde，富余的 fùyúde

überfluten I **überfluten** *vi*(*s*) 溢出 yìchū II **überfluten** *vt* 淹没 yānmò；充斥 chōngchì

Überflutung *f* -, -en 淹没 yānmò；充斥 chōngchì

überfọrdern *vt* 过高要求 guògāo yāoqiú，要求过分 yāoqiú guòfèn

Überfọrderung *f* -, -en 过高要求 guògāo yāoqiú，苛求 kēqiú

Überfracht *f* 超载货物 chāozài huòwù，超重货物 chāozhòng huòwù

überfrạchten *vt* 使…超载 shǐ … chāozài

Überfrẹmdung *f* - 深受外国影响 shēn shòu wàiguó yǐngxiǎng

überführen *vt* I **überführen** 运送 yùnsòng，送往 sòngwǎng；使变化 shǐ biànhuà，使转变 shǐ zhuǎnbiàn II **überführen**

证明…有罪 zhèngmíng … yǒuzuì，证实 zhèngshí：der Angeklagte wurde des Diebstahls überführt 被告被证实犯有偷窃罪；架桥 jiàqiáo：man überführte die Straße 人们在（公）路上架天桥

Überfülle *f* 大量 dàliàng，充裕 chōngyù；过多 guòduō，过剩 guòshèng

überfüllen *vt* 充满 chōngmǎn，装得太满 zhuāngde tàimǎn，塞满 sāimǎn

überfüllt *adj* 挤满了人的 jǐmǎnle rén de，拥挤的 yōngjǐde，满载的 mǎnzàide

Übergabe *f* - 交出 jiāochū，交给 jiāogěi，交付 jiāofù；移交 yíjiāo

Übergang *m* -(e)s, ⸚e 越过 yuèguò，通过 tōngguò；通道 tōngdào；人行横道 rénxíng-héngdào；过渡 guòdù；转变 zhuǎnbiàn，转换 zhuǎnhuàn

Übergangskabinett *n* 临时内阁 línshí nèigé，过渡内阁 guòdù nèigé

Übergangsmaßnahmen *pl* 临时措施 línshí cuòshī，过渡措施 guòdù cuòshī

Übergangsperiode *f* 过渡时期 guòdù shíqī

Übergangsphase *f* 过渡阶段 guòdù jiēduàn

Übergangsregierung *f* 临时政府 línshí zhèngfǔ，过渡政府 guòdù zhèngfǔ

Übergangsstadium *n* 过渡阶段 guòdù jiēduàn

Übergangszeit *f* 过渡时期 guòdù shíqī；转运期 zhuǎnyùnqī

übergeben* *vt* （用于短语）打击 dǎjī：jm eins (或 einen) ～ 打某人一下

übergeben* I *vt* 交给 jiāogěi；交出 jiāochū，让给 rànggěi；交付 jiāofù II *rf* 呕吐 ǒutù

Übergebühr *f* -, -en 附加费用 fùjiā fèiyòng，额外费用 éwài fèiyòng；过高的收费 guògāode shōufèi

übergehen* I **übergehen** *vi*(*s*) 转到 zhuǎndào，转入 zhuǎnrù：auf ein anderes Thema ～ 转到另一题目；渐变 jiànbiàn II **übergehen** *vt* 忽略 hūlüè，忽视 hūshì；不顾 bùgù；跳过 tiàoguò，略过 lüèguò

übergenau *adj* 过分仔细的 guòfèn zǐxì de，太仔细的 tàizǐxì de

übergeordnet *adj* 上级的 shàngjíde；更重要的 gèng zhòngyàode

Übergepäck *n* -(e)s 超重的行李 chāozhòngde xíngli

Übergewicht *n* -(e)s 超重 chāozhòng；优势 yōushì

übergolden *vt* 把…镀金 bǎ … dùjīn

Übergriff *m* 侵犯 qīnfàn，干涉 gānshè

überhaben* *vt* 剩有 shèng yǒu；（外面）穿着 chuānzhuó；对…感到厌倦 duì … gǎndào yànjuàn

Überhandnahme *f* 迅速增长 xùnsù zēngzhǎng，剧增 jùzēng，频繁发生 pínfán fāshēng

überhandnehmen* *vi* 迅速增长 xùnsù zēngzhǎng，剧增 jùzēng，一再发生 yīzài fāshēng

Überhang *m* -(e)s, ⸚e 倾斜 qīngxié；悬垂 xuánchuí；剩余 shèngyú，过剩 guòshèng；滞销商品 zhìxiāo shāngpǐn

überhaupt *adv* 总之 zǒngzhī，一般地 yībānde；根本 gēnběn，完全 wánquán：das geht ihn ～ nichts an 这事跟他毫无关系；究竟 jiūjìng，到底 dàodǐ；此外 cǐwài，而且 érqiě；尤其 yóuqí

überheblich *adj* 骄傲自大的 jiāo'ào zìdà de，傲慢的 àomànde

überholen *vt* 把…运到对岸 bǎ … yùndào duì'àn，摆渡 bǎidù

überholen I *vt* 超过 chāoguò；胜过 shèngguò；检修 jiǎnxiū II *vi* 超车 chāochē

Überholspur *f* 超车道 chāochēdào，超车线 chāochēxiàn

überholt *adj* 陈旧的 chénjiùde，过时的 guòshíde

Überholverbot *n* 禁止超车 jìnzhǐ chāochē

überhören *vt* （由于不注意而）没有听到 méiyǒu tīngdào；（装作没有听到）不理睬 bù lǐcǎi 置之不理 zhì zhī bù lǐ

Überinvestitionen *pl* 超额投资 chāo'é tóuzī，投资过多 tóuzī guòduō

überirdisch *adj* 地面上的 dìmiànshang de；世外的 shìwàide，超世俗的 chāo shìsú de，非尘世的 fēi chénshì de

Überkapazität *f* -, -en 生产能力过剩 shēngchǎn nénglì guòshèng，设备过剩 shèbèi guòshèng

Überkleidung *f* 外衣 wàiyī

überklug *adj* 自作聪明的 zìzuò cōngmíng de

überkommen* I *vt* （某种感觉）侵袭 qīnxí：ihn überkam die Furcht 他感到害怕 II *vi*(*s*) 流传（下来） liúchuán：der Brauch ist uns ～ 这个风俗是流传下来的

überkreuzen *vt* 横越 héngyuè，横穿

U

héngchuān;使交叉 shǐ jiāochā;使相交 shǐ xiāngjiāo

überladen I überladen* *vt* 使装载过重 shǐ zhuāngzài guòzhòng: sich (*D*) den Magen ～ 吃得过多 II überladen *adj* 装载过重的 zhuāngzài guòzhòng de;过分装饰的 guòfèn zhuāngshì de

Überladung *f* - 超载 chāozài,装载过重 zhuāngzài guòzhòng;装饰繁缛 zhuāngshì fánrù

Überlandautobus *m* 郊区公共汽车 jiāoqū gōnggòng qìchē,长途公共汽车 chángtú gōnggòng qìchē

Überlandbahn *f* 市郊有轨电车 shìjiāo yǒuguǐ diànchē

Überlandbus *m* = Überlandautobus

überlang *adj* 超长的 chāochángde

überlassen* *vt* 让给 rànggěi,转让 zhuǎnràng,转卖 zhuǎnmài;听凭 tīngpíng,任凭 rènpíng;托付 tuōfù;耽于 dānyú,沉湎于 chénmiǎn yú

Überlassung *f* - 让于 ràng yú,转让 zhuǎnràng;听凭 tīngpíng,听任 tīngrèn;委托 wěituō,交付 jiāofù;沉湎 chénmiǎn

Überlast *f* -, -en 超载 chāozài,超负荷 chāofùhè

überlasten *vt* 使…装载过多 shǐ…zhuāngzài guòduō

überlastet *adj* 负担过重的 fùdān guòzhòng de;负荷过重的 fùhè guòzhòng de

Überlastung *f* - 超载 chāozài,超负荷 chāofùhè;负担过重 fùdān guòzhòng

überlaufen* I überlaufen *vi*(*s*) 溢出 yìchū;投奔 tóubèn II überlaufen *vt* (某种感觉)侵袭 qīnxí;过多人来访 guòduō rén láifǎng

Überläufer *m* -s, - 投敌者 tóudízhě,叛离者 pànlízhě,倒戈者 dǎogēzhě

überlaut *adj* 太响的 tàixiǎngde

überleben I *vt* 比…活得长 bǐ…huó dechǎng,从…中逃生 cóng…zhōng táoshēng,活过 huóguò: einen Autounfall ～ 在一次车祸中幸免于难 II *rfl* 过时 guòshí: diese Mode wird sich bald ～ 这种式样很快就会过时

Überlebende *m*/*f* (按形容词变化)幸存者 xìngcúnzhě

überlegen I überlegen *vt* 给…盖上 gěi…gàishàng;打…屁股 dǎ…pìgu II überlegen *vt*/*vi* 思考,深思熟虑 shēn sī shú lǜ,思索 sīsuǒ III überlegen *adj* 优越的 yōuyuède,优良的 yōuliángde;从容的 cóngróngde;高傲的 gāo'àode;胜过的 shèngguòde: jm ～ sein 胜过某人

Überlegenheit *f* - 优越 yōuyuè,优势 yōushì

Überlegung *f* -, -en 考虑 kǎolǜ,思考 sīkǎo: etw ohne ～ tun 不假思考地做某事

Überleitung *f* -, -en 过渡 guòdù;转入 zhuǎnrù,引进 yǐnjìn

überliefern *vt* 流传 liúchuán,把…传下来 bǎ…chuánxiàlái

Überlieferung *f* 传说 chuánshuō;习惯 xíguàn,传统 chuántǒng

überlisten *vt* 蒙骗 mēngpiàn

Übermacht *f* - 优势 yōushì: in der ～ sein 占有优势

übermächtig *adj* 占优势的 zhàn yōushì de

Übermaß *n* -es 过度 guòdù,过量 guòliàng

übermäßig I *adj* 过度的 guòdùde,过多的 guòduōde,过量的 guòliàngde II *adv* 过度地 guòdùde,极其 jíqí,非常 fēicháng: ～ essen 吃得太多

Übermensch *m* 超人 chāorén

übermenschlich *adj* 超人的 chāoréndé,过人的 guòrénde,非凡的 fēifánde

übermitteln *vt* 转达 zhuǎndá,传达 chuándá;送交 sòngjiāo

übermorgen *adv* 后天 hòutiān

übermüde *adj* 疲劳过度的 píláo guòdùde

übermütig *adj* 放肆的 fàngsìde;嬉戏的 xīxìde;骄傲自大的 jiāo'ào zìdà de

übernächst *adj* 再下一个的 zài xià yīgè de

übernachten *vi* 过夜 guòyè,住夜 zhùyè: im Auto [bei Verwandten] ～ 在汽车里[在亲戚家]过夜

übernächtig *adj* 熬夜的 áoyède,通宵的 tōngxiāode,十分疲惫的 shífēn píbèi de

Übernachtung *f* -, -en 过夜 guòyè,宿夜 sùyè

Übernahme *f* - 接收 jiēshōu、接受 jiēshòu;承担 chéngdān;接管 jiēguǎn;采用 cǎiyòng

übernehmen* I *vt* 接收 jiēshōu,接受 jiēshòu;承担 chéngdān,接管 jiēguǎn: ein Risiko ～ 承担风险; die Bürgschaft ～ 作担保;吸收 xīshōu,采用 cǎiyòng II *rfl* 过度疲劳 guòdù píláo,操劳过度

cāoláo guòdù
überordnen *vt* 将…置于…之上 jiāng … zhì yú … zhī shàng；给予优先 jǐyǔ yōuxiān
überparteilich *adj* 超党派的 chāo dǎngpài de，中立的 zhōnglìde
Überplanbestände *pl* 计划外库存 jìhuàwài kùcún，超计划储备 chāo jìhuà chǔbèi
überplanmäßig *adj* 超计划的 chāo jìhuà de
Überpreis *m* 高价 gāojià
Überproduktion *f* 生产过剩 shēngchǎn guòshèng
Überproduktionskrise *f* 生产过剩危机 shēngchǎn guòshèng wēijī
überproduzieren *vt* 生产过剩 shēngchǎn guòshèng，生产超过需求 shēngchǎn chāoguò xūqiú
Überprofit *m* 超额利润 chāo'é lìrùn
überprüfen *vt* 复查 fùchá，核对 héduì，审查 shěnchá；重新考虑 chóngxīn kǎolǜ
Überprüfer *m* -s，- 检验人员 jiǎnyàn rényuán，审查者 shěncházhě，检查者 jiǎncházhě
Überprüfung *f* -，-en 检验 jiǎnyàn，检查 jiǎnchá，审查 shěnchá
überqueren *vt* 横越 héngyuè，穿过 chuānguò：die Straße ～ 穿过马路
überragen *vt* 高出 gāo chū，高过 gāo guò；高耸于 gāosǒng yú；超过 chāoguò，胜过 shèngguò
überraschen *vt* 使惊奇 shǐ jīngqí，使感到意外 shǐ gǎndào yìwài；意外地撞见 yìwàide zhuàngjiàn；当场捉住 dāngchǎng zhuōzhù，当场撞见 dāngchǎng zhuàngjiàn
überraschend *PI* 惊人的 jīngrénde，意外的 yìwàide，突然的 tūránde
überrascht *PII* 惊异的 jīngyìde，惊奇的 jīngqíde
Überraschung *f* -，-en 惊异 jīngyì，惊奇 jīngqí；(出其不意而)惊喜 jīngxǐ
überrechnen *vt* 大略估算 dàlüè gūsuàn，估计 gūjì；复核 fùhé
überreden *vt* 说服 shuōfú，劝说 quànshuō：jn zum Mitkommen [zur Reise] ～ 说服某人一起去[去旅行]
überreichen *vt* 授与 shòuyǔ；呈递 chéngdì，递交 dìjiāo
überreizen *vt* 使过度兴奋 shǐ guòdù xīngfèn
überreizt *adj* 过度兴奋的 guòdù xīngfèn de
überrennen* *vt* 撞倒 zhuàngdǎo；突破 tūpò，一举占领 yījǔ zhànlǐng；驳倒 bódǎo：er hat mich mit seinen Argumenten überrannt 他以其论点把我驳倒
Überrest *m* -(e)s，-e 残余 cányú，剩余 shèngyú；残渣 cánzhā
überrumpeln *vt* 突然袭击 tūrán xíjī，使感到意外 shǐ gǎndào yìwài
überrunden *vt* (赛跑、赛车)超过…一圈 chāoguò … yīquān；胜过 shèngguò
übersatt *adj* 过饱的 guòbǎode，过度饮食的 guòdù yǐnshí de
übersättigen *vt* 使超过饱和 shǐ chāoguò bǎohé；使过饱 shǐ guòbǎo
Übersättigung *f* -，-en 过度饱和(现象) guòdù bǎohé；过饱 guòbǎo
Überschallflugzeug *n* 超音速飞机 chāoyīnsù fēijī
Überschallgeschwindigkeit *f* 超音速 chāoyīnsù
überschatten *vt* 遮蔽 zhēbì；使黯然失色 shǐ ànrán shīsè
überschätzen I *vt* 过高估计 guògāo gūjì，对…评价过高 duì … píngjià guògāo：seine Fähigkeiten ～ 过高估计自己的能力 II *rfl* 自负 zìfù，对自己估计过高 duì zìjǐ gūjì guògāo
Überschätzung *f* -，-en 过高估计 guògāo gūjì，过高评价 guògāo píngjià
Überschau *f* -，-en 提要 tíyào，概要 gàiyào，梗概 gěnggài
überschauen *vt* 俯视 fǔshì，鸟瞰 niǎokàn；通观 tōngguān，总观 zǒng guān
Überschlag *m* -(e)s，=e 概算 gàisuàn，粗略计算 cūlüè jìsuàn；翻筋斗 fān jīndǒu
überschlagen* I *vt* 略过 lüèguò；概算 gàisuàn，粗略估计 cūlüè gūjì II *rfl* 翻筋斗 fān jīndǒu，翻滚 fāngǔn
überschlägig *adj* 大约的 dàyuēde，约略的 yuēlüède
überschreiben* *vt* 给…加标题 gěi … jiā biāotí；把…过户 bǎ … guòhù，注册转让 zhùcè zhuǎnràng
überschreiten* *vt* 越过 yuèguò，穿过 chuānguò；超过 chāoguò，超出 chāochū：die Normen ～ 超过指标；违反 wéifǎn：das Gesetz ～ 违反法律
Überschrift *f* -，-en 标题 biāotí，题目 tímù

Überschuh *m* 套鞋 tàoxié
überschuldet *adj* 负债累累的 fùzhài lěilěi de, 负债过多的 fùzhài guòduō de
Überschuldung *f* -, -en 负债累累 fùzhài lěilěi
Überschuss *m* -es, ..e 利润 lìrùn, 盈利 yínglì; 过剩 guòshèng, 剩余 shèngyú
Überschussangebot *n* 供应过剩 gōngyìng guòshèng
überschüssig *adj* 过剩的 guòshèngde, 剩余的 shèngyúde
Überschussprodukte *pl* 剩余产品 shèngyú chǎnpǐn
überschwemmen *vt* 淹没 yānmò, 泛滥 fànlàn; 充斥着 chōngchìzhe
Überschwemmung *f* -, -en 淹没 yānmò, 泛滥 fànlàn; 洪水 hóngshuǐ, 水灾 shuǐzāi
überschwenglich *adj* 热情洋溢的 rèqíng yángyì de, 感情奔放的 gǎnqíng bēnfàng de
Übersee *f* - 海外 hǎiwài, 国外 guówài
Überseebank *f* 海外银行 hǎiwài yínháng
Überseedampfer *m* 远洋轮 yuǎnyánglún
Überseeerzeugnisse *pl* 舶来品 bóláipǐn
Überseefrachter *m* 远洋货轮 yuǎnyáng huòlún
Überseehandel *m* 海外贸易 hǎiwài màoyì
Überseeinvestitionen *pl* 海外投资 hǎiwài tóuzī
überseeisch *adj* 海外的 hǎiwàide, 国外的 guówàide
Überseemarkt *m* 海外市场 hǎiwài shìchǎng
Überseeschifffahrt *f* 远洋航行 yuǎnyáng hángxíng
Überseeverkehr *m* 远洋交通 yuǎnyáng jiāotōng, 海外运输 hǎiwài yùnshū
übersehbar *adj* 一目了然的 yī mù liǎorán de, 一览无遗的 yīlǎn wúyí de, 看得见的 kàndejiàn de
übersehen* *vt* **I** übersehen 看厌 kàn yàn: ich habe mir diese Farben übergesehen 这些颜色我看厌了 **II** übersehen 俯视 fǔshì, 鸟瞰 niǎokàn; 看到…全貌 kàndào … quánmào; 估计 gūjì; 忽略 hūlüè, 看漏 kàn lòu; 视而不见 shì ér bù jiàn: er wollte mich ～ 他不愿看到我

übersenden* *vt* 寄发 jìfā, 寄送 jìsòng, 邮寄 yóujì
Übersender *m* -s, - 发货人 fāhuòrén
Übersendung *f* - 发货 fāhuò, 发运 fāyùn, 托运 tuōyùn; 寄发 jìfā
übersetzen I *vt* 把…运载过河 bǎ … yùnzài guò hé **II** *vi*(s) 摆渡 bǎidù, 渡过河 dùguò hé
übersetzen *vt* 翻译 fānyì; ein in mehrere Sprachen übersetzter Roman 一本已译成多种语言的小说
Übersetzer *m* -s, - 翻译者 fānyìzhě, 译者 yìzhě
Übersetzung *f* -, -en 翻译 fānyì; 译文 yìwén
Übersetzungsprogramm *n* 翻译程序 fānyì chéngxù
Übersicht *f* -, -en 梗概 gěnggài, 概况 gàikuàng: eine klare ～ über etw haben 对某事有清楚的概括了解; 一览表 yīlǎnbiǎo
übersichtlich *adj* 一目了然的 yī mù liǎorán de; 层次清楚的 céngcì qīngchu de; 开阔的 kāikuòde
Übersichtskarte *f* 简明地图 jiǎnmíng dìtú
übersiedeln *vi*(s) 迁居 qiānjū, 迁移 qiānyí, 移居 yíjū: in eine andere Stadt ～ 迁居到另一城市
Übersied(e)lung *f* 迁居 qiānjū, 迁移 qiānyí
übersinnlich *adj* 超自然的 chāozìránde, 先验的 xiānyànde
überspannt *adj* 夸张的 kuāzhāngde, 过分的 guòfènde, 过激的 guòjīde
überspielen *vt* 掩饰 yǎnshì, 掩盖 yǎngài; 智胜 zhì shèng; (录音带、唱片)转录 zhuǎnlù
überspitzt *adj* 言过其实的 yán guò qí shíde, 夸张的 kuāzhāngde; 过细的 guòxìde
überspringen* **I** überspringen *vi*(s) 跳过 tiàoguò, 跳到 tiàodào, 转到 zhuǎndào **II** überspringen *vt* 跳过 tiàoguò, 越过 yuèguò; 略过 lüèguò
überstaatlich *adj* 超国家的 chāo guójiā de
überstehen* *vt* 渡过 dùguò, 克服 kèfú: die Krise ～ 渡过危机; 战胜 zhànshèng, 经受得住 jīngshòudezhù: eine Krankheit ～ 战胜疾病
übersteigen* *vt* 爬过 páguò, 登越

héguó

unabänderlich *adj* 不能改变的 bùnéng gǎibiàn de,不容变更的 bùróng biàngēng de

unabhängig *adj* 独立的 dúlìde,自主的 zìzhǔde,不依赖的 bù yīlài de: er ist finanziell ～ von seinen Eltern 他经济上不依赖他的父母

Unabhängigkeit *f* - 独立 dúlì,自主 zìzhǔ

unablässig *adj* 不停的 bùtíngde,连续的 liánxùde,不间断的 bù jiànduànde

unabsehbar *adj* 一望无际的 yī wàng wú jì de;预见不到的 yùjiàn bùdàode

unabsichtlich *adj* 无意的 wúyìde,非故意的 fēi gùyì de,无心的 wúxīnde

unabwendbar *adj* 不可避免的 bùkě bìmiǎn de,必然的 bìránde

unachtsam *adj* 不留心的 bù liúxīnde,不注意的 bù zhùyìde,疏忽的 shūhude

unähnlich *adj* 不相像的 bù xiāngxiàngde,不一样的 bù yīyàngde

unakzeptiert *adj* 不接受的 bù jiēshòu de;拒绝承兑的 jùjué chéngduì de,拒付的 jùfùde

unanfechtbar *adj* 无可争辩的 wúkě zhēngbiàn de,无可否认的 wúkě fǒurèn de

unangebracht *adj* 不相宜的 bù xiāngyíde,不恰当的 bù qiàdàngde,不得体的 bù détǐde

unangefochten *adj* 没有异议的 méiyǒu yìyì de,不可争辩的 bùkě zhēngbiàn de;不受阻碍的 bù shòu zǔ'ài de

unangemeldet *adj* 未预先通知的 wèi yùxiān tōngzhī de;未申报的 wèi shēnbào de

unangemessen *adj* 不适当的 bù shìdàngde,不相称的 bù xiāngchènde

unangenehm *adj* 不愉快的 bù yúkuàide,令人讨厌的 lìng rén tǎoyàn de;尴尬的 gāngàde

unannehmbar *adj* 无法接受的 wúfǎ jiēshòu de,不能采纳的 bùnéng cǎinà de

Unannehmlichkeit *f* -, -en 不愉快(的事) bù yúkuài,麻烦 máfan;烦恼 fánnǎo

unansehnlich *adj* 寒酸相的 hánsuānxiàngde,其貌不扬的 qí mào bù yáng de

unanständig *adj* 不正派的 bù zhèngpàide;不规矩的 bù guījude,下流的 xiàliúde,不正经的 bù zhèngjingde

unappetitlich *adj* 叫人倒胃口的 jiào rén dǎo wèikou de,不开胃的 bù kāiwèide;令人厌恶的 lìng rén yànwù de

unartig *adj* 顽皮的 wánpíde,不听话的 bù tīnghuàde,无教养的 wú jiàoyǎng de

unauffällig *adj* 不引人注意的 bù yǐnrén zhùyì de,不惹人注目的 bù rěrén zhùmùde;悄悄的 qiāoqiāode

unauffindbar *adj* 找不到的 zhǎobùdàode,隐蔽的 yǐnbìde

unaufgefordert *adj* 自愿的 zìyuànde,主动的 zhǔdòngde

unaufhaltsam *adj* 不可阻挡的 bùkě zǔdǎng de;不停的 bùtíngde,不断的 bùduànde

unaufhörlich *adj* 不停的 bùtíngde,持续不断的 chíxù bùduàn de

unaufmerksam *adj* 不专心的 bù zhuānxīnde,不注意的 bù zhùyìde;怠慢的 dàimànde,不周的 bùzhōude

unaufrichtig *adj* 不诚实的 bù chéngshíde,不真诚的 bù zhēnchéngde

unaufschiebbar *adj* 刻不容缓的 kè bù róng huǎn de

unausbleiblich *adj* 不可避免的 bùkě bìmiǎn de,必然的 bìránde

unausführbar *adj* 行不通的 xíngbutōngde,做不到的 zuòbùdàode

unausdenkbar *adj* 无法想像的 wúfǎ xiǎngxiàng de

unausgebildet *adj* 没有训练过的 méiyǒu xùnliànguo de,未经培养的 wèi jīng péiyǎng de

unausgeglichen *adj* (情绪)不稳定的 bù wěndìngde;不平衡的 bù pínghéngde,不均衡的 bù jūnhéngde;未清偿的 wèi qīngcháng de

unauslöschlich *adj* 难忘的 nánwàngde,不能磨灭的 bùnéng mómiè de

unausstehlich *adj* 受不了的 shòubuliǎode,令人讨厌的 lìng rén tǎoyàn de

unbar *adj* 不付现款的 bù fùxiànkuǎn de,不用现金的 bùyòng xiànjīn de,划拨的 huàbōde

unbarmherzig *adj* 残忍的 cánrěnde,无情的 wúqíngde

unbeabsichtigt *adj* 无心的 wúxīnde,无意的 wúyìde;意外的 yìwàide

unbeachtet *adj* 不受重视的 bù shòu zhòngshì de;未受人注意的 wèi shòu rén zhùyì de;使人察觉不到的 shǐ rén chájué bù dào de

U

unbeantwortet *adj* 未答复的 wèi dáfù de,尚无回答的 shàng wú huídá de

unbedacht *adj* 考虑欠周的 kǎolǜ qiànzhōu de,不谨慎的 bù jǐnshènde,草率的 cǎoshuà de

unbedenklich *adj* 毫不迟疑的 háobù chíyí de,毫无疑虑的 háowú yílǜ de

unbedeutend *adj* 不重要的 bù zhòngyàode;微小的 wēixiǎode,轻微的 qīngwēide

unbedingt I *adj* 无条件的 wútiáojiànde,绝对的 juéduìde: sich auf jn ～ verlassen 绝对信赖某人 II *adv* 无论如何 wúlùn rúhé: nicht ～ 不一定

unbeeinflusst *adj* 不受外界影响的 bù shòu wàijiè yǐngxiǎng de;公正的 gōngzhèngde

unbefahrbar *adj* 无法行驶的 wúfǎ xíngshǐ de,不通行的 bù tōngxíngde

unbefangen *adj* 无成见的 wú chéngjiàn de,不偏不倚的 bù piān bù yǐ de;不拘束的 bù jūshùde,自然的 zìránde

unbefriedigend *adj* 不能使人满意的 bùnéng shǐ rén mǎnyì de,不理想的 bù lǐxiǎngde

unbefriedigt *adj* 失望的 shīwàngde,不满意的 bù mǎnyìde

unbefristet *adj* 无限期的 wúxiànqīde,不定期的 bù dìngqīde;长期有效的 chángqī yǒuxiào de

unbefugt *adj* 未被受权的 wèi bèi shòuquán de,未经批准的 wèi jīng pīzhǔn de,未经许可的 wèi jīng xǔkě de

Unbefugte *m/f* (按形容词变化)未被受权者 wèi bèi shòuquán zhě,未经批准的人 wèi jīng pīzhǔn de rén,未经许可者 wèi jīng xǔkě zhě

unbegabt *adj* 没有才能的 méiyǒu cáinéng de,无天赋的 wú tiānfù de

unbeglichen *adj* 未付款的 wèi fùkuǎn de,未付清的 wèi fùqīng de

unbegreiflich *adj* 不可理解的 bùkě lǐjiě de,不能领会的 bùnéng lǐnghuì de;不可思议的 bù kě sīyì de

unbegrenzt *adj* 无限的 wúxiànde,无限期的 wú xiànqī de: ～er Kredit 无限贷款

unbegründet *adj* 无理由的 wú lǐyóu de,没有根据的 méiyǒu gēnjù de

unbehaglich *adj* 不愉快的 bù yúkuàide,不舒服的 bù shūfude

unbehaust *adj* 无家可归的 wújiā kěguī de

unbeherrscht *adj* 控制不住自己的 kòngzhì bùzhù zìjǐ de

unbehindert *adj* 不受阻碍的 bù shòu zǔ'ài de

unbeholfen *adj* 笨拙的 bènzhuōde,笨手笨脚的 bèn shǒu bèn jiǎo de

unbekannt *adj* 不熟悉的 bù shúxīde,不认识的 bù rènshide,陌生的 mòshēngde: ein ～es Gesicht 一张陌生的脸;未知的 wèizhīde;不出名的 bù chūmíngde

unbekleidet *adj* 未穿衣服的 wèi chuān yīfu de

unbekümmert *adj* 无忧虑的 wú yōulǜ de;不关心的 bù guānxīnde,不在意的 bù zàiyìde

unbeladen *adj* 没有载货的 méiyǒu zàihuò de

unbelebt *adj* 无生命的 wú shēngmìng de;无人居住的 wúrén jūzhù de

unbeliebt *adj* 不受欢迎的 bù shòu huānyíng de,不得人心的 bù dé rénxīn de

unbemannt *adj* 没有载人的 méiyǒu zàirén de,无人驾驶的 wúrén jiàshǐ de

unbemerkt *adj* 未被察觉的 wèi bèi chájué de

unbequem *adj* 不舒适的 bù shūshìde,不舒服的 bù shūfude;讨厌的 tǎoyànde,令人生厌的 lìng rén shēngyàn de

unberechenbar *adj* 难以捉摸的 nányǐ zhuōmō de,使人摸不透的 shǐ rén mō bù tòu de;无法估计的 wúfǎ gūjì de

unberechtigt *adj* 不合理的 bù hélǐde,没有道理的 méiyǒu dàoli de;无权的 wúquánde

unbeschädigt *adj* 完整无损的 wánzhěng wúsǔn de

unbeschäftigt *adj* 没有被雇用的 méiyǒu bèi gùyòng de;闲着无事的 xiánzhe wúshì de

unbescheiden *adj* 过分苛求的 guòfèn kēqiú de

unbescholten *adj* 品行好的 pǐnxíng hǎode,名声好的 míngshēng hǎode

unbeschränkt *adj* 无限制的 wúxiànzhìde,不受约束的 bù shòu yuēshù de

unbeschreiblich *adj* 难以形容的 nányǐ xíngróng de,难以描写的 nányǐ miáoxiě de;非常的 fēichángde

unbesetzt *adj* 未被占用的 wèi bèi zhànyòng de,空着的 kōngzhede

unbesiegbar *adj* 不可战胜的 bùkě zhànshèng de

unbesonnen *adj* 轻率的 qīngshuàide，未加思索的 wèi jiā sīsuǒ de

unbesorgt *adj* 不担心的 bù dānxīnde，放心的 fàngxīnde

unbeständig *adj* 不稳定的 bù wěndìngde，易变的 yìbiànde；反复无常的 fǎnfù wúcháng de

unbestechlich *adj* 不受贿赂的 bù shòu huìlù de，收买不了的 shōumǎi bùliǎo de，清廉的 qīngliánde；坚定的 jiāndìngde

unbestimmt *adj* 不确定的 bù quèdìngde，不一定的 bù yīdìngde；不明确的 bù míngquède；不定的 bùdìngde：～er Artikel 不定冠词

unbestreitbar *adj* 无可争辩的 wúkě zhēngbiàn de，确定无疑的 quèdìng wúyí de

unbestritten *adj* 没有争议的 méiyǒu zhēngyì de

unbeträchtlich *adj* 微不足道的 wēi bù zú dào de

unbeugsam *adj* 倔强的 juéjiàngde，不屈服的 bù qūfú de；不屈不挠的 bùqū bù náo de

unbewachtet *adj* 无人看守的 wúrén kānshǒu de

unbewaffnet *adj* 无武器的 wú wǔqì de，无装备的 wú zhuāngbèi de

unbewegt *adj* 不动的 bù dòngde，固定的 gùdìngde；没有表情的 méiyǒu biǎoqíng de

unbewiesen *adj* 尚未证明的 shàng wèi zhèngmíng de，未经证实的 wèi jīng zhèngshí de

unbewohnbar *adj* 不能居住的 bùnéng jūzhù de

unbewohnt *adj* 无人居住的 wúrén jūzhù de，空着的 kōngzhede

unbewusst *adj* 无意识的 wúyìshíde，无心的 wúxīnde，不知不觉的 bù zhī bù jué de

unbezahlbar *adj* 付不起钱的 fù bùqǐ qián de；无价的 wújiàde，无法偿付的 wúfǎ chángfù de

unbezahlt *adj* 未付的 wèi fù de，未结清的 wèi jiéqīng de

unbrauchbar *adj* 不能用的 bùnéngyòngde，无用的 wúyòngde

und *cj* 和 hé，与 yǔ，及 jí；而且 érqiě，并且 bìngqiě，又 yòu；然而 rán'ér，却 què，但 dàn

undankbar *adj* 忘恩负义的 wàng ēn fù yì de；费力不讨好的 fèilì bùtǎohǎo de，不讨巧的 bù tǎoqiǎo de

undenkbar *adj* 不可想像的 bùkě xiǎngxiàng de，不可思议的 bù kě sī yì de

undeutlich *adj* 不清楚的 bù qīngchude，模糊的 móhude：～ sprechen [schreiben] 说[写]得不清楚

undeutsch *adj* 非德国的 fēi Déguó de，非德语的 fēi Déyǔ de

undicht *adj* 渗漏的 shènlòude，不封闭的 bù fēngbìde

Unding *n* -(e)s, -e 荒谬 huāngmiù，荒唐 huāngtáng：etw ist ein ～ 某事非常荒唐

undiplomatisch *adj* 无外交手腕的 wú wàijiāo shǒuwàn de，非外交的 fēi wàijiāo de，不策略的 bù cèlüède

undiszipliniert *adj* 无纪律的 wú jìlǜ de

unduldsam *adj* 不宽容的 bù kuānróngde

undurchsichtig *adj* 不透明的 bùtòumíngde；不可测知的 bùkě cèzhī de，不易看透的 bù yì kàntòu de，捉摸不透的 zhuōmō bù tòu de

uneben *adj* 不平的 bùpíngde，崎岖的 qíqūde

Unebenheit *f* -, -en 高低不平 gāodī bùpíng，不平坦 bù píngtǎn

unecht *adj* 假的 jiǎde，人造的 rénzàode，仿制的 fǎngzhìde

unehelich *adj* 私生的 sīshēngde，未婚生的 wèihūn shēngde

Unehre *f* 耻辱 chǐrǔ：jm ～ machen 使某人蒙受耻辱

unehrlich *adj* 不诚实的 bù chéngshíde，不正直的 bù zhèngzhíde

uneinbringlich *adj* 无利可图的 wú lì kě tú de，无收益的 wú shōuyì de，无法重新获得的 wúfǎ chóngxīn huòdé de：～e Forderung 坏账，呆账

uneingelöst *adj* 未兑现的 wèi duìxiàn de，未履行的 wèi lǚxíng de；拒付的 jùfùde；未付的 wèifùde，未清的 wèiqīngde

uneinig *adj* 不一致的 bù yīzhìde，意见不合的 yìjiàn bùhé de

Uneinigkeit *f* -, -en 不一致 bù yīzhì，有分歧 yǒu fēnqí

uneinlösbar *adj* 不能兑换的 bùnéng duìhuàn de

U

uneinträglich *adj* 没有赢利的 méiyǒu yínglì de,没有利益的 méiyǒu lìyì de

unempfindlich *adj* 没有知觉的 méiyǒu zhījué de,不敏感的 bù mǐngǎnde;无动于衷的 wú dòng yú zhōng de

Unempfindlichkeit *f* 麻木不仁 má mù bù rén,不敏感 bù mǐngǎn

unendlich *adj* 无穷的 wúqióngde,无限的 wúxiànde,无止境的 wú zhǐjìng de,无尽头的 wú jìntóu de

unentbehrlich *adj* 不可缺少的 bùkě quēshǎo de,必需的 bìxū de

unentgeltlich *adj* 免费的 miǎnfèide,无偿的 wúcháng de

unentschieden *adj* 未决定的 wèi juédìng de;不分胜负的 bù fēn shèng fù de;不坚决的 bù jiānjuéde

unentschlossen *adj* 尚未决定的 shàng wèi juédìng de;没有决断力的 méiyǒu juéduànlì de

unentwegt *adj* 坚定的 jiāndìngde,坚定不移的 jiāndìng bùyí de,百折不挠的 bǎi zhé bù náo de;不停的 bùtíngde,连续的 liánxùde

unerbittlich *adj* 无情的 wúqíngde,不讲情面的 bù jiǎng qíngmiàn de

unerfahren *adj* 没有经验的 méiyǒu jīngyan de,不熟悉的 bù shúxīde

unerfreulich *adj* 令人不愉快的 lìng rén bù yúkuài de

unergiebig *adj* 无效果的 wú xiàoguǒ de,无收益的 wú shōuyì de;无收获的 wú shōuhuò de

unerheblich *adj* 无足轻重的 wú zú qīng zhòng de,不重要的 bù zhòngyàode

unerhört I *adj* 闻所未闻的 wén suǒ wèi wén de,前所未有的 qián suǒ wèi yǒu de;令人气愤的 lìng rén qìfèn de,卑劣的 bēiliède;未被听取的 wèi bèi tīngqǔ de II *adv* 非常 fēicháng,极其 jíqí

unerklärlich *adj* 无法解释的 wúfǎ jiěshì de,不可思议的 bù kě sī yì de

unerlässlich *adj* 必要的 bìyào de,不能免除的 bùnéng miǎnchú de

unerlaubt *adj* 未经许可的 wèi jīng xǔkě de;非法的 fēifǎde

unerledigt *adj* 未办理的 wèi bànlǐ de,未了结的 wèi liǎojié de

unermesslich *adj* 巨大的 jùdàde,不可估量的 bùkě gūliáng de

unermüdlich *adj* 不知疲倦的 bùzhī píjuàn de,不倦的 bújuànde

unerschöpflich *adj* 用不完的 yòngbùwánde,取之不尽的 qǔ zhī bù jìn de

unerschrocken *adj* 不害怕的 bù hàipà de,勇敢的 yǒnggǎnde

unerschütterlich *adj* 不动摇的 bù dòngyáode,坚定不移的 jiāndìng bùyí de

unerschwinglich *adj* 无力支付的 wúlì zhīfù de,买不起的 mǎi bù qǐ de

unersetzlich *adj* 不可弥补的 bùkě míbǔ de;不可替代的 bùkě tìdài de

unerträglich *adj* 不能忍受的 bùnéng rěnshòu de,难受的 nánshòude: die Hitze ist ～ 炎热难熬;受不了的 shòubuliǎode,令人讨厌的 lìng rén tǎoyàn de

unerwartet *adj* 想不到的 xiǎng bu dào de,出乎意料的 chū hū yìliào de,意外的 yìwàide

unerwünscht *adj* 不受欢迎的 bù shòu huānyíng de

unerzogen *adj* 没有教养的 méiyǒu jiàoyǎng de

unfähig *adj* 无能力的 wú nénglì de,胜任不了的 shèngrèn bùliǎo de,不合格的 bù hégéde

unfair [ˈʊnfɛːɐ] *adj* 不正当的 bù zhèngdàngde,不正派的 bù zhèngpàide,不公正的 bù gōngzhèngde;故意犯规的 gùyì fànguī de

Unfall *m* -s, -e 事故 shìgù,失事 shīshì: einen ～ vermeiden 避免一事故

Unfallstation *f* 事故急救站 shìgù jíjiùzhàn

Unfallversicherung *f* 事故保险 shìgù bǎoxiǎn

unfassbar *adj* 不可理解的 bùkě lǐjiě de;难以相信的 nányǐ xiāngxìn de

unflexibel *adj* 不可变通的 bùkě biàntōng de,不灵活的 bù línghuóde

unfrankiert *adj* 未贴邮票的 wèi tiē yóupiào de,未付邮资的 wèi fù yóuzī de

unfrei *adj* 不自由的 bù zìyóude;未付邮资的 wèi fù yóuzīde,欠资的 qiànzīde;受约束的 shòu yuēshù de

unfreundlich *adj* 不友好的 bù yǒuhǎode,不客气的 bù kèqi de,无礼的 wúlǐde: sie war sehr ～ zu uns 她对我们非常无礼;不愉快的 bù yúkuàide,情绪不好的 qíngxù bùhǎo de;阴沉的 yīnchénde

Unfrieden *m* -s 不和睦 bù hémù

unfruchtbar *adj* (土壤)贫瘠的 pínjíde,不毛的 bùmáode;不能生育的 bùnéng shēngyù de,不孕的 bùyùnde;无结

果的 wú jiéguǒ de

Unfug *m* -(e)s 不法行为 bùfǎ xíngwéi；胡闹 húnào；胡说 húshuō：～ machen (或 treiben) 胡闹，干蠢事

Ungar *m* -n，-n 匈牙利人 xiōngyálìrén

ungarisch *adj* 匈牙利的 xiōngyálìde；匈牙利语的 xiōngyálìyǔde

Ungarn 匈牙利 Xiōngyálì

ungeachtet *prp* (G) 不顾 bùgù，尽管 jǐnguǎn：～ des schlechten Wetters gingen wir spazieren 尽管天气不好，我们仍去散步

ungeahnt *adj* 意想不到的 yìxiǎng bu dào de，意外的 yìwàide

ungebeten *adj* 未被邀请的 wèi bèi yāoqǐng de

ungebildet *adj* 未受教育的 wèi shòu jiàoyù de，缺乏文化的 quēfá wénhuà de；没有教养的 méiyǒu jiàoyǎng de

ungebräuchlich *adj* 不常用的 bù chángyòngde，不通用的 bù tōngyòngde

ungebraucht *adj* 未用过的 wèi yòngguode

ungebührlich *adj* 不妥的 bùtuǒde，失礼的 shīlǐde，过分的 guòfènde

Ungeduld *f* - 不耐烦 bù nàifán，性急 xìngjí，急躁 jízào：voll(er) ～ sein 非常不耐烦

ungeduldig *adj* 不耐烦的 bù nàifánde，性急的 xìngjíde，焦躁的 jiāozàode

ungeeignet *adj* 不适宜的 bù shìyíde，不合格的 bù hégéde；不适当的 bù shìdàngde，不合适的 bù héshìde

ungefähr *adv* 大约 dàyuē，大致 dàzhì，大概 dàgài：～ um 9 Uhr 约莫 9 点钟；von ～ 偶然地

ungefährlich *adj* 不危险的 bù wēixiǎnde

ungeheuer I *adj* 非凡的 fēifánde，巨大的 jùdàde：～e Verluste 巨大的损失 II *adv* 非常 fēicháng，极其 jíqí，很 hěn：～ billig 非常便宜

Ungeheuer *n* -s，- 巨兽 jùshòu，怪物 guàiwu，妖怪 yāoguài；残暴的人 cánbàode rén

ungeheuerlich *adj* 闻所未闻的 wén suǒ wèi wén de，令人气愤的 lìng rén qìfèn de；巨大的 jùdàde

ungehörig *adj* 不得体的 bù détǐde；无礼的 wúlǐde，厚颜无耻的 hòuyán wúchǐ de

ungehorsam *adj* 不服从的 bù fúcóng de，不听话的 bù tīnghuàde，不听命令的 bù tīng mìnglìng de

ungelegen *adj* 不合时的 bù héshíde；不适宜的 bù shìyíde，不合适的 bù héshìde

ungelenk *adj* 笨拙的 bènzhuōde，不灵活的 bù línghuóde

ungemütlich *adj* 不舒适的 bù shūshìde，不舒畅的 bù shūchàngde；不愉快的 bù yúkuàide；不和气的 bù héqìde，粗暴的 cūbàode：～ werden 态度变得粗暴

ungenau *adj* 不准确的 bù zhǔnquède；不仔细的 bù zǐxìde，不细心的 bù xìxīnde

ungenießbar *adj* 不可食用的 bùkě shíyòng de，已变质的 yǐ biànzhì de；心情恶劣的 xīnqíng èliè de，讨厌的 tǎoyànde

ungenügend *adj* 不够的 bùgòude，不足的 bùzúde 不充分的 bù chōngfènde；不够格的 bù gòugéde，不及格的 bù jígéde

ungerade *adj* 不直的 bùzhíde；奇数的 jīshùde

ungerecht *adj* 不公正的 bù gōngzhèngde，不公道的 bù gōngdàode；非正义的 fēi zhèngyì de

Ungeschick *n* -s 笨拙 bènzhuō，迟钝 chídùn

ungeschickt *adj* 不灵活的 bù línghuóde，笨拙的 bènzhuōde，笨手笨脚的 bèn shǒu bèn jiǎo de；笨的 bènde

ungeschlacht *adj* 粗笨的 cūbènde，臃肿不灵的 yōngzhǒng bùlíng de；粗野的 cūyěde

ungesellig *adj* 不合群的 bù héqúnde，不爱交际的 bù ài jiāojì de

ungesetzlich *adj* 非法的 fēifǎde，不法的 bùfǎde，不合法的 bù héfǎde，违法的 wéifǎde

ungesichert *adj* 无担保的 wú dānbǎo de，没有抵押的 méiyǒu dǐyā de：～es Darlehen 无担保贷款，信用放款

ungesittet *adj* 不合礼节的 bùhé lǐjié de，伤风败俗的 shāng fēng bài sú de

ungestört *adj* 不受干扰的 bù shòu gānrǎo de，安静的 ānjìngde

ungestraft *adj* 不受处罚的 bù shòu chǔfá de

ungestüm *adj* 激烈的 jīliède，迅猛的 xùnměngde；暴躁的 bàozàode，狂热的 kuángrède

ungesund *adj* 不健康的 bù jiànkāngde，病态的 bìngtàide；有损健康的 yǒu

U

sǔn jiànkāng de，不卫生的 bù wèishēngde

Ungetüm *n* -(e)s，-e 怪兽 guàishòu，庞然怪物 pángrán guàiwu

ungeübt *adj* 不熟练的 bù shúliànde

ungewiss *adj* 不明确的 bù míngquède，不确定的 bù quèdìngde，捉摸不定的 zhuōmō bùdìng de：jn über etw im Ungewissen lassen 不让某人确切知道某事

ungewöhnlich *adj* 不寻常的 bù xúnchángde，不平常的 bù píngchángde，异常的 yìchángde，非凡的 fēifánde

ungewohnt *adj* 不习惯的 bù xíguànde，陌生的 mòshēngde；不寻常的 bù xúnchángde，不常有的 bù cháng yǒu de

Ungeziefer *n* -s 害虫 hàichóng，有害小动物 yǒuhài xiǎo dòngwù；寄生虫 jìshēngchóng

ungezogen *adj* 不听话的 bù tīnghuàde，没教养的 méi jiàoyǎngde，无礼貌的 wú lǐmàode

ungezwungen *adj* 无拘束的 wú jūshùde，不拘泥的 bù jūníde，自然的 zìránde：sich ～ unterhalten 无拘束地交谈

ungläubig *adj* 无信仰的 wú xìnyǎngde；有怀疑的 yǒu huáiyí de，不信任的 bù xìnrènde

unglaublich *adj* 难以置信的 nányǐ zhìxìn de，不可相信的 bùkě xiāngxìn de；令人愤慨的 lìng rén fènkǎi de

unglaubwürdig *adj* 不可信的 bù kěxìnde，不可靠的 bù kěkàode

ungleich *adj* 不相同的 bù xiāngtóngde，有差异的 yǒu chāyìde；不相等的 bù xiāngděngde，不均等的 bù jūnděngde

ungleichmäßig *adj* 不均匀的 bù jūnyúnde；不平均的 bù píngjūnde

Unglück *n* -s，-e 事故 shìgù；不幸 búxìng，厄难 ènàn；灾祸 zāihuò，灾难 zāinàn：jn ins ～ bringen（或 stoßen）使某人遭殃；zu allem ～ 此外倒霉的是；ein ～ kommt selten allein 祸不单行

unglücklich *adj* 不幸的 búxìngde，悲伤的 bēishāngde，悲哀的 bēi'āide，可怜的 kěliánde，倒霉的 dǎoméide

unglücklicherweise *adv* 令人遗憾地 lìng rén yíhàn de，不幸地 bùxìngde，倒霉地 dǎoméide

Unglücksfall *m* 事故 shìgù，不幸事件 bùxìng shìjiàn，意外之祸 yìwài zhī huò

Unglücksrabe *m* 倒霉鬼 dǎoméiguǐ

Ungnade *f* 失宠 shīchǒng，失欢 shīhuān，失爱 shī ài：auf Gnade und（或 oder）～ 无条件地

ungültig *adj* 失效的 shīxiàode，无效的 wúxiàode：eine ～e Fahrkarte 无效的车票

Ungültigkeit *f* - 失效 shīxiào，无效 wúxiào

Ungunst *f* -，-en 不利 búlì；失宠 shīchǒng

ungünstig *adj* 不利的 bùlìde，不良的 bùliángde

ungut *adj* 不好的 bùhǎode，不愉快的 bù yúkuàide，不友好的 bù yǒuhǎode：～e Worte 不友好的话

Unheil *n* -s 灾害 zāihài，灾祸 zāihuò；不幸 bùxìng

unheilbar *adj* 难治的 nánzhìde，不治的 bùzhìde，难医的 nán yī de：～e Krankheiten 不治之症；无可救药的 wú kě jiù yào de

unheimlich *adj* 可怕的 kěpàde，令人害怕的 lìng rén hàipà de；非常的 fēichángde，巨大的 jùdàde

unhöflich *adj* 不礼貌的 bù lǐmàode，不恭敬的 bù gōngjìngde，不客气的 bù kèqide

unhörbar *adj* 听不见的 tīng bùjiàn de

unhygienisch *adj* 不卫生的 bù wèishēngde

Uni *f* -，-s（Universität 的简称）大学 dàxué

Uniform *f* -，-en 制服 zhìfú

Unikum *n* -s，-s 稀有的东西 xīyǒude dōngxi；怪人 guài rén

uninteressant *adj* 无趣味的 wú qùwèi de，无聊的 wúliáode；无关紧要的 wúguān jǐnyào de

uninteressiert *adj* 没有兴趣的 méiyǒu xìngqù de，不感兴趣的 bù gǎn xìngqù de：an dem Buch völlig ～ sein 对这本书毫不感兴趣

Union *f* -，-en 联盟 liánméng，联邦 liánbāng；联合会 liánhéhuì

Unisex *m* -(es) 不分男女的服装（或发式等）bù fēn nán nǚ de fúzhuāng

universal *adj* 全部的 quánbùde，普遍的 pǔbiànde；广博的 guǎngbóde，多方面的 duōfāngmiànde

Universität *f* -，-en（综合性）大学 dàxué：die ～ absolvieren 毕业于一大学

Universitätsausbildung *f* 大学学

历 dàxué xuélì,大学文化 dàxué wénhuà
Universitätsbibliothek *f* 大学图书馆 dàxué túshūguǎn
Universitätsstadt *f* 大学城 dàxuéchéng
Universum *n* -s 宇宙 yǔzhòu
unken *vi* 说不吉利的话 shuō bù jílìde huà
unkenntlich *adj* 无法识别的 wúfǎ shíbié de,认不出的 rèn bù chū de,不可辩别的 bùkě biànbié de
Unkenntnis *f* 无知 wúzhī,不了解 bùliǎojiě
unklar *adj* 不清楚的 bù qīngchude,难以理解的 nányǐ lǐjiě de;模糊的 móhu de;浑浊的 húnzhuóde: jn (über etw) im Unklaren lassen 不(把某事)告诉某人,不让某人知道(某事)
Unklarheit *f* 不清楚 bù qīngchu,不明确 bù míngquè;模糊 móhu
Unkosten *pl* 费用 fèiyong,杂费 záfèi,开支 kāizhī: sich in ～ stürzen 花很多钱,开支巨大
Unkraut *n* -(e)s, ⸗er 杂草 zácǎo,野草 yěcǎo
unkündbar *adj* 不能解除的 bùnéng jiěchú de,不能中止的 bùnéng zhōngzhǐ de
unlängst *adv* 不久前 bùjiǔqián,最近 zuìjìn
unlauter *adj* 不正当的 bù zhèngdàngde,不合法的 bù héfǎde;不诚实的 bù chéngshíde
unleserlich *adj* 难以辨认的 nányǐ biànrèn de,字迹不清楚的 zìjì bù qīngchude
unleugbar *adj* 不可否认的 bùkě fǒurèn de
Unlust *f* - 无兴趣 wú xìngqù,反感 fǎngǎn,厌恶 yànwù,不快 bùkuài
unmännlich *adj* 无男子气的 wú nánzǐqì de
unmäßig *adj* 过度的 guòdùde,无节制的 wú jiézhì de
Unmenge *f* 大量 dàliàng,无数 wúshù
unmenschlich *adj* 非人道的 fēi réndào de,残忍的 cánrěnde,无人性的 wú rénxìng de;无法忍受的 wúfǎ rěnshòu de;极大的 jídàde,非常的 fēichángde
unmittelbar *adj* 直接的 zhíjiēde;紧靠的 jǐnkàode,紧贴的 jǐntiēde;立刻的 lìkède
unmöbliert *adj* (出租时说明)不带家具的 bù dài jiājù de
unmodern *adj* 不时行的 bù shíxíngde,不时髦的 bù shímáode,过时的 guòshíde
unmöglich I *adj* 不可能的 bù kěnéngde,无法达到的 wúfǎ dádào de;不适宜的 bù shìyíde,不像样的 bù xiàngyàngde: sich ～ benehmen 举止不得体 II *adv* 决不 juébù,无论如何不 wúlùn rúhé bù: das geht ～ 这是绝对不可能的
unmoralisch *adj* 不道德的 bùdàodéde
unmündig *adj* 未成年的 wèichéngniánde
unmusikalisch *adj* 没有音乐感的 méiyǒu yīnyuègǎn de,无音乐才能的 wú yīnyuè cáinéng de,不懂音乐的 bùdǒng yīnyuè de
Unmut *m* -(e)s 不满 bùmǎn,怒气冲冲 nùqì chōngchōng,气愤 qìfèn
unnachgiebig *adj* 不让步的 bù ràng bùde,坚定的 jiāndìngde
unnahbar *adj* 难接近的 nán jiējìn de
unnatürlich *adj* 不自然的 bù zìránde,装模作样的 zhuāng mú zuò yàng de
unnötig *adj* 不必要的 bù bìyàode,多余的 duōyúde
unnütz *adj* 不起作用的 bù qǐ zuòyòng de;无益的 wuyìde;没有用处的 méiyǒu yòngchu de
unordentlich *adj* 不整齐的 bù zhěngqíde,不修边幅的 bù xiū biānfú de;杂乱的 záluànde;草率的 cǎoshuàide,马虎的 mǎhude
Unordnung *f* - 无秩序 wú zhìxù,杂乱 záluàn,紊乱 wěnluàn,乱糟糟 luànzāozāo
unparteiisch *adj* 公正的 gōngzhèngde,不偏袒的 bù piāntǎnde,中立的 zhōnglìde
unpassend *adj* 不适当的 bù shìdàngde,不合适的 bù héshìde;不得体的 bù détǐde
unpassierbar *adj* 不能通过的 bùnéng tōngguò de
unpässlich *adj* 身体不大舒服的 shēntǐ bùdà shūfu de,健康欠佳的 jiànkāng qiànjiā de
unpersönlich *adj* 客观的 kèguānde,非个人的 fēi gèrén de,不带个人感情的 bù dài gèrén gǎnqíng de;无人称的 wúrénchēngde
unpfändbar *adj* 不可抵押的 bùkě dǐyā de

U

unplanmäßig *adj* 非计划(性)的 fēi jìhuà de, 无计划的 wú jìhuà de
unpolitisch *adj* 不问政治的 bùwèn zhèngzhì de, 不明智的 bù míngzhì de
unpraktisch *adj* 不切实际的 bú qiè shíjì de, 不实用的 bù shíyòngde; 不灵巧的 bù língqiǎode, 笨拙的 bènzhuōde
unproduktiv *adj* 非生产性的 fēi shēngchǎnxìng de; 不多产的 bù duōchǎnde; 无收益的 wú shōuyì de
unprofitabel *adj* 无利可图的 wú lì kě tú de, 无收益的 wú shōuyì de, 亏损的 kuīsǔnde
unproportional *adj* 不成比例的 bùchéng bǐlì de, 不符合比例要求的 bù fúhé bǐlì yāoqiú de
unpünktlich *adj* 不准时的 bù zhǔnshíde, 不按时的 bù ànshíde, 误点的 wùdiǎnde
unqualifiziert *adj* 不合格的 bù hégéde, 未经专门训练的 wèi jīng zhuānmén xùnliàn de; 不合适的 bù héshìde
unrationell *adj* 不合理化的 bù hélǐhuàde, 不经济的 bù jīngjìde
unrecht *adj* 错误的 cuòwùde, 不当的 bùdàngde; 不合理的 bù hélǐde, 不公正的 bù gōngzhèngde, 不公平的 bù gōngpíngde: jm ～ tun 待某人不公正
Unrecht *n* -s 错误 cuòwù, 不当 bùdàng; 不公正 bù gōngzhèng, 不公平 bù gōngpíng: ～ haben 错了; im ～ sein 错了, 无理的; jn ins ～ setzen 使某人显得理亏
unrechtmäßig *adj* 不合法的 bù héfǎde, 不正当的 bú zhèngdàngde
unreell [... reel] *adj* (做生意)不诚实的 bù chéngshí de, 靠不住的 kào bu zhù de
unregelmäßig *adj* 无规律的 wú guīlǜ de, 无规则的 wú guīzé de
unreif *adj* 未熟的 wèishúde, 生的 shēngde; 不成熟的 bù chéngshúde; 幼稚的 yòuzhìde, 无经验的 wú jīngyàn de
unrein *adj* 不清洁的 bù qīngjiéde; 混浊的 hùnzhuóde; 不纯的 bùchúnde; 不光洁的 bù guāngjiéde; 患病的 huànbìngde
unrentabel *adj* 不获利的 bù huòlìde, 无利益的 wú lìyì de, 无赢利的 wú yínglì de
unrettbar *adj* 无法补救的 wúfǎ bǔjiù de
unrichtig *adj* 错误的 cuòwùde, 不正确的 bù zhèngquède, 不对的 bùduìde
Unruhe *f* -, -n 吵嚷 chǎorǎng, 骚乱 sāoluàn, 骚动 sāodòng; 不安 bù'ān, 担心 dānxīn, 忧虑 yōulǜ: in ～ sein 感到不安; 乱子 luànzi, 闹事 nàoshì
Unruhestifter *m* -s, - 带头闹事者 dàitóu nàoshìzhě, 煽动者 shāndòngzhě, 肇事者 zhàoshìzhě
unruhig *adj* 不安宁的 bù ānníngde, 烦躁的 fánzàode; 不平静的 bù píngjìngde, 不安稳的 bù ānwěnde; 喧闹的 xuānnàode, 嘈杂的 cáozáde
unrühmlich *adj* 不光彩的 bùguāngcǎide
uns *pron* (wir 的第三、四格)我们 wǒmen
unsachgemäß *adj* 外行的 wàihángde, 不得法的 bù défǎde
unsachlich *adj* 不实事求是的 bù shí shì qiú shì de, 不客观的 bù kèguānde
unsanft *adj* 不温柔的 bù wēnróude, 粗鲁的 cūlǔde
unsauber *adj* 不清洁的 bù qīngjiéde, 不干净的 bù gānjìngde; 不整洁的 bù zhěngjiéde; 不正派的 bù zhèngpàide, 不诚实的 bù chéngshíde; 不精确的 bù jīngquède
unschädlich *adj* 无害的 wúhàide, 不危险的 bù wēixiǎnde: jn ～ machen 使某人不能为害
unscharf *adj* 模糊的 móhude, 不清晰的 bù qīngxīde; 不精确的 bù jīngquède
unschätzbar *adj* 无法估计的 wúfǎ gūjì de, 非常宝贵的 fēicháng bǎoguì de, 巨大的 jùdàde
unschlüssig *adj* 犹豫不决的 yóuyù bùjué de, 不坚定的 bù jiāndìngde, 拿不定主意的 ná bùdìng zhǔyi de; 无法作结论的 wúfǎ zuò jiélùn de
Unschuld *f* - 无罪 wúzuì, 无辜 wúgū; 纯洁 chúnjié; 无恶意 wú èyì: etw in aller ～ sagen 毫无恶意地谈某事
unschuldig *adj* 无罪的 wúzuìde, 无辜的 wúgūde: an etw ～ sein 对某事是无辜的; 纯洁的 chúnjiéde, 正派的 zhèngpàide; 无恶意的 wú'èyì de
unselbständig *adj* 不独立的 bù dúlìde, 有依赖性的 yǒu yīlàixìng de
unser *pron* I (物主代词)我们的 wǒmende II (人称代词 wir 的第二格)我们 wǒmen

unsicher *adj* 不安全的 bù ānquán de；不可靠的 bù kěkàode，没有把握的 méiyǒu bǎwò de；不确定的 bù quèdìngde；心里不踏实的 xīnli bù tāshide，内心不安的 nèixīn bù'ān de：jn ～ machen 把某人弄得晕头转向

unsichtbar *adj* 看不见的 kàn bù jiàn de，无形的 wúxíngde

Unsinn *m* -(e)s 胡说 húshuō，瞎扯 xiāchě，胡言乱语 húyán luànyǔ；胡闹 húnào：～ machen（或 treiben）瞎胡闹

unsinnig *adj* 的 wúliáode；荒谬的 huāngmiùde，过分的 guòfènde

Unsitte *f* 恶习 èxí，陋俗 lòusú

unsittlich *adj* 不道德的 bùdàodéde，不正当的 bù zhèngdàngde；伤风败俗的 shāng fēng bài sú de

unsolid(e) *adj* 生活放荡的 shēnghuó fàngdàng de；不可靠的 bù kěkàode；质量低劣的 zhìliàng dīliè de

unsozial *adj* 非社会性的 fēi shèhuìxìng de

unsterblich *adj* 不朽的 bùxiǔde，不死的 bùsǐde，永生的 yǒngshēngde

Unstern *m* -s 凶兆 xiōngzhào，厄运 èyùn

unstet *adj* 不安定的 bù āndìngde，不稳定的 bù wěndìngde

Unstimmigkeit *f* -, -en 差错 chācuò；争论 zhēnglùn，争执 zhēngzhí

unsträflich *adj* 无可指摘的 wúkě zhǐzhāi de

unstreitig *adj* 无可争辩的 wúkě zhēngbiàn de，毫无疑问的 háowú yíwèn de

unsympathisch *adj* 不令人同情的 bù lìng rén tóngqíng de，无好感的 wú hǎogǎn de

untätig *adj* 空闲无事的 kòngxián wúshì de，无所事事的 wú suǒ shì shì de

untauglich *adj* 不适用的 bù shìyòngde，无用的 wúyòngde，不合要求的 bùhé yāoqiú de

unten *adv* 下面 xiàmian，下端 xiàduān；楼下 lóuxià

unter *prp*（D / A）1.（D）（表示地点）在…下面 zài … xiàmian：er wohnt ～ uns 他住在我们下面；在…之中 zài … zhī zhōng：er war auch ～ den Gästen 他也在客人中间；～ anderem 此外，另外 2.（A）（表示方向）到…下面去 dào … xiàmian qù：die Katze kroch ～ den Tisch 猫爬到桌子下面去了

unterbewerten *vt* 过低估计 guòdī gūjì，低估 dīgū

Unterbewertung *f* -, -en 过低估计 guòdī gūjì，低估 dīgū

Unterbewusstsein *m* -s 下意识 xiàyìshí，潜意识 qiányìshí

unterbieten* *vt* 要价低于… yàojià dī yú…，标价低于… biāojià dī yú…，喊价低于… hǎnjià dīyú…

Unterbilanz *f* chìzì

unterbrechen* *vt* 中断 zhōngduàn，中止 zhōngzhǐ：die Reise ～ 中断旅行；打断 dǎduàn；暂停 zàntíng

Unterbrechung *f* 中断 zhōngduàn，暂停 zàntíng

unterbreiten *vt* 提交 tíjiāo，向…提出 xiàng … tíchū；说明 shuōmíng，解释 jiěshì

unterbringen* *vt* 安放 ānfàng；安置 ānzhì，安顿 āndùn；安排 ānpái

unterderhand *adv* 秘密地 mìmìde，私下 sīxià；悄悄地 qiāoqiāode，用不正当手段 yòng bù zhèngdàng shǒuduàn

unterdessen *adv* 在此时间中 zài cǐ shíjiān zhōng，在这当儿 zài zhè dāngr

unterdrücken *vt* 压制 yāzhì，克制 kèzhì；镇压 zhènyā，压迫 yāpò

Unterdrücker *m* -s, - 压迫者 yāpòzhě，镇压者 zhènyāzhě

Unterdrückte *m* /*f*（按形容词变化）被压迫者 bèi yāpòzhě

Unterdrückung *f* 压迫 yāpò，镇压 zhènyā

untereinander *adv* 相互间 xiānghù jiān，互相间 hùxiāngjiān，彼此 bǐcǐ

unterentwickelt *adj* 发育不良的 fāyù bùliáng de；不发达的 bù fādáde

unterernährt *adj* 营养不良的 yíngyǎng bùliáng de

Unterernährung *f* -, -en 营养不良 yíngyǎng bùliáng

Unterflurgarage *f* 地下车库 dìxià chēkù

unterfordern *vt* 对…要求过低 duì … yāoqiú guòdī

Unterführung *f* -, -en 地下通道 dìxià tōngdào

Untergang *m* -s, ¨-e 下落 xiàluò；衰亡 shuāiwáng，灭亡 mièwáng，没落 mòluò；

U

沉没 chénmò
Untergebene *m/f* (按形容词变化)部下 bùxià,僚属 liáoshǔ,下属 xiàshǔ
untergehen* *vi(s)* 下落 xiàluò;衰亡 shuāiwáng,灭亡 mièwáng,没落 mòluò;沉没 chénmò
untergeordnet *adj* 从属的 cóngshǔde,无关紧要的 wúguān jǐnyào de
Untergewicht *n* -(e)s 重量不足 zhòngliàng bùzú,体重过轻 tǐzhòng guò qīng
untergraben* *vt* 冲刷 chōngshuā,冲蚀 chōngshí;破坏 pòhuài,损害 sǔnhài,搞垮 gǎokuǎ
Untergrund *m* -(e)s 土壤下层 tǔrǎng xiàcéng,下层土 xiàcéngtǔ;(绘画)底色 dǐsè;(非法的)地下活动 dìxià huódòng
Untergrundbahn (简称: U-Bahn) *f* 地铁 dìtiě,地下铁道 dìxià tiědào
unterhalb *prp* (G) 在…之下 zài … zhīxià,在…下方 zài … xià fāng
Unterhalt *m* -s 生活费 shēnghuófèi,赡养费 shànyǎngfèi;维修费 wéixiūfèi,保养费 bǎoyǎngfèi
unterhalten* I *vt* 扶养 fúyǎng,赡养 shànyǎng;维修 wéixiū,保养 bǎoyǎng;经营 jīngyíng;维持 wéichí II *rfl* 消遣 xiāoqiǎn;交谈 jiāotán,谈话 tánhuà,聊天 liáotiān
unterhaltsam *adj* 令人愉快的 lìng rén yúkuài de,有兴趣的 yǒu xìngqù de,使人娱乐的 shǐ rén yúlè de,消遣的 xiāoqiǎn de
Unterhaltsbeihilfe *f* 生活补助费 shēnghuó bǔzhùfèi,津贴 jīntiē
Unterhaltsbeitrag *m* 生活费 shēnghuófèi,赡养费 shànyǎngfèi
Unterhaltskosten *pl* 生活费用 shēnghuó fèiyòng;保养费 bǎoyǎngfèi,维修费 wéixiūfèi
Unterhaltspflicht *f* 赡养义务 shànyǎng yìwù,扶养义务 fúyǎng yìwù
unterhaltspflichtig *adj* 有赡养义务的 yǒu shànyǎng yìwù de,有扶养义务的 yǒu fúyǎng yìwù de
Unterhaltung *f* -, -en 维护 wéihù,保养 bǎoyǎng;保持 bǎochí;谈话 tánhuà,欢谈 huān tán: mit jm über etw eine ～ führen 与某人就某事叙谈;消遣 xiāoqiǎn,娱乐 yúlè
Unterhaltungsmusik *f* 娱乐性音乐 yúlè xìng yīnyuè,轻音乐 qīngyīnyuè
unterhandeln *vi* 谈判 tánpàn,商议 shāngyì
Unterhändler *m* -s, - 谈判者 tánpànzhě;调停人 tiáotíngrén;中介人 zhōngjièrén
Unterhandlung *f* -, -en 谈判 tánpàn,商谈 shāngtán;调停 tiáotíng
Unterhaus *n* -es 下议院 xiàyìyuàn
Unterhemd *n* -(e)s, -en (男子穿的)内衣 nèiyī,汗衫 hànshān
unterhöhlen *vt* 把…下面挖空(掏空) bǎ … xiàmian wākōng;(暗中)损害 sǔnhài,破坏 pòhuài
Unterhose *f* (男子穿的)衬裤 chènkù,短裤 duǎnkù,内裤 nèikù
unterirdisch *adj* 地下的 dìxiàde,秘密的 mìmìde
unterjochen *vt* 奴役 núyì,压迫 yāpò
Unterkleid *n* (女)内衣 nèiyī,衬裙 chènqún
Unterkleidung *f* 内衣 nèiyī
unterkommen* *vi(s)* 有了安身处 yǒule ānshēnchù,被安顿 bèi āndùn;找到工作 zhǎodào gōngzuò
unterkriegen *vt* 制服 zhìfú,胜过 shèngguò
Unterkunft *f* -, ¨-e 住宿处 zhùsùchù,住处 zhùchù: bei jm ～ finden [haben] 在某人处找到[有]住宿处 zhùsùchù;宿营地 sùyíngdì
Unterlage *f* -, -n 垫子 diànzi,垫底 diàndǐ;凭证 píngzhèng,凭据 píngjù,证件 zhèngjiàn;基础 jīchǔ
unterlassen* *vt* 中止 zhōngzhǐ;放弃 fàngqì,不做 bù zuò;疏忽 shūhu,忽略 hūlüè
Unterlassungssünde *f* 玩忽职守罪 wánhū zhíshǒu zuì,渎职 dúzhí
unterlaufen* *vi(s)* (差错等)无意中发生 wúyì zhōng fāshēng
unterlegen *vt* I **unterlegen** 把…放在下面 bǎ … fàng zài xiàmiàn;对…作出解释 duì … zuò chū jiěshì II **unterlegen** 给…垫上 gěi … diànshàng;给…配上 gěi … pèishàng
Unterlegenheitsgefühl *n* 自卑感 zìbēigǎn
Unterleib *m* -s 下腹 xiàfù,小腹 xiǎofù,下身 xiàshēn
Unterleutnant *m* 准尉 zhǔnwèi
Unterlid *n* -(e)s, -er 下眼皮 xià yǎnpí,下睑 xià jiǎn

unterliegen* *vi(s)* 输给 shū gěi，败于 bài yú：jm unterlegen sein 敌不过某人；受到 shòu dào，经受 jīngshòu

Unterlippe *f* 下唇 xiàchún

Untermieter *m* 转租房客 zhuǎnzū fángkè

unterminieren *vt* 损害 sǔnhài，破坏 pòhuài，削弱 xuēruò

unternehmen* *vt* 从事 cóngshì，着手 zhuóshǒu，做 zuò，作 zuò；采取 cǎiqǔ

Unternehmen *n* -s，- 行动 xíngdòng；计划 jìhuà，打算 dǎsuan；企业 qǐyè，公司 gōngsī

unternehmend *adj* 有事业心的 yǒushìyèxīn de

Unternehmenschef *m* 企业主 qǐyèzhǔ，公司老板 gōngsī lǎobǎn

Unternehmensforschung *f* 运筹学 yùnchóuxué

Unternehmer *m* -s，- 企业家 qǐyèjiā，雇主 gùzhǔ

Unternehmerverband *m* 企业主协会 qǐyèzhǔ xiéhuì，企业主联合会 qǐyèzhǔ liánhéhuì

Unternehmungsgeist *m* 事业心 shìyèxīn，创业精神 chuàngyè jīngshén

unternehmungslustig *adj* 有事业心的 yǒu shìyèxīn de，有进取心的 yǒu jìnqǔxīn de

Unteroffizier *m* 军士 jūnshì，下级军官 xiàjí jūnguān

unterordnen *vt* 使从属 shǐ cóngshǔ，使隶属 shǐ lìshǔ

Unterredung *f* -，-en 会谈 huìtán，商议 shāngyì，商谈 shāngtán

Unterricht *m* -(e)s 课 kè，课程 kèchéng，授课 shòukè：~ geben 授课；zum ~ gehen 去上课；der ~ fällt heute aus 今天停课

unterrichten *vt/vi* 授课 shòukè，讲课 jiǎngkè；通知 tōngzhī，告知 gàozhī

Unterrichtseinheit *f* 教学单元 jiàoxué dānyuán

Unterrichtsfilm *m* 教学电影 jiàoxué diànyǐng

Unterrichtskunde *f* 教学法 jiàoxuéfǎ

Unterrichtsqualität *f* 教学质量 jiàoxué zhìliàng

Unterrichtsstunde *f* 学时 xuéshí，课时 kèshí

Unterrichtswesen *n* 教学 jiàoxué，教学制度 jiàoxué zhìdù

Unterrock *m* -(e)s，⸚e 衬裙 chènqún，内裙 nèiqún

untersagen *vt* 不准 bùzhǔn，不许 bùxǔ，禁止 jìnzhǐ

unterschätzen *vt* 低估 dīgū，估计过低 gūjì guòdī

unterscheiden* *vt* 区别 qūbié，分清 fēnqīng；辨别 biànbié，识别 shíbié：sich von jm ~ 有别于某人

Unterscheidung *f* 区别 qūbié，分辨 fēnbiàn，辨别 biànbié

Unterschenkel *m* -s，- 小腿 xiǎotuǐ

Unterschied *m* -(e)s，-e 区别 qūbié，差别 chābié，不同 bùtóng：im ~ zu ... 与…不相同，有别于…

unterschiedlich *adj* 不同的 bùtóngde，有差别的 yǒu chābié de，各别的 gèbiéde

unterschiedslos *adj* 无差别的 wú chābié de

unterschlagen* *vt* 侵吞 qīntūn，侵占 qīnzhàn，贪污 tānwū；隐瞒 yǐnmán；避而不谈 bì ér bù tán

Unterschlagung *f* -，-en 侵吞 qīntūn，私吞 sītūn，贪污 tānwū

Unterschlupf *m* -(e)s，-e 藏身处 cángshēnchù，避难所 bìnànsuǒ，躲藏处 duǒcángchù；栖身处 qīshēnchù

unterschreiben* *vt* 在…上签字 zài … shang qiānzì；签名 qiānmíng；认可 rènkě，同意 tóngyì：das möchte ich nicht ~ 这点我不想同意

Unterschrift *f* -，-en 签字 qiānzì，签名 qiānmíng

Unterschriftsfälschung *f* 伪造签名 wěizào qiānmíng

Unterschuss *m* -es，⸚e 赤字 chìzì，亏空 kuīkong，亏损 kuīsǔn

Unterseeboot *n* 潜水艇 qiánshuǐtǐng

Unterseekabel *n* 海底电缆 hǎidǐ diànlǎn

untersetzt *adj* 矮壮的 ǎizhuàngde，矮小结实的 ǎixiǎo jiēshi de

Unterstand *m* -(e)s，⸚e 掩蔽所 yǎnbìsuǒ，避弹所 bìdànsuǒ；风雨棚 fēngyǔpéng，躲避处 duǒbìchù；住宿处 zhùsùchù

unterstehen* *vi* 从属 cóngshǔ，隶属 lìshǔ，附属 fùshǔ

unterstellen *vt* unterstellen I 存放 cúnfàng，暂存 zàncún；把…放到…下面

bǎ … fàngdào … xiàmian II **unterstellen** *vt* 假定 jiǎdìng，假设 jiǎshè；使从属 shǐ cóngshǔ

Unterstellung *f* 假设 jiǎshè，假定 jiǎdìng

unterstreichen* *vt* 在…下面划线 zài … xiàmian huàxiàn；着重提出 zhuózhòng tíchū

unterstützen *vt* 支持 zhīchí，帮助 bāngzhù，资助 zīzhù；赞助 zànzhù：jn mit Geld ～ 资助某人

Unterstützung *f* -，-en 支持 zhīchí，援助 yuánzhù，资助 zīzhù；赞助 zànzhù：eine ～ beziehen [annehmen] 领取[接受]一笔补助

unterstützungsbedürftig *adj* 需要补助的 xūyào bǔzhùde

Unterstützungsbeihilfen *pl* 临时补助金 línshí bǔzhùjīn

Unterstützungsempfänger *m* 领取津贴者 lǐngqǔ jīntiē zhě

Unterstützungsfonds *m* 救济(基)金 jiùjìjīn

untersuchen *vt* 调查 diàochá，研究 yánjiū；检查 jiǎnchá，检验 jiǎnyàn

Untersuchung *f* -，-en 调查 diàochá，研究 yánjiū；检查 jiǎnchá，检验 jiǎnyàn

Untersuchungsausschuss *m* 调查委员会 diàochá wěiyuánhuì

Untersuchungsgefängnis *n* 拘留所 jūliúsuǒ

Untersuchungshaft *f* 拘留 jūliú

Untersuchungsrichter *m* 预审法官 yùshěn fǎguān

Untertan *m* -s，-en 仆从 púcóng，奴才 núcai

Untertasse *f* 茶碟 chádié，杯碟 bēidié

untertauchen I *vi* (s) 潜水 qiánshuǐ，沉没 chénmò；消失 xiāoshī，隐匿 yǐnnì II *vt* 把…浸入水中 bǎ … jìnrù shuǐzhōng

Untertitel *m* -s，- 副标题 fùbiāotí，小标题 xiǎobiāotí；(电影)字幕 zìmù

Unterton *m* -(e)s，⸚e 低音 dīyīn，附音 fùyīn；(可听出弦外之音的)语调 yǔdiào，言外之意 yán wài zhī yì，口气 kǒuqì

Unterverkauf *m* 转卖 zhuǎnmài，贩卖 fànmài

untervermieten *vt* 转租 zhuǎnzū，转手出租 zhuǎnshǒu chūzū

Untervermieter *m* -s，- 转租者 zhuǎnzūzhě，二房东 èrfángdōng

Unterwäsche *f* - 内衣 nèiyī，贴身衣服 tiēshēn yīfu

unterwegs *adv* 途中 túzhōng，中途 zhōngtú：er ist ～ nach Berlin 他正在去柏林的途中；den ganzen Tag ～ sein 整天在外奔忙

unterweisen* *vt* 指导 zhǐdǎo，教导 jiàodǎo，教 jiāo

Unterwelt *f* - 阴间 yīnjiān，冥府 míngfǔ；黑社会 hēishèhuì，坏人的圈子 huàirén de quānzi：Beziehungen zur ～ haben 和黑社会有关系

Unterwelter *m* -s，- 黑社会分子 hēishèhuì fènzǐ

unterweltlich *adj* 黑社会的 hēishèhuìde

unterwerfen* I *vt* 战胜 zhànshèng，征服 zhēngfú II *rfl* 屈服 qūfú，服从 fúcóng，听从 tīngcóng

unterwürfig *adj* 卑躬屈膝的 bēi gōng qū xī de，低声下气的 dī shēng xià qì de

unterzeichnen *vt* 在…上签名 zài … shang qiānmíng，签署 qiānshǔ

Unterzeichner *m* -s，- 签名者 qiānmíngzhě，签署者 qiānshǔzhě

Unterzeichnerstaat *m* 签字国 qiānzìguó

Unterzeichnete *m/f* (按形容词变化)签字者 qiānzìzhě，签名者 qiānmíngzhě

Unterzeichnung *f* 签字 qiānzì，签名 qiānmíng

unterziehen* *vt* 把…穿在里面 bǎ … chuān zài lǐmiàn

unterziehen* I *vt* 对…进行… duì … jìnxíng…，使受到 shǐ shòudào II *rfl* 经受 jīngshòu，经历 jīnglì

untilgbar *adj* 无法偿还的 wúfǎ chánghuán de，难以偿清的 nányǐ chángqīng de；无法补救的 wúfǎ bǔjiù de；不可磨灭的 bùkě mómiè de

untragbar *adj* 不堪忍受的 bùkān rěnshòu de；负担不起的 fùdān bùqǐ de

untrennbar *adj* 不可分的 bù kěfēnde，不可分离的 bùkě fēnlí de

untreu *adj* 不忠的 bùzhōngde，不忠实的 bùzhōngshíde，背叛的 bèipànde：jm ～ werden 不忠于某人

Untugend *f* 恶习 èxí，坏习惯 huài xíguàn

unüberlegt *adj* 不假思索的 bù jiǎ sīsuǒ de，不加考虑的 bù jiā kǎolǜ de，轻

率的 qīngshuàide

unumgänglich *adj* 不可避免的 bùkě bìmiǎn de，免不了的 miǎn bu liǎo de；必要的 bìyàode

unumstößlich *adj* 无法更改的 wúfǎ gēnggǎi de，无法推翻的 wúfǎ tuīfān de

unumwunden *adj* 直截了当的 zhíjiéliǎodàngde，坦率的 tǎnshuàide

ununterbrochen *adj* 不间断的 bù jiànduànde，持续的 chíxùde，连续的 liánxù de：es regnet ～ 雨不停地下着

unveränderlich *adj* 不变的 bùbiànde，无变化的 wú biànhuà de

unverändert *adj* 没有变化的 méiyǒu biànhuà de，没有改变的 méiyǒu gǎibiàn de

unverantwortlich *adj* 不负责任的 bù fùzérèn de，无责任心的 wú zérènxīn de

unverbesserlich *adj* 无法改变的 wúfǎ gǎibiàn de，无可救药的 wúkě jiùyào de

unverbindlich *adj* 不受约束的 bù shòu yuēshù de，无约束力的 wú yuēshùlì de；不亲切的 bù qīnqiède，不热情的 bù rèqíngde，冷淡的 lěngdànde

unverblümt *adj* 直言不讳的 zhíyán bùhuì de，不加掩饰的 bù jiā yǎnshì de，直率的 zhíshuàide

unverbrüchlich *adj* 牢不可破的 láo bù kě pò de，始终不渝的 shǐzhōng bù yú de，坚定不移的 jiāndìng bù yí de

unverdächtig *adj* 无可怀疑的 wú kě huáiyí de

unverdaulich *adj* 不易消化的 bù yì xiāohuà de；很难理解的 hěn nán lǐjiě de，不好懂的 bù hǎodǒngde

unverdrossen *adj* 孜孜不倦的 zīzī bùjuàn de，勤奋的 qínfènde

unvereinbar *adj* 互不相容的 hù bù xiāngróng de，不一致的 bù yīzhìde

unverfälscht *adj* 非伪造的 fēi wěizào de，不掺假的 bù chānjiǎde

unverfänglich *adj* 不令人怀疑的 bù lìng rén huáiyí de，不使人为难的 bù shǐ rén wéinán de

unverfroren *adj* 放肆的 fàngsìde，无礼的 wúlǐde

unvergesslich *adj* 难以忘怀的 nányǐ wànghuái de，难忘的 nánwàngde，不会忘却的 bùhuì wàngquè de

unvergleichlich *adj* 无可比拟的 wú kě bǐnǐ de，无与伦比的 wú yǔ lún bǐ de

unverkäuflich *adj* 不出售的 bù chūshòude，非卖的 fēimàide；不易售出的 bù yì shòuchū de

unverkennbar *adj* 不会看错的 bùhuì kàncuò de，明显的 míngxiǎnde，显然的 xiǎnránde

unverletzlich *adj* 不可侵犯的 bùkě qīnfàn de，不能触犯的 bùnéng chùfàn de，不容践踏的 bùróng jiàntà de

Unverletzlichkeit *f* 不可侵犯 bùkě qīnfàn，不可触犯 bùkě chùfàn，不容践踏 bùróng jiàntà

unvermeidlich *adj* 不可避免的 bùkě bìmiǎn de，避免不了的 bìmiǎn bùliǎo de，必然的 bìránde

unvermittelt *adj* 突然的 tūránde

Unvermögen *n* -s 无能 wúnéng，无能力 wúnénglì；虚弱无力 xūruò wúlì

unvermutet *adj* 意外的 yìwàide，没有估计到的 méiyǒu gūjìdào de

Unvernunft *f* - 无理性 wúlǐxìng；不明智 bùmíngzhì

unvernünftig *adj* 不理智的 bù lǐzhìde，不明智的 bù míngzhìde

unveröffentlicht *adj* 未发表的 wèi fābiǎo de

unverschämt *adj* 厚颜无耻的 hòuyán wúchǐ de，不要脸的 bùyàoliǎnde

unverschuldet *adj* 无辜的 wúgūde；不负债的 bù fùzhàide

unversehens *adv* 突然 tūrán，忽然 hūrán，出乎意外地 chū hū yìwài de

unversichert *adj* 未保险的 wèi bǎoxiǎnde，未投保的 wèi tóubǎo de

unversorgt *adj* 无人供养的 wúrén gōngyǎng de

unverständig *adj* 无知的 wúzhīde，愚笨的 yúbènde

unverständlich *adj* 不清楚的 bù qīngchude；无法理解的 wúfǎ lǐjiě de，不懂的 bùdǒngde

unverträglich *adj* 好争吵的 hào zhēngchǎo de；难以一致的 nányǐ yīzhì de；难消化的 nán xiāohuà de

unverzagt *adj* 不沮丧的 bù jǔsàngde，不气馁的 bù qìněide

unverzichtbar *adj* 不可放弃的 bùkě fàngqìde，必要的 bìyàode

unverzinslich *adj* 无利息的 wú lìxī de，无息的 wúxīde：～es Darlehen 无息贷款

U

unverzollt *adj* 未纳税的 wèi nàshuì de,未完税的 wèi wánshuì de,未交税的 wèi jiāoshuì de
unverzüglich *adj* 立即的 lìjíde,即时的 jíshíde,刻不容缓的 kè bù róng huǎn de
unvollendet *adj* 未完成的 wèi wánchéngde,未做完的 wèi zuòwán de
unvollständig *adj* 不(完)全的 bùquánde,不足数的 bù zúshùde
unvorbereitet *adj* 未准备的 wèi zhǔnbèi de;意外的 yìwàide
unvoreingenommen *adj* 无偏见的 wú piānjiàn de,没有成见的 méiyǒu chéngjiàn de,客观的 kèguānde
unvorhergesehen *adj* 出乎意外的 chū hū yìwài de,没有预料到的 méiyǒu yùliàodào de
unvorsichtig *adj* 不小心的 bù xiǎoxīnde,不留心的 bù liúxīnde,不当心的 bù dāngxīnde,不谨慎的 bù jǐnshènde
unvorstellbar *adj* 难以想像的 nányǐ xiǎngxiàng de,不堪设想的 bùkān shèxiǎng de
unvorteilhaft *adj* 无好处的 wú hǎochu de;不好看的 bù hǎokànde,难看的 nánkànde
unwahr *adj* 不真实的 bù zhēnshíde,虚构的 xūgòude
unwahrscheinlich *adj* 不大可能的 bùdà kěnéng de,不一定的 bùyīdìngde;不能相信的 bùnéng xiāngxìn de,不可信的 bù kěxìnde;难以想像的 nányǐ xiǎngxiàng de
unwegsam *adj* 无路可通的 wú lù kě tōng de,不能通行的 bùnéng tōngxíng de
unweit *prp* (*G*) 离…不远 lí … bùyuǎn: ～ des Bahnhofs 离火车站不远; ～ von Berlin 离柏林不远
Unwert *m* -(e)s 无价值 wú jiàzhí
Unwesen *n* -s 胡作非为 húzuò fēiwéi,捣乱 dǎoluàn
unwesentlich *adj* 不重要的 bù zhòngyàode,无关紧要的 wúguān jǐnyào de
Unwetter *n* 暴风雨 bàofēngyǔ,雷雨 léiyǔ;大发雷霆 dàfā léitíng,高声训斥 gāo shēng xùnchì
unwichtig *adj* 不重要的 bù zhòngyàode,无关紧要的 wúguān jǐnyào de
unwiderlegbar *adj* 无可辩驳的 wú kě biànbó de
Unwille *m* -ns 不满 bùmǎn,气愤 qìfèn
unwillkürlich *adj* 不知不觉的 bù zhī bù juéde,不由自主的 bù yóu zìzhǔ de,无心的 wúxīnde,无意的 wúyìde
unwohl *adj* 不舒服的 bù shūfude,不适的 bùshìde: mir ist ～ (或 ich fühle mich ～) 我感到不舒服; ein ～es Gefühl bei etw haben 对某事有顾虑
unwürdig *adj* 不配的 bùpèide;与身份不相称的 yǔ shēnfen bù xiāngchènde,失身份的 shī shēnfèn de
unzählig *adj* 无数的 wúshùde,大量的 dàliàngde,数不清的 shǔbuqīngde: ～e Male 无数次
Unze *f* -, -n 盎司 àngsī
unzerbrechlich *adj* 不易破碎的 bù yì pòsuì de;不动摇的 bù dòngyáode
unzüchtig *adj* 淫乱的 yínluànde,淫秽的 yínhuìde
unzufrieden *adj* 不满意的 bù mǎnyìde,不满足的 bù mǎnzúde: mit jm [etw] ～ sein 对某人[某事]不满意;不愉快的 bù yúkuài de,心情不好的 xīnqíng bùhǎode
unzulässig *adj* 不允许的 bù yǔnxǔde,不许可的 bù xǔkěde
unzusammenhängend *adj* 无关联的 wúguānliánde,无意义的 wúyìyìde
unzustellbar *adj* (邮件地址不详)无法投递的 wúfǎ tóudì de
unzuträglich *adj* 不利于健康的 bù lìyú jiànkāng de
unzutreffend *adj* 不恰当的 bù qiàdàngde;不切合实际的 bù qièhé shíjì de
unzuverlässig *adj* 不可靠的 bù kěkàode,不可信赖的 bùkě xìnlài de
üppig *adj* 茂盛的 màoshèngde,茂密的 màomìde;丰富的 fēngfùde;丰满的 fēngmǎnde;(地区)傲慢的 àomànde,无礼貌的 wú lǐmào de
uralt *adj* 很老的 hěn lǎode;古老的 gǔlǎode,古代的 gǔdàide
Uran *n* -s 铀 yóu
Uranbrenner *m* 铀反应堆 yóufǎnyìngduī
Uranuhr *f* 原子钟 yuánzǐzhōng,铀钟 yóuzhōng
Uraufführung *f* -, -en 初次演出 chūcì yǎnchū,初次上演 chūcì shàngyǎn,初次放映 chūcì fàngyìng
urbar *adj* 可耕种的 kě gēngzhòng de,可开垦的 kě kāikěn de

Urbild *n*（艺术作品中的）原型 yuánxíng；典范 diǎnfàn，化身 huàshēn

Urenkel *m* 曾孙 zēngsūn，曾外孙 zēngwàisūn

Urgroßeltern *pl* 曾祖父母 zēngzǔfùmǔ，外曾祖父母 wàizēngzǔfùmǔ

Urgroßmutter *f* 曾祖母 zēngzǔmǔ，外曾祖母 wàizēngzǔmǔ

Urgroßvater *m* 曾祖父 zēngzǔfù，外曾祖父 wàizēngzǔfù

Urheber *m* -s，- 发起者 fāqǐzhě，创始者 chuàngshǐzhě，首创者 shǒuchuàngzhě；创作者 chuàngzuòzhě

Urheberrecht *n* 著作权 zhùzuòquán，版权 bǎnquán：ein ～ erwerben［verletzen］取得［侵犯］版权

Urin *m* -s，-e 小便 xiǎobiàn，尿 niào

Urkunde *f* -，-n 证书 zhèngshū，证件 zhèngjiàn；凭证 píngzhèng，证物 zhèngwù

Urlaub *m* -s，-e 休假 xiūjià，假期 jiàqī，假日 jiàrì：～nehmen 休假；in（或 auf）～ sein 正在休假

Urlauber *m* -s，- 度假者 dùjiàzhě，休假者 xiūjiàzhě

Urlauberdorf *n* 度假村 dùjiàcūn

Urlauberzentrum *n* 度假中心 dùjià zhōngxīn

Urlaubsgeld *n* 休假津贴 xiūjià jīntiē

Urlaubslohn *m* 假日照发的工资 jiàrì zhàofā de gōngzī

Urlaubsscheck *m* 旅行支票 lǚxíng zhīpiào

Urlaubsverlängerung *f* 延长休假 yáncháng xiūjià，续假 xùjià

Urlaubszeit *f* 休假期 xiūjiàqī；休假季节 xiūjià jìjié

Urlaubszentrum *n* = Urlauberzentrum

Urne *f* -，-n 坛 tán，骨灰坛 gǔhuītán，投票箱 tóupiàoxiāng

Ursache *f* -，-n 原因 yuányīn，因由 yīnyóu，理由 lǐyóu：keine ～！没什么（意：请人家不用道谢）

Urschrift *f* 原稿 yuángǎo，手稿 shǒugǎo，原文 yuánwén

Ursprung *m* -s，⸗e 起源 qǐyuán，由来 yóulái，根源 gēnyuán，根由 gēnyóu

ursprünglich *adj* 开始的 kāishǐde，原来的 yuánláide，本来的 běnláide，原始的 yuánshǐde，起初的 qǐchūde

Ursprungsland *n* 原产地 yuánchǎndì

Ursprungszeichen *n* 原产地标记 yuánchǎndì biāojì

Ursprungszeugnis *n* 产地证明书 chǎndì zhèngmíngshū，原始证明 yuánshǐ zhèngmíng

Urstoff *m* -(e)s，-e 原始物质 yuánshǐ wùzhì；原材料 yuáncáiliào

Urteil *n* -s，-e 判断 pànduàn，评价 píngjià，意见 yìjiàn，鉴定 jiàndìng：ein ～ über etw［jn］abgeben（或 aussprechen，fällen）对某事［某人］作出判断；判决 pànjué：ein ～ gegen（或 über）jn fällen 对某人作出判决

urteilen *vi* 判断 pànduàn，评价 píngjià，意见 yìjiàn

Urtext *m* 最初文本 zuìchū wénběn；（译文的）原文 yuánwén

Urwald *m* -(e)s，⸗e 原始森林 yuánshǐ sēnlín

Urzeit *f* -，-en 史前时代 shǐqián shídài，原始时代 yuánshǐ shídài，远古时代 yuǎngǔ shídài

Usbeke *m* -n，-n 乌兹别克人 wūzībiékèrén

Usbekien 乌兹别克 Wūzībiékè

usbekisch *adj* 乌兹别克的 wūzībiékède

usurpieren *vt* 篡夺 cuànduó，篡位 cuànwèi

Utensilien *pl* 用具 yòngjù，工具 gōngjù，什物 shíwù

Utilitarismus *m* - 功利主义 gōnglì zhǔyì，实利主义 shílì zhǔyì

Utopie *f* -，-n 理想社会 lǐxiǎng shèhuì；空想 kōngxiǎng，乌托邦 wūtuōbāng，幻想 huànxiǎng

utopisch *adj* 空想的 kōngxiǎngde，乌托邦的 wūtuōbāngde，幻想的 huànxiǎngde

uzen *vt* 捉弄 zhuōnòng，寻开心 xúnkāixīn，跟…开玩笑 gēn … kāiwánxiào

u. zw. = und zwar 也就是说 yě jiùshì shuō，更确切地说 gèng quèqiède shuō；而且 érqiě

V

Vagabund *m* -en, -en 流浪汉 liúlànghàn,浪子 làngzǐ
vagabundieren *vi(h/s)* 到处流浪 dàochù liúlàng,游荡 yóudàng,过流浪生活 guò liúlàng shēnghuó
vage ['va:gə] *adj* 含糊的 hánhude,不明确的 bù míngquède
vakant *adj* 空的 kòngde,空着的 kòngzhede,空缺的 kòngquēde
Vakanz *f* -, -en 空缺 kòngquē,空额 kòng'é,空位 kòngwèi
Vakuum ['va:kuom] *n* -s, ...kua / ...kuen 真空 zhēnkōng;真空地带 zhēnkōng dìdài
Vakuumröhre *f* 真空管 zhēnkōngguǎn,电子管 diànzǐguǎn
vakuumverpackt *adj* 真空包装的 zhēnkōng bāozhuāng de
Vakuumverpackung *f* 真空包装 zhēnkōng bāozhuāng
Valenz *f* -, -en (原子)价 jià,(化合)价 jià;(动词,形容词的)配价 pèijià,搭配能力 dāpèi nénglì
Valoren *pl* 有价证券 yǒujià zhèngquàn;贵重物品 guìzhòng wùpǐn
Valorisation *f* - 抬高物价 táigāo wùjià,保持高价 bǎochí gāojià
valorisieren *vt* 使维持高价 shǐ wéichí gāojià,使涨价 shǐ zhǎngjià
Valuta *f* -, ...ten 外币 wàibì,外汇 wàihuì;币值 bìzhí,货币兑换值 huòbì duìhuàn zhí;(利息或付款的)开始日 kāishǐrì,起息日 qǐxīrì
Valutaentwertung *f* 货币贬值 huòbì biǎnzhí
Valutaerklärung *f* 外汇申报单 wàihuì shēnbàodān
Valutafonds *m* 外汇基金 wàihuì jījīn
Valutageschäft *n* 外汇交易 wàihuì jiāoyì
Valutakredit *m* 外币贷款 wàibì dàikuǎn,外汇贷款 wàihuì dàikuǎn
Valutakurs *m* 外汇牌价 wàihuì páijià,外汇行市 wàihuì hángshì
Valutamangel *m* 外汇短缺 wàihuì duǎnquē
Valutamittel *pl* 外汇资金 wàihuì zījīn
Valutamonopol *n* 外币垄断 wàibì lǒngduàn,外汇垄断 wàihuì lǒngduàn
Valutanotierung *f* 外汇行情 wàihuì hángqíng,外汇牌价 wàihuì páijià
Valutapapier *n* 外币有价证券 wàibì yǒujià zhèngquàn
Valutapolitik *f* 外汇政策 wàihuì zhèngcè
Valutareserve *f* 外汇储备 wàihuì chǔbèi
Valutarisiko *n* 外汇风险 wàihuì fēngxiǎn
Valutaschwankung *f* 汇价波动 huìjià bōdòng,汇率变动 huìlǜ biàndòng
Valutaspekulation *f* 外汇投机 wàihuì tóujī
Valutastand *m* 汇价(比价)情况 huìjià qíngkuàng
Vamp *m* [vεmp] -s, -s (勾引男子勒索金钱的)荡妇 dàngfù
Vampir ['vampi:ɐ] *m* -s, -e 吸血鬼 xīxuèguǐ;放高利贷者 fàng gāolìdài zhě
variabel *adj* 易变的 yìbiànde,反复无常的 fǎnfù wúcháng de,变化不定的 biànhuà bùdìng de,常变的 chángbiànde
variant *adj* 变化的 biànhuàde,易变的 yìbiànde
Variante *f* -, -n 变体 biàntǐ,变种 biànzhǒng,变形 biànxíng;变值 biànzhí,变式 biànshì
Variation *f* -, -en 变化 biànhuà,改变 gǎibiàn,变动 biàndòng;变体 biàntǐ;变奏(曲) biànzòu
variieren I *vt* 使变动 shǐ biàndòng,改变 gǎibiàn II *vi* 变化 biànhuà,改变 gǎibiàn
Vase *f* -, -n 瓶 píng,花瓶 huāpíng
Vaseline *f* - 凡士林 fánshìlín,矿脂 kuàngzhī

Vater *m* -s, ⸗ 父亲 fùqin: der heilige Vater (罗马天主教)教皇

Väterchen *n* -s, - 老人 lǎorén,老头儿 lǎotóur,老爷子 lǎoyézi

Vaterhaus *n* 父宅 fùzhái,祖宅(出生地) zǔzhái

Vaterland *n* 祖国 zǔguó

vaterländisch *adj* 祖国的 zǔguóde; 爱国的 àiguóde

Vaterlandsliebe *f* 爱国心 àiguóxīn, 爱国精神 àiguó jīngshén

vaterlandslos *adj* 无祖国的 wú zǔguó de

Vaterlandsverräter *m* 叛徒 pàntú,卖国贼 màiguózéi

väterlich *adj* 父亲的 fùqinde;父亲般的 fùqinbānde

väterlicherseits *adv* 父系方面 fùxì fāngmiàn

Vaterliebe *f* - 父爱 fùài

vaterlos *adj* 无父亲的 wú fùqin de

Vati *m* -s, -s 父亲 fùqin,爹爹 diēdie

Vatikan *m* 梵蒂冈 Fàndìgāng

Vegetarier *m* -s, - 吃素食的人 chīsùshí de rén,素食主义者 sùshí zhǔyì zhě

vegetarisch *adj* 素食的 sùshíde,素食主义者 sùshí zhǔyì zhě

Vegetarismus *m* - 素食主义 sùshí zhǔyì

Vegetation *f* -, -en 植物(总称) zhíwù;植物的生长 zhíwù de shēngzhǎng

vegetieren *vi* 过着困苦生活 guòzhe kùnkǔ shēnghuó,糊口 húkǒu

Veilchen *n* -s, - 紫罗兰 zǐluólán;(眼圈周围的)青紫块 qīngzǐkuài

Vene *f* -, -n 静脉 jìngmài

venerisch *adj* 性病的 xìngbìngde,花柳病的 huāliǔbìngde

Ventil *n* -s, -e 阀 fá,活门 huómén

Ventilator *m* -s, -en 电风扇 diànfēngshàn;通风机 tōngfēngjī;送风机 sòngfēngjī

ventilieren *vt* 使通风 shǐ tōngfēng,使通气 shǐ tōngqì;认真考虑 rènzhēn kǎolǜ,仔细衡量 zǐxì héngliáng,详细讨论 xiángxì tǎolùn

Venus *f* - (罗马神话中的爱和美的女神)维纳斯 wéinàsī;金星 jīnxīng

verabreden *vt/rfl* 商定 shāngdìng,约定 yuēdìng,约好 yuēhǎo: sich mit jm ～ 与某人约会; verabredet sein 有约会,约定

verabscheuen *vt* 厌恶 yànwù,讨厌 tǎoyàn,憎恶 zēngwù

verabschieden I *rfl* 辞别 cíbié,告别 gàobié: sich von jm ～ 与某人告别 II *vt* 免职 miǎnzhí,辞退 cítuì,使退役 shǐ tuìyì;送行 sòngxíng,送走 sòngzǒu;通过(法令) tōngguò

Verabschiedung *f* →verabschieden

verachten *vt* 鄙视 bǐshì,藐视 miǎoshì,看不起 kànbuqǐ,小看 xiǎokàn: etw ist nicht zu ～ 不能不看重某事(物)

verächtlich *adj* 轻视的 qīngshìde,鄙视的 bǐshìde: jn ～ machen 贬低某人;卑鄙的 bēibǐde

Verachtung *f* - 轻视 qīngshì,鄙视 bǐshì,轻蔑 qīngmiè

veralbern *vt* 嘲弄 cháonòng,嘲笑 cháoxiào

verallgemeinern *vt* 使一般化 shǐ yībānhuà

veralten *vi(s)* 变得陈旧 biànde chénjiù,不再流行 bùzài liúxíng,变得过时 biànde guòshí

veraltet *adj* 过时的 guòshíde,陈旧的 chénjiùde,已旧的 yǐjiùde

Veranda *f* ...den 阳台 yángtái

veränderlich *adj* 多变的 duōbiànde,易变的 yìbiànde,不稳定的 bù wěndìngde

verändern I *vt* 改变 gǎibiàn,变更 biàngēng II *rfl* 变化 biànhuà,变样 biànyàng;改行 gǎiháng,换职业 huàn zhíyè

Veränderung *f* 改变 gǎibiàn,变化 biànhuà,变革 biàngé

verängstigt *adj* 害怕的 hàipàde,恐惧的 kǒngjùde

verankern *vt* 使抛锚 shǐ pāomáo,使停泊 shǐ tíngbó;固定 gùdìng,确定 quèdìng

veranlagen *vt* 确定…的税额(税额) quèdìng … de shuì'é

veranlassen *vt* 促使 cùshǐ,引起 yǐnqǐ,招致 zhāozhì

Veranlassung *f* -, -en 起因 qǐyīn,原因 yuányīn,理由 lǐyóu;策动 cèdòng,发起 fāqǐ,安排 ānpái

veranschaulichen *vt* (用图或例子)说明 shuōmíng,阐明 chǎnmíng

veranschlagen *vt* 预算 yùsuàn,估计 gūjì;评估 pínggū,估价 gūjià

veranstalten *vt* 主办 zhǔbàn,举办 jǔbàn,举行 jǔxíng: ein Fest [eine Ausstellung, ein Konzert] ～ 举办一庆祝会[展

V

览会,音乐会]

Veranstaltung *f* -en 主办 zhǔbàn,举办 jǔbàn,举行 jǔxíng

verantworten I *vt* 承担责任 chéngdān zérèn,负责 fùzé II *rfl* 声辩 shēngbiàn,答辩 dábiàn,为自己辩护 wèi zìjǐ biànhù

verantwortlich *adj* 负责的 fùzéde,有责任的 yǒu zérèn de: für jn [etw] ～ sein 对某人[某事]负有责任

Verantwortung *f* - 负责 fùzé,责任 zérèn,责任心 zérènxīn: die ～ von sich abwälzen 推卸责任; die ～ für etw haben [tragen] 对某事负有[承担]责任

Verantwortungsgefühl *n* 责任感 zérèngǎn,责任心 zérènxīn

verarbeiten *vt* 加工 jiāgōng,处理 chǔlǐ,把…加工制造成 bǎ … jiāgōng zhìzào chéng;消化 xiāohuà;领会 lǐnghuì;利用 lìyòng

verarbeitet *adj* 经过加工的 jīngguò jiāgōng de,(因过度劳动而)变粗糙开裂的 biàn cūcāo kāiliè de

Verarbeitung *f* -, -en 加工 jiāgōng,处理 chǔlǐ;加工方式 jiāgōng fāngshì

Verarbeitungsbetrieb *m* 加工厂 jiāgōngchǎng

Verarbeitungsindustrie *f* 加工工业 jiāgōng gōngyè

Verarbeitungskosten *pl* 加工费 jiāgōngfèi

verärgern *vt* 使生气 shǐ shēngqì,使激怒 shǐ jīnù,使恼火 shǐ nǎohuǒ

verarmen *vi*(*s*) 变穷 biànqióng,破落 pòluò

verausgaben *vt* 支出 zhīchū,花掉 huādiào;用尽 yòngjìn;消耗 xiāohào,花费 huāfei

Veräußerer *m* -s 转让者 zhuǎnràngzhě;变卖者 biànmàizhě

veräußerlich *adj* 可转让的 kě zhuǎnràng de;可出售的 kě chūshòu de,卖得出的 màidechūde

veräußern *vt* 出让 chūràng;转让 zhuǎnràng

Verb n -s, -en 动词 dòngcí

Verband *m* -es, ¨-e 绷带 bēngdài;联盟 liánméng,联合会 liánhéhuì,协会 xiéhuì;结合 jiéhé,联合 liánhé

verbannen *vt* 流放 liúfàng,驱逐 qūzhú,放逐 fàngzhú: jn auf eine Insel ～ 把某人流放到一岛上;消除 xiāochú,排除 páichú

verbarrikadieren *vt* 设路障 shè lùzhàng,用障碍物堵住 yòng zhàng'àiwù dǔzhù

verbergen* I *vt* 隐藏 yǐncáng,藏匿 cángnì: etw in einem Schrank ～ 把某物藏在柜子里;隐瞒 yǐnmán II *rfl* 躲藏 duǒcáng

verbessern I *vt* 改进 gǎijìn,改善 gǎishàn;改正 gǎizhèng,更正 gēngzhèng,纠正 jiūzhèng;修改 xiūgǎi: einen Fehler ～ 改正一个错误 II *rfl* 改善 gǎishàn;改正自己 gǎizhèng zìjǐ

Verbesserung *f* 改进 gǎijìn,改善 gǎishàn;改正 gǎizhèng,修正 xiūzhèng

verbeugen *rfl* 鞠躬 jūgōng

Verbeugung *f* 鞠躬 jūgōng

verbieten* *vt* 禁止 jìnzhǐ,不许 bùxǔ: jm das Wort ～ 不准某人说话; der Arzt hat dem Kranken das Rauchen verboten 医生禁止病人吸烟

verbilligen *vt* 降低…的价格 jiàngdī … de jiàgé,减价 jiǎnjià

verbinden* I *vt* 包扎 bāozā;联合 liánhé,结合 jiéhé;连接 liánjiē;给…接通(电话) gěi … jiētōng(diànhuà): bitte verbinden Sie mich mit Herrn Müller 请您给我接米勒先生 II *rfl* 结合 jiéhé,联合 liánhé

verbindlich *adj* 友好的 yǒuhǎode,殷勤的 yīnqínde,和蔼可亲的 hé'ǎi kěqīn de;约束的 yuēshùde,有义务的 yǒu yìwù de,有责任的 yǒu zérèn de

Verbindlichkeit *f* 义务 yìwù,约束 yuēshù;客气话 kèqihuà,礼貌 lǐmào

Verbindung *f* -, -en 联系 liánxì,连接 liánjiē,交往 jiāowǎng,关系 guānxì: mit jm [etw] in ～ stehen 与某人[某事]有联系;交通线 jiāotōngxiàn;(电话、无线电等)联系 liánxì,联络 liánluò;化合物 huàhéwù

Verbindungslinie *f* 连接线 liánjiēxiàn;交通线 jiāotōngxiàn

Verbindungsmann *m* -es, ¨-er 联系人 liánxìrén,联络人 liánluòrén;中间人 zhōngjiānrén

verbissen *adj* 顽强的 wánqiángde,坚韧的 jiānrènde;愠怒的 yùnnùde

verbitten* *vt* 不允许发生 bù yǔnxǔ fāshēng,不容许 bù róngxǔ

verbittern *vt* 使痛苦 shǐ tòngkǔ,使不满 shǐ bùmǎn,使怨恨 shǐ yuànhèn,使绝

望 shī juéwàng
verbittert *adj* 痛苦的 tòngkǔde，苦恼的 kǔnǎode，辛酸的 xīnsuānde
verblassen *vi(s)* 失去光泽 shīqù guāngzé，变苍白 biàn cāngbái；变淡薄 biàn dànbó
verbleiben* *vi(s)* 逗留 dòuliú，停留 tíngliú，保留 bǎoliú；剩余 shèngyú，遗留 yíliú；约定 yuēdìng，商定 shāngdìng
verblühen *vi(s)* 凋谢 diāoxiè，凋零 diāolíng；苍老 cānglǎo，衰老 shuāilǎo
verbluten *vi(s)* 流血而死 liúxiě ér sǐ
verborgen *vt* 借出 jièchū，借给 jiègěi，借贷 jièdài
Verbot *n* -(e)s, -e 禁止 jìnzhǐ，禁令 jìnlìng：jm ein ～ erteilen 向某人下达一项禁令
verboten *PII* 禁止的 jìnzhǐde，不准许的 bù zhǔnxǔde，不合法的 bù héfǎde：Eintritt ～！禁止入内！
Verbotszone *f* 禁区 jìnqū
Verbrauch *m* -(e)s 消耗 xiāohào，消费 xiāofèi；使用量 shǐyòngliàng，消费量 xiāofèiliàng，消耗量 xiāohàoliàng
verbrauchen *vt* 消耗 xiāohào，用掉 yòngdiào，消费 xiāofèi：viel Strom ～ 耗费许多电；耗尽 hàojìn，用尽 yòngjìn：seine Kräfte völlig ～ 耗尽精力
Verbraucher *m* -s, - 消费者 xiāofèizhě，用户 yònghù，买主 mǎizhǔ
Verbraucherbefragung *f* 用户调查 yònghù diàochá
Verbraucherbeirat *m* 消费者咨询委员会 xiāofèizhě zīxún wěiyuánhuì
Verbraucherberatung *f* 对消费者的指导 duì xiāofèizhě de zhǐdǎo
Verbrauchergenossenschaft *f* -, -en 消费合作社 xiāofèi hézuòshè
Verbraucherhandel *m* 零售商业（贸易）língshòu shāngyè
Verbraucherinformation *f* 消费信息 xiāofèi xìnxī
Verbraucherinteressen *pl* 消费者利益 xiāofèizhě lìyì，用户利益 yònghù lìyì
Verbraucherkredit *m* 消费信贷 xiāofèi xìndài，个人信贷 gèrén xìndài
Verbrauchermarkt *m* 消费市场 xiāofèi shìchǎng，固定的零售市场 gùdìngde língshòu shìchǎng
Verbraucherrabatt *m* 给消费者的折扣 gěi xiāofèizhě de zhékòu
Verbraucherschutz *m* 消费者权益保护 xiāofèizhě quányì bǎohù
Verbraucherumfrage *f* 消费者民意测验 xiāofèizhě mínyì cèyàn，对消费者的调查 duì xiāofèizhě de diàochá
Verbraucherverband *m* 消费者协会 xiāofèizhě xiéhuì
Verbraucherwaren *pl* 消费品 xiāofèipǐn
Verbrauchsgüter *pl* 日用品 rìyòngpǐn，消费品 xiāofèipǐn
Verbrauchsindustrie *f* 消费品工业 xiāofèipǐn gōngyè
Verbrauchskapazität *f* 消费能力 xiāofèi nénglì
Verbrauchslenkung *f* 消费引导 xiāofèi yǐndǎo，消费指导 xiāofèi zhǐdǎo
Verbrauchsmenge *f* 消费品数量 xiāofèipǐn shùliàng
Verbrauchsniveau *n* 消费水平 xiāofèi shuǐpíng
Verbrauchssteuer *f* 消费税 xiāofèishuì
Verbrauchsstruktur *f* 消费结构 xiāofèi jiégòu
Verbrauchswirtschaft *f* 消费经济 xiāofei jīngjì
Verbrauchszunahme *f* 消费增长 xiāofèi zēngzhǎng
verbraucht *adj* 用坏的 yònghuàide；污浊的 wūzhuóde
verbrechen* *vt* 犯罪 fànzuì，干坏事 gàn huàishì；做错… zuòcuò…
Verbrechen *n* -s, - 罪 zuì，罪行 zuìxíng，犯罪行为 fànzuì xíngwéi
Verbrecher *m* -s, - 罪犯 zuìfàn，犯罪人 fànzuìrén
verbrecherisch *adj* 犯罪的 fànzuìde；罪恶的 zuì'ède；铤而走险的 tǐng ér zǒuxiǎn de，不怕犯罪的 bùpà fànzuì de
verbreiten I *vt* 散发 sànfā，散布 sànbù；传播 chuánbō，散播 sànbō II *rfl* 传播 chuánbō，流行 liúxíng，扩大蔓延开来 kuòdà mànyán kāi lái
verbreitern I *vt* 加宽 jiākuān，放宽 fàngkuān：eine Straße ～ 拓宽一街道 II *rfl* 变宽 biànkuān，变阔 biànkuò
Verbreitung *f* - 散布 sànbù，传播 chuánbō；流行 liúxíng，蔓延 mànyán
verbrennbar *adj* 可燃的 kěránde
verbrennen* *vi(s)* 烧掉 shāodiào，烧毁 shāohuǐ；烧焦 shāojiāo II *vt* 烧 shāo，

V

烧毁 shāohuǐ；火化 huǒhuà，烧掉 shāodiào；烧伤 shāoshāng

Verbrennung *f* 烧 shāo，烧毁 shāohuǐ；烧伤处 shāoshāngchù

Verbrennungsmotor *m* 内燃机 nèiránjī

verbringen* *vt* 度过 dùguò，消磨 xiāomó：die Zeit mit Lesen ～ 以看书消磨时光

verbrüdern *rfl* 与…结义 yú … jiéyì，与…结拜（为兄弟）yú … jiébài，与…建立亲密的友谊 yú … jiànlì qīnmìde yǒuyì

verbuchen *vt* 入账 rùzhàng，登账 dēngzhàng；登记 dēngjì，把…记录下来 bǎ … jìlù xiàlái

Verbuchung *f* -，-en 入账 rùzhàng，登记 dēngjì

Verbundbauweise *f* 整体安装建筑法 zhěngtǐ ānzhuāng jiànzhù fǎ，装配式建筑法 zhuāngpèishì jiànzhù fǎ

verbünden *rfl* 联合起来 liánhé qǐlái，结盟 jiéméng

Verbundenheit *f* - 联合 liánhé，结合 jiéhé，联系 liánxì

Verbündete *m/f*（按形容词变化）同盟者 tóngméng zhě，同盟国 tóngméngguó

Verbundfenster *n* 双层玻璃窗 shuāngcéng bōlíchuāng

Verbundstoff *m* 复合材料 fùhé cáiliào

Verbundsystem *n* 联合系统 liánhé xìtǒng，综合体系 zōnghé tǐxì

Verbundwerbung *f* 联合广告 liánhé guǎnggào

verbürgen *vt/rfl* 担保 dānbǎo，保证 bǎozhèng

verbüßen *vt* 受惩罚 shòu chéngfá，服刑 fúxíng，坐牢 zuòláo

Verdacht *m* -(e)s 怀疑 huáiyí，嫌疑 xiányí，疑心 yíxīn：im（或 in）～ stehen 受到嫌疑；etw erregt（或 erweckt）～ 某事引起怀疑

verdächtig *adj* 可怀疑的 kě huáiyí de，*有嫌疑的 yǒu xiányí de；不可信的 bù kěxìnde*

verdächtigen *vt* 怀疑 huáiyí，因怀疑而告发 yīn huáiyí ér gàofā：jn des Diebstahls ～ 怀疑某人偷窃

Verdächtigung *f* -en 怀疑 huáiyí，嫌疑 xiányí

verdammen *vt* 严厉谴责 yánlì qiǎnzé，咒骂 zhòumà

verdammt I *adj* 该诅咒的 gāi zǔzhòu de，该死的 gāisǐde，糟透的 zāotòude，恶劣的 èliède II *adv* 非常 fēicháng，要命地 yàomìngde：es ist heute wieder ～ kalt 今天天气又冷得要命

verdanken *vt* 归功于… guīgōng yú…，感谢 gǎnxiè：ich verdanke meinen Lehrern sehr viel 我很感谢我的老师们

verdauen *vt* 消化 xiāohuà；领会 lǐnghuì，领悟 lǐngwù

verdaulich *adj* 可消化的 kě xiāohuà de

Verdauung *f* - 消化 xiāohuà：eine schlechte ～ 消化不良；unter beschleunigter ～ leiden（戏谑）腹泻

Verdauungsmittel *n* 助消化药 zhù xiāohuà yào

Verdauungsorgane *pl* 消化器官 xiāohuà qìguān

Verdauungsstörung *f* 消化不良 xiāohuà bùliáng，消化机能障碍 xiāohuà jīnéng zhàng'ài

Verdeck *n* -(e)s，-e 甲板 jiǎbǎn；车顶 chēdǐng，车篷 chēpéng

verdecken *vt* 遮住 zhēzhù，挡住 dǎngzhù；遮盖 zhēgài，掩盖 yǎngài

Verderb *m* -(e)s 变坏 biànhuài，腐烂 fǔlàn；不幸 bùxìng；毁灭 huǐmiè：auf Gedeih und ～ 无条件地，绝对地

verderben* I *vi(s)* 变坏 biànhuài，腐烂 fǔlàn；堕落 duòluò II *vt* 损坏 sǔnhuài，败坏 bàihuài；损害 sǔnhài，伤害 shānghài：jm die Freude ～ 败某人的兴；使变坏 shǐ biànhuài，使堕落 shǐ duòluò

verderblich *adj* 易坏的 yìhuàide，易变质的 yì biànzhì de，易腐烂的 yì fǔlàn de；使人堕落的 shǐ rén duòluò de，有害的 yǒuhàide

Verderbnis *f* -，-se 腐化 fǔhuà，堕落 duòluò

verdeutlichen *vt* 阐明 chǎnmíng，使明了 shǐ míngliǎo，使清楚 shǐ qīngchu

verdichten I *vt* 使浓密 shǐ nóngmì II 变稠 biànchóu，变浓 biànnóng

verdienen *vt* 赚得 zhuàndé，挣得 zhèngdé：Geld ～ 赚钱；理应得到 lǐyīng dédào，值得 zhídé：das verdient Strafe 这理应受到惩罚

Verdiener *m* 挣钱者 zhèngqiánzhě，养家者 yǎngjiāzhě

Verdienst I *m* -(e)s，-e 工资 gōngzī，

收入 shōurù,薪水 xīnshui **II** *n* -(e)s, -e 功劳 gōngláo,功绩 gōngjì: jn nach seinem ～(或 seinen ～en) belohnen 按其功劳给某人奖赏

Verdienstdurchschnitt *m* 平均收入(工资) píngjūn shōurù

verdienstlos *adj* 没有收入的 méiyǒu shōurù de,无工资的 wú gōngzī de

Verdienstorden *m* 勋章 xūnzhāng

Verdienstquelle *f* 收入来源 shōurù láiyuán

Verdienstspanne *f* 利润幅度 lìrùn fúdù

verdienstvoll *adj* 可嘉奖的 kějiājiǎngde,有功的 yǒugōngde

verdient *adj* 挣来的 zhèngláide;应得的 yīngdéde;有功勋的 yǒugōngxūnde

verdingen* *vt* 订合同包出 dìnghétong bāochū

verdoppeln I *vt* 使加倍 shǐ jiābèi;使倍增 shǐ bèizēng,加强 jiāqiáng **II** *rfl* 加倍 jiābèi,增加一倍 zēngjiā yībèi

verdrängen *vt* 排挤 páijǐ,挤掉 jǐdiào,取代 qǔdài;排除 páichú,抑制 yìzhì,压制 yāzhì

verdrehen *vt* 扭转 niǔzhuǎn;扭坏 niǔhuài;歪曲 wāiqū,曲解 qūjiě: die Wahrheit ～ 歪曲真相

verdreifachen *vt* 增加两倍 zēngjiā liǎngbèi

verdrießen* *vt* 使烦恼 shǐ fánnǎo,使生气 shǐ shēngqì

verdrossen *adj* 不愉快的 bù yúkuàide,生气的 shēngqìde,愠怒的 yùnnùde

Verdruss *m* -es, -e 烦恼 fánnǎo,厌烦 yànfán;生气 shēngqì,不满 bùmǎn: jm ～ bereiten 使某人不快

verdunkeln *vt* 使暗淡无光 shǐ àndàn wú guāng,使变暗 shǐ biàn'àn;使模糊 shǐ móhu;掩盖 yǎngài

verdunsten *vi(s)* 蒸发 zhēngfā,汽化 qìhuà,挥发 huīfā

verdursten *vi(s)* 渴死 kěsǐ: in der Wüste ～ 在沙漠中渴死

veredeln *vt* 使高贵 shǐ gāoguì,使完美 shǐ wánměi,精制 jīngzhì;精炼 jīngliàn;使肥沃 shǐ féiwò,改良 gǎiliáng

verehren *vt* 崇敬 chóngjìng,敬爱 jìng'ài,敬重 jìngzhòng: einen Lehrer ～ 尊敬一位老师;爱慕 àimù;奉赠 fèngzèng,献给 xiàngěi

Verehrer *m* -s, - 崇拜者 chóngbàizhě,敬仰者 jìngyǎngzhě;爱慕者 àimùzhě

verehrt *adj* 尊敬的 zūnjìngde,敬爱的 jìng'àide

Verehrung *f* - 崇敬 chóngjìng,尊敬 zūnjìng;敬仰 jìngyǎng,爱慕 àimù

Verein *m* -s, -e 协会 xiéhuì,团体 tuántǐ,社团 shètuán

vereinbar *adj* 相一致的 xiāng yīzhì de,相适合的 xiāng shìhé de,相协调的 xiāng xiétiáo de: mit etw ～ sein 与某事物相一致

vereinbaren *vt* 商约 shāngyuē,约定 yuēdìng,就…取得一致 jiù … qǔdé yīzhì,使相符合 shǐ xiāngfúhé

vereinbart *adj* 约定的 yuēdìngde,商定的 shāngdìngde,谈妥的 tántuǒde

Vereinbarung *f* -, -en 协议 xiéyì,协定 xiédìng,约定 yuēdìng: eine ～ mit jm über etw treffen 与某人就某事达成一项协议; eine ～ einhalten 遵守一协议

vereinen I *vt* 联合 liánhé,结合 jiéhé,统一 tǒngyī,使一致 shǐ yīzhì **II** *rfl* 联合 liánhé,团结 tuánjié,结合 jiéhé

vereinfachen *vt* 使简化 shǐ jiǎnhuà,使精简 shǐ jīngjiǎn

vereinheitlichen *vt* 使统一 shǐ tǒngyī,使一致 shǐ yīzhì,使成一体 shǐ chéng yītǐ,使规范化 shǐ guīfànhuà

vereinigen I *vt* 联合 liánhé,合并 hébìng,团结 tuánjié;使一致 shǐ yīzhì,使统一 shǐ tǒngyī **II** *rfl* 联合 liánhé,合并 hébìng,团结 tuánjié: sich mit jm ～ 与某人联合; Proletarier aller Länder, vereinigt euch! 全世界无产者,联合起来!

vereinigt *adj* 联合的 liánhéde: die Vereinigten Staaten von Amerika 美利坚合众国

Vereinigung *f* -, -en 联合 liánhé,结合 jiéhé,团结 tuánjié;协会 xiéhuì,社团 shètuán

vereinsamen *vi(s)* 变得孤独 biànde gūdú,冷清 lěngqīng

vereinseitigen *vt* 片面地做事 piànmiànde zuòshì,片面地看待某事 piànmiànde kàndài mǒushì,片面化 piànmiànhuà

Vereinseitigung *f* -, -en 片面化 piànmiànhuà

vereint *PII* 联合的 liánhé de: die Vereinten Nationen 联合国

vereinzelt *adj* 个别的 gèbiéde,单个的 dāngède,零星的 língxīngde: ～e Fälle

个别情况

vereiteln *vt* 挫败 cuòbài，破坏 pòhuài；使破灭 shǐ pòmiè：Hoffnungen ～ 希望落空

verekeln *vt* 使厌恶 shǐ yànwù，使扫兴 shǐ sǎoxìng

Verelendung *f* - 贫困 pínkùn，贫困化 pínkùnhuà

Verengung *f* -，-en 紧缩 jǐnsuō；变窄 biànzhǎi

vererben *vt* 传给 chuángěi，遗留 yíliú，留给 liúgěi；遗传 yíchuán

Vererbung *f* - 遗传 yíchuán

Vererbungslehre *f* 遗传学 yíchuánxué

verfahren* I *vi*(*s*) 办事 bànshì，行事 xíngshì，办理 bànlǐ；对待 duìdài，对付 duìfu：mit jm streng ～ 严厉对待某人 II *vt* 驾车 jiàchē，花费 huāfèi，耗费 hàofèi III *rfl* 驶错方向 shǐcuò fāngxiàng，驶错了路 shǐcuòlelù

Verfahren *n* -s，- 操作过程 cāozuò guòchéng，程序 chéngxù，方法 fāngfǎ；审理 shěnlǐ，诉讼 sùsòng：ein ～ gegen jn einleiten 对某人起诉

Verfall *m* -(e)s 倒毁 dǎohuǐ，逐渐倒塌 zhújiàn dǎotā；没落 mòluò，衰退 shuāituì；到期 dàoqī，期满 qīmǎn

verfallen* *vi*(*s*) 坍塌 tāntā，逐渐倒塌 zhújiàn dǎotā：das Haus verfällt 房屋渐渐倒塌；陷入 xiànrù：er verfiel in Nachdenken 他陷入沉思；突然想到 tūrán xiǎngdào，突然想起 tūrán xiǎngqǐ：auf etw ～ 突然想起某事；过期 guòqī，失效 shīxiào

Verfallstag *m* (支票、债券、借据等)到期日 dàoqīrì

verfälschen *vt* 伪造 wěizào，假造 jiǎzào；歪曲 wāiqū，窜改 cuàngǎi

Verfälschung *f* - 伪造 wěizào，假造 jiǎzào；搀假 chānjiǎ，歪曲 wāiqū

verfänglich *adj* 棘手的 jíshǒude，伤脑筋的 shāngnǎojīnde

verfassen *vt* 撰写 zhuànxiě，写作 xiězuò：eine Abhandlung ～ 写一篇论文

Verfasser *m* -s，- 编者 biānzhě，作者 zuòzhě

Verfassung *f* -，-en 宪法 xiànfǎ；状态 zhuàngtài，情况 qíngkuàng；心情 xīnqíng：in guter ～ sein 心境很好

verfaulen *vi*(*s*) 腐烂 fǔlàn，腐坏 fǔhuài

verfehlen I *vt* 未赶上 wèi gǎnshàng，错过 cuòguò；未击中 wèi jīzhòng，未达到(目的) wèi dádào；耽误 dānwu II *rfl* 错过 cuòguò，未遇 wèi yù；违反(规章制度) wéifǎn，犯过错 fàn guòcuò

verfeinden *rfl* 和…为敌 hé … wéi dí，与…敌对 yú … díduì：sich mit jm ～ 与某人为敌

verfeinern *vt* 使精美 shǐ jīngměi，使优美 shǐ yōuměi

verfilmen *vt* 把…拍成电影 bǎ … pāichéng diànyǐng：einen Roman ～ 把一部小说拍成电影

verfließen* *vi*(*s*) 消逝 xiāoshì，逝去 shìqù；融合 rónghé

verflossen *adj* 消逝的 xiāoshìde，过去的 guòqùde

verfluchen *vt* 诅咒 zǔzhòu，咒骂 zhòumà

verflucht I *adj* 该死的 gāisǐde，该诅咒的 gāi zǔzhòu de II *adv* 非常 fēicháng，很 hěn

verfolgen *vt* 追捕 zhuībǔ，跟踪 gēnzōng；紧盯 jǐn dīng；迫害 pòhài，残害 cánhài：jn politisch ～ 政治上迫害某人；关注 guānzhù，注视 zhùshì，密切注意 mìqiè zhùyì；追求 zhuīqiú，奉行 fèngxíng，推行 tuīxíng：eine Politik ～ 奉行一种政策

Verfolger *m* -s，- 追捕者 zhuībǔzhě，追踪者 zhuīzōngzhě，跟踪者 gēnzōngzhě

Verfolgung *f* -，-en 追捕 zhuībǔ，跟踪 gēnzōng；迫害 pòhài；追求 zhuīqiú：die ～ solcher Ziele 对这些目标的追求

verfrachten *vt* 运输 yùnshū，装运 zhuāngyùn，用船运 yòng chuán yùn

verfroren *adj* 受冻的 shòudòngde，怕冷的 pàlěngde

verfügbar *adj* 可动用的 kě dòngyòng de，可支配的 kě zhīpèi de

verfügen I *vt* 规定 guīdìng，指定 zhǐdìng，命令 mìnglìng II *vi* 支配 zhīpèi，作主 zuòzhǔ，处理 chǔlǐ：über ein Geld frei ～ können 可以自由支配自己的钱；占有 zhànyǒu，拥有 yōngyǒu，掌握 zhǎngwò：er verfügt über reiche Erfahrungen 他有丰富的经验

Verfügung *f* -，-en 支配 zhīpèi，使用 shǐyòng：etw zur ～ haben 可支配某物；jm zur ～ stehen 随时可供某人调遣；etw zur ～ stellen 将某物供某人使用；命令 mìnglìng，规定 guīdìng，决定 juédìng，指示 zhǐshì

verführen *vt* 引诱 yǐnyòu，诱拐 yòuguǎi，诱骗 yòupiàn；诱奸 yòujiān，勾引 gōuyǐn：jn zu etw ～ 引诱某人做某事

Verführer *m* -s，- 拐骗者 guǎipiànzhě；诱奸者 yòujiānzhě

verführerisch *adj* 诱惑人的 yòuhuò rén de，诱人的 yòurénde

Verführung *f* - 诱惑 yòuhuò，引诱 yǐnyòu，诱骗 yòupiàn；诱奸 yòujiān

vergaloppieren *rfl*（因匆忙、无知或疏忽而）犯错误 fàn cuòwù，做错事 zuò cuò shì，说错话 shuō cuò huà

vergangen *adj* 过去的 guòqùde：～es Jahr 去年

Vergangenheit *f* -，-en 过去 guòqù，昔日 xīrì：die jüngste ～ 最近，不久以前；过去时 guòqùshí

vergänglich *adj* 短暂的 duǎnzànde，一时的 yīshíde，非永久的 fēi yǒngjiǔ de

vergasen *vt* 使气化 shǐ qìhuà，用毒气杀死 yòng dúqì shāsǐ

vergeben* *vt* 原谅 yuánliàng，宽恕 kuānshù：jm die Schuld ～ 原谅某人的过失；分配 fēnpèi，发给 fāgěi；转让 zhuǎnràng：sich etw［nichts］～ 有［无］损自己的声誉

vergebens *adv* 白辛苦地 bái xīnkǔ de，徒劳地 túláode，枉费心机地 wǎngfèi xīnjī de：es ist alles ～ 一切均徒劳

vergeblich *adj* 徒劳的 túláode，无谓的 wúwèide，白费力气的 báifèi lìqi de：ein ～es Opfer 无谓的牺牲

Vergebung *f* - 宽恕 kuānshù，原谅 yuánliàng；赦免 shèmiǎn；给予 jǐyǔ，授予 shòuyǔ

vergegenwärtigen *vt*（sich（*D*）etw ～）回忆起 huíyìqǐ，想起 xiǎngqǐ

vergehen* I *vi*（*s*）消逝 xiāoshì，逝去 shìqù，过去 guòqù：die Zeit vergeht schnell 时间过得很快；失去 shīqù，消失 xiāoshī：der Mut verging mir 我失去勇气；对…感觉强烈 duì … gǎnjué qiángliè II *rfl*（sich gegen etw ～）违反 wéifǎn，违背 wéibèi：sich gegen ein Gesetz ～ 触犯法律；（sich an jm ～）强奸 qiángjiān

Vergehen *n* -s，- 过错 guòcuò，违法行为 wéifǎ xíngwéi，犯法 fànfǎ

vergelten* *vi* 报答 bàodá；报复 bàofù，报仇 bàochóu：Gleiches mit Gleichem ～ 以牙还牙，一报还一报

Vergeltung *f* - 报复 bàofù，报仇 bàochóu：für etw ～ üben 为某事报仇

Vergeltungsmaßnahmen *pl*（保护贸易主义的）报复手段 bàofù shǒuduàn，报复性措施 bàofùxìng cuòshī

Vergeltungszölle *pl* 报复性关税 bàofùxìng guānshuì

vergenossenschaftlichen *vt* 使…合作化 shǐ … hézuòhuà

Vergenossenschaftlichung *f* -（农业）合作化 hézuòhuà

vergessen* I *vt* 忘记 wàngjì，遗忘 yíwàng，想不起 xiǎng bu qǐ：den Namen［die Adresse］～ 忘记姓名［地址］ II *rfl* 失去自制 shīqù zìzhì，控制不住 kòngzhì bù zhù III *PII* vergessen 被遗忘的 bèi yíwàng de，被忘记了的 bèi wàngjìle de

Vergessenheit *f* - 忘记 wàngjì，忘却 wàngquè，遗忘 yíwàng：in ～ geraten（或 kommen）逐渐被忘却

vergesslich *adj* 健忘的 jiànwàngde，易忘的 yìwàngde：ich bin jetzt sehr ～ 我现在记性很差

vergeuden *vt* 浪费 làngfèi，挥霍 huīhuò；滥用 lànyong

vergewaltigen *vt* 强奸 qiángjiān；侵犯 qīnfàn，强暴对待 qiángbào duìdài，压制 yāzhì；歪曲 wāiqū

vergewissern *rfl* 确定 quèdìng，证实 zhèngshí，弄清 nòngqīng：sich einer Sache（*G*）～ 查明某事

vergießen* *vt* 无意倒出 wúyì dàochū，不慎泼出 bùshèn pōchū；流出 liúchū：Tränen ～ 流泪；sein Blut für jn［etw］～ 为某人［某事］流血牺牲

vergiften I *vt* 毒害 dúhài，毒杀 dúshā，给…下毒 gěi … xiàdú II *rfl* 服毒自杀 fúdú zìshā；中毒 zhòngdú

Vergiftung *f* -，-en 中毒 zhòngdú；毒杀 dúshā，毒害 dúhài

Vergleich *m* -s，-e 比较 bǐjiào，对照 duìzhào：im ～ zu（或 mit）jm 与某人相比；er hält keinen ～ mit ihm aus 他比不上他；和解 héjiě，妥协 tuǒxié；比喻 bǐyù

vergleichbar *adj* 可比较的 kě bǐjiào de

vergleichen* I *vt* 比较 bǐjiào，对照 duìzhào II *rfl* 和解 héjiě；与…作比较 yú … zuò bǐjiào

Vergleichssatz *m* 比较从句 bǐjiào cóngjù

vergnügen I *vt* 使高兴 shǐ gāoxìng，逗乐 dòulè II *rfl* 娱乐 yúlè，消遣 xiāoqiǎn，以…为乐 yǐ … wéi lè

V

Vergnügen *n* -s, - 愉快 yúkuài,高兴 gāoxìng,乐趣 lèqù: die Arbeit macht mir ～ 工作使我愉快; Viel ～ für heute Abend! 祝您今晚过得愉快! 文娱活动 wényú huódòng,娱乐活动 yúlè huódòng

vergnügt *adj* 愉快的 yúkuàide,高兴的 gāoxìngde,快乐的 kuàilède

Vergnügungen *pl* 消遣 xiāoqiǎn,娱乐 yúlè;娱乐活动 yúlè huódòng

Vergnügungspark *m* 公共游乐场 gōnggòng yóulèchǎng,游艺场 yóuyìchǎng

Vergnügungsstätte *f* 娱乐场所 yúlè chǎngsuǒ

Vergnügungssteuer *f* 娱乐税 yúlèshuì

Vergnügungssucht *f* 追求享乐 zhuīqiú xiǎnglè

Vergnügungsviertel *n* 娱乐区 yúlèqū

vergolden *vt* 把…镀金 bǎ … dùjīn,给…包金 gěi … bāojīn;使变得美好 shǐ biànde měihǎo

vergönnen *vt* 允许 yǔnxǔ,赐给 cìgěi,赐予 cìyǔ

vergraben I *vt* 埋 mái,把…埋入 bǎ … máirù,掩埋 yǎnmái,埋藏 máicáng;掩yǎn,掩藏 yǎncáng II *rfl* 埋头于 máitóu yú,藏身于 cángshēn yú

vergreifen* *rfl* 搞错 gǎocuò,选错 xuǎncuò;拿错 nácuò;弹错 táncuò;殴打 ōudǎ,对…动武 duì … dòngwǔ,加害 jiāhài;侵占 qīnzhàn,强占 qiángzhàn

vergriffen *adj* 脱销的 tuōxiāode,卖完的 màiwánde

vergrößern I *vt* 放大 fàngdà;扩大 kuòdà,扩展 kuòzhǎn,扩张 kuòzhāng: einen Raum ～ 扩大房间 II *rfl* 扩展 kuòzhǎn,扩大 kuòdà;增加 zēngjiā,增大 zēngdà,变大 biàndà

Vergünstigung *f* -, -en 优惠 yōuhuì,优待 yōudài: jm eine ～ bieten 给某人优惠

Vergünstigungszoll *m* 优惠关税 yōuhuì guānshuì

vergüten *vt* 赔偿 péicháng,偿付 chángfù;付给 fùgěi,报酬 bàochou

Vergütung *f* 赔偿 péicháng,补偿 bǔcháng;报酬 bàochou

verhaften *vt* 逮捕 dàibǔ,拘捕 jūbǔ

Verhaftung *f* 逮捕 dàibǔ,拘捕 jūbǔ

Verhaftungsbefehl *m* 逮捕令 dàibǔlìng

verhalten* I *rfl* 持…态度 chí … tàidu,举止 jǔzhǐ: sich neutral ～ 采取中立态度;处于…情况 chǔyú … qíngkuàng;与…有某种关系 yú … yǒu mǒuzhǒng guānxì II *vt* 忍住 rěnzhù,抑制住 yìzhìzhù

Verhalten *n* -s 举止 jǔzhǐ,行为 xíngwéi,表现 biǎoxiàn,态度 tàidu

verhaltensgestört *adj* 精神失常的 jīngshén shīcháng de,行为表现不正常的 xíngwéi biǎoxiàn bù zhèngcháng de

Verhaltenspsychologie *f* 行为心理学 xíngwéi xīnlǐxué

Verhältnis *n* -ses, -se 情况 qíngkuàng,境况 jìngkuàng,处境 chǔjìng: in guten ～sen leben 生活境况良好;比例 bǐlì: im ～ zu . . . 与…相比;(人之间的)关系 guānxì: in einem guten ～ zu jm stehen 与某人关系良好;男女关系 nánnǚ guānxi: ein ～ mit jm haben 与某人有男女关系(或恋爱关系)

verhältnismäßig *adv* 比较地 bǐjiàode,相对地 xiāngduìde;相当 xiāngdāng

verhandeln *vi/vt* 谈判 tánpàn,协商 xiéshāng,商谈 shāngtán,磋商 cuōshāng

Verhandlung *f* -, -en 谈判 tánpàn,协商 xiéshāng

Verhandlungskompromiss *m* 一揽子交易 yīlǎnzi jiāoyì

Verhandlungspaket *n* 供谈判用的一揽子计划 gòng tánpàn yòng de yīlǎnzi jìhuà,一揽子商谈 yīlǎnzi shāngtán

Verhängnis *n* -ses, -se 厄运 èyùn,灾难 zāinàn

verhängnisvoll *adj* 命中注定的 mìngzhòng zhùdìng de,危险的 wēixiǎnde,灾难性的 zāinànxìngde,不祥的 bùxiángde

verhärten I *vt* 使变硬 shǐ biànyìng;使冷酷无情 shǐ lěngkù wúqíng II *rfl* 变硬 biànyìng;变得冷酷无情 biànde lěngkù wúqíng

verhasst *adj* 可恨的 kěhènde,令人讨厌的 lìng rén tǎoyàn de,令人憎恶的 lìng rén zēngwù de

verhätscheln *vt* 溺爱 nì'ài,娇养 jiāoyǎng

verhauen *vt* 痛打 tòngdǎ,殴打 ōudǎ;(学生用语)考砸了 kǎozále,考坏了 kǎohuàile

verheimlichen *vt* 隐瞒 yǐnmán,隐藏 yǐncáng,保守秘密 bǎoshǒu mìmì: jm

verkleben *vt* 粘住 niánzhù,贴住 tiēzhù,粘合 niánhé

verkleiden I *vt* 伪装 wěizhuāng,乔装 qiáozhuāng;覆盖 fùgài,蒙上 méngshàng,包装 bāozhuāng II *rfl* 化装 huàzhuāng,装扮 zhuāngbàn

Verkleidung *f* -, -en 伪装 wěizhuāng,装扮 zhuāngbàn,乔装 qiáozhuāng;覆盖 fùgài;外壳 wàiké,外层装饰 wàicéng zhuāngshì;化装用的服装 huàzhuāng yòng de fúzhuāng

verkleinern I *vt* 使变少 shǐ biànshǎo,使变小 shǐ biànxiǎo,缩小 suōxiǎo;轻视 qīngshì,贬低 biǎndī II *rfl* 变小 biànxiǎo,缩小 suōxiǎo

verknappen I *vt* 缩减 suōjiǎn,减少 jiǎnshǎo II *rfl* 变少 biànshǎo,减少 jiǎnshǎo

verknoten I *vt* 打结 dǎjié II *rfl* 绕成结 ràochéng jié,缠成结 chánchéng jié

verknüpfen *vt* 使结合 shǐ jiéhé,把…联系在一起 bǎ … liánxì zài yìqǐ: etw mit etw ～ 把某事物与某事物结合起来;扎住 zhāzhù,拴住 shuānzhù

verkohlen I *vt* 把…烧成炭 bǎ … shāochéng tàn;戏弄 xìnòng II *vi(s)* 变成炭 biànchéng tàn

verkommen* *vi(s)* 变坏 biànhuài,堕落 duòluò;食物腐烂 shíwù fǔlàn;(土地)荒芜 huāngwú,毁坏 huǐhuài;坍塌 tāntā

verkonsumieren *vt* 耗费 hàofèi,消费 xiāofèi

verkörpern *vt* 扮演 bànyǎn;体现 tǐxiàn,表现 biǎoxiàn

Verkörperung *f* -en 具体化 jùtǐhuà,表现 biǎoxiàn,体现 tǐxiàn

verkracht *adj* 失败了的 shībàilede,无所成就的 wú suǒ chéngjiù de,一事无成的 yī shì wú chéng de

verkrüppelt *adj* 残废的 cánfèide,畸形的 jīxíngde

verkümmern *vi(s)* 枯萎 kūwěi,凋谢 diāoxiè;萎缩 wěisuō,衰退 shuāituì

verkünden *vt* 宣告 xuāngào,公布 gōngbù: ein Urteil ～ 宣布一判决;大声宣告 dàshēng xuāngào,宣称 xuānchēng

verkündigen *vt* (庄严)宣告 xuāngào,宣布 xuānbù,报导 bàodǎo;布讲 bùjiǎng,宣讲 xuānjiǎng: das Evangelium ～ 布讲福音

verkürzen *vt* 弄短 nòngduǎn,缩短 suōduǎn: die Arbeitszeit ～ 缩短劳动时间;削减 xuējiǎn;打发 dǎfa,消磨 xiāomó: sich die Zeit mit Lesen ～ 用读书来消磨时间

verlachen *vt* 嘲笑 cháoxiào,讥笑 jīxiào

Verladebahnhof *m* 货运车站 huòyùn chēzhàn

verladen* *vt* 装载 zhuāngzài,装运 zhuāngyùn

Verladeorder *f* 装货单 zhuānghuòdān

Verladeplatz *m* 装运处 zhuāngyùnchù,转运处 zhuǎnyùnchù

Verlader *m* -s, - 托运人 tuōyùnrén,发货人 fāhuòrén;装运工 zhuāngyùngōng;装载工具 zhuāngzài gōngjù

Verladungsschein *m* 提货单 tíhuòdān;装船单 zhuāngchuándān,装运单 zhuāngyùndān

Verlag *m* -(e)s, -e 出版社 chūbǎnshè;出版 chūbǎn;中间商 zhōngjiānshāng,经销处 jīngxiāochù

Verlagsrecht *n* 版权 bǎnquán

verlangen I *vt* 要求 yāoqiú,请求 qǐngqiú,需要 xūyào: diese Arbeit verlangt Geduld 这工作要求有耐心; von jm etw ～ 向某人要求某事;期望 qīwàng,盼望 pànwàng;要求与…说话 yāoqiú yú … shuōhuà: Sie werden am Apparat (或 Telefon) verlangt 您有电话 II *vi* 渴望 kěwàng,思念 sīniàn,想念 xiǎngniàn: nach jm ～ 思念某人;要求 yāoqiú,得到 dédào: nach etw ～ 要求得到某物

Verlangen *n* -s, - 要求 yāoqiú;渴望 kěwàng,盼望 pànwàng

verlängern I *vt* 加长 jiācháng,放长 fàngcháng,延长 yáncháng: ein Kleid ～ 将衣服放长; den Urlaub ～ 延长休假 II *rfl* 延长 yáncháng,展期 zhǎnqī: der Vertrag verlängert sich um ein Jahr 合同延长一年

Verlängerung *f* -, -en 延长 yáncháng;延长的时间 yáncháng de shíjiān,加时赛 jiāshísài

verlangsamen *vt* 使缓慢 shǐ huǎnmàn;放慢 fàngmàn,减速 jiǎnsù

verlassen* I *vt* 离开 líkāi,丢弃 diūqì,离弃 líqì: das Haus ～ 离开家; jn in der Not ～ 在危难中丢弃某人 II *rfl* 信赖 xìnlài,相信 xiāngxìn,信任 xìnrèn: sich auf jn [etw] ～ 信赖某人[某事]

verlassen *adj* 被离弃的 bèi líqì de,孤独的 gūdúde,孤零零的 gūlínglíngde;荒

凉的 huāngliángde，荒无人烟的 huāng wú rén yān de

verlässlich *adj* 可信赖的 kě xìnlài de，可信任的 kě xìnrèn de，可靠的 kěkàode

Verlauf *m* -(e)s, ..e 进程 jìnchéng，过程 guòchéng，经过 jīngguò：im ～ der Verhandlung 在谈判过程中；im ～ von 10 Jahren 在十年(过程)中

verlaufen* Ⅰ *rfl* 迷路 mílù，走错路 zǒu cuò lù；走散 zǒusàn，散去 sànqù，退去 tuìqù：das Hochwasser hat sich verlaufen 洪水退了 Ⅱ *vi*(s) 经过 jīngguò，发展 fāzhǎn；伸向 shēnxiàng，伸展 shēnzhǎn；流逝 liúshì，过去 guòqù；消失 xiāoshī

verlauten *vt/vi* 透露出来 tòulù chūlái，传出 chuánchū

verleben *vt* 度过 dùguò；用尽 yòngjìn

verlebt *adj* (因生活放荡而显得)憔悴 qiáocuì，早衰的 zǎoshuāide，苍老的 cānglǎode

verlegen Ⅰ *vt* 敷设 fūshè，安装 ānzhuāng：Kabel ～ 敷设电缆；错放 cuò fàng，误放 wù fàng：ich habe meine Brille verlegt 我把眼镜不知放在哪儿了；迁移 qiānyí，搬迁 bānqiān，移居 yíjū；延期 yánqī，推迟 tuīchí：eine Verabredung ～ 将约会改期；挡住 dǎngzhù，堵住 dǔzhù；出版 chūbǎn Ⅱ *rfl* 转而采取 zhuǎn ér cǎiqǔ，转而从事 zhuǎn ér cóngshì

verlegen *adj* 尴尬的 gāngàde，狼狈的 lángbèide，困惑的 kùnhuòde，窘迫的 jiǒngpòde

Verlegenheit *f* - 狼狈的 lángbèide，窘迫的 jiǒngpòde，尴尬的处境 gāngàde chǔjìng：in ～ geraten 陷入困境；jn in ～ bringen (或 setzen) 使某人陷入困境

Verleger *m* -s, - 出版者 chūbǎnzhě，发行人 fāxíngrén，出版商 chūbǎnshāng

Verlegung *f* -, -en 移动 yídòng，迁移 qiānyí；出版 chūbǎn；延期 yánqī，改期 gǎiqī；安装 ānzhuāng，敷设 fūshè

verleiden *vt* 使扫兴 shǐ sǎoxìng

verleihen* *vt* 借出 jièchū，出借 chūjiè，出租 chūzū；授予 shòuyǔ，给予 jǐyǔ：jm einen Titel ～ 授予某人一头衔

verleiten *vt* 引诱 yǐnyòu，唆使 suōshǐ

verlernen *vt* 荒废 huāngfèi，忘却(已学过的东西) wàngquè

verlesen* Ⅰ *vt* 宣读 xuāndú，朗读 lǎngdú：einen Befehl ～ 宣读一项命令；挑拣 tiāojiǎn Ⅱ *rfl* 读错 dúcuò

verletzen *vt* 使受伤 shǐ shòushāng，损害 sǔnhài；违反 wéifǎn；侵犯 qīnfàn；伤害 shānghài：jn mit Worten ～ 用言语伤害某人

Verletzung *f* -, -en 违犯 wéifàn，违背 wéibèi，侵犯 qīnfàn；受伤 shòushāng，伤害 shānghài；伤处 shāngchù，伤口 shāngkǒu

verleugnen *vt* 否认 fǒurèn，不承认 bù chéngrèn：sein Alter ～ 隐瞒自己的年龄

verleumden *vt* 诽谤 fěibàng，中伤 zhòngshāng，诬蔑 wūmiè：jn aus Hass ～ 出于仇恨而诽谤某人

verlieben *rfl* 热恋 rèliàn，相爱 xiāng'ài，恋爱 liàn'ài：sich in jn ～ 爱上某人

Verliebte *m/f* (按形容词变化)爱人 àirén，情人 qíngrén，恋人 liànrén

verlieren* Ⅰ *vt* 遗失 yíshī，丢失 diūshī：Geld ～ 丢了钱；失去 shīqù；输掉 shūdiào，失败 shībài：eine Wette ～ 打赌输了 Ⅱ *rfl* 消失 xiāoshī；辨认不出 biànrèn bù chū

verloben *rfl* 订婚 dìnghūn：sich mit jm ～ 与某人订婚

Verlobte *m/f* (按形容词变化)已订婚的人 yǐ dìnghūn de rén

Verlobung *f* -en 订婚 dìnghūn，婚约 hūnyuē

verlocken *vt* 引诱 yǐnyòu，诱使 yòu shǐ，吸引 xīyǐn：jn zu etw ～ 引诱某人做某事

verlogen *adj* 好说谎的 hǎo shuōhuǎng de，骗人的 piànrénde，虚伪的 xūwěide

verloren *adj* 失去的 shīqùde，输了的 shūlede，无望的 wúwàngde；徒劳的 túláode，徒劳无益的 túláo wúyì de：～ sein 毫无希望；er ist ein ～er Mann 他是个堕落的人

verlorengehen* *vi*(s) 遗失 yíshī，丢失 diūshī，走失 zǒushī

verlöschen Ⅰ *vt* 熄灭 xīmiè Ⅱ *vi*(s) 熄灭 xīmiè，熄掉 xīdiào；消失 xiāoshī

Verlust *m* -es, -e 遗失 yíshī，丢失 diūshī，失落 shīluò；损失 sǔnshī，亏损 kuīsǔn：schwere ～e erleiden 遭受重大损失

Verlustbetrag *m* 亏损额 kuīsǔn'é，损失额 sǔnshīé

verlustbringend *adj* 赔本的 péiběnde，亏损的 kuīsǔnde，亏本的 kuīběnde

Verlustgeschäft *n* 亏本买卖 kuīběn mǎimai

vermachen *vt* 遗赠 yízèng，遗留 yíliú；赠送 zèngsòng

Vermächtnis *n* -ses, -se 遗产 yíchǎn,遗赠(物) yízèng;遗嘱 yízhǔ;遗愿 yíyuàn

vermarkten *vt* 使(产品)适应市场需求 shǐ shìyìng shìchǎng xūqiú;廉价销售 liánjià xiāoshòu

Vermarktung *f* 适合市场需求 shìhé shìchǎng xūqiú;推销 tuīxiāo,销售 xiāoshòu

vermehren *vt/rfl* 增加 zēngjiā,增多 zēngduō;繁殖 fánzhí

vermeiden* *vt* 避免 bìmiǎn,回避 huíbì,躲开 duǒkāi: einen Fehler ～ 避免一个错误

Vermerk *m* -s, -e 按语 ànyǔ,评语 píngyǔ

vermerken *vt* 记下 jìxià,摘下 zhāixià,注明 zhùmíng;注意到 zhùyìdào

vermessen I *vt* 测量 cèliáng,丈量 zhàngliáng **II** *rfl* 量错 liángcuò,胆敢 dǎngǎn,敢于 gǎnyú

vermessen *adj* 傲慢的 àomànde,狂妄的 kuángwàngde

vermieten *vt* 出租 chūzū,租给 zūgěi,租赁 zūlìn: jm (或 an jn) eine Wohnung ～ 把一个寓所出租给某人

Vermieter *m* -s, - 出租者 chūzūzhě,房东 fángdōng

vermindern I *vt* 减少 jiǎnshǎo,减弱 jiǎnruò,降低 jiàngdī **II** *rfl* 变小 biànxiǎo;减少 jiǎnshǎo,降低 jiàngdī,减弱 jiǎnruò

vermischen *vt* 使混合 shǐ hùnhé,搀和 chānhuo,掺杂 chānzá: Wein mit Wasser ～ 在酒里搀水

Vermisste *m/f* (按形容词变化)失踪者 shīzōngzhě,下落不明者 xiàluò bùmíng zhě

vermitteln I *vt* 促成 cùchéng,使有可能 shǐ yǒu kěnéng;介绍 jièshào,帮助…获得 bāngzhù … huòdé: jm eine Arbeit ～ 给某人介绍一工作 **II** *vi* 调解 tiáojiě,调停 tiáotíng,作中间人 zuò zhōngjiānrén

Vermittler *m* -s, - 调解人 tiáojiěren,中间人 zhōngjiānrén,介绍人 jièshàorén

Vermittlung *f* -, -en 调停 tiáotíng,调解 tiáojiě;介绍 jièshào,中介 zhōngjiè;电话总机 diànhuà zǒngjī

vermöge *prp* (G) 由于 yóuyú,依靠 yīkào,凭借 píngjiè

vermögen* *vt* 能够 nénggòu,有能力做到 yǒu nénglì zuòdào,能够做 nénggòu zuò

Vermögen *n* -s 能力 nénglì;财产 cáichǎn,财富 cáifù;许多钱 xǔduō qián,一大笔钱 yī dà bǐ qián: der Unfall kostet mich ein ～ 这次事故花去我很多钱

Vermögensanmeldung *f* 财产申报 cáichǎn shēnbào

Vermögensbildung *f* 财产形成 cáichǎn xíngchéng,财富结构 cáifù jiégòu

Vermögensrecht *n* 财产权 cáichǎnquán

Vermögensschaden *m* 财产损失 cáichǎn sǔnshī

Vermögenssteuer *f* 财产税 cáichǎnshuì

Vermögensteilung *f* 财产分配 cáichǎn fēnpèi

Vermögensverhältnisse *pl* 财产状况 cáichǎn zhuàngkuàng

Vermögensverschleierung *f* 隐瞒财产 yǐnmán cáichǎn

Vermögensversicherung *f* 财产保险 cáichǎn bǎoxiǎn

vermuten *vt* 推测 tuīcè,猜想 cāixiǎng,推想 tuīxiǎng,估计 gūjì

vermutlich I *adj* 猜测的 cāicède,可能的 kěnéngde,猜想的 cāixiǎngde,估计的 gūjìde **II** *adv* 推测起来 tuīcè qǐlái,大概 dàgài,可能 kěnéng

Vermutung *f* -, -en 猜想 cāixiǎng,推测 tuīcè,设想 shèxiǎng,估计 gūjì

vernachlässigen *vt* 疏忽 shūhu,忽略 hūlüè,忽视 hūshì,不在意 bùzàiyì: du darfst deine Arbeit nicht ～ 你对自己的工作不可草率从事

Vernachlässigung *f* 忽视 hūshì,疏忽 shūhu,忽略 hūlüè

vernehmen* *vt* 听到 tīngdào,耳闻 ěrwén,听闻 tīngwén;审问 shěnwèn,讯问 xùnwèn

vernehmlich *adj* 听得清楚的 tīngde qīngchu de

Vernehmung *f* -, -en 审讯 shěnxùn,审问 shěnwèn

verneinen *vt* 否定 fǒudìng,否认 fǒurèn,拒绝 jùjué

vernichten *vt* 消灭 xiāomiè,消除 xiāochú,根除 gēnchú;销毁 xiāohuǐ: die Unterlagen ～ 销毁证据

vernichtend *adj* 毁灭性的 huǐmièxìngde: eine ～e Naturkatastrophe 一场毁灭

V

性的自然灾害
Vernichtung *f* - 消灭 xiāomiè，毁灭 huǐmiè，根除 gēnchú，摧毁 cuīhuǐ
Vernunft *f* - 理智 lǐzhì，理性 lǐxìng，明智 míngzhì
vernünftig *adj* 有理性的 yǒu lǐxìng de，有理智的 yǒu lǐzhì de，明智的 míngzhìde
veröffentlichen *vt* 公布 gōngbù，发表 fābiǎo；出版 chūbǎn
Veröffentlichung *f* -，-en 公布 gōngbù，发表 fābiǎo；出版 chūbǎn
verordnen *vt* 开(处方) kāi，医嘱 yīzhǔ；命令 mìnglìng，决定 juédìng，规定 guīdìng
Verordnung *f* -，-en 命令 mìnglìng，规定 guīdìng；处方 chǔfāng
verpachten *vt* 出租 chūzū，租赁 zūlìn：jm etw ～ 出租某物给某人
Verpächter *m* -s，- 出租者 chūzūzhě，出租人 chūzūrén
Verpachtung *f* - 出租 chūzū，租借 zūjiè，租赁 zūlìn
verpacken *vt* 包装 bāozhuāng，装箱 zhuāngxiāng
Verpackung *f* -，-en 包装 bāozhuāng；包装材料 bāozhuāng cáiliào
Verpackungsgebühren *pl* 包装费 bāozhuāngfèi
Verpackungswirtschaft *f* 包装(器材)业 bāozhuāngyè
verpassen *vt* 错过 cuòguò，耽误 dānwu，没碰上 méi pèngshàng，未赶上 wèi gǎnshàng：den Zug ～ 错过乘火车；eine gute Gelegenheit ～ 坐失良机；jm eins ～ 殴打某人
verpfänden *vt* 抵押 dǐyā，典当 diǎndàng
Verpfänder *m* -s，- 抵押者 dǐyāzhě，抵押人 dǐyārén
Verpfändung *f* -，-en 抵押(品) dǐyā，典当 diǎndàng，质押 zhìyā
verpflegen *vt* 供给…膳食 gōngjǐ … shànshí
Verpflegung *f* -en 膳食 shànshí，伙食 huǒshí
verpflichten I *vt* 使负有义务 shǐ fù yǒu yìwù；录用 lùyòng，聘任 pìnrèn II *rfl* 负有责任 fù yǒu zérèn，承担义务 chéngdān yìwù；承诺 chéngnuò
Verpflichtung *f* -，-en 职责 zhízé，义务 yìwù；聘用 pìnyòng，聘任 pìnrèn
verprügeln *vt* 痛打 tòngdǎ，痛殴 tòng-ōu，狠揍 hěnzòu
verputzen *vt* 粉刷 fěnshuā，用灰泥涂 yòng huīní tú；吃下 chīxià，吃光 chīguāng；花光 huāguāng
Verrat *m* -(e)s 泄密 xièmì，出卖 chūmài，背叛 bèipàn：einen ～ an jm begehen (或 üben) 出卖某人
verraten* I *vt* 背叛 bèipàn，出卖 chūmài：er verriet sein Vaterland [seinen Freund] 他背叛了自己的祖国[自己的朋友]；泄漏 xièlòu，泄露 xièlòu；显露 xiǎnlù，显示 xiǎnshì II *rfl* 暴露(自己) bàolù
Verräter *m* -s，- 叛徒 pàntú，告密者 gàomìzhě，变节者 biànjiézhě
verräterisch *adj* 背叛的 bèipànde，背信弃义的 bèi xìn qì yì de；泄露内情的 xièlòu nèiqíng de，暴露真相的 bàolù zhēnxiàng de
verrechnen I *vt* 结算 jiésuàn，结清 jiéqīng，清算 qīngsuàn II *rfl* 算错 suàncuò，弄错 nòngcuò；失算 shīsuàn，打错算盘 dǎcuò suànpán
verreisen *vi*(*s*) 外出旅行 wàichū lǚxíng：geschäftlich ～ 因业务出差
verrenken I *vt* 扭伤 niǔshāng，使脱臼 shǐ tuōjiù；sich (*D*) etw ～ (肢体)扭歪 II *rfl* (不自然地)扭动肢体 niǔdòng zhītǐ
verrichten *vt* 做 zuò，完成 wánchéng，执行 zhíxíng
verriegeln *vt* 闩上 shuānshàng，用闩插上 yòng shuān chāshàng，给…上插销 gěi … shàng chāxiāo
verringern *vt* 使变小 shǐ biànxiǎo，减少 jiǎnshǎo，减小 jiǎnxiǎo；降低 jiàngdī
verrosten *vi*(*s*) 生锈 shēngxiù，锈坏 xiùhuài
verrückt *adj* 发疯的 fāfēngde；不正常的 bù zhèngchángde，精神失常的 jīngshén shīcháng de；古怪的 gǔguàide，怪诞的 guàidànde，奇特的 qítède：eine ～e Idee 古怪的念头
Vers *m* -es，-e 诗 shī；诗行 shīháng，诗句 shījù；诗节 shījié
versagen I *vt* 拒绝 jùjué，不同意 bù tóngyì：jm eine Bitte ～ 拒绝某人一请求；sich etw ～ 放弃某事物 II *vi* 失效 shīxiào，不灵 bùlíng，不起作用 bù qǐ zuòyòng；干不好 gànbùhǎo
versammeln I *vt* 召集 zhàojí，集合 jíhé II *rfl* 集合 jíhé，聚集 jùjí
Versammlung *f* -，-en 集合 jíhé，聚集 jùjí；集会 jíhuì，会议 huìyì

Versand *m* -(e)s 发送 fāsòng,发运 fāyùn,发货 fāhuò;货物发送部 huòwù fāsòngbù

Versandgeschäft *n* 邮购公司 yóugòu gōngsī,邮售商店 yóushòu shāngdiàn

Versandhandel *m* 邮购业务 yóugòu yèwù

Versandland *n* 发货国 fāhuòguó

versäumen *vt* 耽误 dānwu,错过 cuòguò,未赶上 wèi gǎnshàng: den Zug ～ 赶不上火车,误了火车; ich habe nichts zu ～ 我不急;缺 quē,旷 kuàng;不履行 bù lǚxíng,疏忽 shūhu

Versäumnis *n* -ses, -se 耽误 dānwu,错过 cuòguò;旷课 kuàngkè;疏忽 shūhu,失误 shīwù,失职(行为) shīzhí

Versäumnisurteil *n* 缺席判决 quēxí pànjué

Versäumniszuschlag *m* 滞纳金 zhìnàjīn,罚金 fájīn,罚款 fákuǎn

verschaffen *vt* 弄到 nòngdào,搞到 gǎodào,设法获得 shèfǎ huòdé: Wie hast du dir das Geld verschafft? 你是如何把这钱弄到手的?

verschämt *adj* 害羞的 hàixiūde,难为情的 nánwéiqíngde

verschärfen *vt/rfl* 尖锐化 jiānruìhuà,激化 jīhuà,加剧 jiājù: die Lage hat sich verschärft 情况变得严重起来

verscheißern *vt* 捉弄 zhuōnòng,玩弄 wánnòng,愚弄 yúnòng

verschenken *vt* 赠送 zèngsòng,捐赠 juānzèng

verscherbeln *vt* 低价出售 dījià chūshòu,贱卖 jiànmài

verscheuchen *vt* 吓走 xiàzǒu,赶走 gǎnzǒu;消除 xiāochú,驱散 qūsàn

verschicken *vt* 发送 fāsòng,寄发 jìfā;遣送 qiǎnsòng,送 sòng

verschieben* I *vt* 延期 yánqī,推迟 tuīchí: die Verabredung auf Dienstag ～ 把约会推迟到星期二;移动 yídòng,挪动 nuódong;非法买卖 fēifǎ mǎimai II *rfl* 延期 yánqī,推延 tuīyán;改变位置 gǎibiàn wèizhi,移动 yídòng

verschieden *adj* 各种的 gè zhǒng de,不同的 bù tóng de,不一样的 bù yīyàngde;好些 hǎoxiē,若干 ruògān

verschiedenartig *adj* 各种不同的 gè zhǒng bù tóng de,各种各样的 gè zhǒng gè yàng de

verschiedenfarbig *adj* 杂色的 zásède,多种颜色的 duō zhǒng yánsè de,五颜六色的 wǔ yán liù sè de

Verschiedenheit *f* -, -en 各种各样 gè zhǒng gè yàng;差别 chābié,差异 chāyì

verschlafen* I *vt* 睡梦中度过 shuìmèngzhōng dùguò: den ganzen Tag ～ 睡了一整天;因睡觉而错过: den Zug ～ 因睡觉而误了火车 II *vi/rfl* 睡过时间 shuì guò shíjiān,睡过头 shuìguòtóu

verschlafen *adj* 有睡意的 yǒu shuìyì de,没睡醒的 méi shuìxǐng de;寂静的 jìjìngde,无生气的 wú shēngqì de,安静的 ānjìngde

verschlagen* I *vt* 用木板把…封住 yòng mùbǎn bǎ… fēngzhù,隔开 gékāi;击球失误 jīqiú shīwù;翻乱 fānluàn II *vi* 有用 yǒuyòng,有效 yǒuxiào,有帮助 yǒu bāngzhù

verschlagen *adj* 狡猾的 jiǎohuáde,阴险的 yīnxiǎnde,狡诈的 jiǎozhàde

Verschlagenheit *f* 奸诈 jiānzhà,狡猾 jiǎohuá

verschlechtern *vt/rfl* 变坏 biànhuài,恶化 èhuà

verschleiern I *vt* 用面纱遮盖 yòng miànshā zhēgài;掩饰 yǎnshì,隐藏 yǐncáng II *rfl* 遮蔽 zhēbì,蒙有面纱 méng yǒu miànshā;变阴暗 biànyīn'àn

Verschleiß *m* -es, -e 损耗 sǔnhào,磨损 mósǔn,磨掉 módiào;(奥)零售 língshòu,零卖 língmài

verschleißfest *adj* 耐磨的 nàimóde

Verschleißfestigkeit *f* 耐磨强度 nàimó qiángdù,耐磨性 nàimóxìng

verschleppen *vt* 拖走 tuōzǒu,弄走 nòngzǒu;抢走 qiǎngzǒu;传播 chuánbō;拖延 tuōyán

verschleudern *vt* 浪费 làngfèi,挥霍 huīhuò;低价抛售 dījià pāoshòu,甩卖 shuǎimài

verschließen* I *vt* 锁上 suǒshàng,锁闭 suǒbì: die Tür ～ 锁上门;隐瞒 yǐnmán,隐藏 yǐncáng II *rfl* 不理睬 bù lǐcǎi,拒绝 jùjué

verschlimmern I *vt* 搞坏 gǎohuài,使变坏 shǐ biànhuài II *rfl* 变坏 biànhuài,恶化 èhuà

verschlingen* *vt* 交织 jiāozhī,缠绕 chánrào;耗尽 hàojìn,挥霍 huīhuò;吞食 tūnshí,吞下 tūnxià

V

verschlossen *adj* 关闭的 guānbìde，锁住的 suǒzhùde；沉默的 chénmòde，难以接近的 nányǐ jiējìn de，孤僻的 gūpìde

Verschlossenheit *f* 沉默寡言 chénmò guǎyán

verschlucken *vt* 吞下 tūnxià，咽下 yànxià：eine Pille ～ 吞下一药丸；耗费 hàofèi，花费 huāfèi

verschlüsseln *vt* 把…译成密码 bǎ…yìchéng mìmǎ，用密码书写 yòng mìmǎ shūxiě；把…编成数码 bǎ…biānchéng shùmǎ

Verschlüsselung *f* -，-en 译成密码 yìchéng mìmǎ，编码 biānmǎ，密写 mìxiě

verschmelzen* I *vt* 熔化 rónghuà；冶炼 yěliàn，熔炼 róngliàn II *vi*(*s*) 熔化 rónghuà；融合 rónghé，合并 hébìng，结合 jiéhé

Verschmelzung *f* -，-en 熔化 rónghuà；熔炼 róngliàn，冶炼 yěliàn；融合 rónghé，合并 hébìng，结合 jiéhé

verschmerzen *vt* 能想得开 néng xiǎngdekāi，忘掉(悲伤) wàngdiào；克服 kèfú，忍受(痛苦) rěnshòu

verschmieren *vt* 填平 tiánpíng，把…抹平 bǎ…mǒpíng，在…上涂抹 zài…shang túmǒ；涂掉 túdiào；乱涂 luàntú，乱画 luànhuà；抹脏 mǒzāng，涂脏 túzāng，涂污 túwū

verschmutzen I *vt* 弄脏 nòngzāng，弄污 nòngwū；污染 wūrǎn II *vi*(*s*) 变脏 biànzāng

verschnüren *vt* 捆扎 kǔnzā

verschollen *adj* 失踪的 shīzōngde，下落不明的 xiàluò bùmíng de

verschonen *vt* 饶恕 ráoshù，宽恕 kuānshù，不加害 bù jiāhài

verschönen *vt* 美化 měihuà，使美丽 shǐ měilì，使更好 shǐ gènghǎo

verschreiben* I *vt* 开(药方) kāi：jm eine Arznei ～ 给某人开一种药；立约转让 lìyuē zhuǎnràng；写掉 xiě diào，写光 xiěguāng II *rfl* 写错 xiěcuò，误写 wùxiě；致力于 zhìlì yú，献身于 xiànshēn yú：sich seinem Beruf ～ 献身于他的职业

verschüchtern *vt* 使胆怯 shǐ dǎnqiè

verschulden I *vt* 招致 zhāozhì，对…有过错 duì…yǒu guòcuò II *vi*(*s*) 负债 fùzhài，欠债 qiànzhài：er war stark (或 bis über den Hals) verschuldet 他当时债台高筑

Verschuldung *f* -，-en 债务 zhàiwù

verschütten *vt* 泼出 pōchū，倾倒出 qīngdàochū；掩埋 yǎnmái，埋没 máimò，覆盖 fùgài

verschweigen* *vt* 不说 bù shuō，不告诉 bù gàosu，隐瞒 yǐnmán：jm eine Nachricht ～ 对某人隐瞒一消息；ich habe nichts zu ～ 我没有什么好隐瞒的

verschwenden *vt* 挥霍 huīhuò，浪费 làngfèi，滥用 lànyòng：Zeit [Geld] ～ 浪费时间[金钱]

Verschwender *m* -s，- 浪费者 làngfèizhě，挥霍者 huīhuòzhě

Verschwendung *f* 浪费 làngfèi，挥霍 huīhuò

verschwenderisch *adj* 浪费的 làngfèide，挥霍的 huīhuòde，乱花钱的 luànhuāqiánde

verschwiegen *adj* 守口如瓶的 shǒukǒu rú píng de，嘴紧的 zuǐjǐnde；安静的 ānjìngde，寂静的 jìjìngde

verschwinden* *vi*(*s*) 消失 xiāoshī，失去 shīqù，不见 bùjiàn；离开 líkāi，走开 zǒukāi：ich muss mal ～ 我得上厕所去；丢失 diūshī，找不到 zhǎobùdào

verschwören* *rfl* 密谋策划 mìmóu cèhuà，阴谋 yīnmóu，结党 jiédǎng：sich mit jm gegen jn ～ 与某人密谋反对某人；献身于 xiànshēn yú：sich einer Sache ～ 献身于某事

Verschwörung *f* -，-en 阴谋 yīnmóu，密谋 mìmóu：eine ～ organisieren [planen] 组织[策划]一阴谋

versehen* I *vt* 供给 gōngjǐ，给…装上 gěi…zhuāngshàng；执行 zhíxíng，履行 lǚxíng，办理 bànlǐ；照管 zhàoguǎn II *rfl* 弄错 nòngcuò，看错 kàncuò，准备好 zhǔnbèi hǎo，期待 qīdài

Versehen *n* -s，- 过失 guòshī，疏忽 shūhu：aus ～ 不小心；出错 chūcuò，差错 chācuò

versehentlich *adv* 不小心 bù xiǎoxīn，粗心地 cūxīnde，疏忽地 shūhude

Versehrte *m*/*f*(按形容词变化)伤残人 shāngcánrén，残疾人 cánjírén

versenden* *vt* 送发 sòngfā，寄发 jìfā

Versender *m* 发货人 fāhuòrén，托运人 tuōyùnrén

Versendung *f* - 寄发 jìfā，送发 sòngfā，发运 fāyùn

Versendungskosten *pl* 运费 yùnfèi，寄费 jìfèi

versenken I *vt* 使沉没 shǐ chénmò，击沉 jīchén；下降 xiàjiàng，深埋 shēnmái II *rfl* 专心致力于 zhuānxīn zhìlì yú，埋头于 máitóu yú：sich in ein Buch ～ 专心读一本书

versessen *adj* 一心想要 yīxīn xiǎngyào，热中于…的 rèzhōng yú … de：auf etw ～ sein 一心想要某物，热中于某事

versetzen *vt* 调派 diàopài，调动 diàodòng，调职 diàozhí：er ist in eine andere Abteilung versetzt worden 他被调到另一个科室去了；使(学生)升级 shǐ shēngjí；使处于…境地 shǐ chǔyú … jìngdì：jn in Furcht ～ 使某人恐惧；对…失约 duì … shīyuē，让人白等 ràng rén bái děng；抵押 dǐyā，典当 diǎndàng；给予 jǐyǔ：jm eine Ohrfeige ～ 给某人一记耳光；移植 yízhí，移动 yídòng：Bäume ～ 移植树木

verseuchen *vt* 传染 chuánrǎn；污染 wūrǎn

Verseuchung *f* 传染 chuánrǎn；污染 wūrǎn

versicherbar *adj* 可保险的 kě bǎoxiǎn de

Versicherer *m* -s，- 承保人 chéngbǎorén，保险人 bǎoxiǎnrén；保险机构 bǎoxiǎn jīgòu

versichern I *vt* 给…保险 gěi … bǎoxiǎn，对…进行保险 duì … jìnxíng bǎoxiǎn：das Leben ～ 保人寿险；承诺 chéngnuò，保证 bǎozhèng II *rfl* 确定 quèdìng，得到保证 dédào bǎozhèng；保险 bǎoxiǎn：er hat sich gegen Unfall und Diebstahl versichert 他保了事故险和盗窃险

versichert *adj* 保了险的 bǎolexiǎnde；得到保证的 dédào bǎozhèng de

Versicherte *m/f*（按形容词变化）被保险人 bèibǎoxiǎnrén

Versicherung *f* -，-en 保证 bǎozhèng；保险 bǎoxiǎn，保险合同 bǎoxiǎn hétong；保险公司 bǎoxiǎn gōngsī

Versicherungs-Aktiengesellschaft *f* 保险股份公司 bǎoxiǎn gǔfèn gōngsī

Versicherungsdauer *f* 保险期 bǎoxiǎnqī

Versicherungsdeckung *f* 投保 tóubǎo

Versicherungsgeber *m* 保险人 bǎoxiǎnrén，承保人 chéngbǎorén

Versicherungsgeschäft *n* 保险业务 bǎoxiǎn yèwù

Versicherungsgesellschaft *n* 保险公司 bǎoxiǎn gōngsī

Versicherungsgesetz *n* 保险法 bǎoxiǎnfǎ

Versicherungsprämie *f* 保险金 bǎoxiǎnjīn，保险费 bǎoxiǎnfèi

Versicherungsschein *m* 保险单 bǎoxiǎndān

Versicherungssumme *f* 保险金 bǎoxiǎnjīn

versiegeln *vt* 密封 mìfēng，封闭 fēngbì

versiegen *vi*(*s*) 干涸 gānhé，枯竭 kūjié

versilbern *vt* 给…镀银 gěi … dùyín；变卖财产 biànmài cáichǎn

versinken* *vi*(*s*) 沉没 chénmò，下沉 xiàchén；陷入 xiànrù；埋头于 máitóu yú，专心于 zhuānxīn yú：in Gedanken ～ 陷入沉思中

versinnbildlichen *vt* 象征 xiàngzhēng，作为…的象征 zuòwéi … de xiàngzhēng

Version *f* -，-en 译本 yìběn，译文 yìwén；文本 wénběn；说法 shuōfǎ，解释 jiěshì，看法 kànfǎ

versöhnen I *vt* 使和解 shǐ héjiě，使修好 shǐ xiūhǎo，使和好 shǐ héhǎo II *rfl* 和解 héjiě，和好 héhǎo：sich mit jm ～ 与某人和解

versöhnlich *adj* 和解的 héjiěde，修好的 xiūhǎode；准备和好的 zhǔnbèi héhǎo de，谅解的 liàngjiěde

Versöhnung *f* -，-en 和解 héjiě，修好 xiūhǎo，和好 héhǎo

versorgen *vt* 供给 gōngjǐ，供应 gōngyìng，提供 tígōng：die Stadt mit Strom ～ 给城市供电；照管 zhàoguǎn，照料 zhàoliào，料理 liàolǐ：das Haus ～ 照管房屋

Versorgung *f* - 供给 gōngjǐ，供应 gōngyìng，供给 gōngjǐ；照管 zhàoguǎn，照料 zhàoliào

Versorgungsbetriebe *pl* 公用事业 gōngyòng shìyè

Versorgungseinrichtung *f* 服务行业设施(如商店，饮食店，旅馆等) fúwù hángyè shèshī

Versorgungsfonds *m* 抚恤基金 fǔxù jījīn，养老金基金 yǎnglǎojīn jījīn，退休金基金 tuìxiūjīn jījīn

Versorgungslage *f* 供应状况 gōng-

V

yìng zhuàngkuàng

Versorgungsnetz *n* 供应网点 gōngyìng wǎngdiǎn

Versorgungsschwierigkeiten *pl* 供应紧张 gōngyìng jǐnzhāng，供应困难 gōngyìng kùnnan

Versorgungsstaat *m* 福利国家 fúlì-guójiā

Versorgungswirtschaft *f* 公用事业 gōngyòng shìyè

verspäten *rfl* 迟到 chídào，耽误 dānwu：der Zug verspätete sich um 40 Minuten 列车误点 40 分钟

verspätet *adj* 耽误的 dānwude，晚点的 wǎndiǎnde，迟到的 chídàode

Verspätung *f* 迟到 chídào，晚点 wǎndiǎn：der Zug hatte eine Viertelstunde ～ 火车晚点一刻钟

versperren *vt* 堵住 dǔzhù，封锁 fēngsuǒ

verspielen *vt* 赌输 dǔshū，输光 shūguāng；失去 shīqù，丧失 sàngshī

verspotten *vt* 嘲笑 cháoxiào，讥笑 jīxiào

versprechen* I *vt* 许诺 xǔnuò，允诺 yǔnnuò：jm Geld ～ 答应给某人钱；预示 yùshì，预期 yùqī，可望有 kěwàng yǒu II *rfl* 说错 shuōcuò，读错 dúcuò，失言 shīyán

Versprechen *n* -s，- 允诺 yǔnnuò，诺言 nuòyán：sein ～ brechen 失信

verspüren *vt* 感到 gǎndào，感觉 gǎnjué

verstaatlichen *vt* 使国有化 shǐ guóyǒuhuà，改为国营 gǎiwéi guóyíng，把…收归国有 bǎ … shōuguī guóyǒu

Verstaatlichung *f* - 国有化 guóyǒuhuà，国营 guóyíng

verstädtern *vt* 使城市化 shǐ chéngshìhuà

Verstädterung *f* - 城市化 chéngshìhuà

Verstand *m* -es 理智 lǐzhì，智力 zhìlì，理解力 lǐjiělì：nicht ganz bei ～ sein 头脑不正常；*ohne Sinn und ～ 不假思索地*

verständig *adj* 明智的 míngzhìde，有头脑的 yǒu tóunǎo de

verständigen I *vt* 告知 gàozhī，通知 tōngzhī；向…报告 xiàng … bàogào：jn von etw ～ 把某事通知某人 II *rfl* 互相谅解 hùxiāng liàngjiě，互相了解 hùxiāng liǎojiě，达成共识 dáchéng gòngshí：sich mit jm über etw ～ 与某人对某事取得一致意见

Verständigung *f* - 告知 gàozhī，通知 tōngzhī，报告 bàogào；互相了解 hùxiāng liǎojiě，互相谅解 hùxiāng liàngjiě；取得一致（意见、见解等）qǔdé yīzhì

verständlich *adj* 可理解的 kě lǐjiě de；使人明白的 shǐ rén míngbái de，易懂的 yìdǒngde

Verständnis *n* -ses 理解 lǐjiě，领会 lǐnghuì，谅解 liàngjiě

verständnislos *adj* 不理解的 bù lǐjiěde，不懂的 bùdǒngde，不了解的 bù liǎojiěde

verständnisvoll *adj* 充分理解的 chōngfèn lǐjiě de；会心的 huìxīnde

verstärken I *vt* 增强 zēngqiáng，加强 jiāqiáng；加固 jiāgù；增加 zēngjiā，增大 zēngdà II *rfl* 加强 jiāqiáng，增强 zēngqiáng；增加 zēngjiā，增长 zēngzhǎng

Verstärker *m* -s，- 放大器 fàngdàqì，增音机 zēngyīnjī

Verstärkung *f* -，-en 增加 zēngjiā，扩大 kuòdà；增强 zēngqiáng，放大 fàngdà

verstauben *vi*（s）蒙上灰尘 méngshàng huīchén

verstaubt *adj* 满是灰尘的 mǎn shì huīchén de

Versteck *n* -s，-e 藏匿处 cángnìchù，躲藏处 duǒcángchù，隐藏处 yǐncángchù

verstecken *vt/rfl* 把…藏起来 bǎ … cángqǐlái，躲藏 duǒcáng，隐藏 yǐncáng

Versteckspiel *n* 捉迷藏游戏 zhuōmícáng yóuxì

verstehen* I *vt* 听清 tīngqīng，听懂 tīngdǒng；理解 lǐjiě，明白 míngbai，懂得 dǒngde：viel von Musik ～ 很懂音乐；会 huì，掌握 zhǎngwò：mehrere Fremdsprachen ～ 懂好几门外语 II *rfl* 掌握 zhǎngwò，精通 jīngtōng；互相了解 hùxiāng liǎojiě，意见一致 yìjiàn yīzhì；很好相处 hěn hǎo xiāngchǔ

versteifen I *vt* 使坚硬 shǐ jiānyìng，使僵硬 shǐ jiāngyìng；加固 jiāgù II *rfl* 变硬 *biànyìng，僵硬* jiāngyìng，加强 jiāqiáng，强硬 qiángyìng

Versteigerer *m* -s，- 拍卖商 pāimàishāng

versteigern *vt* 拍卖 pāimài

Versteigerung *f* -，-en 拍卖 pāimài：etw zur ～ geben 拍卖某物

Versteigerungsfirma *f* 拍卖行 pāi-

màiháng
Versteigerungstermin *m* 拍卖日 pāimàirì
versteinern I *vt* 使呆滞 shǐ dāizhì II *vi(s)* 石化 shíhuà;发愣 fālèng,发呆 fādāi
verstellbar *adj* 可移动的 kě yídòng de,可调节的 kě tiáojié de,可调整的 kě tiáozhěng de,可校准的 kě jiàozhǔn de
verstellen I *vt* 堵塞 dǔsè,堵住 dǔzhù,阻挡 zǔdǎng: jm den Weg ~ 挡住某人的路;把…放错地方 bǎ … fàngcuò dìfāng;调整 tiáozhěng,校准 jiàozhǔn;移置 yízhì,伪装 wěizhuāng;变换 biànhuàn II *rfl* 伪装 wěizhuāng,假装 jiǎzhuāng
versterben* *vi(s)* 死去 sǐqù,去世 qùshì
versteuern *vt* 付税 fùshuì,上税 shàngshuì,纳税 nàshuì: sein Vermögen ~ 付财产税
versteuert *adj* 已缴税的 yǐ jiāoshuì de,上了税的 shàngleshuìde
Versteuerung *f* - 付税 fùshuì,上税 shàngshuì,纳税 nàshuì
verstimmen *vt* 使走调 shǐ zǒudiào;使败兴 shǐ bàixìng,使扫兴 shǐ sǎoxìng
verstimmt *adj* 情绪不好的 qíngxù bùhǎo de,扫兴的 sǎoxìngde;走调的 zǒudiàode
Verstimmung *f* 情绪不好 qíngxù bùhǎo,扫兴 sǎoxìng;走调 zǒudiào
verstockt *adj* 顽固的 wángùde,固执的 gùzhíde
verstohlen *adj* 偷偷的 tōutōude,悄悄的 qiāoqiāode
verstopfen *vt* 阻塞 zǔsè,堵塞 dǔsè,塞住 sāizhù
Verstopfung *f* - 堵塞 dǔsè,阻塞 zǔsè;便秘 biànmì
verstorben *adj* 亡故的 wánggùde
Verstorbene *m/f*(按形容词变化)死者 sǐzhě
verstört *adj* 心神不安的 xīnshén bù'ān de,惊慌失措的 jīnghuāng shīcuò de,不知所措的 bù zhī suǒ cuò de,心慌意乱的 xīn huāng yì luàn de
Verstoß *m* 违反 wéifǎn,触犯 chùfàn,违犯 wéifàn
verstoßen* I *vt* 驱逐 qūzhú,赶走 gǎnzǒu II *vi* 违犯 wéifàn,违反 wéifǎn: gegen ein Gesetz ~ 违反一项法律
verstreichen* I *vt* 涂抹 túmǒ,涂上 túshàng;填补 tiánbǔ II *vi(s)*(时间)流逝 liúshì,过去 guòqù
verstümmeln *vt* 使断肢 shǐ duànzhī,使残废 shǐ cánfè;歪曲 wāiqū,曲解 qūjiě
verstummen *vi(s)* 突然沉默 tūrán chénmò,缄默 jiānmò: vor Freude ~ 高兴得一句话也说不出来
Versuch *m* -(e)s, -e 尝试 chángshì,努力 nǔlì,试图 shìtú;试验 shìyàn,实验 shíyàn: einen ~ unternehmen [ausführen] 着手[进行]一项试验
versuchen I *vt* 尝试 chángshì,试图 shìtú: sein Glück ~ 碰运气;尝(味) cháng,品尝 pǐncháng: den Wein ~ 品尝酒的味道;诱惑 yòuhuò,考验 kǎoyàn II *rfl* 试着做 shìzhezuò,试着干 shìzhegàn: er versuchte sich in diesem Beruf 他试干一下这种职业(看能否胜任)
Versuchsgelände *n* 实验场 shíyànchǎng
Versuchsmarkt *m* 试销市场 shìxiāo shìchǎng
Versuchsproduktion *f* 试(验)生产 shì shēngchǎn
Versuchstier *n* 实验用动物 shíyàn yòng dòngwù
versuchsweise *adv* 试验性地 shìyànxìngde
Versuchszeit *f* 试用期 shìyòngqī
Versuchung *f* -, -en 蛊惑 gǔhuò,诱惑 yòuhuò,引诱 yǐnyòu
vertagen *vt* 延期 yánqī,推迟 tuīchí,延缓 yánhuǎn
vertauschen *vt* 以…换… yǐ … huàn …;调换 diàohuàn;换错 huàncuò,错拿 cuòná
verteidigen *vt/rfl* 保卫 bǎowèi,捍卫 hànwèi,守住 shǒuzhù;辩护 biànhù: den Angeklagten ~ 为被告辩护
Verteidiger *m* -s, - 保卫者 bǎowèizhě,捍卫者 hànwèizhě;辩护者 biànhùzhě,辩护律师 biànhù lǜshī;(足球队)后卫 hòuwèi
Verteidigung *f* -, -en 保卫 bǎowèi,防御 fángyù: zur ~ der Heimat bereit sein 随时准备保卫家乡;辩护 biànhù,辩护人 biànhùrén;(足球队)后卫 hòuwèi
Verteidigungsminister *m* 国防部长 guófáng bùzhǎng
verteilen I *vt* 分配 fēnpèi,分发 fēnfā;分送 fēnsòng,分派 fēnpài,分摊 fēntān

V

II *rfl* 散布 sànbù,分布 fēnbù
Verteilung *f* -en 分配 fēnpèi,分发 fēnfā,分送 fēnsòng
verteuern *vt* /*rfl* 提高…的价格 tígāo … de jiàgé;涨价 zhǎngjià,变贵 biànguì
Verteuerung *f* -, -en 物价上涨 wùjià shàngzhǎng,涨价 zhǎngjià
verteufelt I *adj* 该死的 gāisǐde;令人不快的 lìng rén bùkuài de,讨厌的 tǎoyànde,可恨的 kěhènde II *adv* 非常 fēicháng,极其 jíqí
vertiefen I *vt* 加深 jiāshēn,挖深 wāshēn;加强 jiāqiáng,加深 jiāshēn II *rfl* 变深 biànshēn,加深 jiāshēn;致力于 zhìlì yú,埋头于 máitóu yú: sich in etw ~ 专心致力于某事
vertikal *adj* 垂直的 chuízhíde
vertilgen *vt* 消灭 xiāomiè,灭绝 mièjué,根除 gēnchú;吃光 chīguāng,耗尽 hàojìn
Vertilgung *f* -, -en 消灭 xiāomiè,根除 gēnchú,灭绝 mièjué
vertonen *vt* 配乐 pèiyuè,把…谱成曲 bǎ … pǔchéng qǔ,作曲 zuòqǔ
Vertrag *m* -(e)s, ⸚e 条约 tiáoyuē,契约 qìyuē,合同 hétong,协议 xiéyì: einen ~ abschließen 缔结一条约
vertragen* I *vt* 忍受 rěnshòu,经受得住 jīngshòu de zhù,顶得住 dǐngdezhù II *rfl* 相处 xiāngchǔ;与…一致 yú … yīzhì,协调 xiétiáo
vertraglich *adj* 按合同(或条约)的 ànhétongde,受合同(或条约)约束的 shòu hétong yuēshù de
Vertragsänderung *f* 变更合同(契约) biàngēng hétong
Vertragsannulierung *f* 合同解除 hétong jiěchú,撤销合同 chèxiāo hétong
Vertragsaufhebung *f* 合同的解除 hétong de jiěchú
Vertragsaufkündigung *f* 合同终止 hétong zhōngzhǐ
Vertragsbruch *m* 毁约 huǐyuē,违约 wéiyuē,破坏条约 pòhuài tiáoyuē
vertragsbrüchig *adj* 违反条约的 wéifǎn tiáoyuē de,破坏合同的 pòhuài hétong de
vertragsfähig *adj* 有承包能力的 yǒu chéngbāo nénglì de,能签合同的 néng qiān hétong de
vertragsgemäß *adj* 按合同的 ànhétongde,合同规定的 hétong guīdìng de,根据合同的 gēnjù hétong de,按条款规定的 àn tiáokuǎn guīdìng de
Vertragskündigung *f* 解除合同通知 jiěchú hétong tōngzhī,撤销合同通知 chèxiāo hétong tōngzhī
vertragslos *adj* 无合同的 wú hétong de,未商定的 wèi shāngdìng de
Vertragsparaphierung *f* 草签协定 cǎoqiān xiédìng
Vertragsparteien *pl* 合同各方 hétong gèfāng
Vertragspartner *m* 订约当事人 dìngyuē dāngshìrén,缔约对方 dìyuē duìfāng
vertragsschließend *adj* 缔约的 dìyuēde,订约的 dìngyuēde
Vertragsungültigkeit *f* 合同无效 hétong wúxiào
Vertragsverletzung *f* 违约 wéiyuē
vertragswidrig *adj* 违反合同的 wéifǎn hétong de,破坏条约的 pòhuài tiáoyuē de
Vertragszeit *f* 合同有效期 hétong yǒuxiàoqī
vertrauen *vi* 相信 xiāngxìn,信任 xìnrèn,信赖 xìnlài: jm ~ 信任某人
Vertrauen *n* -s 信任 xìnrèn,信赖 xìnlài: ~ zu jm [etw] hegen 相信某人[某事]; jm ~ schenken 信任某人
Vertrauensvotum *n* -s, ...ten / ...ta 信任投票 xìnrèn tóupiào
vertraulich *adj* 秘密的 mìmìde,机密的 jīmìde;亲密的 qīnmìde,友好的 yǒuhǎode,亲昵的 qīnnìde
vertraut *adj* 亲密的 qīnmìde,知心的 zhīxīnde,密切的 mìqiède: ein ~er Freund 一知心朋友;熟悉的 shúxīde: mit etw ~ sein 熟悉某事物
vertreiben* *vt* 驱赶 qūgǎn,赶走 gǎnzǒu: jn aus dem Haus ~ 把某人赶出屋;驱散 qūsàn,排除 páichú;销售 xiāoshòu,大批出售 dàpī chūshòu
vertreten* *vt* 代理 dàilǐ,代替 dàitì;代表 dàibiǎo;持 chí,主张 zhǔzhāng,为…辩护 wèi … biànhù;为…销售货物 wèi … xiāoshòu huòwù
Vertreter *m* -s, - 代表 dàibiǎo;代理人 dàilǐrén,代办 dàibàn,代理商 dàilǐshāng;替代者 tìdàizhě;辩护人 biànhùrén
Vertretung *f* -, -en 代理 dàilǐ,代替 dàitì;代表 dàibiǎo;代办处 dàibànchù,

代表处 dàibiǎochù
Vertretungskörperschaft *f* 代理机构 dàilǐ jīgòu,代表机构 dàibiǎo jīgòu
Vertrieb *m* -(e)s, -e 销售 xiāoshòu,推销 tuīxiāo;销售部 xiāoshòubù
Vertriebsabteilung *f* 营业部 yíngyèbù,门市部 ménshìbù,销售部 xiāoshòubù
Vertriebsfirma *f* 销售公司 xiāoshòu gōngsī
Vertriebsförderung *f* 推销 tuīxiāo,推广销路 tuīguǎng xiāolù
Vertriebsleiter *m* 销售部主任 xiāoshòubù zhǔrèn
Vertriebsnetz *n* 销售网 xiāoshòuwǎng
Vertriebspolitik *f* 销售方针 xiāoshòu fāngzhēn
Vertriebspreis *m* 售价 shòujià
Vertriebsweg *m* 销售途径 xiāoshòu tújìng
vertrösten *vt* 答应…以后办到 dāying … yǐhòu bàndào,拖延 tuōyán,敷衍 fūyǎn
vertun* I *vt* 浪费 làngfèi,滥用 lànyòng,挥霍 huīhuò,虚度 xūdù II *rfl* 弄错 nòngcuò,搞错 gǎocuò
verüben *vt* 干(坏事) gàn,犯(罪行) fàn
verunglücken *vi*(*s*) 失事 shīshì,遇难 yùnàn,出事故 chūshìgù;失败 shībài
verunreinigen *vt* 污染 wūrǎn,弄脏 nòngzāng,搞脏 gǎozāng
verunsichern *vt* 使不安 shǐ bù'ān,使无把握 shǐ wú bǎwò,犹豫不决 yóuyù bù jué
Verunsicherung *f* -, -en 不安 bù'ān,靠不住 kào bu zhù,没有把握 méiyǒu bǎwò
verunstalten *vt* 使破相 shǐ pòxiàng,使变丑 shǐ biànchǒu
veruntreuen *vt* 私占 sīzhàn,私吞 sītūn;盗用 dàoyòng,贪污 tānwū
Veruntreuung *f* -, -en 私占 sīzhàn,私吞 sītūn;盗用 dàoyòng,贪污 tānwū
verursachen *vt* 引起 yǐnqǐ,造成 zàochéng,促成 cùchéng,招致 zhāozhì: das Unwetter hat schweren Schaden verursacht 这次暴风雨造成了重大损失
verurteilen *vt* 批判 pīpàn,谴责 qiǎnzé;判决 pànjué,判处 pànchǔ,判刑 pànxíng: jn zum Tode ～ 判处某人死刑
Verurteilung *f* -, -en 谴责 qiǎnzé;判决 pànjué
vervielfachen *vt* 使…增加许多倍 shǐ … zēngjiā xǔduō bèi;乘 chéng,使相乘 shǐ xiāngchéng
vervielfältigen *vt* 复制 fùzhì,复写 fùxiě
Vervielfältigung *f* -, -en 复制 fùzhì,复写 fùxiě
Vervielfältigungsmaschine *f* 复印机 fùyìnjī
Vervielfältigungsrecht *n* 版权 bǎnquán,复制权 fùzhìquán
vervollkommnen I *vt* 改善 gǎishàn,使完善 shǐ wánshàn II *rfl* 完善 wánshàn,得到深造 dédào shēnzào
vervollständigen *vt* 使完整 shǐ wánzhěng,使完全 shǐ wánquán;补足 bǔzú,使充实 shǐ chōngshí
verwachsen* I *vi*(*s*) 连生 liánshēng,聚生 jùshēng;愈合 yùhé II *rfl* 愈合 yùhé 长好 zhǎng hǎo
verwachsen *adj* 变了形的 biànlexíngde,畸形的 jīxíngde;浓密的 nóngmìde,草木丛生的 cǎomù cóngshēng de
verwahren I *vt* 保管 bǎoguǎn,保存 bǎocún,保藏 bǎocáng II *rfl* 反对 fǎnduì,抗辩 kàngbiàn
Verwahrer *m* -s, - 保管人 bǎoguǎnrén,保存者 bǎocúnzhě
Verwahrstücke *pl* 寄存(在银行保管箱中的)物品 jìcún wùpǐn
Verwahrung *f* -, -en 保存 bǎocún,保管 bǎoguǎn,收藏 shōucáng: etw in ～ nehmen 保管(或收藏)某物;抗议 kàngyì,反对 fǎnduì,抗辩 kàngbiàn
verwaist *adj* 失去父母的 shīqù fùmǔ de;荒僻的 huāngpìde;无人居住的 wúrén jūzhù de,空着的 kòngzhede
verwalten *vt* 管理 guǎnlǐ,经管 jīngguǎn,支配 zhīpèi
Verwaltung *f* -, -en 管理 guǎnlǐ,经管 jīngguǎn;行政部门 xíngzhèng bùmén,管理部门 guǎnlǐ bùmén: er ist in (或 bei) der ～ tätig 他在行政部门工作
Verwaltungsbehörde *f* 行政当局 xíngzhèng dāngjú
Verwaltungsgebäude *n* 行政大楼 xíngzhèng dàlóu
Verwaltungskosten *pl* 管理费用 guǎnlǐ fèiyòng;行政开支 xíngzhèng kāizhī
Verwaltungsstreitverfahren *n* 行政诉讼法 xíngzhèng sùsòngfǎ

V

Verwaltungswissenschaft *f* 经营管理学 jīngyíng guǎnlǐxué
verwandeln *vt/rfl* 改变 gǎibiàn,变成 biànchéng,变为 biànwéi: die Wohnung verwandelt sich in ein Büro 住房改为办公室
Verwandlung *f* -, -en 变化 biànhuà,转变 zhuǎnbiàn,变换 biànhuàn;变样 biànyàng
verwandt *adj* 同族的 tóngzúde,有亲属关系的 yǒu qīnshǔ guānxì de: mit jm nahe [entfernt] ～ sein 与某人是近亲[远亲];同源的 tóngyuánde,同性质的 tóng xìngzhì de,相似的 xiāngsìde
Verwandte *m/f* (按形容词变化)亲戚 qīnqi,亲属 qīnshǔ
Verwandtschaft *f* -, -en 亲属 qīnshǔ,亲戚 qīnqi;亲属关系 qīnshǔ guānxì,亲缘关系 qīnyuán guānxì;类似 lèisì,相似 xiāngsì
verwarnen *vt* 警告 jǐnggào,告诫 gàojiè
Verwarnung *f* -, -en 警告 jǐnggào,训斥 xùnchì
verwechseln *vt* 混淆 hùnxiáo,将…混同 jiāng … hùntóng,弄错 nòngcuò: die beiden Schwestern werden oft verwechselt 这姊妹俩经常被搞错
Verwechselung *f* -, -en 弄错 nòngcuò,混淆 hùnxiáo,弄混 nònghùn
verwehren *vt* (jm etw ～) 禁止 jìnzhǐ,阻止 zǔzhǐ,阻挡 zǔdǎng: jm den Eintritt ～ 禁止某人入内
verweiblichen *vt* 使女性化 shǐ nǚxìnghuà
verweigern *vt* 拒绝 jùjué,不给 bù gěi,拒给 jù gěi: jm das Einreisevisum ～ 拒绝发给某人签证
Verweigerung *f* -, -en 拒绝 jùjué,不给 bù gěi,拒给 jù gěi
Verweildauer *f* - 停留时间 tíngliú shíjiān
verweilen *vi* 逗留 dòuliú,停留 tíngliú: bei jm als Gast ～ 在某人处做客
Verweis *m* -es, -e 申斥 shēnchì,责备 zébèi,斥责 chìzé;参阅 cānyuè,参见 cānjiàn
verweisen* *vt* 参考 cānkǎo,查阅 cháyuè;指引 zhǐyǐn;斥责 chìzé,申斥 shēnchì,责备 zébèi;驱逐 qūzhú,赶出 gǎnchū: jn von der Schule ～ 将某人开除出校
verwenden* I *vt* 用 yòng,用于 yòngyú,使用 shǐyòng,应用 yìngyòng II *rfl* 为…出力 wèi … chūlì,为…说话(或求情) wèi … shuōhuà: er verwandte sich beim Direktor für sie 他在经理面前为她说情
Verwendung *f* -, -en 使用 shǐyòng,应用 yìngyòng,用途 yòngtú;出力 chūlì,说情 shuōqíng
verwerfen* *vt* 拒绝 jùjué,驳回 bóhuí,不采纳 bù cǎinà;乱放 luànfàng,乱扔 luànrēng
verwerflich *adj* 下流的 xiàliúde,无耻的 wúchǐde,道德败坏的 dàodé bàihuài de
verwertbar *adj* 可利用的 kě lìyòng de,可使用的 kě shǐyòng de
verwerten *vt* 利用 lìyòng,使用 shǐyòng;使有用 shǐ yǒuyòng
verwestlichen *vt/vi*(s) (使)西方化 xīfānghuà
verwickeln *vt* 缠绕 chánrào,弄乱 nòngluàn,牵连 qiānlián;使卷入 shǐ juǎnrù,使介入 shǐ jièrù
verwickelt *adj* 错综复杂的 cuòzōng fùzá de,纷乱的 fēnluànde,麻烦的 máfande
Verwicklung *f* -, -en 混乱 hùnluàn,复杂 fùzá;纠纷 jiūfēn,纠缠 jiūchán,纠葛 jiūgé
verwirklichen I *vt* 实行 shíxíng,实现 shíxiàn: einen Plan ～ 实现一个计划 II *rfl* 变为现实 biànwéi xiànshí
Verwirklichung *f* -, -en 实现 shíxiàn,实行 shíxíng
verwirren *vt* 弄乱 nòngluàn,搞乱 gǎoluàn;使迷惑 shǐ míhuò,使…糊涂 shǐ … hútu,使混乱 shǐ hùnluàn
verwischen I *vt* 使模糊不清 shǐ móhu bù qīng,把…擦模糊 bǎ … cā móhu II *rfl* 变得模糊 biànde móhu;消失 xiāoshī
verwitwet *adj* 丧偶的 sàng'ǒude,寡妇的 guǎfude,鳏夫的 guānfūde
verwöhnen *vt* 溺爱 nì'ài,宠坏 chǒnghuài,娇生惯养 jiāo shēng guàn yǎng,使满足 shǐ mǎnzú
verwöhnt *adj* 宠惯的 chǒngguànde,任性的 rènxìngde;要求很高的 yāoqiú hěn gāodē,爱挑剔的 ài tiāotī de: die Tochter ist sehr ～ 女儿被宠坏了
verwundbar *adj* 易受损伤的 yì shòu sǔnshāng de,敏感的 mǐngǎnde

verwunden *vt* 打伤 dǎshāng，使受伤 shǐ shòushāng；伤害 shānghài：jn mit Worten ～ 恶言伤人

verwunderlich *adj* 令人吃惊的 lìng rén chījīng de，令人惊异的 lìng rén jīngyì de

verwundern I *vt* 使惊奇 shǐ jīngqí II *rfl* 感到惊讶 gǎndào jīngyà：sich über etw (*A*) ～ 对某事感到惊讶

verwundet *adj* 受伤的 shòushāngde

Verwundete *m/f* (按形容词变化)受伤者 shòushāngzhě，伤员 shāngyuán

Verwundung *f* -，-en 受伤 shòushāng；伤口 shāngkǒu，创口 chuāngkǒu；伤害 shānghài，侮辱 wǔrǔ

verwünschen *vt* 咒骂 zhòumà，诅咒 zǔzhòu

verwüsten *vt* 使荒芜 shǐ huāngwú，严重破坏 yánzhòng pòhuài；毁掉 huǐdiào

verzagen *vi* 沮丧 jǔsàng，气馁 qìněi

verzagt *adj* 沮丧的 jǔsàngde，气馁的 qìněide

verzählen *rfl* 数错 shǔcuò，算错 suàncuò

verzaubern *vt* 施魔法于… shī mófǎ yú …；使着迷 shǐ zháomí

verzehren *vt* 吃 chī，吃喝 chīhē；耗尽 hàojìn，消耗 xiāohào

verzeichnen *vt* 画错 huàcuò，歪曲(形象) wāiqū；登记 dēngjì，记录 jìlù，记下 jìxià

Verzeichnis *n* -ses，se 表格 biǎogé；名单 míngdān；目录 mùlù，索引 suǒyǐn；一览表 yīlǎnbiǎo

verzeihen* *vt* 原谅 yuánliàng，宽恕 kuānshù，饶恕 ráoshù：jm etw ～ 原谅某人某事；Bitte，～ Sie eine Frage! 请允许我提一个问题！

Verzeihung *f* -，-en 原谅 yuánliàng，宽恕 kuānshù：jn um ～ bitten 请求某人原谅

verzerren *vt* 扭 niǔ，歪 wāi；歪曲 wāiqū；使变样 shǐ biànyàng，使变形 shǐ biànxíng；使失真 shǐ shīzhēn

verzetteln I *vt* 消耗 xiāohào，浪费 làngfèi；将…写在卡片上 jiāng … xiě zài kǎpiànshang II *rfl* 分散精力 fēnsàn jīnglì，把精力花费在小事情上 bǎ jīnglì huāfèi zài xiǎo shìqingshang

Verzicht *m* -(e)s，-e 放弃 fàngqì，弃权 qìquán

verzichten *vi* 放弃 fàngqì，弃权 qìquán：auf etw ～ 放弃某事(物)

verziehen* I *vt* 使变形 shǐ biànxíng，使走样 shǐ zǒuyàng，扭歪 niǔwāi；宠坏 chǒnghuài，溺爱 nì'ài，惯坏 guànhuài II *vi*(*s*) 迁移 qiānyí，移居 yíjū II *rfl* 变形 biànxíng，变歪 biànwāi；渐渐消失 jiànjiàn xiāoshī

verzinsen I *vt* 付息 fùxī，计息 jìxī II *rfl* 生息 shēngxī，生利 shēnglì

verzinslich *adj* 有息的 yǒuxīde，生息的 shēngxīde

verzögern I *vt* 延缓 yánhuǎn，拖延 tuōyán；推迟 tuīchí II *rfl* 拖延 tuōyán，推迟 tuīchí

verzollen *vt* 完税 wánshuì，缴税 jiāoshuì

verzollt *adj* 完税的 wánshuìde，纳税的 nàshuìde，上税的 shàngshuìde

Verzollung *f* -，-en 纳税 nàshuì，上税 shàngshuì；付关税 fùguānshuì

Verzug *m* -(e)s 拖延 tuōyán，延误 yánwù，拖欠 tuōqiàn：mit der Zahlung im ～ sein 拖延付款；ohne ～ 立刻，毫不拖延；宠儿 chǒng'ér

verzweifeln *vi*(*h/s*) 失望 shīwàng，绝望 juéwàng，失去信心 shīqù xìnxīn：am Gelingen des Plans ～ 失去对计划成功的信心

verzweifelt *adj* 失望的 shīwàngde，绝望的 juéwàngde；拼命的 pīnmìngde，冒险的 màoxiǎnde

Verzweiflung *f* - 绝望 juéwàng，悲观失望 bēiguān shīwàng

Verzweigung *f* -，-en 分枝 fēnzhī，分杈 fēnchà；分支 fēnzhī，支店 zhīdiàn

Veteran *m* -en，-en 老兵 lǎobīng；老前辈 lǎoqiánbèi

Veterinär *m* -s，-e 兽医 shòuyī

veterinär *adj* 兽医的 shòuyīde

Veterinärmedizin *f* 兽医学 shòuyīxué

Veterinärpolizei *f* 检疫警察 jiǎnyì jǐngchá

veterinärpolizeilich *adj* 官方检疫的 guānfāng jiǎnyì de

Veto *n* -s，-s 否决 fǒujué，反对 fǎnduì；否决权 fǒujuéquán

Vetorecht *n* 否决权 fǒujuéquán

Vetter *m* -s，-n 堂兄弟 tángxiōngdì，表兄弟 biǎoxiōngdi

Vetternwirtschaft *f* - 裙带关系 qúndài guānxì，用人唯亲 yòngrén wéi qīn，重用亲戚 zhòngyòng qīnqi

V

Video *n* -s 录像技术 lùxiàng jìshù；录像 lùxiàng，视频 shìpín；录像带 lùxiàngdài；录像片 lùxiàngpiàn

Videoaufzeichnung *f* 录像 lùxiàng

Videoband *n* 录像带 lùxiàngdài

Videobandgerät *n* 录像机 lùxiàngjī

Video-Camera *f* = Videokamera

Video-Cassette *f* = Videokassette

Videofilm *m* 电影录像 diànyǐng lùxiàng；录像片 lùxiàngpiàn

Videogerät *n* 录像机 lùxiàngjī

Videogespräch *n* 电视电话 diànshì diànhuà，可视电话 kěshì diànhuà

Videokamera *f* 摄像机 shèxiàngjī

Videokanal *m* 录像机频道 lùxiàngjī píndào

Videokassette *f* 盒式录像带 héshì lùxiàngdài

Videokassettenrecorder *m* 盒带式录像机 hédàishì lùxiàngjī

Videometer *m* 电视节目收视率计算器 diànshì jiémù shōushìlǜ jìsuànqì

Videophon *n* 电视电话 diànshì diànhuà，可视电话 kěshì diànhuà

Videoplattenspieler *m* 影碟机 yǐngdiéjī

Videotechnik *f* 录像技术 lùxiàng jìshù

Videotext *m* 视传文稿 shìchuán wéngǎo，视屏文字 shìpíng wénzì

Videothek *f* -，-en 录像馆 lùxiàngguǎn；录像带 lùxiàngdài；录像带商店出租店 lùxiàngdài shāngdiàn chūzūdiàn

Vidi *n* -(s)，-(s) 同意 tóngyì，已阅 yǐ yuè

Vieh *n* -(e)s 家畜 jiāchù，牲畜 shēngchù；畜生 chùsheng

viehisch *adj* 兽性的 shòuxìngde，禽兽般的 qínshòubānde；残忍的 cánrěnde，粗暴的 cūbàode

Viehzucht *f* 畜牧业 xùmùyè，牲畜饲养 shēngchù sìyǎng

Viehzüchter *m* 牲畜饲养员 shēngchù sìyǎngyuán

viel *pron/num* 许多 xǔduō，大量 dàliàng，很多 hěnduō：～ Geld 许多钱；Vielen Dank！多谢！Viel Vergnügen（或 Spaß）！祝你快乐！～ frisches Obst 许多新鲜水果；in ～er Hinsicht 在很多方面；（与形容词比较级连用）…得多 de duō，更… gèng…：～ größer 大得多；～ besser 好得多；（与带 zu 形容词连用）太… 了 tài … le：～ zu klein 太小了；～ zu ～ 太多了

vieldeutig *adj* 多义的 duōyìde，有多种含义的 yǒu duōzhǒng hányì de

Vieleck *n* 多边形 duōbiānxíng，多角形 duōjiǎoxíng

Vielehe *f* 一夫多妻制 yī fū duō qī zhì，一妻多夫制 yī qī duō fū zhì

vielerlei *adj* 多种多样的 duō zhǒng duō yàng de，各种不同的 gè zhǒng bù tóng de

vielfach *adj* 多倍的 duōbèide，多股的 duōgǔde；反复的 fǎnfùde，再三的 zàisānde

Vielfalt *f* - 多种多样 duō zhǒng duō yàng，各种各样 gè zhǒng gè yàng，纷繁 fēnfán

vielfältig *adj* 多种多样的 duō zhǒng duōyàng de，各式各样的 gè shì gè yàng de

vielfarbig *adj* 多色的 duōsède，多彩的 duōcǎide

vielleicht *adv* 也许 yěxǔ，可能 kěnéng，大概 dàgài

vielmals *adv* 多次 duōcì，很 hěn，经常地 jīngchángde

vielmehr *adv* 宁可 nìngkě，而是 ér shì，相反地 xiāngfǎnde；更确切地说 gèng quèqiède shuō

vielsagend *adj* 富有意义的 fùyǒu yìyìde，意味深长的 yìwèi shēncháng de

Vielschreiber *m* 追求数量的作家 zhuīqiú shùliàng de zuòjiā，粗制滥造的作家 cū zhì làn zào de zuòjiā

vielseitig *adj*（兴趣、才能等）多方面的 duōfāngmiànde

vier *num* 四 sì

Vieraugengespräch *n* 两人的秘密谈话 liǎngrén de mìmì tánhuà

Viereck *n* 四边形 sìbiānxíng，四角形 sìjiǎoxíng

viereckig *adj* 四边形的 sìbiānxíngde，四角形的 sìjiǎoxíngde

vierfach *adj* 四倍的 sìbèide；四重的 sìchóngde

vierte *num* 第四 dìsì

Viertel *n* -s，- 四分之一 sìfēn zhī yī；一刻钟 yīkèzhōng；一市区 yīshìqū，一个区 yígèqū

Viertelfinale *n* 四分之一决赛 sìfēn zhī yī juésài

Vierteljahr *n* 一季 yījì，三个月 sāngè

yuè
Vierteljahresschrift *f* 季刊 jìkān
Vierteljahreszinsen *pl* 季度利息 jìdù lìxī
vierteljährlich *adj* 一季度的 yījìdùde，按季度的 àn jìdù de
Viertelstunde *f* 一刻钟 yīkèzhōng
viertens *adv* 第四 dìsì，第四点 dìsìdiǎn
vierzehn *num* 十四 shísì
vierzig *num* 四十 sìshí
Vierzigstundenwoche *f* 四十小时工作周 sìshí xiǎoshí gōngzuòzhōu
Vietnam [vi'ɛtnam, viɛt'nam] 越南 Yuènán
Vietnamese *m* -n, -n 越南人 yuènánrén
vietnamesisch *adj* 越南的 yuènánde
Villa ['vɪla] *f* -, ...llen 别墅 biéshù，城郊寓所 chéngjiāo yùsuǒ
violett *adj* 紫罗兰色的 zǐluólánsède，紫色的 zǐsède
Violine *f* -, -n 小提琴 xiǎotíqín
Violoncello [violɔn'tʃɛlo] *n* -s, -s / ...celli 大提琴 dàtíqín
Virologie *f* - 病毒学 bìngdúxué
virtuos *adj* 造诣深的 zàoyì shēnde，精湛技巧的 jīngzhàn jìqiǎo de
Virus *n* /*m* -, ...ren 病毒 bìngdú
Vision *f* -, -en 幻想 huànxiǎng，梦幻 mènghuàn
Visite *f* -, -n（医生）查看病房 chákàn bìngfáng；访问 fǎngwèn，拜望 bàiwàng
Visitenkarte *f* 名片 míngpiàn
Visum *n* -s, Visa（护照上的）签证 qiānzhèng：ein ～ beantragen [verweigern] 申请[拒绝]签证
vital *adj* 生命的 shēngmìngde，生机的 shēngjīde；有生命力的 yǒu shēngmìnglì de，充满活力的 chōngmǎn huólì de，精力充沛的 jīnglì chōngpèi de；生死攸关的 shēng sǐ yōu guān de，切身的 qièshēnde
Vitalität *f* - 活力 huólì，生机 shēngjī；生命力 shēngmìnglì
Vitamin *n* -s, -e 维生素 wéishēngsù，维他命 wéitāmìng
vitaminarm *adj* 维生素缺乏的 wéishēngsù quēfá de
Vitaminierung *f* -, -en 使食品增加维生素 shǐ shípǐn zēngjiā wéishēngsù
Vitaminmangel *m* 缺少维生素 quēshǎo wéishēngsù
vitaminreich *adj* 维生素丰富的 wéishēngsù fēngfù de
Vize *m* -s, -s 副手 fùshǒu，副职 fùzhí，助手 zhùshǒu
Vizepräsident *m* 副总统 fù zǒngtǒng
V-Mann *m*（V = Vertrauen 或 Verbindung）秘密特务 mìmì tèwu，秘密联络员 mìmì liánluòyuán
VN = Vereinte Nationen 联合国 Liánhéguó
Vogel *m* -s, ¨ 鸟 niǎo，禽 qín
Vogelperspektive *f* 鸟瞰 niǎokàn
Vogel-Strauß-Politik *f* 鸵鸟政策 tuóniǎo zhèngcè
Vokabel *f* -, -n 单词 dāncí
Vokal *m* -s, -e 元音 yuányīn
Vokalmusik *f* 声乐 shēngyuè
Volk *n* -es, ¨er 人民 rénmín，人民群众 rénmín qúnzhòng；民族 mínzú；人群 rénqún，人们 rénmen
Völkerkunde *f* 民族学 mínzúxué，人类学 rénlèixué
Völkerrecht *n* 国际法 guójìfǎ
Volksabstimmung *f* 全民投票表决 quánmín tóupiào biǎojué，全民公决 quánmín gōngjué
Volksbefragung *f* 公民投票 gōngmín tóupiào，民意测验 mínyì cèyàn
Volksdeutsche *m* /*f*（按形容词变化）（特指 1945 年以前生活在东欧的）德国人和外籍德国人 déguórén hé wàijí déguórén
Volksentscheid *n* 全民公决 quánmín gōngjué
Volksfest *n* 民间节日 mínjiān jiérì
Volksglaube *m* 民间迷信 mínjiān míxìn
Volkshochschule *f* 业余大学 yèyú dàxué，（对成人进行业余教育的）国民大学 *guómín dàxue*
Volkskunst *f* 民间艺术 mínjiān yìshù
Volkslied *n* 民歌 míngē，民谣 mínyáo
Volksmärchen *n* 民间童话 mínjiān tónghuà
Volksmasse *f* 人民群众 rénmín qúnzhòng，广大群众 guǎngdà qúnzhòng
Volksmiliz *f* 民兵 mínbīng
Volksmusik *f* 民间音乐 mínjiān yīnyuè
Volkspolizei *f* 人民警察（统称）rénmín jǐngchá
Volkspolizist *m* 人民警察 rénmín jǐngchá
Volksrepublik *f* 人民共和国 rénmín

gònghéguó

Volkssprache *f* 民间语言 mínjiān yǔyán，日常用语 rìcháng yòngyǔ

Volksstamm *m* （一个民族内部的）种族 zhǒngzú，部落 bùluò

Volkstanz *m* 民间舞蹈 mínjiān wǔdǎo

volkstümlich *adj* 民间的 mínjiānde，民族的 mínzúde；大众的 dàzhòngde，通俗的 tōngsúde

Volksversammlung *f* 群众集会 qúnzhòng jíhuì

Volksvertreter *m* 人民代表 rénmín dàibiǎo；国会议员 guóhuì yìyuán

Volksvertretung *f* 人民代表机构 rénmín dàibiǎo jīgòu；议会 yìhuì，国会 guóhuì

Volkswirt *m* 国民经济学家 guómín jīngjì xué jiā

Volkswirtschaft *f* 国民经济 guómín jīngjì

volkswirtschaftlich *adj* 国民经济的 guómín jīngjì de

Volkswirtschaftsplan *m* 国民经济计划 guómín jīngjì jìhuà

Volkszählung *f* 人口统计 rénkǒu tǒngjì，人口普查 rénkǒu pǔchá

Volkszeitung *f* 人民日报 rénmín rìbào

voll *adj* 满的 mǎnde，装满的 zhuāngmǎnde，充满的 chōngmǎnde：ein ～er Eimer 满满一桶；der Saal war ～(er) Menschen 大厅里全是人；完全的 wánquánde，十足的 shízúde，整整的 zhěngzhěngde：ein ～es Jahr 整整一年，ein ～er Erfolg 完全成功；～ und ganz 完全地；丰满的 fēngmǎnde：ein ～es Gesicht 一张丰满的脸

vollautomatisch *adj* 全自动的 quánzìdòngde

Vollbart *m* 络腮胡子 luòsāihúzi，大胡子 dàhúzi

vollbeschäftigt *adj* 全日工作的 quánrì gōngzuò de

Vollbeschäftigung *f* 充分就业 chōngfèn jiùyè

vollbesetzt *adj* 客满的 kèmǎnde，满座的 mǎnzuòde

vollblütig *adj* 良种的 liángzhǒngde，纯种的 chúnzhǒngde

vollbringen* *vt* 完成 wánchéng，实行 shíxíng：einen Wunder ～ 作出奇迹

vollenden *vt* 完成 wánchéng，结束 jiéshù：sie hat diese Arbeit in kurzer Zeit vollendet 她在短时间内完成了这项工作

vollendet *adj* 完美无缺的 wánměi wúquē de，无与伦比的 wú yǔ lún bǐ de，极好的 jíhǎode；已完成的 yǐ wánchéng de

vollends *adv* 完全地 wánquánde，全部地 quánbùde

Vollendung *f* - 完成 wánchéng，结束 jiéshù；完美 wánměi，尽善尽美 jìn shàn jìn měi

Völlerei *f* - 暴饮暴食 bào yǐn bào shí

Vollerntemaschine *f* 万能收割机 wànnéng shōugējī，全功能收割机 quángōngnéng shōugējī

Volleyball *m* -(e)s, ¨-e 排球 páiqiú；排球运动 páiqiú yùndòng

Volleyballspiel *n* 排球比赛 páiqiú bǐsài

vollführen *vt* 完成 wánchéng，实现 shíxiàn，作成 zuòchéng

Vollgas *n* 全速 quánsù，最高速度 zuìgāo sùdù：～ geben 全速行驶，开足马力；mit ～ 以最高速度，全速

völlig *adj* 完全的 wánquánde，全部的 quánbùde，十足的 shízúde：das ist ～ unmöglich 这是完全不可能的

vollkaskoversichern *vt* （运输工具的）全保险 quánbǎoxiǎn，总保险 zǒngbǎoxiǎn，综合保险 zōnghé bǎoxiǎn

vollklimatisiert *adj* 全部装有空调设备的 quánbù zhuāng yǒu kōngtiáo shèbèi de

Vollklimatisierung *f* 全部空调化 quánbù kōngtiáohuà

vollkommen *adj* 完全的 wánquánde，十足的 shízúde；卓越的 zhuóyuède，十全十美的 shí quán shí měi de，完美无缺的 wánměi wúquē de

Vollmacht *f* -, -en 全权 quánquán，代表权 dàibiǎoquán；委任状 wěirènzhuàng，委托书 wěituōshū

vollmechanisieren *vt* 实现完全机械化 shíxiàn wánquán jīxièhuà

Vollmechanisierung *f* 完全机械化 wánquán jīxièhuà

Vollmilch *f* 全脂鲜奶 quánzhī xiānnǎi

Vollmond *m* 满月 mǎnyuè，望月 wàngyuè，月圆 yuèyuán

Vollname *m* 全名 quánmíng

vollständig *adj* 完整的 wánzhěngde，齐全的 qíquánde；完全的 wánquánde，全部的 quánbùde

vollstopfen *vt* 塞满 sāimǎn，装满 zhuāngmǎn

vollstrecken *vt* 执行 zhíxíng：eine Todesstrafe ～ 执行死刑

vollsynthetisch *adj* 全合成的 quánhéchéngde

vollziehen* **I** *vt* 实施 shíshī，实行 shíxíng，执行 zhíxíng **II** *rfl* 发生 fāshēng，进行 jìnxíng

Volumen *n* -s，- / ...mina 容积 róngjī，体积 tǐjī；卷 juàn，册 cè；总额 zǒng'é，总数 zǒngshù

von *prp* (D) 1.（表示地点）从 cóng，从…地方来 cóng … dìfāng lái：～ Berlin 从柏林来；～ Osten nach Westen 从东向西；～ hier bis zum Bahnhof 从这里到火车站 2.（表示时间）从…时候起 cóng … shíhou qǐ：～ heute an 从今天起；～ morgens bis abends 从早到晚；～ Anfang bis Ende 自始至终；vom 10. bis zum 20. dieses Monats 从本月 10 日到 20 日；～ Zeit zu Zeit 有时，偶尔 3.（表示所属）由 yóu，出自 chū zì，属于 shǔyú：ein Gedicht ～ Brecht 布莱希特的诗；grüße ihn ～ mir 请代我问候他；由…组成 yóu … zǔchéng，构成 gòuchéng：eine Halskette ～ Gold 一条金项链 4.（全部或全体）中的部分 zhōng de bùfen：einige ～ meinen Freunden 我朋友中的几个；具有 jùyǒu，拥有 yōngyǒu：eine Stadt ～ 1 000 000 Einwohnern 一个拥有 100 万人口的城市

voneinander *adv* 彼此 bǐcǐ，互相 hùxiāng

vor *prp* (D / A) 1. (D)（表示地点）在…之前 zài … zhīqián，在…前面 zài … qiánmian：～ dem Haus stehen 站在房子前面；～ der Stadt wohnen 住在市郊；（表示时间）在…之前 zài … zhīqián，在…以前 zài … yǐqián：～ kurzem 不久前；～ drei Wochen 三星期前；～ dem Krieg 战前；（表示原因）由于 yóuyú：～ Kälte zittern 冻得发抖；～ Freude weinen 高兴得哭了；～ allem 首先，特别，主要 2. (A)（表示方向）到…前面去 dào … qiánmian qù：～ das Rathaus fahren 开车到市政厅前；den Tisch ～ das Fenster stellen 把桌子搬到窗前

Vorabend *m* -s，-e 前夜 qiányè，前夕 qiánxī

voran *adv* 向前 xiàngqián，在前面 zài qiánmian，前导 qiándǎo

vorangehen* *vi* (s) 走在前面 zǒu zài qiánmian，前导 qiándǎo；发展 fāzhǎn，进展 jìnzhǎn

vorankommen* *vi* (s) 前进 qiánjìn，往前行走 wǎng qián xíngzǒu，进展 jìnzhǎn，取得成绩 qǔdé chéngjì

Voranzeige *f* -，-n 预告 yùgào；（电影）预告片 yùgàopiān

vorarbeiten **I** *vt* 准备 zhǔnbèi，预先做 yùxiān zuò，提前做 tíqián zuò **II** *vi* 预先做准备工作 yùxiān zuò zhǔnbèi gōngzuò，提前干活 tíqián gànhuó **III** *rfl* 获得较好的职位 huòdé jiàohǎode zhíwèi

Vorarbeiter *m* -s，- 工长 gōngzhǎng，班长 bānzhǎng，领班 lǐngbān，工头 gōngtóu

Voraufführung *f* -，-en（电影）试映 shìyìng，预演 yùyǎn

voraus *adv* 在前 zài qián，优先 yōuxiān，先于 xiān yú

vorausbezahlen *vt* 预付 yùfù

vorausgehen* *vi* (s) 走在前面 zǒu zài qiánmian，先行 xiānxíng；发生在…之前 fāshēng zài … zhīqián

vorausgesetzt *adj* 倘使 tǎngshǐ，假定 jiǎdìng，前提是 qiántí shì，条件是 tiáojiàn shì

Voraussage *f* -，-n 预言 yùyán；天气预报 tiānqì yùbào

voraussagen *vt* 预言 yùyán，预报 yùbào

voraussehen* *vt* 预见 yùjiàn，预知 yùzhī，预先料到 yùxiān liàodào

voraussetzen *vt* 假定 jiǎdìng，假设 jiǎshè；以…为前提 yǐ … wéi qiántí

Voraussetzung *f* -，-en 前提 qiántí，先决条件 xiānjué tiáojiàn；假定 jiǎdìng

Voraussicht *f* 预见 yùjiàn，预测 yùcè；*先见之明 xiān jiàn zhī míng*

voraussichtlich *adj* 预期的 yùqīde，推测的 tuīcède；可能的 kěnéngde，大概的 dàgàide

Vorauswahl *f* - 预选 yùxuǎn

Vorauszahlung *f* 预付 yùfù

Vorbedacht *m*（用于短语）etw mit ～ sagen 经深思后说某事

Vorbedeutung *f* 预兆 yùzhào，兆头 zhàotou

Vorbehalt *m* -(e)s，-e 保留 bǎoliú，附带条件 fùdài tiáojiàn：ohne ～ 无保留地 无条件地

vorbehalten* *vt* 保留 bǎoliú

V

vorbei *adv* 经过 jīngguò，走过 zǒuguò；过去 guòqù，结束 jiéshù

vorbeifahren* *vi*(*s*) (从…旁)驶过 shǐguò

vorbeigehen* *vi*(*s*) 走过 zǒuguò，经过 jīngguò：an einem Haus ～ 在一幢房子前走过；bei jm ～ 顺便看望某人；未击中 wèi jīzhòng；过去 guòqù；停止 tíngzhǐ，消失 xiāoshī

vorbeikommen *vi*(*s*) 从…旁走过 cóng … páng zǒuguò，驶过 shǐguò，经过 jīngguò：bei jm ～ 顺便看望某人，串门

Vorbemerkung *f* -，-en 前言 qiányán，序言 xùyán

vorbereiten *vt*/*rfl* 准备 zhǔnbèi，预备 yùbèi：sich auf (或 für) etw ～ 准备某事；auf etw [jn] vorbereitet sein 对某事[某人]有准备

Vorbereitung *f* -，-en 准备 zhǔnbèi，预备 yùbèi；准备工作 zhǔnbèi gōngzuò：jm bei der ～ helfen 帮助某人做准备工作；ohne ～ 无准备地

vorbestellen *vt* 预订 yùdìng；预约 yùyuē

vorbestraft *adj* 被判过刑的 bèi pànguoxíng de，受过处罚的 shòuguò chǔfá de，有前科的 yǒu qiánkē de

vorbeugen I *rfl* 向前弯身子 xiàngqián wān shēnzi，向前屈身 xiàngqián qūshēn II *vi* 预防 yùfáng，防止 fángzhǐ：einer Gefahr ～ 防止一危险；einer Seuche ～ 预防瘟疫

vorbeugend *adj* 预防性的 yùfángxìngde

Vorbeugungshaft *f* 预防性拘留 yùfángxìng jūliú

Vorbeugungsmaßnahmen *pl* 预防措施 yùfáng cuòshī

Vorbild *n* -(e)s，-er 模范 mófàn，榜样 bǎngyàng，样板 yàngbǎn：sich (*D*) jn zum ～ nehmen 以某人为榜样

vorbildlich *adj* 模范的 mófànde，值得模仿的 zhídé mófǎng de，可作楷模的 kě zuò kǎimó de

vorbringen* *vt* 说出 shuōchū，提出 tíchū，表达 biǎodá，表示 biǎoshì

Vordenker *m* (思想领域的)先驱 xiānqū，先知 xiānzhī

vorder(e) *adj* 前面的 qiánmiande，前部的 qiánbùde

Vorderbein *n* (四足动物的)前腿 qián tuǐ

Vorderfuß *m* (四足动物的)前足 qián zú

Vordergrund *m* (舞台，图画等的)前景 qiánjǐng：etw steht im ～ 某事物处于十分重要地位；jn [etw] in den ～ stellen 把某人[某事物]放在突出的地位

Vorderrad *n* 前轮 qiánlún

Vorderseite *f* 正面 zhèngmiàn

Vordertür *f* 前门 qiánmén

vordrängen *rfl* 挤到前面去 jǐdào qiánmianqù，往前挤 wǎngqiánjǐ；突出自己 tūchū zìjǐ，炫耀自己 xuànyào zìjǐ

vordringen* *vi*(*s*) 前进 qiánjìn，推进 tuījìn；传播 chuánbō，蔓延开去 mànyán kāi qù

vordringlich *adj* 迫切的 pòqiède，紧急的 jǐnjíde，非常重要的 fēicháng zhòngyàode

voreilig *adj* 过于匆忙的 guòyú cōngmáng de，急促的 jícùde，仓促的 cāngcùde

voreinander *adv* 一前一后地 yī qián yī hòu de；彼此 bǐcǐ，互相 hùxiāng：Respekt ～ haben 彼此相互尊重

voreingenommen *adj* 有成见的 yǒu chéngjiàn de，有偏见的 yǒu piānjiàn de

vorerst *adv* 首先 shǒuxiān；目前 mùqián，暂时 zànshí

vorerwähnt *adj* 前面提及的 qiánmian tíjí de，上述的 shàngshùde

Vorfahren *pl* 祖先 zǔxiān，祖宗 zǔzong

Vorfall *m* -(e)s，¨-e 事件 shìjiàn，事故 shìgù；脱垂 tuōchuí，脱出 tuōchū

vorfallen* *vi*(*s*) (突然)发生 fāshēng；落在前面 luò zài qiánmian；脱垂 tuōchuí，脱出 tuōchū

Vorfeld *n* -(e)s，-er 停机坪 tíngjīpíng；前沿阵地 qiányán zhèndì；前部地带 qiánbù dìdài；准备阶段 zhǔnbèi jiēduàn；(句子)前场 qiánchǎng，前段 qiánduàn

vorfertigen *vt* 预制(部件) yùzhì，事先生产(必要的零件) shìxiān shēngchǎn

Vorfertigung *f* -，-en 事先生产零件 shìxiān shēngchǎn língjiàn，预制(部件) yùzhì

Vorfreude *f* 期待中的喜悦 qīdàizhongde xǐyuè

vorführen *vt* 把…带到面前 bǎ … dàidào miànqián；提审 tíshěn：einen Häftling ～ 提审一囚犯；演示 yǎnshì，展示 zhǎnshì，出示 chūshì：die neue Mode ～ 展出新的时装；演出 yǎnchū，放映

fàngyìng: ein Theaterstück ～ 演出一台戏; einen Film ～ 放映一场电影

Vorführer *m* 电影放映员 diànyǐng fàngyìngyuán

Vorgang *m* -(e)s, ⸚e 事情 shìqing, 事件 shìjiàn; 过程 guòchéng; 档案 dàng'àn, 记录 jìlù

Vorgänger *m* -s, - 前任 qiánrèn, 先行者 xiānxíngzhě

Vorgangspassiv *n* 动态被动式 dòngtài bèidòngshì

Vorgarten *m* 屋前小花园 wū qián xiǎo huāyuán

Vorgefühl *m* 预感 yùgǎn

vorgehen* *vi*(*s*) 走在前面 zǒu zài qiánmian; 先行 xiānxíng; (钟、表)走快 zǒukuài; 前进 qiánjìn, 挺进 tǐngjìn; 行动 xíngdòng, 对付 duìfu: gegen jn [etw] ～ 采取行动对付某人[某事]

Vorgeschichte *f* -, -n 以前的事情 yǐqián de shìqing, 来历 láilì: die ～ einer Krankheit 病历, 病史; 史前史 shǐqiánshǐ

Vorgesetzte *m/f* (按形容词变化)上级 shàngjí, 上司 shàngsi, 首长 shǒuzhǎng

vorgestern *adv* 前天 qiántiān

vorhaben* *vt* 打算 dǎsuan, 计划 jìhuà: Was haben Sie heute Abend vor? 您今晚打算做什么?

Vorhaben *n* -s, - 打算 dǎsuan, 计划 jìhuà, 意图 yìtú

Vorhalle *f* 前厅 qiántīng, 门厅 méntīng; 穿廊 chuānláng; 穿堂 chuāntáng

Vorhand *f* - 优先权 yōuxiānquán, 优先购买权 yōuxiān gòumǎiquán; 先出牌权 xiānchūpáiquán, 头家 tóujiā

vorhanden *adj* 现存的 xiàncúnde, 在手边的 zài shǒubiān de, 现有的 xiànyǒude: ～ sein 存在

Vorhang *m* -(e)s, ⸚e 窗帘 chuānglián; (舞台上的)帷幕 wéimù

vorher *adv* 以前 yǐqián, 事先 shìxiān, 早先 zǎoxiān: lang ～ 很久以前; Warum hast du mir das nicht ～ gesagt? 为什么你事先不把这件事告诉我呢?

vorherig *adj* 以前的 yǐqiánde, 先前的 xiānqiánde; 事先的 shìxiānde, 事前的 shìqiánde

Vorherrschaft *f* - 优势 yōushì, 统治地位 tǒngzhì dìwèi

vorherrschen *vt* 占优势 zhàn yōushì, 占统治地位 zhàn tǒngzhì dìwèi

Vorhersage *f* -, -n 预报 yùbào, 预言 yùyán, 预测 yùcè: die ～ des Wetters 天气预报

vorhersagen *vt* 预报 yùbào, 预言 yùyán, 预测 yùcè

vorhersehen* *vt* 预见到 yùjiàndào, 预料到 yùliàodào, 预感到 yùgǎndào

vorhin *adv* 刚才 gāngcái, 刚刚 gānggāng

Vorhof *m* 前院 qiányuàn; 心房 xīnfáng

Vorhut *f* -, -en 前卫 qiánwèi; 先锋 xiānfēng

vorig *adj* 以前的 yǐqiánde, 先前的 xiānqiánde, 过去的 guòqùde: im ～en Monat 在上月

Vorjahr *n* -(e)s, -e 去年 qùnián

vorjährig *adj* 去年的 qùniánde

Vorkämpfer *m* -s, - 先锋 xiānfēng, 先驱者 xiānqūzhě

Vorkauf *m* 先购 xiān gòu, 先买 xiān mǎi, 优先购买(权) yōuxiān gòumǎi

Vorkenntnisse *pl* 基础知识 jīchǔ zhīshi

vorkommen* *vi*(*s*) 到前面来 dào qiánmian lái; 发生 fāshēng, 出现 chūxiàn, 有 yǒu: das kommt selten vor 这事很少发生; 觉得 juéde, 显得 xiǎnde, 给人一种印象 gěi rén yīzhǒng yìnxiàng: die Sache kommt mir komisch vor 我觉得这件事很滑稽; sich (*D*) sehr klug ～ 自以为很聪明

Vorlage *f* -, -n 出示 chūshì, 展示 zhǎnshì; 样品 yàngpǐn, 模型 móxíng; 提案 tí'àn, 草案 cǎo'àn; 原件 yuánjiàn, 原作 yuánzuò

vorlassen* *vt* 召见 zhàojiàn, 接见 jiējiàn; 让…先行 ràng … xiānxíng, 让…在前 ràng … zài qián

Vorläufer *m* -s, - 前辈 qiánbèi, 先辈 xiānbèi, 先驱者 xiānqūzhě

vorläufig *adj* 暂时的 zànshíde, 临时性的 línshíxìngde

vorlaut *adj* 到处介入的 dàochù jièrùde, 爱管闲事的 ài guǎnxiánshì de, 爱插嘴的 ài chāzuǐ de, 抢说话的 qiǎng shuōhuà de: Sei nicht so ～! 别插嘴!

Vorleben *n* -s 经历 jīnglì, 过去历史 guòqù lìshǐ

vorlegen *vt* 把…放在前面 bǎ … fàngzài qiánmian, 呈送 chéngsòng, 提交 tíjiāo; 出示 chūshì, 展现 zhǎnxiàn; 提出 tíchū: jm eine Frage ～ 向某人提一问题;

V

垫钱 diànqián;垫付 diànfù;把(菜)端上来 bǎ duānshànglái

Vorleger *m* -s, -(床前)小地毯 xiǎo dìtǎn

Vorleistung *f* -, -en 预付款 yùfùkuǎn;预先交货 yùxiān jiāohuò;预先做的事 yùxiān zuò de shì

vorlesen* *vt/vi* 朗读 lǎngdú

Vorlesung *f* -, -en (大学)讲课 jiǎngkè, 讲座 jiǎngzuò: eine fakultative [obligatorische] ～ 选修[必修]课; eine ～ halten 讲一次课

vorletzt *adj* 倒数第二的 dàoshǔ dì'èr de

Vorliebe *f* 偏爱 piān'ài,爱好 àihào,嗜好 shìhào

vorliebnehmen* *vi* 将就着 jiāngjiuzhe,凑合着 còuhezhe

vorliegen* *vi* 在…手中 zài … shǒuzhōng,在…面前放着 zài … miànqián fàngzhe;存在 cúnzài,有 yǒu: Was liegt heute vor? 今天有什么事要办?

vormachen *vt* 示范 shìfàn,做给…看 zuò gěi … kàn;要弄 shuǎnòng,欺骗 qīpiàn,迷惑 míhuò;装上 zhuāngshàng

Vormacht *f* - 优势 yōushì,霸权 bàquán

Vormarsch *m* -(es), ⸗e 挺进 tǐngjìn,(胜利)进军 jìnjūn

vormerken *vt* 预先登记 yùxiān dēngjì,预先记下 yùxiān jìxià;预约 yùyuē,预告 yùgào

Vormerkgebühr *f* 注册费 zhùcèfèi,登记费 dēngjìfèi

vormittag *adv* 上午 shàngwǔ

Vormittag *m* -s, -e 上午 shàngwǔ: am ～ 在上午; gestern ～ 昨天上午

vormittags *adv* 在上午 zài shàngwǔ;每天上午 měitiān shàngwǔ: ～ ist sie nie zu Hause 上午她从不在家里

Vormund *m* -(e)s, -e / ⸗er 保护人 bǎohùrén,监护人 jiānhùrén

Vormundschaft *f* -, -en 保护 bǎohù,监护 jiānhù;监护人的职责(或身份) jiānhùrénde zhízé

vorn(e) *adv* 在前面 zài qiánmian,在前 zài qián;领先 lǐngxiān

Vorname *m* -ens, -n 名字 míngzi

vornehm *adj* 高尚的 gāoshàngde,崇高的 chónggāode;优美的 yōuměide,高贵的 gāoguìde,第一流的 dìyīliúde,讲究的 jiǎngjiude;大度的 dàdùde,有气派的 yǒu qìpài de;主要的 zhǔyàode,重要的 zhòngyàode

vornehmen* *vt* 作 zuò,从事 cóngshì;计划做 jìhuà zuò,决心(做) juéxīn;把…向前移动 bǎ … xiàngqián yídòng;把…放在…上 bǎ … fàngzài … shang;戴上 dàishàng,系上 jìshàng

vornehmlich *adv* 特别 tèbié,主要 zhǔyào,尤其 yóuqí,首先 shǒuxiān

vornherein *adv* (用于短语) von ～ 从一开始,立即,马上

Vorort *m* -(e)s, -e 郊区 jiāoqū,郊外 jiāowài,市郊 shìjiāo

Vorphase *f* -, -n 准备阶段 zhǔnbèi jiēduàn,开始阶段 kāishǐ jiēduàn

Vorposten *m* 前哨 qiánshào

vorprogrammieren *vt* 预先编好程序 yùxiān biānhǎo chéngxù;事先计算好 shìxiān jìsuànhǎo;事先考虑到 shìxiān kǎolǜdào

vorprogrammiert *adj* 事先规划好的 shìxiān guīhuàhǎo de;事先计算好的 shìxiān jìsuànhǎo de,事先考虑到的 shìxiān kǎolǜdào de

Vorprüfung *f* -, -en 预考 yùkǎo;选拔考 xuǎnbákǎo

Vorrang *m* -(e)s 优先 yōuxiān,优先地位 yōuxiān dìwèi;优先权 yōuxiānquán: jm den ～ lassen 给某人优先权

vorrangig *adj* 优先的 yōuxiānde,首要的 shǒuyàode,占优先地位 zhàn yōuxiān dìwèi

Vorrat *m* -(e)s, ⸗e 储存 chǔcún,存货 cúnhuò,库存品 kùcúnpǐn

vorrätig *adj* 库存的 kùcúnde,现有的 xiànyǒude,有存货的 yǒu cúnhuò de

Vorraum *m* 前厅 qiántīng,接待室 jiēdàishì

Vorrecht *n* 特权 tèquán,优先权 yōuxiānquán

Vorrede *f* 前言 qiányán,序言 xùyán;开场白 kāichǎngbái

Vorredner *m* 作开场白者 zuò kāichǎngbái zhě

vorrichten *vt* 准备 zhǔnbèi,预备 yùbèi

Vorrichtung *f* -, -en 装置 zhuāngzhì,设备 shèbèi,器材 qìcái

vorrücken I *vt* 向前挪动 xiàngqián nuódong,将…往前移 jiāng … wǎngqiányí,推进 tuījìn II *vi(s)* 向前移动 xiàngqián yídòng,朝前移动 cháo qián yídòng;推进 tuījìn

Vorrunde *f* -, -n（足球等的）预选赛 yùxuǎnsài，淘汰赛 táotàisài
Vorsaison *f* -, -s（旅游旺季前的）淡季 dànjì
Vorsänger *m* -s, - 领唱者 lǐngchàngzhě，领唱人 lǐngchàngrén
Vorsatz *m* -es, ¨-e 决意 juéyì，决心 juéxīn：einen ~ fassen 下决心，打定主意；蓄意 xùyì，故意 gùyì
vorsätzlich *adj* 故意的 gùyìde，蓄意的 xùyìde
Vorschau *f* -, -en（电影、电视的）预告 yùgào；预测 yùcè，展望 zhǎnwàng
vorschießen* *vt* 预支 yùzhī，预付给 yùfù gěi：jm Geld ~ 预付钱给某人
Vorschlag *m* -(e)s, ¨-e 建议 jiànyì，提议 tíyì：jm einen ~ machen 向某人提一建议：einen ~ annehmen [ablehnen] 接受[拒绝]一项建议
vorschlagen* *vt* 建议 jiànyì，提议 tíyì：jm etw ~ 建议某人（做）某事：ich schlage vor, wir gehen jetzt nach Hause 我建议我们现在就回家
vorschnell *adj* 匆忙的 cōngmángde，仓促的 cāngcùde
vorschreiben *vt* 示范写 shìfàn xiě，把…写给…看 bǎ … xiě gěi … kàn；规定 guīdìng，指定 zhǐdìng，确定 quèdìng
Vorschrift *f* -, -en 规定 guīdìng，规则 guīzé，规章 guīzhāng
Vorschule *f* -, -n 预备学校 yùbèi xuéxiào；（儿童在进入小学前的）预备教育 yùbèi jiàoyù
Vorschuss *m*（工资、稿酬等的）预付（款）yùfù，预支（款）yùzhī
vorsehen* I *vt* 规定 guīdìng，计划 jìhuà，预先考虑 yùxiān kǎolǜ II *rfl* 留神 liúshén，注意 zhùyì；当心 dāngxīn
vorsetzen I *vt* 把…放到前面去 bǎ … fàngdào qiánmian qù，把…向前移 bǎ … xiàngqiányí；给…端上 gěi … duānshàng II *rfl* 坐到前面去 zuòdào qiánmian qù
Vorsicht *f* - 小心 xiǎoxīn，谨慎 jǐnshèn，留意 liúyì：~, Stufe! 当心梯级（台阶）！
vorsichtig *adj* 小心的 xiǎoxīnde，谨慎的 jǐnshènde，当心的 dāngxīnde
Vorsitz *m* -es（一个团体或会议的）主席职位 zhǔxí zhíwèi：den ~ haben [führen] 担任主席（职位）；unter dem ~ von... 在…主持下
Vorsitzende *m/f*（按形容词变化）主席 zhǔxí
vorsorgen *vi* 预先关心 yùxiān guānxīn，预先防备 yùxiān fángbèi
Vorspeise *f* -, -n 餐前小吃 cānqián xiǎochī，（正餐前的）冷盘 lěngpán，冷菜 lěngcài
Vorspiegelung *f* -, -en 虚伪 xūwěi，假象 jiǎxiàng，欺骗 qīpiàn；借口 jièkǒu
Vorspiel *n* -(e)s, -e 前奏 qiánzòu，序曲 xùqǔ，序乐 xùyuè；序幕 xùmù；开始 kāishǐ，开端 kāiduān
vorspielen *vt* 演奏（表演）给某人听（看）yǎnzòu gěi mǒurén tīng，表演 biǎoyǎn；佯装 yángzhuāng，欺骗 qīpiàn，假装 jiǎzhuāng
Vorstand *m* -(e)s, ¨-e 董事会 dǒngshìhuì，理事会 lǐshìhuì；董事 dǒngshì，理事 lǐshì
Vorstandsmitglied *n* 董事 dǒngshì，理事 lǐshì
vorstellen I *vt* 把…放到前面 bǎ … fàngdào qiánmian，移前 yíqián；介绍 jièshào：Darf ich Ihnen meinen Bruder ~? 我可以把我的兄弟介绍给您吗？表演 biǎoyǎn，扮演 bànyǎn；想像 xiǎngxiàng：sich (*D*) alles komplizierter ~ 把一切想像得复杂些 II *rfl* 自我介绍 zìwǒ jièshào，自荐 zìjiàn
Vorstellung *f* -, -en 介绍 jièshào，自荐 zìjiàn；上映 shàngyìng，上演 shàngyǎn；想像 xiǎngxiàng；想法 xiǎngfǎ；责备 zébèi，异议 yìyì，反对 fǎnduì
Vorstrafe *f* 前科 qiánkē
vorstrecken *vt* 向前伸出 xiàngqián shēnchū；预支 yùzhī，预付 yùfù，借给 jiègěi：jm Geld ~ 预支钱给某人
Vorstufe *f* -, -n 初级 chūjí，初步 chūbù，入门 rùmén；预备阶段 yùbèi jiēduàn
vortäuschen *vt* 欺骗 qīpiàn，假冒 jiǎmào，伪装 wěizhuāng，佯作 yángzuò
Vorteil *m* -(e)s, -e 利益 lìyì；优点 yōudiǎn，优越性 yōuyuèxìng：jm gegenüber im ~ sein 与某人相比处于优势
vorteilhaft *adj* 有利的 yǒulìde，有益的 yǒuyìde，合算的 hésuànde
Vortrag *m* -(e)s, ¨-e 报告 bàogào，讲演 jiǎngyǎn，学术报告 xuéshù bàogào：einen ~ halten [absagen] 作[取消]一个报告；朗诵 lǎngsòng；表演 biǎoyǎn，演唱 yǎnchàng；结转余额 jiézhuǎn yú'é
vortragen* *vt* 朗诵 lǎngsòng；演唱 yǎnchàng；表演 biǎoyǎn；做报告 zuò

V

bàogào，演讲 yǎnjiǎng；把…搬到前面去 bǎ … bāndào qiánmian qù；把…转入新账 bǎ … zhuǎnrù xīnzhàng

vortrefflich *adj* 优秀的 yōuxiùde，卓越的 zhuóyuède，极好的 jíhǎode

vorüber *adv* 过去 guòqù，消逝 xiāoshì，结束 jiéshù；经过 jīngguò，走过 zǒuguò

vorübergehen* *vi*(*s*) 走过 zǒuguò，经过 jīngguò：an jm [etw] ～ 从某人[某处]旁走过；过去 guòqù，消逝 xiāoshì：der Sommer geht vorüber 夏天过去了

vorübergehend *adj* 一时的 yīshíde，暂时的 zànshíde，短暂的 duǎnzànde

Vorübung *f* 预习 yùxí

Vorurteil *n* -(e)s，-e 成见 chéngjiàn，偏见 piānjiàn：ein ～ gegen jn haben 对某人有成见

vorurteillos *adj* 没有成见的 méiyǒu chéngjiàn de，公正的 gōngzhèngde

Vorverkauf *m* -(e)s 预售 yùshòu：sich (*D*) Karten im ～ besorgen 买预售票

Vorwahl *f* -，-en 初选 chūxuǎn，预选 yùxuǎn；先拨(地区号) xiān bō，预拨 yù bō

Vorwand *m* -(e)s，¨-e 借口 jièkǒu，托词 tuōcí：einen ～ suchen 找一借口；unter einem ～ entfernte er sich 在一借口下他离去

vorwärts *adv* 向前 xiàngqián，前进 qiánjìn：zwei Schritte ～ machen 向前走二步

vorwärtsgehen* *vi*(*s*) 好转 hǎozhuǎn，有进展 yǒu jìnzhǎn，有进步 yǒu jìnbù

vorwärtskommen* *vi*(*s*) 有进展 yǒu jìnzhǎn，有进步 yǒu jìnbù

vorweg *adv* 预先 yùxiān，事先 shìxiān；在前面 zài qiánmian；在前边 zài qiánbian；首先 shǒuxiān，尤其 yóuqí

vorweisen* *vt* 出示 chūshì，拿出…给人看 náchū … gěi rén kàn：den Pass ～ 出示护照；显示 xiǎnshì，具有 jùyǒu

vorwerfen* *vt* 将…往前扔(或扔) jiāng … wǎngqián rēng；责备 zébèi，指责 zhǐzé，申斥 shēnchì：jm Faulheit ～ 责备某人懒惰

vorwiegend *adj* 占优势的 zhàn yōushì de，占多数的 zhàn duōshù de，主要的 zhǔyàode，大部分的 dàbùfende

Vorwort *n* -(e)s，-e 前言 qiányán，序言 xùyán

Vorwurf *m* -(e)s，¨-e 责怪 zéguài，斥责 chìzé，指责 zhǐzé，归咎 guījiù：jm einen ～ machen 责备某人；题目 tímù，题材 tícái

Vorzeichen *n* -s，- 预兆 yùzhào，兆头 zhàotou；(正负)符号 fúhào

vorzeigen *vt* 出示 chūshì：den Ausweis [die Eintrittskarte] ～ 出示证件[入场券]

vorzeitig *adj* 过早的 guòzǎode；提前的 tíqiánde

vorziehen* *vt* 宁愿 nìngyuàn，更喜欢 gèng xǐhuan，宁可要 nìngkě yào；特别照顾 tèbié zhàogù，偏爱 piān'ài；将…拉上 jiāng … lāshàng；将…往前拉 jiāng … wǎng qián lā

Vorzimmer *n* -s，- 前厅 qiántīng，接待室 jiēdàishì，传达室 chuándáshì

Vorzug *m* -(e)s，¨-e 长处 chángchu，优点 yōudiǎn，优越 yōuyuè；优先权 yōuxiānquán，优惠 yōuhuì：jm [etw] den ～ geben 更喜欢某人[某物]；加班火车 jiābān huǒchē：mit dem ～ fahren 乘加班车

vorzüglich *adj* 优秀的 yōuxiùde，极好的 jíhǎode，精美的 jīngměide

Vorzugsbedingungen *pl* 优先条件 yōuxiān tiáojiàn，优待 yōudài，优惠 yōuhuì，特惠 tèhuì

Vorzugskarte *f* (减价)优待票 yōudàipiào，优惠票 yōuhuìpiào

Vorzugspreis *m* 优惠价格 yōuhuì jiàgé，特价 tèjià

Vorzugsrecht *n* 优先权 yōuxiānquán，特权 tèquán

vorzugsweise *adv* 首先 shǒuxiān，主要 zhǔyào

vulgär *adj* 粗俗的 cūsúde，粗野的 cūyěde，庸俗的 yōngsúde

Vulkan *m* -s，-e 火山 huǒshān；火神 *huǒshén*

vulkanisch *adj* 火山的 huǒshānde，火山爆发形成的 huǒshān bàofā xíngchéng de

W

Waage *f* -, -n 秤 chèng, 天平 tiānpíng; 水平仪 shuǐpíngyí; 平衡 pínghéng
waag(e)recht *adj* 水平的 shuǐpíngde, 平的 píngde
Waagschale *f* 秤盘 chèngpán, 天平盘 tiānpíngpán
Wabe *f* -, -n 蜂房 fēngfáng, 蜂巢 fēngcháo
wach *adj* 醒的 xǐngde: jn ~ rufen 叫醒某人; 清醒的 qīngxǐngde, 思想敏捷的 sīxiǎng mǐnjié de: etw sehr ~ verfolgen 密切注意某事
Wache *f* -, -n 警卫 jǐngwèi, 哨兵 shàobīng, 守卫 shǒuwèi: ~ stehen (或 haben) 站岗; 岗哨 gǎngshào, 哨所 shàosuǒ, 卫兵室 wèibīngshì
wachen *vi* 醒着 xǐngzhe; 守护 shǒuhù 看护 kānhù; 看管 kānguǎn, 照管 zhàoguǎn, 监督 jiāndū
Wachhund *m* 看家狗 kānjiāgǒu
Wacholder *m* -s, - 欧洲刺柏 ōuzhōu cìbǎi; 杜松子酒 dùsōngzǐjiǔ
wachrufen* *vt* 唤醒 huànxǐng, 唤起 huànqǐ
wachrütteln *vt* 摇醒 yáoxǐng, 推醒 tuīxǐng: jn aus dem Schlaf ~ 把某人从睡梦中摇醒; 使觉醒 shǐ juéxǐng
Wachs *n* -es, -e 蜡 là: ihr Gesicht war weiß wie ~ 她的脸像蜡一样白
wachsam *adj* 警觉的 jǐngjuéde, 警惕的 jǐngtìde, 留神的 liúshénde
Wachsamkeit *f* - 警觉 jǐngjué, 警惕(性) jǐngtì, 留神 liúshén
wachsen* *vi(s)* 生长 shēngzhǎng, 成长 chéngzhǎng; 增长 zēngzhǎng, 发展 fāzhǎn, 扩大 kuòdà
wächsern *adj* 蜡制的 làzhìde; 苍白的 cāngbáide
Wachstuch *n* 油布 yóubù, 蜡布 làbù, 防水布 fángshuǐbù
Wachstum *n* -s 生长 shēngzhǎng, 成长 chéngzhǎng, 发育 fāyù; 增长 zēngzhǎng, 发展 fāzhǎn; 生长的植物 shēngzhǎngde zhíwù
Wachstumsgeschwindigkeit *f* 增长的速度 zēngzhǎngde sùdù
Wachtel *f* -, -n 鹌鹑 ānchún
Wächter *m* -s, - 守卫 shǒuwèi, 看守人 kānshǒurén, 守夜人 shǒuyèrén
Wachtposten *m* 卫兵 wèibīng, 哨兵 shàobīng, 岗哨 gǎngshào
Wachtturm *m* 瞭望塔 liàowàngtǎ
wackeln *vi* 摇摆 yáobǎi, 摇晃 yáohuàng; 松动 sōngdòng; 动摇 dòngyáo, 摇摇欲坠 yáoyáo yù zhuì
wacker *adj* 勇猛的 yǒngměngde, 勇敢的 yǒnggǎnde; 诚实的 chéngshíde, 正派的 zhèngpàide; 过量的 guòliàngde
wacklig *adj* 摇动的 yáodòngde, 摇晃的 yáohuàngde; 松动的 sōngdòngde; 不稳定的 bù wěndìngde, 摇摇欲坠的 yáoyáo yù zhuì de
Wade *f* -, -n 小腿肚 xiǎotuǐdù, 腓 féi
Waffe *f* -, -n 武器 wǔqì, 兵器 bīngqì
Waffel *f* -, -n 华夫饼干 huáfū bǐnggān
Waffenfabrik *f* 兵工厂 bīnggōngchǎng
Waffengattung *f* 兵种 bīngzhǒng
Waffengeschäft *n* 军火交易 jūnhuǒ jiāoyì, 军火生意 jūnhuǒ shēngyì
Waffengewalt *f* 武力 wǔlì, 军事力量 jūnshì lìliàng
Waffenhändler *m* 军火商(人) jūnhuǒshāng
Waffenlager *n* 武器库 wǔqìkù
waffenlos *adj* 无武装的 wú wǔzhuāng de
Waffenschein *m* 枪支执照 qiāngzhī zhízhào, 持有武器许可证 chíyǒu wǔqì xǔkězhèng
Waffenstillstand *m* 停战 tíngzhàn, 休战 xiūzhàn: einen ~ abschließen 缔结停火协定
Wagehals *m* 莽撞的人 mǎngzhuàngde rén, 鲁莽的人 lǔmǎngde rén
wagehalsig, waghalsig *adj* 莽撞

的 mängzhuàngde，蛮勇的 mányǒngde，冒失的 màoshide；十分大胆的 shífēn dàdǎn de，敢冒险的 gǎn màoxiǎn de

Wagemut *m* 勇敢 yǒnggǎn，大胆 dàdǎn，冒险 màoxiǎn

wagemutig *adj* 勇敢的 yǒnggǎnde，大胆的 dàdǎnde，敢冒风险的 gǎn màofēngxiǎn de

wagen *vt* 敢于 gǎnyú，冒险 màoxiǎn：sein Leben für etw [jn] ～ 为某事[某人]敢冒生命危险

Wagen *m* -s，- 车 chē，车辆 chēliàng；汽车 qìchē；(火车)车厢 chēxiāng

Wagenheber *m* 千斤顶 qiānjīndǐng，起重器 qǐzhòngqì

Wagenschlag *m* 车门 chēmén

Waggon [va'gõ:] *m* -s，-s 火车车厢 huǒchē chēxiāng，车皮 chēpí

Wagnis *n* -ses，-se 冒险 màoxiǎn；冒险的行动 màoxiǎnde xíngdòng

Wahl *f* -，-en 选择 xuǎnzé，挑选 tiāoxuǎn；选举 xuǎnjǔ：jn zur ～ vorschlagen 推选某人为候选人；产品质量等级 chǎnpǐn zhìliàng děngjí

Wahlalter *n* 选举年龄(指享有选举权的最低年龄) xuǎnjǔ niánlíng

wahlberechtigt *adj* 有选举权的 yǒu xuǎnjǔquán de

Wahlbezirk *m* 选区 xuǎnqū

wählen *vi/vt* 选择 xuǎnzé，挑选 tiāoxuǎn；选举 xuǎnjǔ；拨(电话)号 bōhào：die richtige Nummer ～ 拨正确电话号码

Wähler *m* -s，- 选民 xuǎnmín，选举人 xuǎnjǔrén

wählerisch *adj* 苛求的 kēqiúde，难以满足的 nányǐ mǎnzú de，爱挑剔的 ài tiāotī de

Wählervertreter *m* (原民德)选民代表 xuǎnmín dàibiǎo

Wählervertreterkonferenz *f* (原民德)选民代表会议 xuǎnmín dàibiǎo huìyì

Wahlfach *n* 选修课 xuǎnxiūkè，选修科目 xuǎnxiū kēmù

wahlfrei *adj* 自由选择的 zìyóu xuǎnzé de

Wahljahr *n* 大选年 dàxuǎnnián

Wahlkampf *m* 竞选 jìngxuǎn

Wahllokomotive *f* (有吸引力的)竞选人 jìngxuǎnrén

wahllos *adj* 不加选择的 bù jiā xuǎnzé de，盲目的 mángmùde，不假思索的 bù jiǎ sīsuǒ de

Wahlparole *f* 竞选口号 jìngxuǎn kǒuhào

Wahlrecht *n* 选举权 xuǎnjǔquán，被选举权 bèixuǎnjǔquán

Wahlspruch *m* 箴言 zhēnyán，格言 géyán，警句 jǐngjù

Wahn *m* -s 幻想 huànxiǎng，幻觉 huànjué，错觉 cuòjué，精神错乱 jīngshén cuòluàn

wähnen *vt/rfl* 猜想 cāixiǎng，妄想 wàngxiǎng，误以为 wù yǐwéi

Wahnsinn *m* 疯狂 fēngkuáng，精神错乱 jīngshén cuòluàn；狂妄 kuángwàng，愚蠢 yúchǔn，荒唐的事 huāngtángde shì

wahnsinnig *adj* 疯狂的 fēngkuángde，精神错乱的 jīngshén cuòluàn de；荒唐的 huāngtángde，不理智的 bù lǐzhìde，愚蠢的 yúchǔnde；非常的 fēichángde，极其的 jíqíde，很厉害的 hěn lìhai de

wahr *adj* 真实的 zhēnshíde，真的 zhēnde，真正的 zhēnzhèngde：ein ～er Freund 真正的朋友

wahren *vt* 保护 bǎohù，维护 wéihù；遵守 zūnshǒu，保持 bǎochí：ein Geheimnis ～ 保守秘密；das Gesicht ～ 保全面子

währen *vi* 延续 yánxù，持续 chíxù

während I *prp*(*G*) 在…期间 zài … qījiān，当…之时 dāng … zhī shí：～ der Pause 休息时；～ des Krieges 战争期间 II *cj* 当…时候 dāng … shíhou，在…同时 zài … tóngshí：～ ich koche，kannst du den Tisch decken 在我做饭的时候，你可以把餐具摆好；而 ér，却(表示相反) què：du gehst spazieren，～ ich arbeiten muss 你去散步，而我得工作

wahrhaft *adv* 真的 zhēnde，确实 quèshí

wahrhaftig I *adj* 真诚的 zhēnchéngde，真正的 zhēnzhèngde，诚实的 chéngshíde II *adv* 的确 díquè，确实 quèshí，真的 zhēnde

Wahrheit *f* -，-en 真理 zhēnlǐ；真相 zhēnxiàng，实情 shíqíng，真话 zhēnhuà，真情 zhēnqíng：die ～ sagen (或 sprechen，reden) 说真话；im Wein ist ～ 酒后吐真情

wahrheitsgetreu *adj* 真实的 zhēnshíde，如实的 rúshíde

wahrnehmbar *adj* 可觉察的 kě juéchá de，可辨认的 kě biànrèn de，听得到的 tīng de dào de，看得到的 kàn de dào de

wahrnehmen *vt* 感觉 gǎnjué，察觉

chájué, 发觉 fājué; 看见 kànjiàn, 听到 tīngdào; 利用 lìyòng, 代表 dàibiǎo: die Gelegenheit ～ 利用机会; 考虑到 kǎolǜdào, 承担 chéngdān

wahrsagen *vi/vt* 算命 suànmìng, 占卜 zhānbǔ, 看相 kànxiàng

Wahrsager *m* -s, - 算命者 suànmìngzhě, 占卜者 zhānbǔzhě

Wahrsagerei *f* -, -en 占卜 zhānbǔ, 算命 suànmìng

wahrscheinlich I *adj* 可能的 kěnéngde, 大概的 dàgàide II *adv* 大概 dàgài, 或许 huòxǔ, 可能 kěnéng

Währung *f* -, -en 货币 huòbì: die ～ stabil halten 稳定币值

Währungsabwertung *f* 货币贬值 huòbì biǎnzhí

Währungsaufwertung *f* 货币增值 huòbì zēngzhí

Währungsbestimmungen *pl* 外汇管理条例 wàihuì guǎnlǐ tiáolì

Währungskrise *f* 货币危机 huòbì wēijī

Währungskurs *m* 汇价 huìjià, 汇率 huìlǜ

Währungsreform *f* 货币改革 huòbì gǎigé, 币制改革 bìzhì gǎigé

Waise *f* -, -n 孤儿 gū'ér

Waisengeld *n* 孤儿津贴 gū'ér jīntiē

Waisenhaus *n* 孤儿院 gū'éryuàn

Waisenkind *n* 孤儿 gū'ér

Wal *m* -(e)s, -e 鲸鱼 jīngyú

Wald *m* -es, ⸚er 森林 sēnlín, 树林 shùlín

Waldreichtum *m* 森林资源 sēnlín zīyuán

Waldschutzgebiet *n* 森林保护区 sēnlín bǎohùqū

Waldwirtschaft *f* 林业经济 línyè jīngjì

Walkie-lookie ['wɔːkɪluːkɪ] *n* -(s), -s 便携式电视摄影机 biànxiéshì diànshì shèyǐngjī

Walkie-talkie ['wɔːkɪ'tɔːkɪ] *n* -(s), -s 袖珍无线电话机 xiùzhēn wúxiàn diànhuàjī, 步话机 bùhuàjī

Wall *m* -(e)s, ⸚e 土围墙 tǔ wéiqiáng; 壁垒 bìlěi

wallen *vi* 沸腾 fèiténg, 波动 bōdòng, 滚动 gǔndòng

wallfahren *vi* 朝圣 cháoshèng, 朝山进香 cháoshān jìnxiāng

Wallfahrer *m* 朝拜圣地者 cháobài shèngdì zhě, 香客 xiāngkè

Wallfahrt *f* 朝山进香 cháoshān jìnxiāng, 朝圣 cháoshèng

Walnuss *f* 胡桃 hútáo, 核桃 hétao

Walross *n* 海象 hǎixiàng

Walze *f* -, -n 辊 gǔn, 轧辊 zhágǔn, 滚筒 gǔntǒng; 压路机 yālùjī, 轧辊机 zhágǔnjī

wälzen *vt* 翻滚 fāngǔn, 滚动 gǔndòng; 推委 tuīwěi, 把…推给 bǎ … tuīgěi: die Verantwortung auf einen anderen ～ 把责任推到别人身上

Walzer *m* -s, - 华尔兹舞 huá'ěrzīwǔ, 圆舞曲 yuánwǔqǔ

Wand *f* -, ⸚e 墙 qiáng, 墙壁 qiángbì: etw an die ～ hängen 把某物挂到墙上; 峭壁 qiàobì, 绝壁 juébì

Wandbett *n* (可折入墙内的)折叠床 zhédiéchuáng

Wandel *m* -s 转变 zhuǎnbiàn, 变化 biànhuà, 演变 yǎnbiàn

Wandelhalle *f* (尤指疗养院、剧院中供散步的)回廊 huíláng, 长廊 chángláng, 走廊 zǒuláng

wandeln I *vt* 改变 gǎibiàn, 使变化 shǐ biànhuà II *vi* (s) 漫步 mànbù, 漫游 mànyóu, 散步 sànbù

Wandelschuldverschreibung *f* 可兑现债券 kě duìxiàn zhàiquàn, 可换成股份的债券 kě huànchéng gǔfèn de zhàiquàn

Wanderarbeiter *m* 流动短工 liúdòng duǎngōng, 季节工 jìjiégōng

Wanderausstellung *f* 巡回展览 xúnhuí zhǎnlǎn, 巡回展览会 xúnhuí zhǎnlǎnhuì

Wanderer *m* -s, - 徒步旅行者 túbù lǚxíngzhě, 漫游者 mànyóuzhě

Wandergewerbe *n* 流动性行业 liúdòngxìng hángyè

Wanderleiter *m* 旅游领队 lǚyóu lǐngduì, 漫游领路人 mànyóu lǐnglùrén

wandern *vi* (s) 漫游 mànyóu, 徒步旅行 túbù lǚxíng; 移居 yíjū, 迁居 qiānjū; 流动 liúdòng, 移动 yídòng

Wanderpreis *m* (体育比赛等的)流动奖(杯) liúdòng jiǎng

Wanderung *f* -, -en 徒步旅行 túbù lǚxíng, 漫游 mànyóu; 移居 yíjū, 迁移 qiānyí; 流动 liúdòng, 移动 yídòng

Wandgemälde *n* 壁画 bìhuà

Wandkalender *m* 挂历 guàlì

Wandkarte *f* 挂图 guàtú

Wandlung *f* -, -en 变化 biànhuà，变形 biànxíng，变动 biàndòng，转变 zhuǎnbiàn：eine äußere ~ 一次外部变化

Wandmalerei *f* 壁画 bìhuà

Wandschirm *m* 屏风 píngfēng

Wandschrank *m* 壁橱 bìchú，壁柜 bìguì

Wandspiegel *m* 壁镜 bìjìng，挂镜 guàjìng

Wandtafel *f*（挂在墙上的）黑板 hēibǎn

Wandteppich *m* 壁毯 bìtǎn，挂毯 guàtǎn

Wanduhr *f* 挂钟 guàzhōng

Wandzeitung *f* 墙报 qiángbào，壁报 bìbào

Wange *f* -, -n 面颊 miànjiá：runde ~n 圆圆的面颊；Salz und Brot macht ~ rot 粗茶淡饭吃出个红脸蛋

Wankelmut *m* 动摇 dòngyáo，不坚定 bù jiāndìng，无定见 wú dìngjiàn

wankelmütig *adj* 易变的 yìbiànde，不坚定的 bù jiāndìngde，无定见的 wú dìngjiàn de

wanken I *vi*（*s*）摇摇摆摆地走 yáoyáobǎibǎide zǒu，跌跌冲冲 diēdiēchōngchōng II *vi* 摇晃 yáohuàng，晃动 huàngdòng；摇摆 yáobǎi，动摇 dòngyáo，不坚定 bù jiāndìng：jm wankt der Boden unter den Füßen 某人地位不稳，某人处境不妙

wann I *adv* 何时 héshí，什么时候 shénme shíhou：Wann kommst du? 你什么时候来？von ~ an 从何时起 II *cj* 何时 héshí

Wanne *f* -, -n 盆 pén，浴缸 yùgāng，浴盆 yùpén

Wanst *m* -es, ⸚e（反刍动物的）瘤胃 liúwèi；肚子 dùzi，大肚子 dàdùzi；胖子 pàngzi

Wanze *f* -, -n 臭虫 chòuchóng

Wappen *n* -s, - 纹章 wénzhāng，徽章 huīzhāng

wappnen *rfl* 武装自己 wǔzhuāng zìjǐ；作准备 zuò zhǔnbèi

Ware *f* -, -n 货物 huòwù，商品 shāngpǐn：zollfreie ~ 免税商品

Warenabkommen *n* 贸易协定 màoyì xiédìng，易货协议 yìhuò xiéyì

Warenauftrag *m* 订单 dìngdān，购货单 gòuhuòdān

Warenaustausch *m* 易货贸易 yìhuò màoyì，商品交换 shāngpǐn jiāohuàn

Warenautomat *m* 自动售货机 zìdòng shòuhuòjī

Warenbestand *m* 货物库存 huòwù kùcún，存货 cúnhuò

Warengeschäfte *pl* 商品交易 shāngpǐn jiāoyì

Warenhaus *n* 百货商店 bǎihuò shāngdiàn，百货公司 bǎihuò gōngsī

Warenhauskette *f* 百货公司连锁商店 bǎihuò gōngsī liánsuǒ shāngdiàn

Warenkennzeichen *n* 商标 shāngbiāo

Warenkreditbrief *m* 购货信用卡 gòuhuò xìnyòngkǎ，商业信用卡 shāngyè xìnyòngkǎ

Warenkunde *f* 商品学 shāngpǐnxué

Warenlager *n* 仓库 cāngkù，货栈 huòzhàn，货仓 huòcāng

Warenmesse *f* 商品交易会 shāngpǐn jiāoyìhuì，商品展销会 shāngpǐn zhǎnxiāohuì

Warenprobe *f* 商品样品 shāngpǐn yàngpǐn，货样 huòyàng

Warenprüfung *f* 商品质量检验 shāngpǐn zhìliàng jiǎnyàn

Warentest *m* 商品测试 shāngpǐn cèshì，（对）商品（进行）民意调查 shāngpǐn mínyì diàochá

Warenträger *m* 货架 huòjià

Warenumsatzplan *m*（原民德）商品的营业额计划 shāngpǐnde yíngyè'é jìhuà

Warenverknappung *f* 缺货 quēhuò

Warenzeichen *n* 注册商标 zhùcè shāngbiāo

Warenzeichenanmeldung *f* 申请注册商标 shēnqǐng zhùcè shāngbiāo

Warenzeichenrecht *n* 商标权 shāngbiāoquán

Warenzeichenschutz *m* 商标保护 shāngbiāo bǎohù

warm *adj* 热的 rède，温暖的 wēnnuǎnde：~es Wetter 暖和的天气；保暖的 bǎonuǎnde，暖和的 nuǎnhuode：sich ~ anziehen 穿暖些；热情的 rèqíngde，热心的 rèxīnde：eine ~e Begrüßung 热情的欢迎；舒服的 shūfude

Wärme *f* - 热 rè，温暖 wēnnuǎn；热量 rèliàng，热度 rèdù；热心 rèxīn，热情 rèqíng：jn mit ~ begrüßen 热情地欢迎某人

wärmen I *vt* 加热 jiārè，使暖和 shǐ nuǎnhuo：die Speisen ～ 热菜 II *vi* 保暖 bǎonuǎn，暖和 nuǎnhuo

Wärmflasche *f* 暖水瓶 nuǎnshuǐpíng，热水袋 rèshuǐdài

Warmhalteplatte *f*（饭菜保暖用的）保温板 bǎowēnbǎn

warmherzig *adj* 热心的 rèxīnde，热情的 rèqíngde

Warmluftheizung *f* 热空气供暖 rèkōngqì gōngnuǎn

Warmwasserheizung *f* 水暖设备 shuǐnuǎn shèbèi，热水供暖 rèshuǐ gōngnuǎn，热水汀 rèshuǐtīng

warnen *vt* 警告 jǐnggào，告诫 gàojiè，提醒 tíxǐng：Vor Taschendieben wird gewarnt！谨防扒手！

Warnschild *n* 警告牌 jǐnggàopái，警示牌 jǐngshìpái

Warnstreik *m* 警告性罢工 jǐnggàoxìng bàgōng

Warnung *f* -，-en 警告 jǐnggào，告诫 gàojiè，提醒 tíxǐng

Warnzeichen *n*（交通）警告标志 jǐnggào biāozhì；警告信号 jǐnggào xìnhào，警报信号 jǐngbào xìnhào

Warte *f* -，-n 瞭望台 liàowàngtái，观测所 guāncèsuǒ；观景台 guānjǐngtái

Wartegeld *n*（官吏待职期间的）薪饷 xīnxiǎng

warten I *vi* 等 děng，等候 děnghòu，等待 děngdài：auf jn ～ 等候某人 II *vt* 照料 zhàoliào，护理 hùlǐ；保养 bǎoyǎng，养护 yǎnghù，维修 wéixiū

Wärter *m* -s，- 护理人 hùlǐrén，看守人 kānshǒurén，管理员 guǎnlǐyuán

Wartesaal *m* 候车室 hòuchēshì，候车大厅 hòuchē dàtīng

Wartezeit *f* 等候的时间 děnghòude shíjiān

Wartezimmer *n* 等候室 děnghòushì，候诊室 hòuzhěnshì

Wartung *f* - 看护 kānhù，护理 hùlǐ，照料 zhàoliào；养护 yǎnghù，保养 bǎoyǎng，维修 wéixiū

wartungsfrei *adj* 不需维修的 bùxū wéixiū de，不需保养的 bùxū bǎoyǎng de

Wartungsfreiheit *f* 无需维修 wúxū wéixiū，不需保养 bùxū bǎoyǎng

Wartungskosten *pl* 维修费 wéixiūfèi

warum *adv* 为什么 wèishénme，由于什么原因 yóuyú shénme yuányīn：Warum nicht？为什么不呢？

Warze *f* -，-n 疣 yóu，赘疣 zhuìyóu，肉赘 ròuzhuì

was *pron* I（疑问代词）什么 shénme，什么事 shénme shì：Was bedeutet das？这是什么意思？Was ist los？出了什么事？～ für ein（eine，ein）哪一种的，什么样的 II（关系代词）所…的事物 suǒ … de shìwù，所…者 suǒ … zhě：das ist alles，～ ich machen kann 这就是我所能做的一切了 III（不定代词）一些 yīxiē，某事 mǒushì：ich will dir ～ sagen 我要告诉你一些事；Kann ich sonst noch ～ für dich tun？我还能为你做些什么吗？

waschaktiv *adj* 去污性能好的 qùwū xìngnéng hǎode 去垢的 qùgòude

Waschanstalt *f* 洗衣店 xǐyīdiàn，洗衣房 xǐyīfáng

Waschautomat *m* 自动洗衣机 zìdòng xǐyījī，自动洗衣装置 zìdòng xǐyī zhuāngzhì

waschbar *adj* 可洗涤的 kě xǐdí de

Waschbecken *n* 洗手池 xǐshǒuchí，盥洗盆 guànxǐpén

Waschbrett *n* 洗衣板 xǐyībǎn

Wäsche *f* -，-n 洗涤的衣服（总称）xǐdíde yīfu；（脏）衣物（总称）yīwù；洗涤 xǐdí

waschecht *adj* 不退色的 bù tuìshǎi de，耐洗的 nàixǐde；真正的 zhēnzhèngde，地道的 dìdaode

Wäscheklammer *f* 衣夹 yījiā

Wäscheleine *f* 晾衣绳 liàngyīshéng

waschen* *vt* /*rfl* 洗 xǐ，洗涤 xǐdí；洗脸 xǐliǎn，洗身 xǐshēn：sich kalt ～ 用冷水洗澡

Wäscherei *f* -，-en 洗衣店 xǐyīdiàn，洗衣作坊 xǐyī zuōfang

Wäscheschleuder *f* 洗衣干燥机 xǐyī gānzàojī，旋转式干衣机 xuánzhuǎnshì gānyījī

Waschfrau *f* 洗衣妇 xǐyīfù

Waschküche *f* 洗衣房 xǐyīfáng，洗衣间 xǐyījiān

Waschlappen *m* 洗涤用的小毛巾 xǐdí yòng de xiǎomáojīn；浴巾 yùjīn；胆小鬼 dǎnxiǎoguǐ

Waschmaschine *f* 洗衣机 xǐyījī

Waschmittel *n* 洗涤剂 xǐdíjì，洗衣粉 xǐyīfěn

Waschvollautomat *m* 全自动洗衣机 quánzìdòng xǐyījī

W

Waschweib *n* 洗衣妇 xǐyīfù；长舌妇 chángshéfù
Waschzeug *n* 盥洗用具 guànxǐ yòngjù，洗浴用品 xǐyù yòngpǐn
Wasser *n* -s，- 水 shuǐ：hartes ～ 硬水；etw fällt ins ～ 某事落空了；水分 shuǐfèn，汗水 hànshuǐ，泪水 lèishuǐ；水域 shuǐyù；湖 hú，河流 héliú
wasserarm *adj* 缺水的 quēshuǐde，无水的 wúshuǐde
Wasserball *m* 水球 shuǐqiú；水球运动 shuǐqiú yùndòng
Wasserbehälter *m* 水箱 shuǐxiāng
Wasserbombe *f* 深水炸弹 shēnshuǐzhàdàn
Wasserdampf *m* 水蒸气 shuǐzhēngqì
wasserdicht *adj* 防水的 fángshuǐde，不渗水的 bù shènshuǐde
Wasserdruck *m* 水压 shuǐyā
Wasserfahrzeug *n* 水上交通艇 shuǐshàng jiāotōngtǐng，水运工具 shuǐyùn gōngjù，船舶 chuánbó
Wasserfall *m* 瀑布 pùbù
Wasserfarbe *f* 水彩颜料 shuǐcǎi yánliào
Wasserflugzeug *n* 水上飞机 shuǐshàng fēijī
Wasserflut *f* 洪水 hóngshuǐ，水灾 shuǐzāi
Wasserglas *n* 玻璃杯 bōlíbēi；水玻璃 shuǐbōlí
Wasserhahn *m* 水龙头 shuǐlóngtóu
Wasserheilkunde *f* 水疗法 shuǐliáofǎ
Wasserjungfer *f* 蜻蜓 qīngtíng
Wasserkasten *m* 水箱 shuǐxiāng，水柜 shuǐguì
Wasserkessel *m* 水锅 shuǐguō，水壶 shuǐhú
Wasserklosett *n*（缩写 WC）抽水马桶 chōushuǐ mǎtǒng
Wasserkraft *f* 水力 shuǐlì
Wasserkraftwerk *n* 水力发电站 shuǐlì fādiànzhàn
Wasserkur f 水疗法 shuǐliáofǎ
Wasserlauf *m* 水道 shuǐdào，河流 héliú，小溪 xiǎoxī
Wasserleitung *f* 自来水管 zìláishuǐguǎn，水管 shuǐguǎn
Wassermangel *m* 缺水 quēshuǐ，水量不足 shuǐliàng bùzú
Wassermelone *f* 西瓜 xīguā
wassern *vi*(*h*/*s*)（飞机等）水上降落 shuǐshàng jiàngluò
wässern *vi* 浇灌 jiāoguàn；把…泡在水里 bǎ … pào zài shuǐlǐ，把…放在水里浸 bǎ … fàng zài shuǐlǐ jìn
Wassernot *f* 水荒 shuǐhuāng，缺水 quēshuǐ，干旱 gānhàn
Wasserpfeife *f* 水烟斗 shuǐyāndǒu，水烟筒 shuǐyāntǒng
Wasserpolizei *f* 水上警察 shuǐshàng jǐngchá
Wasserrohr *n* 水管 shuǐguǎn
Wasserschaden *m* 水害 shuǐhài，水灾 shuǐzāi
wasserscheu *adj* 怕水的 pàshuǐde，恐水的 kǒngshuǐde
Wasserschlauch *m* 橡皮水管 xiàngpí shuǐguǎn
Wasserspeicher *m* 蓄水池 xùshuǐchí，贮水池 zhùshuǐchí，水库 shuǐkù
Wasserspiegel *m* 水平面 shuǐpíngmiàn，水面 shuǐmiàn
Wassersport *m* 水上运动 shuǐshàng yùndòng
Wasserspülung *f*（抽水马桶）冲洗装置 chōngxǐ zhuāngzhì，水箱设备 shuǐxiāng shèbèi
Wasserstand *m* 水位 shuǐwèi
Wasserstoff *m* 氢 qīng
Wasserstoffbombe *f* 氢弹 qīngdàn
Wasserstraße *f* 河道 hédào，航道 hángdào
Wasserturm *m*（贮）水塔 shuǐtǎ
Wasserwaage *f* 水平器 shuǐpíngqì，水平仪 shuǐpíngyí，水准仪 shuǐzhǔnyí
Wasserweg *m* 水路 shuǐlù，水道 shuǐdào：auf dem ～ 由水路
Wasserwerk *n* 自来水厂 zìláishuǐchǎng
Wasserzeichen *n*（纸张上的）水印图案 shuǐyìn tú'àn
wässrig，**wässerig** *adj* 含水多的 hán shuǐ duōde；水状的 shuǐzhuàngde；淡而无味的 dàn ér wúwèi de
waten *vi*(*s*) 蹚 tāng，跋涉 báshè：durch den Bach ～ 蹚过小溪
watscheln *vi*(*s*) 摇摆行走 yáobǎi xíngzǒu，蹒跚 pánshān
Watt *n* -s，- 瓦（特）（电功率单位） wǎ
Watte *f* -，-n 棉花 miánhua，棉絮 miánxù；药棉 yàomián

Wattebausch *m* 棉花球 miánhuaqiú
wattieren *vt* 用棉花衬填 yòng miánhua chèn tián
WC [veːˈtseː] *n* (Wasserklosett 的缩写)抽水马桶 chōushuǐ mǎtǒng;厕所 cèsuǒ,盥洗室 guànxǐshì,洗手间 xǐshǒujiān
weben* *vi/vt* 编 biān,织 zhī
Weber *m* -s, - 纺织工 fǎngzhīgōng,织布工 zhībùgōng,编织工 biānzhīgōng
Weberei *f* -, -en 织造 zhīzào;纺织厂 fǎngzhīchǎng,织造工场 zhīzào gōngchǎng;织物 zhīwù,织品 zhīpǐn
Webstuhl *m* 织布机 zhībùjī
Wechsel *m* -s, - 变化 biànhuà,改变 gǎibiàn;变换 biànhuàn,更迭 gēngdié;交换 jiāohuàn;兑换 duìhuàn;汇票 huìpiào,期票 qīpiào
Wechselbeziehung *f* 相互关系 xiānghù guānxì
Wechselfrist *f* 汇票付款期 huìpiào fùkuǎnqī
Wechselgeld *n* 找头 zhǎotou,零钱 língqián
Wechselgeschäft *n* 汇兑业务 huìduì yèwù,外汇交易 wàihuì jiāoyì;汇票业务 huìpiào yèwù
wechselhaft *adj* 多变的 duōbiànde,变化不定的 biànhuà bùdìng de
Wechseljahre *pl* (妇女)更年期 gēngniánqī
Wechselkurs *m* 汇率 huìlǜ,外汇牌价 wàihuì páijià
Wechselkursfreigabe *f* 汇率浮动 huìlǜ fúdòng
Wechselkursneuordnung *f* (重新)调整汇率 tiáozhěng huìlǜ
Wechselkursnotierung *f* 汇率牌价 huìlǜ páijià,汇率行市 huìlǜ hángshi,外汇牌价 wàihuì páijià,外汇行情 wàihuì hángqíng
wechseln I *vt* 换 huàn,更换 gēnghuàn,改换 gǎihuàn,交换 jiāohuàn: Blicke mit jm ~ 与某人交换眼神; Briefe mit jm ~ 与某人相互通信;兑换 duìhuàn II *vi* 更换 gēnghuàn;改变 gǎibiàn,变化 biànhuà
wechselseitig *adj* 相互的 xiānghùde,彼此的 bǐcǐde
Wechselstrom *m* 交流电 jiāoliúdiàn
Wechselwirkung *f* 相互作用 xiānghù zuòyòng,相互影响 xiānghù yǐngxiǎng

Weckauftrag *m* 电话呼叫委托 diànhuà hūjiào wěituō
Weckdienst *m* 电话呼叫业务 diànhuà hūjiào yèwù
wecken *vt* 唤醒 huànxǐng,叫醒 jiàoxǐng: jn aus dem Schlaf ~ 把某人从梦中叫醒;唤起 huànqǐ,引起 yǐnqǐ
Wecker *m* -s, - 闹钟 nàozhōng
Wedel *m* -s, - 拂尘 fúchén,掸帚 dǎnzhǒu
wedeln *vi* (滑雪中作双板平行向左右)摆动 bǎidòng;(狗)摇尾巴 yáo wěiba;摇尾乞怜 yáo wěi qǐ lián,低声下气 dī shēng xià qì
weder *cj* (只与 noch 连用) ~ ... noch ... 既不…又不 jì bù … yòu bù: er trinkt ~ Kaffee noch Tee 他既不喝咖啡,又不喝茶 ~ du noch ich können ihm helfen 你和我都不能帮助他
Weekend [ˈwiːkɛnd] *n* -(s), -s 周末 zhōumò
weg *adv* 消失 xiāoshī,离去 líqù: er ist schon lange ~ 他早已离去; die Ware war schnell ~ 这些货物很快就卖掉了;拿开 nákāi,扔掉 rēngdiào: Die Blumen sind schon welk, ~ damit! 花已凋谢,把它扔掉吧! 不见 bùjiàn,丢失 diūshī: meine Uhr ist ~ 我的表找不到了;远离 yuǎnlí,距离远 jùlí yuǎn: wir wohnen weit ~ von der Stadt 我们住得离城市很远
Weg *m* -(e)s, -e 路 lù,道路 dàolù; ~e bauen 筑路; hier ist (或 geht) kein ~ 此路不通;路线 lùxiàn;路程 lùchéng,路途 lùtú: sich auf den ~ machen, 起程,上路; jm im ~ stehen 妨碍某人;方法 fāngfǎ,途径 tújìng;生活道路 shēnghuó dàolù: seinen ~ gehen 走自己的路(意即不受别人影响)
Wegbereiter *m* 开路先锋 kāilù xiānfēng,先驱 xiānqū
wegbleiben* *vi*(s) 不参加 bù cānjiā,不出席 bù chūxí,不到场 bù dàochǎng;被删去 bèi shānqù,略去 lüèqù;昏厥 hūnjué
wegen *prp*(G) 由于 yóuyú: ~ des schlechten Wetters konnten wir nicht weiter fahren 由于天气恶劣,我们不能继续行驶;为了 wèile: ~ des Geldes (或 des Geldes ~) 为了钱
wegfahren* *vi*(s) 驶去 shǐqù,开走 kāizǒu;出发 chūfā,乘车去别处 chéng-

chē qù biéchù

wegfallen* *vi(s)* 删掉 shāndiào,略去 lüèqù,省去 shěngqù;被取消 bèi qǔxiāo

weggehen* *vi(s)* 离去 líqù,离开 líkāi;外出 wàichū,出门 chūmén

weghaben* *vt* 去掉 qùdiào,摆脱 bǎituō,除掉 chúdiào;得到(处罚等) dédào,遇到(不愉快的事) yùdào;了解 liǎojiě,懂得 dǒngde,掌握 zhǎngwò

wegjagen *vt* 赶跑 gǎnpǎo,驱走 qūzǒu,驱逐 qūzhú;开除 kāichú

wegkommen* *vi(s)* 离开 líkāi,离去 líqù,走开 zǒukāi;遗失 yíshī: hier kommt nichts weg 这里不会丢东西的;克服 kèfú,度过 dùguò,能忍受 néng rěnshòu: über diesen Verlust kam sie nicht weg 她还一直为这笔损失而难过

wegkriegen *vt* 弄掉 nòngdiào,洗掉 xǐdiào,去掉 qùdiào;搬开 bānkāi,移开 yíkāi;理解 lǐjiě,懂得 dǒngde,认识到 rènshidào

weglassen* *vt* 让…离去 ràng … líqù;省略 shěnglüè,略去 lüèqù,删掉 shāndiào

weglaufen* *vi(s)* 跑开 pǎokāi,溜掉 liūdiào,跑掉 pǎodiào;不辞而别 bùcí ér bié

weglegen *vt* 放下 fàngxià,把…搁于一边 bǎ … gē yú yìbiān;积蓄 jīxù

wegmachen *vt* 去掉 qùdiào,除去 chúqù,搞掉 gǎodiào,弄掉 nòngdiào

wegnehmen* *vt* 拿走 názǒu;夺去 duóqù,抢走 qiǎngzǒu: jm sein Geld ~ 把某人的钱抢走;占用 zhànyòng,占去 zhànqù: das nimmt mir zu viel Zeit weg 这占用了我太多的时间

wegräumen *vt* 清除 qīngchú,清理 qīnglǐ,收拾 shōushi: Schnee ~ 扫除积雪

wegrufen* *vt* 叫走 jiàozǒu,唤走 huànzǒu

wegscheren *rfl* 走开 zǒukāi,跑开 pǎokāi,滚开 gǔnkāi

wegschicken *vt* 邮寄 yóujì,寄走 jìzǒu;打发…走开 dǎfa … zǒukāi: jn ~ 打发某人走

wegschnappen *vt* 夺走 duózǒu,夺去 duóqù,抢走 qiǎngzǒu: jm etw ~ 夺去某人某物

wegstoßen* *vt* 推开 tuīkāi;撞开 zhuàngkāi;踢开 tīkāi: etw mit dem Fuß ~ 用脚踢开某物

wegtreten* *vi(s)* 走开 zǒukāi,走到一边 zǒudào yībiān;散队 sànduì,解散 jiěsàn: Weg(ge)treten! (军事口令)解散!

wegtun* *vt* 移去 yíqù,拿走 názǒu,收拾 shōushi;把…藏起来 bǎ … cángqǐlái;储存 chǔcún,积蓄 jīxù;丢掉 diūdiào,扔掉 rēngdiào

Wegweiser *m* 路标 lùbiāo,指路牌 zhǐlùpái;旅行指南 lǚxíng zhǐnán;入门书 rùménshū,指南 zhǐnán

Wegwerfartikel *m* 一次性用品 yīcìxìng yòngpǐn

wegwerfen* *vt* 扔掉 rēngdiào,丢掉 diūdiào,丢弃 diūqì: Keine brennenden Zigarettenreste ~! 不准乱丢点燃着的烟头!

wegwerfend *adj* 蔑视的 mièshìde,轻视的 qīngshìde,鄙弃的 bǐqìde: jn ~ behandeln 轻蔑地对待某人

Wegwerfflasche *f* 一次性瓶子 yīcìxìng píngzi

Wegwerfgesellschaft *f* (把能用的东西随便扔掉的)生活水平高的社会 shēnghuó shuǐpíng gāodē shèhuì

Wegwerfkleid *n* 一次性衣服 yīcìxìng yīfu

Wegwerfpackung *f* 一次性包装 yīcìxìng bāozhuāng

Wegwerfware *f* 一次性商品 yīcìxìng shāngpǐn

Wegwerfwindel *f* 一次性尿布 yīcìxìng niàobù

wegziehen* I *vt* 拉开 lākāi,拉走 lāzǒu II *vi(s)* 搬开 bānkāi,迁走 qiānzǒu,移居 yíjū

weh *adj* 痛的 tòngde,疼痛的 téngtòngde: er hat einen ~en Fuß 他一只脚痛;mit einem ~en Blick 以痛苦的目光;der Kopf tut mir ~ 我头痛;痛心的 tòngxīnde,悲伤的 bēishāngde,伤心的 shāngxīnde: mit diesen Worten hast du ihm ~ getan 你说这些话使他感到痛心

Weh *n* -(e)s, -e 痛苦 tòngkǔ,忧虑 yōulǜ,不幸 bùxìng: mit ~ und Ach 唉声叹气地,满腹牢骚地

Wehe *f* -, -n 积雪 jīxuě;积沙 jīshā;(产妇)阵痛 zhèntòng

wehen I *vi* 吹 chuī,刮 guā;飘扬 piāoyáng: die Fahnen ~ im Wind 旗在风中飘扬 II *vt* 吹走 chuīzǒu,吹掉 chuīdiào miánzhīwù, 本色亚麻织物 běnshǎi yàmá zhīwù

Weißwein *m* 白葡萄酒 bái pútáojiǔ

Weißwurst *f* 白色香肠 báisè xiāngcháng

Weisung *f* -, -en 指示 zhǐshì, 命令 mìnglìng

weit I *adj* 宽广的 kuānguǎngde, 宽阔的 kuānkuòde: ~e Straßen 宽阔的马路; ~ und breit 四处, 到处; 远的 yuǎnde, 遥远的 yáoyuǎnde: zwei Kilometer ~ 两公里远; bei ~em nicht 远远不 II *adv* 大大地 dàdàde, 远远地 yuǎnyuǎnde, 非常 fēicháng; (用于形容词比较级之前)…得多 … de duō: er ist ~ älter als ich 他的年龄比我大得多

Weitblick *m* 远见 yuǎnjiàn, 预见 yùjiàn: ein Politiker mit großem ~ 一位很有远见的政治家

weitblickend *adj* 有远见的 yǒu yuǎnjiàn de, 有预见的 yǒu yùjiàn de

Weite *f* -, -n 宽阔 kuānkuò, 辽阔 liáokuò; 宽度 kuāndù, 阔度 kuòdù; 遥远 yáoyuǎn, 远方 yuǎnfāng; 距离 jùlí; 口径 kǒujìng, 直径 zhíjìng

weiten *vt/rfl* 加宽 jiākuān, 放宽 fàngkuān; 变宽 biànkuān, 扩大 kuòdà

weiter I *adj* 进一步的 jìnyībùde, 此外的 cǐwàide, 其他的 qítāde: ohne ~es 毫不犹豫的, 立即 II *adv* 此外 cǐwài, 今后 jīnhòu; 继续地 jìxùde: Weiter! 继续下去! und so ~ (缩写: usw) 等等

weiterbilden *rfl* 深造 shēnzào, 进修 jìnxiū

weitererzählen *vt* 讲给别人听 jiǎnggěi biérén tīng, 转述 zhuǎnshù

weiterfahren* I *vi*(*s*) 继续行驶 jìxù xíngshǐ II *vt* 继续驾驶 jìxù jiàshǐ

Weiterfahrt *f* 继续行驶 jìxù xíngshǐ, 继续航行 jìxù hángxíng

weitergeben* *vt* 转交 zhuǎnjiāo 转送 zhuǎnsòng; 转告 zhuǎngào; 转达 zhuǎndá

weitergehen* *vi*(*s*) 继续前进 jìxù qiánjìn, 继续走 jìxù zǒu; (照老样子)继续下去 jìxù xiàqù: das kann so nicht ~ 再这样下去是不行的

weiterhin *adv* 将来 jiānglái, 今后 jīnhòu, 往后 wǎnghòu; 此外 cǐwài

weiterkommen* *vi*(*s*) 向前 xiàngqián, 前进 qiánjìn, 有进展 yǒu jìnzhǎn

weiterleiten *vt* 转交 zhuǎnjiāo; 转达 zhuǎndá; 转运 zhuǎnyùn

weitermachen *vt* 继续做下去 jìxù zuòxiàqù, 把…进行下去 bǎ … jìnxíng xiàqù

weitersagen *vt* 告诉(别人) gàosu, 转告 zhuǎngào

weiterverkaufen *vt* 转售 zhuǎnshòu, 转卖 zhuǎnmài

weitgehend *adj* 广泛的 guǎngfànde, 很大程度的 hěndà chéngdù de, 充分的 chōngfènde

weitherzig *adj* 慷慨的 kāngkǎide, 大方的 dàfāngde; 宽宏大量的 kuānhóng dàliàng de

weithin *adv* 老远 lǎoyuǎn, 直到远处 zhídào yuǎnchù; 在很大程度上 zài hěndà chéngdùshang

weitläufig *adj* 宽广的 kuānguǎngde, 宽大的 kuāndàde; 详尽的 xiángjìnde; 远亲的 yuǎnqīnde, 远房的 yuǎnfángde: ein ~ er Verwandter 一位远亲

weitreichend *adj* 广泛的 guǎngfànde, 深远的 shēnyuǎnde, 影响大的 yǐngxiǎng dàde

weitschweifig *adj* 详细的 xiángxìde, 冗长的 rǒngchángde, 啰唆的 luōsuōde

weitsichtig *adj* 远视的 yuǎnshìde; 有远见的 yǒu yuǎnjiàn de

Weitsichtigkeit *f* 远视 yuǎnshì; 远见 yuǎnjiàn, 英明 yīngmíng

Weitsprung *m* 跳远 tiàoyuǎn

weittragend *adj* 远程的 yuǎnchéngde; 广泛的 guǎngfànde, 有深远意义的 yǒu shēnyuǎn yìyì de

weitverbreitet *adj* 广泛流传的 guǎngfàn liúchuán de, 普遍的 pǔbiànde

Weizen *m* -s 小麦 xiǎomài

welcher, welche, welches

pron I (疑问代词)哪一个 nǎyīgè: Welches Kind meinst du? 你指的是哪个小孩? am welchen Tag 在哪天 II (关系代词)那一个 nàyīgè, 那些 nàxiē: der Mann, welcher die Tür öffnete, war mir unbekannt 开门的那一个男子我不认识 III (不定代词)一些 yīxiē, 几个 jǐgè: Ich habe keine Lust, hast du welche? 我没有兴趣, 你有吗? Hast du noch Geld? — ja, ich habe welches. 你还有钱吗? ——有一些。

welk *adj* 枯萎的 kūwěide, 凋谢的 diāoxiède; 起皱的 qǐzhòude

W

Werbebüro *n* 广告公司 guǎnggào gōngsī
Werbeertrag *m* 广告收入 guǎnggào shōurù
Werbefernsehen *n* 电视广告节目 diànshì guǎnggào jiémù
Werbefilm *m* 广告电影 guǎnggào diànyǐng
werben* **I** *vt* 征召 zhēngzhào，征募 zhēngmù；征求 zhēngqiú，招徕 zhāolái；谋求…支持（或赞助）móuqiú … zhīchí **II** *vi* 做广告 zuò guǎnggào，登广告 dēng guǎnggào，作宣传 zuò xuānchuán：für etw ～ 为某事物做广告；向…求爱 xiàng … qiú'ài：um ein Mädchen ～ 追求一姑娘
Werbeschrift *f* 广告印刷品 guǎnggào yìnshuāpǐn
Werbesendung *f* 广告节目 guǎnggào jiémù
Werbepsychologie *f* 广告心理学 guǎnggào xīnlǐxué
Werbesprache *f* 广告用语 guǎnggào yòngyǔ
Werbetext *m* 广告短文 guǎnggào duǎnwén
Werbetexter *m* 做广告文章的人 zuò guǎnggào wénzhāng de rén，写广告说明的人 xiě guǎnggào shuōmíng de rén，广告词作者 guǎnggàocí zuòzhě
Werbeträger *m* 广告载体（广播、电视、报纸等）guǎnggào zàitǐ；做广告的知名人士（尤指体育明星）zuò guǎnggào de zhīmíng rénshì
Werbetrommel *f*（用于短语）die ～ (für jn / etw) rühren（或 schlagen）（为某人/某事）大做广告，大肆宣传
Werbung *f* -，-en 征召 zhēngzhào，征募 zhēngmù；招徕 zhāolái，广告 guǎnggào，宣传 xuānchuán，炒作 chǎozuò；征求 zhēngqiú；追求 zhuīqiú，求婚 qiúhūn
Werbungskosten *pl* 广告费 guǎnggàofèi
werden* **I** *vi*(*s*) 变为 biànwéi，成为 chéngwéi：er wird Lehrer 他将成为教师；sie ist ganz anders geworden 她完全变了样；es wird kalt 天气转冷；开始感觉到 kāishǐ gǎnjuédào：mir wird warm 我觉得暖和；发生 fāshēng，产生 chǎnshēng：Und was wird，wenn er nicht kommt? 如果他不来，会发生什么事呢？ **II** *aux*（与其他动词不定式构成将来时）将 jiāng，将要 jiāngyào；可能 kěnéng，也许 yěxǔ：er wird bald gehen 他马上就走；das wird schon so sein 也许会是这样的；（构成被动态）er wurde gelobt 他受到了表扬
werfen* **I** *vt* 掷 zhì，抛 pāo，投 tóu，扔 rēng：einen Ball ～ 投球；etw ins Wasser ～ 把某物扔进水中；形成 xíngchéng，产生 chǎnshēng：das kochende Wasser wirft Blasen 沸水泛起水泡；（动物）产（仔）chǎn **II** *rfl* 扑向 pūxiàng：sich aufs Pferd ～ 跃上马；弯曲 wānqū，变形 biànxíng：das Holz hat sich geworfen 木料变了形
Werft *f* -，-en 船厂 chuánchǎng，船坞 chuánwù
Werk *n* -(e)s，-e 工厂 gōngchǎng；产品 chǎnpǐn，（文艺）作品 zuòpǐn，创作 chuàngzuò；著作 zhùzuò；工作 gōngzuò，活动 huódòng，事业 shìyè；机械装置 jīxiè zhuāngzhì
Werkbank *f* 工作台 gōngzuòtái
werken *vi* 劳动 láodòng，干活 gànhuó，工作 gōngzuò
werkgerecht *adj* 符合原著精神的 fúhé yuánzhù jīngshen de
werkgetreu *adj* 忠实于原著的 zhōngshí yú yuánzhù de
Werkhalle *f* 车间大厅 chējiān dàtīng
Werkküche *f* 工厂食堂 gōngchǎng shítáng
Werkküchenessen *n* 工厂食堂伙食 gōngchǎng shítáng huǒshí
Werkmeister *m* 领班 lǐngbān，工头 gōngtóu，车间主任 chējiān zhǔrèn，工场场长 gōngchǎng chǎngzhǎng
Werkstatt *f* -，-en，**Werkstätte** *f* 车间 chējiān，工场 gōngchǎng，作坊 zuōfang；（艺术家）工作室 gōngzuòshì
Werkstoff *m* 材料 cáiliào，原料 yuánliào
Werkstück *n* 工件 gōngjiàn
Werktag *m* 工作日 gōngzuòrì
werktags *adv* 在工作日 zài gōngzuòrì
werktätig *adj* 劳动的 láodòngde，工作的 gōngzuòde
Werktätige *m/f*（按形容词变化）劳动者 láodòngzhě，工人 gōngrén
Werkzeug *n* 工具 gōngjù，器具 qìjù
Wermut *m* -(e)s 洋艾 yángài，苦艾 kǔyì；苦艾酒 kǔaijiǔ
wert *adj/adv* 有价值的 yǒu jiàzhí de，值得的 zhídéde，值…钱 zhí … qián：die

alte Uhr ist viel ～ 这只旧钟(表)很值钱; das Kleid ist 200 Euro ～ 这件衣服值 200 欧元; seine Hilfe ist mir wenig ～ 他的帮助对我没多大价值; etw ist nicht der Mühe ～ 某事不值得花力气去做;尊敬的 zūnjìngde,尊贵的 zūnguìde: Werter Herr! 尊敬的先生!

Wert *m* -(e)s, -e 价格 jiàgé,价值 jiàzhí;贵重物品 guìzhòng wùpǐn,财物 cáiwù;重要性 zhòngyàoxìng,意义 yìyì;数值 shùzhí,值 zhí,数据 shùjù

wertbeständig *adj* 价值固定的 jiàzhí gùdìng de,稳定的 wěndìngde

Wertbrief *m* 保价信 bǎojiàxìn

werten *vt* 评价 píngjià,估价 gūjià,评估 pínggū

Wertgegenstand *m* 贵重物品 guìzhòng wùpǐn

Wertgesetz *n* 价值规律 jiàzhí guīlǜ

wertlos *adj* 无价值的 wú jiàzhí de;无用的 wúyòngde

Wertminderung *f* 贬值 biǎnzhí

Wertobjekt *n* 贵重物品 guìzhòng wùpǐn

Wertpapier *n* 有价证券 yǒujià zhèngquàn

Wertpapierbörse *f* 证券交易所 zhèngquàn jiāoyìsuǒ

Wertsachen *pl* 贵重物品 guìzhòng wùpǐn

Wertschätzung *f* 尊重 zūnzhòng,尊敬 zūnjìng,重视 zhòngshì

wertvoll *adj* 有价值的 yǒu jiàzhí de,重要的 zhòngyàode,有用的 yǒuyòngde;值钱的 zhíqiánde,贵重的 guìzhòngde,珍贵的 zhēnguìde

Wesen *n* -s, - 本质 běnzhì,特性 tèxìng;本性 běnxìng,性格 xìnggé,气质 qìzhì,品性 pǐnxìng;生物 shēngwù,人 rén

wesenlos *adj* 无实质的 wú shízhì de;不重要的 bù zhòngyàode

Wesenszug *m* 性格特征 xìnggé tèzhēng,特性 tèxìng

wesentlich I *adj* 本质的 běnzhìde,基本的 jīběnde,重要的 zhòngyàode II *adv* 大大地 dàdàde,比…得多 bǐ … de duō: er ist ～ größer als sein Bruder 他比他兄弟高大得多

weshalb *adv*/*cj* 为什么 wèishénme;因此 yīncǐ,所以 suǒyǐ

Wespe *f* -, -n 马蜂 mǎfēng,胡蜂 húfēng

Wespennest *n* 马蜂窝 mǎfēngwō: in ein ～ greifen (或 stechen) 捅马蜂窝(指敢于做棘手的事)

West *m* -(e)s, -e 西风 xīfēng;(无冠词,词形不变)西 xī,西方 xīfāng;(用于地点名称之后)西 xī,西区 xī qū,西面 xīmiàn

Weste *f* -, -n 背心 bèixīn,马甲 mǎjiǎ

Westen *m* -s 西 xī,西方 xīfāng;西部地区 xībù dìqū;西欧 Xīōu;西方国家 xīfāng guójiā

Western *m* -(s), - 北美西部惊险(影)片 běiměi xībù jīngxiǎnpiān,西部影片 xībù yǐngpiàn

westlich I *adj* 西方的 xīfāngde;西面的 xīmiànde,西部的 xībùde: ～e Länder 西方国家 II *prp* (G) 在…西面 zài … xīmiàn,在…西侧 zài … xīcè: ～ des Rheins 在莱茵河西岸; ～ von Leipzig 莱比锡西部

Westwind *m* 西风 xīfēng

Wettbewerb *m* 比赛 bǐsài,竞赛 jìngsài;竞争 jìngzhēng

wettbewerbsfähig *adj* 有竞争能力的 yǒu jìngzhēng nénglì de

Wettbüro *n* 打赌场 dǎdǔchǎng

Wette *f* -, -n 打赌 dǎdǔ: (mit jm) eine ～ abschließen (或 eingehen) (与某人)打赌; eine ～ gewinnen 打赌获胜;竞赛 jìngsài,比赛 bǐsài: (mit jm) um die ～ laufen [fahren] (与某人)比赛跑[赛车]

wetteifern *vi* 竞争 jìngzhēng,争夺 zhēngduó,竞赛 jìngsài: mit jm um etw ～ 为某事物与某人竞争

wetten *vi* 赌 dǔ,打赌 dǎdǔ: mit jm um etw ～ 与某人打赌某事物; auf ein Pferd [einen Boxer] ～ 把赌注下在一匹马[一个拳击手]上;确信 quèxìn,深信 shēnxìn: ich wette, er kommt heute nicht 我可以肯定,他今天不会来

Wetter *n* -s, - 天气 tiānqì,气候 qìhòu: Wie ist das ～? 天气怎样?

Wetterbericht *m* 天气预报 tiānqì yùbào

Wetterdienst *m* 气象业务(总称) qìxiàng yèwù

wetterfest *adj* 防风雨的 fáng fēngyǔ de

Wetterfleck *m* 雨披 yǔpī

Wetterkarte *f* 天气形势图 tiānqì xíngshìtú,气象图 qìxiàngtú

wettern *vi* 下雷雨 xià léiyǔ,下暴雨 xià bàoyǔ: es wettert 下暴雨;破口大骂 pòkǒu dà mà,咒骂 zhòumà: über etw [jn]

wiederbesetzen *vt* 填补 tiánbǔ; 重新占领 chóngxīn zhànlǐng
wiedereindecken *vt* 补充 bǔchōng, 补足 bǔzú
wiedererkennen* *vt* 重新认识 chóngxīn rènshi, 重新认出 chóngxīn rènchū: nach den vielen Jahren hatte ich sie kaum wiedererkannt 多年之后,我几乎认不出她来了
wiederfinden* *vt* 重新找到 chóngxīn zhǎodào, 找回 zhǎohuí
Wiedergabe *f* 复制(品) fùzhì, 复述 fùshù, 描述 miáoshù, 阐述 chǎnshù; 表演 biǎoyǎn, 演奏 yǎnzòu; 重版(本) chóngbǎn; 归还 guīhuán
Wiedergeburt *f* 再生 zàishēng, 转世 zhuǎnshì; 复兴 fùxīng, 复苏 fùsū
wiedergutmachen *vt* 赔偿 péicháng, 弥补 míbǔ, 补偿 bǔcháng
wiederherstellen *vt* 恢复 huīfù; 修缮 xiūshàn, 修复 xiūfù
wiederholen *vt* 重新取回 chóngxīn qǔhuí; 重新接回 chóngxīn jiēhuí: jn ~ 重新接回某人
wiederholen I *vt* 重复 chóngfù, 重做 chóngzuò, 重说 chóngshuō: etw kurz ~ 简短地重复某事; 温习 wēnxí, 复习 fùxí II *rfl* 重复 chóngfù, 反复讲 fǎnfùjiǎng
wiederholt *adj* 一再的 yīzàide, 重复的 chóngfùde, 反复的 fǎnfùde
Wiederholung *f* 重复 chóngfù, 复习 fùxí
Wiederhören *n* -s (用于短语) Auf ~! (广播、电话结束时用)再见!
wiederkäuen *vi/vt* (动物)反刍 fǎnchú; 反复说 fǎnfùshuō, 一再重复 yīzài chóngfù, 唠叨 láodao
Wiederkäuer *m* -s, - 反刍动物 fǎnchú dòngwù
Wiederkehr *f* - 回来 huílái, 归来 guīlái, 返回 fǎnhuí; 重复出现 chóngfù chūxiàn, 重新出现 chóngxīn chūxiàn
wiederkehren *vi(s)* 回来 huílái, 归来 guīlái, 返回 fǎnhuí; 重复出现 chóngfù chūxiàn, 重新出现 chóngxīn chūxiàn
wiederkommen* *vi(s)* 再来 zàilái; 归来 guīlái, 返回 fǎnhuí; 重复 chóngfù, 再次出现 zàicì chūxiàn
wiedersehen* *vt/rfl* 再见 zàijiàn, 重逢 chóngféng, 又见到 yòujiàndào
Wiedersehen *n* -s, - 再见 zàijiàn, 再会 zàihuì: Auf ~! 再见!
wiederum *adv* 再次 zàicì, 重新 chóngxīn; 反之 fǎnzhī
wiedervereinigen *vt* 使重新统一 shǐ chóngxīn tǒngyī, 使重新联合 shǐ chóngxīn liánhé
Wiedervereinigung *f* 重新统一 chóngxīn tǒngyī
Wiederwahl *f* 重新选举 chóngxīn xuǎnjǔ, 再选 zàixuǎn
wiederwählen *vt* 重选 chóngxuǎn
Wiege *f* -, -n 摇篮 yáolán, 策源地 cèyuándì, 发源地 fāyuándì
wiegen* I *vt* (称)重量 zhòngliàng II *vi* 重量为 zhòngliàng wéi, 体重为 tǐzhòng wéi: er wog 70 kg 他体重 70 千克(公斤)
wiegen I *vt* 轻摇 qīngyáo, 摇动 yáodòng, 摇晃 yáohuàng; 切碎 qiēsuì II *rfl* 摇摆 yáobǎi, 摇晃 yáohuàng
Wiegenlied *n* 摇篮曲 yáolánqǔ
wiehern *vi* (马)嘶 sī; 放声大笑 fàngshēng dàxiào, 狂笑 kuángxiào
Wiese *f* -, -n 草地 cǎodì, 草坪 cǎopíng
Wiesel *n* -s, - 鼬属 yòushǔ
wieso *adv* 怎么 zěnme, 为什么 wèishénme: Wieso denn? 怎么搞的?
wieviel *adv* (疑问副词)多少 duōshǎo, 若干 ruògān: Wieviel Uhr ist es? 现在几点? Der ~ te ist heute? 今天是几号? (用于感叹)那么多 nàmeduō: Wieviel Schönes habe ich gesehen! 我看到那么多的美景!
wieweit *cj* 达到何种程度 dádào hézhǒng chéngdù
wild *adj* 野的 yěde, 野生的 yěshēngde; 未驯服的 wèi xùnfúde; 剧烈的 jùliede, 狂烈的 kuángliède; 暴怒的 bàonùde, 狂怒的 kuángnùde; 原始的 yuánshǐde, 未开化的 wèi kāihuà de; 放荡不羁的 fàngdàng bùjī de; (马)受惊的 shòujīngde, 惊怯的 jīngqiède; 散乱的 sǎnluànde, 乱蓬蓬的 luànpēngpēngde
Wild *n* -(e)s 野兽 yěshòu, 野生动物 yěshēng dòngwù
Wildbach *m* 山涧 shānjiàn
Wildbret *n* -s 野兽的肉 yěshòu de ròu, 野味 yěwèi
Wilddieb *m* 偷猎者 tōulièzhě
Wilde *m/f* (按形容词变化)野人 yěrén, 野蛮人 yěmánrén
Wilderer *m* -s, - 偷猎者 tōulièzhě, 私猎者 sīlièzhě

wildern *vi* 偷猎 tōuliè，私猎 sīliè
Wildfang *m* （鹿等的）捕猎器 bǔlièqì；野孩子 yěháizi，顽童 wántóng
wildfremd *adj* 完全陌生的 wánquán mòshēng de
Wildhüter *m* 猎场看守人 lièchǎng kānshǒurén
Wildleder *n* -s （柔软的）鹿皮 lùpí，狍子皮 páozipí，羊皮 yángpí
Wildnis *f* -，-se 荒芜的地方 huāngwúde dìfāng，荒野 huāngyě
Wildschwein *n* 野猪 yězhū
Wildtier *n* 野生动物 yěshēng dòngwù
Wille *m* -ns，-n 意志 yìzhì，决心 juéxīn；愿望 yuànwàng，意愿 yìyuàn：etw aus freiem ～n tun （出于）自愿干某事；beim besten ～n nicht 不可能；wo ein ～ ist，ist auch ein Weg 有志者事竟成
willen *prp* （*G*） （用于短语） um … ～ 为了…；um der Kinder （*G*） ～ 为了孩子们；tu es um unserer Freunlschaft ～ 为了我们的友谊你就干吧！
willenlos *adj* 无意志的 wú yìzhì de，意志薄弱的 yìzhì bóruò de
willens *adj* （用于短语） ～ sein 愿意打算，准备
Willenskraft *f* 意志力 yìzhìlì
willensschwach *adj* 意志薄弱的 yìzhì bóruò de
willensstark *adj* 意志坚强的 yìzhì jiānqiáng de
willfährig *adj* 唯命是从的 wéi mìng shì cóng de，屈从的 qūcóngde，顺从的 shùncóngde
willig *adj* 乐意的 lèyìde，愿意的 yuànyìde，心甘情愿的 xīngān qíngyuàn de
willkommen *adj* 受欢迎的 shòu huānyíng de，令人高兴的 lìng rén gāoxìng de：jn ～ heißen 欢迎某人；jm （herzlich） ～ sein 受某人（衷心）欢迎；eine ～e Nachricht 一条令人高兴的消息
Willkür *f* 任意 rènyì，肆意 sìyì，任性 rènxìng；专制 zhuānzhì，专断 zhuānduàn，独裁 dúcái
Willkürherrschaft *f* 专制统治 zhuānzhì tǒngzhì，独裁统治 dúcái tǒngzhì
willkürlich *adj* 任意的 rènyìde，随意的 suíyìde；专断的 zhuānduànde，为所欲为的 wéi suǒ yù wéi de，独裁的 dúcáide
wimmeln *vi* 密集 mìjí，云集 yúnjí；挤满 jǐmǎn；充满 chōngmǎn
wimmern *vi* 呜咽 wūyè，啜泣 chuòqì，哀叹 āitàn
Wimpel *m* -s，- 小三角旗 xiǎo sānjiǎoqí
Wimper *f* -，-n 睫毛 jiémáo
Wind *m* -(e)s，-e 风 fēng：bei （或 in） ～ und Wetter 在刮风下雨天，在风雨交加中；von jm [etw] ～ nehmen 探听某人[某事]；etw in den ～ schlagen 对某事置之不理；～ von etw bekommen 得到关于某事的风声
Winde *f* -，-n 辘轳 lùlú，绞盘 jiǎopán，卷扬机 juǎnyángjī
Windel *f* -，-n 尿布 niàobù，襁褓 qiǎngbǎo
windelweich *adj* （用于短语） jn ～ hauen （或 prügeln，schlagen） 狠揍某人
winden* **I** *vt* 盘绕 pánrào，卷绕 juǎnrào，缠绕 chánrào：ein rotes Tuch um den Hals ～ 把一块红布缠在脖子上；缠成 chánchéng，包卷成 bāojuǎnchéng：Blumen zum Kranz ～ 把花扎成花圈；（用绞盘、起重机）绞起 jiǎoqǐ **II** *rfl* 盘绕 pánrào，缠绕 chánrào：der Efeu windet sich um den Stamm 常春藤缠绕在树干上；蠕动 rúdòng，爬行 páxíng：die Schlange windet sich 蛇蠕动着；蜿蜒 wānyán，曲折地前进 qūzhéde qiánjìn；闪烁其词 shǎnshuò qící，托词 tuōcí
Windeseile *f* （用于短语） mit （或 in） ～ 飞快地，飞速地
Windhose *f* 旋风 xuànfēng，龙卷风 lóngjuǎnfēng
Windhund *m* 灵猩（一种头小身体细长善跑的狗） língtí
windig *adj* 有风的 yǒufēngde，风大的 fēngdàde；很可疑的 hěn kěyí de，靠不住的 kàobuzhùde
Windjacke *f* 风衣 fēngyī，防雨夹克 fángyǔ jiākè
Windkraftwerk *n* 风力发电厂 fēnglì fādiànchǎng
Windmühle *f* 风车 fēngchē，风磨 fēngmò
Windpocken *pl* 风疹 fēngzhěn，水痘 shuǐdòu
Windrichtung *f* 风向 fēngxiàng
Windschatten *m* 背风面 bèifēngmiàn，避风面 bìfēngmiàn，下风 xiàfēng
windschief *adj* 歪斜的 wāixiéde，歪歪扭扭的 wāiwainiǔniǔde
Windschutzscheibe *f* （汽车前面

的)挡风玻璃 dǎngfēng bōlí
windstill *adj* 无风的 wúfēngde
Windstille *f* 风平浪静 fēngpíng làngjìng,无风 wúfēng
Windstoß *m* 阵风 zhènfēng
Windung *f* -, -en 蜿蜒 wānyán,蛇行 shéxíng;弯曲 wānqū;螺纹 luówén;绕阻 ràozǔ,线圈 xiànquān
Wink *m* -(e)s, -e (用挥手、眨眼等)示意 shìyì,暗示 ànshì: jm einen ～ geben, etw zu tun 暗示某人做某事
Winkel *m* -s, - 角 jiǎo,角度 jiǎodù;角规 jiǎoguī,角尺 jiǎochǐ;角落 jiǎoluò;冷僻处 lěngpìchù,隐蔽处 yǐnbìchù
Winkelmesser *m* 量角器 liángjiǎoqì
Winkelzug *m* 借口 jièkǒu,遁词 dùncí;手段 shǒuduàn,手法 shǒufǎ,诡计 guǐjì
winken *vi/vt* 示意 shìyì,暗示 ànshì,招手 zhāoshǒu: jm mit den Augen ～ 用眼睛向某人示意; ich winke ihn zu mir 我示意他到我这里来
winseln *vi* (狗等)发哀鸣声 fā āimíngshēng;哀求 āiqiú;哀诉 āisù,哀泣 āiqì
Winter *m* -s, - 冬天 dōngtiān,冬季 dōngjì: den ～ über 过冬
Winterbader *m* 冬泳者 dōngyǒngzhě
Wintergarten *m* 温室 wēnshì,暖房 nuǎnfáng
winterlich *adj* 冬天的 dōngtiānde,冬季的 dōngjìde;冬天般的 dōngtiānbānde,寒冷的 hánlěngde
Winterschlaf *m* (动物的)冬眠 dōngmián,越冬 yuèdōng
Winterschlussverkauf *m* 冬末换季大贱卖(大减价) dōngmò huànjì dàjiànmài
Wintersport *m* 冬季运动 dōngjì yùndòng,冰上运动 bīngshàng yùndòng,滑雪运动 huáxuě yùndòng
Winzer *m* -s, - 种植葡萄者 zhòngzhí pútáo zhě,葡萄园主 pútáoyuánzhǔ
winzig *adj* 微小的 wēixiǎode,很小的 hěnxiǎode,极小的 jíxiǎode
Wipfel *m* -s, - 树梢 shùshāo
Wippe *f* -, -n 跷跷板 qiāoqiaobǎn
wippen *vi* 跷动 qiāodòng,摆动 bǎidòng;玩跷跷板 wán qiāoqiaobǎn
wir *pron* 我们 wǒmen
Wirbel *m* -s, - 急转 jízhuǎn,旋转 xuánzhuǎn;漩涡 xuánwō;鼓的急敲声 gǔ de jíqiāoshēng;椎骨 zhuīgǔ
wirbelig *adj* 眩晕的 xuànyùnde;好动的 hàodòngde
wirbeln **I** *vi*(*s*) (水起)旋涡 xuánwō,旋转 xuánzhuǎn **II** *vi* (*h*) 眩晕 xuànyùn: mir wirbelt der Kopf 我头晕;(鼓)发出咚咚声 fāchū dōngdōngshēng **III** *vt* 使卷起 shǐ juǎnqǐ,使起漩涡 shǐ qǐ xuánwō,使旋转 shǐ xuánzhuǎn
Wirbelsäule *f* 脊柱 jǐzhù,脊椎骨 jǐzhuīgǔ
Wirbelsturm *m* 旋风暴 xuànfēngbào
Wirbeltier *n* 脊椎动物 jǐzhuī dòngwù
wirken **I** *vt* 做 zuò,创造 chuàngzào,完成 wánchéng: er hat viel Gutes gewirkt 他做过许多好事;编织 biānzhī: Teppiche ～ 编织地毯;揉匀 róuyún: den Teig ～ 揉面团 **II** *vi* 工作 gōngzuò,活动 huódòng;起作用 qǐ zuòyòng,产生影响 chǎnshēng yǐngxiǎng;给人印象 gěi rén yìnxiàng
wirklich **I** *adj* 真正的 zhēnzhèngde,真实的 zhēnshíde,确实的 quèshíde **II** *adv* 真的 zhēnde,的确 díquè,确实 quèshí: Ist das ～ wahr? 这的确是真的吗?
Wirklichkeit *f* -, -en 事实 shìshí,现实 xiànshí,真实 zhēnshí
wirklichkeitsfremd *adj* 不符合事实的 bù fúhé shìshí de;不顾事实的 búgù shìshí de,脱离实际的 tuōlí shíjì de
wirklichkeitsnah *adj* 现实的 xiànshíde,符合事实的 fúhé shìshí de,顾及事实的 gùjí shìshí de
wirksam *adj* 有效的 yǒuxiàode,有积极作用的 yǒu jījí zuòyòng de
Wirksamkeit *f* 作用 zuòyòng,效果 xiàoguǒ
Wirkung *f* -, -en 作用 zuòyòng,效果 xiàoguǒ: zur ～ kommen 生效;影响 yǐngxiǎng,反应 fǎnyìng
Wirkungsbereich *m* 活动范围 huódòng fànwéi,工作范围 gōngzuò fànwéi,有效范围 yǒuxiào fànwéi
Wirkungsgrad *m* 效率 xiàolǜ
wirkungslos *adj* 不起作用的 bù qǐ zuòyòng de,无影响的 wú yǐngxiǎng de,无效的 wúxiàode
wirkungsvoll *adj* 十分有效的 shífēn yǒuxiàode,非常有影响的 fēicháng yǒu yǐngxiǎng de
Wirkwaren *pl* 编织物 biānzhīwù,针织品 zhēnzhīpǐn
wirr *adj* 混乱的 hùnluànde,杂乱的 záluànde: ein ～es Durcheinander von

Büchern 书籍杂乱无章；不清楚的 bu qīngchude

Wirren *pl* 动乱 dòngluàn，骚乱 sāoluàn，混乱 hùnluàn，动荡 dòngdàng

Wirrkopf *m* 头脑糊涂的人 tóunǎo hútu de rén，头脑混乱的人 tóunǎo hùnluàn de rén

Wirrnis *f* -，-se 混乱 hùnluàn，纷乱 fēnluàn，无秩序 wúzhìxù

Wirrwarr *m* -s 混乱 hùnluàn，杂乱无章 záluàn wú zhāng

Wirt *m* -(e)s，-e 店主 diànzhǔ，饭店主人 fàndiàn zhǔrén，老板 lǎobǎn；主人 zhǔrén；房屋出租者 fángwū chūzūzhě，房主 fángzhǔ

Wirtschaft *f* -，-en 经济 jīngjì；家务 jiāwù；小酒店 xiǎo jiǔdiàn，饭店 fàndiàn；混乱 hùnluàn，杂乱 záluàn；麻烦 máfan

wirtschaften *vi* 经营 jīngyíng，管理 guǎnlǐ；料理家务 liàolǐ jiāwù；干(家务)活 gànhuó：in der Küche ～ 在厨房忙碌

wirtschaftlich *adj* 经济的 jīngjìde，合算的 hésuànde；节约的 jiéyuēde，节俭的 jiéjiǎnde

Wirtschaftsberater *m* 经济顾问 jīngjì gùwèn

Wirtschaftsblockade *f* 经济封锁 jīngjì fēngsuǒ

Wirtschaftsdelikt *n* 经济领域的犯罪活动 jīngjì lǐngyù de fànzuì huódòng

Wirtschaftseinheit *f* 经济单位 jīngjì dānwèi，经济实体 jīngjì shítǐ

Wirtschaftsembargo *n* 经济封锁 jīngjì fēngsuǒ，禁运 jìnyùn

Wirtschaftsflaute *f* 经济不景气 jīngjì bùjǐngqì，经济萧条 jīngjì xiāotiáo

Wirtschaftsgeld *n* 家庭开支 jiātíng kāizhī，家庭费用 jiātíng fèiyong

Wirtschaftsgemeinschaft *f* 经济共同体 jīngjì gòngtóngtǐ：Europäische ～ (EWG) 欧洲经济共同体

Wirtschaftsgipfel *m* 经济问题首脑会议 jīngjì wèntí shǒunǎo huìyì

Wirtschaftsintegration *f* 经济一体化 jīngjì yītǐhuà

Wirtschaftsjahr *n* 财政年度 cáizhèng niándù

Wirtschaftsjurist *m* 经济法律家 jīngjì fǎlǜ jiā

Wirtschaftskampf *m* 经济战 jīngjìzhàn

Wirtschaftskraft *f* 经济实力 jīngjì shílì

Wirtschaftskrieg *m* 经济战 jīngjìzhàn，贸易战 màoyìzhàn

Wirtschaftskrise *f* 经济危机 jīngjì wēijī

Wirtschaftsmacht *f* 经济强国 jīngjì qiángguó，经济大国 jīngjì dàguó

Wirtschaftsminister *m* 经济部长 jīngjì bùzhǎng

Wirtschaftsmodernisierung *f* 经济现代化 jīngjì xiàndàihuà

Wirtschaftsmonopol *n* 经济垄断 jīngjì lǒngduàn

Wirtschaftspolitik *f* 经济政策 jīngjì zhèngcè

Wirtschaftsprüfer *m* 审计师 shěnjìshī

Wirtschaftsreform *f* 经济改革 jīngjì gǎigé

Wirtschaftssabotage [... taʒə] *f* 经济破坏活动 jīngjì pòhuài huódòng

Wirtschaftssanktionen *pl* 经济制裁 jīngjì zhìcái

Wirtschaftsspionage *f* 经济间谍活动 jīngjì jiàndié huódòng

Wirtschaftssprache *f* 经济语言 jīngjì yǔyán 经济术语 jīngjì shùyǔ

Wirtschaftsstruktur *f* 经济结构 jīngjì jiégòu

Wirtschaftsverband *m* (行业的)经济联合会 jīngjì liánhéhuì

Wirtschaftsverhandlung *f* 经济协商 jīngjì xiéshāng，经济谈判 jīngjì tánpàn

Wirtschaftsverkehr *m* 经济往来 jīngjì wǎnglái

Wirtschaftsvertrag *m* 国家间的经济条约 *guójiā jiān de jīngjì tiáoyuē*；企业间的经济合同 qǐyè jiān de jīngjì hétong

Wirtschaftsvorschau *f* 经济前景 jīngjì qiánjǐng

Wirtschaftswachstum *n* 经济增长 jīngjì zēngzhǎng

Wirtschaftswert *m* 经济价值 jīngjì jiàzhí

Wirtschaftswissenschaften *pl* 经济学 jīngjìxué

Wirtschaftswunder *n* 经济奇迹 jīngjì qíjì

Wirtschaftswunderland *n* 创造

经济奇迹的国家 chuàngzào jīngjì qíjì de guójiā

Wirtshaus *n* 酒家 jiǔjiā，饭店 fàndiàn；小客栈 xiǎo kèzhàn

wischen *vt* 擦 cā，揩 kāi，抹 mā；擦净 cājìng，揩净 kāijìng：den Staub von den Möbeln ～ 抹去家具上的灰尘

Wischtuch *n* 干揩布 gānkāibù，干擦布 gāncābù

wispern *vi/vt* 低声耳语 dīshēng ěryǔ

Wissbegier(de) *f* 好学 hàoxué，求知欲 qiúzhīyù

wissbegierig *adj* 好学的 hàoxuéde，求知欲强的 qiúzhīyùqiángde

wissen* *vi/vt* 知道 zhīdào，懂得 dǒngde，了解 liǎojiě：etw genau ～ 详细了解某事；js Namen ～ 知道某人的名字；von dieser（或 um diese）Angelegenheit ～ 了解这件事；（与带 zu 不定式连用）会 huì，懂得 dǒngde，善于 shànyú：sie weiß gut mit Kindern umzugehen 她善于和孩子们打交道

Wissen *n* -s 知识 zhīshi，学识 xuéshí；知道 zhīdào，理解 lǐjiě

Wissenschaft *f* -，-en 科学 kēxué，学术 xuéshù；科学界 kēxuéjiè，学术界 xuéshùjiè

Wissenschaftler *m* -s，- 科学家 kēxuéjiā，科学工作者 kēxué gōngzuòzhě

wissenschaftlich *adj* 科学的 kēxuéde，学术的 xuéshùde，合乎科学的 héhū kēxué de

Wissenschaftstheorie *f* 科学理论 kēxué lǐlùn

Wissenschaftswissenschaft *f* 科学学 kēxuéxué

Wissensdurst *m* 求知欲 qiúzhīyù

Wissensgebiet *n* 知识领域 zhīshi lǐngyù

Wissenslücke *f* 知识缺陷（或空白点）zhīshi quēxiàn

Wissensspeicher *m* 知识库（指书、卡片等）zhīshikù

wissenswert *adj* 值得知道的 zhídé zhīdào de，值得了解的 zhídé liǎojiě de

wissentlich *adj* 故意的 gùyìde，有意识的 yǒu yìshi de，蓄意的 xùyìde

wittern *vt*（动物、猎犬）嗅到 xiùdào，闻到 wéndào；预感到 yùgǎndào，感觉到 gǎnjuédào

Witwe *f* -，-n 寡妇 guǎfu

Witwer *m* -s，- 鳏夫 guānfū

Witz *m* -es，-e 打趣话 dǎqùhuà，笑话 xiàohua，玩笑 wánxiào：～e machen 开玩笑；才智 cáizhì，机智 jīzhì，要害 yàohài，关键 guānjiàn

Witzblatt *n* 幽默杂志 yōumò zázhì，幽默专版 yōumò zhuānbǎn

witzeln *vi* 说笑话 shuōxiàohua，开玩笑 kāiwánxiào；讥笑 jīxiào，讽刺 fěngcì

witzig *adj* 幽默的 yōumòde，有趣的 yǒuqùde，诙谐的 huīxiéde

wo I *adv*（用作疑问副词）哪里 nǎli，在什么地方 zài shénme dìfang：Wo wohnt er？他住在什么地方？某处 mǒuchù，某地 mǒudì：das Buch muss doch ～ liegen 那本书必定放在什么地方了；（用作关系副词，表示地点）在那里 zài nàli：die Stelle，～（或 an der）das Unglück passierte 出事的地点；Bleib da，～ du bist！你呆在那里别动！（用作关系副词，表示时间）此时 cǐshí，那时 nàshí：den Tag，～（an dem）ich ihn zuerst sah，werde ich nie vergessen 我永远不会忘记我初次见到他的日子 II *cj* 既然 jìrán：du solltest nicht spazieren gehen，wo es doch so regnet 既然下这样大的雨，你就不该去散步；虽然 suīrán，即使 jíshǐ：jetzt bist du mir böse，wo ich doch so nett zu dir war 虽然我对你那么友好，现在你倒生起我的气来了

Woche *f* -，-n 星期 xīngqī，周 zhōu

Wochenbett *n* 产褥期 chǎnrùqī，月子 yuèzi

Wochenblatt *n* 周报 zhōubào

Wochenende *n* 周末 zhōumò

Wochenendler *m* 在郊外度周末的人 zài jiāowài dù zhōumò de rén，周末郊游者 zhōumò jiāoyóu zhě

Wochenfürsorge *f* 对孕妇和产妇的照顾 duì yùnfù hé chǎnfù de zhàogù

wochenlang *adj* 数星期之久的 shù xīngqī zhī jiǔ de

Wochenschau *f*（电影）新闻周报 xīnwén zhōubào，一周新闻片 yīzhōu xīnwénpiān

Wochentag *m*（星期日或星期六和星期日以外的）工作日 gōngzuòrì

wöchentlich *adj* 每周的 měizhōude

Wöchnerin *f* -，-nen 产妇 chǎnfù

Wodka *m* -s，-s 伏特加（俄国的烈性烧酒）fútèjiā

wodurch *adv*（表示疑问）由于什么 yóuyú shénme：Wodurch wurde der Unfall verursacht? 这事故是由于什么原因引起的?(表示关系)因而 yīn'ér,因此 yīncǐ,由此 yóucǐ: er ist trotz des Verbotes aufgestanden, ～ sich seine Krankheit natürlich wieder verschlimmert hat 不顾(医生的)禁止,他仍起了床,因此他的病自然又加重了

wofür *adv* (表示疑问)为了什么 wèile shénme,为何目的 wèihé mùdì: Wofür willst du das haben? 你要这干什么用?(表示关系)为此 wèicǐ,因而 yīn'ér: er hat mir viel geholfen, ～ ich ihm sehr dankbar bin 他帮了我很多忙,对此我非常感激他

Woge *f* -, -n 浪涛 làngtāo,波涛 bōtāo,巨浪 jùlàng

woher *adv* (表示疑问)从何处 cóng héchù,由哪里 yóu nǎli: Woher weißt du das? 你从哪里知道此事?(表示关系)从那儿 cóng nàr: er fuhr dorthin, ～ er gekommen war 他到他来的地方去

wohin *adv* (表示疑问)向哪里 xiàng nǎli,向何处 xiàng héchù: Wohin gehst du? 你到哪里去?(表示关系)向那儿 xiàng nàr,去那儿 qù nàr: ihr könnt gehen, ～ ihr wollt 你们可以到你们愿意去的地方去

wohl I *adv* 好好地 hǎohǎode,仔细地 zǐxìde,妥善地 tuǒshànde;舒服 shūfu,身体很好 shēntǐ hěnhǎo,健康 jiànkāng;也许 yěxǔ,大概 dàgài;绝对 juéduì,一定 yīdìng,无疑 wúyí II *cj* 虽然 suīrán: ～ ... aber 虽然…但是

Wohl *n* -(e)s 幸福 xìngfú,福利 fúlì,健康 jiànkāng: Zum ～! (或 Auf Ihr ～!)(用于祝福)祝您健康!

Wohlbefinden *n* 舒适 shūshì,健康 jiànkāng,幸福 xìngfú

Wohlbehagen *n* 愉快 yúkuài,舒适 shūshì,惬意 qièyì

wohlbehalten *adv* 安然无恙地 ānran wúyàng de,安全地 ānquánde

wohlbekannt *adj* 众所周知的 zhòng suǒ zhōu zhī de

Wohlergehen *n* 幸福 xìngfú;康乐 kānglè;安好 ānhǎo

wohlerzogen *adj* 教养良好的 jiàoyǎng liánghǎo de,有教养的 yǒu jiàoyǎng de

Wohlfahrt *f* 福利 fúlì,社会救济 shèhuì jiùjì

Wohlgefallen *n* 愉快 yúkuài,高兴 gāoxìng,满足 mǎnzú,满意 mǎnyì

wohlgefällig *adj* 令人愉快的 lìng rén yúkuài de,合意的 héyìde,满意的 mǎnyìde

wohlgemeint *adj* 善意的 shànyìde

wohlgemut *adj* 心情愉快的 xīnqíng yúkuài de

wohlgenährt *adj* 吃得胖胖的 chīde pàngpàng de,肥胖的 féipàngde

Wohlgeruch *m* 香气 xiāngqì,香味 xiāngwèi,芳香 fāngxiāng

wohlgesinnt *adj* 好意的 hǎoyìde,善意的 shànyìde

wohlhabend *adj* 富的 fùde,富裕的 fùyùde,殷实的 yīnshíde

Wohlleben *n* 富裕的生活 fùyùde shēnghuó

wohlig *adj* 舒服的 shūfude,舒适的 shūshìde,惬意的 qièyìde

wohlriechend *adj* 香的 xiāngde,芬芳的 fēnfāngde

wohlschmeckend *adj* 美味可口的 měiwèi kěkǒu de

Wohlsein *n* 健康 jiànkāng,安好 ānhǎo (Zum) ～! 祝健康!(用于祝酒或对方打喷嚏时说)

Wohlstand *m* 富裕 fùyù,殷实 yīnshí

Wohlstandsbürger *m* 追求物质享受的公民 zhuīqiú wùzhì xiǎngshòu de gōngmín

Wohlstandsdenken *n* 追求物欲 zhuīqiú wùyù 追求物质享受 zhuīqiú wùzhì xiǎngshòu

Wohlstandsmüll *m* 富裕社会的垃圾(指能用的东西) fùyù shèhuì de lājī,有钱人扔掉的废物 yǒuqiánrén rēngdiào de fèiwù;(戏谑)离婚妇女 líhūn fùnǚ

Wohltat *f* 善举 shànjǔ,善行 shànxíng,善事 shànshì;令人舒服的事 lìng rén shūfu de shì

Wohltäter *m* 行善者 xíngshànzhě,捐助者 juānzhuzhě

wohltätig *adj* 行善的 xíngshànde,慈善的 císhànde

Wohltätigkeitsfonds *m* 慈善基金 císhàn jījīn

wohltuend *adj* 愉快的 yúkuàide,舒适的 shūshìde 惬意的 qièyìde

wohltun* *vi* 做好事 zuò hǎoshì,行善 xíngshàn;使人感到舒适 shǐ rén gǎndào shūshì

wohlverdient *adj* 应得的 yīngdéde,

W

wörtlich *adj* 照字面的 zhào zìmiàn de，逐字逐句的 zhú zì zhú jù de

wortlos *adj* 一言不发的 yì yán bù fā de，沉默的 chénmòde

Wortmeldung *f* 要求发言 yāoqiú fāyán

Wortschatz *m* 词汇 cíhuì；词汇量 cíhuìliàng

Wortspiel *n* 文字游戏 wénzì yóuxì；双关语 shuāngguānyǔ

Wortwechsel *m* 口角 kǒujué，争吵 zhēngchǎo；争论 zhēnglùn

wortwörtlich *adj* 忠实原文的 zhōngshí yuánwén de，照字面的 zhào zìmiàn de，逐字的 zhú zì de

worüber *adv* （表示疑问）关于什么 guānyú shénme，在什么上 zài shénme shàng：Worüber freust du dich? 你为什么高兴？（表示关系）对此 duìcǐ，对这方面 duì zhè fāngmiàn：das，～ sie sich streiten，ist nur eine Kleinigkeit 他们争吵的只是一件小事

worum *adv* （表示疑问）关于什么 guānyú shénme：Worum geht es eigentlich? （或 ～ handelt es sich denn?）这究竟是怎么回事？（表示关系）关于这方面 guānyú zhè fāngmiàn，对此 duìcǐ：er erzählte mir alles，～ ich gebeten hatte 他给我讲了我曾请求他讲的一切

worunter *adv* （表示疑问）在什么下面 zài shénme xiàmian，关于什么 guānyú shénme，在什么之中 zài shénme zhī zhōng：Worunter hat er die Zeitung gesteckt? 他把报纸塞到哪儿去了？（表示关系）在这下面 zài zhèxiàmiàn，关于这方面 guānyú zhè fāngmiàn，在其中 zài qízhōng：er gebrauchte viele neue Begriffe，～ ich mir kaum etwas vorstellen konnte 他使用了许多我几乎不能想像的新概念

wovon *adv* （表示疑问）关于什么 guānyú shénme，涉及何事 shèjí héshì：Wovon redest du eigentlich? 你究竟在谈什么？（表示关系）关于这方面 guānyú zhè fāngmiàn，对此事 duì cǐshì：das meiste，～ *die Rede* war，ist längst bekannt 所谈的事大都早已众所周知

wovor *adv* （表示疑问）在什么前面 zài shénme qiánmian，对于什么 duìyú shénme：Wovor hat das Kind Angst? 这孩子害怕什么？（表示关系）对这方面 duì zhè fāngmiàn，对此 duìcǐ：alles，～ er sich fürchtete，erwies sich als völlig harmlos 他所担心的一切，表明是完全无关紧要的

wozu *adv* （表示疑问）为何 wèihé，为什么目的 wèi shénme mùdì，关于什么 guānyú shénme，属于什么 shǔyú shénme：Wozu erzählen Sie mir das? 您为什么对我说这事呢？（表示关系）对这方面 duì zhè fāngmiàn，对此 duìcǐ，属于这个 shǔyú zhège：alles，～ du keine Lust hast，fällt dir schwer 凡你不感兴趣的事都使你感到困难

Wrack *n* -s，-s 破船 pòchuán，（车和飞机等的）残骸 cánhái

wringen* *vt* 拧 nǐng，绞 jiǎo；拧干 nǐnggān，绞干 jiǎogān：die Wäsche ～ 绞干洗的衣物

Wucher *m* -s 暴利 bàolì，高利贷 gāolìdài：～ treiben 放高利贷，暴利盘剥

Wucherer *m* -s，- 谋取暴利者 móuqǔ bàolì zhě，放高利贷者 fàng gāolìdài zhě

wucherisch *adj* 谋取暴利的 móuqǔ bàolì de，放高利贷的 fàng gāolìdài de

wuchern *vi*（*h*/*s*） 放高利贷 fàng gāolìdài；生长茂盛 shēngzhǎng màoshèng，丛生 cóngshēng，蔓生 mànshēng

Wucherpreis *m* 非法的高价 fēifǎde gāojià，过度的高价 guòdùde gāojià

Wuchs *m* -es 生长 shēngzhǎng，培育 péiyù；身段 shēnduàn，身材 shēncái

Wucht *f* - 力量 lìliang，重量 zhòngliàng；压力 yālì，影响 yǐngxiǎng；大量 dàliàng，大堆 dàduī；殴打 ōudǎ

wühlen **I** *vi* （用双手或前爪）挖掘 wājué，搜索 sōusuǒ，翻寻 fānxún **II** *vt* 挖 wā，掘 jué，钻 zuān：ein Loch ～ 挖一只洞

Wühltisch *m* （商店中供顾客挑选的）廉价商品台 liánjià shāngpǐn tái

wund *adj* 擦伤的 cāshāngde，受伤的 shòushāngde

Wunde *f* -，-n 创伤 chuāngshāng；伤口 shāngkǒu，创口 chuāngkǒu

Wunder *n* -s，- 奇迹 qíjì，奇迹般的事物 qíjìbānde shìwù，非凡的事例 fēifánde shìlì：～ tun （或 vollbringen）作出（或创造）奇迹

wunderbar *adj* 奇妙的 qímiàode，神奇的 shénqíde，精彩的 jīngcǎide；美妙的 měimiàode，极美的 jíměide；极好的 jíhǎode，了不起的 liǎobuqǐde

Wunderkind *n* 神童 shéntóng

wunderlich *adj* 奇特的 qítède,古怪的 gǔguàide

Wundermittel *n* 特效药 tèxiàoyào,万灵药 wànlíngyào

wundern I *rfl* 吃惊 chījīng,感到惊奇 gǎndào jīngqí: sich über etw (A) ～ 对某事感到惊奇 II *vt* 使惊奇 shǐ jīngqí,使诧异 shǐ chàyì: mich wundert, dass du ihn nicht kennst 你不认识他,这使我感到奇怪

wunderschön *adj* 非常美的 fēichángměide,美极的 měijíde,极好的 jíhǎode

wundervoll *adj* 好极的 hǎojíde,妙极的 miàojíde,奇妙的 qímiàode,美妙的 měimiàode

Wunderwerk *n* 杰作 jiézuò,惊人的成就 jīngrénde chéngjiù

Wunsch *m* -(e)s, ¨-e 愿望 yuànwàng,希望 xīwàng,意愿 yìyuàn: einen ～ haben [aussprechen] 怀有[表达]一种愿望;请求 qǐngqiú,要求 yāoqiú;祝贺 zhùhè,祝愿 zhùyuàn

wünschen *vt* 祝愿 zhùyuàn: jm von Herzen alles Gute ～ 衷心祝愿某人一切都好;希望 xīwàng,渴望 kěwàng,想要 xiǎngyào: etw sehnlich ～ 渴望地要求某事物; Was ～ Sie? 您想要点什么?

wunschgemäß *adv* 按照愿望地 ànzhào yuànwàng de,依照意愿地 yīzhào yìyuàn de

wünschenswert *adj* 值得想望的 zhídé xiǎngwàng de,值得欢迎的 zhíde huānyíng de,合乎需要的 héhū xūyào de

wunschlos *adj* 心满意足的 xīn mǎn yì zú de,十分满意的 shífēn mǎnyìde

Wunschsatz *m* 愿望句 yuànwàngjù

Würde *f* -, -n 尊严 zūnyán,威严 wēiyán,庄严 zhuāngyán,职位 zhíwèi,衔头 xiántóu;显职 xiǎnzhí;高贵地位 gāoguì dìwèi

würdelos *adj* 无尊严的 wú zūnyán de,有损尊严的 yǒu sǔn zūnyán de,不庄重的 bù zhuāngzhòngde

Würdeträger *m* 高官 gāoguān,身居要职者 shēn jū yàozhí zhě

würdevoll *adj* 庄严的 zhuāngyánde,庄重的 zhuāngzhòngde,端庄的 duānzhuāngde

würdig *adj* 庄严的 zhuāngyánde,庄重的 zhuāngzhòngde;值得的 zhídéde,该受的 gāishòude: du bist dieses Lobes ～ 你是配得上受这赞扬的

würdigen *vt* 正确评价 zhèngquè píngjià,肯定 kěndìng;赞赏 zànshǎng,赏识 shǎngshí,尊重 zūnzhòng;认为值得 rènwéi zhídé: jn seines Umgangs ～ 值得与某人交往

Würfe *m* -s, - 立方体 lìfāngtǐ;小方块 xiǎo fāngkuài;色子 shǎizi,骰子 tóuzi

würfeln *vi* 掷色子 zhì shǎizi,掷骰子 zhì tóuzi

Würfelspiel *n* 掷色子 zhì shǎizi

Würfelzucker *m* 方糖 fāngtáng

würgen I *vt* 扼住…的咽喉 èzhù … de yānhóu,掐住…的脖子 qiāzhù … de bózi: jn ～ 扼住某人的咽喉 II *vi* 哽塞 gěngsè,难以下咽 nányǐ xiàyàn: er würgte an seinem Essen 他感到饭菜难以咽下;呕吐 ǒutù: er musste ～ 他要呕吐

Wurm *m* -(e)s, ¨-er 蠕虫 rúchóng,蛆 qū,蠕形动物 rúxíng dòngwù

Wurst *f* -, ¨-e 香肠 xiāngcháng,腊肠 làcháng,灌肠 guàncháng

Würstchen *n* -s, - 小香肠 xiǎoxiāngcháng;无足轻重的人 wú zú qīng zhòng de rén,小人物 xiǎo rénwù

wurstig *adj* 不感兴趣的 bù gǎn xìngqù de,冷淡的 lěngdànde,漠不关心的 mò bù guānxīn de

Würze *f* -, -n 香料 xiāngliào,调味品 tiáowèipǐn,佐料 zuǒliào

Wurzel *f* -, -n 根 gēn;根源 gēnyuán,来源 láiyuán;(数学上的)根(数) gēn,平方根 píngfānggēn

wurzeln *vi* 生根 shēnggēn,扎根 zhāgēn

würzen *vt* 在…中加香料 zài … zhōng jiā xiāngliào,给…加调味品 gěi … jiā tiáowèipǐn;润色 rùnsè,使增添兴趣 shǐ zēngtiān xìngqù

würzig *adj* 加有香料的 jiā yǒu xiāngliào de,香味浓的 xiāngwèi nóngde;有趣的 yǒuqùde,妙趣横生的 miàoqù héngshēng de

wüst *adj* 荒凉的 huāngliángde;混乱的 hùnluànde;放荡的 fàngdàngde,粗野的 cūyěde

Wüste *f* -, -n 沙漠 shāmò,荒野 huāngyě

Wüstling *m* 纵欲者 zòngyùzhě,放荡者 fàngdàngzhě

Wut *f* - 愤怒 fènnù,暴怒 bàonù: voller ～ 气愤地; in ～ kommen (或 geraten)

W

Y

Yacht *f* -, -en 快艇 kuàitǐng, 赛艇 sàitǐng, 游艇 yóutǐng

Yagiantenne *f* -, -n 超短波天线 chāoduǎnbō tiānxiàn, 八木天线 bā mù tiānxiàn

Yak *m* -s, -s 牦牛 máoniú

Yankee [ˈjæŋkɪ] *m* -s, -s 美国佬 měiguólǎo

Yard (缩写: y., yd. 复数: yds.) *n* -s, -s 码(合 91.44 厘米) mǎ

Yen *m* -(s), -(s) 日元(日本货币单位) rìyuán

Yeti *m* -s, -s (传说中的喜马拉雅山)雪人 xuěrén

Yoga *m/n* -(s) (=Joga) 瑜伽 yújiā

Yoghurt *m/n* -s (=Joghurt) 酸牛奶 suānniúnǎi

Youngster [ˈjʌŋstə] *m* -s, -(s) 年轻运动员 niánqīng yùndòngyuán, 新手 xīnshǒu

Yuan *m* -(s), -(s) 圆 yuán, 元(人民币单位) yuán

Z

Zack（只用于短语）auf ～ sein 精通，掌握；jn auf ～ bringen 使某人工作有起色（或有成效）；etw auf ～ bringen 使某事物井井有条，使某事物焕然一新

Zacke *f* -，-n 尖端 jiānduān，尖角 jiānjiǎo；齿 chǐ，锯齿 jùchǐ

zackig *adj* 有尖角的 yǒu jiānjiǎo de，尖齿形的 jiānchǐxíngde；勇猛的 yǒngměngde，威武的 wēiwǔde；急促的 jícùde，匆匆的 cōngcōngde

zaghaft *adj* 胆怯的 dǎnqiède，害怕的 hàipàde，迟疑的 chíyíde

zäh *adj* 坚韧的 jiānrènde，坚硬的 jiānyìngde，咬不动的 yǎo bù dòng de；顽强的 wánqiángde，坚强的 jiānqiángde；黏稠的 niánchóude；稠的 chóude

zähflüssig *adj* 黏稠的 niánchóude，黏性的 niánxìngde

Zähigkeit *f* - 坚韧 jiānrèn，坚强 jiānqiáng，顽强 wánqiáng

Zahl *f* -，-en 数目 shùmù，数字 shùzì；数量 shùliàng

zahlbar *adj* 可支付的 kězhīfùde，（到期）应支付的 yīng zhīfù de

zahlen *vt/vi* 支付 zhīfù，付款 fùkuǎn；付清 fùqīng

zählen I *vi* 数 shǔ，计数 jìshù：von 1 bis 100 ～ 从 1 数到 100；指靠 zhǐkào，指望 zhǐwang：auf jn ～ 指靠某人；算入 suànrù，算在内 suàn zàinèi：er zählt zum Adel 他可算作贵族 **II** *vt* 数 shǔ，点 diǎn：die Anwesenden ～ 点出席人数；计有 jìyǒu：die Stadt zählt 500 000 Einwohner 这城市有 50 万人口；把…算作 bǎ … suànzuò：ich zähle ihn zu den größten Künstlern 我把他看作是最伟大的艺术家之一。

zahlenmäßig *adj* 按数量的 ànshùliàngde，数量上的 shùliàngshàngde

Zähler *m* -s，- 计数器 jìshùqì，计算器 jìsuànqì；计 jì，表 biǎo，器 qì；（数学上的）分子 fēnzǐ

Zahlkarte *f* 邮政储蓄存单 yóuzhèng chǔxù cúndān

zahllos *adj* 无数的 wúshùde

Zahlmeister *m* 出纳员 chūnàyuán，军需官 jūnxūguān

zahlreich *adj* 许多的 xǔduōde，大量的 dàliàngde，为数众多的 wéishù zhòngduō de

Zahltag *m* 发薪日 fāxīnrì，付款日 fùkuǎnrì

Zahlung *f* -，-en 支付 zhīfù，付款 fùkuǎn

Zählung *f* -，-en 数 shǔ，计数 jìshù，点数 diǎnshù

Zahlungsaufforderung *f* 付款要求 fùkuǎn yāoqiú，付款催告 fùkuǎn cuīgào，付款催促书 fùkuǎn cuīcùshū

Zahlungsbedingungen *pl* 付款条件 fùkuǎn tiáojiàn

Zahlungsbilanz *f* 国际收支 guójì shōuzhī：eine positive ～ 国际收支顺差；eine negative ～ 国际收支逆差

zahlungsfähig *adj* 有支付能力的 yǒu zhīfù nénglì de，有偿付能力的 yǒu chángfù nénglì de

zahlungskräftig *adj* 有清偿能力的 yǒu qīngcháng nénglì de，支付能力强的 zhīfù nénglì qiáng de

Zahlungsmittel *n* 支付方法 zhīfù fāngfǎ，支付手段 zhīfù shǒuduàn

zahlungsunfähig *adj* 无力支付的 wúlì zhīfù de，无力偿付的 wúlì chángfù de

Zählwerk *n* 计数器 jìshùqì

zahm *adj* 驯服的 xùnfúde，驯熟的 xùnshúde；听话的 tīnghuàde，顺从的 shùncóngde，温和的 wēnhéde

zähmen *vt* 驯服 xùnfú；使顺从 shǐ shùncóng；控制 kòngzhì，克制 kèzhì，抑制 yìzhì

Zahn *m* -(e)s，⸚e 牙 yá，牙齿 yáchǐ：die Zähne zusammenbeißen 咬紧牙关（意为：忍痛）；齿状物 chǐzhuàngwù，（齿轮、锯、梳等的）齿 chǐ

Zahnarzt *m* 牙科医生 yákē yīshēng

Zahnbürste *f* 牙刷 yáshuā

间,一会儿,片刻
zeitlebens *adv* 一生 yīshēng,毕生 bìshēng
zeitlich *adj* 时间的 shíjiānde;暂时的 zànshíde,短时的 duǎnshíde
Zeitlohn *m* 计时工资 jìshí gōngzī
zeitlos *adj* 永恒的 yǒnghéngde,不限时间的 bù xiàn shíjiān de;任何时候均适宜的 rènhé shíhou jūnshìyí de
Zeitlupe *f* (电影中的)慢镜头 mànjìngtóu,慢动作 màndòngzuò
Zeitmangel *m* 缺乏时间 quēfá shíjiān
zeitnah *adj* 时新的 shíxīnde,反映时代的 fǎnyìng shídài de
Zeitpersonal *n* 临时工作人员 línshí gōngzuò rényuán,(有期限的)借调工作人员 jièdiào gōngzuò rényuán
Zeitpunkt *m* 时刻 shíkè,时机 shíjī
zeitraubend *adj* 花费时间的 huāfèi shíjiān de,拖延时间的 tuōyán shíjiān de
Zeitraum *m* 时间 shíjiān,时期 shíqī
Zeitrechnung *f* 纪元 jìyuán,纪年 jìnián
Zeitschrift *f* -, -en 杂志 zázhì,期刊 qīkān
Zeittafel *f* 年表 niánbiǎo,大事记 dàshìjì
Zeitung *f* -, -en 报纸 bàozhǐ,报刊 bàokān: eine ～ abonnieren [lesen] 订[阅读]报纸
Zeitungsanzeige *f* 报纸广告 bàozhǐ guǎnggào
Zeitungskiosk *m* 报亭 bàotíng
Zeitungspapier *n* 新闻纸 xīnwénzhǐ
Zeitungsredaktion *f* 报社编辑部 bàoshè biānjíbù
Zeitungsverkäufer *m* 报童 bàotóng,售报者 shòubàozhě
Zeitungsverlag *m* 报社 bàoshè
Zeitungswesen *n* 新闻业 xīnwényè,报业 bàoyè
Zeitverlust *m* 时间浪费 shíjiān làngfèi,时间损失 shíjiān sǔnshī
Zeitverschwendung *f* 浪费时间 làngfèi shíjiān
Zeitvertreib *m* 消遣 xiāoqiǎn,娱乐 yúlè
zeitweilig *adj* 暂时的 zànshíde,短时的 duǎnshíde,一时的 yīshíde
zeitweise *adv* 暂时 zànshí,短时 duǎnshí;间或 jiànhuò,有时候 yǒushíhou
Zeitzeichen *n* 报时信号 bàoshí xìnhào
Zelle *f* -, -n 小房间 xiǎofángjiān,小室 xiǎoshì;电话室 diànhuàshì;牢房 láofáng;细胞 xìbāo;蜂房 fēngfáng;支部 zhībù,基层小组 jīcéng xiǎozǔ
Zelluloid *n* -(e)s 赛璐珞 sàilùluò
Zelt *n* -(e)s, -e 帐篷 zhàngpéng,帐幕 zhàngmù
Zelten *vi* 住帐篷 zhù zhàngpéng,宿营 sùyíng,露营 lùyíng
Zeltlager *n* 宿营地 sùyíngdì,野营地 yěyíngdì
Zeltplatz *m* 露营地 lùyíngdì
Zeltsack *m* (登山运动员用的)露宿睡袋 lùsù shuìdài
Zement *m* -(e)s, -e 水泥 shuǐní
zementieren *vt* 给…浇灌水泥 gěi… jiāoguàn shuǐní,用水泥涂 yòng shuǐní tú
zensieren *vt* 打分 dǎfēn,评分 píngfēn;检查 jiǎnchá,审查 shěnchá
Zensur *f* -, -en 成绩 chéngjì;评分 píngfēn,分数 fēnshù: jm eine ～ geben (或 erteilen) 给某人打分数;检查 jiǎnchá,审查 shěnchá
Zentimeter *m/n* (缩写为 cm)厘米 límǐ,公分 gōngfēn
Zentner *m* -s, - 公担 gōngdàn(在德国为 50 千克(公斤);在奥地利和瑞士为 100 千克(公斤))
zentral *adj* 中心的 zhōngxīnde,中央的 zhōngyāngde;极为重要的 jíwéi zhòngyàode
Zentralbank *f* 中央银行 zhōngyāng yínháng
Zentrale *f* -, -n 中心 zhōngxīn,中央 zhōngyāng;总局 zǒngjú,总部 zǒngbù,总站 zǒngzhàn;总机 zǒngjī
Zentralheizung *f* 集中供暖 jízhōng gōngnuǎn,中央供暖 zhōngyāng gōngnuǎn
Zentralisation *f* -, -en 集中 jízhōng;中央集权 zhōngyāng jíquán
zentralisieren *vt* 集中 jízhōng,把权力集中到中央 bǎ quánlì jízhōngdào zhōngyāng
Zentralismus *m* - 中央集权 zhōngyāng jíquán,集中(化) jízhōng,集中制 jízhōngzhì
Zentralkomitee *n* 中央委员会 zhōngyāng wěiyuánhuì
Zentralmarkt *m* 中央市场 zhōngyāng shìchǎng,中心市场 zhōngxīn shìchǎng

Z

Zack (只用于短语) auf ～ sein 精通，掌握；jn auf ～ bringen 使某人工作有起色(或有成效)；etw auf ～ bringen 使某事物井井有条，使某事物焕然一新

Zacke *f* -, -n 尖端 jiānduān，尖角 jiānjiǎo；齿 chǐ，锯齿 jùchǐ

zackig *adj* 有尖角的 yǒu jiānjiǎo de，尖齿形的 jiānchǐxíngde；勇猛的 yǒngměngde，威武的 wēiwǔde；急促的 jícùde，匆匆的 cōngcōngde

zaghaft *adj* 胆怯的 dǎnqiède，害怕的 hàipàde，迟疑的 chíyíde

zäh *adj* 坚韧的 jiānrènde，坚硬的 jiānyìngde，咬不动的 yǎo bù dòng de；顽强的 wánqiángde，坚强的 jiānqiángde；黏稠的 niánchóude；稠的 chóude

zähflüssig *adj* 黏稠的 niánchóude，黏性的 niánxìngde

Zähigkeit *f* - 坚韧 jiānrèn，坚强 jiānqiáng，顽强 wánqiáng

Zahl *f* -, -en 数目 shùmù，数字 shùzì；数量 shùliàng

zahlbar *adj* 可支付的 kězhīfùde，(到期)应支付的 yīng zhīfù de

zahlen *vt*/*vi* 支付 zhīfù，付款 fùkuǎn；付清 fùqīng

zählen I *vi* 数 shǔ，计数 jìshù：von 1 bis 100 ～ 从1数到100；指靠 zhǐkào，指望 zhǐwang：auf jn ～ 指靠某人；算入 suànrù，算在内 suàn zàinèi：er zählt zum Adel 他可算作贵族 II *vt* 数 shǔ，点 diǎn：die Anwesenden ～ 点出席人数；计有 jìyǒu：die Stadt zählt 500 000 Einwohner 这城市有50万人口；把…算作 bǎ … suànzuò：ich zähle ihn zu den größten Künstlern 我把他看作是最伟大的艺术家之一。

zahlenmäßig *adj* 按数量的 ànshùliàngde，数量上的 shùliàngshàngde

Zähler *m* -s, - 计数器 jìshùqì，计算器 jìsuànqì；计 jì，表 biǎo，器 qì；(数学上的)分子 fēnzǐ

Zahlkarte *f* 邮政储蓄存单 yóuzhèng chǔxù cúndān

zahllos *adj* 无数的 wúshùde

Zahlmeister *m* 出纳员 chūnàyuán，军需官 jūnxūguān

zahlreich *adj* 许多的 xǔduōde，大量的 dàliàngde，为数众多的 wéishù zhòngduō de

Zahltag *m* 发薪日 fāxīnrì，付款日 fùkuǎnrì

Zahlung *f* -, -en 支付 zhīfù，付款 fùkuǎn

Zählung *f* -, -en 数 shǔ，计数 jìshù，点数 diǎnshù

Zahlungsaufforderung *f* 付款要求 fùkuǎn yāoqiú 付款催告 fùkuǎn cuīgào，付款催促书 fùkuǎn cuīcùshū

Zahlungsbedingungen *pl* 付款条件 fùkuǎn tiáojiàn

Zahlungsbilanz *f* 国际收支 guójì shōuzhī：eine positive ～ 国际收支顺差；eine negative ～ 国际收支逆差

zahlungsfähig *adj* 有支付能力的 yǒu zhīfù nénglì de，有偿付能力的 yǒu chángfù nénglì de

zahlungskräftig *adj* 有清偿能力的 yǒu qīngcháng nénglì de，支付能力强的 zhīfù nénglì qiáng de

Zahlungsmittel *n* 支付方法 zhīfù fāngfǎ，支付手段 zhīfù shǒuduàn

zahlungsunfähig *adj* 无力支付的 wúlì zhīfù de，无力偿付的 wúlì chángfù de

Zählwerk *n* 计数器 jìshùqì

zahm *adj* 驯服的 xùnfúde，驯熟的 xùnshúde；听话的 tīnghuàde，顺从的 shùncóngde，温和的 wēnhéde

zähmen *vt* 驯服 xùnfú；使顺从 shǐ shùncóng；控制 kòngzhì，克制 kèzhì，抑制 yìzhì

Zahn *m* -(e)s, ¨-e 牙 yá，牙齿 yáchǐ：die Zähne zusammenbeißen 咬紧牙关(意为：忍痛)；齿状物 chǐzhuàngwù，(齿轮、锯、梳等的)齿 chǐ

Zahnarzt *m* 牙科医生 yákē yīshēng

Zahnbürste *f* 牙刷 yáshuā

Zahnersatz *m* 镶牙 xiāngyá
Zahnfäule *f* 龋齿 qǔchǐ,蛀牙 zhùyá
Zahnfällung *f* 补牙 bǔyá
Zahnheilkunde *f* 牙科 yákē
zahnlos *adj* 无牙的 wúyáde,没有牙齿的 méiyǒu yáchǐ de
Zahnpasta *f* -, ...sten 牙膏 yágāo
Zahnrad *n* 齿轮 chǐlún
Zahnschmerzen *pl* 牙痛 yátòng
Zahnstocher *m* 牙签 yáqiān
Zahnweh *n* 牙痛 yátòng
Zange *f* -, -n 钳 qián,手钳 shǒuqián;夹子 jiāzi
Zank *m* -s 吵嘴 chǎozuǐ,争吵 zhēngchǎo,口角 kǒujiǎo
Zankapfel *m* 祸端 huòduān,祸根 huògēn,祸由 huòyóu
zanken I *rfl* 争吵 zhēngchǎo,口角 kǒujiǎo,吵架 chǎojià II *vi* 责骂 zémà,呵斥 hēchì: mit jm ～ 责骂某人
Zankerei *f* -, -en 争吵 zhēngchǎo,吵架 chǎojià
zänkisch *adj* 爱争吵的 àizhēngchǎode,爱吵架的 ài chǎojiàde
Zapfen *m* -s, - 塞子 sāizi,栓 shuān;榫舌 sǔnshé,榫 sǔn;轴颈 zhóujǐng
zappelig *adj* 不安定的 bù āndìngde,坐立不安的 zuò lì bù'ān de;烦躁的 fánzàode
zappeln *vi* 动个不停 dòng gè bù tíng,乱动 luàn dòng;坐立不安 zuò lì bù'ān
Zar *m* -en, -en 沙皇 shāhuáng
zart *adj* 细嫩的 xìnènde;柔软的 róuruǎnde;柔和的 róuhéde;和蔼的 hé'ǎide,温柔的 wēnróude
zartfühlend *adj* 体谅的 tǐliàngde,体贴的 tǐtiēde
Zartgefühl *n* 体贴 tǐtiē,体谅 tǐliàng
zärtlich *adj* 温柔的 wēnróude,深情的 shēnqíngde,多情的 duōqíngde;体贴的 tǐtiēde,亲切的 qīnqiède
Zärtlichkeit *f* -, -en 温柔 wēnróu,深情 shēnqíng,多情 duōqíng;体贴 tǐtiē,温存 wēncún
Zaster *m* -s 金钱 jīnqián
Zauber *m* -s, - 魔术 móshù,符咒 fúzhòu;吸引力 xīyǐnlì,魔力 mólì,魅力 mèilì
Zauberei *f* -, -en 魔法 mófǎ,巫术 wūshù;魔术 móshù
Zauberer *m* -s, - 巫师 wūshī;魔术师 móshùshī
Zauberflöte *f* 魔笛 módí
zauberhaft *adj* 魔术的 móshùde,巫术的 wūshùde;迷人的 mírénde,有魅力的 yǒu mèilì de
Zauberkraft *f* 魔力 mólì
Zauberkunst *f* 巫术 wūshù;魔术 móshù
Zauberkünstler *m* 魔术师 móshùshī,变戏法者 biànxìfǎzhě
zaubern I *vt* 用魔术变出 yòng móshù biànchū,用戏法变出 yòng xìfǎ biànchū;速成 sùchéng,快速做出 kuàisù zuòchū II *vi* 变戏法 biànxìfǎ,耍魔术 shuǎmóshù
Zauberspruch *m* 符咒 fúzhòu
Zauberwürfel *m* 魔方 mófāng
zaudern *vi* 迟疑 chíyí,犹豫 yóuyù
Zaum *m* -(e)s, ¨-e 辔头 pèitóu,马笼头 mǎlóngtóu
Zaun *m* -(e)s, ¨-e 篱笆 líba,栅栏 zhàlan
Zaunpfahl *m* 篱桩 lízhuāng,栅桩 zhàzhuāng
Zebra *n* -s, -s 斑马 bānmǎ
Zebrastreifen *m* 斑马纹横道线 bānmǎwén héngdàoxiàn,人行横道 rénxínghéngdào
Zeche *f* -, -n 酒账 jiǔzhàng,饭费 fànfèi;矿山 kuàngshān,矿区 kuàngqū
zechen *vi* 痛饮 tòngyǐn,豪饮 háoyǐn,狂饮 kuángyǐn
Zecher *m* -s, - 痛饮者 tòngyǐnzhě,豪饮者 háoyǐnzhě,狂饮者 kuángyǐnzhě
Zechpreller *m* 逃账的吃客 táozhàngde chīkè,逃避付账的酒客 táobì fùzhàng de jiǔkè
Zeder *f* -, -n 雪松 xuěsōng
zedierbar *adj* 可转让的 kě zhuǎnràng de
zedieren *vt* 把…转让 bǎ … zhuǎnràng,转让债权 zhuǎnràng zhàiquán
Zeh *m* -(e)s, -en = Zehe
Zehe *f* -, -n 脚趾 jiǎozhǐ
zehn *num* 十 shí
zehnfach *adj* 十倍的 shíbèide
Zehnkampf *m* (田径运动的)十项全能运动 shíxiàng quánnéng yùndòng
zehnte *num* 第十 dìshí
Zehntel *n* -s, - 十分之一 shífēn zhī yī
zehren *vi* 靠…生活 kào … shēnghuó,以…为生 yǐ … wéishēng: er zehrte von seinen Ersparnissen 他靠存款生活;愉快地怀念 yúkuàide huáiniàn,眷念 juàn-

Zentrifugalkraft *f* 离心力 líxīnlì
Zentrum *n* -s, …tren 中心 zhōngxīn, 中央 zhōngyāng; 市中心 shì zhōngxīn: im ～ der Stadt wohnen 住在市中心; 中心组织 zhōngxīn zǔzhī, 中心小组 zhōngxīn xiǎozǔ
zerbrechen* I *vt* 打破 dǎpò, 打碎 dǎsuì, 粉碎 fěnsuì II *vi*(*s*) 打碎 dǎsuì, 破碎 pòsuì
zerbrechlich *adj* 易碎的 yìsuìde
zerbröckeln I *vt* 弄碎 nòngsuì, 把…弄成碎屑 bǎ … nòng chéng suìxiè II *vi*(*s*) 成碎屑 chéng suìxiè, 成碎片 chéng suìpiàn
zerdrücken *vt* 压碎 yāsuì, 压扁 yābiǎn, 压坏 yāhuài; 压皱 yāzhòu
Zeremonie *f* -, -n 典礼 diǎnlǐ, 礼仪 lǐyí, 仪式 yíshì
zeremoniell *adj* 典礼的 diǎnlǐde, 仪式的 yíshìde
Zeremoniell *n* -s, -e 仪式 yíshì, 礼仪 lǐyí, 礼节 lǐjié
zerfahren *adj* (被车)压坏的 yāhuàide; 心不在焉的 xīn bù zài yān de, 不集中的 bù jízhōngde
Zerfall *m* -s 倒塌 dǎotā, 坍塌 tāntā, 倾毁 qīnghuǐ; 崩溃 bēngkuì, 没落 mòluò
zerfallen* *vi*(*s*) 倒塌 dǎotā, 坍塌 tāntā, 倾毁 qīnghuǐ; 崩溃 bēngkuì, 没落 mòluò; 分为 fēnwéi, 分成 fēnchéng: die Abhandlung zerfällt in mehrere Kapitel 这论文分为好几章
zerfetzen *vt* 撕碎 sīsuì, 撕破 sīpò, 扯破 chěpò
zerfleddert *adj* 用损的 yòng sǔn de, 破损的 pòsǔnde, 用旧的 yòng jiù de
zerfleischen *vt*/*rfl* (用牙)撕碎 sīsuì, 咬碎 yǎosuì, 撕咬 sīyǎo
zerfließen* *vi*(*s*) 溶解 róngjiě, 融化 rónghuà; (墨水在纸上)化开 huàkāi
zerfressen* *vt* 咬坏 yǎohuài, 咬碎 yǎosuì; 腐蚀 fǔshí, 销蚀 xiāoshí
zergehen* *vi*(*s*) 溶解 róngjiě, 融化 rónghuà
zerhacken *vt* 砍碎 kǎnsuì, 剁碎 duòsuì
zerkauen *vt* 嚼碎 jiáosuì
zerkleinern *vt* 切碎 qiēsuì, 剁碎 duòsuì, 弄碎 nòngsuì
zerknirscht *adj* 后悔的 hòuhuǐde, 懊悔的 àohuǐde
zerknittern *vt* 弄皱 nòngzhòu, 捏皱 niēzhòu
zerknüllen *vt* 揉皱 róuzhòu, 把…揉成一团 bǎ … róuchéng yītuán
zerkratzen *vt* 碰坏 pènghuài; 搔破 sāopò, 抓破 zhuāpò, 抓伤 zhuāshāng
zerkrümeln *vt* 捏碎 niēsuì, 弄碎 nòngsuì
zerlassen* *vt* 使溶化 shǐ rónghuà, 使化开 shǐ huàkāi
zerlegen *vt* 拆开 chāikāi, 拆散 chāisàn; 切开 qiēkāi, 把…分成(几份) bǎ … fēnchéng
zerlesen *adj* (书因翻阅而)破损的 pòsǔnde, 翻得一塌糊涂的 fānde yītāhútú de, 翻烂的 fānlànde
zerlumpt *adj* 破破烂烂的 pòpòlànlànde, 衣衫褴褛的 yīshān lánlǚ de
zermalmen *vt* 压碎 yāsuì, 碾碎 niǎnsuì, 压死 yāsǐ
zermürben *vt* 消耗 xiāohào, 折磨 zhémó: die Sorgen ～ ihn 忧虑消耗他的精力; 使变脆 shǐ biàncuì
zerquetschen *vt* 压碎 yāsuì, 压坏 yāhuài, 压伤 yāshāng
Zerrbild *n* 歪曲的描述 wāiqūde miáoshù
zerreiben* *vt* 搓碎 cuōsuì, 磨碎 mósuì, 擦碎 cāsuì; 消耗 xiāohào
zerreißen* I *vt* 撕碎 sīsuì, 撕破 sīpò, 扯碎 chěsuì II *PII* zerrissen 撕破的 sīpòde, 破裂的 pòliède
zerren *vt*/*vi* 扯 chě, 拉 lā, 拖 tuō, 牵扯 qiānchě
zerrinnen* *vi*(*s*) 融化 rónghuà, 消融 xiāoróng: der Schnee zerrinnt (in der Sonne) 雪(在阳光下)融化; 消失 xiāoshī, 化为乌有 huàwéi wūyǒu: seine Pläne sind in nichts zerronnen 他的计划化为泡影了
Zerrissenheit *f* - 分裂 fēnliè, 四分五裂 sì fēn wǔ liè; 内心矛盾 nèixīn máodùn
Zerrung *f* -, -en 筋(或肌肉)扭伤 jīn niǔshāng
zerschellen *vi*(*s*) 撞碎 zhuàngsuì, 碰碎 pèngsuì
zerschlagen* I *vt* 打碎 dǎsuì, 打破 dǎpò; 击溃 jīkuì, 粉碎 fěnsuì, 消灭 xiāomiè II *rfl* 破灭 pòmiè, 落空 luòkōng
zerschmettern *vt* 打碎 dǎsuì, 击碎 jīsuì, 猛砸 měngzá, 毁坏 huǐhuài
zerschneiden* *vt* 剪开 jiǎnkāi, 剪碎 jiǎnsuì, 切开 qiēkāi, 切碎 qiēsuì, 切断 qiēduàn

Z

zersetzen I *vt* 分解 fēnjiě;使瓦解 shǐ wǎjiě,使溃散 shǐ kuìsàn II *rfl* 分解 fēnjiě,瓦解 wǎjiě,分化 fēnhuà
zerspalten *vt* 劈开 pīkāi,分裂 fēnliè
zersplittern I *vt* 使碎裂 shǐ suìliè,劈开 pīkāi;分散 fēnsàn II *vi*(*s*) 破碎 pòsuì,碎裂 suìliè
zerspringen* *vi*(*s*) 破碎 pòsuì,破裂 pòliè,爆裂 bàoliè
zerstampfen *vt* 踩碎 cǎisuì,踏坏 tàhuài
Zerstäuber *m* -s, - 喷洒器 pēnsǎqì
zerstören *vt* 破坏 pòhuài,毁坏 huǐhuài,损毁 sǔnhuǐ
Zerstörung *f* 破坏 pòhuài,毁坏 huǐhuài,损毁 sǔnhuǐ
zerstoßen* *vt* 撞碎 zhuàngsuì,研碎 yánsuì,捣碎 dǎosuì
zerstreuen I *vt* 使散开 shǐ sànkāi,使分散 shǐ fēnsàn;驱散 qūsàn II *rfl* 散心 sànxīn,消遣 xiāoqiǎn;散开 sànkāi,四散 sìsàn
zerstreut *adj* 思想不集中的 sīxiǎng bù jízhōng de,心不在焉的 xīn bù zài yān de;分散的 fēnsànde,四散的 sìsànde
Zerstreuung *f* 驱散 qūsàn,四散 sìsàn;娱乐 yúlè,消遣 xiāoqiǎn
zerteilen I *vt* 把…分成(几份) bǎ … fēnchéng,切开 qiēkāi,剖开 pōukāi;分开 fēnkāi,分散 fēnsàn II *rfl* 分开 fēnkāi,分散 fēnsàn,散开 sànkāi
Zertifikat *n* -(e)s, -e 证书 zhèngshū,证明 zhèngmíng
zertreten* *vt* 践踏 jiàntà,踏灭 tàmiè,踩坏 cǎihuài;踩死 cǎisǐ
zertrümmern *vt* 捣毁 dǎohuǐ,打碎 dǎsuì,击碎 jīsuì
zerwühlen *vt* 乱掘 luànjué,掘坏 juéhuài,乱翻 luànfān;搅乱 jiǎoluàn,弄乱 nòngluàn
Zerwürfnis *n* -ses, -se 意见分歧 yìjiàn fēnqí,争论 zhēnglùn;倾轧 qīngyà,不和 bùhé
zetern *vi* 吵闹 chǎonào,叫喊 jiàohǎn,大声责骂 dàshēng zémà
Zettel *m* -s, - 纸条 zhǐtiáo,便条 biàntiáo;(织物的)经 jīng,经线 jīngxiàn
Zeug *n* -(e)s, -e 衣料 yīliào,衣服 yīfu;东西 dōngxi,工具 gōngjù,器具 qìjù;无用的东西 wúyòngde dōngxi,破烂 pòlàn;废话 fèihuà,胡说 húshuō
Zeuge *m* -n, -n 证人 zhèngrén,见证人 jiànzhèngrén
zeugen I *vt* 生产 shēngchǎn,生殖 shēngzhí,生育 shēngyù: eine Tochter ～ 生一女儿 II *vi* 见证 jiànzhèng,作证 zuòzhèng: er hat in diesem Prozess für sie gezeugt 他在这诉讼中为他辩护;证明 zhèngmíng,说明 shuōmíng: seine Antwort zeugte von Witz 他的回答证明了他的风趣
Zeugnis *n* -ses, -se 证明 zhèngmíng,证书 zhèngshū;鉴定 jiàndìng;证词 zhèngcí,证据 zhèngjù,见证 jiànzhèng;成绩单 chéngjìdān,文凭 wénpíng
Zeugung *f* -, -en 生殖 shēngzhí,生育 shēngyù
zeugungsfähig *adj* 有生育能力的 yǒu shēngyù nénglì de
Zeugungskraft *f* 生殖力 shēngzhílì
Zickzack *m* -(e)s, -e Z字形 Z zìxíng,之字形 zhīzìxíng,锯齿形 jùchǐxíng: im ～ laufen 作之字形跑
Ziege *f* -, -n 山羊 shānyáng
Ziegel *m* -s, - 砖 zhuān,瓦 wǎ
Ziegenbock *m* 公山羊 gōngshānyáng
Ziegenfell *n* 山羊皮 shānyángpí
Ziegenhirt *m* 牧羊人 mùyángrén
Ziegenpeter *m* 流行性腮腺炎 liúxíngxìng sāixiànyán
ziehen* I *vt* 拉 lā,拖 tuō,牵 qiān,牵引 qiānyǐn,拽 zhuài;抽出 chōuchū,拔出 báchū: einen Nagel aus der Wand ～ 从墙上拔出一个钉子;画 huà(线等): eine Parallele mit dem Lineal ～ 用直尺画一平行线;拉长 lācháng: Stoff ～ 把料子拉长;拉成 lāchéng: Draht ～ 拉制金属丝;吸 xī,吸收 xīshōu: den Atem ～ 吸气;种植 zhòngzhí: Pflanzen ～ 种植物;饲养 sìyǎng: Vieh ～ 饲养牲畜;抚养 fǔyǎng,教育 jiàoyù II *vi*(*h*/*s*) 吸 xī,吮 shǔn: an der Pfeife ～ 抽烟(斗);迁移 qiānyí,迁往 qiānwǎng;移动 yídòng;运转 yùnzhuǎn: der Motor zieht ein-wandfrei 发动机运转正常;泡 pào(茶,咖啡);通风 tōngfēng: es zieht 有穿堂风 III *rfl* 延伸 yánshēn,伸展 shēnzhǎn,延长 yáncháng: das Gebirge zieht sich westwärts 山脉向西延伸
Ziehharmonika *f* 手风琴 shǒufēngqín: ～ spielen 拉手风琴
Ziehung *f* -, -en (彩票等)抽签 chōuqiān,开彩 kāicǎi,抽彩 chōucǎi
Ziel *n* -(e)s, -e 目的 mùdì,目标 mùbiāo;

sein ～ erreichen 达到自己的目的；目的地 mùdì：am ～ sein 到达目的地；(付款)期限 qīxiàn

zielbewusst *adj* 目标明确的 mùbiāo míngquè de，有目的的 yǒu mùdì de

zielen *vi* 瞄准 miáozhǔn；对准 duìzhǔn 针对 zhēnduì：auf etw (*A*) ～ 针对某事物

Zielkamera *f* (拍赛跑运动员冲线时先后次序的)终点摄影机 zhōngdiǎn shèyǐngjī

ziellos *adj* 无目的的 wú mùdì de，无目标的 wú mùbiāo de

Zielprojektion *f* (社会、经济的)长远发展计划 chángyuǎn fāzhǎn jìhuà

Zielscheibe *f* 靶子 bǎzi，射(击用的)靶 shèbǎ

zielsicher *adj* 目标明确的 mùbiāo míngquè de，有把握射中目标的 yǒu bǎwò shèzhòng mùbiāo de

zielstrebig *adj* 有目的的 yǒu mùdì de，目标明确的 mùbiāo míngquè de，专心致志的 zhuānxīn zhìzhì de，坚定的 jiāndìng de

ziemen *rfl* (礼貌上)恰当 qiàdàng，合适 héshì，合乎礼仪 héhū lǐyí：es ziemt sich nicht，den Gesprächen anderer zuzuhören 不应该听别人谈话

ziemlich I *adj* 相当大的 xiāngdāng dàde，颇多的 pōduōde II *adv* 相当地 xiāngdāngde，颇 pō：es ist ～ kalt 天气相当冷；差不多 chà bu duō，将近 jiāngjìn

Zierde *f* -，-n 装饰 zhuāngshì，装饰品 zhuāngshìpǐn，装饰物 zhuāngshìwù；增添光彩的人或物 zēngtiān guāngcǎi de rén huò wù

zieren I *vt* 装饰 zhuāngshì，装点 zhuāngdiǎn II *rfl* 做作 zuòzuo，假谦虚 jiǎ qiānxū，假客气 jiǎ kèqi

zierlich *adj* 优美的 yōuměide，秀丽的 xiùlìde，纤细的 xiānxìde，优雅的 yōuyǎde

Zierpflanze *f* 观赏植物 guānshǎng zhíwù

Ziffer *f* -，-n 数目字 shùmùzì，号码 hàomǎ

Zifferblatt *n* 钟(表)面 zhōngmiàn，钟表字盘 zhōngbiǎo zìpán

Zigarette *f* -，-n 香烟 xiāngyān，卷烟 juǎnyān

Zigarettenetui *n* 烟盒 yānhé

Zigarettenlänge *f* (用于短语) auf eine ～ 吸一支烟的时间 xī yīzhī yān de shíjiān；短时地 duǎnshíde

Zigarettenspitze *f* 烟嘴儿 yānzuǐr

Zigarettensteuer *f* 香烟税 xiāngyānshuì，卷烟税 juǎnyānshuì

Zigarettenstummel *m* 烟蒂 yāndì

Zigarillo *n*/*m* -s，-s 小雪茄烟 xiǎo xuějiāyān

Zigarre *f* -，-n 雪茄烟 xuějiāyān

Zigeuner *m* -s，- 吉卜赛人 jíbǔsàirén；流浪者 liúlàngzhě

Zimmer *n* -s，- 房间 fángjiān，室 shì：das ～ geht (或 liegt) nach Norden [der Straße] 这房间朝北[朝大街]

Zimmerantenne *f* 室内天线 shìnèi tiānxiàn

Zimmerflucht *f* 一排房间 yīpái fángjiān

Zimmermädchen *n* (旅馆或住宅中的)女服务员 nǚfúwùyuán，侍女 shìnǚ

Zimmermann *m* -(e)s，...leute 木匠 mùjiang，木工 mùgōng

zimmern I *vt* 用木材建造 yòng mùcái jiànzào，制作 zhìzuò：einen Schrank ～ 做一只柜子 II *vi* 做木工活 zuò mùgōnghuó

Zimmertemperatur *f* 室内温度 shìnèi wēndù

zimperlich *adj* 假正经的 jiǎ zhèngjingde，装模作样的 zhuāng mú zuò yàng de；过分拘谨的 guòfèn jūjǐn de，过分敏感的 guòfèn mǐngǎn de

Zimt *m* -(e)s，-e 肉桂 ròuguì；胡说 húshuō，废话 fèihuà；无用的小东西 wúyòngde xiǎo dōngxī，不值钱的东西 bù zhíqián de dōngxī

Zink *n* -(e)s 锌 xīn

Zinke *f* -，-n 尖端 jiānduān；(梳、耙等的)尖齿 jiānchǐ

Zinn *n* -(e)s 锡 xī

Zins *m* -es，-en / -e 利息 lìxī，息金 xījīn：von den ～en leben 靠利息生活；租金 zūjīn

zinsbillig *adj* 低利息的 dī lìxī de

zinsbringend *adj* 有利息的 yǒu lìxī de，计息的 jìxīde

Zinsdarlehen *n* 有息贷款 yǒu xī dàikuǎn

Zinseszinsen *pl* 复利 fùlì，利上滚利 lì shàng gǔn lì

Z

zinsfrei *adj* 无息的 wúxīde，不计息的 bù jìxīde；免租金的 miǎn zūjīn de
Zinsfuß *m* 利率 lìlǜ
Zipfel *m* -s，- 尖端 jiānduān，尖角 jiānjiǎo；衣角 yījiǎo
Zipfelmütze *f* 尖顶帽 jiāndǐngmào，尖顶睡帽 jiāndǐng shuìmào
zirka *adv* (缩写为 ca.)大约 dàyuē，…左右 zuǒyòu
Zirkel *m* -s，- 圆规 yuánguī；圆圈 yuánquān；(具有共同利益、兴趣的人们所组成的)圈子 quānzi，团体 tuántǐ，小组 xiǎozǔ
Zirkulation *f* -，-en 循环 xúnhuán；流通 liútōng，周转 zhōuzhuǎn
Zirkulationskapital *n* 流动资本 liúdòng zīběn，流动资金 liúdòng zījīn
Zirkulationsmarkt *m* 流通市场 liútōng shìchǎng
Zirkulationsprozess *m* 流通过程 liútōng guòchéng
zirkullieren *vi*(*h*/*s*) 循环 xúnhuán；流通 liútōng，周转 zhōuzhuǎn；流行 liúxíng，流传 liúchuán
Zirkus *m* -，-se 杂技团 zájìtuán，马戏团 mǎxìtuán；马戏场 mǎxìchǎng；马戏表演 mǎxì biǎoyǎn
zirpen *vi* (蝉、蟋蟀等)唧唧地叫 jījīde jiào
zischen *vi* 发咝咝声 fā sīsīshēng
Zitat *n* -s，-e 引语 yǐnyǔ，语录 yǔlù，引文 yǐnwén，名言 míngyán
zitieren *vt* 引用 yǐnyòng，引证 yǐnzhèng；传讯 chuánxùn，传唤 chuánhuàn
Zitrone *f* -，-n 柠檬 níngméng
Zitronenlimonade *f* 柠檬汽水 níngméng qìshuǐ
Zitronensaft *f* 柠檬汁 níngméngzhī
zittern *vi* 颤动 chàndòng，发抖 fādǒu，颤抖 chàndǒu：sie zitterte am ganzen Körper 她全身发抖
Zitterpappel *f* 山杨 shānyáng
zittrig *adj* 颤抖的 chàndǒude，抖动的 dǒudòngde，发抖的 fādǒude
Zitze *f* -，-n 奶头 nǎitóu，乳头 rǔtóu
zivil *adj* 平民的 píngmínde；文职的 wénzhíde；民用的 mínyòngde，民事的 mínshìde；有礼貌的 yǒu lǐmào de；(价格)公道的 gōngdàode，公平的 gōngpíngde
Zivil *n* -s 平民 píngmín，老百姓 lǎobǎixìng；便服 biànfú，便装 biànzhuāng
Zivilisation *f* - 文明 wénmíng
zivilisieren *vt* 使文明 shǐ wénmíng；使开化 shǐ kāihuà
Zivilist *m* -en，-en 平民 píngmín，老百姓 lǎobǎixìng；穿便服者 chuān biànfú zhě
Zivilliste *f* - 国家批给王室的俸禄 guójiā pīgěi wángshì de fènglù，国家拨给君主、王公的款项 guójiā bōgěi jūnzhǔ、wánggōng de kuǎnxiàng
Zivilluftfahrt *f* 民用航空 mínyòng hángkōng
Zivilrecht *n* 民法 mínfǎ
Zobel *m* -s，- 黑貂 hēidiāo，紫貂 zǐdiāo；黑貂皮 hēidiāopí，紫貂皮 zǐdiāopí
Zofe *f* -，-n 侍女 shìnǚ，婢女 bìnǚ，女仆 nǚpú
zögern *vi* 犹豫 yóuyù，踌躇 chóuchú：einen Augenblick ～ 犹豫片刻
Zögling *m* -s，-e (寄宿学校的)学生 xuéshēng，门生 ménshēng，弟子 dìzǐ
Zoll *m* -s，¨-e 税 shuì，关税 guānshuì；税务所 shuìwùsuǒ，海关 hǎiguān
Zollabfertigung *f* 验关 yànguān，报关 bàoguān
Zollabgaben *pl* 关税 guānshuì
Zollabkommen *n* 关税协定 guānshuì xiédìng
Zollamt *n* 海关 hǎiguān，税务所 shuìwùsuǒ
zollamtlich *adj* 海关的 hǎiguānde
zollen *vt* 表示 biǎoshì，给予 jǐyǔ：jm Achtung ～ 尊重某人；jm Lob ～ 赞扬某人
zollfrei *adj* 免交关税的 miǎnjiāo guānshuì de
Zollfreigebiet *n* 免税区 miǎnshuìqū，自由贸易区 zìyóu màoyìqū
Zollhafen *m* 保税港 bǎoshuìgǎng
Zollhaus *n* 海关 hǎiguān
Zollherabsetzung *f* 降低关税 jiàngdī guānshuì
Zollhinterziehung *f* 漏报关税 lòubào guānshuì，偷税 tōushuì
Zollhoheit *f* 关税自主权 guānshuì zìzhǔquán，海关主权 hǎiguān zhǔquán
Zollinhaltserklärung *f* 报关单 bàoguāndān
Zollinspektion *f* 验关 yànguān
Zollinspektor *m* 海关检查员 hǎiguān jiǎncháyuán
Zollkai *m* 海关码头 hǎiguān mǎtou
Zollkontrolle *f* 海关检查 hǎiguān

jiǎnchá

Zöllner *m* -s, - 海关人员 hǎiguān rényuán,收税员 shōushuìyuán

Zollpassierschein *m* 海关放行单 hǎiguān fàngxíngdān

Zollpersonal *n* 海关人员 hǎiguān rényuán

zollpflichtig *adj* 应纳关税的 yīng nà guānshuì de

Zollrückvergütung *f* 退税 tuìshuì

Zollsenkung *f* 降低关税 jiàngdī guānshuì

Zollstock *m* 折尺 zhéchǐ

Zollstrafe *f* 关税罚金 guānshuì fájīn

Zollüberwachung *f* 海关监督 hǎiguān jiāndū

Zollverband *m* 关税同盟 guānshuì tóngméng;运价联盟 yùnjià liánméng

Zollverfahren *n* 海关手续 hǎiguān shǒuxù

Zollverwaltung *f* 海关管理(处) hǎiguān guǎnlǐ

zonal, zonar *adj* 地区的 dìqūde,地区性的 dìqūxìngde,地域的 dìyùde

Zone *f* -, -n 地带 dìdài,地区 dìqū;地段 dìduàn,区域 qūyù

Zoo *m* -s, -s 动物园 dòngwùyuán

Zoologe *m* -n, -n 动物学家 dòngwùxuéjiā

Zoologie *f* -, -n 动物学 dòngwùxué

zoologisch *adj* 动物学的 dòngwùxuéde

Zootechnik *f* 牲畜饲养技术 shēngchù sìyǎng jìshù,畜牧业技术 xùmùyè jìshù

Zopf *m* -(e)s, ⸚e 发辫 fàbiàn,辫子 biànzi

Zorn *m* -(e)s 愤怒 fènnù,气愤 qìfèn: jn in ~ bringen 使某人发怒

zornig *adj* 愤怒的 fènnùde,怒不可遏的 nù bùkě è de,气愤的 qìfènde

Zote *f* -, -n 下流的笑话 xiàliúde xiàohua,猥亵的话 wěixiède huà

zu I *prp*(*D*) (表示地点)到…去 dào … qù,向 xiàng,往 wǎng: ~ jm gehen 到某人处去;在 zài: der Dom ~ Köln 科隆大教堂;(表示时间)在 zài: ~ Mittag 在中午;(表示变化或过程)成为 chéngwéi: ~ Asche verbrennen 烧成灰烬;(表示原因)为了 wèile,由于 yóuyú: ~ Weihnachten 庆祝圣诞节;(表示方式方法)以 yǐ: ~ Fuß gehen 步行; alles ~ kleinen Preisen verkaufen 以低价出售一切;(表示目的)为了 wèile: ~m Essen gehen 去吃饭; ~r Unterhaltung 供娱乐;(表示结果)变为 biànwéi: ~m Glück 幸亏;(表示数字比例)对 duì,比 bǐ: 4~1 4 比 1;(表示补充)加入 jiārù,外加 wàijiā,带上 dàishàng: Sahne ~ Kuchen nehmen 糕点中加奶油;(置于不定式前) er hofft kommen ~ können 他希望能来; viel ~ tun haben 有许多事要做; ohne etw ~ sagen 没说什么 **II** *adv* 关上 guānshàng: Tür ~! 关上门! die Läden haben sonntags ~ 商店星期日关门;太 tài,过于 guòyú: ~ groß [teuer] 太大[贵];(常用词组) ab und ~ 有时; Mach ~! 赶快!

Zubehör *n* -s, -e 附件 fùjiàn,配件 pèijiàn

zubeißen* *vi* 张口去咬 zhāngkǒu qù yǎo,猛咬 měngyǎo,咬住 yǎozhù

zubereiten *vt* 准备 zhǔnbèi;配制 pèizhì,调制 tiáozhì;烹调 pēngtiáo

Zubereitung *f* 准备 zhǔnbèi;烹调 pēngtiáo;调制 tiáozhì,配制 pèizhì

zubilligen *vt* 同意 tóngyì,准许 zhǔnxǔ,准予 zhǔnyǔ,批准 pīzhǔn

zubinden* *vt* 系紧 jìjǐn,扎紧 zhājǐn,缚牢 fùláo

zubleiben* *vi*(*s*) (仍然)关着 guānzhe,锁着 suǒzhe

zubringen* *vt* 度过 dùguò;(作陪嫁)带来 dàilái

Zubringerbus *m* (接送旅客去机场、港口、火车站的)交通汽车 jiāotōng qìchē

Zubringerverkehr *m* (旅客去机场、港口、火车站的)交通接送 jiāotōng jiēsòng

Zucht *f* - 种植 zhòngzhí,栽培 zāipéi;饲养 sìyǎng;教育 jiàoyù,训练 xùnliàn;秩序 zhìxù,纪律 jìlǜ,服从 fúcóng

züchten *vt* 种植 zhòngzhí,培植 péizhí;饲养 sìyǎng;引起 yǐnqǐ

Züchter *m* -s, - 种植者 zhòngzhízhě,培植者 péizhízhě;饲养者 sìyǎngzhě

Zuchthaus *n* 监狱 jiānyù

Zuchthäusler *m* 囚犯 qiúfàn

züchtigen *vt* 惩罚 chéngfá,责打 zédǎ

zuchtlos *adj* 不守秩序的 bù shǒu zhìxù de,无纪律的 wú jìlǜ de,无教养的 wú jiàoyǎng de

zucken *vi* 颤动 chàndòng,抖动 dǒudòng;抽动 chōudòng,抽搐 chōuchù,搐搦 chùnuò;闪光 shǎnguāng,闪烁 shǎnshuò

zücken *vt* 抽出 chōuchū，拔出 báchū：den Dolch ～ 拔出匕首

Zucker *m* -s 糖 táng，食糖 shítáng

Zuckerharnruhr *f* 糖尿病 tángniàobìng

Zuckerhut *m* 宝塔糖块 bǎotǎ tángkuài

zuckerig *adj* 含糖的 hántángde

zuckerkrank *adj* 患糖尿病的 huàn tángniàobìng de

Zuckerkrankheit *f* 糖尿病 tángniàobìng

Zuckerl *n* -s，-(n) 糖果 tángguǒ

Zuckermelone *f* 甜瓜 tiánguā

zuckern *vt* 加糖于 jiā táng yú，撒糖于 sǎ táng yú，用糖制 yòng táng zhì

Zuckerrohr *n* 甘蔗 gānzhe

Zuckerrübe *f* 甜菜 tiáncài

zuckersüß *adj* 糖一般甜的 táng yībān tiánde，非常甜的 fēichángtiánde；甜蜜的 tiánmìde，甜言蜜语的 tián yán mì yǔ de

zudecken *vt* 盖上 gàishàng，覆盖 fùgài；遮盖 zhēgài；掩饰 yǎnshì，掩盖 yǎngài

zudem *adv* 此外 cǐwài，况且 kuàngqiě，并且 bìngqiě

zudrehen I *vt* 扭上 niǔshàng，旋上 xuánshàng，关上 guānshàng：den Wasserhahn ～ 关上水龙头；转向 zhuǎnxiàng **II** *rfl* 转身面向 zhuǎnshēn miànxiàng：sie dreht sich mir zu 她向我转过身来

zudringlich *adj* 强求的 qiǎngqiúde，纠缠不休的 jiūchán bùxiū de，讨厌的 tǎoyànde

zudrücken *vt* 压紧 yājǐn，按紧 ànjǐn，关上 guānshàng：den Deckel ～ 合上盖，压紧盖子

zueinander *adv* 相互地 xiānghùde，彼此地 bǐcǐde：die beiden Eheleute passen nicht ～ 这对夫妻不相配

zuerkennen* *vt* 判给 pàngěi；授予 shòuyǔ，给与 gěiyǔ：jm einen Preis ～ 授予某人一项奖

zuerst *adv* 首先 shǒuxiān，初时 chūshí，最初 zuìchū，开始时 kāishǐshí

zufahren* *vi(s)* 驶向 shǐxiàng，开往 kāiwǎng；冲向 chōngxiàng

Zufahrt *f* -，-en 进路 jìnlù，通道 tōngdào，引道 yǐndào

Zufall *m* -(e)s，¨-e 偶然 ǒurán；偶然事件 ǒurán shìjiàn

zufallen* *vi(s)* 自动关上 zìdòng guānshàng，自行盖上 zìxíng gàishàng：der Deckel ist von selbst zugefallen 盖子自己合上了；(任务等)落到 luòdào，轮到 lúndào：dir ist die Aufgabe zugefallen，die Rede zu halten 该你发言；归…所有 guī … suǒyǒu，(遗产等)移交 yíjiāo：ein Gewinn fällt ihm zu 他中了奖

zufällig *adj* 偶然的 ǒuránde，意外的 yìwàide：jn ～ treffen 偶然遇见某人

zufassen *vt* 抓住 zhuāzhù，握住 wòzhù；给予帮助 jǐyǔ bāngzhù

Zuflucht *f* 躲避 duǒbì，庇护 bìhù；避难所 bìnànsuǒ，庇护所 bìhùsuǒ

Zufluchtsort *m* 避难所 bìnànsuǒ，庇护所 bìhùsuǒ

Zufluss *m* -es，¨-e 流入 liúrù，流向 liúxiàng；支流 zhīliú；涌入 yǒngrù，拥入 yōngrù

zuflüstern *vt* 对…低语 duì … dīyǔ，对…耳语 duì … ěryǔ，对…窃窃私语 duì … qièqiè sīyǔ

zufolge *prp(G / D)* 依照 yīzhào，依据 yījù，根据 gēnjù

zufrieden *adj* 满意的 mǎnyìde，合意的 héyìde，满足的 mǎnzúde：mit etw ～ sein 对某事感到满意；jn ～ machen 使某人满意

zufriedengeben* *rfl* 满意 mǎnyì，满足 mǎnzú：sich mit etw ～ 对某事感到满足

Zufriedenheit *f* - 满意 mǎnyì，满足 mǎnzú，合意 héyì

zufriedenstellen *vt* 使满意 shǐ mǎnyì，使满足 shǐ mǎnzú，使合意 shǐ héyì

zufriedenstellend *adj* 令人满意的 lìng rén mǎnyì de，令人满足的 lìng rén mǎnzú de

zufrieren* *vi(s)* 结冰 jiébīng，冻结 dòngjié，结冻 jiédòng

zufügen *vt* 添加 tiānjiā，增添 zēngtiān；使遭受 shǐ zāoshòu，使蒙受 shǐ méngshòu：jm großen Schaden ～ 使某人遭受巨大损失

Zufuhr *f* - 供给 gōngjǐ，提供 tígōng，供应 gōngyìng；输送 shūsòng

zuführen I *vt* 供给 gōngjǐ，提供 tígōng，供应 gōngyìng，输送 shūsòng：jm Sauerstoff ～ 给某人输氧 **II** *vi* 引向 yǐnxiàng，导向 dǎoxiàng，通往 tōngwǎng

Zug *m* -(e)s，¨-e 列车 lièchē，火车 huǒchē；队伍 duìwu，人群 rénqún，组 zǔ；移

动 yídòng,迁移 qiānyí;通风 tōngfēng;穿堂风 chuāntángfēng;一着棋 yīzhāoqí;吸气 xīqì;线条 xiàntiáo,笔锋 bǐfēng;相貌 xiàngmào,面貌 miànmào 特色 tèsè,特征 tèzhēng;拉 lā,牵 qiān 烟道 yāndào;(衣服上用的)松紧带 sōngjǐndài

Zugabe *f* -, -n 额外增加 éwài zēngjiā,附加物 fùjiāwù;加演节目 jiā yǎn jiémù

Zugang *m* -(e)s, ¨-e 入口 rùkǒu,通道 tōngdào;增加 zēngjiā;理解力 lǐjiělì

zugänglich *adj* 可达到的 kě dádào de,能达到的 néng dádào de;可供参观的 kě gòng cānguān de,可供使用的 kě gòng shǐyòng de;平易近人的 píngyì jìn rén de

Zugartikel *m* 畅销品 chàngxiāopǐn

Zugbegleiter *m* 列车指南 lièchē zhǐnán;列车乘务员 lièchē chéngwùyuán

Zugbrücke *f* 吊桥 diàoqiáo,升降桥 shēngjiàngqiáo,开合桥 kāihéqiáo

zugeben* *vt* 附加 fùjiā,外加 wàijiā;承认 chéngrèn,许可 xǔkě,容许 róngxǔ

zugegen *adj* (用于短语) ~ sein 出席,在场

zugehörig *adj* 所属的 suǒshǔde,附属的 fùshǔde,所有的 suǒyǒude

Zugehörigkeit *f* - 会员资格 huìyuán zīgé;从属 cóngshǔ,附属 fùshǔ

zugeknöpft *adj* 沉默寡言的 chénmò guǎyán de,难以交往的 nányǐ jiāowǎng de,矜持的 jīnchíde

Zügel *m* -s, - 缰绳 jiāngshéng,马缰 mǎjiāng

zügellos *adj* 没套缰绳的 méi tào jiāngshéng de;无约束的 wú yuēshù de,放纵的 fàngzòngde

zügeln *vt* (用缰绳)勒住 lèzhù;控制 kòngzhì,克制 kèzhì,约束 yuēshù

Zugeständnis *n* -ses, -se 承认 chéngrèn;让步 ràngbù,容忍 róngrěn: jm ein ~ (或~se) machen 对某人作出让步(或妥协)

zugestehen* *vt* 承认 chéngrèn;让与 ràng yǔ,给予 jǐyǔ: jm ein Recht ~ 给予某人权利

zugetan *adj* (用于短语) jm [etw] ~ sein 喜欢某人[某事]

Zugführer *m* 列车长 lièchēzhǎng

zugig *adj* 通风的 tōngfēngde,有穿堂风的 yǒu chuāntángfēng de

zügig *adj* 快的 kuàide,迅速的 xùnsùde;顺利的 shùnlìde,顺当的 shùndangde

Zugkraft *f* 牵引力 qiānyǐnlì;吸引力 xīyǐnlì,诱惑力 yòuhuòlì,魅力 mèilì

zugkräftig *adj* 有吸引力的 yǒu xīyǐnlì de,有号召力的 yǒu hàozhàolì de,有迷惑力的 yǒu míhuòlì de

zugleich *adv* 同时 tóngshí,一起 yīqǐ;同样 tóngyàng,也是 yě shì

Zugluft *f* 穿堂风 chuāntángfēng,通风 tōngfēng

Zugmaschine *f* 牵引机 qiānyǐnjī,牵引车 qiānyǐnchē

zugreifen* *vi* 伸手拿取 shēnshǒu náqǔ;迅速行动 xùnsù xíngdòng,立即着手 lìjí zhuóshǒu: Bitte greifen Sie zu! 请随便吃!

Zugriff *m* 抓住 zhuāzhù,抓取 zhuāqǔ,采取行动 cǎiqǔ xíngdòng,下手 xiàshǒu

zugrunde *adv* (用于短语) ~ liegen 以…为根据; ~ gehen 崩溃,灭亡; jn ~ richten 使某人毁灭

Zugtier *n* 挽畜(指牛、马等) wǎnchù

zugunsten *prp*(*G*) 有利于 yǒulì yú,为了…的利益 wèile … de lìyì

zugute *adv* (用于短语) jm etw ~ halten 因某事而原谅某人; etw kommt jm ~ 某事对某人有利

Zugvogel *m* 候鸟 hòuniǎo

zuhalten* I *vt* 关住 guānzhù,抵住 dǐzhù,堵住 dǔzhù: die Tür (von innen) ~ (从里面)把门关住;捂住 wǔzhù,塞住 sāizhù,蒙住 méngzhù: jm den Mund ~ 捂住某人的嘴 II *vi* 向…驶去 xiàng … shǐqù,驶向 shǐxiàng

Zuhause *n* -s 家 jiā,家乡 jiāxiāng,归宿 guīsù

zuhören *vi* 听 tīng,倾听 qīngtīng,注意听 zhùyìtīng: ihm (或 seinen Worten) höflich ~ 有礼貌地倾听他的讲话

Zuhörer *m* -s, - 听讲者 tīngjiǎngzhě,旁听者 pángtīngzhě,听众 tīngzhòng

Zuhörerschaft *f* - (全体)听众 tīngzhòng

zujubeln *vi* 向…欢呼 xiàng … huānhū,向…喝彩 xiàng … hècǎi

zuklappen I *vt* (乓的一声、啪的一声)把…关上 bǎ … guānshàng,合上 héshàng II *vi*(*s*) 自动关上 zìdòng guānshàng,自动合上 zìdòng héshàng

zuknallen I *vt* (砰的一声)将…关上 jiāng … guānshàng II *vi*(*s*) (砰的一声自动)关上 guānshàng,碰上 pèngshàng

Z

zukommen* *vi(s)* 向…走来 xiàng…zǒulái，走近 zǒujìn：er kam direkt auf mich zu 他直接向我走来；临近 línjìn，面临 miànlín，在…面前 zài…miànqián：auf ihn kommen Probleme zu 他面临着许多问题；应当归于 yīngdāng guīyú，有权 yǒuquán：das Geld kommt Ihnen zu 您有权享用这笔钱；得知 dézhī：ihm ist die Nachricht zugekommen 消息传到他那儿；(与 lassen 连用)让人给予 ràngrén jǐyǔ：jm etw (*A*) ～ lassen 让人将某物给某人；etw auf sich ～ lassen 消极等待某事

Zukunft *f* - 未来 wèilái，将来 jiānglái；前途 qiántú，前程 qiánchéng

zukünftig I *adj* 未来的 wèiláide，将来的 jiāngláide II *adv* 今后 jīnhòu

Zukunftspläne *pl* 未来的计划 wèiláide jìhuà，将来的打算 jiāngláide dǎsuan：～ machen 制订未来的计划

zulächeln *vi* 向…微笑 xiàng…wēixiào

Zulage *f* -，-n 补助 bǔzhù，津贴 jīntiē，附加工资 fùjiā gōngzī

zulangen *vi* 伸手拿取 shēnshǒu náqǔ，迅速拿取 xùnsù náqǔ；自己取食 zìjǐ qǔshí：Bitte，langen Sie zu! 请随便吃！足够 zúgòu：das Geld hat nicht zugelangt 钱不够用

zulassen* *vt* 容许 róngxǔ，允许 yǔnxǔ；准许参加 zhǔnxǔ cānjiā，让…享有 ràng…xiǎngyǒu：jn zum Studium ～ 准许某人上大学

zulässig *adj* (法律)许可的 xǔkěde，允许的 yǔnxǔde

Zulassung *f* -，-en 准许 zhǔnxǔ，许可 xǔkě；机动车执照 jīdòngchē zhízhào

Zulassungsbescheid *n* 大学入学通知书 dàxué rùxué tōngzhīshū

Zulassungsprüfung *f* 入学考试 rùxué kǎoshì

Zulassungsrecht *n* 批准权 pīzhǔnquán

Zulassungsverfahren *n* 批准程序 pīzhǔn chéngxù；(交易所)上市股票登记程序 shàngshì gǔpiào dēngjì chéngxù

Zulauf *m* -(e)s，-e 涌往 yǒngwǎng，蜂拥 fēngyōng：großen (或 starken) ～ haben 大量来客(或顾客等)，生意兴隆，门庭若市

zulaufen* *vi(s)* 跑向 pǎoxiàng，向…跑去 xiàng…pǎoqù：sie läuft auf ihn zu 她向他跑去；加入 jiārù，投奔 tóubèn；快跑 kuàipǎo，快走 kuàizǒu；添注(液体) tiānzhù；(末端)变尖 biànjiān，变窄 biànzhǎi；通向 tōngxiàng，延伸 yánshēn，伸展 shēnzhǎn：die Straße läuft auf den Platz zu 这条路通往广场

zulegen I *vt* 购得 gòudé，获得 huòdé，取得 qǔdé；增添 zēngtiān：legen Sie bitte noch zwei Scheiben Schinken zu 请您再添两片火腿 II *vi* 加快速度 jiākuài sùdù，提高速度 tígāo sùdù

zuleiten *vt* 引向 yǐnxiàng，导向 dǎoxiàng；供给 gōngjǐ：einer Maschine Strom ～ 给一台机器供电；转达 zhuǎndá，转交 zhuǎnjiāo

zuletzt *adv* 最后 zuìhòu；最末 zuìmò；上次 shàngcì，最近一次 zuìjìn yīcì；终于 zhōngyú：nicht ～ 尤其是，特别

zuliebe *adv* 为了…起见 wèile…qǐjiàn，为了让…高兴(或满意，喜欢) wèile ràng…gāoxìng：das geschah nur ihm ～ 这事只有他称心

Zulieferbetrieb *m* 配件供应企业 pèijiàn gōngyìng qǐyè

Zulieferindustrie *f* 配件工业 pèijiàn gōngyè，半成品工业 bànchéngpǐn gōngyè，零部件工业 língbùjiàn gōngyè

Zulieferung *f* -，-en 提供零部件 tígōng língbùjiàn，提供的东西 tígōngde dōngxi；供货 gōnghuò；引渡 yǐndù

zumachen I *vt* 关上 guānshàng，关闭 guānbì：das Fenster ～ 关窗；扣上 kòushàng，钮上 niǔshàng：die Jacke ～ 钮上短外衣 II *vi* (工厂、企业等)关闭 guānbì，歇业 xiēyè；(商店)打烊 dǎyàng，关门 guānmén；加紧干 jiājǐn gàn，赶快 gǎnkuài：Mach zu，sonst verpasst du noch den Bus! 赶快，不然你赶不上这班公共汽车了！

zumal I *adv* 特别 tèbié，尤其 yóuqí II *cj* 主要因为 zhǔyào yīnwèi，尤其是(因为) yóuqí shì，由于 yóuyú

zumeist *adv* 多半 duōbàn，大部分 dàbùfen

zumindest *adv* 至少 zhìshǎo，最低 zuìdī，起码 qǐmǎ

zumute *adj* (只与 sein 连用)有…情绪(或心情、兴致) yǒu…qíngxù：mir war ganz traurig ～ 我感到很悲伤

zumuten *vt* 期望 qīwàng，指望 zhǐwang；(过高)要求 yāoqiú，苛求 kēqiú

zunächst *adv* 首先 shǒuxiān；当初

dāngchū;暂且 zànqiě,目前 mùqián

Zunahme *f* -, -n 增加 zēngjiā,增长 zēngzhǎng

Zuname *m* -ns, -n 姓 xìng

zünden I *vt* 使着火 shǐ zháohuǒ,点燃 diǎnrán,引爆 yǐnbào II *vi* 着火 zháohuǒ,燃烧 ránshāo,燃起 ránqǐ

Zunder *m* -s 火绒 huǒróng;锻屑 duànxiè: ~ bekommen (或 kriegen) 挨揍

Zünder *m* -s, - 点火器 diǎnhuǒqì,雷管 léiguǎn;引信 yǐnxìn,引爆装置 yǐnbào zhuāngzhì;火柴 huǒchái

Zündholz *n* 火柴 huǒchái

Zündkerze *f* 火花塞 huǒhuāsāi,点花塞 diǎnhuāsāi

Zündschnur *f* 火线 huǒxiàn,导火线 dǎohuǒxiàn

Zündstoff *m* 易燃材料 yìrán cáiliào,易燃物品 yìrán wùpǐn;(引起冲突或争端的)导火线索 dǎohuǒ xiànsuǒ

Zündung *f* -, -en 点火 diǎnhuǒ,引火 yǐnhuǒ;点火装置 diǎnhuǒ zhuāngzhì

zunehmen* *vt* 增加 zēngjiā,增多 zēngduō;增长 zēngzhǎng;渐渐变得大(长、胖等) jiànjiàn biàndé dà;(月亮)渐圆 jiàn yuán

zunehmend *PI* 增加的 zēngjiāde,增多的 zēngduōde: es wird ~ kälter 天气越来越冷了

Zuneigung *f* - 爱慕 àimù,好感 hǎogǎn,依恋 yīliàn

Zunft *f* -, ¨-e 行会 hánghuì,同业公会 tóngyè gōnghuì;行当 hángdang,行业 hángyè

zünftig *adj* 行会的 hánghuìde,同业公会的 tóngyè gōnghuì de;本行的 běnhángde,真正的 zhēnzhèngde,专门的 zhuānménde,实实在在的 shíshízàizàide

Zunge *f* -, -n 舌 shé,舌头 shétou: er hat eine falche ~ 他是个说谎者;(作为菜肴的)牛(猪)舌 niúshé,口条 kǒutiáo;舌簧 shéhuáng;舌状物(鞋舌、铃舌等) shézhuàngwù

züngeln *vi* (蛇等)舌头快速吐缩 shétou kuàisù tǔ suō;火焰乱窜 huǒyàn luàncuàn

Zungenbrecher *m* 绕口令 ràokǒulìng,急口令 jíkǒulìng

zungenfertig *adj* 口齿伶俐的 kǒuchǐ línglì de,有口才的 yǒu kǒucái de

Zungenspitze *f* 舌尖 shéjiān

zunichte *adv* (用于短语) etw ~ machen 使某事物破灭(或化为乌有); ~ werden 毁灭,失败

zunutze *adv* (用于短语) sich (*D*) etw (*A*) ~ machen 利用某物

zuoberst *adv* 在最上面 zài zuìshàngmian,在顶端 zài dǐngduān

zuordnen *vt* 列入 lièrù,补充编入 bǔchōng biānrù: etw einer Gattung ~ 将某物列入某一类

zupacken *vi* 紧紧抓住 jǐnjǐn zhuāzhù,抓牢 zhuāláo;拼命干活 pīnmìng gànhuó,猛干 měnggàn

zupfen *vt* (短促地)轻拉 qīnglā,轻扯 qīngchě,拔 bá;(用手指等)拨 bō,弹(乐器的弦) tán

zurechtfinden* *rfl* 认识路径 rènshi lùjìng 能适应 néng shìyìng,熟悉情况 shúxī qíngkuàng

zurechtkommen* *vi*(*s*) 处理 chǔlǐ,能对付 néng duìfu;能与…打交道 néng yǔ … dǎjiāodao,跟…合得来 gēn … hédelái;及时到达 jíshí dàodá,及时赶到 jíshí gǎndào

zurechtlegen *vt* 把…整理好 bǎ … zhěng lǐhǎo,放整齐 fàng zhěngqí;(事先仔细地)想好 xiǎnghǎo,考虑好 kǎolǜhǎo

zurechtmachen I *vt* 准备好 zhǔnbèihǎo,整理好 zhěnglǐhǎo II *rfl* 梳妆 shūzhuāng,打扮 dǎban

zurechtsetzen I *vt* 把…放整齐 bǎ … fàngzhěngqí,把…放正(或摆正) bǎ … fàng zhèng,把…放在一定位置 bǎ … fàng zài yīdìng wèizhi II *rfl* 坐端正 zuò duānzhèng,坐成一定姿势 zuò chéng yīdìng zīshì

zurechtweisen* *vt* 斥责 chìzé,谴责 qiǎnzé,指责 zhǐzé

Zurechtweisung *f* 斥责 chìzé,谴责 qiǎnzé,指责 zhǐzé

zureden *vi* 劝说 quànshuō: jm eindringlich ~ 恳切地劝说某人

zurichten *vt* 准备 zhǔnbèi,预备 yùbèi;加工 jiāgōng;伤害 shānghài,损害 sǔnhài,损坏 sǔnhuài

zürnen *vi* 发怒 fānù,生气 shēngqì,怨恨 yuànhèn: über (或 um) etw ~ 对某事发怒; jm (或 auf jn 或 mit jm) ~ 向某人发怒

zurück *adv* 返回 fǎnhuí,回去 huíqù,回转 huízhuǎn;回复过来 huífù guòlái;落后 luòhòu

zurückbleiben* *vi(s)* 留下 liúxià; 落在后面 luò zài hòumian, 落后 luòhòu

zurückblicken *vi* 回首 huíshǒu, 回望 huíwàng, 向后望 xiànghòu wàng; 回顾 huígù, 回想 huíxiǎng

zurückdenken* *vi* 回想 huíxiǎng, 回忆 huíyì, 追忆 zhuīyì

zurückerhalten* *vt* 收回 shōuhuí, 取回 qǔhuí

zurückfahren* I *vi(s)* 驶回 shǐhuí, 返回 fǎnhuí; (吓得身子)向后一退 xiànghòu yītuì, 退缩 tuìsuō II *vt* 开车送回 kāichē sònghuí, 载回 zǎihuí

zurückfallen* *vi(s)* 向后倒去 xiànghòu dǎoqù, 倒回 dǎohuí; 落在后面 luò zài hòumian, 落后 luòhòu; 重新落到 chóngxīn luòdào, 归属 guīshǔ; 归咎于 guījiù yú, 使…承担责任 shǐ … chéngdān zérèn

zurückfinden* *vt/vi/rfl* 找到归途 zhǎodào guītú

zurückführen *vt* 引回 yǐnhuí, 领回 lǐnghuí, 带回 dàihuí; 追溯 zhuīsù, 归之于 guīzhī yú, 把…归因于 bǎ … guīyīn yú

zurückgeben* *vt* 归还 guīhuán, 把…还给 bǎ … huángěi; 回答 huídá; 找还 zhǎohuán

zurückgehen* *vi(s)* 走回 zǒuhuí, 回去 huíqù, 返回 fǎnhuí; 退回 tuìhuí, 退掉 tuìdiào; 追溯 zhuīsù, 上溯 shàngsù, 归根于 guīgēn yú; 减少 jiǎnshǎo, 降低 jiàngdī, 下降 xiàjiàng

zurückgezogen *adj* 引退的 yǐntuìde, 隐居的 yǐnjūde, 退隐的 tuìyǐnde: ～ leben 过着隐居(或退隐)的生活

zurückgreifen* *vi* 求助于 qiúzhù yú; 动用 dòngyòng: auf etw ～ 必要时动用某物; 追溯 zhuīsù, 远溯 yuǎnsù

zurückhalten* I *vt* 阻止 zǔzhǐ, 拦住 lánzhù, 挡住 dǎngzhù; 扣留 kòuliú, 留住 liúzhù; 抑制 yìzhì, 克制 kèzhì II *vi* 抑制 yìzhì, 忍住 rěnzhù III *rfl* 克制 kèzhì, 节制 jiézhì, 控制 kòngzhì

Zurückhaltung *f* - 克制 kèzhì: ～ üben 克制(自己); 冷淡, 保留

zurückkehren *vi(s)* 回来 huílái, 返回 fǎnhuí, 归来 guīlái

zurückkommen* *vi(s)* 回来 huílái, 返回 fǎnhuí; 回想到 huíxiǎngdào, 再提到 zài tídào, 再谈 zàitán

zurücklassen* *vt* 留下 liúxià; 遗留 yíliú; 超过 chāoguò, 胜过 shèngguò: er hat seine Konkurrenten weit zurückgelassen 他远远地胜过自己的竞争者

zurücklegen *vt* 放回 fànghuí, 向后放 xiànghòu fàng; 保留 bǎoliú, 存放 cúnfàng, 储存 chǔcún; 积蓄 jīxù, 储蓄 chǔxù; 走过 zǒuguò

zurückliegen* *vi* (归于)过去 guòqù, 发生在以前 fāshēng zài yǐqián

zurücknehmen* *vt* 收回 shōuhuí, 取回 qǔhuí, 拿回 náhuí; 撤回 chèhuí; 撤销 chèxiāo, 废除 fèichú, 取消 qǔxiāo

zurückrufen* I *vt* 召回 zhàohuí, 叫回 jiàohuí; 使回忆起 shǐ huíyìqǐ; 喊着回答 hǎnzhe huídá II *vi* 回电话 huídiànhuà

zurückschlagen* I *vt* 打回 dǎhuí, 击退 jītuì; 翻起 fānqǐ, 掀开 xiānkāi II *vi* 回击 huíjī, 反击 fǎnjī

zurückschrecken* I *vi(s)* 吓得往后退 xiàde wǎnghòu tuì; 畏缩 wèisuō, 感到害怕 gǎndào hàipà II *vt* 吓退 xiàtuì, 吓倒 xiàdǎo, 使惊恐 shǐ jīngkǒng

zurücksehnen *vt/rfl* 怀念 huáiniàn; 渴望重返 kěwàng chóngfǎn

zurücksetzen I *vt* 把…向后移动 bǎ … xiànghòu yídòng, 把…放到后面 bǎ … fàngdào hòumian; 冷落 lěngluò, 冷淡 lěngdàn, 轻视 qīngshì, 藐视 miǎoshì II *vi* 朝后开(一小段距离) cháohòu kāi, 倒车 dàochē: der Fahrer [das Auto] setzte zurück 司机[汽车]倒车

zurückspringen* *vi(s)* 往后跳 wǎnghòu tiào, 往一边跳 wǎng yībiān tiào; 弹回 tánhuí

zurückstecken I *vt* 把…向后插 bǎ … xiànghòu chā; 插回 chāhuí, 塞回 sāihuí II *vi* 降低(要求) jiàngdī, (在要求上)节制 jiézhì

zurückstehen* *vi* 站在后面 zhàn zài hòumian, 退后 tuìhòu; 落后 luòhòu

zurückstellen *vt* 放回 fànghuí; 保留 bǎoliú; 朝后移动 cháohòu yídòng, 向后拨 xiànghòu bō, 倒拨 dàobō; 暂时放在一边 zànshí fàng zài yībiān, 暂时放弃 zànshí fàngqì; 暂缓征(服役) zànhuǎn zhēng

zurücktreten* *vi(s)* 往后退 wànghòu tuì; 告退 gàotuì, 辞职 cízhí; 撤回 chèhuí, 废除 fèichú, 放弃 fàngqì; 退 tuì, 让路 rànglù

zurückweisen* *vt* 让…返回 ràng … fǎnhuí, 退回 tuìhuí; 拒绝 jùjué; 驳回 bóhuí; 反驳 fǎnbó

zurückwerfen* I *vt* 掷回 zhìhuí；扔回 rēnghuí，向后扔 xiànghòu rēng；反射 fǎnshè；击退 jītuì，打退 dǎtuì II *rfl* 向后躺下 xiànghòu tǎngxià，往后靠 wǎnghòu kào

zurückzahlen *vt* 还 huán，偿还 chánghuán；回敬 huíjìng

zurückziehen* I *vt* 向后拉 xiànghòu lā，向一边拉 xiàng yībiān lā，抽回 chōuhuí；取消 qǔxiāo，撤销 chèxiāo，收回 shōuhuí II *rfl* 引退 yǐntuì，告退 gàotuì；撤退 chètuì，撤回 chèhuí

Zuruf *m* -(e)s，-e 呼喊 hūhǎn，喊叫 hǎnjiào；欢呼 huānhū，喝彩 hècǎi

zurufen* *vt* 呼喊 hūhǎn，喊叫 hǎnjiào，呼唤 hūhuàn

Zusage *f* -，-n 允诺 yǔnnuò，许诺 xǔnuò，应允 yīngyǔn，同意 tóngyì

zusagen I *vt* 允诺 yǔnnuò，应允 yīngyǔn，许诺 xǔnuò，同意 tóngyì：er sagte mir seinen Besuch zu 他允诺来看我 II *vi* 答应 dāying，接受(邀请等) jiēshòu；满意 mǎnyì，中意 zhòngyì，合意 héyì

zusammen *adv* 一起 yīqǐ，共同 gòngtóng；总共 zǒnggòng，共计 gòngjì，一共 yīgòng

Zusammenarbeit *f* - 合作 hézuò，协作 xiézuò

zusammenarbeiten *vi* 合作 hézuò，协作 xiézuò，一起工作 yīqǐ gōngzuò

zusammenballen I *vt* 使成一团 shǐ chéng yītuán，使成球形 shǐ chéng qiúxíng：Papier ～ 把纸揉成一团 II *rfl* 积聚 jījù，聚集 jùjí，密集 mìjí

zusammenbeißen* *vt* 咬紧 yǎojǐn：die Zähne ～ 咬紧牙关

zusammenbinden* *vt* 把…捆在一起 bǎ … kǔn zài yīqǐ，捆扎 kǔnzā

zusammenbrechen* *vi*(*s*) 倒塌 dǎotā，崩溃 bēngkuì，垮台 kuǎtái；累倒 lèidǎo，累垮 lèikuǎ

zusammenbringen* *vt* 筹(款) chóu，筹措 chóucuò，积攒 jīzǎn；设法弄到 shèfǎ nòngdào；能办到 néng bàndào；讲得出 jiǎngdechū；使相识 shǐ xiāngshí，使在一起 shǐ zài yīqǐ

Zusammenbruch *m* 倒塌 dǎotā，崩溃 bēngkuì，垮台 kuǎtái；破产 pòchǎn；衰退 shuāituì，虚脱 xūtuō

zusammendrängen I *vt* 把…赶到一起 bǎ … gǎn dào yīqǐ，使…挤在一起 shǐ … jǐ zài yīqǐ II *rfl* 挤在一起 jǐ zài yīqǐ

zusammenfahren* I *vi*(*s*) 相撞 xiāngzhuàng，相碰 xiāngpèng；吓一跳 xiàyītiào，吃一惊 chīyījīng，惊起 jīngqǐ II *vt* (用车)把…运集一起 bǎ … yùn jí yīqǐ；(开车)压伤 yāshāng，撞伤 zhuàngshāng

zusammenfallen* *vi*(*s*) 倒塌 dǎotā；(时间、空间上)跟…同时发生 gēn … tóngshí fāshēng，恰好相合 qiàhǎo xiānghé，恰好重合 qiàhǎo chónghé；变得瘦弱 biànde shòuruò

zusammenfalten *vt* 折叠 zhédié，把…折叠起来 bǎ … zhédié qǐlái

zusammenfassen *vt* 总结 zǒngjié，概括 gàikuò，综合 zōnghé；集中 jízhōng，合并 hébìng

zusammenfügen I *vt* 连接 liánjiē，接合 jiēhé，组合 zǔhé II *rfl* 接合 jiēhé，组合 zǔhé

zusammengehören *vi* 同属(一个整体) tóngshǔ，同属一对 tóngshǔ yīduì：die beiden Handschuhe gehören zusammen 这两只手套同属一对

zusammengehörig *adj* 同属的 tóngshǔde，配对的 pèiduìde，配套的 pèitàode

zusammenhalten* I *vt* 封住 fēngzhù，固定 gùdìng，束紧 shùjǐn；集合 jíhé，集中 jízhōng；节省 jiéshěng；相互比较 xiānghù bǐjiào，一起比较 yīqǐ bǐjiào II *vi* 粘牢 niánláo；结合在一起 jiéhé zài yīqǐ，团结一致 tuánjié yīzhì，同舟共济 tóng zhōu gòng jì

Zusammenhang *m* 联系 liánxì，关联 guānlián

zusammenhängen* *vi* 相连 xiānglián，关联 guānlián，与…有关 yǔ … yǒuguān

zusammenhanglos *adj* 无联系的 wú liánxì de，无关联的 wú guānlián de

zusammenkehren *vt* 把…扫成一堆 bǎ … sǎo chéng yīduī，把…扫在一起 bǎ … sǎo zài yīqǐ

zusammenklappen I *vt* 折合 zhéhé，折叠 zhédié，合拢 hélǒng；(咔嗒或咔嚓一声)碰击 pèngjī，靠拢(足跟) kàolǒng：die Soldaten haben die Hacken zusammengeklappt 士兵们咔嚓一声立正 II *vi*(*s*) (身体健康等)垮掉 kuǎdiào，精疲力竭 jīng pí lì jié，衰竭 shuāijié

zusammenkneifen* *vt* 紧闭 jǐnbì，眯细(眼睛) mīxì；抿住(嘴唇) mǐnzhù，抿

紧 mǐnjǐn

zusammenknüllen *vt* 把…揉成团 bǎ … róu chéng tuán

zusammenkommen* *vi(s)* 会晤 huìwù，碰头 pèngtóu，会合 huìhé：mit jm ～ 和某人会晤

zusammenkratzen *vt*（艰难地）凑集 còují，拼凑 pīncòu，积攒 jīzǎn

Zusammenkunft *f* -, ¨-e 会面 huìmiàn；聚会 jùhuì，集会 jíhuì

zusammenlaufen* *vi(s)* 聚拢 jùlǒng，会合 huìhé；汇合 huìhé；融合 rónghé

zusammenleben *vi* 共同生活 gòngtóng shēnghuó，一起生活 yīqǐ shēnghuó

zusammenlegen *vt* 折叠 zhédié；合并 hébìng；集拢 jílǒng，集中 jízhōng；凑còu，凑集 còují

zusammennehmen* I *vt* 集中 jízhōng，集合 jíhé；总括 zǒngkuò，合计 héjì II *rfl* 聚精会神 jù jīng huì shén；克制 kèzhì，控制（自己）kòngzhì

zusammenprallen *vi(s)* 相撞 xiāngzhuàng，相碰 xiāngpèng

zusammenraffen *vt* 抓起 zhuāqǐ，拿起 náqǐ；掠取 lüèqǔ，攫取 juéqǔ，夺得 duódé；撩起 liāoqǐ，挽起 wǎnqǐ，提起 tíqǐ

zusammenrechnen *vt* 合计 héjì，总计 zǒngjì

zusammenrotten *rfl* 聚众闹事 jùzhòng nàoshì

zusammensacken *vi(s)* 昏倒 hūndǎo，累垮 lèikuǎ；倒塌 dǎotā，坍倒 tāndǎo

zusammenschlagen* I *vt* 拍 pāi，击 jī；使相碰 shǐ xiāngpèng，使相撞 shǐ xiāngzhuàng；打破 dǎpò，打碎 dǎsuì；击倒 jīdǎo，打倒 dǎdǎo；折合 zhéhé，折叠 zhédié II *vi(s)* 席卷 xíjuǎn，吞没 tūnmò：die Wellen schlugen über dem Schwimmer zusammen 浪涛吞没了游泳者

zusammenschließen* *rfl* 团结 tuánjié，联合 liánhé，通力合作 tōnglì hézuò：die beiden Firmen haben sich zusammengeschlossen 这两家公司已联合起来了

Zusammenschluss *m* 团结 tuánjié，联合 liánhé

zusammenschmelzen* I *vt* 使融化 shǐ rónghuà，使熔合 shǐ rónghé II *vi(s)* 融化 rónghuà，消融 xiāoróng；变少 biàn shǎo，减少 jiǎnshǎo

zusammenschreiben* *vt* 把…写在一起 bǎ … xiě zài yīqǐ，连写 liánxiě；草率写成 cǎoshuài xiě chéng，拼拼凑凑写成 pīnpīn còucòu xiěchéng，通过写作挣得 tōngguò xiězuò zhèngdé

zusammenschrumpfen *vi(s)* 皱缩 zhòusuō，萎缩 wěisuō；起皱纹 qǐzhòuwén；缩小 suōxiǎo，减少 jiǎnshǎo

zusammensetzen I *vt* 拼合 pīnhé，组合 zǔhé；装配 zhuāngpèi：das Fahrrad aus den einzelnen Teilen ～ 将各种零件组装成这辆自行车 II *rfl* 组成 zǔchéng，构成 gòuchéng；坐到一起 zuò dào yīqǐ

Zusammensetzung *f* -, -en 组合 zǔhé，组成 zǔchéng，配合 pèihé；组合物 zǔhéwù，合成物 héchéngwù；复合词 fùhécí，合成词 héchéngcí

zusammenstauchen *vt* 压扁 yābiǎn，压坏 yāhuài；斥责 chìzé，痛斥 tòngchì

zusammenstecken I *vt*（用别针）把…别在一起 bǎ … bié zài yīqǐ，别住 biézhù，（用夹子）把…夹在一起 bǎ … jiā zài yīqǐ II *vi* 偷偷地聚在一起 tōutōude jù zài yīqǐ

zusammenstellen *vt* 把…排列在一起 bǎ … páiliè zài yīqǐ；编纂 biānzuǎn，制订 zhìdìng，编制 biānzhì，编排 biānpái：einen Fahrplan [ein Programm] ～ 编制行车时刻表[节目单]

Zusammenstoß *m* 相撞 xiāngzhuàng；冲突 chōngtū

zusammenstoßen* *vi(s)* 相撞 xiāngzhuàng；发生冲突 fāshēng chōngtū；相交 xiāngjiāo，相接 xiāngjiē；（地产）相邻 xiānglín，毗邻 pílín

zusammentreffen* *vi(s)* 相遇 xiāngyù，会见 huìjiàn；同时发生 tóngshí fāshēng，巧合 qiǎohé

zusammentreten* I *vt* 践踏 jiàntà，踩坏 cǎihuài，狠踢 hěntī II *vi(s)* 开会 kāihuì，聚会 jùhuì

zusammentun* I *vt* 把…放在一起 bǎ … fàng zài yīqǐ II *rfl* 合作 hézuò，协作 xiézuò，联合 liánhé

zusammenwachsen* *vi(s)* 长在一起 zhǎng zài yīqǐ，连在一起 lián zài yīqǐ；打成一片 dǎchéng yīpiàn，亲密无间 qīnmì wújiàn

zusammenwirken *vi* 合作 hézuò，协

力 xiélì，共同起作用 gòngtóng qǐ zuòyòng

zusammenzählen *vt* 加在一起 jiā zài yīqǐ，合计 héjì，总计 zǒngjì

zusammenziehen* I *vt* 拉紧 lājǐn，收紧 shōujǐn，抽紧 chōujǐn；使聚合 shǐ jùhé，集结 jíjié，集合 jíhé；把…加在一起 bǎ … jiā zài yīqǐ，合计 héjì II *rfl* 收缩 shōusuō；（伤口等）收口 shōukǒu；聚拢 jùlǒng，聚集 jùjí III *vi(s)* 搬到一起住 bān dào yīqǐ zhù

Zusatz *m* -es，⸚e 附加 fùjiā，添加 tiānjiā；附加物 fùjiāwù；附录 fùlù；补遗 bǔyí

Zusatzabkommen *n* 附加协定 fùjiā xiédìng，追加协议 zhuījiā xiéyì

Zusatzauftrag *m* 补充订货 bǔchōng dìnghuò，追加订货 zhuījiā dìnghuò

Zusatzbestimmung *f* 附加的规定 fùjiāde guīdìng

Zusatzkosten *pl* 额外费用 éwài fèiyòng；追加成本 zhuījiā chéngběn

zusätzlich *adj* 附加的 fùjiāde，追加的 zhuījiāde，额外的 éwàide，补充的 bǔchōngde

Zusatzlohn *m* 附加工资 fùjiā gōngzī

Zusatzvergünstigung *f* 附加福利 fùjiā fúlì

Zusatzvertrag *m* 合同补充书 hétong bǔchōngshū，补充协定 bǔchōng xiédìng

zuschanden *adv* （用于短语）毁坏 huǐhuài，破灭 pòmiè：etw (*A*) ～ machen 使某事破灭（或落空），破坏某事物；～ werden 破灭，告吹；(ein Fahrzeug) ～ fahren（把一辆车）开坏

zuschauen *vi* （仔细地）观看 guānkàn，注视 zhùshì，察看 chákàn

Zuschauer *m* -s，- 观众 guānzhòng；旁观者 pángguānzhě，目睹者 mùdǔzhě

zuschicken *vt* 寄送 jì sòng，寄给 jìgěi，递送 dìsòng

zuschießen* I *vt* 把…射向… bǎ … shèxiàng…；资助 zīzhù，补助 bǔzhù，捐助 juānzhù II *vi(s)* 朝…奔去 cháo … bēnqù，奔向 bènxiàng

Zuschlag *m* -(e)s，⸚e 附加费 fùjiāfèi，追加费 zhuījiāfèi；（拍卖时）击锤拍定 jī chuí pāidìng；附加料 fùjiāliào，填充料 tiánchōngliào

zuschlagen* I *vi* 猛击 měngjī，猛力打击 měnglì dǎjī II *vi(s)* 碰地关上 pèngde guānshàng III *vt* 关闭 guānbì，闭合 bìhé，碰地关上 pèngde guānshàng：der Wind schlug das Fenster zu 风把窗户关上了；钉上 dìngshàng，钉牢 dìngláo，钉合 dìnghé；（拍卖时）拍定 pāidìng；（裁决时）裁定 cáidìng；附加 fùjiā，增加 zēngjiā；（承包契约时）给予…承包（或承办）jǐyǔ … chéngbāo

zuschlagfrei *adj* 无须加价的 wúxū jiājià de

Zuschlagkarte *f* 附加票 fùjiāpiào，加快票 jiākuàipiào

Zuschlagsteuer *f* 附加税 fùjiāshuì

Zuschlagzoll *m* 附加关税 fùjiā guānshuì

zuschließen* *vt* 锁上 suǒshàng，锁住 suǒzhù，关上 guānshàng

zuschneiden* *vt* 裁剪 cáijiǎn

Zuschnitt *m* -(e)s，-e（服装的）裁样 cáiyàng，式样 shìyàng；类型 lèixíng；裁剪 cáijiǎn

zuschnüren *vt* 捆扎 kǔnzā；系紧 jìjǐn，束紧 shùjǐn

zuschrauben *vt* （用螺丝）拧紧 nǐngjǐn

zuschreiben* I *vt* 添写 tiānxiě；归于 guīyú，归咎 guījiù；记在…名下 jì zài … míngxià II *vi* 书面允诺 shūmiàn yǔnnuò

Zuschrift *f* -，-en（读者给报刊寄去的）信 xìn，函件 hánjiàn

Zuschuss *m* -es，⸚e 津贴 jīntiē，补助 bǔzhù，资助 zīzhù

zusehen* *vt* 注视 zhùshì，观看 guānkàn，旁观 pángguān；注意 zhùyì，留神 liúshén；观望 guānwàng，等待（时机等）děngdài

zusehends *adv* 显然地 xiǎnránde，明显地 míngxiǎnde

zusetzen I *vt* 掺入 chānrù，添加 tiānjiā；损失 sǔnshī，亏损 kuīsǔn II *vi* 损失 sǔnshī，亏损 kuīsǔn，赔本 péiběn；催促 cuīcù，强求 qiǎngqiú，纠缠 jiūchán；使衰弱 shǐ shuāiruò

zusichern *vt* 保证 bǎozhèng，担保 dānbǎo：jm etw ～ 向某人保证某事

zuspitzen *rfl* 变得尖锐 biànde jiānruì，尖锐化 jiānruìhuà，激化 jīhuà

zusprechen* I *vi* 劝说 quànshuō，鼓励 gǔlì；尽情地吃 jìnqíngde chī，享用 xiǎngyòng II *vt* 把…判给 bǎ … pàngěi，宣布…归…所有 xuānbù … guī … suǒyǒu；以…鼓励（或激励）yǐ … gǔlì，安慰 ānwèi

Zuspruch *m* -(e)s 安慰 ānwèi，鼓励 gǔlì；来客 láikè，观众 guānzhòng；赞赏

Z

zànshǎng，好评 hǎopíng
Zustand *m* -(e)s，¨-e 情况 qíngkuàng，状况 zhuàngkuàng，状态 zhuàngtài
zustande *adv*（用于短语）etw（A）～ bringen 完成某事，办成某事，实现某事；～ kommen 成功，完成，得到实现
zuständig *adj* 主管的 zhǔguǎnde，应负责任的 yīng fù zérèn de，有职权的 yǒu zhíquán de
Zuständigkeit *f* 主管 zhǔguǎn；管辖权 guǎnxiáquán
Zustandspassiv *n* 状态被动式 zhuàngtài bèidòngshì
zustatten *adv*（用于短语）etw kommt jm ～ 某事物对某人有用（或有益）
zustecken *vt* 别上 biéshàng，别住 biézhù，扣住 kòuzhù；悄悄地塞给 qiāoqiāode sāigěi：jm Geld ～ 悄悄地塞给某人钱
zustehen* *vi* 应归于 yīng guīyú，归属于 guīshǔ yú，有权利 yǒu quánlì：es steht ihm zu，dich so zu fragen 他有权这样问你
Zustelldienst *m* 送货服务 sònghuò fúwù
zustellen *vt* 寄送 jìsòng，送交（传票等）sòngjiāo；挡住 dǎngzhù，堵住 dǔzhù
Zusteller *m* -s，- 邮递员 yóudìyuán，投递员 tóudìyuán
zustimmen *vi* 同意 tóngyì，支持 zhīchí，赞同 zàntóng：jm [einer Sache] ～ 赞同某人[某事]
Zustimmung *f* -，-en 同意 tóngyì，赞同 zàntóng
zustoßen* I *vi*(*h*/*s*)（用刀子等）戳 chuō，捅 tǒng，刺 cì；发生 fāshēng：ihr ist ein Unglück zugestoßen 她遇到一件不幸的事 II *vt*（用手臂或脚）推上 tuīshàng，撞上 zhuàngshàng，踢上 tīshàng
zustürzen *vi*(*s*) 向…冲去 xiàng…chōngqù，奔向 bènxiàng
zutage（用于短语）etw ～ bringen（或 fördern）使某事物显露（或公开）；etw kommt（或 tritt）～ 某事物显露出来
Zutat *f* -，-en（食品的）配料 pèiliào，作料 zuòliao；（衣服的）配料 pèiliào；添加 tiānjiā，补充 bǔchōng
zuteil（用于短语）etw wird jm ～ 某物归于某人，某人得到某物
zuteilen *vt* 分给 fēngěi，配给 pèijǐ；分配 fēnpèi，分派 fēnpài：jm eine Aufgabe ～ 分配给某人一个任务
zutiefst *adv* 深深地 shēnshēnde，深刻地 shēnkède，非常 fēicháng
zutragen* *vt* 带到 dàidào，搬到 bāndào，运送 yùnsòng；告诉 gàosu
zuträglich *adj* 有助于健康的 yǒuzhùyú jiànkāng de，有益于…的 yǒuyì yú … de
zutrauen *vt* 相信 xiāngxìn，信任 xìnrèn，信赖 xìnlài：du hast deinen Kräften zuviel zugetraut 你过分相信了自己的力量
Zutrauen *n* -s 相信 xiāngxìn，信任 xìnrèn，信赖 xìnlài：ich habe kein ～ zu ihm 我不信任他
zutraulich *adj* 信任别人的 xìnrèn biérén de；不怕生的 bù pàshēngde，不胆怯的 bù dǎnqiède；温顺的 wēnshùnde
zutreffen* *vi* 符合 fúhé，合乎实际情况 héhū shíjì qíngkuàng，准确 zhǔnquè：seine Angabe traf genau zu 他的说明十分确切；适合 shìhé，适用 shìyòng
zutrinken* *vi*（举杯）向某人祝酒 xiàng mǒurén zhùjiǔ：er hob sein Glas und trank ihr zu 他举杯向她祝酒
Zutritt *m* -(e)s 入场 rùchǎng，进场 jìnchǎng，入内 rùnèi：～ nur mit Ausweis! 出示证件方可入内！
Zutun *n* -s 帮助 bāngzhù，支持 zhīchí：ohne js ～ 在没有某人帮助或参与的情况下
zuunterst *adv* 最底下 zuìdǐxia，最下面 zuìxiàmian
zuverlässig *adj* 可靠的 kěkàode，可信任的 kěxìnrènde，可信赖的 kěxìnlàide：sich als ～ erweisen 证实是可靠的
Zuverlässigkeit *f* 可靠性 kěkàoxìng，可信赖 kěxìnlài
Zuversicht *f* - 信心 xìnxīn，坚信 jiānxìn，深信 shēnxìn，把握 bǎwò
zuversichtlich *adj* 确信的 quèxìnde，充满信心的 chōngmǎn xìnxīn de，满有把握的 mǎn yǒu bǎwò de：～ sein 坚信
zuviel *pron*（不定代词）太多 tàiduō，过多 guòduō：er hat ～ zu tun 他太忙了；er weiß viel ～ 他知道得太多了
zuvor *adv* 事先 shìxiān，以前 yǐqián，之前 zhīqián
zuvorkommen* *vi*(*s*) 占先 zhànxiān，抢在…之先行动 qiǎng zài … zhīxiān xíngdòng：er ist meinen Wünschen zuvorgekommen 没等我开口他就满足了我的愿望
zuvorkommend *adj* 亲切的 qīnqiède，

友好的 yǒuhǎode，有礼貌的 yǒu lǐmào de，乐于助人的 lèyú zhù rén de

Zuwachs *m* -es 增加 zēngjiā，增长 zēngzhǎng：die Familie hat ～ bekommen 这家添了一个孩子

zuwachsen* *vi(s)* 长满 zhǎngmǎn；愈合 yùhé，收口 shōukǒu

zuwege *adv* （用于短语）etw ～ bringen 完成（或办成）某事；mit etw ～ kommen 完成某事

zuweilen *adv* 有时 yǒushí，偶尔 ǒu'ěr

zuweisen* *vt* 分配 fēnpèi，分派 fēnpài，指派 zhǐpài，安排 ānpái：jm einen Platz in der vierten Reihe ～ 约某人在第四排安排一个座位

zuwenden* I *vt* 把…转向 bǎ … zhuǎnxiàng：jm das Gesicht ～ 把脸转向某人；jm sein Vertrauen ～ 信任某人 II *rfl* 转向 zhuǎnxiàng；从事于 cóngshì yú，致力于 zhìlì yú：sich dem Studium der Physik ～ 致力于学习物理

Zuwendung *f* -，-en 资助 zīzhù，捐赠 juānzèng，捐款 juānkuǎn；照顾 zhàogù，关照 guānzhào

zuwenig *pron* （不定代词）太少 tàishǎo，过少 guòshǎo

zuwerfen* *vt* 填满 tiánmǎn，填平 tiánpíng：einen Graben mit Erde ～ 用土填平一条沟；把…扔给 bǎ … rēnggěi，抛给 pāogěi；砰地关上 pēngde guānshàng：ich warf (wütend) die Tür (hinter mir) zu 我（气得）砰的一声把门关上

zuwider I *adv* （用于短语）jm ～ sein (或 werden) 令某人反感（厌恶，讨厌）II *prp(D)* 违背 wéibèi，违反 wéifǎn：das ist deinem Versprechen ～ 这违背你的诺言

zuwiderhandeln *vi* 违反 wéifǎn，违背 wéibèi：dem Gesetz ～ 违反法律

zuwinken I *vt* 向…挥手致意 xiàng … huīshǒu zhìyì：jm einen Gruß ～ 向某人挥手致意 II *vi* 向…示意 xiàng … shìyì：jm zum Abschied ～ 向某人挥手告别

zuzahlen *vt* 加付 jiāfù，另付 lìngfù

zuzählen *vt* 添算 tiānsuàn，加算 jiāsuàn

zuziehen* I *vt* 拉上 lāshàng：die Gardine ～ 拉上窗帘；勒紧 lēijǐn，拉紧 lājǐn：die Schlinge ～ 拉紧活扣；与…商量 yǔ … shāngliáng，请教 qǐngjiào，找（医生）看病 zhǎo kànbìng：einen erfahrenen Arzt ～ 找个有经验的医生看病；招惹 zhāorě，招致 zhāozhì：sich (D) eine Krankheit ～ 染上一种疾病；sich (D) den Zorn des Publikums ～ 激起公众愤怒 II *vi(s)* 迁来 qiānlái，搬来 bānlái

Zuzug *m* -(e)s 迁移 qiānyí，移居 yíjū

zuzüglich *prp(G)* 包括 bāokuò，连同 liántóng：die Miete beträgt 500 Euro ～ der Heizungskosten 房租连同取暖费共计 500 欧元

Zuzugsgenehmigung *f* 迁居许可 qiānjū xǔkě，允许迁居 yǔnxǔ qiānjū

Zuzugssperre *f* 不准迁居 bùzhǔn qiānjū，不许搬迁 bùxǔ bānqiān

Zwang *m* -(e)s，¨-e 强迫 qiǎngpò，强制 qiángzhì：einen ～ auf jn ausüben 对某人施行强制

zwängen *rfl/vt* 压入 yārù，挤入 jǐrù，挤进 jǐjìn

zwanglos *adj* 非强迫的 fēi qiǎngpò de，自愿的 zìyuàn de，随便的 suíbiànde，不受约束的 bù shòu yuēshùde；不定期的 bù dìngqīde：die Zeitschrift erscheint in ～er Folge 该杂志不定期出版

Zwangsarbeit *f* 强迫劳动 qiǎngpò láodòng，强制劳动 qiángzhì láodòng

Zwangslage *f* 困境 kùnjìng，窘况 jiǒngkuàng

zwangsläufig *adj* 必然的 bìrán de，不可避免的 bùkě bìmiǎn de，不可扭转的 bùkě niǔzhuǎn de

Zwangsmaßnahme *f* 强制措施 qiángzhì cuòshī

Zwangsmittel *m* 控制方法 kòngzhì fāngfǎ，强制手段 qiángzhì shǒuduàn

Zwangsstrafe *f* 强制处罚 qiángzhì chǔfá

Zwangsumtausch *m* 强制兑换外币 qiángzhì duìhuàn wàibì

Zwangsversicherung *f* 强制保险 qiángzhì bǎoxiǎn

Zwangsvollstreckung *f* 强制执行 qiángzhì zhíxíng

zwangsweise *adv/adj* 强制的 qiángzhìde，强迫的 qiǎngpòde，被动的 bèidòngde：das ～ Inhalieren von Tabakschwelprodukten 被动吸烟

zwanzig *num* 二十 èrshí

zwar *adv* 虽然 suīrán：～ ... aber ... 虽然…但是…；und ～ 而且，也就是，更确切地说

Zweck *m* -(e)s，-e 目的 mùdì，目标 mùbiāo，意图 yìtú；意义 yìyì，用途 yòngtú

Z

zweckentfremden *vt* 不按预定目的使用 bù 'àn yùdìng mùdì shǐyòng, 挪作他用 nuó zuò tā yòng, 将…改成 jiāng…gǎichéng

zweckentfremdet *adj* 不符合原定目的的 bù fúhé yuándìng mùdì de, 违背原定目的的 wéibèi yuándìng mùdì de, 被挪作他用的 bèi nuó zuò tā yòng de

Zweckentfremdung *f* 未用于预定目的 wèi yòng yú yùdìng mùdì, 改变用途 gǎibiàn yòngtú

zweckgemäß *adj* 符合目的的 fúhé mùdì de

zwecklos *adj* 无目的的 wú mùdì de; 无作用的 wú zuòyòng de, 无意义的 wú yìyì de, 徒劳的 túláode

zweckmäßig *adj* 符合目的的 fúhé mùdì de, 切合实际的 qièhé shíjì de, 适当的 shìdàngde; 实用的 shíyòngde

zwecks *prp* (*G*) 为了…目的 wèile…mùdì

Zweckvermögen *n* 专款 zhuānkuǎn, 专用基金 zhuānyòng jījīn

zweckwidrig *adj* 不适当的 bù shìdàngde, 不相宜的 bù xiāngyíde, 不符合目的的 bù fúhé mùdì de

zwei *num* 二 èr

zweibeinig *adj* 两条腿的 liǎngtiáotuǐde

Zweibettzimmer *n* 双人床房间 shuāngrénchuáng fángjiān, 双人间 shuāngrénjiān

zweideutig *adj* 多义的 duōyìde; 含糊的 hánhude, 模棱两可的 móléng liǎngkě de; 不正派的 bù zhèngpàide, 下流的 xiàliúde

zweierlei *adj* (不变化) 两种的 liǎng zhǒngde, 两类的 liǎnglèide: das Kleid ist aus ~ Stoff 这件女衣是用两种料子做的

zweifach *adj* 双重的 shuāngchóngde, 两倍的 liǎngbèide, 两次的 liǎngcìde

Zweifel *m* -s, - 怀疑 huáiyí, 疑惑 yíhuò: ohne ~ 无疑地; im ~ sein 犹豫不决; etw in ~ stellen (或 ziehen) 怀疑某事

zweifelhaft *adj* 不确定的 bù quèdìngde, 无把握的 wú bǎwò de; 可疑的 kěyíde, 成问题的 chéngwèntíde, 难料的 nánliàode, 靠不住的 kào bu zhù de

zweifellos *adj* 无疑的 wúyíde, 必定的 bìdìngde, 肯定的 kěndìngde

zweifeln *vi* 怀疑 huáiyí, 不信任 bù xìnrèn: an etw (*D*) ~ 对某事怀疑; i… zweifle, dass er kommt 我怀疑他会来

zweifelsohne *adv* 无疑地 wúyíde, … 定地 kěndìngde

Zweig *m* -(e)s, -e 细枝 xìzhī, 树枝 sh… zhī; 部门 bùmén, 分支机构 fēnzhī jīgò… 分会 fēnhuì; 支线 zhīxiàn, 支流 zhīliú

Zweiggeschäft *n* 分店 fēndiàn, 支… zhīdiàn, 分号 fēnhào

Zweiggesellschaft *f* 分公司 fē… gōngsī, 子公司 zǐgōngsī

Zweiginstitut *n* 分院 fēnyuàn, 分… fēnsuǒ, 分会 fēnhuì

Zweiglinie *f* 铁路支线 tiělù zhīxiàn

Zweigniederlassung *f* 分店 fē… diàn, 分行 fēnháng, 分公司 fēngōngs… 分号 fēnhào, 分营业处 fēnyíngyèchù; 分… 支机构 fēnzhī jīgòu

Zweigstelle *f* (行政机构的) 分支机… fēnzhī jīgòu; (银行的) 分行 fēnháng

Zweigwissenschaft *f* 分支科学 fēnzhī kēxué

zweijährig *adj* 两岁的 liǎngsuìde; 为期二年的 wéiqī èrnián de

Zweikammersystem *n* (议会) 两院制 liǎngyuànzhì

Zweikampf *m* 决斗 juédòu; 两人 (或两队) 的比赛 liǎngrén de bǐsài

zweimal *adv* 两次 liǎngcì, 两倍 liǎng bèi

zweimalig *adj* 两次的 liǎngcìde, 重复的 chóngfùde

zweireihig *adj* 两行的 liǎnghángde; 双排的 shuāngpáide

zweischneidig *adj* 双刃的 shuāng rènde

zweiseitig *adj* 两面的 liǎngmiànde, 两边的 liǎngbiānde; 双边的 shuāngbiānde

zweisprachig *adj* 双语的 shuāngyǔde

zweit (用于短语) zu ~ 两个人在一起

Zweitausfertigung *f* 副本 fùběn, 抄本 chāoběn, 复制品 fùzhìpǐn

Zweitberuf *m* 第二职业 dì'èr zhíyè

zweite *num* 第二的 dì'èrde

zweiteilig *adj* 由两部分组成的 yó… liǎngbùfen zǔchéng de

Zweiteilung *f* 对分 duìfēn, 平分 píng fēn, 分为两部分 fēnwéi liǎngbùfen

zweitens *adv* 第二 dì'èr, 其次 qícì

Zweitexemplar *n* 副样 fùyàng, 存… cúnyàng

Zweitfrisur *f* 假发 jiǎfà

Zweithandmarkt *m* 二手市场 èrshǒu shìchǎng，旧货市场 jiùhuò shìchǎng

zweitklassig *adj* 二等的 èrděngde 次等的 cìděngde，二流的 èrliúde

zweitrangig *adj* 次要的 cìyàode；二流的 èrliúde

Zweitstimme *f* (联邦德国)第二选票(用于选举政党进入联邦议院) dì'èr xuǎnpiào

Zwerchfell *n* 横膈膜 hénggémó

Zwerg *m* -(e)s，-e 侏儒 zhūrú，矮人 ǎirén

zwergenhaft *adj* 矮小的 ǎixiǎode，极小的 jíxiǎode

Zwergschule *f* (不分年级或只有几个年级的)小小学校 xiǎoxiǎo xuéxiào

Zwergschüler *m* (不分或很少分年级的)小小学校的学生 xiǎoxiǎo xuéxiào de xuésheng

Zwergstaat *m* 小人国 xiǎorénguó，矮人国 ǎirénguó

Zwetsche *f* -，-n 李子 lǐzi

zwicken I *vt* (用两手指)捏 niē，掐 qiā，拧 níng；夹 jiā，钳 qián **II** *vi* 太紧而引起不适(或疼痛) tài jǐn ér yǐnqǐ bùshì

Zwicker *m* -s，- 夹鼻眼镜 jiābí yǎnjìng

Zwickmühle *f* 困境 kùnjìng，窘境 jiǒngjìng，进退两难的境地 jìn tuì liǎng nán de jìngdì

Zwieback *m* -(e)s，¨-e / -e 烘面包片 hōng miànbāopiàn，面包干 miànbāogān

Zwiebel *f* -，-n 洋葱 yángcōng

zwiebeln *vt* 使烦恼 shǐ fánnǎo，烦扰 fánrǎo；折磨 zhémó

zwielichtig *adj* 令人可疑的 lìng rén kěyíde，看不透的 kànbùtòude

Zwiespalt *m* -(e)s 矛盾 máodùn，冲突 chōngtū；分裂 fēnliè，不和 bùhé，不统一 bù tǒngyī，不团结 bù tuánjié

zwiespältig *adj* 矛盾 máodùn，分裂的 fēnliède，不统一的 bù tǒngyī de，不团结的 bù tuánjié de

Zwietracht *f* - 不和 bùhé，不团结 bù tuánjié，倾轧 qīngyà：～ säen (或 stiften) 离间，播下不和的种子

Zwilling *m* -s，-e 双胞胎(之一) shuāngbāotāi，孪生儿(之一) luánshēngér

Zwillingsbruder *m* 孪生兄弟 luánshēng xiōngdì

Zwillingsschwester *f* 孪生姐妹 luánshēng jiěmèi

zwingen* **I** *vt* 强迫 qiǎngpò，逼迫 bīpò：jn ～，etw zu tun 强迫某人做某事；把…逼到 bǎ … bī dào；克服 kèfú **II** *vi* 迫切要求 pòqiè yāoqiú：die Situation zwang zu raschem Handeln 形势迫切要求迅速行动

zwinkern *vi* 眨眨眼(示意) zhǎzhǎyǎn：mit den Augen [dem linken Auge] ～ 眨眼[眨左眼]示意。

Zwirn *m* -(e)s，-e 线 xiàn

zwischen *prp* (*D* / *A*) **1.** (*D*) (表示地点)在…之间 zài … zhī jiān，在…中间 zài … zhōngjiān：der Garten liegt ～ dem Haus und dem Wald 花园在屋子和树林之间；(表示时间)在…之间 zài … zhī jiān：～ Weihnachten und Neujahr 在圣诞节和新年之间；das geschah ～ dem 1. and 5. Mai 此事发生在5月1日和5日之间；(表示相互关系)在…之间 zài … zhī jiān：Handelsbeziehungen ～ verschiedenen Ländern 不同国家间的贸易关系；(表示范围)在…之间，介于…间：eine Farbe ～ Grau und Blau 介于灰和蓝间的颜色；der Preis liegt ～ 80 und 100 Euro 价格在80和100欧元间 **2.** (*A*) (表示方向)到…中间去：Setz dich doch ～ uns! 请你坐到我们中间来！beim Essen ist mir etwas ～ die Zähne geraten 吃饭时有点东西嵌进我的牙缝

Zwischenfall *m* 意外事件 yìwài shìjiàn，突发事件 tūfā shìjiàn

Zwischenfrage *f* (打断某人讲话)插入的问题 chārùde wèntí

Zwischenhafen *m* 中途停靠港 zhōngtú tíngkào gǎng

Zwischenhandel *m* 中间贸易 zhōngjiān màoyì

Zwischenhändler *m* 中间商 zhōngjiānshāng，居介商 zhōngjièshāng

Zwischenlandung *f* 中途降落(或着陆) zhōngtú jiàngluò

zwischenmenschlich *adj* 人与人之间的 rén yǔ rén zhī jiān de，人际间的 rénjìjiānde

Zwischenpause *f* 幕间休息 mùjiān xiūxi

Zwischenprodukt *n* 半成品 bànchéngpǐn，中间产品 zhōngjiān chǎnpǐn

Zwischenraum *m* 间隔 jiàngé，间隙 jiànxì，间歇 jiànxiē，空间 kōngjiān

Zwischenspiel *n* 幕间穿插的节目 mùjiān chuānchā de jiémù；插曲 chāqǔ

zwischenstaatlich *adj* 国际的 guójìde，国与国之间的 guó yǔ guó zhī jiān de
Zwischenstufe *f* 中间阶段 zhōngjiān jiēduàn
Zwischenwand *f* 隔墙 géqiáng
Zwischenzeit *f* -，-en 间隔的时间 jiàngéde shíjiān，间歇 jiànxiē
zwischenzeitlich *adj* 间歇的 jiànxiēde，在此期间的 zài cǐ qījiān de
Zwist *m* -es，-e 争吵 zhēngchǎo，口角 kǒujiǎo，纷争 fēnzhēng
zwitschern *vi* （鸟）啾啾叫 jiūjiū jiào，作唧唧声 zuò jījīshēng
Zwitter *m* -s，- 两性人 liǎngxìngrén；雌雄同体 cí xióng tóng tǐ；雌雄同株 cí xióng tóng zhū
zwölf *num* 十二 shí'èr
zwölfte *num* 第十二 dìshí'èr
zyklisch *adj* 循环的 xúnhuánde，轮转的 lúnzhuànde，周期的 zhōuqīde；环状的 huánzhuàngde
Zyklon *m* -s，-e 大旋风 dàxuànfēng
Zyklus *m* -，...klen 循环 xúnhuán，轮回 lúnhuí，周期 zhōuqī；丛书 cóngshū，丛刊 cóngkān
Zylinder *m* -s，- 圆柱体 yuánzhùtǐ，圆筒 yuántǒng；气缸 qìgāng；大礼帽 dàlǐmào
zylindrisch *adj* 圆柱形的 yuánzhùxíngde，圆筒状的 yuántǒngzhuàngde
zymotisch *adj* 发酵的 fājiàode
Zyniker *m* -s，- 玩世不恭的人 wán shì bù gōng de rén
zynisch *adj* 玩世不恭的 wán shì bù gōng de
Zypern 塞浦路斯 Sàipǔlùsī
Zypresse *f* -，-n 柏树 bǎishù
Zypriot *m* -en，-en 塞浦路斯人 sàipǔlùsīrén
Zyste *f* -，-n 囊肿 nángzhǒng
Zytoblast *m* -en，-en 细胞核 xìbāohé
Zytologie *f* - 细胞学 xìbāoxué
z. Z.，z. Zt = zur Zeit 眼下 yǎnxià，目前 mùqián

汉德部分
Wörterbuch Chinesisch-Deutsch

用法说明
Hinweise für den Benutzer

一、本词典所收条目分单词条目和多字条目。单字条目包括汉语单词和常用词素;多字条目包括汉语合成词和熟语。

二、单字条目用大号蓝色粗体字排印。多字条目根据第一个字分别排在相应的单字条目下面。

三、单词条目和多字条目均按汉语拼音字母的次序排列。单字条目下所列的多字条目,按第二个字的拼音字母次序排列;第二个字相同的,按第三个字排列,以下类推。本词典所收的全部条目都用汉语拼音字母注音。

四、字形相同而读音不同的条目,按拼音次序分列,并各注明另见某音,如:

调 diào 另见 tiáo

强 qiáng 另见 jiàng,qiǎng

当时 dāngshí 另见 dàngshí

同形异读的多字条目,如第一个字读音相同,不同的只是第二个字,两条目先后排列在同一单字条目之下,则不注另见某音,如:

罢了 bàle weiter nichts

罢了 bàliǎo es gut sein lassen

五、同音异义的条目分别排列,并在右上角标注阿拉伯数字以示区别,如:

余[1] yú ich

余[2](餘) yú **1**. übrig; restlich **2**. Rest einer großen Zahl oder Maßeinheit

学会[1] xuéhuì erlernen; erwerben

学会[2] xuéhuì (wissenschaftliche) Gesellschaft; (wissenschaftlicher) Verein

六、本词典的单字条目以现在通行的汉字形体为标准。异体字(包括繁体)加括号附列在正体之后。括号内的异体字如只适用于个别意义,则在该异体字左上角附注相应的义项数码,如:

参(參)

伞(傘、[1]繖)

七、单字条目的异体字如与立作条目的标准体汉字同形，两者也按第四条的规定相互参见，如：

秤（称）chèng‘称’另见 chèn；chēng

称（稱）chèn 另见 chēng；chèng‘秤’

称（稱）chēng 另见 chèn；chèng‘秤’

八、多义的条目分列义项，用阳文圈码标出，各提供相应的译文，如：

羞辱 xiūrǔ 1. Schande；Schmach；Erniedrigung 2. jm Schande bringen；jn beleidigen

九、条目（或其义项）的意义和译法如与另一条目（或其义项）相同，则作参见条处理，译文可查阅被参见条，参见符号为“→”；被参见条分义项的，标出其义项数码，如：

氧 yǎng →氧气

许 xǔ 1. loben；ruhmen；würdigen 2. →许诺

驯 xún 1. →驯服 1

十、本词典的条目配有少量译例。出现在配例中的本条目汉字用波形号“～”代替，如：

夷[1] yí 1. 化险为～ 2. ～为平地

舆论 yúlùn 世界～

十一、条目和配例有几种译法的，中间用分号“；”隔开；译文若为句子结构，用斜线分开，以免混淆，如：

养神 yǎngshén sich ausruhen；sich entspannen

样 yàng 1. →样子 1 他还是那个～儿 er hat sich nicht verändert / sein Aussehen ist nicht verändert

译文中个别词的不同译法，放在括号“（　　）”内注出，表示括号内的词可代替前面的词，如：

夭折 yāozhé 1. früh (jung) sterben

休假 xiūjià Urlaub machen (nehmen)

十二、译文中可省略的词，用圆括号标出，表示在引用该译文时，括号内的词可以不用，如：

直起腰来 sich (aus seiner gebückten Haltung) aufrichten

心不在焉 xīn bù zài yān nicht (ganz) bei der Sache sein

十三、汉语特有的词语，在德语中找不到对应的译法的，条目词不给对译，只给简要的德语解释，放入圆括号内，并通过配例表明其译法。在这种情况下，条目后加冒号“：”，直接配例，提供译文，如：

之[2] zhī 1. (Schriftzeichen, das für eine Person oder eine Sache als Objekt steht)：求～不得

2.（Leerwort）：久而久～

枝 zhī 2.（als Zähleinheitswort）：一～花

一～枪

十四、汉语条目均不加注释，但对音译词和汉语特有词语，用德语作简要的说明。说明的文字放在圆括号内，如：

月琴 yuèqín（ein drei- oder viersaitiges Zupfinstrument mit rundem Resonanzkasten）

雨水² yǔshuǐ „Regenwasser "（Bezeichnung für den 18., 19. oder 20. Februar）

部首检字表
Radikale

一、部首目录

1. 部首左边的数码表示部首的次序
2. 部首右边的数码指检字表的页码

二、检字表

1. 字右边的数码指词典正文的页码
2. 带圆括弧的字是繁体字或异体字

5

乙(乛㇆乚)部

6

亠部

7

冫部

8

冖部

9

讠(言)部

20
勹部

21
儿部

31
力部

32
氵部

二画

三画

四画

五画

六画

七画

八画

33
忄(⺗)部

34
宀部

35
丬(爿)部

36
广部

37
门(門)部

38
辶(辶)部

二至四画

五至七画

八至十画

十一画以上

39
工部

40
土部

二至三画

四画

五画

六画

七至八画

43 大部

44 廾(在下)部

45 尢部

46 寸部

47 弋部

49
小(⺌)部

50
口部

111
立部

112
疒部

113
衤部

114
示部

115
石部

116 龙（龍）部

117 业部

118 目部

119 田部

160
辰部

161
豕部

162
卤(鹵)部

163
里部

164
足(⻊)部

165
豸部

166
谷部

167
釆部

168
身部

169
角部

170
青部

171
其部

172
雨(⻗)部

A

阿 ā 另见 a '啊'; ē
(als Präfix, das vor einen Kose- oder Familiennamen gesetzt wird): ～大 Älteste(r)
阿耳法粒子 ā'ěrfǎ lìzǐ Alphateilchen
阿耳法射线 ā'ěrfǎ shèxiàn Alphastrahlen
阿飞 āfēi Rowdy; Halbstarke(r)
阿訇 āhōng Imam
阿拉伯人 Ālābórén Araber
阿拉伯数字 Ālābó shùzì arabische Ziffern
阿拉伯语 Ālābóyǔ arabische Sprache; Arabisch
阿摩尼亚 āmóníyà Ammoniak
阿片 āpiàn Opium
阿司匹林 āsīpǐlín Aspirin
阿姨 āyí 1. Tante 2. Kindermädchen; Kindergärtnerin 3. Hausangestellte

啊(呵) ā 另见 á, ǎ, à, a; '呵'另见 hē
(Als Ausrufewort zum Ausdruck des Erstaunens): ～,是你! Ach, du bist es!

锕 ā Aktinium (Ac)

啊(呵) á 另见 ā, ǎ, à, a; '呵'另见 hē
(als Ausrufewort zum Ausdruck des Wunsches nach Wiederholung von Gesagtem): ～? 你说什么? Wie bitte?

啊(呵) ǎ 另见 ā, á, à, a; '呵'另见 hē
(als Ausrufewort zum Ausdruck der erstaunten Verwirrung): ～? 这是怎么回事啊? Nanu, was ist denn los?

啊(呵) à 另见 ā, á, ǎ, a; '呵'另见 hē
1. (als Ausrufewort zum Ausdruck des Zusagens): ～,好吧 Na, gut! 2. (zum Ausdruck des endlichen Begreifens): ～,原来是你 Ach, du bist es! 3. (zum Ausdruck der Bewunderung): ～,伟大的祖国! Ach, welch großes Vaterland!

啊(阿、呵) a 另见 ā, á, ǎ, à; '阿'另见 ā, ē; '呵'另见 hē
(zum Ausdruck der Ermahnung oder des Drängens): 快些～! Beeile dich!

哀 āi 1. seelischer Schmerz 2. betrauern; um jn trauern 3. Mitleid haben
哀愁 āichóu traurig; bekümmert; Kummer
哀悼 āidào Trauer empfinden; in (tiefer) Trauer sein; um jn trauern
哀歌 āigē Klagelied; Elegie
哀怜 āilián Erbarmen haben (fühlen)
哀鸣 āimíng wehmütig jammern; Wehgeschrei
哀求 āiqiú eindringlich (demütig) bitten; flehen
哀伤 āishāng von Gram gebeugt; von Schmerz und Trauer erfüllt
哀思 āisī tiefer seelischer Schmerz über den Tod eines Mitmenschen
哀叹 āitàn schmerzlich seufzen; wehklagen
哀乐 āiyuè Trauermusik; Grabgesang

锿 āi Einsteinium (Es)

哎(嗳) āi '嗳'另见 ǎi; ài
(als Ausrufewort zum Ausdruck des Erstaunens, Erinnerns oder der Unzufriedenheit): ～! 你怎么能这么说呢! Wie kannst du nur so etwas sagen!?
哎呀 āiyā (zum Ausdruck des Erstaunens): ～,你怎么这么晚才来呢! Meine Güte, wie spät du kommst!
哎哟 āiyō (zum Ausdruck des Erstaunens, Schmerzes usw.): ～,糟啦! Oh, das ist in völliger Unordnung!

埃[1] āi Staub

埃[2] āi Ångströmeinheit

挨 āi 另见 ái
1. der Reihe nach 一个～一个 einer nach dem anderen 2. dicht bei etw/jm 肩～着肩 nebeneinander; aneinander; Schulter an Schulter
挨次 āicì nacheinander; in bestimmter Reihenfolge
挨个儿 āigèr der Reihe nach
挨近 āijìn sich nähern; nahen

唉 āi 另见 ài
(als Ausrufewort zum Ausdruck des Reagierens oder Bedauerns): ～,我这就来 ja, ich komme gleich
唉声叹气 āi shēng tàn qì seufzen; tiefe Seufzer ausstoßen

癌 ái Krebs; Krebsgeschwulst; Karzinom 肝～ Leberkrebs

皑(皚) ái schneeweiß
皑皑 ái'ái blendend weiß

挨(捱) ái 另见 āi
1. ertragen; erleiden; abbekommen ～饿 Hunger leiden (ertragen) 2. sich mühsam zu erhalten (über die Zeit zu retten) suchen; sich in die Länge ziehen ～时间 schwere Zeiten durchmachen; ein elendes Leben erdulden 3. (zur Bildung des Passivs): ～批评 kritisiert werden

霭 ǎi Nebelschleier; Dunst 烟～ Wolkendunst

蔼 ǎi freundlich; liebenswürdig

嗳(噯) ǎi 另见 āi '哎';ài
(als Ausrufewort zum Ausdruck des Einwandes oder der Ablehnung): ～,不能这样做 Nein, das kann man nicht machen!
嗳气 ǎiqì hörbar aufstoßen; rülpsen

矮 ǎi 1. klein von Körper; zwerghaft 2. niedrig
矮小 ǎixiǎo klein von Wuchs; zwerghaft
矮子 ǎizi Zwerg; Knirps; Liliputaner

隘 ài 1. eng; schmal 2. Pass
隘口 àikǒu enger Durchgang; Pass; Gebirgspass

艾[1] ài Beifuß; Moxa

艾[2] ài enden; aufhören 方兴未～ im Entstehen (in der Entwicklung) begriffen sein
艾滋病 àizībìng Aids; AIDS
艾滋病感染者 àizībìng gǎnrǎnzhě Aidsinfizierter

砹 ài Astatin (Astatium) (At)

碍(礙) ài sich auf etw nachteilig auswirken; ungünstig sein; jm hinderlich sein
碍面子 ài miànzi es vermeiden, js Gefühle zu verletzen
碍事 àishì 1. ein Hindernis (für jn/etw) sein 2. schlimm (nachteilig) sein
碍手碍脚 ài shǒu ài jiǎo lästig sein; jm im Weg(e) stehen

唉 ài 另见 āi
(als Ausrufewort zum Ausdruck des Bedauerns): ～,真可惜! Ach, wie schade!

爱(愛) ài 1. lieben 2. gern haben; gern mögen; Zuneigung 3. für jn sorgen; Fürsorge 4. dazu neigen, etw zu tun; leicht
爱不释手 ài bù shì shǒu von etw so angetan sein, dass man es nicht aus der Hand legt; sich kaum (nur ungern) von etw trennen können; sich von etw nicht losreißen können
爱戴 àidài achten (verehren) und lieben
爱国 àiguó Liebe zum Vaterland; patriotisch ～人士 Patriot; patriotische Persönlichkeiten
爱国心 àiguóxīn Vaterlandsliebe; vaterländische Gesinnung; Patriotismus
爱国者 àiguózhě Patriot
爱国主义 àiguó zhǔyì Patriotismus
爱好 àihào 1. (gern) mögen; eine Vorliebe für etw haben ～音乐 eine Vorliebe für Musik haben; ein (großer) Freund der Musik sein 2. Neigung; Hobby
爱护 àihù schützen; schonen; etw sorgfältig pflegen ～公物 das Gemeineigentum schützen
爱克斯光 àikèsīguāng →爱克斯射线
爱克斯射线 àikèsī shèxiàn Röntgenstrahlen; X-Strahlen
爱怜 àilián bemitleiden; mitfühlen; liebevolles Mitgefühl mit jm haben

A

爱恋 àiliàn lieben; liebhaben; jm unwandelbar zugetan sein
爱面子 ài miànzi sehr auf sein Ansehen bedacht sein; immer danach streben, den äußeren Schein aufrechtzuerhalten; großen Wert auf sein Image legen
爱莫能助 ài mò néng zhù jm trotz aller Bereitschaft keine Hilfe leisten können
爱慕 àimù jn leidenschaftlich lieben; bewundern ～虚荣 eitel sein; darauf bedacht sein, äußere Anerkennung zu erlangen
爱情 àiqíng Liebe
爱人 àirén 1. Ehemann; Ehefrau 2. Geliebte(r)
爱惜 àixī schonen; sparsam mit etw umgehen ～名誉 auf seinen (guten) Ruf achten

嗳(嗳) ài 另见 āi '哎'; ǎi
(als Ausrufewort zum Ausdruck des Bereuens): ～,早知如此,我就不去了 ach, wenn ich das zuvor gewusst hätte, wäre ich nicht hingegangen

暧(曖) ài trübe; düster
暧昧 àimèi zweideutig; fragwürdig; dubios 态度～ sich zweideutig verhalten; eine undurchsichtige Rolle spielen ～关系 zweifelhafte Verbindungen

安¹ ān 1. Ruhe; Stille; ungestört friedlich ～睡 ruhig (sanft) schlafen 2. beruhigen; besänftigen; beschwichtigen 3. zufrieden 4. Sicherheit; Wohlbefinden; (körperlich) gesund 5. für jn/etw den erforderlichen Platz finden; unterbringen; aufstellen 6. einsetzen; einrichten 7. jn für etw verantwortlich machen; jm etw zuschreiben ～罪名 jm etw anlasten 8. hegen; beabsichtigen ～坏心 eine böse Absicht hegen

安² ān →安培
安步当车 ān bù dàng chē anstatt ein Fahrzeug zu benutzen gemächlich zu Fuß gehen
安插 ānchā jm eine Stellung verschaffen; unterbringen ～亲信 eine Vertrauensperson in ein Amt (seine Anhänger in bestimmte Positionen) einsetzen
安定 āndìng 1. stabil; friedlich ～团结 Stabilität und Geschlossenheit 2. stabilisieren; stabil machen
安放 ānfàng (auf)legen; (auf)setzen; (auf)stellen
安分 ānfèn vernünftig leben; die Gesetze einhalten; sich gesittet aufführen ～守己 sich in Schranken halten
安好 ānhǎo frisch und gesund; Wohlbefinden
安家 ānjiā 1. sich ansässig machen; sich fest niederlassen 2. eine Familie gründen ～落户 sich (an einem anderen Ort als seiner Heimat) niederlassen
安静 ānjìng 1. Ruhe; Stille 2. ruhig; sich beruhigen
安居乐业 ān jū lè yè in Frieden leben und seinem Beruf nachgehen
安乐 ānlè Frieden und Glück; sorglos und fröhlich ～窝 behagliches Heim
安乐死 ānlèsǐ Euthanasie; Sterbehilfe; humanes Sterben
安乐椅 ānlèyǐ Lehnsessel; Klubsessel; Großvaterstuhl
安理会 Ānlǐhuì Sicherheitsrat ～常任理事国 ständiges Mitglied im Sicherheitsrat
安眠 ānmián ruhig (fest) schlafen
安眠药 ānmiányào Schlafmittel; Hypnotikum
安乃近 ānnǎijìn Analgin
安宁 ānníng 1. Ruhe; Frieden 2. Gemütsruhe
安排 ānpái einrichten; arrangieren; ein Arrangement für jn/etw treffen ～时间 seine Zeit einteilen
安培 ānpéi Ampere (A)
安培计 ānpéijì Amperemeter
安全 ānquán Sicherheit; geborgen ～行车 unfallfrei fahren
安全带 ānquándài Sicherheitsgurt; Sicherheitsgürtel
安全帽 ānquánmào Sicherheitshelm; Schutzhelm
安全套 ánquántào Kondom
安然 ānrán 1. in Ruhe und Sicherheit 2. gelassen ～无恙 ohne Schaden zu nehmen; mit heiler Haut davonkommen
安身 ānshēn Obdach finden; ein Dach überm Kopf haben; sich in Sicherheit bringen ～立命 sich eine Existenz gründen; in Ruhe und Sicherheit leben
安慰 ānwèi trösten; jm Trost gewähren (spenden); beruhigen
安稳 ānwěn ruhig; fest

安息 ānxī 1. sich ausruhen 2. in Frieden ruhen；entschlafen
安闲 ānxián gemächlich；sorglos
安详 ānxiáng gelassen；von gesetztem Wesen
安心 ānxīn 1. mit ungeteilter Aufmerksamkeit 2. beruhigt ～工作 zielbewusst arbeiten；sich ganz der Berufsarbeit widmen
安逸 ānyì Behagen 贪图～ dem Müßiggang verfallen sein
安于 ānyú mit etw zufrieden sein；sich mit etw zufriedengeben ～现状 sich mit dem gegenwärtigen Zustand zufriedengeben
安置 ānzhì für jn/etw Platz finden；unterbringen
安装 ānzhuāng einbauen；installieren；montieren

鞍 ān →鞍子
鞍马 ānmǎ Pferd；Seitpferd（Turngerät）～生活 Soldatenleben
鞍子 ānzi Sattel

桉 ān Eukalyptus

氨 ān Ammoniak
氨基酸 ānjīsuān Aminosäure
氨水 ānshuǐ Ammoniakwasser

谙 ān sich auskennen；in etw erfahren sein 不～水性 im Schwimmen unerfahren sein
谙练 ānliàn erfahren；geübt

庵（菴） ān 1. Strohhütte 2. buddhistisches Nonnenkloster

鹌 ān
鹌鹑 ānchún Wachtel

铵 ǎn Ammonium

俺 ǎn 1. ich 2. wir

案¹ àn →案子¹

案² *àn 1. →案子² 2. →案卷 3. →按²*
案板 ànbǎn Hackbrett；Schneidebrett
案件 ànjiàn Rechtsfall；Fall；Prozess
案卷 ànjuàn Akte；Aktenstück；Urkundensammlung
案情 ànqíng Sachverhalt（Details）eines Rechtsfalls
案子¹ ànzi（langer）Tisch
案子² ànzi Rechtsfall；Fall；Rechtssache

按¹ àn 1. drücken；pressen ～电铃 auf die elektrische Klingel drücken 2. unterdrücken；zurückhalten 3. gemäß；nach；entsprechend ～制度办事 vorschriftsmäßig handeln

按²（案） àn Anmerkung 编者～ Anmerkung des Herausgebers
按部就班 àn bù jiù bān ordnungsgemäß；Schritt für Schritt
按劳分配 àn láo fēnpèi Verteilung nach der Arbeitsleistung
按理 ànlǐ eigentlich；logischerweise；normalerweise
按脉 ànmài jm den Puls fühlen
按摩 ànmó massieren；Massage ～器 Massagegerät
按钮 ànniǔ Druckknopf；Knopf
按时 ànshí termingerecht；pünktlich；rechtzeitig
按需分配 àn xū fēnpèi Verteilung nach den Bedürfnissen
按语 ànyǔ Anmerkung；Kommentar
按照 ànzhào gemäß；nach；entsprechend

胺 àn Amin

黯 àn düster；trübselig
黯然 ànrán 1. matt；trübselig ～失色 übertroffen werden；in den Schatten gestellt werden 2. trübsinnig；schwermütig；deprimiert

暗（¹³闇） àn 1. dunkel；finster 天色～了 es wird dunkel 2. geheim；heimlich；verborgen 3. wirrköpfig；unklar
暗藏 àncáng verbergen；verstecken
暗淡 àndàn fahl；düster
暗地里 àndìli heimlich；im Geheimen；hinterrücks；hinter den Kulissen
暗害 ànhài 1. jn meuchlings umbringen 2. jm hinterrücks Schaden zufügen
暗号 ànhào geheimes Zeichen；Geheimsignal；Kennwort
暗礁 ànjiāo verborgenes Riff；tückische Klippe
暗流 ànliú unsichtbare Strömung
暗杀 ànshā jn meuchlings umbringen；jn heimtückisch ermorden
暗示 ànshì jm einen Wink geben；Andeutungen machen

A

暗室 ànshì Dunkelkammer
暗算 ànsuàn eine Intrige gegen jn spinnen; jm eine Falle stellen
暗锁 ànsuǒ (eingebautes) Schloss
暗滩 àntān verborgene Sandbank
暗探 àntàn Spitzel; Geheimagent
暗笑 ànxiào sich ins Fäustchen lachen spöttisch grinsen; verstohlen lächeln
暗语 ànyǔ Kennwort; Geheimsprache
暗中 ànzhōng 1. im Dunkeln 2. heimlich im Geheimen

岸[1] àn Ufer; Küste

岸[2] àn stolz 傲～ hochmütig; arrogant; dünkelhaft

肮(骯) āng
肮脏 āngzāng unsauber; schmutzig; unanständig

昂 áng heben; hoch; erhobenen Hauptes
昂贵 ángguì teuer; kostspielig
昂然 ángrán stolz; würdevoll
昂首 ángshǒu erhobenen Hauptes ～阔步 majestätisch (stolz) dahinschreiten
昂扬 ángyáng hochgestimmt; begeistert; enthusiastisch

盎 àng altes weitbauchiges Gefäß mit kleiner Öffnung
盎格鲁撒克逊人 Ànggélǔ-Sākèxùnrén Angelsachse
盎然 àngrán reichlich vorhanden; im Überfluss 春意～ es herrscht die reinste Frühlingsstimmung
盎司 àngsī Unze

熬 āo 另见 áo
etw langsam kochen

凹 āo hohl; konkav; tiefliegend
凹面镜 āomiànjìng Konkavspiegel
凹陷 āoxiàn einsinken; einfallen

鏖 áo harter (erbitterter) Kampf; heftiges Gefecht
鏖战 áozhàn der Kampf tobt heiß

熬 áo 另见 āo
1. etw lange kochen; auskochen 2. aushalten; durchhalten; überstehen
熬煎 áojiān große Qualen erdulden
熬夜 áoyè die Nacht hindurch (bis tief in die Nacht) aufbleiben

遨 áo bummeln; müßig herumgehen
遨游 áoyóu umherwandern; herumreisen

嗷 áo klägliche Schreie
嗷嗷待哺 áo'áo dài bǔ jämmerlich nach Nahrung schreien

螯 áo Scheren (von Krebsen, Hummern usw.)

翱(翶) áo aufsteigen; davonfliegen
翱翔 áoxiáng in der Luft schweben; in den Lüften kreisen

袄(襖) ǎo gefütterte chinesische Winterjacke 棉～ wattierte Jacke

拗(抝) ǎo 另见 ào; niù knicken; abbrechen; durchbrechen

媪 ǎo alte Frau

鏊 ào
鏊子 àozi Backblech; Kuchenblech

傲 ào stolz; überheblich; hochmütig
傲慢 àomàn arrogant; anmaßend; hochnäsig
傲气 àoqì Arroganz; Überheblichkeit; Dünkel
傲视 àoshì jn mit Geringschätzung betrachten; hochmütig auf jn herabblicken

奥[1] ào schwerverständlich 深～ tiefgründig; voller Gedankentiefe

奥[2] ào →奥斯忒
奥博 àobó tiefgründig; kenntnisreich
奥纶 àolún Orlon
奥秘 àomì Rätsel; schwer zu entschleierndes Geheimnis
奥妙 àomiào rätselhaft; geheimnisvoll; unergründlich
奥斯忒 àosītè Oersted (Oe)
奥运会 Àoyùnhuì Olympiade; Olympische Spiele

澳[1] ào 1. Bucht mit Landestelle 2. Makao (Aomen) 港～同胞 Landsleute in Hongkong und Makao

澳[2] Ào Australien

懊 ào bereuen；bedauern；reumütig

懊悔 àohuǐ reuen；bereuen；sich Selbstvorwürfe machen；Reue

懊恼 àonǎo sich ärgern；Missmut empfinden；verstimmt

懊丧 àosàng deprimiert；niedergeschlagen；bedrückt

坳（坳、垇） ào Einsattelung

拗（抝） ào 另见 ǎo，niù widerspenstig；eigensinnig

拗口 àokǒu schwer aussprechbar；holprig

B

八 bā acht
八百 bābǎi achthundert
八成 bāchéng 1. achtzig Prozent 2. höchstwahrscheinlich
八路军 Bā Lù Jūn die Achte Route-Armee; Soldat der Achten Route-Armee
八千 bāqiān achttausend
八十 bāshí achtzig
八万 bāwàn achtzigtausend
八月 bāyuè August

扒 bā 另见 pá
1. sich festhalten; sich klammern 2. umgraben; aufwühlen; abreißen 3. wegschieben; auseinanderreißen 4. entfernen; abziehen

巴1 bā 1. sehnlich hoffen; ungeduldig warten 2. anhaften; festkleben

巴2 bā Bar
巴不得 bābude auf etw begierig sein; etw sehnlichst wünschen
巴结 bājie 1. sich einschmeicheln; sich bei jm beliebt machen 2. Anstrengungen machen
巴黎公社 Bālí Gōngshè Pariser Kommune
巴士 bāshì Bus
巴西人 bāxīrén Brasilianer(in)
巴掌 bāzhang 1. Handteller 2. Ohrfeige

疤 bā 1. Narbe; Wundmal 2. Fehler
疤痕 bāhén Narbe; Wundmal

芭 bā
芭蕉 bājiāo Zwergbananenstaude
芭蕾舞 bālěiwǔ Ballett

吧 bā 另见 ba
Knack! Peng!
吧嗒 bādā Klapp!; Bums!
吧嗒 bāda schmatzen; paffen

笆 bā Geflecht (aus Bambuslatten oder Zweigen)
笆斗 bādǒu geflochtener Weidenkorb

拔 bá 1. ausreißen; ausziehen; auszupfen 2. heraussaugen 3. heraussuchen; auswählen; befördern 4. heben 5. über etw hinaussteigen; überbieten 6. erobern
拔除 báchú beseitigen; niederreißen
拔高 bágāo 1. hervorheben ～嗓子 mit erhobener Stimme 2. jn/etw absichtlich herausstreichen
拔罐子 bá guànzi schröpfen
拔海 báhǎi über dem Meeresspiegel
拔河 báhé Tauziehen
拔尖 bájiān hervorragend; exzellent; Spitze sein
拔锚 bámáo den Anker lichten
拔苗助长 bá miáo zhù zhǎng unbesonnener Enthusiasmus führt zum Misserfolg
拔腿 bátuǐ die Beine unter die Arme nehmen; Fersengeld geben ～就逃 sofort davonlaufen

跋1 bá über Berg und Tal ～山涉水 Gebirge und Flüsse durchqueren

跋2 bá Nachwort; Epilog
跋扈 báhù gebieterlich; tyrannisch; den Herrn spielen
跋涉 báshè sich mühsam fortschleppen; beschwerlich reisen

靶 bǎ →靶子 打～ Scheibenschießen; nach der Scheibe schießen
靶场 bǎchǎng Schießplatz; Schießstand
靶心 bǎxīn die Mitte (das Schwarz) der Schießscheibe; Zielpunkt
靶子 bǎzi Ziel; Schießscheibe

把1 bǎ 另见 bà
1. halten; fassen; ergreifen ～舵 am Steuer stehen 2. (ein Kind zur Verrichtung der Notdurft) halten; abhalten 3. etw allein beherrschen; monopolisieren

4. beschützen; bewachen; hüten ～着大门 das Tor bewachen 5. Bund; Bündel; (eine) Handvoll; (eine) Menge 草～ Strohbündel 一～刀 ein Messer 一～米 eine Handvoll Reis 6. ungefähr; annähernd

把[2] bǎ: ～头一扭 den Kopf zur Seite wenden

把[3] bǎ ungefähr 个～月 etwa einen Monat 百～人 etw hundert Leute; an die hundert Menschen

把[4] bǎ durch Eid verbunden ～兄弟 verschworene Freunde

把柄 bǎbǐng Griff; Handhabe; Angriffspunkt

把持 bǎchí etw monopolartig unter Kontrolle halten

把关 bǎguān 1. einen Engpass bewachen 2. überprüfen 把好质量关 gute Qualität wird garantiert

把手 bǎshou 1. Griff (an Tür, Fenster u. ä.) 2. Griff; Knauf; Henkel

把守 bǎshǒu bewachen; schützen; beschützen

把握 bǎwò 1. ergreifen 2. Sicherheit; Gewissheit ～时机 die Gelegenheit beim Schopfe fassen; eine Chance wahrnehmen 没～ nicht sicher sein

把戏 bǎxì 1. Kunststück 2. Gaukelei; List 耍鬼～ einen üblen Trick anwenden

钯 bǎ 另见 pá '耙'
Palladium (Pd)

霸（覇） bà 1. Oberherr 2. örtlicher Tyrann; Lokaldespot 3. Hegemonie 4. jm den eigenen Willen aufzwingen; tyrannisieren

霸道 bàdào herrisch; anmaßend; Willkürherrschaft

霸权 bàquán Hegemonie

霸权主义 bàquán zhǔyì Hegemonismus; Hegemoniestreben

霸王 bàwáng Gewaltherrscher

霸占 bàzhàn etw an sich reißen; (ein Gebiet) besetzt halten

坝（壩） bà Damm; Deich

罢（罷） bà 另见 ba '吧'
1. mit etw aufhören 2. jm kündigen; abberufen 3. fertig sein; mit etw zu Ende kommen

罢工 bàgōng in (den) Streik treten; im Ausstand stehen

罢官 bàguān jn seines Amtes entheben

罢课 bàkè Studentenstreik

罢了 bàle weiter nichts 他不过这样说说～ es war ihm nicht Ernst mit dieser Bemerkung

罢了 bàliǎo es gut sein lassen 他不愿去也就～ lass es gut sein, wenn er nicht mitkommen will

罢免 bàmiǎn absetzen; abberufen

罢市 bàshì Händlerstreik

罢手 bàshǒu aufgeben; mit etw aufhören

罢休 bàxiū aufgeben; fallenlassen

耙（糶） bà 另见 pá
1. Egge 2. eggen; (den Acker) mit der Egge bearbeiten ～地 das Feld eggen

把（欛） bà 另见 bǎ
1. Handgriff; Henkel; Knauf 2. Stiel

把子 bàzi Handgriff; Klinke; Schaft

爸 bà Vater; Vati; Papa

爸爸 bàba Vater; Vati; Papa

吧（罢、罷） ba 另见 bā;'罢'另见 bà
1. (als Partikel zum Ausdruck eines Vorschlags oder einer Bitte): 帮帮他～! Sei ihm behilflich! 2. (als Partikel zum Ausdruck der Einwilligung): 好～ Also gut! 3. (als Partikel zum Ausdruck der Vermutung): 你不会不知道～? Das weißt du doch wohl schon? 4. (als Partikel zum Ausdruck der Unsicherheit): 这大概是前天的事～ vielleicht war es vorgestern

掰（擘） bāi '擘'另见 bò
etw mit beiden Händen auseinanderbrechen

白[1] bái 1. weiß 2. klären 真相大～ alles ist nun ans Licht gekommen / die nackte Wahrheit kam an den Tag 3. rein; leer 一张～纸 ein unbeschriebenes Blatt Papier 4. vergeblich; vergebens; umsonst ～忙一天 man hat den ganzen Tag umsonst gearbeitet 5. gratis; kostenlos; ohne Entgelt ～给 jm etw ohne Gegenleistung geben 6. reaktionär ～军

reaktionäre Truppen

白² bái aussprechen; erklären
白报纸 báibàozhǐ Zeitungspapier
白璧无瑕 bái bì wú xiá makellos
白菜 báicài Chinakohl
白痴 báichī 1. Idiotie; Schwachsinn 2. Idiot; Schwachsinnige(r)
白炽 báichì 1. Weißglut 2. weißglühend
白炽电灯 báichì diàndēng Glühlampe
白带 báidài Leukorrhöe; Weißfluss
白费 báifèi vergeuden; vergebens ~力气 seine Kräfte verschwenden
白宫 Bái Gōng das Weiße Haus
白果 báiguǒ Ginkgo
白鹤 báihè weißer Kranich
白喉 báihóu Diphtherie
白话¹ báihuà bloße Phrasen 空口说~ leere Versprechungen machen; eine unbegründete Behauptung vorbringen
白话² báihuà moderne chinesische Schriftsprache
白话文 báihuàwén Artikel in modernem Chinesisch
白桦 báihuà Birke
白金 báijīn Platin(Pt)
白酒 báijiǔ Klare; Schnaps
白卷 báijuàn Prüfungsbogen, den man unbeschrieben lässt 交~ einen Prüfungsbogen leer abgeben
白开水 báikāishuǐ reines abgekochtes Wasser
白口铁 báikǒutiě weißes Roheisen
白兰地 báilándì Brandy; Weinbrand; Kognak
白磷 báilín weißer Phosphor
白领 báilǐng White Collar
白鹭 báilù Seidenreiher
白露 báilù "Weißer Tau"(7., 8. oder 9. September, eine der 24 Jahreseinteilungseinheiten)
白茫茫 báimángmáng von Nebel verhüllt; in Dunst gehüllt; mit Schnee bedeckt
白米 báimǐ (polierter) Reis
白面 báimiàn Weizenmehl
白面儿 báimiànr Heroin
白木耳 báimù'ěr Gallertpilz
白内障 báinèizhàng grauer Star
白皮书 báipíshū Weißbuch
白旗 báiqí 1. weiße Fahne 2. Parlamentärflagge
白热 báirè weißglühend; Weißglut
白热化 báirèhuà sich aufs Schärfste zuspitzen
白人 báirén Weiße(r)
白刃 báirèn nacktes Schwert
白刃战 báirènzhàn Nahkampf mit aufgepflanztem Bajonett
白日 báirì (hellichter) Tag
白日做梦 báirì zuò mèng Wunschvorstellungen haben
白色 báisè 1. Weiß; weiß 2. reaktionär; weiß ~政权 weißes Regime
白色恐怖 báisè kǒngbù weißer Terror
白薯 báishǔ Süßkartoffel
白糖 báitáng Zucker
白天 báitian (helllichter) Tag
白铁 báitiě verzinktes Eisenblech
白厅 Bái Tīng Whitehall (britische Regierung oder ihre Politik)
白血病 báixuèbìng Leukämie
白血球 báixuèqiú Leukozyt; weißes Blutkörperchen
白眼 báiyǎn eisiger Blick ~看人 auf jn herabsehen
白眼珠 báiyǎnzhū das Weiße des Augapfels
白杨 báiyáng Filzpappel
白衣战士 báiyī zhànshì medizinischer Mitarbeiter
白蚁 báiyǐ Termite
白银 báiyín Silber
白纸黑字 báizhǐ hēizì Schwarz auf Weiß
白种 báizhǒng weiße Rasse
白种人 báizhǒngrén Weiße(r)
白昼 báizhòu helllichter Tag
白字 báizì falsch ausgesprochenes oder geschriebenes Schriftzeichen
白族 Báizú Bai-Nationalität

百 bǎi 1. hundert; Hundert 2. viel; verschieden 数~次 mehrere hundert Male
百般 bǎibān nichts unversucht lassen ~阻挠 jn an etw mit allen Mitteln hindern
百倍 bǎibèi hundertfach 信心~ voll (voller) Zuversicht
百出 bǎichū übervoll; 错误~ von Fehlern strotzen
百发百中 bǎi fā bǎi zhòng jeder Schuss trifft das Ziel / das Ziel mit keinem Schuss fehlen
百废俱兴 bǎi fèi jù xīng alles Versäumte nachholen
百分比 bǎifēnbǐ prozentual; Prozentsatz
百分点 bǎifēndiǎn Prozentpunkt

百分号 bǎifēnhào Prozentzeichen
百分率 bǎifēnlǜ Prozentsatz
百分数 bǎifēnshù Prozent
百分之百 bǎi fēn zhī bǎi hundertprozentig; vollständig; ausschließlich
百分制 bǎifēnzhì Hundert-Punkte-System
百合 bǎihé Lilie
百花齐放 bǎi huā qí fàng hundert Blumen blühen
百货 bǎihuò Waren aller Art ～商店 Warenhaus; Kaufhaus
百家争鸣 bǎi jiā zhēng míng hundert Schulen streiten miteinander
百科全书 bǎikē quánshū Enzyklopädie
百炼成钢 bǎi liàn chéng gāng kampfgestählt; gestählt und erprobt sein
百灵 bǎilíng Lerche
百年 bǎinián 1. Jahrhundert 2. das ganze Leben; lebenslang ～之后 nach js Ableben
百万 bǎiwàn Million ～富翁 Millionär
百姓 bǎixìng Volk; einfache Leute
百叶窗 bǎiyèchuāng Rollladen; Jalousie
百战百胜 bǎi zhàn bǎi shèng unbesiegbar
百折不挠 bǎi zhé bù náo unbeugsam; mit unbeirrbarer Festigkeit

柏（栢） bǎi Zypresse
柏油 bǎiyóu Asphalt; Teer
柏油路 bǎiyóulù Asphaltstraße

摆[1]（擺） bǎi 1. aufstellen; auflegen; anordnen 2. etw ausführlich erklären 3. mit etw prunken 4. schwingen; wiegen 5. Pendel

摆[2]（擺、襬） bǎi: 下～ unterer Rand einer Jacke oder eines Rockes
摆布 bǎibu 1. aufstellen; einrichten 2. jn/etw unter Kontrolle stellen; jn/etw entscheidend beeinflussen
摆动 bǎidòng schwingen; schaukeln; wedeln
摆渡 bǎidù übersetzen; ans andere Ufer fahren
摆架子 bǎi jiàzi breitspurig auftreten; sich brüsten; sich aufspielen
摆阔 bǎikuò seinen Reichtum prahlend zur Schau stellen; Prunk entfalten
摆弄 bǎinòng mit etw herumhantieren; sich an etw zu schaffen machen
摆设 bǎishè einrichten; ausstatten
摆设 bǎishe Schmuckgegenstand
摆脱 bǎituō abschütteln; von etw loskommen
摆样子 bǎi yàngzi den Anschein erwecken; etw dient nur dem Repräsentationszweck
摆钟 bǎizhōng Pendeluhr

败 bài 1. eine Niederlage erleiden; geschlagen werden 2. besiegen; überwinden; bewältigen 3. fehlschlagen; misslingen 4. verderben; vereiteln 5. beseitigen 6. verfault; verwelkt
败北 bàiběi eine Niederlage erleiden
败坏 bàihuài ruinieren; untergraben 道德～ moralisch absinken; sittlich herunterkommen
败局 bàijú aussichtslose Lage
败类 bàilèi Abschaum der Gesellschaft
败露 bàilù durch Verrat vereitelt werden
败诉 bàisù einen Prozess (eine Klage) verlieren
败退 bàituì sich nach einer Niederlage zurückziehen
败兴 bàixìng jm die Freude (Stimmung) verderben
败血症 bàixuèzhèng Septikämie; Blutvergiftung
败仗 bàizhàng Niederlage 打～ geschlagen werden; eine Niederlage erleiden
败阵 bàizhèn auf dem Schlachtfeld besiegt werden

拜 bài 1. (vor jm) auf die Knie niederfallen und sich tief verbeugen 2. jm einen Höflichkeitsbesuch abstatten 3. jn als etw mit einer gewissen Feierlichkeit anerkennen 4. jn als etw verehren ～他为师 bei ihm in die Lehre treten; ihn zum Vorbild nehmen 5. (zum Ausdruck der Hochschätzung): ～读 das Vergnügen haben, etw zu lesen; die Ehre haben, etw lesen zu dürfen
拜倒 bàidǎo sich (jm gegenüber) unterwürfig benehmen ～在…的脚下 vor jm kriechen
拜访 bàifǎng besuchen
拜会 bàihuì jm einen Besuch abstatten
拜见 bàijiàn jm einen Besuch abstatten
拜金主义 bàijīn zhǔyì Mammonismus; Geldgier
拜客 bàikè bei jm einen Besuch machen
拜年 bàinián jm einen Neujahrsbesuch machen

拜师 bàishī bei einem Meister in die Lehre gehen
拜寿 bàishòu bei einer älteren Person einen Geburtsbesuch machen
拜托 bàituō jn höflich beauftragen, etw zu tun
拜物教 bàiwùjiào Fetischismus
拜谒 bàiyè 1. jm einen Besuch abstatten 2. etw ehrfürchtig betrachten

稗 bài 1. Hühnerhirse 2. geringfügig inoffiziell ～史 inoffizielle Aufzeichnungen
稗子 bàizi Hühnerhirse

斑 bān →斑点;斑纹
斑白 bānbái graumeliert; meliert; ergraut
斑斑 bānbān voller Flecke; mit Flecken bedeckt 血迹～ blutbefleckt; blutbesudelt
斑驳 bānbó buntgefleckt; buntscheckig
斑点 bāndiǎn Fleck; Sprenkel; Tupfen
斑斓 bānlán farbenreich; farbenprächtig
斑马 bānmǎ Zebra
斑马线人行横道 bānmǎxiàn rénxínghéngdao Zebrastreifen
斑纹 bānwén Streifen
斑疹伤寒 bānzhěn shānghán Typhus; Fleckfieber

班 bān 1. Gruppe; Klasse 2. Schicht 3. Gruppe (kleinste Einheit aller Truppengattungen) 4. fahrplanmäßig; flugplanmäßig
班车 bānchē Linienbus; regelmäßige Busverbindung
班次 bāncì 1. Zahl der Fahrten (Flüge) 2. Reihenfolge der Schulklassen
班房 bānfáng Gefängnis; Haftzelle
班机 bānjī planmäßiger Luftverkehr; Linienflugzeug
班级 bānjí Schulklasse
班门弄斧 Bān mén nòng fǔ die Nachtigall singen lehren wollen
班师 bānshī die Truppen zurückführen
班长 bānzhǎng 1. Gruppenführer 2. Klassensprecher
班主任 bānzhǔrèn Klassenlehrer
班子 bānzi 1. Theatergruppe 2. Arbeitsgemeinschaft; Team 领导～ führende Gruppe; Führungsgremium

扳 bān drehen; umlegen
扳道 bāndào die Weiche stellen
扳道工 bāndàogōng Weichensteller
扳机 bānjī Gewehrabzug
扳手 bānshou Schraubenschlüssel
扳子 bānzi Schraubenschlüssel

颁 bān →颁布
颁布 bānbù etw amtlich bekanntmachen; etw (feierlich) verkünden; veröffentlichen
颁发 bānfā 1. erlassen; verkünden 2. verleihen

般[1] bān -artig; -ähnlich; wie 暴风雨～的掌声 stürmischer Beifall

般[2] bān →搬

瘢 bān Narbe
瘢痕 bānhén Narbe

搬(般) bān 1. fortschaffen; befördern; umstellen 2. umziehen; übersiedeln 3. etw mechanisch übernehmen; etw unschöpferisch anwenden
搬家 bānjiā die Wohnung (den Wohnsitz) wechseln; Umzug machen; umziehen; übersiedeln
搬弄是非 bān nòng shì fēi Zwietracht säen; Streit anzetteln; Klatsch von Haus zu Haus tragen
搬迁 bānqiān umsiedeln; den Wohnsitz verlegen
搬运 bānyùn tragen; transportieren; verladen

板[1] bǎn 1. Brett; Platte; Planke 木～ Holzbrett 2. Türladen 3. Tischtennisschläger 4. Klapper 5. Takt 6. steif 7. mit ernsthafter Miene ～着脸 mit ausdruckslosem Gesicht

板[2](闆) bǎn; 老～ Ladenbesitzer; Boss
板壁 bǎnbì Holztrennwand
板擦儿 bǎncār Tafelschwamm
板凳 bǎndèng Holzbank; Hocker
板结 bǎnjié verkrusten; Verkrustung
板书 bǎnshū 1. etw an die Wandtafel schreiben 2. Schrift an der Wandtafel
板刷 bǎnshuā Schrubber; Wurzelbürste
板鸭 bǎnyā eingesalzene Pressente
板烟 bǎnyān Tabakscheibe

版 bǎn 1. Druckplatte; Klischee 2. Auf-

lage 修订～ überarbeitete Auflage 3. Zeitungsseite 头～新闻 Nachrichten auf der ersten Seite
版本 bǎnběn Ausgabe; Edition
版画 bǎnhuà Holzschnitt; Graphik
版面 bǎnmiàn 1. Layout; Text- und Bildgestaltung 2. Druckseite
版权 bǎnquán Copyright; Urheberrecht ～所有，翻印必究 alle Rechte vorbehalten, Nachdruck verboten
版图 bǎntú Territorium

瓣 bàn 1. Blütenblatt 2. Abschnitt; Scheibe 豆～儿 Hälfte eines Bohnenkerns 3. Bruchstück; Schnipsel 摔成几～ in Scheiben liegen 4. (als Zähleinheitswort): 一～儿蒜 eine Knoblauchzehe

半 bàn 1. halb; Hälfte; Semi- ～年 ein halbes Jahr 一年～ anderthalb Jahre 2. in der Mitte ～山腰 auf halber Höhe des Berges 3. sehr wenig 4. unvollständig; zum Teil ～透明 lichtdurchlässig; durchscheinend ～官方消息 offiziöse Nachricht
半辈子 bànbèizi das halbe Leben lang
半边 bànbiān Hälfte
半成品 bànchéngpǐn Halbfabrikat
半导体 bàndǎotǐ Halbleiter
半岛 bàndǎo Halbinsel
半封建 bànfēngjiàn Semifeudalismus; halbfeudal
半工半读 bàn gōng bàn dú teilweise arbeiten und teilweise studieren
半机械化 bànjīxièhuà Teilmechanisierung
半价 bànjià zum halben Preis
半斤八两 bàn jīn bā liǎng der eine ist einen Dreier, der andere drei Pfennige wert / der eine ist nicht besser als der andere / sich (einander) die Hand reichen können
半径 bànjìng Radius; Halbmesser
半空中 bànkōngzhōng in der Luft
半劳动力 bànláodònglì halbe Arbeitskraft
半路 bànlù auf halbem Weg(e); unterwegs
半球 bànqiú Halbkugel
半身 bànshēn halber Körper; Körperseite 上～ Oberkörper
半身不遂 bàn shēn bù suí Hemiplegie; halbseitige Lähmung; Halbseitenlähmung
半生 bànshēng 1. das halbe Leben lang 2. halbgar
半数 bànshù die Hälfte 超过～ mehr als die Hälfte
半衰期 bànshuāiqī Halbwertszeit
半死不活 bàn sǐ bù huó halbtot; zu Tode erschöpft
半天 bàntiān ein halber Tag; eine (ganze) Weile
半途而废 bàn tú ér fèi etw auf halbem Weg aufgeben; auf halbem Wege stehenbleiben
半无产阶级 bàn wúchǎn jiējí Halbproletariat
半信半疑 bàn xìn bàn yí etwas gegenüber skeptisch sein
半夜 bànyè Mitternacht
半夜三更 bàn yè sān gēng zu später Nachtstunde; mitten in der Nacht
半圆 bànyuán Halbkreis
半月刊 bànyuèkān halbmonatlich erscheinende Zeitschrift; Halbmonatsschrift
半真半假 bàn zhēn bàn jiǎ halb im Ernst, halb im Scherz
半殖民地 bànzhímíndì Semikolonie; Halbkolonie
半自动化 bànzìdònghuà Teilautomatisierung

拌 bàn mischen; vermengen; verrühren
拌和 bànhuò mischen; vermischen; vermengen
拌嘴 bànzuǐ sich streiten; sich zanken

伴 bàn 1. Begleiter; Gefährte; Partner 2. begleiten
伴唱 bànchàng den Gesang begleiten
伴侣 bànlǚ Gefährte; Partner
伴随 bànsuí begleiten; folgen
伴同 bàntóng begleiten
伴奏 bànzòu Begleitung; jn (js Gesang) auf einem Instrument begleiten

绊 bàn behindern; jm ein Bein stellen; stolpern; straucheln ～了一交 gestolpert sein
绊脚石 bànjiǎoshí Hemmnis; Hemmschuh; Stolperstein

扮 bàn 1. sich verkleiden; eine Rolle spielen 2. eine Miene aufsetzen ～鬼脸 Grimassen schneiden (machen, ziehen); Gesichter machen (schneiden)
扮演 bànyǎn spielen; darstellen; eine Rolle als etw haben

办（辦） bàn 1. machen；schaffen；etw in Angriff nehmen ～手续 Formalitäten erledigen 2. gründen；errichten；betreiben 3. einkaufen；beschaffen ～货 Waren einkaufen 4. bestrafen

办法 bànfǎ Methode；Verfahren；Maßnahme 想～ Mittel und Wege finden 没～ keine Möglichkeit haben；sich keinen Rat mehr wissen

办公 bàngōng Bürostunden haben；mit Amtsgeschäften beschäftigt sein

办公室 bàngōngshì Büro；Arbeitszimmer

办公桌 bàngōngzhuō Schreibtisch；Bürotisch

办理 bànlǐ bearbeiten；verrichten

办事 bànshì eine Angelegenheit erledigen；eine Aufgabe erfüllen

办事处 bànshìchù Dienststelle；Büro

办事员 bànshìyuán Sachbearbeiter

邦（邦） bāng Land；Staat 邻～ Nachbarland

邦交 bāngjiāo diplomatische Beziehungen

梆 bāng →梆子

梆子 bāngzi Klapper des Nachtwächters

帮[1]（幫） bāng 1. helfen；beistehen；Unterstützung 2. in einem abhängigen Arbeitsverhältnis stehen ～短工 Gelegenheitsarbeiten verrichten

帮[2]（幫） bāng 1. Rand；Seitenteil；Einfassungsband 鞋～儿 Schuhoberteil 2. →帮子[1]

帮[3]（幫） bāng 1. Bande；Clique 2. →帮会

帮倒忙 bāng dàománg jm einen Bärendienst erweisen (leisten)；jm ungewollt schaden

帮工 bānggōng 1. bei der Landarbeit helfen 2. Aushilfskraft，Aushilfe

帮会 bānghuì 1. Geheimbünde；Geheimgesellschaft 2. Gilde

帮忙 bāngmáng jm Hilfe (Beistand) leisten

帮腔 bāngqiāng 1. Begleitstimme beim Gesang 2. jm beistimmen

帮手 bāngshou Helfer；Hilfskraft

帮凶 bāngxiōng Mittäter；Mitschuldige(-)

帮助 bāngzhù helfen；beistehen；unterstützen

帮子[1] bāngzi 1. untere Außenblätter der Kohlarten 2. Oberteil eines Schuhs

帮子[2] bāngzi Gruppe；Schar；Gemeinschaft

榜 bǎng Aushang mit einer Namenliste 光荣～ Ehrentafel

榜样 bǎngyàng Beispiel；Vorbild

膀 bǎng 另见 pāng，páng 1. Oberarm；Schulter 2. Flügel eines Vogels 鸡～ Hühnerflügel

绑 bǎng 1. binden；festbinden；umwickeln 2. jm die Hände auf dem Rücken fesseln

绑架 bǎngjià entführen；kidnappen；verschleppen

绑腿 bǎngtuǐ Wickelgamasche

磅 bàng 1. englisches Pfund 2. →磅秤 3. wiegen；abwiegen

磅秤 bàngchèng Tafelwaage；Schnellwaage

镑 bàng Pfund Sterling

傍 bàng 1. sich nähern；nahe ～水 unmittelbar an einem Fluss liegen 2. kurz vor

傍晚 bàngwǎn gegen Abend；bei Einbruch der Dunkelheit

棒 bàng 1. Stock；Stange；Stab 2. ausgezeichnet；hervorragend；prima ～小伙子 ein kräftiger Bursche

棒球 bàngqiú 1. Baseball 2. Schlagball

棒子 bàngzi 1 Knüppel 2. Mais

蚌 bàng Süßwassermuschel

褒（襃） bāo loben；rühmen

褒贬 bāobiǎn beurteilen；einschätzen

褒贬 bāobian kritisieren；beanstanden

褒奖 bāojiǎng loben；auszeichnen

褒义 bāoyì positiver Sinn；meliorativ ～词 Wort mit positiver Bedeutung

包 bāo 1. einschlagen；einwickeln；einpacken 2. Ballen；Päckchen；Paket 3. Beutel；Sack；Tasche 4. (als Zähleinheitswort) Bündel 5. Beule；Schwellung 6. umgeben；umhüllen 7. einschließen；umfassen 8. die Verantwortung für etw übernehmen (tragen) 9. gewährleisten；

sicherstellen 10. etw reservieren lassen; mieten; chartern ～一架飞机 ein Flugzeug chartern
包办 bāobàn 1. etw auf eigene Faust tun 2. eigenmächtig handeln
包庇 bāobì decken; jn in Schutz nehmen; (eine Straftat) verbergen helfen 在…的～下 unter js Schutz (in negativem Sinn)
包产 bāochǎn Ertragsgebundenheit; Festlegung der Ertragsquoten
包抄 bāochāo umzingeln; einkesseln
包袱 bāofu 1. Tuch zum Einpacken; Einschlagtuch 2. Bündel 3. Last; Bürde 思想～ Ballast der Sorgen
包干儿 bāogānr pauschale Übernahme einer Aufgabe in Eigenregie
包工[1] bāogōng volle Verantwortung für einen Produktionsauftrag übernehmen
包工[2] bāogōng Auftragnehmer
包裹 bāoguǒ 1. einpacken; einhüllen 2. Paket; Packen; Bündel
包含 bāohán enthalten; etw in sich bergen
包涵 bāohan verzeihen; nachsichtig sein
包括 bāokuò einschließen; umfassen; einbeziehen
包罗 bāoluó einschließen; umfassen
包罗万象 bāo luó wàn xiàng Allumfassendheit; universal; alles umfassend
包皮 bāopí 1. Umschlag; Verpackung 2. Präputium; Vorhaut
包围 bāowéi umzingeln; einkreisen; belagern
包围圈 bāowéiquān Umzingelung; Belagerung; Absperrkette
包厢 bāoxiāng Loge (im Theater)
包扎 bāozā verbinden; bündeln; jm eine Bandage anlegen
包装 bāozhuāng 1. verpacken 2. Verpackung
包子 bāozi gedämpftes Teigtäschchen mit Füllung

炮 bāo 另见 páo, pào
1. sautieren 2. etw zum Trocknen erwärmen

苞 bāo 1. Knospenhülle 2. üppig 含～待放 knospend; noch eine Knospe sein; sich öffnende Knospe
苞米 bāomǐ Mais

龅 bāo
龅牙 bāoyá vorstehender Zahn

胞 bāo 1. Nachgeburt mit Fruchtblase 2. leiblich; blutsverwandt
胞衣 bāoyī Nachgeburt mit Fruchtblase

孢 bāo Spore
孢子 bāozǐ Spore
孢子植物 bāozǐ zhíwù Sporenpflanzen

剥 bāo 另见 bō ausschälen; enthülsen

雹 báo Hagel
雹子 báozi Hagel; Hagelkorn

薄 báo 另见 bó, bò
1. dünn ～板 dünne Platte 2. kühl 待人不～ jn nicht schlecht behandeln 3. geschmacklos; fade 酒味很～ der Wein schmeckt wässrig 4. unfruchtbar; unergiebig ～田 magere Felder
薄膜 báomó 1. dünne Haut; Membrance 2. Folie; Film 塑料～ Kunststofffolie
薄片 báopiàn dünne Scheibe

宝(寳、寶) bǎo 1. Schatz; Kostbarkeit 献～ jm einen Schatz darbringen 2. kostbar; wertvoll ～刀 kostbare Klinge 3. Ihr ～眷 Ihre Familie
宝贝 bǎobèi 1. Schatz; Kostbarkeit 2. Schätzchen; (kleiner) Liebling 3. komischer Kauz
宝贵 bǎoguì wertvoll; kostbar; teuer
宝库 bǎokù Schatzkammer; Fundgrube
宝石 bǎoshí Edelstein; Juwel
宝塔 bǎotǎ Pagode
宝物 bǎowù Schatz; Kostbarkeit
宝藏 bǎozàng Schatz; Schätze; Bodenschätze
宝座 bǎozuò Thron

保 bǎo 1. schützen; behüten; verteidigen 2. aufrechterhalten; behalten; bewahren 3. gewährleisten; garantieren; sicherstellen 4. für jn/etw bürgen; Bürgschaft 5. Bürge; Gewährsmann
保安 bǎo'ān 1. Aufrechterhaltung von Ruhe und Sicherheit; öffentliche Sicherheit 2. Arbeitsschutz 3. Wachmannschaft
保本儿 bǎoběnr ohne Kapital einzubüßen
保镖 bǎobiāo 1. Leibwächter 2. Leibwache
保不住 bǎobuzhù 1. vielleicht; wahrscheinlich ～会下雨 es wird wohl regnen 2. etw nicht aufrechterhalten können

保藏 bǎocáng aufbewahren; lagern
保持 bǎochí halten; beibehalten; bewahren ～整洁 sauber halten ～沉默 über etw Schweigen bewahren
保存 bǎocún bewahren; aufbewahren; verwahren
保单 bǎodān Garantieschein
保管 bǎoguǎn 1. aufbewahren 2. Lagerist; Lagerverwalter 3. sicher
保管室 bǎoguǎnshì Lagerraum; Lagerhaus; Magazin
保管员 bǎoguǎnyuán Lagerverwalter; Magazinarbeiter; Lagerist
保护 bǎohù schützen; beschützen; behüten 劳动～ Arbeitsschutz
保护国 bǎohùguó Protektorat
保护色 bǎohùsè Schutzfarbe; Tarnfarbe
保加利亚语 Bǎojiālìyàyǔ Bulgarisch
保健 bǎojiàn Gesundheitspflege
保龄球 bǎolíngqiú 1. Bowling 2. Bowlingspiel
保留 bǎoliú 1. erhalten bleiben 2. offenbleiben 3. sich etw vorbehalten ～自己的意见 sich seine Meinungen vorbehalten 毫无～地同意 etw ohne Vorbehalt bejahen
保密 bǎomì geheimhalten; ein Geheimnis für sich behalten ～文件 vertrauliches Dokument
保姆 bǎomǔ 1. Kinderfrau; Kindermädchen 2. Haushälterin; Haushaltshilfe
保暖杯 bǎonuǎnbēi Thermosbecher
保暖桶 bǎonuǎntǒng Thermosgefäß
保全 bǎoquán etw unversehrt erhalten; wahren
保人 bǎoren Gewährsmann; Bürge
保释 bǎoshì jn gegen Kaution (Bürgschaft) *freilassen; Haftentlassung* gegen Bürgschaft
保守 bǎoshǒu 1. bewahren; wahren ～秘密 ein Geheimnis bewahren 2. konservativ
保守派 bǎoshǒupài Konservative(r)
保守主义 bǎoshǒu zhǔyì Konservativismus
保送 bǎosòng jn für eine Schule (Hochschule) empfehlen
保卫 bǎowèi schützen; verteidigen
保温 bǎowēn etw warm halten; wärmeisolierend; Wärmeschutz
保温瓶 bǎowēnpíng Thermosflasche
保鲜膜 bǎoxiānmó Frischhaltefolie
保险 bǎoxiǎn 1. sich / jn/etw versichern; eine Versicherung abschließen 2. zuverlässig; sicher 3. gewiss; bestimmt
保险杠(汽车) bǎoxiǎngàng Stoßstange
保险柜 bǎoxiǎnguì Safe; Tresor
保险丝 bǎoxiǎnsī Schmelzsicherung; Sicherungsdraht
保修 bǎoxiū Garantie
保养 bǎoyǎng 1. seine Gesundheit pflegen ～身体 sich frisch und gesund erhalten 2. instandhalten; warten ～机器 das Pflegen und Warten der Maschinen
保育 bǎoyù Kinder pflegen; Kinderfürsorge
保育员 bǎoyùyuán Kindergärtnerin; Kinderpflegerin
保育院 bǎoyùyuàn Kindergarten; Kinderheim
保障 bǎozhàng sichern; gewährleisten; Garantie
保证 bǎozhèng garantieren; gewährleisten; bürgen
保证书 bǎozhèngshū schriftliche Bürgschaftserklärung (Verpflichtung)
保值债券 bǎozhí zhàiquàn wertgesicherter Staatsanleiheschein
保重 bǎozhòng sich schonen; sich nicht überanstrengen

堡 bǎo
堡垒 bǎolěi 1. Festung; Befestigungswerk 2. Bollwerk 封建～ Zwingburg des Feudalismus

饱 bǎo 1. satt 吃～ sich satt essen 2. → 饱满 1 3. ausreichend; reichlich ～含泪水 tränenfeucht; tränennass 4. zufriedenstellen; befriedigen 一～眼福 sich an etw satt sehen; sich an einem Anblick ergötzen
饱嗝儿 bǎogér Rülpser 打～ rülpsen
饱和 bǎohé *Sättigung; gesättigt*
饱和点 bǎohédiǎn Sättigungspunkt
饱经风霜 bǎo jīng fēng shuāng verwittert; ein schweres Schicksal hinter sich haben
饱满 bǎomǎn 1. voll; prall; rundlich 2. reichlich; hinreichend 精神～ energiegeladen; große Vitalität haben; voller Energie (Lebenskraft)

鸨 bǎo 1. Trappe 2. Bordellwirtin
鸨母 bǎomǔ Bordellwirtin

报(報) bào 1. mitteilen; informieren; melden 2. reagieren; erwidern; vergelten 3. Strafe Gottes; göttliches

Strafgericht 4. Zeitung 5. Bulletin; Botschaft 6. Telegramm
报表 bàobiǎo (statistische) Tabelle
报偿 bàocháng belohnen; Entgelt
报仇 bàochóu sich revanchieren; Rache an jm nehmen
报酬 bàochóu Belohnung; Entgelt; Vergütung 不计～ unentgeltlich; ohne auf Entgelt Wert zu legen
报答 bàodá vergelten; entgelten
报到 bàodào sich anmelden; sich zur Stelle melden
报道 bàodào berichten; melden; Meldung 新闻～ Zeitungsbericht; Pressemeldung
报恩 bào'ēn für eine Wohltat Vergeltung üben
报废 bàofèi 1. ausrangieren; etw als Ausschuss eintragen 2. sich abnutzen
报复 bàofù sich rächen; Vergeltung
报复主义 bàofù zhǔyì Revanchismus
报告 bàogào berichten; melden; Vortrag 做～ einen Vortrag halten
报告文学 bàogào wénxué Reportage
报国 bàoguó im Dienst des Staates stehen 以身～ sich für das eigene Land einsetzen; sich für das Vaterland aufopfern
报话机 bàohuàjī Walkie-talkie; Sprechfunkgerät
报警 bàojǐng 1. Alarm geben 2. bei der Polizei Anzeige erstatten
报刊 bàokān Zeitungen und Zeitschriften
报考 bàokǎo sich zur Aufnahmeprüfung melden
报名 bàomíng sich anmelden
报幕 bàomù das Programm einer Kulturveranstaltung ansagen
报幕人 bàomùrén Ansager
报社 bàoshè Zeitungsverlag
报数 bàoshù abzählen
报务员 bàowùyuán Telegraphist; Funker
报销 bàoxiāo 1. sich seine Kosten gegen Quittungsbelege erstatten (zurückzahlen) lassen 2. ausrangieren 3. auslöschen
报信 bàoxìn jn über etw informieren (unterrichten)
报应 bàoyìng Vergeltung; göttliches Strafgericht
报账 bàozhàng über etw Rechnung legen
报纸 bàozhǐ 1. Zeitung 2. Zeitungspapier

暴[1] bào
1. heftig und schnell 2. grausam; brutal 3. hitzig; jähzornig

暴[2] bào hervortreten 青筋～出 seine Adern traten heraus

暴[3] bào mit etw wüsten; etw unbrauchbar machen 自～自弃 sich gehen lassen; sich selbst aufgeben
暴动 bàodòng Aufstand; Empörung 武装～ bewaffneter Aufstand; bewaffnete Empörung
暴发 bàofā 1. hervorbrechen; herausbrechen 2. neureich ～户 Neureiche(r); Emporkömmling
暴风雨 bàofēngyǔ Unwetter; Sturm ～般的掌声 stürmischer Beifall
暴风骤雨 bào fēng zhòu yǔ Orkan
暴光 bàoguāng 1. Belichtung 2. etw ans Licht bringen
暴君 bàojūn Tyrann
暴力 bàolì Gewalt 使用～ Gewalt anwenden
暴烈 bàoliè jähzornig; unbeherrscht
暴露 bàolù entlarven; aufdecken; bloßstellen ～无遗 völlig ans Licht kommen
暴乱 bàoluàn Aufruhr; Revolte
暴怒 bàonù plötzlicher Wutausbruch
暴跳如雷 bào tiào rú léi vor Wut schäumen; zornig auffahren; aufbrausen
暴徒 bàotú Unruhestifter; Gewalttäter
暴行 bàoxíng Gewalttat
暴雨 bàoyǔ Wolkenbruch; Sturzregen
暴躁 bàozào hitzig; jähzornig
暴涨 bàozhǎng plötzlich anschwellen
暴政 bàozhèng Tyrannei; Gewaltherrschaft
暴卒 bàozú eines plötzlichen Todes sterben

曝 bào sonnen; in der Sonne trocknen
曝光 bàoguāng belichten; exponieren; Belichtung ～时间 Belichtungszeit

爆 bào 1. bersten; explodieren 2. etw schnell in heißem Öl braten; etw schnell in siedendem Wasser kochen
爆发 bàofā ausbrechen; plötzlich entstehen
爆冷门 bàolěngmén für eine große Überraschung sorgen
爆米花 bàomǐhuā Popcorn
爆破 bàopò sprengen; Gesprenge
爆破筒 bàopòtǒng Sprengpatrone
爆炸 bàozhà explodieren; Detonation
爆炸物 bàozhàwù Sprengkörper
爆竹 bàozhú Feuerwerkskörper

豹 bào Leopard; Panther

抱[1] bào 1. jn/etw in die Arme nehmen; jn/etw in den Armen halten; umarmen 2. festhalten; zusammenhalten 3. ein Kind (Enkelkind) haben 4. adoptieren ～来的孩子 Adoptivkind 5. hegen; etw in sich tragen ～希望 seine Hoffnung (en) auf jn/etw setzen 不～幻想 sich keine Illusionen machen 6. (als Zähleinheitswort) Armvoll

抱[2]（菢） bào brüten ～小鸡 Küken ausbrüten

抱病 bàobìng krank sein; trotz seiner Erkrankung

抱不平 bào bùpíng über ein (einem anderen angetanes) Unrecht empört sein 打～ jn gegen ein ihm angetanes Unrecht in Schutz nehmen

抱负 bàofù Ambition; Bestrebung; hohe Ziele anstreben

抱恨 bàohèn voll Reue; reuig

抱歉 bàoqiàn jm Leid tun; bedauern; leider

抱屈 bàoqū sich gekränkt (beleidigt) fühlen

抱头痛哭 bàotóu tòngkū einander in die Arme sinken und bittere Tränen vergießen

抱怨 bàoyuàn sich beklagen; sich (über jn/etw) beschweren; vorwurfsvoll

刨（鉋、鑤） bào 另见 páo 1. hobeln 2. Hobel; Hobelmaschine

刨冰 bàobīng geschabtes Eis mit Obstsaft (eine Art Speiseeis)

刨床 bàochuáng 1. Hobelbank; Hobelmaschine 2. Hobelkasten

刨刀 bàodāo Hobelmesser; Hobeleisen

刨工 bàogōng 1. Hobeln 2. Hobler

刨花 bàohuā Hobelspäne

刨子 bàozi Hobel

鲍 bào

鲍鱼 bàoyú 1. getrockneter Pökelfisch 2. Meerohr

杯（盃） bēi 1. →杯子 一～茶 eine Tasse Tee 2. Pokal

杯盘狼藉 bēi pán láng jí ein Durcheinander von Geschirr und Speiseresten auf der Tafel

杯水车薪 bēi shuǐ chē xīn ein Tropfen auf den heißen Stein sein

杯子 bēizi Tasse; Glas; Becher

悲 bēi 1. Trauer; Kummer; Schmerz 2. Mitleid; Erbarmen

悲哀 bēi'āi traurig; bekümmert; betrübt

悲惨 bēicǎn jammervoll; elend und beklagenswert

悲怆 bēichuàng traurig; schmerzlich

悲愤 bēifèn Gram und Empörung ～填膺 von Gram und Empörung erfüllt

悲观 bēiguān pessimistisch

悲观主义 bēiguān zhǔyì Pessimismus

悲欢离合 bēi huān lí hé Kummer und Freude, Trennung und Wiedervereinigung; die Höhen und Tiefen des Lebens

悲剧 bēijù Trauerspiel; Tragödie

悲伤 bēishāng traurig; schmerzlich

悲天悯人 bēi tiān mǐn rén sich über die Ungerechtigkeit der sozialen Verhältnisse empören

悲痛 bēitòng traurig; kummervoll

悲壮 bēizhuàng heldenhaft und tragisch

背（揹） bēi 另见 bèi etw auf den Rücken nehmen; etw auf dem Rücken tragen

背包 bēibāo Rucksack; Tornister

背带 bēidài 1. Hosenträger 2. Tragriemen

背负 bēifù tragen; auf den Rücken nehmen

背债 bēizhài Schulden machen (haben)

卑 bēi 1. niedrig liegen; tiefstehend 2. gemein; minderwertig 3. demütig; bescheiden

卑鄙 bēibǐ niederträchtig; gemein; unverschämt

卑躬屈膝 bēi gōng qū xī sich vor jm unterwürfig verhalten; seinen Rücken vor jm beugen

卑贱 bēijiàn 1. niedrig; tiefstehend 2. niederträchtig; unwürdig

卑劣 bēiliè niederträchtig; ehrlos

碑 bēi Gedenktafel; Denkmal

碑文 bēiwén Gedenksteininschrift

北[1] běi Nord(en); nördlich 城～ der Norden einer Stadt

北[2] běi eine Niederlage erleiden

北半球 běibànqiú nördliche Hemisphäre;

B

nördliche Halbkugel
北斗星 běidǒuxīng Großer Bär; Großer Wagen
北伐战争 Běifá Zhànzhēng Nordfeldzug (1926－1927)
北方 běifāng Norden; nördliches Gebiet
北海 běihǎi Nordsee
北极 běijí 1. Nordpol 2. magnetischer Nordpol
北极圈 běijíquān nördlicher Polarkreis
北极星 běijíxīng Polarstern
北京烤鸭 běijīng kǎoyā Peking-Ente
北京时间 Běijīng shíjiān Beijinger Zeit
北约 běiyuē NATO

焙 bèi etw bei kleinem Feuer trocknen; rösten

倍 bèi 1. -fach; -mal ～增 verdoppeln; vervielfachen 2. doppelt
倍数 bèishù Multiplikativum; Multiplikativzahl
倍塔粒子 bèitǎ lízǐ Betateilchen
倍塔射线 bèitǎ shèxiàn Betastrahlen

蓓 bèi
蓓蕾 bèilěi Knospe

悖（誖） bèi 1. zuwiderlaufen; zu etw im Widerspruch stehen 2. falsch; widersinnig
悖晦 bèihui senil; wirrköpfig

鞴 bèi ～马 dem Pferd das Geschirr anlegen

备（備、俻） bèi 1. haben; besitzen 德才兼～ moralisch hochstehend und fachlich qualifiziert 2. vorbereiten; bereithalten ～干粮 sich mit Proviant versehen 3. Ausrüstung 4. alles Mögliche; allerlei ～受欢迎 allgemein beliebt
备案 bèi'àn etw bei kompetenten Behörden aktenkundig machen; etw zu den Akten legen
备耕 bèigēng die Feldbestellung vorbereiten
备荒 bèihuāng für Naturkatastrophen vorsorgen
备件 bèijiàn Ersatzteil
备课 bèikè den Unterricht vorbereiten
备忘录 bèiwànglù 1. Memorandum 2. Merkheft
备用 bèiyòng etw für den Bedarfsfall zur Verfügung haben
备战 bèizhàn 1. einen Krieg vorbereiten 2. sich auf einen Kriegsfall vorbereiten
备注 bèizhù Anmerkung; Fußnote

惫（憊） bèi erschöpft 疲～ erschöpft; totmatt; totmüde

辈 bèi →辈分
辈分 bèifen bestimmte Stellung, die man innerhalb einer Geschlechterfolge einnimmt

背¹ bèi 另见 bēi 1. Rücken 2. Hinterseite; Rückseite 椅～ Stuhllehne

背² bèi 1. etw im Rücken haben; jm den Rücken zuwenden 2. etw vor jm verbergen 3. etw aus dem Kopf hersagen 4. zuwiderhandeln; zu etw im Widerspruch stehen 5. ablegen; abseits gelegen 6. →背运 7. 耳～ schwerhörig
背道而驰 bèi dào ér chí entgegenhandeln; zuwiderlaufen
背地里 bèidìli hinter dem Rücken; insgeheim
背光 bèiguāng mit dem Rücken dem Licht zugewendet
背后 bèihòu 1. Rückseite; hinten 2. hinter dem Rücken; heimlich
背脊 bèijǐ Rücken
背景 bèijǐng Hintergrund 历史～ historischer Hintergrund
背井离乡 bèi jǐng lí xiāng die Heimat verlassen
背离 bèilí sich von etw abkehren; abtrünnig werden ～原则 von den Prinzipien abfallen
背面 bèimiàn Rückseite; Kehrseite
背叛 bèipàn Verrat üben; verraten ～行为 Treubruch
背弃 bèiqì sich von etw abwenden; etw im Stich lassen ～诺言 sein Wort brechen; sein Wort nicht halten
背诵 bèisòng etw auswendig lernen; etw aus dem Kopf hersagen
背心 bèixīn kurzes ärmelloses Kleidungsstück; Weste
背信弃义 bèi xìn qì yì Verrate üben; wortbrüchig werden
背阴 bèiyīn im Schatten gelegen; schattig
背影 bèiyǐng Rücken; Umriss js Rückens
背运 bèiyùn Pech haben

背着手 bèizhe shǒu seine Hände im Rücken verschränkt halten

贝(貝) bèi 1. Schalentier 2. Muschelgeld

贝壳 bèiké Konchylie; Muschel

钡 bèi Barium (Ba)

被[1] bèi →被子

被[2] bèi 1. bedecken; zudecken 2. von etw betroffen werden ～灾 von einer Naturkatastrophe heimgesucht werden

被[3] bèi 1. (mit dem Agens als Präpositionalobjekt): 树～暴风雨刮倒了 der Baum ist vom Sturm umgeweht 2. (mit dem Patiens als Subjekt): ～压迫民族 unterdrückte Nationen 他～选为人民代表 er wurde zum Volksabgeordneten gewählt

被乘数 bèichéngshù Multipikand

被除数 bèichúshù Dividend

被单 bèidān Betttuch; Laken

被动 bèidòng passiv; Passivität 陷于～ in Verlegenheit kommen; in der Klemme sitzen

被告 bèigào Angeklagte(r); Beklagte(r)

被加数 bèijiāshù Summand

被减数 bèijiǎnshù Minuend

被里 bèilǐ Unterseite einer Steppdecke

被面 bèimiàn Oberseite einer Steppdecke

被迫 bèipò gezwungen sein

被褥 bèirù Ober- und Unterbett; Bettwäsche; Bettzeug

被套 bèitào 1. Sack für Bettzeug 2. Bettüberzug; Inlett 3. Wattefutter einer Steppdecke

被窝 bèiwō zusammengelegte Steppdecke in Form eines Schlafsacks

被选举权 bèixuǎnjǔquán passives Wahlrecht

被子 bèizi Steppdecke; Zudecke

呗 bei 1. (als Partikel zum Ausdruck der Offenkundigkeit): 不懂，就好好学～ wenn man davon nichts versteht, dann muss man eben tüchtig lernen 2. (zum Ausdruck der widerwilligen Zustimmung): 去就去～ Na gut! Geh, wenn du unbedingt willst!

奔 bēn 另见 bèn

schnell laufen; rennen

奔波 bēnbō ständig auf den Beinen sein

奔驰 bēnchí galoppieren; dahinjagen

奔放 bēnfàng unbezähmbar; zügellos 热情～ voll überschwenglicher Begeisterung

奔流 bēnliú 1. dahinströmen 2. reißender Strom (Wasserlauf)

奔忙 bēnmáng sich abhetzen

奔跑 bēnpǎo laufen; rennen

奔腾 bēnténg 1. galoppieren 2. dahinströmen 江水～ der Fluss hat eine reißende Strömung

奔袭 bēnxí sich im Eilmarsch nähern, um einen Handstreich auszuführen

奔走 bēnzǒu 1. eilen ～相告 eine Neuigkeit eilends verbreiten 2. (um ein bestimmtes Ziel zu erreichen) von einem Bekannten (Freund) zum andernen hetzen

锛 bēn 1. →锛子 2. etw mit einer Dechsel behauen

锛子 bēnzi Dechsel

贲 bēn

贲门 bēnmén Magenmund; Kardia

本[1] běn 1. Wurzel; Stengel; Stamm 2. Ursprung; Basis 3. Kapital; Grundvermögen 4. hauptsächlich; zentral 5. ursprünglich 6. eigen 7. jetzig; gegenwärtig 8. gemäß; entsprechend

本[2] běn 1. Heft; Band; Buch 2. Ausgabe 3. Textbuch; Bühnenfassung 4. (als Zähleinheitswort) Exemplar

本本主义 běnběnzhǔyì Buchgläubigkeit

本部 běnbù Hauptquartier; Hauptsitz

本草 běncǎo einheimische Drogen; chinesische Heilmittel

本地 běndì einheimisch; hiesig; örtlich

本分 běnfèn Pflicht; Verpflichtung

本家 běnjiā Stammverwandte(r)

本金 běnjīn Eigenkapital; Grundkapital; Kapital

本科 běnkē reguläres Studium (Bachelor-Studium)

本来 běnlái 1. ursprünglich 2. eigentlich 3. selbstverständlich; natürlich

本领 běnlǐng Fähigkeit; Können 有～ tüchtig sein

本末 běnmò 1 die ganze Geschichte; der ganze Vorgang; alle Einzelheiten 2. das, was die Hauptsache ausmacht, und das, was Nebensache ist ～倒置 das Pferd hinter den Wagen spannen; etw verkehrt anpacken

本能 běnnéng Instinkt

本钱 běnqián Grundkapital

本人 běnrén 1. ich selbst; ich persönlich 2. Betreffende(r); selbst

本色 běnsè Eigenschaften; Charaktermerkmale

本色 běnshǎi Naturfarbe; Grundfarbe

本身 běnshēn selbst; an sich

本事 běnshì Fähigkeit; Können

本位 běnwèi 1. Standard ～货币 gesetzliches Zahlungsmittel; Währung 2. eigenes Ressort

本位主义 běnwèi zhǔyì Ressortgeist

本性 běnxìng Natur; Wesen; Charakter

本义 běnyì ursprüngliche Bedeutung; wörtlicher Sinn

本质 běnzhì Natur; Wesen

本子 běnzi 1. Heft 2. Ausgabe

苯 běn Benzol

畚 běn 1. →畚箕 2. etw mit der Kehrichtschaufel zusammenkehren

畚箕 běnjī Kehrichtschaufel

奔(逩) bèn 另见 bēn
1. zu jm (zu einem Ort hineilen) 2. nahezu; gegen

奔头 bèntou erfreuliche Aussicht 有～ erfolgversprechend

笨 bèn 1. dumm; unklug; töricht 2. ungeschickt; schwerfällig 嘴～ nicht redegewandt 3. plump; unhandlich

笨蛋 bèndàn Dummkopf

笨鸟先飞 bèn niǎo xiān fēi wer ungeschickt ist, muss früher als die anderen anfangen

笨手笨脚 bèn shǒu bèn jiǎo schwerfällig; unbeholfen

笨重 bènzhòng schwer; plump

笨拙 bènzhuō ungeschickt; unbeholfen

崩 *bēng* 1. *einstürzen* 2. platzen; bersten 3. von einem abgesprungenen Bruchstück getroffen werden 4. erschießen 5. Tod eines Kaisers

崩溃 bēngkuì Zusammenbruch; zu Fall kommen

崩裂 bēngliè zersplittern; auseinander springen

绷(繃) bēng 另见 běng, bèng
1. spannen; straffen 2. eng anliegen 3. in die Luft schnellen 4. etw mit weiten Stichen heften

绷带 bēngdài Bandage; Verband 扎～ jm eine Bandage anlegen

绷子 bēngzi Stickrahmen

甭 béng nicht nötig

绷(繃) běng 另见 bēng, bèng
1. ernst werden ～着脸 ein unbewegtes Gesicht machen 2. sich gewaltsam zusammennehmen ～住劲 mit zusammengebissenen Zähnen

迸 bèng aussprühen; herausplatzen

迸发 bèngfā hervorbrechen; herausspritzen

迸裂 bèngliè auseinanderplatzen; auseinanderbersten

泵 bèng Pumpe

蹦 bèng hüpfen; springen

绷(繃) bèng 另见 bēng, běng
1. aufplatzen; sich spalten ～了一道缝 einen Riss bekommen 2. (verstärkend) sehr ～脆 sehr knusprig

逼(偪) bī 1. zwingen; drängen 形势逼迫我们采取快速行动 die Umstände zwingen uns, rasch zu handeln 2. erzwingen; abnötigen; herauspressen ～债 Schulden eintreiben 3. vorrücken; immer näher an etw heranrücken

逼供 bīgòng ein Geständnis erpressen (erzwingen)

逼近 bījìn in bedrohliche Nähe kommen; an jn näher herankommen; immer näher an etw heranrücken

逼迫 bīpò zwingen; drängen

逼真 bīzhēn 1. lebensecht; naturgetreu 2. wirklichkeitsnah; klar

荸 bí

荸荠 bíqí Wasserkastanie

鼻 bí →鼻子

鼻孔 bíkǒng Nasenloch

鼻梁 bíliáng Nasenrücken

鼻腔 bíqiāng Nasenhöhle

鼻青脸肿 bí qīng liǎn zhǒng mit blutiger

Nase und Beulen im Gesicht 打得～ jn grün und blau schlagen
鼻涕 bítì Nasenschleim; Rotz
鼻烟 bíyān Schnupftabak
鼻炎 bíyán Rhinitis
鼻子 bízi Nase
鼻祖 bízǔ Begründer; Patriarch

鄙 bǐ 1. niederträchtig; gemein 2. (aus Höflichkeit) mein ～意 meine bescheidene Meinung 3. verachten
鄙弃 bǐqì geringschätzen; verabscheuen
鄙人 bǐrén meine Wenigkeit; ich
鄙视 bǐshì verachten; missachten

笔(筆) bǐ 1. Schreibgerät; Stift; Federhalter 2. Schriftstil; Malstil; Darstellungsweise 3. schreiben 4. →笔画 5. (als Zähleinheitswort): 一大～款子 eine große Geldsumme
笔调 bǐdiào Stil
笔法 bǐfǎ Schriftstil; Malstil; Darstellungsweise
笔杆 bǐgǎn 1. Pinselstiel; Federhalter; Schaft eines Stifts 2. Feder 耍～ die Feder führen
笔杆子 bǐgǎnzi 1. Feder 2. Federgewandte (r)
笔画 bǐhuà Striche (aus denen ein chinesisches Schriftzeichen besteht)
笔迹 bǐjì Handschrift; Schriftzüge
笔记 bǐjì 1. (sich) etw notieren (aufschreiben) 2. Notiz; Niederschrift; Aufzeichnungen 3. Sammlung von literarischen Skizzen
笔尖 bǐjiān Federspitze
笔录 bǐlù 1. niederschreiben; aufzeichnen 2. Niederschrift; Aufzeichnungen
笔名 bǐmíng Pseudonym
笔试 bǐshì schriftliche Prüfung
笔算 bǐsuàn schriftlich rechnen
笔挺 bǐtǐng 1. kerzengerade 2. frisch gebügelt
笔头 bǐtóu 1. Pinselspitze; Federspitze; Bleistiftspitze 2. Schreibgewandtheit 3. schriftlich
笔误 bǐwù Schreibfehler; Fehler im Geschriebenen
笔心 bǐxīn Bleistiftmine; Kugelschreibermine
笔译 bǐyì schriftliche Übersetzung
笔直 bǐzhí kerzengerade; schnurgerade

俾 bǐ zwecks; damit

匕 bǐ Löffel (in der alten Zeit, heute →) 羹匙
匕首 bǐshǒu Dolch

比[1] bǐ 1. vergleichen; nebeneinanderstellen; sich mit jm messen ～力气 seine Kraft mit jm messen ～先进 sich mit den Fortgeschrittenen messen 2. jm/etw gleichkommen 近邻～亲 gute Nachbarschaft ist verwandtschaftlichen Beziehungen gleichwertig 3. →比画 4. eine Parallele zu etw ziehen 5. Proportion; Verhältnis 四与二之～ in einem Verhältnis von 4 zu 2 stehen 6. (zur Bildung des Komparativs) als 生活一年～一年好 der Lebensstandard steigt von Jahr zu Jahr

比[2] bǐ dicht nebeneinander ～肩 Schulter an Schulter
比方 bǐfang 1. →比喻 打个～ um eine Analogie zu ziehen; zum Beispiel
比画 bǐhua gestikulieren
比较 bǐjiào 1. einen Vergleich anstellen 2. im Vergleich zu 3. verhältnismäßig
比基尼 bǐjīní Bikini
比例 bǐlì Proportion
比例尺 bǐlìchǐ Maßstab
比率 bǐlǜ Verhältnis; Rate
比目鱼 bǐmùyú Scholle; Flunder
比拟 bǐnǐ 1. einen Vergleich anstellen 无可～ unvergleichlich 2. Analogie; Metapher
比如 bǐrú zum Beispiel
比赛 bǐsài Wettkampf; Wettbewerb
比武 bǐwǔ sich an kämpferischem Können miteinander messen
比喻 bǐyù Vergleich; Metapher; Gleichnis
比值 bǐzhí Verhältnis
比重 bǐzhòng 1. spezifisches Gewicht 2. Anteil
比重计 bǐzhòngjì Hydrometer
比作 bǐzuò etw mit etw anderem vergleichen

吡 bǐ
吡啶 bǐdìng Pyridin

秕(粃) bǐ taub; nicht voll ～粒 taubes Korn

B

秕糠 bǐkāng 1. taube Körner und Spreu 2. wertlose Dinge

妣 bǐ verstorbene Mutter

彼 bǐ 1. jener; jene; jenes; der (die, das) andere 2. Gegenseite; Gegenpartie; Gegenüber

彼此 bǐcǐ 1. einander; gegenseitig 不分～ sehr vertraut miteinander sein; in naher Beziehung zueinander stehen

滗(潷) bì abgießen

闭 bì 1. schließen; zumachen 2. versperren; verstopfen

闭关自守 bì guān zì shǒu sich von der Außenwelt abkapseln

闭会 bìhuì eine Sitzung schließen

闭路电视 bìlù diànshì Fernsehsendungen für begrenzte Kreise; Kabelfernsehen

闭门思过 bì mén sī guò im stillen Kämmerlein über eigene Fehler nachdenken

闭门造车 bì mén zào chē einen praxisfernen Plan ausarbeiten

闭幕 bìmù 1. den Vorhang herunterlassen 2. (eine Sitzung) abschließen; beenden ～式 Abschlusszeremonie

闭塞 bìsè 1. verstopft 2. verkehrsungünstig gelegen; entlegen 3. nicht aufgeklärt; schlecht unterrichtet

敝 bì 1. abgenutzt; abgetragen 2. (aus Höflichkeit) mein; unser ～姓 mein Name (Familienname)

蔽 bì verdecken; versperren 浮云～日 eine Wolke verdeckt die Sonne

弊 bì 1. Betrug; Täuschung 2. Übel; Nachteil

弊病 bìbìng 1. Mangel; Fehler 2. Missstand

弊端 bìduān Übelstand; schlechte Praktiken

币(幣) bì Geld; Währung

币值 bìzhí Geldwert; Währungswert

必 bì 1. bestimmt; gewiss; sicher 2. müssen; zu etw gezwungen (verpflichtet) sein

必不可少 bì bù kě shǎo unentbehrlich

必定 bìdìng 1. sicherlich 2. bestimmt; unbedingt

必恭必敬 bì gōng bì jìng ehrerbietig; respektvoll

必然 bìrán 1. unvermeidlich; zwangsläufig; unweigerlich 2. Notwendigkeit

必然王国 bìrán wángguó Reich der Notwendigkeit

必然性 bìránxìng Notwendigkeit; Gesetzmäßigkeit

必修 bìxiū obligatorisch ～科目 obligatorisches Fach; Pflichtfach

必须 bìxū müssen; gezwungen sein (, etw zu tun)

必需 bìxū notwendig; unentbehrlich

必需品 bìxūpǐn Bedarfsartikel; Gebrauchsgüter 生活～ alltägliche Bedarfsartikel

必要 bìyào nötig; notwendig; erforderlich

铋 bì Wismut (Bi)

碧 bì 1. grüner Jade 2. dunkelgrün; jadegrün; blau

碧空 bìkōng blauer Himmel; Azur

碧绿 bìlǜ tiefgrün

庇 bì beschützen; jn in Schutz nehmen

庇护 bìhù jn in Schutz nehmen; jm Schutz gewähren; jm Zuflucht bieten

毕(畢) bì 1. beenden; abschließen 2. völlig; vollständig

毕竟 bìjìng schließlich; immerhin; letzten Endes

毕生 bìshēng das ganze Leben (lang); lebenslang

毕业 bìyè Schulabschluss; das Studium absolvieren ～生 Absolvent ～证书 Abschlusszeugnis

哔(嗶) bì

哔叽 bìjī Serge; Sersche

毙(斃) bì 1. umkommen; krepieren 2. erschießen

毙命 bìmìng ums Leben kommen

陛 bì Treppenstufen vor dem Thronsaal

陛下 bìxià Euer (Eure) Majestät; Ihre (Seine) Majestät

箅 bì

箅子 bìzi Gitter; Rost; Flechtwerk

裨 bì Nutzen；Vorteil
裨益 bìyì Nutzen；Vorteil
婢 bì Dienerin；Magd
婢女 bìnǚ Dienerin；Magd
蓖 bì
蓖麻 bìmá Rizinus
蓖麻油 bìmáyóu Rizinusöl；Kastoröl
篦（笓） bì Kamm mit feinen, sehr eng stehenden Zinken
篦子 bìzi Staubkamm
辟 bì 另见 pì 1. Monarch；Herrscher 2. vertreiben
辟邪 bìxié Austreibung von Dämonen
襞 bì Falte
避 bì 1. ausweichen；vermeiden ～雨 vor dem Regen Schutz suchen ～而不谈 etw unterschlagen；über etw hinwegreden 2. abwenden；fern halten
避弹衣 bìdànyī kugelsichere Weste
避风港 bìfēnggǎng sicherer Hafen；Zufluchtshafen；Zufluchtsstätte
避讳 bìhui etw als Tabu vermeiden；etw aus dem Weg gehen
避雷针 bìléizhēn Blitzableiter
避免 bìmiǎn vermeiden；einer Sache aus dem Wege gehen
避难 bìnàn bei jm Zuflucht suchen；bei jm ein Asyl finden ～所 Zufluchtsstätte
避暑 bìshǔ in die Sommerfrische fahren
避孕 bìyùn Schwangerschaftsverhütung；Empfängnisverhütung ～药 pille
避重就轻 bì zhòng jiù qīng der Hauptfrage aus dem Wege gehen
璧 bì runde Lochscheibe aus Jade
璧还 bìhuán jm etw Geliehenes mit Dank zurückgeben
壁 bì 1. Wand；Mauer 2. etw, was einer Wand ähnlich ist 细胞～ Zellwand 3. Felswand 4. Schutzwall；Wallanlage
壁橱 bìchú Wandschrank
壁灯 bìdēng Wandlampe
壁虎 bìhǔ Gecko
壁画 bìhuà Wandgemälde 敦煌～ Freskomalereien von Dunhuang
壁垒 bìlěi Schutzwall；Umwallung；Barriere；Schranke ～森严 ⓐ stark befestigt ⓑ genau abgegrenzt
壁炉 bìlú Kamin
薜 bì
薜荔 bìlì Ficus
臂 bì Arm
臂膀 bìbǎng 1. Arm 2. Oberarm
臂章 bìzhāng Armbinde；Ärmelzeichen
蝙 biān
蝙蝠 biānfú Fledermaus
鳊（鯿） biān Brachse；Brasse
编 biān 1. flechten 2. einreihen；anordnen 3. redigieren；zusammenstellen；etw für die Veröffentlichung bearbeiten 4. verfassen；komponieren 5. erdichten；erfinden；fabrizieren 6. Teil （eines Buches）
编导 biāndǎo 1. etw verfassen und inszenieren 2. Autor und Regisseur
编号 biānhào 1. nummerieren 2. laufende Nummer；fortlaufende Nummern
编辑 biānjí 1. redigieren；herausgeben ～委员会 Redaktionsausschuss 2. Redakteur 总～ Chefredakteur
编辑部 biānjíbù Redaktion
编剧 biānjù 1. ein Drama（Drehbuch）verfassen 2. Bühnenautor；Drehbuchautor
编码 biānmǎ Kode；kodieren
编年史 biānniánshǐ Chronik；Annalen
编排 biānpái anordnen；Anordnung
编外 biānwài nicht im Stellenplan verzeichnet ～人员 Mitarbeiter, die nicht im Stellenplan verzeichnet sind
编写 biānxiě zusammenstellen；erstellen
编造 biānzào 1. ausarbeiten 2. etw mit Hilfe der Phantasie schaffen 3. erdichten；erfinden
编者 biānzhě Herausgeber；Kompilator
编者按 biānzhě'àn Anmerkung des Herausgebers；redaktionelle Anmerkung
编织 biānzhī flechten；stricken；knüpfen
编织物 biānzhīwù Flechtwerk；Flechtarbeit；Strickwaren；Knüpfarbeit
编制 biānzhì 1. flechten 2. aufstellen；ausarbeiten；（eine Kartei, ein Verzeichnis）anlegen 3. Personalbestand 紧缩～ Abbau von Personal
编纂 biānzuǎn zusammenstellen；zusam-

mentragen

鞭 biān 1. →鞭子 2. Gerte; Rute 3. kurzer Metallprügel (im alten China als Waffe zum Schlagen verwendet) 4. Knallfroschkordel 5. peitschen; geißeln

鞭策 biāncè ansporen; anfeuern

鞭长莫及 biān cháng mò jí außerhalb der eigenen Macht liegen; nicht mehr in js Macht stehen

鞭打 biāndǎ peitschen; geißeln

鞭炮 biānpào Feuerwerk; Feuerwerkskörper

鞭辟入里 biān pì rù lǐ scharfsinnig und tief schürfend

鞭挞 biāntà geißeln; jn/etw an den Pranger stellen

鞭子 biānzi Peitsche; Geißel; Knute

边（邊） biān 1. Seite 2. Rand; Kante; Saum 路～ Wegrand 在江～上 am Ufer des Flusses 3. Grenze; Grenzgebiet 4. Schranke; Grenze 5. neben; an; nahe bei

边（邊） bian (als Suffix, das an ein Substantiv der Ortsbestimmung angehängt wird): 里～ drinnen; innerhalb

边陲 biānchuí Grenzgebiet

边防 biānfáng Grenzschutz; Grenzsicherheit ～部队 Grenzschutztruppen

边疆 biānjiāng Grenzgebiet; Grenze

边界 biānjiè Grenzlinie

边境 biānjìng Grenzgebiet; Grenzland ～冲突 Grenzkonflikt

边门 biānmén Seitentür; Nebentür

边沿 biānyán Rand; Saum

边缘 biānyuán 1. Rand; Grenze ～地带 Grenzregion 2. im Grenzbereich ～学科 Grenzwissenschaft

边远 biānyuǎn abgelegen; entlegen

扁 biǎn 另见 piān
flach; platt

扁担 biǎndan Tragstange

扁豆 biǎndòu Helmbohne

扁桃体 biǎntáotǐ Mandel; Mandeldrüse; Tonsille

匾 biǎn rechteckige Spruchtafel

匾额 biǎn'é mit Inschriften versehene horizontale Tafel

贬 biǎn 1. degradieren 2. entwerten; abwerten 3. herabsetzen

贬低 biǎndī herabwürdigen; herabmindern; abwerten

贬义 biǎnyì negativer Sinn; pejorativ ～词 Wort mit negativer Bedeutung

贬值 biǎnzhí entwerten; abwerten

辨 biàn unterscheiden; auseinander halten

辨别 biànbié unterscheiden; auseinander halten ～方向 sich orientieren

辨认 biànrèn erkennen; identifizieren

辨析 biànxī einen feinen Unterschied feststellen

辩（辯） biàn erörtern; debattieren

辩白 biànbái rechtfertigen; verteidigen

辩驳 biànbó widerlegen; bestreiten

辩护 biànhù 1. rechtfertigen; verteidigen 2. plädieren

辩护人 biànhùrén Verteidiger; Fürsprecher

辩论 biànlùn diskutieren; erörtern

辩论会 biànlùnhuì Debatte

辩证 biànzhèng dialektisch ～的统一 dialektische Einheit

辩证法 biànzhèngfǎ Dialektik

辩证唯物主义 biànzhèng wéiwùzhǔyì dialektischer Materialismus

辫（辮） biàn →辫子

辫子 biànzi 1. Zopf; Haarflechte 梳～ das Haar zu Zöpfen flechten 2. zopfförmiges Geflecht 3. Handhabe 抓～ eine Handhabe gegen jn finden

变（變） biàn 1. sich ändern; sich verändern 情况～了 die Umstände haben sich verändert 2. zu etw werden 后进～先进 aus den weniger Fortgeschrittenen sind Fortgeschritte geworden 3. verwandeln ～农业国为工业国 ein Agrarland in ein Industrieland umwandeln 4. →变卖

变本加厉 biàn běn jiā lì in verstärktem Maße; noch schlimmer werden

变电站 biàndiànzhàn Transformatorenanlage; Umspannwerk

变动 biàndòng ändern; verändern; wechseln 人事～ personelle Veränderungen

变革 biàngé Umwälzung; Umwandlung

变更 biàngēng abändern; ändern; verändern

变故 biàngù Missgeschick; Unglücksfall
变卦 biànguà sich eines anderen besinnen; eine Abmachung nicht einhalten
变化 biànhuà Veränderung; Umwandlung; Umschlag ～多端 wechselhaft; unberechenbar
变换 biànhuàn wechseln; tauschen; ändern
变节 biànjié abtrünnig werden
变量 biànliàng Variable; Veränderliche
变流器 biànliúqì Stromrichter; Umformer
变卖 biànmài versetzen; etw zu Geld machen
变迁 biànqiān Wandel; Umwandlung
变色 biànsè 1. seine politische Überzeugung ändern; die Farbe wechseln 2. eine andere Gesichtsfarbe bekommen; die Farbe wechseln 风云～ die politische Situation hat sich geändert ～眼镜 Brille mit getönten Gläsern
变色龙 biànsèlóng Chamäleon
变数 biànshù Variable; Veränderliche
变速器 biànsùqì Schaltung
变速运动 biànsù yùndòng veränderliche Bewegung
变态 biàntài 1. Metamorphose 2. anormal; abnormal 心理～ Psychopathie
变通 biàntōng flexibel sein; sich den neuen Situationen anpassen
变相 biànxiàng verkappt; getarnt; versteckt ～剥削 versteckte Ausbeutung
变心 biànxīn die Treue brechen
变星 biànxīng variabler Stern
变形 biànxíng deformiert werden; verformt werden
变压器 biànyāqì Transformator
变样 biànyàng verändertes Aussehen
变质 biànzhì verderben; entarten; degenerieren; verkommen
变种 biànzhǒng 1. Varietät; Abart 2 Spielart
变阻器 biànzǔqì Rheostat

遍（徧） biàn 1. überall; ganz 我们的朋友～天下 wir haben Freunde in aller Welt 2. (als Zähleinheitswort) -mal
遍地 biàndì überall; allenthalben
遍体鳞伤 biàn tǐ lín shāng mit Wunden übersät

便[1] biàn 另见 pián
1. bequem; günstig 旅客称～ von den Reisenden als bequem empfunden werden 2. gelegentlich; bei Gelegenheit 不得～ noch keine Gelegenheit haben ～车 Fahrgelegenheit 3. alltäglich; gewöhnlich 4. Notdurft ～后洗手 Händewaschen nach der Benutzung der Toilette

便[2] biàn schon; darauf 建筑工程今年～可结束 schon in diesem Jahr wird man das Bauprojekt fertigstellen
便秘 biànbì Stuhlverstopfung
便当 biàndang bequem; leicht
便道 biàndào 1. kürzerer Weg 2. Bürgersteig; Gehweg; Fußweg 3. Behelfsweg
便饭 biànfàn alltägliche Kost; bescheidenes Mahl
便服 biànfú 1. Straßenanzug; Straßenkleid 2. Zivilkleidung
便利 biànlì 1. bequem; günstig 交通～ verkehrsgünstig; über günstige Verkehrsverbindungen verfügen 2. jm Erleichterungen verschaffen
便人 biànrén jd, der zufällig nebenbei einem anderen einen Dienst erweist 托～带封信 jn bitten, einem anderen nebenbei einen Brief zu überbringen
便条 biàntiáo Zettel mit einer Mitteilung
便条纸 biàntiáozhǐ Merkzettel; Merkblatt
便鞋 biànxié Hausschuhe; Slipper; Schlappen
便衣 biànyī 1. Straßenkleidung 2. Zivilkleidung 3. Geheimpolizist
便于 biànyú erleichtern; leicht (bequem) zu handhaben ～携带 gut tragbar

标（標） biāo 1. Oberfläche; Äußerlichkeit; Nebensache 2. Kennzeichen; Marke 3. kennzeichnen; markieren; vermerken 4. Norm 5. Siegespreis 6. Preisangebot (bei öffentlichen Ausschreibungen); Offerte
标榜 biāobǎng jn übermäßig loben; Reklame für etw machen 互相～ einander übermäßig loben
标本 biāoběn 1. Musterexemplar; Präparat 2. Ursachen und Symptome einer Krankheit
标兵 biāobīng 1. Flügelmann; Paradeposten 2. Vorbild; Beispiel
标尺 biāochǐ 1. Maßstab 2. Visier 3. Pegel
标点 biāodiǎn 1. Interpunktion ～符号 Satzzeichen; Interpunktionszeichen 2.

interpunktieren
标记 biāojì Kennzeichen；Markierung
标记原子 biāojì yuánzǐ Tracer；Indikatoratom
标价 biāojià 1.（Waren）mit Preisschildern versehen 2. angegebener Preis
标明 biāomíng markieren；kennzeichnen；angeben
标签 biāoqiān Etikett；Marke
标枪 biāoqiāng Speer
标题 biāotí Titel；Überschrift；Schlagzeile
标新立异 biāo xīn lì yì ständige Neuerungen einführen
标语 biāoyǔ Losung；Schlagwort；Parole
标志 biāozhì 1. Kennzeichen；Merkmal 2. kennzeichnen；charakterisieren
标致 biāozhi hübsch；schön；anmutig
标准 biāozhǔn Standard；Norm；Kriterium
标准化 biāozhǔnhuà standardisieren
标准语 biāozhǔnyǔ Standardsprache；Hochsprache

膘（臕） biāo Tierfett 长～ Fett ansetzen 跌～ abmagern

彪 biāo 1. junger Tiger 2. hünenhaft ～形大汉 ein Hüne von Mann

飑 biāo Bö

表（錶） biǎo 1. Außenseite；Oberfläche；außen 由～及里 von der Erscheinung zum Wesen vorstoßen 2.（Verwandtschaftsverhältnis zwischen den Kindern oder den Enkelkindern von Bruder und Schwester oder von Schwestern）：～兄弟（Verwandtschaftsverhältnis zwischen den Söhnen von Bruder und Schwester oder von Schwestern）Cousin；Vetter 3. ausdrücken；äußern；zeigen 4. mit Hilfe von Medikamenten die „Kälte" vertreiben 5. Beispiel；Vorbild 6. Tabelle；Formular；Verzeichnis 7. Messgerät；Zähler 8. Uhr 9. Thronbericht
表白 biǎobái sich rechtfertigen；etw zum Ausdruck bringen
表层 biǎocéng Außenseite；Oberfläche
表尺 biǎochǐ Visier；Kimme
表达 biǎodá ausdrücken；äußern
表带 biǎodài Uhrenarmband
表格 biǎogé Formular；Formblatt 填～ ein Formular ausfüllen
表决 biǎojué abstimmen 付～ etw zur Abstimmung bringen ～程序 Abstimmungsverfahren
表决权 biǎojuéquán Stimmrecht
表里如一 biǎo lǐ rú yī aufrichtig handeln
表链 biǎoliàn Uhrkette
表露 biǎolù zeigen；verraten；sich etw anmerken lassen ～真情 seine wahren Gefühle verraten
表面 biǎomiàn Oberfläche；Außenseite ～现象 Äußerlichkeit；Schein
表面化 biǎomiànhuà zutage treten；zum Vorschein kommen
表明 biǎomíng etw deutlich machen；aufweisen；bekunden ～态度 Stellung nehmen
表亲 biǎoqīn Verwandtschaftsverhältnis zwischen den Kindern oder den Enkelkindern von Bruder und Schwester oder von Schwestern
表情 biǎoqíng Gesichtsausdruck；Miene
表示 biǎoshì ausdrücken；äußern；zeigen ～决心 seiner Entschlossenheit Ausdruck verleihen
表率 biǎoshuài Vorbild；Beispiel
表态 biǎotài Stellung nehmen；seine Meinung zu etw äußern
表现 biǎoxiàn 1. Ausdruck；Erscheinung 2. zeigen；erkennen lassen；zum Ausdruck kommen 3. Verhalten 4. sich aufspielen；sich Geltung verschaffen
表象 biǎoxiàng Vorstellung
表演 biǎoyǎn 1. aufführen；spielen；eine Vorstellung geben 2. vorführen；etw erklärend demonstrieren
表扬 biǎoyáng loben；belobigen
表彰 biǎozhāng auszeichnen；etw/jn rühmend erwähnen

裱 biǎo 1. aufkleben；aufziehen 2. mit Papier bekleben
裱糊 biǎohú tapezieren

婊 biǎo
婊子 biǎozi Dirne；Hure；Prostituierte

鳔 biào 1. Fischblase 2. Fischleim

瘪（癟） biē 另见 biě
瘪三 biēsān Stadtstreicher；Vagabund

憋 biē 1. sich in Schranken halten；zurückhalten；unterdrücken ～劲儿 alle Kräfte anspannen 2. bedrückt；betrübt

憋闷 biēmen sich bedrückt fühlen
憋气 biēqì 1. fast erstickt sein; keine Luft mehr bekommen 2. sich ungerecht behandelt fühlen und es schweigend hinnehmen; innerlich kochen
鳖（鱉） biē Weichschildkröte
蹩 bié sich (den Fuß, die Hand) verrenken (verstauchen)
蹩脚 biéjiǎo minderwertig; sehr mittelmäßig
别1 bié 另见 biè
1. verlassen; sich trennen; Abschied nehmen 久～重逢 sich nach langer Trennung wiedersehen 2. ander; weiter 3. (den Kopf) abwenden
别2 bié 1. unterscheiden 2. Unterschied 3. Klassifikation
别3 bié etw mit einer Anstecknadel heften (befestigen); anstecken
别4 bié etw nicht tun dürfen (sollen)
别出心裁 bié chū xīn cái originelle Einfälle haben
别处 biéchù anderenorts; woanders
别具一格 bié jù yī gé in seiner Art einmalig; eigenartig
别名 biémíng andere Bezeichnung
别人 biérén andere Person; andere Leute; anderer 家里只有母亲和我，没有～ zu Hause waren nur meine Mutter und ich, sonst niemand
别人 biéren die anderen; die Leute; andere ～的东西 Fremdgut
别是 biéshì *möglicherweise; vielleicht*
别树一帜 bié shù yī zhì von einzigartigem Stil sein; seinen eigenen Weg gehen
别墅 biéshù Villa
别有用心 bié yǒu yòngxīn unlautere Absichten verfolgen; böse Absichten haben
别针 biézhēn 1. Anstecknadel; Sicherheitsnadel 2. Brosche
别致 biézhì neuartig; unkonventionell; ungewöhnlich
别字 biézì falsch geschriebenes (ausgesprochenes) Schriftzeichen
瘪（癟） biě 另见 biē
eingeschrumpft; eingedrückt
瘪嘴 biězuǐ eingesunkener Mund
瘪粒 biělì taubes Korn
别（彆） biè 另见 bié
jm den Eigensinn austreiben (meist negativ gebraucht)
别扭 bièniu 1. schwierig; widerspenstig 2. unverträglich 闹～ in ständiger Spannung mit jm leben; mit jm schmollen 3. unnatürlich
濒 bīn 1. in der Nähe; nahe 2. (dicht) bevorstehend
濒临 bīnlín in der Nähe; nahe
濒危 bīnwēi 1. sich in bedrohlicher Gefahr befinden 2. am Rand des Todes stehen
濒于 bīnyú am Rande von etw sein; sich etw nähern ～破产 dem Bankrott nahe sein; Pleite zu gehen drohen
宾（賓、賔） bīn Gast 贵～ Ehrengast
宾馆 bīnguǎn Gästehaus
宾客 bīnkè Gast Besucher
宾语 bīnyǔ Objekt
宾至如归 bīn zhì rú guī die Gäste fühlen sich wie zu Hause
滨（濱） bīn 1. Ufer; Strand 湖～ Seeufer 2. nahe an (einem Gewässer) gelegen ～海地区 Küstengebiet
傧（儐） bīn
傧相 bīnxiàng 1. (im alten China) Führer der Gäste; Zeremonienmeister 2. Führer der Braut (des Brautigams)
缤（繽） bīn
缤纷 bīnfēn üppig; durcheinander 五彩～ in allen *Farben schillern*; in allen möglichen Farben leuchtend
彬 bīn
彬彬有礼 bīn bīn yǒu lǐ höflich; mit ausgesuchter Höflichkeit; Schliff haben
鬓（鬢、髩） bìn →鬓角 两～斑白 graue Schläfen haben
鬓发 bìnfà Schläfenhaar
鬓角 bìnjiǎo Schläfe; Schläfenhaar
殡（殯） bìn 1. einen Sarg aufstellen 2. einen Sarg zu Grabe tragen
殡殓 bìnliàn einen Toten einsargen

B

殡仪馆 bìnyíguǎn Bestattungsinstitut

摈（擯）bìn etw von sich weisen; zurückweisen; ablehnen

摈除 bìnchú aufgeben; auf etw verzichten

摈弃 bìnqì ablehnen; verwerfen; zurückweisen

髌（髕）bìn 1. Kniescheibe 2. Entfernung der Kniescheiben (als eine Strafe im alten China)

髌骨 bìngǔ Kniescheibe

冰（氷）bīng 1. Eis 2. etw mit Eis kühlen 3. so beschaffen, dass es einen an einem Körperteil friert

冰雹 bīngbáo Hagel

冰川 bīngchuān Gletscher

冰蛋 bīngdàn Kühlhauseier; gefrorene Eier

冰点 bīngdiǎn Gefrierpunkt

冰雕 bīngdiāo Eisplastik

冰冻 bīngdòng 1. frieren; gefrieren; vereisen 2. Eis

冰棍儿 bīnggùnr Eis am Stiel

冰激凌 bīngjilíng Eiscreme; Speiseeis

冰窖 bīngjiào Eiskeller; Eishaus

冰晶 bīngjīng Eiskristall

冰块 bīngkuài Eisstück; Eisscholle

冰冷 bīnglěng eiskalt; eisig kalt

冰凉 bīngliáng eiskalt; eisig kalt

冰淇淋 bīngqílín Eiscreme; Speiseeis

冰球 bīngqiú 1. Eishockey 2. Puck

冰山 bīngshān Eisberg

冰上芭蕾 bīngshàngbālěi Wasserballett

冰霜 bīngshuāng 1. moralische Integrität; charakterliche Sauberkeit; tugendhaft 2. streng; ernst 凛若～ streng und gesetzt auftreten

冰糖 bīngtáng Kandiszucker

冰天雪地 bīng tiān xuě dì von Schnee und Eis bedeckt; Schnee- und Eisfelder; eine Wüste von Eis und Schnee

冰箱 bīngxiāng Kühlschrank; Eisschrank

冰鞋 bīngxié Schlittschuhe

冰镇 bīngzhèn eisgekühlt; etw auf Eis legen

冰砖 bīngzhuān Eisblock

槟（檳、梹）bīng Betelnuss

槟榔 bīnglang 1. Katechupalme; Betelpalme 2. Betelnuss

兵 bīng 1. Waffe; Kampfmittel 2. Armee; Truppen 3. Soldat 4. Militärwesen; militärisch

兵变 bīngbiàn Meuterei; Militärrevolte

兵法 bīngfǎ Kriegskunst; Technik der Kriegsführung

兵工厂 bīnggōngchǎng Waffenfabrik; Rüstungsbetrieb

兵荒马乱 bīng huāng mǎ luàn Kriegswirren; Chaos des Krieges

兵舰 bīngjiàn Kriegsschiff

兵力 bīnglì militärische Stärke; Truppenstärke; Streitkräfte

兵器 bīngqì Waffe; Kampfmittel

兵权 bīngquán Militärgewalt; Befehlsgewalt

兵团 bīngtuán 1. Armeekorps 2. Truppenverbände 地方～ regionale Verbände 生产建设～ Produktions- und Aufbaukorps

兵役 bīngyì Militärpflicht; Militärdienst 服～ den Militärdienst ableisten; beim Militär dienen

兵役法 bīngyìfǎ Wehrpflichtgesetz; Wehrdienstgesetz

兵营 bīngyíng Kaserne; Militärlager

兵站 bīngzhàn Militärstation; Truppendepot

兵种 bīngzhǒng Waffengattung

禀（稟）bǐng 1. (im alten China) einem Vorgesetzten einen Rechenschaftsbericht geben 2. schriftlicher Rechenschaftsbericht 3. befolgen; entgegennehmen; von der Natur mit guten Anlagen ausgestattet sein

禀报 bǐngbào Bericht erstatten; berichten

禀赋 bǐngfù natürliche Veranlagung; Geistesgabe; Begabung

禀告 bǐnggào einem Höhergestellten über etw berichten; einen Rapport erstatten

禀性 bǐngxìng Natur; Wesen; angeborene Eigenschaft

饼 bǐng 1. Kuchen; Gebäck 2. fladenförmiger Gegenstand

饼肥 bǐngféi Bohnenkuchen (Ölkuchen) als Dünger

饼干 bǐnggān Keks; Biskuit; Crackers

屏（²摒）bǐng 另见 píng; '摒'另见 bìng

1. anhalten; unterdrücken ～着呼吸 den Atem anhalten 2. ablehnen; verwerfen; ausschließen

屏除 bǐngchú verwerfen; entfernen; zurückweisen ～杂念 verworrene (quälende) Gedanken abschütteln
屏弃 bǐngqì etw von sich weisen; ablehnen; verwerfen
屏息 bǐngxī mit angehaltenem Atem
丙 bǐng der dritte der zehn Himmelsstämme; das Dritte
丙纶 bǐnglún Polypropylenfaser; Polypropylenfaserstoff
丙种射线 bǐngzhǒng shèxiàn Gammastrahlen
柄 bǐng 1. Griff; Stiel 刀～ Messergriff 伞～ Schirmgriff 2. Stengel 叶～ Blattstengel 3. etw in der Hand haben; beherrschen; Macht
秉 bǐng 1. ergreifen; halten; festhalten 2. etw in Händen haben; den Vorsitz haben
秉承 bǐngchéng nach den Anweisungen des Vorgesetzten handeln; befolgen
秉公 bǐnggōng gerecht; unparteiisch ～办理 nach Grundsätzen handeln
秉性 bǐngxìng Wesen; Natur; Veranlagung
病 bìng 1. erkranken; krank sein 他的～好了 er ist schon wiederhergestellt / seine Gesundheit ist endlich wiederhergestellt 2. Krankheit 3. Fehler; Mangel; Unzulänglichkeit
病变 bìngbiàn pathologische (krankhafte) Veränderung
病虫害 bìngchónghài Pflanzenkrankheiten und Schädlingsbefall
病床 bìngchuáng Krankenbett
病毒 bìngdú Virus 滤过性～ filtrierbare Virus
病毒性 bìngdúxìng Virulenz ～肝炎 Virushepatitis
病房 bìngfáng Krankenzimmer; Krankensaal
病故 bìnggù einer Krankheit erliegen; an einer Krankheit sterben
病号 bìnghào Kranke(r); Patient ～饭 Krankenkost; Schonkost; Diät
病假 bìngjià Krankenurlaub; Krankheitsurlaub ～证明 Bescheinigung der Krankheit durch den Arzt 开～ krankschreiben 请～ sich krank melden
病菌 bìngjūn Krankheitserreger; Bakterien
病理 bìnglǐ Pathologie; pathologische Erscheinungen
病理学 bìnglǐxué Pathologie
病历 bìnglì Krankengeschichte; Anamnese; Krankenbericht
病历卡 bìnglìkǎ Karteikarte über js Krankengeschichte
病例 bìnglì Krankheitsfall
病情 bìngqíng Befinden eines Patienten; Krankheit
病人 bìngrén Kranke(r); Patient
病入膏肓 bìng rù gāo huāng unheilbar (ernstlich) erkrankt (krank) sein
病态 bìngtài krankhafter Zustand
病痛 bìngtòng Leiden; Unwohlsein
病愈 bìngyù genesen sein; wiederhergestellt sein
病院 bìngyuàn Krankenhaus; Klinik
病灶 bìngzào Infektionsherd; Krankheitsherd
病征 bìngzhēng Krankheitssymptom
病症 bìngzhèng Krankheit; Leiden
病株 bìngzhū kranker Halm; kranke Pflanze
并¹(併) bìng zusammenlegen; fusionieren; verschmelzen
并²(並、竝) bìng 1. nebeneinander 肩～肩 Seite an Seite; Schulter an Schulter 2. gleichzeitig 3. (zur Verstärkung der Verneinung): 困难～不可怕 diese Schwierigkeiten sind doch nicht unüberwindlich 4. →并且
并存 bìngcún nebeneinander bestehen; koexistieren
并发症 bìngfāzhèng Komplikation
并非 bìngfēi durchaus nicht; keineswegs
并购 bìnggòu Fusion und Übernahme (M & A)
并驾齐驱 bìng jià qí qū im Gleichschritt gehen; Seite an Seite vorwärts schreiten; Schritt halten
并肩 bìngjiān Seite an Seite; Schulter an Schulter
并举 bìngjǔ etw in gleichem Maße fördern; etw gleichzeitig entwickeln 土洋～ einheimische Methoden mit ausländischen Methoden verbinden
并立 bìnglì nebeneinander; gleichzeitiges Vorhandensein
并联 bìnglián Parallelschaltung

B

并列 bìngliè nebeneinander stellen; jn mit einem anderen in eine Reihe stellen; auf einer (auf der gleichen) Stufe stehen ～第三名 beide liegen auf Platz 3
并排 bìngpái Seite an Seite; nebeneinander
并且 bìngqiě 1. und 会上讨论～通过了生产计划 der Produktionsplan wurde in der Sitzung diskutiert und akzeptiert 2. außerdem; darüber hinaus 他这么说了，～这么做了 er hat seinen Worten die Taten folgen lassen
并吞 bìngtūn annektieren; einverleiben; schlucken
并无 bìngwú keineswegs; durchaus nicht ～此意 man hat es doch nicht so gemeint
并行 bìngxíng 1. nebeneinander laufen 2. etw gleichzeitig realisieren ～不悖 das eine schließt das andere nicht aus / beides geht Hand in Hand, ohne im Widerspruch zueinander zu stehen
并重 bìngzhòng beides auf dieselbe Stufe stellen

摒 bìng 另见 bǐng '屏'
verwerfen; entfernen; beiseite schieben
摒挡 bìngdàng ordnen; aufräumen; etw in Ordnung bringen ～行李 sein Reisegepäck herrichten

拨(撥) bō 1. schieben; rücken; drehen ～电话号码 eine Telefonnummer wählen 2. zuteilen; zuweisen 3. umdrehen; wenden 4. Gruppe
拨款 bōkuǎn 1. jm eine Geldsumme zuweisen 2. Mittelbewilligung
拨浪鼓 bōlanggǔ Rassel; Hausiererträmmelchen
拨乱反正 bō luàn fǎn zhèng das Chaos beseitigen und die Ordnung wiederherstellen
拨弄 bōnong 1. herumspielen; etw hin- und herbewegen ～琴弦 die Saiten zupfen 2. Hassschüren; Zwistigkeiten heraufbeschwören ～是非 Zwietracht säen (stiften)

播 bō 1. senden; verbreiten 2. säen; aussäen; Saatbestellung
播送 bōsòng senden; übertragen; ausstrahlen
播音 bōyīn senden; Ausstrahlung des Programms
播音员 bōyīnyuán Rundfunksprecher
播种 bōzhǒng säen; aussäen
播种机 bōzhǒngjī Sämaschine
播种 bōzhòng Säen; Aussaat

钵(缽) bō 1. Tontopf; irdener Napf 2. Essnapf

波 bō 1. → 播送 2. Schwingungsvorgang 声～ Schallwelle 3. Streitigkeit; Affäre; Spektakel 一～未平，一～又起 es ist ein Problem nach dem anderen aufgetaucht
波长 bōcháng Wellenlänge
波导管 bōdǎoguǎn Hohlleiter; Wellenleiter
波动 bōdòng 1. fluktuieren; schwanken; labil sein 情绪～ Stimmungen unterworfen sein; in wechselnder Gemütsverfassung sein 2. Wellenbewegung
波段 bōduàn Wellenbereich; Wellenband
波及 bōjí erfassen; sich über etw ausdehnen; etw in Mitleidenschaft ziehen
波兰语 Bōlányǔ Polnisch
波澜 bōlán Welle; Woge
波澜壮阔 bō lán zhuàng kuò wie mächtig brandende Wogen; hohe Wellen schlagend; in gewaltigem Ausmaß ～的群众运动 stürmische Massenbewegung
波浪 bōlàng Welle; Woge
波浪式 bōlàngshì wellenförmig; gewellt
波斯语 Bōsīyǔ Persisch
波涛 bōtāo hohe Wellen; Wogen; Wallung
波纹 bōwén Wellenlinie; Kräuselwelle
波形号 bōxínghào Wellentyp
波折 bōzhé unerwartete Wendung; unvorhergesehene Komplikationen

菠 bō
菠菜 bōcài Spinat
菠萝 bōluó Ananas

玻 bō
玻璃 bōlí 1. Glas 不碎～ splitterfreies Glas 2. durchsichtiger Kunststoff ～丝袜 Glasseidenstrumpf
玻璃板 bōlibǎn Glasplatte; Glasscheibe
玻璃杯 bōlibēi Trinkglas; Glas
玻璃钢 bōligāng glasfaserverstärkter Kunststoff
玻璃瓶 bōlipíng Glasflasche
玻璃纤维 bōli xiānwéi Glasfaser; Glasfiber
玻璃纸 bōlizhǐ Zellophan; Zellglas; Glaspapier

剥 bō 另见 bāo
abstreifen; abschälen; abrinden

剥夺 bōduó 1. berauben 2. absprechen; aberkennen ～权利 jm ein Recht aberkennen; jn seiner Rechte berauben
剥落 bōluò abblättern; abbröckeln; sich ablösen
剥蚀 bōshí verwittern; Denudation
剥削 bōxuē ausbeuten; Ausbeutung
剥削阶级 bōxuē jiējí Ausbeuterklasse
剥削者 bōxuēzhě Ausbeuter

鹁 bó
鹁鸪 bógū Taube; Haustaube

脖 bó 1. Hals; Nacken; Genick 2. Hals (schmaler, oberer Teil an Flaschen, Säulen u. a.)
脖颈儿 bógěngr Nacken
脖子 bózi Hals 卡～ jn am Hals würgen

勃(敦) bó lebensvoll; üppig
勃勃 bóbó lebhaft; lebensvoll; strotzend 兴致～ voller Enthusiasmus; hochgestimmt; mit großer Lust
勃郎宁 bólángníng Browning
勃然 bórán 1. lebhaft; aufstrebend ～兴起 aufstrebend; einen Aufschwung nehmen 2. mit zorniger Miene ～大怒 jäh in Zorn geraten; aus der Haut fahren

博[1] bó 1. umfassend; reich; weit ausgedehnt 地大物～ weit ausgedehnt und reich an Bodenschätzen 2. vielseitiges Wissen ～古通今 ein umfassendes Wissen haben

博[2] bó erlangen; gewinnen; sich etw erwerben 聊～一笑 nur zur Erheiterung (zur Unterhaltung)
博爱 bó'ài Brüderlichkeit; allgemeine Menschenliebe; Nächstenliebe
博得 bódé erlangen; gewinnen; finden ～好评 allgemeine Anerkennung finden; Anklang finden
博古通今 bógǔ tōngjīn sich auf Alt und Neu gleich gut verstehen
博览会 bólǎnhuì Messe; Ausstellung 万国～ eine Messe mit internationaler Beteiligung
博取 bóqǔ um etw werben; sich um etw bemühen
博士 bóshì Doktor (Dr.) 数学～ Doktor der Mathematik
博物馆 bówùguǎn Museum
博学 bóxué umfassende Kenntnisse besitzen; hochgelehrt

薄[1] bó 另见 báo, bò
1. dünn; gering ～酬 geringe Belohnung; karger Lohn 2. kleinlich; engherzig 3. nachlässig; leichtsinnig 4. geringschätzen; geringachten

薄[2] bó ganz in der Nähe; ganz nahe 日～西山 seinem Untergang entgegengehen; sich mit jedem Tag seinem Untergang nähern
薄礼 bólǐ armseliges Geschenk
薄命 bómìng tragisches Schicksal
薄情 bóqíng gefühllos; undankbar; untreu
薄弱 bóruò schwach; ungenügend

搏 bó 1. sich schlagen; ringen 2. pulsen
搏斗 bódòu kämpfen; ringen; sich schlagen

钹 bó Becken

泊 bó 另见 pō
anlegen; ankern ～岸 Anker werfen; vor Anker gehen; sich vor Anker legen

箔[1] bó Vorhang (aus Schilf, Bambuslatten oder Sorghumstengeln)

箔[2] bó dünnes Metallplättchen; Folie 金～ Goldfolie

帛 bó Seide; Seidenstoff

铂 bó Platin (Pt)

伯[1] bó 1. →伯父 2. ältester Bruder ～兄 ältester Bruder

伯[2] bó →伯爵
伯父 bófù älterer Bruder des Vaters; Onkel
伯爵 bójué Graf ～夫人 Gräfin
伯母 bómǔ Ehefrau des älteren Bruders des Vaters; Tante

舶 bó Überseeschiff; Ozeandampfer
舶来品 bóláipǐn Importgüter; Importware

驳[1](駁) bó widerlegen; bestreiten; zurückweisen

驳[2] bó ausschiffen; mit einem Lastkahn (Leichter) transportieren

驳岸 bó'àn Ufereinfassung; Küstenbefestigung
驳斥 bóchì widerlegen; bestreiten
驳船 bóchuán Leichter; Schleppkahn
驳倒 bódǎo widerlegen; jn/etw in Grund und Boden verdammen
驳回 bóhuí widersprechen; zurückweisen ～上诉 eine Berufung zurückweisen
驳壳枪 bókéqiāng Mauser
驳运 bóyùn ausschiffen; leichtern

跛 bǒ lahm gehen; hinken ～脚 lahm gehen; hinken; humpeln
跛子 bǒzi Hinkende(r); Humpelnde(r)

簸 bǒ 另见 bò
(Getreide worfeln ～谷 Reis worfeln)

薄 bò 另见 báo, bó
薄荷 bòhe Pfefferminze

簸 bò 另见 bǒ
簸箕 bòji Worfschaufel; Kehrichtschaufel

擘 bò 另见 bāi '掰' Daumen 巨～ die Autorität auf einem Fachgebiet
擘画 bòhuà planen; regeln

醭 bú Schimmel

捕 bǔ fangen; festnehmen; verhaften ～鱼 Fische fangen
捕风捉影 bǔ fēng zhuō yǐng etw ist aus der Luft geholt (gegriffen); unbegründet
捕获 bǔhuò fangen; festnehmen; verhaften
捕鲸船 bǔjīngchuán Walfänger; Walfangschiff
捕捞 bǔlāo fischen; fangen
捕鱼量 bǔyúliàng Fangmenge
捕捉 bǔzhuō fangen; fassen; ergreifen; erhaschen

哺 bǔ dem Säugling die Brust geben; stillen ～乳 säugen; stillen
哺乳动物 bǔrǔ dòngwù Säugetier
哺育 bǔyù 1. nähren 2. großziehen; erziehen

卜 bǔ 1. Wahrsagerei; Weissagung; Vorhersage 2. voraussagen; vorhersehen; prophezeien 3. wählen

补(補) bǔ 1. ausbessern; reparieren 2. ergänzen; wettmachen; nachholen ～税 Steuern nachzahlen 3. kräftigend; stärkend 4. nützen; von Nutzen sein 于事无～ das hilft nichts
补偿 bǔcháng ausgleichen; entschädigen; kompensieren ～贸易 Kompensationsgeschäft ～损失 Schadenersatz leisten; einen Verlust ersetzen
补充 bǔchōng 1. ergänzen; hinzufügen; auffüllen 2. zusätzlich; ergänzend; noch hinzugefügt
补丁 bǔding Flicken 打～ einen Flicken aufsetzen (einsetzen)
补给 bǔjǐ Nachschub; nachliefern
补给线 bǔjǐxiàn Nachschubweg; Nachschublinie
补假 bǔjià Zusatzurlaub nehmen
补角 bǔjiǎo Supplementwinkel
补救 bǔjiù Abhilfe schaffen; wettmachen
补考 bǔkǎo eine Nachprüfung ablegen
补课 bǔkè 1. versäumten Unterricht nachholen; jm Nachstunden geben 2. das Versäumte nachholen
补品 bǔpǐn Stärkungsmittel; Tonikum
补缺 bǔquē das Fehlende ergänzen; eine Lücke ausfüllen; eine freie Stelle besetzen
补贴 bǔtiē Zuschuss; Beihilfe; Subvention
补习 bǔxí Nachhilfeunterricht nehmen; an einem Nachhilfekurs teilnehmen
补习班 bǔxíbān Vorbereitungskurs
补血 bǔxuè Blutbildung anregen; blutbildend ～药 blutbildendes Mittel
补牙 bǔyá eine Zahnfüllung machen (vornehmen); einen Zahn plombieren
补养 bǔyǎng sich kräftigen; den Kräftezustand durch stärkendes Mittel verbessern
补药 bǔyào Tonikum; kräftigendes Mittel
补遗 bǔyí Nachtrag; Addenda; Appendix
补语 bǔyǔ Komplement; Ergänzung
补助 bǔzhù jn finanziell unterstützen; Beihilfe
补助金 bǔzhùjīn finanzielle Beihilfe; Subvention; Zuschuss
补足 bǔzú ergänzen; auffüllen; komplettieren ～缺额 das Fehlende ergänzen; offene Stellen besetzen

卟 bǔ
卟吩 bǔfēn Porphin

部 bù 1. Teil; Abschnitt 胸～ Brust; Busen 2. Abteilung; Ministerium 编辑～ Redaktion 3. Führungsorgan; Komman-

dostelle 司令～ Hauptquartier; Führungsstab 4. kommandieren 5. (als Zähleinheitswort): 两～词典 zwei Wörterbücher 一～机器 eine Maschine
部队 bùduì Armee; Truppen; Armeeverband
部分 bùfen Teil; Teil-; Anteil
部件 bùjiàn Maschinenteile; Einzelteil
部落 bùluò Volksstamm; Stamm; Horde
部门 bùmén Abteilung; Teilgebiet; Zweig 文教～ für Kultur und Erziehung zuständige Behörden
部属 bùshǔ Untergebene(r); Unterstellte(r)
部署 bùshǔ Planung; Dispositionen treffen; anordnen
部位 bùwèi Stelle; Position
部下 bùxià Untergebene(r); Unterstellte(r)
部长 bùzhǎng Minister; Leiter einer Abteilung 财政～ Minister der Finanzen 宣传部～ Leiter der Propagandaabteilung
部长会议 bùzhǎng huìyì Ministerkonferenz; Ministerrat

簿 bù →簿子
簿记 bùjì 1. Buchführung; Rechnungsführung 2. Rechnungsbuch
簿子 bùzi Heft; Notizbuch

埠 bù 1. Kai; Mole; Landungsplatz 2. Handelshafen; Handelsstadt

不 bù 1. nicht ～多 nicht viel ～很好 nicht so gut ～合逻辑 nicht logisch 2. un-; in-; Dis-; Miss- ～道德 unmoralisch; unsittlich 3. nein; doch ～,他不知道 nein, er weiß es nicht 4. (am Satzende zum Ausdruck des Fragens): 他身体好～? Wie geht es ihm gesundheitlich? 5. etw nicht tun können 拿～动 so schwer, dass man es nicht aufheben kann
不安 bù'ān unruhig; besorgt 坐立～ wie auf glühenden Kohlen sitzen; ruhelos; weder sitzen noch stillstehen können
不白之冤 bù bái zhī yuān eine falsche Beschuldigung, gegen die man sich gar nicht rechtfertigen kann
不败之地 bù bài zhī dì unbesiegbare Position
不必 bùbì nicht brauchen; nicht nötig
不变 bùbiàn unveränderlich; gleichbleibend; konstant ～价格 Festpreis
不便 bùbiàn 1. ungünstig; ungelegen; unbequem 2. knapp (schlecht) bei Kasse sein
不测 bùcè unvorhergeahnt; Missgeschick; Unfall
不齿 bùchǐ verachten; verschmähen; geringschätzen
不耻下问 bù chǐ xià wèn ohne jegliche Bedenken seine(n) Untergebenen zu Rate ziehen
不出所料 bù chū suǒ liào den Erwartungen gemäß; wie erwartet
不错 bùcuò richtig; korrekt; fehlerlos 他说得～ da hat er Recht
不错 bùcuò nicht schlecht; recht gut 收成～ die Ernte ist recht gut
不但 bùdàn nicht nur; nicht bloß; nicht allein ～如此 damit nicht genug; darüber hinaus
不当 bùdàng ungeeignet; unpassend 处理～ etw verkehrt machen
不倒翁 bùdǎowēng Stehaufmännchen
不到 bùdào 1. nicht ganz; fast; knapp ～一小时 eine knappe Stunde 2. noch bevor ～之处 js mangelnde Aufmerksamkeit
不得 bùdé etw nicht tun dürfen; nicht erlaubt sein 闲人～入内 Unbefugten ist der Eintritt verboten!
不得 bùde etw nicht tun sollen 去～ du sollst nicht hingehen
不得了 bù déliǎo 1. sehr schlimm; sehr ernsthaft; unheilvoll 2. außerordentlich; ungeheuer
不得已 bùdéyǐ nichts Anderes tun können; sich gezwungen sehen 出于～ aus dringender Notwendigkeit
不等 bùděng verschieden; ungleich 大小～ von verschiedener Größe
不等号 bùděnghào Ungleichheitszeichen
不等式 bùděngshì Ungleichung
不抵抗主义 bùdǐkàng zhǔyì Politik des Verzichts auf Widerstand
不定式 bùdìngshì Infinitiv
不动产 bùdòngchǎn unbeweglicher Besitz; Immobilien; Liegenschaften
不动声色 bù dòng shēngsè sich nichts anmerken lassen; sich nicht aus der Ruhe bringen lassen
不冻港 bùdònggǎng eisfreier Hafen; Winterhafen
不断 bùduàn ununterbrochen; fortwäh-

B

rend；unaufhörlich
不对 bùduì nicht richtig；falsch；unkorrekt 是我～ ich gebe zu，dass ich Unrecht habe
不对 bùduì 1．anormal；abnorm 2．sich nicht vertragen können；mit jm nicht auskommen können
不多不少 bùduō bùshǎo nicht zu viel und nicht zu wenig；nicht mehr und nicht minder
不乏 bùfá es fehlt nicht an etw；es mangelt nicht an etw ～其人 es gibt von dieser Sorte übergenug Leute
不法 bùfǎ gesetzwidrig；rechtswidrig ～行为 gesetzwidrige Praktiken；Delikt
不凡 bùfán ungewöhnlich；außergewöhnlich
不妨 bùfáng nicht schaden；etw ohne weiteres tun können
不服水土 bù fú shuǐ tǔ sich nicht akklimatisieren；sich nicht an veränderte Klimabedingungen（Umweltbedingungen）gewöhnen
不符 bùfú mit etw nicht übereinstimmen 名实～ js Ruf nicht gerecht werden；sich eines Namens nicht würdig erweisen
不该 bùgāi nicht angebracht sein；etw nicht tun sollen
不甘 bùgān nicht gewillt sein；sich mit etw nicht abfinden ～落后 nicht hinter den anderen zurückbleiben wollen
不干胶贴纸 bùgānjiāotiēzhǐ Sticker
不公 bùgōng ungerecht；unfair
不共戴天 bù gòng dài tiān jm todfeind sein；jn bis in den Tod hassen
不够 bù gòu nicht ausreichend；nicht genug；unzulänglich
不顾 bùgù 1．nicht berücksichtigen；ohne Rücksicht auf etw zu nehmen 2．nicht beachten；ungeachtet；trotz
不管 bùguǎn gleichgültig；egal；trotz ～是谁 wer auch immer
不管部长 bùguǎn bùzhǎng Minister ohne Portefeuille；Minister ohne Geschäftsbereich
不过 bùguò 1．*äußerst；in höchstem Maße* 再好～ es könnte nicht besser sein 2．bloß；nur 3．aber；allerdings；jedoch
不好意思 bù hǎoyìsi 1．schüchtern；verlegen 2．sich genieren；sich scheuen ～推辞 sich genieren，etw abzulehnen
不和 bùhé Zwietracht；Zwist
不慌不忙 bù huāng bù máng ohne Hast；in aller Ruhe
不及 bùjí 1．sich nicht mit jm/etw messen können；hinter jm/etw zurückstehen；nicht gleichkommen 2．nicht dazu kommen；zu spät
不计 bùjì keine Rücksicht auf etw nehmen；etw nicht berücksichtigen ～报酬 ohne auf eine Belohnung Wert zu legen
不计其数 bù jì qí shù nicht zu zählen；unzählig
不假思索 bù jiǎ sī suǒ ohne zu zögern；ohne weiteres；ohne Überlegung
不见 bùjiàn 1．nicht sehen；jn nicht wiedersehen 2．nicht auffindbar sein；verschwinden
不见得 bù jiàndé nicht unbedingt；wohl kaum
不结盟 bù jiéméng blockfrei；nichtpaktgebunden ～国家 blockfreier Staat
不禁 bùjīn nicht umhinkönnen；nicht verhindern können；unwillkürlich
不仅 bùjǐn nicht nur；nicht bloß；nicht allein ～如此 damit nicht genug；nicht nur das；darüber hinaus
不尽 bùjìn 1．nicht völlig；nicht ganz 2．unversieglich；unerschöpflich
不景气 bù jǐngqì 1．Stagnation；Baisse；nicht prosperieren 2．flau sein；Rückgang
不久 bùjiǔ 1．bald；demnächst；in Kürze 2．wenig später；kurz darauf；kurz danach
不拘 bùjū 1．etw nicht dazu genau nehmen；sich nicht an etw halten ～小节 sich nicht um Kleinigkeiten kümmern；über die kleinen Nachlässigkeiten im täglichen Leben hinwegsehen 2．egal wie；ganz gleich ob
不觉 bùjué unwillkürlich；unbewusst；unbemerkt
不堪 bùkān 1．etw nicht standhalten；etw nicht ertragen können ～一击 schon beim ersten Angriff zusammenbrechen 2．nicht können ～设想 unvorstellbar；folgenschwer；verhängnisvoll
不可 bùkě 1．etw nicht tun dürfen（können，sollen）～理喻 unvernünftig；ohne Einsehen；sich jeder Einsicht verschließen 2．müssen；unbedingt；bestimmt 非去～ unbedingt dorthin gehen müssen
不可救药 bù kě jiù yào unheilbar；unverbesserlich；jm ist nicht zu helfen；bei jm ist Hopfen und Malz verloren

B

不可思议 bù kě sīyì unvorstellbar; undenkbar; nicht zu begreifen sein
不可一世 bù kě yī shì von unglaublicher Arroganz sein
不可知论 bùkězhīlùn Agnostizismus
不可终日 bù kě zhōng rì voller Unruhe; völlig ratlos
不快 bùkuài 1. verdrießlich; missmütig 2. von leichtem Unwohlsein befallen 3. langsam 4. stumpf
不愧 bùkuì voller Berechtigung; verdienterweise; sich würdig erweisen
不劳而获 bù láo ér huò die Früchte der Arbeit anderer ausnützen; ernten, ohne gesät zu haben
不力 bùlì sich nicht nach Kräften anstrengen
不利 bùlì ungünstig; unvorteilhaft; Nachteil
不良 bùliáng schlecht; übel; negativ ～倾向 negative Tendenz
不了了之 bù liǎo liǎo zhī es ist nichts daraus geworden / etw ist im Sande verlaufen
不料 bùliào unerwartet; unvermutet; überraschend
不伦不类 bù lún bù lèi weder Fisch noch Fleisch; nur eine halbe Sache; nur etwas Halbes
不论 bùlùn ganz gleich ob; gleichgültig ob; ungeachtet ～什么时候 wann (auch) immer
不满 bùmǎn unzufrieden; Unzufriedenheit; Unmut ～情绪 Unzufriedenheit; Missmut
不毛之地 bù máo zhī dì unfruchtbarer Boden; öde Gegend
不免 bùmiǎn unausbleiblich; unvermeidlich; unweigerlich
不明 bùmíng 1. unklar; unbekannt; unverständlich 下落～ über js Verbleib ist nichts bekannt; Verbleib unbekannt! 2. etw nicht verstehen können ～事理 nicht einsichtig; unvernünftig
不明不白 bù míng bù bái ungeklärt; unklar; unbekannt
不谋而合 bù móu ér hé zufällig die gleiche Meinung mit jm haben; zwei Seelen und ein Gedanke
不耐烦 bù nàifán ungeduldig
不能 bùnéng nicht sollen; nicht können; nicht dürfen
不平 bùpíng 1. Ungerechtigkeit; Unrecht 2. empört; entrüstet
不平等 bùpíngděng ungleich ～条约 ungleicher Vertrag
不求甚解 bù qiú shèn jiě sich mit einer ungefähren Vorstellung zufriedengeben
不屈 bùqū unbeugsam; standhaft
不屈不挠 bù qū bù náo unbeugsam; unerschütterlich; unnachgiebig
不然 bùrán 1. es ist nicht der Fall / es ist nicht so 2. sonst; andernfalls
不忍 bùrěn nicht das Herz zu etw haben; sich nicht dazu entschließen können
不容 bùróng nicht dürfen; nicht erlauben; nicht gestatten ～置疑 nicht zu bezweifeln; über jeden Zweifel erhaben sein; unwiderleglich
不如 bùrú 1. jm nicht gleichkommen 2. sich mit jm nicht messen können; lieber; eher
不三不四 bù sān bù sì unanständig; gemein; zweifelhaft; nichts Halbes und nichts Ganzes; weder Fisch noch Fleisch
不胜 bùshèng 1. etw nicht tragen können ～负担 unter einer Last zusammenbrechen 2. nicht in der Lage sein; etw nicht völlig bewältigen können 防～防 sich gegen etw kaum schützen können; nicht alles abwenden können
不胜枚举 bù shèng méi jǔ es gibt unzählig viele Beispiele dafür / zu viel, als dass man sie aufzählen kann
不时 bùshí 1. von Zeit zu Zeit; ab und zu; gelegentlich 2. zu jeder Zeit ～之需 für künftigen Bedarf (Gebrauch)
不是 bùshi 1. nicht; nein 2. Vergehen; Fehler 3. unrecht; js Schuld sein
不死不活 bù sǐ bù huó halbtot
不速之客 bù sù zhī kè unerwünschter Gast; unangemeldeter Besuch
不同 bùtóng verschieden; ungleich
不同凡响 bù tóng fán xiǎng hervorragend; vorzüglich; über das Übliche hinausgehen
不外 bùwài nur; nichts weiter als; sonst nichts
不闻不问 bù wén bù wèn sich nicht um etw kümmern; die Ohren vor etw verschließen
不惜 bùxī etw nicht scheuen; vor etw nicht zurückschrecken; mit etw nicht sparen ～一切 auf Biegen oder Brechen; mit allen Mitteln; um jeden Preis
不相干 bùxiānggān nicht miteinander zu-

sammenhängen；mit etw nichts zu tun haben
不祥 bùxiáng unheilvoll；unheilverkündend
不屑 bùxiè sich nicht für etw hergeben；etw für unter seiner Würde halten ～一顾 keines Blickes wert sein；keines Blickes würdigen
不懈 bùxiè unermüdlich；unablässig；ausdauernd
不信任案 bùxìnrèn'àn Misstrauensantrag
不行 bùxíng 1. nicht möglich sein；es geht nicht；ausgeschlossen sein 2. untauglich；sich mit etw begraben lassen können 3. dem Tod nahe sein 4. nicht gut；schlecht 5. höchst；äußerst
不幸 bùxìng 1. unglücklich；traurig 2. zum Unglück 3. Unglück；Unheil 遭到～ jm ist ein Missgeschick passiert
不休 bùxiū unaufhörlich；unablässig；kein Ende nehmen 争论～ eine uferlose (endlose) Debatte
不朽 bùxiǔ unvergänglich；unsterblich ～之作 unsterbliches Werk
不锈钢 bùxiùgāng rostfreier Stahl；nichtrostender Stahl
不许 bùxǔ 1. nicht erlauben；nicht dürfen 2. nicht können
不学无术 bù xué wú shù (von einem Leiter) seinen Aufgaben nicht gewachsen sein；(von einem Geistesarbeiter) ein nur formales Wissen haben
不逊 bùxùn unhöflich；überheblich；rauh 出言～ in seinen Äußerungen ausfallend sein；gegen jn ausfallend werden
不言而喻 bù yán ér yù das versteht sich von selbst；das versteht sich am Rande；selbstverständlich
不要 bùyào 1. etw nicht tun dürfen 2. etw nicht brauchen
不要紧 bù yàojǐn das macht nichts；das schadet nichts；harmlos；belanglos
不要脸 bù yàoliǎn unverschämt；schamlos；impertinent
不一 bùyī nicht gleich；nicht einheitlich；unterschiedlich；verschieden 长短～ der Länge nach verschieden；von unterschiedlicher (verschiedener) Länge
不一会儿 bù yīhuìr nach kurzer Zeit；kurz darauf
不宜 bùyí nicht geeignet；nicht angebracht；etw nicht tun sollen
不遗余力 bù yí yú lì sich mit voller Kraft für etw einsetzen；keine Mühe scheuen
不已 bùyǐ ohne Ende；unaufhörlich；immer wieder aufs Neue 赞叹～ etw wieder und wieder bewundern
不用 bùyòng etw nicht brauchen；überflüssig sein
不由得 bùyóude 1. etw nicht vermeiden können；nicht anders können 2. unwillkürlich；etw nicht unterdrücken können
不约而同 bù yuē ér tóng wie vereinbart das gleiche tun
不在 bùzài 1. nicht anwesend sein；nicht dasein；nicht zugegen sein 2. sterben；Tod
不在乎 bùzàihu gleichgültig；unbekümmert；sich etw nicht zu Herzen nehmen
不择手段 bù zé shǒu duàn nichts unversucht lassen；kein Mittel scheuen；zu allem fähig sein
不折不扣 bù zhé bù kòu 1. voll und ganz；durch und durch 2. hundertprozentig；haargenau；bis ins kleinste Detail
不正之风 bù zhèng zhī fēng schädliche Praktiken；ungesunde Tendenzen
不知不觉 bù zhī bù jué unversehens；unbewusst；unbemerkt
不知所措 bù zhī suǒ cuò aus der Fassung geraten；aus dem Takt kommen；weder ein noch aus wissen；sich keinen Rat wissen
不值 bùzhí sich nicht lohnen；nicht wert sein ～一提 nicht der Rede wert sein
不止 bùzhǐ 1. etw nicht unterlassen können；unausgesetzt 2. mehr als；nicht nur
不至于 bùzhìyú nicht so weit；unmöglich；unwahrscheinlich
不治之症 bù zhì zhī zhèng unheilbare Krankheit；ein unheilbares Übel
不置可否 bù zhì kě fǒu weder ja noch nein sagen；keine klare Stellungnahme abgeben；mit seiner Ansicht zurückhalten
不着边际 bù zhuó biān jì weit vom Thema abschweifen
不自量 bù zìliàng seine eigenen Kräfte überschätzen；sich mit etw übernehmen
不自在 bù zìzài jm ist unbehaglich zumute；ein Gefühl der Verlegenheit haben
不足 bùzú 1. unzulänglich；unzureichend；ungenügend 2. nicht wert 3. nicht imstande zu etw sein；nicht für etw be-

stimmt sein ～挂齿 nicht erwähnenswert; nicht der Rede wert

不做声 bù zuòshēng sich ruhig verhalten; ein Schloss vor dem Mund haben; kein Wort sagen

钚 bù Plutonium (Pu)

布¹ bù Gewebe; Tuch; Stoff ～鞋 Stoffschuhe

布²(佈) bù 1. verkünden; proklamieren; erklären; veröffentlichen 2. verbreitet sein; mit (von) etw bedeckt (übersät) sein 3. aufstellen; einrichten

布道 bùdào im Gottesdienst die Predigt halten

布店 bùdiàn Stoffgeschäft; Tuchwarengeschäft

布丁 bùdīng Pudding

布告 bùgào Bekanntmachung; Bulletin; Proklamation

布谷鸟 bùgǔniǎo Kuckuck

布景 bùjǐng 1. Bühnendekoration; Kulisse 2. Komposition; Aufbau

布景师 bùjǐngshī Bühnenbildner

布局 bùjú 1. Anordnung; Arrangement; Planung 2. Gliederung; Komposition; Anlage

布雷 bùléi Minen legen; verminen

布雷舰 bùléijiàn Minenleger

布匹 bùpǐ Schnittwaren; Stoffballen; Stoffe

布头 bùtóu Stoffreste

布置 bùzhì 1. einrichten; herrichten; etw in Ordnung bringen ～会场 den Sitzungssaal zurechtmachen 2. arrangieren; organisieren; anordnen ～工作 jm eine Arbeit anweisen; jm eine Aufgabe zuteilen

步 bù 1. Schritt; Gang 2. Schritt; Etappe; Abschnitt 3. Zustand; Lage 4. zu Fuß gehen 5. treten

步兵 bùbīng 1. Infanterie; Fußtruppe 2. Fußsoldat; Infanterist

步程计 bùchéngjì Schrittmesser; Schrittzähler

步调 bùdiào Schritt; Tritt ～一致 im Gleichschritt; in völliger Übereinstimmung

步伐 bùfá Schritt; Gang

步话机 bùhuàjī tragbares Funksprechgerät; Walkie-talkie

步履 bùlǚ Schritt; Gang

步枪 bùqiāng Gewehr; Infanteriegewehr

步行 bùxíng zu Fuß gehen; gehen

步行街 bùxíngjiē Fußgängerzone

步骤 bùzhòu Schritt; Maßnahme

步子 bùzi Schritt; Gang

C

擦 cā 1. reiben; schaben ～火柴 ein Zündholz anbrennen; ein Streichholz anreiben 2. abwischen; putzen; säubern ～玻璃 Glas abwischen ～汗 sich den Schweiß trocknen ～亮眼睛 Augen offenhalten; auf der Hut sein 3. aufstreichen; auftragen ～粉 Puder auftragen

擦拭 cāshì abwischen; reinigen; putzen

嚓 cā kreischend; quietschend

拆 cā 另见 chāi

拆烂污 cā lànwū Pfusch machen; ohne Verantwortungsbewusstsein handeln

礤 cǎ rauher Stein

礤床儿 cǎchuángr Reibeisen; Raspel

猜 cāi 1. raten; vermuten ～中 erraten; herausfinden 2. argwöhnen; verdächtigen; Verdacht hegen

猜测 cāicè vermuten; mutmaßen; annehmen

猜忌 cāijì Argwohn gegen jn hegen

猜谜儿 cāimèir Rätsel raten; den wahren Sachverhalt herausfinden

猜想 cāixiǎng vermuten; annehmen

猜疑 cāiyí einen Verdacht haben; Argwohn hegen; verdächtigen

裁 cái 1. schneiden; zuschneiden; abschneiden 2. Größe des geschnittenen Papiers 对～ Folioformat 3. →裁减

裁定 cáidìng gerichtliches Urteil; gerichtliche Entscheidungen

裁缝 cáifeng Schneider

裁缝店 cáifengdiàn Schneiderei; Schneiderwerkstatt

裁减 cáijiǎn reduzieren; verringern; abbauen ～人员 einen Teil des Personals abbauen; Personalabbau

裁剪 cáijiǎn 1. zuschneiden 2. kürzen

裁决 cáijué eine Entscheidung treffen; ein Urteil fällen

裁军 cáijūn abrüsten; Abrüstung

裁判 cáipàn 1. ein gerichtliches Urteil fällen 2. schiedsrichtern 3. Schiedsrichter

裁判权 cáipànquán Jurisdiktion; Gerichtsbarkeit 领事～ Konsulargerichtsbarkeit

裁判员 cáipànyuán Schiedsrichter

裁员 cáiyuán Personalverringerung; Personal einschränken; den Personalbestand verringern

裁纸机 cáizhǐjī Papierschneidemaschine

才[1] cái →才能

才[2]（纔） cái 1. eben, erst; soeben 2. nicht eher als 我现在～懂得他的话 erst jetzt habe ich verstanden, was er damit sagen wollte 3. nur dann (...wenn); erst (...wenn) 只有依靠群众，～能把工作做好 erst wenn man sich auf die Massen stützt, kann man seine Aufgabe bewältigen 4. erst; nur 他参加红军时，～十五岁 er war erst 15 Jahre alt, als er der Roten Armee beitrat 5. (zur Betonung): 麦子长得～好呢 der Weizen ist wirklich tüchtig gewachsen

才干 cáigàn Befähigung; Leistungsfähigkeit

才华 cáihuá (für schöne Künste) hochtalentiert; musisch veranlagt

才略 cáilüè Klugheit; Tüchtigkeit; Weisheit (meist im Bereich der Politik oder des Militärs)

才能 cáinéng Fähigkeit; Befähigung; Begabung

才疏学浅 cái shū xué qiǎn wenig begabt und auch nicht besonders gebildet sein

才思 cáisī geistige Fähigkeiten; Schaffenskraft

才学 cáixué Talent und Bildung

才智 cáizhì schöpferische Fähigkeiten

才子 cáizǐ begabter Gelehrter; großes Talent

材 cái 1. Nutzholz 2. Material 3. begabte Person

材料 cáiliào 1. Material; Werkstoff 建筑～ Baumaterial 2. Daten; Unterlagen; Material 参考～ Informationsmaterial; Nachschlagematerial

财 cái Vermögen; Reichtum

财宝 cáibǎo Schatz; Kostbarkeiten

财产 cáichǎn Eigentum; Besitz; Vermögen

财产权 cáichǎnquán Eigentumsrecht

财阀 cáifá Finanzmagnat; Plutokrat

财富 cáifù Reichtum 物质～ materieller Reichtum

财力 cáilì Finanzkraft; finanzielle Mittel

财贸 cáimào Handel und Finanzen

财迷 cáimí Geldsack; Geldraffer; geldgierig

财权 cáiquán Eigentumsrecht; Verfügungsrecht über Geldmittel

财团 cáituán Finanzgruppe; Bankkonsortium

财务 cáiwù Finanzangelegenheiten; Finanzwesen ～管理 Finanzverwaltung

财物 cáiwù Eigentum; Vermögen; Hab und Gut

财政 cáizhèng Finanzwesen; Finanzen ～危机 Finanzkrise ～部 Finanzministerium

财主 cáizhu steinreicher Mann; Geldsack

采(採) cǎi 另见 cài

1. pflücken; abnehmen ～花 Blumen pflücken; eine Blüte abbrechen ～茶 Tee pflücken 2. fördern; abbauen; gewinnen ～煤 Kohle fördern (abbauen) 3. auswählen; anwenden; annehmen

采伐 cǎifá Bäume fällen; einen Baumbestand einschlagen

采访 cǎifǎng ein Interview mit jm führen; sich über etw informieren ～记者 Interviewer

采购 cǎigòu einkaufen; ankaufen; aufkaufen (für einen Betrieb, eine Dienststelle usw.)

采购员 cǎigòuyuán Einkäufer (eines Betriebs, einer Dienststelle usw.)

采集 cǎijí sammeln

采掘 cǎijué abbauen; fördern; gewinnen

采矿 cǎikuàng Bergbau treiben (betreiben); Bodenschätze abbauen (gewinnen)

采蜜 cǎimì Honig sammeln

采纳 cǎinà annehmen; übernehmen; akzeptieren

采取 cǎiqǔ anwenden; treffen; ergreifen ～行动 in Aktion treten

采用 cǎiyòng verwenden; gebrauchen; anwenden

睬(倸) cǎi beachten; von jm Notiz nehmen 不理不～ jn bewusst nicht beachten; jn beflissentlich übersehen

踩(跴) cǎi den Fuß aufsetzen; mit dem Fuß auf etw treten ～坏 niedertreten

彩(綵) cǎi 1. Farbe; farbig; bunt 2. bunte Seide; bunte Seidengirlande 3. Bravo; Beifall 4. Gewinn; Preis 5. verwundet sein (in einem Gefecht)

彩车 cǎichē Festwagen

彩灯 cǎidēng bunte Lampe; bunte Laternen

彩虹 cǎihóng Iris; Regenbogen

彩绘 cǎihuì bunte Malerei; farbige Bemalung

彩扩 cǎikuò vergrößerte Farbaufnahme

彩礼 cǎilǐ Verlobungsgeschenk; Brautpreis

彩排 cǎipái Kostümprobe; Generalprobe

彩券 cǎiquàn Lotterielos

彩色 cǎisè farbig; bunt ～胶卷 Colorfilm; Farbfilm ～电视 Farbfernsehen

彩色片 cǎisèpiàn Farbfilm

彩陶 cǎitáo antike Buntkeramik

采(埰) cài 另见 cǎi

采地 càidì Lehen; Lehnsgut

菜 cài 1. Gemüse 2. Lebensmittel (außer Getreideprodukten) 3. Gericht; Speise

菜场 càichǎng Gemüsemarkt

菜单 càidān Menü; Speisekarte

菜刀 càidāo Küchenmesser

菜豆 càidòu Gartenbohne; Stangenbohne

菜根 càigēn Kohlstrunk

菜馆 càiguǎn Speiselokal; Restaurant

菜花 càihuā 1. Blumenkohl 2. Rapsblüte

菜农 càinóng Gemüsebauer

菜谱 càipǔ Kochrezept

菜青 càiqīng graugrün

菜色 càisè unterernährtes Aussehen

菜蔬 càishū 1. Gemüse 2. Gericht; Speise

菜心 càixīn Inneres des Blattgemüses

菜蚜 càiyá Kohl-Blattlaus

菜肴 càiyáo fertiges Gericht

C

菜油 càiyóu Rapsöl
菜园 càiyuán Gemüsegarten
菜籽 càizǐ 1. Gemüsesamen 2. Rapssamen

餐（湌、飡） cān 1. essen；eine Mahlzeit zu sich nehmen 2. Essen；Kost 3. Mahlzeit 一日三～ täglich drei Mahlzeiten einnehmen
餐车 cānchē Speisewagen
餐巾 cānjīn Serviette；Mundtuch
餐具 cānjù Service；Essgeschirr；Besteck
餐厅 cāntīng Esssaal；Speiseraum；Speisehalle
餐桌 cānzhuō Speisetisch

参[1]（參） cān 另见 cēn；shēn
1. →参加 2. →参考

参[2]（參） cān →参见[2]
参观 cānguān besichtigen；besuchen
参加 cānjiā 1. teilnehmen；sich beteiligen；beitreten ～工作 an der Arbeit teilnehmen；mitwirken 2.（Meinungen）äußern；bekanntgeben
参加者 cānjiāzhě Teilnehmer
参见[1] cānjiàn siehe （auch）；vergleiche （vgl.）；confer（cf.，cfr.，conf.）
参见[2] cānjiàn bei einem Höhergestellten eine Audienz haben
参军 cānjūn zum Militär einrücken；der Armee beitreten；Soldat werden
参考 cānkǎo 1. heranziehen 2. Referenz；Auskunft 3. nachschlagen；nachlesen
参考书 cānkǎoshū Nachschlagewerk；Nachschlagebuch
参谋 cānmóu 1. Stabsoffizier 2. beraten；jm einen Rat geben
参谋部 cānmóubù Stab（Kreis von Offizieren，der den Truppenführer beratend unterstützt）
参谋长 cānmóuzhǎng Stabschef
参数 cānshù Parameter
参谒 cānyè bei einem Höhergestellten eine Audienz haben
参议员 cānyìyuán Senator；Mitglied des Senats
参议院 cānyìyuàn Senat
参与 cānyù teilnehmen；mitwirken；sich beteiligen
参阅 cānyuè vergleichen；nachlesen
参赞 cānzàn Botschaftsrat；Gesandtschaftsrat；Rat 商务～ Handelsrat
参战 cānzhàn an einem Krieg teilnehmen；Kriegseintritt
参战国 cānzhànguó an einem Krieg beteiligtes Land
参照 cānzhào vergleichen；heranziehen；gemäß ～前例 sich auf ein Präzedens berufen；unter Verweis auf die vorangegangenen Beispiele
参政 cānzhèng an den Staatsangelegenheiten teilnehmen；am politischen Leben teilnehmen

惭（慚） cán sich schämen；Scham；beschämt sein
惭愧 cánkuì beschämt sein；sich schämen

蚕（蠶） cán Seidenraupe；Raupe des Seidenspinners
蚕豆 cándòu Saubohne
蚕蛾 cán'é Falter des Seidenspinners
蚕茧 cánjiǎn Seidenkokon；Kokon des Seidenspinners
蚕农 cánnóng Seidenraupenzüchter
蚕食 cánshí annagen；ein fremdes Gebiet Stück für Stück erobern
蚕丝 cánsī Kokonseide；Seidenfaden；Naturseide
蚕蛹 cányǒng Seidenraupenkokon；Seidenspinnerpuppe
蚕子 cánzǐ Eier des Seidenspinners

残（殘） cán 1. unvollständig；fragmentarisch；schadhaft ～本 unvollständige Ausgabe 2. Rest；Überbleibsel；übrig geblieben ～冬 Ende des Winters；die restlichen Wintertage ～月 abnehmender Mond 3. →残害 4. →残忍
残暴 cánbào grausam；brutal
残存 cáncún übrig bleiben；erhalten bleiben
残废 cánfèi 1. beschädigt；verstümmelt；arbeitsunfähig 2. Krüppel；Invalide
残羹冷炙 cán gēng lěng zhì Überreste vom Essen
残骸 cánhái 1. Skelett；Knochengerüst 2. Wrack；Trümmer
残害 cánhài jm in brutaler Weise körperlichen Schaden zufügen；jn grausam töten
残疾 cánjí Missbildung；Verkrüpplung ～人 Körperbehinderte(r)；Invalide
残局 cánjú 1. letzte Züge im Schachspiel 2. verzweifelte Lage（nach dem Fehlschlag einer Unternehmung oder in den politischen Wirren）

残酷 cánkù grausam; unbarmherzig; brutal
残缺 cánquē beschädigt; schadhaft; fragmentarisch ～不全 beschädigt; unvollständig; fragmentarisch
残忍 cánrěn grausam; unbarmherzig; rücksichtslos
残杀 cánshā abschlachten; massakrieren; niedermetzeln
残余 cányú Überbleibsel; Überrest; Relikte 封建～ übrig gebliebene Anhänger des Feudalismus
残渣余孽 cán zhā yú niè übrig gebliebene üble Elemente
残照 cánzhào Abendsonnenglanz

惨（慘） cǎn 1. traurig; tragisch; Herz zerreißend ～叫 Herz zerreißender Schrei 2. →惨重 3. brutal; grausam; rücksichtslos ～无人道 unmenschlich; bestialisch
惨白 cǎnbái blass; bleich
惨败 cǎnbài vernichtende Niederlage
惨淡经营 cǎndàn jīngyíng unter schweren Bedingungen weiterführen
惨祸 cǎnhuò verhängnisvolles Geschehen; furchtbare Katastrophe
惨烈 cǎnliè traurig; jämmerlich; kläglich
惨痛 cǎntòng schmerzlich; tragisch
惨笑 cǎnxiào bitter lächeln
惨重 cǎnzhòng schwer; verhängnisvoll; verheerend 损失～ schwerer Verlust; schwere Einbuße

灿（燦） càn
灿烂 cànlàn glänzend; glorreich; strahlend

粲 càn 1. herrlich; glänzend 2. heiter lächeln
粲然 cànrán 1. herrlich; glänzend; leuchtend 2. heiter lachen ～一笑 das Lächeln der Freude spielt um js Mund

孱 càn 另见 chán schwach; feig
孱头 càntou Schwächling; Feigling

仓（倉） cāng →仓库
仓促 cāngcù hastig; übereilt; in aller Eile
仓皇 cānghuáng überstürzt; panisch übereilt; in aller Hast ～失措 von panischem Schrecken gepackt
仓库 cāngkù Speicher; Lager; Magazin

沧（滄） cāng dunkelgrün; blaugrün
沧海 cānghǎi blaues Meer; tiefer Ozean ～一粟 nur ein Wassertropfen im weiten Meer
沧桑 cāngsāng große Veränderungen; tiefgreifende Wandlungen 饱经～ viele Wechselfälle des Lebens erfahren haben; einen dornenreichen Lebensweg hinter sich haben

苍（蒼） cāng 1. grün; dunkelgrün 2. blau; azurblau 3. grau; ergraut
苍白 cāngbái 1. blass; bleich 2. ohne sprudelnde Lebenskraft
苍翠 cāngcuì dunkelgrün; tiefgrün; sattgrün
苍劲 cāngjìng kraftvoll; schwungvoll; energisch
苍老 cānglǎo 1. alt; gealtert 2. (in der chinesischen Kalligraphie) kräftig; kraftvoll
苍茫 cāngmáng endlos ausgedehnt; fern und in Dunst gehüllt 暮色～ im grauen Dämmer des Abends
苍蝇 cāngying Fliege; Stubenfliege
苍蝇拍子 cāngying pāizi Fliegenklatsche; Fliegenklappe

舱（艙） cāng Kabine; Kajüte
舱位 cāngwèi Sitzplatz (im Flugzeug); Liegeplatz (im Schiff)

藏 cáng 另见 zàng 1. verstecken; verbergen 2. aufbewahren; speichern
藏垢纳污 cáng gòu nà wū schlechte Elemente decken und Übeltaten vertuschen
藏身 cángshēn sich verstecken; sich verbergen ～之处 *Versteck; Schlupfwinkel;* Zufluchtsort
藏书 cángshū 1. Bücher sammeln 2. Büchersammlung
藏书楼 cángshūlóu Bibliothek

糙 cāo grob; roh
糙米 cāomǐ unpolierter (halbpolierter) Reis

操 cāo 1. ergreifen; zu etw greifen; fassen 2. sich mit etw befassen (beschäftigen) 3. sprechen 4. üben; drillen; Gymnastik 5. Benehmen; Verhalten
操场 cāochǎng Sportplatz; Turnplatz;

C

Übungsplatz
操持 cāochí 1. besorgen; beschaffen; erledigen 2. organisieren; planen
操劳 cāoláo hart arbeiten; mühsam arbeiten; sich plagen
操练 cāoliàn drillen; exerzieren; üben
操心 cāoxīn sich um etw/jn kümmern; sich mit jm beschäftigen; sich über etw den Kopf zerbrechen
操之过急 cāo zhī guò jí übereilt vorgehen; überstürzt handeln; überhasten
操纵 cāozòng 1. lenken; steuern; regulieren 远距离～ Fernsteuerung; Fernlenkung; ferngesteuert 2. beherrschen; kontrollieren; manipulieren 受人～ unter js Herrschaft stehen; unter js Kontrolle stehen; manipuliert werden
操纵台 cāozòngtái Bedienungspult; Steuerstand
操作 cāozuò bedienen; handhaben; betätigen ～人员 Bedienungspersonal ～规程 Bedienungsvorschrift; Betriebsvorschrift

曹 cáo
曹白鱼 cáobáiyú chinesischer Hering

漕 cáo Transport zu Wasser; Getreide auf dem Wasserweg transportieren
漕运 cáoyùn Getreide auf dem Wasserweg in die Hauptstadt transportieren (im alten China)

槽 cáo 1. Krippe; Futterraufe; Trog 2. Nut; Rinne; Rille

嘈 cáo Lärm; geräuschvoll
嘈杂 cáozá lärmend; geräuschvoll 人声～ es herrscht ein Wirrwarr von Stimmen

草[1] (艸) cǎo 1. Gras; Kraut; Stroh 2. weiblich ～鸡 Henne

草[2] (艸) cǎo 1. flüchtig; nachlässig unleserlich 2. Entwurf
草案 cǎo'àn *Entwurf; Vorlage*
草包 cǎobāo 1. Strohsack 2. Strohkopf; Taugenichts
草本植物 cǎoběn zhíwù Graspflanze; grasartige Pflanze
草草 cǎocǎo flüchtig; nachlässig; überstürzt
草地 cǎodì 1. Wiese; Rasen 2. Weideland; Steppe
草垫子 cǎodiànzi Strohmatte; Strohmatraze
草垛 cǎoduò Heuhaufen; Heuschober
草稿 cǎogǎo Rohentwurf; Konzept; Skizze 打～ einen Entwurf machen (anfertigen)
草菅人命 cǎo jiān rén mìng keine Rücksicht auf Menschenleben nehmen
草料 cǎoliào Futter; Heu
草绿 cǎolǜ grasgrün; hellgrün
草帽 cǎomào Strohhut
草莓 cǎoméi Erdbeere
草木皆兵 cǎo mù jiē bīng Unheil fürchten, das gar nicht eintreten kann; von panischer Angst erfüllt
草拟 cǎonǐ entwerfen; konzipieren
草皮 cǎopí Grasnarbe; Rasenstück
草坪 cǎopíng Grasfläche; Rasenfläche; Rasen
草签 cǎoqiān paraphieren
草绳 cǎoshéng Strohseil; Strohschnur
草书 cǎoshū Grasschrift (in der chinesischen Kalligraphie); kursorische Schnellschrift
草率 cǎoshuài flüchtig; nachlässig; unüberlegt ～从事 leichtfertig handeln
草酸 cǎosuān Oxalsäure
草体 cǎotǐ 1. Grasschrift (in der chinesischen Kalligraphie) 2. Kurrentschrift; kursorische Schnellschrift
草图 cǎotú Entwurf; Skizze
草席 cǎoxí Strohmatte
草鞋 cǎoxié Strohsandale
草药 cǎoyào Heilkräuter; Kräutermedizin
草鱼 cǎoyú Graskarpfen
草原 cǎoyuán Steppe; Grasland
草纸 cǎozhǐ 1. grobes Papier 2. Toilettenpapier

测 cè 1. messen; vermessen; abmessen 2. schätzen; vermuten
测电笔 cèdiànbǐ Spannungsprüfer
测定 cèdìng messen; feststellen
测高计 cègāojì Höhenmesser; Altimeter
测绘 cèhuì vermessen und kartographieren
测绘员 cèhuìyuán Kartograph; Kartenzeichner
测距仪 cèjùyí Entfernungsmesser; Telemeter
测量 cèliáng messen; vermessen
测量学 cèliángxué Vermessungskunde; Geodäsie
测试 cèshì prüfen; testen

测验 cèyàn 1. kontrollieren 2. prüfen; testen 智力～ Intelligenztest
测字 cèzì aus den Strichen oder dem Radikal eines chinesischen Schriftzeichens wahrsagen

恻 cè traurig; kummervoll
恻隐 cèyǐn bemitleiden; Mitleid

厕（廁） cè 1. an etw teilnehmen; sich auf (in) etw einlassen 2. Toilette; Abort
厕所 cèsuǒ Toilette; Abort; WC

侧 cè 1. Seite; seitlich; seitwärts 2. (zur Seite) drehen (neigen)
侧面 cèmiàn 1. Seite; Flanke; Aspekt 2. indirekt; auf Umwegen 从～了解 etw von dritter Seite erfahren; sich auf Umwegen über jn/etw informieren
侧目 cèmù einen angstvollen (hasserfüllten) Seitenblick auf jn werfen ～而视 ängstlich nach jm schielen; jn hasserfüllt von der Seite ansehen
侧视图 cèshìtú Seitenansicht; Seitenriss
侧翼 cèyì Flanke
侧影 cèyǐng Profil; Schattenriss
侧泳 cèyǒng Seitenschwimmen
侧重 cèzhòng besonderen Wert auf etw legen

策（筞） cè 1. Pferdepeitsche 2. Plan; Taktik; Mittel
策动 cèdòng anzetteln; anstiften; inszenieren
策反 cèfǎn Zersetzungstätigkeit ausüben; jn zum Verrat anstiften
策划 cèhuà planen; aushecken
策略 cèlüè *Taktik; Strategie*
策应 cèyìng eine koordinierte Aktion durchführen
策源地 cèyuándì Ausgangspunkt; Entstehungsherd; Wiege

册（冊） cè 1. Heft; Buch 2. Band; Exemplar
册子 cèzi Heft; Buch; Band

参（參） cēn 另见 cān; shēn
参差 cēncī ungleich; ungleichmäßig; unterschiedlich

岑 cén kleiner und steiler Berg
岑寂 cénjì still; einsam

涔 cén viel Regenwasser; angestautes Wasser
涔涔 céncén 1. rieseln; triefen 2. dunkel; düster 3. missmutig; verdrossen

噌 cēng lärmend; kreischend

曾 céng 另见 zēng
曾经 céngjīng schon; bereits; einst

层（層） céng 1. Stockwerk; Etage 2. Schicht; Überzug
层出不穷 céng chū bù qióng hintereinander in Erscheinung treten
层次 céngcì 1. Gliederung; Ordnung 2. Instanzenzug

蹭 cèng 1. reiben; wetzen 2. mit etw beschmiert (beschmutzt) sein 3. herumtrödeln

差 chā 另见 chà; chāi
1. →差别 2. Differenz 3. einigermaßen
差别 chābié Unterschied; Verschiedenheit 城乡～ Unterschied zwischen Stadt und Land
差错 chācuò 1. Fehler; Versehen 出～ einen Fehler machen; jm ist ein Versehen unterlaufen 2. unvorhergesehenes Ereignis; Missgeschick; Unfall
差额 chā'é Differenz; Saldo
差价 chājià Preisdifferenz; Preisunterschied
差距 chājù Unterschied; Abstand
差异 chāyì Unterschied; Verschiedenheit

喳 chā 另见 zhā
喳喳 chāchā Flüsterstimme; Flüsterton
喳喳 chācha flüstern; wispern

插 chā 1. hineinstecken; aufpflanzen 2. einfügen; sich anschließen
插花(艺术) chāhuā Ikebana
插话 chāhuà 1. jm ins Wort fallen; dazwischenreden; Zwischenbemerkung 2. Episode
插口 chākǒu 1. jm ins Wort fallen; dazwischenreden 2. Steckbuchse; Steckdose
插曲 chāqǔ 1. Intermezzo 2. Zwischenspiel; Episode
插手 chāshǒu 1. mit Hand bei etw anlegen; an etw teilnehmen 2. bei etw die Hand

im Spiel haben; sich in etw einmischen; in etw eingreifen
插头 chātóu Stecker
插图 chātú Abbildung; Illustration
插销 chāxiāo 1. Türriegel; Fensterriegel 2. Stecker
插秧 chāyāng Reissetzlinge auspflanzen
插秧机 chāyāngjī Reispflanzgerät; Reispflanzmaschine
插页 chāyè einem Buch oder einer Zeitschrift beigelegtes Abbildungsblatt oder Illustrationsblatt
插嘴 chāzuǐ jm ins Wort fallen; eine Bemerkung einwerfen; jn unterbrechen
插座 chāzuò Steckdose

叉(²**扠**) chā 另见 chǎ
1. Gabel; Spieß 2. aufgabeln; aufspießen 3. Kreuz
叉烧 chāshāo 1. etw am Spieß braten 2. gebratenes Fleisch
叉腰 chāyāo die Hände in die Seiten (Hüften) stemmen
叉子 chāzi Gabel; Spieß

杈 chā 另见 chà
Holzgabel (Ackergerät)

茬 chá 1. Stoppeln 2. Ernte; Schnitt

茶 chá Tee 1. →茶树 3. (Bezeichnung für bestimmte Getränke oder flüssige Nahrung)
茶杯 chábēi Teetasse; Teeglas
茶炊 cháchuī Teemaschine; Samowar
茶点 chádiǎn Tee und Gebäck; Teegebäck
茶馆 cháguǎn Teehaus
茶壶 cháhú Teekanne
茶花 cháhuā Kamelie
茶话会 cháhuàhuì Teeparty; Teegesellschaft
茶几 chájī Teetischchen
茶具 chájù Teeservice; Teegeschirr
茶林场 chálínchǎng Teeplantage
茶农 chánóng Teepflanzer; Teezüchter
茶钱 cháqián 1. Teezeche 2. Trinkgeld
茶色 cháse teefarben; dunkelbraun
茶室 cháshì Teestube
茶树 cháshù Teestrauch
茶水 cháshuǐ (aufgebrühter) Tee
茶叶 cháyè Tee; Teeblätter

搽 chá aufstreichen; auftragen; einreiben ～雪花膏 (das Gesicht) mit Creme einreiben

查 chá 1. prüfen; kontrollieren 2. untersuchen 3. nachschlagen; nachlesen
查办 chábàn einen Sachverhalt untersuchen und jn zur Verantwortung ziehen; jn wegen etw belangen
查点 chádiǎn nachzählen; Inventur machen
查对 cháduì nachprüfen; die Richtigkeit von etw überprüfen
查封 cháfēng versiegeln; beschlagnahmen; etw unter Verschluss nehmen
查禁 chájìn verbieten; untersagen
查究 chájiū etw untersuchen und jn zur Rechenschaft ziehen
查考 chákǎo etw festzustellen versuchen
查明 chámíng feststellen; ermitteln
查票员 chápiàoyuán Fahrkartenkontrolleur
查哨 cháshào Wachtposten kontrollieren
查问 cháwèn Erkundigungen einholen; Ermittlungen anstellen
查验 cháyàn überprüpfen; kontrollieren
查阅 cháyuè nachschlagen; nachsehen

楂 chá Bartstoppeln; Haarstoppeln

碴 chá
碴儿 chár 1. Bruchstück; Splitter 2. Scharte 3. umstrittene Angelegenheit

察 chá genau prüfen; untersuchen
察访 cháfǎng Nachforschungen vornehmen
察觉 chájué bemerken; wahrnehmen
察看 chákàn Beobachtungen (Betrachtungen) anstellen

叉 chǎ 另见 chā
auseinander spreizen ～着腿 mit gepreizten Beinen

差 chà 另见 chā; chāi
1. sich unterscheiden; nicht übereinstimmen ～不了多少 fast gleich; sich kaum von etw unterscheiden 2. Fehler; Irrtum 说～了 da hat man Unrecht 3. fehlen; mangeln 还～一个人 es fehlt noch einer 4. schlecht; mangelhaft 质量～ von schlechter Qualität sein
差不多 chàbuduō nahe zu gleich; beinahe; fast
差点儿 chàdiǎnr beinahe; fast; um ein Haar

差劲 chàjìn mangelhaft; minderwertig; leistungsschwach

诧 chà staunen; sich wundern

诧异 chàyì staunen; sich wundern

姹（奼） chà schön

姹紫嫣红 chà zǐ yān hóng ein Meer von Blumen leuchtet in den herrlichsten Farben

刹 chà 另见 shā

古～ ein altes buddhistisches Kloster

刹那 chànà Moment; Augenblick 一～ einen Augenblick lang; in einem Nu; in Null Komma nichts

岔 chà 1. abzweigen; sich gabeln 三～路口 Weggabelung; Abzweigstelle 2. abbiegen

岔开 chàkāi abbringen; ablenken 把话～ das Thema wechseln

岔路 chàlù Abzweigung; Nebenweg; Scheideweg

岔子 chàzi 1. Abzweigung; Nebenweg 2. Unfall; Missgeschick

汊 chà Flussgabelung

衩 chà Kleiderschlitz 开～的衣服 Kleider mit seitlichen Schlitzen

杈 chà 另见 chā

Zweig; Ast

杈子 chàzi Zweig; Ast 树～ Baumzweig

差 chāi 另见 chā; chà

1. schicken 2. Amt; Posten

差遣 chāiqiǎn entsenden; jn mit etw beauftragen

差使 *chāishi* Auftrag; Mission

拆 chāi 另见 cā

1. öffnen; zerlegen; auseinander nehmen ～信 einen Brief öffnen (aufmachen) 2. abreißen; abbauen; abbrechen

拆除 chāichú abreißen; niederreißen

拆穿 chāichuān aufdecken; entlarven; enthüllen

拆毁 chāihuǐ niederreißen; demolieren

拆散 chāisàn auseinander nehmen; zerlegen

拆散 chāisàn auflösen; auseinander reißen

拆台 chāitái jm das Wasser abgraben; jm den Boden unter den Füßen entziehen

拆卸 chāixiè auseinander nehmen; demontieren

钗 chāi Haarnadel

柴 chái Brennholz 打～ Brennholz (Reisig) sammeln

柴火 chái huo Brennholz; Reisig

柴油 chái yóu Dieselöl

柴油机 cháiyóujī Dieselmotor

豺 chái Schakal

豺狼 cháiláng 1. Schakale und Wölfe 2. grausame (brutale) Menschen ～当道 üble Elemente sind an der Macht

搀[1]（攙） chān stützen; führen ～着手 jn am Arm stützen; jn an der Hand führen

搀[2]（攙） chān vermischen

搀和 chānhuo mischen; vermischen

搀假 chānjiǎ einer Sache falsche Bestandstücke beimengen; verfälschen

搀杂 chānzá untermischen; zusetzen

觇 chān spähen; beobachten

缠（纏） chán 1. wickeln; winden ～线 Strickwolle aufwickeln 2. belästigen 琐事～身 von verschiedenen kleinen Arbeiten aufgehalten werden

缠绵 chánmián nicht loswerden können; sich nicht von etw befreien können ～病塌 schon lange das Bett hüten müssen ～悱恻 äußerst sentimental

缠绕 chánrǎo 1. wickeln; sich winden; sich ranken 2. belästigen; stören

缠绕茎 chánrǎojīng Schlingstengel; Kletterranke

禅（禪） chán 另见 shàn

Meditation; kontemplative Versenkung

禅房 chánfáng Mönchszelle

蝉（蟬） chán Zikade

蝉联 chánlián wiedergewählt werden; einen Titel weiter behalten ～冠军 ein zweites Mal die Meisterschaft erringen

蟾 chán Erdkröte

蟾蜍 chánchú 1. Erdkröte 2. Mond

谗（讒） chán verleumden; verun-

C

glimpfen
谗言 chányán Verleumdung; Verunglimpfung
馋（饞） chán naschhaft; gefräßig; leckermäulig 嘴～ naschhaft; leckermäulig ～涎欲滴 das Wasser läuft jm im Munde zusammen
巉 chán schroff; abschüssig
巉岩 chányán schroffe Felsen
孱 chán 另见 càn
schwach; schwächlich
孱弱 chánruò schwach; schwächlich; kränklich
潺 chán
潺潺 chánchán plätschern; murmeln
产（産） chǎn 1. gebären; zeugen; Geburt 2. produzieren; erzeugen; herstellen 3. Produkt; Erzeugnis 4. Eigentum; Besitz; Vermögen
产地 chǎndì Herkunftsort; Herstellungsort; Anbaugebiet
产儿 chǎn'ér neugeborenes Baby
产妇 chǎnfù Gebärende; Wöchnerin
产假 chǎnjià Schwangerschafts- und Wochenbetturlaub; Entbindungsurlaub
产科 chǎnkē 1. Entbindungsstation 2. Geburtshilfe; Obstetrik
产科学 chǎnkēxué Geburtshilfe; Obstetrik
产量 chǎnliàng Produktionsvolumen; Ertrag; Leistung
产品 chǎnpǐn Produkt; Erzeugnis
产权 chǎnquán Eigentumsrecht
产生 chǎnshēng hervorgehen; erzeugen; hervorbringen
产物 chǎnwù Produkt; Ergebnis
产业 chǎnyè 1. Eigentum; Besitz 2. Industrie; industriell ～工人 Industriearbeiter
产院 chǎnyuàn Entbindungsklinik; Entbindungsanstalt
产值 chǎnzhí Produktionswert
铲（鏟、剷） chǎn 1. Schaufel 2. schaufeln
铲除 chǎnchú beseitigen; abschaffen; ausmerzen
铲床 chǎnchuáng Hinterdrehbank; Hinterfräsmaschine
铲平 chǎnpíng etw dem Erdboden gleichmachen; einebnen
铲土机 chǎntǔjī Schrapper
铲运车 chǎnyùnchē Gabelstapler
阐（闡） chǎn darlegen; erläutern
阐明 chǎnmíng darlegen; erläutern; erklären
阐述 chǎnshù darlegen; darstellen; auseinandersetzen
谄 chǎn schmeicheln; liebedienern
谄媚 chǎnmèi schmeicheln; liebedienern
颤 chàn →颤动
颤动 chàndòng zittern; beben; vibrieren
颤抖 chàndǒu zittern; beben; sich schütteln
忏（懺） chàn 1. bereuen 2. Beichtformel
忏悔 chànhuǐ 1. bereuen; Reue empfinden 2. beichten; die Beichte ablegen
羼 chàn vermischen; zusetzen
羼杂 chànzá vermischen; zusetzen
昌 chāng blühen und gedeihen; blühend; gedeihlich
昌盛 chāngshèng blühen und gedeihen; prosperieren; blühend
菖 chāng
菖蒲 chāngpú Kalmus
猖 chāng
猖獗 chāngjué sein Unwesen treiben; rücksichtslos vorgehen
猖狂 chāngkuáng wütend; tollwütig; hemmungslos
鲳 chāng *Stromateoides argenteus*
娼 chāng Prostituierte; Dirne; Hure
娼妓 chāngjì Prostituierte; Dirne; Callgirl
尝（嘗、嚐） cháng 1. kosten; schmecken ～味道 abschmecken; den Geschmack einer Speise prüfen 2. einst; einmal ～到甜头 auf den Geschmack kommen
尝试 chángshì versuchen; probieren; Versuch; Probe 大胆～ einen kühnen Versuch unternehmen
偿（償） cháng 1. → 偿还 2.

erfüllen；befriedigen 如愿以～ js Wunsch ist in Erfüllung gegangen
偿还 chánghuán zurückzahlen；zurückerstatten
偿命 chángmìng etw mit dem Leben bezahlen；（einen Mord）mit dem Leben sühnen

常 cháng 1. allgemein；gewöhnlich；üblich 2. unveränderlich；konstant；ständig 3. oft；regelmäßig；immer wieder
常备 chángbèi ständig bereit sein；stets vorrätig sein；etw immer parat halten ～不懈 in ständiger Bereitschaft sein；sich jederzeit einsatzbereit halten
常备军 chángbèijūn stehendes Heer
常春藤 chángchūnténg Efeu
常规 chángguī 1. allgemeine Regeln；Konvention；herkömmlich 2. Routine
常规武器 chángguī wǔqì konventionelle Waffen
常规战争 chángguī zhànzhēng konventioneller Krieg
常轨 chángguǐ gewohntes Gleis；allgemeine Gewohnheit 越出～ aus dem Gleis kommen
常客 chángkè ständiger Besucher；Stammgast
常量 chángliàng Konstante
常绿 chánglǜ immergrün ～植物 immergrüne Pflanze
常年 chángnián 1. das ganze Jahr hindurch 2. jahraus，jahrein；jahrelang 3. in einem normalen Jahr
常情 chángqíng menschliche Vernunft；gesunder Menschenverstand；normale menschliche Gefühle
常识 chángshí Allgemeinwissen；*Grundwissen*；Grundkenntnisse
常数 chángshù Konstante
常态 chángtài normaler Zustand；gewohntes Verhalten 一反～ entgegen seiner Gewohnheit
常温 chángwēn normale Temperatur；konstante Temperatur ～动物 Warmblüter
常务 chángwù Routinearbeit；Routineangelegenheit ～委员 Mitglied eines ständigen Ausschusses

徜 cháng
徜徉 chángyáng gemächlich umherspazieren；gemütlich schlendern

长（長）cháng 另见 zhǎng
1. lang 2. Länge 3. langandauernd；dauerhaft 4. Vorteil；Stärke
长波 chángbō Langwelle
长城 chángchéng die Große Mauer；die Chinesische Mauer
长处 chángchu Vorteil；Stärke
长度 chángdù Länge
长短 chángduǎn 1. Länge 2. Unfall；Unglück 3. Recht und Unrecht；Vorteile und Nachteile
长方 chángfāng rechteckig ～形 Rechteck
长工 chánggōng Landarbeiter；Knecht
长江 chángjiāng Yangtse
长颈鹿 chángjǐnglù Giraffe
长久 chángjiǔ lange；für lange Zeit
长毛绒 chángmáoróng Plüsch；hochfloriger Plüsch
长眠 chángmián den ewigen Schlaf schlafen
长年 chángnián das ganze Jahr hindurch ～累月 Jahr um（für）Jahr；jahraus，jahrein
长跑 chángpǎo Langstreckenlauf；Dauerlauf
长篇小说 chángpiān xiǎoshuō Roman
长期 chángqī lange Zeit；langandauernd；langfristig ～计划 langfristiger Plan；etw auf lange Sicht planen
长衫 chángshān langer Männerrock；langes Männergewand
长舌 chángshé geschwätzig；Schwätzer
长寿 chángshòu lange leben；langes Leben
长统袜 chángtǒngwà Strumpf
长途 chángtú Langstrecke；große Entfernung ～电话 Ferngespräch
长吁短叹 cháng xū duǎn tàn seufzen und *stöhnen*
长于 chángyú in etw bewandert sein 他～音乐 er ist sehr musikalisch
长圆 chángyuan länglich-rund；oval
长远 chángyuǎn langfristig；zukünftig；auf lange Sicht ～利益 langfristige Interessen
长征 chángzhēng 1. weite Reise；ferne Expecition 2. der Lange Marsch

场（場、塲）cháng 另见 chǎng
1. Platz；Tenne 2. Dorfmarkt 3.（als Zähleinheitswort）：一～大雨 ein Regenguss
场院 chángyuàn Dreschplatz；Tenne

肠（腸） cháng Darm
肠胃病 chángwèibìng Magen- und Darmkrankheit
肠炎 chángyán Darmkatarrh; Enteritis; Darmentzündung

场（場、塲） chǎng 1. Platz; Ort 体育～ Sportplatz; Stadion 2. Bühne 3. Szene; Auftritt 4. (als Zähleinheitswort) Vorstellung; Aufführung 5. Farm 6. Feld
场地 chǎngdì Platz; Stelle
场合 chǎnghé Situation; Umstände; Fall
场面 chǎngmiàn 1. Bühnenszene; Filmszene 2. Orchestermusiker sowie Blas- und Saiteninstrumente oder Schlaginstrumente, auf denen bei der Aufführung Musik gespielt wird (im chinesischen Theater) 3. Anblick; Bild 4. Fassade; Schein; Prunk
场所 chǎngsuǒ Stelle; Ort
场长 chǎngzhǎng Betriebsleiter; Leiter einer Farm (Plantage)

厂（廠、厰） chǎng Fabrik; Werk; Betrieb
厂房 chǎngfáng Fabrikgebäude; Werkhalle
厂长 chǎngzhǎng Fabrikdirektor; Werkleiter; Betriebsleiter

敞 chǎng 1. geräumig 2. →敞开 ～着门 die Tür steht offen / die Tür ist weit geöffnet
敞车 chǎngchē 1. offener Wagen; Lastwagen ohne Verdeck 2. offener Waggon
敞开 chǎngkāi weit öffnen; offenstehen ～思想 seine Meinung offen aussprechen

唱 chàng 1. singen 2. rufen; schreien 3. Lied; Gesang
唱反调 chàng fǎndiào das Gegenteil behaupten; zuwiderhandeln
唱高调 chàng gāodiào in großen Tönen reden; hochtönende Phrasen dreschen
唱和 chànghè ein Gedicht mit einem gleichartigen beantworten
唱片 chàngpiàn Schallplatte
唱腔 chàngqiāng Gesangmelodie
唱针 chàngzhēn Plattenspielernadel

倡 chàng vorschlagen; befürworten; initiieren
倡导 chàngdǎo befürworten; einführen
倡议 chàngyì vorschlagen; anregen; Vorschlag; Initiative
倡议书 chàngyìshū schriftlicher Vorschlag

怅（悵） chàng enttäuscht; deprimiert
怅然 chàngrán tief enttäuscht; in deprimierter Stimmung

畅（暢） chàng 1. ungehindert; zügig ～行无阻 ungehindert passieren; freien Durchgang haben 2. ungehemmt; nach Herzenslust ～所欲言 sich offen aussprechen; ungehemmt (unbefangen) seine Meinung äußern
畅快 chàngkuài heiter; unbeschwert
畅谈 chàngtán sich ungezwungen unterhalten
畅通 chàngtōng ungehindert passierbar sein; leicht erreicht werden
畅销 chàngxiāo reißenden Absatz finden; gut abgehen ～商品 gängige Waren ～书 Bestseller

抄¹（钞） chāo 1. abschreiben; kopieren ～书 etw aus einem Buch abschreiben 2. plagiieren; ein Plagiat begehen

抄² chāo 1. durchsuchen und beschlagnahmen 2. den Weg abkürzen (abschneiden)

抄³ chāo ergreifen; packen
抄家 chāojiā 1. js Vermögen beschlagnahmen (einziehen) 2. bei jm Haussuchung halten
抄件 chāojiàn Abschrift; Kopie
抄近儿 chāojìnr den Weg abschneiden (abkürzen); eine Abkürzung nehmen (gehen)
抄身 chāoshēn jn durchsuchen (visitieren); jn einer Leibesdurchsuchung unterziehen; eine Leibesvisitation vornehmen
抄袭¹ chāoxí 1. abschreiben; plagiieren 2. etw mechanisch (kritiklos) übernehmen
抄袭² chāoxí auf Umwegen vorrücken, um einen Überraschungsangriff gegen den Feind zu unternehmen
抄写 chāoxiě eine Abschrift von etw machen

钞 chāo Banknote; Geldschein

钞票 chāopiào Banknote; Geldschein

超 chāo 1. überholen; übersteigen; übertreffen 2. über etw hinausgehen 3. Super-; Supra-; Ultra-

超产 chāochǎn den Produktionsplan (das Plansoll) übererfüllen

超车 chāochē (ein Fahrzeug) überholen

超导 chāodǎo Supraleitfähigkeit

超导体 chāodǎotǐ Supraleiter

超额 chāo'é die Norm übererfüllen (überbieten) ~利润 Extraprofit

超过 chāoguò über etw hinausgehen; überschreiten; überholen; übersteigen; übertreffen

超级 chāojí extra-; Super- ~大国 Supermacht ~市场 Supermarkt

超龄 chāolíng das vorgeschriebene Alter überschreiten

超群 chāoqún die anderen überragen (übertreffen)

超然 chāorán über den Dingen stehen; über alles erhaben sein; unbeteiligt; unparteilich

超声波 chāoshēngbō Überschallwellen; Ultraschallwellen

超音速 chāoyīnsù Überschallgeschwindigkeit; Ultraschallgeschwindigkeit

超越 chāoyuè übersteigen; überspringen; überschreiten

超支 chāozhī mehr Geld ausgeben, als man eingenommen hat; mehr abheben, als auf dem Konto gutgeschrieben ist

超重 chāozhòng Überlastung; Übergewicht

超子 chāozǐ Hyperon

朝 cháo 另见 zhāo
1. Kaiserhof; Regierung 2. Dynastie 3. Regierungszeit eines Monarchen 4. zur Audienz bei einem Herrscher vorgelassen werden; pilgern; wallfahren 5. in Richtung auf (ein Ziel); nach etw hin; auf etw zu

朝拜 cháobài wallfahren; pilgern

朝代 cháodài Dynastie

朝圣 cháoshèng Wallfahrt; Pilgerfahrt; Wallfahren

朝廷 cháotíng Kaiserhof; Königshof; kaiserliche (königliche) Regierung

潮 cháo 1. Ebbe und Flut; Gezeiten 2. Tendenz; Strömung 3. feucht; nass

潮流 cháoliú 1. Strömung 2. Tendenz; Trend 历史~ historische Strömung (Tendenz)

潮气 cháoqì Feuchtigkeit

潮湿 cháoshī feucht; nass

潮水 cháoshuǐ Ebbe und Flut; Gezeiten

潮汛 cháoxùn Springflut; Hochflut

嘲(謿) cháo verspotten; verhöhnen; verlachen

嘲笑 cháoxiào verspotten; jn/etw lächerlich machen; sich über jn/etw lustig machen

巢 cháo Nest

巢穴 cháoxué Schlupfwinkel; Zufluchtsort; Höhle

炒 chǎo braten; sautieren

炒菜 chǎocài 1. braten; sautieren 2. gebratene (sautierte) Speisen ~锅 Wok

炒冷饭 chǎo lěngfàn 1. das Essen aufwärmen 2. alte Geschichten wieder aufwärmen; immer wieder die alten Geschichten auftischen

炒面 chǎomiàn Bratnudeln

炒外汇 chǎowàihuì Devisenspekulation

炒作 chǎozuò aufbauschen

吵 chǎo 1. lärmen; Lärm machen (schlagen) 2. sich zanken; sich streiten

吵架 chǎojià sich zanken; sich streiten

吵闹 chǎonào sich ein heftiges Wortgefecht liefern; sich mit jm herumzanken; sich mit jm herumstreiten

吵嘴 chǎozuǐ einen Zank (Streit) mit jm haben; in einen Wortwechsel geraten

耖 chào 1. feine Egge 2. eggen

车(車) chē 另见 jū
1. Fahrzeug; Wagen; Karren 上~ einsteigen 2. Maschine 开~ eine Maschine in Gang (Betrieb) setzen 3. etw auf der Drehbank bearbeiten; drehen

车把 chēbǎ Lenkstange; Schubkarrengriff

车场 chēchǎng Parkplatz

车床 chēchuáng Drehbank

车费 chēfèi Fahrgeld; Fahrkosten

车工 chēgōng 1. Arbeit an der Drehbank 2. Dreher

车祸 chēhuò Autounfall; Verkehrsunfall

车间 chējiān 1. Werkabteilung 2. Werkhalle; Werkstatt

车库 chēkù Garage; Wagenschuppen

C

车辆 chēliàng Fahrzeug; Wagen; Waggon
车皮 chēpí Waggon; Güterwagen
车票 chēpiào Fahrkarte; Fahrschein
车水马龙 chē shuǐ mǎ lóng es herrscht ein lebhafter Verkehr / der Fahrzeugstrom reißt nicht ab
车胎 chētāi Wagenreifen; Radreifen
车厢 chēxiāng Waggon; Abteil
车站 chēzhàn Haltestelle; Station; Bahnhof

扯（撦） chě 1. ziehen; zerren 2. reißen; abreißen; herausreißen 3. schwatzen; plaudern
扯皮 chěpí über etw prinzipienlos debattieren; sich mit jm herumstreiten

撤 chè 1. entfernen; fortschaffen; etw aus dem Weg räumen 2. zurückziehen
撤兵 chèbīng Truppen abziehen
撤除 chèchú wegschaffen; forträumen
撤防 chèfáng Verteidigungstruppen zurückziehen; Verteidigungsanlagen räumen
撤换 chèhuàn jn seines Postens entheben und durch einen anderen ersetzen; jn auswechseln
撤回 chèhuí zurückziehen; abberufen; zurücknehmen
撤退 chètuì zurückziehen; den Rückzug antreten
撤销 chèxiāo abschaffen; aufheben; etw rückgängig machen
撤职 chèzhí jn seines Postens entheben; jn vom Amt absetzen

彻（徹） chè gründlich; völlig; durch und durch
彻底 chèdǐ gründlich; durchgreifend; von Grund auf ～改正 alle seine Fehler wiedergutmachen; sich von Grund auf ändern
彻头彻尾 chè tóu chè wěi von Kopf bis Fuß; ganz und voll; durch und durch
彻夜 chèyè die ganze Nacht hindurch

坼 chè aufreißen; zerplatzen
坼裂 *chèliè aufreißen; zerplatzen*

掣 chè 1. ziehen; zerren 2. herausziehen
掣肘 chèzhǒu jn beim Arm packen; jn beim Ellbogen nehmen; jn bei (an) etw hindern

嗔 chēn sich ärgern; ärgerlich werden; Ärger empfinden
嗔怪 chēnguài sich ärgern; seinen Ärger zeigen

瞋 chēn jn wütend anblitzen ～目而视 jn zornig anblicken

抻（抻） chēn langziehen

沉（沈） chén 1. sinken; untergehen 2. senken; versenken 3. tief 4. schwer; drückend
沉甸甸 chéndiāndiān schwer; drückend
沉淀 chéndiàn 1. sich niederschlagen; präzipitieren 2. Niederschlag; Präzipitat
沉浸 chénjìn in etw versunken (getaucht) sein
沉闷 chénmèn 1. drückend; leblos; trostlos 2. bedrückt; schwermütig
沉迷 chénmí sich einer Sache ergeben (hingeben); in etw schwelgen
沉没 chénmò versinken; untergehen
沉默 chénmò 1. schweigsam; verschlossen; wortkarg 2. schweigen; verstummen 保持～ über etw Schweigen (Stillschweigen) bewahren
沉溺 chénnì sich einer Sache hingeben; frönen; verfallen
沉睡 chénshuì fest (tief) schlafen
沉思 chénsī über etw nachdenken (nachsinnen); seinen Gedanken nachgehen (nachhängen); in Gedanken versunken (vertieft) sein
沉痛 chéntòng 1. schmerzerfüllt; tieftraurig ～的心情 in tieftrauriger Stimmung sein; sich schmerzlich berührt fühlen 2. tiefgehend; bitter ～的教训 bittere Lehre
沉陷 chénxiàn absinken
沉箱 chénxiāng Senkkasten; Caisson
沉吟 chényín vor sich hin murmeln, weil man sich nicht entschließen kann
沉重 chénzhòng 1. schwer; schwerwiegend 2. ernst; gefährlich (von Krankheiten) 心情～ schweren Herzens; mit großer Sorge
沉住气 chén zhù qì die Ruhe (die Fassung) bewahren 沉不住气 die Ruhe (die Fassung) verlieren
沉着 chénzhuó gelassen; ruhig und sicher

辰[1] chén der fünfte der zwölf Erdzweige

辰[2] chén 1. Himmelskörper; Gestirn 2. Zeit; Tag 良～ glückliche Stunde; glücklicher Tag

晨 chén Morgen
晨露 chénlù Morgentau
晨曦 chénxī Morgendämmerung; Morgengrauen; Morgenlicht

臣 chén Beamter; Würdenträger; Vasall 称～ sich js Herrschaft fügen

尘（塵） chén 1. →尘土 2. →尘世
尘封 chénfēng verstaubt; staubbedeckt
尘世 chénshì irdische Welt
尘土 chéntǔ Staub

陈[1]**（陳）** chén 1. →陈列 2. →陈述

陈[2]**（陳）** chén alt ～货 Ladenhüter
陈词滥调 chén cí làn diào Klischee; abgedroschene Redensart
陈腐 chénfǔ abgestanden; abgedroschen; überholt
陈规 chénguī alte Konventionen; überholte Schablonen 打破～ mit alten Konventionen brechen
陈酒 chénjiǔ lange abgelagerter Wein
陈旧 chénjiù veraltet; überholt; altmodisch
陈列 chénliè ausstellen; auslegen; etw zur Schau stellen
陈皮 chénpí getrocknete Mandarinenschalen (Orangenschalen)
陈设 chénshè 1. aufstellen; einrichten 2. Ausstattung; Einrichtung
陈述 chénshù darlegen; ausführen
陈述句 chénshùjù Aussagesatz

衬（襯） chèn 1. unterlegen; füttern 2. Futter 3. etw hervortreten lassen; unterstreichen
衬布 chènbù Futterstoff
衬裤 chènkù Unterhose
衬里 chènlǐ Futter; Auskleidung
衬裙 chènqún Unterrock
衬衫 chènshān Oberhemd; Hemd; Bluse
衬托 chèntuō etw (hinter etwas anderem) deutlich hervortreten lassen; etw (durch etwas anderes) unterstreichen
衬衣 chènyī Unterhemd; Unterwäsche

谶 chèn Weissagung; Prophezeiung; Vorzeichen
谶语 chènyǔ eine (zufällige) Äußerung, die sich später als richtig erwiesen hat; eine Voraussage, die sich später bestätigt hat

趁（趂） chèn nutzen; ausnutzen ～有空的时候 da man im Augenblick Zeit hat; wenn man zufällig Zeit hat
趁火打劫 chèn huǒ dǎ jié jn berauben, während sein Haus brennt; aus der Not anderer Nutzen ziehen
趁机 chènjī eine Gelegenheit wahrnehmen (beim Schopfe ergreifen)
趁热打铁 chèn rè dǎ tiě man muss das Eisen schmieden, solange es heiß (warm) ist
趁早 chènzǎo möglichst früh; rechtzeitig; ehe es zu spät ist

称（稱） chèn 另见 chēng; chèng '秤'
entsprechend; passend; angemessen
称心 chènxīn js Wunsch entsprechend; über etw befriedigt sein
称职 chènzhí einem Amt (einem Posten) gewachsen sein

琤（琤） chēng
琤琤 chēngchēng 1. helltönend; wohlklingend 2. plätschernd; rauschend

撑（撐） chēng 1. stützen; abstützen 2. staken ～船 ein Boot staken 3. durchhalten; ausharren 4. aufspannen; aufschlagen ～伞 einen Schirm aufspannen 5. vollstopfen
撑场面 chēng chǎngmiàn den Schein (das Dekorum) wahren; seinen Status aufrechterhalten
撑杆跳高 chēnggān tiàogāo Stabhochsprung
撑腰 chēngyāo jm das Rückgrat (den Rücken) stärken

瞠 chēng anstarren; jn unverwandt ansehen
瞠目结舌 chēng mù jié shé die Augen aufreißen und kein Wort herausbringen; vor Staunen starr sein; verlegen dastehen

铛（鐺） chēng 另见 dāng
flache Pfanne; Bratpfanne

称[1]**（稱）** chēng 另见 chèn; chèng

'秤'

1. bezeichnen; nennen; anreden 2. Anrede; Bezeichnung; Name 3. sagen; mitteilen; erklären 4. loben; rühmen; preisen

称[2]（稱） chēng 另见 chèn; chèng '秤'

wiegen; abwiegen

称霸 chēngbà eine Vormachtstellung innehaben; die Gewaltherrschaft ausüben

称号 chēnghào Name; Bezeichnung; Titel

称呼 chēnghu 1. nennen; anreden 2. Anrede; Anredeform

称谓 chēngwèi Bezeichnung; Benennung

称赞 chēngzàn loben; rühmen; hochschätzen

蛏（蟶） chēng Brackwassermuschel

蛏子 chēngzi Brackwassermuschel

成[1] chéng 1. vollenden; gelingen 2. → 成全 3. zu etw werden; sich zu etw entwickeln; sich in etw verwandeln 不～问题 kein Problem sein 4. →成果; 成就 5. erwachsen; ausgebildet; vollendet 6. (zur Bezeichnung einer Mengeneinheit): ～万 zu Zehntausenden 7. es geht; O. K.

成[2] chéng Zehntel 八～ ⓐ acht Zehntel; achtzig Prozent ⓑ höchstwahrscheinlich

成败 chéngbài Erfolg oder Misserfolg; Ausgang einer Angelegenheit

成本 chéngběn Selbstkosten; Kosten

成材 chéngcái 1. hiebreif; fällbar; brauchbar 2. tauglich; nützlich; wertvoll

成虫 chéngchóng Vollinsekt; Imago

成分 chéngfèn 1. Bestandteil; Komponente; Zusammensetzung 化学～ chemische Zusammensetzung 2. Klassenherkunft; soziale Herkunft

成功 chénggōng Erfolg; gelingen 试验～ das Experiment ist gelungen

成规 chéngguī feste Regeln; feststehende Normen

成果 chéngguǒ Ergebnis; Resultat; Erfolg

成绩 chéngjī Leistung; Ergebnis; Erfolg

成家[1] chéngjiā eine Familie gründen

成家[2] chéngjiā ein Spezialist werden

成见 chéngjiàn Vorurteil; vorgefasste Meinung

成就 chéngjiù Errungenschaft; Erfolg

成立 chénglì 1. gründen; errichten 2. haltbar; aufrechterhaltbar; sich durchsetzen können

成名 chéngmíng sich einen Namen machen; berühmt werden

成年[1] chéngnián mündig; volljährig; erwachsen ～人 Erwachsene(r)

成年[2] chéngnián das ganze Jahr hindurch; jahrelang; Jahr um Jahr ～累月 jahraus, jahrein; Jahr für Jahr; jahrelang

成批 chéngpī in großen Mengen; serienweise; gruppenweise

成品 chéngpǐn Fertigprodukt; Endprodukt

成亲 chéngqīn heiraten; sich verheiraten

成全 chéngquán jm zum Erfolg verhelfen; jm etw ermöglichen

成人 chéngrén 1. erwachsen werden; volljährig werden 长大～ erwachsen sein; das Erwachsenenalter erreichen 2. Erwachsene(r)

成色 chéngsè 1. Feingehalt 2. Qualität; Güte; Beschaffenheit

成熟 chéngshú reifen; reif; erfahren

成套 chéngtào vollständig; komplett; ein komplettes Ganzes bilden ～设备 komplette Sätze von Anlagen; komplette Ausrüstung

成天 chéngtiān den ganzen Tag (lang, über)

成为 chéngwéi (zu) etw werden

成效 chéngxiào Wirkung; Effekt

成药 chéngyào fertige Arznei; fertiges Präparat

成语 chéngyǔ sprichwörtliche Redensart; Redewendung

成员 chéngyuán Mitglied

成员国 chéngyuánguó Mitgliedsstaat

成长 chéngzhǎng heranwachsen; heranreifen; aufwachsen

诚 chéng 1. aufrichtig; ehrlich; rechtschaffen 2. tatsächlich; wirklich

诚恳 chéngkěn aufrichtig; ehrlich

诚然 chéngrán 1. wirklich; in Wirklichkeit; in der Tat 2. zwar; allerdings

诚实 chéngshí aufrichtig; ehrlich; redlich

诚心 chéngxīn aufrichtig; ernst gemeint

诚意 chéngyì Aufrichtigkeit; ehrliche Absicht

诚挚 chéngzhì aufrichtig; herzlich; von ganzem Herzen

城 chéng 1. → 城墙 2. Innenstadt;

Stadtteil; Stadtviertel 3. Stadt ～乡差别 Unterschied zwischen Stadt und Land; Stadt-Land-Gefälle
城防 chéngfáng Stadtverteidigung
城府 chéngfǔ undurchdringliches und besonnenes Wesen ～很深 sich den Mitmenschen gegenüber sehr verschlossen verhalten
城隍庙 chénghuángmiào Tempel des Stadtgottes
城楼 chénglóu Torturm auf einer Stadtmauer 天安门～ Torturm über dem Tiananmen
城墙 chéngqiáng Stadtmauer
城市 chéngshì Stadt ～化 Urbanisierung; Verstädterung; verstädtern
城镇 chéngzhèn Städte und Gemeinden (Ortschaften)

盛 chéng 另见 shèng
1. füllen 2. fassen; enthalten
盛器 chéngqì Behälter; Gefäß

呈 chéng 1. vorlegen; einreichen; überreichen 2. zeigen; bieten
呈报 chéngbào etw nach oben melden
呈递 chéngdì einreichen; überreichen ～国书 das Beglaubigungsschreiben überreichen
呈现 chéngxiàn (sich) zeigen; (sich) bieten
呈献 chéngxiàn etw ergebenst überreichen

程 chéng 1. Ordnung; Regel; Vorschrift 2. Verfahren; Prozedur; Ordnung
程度 chéngdù 1. Niveau; Grad; Stand 2 Umfang; Ausmaß; Grad 文化～ Bildungsniveau; Bildungsstand
程控电话 chéngkòng diànhuà programmgesteuertes Telefon
程式 chéngshì Formel; Muster
程序 chéngxù 1. Verfahren; Prozedur; Ordnung 2. Programm ～设计 programmieren; Programmierung

乘[1] chéng 1. fahren ～船 mit dem Schiff fahren 2. nutzen; ausnutzen ～胜前进 von Sieg zu Sieg schreiten; die Gelegenheit ergreifen

乘[2] chéng multiplizieren
乘法 chéngfǎ Multiplikation
乘方 chéngfāng Involution; Potenz
乘风破浪 chéng fēng pò làng vom Wind getrieben die Wellen brechen (pflügen)
乘号 chénghào Multiplikationszeichen
乘积 chéngjī Produkt; Multiplikationsergebnis
乘客 chéngkè Fahrgast; Passagier
乘凉 chéngliáng die Kühle genießen; sich im Freien (im Schatten) abkühlen
乘数 chéngshù Multiplikator
乘务员 chéngwùyuán Schaffner

惩 (懲) chéng →惩办
惩办 chéngbàn bestrafen; jn in Strafe nehmen; jn mit einer Strafe belegen
惩罚 chéngfá bestrafen; Strafe; Bestrafung
惩前毖后 chéng qián bì hòu eine Lehre aus früheren Fehlern ziehen

澄 (澂) chéng 另见 dèng
klar; rein
澄清 chéngqīng 另见 dèngqīng 1. klar 2. klären; etw deutlich machen

橙 chéng 1. Orange 2. orange; orangenfarbig
橙黄 chénghuáng Orange; orangegelb

承 chéng 1 tragen; auffangen 2. übernehmen; etw auf sich nehmen 3. js Wohlwollen genießen 4. fortsetzen; mit etw fortfahren
承包 chéngbāo sich vertraglich zu etw verpflichten; etw vertraglich übernehmen ～合同 Vertrag über die Übernahme eines Auftrags
承担 chéngdān tragen; übernehmen; etw auf sich nehmen
承当 chéngdāng verantworten; die Verantwortung auf sich nehmen (übernehmen, tragen)
承蒙 chéngméng js Wohlwollen genießen
承情 chéngqíng js Freundlichkeit annehmen; js Wohlwollen erhalten
承认 chéngrèn 1. anerkennen; zugeben ～错误 seinen Fehler eingestehen (bekennen) 2. anerkennen; etw gelten lassen
承受 chéngshòu 1. tragen; aushalten; standhalten 2. übernehmen; erben

丞 chéng 1 assistieren; beistehen 2. Amtsgehilfe
丞相 chéngxiàng Kanzler

C

逞 chěng 1. zeigen; demonstrieren 2. gelingen; zustande kommen 不得～ nicht gelungen sein

逞能 chěngnéng mit seinem Können (Wissen) protzen; sich mit seinen Fähigkeiten dicktun

逞凶 chěngxiōng eine Gewalttat begehen (verüben)

秤(称) chèng '称' 另见 chèn, chēng Waage

秤锤 chèngchuí Laufgewicht

痴(癡) chī 1. töricht; blödsinnig; stumpfsinnig 2. von etw besessen sein; in etw/jn vernarrt sein 3. irrsinnig; wahnsinnig

痴呆 chīdāi töricht; stumpfsinnig; einfältig

痴情 chīqíng Vernarrtheit; heftige Verliebtheit

痴笑 chīxiào albern (töricht) lachen

痴心 chīxīn Vernarrtheit; Versessenheit ～妄想 Hirngespinst; Illusion; Luftschlösser bauen

魑 chī

魑魅魍魉 chī mèi wǎng liǎng böse Geister; üble Elemente

眵 chī Augenbutter

哧 chī (Schallwort zur Bezeichnung des beim Zerreißen von Stoff oder Papier entstehenden Geräusches) ritsch, ratsch! ～～地笑 kichern

吃(喫) chī 1. essen; etw zu sich nehmen ～饱 sich satt essen 2. eine Mahlzeit einnehmen ～食堂 in der Kantine essen; seine Mahlzeiten in der Kantine einnehmen 3. ertragen; aushalten ～批评 kritisiert werden

吃不消 chī bu xiāo etw nicht ertragen können; unerträglich

吃醋 chīcù eifersüchtig sein

吃得消 chī de xiāo etw aushalten (überstehen) können

吃饭 chīfàn 1. essen; eine Mahlzeit einnehmen 2. von etw leben (sich nähren, sich ernähren) 靠劳动～ von seiner Hände Arbeit leben (sich nähren)

吃惊 chījīng sich erschrecken; einen Schreck bekommen; erstaunt sein

吃苦 chīkǔ Schweres ertragen; Leid erfahren ～耐劳 Entbehrungen auf sich nehmen und Strapazen überstehen

吃亏 chīkuī im Nachteil sein; benachteiligt sein; zu kurz kommen

吃里爬外 chī lǐ pá wài von jm leben und insgeheim seinen Gegnern helfen

吃力 chīlì anstrengend; mühsam

吃水 chīshuǐ 1. Trinkwasser 2. Wasser einsaugen 3. Tiefgang

吃素 chīsù sich von Pflanzenkost ernähren; vegetarisch leben

吃一堑,长一智 chī yī qiàn, zhǎng yī zhì durch Schaden wird man klug

嗤 chī →嗤笑 ～之以鼻 über jn/etw die Nase rümpfen

嗤笑 chīxiào auslachen; verspotten 为人～ sich zum Gelächter der Leute machen; sich der Lächerlichkeit preigeben

迟(遲) chí 1. langsam 2. spät

迟到 chídào zu spät kommen; sich verspäten

迟钝 chídùn schwerfällig; unbeholfen; unempfindlich

迟缓 chíhuǎn langsam; zögernd

迟疑 chíyí zögern; zaudern ～不决 unschlüssig; mit dem Entschluss (der Entscheidung) zögern

迟早 chízǎo früher oder später

持 chí 1. halten ～枪 ein Gewehr in der Hand halten 2. führen; leiten ～家 haushalten; den Haushalt führen

持久 chíjiǔ lange anhalten; lange dauern; dauerhaft

持久战 chíjiǔzhàn langanhaltender (langwieriger) Krieg

持续 chíxù anhalten; andauern; kontinuierlich

持之以恒 chí zhī yǐ héng beharrlich an etw festhalten

持重 chízhòng umsichtig; gesetzt

匙 chí Löffel; Schöpflöffel 汤～ Suppenlöffel

踟 chí

踟蹰 chíchú unentschlossen; unschlüssig ～不前 zögern, etw zu tun; sich nicht zu etw entschließen können

池 chí Teich; Weiher

池塘 chítáng Teich; Weiher

弛 chí entspannen; lockern

弛缓 chíhuǎn sich entspannen; sich mildern

驰 chí 1. galoppieren 2. verbreiten

驰骋 chíchěng galoppieren ～文坛 auf der literarischen Bühne eine bedeutende Rolle spielen

驰名 chímíng weithin berühmt sein ～中外 im In- und Ausland berühmt sein; sich im In- und Ausland einen guten Ruf erworben haben

耻（恥） chǐ 1. sich schämen 2. →耻辱

耻辱 chǐrǔ Schande; Schmach

耻笑 chǐxiào verhöhnen; jn höhnisch auslachen

齿（齒） chǐ 1. Zahn 2. Lebensalter

齿轮 chǐlún Zahnrad; Getrieberad

齿龈 chǐyín Zahnfleisch

侈 chǐ 1. verschwenderisch 2. übertreiben

侈谈 chǐtán schwatzen; ins Blaue hinein reden; Prahlerei

褫 chǐ entziehen; aberkennen

褫夺 chǐduó entziehen; aberkennen

尺 chǐ 1. *Chi* (chinesisches Längenmaß: 1/3 Meter) 2. Lineal; Zollstock

尺寸 chǐcun Maß; Größe; Format; Dimension 量～ bei jm Maß nehmen

尺度 chǐdù Maßstab; Kriterium

尺码 chǐmǎ Maß; Größe

炽（熾） chì glühend; brennend; flammend

炽烈 chìliè heftig brennend; lodernd; leidenschaftlich

炽热 chìrè glühend heiß; begeistert; leidenschaftlich

赤 chì 1. rot 2. treu; ergeben 3. nackt; bloß

赤膊 chìbó mit nacktem (bloßem) Oberkörper; oben ohne

赤诚 chìchéng aufrichtig; treu; ergeben

赤胆忠心 chì dǎn zhōng xīn ehrlich und treu; unerschütterliche Treue

赤道 chìdào Äquator; äquatorial; Himmelsäquator

赤豆 chìdòu kleinere dunkelrote Bohnenart

赤脚 chìjiǎo mit bloßen Füßen; barfuß; barfüßig ～医生 Barfußarzt

赤练蛇 chìliànshé Cantor

赤露 chìlù unbekleidet; unbedeckt; entblößt

赤裸裸 chìluǒluǒ 1. nackt; bloß 2. unverhüllt; unverhohlen; offen

赤霉素 chìméisu Gibberellin

赤贫 chìpín bettelarm; äußerst arm; in tiefster Armut

赤手空拳 chì shǒu kōng quán mit bloßen Händen; völlig unbewaffnet

赤子 chìzǐ neugeborenes Kind ～之心 von kindlicher Naivität; voll kindlichen Vertrauens; Heimatliebe

赤字 chìzì rote Zahlen; Defizit; Fehlbetrag

敕（勅、勑） chì kaiserlicher Befehl; kaiserlicher Erlass; Edikt ～赐 vom Kaiser verliehen

翅（翄） chì 1. Flügel 2. Haifischflosse

翅膀 chìbǎng Flügel; Schwinge; Tragfläche

叱 chì beschimpfen; anschreien

叱呵 chìhē anschreien; anbrüllen; jn laut anfahren

叱责 chìzé schelten; rügen; tadeln

叱咤风云 chì zhà fēng yún eine die ganze Welt erschütternde Macht haben

斥 chì →斥责

斥责 chìzé jm einen Verweis (Ruffel) erteilen; jn heftig tadeln (zurechtweisen)

饬 chì 1. befehlen; einen Befehl erteilen 2. etw (wieder) ins rechte Gleis (in Ordnung) bringen

饬令 chìlìng befehlen; einen Befehl erlassen

充 chōng 1. →充满 2. →充当 3. sich als (für) etw ausgeben 以假～真 etw Unechtes als echt ausgeben

充斥 chōngchì überfluten; überschwemmen; voll von etw sein

充当 chōngdāng als etw dienen (fungieren)

充电 chōngdiàn eine Batterie (einen Akku) laden; aufladen ～器 Ladegerät

C

充分 chōngfèn 1. ausreichend；genügend 你的理由不～ deine angeführten Beweggründe haben sich als nicht stichhaltig erwiesen 2. in vollem（höchstem）Maße；in hohem（höchstem）Grade ～发动群众 die Volksmassen in hohem Grade mobilisieren

充公 chōnggōng beschlagnahmen；konfiszieren；Beschlagnahme

充饥 chōngjī seinen Hunger mit etw stillen

充军 chōngjūn verbannen；zwangsverschicken；deportieren

充满 chōngmǎn 1. erfüllen；ausfüllen 2. voller；voll von etw；von etw erfüllt（durchdrungen）sein ～信心 voller Zuversicht；zuversichtlich

充沛 chōngpèi reichlich；unerschöpflich；voll von etw；vor etw strotzen

充实 chōngshí 1. erfüllt；reich；reichlich 2. bereichern；kräftigen；stärken

充血 chōngxuè Blutfülle；Blutandrang；Kongestion

充裕 chōngyù reichlich；vollauf genügend；im Überfluss

充足 chōngzú genügend；voll；hinreichend

舂

chōng zerstoßen；zerkleinern；enthülsen；schälen ～米 Reis enthülsen（schälen）

冲[1]（沖、衝）

chōng 另见 chòng

1. stürmen；vorstoßen ～出包围 eine Einkreisung durchbrechen（sprengen）2. Zusammenstoß；Kollision

冲[2]（沖、衝）

chōng 另见 chòng

1. etw mit kochendem Wasser übergießen（zubereiten）；aufbrühen ～茶 Tee aufgießen（aufbrühen）2. →冲洗；冲击

冲刺 chōngcì Spurt；Endspurt

冲淡 chōngdàn 1. verdünnen 2. verwässern；abschwächen

冲动 chōngdòng 1. Antrieb；Impuls 2. in Aufregung（Wallung）geraten

冲锋 chōngfēng Vorstoß；einen Sturmangriff führen；gegen etw anstürmen ～陷阵 eine feindliche Stellung stürmen；die feindlichen Linien durchbrechen

冲锋枪 chōngfēngqiāng Maschinenpistole

冲昏头脑 chōnghūn tóunǎo jm den Verstand trüben；völlig verwirrt sein 胜利～ seine Erfolge benebelten ihm den Kopf

冲击 chōngjī 1. an（gegen）etw branden 2. gegen etw anstürmen 3. Schläge versetzen；erschüttern

冲剂 chōngjì Infus；Medikamentenaufguss

冲浪 chōnglàng surfen；Surfing

冲破 chōngpò durchbrechen；sprengen ～防线 eine Verteidigungslinie durchbrechen

冲刷 chōngshuā ausspülen；erodieren；auswaschen

冲突 chōngtū Konflikt；Kollision 武装～ bewaffnete Auseinandersetzung；bewaffneter Konflikt

冲洗 chōngxǐ 1. waschen；auswaschen；spülen 2. entwickeln

冲账 chōngzhàng 1. saldieren；eine Rechnung ausgleichen 2. einen Betrag stornieren

冲撞 chōngzhuàng 1. gegen etw anprallen；gegen etw schlagen；zusammenstoßen 2. beleidigen；kränken；jn vor den Kopf stoßen

忡（㤝）

chōng

忡忡 chōngchōng sorgenschwer；voller Kummer 忧心～ mit großer Sorge；von Gram erfüllt sein

憧

chōng

憧憧 chōngchōng sich unstet bewegend；flackern 人影～ hin und her huschende Schatten von Menschen

憧憬 chōngjǐng jm/etw voller Erwartung entgegensehen；auf etw hoffen；sich nach etw sehnen

虫（蟲）

chóng Insekt；Wurm

虫害 chónghài Schädlingsbefall；Insektenplage

虫灾 chóngzāi Insektenplage

虫子 chóngzi Insekt；Wurm

崇

chóng 1. hoch；erhaben ～山峻岭 hohe Gebirge 2. hochschätzen；jm große Achtung entgegenbringen；verehren ～外 alles Ausländische anbeten；Vorliebe für Fremde

崇拜 chóngbài verehren；vergöttern；anbeten；einen Kult mit etw / jm treiben

崇高 chónggāo wertvoll；edel；erhaben

崇敬 chóngjìng hochschätzen；verehren；respektieren；Hochachtung

重

chóng 另见 zhòng

1. →重复 2. wieder；noch einmal；erneut 久别～逢 sich nach langer Trennung wiedersehen
重唱 chóngchàng mehrstimmiger Gesang；Singstück für zwei oder mehr Stimmen
重重 chóngchóng sich häufen；zahlreich；vielfältig 困难～ auf Schritt und Tritt auf Schwierigkeiten stoßen
重叠 chóngdié übereinander liegen；sich überlagern；übereinander getürmt
重复 chóngfù wiederholen；nochmals；Wiederholung
重婚 chónghūn Doppelehe；Bigamie
重申 chóngshēn wiederholen；etw erneut bekräftigen（beteuern）
重孙 chóngsūn Urenkel
重孙女 chóngsūnnǚ Urenkelin
重围 chóngwéi starke Umzingelung；vielfache Einkreisung 杀出～ eine feste Umzingelung durchbrechen
重新 chóngxīn wieder；von neuem；erneut
重整旗鼓 chóngzhěngqígǔ alle seine Kräfte zu neuen Taten zusammenraffen；noch einmal ganz von vorn anfangen
重奏 chóngzòu Musikstück für zwei oder mehr solistische Instrumente

宠（寵） chǒng bevorzugen；verwöhnen；begünstigen
宠爱 chǒng'ài liebbehalten；jm seine Gunst bezeigen
宠儿 chǒng'ér Günstling；Lieblingskind

铳 chòng alte Handfeuerwaffe

冲[1]（衝） chòng 另见 chōng
voller Energie und Tatkraft；triebkräftig；draufgängerisch

冲[2]（衝） chòng 另见 chōng
1. in Richtung auf；entgegen；nach 他～我笑了笑 er warf mir ein Lächeln zu 2. gemäß；wegen；auf Grund von 就～着这几句话，我也不能不答应 schon auf diese Bemerkungen hin soll ich auch dazu ja sagen

冲[3]（衝） chòng 另见 chōng
stanzen
冲床 chòngchuáng Stanze；Stanzpresse；Stanzmaschine
冲子 chòngzi Stanze；Lochstempel

抽[1] chōu 1. herausziehen 2.（einen Teil）wegnehmen；abziehen ～不出时间 sich keine Zeit nehmen können 3.（Luft oder Flüssigkeit）ansaugen；absaugen；pumpen ～水 Wasser abpumpen

抽[2] chōu 1.（Stoff，Kleid）eingehen；enger，kleiner werden 2. peitschen ～牲口 ein Tier peitschen
抽查 chōuchá Stichproben machen；eine Probe entnehmen
抽搐 chōuchù sich verkrampfen；zucken；Muskelkrampf
抽筋 chōujīn 1. Sehnen herausziehen 2. Krampf；sich krampfen 腿～了 einen Krampf in der Wade haben
抽空 chōukòng Zeit finden；sich Zeit für（zu）nehmen
抽签 chōuqiān losen；Lose ziehen；auslosen
抽水机 chōushuǐjī Wasserpumpe
抽水马桶 chōushuǐ mǎtǒng Wasserklosett；Spülklosett
抽穗 chōusuì Ähren ansetzen
抽屉 chōuti Schubfach；Schublade
抽象 chōuxiàng abstrakt；abstrahieren；Abstraktion
抽象派 chōuxiàngpài abstrakte Kunstrichtung
抽血 chōuxuè jm Blut entnehmen（abzapfen）
抽烟 chōuyān rauchen
抽样 chōuyàng Stichprobe

踌（躊） chóu
踌躇 chóuchú 1. zögern；wanken；unschlüssig 2 zufrieden；selbstzufrieden ～满志 sich aufgrund eigener Erfolge stolz fühlen

筹（籌） chóu 1. Zählmarke；Spielmarke；Chip 2. planen；vorbereiten
筹办 chóubàn etw in die Wege leiten；etw planend vorbereiten；arrangieren
筹备 chóubèi arrangieren；vorbereiten；einleiten ～委员会 Vorbereitungsausschuss；vorbereitendes Komitee
筹划 chóuhuà planen；vorbereiten
筹建 chóujiàn projektieren；Vorbereitungen für einen Bau treffen
筹码 chóumǎ Zählmarke；Wertmarke；Spielmarke

酬（酧、醻） chóu 1. →酬谢；酬报 2. →酬劳
酬报 chóubào vergüten; belohnen; entgelten
酬劳 chóuláo Belohnung; Entgelt; belohnen
酬谢 chóuxiè jm als Dank Geld geben oder Geschenke machen; belohnen

愁 chóu sich Sorgen machen; besorgt; bekümmert; Kummer
愁苦 chóukǔ Kummer; Leid; kummervoll
愁眉苦脸 chóu méi kǔ liǎn ein betrübtes Gesicht machen; den Kopf hängenlassen
愁容 chóuróng betrübte Miene; trauriger Ausdruck 面带～ mit bekümmerter Miene

仇（讐、讎） chóu 1. →仇敌；仇人 2. →仇恨
仇敌 chóudí Feind; Widersacher
仇恨 chóuhèn Feindschaft; Hass
仇人 chóurén persönlicher Gegner
仇视 chóushì gegen jn feindselig gesinnt sein; jm gegenüber Hass empfinden

惆 chóu
惆怅 chóuchàng trübsinnig; schwermütig; niedergedrückt

稠 chóu 1. dickflüssig; zähflüssig 2. dichtgedrängt
稠度 chóudù Dicke
稠密 chóumì dicht; eng aufeinander folgend 人烟～ stark bevölkert; dicht besiedelt

绸（紬） chóu Seidenstoff
绸缎 chóuduàn Seidengewebe; Seide und Atlas

瞅（田） chǒu schauen; auf etw schauen

丑[1] chǒu der zweite der zwölf Erdzweige

丑[2]（醜） chǒu 1. hässlich; scheußlich 2. anrüchig; Anstoß erregend

丑[3] chǒu →丑角
丑恶 chǒu'è hässlich; ekelhaft; abscheulich; scheußlich
丑化 chǒuhuà verunstalten; entstellen; jn/etw durch den Schmutz ziehen
丑剧 chǒujù Farce; Groteske
丑角 chǒujué Clown; Possenreißer; Spaßmacher
丑陋 chǒulòu hässlich; scheußlich
丑事 chǒushì verabscheuungswürdige Tat; skandalöse Affäre; Empörung erregendes Geschehnis
丑闻 chǒuwén Skandal

臭 chòu 另见 xiù
1. stinkend; übelriechend 2. abstoßend; abscheulich; scheußlich 3. (von Geschossen) nicht zündend ～骂 jn mit harter Stimme anherrschen; jn grob anfahren; jm eine kräftige Strafpredigt halten
臭虫 chòuchóng Bettwanze
臭名 chòumíng übler Ruf (Leumund) ～远扬 in üblem (schlechtem) Ruf stehen; verrufen; übel beleumdet
臭气 chòuqì übler (Ekel erregender) Geruch; Gestank; Übelriechendes Gas
臭味 chòuwèi Gestank; fauler (übler) Geruch ～相投 mit jm unter einer Decke stecken
臭氧 chòuyǎng Ozon

初 chū 1. Anfang; Beginn; am Anfang; früh 2. der (die, das) erste 3. erst; eben; gerade 4. ursprünglich
初步 chūbù anfänglich; einleitend; den ersten Schritt tun
初等 chūděng 1. elementar; grundlegend; primär 2. →初级 ～教育 Grundschulbildung
初稿 chūgǎo erster Entwurf; Rohfassung
初级 chūjí unterste Stufe; Unterstufe; primär ～中学 Unterstufe der Mittelschule
初交 chūjiāo sich erst seit kurzem kennen; neuer Bekannter (Freund)
初期 chūqī Anfangsperiode; Anfangsstadium; in der ersten Zeit
初衷 chūzhōng ursprüngliche Intention

出[1] chū 1. herauskommen; hinausgehen 2. sich einstellen; sich einfinden; erscheinen 3. übersteigen; überschreiten; über etw hinausgehen 不～三年 knapp drei Jahre 4. geben; ausgeben; etw zur Verfügung stellen ～主意 jm einen Rat geben (erteilen); jn mit einem Rat unterstützen 5. →生产 1 6. sich ereignen; geschehen; eintreten ～问题 von etw betroffen werden; schiefgehen 7. sich zeigen ～丑 das Gesicht verlieren; eine Schmach erleiden; sich blamieren 8. ausgeben 量入为～ sich nach der Decke strecken; sich einrichten müssen

出²(齣) chū (Zähleinheitswort): 三～戏 drei Repertoirestücke

出 chū (als Verbsuffix zur Bezeichnung der Richtung nach außen oder zum Ausdruck des Bewerkstelligtwerdens): 走～ herauskommen 想～ sich etw ausdenken; ersinnen

出版 chūbǎn veröffentlichen; herausgeben; erscheinen

出版社 chūbǎnshè Verlag; Verlagsgesellschaft

出殡 chūbìn jm das letzte Geleit geben; hinter dem Sarg zur Begräbnisstätte ziehen

出兵 chūbīng Truppen entsenden

出差 chūchāi eine Dienstreise machen; dienstlich unterwegs sein; auf Dienstreise sein

出差费 chūchāifèi Dienstreisespesen

出产 chūchǎn 1. herstellen; erzeugen; produzieren 2. Produkt; Erzeugnis

出超 chūchāo Exportüberschuss; aktive Handelsbilanz

出丑 chūchǒu sich blamieren; eine Schmach erleiden; jn in aller Öffentlichkeit bloßstellen

出处 chūchù Quelle; Herkunft; Ursprung

出动 chūdòng 1. sich in Marsch setzen; ausrücken 2. einsetzen; aussenden

出尔反尔 chū ěr fǎn ěr einmal so, einmal so

出发 chūfā 1. aufbrechen; abmarschieren 2. von etw ausgehen 从整体利益～ von den Gesamtinteressen ausgehen

出发点 chūfādiǎn Ausgangspunkt

出格 chūgé die Grenzen des Erlaubten (Schicklichen) überschreiten; aus dem Rahmen fallen

出轨 chūguǐ 1. entgleisen; aus den Gleisen springen 2. die Norm übertreten; sich taktlos (ungehörig) benehmen

出国 chūguó ins Ausland reisen

出海 chūhǎi aufs hohe Meer hinausfahren; in See stechen

出汗 chūhàn schwitzen; transpirieren

出乎意料 chūhū yìliào alle Erwartungen übertreffen; unerwartet; überraschend

出家 chūjiā sich zum Buddhismus (Taoismus) bekennen und ins Kloster gehen

出家人 chūjiārén buddhistischer (taoistischer) Mönch; buddhistische (taoistische) Nonne

出嫁 chūjià einen Mann heiraten

出界 chūjiè ins Ausrollen; Ausball

出境 chūjìng ausreisen; das Land verlassen

出口 chūkǒu 1. aussprechen; äußern ～成章 druckreif reden 2. Export; Ausfuhr ～商品 Exportgüter; exportierte Waren

出来 chūlai 1. herauskommen; hervorkommen; hervortreten ～散步 zu einem Spaziergang herauskommen 2. heraus 拿～ herausholen 3. sichtbar werden 我认出他来了 ich habe ihn erkannt

出类拔萃 chū lèi bá cuì unter allen hervorragen; ausgezeichnet; vortrefflich

出力 chūlì sich für etw einsetzen; seine Energie auf etw verwenden; viel Mühe aufwenden

出路 chūlù Ausweg; Rettung; Lösung

出卖 chūmài 1. verkaufen; etw zum Verkauf anbieten 2. verraten; jn/etw treulos preisgeben

出门 chūmén 1 ausgehen; sein Haus verlassen 2. verreisen; auf Reisen gehen

出面 chūmiàn auftreten; in Erscheinung treten; persönlich; in js Namen

出名 chūmíng 1. bekannt; berühmt 2. in js Namen; im Namen von

出纳 chūnà 1. Einzahlung und Auszahlung 2. Kassierer 3. Einnahme und Ausgabe

出品 chūpǐn Produkt; Erzeugnis

出气 chūqì 1. ausatmen 2. seinem Ärger Luft machen; seinem Zorn gegenüber jm/etw *freien Lauf lassen*

出勤 chūqín Dienst tun; bei der Arbeit erscheinen; eingesetzt werden

出勤率 chūqínlǜ Präsenzquote

出去 chūqù 1. ausgehen; nach draußen gehen 我～一下 entschuldigen Sie mich bitte einen Augenblick 2. (nach Verben zur Bezeichnung der Richtung von drinnen nach draußen) hinaus-, raus- 飞～ hinausfliegen

出让 chūràng abtreten; veräußern; abstoßen

出任 chūrèn ein Amt antreten (übernehmen); eine Funktion ausüben

出入 chūrù 1. ein- und ausgehen; kommen und gehen 2. Diskrepanz; Unstimmigkeit
出色 chūsè ausgezeichnet; hervorragend; vortrefflich; fabelhaft
出身 chūshēn Familienherkunft; Abstammung 家庭～ familiäre Herkunft
出神 chūshén in Gedanken (Nachdenken) versunken (vertieft); wie gebannt; nachdenklich
出生 chūshēng Geburt; geboren werden; in die Welt kommen
出生率 chūshēnglǜ Geburtenrate
出生入死 chū shēng rù sǐ unter dem Einsatz seines Lebens; auf Leben und Tod
出示 chūshì vorzeigen; vorweisen
出事 chūshì einen Unfall haben (erleiden); von einem Unglück betroffen sein
出售 chūshòu etw. zum Verkauf anbieten
出头 chūtóu 1. sich aus seinem elenden Leben herausarbeiten 2. →出面 3. etwas über; etwas mehr als 六十岁～ etwas über 60 Jahre alt
出土 chūtǔ 1. ausgegraben (freigelegt) werden 2. aus der Erde sprießen ～文物 archäologische Funde; Ausgrabungen
出席 chūxí erscheinen; anwesend (zugegen) sein; Teilnahme; Anwesenheit
出息 chūxi 1. glänzende Zukunft 2. Zielbewusstheit 有～ im Leben vorwärtskommen; eine große Zukunft vor sich haben; Rückgrat zeigen
出现 chūxiàn erscheinen; auftreten; auftauchen
出线 chūxiàn in der ersten Runde gewinnen
出血 chūxuè bluten; Blutung; Hämorrhagie
出芽 chūyá keimen; knospen
出于 chūyú aus; von etw ausgehen; infolge ～自愿 freiwillig; aus freiem Antrieb; auf eigene Initiative
出院 chūyuàn aus dem Krankenhaus entlassen werden
出诊 chūzhěn Besuch des Arztes in der Wohnung eines Kranken
出征 chūzhēng in die Schlacht gehen; in den Kampf (ins Feld) ziehen
出众 chūzhòng hervorragend; außergewöhnlich; die anderen übertreffen
出走 chūzǒu Haus und Hof verlassen; das Elternhaus heimlich verlassen
出租 chūzū vermieten; verpachten ～汽车 Taxi; Mietauto

厨(㕑、廚) chú Küche
厨房 chúfáng Küche
厨师 chúshī Koch; Küchenmeister

橱(櫥) chú Schrank
橱窗 chúchuāng 1. Schaufenster 2. Schaukasten
橱柜 chúguì Küchenschrank

除 chú 1. beseitigen; entfernen; ausmerzen; ausrotten ～草 jäten; Unkraut entfernen; Unkrautbekämpfung 2. ausschließen; ausnehmen ～此之外 außerdem; darüber hinaus 3. dividieren; teilen
除法 chúfǎ Division; Teilrechnung
除非 chúfēi 1. nur wenn 2. →除了
除了 chúle 1. neben; außer 2. außer; ausgenommen; außer wenn; ausgenommen wenn
除名 chúmíng jn (js Namen) aus (in) einer Liste streichen; ausschließen; entlassen
除数 chúshù Teiler; Divisor
除外 chúwài ausnehmen; von etw abgesehen; mit Ausnahme des ... (der ..., von etw)
除夕 chúxī Silvester; Silvesterabend

锄(耡) chú 1. Hacke; Haue 2. hacken; (Erdreich) mit einer Hacke bearbeiten ～地 das Feld hacken; den Boden auflockern; die Erde aufhacken 3. beseitigen; ausrotten; tilgen ～奸 feindliche Agenten unschädlich machen; Verräter liquidieren
锄头 chútou Hacke; Haue

刍(芻) chú 1. Heu; Grasfutter; Viehfutter 2. Gras schneiden; mähen
刍议 chúyì meine bescheidene (unmaßgebliche) Meinung

雏(雛) chú Nestling; junger Vogel ～鸡 Kücken
雏形 chúxíng Vorform; Keimzelle; verkleinerter Entwurf

楮 chǔ Papiermaulbeerbaum

储 chǔ →储藏;储存
储备 chǔbèi 1. lagern; aufspeichern 2. Vorrat; Reserve
储藏 chǔcáng 1. speichern; lagern; aufbewahren 2. Ablagerung; Vorkommen ～

室 Speicher; Lagerraum; Vorratskammer
储存 chǔcún etw auf Vorrat legen; speichern; deponieren
储户 chǔhù Einzahler; Hinterleger; Sparеinleger
储量 chǔliàng Vorrat; Reserven
储蓄 chǔxù 1. sparen; einlegen 2. Ersparnisse; Spareinlage
储油罐 chǔyóuguàn Erdölspeichertank; Öltank
楚 chǔ 1. klar; ordentlich 2. Leiden; Schmerz
楚楚 chǔchǔ leuchtend; sauber und ordentlich 衣冠～ elegant gekleidet; geschniegelt und gebügelt
础（礎） chǔ Sockel; Plinthe; Fußplatte
杵 chǔ Stößel; Stampfer; Schlegel
处（處、處、処） chǔ 另见 chù
1. wohnen; hausen; leben 2. sich mit jm vertragen; auskommen (zusammenleben) ～不来 sich nicht vertragen können; mit jm nicht auskommen können 3. →处于 4. →处理 1 5. bestrafen; verurteilen ～以徒刑 jn zu einer Gefängnisstrafe (Freiheitsstrafe, Zuchthausstrafe) verurteilen
处罚 chǔfá strafen; jn mit einer Strafe belegen; Bestrafung
处方 chǔfāng Rezept; Verordnung
处分 chǔfèn maßregeln; bestrafen; eine Disziplinarmaßnahme treffen
处境 chǔjìng Lage; Situation; augenblickliche *Verhältnisse* ～困难 sich in einer verfänglichen Situation befinden
处决 chǔjué das Todesurteil vollstrecken; hinrichten; exekutieren
处理 chǔlǐ 1. behandeln; regeln; erledigen ～日常工作 Routinearbeiten ausführen 2. etw zu reduziertem Preis (unterm Preis) verkaufen ～品 Ramsch 3. behandeln; bearbeiten 热～ Wärmebehandlung
处女 chǔnǚ 1. Jungfrau; Jungfer 2. Erstlings- ～作 Erstlingsarbeit; Erstlingswerk
处女地 chǔnǚdì Neuland; jungfräulicher Boden
处女航 chǔnǚháng Jungferfahrt
处世 chǔshì den Mitmenschen gegenüber eine bestimmte Haltung einnehmen
处暑 chǔshǔ Ende der Hitze (Bezeichnung für den 22., 23. oder 24. August)
处死 chǔsǐ hinrichten; an jm das Todesurteil vollstrecken
处心积虑 chǔ xīn jī lǜ einen hinterlistigen Plan aushecken; mit Griffen und Kniffen; mit aller denkbaren Mitteln
处于 chǔyú sich (in einer bestimmten Lage) befinden ～被动地位 sich in einer passiven Lage befinden
处之泰然 chǔ zhī tài rán ruhig und gelassen bleiben
畜 chù 另见 xù
Haustier; Vieh
畜力 chùlì tierische Kraft; tierische Arbeitskraft
畜生 chùsheng 1. Tier; Vieh; Haustier 2. Sau; Viehskerl
搐 chù
搐动 chùdòng sich verkrampfen; zucken
憷 chù sich fürchten; zurückweichen; ängstlich
矗 chù emporragend; hochragend
矗立 chùlì hochragen; sich erheben; emporragen
处（處、處、処） chù
1. Ort; Platz; Stelle 2. Stelle; Punkt 3. Abteilung; Dienststelle; Amt 总务～ Verwaltungsbüro; Abteilung für allgemeine Angelegenheiten
处处 chùchù überall; allerorts allenthalben; in jeder Hinsicht
处长 chùzhǎng Amtsvorsteher; Chef
黜 chù entlassen; absetzen
黜免 chùmiǎn entlassen; absetzen; jn seines Amtes (Dienstes) entheben
绌 chù nicht ausreichen; ungenügend; unzulänglich
触（觸） chù →触动
触电 chùdiàn einen (elektrischen) Schlag bekommen
触动 chùdòng 1. anstoßen; berühren; antasten 2. bewegen; rühren; anregen; erschüttern ～愁思 durch etw in eine

düstere Stimmung geraten
触犯 chùfàn gegen etw verstoßen; versetzen; antasten; beleidigen
触礁 chùjiāo auf ein Riff auffahren; an den Klippen zerschellen
触角 chùjiǎo Fühler; Fühlhorn
触觉 chùjué Tastsinn; Tastempfindung
触目 chùmù auffallen; ins Auge fallen
触目惊心 chù mù jīng xīn über eine grausige Szene (einen schrecklichen Anblick) bestürzt sein
触怒 chùnù aufbringen; erzürnen; erbosen; jn in Zorn (Wut) bringen

揣 chuāi 另见 chuǎi
etw zu sich stecken; etw bei sich haben (tragen)

揣 chuǎi 另见 chuāi
vermuten; schätzen; annehmen
揣测 chuǎicè vermuten; annehmen
揣度 chuǎiduó abschätzen; Mutmaßungen anstellen

穿 chuān 1. bohren; durchstoßen; durchlöchern 打～ durchstoßen; durchbohren 2. passieren; durchqueren; überqueren 3. auffädeln; einfädeln 4. anziehen; anhaben; tragen
穿插 chuānchā 1. etw abwechselnd machen; dem Turnus gemäß geschehen 2. einbauen; einfügen; einschalten 3. Einschaltung; Episode
穿戴 chuāndài alles, was der Mensch an Kleidern und Schmuckgegenständen trägt; in bestimmter Weise gekleidet sein
穿甲弹 chuānjiǎdàn Panzergranate; Panzergeschoss
穿孔 chuānkǒng durchlöchern; durchbohren; ein Loch bohren; perforieren
穿山甲 chuānshānjiǎ Schuppentier; Pangolin
穿梭 chuānsuō hin- und hereilen; hin- und herpendeln
穿堂风 chuāntángfēng Durchzug; Zugluft
穿孝 chuānxiào Trauerkleidung anlegen; Trauer tragen; sich schwarz kleiden
穿衣镜 chuānyījìng Ankleidespiegel; Garderobenspiegel
穿着 chuānzhuó sich in bestimmter Weise kleiden (anziehen); in bestimmter Weise gekleidet sein; Aufmachung

川 chuān 1. Fluss; Strom 2. Ebene; Flachland
川流不息 chuān liú bù xī ewiges Hin und Her; ständiges Kommen und Gehen; nicht abreißen; ununterbrochen; unaufhörlich

氚 chuān Tritium; Radiowasserstoff; schweres Wasserstoffisotop

传(傳) chuán 另见 zhuàn
1. weitergeben; übermitteln 2. überliefern; vererben 3. lehren; beibringen 4. sich ausbreiten; verbreiten 5. übertragen 6. ausdrücken 7. jn zu sich rufen; jn kommen lassen; vorladen 8. anstecken; infizieren
传播 chuánbō 1. sich ausbreiten; verbreiten; propagieren 2. Verbreitung; Übertragung
传达 chuándá 1. weitergeben; weiterleiten; übermitteln ～命令 einen Befehl weitergeben 2. Anmeldung; Empfang ～室 Pförtnerhaus; Anmeldestelle
传单 chuándān Flugblatt; Flugschrift; Handzettel
传递 chuándì übermitteln; weitergeben; übergeben; überbringen
传动 chuándòng Übertragung; Antrieb; Transmission; Getriebe
传动带 chuándòngdài Treibriemen; Transmissionsriemen
传粉 chuánfěn Bestäubung
传感器 chuángǎnqì Sensor
传呼 chuánhū einen Telefonanruf annehmen und weiterleiten
传话 chuánhuà eine Nachricht mündlich weitergeben; weitererzählen
传教 chuánjiào Mission betreiben; eine religiöse Lehre verbreiten
传教士 chuánjiàoshì Missionar
传票 chuánpiào 1. Vorladung; Vorladungsbefehl 2. Quittung
传球 chuánqiú Ballabgabe
传染 chuánrǎn anstecken; infizieren; verseuchen; übertragen
传染病 chuánrǎnbìng Infektionskrankheit; ansteckende Krankheit
传神 chuánshén lebendig; ausdrucksvoll; naturgetreu; dem Leben abgelauscht
传授 chuánshòu beibringen; lehren; unterweisen; weitergeben

传说 chuánshuō 1. weitererzählen; man sagt; es wurde gesagt 2. Sage; Legende; Überlieferung
传送带 chuánsòngdài Transportband; Förderband; Fließband
传统 chuántǒng Tradition; traditionell; herkömmlich
传闻 chuánwén 1. bekannt werden; sich herumsprechen 2. Gerücht; umlaufendes Gerede; unsichere Nachricht
传讯 chuánxùn jn vor Gericht laden (vorladen)
传阅 chuányuè etw zum Lesen weiterreichen; etw zirkulieren lassen; etw in den Umlauf geben
传真 chuánzhēn 1. lebendige Porträtmalerei; porträtieren 2. Fax ～电报 Funktelegrafie; Bildtelegramm
传真机 chuánzhēnjī Fax-Gerät
传种 chuánzhǒng sein Geschlecht fortpflanzen; die eigene Art fortpflanzen

船(舩) chuán Boot; Schiff
船舶 chuánbó Schiffe
船舱 chuáncāng Schiffsraum
船厂 chuánchǎng Schiffswerft; Werft
船票 chuánpiào Schiffsfahrkarte
船台 chuántái Stapel; Helling
船坞 chuánwù Dock; Werft
船员 chuányuán Schiffsmannschaft; Schiffsbesatzung; Seemann
船长 chuánzhǎng Kapitän; Schiffsführer

椽 chuán Dachsparren; schräger Dachbalken; Sparren
椽子 chuánzi Dachsparren; Sparren

喘 chuǎn 1. keuchen; außer Atem sein; schnaufen 2. Asthma
喘气 chuǎnqì 1. keuchen; schwer atmen; nach Luft ringen (schnappen) 2. Atem schöpfen
喘息 chuǎnxī 1. keuchen 2. Atem schöpfen; sich verschnaufen 3. eine Atempause machen

舛 chuǎn Fehler; Irrtum; falsch; irrtümlich
舛误 chuǎnwù Fehler; Irrtum; falsch; irrtümlich

串 chuàn 1. auffädeln; etw auf einen Faden aufziehen; etw (auf eine Schnur) aufreihen 2. sich mit jm verschwören; mit jm gemeinsame Sache machen 3. in Unordnung geraten 4. hierhin und dorthin gehen 5. auf der Bühne erscheinen 6. Kette; Bund
串联 chuànlián 1. eine Verbindung miteinander anknüpfen, um sich zusammenzuschließen 2. Reihenschaltung; Serienschaltung
串通 chuàntōng sich heimlich mit jm verbinden; sich mit jm zusammentun

钏 chuàn Armband; Armreif

窗(窓、窻) chuāng Fenster; Schaufenster
窗口 chuāngkǒu 1. Fenster 2. Schalter; Schalterfenster; Schalteröffnung
窗框 chuāngkuàng Fensterrahmen
窗帘 chuānglián Fenstervorhang; Gardine
窗台 chuāngtái Fensterbank; Fensterbrett
窗子 chuāngzi Fenster

疮(瘡) chuāng 1. Geschwür; Ulkus 生～ Bildung eines Geschwürs 2. Wunde; Verletzung
疮疤 chuāngbā Narbe
疮口 chuāngkǒu offener Teil eines Geschwürs
疮痍满目 chuāng yí mǎn mù (von einem Land) voller Wunden; überall sieht es verheerend aus

创(創) chuāng 另见 chuàng Wunde
创伤 chuāngshāng Wunde; Verletzung; Trauma 心灵上的～ seelische Schmerzen (Erschütterungen)

幢 chuáng 另见 zhuàng
1. Wimpel 2. mit buddhistischer Inschrift versehene Steinsäule
幢幢 chuángchuáng (von Schatten) hin und her huschen 人影～ hin und her huschende Menschenschatten

床(牀) chuáng 1. Bett; Liegestatt 2. (Zähleinheitswort): 两～被 zwei Steppdecken
床单 chuángdān Bettlaken; Betttuch
床垫 chuángdiàn Matratze
床铺 chuángpù Bett; mit Matratze und Bettzeug versehene Liegestatt
床上用品 chuángshàngyòngpǐn Bettzeug
床头柜 chuángtóuguì Nachttisch

床位 chuángwèi Bett；Schlafstelle
床罩 chuángzhào Tagesbettdecke

闯 chuǎng **1**. stürmen；stürzen **2**. sich einen Weg bahnen
闯荡 chuǎngdàng sein Elternhaus verlassen und sich durchs Leben durchschlagen
闯祸 chuǎnghuò großen Schaden anrichten；Unheil stiften
闯劲 chuǎngjìn Pioniergeist；Eifer，bahnbrechende Taten zu vollbringen

怆（愴） chuàng traurig；voller Kummer；betrübt
怆然 chuàngrán traurig；voller Kummer；betrübt ～泪下 vor Kummer Tränen vergießen

创（創、刱、剏） chuàng 另见 chuāng
gründen；schaffen；einrichten
创办 chuàngbàn gründen；stiften；einrichten
创汇 chuànghuì（dem Staat）Devisen einbringen
创见 chuàngjiàn schöpferische Gedanken；originelle Ideen
创建 chuàngjiàn gründen；errichten；schaffen
创举 chuàngjǔ Pionierarbeit；bahnbrechende Tat
创刊 chuàngkān（eine Zeitung，eine Zeitschrift）gründen ～号 die erste Nummer（einer Zeitung，einer Zeitschrift）
创立 chuànglì gründen；begründen；etw ins Leben rufen；（eine Lehre，eine Theorie）aufstellen
创设 chuàngshè einrichten；etw ins Leben rufen ～一个新基金会 eine neue Stiftung gründen
创始 chuàngshǐ gründen；begründen；schaffen ～人 Begründer；Gründer；Schöpfer；Initiator
创新 chuàngxīn eine bahnbrechende Entwicklung einleiten；eine Neuerung einführen；*Neugestaltung*；*Innovation*
创业 chuàngyè wegbereitende Arbeit leisten；ein Werk beginnen；Existenzgründung ～精神 Gründergeist
创造 chuàngzào schaffen；hervorbringen；erzeugen
创造性 chuàngzàoxìng Schöpfertum；Kreativität
创作 chuàngzuò schaffen；Werk；（ein literarisches künstlerisches Werk）schaffen（verfassen）；schreiben

炊 chuī
炊具 chuījù Küchengeräte
炊事 chuīshì Küchenarbeiten ～员 Koch

吹 chuī **1**. blasen；pusten ～灯 die Lampe（das Licht）ausblasen（auspusten）**2**.（Blasinstrument）spielen ～笛子 auf der Flöte blasen；flöten **3**. blasen；wehen **4**. →吹牛 **5**. misslingen；scheitern 事情～了 die Sache ist geplatzt
吹风 chuīfēng **1**. von der Zugluft eine Erkältung bekommen **2**. sich von der Luft umspielen lassen **3**. die nassen Haare mit dem Fön trocknen **4**. jm vertrauliche Informationen geben；zuflüstern
吹风机 chuīfēngjī Fön；Blasebalg
吹鼓手 chuīgǔshǒu **1**. Trompeter；Hornist **2**. Ausposauner
吹毛求疵 chuī máo qiú cī ein Haar in der Suppe（in etw）finden；ständig etwas auszusetzen haben；an etw stets mäkeln
吹牛 chuīniú mit etw prahlen（protzen）；aufschneiden；den Mund voll nehmen
吹捧 chuīpěng lobhudeln；jn/etw über den grünen Klee loben
吹嘘 chuīxū prahlen；angeben

椎 chuí 另见 zhuī
1. Schlegel **2**. schlagen；klopfen **3**. ungekünstelt；langsam von Begriff
椎心泣血 chuí xīn qì xuè tiefe Trauer empfinden

槌 chuí Schlagstock；Schlegel；Klöppel

垂 chuí **1**.（schlaff）herabhängen；herunterhängen **2**. geruhen；sich zu etw herablassen ～询 sich dazu herablassen，nach etw zu fragen **3**. etw der Nachwelt überliefern 名～千古 unsterblichen Ruhm ernten；der Nachwelt unvergessen bleiben **4**. nahe an；in kurzer Zeit bevorstehend ～老 merkbar alt werden
垂柳 chuíliǔ Trauerweide
垂青 chuíqīng jn bevorzugt behandeln；jm wohlgesinnt（gewogen）sein
垂死 chuísǐ dem Tode nahe sein；vor dem Tod stehen；fast am Sterben sein
垂头丧气 chuí tóu sàng qì mutlos sein；

dem Kopf (die Nase) hängenlassen; niedergeschlagen

垂危 chuíwēi totkrank; sterbenskrank; im Sterben liegen

垂涎 chuíxián jm wässert der Mund nach etw; auf (nach) etw lüstern sein ～三尺 sich alle zehn Finger nach etw lecken

垂线 chuíxiàn Senkrechte; Vertikale; senkrechte Linie; Lotrechte

垂直 chuízhí senkrecht; vertikal; lotrecht

捶(搥) chuí mit der Keule (Faust) auf etw schlagen (klopfen)

锤(鎚) chuí 1. Hammer; Schlegel 2. Gewicht 3. hämmern

锤炼 chuíliàn 1. hämmern; schmieden 2. stählen; abhärten 3. vervollkommnen; feilen

锤子 chuízi Hammer

春 chūn 1. Frühling; Frühjahr; Frühlingszeit 2. →春心 3. Lebenskraft

春分 chūnfēn Frühlings-Tagundnachtgleiche (Bezeichnung für den 20. oder 21. März)

春耕 chūngēng Frühjahrsbestellung

春季 chūnjì Frühling; Frühjahr; Frühlingszeit

春假 chūnjià Frühlingsferien

春节 Chūnjié Frühlingsfest (Bezeichnung für den ersten Tag oder die ersten Tage des ersten Monats nach dem chinesischen Mondkalender)

春天 chūntiān Frühling; Frühlingszeit; Lenz

春心 chūnxīn erotischer Gedanke

春游 chūnyóu Frühlingsausflug

椿 chūn chinesischer Surenbaum

淳 chún 1. natürlich; ungekünstelt 2. ehrlich; rein

淳朴 chúnpǔ einfach; schlicht; ehrlich; redlich

醇 chún 1. vollmundiger (reiner) Wein 2. rein; pur 3. Alkohol

醇和 chúnhé rein; edel

鹑 chún Wachtel

唇(脣) chún Lippe

唇齿相依 chún chǐ xiāng yī miteinander untrennbar verknüpft sein; aufeinander angewiesen sein; von gemeinsamen Interessen zusammengehalten werden

唇膏 chúngāo Lippenstift

唇舌 chúnshé Worte; vielfältiger Wechsel der Meinungen

纯 chún 1. rein; lauter unvermischt ～金 reines (pures, lauteres) Gold; Feingold 2. einfach; bloß; lediglich 3. →纯熟

纯粹 chúncuì rein; echt; pur

纯度 chúndù Reinheit; Reinheitsgrad; Feingehalt

纯洁 chúnjié rein; sauber; Reinheit; Sauberkeit

纯熟 chúnshú geübt; geschickt; gewandt

纯真 chúnzhēn rein; ehrlich; aufrichtig

纯正 chúnzhèng rein; echt; sauber

纯种 chúnzhǒng Vollblut; Vollblüter; reine Rasse; vollblütig

蠢[1] chǔn →蠢动

蠢[2] **(惷)** chǔn dumm; stupid; tölpelhaft ～事 Dummheit; Torheit; törichter Streich

蠢材 chǔncái Dummkopf; Tölpel

蠢蠢欲动 chǔn chǔn yù dòng (vom Feind) zum Angriff ansetzen; (von üblen Elementen) im Begriff sein, eine Untat zu verüben

蠢动 chǔndòng 1. sich wenden; sich schlängeln 2. Störversuche machen; Sabotage treiben

戳 chuō 1. stechen; stoßen 2. bei einem Stoß sich eine Verletzung zuziehen oder schadhaft werden 3. aufrichten

戳穿 chuōchuān 1. durchstechen; durchbohren 2. enthüllen; bloßlegen; aufdecken

戳子 chuōzi Stempel; Siegel

辍 chuò aufhören; einstellen; unterbrechen

辍学 chuòxué die Schule (das Studium) unterbrechen

啜 chuò 1. schluchzen 2. schlürfen; (in kleinen Schlucken) trinken

啜泣 chuòqì schluchzen

绰 chuò 1. geräumig 2. reichlich

绰绰有余 chuò chuò yǒu yú überaus reichlich; in Hülle und Fülle; im Überfluss

绰号 chuòhào Spitzname; Neckname

刺 cī 另见 cì
zischend; pfeifend

疵 cī Makel; Mangel; Fehler

茨 cí 1. (ein Dach) mit Stroh (Schilf) decken 2. Erddorn; Burzeldorn

茨冈人 Cigāngrén Zigeuner

瓷(甆) cí Porzellan

瓷器 cíqì Porzellan; Porzellanwaren; Porzellangegenstände

瓷砖 cízhuān Kachel

慈 cí 1. gütig; barmherzig; liebevoll 2. Mutter ～母 liebevolle Mutter

慈爱 cí'ài liebevoll; gütig; fürsorglich

慈悲 cíbēi Mitleid; Barmherzigkeit; Erbarmen

慈姑 cígu Pfeilkraut

慈善 císhàn gütig; wohltätig; philanthropisch ～活动 Wohltätigkeitsveranstaltung

慈祥 cíxiáng gütig; liebenswürdig

磁 cí 1. Magnetismus; magnetisch 2. Porzellan

磁场 cíchǎng Magnetfeld; magnetisches Feld

磁带 cídài Magnettonband; Magnetband

磁化 cíhuà magnetisieren; Magnetisierung

磁卡 cíkǎ Magnetkarte

磁石 císhí 1. Magnet 2. Magnetit

磁铁 cítiě Magneteisen; Magnet

磁头 cítóu Magnetkopf

磁悬浮列车 cíxuánfú lièchē Magnetschwebebahn; Transrapid

雌 cí weiblich; von weiblichem Geschlecht

雌雄 cíxióng 1. männlich und weiblich 2. Sieg oder Niederlage 决一～ sich zu einer Kraftprobe stellen

辞[1](辭、辤) cí 1. Ausdrucksweise; Redeweise 2. Ci (eine chinesische Literaturgattung) 3. Ci (eine chinesische Gedichtform)

辞[2](辭、辤) cí 1. →辞别 2. →辞职 3. →辞退 4. vor etw zurückweichen; sich vor etw drücken; sich entziehen 不～辛苦 keine Mühe scheuen

辞别 cíbié Abschied nehmen; sich verabschieden

辞书 císhū Wörterbücher; Lexika

辞退 cítuì entlassen; kündigen

辞行 cíxíng Abschied nehmen; sich verabschieden

辞职 cízhí eine Stellung aufgeben; sein Amt niederlegen (abgeben)

词 cí 1. Ausdruck; Äußerung; Rede 2. *Ci* (eine chinesische Poesieform) 3. Wort

词典 cídiǎn Wörterbuch; Lexikon

词法 cífǎ Morphologie; Formenlehre

词根 cígēn Wortwurzel

词汇 cíhuì Wortschatz; Wortbestand

词句 cíjù Wörter und Sätze; Worte; Ausdrücke

词类 cílèi Wortart; Wortklasse

词素 císù Morphem

词尾 cíwěi Suffix; Nachsilbe; Flexionsendung

词序 cíxù Wortstellung; Wortfolge

词语 cíyǔ Wörter und Wendungen

词源 cíyuán Wortherkunft ～学 Etymologie

词缀 cízhuì Affix

词组 cízǔ Wortgruppe; Wortverbindung; Redewendung

祠 cí 1. Ahnentempel; Ahnenhalle; Ahnensaal 2. Opferhalle

祠堂 cítáng 1. Ahnentempel; Ahnenhalle; Ahnensaal 2. Opferhalle

此 cǐ 1. dieser; dies 2. jetzt 3. hier

此后 cǐhòu danach; später; von jetzt (nun) an

此起彼伏 cǐ qǐ bǐ fú hier nachlassen, dort anschwellen; hier und da aufflammen; unaufhörlich

此外 cǐwài außerdem; darüber hinaus; überdies

次 cì 1. Reihe; Reihenfolge; Aufeinanderfolge 依～ der Reihe nach; nacheinander; einer nach dem anderen 2. zweit; nächst; folgend ～日 am nächsten (folgenden) Tag 3. von minderer Qualität; minderwertig; geringwertig 4. hypo- ～氯酸盐 Hypochlorit 5. (Zähleinheitswort) -mal; Mal 初～ zum ersten Mal 6. Herberge; Unterkunft (während einer Reise)

次货 cìhuò minderwertige Ware；Ramsch
次品 cìpǐn mangelhafte Ware；Produkte zweiter Wahl；zweitklassige Ware
次数 cìshù Häufigkeit；Mal
次序 cìxù Reihenfolge；Aufeinanderfolge；Ordnung
次要 cìyào weniger wichtig（bedeutend）；zweitrangig；nebensächlich
次于 cìyú nach etw an zweiter Stelle stehen

刺 cì 另见 cī
1. stechen；Stich ～伤 jn durch einen Stich verwunden；Stochverletzung 2. morden；meucheln；Mordanschlag 遇～ einem Mordanschlag zum Opfer fallen；meuchlerisch überfallen werden 3. Dorn；Stachel 鱼～ Fischgräte
刺刀 cìdāo Bajonett；Seitengewehr
刺耳 cì'ěr durchdringend laut；schrill；grelltönend；misstönig；dissonant
刺骨 cìgǔ ins Mark dringen；beißend；schneidend
刺激 cìjī 1. anreizen；anregen；stimulieren 2. erregen；reizen；erschüttern
刺客 cìkè Mörder；Attentäter；Meuchelmörder
刺杀 cìshā 1. erstechen；jn meuchlings töten；ein Attentat auf jn verüben 2. bajonettieren；Bajonettgefecht
刺探 cìtàn ausspionieren；auskundschaften
刺猬 cìwei Igel
刺绣 cìxiù sticken；Stickerei
刺眼 cìyǎn（die Augen）blenden；blendendhell；grell；knallig；auffällig

赐 cì 1. gewähren；verleihen；schenken 请即～复 um eine baldige Antwort wird gebeten 2. Geschenk

伺 cì 另见 sì
伺候 cìhou bedienen；aufwarten

聪（聰） cōng 1. Gehörsinn；Hörvermögen 2. mit scharfem Gehör
聪明 cōngming klug；begabt；intelligent

匆（忽、悤） cōng eilig；hastig；schnell
匆促 cōngcù hastig；eilig；in Eile；Hast；schnell
匆忙 cōngmáng eilig；hastig；in Eile

葱（蔥） cōng 1. Lauch 2. frischgrün；zartgrün
葱翠 cōngcuì frischgrün；zartgrün；lauchgrün
葱茏 cōnglóng mit üppigem Grün bedeckt sein；üppig wachsen（wuchern）
葱绿 cōnglǜ lauchgrün；zartgrün；leuchtendes Grün
葱花 cōnghuā feingeschnittener Porree/Schnittlauch

从（從） cōng 另见 cóng
从容 cōngróng 1. ruhig；gemächlich；gelassen ～不迫 mit Ruhe und Gleichmut 2. genügend；reichlich；freigiebig 时间很～ wir haben genug Zeit

淙 cóng
淙淙 cóngcóng gurgeln；glucksen；kluckern 溪水～ der Bach plätschert

从¹（從） cóng 另见 cōng
1. folgen；hinter jm hergehen 2. nachgeben；gehorchen；befolgen 力不～心 trotz besten Willens etw nicht erreichen 3. →从事 4. Weise（des Handelns）；Verfahren（bei einem Tun）～俭 dem Prinzip der Wirtschaftlichkeit entsprechend 5. sekundär；untergeordnet；nebensächlich ～犯 Mittäter；Helfershelfer；Komplize；Tatgenosse 6. stammverwandt, aber nicht blutsverwandt ～兄 Vetter

从²（從） cóng 另见 cōng
1. von ... an（aus）～上到下 von oben bis unten ～现在起 von jetzt（nun）an 2. durch ... hindurch；über ... hinweg；an ... vorbei ～桥上走过 über die Brücke gehen 3. →从来 ～未有过 noch nie dagewesen；nie gekannt
从此 cóngcǐ von da（nun）an；seitdem
从而 cóng'ér und so；infolgedessen；deshalb
从军 cóngjūn in die Armee eintreten；zum Militär gehen
从来 cónglái immer；schon immer；seit jeher
从前 cóngqián früher；einst；ehemals
从事 cóngshì 1. sich mit etw beschäftigen（befassen）；betreiben；nachgehen 2. behandeln
从属 cóngshǔ untergeordnet ～关系 Abhängigkeitsverhältnis

从小 cóngxiǎo von klein auf；von Kindheit an

丛（叢、藂） cóng 1. sich ansammeln；sich anhäufen 2. Buschwerk；Gestrüpp；üppiges Gras 3. Sammlung；Menschenmenge

丛林 cónglín 1. dichter Wald；Dschungel 2. buddhistisches Mönchskloster

丛生 cóngshēng 1. wuchern；überwuchern 2.（von verschiedenen Krankheiten oder Problemen）fast gleichzeitig auftreten

丛书 cóngshū Buchreihe；Schriftenreihe

凑（湊） còu 1. sammeln；zusammenbringen；zusammentragen 2. bei passender Gelegenheit；zufälligerweise ～热闹 sich an einem Gesellschaftsspiel（an einer geselligen Unterhaltung）beteiligen 3. jm noch mehr Unannehmlichkeiten bereiten 4. sich nähern；näher an etw（an js Seite）rücken ～到耳朵边说 jm etw ins Ohr flüstern

凑合 còuhe 1. sich versammeln；zusammenkommen 2. zusammenschustern；zusammenwürfeln 3. sich behelfen；vorliebnehmen

凑巧 còuqiǎo erfreulicherweise；zu allem Unglück

凑数 còushù die Zahl vollmachen；als Behelf dienen；als Ersatz einspringen

粗（觕、麤、麄） cū 1. dick；massiv 2. grob；rau 3. tief；dumpf 4. nachlässig；oberflächlich；unachtsam 5. unfein；ordinär；pöbelhaft 6. ein bisschen；gering

粗暴 cūbào grob；roh；rücksichtslos

粗糙 cūcāo 1. grob；rau 2. nachlässig；oberflächlich

粗纺 cūfǎng Grobspinnen

粗话 cūhuà grobe Worte；gemeine Ausdrücke；ordinäre Redensart

粗活 cūhuó ungelernte Arbeit

粗鲁 cūlǔ grob；roh；unerzogen

粗浅 cūqiǎn oberflächlich；flüchtig；simpel

粗纱 cūshā Grobgarn

粗俗 cūsú vulgär；grob；ordinär

粗细 cūxì 1. Umfang；Dicke；Stärke 2. Qualität der Arbeit

粗心 cūxīn unachtsam；unbedacht；unüberlegt

粗野 cūyě grob；flegelhaft；rüpelhaft

粗枝大叶 cū zhī dà yè nachlässig；schluderig；ohne die geringste Sorgfalt

粗制滥造 cū zhì làn zào schlampen；Schluderarbeit leisten；sich nur auf Quantität konzentrieren

粗壮 cūzhuàng 1. stämmig；gedrungen 2. dick und fest 3. kräftig；lautklingend

卒 cù 另见 zú

卒中 cùzhòng Schlaganfall；Gehirnschlag；Apoplexie

猝 cù plötzlich；unerwartet；unvermutet ～不及防 ganz unvorbereitet getroffen werden

猝然 cùrán plötzlich；unerwartet；überraschend

簇 cù 1. Menge von neben- oder aufeinanderliegenden Dingen；Haufen；Anhäufung 2.（Zähleinheitswort）Haufen；Anhäufung 一～花 ein Blumenbusch

簇新 cùxīn ganz neu；funkelnagelneu；brandneu

簇拥 cùyōng umgeben；umringen；umdrängen

醋 cù 1. Essig 2. Eifersucht

醋精 cùjīng Essigessenz

醋酸 cùsuān Essigsäure

醋意 cùyì Eifersucht

蹙 cù 1. dringend；bedrängt；bedrohlich 2. runzeln；zusammenziehen ～额 die Stirn runzeln

促 cù 1. dringend；eilig；kurz 2. drängen；vorantreiben；fördern 3. dicht；nahe

促成 cùchéng dazu beitragen（jm verhelfen），etw zustande zu bringen

促进 cùjìn fördern；vorantreiben；anspornen

促使 cùshǐ veranlassen；anregen；bewirken

促膝谈心 cù xī tán xīn im vertraulichen Gespräch beisammensitzen；sich offen unterhalten

促销 cùxiāo Verkaufsförderung；Promotion ～的 verkaufsfördernd

撺（攛） cuān 1. werfen；schleudern 2. etw übereilt erledigen 3. zornig werden；in Wut geraten

撺掇 cuānduo anfeuern; anstiften; anstacheln

蹿（躥） cuān 1. hochspringen; in die Höhe springen (schnellen) 2. hervorquellen; hervorbrechen

镩（鑹） cuān Eispickel ～冰 Aufhacken von Eis

汆 cuān etw in siedendem Wasser kurz kochen

攒（欑） cuán 另见 zǎn zusammenbringen; zusammen legen; zusammenbasteln

窜（竄） cuàn 1. fliehen; davonlaufen 2. →窜改

窜犯 cuànfàn überfallen; eindringen; einfallen

窜改 cuàngǎi abändern; verfälschen

窜逃 cuàntáo davonlaufen; sich aus dem Staube machen; die Flucht ergreifen

篡 cuàn usurpieren; etw gewaltsam an sich reißen

篡夺 cuànduó usurpieren; etw an sich reißen; sich etw unrechtmäßig aneignen

篡改 cuàngǎi verfälschen; verdrehen; entstellen

篡位 cuànwèi den Thron usurpieren

崔 cuī

崔嵬 cuīwéi 1. felsige Höhen; felsiger Berg 2. hoch aufragend

摧 cuī zerstören; vernichten

摧残 cuīcán ruinieren; jn/etw zugrunde richten; jn in Verderben stürzen

摧毁 cuīhuǐ zerstören; zerschlagen; vernichten

催 cuī →催促

催促 cuīcù jn zu etw drängen (antreiben)

催肥 cuīféi mästen

催泪弹 cuīlèidàn Tränengasgranate; Tränengasbombe

催眠 cuīmián hypnotisieren

催眠曲 cuīmiánqǔ Wiegenlied; Schlummerlied; Schlaflied

催眠术 cuīmiánshù Hypnose; Hypnotismus; Hypnotik

淬（焠） cuì abschrecken; härten

淬火 cuìhuǒ abschrecken; härten

瘁 cuì erschöpft; durch zuviel Arbeit überanstrengt 心力交～ sich eine zu große körperliche und geistige Überanstrengung zugemutet haben

粹 cuì 1. rein pur; unvermischt 2. Essenz; Elite

萃 cuì 1. zusammenkommen; sich versammeln 2. Menge (von Menschen od. Dingen)

萃取 cuìqǔ extrahieren; Extraktion

啐 cuì 1. ausspucken; ausspeien 2. Pfui!

翠 cuì 1. smaragdgrün; zartgrün ～竹 zartgrüner Bambus 2. Eisvogel 3. Jadeit

翠绿 cuìlǜ smaragdgrün; zartgrün

脆（脃） cuì 1. zerbrechlich; mürbe; brüchig; spröde 2. knusprig; knackig; bröckelig 3. wohlklingend und deutlich vernehmbar 4. unverzüglich und klug (handeln)

脆弱 cuìruò schwach; gebrechlich; zart

村（邨） cūn →村庄

村长 cūnzhǎng Dorfvorsteher

村庄 cūnzhuāng Dorf; Weiler; Siedlung

皴 cūn rissig; aufgesprungen

存 cún 1. existieren; leben 父母俱～ beide Eltern leben noch 2. aufspeichern; lagern; zurücklegen ～粮 Lagerung von Getreide; Getreidevorräte anlegen 3. deponieren; hinterlegen ～钱 Geld deponieren; eine Einzahlung vornehmen 4. →存放 5. behalten; etw bestehen lassen; etw auf sich beruhen lassen ～疑 eine Frage offenlassen; etw vorerst nicht weiterverfolgen 6. als Rest zurückbleiben; übrig bleiben 净～二百元 es blieb ein Überschuss von 200 Yuan übrig 7. hegen; haben 不～任何顾虑 keinerlei Bedenken hegen

存储器 cúnchǔqì Informationsspeicher

存单 cúndān Depositenschein; Einzahlungsquittung

存放 cúnfàng aufbewahren; lagern;

C

speichern；unterbringen；hinterlegen

存根 cúngēn Kontrollabschnitt；Quittungstalon；Talon

存户 cúnhù Einzahler；Kontoinhaber

存货 cúnhuò Warenbestand

存款 cúnkuǎn Spareinlagen；Bankguthaben 活期～ Sichteinlage；laufendes Konto；laufende Einlage 定期～ Termineinlage；befristete Einlage

存心 cúnxīn 1. bestimmte Absichten hegen ～不良 aus böser Absicht；etwas Böses gegen jn führen 2. absichtlich；vorsätzlich；mit Absicht

存在 cúnzài 1. bestehen；existieren；vorhanden sein 2. Sein；Existenz；Vorhandensein ～决定意识 das Sein bestimmt das Bewusstsein

存在主义 cúnzài zhǔyì Existentialismus；Existentialphilosophie

存折 cúnzhé Sparbuch；Sparkassenbuch

忖

cǔn abwägen；überlegen；nachdenken

忖度 cǔnduó abwägen；überlegen；vermuten

寸

cùn 1. *Cun* （chinesisches Längenmaß：1/3 Dezimeter） 2. wenig；kurz；klein

寸步不离 cùn bù bù lí jm auf Schritt und Tritt folgen

寸土必争 cùn tǔ bì zhēng um jeden Fußbreit （Zollbreit） Boden kämpfen

吋

cùn Zoll；Inch

磋

cuō konsultieren；Meinungen （Gedanken） austauschen

磋商 cuōshāng etw mit jm besprechen；mit jm Rücksprache halten

搓

cuō sich die Hände reiben；etw （zwischen den Händen） drehen

搓板 cuōbǎn Waschbrett

蹉

cuō

蹉跎 cuōtuó seine Zeit vergeuden （vertrödeln）；die Zeit totschlagen 岁月～ seine Lebensjahre in Müßiggang verbringen

撮

cuō 另见 zuǒ

1. zusammenbringen 2. zusammenschaufeln；zusammenscharren；zusammenkehren ～了一簸箕沙 eine Kehrichtschaufel voll Sand an eine bestimmte Stelle hingeschafft haben 3. etw mit den Fingern nehmen 4. Exzerpte aus etw machen 5. chinesisches Hohlmaß：1 Milliliter 6. （als Zähleinheitswort） eine Handvoll；ein bisschen

撮合 cuōhe verkuppeln；zusammenbringen；vermitteln

嵯

cuó

嵯峨 cuó'é hoch und steil

痤

cuó

痤疮 cuóchuāng Akne

措

cuò →措置

措辞 cuòcí Ausdrucksweise；Formulierung

措施 cuòshī Maßnahme；Schritt；Maßregel

措手不及 cuò shǒu bù jí völlig unvorbereitet sein und sich nicht wehren （ausweichen） können；völlig überraschend

措置 cuòzhì behandeln；arrangieren；anordnen ～得当 etw geschickt anpacken

错

cuò 1. →错杂 2. Reibung zwischen zwei Gegenständen ～牙 mit den Zähnen knirschen 3. zwei Angelegenheiten nicht gleichzeitig，sondern hintereinander regeln；verpassen；versäumen ～车 （von zwei Wagen，die aus entgegengesetzter Richtung fahren） aneinander vorbeifahren ～过机会 eine Gelegenheit versäumen 4. sich irren 算～ sich verrechnen；Fehlrechnung 5. Irrtum；Fehler 这是我的～ da habe ich mich geirrt 6. schlecht 今年的收成～不了 in diesem Jahr werden wir sicherlich eine gute Ernte haben

错别字 cuòbiézì falsch geschriebenes Schriftzeichen；orthographischer Fehler

错怪 cuòguài etw in den falschen Hals kriegen；jn zu Unrecht tadeln

错觉 cuòjué falscher Eindruck；falsche Vorstellung；Einbildung；Sinnestäuschung

错乱 cuòluàn durcheinander；verwirrt；konfus 精神～ geistesgestört；irrsinnig；wahnsinnig

错误 cuòwù 1. falsch；irrtümlich；verkehrt ～观点 falsche Ansichten；falsche Anschauung 2. Irrtum；Fehler 改正～ Fehler korrigieren

错杂 cuòzá aus Ungleichartigem zusammengesetzt；verschiedenartig vermischt

错综复杂 cuò zōng fù zá vielfältig verknüpft；kompliziert；verwickelt

挫 cuò 1. → 挫折 2. unterdrücken；dämpfen

挫败 cuòbài 1. vereiteln；durchkreuzen；etw scheitern lassen 遭受～ eine Niederlage erleiden 2. etw zunichte machen；unterdrücken；niederhalten

挫伤 cuòshāng 1. sich prellen；Prellungen erleiden 2. dämpfen；entmutigen；hemmen ～积极性 den Enthusiasmus dämpfen

挫折 cuòzhé Rückschlag；Fehlschlag；Misserfolg

锉 cuò 1. Feile 2. feilen；abfeilen

锉刀 cuòdāo Feile

D

褡 dā

褡裢 dālián 1. Beutelgurt（aus zwei Beuteln bestehender Hüft- oder Schultergurt）2. Sportbekleidung für Ringkämpfer

搭 dā 1. bauen；errichten；aufstellen ～桥 eine Brücke schlagen 2. aufhängen 3. sich berühren；anknüpfen；Verbindung herstellen ～上关系 Beziehungen mit jm anknüpfen；mit jm Kontakt aufnehmen（herstellen）4. hinzufügen；hinzutun；zusammenbringen 5.（zu zweit oder mehreren）tragen 6. per（Zug，Schiff，Flugzeug）fahren ～轮船到上海 mit dem Dampfer nach Shanghai fahren

搭伴 dābàn begleiten；mitgehen；sich jm anschließen

搭伙[1] dāhuǒ →搭伴

搭伙[2] dāhuǒ regelmäßig in der Mensa oder Kantine essen

搭救 dājiù jm zu Hilfe kommen；retten；bergen

搭配 dāpèi（von verschiedenen Dingen）in einem bestimmten Verhältnis zueinander stehen；zusammenpassen；（von verschiedenen Menschen oder Dingen）jn/etw paarweise（gruppenweise）zusammenstellen；kombinieren

搭腔 dāqiāng 1. an js Worte anknüpfen；erwidern；reagieren 2. miteinander sprechen

搭讪 dāshàn 1. mit einem Unbekannten ins Gespräch kommen 2. etwas sagen，um die Verlegenheitspause zu überbrücken

嗒（噠） *dā（klappernde，knatternde* oder trappelnde Geräusche）：～～的马蹄声 Hufschläge；Getrappel der Pferde

答（荅） dā 另见 dá

antworten；erwidern；entgegnen

答应 dāying 1. antworten；erwidern 2. einwilligen；versprechen；zustimmen

耷 dā mit großen Ohren

耷拉 dāla herabhängen；herabsinken

瘩 dá

瘩背 dábèi Rückengeschwür；Rückenkarbunkel

达（達） dá 1. →达到 2. etw zum Ausdruck bringen；weitergeben 词不～意 der Ausdruck ist schief / diese Äußerung trifft nicht zu 3. hochgestellt；von hohem Rang ～官 hoher Beamter；Würdenträger

达标 dábiāo den Kriterien genügen

达成 dáchéng erzielen；erreichen；erlangen ～协议 eine Vereinbarung treffen；eine Übereinstimmung erzielen

达到 dádào gelangen；erreichen ～目的 das Ziel erreichen

达尔文主义 Dá'ěrwén zhǔyì Darwinismus

达因 dáyīn Dyn

鞑（韃） dá

鞑靼 Dádá Tatar

打 dá 另见 dǎ

（Zähleinheitswort）Dutzend 一～铅笔 ein Dutzend Bleistifte

答（荅） dá 1. antworten；erwidern；entgegnen 2. erwidern；vergelten；sich bei jm für etw revanchieren

答案 dá'àn Lösung；Schlüssel

答辩 dábiàn sich verteidigen；sich rechtfertigen；jm Rede und Antwort stehen；Verteidigung

答词 dácí Dankesworte

答复 dáfù antworten；beantworten；Antwort

答话 dáhuà antworten；erwidern；eine Antwort geben

答数 dáshù Resultat；Ergebnis；Lösung

答谢 dáxiè jm seinen Dank abstatten；sich

erkenntlich zeigen

沓 dá Stapel; Stoß 一～信纸 ein Stapel Briefbogen

打[1] dǎ 另见 dá

1. schlagen; klopfen ～门 an die Tür klopfen ～鼓 die Trommel schlagen (rühren) 2. kaputtgehen; entzweigehen 碗～了 die Schüssel ist zerbrochen 3. schlagen; prügeln; angreifen ～嘴巴 jm eine Ohrfeige geben 4. bauen; errichten ～墙 eine Mauer errichten (bauen) 5. herstellen; anfertigen ～刀 Messer herstellen 6. binden; zusammenbinden; packen; zusammenpacken ～包裹 einpacken; bündeln; etw zu einem Paket zusammenschnüren 7. flechten; stricken; wirken ～毛衣 einen Pullover stricken (häkeln) 8. zeichnen; kennzeichnen; entwerfen ～格子 Linien ziehen; karieren ～个问号 ein Fragezeichen setzen 9. aufmachen; öffnen; graben; ausheben ～开盖子 einen Deckel aufmachen (abnehmen) ～井 einen Brunnen graben (anlegen) 10. tragen; aufheben ～伞 einen Schirm tragen ～起精神 sich aufraffen; sich zusammenraffen 11. senden; abgeben ～炮 ein Geschütz abfeuern ～电话 telefonieren ～报告 einen Bericht abfassen; ein Gesuch einreichen 12. ausstellen; etw ausstellen lassen ～收条 jm eine Empfangsbescheinigung (Quittung) ausstellen 13. entfernen; fortschaffen; abbauen ～老叶 welke Blätter abreißen 14. etw holen gehen ～水 Wasser schöpfen ～柴 Reisig (Brennholz) sammeln 15. kaufen ～酒 Wein kaufen 16. fangen; jagen ～鱼 Fische fangen; Fischfang 17. planen; berechnen ～草稿 einen Entwurf anfertigen (ausarbeiten) ～主意 einen Entschluss fassen; auf etw rechnen; auf etw aus sein 18. machen; verrichten; sich mit etw beschäftigen ～短工 im Tagelohn arbeiten ～游击 ⓐ als Partisan kämpfen; einen Guerillakampf führen ⓑ keine feste Arbeitsstätte (Wohnung, Schlafstelle) haben 19. spielen ～扑克 Karten spielen ～秋千 schaukeln 20. Bewegungen ausführen ～手势 mit den Händen und Armen Gesten machen; jm etw durch Gebärdensprache klarmachen ～哈欠 gähnen ～喷嚏 niesen 21. anführen; heranziehen ～比喻 ein Beispiel anführen; jm etw durch einen Vergleich anschaulich machen

打[2] dǎ 另见 dá

seit; aus; vor ～今儿起 von nun an; von heute ab

打靶 dǎbǎ auf eine Zielscheibe schießen; Zielschießen; Übungsschießen ～场 Schießplatz

打败 dǎbài 1. schlagen; besiegen; bezwingen 2. eine Niederlage erleiden

打扮 dǎban 1. schmücken; sich schönmachen; Aufmachung ～入时 sich modisch kleiden

打包 dǎbāo einpacken; Packen von Ballen ～机 Ballenpresse; Packpresse

打岔 dǎchà 1. unterbrechen; jm ins Wort fallen 2. jn von seinem eigentlichen Thema ablenken

打倒 dǎdǎo niederschlagen; niederwerfen; stürzen

打动 dǎdòng bewegen; ergreifen; rühren

打赌 dǎdǔ wetten; mit jm eine Wette eingehen (abschließen)

打盹儿 dǎdǔnr dösen; schlummern; ein Nickerchen machen; ein Schläfchen halten

打发 dǎfa 1. senden; schicken 2. wegschicken; jn kurz (barsch) abfertigen 3. verbringen; zubringen ～时间 sich die Zeit vertreiben

打嗝儿 dǎgér 1. einen Schluckauf haben 2. aufstoßen; rülpsen

打滚 dǎgǔn sich wälzen; sich rollen

打鼾 dǎhān schnarchen

打夯 dǎhāng feststampfen; festrammen

打滑 dǎhuá rutschen; gleiten; glitschen

打火机 dǎhuǒjī Feuerzeug

打击 dǎjī 1. schlagen 2. angreifen; bekämpfen; jm einen Schlag versetzen ～报复 Vergeltung üben; sich revanchieren; Repressalien ergreifen (anwenden)

打架 dǎjià sich schlagen; sich prügeln; sich raufen; sich balgen

打交道 dǎ jiāodao Verkehr mit jm pflegen; Umgang mit jm haben; mit jm verkehren; mit jm Beziehungen haben; mit jm/etw zu tun haben

打搅 dǎjiǎo stören; belästigen

打结 dǎjié einen Knoten in etw machen

(schlingen); eine Schleife binden
打开 dǎkāi 1. öffnen; aufmachen; aufschlagen 2. anschalten; andrehen 3. entfalten; erweitern ～僵局 den toten Punkt überwinden; einen Ausweg aus der Sackgasse finden; das Eis brechen
打垮 dǎkuǎ zerschlagen; zerschmettern; niederschlagen
打捞 dǎlāo etw aus dem Wasser ziehen; herausfischen; bergen
打雷 dǎléi donnern
打量 dǎliang mustern; betrachten; abschätzen
打猎 dǎliè auf die Jagd gehen
打牌 dǎpái Karten spielen
打破 dǎpò 1. zerbrechen; zerschlagen; kaputtmachen 2. überwinden; mit etw brechen ～常规 mit Konventionen brechen
打破沙锅问到底 dǎpò shāguō wèn dào dǐ jm ein Loch in den Bauch fragen
打气 dǎqì 1. aufpumpen 2. jm Mut machen; ermutigen
打气筒 dǎqìtǒng Luftpumpe
打球 dǎqiú Ball spielen
打拳 dǎquán sich im (chinesischen) Boxen üben
打扰 dǎrǎo →打搅
打扫 dǎsǎo reinigen; säubern; aufräumen; wegfegen
打伤 dǎshāng verwunden
打手 dǎshou Handlanger; Büttel
打死 dǎsǐ erschlagen; töten
打算 dǎsuan 1. planen; vorhaben; beabsichtigen; sich etw vornehmen 处处为人民～ stets auf die Interessen der Volksmassen bedacht sein 2. Vorhaben; Vorsatz
打碎 dǎsuì 1. zerbrochen sein 2. zertrümmern; zerschlagen; zerbrechen ～精神枷锁 geistige Fesseln zerschlagen
打铁 dǎtiě Eisen schmieden; als Schmied arbeiten
打听 dǎting sich erkundigen; sich nach etw umhören; nach jm/etw fragen ～消息 Nachrichten (Informationen) einholen
打退 dǎtuì zurückschlagen; abwehren
打消 dǎxiāo aufgeben; fallenlassen; vertreiben; verjagen ～顾虑 Bedenken (Befürchtungen) zerstreuen
打印机 dǎyìnjī Drucker
打仗 dǎzhàng kämpfen; Krieg führen; eine Schlacht schlagen
打招呼 dǎ zhāohu 1. grüßen; sich einander begrüßen 2. jm etw vorher mitteilen
打折扣 dǎ zhékòu 1. Rabatt geben (gewähren); ermäßigen; Abstriche machen 2. einer Verpflichtung nicht vollständig nachkommen
打针 dǎzhēn eine Spritze (Injektion) geben; einspritzen; injizieren
打转 dǎzhuàn sich im Kreise bewegen (drehen); kreiseln; rotieren
打桩 dǎzhuāng verpfählen; Pfähle einrammen
打字 dǎzì tippen; Maschine schreiben ～员 Maschinenschreiber ～机 Schreibmaschine

大 dà 另见 dài

1. groß; hoch; riesig ～树 hoher Baum ～火 verheerender Brand ～丰收 reiche Ernte ～发展 stürmische Entwicklung 2. Größe 像豆粒一般～ bohnengroß 3. sehr; höchst; in großem Umfang (Maße) ～红 strahlend rot; scharlachrot ～吃一惊 einen großen Schreck bekommen 4. der (die) Erste der Geschwister (nach der altersmäßigen Reihenfolge) ～儿子 der älteste Sohn 5. bejahrter Mensch 一家～小 die ganze Familie 6. (zum Ausdruck der Hochachtung): ～札 Ihr geschätztes Schreiben 7. (vor Begriffen im Zusammenhang mit der Tages-, Jahres- oder Festzeit; zur Betonung): ～年初一 der erste Tag des (chinesischen) Frühlingsfestes
大半 dàbàn 1. zum Großteil; in der Mehrzahl 2. wahrscheinlich; vermutlich
大便 dàbiàn 1. Stuhlgang; Stuhl; Kot 2. seine große Notdurft verrichten; sein großes Geschäft verrichten; großmachen
大饼 dàbǐng Fladen; flacher Pfannkuchen
大材小用 dà cái xiǎo yòng einen talentvollen Menschen zu einer Aufgabe einsetzen, die ihm nicht liegt
大肠 dàcháng Dickdarm ～杆菌 Kolibakterien
大车 dàchē 1. Fuhrwerk; Lastkarren 2. Chefmechaniker 3. Lok-Führer
大臣 dàchén Minister; hoher (kaiserlicher oder königlicher) Beamter
大葱 dàcōng chinesischer Porree
大胆 dàdǎn tapfer; mutig; kühn; dreist ～

革新 kühne Neuerung
大地 dàdì Erde; Mutter Erde; Erdball; Erdboden 阳光普照～ über der Erde liegt Sonne
大豆 dàdòu Sojabohne
大度 dàdù großzügig; großherzig; tolerant
大队 dàduì 1. eine dem Bataillon bzw. Regiment entsprechende Truppeneinheit 2. Geschwader 3. Produktionsbrigade (einer Volkskommune)
大多 dàduō meist; größtenteils
大多数 dàduōshù große (überwiegende) Mehrheit; Großteil; die meisten 团结～人 die große Mehrheit für sich gewinnen
大方 dàfang 1. großzügig; freigebig; gebefreudig 2. ungezwungen; zwanglos 举止～ sich unbefangen verhalten 3. stillvoll; geschmackvoll 颜色～ in der Farbe geschmackvoll sein
大粪 dàfèn menschlicher Kot; menschliche Fäkalien; menschliche Exkremente
大腹便便 dà fù pián pián dickbäuchig dickwanstig; feist
大概 dàgài 1. knapper Überblick 说个～ etw in großen Zügen darstellen 2 ungefähr; grob ～的印象 ein ungefähres Bild 3. wahrscheinlich
大纲 dàgāng Grundriss; Abriss; Überblick 教学～ Lehrprogramm
大公无私 dà gōng wú sī selbstlos; nicht auf seinen eigenen Vorteil, sondern stets auf die soziale Gerechtigkeit bedacht sein
大锅饭 dàguōfàn Kantinenverpflegung; Kantinenessen 吃～ jeder bekommt seinen Teil ab, egal, ob er was geleistet hat
大国 dàguó großes Land; Großmacht ～沙文主义 Großmachtchauvinismus
大海捞针 dà hǎi lāo zhēn etw/jn suchen wie eine Stecknadel
大寒 dàhán Große Kälte (Bezeichnung für den 20. oder 21. Januar)
大好 dàhǎo sehr gut; ausgezeichnet; äußerst günstig ～形势 ausgezeichnete Lage
大亨 dàhēng Wirtschaftsmagnat; ein hohes Tier
大话 dàhuà große Worte; Aufschneiderei; Prahlerei 说～ Prahlen; große Worte im Munde führen
大会 dàhuì 1. Generalversammlung; Konferenz; Kongress 联合国～ UNO-Vollversammlung 2. Massenversammlung; Kundgebung 庆祝～ Festversammlung
大计 dàjì großangelegtes Projekt; Großvorhaben 国家～ staatliche Planung
大家[1] dàjiā 1. Meister seines Faches; Kapazität; Nestor ～手笔 Handschrift eines berühmten Kalligraphen; Werk eines großen Dichters; Arbeit eines bekannten Malers 2. alle; allesamt
大家[2] dàjiā vornehme Familie
大奖赛 dàjiǎngsài Grand-Prix-Wettbewerb; Contest; Grand-Tourisme-Rennen
大将 dajiàng 1 Armeegeneral 2. hoher Offizier 3. js engster Helfer; die rechte Hand von jm
大街 dà jiē Straße; Hauptstraße
大惊小怪 dà jīng xiǎo guài über eine unbedeutende Sache bestürzt sein; viel Lärm um nichts
大局 dàjú Gesamtsituation; allgemein herrschende Lage 顾全～ die Gesamtsituation im Auge haben
大楷 dàkǎi 1. große Normalschrift (in der chinesischen Kalligraphie) 2. Kapitalschrift; Kapitälchen; Großbuchstaben
大考 dàkǎo Semesterprüfung; Abschlussexamen
大理石 dàlǐshí Marmor
大力 dàlì tatkräftig; energisch ～支持 jn tatkräftig unterstützen
大力士 dàlìshì Herkules; Kraftmensch
大量 dàliàng 1. große Anzahl; große Menge ～生产 Massenproduktion 2. großmütig; freimütig; weitherzig
大陆 dàlù Kontinent; Festland
大麻 dàmá 1. Hanf 2. Marihuana; Haschisch
大麦 dàmài Gerste
大门 dàmén Haupteingang; Haupttor
大名 dàmíng 1. (Ihr) werter Name 2. Ruf; Ruhm ～鼎鼎 prominent; berühmt; weit und breit bekannt
大脑 dànǎo Gehirn; Großhirn; Gerebrum ～皮层 Großhirnrinde
大批 dàpī 1. eine große Anzahl; in großer Menge 2. Massenkritik
大气压 dàqìyā Luftdruck; atmosphärischer Druck
大人 dàrén 1. Erwachsene(r) 2. (veraltete Anrede an höhere Beamte) Euer (Ihre) Gnaden
大人物 dàrénwù große (bedeutende) Persönlichkeit; großes (hohes) Tier
大扫除 dàsǎochú Großreinemachen

大赦 dàshè Amnestie；allgemeine Begnadigung
大师 dàshī 1. Meister；Kapazität；Maestro 2. Ehrwürdiger Lehrer（höfliche Anrede für einen buddhistischen Mönch）艺术～ großer Künstler
大使 dàshǐ Botschafter 特命全权～ außerordentlicher und Bevollmächtigter Botschafter ～馆 Botschaft
大事 dàshì große Sache；wichtige Angelegenheit；bedeutendes Ereignis 国家～ Angelegenheiten des Staates；große Staatsgeschäfte
大事记 dàshìjì Chronologie der Ereignisse
大手大脚 dà shǒu dà jiǎo großen Aufwand machen；ein luxuriöses Leben führen；verschwenderisch
大暑 dàshǔ Große Hitze（Bezeichnung für den 22., 23. oder 24. Juli）
大水 dàshuǐ Hochwasser；Überschwemmung
大肆 dàsì willkürlich；rücksichtslos；maßlos；zügellos
大蒜 dàsuàn Knoblauch
大提琴 dàtíqín Violoncello；Cello
大体 dàtǐ 1. Grundsätze；wichtige Prinzipien 识～ an einem allgemeingültigen Prinzip festhalten；Gesamtinteressen im Auge haben 2. im Großen und Ganzen；im Wesentlichen
大田 dàtián Ackerland；Ackerfeld ～作物 Ackerbaukulturen；Feldfrüchte
大厅 dàtīng Saal；Halle
大庭广众 dà tíng guǎng zhòng in（vor）aller Öffentlichkeit；vor aller Augen
大头针 dàtóuzhēn Stecknadel
大腿 dàtuǐ Oberschenkel
大王 dàwáng 另见 dàiwang 1. Magnat；König 汽车～ Magnat der Automobilindustrie 2. Größe；Star 吹牛～ Prahlhans
大尉 dàwèi（höchster Offiziersdienstgrad der dritten Stufe in China）Stabshauptmann
大小 dàxiǎo 1. Größe；Ausmaß ～不合适 schlecht passen 2. von unterschiedlicher Größe 不分～ ob groß oder klein 3. Erwachsene und Kinder；Alt und Jung
大校 dàxiào（höchster Offiziersdienstgrad der zweiten Stufe in China）Großoberst
大写 dàxiě 1. Großbuchstabe；etw in Großbuchstaben schreiben 2.（von Zahlen）eine Summe in Schriftzeichen ausschreiben ～字母 Großbuchstaben；Versalien
大型 dàxíng großer Typ；groß；großformatig ～客机 großes Passagierflugzeug
大熊猫 dàxióngmāo Panda；Großer Panda；Bambusbär
大选 dàxuǎn Präsidentenwahl；Parlamentswahl
大学 dàxué 1. Universität；Hochschule 2. „Große Lehre“（eines der kanonischen „Vier Bücher“）
大学生 dàxuéshēng Student
大雪 dàxuě 1. dichter Schneefall 2. „Viel Schnee“（Bezeichnung für den 6., 7. oder 8. Dezember）
大衣 dàyī Mantel
大意[1] dàyì Hauptinhalt；Hauptpunkt；Kerngedanke
大意[2] dàyi unachtsam；unaufmerksam；fahrlässig
大有可为 dà yǒu kě wéi eine dankbare（lohnende）Arbeit sein；jm/etw freien Spielraum gewähren
大约 dàyuē 1. wahrscheinlich；vermutlich 2. ungefähr；etwa；annähernd
大张旗鼓 dà zhāng qí gǔ in gewaltigem Ausmaß；eine machtvolle Aktion einleiten
大丈夫 dàzhàngfu ein befähigter Mensch mit hohen Idealen
大致 dàzhì 1. im Großen und Ganzen；ungefähr；im Wesentlichen 2. →大概 3
大众 dàzhòng Massen；Volk；Publikum ～化 Popularisierung；volkstümlich；populär
大字报 dàzìbào Wandzeitung mit großen handgeschriebenen Schriftzeichen
大自然 dàzìrán Natur 改造～ die Natur umgestalten

呆（獃）dāi

1. dumm；einfältig；idiotisch 2. starr；geistesabwesend；verblüfft 吓～了 vor Entsetzen starr sein
呆板 dāibǎn steif；stereotyp；unelastisch
呆滞 dāizhì 1. stocken；stagnieren；untätig 2. starr；unbeweglich；ausdruckslos 目光～ die Augen haben einen Ausdruck gläserner Leere
呆子 dāizi Idiot；Dummkopf；Narr

待 dāi 另见 dài

bleiben；verweilen；sich aufhalten

歹 dǎi böse；schlecht；übel

歹徒 dǎitú böser Kerl；Schurke；Übeltäter；Bandit

逮 dǎi 另见 dài fangen；festnehmen 猫～老鼠 Katzer fangen Mäuse

戴 dài tragen；anziehen；aufsetzen ～帽子 ⓐ einen Hut tragen；eine Mütze aufsetzen ⓑ jn als etw abstempeln ～眼镜 eine Brille tragen；bebrillt

戴孝 dàixiào Trauer tragen；in Trauer

带[1]（帶） dài 1. Band；Streifen Gürtel；Riemen 绸～ Seidenstreifen 2 Reifen 自行车～ Fahrradreifen 3. Zone Gebiet；Gegend

带[2]（帶） dài 1. mitbringen；mitnehmen ～干粮 Proviant mitnehmen 2. nebenher；gelegentlich ～口信 jm etw ausrichten；jm eine mündliche Mitteilung übermitteln 3. enthalten；etw in sich bergen 面～笑容 mit einem Lächeln 4. mitsamt ～盖的杯子 Tasse mit Deckel 5. →带领 6. →带动

带动 dàidòng antreiben；anspornen；mitreißen

带分数 dàifēnshù gemischte Zahl

带领 dàilǐng führen；anführen；leiten

带路 dàilù führen（jm den Weg zeigen，indem man mit ihm geht）

带头 dàitóu als erster；die Initiative ergreifen；den Anfang machen ～人 Schrittmacher；Bahnbrecher

带孝 dàixiào Trauer anlegen

带鱼 dàiyú Degenfisch

带子 dàizi Gürtel；Band；Streifen；Riemen

大 dài 另见 dà

大夫 dàifu Arzt；Doktor

大王 dàiwang 另见 dàwáng（Anrede für einen König oder einen Banditenhäuptling in der traditionellen chinesischen Oper bzw. Erzählung）Eure Majästät；Großer Gebieter

代[1] dài 1. →代替 2. →代理

代[2] dài 1. Zeit；Epoche；Periode 2. Generation ～～相传 etw von Geschlecht zu Geschlecht weitergeben 3. geologisches Zeitalter

代办 dàibàn 1. js Stellvertretung zeitweise übernehmen 2 Geschäftsträger 临时～ Geschäftsträger ad interim

代办处 dàibàn chù Repräsentanz 商务～ Handelsvertretung

代表 dàibiǎo 1. Vertreter；Abgeordnete(r)；Delegierte(r) 人民～ Volksvertreter 全权～ Bevollmächtigte(r) 2. repräsentieren 资产阶级的～人物 Repräsentant der Bourgeosie 3. in js Auftrag；in js Namen ～政府发表声明 eine Erklärung im Namen der Regierung abgeben 4. jn/etw symbolisch darstellen；verkörpern ～未来 die Zukunft verkörpern

代表团 dàibiǎotuán Delegation；Abordnung Mission

代词 dàicí Pronomen；Fürwort

代沟 dàigōu Generationskonflikt；Generationskluft；Generation Gap

代价 dàijià 1. Gegenwert 2. Preis；Kosten 不惜任何～ um jeden Preis；unter Einsatz aller Mittel

代理 dàilǐ 1. vertreten 2. in js Auftrag handeln

代理人 dàilǐrén 1. Vertreter；Agent；Beauftragte(r) 2. Prokurator；Bevollmächtigte(r)

代数 dàishù Algebra

代替 dàitì ersetzen；ablösen；etw an js Stelle tun；als Ersatz dienen

代言人 dàiyánrén Wortführer；Sprachrohr；Fürsprecher

代用品 dàiyòngpǐn Ersatz；Ersatzmittel；Ersatzstoff

袋 dài 1. Tasche；Sack；Beutel；Tüte 2.（Zähleinheitswort）Sack；Beutel；Pfeife 两～儿面 zwei Sack（Säcke）Mehl

袋鼠 dàishǔ Känguruh

玳（瑇） dài

玳瑁 dàimào Karettschildkröte

黛 dài blauschwarze Pigmentfarbe，die junge Frauen oder Mädchen in der alten Zeit zum Nachziehen der Augenbrauen verwendeten

贷 dài →贷款

贷方 dàifāng Kredit；Habenseite；Ein-

D

nahmeseite

贷款 dàikuǎn 1. kreditieren; jm einen Kredit gewähren 2. Kredit; Anleihe

待[1] dài 另见 dāi
1. behandeln; mit jm umgehen 2. jn mit etw bewirten ～客 seinen Besuch bewirten; jn bei sich zu Gast haben

待[2] dài 另见 dāi
1. warten; erwarten; abwarten ～一会儿 Einen Moment, bitte! 2. benötigen; brauchen 自不～言 Versteht sich!

待人接物 dài rén jiē wù sich den Mitmenschen gegenüber in bestimmter Weise verhalten; anderen gegenüber eine bestimmte Einstellung zeigen

待遇 dàiyù 1. →待[1] 2. Behandlung 非人的～ unmenschliche Behandlung 3. Recht; soziale Stellung 政治～ politische Behandlung 4. Vergütung; Lohn; Bezahlung; Arbeitsentgelt

怠 dài nachlässig; faul; träge

怠工 dàigōng Bummelstreik; bewusst langsam arbeiten 消极～ bei der Arbeit trödeln

怠慢 dàimàn 1. jn gleichgültig behandeln 2. unzureichende Gastlichkeit

殆 dài 1. Gefahr 2. fast; beinahe

殆尽 dàijìn fast gänzlich (völlig)

逮 dài 另见 dǎi
fangen; festnehmen

逮捕 dàibǔ verhaften; festnehmen; inhaftieren

单(單) dān 1. ein; ein-; einzig ～扇门 einflügelige Tür 2. ungerade ～号 ungerade Nummer 3. →单独 4. nur; bloß; lediglich 5. (von Kleidungsstücken) ungefüttert ～上装 ungefütterte Jacke 6. →单子

单边主义 dānbiānzhǔyì Unilateralismus

单薄 dānbó 1. dünn 穿得太～ zu leicht gekleidet 2. schwächlich; zart 身体～ eine zarte Konstitution haben 3. schwach; matt 力量～ nicht schlagkräftig

单纯 dānchún 1. einfach 思想～ von unkritischer Denkart 2. rein; lediglich; nur ～技术观点 die Ansicht „Fachtechnik über alles"

单词 dāncí einzelnes Wort; Wort

单调 dāndiào eintönig; einförmig; monoton

单独 dāndú allein; einzeln ～行动 einen Alleingang unternehmen

单干 dāngàn allein arbeiten; Einzelwirtschaft betreiben ～户 Einzelbauer

单杠 dāngàng 1. Reck 2. Reckturnen

单据 dānjù Quittung; Beleg; Urkunde

单枪匹马 dān qiāng pǐ mǎ etw auf eigene Faust tun; ohne fremde Hilfe handeln

单人房 dānrénfáng Einzelzimmer

单身 dānshēn allein; ledig; unverheiratet ～宿舍 Ledigenheim; Wohnung für Alleinstehende

单身汉 dānshēnhàn Junggeselle; Alleinstehender; Lediger

单数 dānshù 1. ungerade Zahl; Einzahl 2. Singular

单位 dānwèi 1. Maßeinheit; Einheit 2. (Organisationseinheit) Institution; Abteilung; Arbeitsstelle

单行道 dānxíngdào Einbahnstraße

单衣 dānyī ungefüttertes Kleidungsstück

单子 dānzi 1. Zettel; Schein; Liste 2. Laken; Betttuch

殚(殫) dān ausschöpfen; aufbrauchen; alle seine Kräfte aufwenden

殚精竭虑 dān jīng jié lǜ sich das Hirn zermartern; angestrengt über etw nachdenken

耽[1](躭) dān verzögern; hinausschieben

耽[2] dān in etw schwelgen; in etw vernarrt sein; (einer Leidenschaft oder einem Laster) verfallen sein ～于幻想 in Illusionen befangen sein

耽搁 dānge 1. verweilen; sich aufhalten 2. verzögern; hinausschieben 3. →耽误

耽误 dānwù versäumen; vernachlässigen; aufhalten; vergeuden

担(擔) dān 另见 dǎn '掸'; dàn
1. etw an einer Tragstange tragen 2. übernehmen; etw auf sich nehmen ～风险 ein Risiko eingehen (übernehmen)

担保 dānbǎo für jn/etw haften; sich für jn/etw verbürgen; für etw garantieren

担当 dāndāng übernehmen; etw auf sich nehmen

担负 dānfù tragen；übernehmen；etw auf sich nehmen ～责任 die Verantwortung auf sich nehmen
担架 dānjià Bahre；Tragbahre；Krankentrage
担任 dānrèn übernehmen；etw auf sich nehmen；als etw fungieren ～秘书职务 als Sekretär arbeiten
担心 dānxīn sich um jn/etw sorgen；sich um jn/etw kümmern；Besorgnis
担忧 dānyōu besorgt sein；Kummer haben

丹 dān 1. rot 2. Medikament（in Form von Pillen oder Pulver）
丹毒 dāndú Erysipel；Wundrose
丹麦语 Dānmàiyǔ Dänisch
丹心 dānxīn treue Ergebenheit 一片～ ein treues Herz haben

掸（撣、撢、担） dǎn '担'另见 dān，dàn abstauben；abklopfen
掸子 dǎnzi Staubwedel

胆（膽） dǎn 1. →胆囊 2. →胆量 3. Einsatz；Einsatzgefäß 热水瓶～ Thermosflascheneinsatz
胆敢 dǎngǎn wagen；sich trauen；die Kühnheit besitzen；die Stirn haben
胆固醇 dǎngùchún Cholesterin；Gallenfett
胆寒 dǎnhán verängstigt；eingeschüchtert
胆结石 dǎnjiéshí Gallenstein
胆量 dǎnliàng Mut；Kühnheit
胆囊 dǎnnáng Gallenblase ～炎 Gallenblasenentzündung
胆怯 dǎnqiè ängstlich；furchtsam；zaghaft
胆小鬼 dǎnxiǎoguǐ Feigling
胆小如鼠 dǎn xiǎo rú shǔ so ängstlich wie ein Mäuschen；sehr feige
胆战心惊 dǎn zhàn xīn jīng sich ängstigen；voller Furcht；zitternd und bebend
胆汁 dǎnzhī Galle；Gallensaft
胆子 dǎnzi Mut；Kühnheit

弹（彈） dàn 另见 tán 1. Kugel；Kügelchen 2. Geschoss；Bombe；Granate
弹道 dàndào Geschossbahn；Flugbahn；Fluglinie ～导弹 ballistisches Geschoss；ballistischer Flugkörper；ballistische Rakete
弹弓 dàngōng Schleuder；Armbrust；Katapult
弹壳 dànké Patronenhülse；Geschosshülse
弹坑 dànkēng Sprengtrichter；Granattrichter；Bombentrichter
弹片 dànpiàn Sprengstück；Granatsplitter；Bombensplitter
弹头 dàntóu Sprengkopf；Gefechtskopf；Geschosskopf 核～ Kernsprengkopf；nuklearer Sprengkopf
弹药 dànyào Munition

淡 dàn 1. dünn；wässerig ～溶液 wässrige Lösung 2. fade；schal；schwach ～酒 leichter Wein 3. blass；hell ～绿 mattgrün；blassgrün 4. kühl；teilnahmslos；gleichgültig ～然处之 sich indifferent verhalten 5. flau；matt
淡泊 dànbó ohne jegliche Ruhmsucht und Habgier
淡薄 dànbó 1. dünn 2. wenig Interesse für etw zeigen；nachlassen 兴趣～了 das Interesse daran hat nachgelassen 3. schwach；getrübt；vage 印象～了 die Erinnerung daran verblasste langsam
淡季 dànjì allgemeine Flaute；geschäftsstille Zeit
淡漠 dànmò 1. leidenschaftslos；unbeteiligt；apathisch 2. schwach；getrübt；verschwommen
淡水 dànshuǐ Süßwasser ～鱼 Süßwasserfisch

啖（啗、噉） dàn 1. essen 2. füttern 3. einfangen；verlocken

氮 dàn Stickstoff；Nitrogen；Nitrogenium
氮肥 dànféi Stickstoffdünger

诞 dàn →诞生
诞辰 dànchén Geburtstag
诞生 dànshēng geboren werden；zur Welt kommen；Geburt

石 dàn 另见 shí *Dan*（chinesisches Hohlmaß；ca. 1 Hektoliter）

旦[1] dàn 1. Tagesanbruch；Morgen 2. Tag

旦[2] dàn Frauenrolle（in der traditionellen chinesischen Oper）
旦夕 dànxī in Kürze；bald；binnen kurzem 危在～ sich in drohender Gefahr befinden

D

担（擔） dàn 另见 dān；dǎn '掸'
1. →担子 2.（chinesische Gewichtseinheit ca. 50 kg）3.（Zähleinheitswort）Traglast 一～水 eine Traglast Wasser

但 dàn 1. nur；bloß；lediglich ～愿如此 Es sei！/ Möge es so werden！/ hoffentlich ist es so 2. →但是

但是 dànshì aber；doch；dennoch

但书 dànshū Klausel；Nebenbestimmung；Einschränkung

蛋 dàn Ei

蛋白 dànbái 1. Eiweiß；Albumen 2. →蛋白质

蛋白质 dànbáizhì Protein；Eiweiß

蛋糕 dàngāo Kuchen；Torte

蛋黄 dànhuáng Eigelb；Eidotter

当[1]（當） dāng 另见 dàng
1. passend；entsprechend；gleichwertig 2. sollen；müssen ～省的就省 unnötige Ausgaben vermeiden 3. angesichts；jm gegenüber ～着大家谈一谈 sich in Gegenwart aller Kollegen（Mitglieder）über jn/etw äußern sollen（können）4.（unmittelbar zu der Zeit，da . . .；unmittelbar an dem Ort，wo . . .）gerade；eben ～祖国需要的时候 wenn das Vaterland uns braucht

当[2]（當） dāng 另见 dàng
1. als etw fungieren；als etw tätig sein ～教师 als Lehrer tätig sein 2. tragen；etw auf sich nehmen；akzeptieren ～之无愧 sich einer Ehre würdig erweisen（zeigen）3. leiten；verwalten；führen

当[3]（當、噹） dāng 另见 dàng
klirrendes Geräusch

当场 dāngchǎng an Ort und Stelle；auf der Stelle；vom Fleck weg ～被捕 auf frischer Tat ertappt werden

当初 dāngchū früher；damals；ursprünglich

当代 dāngdài unsere Zeit；Gegenwart；gegenwärtig；zeitgenössisch

当地 dāngdì dort；einheimisch；örtlich；lokal

当机立断 dāng jī lì duàn kurz entschlossen；eine rasche und richtige Entscheidung treffen；schnell und doch besonnen handeln

当家 dāngjiā den Haushalt führen；Hausherr sein ～作主 der Herr im Hause sein；sein Schicksal selbst bestimmen

当局 dāngjú Behörde；Obrigkeit；Administration

当量 dāngliàng Äquivalent；Äquivalentgewicht

当面 dāngmiàn in js Gegenwart；von Angesicht zu Angesicht；persönlich ～交给他 etw bei jm eigenhändig abgeben

当前 dāngqián 1. gegenüber；angesichts 困难～ Schwierigkeiten vor sich sehen 2. im Augenblick；gegenwärtig；augenblicklich ～的任务 die gegenwärtige Aufgabe

当权 dāngquán an der Macht sein；die Macht ausüben；am Ruder sein ～派 Machthaber；herrschende Kreise

当然 dāngrán 1. natürlich；selbstverständlich ～委员 logisches Mitglied；Gründungsmitglied 2. unbezweifelbar；sicherlich；bestimmt

当时 dāngshí 另见 dàngshí
damals；seinerzeit；zu jener Zeit

当事人 dāngshìrén 1. Prozesspartei；streitende Partei 2. Beteiligte(r) 3. Klient

当心 dāngxīn vorsichtig sein；Acht geben；aufpassen ～摔倒 gib Acht，dass du nicht fällst

当选 dāngxuǎn gewählt werden

当中 dāngzhōng 1. in der Mitte；im Zentrum 2. zwischen；in；unter

当众 dāngzhòng vor allen；vor（in）aller Öffentlichkeit；vor aller Augen

裆（襠） dāng 1. Schritt（Teil der Hose）2. Innenseite der Oberschenkel

铛（鐺） dāng 另见 chēng
klirren；rasseln

挡（擋、攩） dǎng 1. versperren；verhindern；abhalten ～住去路 sich jm in den Weg stellen 2. verbergen；abhalten ～住视线 jm die Aussicht nehmen 3. →挡子 4.（bei Kraftfahrzeugen）Gang

挡板 dǎngbǎn Trennwand

挡风玻璃 dǎngfēng bōlí Windschutzscheibe

挡箭牌 dǎngjiànpái 1. Schutzschild 2. Vorwand；Ausrede

挡泥板 dǎngníbǎn Kotflügel

挡子 dǎngzi Sperrvorrichtung

党（黨） dǎng 1. politische Partei ～

组织 Parteiorganisation ～中央 Zentralkomitee der Partei 2. Fraktion; Klüngel; Clique
党报 dǎngbào Parteizeitung
党代表 dǎngdàibiǎo Parteivertreter
党费 dǎngfèi Parteimitgliedsbeitrag
党风 dǎngfēng Stil der Parteiarbeit; Arbeitsstil der Partei
党纲 dǎnggāng Parteiprogramm
党籍 dǎngjí Parteizugehörigkeit; Parteimitgliedschaft
党纪 dǎngjì Parteidisziplin ～处分 eine parteiinterne Disziplinarstrafe aussprechen
党课 dǎngkè Parteischulung; Parteilehrgang
党龄 dǎnglíng Dauer der Parteimitgliedschaft
党派 dǎngpài Parteien; Parteigruppierungen; Fraktion
党团 dǎngtuán 1. die Kommunistische Partei Chinas und der Kommunistische Jugendverband Chinas ～组织 Organisationen der Partei und des Jugendverbandes 2. Parteifraktion
党委 dǎngwěi Parteikomitee
党校 dǎngxiào Parteischule
党性 dǎngxìng Parteilichkeit; Parteibewusstsein
党羽 dǎngyǔ Parteigänger; Anhängerschaft
党员 dǎngyuán Parteimitglied
党章 dǎngzhāng Parteistatut
党总支 dǎngzǒngzhī Parteihauptzelle

当[1]（當） dàng 另见 dāng
1. passend; geeignet; angebracht 用词不～ dieser Ausdruck war hier nicht am Platz 2. *jn/etw* als jn/etw betrachten (ansehen); jn/etw für jn/etw halten 利用废料～原料 Recycling; Abfallverwertung 3. gleichwertig sein; gleichkommen

当[2]（當、儅） dàng 另见 dāng
1. verpfänden; versetzen 2. Pfand; Pfandgegenstand 3. gerade in (zu)
当铺 dàngpu Pfandanstalt; Pfandhaus
当时 dàngshí 另见 dāngshí gerade in diesem Augenblick; sofort; umgehend
当天 dàngtiān (noch) am selben Tag
当真 dàngzhēn 1. wirklich; tatsächlich 2. etw für wahr halten; etw ernst nehmen
当做 dàngzuò jn/etw als jn/etw ansehen; jn/etw für jn/etw halten

档（檔） dàng 1. Aktenregal; Aktenschrank; Aktenständer 2. Akte; Aktenheft; Archiv 查～ Akten einsehen 3. Querholz; Querstück
档案 dàng'àn Akte; Aktenordner; Archiv ～室 Archiv

荡[1]（蕩、盪） dàng 1. hin und her schwingen; schaukeln ～秋千 schaukeln 2. spülen; reinigen; waschen 3. beseitigen; ausrotten; liquidieren

荡[2]（蕩） dàng 1. zügellos; ausschweifend 2. seichter See
荡漾 dàngyàng sich kräuseln; sich wellen; wogen; schwingen

氘 dāo Deuterium (D)

刀 dāo 1. Messer 2. Säbel; Schwert 3. (Zähleinheitswort) 100 Bogen (Papier)
刀豆 dāodòu Brechbohne
刀具 dāojù Schneidewerkzeug
刀口 dāokǒu 1. Messerschneide; Messerklinge 2. Schwerpunkt; richtiger Fleck; Hauptsache 3. Einschnitt 把力量用在～上 sich auf den springenden Punkt konzentrieren
刀片 dāopiàn 1. Rasierklinge 2. Schneide
刀枪 dāoqiāng Schwert und Speer; Waffen
刀刃 dāorèn 1. Messerschneide; Messerklinge 2. Schwerpunkt; richtiger Fleck; Hauptsache

叨 dāo
叨唠 *dāolao fortwährend schwatzen*; unaufhörlich schwadronieren; schnattern

祷（禱） dǎo 1. beten; ein Gebet sprechen; flehen 2. (in Grußformeln am Briefschluss) in Erwartung
祷告 dǎogào beten; ein Gebet sprechen; flehen

倒[1] dǎo 另见 dào
1. hinfallen; umkippen; einstürzen 2. ruiniert werden; pleite werden; Bankrott gehen 3. seine Stimme verlieren

倒[2] dǎo 另见 dào

1. wechseln; umsteigen ～一次船 das Schiff wechseln 2. sich bewegen; sich rühren 3. einen Ausverkauf machen; übergeben

倒闭 dǎobì Pleite gehen; Bankrott machen

倒车 dǎochē 另见 dàochē umsteigen

倒戈 dǎogē die Waffen umkehren; zum Feind hinüberlaufen; die Partei wechseln

倒买倒卖 dǎomǎi dǎomai Spekulationsgeschäfte betreiben

倒卖 dǎomài mit etw schieben

倒霉 dǎoméi Pech haben; den Schaden davontragen

倒塌 dǎotā zusammenfallen; einstürzen; zusammenbrechen

倒台 dǎotái (von einer Regierung oder einem Machthaber) Sturz; gestürzt werden; entmachtet werden

倒胃口 dǎo wèikou Ekel (Abscheu) hervorrufen; jm die Freude (Lust) an etw verderben

倒爷 dǎoyé Spekulant

岛(島) dǎo Insel

岛国 dǎoguó Inselstaat; Inselreich

岛屿 dǎoyǔ Inseln

捣(搗、擣) dǎo 1. etw in einem Mörser (mit einem Stößel) zerkleinern (zerstoßen, zerreiben) 2. schlagen; klopfen ～衣 Wäsche durch Klopfen waschen 3. stören; belästigen; durcheinanderbringen

捣蛋 dǎodàn stören; Unruhe stiften; Unfug treiben

捣鬼 dǎoguǐ Böses im Schilde führen; jm auf versteckte Weise schaden

捣毁 dǎohuǐ zerstören; demolieren; zertrümmern

捣乱 dǎoluàn belästigen; einen Streich spielen; Unruhe stiften

导(導) dǎo 1. führen; leiten 2. weiterführen; übertragen; leiten 3. anweisen; belehren

导弹 dǎodàn Rakete; Lenkrakete 洲际～ Interkontinentalrakete; interkontinentales Fernlenkgeschoss

导电 dǎodiàn Strom (Elektrizität) leiten

导管 dǎoguǎn 1. Leitungsrohr; Rohrleitung 2. Gang; Kanal; Gefäß

导轨 dǎoguǐ Führungsschiene

导航 dǎoháng navigieren; Navigation

导火线 dǎohuǒxiàn 1. Zündschnur; Zündstoff 2. auslösender Faktor

导热 dǎorè Wärme leiten; Wärmeleitung

导师 dǎoshī 1. wissenschaftlicher Betreuer 2. Lehrer 革命～ Führer (Wegbereiter) der Revolution

导体 dǎotǐ Leiter

导线 dǎoxiàn Leitungsdraht; Leitung

导向 dǎoxiàng jn in die richtige Richtung führen

导言 dǎoyán Einleitung

导演 dǎoyǎn 1. Regisseur 2. Regie führen; inszenieren

导致 dǎozhì zu etw führen; herbeiführen; etw zur Folge haben

盗 dào stehlen; entwenden 2. Räuber; Banditen

盗版 dàobǎn Raubkopie

盗汗 dàohàn Nachtschweiß

盗卖 dàomài Gemeineigentum entwenden und unter der Hand verkaufen

盗窃 dàoqiè stehlen; entwenden; einen Diebstahl begehen

盗用 dàoyòng missbrauchen; etw in betrügerischer Weise gebrauchen; veruntreuen ～公款 öffentliche Gelder veruntreuen

盗贼 dàozéi Räuber und Diebe; Banditen

悼 dào trauern; betrauern; nachtrauern

悼词 dàocí Traueransprache; Trauerrede

悼念 dàoniàn trauern; betrauern; js in Trauer gedenken

道¹ dào 1. →道路 2. Lauf (eines Flusses); Kanal (für Abwässer) 3. Methode; Mittel; Weg 处世之～ Lebensphilosophie 4. →道德 5. Grundsatz; Prinzip; Doktrin 孔孟之～ die Lehren von Konfuzius und Menzius 6. →道教 7. Sekte 8. Linie; Strich 画一～红线 eine rote Linie ziehen

道² dào 1. sagen; sprechen; erklären; etw zum Ausdruck bringen 2. vermuten; denken 我～是他来了呢 ich dachte, er wäre gekommen

道德 dàodé Tugend; Moral; Sittlichkeit ～品质 moralische Qualitäten

道教 dàojiào Taoismus

道具 dàojù Requisiten (Ausstattungsgegenstände für eine Theateraufführung oder

Filmszene)
道理 dàoli 1. Gesetz; Wahrheit; Grundsatz 2. Grund; Argument 毫无～ völlig grundlos; ohne jeden Grund
道林纸 dàolínzhǐ Satinpapier
道路 dàolù Weg; Straße 平坦的～ ebener Weg 铺平～ den Weg ebnen 社会主义～ der sozialistische Weg
道貌岸然 dào mào àn rán mit steifer Würde; scheinheilig
道歉 dàoqiàn sich entschuldigen; jn um Entschuldigung (Verzeihung) bitten
道士 dàoshi Taoist
道听途说 dào tīng tú shuō etw vom Hörensagen kennen (wissen); ein bloßes Gerücht sein
道喜 dàoxǐ gratulieren; jm Glückwünsche aussprechen (entgegenbringen)
道谢 dàoxiè danken; sich bedanken; jm seinen Dank aussprechen (abstatten)
道义 dàoyì Gerechtigkeit; moralische Grundsätze ～上的支持 moralische Unterstützung

到 dào 1. bis; bis zu 从上～下 von ober bis unten 2. nach ... hin; nach; zu ～群众中去 unter die Volksmassen gehen 3 (als Verbkomplement zum Ausdruck des Ergebnisses eines Vorgangs): 办得～ es schaffen können; sich machen lassen durchführbar sein 4. erreichen; ankommen; eintreffen
到处 dàochù überall; an allen Orten; allenthalben
到达 dàodá erreichen; ankommen; eintreffen
到底[1] dàodǐ bis auf den Grund; bis zum Ende; bis zum Letzten 将革命进行～ die Revolution zu Ende führen
到底[2] dàodǐ 1. endlich; zum Schluss 2. (zum Ausdruck starker Anteilnahme) eigentlich; denn 你～怎么啦? Was ist eigentlich mit dir los? 3. schließlich 他～还是个孩子 schließlich ist er doch ein Kind
到家 dàojiā 1. zu Hause angekommen sein 2. auf seinem Gebiet hervorragend Bescheid wissen; bis zum Äußersten; in höchstem Grade 学～ etw meisterhaft beherrschen
到来 dàolái eintreten; kommen; herankommen; 即将～ bevorstehen; in Aussicht sein
到期 dàoqī fällig werden; ablaufen; verfallen 合同～ der Vertrag ist abgelaufen
到手 dàoshǒu bekommen; erhalten
到头 dàotóu am Ende; bis zum Ende 一年～ das ganze Jahr hindurch

倒[1] dao 另见 dǎo
1. umgekehrt; verkehrt ～数第一 der (die, das) erste von hinten 2. umdrehen; umstülpen 3. rückwärts fahren (gehen; treten) ～开 rückwärts fahren 4. gießen; einschenken; ausschütten ～一杯茶 eine Tasse Tee einschenken ～垃圾 einen Mülleimer leeren

倒[2] dào 另见 dǎo
1. aber; jedoch 屋子虽小,～还干净 das Zimmer ist zwar klein, aber sauber 2. (zum Ausdruck der Mahnung oder Aufforderung zu einer verbindlichen Antwort): 你～说呀! So tu doch endlich deinen Mund auf!
倒背如流 dào bèi rú liú (einen Text) vorwärts und rückwärts auswendig können; etw wie am Schnürchen aufsagen können
倒车 dàochē 另见 dǎochē
rückwärts fahren; im Rückwärtsgang fahren 开～ den Rückwärtsgang einschalten; zurückfahren
倒计时 dàojìshí Countdown
倒立 dàolì auf dem Kopf stehen
倒数 dào shǔ von unten zählen
倒退 dàotuì Rückschritt; Rückfall; zurückfallen
倒行逆施 dào xíng nì shī Ungerechtigkeiten verüben; das Rad der Geschichte zurückdrehen wollen
倒影 dàoyǐng Spiegelbild
倒栽葱 dàozāicōng kopfüber

稻 dào 1. (Getreidepflanze) Reis 2. → 稻谷
稻草 dàocǎo Reisstroh
稻草人 dàocǎorén Strohpuppe; Vogelscheuche
稻谷 dàogǔ ungeschälter Reis
稻田 dàotián Reisfeld
稻秧 dàoyāng Reissetzling; Reisschössling

锝 dé Technetium (TC)

D

得1 dé 另见 de, děi

1. →得到 2. (bezeichnet die Identität in der Mathematik) ist; gleich; ist gleich 三三~九 drei mal drei ist neun 3. →得意 4. fertig für den Gebrauch 饭~了 das Essen ist fertig zubereitet 5. zufrieden sein ~就这么办吧 gut, es bleibt dabei

得2 dé 另见 de, děi

dürfen; können 不~公布 etw nicht bekannt werden lassen; die Öffentlichkeit von etw ausschließen sollen

得病 débìng krank werden; sich ein Leiden zuziehen; erkranken

得不偿失 dé bù cháng shī der Erfolg hat alle Mühe nicht aufgewogen

得逞 déchěng gelingen; Erfolg haben; sein Ziel erreichen

得寸进尺 dé cùn jìn chǐ gibt man ihm den kleinen Finger, so nimmt er die ganze Hand / seine Habgier kennt keine Grenzen

得当 dédàng passend; angemessen; zweckmäßig 举止~ sich korrekt (manierlich) benehmen

得到 dédào 1. erzielen; gewinnen ~一个进修的机会 Gelegenheit finden, an einem Fortbildungskurs teilzunehmen 2. erhalten; bekommen ~同意 js Zustimmung (Erlaubnis) einholen

得分 défēn Punkte erzielen (gewinnen)

得奖 déjiǎng einen Preis (eine Prämie) erhalten (gewinnen)

得力 délì 1. wirksam; effektiv 我吃这药很~ das Medikament wirkt gut 2. befähigt; tüchtig ~助手 tüchtige Hilfskraft

得胜 déshèng gewinnen; siegen; den Sieg davontragen

得势 déshì zu Einfluss gelangen

得手 déshǒu glatt (reibungslos) verlaufen; zügig vorangehen

得体 détǐ angemessen; korrekt; wie es sich gehört; sich schicken

得天独厚 dé tiān dú hòu von der Natur über reichlich bedacht sein

得心应手 dé xīn yīng shǒu was man im Herzen wünscht, kann die Hand auch ausführen; mit Leichtigkeit

得以 déyǐ die Möglichkeit haben; in der Lage sein

得意 déyì selbstzufrieden; stolz ~忘形 sich vor Übermut nicht zu lassen wissen; vom Erfolg berauscht sein

得罪 dézui beleidigen; verärgern; jn vor den Kopf stoßen

德(悳) dé 1. Tugend; Moral ~才兼备 moralisch hochstehend und fachlich qualifiziert; hohe moralische und fachliche Qualitäten aufweisen 2. →德行

德比 débǐ Derby

德高望重 dé gāo wàng zhòng ein hohes moralisches Ansehen genießen und sich allgemeinen Respekts erfreuen

德国人 déguórén Deutsche(r)

德行 déxíng sittliches Verhalten

德语 déyǔ Deutsch

德育 déyù moralische (sittliche) Erziehung

底 de 另见 dǐ

→的[1] (de) 1

地 de 另见 dì

(zur Kennzeichnung einer Adverbialbestimmung der Art und Weise): 合理~安排工作 die Arbeit rationell organisieren; rationell arbeiten

的1 de 另见 dí

1. (zur Bildung eines Attributes): 我~母亲 meine Mutter 铁~纪律 eiserne Disziplin 2. (zur Angabe von Person oder Ding): 送报~ Zeitungsausträger 我爱吃辣~ ich esse gern etwas Scharfes

的2 de 另见 dí; dì →得 (de)

得 de 另见 dé, děi

1. (zum Ausdruck einer Möglichkeit): 办~到 sich machen (durchführen) lassen; zustande kommen 生水喝不~ nicht abgekochtes Wasser ist ungenießbar 2. (zum Ausdruck eines Resultates oder eines Maßes): 写~非常好 sehr gut geschrieben sein

得 děi 另见 dé; de

1. brauchen; beanspruchen 建厂工程~三个月才能完成 der Bau der Fabrik nimmt drei Monate in Anspruch 2. müssen; nicht anders können 一定~提前完成 eine vorfristige Planerfüllung ist unbedingt erforderlich

扽(撴) dèn etw mit einem Ruch ziehen

灯(燈) dēng 1. Lampe; Laterne; Leuchten 2. Brenner 3. Elektronenröhre
灯彩 dēngcǎi bunte Lampions; bunte Laternen
灯光 dēngguāng Lampenlicht; Beleuchtung
灯火 dēnghuǒ brennendes Licht; brennende Kerzen ～管制 Verdunklung
灯具 dēngjù Beleuchtungsvorrichtung
灯笼 dēnglong Lampion; Papierlaterne
灯笼裤 dēnglongkù bauschige Hose mit Gummizug am Knöchel
灯泡 dēngpào Birne; Glühbirne
灯塔 dēngtǎ Leuchtturm
灯头 dēngtóu Glühlampenfassung; Dochthalter
灯心绒 dēngxīnróng Kord; Kordsamt
灯罩 dēngzhào Lampenschirm; Lampenzylinder

登[1] dēng 1. steigen; besteigen ～上政治舞台 in die Arena der Politik treten 2. veröffentlichen ～广告 annoncieren; eine Annonce (ein Inserat, eine Anzeige) aufgeben

登[2] dēng treten; etw mit einem Tritt (Tritten) tun
登报 dēngbào etw in der Zeitung veröffentlichen ～声明 eine Erklärung in der Zeitung veröffentlichen
登记 dēngjì registrieren; eintragen
登陆 dēnglù landen; an Land gehen (steigen) ～艇 Landungsfahrzeug; Landungsboot
登门 dēngmén js Schwelle betreten ～拜访 bei jm Besuch machen
登山 dēngshān einen Berg besteigen; auf einen Bergsteigen ～运动 Bergsteigen; Alpinistik
登时 dēngshí sofort; gleich
登台 dēngtái 1. auftreten; die Bühne betreten 初次～ erstmals auf der Bühne erscheinen; sein Debüt geben 2. das Podium besteigen ～发言 das Podium besteigen und eine Rede halten; vom Podium aus sprechen 3. die politische Bühne betreten
登堂入室 dēng táng rù shì ein hohes Niveau erreichen
登月 dēngyuè auf dem Mond landen; Mondlandung ～车 Mondauto
登载 dēngzǎi abdrucken; veröffentlichen

噔 dēng plumps; Plumps

蹬 dēng →登[2]

戥[1](等) děng etw mit der Feinlaufgewichtswaage abwiegen
戥子 děngzi Feinlaufgewichtswaage (für Edelmetall, Arzneimittel o. ä)

等[1] děng 1. Klasse; Rang 头～货 erstklassige Ware 2. gleich 大小不～ von unterschiedlicher Größe 3. →戥

等[2] děng 1. →等待 2. →等到[1]

等[3] děng 1. (zur Pluralbildung): 我～ wir 2. und so weiter; und andere
等次 děngcì Klassifikation; Grad
等待 děngdài warten; abwarten; erwarten ～时机 den rechten Zeitpunkt (eine günstige Gelegenheit) abwarten
等到 děngdào 1. als; wenn; bis 2. abwarten; warten, bis eine Person erschienen ist (bis eine Sache sich völlig entwickelt hat) 终于把他～了 er hat lange auf sich warten lassen, nun ist er endlich da
等等 děngděng und so weiter; und so fort
等等 děng deng einen Augenblick bitte
等号 děnghào Gleichheitszeichen
等候 děnghòu →等待
等级 děngjí 1. Rang; Klasse; Stufe 2. gesellschaftliche Stellung; Stand
等离子 děnglízǐ Plasma ～加速器 Plasmabeschleuniger
等式 děngshì Gleichung; identische Gleichung; Identität
等同 děngtóng gleichsetzen; gleichstellen
等外品 děngwàipǐn Ausschussware; aussortierte Produkte
等于 děngyú 1. gleich; ergeben; machen 2. bedeuten; gleichbedeutend mit etw sein

澄 dèng 另见 chéng
sich klären
澄清 dèngqīng 另见 chéngqīng sich klären

磴 dèng 1. Steintreppe; Steinstufe 2.

D

Stufe

瞪 dèng 1. die Augen aufreißen 2. jm einen zornigen Blick zuwerfen; jn böse anblicken

瞪眼 dèngyǎn 1. die Augen aufreißen; ratlos zusehen 2. jn barsch anfahren; seinen Ärger an jn auslassen

镫 dèng Steigbügel

凳(櫈) dèng Hocker; Bank

凳子 dèngzi Hocker; Bank

邓(鄧) Dèng (Familienname)

邓小平理论 Deng xiǎopíng lǐlùn Dengxiaoping-Theorie

滴 dī 1. tropfen; träufeln; triefen ～眼药水 jm/sich eine Tinktur in die Augen tröpfeln 2. -tropfen 水～ Wassertropfen 3. Tropfen 战斗到最后一～血 bis zum letzten Blutstropfen kämpfen

滴答 dīdā (Schallwort) ticktack; ticken; plätschern

滴答 dīda tropfen; träufeln

滴滴涕 dīdītì DDT

滴剂 dījì Tropfen

滴水穿石 dī shuǐ chuān shí steter Tropfen höhlt den Stein

镝 dī Dysprosium (Dy)

堤(隄) dī Damm; Deich

堤坝 dībà Damm; Deich

提 dī 另见 tí

提防 dīfang vor jm/etw auf der Hut sein; sich vor jm/etw hüten; wachsam bleiben

低 dī 1. von geringerer Höhe ～空 aus niedriger Höhe; in geringer Höhe 2. unter dem Durchschnitt liegend 声音～ leise Stimme 3. innerhalb einer Rangordnung weit unten befindlich ～年级学生 Schüler der unteren Klassen 4. senken; sinken *lassen ～下头 den Kopf senken*

低沉 dīchén trüb; tief; niedergeschlagen

低谷 dīgǔ Tiefpunkt

低估 dīgū unterschätzen

低级 dījí 1. primitiv; auf einer niedrigen Stufe 2. gemein; vulgär ～趣味 Geschmacklosigkeit

低廉 dīlián billig

低劣 dīliè minderwertig

低落 dīluò sinken; zurückgehen 情绪～ missgelaunt (missgestimmt, niedergedrückt) sein

低能 dīnéng geistiger Defekt; geistesschwach; leitungsschwach ～儿 geistesbehindertes Kind

低气压 dīqìyā niedriger Luftdruck; Tiefdruck

低三下四 dī sān xià sì niedrigstehend; entwürdigend; untertänig; unterwürfig

低头 dītóu 1. den Kopf senken ～认罪 sich reumütig (gezwungenermaßen) für schuldig bekennen 2. sich unterwerfen; sich beugen

低下 dīxià niedrig 地位～ eine sozial niedrige Stellung einnehmen

低压 dīyā 1. Niederdruck 2. Niederspannung 3. Tiefdruck 4. Taldruck; diastolischer Druck

低音 dīyīn tiefe Tonlage ～提琴 Kontrabass

涤(滌) dí waschen; reinigen

涤纶 dílún Terylen

嘀(啾) dí

嘀咕 dígu 1. flüstern; tuscheln 2. Argwohn haben; zweifeln

嫡 dí 1. von der Hauptfrau geboren ～子 Sohn der Hauptfrau 2. →嫡亲

嫡亲 díqīn blutsverwandt; leiblich ～兄弟 blutsverwandte (leibliche) Brüder

敌(敵) dí 1. feindlich; gegnerisch ～军 feindliche (gegnerische) Truppen 2. →敌人 ～我矛盾 Widersprüche zwischen uns und dem Feind 3. widerstehen

敌敌畏 dídíwèi DDVP; Dichlorvos

敌对 díduì feindlich; feindselig; gegnerisch; antagonistisch ～双方 gegnerische Parteien

敌人 dírén Feind; Gegner

敌视 díshì jn als Feind betrachten; jm feindlich gegenüberstehen

敌手 díshǒu Gegner; Rivale

敌意 díyì Feindschaft; Feindseligkeit

迪(廸) dí

迪斯科 dísīkē Disco

笛 dí 1. Querflöte 2. Pfeife; Sirene

笛子 dízi Querflöte

的 dí 另见 de; dì
wirklich; tatsächlich
的确 díquè wirklich; tatsächlich
的确良 díquèliáng Dacron
的士 díshì Taxi

籴(糴) dí Getreide kaufen

底 dǐ 另见 de
1. Boden; Grund 海～ Meeresboden; Meeresgrund 2. →底细 3. Entwurf; Manuskript; Beleg 留个～儿 das Manuskript aufbewahren; eine Kopie als Beleg zurückbehalten 4. Schluss; Ende 从头到～ von oben bis unten; von Anfang bis Ende 5. Hintergrund; Untergrund
底层 dǐcéng Erdgeschoss; Unterschicht; unterste Schicht
底稿 dǐgǎo Entwurf; Manuskript; Original
底片 dǐpiàn Negativ; Negativbild
底细 dǐxi wirklicher Sachverhalt; Hintergründe; nähere Umstände
底下 dǐxia 1. unter; unten 树～ unter dem Baum 2. nachher; später
底子 dǐzi 1. →底 1 2. →底细 3. Basis; Grundlage 他的～薄 er ist minderbemittelt / er hat mangelhafte Grundkenntnisse (fachliche Kenntnisse) 4. Entwurf; Beleg; Kopie
底座 dǐzuò Fundament; Unterbau; Sockel

诋 dǐ verleumden; diffamieren; jn in üblen Ruf bringen
诋毁 dǐhuǐ verleumden; verunglimpfen; jm Übles nachreden

砥 dǐ Schleifstein
砥砺 dǐlì 1. stählen; abhärten 2. ermutigen; anspornen

抵[1] dǐ 1. stützen; stemmen 2. →抵挡; 抵抗 3. →抵偿; 抵消 4. →抵押 5. gleichkommen; ersetzen; aufwiegen 一个～两个 einer arbeitet für zwei

抵[2] dǐ ankommen; eintreffen
抵偿 dǐcháng ersetzen; kompensieren; wiedergutmachen
抵触 dǐchù in Widerspruch zu etw stehen mit etw kollidieren ～情绪 Missstimmung; Widerwille; heftige Abneigung
抵达 dǐdá ankommen; eintreffen
抵挡 dǐdǎng widerstehen; standhalten; abhalten
抵抗 dǐkàng sich widersetzen; sich zur Wehr setzen; Widerstand leisten
抵赖 dǐlài leugnen; ableugnen; abstreiten
抵消 dǐxiāo aufheben; ausgleichen; wettmachen
抵押 dǐyā verpfänden; jm etw als Pfand geben ～品 Pfand; Sicherheit
抵制 dǐzhì boykottieren; etw zu verhindern suchen

邸 dǐ Wohnsitz; Residenz

帝 dì 1. das höchste Wesen 2. Kaiser 3. Imperialismus 反～斗争 Kampf gegen den Imperialismus
帝国 dìguó Kaiserreich; Imperium
帝国主义 dìguózhǔyì Imperialismus

谛 dì aufmerksam; genau; sorgfältig ～听 aufmerksam zuhören

蒂(蔕) dì Stiel einer Blume (Blüte, Frucht)

碲 dì Tellur (Te)

缔 dì schließen; abschließen
缔交 dìjiāo 1. Freundschaft schließen 2. diplomatische Beziehungen aufnehmen
缔结 dìjié abschließen ～和约 einen Friedensvertrag abschließen (eingehen)
缔约 dìyuē einen Vertrag abschließen ～国 Vertragsstaat; Signatarstaat
缔造 dìzào gründen; schaffen; etw ins Leben rufen

弟 dì 1. →弟弟 2. (höfliche Selbstbezeichnung beim Verkehr der männlichen Personen miteinander) Ihr ergebener ...
弟弟 dìdi jüngerer Bruder
弟兄 dìxiong Brüder; Kameraden
弟子 dìzǐ Schüler; Jünger; Anhänger

第[1] dì Reihenfolge ～几? Der (Die, Das) wievielte? ～三世界 Dritte Welt ～三产业 tertiärer Wirtschaftssektor; Dienstleistungssektor

第[2] dì Wohnsitz; Residenz
第二 dì'èr der (die, das) zweite, zweitens

D

～外语 Zweitfremdsprache ～职业 Zweitberuf
第三者 dìsānzhě der Dritte；Nebenbuhler
第一 dì yī der（die，das）erste；erstens，von größter Wichtigkeit sein 生平～次 zum ersten Mal im Leben ～把手 der erste Mann；der Verantwortliche Nummer eins

递（遞）dì 1. überreichen；übergeben ～眼色 jm mit den Augen einen Wink geben；Augenwink 2. der Reihe nach；nacheinander ～增 stufenweise steigen；progressiv zunehmen
递补 dìbǔ etw der Reihe nach ergänzen；freie Stellen der Rangordnung nach besetzen
递交 dìjiāo überreichen；übergeben ～国书 sein Beglaubigungsschreiben überreichen
递送 dìsòng zustellen；austragen

地 dì 另见 de
1. Erde；Erdball 2. Erdboden；Land；Festland ～大物博 eine weite Gebietsausdehnung und ein unerschöpflicher Reichtum an Ressourcen 3. Acker；Feld 下～干活 auf den Acker（ins Feld）gehen 4. →地面 1 5. →地区 6. →地点 7. →地位 8. Entfernung 二十里～ eine Entfernung von 10 km
地板 dìbǎn Fußboden；Parkett；Diele
地步 dìbù 1. ungünstiger Umstand；missliche Verhältnisse 2. Grad；Ausmaß；Umfang 3. Spielraum 留～ Spielraum lassen
地产 dìchǎn Grundbesitz；Grundeigentum；Immobilien
地带 dìdài Zone；Gebiet 沙漠～ Wüstenstreifen
地道 dìdào Tunnel
地道 dìdao 1. echt；unverfälscht 2. rein；perfekt；typisch 讲～的北京话 unverkennbaren Beijing-Dialekt sprechen 3. einwandfrei；tadellos 干活儿～ fehlerlos（sorgfältig）arbeiten
地点 dìdiǎn Ort；Platz；Stelle 工作～ Arbeitsort；Artbeitsplatz
地段 dìduàn Gebietsabschnitt；Ortsteil ～医院 für die Bewohner eines Gebietsabschnitts（Ortsteils）bestimmtes Krankenhaus
地方 dìfāng 1. Region；regional；lokal ～工业 örtliche Industrie 2. örtlich；einheimisch 联系～上的群众 enge Verbindung mit den örtlichen Einwohnern halten
地方 dìfang 1. Stelle；Platz 您是什么～的人？Woher kommen Sie？2. Teil；Seite 这话有对的～ die Bemerkung hat etwas für sich
地基 dìjī Baugrundstück；Fundament
地窖 dìjiào Keller
地雷 dìléi Mine
地理 dìlǐ Geographie；geographische Verhältnisse
地貌 dìmào Bodengestalt；Geomorphologie
地面 dìmiàn 1. Erdoberfläche；Boden ～接收站 Bodenstation 2. Fußboden；Bodenbelag 瓷砖～ Fliesenfußboden
地盘 dìpán Einflusssphäre；Machtbereich 争夺～ um Einflusssphären ringen
地痞 dìpǐ Landstreiche；ortsansässiges Gesindel
地平线 dìpíngxiàn Horizont
地契 dìqì Bodenurkunde；Grundstückurkunde
地球 dìqiú Erde；Erdball；Erdkugel
地球仪 dìqiúyí Globus
地区 dìqū Gebiet；Gegend；Region
地势 dìshì Oberflächengestalt der Erde；Bodenrelief ～险要 unwegsames und strategisch wichtiges Terrain
地毯 dìtǎn Teppich
地图 dìtú Landkarte
地位 dìwèi 1. Stellung；Position 国际～ internationale Stellung（Position）2. Platz ～不够 dafür reicht der Platz nicht
地下 dìxià 1. Untergrund；unterirdisch ～室 Keller；Kellergeschoss ～铁道 Untergrundbahn；U-Bahn 2. illegal ～党 illegale Partei 转入～ in die Illegalität gehen
地下 dìxia auf dem Boden；auf der Erde 掉在～ auf den Boden fallen
地心 dìxīn Erdmittelpunkt ～引力 Erdanziehungskraft；Gravitation
地形 dìxíng Topographie
地狱 dìyù Hölle
地域 dìyù 1. Gebiet；Gegend 2. Region；Ort ～观念 Regionalismus
地震 dìzhèn Erdbeben
地址 dìzhǐ Adresse；Anschrift
地质 dìzhì geologische Beschaffenheit；Geologie ～学 Geologie
地中海 dìzhōnghǎi Mittelmeer
地主 dìzhǔ 1. Gutsbesitzer；Grundherr ～阶级 Grundherrenklasse 2. Gastgeber

地租 dìzū Bodenrente; Grundrente; Pachtzins

的 dì 另见 de; dí
Ziel 中～ Schuss ins Schwarze

嗲 diǎ kokett; kokettieren

掂（敁） diān etw in der Hand wiegen (wägen)

颠¹ diān Gipfel; Spitze 山～ Berggipfel

颠² diān →颠簸

颠簸 diānbǒ holpern; rütteln; schwanken

颠倒 diāndǎo 1. umkehren; verkehren; etw auf den Kopf stellen ～是非 die Tatsachen verdrehen (auf den Kopf stellen) 2. wirr; konfus 神魂～ sich von jm/etw betören lassen

颠覆 diānfù umstürzen; Umsturz; Subversion 进行～活动 Subversion betreiben; einen Umsturz herbeizuführen versuchen

颠沛 diānpèi in Not leben

颠扑不破 diān pū bù pò unumstößlich; unwiderlegbar

癫 diān verrückt; wahnsinnig; toll

癫狂 diānkuáng 1. verrückt; wahnsinnig; toll 2. leichtfertig; leichtsinnig

巅 diān Berggipfel

踮（跕） diǎn sich auf die Zehenspitzen stellen ～起脚尖 auf Zehenspitzen

点¹（點） diǎn 1. Tropfen 雨～ Regentropfen 2. Tupfen; Fleck 墨～ Tintenfleck 3. (Strich in chinesischen Schriftzeichen in Form von "、") Punkt 4. Komma (bei dezimalen Teilungen) 三十六～六度 sechsunddreißig Komma sechs Grad 5. etwas; ein bisschen; ein wenig 喝～儿水 etwas Wasser trinken 6. Punkt 两～建议 Zwei-Punkte-Vorschlag 7. Stelle; Stand 山的最高～ Gipfel des Berges 8. Aspekt 要注意这一～ man muss darauf achten 9. punktieren ～一个点儿 einen Punkt setzen; etw durch einen Punkt markieren 10. zeigen 他用手指头～着图画说道… er zeigt mit dem Finger auf das Bild und sagt ... 11. tropfen; träufeln ～眼药 ein Medikament in die Augen träufeln 12. abzählen; nachzählen ～货 den Bestand aufnehmen; Inventur machen 13. auswählen; aussuchen ～菜 Speisen auswählen; Gerichte bestellen 14. auf etw hinweisen; anregen 聪明人一～就明白 für Kluge genügt ein kurzer Hinweis (eine Andeutung) 15. anzünden ～一支烟 (sich) eine Zigarette anzünden

点²（點） diǎn 1. (Zeiteinheit) Stunde 三～二十分 drei Uhr zwanzig 2. festgesetzter Zeitpunkt 到～了 es ist Zeit (etw zu tun)

点播 diǎnbō Einzelkornsaat; sich als Radiohörer ein Musikstück wünschen

点滴 diǎndī ein bisschen; ein wenig; vereinzelt

点火 diǎnhuǒ 1. anzünden; anbrennen; anfachen 2. Unruhe (Unfrieden) stiften

点饥 diǎnjī einen Bissen zu sich nehmen, um seinen Hunger zu stillen

点名 diǎnmíng 1. die Namenliste verlesen; die Namen aufrufen 2. namentlich

点明 diǎnmíng jn auf etw genau hinweisen

点破 diǎnpò enthüllen; offenlegen; etw ans Licht bringen

点燃 diǎnrán anzünden; anbrennen; anfachen

点头 diǎntóu nicken ～哈腰 sich unterwürfig vor jm verbeugen; vor jm katzbuckeln

点心 diǎnxīn 1. Kuchen; Gebäck; Dim Sum 吃～ einen Imbiss einnehmen 2. sich durch einen Imbiss stärken

点缀 diǎnzhuì 1. etw mit etw (aus)schmücken; zu etw einen reizvollen Kontrast bilden 2. dem schöneren Schein dienen

点子¹ diǎnzi →点¹1,2

点子² diǎnzi 1. Kernpunkt; Schlüsselpunkt 2. Einfall; Idee; Rat; Tipp 出～ jm einen Tipp (Rat) geben

典¹ diǎn 1. Maßstab; Gesetz; Richtschnur 2. →典故 3. →典礼

典² diǎn verpfänden; versetzen

典当 diǎndàng verpfänden; versetzen

典范 diǎnfàn Vorbild; Muster

典故 diǎngù Anspielung (Hinweis) auf eine Stelle aus einem Werk der klassischen Literatur

典礼 diǎnlǐ Zeremonie; Feier; Feierlichkeiten 开幕～ Eröffnungszeremonie;

D

Eröffnungsfeierlichkeiten
典型 diǎnxíng 1. Vorbild; Modell; Muster 用～示范的方法 mit Modelldemonstration; etw an einem Beispiel demonstrieren 2. typisch; repräsentativ ～特征 typische Eigenschaften; repräsentative Merkmale 3. Typ; typischer Charakter
典押 diǎnyā →典当
典雅 diǎn yǎ erlesen; fein; in gewähltem Stil

碘 diǎn Jod (J)
碘酒 diǎnjiǔ Jodtinktur

淀(澱) diàn Bodensatz; Niederschlag
淀粉 diànfěn Stärke; Glykogen

靛 diàn Indigo; indigoblau
靛青 diànqīng Indigo; indigoblau

奠 diàn →奠定
奠定 diàndìng gründen; begründen
奠基 diànjī den Grundstein zu etw legen ～人 Gründer; Begründer

垫(墊) diàn 1. unterlegen; auflegen 2. (eine Lücke) ausfüllen 3. →垫付 4. →垫子
垫付 diànfù auslegen; vorschießen
垫肩 diànjiān Schulterpolster; Tragpolster
垫子 diànzi Matte; Matratze; Kissen 床～ Matratze

店 diàn 1. Laden; Geschäft 2. Gasthof; Herberge
店员 diànyuán Verkäufer; Ladenangestellte(r)

惦 diàn ständig an jn/etw denken; sich um jn/etw kümmern (sorgen)
惦记 diànjì ständig an jn/etw denken; sich um jn/etw kümmern (sorgen); an jm hängen

玷 diàn 1. Makel an einer Jade; Schandfleck 2. beflecken
玷污 diànwū beflecken; beschmutzen; besudeln ～名誉 js Ehre (Ruhm) beschmutzen (besudeln)

电(電) diàn 1. Elektrizität; elektrischer Strom 2. einen elektrischen Schlag bekommen 3. Telegramm ～悉 etw aus einem Telegramm erfahren 4. ein Telegramm aufgeben ～告 jm etw telegraphisch mitteilen
电报 diànbào 1. Telegramm 2. Telegrafie 打～ telegrafieren
电表 diànbiǎo Elektrizitätszähler
电冰箱 diànbīngxiāng Kühlschrank
电波 diànbō elektrische Wellen
电唱机 diànchàngjī Plattenspieler
电车 diànchē Straßenbahn; Trolleybus 有轨～ Straßenbahn; Tram 无轨～ Trolleybus; Oberleitungsomnibus; Obus
电池 diànchí Batterie; Akkumulator
电灯 diàndēng elektrisches Licht; elektrische Lampe
电动机 diàndòngjī Elektromotor
电镀 diàndù galvanisieren; Galvanisation
电工 diàngōng 1. Elektrotechnik ～仪器 elektrotechnische Geräte 2. Elektriker; Eletrotechniker
电焊 diànhàn (elektrisches) Schweißen; Elektroschweißung
电荷 diànhè elektrische Ladung
电弧 diànhú elektrischer Lichtbogen
电化教育 diànhuà jiàoyù audiovisueller Unterricht
电话 diànhuà Telefon; Anruf ～卡 Telefonkarte 打～ telefonieren; anrufen
电话机 diànhuàjī Telefon; Telefonapparat
电话答录机 diànhuàdālùjī Anrufbeantworter
电机 diànjī Elektromaschine; Elektrogenerator; Elektromotor
电极 diànjí Elektrode
电解 diànjiě Elektrolyse
电缆 diànlǎn Kabel
电力 diànlì Elektroenergie; Elektrizität ～网 Stromnetz; Stromversorgungsnetz
电疗 diànliáo Elektrotherapie
电料 diànliào Elektroartikel; Elektromaterial
电铃 diànlíng elektrische Klingel
电流 diànliú elektrischer Strom ～表 Galvanometer
电炉 diànlú 1. elektrische Kochplatte; Elektrokocher 2. elektrischer Ofen; Elektroofen
电路 diànlù Stromkreis; Schaltung
电码 diànmǎ Telegrafencode; Telegrammschlüssel
电门 diànmén Schalter
电木 diànmù Bakelit
电脑 diànnǎo Computer ～病毒 Computer-

virus ～模拟 Computer-Simulation
电钮 diànniǔ Knopf
电气 diànqì Elektrizität ～火车 elektrische Eisenbahn ～化 elektrifizieren; Elektrifizierung
电器 diànqì Elektrogeräte
电热器 diànrèqì Elektroheizgeräte
电热毯 diànrètǎn Elektroheizdecke
电扇 diànshàn Ventilator
电石 diànshí Kalziumkarbid
电视 diànshì Fernsehen 彩色～ Farbfernsehen 黑白～ Schwarzweißfernsehen 数字～ Digitalfernsehen 看～ fernsehen
电视会议 diànshìhuìyì Video-Konferenz
电视机 diànshìjī Fernsehapparat; Fernsehgerät; Fernseher
电视台 diànshìtái Fernsehanstalt; Fernsehsender
电梯 diàntī Fahrstuhl; Lift; Rolltreppe
电筒 diàntǒng Taschenlampe
电文 diànwén Telegrammtext
电线 diànxiàn Leitungsdraht; elektrische Leitung; Draht
电线杆 diànxiàngān Leitungsmast
电信 diànxìn Telekommunikation; Fernmeldewesen; Fernmeldeverkehr
电讯 diànxùn 1. Drahtnachricht 2. Funksignal
电压 diànyā Spannung ～计 Voltmeter
电影 diànyǐng Film 宽银幕～ Breitwandfilm 看～ sich einen Film ansehen
电影节 diànyǐngjié Filmfestspiele
电影院 diànyǐngyuàn Kino; Filmtheater
电源 diànyuán Stromquelle; Elektrizitätsquelle; Netzanschluss
电闸 diànzhá Hebelschalter; Messerschalter
电钟 diànzhōng elektrische Uhr
电珠 diànzhū kleine Glühbirne; Taschenlampenbirne
电子 diànzǐ Elektron ～购物 Teleshopping ～计算机 Computer; Elektronenrechner ～音乐 elektronische Musik ～邮件 E-Mail; elektronische Post ～游戏机 Videospiel-Automat ～乐器 elektrisches Musikinstrument
电子管 diànzǐguǎn Elektronenröhre; Vakuumröhre
电阻 diànzǔ Widerstand

佃 diàn Ackerland pachten
佃户 diànhù Pächter; Pachtbauer
佃农 diànnóng Pachtbauer
佃契 diànqì Pachtvertrag
佃租 diànzū Pachtzins

殿 diàn 1. Tempel; Palast 2. am Ende; zuletzt
殿后 diànhòu die Nachhut bilden; die Kolonne (den Zug) beschließen
殿下 diànxià Eure Königliche Hoheit; Seine Königliche Hoheit

貂(鼦) diāo Marder; Zobel ～皮 Marderpelz; Zobelpelz

凋(彫) diāo verwelken
凋谢 diāoxiè verwelken

碉 diāo Bunker
碉堡 diāobǎo Bunker; Festungsturm

雕¹(彫、琱) diāo →雕刻

雕²(鵰) diāo Geier; Adler
雕花 diāohuā Schnitzerei; etw mit Schnitzereien verzieren
雕刻 diāokè schnitzen; gravieren ～家 Schnitzer; Graveur
雕塑 diāosù Bildhauerkunst; skulptieren
雕像 diāoxiàng Statue; Standbild; Skulptur

刁 diāo hinterlistig; verschlagen
刁滑 diāohuá hinterlistig; verschlagen
刁难 diāonàn schikanieren; jm Schwierigkeiten (Hindernisse) in den Weg legen

叼 diāo etw zwischen den Lippen (den Zähnen) halten 嘴里～着烟卷 eine Zigarette zwischen den Lippen haben

调¹ diào 另见 tiáo →调动

调² diào 另见 tiáo
1. Akzent 2. Behauptung; Auffassung 3. Tonart 4. Melodie 5. Ton
调拨 diàobō zuteilen; zuweisen
调查 diàochá untersuchen; nachforschen 人口～ Volkszählung; Erhebung der Bevölkerungssituation (der Einwohnerzahl)
调动 diàodòng 1. versetzen; verlegen ～工作 jn an einen anderen Arbeitsplatz versetzen 2. mobilisieren ～一切积极因素 alle positiven Faktoren zur Geltung bringen
调度 diàodù anordnen; verwalten; regeln

D

调换 diàohuàn wechseln; auswechseln; umtauschen
调配 diàopèi 另见 tiáopèi
etw herbeiholen und verteilen; zuteilen
调遣 diàoqiǎn (Truppen) verlegen; entsenden
调用 diàoyòng anfordern; einsetzen; verwenden
调子 diàozi 1. Melodie; Ton 2. Ton; Klang 3. Behauptung

掉[1] diào 1. fallen; herunterfallen ～眼泪 weinen; Tränen vergießen 2. zurückbleiben ～在队伍后面 hinter den anderen in der Marschkolonne zurückbleiben 3. verlieren; auslassen 4. sinken; abnehmen ～价儿 im Preise sinken

掉[2] diào 1. umdrehen; umwenden; umkehren ～过脸来 den Kopf wenden; sich umdrehen 2. →掉换

掉[3] diào (nach Verben zum Ausdruck der Vollendung einer Handlung): 扔～ wegwerfen
掉队 diàoduì hinter den anderen zurückbleiben
掉换 diàohuàn wechseln; auswechseln; umtauschen
掉头 diàotóu 1. den Kopf wenden; sich umdrehen ～就跑 sich zum Gehen wenden; sich umdrehen und davonlaufen 2. umdrehen; umwenden 汽车～ das Auto dreht (wendet) um

吊[1] (**弔**) diào 1. hängen 2. hochziehen; heraufziehen; hinablassen 从井里～水 Wasser mit einem Eimer aus dem Brunnen schöpfen 3. →吊销

吊[2] (**弔**) diào →吊丧
吊车 diàochē Kran
吊床 diàochuáng Hängematte
吊儿郎当 diào'erlángdāng schlampig; nachlässig; liederlich
吊环 diàohuán 1. Ringe 2. an den Ringen turnen
吊桥 diàoqiáo Hängebrücke; Kettenbrücke
吊丧 diàosāng den Hinterbliebenen einen Kondolenzbesuch abstatten
吊死 diàosǐ jn/sich erhängen; jn/sich aufhängen
吊销 diàoxiāo annullieren; entziehen ～驾驶执照 jm den Führerschein entziehen
吊唁 diàoyàn jm sein Beileid ausdrücken (aussprechen); jm zu js Tod sein Beileid bekunden (bezeugen); jm zu js Tod kondolieren

钓 diào angeln
钓饵 diào'ěr Köder; Lockmittel
钓竿 diàogān Angelrute
钓钩 diàogōu Angelhaken

跌 diē 1. fallen; stürzen ～倒在地 auf den (zu) Boden fallen; zu Boden stürzen 2. →跌落
跌跌撞撞 diēdie zhuàngzhuàng taumeln; torkeln
跌价 diējià im Preis fallen
跌交 diējiāo 1. fallen; stürzen
跌落 diēluò herunterfallen; herabstürzen

爹 diē Vater; Vati

谍 dié Spionage; Spion
谍报 diébào Spionageinformation; Feindnachrichten; Spitzelbericht ～人员 Spion; Geheimagent

碟 dié kleiner Teller
碟子 diézi kleiner Teller

喋 dié
喋喋不休 diédié bù xiū unaufhörlich plappern

蝶(**蜨**) dié Schmetterling
蝶泳 diéyǒng Schmetterlingsschwimmen; Schmetterlingsstil

耋 dié 1. über siebzig Jahre alt 2. hochbetagt; in hohem Alter

迭 dié 1. abwechseln; ablösen; wechselweise 2. mehrmals; wiederholt
迭次 diécì mehrmals; wiederholt

叠(**疊**、**疉**) dié 1. aufschichten; stapeln; übereinander legen 2. falten; zusammenfalten; zusammenlegen ～被 die Bettdecke zusammenlegen
叠罗汉 dié luóhàn Pyramide; eine Pyramide bauen

丁[1] dīng 1. erwachsener Mann 成～ erwachsen (mündig; volljährig) sein 2.

Bevölkerung; Bevölkerungszahl; die Zahl der Familienangehörigen

丁² dīng der vierte der zehn Himmelsstämme

丁³ dīng Würfelchen 肉～ Fleischwürfelchen

丁当 dīngdāng klirren; klappern

丁香 dīngxiāng 1. Flieder 2. Gewürznelkenbaum

丁字尺 dīngzìchǐ Reißschiene

丁字镐 dīngzìgǎo Pickel; Hacke

疔 dīng bösartiges Geschwür

玎 dīng

玎玲 dīnglíng klirren; Klingklang

耵 dīng

耵聍 dīngníng Ohrenschmalz

酊 dīng Tinktur

酊剂 dīngjì Tinktur

叮 dīng 1. stechen 2. nachfragen; ausfragen

叮咛 dīngníng jn eindringlich ermahnen; jm etw wiederholt einschärfen

叮嘱 dīngzhǔ jn eindringlich ermahnen; jm etw wiederholt einschärfen

盯 dīng fixieren; die Augen (seinen Blick) auf jn/etw heften 两眼紧～着 etw mit den Augen fixieren; jn anstarren

钉¹ dīng 另见 dìng →钉子

钉² dīng 另见 dìng
1. jm auf Schritt und Tritt folgen; verfolgen 2. jn an etw erinnern

钉耙 dīngpá Rechen; Harke

钉梢 dīngshāo jn heimlich beschatten; sich an js Fersen heften (hängen)

钉子 dīngzi Nagel

顶 dǐng 1. höchster Punkt; Spitze; Gipfel 2. etw auf dem Kopf tragen 3. emporschießen; emporwölben 嫩芽把土～起来了 die ersten jungen Keime sprießen aus der Erde (dem Boden) 4. etw mit dem Kopf stoßen 5. abstützen 用木头～上大门 das Tor mit einer Holzstange (einem Holzstempel) abstützen 6. → 顶撞 7. durchhalten; bewältigen 活儿重，两个人～不下来 die Arbeit ist zu schwer, als dass zwei Personen sie bewältigen könnten 8. entsprechen; als jd/etw verwendet werden können 一个人～两个人工作 einer arbeitet für zwei 9. → 顶替 10. (Zähleinheitswort): 一～帽子 eine Mütze; ein Hut 11. sehr; äußerst ～好 sehr gut; hervorragend

顶点 dǐngdiǎn 1. Höhepunkt; Gipfel 2. Scheitelpunkt; Spitze

顶风 dǐngfēng gegen den Wind

顶峰 dǐngfēng 1. Bergspitze; Gipfel 2. Höhepunkt; Gipfel 科学的～ Gipfel der Wissenschaft

顶替 dǐngtì an js Stelle treten; einspringen

顶天立地 dǐng tiān lì dì eine riesige, ehrfurchteinflößende Gestalt

顶头上司 dǐngtóu shàngsī unmittelbare(r) Vorgesetzte(r)

顶针 dǐngzhen Fingerhut

顶撞 dǐngzhuàng einem Älteren (seinem Vorgesetzten) scharf widersprechen

顶嘴 dǐngzuǐ sich mit einem Älteren (einem Höherstehenden) streiten

鼎 dǐng 1. aus alter Zeit stammender Kochkessel mit zwei Handgriffen und drei oder vier Beinen 2. Kochtopf

鼎鼎大名 dǐng dǐng dà míng hochberühmt; weitberühmt

鼎立 dǐnglì wie die drei Beine eines Dreifußes dastehen; dreiseitige Konfrontation

鼎盛 dǐngshèng blühen und gedeihen; eine hohe Blüte erreichen 春秋～ in der Blüte seiner Jahre stehen

定 dìng 1. ruhig; beruhigen 坐～ sich niedersetzen 2. entscheiden; bestimmen; festlegen ～计划 einen Plan festlegen (ausarbeiten) 3. bestellen; abonnieren; buchen ～一批货 einen Posten (eine Partie) von einer Ware bestellen 4. bestimmt; sicher; gewiss 我们～可取得胜利 wir werden den Sieg davontragen

定单 dìngdān Bestellschein; Auftrag

定点饭店 dìngdiǎn fàndiàn Vertragshotel

定额 dìng'é Norm; Soll

定价 dìngjià 1 den Preis festsetzen 2. festgesetzter Preis

D

定见 dìngjiàn endgültige Meinung; feste Ansicht
定居 dìngjū ansässig (sesshaft) werden; sich niederlassen
定局 dìngjú 1. eine endgültige Entscheidung; entschieden sein 2. unumstößliche Tatsache; feststehend; sicher
定理 dìnglǐ Lehrsatz; Theorem
定量 dìngliàng 1. die mengenmäßige Zusammensetzung einer Substanz feststellen ～分析 etw quantitativ analysieren; quantitative Analyse 2. festgelegte Menge; Ration ～供应 rationieren; kontingentieren
定律 dìnglǜ Gesetz
定论 dìnglùn endgültiges (abschließendes) Urteil; feststehende Meinung (Beurteilung)
定期 dìngqī 1. einen Termin festlegen (festsetzen) 2. periodisch; regelmäßig; in regelmäßigen Zeitabständen ～存款 Termineinlage ～刊物 periodisch (regelmäßig) erscheinende Publikation
定钱 dìngqián Anzahlung; angezahlte Summe 付～ eine Anzahlung leisten; einen Betrag (eine Summe) anzahlen
定神 dìngshén 1. sich beruhigen; sich fassen 2. sich sammeln; sich konzentrieren
定时炸弹 dìngshí zhàdàn Zeitbombe
定义 dìngyì Definition; definieren
定语 dìngyǔ Attibut; Beifügung

碇(矴、椗) dìng Steinpoller

锭 dìng 1. →锭子 2. Barren; Block
锭子 dìngzi Spindel

订 dìng 1. vereinbaren; schließen; abschließen ～合同 einen Vertrag schließen (abschließen, eingehen) 2. bestellen; abonnieren; buchen ～报 eine Zeitung abonnieren 3. →订正 4. binden; zusammenheften ～书 ⓐ Bücher binden ⓑ Bücher bestellen
订单 dìngdān Auftrag
订购 dìnggòu bestellen; Bestellung
订户 dìnghù Abonnent; Besteller 报纸～ Zeitungsabonnent
订婚 dìnghūn sich verloben; eine Verlobung eingehen
订货 dìnghuò Waren bestellen; jm einen Lieferauftrag erteilen; Warenbestellung 接受～ Auftragsbestätigung
订立 dìnglì vereinbaren; schließen; abschließen ～贸易协定 ein Handelsabkommen schließen (abschließen)
订书机 dìngshūjī Heftmaschine
订阅 dìngyuè (Zeitungen; Zeitschriften o. ä.) abonnieren
订正 dìngzhèng berichtigen; Korrekturen vornehmen

钉 dìng 另见 dīng
1. einschlagen ～钉子 Nägel einschlagen
2. annähen ～一纽扣 einen Knopf annähen

丢(丟) diū 1. →丢失 2. werfen; wegwerfen 3. beiseitelegen; zurücklassen
丢丑 diūchǒu das Gesicht (die Ehre) verlieren; sich blamieren
丢掉 diūdiào verlieren; wegwerfen
丢脸 diūliǎn das Gesicht verlieren
丢三落四 diū sān là sì sehr vergesslich sein; ein Gedächtnis wie ein Sieb haben
丢失 diūshī verlieren; verloren gehen; abhanden kommen

东(東) dōng 1. Osten; östlich 2. →东道
东北 dōngběi Nordosten, nordöstlich
东道 dōngdào Gastgeber; ein Gastmahl geben
东方 dōngfāng 1. Osten 2. Orient; Asien
东家 dōngjia Herr; Chef
东南 dōngnán Südosten; südöstlich
东西 dōngxi Ding; Sachen 去买～ einkaufen gehen
东张西望 dōng zhāng xī wàng herumgucken; sich nach allen Seiten umblicken
东正教 Dōngzhèngjiào orthodoxe Kirche

冬[1] dōng →冬季

冬[2](鼕) dōng Getrommel
冬瓜 dōngguā Wachskürbis
冬季 dōngjì Winter
冬眠 dōngmián Winterschlaf; Winterschlaf halten
冬青 dōngqīng chinesische Ilex
冬天 dōngtiān Winter
冬至 dōngzhì Wintersonnenwende (Bezeichnung für den 21., 22. oder 23. Dezember)

氡 dōng Radon (Rn)

董 dǒng 1. beaufsichtigen; verwalten 2.

→董事

董事 dǒngshì Vorstandsmitglied; Mitglied des Verwaltungsrats ～会 Vorstand; Verwaltungsrat ～长 Vorstandsvorsitzende(r); Vorsitzende(r) des Verwaltungsrats

懂 dǒng verstehen; begreifen ～俄语 Russisch verstehen

懂行 dǒngháng sich in einem Fachgebiet auskennen

懂事 dǒngshì verständig; einsichtig; vernünftig

动(動) dòng 1. sich bewegen 2. →动作 2 3. →动用 4. erregen; anregen ～了公愤 öffentliche Empörung hervorrufen (auslösen)

动笔 dòngbǐ zur Feder greifen; zu schreiben beginnen

动产 dòngchǎn bewegliche Habe; Mobilien

动词 dòngcí Verb; Tätigkeitswort

动荡 dòngdàng 1. in Bewegung befindlich unruhig 湖水～ der See ist unruhig 2. Unruhe; unruhig ～的年代 bewegte Zeiten

动工 dònggōng mit dem Bau (den Bauarbeiten) beginnen

动画 dònghuà Animation; Zeichentrickfilm; ～片 Animationsfilm

动火 dònghuǒ in Wut (Zorn) geraten; wütend (zornig) werden

动机 dòngjī Beweggrund; Motiv ～不纯 unreine Beweggründe; unlautere Absichten

动静 dòngjing 1. Geräusch 一点～也没有 es herrscht lautlose Stille 2. Tun und Lassen; Geschehen; Vorkommnis

动力 dònglì 1. Energie; Antriebskraft 2. Triebkraft; treibende Kraft 社会主义建设的～ die Triebkraft für den Aufbau des Sozialismus

动力学 dònglìxué Dynamik; Kinetik

动乱 dòngluàn Unruhe; Aufruhr

动脉 dòngmài Schlagader; Arterie ～硬化 Arteriosklerose; Arterienverkalkung

动名词 dòngmíngcí Gerundium

动脑筋 dòng nǎojīn sich über etw Gedanken machen; den eigenen Kopf benutzen

动怒 dòngnù in Zorn geraten; aufbrausen

动气 dòngqì sich ärgern; sich erzürnen

动人 dòngrén bewegend; rührend

动身 dòngshēn aufbrechen; sich auf den Weg machen

动手 dòngshǒu 1. sich an etw machen; sich daransetzen; mit Hand anlegen ～工作 sich an die Arbeit machen 2. berühren; anfassen 请勿～ Nicht berühren! 3. zuschlagen; losschlagen; handgemein (handgreiflich) werden

动态 dòngtài Tendenz; Trend 国际～ internationale Entwicklungstendenz

动听 dòngtīng sich rührend (interessant) anhören; wohlklingend

动武 dòngwǔ 1. mit Gewalt vorgehen; Gewalt anwenden 2. →动手 3

动物 dòngwù Tier ～园 Zoo; zoologischer Garten

动向 dòngxiàng Entwicklungstendenz; Trend 时局～ Entwicklungstendenz der gegenwärtigen politischen Lage

动心 dòngxīn js Interesse (Verlangen) ist geweckt

动摇 dòngyáo 1. schwankend; wankend werden; ins Wanken geraten 思想～ in der Ideologie wankend werden 2. erschüttern; jn wankend machen; jn ins Wanken bringen ～军心 die Moral der Truppen zersetzen

动用 dòngyòng verwenden; von etw Gebrauch machen ～公款 öffentliche Mittel (Staatsgelder) für eigene Zwecke verwenden

动员 dòngyuán mobilisieren; mobilmachen ～令 Mobilmachungsbefehl

动作 dòngzuò 1. Bewegung; Körperbewegung ～优美 anmutige Bewegung 2. Handlung; Tätigkeit

冻(凍) dòng 1. frieren; gefrieren; zufrieren 河里的水～了 der Fluss ist zugefroren 2. Gallert; Gelee; Sülze 肉～ Fleisch in Aspik 3. frieren; erfrieren 手～僵了 die Hände sind steifgefroren

冻疮 dòngchuāng Frostbeule

冻结 dòngjié 1. frieren; erstarren 2. einfrieren; blockieren ～资金 Kapital einfrieren

栋(棟) dòng 1. Firstbalken 2. (Zähleinheitswort): 一～房屋 ein Haus

栋梁 dòngliáng Firstbalken und Gebälk 国家～ die Stützen des Staates

洞 dòng Loch; Höhle 打一个～ ein Loch bohren (stemmen, stanzen, ausheben)

D

洞察 dòngchá durchschauen；etw klar erkennen ～力 Beobachtungsgabe；Scharfblick
洞房 dòngfáng Brautkammer；Hochzeitsgemach ～花烛 Kerzenglanz in der Hochzeitsnacht；Hochzeitsfeier
洞悉 dòngxī etw genau wissen；etw gründlich kennen
洞穴 dòngxué Höhle；Grotte

恫 dòng bedrohen；einschüchtern；abschrecken
恫吓 dònghè bedrohen；einschüchtern；abschrecken

胴 dòng 1. Rumpf 2. Dickdarm
胴体 dòngtǐ Rumpf

都 dōu 另见 dū
1. alle；alles；ganz；sämtlich 人～来齐了 alle sind da 2. wegen；dank ～是我不好 das ist meine Schuld / die Schuld liegt bei mir 3. sogar；überhaupt 数～数不清 unzählig viele 4. bereits；schon 他～快七十岁了 er ist schon nahe an die Siebzig

兜 dōu 1. Tasche；Beutel 2. einwickeln；einpacken 3. herumfahren；herumgehen；umkreisen 从南面～过去 etw südlich umgehen 4. →兜揽 5. die Folgen（die volle Verantwortung）tragen 有问题我～着 für eventuelle Folgen trage ich die alleinige Verantwortung
兜揽 dōulǎn 1. anlocken；（Kunden）werben 2. sich etw auflasten（aufladen, aufbürden）
兜圈子 dōu quānzi 1. kreisen；herumkreisen；Kreise ziehen 2. herumreden；Umschweife machen 说话～ um den Brei herumreden
兜售 dōushòu mit etw hausieren gehen

篼 dōu Tragekorb

斗 dǒu 另见 dòu
1. *Dou*（*chinesisches Hohlmaß*；*ca.* 10 Liter）2. Getreidemessgefäß 3. scheffelförmiger Gegenstand
斗胆 dǒudǎn mutig；sich erlauben；sich die Freiheit nehmen
斗笠 dǒulì Bambushut；Regenhut
斗篷 dǒupéng Umhang；Regenumhang；Cape
斗室 dǒushì kleines Zimmer；kleine Kammer

抖 dǒu 1. zittern；beben 浑身直～ am ganzen Körper zittern 2. schütteln；abschütteln 3. ausschütten；etw an den Tag legen 把真话全～出来了 man rückte（platzte）mit der Wahrheit heraus 4. →抖擞
抖动 dǒudòng →抖 1，2
抖擞 dǒusǒu sich aufraffen；sich zusammenreißen 精神～ voller Energie；mit frischem Mut

陡 dǒu 1. →陡峭 2. →陡然
陡坡 dǒupō steiler Abhang
陡峭 dǒuqiào steil；schroff；abschüssig
陡然 dǒurán plötzlich；unerwartet

斗（鬥、鬦、鬭） dòu 另见 dǒu
1. kämpfen；ringen；streiten 拳～ Faustkampf；Boxkampf 2. →斗争 1，2 3. Tierkämpfe veranstalten；gleichartige Tiere kämpfen lassen ～牛 Stierkampf；den Stier bekämpfen 4. mit jm wetteifern；mit jm um den Sieg kämpfen；mit jm um die Palme ringen
斗争 dòuzhēng 1. kämpfen；bekämpfen；Kampf 阶级～ Klassenkampf 2. mit jm abrechnen；jn brandmarken ～地主 einen Grundherrn bekämpfen；eine Kartenspielart 3. für etw kämpfen 为建设社会主义而～ für den Aufbau des Sozialismus kämpfen
斗志 dòuzhì Kampfwille ～昂扬 von kämpferischem Enthusiasmus erfüllt
斗智 dòuzhì den Gegner durch geschickte Manöver zu besiegen suchen
斗嘴 dòuzuǐ 1. sich mit jm streiten（zanken）2. sich gegenseitig necken

豆（荳） dòu Bohne
豆瓣酱 dòubànjiàng Sojabohnenmus
豆饼 dòubǐng Bohnenkuchen（Ölkuchen）（als Futter oder Dünger verwendet）
豆粉 dòufěn Bohnenmehl
豆腐 dòufu Tofu；Bohnenkäse；Bohnenquark ～干 getrocknete Bohnenkäse；getrockneter Bohnenquark ～脑儿 gelierter Bohnenpudding
豆浆 dòujiāng Bohnenmilch；Bohnensaft
豆沙 dòushā Bohnenbrei（als Kuchenfüllung）

豆芽 dòuyá Bohnenkeime；Bohnensprosse
豆制品 dòuzhìpǐn Bohnenprodukte
豆子 dòuzi Hülsenfrüchte

痘 dòu 1. Pocken；Blattern 出～ Pocken haben 2. Pockenimpfstoff 种～ gegen Pocken geimpft werden；Pockenschutzimpfung 3. Pockenimpfpusteln
痘苗 dòumiáo Pockenimpfstoff

逗[1]（鬥、鬦、鬭） dòu 1. necken；sich belustigen 2. reizen；herausfordern

逗[2] dòu →逗留
逗号 dòuhào Komma
逗留 dòuliú bleiben；sich aufhalten；verweilen

都 dū 另见 dōu
1. →都城 2. →都市
都城 dūchéng Hauptstadt
都市 dūshì Großstadt

嘟[1] dū hupen

嘟[2] dū schürzen；spitzen；vorstülpen ～嘴 die Lippen schürzen（spitzen，vorstülpen）
嘟囔 dūnang murmeln；brummen

督 dū beaufsichtigen；überwachen ～战 eine Operation leiten
督察 dūchá inspizieren；beaufsichtigen
督促 dūcù jn zu etw anhalten（antreiben）

毒 dú 1. Gift 2. →毒素 2 3. →毒品 4. giftig ～蛇 Giftschlange 5. vergiften 6. →毒辣
毒草 dúcǎo Giftkraut；giftiges Unkraut
毒饵 dú'ěr giftiger Köder
毒害 dúhài jn ideologisch vergiften；jn moralisch verderben
毒计 dújì teuflischer Plan；bösartige Intrige
毒辣 dúlà grausam；teuflisch；diabolisch 手段～ grausames Mittel；üble Methode
毒品 dúpǐn Rauschgift；Drogen；Rauschmittel
毒气 dúqì Giftgas ～弹 Giftgasbombe
毒手 dúshǒu boshafte（grausame）Handlung；Mordtat 下～ einen Mord begehen（verüben）；Grausamkeiten verüben
毒素 dúsù 1. Toxin 2. geistiges Gift
毒性 dúxìng Toxizität；Giftigkeit
毒药 dúyào Gift

渎（瀆、瀆） dú 1. missachten；jn respektlos（geringschätzig）behandeln 2. Wassergraben；Kanal
渎职 dúzhí Amtsvergehen；Pflichtversäumnis；seine Pflichten vernachlässigen

读（讀） dú 1. laut lesen；vorlesen；verlesen ～报 jm etw aus der Zeitung vorlesen 2. lesen；durchlesen 默～ etw still vor sich hin lesen 3. studieren；lernen ～大学 an einer Universität studieren
读本 dúběn Lesebuch
读书 dúshū 1. lesen；vorlesen 做～笔记 Auszüge（Zitate）aus Schriftwerken sammeln 2. lernen；studieren；eine Schule besuchen
读物 dúwù Lektüre；Lesestoff 通俗～ leichte Lektüre；populäre Bücher；Trivialliteratur
读音 dúyīn Aussprache
读者 dúzhě Leser；Leserkreis

黩（黷） dú 1. beschmutzen；besudeln；beflecken 2. verantwortungslos handeln；leichtsinnig vorgehen
黩武 dúwǔ kriegerisch；kriegslüstern；militaristisch ～主义 Militarismus

犊（犢） dú Kalb

髑 dú
髑髅 dúlóu Totenkopf；Totenschädel

独（獨） dú 1. allein；einzig ～子 einziger Sohn 2. →独自 3. alleinstehend；alt und kinderlos，kinderlose alte Leute
独白 dúbái Monolog；Selbstgespräch
独裁 dúcái Diktatur；Autokratie；Alleinherrschaft ～统治 Alleinherrschaft；diktatorische Herrschaft
独裁者 dúcáizhě Diktator；Alleinherrscher
独唱 dúchàng Solo；ein Solo singen；Sologesang
独创 dúchuàng etwas Neues erschaffen（gestalten）；schöpferisch；originell ～一格 sich durch Originalität auszeichnen
独当一面 dú dāng yī miàn eine Aufgabe allein bewältigen können
独断独行 dú duàn dú xíng nach eigenem

Gutdünken handeln；sich in seinen Entscheidungen über andere hinwegsetzen；rücksichtsloses Vorgehen unter Machtmissbrauch

独立 dúlì 1. alleinstehen 2. Unabhängigkeit；Souveränität besitzen ～自主 unabhängig und selbständig；souverän 3. selbständig ～纵队 selbständige Kolonne 4. ohne fremde Hilfe ～思考 selbständig denken

独辟蹊径 dú pì xī jìng sich einen neuen Weg eröffnen；eine neue eigene Methode entwickeln

独身 dúshēn 1. allein leben 2. ledig；unverheiratet ～男子 eheloser Mann

独生子 dúshēngzǐ Einzelkind

独树一帜 dú shù yī zhì eine neue (wissenschaftliche, künstlerische) Schule bilden

独特 dútè eigenartig；originell；ausgeprägt

独一无二 dú yī wú èr einzigartig；unvergleichlich；etw hat nicht seinesgleichen

独自 dúzì allein；selbst；für sich

独资企业 dúzī qǐyè Betrieb mit Eigenkapital

独奏 dúzòu ein Solo spielen ～会 Solokonzert

堵 dǔ 1. →堵塞 2. erstickend；beklemmend 我心里～得慌 ich fühle mich bedrückt 3. (Zähleinheitswort)：一～石墙 eine Steinmauer

堵塞 dǔsè verstopfen；versperren；blockieren

睹(覩) dǔ sehen；erblicken；wahrnehmen

睹物思人 dǔ wù sī rén sieht man die Sache, denkt man an die Person；die Sache erinnert an den Besitzer

赌 dǔ 1. →赌博 2. wetten；eine Wette eingehen

赌博 dǔbó um Geld spielen；Glücksspiel；Hasardspiel

赌场 dǔchǎng Kasino；Spielbank

赌气 dǔqì seinem Missmut freien Lauf lassen；aus Wut etw tun

赌咒 dǔzhòu beschwören；einen Eid ablegen (leisten)；geloben

赌注 dǔzhù Spieleinsatz 下～ eine Geldsumme setzen

笃 dǔ 1. treu；treuherzig；aufrichtig 2. (Krankheit) schwer；kritisch；ernstlich 病～ ernstlich (schwer) erkrankt sein

笃实 dǔshí aufrichtig；redlich

笃信 dǔxìn an etw fest glauben；Frömmigkeit；von Glauben erfüllt ～不疑 einen unerschütterlichen Glauben haben

肚 dǔ 另见 dù

zubereiteter (Schweine-, Schaf-, Rinder-) Magen, der zur Speise dient

肚子 dǔzi 另见 dùzi

als Speise fertig zubereiteter (Schweine-, Schaf-, Rinder-) Magen 猪～ als Speise fertig zubereiteter Schweinemagen

度 dù 1. Maßeinheit von Winkeln (Temperaturen o. ä.) 零下三～ minus drei Grad；Minus drei Grad Temperatur 2. Kilowattstunde (kWh) 十～电 zehn Kilowattstunden 3. Intensitätsgrad 灵敏～ Empfindlichkeit 4. Grenze；Grad 以…为～ mit etw als dem Höchstmaß (Mindestmaß) 5. (Zähleinheitswort) Mal 一年一～ einmal im Jahr 6. verbringen；zubringen 欢～佳节 einen Feiertag festlich begehen

度量 dùliàng Toleranz；Duldsamkeit；Großmut ～大 weitherzig；großzügig

度量衡 dùliànghéng Maße und Gewichte

度日 dùrì sich kümmerlich durchschlagen；mühsam sein Dasein fristen ～如年 kümmerlich sein Leben fristen

渡 dù 1. überqueren；übersetzen ～海 das Meer überqueren 2. überwinden；überstehen 3. →渡口

渡船 dùchuán Fähre；Fährboot

渡口 dùkǒu Flussübergang；Überfahrtsstelle

镀 dù plattieren；galvanisieren；etw mit einer dünnen Schicht aus Metall überziehen

镀金 dùjīn 1. vergolden ～的表 eine vergoldete Armbanduhr 2. auf eitlen Glanz aus sein

杜(敭) dù 1. birkenblättriger Birnbaum 2. stopfen；versperren

杜鹃[1] dùjuān Kuckuck

杜鹃[2] dùjuān Azalee；Azalie

杜绝 dùjué 1. unterbinden；verhindern；abstellen ～浪费 der Verschwendung

Einhalt gebieten 2. etw unwiderruflich verkaufen
杜撰 dùzhuàn erdichten; frei erfinden
肚 dù 另见 dǔ
Bauch; Leib
肚脐 dùqí Nabel
肚子 dùzi 另见 dǔzi
Bauch; Leib
蠹（**蠧、螙、蠹**） dù 1. Motte Holzwurm; Bücherwurm 2. von Würmern (Motten) zerfressen (befallen. durchbohrt) sein
蠹虫 dùchóng 1. Motte; Holzwurm; Bücherwurm 2. Schmarotzer; Schädling
妒（**妬**） dù neiden; eifersüchtig
妒忌 dùjì neiden; auf jn/etw neidisch sein; missgönnen
端[1] duān 1. Ende; Rand; Spitze 棍子的两～ beide Enden des Stabs 2. Anfang; Beginn 3. Punkt; Teilbereich; Teilfrage 举其一～ ein Beispiel dafür anführen
端[2] duān 1. →端正 1,2 2. auftragen; servieren; etw in den Händen halten
端午 duānwǔ Drachenbootfest
端详 duānxiáng 1. Einzelheiten; Details 听～ sich etw bis ins kleinste Detail anhören; gut zuhören 2. ruhig; würdevoll; gelassen
端详 duānxiang jn genau (prüfend) ansehen; jn von oben bis unten mustern
端正 duānzhèng 1. gerade; aufrecht; ordentlich 五官～ mit ebenmäßigen Gesichtszügen 2. einwandfrei; anständig; Lebenswandel 3. berichtigen; verbessern ～学习态度 eine positive Einstellung dem Studium gegenüber einnehmen sollen
短 duǎn 1. kurz 2. →短少 3. →短处
短波 duǎnbō Kurzwelle
短处 duǎnchu Schwäche; Fehler; Unzulänglichkeit
短促 duǎncù kurz; von kurzer Dauer; gedrängt 呼吸～ kurzatmig; japsen; stoßweise atmen
短工 duǎngōng Gelegenheitsarbeiter; Tagelöhner; Saisonarbeiter 打～ als Tagelöhner arbeiten; jobben
短见 duǎnjiàn 1. kurzsichtig; bornierte Ansichten 2. Freitod; Selbstmord 自寻～ Selbstmord begehen
短路 duǎnlù Kurzschluss
短篇小说 duǎnpiān xiǎoshuō Kurzgeschichte; Erzählung
短评 duǎnpíng kurze Zeitungskritik; Kurzkommentar 时事～ Kurzkommentar zu den Tagesereignissen
短期 duǎnqī kurze Frist; kurze Zeit; kurzfristig ～行为 kurzfristige Handlung
短枪 duǎnqiāng Pistole; kurze Handfeuerwaffe
短缺 duǎnquē an etw mangeln; Knappheit
短少 duǎnshǎo fehlen; mangeln
短视 duǎnshì 1. Kurzsichtigkeit; Myopie; kurzsichtig 2. Kurzsichtigkeit; einen beschränkten Horizont haben
短途 duǎntú kurze Strecke; Kurzstrecken-; kurze Distanz ～运输 Nahtransport; Kurzstreckentransport
短小精悍 duǎn xiǎo jīng hàn 1. klein von Wuchs, aber tüchtig; in seinem Beruf 2. prägnant; kurz, aber gehaltvoll und treffend
断[1]（**斷**） duàn 1. brechen; knicken 2. →断绝 3. eine schlechte Gewohnheit ablegen; jm/sich etw abgewöhnen; aufgeben ～烟 jm/sich das Rauchen abgewöhnen
断[2]（**斷**） duàn 1. →断定 2. kategorisch; absolut; sicherlich ～无此理 absolut (ganz) unmöglich; völlig (ganz) ausgeschlossen
断肠 duàncháng Seelenschmerz empfinden; von Gram erfüllt sein; vor Kummer (Leid) vergehen
断定 duàndìng folgern; feststellen; eine Schlussfolgerung ziehen; aus etw schließen
断断续续 duànduànxùxù dann und wann; mit Unterbrechungen; abgehackt
断绝 duànjué abbrechen; unterbrechen; abschneiden ～关系 die Beziehungen abbrechen ～交通 den Verkehr unterbrechen
断奶 duànnǎi einen Säugling entwöhnen
断气 duànqì seinen letzten Atemzug tun; seine Seele aushauchen
断然 duànrán 1. mit aller Entschiedenheit 采取～措施 mit drakonischen Maßnah-

D

men gegen jn/etw vorgehen 2. →断² 2
断送 duànsòng ruinieren; jn/etw zugrunde richten ～前途 ins Verderben rennen
断言 duànyán etw nachdrücklich versichern (erklären); beteuern
断章取义 duàn zhāng qǔ yì etw aus dem Zusammenhang reißen (lösen)

簖（籪）duàn (für den Fischfang verwendeter) Bambusgitter 鱼～ gitterartiges Fischergerät aus Bambus

段 duàn Abschnitt; Strecke; Stück; Teil 一～粉笔 ein Stummel von Kreide 一～小说 ein Romanauszug
段落 duànluò 1. Paragraph; Abschnitt 2. Phase; Stadium 事情到此告一～ im Großen und Ganzen gesehen hat sich die Sache hiermit erledigt

煅 duàn schmieden
煅烧 duànshāo brennen; rösten; kalzinieren

椴 duàn Linde

锻 duàn →锻造
锻工 duàngōng 1. schmieden 2. Schmied
锻炼 duànliàn 1. sich stählen; Sport treiben ～身体 sich körperlich abhärten 2. abhärten; stählen 久经～的干部 altbewährter (kampferprobter) Kader
锻压机 duànyājī Schmiedepresse; Schmiedemaschine
锻造 duànzào schmieden

缎 duàn Atlas; Atlasseide; Satin
缎子 duànzi Atlas; Atlasseide; Satin

堆 duī 1. →堆积 2. Haufen; Stapel 雪～ Schneehaufen 3. (Zähleinheitswort) Haufen; Menge 一～石头 ein Steinhaufen 一大～问题 eine ganze Reihe von ungelösten Problemen
堆放 duīfàng häufen; stapeln
堆肥 duīféi Kompost
堆积 duījī häufen; aufstapeln ～如山 etw zu einem Stapel aufhäufen
堆栈 duīzhàn Lagerhaus; Magazin; Speicher

兑 duì →兑付; 兑现 1
兑付 duìfù Geld einlösen; einwechseln
兑换 duìhuàn wechseln; umwechseln; umtauschen ～外汇 ausländische Währung in Renminbi umwechseln
兑现 duìxiàn 1. einlösen; einwechseln; umtauschen 2. erfüllen; verwirklichen; halten

碓 duì Reisschälvorrichtung
碓房 duìfáng Reisschälmühle

对（對）duì 1. antworten; entgegnen; erwidern 无言以～ um eine Antwort verlegen sein 2. →对待; 对付 3. gegen; auf jn/etw gerichtet 枪口～着敌人 das Gewehr auf den Feind richten 4. zwei Gegenstände in Kontakt bringen (aneinander fügen) ～个火儿 um Feuer bitten 5. passen; entsprechen ～胃口 jm angenehm sein; jm bekommen 6. vergleichen; identifizieren; prüfen ～笔迹 js Handschrift identifizieren 7. richtig; korrekt; recht 究竟是谁～? Wer hat denn eigentlich Recht? 8. mischen; beimengen; verdünnen 酒精里～些水 Alkohol panschen 9. (Zähleinheitswort) Paar 一～夫妻 ein Ehepaar 10. gegenüber; zu; für ～他表示谢意 jm seine Dankbarkeit bezeigen
对比 duìbǐ 1. gegenüberstellen; vergleichen 新旧～ das Neue mit dem Alten vergleichen 2. Verhältnis
对不起 duì bu qǐ 1. Verzeihung! / Pardon! 2. ein schlechtes Gewissen haben
对策 duìcè Gegenmaßnahme
对称 duìchèn Symmetrie; symmetrisch
对待 duìdài jm auf bestimmte Weise begegnen; behandeln 区别～ unterschiedlich behandeln
对得起 duì de qǐ jn gerecht behandeln; jm ins Auge sehen können
对等 duìděng Gleichheit; Parität; ebenbürtig 力量～ gleich stark sein
对调 duìdiào umtauschen; wechseln ～工作 die Arbeitsplätze tauschen
对方 duìfāng Gegenpartei; andere Seite
对付 duìfu 1. behandeln; mit jm/etw fertig werden; mit jm/etw in bestimmter Weise verfahren 2. mit etw vorliebnehmen; sich mit etw begnügen; sich mit etw behelfen 这～着能用 man kann sich gut damit behelfen
对号 duìhào die Nummer kontrollieren ～

入座 nummerierte Plätze einnehmen
对话 duìhuà Dialog
对接 duìjiē Kopplungsmanöver; Anlegen
对抗 duìkàng 1. Antagonismus; Konfrontation 阶级～ Antagonismus zwischen den (zweier) Klassen 2. sich widersetzen; opponieren
对立 duìlì gegensätzlich; entgegengesetzt; im Gegensatz (Widerspruch) 互相～的意见 entgegengesetzte Meinungen; unvereinbare Anschauungen
对联 duìlián Spruchrollenpaar
对面 duìmiàn 1. gegenüber; auf der entgegengesetzten Seite 住在～ gegenüber wohnen 2. unmittelbar vor jm ～开来一辆汽车 ein Auto kommt aus der entgegengesetzten Richtung 3. von Angesicht zu Angesicht
对牛弹琴 duì niú tán qín in den Wind reden; tauben Ohren predigen
对手 duìshǒu 1. Konkurrent; Nebenbuhler; Mitbewerber 2. Gegner; Widerpart; Widersacher 他不是你的～ er kann es mit dir nicht aufnehmen
对数 duìshù Logarithmus ～表 Logarithmentafel
对头 duìtóu 1. richtig; geeignet 方法～ nach wirksamen Methoden arbeiten 2. gut zueinander passen; gut miteinander auskommen 他俩的关系不大～ sie stehen miteinander auf gespanntem Fuße 3. normal; recht
对头 duìtou 1. Feind 死～ geschworener Feind 2. →对手 1
对外 duìwài auswärtig; extern; nach außen ～政策 Außenpolitik; auswärtige Politik ～贸易 Außenhandel
对象 duìxiàng 1. Ziel; Objekt 研究～ Gegenstand des Studiums 2. fester Freund (feste Freundin) 找～ einen Ehepartner suchen
对应 duìyìng entsprechen; übereinstimmen; homolog
对于 duìyú → 对 10
对照 duìzhào 1. Kontrast; Vergleich 2. gegenüberstellen 鲜明的～ krasser Gegensatz
对折 duìzhé 50 Prozent Rabatt; ein Rabatt von 50 Prozent; ein fünfzigprozentiger Preisnachlass
对症下药 duì zhèng xià yào gemäß den realen Verhältnissen geeignete Maßnahmen ergreifen
对质 duìzhì Konfrontation; Gegenüberstellung
对峙 duìzhì sich einander gegenüberstehen 军事～ militärische Konfrontation; militärisches Patt

队(隊) duì 1. geregelte Aufstellung von Menschen; Reihe; Glied 排～买票 nach Karten anstehen 2. Gruppe; Trupp; Mannschaft 侦察～ Spähtrupp; Aufklärungstruppe 3. (Zähleinheitswort) Menschenmenge; Menschengruppe 一～战士 ein Trupp Soldaten
队列 duìliè Reihenformation; Marschformation
队伍 duìwu 1. Truppenverband; Truppeneinheit 2. Reihe; Kolonne; Zug 游行～ Demonstrationszug; Zug der Demonstranten
队员 duìyuán Mannschaftsmitglied; Gruppenmitglied
队长 duìzhǎng Gruppenleiter; Brigadier; Mannschafsleiter; Kapitän

敦 dūn ehrlich; aufrichtig; aus ganzen Herzen ～请 herzlich einladen
敦促 dūncù jn aufrichtig drängen; jn energisch auffordern
敦厚 dūnhòu aufrichtig und gutherzig
敦实 dūnshí klein von Wuchs, aber stark

墩 dūn 1. Erdhügel; Erdhaufen 2. →墩子
墩布 dūnbù Mop
墩子 dūnzi Klotz; Block

吨(噸) dūn Tonne; Registertonne
吨位 dūnwèi Tonnage

蹲 dūn 1. hocken; kauern 2. nachlässig lange irgendwo sitzen
蹲点 dūndiǎn (von Kadern auf höherer Ebene) an der Basis arbeiten

趸(躉) dǔn etw in großen Mengen einkaufen; Engros-Einkauf ～货 Waren en gros einkaufen

炖(燉) dùn 1. schmoren; langsam kochen 2. aufwärmen

砘 dùn den Boden walzen (mit der Stein-

D

walze bearbeiten)
砘子 dùnzi Steinwalze
顿 dùn 1. Pause 说到这里他～了一下 hier an dieser Stelle hielt er für einen Augenblick mit dem Sprechen inne 2. →顿时 3. (Zähleinheitswort): 一天吃三～饭 täglich drei Mahlzeiten einnehmen
顿时 dùnshí sogleich; auf einmal; unvermittelt
顿号 dùnhào Interpunktionszeichen
囤 dùn 另见 tún Getreidebehälter
钝 dùn 1. stumpf; unscharf; nicht schneidend 2. dumm; schwerfällig 刀～了 die Schneide des Messers ist abgestumpft
钝角 dùnjiǎo stumpfer Winkel
盾 dùn → 盾牌
盾牌 dùnpái Schild
遁(遯) dùn fliehen; flüchten; die Flucht ergreifen
遁词 dùncí Ausrede; Vorwand; Ausflucht
多[1] duō 1. viel; zahlreich; eine große Anzahl ～种经营 diversifizierte Wirtschaft ～种～样 mannigfaltig; vielgestaltig; vielfältig 2. mehr (als die gewünschte Anzahl); zu viel 请～给一些 Noch mehr davon, bitte! 3. mehr als; länger als; über ... hinaus 一个～月 mehr als ein Monat 4. viel mehr; weit mehr 这样要好得～ das ist viel besser
多[2] duō 1. In welchem Grade (Maße)? ～高? Wie hoch? 2. (als Ausruf des Erstaunens; Bedauerns, der Freude o. ä.): 这里～好! Wie schön ist es hier! 3. (zum Ausdruck der Stufe, Intensität, des Grades, Ausmaßes): 不～久 bald; wenig später
多半 duōbàn 1. →多数 2. höchstwahrscheinlich; vermutlich; anscheinend 他～不来了 er kommt höchstwahrscheinlich nicht
多边 duōbiān multilateral; mehrseitig ～会谈 mehrseitige Gespräche; multilaterale Unterredung
多才多艺 duō cái duō yì vielseitig begabt; reiche Gaben haben
多多益善 duō duō yì shàn je mehr, desto besser
多国公司 duōguó gōngsī Multi; multinationaler Konzern
多功能 duōgōngnéng Mehrzweck-; Kombi-
多亏 duōkuī glücklicherweise; zum Glück; dank ～你帮忙，才把事情办成 dank deiner Hilfe hat man es geschafft
多劳多得 duō láo duō dé jn nach seiner Arbeitsleistung entlohnen
多么 duōme →多[2]
多媒体 duōméitǐ Multimedia; multimedial
多面手 duō miàn shǒu vielseitige Person; Allroundman
多面体 duōmiàntǐ Polyeder; Vielflach
多米诺骨牌 duōmǐnuò gǔpái Domino
多情 duōqíng gefühlvoll; zartfühlend 自作～ sich einbilden, mit Vorzug behandelt zu werden
多少 duōshǎo 1. Menge; Ausmaß; Umfang ～不等 zahlenmäßig unterschiedlich 2. mehr oder weniger ～给我一点 Gib mir doch etwas davon ab! 3. ein wenig 天气～有点冷了 es ist schon etwas kalt
多少 duōshao 1. wie viel 今年收了～吨粮食 Wie viel Tonnen Getreide hat man in diesem Jahr geerntet? 2. (zur Angabe einer unbestimmten Menge): 我知道～说～ ich werde das sagen, was ich weiß
多事 duōshì 1. in alles seine Nase stecken; vorlaut; vorwitzig 2. ereignisreich ～之秋 unruhige (bewegte) Zeiten
多数 duōshù Mehrzahl; Mehrheit; Majorität 绝大～ überwältigende Mehrheit
多谢 duōxiè vielen Dank
多心 duōxīn misstrauisch; argwöhnisch
多余 duōyú überflüssig; überschüssig
多元化 duōyuánhuà Pluralismus
多元论 duōyuánlùn Pluralismus
多嘴 duōzuǐ ein loses Mundwerk haben; vorlaut
哆 duō
哆嗦 duōsuō zittern; beben; frösteln
掇(敠) duō aufheben; aufnehmen; aufsammeln
掇弄 duōnòng 1. Ordnung machen; reparieren 2. sein Spiel mit jm treiben
咄 duō
咄咄逼人 duō duō bī rén eine drohende Haltung einnehmen; sich aggressiv ver-

halten；anmaßend auftreten
咄咄怪事 duō duō guài shì was für eine merkwürdige Angelegenheit
踱 duó schlendern；gemächlich gehen ～来～去 auf und ab schlendern
夺（奪） duó 1. rauben；entreißen 2. →夺取
夺目 duómù die Augen blenden 灿烂～ glänzend；leuchtend；glanzvoll
夺取 duóqǔ 1. erobern；erstürmen 武装～政权 die Staatsmacht mit Waffengewalt ergreifen 2. gewinnen；erringen ～胜利 den Sieg erringen
朵（朶） duǒ（Zähleinheitswort）：一～花 eine Blüte
朵儿 duǒr Blüte
垛（垜） duǒ 另见 duò →垛子
垛子 duǒzi 1. Zinne 2. Mauerkrone
躲（躱） duǒ →躲避；躲藏 ～雨 schutz vor einem Unwetter finden
躲避 duǒbì 1. →躲藏 2. ausweichen；vermeiden ～困难 schwierigkeiten umgehen
躲藏 duǒcáng sich verbergen；sich versteckt halten
躲闪 duǒshǎn ausweichen；zurückweichen ～不及 es war zu spät，um auszuweichen
舵（柁） duò ‘柁’另见 tuó Steuer；Ruder
舵手 duòshǒu Steuermann
惰 duò faul；träge；lässig
惰性 duòxìng 1. Trägheit；träge；inaktiv ～元素 träges Element 2. Faulheit；faul；untätig
堕（墮） duò fallen；herabfallen；sinken
堕落 duòluò degenerieren；sittlich herunterkommen；moralisch absinken
堕胎 duòtāi Abtreibung
驮 duò 另见 tuó
驮子 duòzi Last，die einem Packesel aufgebürdet wird；Packen 给马装上～ein Pferd bepacken
垛（垜、稞） duò 另见 duǒ 1. aufstapeln；anhäufen ～干草 Heuhaufen aufstapeln 2. Haufen；Stapel 柴火～ Reisigbündelhaufen
剁（刴） duò hacken
跺（跥、跢） duò stampfen ～脚 mit dem Fuß aufstampfen

E

阿 ē 另见 ā;a ‘啊’
sich jm gefällig zeigen; entgegenkommen; bevorzugen ～其所好 jm etw zu Gefallen tun; js Neigungen fördern; sich js Geschmack anpassen
阿胶 ējiāo *Ejiao* (als Kräftigungsmittel verwendete Eselshautgelatine)
阿谀 ēyú sich bei jm lieb Kind machen; bei jm sich anbiedern; vor jm kriechen ～奉承 bei jm liebedienern; vor jm katzbuckeln

婀 ē
婀娜 ēnuó voller Anmut; mit Grazie

额[1] é Stirn

额[2] é Soll; Quote; Norm 对外贸易总～ Außenhandelsvolumen
额定 édìng (zahlenmäßig oder mengenmäßig) festlegen; festsetzen; bestimmen ～工资 Tariflohn
额角 éjiǎo Schläfe
额外 éwài zusätzlich; extra ～开支 zusätzliche Ausgaben

蛾 é Motte

锇 é Osmium (Os)

俄 é 1. plötzlich; kurz darauf; im Nu 2. Russland
俄罗斯族 Éluósīzú 1. Eluosi-Nationalität (in Xinjang) 2. Russen
俄语 éyǔ Russisch

鹅(鵞、鵝) é Gans
鹅卵石 éluǎnshí Kieselstein
鹅毛 émáo 1. Gänsefeder 下着～大雪 der Schnee fiel in dicken Flocken 2. Geschenk 千里送～ so bescheiden das Geschenk aus der Ferne auch ist, übermittelt es doch tiefe Freundschaftsgefühle

娥 é 1. liebreizend; graziös 2. schöne junge Frau
娥眉 éméi 1. fein geschwungene Augenbrauen 2. schöne junge Frau; Schönheit

讹([1]譌) é 1. →讹误 2. →讹诈
讹传 échuán falsches Gerücht; unwahres Gerede
讹误 éwù falsches Schriftzeichen; Druckfehler; Schreibfehler
讹诈 ézhà 1. erpressen ～钱财 jn um Geld prellen; Geld von jm erpressen 2. Drohung 核～ nukleare Erpressung

恶(惡、噁) ě 另见 è, wù
恶心 ěxin 1. Übelkeit; Brechreiz 引起～ jm Übelkeit erregen 2. ekelhaft; widerlich; abscheulich 听着都～ das hörte sich aber hässlich an

恶(惡) è 另见 ě; wù
1. Bosheit; Übeltat; Verbrechen 2. böse; boshaft; grausam ～言～语 gehässige Äußerung 3. →恶劣
恶霸 èbà örtlicher Despot (Tyrann)
恶毒 èdú boshaft; böswillig; giftig ～攻击 jn durch bösartige Bemerkungen verunglimpfen
恶棍 ègùn Schurke; Schuft
恶果 èguǒ üble (böse) Folgen; ernste Konsequenzen; schlimmes Ende 产生～ ein böses Ende nehmen; schlimme Folgen nach sich ziehen
恶化 èhuà 1. sich verschlechtern; sich verschlimmern 病情～ die Krankheit hat sich verschlimmert 2. verschlechtern; verschlimmern ～两国关系 die Beziehungen zwischen beiden Ländern verschlechtern
恶劣 èliè schlecht; übel; abstoßend 品质～ üble (schlimme) Eigenschaften haben
恶梦 èmèng Alptraum
恶魔 èmó Dämon; Teufel; Satan
恶习 èxí schlechte Angewohnheit; üble Ge-

wohnheit；Laster
恶性 èxìng schlimm；bösartig ～循环 Circulus vitiosus；Teufelskreis ～肿瘤 bösartige Geschwulst
恶意 èyì böse Absicht；böswillig ～中伤 gehässig von jm reden
恶作剧 èzuòjù Schabernack；Possen；übermütiger Streich
垩（堊） è Kreide
噩 è schrecklich；entsetzlich
噩耗 èhào Todesnachricht；Trauernachricht
厄（戹、阨） è 1. strategisch wichtige（schwer passierbare）Stelle 2. Unglück；Unheil；Katastrophe 3. in eine bedrängte Lage geraten
厄运 èyùn Unglück；Missgeschick；Schicksalschlag
苊 è Acenaphthen
扼 è 1. etw mit beiden Händen zusammenpressen 2. etw unter Kontrolle haben；bewachen
扼杀 èshā abwürgen；ersticken；vernichten；erdrosseln ～自由 die Freiheit abwürgen
扼守 èshǒu（ein Gebiet）besetzt halten；behaupten；bewachen
扼要 èyào die Kernpunkte festhalten；prägnant；kurz und bündig
轭 è Joch
呃 è Schluckauf
呃逆 ènì einen Schluckauf bekommen
遏 è →遏制
遏制 èzhì bezähmen；zurückhalten；eindämmen
愕 è erstaunt；verblüfft；in Bestürzung geraten
愕然 èrán erstaunt；verblüfft；verdutzt
萼 è Kelch
颚 è 1. Kiefer；Kinnbacke；Kieferknochen 2. Gaumen
腭（齶） è Gaumen；Gaumenbein
腭裂 èliè Gaumenspalte
鳄（鱷） è Krokodil；Alligator
鳄鱼 èyú Krokodil；Alligator ～的眼泪 Krokodilstränen
饿 è 1. Hunger；hungern；hungrig 2. jn hungern lassen
恩 ēn Güte；Wohltat；Gunst；Gnade
恩爱 ēn'ài eheliche Liebe
恩赐 ēncì milde Gabe；Almosen；jm etw aus Mitleid gewähren
恩惠 ēnhuì Güte；Gunst；Wohltat
恩情 ēnqíng Wohlwollen；Güte；Fürsorge
恩人 ēnrén Wohltäter
恩怨 ēnyuàn Liebe und Hass；Freundschaft und Feindseligkeit ～分明 genau unterscheiden können，wer ihm wohlwollend gegenübersteht und wer ihm übelgesinnt ist
蒽 ēn Anthrazen
摁 èn drücken；niederdrücken ～电铃 auf den Klingelknopf drücken；klingeln
而 ér 1. und；aber 伟大～艰巨的任务 eine große und schwierige Aufgabe 2.（zur Bezeichnung der Richtung oder des Übergangs）：由秋～冬 es geht auf den Winter 3.（als Leerwort，das die Angabe der Zeit oder der Art und Weise mit dem Verb verbindet）：日出～作 bei Sonnenaufgang zur Feldarbeit gehen
而今 érjīn jetzt，heutzutage；gegenwärtig
而且 érqiě und；darüber hinaus；sondern auch 不但…，～ nicht nur ...，sondern auch ...
而已 éryǐ weiter nichts 如此～ das wäre alles
儿[1]（兒） ér →儿子
儿[2]（兒） ér ：盆～ Topf
儿歌 érgē Kinderlied
儿科 érkē Abteilung für Kinderkrankheiten；Pädiatrie ～医生 Kinderarzt；Pädiater
儿女 érnǚ 1. Söhne und Töchter；Kinder 2. junger Mann und junge Frau ～情长 von Liebe ergriffen sein
儿童 értóng Kind ～节 Kindertag；Tag des Kindes

E

儿戏 érxì 1. Kinderspiel 2. Kleinigkeit; Spielerei 视同～ etw auf die leichte Achsel nehmen
儿子 érzi Sohn

耳 ěr →耳朵

耳朵 ěrduo Ohr ～软 leichtgläubig; schnell zu beeinflussen sein
耳垢 ěrgòu Ohrenschmalz
耳光 ěrguāng Ohrfeige; Backenstreich 打～ jm eine Ohrfeige geben; jn ohrfeigen
耳环 ěrhuán Ohrring
耳机 ěrjī Kopfhörer
耳鸣 ěrmíng Ohrensausen
耳目 ěrmù 1. Augen und Ohren; Hören und Sehen 掩人～ jn hinters Licht führen 2. Erfahrungen und Kenntnisse ～闭塞 schlecht (ungenügend) informiert sein; einen beschränkten Horizont haben 3. Spitzel
耳濡目染 ěr rú mù rǎn durch die Einflüsse der Umwelt geprägt sein
耳塞 ěrsāi 1. Ohrenschmalz 2. Ohrstöpsel 3. Minihörer
耳闻 ěrwén etw vom Hörensagen wissen ～目睹 etw am eigenen Leib erleben; was man selbst sieht und hört
耳语 ěryǔ jm etw zuflüstern

铒 ěr Erbium (Er)

饵 ěr 1. Köder 鱼～ Fischköder 2. Kuchen; Gebäck

尔(爾) ěr 1. du; ihr 2. so; auf diese Weise 不过～～ nicht besonders

尔格 ěrgé Erg (erg)
尔后 ěrhòu danach; später; bald darauf
尔虞我诈 ěr yú wǒ zhà sich gegenseitig Sand in die Augen streuen

二 èr 1. zwei; beide 2. zweiter; zweitrangig 3. ungleich

二重唱 èrchóngchàng Duett
二重性 èrchóngxìng Doppelcharakter; Dualität
二胡 èrhú zweisaitige Geige
二流子 èrliúzi Nichtstuer; Bummelant; Faulpelz
二十 èrshí zwanzig
二氧化碳 èryǎnghuàtàn Kohlendioxid
二元论 èryuánlùn Dualismus
二月 èryuè Februar

F

发（發） fā 另见 fà
1. absenden；aufgeben ～电报 ein Telegramm aufgeben 2. →发射 3. →发作 4. aufquellen；etw aufgehen lassen；etw zum Keimen bringen 把海参放在水里～一～ Seegurken im Wasser aufquellen lassen 5. sich zeigen；erscheinen ～绿 grün werden；grünen 6. bezeigen；bekunden；(einem Gefühl) Ausdruck geben ～善心 jm eine Wohltat erweisen 7. empfinden ～痒 jucken 8. (Zähleinheitswort) Schuss；Geschoss 打了十～炮弹 man hat zehn Artilleriegeschosse abgefeuert

发报机 fā bàojī Sendegerät；Geber

发表 fābiǎo 1. etw öffentlich bekanntgeben ～意见 seine Meinung äußern (vortragen) 2. veröffentlichen；herausgeben

发病 fābìng krank werden；erkranken；einen Anfall haben ～率 Erkrankungsziffer；Morbidität；Erkrankungshäufigkeit

发布 fābù bekanntgeben；verkünden；erlassen ～命令 einen Befehl geben (erlassen)

发财 fācái zu Reichtum gelangen；reich werden；sich bereichern

发达 fādá gedeihen；blühen；entwickelt 经济～ wirtschaftlich hochentwickelt ～国家 entwickeltes Land

发呆 fādāi ins Leere stieren；vor sich hin starren

发电 fādiàn 1. elektrischen Strom erzeugen；Elektrizitätserzeugung ～设备 Ausrüstungen zur Erzeugung elektrischen Stroms 2. ein Telegramm aufgeben

发电机 fādiànjī Generator；Dynamomaschine

发电站 fādiànzhàn Kraftwerk

发动 fādòng 1. starten；entfesseln；etw in Gang setzen ～战争 einen Krieg entfesseln 2. mobilisieren；jn in Bewegung (Aktion) setzen ～群众 die Massen mobilisieren 3. (eine Maschine) in Betrieb setzen ～马达 einen Motor in Gang setzen

发动机 fādòngjī Motor

发抖 fādǒu zittern；beben

发愤 fāfèn mit äußerster Entschlossenheit；von Eifer erfüllt ～图强 sich mit entschlossenem Willen dafür einsetzen，sein Land zu einem starken Staat aufzubauen

发疯 fāfēng dem Wahnsinn verfallen；den Verstand verlieren；verrückt werden

发光 fāguāng Licht verbreiten；leuchten；schimmern

发号施令 fā hào shī lìng Anordnungen treffen und Befehle erlassen；herumkommandieren

发慌 fāhuāng voller Unrast sein；nervös sein (werden)

发挥 fāhuī 1. entfalten；etw zu voller Geltung kommen lassen ～群众积极性 die Initiative der Massen zur Entfaltung bringen 2. (Gedanken，Ansichten o. ä.) eingehend (genau) darlegen ～自己的论点 seine These ausführlich darlegen

发火 fāhuǒ 1. anfangen zu brennen 2. detonieren 他扣了一下扳机，没有～ er drückte ab，es ging aber kein Schuss los 3. →发脾气

发酵 fājiào gären；Fermentation

发觉 fājué bemerken；entdecken；sich einer Sache bewusst werden

发掘 fājué 1. ausgraben；freilegen 2. erschließen ～潜力 potentielle Kräfte erschließen

发亮 fāliàng glänzen；leuchten；strahlen 东方～ im Osten dämmert der Morgen

发霉 fāméi schimmlig werden；verschimmeln

发明 fāmíng erfinden；Erfindung

发怒 fānù in Wut geraten；zornig werden；aufbrausen

发胖 fāpàng dick (fett) werden；zunehmen

发脾气 fā píqi aus der Haut fahren；vor Zorn (Wut) toben；seine üble Laune an jm auslassen

发票 fāpiào Quittung；Kassenzettel 开～ eine Quittung ausstellen
发起 fāqǐ 1. die Initiative ergreifen；etw in die Wege leiten ～人 Initiator 2. entfesseln；starten ～冲锋 gegen jn/etw stürmen；einen Sturmangriff unternehmen
发烧 fāshāo Fieber haben（bekommen）
发射 fāshè abschießen；abfeuern；starten ～人造卫星 einen künstlichen Satelliten starten
发生 fāshēng geschehen；auftreten；sich ereignen ～意外 einen Unfall haben
发誓 fāshì einen Eid ablegen（leisten）；schwören；geloben
发条 fātiáo Spiralfeder
发现 fāxiàn 1. entdecken ～新大陆 die Neue Welt entdecken 2. merken；bemerken 善于～别人的优点 js Stärke möglichst positiv beurteilen
发泄 fāxiè auslassen ～不满情绪 den Missmut auslassen
发行 fāxíng 1. ausgeben；etw in Umlauf bringen；emittieren 2. vertreiben；Vertrieb；Verkauf
发芽 fāyá Knospen treiben；keimen；sprossen
发言 fāyán 1. sprechen；eine Rede halten；das Wort nehmen（ergreifen）要求～ ums Wort bitten；sich zu Wort melden 2. Ansprache；Rede
发言人 fāyánrén Sprecher；Redner
发炎 fāyán Entzündung；entzündet sein
发扬 fāyáng 1. entfalten；etw zur Geltung bringen；verbreiten ～革命传统 revolutionäre Traditionen weiterentwickeln 2. →发挥 1
发育 fāyù wachsen；sich entwickeln；Wachstum
发展 fāzhǎn 1. wachsen；entwickeln；entfalten ～多种经营 eine diversifizierte Wirtschaft aufbauen 2. aufnehmen ～人党 neue Parteimitglieder aufnehmen
发展中国家 fāzhǎnzhōngguōjiā Entwicklungsland
发作 fāzuò 1. Anfall；Ausbruch；plötzliches gewaltsames Auftreten 胃病～ einen Magenanfall bekommen（erleiden） 2. zornig hochfahren

罚（罸）fá Strafe；strafen；bestrafen 受～ bestraft werden
罚金 fájīn Geldstrafe；Geldbuße
罚酒 fájiǔ einen Strafbecher trinken müssen；Straftrunk
罚款 fákuǎn eine Geldstrafe entrichten；jm eine Geldbuße auferlegen；Strafgeld
罚球 fáqiú Freiwurf（Freistoß）（Strafstoß）（Strafschlag；Strafschuss）

乏 fá 1. mangeln；fehlen 不～其人 von dieser Sorte gibt es übergenug 2. untauglich；unbrauchbar
乏味 fáwèi uninteressant；langweilig；abgeschmackt

伐 fá 1. fällen；umhauen；abholzen ～树 Bäume fällen 2. eine Strafexpedition unternehmen

阀 fá 1. Person（Familie），die auf einem bestimmten Gebiet eine dominierende Stellung einnimmt 2. Ventil；Absperrvorrichtung

筏 fá Floß 竹～ Bambusfloß

法 fǎ 1. →法律 2. Methode；Weg；Mittel 归纳～ induktive Methode；Induktion 3. →法术
法办 fǎbàn jn nach dem Gesetz behandeln；jn gerichtlich bestrafen
法宝 fǎbǎo Zaubermittel；Wundermittel；Geheimwaffe
法典 fǎdiǎn Gesetzsammlung；Gesetzbuch；Gesetzeskodex
法定 fǎdìng gesetzlich vorgeschrieben（festgelegt）～人数 Quorum；zur Beschlussfassung nötige Teilnehmerzahl
法官 fǎguān Richter
法规 fǎguī gesetzliche Bestimmungen
法国人 fǎguórén Franzose
法国梧桐 Fǎguó wútóng Platane
法国大革命 Fǎguó Dàgémìng Französische Revolution
法纪 fǎjì Gesetz und Disziplin
法兰绒 fǎlánróng Flanell
法令 fǎlìng Gesetze und Verordnungen；Erlass；Dekret
法律 fǎlǜ Gesetz；Recht
法权 fǎquán Gerichtsbarkeit；Befugnis zur Rechtsprechung；Recht 治外～ Exterritorialität
法人 fǎrén juristische Person
法术 fǎshù Zauberkünste；Magie；geheim-

nisvolle Kraft（Wirkung）
法庭 fǎtíng Gericht；Gerichtshof；Kammer 军事～ Militärgericht；Kriegsgericht
法西斯 fǎxīsī Faschist ～主义 Faschismus
法学 fǎxué Jura；Rechtswissenschaft；Jurisprudenz
法语 fǎyǔ Franszösisch
法院 fǎyuàn Gericht；Gerichtshof
法则 fǎzé Gesetz；Regel
法治 fǎzhì Staatsgewalt，die an eine Rechtsordnung gebunden ist ～国家 Rechtsstaat
法制 fǎzhì Rechtsordnung；Rechtssystem
法子 fǎzi Methode；Verfahren；Mittel

砝 fǎ
砝码 fǎmǎ Gewicht；Gewichtsstein

珐（琺） fà
珐琅 fàláng Email；Emaille

发（髮） fà 另见 fā
Haar 白～ weißes Haar
发夹 fàjiā Haarklemme
发廊 fàláng Frisursalon
发型 fàxíng Frisur

帆 fān Segel 张～ die Segel hissen
帆布 fānbù Segeltuch
帆船 fānchuán Segelschiff；Segelboot

番[1] fān aus einem anderen Land（Volk）

番[2] fān（Zähleinheitswort）：考虑一～ sich etw einmal überlegen 翻了一～ sich verdoppeln
番号 fānhào Kennnummer einer Truppeneinheit
番茄 fānqié Tomate

藩 fān 1. Zaun；Hecke 2. Grenzregion；Grenzgebiet 3. Vasallenstaat
藩属 fānshǔ abhängiger Staat；Vasallenstaat

幡（旛） fān Banner
幡然 fānrán schnell und gründlich ～悔悟 auf einmal seine Fehler einsehen und sich dazu entschließen，sich gründlich zu ändern

翻 fān 1. das Unterste zuoberst kehren；etw von innen nach außen wenden 2. durchwühlen；durchstöbern；durchsuchen ～箱倒柜 alle Winkel durchstöbern；js/seine Sachen nach etw durchwühlen 3. übersteigen ～山 einen Berg übersteigen 4. vervielfachen 产量～了一番 der Ertrag hat sich verdoppelt 5. →翻译 1 6. →翻脸
翻案 fān'àn Revision eines Urteils；die Folgen einer Strafe bei jm rückgängig machen
翻动 fāndòng aufwühlen；aufrühren
翻跟头 fān gēntou sich überschlagen；einen Purzelbaum schlagen
翻滚 fāngǔn 1. wallen；brodeln 浪花～ schäumende Gischt 2. sich wälzen；rollen
翻来覆去 fān lái fù qù 1. sich hin und her wälzen；sich von einer Seite auf die andere wälzen 2. immer wieder；wiederholt
翻脸 fānliǎn sich mit jm entzweien（verfeinden，zerstreiten）～无情 jm den Rücken wenden，ohne Rücksicht auf die bisherige Freundschaft zu nehmen
翻领 fānlǐng Kragenaufschlag
翻砂 fānshā Gießerei ～工人 Gießer
翻身 fānshēn 1（im Bett）sich wälzen 2. sich befreien；sich emanzipieren ～农奴 befreiter Leibeigener
翻新 fānxīn erneuern；umarbeiten
翻修 fānxiū sanieren；renovieren；umbauen
翻译 fānyì 1. übersetzen；dolmetschen 机器～ Computerübersetzung 2 Übersetzer；Dolmetscher 俄语～ Dolmetscher（Übersetzer）für Russisch
翻印 fānyìn nachdrucken；Nachdruck

烦 fán 1. →烦闷 2. überdrüssig；lästig 3. jn mit etw behelligen（belästigen）～您给带个信儿 Würden Sie bitte die Freundlichkeit haben，ihm（ihr o. ä.）eine Nachricht zu übermitteln？
烦闷 fánmèn bedrückt；verdrießlich；betrübt
烦恼 fánnǎo ärgerlich；bekümmert；geplagt 添～ jm Kummer bereiten（machen）
烦琐 fánsuǒ umständlich；peinlich genau；pedantisch ～哲学 Scholastik；Spitzfindigkeit
烦躁 fánzào unruhig；nervös；gereizt 令人～不安 jn zappelig（kribbelig）machen

樊 fán Zaun；Hecke
樊笼 fánlóng 1. Vogelbauer 2. Käfig；Unfreiheit

繁（緐） fán →繁多

F

繁多 fánduō zahlreich; vielfältig; mannigfaltig 种类～ ein reiches Sortiment
繁华 fánhuá belebt; gedeihend; blühend
繁忙 fánmáng betriebsam; sehr beschäftigt sein; viel zu tun haben 他工作～ er ist sehr beschäftigt
繁荣 fánróng 1. gedeihen; blühen; florieren 市场～ der Markt floriert 2. beleben; etw in Schwung bringen
繁体字 fántǐzì Langzeichen
繁文缛节 fán wén rù jié umständliche Formalitäten; überflüssiges Zeremoniell
繁杂 fánzá mannigfaltig; allerlei
繁殖 fánzhí sich vermehren; sich fortpflanzen; züchten
繁重 fánzhòng beschwerlich; schwer; schwierig

凡[1]（凢）fán 1. gewöhnlich; alltäglich; allgemein ～夫俗子 gewöhnlicher Mensch; Durchschnittsmensch 2. diesseits; die irdische Welt

凡[2]（凢）fán 1. →凡是 2. insgesamt
凡人 fánrén 1. gewöhnlicher Mensch 2. Sterbliche(r); Irdische(r)
凡士林 fánshìlín Vaselin; Vaseline
凡是 fánshì jede; alle

矾（礬）fán Vitriol; Alaun

钒 fán Vanadium; Vanadin

反 fǎn 1. im Gegenteil; umgekehrt; entgegengesetzt 适得其～ genau das Gegenteil erreichen 2. umwenden; umdrehen ～败为胜 eine Niederlage in einen Sieg verwandeln 3. →反抗; 反对 4. →反叛 5. →反而
反比 fǎnbǐ 1. umgekehrtes Verhältnis 2. →反比例
反比例 fǎnbǐlì umgekehrte Proportion
反驳 fǎnbó widerlegen; widersprechen; Einspruch erheben 无可～的理由 unwiderlegbare Argumente
反常 fǎncháng ungewöhnlich; anormal
反党 fǎndǎng parteifeindlich; gegen die Partei gerichtet ～集团 parteifeindliche Clique; parteifeindlicher Block
反帝 fǎndì gegen den Imperialismus; antiimperialistisch ～斗争 der Kampf gegen den Imperialismus
反动 fǎndòng 1. reaktionär ～派 Reaktionäre 2. Reaktion
反对 fǎnduì bekämpfen; sich widersetzen; gegen jn/etw auftreten 持～意见 konträre Meinungen haben
反而 fǎn'ér im Gegenteil; umgekehrt
反法西斯 fǎnfǎxīsī antifaschistisch; gegen den Faschismus kämpfen
反复 fǎnfù 1. wiederholt; immer wieder; mehrmals ～实践 vielfache Wiederholung der Praxis 2. Rückfall; Rückschlag; einmal so, einmal anders ～无常 bald so, bald so; veränderlich; wankelmütig
反感 fǎngǎn Antipathie, Widerwille; Abscheu
反戈 fǎngē die Gewehre umdrehen ～一击 sich auf die andere Seite schlagen und gegen die früheren Verbündeten kämpfen
反革命 fǎngémìng 1. konterrevolutionär ～活动 konterrevolutionäre Sabotageakte 2. Gegenrevolutionär; Konterrevolutionär 现行～ aktiver Konterrevolutionär
反攻 fǎngōng Gegenoffensive; Gegenangriff
反光 fǎnguāng Licht reflektieren; zurückstrahlen; Reflexion
反悔 fǎnhuǐ bereuen; widerrufen; sich eines anderen besinnen
反击 fǎnjī zum Gegenangriff übergehen (ansetzen); zurückschlagen
反抗 fǎnkàng sich widersetzen; Widerstand leisten
反馈 fǎnkuì 1. Rückkopplung 2. Rückführung 信息～ Informationsrückfluss
反面 fǎnmiàn 1. Rückseite; Kehrseite; hintere Seite 2. negativ ～人物 negativer Charakter; negative Figur; negative Rolle 3. Gegenteil ～意见 konträre Meinung
反叛 fǎnpàn gegen jn/etw rebellieren; Revolte; Meuterei
反射 fǎnshè 1. reflektieren; Reflexion ～线 Reflexionsstrahl 2. Reflex 条件～ bedingter Reflex
反坦克炮 fǎntǎnkèpào Panzerabwehrgeschütz; Panzerabwehrkanone (Pak)
反问 fǎnwèn 1. eine Gegenfrage stellen 2. rhetorische Frage
反响 fǎnxiǎng Resonanz; Echo; Widerhall
反省 fǎnxǐng Selbstprüfung; innere Einkehr
反义词 fǎnyìcí Antonym
反应 fǎnyìng 1. Reaktion; reagieren 化学～ chemische Reaktion 2. Echo; Wider-

hall 对作品的～ Echo auf das Werk
反应堆 fǎnyìngduī Reaktor 核～ Kernreaktor
反映 fǎnyìng 1. widerspiegeln; reflektieren; Widerspiegelung 2. berichten; mitteilen; informieren 向领导～情况 der Leitung Bericht erstatten; etw der Direktion melden
反正 fǎnzhèng auf die gerechte Seite überwechseln
反正 fǎnzheng 1. auf jeden Fall; sowie; ohnehin ～一样 es kommt auf eins heraus 2. im Grunde genommen; letzten Endes 你别着急，～不是什么要紧的事 Nur keine Aufregung! Wir haben ja auch nichts Dringendes zu erledigen.
反作用 fǎnzuòyòng Rückwirkung; Gegenwirkung

返 fǎn zurück; zurückkommen; zurückkehren
返工 fǎngōng eine mangelhaft ausgeführte Arbeit noch einmal machen
返航 fǎnháng zurückfahren; zurückfliegen
返回 fǎnhuí zurückkommen; zurückkehren; zurückgehen

泛（汎、³氾） fàn 1. auf dem Wasser treiben 2. sich zeigen; hervorkommen; auftauchen 东方～白 im Osten erschien ein fahler Dämmerschein 3. allgemein; generell ～指 allgemein gemeint (gesprochen); allgemein auf etw hinweisen 4. →泛滥
泛泛 fànfàn oberflächlich; flüchtig ～而谈 sich über allgemeine Fragen unterhalten ～之交 flüchtige Bekanntschaft
泛滥 fànlàn 1. über die Ufer treten; *Überschwemmung* 2. *sich* bedenklich schnell und üppig entwickeln ～成灾 überhand nehmen; mit etw überschwemmt werden
泛神论 fànshénlùn Pantheismus
泛舟 fànzhōu Boot fahren

范（範） fàn 1. Prägestock; Gussform 2. Muster; Vorbild; Beispiel 3. Bereich; Umfang ～本 Muster; Vorlage
范畴 fànchóu 1. Kategorie 因果～ die Kategorien Ursache und Wirkung 2. Typus; Umfang; Bereich
范例 fànlì Beispiel; Vorbild
范围 fànwéi Bereich; Rahmen; Grenze 活动～ Aktionsbereich 在全国～内 im Bereich des ganzen Landes; landesweit
范文 fànwén Musteraufsatz

梵 fàn buddhistisch
梵蒂冈 Fàndìgāng Vatikan
梵文 fànwén Sanskrit

贩 fàn 1. wiederverkaufen 2. →贩子
贩卖 fànmài wiederverkaufen
贩运 fànyùn an einem Ort gekaufte Waren an einem anderen Ort verkaufen ～私货 schmuggeln
贩子 fànzi Händler 牲口～ Viehhändler 战争～ Kriegstreiber; Kriegshetzer

饭 fàn 1. fertig zubereitete Speisen; gekochter (gedämpfter) Reis 2. Nahrung 3. Mahlzeit
饭店 fàndiàn 1. Hotel 2. →饭馆
饭馆 fànguǎn Restaurant; Gaststätte
饭盒 fànhé Essbehälter
饭厅 fàntīng Speisesaal; Speisehalle; Kantine
饭桶 fàntǒng 1. Reiskübel; Essenkübel 2. Taugenichts; Nichtsnutz
饭碗 fànwǎn 1. Reisschale; Essnapf 2. Arbeitsplatz; Beschäftigung; Erwerb 丢～ seinen Arbeitsplatz verlieren

犯 fàn 1. gegen etw verstoßen; verletzen; übertreten ～纪律 die Disziplin verletzen 2. überfallen; angreifen ～境 die Grenze verletzen 3. Verbrecher 刑事～ Straftäter; Kriminelle (r); Sträfling 4. begehen verüben; in etw verfallen ～错误 einen Fehler begehen
犯不着 fàn bu zháo nicht lohnen; sich nicht lohnen; nicht der Mühe wert sein
犯得着 fàn de zháo sich lohnen; wert sein; der Mühe wert sein
犯法 fànfǎ ein Gesetz übertreten (verletzen); gegen ein Gesetz verstoßen ～行为 Gesetzesübertretung; Gesetzesverletzung
犯规 fànguī 1. gegen die Regeln verstoßen; die Vorschrift verletzen 2. Foul
犯人 fànrén Verbrecher; Strafgefangene(r); Häftling
犯罪 fànzuì ein Verbrechen begehen ～率 Kriminalität

方¹ fāng 1. viereckig; Viereck; Quadrat

正～ Quadrat ～窗 viereckiges Fenster 2. Potenz 五次～ hoch fünf 3. (Zähleinheitswort) Quadratmeter; Kubikmeter 一～沙子 ein Kubikmeter Sand 占地十五～ eine Fläche von 15 Quadratmetern haben

方² fāng 1. →方向 2. →方面 3. Ort; Gebiet; örtlich 远～ ferne (entfernte) Gegend; Ferne

方³ fāng 1. →方法 2. →方子

方⁴ fāng 1. gerade; im Gange ～兴未艾 stürmisch voranschreiten; ständig im Ansteigen sein 2. erst 年～二十 erst zwanzig Jahre alt sein

方案 fāng'àn 1. Programm; Plan; Entwurf 2. Regel 汉语拼音～ Grundregeln der Rechtschreibung für die Lautumschrift des Chinesischen

方便 fāngbiàn 1. günstig; Bequemlichkeit 交通～ verkehrsgünstig 2. angemessen; angenehm 在您～的时候 wenn es Ihnen recht ist 3. bei Kasse sein 手头不～ schlecht bei Kasse sein

方才 fāngcái 1. soeben 2. nicht eher als; erst 要有决心，～能够取得胜利 nur wenn man einen festen Entschluss gefasst hat, kann man einen Sieg erringen

方程 fāngchéng Gleichung 二次～ Gleichung zweiten Grades

方程式 fāngchéngshì 1. →方程 2. chemische Gleichung

方法 fāngfǎ Methode; Verfahren; Mittel ～论 Methodologie

方面 fāngmiàn Hinsicht; Seite; Aspekt 文学～的知识 js Wissen auf dem Gebiet der Literatur

方式 fāngshì Art und Weise 生活～ Lebensweise

方位 fāngwèi Himmelsrichtung; Lage 测定～ den Standort peilen

方向 fāngxiàng 1. Himmelsrichtung 2. Richtung; Orientierung 迷失～ die Richtung verlieren 发展～ Richtung in einer Entwicklung

方向盘 fāngxiàngpán Lenkrad; Steuerrad; Richtkreis

方言 fāngyán Dialekt; Mundart

方针 fāngzhēn Kurs; Richtlinie 教育～ Erziehungsrichtlinie

方子 fāngzi Rezept; Rezeptur

芳 fāng 1. duftend; wohlriechend 2. von ausgezeichnetem Ruf; tugendhaft

芳香 fāngxiāng duftend; aromatisch; Aroma

坊 fāng 另见 fáng
1. Gasse; Seitenstraße 2. Ehrenbogen; Gedenkbogen

钫 fāng 1. Frankium; Franzium; Francium (Fr) 2. Weingefäß

房 fáng 1. →房子 2. →房间 3. Familienzweig 远～亲戚 weitläufige Verwandtschaft; entfernte(r) Verwandte(r)

房产 fángchǎn Hausbesitz ～税 Steuer auf Hausbesitz

房东 fángdōng Vermieter; Hausbesitzer; Hauswirt

房管处 fángguǎnchù Wohnungsamt

房间 fángjiān Zimmer; Raum 双人～ Doppelzimmer

房客 fángkè Mieter

房屋 fángwū Häuser; Gebäude

房子 fángzi 1. Haus; Wohnung 2. Zimmer

房租 fángzū Miete; Wohnungsmiete

坊 fáng 另见 fāng
Werkstatt

防 fáng 1. →防备 2. →防守; 防御 3. Damm; Deich

防暴警察 fángbào jǐngchá Sondereinsatzkommando

防备 fángbèi Vorkehrungen treffen; sich vor jm/etw in Acht nehmen; auf der Hut sein; vorbeugen ～措施 Vorsichtsmaßnahmen

防毒 fángdú Gasschutz ～面具 Gasmaske

防洪 fánghóng Hochwasserschutz ～工程 Wasserprojekt zum Schutz gegen Überschwemmung

防护 fánghù sich schützen; Schutz ～林 Schutzwald

防患未然 fáng huàn wèi rán ein Unglück verhüten, ehe es zu spät ist

防火 fánghuǒ Brandschutz; Feuerschutz; feuersicher ～墙 Brandschutzmauer; Brandmauer

防空 fángkōng Luftschutz; Luftabwehr; Luftverteidigung ～雷达 Luftabwehrradar

防空洞 fángkōngdòng 1. Luftschutzbunker; Luftschutzkeller 2. Unterschlupf; Zufluchtsstätte
防守 fángshǒu bewachen; schützen; verteidigen
防线 fángxiàn Verteidigungslinie
防汛 fángxùn Hochwasserschutz
防疫 fángyì Seuchenschutz ～针 Seuchenschutzimpfung
防雨布 fángyǔbù wasserdichter Stoff; Persenning
防御 fángyù verteidigen; abwehren; Defensive
防止 fángzhǐ sich hüten; verhüten; verhindern ～火灾 Brandschutz; Feuerverhütung
防治 fángzhì vorbeugen; bekämpfen; Vorbeugung ～职业病 Berufskrankheiten verhüten und behandeln

妨 fáng →妨碍
妨碍 fáng'ài hindern; behindern; Hindernis
妨害 fánghài schädigen; beeinträchtigen ～健康 der Gesundheit schaden

访 fǎng 1. →访问 2. sich erkundigen; nachforschen; Ermittlung anstellen
访问 fǎngwèn besuchen; aufsuchen; Besuch ～学者 Gastwissenschaftler 国事～ Staatsbesuch

仿（倣） fǎng 1. →仿效 2. →仿佛 2
仿佛 fǎngfú 1. scheinen; den Anschein haben; als ob 2. ähnlich; annähernd; gleich 相～ ähnlich; ungefähr im gleichen Maße
仿生学 fǎngshēngxué Bionik
仿效 fǎngxiào nachahmen; sich ein Beispiel *an jm/etw nehmen*; in jm ein Vorbild haben
仿造 fǎngzào nachmachen; imitieren
仿照 fǎngzhào nachahmen; nach; gemäß ～办理 sich nach einem bestimmten Schema richten

纺 fǎng 1. spinnen ～棉花 Baumwolle spinnen 2. →纺绸
纺车 fǎngchē Spinnrad
纺绸 fǎngchóu feiner Seidenstoff
纺纱 fǎngshā spinnen 无锭～ nicht konventionelles Spinnverfahren
纺织 fǎngzhī spinnen und weben ～工人 Textilarbeiter ～品 Textilien; Textilwaren

放 fàng 1. loslassen; freilassen 2. weiden; hüten ～牛 Kühe hüten (weiden) 3. abgeben; abfeuern ～箭 einen Pfeil abschießen; Bogenschießen 4. →放债 5. ausdehnen; erweitern; verlängern ～长 verlängern 6. blühen; aufblühen 桃花怒～ die Pfirsiche stehen in voller Blüte 7. legen; setzen; stellen 把书～在书架上 Bücher ins Regal legen (stellen) 把全副精力～在工作上 sich einer Aufgabe voll und ganz widmen
放大 fàngdà vergrößern; Vergrößerung ～镜 Vergrößerungsglas; Lupe
放荡 fàngdàng leichtsinnig; liederlich; ausschweifend 生活～ ein liederliches Leben führen
放毒 fàngdú 1. jm Gift geben; etw vergiften 2. schädliche (verderbliche) Ideen verbreiten
放工 fànggōng Feierabend machen; Arbeitsschluss
放火 fànghuǒ 1. etw in Brand setzen; Feuer legen 2. Unruhe schüren (stiften)
放假 fàngjià Ferien haben; Urlaub machen; frei haben
放宽 fàngkuān 1. etw weiter machen; erweitern 2. lockern; erleichtern ～限制 die Zügel lockern
放弃 fàngqì aufgeben; auf etw verzichten; fallenlassen ～自己的权利 auf ein Recht verzichten
放任 fàngrèn etw freien Lauf lassen; jn gewähren lassen ～自流 jn sich selbst überlassen
放哨 fàngshào 1. Posten (Wache) stehen; auf Wache sein 2. Posten aufstellen
放射 fàngshè aussenden; ausstrahlen; Strahlung ～疗法 Strahlentherapie
放射线 fàngshèxiàn radioaktive Strahlen
放射性 fàng shè xìng Radioaktivität; radioaktiv ～同位素 radioaktives Isotop
放手 fàngshǒu 1. loslassen 2. jm freie Hand lassen ～发动群众 im breitesten Umfang die Massen mobilisieren
放肆 fàngsì zügelloses Auftreten; Frechheit; unverfroren ～无礼 Ungehörigkeiten
放松 fàngsōng lockern; nachlassen ～警惕 in der Wachsamkeit nachlassen
放心 fàngxīn sich beruhigen; erleichtert aufatmen; unbesorgt
放学 fàngxué 1. Schulschluss haben 2.

F

Schulferien haben
放映 fàngyìng projezieren；zeigen；vorführen
放债 fàngzhài Geld verleihen
放纵 fàngzòng 1. sich gehen lassen；allzu nachlässig werden 2. →放肆

非[1] fēi 1. Fehler；Unfug；Unrecht 痛改前～ sich von Grund auf bessern 2. tadeln；vorwerfen 不可厚～ keine allzu hohen Anforderungen an jn/etw stellen sollen；jn nicht übermäßig scharf kritisieren sollen 3. nicht ～官方消息 inoffziöse Pressemeldungen（Pressenachrichten）～笔墨所能形容 unbeschreiblich；sich nicht darstellen lassen 4.（in Verbindung mit einer Negation）unbedingt；müssen ～请莫入 Unbefugten ist der Zutritt untersagt（verboten）

非[2] Fēi Afrika
非常 fēicháng 1. außergewöhnlich；ungewöhnlich ～时期 außergewöhnliche Zeiten 2. sehr；äußerst ～重要 sehr wichtig；außerordentlich wichtig
非但 fēidàn nicht nur；nicht bloß；nicht allein
非法 fēifǎ rechtswidrig；ungesetzlich；illegal ～活动 illegale Tätigkeit
非凡 fēifán außergewöhnlich
非难 fēinàn tadeln；kritisieren；bemängeln 百般～ ständig an jm herumkritisieren；an jm/etw dauernd etwas auszusetzen finden
非同小可 fēi tóng xiǎo kě von großer Tragweite（Bedeutung）；folgenschwer
非议 fēiyì tadeln；missbilligen 无可～ tadelfrei；an etw nichts zu beanstanden haben
非洲人 fēizhōurén Afrikaner

扉 fēi Torflügel
扉页 fēiyè Titelseite；Titelblatt

霏 fēi 1. in dichten Flocken fallen；nieseln 2. schweben；dahintreiben
霏霏 fēifēi in dichten Flocken fallen；nieseln 雨雪～ es fällt dichter Schneeregen

菲 fēi 另见 fěi
1. Duft von Pflanzen 2. Phenanthren
菲菲 fēifēi 1. üppig wachsen；wuchern 2. herrlich duftend

鲱 fēi kalifornischer Hering

绯 fēi
绯红 fēihóng leuchtend rot；schamrot

飞（飛）fēi 1. fliegen 2. in der Luft schweben ～沙 Flugsand 3. blitzschnell；pfeilgeschwind ～跑 rasen；sausen 4. unerwartet；plötzlich ～祸 unerwartetes（plötzliches）Unglück
飞驰 fēichí rasen；dahinjagen
飞船 fēichuán Luftschiff；Zeppelin 宇宙～ Raumschiff
飞弹 fēidàn 1. ferngelenktes Geschoss；Rakete 2. verirrte Kugel；verirrtes Geschoss
飞黄腾达 fēi huáng téng dá schnell eine blendende Karriere machen；sich schnell emporarbeiten
飞蝶 fēidié Ufo
飞机 fēijī Flugzeug ～场 Flugplatz；Flughafen
飞快 fēikuài 1. blitzschnell；in Windeseile 2. außerordentlich scharf；messerscharf
飞轮 fēilún 1. Schwungrad 2. Freilauf
飞禽 fēiqín Vögel
飞速 fēisù pfeilschnell；mit rasender Geschwindigkeit；in Windeseile ～发展 sich stürmisch entwickeln
飞艇 fēitǐng Luftschiff；Zeppelin
飞吻 fēiwěn jm eine Kusshand zuwerfen
飞舞 fēiwǔ flattern；umherfliegen
飞翔 fēixiáng fliegen；schweben
飞行 fēixíng fliegen；Flug ～员 Flieger；Pilot 星际～ Raumflug；interplanetarer Flug
飞扬 fēiyáng aufwirbeln；emporwirbeln；aufstieben 尘土～ Staub stieb auf
飞扬跋扈 fēi yáng bá hù unbedingten Gehorsam fordern；anmaßend und gebieterisch schalten und walten；despotisch
飞跃 fēiyuè 1. Sprung；Umschlag 2. stürmische Entwicklung；Sprung；sprunghaft ～发展 sprunghafte Entwicklung，stürmische Entwicklung

妃 fēi 1. →妃子 2. Ehefrau eines Fürsten（Prinzen）
妃子 fēizi kaiserliche Nebenfrau

肥 féi 1. fett ～肉 ⓐ fettes Fleisch ⓑ fetter Happen 2. →肥沃 3. dick；beleibt 4. →肥料 5. →肥大 1

肥大 féidà 1. locker sitzend; weit 这鞋我穿着太～ die Schuhe sind mir zu weit 2. dick; korpulent; beleibt 身躯～ von mächtiger Gestalt sein; Fettleibigkeit
肥料 féiliào Düngemittel; Dünger 上～ düngen; Dünger streuen
肥胖 féipàng dick; korpulent; beleibt
肥田粉 féitiánfěn Ammoniumsulfat
肥沃 féiwò fruchtbar
肥皂 féizào Seife ～粉 Seifenpulver; Waschpulver 液体～ Seifenlauge
肥皂剧 féizàoju rührseliges Fernsehspiel
肥壮 féizhuàng groß und dick; mächtig; kräftig

斐 fěi brillant; hervorragend
斐然 fěirán brillant; hervorragend 成绩～ hervorragende Leistungen

悱 fěi nach Worten ringen
悱恻 fěicè leidvoll; in wehmütiger Stimmung 缠绵～ von Wehmut überwältigt

诽 fěi verleumden; schmähen; jm nachreden
诽谤 fěibàng verleumden; jn schlechtmachen; jm Übles nachsagen

菲 fěi 另见 fēi
菲薄 fěibó bescheiden; unbedeutend; dürftig

匪 fěi →匪徒
匪帮 fěibāng Räuberbande 法西斯～ faschistische Räuberbande
匪特 fěitè Agent; Spion
匪徒 fěitú Räuber; Bandit
匪夷所思 fěi yí suǒ sī exzentrisch; vom Normalen abweichend

榧 fěi Große Nusseibe
榧子 fěizi Samen der Nusseibe

翡 fěi
翡翠 fěicuì 1. Eisvogel 2. Jadeit

吠 fèi bellen

痱(疿) fèi Hitzblattern; Hitzepickel
痱子 fèizi Hitzblattern; Hitzepickel ～粉 Pulver gegen Hitzblattern

废(廢) fèi 1. aufgeben; abschaffen; etw rückgängig (ungültig) machen 2. unbrauchbar; ungültig ～纸 Makulatur; Altpapier; Papierabfall
废除 fèichú beseitigen; abschaffen; aufheben ～不平等条约 ungleiche Verträge annullieren
废话 fèihuà 1. überflüssiges (unnützes) Gerede 说～ Unsinn reden 2. Unsinn reden 少～! Red keinen Quatsch!
废料 fèiliào Altstoff; Abfallmaterial 工业～ industrieller Abfall
废品 fèipǐn 1. Ausschuss; Ausschussware 出～ fehlerhafte Produkte (Waren) aussortieren müssen 2. Abfall; Altmaterial; Schrott ～加工 Recycling
废弃 fèiqì wegwerfen; aufgeben; ablegen ～的土地 erschöpfter Boden
废寝忘食 fèi qǐn wàng shí sich einer Arbeit bis zur Selbstaufgabe widmen
废物 fèiwù 1. Abfall; Plunder; alter Kram 2. unnützer Kerl ～利用 Abfallverwertung; Wiederverwendung benutzter Rohstoffe; Recycling
废墟 fèixū Trümmer; Ruinen

肺 fèi Lunge
肺腑 fèifǔ js Innerstes; js Gefühlswelt ～之言 von Herzen kommende Worte
肺结核 fèijiéhé Lungentuberkulose; Schwindsucht; Phthise
肺炎 fèiyán Lungenentzündung; Pneumonie

沸 fèi sieden; kochen; brodeln
沸点 fèidiǎn Siedepunkt
沸腾 fèiténg 1. sieden; sprudeln 2. aufsteigen; aufwallen 热血～ das Blut wallt in den Adern

费 fèi 1. →费用 2. ausgeben; aufwenden; verwenden ～时间 zeitraubend; zeitaufwendig; Zeitaufwand
费解 fèijiě schwerverständlich; nicht zu begreifen; rätselhaft
费力 fèilì sich anstrengen; Kräfte aufwenden
费事 fèishì umständlich; jm Mühe verursachen
费心 fèixīn Aufmerksamkeit (Sorgfalt) auf etw verwenden; sich bemühen
费用 fèiyong Aufwendungen; Kosten; Unkosten 生活～ Lebenshaltungskosten

镄 fèi Fermium (Fm)

狒 fèi

F

狒狒 fèifèi Pavian

分 fēn 另见 fèn
1. trennen; teilen; spalten 2. →分配 3. unterscheiden; auseinander halten; einen Unterschied machen (wahrnehmen) 不~皂白 alles über einen Kamm scheren; ohne nach Recht und Unrecht zu fragen 4. Filiale; Zweigstelle ~会 Zweiggesellschaft; Zweigverein 5. →分数 2 6. Bruchzahl 五~之一 ein Fünftel 7. verteilen; austeilen 打土豪，~田地 die örtlichen Machthaber bekämpfen und die Felder aufteilen 8. Minute 十点十~ zehn nach zehn 9. Note; Punkt 算术得九十~ in Arithmetik 90 Punkte erhalten

分贝 fēnbèi Dezibel

分崩离析 fēn bēng lí xī aus den Fugen gehen; sich im Zerfall befinden

分辨 fēnbiàn unterscheiden; auseinander halten 不加~ unterschiedslos

分辩 fēnbiàn sich von einem Verdacht (Vorwurf) zu befreien suchen; sich rechtfertigen 不由~ keinen Widerspruch zulassen; keine Rechtfertigung akzeptieren

分别[1] fēnbié sich trennen; sich verabschieden

分别[2] fēnbié 1. unterscheiden; auseinander halten 2. Unterschied; Differenz ~对待 jn/etw unterschiedlich (differenziert) behandeln 3. getrennt; separat ~研究 etw gesondert behandeln (untersuchen)

分布 fēnbù verteilen; austeilen; sich ausbreiten 人口~图 Karte der Bevölkerungsverteilung

分寸 fēncun rechtes Maß; Taktgefühl 有~ das rechte Maß halten; sich taktvoll benehmen

分割 fēngē spalten; abtrennen; aufteilen 不可~的联系 untrennbare Verbindung

分隔 fēngé trennen; abteilen; abgrenzen

分工 fēngōng Arbeitsteilung; die Arbeit aufteilen 社会~ gesellschaftliche Arbeitsteilung

分号 fēnhào 1. Filialgeschäft; Zweiggeschäft 2. Semikolon

分化 fēnhuà 1. sich spalten; sich teilen; Differenzierung 2. spalten; veruneinigen; zersetzen ~敌人的队伍 die feindlichen Truppen zersetzen 3. Differenzierung

分机号码 fēnjī hàomǎ Durchwahlnummer

分家 fēnjiā sich auseinander setzen und getrennt leben; nicht mehr in einem Haushalt zusammenleben

分解 fēnjiě zerfallen; zersetzen; zerlegen

分界 fēnjiè 1. eine Grenze festsetzen; eine Demarkationslinie festlegen; abgrenzen ~线 Grenzlinie; Scheidelinie; Demarkationslinie

分开 fēnkāi 1. getrennt; gesondert; separat 2. trennen; teilen 不能把形式和内容~ Form und Inhalt der Dinge sind nicht voneinander zu trennen

分类 fēnlèi klassifizieren; einordnen; sortieren

分离 fēnlí 1. →分开 2. Dissoziation

分裂 fēnliè 1. Spaltung; Teilung 原子核的~ Atomkernspaltung 2. zerspalten; zersplittern; zerfallen ~活动 spalterische Aktivität; separatistische Bestrebungen 制造~ Spaltungen hervorrufen

分泌 fēnmì absondern; ausscheiden; Sekretion

分娩 fēnmiǎn gebären; entbinden; Geburt; Niederkunft

分明 fēnmíng 1. sich stark unterscheiden; sich scharf abheben 爱憎~ eine klare Trennungslinie zwischen dem, was man lieben und dem, was man hassen soll, ziehen 2. klar; offenbar; offenkundig

分母 fēnmǔ Nenner

分派 fēnpài 1. zuteilen; zuweisen 2. →分摊

分配 fēnpèi 1. verteilen; aufteilen; zuteilen ~宿舍 jn in ein Wohnheim einweisen 2. zuweisen; einsetzen 毕业~ Arbeitszuweisung für Schulabgänger (Hochschulabsolventen) 3. Verteilung; Distribution

分期付款 fēnqī fùkuǎn in Raten zahlen

分歧 fēnqí Differenz; Unterschied 意见~ Meinungsverschiedenheit

分清 fēnqīng genau unterscheiden; eine klare Grenze ziehen ~是非 eine eindeutige Linie zwischen Recht und Unrecht (Richtigem und Falschem) ziehen

分散 fēnsàn 1. verstreuen; zerstreut liegen; dezentralisieren ~注意力 js Aufmerksamkeit ablenken 2. verteilen; aufteilen

分手 fēnshǒu sich trennen; sich verabschieden; auseinander gehen

分数 fēnshù 1. Bruch; Bruchzahl 2. Note;

Zensur 打～ jm eine Zensur geben
分水岭 fēnshuǐlǐng Wasserscheide; Scheidelinie
分摊 fēntān aufteilen; entfallen; (einen Teil der Kosten) übernehmen
分析 fēnxī analysieren; untersuchen; Analyse ～国际形势 internationale Lage (Weltlage) analysieren
分心 fēnxīn sich ablenken lassen; zerstreut; unkonzentriert
分赃 fēnzāng die Beute (das Diebesgut) teilen
分子 fēnzǐ 另见 fènzǐ
1. Zähler 2. Molekül ～式 Molekularformel

雰 fēn
雰雰 fēnfēn es schneit in dicken Flocken / es reift stark / es regnet in Strömen

芬 fēn Wohlgeruch; Duft
芬芳 fēnfāng 1. wohlriechend; duftend 2. Wohlgeruch; Duft

酚 fēn Phenol

吩 fēn
吩咐 fēnfù jm mündlich einen Befehl (Auftrag) geben

氛 fēn 1. Luft; Dunst 2. Atmosphäre; Stimmung
氛围 fēnwéi Atmosphäre; Stimmung; das geistige Klima

纷 fēn 1. massenhaft; haufenweise; in großer Menge 2. durcheinander; verworren; wirr
纷繁 fēnfán eine verwirrende Fülle von etw
纷纷 fēnfēn 1. zahlreich und verworren 议论～ durcheinander reden; eine rege (uferlose) Diskussion führen; in aller Munde sein 2. einer nach dem anderen; hintereinander; nacheinander ～提问 (von vielen Leuten) miteinander wetteifern; jn mit Fragen zu bestürmen
纷乱 fēnluàn zahlreich und verworren
纷至沓来 fēn zhì tà lái in hellen Scharen herbeiströmen; in großer Anzahl auftreten

坟(墳) fén →坟墓
坟地 féndì Begräbnisstätte; Grabstätte; Friedhof
坟墓 fénmù Grab; Grabstätte

焚 fén →焚烧
焚化 fénhuà verbrennen; einäschern; den Flammen übergeben
焚烧 fénshāo verbrennen; niederbrennen

鼢 fén
鼢鼠 fénshǔ Blindmaulwurf

粉 fěn 1. Pulver; Mehl 黄豆～ Sojamehl 2. Puder 搽～ pudern; Puder auftragen 3. →粉条 4. weiß ～墙 weiße Wand 5. →粉红
粉笔 fěnbǐ Kreide; Kreidestift
粉红 fěnhóng rosa
粉末 fěnmò Pulver
粉身碎骨 fěn shēn suì gǔ sein Leben für jn/etw hingeben (aufopfern)
粉饰 fěnshì beschönigen; schönfärben; etw in besserem Lichte erscheinen zu lassen suchen ～现实 die rauhe Wirklichkeit verschleiern
粉刷 fěnshuā anstreichen; weißen; tünchen
粉丝 fěnsī Glasnudel; Fans
粉碎 fěnsuì 1. in Stücke zerbrechen; in tausend Scherben zerspringen 碾得～ zermahlen; etw zu Pulver zerreiben 2. zerschmettern; zerschlagen ～敌人的阴谋诡计 die heimtückischen Intrigen des Feindes (die üblen Machenschaften der Gegner) durchkreuzen
粉条 fěntiáo breite Nudeln (aus Bohnen- oder Süßkartoffelstärke)

粪(糞) fèn 1. Kot; Dung; Mist; Ausscheidungen 2. (den Boden, die Pflanzen o. ä.) mit Jauche (Mist o. ä.) düngen ～地 den Acker düngen
粪便 fènbiàn Kot und Harn; Exkremente; Ausscheidungen
粪肥 fènféi Mistdünger; Jauche; Stalldung
粪土 fèntǔ Kot und Dreck; Mist; Dreckzeug

愤 fèn Entrüstung; Groll; Ärger; in Zorn geraten
愤恨 fènhèn Ingrimm; voller Grimm; von Hass (Groll) erfüllt
愤慨 fènkǎi empört; entrüstet; voller Empörung
愤怒 fènnù Entrüstung; Zorn; Wut

奋（奮） fèn →奋起

奋不顾身 fèn bù gù shēn unter Lebensgefahr; aller Gefahr zum Trotz; unter Einsatz des eigenen Lebens

奋斗 fèndòu kämpfen; Kampf

奋发 fènfā in Begeisterung geraten; sich tatkräftig (angestrengt) einsetzen ～图强 unter Anspannung aller Kräfte einen starken Staat aufbauen

奋起 fènqǐ sich erheben; sich auflehnen; sich aufbäumen ～抵抗 sich zum Widerstand erheben

奋勇 fènyǒng mutig und entschlossen; unerschrocken ～前进 kühn vorwärts schreiten

奋战 fènzhàn hart (zäh) kämpfen

分 fèn 另见 fēn

1. Bestandteil; Komponente 盐～ Salzgehalt 2. js Pflichten; js Rechte ～所当然 in geziemender Weise; wie es sich gehört; js selbstverständliche Pflicht sein

分量 fènliàng Gewicht; Wichtigkeit ～不足 Untergewicht haben 有～的话 gewichtige Worte

分内 fènnèi zu js Aufgabenbereich (Pflichtbereich) gehören 关心学生是教师～的事 die Lehrer haben die Pflicht, für ihre Schüler zu sorgen

分外 fènwài 1. außerordentlich; äußerst; überaus ～高兴 außerordentlich erfreut sein 2. außerhalb js Aufgabenbereichs (Pflichtbereichs) liegend ～之事 etwas, was nicht zu js Obliegenheiten gehört

分子 fènzǐ 另见 fēnzǐ
Element; Mitglied 进步～ fortschrittliche Elemente 积极～ Aktivist

忿 fèn Entrüstung; Empörung; Zorn

忿忿 fènfèn empört; entrüstet; zornig ～不平 empört; entrüstet; voller Groll sein

份（分） fèn 1. Teil; Anteil; Portion 分成三～ etw in drei Teile teilen 2. *(Zähleinheitswort)*: 一～土豆 eine Portion Kartoffeln 两～报纸 zwei Exemplare der Zeitung

丰（豐） fēng →丰富

丰产 fēngchǎn reiche Ernte; ertragreich ～田 ertragreiches Feld

丰富 fēngfù 1. reich; mit etw reichlich versehen; in Fülle vorhanden 物产～ reich an Erzeugnissen ～多彩 mannigfaltig; vielgestaltig 2. bereichern

丰满 fēngmǎn 1. gefüllt; voll 囤里粮食～ der Getreidebehälter ist vollgefüllt 2. füllig; voll; üppig

丰年 fēngnián fruchtbares Jahr; gutes Erntejahr

丰盛 fēngshèng reichlich; üppig; opulent

丰收 fēngshōu reiche (gute, glänzende) Ernte 农业～ reiche Ernte 学习上获得～ große Erfolge beim Studium erzielen

丰硕 fēngshuò zahlreich und groß; reichlich; üppig ～的成果 reiche Früchte; große Erfolge

丰衣足食 fēng yī zú shí Kleidung und Nahrung reichlich zur Verfügung haben; im Überfluss leben

封¹ fēng belehnen; jm etw zum (als) Lehen geben ～官 jm eine gute Stelle versprechen

封² fēng 1. →封闭 2. (Zähleinheitswort): 两～信 zwei Briefe

封闭 fēngbì 1. Blockade; Ausschaltung von Nervenpartien ～疗法 Lokalisierungstherapie; Beschränkungstherapie 2. verschließen; abdichten; versperren

封建 fēngjiàn Feudalsystem; Feudalismus; feudalistisch ～主义 Feudalismus ～社会 feudale Gesellschaft 头脑～ eine feudalistische Gesinnung haben

封面 fēngmiàn Titelblatt; Titelseite; Vorderseite

封锁 fēngsuǒ 1. blockieren; (ein Land, eine Stadt o. ä.) von der Außenwelt abschließen 经济～ Wirtschaftsblockade ～消息 Informationen (Nachrichten) blockieren; Nachrichtensperre 2. blockieren; jm / einer Sache den Durchlass (Zugang) abschneiden ～边境 die Grenzen schließen ～线 Blockadelinie

封条 fēngtiáo Verschlussstreifen; Klebestreifen

烽 fēng Signalfeuer; Alarmfeuer; Feuerzeichen

烽火 fēnghuǒ 1. Signalfeuer; Alarmfeuer 2. Kriegsfeuer 战争的～ Flammen des Krieges

蜂（蠭） fēng 1. Biene 2. Wespe ～

群 Bienenvolk; Bienenschwarm
蜂巢 fēngcháo Bienenwabe
蜂房 fēngfáng Bienenzelle
蜂蜜 fēngmì Bienenhonig; Honig
蜂乳 fēngrǔ königliches Gelee
蜂王 fēngwáng Bienenkönigin; Weisel
蜂窝 fēngwō →蜂巢
蜂箱 fēngxiāng Bienenstock; Bienenkorb; Bienenkasten
蜂拥 fēngyōng schwärmen; in Scharen zusammenströmen

峰（峯） fēng Gipfel; Spitze ～峦重叠 hintereinander liegende Bergketten
峰会 fēnghuì Gipfeltreffen

锋 fēng 1. Schneide; Klinge; Spitze 刀～ Messerschneide 2. Vorhut; Stürmer 中～ Mittelstürmer; Center
锋利 fēnglì 1. gut (scharf) schneidend; scharf geschliffen 2. scharf; beißend; bissig 措辞～ durch scharfe Worte; eine spitze Bemerkung fallenlassen
锋芒 fēngmáng 1. Spitze; Schneide 斗争的～ die Speerspitze (Stoßrichtung) des Kampfes 2. Wissen (Können), das jd bewusst zur Geltung bringt ～毕露 sich ins rechte Licht setzen (stellen)

风（風） fēng 1. Wind; Luftströmung 2. etw an der Luft trocknen; etw mit Hilfe von Durchzug von Schmutz (Zusätzen o. ä.) befreien ～鸡 luftgetrocknetes Huhn 3. allgemeine Praxis; gesellschaftliche Verhaltensweisen; Sitten und Gebräuche 节约成～ Sparsamkeit ist eine allgemeine Erscheinung. 4. →风声 2
风暴 fēngbào 1. Sturm; Orkan 2. gewaltiger Ausbruch; stürmischer Kampf 民族解放运动的～ der Sturm der nationalen Befreiungsbewegung
风波 fēngbō Affäre; peinliches Vorkommnis; skandalöser Vorfall 引起一场大的～ einen Skandal erregen
风采 fēngcǎi 1. feines Benehmen; vornehmes Auftreten ～动人 voller Eleganz und Charme; von gewinnendem Wesen 2. literarische Brillanz
风潮 fēngcháo Unruhe; Aufruhr 闹～ Unruhe (Aufruhr) stiften
风车 fēngchē Windmühle; Windrad
风尘 fēngchén 1. Reisestrapazen ～仆仆 viele Wege machen; eine beschwerliche (anstrengende) Reise unternehmen 2. verworrene Zeiten; Wanderleben; unstetes Leben ～漂泊 ein Landstreicherleben führen
风驰电掣 fēng chí diàn chè pfeilschnell; blitzartig
风度 fēngdù zwangloses (od. vornehmes) Auftreten; gewandtes Benehmen ～翩翩 sich ungezwungen benehmen
风干 fēnggān dörren; etw an der Luft austrocknen; luftgetrocknet ～腊肉 luftgetrocknetes Pökelfleisch
风格 fēnggé 1. Art und Weise des Verhaltens; Arbeitsstil; Lebensstil 发扬共产主义～ eine gute kommunistische Einstellung beweisen 2. Stil; Kunststil 艺术～ künstlerischer Stil; Kunststil
风光 fēngguāng Landschaft; Szenerie 乡村～ idyllische Landschaft
风化[1] fēnghuà moralische Normen (Grundsätze); sittliche Lehren (Auffassungen) 有伤～ gegen die Gesetze der Moral verstoßen
风化[2] fēnghuà verwittern; auswittern; Effloreszenz
风景 fēngjǐng Landschaft; Szenerie ～区 malerische Gegend
风浪 fēnglàng 1. Wind und Wogen; stürmische Wogen 2. →风险
风力 fēnglì 1. Windkraft; mit Windantrieb 2. Windstärke ～发电站 Windkraftwerk
风凉 fēngliáng luftig und kühl
风凉话 fēngliánghuà verantwortungslose und ironische Bemerkungen
风流 fēngliú 1. verdienstvoll und zugleich musisch begabt 2. talentiert und unkonventionell 3. sittlich locker; leichtfertig; liederlich ～韵事 Liebesaffäre; Liebesabenteuer
风马牛不相及 fēng mǎ niú bù xiāng jí mit etw überhaupt nichts zu tun haben
风貌 fēngmào 1. Gepräge; charakteristische Eigenart 2. Antlitz; Aussehen 保持原来的～ immer noch das eigene Gepräge tragen
风气 fēngqì allgemeine Praxis; herrschende Sitte (Gepflogenheit); üblicher Geschmack 社会～ gesellschaftliche Verhaltensweisen
风琴 fēngqín Orgel; Harmonium
风趣 fēngqù Humor; Witz; humorvoll 说话

～ geistvoll plaudern
风骚 fēngsāo 1. leichtsinnig; liederlich 2. literarisch; Poesie; Literatur
风扇 fēngshàn Ventilator
风尚 fēngshàng allgemeine Gewohnheit (Praxis); Verhaltensweisen; Sitten
风声 fēngshēng 1. Windesbrausen 2. Nachricht; Kunde; Gerücht 走漏～ Durchsickern von Nachrichten (Informationen)
风湿病 fēngshībìng Rheumatismus
风俗 fēngsú Sitte; Brauch; Sitten und Gebräuche
风速 fēngsù Windgeschwindigkeit ～表 Windmesser; Anemometer
风味 fēngwèi Kolorit; typischer Geschmack; ein eigentümliches Gepräge
风险 fēngxiǎn Gefahr; Risiko; riskieren 担～ ein Risiko übernehmen (eingehen)
风箱 fēngxiāng Blasebalg
风向 fēngxiàng Windrichtung ～标 Wetterfahne; Wetterhahn
风行 fēngxíng Mode sein (werden); allgemein verbreitet sein ～一时 eine Zeitlang überall im Schwange sein
风言风语 fēng yán fēng yǔ 1. böswillige Verleumdung; unbegründete Behauptung (Anschuldigung) 2. üble Nachrede
风衣 fēngyī Windjacke; Herbstmantel
风云 fēngyún instabiler politischer Zustand; turbulente Situation ～突变 rasche Veränderung des politischen Klimas ～人物 der Held des Tages; einflussreiche Persönlichkeit
风韵 fēngyùn Anmut; Grazie; Lieblichkeit ～犹存 immer noch viel Charme haben
风筝 fēngzheng Drachen 放～ Drachen steigen lassen
风烛残年 fēng zhú cán nián wie eine brennende Kerze im Wind; mit einem Bein im Grab stehen
风姿 fēngzī Anmut; Grazie

疯 fēng 1. geistesgestört; verrückt; wahnsinnig 2. (von Pflanzen) allzu üppig, aber nicht sehr kräftig wachsend ～长 aufschießen; schnell in die Höhe wachsen
疯狂 fēngkuáng 1. den Verstand verlieren; verrückt 2. ungezügelt; tollwütig; wild
疯牛病 fēngniúbìng Rinderseuche (BSE)
疯人院 fēngrényuàn Irrenanstalt; Irrenhaus
疯子 fēngzi Wahnsinnige (r); Verrückte(r); Geistesgestörte(r)

枫 fēng Ahorn

砜 fēng Sulfon

逢 féng begegnen; treffen; auf etw/jn stoßen 久别重～ sich nach langer Trennung wiedersehen
逢场作戏 féng chǎng zuò xì gelegentlich einmal mitspielen
逢凶化吉 féng xiōng huà jí ein Missglück in Glück umwandeln
逢迎 féngyíng auf js Geschmack eingehen; sich bei jm einschmeicheln; sich js Gunst zu erwerben suchen

缝 féng 另见 fèng
nähen; zusammennähen
缝补 féngbǔ nähen und flicken; ausbessern
缝合 fénghé zusammennähen; zunähen
缝纫 féngrèn schneidern; nähen ～机 Nähmaschine

讽 fěng indirekter Tadel; unausgesprochene Kritik
讽刺 fěngcì verspotten; verhöhnen; ironisieren
讽喻 fěngyù Parabel

奉 fèng 1. jm etw ehrerbietig (respektvoll, höflich) überreichen; jm ein Geschenk darbringen ～上新书一册 Würden Sie bitte die Freundlichkeit haben, ein neues Buch als Geschenk von mir entgegenzunehmen? 2. erhalten; empfangen; entgegennehmen ～上级命令 auf höheren Befehl 3. hochschätzen; achten; verehren ～若神明 mit etw/jm einen Kult treiben; jn abgöttisch verehren 4. an etw glauben ～佛教 sich zum Buddhismus bekennen 5. ergebenst; höflichst ～请 höflichst bitten
奉承 fèngcheng jm Komplimente machen; sich bei jm einschmeicheln; jm Honig um den Mund schmieren
奉告 fènggào Ich erlaube mir, Ihnen mitzuteilen, dass ... / Wir erlauben uns, Sie darauf hinzuweisen, dass ... 无可～ kein Kommentar
奉命 fèngmìng einen Befehl entgegennehmen (empfangen); auf Befehl ～来到 sich befehlsgemäß bei jm melden ～发表

声明 auf Befehl eine Erklärung abgeben
奉陪 fèngpéi jm Gesellschaft leisten；jm das Geleit geben 恕不～ leider kann ich Ihnen keine Gesellschaft leisten
奉献 fèngxiàn jm etw ehrerbietig überreichen；opfern；weihen 无私～ Opferbereitschaft
奉行 fèngxíng verfolgen；betreiben ～和平的外交政策 eine friedliebende Außenpolitik befolgen

俸 fèng Gehalt
俸禄 fènglù Beamtengehalt

凤（鳳） fèng Phönix
凤凰 fènghuáng Phönixpaar；Phönix
凤梨 fènglí Ananas
凤毛麟角 fèng máo lín jiǎo wie Phönixfeder und Einhornhörner sehr seltener und wertvoller Gegenstand
凤尾鱼 fèngwěiyú Coilia mytus （eine Sardellenart）

缝 fèng 另见 féng
1. Naht 无～钢管 nahtloses Stahlrohr 2. Spalt；Riss；Schlitz 门～儿 Türspalt
缝隙 fèngxì Spalt；Riss；Schlitz

佛 fó 1. →佛陀 2. Buddhafigur 玉～ Jadebuddha
佛教 fójiào Buddhismus ～徒 Buddhist
佛陀 Fótuó Buddha

否 fǒu 另见 pǐ
1. →否定 2. nein 3. ob 是～可以 geht es?
否定 fǒudìng 1. verneinen；negieren 全盘～ etw total verneinen 2. negativ；Negation ～的答复 negative Antwort
否决 fǒujué ablehnen；verwerfen；ein Veto gegen etw einlegen ～权 Vetorecht；Veto
否认 fǒurèn etw in Abrede stellen；bestreiten；leugnen
否则 fǒuzé andernfalls；sonst

夫 fū 1. Ehemann；Gatte 2. Mann
夫唱妇随 fū chàng fù suí dem Ehemann nach dem Munde reden；eine harmonische Ehe führen
夫妇 fūfù Ehepaar；Mann und Frau；Gatte und Gattin 新婚～ neuvermähltes Paar
夫妻 fūqī →夫妇
夫人 fūrén Gattin；Dame；Frau 部长～ die Frau des Ministers

麸（麩） fū Weizenkleie
麸皮 fūpí Weizenkleie；Kleie

肤（膚） fū Haut
肤浅 fūqiǎn oberflächlich；seicht；vordergründig

敷 fū 1. auftragen；aufstreichen；einschmieren ～药 Salbe auftragen 2. →敷设 3. genügen；ausreichen；genügend 入不～出 seine Ausgaben übersteigen seine Einnahmen
敷料 fūliào Bandage；Verband
敷设 fūshè legen；verlegen ～铁路 Eisenbahnlinie bauen ～管道 Leitungen legen
敷衍 fūyǎn schludern；etw nachlässig behandeln；jn mit Redensarten （schönen Worten） abspeisen ～塞责 pfuschen；etw formell und oberflächlich erledigen

孵 fū brüten；ausbrüten ～小鸡 Küken ausbrüten；Junge （Eier） ausbrüten
孵化 fūhuà brüten；ausbrüten；ausschlüpfen

芙 fú
芙蓉 fúróng 1. Eibisch；Hibiskus 2. Lotos

扶 fú 1. stützen；jm einen Halt geben；aufrichten ～老携幼 Alt und Jung；mit Kind und Kegel 2. →扶助
扶持 fúchí jm Hilfe gewähren （leisten）；jn mit etw unterstützen；jm mit etw unter die Arme greifen
扶手 fúshǒu Handlauf；Armlehne
扶梯 fútī Treppe mit Geländer
扶养 fúyǎng ernähren；für js Unterhalt sorgen
扶助 fúzhù helfen；unterstützen；beistehen

福 fú Glück；Segen；Wohlergehen
福利 fúlì Wohlfahrt；Sozialfürsorge 社会～ Sozialleistung；öffentliche Wohlfahrt
福气 fúqì Glück；glückliches Geschick；gutes Schicksal

辐 fú Speiche
辐射 fúshè 1. radial verlaufen ～形 strahlenförmig 2. Strahlung；Radiation 热～ thermische Strahlung；Wärmestrahlung

幅 fú 1. Stoffbreite；Tuchbreite 两～宽

F

的被里子 Oberteil einer Steppdecke, der doppelt breit liegt 2. (Zähleinheitswort): 一～油画 ein Ölgemälde
幅度 fúdù 1. Schwingungsweite; Amplitude 2. Ausmaß; Ausdehnung; Umfang 增产～ Ausmaß der Produktionssteigerung
幅员 fúyuán Fläche eines Territoriums; territoriale Ausdehnung ～广大 sich über ein weites (ausgedehntes) Gebiet erstrecken

蝠 fú Fledermaus

孚 fú glaubwürdig; Vertrauen erwecken 深～众望 sich eines großen Ansehens erfreuen

浮 fú 1. schwimmen; treiben ～出水面 aus dem Wasser emportauchen 2. leichtfertig; leichtsinnig; unbesonnen; flüchtig 他这人很～ er ist immer zu leichtfertig 3. übermäßig; überzählig; übersteigen 人～于事 personelle Überbesetzung
浮标 fúbiāo Boje; Seezeichen
浮雕 fúdiāo Relief
浮动 fúdòng 1. schwimmen; treiben 2. voller Unruhe sein; in Nervosität verfallen 人心～ es herrscht eine Panikstimmung
浮华 fúhuá voller Schwulst; mit viel Pomp; Prunk entfalten 文辞～ voll blumiger Redensarten; schwülstig schreiben
浮夸 fúkuā Aufschneiderei; prahlerisch; hochtönend ～风 Praktik, übertriebene Angaben zu machen
浮萍 fúpíng Wasserlinse
浮桥 fúqiáo Pontonbrücke; schwimmende Brücke; Schwimmbrücke
浮现 fúxiàn vor seinem geistigen Auge auftauchen; jm vor Augen schweben; wieder in Erinnerung kommen 往事又～在眼前 Erinnerungen stiegen in mir auf
浮躁 fúzào flatterhaft; unstet und oberflächlich; von unbeständigem Charakter
浮肿 fúzhǒng Ödem; Wassersucht 两腿～ Ödeme in den Beinen

蜉 fú
蜉蝣 fúyóu Eintagsfliege

俘 fú 1. →俘获 2. →俘虏 2
俘获 fúhuò gefangennehmen; erbeuten
俘虏 fúlǔ 1. gefangennehmen; erbeuten 2. Gefangene(r); Kriegsgefangene(r)

伏[1] fú 1. sich beugen; sich bücken 2. herab; herunter; hinunter 一起一～ bald anschwellen, bald abflauen 3. sich verbergen; sich verstecken; im Hinterhalt liegen 昼～夜出 sich tagsüber versteckt halten und nachts herauskommen 4. →伏天 5. sich fügen; sich unterwerfen

伏[2] fú →伏特
伏安 fú'ān Voltampere
伏笔 fúbǐ vorheriger Hinweis; versteckte Anspielung
伏兵 fúbīng Truppe, die im Hinterhalt liegt (lauert)
伏法 fúfǎ hingerichtet werden
伏击 fújī jn aus dem Hinterhalt überfallen (angreifen); Angriff aus dem Hinterhalt 遭到～ in einen Hinterhalt geraten
伏特 fútè Volt ～计 Voltameter; Voltmeter
伏天 fútiān Hundstage
伏罪 fúzuì sich schuldig bekennen

符 fú 1. →符号 2. →符合 3. →符咒
符号 fúhào 1. Zeichen; Kennzeichen; Symbol 化学～ chemisches Zeichen 2. Erkennungszeichen; Abzeichen
符合 fúhé mit etw übereinstimmen; mit etw in (im) Einklang stehen; entsprechen ～要求 den Anforderungen genügen (entsprechen, gerecht werden)
符咒 fúzhòu taoistische Zauberzeichen und Zaubersprüche

服 fú 另见 fù
1. Bekleidung; Kleidung; Kleidungsstück 2. Trauerkleidung 有～在身 Trauer tragen 3. (Medizin) einnehmen; schlucken ～中药 chinesische Arznei einnehmen 4. etw auf sich nehmen; übernehmen; leisten ～兵役 den Wehrdienst leisten (ableisten) 5. →服气 6. jn überzeugen 以理～人 jn durch Beweise (Gründe) von etw überzeugen 7. sich einleben; sich eingewöhnen; sich anderen Verhältnissen anpassen ～水土 sich akklimatisieren
服从 fúcóng befolgen; gehorchen; sich jm unterordnen
服毒 fúdú Gift nehmen; sich vergiften
服气 fúqì überzeugt sein; klein beigeben; sich geschlagen geben
服饰 fúshì Kleidung und Schmuck ～用品 Kleidungs- und Schmuckstücke

服侍 fúshi bedienen; aufwarten; pflegen
服务 fúwù dienen; Dienste leisten; im Dienst einer (guten) Sache stehen ～员 Bedienungskraft; Bedienungspersonal; Dienstpersonal ～性行业 Dienstleistungsgewerbe; Dienstleistungsbetriebe ～器 Server
服刑 fúxíng eine Gefängnisstrafe (Freiheitsstrafe) verbüßen
服役 fúyì 1. beim Militär sein 2. Arbeitsdienst leisten
服装 fúzhuāng Kleidung; Bekleidung; Kostüm ～整齐 ordentlich angezogen sein

拂 fú 1. über etw streichen 春风～面 der Frühlingswind streicht jm über das Gesicht 2. entstauben; abwischen 3. entgegenhandeln; sich widersetzen 有～其意 sich js Wünschen widersetzen
拂晓 fúxiǎo Morgendämmerung; Tagesanbruch; dämmern

氟 fú Fluor

府 fǔ 1. Regierungssitz; Amtssitz 2. Residenz; Beamtenwohnsitz 总统～ Präsidentenresidenz
府绸 fǔchóu Popelin; Popeline
府上 fǔshang 1. Ihre Wohnung; Ihr Haus 2. Ihre Familie 3. Ihr Geburtsort ～住在哪儿? Wo sind Sie zu Hause?

腐 fǔ →腐烂
腐败 fǔbài 1. →腐烂 2. korrupt; verkommen; moralisch verdorben ～现象 Korruption
腐化 fǔhuà 1. degeneriert; korrupt; sittlich (moralisch) herunterkommen 生活～ ein *lasterhaftes (korruptes)* Leben führen 2. korrumpieren; bestechen
腐烂 fǔlàn 1. verfaulen; verwesen 2. →腐败 2
腐蚀 fǔshí 1. ätzen; zerfressen; Korrosion ～剂 Ätzmittel; Korrosionsmittel 2. korrumpieren; verderben; demoralisieren
腐朽 fǔxiǔ 1. verfault; verfallen; morsch 2. degenerieren; korrupt werden; sittlich verkommen

俯 fǔ 1. den Kopf senken; sich neigen ～首 den Kopf neigen; gesenkten Hauptes 2. (Ausdruck der Hochschätzung) sich zu etw bereit finden 尚祈～允 wir bitten höflichst um Ihre gütige Erlaubnis
俯冲 fǔchōng Sturzflug; im Sturzflug niedergehen ～轰炸机 Sturzbomber
俯瞰 fǔkàn hinabblicken; etw aus der Vogelschau sehen
俯身 fǔshēn sich bücken; sich hinunterbeugen

甫 fǔ 1. soeben; erst; gerade 2. Ehrenname; Beiname (von der Wortbedeutung des eigentlichen Namens abgeleitet)

辅 fǔ →辅助
辅导 fǔdǎo Nachhilfe erteilen; Konsultationen geben; beraten ～员 Betreuer; Assistent für politische Arbeit; Pionierleiter
辅音 fǔyīn Mitlaut; Konsonant
辅助 fǔzhù 1. helfen; unterstützen 2. Ergänzung; Hilfs-; Neben- ～劳动 Hilfsarbeit

脯 fǔ 1. Dörrfleisch 兔～ gedörrtes Kaninchenfleisch 2. kandierte Früchte 杏～ kandierte Aprikosen

抚(撫) fǔ →抚慰
抚摩 fǔmó streicheln; über etw streichen
抚慰 fǔwèi trösten; beruhigen; besänftigen
抚恤 fǔxù einem Invaliden oder der Familie eines Gefallenen Unterstützung gewähren (Zuwendungen machen) ～金 Unterstützungsgeld (für einen Invaliden oder die Familie eines Gefallenen)
抚养 fǔyǎng ernähren; aufziehen; großziehen
抚育 fǔyù aufziehen; erziehen; pflegen ～森林 Waldpflege; aufforsten

斧 fǔ 1. →斧子 2. Streitaxt (im alten China gebraucht)
斧正 fǔzhèng Dürfte ich Sie bitten, mir kritische Hinweise zur Verbesserung meiner Schrift zu geben? / Würden Sie so freundlich sein, meine Schrift zu überarbeiten! 敬请～ Dürfte ich Sie bitten, mir kritische Hinweise zur Verbesserung meiner Schrift zu geben? / Würden Sie so freundlich sein, meine Schrift zu überarbeiten?
斧子 fǔzi Axt; Beil

釜 fǔ Kochgefäß (im alten China gebraucht)

釜底抽薪 fǔ dǐ chōu xīn ein Problem von Grund aus lösen; (ein Übel) an der Wurzel fassen

父 fù →父亲

父老 fùlǎo bejahrte und ehrbare Leute (in einem Land oder Dorf)

父母 fùmǔ Eltern; Vater und Mutter

父亲 fùqīn Vater

父权制 fùquánzhì Patriarchat

父系 fùxì väterliche Seite; väterliche Linie; patriarchalisch

缚 fù binden; fesseln

富 fù 1. reich; wohlhabend; vermögend 2. reichlich; ergiebig; im Überfluss vorhanden ～于养分 reich an Nährstoffen; nahrhaft

富贵 fùguì Reichtum und Ansehen; wohlhabend und angesehen

富豪 fùháo mächtige und reiche Person; Krösus

富丽 fùlì prächtig; herrlich ～堂皇 voll Pracht; prunkvoll

富农 fùnóng Großbauer; reicher Bauer ～经济 Großbauernwirtschaft

富婆 fùpó reiche Frau; Reiche

富强 fùqiáng reich und mächtig 繁荣～ blühend und mächtig

富饶 fùráo fruchtbar; fertil; ertragreich

富翁 fùwēng reicher Mann; Reicher

富有 fùyǒu 1. reich; wohlhabend; vermögend 2. an etw reich; voll von etw ～经验 sehr erfahren; reich an Erfahrungen; kundig und geübt

富裕 fùyù reich; wohlhabend; Reichtum 生活～ in guten Verhältnissen leben

副[1] fù 1. stellvertretend; Vize- ～经理 stellvertretender Geschäftsführer ～总统 Vizepräsident 2. Hilfs-; Zusatz-; Sekundär- ～产品 Nebenprodukt ～作用 Nebenwirkung

副[2] fù *(Zähleinheitswort)*: 一～眼镜 eine Brille 全～仪器 eine vollständige Serie von Instrumenten 一～笑容 ein Lächeln

副本 fùběn 1. Abschrift 2. Kopie; Duplikat; Zweitschrift

副词 fùcí Umstandswort; Adverb

副官 fù guān Adjutant

副教授 fù jiàoshòu außerordentlicher Professor

副食品 fùshípǐn Zusatznahrungsmittel

副手 fùshǒu Stellvertreter; Gehilfe; Hilfskraft; Assistent

副业 fùyè Nebenberuf; Nebenbeschäftigung; Nebengewerbe

讣 fù Nachruf; Todesanzeige

讣告 fùgào 1. einen Todesfall anzeigen (melden) 2. Todesanzeige

赴 fù sich begeben; gehen ～宴 sich zum Bankett begeben; der Einladung zu einem Festessen folgen

赴汤蹈火 fù tāng dǎo huǒ für jn durchs Feuer gehen; vor keiner Gefahr zurückscheuen

赋[1] fù →赋予

赋[2] fù 1. eine Stilform der klassischen chinesischen Literatur 2. dichten ～诗 ein Gedicht schreiben (verfassen)

赋税 fùshuì Steuern

赋予 fùyǔ erteilen; übertragen; ausstatten ～全权 jm die Vollmacht erteilen (übertragen); jn mit Vollmachten ausstatten

复[1] (複) fù 1. doppelt; zweifach 2. komplex ～比例 komplexes Verhältnis

复[2] (復) fù antworten; erwidern 请电～ Antworten Sie telegrafisch bitte!

复[3] (復) fù wiederherstellen; erneuern ～婚 eine geschiedene Ehe wiederherstellen

复[4] (復) fù wieder; nochmals; erneut 日～一日 Tag um Tag

复辟 fùbì restaurieren; Restauration

复仇 fùchóu sich rächen; Rache nehmen; sich revanchieren ～主义 Revanchismus

复发 fùfā zurückfallen; rezidivieren; einen Rückfall erleiden (bekommen) 旧病～ ein Rückfall trat ein

复古 fùgǔ die Sitten und Gebräuche (das System) des Altertums wiedereinführen

复活 fùhuó wiederbeleben; wiedererstehen; auferstehen

复交 fùjiāo 1. diplomatische Beziehungen

wiederherstellen 2. Wiederbeginn der Beziehungen
复述 fùshù wiederholen；nacherzählen；wiedergeben
复数 fùshù 1. Plural；Mehrzahl 2. Komplexzahl；komplexe Zahl
复苏 fùsū 1. wiedererwachen 大地～ die Erde erwacht 2. wiederbeleben 经济～ Wiederbelebung der Wirtschaft
复习 fùxí wiederholen；Wiederholung
复写 fùxiě einen Durchschlag machen (anfertigen) ～纸 Kohlepapier
复信 fùxìn 1. einen Brief beantworten；einen Antwortbrief schreiben 2. Antwortbrief；Antwortschreiben
复兴 fùxīng 1. wiedererstehen；wiederaufblühen 文艺～ Renaissance 2. wiederbeleben ～工业 die Industrie wiederbeleben
复印 fùyìn kopieren ～机 Kopierer
复员 fùyuán demobilisieren；jn aus dem Militärdienst entlassen ～军人 demobilisierter Soldat
复原 fùyuán 1. von einer Krankheit genesen；wieder gesund werden；wiederhergestellt sein 2. sich regenerieren；restaurieren；rekonstruieren
复杂 fùzá kompliziert；Kompliziertheit 情况～ der Fall liegt überaus verwickelt ～化 komplizieren
复制 fùzhì reproduzieren；nachbilden；nachahmen ～品 Reproduktion；Nachbildung；Kopie

覆 fù 1. →覆盖 1 2. umstürzen；umkippen ～舟 kentern；Schiffbruch
覆盖 fùgài 1. bedecken；überdecken 2. Vegetation
覆没 fùmò 1. kentern und versinken 2. vernichtet werden；zugrunde gehen 敌人全军～ das feindliche Heer ist völlig vernichtet (aufgerieben) worden
覆辙 fùzhé alter Fehler；gleicher Fehler 重蹈～ in den alten (gleichen) Fehler verfallen

蝮 fù
蝮蛇 fùshé Halysschlange

馥 fù Duft；Wohlgeruch
馥郁 fùyù starker Duft；stark duftend

腹 fù Bauch；Unterleib
腹部 fùbù Bauch；Unterleib
腹地 fùdì Hinterland；Binnengebiete
腹稿 fùgǎo gedankliches Konzept；im Kopf ausgearbeiteter Entwurf 打～ ein Konzept im Kopf ausarbeiten
腹泻 fùxiè Durchfall；Diarrhö

付 fù 1. geben；übergeben ～表决 etw zur Abstimmung bringen (vorlegen) ～诸实施 etw in die Tat (Praxis) umsetzen 2. zahlen；bezahlen ～房租 die Miete zahlen
付款 fùkuǎn einen Betrag (eine Geldsumme) bezahlen ～处 Kasse
付账 fùzhàng eine Rechnung bezahlen

附(坿) fù 1. beifügen；beiliegen 随信～上照片一张 dem Brief liegt ein Photo bei 2. nahe an etw；dicht bei (neben) etw ～在耳边低声说话 jm etw ins Ohr flüstern；jm etw zuflüstern
附带 fùdài 1. nebenbei；beiläufig；zusätzlich ～条件 Zusatzbedingung；zusätzliche Bedingung ～说一下 nebenbei bemerkt 2. nebensächlich ～的收入 Nebeneinkommen；Nebeneinnahmen
附和 fùhè sich js Meinung blindlings anschließen；jm freiwillig folgen 随声～ jm nach dem Munde (zum Munde) reden
附加 fùjiā 1. hinzufügen；beifügen 2. zusätzlich ～税 Zusatzsteuer
附件 fùjiàn 1. Anlage；Anhang 2. Zubehör；Zubehörteil 机床～ Maschinenbankzubehör
附近 fùjìn 1. nahe；nahegelegen；in der Nähe befindlich ～居民 Anlieger；Einwohner in der näheren Umgebung 2. Nähe；Nachbarschaft；unmittelbare Umgebung
附录 fùlù Anhang；Anlage
附设 fùshè angegliedert；angeschlossen 工厂～的托儿所 einer Fabrik angegliederte (angeschlossene) Kinderkrippe
附属 fùshǔ 1. angegliedert；angeschlossen 外语学院～中学 einer Fremdsprachenhochschule angegliederte (angeschlossene) Mittelschule 2. untergestellt；untergeordnet；abhängig ～国 abhängiger Staat；Vasallenstaat；Satellitenstaat
附议 fùyì zustimmen；beipflichten
附庸 fùyōng 1. Vasall 帝国主义的～ ein Vasall des Imperialismus 2. Anhängsel

附着 fùzhuó an (auf, in) etw haften; haftenbleiben

驸 fù

驸马 fùmǎ Schwiegersohn des Kaisers

服 fù 另见 fú

Dosis 一~药 eine Dosis Kräutermedizin

负 fù

1. etw auf dem Rücken tragen 背~ etw auf dem Rücken tragen 2. tragen; auf sich nehmen; übernehmen ~法律责任 die rechtliche Verantwortung tragen (auf sich nehmen, übernehmen) 3. genießen; sich erfreuen 久~盛名 seit langer Zeit in hohem Ansehen stehen 4. verlieren; Niederlage 胜~未分 unentschieden stehen; unentschieden (mit einem Unentschieden) enden 5. minus; negativ ~~得正 minus mal minus gibt plus

负担 fùdān 1. tragen; auf sich nehmen; übernehmen 2. Last; Belastung; Bürde 思想~ seelische Belastung

负电 fùdiàn negative Elektrizität

负号 fùhào Minuszeichen

负荷 fùhè 1. →负担 2 2. Last; Belastung; Leistung

负极 fùjí negativer Pol

负荆请罪 fù jīng qǐng zuì nach Kanossa gehen; einen Kanossagang antreten; reumütig um Verzeihung bitten

负伤 fùshāng verwundet werden; im Krieg Verletzungen erleiden (davontragen)

负数 fùshù negative Zahl

负责 fùzé 1. verantworten; verantwortlich sein; die Verantwortung tragen ~干部 verantwortlicher Funktionär (Kader) 对人民~ Verantwortung gegenüber dem Volk 2. verantwortungsvoll; verantwortungsbewusst 他对工作很~ er arbeitet verantwortungsvoll / er ist seiner Arbeit stets sehr pflichtbewusst nachgekommen

负债 fùzhài 1. verschulden; Schulden haben ~累累 mehr Schulden als Haare auf dem Kopf haben; bis über den Hals (bis über beide Ohren) verschuldet sein 2. Passiva

妇(婦) fù

1. →妇女 2. verheiratete Frau 农~ Bäuerin; Bauersfrau 3. Ehefrau

妇科 fùkē Frauenheilkunde; Gynäkologie; Abteilung für Gynäkologie ~医生 Frauenarzt; Gynäkologe

妇联 fùlián Frauenbund

妇女 fùnǚ Frau

妇幼 fùyòu Frauen und Kinder; Mutter und Kind ~保健 Mütterberatung; Fürsorge für Mutter und Kind

G

嘎 gā knarren；quietschen；schnattern

嘎吱 gāzhī knarren；quietschen 扁担压得～～的响 die Tragstange knarrt（ächzt）unter der schweren Last

胳 gā 另见 gē

胳肢窝 gāzhiwō Achselhöhle

咖 gā 另见 kā

咖喱 gālí Curry ～鸡 Curryhuhn

伽 gā

伽马射线 gāmǎ shèxiàn Gammastrahlen

轧 gá 另见 yà，zhá

1．sich drängeln；sich drängen；sich schieben；brechend（zum Bersten）voll sein 2．sich mit jm befreunden；mit jm verkehren ～朋友 sich mit jm befreunden；mit jm Freundschaft schließen 3 nachrechnen；überprüfen；nachprüfen ～账 eine Rechnung nachprüfen；Rechnungsprüfung

钆 gá Gadolinium(Gd)

该[1] gāi 1．sollen；müssen；verdienen 他～受奖励 er soll ausgezeichnet werden / er verdient eine Auszeichnung（Belohnung）2．an der Reihe sein 现在～你发言了 jetzt hast du das Wort 3．sicherlich；wahrscheinlich

该[2] gāi schulden；schuldig sein；etw anschreiben lassen 我～他两块钱 ich schulde ihm zwei Yuan / ich bin ihm zwei Yuan schuldig

该[3] gāi betreffend；oben genannt（erwähnt，angegeben）～条第 2 项 der zweite Punkt des betreffenden Paragraphen

赅 gāi umfassend；vollständig

赅博 gāibó gebildet；gelehrt；von großer Belesenheit

改 gǎi 1．→改变 2．korrigieren；verbessern ～文章 einen Artikel korrigieren；einen Text verbessern 3．→改正

改编 gǎibiān 1．umarbeiten；umschreiben；2．umbilden；formieren；reorganisieren

改变 gǎibiàn 1．sich ändern；sich verändern；sich wandeln 2．ändern；verändern；wandeln ～生活方式 die Lebensweise verändern

改动 gǎidòng ändern；abändern；Änderungen vornehmen

改革 gǎigé reformieren；Reform ～开放 Reform und Öffnung nach außen 民主～ demokratische Reform

改过 gǎiguò seine Fehler korrigieren；sich bessern ～自新 seine Fehler beheben und ein neues Leben beginnen

改行 gǎiháng seinen Beruf wechseln；einen anderen Beruf ergreifen；auf etw umsatteln

改换 gǎihuàn wechseln；auswechseln；ersetzen ～住所 die Wohnung wechseln

改悔 gǎihuǐ Reue empfinden；ein reuiges Bekenntnis seiner Schuld ablegen 死不～ absolut besserungsunwillig sein

改进 gǎijìn verbessern ～工作作风 den Arbeitsstil verbessern

改口 gǎikǒu von seinen Äußerungen abrücken；sich korrigieren；sich verbessern

改良 gǎiliáng verbessern；vervollkommnen reformieren ～主义 Reformismus

改期 gǎiqī den Termin ändern，verschieben；verlegen 大会～举行 die Sitzung wurde verschoben（vertagt）

改善 gǎishàn verbessern；vervollkommnen

改天 gǎitiān zu einem anderen（späteren）Zeitpunkt；ein andermal ～见 Auf baldiges Wiedersehen！/ Bis später！

改写 gǎixiě umschreiben；umarbeiten；bearbeiten

改选 gǎixuǎn neu wählen; Neuwahl
改造 gǎizào 1. verändern; umwandeln; verbessern 2. umgestalten; umerziehen ～世界 die Welt umgestalten 思想～ ideologische Umerziehung
改正 gǎizhèng korrigieren; berichtigen ～错误 einen Fehler korrigieren; einen Mangel beheben
改组 gǎizǔ umbilden; umformen; reorganisieren ～内阁 Neubildung des Kabinetts; Kabinettsumbildung

盖（蓋） gài 1. Deckel; abnehmbarer (aufklappbarer) Verschluss 茶壶～ Teekannendeckel 2. Schild; Panzer; Schale 螃蟹～ Panzer der Krabbe 3. bedecken; verdecken; zudecken ～盖儿 den Deckel schließen; zuklappen (zurückschlagen) 4. aufdrücken; aufprägen ～图章 siegeln; stempeln; das Siegel (den Stempel) auf etw aufdrücken 5. bauen ～楼房 ein Etagenhaus bauen
盖世 gàishì die Zeitgenossen mit seiner Leistung weit in den Schatten stellen ～无双 in seinen Leistungen unübertrefflich sein
盖世太保 gàishìtàibǎo Gestapo

钙 gài Kalzium (Ga)

概（槩） gài 1. allgemein; im Allgemeinen; in großen Zügen ～述 etw in großen Umrissen darstellen 2. sämtlich; ausnahmslos ～不受理 ohne über irgendwelchen Fall gerichtlich zu verhandeln
概况 gàikuàng allgemeine Lage; Überblick; Übersicht
概括 gàikuò 1. zusammenfassen; verallgemeinern; generalisieren 艺术～ künstlerische Verallgemeinerung 2. kurz und bündig; in großen Zügen; sich auf das Wesentliche beschränken ～的叙述 gedrängte (knappe) Darstellung
概率 gàilǜ Wahrscheinlichkeit ～论 Wahr*scheinlichkeitstheorie*
概论 gàilùn Grundriss; Einführung
概念 gàiniàn Begriff; Vorstellung
概要 gàiyào Abriss; Umriss

干[1] gān 另见 gàn
angehen; betreffen 这事与你无～ das geht dich nichts an

干[2]**（乾）** gān 另见 gàn; '乾'另见 qián
1. →干燥 1; 干涸 2. ohne Wasser; trocken ～洗 Trockenreinigung 3. hohl; leer ～笑 gekünstelt (gezwungen) lachen 4. nichtleiblich; Patenschaft ～儿子 nichtleiblicher Sohn; Patensohn 5. umsonst; vergebens; vergeblich ～着急 sich unnütz aufregen; sich voller Aufregung keinen Rat wissen
干巴巴 gānbābā 1. trocken; ausgedörrt 2. trocken; fade; langweilig 小说写得～的 das ist eine langweilige Erzählung
干杯 gānbēi austrinken; das Glas leeren 让我们为友谊～ Trinken wir auf unsere Freundschaft! / Leeren wir auf unsere Freundschaft das Glas!
干贝 gānbèi getrocknete Schließmuskeln von Steckmuscheln
干瘪 gānbiě vertrocknet; eingeschrumpft
干草 gāncǎo Heu
干脆 gāncuì einfach; ohne Umschweife; ohne weiteres
干戈 gāngē Waffen; Krieg 动～ Krieg führen; Waffengewalt anwenden
干旱 gānhàn Trockenheit; Dürre
干涸 gānhé austrocknen; versiegen 泉水～ die Quelle ist versiegt
干净 gānjìng 1. sauber; rein 2. restlos; völlig 消灭～ restlos vernichten
干枯 gānkū 1. verwelken; verdorren; welk 2. einschrumpfen; schrumpfig; runzelig 皮肤～ die Haut schrumpft 3. →干涸
干酪 gānlào Käse
干粮 gānliáng Proviant ～袋 Provianttasche; Proviantbeutel
干扰 gānrǎo 1. stören; Störung 排除～ Störungen beseitigen 2. Interferenz
干涉 gānshè 1. sich einmischen; eingreifen; Intervention 互不～内政 gegenseitige Nichteinmischung in die inneren Angelegenheiten 2. Interferenz
干预 gānyù sich einschalten; eingreifen; Intervention
干燥 gānzào 1. trocken 气候～ ein trockenes Klima aufweisen 2. fade; langweilig 讲得～无味 fade daherreden

杆 gān 另见 gǎn →杆子
杆子 gānzi Stange; Mast 电线～ Leitungsmast

矸 gān Abraumkohle
矸石 gānshí Abraum
竿 gān →竿子
竿子 gānzi Bambusstange; Bambusstab
肝 gān Leber
肝胆 gāndǎn 1. Leber und Galle 2. Aufrichtigkeit; Offenherzigkeit ～相照 einander offenherzig gegenübertreten 3. Mut; Tapferkeit; Charakterstärke ～过人 an Tapferkeit und Charakterfestigkeit unübertrefflich sein
肝火 gānhuǒ Reizbarkeit; Jähzorn; Rage 动～ in Zorn (Wut, Rage) geraten; heftig auffahren (aufbrausen)
肝炎 gānyán Leberentzündung; Hepatitis
甘 gān 1. süß; lieblich; wohltuend ～泉 süße Quelle 2. freiwillig; willig; sich abfinden 不～落后 nicht hinter jm/etw zurückbleiben (hinterherhinken) wollen
甘草 gāncǎo Süßholz; Glyzyrrhiza
甘苦 gānkǔ 1. Freud und Leid; Wohl und Wehe 与群众同～ mit den Volksmassen Freud und Leid teilen 2. Mühsal; Härte; schwere Belastung 创作的～ Mühsal des Schaffens
甘心 gānxīn 1. bereit, willig; bereitwillig ～情愿 ganz bereitwillig; aus freien Stücken; von ganzem Herzen 2. sich mit etw zufriedengeben; sich mit etw abfinden; sich in etw fügen 不消灭敌人，绝不～ wir werden den Kampf nicht aufgeben, bis wir den Feind vernichtet haben
甘休 gānxiū bereit sein, mit etw aufzuhören 决不～ etw nicht aufgeben werden
甘油 gānyóu Glyzerin
甘蔗 gānzhe Zuckerrohr
泔 gān →泔水
泔水 gānshuǐ Reiswaschwasser; Küchenabwasser
疳 gān durch unmäßiges Essen oder Darmparasiten verursachte Unterernährung der Kinder
坩 gān Tiegel
坩埚 gānguō Schmelztiegel
柑 gān 1. Apfelsinenbaum; Orangenbaum 2. →柑子
柑子 gānzi Apfelsine; Orange
尴（尷、尲） gān
尴尬 gāngà 1. Verlegenheit; Dilemma; Klemme 处境～ in Verlegenheit sein; in einem Dilemma sein 2. verlegen; peinlich berührt; unsicher
赶（趕） gǎn 1. jn zu erreichen versuchen; jm nachsetzen ～先进 die Fortgeschrittenen einholen; den Fortgeschrittenen gleichzukommen versuchen 2. beschleunigen ～任务 eine Arbeit (Aufgabe) so schnell wie möglich erledigen 3. sich beeilen; sich bemühen, etw zu erreichen ～火车 den Zug zu erreichen versuchen 4. verjagen; vertreiben ～苍蝇 Fliegen verscheuchen 5. zufällig auf etw stoßen ～上大雨 von einem heftigen Regen überrascht werden
赶集 gǎnjí zum Markt gehen
赶紧 gǎnjǐn sich beeilen; eilig; schleunigst
赶快 gǎnkuài schnell; rasch; schnell machen
赶路 gǎnlù eilig ausschreiten
赶上 gǎnshàng einholen
赶走 gǎnzǒu verjagen; vertreiben; jn in die Flucht schlagen
杆（桿） gǎn 另见 gān
1. Stiel; Schaft; Stange 操纵～ Bedienungshebel 2. (Zähleinheitswort): 一～枪 ein Gewehr
杆秤 gǎnchèng Laufgewichtswaage
杆菌 gǎnjūn Bazillus
秆（稈） gǎn Halm; Stengel 玉米～ Maishalm
擀（扞） gǎn ausrollen ～面 Teig ausrollen
感 gǎn 1. fühlen; empfinden 稍～不适 sich nicht ganz wohl fühlen 2. rühren; bewegen; ergreifen 深有所～ tief berührt (bewegt, ergriffen) sein 3. Gefühl; Empfindung 快～ angenehmes Gefühl; Lustgefühl 4. →感想 读后～ Lesemeinung
感触 gǎnchù Empfindung; Eindrücke
感到 gǎndào fühlen; empfinden; spüren ～责任重大 sich der Schwere der Verant-

wortung bewusst sein

感动 gǎndòng 1. rühren; jn innerlich bewegen 内心深受～ innerlich tief bewegt (beeindruckt) sein 2. gerührt; bewegt; beeindruckt

感恩 gǎn'ēn jm dankbar sein; Dankbarkeit gegen jn hegen; von Dank erfüllt sein

感恩节 gǎn'ēnjié Erntedankfest

感官 gǎnguān Sinnesorgan

感光 gǎnguāng belichtet werden

感化 gǎnhuà moralische Besserung

感激 gǎnjī zu Dank verpflichtet sein; sich dankbar zeigen 不胜～ jm unendlich dankbar sein; von einem tiefen Dankgefühl erfüllt sein

感觉 gǎnjué 1. Wahrnehmung; Gefühl; Empfindung ～器官 Sinnesorgan 2. sich fühlen; empfinden; spüren 身上～很冷 sich kalt fühlen 3. finden; meinen 他～工作还顺利 er hat das Gefühl, dass die Arbeit zügig vorangeht

感冒 gǎnmào 1. Erkältung 流行性～ Grippe 2. sich eine Erkältung zuziehen; von einer Grippe befallen werden

感情 gǎnqíng 1. Gefühl; Gemüt; Emotion 动～ in heftige Aufwallung geraten 流露～ seine Gefühle verraten 2. Zuneigung; Liebe; Sympathie ～破裂 endgültiger Bruch 联络～ mit jm persönlichen Kontakt herstellen

感染 gǎnrǎn 1. angesteckt werden; sich infizieren; Infektion 2. mitreißen; beeinflussen; einwirken ～力 Ausstrahlungskraft

感受 gǎnshòu 1. →感染 1 2. empfinden; spüren; erleben 内心的～ seelische Empfindung; innere Erlebnisse

感叹 gǎntàn seufzen; (vor Kummer, Sehnsucht, Erleichterung o. ä.) stöhnen

感叹词 gǎntàncí Interjektion; Ausrufewort

感叹号 gǎntànhào Interjektionszeichen; Ausrufezeichen

感叹句 gǎntànjù Interjektionssatz; Ausrufesatz

感想 gǎnxiǎng Gefühle und Gedanken; Eindrücke 发表个人～ über seine Eindrücke sprechen

感谢 gǎnxiè danken; sich bedanken; Dank 表示衷心的～ jm seinen herzlichen Dank aussprechen

感性 gǎnxìng sinnlich; Sinnlichkeit ～认识 sinnliche Erkenntnis

感应 gǎnyìng 1. Reaktion 2. Induktion ～电流 Induktionsstrom

敢 gǎn 1. mutig; tapfer; sich erdreisten, sich erkühnen ～作～为 mutig handeln; etw kühn unternehmen 2. sich erlauben; sich die Freiheit nehmen ～问 Gestatten Sie eine Frage ...?

敢死队 gǎnsǐduì Himmelfahrtskommando; Kommandotrupp

橄 gǎn

橄榄 gǎnlǎn 1. Chinesische Olive 2. Olive; Ölbaum

干[1](**幹、榦**) gàn 另见 gān

1. Hauptteil; Stamm; Rumpf ～细胞 Stammzelle 树～ Baumstamm 2. →干部

干[2](**幹**) gàn 另见 gān

1. tun; machen; schaffen ～重活 eine schwere Arbeit verrichten ～坏事 eine Übeltat begehen 2. als ... tätig sein; eine Funktion bekleiden 他～过市长 er hat als Bürgermeister gearbeitet

干部 gànbù 1. Kader; Funktionär 基层～ Kader an der Basis 2. Dienstpersonal; Staatsangestellte (r)

干才 gàncái 1. Fähigkeit; Tüchtigkeit; Fertigkeit 他很有～ er ist sehr tüchtig 2. fähige Person; fähiger Kopf

干活 gànhuó arbeiten; schaffen

干劲 gànjìn Elan; Eifer; Energie 鼓足～ alle Kräfte anspannen; alle Energie aufbieten

干练 gànliàn begabt und erfahren; versiert; beschlagen

干吗 gànmá →干什么

干什么 gànshénme warum; wozu

干事 gànshi (für ein bestimmtes Sachgebiet) zuständiger Mitarbeiter 体育～ für Körperkultur zuständiger Mitarbeiter

干线 gànxiàn Hauptlinie; Hauptstrecke 输电～ Hauptzuleitung; Netzhauptanschlussleitung 公路～ Hauptverbindungsstraße

绀 gàn ins Rötliche spielendes Schwarz

绀青 gànqīng tief dunkelrot

扛 gāng 另见 káng

1. etw mit beiden Händen heben; hochheben 2. etw (zu zweien oder mehreren)

tragen

缸（甌） gāng 1. Gefäß（Behälter aus Keramik（Glas, Emaille o. ä.）水～ tönerne Wassertonne 2. →缸瓦

缸瓦 gāngwǎ（für die Herstellung von Tonwaren bestimmte）Mischung aus Sand und Tonerde

缸子 gāngzi Becher; Tasse; Dose

肛 gāng After

肛门 gāngmén After; Afteröffnung

冈（岡、崗） gāng '岗'另见 gǎng Hügelkamm; Berggrat; Bergrücken

刚[1]（剛） gāng →刚强

刚[2]（剛） gāng →刚才；刚刚

刚才 gāngcái eben; soeben; gerade ～得到的消息 eben eingegangene Nachricht

刚刚 gānggāng 1. gerade noch; knapp 钱～够路上用 das Geld reicht gerade für die Reise aus 2. eben; soeben; gerade 他～睡醒 er ist eben aus dem Schlaf erwacht

刚好 gānghǎo 1. gerade passen 这双鞋他穿～ diese Schuhe passen ihm gut 2. gerade; zufällig; ausgerechnet 你来得～ du kommst wie gerufen

刚劲 gāngjìng kraftvoll; energisch 笔力～ eine kraftvolle（energische）Handschrift haben

刚强 gāngqiáng stark; unbeugsam; unbezwingbar 意志～ willensstark; Willensstärke

刚巧 gāngqiǎo →刚好 2

刚毅 gāngyì standhaft; willensstark; unerschütterlich

钢（鋼） gāng 另见 gàng Stahl

钢板 gāngbǎn 1. Stahlplatte; Stahlblech 2. Federplatte; Federblatt 3. Stahlplatte als Unterlage zur Wachsmatrizenbeschriftung

钢笔 gāngbǐ 1. Füller; Füllfeder; Füllfederhalter 2. Federhalter

钢材 gāngcái Stahlprodukte

钢锭 gāngdìng Stahlblock; Stahlbarren

钢骨水泥 gānggǔ shuǐní Stahlbeton

钢管 gāngguǎn Stahlrohr 无缝～ nahtloses Rohr

钢化玻璃 gānghuà bōli Hartglas

钢筋 gāngjīn Stahleinlage in Beton ～混凝土 Stahlbeton

钢精 gāngjīng Aluminium ～锅子 Aluminiumtopf

钢盔 gāngkuī Stahlhelm

钢坯 gāngpī Rohstahl

钢琴 gāngqín Klavier; Piano; Flügel

钢琴家 gāngqínjiā Pianist

钢水 gāngshuǐ Stahlschmelze

钢丝 gāngsī Stahldraht ～绳 Drahtseil

钢铁 gāngtiě 1 Eisen und Stahl; Stahl ～联合企业 Eisen- und Stahlkombinat 2. eisern; stählern ～战士 unbeugsamer（unerschrockener）Kämpfer

钢印 gāngyìn 1. Prägesiegel; Prägestempel 2. Ausdruck eines Prägesiegels（eines Prägestempels）

钢渣 gāngzhā Stahlschlacke

纲（綱） gāng 1. Hauptleine eines Fischnetzes; Richtschnur 以…为～ etw als Hauptkettenglied anpacken 2. Klasse 哺乳～ Klasse der Säugetiere

纲领 gānglǐng Programm 行动～ Aktionsprogramm ～性的文件 programmatisches Dokument

纲要 gāngyào 1. Gliederung; Disposition; Stichpunkte 2. Grundriss; Abriss 农业发展～ Programm zur Entwicklung der Landwirtschaft

港 gǎng 1. Hafen 不冻～ eisfreier Hafen 2. Hongkong（Xianggang）

港澳同胞 gǎng'ào tóngbāo Landsleute in Hongkong und Macao

港币 gǎngbì Hongkong-Dollar

港口 gǎngkǒu Hafen

港湾 gǎngwān Hafenbucht; Bucht

港务局 gǎngwùjú Hafenamt

岗（崗） gǎng 另见 gāng '冈' 1. Anhöhe; Bodenerhebung; Hügel 2. →岗哨 1

岗警 gǎngjǐng diensthabender Polizist

岗楼 gǎnglóu Wachtturm

岗哨 gǎngshào 1. Posten; Wache; Schilderhäuschen 2. Wache; Posten; Wachtposten 布置～ Posten aufstellen; Wachen postieren

岗位 gǎngwèi Posten; Stellung; Arbeitsplatz 坚守～ auf seinem Posten ausharren; den Posten behaupten

G

戆 gàng 另见 zhuàng
unbesonnen; blindlings

杠(槓) gàng →杠子
杠杆 gànggǎn Hebel; Hebestange
杠铃 gànglíng Scheibenhantel
杠子 gàngzi 1. Tragstange 2. Reck- und Barrengeräte 盘～ am Reck (am Barren, Stufenbarren) turnen 3. ausstreichen; kennzeichnen

钢(鋼) gàng 另见 gāng
1. schleifen; schärfen; wetzen 2. etw mit Stahl vergüten ～刀刃 eine Messerschneide mit Stahl vergüten

高 gāo 1. hoch; groß ～山 hoher Berg 2. Höhe; Größe 塔～二十米 der Turm hat eine Höhe von 20 Metern 3. überdurchschnittlich ～价 hoher Preis ～标准 hohe Normen ～技术 High-tech ～消费 höhere Ansprüche 4. ober; höher ～年级学生 Schüler der oberen Klassen 5. Ihr ～见 Ihre geschätzte Meinung
高昂 gāo'áng 1. heben; erheben ～着头 erhobenen Hauptes 2. hoch; erhaben 士气～ hohe Kampfmoral
高傲 gāo'ào hochmütig; überheblich; anmaßend
高产 gāochǎn hoher Ertrag; ertragreich; sehr ergiebig ～田 ertragreiches Feld ～油井 erträgnisreiche Erdölsonde
高超 gāochāo hervorragend; überragend 技艺～ hervorragende Kunstfertigkeit
高潮 gāocháo 1. Hochflut; Hochwasser 2. Aufschwung; Aufstieg 社会主义建设～ Aufschwung im sozialistischen Aufbau 3. Gipfelpunkt; Höhepunkt
高大 gāodà hoch; groß; riesig; erhaben 身材～ groß von Statur (Wuchs) sein
高档 gāodàng hochwertig; teuer ～商品 Qualitätsware
高等 gāoděng 1. höher ～数学 höhere Mathematik 2. hochrangig; auf höherer Stufe ～教育 Hochschulbildung; Hochschulwesen ～学校 Hochschule
高低 gāodī 1. Höhe; Stand 2. Niveauunterschied 难分～ es ist kaum festzustellen, wer wen in der Leistung übertrifft 3. Maß; Takt; Schicklichkeit 不知～ sich unschicklich betragen; kein Taktgefühl haben
高低杠 gāodīgàng 1. Stufenbarren 2. Stufenbarrenturnen
高地 gāodì Höhe; Anhöhe 无名～ Höhe ohne Namen
高度 gāodù 1. Höhe 2. hoch; hochgradig; in hohem Maße ～发展的文化 hochentwickelte Kultur
高尔夫球 gāo'ěrfūqiú Golf
高峰 gāofēng 1. Gipfel; Bergspitze 2. Höhe; Spitze; Höhepunkt 攀登科学～ den Gipfel der Wissenschaft erklimmen
高干 gāogàn hoher Funktionär
高高在上 gāo gāo zài shàng sich über die Massen erhaben dünken; keinen Kontakt mit den Massen haben
高个子 gāogèzi hochaufgeschossener Mensch
高跟儿鞋 gāogēnrxié Stöckelschuhe
高贵 gāoguì 1. vornehm; edel ～品质 hervorragende Eigenschaften 2. von hohem Stand 出身～ von vornehmer Herkunft
高级 gāojí 1. hochrangig ～干部 hoher Funktionär ～知识分子 Intellektueller von hohem Rang 2. hochwertig ～优质合金钢 Legierungsstahl von höchster (erstklassiger) Qualität
高架桥 gāojiàqiáo Viadukt; Überführung
高脚杯 gāojiǎobēi Trinkglas mit Fuß
高科技 gāokējì Hochtechnologien; High-Tech
高空 gāokōng Himmel; Höhe ～飞行 Höhenflug ～作业 Arbeit in großer Höhe
高利贷 gāolìdài Wucher; Wucherei 放～ Wucher treiben; wuchern
高粱 gāoliang *Gaoliang*; Sorghum ～酒 Gaoliang-Schnaps; Gaoliang-Branntwein
高炉 gāolú Hochofen
高明 gāomíng 1. gescheit; geschickt; perfekt 手艺～ große Handfertigkeit haben 2. kluger Mensch 另请～! Ziehen Sie bitte einen Sachkundigen zu Rate!
高气压 gāoqìyā hoher Luftdruck; Hochdruck
高强 gāoqiáng meisterhaft; hervorragend; vortrefflich 武艺～ große Fertigkeiten in der Kampfkunst haben
高跷 gāoqiāo Stelze
高尚 gāoshàng 1. edel; erhaben; nobel 2. sinnvoll; von vulgärem Geschmack frei ～的娱乐 sinnvolle Vergnügungen
高烧 gāoshāo hohes Fieber
高射炮 gāoshèpào Flugabwehrkanone;

Flakgeschütz; Flak
高深 gāoshēn profund; tiefgründig ～的学问 profundes Wissen; umfassende Kenntnisse und tiefgründige Gedanken
高手 gāoshǒu Spitzenkönner; Meister 棋坛～ hervorragender Schachmeister (Schachspieler)
高耸 gāosǒng hochragend; hoch emporragend ～入云 hoch in den (zum) Himmel emporragen; bis zu den Wolken emporragen
高速 gāosù rasch; rapide; hohe Geschwindigkeit; hohes Tempo ～公路 Autobahn ～发展 rapide (stürmische) Entwicklung ～铁路 Hochgeschwindigkeitsbahn
高温 gāowēn hohe Temperatur ～作业 Arbeit bei hoher Temperatur
高屋建瓴 gāo wū jiàn lǐng Wasser über ein abschüssiges Dach kippen — von einer günstigen Position aus operieren
高下 gāoxià Niveauunterschied 不分～ auf gleicher Stufe stehen
高兴 gāoxìng 1. froh; vergnügt; sich freuen 2. gern; Lust haben; neigen ～去就去吧 wenn du Lust hast, dann gehst du hin
高血压 gāoxuèyā Bluthochdruck; Hypertension; Hypertonie
高压 gāoyā 1. Hochdruck ～锅 Hochdruckkessel 2. Hochspannung ～电 Hochspannungsstrom ～线 Hochspannungsleitung 3. hoher Luftdruck; Hochdruck ～中心 Hoch; Hochdruckgebiet 4. rücksichtslose Unterdrückung ～手段 Unterdrückungsmethode; Einschüchterungsmittel
高雅 gāoyǎ vornehm; gehoben
高音 gāoyīn *hoher Ton; hohe Stimme;*
高原 gāoyuán Hochebene; Hochland; Plateau 黄土～ Löss-Hochebene
高瞻远瞩 gāo zhān yuǎn zhǔ Weitblick haben; etw von der hohen Warte betrachten
高涨 gāozhǎng steigen; sich erhöhen; einen Aufschwung erfahren (erleben) 物价～ die Preise schnellen (klettern) in die Höhe 情绪～ die Stimmung steigt
高中 gāozhōng Oberstufe der Mittelschule; Oberschule

膏

gāo 另见 gào
1. Fett; Schmalz 2. Creme; Pasta; Salbe 梨～ konzentrierter Heilsirup; aus Birnensaft und Honig hergestellter Hustensirup 眼～ Augensalbe
膏药 gāoyào Heilpflaster

篙

gāo Stake; Bootsstange

羔

gāo 1. →羔羊 2. Junge; Kitz 鹿～ Hirschkalb; Rehkitz
羔羊 gāoyáng Lamm; Zickel

糕(餻)

gāo Kuchen; Gebäck
糕点 gāodiǎn Kuchen; Gebäck; Backwaren

睾

gāo Hoden
睾丸 gāowán Hoden; Testikel

搞

gǎo tun; machen; betreiben; verrichten ～生产 in der Produktion arbeiten; die Produktion anpacken ～糊涂 jn durcheinander bringen; jn in Verwirrung bringen ～好关系 gute Beziehungen pflegen
搞鬼 gǎoguǐ etw im Schilde führen; Intrigen spinnen

镐

gǎo Hacke; Pickel

稿(稾)

gǎo →稿子
稿酬 gǎochóu →稿费
稿费 gǎofèi Autorenhonorar
稿件 gǎojiàn Manuskript; Beitrag
稿纸 gǎozhǐ kariertes Manuskriptpapier
稿子 gǎozi 1. Entwurf 打～ einen Entwurf machen 2. Manuskript; Beitrag 墙报～ Beitrag für die Wandzeitung 3. Plan; Idee 心里还没个准～ für etw noch kein klares Konzept haben

缟

gǎo Weiße Seide (im alten China)
缟素 gǎosù weiße Trauerkleidung

膏

gào 另见 gāo
1. schmieren; einfetten 2. glattstreichen

告

gào 1. →告诉; 告知 ～人民书 Botschaft an das Volk 2. →告状 1; 告发 3. bitten; ersuchen ～假 um Urlaub bitten 4. etw für verwirklicht (beendet) erklären 会议已～结束 die Sitzung wurde für geschlossen erklärt
告别 gàobié sich von jm verabschieden; von jm Abschied nehmen
告成 gàochéng etw für vollendet erklären

G

大功～ die große Aufgabe ist nun bewältigt worden

告辞 gàocí Abschied nehmen; sich empfehlen

告发 gàofā anzeigen; verklagen; denunzieren

告急 gàojí alarmieren; Hilferuf in höchster Not; in Gefahr sein 前线～ an der Front hart bedrängt werden

告捷 gàojié 1. einen Sieg erringen 全线～ an der ganzen Front den Sieg davontragen 2. einen Sieg melden

告诫 gàojiè warnen; ermahnen

告竣 gàojùn fertiggebaut; fertiggestellt 工程提前～ das Bauprojekt ist vorfristig fertiggestellt worden

告密 gàomì denunzieren; angeben; verraten

告示 gàoshi 1. amtliche Bekanntmachung; öffentlicher Anschlag 安民～ Bekanntmachung zur Beruhigung der Bevölkerung 2. Voranzeige

告诉 gàosu jm Bescheid sagen; mitteilen; jm etw wissen lassen

告知 gàozhī jm Bescheid sagen; mitteilen; jm etw wissen lassen

告终 gàozhōng enden; zu Ende gehen

告状 gàozhuàng 1. anklagen; verklagen; Anklage erheben 向法院～ jn bei Gericht verklagen 2. sich beklagen; sich beschweren

诰 gào kaiserlicher Erlass

诰命 gàomìng kaiserlicher Befehl

锆 gào Zirkonium (Zr)

割 gē schneiden; mähen ～草 Gras mähen (schneiden) ～稻 Reis mähen (ernten)

割爱 gē'ài etw Liebgewordenes aufgeben; abtreten

割据 gējù nach Gebietsabtrennung streben, um ein separatistisches Regime zu errichten 封建～ separatistisches Feudalregime

割裂 gēliè atomisieren; abtrennen

割让 gēràng abtreten ～领土 ein Gebiet abtreten; Gebietsabtretung

哥 gē 1. →哥哥 2. Anrede für ältere männliche Verwandte derselben Generation

哥哥 gēge (älterer) Bruder

哥萨克 gēsàkè Kosak

哥特式 gētèshì Gotik; gotischer Stil

歌 gē 1. →歌曲 Lied; Gesang 2. singen 高～一曲 ein Lied laut singen

歌唱 gēchàng 1. singen ～家 Sänger 2. besingen ～祖国的繁荣富强 die Prosperität und Mächtigkeit des Vaterlandes besingen

歌词 gēcí Liedertext; Gesangstext

歌剧 gējù Oper ～院 Opernhaus 轻～ Operette

歌曲 gēqǔ Lied; Gesangsstück 流行～ Schlager

歌手 gēshǒu Sänger

歌颂 gēsòng besingen; lobpreisen; ein Loblied auf jn/etw anstimmen

歌舞 gēwǔ singen und tanzen; Gesang und Tanz ～剧 Gesangs- und Tanzdrama; Tanz- und Singspiel ～团 Gesangs- und Tanzensemble

歌谣 gēyáo Volkslied; Volksdichtung

歌咏 gēyǒng singen; Gesang ～队 Gesangsgruppe; Sängergruppe

戈 gē Hiebaxt (Hiebwaffe im alten China)

戈壁 gēbì Gobi

疙 gē

疙瘩 gēda 1. Hautausschlag; Pickel; Beule 碰了个～ eine Beule bekommen 2. Klumpen; Knolle; Knäuel; Knoten 冰～ Eiskruste 线头上打个～ das Ende der Schnur knoten 3. schwer zu lösendes Problem; unzufriedene Stimmung; seelische Last 心里留下个～ sich etw zu Herzen nehmen

鸽 gē →鸽子 和平～ Friedenstaube

鸽子 gēzi Taube

搁 gē 1. legen; stellen; setzen 2. →搁置

搁浅 gēqiǎn 1. stranden; auf Grund auflaufen 2. sich festfahren; auf dem toten Punkt ankommen

搁置 gēzhì etw beiseite legen; etw auf die lange Bank schieben; etw zu den Akten legen

格 gē 另见 gé

格格 gēgē 1. kichernd ～地笑 kichern 2.

ratternd 机枪～地响 ein Maschinengewehr rattert

咯 gē 另见 kǎ

咯吱 gēzhī knarrend; quietschend

胳（肐） gē 另见 gā

胳膊 gēbo Arm ～腕子 Ellbogengelenk; Armgelenk ～肘子 Ellbogen

革[1] gé Leder

革[2] gé 1. ändern; verändern; umwandeln 2. →革除 2

革除 géchú 1. beseitigen; aufheben; abschaffen ～陋习 üble Angewohnheiten ablegen 2. entlassen; jn seines Amtes (seines Dienstes, seiner Funktion o. ä.) entheben

革命 gémìng 1. Revolution ～化 Revolutionierung 2. revolutionär 3. revolutionieren; umgestalten 产业～ industrielle Revolution

革新 géxīn Neuerung 技术～ technische Neuerung

革职 gézhí jn seines Amtes (seines Postens) entheben; entlassen

葛 gé 1. Kopoubohne 2. Gewebe aus Fasern der Kopoubohne

嗝 gé 1. aufstoßen; rülpsen; Rülpser 2. Schluckauf

镉 gé Kadmium (Cd)

隔（隔） gé 1. trennen; teilen 2. getrennt ～河 durch einen Fluss getrennt; dem Fluss gegenüber 3. Abstand; entfernt ～一年 in einem Jahr; jedes zweite Jahr

隔板 gébǎn Trennwand; Scheidewand

隔壁 gébì nebenan; Nebenhaus; Nachbar

隔断 géduàn abtrennen; abschneiden; abbrechen ～一切联系 alle Verbindungen abbrechen

隔阂 géhé Entfremdung; Missverständnis; Hemmung 消除～ ein Missverständnis aus der Welt schaffen; seine Hemmungen überwinden

隔离 gélí 1. trennen; absondern; separieren 种族～ Rassentrennung 2. isolieren ～医院 Hospital für Infektionskrankheiten

隔音 géyīn Schallisolation; schalldicht; den Schall absorbieren ～设备 Vorrichtung zum Dämpfen des Schalles

蛤 gé 另见 há

Muschel

蛤蚧 géjiè Krötenechse

蛤蜊 gélí Muschel

阁 gé 1. Pavillon 2. Kabinett ～员 Kabinettsmitglied

阁楼 gélóu Dachboden; Dachstube

阁下 géxià Eure Exzellenz; Seine (Ihre) Exzellenz

格[1] gé 另见 gē

1. Karo; Quadrat; Gitter 2. Standard; Norm; Muster 不够～ nicht qualifiziert sein; sich nicht eignen

格[2] gé 另见 gē

Kasus; Fall 名词的～ Kasus der Nomen (der Substantive)

格调 gédiào 1. Stil; charakteristische Ausdrucksform (Äußerungsweise) 2. moralische Qualität; Charaktereigenschaft

格斗 gédòu Ringen; Ringkampf

格格不入 gé gé bù rù mit etw unvereinbar (unverträglich) sein; mit etw nicht übereinstimmen; nicht zusammenpassen

格局 géjú Anordnung; Aufbau; Struktur

格林尼治时间 Gélínnízhì shíjiān Greenwicher Zeit

格式 géshi Form; Muster 公文～ Form eines amtlichen Schreibens

格外 géwài 1. besonders; außergewöhnlich 2. zusätzlich ～的负担 zusätzliche Belastung

格言 géyán Maxime; Spruch

格子 gézi Karo; Quadrat; Gitter 打～ waagrechte und senkrechte Linien ziehen; etw mit Karos versehen

合 gě 另见 hé

1. *Ge* (chinesisches Hohlmaß: ca. 1 Deziliter) 2. *Ge*-Maß (Behälter mit einem *Ge* Fassungsvermögen)

个（個、箇） gè (Zähleinheitswort): 三～苹果 drei Äpfel ～～满意 jeder ist zufrieden

个别 gèbié 1. einzeln; persönlich; individuell ～谈话 persönliches Gespräch; mit jm persönlich sprechen ～辅导 individuelle Nachhilfe; jm individuell nachhelfen 2. einzelne; einige wenige ～现象 Einzelerscheinung

个人 gèrén 1. Einzelperson; persönlich; individuell ～财产 persönliches Eigentum ～主义 Individualismus 2. ich ～并不反对 ich bin nicht dagegen

个体 gètǐ Einzelperson; einzeln; individuell ～经济 Einzelwirtschaft; Individualwirtschaft ～户 kleiner Privatbetrieb; Privatgewerbetreibende(r)

个性 gèxìng Individualität; Persönlichkeit ～特征 Gepräge der Persönlichkeit

个子 gèzi Größe; Statur; Wuchs 矮～ klein von Statur (Wuchs) sein

各 gè 1. all; verschieden; verschiedenartig 我国～族人民 die Volksmassen aller Nationalitäten unseres Landes 2. jeder; alle ～有所好 jeder hat seine eigenen Vorlieben ～尽所能，按劳分配 jeder nach seinen Fähigkeiten, jedem nach seiner Leistung

各式各样 gè shì gè yàng mannigfaltig; verschiedenerlei; allerlei

各行其是 gè xíng qí shì jeder handelt nach seinen eigenen Prinzipien

各自 gèzì jeder; jeder einzelne; jeder selbst ～为政 mit etw nach seinem Gutdünken verfahren

硌 gè drücken; reiben ～牙 beim Kauen der Nahrung etwas Steinhartes zwischen die Zähne kriegen

铬 gè Chrom (Cr)

给 gěi 另见 jǐ
1. geben; gewähren 2. (nach Verben zum Ausdruck der Übergabe bzw. Abgabe): 把一生贡献～祖国 sein Leben ganz dem Vaterland widmen 3. (zur Angabe der Bestimmung oder Zugehörigkeit): 我～你们当翻译 ich mache den Dolmetscher für euch 4. (zur Bezeichnung des indirekten Objektes): ～朋友写信 einem Freund (an einen Freund) schreiben 5. (zur Bezeichnung des Agens in einer passivischen Konstruktion): 树～炮弹打断了 ein Artilleriegeschoss hat den Baum zersplittert

给以 gěiyǐ geben; gewähren ～帮助 jm Hilfe geben (gewähren, leisten)

根 gēn 1. Wurzel 连～拔 etw mit den Wurzeln herausziehen 2. Fuß; Basis; Unterbau 牙～ Zahnwurzel 墙～ Fuß einer Mauer 3. Ursprung; Quelle; Ursache 祸～ Wurzel des Übels; Quelle des Unheils 4. (Zähleinheitswort): 两～竹竿 zwei Bambusstangen

根本 gēnběn 1. Grund; Ursprung 从～上看问题 das Wesen einer Sache erforschen 2. grundsätzlich; grundlegend ～利益 Grundinteressen 3. seit jeher; an sich; eigentlich 这话我～没说过 das habe ich nie gesagt 4. ganz und gar; überhaupt; absolut 我～不知道 davon weiß ich gar nichts 5. gründlich; völlig ～解决 eine gründliche Lösung finden; von Grund auf gelöst werden

根除 gēnchú ausmerzen; etw mit der Wurzel (mit Stumpf und Stiel) ausrotten; restlos beseitigen

根底 gēndǐ 1. →根基 2. Einzelheiten; Details 摸清～ etw bis ins Detail (bis in jede Einzelheit) untersuchen

根基 gēnjī Grundlage; Fundament

根据 gēnjù 1. nach; gemäß; laut ～宪法 gemäß der Verfassung 2. Grundlage; Beweis 科学～ wissenschaftliche Grundlage 有～的结论 begründete Schlussfolgerung

根据地 gēnjùdì Stützpunktgebiet

根深蒂固 gēn shēn dì gù tief verwurzelt; eingewurzelt; eingefleischt

根源 gēnyuán 1. Ursache 社会～ soziale Ursache 2. Wurzel; Ursprung

跟 gēn 1. Ferse; Absatz 脚～ Ferse; Hacke 鞋～ Absatz; Hacke 2. →跟随 ～上时代 mit der Zeit Schritt halten 3. mit; von ～朋友们辞行 von den Freunden Abschied nehmen 4. im Vergleich zu etw; mit etw vergleichen 现在～过去不一样 jetzt ist es anders als früher 5. und; mit 我～他在一起工作 ich arbeite mit ihm zusammen

跟前 gēnqián vor; an; in der Nähe 站在黑板～ vor (an) der Tafel stehen

跟前 gēnqian bei sich; in js Nähe 他～只有一个女儿 er hat nur eine Tochter bei sich

跟随 gēnsuí folgen; begleiten

跟头 gēntou Sturz; Purzelbaum 翻～ einen

Purzelbaum (Salto, Kobolz) schlagen
跟踪 gēnzōng verfolgen; einer Spur nachgehen ～追击 nachjagen; sich an js Fersen heften

亘 (亙) gèn sich erstrecken; sich ausdehnen
亘古 gèngǔ von alters her; seit alters ～未有 in der Geschichte noch nie dagewesen; ohne Beispiel sein

庚 gēng 1. der siebte der zehn Himmelsstämme 2. Alter; Lebensjahr 同～ im gleichen Alter; gleichaltrig
庚帖 gēngtiě Karte mit dem Geburtshoroskop

羹 gēng Suppe; Brühe 鱼～ Fischsuppe Fischbrühe 水果～ Obstsuppe
羹匙 gēngchí Suppenlöffel; Löffel

耕 gēng pflügen; bebauen; bestellen ～田 den Acker pflügen (bebauen, bestellen)
耕畜 gēngchù Pflugvieh; Ackervieh
耕地 gēngdì 1. den Acker pflügen; das Feld bebauen (bestellen) 2. Acker; Ackerboden; Ackerland
耕种 gēngzhòng bebauen; bestellen; anbauen; anpflanzen
耕作 gēngzuò Ackerbau treiben; Feldarbeit verrichten

更¹ gēng 另见 gèng
→更换; 更改

更² gēng 另见 gèng
～深人静 bei nachtschlafender Zeit
更改 gēnggǎi ändern; abändern ～日期 einen Termin ändern
更换 gēnghuàn wechseln; auswechseln; ersetzen
更新 gēngxīn erneuern; regenerieren 岁序～ Jahreswechsel
更衣 gēngyī 1. sich umziehen; sich umkleiden; die Kleidung wechseln 2. die Toilette aufsuchen
更衣室 gēngyīshì 1. Umkleideraum 2. Toilette
更正 gēngzhèng korrigieren; berichtigen

耿 gěng 1. licht; glänzend 2. rechtschaffen; aufrichtig
耿耿 gěnggěng 1. treu; getreu; ergeben 忠心～ treu und ergeben; mit unerschütterlicher Treue; jm treu ergeben sein 2. beunruhigt; besorgt ～于怀 sich etw zu Herzen nehmen; etw beschäftigt jn unablässig; jm etw lange nachtragen
耿直 gěngzhí ehrlich und offen; rechtschaffen und redlich

埂 gěng 1. Feldrain 2. Bodenerhebung; schmaler Hügel 3. Erddeich; Erddamm

梗 gěng 1. Stengel; Stiel 花～ Blumenstengel 2. etw in die Höhe recken; etw aufrecht halten ～着脖子 den Kopf aufrecken 3. offen; rechtschaffen; redlich
梗概 gěnggài Umriss; Hauptinhalt 略知～ von etw nur in großen Zügen wissen; einen ungefähren Begriff von etw haben
梗塞 gěngsè 1. blockieren; versperren; verstopfen 道路～ die Straße ist verstopft / auf der Straße stockt der Verkehr 2. Infarkt; Infarzierung 心肌～ Herzinfarkt; Herzmuskelinfarkt

更 gèng 另见 gēng
1. noch mehr; erst recht ～确切地说 genauer gesagt 今天比昨天～冷 heute ist es kälter als gestern 2. noch einmal; weiter; wieder ～上一层楼 weitere Fortschritte machen; einen größeren Erfolg erringen
更加 gèngjiā →更 1

工 gōng 1. Arbeiter; Werktätige(r) 修理～ Reparateur ～农联盟 Bündnis zwischen den Arbeitern und den Bauern 2. Arbeit; Tätigkeit; Beschäftigung
工厂 gōngchǎng Fabrik; Betrieb; Werk 联合～ Kombinat
工场 gōngchǎng Werkstatt; Werkstätte ～手工业 Manufaktur; Manufakturindustrie
工潮 gōngcháo Arbeiterkampf; Streikaktion der Arbeiter
工程 gōngchéng Bauprojekt; Bauwerk; Bauvorhaben 重点～ Schwerpunktbauprojekt; Schlüsselprojekt
工程兵 gōngchéngbīng 1. Pionier 2. Pioniertruppen
工程师 gōngchéngshī Ingenieur
工地 gōngdì Baustelle; Bauplatz 建筑～ Baustelle; Bauplatz
工读 gōngdú halb arbeiten und halb studie-

G

ren；Werkstudium ～生 Werkstudent；straffällige(r) Jugendliche(r) ～学校 Erziehungsanstalt

工段 gōngduàn Arbeitsabschnitt；Bauabschnitt

工夫 gōngfu 1. Zeit；Zeitdauer；Zeitraum 2. frei verfügbare Zeit 有～的时候再做 tu es，wenn du Zeit hast 3. Leistungsfähigkeit；Können；Gewandtheit ～很深 sich durch technisches Können auszeichnen

工会 gōnghuì Gewerkschaft ～会员 Gewerkschaftsmitglied；Gewerkschaftler

工间操 gōngjiāncāo Pausengymnastik

工具 gōngjù 1. Werkzeug；Instrument；Gerät 劳动～ Arbeitswerkzeug 交通～ Verkehrsmittel 2. Mittel 交际～ Kommunikationsmittel

工科 gōngkē technische Fachgebiete；Ingenieurwissenchaften ～大学 technische Hochschule (Universität)

工矿 gōngkuàng Industrie und Bergwesen ～企业 Industrie- und Bergbaubetriebe

工联主义 gōnglián zhǔyì Trade-Unionismus

工龄 gōnglíng Amtsalter；Dienstalter

工钱 gōngqian 1. Vergütung für eine erbrachte Leistung 2. →工资

工人 gōngrén Arbeiter ～阶级 Arbeiterklasse

工伤 gōngshāng Arbeitsunfall；Betriebsunfall ～事故 Arbeitsunfall；Betriebsunfall

工商业 gōngshāngyè Industrie und Handel

工事 gōngshì Befestigungsanlage；Befestigungsbau 防御～ Verteidigungsanlagen

工头 gōngtóu Vorarbeiter；Aufseher

工团主义 gōngtuán zhǔyì Syndikalismus

工业 gōngyè Industrie ～化 Industrialisierung；industrialisieren ～国 Industriestaat；Industrieland

工艺 gōngyì 1. Technologie 2. Kunsthandwerk ～品 kunstgewerbliche Erzeugnisse；Kunsthandwerkserzeugnis

工贼 gōngzéi Streikbrecher；Arbeiterverräter；Arbeiterfeind ～行为 Streikbruch

工长 gōngzhǎng Vorarbeiter；Werkmeister

工整 gōngzhěng fein säuberlich；ordentlich；mit peinlicher Sorgfalt

工种 gōngzhǒng Arbeitszweig

工资 gōngzī Arbeitslohn；Lohn；Gehalt 发～ jm den Lohn (das Gehalt) auszahlen

工作 gōngzuò 1. arbeiten；Arbeit leisten；tätig sein 2. Beruf；Arbeitsplatz 找～ Arbeit suchen；auf Arbeitssuche sein 3. Aufgabe；Berufsarbeit ～量 Pensum an Arbeit 社会～ gesellschaftliche Tätigkeit

工作服 gōngzuòfú Arbeitsanzug；Arbeitskittel

工作证 gōngzuòzhèng Arbeitsausweis；Dienstausweis

攻 gōng 1. angreifen；eine Offensive einleiten ～城 eine Stadt angreifen ～难关 bestrebt sein，das Schlüsselproblem zu lösen 2. beschuldigen；rügen；kritisieren 3. studieren；sich mit etw wissenschaftlich beschäftigen 专～医学 sich auf Medizin spezialisieren

攻打 gōngdǎ angreifen；stürmen；einen Sturmangriff gegen jn/etw durchführen

攻读 gōngdú etw fleißig studieren；sich intensiv in etw vertiefen

攻击 gōngjī 1. angreifen；attackieren；Angriff；Attacke 总～ Generaloffensive 2. ausfallende Bemerkungen machen；gegen jn/etw eine Attacke reiten

攻克 gōngkè (ein fremdes Gebiet o. ä.) im Kampf einnehmen；erobern；erstürmen

攻破 gōngpò durchbrechen；erstürmen；überrennen ～敌人的防线 eine feindliche Stellung einnehmen (stürmen)

攻守同盟 gōng shǒu tóng méng stille (geheime) Abmachung，nach der sich die Partner decken

攻占 gōngzhàn erstürmen；erobern；einnehmen

功 gōng 1. →功劳 2. Errungenschaft；Erfolg；Wirkung 教育之～ erzieherische Wirkung 3. Fertigkeit；Können 4. Arbeit

功败垂成 gōng bài chuí chéng im letzten Augenblick fehlschlagen

功臣 gōngchén verdiente Persönlichkeit

功夫 gōngfu →工夫

功绩 gōngjī Verdienst und Würdigkeit

功课 gōngkè 1. Unterrichtsfach；Kursus 2. Schulaufgabe；Hausarbeit 做～ seine Aufgaben machen

功劳 gōngláo Verdienst；Meritum 立～ sich um etw verdient machen

功利 gōnglì Nützlichkeit；Utilität；effektiver Nutzen ～主义 Utilitarismus

功率 gōnglǜ Leistung

功能 gōngnéng Funktion；Wirksamkeit

功效 gōngxiào Wirkung；Wirksamkeit

功勋 gōngxūn Verdienst; verdienstvolle Leistung

供 gōng 另见 gòng
1. →供给;供应 ~不应求 die Nachfrage übersteigt das Angebot 2. bieten; gewähren ~参考 zu Ihrer Information (Einsicht)

供电 gōngdiàn Stromversorgung ~系统 Stromversorgungsnetz

供给 gōngjǐ liefern; jn mit etw versorgen; jm etw zur Verfügung stellen

供销 gōngxiāo Versorgung und Absatz ~合作社 Versorgungs- und Absatzgenossenschaft; Belieferungs- und Vertriebsgenossenschaft

供养 gōngyǎng ernähren; für js Lebensunterhalt sorgen

供应 gōngyìng versorgen; beliefern; Versorgung; Nachschub

恭 gōng →恭敬

恭贺 gōnghè jm die herzlichsten Glückwünsche aussprechen (senden) ~新禧 Herzliche Glückwünsche zum neuen Jahr!

恭敬 gōngjìng verehren; vor jm Respekt haben; voller Hochachtung

恭维 gōngwei schmeicheln; Komplimente machen; lobhudeln

恭喜 gōngxǐ Gratuliere! / Herzlichen Glückwunsch!

公¹ gōng 1. staatlich; öffentlich; gemeinschaftlich ~产 öffentliches Eigentum; Gemeineigentum; Allgemeingut 2. →公共 ~敌 öffentlicher Feind; Staatsfeind; Volksfeind 3. →公开;公布 ~诸于世 etw an (vor) die Öffentlichkeit bringen 4. →公平 5. →公事;公务 ~余 nach Dienstschluss (Feierabend)

公² gōng 1. →公爵 2. respektvolle Anredeform gegenüber bejahrten männlichen Personen 诸~ meine Herren; Sie alle 3. →公公 1 4. (von Tieren) männlich ~鹿 Hirschbock; Rehbock ~鸡 Hahn

公安 gōng'ān öffentliche Sicherheit ~局 Sicherheitsamt; Polizeipräsidium ~人员 Mitarbeiter des Sicherheitsamtes (der Ordnungsbehörden)

公报 gōngbào 1. Kommuniqué; Bulletin 新闻~ Pressekommuniqué 2. Amtsblatt

公布 gōngbù veröffentlichen; bekannt machen; bekannt geben

公尺 gōngchǐ Meter

公道 gōngdào Gerechtigkeit 主持~ für Gerechtigkeit eintreten; Gerechtigkeit walten lassen

公道 gōngdao gerecht; unparteiisch; unvoreingenommen 价钱~ einen angemessenen Preis fordern 说句~话 gerecht (unparteiisch) urteilen

公费 gōngfèi aus öffentlichen Mitteln ~留学 auf Staatskosten im Ausland studieren ~医疗 medizinische Versorgung (Betreuung) auf Staatskosten; freie medizinische Versorgung

公分 gōngfēn 1. Zentimeter 2. Gramm

公愤 gōngfèn allgemeine Empörung 引起~ öffentliches Ärgernis erregen; bei allen Empörung hervorrufen

公告 gōnggào amtliche Bekanntmachung; öffentliche Mitteilung

公共 gōnggòng gemeinschaftlich; öffentlich; allgemein ~汽车 Autobus; Omnibus; Bus ~福利 öffentliche Fürsorge; Wohlfahrt ~关系 Public Relations; Öffentlichkeitsarbeit

公公 gōnggong 1. Vater des Ehemannes; Schwiegervater 2. Großvater; Opa

公关 gōngguān ~小姐 Mitarbeiterin in der Public-Relations-Abteilung

公馆 gōngguǎn Villa (luxuriöses Einfamilienhaus) (eines hohen Beamten oder Reichen)

公海 gōnghǎi offenes Meer; hohe See; internationale Gewässer

公害 gōnghài Umweltschäden

公函 gōnghán amtliches (dienstliches) Schreiben

公积金 gōngjījīn öffentlicher Reservefonds; Akkumulationsfonds

公家 gōngjia Gemeinschaft; die öffentliche Hand

公斤 gōngjīn Kilogramm

公爵 gōngjué Herzog

公开 gōngkāi 1. offen; offensichtlich; öffentlich ~声明 etw öffentlich erklären; offen aussprechen, dass... ~活动 offene Tätigkeit 2. etw an (vor) die Öffentlichkeit bringen; etw allgemein bekanntgeben

公开信 gōngkāixìn offener Brief

公款 gōngkuǎn öffentliche Mittel (Gel-

der); Staatsmittel
公里 gōnglǐ Kilometer
公理 gōnglǐ 1. allgemein anerkannte Grundsätze (Prinzipien) 2. Axiom
公历 gōnglì Gregorianischer Kalender
公粮 gōngliáng Getreidesoll; öffentliche Getreideabgaben 缴纳～ Getreideabgaben abliefern
公路 gōnglù Landstraße; Fernstraße
公论 gōnglùn öffentliche Meinung 一致的～ einhellige Meinung aller
公民 gōngmín Staatsangehörige(r); Staatsbürger; Bürger ～权 Bürgerrechte
公亩 gōngmǔ Ar
公墓 gōngmù Friedhof
公判 gōngpàn 1. das Urteil verkünden 2. Meinung der Allgemeinheit
公平 gōngpíng gerecht; unparteiisch; fair ～合理 recht und billig
公仆 gōngpú Staatsdiener; Staatsangestellte(r)
公顷 gōngqǐng Hektar
公认 gōngrèn allgemein anerkannt (gebilligt)
公社 gōngshè Kommune 原始～ Urgemeinschaft 人民～ Volkskommune
公审 gōngshěn öffentliche Gerichtsverhandlung
公升 gōngshēng Liter
公使 gōngshǐ Gesandte(r) ～馆 Gesandtschaft
公式 gōngshì 1. Formel 代数～ algebraische Formel 2. Schablone ～化 Formalisierung
公事 gōngshì 1. Amtsgeschäfte; dienstliche Angelegenheit 2. →公文
公司 gōngsī Firma; Gesellschaft 进出口～ Im- und Exportgesellschaft; Im- und Exportfirma
公诉 gōngsù öffentliche Anklage ～人 öffentlicher Ankläger 提起～ öffentliche Anklage vor Gericht erheben
公堂 gōngtáng Gerichtssaal; Verhandlungsraum
公文 gōngwén amtliches (behördliches) Schriftstück; offizielles Schreiben; Akten ～包 Aktenmappe
公务 gōngwù Amtsgeschäfte; dienstliche Angelegenheit
公物 gōngwù staatliches (öffentliches) Eigentum; Staatseigentum
公用 gōngyòng öffentlich; für die Allgemeinheit bestimmt; etw gemeinsam benutzen ～电话 öffentlicher Fernsprecher ～事业 öffentliche Einrichtungen
公有 gōngyǒu gesellschaftlicher (staatlicher) Besitz ～制 Gemeineigentum ～化 sozialisieren; vergesellschaften; verstaatlichen
公寓 gōngyù 1. Pension; Fremdenheim 2. Apartmenthaus
公元 gōngyuán unsere Zeitrechnung
公园 gōngyuán (öffentlicher) Park
公约 gōngyuē 1. Pakt; Konvention 和平～ Friedenspakt 2. Vorschriften, die von einer Gemeinschaft befolgt werden müssen 卫生～ Hygienevorschriften
公债 gōngzhài Staatsanleihe ～券 Staatsschuldschein 发行～ Staatsanleihe emittieren
公正 gōngzhèng gerecht; unparteiisch; rechtschaffen 办事～ gerecht handeln; unparteiisch sein
公证 gōngzhèng notarielle Beglaubigung ～人 Notar
公制 gōngzhì internationales Maßsystem
公众 gōngzhòng Allgemeinheit; Öffentlichkeit
公主 gōngzhǔ Prinzessin; Prinzess
公子 gōngzǐ der Sohn eines Fürsten oder hohen Beamten

肱 gōng Oberarm
肱骨 gōnggǔ Oberarmknochen

弓 gōng 1. Bogen 拉～ den Bogen spannen 2. gebogene Geräte 3. krümmen; beugen ～着背 mit gebeugtem (gewölbtem) Rücken

躬(躳) gōng 1. persönlich; selbst; eigen; 2. sich beugen; sich verneigen ～身下拜 sich vor jm ehrerbietig verbeugen

宫 gōng 1. Palast; Schloss 2. Gebäude für kulturelle Veranstaltungen 少年～ Pionierhaus; Kinderpalast
宫灯 gōngdēng (sechs- oder achteckige) Palastlaterne
宫殿 gōngdiàn Palast; Schloss
宫廷 gōngtíng 1. Kaiserpalast; Königsschloss 2. Kaiserhof ～政变 Palastrevolution

巩(鞏) gǒng konsolidieren; festigen；befestigen

巩固 gǒnggù 1. fest；solide；stabil 2. konsolidieren；festigen；befestigen ～国防 die Landesverteidigung stärken

汞 gǒng Quecksilber

拱[1] gǒng 1. →拱手 2. umgeben umschließen 众星～月 um den Helden des Tages scharen sich viele Bewunderer / die Schlüsselperson ist von seinen Anhängern umgeben 3. sich krümmen；sich krumm biegen；sich verziehen ～背 den Rücken krümmen 4. gewölbt；bogenförmig

拱[2] gǒng 1. sich drängen；etw mit dem Körper stoßen；im Erdreich wühlen 猪用嘴～地 der Eber wühlt mit seinem Rüssel die Erde auf 2. hervorsprießen；emporsprießen 苗儿～出土了 die ersten jungen Keime sind aus der Erde gesprossen

拱门 gǒngmén Arkade

拱手 gǒngshǒu 1. voller Ehrerbietung die Hände vor der Brust zusammenlegen 2. gefügig；nachgiebig ～让人 jm etw zum Fraß vorwerfen（hinwerfen）

贡 gòng →贡品

贡品 gòngpǐn Tribut

贡献 gòngxiàn 1. beitragen；widmen；hingeben 把毕生精力～给党的事业 sein Leben ganz der Sache der Partei widmen 2. Beitrag 作出～ einen Beitrag leisten

共 gòng 1. →共同 2. teilen；mit jm gemeinsam an etw Anteil haben 同甘苦，～患难 mit jm durch dick und dünn gehen 3. zusammengenommen；alles in allem；insgesamt 这个集子～收小说十二篇 die Sammlung umfasst zwölf Kurzgeschichten 4. →共产党

共产党 gòngchǎndǎng Kommunistische Partei 中国～ die Kommunistische Partei Chinas ～员 Mitglied der Kommunistischen Partei

共产主义 gòngchǎn zhǔyì Kommunismus

共处 gòngchǔ Koexistenz；zusammenleben 和平～ friedliche Koexistenz

共和 gònghé Republik；Republikanismus；republikanisch ～国 Republik

共计 gòngjì sich belaufen；insgesamt；im Ganzen；Gesamtsumme

共鸣 gòngmíng 1. Resonanz 2. Widerhall；Zustimmung 引起～ ein Echo finden

共栖 gòngqī Kommensalismus

共青团 gòngqīngtuán Kommunistischer Jugendverband ～员 Mitglied des Kommunistischen Jugendverbandes

共生 gòngshēng 1. Paragenese 2. Symbiose

共事 gòngshì in derselben Institution tätig sein

共同 gòngtóng 1. gemeinsam ～纲领 gemeinsames Programm ～市场 gemeinsamer Markt 2. zusammen；gemeinsam ～奋斗 gemeinsame Anstrengungen unternehmen ～对敌 vereint（gemeinsam）gegen den Feind kämpfen

共性 gòngxìng gemeinsame Eigenschaft；Charakter des Gemeinsamen

共振 gòngzhèn Mitschwingung；Resonanz

共总 gòngzǒng insgesamt；alles in allem；alles zusammen

供[1] gòng 另见 gōng
1. darbringen；opfern 2. →供品

供[2] gòng 另见 gōng
1. gestehen；zugeben；ein Geständnis ablegen 2. Geständnis；Aussage

供词 gòngcí Geständnis；Aussage

供品 gòngpǐn Opfergabe；Opfer

供认 gòngrèn gestehen；eingestehen；zugeben ～不讳 ein umfassendes（offenes）Geständnis ablegen；seine Sünden bekennen

供职 gòngzhí ein Amt bekleiden；eine Funktion innehaben

篝 gōu Käfig

篝火 gōuhuǒ offenes Feuer；Lagerfeuer 燃起～ ein Lagerfeuer entfachen

佝 gōu

佝偻病 gōulóubìng Rachitis

勾（句） gōu 另见 gòu；'句'另见 jù
1. anhaken；anstreichen；abhaken 2. skizzieren；konturieren；in Umrissen zeichnen ～一个轮廓 die Konturen von etw nachzeichnen 3. ausfugen；verfugen ～墙缝 die Fugen in der Mauer abdichten 4. wachrufen；wecken；etw in Erinnerung bringen ～起回忆 sich etw ins Gedächtnis（in die Erinnerung）zurückrufen

G

勾搭 gōuda 1. mit jm gemeinsame Sache machen; sich zusammentun 2. mit jm anbändeln; verführen

勾结 gōujié sich heimlich verbünden; sich verschwören; kollaborieren

勾销 gōuxiāo streichen; tilgen; liquidieren

勾心斗角 gōu xīn dòu jiǎo gegeneinander Ränke schmieden

勾引 gōuyǐn verführen; verleiten

沟（溝） gōu 1. Graben; Schützengraben; Deckungsgraben 2. Furche; Rinne; Rille 3. Schlucht; Talrinne

沟通 gōutōng verbinden; verknüpfen; einen Zugang schaffen ～两国文化 günstige Bedingungen für den Kulturaustausch zwischen beiden Ländern schaffen

钩（鈎） gōu 1. →钩子 2. hakenförmiges Zeichen; Haken; Häkchen 打～ abhaken; anhaken 3. anhaken; einhaken 用钩子～住 etw mit einem Haken befestigen 4. heften; etw mit weiten Stichen lose zusammennähen ～贴边 den Saum heften

钩针 gōuzhēn Häkelnadel

钩子 gōuzi Haken; Häkchen

苟 gǒu →苟且 1,2

苟且 gǒuqiě 1. nur für den Tag leben ～偷生 kümmerlich (stumpfsinnig) dahinleben 2. nachlässig; oberflächlich; nur zum Schein 因循～ seine Aufgaben saumselig erledigen 3. unsittlich; unmoralisch; unanständig

苟延残喘 gǒu yán cán chuǎn kümmerlich sein Leben fristen

枸 gǒu

枸杞 gǒuqǐ Bocksdorn

狗 gǒu Hund 雄～ Hund 雌～ Hündin

狗急跳墙 gǒu jí tiào qiáng wie ein in die Enge getriebenes Tier einen Ausweg suchen

狗腿子 gǒutuǐzi Lakai; Helfershelfer; Büttel

狗熊 gǒuxióng 1. Kragenbär 2. Feigling; Taugenichts

媾 gòu 1. sich vermählen; eine Ehe schließen 2. Freundschaft mit jm schließen; sich versöhnen

媾和 gòuhé Frieden schließen

诟 gòu 1. Schande; Schmach 2. schmähen; jn durch Schimpfworte kränken

诟骂 gòumà beschimpfen; schmähen

垢 gòu 1. voller Schmutz; dreckig 2. Schmutz; Dreck 牙～ Zahnstein 3. Schande; Schmach

够（夠） gòu 1. ausreichen; genügen; ausreichend; genügend 钱～不～? Reicht das Geld aus? 时间不～ Zeitmangel 2. (bis) an etw reichen; erreichen ～好的 gut genug sein 玩～ sich gut amüsieren

够格 gòugé qualifiziert; befähigt; geeignet; mit hohem Niveau

勾 gòu 另见 gōu

勾当 gòudàng unsaubere Geschäfte; unlautere Handlungen; zweifelhafte Praktiken 不可告人的～ finstere Tat; krumme Winkelzüge

构（構） gòu 1. →构造 2. literarisches Werk 佳～ literarisches Meisterwerk

构成 gòuchéng bilden; formen; gestalten ～部分 Bestandteil

构词 gòucí Wortbildung ～法 Wortbildungslehre

构件 gòujiàn 1. Konstruktionsteil; Einzelteil; Bestandteil 2. Bauteil; Bauelement 预制～ vorgefertigte Bauteile; Fertigteile

构思 gòusī entwerfen; konzipieren; ein Werk ausarbeiten

构造 gòuzào Konstruktion; Struktur; Bau; konstruieren

购（購） gòu →购买

购买 gòumǎi kaufen; einkaufen; ankaufen ～力 Kaufkraft

购置 gòuzhì anschaffen; erwerben

沽 gū 1. kaufen 2. verkaufen

沽名钓誉 gū míng diào yù nach Ruhm angeln; nach Komplimenten fischen

辜 gū Schuld; Sünde; Verbrechen

辜负 gūfù enttäuschen; etw nicht rechtfertigen (verdienen)

轱 gū
轱辘 gūlu Rad
咕 gū girren; gurren; glucken
咕咚 gūdōng plumpsen
咕噜 gūlū knurren; kollern; rumpeln
咕哝 gūnong brummen; murren; brummeln
估 gū 另见 gù →估计
估计 gūjì veranschlagen; kalkulieren; schätzen ～不足 unterschätzen
估价 gūjià 1. den Wert von etw bestimmen; bewerten; einschätzen 2. Schätzpreis; Preise kalkulieren
估量 gūliáng →估计 用手～一下 etw in der Hand wiegen
姑[1] gū 1. →姑母 2. Schwester des Ehemanns; Schwägerin 小～儿 jüngere Schwester des Ehemanns; 3. Mutter des Ehemanns; Schwiegermutter
姑[2] gū →姑且
姑表 gūbiǎo das Verwandtschaftsverhältnis zwischen den Kindern von Bruder und Schwester ～兄弟 Vettern; Cousins
姑夫 gūfu Ehemann der Schwester des Vaters; Onkel
姑母 gūmǔ verheiratete Schwester des Vaters; Tante
姑娘 gūniang 1. Mädchen; Mädel 小～(kleines) Mädchen 2. Tochter
姑且 gūqiě vorerst; vorläufig; für den Augenblick
姑息 gūxī jn durch zu große Nachgiebigkeit beschwichtigen ～养奸 eine Schlange am Busen nähren
骨 gū 另见 gú, gǔ
骨碌 gūlu rollen; kullern
箍 gū 1. etw mit Reifen beschlagen; Reifen um etw legen; umbinden 2. Reifen; Ring; Band 铁～ Eisenreifen
呱 gū 另见 guā
呱呱 gūgū 另见 guāguā
Schrei eines neugeborenen Kindes
孤 gū 1. vaterlos; elternlos; verwaist ～女 elternloses Mädchen; verwaistes Mädchen; Waise 2. einsam; isoliert; allein ～帆 einziges Segelboot ～岛 einsame (alleinstehende) Insel
孤本 gūběn Unikat
孤单 gūdān einsam; verlassen; allein
孤独 gūdú allein; verlassen; in Zurückgezogenheit (Abschiedenheit, Einsamkeit)
孤儿 gū'ér 1. vaterloses Kind 2. elternloses Kind; Waise; Waisenkind ～院 Waisenhaus
孤军 gūjūn isolierte Truppeneinheit ～作战 auf sich allein angewiesen kämpfen
孤苦 gūkǔ verwaist; verlassen; hilflos ～伶仃 einsam und allein dastehen; arm und hilflos; ganz verlassen
孤立 gūlì 1. isoliert; getrennt; ohne Zusammenhang mit anderem 2. auf sich allein gestellt (angewiesen) sein ～无援 isoliert dastehen 3. isolieren ～敌人 die Feinde isolieren
孤陋寡闻 gūlòuguǎwén unwissend
孤僻 gūpì unzugänglich; kontaktarm
孤注一掷 gū zhù yī zhì in einer gefährlichen Lage alles aufs Spiel (auf eine Karte) setzen; va banque spielen; alles wagen, um zu gewinnen
骨 gú 另见 gū; gǔ
→骨头
骨头 gútou 1. Knochen; Bein 2. Rückgrat; fester Charakter 这人～挺硬 er ist ein Mann von Charakter 3. ironischer Unterton; versteckte Ironie 话里有～ etwas steckt hinter js Worten
鼓 gǔ 1. Trommel 打～ die Trommel rühren (schlagen) 2. Trommelfell 耳～ Trommelfell 3. schlagen; klopfen; spielen ～琴 eine Zither spielen 4. etw durch Blasen mit Luft füllen ～风 mit einem Gebläse einen Luftstrom zuführen 5. antreiben; anspornen ～干劲 alle seine Kräfte anspannen 6. eine Wölbung aufweisen; hervorquellen ～着嘴 mit vollen Backen; mit aufgeworfenem Schmollmund
鼓吹 gǔchuī 1. propagieren; agitieren 2. die Werbetrommel für etw rühren
鼓动 gǔdòng 1. agitieren; aufmuntern; wachrütteln 2. anstiften; aufwiegeln
鼓风机 gǔfēngjī Gebläse
鼓励 gǔlì anspornen; ermuntern; Ansporn
鼓手 gǔshǒu Trommler

G

鼓舞 gǔwǔ 1. ermutigen; begeistern; anspornen ～士气 den Kampfgeist stärken 2. begeistert sein; sich aufraffen

鼓掌 gǔzhǎng Beifall klatschen; in die Hände klatschen

古 gǔ 1. Altertum; älteste Zeit menschlicher Kultur 2. alt; uralt ～瓷 altes Porzellan

古板 gǔbǎn starrköpfig am Alten hängen

古代 gǔdài Altertum; Antike; aus alter Zeit

古典 gǔdiǎn 1. Anspielung (Hinweis) auf eine literarische Textstelle (ein geschichtliches Ereignis) 2. klassisch ～文学 klassische Literatur

古董 gǔdǒng 1. Antiquitäten; Altertürmer 2. Konservative(r); komischer Kauz

古怪 gǔguài sonderbar; merkwürdig; seltsam; ulkig 举止～ merkwürdiges Verhalten; sonderbares Auftreten (Benehmen)

古迹 gǔjī historisches Denkmal

古兰经 Gǔlánjīng Koran

古老 gǔlǎo alt; uralt

古铜色 gǔtóngsè bronzefarben; Bronzefarbe

古玩 gǔwán →古董 1

古往今来 gǔ wǎng jīn lái seit alters; seit grauer Vorzeit

古文 gǔwén 1. Text in klassischer Schriftsprache 2. antike chinesische Zeichenform

钴 gǔ Kobalt (Co)

牯 gǔ Stier; Bulle

牯牛 gǔniú Stier; Bulle

贾 gǔ 1. Kaufmann; Geschäftsmann 2. Handel treiben; im Geschäftsleben stehen 3. verkaufen

蛊(蠱) gǔ sagenhaftes giftiges Insekt

蛊惑 gǔhuò irreführen; Hetze betreiben ～人心 *jn durch Hetze aufwiegeln* (aufstacheln)

骨 gǔ 另见 gū; gú

1. Knochen 2. →骨架 2 3. Rückgrat; charakterliche (geistige) Haltung 媚～ unterwürfige (kriecherische) Dienstfertigkeit

骨干 gǔgàn 1. Diaphyse 2. Rückgrat; Hauptstütze 起～作用 die Stütze (einer Gemeinschaft) sein; eine führende Rolle einnehmen

骨骼 gǔgé Skelett; Gerippe; Knochenbau

骨灰 gǔhuī 1. Asche eines Verstorbenen ～盒 Urne 2. Knochenasche

骨架 gǔjià 1. Skelett; Gerippe; Knochenbau 2. Gerüst; Gestell

骨科 gǔkē Abteilung für Osteologie ～医生 Osteologe

骨气 gǔqì Rückgrat; fester Charakter 这人有～ der Mann zeigt/hat Rückgrat

骨肉 gǔròu Fleisch und Blut; Familienangehörige(r) 亲生～ sein eigenes Fleisch und Blut ～相连 durch verwandtschaftliche Bande verknüpft sein

骨瘦如柴 gǔ shòu rú chái nur noch Haut und Knochen sein

骨髓 gǔsuǐ Knochenmark

骨折 gǔzhé Knochenbruch; Knochenfraktur

谷[1] gǔ Tal; Schlucht

谷[2]**(穀)** gǔ 1. →谷类 2. →谷子

谷类 gǔlèi Getreide; Korn ～作物 Getreidepflanzen; Kornfrüchte

谷物 gǔwù 1. Samen (Körner) des Getreides 2. →谷类 3. Getreidepflanzen

谷雨 gǔyǔ „Getreideregen" (Bezeichnung für den 19., 20. oder 21. April)

谷子 gǔzi 1. Hirse 2. ungeschälter Reis

鹄 gǔ Zielscheibe; Ziel 中～ ins Schwarze treffen

股 gǔ 1. Oberschenkel 2. Unterabteilung; Sektion 财务～ Finanzabteilung 3. Faden; Strang 三～儿绳 dreifädige Schnur 4. →股份 入～ Aktieninhaber (Teilhaber) werden (Zähleinheitswort): 一～线 ein Faden 一～热气 ein warmer Hauch

股东 gǔdōng Aktieninhaber; Teilhaber

股份 gǔfèn Aktie; Geschäftsanteil ～公司 Aktiengesellschaft

股金 gǔjīn Aktienanteil; Aktienkapital

股票 gǔpiào Aktie ～市场 Wertpapiermarkt

股息 gǔxī Dividende

毂 gǔ Nabe 车～ Radnabe

汩 gǔ
汩汩 gǔgǔ gurgeln
雇(僱) gù 1. anstellen; einstellen; jn in Dienst nehmen ～保姆 ein Kindermädchen anstellen 2. mieten ～汽车 ein Auto mieten
雇工 gùgōng 1. Arbeiter anstellen; Knechte beschäftigen 2. Tagelöhner; Arbeiter; Knecht
雇农 gùnóng Landarbeiter; Knecht
雇佣 gùyōng anstellen; einstellen; beschäftigen ～军 Söldnerarmee; Söldnertruppen ～劳动 Lohnarbeit
顾(顧) gù 1. sich umschauen; sich umsehen 2. auf etw Rücksicht nehmen; etw in Erwägung ziehen ～面子 jn sein Gesicht wahren lassen ～此失彼 dem einen Aufmerksamkeit schenken, aber das andere vernachlässigen
顾客 gùkè Kunde
顾虑 gùlǜ Bedenken; Befürchtung; befürchten 打消～ Bedenken beseitigen (zerstreuen)
顾全 gùquán etw in Erwägung ziehen, um es zu schützen (schonen) ～大局 das Gesamtinteresse im Auge haben
顾问 gùwèn Berater; Ratgeber 军事～ Militärberater 法律～ Rechtsberater
故[1] gù 1. ungewolltes Ereignis; Unfall; Missgeschick 2. Grund; Ursache 因～缺席 umständehalber am Erscheinen verhindert sein 3. →故意
故[2] gù 1. ehemalig; einstig; früher ～址 ehemaliger Sitz 2. sterben; ableben; verscheiden 父母早～ die Eltern sind schon längst gestorben
故步自封 gù bù zì fēng auf alten Vorstellungen beharren
故宫 gùgōng Kaiserpalast ～博物院 Palastmuseum
故居 gùjū ehemaliger Wohnsitz; ehemalige Wohnstätte
故世 gùshì sterben; ableben; hinscheiden
故事 gùshi 1. Geschichte; Erzählung 讲～ eine Geschichte erzählen 2. Handlung; Fabel
故事片 gùshipiàn Spielfilm
故乡 gùxiāng Geburtsort; Heimatort; Heimat
故意 gùyì mit Absicht (Vorsatz); absichtlich; vorsätzlich
故障 gùzhàng Störung; Panne; Defekt 排除～ eine Panne beheben
估 gù 另见 gū
估衣 gùyi gebrauchte Kleidung; geringwertige Kleidung ～铺 Laden für gebrauchte Kleidung
固[1] gù 1. fest; solide; haltbar 2. entschlossen; entschieden; unbeirrbar ～辞 etw entschieden absagen; etw entschlossen ablehnen
固[2] gù 1. eigentlich; ursprünglich ～所愿也 das war schon immer mein Wunsch 2. →固有
固定 gùdìng 1. fest; unveränderlich ～工资 fester Lohn 2. stabilisieren; befestigen; fixieren ～工作时间 die Arbeitszeit festlegen
固然 gùrán 1. gewiss; zwar; zweifelsohne 房间～不大，但还明亮 das Zimmer ist gewiss nicht geräumig, aber hell 2. freilich; natürlich
固守 gùshǒu 1. sich standhaft (hartnäckig) verteidigen ～阵地 die Stellung verteidigen (halten) 2. an etw festhalten ～成法 auf der betretenen Bahn bleiben
固体 gùtǐ Festkörper
固有 gùyǒu angeboren; eigen; in etw enthalten 资本主义世界的～矛盾 die dem Kapitalismus eigenen Widersprüche
固执 gùzhí eigensinnig; halsstarrig; dickköpfig ～己见 seinen Dickkopf aufsetzen; einen harten Schädel haben
痼 gù chronisch; unheilbar; eingefleischt
痼疾 gùjí chronische (unheilbare) Krankheit
痼习 gùxí eingefleischte Gewohnheiten
刮[1] guā 1. schaben; kratzen ～锅 den Schmutz vom Topf kratzen ～胡子 sich rasieren 2. Kleister (Stärkemittel o. ä.) auf etw auftragen ～糨子 etw mit Kleister bestreichen 3. ausbeuten; abpressen
刮[2](颳) guā wehen; blasen ～起大风来了 es kommt ein starker Wind auf
刮脸 guāliǎn sich rasieren ～刀 Rasiermesser; Rasierer

刮目相看 guā mù xiāng kàn jn mit neuen Augen betrachten

瓜 guā Kürbis; Gurke; Melone

瓜分 guāfēn aufteilen; zerstückeln; Aufteilung ～利润 Profite unter sich aufteilen ～殖民地 Kolonien unter sich aufteilen

瓜葛 guāgé Verwicklung; Verflechtung; in etw verwickelt sein 毫无～ nicht das Geringste mit etw/jm zu tun haben

瓜熟蒂落 guā shú dì luò wenn die Bedingungen dafür herangereift sind, läuft alles wie am Schnürchen

瓜子 guāzǐ Kürbiskern; Melonenkern

呱 guā 另见 gū

呱呱 guāguā 另见 gūgū schnattern; quaken; krächzen

呱呱叫 guāguājiào hervorragend; prima; klasse

寡 guǎ 1. wenig; karg ～欢 missmutig; schlechtgelaunt 2. geschmacklos; fade; schal 清汤～水 fade Suppe 3. verwitwet; Witwe ～居 im Witwenstand leben; verwitwet sein

寡不敌众 guǎ bù dí zhòng wenige können nicht vielen widerstehen

寡妇 guǎfu Witwe

寡头 guǎtóu Oligarch; Magnat 金融～ Finanzmagnat ～政治 Oligarchie

剐（剮） guǎ 1. zerstückeln 2. ritzen 手上～了个口子 sich am Finger ritzen

褂 guà →褂子

褂子 guàzi ungefütterte Jacke

挂（掛） guà 1. hängen 把大衣～在衣架上 den Mantel auf den Kleiderständer hängen 墙上～着一幅画 ein Bild hängt an der Wand 2. eine telefonische Verbindung herstellen; anrufen 电话没～通 die Verbindung ist nicht zustande gekommen 3. sich verfangen; festhängen; hängen bleiben 钉子把衣服～住了 mit dem Rock (Kleid o. ä.) an dem Nagel hängen bleiben 4. anmelden; registrieren ～在我的账上 es auf mein Konto anschreiben 5. (Zähleinheitswort): 一～珠子 eine Perlenschnur

挂彩 guàcǎi 1. an der Front verwundet werden 2. Girlanden aufhängen

挂齿 guàchǐ erwähnen; davon sprechen 不足～ nicht der Rede wert sein

挂钩 guàgōu 1. Kupplung; ankuppeln 2. mit jm Kontakt aufnehmen; eine Partnerschaft eingehen; enge (feste) Beziehungen unterhalten

挂号 guàhào 1. sich anmelden ～看病 sich beim Arzt anmelden 2. eine Postsendung einschreiben lassen; Einschreiben ～信 Einschreibebrief; Einschreiben

挂名 guàmíng nominell; vorgeblich; nur dem Namen nach

挂念 guàniàn vermissen; sich um jn sorgen

挂失 guàshī etw als verloren melden; Verlustanzeige; Verlustmeldung

挂帅 guàshuài das Kommando haben (übernehmen); an der Spitze stehen

挂图 guàtú Wandkarte; Bildtafel

挂钟 guàzhōng Wanduhr

卦 guà Wahrsagezeichen; Orakeldiagramme 占～ Divination; Weissagung

掴（摑） guāi jm einen Klaps geben ～耳光 jm eine Ohrfeige geben

乖[1] guāi 1. fügsam; artig; wohlerzogen; brav ～孩子 braves Kind 2. klug; schlau; geschickt

乖[2] guāi →乖戾; 乖僻

乖戾 guāilì widerlich; launisch; verstockt

乖僻 guāipì exzentrisch; überspannt; verschroben

拐[1]（[3] 柺） guǎi 1. →拐弯 2. hinken; humpeln 3. →拐棍

拐[2] guǎi →拐骗

拐棍 guǎigùn Stock; Spazierstock; Krückstock

拐角 guǎijiǎo Straßenecke; Biegung

拐骗 guǎipiàn 1. kidnappen; entführen 2. jn um etw betrügen (prellen)

拐弯 guǎiwān um die Ecke biegen; abbiegen; eine Biegung machen

拐杖 guǎizhàng →拐棍

怪[1]（恠） guài 1. merkwürdig; seltsam; sonderbar ～事 merkwürdige Begebenheit; etwas Seltsames (Widersinniges) 2. recht; sehr; äußerst ～不好意思的

tief beschämt；sehr peinlich 3. Dämon；Monster；Ungeheuer

怪²（恠） guài jm Vorwürfe machen；übelnehmen；verübeln

怪不得¹ guàibude kein Wunder；nicht erstaunlich 我和他见过面，～有些面熟 ich habe ihn einmal zu Gesicht bekommen，so kommt er mir bekannt vor

怪不得² guàibude jn nicht für etw verantwortlich machen sollen；jm etw nicht zur Last legen dürfen 你自己不好，～别人 das war unrecht von dir selbst，niemand anders darfst du es übelnehmen

怪话 guàihuà 1. absurdes Geschwätz 2. üble Nachrede；nörgelnde Äußerungen

怪僻 guàipì exzentrisch；verschroben；schrullig

怪物 guàiwu 1. Monster；Ungeheuer 2. Sonderling；komischer Kauz

官 guān 1. Beamte(r)；Staatsangestellte(r) 大～ hohe(r) Beamte(r) 小～ niedere(r) Beamte(r) 2. staatlich；öffentlich；offiziell ～费 auf Staatskosten

官场 guānchǎng Beamtenkreise；Beamtenschaft

官邸 guāndǐ Residenz；Wohnsitz (eines hohen Beamten)

官方 guānfāng offiziell；amtlich ～消息 Nachrichten aus offizieller Quelle；amtliche Information ～人士 offizielle Persönlichkeiten (Kreise)

官吏 guānlì Regierungsbeamte

官僚 guānliáo Bürokrat ～资本 bürokratisches Kapital 2. →官僚主义

官僚主义 guānliáo zhǔyì Bürokratismus

官腔 guānqiāng birokratischer (amtlicher) Ton 打～ in amlichem Ton sprechen；jn im Beamtenjarpn abfertigen

官司 guānsi Prozss；Rechtsstreit；Gerichtsfall 打～ geger jn einen Prozess führen

官衔 guānxián Amtstitel

官员 guānyuán Beamte(r)

棺 guān →棺材

棺材 guāncai Sarg

关（關 関） guān 1. zumachen；schließen；abschalten；ausmachen ～窗 das Fensterschließen ～水龙头 den Wasserhahn zudrehen ～电灯 das Licht ausmachen 2. einschließen；einsperren 3. →关门 1 4. Gebirgspass；Pass 混过～ durch Verhehlung seiner Fehler davonkommen 5. Wendepunkt；Engpass；Hürde 难～ Engpass；Schwierigkeit 6. →关系 5 这不～我的事 das geht mich nichts an

关闭 guānbì 1. →关 1 2. →关门 1

关怀 guānhuái →关心

关键 guānjiàn Schlüssel；Kernpunkt；das A und das O ～问题 Schlüsselproblem；springender Punkt

关节 guānjié 1. Gelenk ～炎 Gelenkentzündung；Arthritis 2. Hauptkettenglied 3. Bestechungsversuch 通～ jn durch Zuwendungen für sich gewinnen und zum Amtsmissbrauch veranlassen

关口 guānkǒu 1. strategisch wichtiger Pass 把守～ einen Pass bewachen 2. →关头

关联 guānlián mit etw verbunden sein；mit etw in Beziehung (Zusammenhang) stehen

关门 guānmén 1. den Betrieb von etw einstellen；schließen；stilllegen 2. das Tor für etw zuschlagen 3. am grünen Tisch；hinter verschlossenen Türen ～主义 Politik der verschlossenen Tür

关卡 guānqiǎ Zollstation

关切 guānqiè 1. warmherzig；gütig 2. für jn/etw sorgen；Anteil an etw nehmen (zeigen) 对国际局势深为～ die Entwicklung der internationalen Lage gespannt verfolgen

关税 guānshuì Zollgebühren；Zoll

关头 guāntóu Wendepunkt；entscheidender Moment (Augenblick) 紧要～ im kritischer Moment (Augenblick)

关系 guānxì 1. Beziehung；wechselseitiges Verhältnis；innerer Zusammenhang 因果～ Kausalität Wechselwirkung (Zusammenhang) zwischen Ursache und Wirkung 外交～ diplomatische Beziehungen 个人和集体的～ die Beziehungen zwischen Einzelperson und Kollektiv 2. Bedeutung；Belang 没～ ohne Belang sein；keine Rolle spielen 此事～不大 das ist nicht von Belang 3. mit Rücksicht auf etw 由于时间～ aus Zeitgründen 4. Eigenschaft (Angehörigkeit) als Mitglied；organisatorische Zugehörigkeit 随身带上团的～ die Bescheinigung über die Mitgliedschaft des Kommunistischen Jugendverbandes bei sich tragen 5. betreffen；angehen；sich auf etw beziehen 这～

G

到大家的利益 das liegt in aller Interesse
关系网 guānxìwǎng Netz von nützlichen Beziehungen
关心 guānxīn sich um jn/etw kümmern；für jn/etw sorgen ～国家大事 den Angelegenheiten des Staates Aufmerksamkeit schenken
关押 guānyā einsperren；jn festnehmen und in Haft halten
关于 guānyú über；zu；in Bezug auf ～国际形势的报告 Vortrag über die internationale Lage
关照 guānzhào 1. für jn/etw sorgen；sich um jn/etw kümmern 请你多多～ Kümmere dich bitte mal um diese Sache！ 2. benachrichtigen；jm Bescheid sagen (geben)
关注 guānzhù jm/etw besondere Aufmerksamkeit schenken 多蒙～ ich danke Ihnen für Ihre Fürsorge

冠 guān 另见 guàn
1. Kopfbedeckung；Hut 2. Krone
冠冕堂皇 guān miǎn táng huáng hochtrabend；hochtönend；wohlklingend

鳏 guān verwitwet；Witwer werden
鳏夫 guānfū Witwer

观（觀） guān 1. →观看 2. Anblick；Bild；Aussehen 奇～ seltsamer (ungewohnter) Anblick 3. Betrachtungsweise；Anschauung；Ansicht 唯物的历史～ materialistische Geschichtsauffassung；historischer Materialismus
观测 guāncè beobachten；verfolgen；untersuchen ～敌情 die Bewegungen des Feindes beobachten
观察 guānchá betrachten；beobachten ～家 Beobachter ～员 Beobachter
观点 guāndiǎn Auffassung；Standpunkt；Gesichtspunkt 政治～ politische Anschauungen 群众～ Standpunkt der Massen；Standpunkt der engen Verbundenheit mit den Volksmassen
观光 guānguāng etw im Ausland (oder in anderen Landesteilen) besichtigen
观看 guānkàn betrachten；sich etw ansehen (anschauen)；zusehen
观礼 guānlǐ einer Feierlichkeit beiwohnen ～台 Ehrentribüne
观摩 guānmó zusehen und lernen ～演出 Theatervorstellung zum Erfahrungsaustausch
观念 guānniàn Idee；Vorstellung ～形态 Ideologie 道德～ moralisches Bewusstsein
观赏 guānshǎng etw voller Bewunderung betrachten ～植物 Zierpflanze
观望 guānwàng 1. zusehen ～不前 sich abwartend verhalten 2. umherschauen 四下～ nach allen Seiten schauen
观众 guānzhòng Zuschauer；Publikum 电视～ Fernsehzuschauer

管1 guǎn 1. Rohr；Röhre；Leitung 自来水～ Wasserleitung 牙膏～ Tube für Zahnpasta 2. (Zähleinheitswort)：两～钢笔 zwei Füllfederhalter

管2 guǎn 1. →管理 ～账 Rechnungsbücher führen 2. →管辖 3. →管教 4. eingreifen；sich einschalten；sich einmischen ～闲事 sich in fremde Angelegenheiten einmischen 5. gewährleisten；garantieren 货不好～换 fehlerhafte Waren werden ohne weiteres umgetauscht 6. nennen (zur Kennzeichnung eines Akkusativobjektes vor dem Verb in der Bedeutung von „nennen“) 大家～他叫胖子 alle nennen ihn „Dicker“
管道 guǎndào Pipeline；Rohrleitung；Röhrenwerk
管家 guǎnjiā 1. Haushofmeister 2. Haushälter(in)；Wirtschafter(in)
管教 guǎnjiào jn an Disziplin gewöhnen；erziehen；belehren
管理 guǎnlǐ 1. verwalten；leiten 行政～ Verwaltung 2. überwachen；über jn/etw die Aufsicht ausüben ～罪犯 die Aufsicht über die Häftlinge führen ～牲口 Vieh halten
管束 guǎnshù zügeln；jn in die Zucht nehmen
管辖 guǎnxiá für etw zuständig (kompetent) sein；verwalten ～范围 Kompetenzbereich；Zuständigkeitsbereich
管弦乐 guǎnxiányuè Orchestermusik ～队 Orchester
管用 guǎnyòng taugen；von Nutzen sein；zu gebrauchen sein
管乐 guǎnyuè Blasmusik ～队 Blasorchester ～器 Blasinstrument
管制 guǎnzhì 1. kontrollieren；überwachen ～灯火 Verdunklung 2. Kontrolle；Überwachung 交通～ Verkehrsregelung

3. jn/etw unter Aufsicht stellen

管子 guǎnzi →管[1] 1

馆（舘） guǎn 1. Gasthaus；Herberge 2. Amtsgebäude einer diplomatischen Vertretung 大使～ Botschaft 文化～ Kulturhaus 照相～ Photoatelier

馆子 guǎnzi Gaststätte；Schankwirtschaft

冠 guàn 另见 guān

1. Kopfbedeckung 2. voranstellen ～以战斗英雄的称号 Auszeichnung des Kampfhelden voranstellen 2. an erster Stelle stehen 为世界之～ an erster Stelle der Welt stehen

冠军 guànjūn Meister；Sieger；Beste(r) 足球～ Fußballmeister ～赛 Meisterschaftsspiel

灌 guàn 1. bewässern；berieseln；begießen 2. einfüllen；eingießen ～了一瓶热水 eine Flasche mit heißem (warmem) Wasser gefüllt haben 3. bespielen；aufnehmen；produzieren ～唱片 eine Schallplatte bespielen；eine Schallplattenaufnahme machen

灌肠 guàncháng Darmspülung；ein Klistier geben；jm einen Einlauf machen

灌肠 guànchang eine Art von Bratwurst (aus zerkleinertem Fleisch und Mehl hergestellte Masse, die in natürliche Därme gefüllt und gebraten wird)

灌溉 guàngài bewässern；berieseln；begießen ～网 Bewässerungsnetz

灌木 guànmù Strauch；Busch

灌输 guànshū 1. Wasser zuführen；eintrichtern；einflößen 2. beibringen；vermitteln

罐（鑵） guàn 1. Büchse；Dose；Topf 瓦～ tönerner Topf 2. (Bergmannssprache) Hund；Hunt

罐头 guàntou Konserve；Konservenbüchse；Konservenglas

贯 guàn 1. →贯穿；贯通

贯彻 guànchè durchführen；durchsetzen ～执行 verwirklichen；ausführen；durchführen

贯穿 guànchuān 1. durchdringen；durch etw laufen (führen) 2. →贯串

贯串 guànchuàn durchdringen；sich durch etw ziehen

贯通 guàntōng 1. sich auf einem bestimmten Gebiet gut auskennen；in etw beschlagen sein ～中西医学 feste (gründliche) Kenntnisse in traditioneller chinesischer wie in westlicher Medizin besitzen 2. verbinden 运河～南北 der Kanal verbindet Norden und Süden

贯注 guànzhù 1. seine volle Aufmerksamkeit auf etw richten 精神～ mit konzentrierter Aufmerksamkeit 2. mit etw in Zusammenhang (Beziehung) stehen

惯 guàn 1. sich an etw gewöhnen；etw gewohnt sein 他已经劳动～了 er ist an körperliche Arbeit gewöhnt 2. verwöhnen；verziehen；verweichlichen 孩子被大人～坏了 die Eltern haben ihr Kind verzogen

惯技 guànjì alter Trick (Schwindel)

惯例 guànlì überlieferte Regeln；Konvention；Gepflogenheit 外交～ diplomatische Gepflogenheiten

惯窃 guànqiè Gewohnheitsdieb

惯性 guànxìng Trägheit；Beharrungsvermögen

掼 guàn 1. werfen；schleudern；schmeißen 2. hinfallen；hinstürzen

掼纱帽 guàn shāmào aus dem Amt (Dienst) scheiden

盥 guàn sich waschen

盥洗 guànxǐ sich waschen；sich Hände und Gesicht waschen ～室 Waschraum

光 guāng 1. Licht 2. →光彩 2；光荣 3. →光亮；光泽 4. →光滑 5. alle；aufgebraucht；zu Ende gegangen 吃～ aufessen 6. nackt；entblößt ～着上身 mit entblößtem Oberkörper 7. bloß；nur；weiter nichts als 不能～靠别人 einzig und allein mit fremder Hilfe kann man es nicht schaffen

光彩 guāngcǎi 1. strahlender Glanz；strahlend ～夺目 blendend；strahlend 2. ehrenvoll；rühmlich；glorreich 这种做法于你并不～ da hast du dich nicht gerade rühmlich verhalten

光导纤维 guāngdǎo xiānwéi Lichtleitfaser

光度 guāngdù Lichtstärke ～计 Photometer

光怪陆离 guāng guài lù lí bizarr und bunt；grotesk geformt；seltsame Bildungen

G

光棍儿 guānggùnr Junggeselle；alleinstehender Mann 打～ Junggeselle bleiben
光合作用 guānghé zuòyòng Fotosynthese
光滑 guānghua glatt
光辉 guānghuī 1. Glanz；Glorie；Brillanz 2. glanzvoll；leuchtend；glorreich ～形象 hervorragende Gestalt
光洁 guāngjié glänzend und sauber；blank und rein
光景 guāngjǐng 1. Szene；Bild；Anblick 2. Verhältnisse；Lebensumstände；Lage 好～ günstige Lebensbedingungen 3. etwa；ungefähr 半夜～ so etwa um Mitternacht
光亮 guāngliàng leuchtend；glänzend；licht
光临 guānglín die Ehre Ihres Besuchs 欢迎你们～！Seid willkommen bei uns!
光芒 guāngmáng Strahlen；strahlender Glanz ～万丈 helle Lichtstrahlen aussenden
光明 guāngmíng 1. Licht；Lichtstrahl 重见～ das Sehvermögen wiedergewinnen；die Freiheit wiedererlangen 2. →光亮 3. licht；vielversprechend；aussichtsreich ～大道 erfolgversprechender Weg 4. offen；aufrichtig ～磊落 offen und ehrlich
光能 guāngnéng Lichtenergie
光年 guāngnián Lichtjahr
光谱 guāngpǔ Lichtspektrum
光圈 guāngquān Blende
光荣 guāngróng Ruhm；Ehre；ehrenvoll ～榜 Ehrentafel ～之家 ehrbare Familie
光天化日 guāng tiān huà rì am helllichten Tage；in aller Öffentlichkeit
光头 guāngtóu 1. barhäuptig；ohne Kopfbedeckung 2. kahlgeschorener Kopf；Glatze 剃～ kahlscheren
光秃秃 guāngtūtū kahl；nackt
光线 guāngxiàn Licht；Lichtstrahl
光纤通讯 guāngxiān tōngxùn Lichtleitkabel-Fernmeldedienst
光学 guāngxué Optik ～玻璃 optisches Glas
光阴 guāngyīn Zeit ～似箭 Wie schnell die Zeit vergeht!；Die Zeit verging wie im *Fluge*.
光源 guāngyuán Lichtquelle
光泽 guāngzé Glanz；Blänke；Politur
光照 guāngzhào Sonnenbestrahlung
光子 guāngzǐ Photon

桄 guāng 另见 guàng
桄榔 guāngláng Zukerpalme

广（廣） guǎng 1. weit；breit；ausgedehnt 见识～ reich an Erfahrungen und Kenntnissen 2. ausbreiten；verbreiten 广～见闻 den Horizont erweitern
广播 guǎngbō ausstrahlen；senden；übertragen 听～ Radio hören ～电台 Rundfunkstation；Radio ～体操 Rundfunkgymnastik
广博 guǎngbó umfangreich；umfassend 学识～ ein umfassendes Wissen besitzen
广场 guǎngchǎng Platz 天安门～ Tiananmen-Platz
广大 guǎngdà 1. weit；ausgedehnt 2. in großem Maßstab；weitverbreitet ～的群众运动 Massenbewegung großen Ausmaßes 3. in großer Anzahl ～群众 breite Massen
广度 guǎngdù Breite；Umfang；Ausmaß
广而言之 guǎng ér yán zhī im Allgemeinen；im Großen und Ganzen
广泛 guǎngfàn umfangreich；umfassend；extensiv ～宣传 eine breite Propaganda für etw entfalten
广告 guǎnggào Anzeige；Inserat；Reklame；Werbung 登～ inserieren
广阔 guǎngkuò breit；weit；ausgedehnt
广义 guǎngyì in der allgemeinen Bedeutung；im weiten Sinne

犷（獷） guǎng grob；flegelhaft；ungehobelt
犷悍 guǎnghàn unkultiviert und verwegen

桄 guàng
1. Garn aufspulen 2. Garnrolle 线～儿 Garnrolle 3.（Zähleinheitswort）Docke 一～线 eine Docke

逛 guàng spazierengehen；bummeln；schlendern ～大街 durch die Hauptgeschäftsstraßen bummeln
逛荡 guàngdang umherbummeln；umherschlendern；trödeln

规（槼） guī →规则 1；规章
规程 guīchéng Bestimmungen；Vorschriften；Normative 议事～ Geschäftsordnung
规定 guīdìng 1. bestimmen；festsetzen；vorsehen ～生产定额 Produktionssoll festsetzen 2. Bestimmung；Vorschrift；Festlegung 按照党章的～ nach dem Parteistatut

规范 guīfàn 1. Norm; Standard ～化 Standardisierung; Normung 2. normgemäß
规格 guīgé 1. Spezifikation 产品～ Spezifikation der Produkte 2. Norm; Standard
规划 guīhuà 1. Planung; Plan 远景～ Perspektivplanung 2. Planen; Ausarbeitung von Plänen 全面～ komplexe Planung
规矩 guīju 1. anständig; gesittet; manierlich 守～ sich gesittet (anständig) benehmen 2. Vorschriften; Regeln; Gepflogenheit
规律 guīlǜ Gesetz; Gesetzmäßigkeit 社会发展～ Gesetz der gesellschaftlichen Entwicklung
规模 guīmó Umfang; Ausmaß; Dimension 建设～ Ausmaß des Aufbaus 大～的群众运动 Massenbewegung großen Ausmaßes
规约 guīyuē vereinbarungsgemäße Konditionen; vertragsgemäße Bedingungen; Vertragsbestimmungen
规则 guīzé 1. Regeln; Vorschriften 交通～ Verkehrsvorschriften 违反～ vorschriftswidrig 2. regulär; regelmäßig; gleichmäßig ～四边形 Parallelogramm
规章 guīzhāng Regeln; Vorschriften; Bestimmungen ～制度 Vorschriften

闺 guī →闺房
闺房 guīfáng Frauengemach
闺女 guīnü Mädel; Mädchen; Tochter

硅 guī Silizium (Si)

鲑 guī Lachs

归(歸) guī 1. heimkehren; zurückkehren ～国华侨 heimgekehrter Auslandschinese 2. →归还 物～原主 Rückgabe einer Fundsache an den Besitzer 3. →归拢; 归并 1
归案 guī'àn jn festnehmen und dem Gericht ausliefern
归并 guībìng 1. angliedern; sich vereinigen; fusionieren 2. →归拢
归档 guīdàng ablegen; etw zu den Akten legen (nehmen); etw in ein Archiv aufnehmen
归队 guīduì 1. wieder zu seiner Truppeneinheit zurückkehren 2. wieder in seinem alten Beruf tätig sein
归根结底 guī gēn jié dǐ im Grunde genommen; im Wesentlichen; letzten Endes
归公 guīgōng etw in gesellschaftliches Eigentum (Gemeineigentum) überführen
归功 guīgōng jm etw als Verdienst anrechnen; jm etw verdanken
归还 guīhuán zurückgeben; wiedergeben; zurückerstatten
归拢 guīlǒng zusammenbringen; zusammenlegen; zusammenstellen
归纳 guīnà zusammenfassen; das Resümee aus etw ziehen ～各方的意见 die Meinungen aller Seiten zusammenfassen
归侨 guīqiáo in die Heimat zurückgekehrter Auslandschinese
归顺 guīshùn sich unterwerfen; sich ergeben
归宿 guīsù Ausgang; Endergebnis; Heimstätte 找到～ seine endgültige Heimstatt finden
归于 guīyú 1. gehören; zuschreiben; zukommen 光荣～祖国 Ruhm gebührt dem Vaterland 2. auf etw hinauslaufen 意见～一致 ihre Meinungen haben sich angeglichen
归罪 guīzuì jm die Schuld zuschieben; jn verantwortlich machen; die Schuld auf jn abwälzen

皈 guī
皈依 guīyī sich zu etw bekennen

瑰 guī selten und wertvoll; rar
瑰宝 guībǎo rare Kostbarkeit; Kleinod 艺术～ Kleinode in der Fundgrube der Kunst
瑰丽 guīlì wunderschön; prächtig; herrlich ～多彩 farbenprächtig

龟(龜) guī 另见 jūn
Schildkröte ～甲 Schildkrötenpanzer
龟缩 guīsuō sich verkriechen; sich hinter etw verschanzen (verbergen)

鬼 guǐ 1. →鬼魂 2. (Schimpfwort): 烟～ Kettenraucher 捣蛋～ Lausebengel 3. hinterlistig; heimtückisch; unlautere Absichten ～主意 üble Absichten 心中有～ etw gegen jn im Schilde führen; ein schlechtes Gewissen haben 4. sehr schlecht; verdammt; teuflisch ～天气 Sauwetter 5. schlau; pfiffig; raffiniert
鬼鬼祟祟 guǐ guǐ suì suì verstohlen; diebisch; heimlich tun
鬼怪 guǐguài Dämonen und Gespenster;

G

böse Mächte

鬼话 guǐhuà Lüge; Unsinn ～连篇 nichts als Lügen

鬼魂 guǐhún Seele eines Verstorbenen; Geist

鬼混 guǐhùn 1. in den Tag hinein leben 2. ein leichtfertiges Leben führen

鬼蜮 guǐyù 1. heimtückisch; hinterhältig ～伎俩 unlautere Handlungen; zweifelhafte Praktiken 2. Dämon; Teufel

鬼子 guǐzi (abschätzige Bezeichnung für Ausländer, die in China eingedrungen waren) Teufel 洋～ ausländischer Eindringling

轨 guǐ 1. Schiene 2. →轨道 1 3. Ordnung; Regel; Norm 步入正～ ins rechte Gleis kommen

轨道 guǐdào 1. Gleis; Bahn 火车～ Eisenbahn 2. Bahn; Umlaufbahn 3. Bahn; Weg; Kurs 生活走上了新的～ das Leben ist nun in neue Bahnen gekommen

轨迹 guǐjì 1. geometrischer Ort 2. →轨道 2

诡 guǐ Tücke; hinterlistig

诡辩 guǐbiàn Sophismus; Sophisterei; Haarspalterei treiben

诡计 guǐjì hinterlistiger Plan; teuflische List ～多端 voller Tücke stecken; es hinter den Ohren haben

诡秘 guǐmì heimlich tun

癸 guǐ der letzte der zehn Himmelsstämme

桂 guì 1. Zimt 2. Lorbeerbaum 3. →桂花

桂冠 guìguān Lorbeerkranz 戴上胜利者的～ jm als Sieger den Lorbeerkranz aufsetzen

桂花 guìhuā Duftblüte

柜(櫃) guì Schrank; Truhe 玻璃～ Glasschrank

柜台 guìtái Ladentisch; Verkaufstisch

贵 guì 1. teuer; kostspielig 价钱～ von hohem Preis 2. wertvoll; kostbar 兵～神速 in einer militärischen Operation ist Schnelligkeit von äußerster Wichtigkeit 3. hochgestellt; vornehm ～妇人 vornehme Dame 4. (zum Ausdruck der Hochschätzung) Sie; Ihr ～国政府 die Regierung Ihres Landes

贵宾 guìbīn hoher Gast; Ehrengast ～席 Ehrenplätze

贵重 guìzhòng kostbar; wertvoll; edel

贵族 guìzú Aristokrat; Aristokratie; Adel

跪 guì knien; auf den Knien; in kniender Haltung ～下 niederknien; sich vor jm auf die Knie werfen

跪拜 guìbài vor jm seinen Kotau machen

桧(檜) guì chinesischer Wacholder

刽(劊) guì abschlagen

刽子手 guìzishǒu 1. Henker; Scharfrichter 2. Schlächter; Massenmörder

滚(滾) gǔn 1. rollen; wälzen; kullern 2. sich wegscheren; verschwinden ～开 Fort mit dir! / Geh weg von mir! 3. kochen; sieden; brodeln; wallen 水～了 das Wasser kocht (siedet, brodelt) 4. einen Saum nähen; säumen

滚蛋 gǔndàn Verschwinde! / Mach, dass du fortkommst!

滚热 gǔnrè glühend heiß; kochend heiß

滚圆 gǔnyuán kugelrund

磙(磙) gǔn 1. →磙子 2. planieren; ebnen ～地 den Boden planieren

磙子 gǔnzi Steinwalze

棍 gùn →棍子

棍子 gùnzi Stab; Stock; Knüppel

聒 guō geräuschvoll; lärmend; lautstark

聒耳 guō'ěr jm in den Ohren gellen

过(過) guō 另见 guò übermäßig; allzu viel ～费 unnötigen Aufwand mit etw treiben; etw in unvernünftig großer Menge aufbrauchen

锅(鍋) guō Kochtopf; Kessel

锅巴 guōbā Reiskruste in einem Kochtopf

锅炉 guōlú Dampfkessel; Kessel ～房 Kesselhaus

锅贴儿 guōtiēr gebratenes Stückchen mit Fleischfüllung

国(國、囯) guó →国家 ～内 Inland; inländisch; innerstaatlich 到～外去 ins Ausland gehen (reisen)

国宝 guóbǎo nationale Kostbarkeiten

国产 guóchǎn im Inland hergestellt; in China hergestellt ～商品 in China hergestellte Waren; einheimische Produkte
国法 guófǎ Staatsgesetz
国防 guófáng Landesverteidigung; nationale Verteidigung ～军 nationale Streitkräfte 巩固～ Landesverteidigung festigen
国歌 guógē Nationalhymne
国画 guóhuà traditionelle chinesische Malerei
国徽 guóhuī Staatswappen; Staatsemblem
国会 guóhuì Parlament; Kongress; Nationalversammlung ～制 Parlamentarismus
国货 guóhuò einheimische Produkte; chinesische Waren
国籍 guójí 1. Staatsangehörigkeit; Staatszugehörigkeit; Staatsbürgerschaft 双重～ doppelte Staatsangehörigkeit 2. Nationalität
国际 guójì 1. zwischenstaatlich; international ～关系 zwischenstaatliche (internationale) Beziehungen ～友人 ausländische Freunde 2. überstaatlich ～音标 Internationales Phonetisches Alphabet ～形势 internationale Lage; Weltlage
国际法 guójìfǎ Völkerrecht; internationales Recht
国际主义 guójì zhǔyì Internationalismus
国计民生 guó jì mín shēng Staatshaushalt und Volkswohlstand
国家 guójiā Staat; Land; national ～机关 Staatsorgan; staatliches Organ 发展中的～ Entwicklungsland
国界 guójiè Staatsgrenze; Landesgrenze; Grenze
国境 guójìng Hoheitsgebiet; Territorium
国库 guókù Staatskasse; Schatzamt; Fiskus ～券 Schatzanweisungen; Staatsanleihe
国民 guómín Staatsbürger; Staatsangehörige(r) ～经济 Volkswirtschaft
国内 guónèi inländisch; im Inland ～生产总值 Bruttoinlandsprodukt
国旗 guóqí Staatsflagge; Nationalfahne
国情 guóqíng Lage der Nation; Verhältnisse des Landes
国庆 guóqìng Staatsfeiertag; Nationalfeiertag
国事 guóshì Staatsangelegenheiten; Staatsgeschäfte ～访问 Staatsbesuch
国书 guóshū Beglaubigungsschreiben 递交～ das Beglaubigungsschreiben überreichen
国体 guótǐ 1. Staatssystem; Staatsform 2. Prestige des Staates 有失～ Verlust an Nationalprestige
国土 guótǔ Territorium; Staatsgebiet; Hoheitsgebiet
国外 guówài ausländisch; im Ausland
国王 guówáng König
国务 guówù Staatsgeschäfte ～卿 Außenminister ～院 Staatsrat ～秘书 Staatssekretär
国宴 guóyàn Staatsbankett
国营 guóyíng staatseigen; volkseigen; staatlich 社会主义～经济 staatlicher Sektor der sozialistischen Volkswirtschaft
国有 guóyǒu Staatseigentum; staatseigen; volkseigen ～化 verstaatlichen; nationalisieren; Verstaatlichung

胭(膕) guó Kniekehle
胭窝 guówō Höhlung der Kniekehle

果[1] guǒ 1. Frucht; Obst 2. Folge; Ergebnis; Resultat

果[2] guǒ →果然 1
果断 guǒduàn entschieden; entschlossen; resolut 采取～措施 kurz entschlossen zupacken; energisch durchgreifen; entschiedene Maßnahmen ergreifen
果脯 guǒfǔ kandierte Früchte
果酱 guǒjiàng Marmelade; Konfitüre
果皮 guǒpí Obstschale; Fruchtschale
果然 guǒrán 1. tatsächlich; wie erwartet ～名不虚传 sich tatsächlich eines guten Rufes würdig erweisen 2. wenn wirklich
果肉 guǒròu Fruchtfleisch
果实 guǒshí 1. Frucht 2. Errungenschaft; Erfolg; Frucht 劳动～ Früchte der Arbeit
果树 guǒshù Obstbaum ～栽培 Obstanbau; Obstkultur
果园 guǒyuán Obstgarten; Obstplantage
果汁 guǒzhī Fruchtsaft; Obstsaft; Juice
果子 guǒzi Früchte ～酒 Fruchtwein; Obstwein ～露 Fruchtsirup; Obstsaft

裹 guǒ 1. einwickeln; einhüllen; umwickeln 2. jn zu unlauteren Zwecken fortschleppen
裹腿 guǒtui Wickelgamasche 打～ Wickelgamaschen anlegen
裹胁 guǒxié jn zur Beteiligung an einer Übeltat nötigen

裹足不前 guǒ zú bù qián stehenbleiben und keinen Schritt nach vorne mehr tun

馃 guǒ fritierter Kuchen

馃子 guǒzi fritierter Kuchen

过（過） guò 另见 guō
1. passieren; vorbeigehen; hinübergehen; überqueren ～马路 über die Straße gehen 2. verbringen; verleben ～冬 überwintern ～两小时 in zwei Stunden 3. übertragen; übereignen; überschreiben 4. behandeln; bearbeiten ～筛 durchsieben 5. übermäßig; allzu 估计～高 überschätzen; überbewerten 树长得～了房 der Baum ist über das Haus hinausgewachsen 6. →过失

过（過） guò 1. (zum Ausdruck der Vollendung einer Handlung): 我吃～饭就去 ich gehe gleich nach dem Essen 2. (zum Ausdruck der Vergangenheit): 他在这里工作～两年 er hat hier zwei Jahre gearbeitet

过磅 guòbàng wiegen

过不去 guò bu qù 1. nicht durchgehen können; nicht passieren können 2. jm Schwierigkeiten bereiten (machen); jm Hindernisse (Steine) in den Weg legen 他不会跟你～ er wird dir nicht in die Quere kommen 3. sich schuldig fühlen; ein schlechtes Gewissen haben

过程 guòchéng Prozess; Vorgang; Verlauf 发展～ Entwicklungsprozess

过错 guòcuò Schuld; Fehler; Versehen

过道 guòdào Korridor; Durchgang

过得去 guò de qù 1. durchgehen können; passieren können 2. es nicht gerade schwer haben 3. passabel; erträglich; akzeptabel 条件还算～ mit diesen Bedingungen kann man sich auch schon abfinden 4. sich nicht schuldig fühlen; ein ruhiges Gewissen haben 叫我怎么～? Wie kann ich ein reines Gewissen haben?

过度 guòdù übermäßig; allzusehr; allzuviel *～疲劳 übermäßig müde*

过渡 guòdù übergehen; Übergang ～时期 Übergangsperiode; Übergangszeit

过分 guòfèn übertrieben; übermäßig; zu weit gehen 这话说得太～了 das ist ja (doch) allerhand

过关 guòguān 1. einen Pass überschreiten 2. eine Probe bestehen; einer Prüfung standhalten 3. die Norm (die Forderungen) erfüllen 不让次品～ minderwertige Produkte aussortieren

过户 guòhù übereignen; auflassen

过活 guòhuó leben; sein Leben fristen 靠劳动～ von seiner Hände Arbeit leben; sein Brot mit täglicher Arbeit verdienen

过火 guòhuǒ zu weit gehen; übertreiben; überspitzt

过激 guòjī radikal; extrem; zu scharf ～的言论 radikale Äußerungen

过继 guòjì 1. seinen Sohn zum Adoptivkind eines Verwandten machen 2. den Sohn eines Verwandten adoptieren

过节 guòjié ein Fest feiern (begehen)

过来 guòlái (nach Verben) es schaffen; damit fertig werden; dazu in der Lage sein 活儿虽多，一个人也干得～ es gibt zwar viel Arbeit, aber allein kann man es auch schaffen

过来 guòlai herüberkommen

过来 guòlái 1. (nach Verben) herüber-; herbei- 飞～ herüberfliegen; heranfliegen 2. (nach Verben) herum- 把脸转～ den Kopf herumdrehen 3. (nach Verben zum Ausdruck der Wiederherstellung des ursprünglichen oder normalen Zustandes): 醒～ aufwachen

过滤 guòlǜ filtern; filtrieren ～器 Filter; Filtrierapparat

过敏 guòmǐn Allergie; Überempfindlichkeit 神经～ überempfindlich; nervös

过目 guòmù nachlesen; durchsehen; Durchsicht ～不忘 ein fabelhaftes Gedächtnis haben

过年 guònián den Neujahrstag feiern; das Frühlingsfest begehen

过年 guònian nächstes Jahr

过期 guòqī überfällig sein 证件～作废 der Ausweis verfällt

过去 guòqù in der Vergangenheit; früher 在～的一年中 im letzten Jahr 想想～ an die Vergangenheit zurückdenken

过去 guòqù hinübergehen; vorbeigehen; vorüber (vorbei) sein 我～看看 ich gehe nach drüben und schaue mal nach, was los ist

过去 guòqu 1. (nach Verben) hin-; hinüber-; vorbei-; vorüber- 向敌人扑～ sich auf den Feind stürzen 2. (nach Verben) um- 3. (drückt nach Verben aus, dass jd sich nicht mehr im ursprünglichen oder normalen Zustand befindet)：昏～ Ohnmachtsanfall 4. (nach Verben) durchkommen 丑事瞒不～ eine Schandtat kann man nicht länger verheimlichen

过剩 guòshèng überschüssig；Überschuss 生产～ Überproduktion

过失 guòshī Fehler；Schuld；Vergehen

过时 guòshí überholt；veraltet；unmodern 这种式样已经～ diese Machart ist schon aus der Mode gekommen

过堂风 guòtángfēng Zugluft；Luftzug；Durchzug

过问 guòwèn sich um etw kümmern；für jn etw Sorge tragen

过细 guòxì aufs Genaueste；sorgfältig；gründlich

过夜 guòyè übernachten；nächtigen

过硬 guòyìng etw meisterhaft können；etw vollkommen beherrschen 技术～ souveränes Können

过于 guòyú →过分

H

哈 hā 另见 hǎ
1. →哈气 2.（Ausruf des Lachens）haha! ～～大笑 schallend lachen 3.（Ausruf des Wohlgefallens oder Triumphes）ah! ha! ～～，我猜着了 ha，ich habe richtig geraten
哈哈镜 hāhājìng Zerrspiegel；Vexierspiegel
哈喇 hāla ranzig
哈气 hāqì hauchen
哈欠 hāqian Gähner 打～ gähnen
哈萨克族 hāsākèzú Kasachen-Nationalität
哈腰 hāyāo sich niederbeugen；sich bücken；sich verbeugen

铪 hā Hafnium（Hf）

蛤 há
蛤蟆 hámá Frosch；Kröte

哈 hǎ 另见 hā
jm einen Verweis geben；rüffeln
哈巴狗 hǎbagǒu 1. Pekinese 2. Speichellecker；Kriecher
哈达 hǎdá Seidenschal als Begrüßungsgeschenk（in Tibet und der Inneren Mongolei）

骸 hái →骸骨
骸骨 háigǔ Skelett；Knochengerust

孩 hái →孩子
孩提 háití früheste Kindheit
孩子 háizi 1. Kind 男～ Junge；Knabe 女～ Mädchen；Mädel 2. Kind；Sohn；Tochter

还（還） hái 另见 huán
1. noch；nach wie vor 雨～在下 es regnet immer noch 2. noch mehr 今天比昨天～冷 heute ist es noch kälter als gestern 3. leidlich；passabel；gerade noch genügend ～好，没来晚 zum Glück ist man gerade noch rechtzeitig gekommen 4. selbst；sogar；noch 你～搬不动，何况我呢？es ist so schwer，dass auch du es nicht hochheben（fortschaffen）kannst，geschweige denn ich 5. zu js Überraschung 没想到这事儿～真难办 die Durchführung bereitete unvermutete Schwierigkeiten

海 hǎi 1. Meer；See 2. große Menge；gewaltige Masse 人～ Menschenmeer 3. ein großes Fassungsvermögen haben ～碗 große Schüssel（Schale）
海岸 hǎi'àn Meeresküste；Küste ～线 Küstenlinie
海拔 hǎibá Höhe über dem Meeresspiegel
海报 hǎibào Ankündigung einer Kulturveranstaltung；Theaterzettel；Kinoreklame
海豹 hǎibào Seehund
海滨 hǎibīn Meeresstrand；Küstenstreifen ～浴场 Seebad
海带 hǎidài Seetang
海盗 hǎidào Seeräuber；Pirat ～行为 Seeräuberei；Piraterie
海防 hǎifáng Küstenschutz；Küstenverteidigung ～前线 Küstenfront
海港 hǎigǎng Seehafen；Hafen
海关 hǎiguān Zollamt；Zoll
海疆 hǎijiāng Küstenzone
海军 hǎijūn Marine；Seestreitkräfte；Matrose ～陆战队 Marineinfanterie
海葵 hǎikuí Seerose；Aktinie
海里 hǎilǐ Seemeile
海轮 hǎilún Überseedampfer；Ozeandampfer
海洛因 hǎiluòyīn Heroin
海绵 hǎimián 1. Schwamm 2. Schaumgummi ～球拍 Schläger mit Schaumgummibelag
海面 hǎimiàn Meeresspiegel；Meeresoberfläche
海鸥 hǎi'ōu Möwe
海参 hǎishēn Seegurke；Trepang
海狮 hǎishī Seelöwe

海市蜃楼 hǎi shì shèn lóu 1. Fata Morgana 2. Trugbild; Wahnbild
海事 hǎishì Seewesen ～仲裁委员会 Schiedskomission für die Schifffahrtsangelegenheiten
海獭 hǎitǎ Seeotter
海滩 hǎitān Meeresstrand; Strand
海图 hǎitú Seekarte; nautische Karte
海豚 hǎitún Delphin
海外 hǎiwài Übersee; Ausland; überseeisch ～侨胞 Landsleute in Übersee ～版 Auslandsausgabe ～关系 Verwandte in Übersee haben
海湾 hǎiwān Golf; Meeresbucht
海王星 hǎiwángxīng Neptum
海味 hǎiwèi Meeresprodukte
海峡 hǎixiá Meerenge; Meeresstraße; Kanal
海啸 hǎixiào Tsunami; seismische Woge; Flutwelle
海洋 hǎiyáng Seen und Meere; Weltmeer; Ozean ～学 Ozeanographie; Meereskunde
海域 hǎiyù Seegebiet; Territorialgewässer
海员 hǎiyuán Seemann; Matrose
海运 hǎiyùn Seeschifffahrt; Seetransport
海葬 hǎizàng Seebestattung
海藻 hǎizǎo Seetang
海战 hǎizhàn Seeschlacht; Seegefecht
海蜇 hǎizhé Qualle

害 hài 1. Übel; Unheil; Katastrophe 虫～ Schädlingsbefall 2. schädlich ～鸟 schädlicher Vogel 3. jm Schaden zufügen ～人不浅 gewaltigen Schaden anrichten; jn in eine peinliche (schiefe) Lage bringen 4. ermorden 遇～ einem Mordanschlag zum Opfer fallen 5. erkranken; an *einer Krankheit leiden* ～肺炎 an Lungenentzündung erkrankt sein
害病 hàibìng sich eine Krankheit zuziehen; krank werden; erkranken
害虫 hàichóng Schadinsekt; Schädling
害处 hàichu Schaden; Nachteil
害怕 hàipà fürchten; Angst haben
害群之马 hài qún zhī mǎ das schwarze Schaf
害羞 hàixiū sich genieren; schüchtern; sich schämen

亥 hài der letzte der zwölf Erdzweige

氦 hài Helium (He)

骇 hài erschrecken; jm einen Schreck einjagen ～人听闻 erschreckend; haarsträubend
骇然 hàirán starr vor Entsetzen sein

鼾 hān schnarchen 打～ schnarchen
鼾声 hānshēng Schnarchen; Schnarchgeräusch

憨 hān 1. einfältig; töricht 2. arglos; naiv
憨厚 hānhòu naiv und treuherzig; gutmütig und dumm

酣 hān nach Herzenslust; ausgelassen; ausgiebig ～饮 nach Herzenslust trinken
酣畅 hānchàng nach Herzenslust; ausgelassen; ausgiebig
酣睡 hānshuì fester Schlaf; in tiefem Schlaf liegen
酣战 hānzhàn heftiger (erbitterter) Kampf

蚶 hān →蚶子
蚶子 hānzi Archenmuschel

寒 hán 1. kalt ～冬 strenger Winter 2. →寒心 3. →寒苦
寒潮 háncháo Kältewelle
寒碜 hánchen 1 hässlich; unansehnlich 2. blamabel; beschämend 就我们没完成任务，真～ nur wir allein konnten die Aufgabe nicht bewältigen, das war eine Blamage für uns 3. sich über jn/etw lustig machen; über etw/jn spotten
寒带 hándài kalte Zone
寒假 hánjià Winterferien
寒噤 hánjìn kalter Schauder 打了个～ einen Schauder empfinden
寒苦 hánkǔ in bitterer Armut
寒冷 hánlěng kalt; eisig
寒流 hánliú kalte Strömung
寒露 hánlù „Kalter Tau" (Bezeichnung für den 8. oder 9. Oktober)
寒热 hánrè Schüttelfrost 发～ Frost und Hitze haben
寒暑表 hánshǔbiǎo Thermometer
寒酸 hánsuān schäbig; armselig ～相 Bild der Armut; armseliger Anblick
寒心 hánxīn eine bittere (schmerzliche) Enttäuschung erleiden
寒暄 hánxuān Höflichkeiten austauschen
寒战 hánzhàn frösteln; Schauder

H

汗 hán 另见 hàn
Khan ～国 Khanat

含 hán 1. etw im Mund halten ～一口水 Wasser im Mund haben 2. enthalten ～着泪水 mit Tränen in den Augen 3. hegen 眼里～着责备的神情 in seinem Blick liegt Vorwurf

含糊 hánhu 1. unklar; undeutlich; zweideutig ～其辞 sich (mit Absicht) undeutlich ausdrücken 2. oberflächlich; unachtsam; nachlässig 作事一点也不～ seiner Arbeit gewissenhaft nachkommen 3. (meist bei Verneinungen) sich nicht mit anderen zu messen wagen

含量 hánliàng Gehalt

含沙射影 hán shā shè yǐng jn durch versteckte Anspielungen verleumden

含笑 hánxiào lächelnd; schmunzelnd; mit einem Lächeln ～点头 jm lächelnd zunicken

含羞 hánxiū schüchtern; verschämt

含蓄 hánxù 1. →含有 2. implizit; mit enthalten; versteckt

含义 hányì Bedeutungsgehalt; Sinn

含有 hányǒu enthalten; beinhalten

含冤 hányuān sich ungerecht behandelt fühlen

函(凾) hán 1. Futteral; Behältnis; Schutzhülle 2. Brief; Schreiben

函电 hándiàn Briefe und Telegramme

函购 hángòu etw über die Post bestellen

函件 hánjiàn Briefschaften; Korrespondenz

函授 hánshòu Fernstudium; einen Fernkurs abhalten ～班 Fernkurs; Fernunterricht ～生 Fernstudent

函数 hánshù Funktion ～表 Funktionstabelle

涵 hán 1. enthalten; etw in sich tragen (schließen) 2. Durchlass

涵洞 hándòng Durchlass; Abzugkanal

涵养 hányǎng 1. Selbsterziehung; Selbstbeherrschung; Kontenance 很有～ eine erstaunliche Selbstbeherrschung haben 2. Wassererhaltung; (Wasser) erhalten ～水源 Wasserquellen erhalten

罕 hǎn →罕有

罕见 hǎnjiàn selten; selten vorkommen

罕有 hǎnyǒu selten; rar; selten vorkommen

喊 hǎn 1. rufen (etw mit erhobener Stimme sagen); schreien ～口号 Losungen rufen 2. rufen (jn durch Rufen aufmerksam machen)

喊话 hǎnhuà jm etw zurufen

喊叫 hǎnjiào aufschreien; ausrufen 大声～ laut rufen

汗 hàn 另见 hán
Schweiß ～流浃背 in Schweiß gebadet sein

汗孔 hànkǒng Schweißpore

汗马功劳 hàn mǎ gōng láo bedeutsamer Beitrag; Verdienst

汗毛 hànmáo Körperhärchen

汗牛充栋 hàn niú chōng dòng die Ochsen würden schwitzen, wenn sie solche Bücherlasten tragen müssten — eine reiche Büchersammlung haben

汗衫 hànshān Sporthemd; T-Shirt

汗颜 hànyán beschämt sein; vor Scham schwitzen

旱 hàn 1. Trockenheit; Dürre 2. trocken ～田 Trockenfeld

旱季 hànjì Trockenperiode; Trockenzeit

旱路 hànlù Landweg

旱桥 hànqiáo Viadukt; Überführung

旱情 hànqíng Dürre

旱烟 hànyān Pfeifentabak ～袋 langstielige chinesische Tabakpfeife

旱灾 hànzāi Dürre; Trockenheit; Dürrekatastrophe

悍 hàn 1. tapfer; kühn 2. wild und brutal

悍然 hànrán skrupellos

焊(銲、釬) hàn löten; schweißen

焊缝 hànfèng Löt-; Schweißnaht

焊工 hàngōng 1. Schweißer 2. Schweißarbeit

焊接 hànjiē löten; schweißen

焊料 hànliào Lot; Lötmetall; Lötmittel

焊枪 hànqiāng Schweißbrenner; Lötpistole; Schweißpistole

焊条 hàntiáo Schweißdraht; Schweißstab

捍(扞) hàn →捍卫

捍卫 hànwèi verteidigen; schützen ～国土 das Territorium des Vaterlandes verteidigen

汉(漢) hàn 1. →汉族 2. →汉语 ～德词典 chinesisch-deutsches Wörterbuch 3. →汉子
汉白玉 hànbáiyù weißer Marmor
汉堡包 hànbǎobāo Hamburger
汉奸 hànjiān chinesischer Landesverräter
汉人 hàn rén Angehörige(r) der Han-Nationalität
汉学 hànxué 1. Han-Schule der klassischen chinesischen Philologie 2. Sinologie
汉语 hànyǔ chinesische Sprache; Chinesisch
汉字 hànzì chinesische Schrift; chinesische Schriftzeichen; chinesische Charaktere
汉子 hànzi 1. Mann 2. Ehemann
汉族 hànzú Han-Nationalität

憾 hàn bedauern; bereuen ～事 bedauerliche Sache

撼 hàn →撼动
撼动 hàndòng rütteln; schütten; erschüttern

颔 hàn 1. Kinn 2. nicken
颔首 hànshǒu nicken

夯(硂) hāng 1. Ramme; Stampfer 打～ rammen; stampfen 2. kräftig schlagen

航 háng →航行
航班 hángbān planmäßiger Flug; Flugnummer
航标 hángbiāo Boje; Seezeichen; Navigationszeichen
航程 hángchéng Luftstrecke; Fahrstrecke
航次 hángcì Flugnummer; Linienschiffsnummer
航道 hángdào Schifffahrtsweg; Fahrrinne
航海 hánghǎi Seeschifffahrt; Navigation ～学 Schifffahrtskunde; Nautik
航空 hángkōng 1. Flugwesen; Luftfahrt 民用～ Zivilflugwesen; Zivilluftfahrt ～公司 Fluggesellschaft 2. Luft-; Aero- ～信 Luftpostbrief ～母舰 Flugzeugträger
航天 hángtiān Raumflug; Raumfahrt ～飞机 Raumtransporter; space shuttle ～站 Raumstation
航线 hángxiàn Schifffahrtslinie; Fluglinie; Kurs
航向 hángxiàng Fahrtrichtung; Flugrichtung; Kurs
航行 hángxíng 1. schiffen 2. fliegen 远洋～ Hochseeschifffahrt; Überseeschifffahrt 宇宙～ Raumfahrt
航运 hángyùn Schiffstransport; Schiffsversand

行 háng 另见 xíng
1. Reihe 排成两～ in zwei Reihen antreten (stehen) 2. einen bestimmten Platz in der altersmäßigen Reihe der Geschwister einnehmen 我～三 ich bin das drittälteste Kind in der Familie 3. Beruf; Gewerbe 4. Firma; Geschäft 拍卖～ Auktionslokal; Versteigerungslokal 5. (Zähleinheitswort) Zeile; Reihe 一～字 eine Zeile
行话 hánghuà Berufssprache; Fachsprache; Fachjargon
行会 hánghuì Zunft; Gilde
行家 hángjia Fachmann; Fachkenner; Sachverständige(r)
行距 hángjù Abstand zwischen zwei Reihen
行列 hángliè Reihe; Glied 参加社会主义建设的～ sich den Reihen des sozialistischen Aufbaus anschließen
行情 hángqíng Marktlage; Börsenkurs 市场～ Marktlage
行业 hángyè Beruf; Gewerbe 服务性～ Dienstleistungsgewerbe; Dienstleistungsbetriebe

绗 háng steppen; etw mit lückenlos aneinandergereihten Hinterstichen zusammennähen; heften ～棉被 eine wattierte Decke steppen

沆 hàng Hochwasser
沆瀣一气 hàng xiè yī qì mit jm unter einer Decke stecken; mit jm gemeinsame Sache machen

巷 hàng 另见 xiàng
→巷道
巷道 hàngdào Stollen

蒿 hāo →蒿子
蒿子 hāozi Beifuß

豪 háo 1. →豪放;豪爽 2. →豪强 1
豪放 háofàng weitherzig; kühn und unbefangen ～不羁 frei und ungezwungen
豪华 háohuá 1. verschwenderisch; luxuriös; extravagant 过～的生活 wie ein

Fürst leben；im Luxus leben ～车 Luxuswagen 2. prunkvoll
豪杰 háojié Held
豪迈 háomài heldenhaft；kühn und großzügig
豪门 háomén reiche und einflussreiche Familie
豪强 háoqiáng 1. despotisch；tyrannisch 2. Despot；Tyrann
豪情 háoqíng erhabene Gefühle ～满杯 von großem Enthusiasmus beseelt sein
豪爽 háoshuǎng weitherzig und freimütig；geradeheraus
豪言壮语 háo yán zhuàng yǔ heldenhafte Worte；große Worte
豪猪 háozhū Stachelschwein
豪壮 háozhuàng großartig；gewaltig；kraftvoll

壕（濠） háo 1. Stadtgraben 城～ Stadtgraben 2. Graben；Schützengraben 防空～ Luftschutzgraben
壕沟 háogōu 1. Schützengraben 2. Graben

嚎 háo 1. → 嚎叫（von Tieren）heulen；brüllen 狼～ Wolfsgeheul 2. laut weinen

毫 háo 1. Härchen 2. Pinsel 挥～ den Pinsel führen 3.（bei Verneinungen）（nicht）im Geringsten；（nicht）im Entferntesten；durchaus（nicht）～不犹疑 ohne auch nur im Geringsten zu zögern
毫安 háoān Milliampere
毫伏 háofú Millivolt
毫克 háokè Milligramm
毫毛 háomáo Körperhärchen；Härchen
毫米 háomǐ Millimeter
毫升 háoshēng Milliliter

蚝（蠔） háo Auster ～油 Austernsauce

号（號） háo 另见 hào
1. schreien；heulen；rufen 狂风怒～ der Wind heult 2. →号哭
号叫 háojiào brüllen；heulen；durchdringend schreien
号哭 háokū laut weinen；heulen
号啕 háotáo laut schreien；laut jammern ～大哭 durchdringend schreien und heulen；zetern

嗥（嘷） háo brüllen；heulen；schreien

貉 háo 另见 hé
貉子 háozi Marderhund

好 hǎo 另见 hào
1. gut；schön ～主意 gute Idee ～极了！Sehr gut！/ das ist Klasse 2. mit jm befreundet sein；zu jm freundlich sein 他跟我～ er ist freundlich zu mir 3. gesund；genesen；heil 你身体～吗？Wie geht es dir gesundheitlich？他的病～了 er ist wieder okay 4.（In Höflichkeitsformeln）：你～走！Kommen Sie gut nach Hause！5. fertig；vollendet 计划已经订～了 man hat schon einen Plan ausgearbeitet 6.（zum Ausdruck der Anerkennung，der Zustimmung oder des Unwillens）schön；einverstanden；schon gut ～，就这么办 Abgemacht！/ Dabei bleibt es！7. leicht；bequem；einfach 这事很～办 das ist kein Problem 8.（drückt aus，dass es eine größere Menge von etw an der Zahl ist，oder dass etw sich über eine relativ große Zeitspanne erstreckt）：～几次 mehrere Male；mehrmals 9. sehr；recht；ziemlich ～冷 sehr kalt 10.（vor Adjektiven）wie；wieviel 离城有～远？Wie weit ist es von hier bis zur Stadt？
好比 hǎobǐ mit etw vergleichbar sein；wie
好不 hǎobù außerordentlich；äußerst ～幸福 große Glückseligkeit
好吃 hǎochī köstlich；wohlschmeckend；schmackhaft
好处 hǎochu 1. Vorteil；Nutzen 这没有什么～ davon kann man nichts profitieren 2. Vorzüge
好歹 hǎodǎi 1. Gute und Böse 不知～ Gutmütigkeit und Bosheit nicht unterscheiden können；j Wohlwollen（Entgegenkommen）nicht zu schätzen wissen 2. Gefahr；Unfall；Unglück 万一他有什么～，这可怎么办？Wenn ihm etwas passiert ist，was soll man dann machen？3. schlecht und recht；so gut es geht 4. jedenfalls；auf jeden Fall；wie dem auch sei ～总得给他个回音 jedenfalls sollten wir ihm eine Antwort geben
好多 hǎoduō 1. zahlreich；viel ～人 viele Leute 2. wieviel
好感 hǎogǎn Zuneigung；Sympathie 博得～ js Sympathie gewinnen

好过 hǎoguò 1. in guten Verhältnissen leben 2. sich wohl fühlen 吃了药，我～多了 ich habe das Medikament schon eingenommen，nun fühle ich mich viel besser

好汉 hǎohàn Held；ganzer Kerl（Mann）

好话 hǎohuà 1. wohlklingende Worte；tönende Phrasen 2. anerkennende Worte；Lob；Fürsprache 给他说几句～ bei jm ein gutes Wort für einen Dritten einlegen

好久 hǎojiǔ sehr lange；eine ganze Weile

好看 hǎokàn 1. gutaussehend；hübsch；schön 2. stolz；ehrenvoll；nicht schimpflich 3. sich blamieren；sich bloßstellen；sich lächerlich machen 这是要我～ damit wollte man mir eine harte Nuss zu knacken geben

好评 hǎopíng Anerkennung；positive Beurteilung 得到～ Anklang finden

好人 hǎorén 1. guter anständiger Mensch 2. gesunder Mensch

好事 hǎoshì 另见 hàoshì
1. gute Tat 他给人民做了许多～ er hat für das Volk viele gute Taten vollgebracht 2. Wohltätigkeit；philanthropische Betätigung 3. freudiges（glückliches）Ereignis

好手 hǎoshǒu Meister；Könner 他各方面都是一把～ er ist in jeder Hinsicht gewandt

好听 hǎotīng 1. sich gut anhören 2. jm lieblich（angenehm）in den Ohren klingen

好玩儿 hǎowánr interessant（unterhaltsam；amüsant）sein；Spaß machen

好像 hǎoxiàng 1. scheinen；wie；als ob；als wenn 2. vermutlich；vielleicht；wahrscheinlich 这～是去年发生的 das hat *sich vermutlich im letzten Jahr zugetragen*

好笑 hǎoxiào lächerlich；komisch 连我也感到～ auch ich finde es lächerlich

好心 hǎoxīn →好意

好意 hǎoyì gutgesinnt；wohlgemeint；freundlich 出于～ in guter Absicht 不怀～ in böswilliger Absicht

好转 hǎozhuǎn sich zum Guten wenden；sich bessern；besser werden 病势～ sein Gesundheitszustand hat sich gebessert

耗 hào →耗费

耗费 hàofèi verbrauchen；aufwenden；verschwenden ～时间 Zeit aufwenden

号¹（號） hào 另见 háo

1. Name；Bezeichnung 国～ Bezeichnung einer Dynastie 2. anderer Name；weitere Bezeichnung 3. Geschäft 分～ Filiale；Zweiggeschäft 4. Zeichen；Kennzeichen 加减～ Plus- und Minuszeichen 5. Maß；Größe 大～ große Größen 6. Nummer 门牌十～ die Hausnummer Zehn 7. Tag 今天是几～? Der Wievielte ist heute? 8. markieren 把这些东西都～一～ mach das alles durch ein Zeichen kenntlich

号²（號） hào 另见 háo

1. →号令 2. Horn；Trompete 吹～ Horn blasen；Trompete spielen 3. Hornsignal 吹起床～ die Reveille blasen

号兵 hàobīng Trompeter

号称 hàochēng 1. genannt werden；als etw bezeichnet werden；als etw gelten 四川～天府之国 die Provinz Sichuan wird als „Paradies der Nation" bezeichnet 2. nominell；angeblich

号角 hàojiǎo 1. Horn；Signalhorn 2. Hornsignal；Signal

号令 hàolìng Befehl；Kommando 战斗～ Gefechtsbefehl

号码 hàomǎ Nummer 电话～ Telefonnummer

号码机 hàomǎjī Numeriermaschine；Nummernstempel

号手 hàoshǒu Hornist

号外 hàowài Sondernummer；Sonderausgabe；Extrablatt

号召 hàozhào Aufruf；Appell 发出～ Aufruf erlassen

浩 hào →浩大

浩大 hàodà mächtig；grandios；gigantisch 工程～ grandioses Bauprojekt

浩荡 hàodàng 1.（von einer Strömung）gewaltig 2. in gewaltigem Ausmaß；von stürmischer Gewalt 浩浩荡荡的游行队伍 endloser Zug von Demonstranten

浩瀚 hàohàn unermesslich；ausgedehnt；umfangreich 典籍～ eine ungeheuer große Anzahl von klassischen Schriften

浩劫 hàojié schweres Unglück；Katastrophe

浩气 hàoqì redliche Gesinnung；Geist der Aufrichtigkeit ～凛然 ehrfurchtgebietende Rechtschaffenheit

浩如烟海 hào rú yān hǎi zahllos wie Sand

am Meer；unzählig und umfassend

皓（皜） hào 1. weiß；rein ～齿 weiße Zähne 2. leuchtend；hell ～月 strahlender（heller）Mond

好 hào 另见 hǎo

1. lieben；etw gern haben ～动 rege；betriebsam；munter ～管闲事 seine Nase in jeden Quark stecken 2. leicht；zu etw neigend 他～发脾气 er ist jähzornig

好高骛远 hào gāo wù yuǎn nicht realisierbare Pläne haben；große Rosinen im Kopf haben

好客 hàokè gastfreundlich；gastfrei

好奇 hàoqí neugierig ～心 Neugierde；Neugier

好强 hàoqiáng voller Ehrgeiz；ein starkes Geltungsbedürfnis haben

好事 hàoshì 另见 hǎoshì

sich neugierig um Angelegenheiten anderer kümmern；vorwitzig；zudringlich ～之徒 Geschaftlhuber

好学 hàoxué lerneifrig；lernlustig；wissbegierig ～不倦 bienenfleißig im Lernen

好逸恶劳 hào yì wù láo sich dem Nichtstun hingeben

好战 hàozhàn kriegslüstern ～分子 kriegslüsternes Element；kriegerisches Element；kriegstreibendes Element

呵¹ hē 另见 ā，á，ǎ，à；a，'啊' hauchen ～手 sich die Finger anhauchen

呵²（訶） hē 另见 ā，á，ǎ，à；a '啊' →呵斥

呵斥 hēchì laut schelten；anschnauzen；jn in barschem Ton anfahren

呵欠 hēqiàn gähnen；Gähner

嗬（呵） hē ～，你真行！oh！Du hast wirklich allerhand drauf！

喝（欱） hē 另见 hè

trinken ～茶 Tee trinken ～汤 Suppe essen 2. Wein（*Schnaps o. ä.*）*trinken* ～醉 sich betrinken；betrunken werden

核¹ hé 1. Obstkern；Stein 2. Zellkern；Kern；Nukleus 细胞～ Zellkern 3. Atomkern；nuklear；atomar；Kern- ～基地 Kernwaffenstützpunkt ～裁军 atomare Abrüstung 无～国家 Nichtkernwaffenstaat；Nichtatomwaffenland

核²（覈） hé →核对

核弹头 hédàntóu Kernsprengkopf；Atomsprengkopf

核电站 hédiànzhàn Atomkraftwerk

核定 hédìng etw nach der Überprüfung festlegen

核对 héduì überprüfen；nachprüfen；kontrollieren ～事实 einen Fakt feststellen ～账目 eine Rechnung nachprüfen

核反应 héfǎnyìng Kernreaktion ～堆 Kernreaktor

核计 héjì berechnen；kalkulieren

核潜艇 héqiántǐng Atom-Unterseeboot Atom-U-Boot

核燃料 héránliào Kernbrennstoff

核仁 hérén Kern；Nukleolus

核实 héshí überprüfen；verifizieren ～产量 Produktionsergebnisse bestätigen

核试验 héshìyàn Kernwaffenversuch；Kerntest；Nukleartest 地下～ unterirdischer Kernwaffenversuch

核算 hésuàn Rechnungsführung；berechnen；kalkulieren 经济～ wirtschaftliche Rechnungsführung

核桃 hétao 1. Walnussbaum 2. Walnuss ～蛋糕 Nusstorte

核武器 héwǔqì Kernwaffen；Atomwaffen 战略～ strategische Kernwaffen

核心 héxīn Kern；Kernpunkt 领导～ Führungskern

核战争 hézhànzhēng Atomkrieg

核装置 hézhuāngzhì nukleare Sprengvorrichtung

核准 hézhǔn etw nach Prüfung genehmigen

核子 hézǐ Nukleon；Kernteilchen ～能 Kernenergie

河 hé 1. Fluss；Wasserlauf 2. Milchstraßensystem；galaktisches System ～外星系 Galaxie

河岸 héàn Flussufer

河床 héchuáng Flussbett

河道 hédào Flusslauf

河谷 hégǔ Flusstal

河口 hékǒu Flussmündung

河流 héliú Gewässer；Flüsse

河马 hémǎ Nilpferd；Flusspferd

河泥 héní Flussschlamm

河山 héshān Flüsse und Berge；Landschaft；Territorium

可豚 hétún Kugelfisch
可运 héyùn Flusstransport
何 hé 1. wer 他是～人? Wer ist der Fremde? 2. was ～济于事? Was nützt das?
何必 hébì warum muss; wozu denn ～多此一举? Wozu diese vielen Umstände?
何妨 héfáng Was schadet das? / Was ist denn schon dabei? ～试试 Man könnte es doch einmal damit versuchen!
何故 hégù aus welchem Grund; warum; weshalb 不知～ ich weiß nicht, warum
何苦 hékǔ es lohnt sich doch nicht / das hat ja keinen Sinn
何况 hékuàng geschweige denn; um so mehr; um so weniger
何谓 héwèi 1. was heißt das 2. was bedeutet das
何在 hézài wo 原因～? Worin liegt die Ursache dafür?
何止 hézhǐ noch weit mehr
何足挂齿 hé zú guà chǐ nicht der Rede wert; nicht erwähnenswert
荷 hé 另见 hè
Lotos; Lotosblume
荷包 hébāo 1. Beutel 2. Jackentasche
荷包蛋 hébāodàn Spiegelei
荷尔蒙 hé'ěrméng Hormon
荷花 héhuā 1. Lotosblüte 2. →荷
荷兰语 Hélányǔ Holländisch
涸 hé austrocknen; versiegen
涸辙之鲋 hé zhé zhī fù wie ein (der) Fisch auf dem Trockenen; in eine verzweifelte Lage geraten
合 hé 另见 gě
1. schließen 合上眼 die Augen schließen 2. zusammen; gemeinsam ～住 mit jm das Zimmer teilen 3. ganz ～城 die ganze Stadt 4. entsprechen; übereinstimmen ～情～理 voller Vernunft; dem üblichen Rechtsgefühl entsprechend ～心意 nach js Geschmack sein; jm gelegen kommen 5. umgerechnet 6. →合计 héjì
合办 hébàn etw gemeinsam durchführen ～的企业 Gemeinschaftsbetriebe
合抱 hébào einen Umfang von einem Klafter haben 三人～的大树 ein Baum, der drei Klafter dick ist
合并 hébìng 1. vereinigen; zusammenschließen; zusammenlegen 2. Komplikation 麻疹～肺炎 zu den Masern ist eine Lungenentzündung hinzugetreten
合不来 hé bu lái sich miteinander schlecht vertragen können, mit jm nicht auskommen können
合唱 héchàng Chorgesang; Chor ～团 Chor
合成 héchéng 1. zusammensetzen 2. synthetisieren; Synthese; synthetisch ～纤维 synthetische Faser; Kunstfaser
合得来 hé de lái sich gut verstehen; sich gut vertragen
合订本 hédìngběn einbändige Ausgabe
合法 héfǎ gesetzlich (anerkannt) legal; dem Gesetz entsprechend ～化 legalisieren; Legalisierung ～权利 legitimes Recht
合格 hégé der Norm entsprechend; tauglich 质量～ die Qualitätsnormen erfüllend; die Qualität entspricht den Anforderungen
合股 hégǔ Kapital zusammenlegen; sich finanziell an einem Unternehmen beteiligen
合计 héjì zusammenrechnen; sich auf etw belaufen; totalisieren
合计 héji 1. (sich) überlegen; erwägen 2. beraten; erörtern
合金 héjīn Legierung ～钢 Legierungsstahl
合理 hélǐ vernünftig; rationell ～要求 berechtigte Forderungen ～化建议 Verbesserungsvorschlag; Rationalisierungsvorschlag
合谋 hémóu sich mit jm verschwören; ein Komplott mit jm schmieden
合拍 hépāi 1. Takt halten; nach dem Takt 2. im Einklang mit etw sein (stehen); mit etw harmonieren
合群 héqún mit Mitmenschen gut auskommen; sich leicht anschließen
合身 héshēn jm gut passen (stehen, sitzen)
合适 héshì passen; passend; angebracht 这双鞋我穿着正～ diese Schuhe passen mir gut
合算 hésuàn 1. sich lohnen; sich rentieren; der Mühe wert sein 2. rechnen; berechnen
合同 hétong Vertrag ～工 Vertragsarbeiter 签订～ einen Vertrag schließen
合意 héyì gefallen; jm recht sein; js Geschmack treffen
合营 héyíng gemeinsam wirtschaften (be-

H

treiben) ～企业 Gemeinschaftsunternehmen; privater Betrieb mit staatlicher Beteiligung

合影 héyǐng 1. sich zusammen fotografieren lassen ～留念 eine Gruppenaufnahme zum Andenken machen lassen 2. Gruppenaufnahme; Gruppenbild; Gruppenfoto

合资企业 hézīqǐyè Gemeinschaftsunternehmen; Joint-venture

合作 hézuò zusammenarbeiten; Zusammenarbeit; Kooperation 技术～ technische Zusammenarbeit ～社 Genossenschaft

颌 hé Kiefer 上～ Oberkiefer 下～ Unterkiefer

盒 hé →盒子 火柴～ Streichholzschachtel; Zündholzschachtel

盒子 hézi Schachtel; Kästchen; Dose

禾 hé Getreide auf dem Halm; Reis auf dem Halm

禾本科 héběnkē Gräser

禾苗 hémiáo Getreidekeimling Getreidesetzling; Reissetzling

和¹(龢) hé 另见 hè; huó; huò

1. →和气 1; 和睦 他俩不～ sie beide vertragen sich nicht 2. →和平; 和解 3. unentschieden; Remis; Patt ～棋 unentschiedene Schachpartie; Die Schachpartie endet mit einem Remis.

和² hé 1. mit; mitsamt ～衣而卧 nicht ausgezogen schlafen 2. (Präposition, zur Bezeichnung des Zusammenhangs oder des Vergleichs): 我～他看法不同 ich bin anderer Ansicht (Meinung) als er 3. (Konjunktion, zur Bezeichnung der Kopulation) und 工人～农民 Arbeiter und Bauern 4. Summe 两数之～ die Summe von zwei Zahlen

和蔼 hé'ǎi freundlich; umgänglich ～可亲 freundlich; liebenswürdig

和风 héfēng milder (leichter) Wind ～拂面 ein sanfter Wind streicht über das Gesicht ～细雨 mild behandeln; sanft vorgehen

和服 héfú Kimono

和好 héhǎo sich versöhnen; Frieden schließen; sich wieder vertragen ～如初 sich wieder freundlich wie früher gegenüberstehen

和缓 héhuǎn 1. mild; sanft; gemäßigt 态度～ mit jm sanftmütig umgehen 2. besänftigen; entschärfen; entspannen ～边境局势 die Situation an der Grenze entspannen

和解 héjiě einen Streit schlichten; sich aussöhnen; sich versöhnen

和局 héjú unentschieden; punktgleich 打成～ das Spiel steht (endet) unentschieden

和睦 hémù Eintracht; Einvernehmen; Harmonie ～相处 gut miteinander auskommen; in bester Eintracht leben

和盘托出 hé pán tuō chū den Sachverhalt offen darlegen; die volle Wahrheit sagen

和平 hépíng 1. Frieden; friedlich ～谈判 Friedensverhandlung ～共处 friedliche Koexistenz ～主义 Pazifismus 2. mild 药性～ die Medizin wirkt mild

和气 héqi 1. mild; freundlich; nett 2. Harmonie; Eintracht 有伤～ die Harmonie (Eintracht) stören; das Gefühl der Einträchtigkeit verletzen

和善 héshàn gutmütig; gutherzig; lieb

和尚 héshang buddhistischer Mönch

和声 héshēng Harmonie

和谐 héxié Harmonie; Einklang; harmonisch

和约 héyuē Friedensvertrag

貉 hé 另见 háo

Marderhund

鹤 hè Kranich

鹤立鸡群 hè lì jī qún wie eine Orchidee im Küchengarten; von anderen abstechen; aus dem Kreis seiner Kollegen u. a. herausragen

赫¹ hè prominent; hervorragend; auffällig

赫² hè →赫兹

赫赫 hèhè großartig; besonders beeindruckend ～有名 sehr berühmt; allgemein bekannt

赫兹 hèzī Hertz (Hz)

荷 hè 另见 hé

1. (auf der Schulter) tragen ～枪 ein Gewehr (auf der Schulter) tragen; mit geschultertem Gewehr 2. Last; Verantwortung 肩负重～ auf jm (js Schultern) lastet große Verantwortung 3. (dient im Brief zum höflichen Ausdruck der Dank-

barkeit für eine empfangene Gunst)：请予答复为～ in der Hoffnung, bald von Ihnen zu hören; für eine baldige Antwort wäre ich Ihnen sehr dankbar
荷重 hèzhòng Tragkraft
壑 hè Schlucht; Kluft
褐 hè 1. grobes Tuch; Kleider aus grobem Tuch 2. kastanienbraun; braun
褐煤 hèméi Braunkohle
喝 hè 另见 hē
rufen; schreien; brüllen 大～一声 einen lauten Schrei ausstoßen
喝彩 hècǎi jm applaudieren; jm Applaus spenden; jm Ovationen (dar) bringen 喝倒彩 jn auspfeifen; jn ausbuhen; Buhruf
和 hè 另见 hé; huó; huò
1. einstimmen 一唱百～ wenn einer zu singen beginnt, stimmen die anderen in den Gesang ein 2. ein der Thematik und Form des Widmungsgedichtes eines anderen entsprechendes Gedicht schreiben
贺 hè jm zu etw gratulieren; jn zu etw beglückwünschen ～喜 zu einem glücklichen Ereignis (z. B. Hochzeit, Geburtstag u. a.) gratulieren; beglückwünschen; jm Glückwünsche aussprechen
贺词 hècí Glückwunschansprache; Glückwunschadresse
贺电 hèdiàn Glückwunschtelegramm
贺年 hènián jm zum neuen Jahr gratulieren; jm ein gutes neues Jahr wünschen ～片 Neujahrskarte
贺信 hèxìn Glückwunschschreiben; Gratulationsbrief
黑 hēi 1. schwarz 2. →黑暗 1 3. reaktionär ～帮 schwarze Bande; reaktionäre Clique
黑暗 hēi'àn 1. dunkel; finster; Dunkelheit 2. finster; reaktionär; schlecht ～势力 finstere Mächte; reaktionäre Kräfte
黑白 hēibái 1. schwarz und weiß ～电视 Schwarzweißfernsehen 2. richtig und falsch; gut und böse ～分明 die Farben „weiß“ und „schwarz“ bilden einen deutlichen Kontrast
黑板 hēibǎn Tafel ～报 Wandtafelzeitung
黑话 hēihuà 1. Gaunersprache; Slang 2. bösartige Worte; reaktionäre Äußerung
黑客 hēikè Hacker
黑面包 hēimiànbāo Roggenbrot
黑名单 hēimíngdān schwarze Liste; Proskriptionsliste
黑幕 hēimù dunkle Interna ～重重 mehrfach umhüllte dunkle Interna
黑啤酒 hēipíjiǔ dunkles Bier
黑人 hēirén 1. Schwarzer; Neger 2. nicht-registrierte Person
黑色 hēisè schwarze Farbe; schwarz ～金属 Schwarzmetalle ～幽默 schwarzer Humor
黑纱 hēishā Trauerflor
黑社会 hēishèhuì Verbrecherwelt; Mafia
黑市 hēishì Schwarzmarkt ～价格 Schwarzmarktpreis
黑手党 hēishǒudǎng Mafia
黑匣子 hēixiázi Flugschreiber
黑心 hēixīn 1. boshaftig; tückisch 2. Boshaftigkeit; Grausamkeit; finstere Gesinnung
黑压压 hēiyāyā Menschenansammlung; großer Haufen Sachen 广场上～的站满了人 der Platz ist schwarz von Menschen / auf dem Platz stehen die Menschen dicht gedrängt
黑鱼 hēiyú Schlangenkopffisch
黑种 hēizhǒng Negroiden
嘿(嗨) hēi 1. (Ausdruck eines Anrufes) he; heda; hallo ～，谁在那儿？He! Wer ist da? 2. (Ausdruck des Triumphes) ha; aha ～，真不错 Ha! Das ist wirklich toll! 3. (Ausdruck des Erstaunens) ha ～，下雪了！Ha! Es schneit ja schon!
痕 hén →痕迹
痕迹 hénjì Spur 留下～ Spuren hinterlassen
很 hěn sehr; äußerst; höchst ～对 sehr richtig ～久以前 vor langem; vor langer Zeit
狠 hěn 1. grausam; boshaft 2. →狠心 1 3. entschlossen; entschieden; zielbewusst
狠毒 hěndú giftig; heimtückisch; unbarmherzig 用心～ mit böser Absicht; bösartig
狠心 hěnxīn 1. hartherzig; erbarmungslos; gefühllos 2. sich zu etw durchringen; zu etw fest entschlossen sein

H

恨 hèn 1. hassen; Hass ～之入骨 jn bis ins Mark (bis aufts Blut, bis in den Tod) hassen 2. bedauern; bereuen; unzufrieden mit sich sein

亨 hēng →亨通

亨利 hēnglì (Einheit der Induktivität) Henry (H)

亨通 hēngtōng zügig; reibungslos; erfolgreich 万事～ alles geht zügig vonstatten

哼 hēng 另见 hng

1. schnaufen; stöhnen 他痛得～了一声 er stößt vor Schmerzen einen Seufzer aus 2. leise singen; summen; trällern ～小调 ein Liedchen summen; eine Melodie trällern

恒(恆) héng 1. →恒久 2. →恒心 3. gewöhnlich; alltäglich

恒等式 héngděngshì identische Gleichung

恒久 héngjiǔ beständig; dauerhaft; immer

恒温 héngwēn konstante Temperatur; homöotherm ～设备 Thermoanlage

恒心 héngxīn Beharrlichkeit; Ausdauer; fester Wille

恒星 héngxīng Fixstern; Stern ～系 Sternsystem

横 héng 另见 hèng

1. horizontal; quer ～线 Querlinie; Querstrich 2. seitwärts; waagerecht ～写 auf waagerechten Zeilen (horizontal) schreiben 3. querüber ～渡长江 den Changjiang-Fluss überqueren 4. rücksichtslos; gewaltsam; brutal ～加干涉 sich rücksichtslos einmischen

横道线 héngdàoxiàn Zebrastreifen

横幅 héngfú horizontale Bild- oder Schriftrolle; horizontales Spruchband (Transparent)

横扫 héngsǎo wegräumen; hinwegfegen ～残敌 die Überreste der feindlichen Truppen vernichten

横向联系 héngxiàng liánxì horizontale Verbindungen

横行 héngxíng Unwesen treiben; frevel; skruppellos ～霸道 nach Belieben schalten und walten; ein skrupelloses Wesen an den Tag legen

桁 héng Pfette

桁架 héngjià Fachwerk; Hängewerk; Binder

衡 héng 1. →衡器 2. →衡量 2 ～情度势 die Sachlage einer genauen Analyse unterziehen

衡量 héngliáng 1. vergleichen; einschätzen; beurteilen ～得失 Vorteile und Nachteile (gegeneinander) abwägen 2. überlegen; erwägen; abwägen

衡器 héngqì Waagen

横 hèng 另见 héng

1. grob; brutal; rücksichtslos 2. unverhofft; unangenehm überraschend ～祸 unerwartete Katastrophe; plötzliches Unglück

横暴 hèngbào gewalttätig; tyrannisch; despotisch

横财 hèngcái unehrlich erworbener Reichtum; unrechtmäßiger Gewinn

横蛮 hèngmán brutal; rücksichtslos; grob

横死 hèngsǐ einen unnatürlichen Tod sterben

哼 hng 另见 hēng

(Ausdruck der Unzufriedenheit oder des Zweifels) hm; hum ～,我才不相信呢! Hm! Das glaube ich doch nicht!

烘 hōng am Feuer wärmen oder trocknen; rösten ～手 sich die Hände am Feuer wärmen ～湿衣服 nasse Kleidung am Feuer trocknen

烘托 hōngtuō 1. (in der chinesischen Malerei) einen Gegenstand durchs Konturieren hervorheben 2. durch einen Kontrast hervorheben; hervortreten lassen; untermalen

烘箱 hōngxiāng Trockenkasten; Trockenschrank

哄 hōng 另见 hǒng, hòng

哄抬 hōngtái überhöhen; in die Höhe treiben ～物价 die Preise hoch treiben (in die Höhe treiben); Preistreiberei; Preisüberhöhung

哄堂 hōngtáng ～大笑 unter den Anwesenden erhebt sich ein schallendes Gelächter / der ganze Saal bricht in homerisches Gelächter aus

轰(轟、[4]揈) hōng 1. →轰隆 2. donnern; dröhnen; knallen 雷～电闪 es blitzt und donnert / der Blitz flammt, und der Donner rollt 3. →轰击 1 4. (an) treiben; vertreiben; fortjagen ～麻雀 Spatzen wegscheuchen

轰动 hōngdòng Aufsehen erregen; Furore machen; Sensation ～一时 die Sensation des Tages

轰轰烈烈 hōnghōnglièliè großangelegt; schwungvoll

轰击 hōngjī 1. auf jn/etw feuern (schießen); jn/etw beschießen 2. auf etw auftreffen; etw mit etw beschießen ～原子核 die Atomkerne beschießen

轰隆 hōnglōng donnern; rollen; dumpf dröhnen 大炮～～地响 die Geschütze donnern / die Kanonen rollen

轰炸 hōngzhà bombardieren ～机 Bombenflugzeug; Bomber

訇 hōng →訇然

訇然 hōngrán dröhnend; donnernd; krachend

鸿 hóng 1. →鸿雁 2. Brief 3. groß; großartig ～儒 bedeutender Gelehrter

鸿沟 hónggōu Kluft; Riss

鸿毛 hóngmáo Schwanenflaum; Schwanenfeder

鸿雁 hóngyàn Schwanengans

虹 hóng Regenbogen

虹膜 hóngmó Regenbogenhaut

红 hóng 1. rot 气得面～耳赤 vor Zorn bis über beiden Ohren rot werden 2. rotes Tuch; rote Seide 挂～ mit roten Girlanden schmücken 3. erfolgreich; hochgeschätzt; beliebt 这位演员很～ der Schauspieler ist sehr beliebt 4. rot; *revolutionär* ～五月 der rote Mai 又～又专 rot und fachkundig 5. →红利

红榜 hóngbǎng Ehrentafel

红宝石 hóngbǎoshí Rubin

红茶 hóngchá schwarzer Tee

红尘 hóngchén unsere Erde; die irdische Welt; das irdische Leben

红军 hóngjūn Rote Armee; Rotarmist

红利 hónglì Dividende; Gewinnanteil

红脸 hóngliǎn 1. vor Scham rot werden; einen roten Kopf bekommen 2. zornig über jn/etw werden

红领巾 hónglǐngjīn 1. rotes Halstuch; rotes Pioniertuch 2. junger Pionier

红绿灯 hónglǜdēng Verkehrsampel; Ampel

红霉素 hóngméisù Erythromycin

红木 hóngmù Rotholz; rotes Holz; Mahagonie

红旗 hóngqí 1. rote Fahne; rotes Banner 五星～ die Rote Fünf-Sterne-Fahne; die Rote Fahne mit fünf Sternen 2. rotes Ehrenbanner (Siegerbanner) ～单位 Rote-Fahne-Einheit

红人 hóngrén Schützling; Favorit; Protegé

红润 hóngrùn rötlich 脸色～ rotwangig; rote Gesichtsfarbe

红色 hóngsè 1. rot; rote Farbe 2. rot; revolutionär ～政权 die rote Macht

红十字会 Hóngshízìhuì das Rote Kreuz

红薯 hóngshǔ Süßkartoffel

红糖 hóngtáng brauner Zucker; Rohzucker

红外线 hóngwàixiàn infrarote Strahlen

红血球 hóngxuèqiú rote Blutkörperchen

红眼 hóngyǎn 1. rot vor Wut sein; rot sehen 2. Augenbindehautentzündung; epidemische Mukopurulente

红药水 hóngyàoshuǐ Merkurochrom

红运 hóngyùn günstige Gelegenheit; Glück 走～ Glück haben; eine Glückssträhne haben

红晕 hóngyùn Röte

洪 hóng 1. groß; riesig ～涛 mächtige Wellen; stürmische Wogen 2. →洪水

洪荒 hónghuāng Urzustand ～时代 Urzeit

洪亮 hóngliàng klangvoll; sonor; volltönend 嗓音～ sehr laute Stimme; Stentorstimme

洪流 hóngliú mächtige Strömung 时代的～ Strömung der Zeit

洪水 hóngshuǐ Flut; Überschwemmung

宏 hóng →宏大

宏大 hóngdà großartig, gigantisch, grandios 规模～ von großem Umfang (Ausmaß); großangelegt

宏观 hóngguān makroskopisch ～世界 Makrokosmos ～经济学 Makroökonomie

宏论 hónglùn scharfsinnige Bemerkung; lehrreiche Feststellung

宏图 hóngtú großartiger Plan; gigantisches Vorhaben 大展～ unter Aufbietung aller Kräfte einen großartigen Plan ausführen

宏伟 hóngwěi herrlich; großartig; grandios

弘 hóng großartig

弘愿 hóngyuàn hochgestecktes Ziel; ehrgeiziger Plan

泓 hóng 1. tiefes Wasser 2.（Zähleinheitswort）：一～清泉 eine kristallklare Quelle

哄 hǒng 另见 hōng，hòng
1. →哄骗 2. belustigen；(Kinder) hüten

哄骗 hǒngpiàn betrügen；jn übers Ohr hauen；jn überlisten

哄（鬨） hòng 另见 hōng，hǒng
lärmen；necken

齁[1] hōu →齁声

齁[2] hōu wegen zu starker Süßigkeit oder Salzigkeit jm nicht wohltun 甜得～人 etw ist so süß，dass einem widerlich ist

齁声 hōushēng Schnarchen；Schnarcher 发出～ einen Schnarcher tun；schnarchen

侯 hóu →侯爵

侯爵 hóujué Fürst

喉 hóu Kehlkopf；Larynx ～炎 Kehlkopfentzündung；Laryngitis

喉结 hóujié Adamsapfel

喉咙 hóulóng Kehle；Gurgel

喉舌 hóushé 1. Sprechorgane；Sprechwerkzeuge 2. Sprachrohr；Sprecher 人民的～ Sprachrohr des Volkes

猴 hóu →猴子

猴子 hóuzi Affe

吼 hǒu 1. brüllen；heulen；brummen 2. heulen；schreien 大～一声 einen lauten Schrei von sich geben；laut heulen；mit dröhnender Stimme schreien 3. brausen；heulen 狂风怒～ ein stürmischer Wind braust

吼声 hǒushēng Gebrüll；Geschrei；Schrei

厚 hòu 1. dick；stark 2. →厚度 3. innig 他们的交情很～ sie sind miteinander innig verbunden / sie unterhalten enge Beziehungen 4. →厚道 5. groß；hochwertig ～利 großer Gewinn，hoher Profit 6. bevorzugen，hochschätzen；beachten ～此薄彼 das eine bevorzugen und das andere vernachlässigen；den einen begünstigen (bevorzugen) und den anderen benachteiligen

厚薄 hòubó Dicke；Stärke

厚道 hòudao ehrlich und tolerant；großzügig

厚度 hòudù Dicke；Stärke

厚实 hòushi 1. dick；fest 2. reichlich；wohlhabend

厚意 hòuyì Gunst；Freundlichkeit；Gefälligkeit 多谢您的～ ich danke Ihnen für Ihre herzliche Freundlichkeit

候 hòu warten ～机会 eine Gelegenheit abwarten ～车室 Wartesaal；Wartezimmer

候补 hòubǔ Kandidatur；kandidieren ～委员 Kandidat

候鸟 hòuniǎo Zugvogel

候选人 hòuxuǎnrén Kandidat；Wahlkandidat ～名单 Vorschlagsliste；Wahlliste；Kandidatenliste 人民代表～ Volksdelegiertenkandidat

后[1]**（後）** hòu 1. →后面 ～排 hintere Reihe ～撤 zurückziehen；zurückweichen；den Rückzug antreten 山～ hinter dem Berg 2. nach；danach 饭～ nach dem Essen 三个月～ nach drei Monaten；in drei Monaten；drei Monate später 3. →后代 2

后[2] hòu Kaiserin；Königin

后备 hòubèi Reserve；Vorrat ～军 Reserve；Ersatztruppe；Reservearmee

后辈 hòubèi 1. →后代 2 2. Nachwuchs；die jungen Kräfte

后尘 hòuchén zurückbleibende Staubwolke；Fußstapfen 步人～ in js Fußstapfen treten；in js Spuren treten (wandeln)

后代 hòudài 1. spätere Zeiten；nachfolgende Zeitalter 2. nachfolgende (spätere) Generation；Nachkomme；Nachwelt

后盾 hòudùn Rückhalt 有～ jn/etw im Rücken haben；jn hinter sich haben；an jm einen starken Rückhalt haben

后方 hòufāng Hinterland；Etappe；hinten ～勤务 Etappendienst

后跟 hòugēn Ferse 鞋～ Schuhabsatz 袜子～ Ferse (Hacke) der Socke od. des Strumpfs

后顾 hòugù 1. nebenbei für andere Dinge sorgen ～之忧 Sorge um andere Dinge 2. zurückblicken；zurückschauen；sich erinnern 前瞻～ Vorausschau und Rückblick；Rück- und Vorausschau；zurückblicken und voraussehen

后果 hòuguǒ Folge; Wirkung; Konsequenz 严重～ schwerwiegende Folgen
后患 hòuhuàn Schaden für die Zukunft; schlimme Nachwirkung ～无穷 katastrophale Folgen für die Zukunft zurücklassen
后悔 hòuhuǐ bereuen; sich Gewissensbisse machen
后记 hòujì Nachwort; Epilog
后襟 hòujīn Rückenteil eines Gewandes
后进 hòujìn 1. die jungen Kräfte 2. zurückgebliebene Person; zurückgebliebenes Kollektiv 帮～ Zurückgebliebenen (einem zurückgebliebenen Kollektiv) helfen
后来 hòulái 1. dann; danach 2. nachkommend; nachwachsend ～居上 der Nachfolger überflügelt den Vorgänger
后路 hòulù 1. rückwärtiger Verbindungsweg; Rückzugsweg; Ausweg 抄敌人～ dem Feind in den Rücken fallen; den Feind hinterrücks angreifen 2. Spielraum; Ausweg; Hintertür 留个～ sich eine Hintertür (einen Ausweg) offenhalten
后门 hòumén 1. Hintertür 2. Hintertür-Praktiken 开～ eine Hintertür öffnen; unter dem Ladentisch verkaufen; jm/sich auf vorschriftswidrige Weise Vorteile verschaffen
后面 hòumian 1. hinten; hinter; dahinten 屋子～ hinter dem Haus 远远落在～ weit zurückgeblieben sein 2. nachher; untenstehend; nachfolgend
后母 hòumǔ Stiefmutter
后脑勺子 hòunǎosháozi Hinterkopf
后期 hòuqī letzter Zeitabschnitt; Spätphase; Spätzeit 19世纪～ das späte 19. Jahrhundert
后起 *hòuqǐ später heranwachsend*; Nachwuchs ～之秀 beste Nachwuchskräfte
后勤 hòuqín rückwärtige Dienste; Etappendienst; Nachschub ～机关 Nachschuborgan; rückwärtige Dienststelle
后人 hòurén 1. spätere Generationen 2. Nachkomme; Abkomme; Abkömmling
后任 hòurèn Amtsnachfolger
后事 hòushì 1. was darauf folgt; Nachfolgendes; spätere Ereignisse 2. Trauerangelegenheiten 准备～ mit den Trauerangelegenheiten beginnen
后嗣 hòusì Nachkomme; Nachfahr
后台 *hòutái* 1. Hinterbühne; Raum hinter den Kulissen 2. Hintermann; Drahtzieher; geheimer Ratgeber ～老板 Hintermann; Drahtzieher
后天[1] hòutiān übermorgen
后天[2] hòutiān erworben; nicht angeboren; postnatal ～失调 postnatale Ernährungsstörung
后退 hòutuì zurückgehen; zurückweichen; den Rückzug antreten
后卫 hòuwèi 1. Nachhut 2. Verteidiger
后遗症 hòuyízhèng 1. Folgeerscheinung nach (partieller) Heilung einer Krankheit 2. negative Auswirkung
后裔 hòuyì Nachkommenschaft; Nachfahr; Deszendent
后缀 hòuzhuì Suffix; Nachsilbe

糊 hū 另见 hú, hù
verschmieren; verputzen

烀 hū in wenig Wasser dämpfen (dünsten); mit wenig Wasser kochen

呼[1] hū 1. ausatmen 2. schreien; rufen; ausrufen ～口号 eine Losung (Parole) rufen 3. nennen; heißen; aufrufen ～之即来 beim Aufruf seines Namens sofort herbeieilen; dem Ruf sofort folgen

呼[2] hū (Schallwort): 风声～～ der Wind saust (bläst)
呼哧 hūchī (Schallwort): keuchend; schnaufend; prustend
呼喊 hūhǎn rufen; schreien; einen Ruf (einen Schrei) ausstoßen
呼号 hūháo 1. jammern; in Jammer und Tränen ausbrechen 2. in höchster Not um (nach) Hilfe schreien 奔走～ hilfesuchend von Pontius zu Pilatus laufen; wegen Hilfesuche viele Laufereien haben
呼号 hūhào 1. Rufzeichen 2. Parole
呼唤 hūhuàn rufen; aufrufen; Ruf
呼叫 hūjiào 1. rufen; Ruf 2. →呼喊
呼救 hūjiù um Hilfe rufen; Hilferuf 遇难～信号 Notsignal; SOS; SOS-Ruf
呼噜 hūlū (Schallwort) rasseln; röcheln
呼噜 hūlu Schnarchen; Schnarchgeräusch 打～ schnarchen
呼声 hūshēng Ruf; Stimme; Anforderung 正义的～ gerechte Forderung; Stimme der Gerechtigkeit
呼吸 hūxī atmen; einatmen und ausatmen ～道 Luftweg; Respirationstrakt; Atemweg 人工～ künstliche Atmung;

H

künstliche Beatmung
呼啸 hūxiào pfeifen；heulen；blasen 北风～ der Nordwind heult
呼应 hūyìng die Zusammenarbeit aufeinander abstimmen；einen Zusammenhang haben
呼吁 hūyù appellieren；aufrufen；Appell ～书 Appell

忽[1] hū →忽略

忽[2] hū →忽而 ～冷～热 mal kalt mal warm；die Temperatur schwankt sehr stark
忽而 hū'ér plötzlich
忽忽 hūhū schnell
忽略 hūlüè übersehen；etw nicht zur Kenntnis nehmen
忽然 hūrán plötzlich；überraschend；schlagartig
忽闪 hūshǎn blitzen；leuchten 电光～一亮 ein Blitz flammt auf（zuckt）
忽闪 hūshan flackern ～着眼睛 mit flackernden Augen；mit den Augen blinzeln
忽视 hūshì übersehen；vernachlässigen；unbeachtet lassen

壶（壷） hú Kanne；Kessel

胡[1] hú →胡乱

胡[2]（鬍） hú →胡子
胡扯 húchě 1. schwatzen；sich zwanglos unterhalten 2. →胡说
胡蜂 húfēng Wespe；Hornisse
胡话 húhuà Fieberwahn；im Fieber fantasieren；irrereden 病人直说～ der Kranke fantasiert die ganze Zeit
胡椒 hújiāo 1. Pfefferstrauch 2. Pfefferkorn；Pfeffer ～粉 Pfeffer
胡乱 húluàn 1. nachlässig；leichtfertig；unsorgfältig 2. willkürlich；beliebig；nach Gutdünken ～猜测 unbegründete Vermutungen anstellen；blindlings raten
胡萝卜 húluóbo 1. Mohrrübe；Karotte 2. *Wurzel der Mohrrübe* ～素 Karotin
胡闹 húnào Unfug treiben；Blödsinn machen；Albernheit
胡琴 húqin *Huqin*（eine chinesische Geige）
胡说 húshuō albernes Geschwätz；dummes Zeug reden（schwatzen）；Quatsch reden
胡同 hútòng Gasse；kleine Seitenstraße（Nebenstraße）
胡子 húzi Bart 络腮～ Vollbart
胡作非为 hú zuò fēi wéi sein Unwesen treiben；Unfug anstellen；grausam und despotisch verfahren

湖 hú See
湖泊 húpō See
湖色 húsè hellgrün

糊[1] hú 另见 hū，hù
kleben；ankleben；zukleben

糊[2] hú 另见 hū，hù
angebrannt；brenzlig 饭～了 der Reis ist angebrannt
糊涂 hútu 1. wirr；wirrköpfig；nicht klar und nüchtern ～观念 nur ungefähre（keine klaren）Vorstellungen 干～事 konfuses Zeug tun；eine Dummheit machen 2. durcheinander；verworren ～账 unklare Rechnung；völliges Durcheinander 3. unklar；undeutlich
糊涂虫 hútuchóng Wirrkopf

煳 hú angebrannt；brenzlig

葫 hú
葫芦 húlu 1. Flaschenkürbispflanze；Kalebassenpflanze 2. Flaschenkürbis；Kalebasse

蝴 hú
蝴蝶 húdié Schmetterling
蝴蝶结 húdiéjié Schleife 打～ eine Schleife binden（knüpfen）

猢 hú
猢狲 húsūn Affe

𬇟 hú
𬇟口 húkǒu von der Hand in den Mund leben；sich gerade über Wasser halten können

囫 hú
囫囵 húlún vollständig；ganz（und gar）～吞枣 eine Dattel unzerkaut hinunterschlucken；alles kritiklos übernehmen

鹄 hú 另见 gǔ
Schwan
鹄立 húlì gerade stehen；aufrecht stehen

狐 hú Fuchs

狐狸 húli →狐 ～尾巴 Fuchsschwanz; Pferdefuß

狐疑 húyí Misstrauen; Skepsis 满腹～ voller Misstrauen sein; von tiefem Misstrauen erfüllt sein

弧 hú 1. Arkus; Kreisbogen 2.（hölzerner）Bogen

弧度 húdù Bogenmaß

弧形 húxíng bogenförmig; geschwungen; Wölbung

槲 hú Eiche

虎 hǔ 1. Tiger 2. kühn; tapfer; kräftig ～将 tapferer General

虎口 hǔkǒu 1. Speichenrand 2. der Rachen des Tigers; die Höhle des Löwen; gefährliche Lage ～余生 aus dem Rachen des Tigers gerettet werden; einer tödlichen Gefahr entrinnen; vom sicheren Tode errettet werden

虎视眈眈 hǔ shì dān dān jn/etw wie ein beutegieriger Tiger anstarren; mit gierigen und bösartigen Blicken auf jn/etw starren

虎牙 hǔyá vorstehender Eckzahn

琥 hǔ

琥珀 hǔpò Bernstein

唬（虎） hǔ 1. jn bluffen; jn irreführen 2. jn einschüchtern; jm einen Schrecken einjagen; jn in Angst und Schrecken setzen

户 hù 1. Tür ～外 außerhalb des Hauses; im Freien 2. Familie; Haushalt 3. Familienstatus; Familienreputation 大～人家 reiche（wohlhabende）Familie; vornehmes Geschlecht 4. →户头

户籍 hùjí 1. Einwohnerregister; Einwohnerverzeichnis 2. polizeilich angemeldeter ständiger Wohnsitz

户口 hùkǒu 1. Haushalte und Einwohner; Kopfzahl 查～ die Aufenthaltsgenehmigung überprüfen 2. →户籍 报～ sich/jn polizeilich（bei der Polizei）anmelden 迁～ den Wohnsitzwechsel polizeilich melden

户头 hùtóu Bankkonto; Konto 开～ ein Konto eröffnen

户主 hùzhǔ Familienoberhaupt; Hausherr

戽 hù 1. →戽斗 2. schöpfen ～水机 Wasserschöpfaggregat; Wasserschöpfanlage

戽斗 hùdǒu Schöpfeimer; Schwungeimer

护（護） hù 1. hüten; verteidigen 2. jn in Schutz nehmen; begünstigen; hehlen

护兵 hùbīng Leibwache; Leibwächter; Gefolgschaft

护短 hùduǎn Fehler bemänteln; einen Fehltritt vermänteln

护封 hùfēng Schutzumschlag

护航 hùháng eskortieren; Geleitschutz geben zum Schutz geleiten ～舰 Begleitschiff; Geleitschiff

护理 hùlǐ pflegen; schonen; hüten

护身符 hùshēnfú 1. Talisman; Amulett 2. Beschützer

护士 hùshi Krankenschwester; Krankenpfleger ～长 Oberschwester; Oberpfleger

护送 hùsòng geleiten; Geleitschutz bieten

护田林 hùtiánlín Flurschutzwald

护卫 hùwèi 1. schützen 2. Wache; Leibwache

护膝 hùxī Knieschützer

护照 hùzhào Pass 外交～ Diplomatenpass ～延期 Passverlängerung

扈 hù Gefolge; Gefolgsmann

扈从 hùcóng Gefolge; Gefolgsmann; Gefolgschaft

怙 hù sich auf jn/etw stützen; sich auf jn/etw verlassen

怙恶不悛 hù è bù quān weitere Schandtaten begehen und nicht zur Besserung bereit sein

糊 hù 另见 hū, hú

Brei; Paste; Püree 面～ Mehlbrei

互 hù →互相 ～通情报 Informationen austauschen; Informationsaustausch ～不干涉 gegenseitige Nichteinmischung

互动 hùdòng Interaktion; interaktiv

互换 hùhuàn austauschen

互惠 hùhuì gegenseitige Begünstigung; gegenseitiger Vorteil ～原则 Prinzip der gegenseitigen Begünstigung; Gegenseitigkeitsprinzip ～关税 gegenseitiger Vorzugstarif

互利 hùlì gegenseitiger Nutzen 平等～ Gleichberechtigung und gegenseitiger Nutzen

互联网 hùliánwǎng Internet

互相 hùxiāng gegenseitig；einander ～帮助 einander helfen；gegenseitige Hilfe

互助 hùzhù einander helfen；gegenseitige Hilfe ～合作 gegenseitige Hilfe und Zusammenarbeit ～组 Gruppe für gegenseitige Hilfe

花[1] huā 1. Blume；Blüte 种～ Blumen pflanzen 2. Feuerwerk 放～ ein Feuerwerk abbrennen 3. →花纹 4. mit Blumen verziert；mit Mustern versehen ～车 mit Girlanden geschmücktes Fahrzeug ～毛巾 gemustertes Handtuch 5. bunt；(bunt) gefleckt；scheckig ～猫 buntscheckige Katze ～衣服 bunte Kleider 6. undeutlich，verschwommen 眼～ es verschwimmt jm vor den Augen 7. Auslese；Elite；Blüte 文艺之～ Blüte der Literatur und Kunst 8. Pocken；Blattern 种～ gegen Pocken impfen；Pockenschutzimpfung 9. verwundet；Verwundung

花[2] huā aufwenden；ausgeben ～钱 Geld ausgeben ～时间 Zeit aufwenden；sich Zeit nehmen

花白 huābái graumeliert 头发～ graumeliert；grauhaarig

花瓣 huābàn Blumenblatt；Kronblatt

花边 huābiān 1. Randverzierung；Zierrand 2. Spitze；Borte ～领子 mit Borte besetzter Kragen 3. Rand；Umrandung；Zierleiste

花布 huābù buntgemusterter Baumwollstoff；Baumwolldruckstoff；Kattun

花茶 huāchá aromatisierter Tee

花车 huāchē Festwagen

花丛 huācóng Blumenstrauch

花旦 huādàn (in traditionellen chinesischen Opern) Rolle einer lebhaften oder liederlichen Frau

花灯 huādēng bunte Laterne

花雕 huādiāo Shaoxing-Reiswein

花朵 huāduǒ Blüte；Blume

花房 huāfáng Gewächshaus；Treibhaus

花费 huāfèi aufwenden；ausgeben；kosten

花费 huāfei Aufwand；Geldausgabe；Kosten

花粉 huāfěn Blütenstaub

花岗岩 huāgāngyán Granit ～脑袋 Dickkopf

花红[1] huāhóng 1. eine Wildapfelart 2. Wildapfel

花红[2] huāhóng 1. Hochzeitsgeschenk 2. Dividende；Gewinnanteil；Bonus

花花公子 huāhuā gōngzǐ Playboy

花环 huāhuán Blumenkranz；Girlande

花卉 huāhuì 1. Blumen und Gräser 2. Blumenstück

花甲 huājiǎ 60-jährig 年逾～ über sechzig Jahre alt sein；die Sechzig überschreiten

花匠 huājiàng Gärtner

花轿 huājiào Brautsänfte

花镜 huājìng Lesebrille (gegen Alterssichtigkeit)

花卷 huājuǎn gedämpftes Hefebrot in Spiralform；gedämpftes Zopfbrötchen

花篮 huālán 1. Blumenkorb 2. schön verzierter Korb

花脸 huāliǎn (in traditionellen chinesischen Opern) Rolle eines beherzten Mannes mit buntbemaltem Gesicht

花露水 huālùshuǐ „Blumentauwasser" (Lösung von ätherischen Ölen in verdünntem Alkohol zur Erfrischung)

花蜜 huāmì Nektar；Blütenhonig

花呢 huāní gemusterter Wollstoff

花农 huānóng Blumenzüchter

花盆 huāpén Blumentopf

花瓶 huāpíng Vase

花圃 huāpǔ Blumenbeet；Blumengarten

花圈 huāquān Blumenkranz；Kranz

花蕊 huāruǐ Staubgefäß；Stempel

花色 huāsè 1. Muster und Farben 2. Sorte；Sortiment 商品～繁多 es gibt Waren in zahlreichen Sorten / die Waren sind in reicher Auswahl vorhanden

花生 huāshēng 1. Erdnuss 2. Erdnusskern ～油 Erdnussöl

花饰 huāshì Ornament；Dekor

花束 huāshù Blumenstrauß

花坛 huātán Blumenbeet；Blumenrabatte

花纹 huāwén Ornament；Dessin；Musterung

花言巧语 huā yán qiǎo yǔ 1. schöne Worte；wohlklingende Rede；schöne Redensart 2. süß wie Honig reden；jm Honig um den Bart (ums Maul) schmieren；jn mit schönen Redensarten abspeisen

花眼 huāyǎn alterssichtig；Alterssichtigkeit

花样 huāyàng 1. Muster；Art；Sorte ～滑

冰 Eiskunstlauf 2. →花招 2
花椰菜 huāyēcài Blumenkohl
花园 huāyuán Blumengarten; Garten
花招 huāzhāo 1. auf Effekt abzielende Bewegung im Wushu 2. Trick; Kunstgriff; betrügerisches Manöver 政治～ politischer Trick, politisches Manöver 要～ einen Kunstgriff anwenden; mit Kunstkniffen arbeiten; (jm) Komödie (vor) spielen
花烛 huāzhú Hochzeitskerze ～夫妻 standesamtlich getrautes Ehepaar
花子 huāzi Bettler

哗（嘩） huā 另见 huá
rasseln; rauschen 溪水～～地流 der Bach plätschert
哗啦 huālā rascheln; krachend 桅杆～一声折断了 der Mast ist krachend gebrochen

划[1] huá 另见 huà
rudern; pullen ～船 (ein Boot) rudern; pullen

划[2] huá 另见 huà
→划算 2 ～得来 sich lohnen; sich rentieren ～不来 sich nicht lohnen; der Mühe nicht wert sein

划[3]（劃） huá kratzen; schneiden; anreißen ～玻璃 das Glas schneiden ～火柴 Streichholz anzünden
划拳 huáquán mit den Fingern knobeln
划算 huásuàn 1. kalkulieren; überlegen 2. sich lohnen
划艇 huátǐng Ruderboot; Paddelboot ～运动员 Ruderer; Rudersportler

滑 huá 1. glatt; glitschig; rutschig 街上很～ die Straße ist sehr glatt 2. gleiten; rutschen 他～了一跤 er ist ausgerutscht und gestürzt 3. schlau; listig; raffiniert 4. entschlüpfen; entkommen
滑冰 huábīng Eis laufen; Schlittschuh laufen; Eislauf ～运动 Eissport; Sport auf dem Eis
滑动 huádòng rutschen; gleiten ～摩擦 gleitende Reibung; Gleitreibung
滑稽 huájī 1. komisch; spaßig; lustig ～事儿 komisches Ereignis 2. Schwank ～演员 Komiker
滑轮 huálún Rolle; Kloben; Flasche
滑坡 huápō Erdrutsch
滑梯 huátī Rutschbahn; Rutsche; Schleife
滑头 huátóu 1. pfiffiger Mensch; durchtriebene Person; Fuchs 2. schlau; raffiniert; pfiffig
滑翔 huáxiáng gleiten; segeln; segelfliegen ～机 Segelflugzeug
滑行 huáxíng 1. gleiten; rollen; schlittern 2. im Leerlauf fahren
滑雪 huáxuě Ski laufen; Schilaufen; Skilauf; Schilauf ～运动 Schisport ～衫 Skianzug; Skibekleidung ～板 Schi

华[1]（華） huá 1. →华丽 ～屋 prächtiges Haus; Prunkhaus 2. grau; ergraut; graumeliert ～鬓 graue Schläfen; an den Schläfen ergrautes Haar 3. Ihr ～翰 Ihr werter Brief

华[2]（華） Huá 1. China 驻～使节 in China residierender Botschafter; Botschafter in China 2. chinesisch ～俄词典 chinesisch-russisches Wörterbuch
华表 huábiǎo Stele; dekorative Steinsäule
华达呢 huádání Gabardine
华而不实 huá ér bù shí schöne Form, leerer Inhalt; nur äußerlich schön
华尔兹 huá'ěrzī Walzer
华贵 huáguì 1. kostbar; wertvoll 2. luxuriös; prächtig; prunkvoll
华丽 huálì prächtig; prachtvoll 服饰～ fein gekleidet und reichlich geschmückt sein; in großer Gala
华侨 huáqiáo Auslandschinese
华氏 huáshì Fahrenheit
华裔 huáyì Ausländer chinesischer Herkunft (Abstammung)

哗（嘩、譁） huá 另见 huā
lärmen; randalieren; durcheinander reden
哗变 huábiàn meutern
哗然 huárán lärmen; randalieren; durcheinander reden 舆论～ die Öffentlichkeit wird in Aufruhr versetzt / die Öffentlichkeit ist in Erregung geraten
哗众取宠 huá zhòng qǔ chǒng sich wichtig machen; Wirkung zu erreichen suchen; auf Effekt ausgehen

铧（鏵） huá Pflugschar

话 huà 1. Rede; Sprache ～多 viel reden; gesprächig 换句～说 anders gesagt;

H

anders ausgedrückt; mit anderen Worten 2. sprechen; sagen ～家常 sich über familiäre Angelegenheiten unterhalten

话别 huàbié sich von jm verabschieden; Abschied von jm nehmen

话柄 huàbǐng Gesprächsgegenstand; Anlass für Gerede

话锋 huàfēng Faden des Gesprächs (der Unterhaltung, der Rede) 避开～ den Faden des Gesprächs abreißen lassen

话剧 huàjù Schauspiel; Drama ～演员 Schauspieler

话题 huàtí Gesprächsgegenstand; Gesprächsthema

话筒 huàtǒng 1. Mikrofon 2. Telefonhörer 3. Megafon; Sprachrohr

话务员 huàwùyuán Telefonist

话语 huàyǔ Rede; Sprache; Text 他～不多 er spricht nicht viel / er ist ziemlich sparsam mit Worten / er ist wortkarg

画[1]**(畫)** huà 1. zeichnen; malen ～人像 ein Porträt malen ～眉毛 die Augenbrauen nachziehen (schminken) 2. Malerei; Bild; Zeichnung 铅笔～ Bleistiftzeichnung 3. bemalt; mit Bildern geschmückt ～栋雕梁 bemalte Säulen und mit Schnitzereien verzierte Balken

画[2]**(畫、劃)** huà 1. (eine Linie) ziehen (zeichnen) ～格子 karieren 2. Strich (der Schriftzeichen)

画报 huàbào Illustrierte; illustrierte Zeitung; Bildzeitung

画布 huàbù Malerleinwand; Leinwand (für Ölgemälde)

画册 huàcè Bildband

画舫 huàfǎng prachtvolles Vergnügungsboot

画家 huàjiā Kunstmaler; Maler 肖像～ Porträtmaler

画廊 huàláng 1. bemalter Wandelgang 2. Galerie; Bildergalerie; Gemäldegalerie

画龙点睛 huà lóng diǎn jīng das Wesentliche mit einem treffenden Wort klar herausstellen

画面 huàmiàn Bild; Bildinhalt; Bildfläche

画片 huàpiàn Miniaturbild

画蛇添足 huà shé tiān zú etwas Überflüssiges tun; Eulen nach Athen tragen; das ist doppelt gemoppelt

画十字 huàshízì 1. ein Kreuz zeichnen 2. sich bekreuzigen; sich/jn bekreuzen; das Kreuz machen (schlagen)

画室 huàshì Maleratelier; Atelier; Studio

画图 huàtú 1. zeichnen; malen ～员 Zeichner 2. Zeichnung; Bild

画像 huàxiàng 1. ein Porträt malen; jn porträtieren 2. Porträt; Bildnis

画展 huàzhǎn Bilderausstellung; Gemäldeausstellung

划[1]**(劃)** huà 另见 huá

1. →划分 2. →划拨

划[2]**(劃)** huà 另见 huá

划拨 huàbō 1. überweisen 2. verteilen; zuteilen

划分 huàfēn 1. einteilen; aufteilen ～行政区域 (ein Land) in Verwaltungsgebiete einteilen 2. abgrenzen

划清 huàqīng etw von etw klar unterscheiden; eine Trennungslinie ziehen ～两类矛盾 die beiden Arten von Widersprüchen scharf voneinander unterscheiden

划时代 huàshídài epochemachend; bahnbrechend ～的文献 epochemachendes Dokument

划一 huàyī 1. einheitlich 2. vereinheitlichen; standardisieren ～体例 das Schriftbild vereinheitlichen; die formale Gestaltung standardisieren

化[1] huà 1. (sich) verändern; (sich) verwandeln ～悲痛为力量 Trauer in Energie verwandeln ～险为夷 die Gefahr abwenden; jn/sich/etw aus der Gefahr retten und in Sicherheit bringen 2. schmelzen; auftauen 雪～了 der Schnee ist aufgetaut (geschmolzen) 3. verdauen; lösen ～食 die Nahrung verdauen; verdauungsfördernd 4. verbrennen 5. →化学 6. (dient als Suffix zur Bildung von Verben): 合作～ vergenossenschaftlichen 军事～ militarisieren

化[2] huà →化缘

化肥 huàféi chemisches Düngemittel; Kunstdünger

化工 huàgōng chemische Industrie; Chemieindustrie ～厂 chemische Fabrik; Chemiefabrik

化合 huàhé sich (chemisch) verbinden; eine (chemische) Verbindung eingehen ～物 chemische Verbindung

化名 huàmíng 1. inkognito; unter falschem

Namen; alias 2. Inkognito; falscher Name; Deckname
化脓 huànóng eitern; vereitern
化身 huàshēn 1. Inkarnation 2. Verkörperung; Personifikation 正义的～ Verkörperung der Gerechtigkeit
化石 huàshí Fossil 动物～ fossiles Tier; versteinertes Tier
化纤 huàxiān Chemiefaser; Kunstfaser
化学 huàxué Chemie; chemisch ～反应 chemische Reaktion
化缘 huàyuán um Almosen bitten; Spenden sammeln
化妆 huàzhuāng 1. sich schminken; sich zurechtmachen; Kosmetik ～品 Kosmetikum
化装 huàzhuāng sich kostümieren; (sich) schminken ～舞会 Kostümball; Maskenball 2. (sich) verkleiden

桦(樺) huà Birke

怀(懷) huái 1. Brust; Busen 把婴儿抱在～里 den Säugling an die Brust drücken 2. →怀念 3. hegen; im Herzen tragen; beseelt sein ～着希望 eine Hoffnung hegen
怀抱 huáibào 1. in den Armen tragen (halten) 2. →怀 1 回到祖国的～ in den Schoß des Vaterlandes zurückkehren 3. →怀 3 ～着崇高的理想 von einem erhabenen Ideal beseelt sein; hohe Ideale haben
怀表 huáibiǎo Taschenuhr
怀恨 huáihèn Hass gegen jn/etw empfinden (hegen)
怀旧 huáijiù sich nach der Vergangenheit zurücksehnen
怀念 huáiniàn an jn/etw denken; sich nach jm/etw sehnen; Sehnsucht ～故乡 sich nach der Heimat sehnen
怀疑 huáiyí 1. in Frage stellen; verdächtigen; Zweifel hegen 毫不～ ohne Zweifel; zweifellos 2. annehmen; eine Vermutung anstellen 我～他今天来不了 ich vermute, dass er heute nicht kommen kann
怀孕 huáiyùn schwanger sein; Schwangerschaft; ein Kind erwarten

槐 huái Schnurbaum

踝 huái Knöchel

坏(壞) huài 1. schlecht; schlimm; miserabel 天气很～ das Wetter ist sehr schlecht 2. schlecht; übel; asozial ～份子 übles (asoziales) Element 3. defekt werden; kaputtgehen; verderben 4. sehr; außerordentlich; unheimlich 饿～ schrecklichen Hunger haben; hungrig wie ein Bär sein 5. böser Vorsatz; böswillige Absicht
坏处 huàichu Nachteil; Schaden; Schattenseite
坏蛋 huàidàn Lumpenkerl; Schurke; Teufel
坏人 huàirén 1. schlechter Mensch 2. übles Element; kriminelle Person
坏死 huàisǐ nekrotisieren; Nekrose
坏心眼 huàixīnyǎnr unlautere Absicht

欢(歡、懽) huān 1. →欢喜 1 ～度春节 das Frühlingsfest fröhlich verbringen 2. lebhaft; enthusiastisch 雨下得正～ es regnet stark
欢畅 huānchàng frohgelaunt; vergnügt; sich in heiterer Stimmung fühlen
欢呼 huānhū jubeln; Jubel 鼓掌～ Beifall klatschen und jm zujubeln
欢聚 huānjù sich freudig versammeln; froh zusammenkommen; fröhliche Runde ～一堂 sich fröhlich im Saal versammeln
欢快 huānkuài vergnügt; fröhlich; heiter
欢乐 huānlè fröhlich; glücklich; gutgelaunt
欢送 huānsòng sich von jm verabschieden ～会 Abschiedsfeier; Abschiedsparty
欢腾 huānténg vor Freude jubeln und tanzen 万众～ hunderttausende jubeln und tanzen vor Freude
欢喜 huānxǐ 1. freudig; fröhlich; erfreut 满心～ voll(er) Freude über etw sein; hocherfreut sein; von Freude überwältigt sein 2. gern haben; gern mögen; gern
欢欣 huānxīn freudig; begeistert ～鼓舞 triumphieren; jubeln; mit Freude und Begeisterung
欢迎 huānyíng 1. willkommen heißen; begrüßen; Willkommen 2. begrüßen; aufnehmen 受～ Aufnahme (Anklang) finden ～词 Begrüßungsrede

獾(貛) huān Dachs; Dächsin

还(還) huán 另见 hái
1. zurückkehren; wiederherstellen ～家

H

nach Hause zurückgehen; heimkommen 2. zurückgeben ～钱 das Geld zurückgeben 3. erwidern; vergelten ～礼 ⓐ einen Gruß erwidern; zurückgrüßen ⓑ ein Gegengeschenk machen
还本 huánběn Kapital zurückzahlen ～付息 Kapital mit Zinsen zurückzahlen
还击 huánjī zurückschlagen; einen Gegenangriff unternehmen; kontern
还价 huánjià (um den Preis) feilschen; um den Preis handeln; den Preis herabzusetzen suchen
还清 huánqīng begleichen; tilgen; auszahlen ～债务 eine Schuld löschen (abzahlen); sich seiner Schulden entledigen
还手 huánshǒu zurückschlagen; den Schlag erwidern
还原 huányuán 1. (den ursprünglichen Zustand) wiederherstellen 2. reduzieren; Reduktion
还债 huánzhài Schulden bezahlen
还账 huánzhàng eine Rechnung begleichen

环(環) huán 1. Ring 2. →环节 3. →环绕 ～城马路 Ringstraße
环保 huánbǎo Umweltschutz ～意识 Umweltbewusstsein
环抱 huánbào umgeben
环顾 huángù umblicken; sich umherschauen; Umschau halten ～四周 sich nach allen Seiten umschauen
环节 huánjié 1. Kettenglied; Glied 中心～ Hauptkettenglied 2. Körpersegment
环境 huánjìng 1. Umwelt ～卫生 Hygiene in der Umwelt ～保护 Umweltschutz 2. Umgebung; Verhältnisse 社会～ soziales Milieu; soziale Verhältnisse
环球 huánqiú 1. rund um die Welt; die Erde umkreisen ～飞行 Flug um die Welt 2. Erde
环绕 huánrǎo umgeben; umlaufen; rundherum
环卫 huánwèi Umwelthygiene

寰 huán große Ausdehnung
寰球 *huánqiú Erde; Erdball*

缓 huǎn 1. →缓慢 2. aufschieben; verlegen; auf die lange Bank schieben ～一天 etw um einen Tag verschieben 3. →缓和 4. wieder zu sich kommen 昏过去又～过来 in Ohnmacht fallen und dann wieder zur Besinnung kommen; aus der Ohnmacht erwachen
缓冲 huǎnchōng einen Konflikt entspannen ～地带 Pufferzone
缓和 huǎnhé 1. sich entspannen; sich entschärfen; sich mildern 情况～了一些 die Situation hat sich ein bisschen entspannt 2. entspannen; entschärfen; mildern
缓急 huǎnjí 1. Eile und Muße; eilig und nicht dringlich; Unterschied in der Dringlichkeit 按事情的～ je nach der Dringlichkeit der Sache; je nachdem ob die Sache dringend ist oder nicht; Priorität setzen 2. Not; Schwierigkeit ～相助 in der Not einander helfen; gegenseitige Hilfe in der Not
缓慢 huǎnmàn langsam; gemächlich; geruhsam 行动～ langsam handeln
缓期 huǎnqī einen Termin verschieben; Bewährung
缓气 huǎnqì wieder zu Atem kommen; eine Atempause machen; sich von Müdigkeit erholen
缓刑 huǎnxíng eine Strafe aussetzen; Strafaussetzung (Strafaufschub) gewähren; Bewährung

浣(澣) huàn 1. waschen ～纱 Garn waschen; Garn bleichen 2. Monatsdrittel; Dekade
浣熊 huànxióng Waschbär

宦 huàn 1. Beamter; als Beamter dienen 2. →宦官
宦官 huànguān Eunuch
宦海 huànhǎi Beamtentum

豢 huàn →豢养
豢养 huànyǎng ernähren; großziehen; aufpäppeln

患 huàn 1. Katastrophe; Unglück 2. →患病
患病 huànbìng krank werden; erkranken; an einer Krankheit leiden ～率 Morbidität; Krankenstand
患得患失 huàn dé huàn shī nur auf seine eigenen Interessen bedacht sein
患难 huànnàn Not ～之交 Freund in der Not; in der Not erprobte Freundschaft
患者 huànzhě Kranke(r); Patient

涣 huàn sich auflösen

涣散 huànsàn nachlassen; sich lockern; nachlässig 士气～ die Kampfmoral sinkt (lässt nach) 纪律～ undiszipliniert sein; die Disziplin lockert sich

焕 huàn Licht; Glanz

焕发 huànfā 1. strahlen 容光～ übers ganze Gesicht strahlen; sein Gesicht strahlt 2. entfalten; aufmuntern

焕然一新 huàn rán yī xīn in neuem Glanz erscheinen

换 huàn 1. tauschen 以一物～另一物 einen Gegenstand gegen einen anderen tauschen; Tausch eines Gegenstandes gegen einen anderen 2. wechseln ～内衣 die Unterwäsche wechseln ～一句话说 mit anderen Worten 3. umwechseln; umtauschen 把外币～成人民币 Devisen in Renminbi umtauschen

换班 huànbān die Schicht wechseln; Schichtwechsel; jn ablösen

换防 huànfáng Truppenbewegung

换算 huànsuàn umrechnen; Umrechnung

换文 huànwén Noten austauschen; Notenaustausch; Notenwechsel

唤 huàn rufen; schreien

唤起 huànqǐ 1. aufrufen; aufrütteln ～民众 die Volksmassen aufrütteln 2. hervorrufen; wachrufen ～回忆 Erinnerungen wachrufen (wecken)

唤醒 huànxǐng 1. wecken; wachrütteln 2. aufrufen; aufrütteln

幻 huàn trügerisch; illusorisch; zauberhaft

幻灯 huàndēng Diapositiv; Dia 放～ Diapositive (Dias) zeigen (vorführen) ～机 Diaprojektor

幻景 huànjǐng Trugbild; Fata Morgana

幻境 huànjìng Märchenland

幻觉 huànjué Wahnvorstellung; Halluzination 产生～ halluzinieren; Halluzinationen hervorrufen

幻灭 huànmiè zu Wasser werden; zunichte werden 希望～ die Hoffnung ist zu Wasser geworden

幻想 huànxiǎng 1. Illusion; Phantasie 2. Utopie 科学～小说 Science-fiction-Roman

幻象 huànxiàng Phantasiegebilde; Trugbild

幻影 huànyǐng Trugbild; Phantasiebild

荒 huāng 1. →荒芜 2. →荒凉 3. Missernte ～年 Jahr der Missernte; Jahr der Not; Hungerjahr 4. →荒地 5. →荒废 2 6. großer Mangel; große Knappheit; Not 房～ Wohnungsnot

荒诞 huāngdàn unwahr; absurd; grotesk; widersinnig

荒地 huāngdì Brachland; unkultiviertes Land; Wildnis 开垦～ Brachland urbar machen (kultivieren)

荒废 huāngfèi 1. brachliegen; unbebaut 2. verlernen; vernachlässigen ～学业 das Studium (die Schule) vernachlässigen 3. ungenutzt; verstreichen lassen; vertun ～时间 Zeit vergeuden

荒凉 huāngliáng öde; verlassen; abgeschieden ～的地方 Öde; verlassene Gegend

荒谬 huāngmiù unsinnig; absurd; sinnlos ～绝伦 äußerst absurd; höchster Unsinn

荒僻 huāngpì verlassen; entlegen; abgeschieden

荒疏 huāngshū aus der Übung kommen; verlernen

荒唐 huāngtáng 1. grotesk; absurd 做事～ groteskerweise vorgehen; Unglaubliches tun 2. liederlich; unsittlich; hemmungslos 行为～ zügellos auftreten

荒芜 huāngwú (Land) verwahrlost sein

荒野 huāngyě Einöde; Wüstenei

慌[1] huāng →慌张

慌[2] huāng schwer erträglich 累得～ todmüde sein

慌乱 huāngluàn verwirrt, in großer Hetze; aus dem Konzept kommen

慌忙 huāngmáng hastig; in großer Hast; Hals über Kopf; *fassungslos*

慌张 huāngzhāng überstürzt; Hals über Kopf 神色～ ein bestürztes Gesicht machen; aus der Fassung geraten

黄[1] huáng 1. gelb 2. Abkürzung für den Huanghe-Fluss

黄[2] huáng misslingen; fehlschlagen 买卖～了 das Geschäft ist nicht zustande gekommen / das Geschäft ist geplatzt

黄疸 huángdǎn Gelbsucht

黄道 huángdào Ekliptik

黄豆 huángdòu Sojabohne ～芽 Sojaboh-

H

nensprösslinge; Bohnenkeimlinge
黄瓜 huángguā Gurke
黄昏 huánghūn Abenddämmerung
黄金 huángjīn Gold ～储备 Goldreserve
黄金时代 huángjīn shídài 1. goldenes Zeitalter; Blütezeit 2. goldene Tage
黄酒 huángjiǔ (gelber) Reiswein
黄连 huánglián Chinesische Coptis
黄粱梦 huángliángmèng schnell zunichte gewordener Wunschtraum
黄毛丫头 huángmáo yātou kleines Mädchen
黄梅天 huángméitiān die Regenperiode im Spätfrühling und im Frühsommer am Mittel- und Unterlauf des Changjiang-Flusses
黄牛 huángniú 1. Hausrind 2. Schieber; Schwarzhändler
黄牌 huángpái Gelbe Karte
黄色 huángsè 1. gelb; gelbe Farbe 2. dekadent; pornographisch ～文学 pornographische Literatur; Schundliteratur
黄鳝 huángshàn Reisaal
黄鼠狼 huángshǔláng Wiesel
黄铜 huángtóng Messing
黄土 huángtǔ Löss ～高原 Löss-Hochebene
黄油 huángyóu 1. Staufferfett 2. Butter
黄鱼 huángyú der Gelbe Fisch
黄种 huángzhǒng gelbe Rasse; Mongoloiden

磺 huáng Schwefel
磺胺 huáng'àn 1. Sulfanilamid 2. Sulfonamid

簧 huáng 1. Rohrblatt 2. Feder; Sprungfeder 锁～ Sperrfeder; Sicherungsfeder

皇 huáng →皇帝 ～亲国戚 kaiserliche Verwandtschaft
皇帝 huángdì Kaiser
皇宫 huánggōng Kaiserpalast; Kaiserhof
皇冠 huángguān Kaiserkrone
皇后 huánghòu Kaiserin
皇历 huángli Almanach; Kalender
皇太子 huángtàizǐ Kronprinz
皇权 huángquán kaiserliche Macht
皇太后 huángtàihòu Kaiserinmutter

惶 huáng Angst; Furcht; ängstlich
惶惶 huánghuáng beunruhigt; angsterfüllt; in Panikstimmung geraten 人心～ die Menschen sind von einer heillosen Panik ergriffen
惶惑 huánghuò aus Unwissenheit der Sachlage in Panikstimmung geraten
惶恐 huángkǒng erschrocken; bestürzt; unruhig

煌 huáng hell; leuchtend
煌煌 huánghuáng glänzend; leuchtend; funkelnd 明星～ die Sterne funkeln

遑 huáng 1. müßig; untätig 2. eilig; hastig
遑遑 huánghuáng in großer Eile; in großer Hast

蝗 huáng →蝗虫
蝗虫 huángchóng Heuschrecke; Feldheuschrecke
蝗灾 huángzāi Heuschreckenschaden

鳇 huáng Hausen

谎 huǎng →谎话
谎话 huǎnghuà Lüge 说～ lügen; schwindeln
谎言 huǎngyán →谎话

恍 huǎng 1. →恍然 2. es scheint, als ob; wie ～如梦境 es kommt jm wie ein Traum vor; wie im Traum
恍惚 huǎnghū 1. in einem Dämmerzustand liegen; sich in Trance befinden; zerstreut 神志～ sich in Trance befinden; im Taumel sein 精神～ gedankenverloren; unaufmerksam; verwirrt 2. undeutlich; ungenau; verschwommen 我～听见他回来 ich habe undeutlich gehört, dass er zurückkam
恍然 huǎngrán plötzlich; auf einmal ～大悟 es fällt jm wie Schuppen von den Augen; jm geht ein Licht auf

晃 huǎng 另见 huàng
1. blenden 2. vorbeihuschen; aufblitzen

幌 huǎng Vorhang
幌子 huǎngzi 1. Aushängeschild 2. Deckmantel; Vorwand 打着…的～ unter dem Deckmantel (Vorwand) …

晃(摇) huàng 另见 huǎng
schwenken; schwingen; schlenkern 摇头～脑 den Kopf wiegen
晃荡 huàngdang schwanken; schaukeln
晃动 huàngdòng wackeln; wanken

麾 huī 1. Kommandeursbanner (in der alten Zeit) 2. kommandieren ～军前进 die Armee beim Vormarsch anführen

麾下 huīxià 1. höfliche Anredeform gegenüber einem Befehlshaber 2. Untergebene(r)

挥 huī →挥舞 ～手 mit der Hand winken

挥发 huīfā verfliegen; verdunsten; sich verflüchtigen ～油 ätherisches Öl

挥霍 huīhuò verschwenden; vergeuden ～无度 mit Geld um sich werfen; in Saus und Braus leben

挥舞 huīwǔ schwingen; schwenken; mit etw fuchteln

辉(煇) huī Glanz; Schein 晚霞的余～ Abendsonnenschein

辉煌 huīhuáng glänzend; prächtig 灯火～ hell erleuchtet; prächtig illuminiert (außen od. im Freien); von Lichtern erhellt 战果～ glänzender militärischer Erfolg (Sieg)

晖 huī Sonnenschein 春～ Frühlingssonne

灰 huī 1. Asche 香烟～ Zigarettenasche 2. →灰尘 3. Kalk; Mörtel ～墙 mit Kalk bestrichene Wand 4. →灰色 5. →灰心

灰暗 huī'àn dunkel; düster; finster

灰尘 huīchén Staub

灰溜溜 huīliūliū 1. schmutziggrau 2. enttäuscht; niedergeschlagen; mit langer Nase 情绪～的 von düsterer Laune ergriffen sein; einen niedergeschlagenen Eindruck machen

灰色 huīsè 1. grau; graue Farbe 2. enttäuscht; bedrückt; pessimistisch ～的心情 missgelaunt sein; in bedrückter Stimmung sein 3. unklar; zweideutig; delphisch

灰鼠 huīshǔ Eichhörnchen

灰心 huīxīn verzagen; den Mut verlieren; sich entmutigen lassen ～丧气 gedrückt; verzagt; die Flinte ins Korn werfen

恢 huī groß; ausgedehnt

恢复 huīfù 1. wiederhergestellt werden 他的健康～了 er ist von der Krankheit genesen / seine Gesundheit ist wiederhergestellt / er ist wieder gesund 2. wiederherstellen zurückgewinnen ～原状 den ursprünglichen Zustand (den Status quo ante) wiederherstellen ～知觉 wieder zu sich (zu Bewusstsein) kommen

诙 huī humorvoll; spöttisch

诙谐 huīxié humorvoll; witzig 言语～ sich humorvoll ausdrücken

徽 huī Abzeichen; Wappen 国～ Staatswappen 校～ Schulabzeichen

徽章 huīzhāng Abzeichen; Plakette; Emblem

回[1](回、囘、[1]迴、廻) huí 1. →回环 2. →回来; 回去 ～厂 in die Fabrik zurückgehen (zurückfahren) 3. →回转 ～过头来 den Kopf abwenden 4. beantworten ～信 Post (einen Brief) beantworten; einen Antwortbrief schreiben 5. →回绝 6. Mal; mal 这我听过两～ das habe ich zweimal gehört 7. Kapitel

回[2](囘、囬) Huí →回族

回报 huíbào 1. berichten; einen Bericht machen 2. erwidern; eine Gegenleistung machen 3. sich an jm für etw rächen; an jm Rache nehmen

回避 huíbì 1. aus dem Wege gehen; ausweichen; entgehen ～矛盾 den Widersprüchen ausweichen 2. sich von der Gerichtsverhandlung fernhalten

回肠荡气 huí cháng dàng qì zu Herzen gehend; ergreifend und erschütternd

回潮 huícháo 1. wieder feucht werden; die Feuchtigkeit annehmen 2. wieder auftreten; wiederaufleben

回程 huíchéng 1. Rückweg; Rückfahrt; Rückreise ～票 Rückfahrschein; Rückflugkarte; Rückflugschein 2. Rücklauf

回春 huíchūn 1. Wiederkehr des Frühlings 大地～ der Frühling zieht ein / die Erde erwacht 2. jn dem Tod entreißen; jn vom Tod erretten

回答 huídá beantworten; erwidern; eine Antwort geben ～问题 auf eine Frage antworten; eine Frage beantworten

回电 huídiàn 1. zurücktelegrafieren; zurückrufen 2. Antworttelegramm

回访 huífǎng Gegenbesuch; einen Gegenbesuch abstatten

回顾 huígù 1. sich umblicken; sich umsehen 2. zurückblicken; Rückschau halten ～既

H

往 auf die Vergangenheit zurückblicken; Erinnerung an die Vergangenheit
回光返照 huí guāng fǎn zhào 1. der augenblickliche Widerschein der am Horizont versinkenden Sonne 2. Euphorie 3. kurze Blüte vor dem Untergang
回归 huíguī zurückkehren; Regress; Regression
回合 huíhé Runde; Gang
回护 huíhù jn in Schutz (unter seine Fittiche) nehmen
回话 huíhuà 1. →回答 2. Antwort
回环 huíhuán sich drehen; kreisen; Umschwung
回击 huíjī zurückschlagen; einen Gegenschlag führen; Gegenangriff
回见 huíjiàn Auf baldiges Wiedersehen! Bis dann! Bis nachher!
回教 huíjiào Islam ～徒 Moslem; Mohammedaner
回敬 huíjìng jm eine Gegenleistung machen ～一杯 seinen Toast mit einem Glas auf sein Wohl erwidern
回绝 huíjué ablehnen; zurückweisen; Neinsagen
回扣 huíkòu Provision; Vermittlungsgebühr
回来 huílái 1. zurückkommen 2. zurück 拿～ zurücknehmen; zurückholen
回廊 huíláng Wandelgang; Galerie
回礼 huílǐ 1. js Gruß erwidern; js Gruß mit einem Gegengruß beantworten 2. jm ein Gegengeschenk machen
回笼 huílóng 1. zum Aufwärmen in den Dampfkorb zurücklegen; noch einmal dämpfen 2. einziehen; etw aus dem Verkehr ziehen; Rückfluss 货币～ Banknoten einziehen (aus dem Verkehr ziehen)
回暖 huínuǎn warm werden
回去 huíqù 1. zurückgehen; zurückkehren 2. zurück 拿～ zurückbringen
回升 huíshēng wieder steigen; erneut ansteigen
回生¹ huíshēng ins Leben zurückkehren; *auferstehen*
回生² huíshēng verlernen; aus der Übung kommen
回声 huíshēng Echo; Widerhall
回收 huíshōu einsammeln; zurückgewinnen; regenerieren ～废品 Abfallmaterial einsammeln
回头 huítóu 1. den Kopf wenden 2. bereuen; umkehren ～是岸 für einen Besserungswilligen gibt es auch einen Ausweg 3. später; nachher ～再说 später reden wir noch darüber
回味 huíwèi Nachgeschmack; nachträglich über etw nachdenken
回响 huíxiǎng Echo; Widerhall 得到各方的～ ein allgemeines Echo finden
回想 huíxiǎng sich erinnern; zurückdenken
回心转意 huí xīn zhuǎn yì seine Haltung ändern; die feindliche Haltung aufgeben und sich zur Versöhnung bereit zeigen
回信 huíxìn 1. einen Brief beantworten; einen Antwortbrief schreiben 2. Antwortbrief 3. mündliche Antwort 请听我的～ Warten Sie bitte auf meine Antwort!
回形针 huíxíngzhēn Büroklammer
回旋 huíxuán 1. kreisen; Kreise ziehen 2. sich bewegen ～的余地 Spielraum
回忆 huíyì sich erinnern; zurückdenken; Erinnerung ～录 Memoiren; Erinnerungen
回音 huíyīn 1. →回声 2. Antwort
回转 huízhuǎn umdrehen; umwenden
回族 huízú Hui-Nationalität
回嘴 huízuǐ heftig erwidern; scharf entgegnen; (mit scharfen Worten) widersprechen

洄 huí Strudel; Wirbel
洄游 huíyóu gegen die Strömung schwimmen; Migration; Wanderung (stromaufwärts)

茴 huí
茴香 huíxiāng 1. Fenchel 2. Sternanis

蛔(蛕、痐) huí
蛔虫 huíchóng Spulwurm

悔 huǐ bereuen; bedauern; Reue ～不当初 es bereuen, so gehandelt zu haben; ich hätte es anders machen sollen
悔改 huǐgǎi seine Fehler einsehen und sich bessern
悔过 huǐguò seine Fehler bereuen; seine Verfehlungen bereuen ～自新 seine Fehler bereuen und ein neues Leben anfangen; mit der Vergangenheit brechen
悔恨 huǐhèn bittere Reue über etw empfinden; über etw zerknirscht sein
悔悟 huǐwù Reue und Einsicht zeigen

悔之无及 huǐ zhī wú jí zu spät, um zu bereuen

毁（^{2}燬、^{2}譭）huǐ 1. →毁坏 2. verbrennen 3. →毁谤

毁谤 huǐbàng verleumden; verunglimpfen

毁坏 huǐhuài beschädigen; zerschlagen; zerstören; kaputtmachen

毁灭 huǐmiè vernichten; zugrunde richten ～性的打击 ein vernichtender (tödlicher) Schlag

汇^1（滙、匯、$^{2\,3}$彙）huì 1. →汇合 2. →汇集 3. Sammlung; Ansammlung

汇^2（滙、匯）huì Geld überweisen (anweisen) 电～ Geld telegrafisch anweisen; telegrafische Überweisung

汇报 huìbào 1. zusammenfassend über etw berichten ～工作 über den Stand seiner Arbeit berichten 2. Gesamtbericht; Rechenschaftsbericht 写～ einen Bericht schreiben (abfassen)

汇编 huìbiān zusammenstellen; zusammentragen; Sammlung; 法规～ Zusammenstellung von Gesetzen und Vorschriften

汇兑 huìduì überweisen; Überweisung

汇费 huìfèi Anweisungsgebühr; Überweisungsgebühr

汇合 huìhé zusammenfließen; ineinander fließen; Konfluenz ～点 Mündung; Zusammenfluss

汇集 huìjí sich sammeln; sich versammeln; zusammenströmen

汇款 huìkuǎn 1. Geld überweisen (anweisen) ～人 Absender 2. Anweisung; Überweisung

汇率 *huìlǜ* ***Wechselkurs***

汇总 huìzǒng sammeln; zusammentragen; zusammenstellen ～表 Übersichtstabelle; tabellarische Übersicht; übersichtliche Zusammenstellung

讳（諱）huì 1. →讳言 2. Tabu

讳疾忌医 huì jí jì yī sich aus Angst, dass die Krankheit entdeckt wird, nicht behandeln lassen

讳言 huìyán nicht sagen wollen; nicht wagen, etw zu sagen 无可～ nicht zu verschweigen brauchen, dass ...

彗（篲）huì Besen

彗星 huìxīng Komet

慧 huì klug; weise; intelligent

恚 huì Hass; Abscheu

恚恨 huìhèn Hass hegen; Abscheu haben

卉 huì Gräser

惠 huì 1. Gunst; Wohlwollen; Gnade 受～ begünstigt werden; Vergünstigungen genießen 2. begünstigen; bevorzugen 互～ gegenseitige Begünstigung; gegenseitiger Vorteil 3. (höfliche Ausdrucksweise): ～临 Ihr liebenswürdiger (freundlicher) Besuch

秽（穢）huì 1. schmutzig 2. gemein; nichtswürdig; schurkisch

秽土 huìtǔ Müll; Kehricht; Dreck

秽行 huìxíng schmutzige Handlungen; unsittliches Verhalten

喙 huì 1. Schnabel; Maul 2. Mund 不容置～ niemandem erlauben, dazwischenzureden

贿 huì →贿赂

贿赂 huìlù 1. bestechen; Bestechung 2. Bestechungsgeld; Bestechungsgeschenk

会^1（會）huì 另见 kuài

1. →会合 2. →会面；会见 3. Sitzung; Versammlung; Besprechung 4. Verein; Gesellschaft 商～ Handelskammer 5. Jahrmarkt 赶～ den Jahrmarkt besuchen

会^2（會）huì 另见 kuài

1. verstehen 误～ jn/etw falsch verstehen; jn/etw missverstehen 2. (gut) können; in der Lage sein; die Fähigkeit besitzen, etw zu tun ～游泳 schwimmen können 3. sich auf etw verstehen; etw zu tun verstehen; in etw erfahren sein ～写文章 zu schreiben verstehen; eine gewandte Feder schreiben 4. möglich 不～有这样的事 so etwas ist unmöglich

会^3（會）huì 另见 kuài

→会账

会标 huìbiāo Logo der Konferenz

会场 huìchǎng Versammlungsort; Sitzungsraum; Konferenzsaal

会费 huìfèi Mitgliedsbeitrag 工会～ Gewerk-

schaftsbeitrag; Gewerkschaftsmitgliedsbeitrag
会合 huìhé sich vereinigen; zusammenfließen
会话 huìhuà Gespräch; Konversation ～手册 Konversationsbuch
会见 huìjiàn mit jm zusammentreffen; Zusammenkunft mit jm; zusammenkommen
会客 huìkè einen Gast (Besucher) empfangen ～室 Empfangsraum; Sprechzimmer
会考 huìkǎo zentralorganisierte Reifeprüfung
会面 huìmiàn mit jm zusammenkommen (zusammentreffen); Zusammenkunft; Begegnung
会审 huìshěn 1. einen Fall gemeinsam verhandeln; gemeinsame Gerichtsverhandlung 2. etw gemeinsam überprüfen; eine gemeinsame Überprüfung vornehmen
会师 huìshī Zusammentreffen (der einzelnen Truppen auf dem Schlachtfeld) 胜利～ siegreiches Zusammentreffen (der einzelnen Truppen auf dem Schlachtfeld)
会谈 huìtán ein Gespräch führen; Besprechung 大使级～ Gespräch auf der Ebene der Botschafter
会晤 huìwù →会面
会心 huìxīn verständnisinnig; verständnisvoll ～地微笑 verständnisvoll lächeln
会议 huìyì 1. Sitzung; Konferenz; Tagung 学术～ Symposium; wissenschaftliche Konferenz 首脑～ Gipfelkonferenz 2. Konferenz; Kongress 部长～ Ministerkonferenz; Ministerrat
会意 huìyì verständnisinnig; verständnisvoll ～的眼色 verständnisinniger Blick (Augenwink)
会员 huìyuán Mitglied 工会～ Gewerkschaftsmitglied
会战 huìzhàn Entscheidungsschlacht; Schlacht
会账 huìzhàng für die ganze Runde bezahlen; für alle zahlen; alles zahlen
会诊 huìzhěn Ärztekonsilium

烩(燴) huì schmoren

荟(薈) huì üppiger Pflanzenwuchs

荟萃 huìcuì sich versammeln; zusammenkommen 人才～ Talente scharen sich

绘(繪) huì zeichnen; malen

绘画 huìhuà zeichnen; malen; Malerei
绘图 huìtú eine Karte zeichnen; eine Zeichnung anfertigen ～纸 Zeichenpapier
绘制 huìzhì zeichnen; anfertigen

诲 huì belehren; unterweisen; anleiten ～人不倦 unermüdlich belehren; mit unermüdlichem Lehreifer anleiten

晦 huì →晦暗

晦暗 huì'àn dunkel; finster
晦气 huìqì Pech; Misserfolg; hineinfliegen
晦涩 huìsè schwerverständlich; orakelhaft; verblümt

荤 hūn tierische Nahrungsmittel 吃～ Fleischspeisen essen; Fleischkost genießen

荤菜 hūncài Fleischgericht; Fischgericht

昏 hūn 1. Abenddämmerung; Dämmerung 2. →昏暗 3. benommen; schwindlig; verwirrt 头～眼花 jm ist schwindlig und jm verschwimmt es vor den Augen 4. ohnmächtig; bewusstlos

昏暗 hūn'àn dunkel; düster; finster 天色～ es ist dunkel
昏沉 hūnchén 1. →昏暗 2. benommen; leicht betäubt
昏倒 hūndǎo ohnmächtig werden (zusammenbrechen); umfallen
昏花 hūnhuā sehschwach; verschwommen 老眼～ alterssichtig sein
昏厥 hūnjué Ohnmacht; das Bewusstsein verlieren
昏聩 hūnkuì nicht klar und nüchtern denken; wirrköpfig
昏迷 hūnmí Ohnmacht; Bewusstlosigkeit ～不醒 im Koma liegen; in tiefer Ohnmacht (Bewusstlosigkeit) liegen
昏庸 hūnyōng wirrköpfig und töricht; untauglich; unfähig

阍 hūn 1. das Tor bewachen 2. Palasttor; Tor

阍者 hūnzhě Torwächter; Pförtner

婚 hūn heiraten; Heirat; eine Ehe schließen 已～ verheiratet sein 未～ unverheiratet (ledig) sein

婚礼 hūnlǐ Hochzeit; Hochzeitsfeier; Hochzeitszeremonie
婚外恋 hūnwàiliàn außereheliches Liebes-

verhältnis

婚姻 hūnyīn Ehe ～登记 standesamtliche Trauung；standesamtlich getraut werden；Heiratsregistrierung ～法 Ehegesetz；Eherecht

婚约 hūnyuē Verlobung

浑 hún 1. trübe；unklar 2. dumm；dusslig ～话 dummes Gerede；Unsinn

浑厚 húnhòu 1. schlicht；ehrlich 2. schlicht und aussagekräftig 文笔～ einen schlichten und aussagekräftigen Stil schreiben

浑然 húnrán ganz und gar；vollständig ～一体 wie aus einem Guss；ein harmonisches Ganzes；eine unteilbare Einheit bilden

浑身 húnshēn am ganzen Körper；am ganzen Leib ～是汗 am ganzen Körper schwitzen；(wie) in Schweiß gebadet sein

浑水摸鱼 hún shuǐ mō yú im Trüben fischen；aus einer unklaren Lage Vorteil ziehen

魂 hún 1. Seele；Geist；Stimmung ～不附体 jm fällt (rutscht) das Herz in die Hose；vor Schreck wie von Sinnen sein；vor Angst beinahe umkommen 2. erhabener Geist 民族～ Nationalgeist

混 hún →浑 1,2 另见 hùn

混蛋 húndàn Blödling；Dummkopf；Tölpel

馄 hún

馄饨 húntún *Huntun* (gefüllte Teigtäschchen)

混 hùn 另见 hún

1. (ver) mischen；durcheinander bringen 2. sich als/für jn/etw ausgeben；vortäuschen ～过关 sich durch Mogeleien aus der Klemme herauswinden；durch ein betrügerisches Manöver seine Schuld verschleiern 3. dahinleben ～日子 in den Tag hinein leben 4. unbesonnen；unüberlegt ～出主意 unüberlegte Ratschläge geben

混充 hùnchōng sich/jn/etw als/für ... ausgeben ～内行 sich als Kenner ausgeben

混沌 hùndùn 1. chaotischer Urzustand；Chaos～初开 in der Zeit，wo sich die Welt aus dem chaotischen Urzustand herausgebildet hat 2. naiv；unaufgeklärt；unwissend

混纺 hùnfǎng gemischt verspinnen；gattieren 棉毛～ Gewebe aus Baumwolle und Wolle

混合 hùnhé (ver)mischen；zusammenmischen ～饲料 Mischfutter

混进 hùnjìn sich in etw einschleichen；sich unter jn/etw mischen

混乱 hùnluàn Verwirrung；Unordnung；Durcheinander 思想～ ideologische Konfusion；Verwirrung in der Ideologie

混凝土 hùnníngtǔ Beton 钢筋～ Stahlbeton

混同 hùntóng etw unterschiedslos behandeln；irrtümlich gleichsetzen；alles in einen Topf werfen

混淆 hùnxiáo 1. undeutlich abgegrenzt；miteinander vermengt (vermischt) sein 概念～ Begriffe miteinander verwechseln；die Begriffe sind unklar abgegrenzt 2. verwechseln；verwischen；durcheinander bringen ～是非 den Unterschied zwischen dem Richtigen und dem Falschen verwischen

混血儿 hùnxuè'ér Mischling

混杂 hùnzá vermengen；vermischen；durcheinander bringen

混战 hùnzhàn Schlachtgetümmel；Handgemenge

混账 hùnzhàng unverschämt；Schandkerl；Schweinehund

混浊 hùnzhuó verschmutzt；unsauber 室内空气～ die Luft im Raum ist stickig (verbraucht)

诨 hùn scherzen；Spaß (einen Scherz，Witze) machen；Possen treiben

诨名 hùnmíng Spitzname；Beiname

豁[1] huō 另见 huò

auseinander klaffen；Risse bekommen

豁[2] huō 另见 huò

～出去 alles auf eine Nummer (aufs Spiel) setzen

豁口 huōkǒu Spalt；Riss；Lücke

豁嘴 huōzuǐ 1. Hasenscharte 2. Mensch mit einer Hasenscharte (Oberlippenspalte)

耠 huō (den Boden) grubbern；mit dem Grubber (den Boden) lockern ～地 den Boden grubbern (grubben)

耠子 huōzi Grubber

H

攉 huō umlagern; umschaufeln ～土 Erde umschaufeln

活[1] huó 1. leben; lebend; lebendig ～鱼 lebendiger Fisch ～到老,学到老 bis ins hohe Alter hinein lernen; man lernt nie aus 2. jm das Leben retten ～人无数 zahlreichen Menschen das Leben retten 3. lebhaft; beweglich; flexibel 心眼儿～ geistig gewandt; Köpfchen haben 搞～经济 die Wirtschaft in Schwung bringen; die Wirtschaft beleben (ankurbeln)

活[2] huó 1. Arbeit 2. Produkt; Erzeugnis

活动 huódòng 1. (sich) bewegen; Bewegung 2. wackeln; wacklig; locker 牙齿有些～了 der Zahn wackelt (ist locker) 3. elastisch; flexibel ～房屋 Baracke; Wohnwagen 4. Aktivität; Beschäftigung; Betätigung 政治～ politische Aktivität (Betätigung) 文娱～ Kulturveranstaltung 5. sich für jn/etw einsetzen; seinen Einfluss für jn/etw verwenden

活动家 huódòngjiā Persönlichkeit

活该 huógāi etw geschieht jm recht; es nicht besser (nicht anders) verdienen

活计 huóji 1. Handarbeit; Handwerk 2. Handarbeit; handwerkliche Artikel

活结 huójié leicht lösbare Verknüpfung; Schlinge; Schleife 打一个～ eine Schlinge machen; eine Schleife binden; etw zu einer Schleife binden

活力 huólì Lebenskraft; Vitalität; Schwung 青春的～ jugendliche Lebenskraft (Vitalität); Schwung der Jugend

活灵活现 huó líng huó xiàn lebensecht; lebendig; anschaulich

活路 huólù 1. Existenzmöglichkeit 2. Methode; Mittel; Weg

活埋 huómái jn lebendig begraben

活门 huómén Ventil; Schieber; Klappe

活命 huómìng 1. sein Leben (sein Dasein; seine Existenz) fristen 2. jm (js) Leben retten 3. Leben 留一条～ jn am Leben lassen

活泼 huópo lebhaft; munter; schwungvoll

活期 huóqī unbefristet ～存款 laufendes Konto; Einlage auf (bei) Sicht

活塞 huósāi Kolben; Plunger

活生生 huóshēngshēng 1. lebendig ～的事实 lebendige Tatsachen 2. bei lebendigem Leibe

活水 huóshuǐ fließendes Wasser

活现 huóxiàn lebensecht; naturgetreu 他的形象～在我的眼前 seine Gestalt erscheint mir deutlich vor Augen

活像 huóxiàng jm sehr ähnlich aussehen; js (ganzes) Ebenbild sein 孩子～母亲 das Kind ist das Ebenbild seiner Mutter / das Kind sieht seiner Mutter zum Wechseln ähnlich aus

活页 huóyè lose Blätter

活跃 huóyuè 1. lebhaft; rege; voller Leben 市场～ der Markt floriert / auf dem Markt herrscht lebhaftes Treiben 2. beleben; ankurbeln ～农村经济 die Wirtschaft auf dem Land beleben

活捉 huózhuō jn lebend fangen (ergreifen)

活字 huózì bewegliche Lettern; Druckschrift; (Druck)type ～印刷 Druck mit beweglichen Lettern

和 huó 另见 hé, hè, huò
untermischen; untermengen ～面 den Teig rühren; den Teig kneten

火 huǒ 1. Feuer; Flamme 点～ Feuer anzünden 2. Schusswaffen und Munition ～网 Sperrfeuer 3. →火气 1 上～ an übermäßiger innerer Hitze leiden 4. →火气 2

火把 huǒbǎ Fackel

火并 huǒbìng sich untereinander aufs Erbitterste befehden; erbitterter Kampf in den eigenen Reihen

火柴 huǒchái Streichholz; Zündholz

火车 huǒchē Eisenbahn; Zug ～站 Bahnhof

火车头 huǒchētóu 1. Lokomotive; Lok 2. Lokomotive; die führende Rolle

火炽 huǒchì lebhaft; spannend; in vollem Gang

火罐儿 huǒguànr Schröpfglas

火锅 huǒguō Feuertopf; holzkohlenbeheizter Kochtopf; Fondue

火海 huǒhǎi Flammenmeer; Feuermeer; Glutmeer 一片～ ein Meer von Flammen

火红 huǒhóng feuerrot; flammenrot

火候 huǒhou 1. Dauer und Stärke des Feuers; Zeit und Temperatur 2. Perfektion; Vollendung 演技到了～ es in der Schauspielkunst bis zur Perfektion bringen; in der Schauspielkunst zur Reife gelangen 3. kritischer Augenblick 正在战斗的～上 gerade im kritischen Augenblick des Ge-

fechts
火鸡 huǒjī Truthahn
火急 huǒjí brandeilig; äußerst dringend 十万～ in rasender (größter) Eile; brandeilig
火剪 huǒjiǎn 1. Feuerzange 2. Brennschere
火箭 huǒjiàn Rakete 宇宙～ Weltraumrakete ～发射场 Raketenabschussbasis; Raketenabschussstation
火箭炮 huǒjiànpào Salvengeschütz; Raketenartillerie
火警 huǒjǐng Feueralarm
火炬 huǒjù Fackel
火炕 huǒkàng heizbares Ziegelsteinbett; Ofenbett
火坑 huǒkēng Hölle 跳出～ der Hölle entfliehen
火力 huǒlì 1. Brennkraft; Wärme ～发电站 Dampfkraftwerk 2. Feuer; Feuerkraft ～支援 Feuerunterstützung
火炉 huǒlú Ofen
火苗 huǒmiáo Flamme; Feuerzunge
火漆 huǒqī Siegellack
火气 huǒqì 1. (chinesische Medizin) Körperhitze; innere Hitze 2. Zorn; Wut 压不住心头的～ seine rasende Wut (seinen flammenden Zorn) nicht unterdrücken
火器 huǒqì Feuerwaffe; Schusswaffe
火热 huǒrè brennend; leidenschaftlich; intim
火山 huǒshān Vulkan ～口 Krater; Schlund des Vulkans
火伤 huǒshāng Brandwunde
火上浇油 huǒ shàng jiāo yóu Öl ins Feuer gießen; einer Sache neue Nahrung geben
火舌 huǒshé Feuerzunge; Stichflamme
火石 huǒshí 1. Flint; Feuerstein 2. Zündstein; Feuerstein
火势 huǒshì die Stärke des Feuers ～甚炽 das Feuer lodert
火速 huǒsù brandeilig; auf schnellstem Wege; unverzüglich
火烫 huǒtàng 1. glühheiß; brennheiß; siedeheiß 2. mit der Brennschere brennen
火腿 huǒtuǐ Schinken
火线 huǒxiàn 1. Feuerlinie; Kampflinie 轻伤不下～ bei leichter Verwundung die Front nicht verlassen 2. Stromzuführungsleitung
火星[1] huǒxīng Mars
火星[2] huǒxīng Funke
火焰 huǒyàn Flamme ～喷射器 Flammenwerfer
火药 huǒyào Schießpulver; Pulver ～库 Pulvermagazin; Pulverkammer
火印 huǒyìn Brandzeichen; Brandmal
火油 huǒyóu Kerosin; Leuchtpetroleum
火灾 huǒzāi Feuersbrunst; Brandkatastrophe 发生～ eine Feuersbrunst bricht aus / es kommt zu einer Brandkatastrophe
火葬 huǒzàng Feuerbestattung; einäschern ～场 Krematorium; Einäscherungshalle
火中取栗 huǒ zhōng qǔ lì jm (für jn) die Kastanien aus dem Feuer holen
火种 huǒzhǒng Zünder
火烛 huǒzhú feuergefährliches Material; feuergefährliche Gegenstände 小心～ Vorsicht, Feuergefahr!

钬 huǒ Holmium (Ho)

伙[1](火) huǒ →伙食

伙[2](火、夥) huǒ 1. →伙伴,伙计 1 2. (Zähleinheitswort) Gruppe; Schar 一～人 eine Gruppe (von) Menschen 3. →伙同

伙伴 huǒbàn Partner; Gefährte ～关系 Partnerschaft; kameradschaftliches Verhältnis
伙房 huǒfáng Gemeinschaftsküche; Küche
伙计 huǒji 1. Geschäftspartner 2. Gehilfe; Knecht
伙食 huǒshí Verpflegung; Essen (von Mensen, Kantinen u. a.) ～费 Kostgeld; Verpflegungsgeld
伙同 huǒtóng in Zusammenarbeit mit jm; gemeinsam (zusammen) mit jm

豁 huò 另见 huō

1. weit; offen; aufgeschlossen 2. befreien; entbinden
豁达 huòdá aufgeschlossen; weitherzig
豁免 huòmiǎn jn von etw befreien; jn von etw entbinden; eximieren ～捐税 jm von Steuern befreien (entbinden); jm seine Steuer erlassen
豁然 huòrán weit; offen ～开朗 jm wird es endlich klar; jm geht endlich ein Licht auf

祸(禍) huò 1. Unglück; Katastrophe 大～临头 eine große Katastrophe

H

droht hereinzubrechen / Unheil droht jm 2. Unheil bringen; Schaden anrichten ～国殃民 dem Land und der Bevölkerung Unheil anrichten; Land und Volk ins Unglück bringen

祸根 huògēn Wurzel des Übels; Ursache des Unheils; Quelle der Katastrophe 种下～ die Saat des Unheils (des Übels) in die Erde bringen; Übel (Unheil) säen

祸害 huòhai 1. Übel; Unheil; Katastrophe 2. Unheilsstifter; Schädling 3. Schaden zufügen; beschädigen

祸水 huòshuǐ Quelle des Übels

祸殃 huòyāng Unglück; Unheil; Katastrophe

霍 huò →霍然

霍乱 huòluàn Cholera

霍然 huòrán 1. plötzlich; mit einem Mal; jäh 2. schnell wieder gesund werden; schnell eine Krankheit loswerden

获(1 2 獲、3 穫) huò

1. fassen; ergreifen; fangen 2. bekommen; erringen; gewinnen 一无所～ nichts bekommen; nichts erreichen; erfolglos 3. ernten; Ernte

获得 huòdé bekommen; erhalten; erzielen ～经验 Erfahrungen machen; Erfahrungen sammeln ～信任 js Vertrauen verdienen (erringen)

获奖 huòjiǎng einen Preis erhalten (erringen)

获救 huòjiù gerettet werden; errettet werden; mit dem Leben davonkommen

获胜 huòshèng den Sieg erringen (gewinnen, davontragen)

获释 huòshì freigelassen werden; entlassen werden

获悉 huòxī erfahren; etw zur Kenntnis nehmen; Bescheid bekommen

获准 huòzhǔn die Erlaubnis erhalten; die Genehmigung erhalten

或 huò 1. →或许 2. →或者 2 ～多～少 mehr oder weniger

或许 huòxǔ vielleicht; möglicherweise

或者 huòzhě 1. →或许 2. oder; beziehungsweise

惑 huò 1. skeptisch; zweifelhaft; verwirrt 大～不解 etw nicht erklären können; einer Sache voller Skepsis gegenüberstehen; etw ist jm ein Rätsel 2. verwirren; irritieren; aus der Fassung bringen ～人耳目 jm Sand in die Augen streuen und Watte in die Ohren stopfen

和[1] huò 另见 hé, hè, huó

和[2] huò 另见 hé, hè, huó

Mal; -mal 二～药 zweiter Absud (von Heilkräutern); zweite Abkochung (von Heilkräutern)

和稀泥 huò xīní unter Verzicht auf Prinzipien eine Vermittlung oder einen Kompromiss zustande bringen

货 huò 1. →货币 2. →货物 名牌～ Markenware; Markenartikel 3. (Schimpfwort) Kerl 蠢～ Dummkopf; dummer Kerl

货币 huòbì Geld; Währung

货车 huòchē Güterzug; Güterwagen; Lastwagen

货款 huòkuǎn Kaufgeld; Kaufsumme

货郎 huòláng Hausierer

货轮 huòlún Frachtschiff; Frachter; Lastschiff

货色 huòsè 1. (Qualität oder Sorte der) Ware ～齐全 eine große Auswahl von Waren; ein reichhaltiges Angebot an Waren 2. dummes Zeug; Unsinn; Kerl

货物 huòwù Waren 采办～ Waren einkaufen (ankaufen)

货样 huòyàng Warenmuster

货源 huòyuán Belieferungsquelle ～充沛 ausreichende Belieferungsquellen

货运 huòyùn Warentransport; Gütertransport; Fracht ～量 Transportvolumen; Kapazität der Fracht

J

激 jī 1. aufprallen；aufspritzen 2. durch kaltes Wasser krank werden 他被雨水～着了 er hat sich bei Regenguss erkältet 3. anreizen；erregen；entfachen 4. →激动 1 ～于义愤 von gerechtem Zorn ergriffen sein；vor gerechter Empörung kochen 5. heftig；gewaltig ～浪 mächtige Wellen；stürmische Wogen

激昂 jī'áng leidenschaftlich；erregt；Pathos 情绪～ in erregter Stimmung sein；in Wallung geraten

激动 jīdòng 1. aufgeregt；begeisternd；bewegt 心情～ sich aufgeregt fühlen 2. erregen；aufrütteln；bewegen ～人心 herzergreifend；herzbewegend；herzerschütternd

激发 jīfā 1. anreizen；erregen；entfachen ～斗志 den Kampfwillen entfachen 2. Anregung

激愤 jīfèn empört；entrüstet

激光 jīguāng Laser ～器 Laser ～唱机 CD-Plattenspieler ～唱片 Compact Disc

激化 jīhuà (sich) verschärfen；(sich) zuspitzen 矛盾～ die Widersprüche verschärfen sich (spitzen sich zu)

激进 jījìn radikal；extrem ～分子 Radikale(r)；Extremist

激励 jīlì anspornen；ermutigen ～士气 jn zu erhöhter Kampfmoral anspornen

激烈 jīliè heftig；erbittert；ungestüm

激流 jīliú reißende (starke) Strömung

激怒 jīnù jn zornig machen；jn empören；jn in Wut bringen

激情 jīqíng Leidenschaft；Begeisterung；Enthusiasmus

激素 jīsù Hormon

激增 jīzēng sich rapide erhöhen；rasch zunehmen (ansteigen)

激战 jīzhàn erbittert kämpfen；heftiger Kampf

齑(齏) jī 1. zerkleinert；zerstoßen；pulverig 2. (zermahlenes) Gewürz (wie z. B. Ingwer，Knoblauch，Schnittlauch u. a.)

齑粉 jīfěn Pulver

跻(躋) jī hoch steigen；aufsteigen 使中国科学～于世界先进科学之列 die Wissenschaft Chinas in die Weltklasse aufsteigen lassen

迹(跡、蹟) jì Spur；Fährte；Fleck 陈～ Spuren (Überbleibsel) der Vergangenheit

迹象 jìxiàng Anzeichen；Vorzeichen；Symptom

绩 jì 1. Hanffäden zusammendrehen ～麻 zu Hanfzwirn verarbeiten；Hanf spinnen 2. Verdienst；Leistung 成～ Leistung Note

积(積) jī 1. →积累 2. althergebracht；herkömmlich；gewohnt ～怨 alter Hass；aufgestauter Groll 3. Verdauungsstörung 4. Produkt

积肥 jīféi Dünger sammeln

积分 jīfēn Integral ～学 Integralrechnung

积极 jījí 1. positiv ～因素 positiver Faktor 产生～影响 einen positiven Einfluss ausüben 2. aktiv ～分子 Aktivist ～参加 sich aktiv an etw beteiligen

积久 jījiǔ im Laufe der Zeit；auf die Dauer ～成习 mit der Zeit zur Gewohnheit werden

积聚 jījù zusammenbringen；häufen；aufstauen ～力量 Kräfte zusammennehmen

积累 jīlěi 1. sammeln；aufhäufen；akkumulieren ～资金 Geld (Geldmittel) anhäufen；Akkumulation des Kapitals 2. Akkumulation；Akkumulationsfonds 公共～ öffentlicher Akkumulationsfonds；kollektiver Akkumulationsfonds

积木 jīmù Baukasten；Bauklötzchen

积欠 jīqiàn 1 immer noch unbezahlt (un-

beglichen) 2. Schulden 清理～ Schulden tilgen (löschen)
积习 jīxí alte Angewohnheit
积蓄 jīxù 1. sammeln; sparen; aufhäufen 2. Spargeld; Ersparnisse
积压 jīyā liegenbleiben ～商品 (im Lager) angehäufte Waren; nicht abgesetzte Waren

击(擊) jī 1. schlagen; Schlag ～鼓 die Trommel schlagen; trommeln 2. angreifen; Angriff 痛～敌人 dem Feind schmerzende Schläge versetzen 3. prallen; stoßen; peitschen 波浪～岸 die Wellen peitschen (klatschen) gegen das Ufer
击败 jībài jn besiegen; jm eine Niederlage bereiten; jn zu Boden strecken
击毙 jībì erschießen; niederschießen
击毁 jīhuǐ zerstören; vernichten; abschießen
击剑 jījiàn fechten; Fechten
击溃 jīkuì zerschlagen; jn in die Flucht schlagen; niederschmettern ～战 Zerschlagungskrieg
击落 jīluò abschießen; herabschießen
击退 jītuì zurückschlagen; abwehren
击中 jīzhòng treffen; auftreffen ～目标 das Ziel treffen; ins Schwarze treffen

基 jī 1. →基础 2. grundlegend; grundsätzlich; Grund-
基本 jīběn 1. Grundlage 2. grundlegend; Grund- ～矛盾 grundlegender Widerspruch ～建设 Investbau 3. elementar; hauptsächlich ～知识 elementare Kenntnisse; Grundwissen ～功 elementare Fähigkeiten; Grundfertigkeiten 4. im Wesentlichen; im Großen und Ganzen 计划已～完成 der Plan ist im Wesentlichen erfüllt
基本上 jīběnshang 1. hauptsächlich; vorwiegend 2. im Wesentlichen; im Großen und Ganzen 他的意见～是对的 im Großen und Ganzen ist seine Meinung richtig
基层 jīcéng Basis; unterste Ebene einer Organisation ～单位 Basiseinheit 深入～ an die Basis gehen
基础 jīchǔ 1. Basis; Grundlage; Fundament 2. Grundlage; elementar; Grund- 理论～ theoretische Grundlage (Basis) ～教育 Grundausbildung; Elementarerziehung 3. ökonomische Basis; wirtschaftlicher Unterbau ～设施 Infrastruktur
基地 jīdì Basis; Stützpunkt 军事～ Militärbasis; Militärstützpunkt
基点 jīdiǎn 1. Schwerpunkt; Mittelpunkt 2. Grundlage; Ausgangspunkt; Voraussetzung 解决问题的～ Grundlage (Voraussetzung) für die Lösung des Problems
基调 jīdiào 1. Haupttonart 2. Tenor; Leitgedanke 作品的～ Tenor eines Werkes
基督 jīdū Christus ～教 Christentum ～教徒 Christ
基干 jīgàn 1. Kern; Stamm ～民兵 Kerntruppen der Volksmiliz 2. Kernteil der Kader
基金 jījīn Fonds 教育～ Bildungsfonds
基石 jīshí Grundstein
基数 jīshù 1. Kardinalzahl; Grundzahl ～词 Kardinalzahl; Grundzahlwort 2. Basis; Grundlage
基因 jīyīn Gen ～改造 Genmanipulation 转～ Gentransfer; gentechnisch verändert
基于 jīyú aufgrund; in etw gründen; auf etw beruhen (basieren) ～大量事实 aufgrund (auf Grund) zahlreicher Tatsachen
基准 jīzhǔn 1. Bezugspunkt 2. Norm

箕 jī Kehrichtschaufel; Getreideschwinge

奇 jī 另见 qí
1. →奇数 2. etwas mehr als; und einige mehr 五十有～ etwas mehr als 50
奇数 jīshù ungerade Zahl

畸 jī anormal; deformiert; unregelmäßig
畸变 jībiàn Aberration; Verzerrung
畸形 jīxíng 1. Deformität; Missbildung 2. abnormal; anormal

犄 jī
犄角 jījiǎo 1. Ecke 2. Horn

唧 jī (be)spritzen
唧唧喳喳 jījīzhāzhā zwitschern; piep machen; schilpen
唧筒 jītǒng Pumpe

羁(覊) jī 1. Halfter; Zaum 2. fesseln; in Schranken halten ～于俗事 durch belanglose Sachen an Händen und Füßen gefesselt sein 3. →羁留 1

羁绊 jībàn Fessel; Joch 摆脱～ das Joch abschütteln; sich von den Fesseln befreien
羁留 jīliú 1. sich aufhalten; weilen 2. jn in Haft nehmen; verhaften; festnehmen

稽[1] jī →稽查 1

稽[2] jī →稽留

稽查 jīchá 1. überprüfen; kontrollieren 2. Inspektor; Aufseher
稽留 jīliú sich aufhalten; weilen

几[1] jī 另见 jǐ
Tischchen; Tischlein

几[2]（幾） jī 另见 jǐ
→几乎

几乎 jīhū 1. nahezu; annähernd; ungefähr 2. fast; beinahe 我～忘了 ich hätte es fast vergessen

讥（譏） jī →讥讽

讥讽 jīfěng über jn/etw spotten; jn/etw verspotten; höhnen
讥笑 jīxiào auslachen; verlachen ～的口吻 in spöttischem Ton; ironisch; höhnisch

机（機） jī 1. Maschine; Gerät 2. Flugzeug 运输～ Transportflugzeug 3. Angelpunkt; Gelegenheit 良～ günstige Gelegenheit; gute Chance

机舱 jīcāng 1. Maschinenraum (in einem Schiff) 2. Flugzeugkabine; Kabine
机场 jīchǎng Flughafen
机车 jīchē Lokomotive 电气～ elektrische Lokomotive; Elektrolok
机床 jīchuáng Werkzeugmaschine; Maschinenbank
机动[1] jīdòng motorisiert; vom Motor angetrieben ～车辆 Kraftfahrzeug
机动[2] jīdòng 1. beweglich; flexibel 2. mobil; manövrierfähig; frei verfügbar ～粮 Getreidereserven für Sonderzwecke ～部队 mobile Truppen
机耕 jīgēng Felder mit Maschinen bestellen; mechanisierte Feldbestellung
机构 jīgòu 1. Mechanismus; Maschinerie; Werk 2. Institution; Organ; Einrichtung 国家～ Staatsorgane 3. Struktur (einer Organisation od. Institution) 精简～ die Struktur einer Organisation vereinfachen 管理～ Verwaltungsapparat
机关 jīguān 1. Triebwerk 2. Organ; Behörde 政府～ Regierungsapparat; Regierungsorgan 3. List; Kunstgriff 布下～ zu einer List greifen; einen Kunstgriff anwenden
机关枪 jīguānqiāng Maschinengewehr
机会 jīhuì Gelegenheit; Chance 好～ günstige Gelegenheit; gute Chance 错过～ eine Gelegenheit verpassen (entgehen lassen)
机会主义 jīhuì zhǔyì Opportunismus
机件 jījiàn Maschinenteil; Geräteteil
机警 jījǐng wachsam; überwach; fix
机灵 jīling gewandt; geschickt; flink ～鬼 Pfiffikus; Schlauberger
机密 jīmì 1. geheim; vertraulich ～文件 geheimer Akt Geheimdokument 2. Geheimnis 国家～ Staatsgeheimnis
机敏 jīmǐn findig; einfallsreich
机能 jīnéng Funktion 生理～ physiologische Funktion
机器 jīqì Maschine; Maschinerie ～设备 Maschinenanlage ～翻译 Maschinenübersetzung; Computerübersetzung 表决～ Abstimmungsmaschinerie
机器人 jīqìrén Roboter
机枪 jīqiāng →机关枪 ～手 Maschinengewehrschütze
机巧 jīqiǎo geschickt; kunstfertig
机群 jīqún Geschwader; Pulk
机械 jīxiè 1. Maschine ～工人 Mechaniker ～化 mechanisieren; Mechanisierung 2. mechanisch; schablonenhaft schematisch ～唯物主义 mechanischer Materialismus ～的动作 mechanische Bewegung
机械手 jīxièshǒu Manipulator; Roboter
机心 jīxīn Uhrwerk
机要 jīyào geheim ～秘书 Geheimsekretär
机油 jīyóu Maschinenöl
机遇 jīyù Glücksfall; gute Gelegenheit; günstiger Anlass
机长 jīzhǎng Kapitän; Kommandant eines Flugzeugs
机制 jīzhì Mechanismus
机智 jīzhì findig; klug; scharfsinnig
机组 jīzǔ 1. Aggregat; Anlage 2. Flugzeugbesatzung

叽（嘰） jī (Schallwort) zwitschern; piepsen

叽咕 jīgu flüstern; murmeln

肌 jī →肌肉 ～瘤 Myom; Muskelge-

J

schwulst
肌肤 jīfū Haut
肌肉 jīròu Muskel ～发达 muskulös；athletisch
肌体 jītǐ Körper；Organismus
饥[1] jī→饥饿 ～不择食 in der Not frisst der Teufel Fliegen
饥[2]（饑）→饥荒 1
饥饿 jī'è Hunger；hungrig
饥荒 jīhuang 1. Missernte；Hungersnot 2. in js Geldbeutel ist Ebbe；in Verlegenheit sein 3. Schulden
饥民 jīmín hungerndes Volk
畿 jī Umgebung der Hauptstadt
畿辅 jīfǔ Umgebung der Hauptstadt
鸡（鷄、雞）jī Huhn ～肉 Hühnerfleisch
鸡冠花 jīguānhuā 1. Hahnenkamm（Zierpflanze）2. Hahnenkamm（Blüte der obengenannten Zierpflanze）
鸡奸 jījiān Päderastie；Sodomie；widernatürliche Unzucht
鸡毛 jīmáo Hühnerfeder ～蒜皮 Lappalie；Bagatelle；Quark
鸡尾酒 jīwěijiǔ Cocktail ～会 Cocktailparty
鸡心 jīxīn 1. herzförmig 2. herzförmiges Schmuckstück
鸡胸 jīxiōng Hühnerbrust
鸡眼 jīyǎn Hühnerauge；Leichdorn；Clavus
姬 jī 1. gnädige Frau 2. Konkubine 3. Sängerin；Tänzerin
缉 jī 另见 qī
→缉拿
缉拿 jīná nach jm fahnden und ihn festnehmen ～归案 jn in Gewahrsam nehmen und vor Gericht stellen
缉私 jīsī nach Schmuggelwaren oder Schmugglern fahnden
疾[1] jí 1. →疾病 2. →疾苦 3. hassen；Hass gegen jn/etw empfinden ～恶如仇 das Übel wie die Sünde hassen
疾[2] jí geschwind；heftig ～走 hastig laufen；in Trab laufen；eilen
疾病 jíbìng Krankheit
疾风 jífēng heftiger Wind
疾苦 jíkǔ Not und Leid 关心群众的～ sich um die Leiden der Massen kümmern；für die Massen sorgen
疾驶 jíshǐ blitzschnell fahren；preschen；rasen
嫉 jí 1. neiden；beneiden 2. hassen
嫉妒 jídù neiden；neidisch；eifersüchtig ～的眼光 eifersüchtige Blicke；mit neidischen Augen
汲 jí（Wasser）schöpfen
汲取 jíqǔ schöpfen ～营养 Nährstoffe in sich aufnehmen
脊 jí 另见 jǐ
Rückgrat
脊梁 jíliang Rücken ～骨 Rückgrat；Wirbelsäule
瘠 jí→瘠薄 ～土 magerer（unfruchtbarer）Boden
瘠薄 jíbó dürr；karg；unfruchtbar
吉 jí→吉利，吉祥
吉卜赛人 Jíbǔsàirén Zigeuner
吉利 jílì glücklich；glückbringend
吉普车 jípǔchē Jeep
吉日 jírì glückverheißender Tag
吉他 jítā Gitarre
吉祥 jíxiáng glückverheißend；glücklich ～如意 viel Glück und alles Gute ～物 Maskottchen；Talisman
吉兆 jízhào günstiges（gutes）Vorzeichen
佶 jí stark
佶屈聱牙 jí qū áo yá ungewandt formuliert，in einem holprigen Stil geschrieben
籍 jí 1. Buch；Schriftwerk；Band 古～ altes Buch；altertümliches Schriftwerk 2. →籍贯 3. Angehörigkeit；Mitgliedschaft 美～华人 Chinese amerikanischer Staatsangehörigkeit
籍贯 jíguàn Abstammungsort 他的～是上海 sein Abstammungsort ist Shanghai
棘 jí wilde Jujube
棘手 jíshǒu heikel；delikat；schwierig ～的问题 heikle Frage；delikates Problem
楫 jí Ruder
辑 jí 1. zusammenstellen；redigieren；

redaktionell bearbeiten 2. Band; Teil; Einzelheft

辑录 jílù zusammenstellen; redigieren

集 jí 1. →集合 ～思广益 Meinungen und Vorschläge von verschiedenen Seiten aufgreifen; aus der Weisheit der Massen schöpfen 2. →集市 3. →集子 Sammlung Sammelband; Anthologie 歌曲～ Sammlung von Liedern 4. Band; Teil

集成电路 jíchéng diànlù integrierte Schaltung

集合 jíhé 1. sich versammeln; antreten ～地点 Treffpunkt 2. sammeln; zusammentragen

集会 jíhuì Versammlung; Kundgebung ～自由 Versammlungsfreiheit

集结 jíjié zusammenziehen; (be)sammeln ～兵力 Truppen massieren (konzentrieren)

集锦 jíjǐn Sammlung; Kollektion 邮票～ Kollektion von Briefmarken

集权 jíquán Zentralisierung der (Staats-) macht 中央～ Machtzentralisierung; Zentralisation; Zentralismus

集市 jíshì Markt ～贸易 Markthandel

集体 jítǐ Kollektiv; Gemeinschaft ～主义 Kollektivismus ～所有制 System des kollektiven Eigentums; Kollektiveigentum

集团 jítuán Clique; Block; Bande; Gruppe ～军 Armee; Armeekorps 统治～ herrschende Clique

集训 jíxùn zum Training (zur Ausbildung) zusammengerufen werden; gemeinsam trainieren

集邮 jíyóu Briefmarken sammeln; Briefmarkensammlung; Philatelie

集约 jíyuē intensiv ～饲养 Intensivhaltung

集中 jízhōng konzentrieren; zentralisieren 思想～ seine Gedanken beisammenhaben; sich konzentrieren ～火力 das Feuer konzentrieren

集中营 jízhōngyíng Konzentrationslager; KZ

集装箱 jízhuāngxiāng Container 轮式～ Container mit Rädern (auf Rädern)

集资 jízī Geldmittel aufbringen (sammeln); gemeinsam die erforderliche Geldsumme aufbringen; zusammenlegen

集子 jízi Sammelband; Anthologie

及[1] jí 1. reichen; erreichen 力所能～ in js Kraft (Kräften) stehen; sein Bestes tun 2. jm/etw gleichkommen; sich mit jm/etw gleichsetzen 在劳动方面我不～他 ich komme ihm in der körperlichen Arbeit nicht gleich

及[2] jí und; sowie

及格 jígé die Mindestanforderungen erfüllen; eine Prüfung bestehen; ausreichend (genügend) 考试～ die Prüfung bestehen

及龄 jílíng das vorgeschriebene Alter erreichen ～儿童 Kinder im schulpflichtigen Alter; schulpflichtiges Kind

及时 jíshí 1. rechtzeitig; zur rechten Zeit ～的措施 rechtzeitige Maßnahme 2. sofort; unverzüglich

及早 jízǎo beizeiten; möglichst früh ～做好准备 frühzeitig Vorbereitungen treffen

极(極) jí 1. Gipfelpunkt; äußerstes Ende 无耻之～ das ist doch der Gipfel (der Unverschämtheit); äußerst impertinent 2. Pol 3. ein Maximum (Höchstmaß) erreichen; etw auf die Spitze treiben; bis zum Äußersten gehen ～目四望 seine Blicke so weit wie möglich umherschweifen lassen 4. äußerst; höchst; extrem ～小的损失 winziger Verlust 有趣～了 hochinteressant; äußerst interessant

极地 jídì Polargebiet ～勘察站 Polarstation; Station für Erkundung (Erforschung) des Polargebiets

极点 jídiǎn Grenze; das Äußerste; das höchste Maß 达到～ seine Grenze erreichen

极度 jídù 1. äußerst; außerordentlich; im höchsten Grad ～兴奋 hellauf begeistert sein; von einem Taumel der Begeisterung ergriffen sein; sehr aufgeregt 2. →极点

极端 jíduān 1. Extrem 走～ ins Extreme fallen 2. höchst; extrem ～重要的问题 äußerst wichtige Frage

极力 jílì alle Kräfte einsetzen; mit allen Mitteln; mit aller Schärfe ～反对 mit allen Mitteln gegen etw kämpfen; sich mit aller Kraft widersetzen

极其 jíqí →极端 2; 极度 1

极圈 jíquān Polarkreis

极权 jíquán totalitär; totalitäre Macht ～国家 totalitärer Staat; Obrigkeitsstaat

极限 jíxiàn 1. äußerste Grenze; Größtmaß;

J

Extrem 2. Limes
极刑 jíxíng Höchststrafe; Todesstrafe 处以～ gegen jn Todesstrafe verhängen

岌 jí hoch; steil
岌岌 jíjí bedrohlich; gefährlich ～可危 etw hängt an einem dünnen (seidenen) Faden; in höchster (äußerster) Gefahrschweben; vom Untergang bedroht sein

级 jí 1. Rang; Stufe; Klasse 三～工 Arbeiter der dritten Lohnstufe 大使～会谈 Gespräch auf Botschafterebene 2. Schulklasse 3. Treppenstufe 拾～而上 die Treppe hinaufgehen; die Stufen hinaufsteigen

急 jí 1. eilends; gespannt; ungeduldig ～着要走 sofort weggehen wollen 2. jn beunruhigen; jm Sorgen machen; jn ungeduldig machen 3. aufgebracht; hitzig ～性子 hitzig; Hitzkopf 4. heftig; hastig; rapid ～雨 heftiger Regen; Regenguss 5. →急迫 ～待解决 einer schnellen Lösung harren; dringend zu erledigen sein 6. dringende Sache; vordringliche Angelegenheit 当务之～ eine sofort zu erledigende Aufgabe; das Gebot der Stunde; die Forderung des Tages 7. eilends helfen ～人之难 jm eilends aus der Not helfen
急促 jícù 1. schnell und kurz; hastig 呼吸～ hastig atmen; kurzatmig 2. kurz; knapp 期限十分～ die Frist ist zu kurz (knapp)
急电 jídiàn Blitztelegramm; dringendes Telegramm
急件 jíjiàn dringendes Dokument; Eilsendung
急救 jíjiù Erste Hilfe; Soforthilfe; Nothilfe ～包 Verbandspäckchen
急剧 jíjù rapid; stürmisch ～的变化 tiefgreifende (umwälzende) Veränderung
急流 jíliú reißender Strom; Stromschnelle
急忙 jímáng eilig; hastig; in Hast
急迫 jípò dringend; dringlich
急起直追 jí qǐ zhí zhuī jn in beschleunigtem Tempo einholen; mit gesammelter Energie den Vorsprung aufholen (einholen)
急切 jíqiè 1. dringend; inständig ～要求答复 dringend um eine Antwort bitten 2. hastig; voreilig; überstürzt
急速 jísù blitzschnell; sehr rasch; in Windeseile
急弯 jíwān 1. scharfe Kurve (Biegung); Wendung 2. scharf biegen; kurven 车子拐了个～ der Wagen macht eine scharfe Biegung / der Wagen fährt eine steile Kurve
急行军 jíxíngjūn Eilmarsch; Geschwindmarsch
急性 jíxìng akut ～阑尾炎 akute Blinddarmentzündung
急性病患者 jíxìngbìng huàn zhě Akutkranker
急需 jíxū etw/jn dringend benötigen; etw/jn nötig haben; zwingende Notwendigkeit ～接济 Hilfe nötig haben
急用 jíyòng etw dringend brauchen; dringender Bedarf
急于 jíyú darauf brennen, etw zu tun; darauf begierig sein, etw zu tun ～求成 auf baldigen Erfolg brennen; auf schnellstmögliche Erledigung begierig sein; Erfolgshascherei
急躁 jízào 1. leicht erregbar; aus der Ruhe emporschnellen 2. voreilig; überstürzt; unüberlegt ～冒进 voreilig anfangen; übereilt handeln; überstürzt vorstoßen
急诊 jízhěn Sofortbehandlung; Notfallbehandlung 挂～ sich/jn zur Sofortbehandlung (Notfallbehandlung) anmelden
急转直下 jí zhuǎn zhí xià eine einschneidende und unumkehrbare Wendung nehmen

即¹ jí augenblicklich; unmittelbar nah(e); sofort 胜利在～ der Sieg ist unmittelbar nah

即² jí 1. das ist (heißt, bedeutet); nämlich 非此～彼 entweder dies oder jenes 2. sobald; gleich nach (bei); sofort 黎明～起 gleich bei anbrechender Dämmerung aufstehen 3. →即使
即将 jíjiāng bald; demnächst; in nächster Zeit 理想～实现 das Ideal geht bald in Erfüllung / das Ideal wird in Kürze Wirklichkeit
即刻 jíkè unverzüglich; umgehend
即日 jírì 1. heute; an dem Tag 2. in den nächsten Tagen; demnächst ～上演 demnächst aufgeführt werden; bald zur Aufführung kommen

即使 jíshǐ selbst；selbst wenn；auch wenn ～明天下雨，我也要去 ich will hingehen，auch wenn es morgen regnet
即位 jíwèi den Thron besteigen；inthronisieren
即兴 jíxìng aus dem Stegreif；improvisiert ～诗 Stegreifgedicht；Stegreifvers

亟 jí dringlich；eilig
亟亟 jíjí dringend；eilig；in großer Eile 不必～ sich nicht zu eilen brauchen

殛 jí töten；umbringen 雷～ vom Blitz erschlagen werden

脊 jǐ 1. Wirbelsäule 2. First；Grat；Rücken 山～ Bergkamm；Gebirgskamm 书～ Buchrücken
脊髓 jǐsuǐ Rückenmark
脊柱 jǐzhù Rückgrat；Wirbelsäule
脊椎 jǐzhuī Wirbel ～骨 Wirbel；Wirbelknochen

济（濟） jǐ 另见 jì
济济 jǐjǐ sehr viel；zahlreich；in großer Anzahl（Menge）人才～ fähige Personen großer Menge

挤（擠） jǐ 1. gedrängt；Gedränge 屋里～满了人 das Haus ist gedrängt voll 2.（sich）drängen；sich schieben 你推我～ einander schieben und drängen 3. pressen；drücken ～牛奶（eine Kuh）melken ～出时间 Zeit erübrigen；sich Zeit nehmen

几（幾） jǐ 另见 jī
1. wieviel 一共～个人？Wieviel Personen *sind es insgesamt*？现在～点钟？Wieviel Uhr ist es？2. einige；ein paar ～本书 einige（ein paar）Bücher
几何 jǐhé 1. wieviel 曾～时 es ist noch gar nicht lange her；innerhalb kurzer Zeit 2. →几何学 ～级数 geometrische Reihe；geometrische Progression 平面～ Planimetrie
几何学 jǐhéxué Geometrie
几时 jǐshí wann；zu welcher Zeit 你们～走 An welchem Tag reist ihr ab？

麂 jǐ Muntjak

己 jǐ 1. selbst；eigen 坚持～见 auf seiner Meinung beharren 2. der sechste der zehn Himmelsstämme
己方 jǐfāng die eigene Seite

给 jǐ 另见 gěi
versorgen；beliefern
给水 jǐshuǐ mit Wasser versorgen；Wasserversorgung ～系统 Wasserzuleitung
给养 jǐyǎng Nachschub；Versorgung；Verpflegung

寂 jì → 1. 寂静 2. →寂寞
寂静 jìjìng still；ruhig；lautlos ～无声 geräuschlos；lautlos；lautlose Stille
寂寞 jìmò 1. einsam；verlassen；zurückgezogen 2. →寂静

济（濟） jì 另见 jǐ
retten；helfen；unterstützen ～困扶危 Menschen aus Not und Gefahr retten（helfen）
济贫 jìpín den Armen finanzielle Hilfe gewähren

霁（霽） jì 1. nach Regen（Schnee）heiter werden；sich aufklären 雨后初～ nach dem Regen brechen die ersten Sonnenstrahlen durch die Wolken 2. beruhigt；besänftigt 色～ besänftigt aussehen

荠（薺） jì Hirtentäschel；Hirtentäschelkraut
荠菜 jìcài Hirtentäschel；Hirtentäschelkraut

剂（劑） jì 1. Präparat；Mittel；Medikament 清凉～ erfrischendes Mittel；Erfrischungsmittel 2.（Zähleinheitswort）Dosis 第二～药 die zweite Dosis（Arznei）
剂量 jìliàng Dosis；Dosierung

哜（嚌） jì kosten；probieren
哜哜嘈嘈 jìjì cáocáo schnattern；durcheinanderreden

计 jì 1. →计算 数以万～ in die Zehntausende gehen；nach Zehntausenden zählen 2. Messgerät；Zähler；… meter 晴雨～ Barometer；Wetterglas 3. →计策；计划 ～上心来 auf den Gedanken kommen；einfallen；sich einen Plan ausdenken 4. planen；beabsichtigen 为加强

J

纪律～ in der Absicht, den Ordnungssinn zu erhöhen
计策 jìcè Taktik
计程车 jìchéngchē Taxi
计划 jìhuà 1. Plan ～经济 Planwirtschaft ～生育 Familienplanung 五年～ Fünfjahrplan 2. planen
计件 jìjiàn die Stückzahl berechnen ～工 Akkordarbeit; Stückarbeiter; Akkordarbeiter ～工资 Stücklohn; Akkordlohn
计较 jìjiào 1. auf etw bedacht sein; etw (gegeneinander) abwägen 不～个人得失 nicht auf seinen persönlichen Gewinn und Verlust bedacht sein 2. streiten 3. überlegen; planen 这件事我们以后再作～ das werden wir später überlegen / auf die Sache werden wir nachher eingehen
计量 jìliàng 1. messen; Messung ～器具 Messgerät; Messinstrument 2. →计算 1
计谋 jìmóu →计策
计时 jìshí die Zeit berechnen ～工资 Zeitlohn, Stundenlohn ～器 Zeitmesser; Chronograph; Chronometer
计数器 jìshùqì Zähler; Zählgerät; Zählrohr
计算 jìsuàn 1. (be)rechnen; kalkulieren ～成本 die Selbstkosten berechnen ～尺 Rechenschieber ～机 Computer; Rechenmaschine ～机病毒 Computervirus 2. überlegen; vorausplanen 3. einen Plan aushecken; übervorteilen ～机辅助设计 CAD
计议 jìyì besprechen; beratschlagen 从长～ einen Plan auf weite Sicht beraten; etw auf lange Sicht planen; langfristig angelegt

髻 jì Haarknoten; Dutt 挽～ das Haar zu einem Knoten binden; einen Dutt tragen

技 jì →技能
技工 jìgōng Facharbeiter
技能 jìnéng Fähigkeit; Technik
技巧 jìqiǎo Kunstfertigkeit; Geschicklichkeit; Können 掌握～ *sich eine Fertigkeit erwerben*; eine Technik beherrschen ～运动 Kunstturnen
技师 jìshī Techniker; Technologe
技术 jìshù 1. Technik; Technologie ～革新 technische Neuerung ～开发区 Technologiepark ～转让 Technologietransfer 中等～学校 technische Fachschule 2. technische Ausrüstung (Einrichtung)
技术员 jìshùyuán Techniker
技艺 jìyì künstlerische Fertigkeit; handwerkliche Fertigkeit

伎 jì Tänzerin oder Sängerin in der alten Zeit 名～ bekannte (beliebte) Tänzerin oder Sängerin
伎俩 jìliǎng Trick; Intrige; Praktik 鬼蜮～ hinterhältige Tricke; dunkle Praktiken

妓 jì →妓女
妓女 jìnǚ Prostituierte; Dirne
妓院 jìyuàn Bordell; Freudenhaus

寄 jì 1. schicken; senden ～信 einen Brief aufgeben (zur Post tragen) 2. →寄托; 寄放 3. adoptieren; in Pflege nehmen ～母 Adoptivmutter; Pflegemutter ～子 Adoptivsohn; Pflegesohn
寄存 jìcún etw zur Aufbewahrung (in Verwahrung) geben; deponieren ～处 Aufbewahrung; Aufbewahrungsstelle
寄放 jìfàng etw zur Aufbewahrung (in Verwahrung) geben; deponieren
寄居 jìjū (zeitweilig) in der Fremde leben oder bei jm wohnen
寄卖 jìmài in Kommission geben; gegen Kommission verkaufen; Kommissionsverkauf ～行 Kommissionsgeschäft ～商品 Kommissionsartikel; Kommissionsware
寄人篱下 jì rén lí xià von fremder Gnade abhängen; vom anderen leben; die Beine unter js Tisch stecken
寄生 jìshēng 1. parasitieren; schmarotzen 2. ausbeuten; von der Arbeit anderer leben 过～生活 parasitär (schmarotzerisch) leben
寄生虫 jìshēngchóng 1. Parasit; Schmarotzer 2. Ausbeuter; Nichtstuer
寄售 jìshòu →寄卖
寄宿 jìsù 1. vorübergehend bei jm wohnen; bei jm übernachten 2. im Internat (im Studentenheim) wohnen ～生 Internatsschüler
寄托 jìtuō 1. anvertrauen; übergeben; übertragen 2. etw auf jn/etw setzen 对青年～很大的希望 große Hoffnungen auf die Jugend setzen
寄养 jìyǎng jm ein Kind in Pflege geben; bei jm in Pflege sein

冀 jì hoffen; erhoffen

觊(覬) jì hoffen; erhoffen

觊觎 jìyú nach etw gieren; von Gier nach etw befallen (besessen) sein; gierige Blicke auf etw richten

稷 jì 1. eine Art von Hirse 2. Goto des Getreides (in der alten Zeit)

季 jì 1. Vierteljahr; Quartal; Jahreszeit 四～ die vier Jahreszeiten 2. →季节 雨～ Regenzeit 3. der letzte Monat einer Jahreszeit ～冬 der letzte Wintermonat 4. der vierte oder der jüngste der Gebrüder ～弟 der vierte oder der jüngste Bruder

季度 jìdù Vierteljahr; Quartal ～计划 Vierteljahrplan; Quartalplan

季风 jìfēng Monsun

季节 jìjié Saison; Jahreszeit 农忙～ landwirtschaftliche Hochsaison ～差价 saisonbedingter Preisunterschied; saisonbedingte Preisdifferenz

季刊 jìkān Vierteljahresschrift; Quartalschrift

悸 jì vor Angst Herzklopfen bekommen

祭 jì 1. →祭祀 ～祖 den Ahnen opfern; den Vorfahren ein Opfer darbringen 2. →祭奠 3. anwenden; gebrauchen ～起法宝 einen Zauber anwenden; von einem Wundermittel Gebrauch machen

祭奠 jìdiàn eine Gedächtnisfeier veranstalten; ein Opferfest abhalten

祭礼 jìlǐ 1. Opferriten; Trauerfeierlichkeiten 2. Opfer; Opfergabe

祭司 jìsī Opferpriester; Liturg

祭祀 jìsì opfern; ein Opfer darbringen

祭坛 jìtán Opferaltar

祭文 jìwén Trauerrede; Grabrede

穄 jì →穄子

穄子 jìzi Hirse; Rispenhirse

际(際) jì 1. Grenze; Scheide; Rand 林～ Waldrand; Waldsaum 2. im Innern; drinnen 胸～ in der Brust im Herzen 3. zwischen 厂～协作 Zusammenarbeit zwischen Fabriken 4. Zeit; Zeitpunkt 成败之～ im entscheidenden Moment; kritischer Zeitpunkt

际遇 jìyù Schicksal

鲫 jì Karausche

系(繫) jì 另见 xì knoten; knüpfen; knöpfen ～鞋带 die Schnürsenkel binden (knüpfen)

既 jì 1. schon; bereits ～成事实 vollendete Tatsache 2. →既然 3. sowohl ～好又便宜 sowohl gut als auch billig

既然 jìrán da nun; da ja; da doch ～如此 da es nun einmal so ist; für diesen Fall

既往不咎 jì wǎng bù jiù jn für seine früheren Fehler nicht mehr zur Verantwortung ziehen; jm seine Vergangenheit nicht mehr vorwerfen

暨 jì 1. und; sowie 2. bis ～今 bis heute

记 jì 1. sich einprägen; etw im Kopf behalten; nicht vergessen ～生词 sich neue Wörter merken; neue Vokabeln auswendig lernen 牢～在心 etw beherzigen; sich etw zu Herzen nehmen 我～不起来了 daran kann ich mich nicht mehr erinnern 2. notieren; aufschreiben; eintragen ～日记 ein Tagebuch führen 3. Notiz; Niederschrift 4. Zeichen; Kennzeichen; Merkzeichen 5. Muttermal

记得 jìde sich erinnern; nicht vergessen

记功 jìgōng jm Verdienst eintragen; jm eine Auszeichnung verleihen

记过 jìguò jm einen Verweis erteilen; einen Eintrag bekommen

记号 jìhao Zeichen; Kennzeichen; Markierung 打～ ein Zeichen machen; markieren

记恨 jìhèn Hass gegen jn hegen; Ressentiment

记录 jìlù 1. protokollieren; aufzeichnen; notieren 2. Protokoll; Aufzeichnung; Notiz 会议～ Konferenzprotokoll 作～ das Protokoll führen 3. Protokollant; Protokollführer 4. Rekord 世界～ Weltrekord 打破～ einen Rekord brechen

记录片 jìlùpiàn Dokumentarfilm

记名 jìmíng den Namen einzeichnen; auf den Namen lautend; namentlich ～证券 Namenpapier 无～投票 geheim abstimmen; geheime Abstimmung

记性 jìxing Gedächtnis ～好 ein gutes

J

Gedächtnis haben

记忆 jìyì 1. sich erinnern; sich etw ins Gedächtnis zurückrufen ～力 Erinnerungskraft; Erinnerungsvermögen 2. Erinnerung; Gedächtnis ～犹新 etw noch frisch im Gedächtnis haben; etw ist jm noch in frischer Erinnerung

记载 jìzǎi 1. aufzeichnen; niederschreiben; fixieren 2. Aufzeichnung; Niederschrift; Fixierung

记账 jìzhàng Buch führen; etw auf die Rechnung setzen; Rechnungsführung

记者 jìzhě Journalist 特派～ Sonderkorrespondent

忌 jì 1. →忌妒 2. →忌惮 3. →忌讳 ～油腻 fette Speisen meiden

忌辰 jìchén Todestag

忌惮 jìdàn (sich) fürchten; Furcht vor jm/etw haben

忌妒 jìdu Neid; (be)neiden; jm nicht das Schwarze unter dem Nagel gönnen

忌讳 jìhuì 1. Tabu; Tabuschranke 2. tabuisieren; vermeiden

忌嘴 jìzuǐ Diät essen müssen; eine strenge Diät einhalten

纪[1] jì →纪律 校～ Schuldisziplin

纪[2] jì aufzeichnen; Aufzeichnung

纪律 jìlǜ Disziplin 劳动～ Arbeitsdisziplin 遵守～ Disziplin halten (wahren)

纪念 jìniàn 1. gedenken; ein Jubiläum begehen ～先烈 der Märtyrer gedenken 2. Andenken; Erinnerung ～品 Andenken; Erinnerungsstück; Souvenir ～碑 Denkmal; Gedenkstein; Gedenktafel ～章 Gedenkmedaille; Erinnerungsmedaille; Gedenkplakette

纪要 jìyào kurze Aufzeichnung; Notiz 会谈～ Besprechungsprotokoll

纪元 jìyuán Ära; Epoche; Zeitrechnung 开辟人类历史的新～ eine neue Epoche der Menschheitsgeschichte einleiten

继(繼) jì 1. →继续 2. →继而

继承 jìchéng 1. erben; übernehmen ～财产 Vermögen (Eigentum) erben ～人 Erbe; Erbin 2. fortsetzen; weiterführen ～优良传统 gute Traditionen pflegen (fortsetzen)

继电器 jìdiànqì Relais

继而 jì'ér dann; danach; im Anschluss an etw

继父 jìfù Stiefvater

继母 jìmǔ Stiefmutter

继任 jìrèn js Amt übernehmen; jm im Amt nachfolgen

继续 jìxù 1. fortsetzen; weiterführen; weiter(hin) ～努力 sich weiter bemühen 2. Fortsetzung

家 jiā 1. Familie 五口之～ eine fünfköpfige Familie 2. Haus; Heim 他现在在～ er ist jetzt zu Hause 3. ein bestimmtes Gewerbe betreibende Familie oder Person 农～ Bauernfamilie; Bauernhof 4. Fachmann auf einem bestimmten Gebiet; auf ein Fachgebiet spezialisierte Person 语言学～ Linguist; Spachwissenschaftler 5. Schule; Strömung; Richtung 艺术上自成一～ eine künstlerische Schule bilden; seinen eigenen künstlerischen Stil entwickeln 6. (höfliche Nennung von Angehörigen der älteren Generation und älteren Verwandten) mein ～兄 mein älterer Bruder 7. zahm; gezähmt 8. (Zähleinheitswort): 几～工厂 einige Fabriken

家产 jiāchǎn Familienvermögen; Hab und Gut

家常 jiācháng Alltagsleben einer Familie; Alltäglichkeiten ～便饭 einfaches Essen; Hausmannskost; etwas ganz Alltägliches 扯～ über die Alltäglichkeiten des Familienlebens plaudern; gemütlich über familiäre Alltagsdinge schwatzen

家畜 jiāchù Haustier

家当 jiādàng →家产

家电 jiādiàn elektrische Haushaltsgeräte

家访 jiāfǎng Elternbesuch; Hausbesuch

家伙 jiāhuo 1. Werkzeug; Waffe 2. Bursche; Kerl 古怪的～ komischer Kerl 3. Haustier

家家户户 jiājiāhùhù alle Familien; jeder Haushalt

家境 jiājìng finanzielle Lage der Familie ～贫寒 in Armut leben

家具 jiāju Möbel(stück)

家眷 jiājuàn 1. Frau und Kinder 2. Ehefrau

家谱 jiāpǔ 1. Familientafel; Ahnentafel; Stammbaum

家禽 jiāqín Hausgeflügel

家属 jiāshǔ Familienangehörige(r)

家庭 jiātíng Familie ～出身 Familienherkunft ～状况 Familienverhältnisse
家务 jiāwù Haushalt; Hauswirtschaft; Hausarbeit 料理～ den Haushalt führen; die Hauswirtschaft führen; Hausarbeiten machen
家乡 jiāxiāng Heimat
家信 jiāxìn Brief von zu Hause; Brief nach Hause
家用 jiāyòng 1. Hausgebrauch 2. Haushaltungskosten; Haushaltsgeld
家喻户晓 jiā yù hù xiǎo allgemein bekannt sein; in Stadt und Land bekannt sein
家园 jiāyuán Haus und Hof; Heimat 重建～ die Heimat wiederaufbauen
家长 jiāzhǎng 1. Familienoberhaupt; Hausherr ～制 Patriarchat; patriarchalisches System 2. Eltern
家族 jiāzú Familie; Sippe

镓 jiā Gallium (Ga)

夹（夹²、挟） jiā 另见 jiá
1. klemmen; klammern; hineinstecken 把书签～在书里 ein Lesezeichen in das Buch einlegen 2. etw unter den Arm klemmen; etw unter dem Arm tragen ～着书 ein Buch unter dem Arm tragen 3. vermischt; untermischt 雨～雪 mit Schnee untermischter Regenfall; es fällt Regen, mit Schnee untermischt 4. →夹子
夹层 jiācéng Zwischenschicht; Zwischenraum ～玻璃 Sicherheitsglas; Glas mit plastischer Zwischenschicht
夹带 jiādài 1. etw verborgen; bei sich tragen; etw heimlich mitführen 2. Spickzettel
夹道 jiādào 1. enger Durchgang; schmaler Weg; Gasse 2. Spalier ～欢迎 zu js Begrüßung Spalier stehen
夹攻 jiāgōng von zwei Seiten her angreifen 前后～ von vorn und hinten angreifen
夹生 jiāshēng halbgar (gekocht)
夹心 jiāxīn mit Füllung; gefüllt ～糖 gefülltes Bonbon
夹杂 jiāzá mit etw vermischt sein; mit etw untermischt sein
夹竹桃 jiāzhútáo Oleander
夹注 jiāzhù Anmerkung im Text
夹子 jiāzi Zange; Spange; Mappe 头发～ Haarklammer; Haarspange 讲义～ Hefter für Lehrmaterialien; Mappe für Lehrstoffe

佳 jiā ～作 Meisterwerk ～宾 Ehrengast; gern gesehener Gast
佳话 jiāhuà weit und breit gepriesene Tat; gern erzählte Geschichte
佳节 jiājié fröhliches Fest; lustiges Fest
佳人 jiārén Schönheit; schöne Frau
佳音 jiāyīn gute Nachricht; freudige Botschaft 静候～ auf eine gute Nachricht warten

加 jiā 1. addieren; plus 二～二等于四 zwei plus zwei ist vier 2. vergrößern; erhöhen; steigern ～长 verlängern ～宽 verbreitern 3. ergänzen; hinzusetzen; zufügen ～注解 mit Anmerkungen (Erläuterungen) versehen 4. eine bestimmte Handlung verrichten 多～小心 Nehmen Sie sich in Acht! / Seien Sie vorsichtig!
加班 jiābān Überstunden machen ～费 Überstundengeld
加倍 jiābèi 1. verdoppeln 2. verstärken; intensivieren ～努力 seine Anstrengungen verdoppeln; verstärkte Anstrengungen machen
加法 jiāfǎ Addition
加工 jiāgōng 1. bearbeiten; verarbeiten 艺术～ künstlerisch bearbeiten; künstlerisch ausfeilen 2. überarbeiten; bis zur letzten Vollkommenheit ausarbeiten
加号 jiāhào Additionszeichen; Pluszeichen
加紧 jiājǐn intensivieren; forcieren ～生产 die Produktion erhöhen und beschleunigen
加剧 jiājù verschärfen; steigern 病势～ die Krankheit (der angegriffene Gesundheitszustand) verschlechtert sich
加仑 jiālún Gallone
加码 jiāmǎ 1. den Preis einer Ware erhöhen 2. den Spieleinsatz erhöhen 3. die Planziffer erhöhen
加冕 jiāmiǎn krönen; Krönung ～典礼 Krönungsfeierlichkeiten; Krönungszeremonie
加强 jiāqiáng verstärken; intensivieren ～党的领导 die Führung durch die Partei verstärken
加入 jiārù 1. beifügen; beilegen; dazutun 2. eintreten; beitreten ～工会 in die Gewerkschaft eintreten

J

加深 jiāshēn vertiefen；verstärken；ausbauen ～矛盾 den Widerspruch verstärken

加数 jiāshù Summand

加速 jiāsù beschleunigen ～器 Beschleuniger

加速度 jiāsùdù Beschleunigung

加油 jiāyóu 1. tanken；ölen ～站 Tankstelle 2. jn durch Zurufe anfeuern；sich mehr anstrengen；mehr Gas geben ～干 sich mit Volldampf an die Arbeit machen；mit Volldampf arbeiten

加重 jiāzhòng 1. das Gewicht ermehren；schwerer machen 2. erschweren；schwieriger machen；verschlimmern ～工作负担 jn mit einer zusätzlichen Arbeit belasten；js Arbeitslast erhöhen

痂 jiā Schorf；Kruste；Grind 结～ Schorf (Grind) bildet sich

袈 jiā

袈裟 jiāshā Kasaya；Mönchskutte

嘉 jiā 1. herrlich；vornehm ～宾 hoher Gast；Ehrengast 2. loben

嘉奖 jiājiǎng 1. auszeichnen 呈请～ schriftlich bitten, jn auszuzeichnen；jn schriftlich zur Auszeichnung vorschlagen 2. Auszeichnung

枷 jiā hölzerner Halskragen

枷锁 jiāsuǒ Joch；Fessel 精神～ geistiges Joch

夹（夾、袷、祫） jiá 另见 jiā

gefüttert ～袄 gefütterte Jacke

荚（莢） jiá Hülse；Kapsel 豌豆～ Erbsenschote；Erbsenhülse

荚果 jiáguǒ Hülsenfrucht

颊（頰） jiá Wange；Backe 两～深陷 eingefallene Wangen (Backen) haben

蛱（蛺） jiá

蛱蝶 jiádié Eckflügler

铗（鋏） jiá 1. Gießereizange 2. Schwert 3. Schwertgriff

戛（戞） jiá leise pochen

戛然 jiárán 1. (Schallwort) trillern 仙鹤～长鸣 der Mandschurenkranich trillert lang und hell 2. plötzlich aufhören zu tönen；mit einem Schlag verstummen 汽车～而止 das Auto hält mit kreischenden Bremsen

甲[1] jiǎ 1. den ersten Platz einnehmen；übertreffen ～等 erstklassig；Spitzenklasse 2. der erste der zehn Himmelsstämme

甲[2] jiǎ 1. →甲壳 2. Nagel 3. Panzer

甲板 jiǎbǎn Deck；Bord

甲虫 jiǎchóng Käfer

甲骨文 jiǎgǔwén Orakelknocheninschriften

甲壳 jiǎqiào Panzer；Schale；Schild ～动物 Krebstier

甲鱼 jiǎyú chinesische Weichschildkröte

甲种粒子 jiǎzhǒng lìzǐ Alphateilchen

甲种射线 jiǎzhǒng shèxiàn Alphastrahl；Alpha-Strahlen

甲状腺 jiǎzhuàngxiàn Schilddrüse ～肿 Kropf

甲子 jiǎzǐ ein Zyklus von sechzig Jahren

岬 jiǎ →岬角

岬角 jiǎjiǎo Kap；Nehrung

钾 jiǎ Kalium

钾肥 jiǎféi Kalidünger

胛 jiǎ

胛骨 jiǎgǔ Schulterblatt

假 jiǎ 另见 jià

1. falsch；unecht；künstlich ～笑 ein unechtes Lachen ausstoßen；geheuchelt lachen ～文件 gefälschtes Dokument (Schriftstück) 一点也不～ davon ist nichts unwahr / es stimmt alles 2. →假定；假如 3. leihen；benutzen

假扮 jiǎbàn jn/sich als jn verkleiden (kostümieren)

假充 jiǎchōng sich als (für) ausgeben；etw/jn als (für) etw/jn ausgeben ～内行 sich für Fachmann (fachkundig) ausgeben

假定 jiǎdìng 1. annehmen；vorausgesetzt (angenommen), (dass)；gesetzt den Fall, (dass) 2. Annahme；Hypothese

假发 jiǎfà Perücke；unechtes Haar

假分数 jiǎfēnshù unechter Bruch

假公济私 jiǎ gōng jì sī sich unter dem Deckmantel einer dienstlichen Verrich-

tung einen persönlichen Vorteil verschaffen
假话 jiǎhuà Lüge 说～ lügen；Unwahrheiten sagen
假借 jiǎjiè benutzen；entlehnen ～…的名义 etw als Vorwand benutzen；etw zum Vorwand nehmen；unter dem Deckmantel
假冒 jiǎmào sich als（für）jd/etw ausgeben；Fälschung；Imitation
假面具 jiǎmiànjù Maske；Larve 揭穿～ jm die Maske（die Larve）vom Gesicht reißen；jn entlarven
假名[1] jiǎmíng Pseudonym；Deckname
假名[2] jiǎmíng Kana（japanische Buchstaben）
假仁假义 jiǎ rén jiǎ yì mit scheinheiliger Großmut；mit geheuchelter Liebenswürdigkeit；mit heuchlerischer Anteilnahme
假如 jiǎrú →假使
假山 jiǎshān künstliche Felsen；künstliche Felsengrotte
假设 jiǎshè 1. →假定 2. Hypothese
假使 jiǎshǐ wenn；falls；gesetzt den Fall,（dass）
假释 jiǎshì jn auf Bewährung entlassen
假说 jiǎshuō →假设 2
假死 jiǎsǐ 1. Scheintod 2. sich tot stellen
假想 jiǎxiǎng ausgedacht；imaginär ～敌 imaginärer Feind
假象 jiǎxiàng Schein；Trugbild；Potemkinsche Dörfer
假牙 jiǎyá Kunstzahn；Zahnprothese
假造 jiǎzào 1. fälschen；Fälschungen herstellen 2. erdichten；erfinden；fingieren ～民意 eine Volksmeinung erfinden
假装 jiǎzhuāng vortäuschen；erkünsteln；sich den Anschein geben ～糊涂 sich dumm stellen；den Ahnungslosen spielen

稼 jià 1. anbauen；anpflanzen 2. Getreide
稼穑 jiàsè Feldarbeit

嫁 jià 1. heiraten ～女儿 die Tochter verheiraten 2. schieben；abwälzen；sich von etw freimachen ～祸于人 die Schuld auf einen anderen schieben
嫁接 jiàjiē pfropfen；veredeln；okulieren
嫁妆 jiàzhuang Mitgift；Aussteuer

价（價） jià 1. →价格 2. →价值 3. Valenz；Wertigkeit
价格 jiàgé Preis 规定～ den Preis vorschreiben（bestimmen，festsetzen）
价目 jiàmù ausgezeichneter Preis ～表 Preisliste；Preisverzeichnis
价钱 jiàqian Preis ～公道 der Preis ist vernünftig（angemessen）
价值 jiàzhí 1. Wert ～规律 Wertgesetz 2. Bedeutung；Wichtigkeit ～取向 Wertorientierung 实用～ praktischer Wert 有～的著作 wertvolles Werk

假 jià 另见 jiǎ
Urlaub；Ferien 放三天～ jm drei Tage Urlaub geben；jm drei Tage freigeben；drei Tage Urlaub haben
假期 jiàqī Urlaub；Ferien
假日 jiàrì Urlaubstag；Ferientag；Feiertag；arbeitsfreier Tag
假条 jiàtiáo Entschuldigungszettel；Urlaubsantrag

架 jià 1. →架子 1 书～ Bücherregal 2. →架设 ～桥 eine Brücke bauen 3. abwehren 4. wegschleppen；entführen 把犯人～上汽车 einen Gefangenen ins Auto schleppen 5.（Zähleinheitswort）：几～飞机 einige Flugzeuge
架设 jiàshè legen；aufstellen；aufschlagen ～电话线 eine Telefonleitung legen；Telefondrähte ziehen
架势 jiàshi Haltung；Positur；Pose
架子 jiàzi 1. Gestell；Regal 2. Rahmen；Gerüst；Gerippe 3. Getue；Gehabe；Wichtigtuerei 放下～ sein wichtigtuerisches Getue ablegen 拿～ sich wichtig tun；sich aufs hohe Ross setzen 4. →架势

驾 jià 1. vorspannen；ziehen ～马 das Pferd anspannen 2. →驾驶
驾临 jiàlín Ihr Besuch；Ihr Kommen
驾驶 jiàshǐ lenken；führen；fahren ～执照 Führerschein；Fahrerlaubnis ～员 Fahrer；Führer；Pilot
驾御 jiàyù 1. lenken；zügeln 2. bewältigen；etw Herr werden；etw in den Griff bekommen ～自然 die Natur bezwingen；sich die Natur untertan machen

煎 jiān 1. in wenig Öl braten 2. abkochen ～药 Heilkräuter abkochen 3. Absud；Abkochung 头～药 erster Kräuterabsud；erste Abkochung von

J

Heilkräutern
煎熬 jiān'áo höllische Qualen 精神上的～ geistige (seelische) Qualen
煎饼 jiānbing Pfannkuchen; Fladen
煎锅 jiānguō Back-, Bratpfanne

湔 jiān waschen; reinigen
湔雪 jiānxuě jn/sich von etw reinwaschen (reinigen)

兼 jiān 1. doppelt; zweifach ～旬 zwei Dekaden; zwanzig Tage 2. gleichzeitig; sowohl . . . als auch 身～数职 einige Ämter innehaben; einige Posten bekleiden
兼备 jiānbèi gleichzeitig bestehen; gleichzeitig besitzen 德才～ politisch zuverlässig und fachlich hochqualifiziert; moralisch einwandfrei und fachlich qualifiziert
兼并 jiānbìng annektieren; eingliedern; inkorporieren
兼程 jiānchéng an einem Tag die für zwei Tage vorgesehene Strecke zurücklegen ～前进 in vollem Tempo vorwärtseilen
兼顾 jiāngù mitberücksichtigen ～双方利益 auf die Interessen der beiden Seiten Rücksicht nehmen
兼课 jiānkè nebenberuflich Unterricht geben; eine zusätzliche Lehrtätigkeit ausüben
兼任 jiānrèn 1. gleichzeitig mehrere Ämter innehaben 2. nebenamtlich; nebenberuflich ～的职务 Nebenamt; Nebenberuf
兼职 jiānzhí 1. →兼任 2. Nebenamt; Nebenberuf 辞去～ sein Nebenamt niederlegen; seinen Nebenberuf aufgeben

搛 jiān mit Essstäbchen die Speise fassen

间(閒) jiān 另见 jiàn。'閒'另见 xián '闲'
1. zwischen 各民族～的联系 Beziehungen zwischen den verschiedenen Nationalitäten 2. innerhalb eines bestimmten Raums oder einer bestimmten Zeit 田～ auf dem Ackerland 十年～ innerhalb zehn Jahre; im Zeitraum von zehn Jahren 3. Raum; Zimmer 4. (Zähleinheitswort): 一～卧室 ein Schlafzimmer
间奏曲 jiānzòuqǔ Intermezzo

肩 jiān 1. →肩膀 2. →肩负
肩膀 jiānbǎng Schulter; Achsel
肩负 jiānfù auf den Schultern tragen ～建设社会主义的任务 mit der Aufgabe, den Sozialismus aufzubauen, betraut (beauftragt) sein
肩胛骨 jiānjiǎgǔ Schulterblatt
肩章 jiānzhāng Epaulette; Schulterstück

笺(箋、[2][3]牋) jiān 1. Anmerkung; Erläuterung 2. Schreibpapier; Briefpapier 3. Brief

歼(殲) jiān →歼灭
歼击机 jiānjījī Jagdflugzeug
歼灭 jiānmiè vernichten; ausrotten ～战 Vernichtungskrieg; Vernichtungsschlacht; Ausrottungsfeldzug

缄 jiān einen Brief zukleben 某某～ Absender: . . .
缄默 jiānmò schweigen; wortlos sein; den Mund halten

监(監) jiān 1. →监视 2. Gefängnis; Zuchthaus 收～ jn ins Gefängnis werfen; jn einsperren (einkerkern)
监察 jiānchá beaufsichtigen; überwachen ～机关 Aufsichtsbehörde; Kontrollbehörde
监督 jiāndū 1. beaufsichtigen; überwachen; kontrollieren 司法～ juristische Aufsicht 2. Kontrolleur; Inspekteur
监犯 jiānfàn Gefangener; Häftling
监工 jiāngōng 1. die Arbeit beaufsichtigen (überwachen) 2. Arbeitsaufseher
监护 jiānhù 1. Vormundschaft 被～ unter js Vormundschaft stehen ～人 Vormund; Pate
监禁 jiānjìn einsperren; einkerkern
监考 jiānkǎo 1. die Prüfung überwachen 2. Prüfungsaufseher
监牢 jiānláo →监狱
监视 jiānshì beaufsichtigen; überwachen ～器 Monitor
监听 jiāntīng abhören
监狱 jiānyù Gefängnis; Zuchthaus
监制 jiānzhì die Produktion (Herstellung) von etw kontrollieren; die Produktion (Herstellung) von etw steht unter Kontrolle

坚(堅) jiān 1. →坚固 ～如磐石 felsenfest; unerschütterlich 2. →坚定 1; 坚决
坚持 jiānchí an etw festhalten; etw durchhalten ～真理 an der Wahrheit festhalten ～己见 auf seiner Meinung beharren (bestehen)
坚定 jiāndìng 1. fest; entschieden ～不移 fest und unerschütterlich; unbeirrbar 2. festigen; bestärken ～信念 jn in seinem Glauben bestärken
坚固 jiāngù solid; stabil; haltbar ～耐用 strapazierfähig
坚果 jiānguǒ Nuss
坚决 jiānjué entschieden; entschlossen ～要求 mit aller Entschiedenheit fordern 意志～ entschlossener Willen
坚苦 jiānkǔ beharrlich; hart ～卓绝 außerordentlich hart
坚强 jiānqiáng 1. stark; standhaft ～的信念 feste Überzeugung 2. festigen; verstärken ～党的组织 die Parteiorganisation festigen
坚忍 jiānrěn beharrlich; ausdauernd ～不拔的意志 zäher Willen
坚信 jiānxìn etw fest glauben; von etw fest überzeugt sein
坚硬 jiānyìng hart
坚贞 jiānzhēn treu und standhaft ～不屈 treu und unbeugsam

尖 jiān 1. spitz ～头鞋 spitze Schuhe 2. hell; schrill ～嗓子 schrille Stimme 3. scharf 耳朵～ scharfe Ohren (ein scharfes Gehör) haben 4. Spitze 铅笔～ Bleistiftspitze 5. Elite; Bester; Auslese ～儿货 Qualitätsware
尖兵 jiānbīng 1. Vorhut; Vorposten; Vortrupp 3. Pionier; Bahnbrecher 技术革新的～ Bahnbrecher der technischen Neuerung
尖刀 jiāndāo 1. spitzes Messer 2. Stoßtrupp; Stoßtruppler ～连 Stoßkompanie
尖端 jiānduān 1. Spitze; Gipfelpunkt; Zacke 2. höchstentwickelt ～产品 Spitzenprodukt ～科学 die fortschrittlichsten Wissenschaftsbereiche
尖刻 jiānkè spitz; stichelnd; beißend; scharfzüngig
尖利 jiānlì scharf 眼光～ scharfsichtig; scharfe Augen haben 笔锋～ eine spitze Feder schreiben
尖锐 jiānruì 1. scharf 2. scharfsichtig; scharfblickend 看问题很～ ein Problem mit Scharfblick sehen; ein Problem mit Scharfsinn beobachten 3. schrill; grell ～的哨声 schriller Pfiff 4. scharf; heftig; schonungslos ～的批评 scharfe Kritik
尖酸 jiānsuān scharf; zynisch; boshaft 口角～ eine spitze Zunge haben
尖子 jiānzi 1. →尖 4,5 2. schlagartig in hoher Tonlage gesungene Melodie

艰(艱) jiān →艰难
艰巨 jiānjù schwierig
艰苦 jiānkǔ mühsam; hart ～奋斗 hart kämpfen; erbittert ringen; harter Kampf
艰难 jiānnán schwierig; mühevoll
艰险 jiānxiǎn schwierig und gefährlich 历尽～ allerlei Schwierigkeiten und Gefahren durchleben
艰辛 jiānxīn Mühsal; Anstrengung

犍 jiān →犍牛
犍牛 jiānniú kastrierter Stier

奸[1] jiān 1. →奸诈 2. ungetreu; illoyal ～臣 ungetreuer Beamter 3. Verräter 汉～ (chinesischer) Landesverräter 4. selbstsüchtig; arglistig

奸[2](姦) jiān→奸淫
奸计 jiānjì arglistiger Plan; heimtückische Intrige
奸佞 jiānnìng 1. hinterlistig und schmeichlerisch 2. verschlagener Schmeichler
奸商 jiānshāng gerissener Geschäftsmann; Spekulant; Schieber
奸污 jiānwū vergewaltigen; schänden
奸细 jiānxi Spitzel; Spion
奸笑 jiānxiào arglistig lächeln; hinterhältiges Lächeln
奸淫 jiānyín 1. Unzucht; Unzucht treiben 2. →奸污
奸贼 jiānzéi Verräter
奸诈 jiānzhà heuchlerisch; durchtrieben

简[1] jiǎn 1. →简单 2. →简化

简[2] jiǎn 1. Bambustäfelchen 2. Brief
简报 jiǎnbào Bulletin; Kurzbericht 新闻～ Kurznachrichten; Pressenotiz; Presseschau

简便 jiǎnbiàn einfach und leicht
简单 jiǎndān 1. einfach; simpel ～明了 einfach und leicht verständlich 2. üblich; mittelmäßig; gewöhnlich 这人不～ dieser Mensch ist nicht so ohne 3. leichtfertig; oberflächlich ～化的工作作风 Arbeitsstil der Simplifizierung; oberflächliche Arbeitsweise
简单句 jiǎndānjù einfacher Satz
简短 jiǎnduǎn kurz; knapp
简分数 jiǎnfēnshù einfacher Bruch
简化 jiǎnhuà vereinfachen; simplifizieren ～手续 die Formalitäten vereinfachen
简洁 jiǎnjié kurz und bündig
简历 jiǎnlì Lebenslauf
简练 jiǎnliàn prägnant; kurz und treffend; lakonisch
简陋 jiǎnlòu primitiv; schlicht 设备～ primitive Einrichtung
简略 jiǎnlüè in aller Kürze; in knappen Umrissen
简明 jiǎnmíng einfach und klar ～词典 Handwörterbuch
简谱 jiǎnpǔ Notenschrift in Zahlen
简体字 jiǎntǐzì vereinfachtes chinesisches Schriftzeichen
简图 jiǎntú Diagramm; Skizze
简要 jiǎnyào kurz und knapp; bündig
简易 jiǎnyì einfach und leicht; behelfsmäßig ～公路 Behelfsstraße
简章 jiǎnzhāng kurzgefasste Vorschriften (Bestimmungen) 招生～ Zulassungsbestimmungen; Zulassungsinformation
简直 jiǎnzhí einfach; geradezu; halt ～不可思议 überhaupt unvorstellbar

剪 jiǎn 1. →剪刀 2. scheren; schneiden ～羊毛 ein Schaf scheren; die Wolle von den Schafen scheren 3. ～剪除
剪报 jiǎnbào Zeitungsausschnitt
剪裁 jiǎncái 1. zuschneiden; Zuschnitt 2. schneiden; streichen; straffen
剪彩 jiǎncǎi das Band durchschneiden
剪除 jiǎnchú ausmerzen; beseitigen; ausrotten ～祸根 *das Übel mit der Wurzel* (die Wurzeln des Übels) ausrotten
剪床 jiǎnchuáng Schermaschine
剪刀 jiǎndāo Schere
剪刀差 jiǎndāochā Schere 价格上的～ Preisschere
剪辑 jiǎnjí (Film)montage; (Film)schnitt; Ausschnitt
剪票 jiǎnpiào eine Fahrkarte lochen (entwerten)
剪贴 jiǎntiē 1. ausschneiden und aufkleben 2. Kinderhandarbeit, bei der eine bildliche Darstellung durch Ausschneiden und Aufkleben entsteht
剪纸 jiǎnzhǐ Scherenschnitt

茧[1] (**繭**) jiǎn Kokon 蚕～ Seidenraupenkokon

茧[2] (**繭**) jiǎn →茧子
茧子[1] jiǎnzi Kokon
茧子[2] jiǎnzi Schwiele; Hornhaut

柬 jiǎn Karte; Brief 请～ Einladung; Einladungskarte
柬帖 jiǎntiě Notiz; Merkzettel; kurze Mitteilung

拣 (**揀**) jiǎn auswählen; aussuchen

减 (**減**) jiǎn 1. subtrahieren; minus 五～三得二 fünf minus drei ist zwei 2. senken; abnehmen; sich verringern
减产 jiǎnchǎn Produktionssenkung; Ertragsminderung
减低 jiǎndī senken; herabsetzen; reduzieren ～速度 die Geschwindigkeit herabsetzen (verlangsamen)
减法 jiǎnfǎ Subtraktion
减肥 jiǎnféi Schlankheitskur
减号 jiǎnhào Minuszeichen
减价 jiǎnjià den Preis herabsetzen (senken) ～出售 etw zum herabgesetzten Preis (unter dem Preis) verkaufen
减免 jiǎnmiǎn ermäßigen (senken) oder erlassen ～学费 das Schulgeld ermäßigen oder erlassen
减轻 jiǎnqīng abnehmen; erleichtern 体重～ an Gewicht abnehmen; Gewichtabnahme ～负担 entlasten; jm die Last erleichtern
减弱 jiǎnruò nachlassen; an Stärke verlieren 风势～ der Wind lässt nach
减少 jiǎnshǎo (ver)mindern; verkleinern; reduzieren ～损失 Schäden vermindern; Verluste verringern
减速 jiǎnsù die Geschwindigkeit verringern; das Tempo vermindern (herabsetzen); verlangsamen ～运动 verzögerte Bewegung

碱 (**鹼、堿**) jiǎn 1. Alkali 2. Soda

3. durch Salz und Alkali zerfressen werden

碱土金属 jiǎntǔ jīnshǔ Erdalkalimetall; Erdalkalien

趼（繭） jiǎn →趼子

趼子 jiǎnzi Schwiele; Hornhaut

检（檢） jiǎn 1. überprüfen; nachsehen; kontrollieren ～字 Schriftzeichen im Wörterbuch aufsuchen 3. →检查

检查 jiǎnchá 1. untersuchen; (über)prüfen; kontrollieren ～账目 ein Rechnungsbuch (über)prüfen ～卫生 eine Hygieneinspektion vornehmen; die sanitären Zustände kontrollieren 2. Selbstkritik 做书面～ eine schriftliche Selbstkritik üben; eine Selbstkritik schreiben

检察 jiǎnchá gerichtlich untersuchen; gerichtliche Nachforschungen anstellen ～员 Staatsanwalt ～院 Staatsanwaltschaft

检点 jiǎndiǎn 1. nachsehen; nachprüfen; durchzählen ～行李 die Gepäckstücke durchzählen 2. sich beherrschen; sich beherrscht benehmen; beherrscht auftreten 行为有失～ sich schlecht aufführen; aus der Rolle fallen

检举 jiǎnjǔ anzeigen; Anzeige gegen jn erstatten ～信 schriftliche Anzeige

检索 jiǎnsuǒ Informationssuche

检讨 jiǎntǎo 1. Selbstkritik üben; Selbstkritik ～错误 sich mit seinen Fehlern kritisch auseinander setzen ～书 schriftliche Selbstkritik 2. →检验

检修 jiǎnxiū überprüfen und reparieren; überholen ～钟表 eine Uhr reparieren

检验 jiǎnyàn überprüfen; kontrollieren; testen

检疫 jiǎnyì Quarantäne; Seuchenkontrolle

检阅 jiǎnyuè die Parade abnehmen; Heerschau ～台 Paradetribüne ～仪仗队 die Ehrenkompanie abschreiten

捡（撿） jiǎn lesen; aufheben; aufgreifen ～柴 Brennholz aufsammeln

睑（瞼） jiǎn Augenlid

俭（儉） jiǎn →俭省

俭朴 jiǎnpǔ sparsam und bescheiden; schlicht 服装～ schlicht gekleidet sein

俭省 jiǎnshěng sparsam; sparsam wirtschaften

箭 jiàn Pfeil 射～ den Pfeil (ab)schießen; Bogenschießen

箭步 jiànbù Sprung 一个～ mit einem Sprung

箭头 jiàntóu 1. Pfeilspitze 2. Pfeil

间（間） jiàn 另见 jiān; '閒'另见 xián '闲'

1. →间隙 乘～ die Gelegenheit beim Schopfe ergreifen (fassen, packen, nehmen) 2. →间隔 3. →间苗

间谍 jiàndié Spion; Agent 进行～活动 Spionage treiben; Spionagetätigkeiten ausüben

间断 jiànduàn unterbrechen; Unterbrechung

间隔 jiàngé Abstand; Entfernung

间接 jiànjiē indirekt; mittelbar ～选举 indirekte Wahl

间苗 jiànmiáo junge Pflanzen verziehen (vereinzeln)

间隙 jiànxì Zwischenraum; Zwischenzeit

间歇 jiànxiē Pause; Unterbrechung; Rast ～热 Wechselfieber

间作 jiànzuò Zwischenfruchtbau; Mischkultur

涧 jiàn Bergbach; Gebirgsbach

谏 jiàn jm den Spiegel vorhalten; jm Vorhaltungen machen ～言 Vorhaltung; Ermahnung

践（踐） jiàn 1. →践踏 2. erfüllen; ausführen; einhalten ～约 eine Abmachung einhalten; sich an einer Verabredung halten

践踏 jiàntà 1. treten; stampfen 2. mit Füßen treten; übertreten; grob verletzen ～国际法准则 die Völkerrechtsnormen mit Füßen treten

贱（賤） jiàn 1. billig ～卖 zu niedrigem Preis verkaufen 2. von niedrigem Stand; minderwertig; unterprivilegiert 3. gemein; niederträchtig; niedriggesinnt ～骨头 elender Knochen; niederträchtiges Geschöpf; liederliches Frauenzimmer 4. (sich bescheiden nennen) ich; mein ～姓王 ich heiße Wang

贱民 jiànmín Pöbel; Paria

溅（濺） jiàn (be)spritzen；(be)sprühen 他～了一身水 er ist mit Wasser bespritzt
溅落 jiànluò wassern 宇宙飞船～ das Raumschiff ist gewassert

饯（餞） jiàn →饯行
饯行 jiànxíng jm ein Abschiedsessen geben

荐¹（薦） jiàn →荐举

荐²（薦） jiàn 1. Gras；Stroh 2. Matte；Strohmatte
荐举 jiànjǔ empfehlen；vorschlagen

渐 jiàn →渐渐
渐变 jiànbiàn sich allmählich verändern；eine allmähliche Veränderung erfahren
渐渐 jiànjiàn allmählich；nach und nach；Schritt für Schritt 火车～远去 der Zug verschwindet langsam in der Ferne
渐进 jiànjìn sich nach und nach entwickeln；allmähliche Fortschritte machen 循序～ Schritt für Schritt vorankommen

僭 jiàn
僭越 jiànyuè sich Befugnisse anmaßen；seine Befugnisse überschreiten；Anmaßung von Befugnissen

鉴（鑒、鑑） jiàn 1. Spiegel（aus Messing oder Bronze）2. spiegeln；widerspingeln 水清可～ das Wasser ist so klar，dass es sein Bild zurückwirft 3. genau betrachten；sorgfältig überprüfen；besehen 4. warnendes Beispiel；Lehre 引以为～ etw ist jm ein warnendes Beispiel；etw dient jm als eine Warnung
鉴别 jiànbié unterscheiden ～真伪 zwischen Echtem （Wahrem） und Unechtem（Falschem）unterscheiden
鉴定 jiàndìng 1. begutachten；bewerten ～人 Begutachter；Sachverständiger；Abschätzer ～委员会 Ausschuss für Begutachtung 2. Gutachten；Bewertung；Urteil 书面～ schriftliches Gutachten（Urteil）；schriftliche Begutachtung（Bewertung）
鉴赏 jiànshǎng sachkundig beurteilen ～力 Verstand；Verständnis für etw
鉴于 jiànyú angesichts；im（in）Hinblick auf

槛（檻） jiàn
1. Brüstung；Balustrade 2. Käfig

见¹（見） jiàn 另见 xiàn‘现’
1. sehen 亲眼所～ mit den eigenen Augen sehen 2. in Berührung mit etw kommen ～潮就坏 bei Feuchtigkeit verschimmeln（verderben）3. erscheinen；zeigen 形势渐～好转 die Lage bessert sich allmählich 4. siehe ～上 siehe oben 5.（sich）treffen；（sich）sehen 明天～ Bis morgen! / morgen sehen wir uns wieder 6. Meinung；Ansicht 两人所～不同 beide sind unterschiedlicher Meinung

见²（見） jiàn 另见 xiàn‘现’
1.（dient vor dem Verb zum Ausdruck des Passivs）：～重于当时 der Vergangenheit wird mehr Beachtung geschenkt 2.（dient vor dem Verb zum Ausdruck dessen，was meinetwegen geschieht）：希～告 in der Hoffnung，mich zu benachrichtigen
见报 jiànbào in der Zeitung erscheinen；etw in die Zeitung setzen
见不得 jiànbudé 1. nicht vertragen können；nicht standhalten können ～光 das Licht scheuen；lichtscheu 2. nicht sehen oder wissen lassen können ～人的勾当 dunkles Geschäft；schändliches Treiben
见长 jiàncháng seine Vorzüge zeigen；sich auszeichnen 以通晓外语～ sich durch seine guten Fremdsprachenkenntnisse auszeichnen；gute Fremdsprachenkenntnisse sind seine Stärke
见风转舵 jiàn fēng zhuǎn duò den Mantel nach dem Wind hängen；seine Fahne nach dem Wind drehen
见怪 jiànguài jm etw übelnehmen；etw übel vermerken；jm etw verargen 请勿～ Nehmen Sie es mir nicht übel!
见鬼 jiànguǐ komisch；zum Teufel；zum Teufel gehen
见好 jiànhǎo wieder gesund werden 病势～ die Krankheit ist im Abklingen / die Krankheit klingt ab
见机 jiànjī eine günstige Gelegenheit wahrnehmen；sich einer veränderten Situation anpassen ～行事 bei einer günstigen Gelegenheit vorgehen；der Situation entsprechend handeln

见解 jiànjiě Auffassung; Ansicht 政治～ politische Meinungen

见面 jiànmiàn 1. sich sehen; sich treffen; zusammenkommen ～礼 Gastgeschenk; Geschenk bei der ersten Begegnung

见识 jiànshi 1. seinen Horizont erweitern; die Welt kennen lernen; etwas Neues erleben 2. Erlebnis; Erfahrung ～广 viel gesehen und erlebt haben

见外 jiànwài jn als Fremden ansehen (behandeln); sich wie ein Fremder benehmen; fremd tun 我们是自己人,请别～ wir sind gute Freunde, benimm dich doch nicht wie ein Fremder

见闻 jiànwén Gesehenes und Gehörtes; Erlebtes

见习 jiànxí probeweise eingestellt werden; die Probezeit absolvieren ～生 Probekandidat; Angestellter auf Probe

见效 jiànxiào eine Wirkung zeitigen; wirken; helfen

见笑 jiànxiào 1. sich zum Gelächter machen; lächerlich; zum Lachen 2. auslachen; ausgelacht werden ～于大方 sich das Gelächter der Sachverständigen zuziehen

见异思迁 jiàn yì sī qiān stets etwas anderes beginnen; tauschlustig

见证人 jiànzhèngrén Augenzeuge; Zeuge

舰(艦) jiàn Kriegsschiff ～长 Kapitän

舰队 jiànduì Flotte; Kriegsflotte ～司令 Flottenkapitän, Flottenkommandant

舰艇 jiàntǐng Kriegsschiff; Militärboot

剑(劍、劒) jiàn Schwert 斗～ die Schwerter kreuzen

剑拔弩张 jiàn bá nǔ zhāng die Atmosphäre ist spannungsgeladen / die Stimmung ist einer Explosion nahe

剑柄 jiànbǐng Schwertgriff

剑术 jiànshù Fechtkunst

牮 jiàn 1. schräg abstützen 2. mit Erde und Steinen Wasser zurückdämmen

件 jiàn 1. (Zähleinheitswort): 两～衬衣 zwei Hemden 三～行李 drei Gepäckstücke 2. Schriftstück; Dokument 来～ eingegangenes Schriftstück

建 jiàn 1. →建筑 1 新～的工厂 neugebaute Fabrik 2. gründen; ins Leben rufen ～都 zur Hauptstadt bestimmen (erklären)

建国 jiànguó 1. einen Staat gründen (ins Leben rufen) 2. den Staat (das Land) aufbauen 勤俭～ das Land fleißig und sparsam aufbauen

建交 jiànjiāo diplomatische Beziehungen aufnehmen

建立 jiànlì 1. errichten; bilden ～工业基地 eine Industriebasis errichten 2. aufnehmen; beginnen ～友好关系 freundschaftliche Beziehungen aufnehmen

建设 jiànshè aufbauen; Aufbau 经济～ Wirtschaftsaufbau ～性的建议 konstruktiver Vorschlag

建树 jiànshù Verdienst; Beitrag

建议 jiànyì 1. vorschlagen 2. Vorschlag; Rat; Ratschlag 合理化～ Rationalisierungsvorschlag

建造 jiànzào →建筑 1

建筑 jiànzhù 1. bauen; anlegen ～铁路 eine Eisenbahnlinie bauen (anlegen) ～工地 Bauplatz; Baustelle 2. →建筑物 ～群 Baukomplex; Gebäudekomplex

建筑物 jiànzhùwù Bauwerk; Bau

毽 jiàn →毽子

毽子 jiànzi chinesischer Federball 踢～ chinesischen Federball spielen (kicken)

键 jiàn 1. Keil; Langskeil 2. Bolzen 3. Taste 4. Bindung

键盘 jiànpán Tastatur ～乐器 Tasteninstrument

健 jiàn 1. →健康 1; 健壮 2. stärken; kräftigen ～胃 den Magen stärken

健将 jiànjiàng 1. Spitzensportler 2. Sportmeister; Meister des Sports

健康 jiànkāng 1. gesund; Gesundheit 身体～ eine gute Gesundheit haben; eine gesunde Natur haben 2. normal; in Ordnung 思想～ ideologisch gesund

健美 jiànměi gesund und schön; kraftvoll und anmutig Fitness ～运动 Fitness-Training ～操 Frauengymnastik; Bodybuilding ～裤 Leotard; Bodystocking

健全 jiànquán 1. kerngesund; makellos ～的头脑 einen gesunden Verstand haben; vernünftig denken 2. vollkommen; vollständig; perfekt 制度～了 Vorschriften und Regeln sind vollkommen 3. ver-

vollkommnen; perfektionieren ～社会主义法制 die sozialistische Rechtsordnung vervollständigen
健身 jiànshēn seinen Körper ertüchtigen (trainieren) ～操 Leibesübungen ～房 Turnhalle; Gymnastikraum; Fitnessstudio
健谈 jiàntán gesprächig; redselig
健忘 jiànwàng vergesslich; Vergesslichkeit
健在 jiànzài noch leben; rüstig sein
健壮 jiànzhuàng gesund und kräftig; robust ～如牛 stark wie ein Bär

腱 jiàn Sehne

将(將) jiāng 另见 jiàng
1. →将养 2. Schach bieten ～死 jn matt setzen; Schach und matt! 3. führen; bringen 4. mit; mittels 恩～仇报 Gutes mit Bösem vergelten 5. (dient als Präposition zur Einführung eines vor dem Verb stehenden Objektes): ～门关上 die Tür schließen (zumachen) 6. werden; im Begriff sein 胜利～属于我们 der Sieg wird uns gehören / wir werden den Sieg davontragen
将近 jiāngjìn fast; nahezu; gegen ～中午 gegen Mittag
将就 jiāngjiu sich kümmerlich mit etw/jm behelfen; mit etw/jm vorliebnehmen; etw als Behelf nehmen
将军[1] jiāngjūn 1. Schach bieten 2. jn in Verlegenheit bringen; jn in eine peinliche Lage bringen
将军[2] jiāngjūn 1. General 2. Spitzenoffizier
将来 jiānglái Zukunft; in Zukunft; künftig 美好的～ schöne (herrliche) Zukunft
将养 jiāngyǎng sich erholen
将要 jiāngyào werden; im Begriff sein

浆(漿) jiāng 另见 jiàng '糨'
1. dicke Flüssigkeit; Brei 2. mit Pflanzenstärke steifen; stärken ～衣服 Wäsche stärken
浆果 jiāngguǒ Beere; Beerenfrucht
浆洗 jiāngxǐ waschen und stärken

江 jiāng 1. Fluss; Strom ～心 Flussmitte; Mitte des Stromes 2. Changjiang-Fluss ～南 Gebiete südlich (des Unterlaufs) des Changjiang-Flusses
江湖[1] jiānghú überall; in allen Gegenden 流落～ an allen Ecken und Kanten herumziehen; in der Fremde umherirren
江湖[2] jiānghú Kurpfuscher; Quacksalber; Fahrender ～骗子 Scharlatan
江轮 jiānglún Flussdampfer
江山 jiāngshān Berge und Flüsse; Land; Staatsmacht
江豚 jiāngtún Schweinswal; Neutümmler

豇 jiāng Augenbohnenpflanze
豇豆 jiāngdòu 1. Augenbohnenpflanze; Augenbohne 2. Augenbohnenhülse; Augenbohne

礓 jiāng Sandkies
礓礤 jiāngcā Stufe; Treppe

僵(¹殭) jiāng 1. →僵硬 1 冻～的手 steif gefrorene Hand 2. (sich) festfahren; in Schwierigkeit geraten (kommen); steckenbleiben 把事情弄～ daran ist die Sache steckengeblieben
僵持 jiāngchí auf einem toten Punkt ankommen; hartnäckig miteinander ringen, ohne einen Fußbreit zurückzuweichen; sich versteifen
僵化 jiānghuà erstarren; verknöchern ～思想 geistig unbeweglich; verknöchert
僵局 jiāngjú toter Punkt; Patt 陷入～ in eine Sackgasse geraten; an einen toten Punkt gelangen
僵尸 jiāngshī erstarrte Leiche
僵硬 jiāngyìng 1. steif; starr; Versteifung 2. unflexibel; unbeweglich

疆 jiāng →疆界
疆场 jiāngchǎng Schlachtfeld
疆界 jiāngjiè Staatsgrenze
疆土 jiāngtǔ Staatsgebiet; Territorium; Hoheitsgebiet
疆域 jiāngyù Staatsgebiet; Territorium

缰(繮) jiāng →缰绳
缰绳 jiāngsheng Zügel

姜(薑) jiāng Ingwer ～汤 Ingwersuppe; Ingwergetränk

桨(槳) jiǎng 另见 jiāng
Ruder; Paddel 荡～ rudern; paddeln
桨手 jiǎngshǒu Ruderer; Paddler

奖(獎) jiǎng 1. →奖励 2. →奖品; 奖金 一等～ der erste Preis

奖杯 jiǎngbēi Pokal; Cup
奖金 jiǎngjīn Prämie; Preis 年终～ Jahresabschlussprämie
奖励 jiǎnglì auszeichnen; belobigen; belohnen
奖品 jiǎngpǐn Belohnung; Preis
奖券 jiǎngquàn Lotterielos
奖赏 jiǎngshǎng Belohnung; Auszeichnung
奖学金 jiǎngxuéjīn Stipendium
奖章 jiǎngzhāng Medaille; Ehrenzeichen
奖状 jiǎngzhuàng schriftliche Auszeichnung; Auszeichnungsurkunde 冠军～ schriftliche Meister-Auszeichnung

讲（講） jiǎng 1. sagen; sprechen ～真话 die Wahrheit sagen 2. erklären; erläutern ～清原因 Gründe darlegen 3. besprechen; verhandeln ～条件 Bedingungen aushandeln; Bedingungen stellen 4. in Hinsicht auf; in Bezug auf; im Hinblick auf ～能力我不如你 was die Fähigkeiten betrifft, bin ich dir unterlegen 5. Gewicht auf etw legen; bemüht sein, etw zu tun; etw zu gewinnen trachten ～团结 großes Gewicht auf die Einheit legen
讲稿 jiǎnggǎo Vortragsmanuskript; Vorlesungsunterlage
讲和 jiǎnghé Frieden schließen; sich aussöhnen
讲话 jiǎnghuà 1. reden; sprechen; das Wort ergreifen 他很会～ er ist sprachgewandt (redegewandt) / er hat ein großes Redetalent (eine geläufige Zunge) / er versteht, sich gewandt und überzeugend auszudrücken 2. Rede 录音～ Aufnahme der Rede; auf das Tonband aufgenommene Rede 3. Einführung; Abriss
讲价 jiǎngjià um den Preis handeln; Bedingungen aushandeln; feilschen
讲解 jiǎngjiě erklären; erläutern ～员 Führer (durch eine Ausstellung)
讲究 jiǎngjiu 1. Wert auf etw legen; einer Sache Beachtung schenken ～卫生 auf Hygiene achten 2. beachtenswert; eines sorgfältigen Studiums wert 有～ es gilt sorgfältige Studien über etw anzustellen 3. anspruchsvoll; gepflegt; gewählt 衣着～ sich gut kleiden; viel auf gute Kleidung geben
讲课 jiǎngkè Unterricht geben; eine Vorlesung halten
讲理 jiǎnglǐ 1. mit jm über etw sachlich argumentieren; mit jm vernünftig reden 2. Vernunft walten lassen 蛮不～ jeder Vernunft zuwiderhandeln; sich unvernünftig und rücksichtslos verhalten; ohne Vernunft handeln
讲明 jiǎngmíng klarmachen ～来意 den Zweck des Besuches offen sagen
讲情 jiǎngqíng bei jm ein gutes Wort für jn einlegen
讲求 jiǎngqiú um etw bemüht sein; auf etw bedacht sein
讲师 jiǎngshī Dozent
讲授 jiǎngshòu unterrichten; lehren
讲述 jiǎngshù erzählen; berichten
讲台 jiǎngtái Katheder; Rednerpult
讲习班 jiǎngxíbān Kurs; Lehrgang; Seminar
讲学 jiǎngxué Vorlesungen (Vorträge) halten; Gastvorlesungen (Gastvorträge) halten
讲演 jiǎngyǎn eine Rede (einen Vortrag, eine Vorlesung) halten
讲义 jiǎngyì Lehrmaterial; Lehrstoff; Lehrbuch 修辞学～ Lehrbuch der Stilistik
讲座 jiǎngzuò Kurs; Kolleg 广播～ Radiokurs; Funkkurs

耩 jiǎng drillen; säen

膙 jiǎng
膙子 jiǎngzi Schwiele; Hornhaut

酱（醬） jiàng 1. Tunke; Sojatunke; Mehltunke 2. etw in Sojasoße oder Sojatunke einlegen ～瓜 in Sojatunke eingelegte Gurken 3. Mus; Brei 苹果～ Apfelmarmelade; Apfelmus
酱菜 jiàngcài (in Sojatunke) eingelegtes Gemüse
酱色 jiàngsè dunkelbraun
酱油 jiàngyóu Sojasoße; Sojatunke; Sojawürze

将（將） jiàng 另见 jiāng
→将官
将官 jiàngguān Offizier im Generalsrang; General
将领 jiànglǐng Befehlshaber; höherer Offizier 高级～ hoher Offizier
将士 jiàngshì Offiziere und Soldaten 全体～ gesamte Offiziere und Soldaten

匠 jiàng Handwerker; Meister 能工巧～ tüchtige und geschickte Handwerker

匠心 jiàngxīn Schöpfergeist; Erfindungskraft 独具～ von großer Originalität sein

洚 jiàng den Flusslauf verlegen (ändern) ～水 Überschwemmung; Hochwasser

降 jiàng 另见 xiáng

1. →降落 ～雨 regnen; es regnet / der Regen fällt 2. →降低

降半旗 jiàng bànqí die Flagge (die Fahne) auf Halbmast setzen

降低 jiàngdī herabsetzen; sinken; fallen ～物价 den Warenpreis senken (herabsetzen) ～威信 an Ansehen verlieren

降级 jiàngjí 1. degradieren; absteigen 2. einen Schüler zurückversetzen (nicht versetzen)

降临 jiànglín sich einfinden 大驾～ Ihr Erscheinen 夜色～ der Abend bricht herein

降落 jiàngluò herabfallen; landen ～伞 Fallschirm

降旗 jiàngqí die Flagge (die Fahne) niederholen (或 einholen)

降生 jiàngshēng zur Welt kommen; geboren werden

降水 jiàngshuǐ Niederschlag ～量 Niederschlagsmenge

降温 jiàngwēn 1. die Temperatur senken 2. Temperatursturz

绛 jiàng tiefrot; dunkelrot

绛紫 jiàngzǐ purpurn; purpurrot

强（強、彊） jiàng 另见 qiáng, qiǎng hartnäckig

强嘴 jiàngzuǐ widersprechen; eine dicke Lippe riskieren

糨（浆、糡） jiàng '浆' 另见 jiāng dickflüssig; breiig

糨糊 jiànghu Kleister

犟（勥） jiàng halsstarrig 脾气～ eigensinnig sein

浇（澆） jiāo 1. (be)gießen; besprengen ～水 Wasser gießen 2. →浇灌 2 (be)gießen; bewässern ～花 Blumen gießen 3. →浇灌 1 ～铅字 Bleitypen (Lettern) gießen

浇灌 jiāoguàn 1. eine flüssiggemachte Masse in eine Form gießen ～混凝土 Beton gießen 2. (be)gießen; bewässern

浇头 jiāotóu Beilage

浇铸 jiāozhù gießen

交[1] jiāo 1. →交付; 交纳 2. beginnen 明天～冬至 auf morgen fällt die Wintersonnenwende / morgen ist die Wintersonnenwende 2. an etw angrenzen; anschließend; im Anschluss an 位于两县之～ an der Grenze zwischen zwei Kreisen liegen 4. →交叉 1 5. Beziehungen aufnehmen ～朋友 mit jm Freundschaft schließen; Freunde werden 6. mit jm verkehren; mit jm Umgang haben; Freundschaft 多年之～ langjährige Freundschaft 7. zusammen; zur gleichen Zeit 风雪～加 es stürmt und schneit / ein Schneesturm tost

交[2]**（跤）** jiāo Fall; Sturz 仰天—～ nach hinten stürzen

交白卷 jiāo báijuàn 1. den Prüfungsbogen unbeschrieben abgeben; ein leeres Blatt abgeben 2. die Aufgabe nicht erfüllen

交班 jiāobān die Arbeit an die nächste Schicht übergeben; die Schicht übergeben

交叉 jiāochā 1. sich kreuzen 道路～ die Wege kreuzen sich 2. sich überschneiden; sich überlappen 意见～ die Meinungen überschneiden sich 3. wechselweise

交差 jiāochāi dem Vorgesetzten über die ausgeführte Arbeit berichten

交代 jiāodài 1. übergeben; übertragen 2. ausführlich darlegen 3. jm etw erklären; jm etw klarmachen ～政策 jm die einschlägigen Vorschriften klarmachen 4. zugeben; gestehen; ein Bekenntnis ablegen 拒不～ sich weigern, einzugestehen; ein Eingeständnis ablehnen

交底 jiāodǐ jm den wahren Sachverhalt darstellen; jn mit allen Einzelheiten vertraut machen

交锋 jiāofēng miteinander kämpfen; sich mit jm auseinander setzen; sich ein Gefecht mit jm liefern 思想～ geistiger Kampf; ideologische Auseinandersetzung

交付 jiāofù zahlen; übergeben; geben ～定金 eine Anzahlung leisten; jm Handgeld auszahlen ～使用 etw zur Benutzung freigeben; etw dem Gebrauch übergeben

交好 jiāohǎo Freundschaft schließen freundschaftliche Beziehungen pflegen

交还 jiāohuán zurückgeben; zuückerstatten

交换 jiāohuàn etw (aus)tauschen ～名片 Visitenkarten (miteinander) austauschen 商品～ Warenaustausch

交火 jiāohuǒ Feuerwechsel; Schusswechsel; einander beschießen

交际 jiāojì 1. Umgang; Verkehr; Kontakt ～广阔 einen ausgedehnten Bekanntenkreis haben; viele Bekanntschaften haben 2. Geselligkeit; gesellschaftlicher Umgang

交界 jiāojiè an etw (an)grenzen; eine gemeinsame Grenze haben

交卷 jiāojuàn 1. eine Prüfungsarbeit abgeben 2. eine Aufgabe erfüllen

交流 jiāoliú austauschen; Austausch ～经验 Erfahrungen austauschen; Erfahrungsaustausch 文化～ Kulturaustausch

交流电 jiāoliúdiàn Wechselstrom

交纳 jiāonà zahlen; abliefern; entrichten ～税款 Steuern zahlen

交配 jiāopèi sich paaren; sich kreuzen; Paarung

交情 jiāoqing Freundschaft; gute Beziehungen 讲～ Wert auf Freundschaft legen

交涉 jiāoshè unterreden; um etw handeln

交手 jiāoshǒu sich mit jm handgreiflich werden; miteinander ringen

交谈 jiāotán sich unterhalten; ein Gespräch führen

交替 jiāotì 1. ablösen; abwechseln 新旧～ das Neue löst das Alte ab 2. abwechselnd; wechselweise 循环～ wechselweise wiederkehren

交通 jiāotōng 1. Verkehr ～工具 Verkehrsmittel ～便利 verkehrsgünstig 2. Verbindung 跑～ geheime Verbindungsarbeiten machen

交头接耳 jiāo tóu jiē ěr die Köpfe zusammenstecken; einander ins Ohr flüstern; sich flüsternd unterhalten

交往 jiāowǎng mit jm verkehren; mit jm Umgang haben; Verbindung ～甚密 einen regen Verkehr mit jm pflegen; enge Verbindung mit jm halten

交响乐 jiāoxiǎngyuè Symphonie ～队 Symphonieorchester; Philharmonie

交易 jiāoyì Handel; Geschäft ～所 Börse ～会 Handelsmesse; Messe

交谊 jiāoyì Freundschaft ～舞 Gesellschaftstanz

交战 jiāozhàn gegeneinander Krieg führen; einander bekriegen; Gefecht ～双方 beide kriegführende Länder (Parteien)

茭 jiāo Heu

茭白 jiāobái Wildreisstengel

蛟 jiāo →蛟龙

蛟龙 jiāolóng Flutdrache

胶(膠) jiāo 1. Leim; Klebstoff 动物～ Tierleim; tierischer Leim 2. leimen; kleben 3. leimig; klebrig ～泥 Lehmboden; Tonerde 4. Gummi; Kautschuk

胶版 jiāobǎn Offsetplatte ～印刷 Offsetdruck

胶布 jiāobù 1. Gummituch; gummierter Stoff 2. Heftpflast

胶合 jiāohé zusammenkleben; verleimen ～板 Sperrholz Schichtholz

胶卷 jiāojuǎn Film

胶木 jiāomù Bakelit

胶囊 jiāonáng Gelatinekapsel; Kapsel; Oblate

胶片 jiāopiàn Film; Filmstreifen 彩色～ Farbfilm

胶水 jiāoshuǐ Leim; Klebstoff

胶鞋 jiāoxié Gummischuh

胶着 jiāozhuó (sich) festfahren 处于～状态 sich in einer festgefahrenen Situation befinden

鲛 jiāo Haifisch

郊 jiāo Vorort; Vorstadt; Stadtrand

郊区 jiāoqū Landbezirk; Außenbezirk

郊外 jiāowài Vorort; Stadtumgebung

郊游 jiāoyóu Ausflug

姣 jiāo hübsch; anmutig

教 jiāo 另见 jiào

lehren; unterrichten ～识字 chinesische Schriftzeichen beibringen

教书 jiāoshū die Schüler unterrichten; Unterricht erteilen (geben) ～先生 Lehrer

教学 jiāoxué 另见 jiàoxué

Unterricht (geben)

椒 jiāo Pfeffer

椒盐 jiāoyán Salz mit zermalmtem und gebranntem Blütenpfeffer

娇(嬌) jiāo 1. →娇艳 2. →娇贵；娇气 3. →娇养 ～生惯养 von Kindheit an verwöhnt (verhätschelt, verzärtelt)
娇贵 jiāogui 1. verweichlicht; verhätschelt 2. zerbrechlich; empfindlich
娇嫩 jiāonen zart; fragil; schwächlich 身体～ von zarter Gesundheit sein; eine zarte Konstitution haben
娇气 jiāoqì pimpelig; zimperlich; verweichlicht
娇艳 jiāoyàn zart und hübsch
娇养 jiāoyǎng verwöhnen; verhätscheln; verzärteln
娇纵 jiāozòng verhätscheln; verziehen

骄(驕) jiāo →骄傲 1
骄傲 jiāo'ào 1. hochmütig; überheblich ～自满 überheblich und selbstzufrieden; Eigendünkel 2. stolz 值得～ des Stolzes wert (würdig) sein 3. Stolz
骄横 jiāohèng arrogant; anmaßend
骄气 jiāoqì Überheblichkeit; Arroganz
骄阳 jiāoyáng sengende (brennende) Sonne

焦 jiāo 1. angebrannt; verkohlt 2. →焦炭
焦点 jiāodiǎn 1. Brennpunkt 2. Brennpunkt; Mittelpunkt; Sammelpunkt 矛盾的～ Kern des Widerspruchs
焦耳 jiāo'ěr Joule
焦化 jiāohuà verkoken; Verkokung
焦黄 jiāohuáng braungelb; gelblich; fahlgelb 脸色～ fahlgelbe Gesichtsfarbe
焦急 jiāojí unruhig; besorgt ～不安 beunruhigt
焦雷 jiāoléi dröhnender Donner
焦虑 jiāolǜ besorgt sein; sich Sorgen machen
焦煤 jiāoméi Koks
焦炭 jiāotàn Koks
焦头烂额 jiāo tóu làn é sich blutige Köpfe holen; sich in großem Bedrängnis befinden
焦土 jiāotǔ verbrannte Erde 一片～ es bleiben nur Trümmer übrig
焦油 jiāoyóu Teer
焦躁 jiāozào aufgeregt; nervös; voller Ungeduld

蕉 jiāo bananenähnliche Pflanzen
蕉麻 jiāomá Manilahanf

礁 jiāo →礁石
礁石 jiāoshí Riff; Klippe

鹪 jiāo
鹪鹩 jiāoliáo Zaunkönig

嚼 jiáo kauen 细～ gründlich kauen; zerkauen
嚼舌 jiáoshé 1. klatschen; über jn herziehen; freche Rede führen 2. sich herumstreiten; sich herumzanken
嚼子 jiáozi Gebiss

铰 jiǎo 1. schneiden; scheren 2. ausreiben ～孔 eine Bohrungsfläche glatt reiben; ein Loch mit einer Reibahle ausreiben 3. →铰链
铰刀 jiǎodāo Reibahle; Ausreiber
铰接 jiǎojiē mit einem Scharnier verbinden; Gelenkverbindung
铰链 jiǎoliàn Scharnier; Gelenk

佼 jiǎo schön
佼佼 jiǎojiǎo 1. bildschön; wunderschön 2. überdurchschnittlich; außergewöhnlich; hervorragend ～者 eine außergewöhnliche Person; ein Kranich unter Hühnern

皎 jiǎo hellglänzend weiß; silberweiß ～月 der helle Mond; der silberne Mond
皎洁 jiǎojié hellglänzend weiß; silberweiß

狡 jiǎo →狡猾；狡诈 ～计 schlauer Plan; List; Trick
狡辩 jiǎobiàn sich spitzfindig verteidigen
狡猾 jiǎohuá schlau; listig; trickreich
狡赖 jiǎolài etw ausgeklügelt leugnen
狡黠 jiǎoxiá hinterlistig; tückisch
狡诈 jiǎozhà hinterlistig; verschlagen

饺 jiǎo →饺子
饺子 jiǎozi *Jiaozi*; Teigtäschchen

绞 jiǎo 1. zusammendrehen; verwickeln 2. (aus)wringen ～毛巾 ein Handtuch wringen 3. →绞杀 4. winden; hochwinden 5. (Zähleinheitswort) Strang; Docke 一～绒线 eine Docke Strickwolle
绞车 jiǎochē Winde; Hebebock; Spill
绞架 jiǎojià Galgen; Schafott
绞尽脑汁 jiǎojìn nǎozhī sich den Kopf (über etw) zerbrechen; sich das Hirn (über etw) zermartern; sein Gedächtnis

anstrengen
绞肉器 jiǎoròuqì Fleischwolf; Wolf
绞杀 jiǎoshā erdrosseln; erwürgen
绞索 jiǎosuǒ Galgenschlinge; Galgenstrick
绞痛 jiǎotòng Kolik; Grimmen 肚子～ Bauchgrimmen
绞刑 jiǎoxíng Tod durch den Strang (durch Erhängen) 处以～ jn zum Tod durch den Strang verurteilen; jn zum Galgen verurteilen

搅(攪) jiǎo 1. →搅拌 ～奶油 die Sahne schlagen 2. →搅扰
搅拌 jiǎobàn mischen; (um)rühren ～机 Mischer; Mischmaschine
搅浑 jiǎohún trübe machen 把水～ das Wasser trüben
搅乱 jiǎoluàn durcheinander bringen ～人心 die Menschen verwirren; die Menschen in Verwirrung bringen
搅扰 jiǎorǎo stören; belästigen; behelligen

矫¹(矯) jiǎo →矫正 ～枉过正 mit der Korrektur über das Ziel hinausschießen; die Korrektur geht über das rechte Maß hinaus

矫²(矯) jiǎo →矫健
矫健 jiǎojiàn kräftig
矫捷 jiǎojié flink; behend(e) 步履～ behende Schritte; flinke Beine haben
矫揉造作 jiǎo róu zào zuò geziert tun; sich affektiert benehmen; sich unnatürlich geben
矫饰 jiǎoshì Geziertheit; Affektiertheit
矫形 jiǎoxíng Orthopädie
矫正 jiǎozhèng korrigieren; berichtigen 发音～ eine (fehlerhafte) Aussprache korrigieren; die Aussprache verbessern

侥(僥) jiǎo
侥幸 jiǎoxìng glücklicherweise; durch einen glücklichen Zufall

缴 jiǎo 1. →缴纳 ～税 Steuern (be)zahlen 2. jm die Waffe entreißen (abnehmen) ～敌人的枪 den Feind entwaffnen
缴获 jiǎohuò erbeuten ～战利品 etw als Kriegsbeute erringen
缴纳 jiǎonà (be)zahlen; entrichten ～会费 den Mitgliedsbeitrag zahlen (entrichten)
缴械 jiǎoxiè 1. jm die Waffe entreißen; jn entwaffnen 2. die Waffen strecken (niederlegen)

脚(腳) jiǎo 1. Fuß ～背 Fußrücken; Spann 2. unterster Teil 山～ Fuß des Berges
脚本 jiǎoběn Bühnenstück; Bühnenwerk
脚步 jiǎobù Schritt 加快～ seine Schritte beschleunigen 听到～声 Schritte vernehmen
脚跟 jiǎogēn Ferse; Hacke 站稳～ fest stehenbleiben; sich nicht von der Stelle bewegen; auf seiner Meinnung beharren
脚尖 jiǎojiān Fußspitze; Zehenspitze 踮着～走 auf der Fußspitzen (Zehenspitzen) gehen
脚镣 jiǎoliào Fußfessel; Fußschelle
脚气 jiǎoqì 1. Beriberi 2. →脚癣
脚手架 jiǎoshǒujià Baugerüst
脚癣 jiǎoxuǎn Fußflechte; Fußpilzerkrankung
脚印 jiǎoyìn Fußabdruck; Fußspur
脚掌 jiǎozhǎng Fußsohle
脚趾 jiǎozhǐ Zehe ～甲 Zehennagel
脚注 jiǎozhù Fußnote 加～ mit einer Fußnote versehen

角¹ jiǎo 另见 jué
1. Horn 鹿～ Hirschgeweih; Geweih 2. Kap 好望～ das Kap der Guten Hoffnung 3. Ecke; Winkel 房～ Zimmerecke 4. Winkel 锐～ spitzer Winkel 5. Viertel

角² jiǎo (chinesische Währungseinheit) 10 Fen
角尺 jiǎochǐ Winkelmaß; Winkel
角度 jiǎodù 1. Winkelgrad; Winkel 2. Blickwinkel; Aspekt; Sicht 从另一～看问题 ein Problem unter einem anderen Aspekt (aus einer anderen Sicht) betrachten
角落 jiǎoluò 1. Ecke; Winkel 2. entlegene Gegend; Ecke 在祖国的每一个～ in allen Ecken und Enden des Vaterlandes
角膜 jiǎomó Hornhaut des Auges ～炎 Hornhautentzündung des Auges; Keratitis

剿(勦) jiǎo ausrotten; vernichten ～匪 Banditen ausrotten

窖 jiào 1. Keller; Grube 冰～ Eiskeller 2. einkellern; einlagern

觉(覺) jiào 另见 jué

Schlaf 一～醒来 aus dem Schlaf erwachen

校 jiào 另见 xiào

→校订；校对 1，2；校正

校订 jiàodìng emendieren；verbessern；berichtigen

校对 jiàoduì 1. überprüfen；eichen 2. nach dem Originalmanuskript korrigieren；die Fahnen（Abzüge）lesen 3. Korrektur

校样 jiàoyàng Abklatsch；Fahnenabzug；Korrekturfahne

校正 jiàozhèng berichtigen；verbessern

较 jiào verhältnismäßig；relativ；vergleichsweise 用～少的钱办～多的事 mit weniger Geld mehr schaffen

较量 jiàoliàng sich mit jm messen；Kraftprobe 实力～ Kräfteverhältnis；Machtprobe

教¹ jiào 另见 jiāo

1. →教导；教育 2. Religion ～父 Pater

教² jiào 另见 jiāo →叫 2

教材 jiàocái Lehrmaterial；Unterrichtsstoff

教程 jiàochéng Kurs；Lehrgang 简明～ Einführung

教导 jiàodǎo lehren；anleiten ～员 politischer Instrukteur ～主任 Leiter der Lehrabteilung

教官 jiàoguān Ausbilder；Instrukteur

教规 jiàoguī religiöse Vorschriften；Glaubensregeln

教皇 jiàohuáng Papst

教会 jiàohuì Kirche ～学校 Missionsschule；Bekenntnisschule

教诲 jiàohuì belehren；Belehrung 谆谆～ angelegentlich belehren

教具 jiàojù Lehrmittel；Unterrichtsmittel

教科书 jiàokēshū Lehrbuch；Lehrwerk

教练 jiàoliàn 1. ausbilden；trainieren；einüben ～机 Übungsflugzeug；Schulflugzeug 2. Ausbilder；Trainer

教派 jiàopài Religionsgemeinschaft；Sekte；Denomination

教师 jiàoshī Lehrer ～节 Tag des Lehrers

教士 jiàoshì Missionar

教室 jiàoshì Klassenzimmer

教授 jiàoshòu 1. lehren；unterrichten 2. Professor 副～ außerordentlicher Professor 客座～ Gastprofessor 名誉～ Ehrenprofessor

教唆 jiàosuō anstiften ～犯 Anstifter

教堂 jiàotáng Kirche；Kapelle；Dom

教条 jiàotiáo 1. Dogma 2. Dogma；Doktrin ～主义 Dogmatismus

教廷 jiàotíng Vatikan；päpstliche Regierung

教徒 jiàotú Gläubiger；Anhänger einer Religion

教务 jiàowù Unterrichtsangelegenheit；Unterrichtsverwaltung ～长 Leiter für Unterrichtsfragen

教学 jiàoxué 另见 jiāoxué

lehren und lernen；Unterricht ～大纲 Lehrplan；Curriculum ～法 Unterrichtsmethodik；Didaktik；Methodik

教训 jiàoxun 1. jn über etw belehren；jm eine Lehre erteilen；jm eins draufgeben 2. Lehre；Lektion 吸取～ eine Lehre aus etw ziehen

教研室 jiàoyánshì Lehrerkollegium

教养 jiàoyǎng 1. Bildung；Kultur；gute Manieren 有～的人 gebildeter Mann；ein Mensch mit guten Manieren 2. erziehen；heranbilden ～所 Besserungsanstalt；Bewahranstalt

教义 jiàoyì Doktrin；Dogma

教益 jiàoyì Belehrung；Lehre；belehrend

教育 jiàoyù 1. Erziehung；Ausbildung；Bildung 高等～ Hochschulbildung 受～ eine Bildung erhalten（genießen）2. lehren；erziehen；aufklären 形势～ Aufklärung über die Situation

教员 jiàoyuán Lehrer；Lehrender；Erzieher

教主 jiàozhǔ Religionsstifter

酵 jiào gären

酵母 jiàomǔ Hefe；Sauerteig

叫¹（呌） jiào 1. rufen；schreien 大～一声 einen lauten Ruf ausstoßen；in einen lauten Ruf ausbrechen 2. rufen；anrufen 一～就到 sofort dem Ruf folgen；auf den Ruf gleich kommen 3. bestellen；anfordern ～汽车 ein Taxi rufen（bestellen）4. heißen；nennen；bezeichnen 这～什么？Was heißt das？

叫²（呌） jiào 1. heißen；befehlen ～他早点回去 er soll ein bisschen früher zurückgehen 2. lassen；erlauben；überlassen 别～他跑了 lass ihn nicht weglaufen 3.（dient zur Kennzeichnung des Agens im Passivsatz）von；durch 他～雨

淋湿了 er wurde vom Regen tüchtig nass
叫喊 jiàohǎn rufen; schreien; Geschrei
叫好 jiàohǎo „Bravo!" rufen; zujubeln 拍手～ anerkennend in die Hände klatschen; zustimmend Beifall klatschen
叫花子 jiàohuāzi Bettler; Lump
叫唤 jiàohuan 1. →叫喊 2. Ruf od. Schrei (von Tieren) 小鸟叽叽喳喳地～ die Vögelchen zwitschern
叫苦 jiàokǔ klagen; sich beklagen; sich beschweren ～连天 unaufhörlich wehklagen; Ach und Weh schreien
叫骂 jiàomà laut schimpfen; anbrüllen
叫卖 jiàomài ausrufen; ausschreien ～声 Ausruf; Marktschreierei
叫屈 jiàoqū sich über ein Unrecht beschweren
叫嚷 jiàorǎng →叫喊
叫嚣 jiàoxiāo lautstark schreien; hetzen; Geschrei 战争～ Kriegsgeschrei; Kriegshetzerei

轿(轎) jiào →轿子

轿车 jiàochē 1. Fuhrwerk; Pferdewagen 2. Limousine; überdachter Kraftwagen
轿子 jiàozi Sänfte; Tragsessel

秸(稭) jiē Strohhalm; Stroh; Stengel 麦～ Weizenstroh

结 jiē 另见 jié

(Früchte) tragen; (Früchte) ansetzen; (Samen) bilden
结巴 jiēba 1. stammeln; stottern 2. Stammler; Stotterer
结果 jiēguǒ 另见 jié guǒ
Früchte ansetzen (tragen) 开花～ Blüten treiben und Früchte tragen; von Erfolg *gekrönt werden* (sein)
结实 jiēshi 1. haltbar; solide; strapazierfähig 2. stark; kräftig

节(節) jiē 另见 jié

节骨眼 jiēguyǎn entscheidender Augenblick; kritischer Moment

疖(癤) jiē →疖子

疖子 jiēzi Furunkel

接 jiē 1. angrenzen; berühren; nahe 2. verbinden; verknüpfen ～电线 einen Leitungsdraht anschließen 3. auffangen ～球 den Ball auffangen 4. →接受 ～到命令 einen Befehl empfangen (bekommen) 5. abholen ～病人出院 einen Kranken aus dem Kraukenhaus abholen 6. →接替

接班 jiēbān die Schicht ablösen; Nachfolge antreten; die Wache übernehmen 接老一辈的班 die Sache der älteren Generation fortsetzen 共产主义～人 Fortsetzer (Nachfolger) der kommunistischen Sache
接触 jiēchù 1. berühren; in Berührung kommen 2. in Kontakt treten; sich in Verbindung setzen ～群众 mit den Massen in Kontakt stehen 不～实际 sich von der Praxis lösen
接触眼镜 jiēchù yǎnjìng Kontaktglas; Haftglas; Kontaktlinse
接待 jiēdài empfangen; Empfang ～室 Empfangsraum; Empfangszimmer
接防 jiēfáng die Garnison ablösen
接风 jiēfēng zur Begrüßung eines weit hergereisten Gastes ein Essen geben
接骨 jiēgǔ einen Knochenbruch einrichten; gebrochene oder ausgerenkte Knochen einrenken
接管 jiēguǎn die Verwaltung übernehmen
接合 jiēhé anschließen; verbinden; zusammenfügen
接济 jiējì jm mit Geld aushelfen; jm materielle Hilfe gewähren
接见 jiējiàn empfangen; jm eine Audienz geben
接近 jiējìn nahen; nahestehen; annähern
接力赛 jiēlìsài Staffellauf; Stafettenlauf
接连 jiēlián hintereinander; nacheinander ～不断 unaufhörlich; ununterbrochen; dauernd
接纳 jiēnà aufnehmen; hereinnehmen
接洽 jiēqià sich in Verbindung mit jm setzen; sich an jn wenden ～工作 mit jm eine dienstliche Angelegenheit besprechen
接壤 jiērǎng grenzen; benachbart
接任 jiērèn js Amt (Posten) übernehmen (antreten); in eine Stelle nachrücken
接生 jiēshēng Geburtshilfe leisten ～员 Geburtshelferin
接收 jiēshōu 1 empfangen; erhalten; annehmen ～订货 einen Auftrag (eine Bestellung) annehmen; Auftragsannahme 2. →接管 3 →接纳
接收机 jiēshōuji Empfänger 无线电～ Radioempfänger 传真～ Telefaxempfänger
接受 jiēshòu annehmen; akzeptieren; entgegennehmen ～任务 eine Aufgabe

J

übernehmen ～考验 sich einer Probe (einer Prüfung) unterziehen

接替 jiētì ablösen; übernehmen; nachfolgen ～工作 js Arbeit übernehmen; jn bei der Arbeit ablösen

接头 jiētóu 1. verbinden; verknüpfen 2. →接洽 3. sich in etw auskennen; mit etw vertraut sein 这件事我不～ damit bin ich nicht vertraut / darüber weiß ich nicht Bescheid

接吻 jiēwěn jn küssen; sich (einander) küssen; jm einen Kuss geben

接应 jiēyìng 1. jm zu Hilfe kommen; js Aktion unterstützen 2. →接济

接着 jiēzhe 1. fangen 2. folgen; darauffolgend; im Anschluss an etw 一个～一个 einer nach dem anderen; aufeinander folgend

接踵 jiēzhǒng jm auf dem Fuß folgen; sich überstürzen ～而来 einander auf den Fersen folgen; einer nach dem anderen kommen

接种 jiēzhòng impfen; Impfung

揭 jiē 1. abnehmen; entfernen 2. abdecken; aufdecken ～锅盖 den Topfdeckel abnehmen; den Deckel vom Topf nehmen 3. hochhalten; hochheben ～竿而起 sich zum Kampf erheben; gegen jn oder etw aufstehen

揭穿 jiēchuān aufdecken; entlarven; enthüllen ～敌人的阴谋 die Intrige (das Komplott) des Feindes aufdecken

揭底 jiēdǐ den wahren Sachverhalt ans Licht bringen; js wahren Charakter an den Tag legen

揭短 jiēduǎn js Schwäche aufdecken; js dunklen Punkt an den Tag legen; den Finger auf die brennende Wunde legen

揭发 jiēfā →揭露 ～罪行 ein Verbrechen entlarven

揭露 jiēlù aufzeigen; bloßlegen; etw ans Licht bringen ～矛盾 Widersprüche aufdecken

揭幕 jiēmù 1. enthüllen; Enthüllung 2. einleiten; Einleitung; eröffnen

揭示 jiēshì 1. bekanntmachen; ankündigen ～牌 Anschlagbrett; Anschlagtafel 2. aufdecken; offenbaren ～人物特征 die Charakterzüge der Figur aufzeigen

揭晓 jiēxiǎo bekanntgeben; veröffentlichen; etw publik machen

皆 jiē jeder; alle; sämtlich 人人～知 allgemein bekannt; das wissen alle / die Spatzen pfeifen es von allen Dächern

阶(階、堦) jiē 1. Treppenstufe; Stufe 2. Rang; Klasse

阶层 jiēcéng Schicht; Sozialschicht

阶段 jiēduàn Etappe; Phase 历史～ historische Periode; Perioden der Geschichte

阶级 jiējí Klasse ～矛盾 Klassenwiderspruch ～性 Klassencharakter

阶梯 jiētī 1. Treppe; Leiter 2. Erfolgsleiter; Sprungbrett

嗟 jiē seufzen ～叹 seufzen

街 jiē Straße 大～ Boulevard

街道 jiēdào 1. Straße 2. Wohngebiet; Wohnviertel; Siedlung ～办事处 Büro des Straßenkomitees

街坊 jiēfang Nachbar; Nachbarschaft; Umwohner

街垒 jiēlěi Straßenbarrikade; Barrikade ～战 Barrikadenkampf

街市 jiēshì Geschäftsstraße; Geschäftsviertel

街头 jiētóu Straße; Anfang oder Ende der Straße 十字～ Straßenkreuzung ～剧 Straßentheater

街头巷尾 jiē tóu xiàng wěi in allen Straßen und Gassen; überall in der Stadt

洁(潔) jié sauber; rein; klar

洁白 jiébái blendend weiß; fleckenlos blank; rein ～的心灵 ein reines Herz

洁净 jiéjìng sauber; fleckenlos sauber; makellos rein

洁身自好 jié shēn zì hào seinen makellosen Ruf wahren; sich aus allen Sachen heraushalten; sich von allem zurückhalten

诘 jié →诘问

诘问 jiéwèn ausfragen; Ausfragerei

桔 jié 另见 jú

桔槔 jiégāo Brunnenwinde

拮 jié

拮据 jiéjū unter Geldmangel leiden; in einer Geldklemme sein; in beschränkten Verhältnissen leben 手头～ knapp bei

Kasse sein；in der Kasse herrscht Ebbe

结 jié 另见 jiē 1. knüpfen；knoten ～领带 eine Krawatte（einen Schlips）umbinden ～网 ein Netz knüpfen；ein Netz spinnen 2. →结子 打～ einen Knoten machen（knüpfen）3. →结合 ～成同盟 ein Bündnis schließen 4. →结束

结案 jié'àn einen Fall abschließen

结拜 jiébài Brüderschaft oder Schwesternschaft schließen；die Duzfreundschaft feierlich besiegeln ～兄弟 sich verbrüdern；Duzbruder；Duzfreund

结伴 jiébàn sich zu jm gesellen；jm seine Begleitung anbieten；mit jm zusammen

结冰 jiébīng vereisen；gefrieren；zufrieren

结彩 jiécǎi mit bunten Girlanden schmücken

结肠 jiécháng Dickdarm；Kolon

结存 jiécún Guthaben；Kontoüberschuss；Inventarbestand

结党营私 jié dǎng yíng sī um der eigenen Vorteile willen eine Clique bilden

结构 jiégòu Aufbau；Gefüge；Konstruktion 组织～ Organisationsstruktur ～复杂的机器 kompliziert aufgebaute Maschine

结果[1] jiēguǒ 另见 jiēguǒ Resultat；Ergebnis 多年劳动的～ Ergebnisse langjähriger Arbeit 毫无～ überhaupt keine Ergebnisse zeitigen；ergebnislos ausgehen

结果[2] jiēguǒ 另见 jiēguǒ jn töten；jn beseitigen

结合 jiéhé 1. verbinden；kombinieren 劳逸～ Verbindung von Arbeit und Erholung；Arbeitszeit und Erholungszeit vernünftig einteilen 2. eine Ehe schließen；in den *Ehestand eintreten*

结核 jiéhé Tuberkulose；Auszehrung ～杆菌 Tuberkelbazillus；Kochscher Bazillus

结婚 jiéhūn heiraten；eine Ehe eingehen ～证书 Heiratsurkunde；Trauschein

结交 jiéjiāo mit jm Freundschaft schließen；sich mit jm befreunden；mit jm verkehren

结晶 jiéjīng kristallisieren；Kristallisation 2. Kristall 3. Frucht 劳动的～ Früchte der Arbeit

结局 jiéjú Ende；Schluss；Ausgang

结论 jiélùn 1. Schluss；Schlussfolgerung 下～ zu einem Schluss kommen；eine Schlussfolgerung ziehen 2. Urteil

结盟 jiéméng eine Allianz bilden；einen Bund schließen 不～国家 blockfreier Staat

结膜 jiémó Bindehaut ～炎 Bindehautentzündung

结亲 jiéqīn 1. →结婚 2. sich verschwägern；durch eine Ehe verwandt werden

结社 jiéshè eine Koalition eingehen；einen Verein gründen

结识 jiéshí jn kennen lernen；mit jm Bekanntschaft machen（schließen）

结石 jiéshí Konkrement；Stein ～病 Steinkrankheit；Steinleiden

结束 jiéshù enden；abschließen；zu Ende gehen（sein）～语 Schlusswort；Nachwort

结算 jiésuàn abrechnen；eine Rechnung begleichen；eine Bilanz ziehen 外币～ mit Devisen abrechnen；Devisenabrechnung

结尾 jiéwěi Ende；Schluss

结业 jiéyè einen Kurs absolvieren；das Studium oder die Schule abschließen

结余 jiéyú →结存

结怨 jiéyuàn sich verfeinden；sich js Hass zuziehen

结扎 jiézā abbinden；ligieren；Abbindung；Ligatur

结账 jiézhàng eine Rechnung begleichen；bilanzieren；Kontoabschluss 年终～ Jahresabrechnung；Jahresabschluss

结子 jiézi Knoten

截 jié 1. →截断 2.（Zähleinheitswort）Stück；Teil；Abschnitt 一～木头 ein Stück Holz；ein Scheit Holz 3. →截断 2 4. →截止

截断 jiéduàn 1. abschneiden；durchschneiden 2. unterbrechen；eindämmen ～对方的话 seinen Gesprächspartner unterbrechen

截获 jiéhuò abfangen；auffangen ～情报 Informationen（Nachrichten）auffangen

截击 jiéjī abfangen；mit Sperrfeuer belegen ～机 Abfangjäger

截面 jiémiàn Schnitt；Querschnitt

截取 jiéqǔ abgreifen

截然 jiérán klar；deutlich ～不同 verschieden wie Tag und Nacht；ein Unterschied wie Tag und Nacht

截肢 jiézhī amputieren；Amputation

截止 jiézhǐ aufhören；einstellen；enden 登记～ die Registrierung ist eingestellt worden

截至 jiézhì bis ～今日 bis heute

J

劫[1]（刦、刧、刼） jié →劫夺

劫[2] jié Unglück；Katastrophe 浩～ folgenschweres Unglück；Verhängnis

劫持 jiéchí entführen；kidnappen ～飞机 ein Flugzeug entführen

劫夺 jiéduó rauben；plündern；erbeuten

劫机犯 jiéjīfàn Hijacker；Flugzeugentführer

节（節） jié 另见 jiē

1. Gelenk；Knoten 竹～ Bambusknoten 2.（Zähleinheitswort）：两～火车 Zwei Eisenbahnwagen 3. →节日 4. kürzen ～译 gekürzt（auszugsweise）übersetzen 5. →节省；节制 2 ～煤 Kohle sparen；sparsam mit Kohle umgehen 6. →节操

节操 jiécāo Tugend；moralische Standhaftigkeit

节俭 jiéjiǎn sparsam；haushälterisch；ökonomisch

节节 jiéjié ununterbrochen；ständig；einer nach dem anderen ～胜利 einen Sieg nach dem anderen erringen

节令 jiélìng jahreszeitlich bedingte Erscheinungen bei Wetter，Tieren und Pflanzen

节律 jiélǜ Rhythmus

节略 jiélüè Memorandum

节目 jiémù Programm；Programmnummer ～单 Programm ～主持人 Moderator

节拍 jiépāi Takt；Metrum

节气 jiéqi die 24 Zeitpunkte，die das Sonnenjahr in 24 Zeitabschnitte einteilen

节日 jiérì Feiertag；Festtag；Fest 欢度～ das Fest feiern（fröhlich verbringen）

节省 jiéshěng sparen；einsparen ～时间 Zeit sparen

节食 jiéshí Diät leben

节外生枝 jié wài shēng zhī es kommt zu unvorhergesehenen Komplikationen / hinzu kommen noch neue Probleme（Schwierigkeiten；Verwicklungen）

节余 jiéyú 1. übrigbehalten；übrig bleiben；ersparen 2. Erspartes；Ersparnis

节育 jiéyù Geburtenkontrolle ～措施 Maßnahmen zur Geburtenbeschränkung

节约 jiéyuē →节省 ～开支 Ausgaben beschränken（kürzen）

节制 jiézhì 1. kommandieren；verfügen 2. beschränken；beherrschen；Maß halten 饮食有～ mäßig essen und trinken；beim Essen und Trinken das rechte Maß halten

节奏 jiézòu 1. Rhythmus；Takt 2. rhythmisch；gleichmäßig；regelmäßig 有～的动作 rhythmische Bewegung

捷[1]（㨗） jié schnell；flink ～足先登 wer schnell handelt，erreicht zuerst das Ziel

捷[2]（㨗） jié besiegen；gewinnen；Sieg 连战连～ einen Sieg nach dem anderen erringen；eine Schlacht nach der anderen gewinnen

捷报 jiébào Siegesmeldung；Siegesnachricht ～频传 eine Siegesnachricht folgt der anderen

捷径 jiéjìng kürzester Weg；Abkürzung；der Nürnberger Trichter 走～ den kürzesten Weg nehmen；eine Abkürzung nehmen

睫 jié →睫毛

睫毛 jiémáo Augenwimper；Wimper

竭 jié erschöpfen；aufbrauchen；erschöpft

竭诚 jiéchéng von ganzem Herzen；mit Leib und Seele

竭尽 jiéjìn erschöpfen；voll einsetzen ～全力 die ganze Kraft einsetzen；alle Kräfte anstrengen

竭力 jiélì sich voll einsetzen；größte Anstrengungen unternehmen ～支持 voll und ganz unterstützen

竭泽而渔 jié zé ér yú den Teich trockenlegen，um an die Fische zu kommen；auf Kosten eines langfristigen Nutzens einen augenblicklichen Vorteil zu erreichen suchen

羯 jié Hammel

羯羊 jiéyáng Hammel

碣 jié Steintafel 墓～ Grabstein

杰（傑） jié →杰出

杰出 jiéchū unübertrefflich；hervorragend；vortrefflich ～人物 hervorragende Persönlichkeit

杰作 jiézuò Meisterwerk；ausgezeichnetes Werk；Schöpfung

桀 jié 1. Name des letzten Kaisers der Xia-Dynastie 2. despotisch；tyrannisch

桀骜不驯 jié ào bù xùn ungezähmt；wild

孑 jié allein；einsam
孑孓 jiéjué Stechmückenlarve
孑然 jiérán allein；einsam；verlassen ～一身 keinen Menschen haben；allein und hilfslos (leben)

解(觧) jiě 另见 jiè
1. öffnen；aufmachen；lösen ～扣儿 die Knöpfe öffnen；aufknöpfen **2.** →解除 ～饥 den Hunger stillen (befriedigen) **3.** →解释 详～ genau erklären；ausführlich erläutern **4.** verstehen；begreifen 令人不～ unverständlich；nicht zu begreifen sein；unfassbar **5.** →解手 小～ Urin lassen；harnen；die Blase entleeren **6.** (mathematisch) lösen；Lösung
解嘲 jiěcháo sich mit einer Ausrede über das Gespött der Leute hinwegsetzen；den erlittenen Spott bewusst außer Acht lassen
解除 jiěchú beseitigen；beheben；entheben ～职务 jn von seinem Amt entbinden；jn des Amtes entheben (entsetzen) ～一切顾虑 alle Bedenken beheben；sich von allen Befürchtungen frei machen
解答 jiědá erklären；beantworten ～问题 Fragen beantworten
解冻 jiědòng **1.** tauen；auftauen；schmelzen 江河～ die vereisten Flüsse sind aufgetaut **2.** (eingefrorenen Kredit，gesperrte Guthaben usw.) wieder verfügbar machen
解毒 jiědú entgiften；Entgiftung ～剂 Gegengift
解放 jiěfàng Befreiung；Emanzipation ～生产力 Produktivkräfte freisetzen ～思想 sich von alten Denkvorstellungen lösen；*umdenken* ～战争 Befreiungskrieg
解雇 jiěgù entlassen；kündigen
解禁 jiějìn ein Verbot außer Kraft setzen (für ungültig erklären)
解救 jiějiù retten；erretten；jn aus einer gefährlichen od. notleidenden Situation heraushelfen
解决 jiějué **1.** lösen；erledigen；mit etw fertig werden ～矛盾 Widersprüche lösen 政治～ politische Lösung **2.** vernichten；ausräumen；etw aus der Welt schaffen
解渴 jiěkě den Durst löschen (stillen)
解闷 jiěmèn die Langweile vertreiben；seine Trübsal verscheuchen；sich Unterhaltung suchen
解剖 jiěpōu sezieren；Sektion ～刀 Seziermesser；Skalpell ～学 Anatomie
解气 jiěqì seinem Zorn Luft machen；seine Empörung besänftigen
解劝 jiěquàn beschwichtigen
解散 jiěsàn **1.** wegtreten；sich trennen；auseinander gehen **2.** auflösen ～国会 das Parlament auflösen
解释 jiěshì interpretieren；erklären ～词义 die Bedeutung eines Wortes erklären ～误会 ein Missverständnis aufklären
解手 jiěshǒu **1.** sein Bedürfnis verrichten；austreten；die Toilette aufsuchen
解说 jiěshuō erläutern；ausdeuten ～词 Text；Begleitworte；Beschriftung
解体 jiětǐ verfallen；zusammenbrechen；Auflösung
解围 jiěwéi **1.** jn oder etw entsetzen；die Belagerung aufheben **2.** jm aus einer Verlegenheit helfen；jn aus der Klemme ziehen
解析几何 jiěxījǐhé analytische Geometrie

姐 jiě →姐姐 二～ zweitälteste Schwester
姐夫 jiěfu Mann der älteren Schwester；Schwager
姐姐 jiějie ältere Schwester
姐妹 jiěmèi **1.** ältere Schwester；jüngere Schwester；Schwestern **2.** Geschwister；Landsleute

戒 jiè **1.** sich hüten；Vorkehrungen treffen ～骄～躁 sich von Hochmütigkeit und Unbesonnenheit hüten **2.** warnen 引以为～ eine Lehre daraus ziehen **3.** →戒除 ～烟 das Rauchen aufgeben；sich das Rauchen abgewöhnen **4.** Gebot 酒～ Gebot des Nichtgenusses von Alkohol **5.** buddhistische Klosterregeln 受～ die Weihen für den Mönch oder für die Nonne empfangen **5.** →戒指
戒备 jièbèi Wachsamkeit ～森严 strenge Vorsichtsmaßnahmen treffen
戒除 jièchú sich etw entwöhnen；sich etw abgewöhnen；aufgeben ～恶习 eine schlechte Gewohnheit ablegen；sich eine schlechte Gewohnheit abgewöhnen
戒骄戒躁 jiè jiāo jiè zào sich vor Anmaßung (Stolz) und Ungeduld hüten
戒律 jièlǜ religiöse Disziplin；Observanz；Gebot

J

戒心 jièxīn Wachsamkeit; Achtsamkeit; Vorsicht 存～ sich hüten vor; sich vorsehen vor

戒严 jièyán den Ausnahmezustand (den Belagerungszustand, eine Ausgangssperre) verhängen 宣布～ den Belagerungszustand proklamieren; das Standrecht erklären ～令 Standrecht

戒指 jièzhi Ring

诫 jiè warnen; ermahnen 告～ warnen; ermahnen; eine Verwarnung erteilen

介 jiè zwischen ～于两县之间 zwischen zwei Kreisen liegen (sein)

介词 jiècí Präposition; Verhältniswort

介入 jièrù sich einmischen; intervenieren; vermitteln

介绍 jièshào 1. vorstellen; jn bekannt machen 自我～ sich vorstellen 2. empfehlen; raten ～信 Empfehlungsbrief ～工作 jm eine Arbeit vermitteln 3. jn mit etw bekannt machen; jn mit einer Sache vertraut machen ～先进经验 fortschrittliche Erfahrungen weitergeben

介意 jièyì sich etw zu Herzen nehmen; etw ernst nehmen

介质 jièzhì Medium; Träger

介子 jièzǐ Mesonen

疥 jiè →疥疮

疥虫 jièchóng Krätzmilbe

疥疮 jièchuāng Skabies

芥 jiè →芥菜

芥菜 jiècài Sarepta-Senf

芥蒂 jièdì Groll; Unangenehmheit; Missgunst 心存～ Groll hegen

芥末 jièmo Senf; Mostert; Mostrich

芥子 jièzǐ Senf; Senfsamen ～气 Senfgas

骱 jiè Gelenk

脱～ Verrenkung; Ausrenkung; aus dem Gelenk springen

界 jiè 1. →界限; 界线 2. Kreise; Vertreter eines Fachgebietes (eines Berufs) 知识～ intellektuelle Kreise 舆论～ Öffentlichkeit; Medienbereich 3. Reich; Welt 动物～ Tierreich; Tierwelt 4. Formationsgruppe

界碑 jièbēi Grenzmal; Grenzstein

界河 jièhé Grenzfluss

界限 jièxiàn 1. Trennungslinie; Trennungsstrich 划清敌我～ einen Trennungsstrich zwischen uns und dem Feind ziehen 2. Grenze; Barriere; Limit 越出～ das Limit überschreiten

界线 jièxiàn 1. Grenzlinie; Demarkationslinie; Begrenzungslinie 2. →界限 1

借[1] jiè 1. entleihen; leihen; borgen ～钱 Geld leihen (borgen) 2. ausleihen; leihen ～给他一笔钱 ihm eine Summe Geld leihen

借[2] **(藉)** jiè 1. mit Hilfe; benutzen ～此机会 die Gelegenheit nutzen (benutzen) 2. unter einem Vorwand; als Vorwand benutzen

借贷 jièdài 1. ein Darlehen aufnehmen 2. Debet und Kredit; Soll und Haben ～资本 Darlehenskapital

借方 jièfāng Debet; Soll

借故 jiègù einen Vorwand finden; unter einem Vorwand

借光 jièguāng Entschuldigen Sie! Erlauben Sie bitte! ～,让我过去 Würden Sie mich bitte durchlassen!

借鉴 jièjiàn js Beispiel folgen; anderer Leute Vorzüge übernehmen, um die eigenen Mängel auszugleichen

借据 jièjù Schuldschein; Urkunde einer Schuld

借口 jièkǒu Entschuldigungsgrund; als Vorwand benutzen; Ausrede

借款 jièkuǎn 1. jm Geld leihen (borgen) 2. sich Geld von jm leihen (borgen) 3. Darlehen; Anleihe; Kredit 偿还～ ein Darlehen tilgen (zurückzahlen)

借宿 jièsù bei jm Unterkunft finden; bei jm übernachten

借题发挥 jiè tí fā huī ein Gesprächsthema zum Nutzen nehmen, um seine wahre Absicht zu äußern

借条 jiètiáo Leihschein

借用 jièyòng 1. leihen; entleihen 我～一下你的自行车,好吗? Darf ich mir mal dein Fahrrad leihen (benutzen)? 2. etw zum anderen Zweck verwenden; entlehnen

借助 jièzhù mit; mit Hilfe von; mittels ～显微镜 mit Hilfe vom Mikroskop; mit dem Mikroskop

解(觧) jiè 另见 jiě →解送

解送 jièsòng 1. jn unter Bewachung an einen anderen Ort schicken (bringen) 2. etw unter Bewachung schicken (befördern)

届(屆) jiè 1. zu gegebener Zeit; fällig werden (sein) ～时 wenn es soweit ist; zur festgelegten (festgesetzten) Zeit 2. Mal 应～毕业生 Absolventen dieses Jahres 上一～人民代表大会 der letzte Volkskongress

津[1] jīn 1. Speichel 2. Schweiß

津[2] jīn Überfahrtsstelle 要～ Schlüsselposition; wichtiger Durchgang

津津 jīnjīn mit großem Gefallen; mit großem Genuss; mit großem Interesse ～乐道 es bereitet jm Freude, über etw zu sprechen; bei einer Sache mit großem Genuss verweilen ～有味 mit großem Genuss; mit großem Appetit

津贴 jīntiē 1. Zuschuss; Beihilfe; Zulage 2. einen Zuschuss (eine Zulage) gewähren

禁 jīn 另见 jìn
1. ausstehen; vertragen; erdulden 这双鞋很～穿 das Paar Schuhe ist haltbar ～不起风浪 den Sturm nicht überstehen können 2. aushalten; niederhalten 他～不住笑了起来 er kann sich das Lachen nicht verbeißen

禁受 jīnshòu erdulden; sich unterziehen; ausstehen ～住考验 sich bewähren; eine Prüfung überstehen

襟 jīn 1. Vorderteil eines Kleidungsstückes 2. Schwager; Ehemann der Schwester

襟怀 jīnhuái Busen; Inneres des Menschen ～坦白 offenherzig und redlich; ehrlich und anständig

巾 jīn Tuch; Schal

巾帼 jīnguó Frau ～英雄 Heldin

今 jīn 1. gegenwärtig; jetzig; unsere Zeit 从古到～ seit alters; von alters her; seit alter Zeit 2. dieses (Jahr); diesjährig ～春 der Frühling in diesem Jahr

今后 jīnhòu von nun (jetzt) an; in Zukunft

今年 jīnnián dieses Jahr; im laufenden Jahr

今天 jīntiān 1. heute 2. gegenwärtig; jetzt

矜 jīn 1. Mitleid; Mitgefühl; Erbarmen 2. zurückhaltend; beherrscht

矜持 jīnchí zurückhaltend; beherrscht

金 jīn 1. →金属 2. Geld 现～ Bargeld 3. Gold 镀～ vergolden 4. golden ～色霞光 goldene Strahlen der Morgen- oder Abendsonne

金本位 jīnběnwèi Goldwährung; Goldstandard; Goldbasis

金笔 jīnbǐ Füllfederhalter; Füller mit einer goldenen Schreibfeder

金碧辉煌 jīn bì huī huáng glänzend und prachtvoll; strahlend und prächtig; voller Glanz und Pracht

金额 jīn'é Betrag; Geldsumme

金刚石 jīngāngshí Diamant

金工 jīngōng Metallbearbeitung

金龟子 jīnguīzǐ Goldlaufkäfer; Maikäfer

金花菜 jīnhuācài Rauher Schneckenklee

金黄 jīnhuáng goldblond; goldgelb

金婚 jīnhūn goldene Hochzeit

金橘 jīnjú Kumquat

金库 jīnkù Schatzamt; Schatzkammer; Staatskasse

金矿 jīnkuàng Goldgrube; Goldfeld

金缕玉衣 jīnlǚyùyī das Leichenkleid aus mit Goldfäden genähten Jadeplättchen

金銮殿 jīnluándiàn Thronsaal

金霉素 jīnméisù Aureomycin

金牌 jīnpái Goldmedaille

金钱 jīnqián Geld

金融 jīnróng Finanz; Bankwesen ～市场 Geldmarkt; Kapitalmarkt ～资本 Finanzkapital

金属 jīnshǔ Metall ～陶瓷 Metallkeramik

金条 jīntiáo Goldbarren; Barrengold

金星[1] jīnxīng 1. Venus; Morgenstern

金星[2] jīnxīng 1. goldener fünfeckiger Stern 2. flimmernde Pünktchen; Funke 我眼前直冒～ es flimmert mir vor den Augen

金鱼 jīnyú Goldfisch

金针 jīnzhēn 1. Nähnadel; Sticknadel 2. Akupunkturnadel 3. →金针菜

金针菜 jīnzhēncài 1. Gelbe Taglilie 2. getrocknete Blüten der Taglilie

金字塔 jīnzìtǎ Pyramide

金子 jīnzi →金 3.

筋(觔) jīn 1. Muskel 2. Sehne; Ligamentum 3. Ader 青～ blaue Adern 4. acernartige Dinge

筋斗 jīndǒu Salto; Purzelbaum

筋骨 jīngǔ Muskeln und Knochen 锻炼～den Körper in Form bringen; die Muskeln üben
筋疲力尽 jīn pí lì jìn völlig erschöpft; am Ende seiner Kräfte sein; gliederlahm; auf dem Zahnfleisch gehen (laufen)

斤(觔) jīn chinesisches Pfund (＝1/2 Kilogramm)
斤斤计较 jīn jīn jì jiǎo berechnend; sehr kleinlich; um jede Kleinigkeit feilschen; auf den Kien passen

堇 jǐn
堇菜 jǐncài Märzveilchen

谨 jǐn 1. →谨慎 ～记在心 etw dem Gedächtnis fest einprägen; etw fest beherzigen; etw im Auge gut behalten 2. feierlich; hochachtungsvoll; aufrichtig ～致谢意 mit bestem (ergebenstem) Dank
谨防 jǐnfáng sich in Acht nehmen; sich vor jm/etw hüten ～扒手 vor Taschendieben wird gewarnt
谨慎 jǐnshèn vorsichtig; achtsam; behutsam 小心～ vorsichtig; umsichtig; mit Vorsicht
谨小慎微 jǐn xiǎo shèn wēi ängstlich; übervorsichtig; übertrieben vorsichtig
谨严 jǐnyán vorsichtig und genau; strikt

仅(僅) jǐn →仅仅 不～如此 nicht nur das; noch dazu
仅仅 jǐnjǐn nur; bloß; lediglich

紧(緊) jǐn 1. straff; gespannt 绳子拉得很～ das Seil ist straff gespannt 2. fest 握～拳头 die Faust fest ballen 3. straffen; anziehen ～一～弦 die Saiten straffen ～一～螺丝 eine Schraube fest anziehen 4. eng; knapp 领子很～ der Kragen ist sehr eng 5. dicht; gleich danach; dringend ～贴着墙 dicht an der Wand 任务很～ die Aufgabe ist dringend 6. knapp (schlecht) bei Kasse 手头～ *knapp bei Kasse sein; in (im) Druck sein*
紧凑 jǐncòu kurz und bündig (knapp); gedrängt lakonisch 剧情～ eine gut aufgebaute (gegliederte) Handlung
紧急 jǐnjí dringend; kritisch ～措施 Notstandsmaßnahme ～状态 Notstand; Ausnahmezustand 情况～ die Situation ist kritisch
紧密 jǐnmì 1. eng; unzertrennlich; innig ～联系 enge Verbindung 2. dicht; dicht aufeinander folgend; hochkonzentriert 枪声～ es wurde in dichter Folge geknallt / die Gewehrschüsse fallen (knallen, krachen) in dichter Folge
紧迫 jǐnpò dringend; dringlich 时间～ die Zeit drängt / in Zeitnot sein
紧缩 jǐnsuō einschränken; einsparen; verringern ～开支 Ausgaben einschränken
紧要 jǐnyào kritisch; entscheidend; schwerwiegend ～关头 im kritischen Moment sein; Ernstfall
紧张 jǐnzhāng 1. angespannt; gespannt 神经～ nervös; gespannt; entnerven 2. intensiv; gespannt; ausgespannt 国际～局势 angespannte Weltsituation 3. knapp; nicht genug; unzureichend ～商品 stark gefragte Ware; knappe Bedarfsware

锦 jǐn 1. Brokat; Damast 2. glänzend und schön; prächtig
锦标 jǐnbiāo Siegespreis; Trophäe; Pokal ～赛 Pokalspiel; Meisterschaft; Cup
锦缎 jǐnduàn Brokat; Damast
锦纶 jǐnlún Polyamidfasern
锦上添花 jǐn shàng tiān huā Vollkommenheit erreichen; verschönern; vervollkommnen
锦绣 jǐnxiù herrlich; glanzvoll; prächtig ～前程 ein Platz an der Sonne; eine glänzende Zukunft; glänzende Zukunftsperspeketiven

尽(儘) jǐn 另见 jìn
1. →尽量 ～早 so früh wie möglich; möglichst früh 2. innerhalb der begrenzten Möglichkeiten 3. →尽先 4. äußerst; ganz; sehr ～底下 ganz unten
尽管 jǐnguǎn 1. ruhig; ohne weiteres; nur 你～直说 Sprich nur ganz offen! / Sag nur (ruhig) deine Meinung! 2. trotzdem; obwohl; obgleich ～如此 trotz allem; bei alledem; dennoch
尽量 jǐnliàng 另见 jìnliàng so viel wie möglich; möglichst ～紧缩开支 so viel wie möglich die Ausgaben verringern (einschränken)
尽先 jǐnxiān in erster Linie; vor allem; vorrangig

进(進) jìn 1. vorankommen; vorgehen; vorrücken 2. hineingehen; hineinkommen; eintreten ～会场 den Konferenzsaal (Sitzungssaal) betreten ～大学 eine Universität besuchen (beziehen); auf die Universität gehen 3. (nach Verben zur Bezeichnung der Richtung von draußen nach drinnen) in (+Akk); hinein 走～房间 ins (aufs) Zimmer gehen

进兵 jìnbīng marschieren; Kriegszug; Feldzug

进步 jìnbù 1. Fortschritt; fortschreiten 2. fortschrittlich ～人士 fortschrittliche Persönlichkeiten; Fortschrittler; Progressist

进程 jìnchéng Lauf; Verlauf; Gang 历史～ der Lauf (der Gang) der Geschichte

进出口 jìnchūkǒu Import und Export; Einfuhr und Ausfuhr

进度 jìndù Tempo; Geschwindigkeitsgrad ～表 Arbeitslaufkarte; Arbeitsplan

进发 jìnfā starten; sich in Bewegung setzen

进攻 jìngōng angreifen; angehen; Offensive 全线～ auf der ganzen Front angreifen

进贡 jìngòng Tribut entrichten; zinsen; Zins

进化 jìnhuà Evolution ～论 Evolutionstheorie; Evolutionismus

进军 jìnjūn marschieren; anrücken; auf dem Vormarsch sein

进口 jìnkǒu 1. in den Hafen einlaufen 2. Import; importieren; einführen ～货 Importe; Importwaren; importierte Waren 3. Eingang; Einfahrt

进来 jìnlái 1. hereinkommen; eintreten 2. herein 走～ hereintreten

进取 jìnqǔ vorwärtsstreben; unternehmend; unternehmungslustig ～心 Unternehmungsgeist; Initiative

进去 jìnqù 1. hineingehen; hineinkommen 2. hinein 大衣太小，他穿不～ der Mantel ist zu klein (eng), er fährt kaum hinein 把家具搬～ die Möbel hineintragen

进行 jìnxíng 1. durchführen; führen; unternehmen ～试验 einen Versuch unternehmen (durchführen) 事情正在～中 die Sache ist in Gang 2. Vormarsch ～曲 Marsch; Marschmusik

进修 jìnxiū sich fortbilden; sich weiterbilden; Fortbildung ～企业管理 sich in Betriebswirtschaft weiterausbilden ～班 Fortbildungskurs

进一步 jìnyībù weiter; näher; einen Schritt weiter 提出～的要求 weitere Forderungen stellen

进展 jìnzhǎn Fortschritt machen; vorankommen; sich entwickeln ～神速 sich in erstaunlicher Geschwindigkeit entwickeln

晋（晉） jìn eintreten; vorgehen

晋见 jìnjiàn bei jm Audienz haben; einen Besuch bei einem hohen Beamten machen

晋升 jìnshēng avancieren; jn in ein höheres Amt befördern; Aufstieg

觐 jìn 1. Audienz (bei einem König bzw Kaiser) haben 2. pilgern; wallfahren

觐见 jìnjiàn Audienz (bei einem König bzw Kaiser) haben; bei Hof eingeführt werden; sich bei Hof einführen

禁 jìn 另见 jīn

1. →禁止 ～赌 Glückspiel untersagen (verbieten) 2. inhaftieren; einsperren 3. Tabu; Unantastbarkeit 犯～ ein Verbot übertreten; ein Gebot verletzen

禁闭 jìnbì Inhaftierung; in Haft nehmen; einsperren ～室 Arrest; Kahn; Karzer

禁忌 jìnjì 1. Tabu; 无所～ ohne Tabu; kein Tabu kennen 2. Kontraindikation

禁令 jìnlìng Verbot; Untersagung; Interdikation

禁脔 jìnluán js unantastbarer Alleinbesitz; js exklusive Domäne

禁区 jìnqū 1. verbotene Zone; Sperrgebiet; Minenzone 2. Schutzgebiet; Bannkreis

禁欲主义 jìnyù zhǔyì Asketik; Aszese

禁运 jìnyùn Embargo; Handelssperre ～政策 Embargopolitik

禁止 jìnzhǐ verbieten; untersagen; verwehren ～吸烟 Rauchen verboten

噤 jìn 1. schweigen; still sein; sich still verhalten 2. schaudern; sich schütteln; Schauer 寒～ vor Kälte schaudern; jn durchläuft (erfasst, ergreift) ein Schauder

噤若寒蝉 jìn ruò hánchán keinen Mucks von sich zu geben wagen; schweigen wie die Zikaden in kalten Tagen

近 jìn 1. nah(e); in der Nähe ～距离 naher Abstand; kurze Entfernung 行期已～ die Abreise rückt näher / die Abreise steht kurz bevor 2. sich nähern; näherkommend; nahe (dicht) bei 将～十

年 beinahe 10 Jahre 3. eng; vertraut; nah(e)

近代 jìndài Neuzeit; ～史 Neue Geschichte; die Geschichte der Neuzeit

近东 jìndōng Nahost; der Nahe Osten; der Vordere Orient

近海 jìnhǎi Küstenmeer; Küstengewässer ～航行 Küstenschifffahrt

近郊 jìnjiāo Vorort; Vorstadt; Außenbezirk

近况 jìnkuàng gegenwärtige Zustände; jüngste Entwicklung 他的～怎样? Wie ist sein Befinden?

近来 jìnlái in letzter Zeit; in neuerer Zeit; kürzlich

近路 jìnlù Abkürzung; Abkürzungsweg; Richtweg 走～ den Weg abkürzen; einen Abschneider machen

近旁 jìnpáng nahe; nahebei; nebenan

近亲 jìnqīn naher Verwandter; Blutsverwandtschaft ～繁殖 Inzucht; Verwandtschaftszucht

近日 jìnrì in den vergangenen (letzten) Tagen; vor kurzem

近视 jìnshì 1. kurzsichtig; myop (myopisch) ～眼 kurzsichtige Augen; kurzsichtig 2. kurzsichtig sein; einen engen Horizont haben

近似 jìnsì annähernd; ähnlich; ungefähr gleich ～的意见 ähnliche Ansichten (Meinungen)

近卫军 jìnwèijūn Garde; Gardekorps ～战士 Gardist

劲(勁、劤) jìn 另见 jìng

1. Kraft; Energie 手～大 Kraft in den Händen 2. →劲头 2 3. Miene; Ausdruck des Gesichts 一股高兴～儿 vor Freude strahlen; eine fröhliche (heitere) Miene; munter und fröhlich aussehend 4. Lust; Interesse; Freude

劲头 jìntóu 1. →劲 1 2. Eifer; Schwung; Elan ～十足 großen Elan aufbringen; mit großem Eifer (Elan)

浸 jìn

1. eintauchen; einweichen; tränken ～衣服 die Wäsche in Wasser einweichen 2. allmählich eindringen

浸膏 jìngāo Extrakt

浸剂 jìnjì Infus; Infusum

浸泡 jìnpào →浸 1

浸透 jìntòu durchtränken; durchnässen; einfeuchten

浸种 jìnzhǒng Saat einwässern

尽(盡) jìn 另见 jǐn

1. erschöpft; fertig 储备将～ die Vorräte werden verbraucht 2. sein Möglichstes tun; sich voll einsetzen ～一切力量 unter (mit dem) Angebot der letzten Kräfte; nach besten Kräften 3. erfüllen; sein Bestes tun (versuchen) ～自己的责任 seine eigene Pflicht tun 4. all; alles; ganz ～人皆知 allbekannt sein; in aller Mund sein

尽力 jìnlì sein Bestes tun; mit aller Kraft; alles einsetzen ～而为 nach besten Kräften handeln; ich mache es, so gut ich kann

尽量 jìnliàng 另见 jǐnliàng möglichst; nach Kräften ～吃饱 sich tüchtig (satt) essen

尽情 jìnqíng herzhaft; nach Herzenslust; nach Lust und Laune ～欢笑 ausgelassen (herzhaft) lachen

尽头 jìntóu Ende; Ausgang

尽心 jìnxīn mit ganzem Herzen; hingebend ～竭力 sein Äußerstes tun; mit (unter) Aufbietung aller Kräfte

尽职 jìnzhí seine Pflicht tun; Pflichterfüllung

尽忠 jìnzhōng 1. sich treu bleiben; stets treu 2. treu bis zum Tode

烬(燼) jìn

Asche; Verbrennungsrückstand

京 jīng

→京都

京都 jīngdū Hauptstadt eines Staates

京胡 jīnghú Beijing-Oper-Geige

京剧 jīngjù Beijing-Oper

惊(驚) jīng

1. →惊恐; 惊慌 2. aufschrecken; aufstören; bestürzen

惊动 jīngdòng aufschrecken; aufstören; belästigen

惊弓之鸟 jīng gōng zhī niǎo ein leicht eingeschüchterter Mensch; völlig eingeschüchtert; ein furchtsamer Hase

惊慌 jīnghuāng erschrocken; bestürzt; in Panik geraten ～失措 vor Schreck die Nerven verlieren; Bestürzung; in Panik geraten

惊悸 jīngjì vor Angst Herzklopfen haben (bekommen)

惊厥 jīngjué aus Angst in Ohnmacht fallen
惊恐 jīngkǒng von panischem Schrecken ergriffen；in großer Angst schweben ～失色 bleich vor Schreck werden；vor Furcht erbleichen
惊奇 jīngqí erstaunen；sich wundern；überrascht sein
惊人 jīngrén erstaunlich；erschütternd；stupend ～的消息 eine erstaunliche Nachricht
惊叹 jīngtàn sich über etw wundern；über etw erstaunt sein ～号 Ausrufezeichen
惊天动地 jīng tiān dòng dì die ganze Welt in Erstaunen versetzen；welterschütternd
惊吓 jīngxià aufschrecken；erschrecken
惊险 jīngxiǎn atemberaubend；voller Spannung ～小说 Abenteuerroman ～片 Actionfilm
惊心动魄 jīng xīn dòng pò erschütternd；höchst spannend；herzbewegend
惊讶 jīngyà →惊异
惊异 jīngyì erstaunt；verblüfft；überrascht
惊蛰 jīngzhé „Erwachen der Insekten" （chinesische Jahreseinteilung，entspricht dem 5. oder 6. März）

鲸 jīng Wal
鲸吞 jīngtūn einverleiben；annektieren；（wie ein Walfisch）etw schlucken

旌 jīng →旌旗
旌旗 jīngqí Banner und Flaggen

粳（稉、秔） jīng →粳稻
粳稻 jīngdào Jing-Reis（runder，etwas klebriger Reis）
粳米 jīngmǐ geschälter Jing-Reis

精 jīng 1. raffiniert；erlesen；rein ～盐 raffiniertes Salz ～兵 Elitetruppen；Kerntruppen 2. Essenz；Extrakt；Blüte 味～ Glutamat 3. →精良 4. →精细；精密 5. →精明 6. →精通 ～于此道 auf diesem Gebiet gut bewandert（beschlagen）sein 7. →精神；精力 ～疲力尽 völlig erschöpft；mit der Kraft am Ende sein；totmüde 8. →精子；精液 9. →精怪
精彩 jīngcǎi großartig；ausgezeichnet；wunderbar
精打细算 jīng dǎ xì suàn alles bis ins Kleinste berechnen；gut haushalten；jeden Pfennig（dreimal）umdrehen
精纺 jīngfǎng feinspinnen；Fertigspinnen；Kammgarnspinnverfahren ～机 Feinspinnmaschine；Fertigspinnmaschine
精干 jīnggàn tüchtig；leistungsfähig；scharfsinnig und fähig ～的机构 leistungsfähiger Apparat
精怪 jīngguài böse Geister；Dämon
精光 jīngguāng 1. durch und durch；restlos；nichts übrig lassen 烧得～ restlos niedergebrannt sein；vollständig abgebrannt sein 2. blank und sauber；glatt und blank
精悍 jīnghàn 1. gewandt und energisch；geschickt und tatkräftig 2. scharf；kräftig；prägnant und spitz 笔力～ mit kräftigen Strichen（schreiben，malen）
精华 jīnghuá das Beste；Essenz；Elite 取其～ das Beste（aus）wählen
精简 jīngjiǎn vereinfachen；kürzen；einsparen ～机构 Vereinfachung des Verwaltungsapparates
精力 jīnglì Energie；Lebenskraft；Tatkraft ～充沛 voller Energie；tatkräftig；rüstig
精练 jīngliàn kurz und bündig；präzis(e)；exakt
精良 jīngliáng ausgezeichnet；vorzüglich；von bester Qualität 制作～ hervorragend gearbeitet（hergestellt）；von bester Qualität
精美 jīngměi exquisit；köstlich；elegant
精密 jīngmì präzis(e)；genau；exakt ～仪器 Präzisionsinstrument ～度 Präzision
精明 jīngmíng gewandt；scharfsinnig；klug
精辟 jīngpì treffend；durchdringend；tiefschürfend ～的见解 tiefschürfende Auffassung
精巧 jīngqiǎo fein；geschickt；kunstgerecht
精确 jīngquè genau；präzis(e)
精锐 jīngruì gut ausgerüstet und kampffähig ～部队 Elitetruppen；Kerntruppen；Phalanx
精神 jīngshén 1. Geist；Sinn；seelisch ～生活 kulturelles Leben ～文明 geistige Zivilisation 爱国主义～ Geist des Patriotismus 2. Wesentliches；Hauptinhalt 贯彻会议～ im Geist der Sitzung handeln 3. psychisch ～病 Geisteskrankheit；Psychose；Nervenkrankheiten ～分裂症 Schizophrenie；Spaltungsirresein
精神 jīngshen 1. Energie；Lebenskraft；Lebensgeister ～饱满 voller Energie（Vitalität）；energisch 振作～ seine Le-

bensgeister auffrischen; sich aufraffen; sich ermannen 2. lebhaft; schwungvoll; munter

精通 jīngtōng bewandert; in einem Fach zu Hause sein; kenntnisreich ～业务 in seiner Berufsarbeit gut bewandert sein

精细 jīngxì sorgfältig; fein; peinlich genau 做工～ mit großer Sorgfalt anfertigen

精心 jīngxīn mit aller (größter) Sorgfalt; gewissenhaft ～设计 große Sorgfalt auf den Entwurf verwenden

精液 jīngyè Sperma; Samenflüssigkeit

精英 jīngyīng Elite

精制 jīngzhì feinbearbeiten; verfeinern; veredeln ～品 extrafeine Ware; Raffinat; Feinarbeit

精致 jīngzhì fein; exquisit; köstlich

精装 jīngzhuāng mit feinem Einband versehen ～本 Prachtausgabe

精子 jīngzǐ Spermium; Spermatozoon; Samenzelle

菁 jīng Essenz; Elite; Blüte

菁华 jīnghuá Essenz; Elite; Blüte

睛 jīng Augapfel

腈 jīng Nitril

腈纶 jīnglún Polyakrylnitrilfaserstoff

荆 jīng Keuschbaum; Vitex

荆棘 jīngjí Disteln und Dornen; Dornicht; Dornenstrauch ～载途 ein dorniger Pfad; ein Pfad voller Dornen

兢 jīng

兢兢业业 jīngjīngyèyè vorsichtig und gewissenhaft; gewissenhaft und verantwortungsvoll

晶 jīng 1. glitzernd; glänzend; funkelnd 2. →晶体

晶体 jīngtǐ Kristall ～管 Transistor; Transistorröhre

晶莹 jīngyíng glänzend und kristallklar

泾(涇) jīng Jinghe-Fluss

泾渭分明 Jīng Wèi fēnmíng ein klarer Unterschied zwischen gut und schlecht; völlig unterschiedlich

茎(莖) jīng Stiel; Stengel

经[1](經) jīng 1. →经纱; 经线 1 2. →经度 东～二十度 20 Grad östlicher Länge 3. →经营 1 4. →经典 1,2 念～ Gebete vorlesen; Sutras rezitieren 5. Menstruation; Menses

经[2](經) jīng 1. →经过 1 ～年累月 auf Jahre hinaus 2. →经受

经常 jīngcháng 1. täglich; alltäglich ～开支 laufende Ausgaben 2. häufig; dauernd; regelmäßig 保持～联系 mit jm in regelmäßigem Kontakt stehen (bleiben)

经典 jīngdiǎn 1. klassische Werke 2. die heiligen Schriften; kanonische Bücher 3. klassisch ～著作 klassische Werke

经度 jīngdù Längengrad; Länge

经费 jīngfèi Kosten; Mittel; Fonds 教育～ Bildungsfonds

经管 jīngguǎn verwalten; für etw die Verantwortung haben ～财务 die finanziellen Angelegenheiten regeln

经过 jīngguò 1. vorbei; vorbeigehen; vorbeifahren 2. Prozess; Lauf; Verlauf 事件的～ Lauf eines Ereignisses

经纪人 jīngjìrén 1. Mittelsmann; Vermittler 2. Makler

经济 jīngjì 1. Wirtschaft; Ökonomie 国民～ Volkswirtschaft ～基础 ökonomische Basis ～开发区 wirtschaftliches Erschließungsgebiet; wirtschaftliche Entwicklungszone 2. von wirtschaftlichem Nutzen ～作物 Industriepflanze; Nutzpflanze 3. finanzielle Lage ～宽裕 in guten Verhältnissen lebend; gut situiert sein; wohlhabend 4. wirtschaftlich; sparsam 用最～的办法 mit der rationellsten (sparsamsten) Methode

经济犯罪 jīngjìfànzuì Wirtschaftskriminalität

经济封锁 jīngjìfēngsuǒ Wirtschaftsembargo

经济学 jīngjìxué Ökonomie; Wirtschaftswissenschaft 政治～ politische Ökonomie

经济制裁 jīngjì zhìcái wirtschaftliche Sanktion

经济主义 jīngjì zhǔyì Ökonomismus

经久 jīngjiǔ 1. lang; dauernd; anhaltend ～不息的掌声 anhaltender Beifall 2. dauerhaft; haltbar; bestandfähig ～耐用 fest und haltbar; strapazierfähig

经理 jīnglǐ 1. →经管 2. Direktor; Manager; Geschäftsführer 旅馆～ Hotelleiter; Hotelier

经历 jīnglì 1. erleben; erfahren; durchstehen ～艰难困苦 sich Schwierigkeiten und Härten unterziehen; schwere Prüfungen durchstehen; viel Schweres erleben 2. Erlebnis; Erfahrung 生活～ Erlebnisse aus dem Leben

经期 jīngqī Menstruationsperiode; Menstruation

经纱 jīngshā Kett(en)faden

经商 jīngshāng Handel treiben

经手 jīngshǒu durch js Hände gehen; für etw zuständig sein ～人 Sachbearbeiter; Verantwortliche(r)

经受 jīngshòu bestehen; sich unterziehen; standhalten ～锻炼和考验 gehärtet (gestählt) und geprüft sein

经纬仪 jīngwěiyí Theodolit

经线 jīngxiàn 1. Längsfaden; Kett(en)faden; Aufzug 2. Meridian

经销 jīngxiāo etw im Auftrag (auf Rechnung eines anderen) verkaufen; Waren führen (verkaufen) ～店 Kommissionsgeschäft

经验 jīngyàn 1. Erfahrung ～丰富 reiche Erfahrung besitzen 2. →经历 1

经验主义 jīngyàn zhǔyì Empirismus

经营 jīngyíng 1. führen; wirtschaften; betreiben 合资～ Jointventure; mit gemeinsamem Kapital wirtschaften 2. planen und organisieren 煞费～ sich große Mühe geben, etw zu betreiben

经院哲学 jīngyuàn zhéxué Scholastik

井[1] jǐng 1. Brunnen 打～ einen Brunnen bohren (graben) 2. brunnenähnlicher Schacht

井[2] jǐng →井然 ～～有条 in bester Ordnung; planvoll; eine strenge Ordnung herrscht

井架 jǐngjià Bohrturm; Schachtbohrturm

井然 jǐngrán ordentlich; gut geordnet 秩序～ in bester Ordnung; ordentlich

肼 jǐng Hydrazin

阱（穽） jǐng Falle; Fallstrick

警 jǐng 1. →警戒;警惕 2. →警察 交通～ Verkehrspolizei; Verkehrspolizist

警报 jǐngbào Alarm; Warnsignal; Warnzeichen 发～ Alarm schlagen

警备 jǐngbèi Vorsichtsmaßregeln treffen; bewachen ～区 Garnisonsbereich ～司令 Garnisonskommandantur

警察 jǐngchá Polizei; Polizist 人民～ Volkspolizist ～局 Polizei 武装～ bewaffnete Polizei

警告 jǐnggào 1. warnen; ermahnen 2. Warnung; Ermahnung 3. Verwarnung; Verweis 严重～ einen strengen Verweis geben (erteilen)

警戒 jǐngjiè 1. Warnung; Ermahnung 2. Vorsichtsmaßregel; in Alarmbereitschaft sein ～线 Kordon; Sperrkette; Postenkette

警句 jǐngjù Denkspruch; Aphorismus; Epigramm

警觉 jǐngjué Wachsamkeit

警犬 jǐngquǎn Polizeihund

警惕 jǐngtì wachsam; auf der Hut sein 提高～ die Wachsamkeit erhöhen

警卫 jǐngwèi 1. Wache halten; bewachen ～森严 scharf bewacht sein; strenge Maßnahmen zur Verteidigung treffen 2. Wache; Wachtposten; Leibwächter

警钟 jǐngzhōng Alarmglocke; Signalglocke 敲～ Alarm schlagen

儆 jǐng warnen; ermahnen 以～效尤 (an jm) ein Exempel statuieren; ein warnendes Beispiel geben (setzen)

景[1] jǐng 1. →景致 雪～ Schneelandschaft; Winterlandschaft 2. Lage; Situation; Zustand 好～不长 die Herrlichkeit dauert nicht lange 3. Szene 第四幕第一～ 4. Akt, 1. Szene

景[2] jǐng →景仰

景观 jǐngguān Landschaft

景况 jǐngkuàng Verhältnisse; Umstand; Lage

景气 jǐngqì Konjunktur; Boom; Aufschwung

景色 jǐngsè →景致 ～宜人 freundliche Landschaft; Augenweide

景泰蓝 jǐngtàilán Cloisonné

景象 jǐngxiàng Anblick; Bild; Szene 一派欣欣向荣的～ ein Bild blühenden Aufschwungs (bieten)

景仰 jǐngyǎng verehren; bewundern; zu jm aufschauen

景致 jǐngzhì Aussicht; Landschaft

憬 jǐng →憬悟

憬悟 jǐngwù aufwachen; sich bewusst werden; zur Einsicht kommen

J

颈（頸）jǐng →颈项 瓶～ Flaschenhals
颈项 jǐngxiàng Hals; Genick
颈椎 jǐngzhuī Halswirbel

竟[1] jìng 1. vollenden; enden; schließen 未～之业 unvollendete Aufgabe 2. ganz; hindurch ～日 den ganzen Tag hindurch 3. schließlich; endlich

竟[2] jìng →竟然
竟敢 jìnggǎn die Dreistigkeit besitzen; die Unverschämtheit haben (besitzen)
竟然 jìngrán unerwartet; überraschend; gar 他～对一切问题概不回答 er schweigt gar auf alle Fragen

境 jìng 1. Grenze 在中国～内 innerhalb der Grenzen Chinas 2. Gebiet; Gegend; Territorium 3. →境况; 境地
境地 jìngdì Lage; Zustand 陷入难堪的～ in Verlegenheit geraten; sich in einer Verlegenheit befinden
境界 jìngjiè 1. Grenze 2. Stand; Reich; Umfang 理想～ ideale Welt
境况 jìngkuàng Verhältnisse; Lage 家庭～ Familienzustände
境遇 jìngyù Verhältnisse; Umstände

镜 jìng 1. →镜子 挂～ Wandspiegel 2. optisches Glas; Linse 放大～ Lupe; Vergrößerungsglas
镜框 jìngkuàng Rahmen; Bilderrahmen
镜片 jìngpiàn Linse; Brillenglas 眼镜的～ Brillenglas
镜台 jìngtái Spiegeltisch; Toilettentisch
镜头 jìngtóu 1. Objektiv 2. Aufnahme 特写～ Großaufnahme
镜子 jìngzi 1. Spiegel 照～ sich spiegeln; sich im Spiegel beschauen (besehen) 2. Brille

竞（競）jìng →竞争; 竞赛
竞技 jìngjì Athletik; Wettspiel; Wettstreit ～场 Arena; Kampfbahn ～状态 Form; Konstitution ～状态好 (gut) in Form sein
竞赛 jìngsài Wettbewerb; Wettkampf; Begegnung 体育～ sportliche Wettkämpfe 劳动～ Wettbewerb; Arbeitswettbewerb 军备～ Wettrüsten
竞选 jìngxuǎn für etw kandidieren; sich um etw bewerben; Wahlkampf ～演说 Wahlrede
竞争 jìngzhēng Konkurrenz; konkurrieren; wetteifern 商业～ Handelskonkurrenz ～市场 um Märkte wetteifern
竞走 jìngzǒu Gehen 长距离～ Langstreckengehen

净（淨、浄）jìng 1. sauber; rein ～水 reines Wasser 2. gründlich (sauber) waschen ～一～杯子 die Becher sauber waschen 3. restlos; nichts übrig lassen 烧～ verbrennen; ausbrennen; herunterbrennen 4. netto ～利 Nettoertrag; Reingewinn 5. bloß; nur; lediglich 书架上～是科技书 im Bücherregal steht nichts außer wissenschaftlichen Büchern
净化 jìnghuà reinigen; klären ～污水 Abwasser klären ～器 Reinigungsapparat
净水器 jìngshuǐqì Klärapparat; Wasserreinigungsanlage
净值 jìngzhí Nettowert
净重 jìngzhòng Nettogewicht; Reingewicht

静（靜）jìng 1. still; ruhig; unbeweglich 他生性好～ er ist von Natur aus ein stiller Charakter 2. geräuschlos; lautlos; still 会场里～下来了 es wurde still im Versammlungsraum
静电 jìngdiàn die statische Elektrizität
静力学 jìnglìxué Statik; Gleichgewichtslehre 气体～ Aerostatik
静脉 jìngmài Vene; Blutader ～注射 intravenöse Injektion
静默 jìngmò 1. still werden; stillschweigen 2. in stiller (schweigender) Trauer 起立～致哀 aufstehen und des Toten in schweigender Trauer gedenken
静穆 jìngmù feierlich und ruhig; feierliche Stille
静悄悄 jìngqiāoqiāo ganz still; mäuschenstill
静态 jìngtài 1. statischer Zustand 2. statisch ～分析 statische Analyse
静物 jìngwù Stillleben ～画 Stilllebenmalerei
静止 jìngzhǐ statisch; unbeweglich; Ruhe ～状态 Ruhezustand
静坐 jìngzuò stillsitzen ～示威 Sitzdemonstration; Sitzstreik

靖 jìng 1. friedlich; ruhig; sicher und störungsfrei 2. befrieden; pazifizieren ～

乱 die Unruhen unterdrücken; einen Aufruhr niederschlagen

靓 jìng 另见 liàng
schmücken; herausputzen; Make-up

敬 jìng 1. ehren; verehren; respektieren ～老 den Alten Respekt schulden; die Alten mit Achtung behandeln 2. respektvoll; ehrerbietig ～赠 ehrerbietig überreichen; zugeeignet von ... 3. etw höflich anbieten ～酒 Wein anbieten; einen Toast ausbringen

敬爱 jìng'ài verehren (respektieren) und lieben

敬贺 jìnghè jn ehrerbietig beglückwünschen; jm ehrerbietig gratulieren

敬老院 jìnglǎoyuàn Altersheim

敬礼 jìnglǐ 1. Salut; salutieren 举手～ vor jm salutieren; die Hand zum Gruß erheben 2. grüßen; Gruß 此致～ mit freundlichen (herzlichen, besten) Grüßen

敬佩 jìngpèi hochachten; bewundern

敬仰 jìngyǎng verehren; hochachten 令人～ hochgeehrt; achtunggebietend; respektabel

敬意 jìngyì Achtung; Respekt; Gruss 请代致～ Richten Sie ihm bitte herzliche Grüße von mir aus! / Bitte übermitteln (überbringen) Sie ihm die herzlichen Grüße von mir!

敬重 jìngzhòng respektieren; ehren; hochschätzen

痉(痙) jìng

痉挛 jìngluán Krampf; Konvulsion; Spasmus 胃～ Magenkrampf

径(徑、¹²逕) jìng 1. Pfad; schmaler Weg 曲～ ein gewundener Pfad 2. →径直 3. Weg; Mittel

径赛 jìngsài Lauf- und Gehwettbewerbe; Wettlauf

径直 jìngzhí direkt; unmittelbar; gerade(s)wegs 飞机～飞往北京 das Flugzeug fliegt ohne Zwischenlandung nach Beijing

胫(脛) jìng Unterschenkel

胫骨 jìnggǔ Schienbein

劲(勁) jìng 另见 jìn
stark; kräftig; mächtig

劲敌 jìngdí mächtiger Feind; bedrohlicher (gefährlicher) Gegner; starker Opponent

劲旅 jìnglǚ starkes Heer; starke Gruppe 足球～ eine mächtige Fußballmannschaft

窘 jiǒng 1. in dürftigen Verhältnissen; in Bedrängnis 家境很～ in dürftigen Verhältnissen leben 2. verlegen 大家都很～ alle wurden sehr verlegen 3. jn verlegen machen; jn in Verlegenheit bringen (setzen) 用话～他 ihn mit Worten verlegen machen

窘境 jiǒngjìng unangenehme Lage; in einem Dilemma sein; Bedrängnis 陷入～ in Bedrängnis geraten

窘迫 jiǒngpò 1 notleidend; sehr arm; in Armut 生计～ in Armut leben 2. in einem Dilemma sein 处境～ sich in einer Zwickmühle befinden

炯 jiǒng strahlend; glänzend; leuchtend

炯炯 jiǒngjiǒng strahlend; glänzend; leuchtend 目光～ mit strahlendem Blick

迥 jiǒng →迥然

迥然 jiǒngrán völlig verschieden; sehr unterschiedlich ～不同 total (völlig) verschieden; himmelweiter Unterschied

究 jiū 1. erforschen; untersuchen; herausbekommen 2. →究竟 2

究竟 jiūjìng 1. Ergebnis; Verlauf eines Ereignisses 大家都想知道个～ alle wollen wissen, was tatsächlich geschehen ist 2. eigentlich; überhaupt; denn 问题～在哪里? Wo ist denn die Frage? / Wo liegt denn der Defekt? 3. schließlich; letzten Endes; endlich 他～还是个孩子 er ist doch noch ein Kind

鸠 jiū Turteltaube

阄(鬮) jiū Los 抓～ ein Los ziehen; losen; durch das Los bestimmen

鬏 jiū Haarknoten

揪 jiū packen; ergreifen; fassen ～头发 jn beim Schopf fassen (halten, packen)

揪辫子 jiū biànzi js Fehler (Schwäche) als Handhabe ausnutzen; jn an seiner schwachen Stelle angreifen

啾 jiū

啾啾 jiūjiū zwitschern; Gezwitscher

J

赳 jiū

赳赳 jiūjiū tapfer; kühn; mutig ～武夫 würdevoller Soldat (Militär)

纠[1] jiū →纠结

纠[2] jiū →纠合

纠[3] jiū →纠正 ～偏 Abweichung richtigstellen (berichtigen)

纠察 jiūchá 1. für Ordnung sorgen ～队 Wachmannschaft 2. Ordner; Festordner; Wachposten

纠缠 jiūchán 1. sich verwickeln; sich verstricken ～不清的矛盾 verwickelte Widersprüche; die Widersprüche verstricken sich unentwirrbar 2. stören; belästigen; jm keine Ruhe geben ～不休 aufdringlich; jm keine Ruhe geben; jn nicht in Ruhe lassen

纠纷 jiūfēn Streit; Zwist; Disput 边境～ Grenzstreitigkeit 家庭～ Familienzwist 调解～ den Streit beilegen

纠葛 jiūgé Verwicklung; Zwist; Streit 财产上的～ Streit um ein Vermögen; (sich) um ein Vermögen (wegen eines Vermögens) streiten

纠合 jiūhé versammeln; zusammentrommeln

纠结 jiūjié sich verwickeln; sich verschlingen

纠正 jiūzhèng berichtigen; korrigieren; verbessern ～错误 Fehler berichtigen

酒 jiǔ alkoholische (geistige) Getränke; Spirituosen; Wein

酒吧间 jiǔbājiān Bar; Lokal ～老板 Barkeeper

酒杯 jiǔbēi Becher; Weinglas 高脚～ Trinkgefäß mit Fuß; Pokal; Flöte

酒菜 jiǔcài 1. Speise und Trank; Essen und Wein 2. Speisen zum Wein; beim Trinken zu sich genommene Gerichte

酒馆 jiǔguǎn Weingeschäft; Weinlokal

酒鬼 jiǔguǐ Trinker; Trunkenbold; Saufbold

酒会 jiǔhuì Cocktailparty

酒家 jiǔjiā Restaurant

酒精 jiǔjīng Alkohol; Spiritus ～灯 Spirituslampe

酒类 jiǔlèi geistige Getränke

酒量 jiǔliàng Trinkmaß; Trinkvermögen 他有～ er ist trinkfest / er kann einen tüchtigen Stiefel vertragen

酒酿 jiǔniáng fermentierter klebriger Reis

酒气 jiǔqì eine Fahne von Alkohol ～熏人 eine Fahne von Alkohol steigt einem in die Nase

酒钱 jiǔqian Trinkgeld; Bakschisch

酒色 jiǔsè Trunk und Sinnlichkeit; Wein und Erotik 沉溺于～ sich dem Trunk und der Sinnlichkeit hingeben; in Wein und Erotik schwelgen

酒窝 jiǔwō Grübchen

酒席 jiǔxí Festmahl; Festessen; Bankett

酒糟鼻 jiǔzāobí Schnapsnase; Kupfernase

韭(韮) jiǔ →韭菜

韭菜 jiǔcài Schnittlauch

韭黄 jiǔhuáng Winterschnittlauch

九 jiǔ neun

九百 jiǔbǎi neunhundert

九千 jiǔqiān neuntausend

九泉 jiǔquán Unterwelt; Reich der Toten; letzte Ruhestätte ～之下 im Jenseits

九十 jiǔshí neunzig

九万 jiǔwàn neunzigtausend

九霄云外 jiǔ xiāo yún wài über den höchsten Himmel (die höchsten Sphären) hinaus 抛到～ etw über Bord werfen

九月 jiǔyuè September

久 jiǔ lange; lange Zeit ～经考验 lange geprüft und bewährt; lange erprobt; altbewährt ～别重逢 sich nach langer Trennung wiedersehen

久违 jiǔwéi lange nicht gesehen

久仰 jiǔyǎng (Ich) habe die Ehre! / sehr erfreut ～大名 ich habe schon lange von Ihrem Namen gehört

久远 jiǔyuǎn vor langer Zeit; so weit; fern

灸 jiǔ Moxibustion

就[1] jiù 1. näherrücken; nahe herangehen; sich nähern ～着灯看书 beim Lampenlicht ein Buch lesen 2. sich an etw begeben; etw in Angriff nehmen ～职 den Dienst (eine Stellung) antreten 3. vollendet; fertiggemacht 大功已～ die große Sache ist vollendet / die große Aufgabe ist erfüllt worden 4. sich anpassen; entsprechen; geeignet ～目前的情况来看 von der gegenwärtigen Situation aus gesehen ～你的时间吧 sofern die Zeit dir passt；sofern du die Zeit recht findest

就[2] jiù 1. sofort；gleich；bald 我这～来 ich komme gleich 2. schon；bereits；so früh 他十五岁～参加革命了 er hat sich schon mit 15 Jahren der Revolution angeschlossen 3. gleich danach；gleich nachdem；sobald 一接到电报我～去 sobald ich das Telegramm erhalten habe，komme ich 4. relativ；zahlreicher；öfter 他一出差，～是一个月 macht er eine Dienstreise，so dauert die immer einen Monat / Dienstreise unter einem Monat macht er nie 5. einer Sache freien Lauf lassen 丢了～丢了吧，别找了 was verloren ist，ist eben verloren，du brauchst nicht mehr zu suchen 6. schon einmal so；eigentlich 我～知道他一定不肯来 ich weiß，dass er sicher nicht kommen will 7. bloß；nur；allein ～凭这一点 allein von diesem Gesichtspunkt aus；allein in dieser Hinsicht 8. entschlossen；einfach 我～不信我学不会 ich glaube gar nicht，dass ich es nicht erlerne 9. eben；gerade；genau 问题～在这里 das ist eben die Frage / die Frage ist eben da

就[3] jiù →就是

就便 jiùbiàn bei（passender）Gelegenheit；gelegentlich；nebenbei

就餐 jiùcān essen gehen

就地 jiùdì an Ort und Stelle；auf der Stelle ～取材 lokale Materialien benutzen

就范 jiùfàn sich beugen；nachgeben；sich ergeben 迫使～ jn zum Gehorsam bringen；jn gefügig（zahm）machen

就近 jiùjìn in der Nähe；in der Nachbarschaft

就寝 jiùqǐn zu（ins）Bett gehen；schlafen gehen

就是 jiùshì 1.（zum Ausdruck der Bejahung）：你替他办～了 du kannst es ruhig für ihn machen 2. ja；jawohl ～，～你的话很对 ja，ja，du hast ganz Recht

就是 jiùshì selbst wenn；sogar ～难也得办 wir müssen es erledigen，auch wenn es schwierig ist

就手 jiùshǒu auch gleich；wenn möglich；im Vorbeigehen ～把门带上 Die Tür hinter sich schließen!

就位 jiùwèi Platz nehmen 请大家～ bitte nehmen Sie alle Platz

就学 jiùxué die Schule besuchen；in die Schule gehen

就业 jiùyè Arbeit bekommen；Arbeitsbeschaffung ～率 Beschäftigungsgrad

就医 jiùyī zum Arzt gehen；den Arzt aufsuchen

就义 jiùyì für die gerechte Sache das Leben hingeben；einen Märtyrertod sterben

就职 jiùzhí den Dienst antreten；Amtsantritt ～演说 Antrittsrede

鹫 jiù Geier

厩（廄、廐） jiù Stall；Pferdestall

厩肥 jiùféi Stalldünger

救 jiù 1. retten；bergen 2. helfen；beistehen；jm Beistand leisten 求～ um Hilfe rufen（schreien）

救兵 jiùbīng Verstärkungstruppen；Entsatzarmee；Entsatztruppe 讨～ die Verstärkung fordern；um Verstärkungstruppen bitten

救国 jiùguó das Vaterland retten

救护 jiùhù erste Hilfe leisten（geben）；～伤员 den Verwundeten erste Hilfe geben ～车 Ambulanzwagen；Rettungswagen；Sanitätswagen

救火 jiùhuǒ das Feuer auslöschen（ausmachen）～队 Feuerwehr；Löschzug ～车 Feuerwehrwagen

救济 jiùjì helfen；Beistand leisten；Hilfsaktion ～金 Hilfsmittel；Unterstützungsgelder；Fürsorge

救命 jiùmìng js Leben retten；Hilfe!

救生 jiùshēng Lebensrettung ～圈 Rettungsring；Rettungsboje；Schwimmgürtel ～艇 Rettungsboot，Kutter ～衣 Rettungsweste；Schwimmweste

救世主 jiùshìzhǔ Christus；Erlöser；Heiland

救亡 jiùwáng das Vaterland vor dem Untergang retten

救星 jiùxīng Retter；Befreier；Salvator

救应 jiùyìng jm zu Hilfe kommen；stützen

救灾 jiùzāi 1 Katastrophenhilfe；Katastrophengeschädigte unterstützen 2. Katastrophe überwinden

救助 jiùzhù aushelfen；jn aus der Not retten

旧（舊） jiù 1. vergangen；veraltet；alt ～社会 alte Gesellschaft 2. gebraucht；abgenutzt；alt ～机器 eine ge-

J

brauchte Maschine
旧货 jiùhuò Gebrauchtwaren; Altwaren ～市场 Flohmarkt; Trödelmarkt
旧居 jiùjū ehemaliger Wohnsitz
旧历 jiùlì traditioneller chinesischer Kalender; Mondkalender; Bauernkalender
旧式 jiùshì alter Typ; altmodisch; nicht zeitgemäß ～服装 altmodische Kleidung
旧书 jiùshū 1. antiquarisches Buch; Schmöker ～店 Antiquariat 2. antike Schriften; klassische Werke
旧友 jiùyǒu alter Freund
旧约 jiùyuē das Alte Testament; der Alte Bund
旧址 jiùzhǐ ehemaliger Sitz

臼 jiù 1. Mörser 2. Gelenk
臼齿 jiùchǐ Backenzahn; Mahlzahn

桕 jiù Talgbaum

舅 jiù 1. →舅父 2. →舅子
舅父 jiùfù Onkel; der Bruder der Mutter
舅母 jiùmǔ Tante; die Ehefrau des Bruders von der Mutter
舅子 jiùzi Schwager; der Bruder der Ehefrau

疚 jiù Reue; Gewissensbisse 负～ ein böses (schlechtes) Gewissen haben; Gewissensbisse fühlen

柩 jiù Sarg mit Leiche
柩车 jiùchē Leichenwagen

咎 jiù 1. Fehler; Schuld 2. tadeln; vorwerfen; Vorwurf 既往不～ jm die alten Fehler verzeihen

车(車) jū 另见 chē
(Figur im chinesischen Schachspiel) Streitwagen

狙 jū
狙击 jūjī aus dem Hinterhalt auf jn schießen (überfallen) ～手 Scharfschütze; Tirailleur

鞠 jū aufziehen; großziehen
鞠躬 jūgōng 1. sich verbeugen; sich verneigen 2. sich umsichtig zeigen; behutsam ～尽瘁，死而后已 sich das ganze Leben hindurch seiner Pflichterfüllung widmen

掬(匊) jū mit den Händen halten

拘 jū 1. →拘捕 2. →拘束 3. →拘泥 4. beschränken; begrenzen 不～形式 nicht bei Form steif bleiben; frei von Förmlichkeit
拘捕 jūbǔ verhaften; festnehmen; inhaftieren
拘谨 jūjǐn übervorsichtig; reserviert; zurückhaltend
拘禁 jūjìn in Arrest nehmen; einsperren; inhaftieren
拘留 jūliú in Haft nehmen (halten); internieren ～所 Arrest; Polizeigefängnis
拘泥 jūnì steif bleiben; auf etw bedacht; Steifheit ～于细节 sehr (peinlich) genau; bei Einzelheiten steif bleiben
拘票 jūpiào Haftbefehl
拘束 jūshù 1. beschränken; begrenzen 2. unnatürlich; befangen; Gene
拘押 jūyā →拘禁

驹 jū 1. starkes Pferdchen 2. →驹子
驹子 jūzi Fohlen; Füllen 马～ Füllen; Fohlen; Pferdchen

居 jū 1. →居住 乡～ auf dem Lande (Dorf) wohnen 2. Wohnort; Wohnhaus; Aufenthaltsort 新～ neue Wohnung; neues Wohnhaus 3. sein; stehen; einnehmen ～首位 an der Spitze stehen (liegen); den ersten Platz einnehmen 4. innehaben; bekleiden 身～要职 eine wichtige Stellung innehaben
居多 jūduō in der Mehrzahl sein
居高临下 jū gāo lín xià von oben herabblicken
居里 jūlǐ Curie (Ci)
居留 jūliú sich aufhalten; Aufenthalt ～证 Aufenthaltserlaubnis; Aufenthaltsbescheinigung ～权 Aufenthaltsrecht, Asylrecht
居民 jūmín Bewohner; Einwohner ～点 Lokation; Ansiedlung; Siedlung
居然 jūrán unerwartet; überraschend; zu js Überraschung
居士 jūshì buddhistischer Laienbruder
居心 jūxīn (böse) Gedanken hegen; (böse) Absichten haben ～叵测 böse Absichten hegen; hinterlistig; tückisch
居中 jūzhōng 1. in der Mitte 2. zwischen ～调解 zwischen den Streitenden vermitteln

居住 jūzhù wohnen；bewohnen；leben ～条件 Wohnbedingungen；Wohnverhältnisse

锔（鋦） jū 另见 jú；'锯'另见 jù
zusammenkrampen ～碗 Schüssel zusammenkrampen

锔子 jūzi Krampe

菊 jú →菊花

菊花 júhuā Chrysantheme

桔 jú 另见 jié
→橘

橘 jú 1. Mandarine 2. →橘子 ～皮 Mandarinenschalen

橘红 júhóng 1. getrocknete Mandarinenschalen 2. orangerot；rötlich orange

橘黄 júhuáng orange；orangenfarben

橘汁 júzhī Mandarinensaft

橘子 júzi Mandarine

局[1] jú 1. Schachbrett 2. Partie；Satz；Spiel 下一～棋 eine Partie Schach spielen 3. →局势 政～ die politische Lage (Situation)

局[2] jú 1. Teil；Abschnitt 2. Amt；Büro；Behörde 教育～ Schulamt；Schulrat 3. Geschäft；Laden 书～ Verlagshaus；Verlagsbuchhandlung；Buchhandlung

局部 júbù Teil；zum Teil；partiell ～地区 Teilgebiet ～麻醉 lokale Anästhesie；lokale Betäubung

局促 júcù 1. eng；beschränkt 2. befangen；gehemmt；schüchtern ～不安 voll Befangenheit

局面 júmiàn Lage；Situation；Zustand 安定团结的政治～ die politische Lage der Stabilität und Einheit

局势 júshì Situation；Lage；Verhältnisse 国际～ internationale Lage

局外人 júwàirén Außenseiter；Outsider

局限 júxiàn beschränken；begrenzen ～性 Beschränktheit；Begrenztheit

锔 jú 另见 jū
Curium (Cm)

举（舉、擧） jǔ 1. heben；hochheben；erheben 2. →举动 3. wählen ～为代表 jn zum Vertreter wählen 4. anführen；angeben；aufzählen ～出新的论证 ein neues Argument vorbringen；eine neue Beweisführung geltend machen 5. all；ganz ～家 die ganze Familie ～世闻名 weltbekannt；weltberühmt

举办 jǔbàn veranstalten；organisieren

举报 jǔbào anzeigen；aufdecken；bloßstellen

举杯 jǔbēi das Glas erheben ～祝贺 das Glas auf js Glück erheben

举动 jǔdòng Verhalten；Handlung；Tätigkeit

举荐 jǔjiàn empfehlen

举例 jǔlì ein Beispiel anführen (nennen) ～说明 etw an einem Beispiel illustrieren；etw mit einem Beispiel erläutern

举手 jǔshǒu die Hand heben ～表决 die Hand zur Abstimmung heben；über etw durch Handaufheben abstimmen ～通过 durch Handzeichen zustimmen

举行 jǔxíng abhalten；veranstalten；stattfinden ～婚礼 Hochzeit feiern (halten，machen) ～座谈会 eine Besprechung (Aussprache) führen (haben)

举一反三 jǔ yī fǎn sān vom Einzelnen zum Allgemeinen schließen

举止 jǔzhǐ Haltung；Benehmen；Verhalten ～大方 sich natürlich und ungezwungen benehmen；eine unbefangene Haltung haben

举重 jǔzhòng Gewichtheben ～运动员 Gewichtheber

举足轻重 jǔ zú qīng zhòng gewichtig；von ausschlaggebender Bedeutung sein；etw fällt (schwer) in die Waagschale

矩（榘） jǔ →矩尺

矩尺 jǔchǐ Anschlagwinkel；Tischlerwinkel

矩形 jǔxíng Rechteck

沮 jǔ 1. verhindern；hindern 2. niedergeschlagen；bedrückt；mutlos

沮丧 jǔsàng niedergeschlagen；entmutigt；deprimiert 精神～ entmutigt sein；trübselig sein

龃 jǔ

龃龉 jǔyǔ Nichtübereinstimmung；Uneinigkeit；Missklang

咀 jǔ kauen

咀嚼 jǔjué 1. kauen；vorkauen 2. nachgrübeln；sich über etw eingehend Gedanken machen ～含义 die Bedeutung (den Sinn) immer wieder durchkauen

(hin und her überlegen)

踽 jǔ

踽踽 jǔjǔ allein und einsam (gehen) ～独行 allein gehen

聚 jù →聚集

聚宝盆 jùbǎopén ein Füllhorn an Schätzen

聚餐 jùcān zu einem Festessen zusammentreffen

聚光灯 jùguāngdēng Scheinwerfer

聚合 jùhé 1. sich sammeln; zusammenkommen; beisammen sein 2. polymerisieren; Polymerisation ～物 Polymer

聚会 jùhuì Treffen; Zusammenkunft; zusammenkommen

聚集 jùjí zusammenziehen; versammeln; sammeln

聚焦 jùjiāo Scharfeinstellung; Schärferegelung

聚精会神 jù jīng huì shén sich konzentrieren; mit aller Aufmerksamkeit; seine Gedanken auf etw konzentrieren

巨(钜) jù →巨大 ～款 Heidengeld; eine ungeheure Summe Geld; eine Unsumme Geldes

巨变 jùbiàn sich in großem Maße verändern; gewaltige Veränderungen

巨擘 jùbò Autorität auf einem Spezialgebiet 文坛～ eine Autorität auf dem Gebiet der Literatur

巨大 jùdà riesig; gigantisch; gewaltig 规模～的建设 groß angelegter (gewaltiger) Aufbau; der Aufbau nimmt riesigen Umfang an

巨额 jù'é Unsumme; Riesensumme; eine enorme Summe ～资金 gewaltiges Investitionskapital; riesige Geldmittel

巨匠 jùjiàng großer Meister 艺术～ großer Meister der Kunst

巨人 jùrén Riese; Gigant; Goliath 科学界的～ Gigant der Wissenschaft

巨头 jùtóu Magnat; Baron; König 金融～ Finanzmagnat

巨著 jùzhù monumentales Werk; großes Werk

炬 jù Fackel

讵 jù →岂

讵料 jùliào Wer hätte damit gerechnet, dass ...

拒 jù 1. sich wiedersetzen; zurückschlagen; widerstehen ～敌 sich dem Feind widersetzen; dem Gegner widerstehen 2. →拒绝 ～不执行 die Durchführung von etw ablehnen (verweigern)

拒捕 jùbǔ sich einer Verhaftung widerstehen

拒付 jùfù eine Zahlung verweigern

拒绝 jùjué ablehnen; zurückweisen; absagen ～批评 eine Kritik zurückweisen

距¹ jù →距离

距² jù Sporn

距离 jùlí 1. Abstand; Entfernung; Distanz 缩短～ den Abstand verringern 2. entfernt von; abseits von 他的看法和你的有～ seine Ansicht und deine gehen auseinander

遽 jù hastig; voreilig 不能～下结论 es gehört sich nicht, voreilige Schlüsse zu ziehen

遽然 jùrán plötzlich; unerwartet; jäh

具¹ jù 1. Gerät; Werkzeug 渔～ Fischergerät 2. (als Zähleinheitswort): 座钟一～ eine Tischuhr; eine Standuhr

具² jù →具有;具备

具备 jùbèi haben; besitzen ～一切必要的条件 alle notwendigen Bedingungen haben

具名 jùmíng unterschreiben; seine Unterschrift unter etw setzen 没有～的信 ein Brief ohne Unterschrift

具体 jùtǐ 1. konkret; detailliert; einzeln ～步骤 konkrete (zweckmäßige) Maßnahmen ～化 konkretisieren; detaillieren; einem Dinge konkrete Form geben 2. speziell; bestimmt; eigen 他有他的～任务 er hat seine spezielle Aufgabe 3. etw auf etw beziehen; etw mit etw in Verbindung bringen

具文 jùwén reine Formalität; bloße Formsache 一纸～ nur ein Fetzen Papier; das steht nur auf dem Papier

具有 jùyǒu haben; besitzen

惧(懼) jù →惧怕

惧怕 jùpà sich fürchten vor; scheuen; Angst

俱 jù all; ganz; sämtlich 各种商品一应～全 eine reiche Auswahl an (von) Waren haben; ein großes Angebot von Waren
俱乐部 jùlèbù Klub
飓 jù
飓风 jùfēng Orkan; Hurrikan
句 jù 1. →句子 造～ Sätze bilden 2. (als Zähleinheitswort): 给他说几～话 ihm ein paar Worte sagen
句法 jùfǎ Syntax; Satzlehre
句号 jùhào Punkt; Satzzeichen
句型 jùxíng Satztyp; Satzmodell
句子 jùzi Satz ～成分 Satzglied; Satzteil
据(據) jù 1. besetzen; etw in Besitz nehmen; okkupieren ～为己有 fremdes Eigentum mit Beschlag belegen; etw in die eigene Tasche stecken; von etw Besitz ergreifen 2. mit Hilfe von; sich auf etw stützen ～险固守 gestützt auf natürliche Barrieren die Stellung behaupten 3. nach; laut; gemäß ～可靠消息 nach zuverlässigen Informationen 4. Beweis; Bescheinigung; Nachweis 言之有～ eine wohlbegründete Behauptung; stichhaltige Begründungen
据点 jùdiǎn Stützpunkt; Schlüsselstellung
据守 jùshǒu behaupten; schützen
据说 jùshuō wie man sagt; vom Hörensagen; angeblich
剧[1](劇) jù Schauspiel; Theater
剧[2](劇) jù →剧烈 ～痛 heftige Schmerzen
剧本 jùběn Theaterstück; Schauspiel; Textbuch 电影～ Drehbuch
剧场 jùchǎng Theater; Bühnenhaus; Schauspielhaus
剧烈 jùliè heftig; stark; stürmisch ～运动 anstrengende körperliche Betätigungen
剧目 jùmù Theaterprogramm; Theaterzettel; Repertoire
剧情 jùqíng Handlung
剧团 jùtuán Schauspielgruppe; Schauspieltrupp; Ensemble
剧院 jùyuàn 1. Schauspielhaus; Theater 2. →剧团
剧作 jùzuò Schaustück ～家 Dramatiker; Schauspieldichter
锯 jù 另见 jū '锔'
1. Säge 手～ Handsäge 2. sägen
锯齿 jùchǐ Sägezahn
锯床 jùchuáng Sägemaschine; Sägebank
锯末 jùmò Sägemehl
锯条 jùtiáo Sägeblatt; Sägeklinge
倨 jù hochmütig; überheblich; hochnäsig
倨傲 jù'ào arrogant; anmaßend; überheblich
蠲 juān →蠲免
蠲免 juānmiǎn erlassen; dispensieren; jn von etw befreien ～赋税 Steuern und Abgaben erlassen
圈 juān 另见 juàn, quān
eingattern; einzäunen; eingarren 把羊全～起来 die Schafe eingattern; die Schafe in einen Pferch treiben
涓 juān winziger Wasserlauf
涓滴 juāndī Tröpfchen ～归公 öffentliche Gelder bis auf den letzten Pfennig abliefern
涓涓 juānjuān plätschern; rieseln ～细流 Rinnsal; Bächlein
捐 juān 1. verzichten; aufgeben 2. →捐助 ～钱 Geld spenden 3. Steuer 车～ Wagensteuer
捐款 juānkuǎn 1. Geld spenden 2. Spende; Geldspende; Beisteuer
捐躯 juānqū sich opfern; sein Leben geben (opfern) ～疆场 sein Leben auf dem Kampfplatz hingeben; auf dem Schlachtfeld geblieben sein
捐税 juānshuì Steuern und Abgaben; Zölle und Steuern
捐献 juānxiàn Spenden geben; spenden
捐助 juānzhù jm finanzielle oder materielle Hilfe leisten; beisteuern; zusteuern
娟 juān →娟秀
娟秀 juānxiù schön; graziös; anmutig
镌(鎸) juān →镌刻
镌刻 juānkè gravieren; stechen
卷(捲、[4]餸) juǎn 另见 juàn
1. einrollen; aufrollen; aufkrempeln ～头发 sich die Haare locken (lassen) ～起

袖子 die Ärmel aufrollen (hochkrempeln) 2. aufwirbeln; in die Höhe wirbeln 风～起一阵尘土 der Wind wirbelte eine Staubwolke auf 3. etwas Zusammengerolltes 4. →卷子 (juǎnzi) 5. Rolle 一～纸 eine Rolle Papier

卷尺 juǎnchǐ Messband; Bandmaß; Meterband

卷发 juǎnfà lockiges Haar; Lockenhaar

卷逃 juǎntáo sich mit Wertsachen davonmachen

卷心菜 juǎnxīncài Weißkohl; Weißkraut; Krautkopf

卷烟 juǎnyān 1. Zigarette 2. Zigarre

卷扬机 juǎnyángjī Aufzug; Haspel; Seilwinde

卷子 juǎnzi 另见 juànzi gedämpftes Rollbrot

眷(²睠)

juàn 1. →眷属 2. →眷念

眷恋 juànliàn gefühlsmäßig an jm (etw) hängen; sich zu jm hingezogen fühlen

眷念 juànniàn an jn (etw) denken; sich nach etw (jm) sehnen ～祖国 Sehnsucht nach dem Vaterland haben; an das Vaterland denken

眷属 juànshǔ Familienangehörige; Familie

卷

juàn 另见 juǎn

1. Buch 2. Band 多～集 mehrbändiges Werk 3. →卷子 (juànzi) 4. →卷宗

卷帙 juànzhì Anzahl von Büchern ～浩繁 eine große Anzahl von Büchern

卷子 juànzi 另见 juǎnzi Prüfungsaufgabe; Prüfungsarbeit; Prüfungsbogen

卷宗 juànzōng 1. Akte; Dossier 2. Schutzhülle für Akten; Sammelmappe; Aktendeckel

圈

juàn 另见 juān; quān

Stall 猪～ Schweinestall

圈肥 juànféi Stalldünger

倦

juàn 1. müde; matt; schlafbedürftig ～容 müde aussehen 2. überdrüssig; satt

绢

juàn leichter Seidenstoff; dünne Seide; Seidenwaren

绢丝 juànsī Seidengarn; Schappseide

隽(雋)

juàn

隽永 juànyǒng bedeutungsvoll; gedankenreich; tiefsinnig 意味～ bedeutungsvoll; sinnreich; vielsagend

撅¹

juē aufheben; erheben ～嘴 schmollend den Mund spitzen; einen Schmollmund machen

撅²(撧)

juē brechen; entzweibrechen

觉(覺)

jué 另见 jiào

1. →觉察; 觉得 1 2. aufwachen; erwachen 大梦初～ von einem Traum aufwachen 3. →觉悟

觉察 juéchá wahrnehmen; (be)merken 不易～到的变化 kaum wahrnehmbare (schwermerkbare) Veränderungen

觉得 juéde 1. fühlen; spüren ～冷 sich kalt fühlen 2. finden; meinen 我～这是完全可能的 ich finde, das ist völlig möglich

觉悟 juéwù Bewusstsein; verstehen 政治～ politisches Bewusstsein

觉醒 juéxǐng sich bewusst werden; erwachen 阶级意识的～ das Erwachen des Klassenbewusstseins

珏(玨)

jué zwei zusammenpassende Jadestücke

厥

jué bewusstlos; besinnungslos; ohnmächtig

蕨

jué Adlerfarn

橛(橜)

jué →橛子

橛子 juézi Pfahl; Pflock; Zapfen

矍

jué

矍铄 juéshuò gesund und munter; rüstig; mobil

攫

jué ergreifen; sich bemächtigen ～为己有 etw an sich reißen; sich fremdes Eigentum aneignen; sich fremden Eigentums bemächtigen

攫取 juéqǔ sich bemächtigen; etw an sich reißen; berauben (rauben)

爵

jué →爵位

爵士 juéshì Sir

爵士 juéshì Jazz ～乐 Jazz; Jazzmusik ～乐队 Jazzband

爵位 juéwèi Rangstufen von Adeligen; Adelswürde; Adelstitel

角¹

jué 另见 jiǎo

1. →角色 2. Schauspieler; Darsteller 名～ berühmter (bekannter) Schauspieler

角² jué 另见 jiǎo
→角逐

角斗 juédòu Ringkampf; Ringen ～场 Ringplatz

角色 juésè Rolle; Part

角逐 juézhú kämpfen; rivalisieren

谲 jué →谲诈

谲诈 juézhà arglistig; schlau; tückisch und heuchlerisch

决¹(決) jué 1. →决定 1 ～雌雄 einen Entscheidungskampf führen (austragen) 2. bestimmt; gewiss; unter allen Umständen 我～无异言 ich habe bestimmt nichts dagegen

决²(決) jué →决口

决策 juécè 1. eine strategische Entscheidung treffen (fallen) 2. Taktik; Entscheidung 重大～ wichtige Entscheidung

决定 juédìng 1. entscheiden; beschließen ～会议日程 das Sitzungsprogramm bestimmen (festlegen) 2. Entscheidung; Beschluss 作出～ eine Entscheidung treffen 3. bestimmen; voraussetzen 内容～形式 der Inhalt bestimmt die Form 4. entscheidend; ausschlaggebend ～因素 entscheidender Faktor ～性的胜利 entscheidender Sieg

决斗 juédòu 1. Duell; duellieren 2. Entscheidungskampf

决断 juéduàn 1. eine Entscheidung treffen; einen Entschluss (Beschluss) fassen; endgültig entscheiden 2. Entschluss; Entschlusskraft 这人很有～ der Mann hat große Entschlusskraft

决计 juéjì 1. fest entschlossen sein; sich definitiv entscheiden 2. bestimmt; auf jeden Fall

决口 juékǒu Durchbruch; Dammbruch

决裂 juéliè mit etw/jm brechen; das Tischtuch zwischen sich und jm zerschneiden; Bruch 与旧世界～ mit der alten Welt aufräumen (brechen)

决赛 juésài Finale; Entscheidungsspiel; Schlussrunde 进入～ ins Finale kommen

决算 juésuàn Schlussabrechnung; Rechnungsabschluss; Bilanz 年终～ Jahresbilanz

决心 juéxīn Entschluss; Entschlossenheit; fester Wille 下定～ entschlossen sein; einen Vorsatz fassen ～书 Verpflichtungsschreiben

决议 juéyì Resolution; Beschluss ～通过 eine Resolution annehmen

决战 juézhàn Entscheidungsschlacht; Entscheidungskampf; Entscheidungsgefecht

诀¹ jué →诀窍

诀² jué →诀别

诀别 juébié sich trennen; Lebewohl sagen; sich von jm scheiden

诀窍 juéqiào Kniff; Dreh; Sesam 成功的～ Schlüssel zum Erfolg; Erfolgsgeheimnis

抉 jué ausscheiden; aussondern

抉择 juézé auswählen; aussuchen 面临严重的～ vor der ernsten Wahl (Entscheidung) stehen

掘 jué graben ausschachten ～井 einen Brunnen (aus)graben

掘土机 juétǔjī Bagger; Exkavator

崛 jué emporragen; aufragen; herausragen

崛起 juéqǐ 1. emporragen; herausragen 2. sich erheben

倔 jué 另见 juè

倔强 juéjiàng hartnäckig; unbeugsam; widerspenstig

绝 jué 1. abbrechen; abschneiden 2. aufgebraucht; alle sein; zur (auf die) Neige gehen 法子都想～了 man hat alle Möglichkeiten in Erwägung gezogen / man weiß sich keinen Rat mehr 3. äußerst; höchst; im höchsten Grad ～早 in aller Frühe; sehr früh ～大多数 die meisten; die überwiegende (entscheidende) Mehrheit 4. →绝对 2 ～无此意 etw gar nicht im Sinn haben

绝笔 juébǐ letztes Werk (vor dem Tod geschrieben 或 gemalt)

绝壁 juébì steile Felswand; Bergwand; Steilabfall

绝代 juédài einzig; alleinzig; einmalig 才华～ eine einzigartige Begabung haben (besitzen)

绝顶 juédǐng 1. äußerst; absolut; sehr ～

J

聪明 äußerst klug 2. der höchste Gipfel
绝对 juéduì 1. absolut; unbedingt; unbeschränkt ～多数 absolute Mehrheit ～真理 absolute Wahrheit ～服从 unbedingter Gehorsam; Kadavergehorsam 2. absolut; völlig; bestimmt ～正确 ganz richtig; völlig recht; ex cathedra
绝后 juéhòu 1. ohne Nachkommenschaft; keine Nachkommen haben 2. nie wiederkehrend (wiederkommend)
绝迹 juéjì aussterben; verschwinden; nicht mehr vorhanden sein
绝技 juéjì außergewöhnliche (einzigartige) Fertigkeit
绝交 juéjiāo die Beziehung abbrechen; den Verkehr abbrechen; mit jm Schluss machen
绝境 juéjìng eine ausweglose Situation (Lage); Sackgasse 濒于～ in eine ausweglose Situation geraten; in eine Sackgasse geraten
绝句 juéjù eine alte chinesische Gedichtform 五言～ Gedicht aus vier Zeilen zu je fünf Schriftzeichen
绝路 juélù 1. Sackgasse 2. Ausweglosigkeit; keinen Ausweg bieten 走上～ sich zugrunde richten; zugrunde gehen; ins Verderben geraten und sterben
绝伦 juélún einzig und allein; unvergleichbar; unübertrefflich 荒谬～ absolut unsinnig; höchst absurd; in höchstem Grade absurd
绝密 juémì streng vertraulich; streng geheim; ein strenges Geheimnis
绝妙 juémiào ausgezeichnet; wundervoll; göttlich
绝命 juémìng (gezwungen) Selbstmord begehen (verüben) ～书 Abschiedsbrief (vor dem Selbstmord geschrieben)
绝食 juéshí Hungerstreik; die Nahrung verweigern 开始～ in den Hungerstreik treten
绝望 juéwàng verzweifelt; alle Hoffnungen aufgeben; aussichtslos ～的挣扎 verzweifelte Anstrengungen; ein verzweifelter Kampf
绝育 juéyù sterilisieren; Sterilisation
绝缘 juéyuán 1. isolieren; abtrennen; mit der Außenwelt keine Verbindung haben 2. isolieren; Isolation ～体 Isolator
绝症 juézhèng tödliche (unheilbare) Krankheit
绝种 juézhǒng aussterben; erlöschen ～的动物 eine ausgestorbene Tiergattung

蹶 juě

蹶子 juězi nach hinten ausschlagen (von einem Esel, Pferd) 尥～ ein Esel (ein Pferd) schlägt aus

倔 juè 另见 jué

widerspenstig; eigensinnig; halsstarrig 脾气～ schroffes Wesen haben; recht widerspenstig sein; ziemlich eigensinnig sein

军 jūn 1. Armee; Streitkräfte; Truppen 敌～ feindliche Armee; das feindliche Heer 2. Korps; Armee
军备 jūnbèi Rüstung 常规～ konventionelle Rüstung ～竞赛 Wettrüsten; Wettlauf der Rüstungen
军刀 jūndāo Säbel; Degen
军队 jūnduì Armee; Truppen (pl); Streitkräfte (pl)
军阀 jūnfá Militärmachthaber; Kriegsherr 北洋～ (früher) Warlords in Nordchina
军法 jūnfǎ Militärgesetz; Militärrecht ～处 Militärgerichtsabteilung
军费 jūnfèi militärische Ausgaben; Rüstungsausgaben 削减～ die Militärausgaben reduzieren
军服 jūnfú (militärische) Uniform
军港 jūngǎng Kriegshafen
军工 jūngōng Rüstungsindustrie; Kriegsindustrie
军官 jūnguān Offizier
军国主义 jūnguó zhǔyì Militarismus ～化 militarisieren
军火 jūnhuǒ Waffen; Waffen und Munition ～库 Waffenarsenal; Munitionslager ～商 Waffenhändler
军机 jūnjī militärische Belange; militärisches Geheimnis
军纪 jūnjì Militärdisziplin
军舰 jūnjiàn Kriegsschiff
军垦 jūnkěn Neuland durch eine Trupppeneinheit erschließen ～农场 Armeefarm
军礼 jūnlǐ militärischer Gruß; militärische Ehrenbezeigung 行～ salutieren
军龄 jūnlíng Dienstalter; die im Soldatendienst zugebrachten Jahre
军帽 jūnmào Dienstmütze; Militärmütze
军旗 jūnqí Kriegsflagge; Armeefahne; Panier
军情 jūnqíng militärische Lage (Situation)

军区 jūnqū Militärregion; Militärgebiet; Militärbezirk; Wehrbereich
军人 jūnrén Soldat; Militärperson; Armeeangehöriger 转业～ in einen Zivilberuf übergewechselter Armeeangehöriger
军容 jūnróng Auftreten und Benehmen von Soldaten
军士 jūnshì Unteroffizier
军事 jūnshì Militärangelegenheiten; Militärwesen; Militär ～基地 Militärbasis ～行动 militärische Aktion; Operation
军师 jūnshī Militärberater
军属 jūnshǔ Angehörige eines Soldaten bzw. Offiziers; Familienangehörige von Soldaten
军团 jūntuán Armeekorps; Heeresgruppe
军委 jūnwěi Militärkommission 中共中央～ die Militärkommission beim ZK der KP Chinas
军衔 jūnxián militärischer Rang; Dienstgrad
军饷 jūnxiǎng Sold
军械 jūnxiè Kriegsausrüstung; Kriegsgerät Waffen
军心 jūnxīn Kampfwille der Truppen; Kampfgeist der Armee; Moral der Truppen
军需 jūnxū 1. Heeresbedarf; Heeresversorgung; ～品 militärische Versorgungsgüter; Heeresbedarf 2. Zahlmeister; Quartiermeister; Furier
军训 jūnxùn militärisches Training; Militärausbildung
军医 jūnyī Militärarzt
军用 jūnyòng für militärischen Gebrauch; für militärische Zwecke ～地图 militärische Landkarte
军乐 jūnyuè Militärmusik ～队 Militärkappelle; Fanfarenzug; Musik
军长 jūnzhǎng Korpskommandeur; Armeekommandeur
军种 jūnzhǒng Teilstreitkraft; Truppengattung
军装 jūnzhuāng →军服

皲 jūn
皲裂 jūnliè (von Haut) rissig werden; Risse bekommen

均 jūn 1. gleich; in gleichem Maße; gleichmäßig 分得不～ etw ungleichmäßig verteilen; ungleichmäßige Verteilung 2. all; alles; ganz
均等 jūnděng Gleichheit 势力～ Gleichgewicht; Balance; ausgeglichenes Kräfteverhältnis
均势 jūnshì Gleichgewicht der Kräfte (Mächte)
均匀 jūnyún gleichmäßig; ebenmäßig; Gleichmaß 呼吸～ gleichmäßig (ruhig) atmen

钧 jūn Sie; Ihr ～座 Eure Exzellenz; Sie

菌 jūn 另见 jùn
1. Pilz; Schimmel 2. Bakterie; Bakterium
菌肥 jūnféi bakterieller Dünger
菌痢 jūnlì Dysenteriebazilläre

龟(龜) jūn 另见 guī
龟裂 jūnliè 1. trocken und rissig werden; Risse bekommen 2. Riss; Spalte 地面～ der Boden ist rissig geworden

君 jūn 1. →君主 2. in der Anrede = Sie; Herr 诸～ meine Herrschaften
君主 jūnzhǔ Monarch; Herrscher; Souverän ～立宪 konstitutionelle Monarchie ～国 Monarchie
君子 jūnzǐ Gentlemann; Edelmann ～协定 Gentleman's Agreement

菌 jùn 另见 jūn
Pilz; Champignon

浚(濬) jùn (aus)baggern; schlämmen ～河 einen Fluss ausbaggern

竣 jùn beenden; vollenden
竣工 jùngōng fertigstellen

峻 jùn 1. (von Berg) hoch; riesig; erhaben ～岭 hohes Gebirge 2. streng; hart
峻峭 jùnqiào hoch und steil

俊(²隽、儁) jùn 1. →俊秀 2. ein hochbegabter Mensch; ein hervorragend befähigter Mensch
俊杰 jùnjié ein hervorragend befähigter Mensch; ein vornehmer und begabter Mensch
俊秀 jùnxiù gutaussehend; schön; hübsch

骏 jùn →骏马
骏马 jùnmǎ Ross; edles Pferd

郡 jùn Präfektur

J

K

喀 kā Geräusch des Hustens (des Erbrechens)
喀嚓 kāchā Krach; Krachen; Knacks
咖 kā 另见 gā
咖啡 kāfēi 1. Kaffee; Samen des Kaffeebaumes 2. Kaffee; geröstete und gemahlene Kaffeebohnen 3. Kaffee; Getränk aus gemahlenen Kaffeebohnen
咖啡馆 kāfēiguǎn Café; Kaffeehaus
咖啡碱 kāfēijiǎn Koffein; Coffein; Tein
卡[1] kǎ 另见 qiǎ
blockieren; zurückhalten; stehengeblieben sein
卡[2] kǎ 另见 qiǎ
→卡路里
卡宾枪 kǎbīngqiāng Karabiner
卡车 kǎchē Lastwagen; Lastkraftwagen (缩写 Lkw, LKW)
卡尺 kǎchǐ Messschieber; Messkluppe
卡介苗 kǎjièmiáo BCG-Vakzine
卡拉OK kǎlā OK Karaoke
卡路里 kǎlùlǐ Kalorie
卡片 kǎpiàn Karte
卡其 kǎqí Khaki
卡钳 kǎqián Tastzirkel; Greifzirkel
卡通 kǎtōng 1. Zeichentrickfilm 2. Karikatur; Zerrbild
咯 kǎ 另见 gē aushusten; durch Husten ausspeien
咯血 kǎxiě Blut husten; Bluthusten; Haemoptysis
开[1] **(開)** kāi 1. öffnen; aufmachen ～窗 das Fenster öffnen (aufmachen) ～锁 das Schloss aufschließen 2. eine Öffnung machen; erschließen ～沟 Furchen graben (ziehen) ～路 einen Weg bahnen (ebnen) 3. sich öffnen; sich entfalten; aufblühen 花蕾～了 die Knospen entfalten sich (öffnen sich, blühen auf) 4. →开河 1 5. aufheben; für ungültig erklären ～禁 ein Verbot aufheben 6. in Gang bringen; in Bewegung setzen; bedienen ～机器 eine Maschine in Gang bringen; eine Maschine anstellen (einschalten) ～汽车 Auto fahren 7. →开拔 8. →开办 ～店 einen Laden eröffnen (aufmachen) 9. beginnen; anfangen ～讲 mit einer Vorlesung beginnen 10. abhalten; veranstalten ～座谈会 eine Aussprache führen 11. schreiben; ausstellen ～发票 eine Quittung ausstellen (schreiben) 12. sieden; kochen 水～了 das Wasser siedet / das Wasser ist gekocht 13. Prozentsatz; im Verhältnis 三七～ im Verhältnis von drei zu sieben 14. Papierformat 十六～ Sedezformat
开[2] **(開)** kāi Karat 十八～金 achtzehnkarätiges Gold
开[3] **(開)** kāi 1. fortgehen; verlassen 走～! Fort mit dir (euch)! / Weg! 2. fassen; enthalten; aufnehmen 这房间小，人多了坐不～ das Zimmer ist klein, viele Leute kann es nicht fassen
开拔 kāibá abmarschieren; abrücken; den Abmarsch antreten
开办 kāibàn errichten; gründen; einrichten
开本 kāiběn Format
开标 kāibiāo den Zuschlag erteilen; jm den Zuschlag geben; ein Angebot auswählen
开采 kāicǎi abbauen; fördern; ausbeuten
开诚布公 kāi chéng bù gōng etw frank und frei aussprechen
开除 kāichú ausschließen; ausstoßen; entlassen ～党籍 jn aus der Partei ausschließen (ausstoßen)
开创 kāichuàng gründen; ins Leben rufen; einleiten
开刀 kāidāo 1. operieren; schneiden 给病人～ einen Kranken operieren 2. jn als

erste(n) bestrafen (maßregeln)
开导 kāidǎo jn eines Besseren belehren; jn zur Vernunft bringen
开动 kāidòng 1. etw in Gang bringen (setzen); starten ～脑筋 über etw nachdenken 2. abmarschieren; abrücken; den Abmarsch antreten
开冻 kāidòng auftauen; schmelzen
开端 kāiduān Anfang; Beginn; Anbeginn 良好～ ein guter Anfang; etw lässt sich gut an
开发 kāifā nutzbar machen; erschließen; entwickeln 智力～ die Intelligenz (geistige Fähigkeit) entwickeln 工业～区 Industriepark
开饭 kāifàn 1. Essen servieren; den Tisch decken 2. Essen anbieten (bereitstellen); Essenstunde (Essenszeit) (in der Kantine oder Mensa)
开方 kāifāng Radizieren; Wurzelziehen
开放 kāifàng 1. blühen; sich öffnen; aufblühen 百花～ viele Blumen stehen in voller Blüte 2. für die Öffentlichkeit freigeben ～政策 Öffnungspolitik; Politik der Öffnung nach außen
开工 kāigōng 1. in Betrieb nehmen 2. aufbauen; bauen; im Bau sein
开关 kāiguān 1. Elektroschalter; Stromschalter 2. Ventil 自来水～ Wasserhahn
开国 kāiguó Staat gründen ～大典 Gründungszeremoniell
开河 kāihé auftauen; schmelzen
开河 kāihé einen Kanal bauen
开花 kāihuā 1. blühen; offene Blüte haben 2. gedeihen; rege sein 先进经验遍地～ die fortgeschrittenen Erfahrungen sind überall auf dem Vormarsch
开化 kāihuà zivilisiert; kultiviert
开荒 kāihuāng Ödland urbar machen; Neuland erschließen
开会 kāihuì eine Versammlung (Sitzung) abhalten
开火 kāihuǒ das Feuer eröffnen; zu kämpfen (an der Front) beginnen
开禁 kāijìn ein Verbot aufheben
开课 kāikè 1. Schulanfang; Schulbeginn 2. einen Kursus abhalten (geben)
开垦 kāikěn urbar machen; kultivieren; roden ～荒地 Ödland urbar machen; Neuland erschließen
开口 kāikǒu 1. den Mund auftun (aufmachen); zu sprechen beginnen ～说话 den Mund zum Sprechen öffnen 2. die Klinge eines neuen Messers schleifen
开矿 kāikuàng Bodenschätze abbauen; Bergwerk ausbeuten
开阔 kāikuò 1. weit; ausgedehnt; breit ～地带 übersichtliche Gelände 2. →开朗 2 3. erweitern; verbreitern ～眼界 das Blickfeld (den Horizont) erweitern; den Gesichtskreis vergrößern
开朗 kāilǎng 1. weit und klar; geräumig und hell 2. optimistisch; zuversichtlich; heiter 性格～ von heiterem Wesen sein; ein fröhliches Naturell haben
开列 kāiliè aufstellen; spezifizieren ～清单 eine Liste anlegen (aufstellen, führen)
开门 kāimén 1. geöffnet sein (Laden) 2. die Tür öffnen (aufmachen) ～整风 den Arbeitsstil nach dem Prinzip der offenen Tür verbessern
开门见山 kāi mén jiàn shān direkt zum Thema kommen; kein Blatt vor den Mund nehmen; ohne Umstände
开明 kāimíng aufgeklärt; fortschrittlich ～绅士 aufgeklärte Gentry
开幕 kāimù 1. der Vorhang geht auf; den Vorhang aufziehen 2. eröffnen; beginnen ～式 Eröffnungszeremonie 致～词 eine Eröffnungsrede halten
开炮 kāipào 1. Geschütze abfeuern 2. scharfe Kritik üben
开辟 kāipì 1. eröffnen; erschließen; bahnen ～水上航线 eine Schifffahrtslinie eröffnen 2. →开发
开枪 kāiqiāng mit einem Gewehr schießen; abfeuern; abgeben
开窍 kāiqiào 1. Verständnis haben; den Knopf auftun; auf den Trichter kommen 2. zu verstehen beginnen
开设 kāishè 1. gründen; eröffnen; etablieren 2. abhalten ～新课 einen neuen Kurs abhalten
开始 kāishǐ 1. beginnen; anfangen 2. sich an etw machen; etw in Angriff nehmen; beginnen ～一项新的工作 sich an eine neue Arbeit machen; mit einer neuen Arbeit beginnen 3. Anfang; Anfangsstadium; Beginn 一～ von (allem) Anfang an
开水 kāishuǐ abgekochtes Wasser; siedendes Wasser
开司米 kāisīmǐ Kaschmir
开通 kāitōng aufgeklärt; fortschrittlich; nicht von gestern sein

开头 kāitóu 1. →开始 1 2. den Anfang machen 请你先开个头儿 Machen Sie bitte den Anfang! 3. →开始 3

开脱 kāituō rechtfertigen; freisprechen; für jn Rechtfertigung suchen ～罪名 jn von einer Schuld befreien

开拓 kāituò erschließen; urbar machen; bahnen ～道路 einen Weg bahnen

开外 kāiwài über; mehr als 他已四十～了 er ist über 40 Jahre alt

开销 kāixiāo 1. Kosten (Ausgaben) bestreiten 2. Kosten; Ausgaben; finanzielle Aufwendungen 零用～ geringfügige Beträge für kleine persönliche Ausgaben; kleine Ausgaben

开小差 kāixiǎochāi 1. desertieren; Desertion; Fahnenflucht 2. sich nicht konzentrieren; zerstreut sein 思想～ zerstreut sein; geistesabwesend sein

开心 kāixīn 1. sich freuen; sich ergötzen; in Stimmung kommen (geraten) 2. sich über jn lustig machen; jn zum Narren halten (haben)

开学 kāixué Schulbeginn; Schulanfang ～典礼 Feier zum Semesterbeginn

开演 kāiyǎn Vorstellung (Vorführung) beginnen

开业 kāiyè 1. ein Geschäft eröffnen 2. eine Praxis ausüben (von einem Rechtsanwalt, Arzt usw.); sich (als Anwalt, Arzt usw.) niederlassen

开斋 kāizhāi 1. wieder fleischliche Kost zu sich nehmen 2. Ende des Ramadan

开展 kāizhǎn 1. entfalten; entwickeln ～竞赛 einen Wettbewerb entfalten ～批评和自我批评 Kritik und Selbstkritik üben 2. entwickeln; wachsen 3. aufgeschlossen; fortschrittlich 政治上～ aufgeschlossen im politischen Bewusstsein

开战 kāizhàn Kampfhandlungen beginnen; Kampf eröffnen; Krieg führen

开张 kāizhāng 1. Geschäft eröffnen; das Geschäft tut sich auf 2. erster Geschäftsabschluss von einem Tag

开账 kāizhàng 1. eine Rechnung aufstellen (ausstellen) 2. eine Rechnung bezahlen

开支 kāizhī 1. ausgeben; bezahlen 2. Ausgaben; Kosten; Kostenaufwand 日常～ laufende Ausgaben 节省～ Ausgaben ersparen/einschränken

锎 kāi Kalifornium (Cf)

揩 kāi wischen ～眼泪 sich die Augen wischen; sich/jm die Tränen abwischen

揩油 kāiyóu sich auf Kosten von jm (vom Staat) Vorteile verschaffen; abstauben

慨(²嘅) kǎi 1. entrüstet; empört; indigniert 2. →慨然 1 3. →慨然 2

慨然 kǎirán 1. tief gerührt; tief ergriffen; tiefbewegt ～长叹 tief ergriffen seufzen 2. großzügig; freigebig; großmütig ～相赠 jm etw großzügig schenken; großzügig im Schenken sein

慨叹 kǎitàn aus tiefster Seele seufzen; tief ergriffen seufzen

楷 kǎi 1. →楷模 2. →楷书

楷模 kǎimó Muster; Vorbild

楷书 kǎishū Normalschrift

铠(鎧) kǎi →铠甲

铠甲 kǎijiǎ Panzer; Panzerhemd

凯(凱) kǎi siegreich; triumphierend

凯歌 kǎigē Siegeslied; Triumphlied; Triumphgesang

凯旋 kǎixuán siegreiche Heimkehr; im Triumpf einziehen ～门 Triumphbogen; Ehrenpforte; Siegestor

刊(栞) kān 1. drucken; veröffentlichen; herausgeben 2. Zeitschrift; Magazin; Periodika 双月～ Zweimonatsschrift 3. berichtigen; korrigieren ～误 Druckfehler berichtigen

刊登 kāndēng →刊载 ～广告 Inserate aufgeben; Inserate in die Zeitung setzen; Anzeigen einrücken

刊物 kānwù Zeitschrift; Magazin; Publikation 定期～ periodische Publikation; regelmäßig erscheinende Veröffentlichung

刊印 kānyìn publizieren

刊载 kānzǎi abdrucken; einrücken

堪 kān 1. können; gewachsen sein ～当重任 einer wichtigen Aufgabe gewachsen sein 2. ertragen; ausstehen 不～一击 schon beim ersten Schlag zusammenbrechen; keinerlei Kritik vertragen

戡 kān niederwerfen; unterdrücken ～乱 Niederwerfung der Rebellion; einen Aufruhr unterdrücken

勘 kān 1. einen Text mit dem Original vergleichen; kollationieren; Korrekturlesen 2. →勘察

勘察 kānchá prospektieren; Suche nach Bodenschätzen

勘探 kāntàn schürfen; durchforschen; ～金矿 nach Gold schürfen

勘误 kānwù Druckfehler berichtigen; Fehler in einer Schrift berichtigen ～表 Druckfehlerverzeichnis; Korrigenda

龛（龕） kān Gebetsnische 佛～ Nische mit Buddhastatue

看 kān 另见 kàn

1. →看管 2, 看护 1 ～门 das Tor bewachen; den Eingang bewachen 2. →看押

看管 kānguǎn 1. überwachen; unter Aufsicht halten 2. für etw sorgen; auf etw achten（aufpassen）～行李 auf das Gepäck achten

看护 kānhù 1. pflegen ～病人 einen Kranken pflegen 2. Krankenschwester; Krankenpflegerin（Krankenpfleger）; Krankenwärter

看守 kānshǒu 1. bewachen; unter Aufsicht nehmen 2. →看管 1 ～所 Untersuchungsgefängnis 3. Gefängniswärter; Aufseher

看守内阁 kānshǒu nèigé geschäftsführendes Kabinett; Übergangskabinett

看押 kānyā jn in Gewahrsam nehmen（bringen, setzen）

侃 kǎn aufrichtig und redlich; standhaft und freimütig

侃侃 *kǎnkǎn mit voller* Berechtigung; mit Fug und Recht ～而谈 selbstbewusst und ruhig reden; offen und kühn sprechen

坎（²埳） kǎn 1. Bodenerhöhung 2. Grube; Unebenheit

坎肩 kǎnjiān ärmellose Jacke

坎坷 kǎnkě 1. uneben; holperig; rumpelig 2. voller Frustration; voller Enttäuschung ～一生 ein Leben voller Frustration

砍 kǎn hauen; fällen; schlagen ～柴 Holz zuhauen; Holz scheiten

砍伐 kǎnfá fällen; schlagen; abholzen ～森林 einen Wald schlagen

看 kàn 另见 kān

1. sehen; ansehen; schauen ～电影 sich einen Film ansehen ～书 ein Buch lesen 2. ansehen; betrachten; beurteilen 从长远观点～问题 auf lange Sicht gesehen; langfristig an Probleme herangehen 3. →看望 ～朋友 Freunde besuchen 4. →看待 另眼相～ jn/etw mit anderen Augen sehen; jn/etw besonders einschätzen 5. behandeln; untersuchen ～眼睛 Augenkrankheit behandeln 6. →看顾 7. mal（versuchen）尝尝～ Probieren Sie mal 你想想～ Denk mal! Stell dir mal vor!

看病 kànbìng 1. Patienten behandeln 2. zum Arzt gehen; in die Sprechstunde gehen 去医院～ zur Behandlung ins Krankenhaus gehen

看不起 kàn bu qǐ verachten; geringachten; jn über die Schulter ansehen

看穿 kànchuān 1. durchschauen; erkennen, was dahintersteckt 2. etw genau erkennen und nichts Besonderes drin finden; von etw genug haben 他什么都～了 er blieb gleichgültig gegen alles / er betrachtete alles pessimistisch

看待 kàndài sehen; behandeln 一律～ in gleicher Weise behandeln; alle ohne Unterschied behandeln; alles über einen Kamm scheren

看到 kàndào erblicken; erschauen; einsehen ～自己的缺点 seine eigenen Fehler einsehen（erkennen）

看得起 kàn de qǐ hochachten; hochschätzen

看法 kànfǎ Ansicht; Meinung; Standpunkt

看顾 kàngù für jn sorgen; sich um jn kümmern; pflegen ～孩子 für die Kinder sorgen; Kinder pflegen

看见 kànjiàn sehen; schauen 什么也没～ nichts gesehen

看齐 kànqí 1. sich ausrichten; Richt't euch! 向右～! Augen rechts! 2. sich jn zum Vorbild nehmen; in jm ein Vorbild sehen; js Beispiel folgen 向先进工作者～ die Modellarbeiter zum Vorbild nehmen; sich an den Modellarbeitern ein Beispiel nehmen

看台 kàntái Zuschauertribüne

看透 kàntòu durchschauen; Röntgenaugen

K

machen
看望 kànwàng besuchen; sich bei jm sehen lassen
看中 kànzhòng ein Auge auf etw/jn werfen; an etw/jm Gefallen finden (haben); jn auf dem Kieker haben

康 kāng →康健
康采恩 kāngcǎiēn Konzern
康复 kāngfù wieder gesund; (wieder) wohlauf sein; Genesung
康健 kāngjiàn gesund; bei guter Gesundheit
康乐 kānglè Frieden und Glück (Fröhlichkeit); Wohlergehen ～球 das chinesische Billard
康庄大道 kāng zhuāng dà dào breiter Weg; eine breite und ebene Straße

慷(忼) kāng
慷慨 kāngkǎi 1. leidenschaftlich; temperamentvoll; inbrünstig ～激昂 von gerechter Empörung gepackt; von Leidenschaft bewegt 2. großzügig; freigebig; gerne geben ～解囊 freigebig spenden; die Spendierhosen anhaben

糠(穅) kāng 1. Spreu; Kleie; Spelze 2. holzig; innen ausgetrocknet

扛 káng 另见 gāng
auf der Schulter tragen; schultern; schleppen ～着枪 ein Gewehr schultern; ein Gewehr auf der Schulter tragen

亢 kàng übermäßig; übertrieben; äußerst
亢进 kàngjìn Überfunktion; Hyperfunktion

炕 kàng *Kang* (gemauertes heizbares Bett)

抗 kàng 1. Widerstand leisten; gegen jn/etw kämpfen; sich widersetzen ～灾 Naturkatastrophen bekämpfen 2. verweigern; trotzen; Trotz (Widerstand) bieten ～租 Grundsteuer- und Abgabenzahlungen verweigern
抗暴 kàngbào Kampf gegen Tyrannei; Kampf gegen Gewalttaten
抗辩 kàngbiàn widersprechen; mit Worten widerstehen; Einrede
抗毒素 kàngdúsù Antitoxin
抗旱 kànghàn Dürre (Trockenheit) bekämpfen
抗衡 kànghéng sich mit jm messen können; in einer Reihe mit jm stehen; mit jm punktgleich sein
抗击 kàngjī sich widersetzen; Widerstand leisten; zurückschlagen
抗拒 kàngjù trotzen; Trotz (Widerstand) bieten; sich widersetzen
抗菌素 kàngjūnsù Antibiotikum
抗日战争 kàng Rì zhànzhēng Widerstandskrieg gegen die japanische Aggression (1937—1945)
抗议 kàngyì protestieren; Einspruch erheben 严重～ ein strenger (或 heftiger) Protest

钪 kàng Skandium (Sc)

伉 kàng Gleichheit; passen; entsprechen
伉俪 kànglì Ehegatten; Ehepaar

考[1](攷) kǎo 1. →考试 ～大学 die Aufnahmeprüfung für die Hochschule machen 2. →考核

考[2] kǎo verstorbener (seliger) Vater 先～ js verstorbener (seliger) Vater
考查 kǎochá überprüfen; kontrollieren; eingehend untersuchen
考察 kǎochá 1. untersuchen; durchforschen; inspizieren 南极～队 Südpolarexpedition 2. sorgfältig und eingehend beobachten
考场 kǎochǎng Prüfungssaal; Prüfungsraum
考古 kǎogǔ 1. archäologisches Studium; Altertumsforschung 2. →考古学
考古学 kǎogǔxué Archäologie
考核 kǎohé überprüfen; untersuchen; prüfen ～干部 Kader einer Prüfung unterziehen
考究 kǎojiu 1. beobachten und studieren; erforschen; nachforschen 2. großen Wert auf etw legen; etw für sehr wichtig halten 3. anspruchsvoll; geschmackvoll; wählerisch 他衣着～ er kleidet sich betont elegant / er ist geschmackvoll gekleidet
考卷 kǎojuàn Prüfungsarbeit; Examensarbeit; Prüfungsbogen
考拉 kǎolā Koala
考虑 kǎolǜ nachdenken; sich überlegen; erwägen ～问题 über eine Frage nachdenken
考评 kǎopíng Bewertung; Beurteilung
考勤 kǎoqín die Anwesenheit bei der Arbeit

(beim Lernen) überprüfen ～卡 Kontrollkarte; Stechkarte
考取 kǎoqǔ die Aufnahmeprüfung bestehen ～大学 in die Universität aufgenommen werden
考生 kǎoshēng Prüfling; Examinand; Prüfungskandidat
考试 kǎoshì Prüfung; Examen 毕业～ Abschlussprüfung
考验 kǎoyàn prüfen; erproben 经受～ eine Prüfung überstehen
考证 kǎozhèng Textkritik
烤 kǎo backen; rösten; braten ～鸭 Bratente
烤火 kǎohuǒ sich am Feuer wärmen
烤烟 kǎoyān im Rauch getrockneter Tabak
拷 kǎo →拷打
拷贝 kǎobèi Kopie; kopieren
拷打 kǎodǎ foltern; prügeln; schlagen 严刑～ jn der harten Folter unterwerfen
拷问 kǎowèn jn mit Fragen foltern; jn unter Foltern verhören
铐 kào 1. Handschellen; Handfesseln; Schellen 2. fesseln; einem Gefangenen Schellen anlegen
靠 kào 1. sich an (auf, gegen) etw lehnen; sich anlegen 2. etw an (gegen) etw lehnen; etw lehnt an etw 你把梯子～在墙上 du lehnst die Leiter an die Wand 3. →靠近;靠拢～桌子站着 am Tisch stehen 船～岸 das Schiff legte am Ufer an / das Schiff landet 4. von jm/etw leben; auf jn/etw angewiesen sein ～集体的力量 gestützt auf kollektive Arbeit 5. vertrauen; sich auf jn/etw verlassen 他这人～得住 er ist zuverlässig 这消息～不住 diese Nachricht ist unzuverlässig / diese Nachricht steht auf schwachen Beinen
靠背 kàobèi Lehne; Rückenlehne
靠近 kàojìn 1. nahe sein; in der Nähe; nahe bei 2. →靠拢
靠拢 kàolǒng aufschließen; zusammenrücken 坐得～一些 den Sitz (Stuhl) ein bisschen heranrücken
靠山 kàoshān Schutzherr; Schutzpatron; Rückendeckung 有～ Konnexionen haben
靠手 kàoshǒu Armlehne; Seitenlehne
犒 kào →犒劳
犒劳 kàoláo belohnen; mit Speisen und Getränken bewirten, um ihm für geleistete Dienste zu danken
犒赏 kàoshǎng bewirten und beschenken; für geleistete Dienste belohnen (auszeichnen)
颏 kē Kinn
磕(搕) kē 1. stoßen 手上～破一块皮 die Hand schrammte sich 2. →磕打
磕打 kēda klopfen; ausklopfen ～烟袋锅儿 die Pfeife ausklopfen
磕磕撞撞 kēkezhuàngzhuàng taumeln; schwankend gehen; stolpern
磕头 kētóu Kotau; einen (seinen) Kotau machen; mit der Stirn auf den Boden schlagen (verehren nach alter chinesischer Art)
瞌 kē
瞌睡 kēshuì schläfrig; einnicken; Dämmerschlaf 打～ vor sich hin dösen; ein Nickerchen (Nickerlein) machen; schlummern
疴 kē Krankheit 沉～ eine schwere Krankheit
珂 kē jadeähnlicher Stein
珂罗版 kēluóbǎn Kollotypplatte
苛 kē →苛刻
苛待 kēdài streng und hart behandeln; zu streng mit jm verfahren
苛捐杂税 kējuān záshuì drückende Steuern und vielfältige (unzählige) Abgaben
苛刻 kēkè zu streng; hart; gepfeffert 待人～ jn rücksichtslos (erbarmungslos) behandeln; zu streng mit den anderen verfahren
苛求 kēqiú übertriebene Forderungen stellen; zu viel verlangen
柯 kē Ast; Stengel; Halm
柯尔克孜族 kē'ěrkèzīzú Xirgisen-Nationalität (in der Provinz Xinjiang)
窠 kē Nest; Bau; Höhle 狗～ Hundehütte
窠臼 kējiù konventionelle Form 不落～ sich über den alten Stil hinwegsetzen; die ausgetretenen Pfade verlassen

K

棵 kē (Zähleinheitswort): 一～树 ein Baum

颗 kē (Zähleinheitswort für Perlen, Bohnen, Körner u. a.): 一～珠子 eine Perle

颗粒 kēlì 1. kleiner und runder Gegenstand; Kügelchen ～肥料 granulierter Kunstdünger 2. Körnchen; Korn ～归仓 das Getreide bis auf das letzte Korn in die Scheune einbringen

髁 kē Kondylus; Gelenkhöcker

稞 kē Hochlandgerste

稞麦 kēmài Hochlandgerste

科[1] kē 1. Wissensgebiet; Fach; Lehrfach 理～ Naturwissenschaft 文～ Geisteswissenschaft 2. Abteilung 总务～ Abteilung für allgemeine Angelegenheiten 3. Familie 猫～ die Familie der Katzen

科[2] kē verurteilen; ein Urteil fällen ～以罚金 jn mit einer Geldstrafe belegen

科班 kēbān reguläre Berufsausbildung ～出身 beruflich ausgebildet

科幻 kēhuàn Science-fiction ～小说作家 science-fiction-Autor

科技 kējì Wissenschaft und Technik ～界 wissenschaftliche und technische Fachkreise

科教片 kējiàopiàn populärwissenschaftliche Filme; Filme zur wissenschaftlichen Bildung

科举 kējǔ kaiserliche Examen

科目 kēmù 1. Lehrfach; Sachgebiet; Disziplin 必修～ obligatorisches Lehrfach 2. Überschrift; Rechnung; Konto 会计～ Überschrift in einer Buchführung

科普 kēpǔ Populärwissenschaft ～工作 populärwissenschaftliche Arbeit

科学 kēxué 1. Wissenschaft ～实验 wissenschaftliches Experiment ～家 Wissenschaftler ～院 Akademie der Wissenschaften 2. wissenschaftlich ～分析 wissenschaftliche Analyse ～共产主义 wissenschaftlicher Kommunismus

科研 kēyán Wissenschaft und Forschung ～人员 wissenschaftliches Forschungspersonal ～中心 wissenschaftliches Forschungszentrum

蝌 kē

蝌蚪 kēdǒu Kaulquappe

咳 ké →咳嗽 干～ Husten ohne Auswurf; trockener Husten

咳嗽 késou husten

壳(殼) ké 另见 qiào

Schale; Hülse; Hülle 蛋～ Eierschale 子弹～ Patronenhülse; Geschosshülse

渴 kě durstig; Durst ～得难受 von Durst gepeinigt; quälender Durst

渴念 kěniàn Sehnsucht haben; an jn/etw denken; vermissen

渴求 kěqiú auf etw spitzen; sehnlich nach jm/etw verlangen

渴望 kěwàng sich nach jm/etw sehnen; nach jm/etw dürsten; nach etw hungern (es hungert jn nach etw) ～幸福 sich nach Glück sehnen; es hungert jn nach Glück

可[1] kě 另见 kè

1. billigen; gutheißen 不加～否 weder ja noch nein sagen; ohne jede Stellungnahme 2. →可以 ～望丰收 mit einer reichen Ernte rechnen; eine gute Ernte versprechen ～有～无 nicht unbedingt notwendig; nicht unentbehrlich 3. wert sein; sich lohnen 这部电影～看 es lohnt (sich), diesen Film zu sehen

可[2] kě 另见 kè

1. →可是 他个头虽小，力气～不小 er ist klein, (dafür) aber sehr stark 2. (zur Verstärkung): 他～真忙 er ist wirklich sehr beschäftigt 3. (mit einer Gegenfrage antworten): 都这样说，～谁见过呢? Alle erzählen es so, aber wer hat es denn gesehen? 4. (zur Verstärkung in den Fragesätzen): 我说的话你～懂? Hast du denn mich (meine Worte) verstanden?

可爱 kě'ài liebenswert; sympathisch; liebenswürdig

可耻 kěchǐ schändlich; schmählich; ehrlos

可持续发展 kěchíxù fāzhǎn nachhaltige Entwicklung

可的松 kědìsōng Cortison

可观 kěguān 1. sehenswert; sehenswürdig 2. beträchtlich; erheblich; ansehnlich 成绩很～ die Leistungen sind beträchtlich

可见 kějiàn 1. sichtig; sichtbar 隐约～ etw zeichnet sich schemenhaft ab ～度 Sicht; Sichtbarkeit 2. daraus ist ersichtlich, dass . . .; daraus kann man ersehen; dass . . . 由此～ daraus kann man ersehen, dass . . .; daran ist zu erkennen, dass . . .

可卡因 kěkǎyīn Kokain

可靠 kěkào 1. zuverlässig; verlässlich; vertrauenswürdig 为人～ ein vertrauenswürdiger (zuverlässiger) Mensch 2. wahr und verlässlich; zuverlässig ～的消息 eine zuverlässige Nachricht

可可 kěkě 1. Kakao; Kakaobaum; Kakaobohne 2. Kakao 一罐～ eine Büchse (Dose) Kakao 3. Kakao 牛奶～ Kakao mit Milch

可口 kěkǒu schmackhaft; gut schmeckend; lecker

可口可乐 kěkǒu kělè Coca-Cola

可怜 kělián 1. bemitleidenswert; Mitleid erregend; bedauernswert ～相 ein Mitleid erregendes Aussehen; eine Duldermiene 2. bemitleiden; sich erbarmen 3 erbärmlich; armselig; kläglich 少得～ erbärmlich (kläglich) wenig

可能 kěnéng 1. können; möglich; in der Lage sein ～会这样 es mag sein, dass es so ist ～性 Möglichkeit; Wahrscheinlichkeit 2. Möglichkeit; Possibilität 有～ es kann (mag) sein; es ist möglich 3. wahrscheinlich; vielleicht; möglicherweise 明天～要下雨 morgen wird es vielleicht regnen

可怕 kěpà furchtbar; schrecklich; ängstlich

可巧 kěqiǎo zur rechten Zeit; gerade recht; wie es der Zufall will

可取 kěqǔ 1. annehmbar; ratsam 他的意见完全～ seine Meinung ist völlig beachtenswert 2. wünschenswert; erwünscht 毫无～之处 gar nichts Positives enthalten; völlig unempfehlenswert

可是 kěshì aber; jedoch; allerdings 该去, ～我不想去 ich soll dorthin gehen, aber ich will nicht

可视电话 kěshì diànhuà Bildtelefon

可恶 kěwù abscheulich; verflixt; hässlich

可惜 kěxī leider; bedauernswert; schade

可喜 kěxǐ erfreulich; freudig; ermutigend ～的成就 erfreuliche Erfolge

可笑 kěxiào lächerlich; komisch; ulkig

可行 kěxíng durchführbar; realisierbar; möglich

可疑 kěyí verdächtig; verdachterregend; fragwürdig 形迹～的人 Verdächtge(r)

可以[1] kěyǐ 1. können; möglich 我～帮助你 ich kann dir helfen 2. dürfen; erlaubt sein 我～进来吗? Darf ich eintreten?

可以[2] kěyǐ 1. es geht; nicht schlecht 这篇文章写得还～ dieser Artikel ist nicht schlecht geschrieben 2. furchtbar; schrecklich 你这张嘴真～ du hast eine scharfe (spitze) Zunge / du führst spitze (scharfe) Rede

可憎 kězēng hassenswert; verabscheuenswert; widerlich

刻 kè 1. schnitzen; schneiden ～图章 einen Stempel schnitzen (schneiden) 2. eine Viertelstunde 一点一～ ein Viertel nach eins; Viertel zwei 3. Augenblick; Moment 此～ im Augenblick; im Moment 4. →刻薄

刻板 kèbǎn 1 Druckplatten anfertigen (herstellen) 2. mechanisch; steif; starr ～公式 Schablone

刻薄 kèbó hartherzig; unbarmherzig; bissig 为人～ unbarmherzig sein 说话～ mit Sarkasmus sprechen; eine scharfe Zunge haben

刻毒 kèdú boshaft; gehässig; gallig

刻度 kèdù Gradeinteilung; Skaleneinteilung ～盘 Skala; Skalenscheibe

刻骨 kègǔ tiefverwurzelt; eingefleischt; unvergesslich ～的仇恨 tief eingefressener (eingewurzelter) Hass ～铭心 sich etwas ins Gedächtnis einprägen; etw nie vergessen

刻画 kèhuà charakterisieren; schildern; darstellen ～入微 etw bis ins kleinste Detail schildern

刻苦 kèkǔ 1. fleißig; beharrlich ～钻研 fleißig und intensiv studieren; sich intensiv in etw vertiefen 2. sparsam und bescheiden; schlicht 生活～ sparsam und bescheiden leben; ein schlichtes Leben führen

刻意 kèyì sein Gehirn anstrengen; angestrengt nachdenken ～经营 sein Gehirn anstrengen, einen Betrieb oder eine Firma zu führen; etw mit großer Mühe und sorgfältig auf die Beine stellen

溘 kè plötzlich; unerwartet; mit einem Mal ～逝 plötzlich und unerwartet ver-

K

scheiden

嗑（齣） kè etw mit den Zähnen knacken ～瓜子儿 Melonenkerne aufknacken

克[1]（[3 4]剋、尅） kè 1. können; vermögen; fähig sein 不～分身 sich nicht zerreißen können 2. →克服；克制 3. überwältigen; bezwingen; meistern ～敌 Feind bezwingen 4. verdauen ～食 die Verdauung fördern

克[2]（剋、尅） kè eine Frist streng bestimmen (festsetzen) ～期动工 eine Frist für den Beginn des Baues bestimmen (festsetzen)

克[3] kè Gramm

克服 kèfú 1. bezwingen; überwinden; besiegen ～困难 die Schwierigkeiten überwinden 2. →克制

克己 kèjǐ 1. sich beherrschen; sich zurückhalten; Selbstbeherrschung üben ～奉公 Selbstaufopferung für das Gemeinwohl; sich uneigennützig für das Gemeinwohl aufopfern 2. preisgünstig; billig 卖价～ unterm Preis verkaufen; der Verkaufspreis ist günstig 3. sparsam; haushälterisch

克扣 kèkòu abzwacken; abknappen

克拉 kèlā Karat

克里姆林宫 Kèlǐmǔlín Gōng Kreml

克隆 kèlóng klonen; klonieren; Klon ～羊 Klonschaf

克罗地亚语 kèluódìyàyǔ Kroatisch

克制 kèzhì sich beherrschen; sich zurückhalten; im Zaum(e) halten ～自己 an sich halten; sich bemeistern; seine Selbstbeherrschung bewahren

氪 kè Krypton(Kr)

可 kè 另见 kě

可汗 kèhán Khan

课[1] kè 1. Unterricht; Vorlesung 授～ Unterricht erteilen (geben); ein Kolleg (ab) halten 2. Fach; Kursus; Kurs 必修～ obligatorisches Fach; pflichtfach 3. →课时 4. Lektion; Lehrbuchabschnitt 这本教科书共有二十五～ dieses Lehrbuch hat insgesamt 25 Lektionen 5. Unterabteilung

课[2] kè 1. Steuer; Abgaben 2. einziehen; erheben; besteuern ～税 Steuern einziehen (erheben); etw mit einer Steuer belegen

课[3] kè Orakel; Wahrsagung; Prophezeiung

课本 kèběn Lehrbuch; Schulbuch 自修～ autodidaktische Lehrbücher; Lehrbücher zum Selbststudium

课程 kèchéng Lehrgang; Kurs; Kursus ～设置 Lehrprogramm

课时 kèshí Stunde; Lehrstunde; Schulstunde

课堂 kètáng Schulzimmer; Klassenraum; Hörsaal ～讨论 Seminar; Kolloquium

课题 kètí Thema; Objekt; Problem

课文 kèwén Text

锞 kè kleiner Gold- oder Silberbarren 金～ kleiner Goldbarren

骒 kè

骒马 kèmǎ Stute; weibliches Pferd

客 kè 1. →客人 2. Passagier; Reisende(r) ～船 Fahrgastschiff; Passagierschiff; Passagierdampfer 3. Fremde(r); im fremden Land leben ～籍 Siedler (aus einer anderen Provinz) 4. Kunde; Käufer ～满 voll besetzt; ausverkauft, Überfüllung 5. Portion 一～冰淇淋 eine Portion Eis

客车 kèchē Personenwagen; Personenzug

客串 kèchuàn als Gast (auftreten)

客店 kèdiàn →客栈

客饭 kèfàn 1. Besucheressen in einer Kantine 2. Menü; Tagesgedeck; Stammgericht

客观 kèguān objektiv; sachlich ～判断 objektive Beurteilung ～主义 Objektivismus ～世界 objektive Welt

客机 kèjī Verkehrsflugzeug; Passagierflugzeug

客票 kèpiào Fahrkarte; Ticket

客气 kèqi 1. höflich; freundlich; wohlerzogen 说～话 jm Nettigkeiten (Verbindlichkeiten) sagen 2. bescheiden 你太～了 du bist zu bescheiden 3. Verbindlichkeiten; Nettigkeiten 请不必～ Machen Sie bitte keine Umstände! / Bitte fühlen

Sie sich wie zu Hause!

客人 kèren 1. Gast; Besucher 招待～ Gäste empfangen 2. Reisende(r); Passagier

客商 kèshāng Geschäftsreisende(r)

客套 kètào 1. höfliche Formel; Förmlichkeit 2. Höflichkeitsfloskel; Höflichkeitsformel 彼此～了几句 sie haben Höflichkeiten (ein paar höfliche Redensarten) ausgetauscht

客体 kètǐ Objekt

客厅 kètīng Empfangsraum; Gastzimmer; Wohnzimmer

客运 kèyùn Personenbeförderung; Personentransport

客栈 kèzhàn Gasthaus; Gastwirtschaft; Gaststätte

客座教授 kèzuò jiàoshòu Gastprofessor

恪 kè sorgfältig und ehrerbietig; gewissenhaft und respektvoll

恪守 kèshǒu streng einhalten; sich streng an etw halten; heilighalten ～诺言 zu seinem Wort (seinen Worten) stehen

肯 kěn 1. zustimmen; einwilligen; sich bereit erklären 2. bereit (gewillt) sein; wollen ～牺牲个人利益 bereit sein, seine persönlichen Interessen zu opfern

肯定 kěndìng 1. bejahen; anerkennen; zustimmen ～成绩 die Leistungen anerkennen 2. bejahend; anerkennend; positiv ～的回答 positive (bejahende) Antwort 3. sicher; zweifellos; ohne Zweifel ～能成功 es muss gelingen 4. bestimmt; gewiss; eindeutig 可以～地讲 mit Bestimmtheit sagen können

啃(齦) kěn '齦'另见 yín abnagen; benagen; abknabbern ～骨头 Knochen abnagen (abknabbern) ～书本 sich in Büchern vergraben; über der Büchern sitzen; sich in die Bücher vertiefen

恳(懇) kěn 1. aufrichtig; ernsthaft; ehrlich ～谈 ein aufrichtiges Gespräch führen 2. →恳求 ～请 inständig bitten (flehen); ernstlich einladen

恳切 kěnqiè aufrichig; ehrlich; verbindlich 言词～ ganz ehrlich sprechen

恳求 kěnqiú anflehen; inständig (dringend) bitten; ersuchen 再三～ wiederholt (immer wieder) bitten

垦(墾) kěn urbar machen; kultivieren ～区 Erschließungsgebiet

垦荒 kěnhuāng Ödland urbar machen

垦殖 kěnzhí Ödland kultivieren

坑 kēng 1. Grube; Loch; Vertiefung 污水～ Schmutzwasserpfütze 2. →坑道 3. →坑害

坑道 kēngdào 1. Stollen; Mine 2. Tunnel

坑害 kēnghài jn zu Fall bringen; gegen jn intrigieren; jm eine Grube graben

坑坑洼洼 kēngkēngwāwā uneben; holperig 路上～ ein holperiger Weg; ein Weg voller Löcher und Senken

坑木 kēngmù Grubenholz

吭 kēng →吭声 一声不～ keinen Ton von sich geben; den Mund nicht auftun; keinen Mucks sagen

吭哧 kēngchi 1. schnaufen; keuchen 2. zögernd und stotternd sprechen; abgerissen sprechen; stammeln

吭声 kēngshēng einen Ton (Laut) von sich geben; mucksen

铿(鏗) kēng klappern; rattern; hallen ～～作响 klappern; knattern

铿锵 kēngqiāng ertönen; erschallen; erklingen 锣鼓的～声 ertönender Gong und Trommel

空 kōng 另见 kòng

1. leer; hohl; inhaltslos ～箱子 ein leerer Koffer 屋子里～无一人 im Haus ist niemand 2. Himmel; Firmament 对～射击 Luftzielbeschuss; Flakfeuer 3. vergeblich; umsonst; ohne Erfolg ～忙一场 etw geht aus wie das Hornberger Schießen

空荡荡 kōngdàngdàng gähnende Leere sein; ganz leer

空洞¹ kōngdòng Hohlraum; Kaverne

空洞² kōngdòng leer; inhaltslos; phrasenhaft ～的理论 leere Theorie

空泛 kōngfàn hohl; ungenau und generell; vage und allgemein

空腹 kōngfù mit leerem Magen; mit nüchternem Magen; nüchtern ～服药 auf nüchternen Magen ein Medikament einnehmen

空话 kōnghuà leeres Gerede (Geschwätze); Phrase; mit bloßen Worten 讲～ Phrasen

machen (dreschen)
空际 kōngjì in der Luft
空间 kōngjiān Raum 宇宙～ Weltraum; Kosmos; die Leere des Weltalls
空降 kōngjiàng Luftlandung ～部队 Luftlandetruppe ～兵 Luftlandekräfte
空军 kōngjūn Luftstreitkräfte; Luftwaffe; Luftflotte ～基地 Luftstützpunkt; Flugbasis
空口无凭 kōng kǒu wú píng auf Worte allein kann man sich nicht berufen / auf mündliche Abmachung ist kein Verlass
空旷 kōngkuàng frei; weit ausgedehnt; übersichtlich
空论 kōnglùn leeres Gerede; müßige Reden
空濛 kōngméng neblig; in Dunst gehüllte Weite 烟雾～ neblig und dunstig
空难 kōngnàn Flugzeugabsturz
空气 kōngqì 1. Luft 新鲜～ frische Luft ～污染 Luftverunreinigung; Luftverschmutzung 2. Atmosphäre 政治～ politisches Klima
空前 kōngqián beispiellos; ohnegleichen; noch nie dagewesen ～绝后 beispiellos und einmalig; nie dagewesen; einzigartig
空谈 kōngtán 1. nur reden, aber nicht tun; schwätzen 2. leeres Gerede (Geschwätz); bloße Redereien; leere Worte 纸上～ leeres Gerede; am grünen Tisch über etw sprechen
空调 kōngtiáo Klimaanlage, klimatisieren
空头 kōngtóu nominell; ～政治家 Politikaster; Biertischpolitiker ～支票 ungedeckter Scheck 2. leere Versprechung; Lippenbekenntnis
空投 kōngtóu einfliegen; absetzen; Fallschirmabwurf
空袭 kōngxí Luftangriff; Fliegerangriff ～警报 Fliegeralarm; Luftalarm
空想 kōngxiǎng 1. sich unbegründet vorstellen; 2. Utopie; Phantasterei; Träumerei ～社会主义 utopischer Sozialismus
空心 kōngxīn 另见 kòngxīn
hohl; innen hohl ～砖 Hohlziegel; Hohlblockstein
空虚 kōngxū leer; unausgefüllt; inhaltslos 内心～ sich innerlich leer fühlen; keinen seelischen Halt haben
空运 kōngyùn Lufttransport; Beförderung zur Luft
空战 kōngzhàn Luftkampf; Luftkrieg
空中 kōngzhōng in der Luft; am Himmel ～优势 Übermacht in der Luft besitzen (haben) ～楼阁 Luftschlösser; Kartenhaus ～客车 Airbus ～小姐 Luftstewardess
空竹 kōngzhú Diabolo
空转 kōngzhuàn 1. Freilauf; Leerlauf 2. sich auf der Stelle drehen

倥 kōng 另见 kǒng
倥侗 kōngtóng ungebildet und unwissend; dumm und naiv

恐 kǒng 1. fürchten; Angst haben; erschrecken 2. →恐怕
恐怖 kǒngbù Terror; Entsetzlichkeit ～行为 Terroranschlag ～分子 Terrorist ～主义 Terrorismus
恐吓 kǒnghè drohen; bedrohen; einschüchtern ～信 Drohbrief
恐慌 kǒnghuāng Panik; allgemeine Verwirrung 引起～ allgemeine Verwirrung anrichten (hervorrufen)
恐惧 kǒngjù Angst; Furcht 无所～ furchtlos; unerschrocken; ohne Furcht sein
恐龙 kǒnglóng Dinosaurier
恐怕 kǒngpà 1. fürchten, dass; Angst davor haben, dass ～来不及了 ich fürchte, dass die Zeit nicht mehr reicht / ich fürchte, dass es schon zu spät ist 2. vielleicht; denken, dass; wenn nur nicht ～要下雨 es sieht nach Regen aus

倥 kǒng 另见 kōng
倥偬 kǒngzǒng dringend; eilig 戎马～ ein unruhiges Soldatenleben (Militärleben) führen

孔 kǒng 1. Loch; Öffnung; Höhlung 毛～ Pore 2. (als Zähleinheitswort): 一～土窑 eine Lößhöhle
孔道 kǒngdào einzig gangbarer Weg zu einem bestimmten Ort; Passstraße 交通～ Hauptverkehrsstraße; Magistrale
孔孟之道 Kǒng-Mèng zhīdào Lehren von Konfuzius und Menzius
孔庙 kǒngmiào Konfuziustempel
孔雀 kǒngquè Pfau ～石 Malachit
孔隙 kǒngxì Loch; Riss; Spalt

空 kòng 另见 kōng
1. leeren; leer machen; einen freien Raum lassen ～两行 zwei Zeilen freilas-

sen 2. leer stehend; unbelegt; leer 房子～着 das Zimmer steht leer (ist unbewohnt, unbelegt) 3. Zwischenraum; freier Platz 仓库里一点儿～也没有 im Lagerhaus gibt es keinen leeren Platz mehr 4. freie Zeit 我白天忙,没有～ am Tage bin ich sehr beschäftigt und habe keine Zeit

空白 kòngbái Leere; freier Raum; leere Stelle ～点 Lücke; freier Raum ～表格 Blankett; Blankoformular ～支票 Blankoscheck

空缺 kòngquē freie Stelle; vakanter Posten; offene Planstelle 有～ freie Stelle haben

空隙 kòngxì 1. Zwischenraum 留出～ Zwischenraum lassen 2. Zwischenzeit

空闲 kòngxián 1. unbeschäftigt; untätig; dienstfrei 2. freie Zeit; Freizeit ～的时候 in freier Zeit; in Mußestunden

空心 kòngxīn 另见 kōngxīn auf nüchternen Magen 这剂药～吃 die Arznei ist auf nüchternen Magen einzunehmen

空子 kòngzi 1. Zwischenraum; Zwischenzeit 2. Chance; günstige Gelegenheit; Lücke 钻～ eine Lücke für sich ausnutzen; aus einer günstigen Gelegenheit Kapital schlagen

控[1] kòng →控告

控[2] kòng →控制

控[3] kòng 1. in der Luft hängen; in der Höhe schweben ～着脑袋睡觉 ohne Kopfkissen schlafen 2. einen Behälter auf den Kopf stellen und die Flüssigkeit aus dem Behälter fließen lassen

控告 kònggào anklagen; anschuldigen; beschuldigen 向法院～ vor Gericht Anklage erheben; bei Gericht verklagen; vor Gericht anschuldigen

控诉 kòngsù klagen; anklagen; Beschwerde einlegen 提出～ Beschwerde einlegen (einreichen; erheben)

控制 kòngzhì kontrollieren; unter Kontrolle haben; in Händen haben ～自己 sich selbst beherrschen ～局势 die Lage unter Kontrolle haben (halten); eine Situation beherrschen ～数字 Kontrollziffern

控制论 kòngzhìlùn Kybernetik

抠(摳) kōu 1. (aus) kratzen; (aus) graben; ausbohren 2. schnitzen; schneiden ～出花纹 Muster (Design) einschnitzen 3. übergenau ergründen; mechanisch forschen ～字眼儿 am Buchstaben kleben; nur nach dem Buchstaben gehen; sich in Wortklauberei ergeben

眍(瞘) kōu einsinken 眼睛～着 eingesunkene Augen; die Augen liegen tief in den Höhlen

口 kǒu 1. Mund; Maul 2. Öffnung 瓶～ Flaschenmund 3. Eingang; Mündung 河～ Flussmündung 山～ Gebirgspass 4. Pass der Großen Mauer ～外 außerhalb des Passes der Großen Mauer 5. Riss; Spalte; Schnitt 裤子上撕了个～儿 ein Loch in die Hose gerissen haben 6. (als Zähleinheitswort): 五～之家 Familie mit fünf Köpfen

口岸 kǒu'àn Hafen 通商～ Handelshafen

口才 kǒucái Beredsamkeit; Redegewandtheit; Eloquenz 有～ redegewandt (zungenfertig) sein; über eine große Beredsamkeit verfügen

口吃 kǒuchī stottern; stammeln 他从小～ er stottert seit seiner Kindheit

口齿 kǒuchǐ Aussprache ～清楚 eine deutliche Aussprache haben; eine klare Artikulation haben

口臭 kǒuchòu Mundgeruch

口袋 kǒudài Tasche

口袋 kǒudai Beutel; Sack; Tüte

口服[1] kǒufú seine Einsicht bekunden 心服～ hundertprozentig (felsenfest) überzeugt sein

口服[2] kǒufú einnehmen; oral; peroral

口供 kǒugòng Geständnis; mündliche Aussage 逼～ Geständnis erpressen (erzwingen)

口号 kǒuhào Losung; Parole; Schlagwort ～声 Ausrufen von Losungen 呼～ Losungen (aus)rufen

口红 kǒuhóng Lippenstift

口技 kǒujì Stimmenimitation; Fertigkeit im Nachahmen von Stimmen ～演员 Imitator

口角 kǒujiǎo 另见 kǒujué Mundwinkel

口紧 kǒujǐn vorsichtig und überlegt sprechen; verschwiegen

口径 kǒujìng 1. Durchmesser; Öffnungs-

K

weite；Kaliber 小～武器 kleinkalibrige Waffe 2. Forderung；Qualifikation 对～der Forderung（Bedingung）entsprechen；in einer Stimme sprechen；sich aufeinander abstimmen
口诀 kǒujué Denkvers；Merkvers 珠算～Rechenreim
口角 kǒujué 另见 kǒujiǎo zanken；hadern；Streit
口粮 kǒuliáng die tägliche Nahrung；Proviant；Ration
口令 kǒulìng 1. Kommando 2. Kennwort；Parole；Passwort
口蜜腹剑 kǒu mì fù jiàn Honig im Mund und Galle im Herzen；Judaskuss
口气 kǒuqì 1. Sprechweise；Tonart 2. Beiklang；Unterton 话里有不满的～ in seinen Worten schwang ein unbefriedigter Unterton
口腔 kǒuqiāng Mundhöhle
口琴 kǒuqín Mundharmonika
口若悬河 kǒu ruò xuán hé wie ein Buch（Wasserfall）reden；die Schleusen seiner Beredsamkeit öffnen
口哨儿 kǒushàor Pfeife 吹～ pfeifen；den Mund zum Pfeifen spitzen
口舌 kǒushé 1. Zank；Wortwechsel；Streit 2. Überredung 白费～ vergeblich zureden；in den Wind reden；zum Fenster hinaus reden
口试 kǒushì mündliche Prüfung
口是心非 kǒu shì xīn fēi mit gespaltener Zunge reden；mit den Lippen bejahen, im Herzen aber verneinen；doppelzüngig
口授 kǒushòu 1. mündliche Belehrung 2. diktieren；ansagen ～命令 einen Befehl diktieren
口述 kǒushù mündlich erzählen
口水 kǒushuǐ Speichel；Sabber 流～ sabbern；geifern
口蹄疫 kǒutíyì Maul- und Klauenseuche
口头 kǒutóu 1. verbal；in Worten；erzählungsweise ～革命派 Salonrevolutionär ～禅 Refrain；Lieblingsphrase 2. mündlich ～通知 *mündliche* Mitteilung ～文学 mündlich überlieferte Volkserzählungen
口味 kǒuwèi 1. Geschmack；Geschmacksrichtung ～好 einen guten Geschmack haben 2. Geschmack；Gaumen 合～ munden；schmecken；nach js Geschmack sein
口吻 kǒuwěn 1. Maul；Schnauze 2. Tonart；Unterton
口香糖 kǒuxiāngtáng Kaugummi
口信 kǒuxìn Bestellung；mündliche Mitteilung 捎～ eine Bestellung auftragen
口译 kǒuyì dolmetschen
口音 kǒuyīn 1. Stimme 2. Dialekt；Akzent 地方～ Heimatklänge；Dialekt
口语 kǒuyǔ Umgangssprache；Volkssprache；Konversation
口罩 kǒuzhào Mundschutz
口子 kǒuzi Öffnung；Loch；Schnitt

寇 kòu 1. Bandit；Aggressor；Eindringling 2. eindringen；einfallen；überfallen

蔻 kòu
蔻丹 kòudān Nagellack

扣（[6]釦）kòu 1. zuknöpfen；zuschnallen ～上纽扣 die Knöpfe schließen（zuknöpfen）把门～上 die Tür zumachen（einklinken）2. zudecken 把空碗～在小碟子上 den Teller mit einer Schüssel zudecken 3. →扣留；扣押 4. →扣除 ～工资 den Lohn abziehen（abrechnen）；Lohnabzug 5. →扣子 1 6. 扣子 2
扣除 kòuchú abziehen；abrechnen
扣款 kòukuǎn eine Geldsumme einbehalten
扣留 kòuliú in Gewahrsam nehmen（halten）；festnehmen；zurückbehalten
扣人心弦 kòu rén xīnxián herzergreifend；überwältigend；spannend
扣押 kòuyā jn/etw in Gewahrsam nehmen（halten）；beschlagnahmen；pfänden
扣子 kòuzi 1. Knoten 打个～ einen Knoten knüpfen（machen）2. Knopf 皮带～ Koppelschloss 解开～ die Knöpfe öffnen 3. eine Erzählung auf dem Höhepunkt unterbrechen（zur Erhöhung der Spannung）

筘（簆）kòu Weberkamm

叩（[1]敂）kòu 1. klopfen；pochen ～门 an die Tür klopfen（pochen）2. →叩头
叩头 kòutóu Kotau；（vor jm）einen Kotau machen ～虫 Schnellkäfer

窟 kū 1. Höhle；Grotte；Bau 2. Höhle；Unterschlupf；Spelunke 赌～ Spielhölle；Spelunke
窟窿 kūlong 1. Loch；Höhle 老鼠～ Rat-

tenloch 2. Defizit; Schuld 补～ Schulden ausgleichen (wettmachen)

枯 kū 1. →枯萎 ～树 verdorrter Baum 2. →枯竭 ～井 versiegter Brunnen 3. →枯燥

枯槁 kūgǎo 1. →枯萎 2. schwach und matt; ausgemergelt; abgezehrt 形容～ abgezehrt (abgehärmt) aussehen; ausgemergelt

枯黄 kūhuáng welk und gelb 树叶～了 die Blätter wurden verwelkt und gelb

枯竭 kūjié versiegt; erschöpft; ausgetrocknet 精力～ die Energie ist versiegt

枯木逢春 kū mù féng chūn neuen Aufschwung bekommen; wiederbelebt werden

枯萎 kūwěi welk; verwelkt; verdorrt

枯燥 kūzào trocken; eintönig; uninteressant

骷 kū

骷髅 kūlóu Skelett; Totenkopf; Totengebein

矻 kū

矻矻 kūkū mit unermüdlichem Fleiß; mit unablässigem Eifer; emsig ～终日 den ganzen Tag ohne Rast und Ruh(e)

哭 kū weinen; schluchzen; heulen 大～ laut weinen; heulen; in Tränen ausbrechen ～～啼啼 unendlich weinen und jammern; wehleidig

哭泣 kūqì schluchzen; leise vor sich hin weinen

哭丧着脸 kūsangzhe liǎn ein Gesicht wie drei (sieben) Tage Regenwetter machen; ein schiefes Gesicht machen (ziehen); Duldermiene

哭声 kūshēng Weinen

哭诉 kūsù sich weinend über etw beschweren; lamentieren

哭笑不得 kū xiào bù dé nicht wissen, ob man lachen oder weinen soll; in Verlegenheit geraten

苦 kǔ 1. bitter 味～ gallig; bitter; das schmeckt bitter 2. Bitternis; Schmerz; Schwermut ～日子 ein kümmerliches (elendes) Leben 3. schmerzen; quälen 4. →苦于 5. geduldig; sein Bestes tun; alles einsetzen ～练 bis zur Erschöpfung üben ～～哀求 bitten und betteln; flehentlich bitten

苦楚 kǔchǔ Qual; Pein; Leid

苦工 kǔgōng 1. harte (schwere) Arbeit; Knochenarbeit 2. Kuli; Lastträger

苦功 kǔgōng Anstrengung; ernstes Bemühen

苦果 kǔguǒ bittere Pille

苦海 kǔhǎi die Weite der Qualen (des Elendes); grenzenlose Not 脱离～ sich aus grenzenlosem Leid herausfinden

苦口婆心 kǔ kǒu pó xīn goldene Worte sprechen; jn mit wohlgemeinten ernsten Worten überreden

苦力 kǔlì Kuli

苦闷 kǔmèn deprimiert; in bedrückter Stimmung sein; betrübt 精神～ unter dem Klima geistiger Unterdrückung; seelische Qualen

苦难 kǔnàn Leiden; Qualen; Elend 受尽～ Qualen ertragen (leiden) müssen; den Becher des Leidens (bis zur Neige) leeren

苦恼 kǔnǎo Bekümmernis; Plage; Kummer

苦涩 kǔsè 1. bitter und herb; streng 2. schmerzlich; bekümmert ～的表情 bekümmerter Gesichtsausdruck

苦头 kǔtóu Qual; Plage; Leiden 吃～ bittere Erfahrungen machen; für etw schwer büßen müssen

苦笑 kǔxiào ein bitteres Lachen; ein erzwungenes Lächeln

苦心 kǔxīn 1. aufgewandte (aufgewendete) Mühe; sich abmühen 煞费～ sich den Kopf zerbrechen (zermartern); seine Not mit jm/etw haben 2. sich alle erdenkliche Mühe geben, mit allen denkbaren Mitteln ～经营 sich große Mühe geben, einen Betrieb (eine Firma) zu führen; etw mit großer Mühe auf die Beine stellen

苦役 kǔyì Zwangsarbeit; Herrendienst; Fronarbeit 服～ Zwangsarbeit (Fronarbeit) leisten

苦于 kǔyú unter etw leiden; über etw bekümmert sein ～无能为力 darunter leiden, nichts tun zu können

苦战 kǔzhàn hart kämpfen; einen erbitterten Kampf führen

苦衷 kǔzhōng sich peinlich berührt fühlen; sich verlegen fühlen 体谅别人的～ Verständnis und Sympathie für die heikle Lage anderer zeigen

库 kù Lager(haus); Speicher 水～ Stau-

becken
库存 kùcún Vorrat；Bestand ～物资 Lagerbestände；Warenvorrat
库房 kùfáng Lagerraum；Vorrathaus
库仑 kùlún Coulomb ～计 Coulombmeter

裤 kù →裤子 短～ kurze Hose；kurze Unterhose 牛仔～ Cowboyshose；Jeans
裤衩 kùchǎ Unterhose；Schlüpfer 三角～ Slip
裤兜 kùdōu Hosentasche
裤子 kùzi Hose

酷 kù 1. grausam；unbarmherzig；brutal ～待 grausam（roh）behandeln 2. äußerst；sehr ～热 erstickende（furchtbare）Hitze；Bombenhitze
酷暑 kùshǔ drückende（intensive）Hitze des Sommers
酷刑 kùxíng grausame Folter

夸（誇） kuā 1. →夸大 2. →夸奖
夸大 kuādà übertreiben；aufbauschen ～成绩 Leistungen übertreiben ～其词 eine Kleinigkeit aufbauschen；aus einer Mücke einen Elefanten machen
夸奖 kuājiǎng loben；preisen；herausstreichen 值得～ lobenswert；anerkennenswert
夸口 kuākǒu den Mund vollnehmen；prahlen；aufschneiden
夸耀 kuāyào sich brüsten；sich dicktun；sich aufblähen
夸张 kuāzhāng 1. →夸大 2. Übertreibung；Hyperbel

垮 kuǎ 1. zusammenbrechen；einstürzen 2. →垮台 打～敌人 die Feinde zerschmettern 身体～了 zusammengebrochen sein
垮台 kuǎtái zu Fall kommen；zusammenbrechen；scheitern

挎 kuà 1. tragen 2. über die Schulter hängen；auf der Schulter tragen ～着医药包 einen Arzneikoffer über die Schulter hängen haben
挎包 kuàbāo Umhängetasche

跨 kuà 1. schreiten；treten ～过门坎 über die Schwelle treten 2. rittlings sitzen；breitbeinig stehen ～在马上 rittlings auf einem Pferd sitzen 3. über etw hinaus gehen ～区供应 überregionale Versorgung
跨国公司 kuàguó gōngsī multinationaler Konzern；supranationale Gesellschaft
跨栏 kuàlán Hürdenlauf ～运动员 Hürdenläufer
跨年度 kuà niándù über ein Jahr hinausgehen ～预算 ein auf das nächste Jahr übertragenes Budget
跨文化 kuàwénhuà interkulturell ～交际 interkulturelle Kommunikation
跨越 kuàyuè überschreiten ～国境 die Landesgrenze überschreiten

胯 kuà Hüfte
胯骨 kuàgǔ Hüftbein；Hüftknochen

会（會） kuài 另见 huì
会计 kuàijì 1. Buchhaltung；Buchführung；Komptabilität 2. Buchhalter；Buchführer

脍（膾） kuài fein geschnittenes Fleisch
脍炙人口 kuài zhì rén kǒu in aller Mund sein；allgemeine Anerkennung finden

鲙（鱠） kuài →鲙鱼
鲙鱼 kuàiyú Chinesischer Hering

块（塊） kuài 1. Stück；Batzen；Block 泥～ Lehmmasse；Erdklumpen 大石～ Felsblock；großer Stein 2.（als Zähleinheitswort）：几～面包 einige Scheiben Brot 3. Yuan 五～钱 fünf Yuan
块茎 kuàijīng Sprossknolle

快 kuài 1. schnell；rasch ～马 schnelles（geschwindes）Pferd 进步～ rasche Fortschritte machen 表～五分钟 die Uhr geht 5 Minuten vor 2. Geschwindigkeit；Schnelligkeit 3. sich beeilen；eilen ～来帮忙 Schnell，sei mir behilflich! 4. bald；gleich；sofort 他～回来了 er wird bald zurückkommen 5. geschickt；gewandt；flink 脑子～ schlagfertig（erfinderisch）sein 6. scharf；geschliffen 刀子不～ das Messer ist nicht scharf 7. aufrichtig；offen；direkt 8. erfreut；fröhlich；vergnügt 心情不～ schlecht gelaunt；missgestimmt
快报 kuàibào Eilbericht in Form von Flugblatt oder Wandzeitung
快餐 kuàicān Schnellimbiss；Snack；Fastfood

快车 kuàichē Schnellzug；Eilzug 特别～ Express；Expresszug
快递 kuàidì express；Eilzustellung；Expresszustellung
快活 kuàihuo →快乐 心里～ fröhlich (angenehm) berührt sein
快件 kuàijiàn 1. Eilpost 2. Eilgut
快乐 kuàilè glücklich；fröhlich；vergnügt
快门 kuàimén Verschluss
快手 kuàishǒu geschickte Arbeiter；derjenige，der mit flinken Fingern (Händen) arbeitet；derjenige，der flink bei der Hand ist
快速 kuàisù rasch；schnell；geschwind
快速面 kuàisùmiàn Fertignudel
快艇 kuàitǐng Schnellboot
快慰 kuàiwèi hocherfreut sein；fröhlich und tröstlich
快嘴 kuàizuǐ ein schnelles (loses) Mundwerk haben

筷 kuài → 筷子 竹～ Bambusessstäbchen；Essstäbchen aus Bambus
筷子 kuàizi Essstäbchen

宽（寬） kuān 1. breit；weit ausgedehnt ～肩膀 breite Schulter；breitschulterig 2. →宽度 3. →宽畅 心里～得多了 es wird jm leichter ums Herz 4. →宽大 2 5. →宽裕
宽畅 kuānchàng sorglos；glücklich 胸怀～ sich wohl fühlen；sorglos (glücklich) sein
宽敞 kuānchang geräumig；weit；weitläufig
宽大 kuāndà 1. geräumig；groß；weit 2. mild；schonend；glimpflich ～处理 mild behandeln；Gnade für Recht ergehen lassen
宽待 *kuāndài großzügig (mild) behandeln* ～俘虏 Kriegsgefangene mit Milde behandeln
宽度 kuāndù Breite；Weite
宽广 kuānguǎng weitläufig；ausgedehnt
宽厚 kuānhòu nachsichtig；mild；human 待人～ jn nachsichtig behandeln
宽阔 kuānkuò breit；weit
宽容 kuānróng tolerant；großmütig；nachsichtig
宽恕 kuānshù verzeihen；vergeben；pardonieren
宽慰 kuānwèi trösten；beruhigen；besänftigen
宽心 kuānxīn erleichtert sein；beruhigt sein
宽裕 kuānyù wohlhabend；reichlich；vermögend 生活～ in guten Verhältnissen leben；gut situiert sein

髋（髖） kuān Hüfte
髋骨 kuāngǔ Hüftbein；Hüftknochen

款[1]（欵） kuǎn →款待

款[2]（欵） kuǎn 1. Absatz 第二条第三～ Paragraph 2，Absatz 3 2. →款项 1 现～ Bargeld；bares Geld

款[3]（欵） kuǎn langsam；gemächlich ～步 gemächliche Schritte；gemächlich gehen
款待 kuǎndài bewirten；eine freundliche Aufnahme bereiten；gastfreundlich empfangen
款留 kuǎnliú herzlich zum Bleiben auffordern；herzlich hierbehalten
款式 kuǎnshì Form；Muster；Stil ～新颖 in einem neuartigen Stil
款项 kuǎnxiàng 1. Betrag；Geldsumme 建筑～ Geldbetrag für Bauarbeiten 2. Klausel；Paragraph
款子 kuǎnzi Geldsumme 一大笔～ eine große Geldsumme

匡 kuāng 1. berichtigen；richtigstellen ～谬 Fehler berichtigen 2. →匡正
匡正 kuāngzhèng berichtigen；verbessern

诓 kuāng →诓骗
诓骗 kuāngpiàn betrügen；durchlügen

框 kuāng 另见 kuàng
1. →框框 1 2. umranden；mit einem Rahmen versehen 3. zügeln；in Schranken halten；beschränken
框框 kuāngkuang 1. Rahmen；Einfassung 2. Schablone；erstarrte (herkömmliche) Form 划定～ Einschränkungen machen；Beschränkungen auferlegen

哐 kuāng →哐啷
哐啷 kuānglāng Knall 门～一声锁上了 die Tür fiel mit einem Knall ins Schloss

筐 kuāng Korb

狂 kuáng 1. wahnsinnig；irrsinnig；verrückt 自大～ Größenwahn；Megalomanie 2. heftig；gewaltig；wild ～奔

K

fegen；durchgehen；prellen ～怒 toben；wüten 3. zügellos；ungezügelt；uneingeschränkt ～笑 lauthals（unbändig）lachen；nach Lust und Laune lachen 4. →狂妄
狂暴 kuángbào ungestüm；wild；reißend
狂飙 kuángbiāo Sturm；Orkan；Orkanstärke
狂放 kuángfàng ausschweifend；zügellos；liederlich
狂风 kuángfēng Sturm；Bö；heftiger Windstoß ～暴雨 Sturmbö；Gewittersturm
狂欢 kuánghuān überschäumende Fröhlichkeit；Ausgelassenheit ～节 Fasching；Karneval；Fastnacht
狂犬病 kuángquǎnbìng Hydrophobie；Tollwut；Wut
狂热 kuángrè Fanatismus；übertriebener und unduldsamer Eifer；fanatisch 小资产阶级的～性 Fanatismus des Kleinbürgertums
狂人 kuángrén Wahnsinnige（r）；Verrückte（r）；Irre（r）原子～ Atomfanatiker；Kernfanatiker
狂妄 kuángwàng anmaßend；überheblich；arrogant ～挑衅 wilde Provokation ～自大 sich stolz aufblähen；angeberisch
狂想曲 kuángxiǎngqǔ Rhapsodie

诳 kuáng
诳语 kuángyǔ Lüge；betrügerische Worte

矿（礦、鑛）kuàng 1. →矿床 2. →矿石 3. →矿场 在～上工作 im Bergwerk arbeiten
矿藏 kuàngcáng Bodenschätze；Erzvorkommen ～丰富 reich an Bodenschätzen sein；erzreich
矿产 kuàngchǎn Erze；Mineralien
矿场 kuàngchǎng Zeche；Grube
矿床 kuàngchuáng Erzlager；Erzstätte；Lagerstätte
矿灯 kuàngdēng Grubenlampe；Geleucht
矿工 kuànggōng Bergmann；Bergarbeiter；Grubenarbeiter
矿井 kuàngjǐng Bergwerk；Grube；Schacht
矿泉 kuàngquán Mineralquelle ～水 Mineralwasser
矿山 kuàngshān Bergwerk；Erzgrube；Mine ～机械 Bergbaumaschinen
矿石 kuàngshí Erz 铁～ Eisenerz 2. Galenit；Bleiglanz；Pyrit ～收音机 Detektorempfänger
矿物 kuàngwù Mineral ～学 Mineralogie ～纤维 Gesteinsfaser
矿业 kuàngyè Bergwesen；Bergbau

旷（曠）kuàng 1. ausgedehnt；weitläufig 2. ein weites Herz haben ～日持久 lange dauern；Langwierigkeit；zäh
旷工 kuànggōng blaumachen；fernbleiben；sich von der Arbeit drücken
旷古 kuànggǔ seit alters ～未闻 noch nie dagewesen；völlig unerhört
旷课 kuàngkè Unterrichtsstunden absichtlich versäumen；in der Schule fehlen；die Schule schwänzen
旷野 kuàngyě freies Feld；ausgedehntes Land
旷职 kuàngzhí blaumachen；fernbleiben

框 kuàng 另见 kuāng
1. Rahmen；Zarge 窗～ Fensterrahmen 2. Leiste；Gestell 画～ Bilderrahmen；Bilderleiste
框子 kuàngzi Rahmen；Einfassung 眼镜～ Brillengestell

眶 kuàng Augenhöhle 她眼泪夺～而出 Tränen stürzten ihr aus den Augen

况[1]（況）kuàng Zustand；Situation；Lage

况[2]（況）kuàng →况且
况且 kuàngqiě überdies；außerdem；zudem

窥（闚）kuī →窥探
窥测 kuīcè ausfindig machen；herausbekommen
窥见 kuījiàn wahrnehmen；ersehen
窥探 kuītàn belauern；nachspähen；ausspionieren

亏（虧）kuī 1. verlieren；Defizit haben；Verlust erleiden 2. nicht genug；unzulänglich；mangelnd 理～ Unrecht haben 3. →亏负 4. →亏得 1 5. →亏得 2
亏本 kuīběn Kapital verlieren；unter den Selbstkosten bleiben；bei einem Geschäft Kapital einbüßen ～企业 Verlust bringender Betrieb
亏待 kuīdài ungerecht behandeln

亏得 kuīde 1. dank; zum Glück ～大家帮助 dank der Hilfe aller 2. (ironisch; spöttische Äußerung): ～你说得出口! Du solltest dich schämen, das zu sagen
亏负 kuīfù sich einer Sache als unwürdig erweisen; enttäuschen; zu kurz kommen lassen
亏空 kuīkong 1. verschuldet sein 2. Defizit; Fehl; Unterbilanz 拉～ Fehlbetrag haben; in Schulden geraten
亏损 kuīsǔn 1. Verlust; Ausfall; Fehlbetrag 资金～ Kapitaleinbuße; Kapitalverlust 2. Schwäche des Körpers; Abmagerung des Körpers
亏心 kuīxīn ein böses (schlechtes) Gewissen haben ～事 etwas, was js Gewissen belastet

盔 kuī 1. → 盔子 2. Schutzhelm; Schutzhaube
盔甲 kuījiǎ Helm und Panzer
盔子 kuīzi Helm

岿(巋) kuī
岿然 kuīrán aufragend; emporragend; hochragend ～屹立 fest und aufrecht stehen; unerschütterlich stehen

奎 kuí
奎宁 kuíníng Chinin

蝰 kuí
蝰蛇 kuíshé Kettenviper

魁 kuí 1. Haupt; Anführer; Leiter 罪～ Hauptschuldige(r); Erzverbrecher; Rädelsführer 2. →魁梧
魁首 kuíshǒu der beste Könner; ein hervorragendes Talent; großer Meister
魁梧 kuíwú groß und stark; wuchtig; stattlich 身材～ von stolzem Wuchs; von kräftiger Gestalt (Statur)

葵 kuí Blumenfamilie (wie Malve, Sonnenblume)
葵花 kuíhuā Sonnenblume ～子 Sonnenblumenkern; Samen der Sonnenblume

傀 kuǐ
傀儡 kuǐlěi 1. Puppe; Marionette 2. Marionette; Hampelmann; Schachfigur ～政府 Marionettenregierung

愧(媿) kuì beschämt sein 内心有～ sich tief beschämt fühlen; ein böses Gewissen haben
愧恨 kuìhèn beschämt und reumütig; reuevoll
愧色 kuìsè beschämtes Aussehen 面有～ beschämt aussehen; js Gesicht zeigt (tiefe) Scham

溃 kuì 1. →溃决 ～堤 Deich durchbrechen 2. →溃败 ～兵 geschlagene Soldaten (Truppen) 3. →溃烂
溃败 kuìbài geschlagen werden; besiegt werden; zerschmettert werden
溃决 kuìjué (Damm, Deich) durchbrechen
溃烂 kuìlàn eitern; schwären 伤口～ eiternde Wunde; die Wunde eitert
溃灭 kuìmiè zusammenbrechen und untergehen
溃逃 kuìtáo in regelloser Flucht; in wilder Flucht davonjagen
溃疡 kuìyáng Geschwür; Ulkus 胃～ Magengeschwür

匮 kuì→匮乏
匮乏 kuìfá mangeln; entbehren; fehlen 人力～ an Arbeitskräften mangeln

馈(餽) kuì →馈赠
馈赠 kuìzèng schenken; mit etw beschenken; etw zueignen 接受～ Geschenke annehmen

喟 kuì seufzen; stöhnen
喟叹 kuìtàn tief ergriffen seufzen

坤 kūn feminin; weiblich ～鞋 Damenschuhe; Frauenschuhe
坤角儿 kūnjuér Schauspielerin

昆 kūn älterer Bruder
昆虫 kūnchóng Insekt; Kerbtier
昆仲 kūnzhòng Brüder

捆(綑) kǔn 1. binden; festbinden; bündeln ～行李 ein Gepäck verschnüren 2. Bündel 一～书 ein Bündel Bücher; ein Bücherbündel
捆绑 kǔnbǎng festbinden; fesseln
捆扎 kǔnzā festschnüren; verschnüren; zusammenbinden

困(⁴睏) kùn 1. in Bedrängnis bringen; gestraft sein 他病～在床 er ist mit

K

einer Krankheit im Bett gestraft / er leidet lange an einer Krankheit im Bett 2. einkreisen; einschließen; umzingeln 把敌人～住 die Feinde einkreisen 3. →困乏 4. →困倦

困乏 kùnfá müde; erschöpft; strapaziert

困惑 kùnhuò verwirrt; verblüfft; perplex ～不解 ganz verwirrt sein; verblüfft sein; sich keinen Rat wissen

困境 kùnjìng schwierige Lage; Bedrängnis; Dilemma 摆脱～ aus einem Dilemma herauskommen; sich aus einer schwierigen Lage befreien

困倦 kùnjuàn schläfrig; schlafbedürftig; des Schlafs bedürftig sein

困苦 kùnkǔ in Armut (Not) 生活～ in Not leben; kümmerlich leben

困难 kùnnan 1. schwierig; verwickelt; Schwierigkeit 克服～ Schwierigkeiten überwinden; Schwierigkeiten aus dem Wege räumen 2. finanzielle Schwierigkeiten (Verhältnisse) ～补助 Unterhaltszuschuss

困守 kùnshǒu einer Belagerung standhalten ～孤城 sich in einer belagerten Stadt verschanzen

廓 kuò breit; ausgedehnt; weit

廓清 kuòqīng klären; aufklären

扩（擴） kuò →扩大

扩充 kuòchōng vergrößern; vermehren; erweitern 教师队伍在不断～ die Lehrkräfte haben sich ständig vergrößert

扩大 kuòdà vergrößern; erweitern; ausdehnen ～生产 Produktion erweitern ～影响 an Einfluss gewinnen ～眼界 sein Blickfeld (seinen Gesichtskreis) erweitern

扩散 kuòsàn (sich) verbreiten; (sich) ausbreiten ～谣言 ein Gerücht ausbreiten (verbreiten) 核～ die Verbreitung von Kernwaffen

扩音机 kuòyīnjī Megaphon; Schalltrichter; Lautsprecher

扩印 kuòyìn 1. ein Foto vergrößern 2. Abzüge machen lassen

扩展 kuòzhǎn ausdehnen; verbreiten; entwickeln ～经济势力 die ökonomische Macht ausdehnen

扩张 kuòzhāng ausdehnen; expandieren; vergrößern 经济～ wirtschaftliche Expansion ～主义 Expansionismus

阔（闊） kuò 1. breit; weit; ausgedehnt 2. →阔绰; 阔气

阔别 kuòbié lange voneinander getrennt; jn/etw seit langem nicht gesehen haben

阔步 kuòbù große Schritte machen; mit großen Schritten ～前进 mit großen Schritten vorankommen

阔绰 kuòchuò wohlhabend; pompös; pomphaft 生活～ auf großem Fuß leben; ein pomphaftes Leben führen

阔气 kuòqi Luxus; Pomp; Prunk 摆～ viel Pomp (Prunk) zeigen; viel Staat machen

括 kuò umfassen; einschließen; inbegriffen sein

括号 kuòhào 1. Klammer; Parenthese 方～ eckige Klammern 圆～ runde Klammern 2. Klammerzeichen

括弧 kuòhú 1. Klammer 2. →括号 2

蛞 kuò

蛞蝓 kuòyú Große Egelschnecke

L

垃 lā

垃圾 lājī Müll；Abfall；Kehricht ～箱 Mülleimer；Kehrichteimer ～车 Müllwagen

拉[1] lā 另见 lá

1. ziehen；schleppen；reißen ～车 einen Wagen ziehen 手～手 Hand in Hand 2. befördern；transportieren ～货 Waren transportieren 3. spielen ～提琴 Geige (Violine) spielen 4. verlängern；ausdehnen ～长期限 eine Frist verlängern (ausdehnen) 5. →拉扯 2 6. helfen 应该～他一把 man soll ihm helfen 7. →拉扯 5 8. 拉拢 ～关系 Verbindungen (zu einflussreichen Persönlichkeiten) suchen 9. plaudern；sich unterhalten ～家常 sich über Familienangelegenheiten unterhalten；über Familienklatsch plaudern

拉[2] lā →拉屎

拉扯 lāche 1. 拉 1 2. aufziehen；ernähren；großziehen 把孩子～成人 ein Kind großziehen 3. jm unter die Arme greifen；unterstützen；befördern 4. →拉拢 5 hineinziehen；verwickeln 这件事把他给～进去 er wurde in diese Angelegenheit verwickelt / diese Angelegenheit hat ihn *damit hineingezogen* 6. plaudern；schwatzen；klatschen

拉丁字母 lādīng zìmǔ lateinisches Alphabet

拉锯 lājù sägen；wie das Hin und Her beim Sägen ～战 der Kampf mit wechselnden Schlachten

拉拉队 lālāduì Claque；Beifallrufer

拉链 lāliàn Reißverschluss；Zippverschluss

拉拢 lālong jn auf seine Seite ziehen (bringen)

拉纤 lāqiàn 1. ein Boot ziehen (schleppen) 2. verkuppeln；vermitteln，dass zwei näherkommen

拉屎 lāshǐ scheißen；groß machen；auf dem Klo sitzen

拉手 lāshǒu die Hand drücken (schütteln)；jm die Hand geben

拉手 lāshou Griff；Türklinke

拉稀 lāxī Durchfall haben (bekommen)

拉杂 lāzá ohne Zusammenhang；umständlich；weitschweifig

邋 lā

邋遢 lāta schmutzig；nachlässig；liederlich

拉（剌） lá 另见 lā

schneiden；ritzen 他手上～了个口子 er hat sich in die Hand geschnitten

喇 lǎ

喇叭 lǎba 1. Trompete 吹～ trompeten；Trompete (auf der Trompete) blasen 2. Lautsprechen 汽车～ Hupe

喇叭裤 lǎbakù Trompetenhose；ausgestellte Hose

喇嘛 lǎma Lama ～教 Lamaismus ～庙 Lama-Tempel

落 là 另见 lào，luò

1. auslassen；vernachlässigen 2. liegen lassen；vergessen 我把眼镜～在家里了 ich habe meine Brille zu Hause gelassen (vergessen) 3. zurückbleiben ～下很远 weit (hinter den anderen) zurückbleiben

蜡（蠟） là

1. Wachs 上～ wachsen；mit Wachs polieren 2. →蜡烛

蜡笔 làbǐ Wachsstift；Farbstift

蜡黄 làhuáng wachsgelb；wächsern 面色～ gelb wie Wachs aussehen

蜡台 làtái Kerzenhalter；Leuchter；Kerzenleuchter

蜡纸 làzhǐ 1. Wachspapier 2. Matrize 打～ etw auf Matrize tippen

蜡烛 làzhú Kerze；Wachskerze；Wachslicht ～头 Kerzenstummel 点～ Kerzen anzünden (anstecken)

腊（臘、臈） là

pökeln；in Pökel

einlegen; räuchern ～肉 Pökelfleisch
腊肠 làcháng Wurst
腊梅 làméi Schneeflockstrauch; Winterblume
腊味 làwèi Gepökeltes; Geräuchertes
腊月 làyuè letzter Monat des Mondjahres; der zwölfte Monat des chinesischen Mondkalenders

辣 là 1. scharf; beißend 喜欢吃～ gern scharf gewürzte Speisen mögen; gern mit Chili zubereiteten Speisen mögen 2. beißen; brennen 3. grausam; unbarmherzig; boshaft 心狠手～ unbarmherzig und rücksichtslos; grausam
辣酱 làjiàng scharfe Sojabohnenpaste; Chili
辣椒 làjiāo 1. Paprika (scharf) 2. Paprikaschote
辣手 làshǒu 1. grausames Mittel 2. heikel; kitzelig; beschwerlich 这件事真～ das ist wirklich eine heikle Angelegenheit / diese Sache ist wirklich heikel

瘌 là
瘌痢 làlì Favus; Favus der Kopfhaut; Kopfgrind ～头 Kopfgrind haben; kopfgrindige Person

啦 la (Hilfswort) 他真来～? Ist er wirklich gekommen?

来[1]（來） lái 1. kommen; ankommen; eintreffen 2. sich ereignen; entstehen; eintreten 新的难题～了 die neuen schwierigen Probleme tauchten auf 3. ～一盘棋 eine Partie Schach spielen 4. (zum Ausdruck der Möglichkeit oder Unmöglichkeit): 这个歌我唱不～ das Lied kann ich nicht 5. bereit sein, etw zu tun 我～给你帮忙 ich will dir dabei helfen 6. (kommen, um etw zu tun): 我们给你贺喜～了 wir gratulieren dir 7. 你能用什么理由～说服他? Wie willst du ihn überreden? 8. kommend; künftig; nächst ～春 der nächste Frühling; kommender Frühling 9. seit; von . . . her 十年～ seit zehn Jahren 10. etwa; ungefähr; zirka (缩写: ca.) 二百～人 etwa (ca.) 200 Personen 11. (Gründe der Reihe nach aufzählen): 一～…, 二～… zum einen . . . , zum anderen . . .

来[2]（來） lái 1. 拿～ bring es mir 跑～ lauf mal herüber 2. 这是买～给自己用的 das hat man für sich selbst gekauft
来宾 láibīn Gast; Besucher 接待～ Gäste (Besucher) empfangen
来不及 lái bu jí die Zeit reicht nicht, etw zu tun; es ist zu spät, um etw zu tun
来得及 lái de jí noch Zeit haben; die Zeit reicht aus 时间还～ die Zeit reicht noch aus / es gibt noch Zeit
来访 láifǎng zu Besuch kommen; besuchen kommen ～人数 Besucherzahl; Frequenz
来复枪 láifùqiāng Büchse; Gewehr mit gezogenem Lauf
来回 láihuí 1. Hinweg und Herweg; Hinfahrt und Rückfahrt; hin und zurück ～有一公里 es ist hin und zurück ein Kilometer 2. hin und zurück ～票 eine Fahrkarte hin und zurück; Rückfahrkarte; Retourkarte 当天打～ am selben Tag die Wegstrecke hin und zurück zurücklegen 3. hin und her; kommen und gehen ～跑 hin und zurück laufen
来件 láijiàn eingegangene Postsendung; eingetroffene Sendung; Eingang
来客 láikè Besucher; Gast
来历 láilì Herkunft; Ursprung; Abstammung ～不明的人 Dunkelmann; ein Mann von zweifelhafter Vergangenheit (Herkunft)
来临 láilín eintreffen; ankommen; auftreten
来龙去脉 lái lóng qù mài Ursachen und Auswirkungen (Wirkung); ganzer Prozess
来年 láinián nächstes (kommendes) Jahr
来人 láirén Überbringer(in); Bote 收条请交～带回 übergeben Sie bitte dem Boten die Empfangsbescheinigung
来往 láiwǎng kommen und gehen; hinfahren und herfahren 书信～ mit jm in Briefverkehr stehen; miteinander korrespondieren 禁止车辆～ Fahrzeugverkehr verboten! / Durchfahrt verboten!
来往 láiwang Verkehr; Beziehung; Kontakt 断绝～ den Verkehr mit jm abbrechen
来文 láiwén eingegangenes Dokument; angekommenes Schreiben
来信 láixìn 1. uns (mir) schreiben; hierher schreiben 2. eingetroffener Brief; Ihr (dein) Brief
来源 láiyuán 1. Quelle; Ursprung;

Herkunft 生活～ Existenzgrundlage 2. entspringen; stammen

莱（萊） lái

莱塞 láisài Laser

铼（錸） lái Rhenium（Re）

赖[1] lài 1. sich auf jn/etw verlassen; sich auf etw stützen; abhängen 全～大家帮忙 alles hängt davon ab, ob jeder mithilft / das ist ganz Ihrer（eurer）Hilfe zu verdanken 2. eigensinnig stehen bleiben; sich weigern, fortzugehen 他～着不肯走 er bleibt unbeirrt da 3. ableugnen; bestreiten; die Worte zurücknehmen 4. jn fälschlich beschuldigen; jm die Schuld in die Schuhe schieben

赖[2] lài schlecht; lausig; armselig 好的～的我都要 ob gute oder schlechte Dinge, die brauche ich alle

赖皮 làipí schurkisch; unverschämt; pampig 耍～ sich schamlos（lumpig）verhalten; sich unvernünftig benehmen

赖学 làixué die Schule schwänzen; hinter die Schule gehen（laufen）

赖账 làizhàng 1. Schulden nicht anerkennen; Schulden abstreiten 2. sein Wort zurücknehmen（zurückziehen）; sein Wort brechen

癞 lài 1. Lepra; Aussatz 2. Favus; Favus der Kopfhaut

癞哈蟆 làihámа Kröte

阑 lán bald zu Ende sein; zu Ende gehen

阑干 lángān 1. kreuz und quer 星斗～ ein *mit* Sternen übersäter Himmel; der Himmel ist voller Sterne 2. Geländer; Balustrade

阑珊 lánshān zu Ende gehen; sich dem Ende zuneigen; herunterkommen 春意～ die Frühlingsstimmung nähert sich dem Ende

阑尾 lánwěi Appendix; Wurmfortsatz ～炎 Appendizitis; Blinddarmentzündung

澜 lán Wogen; große（mächtige）Wellen

谰 lán verunglimpfen; verleumden

谰言 lányán Verunglimpfung; Verleumdung

镧 lán Lanthan（La）

兰（蘭） lán →兰花

兰花 lánhuā 1. Orchidee 2. Schwertblättrige Orchidee

栏（欄） lán 1. →栏杆 2. Stall; Pferch 牛～ Kuhstall 3. Spalte; Kolumne 广告～ Inseratenteil（in einer Zeitung）4. Raum; Rand 备注～ Raum für sonstige Angaben

栏杆 lángān Geländer; Balustrade; Brüstung

拦（攔） lán →拦阻

拦路 lánlù jm den Weg versperren; jm in den Weg treten ～虎 ⓐ Hindernis; Schwierigkeit ⓑ Wegelag(e)rer; Straßenräuber

拦阻 lánzǔ blockieren; versperren; aufhalten

褴（襤） lán

褴褛 lánlǚ zerlumpt; schäbig; abgerissen 衣衫～ in Fetzen gekleidet gehen; schäbig angezogen sein in Lumpen gehüllt sein

蓝（藍） lán blau

蓝图 lántú 1. Blaupause; Lichtpause 2. Plan; Entwurf; Projekt 国家建设的～ Aufbauplan des Staates

篮（籃） lán 1. →篮子 2. Korb 投～ Korbwurf

篮球 lánqiú 1. Basketball; Korbball 打～ Basketball（Korbball）spielen ～队 Basketballmannschaft; Basketballteam 2. Basketball; Korbball

篮子 lánzi Korb

懒（嬾） lǎn 1. →懒惰 2. matt; träge; kraftlos 身子发～ sich matt und kraftlos fühlen; abgespannt sein

懒惰 lǎnduò faul; träge; müßig

懒汉 lǎnhàn Faulpelz; Faulenzer; Müßiggänger

懒散 lǎnsǎn müßig; träge; fahrlässig

懒洋洋 lǎnyāngyāng schlapp und träge; lasch; lustlos

揽（攬） lǎn 1. in die Arme nehmen; mit den Armen umfassen 2. mit einem Seil binden（festmachen）用绳子把车上

L

的柴火～上点 das Brennholz im Wagen mit Seilen (Stricken) etwas fester verschnüren 3. auf sich nehmen (laden); übernehmen 他把责任都～到自己身上 er hat die Verantwortung ganz auf sich genommen 4. etw an sich reißen; etw in Beschlag nehmen ～权 die Macht (Gewalt) an sich reißen

缆(纜) lǎn 1. Tau; dickes Seil 解～ die Schiffstaue lösen (losbinden) 2. Trosse; Kabel 电～ Stromkabel

缆车 lǎnchē Seilbahn

缆绳 lǎnshéng Tau; Seil

罱 lǎn 1. Schleppnetz 2. etw mit einem Schleppnetz holen (herausholen); baggern ～河泥 Schlamm aus dem Fluss baggern

滥(濫) làn 1. überschwemmen; überfluten 2. übermäßig; ausschweifend; ohne Maß und Ziel ～花钱 planlos Geld zum Fenster hinaus werfen; Geld auf die Straße werfen

滥用 lànyòng missbrauchen; falsch verwenden; unerlaubt gebrauchen ～职权 Amtsmissbrauch; Machtmissbrauch; seine Amtsgewalt missbrauchen

滥竽充数 làn yú chōng shù ein Kuckuck unter Nachtigallen; einen Posten innehaben, für den man nicht befähigt ist

烂(爛) làn 1. mürbe; breiig; durchweicht ～饭 weichgekochter Reis 2. verderben; verfaulen; verrotten ～梨 faule Birne 3. abgetragen; zerfetzt ～纸 zerrissenes (zerfetztes) Papier 4. unordentlich; durcheinander ～摊子 eine chaotische Unordnung; Saustall

烂糊 lànhu breiig; dickflüssig ～面 breiige Nudel

烂漫 lànmàn 1. farbig und schön; farbenreich 山花～ Bergblumen in voller Blüte 2. offenherzig; ungekünstelt; naiv 天真～ naiv und arglos; naiv und unschuldig; naiv und lieblich

烂泥 lànní Schlamm; Matsch

烂醉 lànzuì total betrunken; schwer besoffen; blau sein ～如泥 voll wie ein Fass sein; voll sein wie ein Sack

郎 láng 1. Anrede für einen Beamten in alten Zeiten 2. Anrede für Männer; Herr 3. Anrede für den Ehemann; Geliebter

郎舅 lángjiù Schwager; Mann und der Bruder seiner Frau

郎中 lángzhōng Arzt der chinesischen Volksmedizin

廊 láng Korridor; Säulengang; Veranda

锒 láng

锒头 lángtou Hammer

琅(瑯) láng

琅琅 lángláng klingend; tönend 书声～ laut und hellklingend lesen

锒 láng

锒铛 lángdāng 1. Eisenkette ～入狱 in Ketten ins Gefängnis kommen 2. klirren; rasseln; hart klingen

狼 láng Wolf

狼狈 lángbèi verlegen; in Verlegenheit geraten; in die Klemme kommen (geraten) ～而逃 panikartig die Flucht ergreifen; in panischer Flucht ～为奸 mit jm unter einer Decke stecken

狼狗 lánggǒu Schäferhund

狼藉 lángjí durcheinander; unordentlich; verworren 声名～ berüchtigt; in Verruf sein; übel beleumdet

狼吞虎咽 láng tūn hǔ yàn (wie ein Wolf) verschlingen; hastig und gierig essen; das Essen in sich hineinstopfen

朗 lǎng 1. hell; klar 2. laut und deutlich (klar)

朗读 lǎngdú laut lesen; vorlesen

朗诵 lǎngsòng laut und ausdrucksvoll lesen; vortragen; rezitieren

浪 làng 1. Welle; Woge 巨～ hohe (mächtige) Wellen; Wogen 2. wellenförmig 麦～翻滚 die Weizenwogen rollen

浪潮 làngcháo Welle; Strömung 革命～ eine revolutionäre Welle

浪荡 làngdàng 1. herumlungern; sich herumtreiben; faulenzen 2. liederlich; ausschweifend; sittenlos

浪费 làngfèi verschwenden; vertun; vergeuden

浪花 lànghuā Gischt; Schaum der Wellen

浪迹 làngjì umherziehen; von Ort zu Ort

ziehen ～江湖 überall im Lande umherziehen; ein Wanderleben führen

浪漫 làngmàn 1. Romantik; romantisch ～主义 Romantizismus; Romantik 2. leichtfertig; ausschweifend; liederlich

浪子 làngzǐ Nichtstuer; Faulenzer; Liederjan

捞(撈) lāo 1. aus dem Wasser holen (ziehen); herausfischen ～鱼 Fische herausholen 2. herausschlagen; durch Geschick und Schlauheit erlangen 趁机～一把 die Gelegenheit beim Schopfe fassen (ergreifen, packen) und daraus seinen Vorteil ziehen

捞稻草 lāo dàocǎo etw auszunutzen versuchen; aus etw Nutzen ziehen

牢 láo 1. Pferch; Gehege 2. →牢狱 3. →牢固

牢房 láofáng Gefängniszelle; Kittchen; Loch

牢固 láogù fest; solide; sicher

牢记 láojì beherzigen; etw dem Gedächtnis (fest) einprägen; im Gedächtnis behalten (bewahren) ～在心 etw im Kopf fest behalten; sich etw vor Augen führen (halten)

牢靠 láokao 1. →牢固 2. zuverlässig verlässlich; sicher

牢笼 láolóng 1. Käfig; Joch 封建～ das Joch des Feudalismus 2. Falle; Schlinge 堕入～ in die Falle gehen (geraten) 3. jn durch eine Gunst gefügig machen; jn um den (kleinen) Finger wickeln

牢骚 láosāo 1. Unzufriedenheit; Beschwerde 发～ nörgeln; seinem Unmut Luft machen 2. Klage

牢狱 láoyù Gefängnis; Zuchthaus; Kerker

劳(勞) láo 1. →劳动 2. jn bemühen; sei doch bitte so gut ～你帮个忙 Bitte tu mir den Gefallen und hilf mir dabei! / Sei doch einmal so gut, mir zu helfen! 3. →劳苦; 劳累 4. jm Geschenke überreichen oder Grüße übermitteln, um ihm für geleistete Dienste zu danken; den verdienten Menschen Dank ausdrücken (aussprechen) ～军 den Soldaten Geschenke überreichen und Grüße übermitteln; Armeebelohnung

劳保 láobǎo 1. Arbeitersozialversicherung; Arbeiter- und Angestelltenversicherung 2. Arbeitsschutz

劳动 láodòng 1. Arbeit 脑力～ geistige Arbeit ～模范 Modellarbeiter; Arbeitsheld ～生产率 Arbeitsproduktivität 2. körperliche Arbeit; körperlich arbeiten ～锻炼 sich durch körperliche Arbeit stählen ～态度 Einstellung zur körperlichen Arbeit 3. körperlich arbeiten 下地～ aufs Feld zur Arbeit gehen

劳动节 Láodòng Jié Internationaler Tag der Arbeit

劳动力 láodònglì 1. Arbeitskraft 2. Arbeitsfähigkeit; Arbeitsvermögen 丧失～ keine Fähigkeit zur Arbeit haben; arbeitsunfähig 3. Arbeitskraft; Arbeitsfähige(r) 缺乏～ an Arbeitskräften mangeln

劳动者 láodòngzhě Werktätige(r); Arbeitende(r)

劳改 láogǎi Umerziehung durch körperliche Arbeit ～犯 Arbeitslagerinsasse

劳工 láogōng Arbeiter ～运动 Arbeiterbewegung

劳驾 láojià seien Sie so gut; würden Sie so liebenswürdig sein und ...; tun Sie mir einen Gefallen

劳苦 láokǔ Mühe; Strapaze; große Anstrengung ～功高 mühevolle und würdige Leistung; die Arbeit ist mühevoll, das Verdienst groß

劳累 láolèi erschöpft; ermattet; ermüdet 过度～ überanstrengt; überarbeitet

劳力 láolì 1. Anstrengung; Kraft; Energie 2. →劳动力 3

劳碌 láolù hart arbeiten; sich rastlos abmühen

劳神 láoshén sich um etw sorgen; sich geistig anstrengen

劳务输出 láowù shūchū einer ausländischen Firma Arbeitskräfte zur Verfügung stellen

劳役 láoyì Fronarbeit; Zwangsarbeit

痨(癆) láo →痨病 肺～ Lungentuberkulose; Auszehrung

痨病 láobìng Schwindsucht; Tuberkulose; Auszehrung

唠(嘮) láo

唠叨 láodao schwatzen; quasseln; plappern

铹(鐒) láo Lawrencium (Lw)

醪 láo 1. trüber Wein 2. reiner (edler) Wein
醪糟 láozāo fermentierter klebriger Reis
老 lǎo 1. alt; hoch an Jahren; betagt ～人 Alte(r); Senior; Greis 2. der (die) Alte; alte Leute 3. verstorben 4. →老练 5. alt; langjährig ～朋友 alter Freund 6. alt; veraltet ～机器 veraltete Maschine ～眼光 überholte Ansicht 7. ursprünglich; eigentlich; früher 一切都是～样子 es bleibt alles beim Alten (wie früher, wie sonst) 8. zäh; hart 黄瓜长～了 die Gurken sind überreif gewachsen 9. lange Dauer (hoher Hitzegrad) beim Kochen 把鸡蛋煮～点 Eier hart kochen 10. lange; (für) lange Zeit; dauerhaft 我～没见他了 ich habe ihn seit langem nicht gesehen 11. öfter; stets; immer 他～待在家里 er bleibt oft zu Hause 12. sehr; in hohem Grade; in großem Maße ～远 sehr weit; weit entfernt von hier 13. (als Präfix, das vor einen Familiennamen oder bestimmte Tiere gesetzt wird): ～刘 Lao Liu; alter Liu ～虎 Tiger
老百姓 lǎobǎixìng einfache Leute; Zivil; Bevölkerung
老板 lǎobǎn Geschäftsinhaber; Chef; Wirt ～娘 Chefin; Wirtin
老伴 lǎobàn Altehepaar; Alte(r); meine Alte (mein Alter)
老成 lǎochéng erfahren und gesetzt 少年～ frühreif; ein alter Kopf auf jungen Schultern
老搭档 lǎodādàng alter Partner; alter Arbeitskollege
老调 lǎodiào die alte (gleiche) Leier; Platitüde; Plattheit
老古董 lǎogǔdǒng 1. alte Sachen 2. verknöcherter (verkalkter) Alter; alter Kauz
老好人 lǎohǎorén jemand, der leicht nachgebend, aber prinzipienlos ist; ein Mensch mit nachgiebigem Charakter
老虎钳 lǎohǔqiǎn 1. Feilstock; Schraubstock 2. Kneifzange
老花眼 lǎohuāyǎn Alterssichtigkeit
老化 lǎohuà altern; Alterung
老话 lǎohuà 1. Sprichwort; alte Redensart 2. Gespräche über frühere Zeiten ～重提 immer wieder dieselbe Walze; ein und dasselbe Thema wiederholen
老家 lǎojiā 1. Heimatort; Geburtsort 回～ zum Geburtsort zurückkehren; die alte Heimat besuchen 2. Heimat der Vorfahren
老奸巨猾 lǎo jiān jù huá mit allen Hunden gehetzt sein; es knüppeldick hinter den Ohren haben
老茧 lǎojiǎn Schwiele; Hornhaut; Quese
老江湖 lǎojiānghu weltkluger Mensch; welterfahrener und aalglatter Mensch
老练 lǎoliàn gesetzt; erfahren und sicher; routiniert
老年 lǎonián Alter; Greisenalter; Betagtheit ～人 die alten Leute; die Alten; Senior
老牛破车 lǎo niú pò chē langsam; saumselig; im Schneckentempo
老人 lǎorén 1. alte Leute; Greis; Alterchen 白发～ weißhaariger Alter 2. alte Eltern; alte Großeltern
老生常谈 lǎo shēng cháng tán immer das alte (gleiche) Lied; immer die alte (gleiche) Leier; Trivialität
老师 lǎoshī Lehrer; Erzieher
老师傅 lǎoshīfu Meister; erfahrener Arbeiter
老式 lǎoshì altmodisch; überaltert; veraltet ～服装 altmodische Kleidung
老实 lǎoshi 1. ehrlich; aufrichtig; brav ～话 Wahrheit; Tatsache ～说 offen gesagt (gestanden); ehrlich gesagt 2. anständig; wohlerzogen 3. einfältig; töricht; leichtgläubig
老手 lǎoshǒu Altmeister; alter Hase (Hirsch); Routinier 开车的～ erfahrener Fahrer
老鼠 lǎoshǔ Ratte; Maus
老太婆 lǎotàipó alte Frau; die Alte
老头子 lǎotóuzi alter Mann; der Alte
老乡 lǎoxiāng Landsmann; vom selben Kreis oder aus derselben Provinz stammende Person
老朽 lǎoxiǔ alt und verkalkt; abgetakelt
老爷 lǎoye 1. gnädiger Herr 2. Großvater (Opa) mütterlicherseits
老鹰 lǎoyīng Milan
老子 lǎozi 1. Vater 2. (Anmaßende Bezeichnung für sich selbst): ～天下第一 sich für Autorität Nummer eins in der Welt halten 你这流氓，看～收拾你! Du Schurke, ich werde dir eine Abreibung

geben!

铑 lǎo Rhodium (Rh)

佬 lǎo Kerl 阔～ reicher Kerl; Reicher; Geldsack

姥 lǎo

姥姥 lǎolao Großmutter mütterlicherseits

涝（澇） lào 1. Überschwemmung; Überflutung 防～ Vorbeugung gegen Überschwemmungen 2. Staunässe 排～ überschüssiges Wasser von Feldern ableiten; Flutwasser ableiten

烙 lào 1. mit heißem Metall brennen; bügeln ～衬衣 ein Hemd bügeln 2. in einer Pfanne backen

烙饼 làobǐng gerösteter Fladen

烙铁 làotie 1. Bügeleisen; Plätteisen 2. Lötkolben

烙印 làoyìn 1. Brandmal; Brandmarke; einbrennen 阶级～ die Brandmarke einer Klasse; der Stempel einer Klasse 2. einprägen; beeindrucken

落 lào 另见 là, luò

落色 làoshǎi sich verfärben; ausbleichen

落枕 làozhěn Genickstarre; einen steifen Hals (Nacken) haben

酪 lào 1. Quark; aus geronnener Milch hergestellte Produkte 2. Gelee; Obstgelee

络 lào 另见 luò

络子 làozi 1. Netz 2. Spuler

乐（樂） lè 另见 yuè

1. Freude; fröhlich; sich freuen ～不可支 äußerst erfreut; außer sich vor Freude sein; von Freude überwältigt 2. Freude an etw haben (finden); gern etw tun ～于助人 hilfsbereit; gern anderen helfen; stets bereit, anderen einen Gefallen zu tun 3. lachen

乐不思蜀 lè bù sī shǔ die Annehmlichkeiten des Lebens genießen und darüber seine Heimat vergessen

乐观 lèguān optimistisch; voller Hoffnung; zuversichtlich ～主义 Optimismus

乐极生悲 lè jí shēng bēi auf Freud folgt Leid

乐趣 lèqù Freude; Vergnügen; Lust 生活～ Lebensfreude

乐天 lètiān Lebensbejahung; Optimismus ～派 Frohnatur; eine lebensbejahende Person

乐土 lètǔ Paradies; Elysium; Himmelreich

乐意 lèyì 1. bereit (gewillt) sein; ganz bereitwillig 2. zufrieden; erfreut; fröhlich 心里不～ innerlich unzufrieden; mit widerstrebenden Gefühlen; ungern

乐园 lèyuán Paradies; Eldorado 儿童～ das Eldorado der Kinder; Kinderparadies

仂 lè Rest

仂语 lèyǔ Wortgruppe; Redewendung

勒[1] lè 另见 lēi

1. zügeln ～马 ein Pferd zügeln 2. →勒逼

勒[2] lè 另见 lēi

～石 eine Inschrift in den Gedenkstein einmeißeln

勒逼 lèbī erzwingen; zwängen; erpressen

勒克司 lèkèsī Lux

勒令 lèlìng durch Befehl erzwingen; streng befehlen

勒索 lèsuǒ erpressen; durch Androhung von Gewalt erhalten

了 le 1. (als Hilfswort zum Ausdruck der Vollendung einer Handlung oder einer Änderung): 水位低～一米 der Wasserstand ist um ein (einen) Meter gesunken 2. (als Hilfswort zum Ausdruck der Bejahung, der Änderung, der Warnung, der Ermahnung...): 天快黑～ es wird bald dunkel

勒 lēi 另见 lè

schnüren; straff ziehen ～紧腰带 den Schmachtriemen anziehen (umschnallen); den Gürtel (den Riemen) enger schnallen

勒死 lēisǐ erdrosseln; strangulieren

擂 léi 另见 lèi

schlagen; hauen ～了一拳 jm einen Faustschlag geben (versetzen)

羸 léi mager; dünn; abgezehrt

羸弱 léiruò abgezehrt und ausgemergelt; mager und schwach

雷 léi 1. Donner 打～ es donnert 2.

L

Mine；Sprengwaffen
雷达 léidá Radar ～站 Radarstation
雷电 léidiàn Blitz und Donner ～交加 es blitzt und donnert
雷动 léidòng 掌声～ der Beifall brandet auf / tosender Beifall；donnernder Applaus
雷管 léiguǎn Sprengkapsel；Zündhütchen；Brandröhre
雷击 léijī Blitzschlag
雷厉风行 léi lì fēng xíng energisch（entschlossen）und rasch；etw entschlossen und rasch ausführen（durchführen）
雷声 léishēng Donnerschlag；Donnerknall ～隆隆 es rumpelt draußen / der Donner rollt
雷同 léitóng gleich；identisch；übereinstimmen 内容～ der Inhalt ist ähnlich
雷雨 léiyǔ Gewitter；Unwetter；Donnerwetter
雷阵雨 léizhènyǔ Donnerschauer；Gewitterschauer；gewittrige Schauer

镭 léi Radium（Ra）
镭射电影 léishè diànyǐng Videoplatte

累（纍） léi 另见 lěi，lèi
累累 léiléi 另见 lěilěi
Haufen；haufenweise 果实～ voller Früchte sein；schwer von den Bäumen herunterhängende Früchte；fruchtreich
累赘 léizhui 1. langatmig；wortreich；weitschweifig 2. lästig；beschwerlich；mühselig ～事儿 eine lästige Sache 3. Last；etwas Schweres；Bürde

蕾 lěi Knospe
蕾铃 lěilíng Baumwollknospe

磊 lěi
磊落 lěiluò offen und aufrecht（ehrlich）；gerecht und ehrenvoll

累[1]（纍） lěi 另见 léi，lèi 1. →累积 日积月～ sich über eine lange Zeit ansammeln；nach längerer Zeit 2. →累次

累[2] lěi 另见 léi，lèi →累及
累次 lěicì oftmals；wiederholt；mehrmalig
累积 lěijī（sich）ansammeln；（sich）anhaufen；akkummulieren
累及 lěijí jn in etw hineinziehen（verwickeln）～无辜 einen Unschuldigen in etw hineinziehen（verwickeln）
累进 lěijìn Progression；Steigerung ～税 progressive Steuer
累累 lěilěi 另见 léiléi
1. wiederholt；oft；oftmals 2. unzählig；zahlreich；in Haufen liegen 罪行～ zahlreiche Verbrechen begehen

垒[1]（壘） lěi mauern；bauen ～墙 eine Mauer bauen（errichten）

垒[2]（壘） lěi Wall；Schutzwall
垒球 lěiqiú Softball

泪（淚） lèi Träne ～流满面 Tränen rinnen übers Gesicht / das Gesicht war in Tränen gebadet
泪珠 lèizhū Träne

类（類） lèi 1. Art；Sorte；Gattung 2. →类似
类比 lèibǐ Analogie
类别 lèibié Klassifikation；Klassifizierung；Kategorie
类似 lèisì ähnlich；gleich；analog
类推 lèituī einen Analogieschluss ziehen；analog schließen 照此～ etw aus etw schließen；infolgedessen
类型 lèixíng Typ；Typus

擂 lèi 另见 léi
1.（Trommel）schlagen；trommeln ～鼓 Trommel schlagen；Trommelwirbel 2. →擂台
擂台 lèitái Bühne für Ringkämpfe；Arena 打～ die Herausforderung annehmen

累（纍） lèi 另见 léi，lěi
1. müde；ermüdet；erschöpft 2. ermüden；müde machen；erschöpfen ～人的活儿 eine anstrengende（ermüdende）Arbeit 3. hart（mühsam）arbeiten；sich abmühen；sich plagen

肋 lèi Rippengegend 两～ die beiden Rippengegenden
肋骨 lèigǔ Rippe

棱（稜） léng Kante
棱角 léngjiǎo 1. Kanten und Ecken 2. Schärfe；Spitze
棱镜 léngjìng Prisma
棱柱体 léngzhùtǐ Prisma；Säule
棱锥 léngzhuī Pyramide

冷 lěng 1. kalt ～空气 kalter Strom (Luftstrom) 饭～了 das Essen ist abgekühlt 2. gefühlsarm; gleichgültig; kühl ～言～语 sarkastisches Gerede; ironische Bemerkungen; die bösen Mäuler 3. →冷落 1 4. →冷僻 2

冷不防 lěngbufáng ruckartig; plötzlich; unerwartet

冷藏 lěngcáng etw im Kühlschrank (Kühlraum) aufbewahren (einfrieren); eisen; Kühllagerung ～库 Frosterei; Kühlhaus

冷处理 lěngchǔlǐ Kaltverarbeitung; Kaltbehandlung

冷淡 lěngdàn 1. einsam; verlassen; abgelegen 2. kalt; gleichgültig; indifferent 态度～ sich indifferent verhalten 3. kühl behandeln; jn vernachlässigen

冷冻 lěngdòng einfrieren; gefrieren

冷锋 lěngfēng Kaltfront

冷风机 lěngfēngjī Luftkühler

冷汗 lěnghàn kalter Schweiß; Angstschweiß 出～ in kalten Schweiß kommen (geraten); jm bricht der Angstschweiß aus

冷加工 lěngjiāgōng Kälteformung; Kaltbearbeitung

冷静 lěngjìng 1. menschenleer; einsam; still und ruhig 2. nüchtern; ruhig; gefasst 保持～ ruhig bleiben; kaltes Blut bewahren

冷酷 lěngkù herzlos; hartherzig; kaltblütig ～无情 kein Herz (im Leibe) haben; Erbarmungslosigkeit; gefühllos

冷落 lěngluò 1. menschenleer; verlassen; einsam 2. →冷淡 3

冷门 lěngmén ein Beruf oder ein Fach, mit dem sich nur wenige Menschen beschäftigen 出～ ein unerwarteter Sieger; ein Schwarzpferd

冷漠 lěngmò gleichgültig; indifferent; teilnahmslos

冷盘 lěngpán kalte Vorspeise; Vorgericht; kaltes Gericht

冷僻 lěngpì 1. vereinsamt; entlegen; abgelegen 2. selten; ungebräuchlich ～字 selten gebrauchtes Wort; ungebräuchliches Wort

冷气 lěngqì 1. Klimatisierung 2. Klimaanlage

冷枪 lěngqiāng unerwarteter Schuss 打～ hinterrücks schießen; einen Schuss aus einem Hinterhalt abfeuern

冷清 lěngqīng still und einsam

冷却 lěngquè kühlen; abkühlen ～剂 Kühlmittel

冷若冰霜 lěng ruò bīng shuāng kalt wie Eis sein kalt wie Marmor; teilnahmslos und unzugänglich

冷杉 lěngshān Tanne

冷水 lěngshuǐ 1. kaltes Wasser; Kaltwasser ～浴 kaltes Bad 泼～ jn mit kaltem Wasser übergießen; js Begeisterung dämpfen; jm eine kalte Dusche geben 2. ungekochtes Wasser

冷烫 lěngtàng Kaltwelle

冷笑 lěngxiào grinsen; hämisch (höhnisch) lachen

冷血动物 lěngxuè dòngwù 1. Kaltblüter; Wechselwarmblüter 2. gefühllose (kaltherzige) Person

冷眼 lěngyǎn 1. mit nüchternen Augen ～观察 mit nüchternen Augen beobachten (ansehen) 2. kühle Behandlung; jn links liegen lassen ～相待 kühl (kalt) behandeln

冷饮 lěngyǐn Eisgetränk; eisgekühlte Getränke; Erfrischung

冷遇 lěngyù kalte (kühle) Behandlung 受到～ kalt behandelt werden

冷战 lěngzhàn kalter Krieg

冷战 lěngzhan Schauer; Zittern 打～ jm läuft (kriecht) ein Schauer über den Rücken; vor Kälte oder Schreck zittern

愣 lèng 1. starr; ausdruckslos; verblüfft 2. unbesonnen; draufgängerisch ～小子 unbesonnener Kerl

睖 lèng

睖睁 lèngzheng erstarren; benommen sein; starr blicken

哩 lī

哩哩啦啦 līlīlālā verstreut; vereinzelt; mit Unterbrechungen

离(離) lí 1. verlassen; sich trennen; auseinander gehen 2. entfernt; weit von ～上海一百公里 100 km weit entfernt von Shanghai liegen ～开车还有半小时 bis zur Abfahrt ist es noch eine halbe Stunde 3. ohne; unabhängig von 这项工作怎么也～不了你 diese Arbeit hängt sich auf alle Fälle dir an die Rockschöße / bei

dieser Arbeit bist du unbedingt unentbehrlich
离别 líbié verlassen；sich trennen；sich verabschieden
离合器 líhéqì Kupplung
离婚 líhūn eine Ehe scheiden；Ehescheidung；sich scheiden lassen
离间 líjiàn veruneinigen；Zwietracht säen；Uneinigkeit stiften
离开 líkāi verlassen；von ... abweichen (abkommen) ～故乡 die Heimat verlassen
离奇 líqí seltsam；phantastisch；sonderbar ～的谣言 unerhörtes Gerücht
离任 lírèn seinen Posten (seine Stelle) verlassen
离散 lísàn getrennt voneinander sein；zerstreut 骨肉～ auseinandergerissene Familienmitglieder；Trennung und Zerstreuen von Familienmitgliedern
离题 lítí von einem Thema abgehen (abschweifen)；einen Abstecher vom Thema machen
离心 líxīn 1. uneinig sein；nicht an demselben Strang ziehen ～离德 nicht gleichen Sinnes sein；uneins sein；nicht einmütig 2. zentrifugal；vom Mittelpunkt wegstrebend ～力 Zentrifugalkraft ～作用 zentrifugale Wirkung
离休 líxiū in den Ruhestand gehen (treten)
离职 lízhí 1. zeitweilig seinen Posten verlassen 2. der Abgang aus dem Amt；von seinem Amt zurücktreten
离子 lízǐ Ion ～交换器 Ionenaustauscher

篱（籬） lí →篱笆
篱笆 líba Zaun；Einfriedigung；Fenz

犛 lí Jak；Yak

厘（釐） lí 1. Bezeichnung von Maßeinheit und Gewichteinheit 2. *Li* (Längenmaß = 1/3 mm) 3. *Li* (Gewichtsmaß = 0,05 g) 4. *Li* (Flächenmaß = 6,666 qm) 5. *Li* (jährliche Zinssatzeinheit = 1% *p. a.*)
厘米 límǐ Zentimeter

狸 lí
狸猫 límāo Bengalkatze

罹 lí verunglücken；von einem Unheil (Unglück) befallen werden
罹难 línàn (bei einer Katastrophe oder einem Unfall) ums Leben kommen；ermordet werden

梨（棃） lí 1. Birne；Birnbaum 2. Birne

犁（犂） lí 1. Pflug 2. pflügen；mit dem Pflug arbeiten ～田 Acker (Feld) pflügen
犁沟 lígōu durchfurchen；Furche
犁铧 líhuá Pflugschar；Kolter

黎 lí in Massen；in großen Mengen
黎明 límíng Morgendämmerung；Tagesanbruch

藜 lí Gänsefuß

蠡 lí Muschelschale
蠡测 lícè einen sehr engen Horizont haben；sich ein oberflächliches Urteil über etw bilden

礼（禮） lǐ 1. Zeremonie；Feier；Ritus 丧～ Trauerfeier；Trauerzeremonie；Beerdigung 婚～ Hochzeitsfeier 2. Höflichkeit；Manieren；Etikette 以～相待 jn mit gebührendem Respekt behandeln；jm die gebührende Achtung entgegenbringen 3. →礼物
礼拜 lǐbài 1. Gottesdienst；Anbetung；Andacht 做～ in die (zur) Kirche gehen；Gottesdienst abhalten；eine Andacht halten 2. Woche 下～ nächste Woche 3. Wochentag ～一 Montag ～二 Dienstag ～三 Mittwoch ～四 Donnerstag ～五 Freitag ～六 Sonnabend；Samstag ～天 Sonntag 4. Sonntag
礼宾司 lǐbīnsī Protokoll；Protokollabteilung
礼服 lǐfú Festkleid；Gesellschaftsanzug；Galaanzug
礼花 lǐhuā Feuerwerk (beim Fest)
礼教 lǐjiào feudale Moral；feudale Ethik
礼节 lǐjié Höflichkeit；Etikette；Anstandsregeln 外交～ die diplomatische Etikette
礼帽 lǐmào Zylinderhut
礼貌 lǐmào Höflichkeit；Anstand；Manieren 有～ höflich；wohlerzogen；Schliff haben
礼炮 lǐpào Salut；Salutschuss
礼品 lǐpǐn →礼物
礼让 lǐràng jm den Vortritt lassen；jn vor-

angehen lassen
礼尚往来 lǐ shàng wǎng lái Höflichkeit beruht auf Gegenseitigkeit
礼堂 lǐtáng Aula；Festhalle；Auditorium
礼物 lǐwù Geschenk；Präsent
礼仪 lǐyí Protokoll；Etikette
礼遇 lǐyù höflicher Empfang；höfliche Behandlung

李 lǐ 1. Pflaumenbaum 2. →李子
李子 lǐzi Pflaume

里[1]（裏、裡） lǐ 1. →里子 2. →里边 ～圈 Innenbahn

里[2] lǐ 1. →里弄 2. Heimat 故～ Heimatort；Geburtsort；Vaterstadt

里[3] lǐ *Li*（Längenmaß：1 *Li* = 1/2 km）

里（裏、裡） lǐ in；innerlich；innerhalb 箱子～ im Koffer；innerhalb des Koffers 他话～有话 seine Worte stecken hinter Worten / seine Worte haben einen bestimmten Hintersinn
里边 lǐbian innen；innerhalb；in 这～有问题 da ist（sitzt）der Wurm drin
里程 lǐchéng 1. Wegstrecke；zurückgelegter Weg 2. Entwicklungsprozess 生命的～ Lebensprozess；Lebensvorgang
里程碑 lǐchéngbēi 1. Kilometerstein；Meilenstein 2. Markstein；Meilenstein 历史的～ ein Markstein（Meilenstein）in der Geschichte
里脊 lǐji Filet；Lendenstück
里间 lǐjiān Innenraum；Zimmer ohne Außentür
里弄 lǐlòng 1. Gasse 2. nachbarlich；unter *Nachbarn üblich* 从事～工作 im Nachbarschaftskomitee arbeiten；im Nachbarschaftskomitee tätig sein
里面 lǐmiàn innen；Innenseite；in
里手[1] lǐshǒu linke Seite
里手[2] lǐshǒu Fachmann；Experte
里通外国 lǐ tōng wàiguó unzulässige Beziehungen zu einem fremden Land unterhalten
里屋 lǐwū →里间
里应外合 lǐ yìng wài hé von außen angreifen，von innen eine Breche schlagen；so etwa wie die List des Trojanischen Pferdes
里子 lǐzi Futter；Innenseite

浬 lǐ Seemeile

理 lǐ 1. Maserung；Textur 2. Recht；Vernunft ～当如此 was sein muss（soll）3. Naturwissenschaft；Physik ～工科 Naturwissenschaften und Ingenieurwesen 4. verwalten；führen；besorgen ～家 das Haus führen（besorgen）；den Haushalt besorgen 5. ordnen；in Ordnung bringen；Ordnung machen ～一～书籍 Bücher ordnen；Bücher einmal in Ordnung bringen 6. beachten；berücksichtigen；in Betracht ziehen 别～他 Beachte ihn nicht! / Lass ihn links liegen!
理睬 lǐcǎi →理 6 不予～ ignorieren；sich taub stellen；absichtlich übersehen
理发 lǐfà frisieren；sich das Haar schneiden lassen ～师 Friseur；Haarschneider
理会 lǐhuì 1. →理解 2. achten；beachten；aufpassen 3. →理 6
理解 lǐjiě verstehen；begreifen；erfassen ～力 Auffassungsvermögen；Begriffsvermögen；Denkvermögen 不难～ nicht schwer zu verstehen sein；etw versteht sich
理科 lǐkē Naturwissenschaften
理亏 lǐkuī im Unrecht sein
理疗 lǐliáo Physiotherapie
理论 lǐlùn Theorie；Lehre ～家 Theoretiker
理屈词穷 lǐ qū cí qióng mit seiner billigen Rechtfertigung am Ende sein；seine Argumente verbraucht haben
理事 lǐshì Vorstandsmitglied；Vorstand ～会 Vorstand；Direktorium
理所当然 lǐ suǒ dāng rán das versteht sich von selbst / etw liegt in der Natur der Sache；selbstverständlich
理想 lǐxiǎng 1. Ideal；Wunschbild 共产主义的崇高～ erhabenes Ideal des Kommunismus 2. den Wünschen entsprechen；erwünscht
理性 lǐxìng 1. Rationalität；Verstand；rational ～认识 rationale Erkenntnis 2. Vernunft；Verstand 恢复～ wieder zur Vernunft（zu Verstand）kommen
理应 lǐyīng sollen；müssen；schuldigermaßen
理由 lǐyóu Grund；Ursache；Begründung ～充足 genügend Gründe haben
理智 lǐzhì Verstand；Vernunft 丧失～ den Verstand verlieren；nicht bei Sinnen sein；der Vernunft beraubt sein

锂 lǐ Lithium (Li)

俚 lǐ vulgär; grob; gemein

俚语 lǐyǔ Slang; Jargon

鲤 lǐ Karpfen

立 lì 1. stehen 2. aufstellen; aufrichten 3. aufrecht; gerade ～柜 Schrank 4. errichten; gründen ～碑 ein Denkmal setzen ～字据 eine schriftliche Versicherung geben; eine schriftliche Bestätigung aufsetzen 5. →立刻

立场 lìchǎng 1. Einstellung; Position; Standpunkt 坚持自己的～ an seinem Standpunkt halten; sich von seinem Standpunkt nicht abbringen lassen 2. Standpunkt; Klassenstandpunkt ～坚定 fester (unerschütterlicher) Standpunkt

立春 lìchūn Frühlingsanfang

立定 lìdìng halt ～! Halt!

立冬 lìdōng Winterbeginn

立法 lìfǎ Legislatur; Gesetzgebung ～权 Legislative

立方 lìfāng 1. Kubikzahl; dritte Potenz ～米 Kubikmeter; Ster 2. →立方体 3. Kubikmeter; Raummeter

立方体 lìfāngtǐ Würfel; Kubus

立竿见影 lì gān jiàn yǐng rasche Wirkung haben; sehr schnell wirken

立功 lìgōng sich um etw Verdienst erwerben; sich um etw/jn verdient machen ～赎罪 durch Verdienste seine Verbrechen abbüßen

立即 lìjí →立刻

立交桥 lìjiāoqiáo Kreuzung mit Überführungen

立脚点 lìjiǎodiǎn 1. Standpunkt; Stellung 2. fester Boden unter den Füßen

立刻 lìkè sofort; gleich; auf der Stelle

立论 lìlùn eine Ansicht vertreten; seiner Meinung Ausdruck verleihen

立秋 lìqiū Herbstbeginn

立体 lìtǐ 1. dreidimensional; stereokopisch ～感 *Plastizität; Räumlichkeit; Tiefenwirkung* ～声 Stereo; Stereoton; Stereoakustik ～几何 Stereometrie; Geometrie des Raumes 2. stereometrischer Körper

立夏 lìxià Sommerbeginn

立宪 lìxiàn konstitutionell; auf der Konstitution beruhend ～政体 Konstitutionalismus

立正 lìzhèng stillstehen; geradestehen; Stillgestanden!

立志 lìzhì einen festen Entschluss fassen; sich ein Ziel setzen (stecken)

立足 lìzú 1. festen Boden unter die Füße bekommen; Fuß fassen 2. sich auf etw stützen (gründen); basieren

立足点 lìzúdiǎn →立脚点

粒 lì 1. Korn; Körnchen 米～儿 Reiskorn 2. (als Zähleinheitswort): 一～豆 eine Bohne 一～子弹 eine Kugel

粒子 lìzǐ Teilchen; Korpuskel 带电～ elektrisch geladenes Teilchen

粒子 lìzi →粒 1

莅(蒞、涖) lì →莅临 ～会 einer Versammlung (einer Sitzung) beiwohnen

莅临 lìlín beiwohnen; anwesend sein 敬请～ Ihre Anwesenheit würde herzlich begrüßt / Bitte beehren Sie uns mit Ihrem Besuch!

笠 lì breitkrempiger Hut 竹～ breiter Bambushut

丽(麗) lì schön; hübsch; herrlich ～日 heller Sonnenschein

栗[1] lì Kastanienbaum

栗[2] **(慄)** lì zittern; schauern; frösteln

栗色 lìsè kastanienbraun

栗子 lìzi Kastanie

吏 lì Beamte(r); Mandarin

厉(厲) lì streng; rigoros; hart ～行节约 strenge Sparmaßnahmen ergreifen; Sparsamkeit strikt durchsetzen

厉害 lìhai →利害 (lìhai)

砺(礪) lì schleifen; wetzen

砺石 lìshí Schleifstein; Wetzstein

励(勵) lì anspornen; ermutigen; ermuntern

励精图治 lì jīng tú zhì sich aufraffen (ermannen) und sein Bestes tun, um das Land zur Blüte zu bringen

利 lì 1. scharf; schneidend; geschliffen ～刃 scharfe Klinge 2. günstig; zügig;

reibungslos 3. →利益 不为名，不为～ weder nach persönlichem Ruhm noch nach persönlichen Vorteilen suchen 4. →利润；利息 5. Nutzen abwerfen (bringen) 这～于我们的团结 das trägt zu unserer Einigkeit bei

利弊 lìbì Vorteile und Nachteile; das Pro und (das) Kontra

利害 lìhài Nutzen und Schaden; Gewinn und Verlust ～冲突 Interessenkonflikt; widerstreitende Interessen

利害 lìhai unerträglich; nicht zu ertragen 痛得很～ unerträglich (sehr stark) schmerzen

利己主义 lìjǐ zhǔyì Egoismus; Selbstsucht; Ichsucht 民族～ nationaler Egoismus

利率 lìlǜ Zinssatz; Rendite

利落 lìluo 1. gelenkig; gewandt; geschickt 动作～ sich flink bewegen 2. ordentlich; methodisch 办事～ bei der Arbeit methodisch sein; methodisch handeln 3. erledigt sein; fertig sein

利器 lìqì 1. scharfe Waffe 2. effektives Werkzeug

利润 lìrùn Profit; Gewinn

利息 lìxī Zins

利益 lìyì Interessen; Nutzen; Vorteil 长远～ langfristige Interessen

利用 lìyòng 1. benutzen; gebrauchen; Gebrauch machen 废物～ Abfallverwertung 2. ausnutzen; sich etw zunutze machen 彼此互相～ einer nutzt den anderen für seine eigenen Zwecke aus

利诱 lìyòu jn durch ein Versprechen anlocken

痢 lì →痢疾

痢疾 lìji Ruhr; Dysenterie

例 lì 1. Beispiel; Exempel 以此为～ etw als Beispiel nennen; etw zum Exempel nehmen 2. Präzedenzfall 有～在先 dafür gibt es schon einen Präzedenzfall 3. Fall 病～ Krankheitsfall 4. Regel; Vorschrift 通～ allgemeine (übliche) Regel

例会 lìhuì reguläre (ordentliche) Sitzung

例假 lìjià 1. gesetzlicher Feiertag 2. Menstruation; Regelblutung

例句 lìjù Beispielsatz

例如 lìrú zum Beispiel; wie

例外 lìwài 1. Ausnahme 毫无～ ohne Ausnahme; ausnahmslos 2. Ausnahmefall

例证 lìzhèng Beleg; Beispiel

例子 lìzi →例 1 举个～ ein Beispiel nennen (anführen, geben)

栎(櫟) lì Spitzeiche

砾(礫) lì Kies

砾石 lìshí Kiesstein; Kiesel; Kieselstein

隶(隸、隷) lì 1. →隶属 2. Diener; Knecht; Sklave

隶属 lìshǔ sich unterordnen; unterstehen

力 lì 1. Kraft 风～ Windkraft; Windstärke 2. Kraft; Stärke; Fähigkeit 药～ Wirkung (Wirksamkeit) von Arzneien 战斗～ Kampffähigkeit; Kampfkraft 3. Körperkraft 四肢无力 am ganzen Körper Mattigkeit spüren; gliederlahm 4. sich anstrengen; sich bemühen; sein Bestes tun 工作不～ in der Arbeit nicht sein Bestes geben

力不从心 lì bù cóng xīn etw beim besten Willen nicht tun können

力畜 lìchù Zugtier

力量 lìliang 1. →力气 2. Kraft; Stärke 国防～ Landesverteidigungskraft; Wehrkraft eines Staates 尽一切～完成任务 alle Kräfte zusammennehmen, um die Aufgabe zu erfüllen 3. Wirkung; Effekt

力气 lìqi körperliche Kraft 用足～ aus (nach) Leibeskräften; mit aller Kraft

力求 lìqiú nach etw streben; sich bestreben (bemühen); das Beste tun ～达到目的 sich eifrig bestreben, das Ziel zu erreichen

力所能及 lì suǒ néng jí in js Kraft (Kräften) stehen; in js Macht

力学 lìxué Mechanik; Kraftlehre 材料～ Materialmechanik

力争 lìzhēng 1. auf etw hinarbeiten; für etw hart arbeiten; nach etw streben ～上游 vorwärtsstreben; immer vorwärtsstrebend 2. streiten; debattieren 据理～ jn mit beweiskräftigen Argumenten überzeugen wollen

历[1](歷) lì 1. erleben; erfahren; durchmachen ～时十年 es hat 10 Jahre gedauert 2. alle vorangegangenen (vorausgegangenen)...; vergangen; früher ～年 alle vergangenen Jahre 3. all; jede(r, s); sämtlich ～访各个高校 alle

Hochschulen aufsuchen

历²(厤、曆、歷) lì 1. →历法 阴～（chinesischer）Mondkalender 2. Kalender 台～ Tischkalender

历程 lìchéng Verlauf; Ablauf; Prozess

历次 lìcì alle; jede

历法 lìfǎ Kalender; Zeitrechnung

历届 lìjiè alle früheren (vorangegangenen)... ～人民代表 Volksvertreter aller früheren Legislaturperioden

历来 lìlái von alters her; seit alters; seit ehe und je ～如此 das ist schon immer so gewesen

历历 lìlì deutlich; klipp und klar ～在目 klar in Sicht sein (kommen); etw steht (schwebt) jm vor Augen

历年 lìnián vergangene Jahre ～的积蓄 in den Vergangenen Jahren erspartes Geld

历史 lìshǐ 1. Geschichte; Historie ～使命 geschichtliche Mission; historischer Auftrag ～唯物主义 historischer Materialismus 2. persönliche Vergangenheit; Lebenslauf ～清白 eine makellose (saubere) Vergangenheit haben 3. Vergangenheit; Geschichte 这件事早已成为～ die Sache gehört bereits der Vergangenheit (der Geschichte) an 4. Geschichte ～文献 geschichtliche Dokumente

历书 lìshū Almanach; Bauernkalender; Praktik

沥(瀝) lì 1. tropfen; in Tropfen fallen 2. Tropfen

沥青 lìqīng Asphalt; Pech; Goudron

呖(嚦) lì

呖呖 lìlì zwitschern 莺声～ die Pirole zwitschern

荔 lì

荔枝 lìzhī 1. Litchipflaumenbaum 2. Litchipflaume; Litchi

俩(倆) liǎ 1. beide; zwei 姐儿～ beide Schwestern 2. einige; ein paar

帘(²簾) lián 1. Fahne als Zeichen eines Geschäftes 2. →帘子

帘子 liánzi Vorhang; Gardine 竹～ Vorhang aus Bambus; Jalousie aus Bambus

廉(亷) lián 1. →廉洁 2. →廉价 1

廉耻 liánchǐ Schamgefühl

廉价 liánjià 1. billig; preisgünstig; preiswert ～书 billige Bücher ～出售 etw billig verkaufen; etw zu herabgesetzten Preisen verkaufen 2. billig

廉洁 liánjié reine (saubere) Hände haben; unbestechlich ～奉公 redlich und uneigennützig seine Amtspflicht erfüllen

廉政 liánzhèng saubere Regierung

镰(鐮) lián →镰刀

镰刀 liándāo Sichel; Sense

怜(憐) lián 1. →怜悯 2. →怜爱

怜爱 lián'ài liebvoll (zärtlich) lieben

怜悯 liánmǐn bemitleiden; bedauern; Mitleid mit jm fühlen (haben, empfinden)

怜惜 liánxī sich erbarmen

联(聯) lián 1. →联结; 联合 2. Spruchpaar; Spruchrollen

联邦 liánbāng Bund; Union; Föderation ～共和国 Bundesrepublik

联播 liánbō Gemeinschaftssendung ～节目 gemeinsam ausgestrahltes Programm

联防 liánfáng gemeinsame Verteidigung (Abwehr) 军民～ gemeinsame Abwehr (Verteidigung) durch Soldaten und Bevölkerung

联合 liánhé 1. sich verbünden; sich verbinden; sich vereinigen 2. Bündnis; Koalition; Vereinigung ～声明 gemeinsame Erklärung ～政府 Koalitionsregierung ～收割机 Kombine; Mähdrescher

联合国 Liánhéguó Vereinte Nationen; UN; UNO ～大会 UN-Vollversammlung

联欢 liánhuān sich zu einem Unterhaltungsabend treffen; zu einer Geselligkeit zusammenkommen ～节 Festival 新年～会 Neujahrsfestabend; Festversammlung zur Feier des Neujahrs

联结 liánjié verbinden; koppeln; verknüpfen

联络 liánluò in Verbindung setzen; in Kontakt stehen (bleiben) ～员 Verbindungsmann; Kontaktmann 失去～ Verbindung verlieren

联袂 liánmèi zusammen; gemeinsam ～赴京 zusammen nach Beijing fahren

联盟 liánméng Bündnis; Union 工农～ Bündnis zwischen Arbeitern und Bauern

联名 liánmíng Kollektivzeichnung; gemeinsame Unterschrift ～发起 gemeinsam

initiiert werden; etw gemeinsam in die Wege leiten
联翩 liánpiān ununterbrochen; dauernd; fortwährend 浮想～ auf verschiedene Gedanken kommen; allerlei Gedanken gingen ihm durch den Sinn
联席会议 liánxí huìyì gemeinsame Sitzung; gemeinsame Konferenz
联系 liánxì verbinden; in Verbindung (Beziehung) setzen; ～群众 Verbindung mit den Volksmassen halten; Kontakt zu den Massen halten 理论～实际 Verbindung von Theorie und Praxis; die Theorie mit der Praxis verbinden
联想 liánxiǎng Assoziation; Gedankenverbindung; Verbindung (Verknüpfung) von Vorstellungen
联谊会 liányìhuì 1. Freundschaftsklub 2. Freundschaftsmeeting
联营企业 liányíng qǐyè Gemeinschaftsunternehmen
联运 liányùn durchgehende Beförderung; Transitverkehr

奁(奩、匳、匲、籢) lián Toilettenkasten mit einem Spiegel

连[1] lián 1. →连接 2. →连续 ～战皆捷 eine Schlacht nach der anderen gewinnen 3. inklusive; eingeschlossen; inbegriffen ～你三个人 mit dir sind es drei Personen ～根拔 etw/jn mit den Wurzeln herausreißen (ausrotten) 4. Kompanie 步兵～ Infanteriekompanie

连[2] lián sogar; selbst; auch ～他也在场 sogar er war dabei
连鬓胡子 liánbìn húzi Vollbart
连词 liáncí Konjunktion; Bindewort
连带 liándài zusammenhängend; verbunden ～关系 wechselseitige (gegenseitige) Beziehung
连队 liánduì Kompanie
连贯 liánguàn verbunden; zusammenhängend; aneinander gereiht
连环 liánhuán Kettenglieder; die miteinander verketteten Ringe; eine Reihe (Serie) von etw ～画 Bildfolge; Bildergeschichte; Comicstrip ～计 Bündel ineinander verschachtelter Listen und Intrigen
连脚裤 liánjiǎokù Strampelhöschen
连接 liánjiē 1. zusammenhängen; miteinander verbunden sein; zusammenkoppeln 2. verbinden; verknüpfen
连襟 liánjīn Verwandschaftsbeziehung zwischen den Ehemännern der Schwestern: Schwager
连累 liánlěi hineinziehen; hineinreißen; verwickeln
连忙 liánmáng sofort; prompt; auf der Stelle
连绵 liánmián ununterbrochen; andauernd; kontinuierlich 阴雨～ anhaltend bedeckt und regnerisch; Landregen; Schnürlregen
连年 liánnián Jahr für (um) Jahr; jahrelang ～干旱 die Dürre dauerte jahrelang
连任 liánrèn Erneuerung der Amtsperiode; erneut ernannt werden; in ein Amt wiedergewählt werden
连日 liánrì tagelang; mehrere Tage während (lang)
连锁 liánsuǒ ununterbrochen; aufeinander folgend ～反应 Kettenreaktion
连同 liántóng zusammen mit; insgesamt; nebst
连袜裤 liánwàkù Strumpfhose
连写 liánxiě Zusammenschreiben von Silben in der chinesischen Lautumschrift, z. B. rénmín (人民)、tuōlājī (拖拉机)
连续 liánxù ununterbrochen; aufeinander folgend; eins nach dem anderen ～剧 Serial ～作战 eine Schlacht nach der anderen schlagen
连夜 liányè 1. in der Nacht desselben Tages 2. nächtelang; mehrere Nächte lang
连衣裙 liányīqún Kleid; Damenkleid
连载 liánzǎi in Fortsetzungen veröffentlichen ～小说 Fortsetzungsroman; Fortsetzungswerk

涟 lián 1. →涟漪 2. Tränen vergießen
涟漪 liányī Gekräusel; Kräuselung

莲 lián Lotos
莲蓬 liánpeng Samenkapsel des Lotos
莲蓬头 liánpengtóu Brause
莲子 liánzǐ Lotoskern; Lotossamen

梿 lián
梿枷 liánjiā Dreschflegel

鲢 lián Silberkarpfen

敛(歛) liǎn 1. zurückhalten; zurückziehen ～容 ernst werden; eine ernste Miene ziehen (machen) 2. sammeln;

L

aufhäufen; einziehen 横征暴～ mit Gewalt Steuern und Abgaben erpressen
敛财 liǎncái Reichtümer plündern
敛迹 liǎnjì sich verbergen; sich verstecken

脸(臉) liǎn 1. Gesicht; Antlitz 2. Vorderseite; Front; Fassade 门～儿 Straßenseite (Fassade) eines Geschäftshauses
脸蛋儿 liǎndànr Backe; Wange; Gesicht
脸面 liǎnmiàn js Gefühle; Ansehen; Prestige 保全～ das Gesicht wahren
脸皮 liǎnpí 1. js Gefühle 撕破～ keine Rücksicht auf js Gefühle nehmen 2. Schamgefühl; Gefühl der Scham ～厚 unverschämt; frech; keck ～薄 scheu; empfindlich; zurückhaltend
脸谱 liǎnpǔ Gesichtsmaskentyp der chinesischen Oper
脸色 liǎnsè 1. Gesichtsfarbe; ～苍白 eine blasse Gesichtsfarbe haben; blass sein (aussehen) 2. Gesichtsausdruck; Miene
脸水 liǎnshuǐ Wasser (zum Gesichtswaschen)

恋(戀) liàn 1. →恋爱 2. an jm (etw) hängen; sich nach etw sehnen ～～不舍 (aus starker Zuneigung) sich nicht von jm trennen können
恋爱 liàn'ài lieben; in jn verliebt sein; in Liebe 谈～ sich in jn verlieben; sich verliebte Worte sagen
恋歌 liàngē Liebeslied
恋人 liànrén Liebe; Geliebte(r); Liebende(r)

楝 liàn Zedrachbaum

炼(煉、鍊) liàn 1. schmelzen; raffinieren; kondensieren ～钢 Stahl erschmelzen; Stahlschmelzen 2. glühen; erhitzen 真金不怕火～ echtes Gold fürchtet kein Feuer 3. ausfeilen; vervollkommnen; überarbeiten ～句 eine Formulierung stilistisch verbessern; einer *Formulierung den letzten Schliff geben*
炼钢炉 liàngānglú Stahlschmelzofen
炼焦 liànjiāo koken; verkoken
炼乳 liànrǔ Kondensmilch; kondensierte (evaporierte) Milch
炼铁炉 liàntiělú Hochofen
炼油 liànyóu 1. Erdöl raffinieren 2. Öl destillieren 3. Speiseöl (Fett) erwärmen (erhitzen)

练(練) liàn 1. weißer Seidenstoff 2. Rohseide (Ekrüseide) kochen, um sie weich und weiß zu machen 3. →练习 1 ～钢琴 Klavier üben
练兵 liànbīng Truppen exerzieren; Militärtraining; Ausbildung
练功 liàngōng Leibesübungen machen; ～房 Raum (Saal) für Leibesübungen
练习 liànxí 1. üben; Übung ～讲德语 Deutschsprechen üben 2. Übungsarbeit; Schulaufgabe; Übung ～本 Übungsheft; Aufgabenheft

潋(瀲) liàn
潋滟 liànyàn Gewässer von gewaltigem Ausmaß; Wellengekräusel

殓(殮) liàn in einen Sarg legen; einsargen; Einsargung

链(鏈) liàn 1. →链子 2. Kabellänge (=1/10 Seemeile)
链霉素 liànméisù Streptomycin; Streptomyzin
链球 liànqiú 1. Hammerwerfen 2. Hammer
链球菌 liànqiújūn Streptokokkus
链条 liàntiáo Kette
链子 liànzi Kette

梁(樑) liáng 1. Balken; Trag(e)-balken 2. Brücke

凉(涼) liáng 另见 liàng
1. kühl; (mäßig) kalt; Kühle ～风 kühler Wind 茶～了 der Tee ist schon kalt 2. enttäuscht; entmutigt; niedergeschlagen
凉菜 liángcài kalte Speisen
凉粉 liángfěn Gallerte aus Bohnenmehl
凉快 liángkuài 1. angenehm kühl; erfrischend 2. sich abkühlen; sich erfrischen; sich frisch machen 在树荫下～～ sich im Schatten abkühlen (erfrischen)
凉帽 liángmào Strohhut; Sonnenhut
凉棚 liángpéng Sonnensegel; Sonnendach
凉爽 liángshuǎng →凉快 1
凉水 liángshuǐ 1. kaltes Wasser 2. ungekochtes Wasser
凉台 liángtái Balkon; Veranda; Dachterrasse

凉席 liángxí Schlafmatte (aus Stroh oder Bambus)
凉鞋 liángxié Riemchenschuh; Sandale; Pantolette 女～ (Frauen-)Sandale

良 liáng 1. →良好 ～田 fruchtbares Ackerland 2. anständige Menschen 3. sehr 获益～多 von etw (jm) sehr viel profitieren; großen Nutzen aus etw ziehen
良好 liánghǎo gut; günstig ～的开端 guter Anfang
良机 liángjī günstige Gelegenheit 坐失～ eine gute Gelegenheit (Chance) verpassen
良久 liángjiǔ sehr lange; lange Zeit; eine lange (ganze) Weile
良心 liángxīn Gewissen 凭～说 etw auf js Gewissen sagen; ehrlich gesagt; Hand aufs Herz 违背～ gegen js Gewissen handeln
良性肿瘤 liángxìng zhǒngliú gutartige Geschwulst
良莠不齐 liáng yǒu bù qí es gibt gute und schlechte Menschen
良种 liángzhǒng edelrassig; veredeltes Saatgut ～马 Rassepferd ～小麦 veredelte Weizensorte

粮(糧) liáng 1. →粮食 2. →粮税
粮秣 liángmò Furage; Armeeproviant; Lebensmittel und Futter
粮食 liángshi Getreide; Korn; Hauptnahrungsmittel ～作物 Getreidekulturen
粮税 liángshuì Getreidesteuer
粮栈 liángzhàn Getreidegroßhandlung; Getreidelagerhaus

量 liáng 另见 liàng
1. *messen; ausmessen; vermessen* ～体温 Temperatur (Fieber) messen 2 schätzen; ermessen; mustern
量杯 liángbēi Messglas
量规 liángguī Lehre
量角器 liángjiǎoqì Winkelmesser; Goniometer; Transporteur
量具 liángjù Messgerät; Messinstrument
量筒 liángtǒng Messzylinder

两[1](兩) liǎng 1. zwei 2. beide (Seiten); ～利 vorteilhaft für beide Seiten sein; zugunsten der beiden 3. einige; ein paar; etwas 这事过～天再说 das besprechen wir in ein paar Tagen

两[2](兩) liǎng *Liang* (=50g)
两点论 liǎngdiǎnlùn Theorie von zwei Aspekten einer Sache
两分法 liǎngfēnfǎ Dichotomie; Gliederung nach zwei Gesichtspunkten
两极分化 liǎngjí fēnhuà Polarisierung 贫富的～ die immer tief werdende Kluft zwischen Arm und Reich
两可 liǎngkě beides geht; beides ist möglich
两口子 liǎngkǒuzi Ehepaar; Ehemann und Ehefrau
两码事 liǎng mǎ shì zwei verschiedene Sachen; zweierlei; unvereinbar
两面派 liǎngmiànpài Doppelzüngler
两面三刀 liǎng miàn sān dāo doppelzüngig; ein Doppelspiel treiben
两面性 liǎngmiànxìng Doppelheit; Zwiespältigkeit
两全 liǎngquán Rücksicht auf beide Seiten nehmen ～其美 die Wünsche der beiden Seiten berücksichtigen und befriedigen
两样 liǎngyàng verschieden; unterschiedlich; verschiedenartig 没什么～ keinen Unterschied aufweisen; ganz gleich

唡(啢) liǎng chinesische Bezeichnung für die englische Gewichtseinheit „ounce"

凉(涼) liàng 另见 liáng
abkühlen; kühlen

谅[1] liàng (sich) entschuldigen; (sich) verzeihen

谅[2] liàng vermuten; annehmen; glauben ～不见怪 annehmen, dass Sie es mir nicht übelnehmen
谅解 liàngjiě Verständigung; Verständnis für jn (etw) zeigen; ein Einsehen haben

晾 liàng 1. etw zum Trocknen an die Luft legen; lüften 2. etw an der Sonne trocknen (lassen); etw zum Trocknen an die Sonne legen

亮 liàng 1. hell; licht; leuchtend 灯光太～ das Licht ist zu hell 2. leuchten; scheinen; strahlen 天～了 der Tag bricht an / der Himmel lichtet sich 3. hellklingend; hoch und klar tönend 4. →亮堂 2 5. zeigen; kundgeben; aufdecken ～思想

js Meinung (Gedanken) kundgeben
亮度 liàngdù Helligkeit; Leuchtdichte; Magnitudo
亮光 liàngguāng Licht; Glanz; Schein
亮堂 liàngtang 1. →亮 1 2. einleuchtend; klar 心里～了 es ist jm klar geworden

踉 liàng
踉跄 liàngqiàng wanken; taumeln; torkeln

靓 liàng 另见 jìng hübsch; schön ～女 hübsches Mädchen

辆(輛) liàng (Zähleinheitswort): 三～卡车 drei Lastkraftwagen

量 liàng 另见 liáng
1. Quantität; Menge; Volumen 零售～ Einzelhandelsvolumen 2. abschätzen; schätzen; veranschlagen ～入为出 sich nach der Decke strecken; dem Einkommen entsprechend haushalten
量变 liàngbiàn quantitative Veränderung
量词 liàngcí Zähleinheitswort
量力 liànglì js Fähigkeiten (Stärke) richtig einschätzen 不自～ sich überschätzen; sich übernehmen; sich zuviel zutrauen
量子 liàngzǐ Quant; Quantum ～力学 Quantenmechanik

撩 liāo 另见 liáo; liào '撂'
1. (Rock) aufschürzen; hochhalten; raffen ～起衣襟 den Vorderteil eines Kleidungsstücks hochhalten 2. (den Boden) bespritzen; Wasser aufspritzen; etw mit Wasser besprengen

聊[1] liáo 1. vorläufig; eben nur ～以自慰 sich mit Ausflüchten trösten; (etw tun,) nur um sich vorläufig zu trösten 2. ein bisschen; ein wenig; etwas ～胜一筹 jm um eine Nasenlänge voraus sein; jm etw überlegen sein

聊[2] liáo →聊天儿
聊天儿 *liáotiānr sich unterhalten*; plaudern; Plauderei

燎 liáo 另见 liǎo
(Feuer) sich ausbreiten; um sich greifen
燎原 liáoyuán das Feuer breitet sich in der Steppe aus ～之势 sich wie ein Steppenbrand ausbreiten

撩 liáo 另见 liāo; liào '撂'
→撩拨
撩拨 liáobō aufreizen; necken; herausfordern

嘹 liáo
嘹亮 liáoliàng hellklingend; helltönend; hell und laut 歌声～ lauter Gesang; hell und laut singen

僚 liáo Beamte(r); Amtskollege
僚机 liáojī Begleitflugzeug
僚属 liáoshǔ Untergebene(r)

獠 liáo
獠牙 liáoyá Stoßzahn; Hauer

缭 liáo 1. →缭绕 2. mit schrägen Stichen nähen ～缝儿 Naht mit schrägen Stichen
缭乱 liáoluàn durcheinander; verwirrt; Verwirrung 心绪～ verstört sein; in Verwirrung sein
缭绕 liáorào in Ringeln hochsteigen 炊烟～ der Küchenrauch steigt kräuselnd nach oben

寥 liáo →寥落
寥廓 liáokuò weit; grenzenlos; unbegrenzt
寥寥 liáoliáo sehr wenig; gering ～无几 nur ein paar; so wenig, dass man an den Fingern abzählen kann
寥落 liáoluò spärlich; vereinzelt

疗(療) liáo (ärztlich) behandeln; heilen; kurieren 水～ Hydrotherapie; Wasserheilverfahren
疗程 liáochéng Heilphase
疗法 liáofǎ Kur; Therapie; Heilmethode 综合～ fakultätsübergreifende Therapie
疗效 liáoxiào Heilerfolg; Heilkraft
疗养 liáoyǎng Kur; eine Kur machen ～院 Erholungsheim; Heilanstalt; Sanatorium

辽(遼) liáo →辽远
辽阔 liáokuò weit; ausgedehnt; sich weit erstreckend
辽远 liáoyuǎn weit entfernt; fern; abgelegen

蓼 liǎo Knöterich

潦 liǎo

潦草 liǎocǎo 1. unleserlich; unordentlich; flüchtig 字迹～ unordentliche Schrift; Krähenfüße 2. unsorgfältig; nachlässig; leichtfertig 工作～ oberflächlich (nachlässig) arbeiten

潦倒 liǎodǎo niedergedrückt; niedergeschlagen; entmutigt

燎 liǎo 另见 liáo
versengen

了¹ liǎo 另见 le; liào
1. beenden; erledigen; zu Ende sein 这事已经～啦 das ist schon erledigt 2. (nach Verben in Verbindung mit "得" oder "不" zum Ausdruck der Möglichkeit bzw. Unmöglichkeit eines Geschehens): 做得～ das lässt sich machen / etw machen können 受不～ etw nicht aushalten können 3. völlig; ganz; durchaus ～无惧色 sich überhaupt nicht fürchten

了²(瞭) liǎo 另见 le; liào →了然
～如指掌 sich gut in etw auskennen; gut Bescheid wissen

了不得 liǎobude 1. außergewöhnlich; außerordentlich; sehr ～的大事 eine äußerst bedeutende Sache; eine Angelegenheit von (mit) außergewöhnlicher Bedeutung 2. furchtbar; Entsetzen erregend; schrecklich

了不起 liǎobuqǐ großartig; hervorragend; außergewöhnlich

了结 liǎojié erledigen; beenden; fertigmachen

了解 liǎojiě 1. Bescheid wissen; genau wissen; wohlunterrichtet sein 2. sich informieren; sich erkundigen; untersuchen ～情况 Auskünfte über etw einholen; sich über etw unterrichten (orientieren)

了然 liǎorán klar, deutlich; einleuchtend 一目～ überschaubar; etw mit einem Blick übersehen

了如指掌 liǎo rú zhǐ zhǎng etw so gut kennen wie seine eigene Hand

了事 liǎoshì (nicht vollends) etw zu Ende bringen; (notgedrungen) erledigen; abtun 草草～ etw leichtfertig (oberflächlich) erledigen

钌 liǎo 另见 liào
Ruthenium (Ru)

料¹ liào erwarten; ahnen; mit etw rechnen 出乎所～ ungeahnt; über alle Erwartung; unerwartet vorkommen

料² liào 1. Stoff; Material 大衣～ Mantelstoff Stoff für einen Mantel 2. Futter 喂～ Futter geben; füttern 3. (als Zähleinheitswort): 一～药 eine Gesamtmenge von den im Rezept (jeweils) dosierten Heilkräutern

料理 liàolǐ besorgen; sich kümmern ～家务 den Haushalt führen; wirtschaften

料器 liàoqì Glaswaren

料峭 liàoqiào leicht frostig; ein Hauch von Kälte 春寒～ winterliche Frühlingstage; man spürt im Frühling noch einen kalten Hauch

料想 liàoxiǎng mit etw rechnen; vermuten; erwarten 谁也～不到 niemand hat damit gerechnet / niemand konnte es ahnen

料子 liàozi 1. Kleiderstoff; Wollstoff 2. Holz; Nutzholz 3. (für etw) geeignete Person

尥 liào

尥蹶子 liào juězi mit dem Hinterhuf (nach Hinten) ausschlagen

撂(撩) liào '撩'另见 liāo; liáo
1. niederlegen 2. niederwerfen; umstoßen 一梭子～倒了几个 mit einem Magazin einige Menschen niederschießen

撂手 liàoshǒu aufhören; (Arbeit) hinwerfen

镣 liào Fußfessel

镣铐 liàokào Fessel; Fußfessel und Handschellen

瞭 liào 另见 le, liǎo
von einer Höhe aus in die Ferne sehen

瞭望 liàowàng überblicken; in die Ferne sehen ～哨 Wache; Wachposten ～台 Aussichtsturm

钌 liào 另见 liǎo

钌铞儿 liàodiàor Haspe; Schließhaken

咧 liě den Mund verzerren ～着嘴笑 grinsen; ein breites Lächeln

列 liè 1. eine Reihe bilden; aufreihen; anordnen 名～第一 den ersten Platz belegen；auf den ersten Platz kommen 2. einordnen；eingliedern；einstufen ～入议程 etw auf die Tagesordnung setzen；in die Tagesordnung einführen 3. Reihe 站在最前～ in der ersten（vordersten）Reihe stehen；in vorderster Front stehen 4.（als Zähleinheitswort）：迎面驶来一～火车 aus entgegengesetzter Richtung kommt ein Zug 5. Gattung；Kategorie；Sorte 不在此～ nicht dazu gehören；nicht hierher passen 6. alle；jeder 请～位入座 Nehmen Sie bitte alle Platz!

列兵 lièbīng einfacher Soldat

列车 lièchē Zug；Eisenbahnzug 旅客～ Personenzug ～员 Zugbegleitpersonal（Zugpersonal）；Schaffner

列岛 lièdǎo Inselgruppe；Archipel

列队 lièduì sich in Reihen formieren；Reihen bilden ～欢迎 in Reihen aufgestellt begrüßen；zur Begrüßung Spalier stehen

列举 lièjǔ aufzählen；anführen；nennen

列宁主义 lièníng zhǔyì Leninismus ～者 Leninist

列席 lièxí（nicht stimmberechtigt oder mit beratender Stimme）an einer Konferenz teilnehmen；einer Konferenz beiwohnen ～代表 nicht stimmberechtigter Delegierter

烈 liè 1. →烈性 2 ～酒 Branntwein；Schnaps；Spiritus 2. →烈性 1

烈火 lièhuǒ großer Brand；helle Flammen ～熊熊 lodernde Flammen；die Flammen lohen

烈日 lièrì brennende（glühende）Sonne

烈士 lièshì Märtyrer 革命～ revolutionärer Märtyrer ～墓 Grab des Märtyrers

烈属 lièshǔ Familienangehörige eines revolutionären Märtyrers

烈性 lièxìng 1. unbeugsam；standhaft；charakterfest ～汉子 charakterfester Mann 2. stark；heftig；brennend ～炸药 brisanter（hochexplosiver）Sprengstoff

裂 liè spalten；zerfallen；Riss 冻～ vor Frost zerspringen；vor Kälte rissig werden

裂变 lièbiàn Spaltung 原子核～ Atomkernspaltung

裂缝 lièfèng Riss；Spalt(e)

裂痕 lièhén Sprung；Knick；Riss

裂口 lièkǒu 1. Riss；Spalt（e）2. Öffnung 坝上的～ Öffnung des Damms

裂纹 lièwén 1. Sprung 2. Krakelee

趔 liè

趔趄 lièqie schwanken；taumeln；torkeln

鴷 liè Specht

劣 liè schlecht；mangelhaft；minderwertig

劣等 lièděng minderwertig；von schlechter Qualität ～货 Ware schlechter Qualität；Ausschuss

劣根性 liègēnxìng eingefleischte üble Angewohnheit

劣迹 lièjì Übeltat；Untat；Verbrechen

劣势 lièshì unterlegen；Unterlegenheit 处于～ unterlegen sein

猎（獵） liè 1. jagen；Jagd machen ～虎 auf einen Tiger Jagd machen；Tigerjagd 2. jagend（Person und Tier）；（Gegenstand）zum Jagd

猎狗 liègǒu Jagdhund

猎奇 lièqí Sensationen zu erhaschen versuchen；Jagd nach Neuigkeiten

猎潜艇 lièqiántǐng U-Bootjäger

猎枪 lièqiāng Jagdgewehr；Flinte；Büchse

猎取 lièqǔ 1. erjagen 2. nach etw jagen（streben）～功名 nach akademischen bzw. amtlichen Würden streben

猎人 lièrén Jäger

鬣 liè Mähne

鬣狗 liègǒu（Streifen-）Hyäne

躐 liè überspringen；überschreiten

躐等 lièděng die normale Rangfolge überspringen

麟（麐） lín *Lin*（chinesisches Fabeltier）

遴 lín umsichtig wählen

遴选 línxuǎn auswählen；auslesen

磷（燐） lín Phosphor

磷肥 línféi Phosphordünger

磷光 línguāng Phosphoreszenz

磷火 línhuǒ phosphoreszierendes Licht

辚 lín

辚辚 línlín rattern 车～ der Wagen rattert

嶙 lín

嶙峋 línxún 1. schroff; zerklüftet 2. mager; dünn; knochig 瘦骨～ abgemagert; klapperdürr; nichts als Haut und Knochen sein

鳞 lín Schuppe

鳞次栉比 lín cì zhì bǐ eng nebeneinanderstehen; dicht hintereinander; sich dicht aneinander reihen

鳞茎 línjīng Zwiebel; Bulbus

鳞片 línpiàn 1. Schuppe 2. Knospenschuppe

鳞伤 línshāng voll von Wunden 遍体～ ist Körper ist mit Striemen bedeckt; grün und blau geschlagen sein

粼 lín

粼粼 línlín (von Wasser, Stein usw.) klar 碧波～ kristallene grüne Wellen

林 lín 1. Wald; Forst 竹～ Bambushain; Bambuswäldchen 2. Kreis; Zirkel 自立于世界民族之～ inmitten der Nationen der Welt auf eigenen Füßen stehen 3. →林业

林场 línchǎng 1. Forstfarm 2. Försterei

林带 líndài Waldgürtel 防沙～ Waldgürtel zum Sandsturmschutz

林地 líndì Wald; Waldung; Waldland

林海 línhǎi weit ausgedehnter Wald

林立 línlì dicht nebeneinander stehen 油井～ Ölbohrtürme stehen dicht nebeneinander

林业 línyè Forstwirtschaft; Forstwesen ～专家 Experte für Forstwesen; Forstfachmann

林荫道 línyīndào Allee; Boulevard; Laubengang

淋 lín 另见 lìn

gießen; durchnässen ～雨 dem Regen ausgesetzt sein

淋巴 línbā Lymphe ～管 Lymphgefäß; Wasserader ～结 Lymphknoten

淋漓 línlí 1. triefen 大汗～ (wie) im Schweiß gebadet sein; schweißtriefend; verschwitzt 2. ohne Hemmung; frei 痛快～ äußerst freudig ～尽致 etw bis in die kleinsten Details schildern (berichten)

淋浴 línyù duschen; eine Dusche (ein Brausebad) nehmen ～室 Duschkabine; Duschraum ～器 Dusche

霖 lín →霖雨

霖雨 línyǔ starker Dauerregen

琳 lín schöner Jade

琳琅 línláng schöner Jade; wunderschöner und kostbarer Gegenstand ～满目 voll mit wunderschönen Gegenständen erfüllt sein; es bietet sich ein herrlicher Anblick

临(臨) lín 1. →临近 1 ～河 am Fluss 2. →临近 2 喜事～门 ein glückliches Ereignis (z. B. Hochzeit) kommt 3. kurz vor; gegen ～睡 kurz vor dem Schlafengehen 4. →临摹 ～帖 nach einer Schreibvorlage kalligraphische Übungen machen

临别 línbié beim (kurz vor dem) Abschied ～赠言 Abschiedsworte

临床 línchuáng klinisch ～经验 klinische Erfahrungen ～医师 Kliniker

临界 línjiè kritisch ～温度 kritische Temperatur

临近 línjìn 1. nahe; in der Nähe; gegenüber 2. kommen; sich nähern; herankommen 考试～ die Prüfung steht vor der Tür

临摹 línmó nachmalen; nach einer Vorlage malen (kopieren) ～名画 wertvolle Gemälde nachmalen

临盆 línpén entbinden; gebären

临时 línshí 1. im letzten Augenblick; in letzter Minute 2. provisorisch; vorläufig; behelfsmäßig ～工 Gelegenheitsarbeiter; Aushilfe ～措施 Behelfsmaßnahme; provisorische Maßnahmen ～政府 Interimsregierung; provisorische Regierung

临头 líntóu bevorstehen; drohen 大祸～ jm droht ein schreckliches Unheil; über jn bricht ein großes Unglück herein

临危 línwēi 1. kurz vorm Tode sein; im Sterben liegen 2. eine Lebensgefahr droht; im Angesicht des Todes ～不惧 dem Tod ins Auge sehen; eine Lebensgefahr ins Auge fassen; der Gefahr gelassen gegenüberstehen

临行 línxíng kurz vor der Abreise

临终 línzhōng kurz vor dem Tod; im Sterben liegen

邻(鄰、隣) lín 1. →邻居 近～ nächster Nachbar 2. benachbart; angren-

zend；nebenan ～县 benachbarter Kreis；Nachbarkreis
邻邦 línbāng Nachbarland
邻接 línjiē an etw anliegen；angrenzen；in unmittelbarer Nähe
邻近 línjìn 1. benachbart；bei 2. in der Nähe；nahe 他住在我家～ er wohnt in der Nähe von meinem Haus
邻居 línjū Nachbar

凛（凜） lǐn 1. →凛冽 2. streng；strikt ～若冰霜 eiserne（unerbitterliche）Strenge；kühl und unbeteiligt 3. fürchten；Angst haben
凛冽 lǐnliè schneidend（bitter）kalt；frostig
凛凛 lǐnlǐn 1. eiskalt；durchdringende Kälte 寒风～ es weht ein schneidender Wind 2. →凛然 威风～ Ehrfurcht einflößend；von würdevoller Strenge；stramm
凛然 lǐnrán ernst；Ehrfurcht einflößend 大义～ um der Gerechtigkeit willen unbeugsam

檩（檁） lǐn Pfette

淋 lìn 另见 lín
filtern；durchseihen；filtrieren
淋病 lìnbìng Tripper；Gonorrhoe

吝 lìn →吝啬
吝啬 lìnsè geizig；übertrieben sparsam；knauserig ～鬼 Geiziger；Geizhals；Geizkragen
吝惜 lìnxī in übertriebener Weise schonen；mit etw geizen；mit etw sparsam umgehen

赁 lìn leihen；mieten

膦 lìn Phosphin

凌（淩） líng 1. →凌辱 2. sich nähern；in greifbare Nähe rücken；annähernd
凌晨 língchén Stunden vor dem Tagesanbruch；beim ersten Morgengrauen
凌驾 língjià sich über etw/jn erheben；sich überheben ～于法制之上 sich über die Rechtsordnung hinwegsetzen（erhaben fühlen）
凌空 língkōng in der Luft；hoch am Himmel ～飞翔 hoch am Himmel fliegen（kreisen）
凌厉 línglì schnell und heftig；rasend
凌乱 língluàn durcheinander；turbulent
凌辱 língrǔ schikanieren；demütigen；beleidigen
凌云 língyún in die Höhe steigen；zum weiten Himmel emporsteigen 壮志～ ein erhabenes Ziel（vor Augen）haben

菱 líng 1.（Pflanze）Wassernuss 2.（Frucht）Wassernuss
菱形 língxíng Raute；Rhombus；Rhomboeder

鲮 líng
鲮鲤 línglǐ →穿山甲

陵 líng 1. Hügel 2. →陵墓 谒～ zur Ehrung eines Toten sein Mausoleum aufsuchen
陵墓 língmù Mausoleum；Kaisergrab
陵园 língyuán Friedhof 烈士～ Friedhof der revolutionären Märtyrer；Heldenfriedhof

绫 líng →绫子 ～罗绸缎 Seidenstoffe
绫子 língzi dünnes Satin（aus Seide）

羚 líng →羚羊
羚羊 língyáng Antilope；Gazelle；Krickelwild ～角 Antilopenhorn；Krucke

零¹ líng 1. →零碎 化整为～ das Ganze in kleine Teile aufteilen 2. →零头 1；零数 Rest；Endziffer（einer mehrstelligen Zahl）年纪已八十有～ etwas mehr als 80 Jahre alt；ein wenig älter als 80 Jahre 3.（zwischen zwei Zahlen stehend）：一年～三天 ein Jahr und drei Tage 4. null；nichts 一切努力等于～ alle Bemühungen sind gleich null / trotz allen Bemühungen gelingt es nicht 5. →零度 ～下十度 10 Grad unter Null；minus 10 Grad

零² líng →零落 1
零点 língdiǎn null Uhr
零度 língdù Nullgrad；Null
零工 línggōng 1. Gelegenheitsarbeit；Job 2. Gelegenheitsarbeiter；Jobber
零花 línghuā →零用
零活儿 línghuór kleinere Arbeiten；nebensächliche Arbeit
零件 língjiàn Einzelteil；Bauteil 无线电～ Einzelteile des Radiogeräts

零落 língluò 1. abblättern; verwelken 2. verfallen; herunterkommen; verkommen 3. vereinzelt; nur selten; hier und da ～的枪声 es sind nur ein paar Schüsse
零钱 língqián 1. Kleingeld; Wechselgeld 找～ Geld herausgeben 2. Taschengeld 3. Prämie
零散 língsǎn verstreut; dezentralisiert; sporadisch
零食 língshí Konfekt; Naschwerk; Snack
零售 língshòu Einzelhandel; Kleinhandel ～价格 Ladenpreis; Preis im Einzelhandel
零数 língshù (abzurundende) Endziffer (einer mehrstelligen Zahl)
零碎 língsuì 1. bruchstückhaft; einzeln; nebensächlich ～东西 Kleinigkeiten 2. Kram; Zeug; Trödel 拾掇～儿 den Kram zusammenpacken
零头 língtóu 1. Rest 2. Stoffrest ～布 Stoffrest
零星 língxīng 1. →零碎 ～的消息 einzelne Informationen; unvollständige Nachrichten 2. →零散
零用 língyòng 1. Taschengeld ～钱 Taschengeld 2. Geld für kleine persönliche Bedürfnisse ausgeben

玲 líng Klang wie wenn Jadestücke zusammenstoßen
玲珑 línglóng 1. fein und kunstvoll ～剔透 wohlgeformt und durchlöchert 2. flink; behende; geschwind

聆 líng →聆听 ～教 Ihre weisen Worte hören
聆听 língtīng aufmerksam hören; zuhören

龄 líng 1. Alter; Lebensjahr 2. Dauer; *Alter* 舰～ *Alter eines Schlachtschiffs* 党～ Dauer der Parteizugehörigkeit

囹 líng
囹圄 língyǔ Gefängnis; Zuchthaus 身陷～ im Gefängnis sitzen; zu Zuchthaus verurteilt sein

铃 líng 1. Klingel; Schelle; Glocke 门～ Türklingel 2. →铃声 3. glockenförmiger Gegenstand
铃铛 língdang Schelle; Glöckchen
铃兰 línglán Maiglöckchen
铃声 língshēng Geklingel

伶 líng Sänger (der chinesischen Opern) 名～ berühmter Opernsänger
伶仃 língdīng allein; hilflos; verlassen
伶俐 línglì aufgeweckt; flink; clever 口齿～ redegewandt; beredt; zungenfertig

翎 líng große Schwung- bzw. Schwanzfeder (der Vögel)

灵(靈、霛) líng 1. →灵活 1;灵巧 2. Seele; Geist 3. →灵验 1 ～药 heilsame Arznei; wirksame Medizin 4. Sarg; Totenbahre 守～ an der Bahre Ehrenwache halten
灵车 língchē Leichenwagen
灵床 língchuáng Totenbahre; Leichenbahre
灵丹妙药 líng dān miào yào Allheilmittel; Wundermittel
灵感 línggǎn Eingebung; Inspiration
灵格风 línggéfēng Linguaphone
灵魂 línghún 1. Seele 2. Seele; Psyche; Innenleben ～深处 das Innerste; Abgrund der Seele 3. Gewissen; Menschenwürde 出卖～ die Seele verkaufen 4. Seele; Haupt; entscheidender Faktor
灵活 línghuó 1. flink; behende 动作～ schnell in den Bewegungen 脑筋～ aufnahmefähig; einfallsreich; auf Draht sein 2. flexibel; anpassungsfähig; schöpferisch ～性 Flexibilität; Anpassungsvermögen ～运用 schöpferisch anwenden
灵机 língjī göttliche Eingebung; Geistesblitz; guter Einfall ～一动 plötzlich auf eine Idee kommen; einer momentanen Eingebung folgen
灵柩 língjiù Sarg (mit dem Leichnam)
灵敏 língmǐn empfindlich; sensibel; flink ～度 Empfindlichkeit; Sensibilität 听觉～ scharfer Gehörsinn; ein feines Gehör haben
灵巧 língqiǎo geschickt; fingerfertig; kunstvoll
灵堂 língtáng Trauerhalle; Aufbahrungshalle; Urnenhalle
灵通 língtōng gut informiert (unterrichtet); zweckdienlich 消息不～ schlecht informiert sein
灵位 língwèi Opfertafel für Verstorbene
灵验 língyàn 1. wirksam; gute Wirkung haben 2. in Erfüllung gehen; sich bestätigen

棂（欞、櫺）líng Fenstergitter

令 lǐng 另见 lìng
Ries (in China 500 Papierblatt) 三～纸 drei Ries Papier

领 lǐng 1. Hals 2. →领子 翻～ Umlegekragen 3. (als Zähleinheitswort): 一～长袍 ein Gewand 4. führen; geleiten ～孩子们散步 Kinder beim Spaziergang führen 5. →领取 到仓库去～货 Artikel im Lagerhaus abholen 6. →领会

领唱 lǐngchàng vorsingen ～者 Vorsänger

领带 lǐngdài Krawatte; Schlips 打～ eine Krawatte binden

领导 lǐngdǎo 1. führen; leiten ～权 Führungsmacht 集体～ kollektive Führung 2. Leitung; Leiter

领地 lǐngdì 1. Lehen; Domäne 2. →领土

领队 lǐngduì 1. eine Mannschaft (Truppe) führen 2. Mannschaftsleiter; Gruppenleiter; Gruppensprecher

领港 lǐnggǎng 1. lotsen 2. Lotse

领海 lǐnghǎi Hoheitsgewässer; Territorialgewässer ～权 Seehoheitsrechte

领航 lǐngháng 1. navigieren; lotsen; Navigation 2. Navigator; Lotse

领会 lǐnghuì verstehen; begreifen; (er-)fassen ～报告的精神实质 die Kerngedanken eines Vortrags auffassen

领教 lǐngjiào 1. Vielen Dank für Ihren Hinweis (Ihre Belehrung usw.)! 2. um Rat fragen; zu Rate ziehen

领结 lǐngjié Schleife; Halsbinde

领巾 lǐngjīn Halstuch

领空 lǐngkōng territorialer Luftraum ～权 Lufthoheit

领口 lǐngkǒu 1. Halsausschnitt 2. Kragenabschluss 敞着～ mit offenem Kragen

领略 lǐnglüè etw. kennen lernen und verdauen

领情 lǐngqíng dankend annehmen 你的好意我十分～ ich danke Ihnen für den guten Willen

领取 lǐngqǔ abholen; etw in Empfang nehmen; beziehen

领事 lǐngshì Konsul 总～ Generalkonsul ～馆 Konsulat

领土 lǐngtǔ Territorium; Hoheitsgebiet ～完整 territoriale Integrität

领先 lǐngxiān vorangehen; einen Vorsprung haben; führend ～地位 in Führung (Front) liegen (gehen)

领袖 lǐngxiù Führer

领养 lǐngyǎng adoptieren ～的子女 adoptierte Kinder

领域 lǐngyù 1. Staatsgebiet; Territorium 2. Bereich; Gebiet 政治～ Bereich der Politik; politischer Bereich

领章 lǐngzhāng Kragenspiegel

领子 lǐngzi Kragen

岭（嶺）lǐng 1. Berg 2. Gebirge; Gebirgskette; Gebirgszug

另 lìng andere(-r, -s); gesondert; separat 他～有任务 er hat eine andere Aufgabe

另外 lìngwài andere(-r, -s); außerdem; übrigens

令[1] lìng 另见 lǐng
1. befehligen; einen Befehl geben (erteilen) 2. Befehl; Anordnung; Weisung 军～ Militärbefehl 3. lassen; veranlassen ～人发笑 jn zum Lachen bringen; Gelächter erregen

令[2] lìng 另见 lǐng
Jahreszeit; Saison 冬～ Winterzeit

令[3] lìng 另见 lǐng
1. gut ～德 Tugend 2. Ihr ～兄 Ihr Bruder ～尊 Ihr Vater

溜[1] liū 另见 liù
1. gleiten; rutschen; schlittern 2. glatt; glitschig; rutschig 3. sich wegschleichen; fortschleichen; sich aus dem Staub machen 赶紧～ sich sofort wegschleichen; eilends verschwinden

溜[2] liū 另见 liù →熘 liū

溜冰 liūbīng 1. eislaufen; Eislauf; Schlittenschuhlaufen 2. Rollschuhlaufen

溜冰鞋 liūbīngxié 1. Schlittschuh 2. Rollschuh

溜达 liūda spazieren gehen; schlendern; einen Bummel machen

熘（溜）liū zuerst in Fett oder Öl, dann in gestärkter Soße schwenken

刘（劉）liú

刘海儿 liúhǎir Pony

浏（瀏） liú klar
浏览 liúlǎn durchblättern；überfliegen；diagonal lesen
流 liú 1. fließen；laufen；rinnen ～汗 schwitzen 2. → 流传 3. sich zum Schlechten wenden ～于形式 formalisieren；zu einer reinen Formalität werden 4. Fluss；Strom 急～ reißende Strömung；Stromschnelle；Sturzbach 5. Klasse；Sorte 一～作家 erstklassiger Schriftsteller
流弊 liúbì übliche (überkommene) Missstände
流产 liúchǎn 1. Abort；Fehlgeburt；abortieren 人工～ Abtreibung；Schwangerschaftsabbruch 2. misslingen；einen Fehlschlag erleiden；ins Wasser fallen
流畅 liúchàng flüssig；gewandt
流程 liúchéng Lauf；Arbeitsfolge
流传 liúchuán sich verbreiten；überliefern 千古～ auf ewig überliefern
流窜 liúcuàn ziellos flüchten；ohne Weg und Steg davonlaufen ～犯 umherschweifender Verbrecher
流弹 liúdàn verirrte Kugel
流动 liúdòng 1. sich fortbewegen；fließen 2. mobil；Mobilität ～哨 patrouillierende Wache ～资金 Umlaufmittel
流毒 liúdú 1. einen bösen (tödlichen) Einfluss haben；sich wie eine Pest ausbreiten 2. Pesthauch；giftiger Einfluss 肃清～ üblen Einfluss restlos beseitigen
流芳 liúfāng einen guten Namen hinterlassen ～百世 einen unsterblichen Ruhm hinterlassen
流放[1] liúfàng verbannen；proskribieren
流放[2] liúfàng Flößerei；Beförderung mit Flößen ～木材 Holzstämme als Flöße transportieren
流浪 liúlàng umherziehen；vagabundieren ～者 Landstreicher；Vagabund；Tippelbruder 到处～ sich überall umhertreiben
流利 liúlì 1. fließend；flott；flüssig 笔头～ einen flotten Stil schreiben 2. glatt；geläufig；ungehindert 书写～ geläufig schreiben
流量 liúliàng 1. Wasserführung 2. Fahrzeugdichte
流露 liúlù zeigen；sich präsentieren；sich offenbaren
流落 liúluò (aus Not) in die Fremde ziehen ～他乡 sich in der Fremde umhertreiben；in der Fremde vagabundieren
流氓 liúmáng 1. Gauner；Lump；Gangster ～无产者 Lumpenproletarier 2. unzüchtige Handlung；Unzüchtigkeit；Schurkerei 耍～ unzüchtige Handlung begehen
流明 liúmíng Lumen
流派 liúpài (künstlerische oder akademische) Schule (Richtung)
流气 liúqì unzüchtiges Verhalten
流失 liúshī Auslauf；Abfluss；Abtragung 水土～ Bodenerosion
流逝 liúshì vergehen；verstreichen；dahingehen 时光～ die Zeit vergeht / die Zeit schwindet dahin
流水 liúshuǐ 1. fließendes Wasser ～不腐 fließendes Wasser wird nicht faul 2. laufend；ununterbrochen ～作业 Fließarbeit ～线 Fließstraße；Fließband；Taktstraße 3. Strazze；Journal
流苏 liúsū Quaste；Troddel
流速 liúsù Fließgeschwindigkeit；Strömungsgeschwindigkeit
流体 liútǐ Flüssigkeit ～力学 Hydromechanik
流通 liútōng zirkulieren；Umlauf；Zirkulation 商品～ Warenzirkulation 空气～ Luftzirkulation
流亡 liúwáng ins Exil gehen；emigrieren ～政府 Exilregierung
流线型 liúxiànxíng Stromlinienform ～汽车 stromlinienförmiger Wagen
流星 liúxīng Meteor；Sternschnuppe
流行 liúxíng populär；(in) Mode sein；weit verbreitet sein ～歌曲 Schlager；Hit；Song ～病 Epidemie；Seuche ～色 Popfarbe ～性感冒 Grippe
流血 liúxuè 1. bluten 伤口～ die Wunde blutet 2. Blut vergießen ～事件 ein blutiges Ereignis
流言 liúyán Gerede；Geschwätz；Gerücht 散布～ ein Gerücht verbreiten (ausstreuen)；üble Nachreden verbreiten
流域 liúyù Flussgebiet；Einzugsgebiet
流质 liúzhì flüssige Nahrung
琉（瑠） liú
琉璃 liúlí Glasur ～瓦 glasierter Dachziegel
硫 liú Schwefel
硫磺 liúhuáng Schwefel ～泉 Schwefelque-

L

lle

硫酸 liúsuān Schwefelsäure

留（畱） liú 1. bleiben; weilen; sich aufhalten 2. → 留学 3. aufhalten; zurückhalten; anhalten ～客人吃饭 einen Gast zum Essen bleiben lassen 4. aufbewahren; bewahren; reservieren ～底稿 ein Manuskript aufbewahren ～胡子 sich den Bart wachsen lassen 5. annehmen; entgegennehmen 这件礼物我不能～ das Geschenk kann ich nicht annehmen 6. hinterlassen; zurücklassen 他给你～了个条儿 er hat dir einen Zettel zurückgelassen

留步 liúbù Sie brauchen mich nicht (weiter) zu begleiten.

留级 liújí sitzenbleiben; eine Klasse wiederholen ～生 Repetent; Sitzenbleiber

留兰香 liúlánxiāng Grüne Minze

留恋 liúliàn an jm/etw hängen; sich von jm/etw nicht trennen wollen ～不舍 sich ungern von jm/etw trennen; unzertrennlich sein

留难 liúnàn jm etw absichtlich erschweren; jm absichtlich Schwierigkeiten in den Weg legen 百般～ jm allerlei Schwierigkeiten bereiten; vor jm alle erdenklichen Hindernisse auftürmen

留念 liúniàn zur Erinnerung; zum Andenken

留情 liúqíng verzeihen; jn mit Nachsicht behandeln 毫不～ ohne Erbarmung; rücksichtslos

留神 liúshén aufpassen; achten; aufmerksam sein

留声机 liúshēngjī Phonogerät; Plattenspieler; Grammophon

留宿 liúsù 1. beherbergen; logieren; jm ein Unterkommen bieten 2. übernachten; für die Nacht unterkommen

留心 liúxīn achtgeben; vorsichtig sein; aufpassen

留学 liúxué Auslandsstudium; im Ausland *studieren* ～生 *im Ausland* Studierende(r); Auslandsstudent

留言 liúyán schriftlicher Vermerk; eine Mitteilung zurücklassen ～簿 Gästebuch

留意 liúyì aufpassen; sich in Acht nehmen

瘤 liú Geschwulst; Tumor 毒～ bösartige Geschwulst; bösartiger Tumor

瘤牛 liúniú Zebu

榴 liú Granatapfel

榴弹 liúdàn Granate; Wurfgeschoss ～炮 Haubitze

榴霰弹 liúsǎndàn Schrapnell

镏 liú

镏金 liújīn vergolden ～宫灯 vergoldeter Palastlampion

馏 liú 另见 liù

Destillation

柳 liǔ Weide ～丛 Weidenwäldchen

柳条 liǔtiáo Weidenrute; Flechtweide ～筐 Weidenkorb

柳絮 liǔxù Weidenkätzchen

柳腰 liǔyāo zierliche Taille

绺 liǔ Strähne; Büschel 几～白发 einige weiße Strähnen im Haar

六 liù sechs

六百 liùbǎi sechs hundert

六千 liùqiān sechs tausend

六十 liùshí sechzig ～年代 die sechziger Jahre

六万 liùwàn sechzig tausend

六弦琴 liùxiánqín Gitarre; Zupfgeige

六月 liùyuè Juni

碌 liù 另见 lù

碌碡 liùzhóu Steinwalze

溜（²霤） liù 另见 liū

1. Strömung 2. Dachrinne 3. Reihe 一～平房 eine Reihe ebenerdiger Häuser 4. Umgebung; in der Nähe

遛 liù 1. spazieren gehen; bummeln ～马路 einen Stadtbummel machen 2. ein Zugtier (zur Entspannung) am Zügel führen ～马 ein Pferd am Zügel führen

馏 liù 另见 liú

(Essen) durch Dämpfen aufwärmen

鹨 liù Pieper

龙（龍） lóng 1. Drache 2. Symbol des Kaisers; kaiserlich ～袍 Kaisergewand

龙船 lóngchuán Drachenboot

龙灯 lóngdēng Drachenlaterne 耍～ Drachenlaternen-Tanz
龙宫 lónggōng Palast des Drachenkönigs
龙卷风 lóngjuǎnfēng Tornado; Wirbelwind
龙门刨 lóngménbào Planhobelmaschine
龙套 lóngtào 1. Statist in traditionellen chinesischen Opern 2. Kostüm der Statisten in traditionellen chinesischen Opern
龙头 lóngtóu 1. Wasserhahn 2. Lenker (Tourenlenker) des Fahrrads
龙钟 lóngzhōng greisenhaft; altersschwach; senil 老态～ alt und gebrechlich sein

茏（蘢） lóng
茏葱 lóngcōng sattgrün; ein sattes Grün

聋（聾） lóng taub ～哑学校 Gehörlosenschule; Taubstummenschule; Schule für gehörlose Kinder
聋子 lóngzi Taubstumme(r)

砻（礱） lóng 1. Reisschäler 2. (Reis) schälen
砻糠 lóngkāng Reisspreu

笼（籠） lóng 另见 lǒng
1. →笼子 鸟～ Vogelbauer 2. →笼屉
笼屉 lóngtì Dämpfgerät
笼头 lóngtou Halfter
笼子 lóngzi 另见 lǒngzi Käfig

隆 lóng 1. →隆重 2. →隆起
隆冬 lóngdōng Mittwinter; kälteste Zeit des Winters
隆隆 lónglóng donnernd; dröhnend; grollend 雷声～ der Donner grollt (rollt)
隆起 lóngqǐ sich anschwellen; sich erheben; pludern
隆重 lóngzhòng feierlich; festlich; zeremoniell

垄（壟、壠） lǒng 1. erhöhter Ackerstreifen 2. (Feld-) Rain
垄断 lǒngduàn monopolisieren; Monopol ～市场 den Markt monopolisieren ～资本 Monopolkapital
垄沟 lǒnggōu Ackerfurche

拢（攏） lǒng 1. schließen 2. sich nähern 快～工地了 bald die Baustelle erreichen 3. zusammenrechnen ～帐 abrechnen 4. zusammenstellen; zusammenlegen; sammeln ～在怀里 an die Brust drücken 5. kämmen ～头发 sich die Haare kämmen
拢岸 lǒng'àn am Ufer (im Hafen) anlegen
拢总 lǒngzǒng insgesamt; in Ganzem; Endsumme

笼（籠） lǒng 另见 lóng
1. →笼罩 2. →笼子
笼络 lǒngluò umgarnen; umstricken; jn durch List gefügig machen ～人心 jn durch List für sich gewinnen
笼统 lǒngtǒng allgemein; ungenau; im Großen und Ganzen
笼罩 lǒngzhào verhüllen; umhüllen; bedecken 晨雾～大地 der Morgennebel verhüllt die Erde
笼子 lǒngzi 另见 lóngzi größerer Koffer

弄 lòng 另见 nòng
Gasse
弄堂 lòngtáng Gasse

搂（摟） lōu 另见 lǒu
1. aufhäufen; ansammeln; zusammentragen ～成一堆 etw auf einen Haufen scharren 2. hochstreifen; hochheben ～起袖子 die Ärmel in die Höhe streifen 3. (Besitz, Geld) zusammenraffen; etw gierig an sich reißen ～钱 jm Geld abpressen

娄（婁） lóu 1. körperlich schwach 2. (von Melonen) überreif und verdorben
娄子 lóuzi Unglück; Malheur; Unannehmlichkeit 捅～ viel Porzellan zerschlagen; Streit heraufbeschwören; Unheil anrichten

耧（耬） lóu Drillgerät

楼（樓） lóu 1. →楼房 大～ mehrstöckiges Haus 2. Stockwerk; Etage 二～ erstes Obergeschoss (Stockwerk)
楼房 lóufáng Gebäude; mehrstöckiges Haus
楼梯 lóutī Treppe 上～ die Treppe hinaufgehen

喽（嘍） lóu
喽啰 lóuluó 1. Untergebene(r) einer Räuberbande 2. Lakai; Helfershelfer; Satellit

蝼（螻） lóu →蝼蛄

L

蝼蛄 lóugū Maulwurfsgrille
蝼蚁 lóuyǐ Maulwurfsgrillen und Ameisen (zur Bezeichnung der kleinen Lebewesen); unbedeutende Menschen

搂(摟) lǒu 另见 lōu
1. umarmen; in die Arme nehmen ～住母亲的脖子 der Mutter um den Hals fallen; die Mutter umhalsen 2. (als Zähleinheitswort): 两～粗的大树 ein so dicker Baum, dass ihn zwei Menschen gerade noch mit ihren Armen umfassen können

搂抱 lǒubào umarmen; umfassen; (ans Herz) drücken

篓(簍) lǒu →篓子
篓子 lǒuzi Korb

漏 lòu 1. lecken; auslaufen 堵～ ein Loch zustopfen 2. leck; undicht; mit einem Loch versehen 袋子～了 die Tasche hat ein Loch / die Tasche ist leck 3. übersehen; auslassen; außer Acht lassen ～了一个字 ein Schriftzeichen versehentlich auslassen

漏电 lòudiàn Stromverlust
漏洞 lòudòng 1. Loch; Riss; Spalt 2. Lücke; Fehler; Widerspruch ～百出 lückenhaft; voller Ungereimtheiten sein
漏斗 lòudǒu Trichter
漏勺 lòusháo Schaumlöffel
漏税 lòushuì Steuerhinterziehung; Steuern hinterziehen
漏网 lòuwǎng durch ein Netz (eine Masche) schlüpfen; dem Netz entschlüpfen; fliehen ～之鱼 Fisch, der durch das Netz geschlüpft ist; Verbrecher, der der Strafe entgangen ist

瘘(瘻、瘺) lòu Fistel
瘘管 lòuguǎn Fistel

镂(鏤) lòu schnitzen; gravieren; ausmeißen ～花 ziselieren; Ornamente *eingravieren*

镂骨铭心 lòu gǔ míng xīn etw nie vergessen; etw stets im Gedächtnis behalten; etw hat sich ins Gedächtnis eingegraben

露 lòu 另见 lù
zeigen; zum Vorschein kommen; in Erscheinung treten

露底 lòudǐ die Wahrheit ausplauern; Hintergründe verraten
露马脚 lòumǎjiǎo bei etw schaut der Pferdefuß heraus; bei etw kommt der Pferdefuß zum Vorschein
露面 lòumiàn auftauchen; sich blicken lassen; erscheinen

陋 lòu 1. hässlich; scheußlich; abstoßend 2. eng; bescheiden; einfach ～室 ein kärglich eingerichtetes Zimmer 3. unwissend; ungebildet; schlecht informiert

陋规 lòuguī unvernünftige Gepflogenheit
陋俗 lòusú Unsitte; Untugend
陋习 lòuxí schlechte Angewohnheit; übler Brauch

庐(廬) lú Hütte 茅～ Strohhütte
庐山真面目 Lú Shān zhēn miàn mù das eigentliche Aussehen des Lushan-Berges; das wahre Gesicht; tatsächlicher (wirklicher) Sachverhalt

炉(爐、鑪) lú →炉子
炉灰 lúhuī Ofenasche
炉火纯青 lú huǒ chún qīng von höchster Vollendung sein; höchste Perfektion; Vollkommenheit erreichen
炉膛 lútáng Innenraum des Ofens
炉灶 lúzào Ofen und Herd 另起～ etw von Neuem anfangen
炉渣 lúzhā Schlacke
炉子 lúzi Ofen; Herd 生～ einen Ofen anmachen (heizen)

芦(蘆) lú →芦苇 ～根 Schilfwurzel
芦笙 lúshēng *Lusheng* (Blasinstrument aus Bambusrohr und Holz der Miao- und Dong-Nationalität)
芦苇 lúwěi Schilf ～荡 Schilfmoor
芦席 lúxí Schilfmatte

卢(盧) lú
卢比 lúbǐ Rupie
卢布 lúbù Rubel

颅(顱) lú Schädel
颅骨 lúgǔ Schädel

鸬(鸕) lú
鸬鹚 lúcí Kormoran

胪(臚) lú ausstellen; etw zur Schau

stellen

胪陈 lúchén etw im Einzelnen darlegen; eine ganze Darlegung geben

鲈(鱸) lú Flusskarpfen

卤(鹵、滷) lǔ 1. Salzlake; Sülze 2. →卤素 3. in Würzbrühe gekocht ～鸭 in Würzbrühe gekochte Ente 4. dicke Fleisch- oder Eiersoße 5. Sirup 茶～儿 starker Tee

卤素 lǔsù Halogen

卤味 lǔwèi in Würzbrühe gekochte kalte Speisen

虏(虜) lǔ 1. →虏获 2. Gefangene(r) 3. verächtlicher Ausdruck für nordische fremde Nationalitäten im feudalen China

虏获 lǔhuò gefangennehmen; erbeuten

掳(擄) lǔ einen Menschen verschleppen

掳掠 lǔlüè Menschen verschleppen und Güter rauben

鲁 lǔ 1. schwerfällig; schwachsinnig; unbeholfen 2. →鲁莽

鲁班尺 lǔbānchǐ Zimmermannswinkel

鲁莽 lǔmǎng unüberlegt; unbesonnen; leichtsinnig 做事～ unbedacht handeln

橹(櫓、艪、艣) lǔ Ruder

镥 lǔ Lutetium (Lu)

鹿 lù Hirsch ～角 Hirschhorn; Geweih

鹿茸 lùróng Hirschgeweihsprosse ～精 Hirschgeweihsprossenessenz

鹿砦 lùzhài Baumstammverhau

漉 lù (durch-) sickern; filtern

漉网 lùwǎng Schöpfsieb

麓 lù Fuß eines Berges

辘

辘辘 lùlù knarren; knurren 车声～ der Wagen knarrt

辘轳 lùlú Handwinde; Haspel

簏 lù 1. Bambuskoffer 2. Korb

路 lù 1. Weg; Straße 小～ Pfad; schmaler Weg 2. →路程 3. Weg; Ausweg; Mittel 这是他唯一的一条～ das ist der einzige Ausweg für ihn 4. Gebiet; Gegend 南～货 Güter aus dem Süden 5. →路线 1 三～进军 über drei Routen vorrücken 八～公共汽车 Bus Linie 8 6. Sorte; Klasse 二三～角色 zwei- oder dreiklassige Rollen

路标 lùbiāo 1. Wegweiser; Verkehrszeichen 2. Wegemarkierung

路程 lùchéng Entfernung; Wegstrecke 三天的～ drei Tagesmärsche

路灯 lùdēng Straßenlaterne

路费 lùfèi Reisekosten; Reisegeld

路过 lùguò vorbeigehen; vorbeifahren; durchfahren

路基 lùjī Steinlager; Packlage; Bahnkörper 铁路～ Bahnkörper

路径 lùjìng 1. Weg 2. Mittel und Wege; Schlüssel 找到成功的～ den Weg zum Erfolg finden; Mittel und Wege finden, die zum Erfolg führen

路口 lùkǒu Straßenkreuzung; Straßenecke 三岔～ Straßengabelung

路面 lùmiàn Straßendecke 柏油～ Asphaltstraßendecke

路牌 lùpái Straßenschild

路人 lùrén 1. Fußgänger; Passant 2. Außenstehende(r); Fremde(r)

路途 lùtú 1. Weg; Straße 2. Entfernung; Wegstrecke ～遥远 weiter Reiseweg; der Weg ist weit

路线 lùxiàn 1. Route 行军～ Marschroute 2. Linie 群众～ Massenlinie

路遥知马力，日久见人心 lù yáo zhī mǎlì, rì jiǔ jiàn rénxīn ein langer Weg prüft ein Pferd auf seine Stärke, die Zeit einen Menschen auf seinen Charakter

路子 lùzi Weg; Mittel und Wege 走私人的～ auf privatem Weg; durch gute Beziehungen

露[1] lù 另见 lòu

1. →露水 2. Saft; Sirup 果子～ Obstsirup

露[2] lù 另见 lòu

zeigen; in Erscheinung treten; sich präsentieren 面～笑容 auf dem Gesicht zeigt sich ein Lächeln; mit einem Lächeln im Gesicht

露骨 lùgǔ offen; ungeschminkt; unverhüllt

L

～的干涉 eine nackte Einmischung
露酒 lùjiǔ Obstwein
露水 lùshui Tau
露宿 lùsù im Freien übernachten ～街头 auf der Straße übernachten
露天 lùtiān unter freiem Himmel; im Freien ～电影 Freilichtkino ～矿 Tagebau
露营 lùyíng zelten; kampieren; biwakieren
露珠 lùzhū Tautropfen

鹭 lù Reiher
鹭鸶 lùsī Seidenreiher

戮 lù töten; umbringen; niedermetzeln
戮力同心 lù lì tóng xīn an einem (an demselben, am gleichen) Strang ziehen; sich mit vereinten Kräften einsetzen

录（録） lù 1. abschreiben; eintragen; protokollieren 2. →录用 3. Verzeichnis; Register; Aufzeichnung 通讯～ Adressenverzeichnis
录取 lùqǔ zulassen; aufnehmen
录像 lùxiàng Video; Aufzeichnung der Film- oder Fernsehbilder ～机 Videorecorder; Videogerät ～带 Videokassette; Videoband ～片 Videoplatte
录音 lùyīn Tonaufnahme machen; Tonaufzeichnung ～机 Tonbandgerät; Kassettenrecorder ～带 Tonband; Kassette
录用 lùyòng anstellen; annehmen; engagieren 量材～ jn nach seinen Fähigkeiten einstellen
录制 lùzhì etw auf Tonband aufnehmen; etw mitschneiden

禄 lù Gehalt (der Beamten im feudalen China)

碌 lù 另见 liù
1. gewöhnlich 2. beschäftigt; in Anspruch genommen sein
碌碌 lùlù 1. gewöhnlich; nicht besonders; mittelmäßig ～无能 keine besonderen *Fähigkeiten* haben; nur beschränkte Fähigkeiten besitzen 2. sehr viel zu tun haben; sehr beschäftigt sein; geschäftig ～半生 das halbe Leben lang eifrig arbeiten

绿 lù 另见 lǜ
grün

绿林好汉 lù lín hǎo hàn Helden des Grünwaldes; Räuberbande

陆（陸） lù →陆地 水～交通 Verkehr zu Wasser und zu Lande
陆地 lùdì Land; Festland
陆军 lùjūn Landstreitkräfte; Heer
陆路 lùlù Landweg 走～ den Landweg nehmen
陆续 lùxù nacheinander; hintereinander; aufeinander folgend
陆运 lùyùn Beförderung zu Lande; Transport zu Lande

闾 lǘ 1. Gassentor; Gasseneingang 2. Gasse; Nachbarschaft

驴（驢） lǘ Esel
驴骡 lǘluó Maulesel
驴皮胶 lǘpíjiāo Eselhautgelatine

旅[1] lǚ →旅行

旅[2] lǚ 1. Brigade 步兵～ Infanteriebrigade 2. Truppe 劲～ Elitetruppe; Elitemannschaft
旅伴 lǚbàn Mitreisende(r); Reisebegleiter; Reisegefährte(r)
旅店 lǚdiàn Gasthaus; Gasthof; Pension
旅费 lǚfèi Reisegeld; Reisekosten
旅馆 lǚguǎn Hotel
旅客 lǚkè Reisende(r); Fahrgast
旅途 lǚtú auf der Reise ～见闻 Reiseerlebnisse
旅行 lǚxíng reisen; Reise ～指南 Reiseführer; Wegweiser ～社 Reisebüro; Verkehrsverein ～袋 Reisetasche
旅游 lǚyóu Fremdenverkehr; Tourismus 水上～ Schiffsreisen; Kreuzfahrten
旅游鞋 lǚyóuxié Reiseschuhe

膂 lǚ Rückgrat
膂力 lǚlì Muskelkraft; Körperkraft ～过人 über außergewöhnliche Körperkraft verfügen

屡（屢） lǚ →屡次 ～教不[illegible] sich trotz wiederholter Ermahnung nicht bessern wollen
屡次 lǚcì wiederholt; mehrmalig; immer wieder
屡见不鲜 lǚ jiàn bù xiān keine Seltenheit sein; öfters vorkommen

缕（縷） lǚ 1. Faden 2. Streifen; Fahne; Strähne 一～青烟 eine Rauchfahne
缕述 lǚshù lang und breit erzählen; ausführlich beschreiben
捋 lǚ 另见 luō
streichen ～胡子 sich den Bart streichen
吕 lǚ
吕宋烟 lǚsòngyān Luzon-Zigarre
铝 lǚ Aluminium (Al)
侣 lǚ Kamerad; Partner; Gefährte(r)
履 lǚ 1. Schuh 革～ Lederschuh 2. gehen; treten 如～薄冰 wie auf dünnem Eis gehen 3. →履行 ～约 ein Versprechen einlösen; eine Verabredung einhalten
履带 lǚdài Gleiskette; Raupe ～式拖拉机 Raupenschlepper
履历 lǚlì 1. Personalien; Personaldaten ～表 Personalbogen; Lebenslauf 2. Personalbogen 填～ einen Personalbogen ausfüllen
履行 lǚxíng einlösen; erfüllen; einhalten ～诺言 ein Versprechen einlösen ～合同 einen Vertrag einhalten
率 lǜ 另见 shuài
Rate; Quote 出勤～ Präsenzquote; Arbeitsanwesenheitsquote
虑（慮） lǜ 1. überlegen; denken; nachdenken 2. sich um jn/etw sorgen; sich Sorgen (Gedanken) machen; um etw besorgt sein 不足为～ sich nicht zu sorgen brauchen; keinen Grund zur Sorge haben
滤（濾） lǜ filtern; seihen; kolieren
滤过性病毒 lǜguòxìng bìngdú filtrierbarer Virus
滤纸 lǜzhǐ Filterpapier; Filtrierpapier
律 lǜ 1. Gesetz; Regel 2. in Schranken halten; beherrschen 严于～己 hohe Ansprüche an sich stellen; sich Zügel anlegen
律师 lǜshī Rechtsanwalt
葎 lǜ
葎草 lǜcǎo Kletterhopfen
氯 lǜ Chlor (C)
氯纶 lǜlún Polyvinylchlorid-Faser; PVC-Faser ～内衣 Unterwäsche aus PVC-Fasern
氯霉素 lǜméisù Chloromycetin
绿 lǜ 另见 lù
grün ～叶 grüne Blätter; Schnittgrün
绿茶 lǜchá grüner Tee
绿灯 lǜdēng Grün; grünes Licht 开～ grünes Licht geben
绿豆 lǜdòu kleinere grüne Bohnenart
绿肥 lǜféi Gründüngung ～作物 Gründüngungspflanze
绿化 lǜhuà aufforsten; Bäume pflanzen und Rasen anlegen ～城市 eine Stadt mit Grünanlagen ausstatten
绿篱 lǜlí Hecke; Einfriedigung
绿色 lǜsè grün ～植物 Chlorophyllhaltige (od. grüne) Pflanze
绿阴 lǜyīn Baumschatten
绿洲 lǜzhōu Oase
脔（臠） luán Fleisch in Scheiben
脔割 luángē etw in Scheiben schneiden; zerschneiden
峦（巒） luán Berg; Bergkette 重～叠嶂 die Berge türmen sich übereinander / viele Bergspitzen hintereinander
銮（鑾） luán Schelle; Glöckchen
銮铃 luánlíng Schelle; Glöckchen
挛（攣） luán Krampf
挛缩 luánsuō Kontraktion; Kontraktur
鸾（鸞） luán dem Phönix ähnlicher Fabelvogel
鸾凤 luánfèng Ehepaar ～和鸣 glückliches Ehepaar; harmonisches Ehepaar
孪（孿） luán →孪生
孪生 luánshēng Zwilling ～子 Zwilling ～兄弟 Zwillingsbruder
卵 luǎn Ei; Gelege; Ovum
卵巢 luǎncháo Eierstock; Ovarium
卵生 luǎnshēng Ovipari e; ovipar; eierlegend
卵石 luǎnshí Geröll; Kiesel

L

乱（亂） luàn Unordnung；Chaos；durcheinander；verwirrt 秩序很～ es herrscht große Unordnung 脑子里～成一团 js Geist verwirrt sich 2. Unruhe；Rebellion；Aufruhr 平～ einen Aufruhr niederwerfen 3. Unruhe stiften；etw in Verwirrung bringen；stören 4. beunruhigt；verwirrt；verstört 5. beliebig；nach Gutdünken；willkürlich ～说 Unsinn reden；ins Blaue hinein reden ～花钱 mit (dem) Geld um sich schmeißen；drauflos wirtschaften 6. unzüchtig；Unzucht

乱伦 luànlún Blutschande；Inzest

乱七八糟 luàn qī bā zāo chaotische Unordnung；wildes Durcheinander

乱世 luànshì unruhige Zeit；Jahre des Wirrwarrs

乱弹琴 luàntánqín Unfug treiben；Unsinn machen

乱糟糟 luànzāozāo durcheinander；nicht wissen，was unten und oben ist 到处～的 überall herrscht ein großes Durcheinander / alles geht drunter und drüber

乱子 luànzi Unheil；Unruhe；Unglück 出～ Unheil anrichten；es kommt zu Unruhe

掠 lüè 1. →掠夺 2. streichen；gleiten；huschen 凉风～面 ein kühles Lüftchen streicht über das Gesicht 3. peitschen；mit dem Knüppel schlagen

掠夺 lüèduó plündern；rauben；wegnehmen ～战争 Raubkrieg

略（畧） lüè 1. →略微 ～加思索 kurz nachdenken 2. kurze Darstellung ～述大意 den Hauptinhalt kurz erzählen 3. weglassen；auslassen

略图 lüètú Abriss；Entwurf；Skizze

略微 lüèwēi etwas；ein wenig；ein bisschen

略语 lüèyǔ Abkürzung

抡（掄） lūn schwingen ～起棍子 einen Knüppel schwingen

沦（淪） lún 1. *versinken；untergehen* 2. verfallen；untergehen；zugrunde gehen ～为殖民地 sich in eine Kolonie verwandeln

沦落 lúnluò verkommen；auf die schiefe Bahn geraten ～街头 sich auf der Straße herumtreiben

沦亡 lúnwáng untergehen；zugrunde richten；Untergang

沦陷 lúnxiàn vom Feind besetzt werden；in die Hände der Feinde fallen ～区 vom Feind besetztes Gebiet

轮（輪） lún 1. →轮子 2. →轮船 3. abwechseln；alternieren；an die Reihe kommen 今天～到你值日 heute bist du mit dem Dienst dran 4. (als Zähleinheitswort)：一～明月 ein heller Mond 第三～谈判 die dritte Gesprächsrunde

轮班 lúnbān abwechselnd；der Reihe nach；Schichtwechsel ～工作 abwechselnd (umschichtig) arbeiten

轮船 lúnchuán Dampfer；Dampfschiff

轮渡 lúndù Fähre

轮换 lúnhuàn turnusmäßig ablösen；alternieren

轮机 lúnjī 1. Turbine 2. Schiffsmotor ～长 Maschinist

轮廓 lúnkuò 1. Außenlinie；Kontur；Umriss ～分明 profiliert；scharfe Umrisse 2. Überblick；Übersicht；Abriss

轮流 lúnliú einer nach dem anderen；der Reihe nach

轮胎 lúntāi Reifen 自行车～ Fahrradreifen 汽车～ Autoreifen

轮休 lúnxiū 1. eine Ackerflur für eine bestimme Zeit brachliegen lassen ～地 Brache；Brachfeld 2. abwechselnd Urlaub machen；gestaffelte Urlaubszeiten

轮训 lúnxùn turnusmäßige Schulung

轮子 lúnzi Rad

轮作 lúnzuò Fruchtfolge；Fruchtwechselwirtschaft

伦（倫） lún 1. menschliche (zwischenmenschliche) Beziehungen 2. →伦次 3. gleiche Art；gleiche Klasse 不～不类 weder Fisch noch Fleisch sein；nicht geeignet

伦巴 lúnbā Rumba

伦比 lúnbǐ ebenbürtig 无与～ unvergleichlich；einmalig；nicht seinesgleichen haben (finden)

伦常 lúncháng die unveränderlichen fünf Beziehungen zwischen König und Beamten，Vater und Sohn，Gatte und Gattin，Brüdern，Freunden (im feudalen China)

伦次 lúncì Ordnung；Reihenfolge 语无～ zusammenhangslos sprechen

伦理 lúnlǐ Ethos ～学 Ethik
伦琴 lúnqín Röntgen ～射线 Röntgenstrahlen

论（論） lùn 1. analysieren; erörtern; diskutieren 就事～事 eine Sache an und für sich beurteilen 2. wissenschaftliche Arbeit; Referat; Abhandlung ～国际形势 zur internationalen Lage 3. Lehre; Theorie 相对～ Relativitätstheorie 4. betrachten; behandeln 相提并～ jn/etw mit jm/etw gleichsetzen 5. bewerten ～功行赏 jn nach seinem Verdienst (seiner Leistung) belohnen 6. gemäß; nach; hinsichtlich ～天 tageweise
论点 lùndiǎn These 文章的基本～ die Hauptthese eines Artikels
论调 lùndiào Meinung; Behauptung
论断 lùnduàn Feststellung; Schlussfolgerung; Urteil
论据 lùnjù Argument; Beweisgrund ～不足 unzureichende Beweisführung
论理 lùnlǐ 1. jm seine Meinung sagen; sich mit jm auseinander setzen 2. eigentlich; normalerweise 3. Logik 合乎～ logisch (folgerichtig) sein
论述 lùnshù erörtern; abhandeln; darlegen
论坛 lùntán Forum; Tribüne 文艺～ Forum der Literatur und Kunst
论题 lùntí Behauptung
论文 lùnwén Abhandlung; Aufsatz; Dissertation 学术～ wissenschaftliche Arbeit
论战 lùnzhàn Debatte; Polemik; Wortgefecht
论证 lùnzhèng 1. argumentieren; begründen 2. beweisen; Beweisführung 3. untermauern; untermauern
论著 lùnzhù wissenschaftliche Arbeit; Werk

捋 luō 另见 lǚ
aufstreifen; abstreifen ～起袖子 Ärmel aufstreifen (aufkrempeln)

罗（囉） luō 另见 luó
罗唆 luōsuō 1. weitschweifig; wortreich; geschwätzig 2. umständlich; beschwerlich; lästig 手续～ die Formalitäten sind umständlich

螺 luó Schnecke
螺钉 luódīng Schraube
螺号 luóhào Seemuschelhorn
螺母 luómǔ Schraubenmutter
螺栓 luóshuān Bolzen; Schraube mit Mutter
螺丝 luósī →螺钉 ～刀 Schraubenzieher
螺蛳 luósī Schnecke
螺纹 luówén Gewinde
螺旋 luóxuán Schnecke; Wendel; Spirale ～形 schraubenförmig; spiralig ～桨 Luftschraube

骡（驘） luó →骡
骡子 luózi Maultier

罗[1]（羅） luó 另见 luō
1. →罗网 2. →罗致 3. →罗列 1 4. feines Sieb 绢～ Füllsieb 5. sieben ～面 Mehl sieben 6. Seidengaze

罗[2]（羅） luó 另见 luō
(als Zähleinheitswort) zwölf Dutzend; Gros
罗汉 Luóhàn Arhat; Luohan
罗汉松 luóhànsōng *Podocarpus macrophylius* (eine Steineibenart)
罗列 luóliè 1. in Gruppen stehen 2. aufzählen; anführen; nennen ～事实 Tatsachen anführen; Fakten aufzählen
罗马数字 Luómǎ shùzì römische Ziffern
罗盘 luópán Kompass
罗圈腿 luóquāntuǐ O-Beine; O-beinig
罗网 luówǎng Fangnetz 自投～ ins Fangnetz gehen
罗织 luózhī Anschuldigungen erfinden
罗致 luózhì anstellen; anwerben ～人才 begabte (fähige) Leute anwerben

逻（邏） luó patrouillieren
逻辑 luójí 1. Gesetze richtigen Denkens; Logik ～思维 logisches Denken; logisch denken 不合～ unlogisch 2. objektive Gesetzmäßigkeit; Folgerichtigkeit 革命的～ Logik der Revolution 3. →逻辑学
逻辑学 luójíxué Logik ～家 Logiker

萝（蘿） luó Rankengewächs
萝卜 luóbo 1. Pflanzen der Möhre und Rübe 2. Möhre; Rübe (Hauptwurzel von den Pflanzen)

箩（籮） luó Bambuskorb
箩筐 luókuāng größerer Bambus- oder Weidenkorb

锣（鑼） luó Gong; Tamtam 敲～ gongen; den Gong schlagen; Gongschlag

L

锣鼓 luógǔ Gong und Trommel ～喧天 ohrenbetäubendes Getöse von Gongs und Trommeln

瘰 luǒ

瘰疬 luǒlì Skrofulose

裸(躶、臝) luǒ →裸露

裸露 luǒlù nackt; unbekleidet; bloß

裸麦 luǒmài Nacktgerste

裸体 luǒtǐ nackter Leib; Nudität

荦(犖) luò klar; auffällig; augenfällig

荦荦 luòluò sichtbar; offenkundig; ersichtlich ～大端 ersichtliche Hauptpunkte

摞 luò 1. aufhäufen; schichten; aufstapeln 2. Stapel; Stoß; Haufen 一～碗 ein Stapel Essschalen

落 luò 另见 là, lào

1. fallen ～叶 sich entblättern; nadeln; Laubfall ～泪 weinen; Tränen vergießen 2. sinken 太阳～山 die Sonne geht unter 3. herunterlassen ～帆 die Segel abschlagen 4. zurücklassen; hinterlassen 未～痕迹 keine Spuren hinterlassen 5. zufallen; zuteil werden 责任～在我们身上 die Verantwortung wächst uns zu 6. bekommen; erhalten 不想竟～到这样的结果 es ist unerwartet so ausgegangen

落笔 luòbǐ zu schreiben (zu malen) anfangen; die Feder (den Pinsel) ansetzen

落泊 luòbó 1. in Armut geraten; arm werden 2. stolz; ungezwungen

落差 luòchā Gefälle

落潮 luòcháo Ebbe

落成 luòchéng fertigstellen; vollenden ～典礼 Einweihungszeremonie; Einweihung

落得 luòde etw zur Folge haben ～一场空 nichts erreichen; alles ist umsonst

落后 luòhòu 1. zurückbleiben ～于时代 hinter dem Zeitalter zurückbleiben 2. langsam; zögernd 比原计划～了两个月 *zwei Monate später als geplant* 3. rückständig; unterentwickelt 经济～ wirtschaftlich rückständig

落户 luòhù sich niederlassen; sesshaft (ansässig) werden; sich etablieren

落花流水 luò huā liú shuǐ schwere Niederlage; Zusammenbruch 打得～ jm eine schwere Abfuhr erteilen

落花生 luòhuashēng 1. Erdnuss 2. Erdnuss(-kern)

落脚 luòjiǎo sich aufhalten; weilen; sich einquartieren ～生根 sich niederlassen

落井下石 luò jǐng xià shí jm in der Not noch eins auswischen

落空 luòkōng das Ziel nicht erreichen 一切希望都～了 alle Hoffnungen sind zu Wasser geworden

落难 luònàn in Not geraten

落日 luòrì die untergehende Sonne

落实 luòshí 1. realistisch; durchführbar 采取～的措施 durchführbare Maßnahmen treffen 2. in die Tat umsetzen; durchführen ～计划 einen Plan in die Tat umsetzen

落汤鸡 luòtāngjī durchnässt wie ein ins Wasser gefallenes Huhn 淋得像～ pudelnass sein; wie eine gebadete Maus (Katze) aussehen

落网 luòwǎng ins Netz geraten; verhaften

落伍 luòwǔ 1. zurückbleiben 2. →落后 3

落选 luòxuǎn bei der Wahl durchfallen

落叶松 luòyèsōng Lärche

骆 luò Schimmel mit schwarzer Mähne

骆驼 luòtuo Kamel; Schiff der Wüste

骆驼绒 luòtuoróng Gewebe aus Kamelhaar

络 luò 另见 lào

1. netzförmiges Gebilde 丝瓜～ Luffaschwamm 2. ein Netz überziehen 头上～着一个发网 das Haar in einem Netz tragen 3. umwickeln; aufspulen ～纱 Baumwollgarn aufspulen

络腮胡子 luòsāi húzi Vollbart; Backenbart

络绎 luòyì aufeinander folgend 参观的人～不绝 die Besucher kommen ununterbrochen / es wird viel besucht

M

呣 ḿ 另见 m̀
(als Ausrufewort zum Ausdruck des Zweifels)：～，什么？Hm，was?

呣 m̀ 另见 ḿ
(als Ausrufewort zum Ausdruck der Zusage)：～，好吧 Na gut!

摩 mā 另见 mó

摩挲 māsā 另见 mósuō
streicheln

抹 mā wischen；scheuern；putzen ～桌椅 Stühle und Tische abwischen

抹布 mābù Putzlappen；Scheuerlappen；Wischlappen

妈 mā 1. →妈妈 2. (Anrede für eine ältere Hausgehilfin) Frau

妈妈 māma Mama；Mami；Mutti

麻¹(蔴) má 1. Sammelbegriff für Hanf，Flachs，Jute，Sisal usw. 2. Fasern von Hanf，Flachs，Jute，Sisal usw. 3. Sesam ～酱 Sesampaste

麻² má 1. nicht glatt；rauh 2. →麻子 1

麻³ má →麻木

麻痹 mábì 1. Lähmung；Paralyse 小儿～症 Polio (-myelitis)；Kinderlähmung 2. in der Wachsamkeit nachlassen；einschläfern ～大意 nachlässig；sich nicht in Acht nehmen

麻布 mábù Leinen；Sackleinen

麻袋 mádài Hanfsack；Jutesack

麻烦 máfan 1. umständlich；zeitraubend；Umstände 不怕～ keine Mühe scheuen 2. belästigen；stören ～你，请你帮帮我 Entschuldigen Sie meine Störung und helfen Sie mir! / Seien Sie so freundlich，mir zu helfen!

麻纺 máfǎng Flachsspinnen ～厂 Flachsspinnerei

麻风 máfēng Lepra；Aussatz ～病人 Leprakranke(-)；Aussätzige(r)

麻花 máhuā Striezel

麻将 májiàng Mah-Jongg

麻利 máli flott；flink 作事～ flott arbeiten

麻脸 máliǎn Gesicht mit Pockennarben

麻木 mámù empfindungslos；insensibel；torpid 两腿～ die beiden Beine sind insensibel ～不仁 apathisch sein；kalt wie (eine) Hundeschnauze sein

麻雀 máquè Sperling；Spatz

麻纱 máshā 1. Flachsgarn；Jutegarn ～袜 Socken aus Jutegarn 2. Batist；Kambrik

麻绳 máshéng Seil aus Jute；Hanfseil；Strick

麻线 máxiàn Hanfgarn

麻油 máyóu Sesamöl

麻疹 mázhěn Masern

麻子 mázi 1. Pockennarbe 满脸～ ein Mensch，dessen Gesicht voll von Pockennarben ist 3. Pockennarbige(r)

麻醉 mázuì 1. betäuben；narkotisieren；Narkose；Anästhesie 全身～ allgemeine Betäubung 局部～ örtliche Betäubung ～剂 Betäubungsmittel；Narkotikum ～师 Anästhesist 2. demoralisieren

马(馬) mǎ Pferd；Ross 公～ Hengst 母～ Stute

马鞍子 mǎ'ānzi Sattel

马帮 mǎbāng Pferdekarawane

马表 mǎbiǎo Stoppuhr

马车 mǎchē 1. Pferdewagen；Pferdekutsche 轿式～ Kutsche 敞篷～ Kutsche mit einem Klappverdeck 2. Fuhrwerk

马刺 mǎcì Sporen

马达 mǎdá Motor

马大哈 mǎdàhā 1. leichtsinnig；unsorgfältig；vergesslich 2. gedankenloser Mensch；ein zerstreuter Professor sein

马刀 mǎdāo Säbel

马镫 mǎdèng Steigbügel

马丁炉 mǎdīnglú Martinofen
马队 mǎduì 1. Pferdekarawane; Pferdekolonne 2. Kavallerie
马尔萨斯主义 Mǎ'ěrsàsī zhǔyì Malthusianismus
马粪纸 mǎfènzhǐ Pappe; Strohpappe
马蜂 mǎfēng Wespe ～窝 Wespennest
马夫 mǎfū Kutscher; Reitknecht; Stallknecht
马褂 mǎguà Mandarinjacke
马后炮 mǎhòupào nach (der) Tat kommt der Rat; Treppenwitz
马虎 mǎhu unsorgfältig; oberflächlich; fahrlässig 工作～ flüchtig arbeiten 俄语说得马马虎虎 Russisch soso lala sprechen
马厩 mǎjiù Pferdestall
马克思列宁主义 Mǎkèsī-Lièníngzhǔyì Marxismus-Leninismus
马克思主义 Mǎkèsī zhǔyì Marxismus
马口铁 mǎkǒutiě Weißblech; Zinnblech
马裤 mǎkù Reithose; Breeches
马上 mǎshàng sofort; gleich; unverzüglich
马拉松 mǎlāsōng 1. Marathonlauf ～赛跑 Marathonlauf 2. zeitraubend; langwierig ～选举 zeitraubende Wahl
马力 mǎlì Pferdestärke
马铃薯 mǎlíngshǔ 1. Kartoffel (Nachtschattunggewächs) 2. Kartoffel (Wurzel des Nachtschattunggewächs)
马鹿 mǎlù Rothirsch; Edelwild
马路 mǎlù Straße 柏油～ Asphaltstraße; asphaltierte Straße
马骡 mǎluó Maultier
马匹 mǎpǐ Pferde
马枪 mǎqiāng Karabiner
马球 mǎqiú 1. Polo 2. Poloball
马赛克 mǎsàikè 1. Mosaik (verschiedenfarbige Stiften, Glasstückchen, Steinchen o. a.) 2. Mosaik (zusammengesetzte, flächige Muster oder Bildwerk)
马上 mǎshàng gleich; sofort; unverzüglich 我～就来 ich komme gleich
马术 mǎshù Reitkunst
马蹄 mǎtí Huf ～铁 Hufeisen ～表 Wecker
马桶 mǎtǒng mit einem Deckel versehenes Gefäß für die Notdurft; Kübel
马尾松 mǎwěisōng Masson-Kiefer
马戏 mǎxì Zirkus ～团 Zirkus (-gruppe)
马靴 mǎxuē 1. Reitstiefel 2. Stiefel
马掌 mǎzhǎng 1. Huf 2. Hufeisen 钉～ ein Hufeisen aufschlagen; Hufbeschlag
马鬃 mǎzōng Pferdemähne

玛 mǎ
玛瑙 mǎnǎo Achat

码[1] mǎ 1. Bezeichnung für Ziffern, Nummern, Seiten, Preise u. a. 2. Bezeichnung für eine Sache 这是两～事 das sind zwei verschiedene Dinge

码[2] mǎ stapeln; schichten

码[3] mǎ Yard
码头 mǎtou 1. Kai; Anlegeplatz 客运～ Kai für Personenverkehr

吗 mǎ 另见 ma
吗啡 mǎfēi Morphium

蚂 mǎ
蚂蟥 mǎhuáng Blutegel
蚂蚁 mǎyǐ Ameise

骂(駡) mà 1. schimpfen; fluchen; beschimpfen ～人的话 Schimpfwort; Fluch 2. jm etw vorwerfen; tadeln; jm einen Verweis geben
骂街 màjiē schelten; kläffen

嘛(么) ma (als Partikel zum Ausdruck der Deutlichkeit): 有错就改～ wenn man Fehler gemacht hat, verbessert man sie einfach

吗(么) ma 另见 mǎ
1. (als Partikel zum Ausdruck des Zweifels): 他来～? Kommt er? 2. was ... betrifft 这件事～,其实不能怪他 das kann man ihm nicht verargen (verdenken)

埋 mái 另见 mán
→埋藏 ～地雷 verminen; Minen legen
埋藏 máicáng 1. vergraben; eingraben 地下～着丰富的煤和铁 in den Bergen sind ergiebige Vorkommen von Kohle und Eisenerz festgestellt worden 2. verbergen 把秘密～在心底里 ein Geheimnis im Inneren verbergen (verschließen) 3. subkutane Implantation
埋伏 máifú 1. lauern; im Hinterhalt liegen; sich auf die Lauer legen 中～ in einen Hinterhalt geraten (fallen) 2. sich verstecken; sich versteckt halten; verborgen

埋没 máimò nicht zur Geltung kommen lassen ～人材 Talente nicht entdecken und fördern
埋头 máitóu sich in etw hineinknien；sich in etw vergraben (versenken) ～工作 sich in die Arbeit stürzen；sich mit der Arbeit eindecken；maikäfern
埋葬 máizàng beerdigen；bestatten；begraben

霾 mái Dunstglocke；Dunsthaube

买（買） mǎi kaufen；～票 Karten kaufen (lösen)
买办 mǎibàn Komprador ～资产阶级 Kompradorenbourgeoisie
买空卖空 mǎi kōng mài kōng (in Aktien an der Börse) spekulieren；auf Hausse und Baisse spekulieren
买卖 mǎimai Handel；Geschäft 做～ Handel treiben；Geschäft machen ～人 Händler；Kaufmann；Geschäftsmann
买通 mǎitōng bestechen；kaufen；schmieren
买主 mǎizhǔ Käufer

麦（麥） mài 1. Sammelname für Weizen, Gerste, Roggen, Hafer 2. Weizen
麦克风 màikèfēng Mikrophon
麦粒肿 màilìzhǒng Gerstenkorn
麦苗 màimiáo Schössling (von Weizen, Gerste, Roggen, Hafer)
麦片 màipiàn Haferflocken
麦芒 màimáng Granne
麦芽糖 màiyátáng Malz；Gerstenzucker

卖（賣） mài 1. verkaufen 2. verraten ～友 einen Freund verraten 3. sich eifrig bemühen；sich beeifern ～力气 wuchten；alle seine Kräfte einsetzen 4. mit etw protzen；mit etw um sich werfen；etw zur Schau stellen ～老 mit seinem Alter angeben；sein Alter einem anderen gegenüber ausspielen
卖国 màiguó das Vaterland verraten ～政府 landesverräterische Regierung ～贼 Landesverräter
卖劲 màijìn eifrig；sein Bestes tun
卖命 màimìng sich für jn abarbeiten；in js Sold stehen
卖弄 màinong großtun；protzen；prahlen ～小聪明 sich in seiner Klugheit gefallen
卖身 màishēn 1. sich selbst oder seine Familienangehörigen verkaufen ～契 Verkaufsvertrag ～投靠 sich als Handlanger an jn verkaufen 2. →卖淫
卖淫 màiyín sich prostituieren；auf den Strich gehen；Prostitution
卖主 màizhǔ Verkäufer
卖座 màizuò Kassenerfolg；Publikumserfolg

迈[1]（邁） mài Schritte nach vorn tun (machen)；schreiten ～步 schreiten

迈[2]（邁） mài bejahrt；betagt；greis

迈[3]（邁） mài Meile
迈进 màijìn mit großen Schritten gehen；ausgreifen；ausholen

脉（脈、衇） mài 另见 mò
1. Gefäßsystem；Arterien und Venen 2. →脉搏 3. Ader 叶～ Blattader
脉搏 màibó Puls；Pulsschlag
脉冲 màichōng Impuls；Zacke
脉络 màiluò 1. →脉 1 2. übersichtlicher Zustand；Gliederung；Gedankengang ～分明 klar und vernünftig gegliedert sein

颟（顢） mān
颟顸 mānhān wirrköpfig und fahrlässig

蛮（蠻） mán →蛮横 ～不讲理 ohne jede Vernunft handeln
蛮干 mángàn unmethodisch (unbesonnen) vorgehen；draufloswirtschaften；mit dem Kopf durch die Wand (rennen) wollen
蛮横 mánhèng roh；grob；barsch

瞒（瞞） mán verheimlichen；jn über etw im Unklaren lassen 不～你说 offen gesagt
瞒哄 mánhǒng betrügen；jn übers Ohr hauen

埋 mán 另见 mái
埋怨 mányuàn nörgeln；querulieren；sein Missfallen über etw/jn äußern

蔓 mán 另见 màn；wàn
蔓菁 mánjing Wasserrübe

鳗 mán →鳗鲡
鳗鲡 mánlí Aal

馒 mán

M

馒头 mántou 1. *Mantou*; Dampfnudel; Dampfbrötchen 2. *Baozi* (gedämpftes Teigbeutel mit Fleisch-, Gemüsefüllung oder süßer Füllung)

满(滿) mǎn 1. voll; ganz erfüllt 桌上放～了书 auf dem Tisch liegen viele Bücher 2. vollmachen; vollfüllen ～上一杯 ein Glas vollgießen 3. enden; ablaufen 不～一年 weniger als ein Jahr; kaum ein Jahr 4. ganz; völlig; vollständig ～地 überall ～天星斗 das Meer der Sterne; der Himmel ist mit Sternen übersät / der Himmel ist voller Sterne 5. → 满足 1; 满意 不～ unzufrieden; unbefriedigt

满不在乎 mǎn bù zàihu leichtnehmen; einen breiten Buckel haben; sich nichts aus etw machen

满怀 mǎnhuái 1. von etw durchdrungen sein; mit (von) etw erfüllt sein ～信心 voller Zuversicht sein; guten Mutes sein 2. Brust 撞了一个～ direkt zusammenprallen (zusammenstoßen)

满期 mǎnqī ablaufen; zu Ende gehen

满腔 mǎnqiāng von etw erfüllt sein; voll von etw sein ～热情 voller Eifer sein; mit großer Begeisterung; mit glühender Leidenschaft

满师 mǎnshī die Lehrzeit beenden; auslernen

满意 mǎnyì über etw befriedigt sein; mit etw zufrieden sein

满月[1] mǎnyuè Vollendung des ersten Lebensmonats (eines Säuglings)

满月[2] mǎnyuè Vollmond

满足 mǎnzú 1. über etw befriedigt sein; mit etw zufrieden sein 2. befriedigen; zufrieden stellen ～人民的需要 die Bedürfnisse der Bevölkerung befriedigen

满族 Mǎnzú Man-Nationalität

满座 mǎnzuò voll besetzt; ausverkauft 剧院已经～ das Theater ist schon ausverkauft / das Theater ist schon voll besetzt

螨(蟎) mǎn Milbe

曼 màn 1. anmutig; graziös; lieblich 2. lang ～声低唱 leise und gedehnt singen

曼陀铃 màntuólíng Mandoline

曼延 mànyán sich erstrecken; sich (aus-) dehnen; sich (aus-)weiten

漫 màn 1. überfließen; (über-)schwappen; überfluten 2. überall; allerorts; wo man geht und steht ～山遍野的大雪 weit und breit ist alles verschneit

漫不经心 màn bù jīng xīn nachlässig; unbeteiligt; etw auf die leichte Achsel (Schulter) nehmen

漫步 mànbù herumspazieren; schlendern

漫长 mànchána langwierig; endlos lange

漫画 mànhuà Karikatur; Spottbild; Zerrbild ～家 Karikaturist; Karikaturenzeichner

漫骂 mànmà unflätig beschimpfen

漫谈 màntán informelle Diskussion; sich freimütig äußern

漫天 màntiān 1. den ganzen Himmel bedeckend 尘土～ die (ganze) Luft ist voller Staub 2. grenzenlos; unbegrenzt ～大谎 das Blaue vom Himmel herunter lügen; himmelschreiende Lüge

漫游 mànyóu durchstreifen; durchwandern; umherschlendern

慢 màn 1. langsam ～动作 langsame Bewegung; Zeitlupe 表～了五分钟 die Uhr geht fünf Minuten nach 2. bis später verschieben; aufschieben; hinausschieben 且～ nur langsam; einen Moment

慢车 mànchē Bummelzug; Personenzug

慢坡 mànpō ein sanft ansteigender Hang

慢条斯理 màn tiáo sī lǐ langsam und bedächtig; nicht von der schnellen Truppe sein; gemächlich

慢性 mànxìng chronisch; langsam wirkend ～病 chronische Krankheit ～中毒 langsam wirkende Vergiftung

谩 màn respektlos; unhöflich; die kalte Schulter zeigen

谩骂 mànmà schimpfen; schmähen; beschimpfen

墁 màn einen Fußboden mit Zierfliesen auslegen (belegen)

蔓 màn 另见 mán; wàn

蔓延 mànyán sich ausbreiten; sich breitmachen; grassieren 火势～ der Brand frisst (greift) um sich

幔 màn Vorhang; Gardine 窗～ Gardine

镘(槾) màn Maurerkelle; Kardätsche

忙 máng 1. sehr beschäftigt sein; viel zu tun haben 大～季节 Hochsaison; Hauptsaison 2. eilig; hastig; Hektik 你近来～些什么? Warum bist du seit kurzem so hastig?
忙碌 mánglù sehr beschäftigt sein; viel Betrieb; fuhrwerken
忙乱 mángluàn Gehetze; Trubel der Geschäfte; herumhantieren

芒 máng Granne
芒种 mángzhòng „Körner mit Grannen" (einer der 24 Jahreseinteilungstage des chinesischen Mondkalenders, entspricht dem 5., 6. oder 7. Juni)

茫 máng grenzenlos und verschwommen; ahnungslos; hilflos
茫茫 mángmáng unendlich; sehr weit ～大海 unendliches Meer; weites Meer 前途～ ungewisse (unsichere) Zukunft
茫无头绪 máng wú tóu xù kaum mehr wissen, wo einem der Kopf steht; keinen Anfang finden; sich in einer Angelegenheit nicht zurechtfinden

杧 máng
杧果 mángguǒ 1. Mangobaum 2. Mango

硭 máng
硭硝 mángxiāo Glaubersalz; Mirabilit

盲 máng blind
盲肠 mángcháng Blinddarm; Zökum; Zäkum
盲肠炎 mángchángyán 1. Blinddarmentzündung 2. Appendizitis; Entzündung des Wurmfortsatzes des Blinddarms
盲从 mángcóng jm blind folgen (gehorchen); Kadavergehorsam
盲动 mángdòng unbesonnen vorgehen (handeln) ～主义 Draufgängertum
盲目 mángmù blindlings ～行动 blindlings handeln
盲人 mángrén Blinde(r)
盲文 mángwén 1. Blindenschrift; Brailleschrift 2. Text in Blindenschrift

莽 mǎng dichtes Gras
莽莽 mǎngmǎng 1. üppich; stark wuchernd 2. endlos; weit ausgedehnt ～原野 endlos weites Feld
莽撞 mǎngzhuàng draufgängerisch; schneidig; besinnungslos

蟒 mǎng →蟒蛇
蟒蛇 mǎngshé Tigerpython

猫(貓) māo 另见 máo
Katze 公～ Kater
猫头鹰 māotóuyīng Eule

毛[1] máo 1. Haar; Federn; Daune; Flaum 2. Schimmel 长～ schimmeln 3. roh; rauh; unbearbeitet 4. ungefähr; brutto ～估 grob schätzen 5. klein ～孩子 kleines Kind 6. Währungsherabsetzung; abwerten

毛[2] máo 1. unsorgfältig; fahrlässig; unachtsam 2. erschrocken; fassungslos; beunruhigt 心里发～ außer Fassung sein; in Panik geraten von Furcht ergriffen (gepackt) sein

毛[3] máo Mao (=1/10 *Yuan*)
毛笔 máobǐ Pinsel (zum Schreiben und Malen)
毛病 máobìng 1. Kummer; Besorgnis; korrupte Praktiken 2. Panne; Defekt; Störung 发动机有～ der Motor ist defekt / mit dem Motor stimmt was nicht 3. Fehler; Mangel; Unzulänglichkeit 4. Krankheit 孩子有～ das Kind ist krank
毛玻璃 máobōlí Mattglas; Milchglas
毛糙 máocao unordentlich; oberflächlich; ungewissenhaft 干活～ flüchtig arbeiten; ruscheln
毛虫 máochóng Raupe
毛豆 máodòu junge Sojabohne
毛发 máofà Haar
毛纺 máofǎng Wollspinnen; Wollspinnerei ～工业 Wollindustrie; Wollspinnerei-Industrie
毛孩 máohái dichtbehaartes Kind
毛巾 máojīn Handtuch; Frotteetuch; Frottiertuch ～被 Frotteedecke
毛孔 máokǒng Pore
毛利 máolì Bruttoertrag; Gewinnspanne
毛料 máoliào Wollstoff ～裤子 Wollhose
毛驴 máolǘ Esel
毛毛雨 máomaoyǔ Rieselregen; Nieselregen; feiner Regen
毛坯 máopī 1. Halbfabrikat 2. Halbzeug; Formling

毛皮 máopí Fell; Balg; Pelz
毛茸茸 máorōngrōng pelzig; wollig; haarig
毛瑟枪 máosèqiāng Mausergewehr
毛遂自荐 Máo Suì zì jiàn sich selbst vorschlagen; sich zu etw freiwillig melden
毛笋 máosǔn Spross des *Maozhu*-Bambus
毛细管 máoxìguǎn 1. Blutkapillare; Haargefäß 2. Kapillare
毛线 máoxiàn Strickwolle
毛衣 máoyī Strickjacke; Strickpullover
毛泽东思想 Máo Zédōng sīxiǎng Maozedong-Ideen
毛重 máozhòng Bruttogewicht
毛竹 máozhú *Maozhu*-Bambus

牦(氂) máo
牦牛 máoniú Jak; Grunzochse

锚 máo Anker

猫(貓) máo 另见 māo
猫腰 máoyāo sich bücken; sich (nieder-) beugen; einen krummen Rücken machen

矛 máo Speer; Spieß; Lanze
矛盾 máodùn 1. Widerspruch; Kontradiktion ～律 Kontradiktion 人民内部～ Widersprüche im Volk 2. widersprechend; widersprüchlich; kontradiktorisch 自相～ im Widerspruch zueinander stehen; sich (einander) widersprechen
矛头 máotóu Speerspitze 批评的～ worauf sich eine Kritik richtet

茅 máo Alang-Alang-Gras
茅房 máofáng Abort; Abtritt
茅塞顿开 máo sè dùn kāi etw leuchtet jm plötzlich ein; jm geht ein Licht auf
茅屋 máowū Strohhütte

蟊 máo Schädling an Getreidewurzeln
蟊贼 máozéi Volks- oder Staatsfeind

卯 mǎo 1. der vierte der zwölf Erdzweige 2. →卯眼
卯眼 mǎoyǎn Nut

铆 mǎo 1. →铆接 2. nieten
铆钉 mǎodīng Niet; Nietbolzen; Nietnagel
铆接 mǎojiē nieten; annieten; Nietverbindung

茂 mào 1. →茂盛 2. reichlich und prachtvoll 图文并～ prächtig in Wort und Bild gestaltet
茂密 màomì üppig; dicht (bewachsen)
茂盛 màoshèng üppig wachsend

冒 mào 1. empordringen; herauskommen; ausstoßen ～泡 schäumen; sprudeln; moussieren ～汗 schwitzen 2. ungeachtet; trotz ～着生命危险 unter (mit) Lebensgefahr; den Hals (Kopf) wagen; Kopf und Kragen riskieren 3. →冒失; 冒昧 4. →冒充 ～领 etw unter fremdem Namen an sich nehmen
冒充 màochōng etw (jn) als (für) ... ausgeben; vorgeben ～名牌 Etikettenschwindel betreiben
冒犯 màofàn beleidigen; kränken; bei jm anstoßen ～尊严 js Würde verletzen
冒号 màohào Doppelpunkt
冒火 màohuǒ zornig werden; in Wut geraten; sich empören
冒尖 màojiān 1. (ein Gefäß) bis über Rand füllen; übervoll füllen 2. etwas mehr als; etwas über 三公斤～ ein bisschen über drei Kilo 3. sich von den anderen abheben; von jm abstechen ～的人物 markante Persönlichkeit 4. erstes Anzeichen ist vorhanden
冒进 màojìn (sich) überhasten; (sich) übereilen; (sich) überstürzen 急躁～ vorschnell handeln; überstürztes Vorgehen
冒昧 màomèi anmaßend; dreist; unbescheiden 不揣～ sich die Freiheit nehmen (,etw zu tun); sich erlauben; Anlass nehmen (, etw zu tun)
冒名 màomíng unter fremdem Namen; js Namen missbrauchen ～顶替 unter falschem Namen den Platz eines anderen einnehmen; unter fremdem Namen auftreten
冒牌 màopái Etikettenschwindel betreiben ～货 Falsifikat; Ware mit gefälschter Marke; Fälschung ～医生 falscher Arzt
冒失 màoshi indiskret, verwegen; leichtfertig ～鬼 Draufgänger
冒险 màoxiǎn riskieren; etw aufs Spiel setzen; alles auf einen Wurf setzen ～行为 Risikohandlung ～主义 Abenteurertum

帽 mào 1. →帽子 2. Hülle; Kappe; Deckel 笔～ Verschlusskappe des

Schreibstiftes

帽徽 màohuī Abzeichen an einer Uniformmütze; Kokarde

帽子 màozi **1.** Kopfbedeckung; Hut; Mütze **2.** Anschuldigung; Beschuldigung 扣～ jn abstempeln; jn fälschlich beschuldigen

耄 mào im hohen Alter; hochbetagt ～耋之年 im Alter von über 80 Jahren

貌 mào **1.** Aussehen; Gesichtszüge 其～不扬 kein gutes Aussehen haben; nicht hübsch aussehen **2.** Erscheinungsbild 全～ Gesamtbild; Panorama

貌似 màosì anscheinend; allem Anschein nach; wie es scheint ～公允 scheinbar unparteiisch; sich den Anschein der Überparteilichkeit geben

贸 mào →贸易

贸然 màorán leichthin; unbedacht ～下结论 unüberlegt einen Schluss ziehen

贸易 màoyì Handel 补偿～ Kompensationshandel ～公司 Handelsgesellschaft; Handelsfirma

没[1] méi 另见 mò

→没有 1 ～完～了 kein Ende nehmen (finden); endlos; langwierig

没[2] méi 另见 mò

→没有 2

没关系 méi guānxi das macht nichts; schon gut; (na,) wenn schon

没精打采 méi jīng dǎ cǎi lasch; energielos; niedergedrückt und mutlos

没有[1] méiyǒu **1.** etw nicht haben; nicht existieren; ohne ～可能 nicht möglich 家里～人 niemand ist zu Hause **2.** niemand; nichts ～谁会同意这样做 niemand wird zustimmen **3.** nicht so wie 你～他高 du bist nicht so groß wie er **4.** weniger als 他来了～三天就走了 er blieb noch nicht einmal drei Tage

没有[2] méiyǒu **1.** (zur Verneinung dessen, was schon geschehen ist): 他还～回来 er ist noch nicht zurück **2.** (zur Verneinung eines Geschehens in der Vergangenheit): 他回来了～? Ist er zurückgekommen?

糜(穈、縻) méi 另见 mí

糜子 méizi Echte Hirse

煤 méi Kohle

煤饼 méibǐng Brikett (in flacher, runder Form)

煤层 méicéng Kohlenflöz; Kohlenschicht

煤灰 méihuī Lösche

煤焦油 méijiāoyóu Kohlenteer

煤矿 méikuàng Kohlenbergwerk 露天～ Kohlentagebau

煤气 méiqì **1.** Gas ～灶 Gasherd **2.** Kohlenmonoxyd ～中毒 Kohlenmonoxydvergiftung

煤球 méiqiú Brikett (in Eierform)

煤炭 méitàn Kohle

煤田 méitián Kohlengebiet; Kohlenrevier

煤烟 méiyān Kohlenrauch; Ruß

煤油 méiyóu Petroleum ～炉 Petroleumofen

煤渣 méizhā Kohlenasche; Kohlenschlacke

煤砖 méizhuān Brikett (in Ziegelsteinenform)

媒 méi **1.** →媒人 **2.** →媒介

媒介 méijiè Medium; Vermittler; Mittelding

媒婆 méipó Kupplerin; Ehevermittlerin

媒人 méiren Ehevermittler

玫 méi

玫瑰 méigui **1.** Rosengewächs; Rose **2.** Rosenstock; Rose

枚 méi (als Zähleinheitswort zur Bezeichnung von kleinen Gegenständen): 三～奖章 drei Orden

霉([1]**黴)** méi **1.** →霉菌 长～ schimmeln **2.** faul werden

霉菌 méijūn Schimmelpilz; Fungus ～病 Pilzkrankheit; Mykose

霉烂 méilàn faulen; modern; verfaulen

霉天 méitiān Regenzeit (im Spätfrühjahr und Frühsommer am Mittel- und Unterlauf des Changjiang-Flusses)

梅(楳、槑) méi **1.** Chinesische Essigpflaume; Japanische Aprikose **2.** →梅花 **3.** →梅子

梅毒 méidú Syphilis

梅花 méihuā Blüte der Chinesischen Essigpflaume; Winterblume

梅花鹿 méihuālù Dybowski-Hirsch

梅雨 méiyǔ anhaltender Regen im Spätfrühjahr und Frühsommer am Mittel- und Unterlauf des Changjiang-Flusses

梅子 méizi Chinesische Essigpflaume

酶 méi Ferment; Enzym

眉 méi 1. →眉毛 2. oberer freier Rand einer Buchseite; Kopfsteg

眉睫 méijié Augenbrauen und Wimpern; nahe bevorstehend; äußerst dringend 战事迫在～ der Krieg steht nahe bevor

眉开眼笑 méi kāi yǎn xiào vor Freude lachen; über das ganze Gesicht strahlen

眉毛 méimao Augenbraue; Braue

眉目 méimù 1. Brauen und Augen; Gesicht ～清秀 feingeschnittenes Gesicht haben 2. Gliederung; Aufbau (eines Aufsatzes); Gedankengang 文章写得～不清 der Artikel ist schlecht gegliedert / die Gedankenfolge des Artikels ist nicht klar

眉目 méimu Aussehen; Form; Gestalt 事情有了～ die Sache bekommt allmählich ein Aussehen / die Sache nimmt eine Form an / die Sache gewinnt allmählich Konturen

眉头 méitóu die Stelle um die Augenbrauen herum; Stirn 皱～ die Augenbrauen zusammenziehen; die Stirn runzeln

楣 méi Türsturz

镅 méi Amerizium (Am)

美[1] měi 1. →美丽 大自然的～ Schönheit der Natur 2. gut; zufrieden stellend ～酒 guter Wein; guter Schnaps

美[2] Měi 1. Amerika 2. Vereinigte Staaten von Amerika (USA)

美德 měidé Tugend; Sittlichkeit; Engelsgüte

美感 měigǎn Schönheitsgefühl; ästhetisches Empfinden

美工 měigōng 1. Dekoration; Layout 2. Dekorateur; Dekorationsmaler; Layouter

美观 měiguān ansehnlich; geschmackvoll

美好 měihǎo gut; herrlich; wunderschön ～的前途 glänzende Zukunft

美化 měihuà verschönern; schönfärben; verherrlichen

美金 měijīn →美元

美丽 měilì schön; hübsch

美满 měimǎn glücklich ～的生活 glückliches Leben

美貌 měimào 1. schönes Gesicht 2. hübsch; schön

美妙 měimiào herrlich; wunderschön; wunderbar

美女 měinǚ Schöne; schönes Mädchen

美人 měirén Schönheit; schöne Frau

美容 měiróng Schönheitspflege; Kosmetik; Make-up auflegen (auftragen) ～院 Kosmetiksalon

美食家 měishíjiā Feinschmecker; kulinarischer Feingeist

美术 měishù 1. bildende Kunst 2. Malerei

美味 měiwèi schmackhafte Gerichte; Leckerbissen ～佳肴 Delikatessen

美学 měixué Ästhetik

美言 měiyán bei jm Fürsprache (ein gutes Wort) für jn einlegen

美意 měiyì freundschaftliche Gefühle; liebenswürdiges Entgegenkommen

美元 měiyuán US-Dollar

镁 měi Magnesium (Mg)

每 měi 1. jeder; je; pro; ～天早晨 jeden Morgen 2. oft; immer; wiederholt; ～隔两天 jeder dritte Tag (je nach zwei Tagen) 3. →每每 jedesmal (wenn); immer (wenn)

每况愈下 měi kuàng yù xià es geht immer mehr bergab / die Lage wird immer schlimmer / die Situation verschlechtert sich immer mehr

每每 měiměi jedesmal; stets; immer wieder ～如此 oft so; immer so; stets so

谜 mèi 另见 mí

谜儿 mèir Rätsel

寐 mèi schlafen; schlummern 夜不能～ bei Nacht nicht einschlafen können; sich im Bett die ganze Nacht unruhig hin und her wälzen; sich die ganze Nacht von einer Seite auf die andere drehen

昧 mèi 1. blind; unklar; verschwommen 2. verstecken; verbergen; unterschlagen 拾金不～ das gehobene (gefundene) Geld nicht einstecken; das Geld, das man gefunden hat, nicht in die eigene Tasche stecken

昧心 mèixīn gegen sein Gewissen tun; gewissenlos; skrupellos

魅 mèi Dämon; Teufel; böser Geist

魅力 mèilì Anziehungskraft; Charme;

Faszination

妹 mèi →妹妹

妹夫 mèifu Mann der jüngeren Schwester; Schwager (Ehemann der jüngeren Schwester)

妹妹 mèimèi jüngere Schwester; Schwester 叔伯～ Töchter von Vaters Brüdern; Cousin; Kusine

媚 mèi 1. jm schmeicheln; jm in den Arsch kriechen 2. lieblich; reizend

媚外 mèiwài vor ausländischen Mächten katzbuckeln; um die Gunst der Ausländer buhlen; sich bei Ausländern einschmeicheln

闷 mēn 另见 mèn

1. schwül; drückend 房间里很～ es ist schwül (drückend heiß, stickig) im Zimmer 2. bedecken; keine Luft durchlassen 2. dumpf; gedämpft; erstickt 说话～声～气的 mit dumpfer Stimme sprechen; mit unterdrückter Stimme reden 4. zu Hause hocken ～在家里 hinterm Ofen hocken

闷气 mēnqì 另见 mènqì

stickig; drückend; beklommen

闷热 mēnrè bedrückend heiß; schwül; eine bedrückende Schwüle

门(門) mén 1. Tor; Tür; Eingang 进～ ins Tor treten 2. Klappe; Ventil; Schalter 橱～ Schranktür 3. →门路 4. Familie; Sekte; Glaubensrichtung 佛～ Buddhismus 5. Klasse; Sortiment; Kategorie; 具有某一～知识 kenntnisse in einem bestimmten Fach (Bereich) beherrschen 6. Stamm; Phylum 7. (als Zähleinheitswort): 二～大炮 zwei Kanonen 一～技术 eine Art Technik

门第 méndì Familienstatus 书香～ Gelehrtenfamilie; Intellektuellenfamilie

门房 ménfáng 1. Pförtnerhäuschen; Pförtnerloge 2. Pförtner; Portier

门户 ménhù 1. Tür; Haus; Pforte ～紧闭 bei verschlossener Tür; die Tür ist fest geschlossen 2. wichtiger Durchgang; Eintritt ～开放政策 Politik der offenen Tür 3. Familie; Richtung; Schule 4. Sekte; Schule; Fraktion ～之见 sektiererische Ansichten; auf Schuldenken beruhendes Vorurteil 5. →门第 ～相当 von gleichem Familienstatus sein; ebenbürtig sein

门槛 ménkǎn 1. Türschwelle 2. Dreh; Kniff

门口 ménkǒu Eingang; Türöffnung

门框 ménkuàng Türrahmen

门类 ménlèi Klasse; Kategorie; Art

门帘 ménlián Türvorhang; Türgardine; Portiere

门路 ménlu 1. Ausweg; Schlüssel; Mittel; 找增产的～ Zugang zur Produktionssteigerung suchen 2. gesellschaftliche Beziehungen; Protektion 钻～ Verbindungen (Beziehungen) mit jm anknüpfen

门面 ménmian 1. Vorderfront; Fassade; Außenansicht 2. Äußere; Oberfläche; Anschein 装～ äußerlich einen guten Eindruck machen; den Anschein wahren

门牌 ménpái Hausnummernschild; Hausnummernplatte; Türschild

门票 ménpiào Eintrittskarte

门市 ménshì Einzelhandel; Kleinhandel; Einzelverkauf ～部 Verkaufsabteilung; Verkaufshaus; Geschäftsraum

门闩 ménshuān (Tür-) Riegel; Querriegel

门庭若市 mén tíng ruò shì vor dem Tor und im Hof herrscht ein reges Leben wie auf einem Markt / sehr viel besucht sein; es wimmelt von Besuchern

门徒 méntú Jünger; Schüler; Anhänger

门外汉 ménwàihàn Laie; Nichtfachmann

门卫 ménwèi Torwächter; Torwache; Torhüter

门牙 ményá Schneidezahn; Vorderzahn

门诊 ménzhěn ambulante Behandlung; ordinieren; Sprechstunde halten ～部 Ambulatorium; Poliklinik ～病人 ambulanter Patient; Klinikkranker

扪 mén betasten; berühren; befühlen

扪心自问 mén xīn zì wèn sein Herz befragen; sein Gewissen prüfen (befragen); sich ehrlich fragen

钔 mén Mendelevium (Md)

闷 mèn 另见 mēn

1. betrübt; niedergeschlagen; gelangweilt ～～不乐 schwermütig; deprimiert; Trübsalblasen 2. luftdicht; luftundurchlässig; drückend ～子车 gedeckter Güterwagen

闷葫芦 mènhúlu verschlossener Flaschenkürbis — unverständliche Worte; unlösbares (unerklärliches) Rätsel 打开～ 1. jm den Mund öffnen 2. ein Rätsel lösen

闷气 mènqì 另见 mēnqì
schmollend; eingeschnappt sein; mürrisch sein 生～ schmollend verziehen; mürrisch sein; Verstimmung

焖 mèn schmoren; etwas in einem zugedeckten Topf auf schwachem Feuer kochen

们 men (Suffix zur Pluralbildung): 同志～ Genossen

蒙[1] **(矇)** mēng 另见 méng; Měng
1. täuschen; betrügen; schwindeln 2. blindlings raten; etw zufällig erraten 别瞎～了 Rede doch keinen Unsinn! / Rate doch nicht einfach ins Blaue hinein!

蒙[2] mēng 另见 méng; Měng
Bewusstlosigkeit; Ohnmacht; ohnmächtig

蒙蒙亮 mēngmēngliàng hell werden; dämmern; Morgengrauen

蒙骗 mēngpiàn täuschen; nasführen; jn zum Besten haben (halten)

虻(蝱) méng Bremse; Viehfliege

蒙 méng 另见 mēng, Měng
1. verhüllen; bedecken ～头睡觉 mit verhülltem Kopf schlafen; sich die Steppdecke über den Kopf ziehen und wie ein Klotz schlafen 2. →蒙受 3. →蒙昧

蒙蔽 méngbì täuschen; irreführen; trüben ～群众 die Massen täuschen

蒙古 ménggǔ Mongolei

蒙汗药 ménghànyào Schlafmittel; Schlafpulver

蒙混 ménghùn jn durch Schwindelei bewusst in die Irre führen; vortäuschen ～过关 sich durch Vertäuschung seiner Fehler aus der Klemme ziehen; sich aus etw *herauswinden*

蒙眬 ménglóng schläfrig; dösig; dämmernd 睡眼～ mit schläfrigen Augen; noch halb im Schlaf sein

蒙昧 méngmèi 1. unzivilisiert; unkultiviert; barbarisch ～时代 graue Vorzeit; Wildheit ～主义 Obskurantismus 2. unwissend; ignorant; dumm und naiv ～无知 ungebildet und unwissend; dumm und naiv

蒙难 méngnàn verunglücken; (als Revolutionär) in die Hände des Feindes fallen

蒙受 méngshòu erleiden; annehmen ～损失 einen Verlust erleiden

蒙太奇 méngtàiqí (Film-)Montage

蒙药 méngyào Betäubungsmittel; Narkotikum

濛 méng nebelig; dunstig; nieselnd

濛濛 méngméng fein sprühen; nebelig; ～细雨 es nieselt / es sprüht

曚 méng

曚昽 ménglóng trübes Tageslicht; Dämmerlicht

鹲 méng Tropikvögel

朦 méng

朦胧 ménglóng 1. mattes Mondlicht 月色～ blasser Mondschein 2. unklar; verschwommen; dunstig 景色～ eine verschwommene Szenerie

萌 méng →萌芽

萌动 méngdòng 1. zu keimen beginnen; aus einem Keim zu wachsen beginnen 2. beginnen; anbrechen 春意～ der Frühling hält Einzug

萌生 méngshēng erst in Entstehen sein; entstehen

萌芽 méngyá 1. keimen; sprießen 2. Keim; Spross; Ansätze 新事物的～ Knospe neuer Dinge; Ansätze von neuen Dingen

盟 méng 另见 míng
1. sich alliieren; sich verbünden; Bündnis ～军 alliierte Streitkräfte; verbündete Armee 2. verschworen; Schwur- ～兄弟 Schwurbrüder; Eidgenossen 3. Bund (Verwaltungseinheit im Autonomen Gebiet Nei Monggol)

盟邦 méngbāng Alliierte (-r); alliierter Staat

盟国 méngguó →盟邦

盟誓 méngshì 另见 míngshì →盟约

盟约 méngyuē Bündnisvertrag; Pakt; Eid

蒙 Měng 另见 mēng; méng
→蒙古族

蒙古包 měnggǔbāo Jurte

蒙古人种 Měnggǔ rénzhǒng Mongolide;

mongolide Rasse
蒙古族 Měnggǔzú mongolische Nationalität; Mongolen
蠓 měng *Lasiohelea* (eine Mückenart)
獴 měng Mungo
懵(懞) měng verwirrt; wirrköpfig; töricht
懵懂 měngdǒng einfältig; nicht bei Verstand sein; wirrköpfig
锰 měng Mangan (Mn)
锰钢 měnggāng Manganstahl
猛 měng 1. →猛烈 功势很～ machtvoller (stürmischer) Angriff; heftige Offensive; 2. →猛烈 3. sich zusammenraffen; mit Anspannung aller Kräfte ～着劲儿 jähe Bewegung; mit einem gewaltigen Spurt
猛不防 měngbufáng ganz plötzlich; unerwartet; überraschend
猛进 měngjìn rasch vorankommen; vorwärtsstürmen; gewaltige Fortschritte machen 突飞～ wie im Fluge vorwärtsschreiten; sich sprunghaft entwickeln
猛烈 měngliè heftig; drastisch; stürmisch 炮火～ schweres Geschützfeuer (Artilleriefeuer)
猛犸 měngmǎ Mammut
猛禽 měngqín Raubvogel
猛然 měngrán plötzlich; jäh ～一惊 plötzlich bestürzt sein; plötzlich in Schrecken versetzen; aufschrecken
猛兽 měngshòu Raubtier
猛醒 měngxǐng schnell wach werden; plötzlich aufwachen; schlagartig begreifen 他～过来 er ist plötzlich aufgewacht / ihm fielen die Augen plötzlich auf
梦(夢) mèng 1. Traum 2. träumen 3. →梦想
梦话 mènghuà 1. im Schlaf gesprochene Worte; fantasieren 说～ im Schlaf reden 2. Tagtraum; Träumerei; Illusion 这等于白日里说～ das ist wirklich ein Tagtraum / das ist lauter Irrereden
梦幻 mènghuàn Traumbild; Trugbild; Vision
梦见 mèngjiàn im Traum sehen; (von etw) träumen 我～了他 ich habe ihn im Traum gesehen / ich habe von ihm geträumt
梦境 mèngjìng Traumwelt; Traum; Traumszene 如入～ jm kommt etw wie ein Traum vor
梦乡 mèngxiāng Traum; Traumland 进入～ zu träumen beginnen; in Morpheus' Armen ruhen (liegen)
梦想 mèngxiǎng 1. von etw träumen; etw vergeblich versuchen 2. sehnlicher Wunsch; Wunschtraum ～不到 unzugänglich; unvorhergesehen; die Erwartung übertreffen
梦魇 mèngyǎn Alp; Alpdrücken; Mahr
孟 mèng erster Monat einer Jahreszeit ～夏 erster Sommermonat; vierter Monat des chinesischen Mondkalenders
孟加拉语 Mèngjiālāyǔ Bengalisch
孟浪 mènglàng unüberlegt; überstürzt; leichtfertig
孟子 mèngzǐ Menzius
咪 mī
咪咪 mīmī miau, 小猫～叫 das Kätzchen miaut
眯(瞇) mī 另见 mí
1. die Augen halb schließen 2. dösen; schlummern
眯缝 mīfeng (Augen) bis auf einen Spalt schließen; halb öffnen; zusammenkneifen ～着眼睛笑 (verschmitzt) lächeln; schmunzeln; mit zusammengekniffenen Augen lächeln
靡 mí 另见 mǐ
verschwenden; vergeuden
靡费 mífèi →糜费
糜 mí 1. Brei 2. verfault; verdorben 3. verschwenden
糜费 mífèi verschwenden; vergeuden; verschwenderisch
糜烂 mílàn verdorben; verfault; unmoralisch ～的生活 lasterhaft leben; ein Lotterleben führen
麋 mí Elch Elen
麋鹿 mílù Milu; Davidshirsch
迷 mí 1. →迷失 ～了方向 die Orientierung verloren haben; die Richtung verlie-

M

ren；vom Weg abkommen 2. von etw besessen sein；auf etw erpicht sein；in etw vernarrt sein 3. Fan；Enthusiast 足球～ Fußballfan 4. verschleiern；vernebeln；bezaubern ～住眼睛 die Augen vernebeln；ein verschleierter Blick
迷宫 mígōng Irrgarten；Labyrinth
迷航 míháng vom Kurs abkommen；die Orientierung verlieren
迷糊 míhu unklar；trübe；benommen；verwirrt 脑子里迷迷糊糊的 nicht ganz klar im Kopf；verwirrt sein；irre werden
迷惑 míhuo 1. irre werden；verwirrt sein；keinen klaren Kopf haben 感到～ verblüfft sein；sich verwirrt fühlen 2. irreführen；verwirren ～敌人 den Feind täuschen；den Feind in Verwirrung bringen
迷恋 míliàn von etw besessen sein；sich in etw vernarren；leidenschaftlich an etw hängen
迷路 mílù 1. vom Weg abkommen；sich verlaufen（verirren）2. die richtige Orientierung verlieren；einen Irrweg gehen
迷茫 mímáng 1. diesig；undurchsichtig；verworren oder unklar machen 远处一片～ in Dunst verhüllte Weite 2. verstört aussehen；ganz verwirrt sein
迷你裙 mínǐqún Minirock
迷失 míshī in Verwirrung verlieren；von etw abirren ～道路 vom Wege abirren；sich verlaufen
迷途 mítú 1. sich verirren；sich verlaufen ～知返 seinen Irrweg erkennen und umkehren；zur Korrektur seiner Fehler bereit sein und sich zum Bessern bekehren 2. Irrgang；Abweg；falscher Weg 误入～ auf Abwege（auf die falsche Bahn）geraten；versehentlich einen Irrweg beschreiten
迷惘 míwǎng verwirrt；verblüfft；unsicher werden
迷雾 míwù 1. dichter Nebel 2. undurchsichtiger Schleier；Blendwerk
迷信 míxìn 1. Aberglaube；Geisterglaube；etw zum Fetisch machen 2. jm/etw blind glauben；blindes Vertrauen auf etw setzen ～权威 unkritisch an eine Autorität glauben；Autoritätsglaube(n)

谜 mí 另见 mèi

1. →谜语 2. Mysterium；Geheimnis 这个～至今尚未揭破 das Rätsel ist bis jetzt noch nicht gelöst
谜底 mídǐ 1. Rätselantwort；des Rätsels Lösung 2. wahres Wesen；Wahrheit 揭穿～ das Geheimnis an den Tag legen；das Rätsel hat sich gelöst
谜语 míyǔ Rätsel；Scherzfrage 出～ jm ein Rätsel aufgeben

醚 mí Äther

弥（彌）mí 1. →弥漫 2. bedecken；dichten；verstopfen 3. um so mehr；erst recht

弥补 míbǔ ersetzen；wiedergutmachen；ausgleichen ～损失 Verluste wettmachen
弥留 míliú im Sterben liegen；dem Tode nahe sein ～之际 in der Stunde des Todes；kurz vor seinem Tode
弥漫 mímàn voll von（Dunst，Gerüchen，Rauch usw.）；überfüllen 烟雾～ von Qualm und Rauch erfüllt；voller Rauch
弥撒 mísa Messe

猕（獼）mí

猕猴 míhóu Rhesusaffe
猕猴桃 míhóutáo Chinesische Strahlengriffel；Kiwi(frucht)

靡 mǐ 另见 mí

1. vom Wind umgeworfen werden 2. kein；nicht；ohne
靡靡 mǐmǐ lasziv；schlüpfrig ～之音 Laszivmusik；Schnulze

米[1] mǐ 1. Reis 2. enthülste Samen 荞麦～ Buchweizenkorn

米[2] mǐ Meter

米饭 mǐfàn（gekochter）Reis
米酒 mǐjiǔ Reiswein
米粒 mǐlì Reiskorn
米色 mǐsè weißgelbe Farbe；beige；cremefarbig
米制 mǐzhì metrisches Maßsystem

眯（瞇）mí 另见 mī

（Fremdkörper）ins Auge kommen 我风沙～了眼 mir ist ein Sandkörnchen ins Auge gekommen

敉 mǐ beruhigen；besänftigen；beschwichtigen

敉平 mǐpíng unterdrücken；niederschlagen；zur Ruhe bringen ～叛乱 eine Rebellion unterdrücken；einen Putsch niederwerfen

芈 mǐ blöken；meckern

弭 mǐ beenden；beseitigen；vertilgen

弭兵 mǐbīng den Kriegszustand beenden；den Waffenstillstand herstellen

泌 mì ausscheiden；absondern

泌尿器 mìniàoqì Harnorgan

蜜 mì Honig；honigsüß；süß

蜜蜂 mìfēng Honigbiene；Biene

蜜饯 mìjiàn kandieren；kandierte（eingemachte）Früchte；Zuckerfrüchte

蜜月 mìyuè Honigmond；Hochzeitsmonat；Flitterwochen ～旅行 Hochzeitsreise

蜜枣 mìzǎo kandierte Datteln

密 mì 1. dicht；eng；massiv 阴云～布 der Himmel ist voller schwarzer Wolken / der Himmel ist voll von dunklen Wolken überzogen 2. →密切 1 ～友 enger（intimer）Freund 3. aufmerksam；konzentriert 4. geheim；heimlich ～谈 eine geheime Unterrede führen；unter vier Augen sprechen；Geheimbesprechung

密度 mìdù 1. Dichte；Dichtheit 人口～ Bevölkerungsdichte 2. Dichte；Densität；spezifische Masse 空气～ Luftdichte

密封 mìfēng versiegeln；verschließen；luftdicht ～舱 Druckkabine；luftdichte Kabine

密集 mìjí hochkonzentriert；massiert；sich ballen 人口～ dicht bevölkert 资本～型产业 *kapitalintensive* Branche

密件 mìjiàn geheime Schriftstücke；Geheimdokument；vertrauliche Briefe；

密码 mìmǎ Kode；Chiffre；Telegrammschlüssel ～电报 Chiffretelegramm

密密麻麻 mìmìmámá äußerst dicht；dicht gedrängt

密谋 mìmóu im Geheimen planen；eine Verschwörung anzetteln；Ränke schmieden

密切 mìqiè 1. eng vertraulich；intim ～配合 gut kooperieren；eng zusammenarbeiten 2. nah；eng；dicht 3. aufmerksam；konzentriert ～注意 etw mit großer Aufmerksamkeit verfolgen；sehr aufmerksam sein

密室 mìshì Geheimzimmer；Stube für geheime Angelegenheiten

密探 mìtàn Spitzel；Geheimagent；Spion(age)

嘧 mì

嘧啶 mìdìng Pyrimidin

谧 mì ruhig；friedlich；still

秘（祕） mì 另见 bì

1. geheim；vertraulich；verborgen 2. geheimhalten

秘方 mìfāng Geheimrezept 祖传～ von Generation zu Generation überliefertes geheimes Familienrezept

秘诀 mìjué Trick；Kniff；Schlüssel zum Erfolg 成功的～ Erfolgsgeheimnis

秘密 mìmì 1. geheim；verborgen；nichtöffentlich ～活动 illegale Aktivität；konspirative Tätigkeit ～条约 Geheimpakt；Geheimvertrag 2. Geheimnis；Geheimsache 军事～ Militärgeheimnis

秘书 mìshū 1. Sekretär 私人～ Privatsekretär ～长 Generalsekretär 2. Sekretariat ～处 Sekretariat 担任～工作 als Sekretär tätig sein

幂（冪） mì 1. Tuch（zum Bedecken）；Decke 2. Potenz 二次～ Quadrat；Quadratzahl

觅（覓） mì（nach etw）suchen ～食 Futter（Nahrung）suchen

棉 mián 1. →棉花 1 2. →棉花 2 ～手套 baumwollgefütterte（wattierte）Handschuhe

棉袄 mián'ǎo wattierte Jacke；Wattejacke

棉被 miánbèi Baumwollsteppdecke；Wattedecke

棉布 miánbù Baumwollstoff

棉纺 miánfǎng Baumwollspinnen ～厂 Baumwollspinnerei

棉花 miánhua 1. Baumwolle；Watte 2. Baumwollfaser 消毒～ Verbandwatte；Wundwatte

棉裤 miánkù Wattehose

棉毛裤 miánmáokù Baumwollhose（Interlockware）

棉毛衫 miánmáoshān Baumwolljersey（Interlockware）

棉纱 miánshā Baumwollgarn

棉田 miántián Baumwollfeld
棉絮 miánxù 1. Baumwollfaser 2. Wattefutter für Steppdecken oder Schlafunterlage
棉衣 miányī wattierte Kleidung; Wattejacke
棉织品 miánzhīpǐn Baumwollgewebe; Baumwolltextilien; Baumwollwaren

绵（緜） mián 1. Seidenwatte; Flockseide 2. →绵延 3. →绵软 1
绵长 miáncháng fortdauernd; lange dauernd
绵绸 miánchóu noppiges Gewebe aus Bourretteseide
绵密 miánmì sorgfältig; umsichtig; rücksichtsvoll
绵绵 miánmián unaufhörlich; kontinuierlich; fortdauernd 秋雨～ der Herbstregen lässt nicht nach
绵软 miánruǎn 1. weich; sanft 2. matt; schwach; kraftlos 觉得浑身～ sich am ganzen Körper schwach fühlen
绵延 miányán sich hinziehen; sich erstrecken; langegestreckt 山峦～ das Gebirge zieht sich weit hin
绵羊 miányáng Schaf

眠 mián 1. schlafen; Schlaf 失～ Schlaflosigkeit 2. Schlafzustand bestimmter Tiere; schlaflos 头～ erster Schlaf (erstes Ruhestadium der Seidenraupe vor dem Entpuppen)

腼 miǎn
腼腆 miǎntiǎn schüchtern; scheu

缅 miǎn fern; weit; entfernt
缅怀 miǎnhuái sich zurückerinnern; gedenken ～先烈 der Märtyrer gedenken

免 miǎn 1. →免除 jn von etw befreien (entbinden) 2. →免得 ～生是非 Unangenehmlichkeiten vermeiden 3. verbieten; etw nicht erlauben 闲人～进 Unbefugten ist der Zutritt verboten
免不了 miǎn bu liǎo nicht vermeiden können; unvermeidlich 困难是～的 Schwierigkeiten sind unvermeidlich
免除 miǎnchú verhindern; verhüten; erlassen ～灾害 Katastrophen verhindern ～职务 jn seines Amtes entheben
免得 miǎnde um etw zu vermeiden; damit nicht ～发生误会 um Missverständnisse zu vermeiden; damit kein Missverständnis entsteht
免费 miǎnfèi kostenlos; gebührenfrei; gratis ～医疗 kostenlose medizinische Versorgung
免票 miǎnpiào 1. Freikarte; Freifahrschein 2. freier Eintritt ～入场 freier Eintritt
免税 miǎnshuì zollfrei; steuerfrei ～商品 zollfreie Waren
免疫 miǎnyì Immunität ～力 Immunität
免职 miǎnzhí jn seines Amtes entheben; jn seiner Ämter entbinden

冕 miǎn Krone

勉 miǎn 1. sich anstrengen; sich bemühen 2. ermuntern; anspornen; ermutigen 互～ sich gegenseitig ermutigen 3. sich überfordern ～为其难 zu hohe Anforderungen an jn stellen
勉励 miǎnlì anspornen; aufmuntern; ermutigen
勉强 miǎnqiǎng 1. sein Bestes tun; mit Mühe und Not 2. unfreiwillig; widerwillig; ungern 答应得很～ sich mit etw gezwungenermaßen einverstanden erklären 3. zwingen; nötigen 这种事～不得 eine solche Angelegenheit duldet keinen Zwang 4. unausreichend; nicht genügend 理由很～ die Begründung ist höchst unzureichend 5. knapp; gerade noch ausreichend 这些钱～够用 das Geld hat gerade gereicht

娩（挽） miǎn entbinden; gebären; Geburt
娩出 miǎnchū gebären; (Leibesfrucht) austreiben

面[1]（靣） miàn 1. Gesicht; Antlitz ～带愁容 mit einem sorgenvollem Gesicht 2. in Richtung auf; gehen nach; gegenüber 这所房子～南坐北 das Haus geht nach dem Süden 3. Oberfläche; Vorderseite 桌～ Tischplatte 4. persönlich; in js Gegenwart; ins Gesicht ～呈 jm etw persönlich aushändigen (überreichen) 5. Außenseite; Außenfläche 鞋～儿 Oberteil von Schuhen 6. Fläche; Flächeneinheit 球～ Kugelfläche 7. Seite; Aspekt 好的一～ positive Seite 8. (als Zähleinheitswort): 一～镜子 ein

Spiegel

面²（麵、麪） miàn 1. Mehl 白～ Weizenmehl 2. Pulver；Puder；胡椒～儿（gemahlener）Pfeffer 3. Nudel

面包 miànbāo Brot ～干 Zwieback

面包车 miànbāochē Kleinbus；Minibus

面对 miànduì angesichts；gegenüber ～现实 angesichts der Realität ～面站着 von Angesicht zu Angesicht stehen；gegenüberstehen

面额 miàn'é Nennwert；Nennbetrag

面粉 miànfěn Weizenmehl ～厂 Mühle

面黄肌瘦 miàn huáng jī shòu bleich und mager；unterernährt und ausgemergelt

面积 miànjī Fläche 大～丰收 reiche Ernte auf weiten Flächen

面交 miànjiāo jm etw persönlich übergeben

面筋 miànjin Gluten

面具 miànjù Maske 戴～ eine Maske tragen

面孔 miànkǒng Gesicht；Visage

面临 miànlín angesichts；gegenüber；mit etw konfrontiert sein ～着严重考验 angesichts einer ernsthaften Probe；vor einer ernsthaften Probe stehen ～倒闭 Pleite zu gehen drohen

面貌 miànmào 1. Aussehen；Gesicht ～清秀 fein geschnittene Gesichtszüge haben；zierlich und hübsch aussehen 2. Aussehen；Zustand；Antlitz 精神～ geistige Verfassung；geistiges Antlitz

面面俱到 miàn miàn jù dào keinen Aspekt außer Acht lassen；alles berücksichtigen

面目 miànmù 1. →面貌 1 ～可憎 abstoßendes Gesicht（Aussehen）2. Aussehen；Wesen；Zustand ～一新 ein völlig neues Aussehen erhalten 3. →面子 1 自愧无～见人 aus Scham andere nicht sehen können（wollen）

面洽 miànqià etw mit jm persönlich aushandeln；mit jm über etw persönlich sprechen

面前 miànqián angesichts；vor；gegenüber 艰巨的任务摆在我们的～ eine sehr schwierige Aufgabe steht uns bevor

面人儿 miànrénr Teigmännchen；Teigfigur

面色 miànsè Gesichtsfarbe；Teint

面生 miànshēng jm fremd sein

面食 miànshi Mehlspeisen；Teigwaren

面试 miànshì ein Vorstellungsgespräch führen

面授机宜 miàn shòu jī yí jm unter vier Augen betreffende Anweisungen geben

面熟 miànshú jm bekannt scheinen（vorkommen）

面谈 miàntán mit jm über etw persönlich sprechen；sich mit jm über etw direkt besprechen

面条 miàntiáo Nudel；Spaghetti

面向 miànxiàng sich jm/etw zuwenden ～群众 den Massen zugewandt；sich auf die Massen hin orientieren ～未来 zukunftsorientiert

面子 miànzi 1. Außenseite 被～ Außenseite einer Bettdecke 2. Ruf；Gesicht；Name 丢～ das Gesicht verlieren；das Prestige verlieren 3. Rücksicht auf js Gefühle 不讲～ keine Rücksicht auf js Gefühle nehmen；rücksichtslos

眄 miàn →眄视

眄视 miànshì schräg（seitwärts）blicken；schielen

喵 miāo miau；miauen

苗 miáo 1. Spross；Sämling；junger Trieb 豆～ Bohnenkeimling 蒜～ Knoblauchsprössling 2. manchen Tieres Junge；Viehs Junge 猪～ Ferkel 3. Vakzine；Impfstoff 牛痘～ Rinderlymphe；Kuhpockenimpfstoff

苗床 miáochuáng Samenbeet；Treibbeet

苗木 miáomù Pflänzling；Setzling

苗圃 miáopǔ Gärtnerei；Pflanzgarten；Baumschule

苗条 miáotiao schlank；grazil；zierlich 身材～ von schlanker Gestalt

苗头 miáotou Vorzeichen；Ansatz；Symptom 露出～ Ansätze（Vorzeichen）zeigen（haben）

苗族 Miáozú Miao-Nationalität

描 miáo 1. kopieren；nachzeichnen；abpausen ～图样 eine Zeichnung abpausen 2. retuschieren；nachziehen；übermalen ～眉 sich die Augenbrauen nachziehen

描绘 miáohuì malen；darstellen；beschreiben

描金 miáojīn mit Goldfarbe ausmalen；mit Gold bemalen

描摹 miáomó darstellen；beschreiben；porträtieren

描写 miáoxiě beschreiben；schildern；darstellen

瞄 miáo zielen; auf ein Ziel richten; seinen Blick auf etw ganz und voll konzentrieren
瞄准 miáozhǔn genau zielen; anvisieren; etw aufs Korn nehmen ～靶子 auf die Scheibe zielen

杪 miǎo 1. Wipfel 2. Ende (eines Jahres, eines Monats oder einer Jahreszeit) 岁～ das Ende des Jahres; Jahresende

秒 miǎo Sekunde 三～钟 drei Sekunden
秒表 miǎobiǎo Stoppuhr
秒针 miǎozhēn Sekundenzeiger

渺 miǎo 1. fern und undeutlich; weit und unklar ～无人迹 menschenleer; weit und breit keine menschliche Spur 2. sehr klein; winzig; unbedeutend
渺茫 miǎománg 1. weit und undeutlich; in unbestimmter Ferne 2. ungewiss; unsicher 前途～ eine ungewisse Zukunft von sich haben
渺小 miǎoxiǎo winzig; gering; sehr klein

藐 miǎo 1. klein; gering 2. verachten; geringschätzen
藐视 miǎoshì missachten; verachten; geringschätzen

淼 miǎo (Wasserflächen) grenzenlos; unendlich; weit ausgedehnt

庙(廟) miào 1. Tempel 城隍～ Tempel des Stadtgottes 2. Tempelmarkt; Jahrmarkt
庙会 miàohuì Tempelmarkt; Jahrmarkt

妙 miào 1. wunderbar; ausgezeichnet; phantastisch ～不可言 unbeschreiblich schön; am fasziniertesten; ganz toll 2. gewandt; fein; wunderwirkend ～计 wunderbare Idee; schlauer Plan
妙龄 miàolíng Jugendblüte
妙手回春 miào shǒu huí chūn eine geschickte Hand kann den Frühling zurückholen — wunderbare Heilkunst (einen Todkranken heilen)

咩(哶) miē meckern; blöken

乜 miē
乜斜 miēxie 1. schielen; jn schief ansehen 2. die Augen zusammenkneifen ～的睡眠 schläfrige Augen; halbgeschlossene Augen

灭(滅) miè 1. erlöschen 2. auslöschen; ausmachen; löschen ～灯 das Licht ausmachen 3. überschwemmen; ertrinken 4. vernichten; beseitigen 5. zugrunde richten; zugrunde gehen
灭顶 mièdǐng ertrinken; ertränkt werden 险遭～之灾 fast von der Brandung hinweggespült werden; beinahe von einem Unheil betroffen werden
灭火 mièhuǒ Feuer löschen ～器 Feuerlöscher
灭迹 mièjì Spuren (einer Übeltat) beseitigen
灭绝 mièjué 1. etw restlos vernichten; ausrotten ～蚊蝇 Moskitos und Fliegen restlos ausrotten 2. aussterben ～人性的暴行 unmenschliche (entmenschte) Greueltaten; barbarische Untat
灭口 mièkǒu einen Mitwisser beseitigen
灭亡 mièwáng zugrunde gehen; untergehen; zugrunde richten 自取～ sich selbst sein Grab schaufeln; seinen eigenen Untergang herbeiführen

蔑(衊) miè verachten; gering schätzen; herabwürdigen
蔑视 mièshì verachten; gering schätzen

篾 miè dünne Bambuslatte ～席 Bambusmatte

民 mín 1. Volk; Bevölkerung 为国为～ zum Wohle von Volk und Vaterland; im Interesse des Vaterlandes und des Volkes 2. Angehörige(r) einer Nationalität; Vertreter einer bestimmten Berufsgruppe 藏～ Tibeter; Tibetaner 牧～ Hirt 3. volkstümlich; der Art des Volkes entsprechend 4. zivil; Zivilist ～船 Zivilschiff
民兵 mínbīng 1. Volksmiliz; Einwohnerwehr 2. Milizionär; Milizsoldat 女～ Milizionärin; Angehöhrige der Frauenmiliz
民法 mínfǎ Zivilrecht; das bürgerliche Recht ～法典 Zivilgesetzbuch
民房 mínfáng Privathaus; Haus oder Wohnung für Zivilbedarf
民愤 mínfèn Volkszorn; allgemeiner Un-

willen

民歌 míngē Volkslied; Volksgesang

民工 míngōng vom Staat für öffentliche Bauprojekte oder zum Militärtransport mobilisierte Arbeitskräfte

民航 mínháng Zivilluftfahrt

民间 mínjiān 1. volkstümlich; im Volk ～文学 Volksliteratur 2. inoffiziell; nichtstaatlich

民警 mínjǐng Volkspolizei; Volkspolizist

民情 mínqíng 1. Sitten und Gebräuche der Bevölkerung 熟悉～ mit dem Volk vertraut sein 2. Volksstimme; Wünsche des Volkes

民权 mínquán Volksrechte; Bürgerrecht

民生 mínshēng Volkswohl; Lebensunterhalt des Volkes

民事 mínshì zivil ～诉讼 Zivilprozess; Zivilklage

民俗 mínsú Sitten und Gebräuche eines Volkes

民心 mínxīn Volkswillen; die Stimmung im Volk 深得～ das uneingeschränkte Vertrauen des Volkes genießen; einen festen Platz im Herzen des Volkes haben

民谣 mínyáo Volksreime

民意 mínyì Volksmeinung; Volkswillen; Volksstimme ～测验 Meinungsumfrage; Rundfrage; Demoskopie

民用 mínyòng zivil; für Zivilbedarf ～建筑 Zivilbau

民乐 mínyuè Volksmusik; Musik mit alten volkstümlichen Instrumenten

民政 mínzhèng Zivilverwaltung ～部门 Zivilverwaltungsorgan

民众 mínzhòng Volksmassen 唤起～ die Volksmassen aufwecken

民主 *mínzhǔ 1. Demokratie*; demokratische Rechte ～党派 demokratische Parteien ～集中制 demokratischer Zentralismus 2. demokratisch ～协商 demokratische Beratung (Konsultation)

民族 mínzú Volk; Nation; Nationalität ～自治 nationale Autonomie ～主义 Nationalismus ～资产阶级 nationale Bourgeoisie

苠 mín ～高粱 Spätgaoliang

敏 mǐn flink; behende

敏感 mǐngǎn sensibel; empfindlich

敏捷 mǐnjié flink; hurtig

敏锐 mǐnruì scharf 眼光～ scharfsichtig; mit Scharfblick

泯 mǐn verschwinden; entschwinden; aussterben

泯灭 mǐnmiè verschwinden; auslöschen 难以～的印象 unauslöschliche Eindrücke

抿[1] mǐn (das Haar u. ä.) mit einer feuchten Bürste glätten ～头发 das Haar glätten

抿[2] mǐn 1. etw sanft zumachen; etw leicht zusammenschlagen ～着嘴笑 den Mund zu einem Lächeln verziehen 2. (aus einem Glas, an einem Becher) nippen

筤 mǐn dünne Bambuslatte

筤子 mǐnzi kleine Haarbürste

冥 míng 1. dunkel; finster; düster 2. tief; tiefschürfend ～思 tief in Gedanken versunken; grübeln 3. →冥顽 4. Unterwelt ～府 Unterwelt; Jenseits; Totenreich

冥顽 míngwán doof; stumpfsinnig; stupid ～不灵 sehr hartnäckig; äußerst dickköpfig

冥王星 míngwángxīng Pluto

冥想 míngxiǎng über etw tief nachdenken; grübeln; Gedankentiefe

溟 míng Meer; See

溟濛 míngméng nebelig; dunstig; trübe

暝 míng 1. (Sonne) untergehen; sich verdunkeln 2. Abenddämmerung

瞑 míng

瞑目 míngmù die Augen für immer schließen (zutun); zufrieden sterben 死不～ sich bis zum letzten Atemzug nicht in etw schicken

螟 míng →螟虫

螟虫 míngchóng Larve der *Chilo simplex*; Raupe der Pyralidae-Bohrmotte

螟蛾 míng'é Motte der *Chilo simplex*; Zünsler

螟蛉 mínglíng 1. Larve eines Eulenfalters 2. Pflegesohn; adoptierter Sohn

明[1] míng 1. →明亮 1 ～月 heller Mond

M

2. →明白 1 ～辨是非 zwischen Recht und Unrecht klar unterscheiden 3. offen; unverhüllt ～说 etw ganz unverhohlen sagen; offen sprechen 4. scharfsichtig; scharfblickend 5. aufrichtig; ehrlich 6. Sehvermögen; Sehkraft 失～ das Augenlicht verlieren; blind werden; blinde Augen haben 7. einsehen; sich über etw klar sein

明[2] míng nächst ～晨 nächster Morgen; morgen früh

明[3] Míng Ming-Dynastie (1368—1644)

明白 míngbái 1. klar; deutlich; verständlich ～易懂 klar und verständlich; einleuchtend 2. offen; unverhüllt ～表示 etw unverhohlen zum Ausdruck bringen 3. vernünftig; einsichtig 他是个～人 er ist ein vernünftiger Mensch 4. verstehen; begreifen; sich über etw im Klaren sein 你没有～我的话 du hast mich nicht verstanden

明澈 míngchè klar und durchsichtig; glänzend 湖水～如镜 der klare See wirkt wie ein Spiegel

明灯 míngdēng helles Licht

明断 míngduàn weises (gerechtes) Urteil

明矾 míngfán Alaun

明沟 mínggōu offener Abflussgraben; offene Gosse

明胶 míngjiāo Gelatine

明净 míngjìng leuchtend und rein; ganz sauber

明快 míngkuài 1. lebhaft und klar; munter; heiter 语言～ fließend und verständlich sprechen 2. offenherzig; direkt 作风～ gerader und schwungvoller Stil

明朗 mínglǎng 1. hell und klar; heiter 天气～ es ist hell und klar draußen 2. eindeutig; deutlich 态度～ einen eindeutigen Standpunkt einnehmen; eine klare (eindeutige) Stellung (Haltung) beziehen 3. offenherzig; aufgeschlossen 性格～ offenherziger (aufrichtiger) Charakter

明亮 míngliàng 1. hell; hell erleuchtet 2. leuchtend; glänzend ～的眼睛 glänzende Augen 3. →明白 4 听了解释，他心里～了 nach den Ausführungen wusster er Bescheid

明了 míngliǎo 1. verstehen; begreifen; sich über etw im Klaren sein ～厂里的一切情况 sich über die Sachlage in der Fabrik ganz im Klaren sein 2. klar; deutlich 简单～ einfach und klar; kurz und bündig

明令 mínglìng ausdrücklicher Befehl; öffentliche Bekanntmachung ～禁止 ein offizielles Verbot erlassen

明码 míngmǎ 1. offener Code; einfacher Telegraphenschlüssel ～电报 Telegramm mit offenem Code 2. Waren mit dem Preis auszeichnen; auspreisen ～售货 Waren zum ausgezeichneten Preis verkaufen

明媚 míngmèi hell und schön; strahlend und bezaubernd 春光～ herrliche (bezaubernde) Landschaft im Frühjahr; bezaubernde Frühlingslandschaft

明明 míngmíng offensichtlich; klar und deutlich; wie allen bekannt

明目张胆 míng mù zhāng dǎn unverhohlen; unverhüllt; mit großer Frechheit

明年 míngnián das kommende Jahr; das nächste Jahr

明确 míngquè 1. deutlich; unmissverständlich; unzweideutig ～分工 Arbeitsteilung mit deutlicher Verantwortung 有～的目的 ein eindeutiges Ziel haben 2. etw klar machen; festlegen ～方向 eine Richtung bestimmen (festlegen); sich orientieren

明天 míngtiān 1. morgen; der nächste Tag 2. in naher Zukunft 展望美好的～ optimistisch in die Zukunft blicken (der Zukunft entgegensehen)

明文 míngwén schriftlich niedergelegt; klare Formulierung ～规定 etw schriftlich festlegen

明细表 míngxìbiǎo (eine) ausführliche Liste (aufstellen)

明虾 míngxiā Orientalische Geißelgarnele

明显 míngxiǎn offensichtlich; unverkennbar; augenfällig 目标～ ein gutes Ziel bieten

明信片 míngxìnpiàn Ansichtskarte; Postkarte

明星 míngxīng 1. Morgenstern 2. Star 电影～ Filmstar

明知 míngzhī etw genau wissen ～故犯 absichtlich (vorsätzlich) gegen Gesetz oder Disziplin verstoßen; in voller Absicht Unrecht tun

明智 míngzhì vernünftig; weitsichtig ～的

决定 eine vernünftige (sinnvolle) Entscheidung
明珠 míngzhū glänzende Perle; Juwel; Kostbarkeit 艺术～ Kunstschatz

盟 míng 另见 méng
盟誓 míngshì einen Eid ablegen; schwören; geloben

鸣 míng 1. Laute von manchen Tieren, Insekten und Vögeln 鸟～ zwitschern; (Vögel) singen 虫～ (Insekten) zirpen 2. einen Ton von sich geben; etw zum Tönen bringen 礼炮齐～ Salutschüsse abgeben; Salven feuern ～锣 Gongschlagen; Tamtam machen 3. Meinungen äußern; etw zum Ausdruck bringen; aussprechen ～不平 sich über ungerechte Behandlung beklagen
鸣禽 míngqín Singvogel
鸣谢 míngxiè Danksagen; seinen Dank aussprechen; sich formell bedanken

名 míng 1. →名字;名称 人～ Name (eines Menschen); Personenname 书～ Buchtitel 2. heißen 他姓甚～谁? Wie ist sein Name? / Wie heißt er mit Vor- und Nachnamen? 3. →名义 1 4. →名声;名誉 5. bekannt; angesehen; berühmt ～画 berühmte Malerei 6. (von Personen, als Zähleinheitswort): 得第一～ den ersten Platz belegen; Erster werden; Sieger sein
名不副实 míng bù fù shí unverdienter Ruf; seinem Ruf in Wirklichkeit nicht gerecht werden
名册 míngcè Namenregister; Namenliste; Namenverzeichnis 学生～ Namenliste der Schüler; Studentenregister
名产 míngchǎn bekanntes Produkt; Spezialität
名称 míngchēng Name; Bezeichnung; Benennung 商品～ Warenbezeichnung
名词 míngcí 1. Substantiv; Nomen; Nennwort 2. Terminus; Fachausdruck
名次 míngcì Rangfolge; in einem Wettbewerb (einer Konkurrenz) errungener Platz
名单 míngdān Namen(s)liste; Namenverzeichnis 候选人～ die Liste der Kandidaten
名额 míng'é Höchstzahl von Personen; Personenzahl 缩减就业～ Beschäftigtenzahl verringern
名分 míngfèn Titel und Stand; soziale Stellung
名副其实 míng fù qí shí der Name entspricht der Wirklichkeit
名贵 míngguì kostbar; wertvoll; edel
名家 míngjiā 1. *Mingjia*-Schule (Schule von Logikern in der Zeit der Streitenden Reiche, 475—221 v. u. Z.) 2. namhafter Gelehrter; Autorität; Nestor
名利 mínglì Ruhm und Gewinn (Reichtum); Berühmtheit und Vorteil ～思想 die Sucht nach persönlichem Ruhm und privatem Reichtum; Strebertum 不计个人～ sich nicht um persönlichen Ruhm und Gewinn kümmern; keine Rücksicht auf persönlichen Ruhm und privaten Reichtum nehmen
名流 míngliú prominente Persönlichkeit; berühmte Leute; Berühmtheit
名目 míngmù Name; Benennung; Bezeichnungen von Dingen 货物～繁多 eine Vielzahl von Waren
名牌 míngpái 1 gute Marke ～货 Markenartikel 2. Namenschild
名片 míngpiàn Visitenkarte
名气 míngqi Ruf; Ansehen; Name ～很大 mit gutem Namen (Ruf); von hohem Ansehen
名人 míngrén prominente Person; Persönlichkeit
名声 míngshēng Ruf; Name; Reputation 好～ einen guten Leumund haben; einen guten Ruf genießen ～很坏 einen üblen Leumund haben; in bösem Ruf stehen; in Verruf geraten (sein)
名胜 míngshèng Sehenswürdigkeit
名士 míngshì 1. berühmter Literat; bedeutender Gelehrter 2. namhafte Persönlichkeit *Privatgelehrte(r)*
名堂 míngtang 1. Vielerlei; Varietät ～真多 es ist sehr viel los 2. Resultat; Erfolg 搞不出什么～来 es zu nichts bringen können; kaum etwas vollbringen können; aus etw nichts herausbekommen 3. Grund; Veranlassung 这里面似乎有点新～ darin steckt wahrscheinlich etwas Neues
名望 míngwàng guter Ruf; hohes Ansehen 在国际上有～的科学家 ein international bekannter Wissenschaftler
名义 míngyì 1. Name; im Namen 以革命的～ im Namen der Revolution 2. nomi-

M

nell；dem Namen nach ～工资 Nominallohn

名誉 míngyù 1. Ruhm；Ehre；Prestige 爱惜～ auf den guten Ruf achten；seinen Ruhm schonen 2. Ehren- ～主席 Ehrenvorsitzende(r)

名正言顺 míng zhèng yán shùn völlig im Recht sein；sich als berechtigt erweisen；mit Fug und Recht

名著 míngzhù berühmtes Werk

名字 míngzi 1. Vorname 2. Benennung；Name；Bezeichnung

茗 míng zarte Teeblätter；Tee 品～ Tee prüfen；genießerisch Tee trinken

铭 míng 1. Inschrift；Aufschrift 2. eingraben；einmeißeln；einritzen

铭记 míngjì sich etw ins Gedächtnis einprägen；etw nie vergessen

铭刻 míngkè 1. Inschrift 2. sich etw tief einprägen；einen bleibenden Eindruck von etw haben 永远～在人民的心里 für immer im Herzen des Volkes leben；etw ist für immer ins Gedächtnis des Volkes gegraben

铭文 míngwén Inschrift；Epigraph

酩 mǐng

酩酊大醉 mǐng dǐng dà zuì völlig（sinnlos；stark）betrunken；volltrunken；schwer（schief）geladen haben

命[1] mìng 1. Leben 2. →命运 1 ～苦 ein trauriges Schicksal

命[2] mìng →命令

命案 mìng'àn Mordsache；ein Fall von Totenschlag

命根子 mìnggēnzi js（ein und）alles sein；Liebster；Lebensnerv

命令 mìnglìng 1. befehlen；anordnen；kommandieren 2. Befehl；Kommando；Weisung 下～ einen Befehl erteilen（geben，erlassen）；ein Kommando geben

命令句 mìnglìngjù *Imperativsatz；Befehlssatz*

命脉 mìngmài Lebensader；Lebensnerv 经济～ wirtschaftliche Lebensadern

命名 mìngmíng benennen；jm/etw einen Namen geben；taufen

命题 mìngtí 1. ein Thema stellen（geben）2. Thema；Satz；These 3.（in der Logik）Behauptung；Urteil

命运 mìngyùn Schicksal；Los；Geschick 关心国家的～ sich um das Geschick des Staates kümmern ～的播弄 schicksalhafte Gewalt；Schicksalschläge

命中 mìngzhòng das Ziel treffen；（genau）treffen 直接～ direkt ins Schwarze getroffen haben

谬 miù falsch；absurd；unsinnig

谬论 miùlùn Absurdität；Unsinn；falsche Behauptung

谬误 miùwù Fehler；Irrtum

摸 mō 1. berühren；betasten 2. greifen；fangen ～口袋 in die Tasche greifen 3. versuchen；nach etw suchen ～不着头脑 gar nicht im Bilde sein；aus etwas nicht klug werden；sich keinen Reim auf etw machen können 4. etw im Dunklen tun；sich im Dunkeln verirren

摸底 mōdǐ aushorchen；einer Sache auf den Grund gehen；mit etw vertraut sein 这件事他不～ er weiß darüber nicht Bescheid

摸黑儿 mōhēir etw im Dunkeln tun

摸索 mōsuǒ 1. im Dunkeln tappen；herumtasten 2. nach etw suchen；etw zu ermitteln suchen ～真理 nach der Wahrheit suchen

磨 mó 另见 mò

1. reiben；zerreiben；scheuern 手上～起泡来 sich an den Händen Blasen gerieben haben 2. schleifen；schärfen；polieren ～剪刀 eine Schere schleifen ～玻璃 Glas polieren 3. quälen；plagen 4. jm lästig fallen；belästigen 5. auslöschen；ausstreichen 6. trödeln；Zeit vergeuden ～洋工 Bummelstreik；（bei der Arbeit）trödeln；herumbummeln

磨蹭 móceng 1. leicht reiben 2. langsam gehen；trödeln；schleppend 磨磨蹭蹭地走着 bummelnd gehen 3. →磨 4

磨床 móchuáng Schleifmaschine

磨练 móliàn sich stählen；sich abhärten；trainieren 经得起～ Abhärtung aushalten können

磨料 móliào Schleifmittel；Poliermittel

磨灭 mómiè auslöschen；austilgen 不可～的印象 bleibende Erinnerung

磨难 mónàn Drangsal；Leiden；Quälerei

磨砂玻璃 móshā bōlí Mattglas

磨损 mósǔn abnutzen；verschleißen；Verschleiß

蘑 mó →蘑菇[1]

蘑菇[1] mógu Pilz 采～ Pilze sammeln ～云 Atompilz

蘑菇[2] mógu 1. jm lästig fallen; jn belästigen 2. herumtrödeln; zögern zaudern

摩 mó 另见 mā

1. reiben; schaben 2. studieren; nachdenken

摩擦 mócā 1. reiben; scheuern 2. Reibung; Friktion ～力 Reibungskraft 3 Reiberei; Reibung 内部～ innere Reibungen

摩登 módēng modern; mit der Mode gehen; (in) Mode sein ～式样 modisch

摩电灯 módiàndēng dynamogespeister Scheinwerfer

摩肩接踵 mó jiān jiē zhǒng (von Leuten) sich in einer Menschenmenge drängeln; dicht gedrängt stehen

摩拳擦掌 mó quán cā zhǎng sich die Hände reiben; sich zum Kampf anschicken (rüsten); vor Tatendurst brennen

摩挲 mósuō 另见 māsa

streicheln; liebkosen

摩天楼 mótiānlóu Wolkenkratzer

摩托 mótuō Motor ～车 Motorrad ～化部队 motorisierte Truppen

魔 mó 1. →魔鬼 Teufel; Dämon; böser Geist 2. magisch; zauberhaft

魔法 mófǎ Zaubertrick; Zauberei ～师 Zauberkünstler; Magier; Zauberer

魔方 mófāng magisches Quadrat; Zauberwürfel

魔鬼 móguǐ *Teufel; Satan; Dämon*

魔力 mólì Zauberkraft; Anziehungskraft

魔术 móshù Zauberkunst; Zauberei; Magie ～家 Magier; Zauberer; Taschenspieler

魔王 mówáng 1. Teufelskönig; Fliegengott 2. Tyrann; Despot 封建～ feudaler Tyrann

魔掌 mózhǎng die Klauen des Teufels 落入～ dem Feind in die Klauen geraten

魔爪 mózhǎo die Klauen des Teufels; teuflische Macht 伸出～ die Klauen ausstrecken

模 mó 另见 mú

1. Norm; Standard; Muster 2. →模仿 3. →模范 被评为劳～ zum vorbildlichen Arbeiter gewählt werden

模范 mófàn Vorbild; Muster; Beispiel ～事迹 vorbildliche Taten 劳动～ vorbildlicher Arbeiter; Held der Arbeit

模仿 mófǎng nachahmen; imitieren; kopieren

模糊 móhu 1. unklar; undeutlich; nebelhaft 字迹～ eine undeutliche Handschrift; schwer lesbar 认识～ eine unklare (verschwommene, konfuse) Vorstellung von etw haben 2. trüben; verwischen; verwechseln ～敌我界限 die Trennungslinie zwischen uns und dem Feind verwischen; Freund und Feind miteinander verwechseln

模棱两可 mó léng liǎng kě doppelsinnig; zweideutig; keinen klaren Standpunkt beziehen; Doppelheit

模拟 mónǐ nachahmen; imitieren ～试验 Simulationstest

模式 móshì Modell; Modellfall; Schema ～化 modellieren; feste Form(en) annehmen

模特儿 mótèr Modell; Mannequin; Urbild

模型 móxíng 1. Modell; Muster 飞机～ Modell eines Flugzeugs 2. Form 3. Gussform; Pressform

模压 móyā Pressform

摹 mó nach einer Vorlage zeichnen; ein Bild nachzeichnen

摹本 móběn Faksimile; originalgetreue Nachbildung

摹写 móxiě 1. nach einer Vorlage schreiben 2. darstellen; schildern; beschreiben

膜 mó 1. Häutchen; Membran; Diaphragma 鼓～ Trommelfell; Trommelhaut 2. Folie; dünner Überzug

膜拜 móbài äußerst huldigen; kniend anbeten

馍(饝、餑) mó Dampfbrot

抹 mǒ 另见 mā;mò

1. aufstreichen; schmieren; auftragen ～粉 Puder auftragen; sich das Gesicht pudern ～药膏 Salbe auftragen; mit Salbe einreiben 2. abwischen; trockenwischen ～嘴 sich den Mund abwischen 3. ausstreichen; wegstreichen; tilgen ～去一行字 eine Zeile wegstreichen

抹黑 mǒhēi js Namen beschmutzen; jn anschwärzen
抹杀 mǒshā ausstreichen; wegstreichen; negieren ～事实 die Tatsachen leugnen ～成绩 die Erfolge negieren
抹子 mǒzi Maurerkelle; Spachtel

磨 mò 另见 mó
1. Mühle; Mahlstein 推～ mahlen; Mühle drehen 2. zermahlen; zerreiben ～面粉 Getreide (zu Mehl) mahlen 3. umdrehen; kehrtmachen
磨坊 mòfáng Mühle; Mahlmühle
磨盘 mòpán Bodenstein; unterer Mahlstein

末 mò 1. →末梢 2. Nebensächliches; Belanglosigkeit 3. Ende; zum Schluss 周～ Wochenende 4. →末子 茶叶～ Teekrümel
末了 mòliǎo zuletzt; zum Schluss; endgültig
末路 mòlù Sackgasse; Ausweglosigkeit 穷途～ in einer Sackgasse sein; in eine ausweglose Situation geraten; im Dreck sitzen
末期 mòqī Endphase; letzter Zeitabschnitt 在19世纪～ Ende des 19. Jahrhunderts
末日 mòrì der Jüngste Tag; Ende; Weltuntergang 临近～ kurz vor dem Untergang
末梢 mòshāo Spitze; Ende; Endstück
末尾 mòwěi Ende; Schluss 排在～ sich hinten anstellen; das Schlusslicht bilden
末子 mòzi Pulver; Staub; Krümel

沫 mò →沫子 肥皂～ Seifenschaum
沫子 mòzi Schaum

茉 mò
茉莉 mòli 1. Jasmin ～花茶 Jasmintee 2. Jasminblüten

抹 mò 另见 mā, mǒ
1. beschmieren; aufstreichen; verputzen ～墙 eine Wand verputzen 2. umgehen; um etw herumgehen 转弯～角 gewunden; Umschweife machen

秣 mò 1. Viehfutter 2. Vieh futtern
秣马厉兵 mò mǎ lì bīng sich kampfbereit machen; Kriegsvorbereitungen treffen; sich zum Kampf bereiten

莫 mò 1. keiner; niemand; nichts ～不以先睹为快 alle bemühen sich heftig darum, es als erster zu Gesicht zu bekommen 2. nicht ～知所措 weder aus noch ein wissen; völlig ratlos 3. bitte nicht ... ～哭 nicht weinen (heulen); hör auf zu weinen
莫大 mòdà größt; äußerst; ungeheuer ～的幸福 höchstes Glück
莫非 mòfēi ist es möglich, dass ...; kann es sein, dass ... ～是他? Ist es möglich, dass er es ist?
莫名其妙 mò míng qí miào gar keine Ahnung haben, warum ...; unbegreiflich
莫逆 mònì intim; eng befreundet sein ～之交 Busenfreund; innige Freundschaft; sich mit jm verbrüdern
莫须有 mòxūyǒu aus der Luft gegriffen; fabriziert; unbegründet ～的罪名 falsche Anschuldigung; erfundene Beschuldigung

漠 mò 1. Wüste; Sandwüste 2. →漠然 ～不关心 ganz gleichgültig; kühl und teilnahmslos; desinteressiert
漠然 mòrán gleichgültig; teilnahmslos; apathisch ～置之 sich etw/jm gegenüber gleichgültig benehmen; kalt bleiben
漠视 mòshì etw außer Acht lassen; keine Kenntnis von etw nehmen; ignorieren

貘(獏) mò Tapir

蓦 mò →蓦地
蓦地 mòdì plötzlich; jäh; unerwartet
蓦然 mòrán →蓦地 ～想起 plötzlich auf einen Gedanken kommen; einfallen

陌 mò Feldweg; Rain
陌路 mòlù Fremde(r); Unbekannte(r)
陌生 mòshēng fremd; unbekannt ～人 Unbekannte(r) 我对技术很～ ich verstehe nichts von Technik / ich kenne mich in der Technik gar nicht aus

墨 mò 1. chinesische Tusche; Tuschestab 研～ einen Tuschestab auf einem Tuschestein anreiben 2. Tinte; Druckfarbe 3. Originalhandschrift; Originalgemälde 4. Kenntnisse; Wissen 胸无点～ völlig ungebildet sein 5. schwarz ～黑 tiefschwarz 6. bestechlich; korrupt ～吏 korrupter Beamter
墨迹 mòjì 1. Tintenklecks; Tintenspur ～未干 die Tinte ist noch nicht trocken 2. Autograph; Originalhandschrift; Origi-

nalzeichnung
墨镜 mòjìng Sonnenbrille
墨绿 mòlǜ schwarzgrün; dunkelgrün
墨守成规 mò shǒu chéng guī sich auf (in) eingefahrenen Bahnen (Gleisen) bewegen; sich an die Schablone halten
墨水 mòshuǐ 1. →墨汁 2. Tinte 红～ rote Tinte ～瓶 Tintenflasche; Tintenfass 3. Wissen; Kenntnisse 他肚子里还有点儿～ er hat viel auf dem Kasten
墨鱼 mòyú Tintenfisch
墨汁 mòzhī flüssige Schwarztusche

默 mò 1. stillschweigend; sprachlos ～不作声 ganz still sein; keinen Laut von sich geben 2. →默写
默哀 mò'āi in schweigender Trauer stehen
默读 mòdú schweigend lesen
默默 mòmò schweigend; still ～无言 stillschweigend; kein einziges Wort sagen ～无闻 völlig unbekannt; ruhmlos
默契 mòqì 1. in stillschweigendem Einverständnis; stillschweigende Übereinkunft 2. im geheimen Übereinkommen 3. geheime Übereinkunft; geheime Abmachung
默认 mòrèn stillschweigend einwilligen (zustimmen)
默写 mòxiě auswendig niederschreiben; ein Diktat schreiben
默许 mòxǔ etw stillschweigend genehmigen (erlauben)

脉(脈) mò 另见 mài
脉脉 mòmò liebevoll; zärtlich 含情～ jn zärtlich (liebevoll) anschauen; zärtliche Gefühle für jn hegen

殁 mò *sterben* 病～ *an einer Krankheit* sterben

没 mò 另见 méi
1. sinken; versinken; untergehen ～入水中 ins Wasser sinken 2. überschwemmen; überfluten; reichen bis 雪深～膝 der Schnee reicht jm bis an die Knie / es liegt knietiefer Schnee 3. sich verlieren; verschwinden; sich verstecken 4. →没收 5. bis zum Ende
没落 mòluò untergehen; verfallen; Untergang ～阶级 untergehende Klasse
没奈何 mònàihé es bleibt nichts anderes übrig, als ...; auswegslos; ratlos
没收 mòshōu beschlagnahmen; konfiszieren

哞 mōu muh; muhen

谋 móu 1. →谋略 2. →谋求;谋取 为人民～福利 für das Wohl des Volkes arbeiten 3. beraten besprechen
谋害 móuhài einen Mord planen; einen Anschlag auf (gegen) jn verüben; eine Intrige gegen jn schmieden
谋和 móuhé nach dem Frieden trachten; um den Frieden kämpfen
谋划 móuhuà planen; vorhaben; sinnen
谋略 móulüè Taktik; Strategie
谋求 móuqiú erstreben; nach etw trachten
谋取 móuqǔ nach etw streben; etw zu erreichen suchen
谋杀 móushā morden; einen Mord begehen; ermorden
谋生 móushēng sich eine Existenz aufbauen (gründen); sich seinen Lebensunterhalt verdienen
谋士 móushì Berater; Ratgeber

牟 móu →牟取
牟利 móulì nach Profit streben; sich einen Gewinn verschaffen
牟取 móuqǔ nach etw trachten; nachjagen ～名利 nach Ruhm und Geld jagen

眸 móu →眸子
眸子 móuzǐ Pupille; Auge

某 mǒu gewiss; bestimmt ～天 an einem bestimmten Tag 解放军～部 eine bestimmte Einheit der Befreiungsarmee

模 mú 另见 mó
→模子
模具 mújù Gießform; Verformungswerkzeuge
模样 múyàng 1. Äußere; Aussehen 一个工人～的人 ein Mann, der wie ein Arbeiter aussieht 2. ungefähr; etwa; zirka 等了有半小时～ ungefähr eine halbe Stunde gewartet haben
模子 múzi Form; Matrize

亩(畝) mǔ *Mu* (chinesische Flächeneinheit, 1/15 Hektar) ～产量 Pro-*Mu*-Ertrag

牡 mǔ männlich (von Tieren) ～牛

Bulle; Stier
牡丹 mǔdan 1. Strauch-Päonie; Strauch-Pfingstrose; Päonie 2. Strauch-Pfingstrose
牡蛎 mǔlì Auster

母 mǔ 1. →母亲 生～ leibliche (echte, eigene) Mutter 2. weiblich ～鹿 Hirschkuh; Ricke 3. Ursprung; Herkunft 失败乃成功之～ Fehlschläge (Niederlagen) sind die Mutter des Erfolges
母爱 mǔ'ài Mutterliebe; mütterliche Liebe
母畜 mǔchù Muttertier
母机 mǔjī Werkzeugmaschine
母亲 mǔqīn Mutter ～的心 Mutterherz
母权制 mǔquánzhì Matriarchat; mutterrechtliches System
母系 mǔxì 1. mütterliche Seite; weibliche Linie ～亲属 Verwandte mütterlicherseits (Bezeichnung für weibliche Verwandte der älteren Generation) 2. matriarchalisch; mutterrechtlich ～社会 matriarchalische Gesellschaft
母校 mǔxiào js alte Schule (Hochschule)
母性 mǔxìng Mütterlichkeit; Mutterschaft; mütterlicher Instinkt
母子 mǔzi Mutter und Sohn; Mutter und Kind ～之情 Liebe zwischen Mutter und Sohn

拇 mǔ Daumen
拇指 mǔzhǐ Daumen; große Zehe

墓 mù Grab; Mausoleum
墓碑 mùbēi Grabmal; Grabstein; Stele
墓地 mùdì Friedhof; Begräbnisstätte
墓穴 mùxué Grabgewölbe; Gruft
墓志铭 mùzhìmíng Epitaph; Grabinschrift

暮 mù 1. Abenddämmerung; gegen Abend 2. am Ende; spät 岁～ Jahresende; die letzten Tage eines Jahres
暮春 mùchūn später Frühling; im späten Frühjahr
暮年 mùnián hohes Alter; Lebensabend
暮气 mùqì Trägheit; Lethargie; Stumpfheit ～沉沉 ohne Lebenskraft; indifferent und energielos; apathisch
暮色 mùsè Abenddämmerung; Dämmerlicht

幕 mù 1. Zelt 帐～ Zelt 夜～ der Schleier der Nacht 2. →幕布 3. Akt; Aufzug 五～悲剧 eine Tragödie in fünf Akten
幕布 mùbù Theatervorhang; Leinwand
幕后 mùhòu hinter den Kulissen; im Hintergrund ～操纵 hinter den Kulissen manövrieren
幕间 mùjiān zwischen den Akten ～休息 Zwischenpause

慕 mù für jn schwärmen; für etw Neigung haben ～名 aus Bewunderung für eine berühmte Persönlichkeit; von (js) Ruhm angezogen werden

募 mù →募集 ～款 Geld sammeln; Geldmittel aufbringen ～兵 Soldaten anwerben; Rekrutierung
募化 mùhuà (Buddhisten- bzw. Taoistensprache) Almosen erbitten; um Almosen bitten; Spenden sammeln (einsammeln)
募集 mùjí sammeln; aufbringen
募捐 mùjuān Spenden sammeln; um Spenden bitten

木[1] mù 1. Baum 2. →木头; 木材 檀香～ Sandelholz 3. hölzern; aus Holz ～桥 hölzerne Brücke 4. Sarg 行将就～ dem Tode nahe sein; am Rande des Grabs stehen

木[2] mù erstarrt; empfindungslos; taub 两脚冻～了 vor Kälte waren ihm die beiden Füße taub geworden
木板 mùbǎn Holzplatte; Brett
木本植物 mùběn zhíwù Geholz; Holzpflanzen; Holzgewächse
木材 mùcái Holz; Bauholz ～加工厂 Holzverarbeitungsbetrieb
木柴 mùchái Brennholz; Holzscheit
木耳 mù'ěr Judasohr
木筏 mùfá Holzfloß; Raft; Fluder
木工 mùgōng 1. Zimmermannsarbeit; Tischlerhandwerk 2. Tischler; Zimmermann
木屐 mùjī Holzpantoffeln; Holzpantinen
木匠 mùjiang →木工
木壳枪 mùkéqiāng Mauserpistole; Mauser
木刻 mùkè Holzschnitzerei; Holzstich
木兰 mùlán 1. Lilienmagnolienbaum; Magnoliengewächse 2. Lilienmagnolienblüte
木料 mùliào →木材
木马 mùmǎ 1. Pferd 2. Holzpferd ～计 die List des Trojanischen Pferdes 3.

Schaukelpferd 旋转～ Karussell
木棉 mùmián 1. Kapokbaum 2. Kapok; Bombaxwolle
木乃伊 mùnǎiyī Mumie
木讷 mùnè einsilbig; wortkarg ～寡言 rechtschaffen und verschlossen sein; wenig gesprächig
木偶 mù'ǒu Holzfigur; Holzpuppe ～戏 Marionette; Puppentheater; Puppenspiel 像一个～似地站着 wie ein Stück Holz dastehen
木排 mùpái Floß; Raft ～工人 Flößer
木器 mùqì Holzmöbel; Holzwaren
木琴 mùqín Xylophon
木然 mùrán verblüfft; betäubt
木炭 mùtàn Holzkohle ～画 Kohlezeichnung
木头 mùtou Holz; Holzklotz; Holzblock 一块～ ein Stück Holz
木犀 mùxi 1. Duftblütenstrauch; Osmanthus 2. Rührei; mit geschlagenem Ei
木屑 mùxiè Sägemehl; Holzabfälle
木星 mùxīng Jupiter
木已成舟 mù yǐ chéng zhōu die Angelegenheit ist schon endgültig entschieden / es ist nichts mehr zu ändern / da beißt die Maus keinen Faden ab
木鱼 mùyú hölzerner Fisch (Schlaginstrument buddhistischer Mönche)

沐 mù sich das Haar waschen
沐浴 mùyù 1. ein Bad nehmen; sich baden 2. in etw gebadet ～在阳光里 vom goldenen Sonnenschein (Sonnenlicht) überflutet 3. versunken; tauchen ～在欢乐中 sich in einem Freudentaumel befinden

目 mù 1. Auge 有～共睹 offen vor aller Augen liegen; ganz offensichtlich 2. betrachten; halten; ansehen ～为奇迹 etw als ein Wunder ansehen 3. Punkt; Gegenstand 4. (Biologie) Ordnung; Reihe 5. →目录
目标 mùbiāo 1. Ziel; Objekt 战略～ strategisches Ziel 发现～ ein Objekt entdecken 2. Zweck; Ziel ～明确 zielbewusst
目不识丁 mù bù shí dīng kein einziges Schriftzeichen kennen; Analphabet
目不转睛 mù bù zhuǎn jīng etw/jn starr ansehen; jn/etw unverwandt anblicken
目测 mùcè mit den Augen messen; Augenmaß
目次 mùcì Inhaltsverzeichnis; Inhalt
目瞪口呆 mù dèng kǒu dāi vor Schreck sprachlos sein; große Augen machen
目的 mùdì Ziel; Zweck; Endzweck 达到～ sein Ziel erreichen ～地 Reiseziel; Bestimmungsort
目睹 mùdǔ mit eigenen Augen sehen; Augenzeuge sein
目光 mùguāng Sicht; Blick; Blickfeld ～短浅 sein Gesichtskreis geht nicht über seine Nase hinaus / nicht weiter als die Nase (reichen) sehen ～炯炯 mit glänzenden (leuchtenden) Augen; mit strahlendem Blick
目击 mùjī →目睹 ～者 Augenzeuge
目镜 mùjìng Okular; Einblicklinse
目空一切 mù kōng yī qiè die Nase Hochtragen; sehr überheblich; aufgeblasen
目录 mùlù 1. Verzeichnis; Index; Katalog 图书～ Bibliothekskatalog 2. Inhaltsverzeichnis
目前 mùqián augenblicklich; gegenwärtig; zur Zeit ～形势 die gegenwärtige Situation (Lage)
目送 mùsòng jm mit den Augen folgen; jm nachsehen
目中无人 mù zhōng wú rén auf alle herabsehen; niemanden gelten lassen; sehr hochnäsig

苜 mù
苜蓿 mùxu Luzerne

钼 mù Molybdän (Mo)

睦 mù einträchtig; einander zugetan; gutes Einvernehmen 兄弟不～ die Brüder vertragen sich nicht / die Brüder stehen miteinander nicht auf gutem Fuß
睦邻 mùlín gute Nachbarschaft; gutnachbarschaftlich ～政策 Politik der gutnachbarlichen Beziehungen; Annäherungspolitik

牧 mù →牧放 ～羊 Schafe hüten
牧草 mùcǎo Weidegras; Futtergras; Grünfutter
牧场 mùchǎng Weideplatz; Weide
牧放 mùfàng auf die Weide treiben; weiden
牧歌 mùgē Hirtenlied; Schäferlied; Pastorale
牧民 mùmín Viehzüchter; Hirtenvolk
牧人 mùrén Hirt(e)

牧师 mùshi Pastor；Seelenhirt
牧童 mùtóng Hirtenknabe；Hirtenjunge
牧畜 mùxù Viehzucht
牧业 mùyè Viehzucht；Viehwirtschaft

穆 mù feierlich；ehrfürchtig
穆斯林 mùsīlín Moslem；Mohammedaner

N

拿(拏) ná 1. nehmen; halten; fassen ～在手里 in der Hand halten 2. überwältigen; festhalten ～贼 einen Dieb festhalten ～下敌人的阵地 eine feindliche Stellung nehmen 3. beherrschen; in etw gut bewandert sein ～不准 sich einer Sache nicht sicher sein 4. drohen; absichtlich Schwierigkeiten bereiten 5. mit Hilfe von; mit ～水洗 mit Wasser waschen ～事实证明 etw durch Tatsachen beweisen ～他没有办法 mit ihm ist nichts anzufangen

拿顶 náding Handstand machen

拿获 náhuò festhalten; fangen; erwischen ～凶手 einen Gewalttäter festnehmen; einen Mörder fassen

拿权 náquán die Macht ausüben; an der Macht sein

拿手 náshǒu in etw geschickt sein; in etw zu Hause sein; sich auf etw gut verstehen ～好戏 in seinem Element; Spitzenleistung; Glanzstück

镎 ná Neptunium (Np)

哪[1](那) nǎ '那'另见 nà
welche (-r, -s) 这是～一年的事? In welchem Jahr ist es passiert?

哪[2](那) nǎ '那'另见 nà
wie denn; wie könnte 他～有那么些时间! Wie könnte er denn so viel Zeit haben!

哪个 nǎge welche (-r, -s); wer 你们是～学校的? In welche Schule geht ihr denn?

哪里 nǎli 1. wo 你在～工作? Wo bist du beschäftigt? / Wo arbeitest du? 你从～来? Woher kommst du? 2. wo; irgendwo 无论～都有 das gibt es überall / überall ist das zu finden 3. (rhetorisch; verneinend): 我～比得了你! Wie könnte ich auch den Vergleich mit dir aushalten!

哪怕 nǎpà selbst wenn; auch wenn ～多一点也好 ein wenig mehr sei auch erwünscht

哪些 nǎxiē welche 你们有～困难? Welche Schwierigkeiten habt ihr?

哪样 nǎyàng welche (-r, -s); welche Art 您要～颜色的毛线? Welche farbige Strickwolle wünschen Sie? 店里～布匹都有 alle Sorten von Schnittwaren gibt es im Laden

捺 nà unterdrücken; ausschalten ～着性子 sich gedulden; seine Ungeduld zügeln

呐 nà 另见 ne '呢'

呐喊 nàhǎn schreien; laut rufen

钠 nà Natrium (Na)

纳[1] nà 1. aufnehmen; einlassen; einstecken 闭门不～ jm den Eintritt verwehren 2. annehmen; akzeptieren 3. genießen 4. zahlen; bezahlen; liefern ～租 Miete zahlen; Pacht zahlen

纳[2] nà etw mit engen Stichen annähen

纳粹 Nàcuì Nazi; nazistisch ～分子 Nazi

纳罕 nàhǎn sich verwundern; erstaunt sein

纳贿 nàhuì 1. Bestechungsgelder (Bestechungsgeschenke) annehmen; sich bestechen lassen 2. bestechen; Bestechungsgelder anbieten; jn durch Bestechung gewinnen

纳凉 nàliáng Kühle genießen; sich im Freien abkühlen

纳闷儿 nàmènr verblüffen; sich wundern

纳米技术 nàmǐ jìshù Nanotechnik

纳入 nàrù aufnehmen; einbeziehen ～正轨 etw ins rechte Gleis bringen; etw in die richtige Bahn lenken

纳税 nàshuì Steuern zahlen ～人 Steuerzahler

纳降 nàxiáng die Kapitulation des Gegners annehmen

那[1] nà das; jene (-r, -s) ～老头儿 jener Alte; der Alte dort ～时候 jene Zeit ～是谁? Wer ist das?

那[2] nà →那么 3

那边 nàbiān jene Seite; auf jener Seite; dort 山～ dort hinter dem Berg ～没有人 dort gibt es niemand / es ist niemand da

那个 nàge 1. das; jene (-r, -s) ～女孩子 jenes Mädchen 2. sehr; so 瞧他干得～欢! Schau, mit welchem Elan er arbeitet! 3. zu ...; zu sehr ... 你近来的脾气也太～了 seit diesen Tagen braust du leicht auf, das schlägt dem Fass den Boden aus

那里 nàli dort; da ～有丰富的矿产 dort gibt es reiche Bodenschätze

那么 nàme so; derart 这个问题并不～重要 das Problem ist nicht so wichtig 2. ungefähr; etwa 再有～二三十个袋子就够了 zusätzlich etwa 20 bis 30 Säcke würden ausreichen 3. also; nun; dann ～你打算怎么办呢? Was willst du dann machen?

那些 nàxiē jene ～书我不熟悉 von den Büchern dort drüben habe ich keinen Begriff

那样 nàyàng so; auf solche Weise 有房子～大 so groß wie ein Haus

乃(迺、廼) nǎi 1. sein 2. so; deshalb; folglich 3. erst dann; erst wenn 4. dein ～兄 dein älterer Bruder

乃至 nǎizhì und sogar; ja sogar

氖 nǎi Neon (Ne)

氖灯 nǎidēng Neonlampe; Neonlicht

奶(嬭) nǎi 1. Brüste 2. Milch 羊～ Schafmilch 3. stillen; säugen ～孩子 ein Kind stillen

奶粉 nǎifěn Trockenmilch; Milchpulver

奶酪 nǎilào Käse

奶妈 nǎimā Amme; Säugamme

奶奶 *nǎinai* 1. *Großmutter* (väterlicherseits) 2. Großmutter; Oma

奶牛 nǎiniú Milchkuh

奶瓶 nǎipíng Milchflasche; Saugflasche

奶水 nǎishuǐ Milch; Muttermilch

奶头 nǎitóu 1. Brustwarze; Zitze 2. →奶嘴

奶油 nǎiyóu Sahne; Rahm 人造～ Margarine

奶罩 nǎizhào Büstenhalter; BH

奶嘴 nǎizuǐ Sauger; Schnuller

奈 nài

奈何 nàihé 1. wie; was nun 无可～ hilflos; resigniert; nichts machen können 2. gegen jn etw unternehmen ～他不得 mit ihm ist nichts anzufangen / bei ihm weiß man sich nicht zu helfen

耐 nài etw aushalten (ertragen) können; etw standhalten können ～磨 verschleißfest ～穿 strapazierfähig ～旱 Dürreresistenz

耐火砖 nàihuǒzhuān Schamottestein; feuerfester Ziegel

耐久 nàijiǔ haltbar; dauerhaft; beständfähig

耐心 nàixīn Geduld; geduldig ～等待 gedulden; etw mit Geduld abwarten; sich in Geduld fassen

耐性 nàixìng Geduld; Durchhaltevermögen 没有～ keine Geduld haben

耐用 nàiyòng dauerhaft; haltbar

囡(囝) nān Kind; kleiner Liebling

南 nán Süden; südlich

南方 nánfāng 1. Süden 2. südliches Gebiet

南瓜 nánguā Kürbis

南极 nánjí Südpol; antarktischer Pol ～地带 südlicher Polarkreis; Südpolargebiet; Antarktis

楠(柟) nán

楠木 nánmù Nanmu

喃 nán

喃喃 nánnán murmeln; brummeln; leise sprechen ～自语 vor sich hin brummeln

男[1] nán 1. Mann; männlich ～演员 Schauspieler; Bühnenkünstler 2. Sohn 长～ ältester Sohn

男[2] nán →男爵

男低音 nándīyīn Bass; Bassstimme

男儿 nán'ér Mann; Junge 好～ ein ganzer Mann

男高音 nángāoyīn Tenor; Tenorstimme

男孩 nánhái Junge; Bub; Knabe

男爵 nánjué Baron; Freiherr

N

男人 nánrén Mann
男人 nánren Ehemann；Gatte
男生 nánshēng Schüler；Student
男性 nánxìng männliches Geschlecht ～公民 Staatsbürger
男中音 nánzhōngyīn Bariton； Baritonstimme
男子汉 nánzǐhàn ein echter Mann

难（難） nán 另见 nàn
1. schwer；schwierig 事情好～ das ist keine leichte Sache / das ist eine harte Nuss 2. erschweren；Schwierigkeiten bereiten 问题把他～住了 das Problem geht über seinen Verstand / er lässt sich von diesem Problem unterkriegen 3. schlecht unangenehm ～闻 schlecht riechen stinken；übelriechend
难产 nánchǎn 1. schwere Geburt；Zangengeburt 2. sich große Mühe machen schwer in Erfüllung gehen；etw schwer zustande bringen
难处 nánchǔ unzugänglich；schwierig
难处 nánchu Schwierigkeit；Unannehmlichkeit 各有各的～ jeder hat seine Probleme
难道 nándào könnte es denn ...；sollte etwa ...；meinen Sie wirklich，dass ...
难得 nándé schwer zu erlangen；selten ～的机会 eine seltene（rare）Gelegenheit 这是十分～的 das ist sehr schwer zu bekommen / das kommt sehr selten vor
难度 nándù Schwierigkeitsgrad
难分难舍 nán fēn nán shě sich nur schwer trennen können
难关 nánguān Schwierigkeit； Krise；Hindernis ～已过 eine Krise überstanden haben； eine Schwierigkeit überwunden haben
难过 nánguò 1. in Not leben； schwere Jahre durchmachen 2. →难受 心里～ sich ins Herz treffen；（ihm）traurig sein
难堪 nánkān 1. schwer erträglich；kaum aushalten können ～的沉默 unerträgliche Stille 2. →难为情
难看 nánkàn 1. unschön； hässlich；schlecht； aussehen 2. dem Ansehen schaden；beschämend；unehrenhaft
难免 nánmiǎn schwer vermeidlich；schwer zu vermeiden 困难是～的 Schwierigkeiten sind unvermeidlich
难受 nánshòu 1. sich unwohl fühlen；schwer zu ertragen 热得～ unerträgliche Hitze 2. traurig；schwermütig 不值得为这个～ das ist nicht der Schwermut wert
难题 nántí schwieriges Problem；ein heikles Thema；eine harte Nuss
难听 nántīng 1. unangenehm klingen；sich schlecht anhören 2. grob；ekelhaft ～的话 vulgäre Sprache（Ausdrücke） 3. skandalös；schimpflich
难忘 nánwàng kaum vergessen können；unvergesslich
难为情 nánwéiqíng 1. verlegen； sich schämen；sich genieren 在生人前感到～ sich vor Fremden scheuen 2. peinlich；unangenehm；in Verlegenheit sein
难为 nánwei 1. jn in Verlegenheit bringen；Schwierigkeiten bereiten 有意～人 jn absichtlich in Verlegenheit bringen；jn schikanieren 2. es schwer haben 3.（Höflichkeitsfloskel） jm Mühe machen ～你了 du hast es wirklich nicht leicht / wir haben dir Ungelegenheiten bereitet
难以 nányǐ kaum können；nur mit Mühe；schwer zu ... ～回答 schwer zu beantworten ～启齿 etw schwer über die Lippen bringen；es nicht fertigbringen，etw auszusprechen

赧（赧） nǎn →赧然
赧然 nǎnrán vor Scham erröten；schamrot；verlegen

难（難） nàn 另见 nán
Not Unglück；Katastrophe 大～临头 vor einer großen Katastrophe stehen；ein großes Unheil droht
难民 nànmín Flüchtling；Obdachlose（r）；Katastrophenopfer
难友 nànyǒu Leidensgefährte；Zellengenosse；Mitgefangene（r）

囔 nāng
囔囔 nāngnang murmeln；flüstern；leise sprechen

囊 náng Sack；Beutel；Tasche 皮～ Lederbeutel
囊括 nángkuò einschließen；umfassen
囊肿 nángzhǒng Zyste；Beutelgeschwulst

齉 nàng →齉鼻儿 1
齉鼻儿 nàngbír 1. durch die Nase sprechen；näseln 2. mit einer näselnden Stimme sprechende Person

孬 nāo 1. schlecht 2. feige; ängstlich

挠(撓) náo 1. kratzen; krauen 2. hindern 3. weichen; nachgeben

挠头 náotóu 1. sich am Kopf kratzen 2. sich den Kopf zerbrechen; ratlos sein

蛲(蟯) náo

蛲虫 náochóng Madenwurm

铙(鐃) náo großes Becken

铙钹 náobó großes Becken

呶 náo laut rufen; ein großes Geschrei machen

呶呶 náonáo endlos schwatzen; pausenlos quatschen ～不休 viel daherreden (schwatzen)

恼(惱) nǎo 1. sich ärgern; ärgerlich; verärgert sein 2. bekümmert; verdrießlich; unglücklich

恼恨 nǎohèn übelnehmen; hassen; sich ärgern

恼火 nǎohuǒ sich ärgern; zornig werden; aufgebracht

恼怒 nǎonù aufgebracht sein; entrüstet sein; sich ärgern

恼羞成怒 nǎo xiū chéng nù aus Scham in Wut geraten; beleidigt aufbrausen

脑(腦) nǎo 1. Gehirn; Hirn; Verstand 2. →脑筋 1

脑充血 nǎochōngxuè Enzephalohämie; Blutandrang im Gehirn

脑袋 nǎodai 1. Kopf; Schädel 花岗石～ einen dicken Schädel haben; störrisch wie ein Esel sein; verstockt 2. →脑筋 1

脑海 nǎohǎi Hirn; Geist; Gedächtnis

脑浆 nǎojiāng Hirnsubstanz; Gehirn ～迸裂 die Gehirnmasse ist herausgespritzt

脑筋 nǎojīn 1. Hirn; Verstand; Gedächtnis ～迟钝 eine lange Leitung haben; trottelig; schwer von Begriff sein 2. Gedanke; Ideologie 旧～ abgelebte Ideologie; altmodische Ansichten; rückständige Denkweise

脑力 nǎolì Gedächtnis; Auffassung; Vorstellungskraft ～劳动 geistige Arbeit; Gedankenarbeit; Kopfarbeit

脑膜炎 nǎomóyán Hirnhautentzündung; Meningitis

脑炎 nǎoyán Enzephalitis; Gehirnentzündung; Phrenitis

脑溢血 nǎoyìxuè Gehirnblutung; Gehirnschlag

脑震荡 nǎozhèndàng Gehirnerschütterung

脑子 nǎozi 1. →脑 1 2. →脑筋 ～好 erfinderisch; auf Draht sein

闹(鬧) nào 1. Lärm; Unruhe; austoben 别～! Komm, sei friedlich! / Mach nicht so ein Theater! 2. Unsinn treiben; Krach machen; in Aufruhr versetzen 两个人又～翻了 die beiden haben sich wieder verzankt (überworfen, verkracht) 3. auslassen; aufbrausen ～情绪 schlechte Laune an den Tag legen; missgestimmt sein 4. erkranken; an etw leiden; heimsuchen ～眼睛 an einer Augenkrankheit leiden ～水灾 von einer Überschwemmung heimgesucht werden 5. machen; schaffen ～革命 Revolution machen ～风潮 Aufruhrstiften

闹病 nàobìng erkranken; krank sein; an einer Krankheit leiden

闹哄 nàohong 1. Krach machen; streiten; Radau machen 2. sich abmühen

闹剧 nàojù Burleske; Posse; Fance

闹情绪 nào qíngxù den Kopf hängen lassen; schlechte Laune haben; missgelaunt sein

闹市 nàoshì Geschäftsviertel; pulsierende Stadt

闹事 nàoshì Unruhe stiften; ein Durcheinander heraufbeschwören

闹笑话 nào xiàohuà sich lächerlich machen; Gelächter hervorrufen; zum Gespött werden

闹意见 nào yìjiàn Meinungsverschiedenheit haben; sich zanken; sich streiten

闹钟 nàozhōng Wecker; Weckuhr

讷 nè langsam (im Reden); wortkarg; einsilbig

讷讷 nènè schwerfällig im Reden

呢(吶) ne 另见 ní; '呐'另见 nà
1. (als Hilfswort am Ende des Fragesatzes): 我的扇子～? Wo ist mein Fächer? 2. (Finalpartikel zur Bekräftigung der Satzaussage): 他们的收获可不小～! Ihre Erfolge sind doch groß! / Sie haben es wirklich zu was gebracht!

馁 něi 1. Hunger; hungrig 2. entmutigt; mutlos; niedergeschlagen 不要自～ nicht den Mut verlieren; nie verzagen; nicht den Kopf hängen lassen

内 nèi 1. in; innen; innerhalb 党～ in der Partei; innerhalb der Partei 市～交通 Verkehr innerhalb der Stadt 2. Ehefrau od. Verwandte der Ehefrau ～弟 jüngerer Bruder der Ehefrau; Schwager

内部 nèibù inner; innerhalb ～文件 interne Dokumente; nicht für die breite Öffentlichkeit bestimmte Dokumente 人民～矛盾 Widerspruch innerhalb des Volkes

内出血 nèichūxuè innere Blutung

内地 nèidì Landesinnere; Binnenland

内定 nèidìng intern bestimmen; vorgegeben

内分泌 nèifēnmì innere Sekretion; Inkretion

内阁 nèigé Kabinett; Ministerrat ～总理 Premierminister ～改组 Kabinettsumbildung; Regierungsumbildung; ein Kabinett umbilden

内海 nèihǎi 1. Binnenmeer; geschlossene Gewässer 2. Binnenseen oder Meeresbuchten, an denen ein Land die Hoheitsrechte hat

内涵 nèihán Bedeutung; Sinn; Inhalt

内行 nèiháng 1. sachkundig; sachverständig 2. Fachmann; Kenner; Experte

内耗 nèihào durch den Leerlauf verbrauchte Energie

内河 nèihé Binnenfluss; Binnengewässer; Binnenwasserstraße ～运输 Transport auf Binnenwasserstraßen

内讧 nèihòng innere Zerwürfnisse und Machtkämpfe

内奸 nèijiān Verräter in den eigenen Reihen; Kollaborateur; Quisling

内角 nèijiǎo Innenwinkel

内景 nèijǐng Bühnenbild eines Raumes; Innenaufnahme

内疚 nèijiù Schuldgefühl; Gewissensbisse (haben); schuldbewusst

内科 nèikē innere Medizin; Abteilung für innere Medizin

内陆 nèilù Landesinnere; das Innere des Festlandes; Binnenland ～国 Binnenstaat

内乱 nèiluàn innere Unruhen

内幕 nèimù das Spiel hinter den Kulissen ～新闻 nichtamtliche Meldung

内勤 nèiqín 1. Innendienst; Bürodienst 2. Innendienstpersonal; Büropersonal

内燃机 nèiránjī Verbrennungsmotor

内容 nèiróng Inhalt; Gehalt ～丰富 viel Substanz haben; inhaltreich

内伤 nèishāng innere Verletzung; Kontusion

内胎 nèitāi Schlauch; Luftschlauch

内务 nèiwù 1. innere Angelegenheit ～部 Ministerium für innere Angelegenheiten; Innenministerium 2. Innendienst in einer Kaserne 整理～ dem Innendienst Ordnung schaffen

内线 nèixiàn 1. Spionage 2. Späher; Geheimagent 3. Kampflinie innerhalb des feindlichen Gebietes ～作战 im Hinterland des Feindes operieren 4. internes Telefonsystem; interne Fernsprechanlage

内向 nèixiàng introvertiert; Introversion 性格～的人 ein introvertierter Mensch

内向型经济 nèixiàngxíng jīngjì Binnenwirtschaft

内销 nèixiāo Inlandsvertrieb ～市场 inländischer Markt

内斜视 nèixiéshì Innenschielen; Esotropie

内心 nèixīn 1. seelisch; im Herzen; im Inneren ～深处 tief im Herzen; im Innersten; Tiefe des Gemüts ～不安 ängstlich; Gewissenswurm 2. Mittelpunkt des Dreiecks

内衣 nèiyī Unterwäsche; Unterkleidung

内因 nèiyīn innere Ursache

内在 nèizài immanent; inner; innewohnend ～因素 innere (immanente) Faktoren

内脏 nèizàng Eingeweide

内债 nèizhài Inlandsschulden; Inlandsanleihe

内战 nèizhàn Bürgerkrieg

内政 nèizhèng Innenpolitik; innere Angelegenheiten

内中 nèizhōng drinnen; mittendrin; dahinter ～另有原因 es gibt noch andere Ursachen / dahinter stecken noch andere Gründe

内助 nèizhù Gattin; Ehefrau 贤～ tugendhafte Gattin

嫩 nèn 1. zart; jung ～芽 zarter Keim; junge Knospe 2. weich; frisch ～鸡蛋 weich gebratenes (gekochtes) Ei 3. hell; blass ～绿 hellgrün; zartes Grün 4. unerfahren; grün

能 néng 1. →能力 2. Energie 热～ Wärmeenergie 3. fähig; tüchtig ～者多劳 der bessere Befähigte soll auch mehr leisten 4. können; vermögen; imstande sein 无所不～ allmächtig; alles können ～官～民 als leitender Regierungsbeamter wie als ein einfacher Staatsbürger seinen Mann stehen können 5. möglich sein 你～不～等一下? Könntest du mal warten?

能动 néngdòng aktiv; energisch 主观～性 persönliche Aktivität; Eigeninitiative

能干 nénggàn Tüchtigkeit; tüchtig; fähig

能够 nénggòu →能 3,4,5

能见度 néngjiàndù Sichtbarkeit; Sicht; Sichtigkeit

能力 nénglì Können; Vermögen; Fähigkeit ～强 gutes Können haben; große Fähigkeiten besitzen 劳动～ Arbeitskraft; Arbeitsfähigkeit

能量 néngliàng Energie ～守恒定律 Gesetz von der Erhaltung der Energie; Energiesatz

能耐 néngnai Fähigkeit; Können

能人 néngrén begabter Mensch; tüchtige Person

能手 néngshǒu Könner; Meister; Experte 本行的～ Meister seines Faches

能说会道 néng shuō huì dào eine gewandte Zunge haben; ein flinkes Mundwerk besitzen

能源 néngyuán Energiequelle

能者为师 néng zhě wéi shī der Tüchtigere soll Lehrmeister sein

嗯(唔) ńg 另见 ňg,ǹg
(als Ausrufewort zum Ausdruck des Zweifels): ～? 你说什么? Wie bitte, was hast du gesagt?

嗯(呒) ňg 另见 ńg,ǹg
(als Ausrufewort zum Ausdruck des Unvorhergesehenen): ～! 你怎么还没走? Was? Du bist noch *nicht hingegangen?*

嗯(叽) ǹg 另见 ńg,ňg
(als Ausrufewort zum Ausdruck des Zusagens): ～,我就去 hm, ich gehe gleich

妮 nī junges Mädchen; Mädel

妮子 nīzi junges Mädchen; Mädel

霓(蜺) ní Nebenregenbogen

霓虹灯 níhóngdēng Neonlampe; Neonlicht

尼 ní →尼姑

尼泊尔语 Níbó'ěryǔ Nepal

尼姑 nígū buddhistische Nonne

尼古丁 nígǔdīng Nikotin

尼龙 nílóng Nylon ～袜子 Nylonstrümpfe

泥 ní 另见 nì
1. Schlamm; Nasserde; Feuchterde 2. dicker Brei; schlammartige Masse 枣～ Dattelpaste; Dattelbrei

泥肥 níféi Erd- und Schlammdünger

泥垢 nígòu Schmutz; Dreck

泥浆 níjiāng 1. Schlamm; breiige Schmutzmasse 2. Mörtel; Bohrschlamm

泥坑 níkēng Morast; Sumpf; Schlammgrube 掉进～里 in den Sumpf geraten

泥泞 nínìng schlammig; morastig

泥鳅 níqiū Schlammfisch

泥人 nírén Tonfigur; Lehmfigur

泥水匠 níshuǐjiàng Maurer

泥塑 nísù Tonplastik; Lehmskulptur; aus Ton formen ～木雕 wie eine Götzenfigur aus Holz oder Ton; unbeweglich und dumm dastehen; wie versteinert sein

泥炭 nítàn Torf

泥塘 nítáng Sumpf; Morast

泥土 nítǔ 1. Erde 2. Tonerde; Tonlehm

泥足巨人 nízú jùrén ein Koloss auf tönernen Füßen; ein riesiges Reich ohne innere Festigkeit

呢 ní 另见 ne
→呢子

呢喃 nínán Schwalbengezwitscher; zwitschern

呢绒 níróng Wollstoff; Wollgewebe

呢子 nízi schwerer Wollstoff

铌 ní Niob; Niobium (Nb)

你 nǐ 1. du; ihr; dein; euer; Ihr ～身体好吗? Wie geht's? ～校 eure Schule; Ihre Schule 2. ein jeder; man; einer; eine 真叫～不知如何是好 man weiß einfach weder ein noch aus

你们 nǐmen ihr; Sie

你死我活 nǐ sǐ wǒ huó auf Leben und Tod ～的斗争 Kampf auf Leben und Tod

你争我夺 nǐzhēng wǒduó sich um etw strei-

ten; rivalisieren
你追我赶 nǐzhuī wǒgǎn miteinander wetteifern

拟(擬) nǐ 1. entwerfen; konzipieren; ausarbeiten ～计划 einen Plan entwerfen 2. beabsichtigen; planen; vorhaben 3. nachahmen; kopieren ～古 klassische Autoren nachahmen; antiker Stilrichtungen nachstreben
拟订 nǐdìng entwerfen; festlegen; ausarbeiten
拟稿 nǐgǎo einen Entwurf machen; entwerfen

逆 nì 1. entgegen; entgegengesetzt 倒行～施 zuwiderlaufen; skrupellose Untaten; eine tyrannische Herrschaft ausüben 2. widrig; widerstreben in Widerspruch zu etw stehen 忠言～耳 guter Rat klingt oft unangenehm 3. Verräter ～产 das Vermögen eines Landesverräters 4. entgegengehen 5. vorher; im Voraus ～料 voraussehen
逆差 nìchā eine passive Handelsbilanz
逆反心理 nìfǎn xīnlǐ rebellische Ideen
逆风 nìfēng gegen den Wind; Gegenwind
逆境 nìjìng ungünstige Verhältnisse; widrige Umstände
逆流 nìliú 1. gegen den Strom ～而行 stromaufwärts; stromauf 2. Gegenströmung; Gegenrichtung 反动～ reaktionäre Gegenströmung
逆水 nìshuǐ gegen den Strom ～行舟 gegen den Strom fahren; den Fluss aufwärts fahren; stromaufwärts fahren
逆向 nìxiàng entgegengesetzt; gegensätzlich
逆转 nìzhuǎn eine böse Wendung nehmen; *sich zum Schlechten wenden*
逆子 nìzǐ pflichtvergessener Sohn; ein seinen Eltern gegenüber pietätloser Sohn

匿 nì (sich) verbergen; (sich) verstecken; verheimlichen
匿迹 nìjì spurlos verschwinden; inkognito leben ～海外 spurlos im Ausland verschwinden
匿名 nìmíng seinen Namen geheimhalten; anonym ～信 anonymer Brief; anonymes Schreiben

腻 nì 1. fett; fettig 2. →腻烦 3. sehr genau; minuziös; präzis 4. klebrig; leimig; schmierig 5. Schmutz; Dreck
腻虫 nìchóng Blattlaus
腻烦 nìfan 1. (einer Sache) überdrüssig sein; etw satt haben; von etw genug haben 2. hassen; Widerwillen gegen etw empfinden; sich ekeln 我真～他 ich habe ihn wahrhaftig satt

睨 nì →睨视
睨视 nìshì verächtlich von der Seite ansehen; mit schiefem Blick ansehen; von der Seite blicken

溺 nì 另见 niào '尿'
1. ertrinken; versinken; ertränken ～婴 ein Neugeborenes ertränken 2. sich etw blind ergeben; verfallen; übermäßig
溺爱 nì'ài verwöhnen; verhätscheln

泥 nì 另见 ní
verputzen; tünchen; verkitten ～缝 einkitten; mörteln
泥子 nìzi Fugenkitt

拈 niān etw mit den Fingern nehmen
拈轻怕重 niān qīng pà zhòng Schwerem ausweichen, um Leichteres anzustreben; sich vor Schwierigkeiten drücken

蔫 niān 1. welken; verwelken 叶子～了 die Blätter sind welk geworden 2. träge; apathisch

粘 nián 另见 zhān
→黏(nián)

黏 nián klebrig; leimig; schmierig 浆糊不～ dieser Klebstoff haftet schlecht
黏胶 niánjiāo Viskose ～纤维 Viskosefaser
黏土 niántǔ Ton; Lehm; Tonerde
黏液 niányè Schleim; Mucus

鲇(鯰) nián Wels

年(秊) nián 1. Jahr 五～ fünf Jahre 2. jährlich ～产量 Jahresproduktion; Jahresertrag 3. Alter; Lebensabschnitt 中～人 Mittelaltrige(r); eine Person im mittleren Alter 4. Zeitalter; Ära 近～来 in den letzten Jahren 5. →年成 丰～ fruchtbares (gutes) Jahr; reiche Ernte 6. Neujahr 过～ Neujahr (das Frühlingsfest) feiern ～画 Neujahrsbild; Frühlingsfestbild

年成 niáncheng Jahresernte；Ernteertrag；Ernte 好～ gute Ernte；fettes（gutes）Jahr

年初 niánchū Jahresbeginn 今年～ zu Beginn dieses Jahres

年代 niándài 1. Jahre；Zeit；Zeitabschnitt 人民当家作主的～ die Zeit，in der das Volk Herr ist 2. eine Dekade eines Jahrhunderts 20 世纪 90～ die neunziger Jahre des zwanzigsten Jahrhunderts

年底 niándǐ Jahresende；Jahresschluss

年度 niándù Jahr ～计划 Jahresplan

年糕 niángāo Neujahrskuchen aus Reismehl

年级 niánjí Schuljahr（Studienjahr）；Jahrgang 三～学生 Schüler in der dritten Klassenstufe；Studenten im dritten Studienjahr

年纪 niánjì Lebensalter；Alter 上了～的人 Bejahrte(r)；Betagte(r)

年假 niánjià 1. Winterferien 2. Ferien zum Neujahrsfest；Neujahrsurlaub

年鉴 niánjiàn Jahrbuch；Almanach

年历 niánlì Jahreskalender

年龄 niánlíng Lebensalter；Alter ～相仿 ungefähr im gleichen Alter

年轮 niánlún Jahresring；Flader；Jahrwuchs

年迈 niánmài bejahrt；betagt；greisenhaft ～力衰 senil；Senilität；die Bürde des Alters spüren

年轻 niánqīng jung；jugendlich ～人 ein junges Blut；Jugend；Jugendliche(r) ～力壮 jung und kräftig

年限 niánxiàn Zeitraum；Dauer 学习～ Studienjahre；Studienzeit

年夜 niányè Silversternacht；Silverster；Vorabend des Frühlingsfestes

年终 niánzhōng Jahresende；Jahresabschluss

年资 niánzī Dienstalter und Erfahrung

撵 niǎn 1. verjagen；fortjagen 从院子里～出去 jn aus dem Hof rausjagen 2. einholen 还～得上他 er ist noch einzuholen / man kann ihn noch einholen

捻（撚） niǎn 1. etw zwischen den *Fingern drehen；zusammendrehen*；zwirbeln ～线 einen Faden zwirbeln 2. →捻子

捻子 niǎnzi gedrehter oder gezwirnter Gegenstand 灯～ Lampendocht

碾（辗） niǎn 另见‘辗’zhǎn 1. →碾子 2.（mit einer Walze）schälen ～米 Reis schälen；Reis mahlen 3. zermahlen；zerreiben

碾盘 niǎnpán Mahlstein

碾子 niǎnzi Walze；Rolle

廿 niàn zwanzig

念[1] niàn 1. an jn/etw denken；sich erinnern；vermissen ～家 an die Familie denken 2. →念头

念[2]**（唸）** niàn 1. vorlesen ～诗 Gedichte rezitieren 2. lernen；studieren 他～过中学 er hat die Mittelschule besucht

念白 niànbái Monolog oder Dialog in einer chinesischen Oper

念叨 niàndao 1. an jn/etw denken und von jm/etw reden 2. beraten；über etw sprechen

念佛 niànfó zu Buddha beten

念经 niànjīng Gebete vorlesen

念念不忘 niàn niàn bù wàng etw immer im Gedächtnis behalten；etw nie vergessen

念书 niànshū lernen；studieren；Schulbesuch 他是个念过书的人 er ist ein gebildeter Mensch

念头 niàntou Gedanke；Idee；Einfall 心里起了个～ auf einen Gedanken kommen；eine Idee haben；einfallen

埝 niàn Erdwall；Damm

娘（孃） niáng 1. Mutter；Mama 2. Frau；Tante 3. junge Frau

娘家 niángjia Elternhaus einer verheirateten Frau

娘舅 niángjiù Onkel mütterlicherseits；Bruder der Mutter

酿（釀） niàng 1. →酿造 ～酒 Wein bzw. alkoholische Getränke herstellen 2. Honig liefern 3. →酿成 4. Wein 佳～ edler Wein

酿成 niàngchéng sich entwickeln；zu etw führen；hervorrufen ～火灾 eine Feuersbrunst hervorrufen；zur Feuerkatastrophe führen

酿造 niàngzào gären lassen；brauen；brennen

袅（嫋） niǎo →袅娜

袅袅 niǎoniǎo 1.（von Rauchschwaden）in Spiralen aufsteigen 炊烟～ der Herdrauch

stieg in Spiralen in den Himmel 2. sich im Winde wiegen 垂杨～ die Zweige der Trauerweide wiegen sich im Winde 3. nachklingen; weiterklingen 余音～ ein langes Nachklingen (Nachhallen) ist zu hören
袅娜 niǎonuó schlank und zierlich; anmutig; graziös ～多姿 von unbeschreiblicher Anmut

鸟（鳥） niǎo Vogel 小～ Vögellein
鸟巢 niǎocháo Vogelnest
鸟瞰 niǎokàn 1. übersehen; aus der Vogelperspektive betrachten; Blick aus der Vogelschau ～全城 die Stadt aus der Vogelperspektive betrachten 2. Überblick 世界大势～ Überblick über die Welterеignisse
鸟类 niǎolèi Vögel; Ornis
鸟枪 niǎoqiāng 1. Vogelflinte 2. Luftgewehr

尿（溺） niào 另见 suī;'溺'另见 nì 1. Urin; Harn 2. Wasser lassen
尿布 niàobù Windel
尿床 niàochuáng das Bett einnässen; Bettnässen
尿道 niàodào Harnröhre
尿肥 niàoféi flüssiger Fäkaldünger; Jauche
尿盆 niàopén Nachttopf; Nachtgeschirr; Bettpfanne
尿素 niàosù Harnstoff

捏（揑） niē 1. etw mit den Fingern nehmen; kneifen 2. kneten und formen; modellieren ～泥人儿 aus Lehm Figur kneten; Lehmfiguren formen 3. →捏造
捏一把汗 niē yībǎ hàn um jn/etw bange sein
捏造 niēzào frei erfinden; erdenken erlügen ～事实 Fakten fingieren; Vorspiegelung falscher Tatsachen

颞（顳） niè
颞骨 nièɡǔ Schläfenbein
颞颥 nièrú Schläfe

嗫（囁） niè stocken; stammeln
嗫嚅 nièrú zögernd sprechen

蹑（躡） niè leise gehen; auf den Zehenspitzen gehen ～着脚走 auf den Zehenspitzen gehen; auf den Zehen schleichen
蹑手蹑脚 niè shǒu niè jiǎo auf leisen Sohlen; auf Zehenspitzen; unauffällig

镊（鑷） niè 1. →镊子 2. etw mit der Pinzette nehmen
镊子 nièzi Pinzette

蘖 niè sich bestocken; Seitentriebe treiben
蘖枝 nièzhī Stockausschlag; Seitentrieb

孽（孼） niè böse Tat; Sünde 造～ sündigen; Böses tun
孽障 nièzhàng 1. Sünden, die den buddhistischer Doktrinen widersprechen 2. (Schimpfwort) Bösewicht; Spitzbube

啮（齧、嚙） niè nagen; beißen

镍 niè Nickel (Ni) ～币 Nickelmünze

您 nín Sie (Höflichkeitsanredeform zur Bezeichnung einer einzelnen angesprochenen Person)

宁（寧、甯） níng 另见 nìng ruhig; friedlich; Frieden
宁静 níngjìng ruhig; friedlich; Frieden 周围十分～ es ist ruhig und still ringsum / es herrscht völlige Ruhe in der Umgebung

柠（檸） níng Limone
柠檬 níngméng 1. Limone; Zitronenbaum 2. Zitrone ～汁 Zitronensaft ～茶 Tee mit Zitrone ～水 Limonade

拧（擰） níng 另见 nǐng; nìng 1. wringen; auswringen; drehen ～干毛巾 ein Handtuch auswringen 2. kneifen; ringen; zwicken ～面颊 jn in die Wange kneifen (zwicken)

狞（獰） níng böse; scheußlich; boshaft
狞笑 níngxiào grinsen; hämisch lachen

凝 níng 1. →凝结 2. sich konzentrieren; mit konzentrierter Aufmerksamkeit
凝固 nínggù erstarren; fest werden; sich verdichten ～汽油弹 Napalmbombe ～点 Erstarrungspunkt; Verfestigungspunkt
凝结 níngjié 1. gerinnen; gefrieren; kondensieren 2. (sich) herauskristallisieren;

sich niederschlagen；(sich) verdichten

凝神 níngshén sich ganz auf etw konzentrieren；seine Gedanken beisammen haben；sich geistig sammeln ～思索 intensiv nachdenken；sinnend vor sich hin blicken

凝视 níngshì anstarren；aufmerksam blicken；unverwandt ansehen

凝思 níngsī intensiv nachdenken；angestrengt überlegen

凝滞 níngzhì stocken；starr werden；stagnieren ～的目光 mit starrem Blick；ein stierer Blick

拧(擰) nǐng 另见 níng；nìng

1. drehen；wenden；schrauben ～螺丝 eine Schraube drehen 2. umgekehrt；verdreht；verkehrt 3. entgegengesetzt；uneinig 两个人越说越～ je mehr die beiden redeten，desto mehr waren sie entgegengesetzter Meinung

宁(寧、甯) nìng 另见 níng

→宁可 ～死不屈 lieber sterben als sich beugen；unbeugsam

宁可 nìngkě lieber；eher；besser ... als ...

宁愿 nìngyuàn →宁可

拧(擰) nìng 另见 níng；nǐng

störrisch；eigensinnig；trotzig

佞 nìng 1. Schmeichelei；jm Honig um den Mund schmieren ～人 Schmeicher；Kriecher 2. talentiert 不～ meine Wenigkeit (alte Redensart zum Ausdruck von Bescheidenheit)

妞 niū (junges) Mädchen；Mädel；Tochter

牛 niú Rind (-vieh)；Kuh；Ochse

牛痘 niúdòu 1. Kuhpocken 2. Vakzine；Pockenschutzserum；Pockenlymphe 种～ vakzinieren；Pockenschutzimpfung vornehmen

牛犊 niúdú Kalb

牛鬼蛇神 niúguǐ shéshén böse Geister；übles Gesindel；finstere Elemente aller Art

牛黄 niúhuáng Bezoarstein

牛角尖 niújiǎojiān unlösbares Problem；Sackgasse 钻～ sich in Spitzfindigkeiten verlieren；Haarspalterei betreiben；unnötige Mühe für ein belangloses Problem aufwenden

牛马 niúmǎ (bildlicher Ausdruck) Arbeitsklave；Lasttiere 当～ als Arbeitsvieh dienen；als Arbeitssklave tätig sein；schwer plagen

牛虻 niúméng Rinderbremse；Viehbremse

牛奶 niúnǎi Kuhmilch；Milch ～场 Molkerei

牛排 niúpái Rindersteak；Beefsteak

牛皮 niúpí 1. Rindsleder 2. Prahlerei；Angeberei 吹～ prahlen；angeben

牛皮纸 niúpízhǐ Packpapier；Einschlagpapier

牛肉 niúròu Rindfleisch ～干 getrocknetes Rindfleisch

牛头不对马嘴 niú tóu bù duì mǎ zuǐ in keinem Zusammenhang stehen

牛蛙 niúwā Ochsenfrosch

牛油 niúyóu Rinderfett；Rindertalg

牛仔 niúzǎi Cowboy；Kuhjunge ～裤 Drillichhose；Cowboyhose；Blue-jeans

忸 niǔ

忸怩 niǔní schüchtern；verschämt；verlegen ～作态 sich geziert benehmen

扭 niǔ 1. →扭转 1 ～过头去 den Kopf wenden；sich umdrehen 2. drehen；schrauben ～下螺帽 eine Mutter abschrauben 3. →扭伤 4. mit wiegendem Schritt gehen 5. zerren；packen；festnehmen ～住头发不放 jn am Haar rupfen

扭摆舞 niǔbǎiwǔ Twist 跳～ Twist tanzen

扭打 niǔdǎ raufen；ringen；sich prügeln

扭结 niǔjié sich verheddern；sich verknoten

扭捏 niǔnie verschämt；sich zieren

扭伤 niǔshāng verrenken；verstauchen；Zerrung 脚～了 sich den Fuß verstauchen

扭转 niǔzhuǎn 1. sich umdrehen；sich wenden；umkehren 2. etw umdrehen；eine Wendung herbeiführen；ändern ～局面 die Situation wesentlich verändern；eine Entwicklungstendenz umkehren

钮 niǔ →钮 (niǔ)

纽 niǔ 1. Griff；Halter；Henkel 秤～ Halteschnur einer Laufgewichtswaage；Aufhängung 2. →纽扣 3. →纽带

纽带 niǔdài Band；Verbindungsstück；Bindeglied 团结一致的～ die Bande der Solidarität；Geschlossenheitsbande

纽扣 niǔkòu Knopf 扣～ die Knöpfe schließen; knöpfen
纽襻 niǔpàn Schlaufe; Knopfschlinge aus Stoff

拗（抝） niù 另见 ǎo, ào
eigensinnig; ungehorsam; hartnäckig 脾气～ einen sturen Kopf haben ～不过 sehr hartnäckig; nicht zu überreden; sehr eigensinnig

农（農、辳） nóng 1. →农业 2. →农民
农产品 nóngchǎnpǐn landwirtschaftliche Erzeugnisse; Agrarprodukte
农场 nóngchǎng Gut; Farm
农村 nóngcūn Dorf; Land ～生活 ländliches (dörfliches) Leben; auf dem Lande leben
农夫 nóngfū Bauer; Bauersmann; Ackerbauer
农妇 nóngfù Bäuerin; Bauersfrau; Landfrau
农户 nónghù Bauernfamilie; Bauernhof
农会 nónghuì Bauernverband; landwirtschaftliche Vereinigung
农活 nónghuó Landarbeit; Ackerbauarbeit 干～ auf dem Acker arbeiten; das Feld ackern; Agrararbeit machen
农机 nóngjī landwirtschaftliche Maschine; Landmaschine; agrarische Maschine ～队 Landmaschinenmannschaft
农具 nóngjù landwirtschaftliches Gerät; Ackergerät
农历 nónglì 1. chinesischer Mondkalender 2. landwirtschaftlicher Kalender; Bauernkalender
农忙 nóngmáng Hochbetrieb in der Landwirtschaft; Hauptsaison für die Ackerarbeit
农民 nóngmín Bauer; Landleute ～起义 Bauernaufstand
农奴 nóngnú leibeigener Bauer; Leibeigener ～制 Leibeigenschaft ～主 Leibeigenenhalter
农田 nóngtián Ackerland; Anbaufläche ～水利 Feldbewässerung
农闲 nóngxián Mußezeit (Ruheperiode) in der Landwirtschaft
农学 nóngxué Agronomie; Landwirtschaftswissenschaft; Ackerbaukunde ～家 Agronom; Landwirtschaftswissenschaftler
农药 nóngyào landwirtschaftliches Schädlingsbekämpfungsmittel; Pflanzenschutzmittel; Pestizid
农业 nóngyè Landwirtschaft; Ackerbau ～国 Agrarland; Agrarstaat ～机械化 Mechanisierung der Landwirtschaft
农作物 nóngzuòwù landwirtschaftliche Kulturen; landwirtschaftliche Nutzpflanzen

浓（濃） nóng 1. dicht; dickflüssig; konzentriert ～云 dicke (dichte) Wolken 2. stark; scharf; intensiv 夜色渐～ der Abend sinkt herab / die Nacht bricht herein
浓度 nóngdù Konzentration; Sättigungsgrad
浓厚 nónghòu 1. dicht; dick 2. stark; ausgeprägt ～的民族色彩 hervorstechende nationale Eigenarten 3. stark; tief; groß 兴趣～ stark interessiert sein; großes Interesse haben
浓眉 nóngméi dichte Augenbrauen; buschige Brauen
浓缩 nóngsuō konzentrieren; anreichern; dichten ～铀 angereichertes Uran ～物 Konzentrat
浓艳 nóngyàn grell farbig; prunkvoll 色彩～ in prunkhaften Farben
浓重 nóngzhòng dicht; stark; prächtig ～的乡音 anverkennbarer Heimatdialekt
浓妆 nóngzhuāng stark geschminkt; sich auffallend putzen ～艳抹 sich stark und auffällig schminken; starke Schminke auftragen

哝（噥） nóng
哝哝 nóngnong flüstern; wispern; murmeln

脓（膿） nóng Eiter
脓包 nóngbāo 1. Geschwür; Eiterbeule 2. Taugenichts; Nonvaleur
脓肿 nóngzhǒng Abszess

弄 nòng 另见 lòng
1. spielen 2. machen; tun; zurechtmachen ～饭 Essen zurechtmachen (bereiten); kochen 3. besorgen; beschaffen ～两张戏票 zwei Theaterkarten besorgen 4. jonglieren; ein Mittel anwenden ～手段 Tricks anwenden; Ränke schmieden; sich eines Kunstgriffes bedienen
弄巧成拙 nòng qiǎo chéng zhuō über seine Überklugheit stolpern

弄权 nòngquán mit der Macht spielen; die Macht missbrauchen

弄虚作假 nòng xū zuò jiǎ zur Irreführung anderer den Anschein von etw geben; einen Türken bauen

耨(鎒) nòu1. Jäthacke2. jäten

奴 nú 1. →奴隶卖身为～ sich verkaufen und in Sklaverei geraten2. →奴役

奴才 núcai1. Sklave; herrschaftlicher Diener; Untertan2. Lakai; Kettenhund ～相 Sklavenmentalität; Servilität; Kriecherei

奴化 núhuà versklaven ～教育 Erziehung zur Unterwürfigkeit

奴隶 núlì Sklave ～主 Sklavenhalter ～社会 Sklavenhaltergesellschaft

奴仆 núpú Diener; Knecht

奴颜婢膝 nú yán bì xī unterwürfig; kriecherisch; lakaienhaft

奴役 núyì versklaven; knechten; unterjochen 经济～ wirtschaftlich versklaven (unterjochen)

驽 nú1. →驽马2. unbegabt; unfähig ～才 mittelmäßiger Mensch; Spießer

驽马 númǎ Schindmähre; Klepper

胬 nǔ

胬肉 nǔròu Flügelfell ～攀睛 Pterygium

弩 nǔ →弩弓

弩弓 nǔgōng Armbrust; Balester; Schnäpper

努(²拗、呶、䏧) nǔ

'呶'另见 náo

1. sich anstrengen; anspannen ～劲儿 alle Kräfte anspannen 2. vorwölben; herausstrecken ～着嘴 die Lippen spitzen; vorgewölbte Lippen 3. sich durch Überanstrengung schädigen

努力 nǔlì sich anstrengen; Anstrengungen *machen; streben* ～工作 *hart arbeiten*; sich bemühen

怒 nù1. Zorn; Wut; sich erzürnen 狂～ Jähzorn; Furor 2. wild; stürmisch; tobend ～涛 zornige Wogen; tobende Brandung

怒潮 nùcháo tobende Fluten; Sturmflut

怒吼 nùhǒu brüllen; heftig heulen; jaulen

怒火 nùhuǒ Flammen des Zornes; wilde Flamme ～中烧 vor Zorn kochen; in einem Anfall von Wut; in Zorn entbrannt sein

怒气 nùqì Zorn; Wut ～冲冲 vor Wut kochen; in einer Aufwallung des Zorns; wutschnaubend

怒容 nùróng zorniges Gesicht ～满面 mit wütender Miene

怒视 nùshì jn mit bösem Blick ansehen; jn wütend anblitzen

女 nǚ1. →女性 ～医生 Ärztin ～朋友 Freundin; Gefährtin2. →女儿 长～ die älteste Tochter

女低音 nǚdīyīn Altstimme; Alt

女儿 nǚ'ér Tochter 小～ Kleintochter; die jüngste Tochter

女高音 nǚgāoyīn Sopranstimme; Sopran; Sopranistin

女工[1] nǚgōng Arbeiterin 纺织～ Textilarbeiterin; Spinnerin

女工[2] nǚgōng weibliche Arbeit; Nadelarbeit; Näherei

女眷 nǚjuàn weibliche Familienmitglieder

女郎 nǚláng Mädchen; Fräulein; junge Dame

女流 nǚliú Frauen; Weiber; das schwache Geschlecht ～之辈 Unterrock; Frauenleute; das schwache Geschlecht

女强人 nǚqiángrén Karrierefrau

女权 nǚquán Frauenrecht

女人 nǚrén Frau; Weib

女色 nǚsè weibliche Reize; Sinnengenuss 耽于～ Weiberheld (Schürzenjäger) sein; für Sinnengenuss schwärmen; der Fleischeslust verfallen

女神 nǚshén Göttin

女生 nǚshēng Schülerin; Studentin

女声 nǚshēng Frauenstimme

女士 nǚshì Dame; Fräulein

女式 nǚshì Frauen-; Damen- ～大衣 Damenmantel

女王 nǚwáng Königin; Monarchin

女性 nǚxìng 1. weibliches Geschlecht; weiblich 2. Vertreterin des weiblichen Geschlechtes; Frau

女婿 nǚxu 1. Schwiegersohn 2. Ehemann; Mann

女中音 nǚzhōngyīn Mezzosopranstimme; Mezzosopran

女主人 nǚzhǔren Gastgeberin; Hausherrin
女子 nǚzǐ Frau; Mädchen ～学校 Mädchenschule; Maidenschule; Töchterschule

钕 nǚ Neodym (Nd)

衄（衂） nǜ 1. Nasenbluten 2. Niederlage; besiegt werden 败～ eine Niederlage erleiden; in die Flucht geschlagen werden

暖（煖、煗、晛） nuǎn
1. →暖和 天～了 es ist warm geworden 2. wärmen; aufwärmen ～酒 den Wein warm machen; Wein anwärmen
暖房 nuǎnfáng Treibhaus; Gewächshaus
暖烘烘 nuǎnhōnghōng angenehm warm
暖和 nuǎnhuo warm; mild; sich aufwärmen
暖气 nuǎnqì Heizung; Zentralheizung
暖色 nuǎnsè warme Farben
暖水瓶 nuǎnshuǐpíng Thermosflasche

疟（瘧） nüè
→疟疾
疟疾 nüèji Malaria; Wechselfieber ～病人 Malariakranker
疟蚊 nüèwén Malariamücke

虐 nüè grausam; brutal; unmenschlich
虐待 nüèdài grausam behandeln; misshandeln; malträtieren
虐政 nüèzhèng Tyrannei; grausames Regime; Despotismus

挪 nuó →挪动 把东西向一边～一～ die Dinge zur Seite rücken
挪动 nuódong verrücken; rücken; fortrücken 向前～几步 ein paar Schritte vorwärts tun
挪用 nuóyòng 1. (Geld) für einen anderen Zweck verwenden; zweckentfremdet verwenden; 2. (Geld) veruntreuen; für eigene Zwecke verwenden ～公款 öffentliche Gelder veruntreuen; öffentlichen Fonds seinem Zweck entfremden

懦 nuò →懦弱
懦夫 nuòfū Feigling; Schwächling; Memme
懦弱 nuòruò feige; schwach; kleinmütig ～无能 feige und unfähig

糯（稬、穤） nuò klebrig
糯稻 nuòdào Klebreis
糯米 nuòmǐ polierter klebriger Reis

诺 nuò zusagen; versprechen; bejahen ～～连声 mit wiederholter Bejahung zustimmen
诺贝尔奖 Nuòbèi'ěrjiǎng Nobelpreis ～获得者 Nobelpreisträger
诺亚方舟 Nuòyà fāngzhōu die Arche Noah
诺言 nuòyán Versprechen; Ehrenwort; Zusage 履行～ sein Versprechen erfüllen (halten, einhalten); sein Wort halten

锘 nuò Nobelium (No)

O

喔 ō 另见 ò ‘哦’；wō
（als Ausrufewort zum Ausdruck des Begreifens）：～，原来是你！Ach so！Du bist es！
喔唷 ōyō（als Ausrufewort zum Ausdruck des Erstaunens）：～，真了不起！Oh，es ist so großartig！

哦 ó 另见 ò
（als Ausrufewort zum Ausdruck der Skepsis oder der fragenden Verwunderung）：～，这是他告诉你的！Hm！Das hat er dir gesagt？

哦（喔） ò 另见 ó；‘喔’另见 ō，wō
（als Ausrufewort zum Ausdruck des Verstehens）：～，原来如此 Ach so！/ Aha，so ist das！

沤（漚） ōu 另见 òu
Wasserblase；Blase

讴（謳） ōu 1. besingen；verherrlichen 2. Volkslied
讴歌 ōugē besingen；ein Lied auf jn/etw singen

鸥（鷗） ōu Möwe 海～ Seemöwe

欧（歐） Ōu Europa；europäisch
欧化 ōuhuà europäisieren；Europäisierung
欧罗巴人种 Ōuluóbā rénzhǒng europider Rassenkreis
欧盟 Ōuméng Europäische Union（EU）
欧姆 ōumǔ Ohm ～计 Ohmmeter
欧佩克 Ōupèikè OPEC〔英〕= Organization of Petroleum Exporting Countries
欧元 Ōuyuán Euro
欧洲 Ōuzhōu Europa

殴（毆） ōu →殴打
殴打 ōudǎ schlagen；verprügeln；Schlagerei

耦 ǒu zu zweit pflügen
耦合 ǒuhé Kopplung；ankoppeln

藕（蕅） ǒu Lotoswurzel
藕断丝连 ǒu duàn sī lián die Beziehung zu jm/etw nur äußerlich abbrechen；kein endgültiger Bruch
藕粉 ǒufěn Mehl aus Lotoswurzel

偶[1] ǒu Figur；Bildnis；Statue

偶[2] ǒu 1. gerade Zahl；geradzahlig 2. in Paaren；Ehepaar 佳～ glückliches Ehepaar

偶[3] ǒu →偶然 ～遇 zufällig treffen；eine zufällige Begegnung
偶尔 ǒu'ěr 1. gelegentlich；ab und zu；manchmal 2. →偶然
偶合 ǒuhé zufällig mit jm einer Meinung sein
偶然 ǒurán zufällig；unerwartet ～相遇 zufällig treffen；unerwartet begegnen
偶数 ǒushù gerade Zahl
偶像 ǒuxiàng Götzenbild；Idol；Abgott

呕（嘔） ǒu 另见 òu ‘怄’→呕吐
呕吐 ǒutù sich übergeben；sich erbrechen；ausspeisen 引起～ zum Erbrechen bringen
呕血 ǒuxuè Hämatemesis；Blutbrechen

沤（漚） òu 另见 ōu
lange einweichen；durchweichen ～麻 Hanf wässern；Hanf einweichen
沤肥 òuféi 1. Kompost bereiten；kompostieren 2. Kompost

怄（慪、呕） òu ‘呕’另见 ǒu
1. verärgert；sich ärgern 2. verärgern；reizen
怄气 òuqì sich ärgern；voller Groll sein

P

啪 pā （als Schallwort） peng；bums；klatsch

啪嚓 pāchā （als Schallwort） krachend；klirrend；knall

葩 pā Blüte；Blume

派 pā 另见 pài

派司 pāsi Pass；Reisepass

趴 pā 1. auf dem Bauch liegen；sich auf den Bauch legen 2. sich nach vorn lehnen；sich über etw beugen (bücken) 他～到井台上去喝水 er beugt sich über den Brunnen，um Wasser zu trinken

扒 pá 另见 bā
1. zusammenrechen；zusammenharken 2. kratzen 3. weich kochen；schmoren ～羊肉 geschmortes Lammfleisch；Lammfleisch schmoren

扒手 báshǒu Taschendieb

耙（钯） pá 另见 bà；'钯'另见 bǎ
1. →耙子 2. rechen；harken

耙子 pázi Harke；Egge；Rechen

爬 pá 1. kriechen；sich kriechend fortbewegen 2. hinaufklettern；erklimmen ～树 auf einen Baum klettern

爬行 páxíng 1. →爬 1 ～动物 Kriechtier 2. starr an überlieferten Formen und Bräuchen festhalten；langsam im Handeln sein

爬泳 páyǒng Kraulschwimmen；im Kraulstil schwimmen

怕 pà 1. fürchten；Angst haben 不～困难 keine Schwierigkeiten scheuen 2. befürchten；bangen 他～我办不了 er fürchtet，dass ich es nicht erledigen kann 3. vermutlich；vielleicht ～要下雨 es sieht nach Regen aus

怕人 pàrén 1. menschenscheu；2. furchterregend；grauslich

怕生 pàshēng fremdeln；vor Fremden scheu sein

怕事 pàshì sich vor Unannehmlichkeiten fürchten 胆小～ duckmäuserisch；zaghaft und übervorsichtig

怕羞 pàxiū schüchtern；verschämt；scheu

拍 pāi 1. klopfen；klatschen ～球 Ball schlagen；einen Ball hochspringen lassen 2. →拍子 1 蝇～儿 Fliegenklatsche；Fliegenklappe 3. →拍子 2 4. →拍摄 ～电影 einen Film drehen 5. schicken；senden ～电报 ein Telegramm senden；telegraphieren 6. →拍马屁

拍打 pāida schlagen；klopfen；tätscheln ～大衣上的雪 den Schnee vom Mantel abklopfen

拍马屁 pāi mǎpì jm in den Arsch kriechen；jm um den Bart gehen；liebedienern

拍卖 pāimài 1. etw meistbietend verkaufen；versteigern；verauktionieren ～行 Versteigerungslokal；Auktionshaus 2. verschleudern；Waren zu billigen Preisen verkaufen

拍摄 pāishè fotografieren；Aufnahmen machen；einen Film drehen

拍手 pāishǒu in die Hände klatschen；applaudieren；Beifall klatschen ～称快 vor Freude（ganz befriedigt）in die Hände klatschen

拍照 pāizhào fotografieren；sich fotografieren lassen

拍纸簿 pāizhǐbù Notizblock

拍子 pāizi 1. Schläger；Klatsche 网球～ Tennisschläger 2. Takt；Taktschlag 打～ den Takt schlagen

排[1] pái 1. ordnen；reihen；gliedern 2. Reihe 前～ vordere Reihe 3. Zug 一～步兵 ein Zug Infanterie 4. Reihe；Zeile 一～房子 eine Reihe（Zeile）von Häusern

5. →排演

排² pái Floß

排³ pái →排除 把水～出去 Wasser ableiten

排⁴ pái gedeckter Kuchen 苹果～ gedeckter Apfelkuchen

排版 páibǎn Setzen; Schriftsetzen; Drucksatz

排比 páibǐ Parallelismus; Parataxe

排场 páichǎng großer Aufwand; Gepränge; Verschwendung 讲究～ pomphaft; großen Wert auf Repräsentation legen; Pomp für besonders wichtig halten

排斥 páichì verdrängen; abstoßen; ausschließen

排除 páichú entfernen; fortschaffen; etw aus dem Wege räumen ～障碍 ein Hindernis beseitigen

排档 páidǎng Gang eines Kraftfahrzeugs; Schaltung

排队 páiduì 1. sich anstellen; Schlange stehen ～买票 nach (Fahr-, Theater- u. a.) Karten anstehen 2. etw in eine Kategorie einordnen

排骨 páigǔ Rippchen; Rippenstück

排挤 páijǐ verdrängen; zurückdrängen; jn beiseite schieben

排涝 páilào Hochwasser ableiten; überflutetes Ackerland dränieren

排练 páiliàn proben; einstudieren; einüben

排列 páiliè formieren; gruppieren; anordnen 按字母次序～ etw alphabetisch ordnen

排名 páimíng rangieren ～表 Ranking

排球 páiqiú Volleyball

排山倒海 pái shān dǎo hǎi welterschütternd; allmächtige Gewalt

排外 páiwài fremdenfeindlich; Ausländerfeindlichkeit

排泄 páixiè 1. ableiten; abfließen lassen 2. ausscheiden; Ausscheidung

排字 páizì Schriftzeichen setzen; setzen ～工人 Schriftsetzer; Setzer

俳 pái 1. Komödie 2. humorvoll; witzig

俳句 páijù eine japanische Dichtkunst

徘 pái

徘徊 páihuái 1. auf und ab gehen; hin und her laufen ～街头 eine Straße auf und ab trotten 2. zögern; zaudern ～不前 zögern, vorwärts zu gehen

牌 pái 1. →牌子 1 路～ Straßenschild 2. →牌子 2 3. Spielkarten; Karten; Dominosteine

牌坊 páifāng Gedenkbogen; Ehrenpforte

牌号 páihào 1. Geschäftsname; Firmenbezeichnung; Ladenschild 2. →牌子 2

牌价 páijià festgelegter Preis; Tarif 外汇～ Wechselkurs; Devisenkurs

牌楼 páilou Prachtbogen; geschmückter Bogen; zeremonieller Straßen- oder Torbogen

牌位 páiwèi Ahnentafel

牌照 páizhào Lizenz; Zulassung; Nummerschild 自行车～ Fahrradkennzeichen

牌子 páizi 1. Schild; Tafel 2. Warenzeichen; Handelsmarke; Marke

迫（廹） pǎi 另见 pò

迫击炮 pǎijīpào Granatwerfer; Mörser

派 pài 另见 pā

1. →派别 乐观～ Optimist 2. Verhalten; Stil; Art und Weise 3. (als Zähleinheitswort): 两～学者 Angehörige von zwei wissenschaftlichen Schulen 一～新气象 eine neue Szenerie; neue Atmosphäre 4. schicken; ernennen; verteilen ～往北京 jn nach Beijing schicken 5. tadeln; kritisieren; vorwerfen

派别 pàibié Fraktion; Gruppe; Sekte ～活动 Fraktionstätigkeit

派出所 pàichūsuǒ Polizeirevier

派遣 pàiqiǎn schicken; entsenden; abkommandieren

派生 pàishēng ableiten; abgeleitet sein; herstammen ～词 Derivation; abgeleitetes Wort

派头 pàitóu Auftreten; Erscheinung; Stil

派系 pàixì Fraktion; Gruppierung; Clique ～斗争 Flügelkampf; Fraktionskampf

攀 pān 1. klettern; erklimmen ～树 auf einen Baum klettern 2. →攀附 2

攀登 pāndēng erklettern; erklimmen; besteigen ～科学高峰 neue Gipfel in der Wissenschaft erklimmen; die Höhen der Wissenschaft erklimmen

攀附 pānfù 1. an etw hinaufklettern 2. einflussreiche Beziehungen anstreben;

gestützt auf einflussreiche Personen aufzusteigen suchen
攀亲 pānqīn 1. ein Verwandtschaftsverhältnis geltend zu machen suchen; sich auf seine Verwandtschaft zu berufen versuchen 2. (den Sohn oder die Tochter) mit jm verloben
攀谈 pāntán mit jm ins Gespräch kommen; jn ansprechen; eine Unterhaltung mit jm anknüpfen

蹒（蹣）pán

蹒跚 pánshān hinken; humpeln; taumeln

蟠 pán sich winden; sich schlängeln; sich zusammenrollen

蟠桃 pántáo 1. Flachpfirsich 2. Zauberpfirsich; Pfirsich der Unsterblichkeit

盘（盤）pán 1. →盘子 1 瓷～ Porzellanteller 2. →盘子 2 开～ den Börsenmarkt eröffnen; Anfangspreis; Eröffnungspreis 3. um etw kreisen; sich winden; gewunden ～山公路 gewundene Bergstraße 4. mauern; bauen; errichten ～炉灶 einen Ziegelofen bauen 5. →盘问 6. →盘点 7. übereignen; überschreiben 受～ sich ein Geschäft (eine Firma) kaufen 8. →盘运 9. (als Zähleinheitswort): 一～磨 ein Mühlstein; eine Mühle

盘剥 pánbō ausbeuten; Wucherei 重利～ jn wucherisch ausbeuten; Wucher treiben
盘查 pánchá jn ausfragen und überprüfen; jm auf den Zahn fühlen
盘缠 pánchan Reisegeld; Reisekosten
盘秤 pánchèng Laufgewichtswaage mit Lastteller
盘点 pándiǎn Inventur machen; Bestandsaufnahme
盘费 pánfei →盘缠
盘究 pánjiū jn ausfragen; jn ins Kreuzverhör nehmen
盘踞 pánjù sich verschanzen; okkupieren; besetzt halten
盘尼西林 pánníxīlín Penicillin
盘曲 pánqū sich winden; sich schlängeln; sich krümmen
盘绕 pánrǎo sich herumwinden; sich um etw schlingen
盘算 pánsuan sich etw überlegen und planen; kalkulieren
盘梯 pántī Wendeltreppe
盘腿 pántuǐ die Beine übereinander schlagen; im Schneidersitz ～而坐 mit übereinandergeschlagenen Beinen sitzen
盘问 pánwèn ausfragen; nachforschen; verhören
盘旋 pánxuán 1 sich im Kreise bewegen; um etw kreisen ～上升 sich aufschwingen; aufwirbeln 2. sich aufhalten; verweilen; bleiben
盘运 pányùn verladen; befördern; transportieren
盘子 pánzi 1. Teller; Platte; Schale 2. Marktpreis; Verkaufspreis; Tageskurs

磐 pán

磐石 pánshí Felsblock; Felsen 安如～ felsenfest

判 pàn 1. →判别 2. völlig unterschiedlich; ganz anders ～若两人 jd ist wie umgewandelt (wie umgewechselt) 3. beurteilen; einschätzen; begutachten ～卷子 Prüfungsbogen bewerten 4. verurteilen; ein Urteil fällen ～死刑 jn zum Tode verurteilen

判别 pànbié unterscheiden; differenzieren ～是非 wahr und falsch auseinander halten; Recht und Unrecht unterscheiden
判断 pànduàn 1. Urteil 2. urteilen; entscheiden
判决 pànjué verurteilen; Urteil ～书 Urteilsspruch; Urteil
判罪 pànzuì verurteilen; bestrafen; jn für schuldig erklären

畔 pàn 1. an der Seite; dicht an; nahe bei 河～ am Flußufer 2. Feldrand; Ackerrand

叛 pàn →叛变

叛变 pànbiàn jm abtrünnig werden; verraten; Verrat begehen ～行为 Renegatentum; Verrat
叛乱 pànluàn Rebellion; Aufruhr; Revolte ～分子 Rebell; Aufrührer; Putschist
叛卖 pànmài Verrat begehen (an); verraten und an den Feind verkaufen
叛徒 pàntú Verräter; Abtrünniger; Renegat

襻 pàn 1. Schlaufe 鞋～儿 Schuhriemen 2. etw mit einer Schnur o. ä. lose befestigen 用绳子～上 etw mit einer Schnur lose zusammenbinden ～上几针 mit ein

paar Stichen zusammennähen

盼 pàn →盼望

盼望 pànwàng hoffen; etw sehnsüchtig erwarten; sich nach etw sehnen

滂 pāng in Strömen fließen

滂湃 pāngpài stürmisch brausend; gewaltig tosend

滂沱 pāngtuó sich wolkenbruchartig ergießen; herabströmend 大雨～ es regnet in Strömen

膀(胮) pāng 另见 bǎng; pàng

schwellen; anschwellen; geschwollen

乓 pāng (als Schallwort) peng! Krach; Bums

旁 páng 1. →旁边 路～ Straßenrand 2. andere (-r, -s)

旁边 pángbiān an der Seite; neben; an

旁观 pángguān zuschauen; zusehen 袖手～ unbeteiligt (tatenlos) zusehen

旁人 pángrén andere Leute; die anderen 这与～无关 es hat mit anderen Leuten nichts zu tun

旁听 pángtīng 1. zuhören; als Gast hören; als Gast teilnehmen ～席 Zuhörerplatz; Publikumsplatz 2. hospitieren ～生 Gasthörer; Gastschüler; Hospitant

旁系 pángxì Nebenlinie; Seitenlinie ～亲属 Verwandte(r) einer Nebenlinie; Seitenverwandte(r)

旁证 pángzhèng Indizienbeweis; indirekter Beweis

旁征博引 páng zhēng bó yǐn viel Material als Beweis anführen

磅 páng 另见 bàng

磅礴 pángbó 1. mächtig; imponierend; imposant 气势～ machtvoll; wuchtig; majestätisch 2. sich machtvoll ausbreiten 热情～ von Begeisterung erfüllt sein; voll überschwenglicher Begeisterung

螃 páng

螃蟹 pángxiè Krabbe

膀 páng 另见 bǎng, pāng

膀胱 pángguāng Harnblase

彷(徬) páng

彷徨 pánghuáng unschlüssig hin und her gehen; schwanken; zögern ～歧途 unschlüssig vor einer Entscheidung stehen

庞(龐、厖) páng 1. →庞大 ～然大物 Ungeheuer; Koloss; Monstrum 2. →庞杂

庞大 pángdà enorm; riesig; ungeheuer 机构～ ein aufgeblähter Verwaltungsapparat

庞杂 pángzá wirr (verworren); Durcheinander

耪 pǎng den Ackerboden auflockern; das Erdreich mit einer Hacke lockern

胖(胖) pàng dick; beleibt; füllig

胖子 pàngzi Dicke(r); Fettwanst

泡[1] pāo 另见 pào

angeschwollene und weich gewordene Dinge 木料发～ das Holz ist schwammig geworden

泡[2] pāo 另见 pào

(Zähleinheitswort): 撒一～尿 einmal pinkeln 拉一～屎 mal scheißen

泡桐 pāotóng Paulownie

抛(拋) pāo 1. werfen; schleudern; schmeißen ～球 einen Ball in die Höhe werfen 2. verlassen; hinter sich lassen; im Stich lassen 他把其他运动员远远地～在后面了 er hat die anderen Sportler weit hinter sich gelassen 3. →抛售

抛光 pāoguāng polieren; glätten

抛锚 pāomáo 1. ankern; Anker werfen; vor Anker gehen 2. eine Panne haben; ins Stocken geraten 汽车～了 das Auto hatte eine Panne

抛弃 pāoqì wegwerfen; etw über Bord werfen; jn/etw im Stich lassen

抛售 pāoshòu etw zu Schleuderpreisen verkaufen; verschleudern

抛物线 pāowùxiàn Parabel

抛砖引玉 pāo zhuān yǐn yù durch unmaßgebliche Meinungsäußerungen eine fruchtbare Diskussion anregen

炮 páo 另见 bāo, pào

durch Rösten von Heilkräutern Medizin herstellen

炮制 páozhì 1. Zubereitung (Herstellung) von chinesischen Arzneimitteln; brauen;

kochen 2. aushecken; fabrizieren; schmieden ～蛊惑人心的舆论 hetzerische öffentliche Meinungen ausbrüten

袍 páo →袍子

袍子 páozi langes Oberkleid; talarartiges Gewand

咆 páo

咆哮 páoxiāo brüllen; heulen; tosen

刨 páo 另见 bào

1. buddeln; graben; ausheben ～土 Erde ausheben; umgraben 2. abziehen; vermindern; minus

狍(麅) páo →狍子

狍子 páozi Reh

跑 pǎo 1. laufen; rennen; sich rasch fortbewegen 2. entfliehen; entkommen; davonlaufen 3. gehen; fahren 4. herumlaufen, um etw zu beschaffen ～买卖 herumreisen, um Handel zu treiben 5. weg; fort ～气 der Dampf entweicht aus ...; der Duft (Geruch) verfliegt

跑表 pǎobiǎo Stoppuhr

跑步 pǎobù laufen; im Laufschritt marschieren

跑道 pǎodào 1. Bahn; Rollbahn; Piste 2. Rennbahn; Aschenbahn

跑马 pǎomǎ 1. im Galopp reiten 2. Pferderennen; Galopprennen ～场 Pferderennbahn

跑腿儿 pǎotuǐr Laufbursche sein; Botengänge erledigen

跑鞋 pǎoxié Spikes; Rennschuhe

泡 pào 另见 pāo

1. Blase; Schaum 肥皂～儿 Seifenblase 2. blasenförmiger Gegenstand 手上磨出了～ sich Blasen an den Händen reiben 3. einweichen; etw in Flüssigkeit legen; brühen ～茶 Tee aufbrühen; Tee aufgießen 4. Zeit vertreiben; trödeln; bummeln

泡菜 pàocài sauer eingelegtes Gemüse; Pickles

泡沫 pàomò Schaum; Bläschen ～玻璃 Schaumglas ～塑料 Schaumkunststoff

泡影 pàoyǐng leere Hoffnung; Trugbild; Illusion 成为～ zunichte werden; Seifenblasen sein; zu Wasser werden

疱(皰) pào Blase

疱疹 pàozhěn 1. Bläschen; Pickel; Pustel 2. Herpes

炮(砲、礮) pào 另见 bāo, páo

1. Kanone; Geschütz 2. →炮仗 3. Sprengloch; Sprengschuss

炮兵 pàobīng Artillerie; Artillerist ～连 Batterie

炮弹 pàodàn Artilleriegeschoss

炮灰 pàohuī Kanonenfutter 充当～ sich als Kanonenfutter hergeben; als Kanonenfutter herhalten

炮火 pàohuǒ Artilleriefeuer; Geschützfeuer ～连天 schweres Geschützfeuer; stürmische Kanonade

炮击 pàojī etw mit Artillerie belegen; bombardieren

炮舰 pàojiàn Kanonenboot ～政策 Kanonenbootpolitik

炮楼 pàolóu Wachturm; Wehrturm

炮手 pàoshǒu Kanonier; Artillerist

炮塔 pàotǎ Panzerturm

炮台 pàotái Fort; Batterie

炮艇 pàotǐng Kanonenboot

炮仗 pàozhang Feuerwerkskörper; Knallfrosch

呸 pēi (als Ausrufewort) pfui; pah

胚(肧) pēi Embryo; Keimling

胚胎 pēitāi Embryo; Keim

胚芽 pēiyá Keim; Sprossknospe; junger Trieb

培 péi 1. häufeln; um etw Erde anhäufen 2. →培养 2

培土 péitǔ Erde anhäufen; häufeln

培训 péixùn ausbilden; schulen; trainieren ～技术人员 technisches Personal ausbilden

培养 péiyǎng 1. züchten ～细菌 Bakterien züchten 2. ausbilden; heranbilden; erziehen ～接班人 Nachfolger heranziehen; Nachwuchs heranbilden

培育 péiyù züchten; kultivieren; pflegen ～种子 Saatgut heranzüchten

培植 péizhí 1. heranziehen; heranzüchten; kultivieren 2. →培养 2 ～亲信 die Kräfte seiner Gefolgsleute ausbauen

赔 péi 1. →赔偿 2. →赔本

P

赔本 péiběn bei einem Geschäft Kapital einbüßen (verlieren); Geld zusetzen ~生意 verlustbringendes Geschäft

赔偿 péicháng jn entschädigen; Schadenersatz zahlen; Wiedergutmachung ~损失 jn für einen Verlust entschädigen; den Schaden ersetzen

赔款 péikuǎn 1. Geldentschädigung; Reparationen 2. Reparationen leisten; Schadenersatz zahlen

赔礼 péilǐ jn um Verzeihung bitten; sich entschuldigen

赔笑 péixiào mit einem Lächeln um Nachsicht bitten

赔罪 péizuì sich bei jm entschuldigen; jm Abbitte tun (leisten)

锫 péi Berkelium (Bk)

陪 péi →陪伴 ~客人 dem Gast Gesellschaft leisten

陪伴 péibàn jm Gesellschaft leisten; begleiten

陪衬 péichèn 1. als Hintergrund (Folie) dienen; hervortreten lassen; zur Betonung beitragen 2. Hintergrund; Folie; Staffage

陪审 péishěn als Schöffe fungieren; als Beisitzer tätig sein; als Geschworener zu Gericht sitzen ~制 Schwurgerichtssystem; Schöffensystem

陪同 péitóng begleiten; Begleiter; Betreuer

陪葬 péizàng mit einem Toten zusammen begraben werden; mit einem Toten mitbegraben werden ~品 Beigabe

沛 pèi reichlich; üppig; energisch ~然下雨 der Regen prasselt nieder 精力充~ voller Energie (Tatkraft); vor Energie strotzen; energisch

配 pèi 1. eine Ehe schließen 2. paaren ~马 Pferde paaren 3. zusammenstellen; zusammenmischen ~颜色 Farben mischen; Farbgestaltung ~眼镜 eine Brille anfertigen lassen 4. planmäßig verteilen (austeilen) ~给 etw in Rationen zuteilen 5. ergänzen; hinzufügen; vervollständigen ~零件 Ersatzteile einbauen 6. zueinander passen 红花~绿叶 rote Blüten und grüne Blättern passen gut zueinander 7. sich würdig erweisen; würdig sein ~称人民教师 es verdienen, Volkslehrer zu sein 8. verbannen; jn in die Verbannung schicken

配备 pèibèi 1. ausstatten; versehen ~干部 ein Organ (eine Behörde) mit Kadern ausstatten; einem Organ (einer Behörde) Kader zuteilen 2. aufstellen; einsetzen 兵力~ Truppenkräfte einsetzen; Streitkräfte aufstellen 3. Ausrüstung; Ausstattung 技术~ technische Ausrüstung

配对 pèiduì ein Paar bilden; sich begatten

配方 pèifāng 1. Rezeptur; Arznei bereiten 2. Mischungsanleitung für Chemikalien; Formel

配合 pèihé kooperieren; zusammenwirken ~行动 eine konzertierte Aktion durchführen

配合 pèihe zueinander passen 色彩不~ die Farbtöne passen nicht zueinander

配给 pèijǐ rationieren; in Rationen zuteilen ~制 Rationierungssystem

配件 pèijiàn 1. Zubehör; Einzelteil; Ersatzteil 汽车~ Kraftfahrzeugzubehör 2. Reparaturteil

配角 pèijué 1. Nebenrolle 2. Randfigur; unbedeutende Rolle

配偶 pèi'ǒu Ehepartner; Ehehälfte

配套 pèitào komplettieren; vervollständigen ~措施 Begleitmaßnahmen

配药 pèiyào eine Arznei anfertigen; dispensieren

配音 pèiyīn synchronisieren ~演员 Synchronisator

配置 pèizhì einsetzen; anordnen; verteilen ~劳动力 Arbeitskräfte zuteilen

配种 pèizhǒng besamen; befruchten; Züchtung

佩 pèi 1. →佩带 腰~盒子枪 eine Mauserpistole am Gürtel tragen 2. →佩服

佩带 pèidài tragen; anlegen ~徽章 Abzeichen (Emblem) tragen

佩服 pèifú bewundern; jm seinen Respekt erweisen

辔 pèi →辔头

辔头 pèitóu Zaumzeug; Zaum

喷 pēn 另见 pèn
speien; spritzen; sprengen ~火 Feuer speien

喷薄 pēnbó hervorquellend; emporsprudelnd ~欲出的一轮红日 die am Horizont auf-

gehende Sonne, die wie ein feuriger Ball wirkt
喷灯 pēndēng Lötlampe; Lötrohr
喷发 pēnfā speien; Eruption
喷壶 pēnhú Gießkanne
喷火器 pēnhuǒqì Flammenwerfer
喷漆 pēnqī 1. Lack aufspritzen ～枪 Farbspritzpistole 2. Spritzlack; Lack
喷气式 pēnqìshì düsengetrieben; mit Düsenantrieb versehen ～飞机 Düsenflugzeug; Düsenmaschine; Jet
喷泉 pēnquán Fontäne; Springbrunnen
喷射 pēnshè sprühen; strahlen; besprühen 火焰～器 Flammenwerfer
喷水池 pēnshuǐchí Fontäne; Springbrunnen
喷嚏 pēntì Nieser; niesen 打～ niesen
喷头 pēntóu Brause; Düse
喷雾器 pēnwùqì Zerstäuber; Spraygerät
喷嘴 pēnzuǐ Düse; Brause

盆 pén Becken; Topf; Wanne 洗衣～ Waschbecken; Waschschüssel
盆地 péndì Talkessel; Becken
盆景 pénjǐng Ziertopflandschaft; Bonsai
盆腔 pénqiāng Beckenhöhle; Beckenraum

喷 pèn 另见 pēn
gerade reif
喷香 pènxiāng duftend; wohlriechend

烹 pēng 1. kochen 2. schnell in Öl braten und mit Soja tunken und würzen
烹饪 pēngrèn kochen; Essen zubereiten ～法 Kochkunst
烹调 pēngtiáo Speisen zubereiten

怦 pēng (als Schallwort zur Wiedergabe von Herzklopfen) pochend ～然心动 *plötzlich gerührt sein; js Begierde oder* Interesse ist jäh geweckt

砰 pēng (als Schallwort) krachend; polternd; plumps 他～的一声关上门走了 mit einem lauten Knall machte er die Tür zu und ging fort

抨 pēng anprangern
抨击 pēngjī scharf kritisieren; attackieren

澎 pēng verspritzen; herumspritzen
澎湃 pēngpài 1. brausen; tosen; toben 海涛～ die Meereswogen tobten hoch und stürmisch 2. wallen; wogen; stürmisch 热情～的诗篇 eine Dichtung voller Begeisterung

蟛 péng
蟛蜞 péngqí *Sesarma* (eine Krabbenart)

膨 péng anschwellen
膨体纱 péngtǐshā Bulkgarn; Bauschgarn
膨胀 péngzhàng 1. anschwellen; Ausdehnung; sich ausdehnen 线性～ lineare Wärmeausdehnung 2. anwachsen; aufblähen; expandieren 通货～ Inflation

蓬 péng 1. Berufkraut 2. →蓬松; 蓬乱 ～头垢面 ungekämmt und ungewaschen; mit strubbeligem Haar und dreckigem Gesicht 3. (als Zähleinheitswort) ein Büschel
蓬勃 péngbó üppig; blühend und gedeihend; schwungvoll ～发展 sich stürmisch entwickeln; stürmische Entwicklung; einen Aufschwung nehmen
蓬乱 péngluàn zerzaust; strubbelig; wirr 头发～ zerzaustes Haar; mit wirrem Haar
蓬松 péngsōng locker; lockig; zerzaust

篷 péng 1. Schutzdach; Sonnendach; Plane 敞～汽车 Wagen ohne Verdeck; offener Wagen 2. Segel
篷布 péngbù Segeltuch; Persenning; Plane

朋 péng 1. Freund 宾～满座 der Bankettsaal ist voll von Gästen 2. eine Clique (einen Klüngel) bilden ～比为奸 mit jm unter einer Decke stecken; mit jm im Komplott sein (stehen) 3. gleich; ebenbürtig 硕大无～ unermesslich groß; von ungeheurer Größe
朋友 péngyou 1 Freund 好～ guter Freund; Busenfreund 2 (in einer Liebesbeziehung) Freund; Freundin

棚 péng 1. Sonnendach; Schutzdach 2. Schuppen; Hütte; Baracke 牲口～ Stall; Viehstall
棚户 pénghù Slumsbewohner

硼 péng Bor (B)

鹏 péng ein sagenhafter Riesenvogel ～程万里 eine große Zukunft vor sich haben; große Perspektiven besitzen

捧 pěng 1. etw in beiden Händen halten;

P

etw mit beiden Händen tragen (schöpfen) 2. (als Zähleinheitswort) Handvoll 一～米 eine Handvoll Reis 3. lobpreisen; schmeicheln

捧场 pěngchǎng jm Beifall klatschen; die Rolle eines Claqueurs spielen; lobhudeln

碰(掽、踫) pèng 1. berühren; stoßen ～破皮 sich die Haut aufschürfen 2. →碰见 3. etw auf gut Glück versuchen; mit etw einen Versuch machen ～～运气 sein Glück versuchen; es darauf ankommen lassen

碰杯 pèngbēi die Gläser klingen lassen; (auf js Wohl) anstoßen

碰壁 pèngbì auf Hindernisse stoßen; gegen eine Wand rennen

碰钉子 pèng dīngzi einen Korb bekommen; abgewiesen (zurückgewiesen) werden

碰见 pèngjiàn treffen; begegnen; auf etw/jn stoßen

碰碰船 pèngpèngchuán Bumperboat

碰巧 pèngqiǎo wie es der Zufall wollte; zufällig; glücklicherweise

碰锁 pèngsuǒ Schnappschloss

碰头 pèngtóu sich treffen; mit jm zusammenkommen (zusammentreffen) ～会 Kurzbesprechung; kurzes Zusammentreffen

坯(坏) pī '坏'另见 huài Formling; Rohling; Halbprodukt 土～ Rohziegel; ungebrannter Lehmziegel

坯布 pībù ungebleichter Stoff

砒 pī Arsen

砒霜 pīshuāng Arsenik

批[1] pī 1. mit der Handfläche schlagen 2. abschaben; abkratzen 3. →批示; 批改 ～公事 amtliches Dokument (offizielles Schreiben) durchsehen; einen Aktenvermerk anbringen ～学生作业 Schülerarbeit korrigieren 4. →批评; 批判

批[2] pī 1. in großen Mengen; große Anzahl 2. (als Zähleinheitswort): 一～货 eine Lieferung Waren

批驳 pībó zurückweisen; missbilligen

批发 pīfā etw en gros verkaufen; Großhandel; Engroshandel ～价格 Großhandelspreis; Mengenpreis

批改 pīgǎi korrigieren und zensieren ～作业 Hausaufgaben korrigieren

批判 pīpàn kritisieren; verurteilen ～地吸收 kritisch übernehmen; sich etw kritisch anverwandeln ～现实主义 kritischer Realismus

批评 pīpíng kritisieren; Kritik ～家 Kritiker; Rezensent ～和自我～ Kritik und Selbstkritik

批示 pīshì Weisung; Aktenvermerk; einen Aktenvermerk anbringen

批阅 pīyuè etw durchlesen und korrigieren; ein Dokument studieren und schriftliche Bemerkungen machen

批准 pīzhǔn genehmigen; bewilligen; ratifizieren ～和约 einen Friedensschluss (Friedensvertrag) ratifizieren

纰 pī sich auffasern

纰漏 pīlòu Versehen; Nachlässigkeit; Flüchtigkeitsfehler

披 pī 1. über die Schultern hängen; umhängen; überwerfen ～着斗篷 sich einen Havelock (ein Cape) umhängen 2. öffnen; auflösen; aufmachen ～卷 ein Buch aufschlagen; ein Buch lesen 3. bersten; gespaltet sein; Risse bekommen

披风 pīfēng Umhang; Pallium; Mantille

披肩 pījiān 1. Umschlagtuch; Schal 2. Passe; Stola

披荆斩棘 pī jīng zhǎn jí 1. sich durch Dornen und Gestrüpp den Weg bahnen; alle Schwierigkeiten und Hindernisse im Wege überwinden 2. unter Überwindung großer Schwierigkeiten Pionierarbeit leisten

披露 pīlù 1. bekanntgeben; veröffentlichen 2. offenbaren; verraten; zeigen

披靡 pīmǐ 1. vom Wind zerzaust werden; vom Sturm gepeitscht werden 2. auseinander laufen; fliehen 所向～ wohin auch die Truppen vordringen, der Feind jagt in heilloser Panik davon / unbesiegbar

披散 pīsan (das Haar) aufgelöst nach unten hängen lassen

披星戴月 pī xīng dài yuè vom Frühmorgen bis zum Spätabend arbeiten

霹 pī

霹雳 pīlì Donnerschlag; Donner

霹雳舞 pīlìwǔ Breaktanz; Breakdance

劈 pī 另见 pǐ
1. spalten; hacken; hauen ～木柴 Brennholz hacken 2. direkt gegen 3. (Blitz) einschlagen; Blitzschlag 一棵树被雷～了 ein Baum wurde vom Blitz getroffen / der Blitz schlug in einen Baum ein 4. Keil
劈刺 pīcì Bajonettkampf
劈刀 pīdāo 1. Buschmesser; Hackbeil 2. Säbelgefecht; Säbelduell
劈脸 pīliǎn direkt ins Gesicht ～一拳 jm einen Faustschlag direkt ins Gesicht geben
劈啪 pīpā (als Schallwort) knallen; prasseln; knistern ～的枪声 knallendes Gewehrfeuer

琵 pí
琵琶 pípá *Pipa* (chinesische Laute mit vier Saiten)

枇 pí
枇杷 pípá Pipa-Frucht; Japanische Mispel

毗(毘) pí →毗连
毗连 pílián an etw grenzen; angrenzend; benachbart

蚍 pí
蚍蜉 pífú Ameise ～撼大树 die eigenen Fähigkeiten überbewerten; sich überschätzen; seinen Kräften zuviel zumuten

啤 pí
啤酒 píjiǔ Bier
啤酒花 píjiǔhuā 1. Hopfen 2. Hopfenpflanze

蜱 pí Zecke

脾 pí →脾脏
脾气 píqi 1. Gemütsart; Temperament; Laune 坏～ Brummigkeit; schlechtmütig; sauertöpfisch 2. Reizbarkeit; Hitzköpfigkeit; Launenhaftigkeit 发～ in Wut geraten; in einem Anfall von Zorn
脾脏 pízàng Milz

皮 pí 1. Haut; Schale 树～ Baumrinde 苹果～ Apfelschale 2. Leder; Pelz 3. Hölle; Schutzumschlag 4. dünnes Blättchen 铁～ Eisenblech 5. unartig ～小囡 ein unartiges Kind 6. Gummi ～筋儿 Gummiband
皮包 píbāo Ledertasche; Aktentasche; Ledermappe ～公司 Schwindelfirma
皮尺 píchǐ Bandmaß; Messband
皮带 pídài 1. Ledergürtel; Lederriemen 2. Treibriemen; Förderband; Transmissionsriemen
皮蛋 pídàn in Kalk konservierte Eier; Kalkeier 松花～ Kiefernblüten-Eier
皮肤 pífū Haut ～病 Hautkrankheit; Dermatosis
皮革 pígé Leder ～制品 Lederwaren 人造～ Kunstleder
皮货 píhuò Pelzwaren; Pelze; Rauchwaren
皮夹子 píjiāzi Brieftasche; Portemonnaie
皮匠 píjiang 1. Gerber; Sattler 2. Schuhmacher; Schuster
皮毛 pímáo 1. Fell; Pelz 2. oberflächliches Wissen; Halbwissen 略知～ nur wenig von einer Sache wissen; nur oberflächlich Bescheid wissen
皮棉 pímián entkörnte (entkernte) Baumwolle
皮球 píqiú Lederball; Gummiball; Ball
皮鞋 píxié Lederschuh 高跟～ Schuhe mit hohem Absatz; Stöckelschuhe ～油 Schuhcreme; Schuhpaste
皮炎 píyán Dermatitis; Hautentzündung
皮衣 píyī Lederkleidung; Pelzkleidung
皮影戏 píyǐngxì Schattenspiel (mit Figuren aus Tierhaut oder Karton)

疲 pí →疲乏
疲惫 píbèi 1. erschöpft; ermüdet; marode ～不堪 völlig ermüdet; ganz erschöpft; todmüde 2. auszehren; ermatten (ermüden); kaputtmachen
疲乏 pífá müde; erschöpft; abgespannt
疲倦 píjuàn →疲乏
疲劳 píláo 1. →疲乏 2. Müdigkeit; erschöpft sein 3. Ermüdung 弹性～ Elastizitätsermüdung; Ermüdung der Elastizität
疲软 píruǎn 1. müde und matt; schwach 2. flau; wenig gefragt ～市场 flauer Markt; der Marktkurs steht flau
疲塌 píta träge; schlapp; nachlässig
疲于奔命 pí yú bēn mìng von zuviel Lauferei völlig erschöpft sein; von Pontius zu Pilatus laufen (rennen)

铍 pí Beryllium (Be)

否 pǐ 另见 fǒu

1. schlecht; böse; übel 2. tadeln; missbilligen

否极泰来 pǐ jí tài lái wenn die Not am größten ist, ist Gottes Hilfe am nächsten / auf Regen folgt Sonnenschein

痞 pǐ 1. →痞块 2. →痞子

痞块 pǐkuài Geschwulst im Unterleib

痞子 pǐzi Gauner; Rohling; Schurke

匹[1] pǐ 1. ebenbürtig sein; sich mit jm messen können 2. einzeln; allein

匹[2]（[2]疋） pǐ 1.（als Zähleinheitswort）: 五～骡子 fünf Maultiere 2.（als Zähleinheitswort）Ballen（Stoff, Textilgewebe o. ä.）三～布 drei Ballen Tuch

匹敌 pǐdí ebenbürtig sein; sich mit jm messen können 两方势力～ die beiden Seiten sind gleich stark

匹夫 pǐfū 1. einfacher Mann; einzelner Mann 国家兴亡，～有责 auch ein einfacher Mensch ist für das Schicksal seines Landes verantwortlich 2. ungebildeter Mensch; Plebejer ～之勇 Tollkühnheit; Waghalsigkeit

癖 pǐ →癖好

癖好 pǐhào Vorliebe; Schwäche; Hobby

劈 pǐ 另见 pī

1. zerteilen; spalten ～成三股 etw in drei Stränge auflösen 2. abspalten; abreißen; abbrechen ～莴苣叶 die Blätter des Lattichs abreißen 3. seine Finger oder Beine zu weit spreizen, so dass man sich einen Muskel oder eine Sehne zerrt

劈柴 pǐchái gehacktes Brennholz; Kleinholz; Holzscheit

睥 pì

睥睨 pìnì hochmütig auf jn/etw herabblicken; etw/jn verachten ～一切 auf alles herabschauen; voll Hochmut

屁 pì Furz; Fist; Darmwind

屁股 pìgu 1. Hintern; Gesäß; Arsch 2. Hinterteil eines Tieres; Steiß 3. Stummel; Kippe 香烟～ Kippe; Zigarettenkippe; Zigarettenstummel

媲 pì ebenbürtig sein; sich mit jm messen können

媲美 pìměi jm/etw gleichkommen können; sich mit jm/etw messen können

辟（闢） pì 另见 bì

1. eröffnen; erschließen 2. eingehend; gründlich; tiefgründig 精～ durchdringend; tiefschürfend; durchdacht 3. widerlegen

辟谣 pìyáo Gerüchte widerlegen; dementieren

譬 pì Vergleich; Beispiel

譬如 pìrú zum Beispiel; beispielsweise

譬喻 pìyù Gleichnis; bildhafter Vergleich; Metapher

僻 pì 1. entlegen; abgelegen; einsam ～巷 abgelegene Gasse 2. schrullig; verschroben; exzentrisch 怪～ Eigenbrötelei; absonderlich 孤～ ungesellig und exzentrisch 3. selten; rar; ungebräuchlich ～字 selten gebrauchtes Wort

僻静 pìjìng abgelegen und still

扁 piān 另见 biǎn

扁舟 piānzhōu kleines Boot; Kahn

篇 piān 1. Aufsatz; Artikel; Abschrift 2. ein beschriebenes oder bedrucktes Papier oder Blatt 单～儿讲义 vervielfältigter Lehrstoff in Loseblattausgabe 3.（Zähleinheitswort）: 一～作文 ein Aufsatz

篇幅 piānfu 1. Umfang; Länge 2. Seitenzahl（eines Buches oder einer Zeitschrift）由于～有限，要求文章尽力写得短些 wegen des beschränkten Umfangs wird es verlangt, Artikel so kurz wie möglich zu schreiben

篇目 piānmù 1. Überschrift（Titel）einzelnes Kapitels in einem Buch 2. Inhaltsverzeichnis

篇章 piānzhāng Aufsatz; Abschnitt; Kapitel ～结构 Aufbau eines Artikels

犏 piān

犏牛 piānniú *Pianniu*（Kreuzung zwischen einem Stier und einer Yakkuh）

偏[1] piān 1. schief; schräg; sich nach einer Seite neigen 太阳～西 die Sonne neigt sich gegen Westen 2. bevorzugen;

parteiisch; einseitig ～于理论研究 sich auf die theoretische Forschung beschränken 3. (höfliche Redensart): 我～过了，您请自己吃吧! Danke, ich habe schon gegessen, bitte bedienen Sie sich!

偏[2] piān →偏偏

偏爱 piān'ài eine besondere Vorliebe für etw/jn haben; bevorzugen; jm den Vorzug geben

偏差 piānchā 1. Abweichung; Ablenkung; Deviation 2. Fehler

偏方 piānfāng volkstümliches Rezept; Hausmittel

偏废 piānfèi nur eine Seite beachten und die andere vernachlässigen; einseitig

偏护 piānhù für jn voreingenommen sein; jn in Schutz nehmen

偏激 piānjī fanatisch; extrem; radikal 言论～ fanatische Rede

偏见 piānjiàn Vorurteil; Voreingenommenheit 民族～ nationales Vorurteil; Voreingenommenheit zwischen Völkern

偏离 piānlí abirren; abweichen; Abweichung

偏旁 piānpáng Komponenten der chinesischen Schriftzeichen (z. B. 氵, in 江)

偏僻 piānpì entlegen; abgelegen; einsam

偏偏 piānpiān 1. (absichtlich eine gegensätzliche Antwort auf die objektive Wahrheit geben): 明明都对,他～说不对 es ist offensichtlich alles richtig, doch er behauptet, alles sei falsch 2. (die Realität ist doch gerade der Erwartung entgegengestellt): 昨天他来找我,～我不在家 als er mich gestern besuchte, war ich gerade nicht zu Hause 3. allein; ausgerechnet 为什么～您会犯这个错误? Warum haben ausgerechnet Sie diesen Fehler gemacht?

偏食 piānshí 1. partielle Eklipse; Teilfinsternis 日～ partielle Sonnenfinsternis 2. einseitiger Appetit; einseitige Ernährung

偏瘫 piāntān Hemiplegie; Halbseitenlähmung

偏袒 piāntǎn →偏护

偏向 piānxiàng 1. Abweichung; falsche Tendenz 执行政策中的～ Abweichungen bei der Durchführung der Politik 2. →偏护

偏心 piānxīn parteiisch; ungerecht; Voreingenommenheit

偏重 piānzhòng zuviel Gewicht (auf eine Seite) legen

翩 piān

翩翩 piānpiān 1. beschwingt und anmutig; leicht und gewandt ～起舞 sich anmutig im Tanze wiegen; eine kesse Sohle aufs Parkett legen 2. flink und leicht; flott; vornehm 风度～ eine stattliche Erscheinung sein; flott in Auftreten und Benehmen

片 piān 另见 piàn

片子 piānzi 另见 piànzi 1. Film; Filmrolle 2. Schallplatte 灌～ eine Schallplatte produzieren; eine Schallplattenaufnahme machen; Musikstücke auf Platte aufnehmen

胼 pián

胼胝 piánzhī Kallus; Quese; Schwiele

便 pián 另见 biàn

便便 piánpián beleibt; fett 大腹～ dickbäuchig; wohlbeleibt; Speckbauch

便宜 piányi 1. billig; preiswert; preisgünstig 2. unverdienter Vorteil (Gewinn) 占～ sich einen Vorteil ergaunern; sich Vorteile verschaffen 3. jm einen Vorteil gewähren; jn glimpflich davonkommen lassen

片 piàn 另见 piān

1. Platte; Stück; Scheibe 纸～儿 ein kleines Stück Papier; Zettelchen; Papierfetzen 2. Teil eines großen Gebietes 3. (Fleisch, Brot usw) in Scheiben schneiden ～成片儿 in Scheiben schneiden 4. unvollständig; fragmentarisch 5. (als Zähleinheitswort): 一～面包 eine Scheibe Brot; eine Brotscheibe

片段 piànduàn Teil; Episode; Bruchstück 生活的～ eine Episode im Leben

片断 piànduàn 1. →片段 2 bruchstückhaft; unvollständig; teilweise

片刻 piànkè Moment; Augenblick; für kurze Zeit ～之间 augenblicklich; momentan; im Nu

片面 piànmiàn 1. einseitig ～的决定 einseitige Entscheidung; einen nicht wohlüberlegten Entschluss fassen 2. nur unter einem Aspekt; von einem einzigen Standpunkt ausgehend ～性 Einseitigkeit

P

片子 piànzi 另见 piānzi 1. →片（piàn）1 2. Visitenkarte

骗 piàn 1. jn betrügen; jn beschwindeln; täuschen 2. erschwindeln; etw durch Betrug erreichen ～取信任 sich in js Vertrauen einstehlen

骗局 piànjú Betrug; Schwindel; Gaunerei

骗子 piànzi Betrüger; Schwindler; Gauner 政治～ politischer Betrüger

漂 piāo 另见 piǎo; piào
treiben; dahintreiben; driften

漂泊 piāobó umherwandern; sich ziellos umhertreiben; vagabundieren 到处～ von Ort zu Ort ziehen; sich ziellos in aller Welt umhertreiben

漂流 piāoliú 1. sich von Wasser treiben lassen; driften 顺水～ mit dem Strom schwimmen (driften) 2. →漂泊

剽 piāo 1. rauben; plündern 2. flink und geschickt

剽悍 piāohàn geschickt und tollkühn

剽窃 piāoqiè ein Plagiat begehen; plagiieren; geistiger Diebstahl ～行为 Plagiat

飘（飄） piāo fliegen; flattern; hin und her wehen 广场上红旗～ auf dem Platz flattern rote Fahnen im Wind

飘荡 piāodàng 1. schweben; flattern; dahintreiben 2. →漂泊

飘零 piāolíng 1. (Blätter) verwelken und abfallen 黄叶～ welke Blätter schweben sanft zu Boden 2. von einem unglücklichen Geschick betroffen werden; ein unstetes Leben führen

飘扬 piāoyáng flattern; wehen 迎风～ im Wind flattern

飘悠 piāoyou schwimmen; treiben; sich (auf den Wellen) wiegen

缥 piāo

缥缈 piāomiǎo verschwommen; undeutlich; neblig

瓢 piáo Schöpfkelle; Schöpflöffel

瓢虫 piáochóng Marienkäfer

瓢泼 piáopō in Strömen (regnen) ～大雨 es regnet in Strömen / es gießt wie aus (mit) Kannen

嫖（闝） piáo zu Prostituierten gehen; ein Bordell besuchen ～客 Bordellgast

漂 piǎo 另见 piāo, piào
1. →漂白 ～布 gebleichtes Tuch 2. durchspülen; spülen

漂白 piǎobái bleichen; entfärben ～粉 Bleichpulver; Bleichkalk; Chlorkalk

瞟 piǎo auf etw/jn schielen; jm einen Seitenblick zuwerfen; nach jm/etw schielen

票 piào 1. Karte; Zettel; Bon 电影～ Kinokarte 行李～ Gepäckskarte; Bagagesbescheinigung; Gepäckschein 2. →票子 3. zur Lösegelderpressung entführte Person; Geisel 绑～ jn für Lösegeld entführen; kidnappen 4. (als Zähleinheitswort): 一～货 eine Lieferung Waren 5. (früher) Amateur-Aufführung in chinesischen Opern ～友儿 Amateurschauspieler

票额 piào'é Nennbetrag; Nennwert; Pariwert

票房价值 piàofáng jiàzhí Kassenerfolg

票根 piàogēn Kontrollabschnitt; Souche; Talon

票价 piàojià Kartenpreis; Fahrpreis; Eintrittsgeld

票据 piàojù 1. Wertpapier; Wechsel ～交易所 Abrechnungsstelle; Clearinghaus; Girozentrale 2. Quittung; Bescheinigung; Bon

票面 piàomiàn Nennwert ～价值 Nennbetrag; Nennwert; Pariwert

票子 piàozi Geldschein; Banknote; Papiergeld

漂 piào 另见 piāo, piǎo
ins Wasser fallen; hoffnungslos

漂亮 piàoliang 1. hübsch; schön 她长得很～ sie sieht hübsch aus / sie ist hübsch 2. ausgezeichnet; glänzend; hervorragend 事情办得～ die Sache wurde ausgezeichnet erledigt

漂亮话 piàolianghuà schöne Worte; leere Phrasen

骠 piào 1. galoppieren 2. kühn; tapfer

撇[1] piē 另见 piě
etw/jn beiseite legen; etw/jn im Stich lassen

撇² piē 另见 piě
abschöpfen ～沫儿 abschäumen; Schaum abschöpfen
撇开 piēkāi etw beiseite legen; von etw absehen
瞥 piē jm einen Blick zuwerfen; mit einem Blick streifen
瞥见 piējiàn erblicken; bemerken
氕 piē Protium (^1H)
撇 piě 另见 piē
1. werfen; schleudern ～手榴弹 Handgranaten werfen ～到脑后 etw ignorieren und vergessen; sich etw aus dem Sinn schlagen 2. einer der Grundstriche in chinesischen Schriftzeichen (wie '丿') 3. (als Zähleinheitswort): 两～浓眉 zwei buschige Augenbrauen
撇嘴 piězuǐ den Mund verziehen
苤 piě
苤蓝 piělɑ Kohlrabi
拼¹（拚）pīn zusammensetzer; zusammenfügen
拼²（拚）pīn alles einsetzen; alle Kräfte aufbieten ～刺刀 mit dem Bajonett kämpfen
拼版 pīnbǎn den Umbruch machen; einen Schriftsatz umbrechen
拼搏 pīnbó Wetteifer; Kampfgeist
拼凑 pīncòu zusammenstückeln; zusammenbringen; zurechtzimmern
拼命 pīnmìng 1. bereit, alles zu riskieren; zu jedem Opfer bereit; unter Einsatz des *Lebens* 2. *mit allen Kräften*; aufs äußerste ～干活 mit vollem Einsatz arbeiten
拼写法 pīnxiěfǎ Orthographie; Rechtschreibung
拼音 pīnyīn Lautumschrift; Laute zu Silben verbinden ～文字 Buchstabenschrift ～字母 Buchstabe; phonetisches Alphabet
姘 pīn mit jm ein intimes Verhältnis haben
姘居 pīnjū unehelich zusammenleben; im Konkubinat leben
嫔（嬪）pín 1. Nebenfrau eines Kaisers 2. Hofdame
频 pín mehrmals; wiederholt; häufig 捷报～传 Siegesbotschaften kamen nacheinander
频道 píndào Kanal; Frequenzkanal
频繁 pínfán oft; häufig; wiederholt
频率 pínlǜ Frequenz
贫 pín 1. arm; bedürftig; mittellos 2. mangelhaft; unzulänglich; unzureichend 3. geschwätzig; schwatzhaft
贫乏 pínfá 1. →贫穷 2. mangeln; fehlen; Mangel 内容～ inhaltsarm
贫瘠 pínjí unfruchtbar; mager; dürr ～土壤 unfruchtbarer Boden
贫苦 pínkǔ arm; armselig; elend
贫困 pínkùn →贫穷 摆脱～ von Elend loskommen; Elend und Armut abschütteln
贫民 pínmín arme Leute; Arme(r) ～窟 Elendsviertel Slums
贫农 pínnóng armer Bauer
贫穷 pínqióng arm; bedürftig; kümmerlich
贫下中农 pínxiàzhōngnóng arme Bauern und untere Mittelbauern
贫血 pínxuè Anämie; Blutarmut; blutarm
贫嘴 pínzuǐ schwatzhaft; geschwätzig; Quatsch 要～ schwatzen; quatschen; kariert reden
品 pǐn 1. Gegenstand; Ware; Produkt 日用～ Gebrauchsartikel; Artikel des täglichen Lebens 2. Rang; Grad; Klasse 上～ erstklassig; von höchster Qualität 3. Qualität; Eigenschaft; Charakter 4. abschmecken; probieren; kosten ～酒 Wein kosten; vom Wein nippen 5. blasen ～箫 Bambusflöte blasen (spielen); flöten
品尝 pǐncháng kosten; probieren; abschmecken
品德 pǐndé Moral und Tugend; Sittlichkeit; Ethik ～高尚 edle Eigenschaften; nobler Charakter; anständig und moralisch
品级 pǐnjí 1. Rangstufe; Dienstgrad 2. Klasse; Sorte
品类 pǐnlèi Art; Gattung; Kategorie ～繁多 in allen Sorten
品貌 pǐnmào 1. Aussehen; Äußere; Gesichtszüge ～俊俏 hübsches (schönes) Aussehen 2. Charakter und Erscheinung ～兼优 guten Charakter und hübsches Aussehen haben

品评 pǐnpíng beurteilen; bewerten; einschätzen
品行 pǐnxíng Benehmen; Betragen; Auftreten ～端正 einwandfreies Benehmen; ein makelloses Leben führen; ehrsam
品质 pǐnzhì 1. Charakter; Wesen; Eigenschaft 道德～ moralischer Charakter; moralische Qualitäten 2. Qualität ～优良的商品 Waren von bester Qualität
品种 pǐnzhǒng 1. Rasse; Art 2. Sorte; Sortiment ～齐全 eine reiche Warenauswahl haben; ein reiches Sortiment haben

聘 pìn 1. →聘请 ～为顾问 jn als Berater anstellen 2. ein Mädchen verloben; (als Mädchen) heiraten; verheiratet werden; (als Mädchen) sich verloben; verlobt werden 受～ eine Anstellung übernehmen 3. ～使 diplomatischer Vertreter
聘礼 pìnlǐ 1. Ehrengeschenk (für den neuen Engagierten) 2. Verlobungsgeschenk (der Familie des Bräutigams an die Familie der Braut)
聘请 pìnqǐng jn anstellen; jn engagieren; jn berufen
聘任期 pìnrènqī Dauer eines Anstellungsverhältnisses
聘任制 pìnrènzhì System der Anstellung
聘书 pìnshū Ernennungsurkunde; Berufungsurkunde

牝 pìn weibliche Tiere ～鹿 Hirschkuh

娉 pīng
娉婷 pīngtíng anmutig; lieblich; graziös

乒 pīng 1. Knall; bum 2. Tischtennis; Ping-pong
乒乓 pīngpāng 1. (als Schallwort): 雹子打在屋顶上～作响 der Hagel prasselt aufs Dach 2. →乒乓球
乒乓球 pīngpāngqiú 1. Tischtennis; Ping-pong 2. Tischtennisball

瓶(缾) píng Flasche; Vase 酒～ Weinflasche 水～ Wasserflasche
瓶胆 píngdǎn (Thermosflaschen) Glaseinsatz
瓶子 píngzi Flasche; Vase

屏 píng 另见 bǐng 1. →屏风 2. →屏条 3. beschirmen
屏蔽 píngbì 1. abschirmen; schützen; bedecken 2. →屏障
屏风 píngfēng Wandschirm; spanische Wand; Paravent
屏幕 píngmù Schirm; Bildschirm
屏条 píngtiáo Schriftrolle; Bildrolle
屏障 píngzhàng Schutzwand; Schutzwall

平 píng 1. eben; flach, platt ～顶 Flachdach 2. ebnen; glätten; planieren ～地 den Boden ebnen; ebener Boden; Flachland 3. auf gleiche Höhe mit etw bringen; gleichmachen; nivellieren 河水～槽 das Flusswasser steigt bis ans Ufer 4. gleichmäßig; gerecht 5. →平静 6. unterdrücken; niederschlagen ～乱 Unruhen niederschlagen 7. befrieden; besänftigen 她的气～下去了 ihr Ärger wurde besänftigt 8. allgemein; gewöhnlich 9. →平声
平安 píng'ān friedlich; sicher ～无事 es ist alles in Ordnung / es ist nichts passiert
平白 píngbái ohne Grund; unbegründet ～无故 ohne Grund und Anlass; völlig grundlos
平板车 píngbǎnchē 1. Handkarren mit platter Ladefläche; Dreiradkarren; Lastrikscha 2. Plattformwagen; Pritschenwagen 大型～ großer Rollwagen
平常 píngcháng 1. allgemein; üblich 2. →平时 1
平淡 píngdàn eintönig; farblos; ganz allgemein ～无奇 nicht besonders; ganz gewöhnlich; geschmacklos
平等 píngděng Gleichberechtigung; Gleichheit 男女～ Gleichberechtigung der beiden Geschlechter
平地 píngdì 1. den Boden ebnen; glätten 2. ebener Boden; Flachland
平定 píngdìng 1. sich beruhigen; zur Ruhe kommen 2. niederschlagen; niederwerfen; unterdrücken ～叛乱 einen Aufruhr niederschlagen; eine Rebellion niederwerfen
平凡 píngfán gewöhnlich; gemein; einfach ～的生活 einfaches Leben
平反 píngfǎn jn rehabilitieren; js Ruf wiederherstellen; ein Unrecht wiedergutmachen ～冤案 einen Justizirrtum berichtigen; ein Fehlurteil aufheben
平方 píngfāng 1. Quadrat; die zweite Po-

tenz; hoch zwei 2. Quadratmeter
平房 píngfáng Flachbau; ebenerdiges Haus
平分 píngfēn etw in gleiche Teile (Hälften) teilen; etw gleichmäßig verteilen
平和 pínghé mild; sanft; ruhig 性情～ ein friedliches (ruhiges) Temperament besitzen; von sanftem Wesen sein 药性～ die Medizin ist ziemlich mild
平衡 pínghéng ausgleichen; balancieren; Gleichgewicht 保持～ das Gleichgewicht (die Balance) halten 收支～ Ausgleich von Einnahmen und Ausgaben 失去～ das Gleichgewicht verlieren ～力量 Gegengewicht
平衡木 pínghéngmù Schwebebalken; Balken
平静 píngjìng sich beruhigen; friedlich; ruhig 风暴～了 der Sturm hat sich gelegt
平局 píngjú unentschieden; Remis; Gleichstand 赛成～ das Spiel endet unentschieden / das Spiel endet mit einem Remis
平均 píngjūn 1. durchschnittlich; (im Durchschnitt 全年～温度 Jahresdurchschnittstemperatur 2. gleichmäßig ～分配 etw gleichmäßig verteilen ～主义 Gleichmacherei; Egalitarismus
平列 pínglìe etw nebeneinanderstellen; gleichsetzen
平炉 pínglú Siemens-Martin-Ofen (SM-Ofen)
平面 píngmiàn Fläche; Ebene ～图 Grundriss; Plan ～几何 Planimetrie; die Geometrie der Ebene
平民 píngmín Zivilbevölkerung; Zivilperson; einfaches Volk
平铺直叙 píng pū zhí xù etw unkünstlerisch darstellen; etw farblos schildern; platte Wiedergabe
平生 píngshēng 1. das ganze Leben; ein Leben lang ～的大事 Lebensereignis 2. von jeher; immer 他～从不喝酒 das ganze Leben hindurch trinkt er nicht
平时 píngshí 1. gewöhnlich; alltäglich; sonst 2. in Friedenszeiten
平坦 píngtǎn eben; flach; glatt
平头 píngtóu Bürstenhaarschnitt 剃～ sich Bürstenhaarschnitt frisieren lassen; Igelfrisur
平息 píngxī 1. sich legen; sich beruhigen; zur Ruhe bringen 2. →平定 2
平心静气 píng xīn jìng qì Ruhe und Besonnenheit bewahren; in aller Gemütsruhe
平信 píngxìn einfacher (gewöhnlicher) Brief
平行 píngxíng 1. auf gleicher Ebene; von derselben Klasse; gleichrangig ～机关 Behörden der gleichen Ebene 2. parallel ～四边形 Parallelogramm 3. gleichzeitig; gleichlaufend ～作业 gleichzeitig laufende Arbeiten
平易 píngyì 1. freundlich; bescheiden und umgänglich ～近人 zugänglich; entgegenkommend; verträglich 2. einfach und klar; leichtverständlich
平庸 píngyōng mittelmäßig; banal; durchschnittlich
平原 píngyuán Ebene; Flachland
平整 píngzhěng 1. planieren; nivellieren; einebnen 2. eben; ordentlich
平装 píngzhuāng broschiert; kartoniert; Paperback ～本 Broschur; Buch mit Pappeinband; Paperback

评 píng 1. →评论 获得好～ allgemeine Anerkennung finden; gute Rezension bekommen 2. →评判
评比 píngbǐ abschätzen und vergleichen; beurteilen; bewerten
评定 píngdìng abschätzen; begutachten; bestimmen ～考试成绩 Prüfungsergebnisse auswerten
评分 píngfēn benoten; zensieren
评估 pínggū Bewertung; Beurteilung; Einschätzung
评级 píngjí einstufen; die Rangordnung festsetzen
评价 píngjià 1. beurteilen; bewerten; würdigen ～文学作品 literarische Werke beurteilen 2. Schätzung; Bewertung 给予很高的～ etw/jm hohe Schätzung erteilen
评奖 píngjiǎng durch Diskussion die Preis- oder Prämienvergabe bestimmen
评介 píngjiè rezensieren; Rezension
评论 pínglùn 1. kommentieren; zu etw Stellung nehmen ～时局 die gegenwärtige Situation kommentieren; zu der aktuellen Lage Stellung nehmen 2. Kommentar; Rezension ～文章 Kommentar; Kommentation 电视～员 Fernsehkommentator
评判 píngpàn beurteilen; ein Urteil über etw fällen

评审 píngshěn über etw ein Urteil fällen
评委会 píngwěihuì Jury；Sachverständigenausschuss；Schiedskommission
评选 píngxuǎn auswählen；nominieren ～劳模 Bestarbeiter in öffentlicher Diskussion wählen
评语 píngyǔ Beurteilung；Bewertung

苹（蘋） píng
苹果 píngguǒ 1. Apfel 2. Apfelbaum

萍（蓱） píng Wasserlinse；Entengrütze
萍水相逢 píng shuǐ xiāng féng sich durch Zufall kennen lernen

凭[1]（憑、凴） píng 1. sich anlehnen ～栏 am Geländer lehnen 2. sich auf etw verlassen；auf jn/etw angewiesen sein ～自己的力量 sich auf die eigene Kraft verlassen 3. Beweis 有～有据 Hand und Fuß haben；wohlbegründet sein 4. nach；gemäß；aufgrund ～票付款 zahlbar auf Scheck

凭[2]（憑、凴） píng egal；wie，wer oder was auch immer ～他是谁 wer es auch immer sei
凭据 píngjù Beweisstück；Zeugnis；Beleg
凭空 píngkōng ohne jeden Grund；unbegründet；aus der Luft gegriffen（geholt）～捏造 etw völlig frei erfinden；lauter Erfindung；sich etw aus den Pfoten saugen
凭信 píngxìn vertrauen；glauben；jm Vetrauen schenken
凭仗 píngzhàng sich auf etw stützen；auf etw angewiesen sein
凭证 píngzhèng Bescheinigung；Beleg；Zeugnis

朴 pō 另见 pò，pǔ
朴刀 pōdāo ein Schwert mit langer Klinge und kurzem Griff，das man mit beiden Händen schwingt

钋 pō Polonium（Po）

泊（泺） pō 另见 bó
See

坡 pō 1. Abhang；Hang 高～ hoher Abhang 2. schräg；abschüssig；schief
坡地 pōdì abschüssiges Feld；Abhang
坡度 pōdù Neigung；Gefälle；Gradient

颇 pō 1. zu einer Seite geneigt；nicht gerade 2. ziemlich；recht；beträchtlich ～感兴趣 an etw ziemlich interessiert sein

泼[1]（潑） pō ausschütten；besprengen

泼[2]（潑） pō 1. boshaft；roh und grob；zänkisch 2. tüchtig；kühn und entschlossen
泼妇 pōfù zänkisches Weib；boshaftes Frauenzimmer；Xanthippe
泼辣 pōla 1. wild；streitsüchtig；unbändig 2. kühn und entschlossen；tüchtig；kräftig 工作～ entschlossen und voller Tatkraft arbeiten
泼冷水 pō lěngshuǐ jm eine kalte Dusche geben（verabreichen）；jm einen Dämpfer aufsetzen
泼皮 pōpí Rowdy；Schurke；Schuft
泼水节 pōshuǐjié Wasserfest；Fest des Wasserbesprengens

婆 pó 1. alte Frau 2.（früher）in bestimmten Berufen tätige Frauen 媒～ Heiratsvermittlerin 接生～ Hebamme 3. Schwiegermutter（Mutter des Ehemannes）～家 Familie des Ehemannes
婆婆 pópo 1. Schwiegermutter；Mutter des Ehemannes 2. Großmutter；Oma väterlicherseits
婆娑 pósuō anmutige Tanzdrehungen ～起舞 in beschwingten Wirbeln zu tanzen beginnen

叵 pǒ unmöglich；nicht im Stande sein
叵测 pǒcè nicht vorauszusehen；unvorhersehbar；undurchschaubar 心怀～ böse Absichten hegen；etw（Böses）im Schilde führen；hinterlistig

笸 pǒ
笸箩 pǒluo flacher geflochtener Korb

钷 pǒ Promethium（Pm）

朴 pò 另见 pō，pǔ
Chinesischer Zürgelbaum
朴硝 pòxiāo Glaubersalz

破 pò 1. kaputt；beschädigt；abgenutzt

～碗 beschädigte Schale 鞋～了 der Schuh ist abgenutzt (kaputt) 2. spalten; entzweischneiden ～开西瓜 eine Wassermelone spalten ～壳而出 (aus dem Ei) ausschlüpfen 3. →破除 ～记录 einen Rekord brechen 4. besiegen; überwältigen 大～敌军 der feindlichen Armee einen vernichtenden Schlag versetzen 5. →破费 6. enthüllen; entlarven 7. scheußlich; miserabel; armselig ～戏 ein scheußliches Theaterspiel

破案 pò'àn einen Fall aufklären (lösen)

破冰船 pòbīngchuán Eisbrecher

破产 pòchǎn 1. Bankrott machen; bankrottieren; Konkurs 宣告～ den Bankrott erklären; pleite werden (gehen); den Konkurs anmelden 2. verarmt (ruiniert) sein 3. scheitern; sich zerschlagen 计划～了 das Projekt ist gescheitert

破除 pòchú ausmerzen; beseitigen ～迷信 mit dem Aberglauben brechen; den Aberglauben bekämpfen

破费 pòfèi etw springen lassen; große Ausgaben machen

破釜沉舟 pò fǔ chén zhōu eine Entscheidung unwiderruflich treffen

破格 pògé die Regel durchbrechen; eine Ausnahme machen; ausnahmsweise ～提升 jn außer der Reihe befördern

破坏 pòhuài 1. zerstören; untergraben ～活动 subversive Tätigkeit; Sabotageakte; Sabotage ～分子 Saboteur 2. beschädigen; sabotieren; vereiteln ～名誉 jm die Ehre abschneiden; jn verleumden; js Ansehen untergraben 3. umgestalten; verändern ～旧制度 ein altes System zerschlagen 4. verletzen; zuwiderhandeln ～秩序 die Ordnung stören (verletzen) 5 zerlegen

破烂 pòlàn 1. zerlumpt; abgenutzt 破破烂烂的衣服 zerlumpte Kleider 2. Kram Plunder; Trödel 捡～ Altmaterial sammeln

破例 pòlì die Regel durchbrechen; eine Ausnahme machen

破裂 pòliè platzen; brechen; einen Riss bekommen 谈判～ die Verhandlungen sind gescheitert

破落 pòluò herunterkommen; verfallen; bergab gehen (mit einer Familie) ～户 verarmte Familie; heruntergekommene Familie

破灭 pòmiè zertrümmert werden; vereitelt werden; in Scherben liegen (gehen) 所有希望都～ alle Hoffnungen lagen in Scherben / alle Hoffnungen wurden zerstört

破伤风 pòshāngfēng Wundstarrkrampf; Tetanus

破碎 pòsuì 1. zerbrochen; zerfetzt; zerrissen 2 zerschmettern; zerstückeln; in Fetzen reißen ～机 Brecher; Brechwerk

破损 pòsǔn beschädigt; schadhaft; abgenutzt

破天荒 pòtiānhuāng nie dagewesen; zum ersten Mal ～第一遭 zum allerersten Mal

破晓 pòxiǎo dämmern; Tagesanbruch; Tagesgrauen

破绽 pòzhàn 1. Riss in der Kleidung 2. Lücke; Fehler Pferdefuß 露出～ seine Lücke (Schwäche) zeigen; seinen Pferdefuß zeigen ～百出 voll von Ungereimtheiten; es wimmelt von schwachen Stellen

破折号 pòzhéhào Gedankenstrich

迫(廹) pò 另见 pǎi

1. zwingen; jm etw aufzwingen; bedrängen 为形势所～ von den Umständen bedrängt 2. dringend; drängend 3. sich nähern; näherkommen

迫不得已 pò bù dé yǐ gezwungen sein, etw zu tun; sich genötigt sehen, etw zu tun; notgedrungen

迫不及待 pò bù jí dài äußerst eilig; in größter Eile; es ist höchste Eisenbahn

迫害 pòhài verfolgen 政治～ politische Verfolgung

迫近 pòjìn sich nähern (nahen); näherkommen; bevorstehen

迫切 pòqiè dringend; dringlich; eilig ～要求 dringendes Verlangen; dringliches Anliegen

迫使 pòshǐ zwingen; nötigen ～敌人投降 den Feind zur Kapitulation zwingen

魄 pò Seele; Geist; Energie

魄力 pòlì Energie und Entschlossenheit; Kühnheit

剖 pōu 1. zerteilen; aufschneiden 2. →剖析 ～明事理 den Hergang einer Sache untersuchen; nach dem inneren Zusammenhang einer Sache forschen

剖白 pōubái sich rechtfertigen; sich verteidigen；erklären ～心迹 seine Gefühle verraten；sich offen aussprechen

剖腹产 pōufùchǎn Kaiserschnitt；Schnittentbindung

剖面 pōumiàn Profil；Durchschnitt 横～ Querschnitt

剖析 pōuxī analysieren；sezieren；zergliedern

铺 pū 另见 pù

1. ausbreiten；auflegen；bedecken；auslegen ～台布 ein Tischtuch auflegen；den Tisch mit einer Decke bedecken 2. legen；pflastern ～地板 dielen；den Fußboden mit Dielen belegen

铺床 pūchuáng das Bett machen；aufbetten

铺盖 pūgai Bettzeug ～卷儿 Bettzeugbündel

铺设 pūshè legen；anlegen；belegen ～铁轨 Eisenbahnschienen legen；Stahlschienen (Gleise) verlegen

铺张 pūzhāng großen Aufwand treiben；extravagant 反对～浪费 gegen großen Aufwand und Verschwendung ankämpfen

扑（撲） pū 1. sich auf jn/etw stürzen ～到某人怀里 jm in die Arme fallen；sich in js Arme stürzen 2. sich einer Sache hingeben (verschreiben) 一心～在工作上 sich mit Leib und Seele seiner Arbeit verschreiben 3. schlagen；anstürmen 用苍蝇拍～苍蝇 nach den Fliegen mit der Klatsche schlagen 直～敌人据点 auf den Stützpunkt des Feindes einstürmen 4. schlagen；flattern；schwingen ～翅膀 mit den Flügeln schlagen；flattern 5. sich beugen ～在桌上写字 sich über den Tisch beugen und schreiben

扑鼻 pūbí in die Nase stechend 异味～ ein seltsamer Geruch sticht einem in die Nase

扑打 pūdǎ hastig schlagen ～蝗虫 Heuschrecken totschlagen

扑打 pūda leicht abklopfen ～头上的雪花 *Schneeflocken vom Kopf abklopfen*

扑粉 pūfěn 1. Puder 2. Körperpuder 3. sich pudern

扑克 pūkè Spielkarten；Pocker 打～ Karten spielen；Kartenspiel

扑空 pūkōng umsonst hingehen；ins Leere stoßen

扑灭 pūmiè löschen；vernichten；ausrotten ～蚊蝇 Fliegen und Mücken vernichten

扑通 pūtōng (als Schallwort) plumps；plumpsen；platsch ～一声掉下水去 mit einem Plumps ins Wasser fallen

噗 pū (als Schallwort) Puster；Atemstoß 他～的一声吹灭了灯 mit einem Puster löschte er das Licht aus

菩 pú

菩萨 púsà 1. Bodhisattwa 2. Buddha；Buddhafigur 3. barmherziger (gutmütiger) Mensch ～心肠 barmherzig；weichherzig

菩提树 pútíshù Pagodenfeige；Feigenbaum

蒲 pú breitblättriger Rohrkolben；Schilf

蒲包 púbāo Schilfsack；aus Schilf geflochtenes Säckchen

蒲公英 púgōngyīng Löwenzahn；Mongolische Kuhblume

蒲绒 púróng Samenwolle des Schilfes

蒲扇 púshàn aus Rohrkolbenblättern geflochtener Fächer

葡 pú Traube；Weintraube

葡萄 pútáo Weinbeere；Weintraube ～干 Rosine ～酒 Traubenwein ～糖 Traubenzucker；Glukose

匍 pú

匍匐 púfú 1. (auf dem Bauch) kriechen；auf allen vieren kriechen ～前进 sich kriechend vorwärtsbewegen；vorwärtskriechen 2. sich niederwerfen；auf dem Bauch liegen ～植物 Kriechpflanze；rankende Pflanzen

璞 pú ungeschliffener Jade；unbearbeiteter Edelstein

镤 pú Protaktinium (Pa)

仆（僕） pú →仆人

仆从 púcóng Dienstpersonal；Gefolgsmann；Vasall ～国家 Vasallenstaat

仆人 púrén Diener；Bediente(r)；Bedienstete(r)

普 pǔ →普遍 ～天下 überall in der Welt；in der ganzen Welt

普遍 pǔbiàn allgemein；üblich；überall 矛盾的～性 Allgemeinheit des Widerspruchs

普查 pǔchá allgemeine Untersuchung 人口～ Volkszählung
普及 pǔjí 1. verbreiten; popularisieren; verallgemeinern ～全国各地 überall im ganzen Land verbreiten 2. universal; populär ～教育 allgemeine Volksbildung; allgemeinbildender Unterricht ～本 Volksausgabe; einfache Ausgabe
普鲁卡因 pǔlǔkǎyīn Procain
普特 pǔtè Pud
普通 pǔtōng gewöhnlich; allgemein; üblich ～中学 normale Mittelschule; allgemeine Mittelschule ～劳动者 einfacher Werktätiger
普通话 pǔtōnghuà chinesische Standardsprache; Hochchinesisch
普选 pǔxuǎn allgemeine Wahl

谱 pǔ 1. →谱子 2. Register; Tabelle 食～ Kochrezept; Kochbuch 3. komponieren; vertonen 把诗词～成歌曲 Gedichte vertonen 4. überzeugt sein; eine klare Vorstellung haben 心里有～ Gewissheit haben; über etw Bescheid wissen; eine klare Vorstellung von etw haben
谱写 pǔxiě komponieren
谱子 pǔzi Noten; Musiknoten

镨 pǔ Praseodym (Pr)

圃 pǔ Garten 花～ Blumenbeet; Blumengarten 苗～ Pflanzgarten; Pflanzschule

朴(樸) pǔ 另见 pō, pò
→朴实; 朴素
朴实 pǔshí 1. →朴素 2. aufrichtig; ehrlich; sachlich
朴素 pǔsù 1. schlicht; einfach 服装～ sich einfach und schmucklos kleiden 2. bescheiden; natürlich 艰苦～ hart arbeiten und einfach leben

蹼 pǔ Schwimmhaut

铺[1](舖) pù 另见 pū
→铺子 杂货～儿 Kramladen; Gemischtwarengeschäft

铺[2](舖) pù 另见 pū
Bett; Schlafstelle; Poststation 搭～ ein Bett aufschlagen (aufstellen; bereiten)
铺板 pùbǎn Bettunterlagebrett; Schalung
铺面 pùmiàn Ladenraum; Ladenfront
铺位 pùwèi Bettplatz; Schlafplatz; Schlafstelle
铺子 pùzi Geschäft; Laden

瀑 pù →瀑布
瀑布 pùbù Wasserfall

曝(暴) pù '暴'另见 bào sonnen; in der Sonne trocknen
曝露 pùlù sich in der frischen Luft bewegen

P

Q

期 qī 1. →期限 如～完成 etw termingemäß erfüllen; etw bis zur festgesetzten Zeit (Frist) erledigen 2. Periode; Zeitraum; Zeitspanne 阴雨～ die bewölkte und regnerische Zeit 3. (als Zähleinheitswort): 一个月出一～ monatlich erscheinen; monatlich einmal herausgeben 4. erwarten; hoffen

期待 qīdài auf etw/jn warten; erwarten; hoffen

期货 qīhuò Termingüter; Terminwaren ～交易 Termingeschäft; Terminhandel ～市场 Terminmarkt; Terminbörse

期间 qījiān Zeit; Periode; Verlauf 农忙～während (im Verlauf) der Hauptsaison in der Feldarbeit

期刊 qīkān Zeitschrift; Periodika

期票 qīpiào Zeitwechsel; Datowechsel

期望 qīwàng hoffen; erwarten; Erwartung 对青年人寄予很大的～ große Hoffnung auf die Jugend setzen

期限 qīxiàn Frist; Stichtag; Laufzeit 一个月的～ eine Frist von einem Monat; für einen Monat befristet sein

欺 qī 1. →欺骗 自～～人 sich selbst und andere betrügen (täuschen); sich und anderen etwas vormachen 2. →欺负

欺负 qīfu schikanieren; tyrannisieren

欺瞒 qīmán täuschen; übertölpeln; jn hinters Licht führen

欺骗 qīpiàn betrügen; täuschen; hintergehen

欺侮 qīwǔ →欺负

欺压 qīyā jn schikanieren und unterdrücken

欺诈 *qīzhà* betrügen; beschwindeln ～行为 Schwindelmanöver; Schwindelei; Durchstecherei

漆 qī 1. Lack; Anstrichfarbe 上～ lackieren; mit Lack überziehen; anstreichen 2. lackieren

漆包线 qībāoxiàn Emailledraht; emaillierter Draht

漆布 qībù Wachstuch; Lackgewebe

漆工 qīgōng 1. Lackarbeit; Lackkunst 2. Lackierer; Anstreicher

漆黑 qīhēi pechschwarz; stockdunkel ～的夜 eine stockfinstere Nacht

漆器 qīqì Lackartikel; Lackware

漆树 qīshù Firnisbaum; Lacksumach

戚 qī 1. Verwandte(r) ～谊 Verwandtschaft; Verwandtschaftsverhältnis 2. Trauer; Sorge; Leid 休～相关 durch ein gemeinsames Schicksal eng miteinander verbunden sein; mit jm Freud und Leid (Glück und Unglück) teilen

槭 qī Ahorn

嘁 qī

嘁嘁喳喳 qīqīchāchā schwatzen; plappern

七 qī 1. sieben 2. der (die, das) siebte

七上八下 qī shàng bā xià sehr beunruhigt; völlig in Unruhe sein (geraten)

七月 qīyuè Juli

七嘴八舌 qī zuǐ bā shé durcheinander reden; viele reden zur gleichen Zeit

沏 qī aufgießen; aufbrühen ～茶 Tee aufgießen (aufbrühen)

栖(棲) qī 1. (auf einem Baum) nisten; blocken 2. sich aufhalten

栖身 qīshēn sich aufhalten müssen; unterkriechen ～无定 unstet umherziehen; keine ständige Unterkunft finden können

妻 qī Ehefrau

妻舅 qījiù Brüder der Ehefrau; Schwager

妻子 qīzǐ Frau und Kinder; Weib und Kinder

妻子 qīzi Ehefrau; Gattin

凄(1 2 淒、3 悽) qī 1. kalt; fros-

tig 2. →凄凉 3. →凄切
凄惨 qīcǎn tragisch; traurig; kläglich
凄风苦雨 qī fēng kǔ yǔ (eisiger Wind und scheußlicher Regen) nasskaltes Wetter; bittere Zeiten
凄厉 qīlì schmerzerfüllt und schrill; schrillend; gellend ～的喊叫声 schrillender (gellender) Schrei; verzweifelte Rufe
凄凉 qīliáng öde; einsam; desolat
凄切 qīqiè jämmerlich; kummervoll; herzzerreißend

萋 qī
萋萋 qīqī üppig; dicht; wuchernd 芳草～ duftende Gräser in üppiger Fülle

缉 qī 另见 jī
dicht steppen (nähen) ～边 einen Saum steppen

揖 qī 1. halbtrocken 2. (Nässe) aufsaugen

蹊 qī 另见 xī
蹊跷 qīqiāo rätselhaft; merkwürdig; zweifelhaft

齐(齊) qí 1. →齐整 2. an etw heranreichen; reichen bis; gleich hoch sein 雪深～膝 der Schnee reicht uns bis an die Knie / knietiefer Schnee 3. gemeinsam; gleichzeitig; zusammen 大家～动手 alle packen tüchtig an 4. →齐全 人都来～了 alle sind da 5. gleich; gleichmäßig; in gleicher Weise
齐步走 qíbù zǒu im Gleichschritt, marsch
齐唱 qíchàng Chor; im Chor singen
齐全 qíquán vollständig; vollzählig; komplett 设备～的住宅 komplett ausgestattete Wohnung
齐声 qíshēng einstimmig; im Chor; einhellig
齐头并进 qí tóu bìng jìn gemeinsam vorwärtsgehen; verschiedene Unternehmungen gleichzeitig durchführen
齐心 qíxīn ein Herz und eine Seele; einmütig ～协力 sich mit vereinten Kräften einsetzen; alle Kräfte vereinen; einträchtig zusammenarbeiten
齐整 qízhěng ordentlich; gleichmäßig
齐奏 qízòu Zusammenspiel von mehreren Musikinstrumenten; Unisono

脐(臍) qí 1. Nabel 2. Abdomen; Hinterleib
脐带 qídài Nabelschnur

其 qí 1. sein; ihr 各得～所 jeder nimmt den ihm gebührenden Platz ein 2. er; sie; es 不能任～自流 nicht zulassen, dass etw sich im Selbstlauf vollzieht 3. dies; jenes; solches 不乏～人 es fehlt nicht an solchen Leuten 4. (als Füllwort): 大请～客 ein großes Festessen geben
其次 qícì 1. anschließend; folgend; dann 2. an zweiter Stelle; in zweiter Linie; dann
其实 qíshí in Wirklichkeit; tatsächlich; in der Tat
其势汹汹 qí shì xiōng xiōng wütend und aggressiv; äußerst wild und bedrohlich aussehen; eine drohende Haltung einnehmen
其他 qítā andere; weitere
其余 qíyú das übrige; alles andere
其中 qízhōng darunter; darin ～自有原因 darin liegt sein Grund / nicht ohne Grund

麒 qí
麒麟 qílín *Qilin* (chinesisches Fabeltier)

旗(¹旂) qí 1. →旗子 2. Verwaltungsgebiet auf Kreisebene (im Autonomen Gebiet Nei Monggol)
旗杆 qígān Mast; Fahnenstange
旗舰 qíjiàn Flaggschiff
旗袍 qípáo *Qipao* (Chinesisches Etuikleid für Frauen)
旗手 qíshǒu Fahnenträger; Bannerträger
旗鱼 qíyú Segelfisch
旗帜 qízhì 1. →旗子 2. Standpunkt; Position; Einstellung 3. Vorbild; Muster
旗子 qízi Fahne; Banner; Flagge

棋(棊、碁) qí Schach; Schachspiel; Brettspiel 跳～ Halma 围～ *Weiqi*; (japanisch) Go (eine Art chinesisches Brettspiel)
棋盘 qípán Schachbrett
棋谱 qípǔ Schachbuch
棋子 qízǐ Schachfigur; Schachstein; Spielstein

歧 qí 1. →歧路 2. verschieden; diffe-

rent
歧路 qílù Wegabzweigung; Abweg
歧视 qíshì diskriminieren; benachteiligen 种族～ Rassendiskriminierung
歧途 qítú falscher Weg; Irrweg 走上～ auf die schiefe Bahn geraten (kommen); einen Irrweg gehen
歧义 qíyì unterschiedliche Bedeutungen; Zweideutigkeit; Mehrdeutigkeit

奇 qí 另见 jī
1. sonderbar; seltsam; merkwürdig ～事 ein Wunder; eine komische (sonderbare) Sache 2. unerwartet; unvermutet; überraschend 出～制胜 den Feind überraschen, so dass er sich nicht wehren kann 3. sich wundern; erstaunt sein 不足为～ kein Wunder; nicht verwunderlich
奇兵 qíbīng eine plötzlich auftauchende Truppe (bei einem Überfall)
奇怪 qíguài ungewöhnlich; seltsam; erstaunlich ～的风俗 eigentümliche Sitten und Gebräuche 用不着～ kein Wunder; keineswegs rätselhaft sein
奇迹 qíjì Wunder; außergewöhnliches Ereignis 创造～ ein Wunder schaffen
奇妙 qímiào wunderbar (wundervoll); faszinierend; phantastisch
奇特 qítè eigenartig; außergewöhnlich; sonderbar
奇袭 qíxí Überraschungsangriff, überraschend angreifen; Überfall
奇异 qíyì 1. →奇怪 2. erstaunt; verwundert
奇遇 qíyù 1. überraschende (zufällige) Begegnung 2. außergewöhnliches Erlebnis; Abenteuer
奇装异服 qí zhuāng yì fú sonderbare Kleider; merkwürdig gekleidet

崎 qí
崎岖 qíqū holprig; uneben; schwierig ～的山路 unwegsamer Bergpfad

骑 qí 1. reiten; Rad fahren ～马 reiten; auf einem Pferd reiten ～自行车回家 mit dem Fahrrad nach Hause fahren 2. Reitpferd 3. →骑兵 轻～ leichte Kavallerie
骑兵 qíbīng Kavallerie; Kavallerist; Reiterei ～团 Reiterregiment
骑虎难下 qí hǔ nán xià wer A sagt, muss auch B sagen
骑墙 qíqiáng zwischen zwei Parteien lavieren; zweigleisig ～派 abwartende Mittelfraktion
骑士 qíshì Ritter

畦 qí ein Stück Land; Parzelle; Beet 菜～ Gemüsebeet

祈 qí 1. →祈祷 2. →祈求
祈祷 qídǎo beten (zu); ein Gebet sprechen (verrichten)
祈求 qíqiú bitten; anflehen
祈使句 qíshǐjù Imperativsatz

颀 qí hochaufgeschossen
颀长 qícháng hochaufgeschossen; hochgewachsen; groß

耆 qí mehr als sechzig Jahre alt sein; betagt; alt
耆老 qílǎo betagter Mensch; Alte(r)

鳍 qí Flosse

启(啟、啓) qǐ 1. öffnen; aufmachen ～门 die Tür öffnen (aufmachen) 2. →启发 3. beginnen; anfangen; starten 4. mitteilen; berichten; informieren 5. Briefchen; Zettelchen 谢～ Dankesbrief
启程 qǐchéng aufbrechen; abreisen; sich auf den Weg machen
启齿 qǐchǐ den Mund aufmachen; mit der Sprache herausrücken
启迪 qǐdí jm Aufschluss geben; anregen; inspirieren
启发 qǐfā jm die Augen öffnen; jm Aufschluss über etw geben; aufklären
启封 qǐfēng ein Siegel aufbrechen (lösen); einen Brief öffnen
启蒙 qǐméng 1. Elementarkenntnisse vermitteln 2. aufklären; belehren; Unwissenheit und Vorurteile beseitigen ～运动 Aufklärungsbewegung
启事 qǐshì Mitteilung; Bekanntmachung; Anzeige

企 qǐ auf den Zehenspitzen stehen; hoffen; etw sehntlich erwarten
企鹅 qǐ'é Pinguin
企求 qǐqiú ersehnen; begehren
企图 qǐtú beabsichtigen; versuchen; Absicht haben
企业 qǐyè Unternehmen; Betrieb ～家 Un-

ternehmer ～集团 Syndikat ～文化 Unternehmenskultur

稽 qǐ 另见 jī
稽首 qǐshǒu Kotau machen

乞 qǐ →乞求
乞丐 qǐgài Bettler
乞灵 qǐlíng bei etw/jm Hilfe suchen; zu etw Zuflucht nehmen
乞求 qǐqiú um etw bitten (betteln, flehen) ～援助 um Beistand (Unterstützung) bitten
乞讨 qǐtǎo betteln; betteln gehen

起[1] qǐ 1. aufstehen; sich aufrichten; sich erheben 2. fortbewegen; entfernen 3. aufsteigen; sich heben 皮球不～了 der Ball schnellt nicht mehr auf / der Ball springt nicht mehr 4. wachsen; sich bilden ～痱子 Friesel (Hitzeausschlag) bekommen 5. herausziehen; herausnehmen; entfernen ～钉子 einen Nagel herausziehen 6. sich entwickeln; entstehen; anfangen ～作用 wirksam werden; eine Rolle spielen ～风 ein Wind kommt auf / es wird windig 7. entwerfen; abfassen; anfertigen ～稿子 einen Entwurf machen (ausarbeiten) 8. bauen; errichten 9. abholen; in Empfang nehmen; holen ～护照 sich einen Pass ausstellen lassen 10. anfangen; von ... ab; von ... an 从现在～ von jetzt ab (an); ab diesem Augenblick 这是从何说～! Woraus schließt du das? / Wie kannst du so etwas sagen!

起[2] qǐ (als Zähleinheitswort) 1. Gruppe; Schar; Menge 2. Fall

起[3] qǐ 1. (zur Bezeichnung der Richtung nach oben): 挑～担子 eine Last auf die Schulter tragen 2. (drückt aus, dass man zu etw in der Lage oder nicht in der Lage ist): 经得～考验 eine Prüfung aushalten können
起步 qǐbù sich in Bewegung setzen; aufbrechen; anlaufen
起搏器 qǐbóqì Schrittmacher
起草 qǐcǎo entwerfen; abfassen; verfassen ～委员会 Entwurfskommission
起初 qǐchū am Anfang; zu Beginn; anfangs
起床 qǐchuáng aufstehen; sich im Bett aufrichten
起点 qǐdiǎn 1. Ausgangspunkt; zu Beginn; am Anfang 2. Startlinie
起飞 qǐfēi abfliegen; (Flugzeug) starten
起伏 qǐfú auf und nieder; auf und ab; sich wellenförmig bewegen 波涛～ hohe Wellen wogen
起航 qǐháng abfahren; starten; in See stechen
起哄 qǐhòng 1. Unfug treiben; randalieren; Randale machen 2. sich über jn lustig machen; jn verspotten und auslachen
起火 qǐhuǒ 1. kochen; Essen zubereiten 2. in Brand geraten (stehen); ein Brand bricht aus 3. in Wut geraten; zornig werden
起见 qǐjiàn im Interesse von; im Hinblick auf; um ... willen; um ... zu 为方便～ aus Bequemlichkeit
起劲 qǐjìn eifrig; begeistert 工作得很～ mit großer Begeisterung arbeiten
起居 qǐjū alltägliches Leben; Alltagsleben; Lebensgewohnheit; das tägliche Leben
起来[1] qǐlái 1. aufstehen; sich erheben; sich aufrichten 2. →起床 3. sich erheben; aufstehen
起来[2] qǐlái 1. (zur Bezeichnung der Richtung nach oben): 跳～ aufspringen 2. (Verbkomplement und Adjektivkomplement zum Ausdruck der inchoativen Aktionsart): 行动～ zu handeln beginnen 3. (zum Ausdruck der Vollendung einer Handlung oder der Erreichung eines Ziels): 我想～了 ja, ich hab's
起立 qǐlì aufstehen; sich erheben 全体～! Alle stehen auf! / Stehen Sie alle auf!
起码 qǐmǎ mindestens; wenigstens; gut und gern ～的条件 minimale Bedingungen
起锚 qǐmáo die Anker lichten; katten
起名儿 qǐmíngr benennen; etw/jm einen Namen geben; taufen
起跑 qǐpǎo Start; starten; anlaufen
起色 qǐsè Verbesserung; eine Wendung zum Besseren 工作有了～ die Arbeit machte gute Fortschritte
起身 qǐshēn 1. sich auf den Weg machen; abreisen; abfahren 2. →起床
起誓 qǐshì schwören; geloben; einen Eid (Schwur) ablegen (leisten)
起死回生 qǐ sǐ huí shēng jn (wieder) ins Leben zurückrufen (zurückbringen)

起诉 qǐsù anklagen; Anklage erheben ～书 Anklageschrift
起先 qǐxiān anfangs; zuerst; zu Beginn
起疑 qǐyí verdächtigen; zweifeln; Verdacht schöpfen
起义 qǐyì Aufstand 武装～ bewaffneter Aufstand
起意 qǐyì auf eine böse Idee kommen; aushecken; etw heimtückisch beabsichtigen
起因 qǐyīn Anlass; Grund; Ursache
起源 qǐyuán 1. entspringen; stammen 知识～于劳动 das Wissen ist der Arbeit entsprungen 2. Ursprung; Quelle
起早贪黑 qǐzǎo tānhēi vom frühen Morgen bis zum späten Abend arbeiten
起重机 qǐzhòngjī Hebezeug; Kran; Lastenaufzug
起子 qǐzi 1. Flaschenöffner; Korkenzieher 2. Schraubenzieher 3. Backpulver; Hefe

杞 qǐ
杞人忧天 Qǐ rén yōu tiān unbegründete Furcht haben

岂(豈) qǐ (in rhetorischen Fragen): ～有此理 Das ist ja (doch) allerhand! / Wo gibt es denn so etwas! / unerhört

绮 qǐ Damast; gemustertes Seidengewebe
绮丽 qǐlì schön; prächtig 风景～ wunderschöne Landschaft

泣 qì 1. leise weinen; schluchzen ～不成声 die Tränen ersticken die Stimme / bitterlich weinen 2. Träne
泣诉 qìsù jammernd Klage führen; sich weinend beschweren

弃(棄) qì wegwerfen; aufgeben; verzichten
弃权 qìquán 1. sich der Stimme enthalten; Stimmenthaltung 2. aufstecken; von seinem Recht zurücktreten
弃世 qìshì die Welt verlassen; seinen Geist aufgeben
弃邪归正 qì xié guī zhèng sich zum Besseren wandeln; dem Bösen den Rücken kehren und sich dem Guten zuwenden; auf den rechten Weg zurückkehren

契(栔) qì 1. eingravieren; schnitzen 2. Vertrag; Kontrakt; Vereinbarung 地～ Grundbrief 3. →契合
契合 qìhé entsprechen; übereinkommen; im Einklang mit etw stehen
契约 qìyuē Vertrag; Kontrakt; Vereinbarung

砌 qì 1. mauern; bauen ～墙 eine Mauer errichten (bauen) 2. Treppe; Stufe

器(噐) qì 1. →器具 2. →器官 消化～ Verdauungsorgan 3. Talent; Toleranz; Kapazität 4. hochschätzen
器材 qìcái Geräte; Materialien; Ausrüstung 照相～ Photoausrüstung
器官 qìguān Organ; Apparat 感觉～ Sinnesorgan
器具 qìjù Geräte; Gegenstände
器皿 qìmǐn Gefäße; Geschirr; Behälter
器械 qìxiè 1. Instrumente; Apparate; Geräte 医疗～ medizinische Instrumente 2. Waffen
器重 qìzhòng hoch einschätzen; hochschätzen; eine hohe Meinung von jm haben

气(氣) qì 1. Gas; Dampf; Dunst 废～ Abgas; Auspuffgase 2. Luft; Atmosphäre 3. →气息 1 上～不接下～ außer Atem sein 4. →气味 5. Geist; Moral 朝～ Lebenskraft; Vitalität 6. Manier; Benehmen; Gebaren 官～ bürokratische Allüren; bürokratisches Benehmen; Amtsmiene 7. Wetter 8. ärgern; sich aufregen; erzürnen 9. unterdrücken; tyrannisieren 受～ gedemütigt werden; Demütigungen erleiden
气喘 qìchuǎn Asthma; außer Atem sein; keuchen
气垫船 qìdiànchuán Hovercraft; Luftkissenfahrzeug; Luftkissenschiff
气度 qìdù Geist; Charakter; Gebaren ～不凡 ein außergewöhnliches Auftreten
气氛 qìfēn Atmosphäre; Stimmung ～紧张 eine spannungsgeladene Atmosphäre
气愤 qìfèn erzürnen; ärgern; empört (entrüstet) sein
气概 qìgài Geist; geistige Haltung; Moral 英雄～ heldenhaftes Verhalten; Heldenmut; Heroismus
气功 qìgōng *Qigong*; chinesisches autogenes Training; gesundheitsfördernde Atemübungen
气管 qìguǎn Luftröhre; Trachea ～炎 Luftröhrenentzündung; Tracheitis
气候 qìhòu 1. Klima; Wetter 大陆性～

Kontinentalklima 2. Atmosphäre; Klima; allgemeine Situation 政治～ politisches Klima 3. Ergebnis; Erfolg 成～ es weit bringen; es zu etwas bringen

气急败坏 qì jí bài huài außer Atem; verstört; fassungslos

气节 qìjié Ehrgefühl; moralische Standhaftigkeit 民族～ Volkscharakterfestigkeit; nationales Ehrgefühl

气力 qìlì Kraft; Energie; Anstrengung 用尽～ mit voller Kraft; alle Kräfte einsetzen; äußerste Anstrengungen machen

气量 qìliàng 1. ideologische und berufliche Qualitäten 2. Großmut; Toleranz ～大 weitherzig; großzügig; einen breiten Buckel haben

气流 qìliú 1. Luftstrom; Luftzug 2. Atem

气轮机 qìlúnjī Gasturbine

气恼 qìnǎo sich ärgern; verärgert sein

气馁 qìněi den Mut verlieren; den Kopf hängen lassen; entmutigt

气派 qìpài Manier; Benehmen; Auftreten

气泡 qìpào Luftblase; Bläschen

气魄 qìpò 1. Entschlusskraft; Kühnheit 办事有～ bei der Arbeit kühn und entschlossen sein 2. →气势

气枪 qìqiāng Luftgewehr

气球 qìqiú Ballon; Luftballon

气色 qìsè Gesichtsfarbe; Aussehen ～好 eine gesunde Gesichtsfarbe haben; ein frisches Aussehen haben

气势 qìshì Wucht; Aussehen; Schwung ～雄伟 imposant; majestätisch; stattlich

气势汹汹 qì shì xiōng xiōng wild und aggressiv; äußerst furchterregend

气数 qìshu Schicksal; Los; Geschick

气态 qìtài gasförmig; gasförmiger Zustand; Gasphase

气体 qìtǐ Gas

气筒 qìtǒng Luftpumpe

气味 qìwèi 1. Geruch ～芬芳 ein herrlicher (angenehmer) Geruch; wohlriechend; duftend 2. Neigung; Geschmack; Naturell ～相投 sich miteinander geistesverwandt fühlen

气温 qìwēn Lufttemperatur; Temperatur

气息 qìxī 1. Atem; Hauch ～奄奄 in den letzten Zügen liegen; im Sterben liegen; dahinsiechen 2. Geruch; Hauch 时代～ Zeitgeist; Hauch der Zeit

气象 qìxiàng 1. meteorologische Phänomene (Erscheinung); Witterungsverhältnisse 2. Meteorologie; Wetterkunde ～预报 Wettervorhersage; Wetterbericht ～台 Wetterstation; Wetterwarte 3. Szene; Situation; Atmosphäre 国家兴旺的～ ein blühendes Bild, das sich überall im Lande bietet

气象学 qìxiàngxué Meteorologie; Wetterkunde

气压 qìyā atmosphärischer Druck; Luftdruck ～表 Barometer; Luftdruckmesser

气质 qìzhì 1. Temperament; Wesensart; Veranlagung 2. Eigenschaft; Charakterzug; Stil 革命者的～ Eigenschaften eines Revolutionärs

汽 qì Dampf; Wasserdampf

汽车 qìchē Auto; Kraftfahrzeug 公共～ öffentlicher Autobus; Bus

汽船 qìchuán 1. Dampfschiff; Dampfer 2. →汽艇

汽灯 qìdēng Gaslampe

汽笛 qìdí Sirene

汽缸 qìgāng Zylinder

汽轮机 qìlúnjī Dampfturbine; Turbine

汽水 qìshuǐ Brause; Limonade

汽艇 qìtǐng Motorboot

汽油 qìyóu Benzin; Gasolin ～机 Benzinmotor

讫 qì 1. beendet; erledigt 验～ geprüft 2. Ende

迄 qì 1. bis ～今 bis heute; bis jetzt; bisher 2. stets; immer ～未成功 bis jetzt erfolglos sein; es bis jetzt immer noch nicht geschafft haben

憩（憇） qì sich ausruhen; rasten; sich erholen

掐 qiā 1. kneifen; zwicken; abknipsen 2. mit beiden Händen fest drücken ～脖子 jm an die Gurgel fahren (springen); jn an (bei) der Kehle packen

掐算 qiāsuàn sich etw an den (zehn, fünf) Fingern abzählen

卡 qiǎ 另见 kǎ

1. eingezwängt werden; stecken bleiben; klemmen 2. →卡子 1 发～ Haarklemme 3. →卡子 2 税～ Zollstelle; Zollstation

卡子 qiǎzi 1. Klemme; Klammer 2. Kontrollstelle

髂 qià

髂骨 qiàgǔ Darmbein

洽 qià 1. harmonisch；einträchtig；im Einvernehmen 意见不～ Meinungsverschiedenheiten（Differenzen）haben；uneins miteinander sein 2. sich mit jm in Verbindung setzen；mit jm über etw sprechen；besprechen ～借 mit jm über ein Ausleihen sprechen

洽商 qiàshāng verhandeln；besprechen

洽谈 qiàtán mit jm über etw sprechen；besprechen；verhandeln

恰 qià 1.→恰当 2.→恰恰 ～到好处 genau passend；äußerst treffend

恰当 qiàdàng passend；angebracht；treffend 措辞～ passender（geeigneter）Ausdruck；passend und geeignet formuliert sein

恰好 qiàhǎo gerade；genau；ausgerechnet

恰恰 qiàqià →恰好 ～相反 genau das Gegenteil

恰恰舞 qiàqiàwǔ *cha-cha-cha*

恰巧 qiàqiǎo wie es der Zufall will；ausgerechnet

谦 qiān →谦虚

谦让 qiānràng etw aus Bescheidenheit nicht annehmen；anderen den Vortritt lassen；bescheiden；friedfertig 请不必～ Lehnen Sie es nicht aus Bescheidenheit ab! / Genieren Sie sich nicht!

谦虚 qiānxū 1. bescheiden；Bescheidenheit ～谨慎 bescheiden und umsichtig 2. höfliche Worte von sich geben ～了几句 ein paar bescheidene Bemerkungen machen

谦逊 qiānxùn bescheiden und höflich

牵（牽） qiān 1. führen；ziehen ～马 Pferd führen 2.→牵涉

牵挂 qiānguà sich Gedanken über etw/jn machen；sich Sorgen um jn/etw machen；*vermissen*

牵连 qiānlián verwickeln；in Verbindung stehen；Beeinflussung 他和这件事没有～ er ist nicht in diese Sache verwickelt（verstrickt）

牵牛花 qiānniúhuā Trichterwinde

牵牛星 qiānniúxīng Atair

牵强 qiānqiǎng weit hergeholt（weithergeholt）～附会 an den Haaren herbeigezogen sein

牵涉 qiānshè angehen；betreffen；sich auf jn/etw beziehen

牵头 qiāntóu die Initiative ergreifen

牵制 qiānzhì binden；fesseln；jn in（im）Schach halten ～敌人的兵力 feindliche kräfte binden；die feindlichen Truppen in Schach halten

悭（慳） qiān →悭吝

悭吝 qiānlìn geizig；knauserig

签[1]（簽） qiān 1.→签名 2. kurze schriftliche Bemerkungen machen

签[2]（簽、籤） qiān 1. Los 2. Etikett；Aufklebezettel 行李～ Gepäckanhänger 3. spitzes Stäbchen；Stocher 牙～ Zahnstocher

签到 qiāndào seine Anwesenheit durch Unterschrift bestätigen；sich in die Anwesenheitsliste eintragen ～簿 Anwesenheitsliste

签订 qiāndìng（ein Abkommen；einen Vertrag u. ä.）schließen；abschließen ～条约 einen Vertrag schließen

签名 qiānmíng unterschreiben；unterzeichnen

签署 qiānshǔ unterschreiben；unterzeichnen ～联合公报 ein gemeinsames Kommuniqué unterzeichnen

签证 qiānzhèng 1. ein Visum erteilen；visieren 2. Visum；Sichtvermerk 入境～ Einreisevisum

签字 qiānzì unterzeichnen

铅 qiān 1. Blei（Pb）2. Graphitmine；Bleistiftmine

铅版 qiānbǎn Druckplatte；Sterotype；Klischee

铅笔 qiānbǐ Bleistift ～画 Bleistiftzeichnung

铅球 qiānqiú 1. Kugelstoßen 2. Kugel

铅丝 qiānsī 1. verzinkter Draht 2. Bleikabel

铅印 qiānyìn Buchdruck；Stereotypdruck

铅字 qiānzì Letter；Type

千 qiān 1. tausend；Tausend ～分之一 Tausendstel 2. sehr viel；zahlreich；zahllos ～差万别 ganz verschieden；sehr unterschiedlich

千方百计 qiān fāng bǎi jì auf jede nur erdenkliche Art und Weise; mit allen Mitteln; kein Mittel (nichts) unversucht lassen
千篇一律 qiān piān yī lǜ schablonenhaft; schematisch überall dieselbe Schablone anwenden
千瓦 qiānwǎ Kilowatt
千万 qiānwàn 1. zehn Millionen 2. auf jeden Fall; unter allen Umständen; um Gottes willen ～不可大意 man darf auf keinen Fall unaufmerksam sein
千真万确 qiān zhēn wàn què völlig richtig; durchaus wahr
千周 qiānzhōu Kilohertz (KH)

迁(遷) qiān 1. →迁移 2. sich wandeln; sich verändern
迁就 qiānjiù nachgeben; entgegenkommen sich anpassen
迁居 qiānjū den Wohnsitz wechseln; umziehen; umsiedeln
迁怒 qiānnù seinen Ärger an einem anderen auslassen; sein Mütchen an jm kühlen ～于人 seinen Ärger (Zorn) an einem anderen auslassen
迁移 qiānyí den Wohnsitz wechseln (verlegen); umsiedeln; umziehen

扦 qiān →扦子
扦插 qiānchā Setzlinge einpflanzen; Setzlingsfortpflanzung
扦子 qiānzi 1. nadelförmiger Gegenstand aus Metall, Bambus usw; Stocher 2. Entnahmerohr

钎 qiān →钎子
钎子 qiānzi Bohrstange; Steinbohrer

阡 qiān 1. Feldweg; Rain 2. Weg zu einer Grabstätte
阡陌 qiānmò Feldweg; Rain

瓩 qiānwǎ Kilowatt

前 qián 1. vor; vorn; vorder; frontal ～轮 Vorderrad 山～ vor dem Berg 2. voran (vorwärts); vorwärtsgehen; voranschreiten (vorankommen) 勇往直～ mutig voranschreiten; unbeirrbar seinen Weg gehen 3. erste (-r, -s) ～三名 die ersten drei Plätze 4. vorher (vor); zunächst; zuletzt ～一次 voriges Mal; beim letzten Mal 5. ehemalig ～首相 Exkanzler; ehemaliger (früherer) Premier 6. künftig; Zukunft 往～看,不要往后看 man soll in die Zukunft, nicht aber in die Vergangenheit blicken 7. vorhergehend
前辈 qiánbèi ältere Generation; Vorfahr
前车之鉴 qián chē zhī jiàn ein umgekippter Wagen mahnt zur Vorsicht
前程 qiánchéng 1. Zukunft; Zukunftserwartung; Aussicht 锦绣～ eine schöne (herrliche) Zukunft 2. Karriere
前方 qiánfāng 1. vorn 2. Front; Kampflinie ～将士 die Offiziere und Soldaten an der Front
前锋 qiánfēng 1. Vorhut; Avantgarde; Vortrupp 2. Stürmer
前赴后继 qián fù hòu jì immer neue Kämpfer treten an die Stelle der Gefallenen / Welle auf Welle vorwärtsstürmen
前进 qiánjìn vorangehen (vorankommen); vorwärtsgehen (vorwärtsmarschieren) 乘胜～ von Sieg zu Sieg vorwärts marschieren
前景 qiánjǐng 1. Aussicht; Perspektive; Ausblick 大丰收的～ Aussicht auf eine gute Ernte 2. Vordergrund
前科 qiánkē vorbestraft; Vorstrafe
前例 qiánlì vorangegangenes Beispiel; beispielhafter Fall; Präzedenzfall 史无～ in der Geschichte nicht seinesgleichen haben; noch nie dagewesen; beispiellos
前列 qiánliè Vorderseite; vorderste Reihe 走在时代的～ den Fortschritt der Zeit verkörpern
前面 qiánmian 1. vor; vorn; frontal 房子～ vor dem Haus 2. oben; vorig; vorhergehend ～所提到过的 oben erwähnt
前年 qiánnián vorletztes Jahr
前怕狼后怕虎 qián pà láng hòu pà hǔ von allerhand Skrupeln geplagt werden
前驱 qiánqū Vorläufer; Vorkämpfer; Bahnbrecher
前任 qiánrèn Vorgänger; Vormann; Ex... ～部长 Exminister
前哨 qiánshào Vorposten; vorgeschobener Posten
前提 qiántí 1. Voraussetzung; Prämisse 2. Voraussetzung; Vorbedingung 物质～ materielle Voraussetzungen
前天 qiántiān vorgestern
前途 qiántú Zukunkt; Aussicht; Perspektive

前往 qiánwǎng hingehen; hinfahren; sich begeben
前卫 qiánwèi 1. Vorhut; Vorposten; Vortrupp 2. Läufer
前夕 qiánxī Vorabend 第二次世界大战～ am Vorabend des Zweiten Weltkrieges
前线 qiánxiàn Front; Frontlinie; Kampflinie
前言 qiányán Vorwort; Einleitung; Vorrede
前置词 qiánzhìcí Präposition; Verhältniswort
前缀 qiánzhuì Präfix; Vorsilbe

掮 qián etw auf den Schultern tragen
掮客 qiánkè Makler

潜（濳） qián 1. latent; potentiell 2. heimlich; verstohlen
潜藏 qiáncáng verstecken; verbergen; sich verborgen halten
潜伏 qiánfú sich verbergen (verstecken); verborgen (versteckt); latent ～期 Latenzzeit; Latenzperiode; Inkubationszeit
潜力 qiánlì potentielle Kräfte (Energie); Potential 挖掘～ Potential ausschöpfen; die vorhandenen Kapazitäten ausschöpfen
潜水 qiánshuǐ tauchen; untertauchen ～员 Taucher ～艇 Unterseeboot; U-Boot
潜逃 qiántáo sich heimlich davon machen; durchbrennen
潜移默化 qián yí mò huà sich von jm beeinflussen lassen, ohne sich dessen bewusst zu werden
潜意识 qiányìshí Unterbewusstsein
潜泳 qiányǒng unter Wasser schwimmen; tauchen
潜在 qiánzài latent; potentiell ～力量 potentielle Kräfte; Potential

乾 qián 另见 gān '干'
Himmel; männlich
乾坤 qiánkūn Himmel und Erde; Weltall

虔 qián *fromm; ehrerbietig; respektvoll*
虔诚 qiánchéng fromm; Frommigkeit

黔 qián 1. schwarz 2. Beiname für die Provinz Guizhou
黔驴技穷 qián lǘ jì qióng mit seinem Latein zu Ende sein
黔驴之技 qián lǘ zhī jì nur äußerlich stark wirken

钤 qián 1. Siegel; Stempel 2. siegeln; Stempel aufdrücken ～印 siegeln; Stempel aufdrücken
钤记 qiánjì Amtssiegel; Amtsstempel

钱（錢） qián 1. Münze; Geldstück 2. Geld 3. Geldmittel; Geldsumme; Fonds 车～ Fahrgeld 一大笔～ eine große Geldsumme 4. →钱财 5. chinesische Gewichtseinheit (ca. 5 Gramm)
钱包 qiánbāo Geldbeutel; Geldtasche; Portemonnaie
钱财 qiáncái Geld; Geldmittel; Reichtum
钱庄 qiánzhuāng (früher) kleine Privatbank

钳（箝²、拑） qián 1. Zange 平口～ Flachzange 2. einklemmen (festklemmen); beschränken; knebeln
钳工 qiángōng 1. Schlosserarbeiten; Schlosserei 2. Schlosser
钳制 qiánzhì fesseln; beschränken; knebeln
钳子 qiánzi Zange

荨（蕁、薮） qián 另见 xún
荨麻 qiánmá Brennessel
荨麻疹 qiánmázhěn Nesselfieber; Nesselausschlag; Urtikaria

浅（淺） qiǎn 1. flach; seicht ～盘子 flacher Teller 水～ seichtes Wasser 2. →浅显 3. →浅薄 4. nicht sehr vertraut; flüchtig 交情～ eine flüchtige Bekanntschaft 5. hell; matt ～黄 hellgelb
浅薄 qiǎnbó oberflächlich; seicht 知识～ beschränkte (unzureichende) Kenntnisse
浅陋 qiǎnlòu dürftig; kärglich; gering
浅滩 qiǎntān Sandbank; Untiefe
浅显 qiǎnxiǎn einfach; leichtverständlich

遣 qiǎn 1. schicken; senden 2. vertreiben ～闷 Langweile vertreiben
遣返 qiǎnfǎn repatriieren; zurückschicken; Rückführung
遣送 qiǎnsòng jn zwangsweise verschicken ～出境 jn über die Grenze abschieben; jn des Landes verweisen

谴 qiǎn
谴责 qiǎnzé verurteilen; geißeln; anprangern ～敌人的挑衅 die feindliche Pro-

vokation verurteilen

歉 qiàn 1. →歉收 ～年 schlechtes Erntejahr; mageres Jahr; Notjahr 2. →歉意

歉收 qiànshōu Missernte; magere (schlechte) Ernte; Ertragsausfall

歉意 qiànyì Bedauern; Gefühl des Bedauerns 表示～ sich entschuldigen; Abbitte leisten (tun)

倩 qiàn schön; hübsch ～影 schöne Figur; eine Schönheit

堑 qiàn Graben; Kluft; Schanze 天～ natürlicher Einschnitt; natürliches Hindernis

堑壕 qiànháo Schanze; Schützengraben; Heidengraben ～战 Schützengrabenkrieg

欠[1] qiàn 1. gähnen 2. sich ein wenig erheben ～脚儿 die Beine strecken

欠[2] qiàn 1. schulden; verschuldet sein ～款 Schuld; Rückstand; Fehlbetrag 2 nicht genug; mangelnd ～妥 unpassend unangemessen; ungeeignet

欠缺 qiànquē 1. fehlen; mangeln; nicht genug; ungenügend 经验还～ es mangelt noch an Erfahrungen / ungenügende Erfahrungen 2. Mangel; Lücke; Defekt

欠身 qiànshēn sich ein wenig vom Platz erheben; sich etwas nach vorn beugen

欠债 qiànzhài jm Geld schulden; Schulden haben

芡 qiàn 1. Indische Seerose-Art 2. Stärke; Stärkemehl

嵌 qiàn einlegen; intarsieren; einbauen ～银 etw mit Silber einlegen; Einlegesilber

纤(縴) qiàn 另见 xiān

Treidel; Schlepptau

纤夫 qiànfū Treidler

羌 qiāng

羌活 qiānghuó *Notopterygium incisium*

羌族 Qiāngzú Qiang-Nationalität

蜣 qiāng

蜣螂 qiāngláng Mistkäfer

腔 qiāng 1. Hohlraum; Höhle 腹～ Bauchhöhle 2. Sprechen; Intonation; Satzmelodie 答～ antworten; eine Antwort geben 3. Melodie; Ton 花～ Koloratur; Melisma; Fiorituren 4. →腔调 2

腔调 qiāngdiào 1. Melodie; Ton 2. Akzent; Intonation

锵(鏘) qiāng lauter metallischer Ton; Dong 锣声～～ die Gongs machen einen helltönenden Lärm

枪(槍、鎗) qiāng 1. Gewehr; Feuerwaffe; Schusswaffe 2. Lanze; Speer

枪毙 qiāngbì jn durch Erschießen hinrichten; erschießen; jn an die Wand stellen

枪弹 qiāngdàn Gewehrkugel; Kugel; Geschoss

枪法 qiāngfǎ Schießkunst

枪林弹雨 qiāng lín dàn yǔ Kugelregen; Kugelhagel

枪炮 qiāngpào Gewehre und Kanonen; Feuerwaffe; Schusswaffe

枪手 qiāngshǒu Schütze

枪支 qiāngzhī Gewehr ～弹药 Gewehre und Munition

戗(戧) qiāng 另见 qiàng

1. gegen; entgegen ～风 gegen den Wind 2. widerstreiten; kollidieren; in Kollision kommen

呛(嗆) qiāng 另见 qiàng

sich verschlucken 喝茶～着了 sich beim Teetrinken verschlucken

戕 qiāng töten; ermorden 自～ Selbstmord begehen

戕害 qiānghài töten; schaden; schädigen

镪 qiāng

镪水 qiāngshuǐ starke Säure

墙(墻、牆) qiáng Mauer; Wand 砖～ Ziegelmauer

墙报 qiángbào Wandzeitung

墙壁 qiángbì Wand

墙脚 qiángjiǎo 1. Fuß einer Mauer 2. Basis; Fundament; Grundlage 挖～ jm den Boden unter den Füßen wegziehen; die Fundamente untergraben; unterminieren

蔷(薔) qiáng

蔷薇 qiángwēi Rose

强（強、彊）qiáng 另见 jiàng; qiǎng

1. stark; mächtig; kräftig ～国 starkes Land; mächtiger Staat; Macht 工作能力～ sehr tüchtig in der Arbeit sein; große Leistungsfähigkeit besitzen 2. stark; hart 党性很～ von hohem Parteiethos 责任心～ starkes Verantwortungsgefühl; verantwortungsvoll 3. gewaltsam; mit Gewalt; zwangsweise ～索 etw mit Gewalt erzwingen; erpressen 4. besser 在这一方面他比我～ in dieser Hinsicht ist er mir überlegen / in dieser Beziehung steht er über mir 5. etwas mehr

强暴 qiángbào 1. grausam; brutal; gewaltsam 2. Gewaltmensch 不畏～ sich von Gewaltmenschen nicht einschüchtern lassen; sich nicht vor der rohen Gewalt fürchten 3. →强奸

强大 qiángdà stark; mächtig

强盗 qiángdào Räuber; Bandit; Gangster

强调 qiángdiào betonen; hervorheben; nachdrücklich

强度 qiángdù 1. Intensität; Stärke 2. Festigkeit; Härte; Beständigkeit

强横 qiánghèng anmaßend; brutal; tyrannisch

强化 qiánghuà intensivieren; stärken

强奸 qiángjiān vergewaltigen; notzüchtigen; schänden ～民意 die Volksmeinung manipulieren; den Willen des Volkes vergewaltigen

强烈 qiángliè 1. stark; heftig ～的求知欲 starker Wissensdrang 2. krass; energisch ～的对比 krasser Gegensatz; krasser Kontrast

强权 qiángquán Macht; Gewalt ～政治 Machtpolitik; Politik der starken Hand

强盛 qiángshèng blühen und gedeihen ～时期 Blütezeit; Glanzzeit

强硬 qiángyìng hart; unnachgiebig; entschieden

强制 qiángzhì zwingen; zwangsweise; Zwang

强壮 qiángzhuàng stark; kräftig; gesund ～剂 Tonikum; Stärkungsmittel

抢[1]（搶）qiǎng 1. →抢夺 ～球 um den Ball kämpfen 2. →抢先 ～着发言 sich eifrig zu Wort melden 3. schnell; schleunigst; etw eilig erledigen

抢[2]（搶）qiǎng schaben; kratzen; schärfen ～菜刀 Küchenmesser schärfen

抢夺 qiǎngduó etw mit Gewalt wegnehmen; entreißen

抢购 qiǎnggòu Käuferansturm; hamstern

抢劫 qiǎngjié rauben; plündern ～犯 Plünderer; Räuber

抢救 qiǎngjiù retten; bergen; schnelle Hilfsmaßnahmen treffen

抢收 qiǎngshōu die Ernte schnell einbringen

抢手货 qiǎng shǒu huò stark gefragter Artikel

抢先 qiǎngxiān nach vorne drängen; jm/einer Sache vorgreifen; wetteifern

抢修 qiǎngxiū etw so schnell wie möglich ausbessern; etw schnellstens reparieren

强（強、彊）qiǎng 另见 jiàng, qiáng

zwingen; sich abmühen; knapp ～笑 erzwungenes Lächeln; verkrampftes Lachen

强辩 qiǎngbiàn hartnäckig verteidigen (rechtfertigen)

强词夺理 qiǎng cí duó lǐ in spitzfindiger Weise argumentieren; Haare auf den Zähnen haben; rabulistisch

强迫 qiǎngpò zwingen; nötigen ～命令 jm mit einem Befehl zu etw zwingen; Zwangsbefehl

强求 qiǎngqiú etw hartnäckig verlangen ～一律 alles über einen Kamm scheren

襁（繈）qiǎng

襁褓 qiǎngbǎo Windel

炝（熗）qiàng 1. in Öl anbraten, dann mit Wasser und Gewürzen kochen 2. in Wasser kochen und würzen

戗（戧）qiàng 另见 qiāng

1. schräger Stützpfahl 2. etw schräg abstützen

呛（嗆）qiàng 另见 qiāng

scharf oder übel riechend; (Atmungsorgane) reizen 气味～鼻子 der Geruch steigt jm beißend in die Nase

敲 qiāo 1. schlagen; klopfen; hämmern

(gegen) ～门 an die Tür klopfen; anklopfen 2. rupfen; ausnehmen; neppen

敲诈 qiāozhà erpressen; ausnehmen; unter Drohungen oder Gewalt abverlangen

敲竹杠 qiāo zhúgàng neppen; hochnehmen; schröpfen; jn melken

跷（蹺） qiāo 1. einen Finger heben; (ein Bein) anheben ～着大拇指 der Daumen heben 2. auf den Zehenspitzen ～着脚走路 auf den Zehen gehen 3. Stelze

跷蹊 qiāoqi merkwürdig; zweifelhaft fragwürdig

跷跷板 qiāoqiāobǎn Wippe

悄 qiāo 另见 qiǎo

悄悄 qiāoqiāo leise; heimlich; unbemerkt ～地离开 sich unauffällig entfernen ～地说 ganz leise sprechen; zuflüstern; jm etw insgeheim sagen

缲（繰） qiāo (mit verdeckter Naht) säumen

橇 qiāo Schlitten

锹（鍫） qiāo Spaten; Schaufel; Schippe

翘（翹） qiáo 另见 qiào

1. (den Kopf) heben; den Kopf in den Nacken werfen ～首 den Kopf heben 2. sich krümmen; sich biegen

乔（喬） qiáo 1. hoch 2. sich verstellen; vortäuschen; sich verkleiden

乔木 qiáomù Baum

乔其纱 qiáoqíshā Georgette

乔迁 qiáoqiān 1. *eine neue oder bessere* Wohnung beziehen; umziehen ～之喜 Alles Gute zum Umzug! 2. befördert werden; aufrücken

乔装 qiáozhuāng sich verkleiden; sich verstellen

荞（蕎） qiáo

荞麦 qiáomài Buchweizen ～粉 Buchweizenmehl

桥（橋） qiáo Brücke 石～ Steinbrücke

桥墩 qiáodūn Brückenpfeiler

桥梁 qiáoliáng 1. Brücke 2. Bindeglied; Verbindung; Vermittler 起～作用 die Rolle eines Bindegliedes spielen; als Brücke dienen

桥牌 qiáopái Bridge 打～ Bridge spielen

桥头堡 qiáotóubǎo 1. Brückenkopf 2. Brückenturm 3. Stützpunkt; Festung

侨（僑） qiáo 1. →侨居 2. →侨民 归国华～ aus dem Ausland zurückgekehrter Auslandschinese; heimgekehrter Auslandschinese

侨胞 qiáobāo (im Ausland lebende) Landsleute 海外～ Landsleute in Übersee

侨汇 qiáohuì Geldüberweisungen von im Ausland lebenden Landsleuten

侨居 qiáojū im Ausland leben

侨民 qiáomín im Ausland lebender Bürger

憔 qiáo

憔悴 qiáocuì schwach und matt; angegriffen; abgehärmt 面容～ angegriffen (abgehärmt) aussehen

樵 qiáo 1. Brennholz; Reisig 2. Brennholz schlagen; Reisig sammeln ～夫 Holzfäller; Reisigsammler

瞧 qiáo sehen; schauen; gucken

瞧不起 qiáo bu qǐ verachten; geringschätzen

瞧得起 qiáo de qǐ hoch schätzen; hoch achten; viel von jm/etw halten

瞧见 qiáojiàn sehen; erblicken; schauen

悄 qiǎo 另见 qiāo

1. still; leise; ruhig ～声 leise; ruhig; mit leiser Stimme 2. →悄然

悄然 qiǎorán 1. traurig; betrübt ～落泪 kummervoll in Tränen ausbrechen; betrübt weinen 2. *still; geräuschlos*

巧 qiǎo 1. geschickt; gewandt; flink ～干 mit Geschick arbeiten; sich dabei recht geschickt anstellen ～匠 geübter Arbeiter; Meister seines Fachs 手～ geschickte Hand; fingerfertig 2. zufällig; gerade; ausgerechnet 你来得真～ du kommst wie gerufen 3. unrecht; heuchlerisch 花言～语 honigsüße (schöne) Worte im Mund führen

巧合 qiǎohé Zufall; Zusammentreffen; Zusammenfall

巧计 qiǎojì kluger Plan; raffinierte List

Q

巧克力 qiǎokèlì Schokolade
巧立名目 qiǎo lì míng mù unter allen erdenklichen Namen (Vorwänden)
巧妙 qiǎomiào geschickt; gewandt; raffiniert

窍(竅) qiào 1. Loch; Öffnung 2. springender Punkt; Schlüssel zu etw
窍门 qiàomén Schlüssel; Kniff; Trick 找～ hinter einen Dreh kommen

壳(殼) qiào 另见 ké
Schale; Hülse; Kruste
壳斗 qiàodǒu Fruchtbecher (*Cupula*)

翘(翹、蹺) qiào 另见 qiáo
etw in die Höhe recken ～嘴唇 die Lippen schürzen
翘辫子 qiào biànzi krepieren; ins Gras beißen; verrecken
翘尾巴 qiào wěiba sehr stolz (überheblich, hochmütig) sein

鞘 qiào Scheide 剑～ Schwertscheide 刀出～ den Säbel aus der Scheide ziehen; den Säbel zücken

峭(陗) qiào 1. hoch und steil; schroff ～壁 steile Felswand 2. streng; hart; rigoros

俏 qiào 1. schön; hübsch 打扮得真～ schick angezogen sein 2. leicht absetzlich; viel gefragt ～货 stark gefragte Ware
俏丽 qiàolì schön; hübsch; niedlich
俏皮 qiàopi 1. schön; hübsch; gefällig 2. verschmitzt; geistreich; witzig ～话 scherzhafte Worte; witzige Bemerkung

撬 qiào (mit einem Hebel oder Brecheisen) hochheben; hochstemmen; aufbrechen

切 qiē 另见 qiè
1. schneiden; zerschneiden ～碎 zerstückeln; *zerkleinern* ～*断敌军退路 dem* Feind den Rückweg abschneiden 2. Berührung ～点 Berührungspunkt; Tangentialpunkt
切除 qiēchú herausschneiden; etw operativ entfernen; Exzision
切磋 qiēcuō sich beraten; Ansichten austauschen und davon profitieren
切线 qiēxiàn Tangente
切削 qiēxiāo schneiden; spanen ～合金 Schneidmetall
切纸机 qiēzhǐjī Papierschneidemaschine

茄 qié Eierfrucht; Aubergine
茄子 qiézi Aubergine; Eierfrucht

且[1] qiě vorläufig; einstweilen; für einen Moment ～慢 einen Moment warten; nur nicht so eilig

且[2] qiě 1. selbst; sogar 你～如此,何况他人 selbst du bist so, von den anderen ganz zu schweigen 2. (sowohl ...) als auch ...; und; ferner 既高～大 sowohl hoch als auch groß

妾 qiè 1. Konkubine; Nebenfrau 2. (höfliche Selbstbezeichnung einer verheirateten Frau im alten China) ich

锲 qiè schnitzen; meißeln
锲而不舍 qiè ér bù shě unermüdlich; beharrlich; ausdauernd

挈 qiè 1. heben; hochheben; emporhalten 2. →挈带
挈带 qièdài mitnehmen; mit sich führen; bei sich haben

怯 qiè →怯弱
怯弱 qièruò schüchtern; charakterschwach
怯生生 qièshēngshēng ängstlich; schüchtern; zaghaft

惬(愜、悏) qiè →惬意
惬意 qièyì zufrieden (befriedigt) sein; sehr glücklich sein

切 qiè 另见 qiē
1. →切合 说话不～实际 leere Behauptung; seine Worte entsprechen nicht den Tatsachen 2. eng; nah 亲～ eng verbunden; intim 3. dringend; eilig 回国心～ heißes Verlangen nach dem Heimatland haben; sich sehnen, in sein Vaterland zurückzukehren 4. unter allen Umständen; auf alle Fälle ～不可骄傲 man darf auf keinen Fall hochmütig werden
切齿 qièchǐ mit den Zähnen knirschen; Zähne knirschend ～痛恨 wütenden Hass empfinden; (gegen jn) die Zähne

fletschen

切合 qièhé mit etw völlig übereinstimmen; sehr gut passen

切记 qièjì etw fest im Gedächtnis behalten sich etw tief einprägen

切口 qièkǒu Argot; Jargon

切身 qièshēn 1. ureigen; lebenswichtig ～利益 ureigene Interessen; Lebensinteressen 2. persönlich; selbst; am eigenen Leib ～体会 persönliche Einsicht; etw am eigenen Leib zu spüren bekommen

切实 qièshí praktisch; realistisch; ernstlich ～可行的办法 realisierbare Maßnahme; praktische und wirksame Maßnahme

切题 qiètí dem Thema entsprechen; zum Thema gehörig

窃(竊) qiè 1. stehlen; ～案 Diebstahl 2. insgeheim; heimlich; verstohlen ～笑 verstohlen lachen; griemeln; heimlich kichern

窃据 qièjù usurpieren; etw an sich reißen; (einen Posten) widerrechtlich innehaben ～要津 eine wichtige Stellung widerrechtlich innehaben

窃国 qièguó die Staatsmacht usurpieren

窃窃私议 qiè qiè sī yì die Köpfe zusammenstecken; zischeln

窃取 qièqǔ stehlen; etw an sich reißen; usurpieren ～权力 die Macht widerrechtlich in Besitz nehmen; Befugnis stehlen

窃听器 qiètīngqì Abhörgerät

窃贼 qièzéi Dieb; Einbrecher

亲(親) qīn 另见 qìng
1. Elternteil; Eltern 2. blutsverwandt ～兄弟 Brüder 3. →亲属 4. →亲事 5. Braut 6. vertraut; familiär; intim ～如手足 wie Brüder eng zusammenhalten; brüderlich verbunden 7. →亲自 8. küssen; liebkosen

亲爱 qīn'ài lieb; geliebt; lieben

亲近 qīnjìn eng verbunden; (jm) nahestehen; sich mit jm befreunden

亲密 qīnmì eng; vertraut; vertraulich intim ～无间 mit jm ein Herz und eine Seele sein; mit jm auf du und du stehen; zwischen ... besteht ein sehr enges und herzliches Verhältnis

亲昵 qīnnì liebvoll; intim; sehr vertraut

亲戚 qīnqi Verwandte(r)

亲切 qīnqiè 1. →亲近;亲密 2. freundlich; gütig; warmherzig ～的会见 freundliches Zusammentreffen

亲热 qīnrè innig; liebenswürdig; warmherzig

亲人 qīnrén Blutsverwandte(r); Familienangehörige(r)

亲身 qīnshēn persönlich; selbst; am eigenen Leib ～感受 persönliche Erfahrung; persönlicher Eindruck

亲生 qīnshēng eigen; leiblich ～子女 leibliche (eigene) Kinder

亲事 qīnshi Ehe; Heirat; Hochzeit 办～ die Hochzeit ausrichten

亲手 qīnshǒu mit eigenen Händen; eigenhändig; selbst

亲属 qīnshǔ Familienangehörige(r); Verwandte(r); Verwandtschaft 直系～ Verwandte ersten Grades in auf- und absteigender Linie

亲王 qīnwáng Prinz

亲信 qīnxìn 1. sich mit jm befreunden und ihm vertrauen 2. Gefolgsmann; Vertrauensmann; treuer Anhänger

亲友 qīnyǒu Verwandte und Bekannte

亲自 qīnzì persönlich; selbst; selber

亲嘴 qīnzuǐ sich küssen

钦 qīn 1. →钦佩 2. kaiserlich; vom Kaiser persönlich

钦差 qīnchāi vom Kaiser geschickter Beauftragter; kaiserlicher Gesandter

钦佩 qīnpèi hochachten; bewundern

侵 qīn 1. →侵入 2. herannahen; näherkommen ～晨 (bei) Tagesanbruch; Morgendämmerung

侵夺 qīnduó etw mit Gewalt an sich reißen; rauben

侵犯 qīnfàn 1. eingreifen; übertreten; verletzen ～他人权利 in js Rechte eingreifen 2. einfallen; eindringen; überfallen ～领海 Hoheitsgewässer verletzen

侵害 qīnhài beeinträchtigen; schädigen; eindringen

侵略 qīnlüè angreifen; einfallen; Aggression ～战争 Aggressionskrieg

侵入 qīnrù eindringen; einfallen; herfallen ～别国领土 in das Territorium eines anderen Landes eindringen

侵蚀 qīnshí zersetzen; zerfressen; erodieren; Erosion

Q

侵吞 qīntūn 1. unterschlagen; unrechtmäßig zurückbehalten ～公款 öffentliche Gelder unterschlagen 2. annektieren; einverleiben
侵占 qīnzhàn 1. etw widerrechtlich in Besitz nehmen; vergreifen; sich etw aneignen 2. eindringen und besetzen
勤 qín 1. →勤勉 ～学苦练 fleißig lernen und unermüdlich üben 2. regelmäßig; häufig; oft 3. →勤务
勤奋 qínfèn fleißig; eifrig; emsig; Fleiß; Eifer ～学习 fleißig studieren
勤工俭学 qín gōng jiǎn xué Werkstudium; Werkstudent sein; sein Studium durch Ferienjob finanzieren
勤俭 qínjiǎn fleißig und sparsam; fleißig und genügsam ～持家 fleißig und sparsam haushalten; den Haushalt wirtschaftlich führen
勤恳 qínkěn fleißig und gewissenhaft; tüchtig und unermüdlich 勤勤恳恳为人民服务 emsig und gewissenhaft dem Volk dienen
勤劳 qínláo fleißig; arbeitsam
勤勉 qínmiǎn fleißig; eifrig; unermüdlich
勤务 qínwù 1. Dienst 2. Dienstpersonal; Diensttuende(r) ～兵 Offiziersbursche
芹 qín →芹菜
芹菜 qíncài Sellerie
禽 qín Vögel; Geflügel; Federvieh
禽兽 qínshòu Raubvögel und wilde Tiere; Bestie 衣冠～ Unmensch; Teufel in Menschengestalt ～行为 viehische Handlung; unmenschliches Vorgehen; Bestialität
擒 qín einfangen; festnehmen; ergreifen
噙 qín etw im Mund oder in den Augen haben ～着眼泪 mit Tränen in den Augen
琴 *qín 1. Qin; alte Zither* (ein chinesisches Zupfinstrument mit 5, dann mit 7 Saiten) 2. allgemeine Bezeichnung für manche Streich-, Zupf-, und Klavierinstrumente
琴键 qínjiàn Taste
琴鸟 qínniǎo Leierschwanz
琴师 qínshī Zitherspieler; Streich- oder Zupfinstrumentspieler
寝(寢) qǐn 1. schlafen 2. Schlafzimmer 3. Kaisergrab; Mausoleum 4. enden; ruhen
寝室 qǐnshì Schlafzimmer
沁 qìn sickern; hindurchdringen; langsam und dünn fließen ～人心脾 erfrischend; zu Herzen gehend; wohltuend 他额上～出了汗珠 der Schweiß ist ihm von der Stirn geperlt
揿(撳) qìn drücken ～电铃 auf den Klingelknopf drücken
青 qīng 1. grün; blau ～天 blauer Himmel 2. schwarz ～布 schwarzer Stoff 3. Gras; junge Saat 踏～ im Frühling ins Grüne fahren 4. jung; jugendlich
青菜 qīngcài 1. Grünkohl 2. Gemüse
青草 qīngcǎo grünes Gras
青出于蓝 qīng chū yú lán der Schüler übertrifft (überflügelt) seinen Lehrer
青春 qīngchūn Jugend; Jugendzeit; Jugendfrische
青翠 qīngcuì frischgrün; hellgrün
青筋 qīngjīn blaue Ader
青稞 qīngkē Hochlandgerste; Saat-Gerste
青睐 qīnglài Wohlwollen; Gunst; Wertschätzung 博得某人的～ in js Gunst stehen; sich js Wohlwollen erwerben
青霉素 qīngméisù Penicillin; Penizillin
青苗 qīngmiáo junge Saat
青年 qīngnián jung; jugendlich; Jugend; Jugendliche(r) ～时代 Jugendzeit; Jugend; die Tage der Jugend ～团 Jugendverband ～学生 junge Schüler und Studenten; Schuljugend
青少年 qīngshàonián Kinder und Jugendliche; Teenager
青饲料 qīngsìliào Grünfutter; Grasfutter
青苔 qīngtái Moos
青铜 qīngtóng Bronze
青蛙 qīngwā Frosch
青鱼 qīngyú Schwarzkarpfen
清 qīng 1. klar; durchsichtig; rein 水～见底 das Wasser ist so klar, dass man den Grund des Teiches sehen kann 2. →清静 3. gerecht und unbestechlich ～官 unbestechlicher Beamter 4. klar; geklärt; deutlich 问～底细 den Sachverhalt klären

lassen 5. (Rechnung, Schulden) bereinigen; begleichen 把账付～ Rechnung begleichen 6. säubern; reinigen ～党 Säuberung der Partei; die Partei säubern; Parteireinigung 7. →清点 8. Qing-Dynastie (1644—1911)

清白 qīngbái klar und deutlich; rein; unschuldig; unbefleckt 历史～ eine makellose Vergangenheit haben

清册 qīngcè Liste; Verzeichnis; detaillierte Aufstellung

清查 qīngchá gründlich prüfen; überprüfen ～户口 polizeiliche Überprüfung der Aufenthaltserlaubnis

清澈 qīngchè klar und durchsichtig; glasklar; kristallklar

清晨 qīngchén am frühen Morgen; in der Morgenfrühe

清除 qīngchú beseitigen; ausmerzen; ausrotten

清楚 qīngchu 1. klar; deutlich 字迹～ eine deutliche (saubere) Handschrift 2. nüchtern; hell (Verstand) 头脑～ einen klaren Kopf haben; nüchtern denken 3. verstehen; begreifen 你～不～，这是怎么回事? Verstehst du, was das ist?

清脆 qīngcuì hell klingend; kristallrein ～的歌声 silberheller Gesang

清单 qīngdān Liste; Inventar; Verzeichnis

清淡 qīngdàn 1. schwach; leicht 2. dünn; mager; fettarm 3. flau; lustlos 生意～ das Geschäft ist flau

清点 qīngdiǎn überprüfen; sortieren und zählen; inventarisieren ～物资 das Inventar aufnehmen; inventarisieren; Warenbestandsaufnahme

清高 qīnggāo edel und erhaben 自命～ sich als edelmütiger und moralisch reiner Mensch aufspielen

清洁 qīngjié rein; sauber 保持～ Reinlichkeit halten ～工 Müllarbeiter; Straßenreiniger

清静 qīngjìng ruhig; still; friedlich

清理 qīnglǐ etw in Ordnung bringen; überprüfen ～亏损企业 die mit Verlust arbeitenden Unternehmen überprüfen und in Ordnung bringen

清廉 qīnglián ehrlich; unbestechlich

清凉 qīngliáng kühl; frisch; erfrischend ～油 Erfrischungssalbe; Mentholsalbe ～饮料 Erfrischungsgetränk

清明 qīngmíng 1. Totenfest (Bezeichnung für den 4. 5. oder 6. April) 2. klar und hell 3. nüchtern; klarköpfig

清算 qīngsuàn 1. abrechnen; begleichen ～账目 Rechnungen begleichen 2. abrechnen

清晰 qīngxī klar; deutlich

清洗 qīngxǐ 1. reinigen; spülen 2. säubern; entfernen

清闲 qīngxián müßig; frei haben

清香 qīngxiāng frischer Duft; Wohlgeruch; aromatisch

清新 qīngxīn frisch; frisch und rein 空气～ die Luft ist frisch und rein

清醒 qīngxǐng 1. nüchtern; klar im Kopf; kühl und aufwachen ～地估计局势 die Situation nüchtern einschätzen 2. wieder zu Bewusstsein kommen; zur Besinnung kommen

清秀 qīngxiù zierlich und hübsch; lieblich und anmutig 山水～ liebliche Landschaft

清样 qīngyàng letzte Korrekturfahne

清早 qīngzǎo →清晨

清账 qīngzhàng abrechnen; Rechnungen begleichen

清真 qīngzhēn islamisch; mohammedanisch ～教 Islamismus ～寺 Moschee

蜻 qīng

蜻蜓 qīngtíng Libelle; Wasserjungfer ～点水 etw nur oberflächlich behandeln (berühren)

倾 qīng

1. →倾斜 2. Neigung; Tendenz; sich neigen 左～ linksgerichtet 3. einstürzen; zusammenfallen; zusammenbrechen 大厦将～ das große Gebäude droht zusammenzustürzen 4. ausschütten; durch Umkippen leeren 5. nach besten Kräften; mit allen Mitteln ～全力 mit allen Mitteln (Kräften); alle Kräfte einsetzen

倾巢 qīngcháo alle verfügbaren Kräfte einsetzen (von Feinden oder Banditen)

倾倒 qīngdǎo 1. umfallen; umstürzen 2. bewundern; verehren; imponieren

倾倒 qīngdào ausschütten; auskippen; ausgießen

倾家荡产 qīng jiā dàng chǎn das gesamte Vermögen (sein Hab und Gut) verlieren

倾盆大雨 qīng pén dà yǔ es regnet wie mit Eimern (in Strömen) / es gießt wie mit (aus) Kübeln

Q

倾诉 qīngsù jm sein Herz ausschütten; seinem Herzen Luft machen ～衷情 sein Herz ausschütten; seinen Gefühlen freie Luft lassen

倾听 qīngtīng aufmerksam zuhören; hinhören; auf etw lauschen ～群众的意见 die Meinungen der Massen anhören

倾向 qīngxiàng 1. zu etw neigen; geneigt sein; vorziehen 2. Tendenz; Abweichung 政治～ politische Tendenz

倾向性 qīngxiàngxìng Tendenz; Parteilichkeit 他的发言有～ seine Rede war parteiisch

倾销 qīngxiāo etw zu Schleuderpreisen verkaufen; verramschen; Dumping

倾斜 qīngxié sich neigen; eine Neigung haben

倾心 qīngxīn 1. bewundern; sich in jn verlieben 2. offen und herzlich; herzlich; mit ganzem Herzen ～交谈 sich offen und herzlich unterhalten; herzliche Gespräche führen

倾轧 qīngyà einander zu verdrängen suchen; sich gegenseitig von der (politischen) Bühne verdrängen wollen 互相～ gegenseitig intrigieren

倾注 qīngzhù 1. fließen; einfließen 2. einsetzen; etw auf etw konzentrieren

轻(輕) qīng 1. leicht 油比水～ öl ist leichter als Wasser 2. wenig; leicht; jung 他年纪比你～ er ist jünger als du ～伤 leicht verwundet 3. nicht wichtig; unwesentlich 责任～ keine große Verantwortung haben 4. leicht; sacht(e) ～抬～放 sachte hochheben und vorsichtig hinlegen 现在在开会，～一点 sei doch still, die Sitzung ist ja noch nicht zu Ende 5. →轻率 6. →轻视

轻便 qīngbiàn 1. leicht; bequem; handlich ～铁路 Kleinbahn; Schmalspurbahn 2. leicht; erleichtert; einfach 干～活儿 leichte Arbeit machen

轻薄 qīngbó frivol; liederlich; unernst

轻敌 qīngdí den Feind oder Gegner unterschätzen

轻而易举 qīng ér yì jǔ etw mit dem kleinen Finger machen; mit Leichtigkeit; ohne Mühe

轻浮 qīngfú leichtsinnig; frivol

轻工业 qīnggōngyè Leichtindustrie

轻轨 qīngguǐ S-Bahn

轻快 qīngkuài 1. beschwingt; leise und rasch 脚步～ mit beschwingten Schritten; beschwingten Schrittes 2. freudig; froh; heiter

轻描淡写 qīng miáo dàn xiě etw oberflächlich erwähnen; abschwächend

轻蔑 qīngmiè gering schätzen; verachten; verächtlich; nebenbei

轻巧 qīngqiǎo 1. leicht; leicht und handlich 2. geschickt; gewandt

轻取 qīngqǔ leicht gewinnen; einen Kantersieg davontragen

轻生 qīngshēng Selbstmord begehen; freiwillig aus dem Leben scheiden

轻视 qīngshì gering schätzen; verachten; keine Bedeutung schenken

轻率 qīngshuài leichtsinnig; unbesonnen; unbedacht

轻松 qīngsōng leicht; erleichtert; entspannt ～愉快 heiter; leichten Herzens; Beschwingtheit

轻佻 qīngtiāo leichtsinnig; liederlich; frivol

轻微 qīngwēi leicht; gering ～的损失 geringer (geringfügiger) Verlust

轻武器 qīngwǔqì leichte Waffen; Handfeuerwaffe

轻信 qīngxìn leicht gläubig; gutgläubig; jm/etw leichtfertig Glauben (Vertrauen) schenken ～流言 Gerüchten leichtfertig Glauben schenken

轻易 qīngyì 1. leicht; mühelos 2. leichtfertig; unbesonnen; unbedachtsam

轻音乐 qīngyīnyuè leichte Musik; Unterhaltungsmusik

轻盈 qīngyíng graziös; feingliederig ～的舞步 schwungvolle tänzerische Bewegungen; mit anmutigen und graziösen Schritten tanzen

轻重 qīngzhòng 1. Gewicht 2. Wichtigkeitsgrad 无足～ unbedeutend; belanglos; kein Gewicht haben 3. Maß; Ausmaß 不知～ weder Maß noch Ziel kennen; kein Taktgefühl haben

轻装 qīngzhuāng 1. mit leichtem Gepäck ～就道 sich ohne viel Gepäck auf den Weg machen 2. leicht ausgerüstet ～部队 leicht ausgerüstete Truppen

氢(氫) qīng Wasserstoff; Hydrogenium (H)

氢弹 qīngdàn Wasserstoffbombe; H-Bombe

情 qíng 1. Gefühl; Gemütsbewegung;

Sentiment 2. →情面 3. Liebe 4. →情欲 5. →情形；情况 军～ militärische Lage
情报 qíngbào Information；Nachricht ～人员 Mitarbeiter eines Geheimdienstes；Angehöriger einer Nachrichtentruppe ～交换 Nachrichten（Informationen）austauschen 科学技术～ wissenschaftlich-technische Informationen und Daten
情操 qíngcāo moralische Eigenschaften；Wertgefühl；Sinnesart 高尚的～ nobles Wertgefühl
情调 qíngdiào emotionale Stimmung 异国～ Exotik；exotische（ausländische）Stimmung
情感 qínggǎn Gefühl；Gemüt；Emotion
情歌 qínggē Liebeslied
情节 qíngjié Handlung；Fabel；Sachlage
情景 qíngjǐng Szene；Anblick；Bild
情况 qíngkuàng 1. Umstände；Lage；Verhältnisse 思想～ ideologische Verhältnisse 2. militärische Lage；Frontsituation
情理 qínglǐ Vernunft；Verstand 不近～ üblichen menschlichen Gefühlen zuwiderlaufend；entgegen dem guten Menschenverstand
情侣 qínglǚ Liebespaar；die Liebenden
情面 qíngmiàn Gefälligkeit auf Grund der Freundschaft；Rücksicht auf das Gesicht eines Freundes 不讲～ keine Rücksicht auf js Gefühle nehmen；rücksichtslos
情人 qíngrén Geliebte(r)；Liebhaber；Herze
情书 qíngshū Liebesbrief
情形 qíngxing Lage；Umstände；Verhältnisse
情绪 qíngxù 1. Gemüt；Stimmung；Laune 生产～ Arbeitsmoral；Arbeitslaune ～很好 guter Laune sein；（in）guter Stimmung sein 2. Missmut；Missstimmung；Niedergeschlagenheit 他今天有点儿～ er ist heute etwas niedergeschlagen / heute ist er etwas missgestimmt
情义 qíngyì tiefe Verbundenheit zwischen Familienangehörigen，Freunden oder Kameraden
情谊 qíngyì Freundschaft；Kameradschaft 深厚的～ tiefe Freundschaft
情意 qíngyì freundschaftliche Gefühle；Zuneigung ～绵绵 voller Zärtlichkeit；inniglich
情欲 qíngyù Begierde；Fleischeslust；Trieb
情愿 qíngyuàn 1. gewillt sein，etw zu tun；gern 两相～ beide Seiten sind willens，etw zu tun 2. lieber ... als ...；es wäre besser，wenn ... ～死，也不向敌人投降 lieber sterben，als vor dem Feind zu kapitulieren

晴

qíng klar；heiter 天～了 das Wetter hat sich aufgeheitert
晴和 qínghé warm und heiter
晴空 qíngkōng klarer（heiterer）Himmel ～万里 wolkenloser Himmel
晴朗 qínglǎng klar；heiter；wolkenlos
晴天 qíngtiān sonniger Tag；sichtiges Wetter；klarer Himmel ～霹雳 wie ein Blitz aus heiterem Himmel
晴雨表 qíngyǔbiǎo Barometer

擎

qíng erheben；hochhalten 众～易举 mit vereinten Kräften das Ziel mühelos erreichen

请

qǐng 1. →请求 2. einladen；engagieren ～医生 einen Arzt holen（rufen）3. bitte ～坐 Nehmen sie bitte Platz!
请假 qǐngjià um Urlaub bitten；sich freigeben lassen；sich beurlauben lassen 请病假 um Krankenurlaub bitten；Krankenurlaub beantragen
请教 qǐngjiào um Rat fragen；zu Rate ziehen 向某人～ sich bei jm Rat holen
请客 qǐngkè in einladen；den Gastgeber spielen
请求 qǐngqiú 1. bitten；ersuchen（um）～批准 um Genehmigung（Ratifizierung）bitten 2. Bitte 接受他的～ seine Bitte annehmen
请示 qǐngshì um Ausweisungen（Instruktionen）ersuchen
请帖 qǐngtiě Einladungskarte；Einladung
请问 qǐngwèn Gestatten Sie eine Frage! / Darf ich fragen?
请愿 qǐngyuàn eine Bittschrift（eine Petition）einreichen；petitionieren ～书 Bittschrift；Petition
请罪 qǐngzuì seine Schuld eingestehen und um Bestrafung bitten；Abbitte tun（leisten）

苘（檾、蔔）

qǐng
苘麻 qǐngmá Chinesische Jute；Chinesischer Hanf

顷[1] qǐng (Flächenmaß) *Qing* (= ca. 6.67 Hektar)

顷[2] qǐng 1. eben; gerade; soeben ～接来信 eben habe ich Ihren Brief erhalten 2. →顷刻 少～ kurz darauf; einen Augenblick später; nach einer Weile

顷刻 qǐngkè in einem Augenblick; ein Weilchen später; sofort

亲(親) qìng 另见 qīn

亲家 qìngjia 1. angeheiratete Verwandtschaft 2. Eltern des Schwiegersohns oder der Schwiegertochter ～公 Schwiegervater des Sohns oder der Tochter ～母 Schwiegermutter des Sohns oder der Tochter

庆(慶) qìng 1. →庆祝 ～丰收 eine reiche Ernte feiern 2. Jahrestag; Jubiläum; Feiertag 校～ Gründungstag einer Schule oder Hochschule; Schulfeier

庆贺 qìnghè gratulieren; beglückwünschen; feiern

庆祝 qìngzhù feiern; etw feierlich begehen ～大会 Festversammlung ～国庆 den Nationalfeiertag begehen

罄 qìng erschöpft; aufgebraucht 售～ restlos ausverkauft sein

罄竹难书 qìng zhú nán shū die Untaten sind zu viele, als dass man sie alle aufzählen könnte / die Liste der Verbrechen kennt kein Ende

琼(瓊) qióng feiner Jade; kostbarer Jade ～楼玉宇 Prachtbau

琼脂 qióngzhī Agar-Agar

穷(窮) qióng 1. arm; armselig; Not leidend 挖掉～根 die Wurzeln der Armut ausrotten (ausgraben) 2. →穷尽 无～无尽 unendlich; unerschöpft; unbegrenzt 3. vollkommen; gründlich ～究 einer Sache auf den Grund gehen 4. *äußerst*; extrem; maßlos ～凶极恶 äußerst boshaft; ganz brutal; sehr barbarisch

穷光蛋 qióngguāngdàn Arme(r); armer Schlucker; Habenichts

穷尽 qióngjìn Ende; am Ende

穷苦 qióngkǔ arm; armselig; ärmlich

穷困 qióngkùn elend; erbärmlich; Not leidend 生活～ in Not und Elend leben

穷人 qióngrén Arme(r); arme Leute

穷乡僻壤 qióng xiāng pì rǎng arme und abgelegene Gegend; entlegenes Gebiet

茕(煢、惸) qióng 1. allein; einsam; alleinstehend 2. betrübt; traurig; kummervoll

茕茕 qióngqióng einsam und allein; allein und hilfslos ～孑立 mutterseelenallein (ganzallein) dastehen

秋(秌) qiū 1. →秋季 深～ Spätherbst ～雨 Herbstregen 2. Erntezeit 麦～ Zeit der Weizenernte 3. Jahr 4. Periode; Zeiten 多事之～ ereignisreiche Periode; unruhige (bewegte) Zeiten

秋波 qiūbō die glänzenden Augen einer schönen Frau 送～ jm (schöne) Augen machen; mit jm liebäugeln

秋播 qiūbō Herbstaussaat

秋分 qiūfēn Herbstäquinoktium; Mittelherbst; Herbst-Tagundnachtgleiche (Bezeichnung für den 22., 23. oder 24. September)

秋海棠 qiūhǎitáng Begonie; Schiefblatt

秋季 qiūjì Herbst

秋老虎 qiūlǎohǔ heiße Herbsttage; Nachsommer

秋千 qiūqiān Schaukel

秋收 qiūshōu Herbsternte

秋天 qiūtiān Herbst

楸 qiū Katalpe; Trompetenbaum

丘(³坵) qiū 1. Hügelchen 荒～ kahler Hügel 2. Grab; Grabstätte 3. (als Zähleinheitswort): 一～试验田 ein Stück Versuchsfeld

丘八 qiūbā (abfällig) Soldat; Gemeine(r); Soldateska

丘陵 qiūlíng Hügel; Hügelland

蚯 qiū

蚯蚓 qiūyǐn Regenwurm

酋 qiú 1. →酋长 2. Anführer; Stammesoberhaupt; Häuptling 匪～ Banditenhäuptling; Anführer einer Räuberbande

酋长 qiúzhǎng 1. Stammeshäuptling 2. Scheich; Emir ～国 Emirat; Scheichtum

求 qiú 1. (inständig) bitten (um); anflehen ～你帮个忙，行吗？Darf ich Sie um einen Gefallen bitten? **2.** fordern; verlangen; beanspruchen ～赔偿 Kompensation fordern; Wiedergutmachung verlangen; Reklamation fordern **3.** nach etw streben; nach etw jagen ～进步 sich bemühen, Fortschritte zu machen **4.** Nachfrage; Bedarf 供～关系 das Verhältnis zwischen Angebot und Nachfrage

求和 qiúhé **1.** um Frieden bitten; Friedensangebot **2.** sich um ein Unentschieden bemühen; die Partie remis enden lassen

求婚 qiúhūn jm einen Heiratsantrag machen; um jn freien

求教 qiújiào (bei jm) Rat suchen; jn zu Rate ziehen; hinzuziehen

求救 qiújiù jn um Hilfe bitten; um Hilfe rufen; einen Rettungsanker auswerfen ～信号 SOS-Signal

求亲 qiúqīn ein Ehearrangement treffen; ein Kind verheiraten wollen

求情 qiúqíng um Nachsicht bitten; jn um einen Gefallen bitten 为某人～ sich für jn verwenden; für jn bitten; ein gutes Wort für jn einlegen

求饶 qiúráo jn um Gnade anflehen; jn flehentlich um Schonung bitten

求实 qiúshí von den Tatsachen ausgehen; sachlich; realistisch ～精神 Sachlichkeit; realistische Einstellung; Wirklichkeitssinn

求同存异 qiú tóng cún yì Differenzen vorübergehend zurückstellen und nach einer gemeinsamen Grundlage suchen

求学 qiúxué **1.** die Schule besuchen **2.** sich Wissen aneignen wollen

求援 qiúyuán um Hilfe (Unterstützung) *bitten; nach Verstärkung verlangen*

求知欲 qiúzhīyù Wissensdurst; Wissensdrang; Lernbegier

裘 qiú Pelzmantel; Pelzkleidung 狐～ Fuchspelzmantel

球(²毬) qiú **1.** Kugel **2.** Ball; Ballspiele ～类运动 Ballspiele **3.** Erde; Erdkugel 全～ Globus; die ganze Welt; global **4.** ball-, kugelförmiger Gegenstand

球场 qiúchǎng Ballspielplatz; Spielfeld

球蛋白 qiúdànbái Globulin 丙种～ Globulin-C

球队 qiúduì Mannschaft

球果 qiúguǒ Zapfen

球菌 qiújūn Kokkus; Kugelbakterien

球门 qiúmén Tor; Goal 守～ das Tor hüten

球迷 qiúmí Ballspielliebhaber; Fan (eines Ballspiels) 足～ Fußballfan

球拍 qiúpāi Schläger

球赛 qiúsài Ballspielwettbewerb; Ballspiel

球鞋 qiúxié Sportschuh; Turnschuh 足～ Fußballschuh

虬(虯) qiú gehörnter Drache (Fabeltier)

虬髯 qiúrán lockiger Backenbart

囚 qiú **1.** →囚禁 **2.** →囚犯 死～ zum Tode verurteilter Gefangener; auf seine Hinrichtung wartender Häftling

囚犯 qiúfàn Strafgefangene(r); Gefangene(r); Häftling

囚禁 qiújìn einkerkern; einsperren; inhaftieren

囚牢 qiúláo Gefängnis; Kerker

囚徒 qiútú →囚犯

泅 qiú schwimmen

泅渡 qiúdù durchschwimmen 武装～ voll bewaffnet durchschwimmen

犰 qiú

犰狳 qiúyú Gürteltier

祛 qū beseitigen; entfernen; vertreiben ～暑 Hitzegefühle vertreiben

祛除 qūchú beseitigen; vertreiben; entfernen ～疑惧 Zweifel und Angst beseitigen

区(區) qū **1.** →区别 **2.** →区域 步行～ Fußgängerzone 商业～ Geschäftsviertel **3.** Bezirk; Verwaltungsbezirk; Distrikt 自治～ autonomes Gebiet

区别 qūbié **1.** unterscheiden; differenzieren ～好坏 zwischen Gutem und Schlechtem unterscheiden **2.** Unterschied; Verschiedenheit ～不大 keinen großen Unterschied haben

区分 qūfēn unterscheiden; differenzieren

区划 qūhuà Gebietseinteilung 行政～ administrative Gliederung

区区 qūqū **1.** gering; unbedeutend ～小事 eine Kleinigkeit (Geringfügigkeit) **2.** meine Wenigkeit; ich

区域 qūyù Gebiet; Zone; Region ～自治

Q

regionale Autonomie; regionale Selbstverwaltung ～性战争 regionaler Krieg

躯（軀） qū Körper; Leib

躯干 qūgàn Rumpf

躯体 qūtǐ Körper; Leib

驱（驅、敺） qū 1. treiben (antreiben); lenken; fahren ～车疾驰 den Wagen mit großer Geschwindigkeit fahren 2. schnell rennen 长～直入 unaufhaltsam und rasch vordringen 3. →驱逐,驱除

驱除 qūchú verjagen; vertreiben

驱使 qūshǐ 1. antreiben; anpeitschen 供人～ sich jm zur Verfügung stellen 2. treiben; drängen 为好奇心所～ von Neugier getrieben; aus Neugier

驱逐 qūzhú ausweisen; vertreiben; verjagen ～出境 jn des Landes verweisen; jn ausweisen

驱逐机 qūzhújī Jagdflugzeug; Jäger

驱逐舰 qūzhújiàn Zerstörer

觑（覰、覷） qū 另见 qù

Augen zusammenkneifen ～起眼睛 mit zusammengekniffenen Augen

蛆 qū Fliegenmade

曲[1] qū 另见 qǔ

1. krumm; gekrümmt; gebogen; gewunden ～径 gewundener Pfad 2. biegen; krümmen; beugen 弯腰～背 sich beugen; mit gekrümmtem Rücken 3. Biegung; Bogen; Kurve 河～ Flussbiegung; Flusswindung 4. Unrecht 理～ im Unrecht sein; unrecht haben

曲[2]（麯、粬） qū 另见 qǔ

Hafe; Bärme; Gärmittel

曲尺 qūchǐ Winkelmaß; Winkel

曲棍球 qūgùnqiú 1. Hockey 2. Hockeyball

曲解 qūjiě verdrechen; missdeuten; falsch auslegen

曲率 qūlǜ Krümmungsgrad; *Krümmung*

曲线 qūxiàn Kurve; krumme Linie

曲折 qūzhé 1. gewunden; krumm; kurvenreich 2. Komplikation; Verwicklung 事情可能还有～ es könnte noch Komplikationen geben

蛐 qū

蛐蛐儿 qūqur Grille

蛐蟮 qūshàn Regenwurm

趋（趨） qū 1. eilen; hasten 2. →趋向 大势所～ allgemeiner Lauf der Dinge; der Zug der Zeit 日～好转 Tag für Tag (immer) besser werden

趋附 qūfù um js Gunst buhlen; jm zu gefallen suchen

趋势 qūshì Tendenz; Trend 历史发展的必然～ die unabwendbare Entwicklungstendenz der Geschichte

趋向 qūxiàng 1. neigen; tendieren 由简陋～完善 sich vom Primitiven zur Vervollkommung entwickeln 2. Neigung; Tendenz; Trend

趋之若鹜 qū zhī ruò wù sich eifrig um etw reißen

焌 qū 1. Feuer (Flamme, brennende Gegenstände) im Wasser löschen 2. sautieren; (in der Pfanne mit wenig Fett und Gewürzen) kurz braten

黢 qū schwarz

黢黑 qūhēi pechschwarz; kohlrabenschwarz; stockfinster

屈 qū 1. krümmen; biegen 2. →屈服 3. im Unrecht sein; unrecht haben ～心 gegen sein Gewissen handeln 4. Unrecht; Ungerechtigkeit 叫～ über eine Ungerechtigkeit klagen

屈从 qūcóng sich wider Willen fügen; (vor jm) den Nacken beugen; sich darein ergeben

屈服 qūfú sich unterwerfen; sich beugen; nachgeben ～于压力 dem Druck nachgeben

屈节 qūjié seine moralische Integrität aufgeben

屈就 qūjiù sich zu etw herablassen

屈辱 qūrǔ Demütigung; Erniedrigung; Schmach 受～ eine Demütigung erleiden

屈膝 qūxī die Knie beugen; auf die Knie fallen ～投降 sich vor dem Feind auf die Knie werfen

屈指 qūzhǐ an den Fingern abzählen ～可数 etw an den Fingern abzählen können; sehr wenig

渠 qú Graben; Kanal; Bewässerungskanal 开～ einen Kanal graben

渠道 qúdào 1. →渠 2. Weg; Medium

取 qǔ 1. holen; abholen ～行李 Gepäck holen 上银行～款 Geld von der Bank abheben 2. bekommen; verursachen; hervorrufen 自～灭亡 sich selber den Untergang bereiten 3. wählen; nehmen 给孩子～个名儿 dem Kind einen Namen geben 可～ annehmbar; akzeptabel; brauchbar

取材 qǔcái Material besorgen 就地～ sich auf örtliche Ressourcen stützen

取长补短 qǔ cháng bǔ duǎn sich aneinander schulen; die Vorzüge der anderen übernehmen, um die eigenen Mängel zu beseitigen

取代 qǔdài ersetzen; substituieren

取得 qǔdé erringen; erzielen; gewinnen ～胜利 einen Sieg erringen ～经验 Erfahrungen bekommen

取缔 qǔdì verbieten; Verbot gegen etw erlassen; abschaffen ～赌博 Glücksspiel verbieten

取经 qǔjīng 1. eine Pilgerfahrt machen, um buddhistische Schriften zn holen; aus den Erfahrungen der Fortgeschrittenen lernen

取决 qǔjué es kommt auf jn/etw an; bedingen; von etw abhängen 成功与失败～于我们能否作好准备 Erfolg oder Misserfolg hängen davon ab, ob wir gute Vorbereitungen treffen können

取名 qǔmíng etw/jm einen Namen geben; benennen

取暖 qǔnuǎn sich wärmen; sich aufwärmen ～设备 Heizung; Heizungsanlage (Heizanlage)

取巧 qǔqiǎo raffiniert vorgehen; das Brett bohren, wo es am dünnsten ist; sich schlauer Tricks bedienen 投机～ opportunistisch; auf persönliche Vorteile spekulieren

取胜 qǔshèng einen Sieg erringen; den Sieg davontragen

取消 qǔxiāo etw rückgängig machen; abschaffen; aufheben ～比赛资格 jn vom Wettkampf ausschließen; disqualifizieren

取信 qǔxìn Zutrauen erwecken; Vertrauen gewinnen ～于人 js Vertrauen gewinnen; jn gewinnen

娶 qǔ →娶亲

娶亲 qǔqīn heiraten; sich eine Frau nehmen; sich verheiraten

苣 qǔ

苣荬菜 qǔmǎicài Gänsedistel

龋 qǔ

龋齿 qǔchǐ 1. Zahnfäule; Karies 2. kariöser Zahn

曲 qǔ 另见 qū

1. *Qu* (eine Art Versdichtung (*Yunwen*) in der Südlichen Song-, Jin- und Yuan-Dynastie) 2. Lied; Melodie 小～儿 Volksliedchen; kurzes Lied 3. Noten eines Liedes; Liedmelodie; Musik

曲调 qǔdiào Melodie

曲艺 qǔyì *Quyi* (volkstümliche Gesang- und Vortragskunst; volkstümliches Balladensingen)

曲子 qǔzi 1. Melodie 2. Lied; Gesang

趣 qù 1. →趣味 2. interessant ～事 interessante Begebenheit 3. Neigung; Interesse; Hang

趣味 qùwèi Interesse; Vorliebe; Geschmack ～无穷 äußerst interessant; höchst geschmackvoll

去[1] qù 1. gehen; fortgehen verlassen ～国 Vaterland verlassen 2. verlieren; nicht mehr haben 大势已～ das Spiel ist so gut wie verloren 3. beseitigen; abschaffen; entfernen ～皮 ausschälen; enthüllen 4. entfernt sein ～今五十年 vor 50 Jahren 5. letztjährig ～秋 letzter Herbst 6. hingehen ～朋友家 zum Freund gehen 7. darangehen; sich daranmachen ～上班 zur Arbeit gehen 8. um ... zu ... 提了一桶水～浇花 einen Eimer Wasser holen, um Blumen zu gießen

去[2] qù (auf der Bühne) eine Rolle spielen

去 qù 1. (Richtungskomplement von Verben): 拿～ wegholen; fortnehmen; fortbringen 2. (Verbkomplement): 信步走～ ohne Ziel dahinschlendern; ziellos herumschlendern 让他说～ lass ihn nur reden

去火 qùhuǒ die innere Hitze lindern

去年 qùnián vergangenes Jahr; letztes Jahr; im vorigen Jahr

Q

去世 qùshì sterben；ableben；aus dem Leben scheiden

去污剂 qùwūjì Reinigungsmittel；Scheuerpulver

去向 qùxiàng Richtung；Spur（einer Person oder eines Gegenstandes）～不明 spurlos verschwinden；unauffindbar；nirgends zu finden sein

觑（覷、覰） qù 另见 qū

sehen；starren；blinzeln 面面相～ sich bestürzt anblicken

圈 quān 另见 juān，juàn

1. →圈子 1 铁～儿 Eisenringel 包围～ Einkreisungsring 2. →圈子 2 3. einkreisen；in einem Kreis einschließen 4. etw mit einem Kreis versehen；markieren 把错字～了 falsch geschriebene Wörter durch Kreise wegstreichen（markieren）

圈套 quāntào Falle；Schlinge 落入～ in die Falle gehen；jm ins Garn gehen

圈椅 quānyǐ Sessel mit runder Arm- und Rücklehne；Kippsitz

圈子 quānzi 1. Kreis；Ring；Runde 2. Zirkel；Kreis；Bereich 生活～ Lebensbereich

拳 quán 1. →拳头 双手握～ beide Hände zu Fäusten ballen 2. →拳术 3. →拳曲

拳击 quánjī Boxen；Faustkampf

拳曲 quánqū sich krümmen ～的头发 Kraushaar

拳术 quánshù chinesisches Boxen

拳头 quántou Faust

鬈 quán gelockt；lockig；kraus ～发 lockiges Haar；Lockenhaar；Ringellocke 2. schönes Haar

蜷（踡） quán →蜷曲

蜷曲 quánqū sich krümmen；sich winden；sich ringeln ～双腿 beide Beine an die Brust ziehen

蜷缩 quánsuō sich krümmen；sich zusammenringeln 冷得～成一团 sich vor Kälte zusammenrollen

颧 quán

颧骨 quángǔ Jochbein；Backenknochen

权（權） quán 1. Laufgewicht；Gewicht 2. →权衡 3. →权力 当～ an der Macht sein 4. →权利 公民～ Bürgerrecht 5. günstige Position 制空～ Luftherrschaft 6. →权宜 7. →权且 ～充 provisorisch eine Rolle übernehmen

权柄 quánbǐng Macht

权贵 quánguì hohe Beamte und vornehme Persönlichkeiten；Potentaten；hohe Würdenträger

权衡 quánhéng abwägen；erwägen；wägen ～利弊 die Vorzüge und die Nachteile gegeneinander abwägen；das Für und Wider einer Sache erwägen

权力 quánlì Macht；Befugnis；Gewalt 国家～机关 Organ der Staatsmacht 拥有无限～ unumschränkte Gewalt（über etw）ausüben

权利 quánlì Recht；Berechtigung 受教育的～ Recht auf Bildung

权且 quánqiě vorläufig；einstweilig；als Notbehelf

权势 quánshì Macht und Einfluss

权术 quánshù politische Tricks（Manöver）玩弄～ auf der politischen Bühne intrigieren；machiavellistisch

权威 quánwēi 1. Autorität；Ansehen；autoritativ ～著作 das maßgebende Buch；ein Werk von entscheidender Bedeutung 2. Autorität；angesehener Fachmann 学术～ Leuchte der Wissenschaft；akademische Autorität

权限 quánxiàn Machtbereich；Kompetenz

权宜 quányí behelfsmäßig ～之计 Notbehelf；Notlösung；Provisorium

权益 quányì Rechte und Interessen

全 quán 1. vollständig；voll；ganz 东西预备～了 alles ist schon bereit 3. vervollständigen；etw unversehrt erhalten；aufrechterhalten 3. ganz；gesamt；total ～人类 ganze Menschheit 4. völlig；gänzlich；ganz ～对 ganz richtig sein

全部 quánbù alle；sämtlich；Ganze

全才 quáncái Polyhistor；Vielwisser；Allroundman

全会 quánhuì Plenarsitzung；Plenum；Plenarversammlung

全集 quánjí Gesamtausgabe；Gesamtwerk

全局 quánjú Gesamtsituation；Gesamtlage 胸怀～ das Ganze im Auge behalten；das Ganze im Herzen tragen

全力 quánlì mit aller Kraft ～支持 jn/etw

mit ganzem Einsatz unterstützen ～以赴 alle Kräfte einsetzen; mit (unter) Aufbietung aller Kräfte ans Werk gehen; seine ganze Energie einsetzen
全貌 quánmào Gesamtbild; umfassender Überblick
全面 quánmiàn allseitig; umfassend; total ～规划 allseitige Planung; Gesamtplanung
全民 quánmín das ganze Volk ～所有制 Volkseigentum; volkseigen
全盘 quánpán vollständig; total; restlos ～考虑 alle Aspekte in Erwägung (Betracht) ziehen
全球 quánqiú global; weltweit; ganze Welt; ～化 Globalisierung 名震～ weltbekannt; in der ganzen Welt einen guten Ruf genießen
全权 quánquán Vollmacht ～代表 Bevollmächtigte(r)
全神贯注 quán shén guàn zhù sich voll konzentrieren; seine Aufmerksamkeit auf etw anspannen; Augen und Ohren aufhalten
全食 quánshí totale Finsternis; Totalität 日～die Totalität der Sonnenfinsternis
全速 quánsù volle Geschwindigkeit; mit voller Geschwindigkeit; mit Volldampf ～前进 so schnell wie möglich vorwärtsgehen
全体 quántǐ alle; ganz; samt und sonders
全天候 quántiānhòu für jedes Wetter geeignet ～飞机 Allwetterflugzeug
全息照相 quánxī zhàoxiàng holographische Aufnahme

痊 quán sich von einer Krankheit erholen; genesen; gesunden
痊愈 quányù *völlig wiederhergestellt sein*; gesund werden; geheilt

诠 quán →诠释
诠释 quánshì interpretieren; Interpretation; erläutern; Erläuterung

泉 quán 1. →泉水 2. →泉眼 3. Münze (in alten Zeiten)
泉水 quánshuǐ Quellwasser
泉眼 quányǎn Quelle; Quelltrichter
泉源 quányuán 1. Quelle 2. Born; Quelle 力量的～ Kraftquelle; Quelle der Kräfte

犬 quǎn Hund 牧羊～ Hirtenhund; Schäferhund
犬齿 quǎnchǐ Augenzahn; Eckzahn

券 quàn Billett; Karte; Schein; Coupon 入场～ Eintrittskarte

劝（勸） quàn 1. raten; anraten; überreden 2. aufmuntern; ermutigen; anspornen
劝告 quàngào raten; zureden; ermahnen 医生～他休息 der Arzt rät ihm zur Ruhe
劝和 quànhé die Streitenden zur Versöhnung überreden; Frieden zwischen den Streitenden zu stiften versuchen
劝架 quànjià einen Streit zu schlichten versuchen
劝勉 quànmiǎn ermuntern; ermutigen; anspornen
劝说 quànshuō zureden; überreden; aufreden
劝慰 quànwèi trösten; besänftigen; jn über etw hinwegtrösten; besänftigen
劝阻 quànzǔ abraten; jn vor etw warnen

炔 quē Alkine 乙～ Azetylen; Äthin

缺 quē 1. →缺乏 ～人 an Arbeitskräften mangeln; Personalmangel 2. mangelhaft; lückenhaft 完美无～ perfekt; ohne Fehl und Tadel; von höchster Vollendung sein 3. abwesend; nicht da ～课 dem Unterricht fernbleiben; die Vorlesung versäumen 4. freie Stelle 补～ eine freie Stelle besetzen; eine Lücke ausfüllen (schließen); ein Vakuum ausfüllen
缺德 quēdé unmoralisch; sündhaft; gemein 做～事 unmoralisch handeln; Possen reißen (treiben)
缺点 quēdiǎn Fehler; Mangel; Unzulänglichkeit
缺额 quē'é freie (offene) Planstelle (Arbeitsstelle); unbesetzter Platz
缺乏 quēfá fehlen; mangeln; entbehren ～资金 arm an Kapital; Mangel an Geldmitteln
缺口 quēkǒu Lücke; Bresche; Einschnitt
缺门 quēmén Lücke; Schwachstelle
缺勤 quēqín der Arbeit fernbleiben ～率 Abwesenheitsrate
缺少 quēshǎo fehlen; mangeln; nicht vorhanden
缺席 quēxí abwesend sein; ausbleiben
缺陷 quēxiàn Fehler; Defekt; Schwäche

瘸 qué hinken；humpeln ～腿 lahm；hinkend
瘸子 quézi Hinkefuß；Hinkebein

却¹（卻） què 1．sich zurückziehen；zurückgehen；den Rückzug antreten 2．zurückdrängen；zurückschlagen ～敌 den Feind zurückschlagen（zurückdrängen）3．ablehnen；zurückweisen；nicht annehmen ～之不恭 eine Ablehnung wäre unangebracht（ungehörig）4．（zum Ausdruck der Vollendung einer Handlung）：冷～ abkühlen；Abkühlung 失～信心 seine Zuversicht verlieren

却²（卻） què aber；jedoch 文章虽短～很有见解 der Aufsatz ist zwar kurz，enthält aber originelle Ideen
却步 quèbù zurückweichen；sich zurückziehen 望而～ vor etw zurückscheuen（zurückweichen）

鹊 què Elster

雀 què Sperling；Spatz
雀斑 quèbān Sommersprosse
雀跃 quèyuè vor Freude hüpfen；sich freuen wie ein Schneekönig

确（碻、塙、确） què 1．→确实 ～证 handfester Beweis；unwiderlegbarer Beweis 2．fest；zuverlässig
确保 quèbǎo garantieren；gewährleisten
确当 quèdàng angemessen；gehörig；passend
确定 quèdìng 1．bestimmt；festgelegt ～的答复 endgültige Antwort 2．festlegen；bestimmen；festsetzen ～候选人名单 eine Kanditatenliste festlegen
确立 quèlì errichten；aufrichten；aufbauen
确切 quèqiè 1．exakt；genau；treffend 更～地说 genauer gesagt 2．→确实 1
确实 quèshí 1．wirklich；tatsächlich；wahrhaftig 2．gewiss；sicher；bestimmt 这～是个好建议 *gewiss ist das ein guter Vorschlag*
确信 quèxìn 1．fest überzeugt sein；die Gewissheit haben 2．zuverlässige Information（Nachricht）
确凿 quèzuò sicher；unwiderlegbar；unumstößlich

逡 qūn zurückweichen；sich zurückziehen
逡巡 qūnxún unentschlossen；zögernd vorwärtsgehen ～不前 zögern，nach vorn zu gehen

麇（麏） qún Menge；Schar；in Scharen
麇集 qúnjí sich versammeln；sich zusammenscharen

群（羣） qún 1．Menge；Gruppe 人～ Menschenmenge；eine Masse Menschen 建筑～ Gebäudekomplex 2．in Gruppen；in Scharen；sich zusammenscharen ～峰 Berggipfelgruppe；Gebirgskette ～居 in Herden leben；in Gruppen Zusammenleben 3．Herde；Gruppe；Schar 一～孩子 eine Gruppe von Kindern
群策群力 qún cè qún lì mit vereinten Kräften；gemeinsame Anstrengungen machen（unternehmen）
群岛 qúndǎo Inselgruppe；Archipel
群雕 qúndiāo Skulpturengruppe
群情 qúnqíng die Gefühle der Volksmassen ～欢洽 es herrscht eine fröhlich-harmonische Stimmung
群体 qúntǐ 1．Kolonie 2．Gruppe
群英会 qúnyīnghuì Heldenversammlung
群众 qúnzhòng 1．Masse；Volksmasse ～路线 Massenlinie 2．Parteilose（r）3．einfacher Bürger；gewöhnliche Leute

裙（帬） qún →裙子
裙带 qúndài 1．Schürzenband 2．weibliche Verwandtschaft ～关系 Vetternwirtschaft；Begünstigung von Verwandten und Freunden bei Stellenbesetzung
裙子 qúnzi Rock；Frauenrock；Schürze

R

髯（髥） rán Backenbart；Bart

然 rán 1. richtig；korrekt；fehlerfrei 不以为～ etw nicht für richtig halten；abweisend 2. so；auf diese Weise 不尽～ nicht unbedingt so 3. →然而 4.（als Acverb- oder Adjektivsuffix）：忽～ plötzlich；unvermittelt 显～ offenbar；offensichtlich

然而 rán'ér aber；doch；jedoch

然后 ránhòu dann；nachher；danach

燃 rán brennen；anbrennen；anzünden ～香 Weihrauchstäbchen anzünden

燃点[1] rándiǎn anzünden；etw in Brand setzen

燃点[2] rándiǎn Flammpunkt；Zündpunkt

燃料 ránliào Brennstoff；Brennmaterial；Treibstoff

燃烧 ránshāo brennen；flammen；lodern ～弹 Brandbombe

染 rǎn 1. färben ～成蓝色 etw blau färben 2. sich anstecken；sich infizieren；beschmutzt（verunreinigt）werden ～上恶习 einer üblen Angewohnheit verfallen

染病 rǎnbìng erkranken；sich mit einer Krankheit infizieren（anstecken）

染坊 rǎnfang Färberei

染料 rǎnliào Farbstoff；Farbkörper；Färbemittel 活性～ Reaktivfarbstoff

染色 rǎnsè 1. färben 2. anfärben；Färbung ～体 Chromosom

冉（冄） rǎn

冉冉 rǎnrǎn langsam；allmählich；gemächlich 月亮～上升 langsam stieg der Mond hoch

嚷 rāng 另见 rǎng

嚷嚷 rāngrang 1. Lärm machen；lärmen 2. ausposaunen

瓤 ráng 1. Fruchtfleisch；weicher（essbarer）Teil einer Frucht 西瓜～ Fruchtfleisch der Wassermelone 2. Inhalt 信～儿 der Brief selbst

壤 rǎng 1. Boden 2. Erde 天～之别 ein himmelweiter Unterschied 3. Gebiet 接～ angrenzen；angrenzend；benachbart

攘（[2]纕） rǎng 1. sich widersetzen；vertreiben；verdrängen ～外 sich den ausländischen Aggressoren widersetzen 2. entreißen；wegnehmen ～夺 entreißen；etw an sich reißen；sich einer Sache bemächtigen 3. aufschlagen；hochkrempeln ～臂 die Ärmel hochkrempeln und die Arme erheben

嚷 rǎng 另见 rāng

1. schreien；laut rufen 2. Stimmengewirr；Tumult；Getöse 3. schelten；tadeln；schimpfen

让（讓） ràng 1. nachgeben；einen Vorteil überlassen 见困难就上，见荣誉就～ Schwierigkeiten anpacken und auf Lorbeeren verzichten 2. anbieten；bitten ～茶 jm Tee anbieten 3. jm etw überlassen 出～（eigene Sache）verkaufen；veräußern；abtreten 4. auffordern；lassen；erlauben ～我想想 lass mich nachdenken 5.（als Präposition zur Kennzeichnung des Agens in Passivkonstruktionen）：全～雨淋湿了 ganz nass vom Regen sein

让步 ràngbù nachgeben；Konzessionen machen

让路 rànglù den Weg freigeben；Platz machen

让位 ràngwèi 1. dem Thron entsagen；auf den Thron verzichten 2. →让座 1

让座 ràngzuò 1. jm den eigenen Platz anbieten；jm Platz machen 2. Gäste zu Tisch führen；Gäste zu Tisch bitten

桡（橈） ráo Ruder
桡骨 ráogǔ Speiche; Radius
饶（饒） ráo 1. reich; voll; ausgiebig ～有风趣 humorvoll; hochinteressant 2. dazugeben; draufgeben; Draufgabe 买一打,～一个 ein Dutzend verkaufen, ein Stück gratis dazugeben 3. →饶恕
饶命 ráomìng jn leben lassen
饶舌 ráoshé geschwätzig; schwatzhaft; quasseln
饶恕 ráoshù begnadigen; pardonieren; js Strafe vermindern (erlassen)
扰（擾） rǎo 1. →扰乱 2. (Höflichkeitsformel): 打～(叨～) vielen Dank für Ihre Bewirtung
扰乱 rǎoluàn stören; belästigen; beunruhigen ～治安 die öffentliche Ruhe (Ordnung) stören
绕（繞） rào 1. wickeln; spulen ～线 Garn aufspulen (aufrollen) 2. um etw kreisen; umkreisen 地球～着太阳转动 die Erde dreht sich um die Sonne 3. einen Umweg machen ～过暗礁 ein Riff umschiffen 4. verwirren; in Unordnung bringen
绕道 ràodào einen Umweg machen; umleiten
绕口令 ràokǒulìng Zungenbrecher
绕圈子 ràoquānzi 1. sich im Kreis bewegen; umfahren 2. Umschweife machen; etw nicht geradeheraus sagen
绕组 ràozǔ Wicklung; Windung
惹 rě 1. hervorrufen; veranlassen; verursachen ～人注意 die Aufmerksamkeit der anderen auf sich lenken; auffällig sein; die Blicke auf sich ziehen ～出许多麻烦 viele Unannehmlichkeiten bereiten (machen) 2. reizen
惹事 rěshì Ärger machen; Unheil stiften; Ungelegenheiten bereiten
热（熱） rè 1. Wärme; Wärmeenergie 2. heiß; warm ～水 heißes Wasser 我很～ mir ist sehr heiß 3. aufwärmen; wärmen ～一～饭 das Essen aufwärmen 4. Fieber 退～ Fieber senken (bekämpfen); das Fieber fällt 5. →热情 ～心肠儿 warmherzig; mitfühlend; ein warmes Herz für andere haben 6. begierig; missgünstig 眼～ jn um etw beneiden; neidisch auf etw sein; jm etw neiden 7. erwünscht; begrüßt ～货 sehr gefragte Waren; Verkaufsschlager 8. thermal; thermo- ～中子 thermisches Neutron
热爱 rè'ài leidenschaftlich (heiß) lieben
热潮 rècháo Aufschwung; Enthusiasmus 生产～ Arbeitsaufschwung; Produktionsaufschwung
热处理 rèchǔlǐ Wärmebehandlung
热带 rèdài tropische Zone; Tropen
热点 rèdiǎn Mittelpunkt des allgemeinen Interesses
热电厂 rèdiànchǎng Wärmekraftwerk
热度 rèdù 1. Wärmegrad; Hitzegrad 2. Fieber; erhöhte Temperatur 量～ Körpertemperatur messen
热狗 règǒu Hotdog
热核反应 rèhé fǎnyìng thermonukleare Reaktion
热泪 rèlèi heiße Tränen ～盈眶 die Augen füllen sich mit Tränen an / heiße Tränen in den Augen haben
热恋 rèliàn sich in jn verlieben; jn leidenschaftlich lieben; in jn verschossen sein
热量 rèliàng Wärmemenge
热烈 rèliè begeistert; herzlich ～的掌声 begeisterter Applaus; herzlicher Beifall
热门 rèmén sehr begehrt; sehr gefragt ～货 sehr gefragte Waren
热闹 rènào 1. lebhaft 街上很～ auf der Straße herrscht ein reges Leben / auf der Straße ist lebhafter Betrieb 2. aufheitern; aufmuntern; heiter machen 春节过得很～ beim Frühlingsfest ging es lebhaft zu / beim Frühlingsfest herrscht ein lebhaftes Treiben
热能 rènéng Wärmeenergie; thermische Energie; Wärme
热气 rèqì Dampf; heiße Luft ～腾腾 dampfend; voller brodelnder Betriebsamkeit; einen stürmischen Aufschwung erleben
热情 rèqíng 1. Leidenschaft; Enthusiasmus; Begeisterung 劳动～ Arbeitsbegeisterung; Arbeitseifer ～洋溢 voller Begeisterung; Überschwenglichkeit; von Begeisterung erfüllt sein 2. herzlich; leidenschaftlich ～接待 jn herzlich empfangen
热身赛 rèshēnsài Aufwärmer

热水袋 rèshuǐdài Wärmflasche
热水瓶 rèshuǐpíng Thermosflasche
热水器 rèshuǐqì Boiler
热线[1] rèxiàn Wärmestrahlung; Infrarotstrahlung
热线[2] rèxiàn „heißer Draht"; Hotline
热线电话 rèxiàndiànhuà heißer Draht
热销 rèxiāo sich besonders gut verkaufen; rasch verkauft werden
热心 rèxīn warmherzig; leidenschaftlich; hilfsbereit ～待人 gegenüber den anderen hilfsbereit sein
热源 rèyuán Wärmequelle
热中 rèzhōng 1. auf etw erpicht sein; nach etw begierig sein ～名利 aufs Ansehen und Geld erpicht sein 2. etw mit viel Liebe tun; sich leidenschaftlich für etw begeistern; sich einer Sache hingeben ～于下棋 leidenschaftlich Schach spielen

人 rén 1. Mensch 男～ Mann 女～ Frau ～类 Menschheit 2. jeder; alle ～所共知 wie allen bekannt 3. Erwachsene(r) 长大成～ erwachsen werden 4. Tätige(r) 工～ Arbeiter 军～ Soldat 5. andere(r); jemand; andere Leute ～云亦云 gedankenlos nachreden (nachsprechen); nachschwatzen 6. Charakter; Ruf 他为～老实 er ist aufrichtig 7. Gesundheitszustand; gesundheitliches Befinden ～不大舒服 sich nicht wohl fühlen 8. →人手; 人才 1
人才 réncái 1. talentvoller Mensch; Talent 2. eindrucksvolle Erscheinung; regelmäßige Gesichtszüge haben
人才库 réncáikù Talentschmied
人称 rénchēng Person 第三～ dritte Person ～代词 Personalpronomen; persönliches Fürwort
人次 réncì Besuchszahl
人大 réndà Nationaler Volkskongress
人道 réndào Humanität; human ～主义 Humanismus; humanistisch
人格 réngé 1. Menschenwürde; Persönlichkeit 尊重～ Menschenwürde achten 2. Charakter; Eigenschaften ～高尚 einen edlen (vornehmen) Charakter haben; Person von noblem Charakter
人格化 réngéhuà personifizieren; Personifikation
人工 réngōng 1. künstlich; nicht natürlich ～呼吸 künstliche Beatmung ～降雨 künstlicher Regenfall 2. Handarbeit; Arbeit mit der Hand ～挤奶 mit der Hand melken 3. Arbeitskraft
人工流产 réngōngliúchǎn Schwangerschaftsunterbrechung; Abtreibung
人工智能 réngōngzhìnéng künstliche Intelligenz
人家 rénjiā 1. Haushalt 2. Familie 勤俭～ eine fleißige und sparsame Familie; den Haushalt wirtschaftlich führen 3. die Familie des Bräutigams 她已有～了 sie ist schon verlobt
人家 rénjia 1. andere (Leute); die anderen; man ～都这么说 alle haben dasselbe gesagt 2. eine bestimmte Person; bestimmte Leute 把东西还给～ gib ihm die Sache zurück 3. ich 你把～吓了一大跳 du hast mich ganz schön erschreckt
人间 rénjiān irdische Welt; auf Erden ～乐园 Paradies auf Erden
人口 rénkǒu 1. Bevölkerung; Einwohner eines Gebietes ～密度 Bevölkerungsdichte; Besiedlungsdichte ～老化 Überalterung 2. die Gesamtzahl der Familienangehörigen 他们家～不多 seine Familie hat wenige Angehörige
人浪 rénlàng La-Ola-Welle
人类 rénlèi Menschheit; Menschengeschlecht; Menschentum ～学 Anthropologie ～文化学 Völkerkunde
人力 rénlì Menschenkraft; Arbeitskraft ～资源 Humankapital
人流 rénliú 1. Menschenstrom; Völkerwanderung 2. →人工流产
人马 rénmǎ Truppen; Mannschaft 大队～ eine Menge Menschen 全部～ alle Truppen; ganze Mannschaft
人们 rénmen man; Leute
人民 rénmín Volk; Bevölkerung ～政府 Volksregierung 各国～ Völker aller Länder
人民币 rénmínbì Renminbi (RMB)
人民民主专政 rénmínmínzhǔ zhuānzhèng demokratische Diktatur des Volkes; Volksdemokratie
人命 rénmìng Menschenleben ～案子 Mordfall
人品 rénpǐn 1. Charakter; Eigenschaft; Wesen 2. Aussehen; Haltung
人情 rénqíng 1. menschliche Gefühle 不近～ entgegen dem gesunden Menschenverstand; unvernünftig 2. Beziehungen 托～

seine Beziehungen spielen lassen 3. Güte; Wohlwollen 做个～ jm einen Gefallen tun 4. Geschenk; Präsent

人权 rénquán Menschenrechte

人群 rénqún Menschenmenge; Menschengewühl

人人 rénrén jeder Mensch; jedermann; alle Welt ～皆知 wie allen bekannt; sprichwörtlich

人身 rénshēn Leib; Person; persönlich ～自由 persönliche Freiheit

人参 rénshēn Ginseng

人生 rénshēng das menschliche Leben; Menschenleben ～观 Lebensauffassung ～哲学 Lebensphilosophie

人声 rénshēng menschlicher Laut; von Menschen erzeugte Töne ～鼎沸 Stimmengewirr

人士 rénshì Persönlichkeit; Prominente(r) 民主～ demokratische Persönlichkeiten

人世 rénshì diese Welt; auf Erden; Oberwelt 尚在～ noch am Leben sein; noch leben

人事 rénshì 1. Vorkommnisse des Lebens 2. Personalangelegenheiten; personell ～更动 Personalwechsel; personelle Veränderungen 3. Welterfahrung; Lebensklugheit 不懂～ keine Welterfahrungen (Lebensklugheit) besitzen 4. alles Menschenmögliche; für einen Menschen möglich sein 尽～ sein Bestes tun; sich alle Mühe geben 5. Wahrnehmungsvermögen; Bewusstsein 不省～ das Bewusstsein verlieren; in Ohnmacht fallen 6. Geschenk; Gabe

人手 rénshǒu Hände; Arbeitskräfte ～不够 Mangel an Arbeitskräften

人体 réntǐ menschlicher Körper; Menschenkörper; Leib ～模型 anatomisches Modell; Phantom

人为 rénwéi künstlich; von Menschen gemacht; artifiziell ～的障碍 ein künstliches Hindernis

人文 rénwén humanistisch; Humanität ～科学 Geisteswissenschaften

人物 rénwù 1. Persönlichkeit; Individualität 先进～ fortschrittliche Persönlichkeiten 2. Figur; Gestalt; Charakter 正面～ positive Figur 3. figurative Malerei

人心 rénxīn 1. Gefühle der Massen; Wünsche der Massen 深入～ tief in das Bewusstsein der einfachen Menschen eindringen ～所向 Zuneigung der Menschen; Stimmung im Volk 2. Gewissen 没有～ gewissenlos; ohne Sympathie

人行道 rénxíngdào Fußgängerweg; Gehsteig; Fußsteig

人性 rénxìng Humanität; Menschlichkeit; menschliche Natur 毫无～ inhuman; unmenschlich; menschenunwürdig

人性 rénxing der gesunde Menschenverstand; Einsicht des Menschen; Vernunft

人选 rénxuǎn (für einen bestimmten Zweck) ausgewählte Personen; Kandidat

人烟 rényān menschliche Besiedlung; Bevölkerung; besiedelt ～稠密 dichtbevölkert; dichtbesiedelt

人员 rényuán Personal 医务～ medizinisches Personal 服务～ Dienstpersonal

人造 rénzào künstlich; von Menschen geschaffen; artifiziell ～革 Kunstleder ～地球卫星 künstlicher Erdsatellit

人质 rénzhì Geisel

人种 rénzhǒng Menschenrasse; ～学 Ethnologie; Völkerkunde

仁[1] rén Herzensgüte; Humanität; Menschenliebe

仁[2] rén Kern; Fruchtkern 核桃～ Walnusskern

仁慈 réncí barmherzig; seelengut; voller Erbarmen

仁义 rényì Menschenliebe und Gerechtigkeit ～道德 Gerechtigkeit und Tugend

壬 rén der neunte der zehn Himmelsstämme

荏 rěn schwach; kraftlos

荏苒 rěnrǎn allmählich dahingehen (vergehen, verfließen) 光阴～ die Zeit geht dahin

稔 rěn 1. Reife des Getreides 2. jn gut kennen; mit jm sehr vertraut sein

忍 rěn 1. →忍耐; 忍受 ～无可～ jm geht die Geduld aus; das Maß ist voll / die Geduld ist zu Ende 2. →忍心

忍耐 rěnnài dulden; ertragen; erdulden; erleiden

忍气吞声 rěn qì tūn shēng seinen Ärger (seinen Zorn) hinunterschlucken; seinen Ärger (seinen Zorn) in sich hineinfressen

忍受 rěnshòu erdulden; ertragen; aushalten ～艰难困苦 Entbehrungen auf sich nehmen
忍心 rěnxīn etw übers Herz bringen; fertigbringen 不～ es nicht übers Herz bringen (etw zu tun); es nicht fertigbringen

认(認) rèn 1. kennen; erkennen; identifizieren ～字 lesen und schreiben lernen 2. mit jm eine bestimmte Beziehung herstellen ～师傅 zu einem Meister in die Lehre gehen (kommen, treten) 3. anerkennen; eingestehen; zugeben 否～ leugnen; abstreiten
认错 rèncuò Fehler bekennen (zugeben, eingestehen)
认定 rèndìng fest glauben; von etw überzeugt sein
认购 rèngòu zeichnen ～公债 eine Staatsanleihe zeichnen ～股票 Aktien zeichnen
认可 rènkě billigen; einwilligen; genehmigen
认识 rènshi 1. kennen; kennen lernen; verstehen 2. Erkenntnis; Kenntnis 感性～ sinnliche Erkenntnisse ～论 Erkenntnislehre; Erkenntnistheorie
认输 rènshū Niederlage eingestehen; sich für besiegt erklären; das Spiel verloren geben
认为 rènwéi meinen; seine Meinung äußern; der Meinung sein 我～你是对的 ich halte deine Meinung für richtig / ich glaube, dass du Recht hast
认真 rènzhēn 1. etw ernst nehmen; sich etw zu Herzen nehmen 2. gewissenhaft; ernsthaft; sorgfältig ～负责 ernsthaft und verantwortungsvoll
认罪 rènzuì ein Verbrechen gestehen; sich schuldig bekennen; Schuldbekenntnis

刃(刄) rèn 1. Schneide; Klinge 刀～ Messerschneide; Schneide 2. Messer; Schwert 3. mit einem Dolch töten (erstechen)

韧(韌、靭) rèn zäh; widerstandsfähig
韧带 rèndài Ligament; Ligamentum; Band

纫 rèn 1. einfädeln ～针 eine Nadel einfädeln; einen Faden durch ein Nadelöhr ziehen 2. nähen; annähen

任[1] rén 1. →壬用 2. als etw tätig sein; eine Funktion ausüben ～秘书 als Sekretär tätig sein 3. Amt; Amtspflicht; Stellung 就～ ein Amt antreten; Amtsantritt 4. Aufgabe; Verpflichtung 担负重～ eine wichtige Stellung innehaben; mit einer wichtigen Arbeit beauftragt werden 5. (als Zähleinheitswort): 他做过两～中学校长 er war zweimal Schuldirektor

任[2] rèn 1. →任凭 1 ～你挑选 du darfst nach Belieben wählen 2. was (wer, wie, wo usw.) auch immer ～谁都必须遵守纪律 jeder muss Disziplin halten
任何 rènhé irgendein; irgendwelch
任劳任怨 rèn láo rèn yuàn weder Mühe noch Ärger scheuen
任免 rènmiǎn ernennen und abberufen (entheben); Einsetzung und Absetzung
任命 rènmìng ernennen; einsetzen; berufen
任凭 rènpíng 1. jm freistellen, etw zu tun; jn tun lassen, was er will 是去是留，～你自己 ob du gehst oder bleibst, das steht dir frei 2. ganz gleich wann (wie, wer, was, wo usw.); egal ～什么困难也阻挡不住我们前进 ganz gleich, um welche Schwierigkeiten es sich handelt, nichts kann unser Fortschreiten aufhalten
任期 rènqī Amtszeit; Amtsdauer
任务 rènwu Aufgabe; Auftrag; Mission 历史～ historische (geschichtliche) Aufgabe
任性 rènxìng eigenwillig; launenhaft; kapriziös
任意 rènyì 1. beliebig; nach Belieben; willkürlich ～行动 beliebig handeln; etw nach Belieben tun 2. unbedingt; uneingeschränkt; bedingungslos ～三角形 ein unbedingtes Dreieck
任用 rènyòng jn in Dienst nehmen; jn einsetzen; jn anstellen
任职 rènzhí ein Amt innehaben (bekleiden); eine Funktion übernehmen

妊(姙) rèn →妊娠 ～妇 schwangere Frau
妊娠 rènshēn Schwangerschaft; schwanger; (Tier) Trächtigkeit; (Tier) trächtig

扔 rēng 1. werfen; schleudern ～手榴弹 eine Handgranate werfen 2. wegwerfen; fortwerfen ～烟头 Zigarettenkippe (Zigarettenstummel）fortwerfen（wegwerfen）

仍 réng →仍然

仍旧 réngjiù 1. nach wie vor；wie früher（immer）；beim Alten bleiben 2. →仍然

仍然 réngrán noch wie immer；immer noch；nach wie vor

日 rì 1. Sonne ～出 Sonnenaufgang ～落 Sonnenuntergang 2. Japan ～语 Japanisch 3. Tag；tagsüber ～班 Tagesschicht ～夜 Tag und Nacht 4. Tag 今～ heute 5. Tag für Tag；jeden Tag；mit jedem Tag 生产～增 die Produktion steigt mit jedem Tag 6. eine bestimmte Zeit 昔～ früher；in der vergangenen Zeit

日报 rìbào Tageszeitung

日常 rìcháng alltäglich；täglich；gewöhnlich ～生活 Alltagsleben；tägliches Leben ～工作 Alltagsbeschäftigung；die laufenden Arbeiten

日程 rìchéng Programm；Tagesordnung 提到议事～上 auf die Tagesordnung setzen；in die Tagesordnung einführen

日光 rìguāng Sonnenlicht；Sonnenstrahl ～灯 Neonlampe；Leuchtstofflampe ～浴 Sonnenbad

日后 rìhòu später；künftig

日记 rìjì Tagebuch ～本 Tagebuch；Diarium；Notizheft

日历 rìlì Kalender ～表 Kalenderuhr

日期 rìqī Termin；Datum；Zeitpunkt

日前 rìqián vor einigen Tagen；vor kurzem；unlängst

日食 rìshí Sonnenfinsternis

日新月异 rì xīn yuè yì mit jedem Tag neue Veränderungen bringen

日夜 rìyè Tag und Nacht；rund um die Uhr ～商店 ein Geschäft mit Tag- und Nachtbetrieb；24-Stunden-Geschäft

日用 rìyòng 1. zum täglichen Gebrauch ～品 Gebrauchsartikel；Bedarfsartikel；Gebrauchsgegenstände 2. tägliche Ausgaben

日照 rìzhào Sonnenscheindauer

日子 rìzi 1. Tag；Termin 2. Zeit；Tage ～过得真快 die Zeit vergeht sehr schnell 3. Leben；Lebensunterhalt；Existenzgrundlage 我们的～越过越好 es geht uns immer besser

容[1] róng 1. →容纳 2. tolerieren；verzeihen；nachsichtig 3. →容许 1 不～分说 ohne js Rechtfertigung zuzulassen

容[2] róng 1. Ausdruck des Gesichtes；Miene；Mienenspiel 病～ kränklich aussehen 2. →容貌 3. Anblick；Aussehen；das sich bietende Bild 军～ Erscheinungsbild und Benehmen von Armeeangehörigen

容光 róngguāng Aussehen；Miene；Gesichtsausdruck ～焕发 frisch und blühend aussehen；frische Farbe haben

容积 róngjī Volumen；Rauminhalt

容量 róngliàng Fassungsvermögen；Aufnahmefähigkeit

容貌 róngmào Antlitz；Aussehen；Gesichtszüge

容纳 róngnà aufnehmen；fassen；enthalten 这个体育场～不下五万人 dieses Sportstadion kann 50 000 Menschen nicht fassen

容器 róngqì Behälter；Gefäß

容情 róngqíng Nachsicht üben（haben）

容忍 róngrěn dulden；erdulden

容许 róngxǔ 1. billigen；erlauben；zulassen 2. vielleicht；möglicherweise；wenn es geht

容易 róngyì 1. leicht；nicht schwer 2. leicht ～生病 leicht erkranken；leicht krank werden

溶 róng sich auflösen

溶化 rónghuà 1. sich auflösen 2. schmelzen；tauen

溶剂 róngjì Lösungsmittel；Solvens

溶解 róngjiě sich auflösen

溶液 róngyè Lösung

熔（鎔） róng →熔化

熔点 róngdiǎn Schmelzpunkt

熔化 rónghuà schmelzen；einschmelzen

熔炼 róngliàn schmelzen

熔炉 rónglú 1. Schmelzofen；Ofen 2. Feuertaufe；Bewährungsprobe 革命的～ die Feuerprobe der Revolution

熔岩 róngyán Lava

榕 róng Banyanbaum

戎 róng Armee；Heer；Militärwesen

戎马 róngmǎ Militärpferd ～生涯 Militärleben

戎装 róngzhuāng Militäruniform；Waffenrock; Rüstung

绒(羢、毧) róng 1. →绒毛 1 2. Florgewebe; weiches gerauhtes Baumwollgewebe 3. →绒线 1

绒布 róngbù Baumwollflanell; gerauhter Baumwollstoff

绒裤 róngkù Unterhose aus Barchent; Trainingshose aus gerauhtem Baumwollstoff

绒毛 róngmáo 1. Flaum; Flaumhaar 2. Flor

绒线 róngxiàn 1. Seidenfaden; Stickgarn; Seidengarn 2. Wollgarn; Strickwolle

绒衣 róngyī Sportjacke oder Pullover aus Barchent

荣(榮) róng 1. üppig; wuchernd; gedeihend 欣欣向～ blühen und gedeihen 2. gedeihen; blühen; im Aufstieg 繁～ aufblühend; blühend; florieren 3. Ruhm; Ehre; Glanz 引以为～ es sich zur Ehre anrechnen

荣华 rónghuá 1. gedeihend; blühend; gedeihen 2. Glanz; Würde ～富贵 der Glanz von Reichtum und Ruhm

荣幸 róngxìng beehrt werden; geehrt und glücklich

荣耀 róngyào Ruhm; Ehre; Glorie

荣誉 róngyù Ruhm; Ehre ～称号 Ehrentitel; Ruhmestitel ～军人 Kriegsinvalide Kriegsbeschädigte(r)

蝾(蠑) róng

蝾螈 róngyuán Salamander

茸 róng 1. flaumig; zart wie Flaum 2 Hirschgeweihsprosse

融 róng 1. →融化 2. →融合 ～为一体 zu einem einheitlichen Ganzen verschmelzen

融合 rónghé verschmelzen; ineinander aufgehen

融化 rónghuà schmelzen; tauen; auftauen

融会贯通 róng huì guàn tōng alles in seinem inneren Zusammenhang erfassen; ein Fachgebiet von Grund auf verstehen

融洽 róngqià harmonisch; einträchtig 与其人关系～ mit jm in harmonischer Beziehung stehen

冗(宂) rǒng 1. überflüssig; überzählig 2. umständlich; zu penibel 3. geschäftig; sehr beschäftigt sein 拨～ (Höflichkeitsformel) sich trotz vieler Arbeit Zeit nehmen

冗长 rǒngcháng weitschweifig; langatmig; zu ausführlich

冗杂 rǒngzá mannigfaltig und kompliziert; verwirrend 事务～ alle Arten von Routineangelegenheiten; allerlei Kram

柔 róu 1. weich; geschmeidig; biegsam 2. erweichen; etw weich machen; sanft ～麻 Jute (Flachs, Hanf, Sisal) weich machen 3. mild; sanft; zärtlich

柔道 róudào Judo

柔和 róuhé sanft; mild; zärtlich 灯光～ die Milde des Lichtes; das Lampenlicht ist sehr mild

柔情 róuqíng Zärtlichkeit; liebevolle Gefühle

柔软 róuruǎn weich; biegsam; geschmeidig

柔弱 róuruò zart und schwach; hinfällig

柔顺 róushùn sanftmütig; sanft und gehorsam

糅 róu mischen; vermengen

糅合 róuhé mengen; vermengen; mischen

鞣 róu gerben ～皮子 gerben; Leder gerben

揉 róu 1. reiben ～眼睛 sich die Augen reiben 2. kneten; knäueln; zu einer Rolle oder Kugel formen ～面 den Teig kneten

揉搓 róucuo reiben; kneten; knäueln

蹂 róu

蹂躏 róulìn etw mit Füßen treten; niedertrampeln; verheeren ～人权 die Menschenrechte mit Füßen treten

肉 ròu 1. Fleisch 2. Fruchtfleisch 苹果～ Apfelfleisch

肉搏 ròubó Nahkampf; Kampf von Mann gegen Mann; Handgemenge

肉桂 ròuguì Gewürz-Zimtbaum; Weißer (Chinesischer) Zimt

肉瘤 ròuliú Sarkom; Fleischgeschwulst

肉麻 ròumá abscheulich; ekelhaft; widerlich

肉排 ròupái Steak; gebratene Fleischschnitte

肉片 ròupiàn Fleischscheiben
肉色 ròusè Fleischfarbe; fleischfarben; inkarnat ～长袜 fleischfarbige Strümpfe
肉食 ròushi 1. Fleisch fressend 2. Fleischspeise; Fleischgericht; Fleischkost
肉丝 ròusī geschnitzeltes Fleisch; feine Fleischstreifen
肉松 ròusōng zerriebenes geröstetes Fleisch
肉体 ròutǐ menschlicher Körper; Leib
肉丸 ròuwán Fleischklößchen; Fleischkloß
肉眼 ròuyǎn bloßes Auge; mit bloßem Auge (mit bloßen Augen)

濡 rú 1. anfeuchten; befeuchten 2. verweilen; sich aufhalten; stehen bleiben

蠕（蝡） rú sich winden; sich schlängeln; sich schlangenartig fortbewegen
蠕动 rúdòng sich schlängeln; sich langsam bewegen

儒 rú 1. Konfuzianische Schule 2. (früher) Gelehrte(r) 腐～ Stubengelehrter
儒艮 rúgèn Dugong (Seekuh)
儒家 Rújiā Konfuzianische Schule; Konfuzianer
儒教 Rújiào Konfuzianismus

孺 rú Kind 妇～ Frauen und Kinder
孺子 rúzǐ Kind; Junge; Bursche ～可教 es lohnt sich, einem vielversprechenden Jugendlichen Kenntnisse auf einem bestimmten Gebiet zu vermitteln (bestimmte Fertigkeiten beizubringen)

如¹ rú 1. nach; gemäß; entsprechend ～期完成 (eine Aufgabe) termingemäß erfüllen 2. →如同 ～临大敌 als ob ein starker Feind nahen würde 3. gleichkommen; sich mit jm messen können 我不～他 ich kann mich mit ihm nicht messen 4. übertreffen 我们的生活条件一年强～一年 unsere Lebensverhältnisse verbessern sich von Jahr zu Jahr 5. wie; z. B.

如² rú wenn; falls
如常 rúcháng wie sonst; wie immer; wie gewöhnlich 一切～ alles bleibt beim Alten
如此 rúcǐ so; solch; auf diese Art 理当～ es ist genau so, wie es sein sollte
如果 rúguǒ wenn; falls; im Falle
如何 rúhé wie; auf welche Weise 近况～? Wie ist Ihr Befinden?
如今 rújīn heute; heutzutage; gegenwärtig
如期 rúqī termingemäß; zur festgesetzten Zeit; wie vorgesehen
如上 rúshàng wie oben
如实 rúshí wahrheitsgetreu; wahrheitsgemäß; objektiv
如释重负 rú shì zhòng fù erleichtert aufatmen; eine Last ist von seinen Schultern genommen
如数 rúshù der vorgeschriebenen (gewünschten) Anzahl entsprechend; in voller Anzahl ～归还 jm die ganze Summe zurückgeben
如同 rútóng wie; gleich wie; ebenso wie
如下 rúxià wie folgendes; folgend; wie unten (angegeben)
如意 rúyì dem Wunsch entsprechend; wunschgemäß; jm gelegen kommen
如意算盘 rú yì suàn pan Wunschvorstellung; Wunschtraum
如鱼得水 rú yú dé shuǐ wie ein Fisch, der aus dem Trockenen wieder ins Wasser kommt
如愿 rúyuàn den Erwartungen entsprechen; wunschgemäß; wie erwünscht ～以偿 nach Wunsch gehen; js Hoffnung ist in Erfüllung gegangen
如坐针毡 rú zuò zhēn zhān wie auf Nesseln (Nadeln, glühenden Kohlen) sitzen

茹 rú essen; etw zu sich nehmen; sich ernähren von ～素 vegetarisch essen; sich von pflanzlicher Kost ernähren

铷 rú Rubidium (Rb)

汝 rǔ du; Sie ～辈 ihr; euresgleichen

辱 rǔ 1. Schmach; Schande; Demütigung 2. schänden; schmähen; jm Schande antun (bringen) 折～ erniedrigen; demütigen
辱骂 rǔmà beschimpfen; durch Beschimpfungen beleidigen

乳 rǔ 1. gebären 孳～ sich vermehren; sich fortpflanzen 2. Brust 3. Milch 4. neugeboren; ebengeboren ～燕 junge Schwalbe

乳齿 rǔchǐ Milchzahn; Milchgebiss
乳儿 rǔ'ér Säugling
乳房 rǔfáng 1. Brust 2. Euter (von Kuh, Ziege u. ä.)
乳名 rǔmíng Milchname
乳母 rǔmǔ Amme
乳牛 rǔniú Milchkuh
乳臭未干 rǔ xiù wèi gān noch feucht (nass) hinter den Ohren sein; kaum aus dem Ei gekrochen sein; jung und unerfahren
乳罩 rǔzhào Büstenhalter (BH)
乳汁 rǔzhī Milch

溽 rù feuchtheiß; drückend heiß
溽暑 rùshǔ feuchtheißes Sommerwetter schwüle Hitze

褥 rù (wattierte) Bettunterlage; Unterbett 被～ Bettzeug; Unterbett
褥子 rùzi Bettunterlage

入 rù 1. hineingehen; hereinkommen 投～ einsetzen; hineinwerfen; sich in etw stürzen ～冬 der Winter bricht an 2. Mitglied werden; beitreten ～学 eingeschult werden; in die Schule kommen 3. Einkommen; Einnahme ～不敷出 die Ausgaben überschreiten die Einnahmen / die Einnahmen können die Ausgaben nicht decken / mit den Einkünften nicht auskommen
入超 rùchāo Importüberschuss; Einfuhrüberschuss; passive Handelsbilanz
入耳 rù'ěr jm angenehm in den Ohren klingen; wohlklingend 不堪～ unerträglich zu hören sein; das Ohr beleidigen
入股 rùgǔ Stammeinlage; an einer Aktiengesellschaft teilnehmen
入伙[1] rùhuǒ *sich einer Bande anschließen*
入伙[2] rùhuǒ an der Gemeinschaftsverpflegung teilnehmen
入境 rùjìng einreisen; Einreise ～签证 Einreisevisum
入口 rùkǒu 1. in dem Mund führen 2. Import; Einfuhr
入口 rùkǒu Einfahrt; Eingang 车站～ Eingang des Bahnhofs; Bahnhofseingang
入门 rùmén 1. die Anfangsgründe erlernen 2. Abc; Grundkenntnisse
入迷 rùmí von etw entzückt; in Verzückung geraten; auf etw erpicht sein
入魔 rùmó von etw gebannt; von etw besessen; eine heftige Vorliebe für etw haben
入侵 rùqīn einfallen; überfallen; Invasion
入神 rùshén 1. von etw ganz hingerissen; wie gebannt 2. wunderbar; phantastisch; herrlich
入时 rùshí dem Zeitgeschmack (der Mode) entsprechen; modisch; modern
入手 rùshǒu mit etw anfangen (beginnen); sich an etw machen; etw in Angriff nehmen
入睡 rùshuì einschlafen; in Schlaf versinken
入伍 rùwǔ in die Armee (Truppe) eintreten; zur Armee gehen
入席 rùxí sich an der Tafel niederlassen; jn zu Tisch bitten
入选 rùxuǎn gewählt werden; die Wahl fällt auf jn
入学 rùxué 1. in die Schule kommen (gehen); mit dem Schulbesuch beginnen ～考试 Aufnahmeprüfung; Zulassungsprüfung 2. eingeschult werden ～通知书 Zulassungsbescheid
入眼 rùyǎn die Augen erfreuen 看不～ nicht nach js Geschmack; missfallen
入账 rùzhàng in eine Rechnung eintragen; in ein Geschäftsbuch eintragen; verbuchen

软（輭） ruǎn 1. weich; geschmeidig 2. mild; sanft ～风 sanfter Wind; leiser Zug 3. →软弱 4. qualitativ schlecht; minderwertig; unzureichend 货色～ minderwertige Waren 5. leicht beeinflussbar; leicht berührt ～心肠 weichherzig; ein weiches Herz haben
软包装 ruǎnbāozhuāng Kartonverpackung
软腭 ruǎn'è weicher Gaumen
软膏 ruǎngāo Salbe
软罐头 ruǎnguàntou Beutel; kartonierte Dose (Kartondose)
软骨 ruǎngǔ Knorpel; Cartilago ～病 Knochenerweichung; Osteomalazie
软化 ruǎnhuà 1. weichen 2. besänftigen; beruhigen; beschwichtigen 3. weich machen; erweichen
软件 ruǎnjiàn Software
软禁 ruǎnjìn Hausarrest; unter Hausarrest stellen
软木 ruǎnmù Kork ～塞 Korken; Stöpsel
软片 ruǎnpiàn Film; Bildstreifen
软弱 ruǎnruò schwach; kraftlos; willensschwach ～无能 schwach und unfähig; feige sein und nichts taugen

软水 ruǎnshuǐ weiches Wasser
软梯 ruǎntī Strickleiter
软席 ruǎnxí weicher Sitz; Polstersitzklasse ～卧铺 Polsterschlafplatz
软着陆 ruǎnzhuólù weiche Landung

蕊（蕋、蘂） ruǐ 雄～ Staubgefäß; Staubblatt 雌～ Stempel; Pistill

锐 ruì 1. scharf; schneidend ～不可当 unwiderstehlich; unaufhaltbar; unüberwindlich 2. →锐气 3. rapid; blitzartig; blitzschnell ～减 rapid abnehmen
锐角 ruìjiǎo ein spitzer Winkel
锐利 ruìlì 1. spitz; scharf; schneidend ～的匕首 scharfer Dolch 2. scharf; scharfsinnig 目光～ scharf blickend; scharfsichtig; durchdringender (scharfer) Blick
锐气 ruìqì Schwung; Vitalität; Dynamik

瑞 ruì Glück bringend; Glück verheißend; Glück ～雪 rechtzeitiger Schnee

睿（叡） ruì weitsichtig; weit blickend; vorausschauend
睿智 ruìzhì weise und weit blickend

蚋（蜹） ruì Kriebelmücke; Kribbelmücke

闰 rùn Schalt-
闰年 rùnnián Schaltjahr
闰月 rùnyuè Schaltmonat

润 rùn 1. glatt; geschmeidig; feucht 2. befeuchten; schmieren; feucht machen ～嗓子 sich die Kehle befeuchten 3. →润色 4. Gewinn; Profit 分～ sich einen Gewinn teilen; Gewinnbeteiligung
润滑 rùnhuá schmieren ～油 Schmieröl
润色 rùnsè verbessern; polieren; feilen

若[1] ruò wie; als ob; scheinen ～无其事 so tun, als ob nichts geschehen wäre; unbekümmert

若[2] ruò wenn; falls

若[3] ruò du; ihr ～辈 euresgleichen; ihr
若干 ruògān 1. wie viel; wie viele 共计～? Wie viel insgesamt? 2. einige; manche
若是 ruòshì wenn; falls

箬（篛） ruò →箬竹
箬竹 ruòzhú *Indocalamus tessellatus* (eine Bambusart)

偌 ruò so; derart; derartig
偌大 ruòdà so groß; von solcher Größe

弱 ruò 1. schwach; kraftlos 他身体～ er ist schwach 2. jung; klein 3. geringer; minderwertiger; nicht ebenbürtig 他的本领不～于别人 er steht den anderen in seinen Fähigkeiten nicht nach 4. ableben; sterben 又～一个 wieder ist einer gestorben 5. etwas weniger als 三分之一～ etwas weniger als ein Drittel
弱不禁风 ruò bù jīn fēng von schwacher Konstitution; schwach und zerbrechlich
弱点 ruòdiǎn schwacher Punkt; Schwäche; Blöße
弱小 ruòxiǎo klein und schwach ～民族 kleine und schwache Nationen

S

撒 sā 另见 sǎ
1. loslassen; auswerfen ～网 Netze auswerfen ～传单 Flugblätter verteilen 2. etw freien Lauf lassen ～腿就跑 sofort loslaufen; gleich davoneilen
撒旦 sādàn Satan
撒刁 sādiāo schlau (verschlagen) vorgehen; seine Gerissenheit anwenden; sich dreist benehmen
撒谎 sāhuǎng lügen; schwindeln
撒娇 sājiāo gefallsüchtig; (von jungen weiblichen Personen) sich kokett (affektiert) benehmen, um js Gunst zu gewinnen; (von Kindern) jn in wehleidig-unzufriedenem Ton zu etw drängen
撒泼 sāpō sich hysterisch benehmen und nicht mit sich reden lassen
撒手 sāshǒu seine Hände loslassen; seinen Griff lockern ～不管 von etw die Hände lassen; sich nicht mehr um etw kümmern

洒（灑） sǎ spritzen; sprengen; verspritzen ～水 Wasser sprengen (spritzen)
洒脱 sǎtuo natürlich und zwanglos; frei und ungehemmt

靸 sǎ 另见 tā '趿'
mit den Schuhen schlappen

撒 sǎ 另见 sā
1. ausstreuen; streuen ～种 Samen ausstreuen; säen; aussäen ～上些盐 etwas Salz streuen 2. verstreuen; verschütten

飒 sà
飒爽 sàshuǎng frisch und kühn; mutig und heiter ～英姿 von heroischer Haltung; heldenhaft und voller Jugendfrische

萨（薩） sà
萨克管 sàkèguǎn Saxophon

卅 sà dreißig

塞 sāi 另见 sài, sè
1. hineinstecken; stopfen 把药棉～进耳朵 sich Watte in die Ohren stecken; sich die Ohren mit Watte verstopfen 排水沟～住了 der Abfluss ist verstopft 2. →塞子
塞子 sāizi Verschluss; Stöpsel; Korken

腮（顋） sāi Backe; Wange

鳃 sāi Kieme

塞 sài 另见 sāi, sè
Festung; Festungswerk
塞外 Sàiwài Gebiete nördlich der Großen Mauer

赛 sài 1. Wettkampf; Wettbewerb; wetteifern 友谊～ Freundschaftsspiel 2. übertreffen; besser als
赛车 sàichē 1. Autorennen; Motorradrennen; Wettfahrt ～场 Radrennbahn; Rennplatz 2. Rennwagen; Rennrad
赛璐珞 sàilùluò Zelluloid
赛马 sàimǎ Pferderennen
赛跑 sàipǎo Wettlauf; wettlaufen 马拉松～ Marathonlauf
赛艇 sàitǐng Rennboot

三 sān 1. drei 2. wiederholt; mehrmals ～番五次 immer wieder; wiederholt
三百 sānbǎi dreihundert
三部曲 sānbùqǔ Trilogie
三岔路口 sān chà lùkǒu Weggabelung, an der sich drei Straßen verbinden; Gabelung dreier Wege
三春 sānchūn die drei Frühlingsmonate
三点式泳装 sāndiǎnshì yǒngzhuāng Tanga; Bikini
三废 sānfèi die drei Abfallstoffe (Abgase, Abwässer und industrielle Rückstände)
三极管 sānjíguǎn Triode
三角 sānjiǎo 1. Trigonometrie ～函数

Trigonometrische Funktion 2. Dreieck ～恋爱 Dreiecksverhältnis ～形 Dreieck; dreieckig ～洲 Delta
三角学 sānjiǎoxué Trigonometrie
三民主义 sānmín zhǔyì Drei Volksprinzipien (von Sun Yatsen aufgestellte Lehre: Nation, Demokratie und Volkswohlstand)
三明治 sānmíngzhì Sandwich
三千 sānqiān dreitausend
三十 sānshí dreißig
三万 sānwàn dreißigtausend
三心二意 sān xīn èr yì unschlüssig; nicht entschlossen; mit halbem Herzen
三言两语 sān yán liǎng yǔ ein paar Worte; in wenigen Worten
三月 sānyuè März; der dritte Monat des Jahres
三资企业 sān zī qǐ yè Unternehmen mit Eigen- oder ausländischem oder gemischtem Kapital

毵(毿) sān
毵毵 sānsān (Haar, Ast, Zweig u. ä.) lang und schmal; dünn und lang

散 sǎn 另见 sàn
1. sich lösen; auseinander gehen; lose 2. vereinzelt; verstreut; auseinander ～装 unverpackt; lose 3. →散剂
散兵线 sǎnbīngxiàn Schützenkette; Schützenlinie
散光 sǎnguāng Astigmatismus; Stabsichtigkeit
散剂 sǎnjì pulverförmiges Medikament; Pülverchen
散居 sǎnjū verstreut wohnen
散漫 sǎnmàn 1. nachlässig; zuchtlos; undiszipliniert 自由～ sich nachlässig benehmen; disziplinlos; Undiszipliniertheit 2. vereinzelt; verstreut
散文 sǎnwén Prosa ～诗 Prosadichtung

伞(傘、[1]繖) sǎn Schirm
伞兵 sǎnbīng Fallschirmjäger; Fallschirmtruppen

散 sàn 另见 sǎn
1. sich trennen; auseinander gehen 2. →散布 3. zerstreuen; vertreiben ～闷 sich die Langweile vertreiben; sich zerstreuen
散布 sànbù sich verteilen; ausstreuen; verbreiten
散步 sànbù spazieren gehen; einen Spaziergang machen
散发 sànfā ausströmen; verbreiten; verteilen
散会 sànhuì eine Versammlung (Sitzung) schließen 宣布～ die Versammlung (Sitzung) für beendet erklären
散伙 sànhuǒ sich auflösen; auseinander gehen
散失 sànshī 1. verlieren; verloren gehen 2. verdunsten; verdampfen
散心 sànxīn sich zerstreuen; sich vergnügen; seine Langweile vertreiben

丧(喪、丧) sāng 另见 sàng
Trauer; Trauerfall
丧服 sāngfú Trauerkleidung
丧礼 sānglǐ Trauerfeier; Trauerzeremonie
丧事 sāngshì Trauerangelegenheiten; Begräbnis
丧钟 sāngzhōng Totenglocke; Trauerglocke

桑 sāng Maulbeerbaum
桑蚕 sāngcán Seidenraupe; Maulbeerseidenspinner
桑拿浴 sāngnáyù Sauna

嗓 sǎng 1. →嗓子 1 2. →嗓音
嗓音 sǎngyīn Stimme ～洪亮 eine volle (helle) Stimme
嗓子 sǎngzi 1. Kehle; Hals; Gurgel ～发痒 es kratzt jn im Hals 2. Stimme 放开～唱 laut singen; aus voller Kehle singen

丧(喪、丧) sàng 另见 sāng
verlieren ～父 seinen Vater verloren haben
丧胆 sàngdǎn zu Tode erschrocken; von Panik ergriffen; von Furcht gepackt werden
丧命 sàngmìng ums Leben kommen; zu Tode kommen; tödlich verunglücken
丧偶 sàng'ǒu ihren (seine) Ehepartner(in) verlieren; verwitwet sein; Witwe(r) werden
丧气 sàngqì mutlos; entmutigt sein; deprimiert sein 垂头～ die Ohren (den Kopf) hängenlassen; niedergeschlagen sein; depressiv
丧失 sàngshī verlieren; einen Verlust erleiden; einbüßen ～信心 die Zuversicht verlieren ～时机 sich eine Gelegenheit entgehen lassen; eine Chance versäumen

丧心病狂 sàng xīn bìng kuáng gewissenlos; skrupellos; den Verstand verlieren

臊 sāo 另见 sào
Gestank nach Urin oder Fuchs

搔 sāo kratzen ～痒 sich kratzen

骚[1] sāo →骚扰

骚[2] sāo《离骚》*Li Sao*, eine Dichtung von Qu Yuan aus dem 4. Jahrhundert v. u. Z.

骚[3] sāo kokett; liederlich; unsittlich
骚乱 sāoluàn Krawall; Unruhe; Aufruhr
骚扰 sāorǎo stören; Unruhe stiften

缫（繅） sāo '缲'另见 qiāo
缫丝 sāosī Seidenfäden von Kokons abhaspeln; Seidenhaspel; Kokonhaspel

嫂 sǎo 1. →嫂子 2. Schwester (Anrede für eine ältere, verheiratete Frau)
嫂子 sǎozi Schwägerin (Ehefrau des älteren Bruders)

扫（掃） sǎo 另见 sào
1. mit dem Besen säubern; fegen; kehren ～地 den Boden fegen 2. →扫除 2 3. Blicke herumschweifen lassen
扫除 sǎochú 1. aufräumen; reinigen 大～ Großreinemachen; großer Hausputz 2. beseitigen; hinwegfegen ～障碍 Hindernisse aus dem Weg schaffen; Hindernisse beseitigen
扫荡 sǎodàng Säuberungsoperation; ausrotten; beseitigen
扫黄 sǎohuáng die Verbreitung der Pornographie bestrafen
扫雷 sǎoléi Minen räumen; entminen ～艇 Minenräumboot
扫盲 sǎománg das Analphabetentum beseitigen
扫描 sǎomiáo abtasten; rastern; Bildzerlegung; scannen ～仪 Scanner
扫墓 sǎomù js Grab besuchen
扫射 sǎoshè mit Gewehrfeuer bestreichen; unter Gewehrfeuer (Beschuss) nehmen; (Blicke) aussenden
扫兴 sǎoxìng den Spaß (die Lust, die Freude, die Stimmung) verderben

臊 sào 另见 sāo
sich schämen; Scham empfinden ～得脸通红 vor Scham rot werden

扫（掃） sào 另见 sǎo
扫帚 sàozhou Besen; Feger

瘙 sào Krätze; Skabies
瘙痒 sàoyǎng Juckreiz (auf der Haut)

涩（澀、澁） sè 1. von unangenehm betäubendem Geschmack; herb 2. nicht glatt 滞～ Stau; ins Stocken geraten 3. unverständlich; schwerverständlich

塞 se 另见 sai, sài
塞责 sezé verantwortungslos; seine Pflichten vernachlässigen (versäumen)

瑟 sè eine chinesische Wölbbrettzither mit 25 oder 16 Saiten
瑟缩 sèsuō sich (vor Kälte, Angst, Schmerzen) krümmen (winden); den Leib zusammenbiegen; sich zitternd zusammenziehen

啬（嗇） sè geizig; knauserig

色 sè 另见 shǎi
1. Farbe 无～ farblos 2. Gesichtsausdruck; Miene 喜形于～ js Gesicht strahlt vor Freude; übers ganze Gesicht strahlen 3. Gattung; Art; Sorte 4. Anblick; Szene
色彩 sècǎi 1. Farbe ～鲜明 in grellen Farben; in auffallend kräftigen Farben 2. Färbung; Prägung 时代～ Grundzüge (Prägung) des Zeitalters
色调 sèdiào Farbton; Tönung; Färbung
色狼 sèláng Sexualtäter; Wüstling
色盲 sèmáng Farbenblindheit; farbenblind
色情 sèqíng erotisch; pornographisch
色素 sèsù Pigment; Farbstoff
色泽 sèzé Farbe und Glanz

铯 sè Cäsium (Zäsium) (Cs)

森 sēn →森林
森林 sēnlín Wald; Forst; Bewaldung 原始～ Urwald; jungfräulicher Wald ～浴 ins Waldbad gehen
森严 sēnyán streng; scharf 门禁～ streng bewachter Eingang; der Eingang ist streng bewacht

S

僧 sēng（buddhistischer）Mönch；Bonze
僧侣 sēnglǚ Mönche；Bonzen；Geistliche

沙[1] shā →沙子

沙[2] shā heiser 嗓子发～ eine rauhe Kehle haben；eine heisere Stimme haben
沙场 shāchǎng Kampfplatz；Schlachtfeld
沙丁鱼 shādīngyú Sardine
沙发 shāfā Sofa；Sessel
沙锅 shāguō Tonkochtopf
沙皇 shāhuáng Zar；zaristisch
沙龙 shālóng Salon
沙滤水 shālǜshuǐ durch Sand filtriertes Wasser
沙漠 shāmò Wüste；Sandwüste
沙沙 shāshā（Schallwort）knistern；rauschen 树叶～作响 die Blätter rascheln
沙滩 shātān Sandstrand；Sandbank
沙土 shātǔ sandiger Boden（Lehm）
沙文主义 shāwén zhǔyì Chauvinismus 大国～ Großmachtchauvinismus
沙哑 shāyǎ heiser
沙眼 shāyǎn Trachom
沙浴 shāyù Sandbad
沙子 shāzi Sand

痧 shā akute Krankheiten im Sommer wie Cholera und Hitzschlag
痧子 shāzi Masern

鲨 shā
鲨鱼 shāyú Haifisch；Hai

砂 shā Sand；Grieß
砂轮 shālún Schleifscheibe；Schleifrad
砂糖 shātáng Kristallzucker；Zucker
砂岩 shāyán Sandstein
砂纸 shāzhǐ Schleifpapier；Glaspapier；Schmirgelpapier

纱 shā 1. Garn 2. Gaze；Masche 窗～ Fenstergaze 3. Gazeart；Gazesorte 乔其～ Georgette
纱布 shābù Mull；Nessel
纱窗 shāchuāng Fliegenfenster；Gazefenster
纱锭 shādìng Spindel

杀（殺） shā 1. töten；umbringen ～鸡 einen Huhn schlachten 2. kämpfen ～出重围 einen Durchbruch durch eine vielfache Einkreisung erkämpfen 3. schwächen；beseitigen ～威风 js Arroganz dämpfen 4. höchst；sehr；stark 饿～我了 ich habe Bärenhunger（Mordshunger）
杀虫药 shāchóngyào Schädlingsbekämpfungsmittel；Insektizid；Insektengift
杀害 shāhài ermorden；umbringen；totschlagen
杀价 shājià Verkäufer zwingen, seine Waren zu einem lächerlichen Preis zu verkaufen；den Preis herabsetzen
杀菌 shājūn Krankheitserreger（Bakterien）abtöten；desinfizieren；sterilisieren
杀手 shāshǒu Meuchelmörder ～锏 letztes Mittel

刹 shā 另见 chà
bremsen；stoppen；anhalten ～住歪风 ungesunden Tendenzen entgegenwirken
刹车 shāchē 1. ein Fahrzeug（stoppen）anhalten 2. eine Maschine außer Betrieb setzen 3. Bremse

杉 shā 另见 shān
Spießtanne
杉木 shāmù Spießtannenholz

煞 shā 另见 shà
1. aufhören；beenden；mit etw Schluss machen ～笔 eine schriftliche Arbeit zu Ende führen（bringen）；Schlusswort eines Artikels 2. etw straff anziehen；spannen ～一～腰带 den Gürtel enger schnallen 3. →杀 3,4
煞车 shāchē Bremse
煞尾 shāwěi 1. Ende；Abschlussarbeiten 2. Schluss eines Artikels

傻（儍） shǎ 1. dumm；albern；töricht ～念头 dumme Idee 2. stur；dickköpfig；eigensinnig
傻瓜 shǎguā Dummkopf；Esel；Idiot ～照相机 Idiotenbox；idiotensichere Kamera
傻笑 shǎxiào dumm lachen；töricht lachen
傻子 shǎzi Hohlkopf；Idiot；Narr

霎 shà Augenblick；Moment
霎时间 shàshíjiān sofort；unverzüglich；im Nu

厦（廈） shà großes（hohes）Haus（Gebäude）大～ Hochhaus

歃 shà (mit Lippen und Zunge) saugen

歃血 shàxuè (feierliche Eidesformel in alten Zeiten) sich das Blut eines Opfertiers um den Mund schmieren ～为盟 sich das Blut eines Opfertiers um den Mund schmieren, um seine Aufrichtigkeit zur Bündnisschließung zum Ausdruck zu bringen

啥 shà was 有～说～ sagen, was man denkt; sich kein Blatt vor den Mund nehmen

煞[1] shà 另见 shā

böser Geist; Dämon

煞[2] shà 另见 shā

überaus; zutiefst; außerordentlich ～费苦心 sehr viel Mühe aufwenden; mit großer Mühe; anstrengend

煞白 shàbái äußerst blass; leichenblass; kreidebleich

筛[1]（篩）shāi 1. →筛子 2. sieben ～面粉 Mehl sieben

筛[2]（篩）shāi 1. Reiswein anwärmen 2. Alkohol einschenken 给客人～酒 einem Gast Wein einschenken

筛选 shāixuǎn durchsieben; rättern

筛子 shāizi Sieb; Siebvorrichtung

色 shǎi 另见 sè

Farbe 掉～ verblassen; verbleichen; (an) Farbe verlieren

色子 shǎizi (Spiel-) Würfel

晒（曬）shài 1. (Sonne) bescheinen; Einwirkung der Sonne 2. *in* (*von*) der Sonne trocknen (lassen); (sich) sonnen ～粮食 Getreide in (von) der Sonne trocknen lassen

晒台 shàitái Dachterrasse

膻（羶）shān →膻气

膻气 shānqì Hammelfleischgeruch

扇（[1]搧）shān 另见 shàn

1. fächeln ～扇子 einen Fächer hin und her bewegen; sich mit dem Fächer Luft zuwehen 2. →扇动

扇动 shāndòng 1. fächeln; schwingen ～翅膀 mit den Flügeln schlagen 2. aufhetzen; schüren; anstacheln ～性言论 aufhetzerische Rede (Worte)

苫 shān 另见 shàn

Strohmatte; Strohunterlage

潸（澘）shān mit Tränen in den Augen ～然泪下 Tränen rollen (laufen, rinnen) jm über das Gesicht / zu Tränen gerührt sein

山 shān 1. Berg; Gebirge; Hügel 高～ hoher Berg 2. kleines Strohbündel für Seidenraupen 蚕上～ die Seidenraupen spinnen auf kleinen Strohbündeln ihre Kokons

山崩 shānbēng Bergrutsch; Bergsturz; Steinlawine

山茶 shānchá Kamelie

山峰 shānfēng Berggipfel; Bergspitze

山冈 shāngāng Hügel; Anhöhe

山歌 shāngē eine Art Volkslied bzw. Volksweise (meist unter den Gebirgsdorfbewohnern)

山沟 shāngōu 1. Hangrinne; Wasserrinne 2. →山谷 3. abgelegene Gebirgsgegend 穷～ arme und entlegene Gebirgsgegend

山谷 shāngǔ Tal; Bergschlucht

山河 shānhé Berge und Flüsse; Landschaft

山洪 shānhóng Sturzflut; reißende Gebirgsströme

山脚 shānjiǎo Fuß des Berges

山口 shānkǒu Gebirgspass

山岭 shānlǐng Gebirgskette

山脉 shānmài Gebirgszug

山坡 shānpō Berghang; Bergabhang; Berglehne

山墙 shānqiáng Giebel

山区 shānqū Bergland; Gebirgsgegend

山水 shānshuǐ 1. Bergwasser 2. Gebirge und Gewässer; Landschaft mit Bergen und Flüssen (Seen) 3. traditionelle chinesische Landschaftsmalerei

山头 shāntóu 1. Bergspitze 2. Fraktion ～主义 Fraktionalismus

山羊 shānyáng Ziege; Ziegenbock

山药 shānyao Yamswurzel

山楂 shānzhā chinesischer Weißdorn

山寨 shānzhài umzäuntes oder ummauertes Bergdorf

舢 shān

舢板 shānbǎn Sampan; kleines Boot

芟 shān 1. (Gras) mähen 2. →芟除 2
芟除 shānchú 1. (Unkraut) jäten 2. weglassen; streichen; wegstreichen

衫 shān ungefütterte Oberbekleidung

杉 shān 另见 shā
Spießtanne

钐 shān Samarium (Sm)

珊(珊) shān
珊瑚 shānhú Koralle ～岛 Koralleninsel ～项链 Korallenhalskette

栅(柵) shān 另见 zhà
栅极 shānjí Gitter (Elektronenrohre)

删(刪) shān →删除 ～繁就简 kürzen und vereinfachen; etw kürzer und einfacher machen
删除 shānchú streichen; weglassen
删改 shāngǎi kürzend und verbessernd bearbeiten; überarbeiten; neu fassen
删节 shānjié (Unnötiges) wegstreichen; kürzen ～本 gekürzte Ausgabe; gekürzte Fassung

姗(姍) shān
姗姗 shānshān gemächlich gehend ～来迟 zu spät kommen

闪 shǎn 1. →闪开 2. schlagartig schwanken 3. verdrehen; verrenken; verstauchen ～了腰 sich die Hüfte verrenkt haben 4. plötzlich auftauchen 灯光一～ das Licht leuchtete kurz auf ～过一丝希望 einen Schimmer von Hoffnung haben
闪电 shǎndiàn Blitz; blitzen
闪光 shǎnguāng aufleuchten; funkeln ～灯 Blitzgerät
闪开 shǎnkāi schnell ausweichen; rasch aus dem Wege gehen
闪烁 shǎnshuò 1. funkeln; glitzern; glänzen 2. *etw nicht deutlich sagen wollen* ～其词 mit der Sprache herausrücken; am eigentlichen Problem vorbei reden; um eine Sache herumreden
闪耀 shǎnyào glänzen; blinken; flimmern

陕(陝) shǎn zwinkern; blinzeln; blinken

擅 shàn 1. →擅自 2. →擅长 不～辞令 redeungewandt (wortkarg) sein; nicht beredt sein; sich nicht gut ausdrücken können
擅长 shàncháng in etw zu Hause sein; in etw gewandt sein
擅自 shànzì auf eigene Faust; eigenmächtig; selbstständig ～行动 eigenmächtig handeln

善 shàn 1. →善良 2. →善事 3. gut ～策 hervorragende Taktik 4. freundlich; freundschaftlich 5. etw gut tun ～始～终 etw von Anfang bis Ende gut verrichten; etw gut anfangen und gut beenden 6. in etw zu Hause sein; sich auf etw gut verstehen 勇猛～战 tapfer und kampffähig 7. gut; sorgfältig; nach besten Kräften ～自保重 sich schonen; Rücksicht auf seine Gesundheit nehmen 8. leicht ～忘 vergesslich sein; ein schlechtes Gedächtnis haben; oft etw vergessen
善后 shànhòu Probleme, die sich aus einem Unfall ergeben haben, sorgsam behandeln; anstehende Probleme
善良 shànliáng gutherzig; gutmütig ～的人们 gutmütige Menschen
善事 shànshì gute Tat; Wohltat
善心 shànxīn ein gutes Herz haben; Barmherzigkeit; Gutherzigkeit
善意 shànyì guter Wille; gute Absicht; wohlmeinend
善于 shànyú in etw zu Hause (Meister) sein; sich auf etw gut verstehen ～辞令 redegewandt; beredt; sprachgewaltig

膳(饍) shàn →膳食
膳食 shànshí Essen; Nahrung; Mahlzeit

鳝(鱔) shàn Reisaal; Flussaal

缮 shàn 1. renovieren; instand setzen; neu herrichten 2. →缮写
缮写 shànxiě abschreiben

禅(禪) shàn 另见 chán →禅让
禅让 shànràng dem Thron entsagen; abdanken

扇 shàn 另见 shān
1. →扇子 2. Flügel 一～门 ein Türflügel

扇子 shànzi Fächer

骟 shàn (Tiere) kastrieren; verschneiden

苫 shàn 另见 shān zudecken

疝 shàn

疝气 shànqì Hernie; Bruch

讪 shàn 1. →讪笑 2. schamhaft; schüchtern; verlegen 脸上发～ ein verlegenes Gesicht machen; mit verlegener Miene

讪笑 shànxiào über jn/etw spotten; verlachen; verhöhnen

赡 shàn →赡养

赡养 shànyǎng unterhalten; ernähren ～费 Unterhaltskosten

商 shāng 1. →商量 2. →商业 3. →商人 零售～ Einzelhandel; Kleinhandel 4. Quotient

商标 shāngbiāo Marke; Warenzeichen

商场 shāngchǎng Basar; Kaufhaus; Warenhaus

商船 shāngchuán Handelsschiff

商店 shāngdiàn Geschäft; Laden; Handelsunternehmen

商贩 shāngfàn Kleinhändler

商行 shāngháng Handelsfirma

商会 shānghuì Handelskammer

商量 shāngliáng sich beraten; sich (mit jm) besprechen; diskutieren

商品 shāngpǐn Ware ～经济 Warenwirtschaft 出口～ Exportgüter; Ausfuhrwaren

商洽 shāngqià diskutieren; mit jm über etw konferieren; sich absprechen

商人 shāngrén Kaufmann; Händler

商谈 shāngtán konferieren; besprechen; diskutieren

商讨 shāngtǎo diskutieren; Meinungen austauschen; erörtern

商务 shāngwù Handelsangelegenheiten

商业 shāngyè Handel ～税 Handelssteuer

熵 shāng Entropie

墒(暘) shāng (für Keimung der Saat und Wachstum der Pflanze ausreichende) Bodenfeuchtigkeit

墒情 shāngqíng Feuchtigkeitsgehalt des Bodens

伤(傷) shāng 1. Wunde; Verletzung; Schaden 2. →伤害 ～感情 js Gefühle verletzen 3. →伤感 4. (einer Speise) überdrüssig sein; (eine Speise) satt haben 5. schaden; Nachteile bringen; beeinträchtigen 这无～大雅 das beeinträchtigt den vornehmen Geschmack (das Ganze) nicht

伤疤 shāngbā Narbe; Wundmal

伤风 shāngfēng sich eine Erkältung zuziehen; sich erkälten; erkältet sein

伤感 shānggǎn traurig; trübselig; schmerzerfüllt

伤害 shānghài schaden; schädigen; verletzen ～身体 der Gesundheit schaden; jn gesundheitlich schädigen

伤寒 shānghán Typhus

伤痕 shānghén Narbe; Wundmal; Schramme

伤口 shāngkǒu Wunde

伤亡 shāngwáng verwundet und getötet werden

伤心 shāngxīn traurig; kummervoll; wehmütig

伤员 shāngyuán Verwundete(r) 重～ Schwerverwundeter; Schwerverletzter

赏¹ shǎng 1. prämieren; auszeichnen; belohnen 有～有罚 je nach den Umständen prämieren oder bestrafen 2. Prämie; Auszeichnung; Belohnung 领～ eine Auszeichnung annehmen

赏² shǎng 1. bewundern; anstaunen; mit Genuss betrachten ～月 sich des Vollmondes erfreuen 2. →赏识

赏赐 shǎngcì 1. gnädig schenken (bescheren) 2. gütiges Geschenk; gnädige Gabe

赏识 shǎngshí hochschätzen; würdigen; anerkennen

晌 shǎng ein Abschnitt im Lauf des Tages

晌午 shǎngwu Mittag; mittags

尚¹ shàng schätzen; für etw eintreten; Wert auf etw legen ～武 das Militärwesen für wichtig halten

尚² shàng noch 为时～早 dafür ist es noch zu früh

S

尚且 shàngqiě sogar；selbst

绱（鞝） shàng

绱鞋 shàngxié den Schuhboden mit dem Schaft（Oberteil）verbinden；einen Schuh machen（zusammennähen）

上[1] shàng1. oben；ober；vorstehend 从～到下 von oben nach unten 2. führend ～品 erstklassig；von bester Qualität；erste Wahl 3. vorhergehend；vorig ～月 voriger Monat；letzter Monat ～半年 die erste Hälfte des Jahres

上[2] shàng1. von unten nach oben ～楼 die Treppe hinaufgehen；nach oben gehen 2. sich begeben；gehen；besuchen ～街 auf die Straße gehen 3. →上报 ～书 ein Bittgesuch bei einer hochgestellten Persönlichkeit einreichen 4. vorwärtsgehen；nach vorn gehen 迎着困难～ an schwierige Probleme herangehen；etw trotz Schwierigkeiten unternehmen 5. →上场 6. anbringen；montieren；etw an（auf）den richtigen Platz stellen ～梁 einen Balken anbringen ～肥 Felder düngen 7. öffentlich bekanntmachen；veröffentlichen ～光荣榜 auf der Ehrentafel stehen 8. festschrauben；aufziehen；anziehen ～表 eine Uhr aufziehen 给小提琴～弦 eine Geige besaiten 9. annähernd ～百人 ungefähr（fast）hundert Menschen ～年纪 altern；in die Jahre kommen；älter sein

上[3] shàng1.（hinter dem Verb stehend, zur Bezeichnung der Bewegung von unten nach oben）：爬～树 auf einen Baum klettern 2.（hinter dem Verb stehend, zur Bezeichnung, dass Zweck und Ziel des Unternehmens erreicht ist）：考～大学 nach dem Ergebnis der Hochschulaufnahmeprüfung zum Studium zugelassen werden；die Hochschulaufnahmeprüfung bestanden haben 3.（hinter dem Nomen stehend, zur Bezeichnung von Lage, Umfang oder Bereich）：墙～ an der Wand 船～ in（auf）einem Schiff 事实～ in der Tat；faktisch

上班 shàngbān zur Arbeit gehen

上报 shàngbào1. in die Zeitung setzen；in der Zeitung stehen 2. bei einer vorgesetzten Behörde etw einreichen；einer oberen Behörde etw vorlegen

上宾 shàngbīn hoher Gast；Ehrengast

上操 shàngcāo zum Exerzieren gehen；exerzieren；zum Training gehen

上层 shàngcéng Oberschicht ～领导 Spitzenführung ～建筑 Überbau

上场 shàngchǎng auf die Bühne treten；aufs Spielfeld gehen

上当 shàngdàng jm ins Garn gehen；auf einen Schwindel hineinfallen；auf den Leim gehen

上等 shàngděng auserlesen；erstklassig；exzellent ～货 Qualitätsware；Spitzenklasse ～兵 Hauptgefreiter（in Deutschland）；Gefreiter（in der Schweiz）

上帝 shàngdì Gott；der Herr des Himmels

上吊 shàngdiào sich aufhängen；sich erhängen；sich den Strick nehmen

上访 shàngfǎng sich mit einem Anliegen an eine Behörde wenden；eine Behörde aufsuchen

上坟 shàngfén das Grab（eines Toten）besuchen

上风 shàngfēng 1. Windseite；windwärts 2. Oberhand；Plus 占～ die Oberhand haben（gewinnen, behalten）

上告 shànggào jn vor Gericht anklagen；sich über jn bei einer Behörde beschweren

上工 shànggōng 1. zur Arbeit gehen 2. seinen ersten Arbeitstag beim Arbeitgeber haben

上钩 shànggōu1. in den Köder beißen；an die Angel gehen 使人～ jn ködern；jn mittels Köders anlocken

上古 shànggǔ Urgeschichte；Vorgeschichte；graues Altertum

上光 shàngguāng polieren；glänzen

上级 shàngjí Vorgesetzte（r）；vorgesetzt ～机关 übergeordnete Stelle；übergeordnetes Organ

上将 shàngjiàng Generaloberst

上缴 shàngjiǎo etw an eine höhere Instanz（Behörde）abliefern（abgeben）～利润 einen Gewinnbetrag an eine höhere Instanz abführen

上进 shàngjìn Fortschritte machen；sich emporschwingen ～心 Strebsamkeit；Ehrgeiz

上课 shàngkè 1. Unterricht haben；eine Vorlesung besuchen；an einem Seminar teilnehmen 2. Unterricht geben（erteilen）；unterrichten；eine Vorlesung ab-

halten
上来 shànglái 1. (hinter dem Verb stehend, zur Bezeichnung der Richtung von unten nach oben oder von fern bis nah): 乘电梯～ mit dem Lift hochkommen 2. (hinter dem Verb stehend, zum Ausdruck, dass die Bewegung ein Ergebnis herbeiführt): 背～了 etw auswendig können 3. (hinter dem Adjektiv stehend zur Bezeichnung des Steigerns, Verstärkens): 天色黑～了 es wird immer dunkler
上流 shàngliú 1. →上游 2. hochstehende Persönlichkeit; Oberschicht ～社会 High-Society; Vornehme Gesellschaft; die oberen Zehntausend
上马 shàngmǎ 1. aufs Pferd steigen; aufsitzen; auf das Pferd aufsteigen 2. etw in Angriff nehmen
上门 shàngmén zu jm ins Haus kommen 送货～ Waren ins Haus liefern; Waren zu Wohnhäusern bringen und verkaufen
上去 shàngqù 1. nach oben gehen; hinaufgehen 登着梯子～ eine Leiter hinaufklettern 2. (hinter dem Verb stehend, zur Bezeichnung einer Bewegung von unten nach oben, von nah bis fern oder vom Subjekt zum Objekt): 飞～ emporfliegen 迎～ auf jn zugehen
上任 shàngrèn 1. Amtsantritt; ein Amt (eine Stellung) antreten 2. Vorgänger
上色 shàngshǎi die Farbe auftragen; tönen; kolorieren
上升 shàngshēng 1. emporsteigen 2. steigen; sich erhöhen 气温～ die Temperatur erhöht sich
上士 shàngshì Oberfeldwebel (in *Deutschland*); *Fourier* (*in der Schweiz*); Oberwachtmeister (in Österreich)
上市 shàngshì 1. auf den Markt kommen 2. etw auf den Markt bringen (werfen)
上诉 shàngsù Berufung einlegen; berufen ～状 Berufungsschrift
上算 shàngsuàn rentabel; wirtschaftlich; einträglich 不～ unrentabel; es lohnt sich nicht
上台 shàngtái 1. auf die Bühne treten; ans Pult gehen 2. an die Macht kommen
上网 shàngwǎng online gehen
上尉 shàngwèi Kapitänleutnant; Hauptmann
上午 shàngwǔ Vormittag; vormittags
上下[1] shàngxià 1. hoch und niedrig; jung und alt 举国～ das ganze Land; die ganze Nation 2. von oben bis unten ～打量 jn von Kopf bis Fuß ansehen 3. gut und schlecht 不相～ ebenbürtig; gleichwertig; gleichrangig 4. ungefähr; gegen; etwa 四十岁～ ungefähr 40 Jahre alt
上下[2] shàngxià auf(wärts) und ab(wärts) gehen (fahren) ～楼梯 die Treppe hinauf und hinab laufen; treppauf und treppab laufen
上校 shàngxiào Oberst (陆军); Kapitän zu See (海军)
上鞋 shàngxié einen Schuh machen (zusammennähen)
上学 shàngxué 1. in die (zur) Schule gehen; eine Schule besuchen 2. eingeschult werden; (zum ersten Mal) in die Schule kommen
上旬 shàngxún die ersten zehn Tage (die erste Dekade) eines Monats
上演 shàngyǎn aufführen; vorführen; zur Aufführung bringen
上衣 shàngyī Oberbekleidung
上瘾 shàngyǐn süchtig werden; zu einer Sucht werden
上映 shàngyìng (Film) vorführen (zeigen)
上游 shàngyóu 1. Oberlauf 2. fortgeschrittene Position; Spitze 力争～ immer vorwärtsstreben
上涨 shàngzhǎng steigen; sich erhöhen (heben); ansteigen
上帐 shàngzhàng ins Rechnungsbuch eintragen
上肢 shàngzhī obere Gliedmaßen; Arm

烧(燒) shāo 1. zünden; brennen; verbrennen 2. kochen; erwärmen; brennen ～水 Wasser kochen 3. schmoren; dünsten ～汤 eine Suppe aufs Feuer setzen ～饭 (das) Essen machen (kochen, zubereiten) 4. braten; rösten 5. Fieber haben ～退了 das Fieber lässt nach (fällt, geht zurück)
烧毁 shāohuǐ verbrennen; ausbrennen; abbrennen
烧碱 shāojiǎn Ätznatron
烧焦 shāojiāo versengen; verkohlen
烧酒 shāojiǔ Branntwein; Schnaps
烧瓶 shāopíng Kochflasche; Kolben
烧伤 shāoshāng sich verbrennen; eine Brandwunde davontragen (erhalten)

S

烧水 Wasser kochen
烧香 shāoxiāng Weihrauchstäbchen anzünden und in den Weihrauchbehälter stecken

鞘 shāo 另见 qiào
Peitschenschnur

梢 shāo Spitze; Ende 头发～ Haarspitze
梢头 shāotóu Zweigspitze 树～ Gipfel des Baums; Wipfel

捎 shāo etw (nebenbei) mitbringen ～口信 jm eine mündliche Mitteilung bringen
捎带 shāodài nebenbei; bei Gelegenheit; übrigens

筲 shāo Wassereimer (meist aus Bambus oder Holz) Kübel; Bambuskorb

稍 shāo 另见 shào →稍微
稍微 shāowēi ein bisschen; ein wenig; etwas

艄 shāo 1. Heck 2. Steuer 掌～ am Steuer stehen
艄公 shāogōng Steuermann; Schiffführer

勺(杓) sháo Schöpflöffel

芍 sháo
芍药 sháoyao 1. milchige Päonie 2. Blüte der milchigen Päonie; Pfingstrosen

韶 sháo schön; hübsch
韶光 sháoguāng 1. schöner Frühling 2. schöne Jugendzeit

少 shǎo 另见 shào
1. wenig; in kleiner Menge 2. mangeln; nicht ausreichend vorhanden sein 3. verloren gegangen sein
少量 shǎoliàng eine kleine Menge; etwas; ein wenig
少时 shǎoshí kurz danach; nach kurzer Zeit
少数 shǎoshù eine geringe Anzahl; ein paar; Minderheit ～民族 nationale Minderheit

哨[1] shào Wache 观察～ Beobachtungsposten; Wachtposten

哨[2] shào 1. zwitschern 2. →哨子
哨兵 shàobīng Wachmannschaft; Wachsoldat
哨所 shàosuǒ Wachstube; Wachstation
哨子 shàozi Pfeife 吹～ auf der Pfeife blasen; pfeifen

稍 shào 另见 shāo
稍息 shàoxī sich rühren; Rührt euch!

少 shào 另见 shǎo
1. jung 2. →少爷
少妇 shàofù junge (verheiratete) Frau (Dame)
少将 shàojiàng Generalmajor (陆、空军); Konteradmiral (海军)
少年 shàonián 1. die späte Kindheit; frühe Jugend 2. Jugendliche von 10 bis 15 Jahren ～宫 Kinderpalast
少女 shàonǚ junges Fräulein; Mädchen
少尉 shàowèi Leutnant; Leutnant zur See
少先队 shàoxiānduì Pionierorganisation; Junger Pionier
少校 shàoxiào Major (陆、空军) Korvettenkapitän (海军)
少爷 shàoye 1. junger Herr; Sohn des Hausherrn 2. Ihr (sein) Herr Sohn

绍 shào weitermachen; (Traditionen) fortsetzen
绍兴酒 shàoxīngjiǔ Shaoxing-Reiswein

奢 shē 1. →奢侈 2. übermäßig; übertrieben; maßlos ～望 zu große Erwartung (Hoffnung)
奢侈 shēchǐ Luxus; luxuriös; verschwenderisch ～品 Luxusartikel
奢华 shēhuá prunksüchtig; übertrieben prächtig 陈设～ prunkvoll einrichten (ausstatten)

赊 shē →赊欠
赊购 shēgòu auf Kredit (Borg) kaufen
赊欠 shēqiàn auf Borg kaufen oder verkaufen

猞 shē
猞猁 shēlì Luchs

蛇(虵) shé Schlange

折 shé 另见 zhē, zhé
1. brechen; durchbrechen; entzweigehen
2. (geschäftlicher) Verlust

折本 shéběn Kapital einbüßen; geschäftlicher Verlust ～生意 Verlustgeschäft

舌 shé 1. →舌头 1 2. zungenförmiger Gegenstand 火～ Feuerschlange; Flamme 3. Glockenschwengel; Glockenklöppel

舌苔 shétāi Zungenbelag

舌头 shétou 1. Zunge 2. feindlicher Soldat, der als Informant gefangengenommen wird

舌战 shézhàn Wortgefecht; Wortstreit; Streitgespräch

舍（捨） shě 另见 shè 1. →舍弃 ～本逐末 Unbedeutendes über Bedeutendes stellen 2. Almosen spenden

舍不得 shěbude es nicht über sich bringen; etw nur ungern tun; sich von etw nicht trennen können ～多花钱 es behagt einem nicht, viel Geld auszugeben

舍得 shěde etw gern opfern (geben) ～花工夫 sich gern Mühe geben, etw zu tun

舍弃 shěqì aufgeben; auf etw verzichten; wegwerfen

舍身 shěshēn sich für jn/etw opfern; Selbstaufopferung ～为国 sich für das Vaterland opfern; sein Leben für das Vaterland hingeben

涉 shè 1. (im Wasser) waten ～水而过 durchs Wasser waten; ein Gewässer durchqueren 2. erleben; (am eigenen Leibe) erfahren; durchleben ～险 ein Abenteuer erleben (bestehen); eine Gefahr überstehen 3. →涉及

涉及 shèjí angehen; berühren; sich auf etw beziehen

涉猎 shèliè flüchtig lesen; überfliegen; durchblättern

涉外婚姻 shèwàihūnyīn Mischehe

涉嫌 shèxián verdächtig sein (werden); im (in) Verdacht stehen; in Verdacht kommen (geraten) ～人犯 Verdächtige(r); mutmaßlicher Täter

社 shè 1. Organisation; Körperschaft 文学～ literarische Gesellschaft 新华～ Xinhua-Nachrichtenagentur 2. dem Erdgott ein Opfer bringen

社会 shèhuì Gesellschaft ～制度 Gesellschaftsordnung; Gesellschaftssystem ～主义 Sozialismus ～主义建设 Aufbau des Sozialismus

社交 shèjiāo Umgang mit Mitmenschen; zwischenmenschliche Beziehungen

社论 shèlùn Leitartikel

设 shè 1. →设立 2. planen; vorbereiten 3. annehmen; als gegeben nehmen

设备 shèbèi 1. ausstatten; einrichten 2. Ausstattung; Einrichtung; Anlage 技术～ technische Anlage (Ausrüstung)

设法 shèfǎ versuchen; sich bemühen

设防 shèfáng zur Verteidigung bereiten; befestigen; (sich) verschanzen

设计 shèjì einen Plan (ein Projekt) entwerfen; konstruieren; projektieren 施工～ den Plan für Bauausführungen ausarbeiten ～师 Konstrukteur; Entwerfer; Designer

设立 shèlì gründen; konstituieren; ins Leben rufen

设身处地 shè shēn chǔ dì sich in js Rolle (Lage) versetzen; sich an die Stelle des anderen versetzen; sich in jn hineinversetzen

设施 shèshī Einrichtung 福利～ Einrichtungen für gemeinnützige Zwecke

设想 shèxiǎng 1. sich denken (vorstellen); sich einen Begriff machen; sich ausmalen 不堪～ unvorstellbar; folgenschwer 2. Rücksicht auf jn/etw nehmen; auf etw bedacht sein; etw in Betracht (Erwägung) ziehen 处处替国家～ stets den Interessen des Staates Rechnung tragen

赦 shè →赦免

赦免 shèmiǎn Straferlass; begnadigen; amnestieren

慑（慴、慴） shè erschrecken; einen Schreck einjagen; jn in Schrecken versetzen

慑服 shèfú sich jn durch Einschüchterung gefügig machen; jm aus Furcht gehorchen; sich unterwerfen

摄（攝） shè 1. →摄取 1 2. →摄影

摄取 shèqǔ 1. zu sich nehmen; einnehmen ～食物 Nahrung aufnehmen; Nahrungsaufnahme 2 fotografieren; filmen

摄氏温度计 Shèshì wēndùjì Celsius-Thermometer

摄像机 shèxiàngjī Videokamera 电视～ Fernsehkamera

摄影 shèyǐng 1. ein Bild (Foto) machen; fotografieren ～机 Fotoapparat; Filmka-

S

mera 2. filmen

摄政 shèzhèng die Regentschaft führen (übernehmen); Regentschaft ～王 Regent; Prinzregent

摄制 shèzhì (einen Film) produzieren ～影片 einen Film drehen

舍 shè 另见 shě

1. Haus; Heim 校～ Schulhaus; Schulgebäude 2. → 舍间 3. Stall 4. (Ausdruck der Bescheidenheit) mein ～弟 mein (jüngerer) Bruder

舍间 shèjiān mein bescheidenes Haus

射 shè 1. schießen ～箭 einen Pfeil abschießen 2. spritzen 3. strahlen 阳光～进屋内 der Sonnenstrahl fällt ins Zimmer

射程 shèchéng Reichweite; Schussweite; Tragweite

射击 shèjī 1. (mit Gewehr oder Kanone) schießen 2. Schießsport ～场 Schießplatz

射手 shèshǒu Schütze

射线 shèxiàn Strahl X～ Röntgenstrahlen

射中 shèzhòng treffen ～球门 ein Tor erzielen; der Ball landet im Tor

麝 shè 1. Moschustier 2. →麝香

麝香 shèxiāng Moschus

莘 shēn

莘莘 shēnshēn eine große Anzahl; eine Masse; zahlreich ～学子 zahlreiche Studenten (Schüler)

深 shēn 1. tief 2. Tiefe ～不可测 eine unergründliche Tiefe 3. →深奥 4. →深刻 印象很～ ein tiefer Eindruck; tief beeindruckt sein 5. eng; intim 交情～ eng befreundet; in enger Freundschaft verbunden 6. dunkel; tief ～蓝 tiefblau; dunkelblau 7. spät; tief ～秋 Spätherbst 夜～了 es ist tiefe Nacht 8. sehr; tief ～表同情 tiefe Sympathie für jn/etw zeigen

深奥 shēn'ào schwierig; tiefsinnig und *dunkel; unergründlich*

深长 shēncháng bedeutsam; gedankentief; bedeutungsvoll 意味～的话 vielsagende (sinnreiche) Worte

深沉 shēnchén 1. tief; dunkel 暮色～ der Abend dämmert (sinkt herab) 2. tief (Tonhöhe) 3. unzugänglich; verschlossen

深度 shēndù Tiefe

深厚 shēnhòu 1. tief (Gefühle) ～的友谊 eine enge (unverbrüchliche) Freundschaft 2. fest 基础～ feste Grundlage

深化 shēnhuà vertiefen 认识的～ Vertiefung der Kenntnisse

深刻 shēnkè tiefgehend; tiefgreifend; einschneidend

深谋远虑 shēn móu yuǎn lǜ gründlich und weit blickend denken; gründlich für die Zukunft planen

深情 shēnqíng tiefes Gefühl ～厚谊 innige Zuneigung; tiefes Freundschaftsgefühl

深入 shēnrù 1. tief eindringen; sich in etw vertiefen ～群众 sich unter die Massen begeben 2. eingehend; intensiv; tiefschürfend ～钻研 sich eingehend mit etw befassen; etw intensiv (gründlich) studieren

深思 shēnsī gründlich nachdenken (überlegen); durchdenken ～熟虑 sich etw gründlich überlegen; gut durchdenken; über etw reiflich nachdenken

深恶痛绝 shēn wù tòng jué etw zutiefst verabscheuen; jn/etw bis auf den Tod hassen

深信 shēnxìn fest von etw überzeugt sein

深夜 shēnyè tiefe Nacht; spät (tief) in der Nacht

深远 shēnyuǎn weit tragend; weit reichend ～的影响 weit reichender Einfluss

深造 shēnzào sich weiterbilden; (sich) fortbilden; Fortbildung; Weiterbildung

深重 shēnzhòng schwer; ernst 罪孽～ schweres Verbrechen; schlimmste Sünden begangen haben; Todsünden auf dem Gewissen haben

申 shēn 1. →申述 2. der neunte der zwölf Erdzweige

申辩 shēnbiàn Einrede; Einspruch; sich rechtfertigen; sich verteidigen

申斥 shēnchì tadeln; zurechtweisen; rügen

申请 shēnqǐng beantragen; einen Antrag (ein Gesuch) stellen ～书 Antrag; Gesuch ～入党 ein Gesuch auf Eintritt in die Partei bei jm einreichen

申述 shēnshù ausführlich erklären ～理由 Gründe vorbringen (anführen); begründen

申诉 shēnsù Beschwerde einlegen (einreichen); Einspruch gegen etw erheben

申冤 shēnyuān 1. sein Unrecht wiedergutmachen; (sich) von ungerechten Anschuldigungen reinwaschen 2. Klage über erlittenes Unrecht führen

砷 shēn Arsen (As)

呻 shēn

呻吟 shēnyín stöhnen; ächzen

伸 shēn → 伸展 ～舌头 die Zunge herausstrecken ～懒腰 sich rekeln

伸手 shēnshǒu 1. die Hand nach etw/jm ausstrecken 2. jn um etw bitten; jm etw abverlangen

伸缩 shēnsuō 1. sich ausdehnen und sich zusammenziehen 2. elastisch; flexibel 政策的～性 Flexibilität der Politik

伸展 shēnzhǎn sich erstrecken; sich ausbreiten; sich ausdehnen

伸张 shēnzhāng etw fördern ～正义 die Gerechtigkeit aufrechterhalten; für Gerechtigkeit eintreten

绅 shēn → 绅士

绅士 shēnshì Gentleman

身 shēn 1. → 身体 ～高一米八十 1,80 m (Meter) groß 2. Leben 3. selbst; in eigener Person; persönlich ～临其境 etw am eigenen Leibe erleben; anwesend sein 4. Hauptteil; Rumpf 船～ Schiffsrumpf 汽车车～ Karosserie 5. (als Zähleinheitswort): 换了～新衣服 ganz neu gekleidet sein

身败名裂 shēn bài míng liè an Ansehen verlieren; in Misskredit geraten; in schlechten Ruf kommen

身材 shēncái Körperbau; Statur ～高大 groß von Gestalt; von hohem Wuchs

身段 shēnduàn 1. Figur (einer Frau) ～优美 schöne Figur 2. tänzerische Bewegungen (in den traditionellen chinesischen Lokalopern); Körperbewegung; Körperhaltung

身份 shēnfen 1. (soziale) Stellung; Position; Identität ～证 Personalausweis 以主人的～ als Gastgeber 2. Würde 有失～ unter seiner Würde sein; an Würde verlieren

身价 shēnjià 1. Sozialstatus; soziale Stellung 有～的人 jd, der in hohem Ansehen steht 2. Preis eines Menschen (im Menschenhandel)

身教 shēnjiào jn durch sein persönliches Beispiel erziehen (beeinflussen) ～重于言教 persönliches Beispiel belehrt einen besser als Wort / Erziehung durch sein Beispiel ist besser als Erziehung durch Worte

身强力壮 shēn qiáng lì zhuàng stark; gesund und kräftig; auf dem Damm sein

身世 shēnshì (meist unglückliche) Lebensgeschichte (Erlebnisse) ～凄凉 ein schweres (trauriges) Schicksal (Los) hinter sich haben

身手 shēnshǒu Können; Geschicklichkeit; Kunstfertigkeit 大显～ sein Können voll zur Geltung bringen

身体 shēntǐ Körper; Leib 锻炼～ den Körper stählen (trainieren, ertüchtigen)

身心 shēnxīn Leib und Seele ～健康 sowohl körperlich wie auch seelisch gesund sein

身孕 shēnyùn Schwangerschaft

参(參、蓡、葠) shēn 另见 cān, cēn

Ginseng

糁(糝、粁) shēn zermahlte Getreidekörnchen 玉米～儿 zerkleinerte Maiskörnchen

神 shén 1. Gott; Gottheit; Gottwesen 2. → 神妙; 神奇 ～效 wunderbare Wirkung 3. Geist; Gedanken 无～的眼光 geistesabwesender Blick 4. → 神情

神采 shéncǎi Gesichtsausdruck ～奕奕 vor Gesundheit strotzend und Lebenskraft ausstrahlend

神出鬼没 shén chū guǐ mò gespensterhaft auftauchen und verschwinden

神甫 shénfu Geistlicher (der katholischen und der orthodoxen Kirche); Priester

神话 shénhuà Mythologie; Göttersage ～故事 mythologische Erzählung 2. Quatsch; Unsinn; Nonsens

神魂 shénhún Geist; Sinn ～颠倒 sich von jn/etw betören lassen

神交 shénjiāo 1. vertrauter Freund 2. Bewunderer, die füreinander Hochachtung empfinden, ohne sich persönlich zu kennen

神经 shénjīng Nerv ～过敏 überempfindlich; reizbare Schwäche; Nervosität ～中枢 Nervenzentrum

神经病 shénjīngbìng 1. Neuropathie; Nervenkrankheit ～患者 Neuropath; Ner-

S

venkranker 2. geisteskrank; Geisteskrankheit

神秘 shénmì geheimnisvoll; rätselhaft

神妙 shénmiào zauberhaft; wundervoll

神明 shénmíng Gottwesen; Göttlichkeit 奉若～ jn schwärmerisch verehren; vergöttern

神奇 shénqí fabelhaft; phantastisch

神气 shénqì 1. →神情 2. lebhaft; voller Lebenskraft 3. hochmütig; arrogant; eingebildet ～活现 sich wie ein Pfau spreizen; sich in die Brust werfen

神枪手 shénqiāngshǒu Meisterschütze

神情 shénqíng Gesichtsausdruck 愉快的～ glücklich aussehend; heiteres Angesicht

神权 shénquán 1. göttliche Gewalt 2. Theokratie ～政治 Theokratie

神色 shénsè Gesichtsausdruck ～自若 gelassen (gefasst) sein; die Fassung nicht verlieren

神圣 shénshèng heilig ～不可侵犯 heilig und unantastbar

神速 shénsù äußerst schnell; pfeilschnell; in Windeseile 收效～ sehr schnell Erfolg haben (erzielen)

神通 shéntōng ungewöhnliche Fähigkeiten; Genialität ～广大 über ungewöhnliche Fähigkeiten verfügen; alles können; Allmacht haben

神往 shénwǎng sich nach jm/etw sehnen 令人～ faszinierend; sehr attraktiv sein; in jm starke Sehnsucht erwecken

神仙 shénxiān 1. allmächtige und unsterbliche Gestalt (in der Mythologie) 2. Hellseher 3. sorgenfreier Mensch

神像 shénxiàng Götterbild; Heiligenbild; Götzenbild

神效 shénxiào Wunderwirkung

神学 shénxué Theologie

神志 shénzhì Bewusstsein; Besinnung ～不清 Bewusstseinstörung; bewusstlos; ohnmächtig

什(甚)

shén 另见 shí; '甚'另见 shèn

什么 shénme 1. (zur Bildung einer Frage): 你说～? Was sagst du? / Was hast du gesagt? 他干～工作? Was ist er von Beruf? 2. (bezieht sich auf etwas Unbestimmtes): 你听到～了吗? Hast du schon was gehört? 3. (bezieht sich auf einen Sachverhalt von allgemeiner Bedeutung): 有～说～ sage alles, was du denkst 4. (zum Ausdruck der Überraschung oder Unzufriedenheit): ～! 已经五点了,他还没有来! Was? Es ist schon fünf Uhr, aber er ist noch nicht gekommen. 5. (zum Ausdruck des Vorwurfs): 这是～话! Was soll denn das bedeuten (heißen)?

审(審)

shěn 1. →审查 ～稿 ein Manuskript (einen Beitrag) durchlesen (prüfen) 2. →审讯

审查 shěnchá überprüfen; untersuchen; nach Prüfung festlegen

审订 shěndìng überprüfen und überarbeiten

审定 shěndìng überprüfen und entscheiden

审核 shěnhé überprüfen und bestätigen

审计 shěnjì Rechnungsprüfung

审理 shěnlǐ ein Gerichtsverfahren einleiten ～案件 einen Fall verhandeln; gegen jn verhandeln

审美 shěnměi einen Sinn für das Schöne haben; (künstlerischer) Geschmack; ästhetisch ～观 ästhetisches Verständnis; der Sinn für Ästhetik; Schönheitsgefühl

审判 shěnpàn einen Fall verhandeln und entscheiden; über jn zu Gericht sitzen; über jn Gericht halten 公开～ öffentliche Verhandlung (vor Gericht)

审慎 shěnshèn sorgfältig; besonnen; umsichtig

审问 shěnwèn →审讯

审讯 shěnxùn verhören; vernehmen; Verhör

审议 shěnyì überprüfen und diskutieren; beraten 提交～ etw zur Überprüfung vorlegen

婶(嬸)

shěn →婶母

婶母 shěnmǔ Ehefrau eines (des) jüngeren Bruders des Vaters; Tante

慎

shèn behutsam; vorsichtig

慎重 shènzhòng vorsichtig; sorgfältig; umsichtig

甚

shèn 另见 shén '什'

1. sehr; außerordentlich 2. übertreffen; mehr als 日～一日 mit jedem Tag mehr

甚至 shènzhì sogar; selbst

蜃

shèn Muschel

蜃景 shènjǐng Fata Morgana; Luftspiegelung

肾(腎) shèn Niere
肾炎 shènyán Nierenentzündung; Nephritis
渗(滲) shèn durchsickern; durchdringen 屋顶~水 das Regenwasser dringt (sickert) durch das Dach / das Dach ist nicht wasserdicht
渗入 shènrù 1. einsickern; eindringen 2. →渗透 3
渗透 shèntòu 1. Osmose 2. durchsickern; einsickern 雨水~了泥土 das Regenwasser sickert in den Boden ein / der Regen versickert im Boden 3. infiltrieren 文化~ kulturelle Infiltration
声(聲) shēng 1. →声音 雨~ Regengeprassel; der Regen prasselt 敲门~ Türgeklopfe; es klopft an der Tür 2. (als Zähleinheitswort): 喊了两~ jn zweimal gerufen haben 一~枪响 ein Schuss fällt (knallt, kracht) 3. einen Laut (Ton) hervorbringen; ein Geräusch machen 不~不响 keinen Ton (Laut) von sich geben; schweigen; still 4. →声誉
声辩 shēngbiàn sich öffentlich gegen einen Vorwurf verteidigen; sich rechtfertigen
声波 shēngbō Schallwelle
声称 shēngchēng behaupten; angeben
声带 shēngdài 1. Stimmbänder 2. Tonstreifen
声调 shēngdiào 1. Tonfall; Ton 2. Töne der chinesischen Sprache
声价 shēngjià Ruf; Ansehen ~百倍 sich eines großen (hohen) Ansehens erfreuen
声名 shēngmíng Ruf ~狼藉 in schlechtem Ruf stehen; berüchtigt sein; in Verruf geraten (kommen)
声明 shēngmíng 1. erklären; verkünden; deklarieren ~作废 etw für ungültig (null und nichtig) erklären 2. Erklärung; Deklaration 联合~ gemeinsame Erklärung
声纳 shēngnà Sonar; Unterwasserortungsgerät
声色 shēngsè Tonfall und Miene 不动~ keine Miene verziehen (ohne eine Miene zu verziehen); ohne mit der Wimper zu zucken; ruhig und gelassen bleiben
声势 shēngshì Schwung; Atmosphäre; Stärke ~浩大 großangelegt; gewaltigen Ausmaßes 虚张~ eine scheinbare Stärke zeigen; Stärke vortäuschen
声嘶力竭 shēng sī lì jié mörderisch schreien; lauthals schreien; die Kehle aus dem Hals schreien
声速 shēngsù Schallgeschwindigkeit
声讨 shēngtǎo jn/etw öffentlich kritisieren (verurteilen); brandmarken
声望 shēngwàng Ansehen; Ruhm; Geltung
声音 shēngyīn Stimme; Laut; Klang ~嘈杂 Stimmengewirr 正义的~ Stimme der Gerechtigkeit
声誉 shēngyù Ruf; Ansehen; Prestige
声援 shēngyuán Unterstützung; unterstützen
声乐 shēngyuè Vokalmusik
声张 shēngzhāng etw publik machen; etw laut und prahlerisch weitererzählen
生[1] shēng 1. gebären ~孩子 ein Kind gebären (bekommen, auf die Welt bringen) 2. wachsen; größer werden ~芽 keimen; sprießen; sprossen 3. →生存 4. Lebensunterhalt 靠自己的劳动为~ von seiner Hände Arbeit leben 5. →生命 6. →生平 一~一世 das ganze Leben lang; sein Leben lang 7. lebend; lebendig ~龙活虎 quicklebendig; lebensprühend; voller Energie (Vitalität, Lebenskraft) 8. entstehen; sich etw zuziehen ~病 krank werden (sein); sich eine Krankheit holen (zuziehen) 9. anzünden; entzünden; entfachen ~炉子 einen Ofen heizen (anmachen)
生[2] shēng 1. unreif ~的水果 unreifes Obst 2. ungekocht; roh; noch nicht durchgekocht 夹~饭 halbgarer Reis 3. roh; noch nicht verarbeitet ~铁 Roheisen 4. fremd; unbekannt ~人 Fremde(r); Unbekannte(r) 5. →生硬 ~搬硬套 etw mechanisch übernehmen; jn/etw blindlings kopieren 6. sehr; stark ~恐 fürchten aus Angst große Bedenken haben
生[3] shēng 1. Schüler; Student 2. männliche Rolle (in chinesischen Opern)
生病 shēngbìng krank werden; erkranken
生产 shēngchǎn 1. produzieren; herstellen; erzeugen ~工具 Arbeitsgerät; Produktionswerkzeug ~方式 Produktionsweise ~力 Produktivkraft 2. gebären; ein Kind gebären
生产率 shēngchǎnlǜ 1. Produktivität 劳动~ Arbeitsproduktivität 2. Leistungs-

S

fähigkeit der Produktionsanlagen
生存 shēngcún leben; existieren ～斗争 Kampf ums Dasein; Existenzkampf
生动 shēngdòng lebendig; anschaulich; eindrucksvoll ～活泼 frisch und munter; lebhaft
生根 shēnggēn Wurzeln schlagen
生荒 shēnghuāng Ödland; unerschlossenes Ackerland
生活 shēnghuó 1. Leben 政治～ politisches Leben ～方式 Lebensweise 2. leben ～有保障 das Leben ist gesichert 3. →生存 4. Lebensunterhalt ～条件 Lebensbedingungen ～费 Lebenshaltungskosten; Unterhaltskosten 5. Beschäftigung; Arbeit
生火 shēnghuǒ Feuer machen; (einen Ofen) anheizen; feuern
生机 shēngjī 1. Überlebenschance 一线～ eine winzige Überlebenschance; ein Hoffnungsfunke 2. Lebenskraft
生计 shēngjì Verdienstmöglichkeit; Verdienstquelle; Lebensunterhalt
生来 shēnglái von Geburt an; von klein auf; angeboren
生理 shēnglǐ Physiologie; physiologisch ～学 Physiologie
生力军 shēnglìjūn 1. Verstärkung 2. frische Kräfte
生路 shēnglù Existenzgrundlage
生命 shēngmìng Leben; Dasein 政治～ das politische Leben ～力 Lebenskraft; Vitalität ～线 Lebensnerv; Lebensfaden
生怕 shēngpà Angst haben; fürchten; befürchten ～跌倒 fürchten umzufallen
生僻 shēngpì ungebräuchlich; ungeläufig; nicht üblich
生平 shēngpíng das ganze Leben; Lebenslauf; Biographie
生气[1] shēngqì sich über jn/etw ärgern; über jn/etw verärgert sein; jm (auf jn, mit jm, über jn) böse sein (werden)
生气[2] shēngqì Lebenskraft; Energie; Vitalität 充满～ voller Vitalität; schwungvoll; lebenskräftig
生擒 shēngqín festnehmen; verhaften; gefangennehmen
生趣 shēngqù Lebensfreude
生人 shēngrén Fremde(r); Unbekannte(r)
生日 shēngrì Geburtstag 做～ seinen Geburtstag feiern
生手 shēngshǒu Neuling; Anfänger; Grünhorn
生疏 shēngshū 1. fremd; unbekannt 人地～ sich an einem bestimmten Ort fremd fühlen 2. verlernt; aus der Übung 技艺～ seine Kunstfertigkeit ist eingerostet 3. sich jm entfremden; sich von jm distanzieren
生水 shēngshuǐ ungekochtes Wasser
生死 shēngsǐ Leben und Tod ～攸关 es geht um Leben und Tod / lebenswichtig
生态 shēngtài physiologische Eigenschaften und Lebensweise der Lebewesen ～学 Ökologie ～平衡 ökologisches Gleichgewicht ～农业 Öko-Landwirtschaft
生铁 shēngtiě Roheisen
生吞活剥 shēng tūn huó bō etw mechanisch (ohne Kritik) übernehmen (nachahmen)
生物 shēngwù Lebewesen; Organismus ～工程 Biotechnik ～学 Biologie ～圈 Biosphäre; Ökosphäre
生肖 shēngxiào die zwölf Tierzeichen zur Zuordnung der Geburtsjahre
生效 shēngxiào in Kraft treten; Inkraftsetzung
生性 shēngxìng Artung; Naturanlage
生涯 shēngyá Laufbahn; Lebensweg
生疑 shēngyí zweifeln; misstrauisch sein
生意 shēngyi Geschäft; Handel; Business ～兴旺 das Geschäft geht flott / der Handel ist schwunghaft
生硬 shēngyìng 1. unnatürlich; unsachgemäß; ungeschickt 动作～ sich ungeschickt bewegen 2. barsch; grob; unhöflich 态度～ sich unfreundlich benehmen
生育 shēngyù gebären 计划～ Geburtenkontrolle; Familienplanung
生长 shēngzhǎng 1. wachsen; gedeihen 2. heranwachsen; aufwachsen; groß werden 新生力量不断～ die jungen Kräfte wachsen ständig heran
生殖 shēngzhí sich fortpflanzen; sich vermehren; Fortpflanzung
生字 shēngzì neues (unbekanntes) Wort; neue Vokabel

甥 shēng Neffe; Sohn der Schwester
甥女 shēngnǚ Nichte; Tochter der Schwester

笙 shēng *Sheng*; Mundorgel

牲 shēng Vieh
牲畜 shēngchù Haustier

牲口 shēngkou Zugtier

升[1]（昇、[2]陞）shēng 1. steigen; sich erhöhen; klettern 2. →升级 1

升[2] shēng 1. Liter 2. *Sheng* (chinesisches Hohlmaß, 1 Liter) 3. chinesisches Messgefäß für Getreide

升级 shēngjí 1. in eine höhere Klasse aufsteigen (versetzt werden) ～考试 Klassenprüfung 2. in einen höheren Dienstgrad aufsteigen (aufrücken) 3. eskalieren; Eskalation; Ausweitung 战争～ Eskalation (Ausweitung) des Krieges

升降机 shēngjiàngjī Aufzug; Lift; Hebewerk

升平 shēngpíng Ruhe und Frieden; Frieden

升旗 shēngqí eine Fahne hissen (aufziehen)

升学 shēngxué in eine höhere Schule versetzt werden

升值 shēngzhí aufwerten; Aufwertung

绳（繩）shéng 1. Schnur; Strick; Seil 麻～ Hanfseil 细～ Bindfaden 2. jm/etw Zügel anlegen; jn bestrafen ～以纪律 über jn eine Disziplinarstrafe verhängen

绳梯 shéngtī Strickleiter

绳子 shéngzi Seil; Tau; Schnur

省[1] shěng 1. sparsam; ökonomisch; sparen ～吃俭用 sich jeden Bissen am (vom) Munde absparen; sparsam leben; wirtschaften 2. →省略

省[2] shěng 1. Provinz ～委 Provinzkomitee der Partei 2. →省会

省得 shěngde um etw zu vermeiden; um jm/sich etw zu ersparen ～引起误会 um ein Missverständnis zu vermeiden

省会 shěnghuì Provinzhauptstadt

省略 shěnglüè weglassen; auslassen; ersparen ～号 Auslassungspunkte; Auslassungszeichen

省事 shěngshì 1. den Arbeitsgang vereinfachen; sich etw einfach machen; sich Mühe ersparen 2. einfach; mühelos

盛 shèng 另见 chéng 1. blühen; gedeihen 2. stark; energisch 火势很～ das Feuer lodert (zum Himmel) 3. →盛大 ～会 feierliche Versammlung 4. →盛行 ～传 weit verbreitet; allgemein besprochen werden 5. sehr; mit Nachdruck ～赞 uneingeschränktes Lob zollen

盛产 shèngchǎn reich an etw sein; es gibt etw in Hülle und Fülle

盛大 shèngdà feierlich; festlich ～的阅兵式 große Militärparade

盛典 shèngdiǎn großartiges Zeremoniell

盛举 shèngjǔ große Tat

盛况 shèngkuàng Festlichkeit; großartige Atmosphäre ～空前 nie dagewesene (einmalige) Festlichkeit

盛名 shèngmíng guter Ruf; großer Ruhm 负有～ einen guten Ruf genießen

盛怒 shèngnù grenzenloser Zorn; vor Wut platzen

盛情 shèngqíng tiefes Freundschaftsgefühl; große Gastfreundlichkeit

盛世 shèngshì Glanzzeit; Blütezeit

盛暑 shèngshǔ Hochsommer; größte Hitze

盛行 shèngxíng üblich (populär) sein; in Mode sein

盛装 shèngzhuāng Festkleidung; Galaanzug 天安门城楼披上节日～ der Torturm über dem Tiananmen ist festlich geschmückt / der Torturm über dem Tiananmen steht in festlichem Aufputz

剩（賸）shèng als Rest bleiben ～饭～菜 Speisereste

剩余 shèngyú Rest; Überbleibsel; Überschuss ～物资 Restposten; restliche Güter ～价值 Mehrwert

胜[1]（勝）shèng 1. →胜利 1 取～ einen Sieg erringen 2. besiegen 3. übertreffen; jm/etw überlegen sein 论才智，他远～过我们 an Intelligenz ist er uns überlegen 4. wunderbar; sehr schön; prächtig ～景 herrliche Landschaft

胜[2]（勝）shèng etw (D) gerecht werden; zu etw in der Lage sein 数不～数 unzählig

胜地 shèngdì landschaftlich schöner Ort 避暑～ Sommerurlaubsort; Sommerfrische

胜利 shènglì 1. Sieg; siegen 从～走向～ von Sieg zu Sieg schreiten 2. erfolgreich 大会～闭幕 die Tagung wurde mit den gewünschten Erfolgen beendet

胜任 shèngrèn einer Sache gerecht werden; einer Sache gewachsen sein; etw meistern

胜诉 shèngsù einen Prozess gewinnen

胜仗 shèngzhàng siegreiche Schlacht 打了

S

一个～ eine Schlacht gewinnen

圣（聖） shèng 1. erhaben 2. Meister; Genie 诗～ Dichterfürst 3. →圣人 4. Kaiser ～旨 Edikt（Erlass, Verordnung）des Kaisers 5. heilig ～像 Heiligenbild; Andachtsbild ～水 Weihwasser

圣诞 shèngdàn Geburt Christi; Geburt Jesu ～节 Weihnachten; Weihnachtsfeiertage; Weihnachtsfest ～老人 Weihnachtsmann; Nikolaus; Knecht Ruprecht

圣地 shèngdì 1. heilige Stätte; Wallfahrtsort 2. Ort von großer historischer Bedeutung; verehrungswürdiger Ort 中国革命～ die heilige Stätte der chinesischen Revolution

圣经 shèngjīng Bibel; die Heilige Schrift

圣母 shèngmǔ 1. Göttin 2. Gottesmutter; Muttergottes; Madonna

圣人 shèngrén Weise(r); Heilige(r)

圣手 shèngshǒu Meister; Größe 提琴～ Meistergeigenspieler

圣贤 shèngxián Heilige(r) und Weise(r)

湿（濕、溼） shī nass; feucht

湿度 shīdù Feuchtigkeitsgehalt; Humidität

湿淋淋 shīlínlín triefend nass sein; tropfnass; klitschnass 浑身～的 ganz durchnässt sein; bis auf die Haut durchnässt sein; pudelnass

湿疹 shīzhěn Ekzem

诗 shī Lyrik; Poesie

诗歌 shīgē Gedicht; Vers

诗集 shījí Gedichtsammlung; Gedichtband

诗篇 shīpiān Dichtung

诗人 shīrén Dichter; Lyriker

诗意 shīyì poetisch; stimmungsvoll; dichterisch 富有～的风景 romantische Landschaft

师¹（師） shī 1. Lehrer; Meister 2. Person mit wissenschaftlicher oder technischer Ausbildung 工程～ Ingenieur 技～ Techniker 3. mit dem Lehrverhältnis zusammenhängend ～母 Ehefrau des Lehrers oder Meisters; Meisterin

师²（師） shī 1. Division 步兵～ Infanteriedivision ～长 Divisionskommandeur 2. Heer; Armee

师表 shībiǎo fachlich und moralisch vorbildhafte Person 为人～ ein Muster an Wissen und Tugend sein

师范 shīfàn 1. Lehrerbildung ～学院 pädagogisches Institut; pädagogische Hochschule; Lehrerbildungsanstalt 2. pädagogische Lehranstalt 3. →师表

师傅 shīfu 1. Lehrmeister 2. Meister

师团 shītuán Division

师爷 shīye privater Rechts- und Finanzberater eines örtlichen Vorstehers

师资 shīzī Lehrkräfte 培养～ jn zum Lehrer ausbilden; Lehrerausbildung

狮（獅） shī Löwe

狮子 shīzi Löwe

狮子狗 shīzigǒu Pekinese

鸸 shī Kleiber

嘘 shī 另见 xū

pst; sch; husch ～，静一点！Pst, Ruhe!

失 shī 1. →失去 1 ～掉知觉 das Bewusstsein（die Besinnung）verlieren 2. etw ungenutzt lassen; verpassen ～掉机会 sich eine Gelegenheit entgehen lassen; eine Gelegenheit versäumen 3. sich nicht zurechtfinden; sich verlaufen 迷～方向 die richtige Orientierung verlieren; auf die falsche Bahn geraten 4. Fehler; Versehen 挽回～误 einen Fehlgriff gutmachen

失败 shībài 1. etw nicht gewinnen; besiegt werden; eine Niederlage erleiden 比赛～ ein Wettspiel verlieren 2. das Ziel nicht erreichen; misslingen; Misserfolg 试验～ der Versuch missglückt（scheitert）

失策 shīcè Fehlgriff; taktischer Fehler; falsche Maßnahme

失常 shīcháng anormal; unnormal 精神～ verrückt; irre; geistige Anomalie

失宠 shīchǒng bei jm in Ungnade fallen; js Gunst verlieren

失传 shīchuán der Nachwelt nicht überliefert sein

失措 shīcuò aus der Fassung geraten（kommen）; verwirrt; bestürzt 惊慌～ in Panik geraten; über etw bestürzt sein

失和 shīhé sich entzweien; einen Streit haben; Harmonie einbüßen

失魂落魄 shī hún luò pò völlig verstört sein; ganz verwirrt sein; in Verwirrung geraten

失火 shīhuǒ ein Brand bricht aus / in Brand

geraten
失节 shījié 1. moralische Standhaftigkeit verlieren 2. die Jungfräulichkeit verlieren
失禁 shījìn Inkontinenz 大小便～ Unfähigkeit, den Harn und Stuhl zurückzuhalten
失礼 shīlǐ Taktlosigkeit; Formfehler; den Takt verletzen
失利 shīlì Niederlage; Schlappe erleiden
失恋 shīliàn Unglück in der Liebe haben; Liebeskummer haben
失眠 shīmián Schlaflosigkeit; an Schlaflosigkeit leiden
失明 shīmíng blind sein; das Augenlicht verlieren 双目～ auf beiden Augen erblinden (blind sein)
失窃 shīqiè Diebstahl; jm ist etw gestohlen worden
失去 shīqù 1. verlieren; abhanden kommen; verloren gehen ～依靠 den Halt verlieren; haltlos 2. →失 2
失散 shīsàn auseinander gehen 书都～了 die Bücher sind verloren gegangen
失色 shīsè 1. Farbe verlieren 2. vor Schreck blass (bleich) werden 大惊～ vor Schreck erbleichen (erblassen); das bleiche Entsetzen (Grauen) befällt jn
失身 shīshēn →失节 2
失声 shīshēng 1. unwillkürlich einen Laut von sich geben 2. vor Schluchzen versagt die Stimme 痛哭～ bitterlich weinen und keinen Ton hervorbringen können
失事 shīshì Unglück; verunglücken 飞机～ Flugzeugabsturz
失势 shīshì entmacht werden; seine Macht einbüßen
失手 shīshǒu etw fällt (gleitet) jm aus der Hand
失守 shīshǒu fallen; erobert werden eingenommen werden
失态 shītài ungehöriges Benehmen; sich schlecht verhalten 酒后～ sich nach Genuss von Alkohol unpassend benehmen
失调 shītiáo 1. Disproportion aufweisen; Missverhältnis; disproportioniert 供求～ Missverhältnis von Angebot und Nachfrage; Diskrepanz zwischen Angebot und Nachfrage 2. sich nicht gut pflegen und ausruhen; jn nicht gut hegen und pflegen 产后～ sich nicht gut von der Entbindung erholt haben
失望 shīwàng 1. die Hoffnung verlieren; hoffnungslos 悲观～ pessimistisch gestimmt sein; Pessimismus 2. enttäuscht; deprimiert
失误 shīwù Fehlhandlung; Versagen; Versehen; Patzer
失效 shīxiào außer Kraft treten; verfallen; nicht mehr wirksam sein 药物～ die Medizin wirkt nicht mehr / die Arznei hat keine Wirkung mehr
失信 shīxìn sein Wort brechen; sein Versprechen nicht halten
失学 shīxué die Schulbildung unterbrechen müssen oder nicht erhalten können
失言 shīyán sich die Zunge verbrennen; etwas Ungehöriges sagen
失业 shīyè arbeitslos; Arbeitslosigkeit ～者 Arbeitslose(r)
失意 shīyì frustriert (enttäuscht) sein; erfolglos sein; keine Aussichten auf eine Karriere haben
失约 shīyuē eine Verabredung versäumen; sich nicht an eine Abmachung halten
失真 shīzhēn Verzerrung; Verzeichnung
失职 shīzhí seinen Dienst vernachlässigen; Dienstvergehen; Pflichtverletzung
失重 shīzhòng Schwerelosigkeit; schwerelos ～状态 Zustand der Schwerelosigkeit; schwereloser Zustand
失踪 shīzōng vermisst sein
失足 shīzú 1. abrutschen; stolpern ～落水 straucheln und ins Wasser stürzen 2. einen Fehltritt begehen (tun) ～青年 jugendlicher Täter 一～成千古恨 einen einzigen schwerwiegenden Fehltritt bereut man sein Leben lang

施 shī 1. →施行; 施展 2. →施加 ～压力 Druck ausüben; jn unter Druck setzen 3. →施舍 4. →施肥
施肥 shīféi düngen; Dünger ausbreiten (streuen)
施工 shīgōng einen Bau ausführen
施加 shījiā ausüben ～影响 einen Einfluss auf jn/etw ausüben
施舍 shīshě Almosen geben; jm das Gnadenbrot geben; etw (für wohltätige Zwecke) spenden
施行 shīxíng 1. in Kraft treten 2. durchführen; vollstrecken; ausführen ～手术 eine Operation durchführen (vornehmen)
施展 shīzhǎn entfalten; etw zur Geltung bringen ～本领 seine Fähigkeiten entfalten (zur Entfaltung bringen)

施政 shīzhèng eine Politik betreiben ～纲领 Regierungsprogramm

尸（屍） shī →尸体

尸骨 shīgǔ Skelett；Gebein

尸体 shītǐ Leiche；Leichnam；Kadaver (Tier)

虱（蝨） shī →虱子

虱子 shīzi Laus

实（實） shí 1. →实心 2 2. wahr；ehrlich；tatsächlich 真～故事 eine wahre Geschichte 3. Wirklichkeit；Tatsache 传闻失～ das Gerücht ist unbegründet 4. Frucht；Samen

实词 shící Begriffswort；Vollwort；Autosemantikum

实地 shídì 1. an Ort und Stelle ～考察 Studien an Ort und Stelle 2. gewissenhaft；solide；ordentlich

实干 shígàn gewissenhaft arbeiten；solide Arbeit leisten ～家 ein Mann der Tat

实话 shíhuà Wahrheit ～实说 geradeheraus reden；rückhaltlos seine Meinung sagen

实惠 shíhuì 1. praktischer Nutzen (Vorteil) 2. praktisch；vorteilhaft；nutzbar 经济～ preiswert und zweckmäßig；wirtschaftlich und praktisch

实际 shíjì 1. Wirklichkeit；Realität ～上 faktisch；praktisch；in der Tat 2. konkret；objektiv；real ～行动 Realakt；Tat 3. sachlich；realistisch

实践 shíjiàn 1. (Versprechen) erfüllen；in die Tat umsetzen；durchführen 2. Praxis 理论和～的统一 die Einheit von Theorie und Praxis

实况 shíkuàng das Geschehen an Ort und Stelle；Original ～转播 Liveübertragung；Originalübertragung；Direktsendung

实力 shílì Stärke ～政策 Politik der Stärke；Machtpolitik

实权 shíquán tatsächliche Macht 掌握～ die Macht in der Hand haben

实施 shíshī durchführen；ausführen；etwas zur Durchführung bringen

实事求是 shí shì qiú shì die Wahrheit in den Tatsachen suchen；auf dem Boden der Tatsachen stehen；wirklichkeitsnah

实体 shítǐ Substanz

实物 shíwù 1. Naturalien ～入股 Sacheinlagen 2. Realien；wirkliche Dinge

实习 shíxí Praktikum ～生 Praktikant

实现 shíxiàn realisieren；verwirklichen

实心 shíxīn 1. ehrlich；offenherzig；aufrichtig ～实意 offen und ehrlich 2. massiv；solide ～皮球 Medizinball

实行 shíxíng praktizieren；durchführen ～对外开放政策 die Politik der Öffnung nach außen durchführen

实验 shíyàn 1. erproben；experimentieren；einen Versuch ausführen (machen, anstellen) ～室 Labor 2. Experiment；Versuch 科学～ wissenschaftliches Experimentieren

实用 shíyòng 1. praktisch anwenden 2. zweckmäßig；praktikabel；angewandt ～物理 angewandte Physik

实用主义 shíyòng zhǔyì Pragmatismus

实在 shízài 1. wahr；ehrlich 说～的 ehrlich gesagt 2. wirklich；tatsächlich 我～不知道 ich weiß es tatsächlich (wirklich) nicht / ich habe wirklich keine Ahnung davon 3. in Wirklichkeit；in der Tat 他说他懂了，～并没懂 er sagte, er habe es verstanden, aber in Wirklichkeit war es nicht so

实质 shízhì Wesen；innere Natur；Essenz 研究事物的～ nach dem Wesen der Dinge forschen

实足 shízú reichlich gerechnet；voll；ganz 他的～年龄是二十岁 er ist genau gerechnet 20 Jahre alt

识（識） shí 1. kennen 2. Wissen；Kenntnisse 常～ Allgemeinwissen；Elementarkenntnisse

识别 shíbié identifizieren；erkennen ～真伪 Echtes von Unechtem unterscheiden

识破 shípò durchschauen；durchblicken ～阴谋 js Anschlag (Intrige) durchschauen

识字 shízì lesen und schreiben lernen；Schriftzeichen kennen 注音～ mit Hilfe der Lautschrift Schriftzeichen lesen lernen

十 shí zehn

十八 shíbā achtzehn ～般武艺 Fertigkeiten verschiedenster Arten

十恶不赦 shí è bù shè äußerst schwere Verbrechen；schwere, unverzeihliche Sünde

十二分 shí'èrfēn äußerst；außerordentlich；ungeheuer

十二月 shí'èryuè Dezember

brauchbar 机器坏了,～了 die Maschine ist defekt, sie ist nicht mehr zu gebrauchen 2. nicht gestattet; unzulässig 这样办,～ man darf es nicht so handhaben

使得[1] shǐde 1. brauchbar; anwendbar 2. möglich; machbar; durchführbar 这个主意倒～ diese Idee ist nicht schlecht / das ist eine gute Idee

使得[2] shǐde →使[1]3

使馆 shǐguǎn Botschaft; Gesandtschaft

使唤 shǐhuan 1. jm etw befehlen; jn zu etw auffordern; jn etw tun heißen 2. →使用 手脚冻得不听～了 die Finger und Füße sind jm vor Kälte steif geworden / die Finger und Füße versagen jm den Dienst

使节 shǐjié diplomatischer Vertreter 驻华～ diplomatische Vertreter aller Länder in China

使劲 shǐjìn sich anstrengen; Kräfte einsetzen (verwenden) ～干活 angestrengt (mit großer Anstrengung) arbeiten; mit (unter) Einsatz aller Kräfte arbeiten

使命 shǐmìng Mission; Auftrag; Aufgabe 历史～ historische Mission (Aufgabe)

使用 shǐyòng verwenden; benutzen; handhaben 不～武力 keine Gewalt (Waffengewalt) anwenden ～价值 Gebrauchswert

使者 shǐzhě Bote; Abgesandte(r)

驶 shǐ 1. rasen; eilen; galoppieren 急～而过 dahinfliegen; schnell vorbeifahren; dahineilen 2. fahren 火车准点～出车站 der Zug fährt fahrplanmäßig aus der Bahnhofshalle

矢[1] shǐ Pfeil

矢[2] shǐ schwören; beeidigen; versichern ～志不渝 einen Eid schwören und dabei bleiben

矢[3] shǐ Mist; Kot

矢口 shǐkǒu etw ganz entschieden behaupten; etw hoch und eilig beteuern ～否认 etw entschieden (kategorisch) leugnen

屎 shǐ 1. Exkremente; Kot; Mist 鸡～ Hühnermist 2. Sekret; Absonderung 耳～ Ohrenschmalz

始 shǐ 1. Anfang; anfangen; beginnen 自～至终 von Anfang bis Ende 2. erst (dann) 示威游行至下午五时～毕 erst um fünf Uhr nachmittags endete die Demonstration

始末 shǐmò von A bis Z; die ganze Geschichte 事情的～ der ganze Ablauf der Angelegenheit

始终 shǐzhōng immer; nach wie vor; stets ～不渝 unwandelbar; konsequent; beharrlich

始祖 shǐzǔ Stammeltern; Begründer

室 shì 1. Zimmer ～内温度 Zimmertemperatur 2. technisches und administratives Büro 人事～ Personalabteilung

室内乐 shìnèiyuè Kammermusik

市 shì 1. →市场 黑～ der schwarze Markt; Schwarzmarkt 2. Stadt ～中心 Stadtzentrum; Stadtmitte

市场 shìchǎng 1 Marktplatz; Markt 菜～ Gemüsemarkt; Nahrungsmittelmarkt 自由～ Freimarkt 2. Warenverkehr; Kauf und Verkauf 国内外～ In- und Auslandsmarkt

市尺 shìchǐ *Chi* (chinesisches Längenmaß, ca. 1/3 Meter)

市郊 shìjiāo Vorstadt; Vorort

市斤 shìjīn *Jin* (chinesisches Gewichtsmaß, 1/2 Kilogramm); Pfund

市侩 shìkuài Spießbürger; Philister ～习气 Spießbürgertum; Philistertum

市里 shìlǐ *Li* (chinesisches Längenmaß, 1/2 Kilometer)

市面 shìmiàn Marktlage; Konjunktur; Wirtschaftslage ～繁荣 der Markt floriert / die Geschäfte blühen

市民 shìmín Stadtbevölkerung; Stadtbewohner; Einwohner der Stadt

市区 shìqū Stadtbezirk; Stadtteil

市容 shìróng Stadtbild; das Antlitz der Stadt

市长 shìzhǎng Bürgermeister

市政 shìzhèng Stadtverwaltung ～建设 Städtebau

市制 shìzhì chinesisches Maßsystem

柿(柹) shì 1. Persimone; Kakipflaume; Dattelpflaume 2. →柿子

柿饼 shìbǐng getrocknete Persimone

柿子 shìzi Persimone; Kakipflaume; Dattelpflaume

铈 shì Zer; Cerium (Ce)

S

谥（謚）shì postumer Ehrenname; heißen; nennen

视 shì 1. sehen 2. jn/etw als ... betrachten (ansehen); jn/etw für ... halten ～为知己 jn als seinen guten Freund ansehen 3. →视察

视察 shìchá inspizieren; Inspektion

视觉 shìjué Gesichtssinn ～器官 Sehorgan

视力 shìlì Sehschärfe; Sehkraft ～表 Sehtafel

视若无睹 shì ruò wú dǔ ein Auge zudrücken; seine Augen gegen etw schließen

视死如归 shì sǐ rú guī dem Tode kühn ins Auge schauen (sehen); dem Tod gefasst (ruhig) entgegensehen

视听 shìtīng sehen und hören; audiovisuell

视网膜 shìwǎngmó Netzhaut; Retina ～剥离 Netzhautablösung

视线 shìxiàn Sehlinie; Gesichtslinie; Visierlinie

视像点播 shìxiàng diǎnbō Video-on-Demand

视野 shìyě Sehfeld; Sichtweite; Horizont 扩大～ den Horizont erweitern

式 shì 1. Typ; Art; Form 新～汽车 neues Automodell; neuer Typ des Autos 2. Zeremonie; Zeremoniell 开幕～ Eröffnungszeremonie 3. Formel 分子～ Molekularformel 4. Modus; Aussageweise 命令～ Imperativ; Befehlsform

式样 shìyàng Typ; Stil; Schnitt 衣服～ Schnitt zu einem Kleid; die Fasson der Kleidung

试 shì 1. probieren; testen ～鞋 Schuhe anprobieren ～弦 Saiten anstreichen 2. Prüfung; Examen 笔～ schriftliche Prüfung

试车 shìchē Probefahrt; Probelauf

试点 shìdiǎn 1. Versuche kleineren Umfangs machen (um Erfahrungen zu sammeln) 2. Versuchsstelle

试飞 *shìfēi Probeflug; einfliegen* ～员 Testpilot

试工 shìgōng Probearbeit; probeweise arbeiten

试管 shìguǎn Reagenzglas; Probierglas ～婴儿 Retortenbaby

试航 shìháng Probefahrt; Probeflug

试剂 shìjì Reagens; Reagenz

试金石 shìjīnshí 1. Prüfstein; Probierstein 2. Kriterium; Prüfstein 实践是理论的～ die Praxis ist der Prüfstein für Theorien

试卷 shìjuàn Prüfungsbogen; Prüfungsarbeit; Klausurarbeit

试探 shìtàn abtasten; sondieren; erkunden

试题 shìtí Prüfungsaufgabe; Prüfungsthema

试图 shìtú versuchen; suchen

试验 shìyàn Versuch machen; Test; ausprobieren 地下核～ unterirdischer Atomtest (Kerntest) ～田 Versuchsfeld

试用 shìyòng etw probeweise gebrauchen; jn auf Probe anstellen ～期 Probezeit

试纸 shìzhǐ Reagenzpapier

试制 shìzhì etw versuchsweise herstellen (erzeugen)

拭 shì wischen; reiben; putzen

拭目以待 shì mù yǐ dài die Entwicklung (eines Ereignisses) aufmerksam verfolgen

弑 shì (seinen Herrscher oder seine Eltern) ermorden; töten

示 shì vorzeigen; vor Augen führen; zum Ausdruck bringen 以～抗议 um einen Protest dagegen zu erheben; um dagegen zu protestieren

示范 shìfàn jm etw vormachen; jm ein Beispiel geben 起～作用 eine vorbildliche Rolle spielen

示弱 shìruò sich schwach zeigen 不甘～ sich nicht schwächer als andere zeigen wollen; hinter keinem zurückstehen wollen; sich von niemandem übertreffen lassen wollen

示威 shìwēi 1. Protestkundgebung ～游行 Demonstration 2. der Gegenpartei seine Kraft zeigen

示意 shìyì (mit Augen u. a.) einen Wink geben; durch Zeichen kenntlich machen; zu verstehen geben ～图 Diagramm; Schema; Skizze

示众 shìzhòng zur Schau stellen; jn an den Pranger stellen

士 shì 1. Junggeselle 2. Gelehrte(r); Intellektuelle(r) 3. →士兵 4. Unteroffiziersränge 中～ Feldwebel; Bootsmann

士兵 shìbīng einfacher Soldat

士气 shìqì Kampfgeist; Kampfmoral ～旺盛 die Kampfmoral ist ungebrochen / es herrscht eine hohe Kampfmoral

仕 shì Beamter werden
仕途 shìtú Beamtenlaufbahn

恃 shì sich stützen
恃才傲物 shì cái ào wù sich mit seinen Fähigkeiten brüsten und auf die anderen herabsehen

侍 shì →侍候
侍从 shìcóng Geleit; Gefolge; Suite
侍候 shìhòu bedienen; pflegen; betreuen
侍卫 shìwèi 1. Leibgardist; Leibwächter 2. kaiserliche Leibwache; Flügeladjutant

螫 shì stechen
螫针 shìzhēn Stachel

世（丗）shì 1. das ganze Leben; Lebenszeit 2. Generation 第十～孙 Enkel der 10. Generation 3. Generationen lang ～仇 Generationen andauernde Feindschaft 4. im Verhältnis der Generationen andauernden Freundschaft stehend 5. Zeit; Zeitalter; Epoche 近～ Neuzeit 6. Welt ～上 auf der Welt; auf der Erde
世博会 shìbóhuì Expo
世代 shìdài 1. viele Jahre; Generation 2. Generation für Generation; generationenlang ～相传某事物 etw von einer Generation auf die nächste vererben
世道 shìdào gesellschaftliche Verhältnisse; Weltlauf
世故 shìgù Lebenserfahrung; Lebensweisheit 老于～ raffiniert (schlau) sein; in allen Dingen beschlagen sein
世故 shìgu abgebrüht; lebensgewandt; glatt
世纪 shìjì Jahrhundert; Zeitalter
世界 shìjiè 1. Welt ～观 Weltanschauung ～市场 Weltmarkt ～大战 Weltkrieg 2. Bereich; Gebiet 童话～ Märchenwelt
世界杯 shìjièbēi Weltcup
世界贸易组织 shìjièmàoyìzǔzhī WTO; Welthandelsorganisation
世界语 shìjièyǔ Esperanto
世俗 shìsú 1. gesellschaftliche Konvention; Sitten ～之见 konventionelle Ansichten 2. weltlich; zeitlich; profan
世态 shìtài menschliche Beziehungen ～炎凉 aus Berechnung menschliche Beziehungen regeln
世外桃源 shì wài táoyuán Oase; Paradies; Traumland
世袭 shìxí erbeigen; erblich; patrimonial

嗜 shì Vorliebe; Sucht ～酒 Trunksucht; alkoholsüchtig sein; sich dem Trunk ergeben
嗜好 shìhào Sucht; Vorliebe; Hang

莳（蒔）shì 1. umpflanzen; umsetzen 2. anbauen; pflanzen ～花 Blumen pflanzen

事 shì 1. →事情 国家大～ Staatsangelegenheiten 2. →事故 3. Berufstätigkeit; Job 谋～ einen Job suchen 4. Verantwortung 这不关你的～ das geht dich nichts an / du hast damit nichts zu tun 5. für jn sorgen; versorgen; sich um jn kümmern ～父母 für seine Eltern sorgen 6. tun; arbeiten 无所～～ die Hände in den Schoß legen; faulenzen; auf der faulen Haut liegen
事变 shìbiàn 1. Zwischenfall 2. wichtiges Ereignis (Geschehnis); bedeutender Vorfall 3. Wande; Wende
事故 shìgù Unfall 交通～ Verkehrsunfall ～保险 Unfallversicherung
事后 shìhòu nachher; hinterher ～诸葛亮 Rat nach Tat kommt zu spät / hinterher gut reden können
事迹 shìjì Großtaten 生平～ Leben und Verdienste
事假 shìjià Urlaub zur Erledigung privater Angelegenheiten
事件 shìjiàn Ereignis; Zwischenfall; Vorfall
事例 shìlì Beispiel
事前 shìqián vorher; im Voraus ～告诉 jm etw vorher sagen
事情 shìqing Sache; Angelegenheit
事实 shìshí Tatsache; Fakt; Realität 歪曲～ Tatsachen entstellen (verdrehen) ～上 in Wirklichkeit; in der Tat
事态 shìtài Situation; Lage; Umstand
事务 shìwù 1. Angelegenheit; Geschäfte; Beschäftigung 日常～ Alltagsbeschäftigung; Routinearbeit ～所 Geschäftsstelle; Büro; Praxis ～主义 Praktizismus 2. allgemeine Angelegenheiten ～员 Büroangestellte(r)
事物 shìwù Ding; Sache
事业 shìyè 1. Werk; Sache 共产主义～ die Sache des Kommunismus ～心强 vom Unternehmungsgeist beseelt sein 2.

S

öffentliche Einrichtungen ～单位 Institution

誓 shì **1.** versichern; geloben; schwören ～不甘休 unter keinen Umständen aufgeben wollen **2.** →誓言

誓师 shìshī Truppen (Soldaten) vereidigen; Entschlossenheit schwören, eine Aufgabe zu erfüllen

誓死 shìsǐ mit (unter) Einsatz seines Lebens ～不屈 lieber sterben als sich zu beugen

誓言 shìyán Ehrenwort; Eid; Gelübde

逝 shì **1.** vergehen; verrinnen; verstreichen 时光易～ die Zeit vergeht (verrinnt) schnell **2.** →逝世

逝世 shìshì aus der Welt (dem Leben) scheiden; die Augen für immer schließen; entschlummern

势(勢) shì **1.** →势力 **2.** Wucht ～如破竹 mit unwiderstehlicher Wucht vorstoßen **3.** Beschaffenheit der Natur 地～ topographische Lage; topographisch **4.** Situation; Lage 守～ Defensive; Defensivstellung

势必 shìbì unbedingt; sicherlich; zweifelsohne

势不两立 shì bù liǎng lì unversöhnlich; unverträglich; wie Feuer und Wasser sein

势均力敌 shì jūn lì dí ebenbürtig; gleichwertig; die Kräfte der Gegner befinden sich miteinander im Gleichgewicht

势力 shìli Macht; Kraft 进步～ fortschrittliche Kräfte 有～的人 einflussreiche Person

是[1] shì **1.** richtig; recht 一无～处 nichts Gutes an sich haben; zu nichts taugen **2.** ja; jawohl ～,我知道 jawohl, ich weiß schon

是[2] shì dieser; diese; dieses ～日 dieser Tag

是[3] shì **1.** (zur Bezeichnung der Gleichheit zweier Dinge oder zur Erklärung des Erstgenannten durch das Letztgenannte): 他～个什么样的人? Was für ein Mensch ist er? **2.** (in Verbindung mit "的" stehend, zum Zuordnen der Dinge): 这张桌子～石头的 dieser Tisch ist aus Stein **3.** (zwei Dinge in Zusammenhang bringend, dass das Aussageobjekt wie das Letztgenannte geartet ist): 我的话～一片好心 meine Worte sind gut gemeint **4.** (die Existenz darstellend): 房子前面～花园 vor dem Haus ist ein Garten **5.** (ein Zugeständnis machend): 诗～好诗,就是长了些 an sich ist das Gedicht gut, aber es ist nur etwas zu lang **6.** (am Anfang eines Satzes stehend, zur Verstärkung einer Aussage oder Frage): ～谁告诉你的? Wer hat es dir gesagt? **7.** (zur Bezeichnung einer Verallgemeinerung): ～甜的他都吃 er isst alles, was süß schmeckt **8.** (zur Bezeichnung, dass etwas geeignet ist): 他来得正～时候 er kommt gerade im richtigen Augenblick **9.** (zur Bildung einer Frage): 他不～走了吗? Er ist doch nicht etwa weggegangen? **10.** (zur Intensivierung der Richtigkeit einer Aussage): 我～不知道 ich weiß es wirklich nicht

是非 shìfēi **1.** Recht und Unrecht; richtig und falsch 分清～ Recht und Unrecht genau unterscheiden; eine klare Linie zwischen Recht und Unrecht ziehen **2.** Zank; Streit 惹～ Zank und Streit stiften; einen Streit entfachen

是否 shìfǒu ob 他～能来,还不一定 es steht noch nicht fest (es ist noch nicht gewiss), ob er kommen kann

释(釋) shì **1.** erklären; interpretieren; erläutern **2.** etw aus der Hand legen; loslassen **3.** →释放

释放 shìfàng **1.** freilassen; entlassen; jn auf freien Fuß setzen 刑满～ nach vollzogener Freiheitsstrafe entlassen werden **2.** freisetzen; auslösen

释疑 shìyí jm alle Zweifel an etw nehmen; js Misstrauen überwinden; js Argwohn zerstreuen

释义 shìyì die Bedeutung eines Wortes (einer Wendung) erklären; einen Text erläutern

噬 shì beißen

适(適) shì **1.** →适合 **2.** angemessen; adäquat; entsprechend; gerade **3.** angenehm; wohl 身体不～ sich unwohl fühlen

适当 shìdàng in angemessener Weise; ent-

sprechend; geeignet 采取～措施 die geeigneten Maßnahmen ergreifen
适度 shìdù angemessen; maßvoll
适合 shìhé sich für (zu) etw eignen; entsprechen; passen
适可而止 shì kě ér zhǐ das normale Maß nicht übersteigen; maßhalten
适量 shìliàng die rechte Menge; in Maßen
适龄 shìlíng das vorgeschriebene (erforderliche, schulpflichtige, wehrfähige) Alter haben
适时 shìshí zur rechten Zeit; zum richtigen Zeitpunkt
适宜 shìyí passen; geeignet (angebracht, angemessen) sein
适应 shìyìng entsprechen; sich anpassen; sich einstellen ～新形势 sich einer veränderten Situation anpassen; sich nach den veränderten Verhältnissen richten
适用 shìyòng für (zu) etw geeignet sein; Anwendung (Verwendung) finden
适中 shìzhōng 1. (genau) angemessen; mäßig 2. eine günstige Lage haben 地点～ günstig gelegen sein; am rechten Ort sein

似 shì 另见 sì
似的 shìde wie; gleichsam; sozusagen 像雪～那么白 weiß wie Schnee

氏 shì 1. (zur Angabe des Familiennamens): 李～兄弟 die Brüder Li 2. (zur Angabe des Mädchennamens bei einer verheirateten Frau) geborene ... 3. (Anrede für eine bedeutende Persönlichkeit): 摄～温标 Celsiusskala
氏族 shìzú Familie; Sippe; Clan ～社会 Sippengesellschaft

舐 shì lecken ～犊情深 die Eltern umsorgen ihre Kinder zärtlich / zärtliche Elternliebe

饰 shì 1. schmücken; verzieren; beschönigen 2. → 饰物 3. spielen; darstellen
饰物 shìwù Schmuckgegenstand; Schmuck; Verzierung

收（収） shōu 1. hereinholen; ablegen; aufbewahren 把东西～起来 räume deine Sachen auf 2. einkassieren; einziehen ～费 Gebühren erheben ～税 Steuern einziehen 3. →收入 4. →收获 1; 收割 ～麦子 Weizen einbringen (ernten) 5. bekommen; erhalten; empfangen; aufnehmen ～到礼物 ein Geschenk erhalten (empfangen) ～徒弟 einen Lehrling aufnehmen 6. beenden; abschließen ～工 mit der Arbeit Schluss machen; Feierabend machen 7. sich schließen; zuheilen
收藏 shōucáng 1. sammeln; aufbewahren; aufheben ～古书 alte Schriften aufbewahren; Bücher aus alter Zeit sammeln
收场 shōuchǎng 1. aufhören; enden; zum Schluss kommen 2. Schluss; Ende; Ausgang
收成 shōucheng Ernte; Ertrag 好～ eine gute Ernte erzielen
收发 shōufā 1. empfangen bzw absenden; in Empfang nehmen und ausgeben ～室 Poststelle 2. Postsachbearbeiter
收复 shōufù zurückgewinnen; zurückerobern ～失地 ein Gebiet zurückerobern
收割 shōugē einbringen; ernten; mähen ～机 Mähmaschine
收购 shōugòu ankaufen; aufkaufen ～站 Ankaufstelle; Aufkaufstelle
收回 shōuhuí 1. zurückbekommen; zurücknehmen; zurückerhalten 2. etw rückgängig machen; zurücknehmen; einen Befehl (eine Anordnung) widerrufen
收获 shōuhuò 1. ernten; Ernte 2. Frucht; Erfolg; Ergebnis
收集 shōují sammeln; zusammentragen ～情报 Informationen sammeln
收据 shōujù Empfangsbescheinigung; Quittung
收款处 shōukuǎnchù Kasse; Einzahlungsschalter
收敛 shōuliǎn 1. dämpfen; etw verschwinden lassen 2. sich zügeln; sich in Schranken halten; sich zurückhalten
收留 shōuliú aufnehmen; unterbringen; jm ein Obdach gewähren (bieten)
收罗 shōuluó sammeln; heranziehen ～人才 tüchtige Menschen anwerben
收买 shōumǎi 1. aufkaufen; ankaufen 2. erkaufen; umgarnen ～人心 die Massen auf seine Seite zu bringen suchen; um die Gunst der Menge buhlen
收盘 shōupán Schlussnotierung; Notierung bei Börsenschluss
收容 shōuróng jn vorübergehend aufneh-

men; unterbringen; auffangen ～所 Internierungslager; Auffangstelle; Obdachlosenasyl

收入 shōurù 1. aufnehmen 2. Einkommen; Einnahmen; Einkünfte 国民～ Volkseinkommen; Nationaleinkommen

收拾 shōushi 1. etw in Ordnung bringen; zurechtmachen; aufräumen ～行李 das Reisegepäck fertigmachen; die Koffer (seine Siebensachen) packen ～残局 eine durch den tragischen Ausgang einer Unternehmung oder durch soziale Unruhen entstandene verzweifelte Lage wieder in eine geregelte Bahn bringen 2. ausbessern; reparieren ～皮鞋 Lederschuhe reparieren 3. bestrafen; maßregeln; jm eine Abreibung geben (verabreichen)

收视率 shōushìlǜ Einschaltquote

收缩 shōusuō 1. sich zusammenziehen; zusammenschrumpfen 遭冷～ bei Kälte schrumpfen 2. einschränken; reduzieren; zurückziehen ～兵力 die Streitkräfte zurückziehen

收条 shōutiáo Empfangsbescheinigung; Quittung 领款～ Quittung über eine Geldsumme

收听 shōutīng etw im Radio (Rundfunk) hören; empfangen ～音乐 Musiksendungen hören

收效 shōuxiào Ergebnisse (Erfolge, Resultate) erzielen

收养 shōuyǎng jn in Pflege nehmen; jn adoptieren

收益 shōuyì Gewinn; Ertrag; Einnahmen

收音机 shōuyīnjī Rundfunkempfänger; Radioapparat; Radio 半导体～ Transistorradio

收支 shōuzhī Einnahmen und Ausgaben ～相抵 Einnahmen und Ausgaben ausgleichen; ausgeglichene Zahlungsbilanz

守

shǒu 1. verteidigen; schützen ～住阵地 die Stellung behaupten 2. →守候 2 3. aufrechterhalten; einhalten; halten ～纪律 Disziplin halten ～信用 sein Wort (Versprechen) halten 4. in der Nähe sein; nahe bei etw

守财奴 shǒucáinú Geizkragen; Knicker

守候 shǒuhòu 1. auf jn/etw warten 2. Wache halten; bei jm wachen

守护 shǒuhù beschützen; bewachen; Wache halten

守旧 shǒujiù am Alten hängen; am Herkömmlichen festhalten; konservativ sein

守口如瓶 shǒu kǒu rú píng ein Schloss vor dem Mund haben; über etw strengstes Stillschweigen bewahren

守灵 shǒulíng Totenwache halten; Ehrenwache am Sarg halten

守卫 shǒuwèi schützen; auf Wache stehen; verteidigen

守孝 shǒuxiào um die Eltern trauern; in Trauer sein

守夜 shǒuyè Nachtwache halten; die Nacht überwachen

守则 shǒuzé Regeln; Vorschriften 学生～ Schulordnung

守株待兔 shǒu zhū dài tù lächerlicherweise wieder einmal auf einen unverhofften Glücksfall warten

首[1]

shǒu 1. Kopf; Haupt 2. der (die, das) erste; führend ～席代表 Chefrepräsentant(in) 3. →首领 4. →首先 1

首[2]

shǒu (Zähleinheitswort): 一～诗 ein Gedicht

首倡 shǒuchàng den Anstoß zu etw geben; etw in die Wege leiten; die Initiative ergreifen

首创 shǒuchuàng etw als erster tun; in etw initiativ werden; Pionierarbeit leisten ～精神 Pioniergeist

首都 shǒudū Hauptstadt

首领 shǒulǐng Führer; Anführer; Häuptling

首脑 shǒunǎo Oberhaupt; Chef 国家～ Staatsoberhaupt

首屈一指 shǒu qū yī zhǐ an erster Stelle stehen; den ersten Platz einnehmen; der Allerbeste

首饰 shǒushi Schmuck; Schmucksachen; Schmuckstück 戴～ Schmuck tragen

首先 shǒuxiān 1. in erster Linie; vor allem; zuerst 2. als erster

首相 shǒuxiàng Kanzler; Premier; Ministerpräsident

首要 shǒuyào 1. erstrangig; vorrangig; hauptsächlich ～任务 Hauptaufgabe 2. →首脑

首长 shǒuzhǎng Leiter; führender Funktionär

艏

shǒu Bug; Schiffsschnabel

手

shǒu 1. Hand 2. mit eigenen

Händen; eigenhändig; persönlich ～稿 handschriftlicher (handgeschriebener) Entwurf; Manuskript 3. Fertigkeit; Können; Geschicklichkeit 露一～ seine Fertigkeiten zur Schau stellen; sein Können zeigen

手背 shǒubèi Handrücken

手表 shǒubiǎo Armbanduhr

手册 shǒucè Handbuch; Notizbuch

手车 shǒuchē Schubkarren; Karren

手电筒 shǒudiàntǒng Taschenlampe

手段 shǒuduàn 1. Mittel; Methode; Maßnahme 2. Kunstgriff; Trick; Manipulation 耍～ eine raffinierte List anwenden; mit allerlei Winkelzügen vorgehen

手法 shǒufǎ 1. Methode; Verfahren; Fertigkeit 艺术～ künstlerische Mittel 2. → 手段 2 两面～ Doppelspiel; Doppelzügigkeit

手风琴 shǒufēngqín Akkordeon; Ziehharmonika ～手 Akkordeonist

手工 shǒugōng 1. Handarbeit 2. sich manuell betätigen ～劳动 manuelle Tätigkeiten; Arbeiten manuell durchführen 3. Lohn für eine manuelle Arbeit

手工业 shǒugōngyè Handwerk ～工人 Handwerker ～品 handwerkliches Produkt; Handwerksprodukt

手工艺 shǒugōngyì Kunsthandwerk ～品 kunsthandwerkliches Produkt; Kunstgewerbeartikel

手机 shǒujī Handy

手巾 shǒujīn 1. Handtuch 2. Taschentuch

手铐 shǒukào Handschellen; Handfesseln

手链 shǒuliàn Armgoldkette; Armschmuck

手榴弹 shǒuliúdàn 1. (Wurfschuss) *Handgranate* 2. (Wurfgerät für eine sportliche Disziplin) Handgranate 3. Handgranatenwurf

手忙脚乱 shǒu máng jiǎo luàn in überstürzter Hast; Hals über Kopf; aufgeregt zappeln

手帕 shǒupà Taschentuch

手枪 shǒuqiāng Pistole; Revolver

手巧 shǒu qiǎo handwerklich besonders geschickt

手球 shǒuqiú 1. Handball 2. Handballsport

手势 shǒushì Handbewegung; Gebärde; Geste 打～ gestikulieren

手术 shǒushù Operation 动～ operieren; sich einer Operation unterziehen

手套 shǒutào Handschuhe 连指～ Fausthandschuhe

手提电脑 shǒutí diànnǎo Laptop

手心 shǒuxīn Handfläche; Handteller

手续 shǒuxù Formalität 入党～ Formalitäten für den Eintritt in eine Partei

手艺 shǒuyì 1. Handwerk 2. Handfertigkeit ～人 Handwerker

手掌 shǒuzhǎng Handfläche; Handteller

手杖 shǒuzhàng Spazierstock; Stock

手纸 shǒuzhǐ Toilettenpapier; Klosettpapier

手指 shǒuzhǐ Finger

手镯 shǒuzhuó Armband

手足 shǒuzú Brüder ～无措 weder ein noch aus wissen; aus aller Fassung geraten 情同～ brüderlich zusammenstehen

狩 shòu auf die Jagd gehen

狩猎 shòuliè jagen; Jagd

兽（獸） shòu 1. Tier; Bestie 2. tierisch; bestialisch; barbarisch

兽行 shòuxíng 1. Brutalität; Bestialität; grausame Taten 2. animalische Handlung

兽性 shòuxìng Animalität; Bestialität

兽医 shòuyī Tierarzt; Veterinär ～学 Tierheilkunde; Tiermedizin; Veterinärmedizin

寿（夀、壽） shòu 1. langes Leben 2. Alter; Lebensjahr 高～? Wie alt sind Sie? 长～ langes Leben 3. →寿辰 做～ den Geburtstag feiern; eine Geburtstagsfeier veranstalten 4. bei seinen Lebzeiten auf den eigenen Tod vorbereiten

寿辰 shòuchén Geburtstag

寿命 shòumìng Lebensdauer; Leben; Lebenserwartung 机器的～ Lebensdauer einer Maschine

寿星 shòuxing 1. Gott des langen Lebens 2. Geburtstagskind; Person, die Geburtstag hat

寿衣 shòuyī Totenhemd; Totengewand; Totenkleid

受 shòu 1. entgegennehmen; erhalten; bekommen ～教育 eine Ausbildung erhalten 2. erleiden; unterliegen; ausgesetzt sein ～侮辱 Schmach erleiden; beleidigt werden 3. ertragen; aushalten ～不了 etw nicht ertragen können ～考验 durch eine Prüfung gehen; eine Prüfung überstehen

受潮 shòucháo feucht werden
受害 shòuhài 1. Schaden erleiden 2. getötet werden; umgebracht werden
受贿 shòuhuì Bestechungsgelder (eine Bestechung) annehmen; sich bestechen lassen
受惊 shòujīng einen Schreck bekommen; scheuen
受苦 shòukǔ leiden; in Not und Elend leben
受累 shòulěi mit hineingezogen werden; in Mitleidenschaft gezogen werden; verwickelt sein
受累 shòulèi sich Mühe machen; sich eine schwere Arbeit (zu viel) aufbürden
受理 shòulǐ einer Klage stattgeben; den Fall übernehmen
受凉 shòuliáng sich erkälten; sich eine Erkältung zuziehen
受骗 shòupiàn betrogen werden; auf js Tricks hereinfallen
受气 shòuqì eine Beleidigung hinnehmen müssen; Demütigungen erleiden
受权 shòuquán ermächtigt sein, etw zu tun; von jm Vollmacht bekommen, etw zu tun
受伤 shòushāng verletzt (verwundet) werden; sich eine Verletzung zuziehen
受托 shòutuō beauftragt sein, etw zu tun; in js Auftrag
受洗 shòuxǐ die Taufe empfangen; getauft werden
受降 shòuxiáng die Kapitulation annehmen
受益 shòuyì Nutzen (Vorteil) aus etw ziehen
受用 shòuyòng 1. von Nutzen sein 2. sich wohl fühlen
受灾 shòuzāi von einer Katastrophe betroffen (heimgesucht) werden
受罪 shòuzuì leiden; sich quälen

授 shòu 1. →授予 ～旗 jm eine Fahne überreichen 2. lehren; unterrichten; unterweisen
授粉 shòufěn Bestäubung; bestäuben
授奖 shòujiǎng jm einen Preis verleihen; auszeichnen
授课 shòukè Unterricht geben (erteilen); unterrichten
授权 shòuquán bevollmächtigen; ermächtigen
授意 shòuyì jm einen Wink geben; jm seine Beweggründe durch leichte Hinweise zu verstehen geben
授予 shòuyǔ verleihen; übergeben; überreichen ～勋章 jm ein Ehrenzeichen verleihen

绶 shòu →绶带
绶带 shòudài Ordensband; Siegelband

瘦 shòu 1. dünn; mager; hager 他～多了 er ist sichtlich abgemagert 2. mager; fettarm ～肉 mageres Fleisch 3. eng; knapp 袖子太～ der Ärmel ist zu eng 4. karg; ertragsarm; unfruchtbar ～地 unfruchtbarer Boden
瘦弱 shòuruò mager und schwach; schwächlich; hinfällig
瘦小 shòuxiǎo mager und klein; schmächtig
瘦削 shòuxuē abgemagert; abgezehrt; hager
瘦子 shòuzi magere Person

售 shòu 1. verkaufen; absetzen 2. sich (Intrigen und Komplotte) bedienen; zu einer List greifen
售后服务 shòuhòu fúwù After service
售货员 shòuhuòyuán Verkäufer
售票员 shòupiàoyuán Kartenverkäufer; Schaffner

梳 shū 1. →梳子 2. kämmen ～头发 die Haare kämmen; sich kämmen
梳头 shūtóu sich kämmen
梳洗 shūxǐ sich waschen und kämmen ～打扮 Toilette machen
梳妆 shūzhuāng sich kämmen und anputzen; sich frisieren; sich zurechtmachen ～台 Toilettentisch
梳子 shūzi Kamm

疏(疎) shū 1. →疏导 2. →疏落 ～星 verstreute Sterne 3. →疏远 4. →疏忽 ～于防范 versäumen, vorsorgliche Maßnahmen zu treffen 5. arm; leer; knapp 6. →疏散
疏导 shūdǎo ausbaggern; (Wasser) ableiten
疏忽 shūhu vernachlässigen; versäumen; Unachtsamkeit ～职守 seine Dienstpflichten vernachlässigen
疏浚 shūjùn ausbaggern
疏落 shūluò verstreut; vereinzelt; spärlich
疏散 shūsàn 1. →疏落 2. evakuieren; aussiedeln ～人口 die Bevölkerung evakuieren

疏松 shūsōng 1. locker；porös；lose 2. lockern ～土壤 Erde lockern
疏通 shūtōng 1. →疏浚 2. Streitigkeiten beilegen；einen friedlichen Ausgleich von Meinungsverschiedenheiten bewirken
疏远 shūyuǎn sich jm entfremden；sich von jm distanzieren；von jm abrücken

蔬 shū Gemüse
蔬菜 shūcài Gemüse

枢（樞） shū 1. Türangel 2. Angelpunkt
枢纽 shūniǔ Knotenpunkt；Angelpunkt；Schlüsselstellung 交通～ Verkehrsknotenpunkt

叔 shū 1. →叔父 2. →叔叔 2 3. Schwager（jüngerer Bruder des Ehemannes） 4. drittältester unter den Brüdern
叔伯 shūbai Verwandtschaftsverhältnis zwischen Vettern bzw. Basen desselben Großvaters oder Urgroßvaters väterlicherseits ～兄弟 Vetter
叔父 shūfù Onkel
叔母 shūmǔ Tante（Ehefrau des jüngeren Bruders des Vaters）
叔叔 shūshu 1. →叔父 2. Anrede für jüngere männliche Personen der Generation des Vaters

菽（尗） shū Hülsenfrüchte；Bohnen

殊 shū 1. unterschiedlich；verschieden anders 2. besonders；außerodentlich ungewöhnlich ～勋 außergewöhnliche Verdienste 3. sehr；äußerst ～属不易 es ist ja kein leichtes Unternehmen
殊死 shūsǐ auf Leben und Tod；ohne Rücksicht auf sein Leben
殊途同归 shū tú tóng guī alle（viele）Wege führen nach Rom / es gibt verschiedene Mittel, um zum Ziel zu gelangen

输[1] shū 1. →输送 2. geben；beisteuern; spenden

输[2] shū verlieren；verspielen；eine Niederlage erleiden
输出 shūchū 1. transportieren 2. exportieren；ausführen；Export 商品～ Warenexport 3. Output；（von Energie） Abgabe；（von Daten oder Informationen） Ausgabe ～功率 Ausgangsleistung
输电 shūdiàn Strom leiten；Elektrizitätsversorgung；mit Elektrizität versorgen ～线 Stromleitung
输入 shūrù 1. importieren；einführen；Import 2. hereinkommen 3. Input；Eingabe 同步～ Synchroninput
输送 shūsòng transportieren；befördern；schicken
输血 shūxuè Blut übertragen；Bluttransfusion

倏（倐） shū →倏忽
倏忽 shūhū blitzschnell；flugs；im Nu

抒 shū ausdrücken；aussprechen；äußern 各～己见 jeder äußert seine Meinung
抒情 shūqíng seinen Gefühlen Ausdruck geben ～诗 Lyrik ～歌曲 lyrische Lieder

舒 shū 1. →舒展 1 2. gemächlich；ruhig；langsam
舒畅 shūchàng behaglich；heiter；unbeschwert 心情～ leichten Gemüts；sich frei von Sorgen fühlen
舒服 shūfu 1. angenehm；bequem；gemütlich 2.（vom Gesundheitszustand） wohl 我身体不～ ich fühle mich nicht ganz wohl
舒适 shūshì komfortabel；bequem；behaglich
舒展 shūzhǎn 1. sich dehnen；sich ausbreiten；sich entfalten ～一下身子 sich rekeln 2. entspannt；gelöst；behaglich

书（書） shū 1. →书写 2. Handschrift；Schriftstil；Schriftart 3. Buch 4. →书信 家～ Brief von zu Hause；Brief an die Familienangehörigen 5. Dokument；Urkunde
书包 shūbāo Schulmappe；Schulranzen
书报 shūbào Bücher und Zeitungen
书本 shūběn Buch ～知识 Buchwissen
书店 shūdiàn Buchhandlung
书法 shūfǎ Kalligraphie；Handschrift ～家 Kalligraph
书房 shūfáng Studierstube
书籍 shūjí Bücher 外文～ fremdsprachige Publikationen
书记 shūji 1. Sekretär 区委～ Sekretär des Bezirkskomitees 2. Schreiber
书架 shūjià Bücherbord；Bücherregal
书面 shūmiàn in schriftlicher Form；schrift-

S

lich ～语 Schriftsprache ～发言 schriftliche Erklärung; Text einer Ansprache

书商 shūshāng Buchhändler

书生 shūshēng Gelehrte(r); Stubengelehrte(r) ～气 Benehmen eines Stubengelehrten; Stubengelehrsamkeit

书写 shūxiě schreiben ～工具 Schreibgerät; Schreibzeug; Schreibwaren

书信 shūxìn Brief; Schreiben ～往来 mit jm in (im) Briefwechsel stehen

书桌 shūzhuō Schreibtisch

孰 shú wer; welcher; was ～是～非? Welches ist richtig, und welches ist falsch?

熟 shú 1. reif; reifen 2. gar; gargekocht; zubereitet 饭已经～了 der Reis ist schon fertig gekocht 3. behandelt; bearbeitet ～皮子 lohgares Leder 4. →熟悉 我和他不太～ ich kenne ihn nicht besonders gut 5. →熟练 记～ etw im Gedächtnis bewahren; etw auswendig lernen 6. tief; fest ～睡 tief schlafen; wie ein Sack (Ratz, Murmeltier) schlafen

熟菜 shúcài Speise; Fertiggericht

熟地 shúdì 1. kultivierter Boden; bearbeitetes (bebautes) Ackerland 2. klebrige Rehmannie

熟练 shúliàn geübt; erfahren; bewandert 提高～程度 js Fertigkeit entwickeln

熟人 shúrén Bekannte(r)

熟视无睹 shú shì wú dǔ die Augen vor etw verschließen

熟识 shúshi jn gut kennen; sich in etw auskennen

熟手 shúshǒu Könner

熟水 shúshuǐ abgekochtes Wasser

熟悉 shúxī etw gut kennen; sich mit etw vertraut machen; in etw zu Hause sein ～情况 sich mit den Umständen vertraut machen

熟语 shúyǔ Redewendung

塾 shú Privatschule; Familienschule (im alten China)

赎(贖) shú 1. (ein Pfand) einlösen; loskaufen 2. sühnen; (eine Schuld) abbüßen; (ein begangenes Unrecht) wiedergutmachen

赎买 shúmǎi einlösen; zurückkaufen; loskaufen ～政策 Politik des Aufkaufs; Ablösepolitik

赎罪 shúzuì seine Schuld abbüßen; seine Untat (sein Verbrechen) sühnen 立功～ seine Schuld durch gute Taten wiedergutmachen

秫 shú Gaoliang

秫米 shúmǐ Gaoliangkörner

数(數) shǔ 另见 shù

1. zählen; abzählen; aufzählen ～数目 zählen 2. zu etw (als etw) zählen; als etw gelten ～一～二 zu den Besten gehören (zählen); Spitze sein 3. →数说 1

数说 shǔshuō 1. eine Reihe von Sachen einzeln nennen (nacheinander aufführen) 2. jm Vorwürfe machen; tadeln; rügen

暑 shǔ Sommerhitze; Hitze

暑假 shǔjià Sommerferien

暑期 shǔqī Sommerzeit; Sommerferien

署1 shǔ Amt; Dienststelle; Behörde

署2 shǔ →署名

署名 shǔmíng unterschreiben; seine Unterschrift unter etw setzen

曙 shǔ Morgendämmerung; Morgengrauen

曙光 shǔguāng 1. Morgenrot; Morgenröte 2. Morgenröte; Morgenrot; Aurora 胜利的～ Aurora (Morgenrot) des Sieges

蜀 shǔ Kurzbezeichnung für die Provinz Sichuan

蜀葵 shǔkuí Stockrose

黍 shǔ →黍子

黍子 shǔzi Echte Hirse

鼠 shǔ Maus; Ratte

鼠标 shǔbiāo Maus

鼠窜 shǔcuàn in wilder Flucht davonjagen

鼠疫 shǔyì Pest

属(屬) shǔ 另见 zhǔ

1. Kategorie 2. Gattung; Genus 3. unterstellt sein; unterstehen; untergeordnet sein 市～行政机关 der Stadtverwaltung unterstehende Organe 4. zu etw gehören 胜利终～我们! wir sind siegessicher / wir werden den Sieg davontragen 5. sein 查明～实 sich nach Untersuchungen als

wahr erweisen 6. (von einem der zwölf Tierzeichen, dem das Geburtsjahr einer Person zugeordnet wird) im Tierzeichen ... geboren sein ～马 im Jahr des Pferdes (im Tierzeichen Pferd) geboren sein
属地 shǔdì abhängiges Gebiet; Kolonie
属性 shǔxìng Eigenschaft; Attribut
属于 shǔyú gehören; zugehörig sein; zu etw zählen 未来～我们 uns gehört die Zukunft

树(樹) shù 1. Baum 2. pflanzen; anpflanzen; anbauen 3. →树立
树丛 shùcóng Gehölz; Hain; Gestrüpp
树敌 shùdí sich mit jm verfeinden
树墩 shùdūn Baumstumpf
树干 shùgàn Baumstamm
树根 shùgēn Baumwurzel
树胶 shùjiāo Pflanzengummi; Kautschuk
树立 shùlì aufstellen; schaffen; setzen ～榜样 jn/etw als hervorragendes Beispiel hinstellen; ein Beispiel für etw schaffen
树林 shùlín Hain; Gehölz; kleines Waldstück
树苗 shùmiáo Baumsetzling
树木 shùmù Bäume
树皮 shùpí Rinde; Borke
树叶 shùyè Blatt; Laub
树阴 shùyīn Baumschatten
树枝 shùzhī Zweig; Ast
树脂 shùzhī Harz

竖(竪、豎) shù 1. senkrecht; vertikal 2. →竖立 ～旗杆 einen Mast aufstellen (aufrichten)
竖井 shùjǐng Schacht; Vertikalschacht
竖立 shùlì aufstellen; aufrichten; errichten
竖琴 shùqín Harfe ～手 Harfenist

漱 shù (Mund) spülen; gurgeln ～口 den Mund spülen; gurgeln

庶[1] shù viele; zahlreich 富～ reich an Ressourcen und dichtbevölkert

庶[2] shù 1. ～出 (in der patriarchalischen Genealogie) von einer Nebenfrau geboren 2. damit; so dass
庶民 shùmín einfaches Volk
庶务 shùwù 1. allgemeine Angelegenheiten; Verwaltungsangelegenheiten ～主任 Leiter der Abteilung für allgemeine Verwaltungsangelegenheiten 2. Sachbearbeiter in der Abteilung für allgemeine Verwaltungsangelegenheiten

数(數) shù 另见 shǔ
1. →数目 人～ Zahl der Personen 2. (Mathematik) Zahl 未知～ unbekannte Zahl 3. (Grammatik) Zahl; Numerus 单～ Einzahl; Singular 复～ Mehrzahl; Plural 4. Schicksal; Geschick; Fügung 5. einige; mehrere ～次 mehrere Male; mehrmals; mehrfach
数词 shùcí Zahlwort; Numerale
数额 shù'é Summe; Betrag
数据 shùjù Daten; Zahlenwerte
数量 shùliàng Menge; Quantität; Größe; quantitativ; zahlenmäßig; mengenmäßig ～词 Bezeichnung für die Verbindung von Zahlwort und Zähleinheitswort
数码 shùmǎ 1. →数字 2. →数目 ～化 digitalisieren ～相机 Digitalkamera
数目 shùmù Zahl; Anzahl; Menge; Summe ～字 Ziffer; Zahl
数学 shùxué Mathematik ～家 Mathematiker
数字 shùzì 1. Ziffer; Zahl 阿拉伯～ arabische Ziffern 2. Quantität 控制～ Kontrollziffer

术(術) shù 1. Fertigkeit; Können; Kunst 2. Verfahren; Methode; Technik
术语 shùyǔ Fachausdruck; Terminus; Terminologie

述 shù berichten; schildern; darlegen
述评 shùpíng Kommentar; Rundschau; Revue 国际时事～ Kommentar zur Weltlage
述说 shùshuō darlegen; schildern

束 shù 1. umbinden; zubinden; schnüren ～腰带 den Gürtel umschnallen 2. Bündel; Strauß; Garbe 一～鲜花 ein Blumenstrauß 3. Bündel; Strahl 电子～ Elektronenbündel; Elektronenstrahl 4. bändigen; zügeln ～手～脚 voller Hemmungen; zu viele Bedenken haben
束缚 shùfù binden; fesseln; einschränken 摆脱～ ein Joch abschütteln
束之高阁 shù zhī gāo gé etw unberücksichtigt lassen; etw beiseite legen

戍 shù schützen; verteidigen; (eine

S

Stadt) mit einer Garnison belegen ～边 Grenzschutz; die Grenze schützen

恕 shù 1. Duldsamkeit; Nachsicht; Großzügigkeit 2. verzeihen; vergeben 罪不可～ unverzeihliches Vergehen 3. (Höflichkeitsformel) Entschuldigen Sie bitte!

刷[1] shuā 1. →刷子 2. bürsten; putzen ～牙 sich die Zähne putzen 3. auftragen; tünchen; streichen ～墙 eine Wand tünchen

刷[2]**(唰)** shuā rascheln; prasseln

刷新 shuāxīn 1. auffrischen 2. verbessern; überbieten ～记录 einen Rekord verbessern (überbieten)

刷子 shuāzi Bürste

耍 shuǎ 1. spielen; sich vergnügen; sich amüsieren 2. mit etw jonglieren; sein Spiel mit jm/etw treiben; jn zum Narren halten ～猴儿 einen dressierten Affen vorführen 3. zu etw greifen; manövieren; taktieren ～手腕 Tricks (Kunstgriffe) anwenden; mit Winkelzügen vorgehen ～脾气 seinen Launen (seiner Missstimmung) freien Lauf lassen

耍花招 shuǎ huāzhāo 1. Kunststücke zeigen 2. mit Tricks arbeiten; einen Kunstgriff anwenden

衰 shuāi abnehmen; verfallen; geschwächt

衰竭 shuāijié Erschöpfung; Ermattung

衰老 shuāilǎo altern; hinfällig werden; alterschwach sein

衰落 shuāiluò in Verfall geraten; herunterkommen

衰弱 shuāiruò 1. geschwächt; entkräftet 神经～ Nervenschwäche; Neurasthenie 2. nachlassen; abnehmen

衰退 shuāituì schwächer werden; zurückgehen; degenerieren 记忆力～ Nachlassen (Leistungsminderung) des Gedächtnisses

衰亡 shuāiwáng zugrunde gehen; absterben; Untergang

衰歇 shuāixiē zum Stillstand kommen

摔([1]**踤)** shuāi 1. stürzen; hinfallen 2. aus großer Höhe herunterstürzen; abstürzen; zu Boden fallen ～得粉碎 in tausend Scherben (Stücke) zersprungen sein 3. werfen; hinwerfen; schleudern

摔跤 shuāijiāo 1. hinstürzen; hinfallen 2. Ringkampf 3. einen Fehlgriff tun

甩 shuǎi 1. schwenken; schwingen; schütteln 2. etw von sich schleudern; wegwerfen ～手榴弹 eine Handgranate werfen 3. jn hinter sich lassen; zurücklassen

甩手 shuǎishǒu 1. den Arm schwenken 2. etw im Stich lassen; etw hinschmeißen

率[1] shuài 另见 lǜ →率领

率[2] shuài 另见 lǜ

1. unbedacht; leichtfertig; leichtsinnig 2. →率直

率领 shuàilǐng führen; leiten

率直 shuàizhí freimütig; geradeheraus; offen

帅[1]**(帥)** shuài Oberbefehlshaber

帅[2]**(帥、率)** shuài sehr gut; ausgezeichnet; prima

闩(櫎) shuān 1. Riegel; Querbalken 上～ verriegeln; zuriegeln 2. verriegeln; zuriegeln

栓 shuān 1. Hahn; Klappe 消火～ Feuerlöschhydrant; Wasseranschluss 2. Gewehrschloss 3. Propfen; Stöpsel

拴 shuān anbinden; fest binden

涮 shuàn 1. spülen; abspülen 2. etw kurz in siedendem Wasser kochen (eintauchen)

霜 shuāng 1. Reif; Rauhfrost 2. reifähnlicher Belag 盐～ Salzbelag 3. weiß; grau

霜冻 shuāngdòng Frost

霜降 shuāngjiàng Reiffall (Bezeichnung für den 23. oder 24. Oktober)

孀 shuāng Witwe ～居 als Witwe leben; Witwe bleiben

双(雙、隻) shuāng 1. zwei; beide ～手 beide Hände; mit beiden Händen 2. Paar 一～靴子 ein Paar Stiefel 3. gerade

～号 gerade Nummern 4. zweifach；doppelt 给～份 jm eine doppelte Portion zuteilen
双胞胎 shuāngbāotāi Zwillinge
双边 shuāngbiān zweiseitig；bilateral；beiderseitig ～会谈 bilaterale Besprechung (Unterredung)
双层巴士 shuāngcéng bāshì Doppeldecker
双重 shuāngchóng doppelt；zweifach ～人格 zwiespältiger Charakter ～国籍者 Doppelstaater
双方 shuāngfāng beide Seiten；beide Parteien；beiderseitig 缔约～ beide Vertragsparteien (Vertragspartner)
双杠 shuānggàng 1. Barren 2. Barrenturnen
双关 shuāngguān doppelsinnig ～语 doppelsinnige Bemerkung
双料 shuāngliào 1. aus zweifach verwendetem Material hergestellt 2. doppelt；außergewöhnlich
双亲 shuāngqīn Eltern；Vater und Mutter

爽[1] shuǎng 1. klar；frisch 2. →爽快 2 3. wohl (vom Gesundheitszustand) 身体不～ sich nicht so recht wohl fühlen

爽[2] shuǎng von etw abweichen (abgehen) 屡试不～ oft erprobt
爽口 shuǎngkǒu schmackhaft und erquickend
爽快 shuǎngkuai 1. behaglich；heiter；frisch 心里～些了 es wurde jm leichter ums Herz 2. offenherzig；freimütig
爽朗 shuǎnglǎng 1. klar；heiter 2. heiter；offen；geradeheraus；frohmütig 心地～ von sonnigem Gemüt
爽身粉 shuǎngshēnfěn talkumhaltiger *Körperpflegepuder*

谁 shuí 1. wer 他是～？Wer ist dieser Mann？这是～的东西？Wem gehört das？2. (in einer rhetorischen Frage) niemand ～不说他好 er findet bei allen Mitmenschen Anerkennung 3. jemand 我的书不知道被～拿走了 jemand hat mein Buch genommen 4. derjenige ～合适就派～ man soll denjenigen dorthin schicken, der sich dafür eignet

水 shuǐ 1. Wasser 2. Fluss；Strom ～上人家 auf Booten lebende Bevölkerung；Bootsbewohner 3. Flüssigkeit；Saft 柠檬～ Zitronensaft
水泵 shuǐbèng Wasserpumpe
水表 shuǐbiǎo Wassermesser；Wasserzähler
水兵 shuǐbīng Matrose；Marinesoldat
水彩 shuǐcǎi Wasserfarbe；Aquarellfarbe ～画 Aquarell
水草 shuǐcǎo 1. wasserreiches Weideland 2. Wasserpflanzen
水产 shuǐchǎn Wasserprodukte
水稻 shuǐdào Wasserreis
水电站 shuǐdiànzhàn Wasserkraftwerk
水痘 shuǐdòu Windpocken
水粉画 shuǐfěnhuà Guasch
水分 shuǐfèn 1. Wassergehalt；Feuchtigkeit 2. übertrieben；aufgebauscht
水管 shuǐguǎn Wasserrohr；Wasserleitung
水果 shuǐguǒ Obst；Früchte
水壶 shuǐhú Wasserkanne；Wasserkessel
水饺 shuǐjiǎo in Wasser gekochte Teigtäschchen
水解 shuǐjiě hydrolysieren；Hydrolyse
水晶 shuǐjīng Kristall；Bergkristall
水库 shuǐkù Staubecken；Stausee；Wasserreservoir
水雷 shuǐléi Seemine
水力 shuǐlì Wasserkraft；hydraulisch ～发电站 Wasserkraftwerk
水利 shuǐlì 1. Wasserwirtschaft；Hydrotechnik 2. Wasserbauprojekt；Bewässerungsanlagen；Wasserregulierungsanlagen ～枢纽 System von hydrotechnischen Anlagen
水疗 shuǐliáo Hydrotherapie；Hydropathie；Wasserkur
水流 shuǐliú 1. Gewässer 2. fließendes Wasser；Strömung；Wasserlauf
水龙 shuǐlóng Feuerwehrschlauch
水龙头 shuǐlóngtóu Wasserhahn
水路 shuǐlù Wasserweg；Wasserstraße ～运输 Wassertransport；Transport auf dem Wasserwege
水轮机 shuǐlúnjī Wasserturbine
水落管 shuǐluòguǎn Abfallrohr
水落石出 shuǐ luò shí chū die Wahrheit wird ans Licht kommen wie ein Stein unter dem abfließenden Wasser
水墨画 shuǐmòhuà Tuschzeichnung；Tuschmalerei
水母 shuǐmǔ Qualle
水泥 shuǐní Zement
水鸟 shuǐniǎo Wasservogel
水牛 shuǐniú Wasserbüffel

水泡 shuǐpào 1. Luftblase; Blase 2. Wundblase; Blase

水疱 shuǐpào Blase

水平 shuǐpíng 1. waagerecht; horizontal ～线 waagerechte Linie; Horizontale 2. Niveau; Standard 文化～ Bildungsgrad; Bildungsniveau; kulturelles Niveau

水球 shuǐqiú 1. Wasserball ～运动员 Wasserballsportler 2. Wasserballsport

水乳交融 shuǐ rǔ jiāo róng sich im vollkommensten Einklang befinden

水杉 shuǐshān Metasequoia

水上飞机 shuǐshàng fēijī Wasserflugzeug

水手 shuǐshǒu Seemann; Matrose ～长 Bootsmann

水塔 shuǐtǎ Wasserturm

水獭 shuǐtǎ Fischotter

水田 shuǐtián Wasserreisfeld

水土 shuǐtǔ 1. Wasser und Boden ～流失 Bodenerosion 2. Klima; natürliche Umwelt ～不服 sich nicht akklimatisieren können

水洼 shuǐwā sumpfige Senke

水位 shuǐwèi 1. Wasserstand 2. Grundwasserspiegel

水文 shuǐwén Hydrologie; Wasserkunde ～站 hydrologische Station

水仙 shuǐxiān Narzisse

水乡 shuǐxiāng flussreiche Gegenden

水泻 shuǐxiè heftiger Durchfall

水泄不通 shuǐ xiè bù tōng gerappelt (zum Bersten) voll sein

水星 shuǐxīng Merkur

水压机 shuǐyājī hydraulische Presse

水烟 shuǐyān Wasserpfeifentabak ～袋 Wasserpfeife

水银 shuǐyín Quecksilber ～灯 Quecksilberdampflampe

水域 shuǐyù Gewässer

水运 shuǐyùn Wassertransport

水灾 shuǐzāi Überschwemmung; Hochwasserkatastrophe

水藻 shuǐzǎo Algen

水闸 shuǐzhá Schleuse

水蒸气 shuǐzhēngqì Wasserdampf

水蛭 shuǐzhì Blutegel

水肿 shuǐzhǒng Wassersucht; Hydropsie; Ödem

水准 shuǐzhǔn 1. waagerechte Fläche; Niveau ～仪 Nivelliergerät 2. Standard; Stand

税 shuì Steuer; Zoll 营业～ Gewerbesteuer

税率 shuìlǜ Steuersatz; Zolltarif

税收 shuìshōu Steuereinkünfte; Steueraufkommen

税务 shuìwù Steuersachen ～局 Steuerbehörde; Zollamt

睡 shuì schlafen; schlummern ～着 eingeschlafen sein

睡觉 shuìjiào schlafen; Schlaf

睡帽 shuìmào Schlafmütze; Nachtmütze

睡眠 shuìmián Schlaf ～不足 nicht genug geschlafen haben ～疗法 Schlaftherapie

睡衣 shuìyī Nachtgewand; Schlafanzug; Pyjama

吮 shǔn →吮吸

吮吸 shǔnxī 1. saugen; lutschen 2. aussaugen

瞬 shùn blinzeln; Augenblick; Moment

瞬间 shùnjiān im Nu

瞬息 shùnxī Augenblick ～万变 immer wieder tritt ein jäher Wechsel ein

顺 shùn 1. in der gleichen Richtung; mit ～流而下 stromab fahren 2. entlang; längs ～着公路走 die Landstraße entlang gehen 3. etw in Ordnung bringen 4. →顺便 5. →顺遂 6. nacheinander; der Reihe nach; in bestimmter Reihenfolge ～着号码排列 etw nach fortlaufenden Nummern ordnen 7. →顺从

顺便 shùnbiàn gelegentlich; beiläufig; nebenbei

顺差 shùnchā aktive Bilanz; Überschuss

顺从 shùncóng folgen; sich fügen; gehorsam

顺耳 shùn'ěr jm angenehm in den Ohren klingen

顺风 shùnfēng 1. günstiger Wind 2. mit dem Wind; den Wind im Rücken haben

顺口 shùnkǒu 1. flüssig 2. ohne lange Überlegung; drauflos ～说出 etw ohne Überlegung aussprechen

顺口溜 shùnkǒuliū gereimte Verse, die leicht von der Zunge gehen

顺利 shùnlì reibungslos; glatt; ohne Hemmnisse verlaufen

顺路 shùnlù 1. im Vorbeigehen; auf dem Wege; nebenbei 2. der kürzeste Weg

顺手 shùnshǒu 1. →顺利 2. mühelos; mit großer Leichtigkeit 他～把门带上了 er

machte die Tür zu，als er hinausging (hereinkam) **3.** nebenbei；bei Gelegenheit ～牵羊 etw bei günstiger Gelegenheit entwenden
顺遂 shùnsuì nach Wunsch gehen；gut vonstatten gehen
顺序 shùnxù **1.** Reihenfolge **2.** der Reihe nach ～前进 im Gänsemarsch gehen
顺延 shùnyán etw jeweils auf den nächsten Zeitpunkt verschieben (verlegen)

说 shuō **1.** sagen；sprechen；reden ～实话 die Wahrheit sagen **2.** erklären；erläutern 一～就明白 ein Hinweis genügte，und man wusste Bescheid **3.** tadeln；kritisieren；zurechtweisen 挨～ kritisiert werden **4.** →说合 **5.** Lehre；Doktrin
说唱 shuōchàng (volkstümliche Gesangs- und Vortragskunst) Sprechgesang
说穿 shuōchuān etw unverblümt aussprechen
说法 shuōfa **1.** Ausdrucksweise；Formulierung **2.** Meinung；Behauptung 我不同意这个～ ich kann diese Ansicht nicht teilen
说服 shuōfú überzeugen；überreden ～教育 Überzeugung und Aufklärung ～力 Überzeugungskraft
说合 shuōhe **1.** vermitteln ～亲事 eine Ehe vermitteln；Eheanbahnung **2.** →说和
说和 shuōhe Frieden stiften；einen Zwist beilegen
说话 shuōhuà **1.** sagen；sprechen ～和气 mit jm in freundlichem Ton sprechen **2.** sich unterhalten；plaudern **3.** Einwendungen haben
说谎 shuōhuǎng lügen
说教 shuōjiào **1.** predigen；Predigt **2.** akademische Rede；Doktrin
说理 shuōlǐ **1.** Argumente vorbringen；Gründe anführen **2.** Vernunft annehmen
说媒 shuōméi eine Heirat vermitteln；eine Ehe stiften
说明 shuōmíng **1.** erklären；erläutern ～理由 begründen；Gründe für etw anführen **2.** erläuternde Zusätze；Erklärung ～书 Programmheft；Gebrauchsanweisung **3.** beweisen；zeigen 事实～这种看法是错误的 diese Meinung hat sich als ein Irrtum erwiesen
说情 shuōqíng als Fürsprecher für jn auftreten；bei jm für jn Fürbitte einlegen

朔[1] shuò **1.** Neumond **2.** →朔日

朔[2] shuò Norden；nördlich ～风 Nordwind
朔日 shuòrì erster Tag eines Monats nach dem traditionellen Mondkalender
朔月 shuòyuè Neumond

蒴 shuò →蒴果
蒴果 shuòguǒ Kapselfrucht；Samenkapsel

硕 shuò →硕大
硕大 shuòdà groß；gewaltig ～无朋 unvergleichlich groß；von kolossalen Ausmaßen
硕果 shuòguǒ **1.** pralle Früchte ～仅存 die übriggebliebenen Dinge，die Seltenheitswert haben；die wenigen Überlebenden，deren Wert Anerkennung verdient **2.** Riesenerfolg ～累累 viele große Erfolge zu verzeichnen haben
硕士 shuòshì Magister

烁（爍） shuò leuchten；funkeln；flimmern
烁烁 shuòshuò leuchten；funkeln；flimmern

铄（鑠） shuò **1.** schmelzen **2.** sich abnutzen；abschwächen

斯 sī **1.** dies；hier **2.** so；dann
斯拉夫语 sīlāfūyǔ Slawische Sprachen
斯文 sīwen kultiviert；vornehm

厮（廝） sī **1.** (in der modernen chinesischen Belletristik im Frühstadium) Diener；Laufjunge **2.** miteinander
厮杀 sīshā Kampf Mann gegen Mann

撕 sī reißen ～得粉碎 etw in kleine Stücke zerreißen
撕毁 sīhuǐ **1.** zerfetzen；auseinander reißen **2.** etw nicht mehr einhalten；brechen ～合同 einen Vertrag brechen

嘶[1] sī **1.** wiehern 马～ das Gewieher der Pferde **2.** →嘶哑

嘶[2] sī zischend
嘶哑 sīyǎ heiser 嗓音～ mit heiserer Stimme

思 sī **1.** →思考 **2.** →思念 ～家

Sehnsucht nach der Heimat haben 3. → 思路

思潮 sīcháo 1. Geistesströmung 社会～ soziale Strömung 2. Fluss der Gedanken ～起伏 allerlei Gedanken flitzen jm durch den Kopf / ein Schwarm von Gedanken steigt in jm auf

思考 sīkǎo nachdenken; durchdenken; überlegen

思路 sīlù Gedankengang; Gedankenlauf 打断～ einen Gedankengang unterbrechen

思念 sīniàn vermissen; sich nach jm/etw sehnen ～故乡 Heimweh bekommen

思索 sīsuǒ nachdenken; nachsinnen; durchdenken; überlegen 不假～ ohne Bedenken; ohne Überlegung; ohne nachzudenken

思维 sīwéi 1. Denken; Denk- 2. denken

思想 sīxiǎng 1. Ideologie; Denken; Gedanke ～方法 Denkweise ～性 ideologischer Gehalt ～家 Denker 2. Gedanke; Einfall; Idee 他早有这种～了 er hat sich schon lange mit diesem Gedanken getragen

锶 sī Strontium (Sr)

私 sī 1. →私人 ～信 Privatbrief 2. →私心 3. →私下 1 4. illegal; ungesetzlich; unerlaubt ～盐 geschmuggeltes Salz

私奔 sībēn mit dem Geliebten entlaufen

私产 sīchǎn Privateigentum; Privatbesitz

私仇 sīchóu persönliche Feindschaft; persönlicher Hass

私法 sīfǎ Privatrecht

私货 sīhuò Schmuggelware; Konterbande

私交 sījiāo persönliche (private) Beziehungen; persönlicher Verkehr

私立 sīlì 1. von privater Seite eingerichtet; nicht mit öffentlichen Mitteln unterhalten 2. Privat- ～学校 Privatschule

私利 sīlì persönlicher Nutzen; persönlicher Vorteil; Privatinteressen 不谋～ uneigennützig; nicht nach Vorteilen für sich streben; selbstlos

私了 sīliǎo Unstimmigkeiten ohne amtliche Formalitäten regeln

私情 sīqíng persönliche Beziehungen

私人 sīrén 1. privat; persönlich ～资本 Privatkapital ～秘书 Privatsekretär 2. persönlich; zwischen einzelnen Personen selbst ～感情 persönliche Gefühle ～关系 persönliche Beziehungen 3. vertraute Person; eigene Leute

私生活 sīshēnghuó Privatleben

私生子 sīshēngzǐ uneheliches Kind

私事 sīshì Privatangelegenheit; Privatsache

私下 sīxià 1. heimlich; insgeheim ～活动 Aktivitäten hinter den Kulissen 2. privat ～调解 den Streit auf privatem Wege beilegen

私心 sīxīn eigennützige Motive ～杂念 verworrene egoistische Gedanken

私营 sīyíng privat betrieben; privat bewirtschaftet; privat- ～企业 Privatunternehmen; Privatbetrieb

私有 sīyǒu privat; Privatbesitz ～财产 Privateigentum; Privatbesitz; Privatvermögen ～制 Privateigentum

私自 sīzì eigenmächtig; heimlich ～逃跑 heimlich entfliehen

司 sī 1. führen; betreiben 各～其事 jeder erfüllt seine Pflicht 2. Abteilung 人事～ Personalabteilung

司法 sīfǎ Justiz; Rechtswesen; gerichtlich ～权 Justizgewalt; Gerichtsbarkeit

司机 sījī Fahrer; Chauffeur 机车～ Lokomotivführer

司令 sīlìng Befehlshaber; Kommandeur 警备～ Garnisionskommandeur ～部 Kommandostab; Kommandantur; Hauptquartier

司炉 sīlú Heizer

司务长 sīwùzhǎng Verpflegungsoffizier

司仪 sīyí Zeremonienmeister

丝(絲) sī 1. Seidenfaden; Seide ～袜 Seidenstrümpfe 2. Faden; Draht 铁～ Eisendraht 3. →丝毫 脸上露出一～笑意 ein flüchtiges Lächeln huscht über js Gesicht

丝绸 sīchóu Seidenstoff; Seide

丝瓜 sīguā 1. Luffa 2. Schwammkürbis ～筋 Luffaschwamm

丝毫 sīháo das Geringste ～也不让步 nicht im Geringsten nachgeben

丝绵 sīmián Flockseide

丝绒 sīróng Seidensamt; Samt

丝线 sīxiàn Seidenfaden

丝织品 sīzhīpǐn 1. Seidengewebe; Seidenstoff 2. Seidenwirkwaren

丝竹 sīzhú 1. traditionelle Saiten- und Blasinstrumente 2. Musik

咝(嗞) sī zischend

死 sǐ 1. sterben ～得其所 einen ehrenvollen Tod sterben 牛～了 das Rind ist verreckt 2. bis in den Tod; bis zum Letzten ～战 bis zum letzten Mann kämpfen; erbittert kämpfen 3. zu Tode; aufs Äußerste 累～ todmüde 笑～人 zum Totlachen 4. unversöhnlich ～敌 Todfeind; Erzfeind 5. beharrlich; starr; fest ～脑筋 starrköpfig; eigensinnig; Dickschädel; sturer Bock 6. undurchlässig ～胡同 Sackgasse; ausweglose Situation

死板 sǐbǎn 1. starr; steif 动作～ steife Bewegungen 2. mechanisch; stur 作事～ stur nach Vorschrift handeln

死记 sǐjì etw stur erlernen

死角 sǐjiǎo 1. toter Winkel 2. Bereiche, in denen etw noch keine allgemeine Verbreitung gefunden hat

死结 sǐjié fester Knoten

死力 sǐlì 1. seine gesamte Kraft 2. unter Aufbietung der letzten Kräfte; aus Leibeskräften ～抵抗 mit aller Kraft Widerstand leisten

死路 sǐlù Sackgasse; verderbenbringender Weg ～一条 in eine Sackgasse geraten

死命 sǐmìng 1. dem Tod geweiht 制敌人于～ den Gegner vernichten 2. nach Leibeskräften; mit aller Kraft; verzweifelt ～挣扎 sich verzweifelt wehren

死难 sǐnàn ums Leben kommen ～烈士 Märtyrer

死气沉沉 sǐ qì chén chén leblos; wie ausgestorben

死囚 sǐqiú zum Tode verurteilter Gefangener

死人 sǐrén Toter; Verstorbener

死尸 sǐshī Leiche; Leichnam

死守 sǐshǒu 1. etw bis zum Tode verteidigen ～阵地 eine Stellung bis zum letzten Mann verteidigen 2. starr an etw festhalten ～陈规 starr an alten Konventionen festhalten; am Herkömmlichen hängen

死水 sǐshuǐ stehendes Gewässer

死亡 sǐwáng sterben; umkommen; Tod ～率 Sterblichkeitsrate

死心 sǐxīn die Hoffnug aufgeben; resignieren ～塌地 hartnäckig; starrsinnig; halsstarrig; besserungsunwillig

死刑 sǐxíng Todesstrafe; Todesurteil

死讯 sǐxùn Todesnachricht

死硬 sǐyìng starr; unbeweglich ～派 Starrkopf

死罪 sǐzuì todeswürdiges Verbrechen

肆[1] sì →肆意

肆[2] sì Laden; Geschäft

肆虐 sìnüè 1. jn erbarmungslos verfolgen; ein Massaker anrichten 2. wüten; toben; sich verheerend auswirken

肆无忌惮 sì wú jì dàn vor nichts zurückscheuen; ohne Hemmungen; ohne Skrupel

肆意 sìyì skrupellos; rücksichtslos; willkürlich ～攻击 jn heftig attakieren; jn verunglimpfen

寺 sì 1. buddhistischer Tempel 2. Moschee

寺院 sìyuàn Kloster; Tempel

四 sì 1. vier 2. der (die, das) Vierte 3. zweite Note im traditionellen chinesischen Musiknotensystem

四百 sìbǎi vierhundert

四边形 sìbiānxíng Viereck

四处 sìchù überall; allenthalben

四方[1] sìfāng die vier Himmelsrichtungen ～响应 ein allgemeines Echo haben

四方[2] sìfāng Viereck; Quadrat; viereckig; quadratisch

四方步 sìfāngbù gemessenen (gemächlichen) Schrittes

四分五裂 sì fēn wǔ liè aus den Fugen sein; auseinanderbrechen; sich auflösen

四海 sìhǎi die ganze Welt; das ganze Land ～为家 sich überall zu Hause fühlen

四季 sìjì die vier Jahreszeiten

四季豆 sìjìdòu Stangenbohnen

四郊 sìjiāo Umgebung einer Stadt; Vororte; Vorstadt

四面 sìmiàn vier Seiten; alle Seiten; ringsum ～包围 jn/etw in einem Kreis umstellen ～楚歌 sich von Feinden eingekreist sehen

四千 sìqiān viertausend

四散 sìsàn auseinander gehen; zerstieben

四舍五入 sì shě wǔ rù eine Zahl abrunden oder aufrunden

四声 sìshēng die vier Töne im Chinesischen

四十 sìshí vierzig

四万 sìwàn vierzigtausend
四月 sìyuè April
四则 sìzé die vier Grundrechenarten
四肢 sìzhī die vier Gliedmaßen
四周 sìzhōu Umgebung; Umgegend

似 sì 另见 shì
1. ähneln; gleichen 白～雪 weiß wie Schnee 2. →似乎 3. als 生活一年强～一年 der Lebensstandard steigt mit jedem Jahr
似乎 sìhu anscheinend; scheinbar; als ob
似是而非 sì shì ér fēi nur dem äußeren Eindruck nach richtig, doch in Wirklichkeit aber falsch

嗣 sì 1. nachfolgen; erben ～位 jm auf den Thron folgen 2. Nachkomme
嗣后 sìhòu danach; nachher; späterhin

伺 sì 另见 cì
lauern; erkunden
伺机 sìjī auf eine Gelegenheit lauern

饲 sì 1. →饲养 2. →饲料
饲料 sìliào Futtermittel
饲养 sìyǎng füttern; aufziehen ～员 Tierpfleger

巳（巳）sì der Sechste der zwölf Erdzweige

祀 sì opfern; jn/etw einer Gottheit als Opfer darbringen ～天 dem Himmel ein Opfer darbringen

松[1] sōng Kiefer

松[2]（鬆）sōng 1. locker; lose; schlaff 2. lockern ～土 die Erde auflockern ～一～腰带 den Gürtel weiter schnallen 3. reichlich (viel) Geld zur Verfügung haben; gut bei Kasse sein 4. locker; weich 5. loslassen; losbinden ～绑 js Fesseln lösen; losbinden 6. geröstete *Fleischkrümel* (*Fleischfasern*) 肉～ geröstete Fleischkrümel (Fleischfasern)
松弛 sōngchí 1. entspannt; locker; schlaff 2. lax; locker; nicht straff 纪律～ die Disziplin lockert sich
松动 sōngdong 1. licht werden; aufgelockert 2. reichlich Geld haben 手头～多了 sich in einer viel besseren finanziellen Lage befinden 3. flexibel sein; von seiner ablehnenden Haltung ablassen
松节油 sōngjiéyóu Terpentinöl; Terpentin
松紧带 sōngjǐndài Gummiband
松劲 sōngjìn in seinem Arbeitseifer nachlassen; lax
松口 sōngkǒu 1. etw aus den Zähnen lassen 2. nicht mehr auf etw beharren; nachgeben; zurückweichen 不～地追问 jn über etw genau ausfragen
松明 sōngmíng Kienspan
松球 sōngqiú Kieferzapfen; Fichtenzapfen
松仁 sōngrén Zirbelnuss
松散 sōngsǎn 1. lose; locker 2. zerstreut; unaufmerksam; unkonzentriert
松散 sōngsan seine Muskeln lockern; sich entspannen
松手 sōngshǒu loslassen; etw aus der Hand geben
松鼠 sōngshǔ Eichhörnchen
松香 sōngxiāng Kolophonium
松懈 sōngxiè nachlassen; lockern 纪律～ die Disziplin ist schlecht
松脂 sōngzhī Kiefernharz; Fichtenharz
松子 sōngzǐ 1. Kiefernsame; Fichtensame 2. Zirbelnuss

悚 sǒng erschrocken; angstvoll
悚然 sǒngrán erschrocken; angstvoll

怂（慫）sǒng erschrecken
怂恿 sǒngyǒng aufreizen; anstacheln; aufhetzen

耸（聳）sǒng 1. →耸立 2. jn in Schrecken versetzen ～人听闻 Aufsehen erregen; Sensation machen
耸动 sǒngdòng 1. sich heben; zucken ～肩膀 mit den Schultern (Achseln) zucken 2. allgemeine Überraschung (Verwunderung) auslösen ～视听 Aufsehen erregen
耸肩 sǒngjiān die Schultern hochziehen (zucken)
耸立 sǒnglì emporragen; aufragen

讼 sòng 1. einen Prozess führen 2. streiten; disputieren
讼棍 sònggùn Winkeladvokat; Rechtsverdreher

颂 sòng 1. →颂扬 2. →颂诗; 颂歌
颂词 sòngcí Lobrede; Laudatio 致～ eine

簌簌 sùsù 1. raschelnd; rauschend; säuseln 2. : ～泪下 Tränen rollen jm über die Wangen; jm kommen ununterbrochen die Tränen

粟 sù Hirse

夙 sù 1. frühmorgens; morgens; am frühen Morgen 2. altherkömmlich; althergebracht; überkommen ～仇 eingewurzelter Hass

夙愿 sùyuàn langgehegter Wunsch

肃（肅） sù 1. achtungsvoll; respektvoll; ehrerbietig 2. ernst; feierlich; streng 3. →肃清

肃反 sùfǎn Konterrevolutionäre liquidieren

肃静 sùjìng andächtige Stille; feierliche Stille; Ruhe ～无声 tiefe Stille

肃立 sùlì stramme Haltung; ehrerbietig dastehen; strammstehen

肃清 sùqīng ausrotten; beseitigen; liquidieren

肃然 sùrán tiefe Achtung; ehrfürchtig; heiliger Respekt ～起敬 vor jm/etw Ehrfurcht haben (hegen); jm seine Ehrfurcht bezeigen

酸[1] suān 1. Säure 2. sauer; herb; säuerlich 变～ sauer werden; säuern 3. in gedrückter Stimmung; bekümmert; schmerzlich 心～ von etw schmerzlich berührt sein; sich einer Sache schmerzlich bewusst werden 4. pedantisch; kleinlich; übertrieben genau (gewissenhaft)

酸[2]（痠） suān →酸痛

酸菜 suāncài Sauerkraut; Sauerkohl; *gesäuerter Weißkohl*

酸梅汤 suānméitāng Sauerpflaumengetränk; Sauerpflaumensaft (als Erfrischung)

酸牛奶 suānniúnǎi Sauermilch; Dickmilch; Joghurt

酸软 suānruǎn von leichten Schmerzen geplagt sein und sich matt fühlen

酸痛 suāntòng Muskelkater; ziehende Muskelschmerzen; ziehende Schmerzen haben

酸雨 suānyǔ saurer Regen

酸枣 suānzǎo saure Brustbeere; Jujube

蒜 suàn 1. Knoblauch 2. →蒜头

蒜黄 suànhuáng gelber Knoblauchschössling

蒜头 suàntóu Knoblauchknolle

算（祘） suàn 1. rechnen; zählen; veranschlagen 2. einbeziehen; hinzurechnen; einrechnen 这不～在内 das ist nicht mitgerechnet 3. planen; beabsichtigen; vorsehen 4. vermuten; annehmen; denken 5. zählen; gelten; in Geltung (in Kraft) sein 他可～是一个好团员 er rechnet zu den guten Mitgliedern des Kommunistischen Jugendverbandes 6. →算数 7. unterlassen; aufhören mit; lass das ～了，别争了 Lasst doch das Streiten!

算计 suànji 1. berechnen; kalkulieren; zählen 2. nachdenken; sich überlegen; sich über etw Gedanken machen 这件事还得～～ das muss alles gut überlegt werden 3. vermuten; annehmen; schätzen 4. gegen jn Ränke schmieden; gegen jn intrigieren; hinterlistig handeln

算命 suànmìng wahrsagen; Zukünftiges vorhersagen (voraussagen); die Zukunft deuten ～先生 Wahrsager

算盘 suànpán Abakus; Rechenbrett ～子儿 Rechenbrettstein; Abakuskügelchen

算术 suànshù Rechnen; Arithmetik ～题 Rechenaufgabe

算数 suànshù gelten; gültig sein; in Geltung (Kraft) sein 说话～ was man sagt, gilt / gesagt, getan!

算账 suànzhàng 1. die Rechnung aufmachen; in Rechnung stellen; eine Bilanz aufstellen 2. abrechnen

虽（雖） suī 1. →虽然 2. wenn auch ～死犹荣 einen Heldentod sterben; ruhmvoll sterben

虽然 suīrán obwohl; obgleich; wenn auch

尿 suī 另见 niào

Urin; Harn

随（隨） suí 1. folgen; hinterhergehen; nachkommen ～着时代前进 mit der Zeit Schritt halten; mit der Zeit vorwärtsschreiten 2. sich fügen; aneinanderpassen 3. nach Belieben (Wunsch, Wahl) 去不去～你 es ist deine Sache (es liegt bei dir), ob du mitgehst oder nicht 4. nebenbei; beiläufig; nebenher

随笔 suíbǐ 1. literarische Skizze; Feuilleton;

Miszellen 2. Notiz; Vermerk; notierte Bemerkung

随便 suíbiàn 1. zwanglos; ungezwungen; nach Belieben 随你的便 es steht ganz in deinem Belieben / wie es dir beliebt 2. nicht förmlich; unbefangen; ohne Hemmungen ～拿些什么给我吃 Holen Sie mir irgendwas zum Essen! 3. unbedacht; unüberlegt; unbesonnen ～乱说 unbedacht daherreden; schwafeln 4. irgend; auf irgendeine Art und Weise 你～什么时候来都可以 du kannst zu jeder Zeit (Stunde) kommen / kommst du, wann es dir beliebt

随波逐流 suí bō zhú liú sich von der Strömung treiben lassen; mit dem Strom schwimmen; der Herde folgen

随处 suíchù auf Schritt und Tritt; überall; irgendwo

随从 suícóng 1. das Geleit geben; eskortieren 2. Begleitungsmannschaft; Geleit; Eskorte

随地 suídì →随处 不准～吐痰 Bitte nicht auf den Boden spucken!

随风转舵 suí fēng zhuǎn duò den Mantel nach dem Wind hängen (drehen, kehren)

随和 suíhe gutmütig; gutherzig; leicht nachgebend

随后 suíhòu dann; nachher; danach

随机应变 suí jī yìng biàn sich nach den veränderten Umständen richten; geschmeidig

随即 suíjí im Nu; gleich; anschließend

随口 suíkǒu unüberlegt und gedankenlos daherreden; ein Wort hinwerfen ～回答 unüberlegt eine Antwort geben; unbesonnen antworten; mit einer Antwort unbesonnen herausplatzen

随身听 suíshēntīng Walkman

随时 suíshí 1. jederzeit; zu jeder Zeit; immer ～随地 zu jeder Zeit und an jedem Ort; jederzeit und überall 2. sofort; gleich; unverzüglich 发现问题，～解决 *Probleme lösen, sobald sie aufgetaucht sind*

随手 suíshǒu beiläufig; nebenbei; bei Gelegenheit ～关门! Die Tür hinter sich schließen! / Schließ die Tür hinter dir!

随同 suítóng mit anderen zusammen; gemeinsam; im Gefolge von

随心所欲 suí xīn suǒ yù je nach Lust und Laune handeln; nach Herzenslust; nach Gefallen

随意 suíyì willkürlich; beliebig; vom Willen gelenkt

随遇而安 suí yù ér ān sich überall zu Hause (geborgen) fühlen können; sich den gegebenen Umständen gut anpassen können

随员 suíyuán 1. Gefolge; Begleitung 2. Attache 大使馆～ Attache der Botschaft

绥

suí friedliebend; friedlich; krieglos

绥靖 suíjìng beschwichtigen; besänftigen; beruhigen ～政策 Beschwichtigungspolitik; Appeasementpolitik

髓

suǐ 1. Knochenmark 2. Mark 脑～ Gehirn; Gehirnsubstanz; Gehirnmark 3. Mark; Medulla

碎

suì 1. zerkleinern; entzweibrechen; in Stück brechen 碗打～了 die Schüssel ist entzweigegangen (zerbrochen) 2. in Stück gerissen werden; zersplittern; kaputt machen ～石机 Steinbrecher 3. zerkleinert; bruchstückhaft; zerstückelt ～玻璃 zerbrochenes Glas 4. redselig; schwatzhaft; geschwätzig

碎步儿 suìbùr kleine, schnelle Schritte

碎片 suìpiàn Fetzen; Splitt

碎屑 suìxiè 1. bröcklig; Trümmer 2. geringfügig; trivial; belanglos

遂[1]

suí 1. →遂心 2. gelingen; glücken; zustande kommen

遂[2]

suì gleich danach; darauf; dann

遂心 suìxīn zufrieden gestellt; befriedigt; nach Wunsch gehen

遂愿 suìyuàn js Wunsch erfüllen; wie man wünscht; wunschgemäß

燧

suì 1. Feuerstein; Flintstein 2. Signalfeuer (in alten Zeiten)

燧石 suìshí Flintstein; Feuerstein

隧

suì

隧道 suìdào Tunnel; unterirdischer Gang (Stollen)

岁（嵗、歳、歲）

suì

1. Jahr; Kalenderjahr ～末 Jahresende
2. Alter; Lebensjahr 两～的孩子 zwei-

jähriges Kind 你几～了? Wie alt bist du? 3. Ernte; Ernteertrag; Jahresernte 丰～ fruchtbares Jahr

岁数 suìshu Alter; Lebensjahr 上了～的人 jemand, der sehr betagt ist; ein älterer Herr; eine ältere Dame

岁月 suìyuè Jahre; Zeit 漫长的～ langdauernde Jahre

穗（²繐） suì 1. Ähre 麦～ Weizenähre 2. →穗子

穗子 suìzi 1. →穗 1 2. Troddel; Franse; Bommel; Puschel

孙（孫） sūn 1. →孙子 2. auf die Enkel folgende Generationen 玄～ Ururenkel

孙女 sūnnǚ Enkelin

孙子 sūnzi Enkel; Enkelkind

损 sǔn 1. vermindern; verringern; reduzieren 2. →损害 ～人利己 sich auf Kosten anderer Vorteile verschaffen; Profite auf Kosten anderer machen 3. →损坏

损害 sǔnhài schaden; schädigen; Nachteile bringen ～群众利益 gegen die Interessen der Massen verstoßen

损耗 sǔnhào Verlust; Verschleiß; erlittener Schaden 商品～ Warenverlust

损坏 sǔnhuài beschädigen; lädieren; schadhaft machen 机器～了 die Maschinen sind beschädigt

损伤 sǔnshāng 1. →损害 2. →损失

损失 sǔnshī 1. verlieren; einbüßen; verloren gehen 2. Verlust; Einbuße 赔偿～ jm den Verlust ersetzen; einen Schaden ersetzen

损益 sǔnyì 1. Ab- und Zunahme; Verringerung und Vermehrung 2. Gewinn und Verlust ～账 Ergebnisrechnung

笋（筍） sǔn Bambusspross; Bambustrieb ～干 getrocknete Bambussprossen

隼 sǔn Falke

榫 sǔn →榫头

榫头 sǔntou Zapfen; Stöpsel

榫眼 sǔnyǎn Zapfenloch; Stöpselloch

莎 suō

莎草 suōcǎo Zypergras

缩 suō 1. →缩小; 缩短 热胀冷～ sich bei Wärme ausdehnen und bei Kälte zusammenziehen 2. sich zusammenkauern; ducken ～脖子 den Kopf ducken 3. zurückziehen; zurückgehen; nach hinten ziehen

缩尺 suōchǐ Maßstab; verkleinerter Maßstab

缩短 suōduǎn verkürzen; verkleinern; abkürzen ～距离 den Abstand verringern ～期限 Termin (Frist) abkürzen (verkürzen)

缩手缩脚 suō shǒu suō jiǎo 1. sich vor Kälte zusammenziehen; vor Kälte alle viere kaum von sich strecken können; sich vor Kälte ducken 2. zu viele Bedenken haben; innere Hemmungen haben

缩水 suōshuǐ einlaufen; eingehen; krumpfen

缩小 suōxiǎo verkleinern; vermindern; verringern ～规模 Ausmaß verkleinern

缩写 suōxiě 1. Abkürzung; Kürzung ～词 Abkürzungszeichen 2. (ein literarisches Werk) kürzen ～本 gekürzte Ausgabe

缩印 suōyìn ein Buch oder ein Bild auf photomechanischem Weg verkleinern ～本 eine verkleinerte Ausgabe

缩影 suōyǐng Miniatur

蓑（簑） suō

蓑衣 suōyī Regenumhang aus Palmbast oder Stroh

嗍 suō aussaugen; auslutschen

梭 suō →梭子¹

梭镖 suōbiāo Speer; Lanze

梭子¹ suōzi Weberschiffchen; Weberschützen

梭子² suōzi 1. Ladestreifen; Patronenrahmen 2. (Zähleinheitswort) Ladestreifen 一～子弹 ein ganzer Ladestreifen

唆 suō →唆使

唆使 suōshǐ aufhetzen; aufwiegeln; aufstacheln

睃 suō schielen; schräg gucken; einen Silberblick haben

索¹ suǒ Tau; Strick; Seil 船～ Schiffsseil

索[2] suǒ 1. suchen; auf die Suche gehen; aufspüren 2. →索取 ～债 Schulden eintreiben; einen Schuldner zur Rückzahlung auffordern
索道 suǒdào Seilbahn
索赔 suǒpéi Reklamation
索取 suǒqǔ verlangen; fordern; beanspruchen
索然 suǒrán langweilig; getrocken; lahm 兴致～ fade und langweilig
索性 suǒxìng einfach; geradezu; ohne weiteres
索引 suǒyǐn Index; Verzeichnis; Register 书目～ Buchverzeichnis

琐 suǒ →琐碎
琐事 suǒshì Kleinigkeit; belanglose Sache 家庭～ häusliche Verrichtungen; Haushaltskram
琐碎 suǒsuì trivial; geringfügig; Umständlichkeit

唢 suǒ
唢呐 suǒnà *Suona*; Holzblasinstrument

锁 suǒ 1. Schloss; Hängeschloss; Vorhängeschloss 开～ das Schloss öffnen 2. verschließen; zuschließen ～门 Tür zuschließen (verschließen) 双眉深～ die Augenbrauen eng zusammenziehen; die Brauen runzeln 3. Saumnaht ～边 einen Saum mit kleinen Stichen nähen
锁骨 suǒgǔ Schlüsselbein
锁链 suǒliàn Kette; Fessel 打断封建～ feudalistische Ketten (Fesseln) sprengen (zerbrechen)
锁钥 suǒyuè 1. Schlüssel (zur Lösung eines Problems); Schlüsselpunkt 2. Schlüsselstellung

所(阬) suǒ 1. Sitz; Wohnort; Stelle 安身之～ Wohnsitz; Unterkunft; Zuflucht 2. (zur Bezeichnung einer Organisation, einer Behörde u. a.): 研究～ Forschungsinstitut 指挥～ Kommandostelle 招待～ Gästehaus 3. (als Zähleinheitswort): 三～医院 drei Krankenhäuser 4. (als Hilfswort): 敌人为我～败 die Feinde sind von uns besiegt worden 我～认识的人 die Leute, die ich kenne
所得税 suǒdéshuì Einkommensteuer
所谓 suǒwèi 1. was etw betrifft; worauf es sich bezieht; betreffs 这就是～原子 das sind eben Atome 2. sogenannt; angeblich
所向披靡 suǒ xiàng pī mǐ wohin auch die Truppen vordringen, der Feind jagt in heilloser Panik davon / überall unbesiegbar
所以 suǒyǐ 1. deshalb; deswegen; darum 这就是他～拒绝的原因 das sind die Gründe, weshalb er das abgelehnt hat 2. Ursache; Veranlassung 不知～ nicht wissen, warum es so ist; den Grund nicht kennen
所有 suǒyǒu 1. besitzen; als Besitz haben; verfügen über ～制 Eigentumssystem 2. Besitz; Besitztum; Habe 尽其～ seinen ganzen Besitz hergeben 3. all ～大学生 alle Studenten

T

他 tā 1. er 2. (zwischen einem Verb und einer Mengenbezeichnung stehen): 盖～两三间房 zwei bis drei Häuser bauen 3. anderswo; andere Seite 另有～就 eine andere Stelle bekommen; anderswo unterkommen; anderswo angestellt werden 4. andere; anders ～日 ein andermal; an einem anderen Tag

他们 tāmen sie

他人 tārén ein anderer; andere (Leute)

他乡 tāxiāng in fernen Ländern; ein Ort weit von zu Hause

她 tā sie

她们 tāmen sie

它(牠) tā es

它们 tāmen sie

铊 tā 另见 túo '砣'
Thallium (Tl)

塌 tā 1. zusammenbrechen; einstürzen; zusammenfallen 2. hohl; vertieft; platt ～鼻子 flache (platte) Nase 3. sich beruhigen; beschwichtigen; zur Ruhe bringen ～下心来 sich sammeln; seine Fassung wiedergewinnen

塌方 tāfāng einstürzen; zusammenstürzen; Grundbruch (Erdrutsch)

趿 tā →趿拉

趿拉 tāla in Pantoffeln schlurfen; mit den Schuhen schlappen

踏 tā 另见 tà

踏实 tāshi 1. gewissenhaft; sorgfältig; gründlich 2. ruhig; beruhigt; sorglos 心里不～ sich nicht erleichtert fühlen im Innern unsicher finden

塔(墖) tǎ 1. (buddhistische) Pagode 2. Turm; turmförmiger Bau ～式起重机 Turmkran; Turmdrehkran

塔吉克族 tǎjíkèzú Tajik-Nationalität (im Uygurischen Autonomen Gebiet Xinjiang)

塔塔尔族 tǎtǎ'ěrzú Tatar-Nationalität (im Uygurischen Autonomen Gebiet Xinjiang)

塔台 tǎtái Flugleitungsturm; Tower

獭 tǎ Otter

挞(撻) tà peitschen; prügeln; mit der Peitsche hauen (schlagen)

挞伐 tàfá einen Feldzug unternehmen (gegen Feinde oder Rebellen)

拓(搨) tà 另见 tuò

拓本 tàběn Sammlung von Abklatschen (Abtreibungen)

榻 tà schmales, niedriges Bett; Pritsche

踏 tà 另见 tā
1. treten; betreten ～进门槛 Schwelle (Türschwelle) betreten (überschreiten) ～上工作岗位 einen Arbeitsposten übernehmen; an einen Arbeitsplatz gehen

踏步 tàbù auf der Stelle treten 大～前进 mit großen Schritten vorwärts schreiten

胎[1] tāi 1. Leibesfrucht; Fötus; Fetus 2. Geburt; Niederkunft 第二～ zweite Geburt; zweites Baby 3. ungebranntes Werkstück 泥～ noch nicht gebrannte Tonwaren

胎[2] tāi Reifen; Gummischlauch 内～ Schlauch

胎儿 tāi'ér Fötus; Fetus; Embryo

胎记 tāijì Muttermal

胎教 tāijiào Fötuserziehung

胎盘 tāipán Mutterkuchen; Fruchtkuchen; Plazenta

薹[1] tái Segge

薹[2] tái Stengel (von Knoblauch, Schnittlauch, Rapskohl) 蒜～ Stengel von Knoblauch

台(臺、[6]檯、枱) tái 1. Plattform; Terrasse; Podest 2. Bühne; Tribüne 上～表演 zur Vorführung auf die Bühne treten 3. Untersatz; Ständer 烛～ Kerzenständer 4. terrassenförmige Gegenstände 窗～ Fensterbank; Fensterbrett 5. (als Zähleinheitswort): 三～机器 drei Maschinen 6. Tisch; Tafel

台胞 táibāo Landsleute auf Taiwan

台布 táibù Tischdecke; Tischtuch

台秤 táichèng Brückenwaage; Tischwaage

台词 táicí Bühnentext; Theatertext 背～ Rollentext (Bühnentext) auswendig her- oder aufsagen (rezitieren)

台灯 táidēng Tischlampe

台风 táifēng Taifun; Wirbelsturm; Wirbelwind

台阶 táijiē 1. Treppe; Stufenleiter; Stiege 2. Möglichkeit zur Befreiung aus einer schwierigen (misslichen) Lage; Ausweg aus einem Dilemma

台历 táilì Tischkalender

台球 táiqiú 1. Billard; Billardspiel 打～ Billard spielen 2. Billardkugel; Billardball

跆 tái

跆拳道 táiquándào Taekwondo

苔 tái Lebermoose

苔藓 táixiǎn Moose; Torfmoose ～植物 Moose; Torfmoose

苔原 táiyuán Tundra

抬(擡) tái 1. heben; hochheben; emporheben ～头 den Kopf heben 2. tragen ～担架 eine Bahre tragen 3. →抬杠

抬杠 táigàng debattieren; streiten

抬价 táijià die Warenpreise erhöhen (aufschlagen, hochtreiben)

抬举 táiju protegieren; bevorzugen; favorisieren 不识～ eine Gunst verkennen

泰 tài heil; friedlich; harmonisch ～然自若 sich nicht aus der Fassung bringen lassen; ruhig und gelassen

泰斗 tàidǒu große Autorität (respektvolle Bezeichnung); Koryphäe; Säule

太 tài 1. höchst; allergrößt 2. ältest 3. zu; äußerst; übermäßig 水～烫 das Wasser ist zu heiß 4. sehr; recht; außerordentlich ～好啦! Das ist sehr gut!

太古 tàigǔ Urzeit; Vorzeit

太极拳 tàijíquán *Taijiquan*; Schattenboxen

太监 tàijiàn Eunuch

太空 tàikōng Weltraum; Firmament; Weltall

太空战 tàikōngzhàn Raumkrieg

太空站 tàikōngzhàn Raumstation

太平 tàipíng (in) Ruhe und Frieden; friedlich ～无事 alles ist in Ordnung / es ist nichts passiert

太平间 tàipíngjiān Leichenhalle; Leichenkammer (im Krankenhaus)

太平门 tàipíngmén Notausgang; Nottür

太太 tàitai 1. Frau 2. genädige Frau; Madame 3. Frau; Madame; genädige Frau 4. Frau; Gattin; Gemahlin

太阳 tàiyáng 1. Sonne ～能 Sonnenenergie; Solarenergie ～系 Sonnensystem 2. Sonnenschein; Sonnenlicht 晒～ sich sonnen; sich in der Sonne braten lassen

太阳穴 tàiyángxué Schläfe

太子 tàizǐ Kronprinz; Erbprinz

态(態) tài 1. Form; Erscheinung; Zustand 2. Genus; Aktionsform 主动～ Aktiv 被动～ Passiv

态度 tàidu 1. Benehmen; Betragen; Auftreten ～大方 natürlich und ungezwungen; ungeniert; großzügig 2. Position; Haltung; Einstellung 劳动～ Einstellung zur Arbeit; Arbeitseinstellung 表示～ Standpunkt klarmachen; Stellung nehmen

钛 tài Titan (Ti) ～钢 Titanstahl

坍(坤) tān →坍塌

坍塌 tāntā zusammenbrechen; zusammenfallen; einstürzen

贪 tān 1. →贪污 ～官污吏 korrupte (bestechliche) Beamte 2. gierig; begehrlich; unersättlich ～玩 aufs Spiel erpicht sein ～得无厌 den Hals nicht voll (genug) kriegen (können); gierig 3. nach etw streben; ersehnen; begehren ～便宜 gierig nach kleinen Vorteilen sein; immer auf kleine Vorteile (Gewinne) aus sein

贪婪 tānlán habgierig; habsüchtig; raffgierig
贪恋 tānliàn an etw hängen; sich von etw nicht trennen können
贪图 tāntú begehren; nach etw trachten; heftig verlangen ～名利 auf Ruhm und Reichtum erpicht sein; nach Ruhm und Reichtum streben
贪污 tānwū Korruption; Bestechung; Unterschlagung ～分子 Veruntreuer
贪心 tānxīn 1. Habgier; Raffgier; Besitzgier ～不足 unersättlich; nicht zufrieden zu stellen; unmäßig 2. habgierig; habsüchtig; raffgierig
贪嘴 tānzuǐ gefräßig; nimmersatt; fressgierig

滩(灘) tān 1. Strand 沙～ Sandstrand 2. Untiefe; Sandbank 险～ gefährliche Untiefe (Sandbank)

瘫(癱) tān →瘫痪
瘫痪 tānhuàn 1. Lähmung; Paralyse 四肢～ an beiden Armen und Beinen gelähmt sein 2. gelähmt; zusammengebrochen; ins Stocken geraten ～状态 Stillstand
瘫软 tānruǎn schwach (matt) und kraftlos

摊(攤) tān 1. auseinander legen; nebeneinander legen; ausbreiten 双手一～ die Hände öffnen 2. Bude; Stand; Verkaufsstand 水果～ Obststand 3. (als Zähleinheitswort): 一～稀泥 eine Schlammpfütze 4. (eine Kochkunst) Teigbrei zu dünnen Fladen backen ～煎饼 Mehlfladen backen 5. →摊派
摊贩 tānfàn Straßenhändler; Höker; Krämer 流动～ mobiler Händler; beweglicher Händler; Fierant
摊牌 tānpái die Karten aufdecken; die wahre Sachlage bekanntgeben
摊派 tānpài zuteilen; zumessen; zuweisen

檀 tán *Pteroceltis tatarinowii*
檀香 tánxiāng Sandelholzbaum ～皂 Sandelduftseife ～扇 Sandelholzfächer

弹(彈) tán 另见 dàn
1. mit einer Schleuder schießen 2. schnellen (lassen); federnd springen lassen ～棉花 Baumwolle (durch Zupfen) auflockern 3. etw mit dem Finger abklopfen; schnippen; knipsen ～烟灰 Zigarettenasche abklopfen 4 spielen; zupfen ～钢琴 Klavier spielen; in die Tasten greifen 5. elastisch; dehnbar; zugfähig
弹劾 tánhé (wegen Amtsmissbrauchs u. ä.) jn unter Anklage stellen; Impeachment
弹簧 tánhuáng Feder ～秤 Federwaage ～刀 Klappmesser
弹力 tánlì Elastizität; Federkraft; Dehnbarkeit ～袜 Stretchsocken
弹性 tánxìng 1. Elastizität; Sprungkraft; Dehnbarkeit 2. Elastizitätsgrenze
弹性工作制 tánxìng gōngzuòzhì System der gleitenden Arbeitszeit

痰 tán Auswurf; Sputum
痰盂 tányú Spucknapf

谈 tán 1. sprechen; reden; plaudern 2. Gesprächsthema 无稽之～ Unsinn; dummes Zeug; Nonsens
谈话 tánhuà 1. Gespräch; Unterhaltung 2. Rede; Erklärung; Ansprache 发表～ eine Erklärung abgeben; eine Rede halten
谈论 tánlùn über etw sprechen; sich über jn/etw aussprechen; seine Meinung über etw sagen (äußern)
谈判 tánpàn verhandeln; unterhandeln; eine Verhandlung führen 和平～ friedliche Verhandlungen ～中断 die Verhandlungen sind unterbrochen
谈天 tántiān plaudern; sich unterhalten; plauschen
谈吐 tántǔ Ausdrucksweise; Sprechweise; die Art zu sprechen ～文雅 eine gepflegte Sprechweise haben
谈心 tánxīn sich aussprechen; sein Herz ausschütten; sich vertraut unterhalten

坛¹(壇) tán 1. Altar; Gottestisch; Opfertisch 2. erhöhtes Beet 花～ Blumenbeet; Beet mit Blumen 3. Fachgebiet; Kreis; Zirkel 艺～ Kreis von Künstlern

坛²(罎、罈、墰、壜) tán →坛子 酒～ Weinkruke
坛子 tánzi dickbäuchiges Tongefäß; Kruke

昙(曇) tán wolkig; bewölkt
昙花 tánhuā *Epiphyllum oxypetalum* ～一现 Kurzlebigkeit; nur kurze Zeit Bedeutung haben

潭 tán tiefer Teich; sehr kleiner See; Weiher

毯 tǎn →毯子

毯子 tǎnzi Bettdecke; Zudecke; Teppich

忐 tǎn

忐忑 tǎntè in Unruhe versetzt; innerlich unruhig; beunruhigt ～不安 nervös; unruhig; geistesabwesend

袒 tǎn 1. →袒露 ～胸露臂 Schultern und Brustansatz frei lassen 2. →袒护

袒护 tǎnhù jm die Stange halten; jn in Schutz nehmen

袒露 tǎnlù entblößen; bloßmachen

坦 tǎn 1. flach; eben; glatt 2. →坦白 3. →坦然

坦白 tǎnbái 1. ehrlich; aufrichtig; offenherzig 胸襟～ ehrlich; offenherzig; freimütig 2. gestehen; bekennen; beichten ～交待 ein volles Geständnis ablegen (machen)

坦克 tǎnkè Panzer; Tank ～兵 Panzersoldat

坦然 tǎnrán ruhig und gelassen; gefasst; gleichmütig ～无惧 gelassen und furchtlos

坦率 tǎnshuài freimütig; offen; offenherzig

坦途 tǎntú ebene Straße (Landstraße)

钽 tǎn Tantal (Ta)

探 tàn 1. auskundschaften; erkunden; erforschen ～路 nach einem Weg fragen; einen Weg auskundschaften ～口气 js Absicht (Bestrebung, Vorhaben, Plan) erkunden 2. Kundschafter 密～ Geheimagent; Spitzel 3. →探望 2 ～病 einen Kranken besuchen 4. ausstrecken; von sich strecken

探测 tàncè erkunden; sondieren; vermessen

探戈 tàngē Tango

探监 tànjiān einen Strafgefangenen besuchen

探究 tànjiū einer Sache auf den Grund gehen (kommen); einer Ursache nachforschen

探矿 tànkuàng nach Bodenschätzen schürfen; Minerallagerstätten aufsuchen

探亲 tànqīn sich an einen anderen Ort begeben, um die Eltern (den Ehepartner, einen Familienangehörigen, einen Verwandten) zu besuchen ～假 Urlaub für Ehepartner- bzw. Elternbesuch

探伤 tànshāng Fehlererkennung; Fehlerprüfung ～器 Fehlersuchgerät; Anrisssucher

探索 tànsuǒ erforschen; durchforschen; ergründen ～宇宙 den Kosmos zu ergründen suchen

探讨 tàntǎo studieren und diskutieren; erörtern

探听 tàntīng sich nach etw umhören; sich nach etw erkundigen; herumhorchen ～消息 Auskünfte (Nachrichten) über jn/etw einziehen

探望 tànwàng 1. ausspähen; auslugen; ausschauen 2. jm einen Besuch abstatten; jn aufsuchen

探险 tànxiǎn eine Expedition unternehmen; eine Entdeckungsreise machen ～队 Forschungsmannschaft; Expeditionskorps

探照灯 tànzhàodēng Scheinwerfer

叹(嘆、歎) tàn 1. einen Seufzer ausstoßen; seufzen; aufstöhnen 悲～ ein trauriger Seufzer; traurig seufzen 2. →叹赏

叹词 tàncí Interjektion; Ausrufewort

叹气 tànqì seufzen; einen Seufzer ausstoßen 唉声～ seufzen; ächzen

叹赏 tànshǎng bewundern; bestaunen

叹息 tànxī →叹气

炭(炭) tàn Holzkohle

炭精 tànjīng raffinierte Holzkohle; Feinholzkohle ～棒 Kohlenstift

炭盆 tànpén Holzkohlenpfanne; Kohlenpfanne

碳 tàn Kohlenstoff (C)

碳酸 tànsuān Kohlensäure

汤(湯) tāng 1. warmes (kochendes) Wasser 2. Suppe; Brühe 肉～ Fleischbrühe 3. flüssige Speise; Bouillon 喝～ Suppe (Brühe) essen

汤匙 tāngchí Suppenlöffel

汤面 tāngmiàn Nudelsuppe

汤药 tāngyào Heilkräutertrank; Kräutertee; Heilkräutertee

汤圆 tāngyuán Klebreismehlklöße mit Füllung

耥 tāng das Reisfeld mit der Reisfeldegge bearbeiten

嘡 tāng (Schallwort) dong; bam

蹚[1]（趟） tāng waten; durchwaten ～水过河 durch einen Fluss waten; einen Fluss durchwaten

蹚[2]（趟） tāng Erdreich lockern und Unkraut jäten

唐 táng Tang-Dynastie (618-907)

唐人街 tángrénjiē Chinesenviertel

唐突 tángtū indiskret; taktlos; schnippisch

溏 táng zähflüssig; dickflüssig; schwerflüssig ～心 Eier mit weichem Dotter

糖（[1]醣） táng 1. Zucker; Raffinade 2. zuckern; kandieren; einzuckern 加～ etw mit Zucker süßen 3. →糖果 水果～ Fruchtbonbon; Drops

糖果 tángguǒ Bonbons; Süßigkeiten; Konfekt ～店 Laden (Geschäft) für Bonbons (Süßigkeiten, Bonbonszucker)

糖浆 tángjiāng 1. dicke süße Flüssigkeit 2. Sirup

糖精 tángjīng Saccharin

糖尿病 tángniàobìng Zuckerkrankheit; Diabetes

糖衣 tángyī Zuckerüberzug; Zuckerhülle ～炮弹 verzuckerte Geschosskugel; verzuckerte Giftpille

塘 táng 1. Damm; Deich; Aufschüttung 河～ Flussdamm 2. Teich; sehr kleiner See; kleines, stehendes Gewässer 3. Badebecken

塘肥 tángféi Teichschlammdünger

搪[1] táng 1. widerstehen; schützen; standhalten ～风 gegen den Wind schützen 2. →搪塞

搪[2] táng (Lehm, Farbe u. ä) auftragen; aufstreichen ～炉子 einen Ofen mit Lehm ausstreichen

搪[3] táng bohren

搪瓷 tángcí Emaille; Email; Schmelzglas ～器皿 Emailgeschirr; Emailwaren

搪塞 tangsè etw flüchtig erledigen; leichtfertig und unverantwortlich sein

堂 táng 1. Hauptraum eines großen Wohnhofs ～屋 zentraler Raum (eines großen chinesischen Wohnhauses) 2. Halle für einen bestimmten Zweck 食～ Speisehalle; Mensa 3. (früher) Gerichtshof; Gerichtssaal 4. Vetter oder Kusinen (aus des Vaters Familie) ～兄弟 Vetter väterlicherseits 5. (als Zähleinheitswort): 一～家具 eine Möbelgarnitur 6. (als Zähleinheitswort): 一～课 eine Stunde Unterricht

堂房 tángfáng →堂 4

堂皇 tánghuáng imposant; wunderbar; prächtig 富丽～ prunkvoll; prachtvoll; herrlich

堂堂 tángtáng 1. von würdevollem Aussehen (Äußeren) 相貌～ eine stattliche Erscheinung; edel und würdevoll 2. sich als Mann zeigen; seine Tapferkeit (seinen Mut) zeigen ～男子 Mann von Charakter 3. imposant; groß und eindrucksvoll ～之阵 eine imponierende Gefechtsstärke; starke Aufstellung

棠 táng →棠梨

棠梨 tánglí *Pyrus betulaefolia*

樘 táng 1. Fensterrahmen; Türrahmen 门～ Türrahmen 2. (als Zähleinheitswort): 一～玻璃门 eine Glastür

螳 táng →螳螂 ～臂当车 seine eigenen Kräfte überschätzen

螳螂 tángláng Gottesanbeterin; Fangheuschrecke

镗 táng bohren

镗床 tángchuáng Bohrmaschine; Bohrbank

膛 táng 1. Brusthöhle; Brust 2. Raum innerhalb eines Gegenstandes 炉～ Ofenkammer 炮～ Rohrdurchmesser; Seele

淌 tǎng fließen; rinnen; rieseln ～血 das Blut rinnt (fließt)

傥（儻） tǎng →傥若 ～有困难 sollten Schwierigkeiten auftreten

傥若 tǎngruò wenn; falls; für den Fall (im Falle, dass)

T

躺 tǎng liegen；sich hinlegen；sich hinstrecken

躺椅 tǎngyǐ Liegestuhl；Liege

烫（燙） tàng 1. sich verbrennen；sich verbrühen；sich eine Brandwunde zuziehen ～手 so heiß，dass man es kaum mit den Händen halten kann 2. erwärmen ～酒 Reiswein im Wasserbad anwärmen（warm machen）3. brühheiß；kochend heiß；siedend heiß 水太～ das Wasser ist zu heiß 4. →烫发 电～ Dauerwellen legen；Dauerwelle；Krause

烫发 tàngfà sich das Haar brennen；sich Dauerwellen machen lassen；sich das Haar in Wellen legen lassen

烫金 tàngjīn mit Bronzefarbe überziehen；Pressvergoldung

烫伤 tàngshāng Brandwunde；Verbrühung

趟 tàng 1. einmal 上了一～北京 einmal in Beijing gewesen sein 逛了一～庙会 einmal den Jahrmarkt besucht haben 2. Zug；Schiff 这～车是去杭州的 dieser Zug fährt nach Hangzhou

涛（濤） tāo Woge；große Welle ～声 gewaltiges Getöse der Wellen

掏（搯） tāo 另见 táo‘淘’ 1. herausnehmen；herausholen ～钱 Geld herausnehmen；Geld hergeben 2. entfernen；entnehmen；herausnehmen ～灰 Asche entfernen（entnehmen）

滔 tāo überfließen；überströmen；überfluten

滔滔 tāotāo 1. turmhohe Wellen schlagen；brandend 白浪～ schäumende Wellen überstürzen sich 2. ununterbrochen sprechen；unaufhörlich reden ～不绝 wie ein Wasserfall（wie ein Buch）reden；die Schleusen seiner Beredsamkeit öffnen；Redefluss

滔天 tāotiān 1. turmhohe Wellen schlagen；die Wellen gehen sehr hoch 2. himmelschreiend；unerhört ～罪行 himmelschreiendes（unerhörtes）Verbrechen

韬（韜、弢） tāo 1. Bogentasche；Schwerttasche 2. verbergen；verstecken；vertuschen 3. Strategie und Taktik der Kriegsführung

韬晦 tāohuì sein Licht unter den Scheffel stellen；ganz in Verborgenheit（unauffällig）leben；seine Fähigkeiten（seine Leistungen）aus Bescheidenheit verbergen

韬略 tāolüè militärische Strategie

绦（縧、絛、縚） tāo →绦子

绦虫 tāochóng Brandwurm

绦子 tāozi Seidenband

饕 tāo 1. geldgierig；habsüchtig 2. gefräßig；fressgierig

饕餮 tāotiè 1. Unhold（riesenhaftes，hässliches Fabeltier in der chinesischen Mythologie）2. grausamer Mensch，Unmensch 3. Vielfraß；starker（tüchtiger）Esser

逃（迯） táo 1. →逃跑 2. →逃避 难～法网 der gesetzlichen Strafe nicht entgehen können

逃避 táobì entgehen；ausweichen；einer Sache aus dem Weg gehen ～责任 sich der Verantwortung（der Verpflichtung）entziehen

逃兵 táobīng 1. fahnenflüchtiger Soldat；Deserteur 2. Leute，die sich vor Schwierigkeiten vom Arbeitsplatz loslösen

逃窜 táocuàn flüchten；sich davonmachen；überstürzt fliehen 四处～ überstürzt in alle Richtungen flüchten

逃犯 táofàn verfolgter Flüchtling；geflüchteter（gejagter）Verbrecher；Ausbrecher

逃荒 táohuāng wegen einer Hungersnot die Heimat verlassen

逃难 táonàn vor einer Katastrophe fliehen；aus einem Katastrophengebiet flüchten

逃跑 táopǎo davonlaufen；weglaufen；fliehen

逃生 táoshēng aus Todesgefahr（Lebensgefahr）fliehen 死里～ mit dem Leben davonkommen；dem Tode mit genauer（knapper）Not entgehen；sich aus der Schlinge ziehen

逃亡 táowáng flüchten；sich retten；das Weite suchen ～国外 ins Ausland fliehen

逃学 táoxué die Schule schwänzen；hinter（neben）die Schule gehen（laufen）

逃走 táozǒu davonlaufen；entfliehen；fortlaufen

桃 táo 1. Pfirsichbaum 2. →桃子

桃李 táolǐ Pfirsiche und Pflaumen ～满天下 seine Schüler sind überall auf der Welt

桃仁 táorén 1. Pfirsichkern 2. Walnusskern

桃色 táosè 1. rosarot; blassrot; zartrot 2. Liebesaffäre ～新闻 Sexgeschichte; Sexskandal

桃子 táozi Pfirsich

淘（²掏） táo '掏' 另见 tāo

1. etw in einem Korb oder in einem Topf waschen ～米 Reis waschen; Reis mit Wasser abreiben 2. ausschöpfen; leerschöpfen; ausbaggern ～阴沟 unterirdischen Kanal reinigen

淘金 táojīn Gold waschen; Goldwäsche

淘箩 táoluó Bambuskorb zum Reiswaschen

淘气 táoqì lausbübisch; unartig; ausgelassen ～鬼 Lausbub; Frechdachs; Lausebengel

淘汰 táotài (aus einem Kampf) ausscheiden; aussondern ～赛 Ausscheidungskampf

陶[1] táo 1. →陶器 彩～ Keramik mit farbigem Dekor 2. →陶冶

陶[2] táo fröhlich; freudig; frohgemut

陶器 táoqì Keramik; Tonwaren

陶土 táotǔ Töpferton; Porzellanerde; Ton

陶冶 táoyě auf jn einen guten Einfluss ausüben; jn sorgfältig zu einem guten Charakter (zu einer guten Persönlichkeit) erziehen ～性情 die Ausbildung einer guten Persönlichkeit fördern

陶醉 táozuì in Verzückung geraten; freudetrunken sein; rauschhaft

讨 tǎo 1. →讨伐 2. verlangen; fordern; erfordern ～债 auf die Rückzahlung der Schulden drängen; Schulden eintreiben 3. eine Frau heiraten; jn zur Frau nehmen 4. sich etw zuziehen; hervorrufen; herbeiführen ～人喜欢 liebenswert; gewinnend; anziehend 5. →讨论

讨伐 tǎofá Straffeldzug; Strafexpedition

讨饭 tǎofàn betteln; fechten gehen; um Almosen bitten ～的 Bettler; Fechtbruder; Bettlermann

讨好 tǎohǎo 1. sich bei jm lieb Kind machen; sich bei jm anbiedern; sich bei jm einschmeicheln 2. ein gutes Ergebnis finden 费力不～ für harte Arbeit Undank ernten; eine mühsame, aber undankbare Arbeit verrichten

讨价 tǎojià einen Preis fordern; über einen Preis verhandeln ～还价 feilschen; handeln; markten

讨教 tǎojiào jn um Rat bitten (fragen); sich bei jm Rat holen

讨论 tǎolùn diskutieren; erörtern; Meinungen austauschen ～题 Diskussionsthemen ～会 Diskussion

讨饶 tǎoráo jn um Gnade anflehen; jn um Indulgenz (Nachsicht und Erbarmen) bitten

讨厌 tǎoyàn 1. scheußlich; widerlich; ekelhaft 2. heikel; schwierig; problematisch 3. verabscheuen; Abscheu empfinden (hegen); von Abscheu ergriffen sein 我～他老爱撒谎 dass er immer lügt, kann ich nicht leiden

套 tào 1. Hülle; Umhüllung; Bezug 沙发～ Sofabezug; Sesselbezug 2. überziehen; mit einem Überzug versehen ～上一件羢线套衫 einen Pullover überziehen 3 Geschirr für Zugtiere 4. (Zugtiere) anschirren; (Zugtiere) das Geschirr anlegen ～车 einen Wagen anspannen (einspannen) 5. Schlinge; Schleife 6. nachahmen; imitieren; nachmachen ～公式 eine Formel anwenden (gebrauchen) 7. →套子 3 8. jn aushorchen (ausfragen) jm die wahre Absicht entlocken 想法～他的话 aus jm seine geheimen Gedanken (ein Geständnis) herauszulocken versuchen 9. (als Zähleinheitswort) Satz; Reihe 一～茶具 ein Teeservice (Teegeschirr; Teeset) 整～机器 die ganze Maschine

套购 tàogòu etw illegal (schwarz) kaufen

套汇 tàohuì Arbitrage

套间 tàojiān Nebenzimmer; Hinterzimmer; Innenraum

套鞋 tàoxié Gummischuh; Galosche; Überschuh

套用 tàoyòng mechanisch anwenden; klischieren; schematisch nachahmen

套语 tàoyǔ Höflichkeitsformel; höfliche Redensart

套种 tàozhòng Deckfrucht; Zwischenfruchtbau; Mischkultur

套子 tàozi 1. →套 1 2. →套语 俗～ gesellschaftliche Konvention（Floskel）3. Falle；Schlinge

特 tè 1. →特殊 2. →特别 2 ～大丰收 eine außergewöhnliche Ernte 3. →特地 4. →特务（tèwu）

特别 tèbié 1. ungewöhnlich；sonderlich；eigenartig 2. besonders；außerordentlich；außergewöhnlich ～重要 außerordentlich wichtig 3. →特地

特别行政区 tèbiéxíngzhèngqū Sonderverwaltungszone

特产 tèchǎn Spezialität；Spezialprodukt

特长 tècháng besondere Leistungsfähigkeit；besonderes Können；Stärke

特等 tèděng Spitzenklasse；Sonderklasse ～舱 Luxuskabine ～功臣 vorbildliche Person mit großen Verdiensten

特地 tèdì extra；besonders；eigens 他是～来通知你的 er ist eigens gekommen，um es dir mitzuteilen

特点 tèdiǎn Merkmal；Kennzeichen；Besonderheit

特工 tègōng Geheimdienst；Geheimpolizei ～人员 Geheimagent

特技 tèjì 1. Kunststück ～飞行 Kunstflug 2. Filmtrick ～镜头 Trickaufnahme

特价 tèjià Sonderpreis；Ausnahmepreis；herabgesetzter Preis ～出售 etw zu einem Sonderpreis verkaufen；Sonderangebot

特刊 tèkān Sonderausgabe；Sondernummer

特派 tèpài jn speziell beauftragen；für eine besondere Mission；mit Sonderauftrag ～员 Sonderbeauftragte(r)；Kommissar ～记者 Sonderkorrespondent

特区 tèqū Sonderzone；Sondergebiet

特权 tèquán Privileg；Sonderrecht；Vorrecht ～阶层 privilegierte Schicht；Kaste；外交～ diplomatische Privilegien

特色 tèsè Eigenheit；Eigentümlichkeit；Eigenart 民族～ volkstümlich-nationales Gepräge

特赦 tèshè Sonderamnestie；amnestieren

特使 tèshǐ Sonderbotschafter；Sonderbeauftragte(r)

特殊 tèshū speziell；besonders；gesondert ～地位 besondere Stelle；Sonderstellung ～化 Privilegiertheit；privilegiert；bevorrechtet

特务 tèwù spezielle Aufgabe；Sonderaufgabe ～营 Bataillon für Sonderaufgaben

特务 tèwu Spion；Geheimagent；Agent ～机关 Geheimdienst

特效 tèxiào spezielle（besondere）Wirkung；wirkende Heilkraft ～药 Spezialmittel；Spezifikum

特写 tèxiě 1. Skizze；Feature 2. Großaufnahme；Nahaufnahme ～镜头 Großaufnahme；Nahaufnahme

特性 tèxìng spezifische Eigenschaft；Besonderheit；Eigenart

特异 tèyì 1. besonders gut；hervorragend；einzig 2. →特殊 ～功能 abnorme Empfindungsfähigkeit

特征 tèzhēng Merkmal；Kennzeichen；Charakteristikum 基本～ wesentliches Kennzeichen

特种 tèzhǒng Sondergattung；Sonderart ～兵 Sonderwaffengattung

铽 tè Terbium（Tb）

熥 tēng Speisen durch Dämpfen oder Backen aufwärmen

誊（謄） téng →誊写 ～清 ins reine schreiben

誊写 téngxiě abschreiben

藤（籐） téng Rotang；Peddigrohr；Rohr ～篮 Rotangkorb；Peddigrohrkorb

腾 téng 1. galoppieren；springen；eilen 2. in die Höhe steigen；hochsteigen 3. etw frei machen ～地方 Platz machen；ausräumen

腾飞 téngfēi schneller Aufstieg

腾空 téngkōng emporsteigen；aufsteigen；sich in die Luft erheben

疼 téng 1. →疼痛 头～ Kopfschmerzen haben 2. →疼爱

疼爱 téng'ài zärtlich besorgt；jn innig（besonders）lieben

疼痛 téngtòng Schmerz；schmerzen；weh tun

梯 tī →梯子 绳～ Seilentreppe 电～ Fahrstuhl；Lift

梯队 tīduì Staffel；Echelon

梯田 tītián Terrassenfeld

梯形 tīxíng leiterförmig；trapezförmig

梯子 tīzi Leiter；Treppenleiter；Stehleiter

锑 tī Antimon（Sb）

剔 tī 1. stochern; ausstochern ～牙 (sich) in den Zähnen stochern; sich die Zähne ausstochern ～指甲 Schmutz aus dem Nagel mit einem spitzen Gegenstand herauskratzen 2. →剔除

剔除 tīchú ausscheiden; aussondern; aussortieren ～次货 schlechte Waren aussortieren; Waren von minderer Qualität aussondern

踢 tī jn/etw mit dem Fuß stoßen; jm/etw einen Tritt versetzen (geben) ～足球 Fußball spielen 这马～人 das Pferd schlägt aus

体(體) tǐ 另见 tī

体己 tījì 1. intim; vertraulich; vertraut ～人 Busenfreund; intimer Freund; Vertrauensmann 2. (ohne dass andere Familienmitglieder etwas davonwissen) privat gespartes Geld; private Rücklagen

啼(嗁) tí 1. →啼哭 ～笑皆非 etw gleichzeitig zum Lachen und zum Weinen (etw sehr peinlich) finden 2. krähen; schreien 鸡～ der Hahn kräht

啼哭 tíkū weinen; heulen; wimmern

蹄(蹏) tí Huf

蹄筋 tíjīn Sehnen von Rindern, Hammeln oder Schweinen

鹈 tí

鹈鹕 tíhú Pelikan

绨 tí eine Art dicker Seidenstoff

题 tí 1. →题目 作文～ Aufsatztitel; *Aufsatzthema* 2. aufschreiben; eintragen

题材 tícái Thema; Gegenstand; Stoff

题词 tící 1. eine Widmung hineinschreiben 2. Widmung; Dedikation; Inschrift 3. Vorwort; Einleitung; Vorrede

题解 tíjiě 1. Kommentar 2. Schlüssel; Lösungsheft

题库 tíkù Sammlung von Prüfungsaufgaben

题名 tímíng seinen Namen eintragen (einschreiben); betiteln

题目 tímù 1. Thema; Titel; Überschrift 2. Übungsaufgabe; Prüfungsfrage

提 tí 另见 dī

1. etw mit einer herabhängenden Hand tragen 我去～水 ich gehe Wasser holen 2. →提高 3. vorlegen; stellen; anführen ～问题 eine Frage stellen (vorlegen) ～意见 kritische Meinungen (Bemerkungen) äußern; kritisieren 4. →提取 从银行～款 Geld vom Bankkonto abheben; Geld von der Bank holen 5. ein Verhör mit einem Verbrecher anstellen; jn ins Verhör nehmen ～审犯人 einen Verbrecher einem Verhör unterziehen 6. erwähnen; von etw sprechen (reden); gesprächsweise streifen 旧事重～ alte Geschichten wieder aufwärmen

提案 tí'àn Antrag; Vorschlag ～国 antragstellender Staat ～审查委员会 Kommission zur Antragsprüfung

提拔 tíbá befördern; in eine höhere Stellung versetzen; aufrücken lassen

提包 tíbāo Reisetasche; Handtasche

提倡 tíchàng befürworten; fördern; empfehlen ～晚婚 späte Heirat fördern ～节约 Sparsamkeit befürworten (fördern)

提成 tíchéng einen bestimmten Prozentsatz von einer Geldsumme abziehen

提纲 tígāng Abriss; Grundriss; Thesen 发言～ Stichpunktkonzept einer Rede (einer Ansprache)

提纲挈领 tí gāng qiè lǐng die entscheidenden Punkte zusammenfassen; übersichtlich ausdrücken

提高 tígāo erhöhen; heben; höher machen ～工资 Lohn erhöhen ～积极性 Aktivität erhöhen; Enthusiasmus (Initiative) zur Geltung bringen

提供 tígōng anbieten; liefern; versorgen ～证据 Beweise liefern (führen, erbringen)

提货单 tíhuòdān Auslieferungsschein

提交 tíjiāo vorlegen; unterbreiten; zur Einsichtnahme geben 把问题～全体大会讨论 der Vollversammlung Probleme zur Diskussion vorlegen (unterbreiten)

提炼 tíliàn raffinieren; extrahieren; herausziehen

提名 tímíng benennen; nominieren; Wahlvorschlag

提前 tíqián einen Termin vorverlegen; zu einem früheren Zeitpunkt ansetzen ～出发 die Abreise vorverlegen

提取 tíqǔ 1. abholen; abheben; holen 2. →提炼

提神 tíshén frisch machen; sich erfrischen;

T

sich erquicken

提升 tíshēng 1. jn im Rang erhöhen; in eine höhere Stellung versetzen; befördern 2. (mit maschineller Hilfe) etw in die Höhe heben ～设备 Hebevorrichtung; Hebewerk

提示 tíshì jn auf etw hinweisen; jn auf etw aufmerksam machen

提问 tíwèn Fragen stellen; fragen

提携 tíxié 1. (ein Kind an der Hand) führen 2. (den Nachwuchskräften) unter die Arme greifen; jm emporhelfen

提心吊胆 tí xīn diào dǎn von Furcht ergriffen (gepackt) werden; sehr beunruhigt und ängstlich sein

提醒 tíxǐng jn an etw erinnern; jn mahnen; ermahnen

提要 tíyào Übersicht; Zusammenfassung; Überblick

提议 tíyì 1. vorschlagen; einen Vorschlag machen; raten 2. Vorschlag; Angebot; Ratschlag

提早 tízǎo →提前

体(體、躰) tǐ 另见 tī

1. Körper; Körperteil; Leib ～弱 schwach sein 2. Stoff; Substanz; Wesen 固～ Festkörper 3. Stil; die Art zu schreiben; Schreibweise eines Dichters 印刷～ gedruckte Schrift 文～ literarisches Genre; literarischer Stil 4. etw am eigenen Leib erfahren; aus eigener Erfahrung ～会 etw aus Erfahrung lernen; etw durch die Praxis kennenlernen 5. Aktionsart; Aspekt 完成～ Perfekt; der vollendete Aspekt

体裁 tǐcái literarische Gattung; literarisches Genre

体操 tǐcāo Gymnastik; Körperübung; Turnen 自由～ Bodenturnen; Freiübungen

体罚 tǐfá körperliche Strafe; Körperstrafe; körperliche Züchtigung

体改委 tǐgǎiwěi Kommission zur Strukturreform

体格 tǐgé Körperbeschaffenheit; Körperbau; Konstitution ～健全 von starker Konstitution; kräftiger Körperbau

体会 tǐhuì 1. begreifen; aus Erfahrung lernen; etw am eigenen Leib erfahren 2. Eindruck; Einwirkung; Empfindung 交流～ Eindrücke (Erfahrungen) austauschen

体积 tǐjī Dimension; Ausmaß; Volumen

体力 tǐlì Muskelkraft; Körperkraft; Kraft ～劳动 körperliche Arbeit

体谅 tǐliang jm viel Verständnis entgegenbringen; für jn Verständnis und Sympathie haben

体面 tǐmian 1. Würde; Ansehen; Prestige 有失～ js Ansehen (das Gesicht) verlieren 2. ehrenhaft; ehrenvoll; lobenswert 不～的行为 entehrende Tat; unehrenhafte Handlung 3. gut aussehend 长得很～ hübsch (gut) aussehen

体魄 tǐpò Konstitution; Körperbeschaffenheit 锻炼～ die Konstitution trainieren

体态 tǐtài Körperhaltung; Figur ～轻盈 von geschmeidiger (anmutiger, zierlicher) Gestalt

体贴 tǐtiē sorgfältige Pflege angedeihen lassen ～入微 jn rücksichtsvoll behandeln

体外受精 tǐwàishòujīng In-vitro-Befruchtung

体温 tǐwēn Körpertemperatur; Eigenwärme ～计 Fieberthermometer

体系 tǐxì System 思想～ ideologisches System

体现 tǐxiàn verkörpern; repräsentieren

体型 tǐxíng Figurtyp; Habitus

体验 tǐyàn 1. Erlebnis; Erleben; Erfahrung 2. etw am eigenen Leib erfahren; etw durch die Praxis lernen

体育 tǐyù 1. Körperkultur; 2. Sport ～馆 Sporthalle ～事业 sportliche Sache

体制 tǐzhì 1. Organisationssystem; Struktur; Ordnung 领导～ Führungssystem ～改革 Strukturreform 2. →体裁

体质 tǐzhì Körperbau; Körperkonstitution; Körperverfassung 增强～ sich körperlich ertüchtigen; Körperkonstitution verstärken

体重 tǐzhòng Körpergewicht

涕 tì

1. Träne 2. Nasenschleim; Rotz

涕泣 tìqì schluchzen; weinen

剃 tì

rasieren ～胡子 sich rasieren

剃刀 tìdāo Rasiermesser; Rasierapparat; Schermesser

剃头 tìtóu sich den Kopf scheren (rasieren) lassen; sich die Haare schneiden lassen

替 tì

1. →替代 2. für; in js Namen 我们很～他高兴 wir freuen uns sehr für ihn

替补(队员) tìbǔ Ersatzspieler; Reservespieler

替代 tìdài an die Stelle treten; ersetzen; als Ersatz dienen

替工 tìgōng 1. für jn einspringen 2. Ersatzmann; Aushilfe; Lückenbüßer

替换 tìhuàn auswechseln; ablösen; jn an die Stelle eines anderen setzen

替身 tìshēn Ersatzmann; Double

替身演员 tìshēn yǎnyuán Double; Stuntman

替罪羊 tìzuìyáng Prügelknabe; Sündenbock; Prellbock

倜 tì

倜傥 tìtǎng frei und ungezwungen 风流～ sich unbefangen verhalten; sich frei und ungezwungen bewegen

屉（屜） tì 1. Dämpfaufsatz 2. →屉子 2

屉子 tìzi 1. einer der Behälter von gleicher Größe, die übereinander liegen können 2. Einsatz 3. Schublade; Schubfach

天 tiān 1. →天空 2. Tag 第二～ am zweiten Tag; am nächsten Tag; nächsten Tag 3. Zeitabschnitte im Laufe eines Tages ～还早呢 es ist noch früh 4. Jahreszeit; Saison 春～ Frühling 5. Wetter; Witterung ～晴 ein heiterer Himmel 6. natürlich; von Natur; angeboren ～生 natürliche Veranlagung; Naturanlage; Instinkt 7. Natur ～灾 Naturkatastrophe 8. →天堂

天安门 Tiān'ānmén Tiananmen (Tor des Himmlischen Friedens) ～广场 der Tiananmen-Platz

天边 tiānbiān 1. entfernteste Gegenden; *Horizont* 远在～(ganz) weit draußen 2. →天际

天才 tiāncái 1. Genius; Genialität; Begabung; Talent 2. Genie; Ingenium

天车 tiānchē Laufkran

天窗 tiānchuāng Dachfenster; Bodenfenster; Dachluke

天敌 tiāndí natürlicher Feind

天地 tiāndì 1. Himmel und Erde 2. Arbeitsfeld; Welt 科学研究的新～ ein neues Feld der wissenschaftlichen Forschung

天鹅 tiān'é Schwan

天鹅绒 tiān'éróng Samt; Velvet

天分 tiānfèn Begabung; Talent; angeborene Befähigung

天府之国 tiān fǔ zhī guó Paradies der Nation (Bezeichnung für die Provinz Sichuan)

天赋 tiānfù 1. angeboren; von Geburt aus; begnadet 2. →天资

天干 tiāngān die zehn Himmelsstämme (in Verbindung mit den zwölf Erdzweigen zur Bestimmung der Jahre, Monate und Tage)

天沟 tiāngōu Dachrinne; Kandel

天国 tiānguó 1. das himmlische Reich; Paradies; Jenseits 2. ideale Welt

天花 tiānhuā Pocken; Blattern; Variola

天花板 tiānhuābǎn Zimmerdecke; Decke; Plafond

天花乱坠 tiān huā luàn zhuì hochtrabend reden; das Blaue vom Himmel herunter reden

天际 tiānjì Horizont

天井 tiānjǐng 1. kleiner Hof 2. Dachfenster; Dachluke

天空 tiānkōng Himmel; Äther; Firmament

天蓝 tiānlán Himmelblau; hellblau; azurblau

天亮 tiānliàng Morgengrauen; Morgendämmerung; anbrechender Tag

天灵盖 tiānlínggài Schädeldecke; Schädeldach

天牛 tiānniú Bockkäfer

天疱疮 tiānpàochuāng Pemphigus

天平 tiānpíng Waage; Balkenwaage

天气 tiānqì Wetter; Witterung ～预报 Wetterbericht; Wettervorhersage; Wetteransage

天桥 tiānqiáo Fußgängerüberführung; Fußgängerbrücke

天然 tiānrán natürlich; naturgemäß ～气 Erdgas ～财富 Naturschätze; natürliche Ressourcen

天色 tiānsè Färbung bzw. Helligkeit des Himmels ～渐晚 der Tag sank / es wurde Abend

天生 tiānshēng angeboren; von Geburt an; von Natur aus ～的缺陷 ein angeborener Fehler; Fehler von Geburt an

天使 tiānshǐ Engel; Angelus; Bote des Gottes

天数 tiānshù Wille des Himmels; Schicksal; göttliche Vorsehung

天堂 tiāntáng 1. Himmelreich; Paradies; Himmel 2. Paradies

天体 tiāntǐ Himmelskörper

天天 tiāntiān täglich; jeden Tag; tagaus, tagein
天王星 tiānwángxīng Uranus
天文 tiānwén Astronomie; Himmelskunde; Sternkunde ～学 Astronomie; Himmelskunde; Sternkunde ～馆 Planetarium ～望远镜 Sternfernrohr; astronomisches Teleskop (Fernrohr)
天险 tiānxiǎn natürliches Hindernis
天线 tiānxiàn Antenne 室外～ Freiantenne; Antenne im Freien; Hochantenne
天象 tiānxiàng astronomische Erscheinungen ～仪 Planetarium
天涯 tiānyá Ende der Welt; weite Ferne; entfernteste Gegenden ～海角 die entferntesten Gegenden der Welt
天真 tiānzhēn 1. unbefangen; naiv; kindlich ～烂漫 von arglosem Wesen; naiv und lieblich 2. naiv; einfältig
天主教 tiānzhǔjiào Katholizismus ～徒 Katholik
天资 tiānzī Begabung; natürliche Anlage; geistige Veranlagung
天子 tiānzǐ Sohn des Himmels; Himmelssohn; Kaiser (im alten China)

添 tiān ergänzen; hinzufügen
添补 tiānbu zusätzlich anschaffen
添丁 tiāndīng Familienzuwachs (besonders Söhne bekommen)
添置 tiānzhì hinzukaufen; nachschaffen; sich etw zulegen

甜 tián 1. süß; zuckerig 2. fest; süß 孩子睡得很～ das Kind schläft so fest (süß)
甜菜 tiáncài Zuckerrübe
甜瓜 tiánguā Zuckermelone
甜酒 tiánjiǔ Zuckerwein (Süßwein)
甜蜜 tiánmì süß; erfreulich; glücklich
甜面酱 tiánmiànjiàng aus gegorenem Mehl zubereitete süße Soße
甜食 tiánshí Naschwerk; Zuckerwerk; Süßigkeiten
甜头 tiántou 1. süßer Geschmack; einen *guten Geschmack haben* 2. Vorteil; Nutzen; Vorzug 尝到～ bei etw auf den Geschmack kommen; Vorteil von (aus) etw ziehen
甜言蜜语 tián yán mì yǔ wohltönende (wohlklingende) Worte; Süßholz raspeln

填 tián 1. füllen; vollfüllen; vollmachen ～坑 eine Grube mit Erde auffüllen 2. →填补 3. →填写
填补 tiánbǔ auffüllen; ausfüllen; wieder vollständig füllen ～缺额 eine freie (offene) Stelle ausfüllen ～一个空白 eine Lücke ausfüllen (schließen)
填充 tiánchōng 1. →填补 2. fehlende Wörter oder Sätze ergänzen
填写 tiánxiě ausfüllen; ausschreiben ～表格 ein Formular ausfüllen

恬 tián 1. →恬静 2. gleichmütig; ruhig und gelassen; nicht in Erregung geraten ～不知耻 (ganz) ohne Schamgefühl sein; bar aller (jeder) Scham; unverschämt
恬静 tiánjìng still; geräuschlos; Ruhe

田 tián →田地 稻～ Reisfeld
田地 tiándì Feld; Boden; Ackerland
田埂 tiángěng Rain; Feldrain
田鸡 tiánjī Frosch
田间 tiánjiān auf dem Feld ～管理 Feldbewirtschaftung
田径赛 tiánjìngsài Leichtathletikwettkampf
田径运动 tiánjìng yùndòng Leichtathletik
田螺 tiánluó Flussschnecke
田鼠 tiánshǔ Wühlmaus; Feldmaus
田野 tiányě Feld; weites (offenes) Land; Blachfeld
田园 tiányuán ländliche Gegend ～诗 Idylle; Hirtendichtung; Schäferdichtung ～生活 idyllisches Leben
田庄 tiánzhuāng Landgut; größerer Bauernhof

舔 tiǎn lecken

腆 tiǎn 1. reichlich; üppig; in Fülle vorhanden 2. vorstrecken; herausstrecken

挑[1] tiāo 另见 tiǎo
1. →挑选 百里～一 eine strenge Auswahl treffen (vornehmen) 2. →挑剔 ～毛病 jm etw am Zeuge flicken (wollen); an allem etw auszusetzen haben

挑[2] tiāo 另见 tiǎo
1. tragen ～水 Wasser tragen 2. →挑子 挑～儿 die Last mit einer Tragstange tragen
挑夫 tiāofū Gepäckträger; Lastträger
挑剔 tiāoti bekritteln; deuteln; ein Haar in

der Suppe (in etw) finden 无可～ tadellos; einwandfrei; über jeden Tadel (Vorwurf) erhaben sein

挑选 tiāoxuǎn auswählen; auslesen; aussuchen

挑子 tiāozi Tragstange samt Last

条(條) tiáo 1. dünner Zweig; Rute 柳～ Weidenzweig 2. →条子 1 布～ Stoffstreifen 3. →条目 4. →条理 有～不紊 in bester Ordnung sein; systematisch und planvoll 5. (als Zähleinheitswort): 一～鱼 ein Fisch

条播 tiáobō drillen; in Reihen (Furchen) säen

条件 tiáojiàn 1. Bedingung; Faktor 先决～ Voraussetzung; Vorbedingung ～反射 bedingter Reflex 2. Aufforderung; Anspruch; Forderung 讲～ Bedingungen aushandeln; auf Erfüllung bestimmter Bedingungen bestehen 无～投降 bedingungslose Kapitulation 3. Zustand; Verhältnisse; Verfassung 这个工厂～很好 die Arbeitsbedingungen in dieser Fabrik sind sehr gut

条款 tiáokuǎn Paragraph; Artikel; Absatz

条理 tiáolǐ Gliederung; Ordnung; methodisches (systematisches) Vorgehen 没有～ unsystematisch; inkohärent

条例 tiáolì Vorschriften; Statut

条令 tiáolìng Dienstvorschrift 军事～ militärische Dienstvorschrift

条目 tiáomù 1. Klausel; Absatz; Artikel; Paragraph 2. Wortartikel

条文 tiáowén Vertragsartikel; Paragraph; Bestimmung 法律～ Gesetzartikel; Gesetztext; Gesetzformulierung

条纹 tiáowén Streifen; Band

条形码 tiáoxíngmǎ Strichcode

条约 tiáoyuē *Abkommen; Pakt;* Vertrag 签订～ ein Abkommen schließen (abschließen, unterzeichnen)

条子 tiáozi 1. Streifen 2. Notizzettel; kurze Mitteilung

调[1] tiáo 另见 diào
1. →调匀;调和 1 2. →调配 3. →调解

调[2] tiáo 另见 diào
1. hänseln; necken; foppen 2. herausfordern; aufhetzen; provozieren

调处 tiáochǔ →调解

调和 tiáohé 1. in einem harmonischen Verhältnis stehen 色彩～ die Farben passen gut zueinander / die Farben harmonieren gut miteinander 2. →调解 3. Kompromiss; Nachgeben; Zugeständnis 难以～的矛盾 die unversöhnlichen Widersprüche

调剂 tiáojì Ausgleich schaffen (vornehmen); ausgleichen ～物资 Güter (Waren) umverteilen

调节 tiáojié regeln; regulieren; einstellen 市场～ Markt regulieren

调解 tiáojiě schlichten; vermitteln; beilegen; versöhnen ～纠纷 einen Streit schlichten (beilegen)

调理 tiáolǐ 1. →调养 2. für etw sorgen; sich um etw kümmern ～膳宿 für Verpflegung und Unterkunft sorgen; sich um Verpflegung und Unterkunft kümmern 3. erziehen; disziplinieren; jn zur Ordnung aufhalten

调配 tiáopèi 另见 diàopèi mischen; miteinander vermengen ～颜料 Farben mischen

调皮 tiáopí 1 ungezogen; unartig 2. unbändig; unfolgsam; ungehorsam ～捣蛋 Schelmerei; Schabernack; schelmisch; meschant 3. raffiniert; smart; durchtrieben

调情 tiáoqíng flirten; kokettieren; tändeln

调停 tiáotíng →调解

调味 tiáowèi würzen; aromatisieren; pfeffern ～品 Würze; Gewürz; Würzmittel

调戏 tiáoxì eine Frau belästigen

调笑 tiáoxiào foppen; necken; jn zum Narren halten (haben)

调谐 tiáoxié 1. Harmonie; angenehme Übereinstimmung 2. Einstellen; Abstimmung

调养 tiáoyǎng sich erholen; nach Erholung wieder zu Kräften kommen

调匀 tiáoyún gleichmachen; etw gleichmäßig verteilen

调整 tiáozhěng regulieren; regeln; nach einer Norm (einem Maß) einrichten ～工资 die Anpassung der Löhne ～价格 Preise regulieren

迢 tiáo weit entfernt

迢迢 tiáotiáo weit entfernt; große Entfernung 千里～ weit entfernt; in (aus) weiter Ferne

笤 tiáo

笤帚 tiáozhou Staubbesen；Staubwedel

挑 tiǎo 另见 tiāo
1. etw mit einer Stange hochheben 2. aufstechen；stochern ～刺 einen Dorn herausziehen 3. →挑拨 ～起争论 etw in die Debatte werfen；einen Streit entfachen（entfesseln）

挑拨 tiǎobō aufhetzen；Zwietracht säen（stiften）；aufreizen ～离间 einen Keil zwischen zwei Personen treiben；Zwietracht säen（stiften）；jn gegen jn scharfmachen

挑动 tiǎodòng 1. hervorrufen；herbeiführen；verursachen ～是非 Zwistigkeiten hervorrufen；einen Streit vom Zaun brechen；Zank und Streit stiften 2. provozieren；aufhetzen；anstiften ～战争 einen Krieg provozieren；zum Kriege hetzen

挑逗 tiǎodòu necken；hänseln；reizen

挑衅 tiǎoxìn provozieren；herausfordern 武装～ militärische Provokationen

挑战 tiǎozhàn 1. jn zum Kampf herausfordern；jm den Handschuh hinwerfen（ins Gesicht werfen）2. jn zum Wettbewerb auffordern 响应～ auf die Aufforderung zum Wettbewerb reagieren

眺 tiào →眺望

眺望 tiàowàng überblicken；übersehen；überschauen

跳 tiào 1. springen；hüpfen ～过水洼 über eine Grube springen 2. sich auf und ab bewegen；schnellen；federnd springen 皮球～得很高 der Gummiball（Ball）springt hoch 3. →跳动 4. überspringen；vom einen aufs andere springen ～过一页 eine Seite überspringen

跳板 tiàobǎn 1. Laufplanke；Schiffsplanke；Steg 2. Sprungbrett

跳槽 tiàocáo seinen Arbeitsplatz wechseln

跳动 tiàodòng schlagen；sich auf und ab bewegen；pulsieren 心脏停止～ das Herz hat aufgehört *zu schlagen*

跳高 tiàogāo Hochsprung 撑竿～ Stabhochsprung

跳级 tiàojí eine Klasse überspringen

跳梁小丑 tiào liáng xiǎo chǒu ein abgefeimter Schurke，der Unruhe stiftet

跳马 tiàomǎ 1. Pferd 2. Pferdsprung

跳棋 tiàoqí Halma

跳伞 tiàosǎn Fallschirmspringen ～塔 Fallschirmturm

跳绳 tiàoshéng Seilspringen；Seilhüpfen

跳水 tiàoshuǐ Wasserspringen 跳板～ Kunstspringen

跳舞 tiàowǔ 1. Tanz 2. tanzen

跳箱 tiàoxiāng 1. Kasten；Sprungkasten 2. Kastenspringen

跳远 tiàoyuǎn Weitsprung

跳跃 tiàoyuè springen；hüpfen

跳蚤 tiàozǎo Floh ～市场 Flohmarkt

粜（糶） tiào Getreide verkaufen

帖（貼） tiē 另见 tiě，tiè
1. gehorsam；folgsam；fügsam 2. zuverlässig；sicher；angebracht

贴 tiē 另见 tiē‘帖’
1. haften；kleben；ankleben ～邮票 eine Briefmarke aufkleben 给信～上两元邮票 einen Brief mit 2 Yuan freimachen（frankieren）2. sich an etw anschmiegen；sich an jn（in etw）kuscheln ～着墙走 an der Mauer entlanggehen 3. →贴补 4. finanzieller Zuschuss；Zulage；Unterhaltszuschuss 米～ Getreidepreiszuschlag 5.（als Zähleinheitswort）：两～膏药 zwei Heilpflaster

贴边 tiēbiān Einfassung；Saum；Rand

贴补 tiēbǔ 1. jn finanziell unterstützen 2. den täglichen Bedarf aus den Ersparnissen oder Vorräten decken ～家用 die häuslichen Ausgaben mit bestreiten

贴金 tiējīn etw mit Goldfolie（Blattgold）überziehen 往自己脸上～ sich herausstreichen；sich aufputzen；sich übertrieben schmücken

贴近 tiējìn dicht an jn/etw heranrücken（herantreten）；näher rücken

贴切 tiēqiè genau bezeichnend；treffend；passend

贴身 tiēshēn 1. unmittelbar auf der Haut 2. Gefolge；Begleitung

贴水 tiēshuǐ Agio；Aufgeld；Aufschlag

贴息 tiēxī 1. diskontieren 2. Diskont

贴现 tiēxiàn diskontieren；Diskont

贴心 tiēxīn innigst；intim ～话 Worte des Vertrauens

帖 tiě 另见 tiē，tiè
1. schriftliche Einladung；Einladungskarte 2.（früher）Geburtstagskarte 3.

Notiz；Zettelchen 4.（als Zähleinheitswort）：一～药 eine Dosis chinesischer Heilkräuter

铁（鐵、銕） tiě 1. Eisen（Fe）～栅栏 Eisengitter 2. eisern；eisenhart ～拳 eiserne Faust 3. stark；gut ausgerüstet und kampffähig ～骑 Reitertruppe；Kavallerie 4. unwiderlegbar；beweisbar；endgültig ～的事实 unwiderlegbare（unumstößliche）Tatsache

铁笔 tiěbǐ 1. Grabstichel（zum Stempelschneiden）2. Stahlschreibstift（zum Wachsmatrizenbeschriften）

铁饼 tiěbǐng 1. Diskus 2. Diskuswerfen；Diskuswurf

铁道 tiědào →铁路 ～兵 Eisenbahnkorps；Eisenbahntruppe

铁饭碗 tiěfànwǎn gesicherter Arbeitsplatz

铁工 tiěgōng 1. schmieden 2. Schmied

铁环 tiěhuán Eisenreifen（Kinderspielzeug）

铁蒺藜 tiějíli Fußangeln；Fußeisen

铁甲 tiějiǎ 1. Panzerung ～车 Panzer；Panzerwagen

铁匠 tiějiang Schmied

铁矿 tiěkuàng Eisenerz

铁链 tiěliàn Eisenkette；Fesseln

铁路 tiělù Eisenbahn ～运输 Eisenbahntransport

铁面无私 tiě miàn wú sī eisern（unerbittlich）sein；unparteiisch

铁皮 tiěpí Eisenblech

铁器 tiěqì Eisenwaren；Gegenstände aus Eisen ～时代 Eisenzeit

铁锹 tiěqiāo Spaten；Schaufel；Schippe

铁树 tiěshù *Cycas revoluta*（eine Palmfarnart）

铁水 tiěshuǐ flüssiges Eisen

铁丝 tiěsī Eisendraht ～网 Eisendrahtnetz；Drahtverhau；Drahtgeflecht

铁蹄 tiětí Militärstiefel；grausame Unterjochung des Volkes durch die Aggressoren 沦落在敌人～之下 den Feinden in die Klauen geraten；unter den Militärstiefel des Feindes geraten

铁锨 tiěxiān Schaufel；Schippe

铁屑 tiěxiè Eisenfeilspäne；Eisendrehspäne

铁锈 tiěxiù Eisenrost；rostig

铁证 tiězhèng unwiderlegbarer（endgültiger，unumstößlicher）Beweis；erdrückendes Beweismaterial ～如山 unwiderlegliches Beweismaterial；das Beweismaterial ist absolut sicher

帖 tiè 另见 tiē，tiě

Schreibvorlage oder Malvorlage

厅（廳、厛） tīng 1. Halle；Saal；großer Raum 会议～ Sitzungssaal；Konferenzhalle 2. Büro；Dienststelle 办公～ Verwaltungsbüro；Büro；Kanzlei 3. Provinzamt；Behörde auf Provinzebene 财政～ Finanzamt

听[1]（聽、聼） tīng 1. hören；anhören；zuhören ～广播 Radio hören 2. →听从

听[2]（聽、聼） tīng →听任 ～其自流 einer Sache（ihren）freien Lauf lassen

听[3]（聽、聼） tīng

Blechbüchse；Dose（als Zähleinheitswort）：一～罐头 eine Konservendose 两～鱼 zwei Dosen Fisch

听便 tīngbiàn wie es jm beliebt（wie man beliebt）；nach Belieben；das steht jm frei

听从 tīngcóng ～劝告 einem Rat folgen；auf js Rat hören

听话 tīnghuà auf jn hören；parieren；gehorsam

听见 tīngjiàn hören；wahrnehmen 听得见 hören（wahrnehmen）können；hörbar（vernehmbar）sein

听讲 tīngjiǎng eine Rede anhören；Vorlesungen hören

听觉 tīngjué Gehörsinn ～器官 Gehörorgan

听课 tīngkè 1. hospitieren；dem Unterricht beiwohnen 2. Vorlesungen hören（besuchen）

听力 tīnglì Gehör；Hörvermögen；Hörfähigkeit

听取 tīngqǔ anhören；Gehör schenken；auf einen Plan（einen Vorschlag u. ä.）eingehen ～工作报告 Arbeitsberichte anhören

听任 tīngrèn jm etw anheimstellen；jn nach seinem Gutdünken handeln lassen

听说 tīngshuō etw sagen hören；vom Hörensagen；man sagt，dass

听筒 tīngtǒng 1. Kopfhörer 2. Stethoskop；Hörmuschel

听写 tīngxiě diktieren；Diktat

听信 tīngxìn jm/etw gedankenlos Glauben schenken 不～谣言 einem Gerücht kei-

T

nen Glauben schenken; sich von einem Gerücht nicht täuschen lassen

听诊 tīngzhěn Auskultation ～器 Stethoskop; Hörmuschel; Hörrohr

听众 tīngzhòng Zuhörerschaft; Zuhörer; Auditorium; Publikum

桯 tīng →桯子

桯子 tīngzi 1. Griff einer Ahle 2. Blütenstengel von Gemüsesorten

亭 tíng 1. →亭子 2. Laube; Kiosk 书～ Bücherkiosk

亭子 tíngzi Pavillon; Laube

停 tíng 1. →停止 雨～了 der Regen hat aufgehört 表～了 die Uhr steht 2. →停留 3. →停放;停泊

停泊 tíngbó Anker werfen; den Anker auswerfen; vor Anker gehen; sich vor Anker legen

停车 tíngchē 1. stoppen; halten; stillegen 2. →停放 ～场 Parkplatz 3. stoppen; außer Betrieb sein ～修理 wegen Reparaturarbeiten außer Betrieb gesetzt sein

停当 tíngdang bereit; fertig

停顿 tíngdùn 1. stillstehen; halten; innehalten 2. Pause; Unterbrechung; stocken

停放 tíngfàng stehen lassen; parken; abstellen

停工 tínggōng die Arbeit einstellen; außer Betrieb sein ～待料 die Arbeit wegen Materialmangels einstellen

停火 tínghuǒ das Feuer einstellen; Waffenruhe; Kampfruhe

停靠 tíngkào anlegen; halten; parken

停留 tíngliú weilen; sich aufhalten; stehenbleiben

停学 tíngxué das Studium abbrechen; den Schulbesuch unterbrechen

停业 tíngyè 1. ein Geschäft vorübergehend schließen 2. den Betrieb einstellen (stilllegen); ein Geschäft aufgeben; Geschäftsauflösung

停战 tíngzhàn Waffenstillstand; die Waffen ruhen

停职 tíngzhí jn vorläufig aus dem Amt entlassen; suspendieren; Amtssuspension

停止 tíngzhǐ (Tätigkeit) einstellen; aufhören; Schluss machen ～呼吸 das Atmen hat aufgehört / den letzten Atem aushauchen

停滞 tíngzhì in einer Entwicklung nicht mehr vorankommen; stagnieren; stocken ～不前 auf der Stelle treten; auf der Strecke bleiben

庭 tíng 1. Halle; großer Raum 2. →庭院 3. Gerichtshof; Gericht

庭园 tíngyuán Vorgarten

庭院 tíngyuàn Hof

梃 tǐng 1. kurzer, dicker Stock; Knüppel 2. →梃子

梃子 tǐngzi Rahmen; Einfassung 门～ Türrahmen

挺[1] tǐng 1. aufrecht; gerade und straff; steif ～直身子 sich aus seiner gebückten Haltung aufrichten 2. sich aufrichten; herausdrücken ～胸 die Brust herausdrücken 3. standhalten; aushalten; durchstehen 痛得～不住 vor Schmerzen nicht standhalten; den Schmerz kaum vertragen können 4. sehr; recht 情况～好 die Lage ist sehr gut

挺[2] tǐng (Zähleinheitswort): 一～机枪 ein Maschinengewehr

挺拔 tǐngbá 1. hochragend; emporragend; hoch und gerade 2. kräftig; energisch 笔力～ (in der Kalligraphie oder Malerei) energische Strichführung

挺进 tǐngjìn vorstoßen; vorgehen; vordringen

挺立 tǐnglì aufrecht stehen; geradestehen; strammstehen

挺身 tǐngshēn sich aufrichten ～保卫祖国 tapfer hervortreten, um das Vaterland zu verteidigen

挺秀 tǐngxiù hochgewachsen und charmant; rank und schlank

铤 tǐng (laufen) schnell; rasch

铤而走险 tǐng ér zǒu xiǎn Not kennt kein Gebot / in Bedrängnis (Verzweiflung) ein großes Risiko eingehen

艇 tǐng Boot 救生～ Rettungsboot 橡皮～ Schlauchboot

通 tōng 另见 tòng

1. frei; unbehindert; durchgehend 管子是～的 die Röhre (das Rohr) ist nicht verstopft 2. etw durchlässig machen ～阴

沟 die Kloake reinigen; die Dole (den Abwasserkanal) durchlässig machen 3. etw führt wohin 这条干线～北京 diese Hauptlinie führt direkt nach Beijing 4. verbinden; mit jm verkehren; mit jm in Verbindung stehen (bleiben) 互～情报 sich gegenseitig Informationen geben; Informationen austauschen 5. →通知 1 6. beherrschen; Bescheid wissen; etw gut kennen 不～人情 nicht einfühlsam 7. Fachmann; Kenner; Experte 中国～ China-Kenner 8. →通顺 9. →通常 ～病 allgemeine Schwächen 10. ganz; gesamt ～身 der ganze Körper

通报 tōngbào 1. dienstliches Rundschreiben verschicken ～表扬 jn für etw in einem Rundbrief belobigen 2. Runderlass; Rundschreiben 3. Journal; Fachbulletin 科学～ Wissenschaftsbulletin 4. Bericht; Referat; Report

通才 tōngcái ein auf vielen Wissensgebieten kenntnisreicher Mensch; Universalgenie; Alleskönner

通常 tōngcháng gewöhnlich; im Allgemeinen; normalerweise

通畅 tōngchàng 1. ungehindert; fließend; offen 2. flüssig; geläufig 文字～ flüssiger Stil

通车 tōngchē 1. (von einer Straße o. ä.) dem Verkehr übergeben sein 2. mit der Bahn o. ä. erreichbar

通称 tōngchēng 1. im Allgemeinen genannt 2. allgemeine (übliche) Bezeichnung

通道 tōngdào Hauptstraße; Passage

通敌 tōngdí kollaborieren; mit dem Feind oder der Besatzungsmacht zusammenarbeiten

通电¹ tōngdiàn den Strom einschalten; etw elektrisch laden

通电² tōngdiàn 1. politische Behauptungen den betreffenden Seiten per Telegramm schicken und veröffentlichen 2. öffentliches Telegramm

通分 tōngfēn Brüche auf einen gleichen Nenner bringen

通风 tōngfēng 1. lüften; durchlüften; ventilieren ～设备 Lüftungsanlage; Lüfter; Entlüfter 2. gut gelüftet 屋子不～ das Zimmer ist schlecht durch gelüftet (durchlüftet) 3. ein Geheimnis preisgeben; etw durchsickern lassen ～报信 jm im Geheimen eine Nachricht übermitteln

通告 tōnggào 1. bekannt geben ～周知 eine öffentliche Mitteilung machen 2. Proklamation; Bekanntmachung; amtliche (öffentliche) Mitteilung

通过 tōngguò 1. durchgehen; passieren ～边界 die Grenze passieren 2. annehmen; durchgehen; zustimmen ～决议 einen Beschluss (eine Resolution) annehmen 3. mittels; durch ～外交途径 auf diplomatischem Wege 4. Zustimmung (Genehmigung) einholen

通航 tōngháng durch eine Luftfahrtslinie oder Schifffahrtslinie verbunden sein

通红 tōnghóng puterrot 她脸冻得～ vor Kälte wurde sie ganz rot im Gesicht

通话 tōnghuà 1. telefonieren; anrufen 2. in derselben Sprache miteinander sprechen

通货 tōnghuò Währung; Geld ～膨胀 Inflation

通缉 tōngjī nach jm fahnden; jn steckbrieflich verfolgen; jn polizeilich suchen ～令 Steckbrief

通奸 tōngjiān die Ehe brechen; Ehebruch begehen

通力 tōnglì mit vereinten Kräften ～合作 an einem (demselben) Strang ziehen

通令 tōnglìng 1. eine Anordnung allen nachgeordneten Dienststellen geben 2. Runderlass; dienstliches Rundschreiben

通明 tōngmíng hell erleuchtet; erhellt

通盘 tōngpán von allen Seiten; mehrere Dinge gleichzeitig berücksichtigen; umfassend ～安排 umfassendes (allseitiges) Arrangement

通气 tōngqì 1. →通风 1,2 2. miteinander in Verbindung bleiben (stehen); zueinander Kontakt halten

通情达理 tōng qíng dá lǐ ein Einsehen haben; verständnisvoll

通融 tōngróng 1. ein Auge zudrücken; in einer Sache (bei jm) eine Ausnahme machen; kulant 2. jm kurzfristig Geld leihen

通商 tōngshāng Handelsbeziehungen unterhalten; Handel mit anderen Ländern treiben ～条约 Handelsvertrag

通顺 tōngshùn klar und verständlich; flüssig; fließend 文理～ gut gegliedert und flüssig; logisch und zusammenhängend

通俗 tōngsú allgemeinverständlich; volkstümlich; populär ～读物 populäre

T

Lektüre (Literatur) ～化 Popularisierung
通条 tōngtiáo Feuerhaken; Schüreisen; Stocherstange
通通 tōngtōng alles; allesamt; (alle) durch die Bank
通宵 tōngxiāo die ganze Nacht ～达旦 die ganze Nacht hindurch
通晓 tōngxiǎo etw gut kennen; mit etw vertraut sein; sich in einem Fachgebiet gut auskennen
通心粉 tōngxīnfěn Makkaroni
通信 tōngxìn mit jm in (im) Briefwechsel stehen; brieflich verkehren ～秘密 Briefgeheimnis; Postgeheimnis ～处 Postanschrift; Anschrift; Adresse ～兵 Nachrichtentruppe ～卫星 Kommunikationssatellit; Nachrichtensatellit
通行 tōngxíng 1. passieren; hindurchgehen; überqueren ～证 Pass; Passierschein ～无阻 frei passieren; ungehindert durchgehen 2. im allgemeinen Gebrauch; üblich ～的办法 übliches Verfahren
通讯 tōngxùn 1. Nachrichtenübertragung 无线电～ Funkverbindung 2. Pressebericht; Informationsblatt 新华社～ Xinhua-Bericht
通讯社 tōngxùnshè Nachrichtenagentur; Presseagentur
通用 tōngyòng im allgemeinen Gebrauch; allgemein üblich (geltend) 全国～ im ganzen Land gültig
通邮 tōngyóu Postverbindung haben
通知 tōngzhī 1. mitteilen; Bescheid sagen; benachrichtigen 2. Bekanntmachung; Mitteilung; Benachrichtigung 发～ ein Rundschreiben herausgeben

嗵 tōng (Schallwort): 心～～直跳 das Herz klopft heftig

童 tóng 1. Kind; Kleine(r) 2. unbefleckt; jungfräulich; unberührt ～男 Knabe; ～女 kleines Mädchen 3. kahl; nackt; ratzekahl ～山 kahle Berge
童工 tónggōng arbeitendes Kind
童话 tónghuà Märchen; Kindergeschichte ～世界 Märchenwelt; Wunderland
童年 tóngnián Kindheit; Kinderzeit
童声 tóngshēng Kinderstimme
童心 tóngxīn kindliche Einfalt; kindliches Gemüt; Kindlichkeit
童养媳 tóngyǎngxí Kinderbraut (von den Adoptiveltern als künftige Schwiegertochter angenommenes Mädchen)
童谣 tóngyáo Kinderlied; Kinderreim
童装 tóngzhuāng Kinderkleidung; Kinderkostüm

瞳 tóng →瞳孔
瞳孔 tóngkǒng Pupille

同 tóng 1. gleich; dasselbe; übereinstimmend ～一天 an demselben Tag; am gleichen Tag ～工～酬 gleicher Lohn für gleiche Arbeit 2. wie; gleich wie ～上 wie oben 3. zusammen; gemeinsam; miteinander 会～ gemeinsam mit anderen Stellen (eine Sache behandeln) 4. (als Verhältniswort): 有事～朋友商量 sich bei auftauchenden Problemen mit Freunden beraten 5. (als Verhältniswort): 他～我一样 mit ihm verhält es sich genau so wie mit mir 6. (als Bindewort) und; zusammen mit 老师～学生 Lehrer und Schüler
同班 tóngbān 1. in derselben Schulklasse 2. Mitschüler; Klassenkamerad; Schüler derselben Klasse
同伴 tóngbàn Kamerad; Gefährte; Begleiter
同胞 tóngbāo 1. von demselben Elternpaar abstammend ～兄弟 leibliche Brüder 2. Landsmann 港澳～ Landsleute in Honkong und Macao
同辈 tóngbèi aus derselben Generation
同病相怜 tóng bìng xiāng lián Leidensgefährten (Leidensgenossen) haben Mitleid miteinander
同仇敌忾 tóng chóu dí kài vereint gegen den verhassten Feind kämpfen
同等 tóngděng gleichrangig; ebenbürtig; gleichwertig ～地位 die gleiche Position (Stellung) ～学力 auf gleichem Bildungsniveau stehen
同甘共苦 tóng gān gòng kǔ mit jm (für jn) durch dick und dünn gehen; in Freud und Leid zusammenstehen
同行 tóngháng 另见 tóngxíng 1. vom gleichen Fach oder Beruf 2. Berufskollege; Berufsgenosse
同化 tónghuà 1. assimilieren; einverleiben 2. Assimilation
同伙 tónghuǒ 1. eine Partnerschaft eingehen 2. Partner; Teilhaber; Kumpan

同居 tóngjū 1. zusammenwohnen 2. verheiratet zusammenleben; eheliches Zusammenleben 3. unverheiratet zusammenleben; in wilder Ehe leben
同路 tónglù den gleichen Weg gehen ～人 ⓐ Reisegefährte; Weggenosse ⓑ Mitläufer; Anhänger einer Partei
同盟 tóngméng Bündnis; Allianz; Bund 结成～ eine Allianz bilden; ein Bündnis schließen (eingehen); mit jm im Bunde sein (stehen) 军事～ militärisches Bündnis ～军 Armee der Verbündeten ～条约 Bündnisvertrag
同名 tóngmíng den gleichen Namen haben (tragen) 我和他～ ich bin ein Namensvetter von ihm
同谋 tóngmóu konspirieren; komplottieren; mit jm ein Komplott schmieden (planen) ～犯 Mitschuldige(r); Komplice; Mittäter
同年 tóngnián 1. gleiches Jahr; im gleichen Jahr 2. gleichaltrig; Altersgenosse
同情 tóngqíng sympathisieren; Mitleid fühlen (haben) ～心 ein fühlendes Herz haben; Mitgefühl
同时 tóngshí 1. zur gleichen (selben) Zeit; gleichzeitig; simultan 2. außerdem; überdies; und; darüber hinaus
同事 tóngshì 1. in derselben Dienststelle tätig sein 2. Kollege; Mitarbeiter; Amtsgenosse
同位素 tóngwèisù Isotop
同乡 tóngxiāng Landsmann; Kompatriot ～会 Verein von Heimatgenossen; Landsmannschaft
同心 tóngxīn ein Herz und eine Seele ～协力 sich mit vereinten Kräften einsetzen; an einem Strang ziehen
同行 tóngxíng 另见 tóngháng zusammen eine Reise machen
同性恋爱 tóngxìng liàn'ài Homoerotik; Homosexualität; schwul
同姓 tóngxìng den gleichen Familiennamen haben (tragen); Namensvettern sein
同学 tóngxué 1. auf dieselbe Schule gehen; dieselbe Schule besuchen 2. Schulkamerad; Mitschüler; Mitstudent 同班～ Schulkamerad in derselben Klasse 3. Anrede an einen Schüler oder Studenten
同样 tóngyàng dasselbe; gleich; ebenso ～大小 ebenso groß; in derselben Größe
同义词 tóngyìcí Synonym; sinnverwandtes Wort; Wort von gleicher Bedeutung
同意 tóngyì zustimmen; einverstanden sein; billigen 征得～ um js Einverständnis bitten
同音词 tóngyīncí Homonym
同志 tóngzhì 1. Genosse; Kamerad 2. Anrede für ein Parteimitglied

茼 tóng
茼蒿 tónghāo gekrönte Wucherblume

桐 tóng 1. Paulownie 2. Tungölbaum 3. Platane
桐油 tóngyóu Tungöl; Holzöl

铜 tóng Kupfer (Cu) 青～ Bronze 黄～ Messing
铜版 tóngbǎn Kupferplatte
铜臭 tongchòu 1. der üble Geruch von Kupfermünze (Kupferkäsch) 2. Geldgier
铜匠 tóngjiang Kupferschmied
铜矿 tóngkuàng Kupfererz
铜绿 tónglǜ 1. Patina 2. Grünspan; Kupfergrün
铜器 tóngqì Kupferwaren; Bronze ～时代 Bronzezeit
铜钱 tóngqián Kupfermünze; Kupferkäsch
铜墙铁壁 tóng qiáng tiě bì eine eherne (uneinnehmbare) Festung

统[1] tǒng 1. Zusammenhang 2. zusammenfassen; ganz; all

统[2] tǒng röhrenförmige Teile eines Kleidungsstücks 高～靴 Stiefel
统舱 tǒngcāng Zwischendeck
统筹 tǒngchóu einheitlich planen und vorbereiten ～兼顾 einheitliche und umsichtige Planung
统购 tǒnggòu staatlicher Einheitsankauf ～统销 einheitlicher Ankauf und Verkauf
统计 tǒngjì 1. Statistik ～资料 statistische Daten 2. zusammenrechnen; zusammenzählen 据不完全～ nach unvollständigen statistischen Angaben
统帅 tǒngshuài 1. Befehlshaber; Oberkommandierende(r); Feldherr 2. kommandieren; befehlen; den Befehl führen
统率 tǒngshuài befehligen; kommandieren; befehlen
统一 tǒngyī 1. vereinigen; einigen; vereinheitlichen 内容和形式的～ Einheit von Inhalt und Form 2. einheitlich; einig;

geschlossen ～领导 eine einheitliche Führung
统一战线 tǒngyī zhànxiàn Einheitsfront
统治 tǒngzhì regieren; beherrschen; die Herrschaft ausüben ～阶级 die herrschende Klasse

筒（筩） tǒng 1. dickes Bambusrohr 2. dicker röhrenförmiger Gegenstand 烟～ Rauchabzug; Ofenrohr

桶 tǒng Eimer; Kübel; Gefäß, Barrel（石油计量单位）汽油～ Benzintank; Benzinbehälter

捅（搃） tǒng 1. stoßen; knuffen; stechen 2. einen Stoß versetzen; stoßen; berühren 用胳膊肘～人 jm mit dem Ellenbogen einen Stoß versetzen 3. etw ans Licht bringen（ziehen）; enthüllen; entlarven

恸（慟） tòng von Gram erfüllt ～哭 jämmerlich weinen; ach und weh schreien; Jammergeschrei

痛 tòng 1. Weh; Schmerz; Leiden 伤口很～ die Wunde schmerzt stark 2. Trauer; Seelenkummer; tiefe Traurigkeit ～不欲生 sich seinem Gram hingeben 3. äußerst; sehr; besonders ～骂 jn ausschimpfen
痛斥 tòngchì scharf zurechtweisen（tadeln, rügen）
痛处 tòngchù die wunde Stelle; der wunde Punkt 触及～ jn an einer wunden Stelle treffen
痛恨 tònghèn jn/etw wie die Pest hassen; zutiefst verabscheuen（hassen）
痛击 tòngjī jm einen heftigen Schlag versetzen
痛觉 tòngjué Schmerzgefühl
痛哭 tòngkū sich ausweinen; dicke（heiße, bittere）Tränen weinen ～流涕 in Tränen aufgelöst sein; Tränen vergießen; in Tränen schwimmen
痛苦 tòngkǔ Leiden; Pein; Qual
痛快 tòngkuài 1. große Freude; sehr vergnügt 心里～ angenehm berührt sein; jm ist wohl ums Herz; in fröhlicher Stimmung 2. nach Herzenslust; nach Belieben 谈个～ sich ausgiebig（lebhaft）unterhalten 3. offen; offenherzig; aufrichtig
痛心 tòngxīn tieftraurig

通 tòng 另见 tōng（Zähleinheitswort）: 打了三～鼓 die Trommel dreimal rühren

偷（[4]媮） tōu 1. →偷窃 2. heimlich; verborgen; unbemerkt ～越国境 über die Grenze wechseln; schwarzgehen 3. Zeit finden; sich Zeit nehmen ～空儿 sich freimachen; sich Zeit für etw nehmen 4. →偷安
偷安 tōu'ān nach einem behaglichen Leben trachten
偷渡 tōudù illegal die Grenze überschreiten
偷看 tōukàn linsen; heimlich gucken
偷懒 tōulǎn faulenzen; faul sein; nichts tun; müßig gehen 工作～ bei der Arbeit kurz treten; schlampen
偷窃 tōuqiè stehlen; Diebstahl begehen; klauen ～行为 Diebstahl; Dieberei
偷税 tōushuì Steuern hinterziehen; Steuerhinterziehung
偷听 tōutīng abhören; aushorchen; belauschen
偷袭 tōuxí jn von hinten überfallen; überrumpeln; Überraschungsangriff

头（頭） tóu 1. Kopf; Haupt 2. Haar; Haartracht; Frisur 3. Spitze; Ende 针～ Nadelspitze 4. Anfang; Beginn; Ende 起个～儿 den Anfang machen 事情没有做到～ man hat die Arbeit noch nicht richtig vollendet 5. Rest; Überrest; Überbleibsel 布～ Stoffrest 6. →头目 7. Seite 8. der（die, das）erste（in der Reihenfolge）～奖 der erste Preis 9. leitend; vorangehend ～羊 Leitschaf 10. der（die, das）erste（vor einer Mengenbezeichnung）～三个月 die ersten drei Monate 11. ungefährer Betrag 三～五百 ein paar hundert 12.（als Zähleinheitswort）: 两～牛 zwei Kühe; zwei Rinder
头寸 tóucùn 1. Umlaufmittel 缺～ Mangel an flüssigen Geldern 2. Geldmarkt ～紧 Geldknappheit
头等 tóuděng erstklassig; ersten Ranges; Spitzenklasse ～舱 Erste-Klasse-Kabine ～大事 eine Angelegenheit von erstrangiger Bedeutung
头顶 tóudǐng Scheitel
头发 tóufa Haar; Kopfhaar; Haupthaar
头骨 tóugǔ Schädel; Kranium

头号 tóuhào 1. Nummer eins ～敌人 Erzfeind; Feind Nummer eins 2. erstklassig; ausgezeichnet; best ～面粉 Mehl der Güteklasse eins
头巾 tóujīn Kopftuch 围上～ sich ein Tuch um den Kopf binden
头盔 tóukuī Schutzhaube; Helm
头颈 tóujǐng Hals; Nacken
头颅 tóulú Schädel; Kopf 抛～,洒热血 für jn/etw sein Leben hingeben; sich für jn/etw heldenhaft opfern
头目 tóumù Anführer; Führer; Häuptling
头脑 tóunǎo 1. Hirn; Gehirn; Verstand ～清醒 einen kühlen (klaren) Kopf bewahren 2. →头绪
头皮 tóupí 1. Kopfhaut; Haarboden 挠～ sich am Kopf kratzen 2. Kopfschuppen
头痛 tóutòng Kopfschmerzen haben; Kopfweh
头衔 tóuxián Titel; Rang
头像 tóuxiàng Kopfbild
头绪 tóuxù innere Zusammenhänge 茫无～ völlig verwirrt
头油 tóuyóu Haarpomade; Haaröl
头重脚轻 tóu zhòng jiǎo qīng auf schwachen (wackeligen) Füßen stehen
头子 tóuzi Anführer; Häuptling; Boss

投 tóu 1. →投掷 ～手榴弹 Handgranaten werfen 2. →投入 把信～进信箱 einen Brief in den Briefkasten werfen 3. hineinspringen; ins Wasser gehen ～河 sich in einen Fluss stürzen; sich ersäufen (ertränken) 4. →投射 5. →投递 6. →投合 ～其所好 auf js Geschmack eingehen; jm etw zuliebe tun
投案 tóu'àn sich (der Polizei) freiwillig stellen ～自首 sich der Polizei (den Behörden) stellen
投奔 tóubèn bei jm Schutz suchen; sich in js Schutz begeben
投标 tóubiāo eine Offerte einreichen; sich an einer Ausschreibung beteiligen; submittieren
投产 tóuchǎn die Produktion aufnehmen; etw zur Produktion bringen
投诚 tóuchéng überlaufen; sich ergeben
投敌 tóudí zum Feind überlaufen (desertieren)
投递 tóudì zustellen; bestellen; austragen ～员 Briefträger; Zusteller
投稿 tóugǎo (einer Zeitung oder einer Zeitschrift) Beiträge einschicken; ein Manuskript einem Verlag einsenden
投合 tóuhé 1. sich gut vertragen; mit jm gut auskommen; zueinander passen 性情～ gut miteinander auskommen 2. jm schmeicheln; js Wünschen entsprechen; sich anpassen ～顾客的口味 auf den Geschmack der Kundschaft eingehen
投机 tóujī 1. übereinstimmend; zueinander passend 话不～ man spricht nicht die gleiche Sprache 2. spekulieren; Handel auf Grund von Spekulationen treiben ～倒把 Schiebergeschäfte betreiben; sich auf Spekulationen einlassen
投考 tóukǎo sich zur Aufnahmeprüfung melden ～大学 sich zur Hochschulaufnahmeprüfung melden
投靠 tóukào bei jm Zuflucht suchen 卖身～ sich an jn verkaufen
投票 tóupiào abstimmen; votieren; Stimmabgabe 无记名～ geheime Abstimmung 全民～ Volksabstimmung; Referendum
投入 tóurù 1. hineinwerfen; einwerfen 2. einsetzen; sich in etw stürzen ～战斗 (Truppen) ins Gefecht führen; sich in den Kampf stürzen
投射 tóushè 1. etw nach einem Ziel werfen 2. ausstrahlen
投身 tóushēn sich einer Sache widmen (hingeben); sich in (auf) etw werfen
投宿 tóusù eine Unterkunft (für die Nacht) suchen; um Unterkunft bitten
投诉 tóusù über etw Klage führen
投降 tóuxiáng kapitulieren; sich ergeben; sich gefangen geben ～主义 Kapitulantentum
投掷 tóuzhì werfen; schleudern
投资 tóuzī 1. Kapital anlegen; investieren 2. Kapitalanlage; Investition

骰 tóu
骰子 tóuzi Spielwürfel; Würfel

透 tòu 1 durchdringen; einsickern; durchsickern 灯光～过窗帘 der Lampenschein dringt durch die Gardine 2. →透露 1 ～个信儿 jm einen Wink geben 3. →透彻 4. →透露 2 面色白里～红 wie Milch und Blut aussehen
透彻 tòuchè bis auf den Grund; tiefschürfend; gründlich
透顶 tòudǐng äußerst; im höchsten Grad 聪

T

明～ sehr klug und intelligent
透风 tòufēng luftdurchlässig
透镜 tòujìng Linse
透露 tòulù etw durchsickern lassen; offenbaren; ausplaudern ～机密 ein Geheimnis offenbaren (preisgeben)
透明 tòumíng durchsichtig; transparent; glasklar ～度 Grad der Durchsichtigkeit; Transparenz
透视 tòushì 1. Perspektive ～图 Perspektivzeichnung; Fluchtbild 2. durchleuchten; durchstrahlen; Röntgendurchleuchtung ～肺部 Lunge röntgen lassen 3. einen klaren Blick haben
透水 tòushuǐ wasserdurchlässig
透雨 tòuyǔ starke Regenfälle
透支 tòuzhī Konto überziehen ～户 überzogenes Konto

突 tū 1. stürmen; ungestüm anstürmen 2. →突然 产量～增 die Produktion wurde plötzlich gesteigert 3. herausragend
突变 tūbiàn 1. plötzliche Veränderung 2. Mutation
突出 tūchū 1. stürmen; vorstürmen ～重围 eine mehrfache Einkreisung durchbrechen 2. hervorragen; vorspringen ～的颧骨 mit hervorstehenden Backenknochen 2. markant; hervorstechend 成绩～ hervorragende Leistungen
突飞猛进 tū fēi měng jìn wie im Fluge vorwärtsschreiten; sich in raschem Tempo entwickeln
突击 tūjī 1. einen Sturmangriff durchführen; bestürmen 2. alle Kraft darauf verwenden, etw zu tun ～任务 Stoßarbeit; Stoßauftrag
突破 tūpò 1. durchbrechen ～封锁 die Blockade brechen 2. brechen; überschreiten ～定额 eine Quote überschreiten
突然 tūrán plötzlich; schlagartig; unerwartet
突围 tūwéi eine Einkreisung (Umzingelung) durchbrechen
突兀 tūwù 1. emporragend; hochragend; überragend 2. →突然
突袭 tūxí Überraschungsangriff

凸 tū konvex; erhaben
凸面镜 tūmiànjìng Konvexspiegel
凸透镜 tūtòujìng Konvexlinse

秃 tū 1. haarlos; glatzköpfig; entblößt 2. kahl ～树 kahle Bäume 3. stumpf 笔尖～了 der Bleistift ist stumpf geworden 4. unvollständig
秃顶 tūdǐng 1. kahlköpfig 2. Kahlkopf; Glatze
秃子 tūzi Kahlkopf; Glatzkopf

徒¹ tú 1. →徒步 2. bloß; unbewaffnet 3. nur; nichts anderes ～有其名 nur einen leeren Titel haben 4. →徒然

徒² tú 1. →徒弟 2. Anhänger eines Glaubens 佛教～ Buddhist 3. Kerl; Person 不法之～ kriminelles Element
徒步 túbù zu Fuß gehen ～旅行 Wanderung; wandern
徒弟 túdi Lehrling; Lehrbub; Lehrjunge
徒工 túgōng Lehrling
徒手 túshǒu mit bloßen Händen; ohne Waffen ～操 Freiübungen
徒劳 túláo vergebliche Bemühungen; nutzlose Anstrengung; vergebens ～无功 sich vergeblich bemühen; Wasser mit einem Sieb schöpfen; die Anstrengungen bleiben ohne Erfolg
徒然 túrán 1. umsonst; vergebens; erfolglos 2. nur; bloß
徒刑 túxíng Freiheitsstrafe; Gefängnisstrafe; Zuchthausstrafe 无期～ lebenslängliche Freiheitsstrafe; lebenslängliches Zuchthaus

屠 tú 1. →屠宰 2. massakrieren; metzeln; brutal niederschlagen ～城 die Stadtbevölkerung nach der Eroberung niedermetzeln
屠刀 túdāo Schlachtmesser
屠夫 túfū 1. Schlächter; Fleischer; Metzger 2. Massenmörder; Henker
屠杀 túshā massakrieren; niedermetzeln; brutal niederschlagen 大～ in großem Maßstab massakrieren; Massenmord; Massaker
屠宰 túzǎi schlachten; abschlachten; metzgen ～场 Schlachthof; Fleischerei; Metzgerei

图(圖) tú 1. →图画; 图样 看～识字 mit Hilfe von Bildern Schriftzeichen erlernen 2. planen; entwerfen; beraten

3. auf etw bedacht (erpicht) sein ～名利 nach Ruhm und Gewinn streben 4. Absicht; Vorhaben; Zweck
图案 tú'àn Design; Muster; Zeichnung
图表 túbiǎo Diagramm; graphische Darstellung; Tabelle
图钉 túdīng Reißnagel; Reißzwecke
图画 túhuà Bild; Zeichnung; Abbildung
图解 tújiě graphische Darstellung; Diagramm; graphische Lösung ～词典 Bildwörterbuch
图例 túlì Zeichenerklärung
图谋 túmóu 1. schmieden; intrigieren ～私利 nach persönlichen Vorteilen streben 2. Verschwörung; Komplott; Anschlag
图书 túshū Bücher ～馆 Bibliothek; Bücherei
图腾 túténg Totem
图像 túxiàng Bild; Abbild
图形 túxíng Zeichnung; Skizze; Figur 几何～ geometrische Zeichnung
图章 túzhāng 1. Stempel; Siegel 盖～ stempeln; einen Stempel drücken; besiegeln 2. Stempelzeichen; Siegelzeichen
图纸 túzhǐ Blaupause; technische Zeichnung 施工～ Bauzeichnung; Bauplan

涂[1] (塗) tú 1. →涂抹 1 ～药膏 Salbe auftragen 2. →涂抹 2 3. abwischen; wegstreichen; entfernen

涂[2] (塗) tú vollschmieren; beschmieren; bestreichen
涂改 túgǎi ändern; anders machen; eine andere Form geben
涂料 túliào Überzug; Tünche
涂抹 túmǒ 1. beschmieren; bestreichen; betupfen 2. kritzeln; krakeln; schmieren 信笔～ *gedankenloses Gekritzel*

途 tú Weg; Wegstrecke ～中 unterwegs; auf dem Weg
途径 tújìng Weg; Weise; Mittel 通过外交～ auf diplomatischem Weg

荼 tú ein bitteres Kraut
荼毒 túdú jn geistig vergiften; quälen ～生灵 die Menschen ins Unglück (ins Verderben) stürzen

土 tǔ 1. Erde; Boden ～堆 Erdhaufen ～坝 Erddamm 2. →土地 3. lokal; örtlich ～话 lokale Sprache; Dialekt; Mundart 4. →土法 ～设备 einheimische Anlage 5. unzivilisiert; ungeschliffen; ungebildet ～头～脑 hinterwäldlerisch; bäuerisch
土崩瓦解 tǔ bēng wǎ jiě völlig zusammenbrechen; aus den Fugen gehen (geraten)
土布 tǔbù handgewebter Baumwollstoff
土产 tǔchǎn 1. örtlich produziert 2. lokale Spezialität; einheimisches Produkt
土地 tǔdì Boden; Land ～改革 Bodenreform
土豆 tǔdòu Kartoffel
土法 tǔfǎ einheimisches Verfahren; lokale (einheimische) Methode ～生产 etw mit Hilfe örtlicher Verfahren produzieren; einheimische Produktionsmethode
土方[1] tǔfāng ein Kubikmeter Erde ～工程 Erdbauwerk; Erdarbeiten
土方[2] tǔfāng überliefertes volkstümliches Rezept
土匪 tǔfěi Bandit; Räuber
土豪 tǔháo örtlicher Despot ～劣绅 lokale Despoten und übele Vornehmheit
土霉素 tǔméisù Terramycin; Oxytetracyclin
土木 tǔmù Bauwerk; Bautätigkeit 大兴～ Bauarbeiten von riesigem Ausmaß durchführen ～工程 Bauwerk; Bauingenieurwesen; Bauwesen
土坯 tǔpī ungebrannter Lehmziegel; Rohziegel
土气 tǔqì bäuerisch; dörflich; ländlich
土壤 tǔrǎng Boden; Ackerboden; Erdboden ～改良 Bodenmelioration
土星 tǔxīng Saturn
土音 tǔyīn Lokalakzent; Lokalaussprache
土葬 tǔzàng Erdbestattung
土政策 tǔzhèngcè lokale Richtlinien
土著 tǔzhù Eingeborene(r); Ureinwohner; Autochthone

吐 tǔ 另见 tù
1. spucken; ausspeien ～痰 spucken 2. herausstrecken; spinnen (von Spinnen, Raupen) ～舌头 die Zunge herausstrecken 3. aussprechen; offenbaren ～字清楚 Wörter klar und deutlich aussprechen
吐故纳新 tǔ gù nà xīn Altes abstoßen und Neues aufnehmen
吐露 tǔlù sein Herz (seine Seele) ausschütten; sich jm eröffnen; jm etw aufschließen ～真情 mit der Wahrheit herausrücken; die Wahrheit sagen

T

吐绶鸡 tǔshòujī Truthuhn
吐穗 tǔsuì Ähren schießen (von Getreidepflanzen)

钍 tǔ Thorium (Th)

吐 tù 另见 tǔ
1. sich erbrechen; sich übergeben ～血 Blut erbrechen (spucken) 2. etw widerwillig zurückerstatten

兔(兎) tù →兔子
兔唇 tùchún Hasenscharte
兔子 tùzi Hase; Kaninchen

湍 tuān 1. →湍急 2. →湍流
湍急 tuānjí heftig strömend; rasch fließend
湍流 tuānliú reißende Strömung

团(團、²糰) tuán 1. rund; kreisrund; kreisförmig ～脸儿 rundes Gesicht 2. →团子 3. zu einer Kugel formen; knäueln ～肉丸 Fleischklößchen knäueln 4. →团聚 5. Gruppe; Einheit; Schar 文工～ Kulturensemble 军事代表～ militärische Delegation 6. Regiment 步兵～ Infanterieregiment 7. Chinesischer Kommunistischer Jugendverband (CKJV) ～刊 Zeitschrift für den Jugendverband 8. (als Zähleinheitswort): 一～毛线 ein Wollknäuel; ein Knäuel Wolle
团队精神 tuánduì jīngshén Teamgeist
团结 tuánjié 1. zu einer festen Einheit machen; sich zusammenschließen; sich vereinen 加强～ Einigkeit verstärken 2. Harmonie; Eintracht; gutes Einvernehmen 不～的现象 Zwietracht
团聚 tuánjù zusammenkommen; zusammenfinden 全家～ Familientreffen
团体 tuántǐ Gemeinschaft; Organisation; Verband 社会～ Massenorganisationen ～操 Gruppengymnastik
团团 tuántuán rundherum; ringsum ～围住 völlig einkreisen; von etw ringsum umgeben
团员 tuányuán 1. Mitglied einer Delegation 代表团～ Delegationsmitglied 2. Mitglied des Chinesischen Kommunistischen Jugendverbandes 超龄～ Altmitglied des CKJVes
团圆 tuányuán 1. Zusammensein; Zusammenkommen 2. rund; kreisrund; kugelartig
团长 tuánzhǎng 1. Regimentskommandeur 2. Delegationsleiter; Gruppenführer 代表团～ Delegationsleiter
团子 tuánzi Knödel; Kloß; Klößchen

推 tuī 1. schieben; stoßen; schubsen ～磨 einen Mühlstein drehen ～车 einen Karren schieben 2. mahlen 3. schneiden; scheren ～头 jm die Haare schneiden 4. →推动 5. →推测; 推断 类～ einen Analogieschluss ziehen; analog schließen 6. →推让 7. →推托; 推卸 8. →推迟 ～后几天 auf einige Tage später verschieben 9. →推崇 10. →推选 ～为佳作 ein Werk als hervorragend bezeichnen
推波助澜 tuī bō zhù lán etw noch schlimmer machen; einer Sache neue Nahrung geben
推测 tuīcè annehmen; vermuten; glauben
推陈出新 tuī chén chū xīn Altes abstoßen und Neues schaffen; das Neue aus dem Alten entwickeln
推迟 tuīchí verschieben; aufschieben; hinausschieben
推崇 tuīchóng wertschätzen; hochschätzen; achten ～备至 große Hochachtung für jn empfinden
推倒 tuīdǎo 1. umstürzen; umwälzen; umstoßen 2. →推翻
推动 tuīdòng beschleunigen; vorantreiben; fördern ～工作 die Arbeit in Schwung bringen ～全局 die Entwicklung der Gesamtsituation (Gesamtlage) vorantreiben
推断 tuīduàn schlussfolgern; folgern
推翻 tuīfān 1. etw mit Gewalt umstürzen; stürzen; umwälzen 2. umstoßen ～原有计划 den ursprünglichen Plan verwerfen (umwerfen)
推广 tuīguǎng verbreiten; popularisieren; propagieren ～普通话 die Gemeinsprache (Hochchinesisch) verbreiten
推荐 tuījiàn empfehlen; vorschlagen; anraten
推进 tuījìn 1. vorwärtstreiben; vorantreiben; fördern 2. vorrücken; vorstoßen
推举 tuījǔ →推选
推理 tuīlǐ schließen; schlussfolgern; folgern ～小说 Kriminalroman
推拿 tuīná Massage
推敲 tuīqiāo etw von allen Seiten überlegen; sorgfältig erwägen; abwägen
推却 tuīquè ablehnen; absagen

推让 tuīràng höflich (bescheiden) etw nicht annehmen wollen
推算 tuīsuàn berechnen; kalkulieren; nachrechnen
推土机 tuītǔjī Bulldozer; Planierraupe; Absetzer
推托 tuītuō vorschieben; vorschützen; sich unter einem Vorwand entschuldigen ～生病 eine Krankheit zum Vorwand nehmen; eine Krankheit vorschieben (vorschützen)
推委 tuīwěi die Verantwortung auf andere überwälzen; die Schuld auf jn schieben ～责任 die Verantwortung auf andere abwälzen; die Verantwortung abschütteln
推销 tuīxiāo etw auf den Markt bringen (werfen); den Absatz steigern; Waren vertreiben ～员 Sales-Promoter
推卸 tuīxiè sich entziehen; abschieben; abladen ～责任 die Verantwortung abschieben; sich der Verantwortung entziehen
推心置腹 tuī xīn zhì fù fest auf jn vertrauen; aufrichtig gegen jn sein; offenherzig
推行 tuīxíng betreiben; verfolgen
推选 tuīxuǎn wählen; jn zur Wahl vorschlagen
推移 tuīyí vergehen; ablaufen; verstreichen 随着时间的～ mit der Zeit; im Laufe der Zeit
推重 tuīzhòng hochschätzen; wertschätzen; etw für wertvoll halten
推子 tuīzi Haarschneidegerät

颓 tuí 1. ruiniert; verfallen; zerfallen ～垣断壁 verfallenes Mauerwerk; Ruine 2. →颓败
颓败 tuíbài dekadent; verfallen
颓废 tuífèi depressiv; verdorben; dekadent ～派 Dekadenz; dekadente Schule ～主义 Dekadenz
颓丧 tuísàng entmutigt; deprimiert; niedergeschlagen

腿 tuǐ 1. Bein 大～ Oberschenkel 小～ Unterschenkel 2. beinförmige Stütze 椅子～ Stuhlbein 3. Schinken
腿肚子 tuǐdùzi Wade

蜕 tuì 1. →蜕皮 2. abgeworfene Haut 蛇～ abgeworfene Schlangenhaut
蜕化 tuìhuà degenerieren; entarten; verkommen ～变质分子 verdorbenes (entartetes) Element
蜕皮 tuìpí sich häuten; sich schälen; die Haut abstreifen

退 tuì 1. sich nach hinten ziehen; sich zurückziehen ～两步 zwei Schritte zurücktreten 2. zurückziehen; zurückbewegen ～敌 den Feind zurückschlagen 把子弹～出来 (eine Pistole usw.) entladen 3. →退出 ～党 aus einer Partei austreten 4. abnehmen; zurückgehen; absetzen 热度已经～了 das Fieber ist schon gefallen 5. →退还 ～钱 die Kaufsumme zurückerstatten 6. aufheben; zurücklegen; auflösen ～婚 die Verlobung auflösen (lösen)
退避 tuìbì jm / einer Sache aus dem Weg gehen ～三舍 einem Frontalzusammenstoß ausweichen
退兵 tuìbīng 1. Truppen zurückziehen (abziehen) 2. die gegnerischen Truppen zum Rückzug zwingen
退步 tuìbù 1. Rückschritt 2. Spielraum; Bewegungsfreiheit 留个～ sich genügend Spielraum lassen; sich einen Weg offenhalten
退潮 tuìcháo Ebbe; abebben
退出 tuìchū sich zurückziehen; zurücktreten; abtreten ～会场 den Sitzungssaal verlassen
退后 tuìhòu zurückweichen; zurücktreten
退化 tuìhuà 1. Degeneration; Entartung 2. degenerieren; entarten
退还 tuìhuán zurückgeben; wiedergeben; zurückerstatten
退回 tuìhuí 1. →退还 2. zurückgehen; sich zurückziehen ～原来的阵地 sich auf Stellungen zurückziehen
退路 tuìlù 1. Rückweg 切断敌军的～ den feindlichen Truppen den Rückweg abschneiden (verlegen, versperren) 2. Spielraum; Bewegungsfreiheit
退赔 tuìpéi etwas zurückgeben, was man jm widerrechtlich weggenommen hat; für etw Ersatz leisten
退票 tuìpiào 1. die (bestellten, gebuchten) Karten abbestellen 2. Karten (Fahrkarten, Eintrittskarten usw.) gegen Erstattung der Kosten zurückgeben 等～ auf abgetretene Eintrittskarten (Fahrkarten usw.) warten 3. einen Wechsel protes-

T

tieren
退却 tuìquè1. sich zurückziehen2. →退缩
退让 tuìràng Konzessionen (Zugeständnisse) machen; zurückweichen; das Feld räumen
退色 tuìshǎi die Farbe verlieren; abblassen; abfärben ～的布 ein nicht farbechter Stoff
退烧 tuìshāo das Fieber fällt / das Fieber senken (bekämpfen)
退缩 tuìsuō zurückweichen; zurückschrecken
退伍 tuìwǔ aus dem Militärdienst (der Armee) ausscheiden; ausdienen ～军人 ausgedienter Soldat; Ex-Soldat
退休 tuìxiū in den Ruhestand treten (gehen); in Rente sein; in Pension gehen ～金 Rente; Pension; Ruhegeld ～工人 Arbeiter im Ruhestand ～人员 Rentner(in)
退学 tuìxué von der Schule abgehen; das Studium oder den Schulbesuch aufgeben; ausschulen
退役 tuìyì aus der Armee (aus dem Dienst) entlassen werden; ausdienen; eine Entlassung aus dem Militärdienst ～上校 aus dem aktiven Dienst ausgeschiedener Oberst; Oberst a. D.
退职 tuìzhí von einem Amt zurücktreten; sein Amt niederlegen ～金 eine bestimmte Geldsumme für Amtsniederlegung

煺(焞、㨃) tuì nach Abbrühen Haare (von Schweinen) oder Federn (von Hühnern) entfernen ～毛 entborsten; rupfen

褪 tuì 另见 tùn
1. Kleider ablegen; Haut oder Federn abwerfen ～去冬衣 aus dem Winterkleid schlüpfen2. Farbe verlieren; verbleichen

吞 tūn1. schlucken; verschlingen2. →吞没 1
吞并 tūnbìng annektieren; eingliedern; einverleiben
吞没 tūnmò1. unrechtmäßig vorenthalten; veruntreuen; unterschlagen ～公款 öffentliche Gelder (Mittel) veruntreuen 2. verschlingen; überschwemmen; über jm/etw zusammenschlagen
吞吞吐吐 tūn tūn tǔ tǔ lange mit der Antwort zögern; nicht mit der Sprache herausrücken wollen

屯 tún1. lagern; speichern; horten ～粮 Getreide einlagern (aufspeichern) 2. stationieren; Standort halten ～兵 Truppen stationieren; Truppenstationierung
屯垦 túnkěn Truppen stationieren; um Ödland urbar zu machen (erschließen)

囤 tún 另见 dùn
einlagern; lagern; speichern ～货 Waren lagern (aufspeichern)
囤积 túnjī etw horten, um hohe Profite einzustecken ～居奇 etw horten, um es zu hochgetriebenen Preisen zu verkaufen

豚(豘) tún Ferkel; Schwein
豚鼠 túnshǔ Meerschweinchen

臀 tún Gesäß; Hintern

氽 tǔn1. schweben; treiben2. fritieren 油～花生米 fritierte Erdnusskerne

褪 tùn 另见 tuì
abstreifen; aus etw schlüpfen ～下一只袖子 aus einem Ärmel schlüpfen

脱 tuō1. →脱落 2. abnehmen; ausziehen ～皮鞋 Lederschuhe ausziehen; aus den Lederschuhen schlüpfen 3. →脱离 ～缰 zügellos; ungezügelt4. →脱漏
脱产 tuōchǎn von der Produktion (seiner Arbeit) freigestellt werden 不～学习 studieren, ohne von seiner Arbeit freigestellt zu werden
脱党 tuōdǎng die Verbindung zur Partei verlieren (abbrechen); Parteiaustritt
脱发 tuōfà Haarausfall; Alopezie
脱轨 tuōguǐ entgleisen; aus den Schienen (aus dem Gleis) springen
脱节 tuōjié auseinander fallen; aus den Fugen gehen (geraten, sein) 供求～ die Diskrepanz zwischen Angebot und Nachfrage
脱臼 tuōjiù →脱位
脱口而出 tuō kǒu ér chū losplatzen; unbedacht entschlüpfen; ohne nachzudenken, etw sagen
脱离 tuōlí sich lösen; sich losreißen; sich trennen ～实际 sich von der Praxis lösen ～家庭 die Beziehungen zu der Familie abbrechen
脱粒 tuōlì dreschen; enthülsen ～机 Dresch-

maschine
脱漏 tuōlòu auslassen; fehlen; überspringen
脱落 tuōluò fallen; abfallen 油漆～ die Farbe (Anstrichfarbe) blättert ab 头发～ die Haare fallen aus
脱毛 tuōmáo sich mausern; Feder- oder Haarwechsel
脱帽 tuōmào den Hut (die Mütze) abnehmen
脱排油烟机 tuōpáiyóuyānjī Dunstabzugshaube
脱期 tuōqī Terminüberschreitung
脱身 tuōshēn abkommen; sich aus etw heraushalten
脱手 tuōshǒu 1. aus der Hand fallen (gleiten) 2. Waren abstoßen (verkaufen) Waren loswerden
脱水 tuōshuǐ 1. Wasserentziehung; Dehydration 2. Wasserentzug; Entwässerung
脱逃 tuōtáo entrinnen; entwischen; davonlaufen 临阵～ sich vor dem Kampf (Einsatz) drücken
脱位 tuōwèi Dislokation; Verrenkung; Luxation
脱险 tuōxiǎn einer Gefahr entgehen; davonkommen
脱销 tuōxiāo ausverkauft; nicht mehr erhältlich; vergriffen 商品～了 die Waren sind schon vergriffen
脱颖而出 tuō yǐng ér chū ein erstaunliches Talent (sein überragendes Können) zeigen
脱脂 tuōzhī entfetten; entrahmen; Entfettung ～奶粉 entrahmte Trockenmilch; entrahmtes Milchpulver ～棉 Watte; Verbandwatte

拖 tuō 1. schleppen; ziehen ～驳船 Schleppkahn (Lastkahn) ziehen (bugsieren) 2. schleppen 衣服～在地上 das lange Kleid schleppt am Boden 3. →拖延
拖把 tuōbǎ Mopp; Dweil
拖车 tuōchē Anhänger; Hänger; Beiwagen
拖后腿 tuō hòutuǐ zurückhalten; aufhalten; jm/etw im Wege stehen (sein)
拖拉 tuōlā träge; saumselig; langsam ～作风 Bummelei
拖拉机 tuōlājī Traktor; Motorschlepper ～手 Traktorist
拖轮 tuōlún Bugsierdampfer; Schlepper; Bugsierer
拖欠 tuōqiàn im Rückstand sein; mit der Rückzahlung säumig sein
拖鞋 tuōxié Pantoffeln; Hausschuhe
拖延 tuōyán hinausschieben; verschieben; verzögern ～时间 Zeit gewinnen wollen; Zeit schinden

托[1] tuō 1. etw auf der Hand tragen 两手～着下巴 das Kinn in (auf) beide Hände stützen 2. →托子

托[2]**(託)** tuō 1. beauftragen; jn mit etw betrauen; jm etw anvertrauen 2. vorschützen; zum Vorwand nehmen; sich unter einem Vorwand entschuldigen ～病 eine Krankheit vorschützen; eine Krankheit zum Vorwand nehmen 3. sich auf etw stützen; abhängig sein
托词 tuōcí 1. einen Vorwand finden; nach einer Ausrede suchen ～谢绝 jm unter einem Vorwand dankend absagen 2. Ausrede; Vorwand; Ausflucht
托儿所 tuō'érsuǒ Kinderkrippe; Kindertagesstätte; Kinderheim
托福 tuōfú dank Ihrer Fürsorge; vielen Dank ～考试 TOEFL
托付 tuōfù beauftragen; betrauen
托故 tuōgù Ausflüchte machen; einen Vorwand finden ～不来 unter einem Vorwand nicht kommen
托管 tuōguǎn Treuhand; Treuhandschaft ～地 Mandatsgebiet
托拉斯 tuōlāsī Trust
托盘 tuōpán Tablett; Servierbrett
托运 tuōyùn etw zur Beförderung aufgeben; aufliefern
托子 tuōzi Untersatz; Stütze; Ständer 茶～ Untertasse

沱 tuó enge Bucht
沱茶 tuóchá in Form einer Art Schale gepresster Tee aus Yunnan und Sichuan

坨 tuó
坨子 tuózi Klumpen; Brocken; Haufen 泥～ Erdklumpen

柁 tuó 另见 duò '舵'
Träger; Tragbalken

砣(铊) tuó '铊'另见 tā
1. Laufgewicht 2. Steinwalze; Mahlwalze 3. mit einem Schleifrad (Schmirgelscheibe) Jade schneiden oder schleifen

T

鸵 tuó Strauß

鸵鸟 tuóniǎo Strauß ～政策 Vogel-Strauß-Politik

陀 tuó

陀螺 tuóluó Kreisel；Trendel

驼 tuó 1. Kamel 2. höckerig；bucklig；krumm

驼背 tuóbèi 1. bucklig；krumm 2. →驼子

驼峰 tuófēng Kamelhöcker；Höcker

驼鹿 tuólù Elch

驼绒 tuóróng 1. Kamelflaum 2. Kamelhaarstoff

驼子 tuózi Bucklige(r)

驮 tuó 另见 duò

auf dem Rücken tragen ～运 auf einem Lasttier transportieren

椭（橢） tuǒ

椭圆 tuǒyuán Ellipse ～形 elliptisch；ellipsenförmig ～体 Ellipsoid

妥 tuǒ 1. →妥当 ～为解决 die Sache vernünftig erledigen 2. bereits fertig；alles bereit 款已备～ das Geld liegt schon bereit

妥当 tuǒdang trefflich；angemessen；geraten

妥善 tuǒshàn geeignet；zweckmäßig；gut ～处理 etw diskret behandeln

妥协 tuǒxié Zugeständnis；Kompromiss；Ausgleich

拓 tuò 另见 tà

roden；erschließen；Bahn brechen

拓荒 tuòhuāng Brachland urbar machen (kultivieren)

唾 tuò 1. →唾液 2. spucken；ausspucken；speien

唾沫 tuòmo Speichel；Spucke；Sabber

唾弃 tuòqì ächten；verabscheuen；jm den Rücken zeigen

唾手可得 tuò shǒu kě dé leicht zu bekommen sein

唾液 tuòyè Speichel

W

洼（窪） wā 1. tiefliegend; eingesunken 2. Vertiefung; Aushöhlung; Tiefland
洼地 wādì Depression; Niederung
哇 wā 另见 wa
(Schallwort) laut weinen oder ausbrechen ~~乱叫 lärmend schreien
哇啦 wālā (Schallwort) mit gellendem Geschrei; lärmend
蛙（鼃） wā Frosch
蛙泳 wāyǒng Brustschwimmen
挖 wā graben; aushöhlen; schaufeln ~土 Erde ausheben ~潜力 Potential (potentielle Kräfte) ausschöpfen
挖掘 wājué →挖 ~机 Bagger; Exkavator; Grabenmaschine
挖空心思 wā kōng xīn sī sich den Kopf (das Hirn) zermartern; sich den Kopf (die Köpfe) zerbrechen
挖苦 wāku gegen jn sticheln; jm einen Seitenhieb versetzen
挖墙脚 wāqiángjiǎo unterwühlen; jm das Wasser abgraben
娃 wá →娃娃
娃娃 *wáwa* Baby; Säugling; kleines Kind 泥~ Kindfigürchen aus Lehm; Lehmpuppe
瓦[1] wǎ 另见 wà
1. Dachziegel 2. tönern ~盆 Tonbecken; irdener Topf
瓦[2] wǎ 另见 wà
→瓦特
瓦工 wǎgōng 1. Mau(r)erarbeiten; Mauern 2. Maurer
瓦解 wǎjiě 1. zusammenbrechen; sich auflösen; auseinander fallen 土崩~ zusammenbrechen; sich in Auflösung befinden 2. zersetzen; zerfallen; demoralisieren ~敌军 die feindlichen Truppen zersetzen
瓦砾 wǎlì Schutt; Trümmer; Abfall ~堆 Trümmerhaufen
瓦时 wǎshí Wattstunde (Wh)
瓦斯 wǎsī Gas 催泪~ Tränengas
瓦特 wǎtè Watt (W)
袜（襪、韤） wà →袜子 厚~ dicke Strümpfe
袜子 wàzi Strumpf; Socke
瓦 wà 另见 wǎ
mit Ziegeln decken
瓦刀 wàdāo Maurerkelle
哇 wa 另见 wā
(Hilfswort): 你怎么还不走~? Warum bist du denn noch nicht weggegangen?
歪 wāi 1. schief; schräg; geneigt ~嘴 ein schiefer Mund ~着头 ein zur Seite geneigter Kopf 2. unanständig; unsittlich; übel ~风邪气 schädliche Tendenzen und üble Praktiken
歪理 wāilǐ sophistische Argumentation
歪门邪道 wāi mén xié dào krumme Wege (Pfade)
歪曲 wāiqū verfälschen; absichtlich missdeuten; verdrehen ~事实 Tatsachen entstellen (verdrehen)
歪斜 wāixié schief; schräg; oblique
外 wài 1. →外边; 外部 城~ außerhalb der Stadt 2. andere (-r, -s) ~省 andere Provinzen 3. →外国 4. außer; außerdem; sonst ~加 dazu noch; außerdem noch 5. außerhalb; außer 在职权范围之~ über seine Kompetenzen hinausgehen; seine Befugnisse überschreiten 6. inoffiziell; nicht amtlich ~传 inoffizielle Biographie
外币 wàibì ausländisches Geld; Devisen;

Valuta；ausländische Währung
外边 wàibian 1. außerhalb；außen；draußen 窗子～ draußen vor dem Fenster 2. →外地 3. →外部 2
外表 wàibiǎo Äußere；Erscheinungsbild；Aussehen
外宾 wàibīn ausländischer Besucher (Gast)
外部 wàibù 1. außen；extern；äußerlich ～敌人 die Feinde von außen 2. Oberfläche；Äußere ～特征 äußerliche Merkmale
外埠 wàibù auswärts；in anderen Städten；in anderen Häfen
外地 wàidì anderer Ort (als dort, wo man sich befindet)；auswärts
外调 wàidiào 1. auf einen anderen Posten versetzt werden；etw anderswohin schaffen ～商品 für andere Orte bestimmte Waren 2. bei anderen Institutionen (Betrieben) Informationen über js Lebenslauf (js gesellschaftliche Entwicklung) einziehen
外观 wàiguān Äußere；äußere Erscheinung；Aussehen
外国 wàiguó Ausland；Fremde ～人 Ausländer ～语 Fremdsprache
外行 wàiháng 1. dilettantisch；unfachmännisch；laienhaft 2. Laie；Nichtfachmann
外号 wàihào Spitzname；Spottname；Neckname
外患 wàihuàn ausländische Aggression；Unheil aus dem Ausland
外汇 wàihuì Devisen；Valuta ～收入 Deviseneinkommen
外汇兑换券 wàihuì duìhuànquàn Devisenwechselschein
外汇调剂 wàihuì tiáojì Devisenwirtschaftung
外货 wàihuò ausländische Ware；Importware；Einfuhrware
外交 wàijiāo Diplomatie；auswärtige Beziehungen ～官 Diplomat ～政策 Außenpolitik ～部长 Außenminister
外角 wàijiǎo Außenwinkel
外界 wàijiè Außenwelt；äußere Welt
外景 wàijǐng Außenaufnahme 拍～ Außenaufnahmen machen
外科 wàikē Chirurgie；Abteilung für Chirurgie ～医生 Chirurg；Externist
外快 wàikuài Extragewinn (Extraeinkommen)；Akzidenz；Geschäftchen 捞～ Extraeinkommen zu bekommen versuchen；ein Geschäftchen machen
外来 wàilái von auswärts；von außen ～语 Lehnwort；Fremdwort；eingeführtes Wort ～干部 auswärtiger Kader
外力 wàilì 1. äußere Kräfte 2. äußere Kraft ～支援 Unterstützung von außen
外流 wàiliú abfließen 人才～ Abfluss von talentierten Personen 黄金～ Gold fließt ins Ausland ab
外貌 wàimào →外表
外面 wàimian →外边 ～很冷 draußen ist es sehr kalt
外强中干 wài qiáng zhōng gān stark aussehend, aber in Wirklichkeit schwach；nach außen stark, aber innen hohl
外侨 wàiqiáo im Inland lebender Ausländer
外勤 wàiqín 1. Außendienst；Arbeit außerhalb der Dienststelle ～记者 Korrespondent im Außendienst 2. Personal für den Außendienst
外人 wàirén 1. Fremde(r) 2. Außenstehende(r)；außer einem bestimmten Kreis stehende Person 3. Ausländer；Fremdling；Fremde(r)
外伤 wàishāng Trauma；Wunde；Verletzung
外甥 wàisheng Neffe；Sohn der Schwester；Schwestersohn ～女 Nichte；Tochter der Schwester；Schwestertochter
外事 wàishì 1. auswärtige Angelegenheiten ～机关 auswärtige Behörden 2. Angelegenheiten außerhalb der Familie bzw. unter anderen Leuten
外孙 wàisūn Enkel；Sohn der Tochter；Tochterkind ～女 Enkelin；Tochter der Tochter；Tochterkind
外胎 wàitāi Mantel；Radmantel；Decke 汽车～ Mantel vom Autoreifen
外套 wàitào Mantel；lange Jacke；Überzieher
外围 wàiwéi Umgebung；Umgegend；Peripherie；Randgebiet
外文 wàiwén Fremdsprache
外务 wàiwù 1. Angelegenheiten außerhalb seines Arbeitsbereiches 2. auswärtige Angelegenheiten
外乡 wàixiāng auswärts；anderer Ort ～人 Nichteinheimische(r)
外向型经济 wàixiàngxíng jīngjì exportorientierte Wirtschaft
外销 wàixiāo (Waren) ins Ausland oder an andere Orte verkaufen ～物资 Export-

waren
外星人 wàixīngrén der Außerirdische
外延 wàiyán Extension
外衣 wàiyī 1. Jacke 2. Deckmantel 披着"合法的"～ einer Sache den Deckmantel der „Legalität" umhängen
外因 wàiyīn äußere Ursache; Ursache von außen
外语 wàiyǔ Fremdsprache
外援 wàiyuán Hilfe von außen; ausländische Hilfe
外在 wàizài außen befindlich; äußere ～因素 äußere Faktoren
外资 wàizī ausländisches Kapital
外资企业 wàizīqǐyè Unternehmen mit ausländischem Kapital
外祖父 wàizǔfù Großvater (mütterlicherseits); Opa
外祖母 wàizǔmǔ Großmutter (mütterlicherseits); Oma

豌 wān
豌豆 wāndòu Erbse

剜 wān ausschneiden; aushöhlen; etw hohl machen

蜿 wān
蜿蜒 wānyán 1. (Schlange, Wurm u. ä.) sich winden; sich krümmen 2. (Fluss, Weg u. ä) sich winden; in Windungen verlaufen; sich schlängeln 道路～ der Weg schlängelt (windet) sich

弯(彎) wān 1. →弯曲 2. biegen; krümmen; beugen ～下腰来 den Rücken krümmen 3. →弯子
弯路 wānlù Umweg; krummer Weg 走～ Umwege machen
弯曲 wānqū krumm; gewunden
弯子 wānzi Biegung; Krümmung; Windung

湾(灣) wān 1. Flussbiegung; Flusskrümmung 2. Golf; Bucht; Meerbusen 3. verankern; festmachen

完 wán 1. →完全;完整 2. aus; aufgebraucht 木柴快用～了 der Holzvorrat geht zu Ende 3. →完结;完成 读～中学 die Mittelschule abschließen 4. (Steuer) zahlen (bezahlen) ～税 Steuern zahlen (bezahlen); steuern
完备 wánbèi komplett; vollständig; lückenlos 货物品种～ es gibt alle Sorten Waren (Güter) / Waren in allen Sorten
完毕 wánbì →完结
完成 wánchéng ausfüllen; erfüllen; vollenden ～任务 eine Aufgabe erfüllen; einen Auftrag ausführen
完蛋 wándàn alles ist aus; zu Fall kommen 彻底～ etwas ist voll und ganz (durch und durch) aus
完工 wángōng eine Arbeit vollenden (fertigmachen)
完好 wánhǎo unverletzt; unbeschädigt; unversehrt
完婚 wánhūn mit jm eine Ehe schließen; mit einer Frau die Ehe eingehen
完结 wánjié Schluss machen; zu Ende sein; beenden
完满 wánmǎn zufriedenstellend; befriedigend; vollkommen
完美 wánměi fehlerlos; einwandfrei; makellos ～无缺 von höchster Vollendung; perfekt
完全 wánquán 1. vollständig; voll; voll und ganz ～小学 Grundschule; Ganztagsschule 2. ganz; alle; sämtlich ～平等 ganz gleichberechtigt ～同意 vollkommen einverstanden
完善 wánshàn →完美 设备～的医院 ein gut ausgerüstetes Krankenhaus
完事 wánshì fertig; zu Ende sein ～大吉 die Arbeit ist (Gott sei Dank) zu Ende / die Sache ist (Gott sei Dank) erledigt
完整 wánzhěng Vollständigkeit; umfassend; vollkommen 领土～ territoriale Integrität

玩[1](顽) wán 1. →玩耍 2. spielen; ein Spiel ausführen ～纸牌 Karten spielen 3. (unerlaubte Kniffe) anwenden; sich unlauterer Mittel bedienen ～花招 Tricks (List) anwenden; raffinierte Methode anwenden

玩[2](翫) wán 1. etw leicht nehmen; auf etw herabschauen 这可不是～的 das kann man doch nicht auf die leichte Schulter nehmen 2. →玩赏 3. →玩物
玩忽 wánhū vernachlässigen; übersehen; etw außer Acht lassen ～职守 Pflichtverletzung; seinen Dienst vernachlässigen
玩火自焚 wán huǒ zì fén wer Wind sät, wird Sturm ernten

W

玩具 wánjù Spielzeug; Spielsachen ～枪 Spielzeugpistole

玩弄 wánnòng 1. tändeln; jn zum Besten haben; sein Spiel mit jm treiben ～于股掌之上 bei (mit) jm leichtes Spiel haben 2. mit etw spielen; mit etw prahlen; etw prahlerisch zur Schau stellen ～词句 mit Worten spielen 3. entfalten; voll entwickeln ～两面手法 eine doppelzüngige Politik betreiben; sich einer Taktik der Doppelzüngigkeit bedienen

玩赏 wánshǎng genießen; bewundern

玩耍 wánshuǎ spielen; sich amüsieren; sich vergnügen

玩味 wánwèi etw innerlich nachvollziehen

玩物 wánwù Spielzeug; Spielsachen

玩笑 wánxiào Spaß; Scherz; Witzwort 开～ Spaß machen; scherzen

顽[1] wán 1. dumm; tölpelhaft; unwissend 2. hartnäckig; dickköpfig; halsstarrig ～疾 eine hartnäckige chronische Krankheit 3. →顽皮

顽[2] wán →玩 1

顽敌 wándí hartnäckiger Feind

顽固 wángù 1. starrsinnig; hartnäckig; dickköpfig ～不化 störrisch wie ein Esel sein; verbohrt; verstockt 2. ultrakonservativ; ultrarückschrittlich ～立场 konservativer Standpunkt

顽抗 wánkàng hartnäckigen Widerstand leisten

顽皮 wánpí unartig; ungezogen

顽强 wánqiáng unerschütterlich; zäh; verbissen ～地学习 fleißig und hart lernen (studieren)

顽童 wántóng Lausbub; Lausejunge; Frechdachs

丸 wán 1. Ball; Kügelchen 2. →丸药 3. (Zähleinheitswort): 三～药 drei Pillen

丸药 wányào Pille

丸子 wánzi Kloß; Knödel 肉～ Fleischklößchen

纨 wán feines (dünnes) Seidengewebe

纨袴 wánkù Seidenhose ～子弟 Dandy; Geck; Playboy

莞 wǎn

莞尔 wǎn'ěr schmunzeln 不觉～ schmunzeln müssen

绾 wǎn aufrollen; zusammenbinden ～个扣儿 einen Knoten machen

宛 wǎn gewunden; krumm

宛如 wǎnrú als ob; dem Anschein nach

惋 wǎn bedauern; bemitleiden

惋惜 wǎnxī bedauern; mitfühlen

碗(盌、椀) wǎn Schüssel; Schale 瓷～ Porzellanschüssel ～橱 Geschirrschrank; Büfett

婉 wǎn 1. →婉转 ～谢 in aller Höflichkeit ablehnen 2. schön; wunderschön; anmutig

婉言 wǎnyán mit höflichen Worten; beschönigender Ausdruck ～拒绝 eine Ablehnung mit schönen Worten verbrämen ～相劝 mit freundlichen Worten überreden

婉转 wǎnzhuǎn 1. taktvoll; verblümt; verhüllend ～的说法 verblümter (verhüllender) Ausdruck 2. wohlklingend; melodisch klingend

挽[1] (³⁴輓) wǎn 1. ziehen; unterfassen; unterhaken ～弓 einen Bogen spannen 2. aufrollen; aufkrempeln; aufwickeln 3. schleppen ～车 Schlepper; Bulldog 4. trauern ～词 Trauerwort

挽[2] wǎn zusammenrollen; aufrollen

挽回 wǎnhuí 1. wiedereinbringen; wiedergutmachen ～损失 Verluste wettmachen (wiedereinbringen) 2. wiedergewinnen (wieder erwerben) ～权利 das Recht wiedergewinnen (wieder erwerben)

挽救 wǎnjiù retten; erretten ～生命 das Leben retten

挽联 wǎnlián elegisches Spruchrollenpaar

挽留 wǎnliú jn hierbehalten; jn zum Bleiben auffordern (bewegen)

晚 wǎn 1. Abend 今～ heute Abend 2. spät ～清 Spätzeit der Qing-Dynastie 3. zu spät 他来～了 er ist zu spät gekommen

晚安 wǎn'ān gute Nacht

晚报 wǎnbào Abendblatt

晚辈 wǎnbèi jüngere Generation

晚稻 wǎndào Spätreis

晚点 wǎndiǎn Verspätung; sich verspäten
晚饭 wǎnfàn Abendessen; Abendbrot
晚会 wǎnhuì Abendveranstaltung; Abendgesellschaft; Abend 除夕～ Silvesterfeier; Festgesellschaft am Vorabend von Neujahr
晚婚 wǎnhūn spät heiraten; Spätheirat
晚节 wǎnjié moralische Integrität bis ins hohe Alter 保持～ seine moralische Integrität bis an sein Lebensende bewahren
晚年 wǎnnián Lebensabend; Abend des Lebens; der Herbst des Lebens
晚期 wǎnqī Spätzeit
晚上 wǎnshang am Abend; abends
晚霞 wǎnxiá Abendrot; Abendröte; die Röte des Abendhimmels

蔓 wàn 另见 mán, màn zarte Ranke

万（萬） wàn **1.** zehntausend **2.** sehr viel; unzählig ～国 alle Länder (Staaten); Welt; international **3.** durchaus; äußerst unbedingt ～不得已 im äußersten Notfall ～不能行 es geht durchaus (absolut) nicht / durchaus unmöglich; völlig ausgeschlossen
万恶 wàn'è durch und durch verbrecherisch ～不赦 unentschuldbare Verbrechen begangen haben
万分 wànfēn sehr; äußerst; im höchsten Grade ～感激 Danke tausendmal!
万古 wàngǔ für immer; für alle Zeit (Ewigkeit) ～流芳 js Ruhm lebt weiter
万花筒 wànhuātǒng Kaleidoskop
万金油 wànjīnyóu **1.** Linderungssalbe (aus Menthol, Zimtöl, Kampfer, Eukalyptusöl und Parafinwachs) **2.** Halbgebildete (-) auf verschiedenen Gebieten
万籁 wànlài verschiedene Geräusche ～俱寂 es war alles still
万难 wànnán **1.** sehr schwierig; völlig ausgeschlossen ～办到 völlig ausgeschlossen (unmöglich), etw zu machen **2.** allerlei Schwierigkeiten 排除～ alle Schwierigkeiten beseitigen (überwinden)
万能 wànnéng **1.** allmächtig; omnipotent **2.** universal; vielseitig; mehrzweckdienlich ～机床 Mehrzweckdrehbank
万能胶 wànnéngjiāo Alleskleber
万年青 wànniánqīng Immergrün
万全 wànquán lückenlos; ganz sicher ～之策 eine unfehlbare Taktik
万事 wànshì alle Dinge; alles ～通 Allerweltskerl ～亨通 alles geht (verläuft) glatt / es geht (läuft) alles wie am Schnürchen
万岁 wànsuì **1.** es lebe... **2.** Kaiser; Eure Majestät; Seine Majestät
万万 wànwàn **1.** hundert Millionen **2.** unter allen Umständen; völlig; absolut ～想不到 es fällt jm überhaupt nicht ein; Es geschehen noch Zeichen und Wunder!
万无一失 wàn wú yī shī ganz sicher sein; todsicher
万象 wànxiàng alle Naturerscheinungen ～更新 die Natur belebt sich wieder / alles hat ein völlig neues Antlitz bekommen
万一 wànyī **1.** ein sehr kleiner Teil **2.** Zufall 以防～ auf alle Möglichkeiten vorbereitet sein; vorsichtshalber **3.** falls; wenn; für den Fall, dass ～有什么事 falls etw dazwischenkommt
万有引力 wànyǒu yǐnlì Gravitation
万众 wànzhòng Hunderttausende von Menschen; Massen ～一心 alle ziehen am gleichen Strang / wie ein Mann

腕 wàn Handgelenk
腕骨 wàngǔ Handgelenkknochen

汪[1] wāng **1.** (Wasser) weit und tief **2.** sich anhäufen; sich stauen 地上～着水 auf dem Boden bildeten sich kleine Lachen **3.** (Zähleinheitswort): 一～血 eine Lache von Blut

汪[2] wāng (Schallwort für Hundegebell) wau; kläff
汪汪 wāngwāng voller (voll) Tränen; in Tränen 眼泪～ js Augen schwimmen in Tränen; js Augen stehen voller Tränen
汪洋 wāngyáng endloses Meer ～大海 das grenzenlose (unendliche) Meer

亡（亾） wáng **1.** →亡命 1 **2.** verloren gehen; verlieren **3.** →亡故 伤重身～ an einer Schwerverletzung gestorben sein; eines schwerverletzten Todes sterben **4.** gestorben; selig; tot ～友 mein verstorbener Freund; mein seliger Freund **5.** untergehen; zugrunde gehen; unterjochen
亡故 wánggù sterben; verscheiden; hin-

scheiden

亡国 wángguó 1. eine Nation (ein Land) unterjochen 2. unterjochte Nation; unterjochtes Land ～奴 Sklave einer fremden Macht; geknechtetes Volk; Kolonialsklave

亡命 wángmìng 1. die Flucht ergreifen; ins Exil gehen; emigrieren ～国外 im Ausland Zuflucht finden; im Exil leben 2. tollkühn; den Tod nicht scheuend ～之徒 Desperado

亡羊补牢 wáng yáng bǔ láo Abhilfe schaffen, um weitere Verluste zu vermeiden

王 wáng Herrscher; König

王八 wángba 1. Weichschildkröte 2. Hahnrei

王朝 wángcháo Dynastie

王储 wángchǔ Kronprinz; Thronerbe

王法 wángfǎ staatliches Recht; Gesetzesordnung 目无～ Gesetze außer Acht lassen; das Gesetz ignorieren; gesetzlos

王国 wángguó Königreich; Reich 自由～ das Reich der Freiheit

王后 wánghòu Königin

王浆 wángjiāng Weiselfuttersaft

王牌 wángpái Trumpf; Präferenz; Trumpfkarte

王室 wángshì 1. königliche Familie ～成员 Angehörige der königlichen Familie 2. kaiserlicher (königlicher) Hof

王水 wángshuǐ Königswasser

王子 wángzǐ Prinz; Königssohn

王族 wángzú die königliche Familie; königliche Verwandte

往 wǎng 另见 wàng

1. gehen 2. nach; auf jn/etw zu; in Richtung auf 你～哪里去? Wohin gehst du? / Wo gehst du hin? 3. vergangen ～事 Vergangenheit; vergangene Vorkommnisse

往常 wǎngcháng gewöhnlich; früher; sonst

往返 wǎngfǎn hin und zurück; hin und her 徒劳～ einen Weg umsonst machen

往返票 wǎngfǎnpiào Hin- und Rückfahrkarte; Hin- und Rückticket

往来 wǎnglái 1. gehen und kommen; hin und zurück 2. einander besuchen; Besuche austauschen; Verkehr 友好～ freundschaftlicher Verkehr

往年 wǎngnián in den letzten (vergangenen) Jahren; früher

往往 wǎngwǎng oft; häufig; gewöhnlich

枉 wǎng 1. krumm; schief 2. verdrehen; verfälschen 3. jm unrecht tun; jm ein Unrecht antun; jn ungerecht behandeln 4. →枉然

枉法 wǎngfǎ das Gesetz übertreten (missbrauchen); Rechtsbeugung 贪赃～ für Bestechungsgelder das Recht beugen

枉费 wǎngfèi vergebens; umsonst ～心机 sich vergebliche Mühe machen (geben)

枉然 wǎngrán vergebens; vergeblich

惘 wǎng sich enttäuscht (niedergedrückt) fühlen

惘然 wǎngrán enttäuscht; deprimiert

网(網) wǎng 1. Netz 织～ Netz werben 2. Netzwerk; Netz 电话～ Telefonnetz 商业～ Handelsnetz 3. mit einem Netz fangen ～鱼 Fische (im Netz) fangen 4. überzogen; verhüllt; bedeckt 眼里～着红丝 die Augen sind mit Blut unterlaufen

网吧 wǎngbā Internet-Café

网点 wǎngdiǎn Zweigstelle

网兜 wǎngdōu Netz

网罗 wǎngluó 1. →网 1 2. anwerben; rekrutieren; sammeln ～人才 talentierte (fähige) Personen anwerben

网络 wǎngluò Netz; Netzwerk

网民 wǎngmín Internet-Nutzer

网球 wǎngqiú 1. Tennis ～场 Tennisplatz 2. Tennisball

网页 wǎngyè Webseite

网站 wǎngzhàn Website

往(望) wàng 另见 wǎng

nach ～里看 hineinblicken; nach innen gucken ～左转 nach links abbiegen

往后 wànghòu später; von nun an

忘 wàng →忘记 念念不～ etw immer im Gedächtnis behalten; js Andenken wachhalten

忘本 wàngběn die bittere Vergangenheit vergessen

忘恩负义 wàng ēn fù yì keinerlei Dankbarkeit zeigen; eine Wohltat mit Undank vergelten

忘怀 wànghuái →忘记

忘记 wàngjì vergessen；sich nicht mehr an etw erinnern

忘我 wàngwǒ selbstlos；opferfreudig hingebend

妄 wàng 1. widersinnig；absurd；anmaßend 2. ohne Besonnenheit；unüberlegt blindlings ～加猜测 wilde Vermutungen machen (anstellen)

妄动 wàngdòng blindlings vorgehen；unüberlegt (unbesonnen) handeln

妄图 wàngtú sich vergebens (vergeblich) bemühen

妄想 wàngxiǎng 1. etw vergeblich beabsichtigen；sich eitle Hoffnungen machen 2. unrealisierbarer Wunschtraum；unberechtigte Hoffnungen；Kateridee 痴心～ Hirngespinst；Luftschlösser bauen

望[1] wàng 1. in die Weite blicken (schauen) 2. besuchen；einen Besuch erstatten；zu Besuch kommen 3. hoffen；etw sehnsüchtig erwarten 丰收在～ eine reiche (gute) Ernte ist in Sicht (zu erwarten) 4. Ruf；Ansehen 5. →望子 5. →往 (wàng)

望[2] wàng 1. Vollmond 2. →望日

望尘莫及 wàng chén mò jí weit hinter jm zurückbleiben

望穿秋水 wàng chuān qiū shuǐ sich die Augen nach jm/etw aus dem Kopf schauen (sehen)

望风 wàngfēng für jn bei etw Schmiere stehen；bei einer verbotenen (ungesetzlichen) Handlung Wache stehen

望见 wàngjiàn sichten；erspähen；erblicken

望楼 wànglóu Wachturm

望日 wàngrì der 15. des Monats nach dem chinesischen Mondkalender

望远镜 wàngyuǎnjìng Fernglas；Fernrohr；Teleskop

望月 wàngyuè Vollmond

望子 wàngzi Geschäftsschild；Aushängeschild

旺 wàng →旺盛

旺季 wàngjì Hochsaison；Saison

旺盛 wàngshèng blühend；kraftvoll；energisch 士气～ den hohen Kampfgeist haben / eine hohe Kampfmoral herrscht

威 wēi →威风

威逼 wēibī drohen；jm die Hölle heiß machen ～利诱 nach der Taktik „abwechselnde Milde und Strenge" vorgehen

威风 wēifēng 1 Macht und Ansehen ～凛凛 majestätisch und Ehrfurcht gebietend 2. imposant；imponierend；eindrucksvoll

威力 wēilì Macht；Gewalt；Force

威名 wēimíng hohes Ansehen；guter Ruf

威慑 wēishè Abschreckung durch Drohung mit Gewalt；Schrecken einflößen (einjagen) ～力量 Abschreckungskräfte

威士忌 wēishìjì Whisky

威望 wēiwàng Autorität；Prestige 崇高～ hohes (großes) Ansehen

威胁 wēixié bedrohen；drohen

威信 wēixìn Autorität；Ansehen ～扫地 sein Ansehen völlig verlieren

威严 wēiyán 1 gravitätisch；hoheitsvoll 神色～ mit gravitätischer Miene 2. Würde

煨 wēi 1. bei kleiner Flamme langsam kochen；schmoren 2. etw in heißer Asche garen ～白薯 Süßkartoffeln in heißer Asche rösten

偎 wēi →偎依

偎依 wēiyī sich an jn anschmiegen；sich an jn schmiegen

微 wēi 1. →微小；微微 相差甚～ der Unterschied ist gering (geringfügig) 2. Millionstel；Mikro... ～米 Mikron 3. →微妙

微波 wēibō Mikrowellen

微波炉 wēibō lú Mikrowellenofen

微薄 wēibó karg；erbärmlich；dürftig

微不足道 wēi bù zú dào unbedeutend；nicht erwähnenswert；irrelevant

微电脑 wēidiànnǎo Mikrocomputer

微分 wēifēn Differential ～学 Differentialrechnung

微观 wēiguān mikrokosmisch ～世界 Mikrokosmos

微粒 wēilì 1 Teilchen；Partikel 2. Korpuskel

微量 wēiliàng Spuren-；Mikro- ～元素 Spurenelement

微妙 wēimiào delikat；subtil；unberechenbar

微弱 wēiruò kraftlos；schwach ～的多数 geringe Mehrheit

微生物 wēishēngwù Mikrobe；Mikroorganismus ～学 Mikrobiologie

微微 wēiwēi ein wenig; leicht; ein bisschen ～一笑 ein wenig lächeln; schmunzeln
微小 wēixiǎo winzig; sehr klein
微笑 wēixiào lächeln; schmunzeln
微型 wēixíng Miniatur-, Mini- ～化 Miniaturisierung ～计算机 Minicomputer
微信息处理机 wēixìnxīchǔlǐjī Mikroprozessor

逶 wēi
逶迤 wēiyí sich schlängeln; sich winden

萎 wēi 另见 wěi
nachlassen; herunterkommen 气～ js Widerstandsfähigkeit (Widerstandskraft) ist erlahmt 买卖～了 das Geschäft geht schlecht

巍 wēi →巍峨
巍峨 wēi'é steil emporragend; riesenhaft

危 wēi 1. →危险 2. gefährden; aufs Spiel setzen 3. kurz vor dem Tod; auf dem Totenbett liegen 病～ kritischer Krankheitszustand; auf den Tod erkrankt sein; todkrank
危害 wēihài schaden; schädigen; jm Schaden zufügen ～生命 das Leben gefährden ～社会秩序 die öffentliche Ordnung beeinträchtigen
危机 wēijī Krise 经济～ Wirtschaftskrise
危急 wēijí gefahrvoll; kritisch; in ernster Gefahr
危局 wēijú eine ernste Situation; eine gefährliche Lage
危难 wēinàn Not und Gefahr
危亡 wēiwáng vom Untergang bedroht sein
危险 wēixiǎn Gefahr; Gefährdung ～人物 gefährliche Person 冒着生命～ sein Leben aufs Spiel setzen; Kopf und Kragen riskieren (wagen); den Hals wagen
危言耸听 wēi yán sǒng tīng haarsträubende Geschichten erzählen, um den Leuten einen Schrecken einzujagen (einzuflößen); Panikmache betreiben

为[1](為、爲) wéi 另见 wèi
1. tun; machen; unternehmen ～所欲～ nach Belieben schalten und walten 2. als etw dienen; eine Rolle spielen 选他～代表 ihn zum Delegierten wählen 3. zu etw werden 合而～一 zu einem vereinen 4. sein 小心～是 vorsichtig sein müssen; sicher ist sicher

为[2](為、爲) wéi 另见 wèi
(als Präposition): 他～人所骗 er ist von anderen betrogen worden
为非作歹 wéi fēi zuò dǎi sein Unwesen treiben; Übeltaten begehen
为害 wéihài Schaden (Unheil) anrichten; böse Taten begehen
为难 wéinán 1. sich verlegen fühlen 左右～ weder ein noch aus wissen; sich in großer Verlegenheit befinden; in einem Dilemma sein 2. Schwierigkeiten bereiten; schikanieren 故意～ jm absichtlich Schwierigkeiten in den Weg legen
为人 wéirén sich benehmen; sich verhalten ～正直 aufrichtig sein
为生 wéishēng sich seinen Lebensunterhalt verdienen; von etw leben 无以～ von nichts leben können
为首 wéishǒu mit jm an der Spitze; unter js Leitung 以……～的代表团 eine von jm geleitete Delegation
为止 wéizhǐ bis zu 到今天～ bis jetzt; bisher

违(違) wéi 1. →违反;违抗 ～令 sich einem Befehl widersetzen; Befehlsverweigerung 2. voneinander scheiden; sich trennen
违拗 wéi'ào sich widersetzen; Widerstand leisten; den Gehorsam verweigern
违背 wéibèi →违反 ～诺言 sein Versprechen brechen; sein Wort (seine Versprechung) nicht halten
违法 wéifǎ sich gegen ein Gesetz vergehen; dem Gesetz zuwiderlaufen; gesetzwidrig ～乱纪 die Gesetze übertreten und die Disziplin verletzen
违反 wéifǎn dagegenhandeln; verletzen; zuwider sein ～政策 gegen die Politik verstoßen ～交通规则 Verkehrsvorschriften übertreten; Verstoß gegen die Verkehrsvorschriften; Verkehrsdelikt
违禁 wéijìn gegen ein Verbot handeln; ein Verbot übertreten ～品 Konterbande; verbotene Ware
违抗 wéikàng verweigern; sich widersetzen ～命令 sich einem Befehl widersetzen; Befehlsverweigerung
违心 wéixīn gegen (wider) seinen Willen; sein Gewissen verleugnen ～之论 unauf-

richtige Worte

围（圍） wéi 1. umrahmen；umgeben；umbinden ～上围巾 den Schal umbinden；den Schal um den Hals schlingen 2. rings；ringsherum；herumliegend 3.（Zähleinheitswort）Armvoll 大树有几～粗 ein hoher Baum mit einem Umfang von einigen Klaftern

围捕 wéibǔ einkreisen und festnehmen；umzingeln

围攻 wéigōng jn gemeinsam angreifen 遭到～ von allen Seiten angegriffen werden；im Kreuzfeuer der Kritik stehen

围剿 wéijiǎo einkreisen und ausrotten（vernichten）

围巾 wéijīn Schal；Halstuch

围困 wéikùn einschließen；einsperren；einkreisen 团团～ jn völlig einkreisen（einschließen）

围拢 wéilǒng sich drängen；sich sammeln

围棋 wéiqí Go

围墙 wéiqiáng Ummauerung；Mauer

围裙 wéiqún Schürze

围绕 wéirǎo 1. sich um etw drehen（kreisen）2. um etw herum；sich konzentrieren 谈话始终～着同一个话题 das Gespräch dreht sich immer um dasselbe Thema

围嘴儿 wéizuǐr Lätzchen；Brustlatz；Hangerl

圩 wéi 另见 xū

Damm；Deich

圩田 wéitián mit Deich umgebene Reisfelder

惟 wéi einzig；allein ～一无二 einzig und allein

惟恐 *wéikǒng fürchten*；sich um etw sorgen ～落后 fürchten，zurückzubleiben

惟利是图 wéi lì shì tú nur auf den eigenen Vorteil bedacht；hemmungslos nach Profit streben（jagen）；profitgierig（profitsüchtig）

惟妙惟肖 wéi miào wéi xiào lebensvoll（lebenswahr）；völlig naturgetreu

惟一 wéiyī allein；einzig

唯 wéi 另见 wěi

nur；allein

唯物 wéiwù materialistisch～主义 Materialismus ～史观 materialistische Geschichtsauffassung ～辩证法 materialistische Dialektik

唯心 wéixīn idealistisch ～主义 Idealismus ～史观 idealistische Geschichtsauffassung

帷 wéi Vorhang；Gardine

帷幕 wéimù Vorhang

维 wéi 1. binden；zusammenbinden；zusammenknüpfen 2. →维持；维护

维持 wéichí wahren；erhalten；aufrechterhalten ～现状 den Status quo aufrechterhalten ～秩序 für Ordnung sorgen

维和部队 wéihé bùduì Friedenstruppe

维护 wéihù bewahren；schützen；verteidigen ～团结 die Einheit erhalten ～社会治安 die öffentliche Sicherheit verteidigen

维尼纶 wéinílún Vinylon

维生素 wéishēngsù Vitamin

维吾尔族 wéiwú'ěrzú uigurische Nationalität（in Xinjiang）

维新 wéixīn Umgestaltung；Reform；Modernismus ～运动 die Reformbewegung

维修 wéixiū Reparatur；Pflege；Wartung

桅 wéi →桅杆

桅灯 wéidēng 1. Topplicht 2. Wetterlampe；Sturmlaterne

桅杆 wéigān Mast

伪（偽、僞） wěi 1. unecht；falsch；vorgetäuscht ～钞 gefälschte Banknote；Falschgeld；falscher（unechter）Schein ～科学 Pseudowissenschaft 2. illegal；Marionette ～政权 Marionettenregime ～军 Marionettentruppe

伪君子 wěijūnzǐ Scheinheilige（r）；Biedermann；Heuchler

伪善 wěishàn Scheinheiligkeit；Verlogenheit；Heuchelei ～行为 heuchlerisches Benehmen；Heuchelei；Pharisäertum

伪造 wěizào nachmachen；falsifizieren；fälschen ～文件 Dokumente fälschen；Urkundenfälschung

伪装 wěizhuāng 1. vorgeben；sich als... tarnen；so tun，als ob ～进步 sich als fortschrittlicher Aktivist ausgeben；politische Aktivität vortäuschen 2. Maske；Verkleidung 剥去～ die Maske fallen lassen；jm die Maske（herunter）reißen 3. tarnen ～服 Tarnanzug 4. Tarnung 天然～ die natürliche Tarnung

苇（葦） wěi Schilf ～席 Schilfmatte
苇塘 wěitáng Schilfteich
伟（偉） wěi groß; bedeutungsvoll; bedeutend
伟大 wěidà groß; großartig; grandios
伟人 wěirén große Persönlichkeit; großer Mann
伟业 wěiyè große Sache; glorreiche Verdienste
纬（緯） wěi 1. →纬线 1 2. →纬度 南～ südliche Breite
纬度 wěidù Breitengrad; Breite
纬线 wěixiàn 1. Einschlussfaden; Querfaden 2. Breitenkreis; Parallelkreis
唯 wěi 另见 wéi
ja
唯唯喏喏 wěi wěi nuò nuò übertrieben gehorsam; sich allem fügen; Kriecherei
委[1] wěi 1. →委托 ～以重任 jn mit einer wichtigen Aufgabe beauftragen; jm einen wichtigen Auftrag anvertrauen 2. wegwerfen; fortwerfen; zu den Abfällen werfen 3. schieben; abwälzen; von sich wälzen ～罪于人 die Schuld auf einen anderen abwälzen (schieben); einem anderen die Schuld in die Schuhe schieben
委[2] wěi →委曲
委[3] wěi →委顿
委[4] wěi →委实
委顿 wěidùn ermüdet; erschöpft; ruhebedürftig
委靡 wěimǐ unlustig; lustlos; missmutig ～不振 mutlos; deprimiert; niedergeschlagen
委派 wěipài jn in ein Amt berufen (einsetzen)
委曲 wěiqū 1. gekrümmt; verschlungen 2. Sachverhalt und Verlauf eines Ereignisses
委曲求全 wěi qū qiú quán unter Berücksichtigung der Gesamtlage Zugeständnisse machen
委屈 wěiqu 1. Unrecht; Justizirrtum 诉～ sich über eine ungerechte Behandlung beschweren 2. jn kränken; jm ein Unrecht tun (antun); jm auf die Füße treten
委任 wěirèn ernennen; berufen; einsetzen ～状 Ernennungsurkunde; Bestallung; Patent
委实 wěishí wirklich; tatsächlich; in Wirklichkeit
委托 wěituō jn beauftragen; jn mit etw betrauen; jm einen Auftrag erteilen (geben) ～书 Handlungsvollmacht
委婉 wěiwǎn rücksichtsvoll; taktvoll; mit höflicher Zurückhaltung
委员 wěiyuán 1. Mitglied eines Komitees 常务～ Mitglied eines ständigen Ausschusses 2. Kommissar 人民～ Volkskomissar
委员会 wěiyuánhuì Kommission; Komitee; Ausschuss 总支～ Hauptzellenkomitee 选举～ Wahlausschuss
委罪 wěizuì jm die Schuld geben; die Schuld auf jn abwälzen (schieben)
萎 wěi 另见 wēi
verwelken; austrocknen; welken
萎缩 wěisuō 1. verwelken; verdorren; vertrocknen 2. zurückgehen; (wirtschaftliche) Rezession
猥 wěi 1. mannigfaltig; vermischt 2. gemein; niederträchtig; infam
猥琐 wěisuǒ erbärmlich (aussehen)
猥亵 wěixiè unzüchtig; unkeusch; schamlos 言语～ zotige Worte; Zoten
尾 wěi 另见 yǐ
1. →尾巴 1,2 2. Ende; Abschluss 无头无～ zusammenhanglos 3. Schlussteil 4. (Zähleinheitswort): 三～鱼 drei Fische
尾巴 wěiba 1. Schwanz; Schweif; Sterz 摇～ mit dem Schwanz wedeln 2. Schwanz; Schwanzteil 飞机～ Schwanzteil eines Flugzeuges 3. Nachbeter; Nachplapperer; Papagei
尾声 wěishēng 1. Koda; Schlusssatz 2. Nachspiel; Schluss eines literarischen Werkes 3. Ende; Abschluss 接近～ sich dem Ende nähern (zuneigen); etw geht seinem Ende zu
尾数 wěishù 1. (bei einem Dezimalbruch) hinter dem Komma stehende Ziffern 2. Endziffer einer mehrstelligen Zahl; Restbetrag
尾随 wěisuí jm auf dem Fuß folgen; sich hängen; nachlaufen

艉 wěi Hinterende (Heck) eines Schiffs
娓 wěi
娓娓 wěiwěi betörend; bezaubernd ～动听 geistreiche Rede; interessant (fesselnd) reden
为(為、爲) wèi 另见 wéi
1. (bezeichnet den Gegenstand, auf den das Handeln gerichtet ist) für ～人民服务 dem Volk dienen 2. (zum Ausdruck des Zwecks): ～真理而奋斗 für die Wahrheit kämpfen
为何 wèihé warum; aus welchem Grund; weswegen
为了 wèile um ... willen; damit; für
为什么 wèishénme warum; weshalb; woran liegt es
未 wèi 1. noch nicht ～付款项 nicht bezahlter Betrag 2. nicht ～加可否 nicht wissen, ob man das tun soll oder nicht 3. der achte der zwölf Erdzweige
未必 wèibì mutmaßlich nicht; wohl nicht; unbestimmt 他～知道 er wird das wohl kaum wissen
未曾 wèicéng noch nie 历史上～有过 in der Geschichte noch nie dagewesen sein
未尝 wèicháng 1. →未曾 终夜～合眼 die ganze Nacht kein Auge zutun 2. nicht ohne ～没有根据 auch nicht ohne Begründung
未婚夫 wèihūnfū Verlobter
未婚妻 wèihūnqī Verlobte
未来 wèilái 1. künftig; zukünftig; kommend 2. Zukunft; Folgezeit; die kommende Zeit 美好的～ strahlende (herrliche) *Zukunft*
未来学 wèiláixué Futurologie; Zukunftsforschung
未免 wèimiǎn vielmehr; wohl doch
未遂 wèisuì scheitern; ohne Erfolg bleiben; Schiffbruch erleiden ～犯 Verbrecher mit dem Versuch einer strafbaren Handlung ～政变 der gescheiterte Staatsstreich
未雨绸缪 wèi yǔ chóu móu im Voraus Vorsichtsmaßnahmen treffen
未知数 wèizhīshù 1. unbekannte Zahl; eine unbekannte Größe 2. Ungewissheit; Ungewisse; Unsicherheit
味 wèi 1. →味道 1 苦～ bitterer Geschmack 2. Geruch; Duft 煤焦油～ Kohlenteergeruch 3. Geschmack; Interesse 枯燥无～ abgeschmackt; fade; saft- und kraftlos 4. nachdenken; nachsinnen 5. (Zähleinheitswort) Ingredienz einer traditionellen chinesischen Arznei 一～药 ein Heilkraut
味道 wèidao 1. Geschmack ～好 es schmeckt gut 2. Kolorit; Färbung
味精 wèijīng Glutamat
味觉 wèijué Geschmackssinn
畏 wèi → 畏惧 ～首～尾 allzuviel Befürchtungen haben; übertriebene Vorsicht; übervorsichtig 2. schätzen; achten 敬～ ehrfürchtig; vor jm Ehrfurcht haben
畏惧 wèijù ängstigen; fürchten; Furcht haben (empfinden) 无所～ keine Furcht kennen; ohne Furcht
畏难 wèinán vor Schwierigkeiten zurückweichen (zurückscheuen) ～情绪 Verzagtheit; Kleinmut; Mangel an Mut und Entschlusskraft
畏缩 wèisuō zurückweichen; zurückschrecken; zurückscheuen ～不前 keinen Entschluss fassen können, vorwärtszugehen
畏罪 wèizuì sich einer Strafe entziehen
喂¹ wèi hallo; he ～, 谁呀? Hallo, wer ist da?
喂²(餵、餧) wèi 1. füttern ～牲口 Vieh füttern 2. füttern 给婴儿～奶 ihr Baby stillen; dem Säugling die Brust geben (reichen)
喂养 wèiyǎng ernähren; zu fressen geben; Futter geben
胃 wèi Magen
胃病 wèibìng Magenkrankheit
胃出血 wèichūxuè Magenblutung
胃口 wèikǒu 1. Appetit ～好 einen guten Appetit haben 2. Geschmack; Interesse 对～ nach js Geschmack sein
胃溃疡 wèikuìyáng Magengeschwür
胃酸 wèisuān Magensäure
谓 wèi 1. sagen 2. heißen; nennen 何～自由主义? Was versteht man unter Liberalismus?
谓语 wèiyǔ Prädikat

位 wèi 1. →位置 2. Stellung; Stand 政治地～ politische Stellung 3. Thron 在～ auf dem Thron sitzen 4. Stelle 个～ Einerstelle 百～ Hunderter 5. (Zähleinheitswort): 又来了两～代表 wieder zwei Vertreter sind gekommen

位于 wèiyú sich befinden; liegen

位置 wèizhi 1. Sitz; Platz 地理～ geographische Lage 2. Position; Stand; Stellung 占有重要～ einen wichtigen Platz einnehmen

位子 wèizi Sitz; Platz

卫(衛、衞) wèi →卫护 保家～国 die Heimat schützen und das Vaterland verteidigen

卫兵 wèibīng Gardist; Wächter; Hüter

卫队 wèiduì Wachmannschaft; Leibgarde

卫护 wèihù verteidigen; schützen; wahren

卫冕冠军 wèimiǎn guànjūn Titelverteidiger

卫生 wèishēng 1. hygienisch; gesundheitsfördernd ～习惯 Hygienegewohnheit ～院 Ambulatorium 2. Hygiene; Gesundheitspflege 讲～ auf Hygiene achten; für Hygiene sorgen 环境～ Umwelthygiene

卫生筷 wèishēngkuài Einwegessstäbchen

卫戍 wèishù Garnison ～部队 Garnisonstruppen; Besatzung

卫星 wèixīng 1. Satellit; Trabant 2. Satellit ～城 Satellitenstadt; Trabantenstadt 3. künstlicher Satellit (Trabant) 气象～ Wettersatellit

尉 wèi →尉官

尉官 wèiguān Offiziere unterer Rangstufen

慰 wèi 1. beruhigen; jm tröstend zureden 2. beglückt und befriedigt sein 得信甚～ ich freue mich über deinen Brief

慰劳 wèiláo jm ein Geschenk überreichen (jm seinen Gruß entbieten), um ihm für eine geleistete Arbeit seinen Dank auszudrücken ～品 Geschenke zum Dank für geleistete Dienste

慰问 *wèiwèn jm seine Anteilnahme* aussprechen; jn trösten ～病人 einem Patienten seine besten Wünsche übermitteln ～信 Grussschreiben

蔚 wèi 1. üppig; prachtvoll 2. in vielen Farben leuchtend

蔚蓝 wèilán himmelblau; azurblau; hellblau

温 wēn 1. lau; ein wenig warm ～水 lauwarmes Wasser 2. Temperatur 气～ Lufttemperatur 3. durchwärmen; anwärmen; warm machen 4. →温习

温饱 wēnbǎo sich warm anziehen und sattessen 不得～ nicht genug zu essen und anzuziehen haben

温床 wēnchuáng 1. Frühbeet; Glaskasten; Mistbeet ～作物 Pflanzen vom Mistbeet 2. Brutplatz; Brutstätte; Herd 官僚主义的～ Bürokratismusherd

温存 wēncún 1. liebevoll; voller Liebe 2. zart; zärtlich; sanft ～体贴 zärtlich und fürsorglich; zärteln

温带 wēndài gemäßigte Zone

温度 wēndù Temperatur ～计 Thermometer; Wärmezähler

温故知新 wēn gù zhī xīn 1. durch das Studium des Alten das Neue erkennen 2. sich die Vergangenheit ins Gedächtnis zurückrufen trägt dazu bei, die Gegenwart richtig einzuschätzen

温和 wēnhé 另见 wēnhuo 1. mild; gemäßigt 气候～ gemäßigtes Klima 2. gütig; sanft; friedfertig 态度～ sich jm gegenüber sanft benehmen (verhalten)

温厚 wēnhòu tolerant; sanftmütig

温和 wēnhuo 另见 wēnhé lau; warm 粥还～ die Reissuppe ist noch warm

温暖 wēnnuǎn 1. Wärme; warm 2. erwärmen

温情 wēnqíng Zärtlichkeit; gefühlvoll; mitfühlend ～脉脉 erfüllt von zärtlicher Zuneigung

温泉 wēnquán heiße (warme) Quellen

温柔 wēnróu weich; sanft; zart

温室 wēnshì Treibhaus; Gewächshaus; Wintergarten

温顺 wēnshùn fügsam; lammfromm; nachgiebig

温习 wēnxí wiederholen; repetieren

瘟 wēn 1. akute Infektionskrankheit; Pest 猪～ Schweinepest; Schweinecholera 2. eintönig; einförmig

瘟病 wēnbìng Seuche; Infektionskrankheit

瘟神 wēnshén Seuchengott

瘟疫 wēnyì Seuche; Epidemie; Pest

文 wén 1. Schrift; Schriftzeichen 2.

Sprache 英～ Englisch 3. →文章 短～ kurzer Artikel 4. →文言 5. zivil ～武双全 in Zivil- und Militärangelegenheiten bewandert sein 6. verschleiern; bemänteln; kaschieren ～过饰非 Fehler beschönigen (vertuschen) 7. (Zähleinheitswort): 一～不值 keinen Groschen (Pfennig, Heller) wert sein

文笔 wénbǐ Schreibstil ～流利 einen gewandten Stil schreiben

文不对题 wén bù duì tí von einer Sache (vom Thema) abschweifen; das gehört nicht zur Sache

文才 wéncái literarisches Talent

文牍 wéndú 1. amtliche Briefe und Dokumente ～主义 Amtsschimmel 2. Amtsperson; Büroangestellte (r)

文法 wénfǎ Grammatik

文告 wéngào öffentliche Bekanntmachung; Proklamation

文工团 wéngōngtuán Kulturensemble

文官 wénguān Zivilbeamte (r)

文豪 wénháo großer Dichter (Schriftsteller); literarisches Genie

文化 wénhuà 1. Kultur ～宫 Kulturpalast; Kulturhaus 2. Erziehung; Bildung ～程度 Bildungsstufe; Bildungsniveau 学～ lesen und schreiben lernen

文火 wénhuǒ auf (bei) gelindem Feuer

文集 wénjí Sammelwerk; Sammelband

文件 wénjiàn 1. amtliche Dokumente und Briefe; Aktensammlung 2. Schrifttum; Aufsatz

文教 wénjiào Kultur und Erziehung ～事业 Kultur- und Erziehungswesen

文静 wénjìng kultiviert und still; ruhig

文具 wénjù Schreibwaren; Schreibbedarf ～商店 Geschäft für Schreibwaren

文科 wénkē Geisteswissenschaft ～大学 Hochschule für Geisteswissenschaften

文理 wénlǐ gedanklicher Zusammenhang und logische Gliederung eines Schriftwerks ～不通 unlogisch und unverständlich; umständlich und verworren

文盲 wénmáng Analphabet; Analphabetentum 扫除～ das Analphabetentum beseitigen

文明 wénmíng 1. Zivilisation; Gesittung 物质～ materielle Zivilisation 2. kultiviert; gesittet ～社会 eine zivilisatorische Gesellschaft

文凭 wénpíng Zeugnis

文人 wénrén Literat; ein Mann der Feder

文弱 wénruò sanft und schwächlich

文身 wénshēn tätowieren; Bemalung; Tätowierung

文史馆 wénshǐguǎn Archiv für das Studium der neueren Kultur und Geschichte

文书 wénshū 1. Dokumente; amtliches Schreiben 2. Sekretär; Korrespondent

文坛 wéntán literarische Kreise

文体¹ wéntǐ Stil; literarisches Genre

文体² wéntǐ Unterhaltung und Sport

文物 wénwù Kulturgegenstand; Denkmal; Kulturzeugnisse

文献 wénxiàn Dokument; Literatur; Schrifttum

文选 wénxuǎn ausgewählte Werke (Schriften)

文学 wénxué Literatur ～作品 literarische Werke ～语言 Literatursprache

文雅 wényǎ vornehm; graziös; gehoben

文言 wényán klassisches Chinesisch; klassische Literatursprache ～文 Texte in klassischer Schriftsprache

文艺 wényì Literatur und Kunst ～工作者 Kulturschaffende (r) ～晚会 Kulturabend; Ehrenabend; Soiree ～复兴 Renaissance

文娱 wényú Unterhaltung; Vergnügen ～活动 unterhaltsame Veranstaltung; kulturelle Aktivität

文摘 wénzhāi Auszüge (aus Zeitschriften, Büchern u. a.) Digest

文章 wénzhāng 1. Artikel; Aufsatz 2. Hintersinn; Beiklang 话里有～ die Bemerkung enthält einen bestimmten Hintersinn

文职 wénzhí Zivilposten ～人员 Zivilbeamte (r)

文质彬彬 wén zhì bīn bīn vornehm und liebenswürdig, gebildet und höflich

文字 wénzì 1. Schrift; Schriftzeichen 拼音～ alphabetische Schrift ～改革 Schriftreform 2. geschriebene Sprache ～游戏 Wortspiel; Spiel mit Worten; Kalauer 3. Artikel ～清通 klar und flüssig schreiben

蚊 wén →蚊子

蚊香 wénxiāng Räucherwerk zur Vertreibung von Moskitos; Räucherspirale

蚊帐 wénzhàng Moskitonetz; Mückennetz

蚊子 wénzi Mücke; Moskito

纹 wén 另见 wèn

W

1. Falte; Knitter; Linie 2. →纹路儿
纹理 wénlǐ Ader; Maser; Linie der Maserung
纹路儿 wénlur Falte; Furche
纹丝不动 wén sī bù dòng unbewegt; regungslos

闻 wén 1. hören; Schall wahrnehmen 所见所～ etwas gesehen und gehört haben 2. bekannt; berühmt ～人 bekannte Person 3. Ruf; Ansehen 秽～ schlechter Ruf 4. riechen ～到臭味 hier riecht es übel (unangenehm)
闻风丧胆 wén fēng sàng dǎn beim geringsten Anzeichen einer drohenden Gefahr verlässt jn der Mut
闻名 wénmíng 1. jn nur dem Namen nach (nur vom Hörensagen) kennen 2. berühmt; bekannt ～世界 weltbekannt; weltberühmt; in der ganzen Welt bekannt

紊 wěn →紊乱
紊乱 wěnluàn Wirrwarr; Verwirrung; durcheinander 秩序～ Chaos; Unordnung

稳（穩） wěn 1. →稳定 站～ sicher stehen ～产 gleichmäßige Produktion 2. →稳重 ～步前进 mit festen Schritten vorwärts schreiten 3. →稳妥
稳当 wěndang 1. →稳妥 ～的办法 zuverlässige Methode 2. →稳固 1
稳定 wěndìng 1. stabil; felsenfest; unbeugsam 局势～ stabile Lage (Situation) 2. stabilisieren; fixieren ～物价 Preise stabilisieren
稳固 wěngù 1. solid; fest; stabil 地位～ stabile Stellung 2. festigen; sichern ～政权 die Staatsmacht sichern
稳健 wěnjiàn 1. bedächtig; ausgeglichen; gelassen ～的步子 feste Schritte 2. →稳重
稳妥 wěntuǒ verlässlich; zuverlässig; vertrauenswürdig
稳重 wěnzhòng gesetzt; gemessen; solid

刎 *wěn Durchschneiden der Kehle*

吻（脗） wěn 1. Lippe 2. Kuss; küssen 3. Maul
吻合 wěnhé zueinander passen; übereinstimmen

问 wèn 1. eine Auskunft erbitten; fragen; sich nach etw erkundigen 答非所～ die Antwort bezieht sich nicht auf die Frage / an etw vorbeireden 2. sich nach js Befinden erkundigen 3. sich um etw kümmern 不～政治 sich nicht um die Politik kümmern 4. bei (von) jm 我～他借两本书 ich habe von ihm zwei Bücher geliehen
问答 wèndá fragen und antworten ～题 Frage-und-Antwort-Aufgabe
问好 wènhǎo →问候
问号 wènhào 1. Fragezeichen 2. eine Frage offen lassen; ungelöste Frage 事情是否成功还是个～ ob es klappen wird, steht noch in Frage
问候 wènhòu grüßen; Grüße übermitteln; einen Gruß entbieten 顺致亲切的～ mit herzlichen (freundlichen) Grüßen
问津 wènjīn (nach Warenpreis u. ä.) fragen 不敢～ es nicht wagen, nach etw zu fragen
问卷调查 wènjuàn diàochá Umfrage
问世 wènshì herausgegeben (veröffentlicht) werden; erscheinen
问题 wèntí 1. Frage 提～ eine Frage stellen; fragen 2. Problem 思想～ ideologisches Problem 解决～ Probleme lösen 3. Schlüssel; Angelpunkt ～不要于此 das ist nicht der Kern des Problems 4. Schwierigkeiten; Panne 车间里出了～ in der Werkhalle sind Schwierigkeiten aufgetreten
问讯 wènxùn fragen; um eine Auskunft bitten ～处 Auskunftsstelle

璺（紋） wèn '纹'另见 wén Riss; Sprung

翁 wēng 1. alter Mann; Greis; Graubart 2. Vater 3. Schwiegervater ～姑 Schwiegereltern einer Frau ～婿 Schwiegervater und Schwiegersohn

嗡 wēng summen (singen) 耳朵～～作响 an den Ohren summt es herum

瓮（罋、甕） wèng Steingutkübel; Krug
瓮中捉鳖 wèng zhōng zhuō biē es wird einem ohne jede Mühe gelingen, jn festzunehmen (etw zu erreichen)

涡（渦） wō Strudel; Wirbel

涡流 wōliú 1. Strudel; Wirbel 2. Wirbelstrom

涡轮机 wōlúnjī Turbine

窝（窩） wō 1. Nest; Bau 鸟～ Vogelnest 狗～ Hundehütte 2. Schlupfwinkel; Nest; verborgener Ort 贼～ Diebesnest; Diebeshöhle 3. nach innen gewölbte Stelle 眼～ Augenhöhle 4. →窝藏 ～赃 Diebesgut hehlen (verbergen) 5 zurückhalten; unterdrücken ～着一肚子气 vor Ärger kochen; voller unterdrückter Wut; von verhaltenem Zorn gepackt werden 6. (Zähleinheitswort) Wurf; Brut 一～小鸡 eine Brut Kücken

窝藏 wōcáng verstecken; verbergen; hehlen ～赃物 Diebesgut verstecken (hehlen)

窝工 wōgōng Arbeitsstockung

窝囊 wōnang 1. sich ungerecht behandelt fühlen; gekränkt sein 2. unfähig und feig ～废 Taugenichts

窝棚 wōpeng Schuppen; Hütte; Baude

窝头 wōtóu Maisbrötchen; gedämpftes Brot aus Maismehl

窝主 wōzhǔ Hehler

莴（萵） wō

莴苣 wōjù China-Lattich

蜗（蝸） wō →蜗牛

蜗居 wōjū bescheidene Unterkunft

蜗牛 wōniú Schnecke

倭 wō alte Bezeichnung für Japan

倭寇 wōkòu japanische Piraten

喔 wō 另见 ō; ò'哦'
(Schallwort) *Nachahmung* des Hahnenschreis ～～～! Kikeriki!

我 wǒ ich

我们 wǒmen wir

我行我素 wǒ xíng wǒ sù weiter seine Wege gehen

沃 wò 1. bewässern; berieseln; beregnen ～田 Felder bewässern 2. fertil; fruchtbar ～土 fruchtbarer Boden

斡 wò

斡旋 wòxuán vermitteln; Vermittlung; sich ins Mittel legen

卧（臥） wò 1. sich hinlegen; liegen 侧～ auf der Seite liegen 2. sich auf den Bauch legen; auf dem Bauch liegen; sich hinkauern 小猫～在火炉旁边 das Kätzchen hat sich am Ofen hingekauert

卧病 wòbìng das Bett hüten; bettlägerig sein; daniederliegen

卧车 wòchē 1. Schlafwagen 2. Personenwagen; Auto

卧具 wòjù Bettzeug

卧铺 wòpù Schlafplatz ～票 Bettkarte

卧室 wòshì Schlafzimmer

卧薪尝胆 wò xīn cháng dǎn sich abhärten, um mit äußerster Entschlossenheit eine Schande zu tilgen, die jm zugefügt wurde

硪 wò Rammklotz; Ramme; Rammbock 打～ stampfen; festrammen

握 wò ergreifen; fassen; packen

握别 wòbié jn mit (durch) Handschlag verabschieden

握手 wòshǒu sich die Hände drücken; sich die Hand geben ～言欢 mit einem Händedruck einen Streit beilegen; sich wieder versöhnen

龌 wò

龌龊 wòchuò mit Schmutz bedeckt; schmutzig; dreckig

污（汙、汚） wū 1. Schmutz; Unflat; Dreck 血～ Blutfleck 2. unsauber; verschmutzt; dreckig ～水 Schmutzwasser 3. korrupt; bestechlich; käuflich 贪官～吏 korrupte (bestechliche) Beamte 4. beschmutzen; schmutzig machen; verunreinigen

污点 wūdiǎn 1. schmutzige Stelle; Fleck 2. Makel; Schandfleck; moralischer Fehler 历史上的～ ein Makel in seiner Vergangenheit

污垢 wūgòu Schmutz; Dreck

污秽 wūhuì 1. schmutzig; dreckig 2. Schmutz; Unreinlichkeit

污染 wūrǎn Verschmutzung; Verunreinigung; verunreinigen 空气～ Luftverschmutzung

污辱 wūrǔ 1. beleidigen; demütigen; insultieren 受～ beleidigt werden 2. beflecken; besudeln; beschmutzen

污浊 wūzhuó 1. schmutzig; trübe; dreckig

W

2. →污垢

巫 wū Hexe; Hexenmeister

巫婆 wūpó Hexe

巫师 wūshī Hexenmeister; Zauberer

诬 wū →诬赖;诬告

诬告 wūgào jn fälschlich anschuldigen; falsche Anzeige (Anschuldigung) ～信 Verleumdungsbrief

诬赖 wūlài jm die Schuld an etw geben; jm ein Unrecht tun (antun, zufügen); jm die Schuld in die Schuhe schieben

诬蔑 wūmiè verleumden; verlästern; verunglimpfen ～性的言论 verleumderische Meinung (Äußerung)

诬陷 wūxiàn jn zu Unrecht eines Verbrechens beschuldigen

乌(烏) wū 1. →乌鸦 2. →乌黑 ～云 dunkle Wolken

乌龟 wūguī 1. Schildkröte 2. betrogener Ehemann; Hahnrei

乌合之众 wū hé zhī zhòng Pöbelhaufen; Gesindel; Janhagel

乌黑 wūhēi pechrabenschwarz; tiefschwarz; kohlschwarz

乌克兰语 Wūkèlányǔ Ukrainisch

乌龙球(足球) wūlóngqiú Eigentor

乌七八糟 wū qī bā zāo durcheinander; chaotisch; in großer Unordnung

乌托邦 wūtuōbāng Utopia; Utopie ～主义 Utopismus

乌鸦 wūyā Rabe; Krähe

乌烟瘴气 wū yān zhàng qì abstoßende (erstickende) Atmosphäre

乌有 wūyǒu nichts 化为～ etw geht in Rauch auf; etw löst sich in Rauch auf

乌贼 wūzéi Tintenfisch

呜(鳴) wū (Schallwort) tuten; pfeifen 轮船的汽笛～～直叫 die Sirene des Schiffs heult

呜呼 wūhū 1. o weh; ach; au ～哀哉 aus und vorbei sein; dran glauben müssen 2. sterben 一命～ *den Weg allen (alles) Fleisches gehen*; von dannen gehen

呜咽 wūyè schluchzen; wimmern; Gewinsel

钨(鎢) wū Wolfram (W)

钨丝 wūsī Wolframdraht ～灯泡 Wolframdrahtglühlampe

屋 wū 1. Haus 2. →屋子

屋顶 wūdǐng Dach ～花园 Dachgarten

屋脊 wūjǐ Dachfirst; Walm

屋面 wūmiàn Dachdeckung; Dachbelag; die Haut des Daches

屋子 wūzi Zimmer; Raum

无(無) wú 1. nicht vorhanden sein (existieren); ohne; etw nicht haben ～词可答 kein Wort finden, um zu antworten; sprachlos werden 2. nicht ～此必要 nicht nötig sein 3. ungeachtet; ob 事～大小 egal, ob es sich dabei um etwas Wichtiges oder um nebensächliche Dinge handelt

无比 wúbǐ unvergleichbar; unvergleichlich 强大～ außerordentlich stark; unvergleichbare Stärke

无补 wúbǔ nutzlos; ohne Nutzen 于事～ es hilft nichts

无产阶级 wúchǎn jiējí Proletariat

无产者 wúchǎnzhě Proletarier

无常 wúcháng unbeständig; veränderlich; wechselnd 变化～ sehr wechselhaft; bald so, bald so

无偿 wúcháng unentgeltlich; kostenlos; umsonst～援助 kostenlose Hilfe

无耻 wúchǐ unverschämt; schamlos; frech ～之尤 schamlos; dreist sein; eine Frechheit sondergleichen sein

无从 wúcóng ausgeschlossen; nicht möglich; nicht in der Lage sein ～着手 ratlos; weder aus noch ein wissen

无敌 wúdí unbesiegbar; unüberwindbar; unbezwingbar 天下～ auf Erden unbesiegbar sein

无的放矢 wú dì fàng shǐ planlos vorgehen

无动于衷 wú dòng yú zhōng indifferent (unberührt, kalt) bleiben; Froschblut haben

无法 wúfǎ nicht in der Lage sein; sich keinen Rat (keine Hilfe) wissen ～想像 sich etw nicht vorstellen können; unvorstellbar; *etw ist nicht auszudenken*

无非 wúfēi nur; lediglich; bloß ～是装模作样而已 bloße Affektiertheit; nur zur Schau dienen

无缝钢管 wúfèng gāngguǎn nahtloses Stahlrohr

无辜 wúgū 1. unschuldig; schuldlos ～受过 ungerecht bestraft werden 2. Unschuldige(r)

无故 wúgù grundlos; ohne Grund; keine Ursache ～迟到 ohne Grund verspätet sein

无关 wúguān jn nichts angehen; mit etw nichts zu tun haben ～紧要 nicht von Bedeutung (Belang) sein; das hat nichts zu sagen

无轨电车 wúguǐ diànchē Oberleitungsomnibus; Obus; Trolleybus

无花果 wúhuāguǒ 1. Feigenbaum 2. Feige

无机 wújī anorganisch ～化学 anorganische Chemie ～肥料 anorganische Dünger

无稽 wújī sinnlos; unbegründet ～之谈 leeres Gerede; Nonsens; Unsinn

无几 wújǐ wenig; nicht viel 寥寥～ sehr wenig; ganz gering

无可奈何 wú kě nài hé hilflos; es ist nichts zu machen

无赖 wúlài 1. unverschämt; dreist; schurkisch 耍～ unverschämtes Benehmen; sich schamlos aufführen 2. Schurke; Lump; gemeiner (niederträchtiger) Mensch

无礼 wúlǐ unhöflich; unfreundlich; keine Manieren haben

无理 wúlǐ unbegründet; unberechtig; ungerechtfertigt ～取闹 ohne Grund einen Streit vom Zaun brechen; ungerechtfertigt Krach schlagen

无力 wúlì 1. unfähig; nicht im Stande; nicht gewachsen sein ～支付 nicht zahlen können 2. kraftlos; ohne genügende Kraft 四肢～ sich matt fühlen; gliederlahm

无聊 wúliáo 1. langweilig; trocken; öde 2. geschmacklos; fade; uninteressant ～的生活 *uninteressantes* Leben

无论 wúlùn was (wer, wie, wo usw.) auch immer ～在什么情况下 unter allen Umständen ～如何 auf jeden Fall; auf alle Fälle; jedenfalls

无名 wúmíng 1. namenlos; ungenannt ～小河 ein namenloser kleiner Fluss 2. unbekannt ～英雄 namenloser Held 3. unsäglich; unaussprechlich; unbeschreiblich ～损失 unbeschreiblicher Verlust

无名指 wúmíngzhǐ Ringfinger

无奈 wúnài 1. hilflos; ratlos; nichts machen können 出于～ infolge der Ausweglosigkeit; keine Alternative haben 2. aber leider

无能 wúnéng zu etw nicht imstande sein; untauglich; unfähig 软弱～ willensschwach und unfähig

无期徒刑 wúqī túxíng lebenslängliche Freiheitsstrafe (Haftstrafe); lebenslängliches Zuchthaus

无情 wúqíng 1. gefühllos; erbarmungslos; gefühlsarm 2. rücksichtslos ～的打击 harter (schwerer) Schlag

无穷 wúqióng unbegrenzt; unerschöpflich; Unendlichkeit ～大 unendlich groß ～小 unendlich klein; infinitesimal

无上 wúshàng höchst; äußerst ～权力 höchste Macht

无神论 wúshénlùn Atheismus; Gottesleugnung

无绳电话 wúshéng diànhuà Funktelefon; drahtloses Telefon

无时无刻不 wú shí wú kè bù in keinem Augenblick nicht; stets; immer

无视 wúshì etw/jm keine Beachtung schenken; ignorieren; über etw hinwegsehen ～事实 ohne Rücksicht auf die Tatsache

无事生非 wú shì shēng fēi absichtlich Unruhe (Unfrieden) stiften; ohne Grund Zwietracht stiften (säen)

无数 wúshù 1. unzählbar; unzählig; zahllos 2. nicht sicher sein; nicht genau wissen 心中～ in einer Angelegenheit ein unsicheres Gefühl haben; nicht sicher sein

无私 wúsī selbstlos; Selbstlosigkeit

无所事事 wú suǒ shì shì faulenzen; sich aufs Faulbett legen; nichtstuerisch; müßiggängerisch

无所谓 wúsuǒwèi 1. von etw kann nicht die Rede sein; nicht der Rede wert 2. gleichgültig; etw ist jm eins (einerlei; gleich) ～的态度 eine indifferente Haltung; sich indifferent verhalten

无条件 wútiáojiàn bedingungslos ～投降 bedingungslose Kapitulation; sich bedingungslos ergeben

无望 wúwàng hoffnungslos; ohne Hoffnung

无微不至 wú wēi bù zhì mit aller (größter) Sorgfalt; voller Sorgfalt; mit äußerster Umsicht

无味 wúwèi 1. ohne Geschmack; geschmacklos 淡而～ schal; fade; geschmacklos 2. fade und uninteressant; reizlos; abgeschmackt

无畏 wúwèi unerschrocken; ohne Furcht; mutig

无谓 wúwèi sinnlos；bedeutungslos ～的牺牲 sich sinnlos opfern
无暇 wúxiá keine Zeit（Muße）haben
无限 wúxiàn Endlosigkeit；Unendlichkeit；unendlich；grenzenlos ～公司 Offene Handelsgesellschaft（缩写 OHG）前途～光明 vielversprechende Zukunft；glänzende Zukunftsaussichten haben
无线电 wúxiàndiàn 1. Radio；Funk ～设备 Funkmittel 2. Radiogerät；Radio
无效 wúxiào ungültig；außer Kraft；unwirksam 证件过期～ die Zeugnisse（Unterlagen，Papiere）sind nach Ablauf einer bestimmten Frist ungültig geworden
无心 wúxīn 1. keine Lust haben；nicht zu etw aufgelegt sein 2. unbeabsichtigt；unbewusst；ohne Absicht
无形 wúxíng 1. unsichtbar；verborgen ～的枷锁 unsichtbare Ketten 2. unmerklich；nicht spürbar ～中产生了影响 das hat sich kaum spürbar darauf ausgewirkt
无须 wúxū unnötig；nicht brauchen ～归还 nicht zurückzugeben sein
无烟煤 wúyānméi Anthrazit
无疑 wúyí gewiss zweifellos；ohne Zweifel
无意 wúyì 1. kein Interesse zeigen；keine Lust haben ～干涉 keine Absicht haben，sich in etw einzumischen 2. →无心 2
无意识 wúyìshí unbewusst；unwillkürlich；unterbewusst
无影无踪 wú yǐng wú zōng spurlos verschwinden；überhaupt keine Spuren hinterlassen
无缘无故 wú yuán wú gù ohne jeden Grund；ohne allen（jeden）Anlass
无政府主义 wúzhèngfǔ zhǔyì Anarchismus
无知 wúzhī Unwissenheit；unwissend；ungebildet ～之徒 Nichtswisser；Ignorant
无足轻重 wú zú qīng zhòng nichts auf sich haben；unbedeutend；belanglos

芜（蕪） wú 1. von Unkraut überwuchert 2. Wildnis；Wüstenei 3. →芜杂 ～词 überflüssiges Wort
芜菁 wújīng Wasserrübe
芜杂 wúzá wirr；ungeordnet；durcheinander

吾 wú ich；wir
吾辈 wúbèi wir

梧 wú →梧桐
梧桐 wútóng Phönixbaum

鼯 wú
鼯鼠 wúshǔ Flughörnchen

蜈 wú
蜈蚣 wúgōng Skolopender

毋 wú nicht
毋宁 wúnìng lieber ... als；es wäre besser
毋庸 wúyōng nicht notwendig；nicht brauchen；unnötig ～赘述 es braucht keines weiteren Wortes mehr

武 wǔ 1. militärisch 2. Angriffs- und Abwehrkunst beim Fechten，Boxen u. ä betreffend 3. kämpferisch；tapfer und kraftvoll
武断 wǔduàn aus eigener Machtvollkommenheit；eigenmächtig
武功 wǔgōng 1. militärische Erfolge；Kriegsverdienste 2. Fertigkeiten in der traditionellen chinesischen Kampfkunst
武官 wǔguān 1. Offizier 2. Militärattache
武力 wǔlì 1. Gewalt；Gewaltsamkeit；Brachialgewalt 使用～ Gewalt anwenden；Gewaltanwendung 2. Militärgewalt；Waffengewalt 用～威胁 jn mit Waffengewalt bedrohen
武器 wǔqì 1. Waffe；Wehr；Kampfmittel 常规～ konventionelle Waffen 2. Mittel zum Kampf 思想～ ideologische Waffen
武生 wǔshēng eine mutige männliche Rolle in traditionellen chinesischen Opern
武士 wǔshì 1. Wachsoldat im Palast ～道 *Bushido* 2. Ritter；mutiger Kämpfer
武术 wǔshù traditionelle chinesische Kampfkunst
武装 wǔzhuāng 1. Bewaffnung；Rüstung ～力量 bewaffnete Kräfte；Streitkräfte ～部队 Streitkräfte 2. bewaffnen；ausrüsten；armieren ～到牙齿 bis an die Zähne bewaffnet sein

怃（憮） wǔ
怃然 wǔrán enttäuscht；niedergeschlagen

妩（嫵、娬） wǔ
妩媚 wǔmèi graziös；reizvoll；anmutig

舞 wǔ 1. →舞蹈 1 民间～ Volkstanz 2. →舞蹈 2 3. mit etw in der Hand tanzen ～剑 Schwerttanz
舞弊 wǔbì Unterschlagung；Veruntreuung；

Schiebung 徇私～ sich unlauterer Mittel bedienen, um unrechtmäßige Vorteile zu erzielen
舞池 wǔchí Mitte eines Ballsaals; Tanzfläche
舞蹈 wǔdǎo 1. Tanz ～艺术 Tanzkunst 2. Tanzbewegung
舞会 wǔhuì Tanzparty; Tanzabend
舞曲 wǔqǔ Tanzmusik
舞台 wǔtái Bühne; Tribühne; Podium ～生涯 Bühnenkarriere 政治～ politische Arena
舞厅 wǔtīng 1. Tanzsaal; Ballsaal; Tanzboden 2. Tanzlokal

五 wǔ fünf ～年计划 Fünfjahresplan
五百 wǔbǎi fünfhundert
五倍子 wǔbèizǐ Gallapfel
五彩 wǔcǎi bunt; vielfarbig ～缤纷 in verschiedenen Farben leuchtend; Farbenpracht; farbenprächtig
五谷 wǔgǔ Getreide; Zerealien ～丰登 eine reiche Getreideernte einbringen
五官 wǔguān die fünf Sinnesorgane
五湖四海 wǔ hú sì hǎi alle Gegenden des Landes; die verschiedensten Gegenden des Landes
五角大楼 Wǔjiǎo Dàlóu Pentagon (Verteidigungsministerium der USA)
五金 wǔjīn Metall; Metallwaren
五千 wǔqiān fünftausend
五色 wǔsè →五彩
五线谱 wǔxiànpǔ Notenliniensystem
五月 wǔyuè Mai

伍 wǔ 1. kleinste militärische Formation im alten China; Gruppe von fünf Soldaten 2. Gesellschaft 羞与为～ es für unter seiner Würde halten, mit jm zu verkehren

捂(摀) wǔ zudecken; bedecken; umhüllen

午 wǔ 1. der siebte der zwölf Erdzweige 2. Mittag ～后 Nachmittag; nachmittags
午饭 wǔfàn Mittagessen 吃～ zu Mittag essen
午觉 wǔjiào Mittagsschlaf; Mittagsschläfchen 睡～ ein Mittagsschläfchen machen
午睡 wǔshuì 1. →午觉 2. ein Mittagsschläfchen machen
午夜 wǔyè Mitternacht; mitternachts ～后 nach Mitternacht

忤(啎) wǔ ungehorsam; unfolgsam; aufsässig
忤逆 wǔnì den Eltern gegenüber pietätlos und ungehorsam sein

侮 wǔ →侮辱
侮辱 wǔrǔ beleidigen; demütigen; schikanieren ～人格 die Menschenwürde demütigen

误(悮) wù 1. Fehler; Irrtum; Missgriff ～入歧途 auf die schiefe Bahn geraten; sich verirren 2. versäumen; verpassen ～了火车 den Zug verpassen (versäumen) 3. beeinträchtigen; schädigen ～人不浅 jm großen Schaden zufügen 4. unabsichtlich; unbeabsichtigt; aus Versehen ～伤 unabsichtliche Verletzung
误差 wùchā Abweichung; Fehler
误车 wùchē den Bus (Zug) verpassen
误点 wùdiǎn Verspätung haben; sich verspäten; verspätet
误会 wùhuì 1. missverstehen; falsch verstehen 2. Missverständnis; Irrtum; falsches Verstehen 消除～ ein Missverständnis beseitigen
误解 wùjiě 1. etw falsch verstehen (auffassen); missverstehen 2. Missverständnis; Irrtum; eine unrichtige Auffassung von etw haben
误事 wùshì eine Angelegenheit verzögern; eine Sache verderben

恶(惡) wù 另见 ě; è
verabscheuen; hassen; von Abscheu ergriffen sein 好～ Neigung und Abneigung; Geschmack; Gutdünken

痦(瘔) wù
痦子 wùzi warzenähnliches Muttermal

悟 wù begreifen; sich bewusst werden; zur Einsicht kommen
悟性 wùxing Begriffsvermögen; Auffassungsgabe; Intellekt

焐 wù wärmen

晤 wù →晤面
晤面 wùmiàn mit jm zusammentreffen; sich treffen

W

晤谈 wùtán zu einem Gespräch mit jm zusammentreffen

兀 wù 1. aufragen; emporragen 2. kahl; ratzekahl

兀鹫 wùjiù weißköpfiger Geier; Gänsegeier

兀立 wùlì aufrecht (gerade) stehen

戊 wù der fünfte der zehn Himmelsstämme

务（務） wù 1. Angelegenheit; Sache 2. sich mit etw beschäftigen (befassen); seine Kräfte für etw einsetzen ～农 Landwirtschaft betreiben 3. →务必

务必 wùbì auf jeden Fall; auf alle Fälle; unbedingt

务实 wùshí pragmatische Handlungsweise ～的人 ein Mann der Tat

务虚 wùxū sich mit theoretischen Prinzipien einer politischen Linie auseinander setzen

雾（霧） wù Nebel; Dunst 浓～ dichter (dicker) Nebel

雾凇 wùsōng Rauhfrost; Rauhreif

勿 wù nicht 请～吸烟 Bitte, nicht rauchen!

物 wù 1. Ding; Sache; Gegenstand 稀有之～ seltener Gegenstand; Seltenheit 2. Umwelt; Mitmenschen 3. Inhalt 言之有～ etwas Wichtiges (Bedeutendes) gesagt

物产 wùchǎn Produkte; Erzeugnisse

物候 wùhòu Phänologie ～学 Phänologie

物价 wùjià Preis; Warenpreis ～稳定 Preisstabilität

物件 wùjiàn Gegenstand

物理 wùlǐ 1. innere Gesetze der Dinge 2. Physik ～变化 physikalische Veränderung ～疗法 Physiotherapie; physikalische Therapie; Naturheilkunde

物力 wùlì materielle Ressourcen

物品 wùpǐn Gegenstand; Ding; Sache 贵重～ Wertsachen; Wertgegenstände

物色 wùsè suchen; aussuchen; auswählen ～人才 talentierte (fähige) Leute auswählen

物体 wùtǐ Objekt; Körper

物业 wùyè Hausverwaltung; Wohnungsverwaltung

物议 wùyì Kritik durch die Mitmenschen

物证 wùzhèng Beweisstück; Sachbeweis; Corpus Delicti

物质 wùzhì 1. objektive Wirklichkeit ～文明 materielle Zivilisation ～世界 materielle Welt 2. Material; Stoff ～利益 materielle Interessen ～奖励 materieller Anreiz; jn materiell belohnen

物种 wùzhǒng Art; Spezies; Rasse

物资 wùzī Güter und Materialien 城乡～交流 Warenaustausch zwischen Stadt und Land

坞（塢、隖） wù 1. Vertiefung; Einsenkung; Höhlung 船～ Dock; Werft 2. befestigter Bau; kleine Burg

X

曦 xī Sonnenschein; Sonnenlicht (der Morgensonne) 晨～ die ersten Strahlen der Morgensonne; Morgendämmerung

熹 xī Tagesanbruch; Morgengrauen

熹微 xīwēi dämmerig; Dämmerlicht 晨光～ Morgengrauen; Morgendämmerung

嘻 xī kichern; lachen

嘻嘻哈哈 xīxī hāhā gackeln; kackfidel

嬉 xī →嬉戏

嬉皮士 xīpíshì Hippie

嬉皮笑脸 xī pí xiào liǎn schelmisch (schalkhaft) grinsen

嬉戏 xīxì spielen; sich tummeln; sein Wesen treiben

嬉笑 xīxiào sich austollen; sich herumtummeln

昔 xī einst; früher; Vergangenheit 今～对比 Vergleich zwischen gestern und heute

昔日 xīrì in der vergangenen Zeit; früher; zur damaligen Zeit

惜 xī 1. bedauern; bemitleiden 2. mit etw sorgsam umgehen; schonen; wertschätzen 不～工本 keine Anstrengungen *und Kosten scheuen*

惜别 xībié nur ungern Abschied nehmen; sich nicht trennen wollen

熙 xī 1. strahlend; hell; licht; 2. gedeihend; blühend

熙熙攘攘 xī xī rǎng rǎng ein ständiges Kommen und Gehen; es herrscht reges Leben und Treiben

膝 xī Knie

膝盖骨 xīgàigǔ Kniescheibe; Patella

西 xī 1. Westen 2. →西洋

西班牙语 xībānyáyǔ Spanisch

西半球 xībànqiú westliche Hemisphäre

西北 xīběi Nordwesten ～风 Nordwestwind

西部 xībù Westen ～片 Western

西餐 xīcān europäische Küche; europäisches Essen ～馆 europäisches Restaurant

西点 xīdiǎn europäischer Imbiss, europäisches Gebäck

西方 xīfāng 1. →西 1 2. Westen; Okzident; Abendseite ～国家 westliche Staaten (Länder)

西服 xīfú Anzug; Jackettanzug; Kostüm

西瓜 xīguā Wassermelone ～子 Wassermelonenkern

西红柿 xīhóngshì Tomate

西化 xīhuà verwestlichen

西南 xīnán Südwesten ～风 Südwestwind

西欧 xīōu Westeuropa

西洋 Xīyáng Westen; Abendland ～画 westliche Malerei ～参 Amerikanischer Ginseng

西洋景 xīyángjǐng 1. Guckkasten 2. Hokuspokus; Täuschung; Betrügerei 拆穿～ js Trick enthüllen; hinter js Kniffe kommen

西药 xīyào westliche Medikamente (Arznei)

西医 xīyī 1. westliche Medizin 2. Arzt; in der westlichen Medizin ausgebildeter Arzt

西装 xīzhuāng Anzug; Kostüm ～革履 geschniegelt und gebügelt sein

硒 xī Selen (Se)

牺(犠) xī Opfertier

牺牲 xīshēng 1. Opfertier; Schlachtopfer 2. sein Leben hingeben; opfern; aufopfern ～生命 sein Leben opfern (lassen) ～品 Opfer 英勇～ heldenhaft fallen

析 xī analysieren; zerlegen; untersuchen ～疑 Zweifel klären

淅 xī Reis waschen

淅沥 xīlì plätschern；rauschen

蜥 xī

蜥蜴 xīyì Eidechse

锡 xī Zinn (Sn)

锡箔 xībó Stanniol；Silberpapier

锡纸 xīzhǐ Stanniolpapier；Zinnfolie

吸 xī 1. einatmen；einsaugen；einziehen ～水 Wasser aufsaugen 2. →吸收 3. →吸引

吸尘器 xīchénqì Staubsauger；Entstäuber

吸顶灯 xīdǐngdēng Deckenbeleuchtung

吸毒 xīdú Rauschgift (Drogen) nehmen ～者 Rauschgiftsüchtige(r)

吸力 xīlì Anziehungskraft；Gravitation

吸墨纸 xīmòzhǐ Löschblatt；Löschpapier

吸取 xīqǔ aufsaugen；etw in sich aufnehmen ～经验 Erfahrungen auswerten ～教训 eine Lehre ziehen

吸收 xīshōu 1. einsaugen；aufsaugen 2. etw in sich aufnehmen ～营养 Nährstoff in sich aufnehmen 3. aufnehmen ～入党 jn in die partei aufnehmen

吸铁石 xītiěshí Magnet

吸血鬼 xīxuèguǐ Blutsauger；Ungeziefer；Aussauger

吸烟 xīyān rauchen

吸引 xīyǐn anziehen；faszinieren；etw auf sich ziehen ～力 Anziehungskraft

奚 xī warum；was；wann

奚落 xīluò verhöhnen；brüskieren

溪 xī Gebirgsbach；Bach；Flüsschen

溪流 xīliú Bach；Flüsschen

蹊 xī 另见 qī

Pfad

蹊径 xījìng Pfad；schmaler Weg 另辟～ nach einem anderen Weg suchen；ein neues Verfahren entwickeln

希[1] xī →希望

希[2] xī →稀(xī)1

希罕 xīhan 1. →希奇 ～事儿 Seltenheit 2. etw für wertvoll halten；wertschätzen 谁～这个？Wer schert sich darum？3. Rarität；seltsamer Gegenstand

希腊语 xīlàyǔ Griechisch

希腊字母 xīlà zìmǔ griechisches Alphabet

希奇 xīqí selten；seltsam ～古怪 seltsam；sonderbar；Kuriosität

希望 xīwàng 1. hoffen；wünschen ～成功 hoffentlich wird es klappen 2. Wunsch；Hoffnung；Begehren ～实现了 der Wunsch ist in Erfüllung gegangen 3. Zukunft 青年人是国家的～ die Jugend ist die Zukunft des Landes (Staates)

唏 xī seufzen

唏嘘 xīxū seufzen；schluchzen

稀 xī 1. →稀少 2. →稀疏 地广人～ weit ausgedehnt und dünn besiedelt 3. dünn；wässerig；verdünnt 粥太～了 der Reisbrei ist zu dünn

稀薄 xībó dünn；wässrig；nicht gehaltvoll

稀饭 xīfàn Reisbrei

稀客 xīkè ein seltener Gast；ein rarer Vogel

稀少 xīshǎo dünn；knapp；spärlich 人烟～ dünn besiedelt；wenig bevölkert

稀释 xīshì verdünnen；verwässern

稀疏 xīshū spärlich；dünn；schütter

稀有 xīyǒu selten；rar ～金属 seltenes Metall

悉[1] xī all；voll；ganz ～力 mit aller Kraft

悉[2] xī wissen；erfahren；etw zur Kenntnis nehmen 来函敬～ ich bestätige hiermit den Empfang Ihres Schreibens

悉心 xīxīn mit ganzem Herzen；mit Hingabe ～照料病人 einen Kranken mit Hingabe pflegen

窸 xī

窸窣 xīsū rascheln

蟋 xī

蟋蟀 xīshuài Grille

翕 xī 1. gefügig；zahm 2. →翕动

翕动 xīdòng zu- und aufmachen 嘴唇～了几下 die Lippen haben einige Male zu- und aufgemacht

息 xī 1. Atem 2. Nachricht；Meldung；Information 3. stoppen；anhalten；stehen bleiben 自强不～ unermüdlich vorwärtsstreben (arbeiten) 4. rasten；sich ausruhen；eine Ruhepause machen 5. Zins 月～ Monatszins

息怒 xīnù sein Temperament mäßigen; von der Palme herunterkommen
息肉 xīròu Polyp
息事宁人 xī shì níng rén Öl auf die Wogen gießen; um Ärger zu vermeiden, klein beigeben
息息相关 xī xī xiāng guān eng miteinander verbunden sein; zusammengehörig

熄 xī →熄灭 ～灯 das Licht löschen; Licht aus!
熄灭 xīmiè erlöschen; verlöschen; auslöschen

夕 xī 1. Sonnenuntergang 朝～相处 täglich beisammen sein 2. Abend; Nacht
夕阳 xīyáng Abendsonne; die scheidende Sonne ～西下 die Sonne berührt den westlichen Horizont / die Sonne sinkt (geht unter)
夕照 xīzhào Abendschein; Abendröte

矽 xī Silizium (Si)

犀 xī Nashorn
犀利 xīlì scharf; schneidend 目光～ mit Scharfblick; scharfe Augen haben
犀鸟 xīniǎo Nashornvogel
犀牛 xīniú →犀

席(¹蓆) xí 1. Matte 草～ Strohmatte 2. →席位 来宾～ Ehrenplatz 3. Mandat; Sitz 4. Bankett; Festessen 摆一～酒 ein Bankett geben (veranstalten)
席次 xícì Sitzordnung
席地 xídì auf dem Boden ～而坐 auf dem Boden sitzen
席卷 xíjuǎn sich über etw ausbreiten; erfassen ～而逃 sich unter Mitnahme von Wertsachen heimlich davonmachen
席位 xíwèi Mandat; Sitz

檄 xí →檄文
檄文 xíwén (in der alten Zeit) amtliches Schreiben zur Erteilung einer Anweisung (zur Einberufung, zur öffentlichen Verurteilung)

袭¹(襲) xí →袭击 夜～ Nachtangriff; nächtlicher Überfall

袭²(襲) xí 1. nachmachen; fälschen; nachahmen 2. (Zähleinheitswort): 一～寒衣 eine Winterkleidungsgarnitur
袭击 xíjī 1. einen Überraschungsangriff unternehmen 突然～ einen Überraschungsangriff vortragen; jn überrumpeln 2. heimsuchen; befallen 寒潮～ von einem kalten Luftstrom (einer Kältewelle) heimgesucht werden
袭用 xíyòng (Überliefertes, Althergebrachtes usw.) weiter benutzen (anwenden); (Althergebrachtes, Überkommenes usw.) weiter gelten lassen

媳 xí →媳妇
媳妇 xífù Schwiegertochter 侄～ Frau eines Neffen

习(習) xí 1. üben 自～ Selbststudium 2 mit etw vertraut sein; etw gut kennen (können); erfahren in etw sein 不～水性 mit dem Schwimmen nicht vertraut sein 3. →习惯
习惯 xíguàn 1. sich gewöhnen an; sich angleichen ～早起 an das Frühaufstehen gewöhnt sein; sich angewöhnen, früh aufzustehen 2. Gewohnheit; Gepflogenheit; Usus 培养热心助人的～ es sich zur Gewohnheit machen, anderen zu helfen
习气 xíqì (schlechte, böse) Angewohnheit 官僚～ bürokratischer Dünkel
习俗 xísú Sitten und Gebräuche 民间～ volkstümliche Bräuche
习题 xítí Übungen; Schulaufgaben 做～ Übungen (Schulaufgaben) machen
习性 xíxìng Gewohnheiten und charakteristische Eigenarten
习以为常 xí yǐ wéi cháng gewöhnt; zur Gewohnheit geworden; herkömmlich
习作 xízuò 1. Fertigkeit im Aufsatzschreiben entwickeln 2. Arbeit zur Übung; Studie

喜 xǐ 1. sich freuen; glücklich; Freude ～出望外 eine unerwartete Freude; freudig überrascht 2. ein freudiges (glückliches) Ereignis ～上加～ doppeltes Glück 3. etw gern haben; mögen 性～音乐 großes Interesse an Musik haben 4. geeignet; angebracht; passen ～湿植物 Hygrophilie
喜爱 xǐ'ài eine Vorliebe für etw haben; etw gern haben; liebhaben 惹人～ entzückend; hinreißend

X

喜报 xǐbào freudige Botschaft
喜冲冲 xǐchōngchōng in aufwallender Freude；sehr erfreut
喜欢 xǐhuan 1. Interesse an etw haben；etw gern haben 我很～他 ich habe ihn sehr gern 2. froh；freudig
喜酒 xǐjiǔ Hochzeitstrunk
喜剧 xǐjù Lustspiel；Komödie；Posse ～演员 Lustspielschauspieler
喜庆 xǐqìng 1. fröhlich；glücklich；jubelnd ～的日子 Freudentage；glückliche Tage 2. festliches Ereignis
喜鹊 xǐque Elster
喜色 xǐsè fröhliches Gesicht；strahlender Gesichtsausdruck 面有～ über das ganze Gesicht strahlen；vor Freude strahlend；ein strahlendes Gesicht zeigen
喜事 xǐshì 1. ein festliches (glückliches) Ereignis 2. Hochzeit 办～ Hochzeit feiern (halten)
喜糖 xǐtáng Hochzeitsbonbons
喜闻乐见 xǐ wén lè jiàn allgemein beliebt sein
喜形于色 xǐ xíng yú sè Freude breitete sich auf dem Gesicht aus / Freude spiegelt sich auf dem Gesicht ab
喜讯 xǐxùn freudige Nachricht (Botschaft)；Freudenbotschaft
喜洋洋 xǐyángyáng sehr freudig；glückstrahlend；voller Freude
喜悦 xǐyuè Freude；Beglückung；Frohsinn

洗 xǐ 1. waschen；reinigen ～脸 Gesicht waschen ～衬衫 Hemd waschen 2. →洗礼 1 受～ sich taufen lassen；die Taufe empfangen 3. reinwaschen；eine Scharte auswetzen ～冤 jn von ungerechten Anschuldigungen reinwaschen；js Unschuld an den Tag bringen 4. verwüsten；stark zerstören；verheeren ～城 eine Stadt ausplündern 5. (einen Film) entwickeln ～胶卷 einen Film entwickeln 6. mischen ～牌 die Karten mischen
洗尘 xǐchén einem Gast, der von weit her gekommen ist, ein Festmahl geben
洗涤 xǐdí →洗 1 ～机 Spülmaschine
洗耳恭听 xǐ ěr gōng tīng respektvoll und aufmerksam zuhören
洗发水 xǐfàshuǐ Shampoo；Haarwaschmittel
洗劫 xǐjié ausrauben；ausplündern；brandschatzen ～一空 eine Stadt (eine Wohnung, einen Laden u. ä.) ausplündern
洗礼 xǐlǐ 1. Taufe 2. harte Prüfung 接受战斗～ die Feuertaufe erhalten
洗刷 xǐshuā 1. etw mit einer Scheuerbürste reinigen；durch kräftiges Reiben reinigen (säubern) 2. sich von etw reinigen ～自己的罪孽 sich von seinen Sünden reinigen
洗衣粉 xǐyīfěn Waschpulver
洗衣机 xǐyījī Waschmaschine
洗澡 xǐzǎo baden；ein Bad nehmen 洗冷水澡 ein kaltes Bad nehmen

铣 xǐ 另见 xiǎn
fräsen
铣床 xǐchuáng Fräsmaschine
铣刀 xǐdāo Fräser；Fräsmesser
铣工 xǐgōng 1. Fräsarbeit 2. Fräser

徙 xǐ umsiedeln；umziehen ～居 umsiedeln；umziehen；den Wohnsitz wechseln (verlegen)

玺(璽) xǐ (kaiserliches) Siegel 国～ Staatssiegel

隙(隟) xì 1. Spalt；Spalte；Riss 2. Zwischenraum；Zwischenzeit 农～ Mußezeit in der Landwirtschaft 3. Lücke；Spalt；Blöße 无～可乘 keine Lücke ausnutzen können 4. Uneinigkeit；Zwietracht；Bruch

系¹(³係、³⁴⁵繫) xì 另见 jì
1. →系统 1 水～ Flussnetz 2. Abteilung；Fakultät ～主任 Dekan 3. von etw abhängen；es geht um etw 名誉所～ es geht um den Ruf 4. sich Gedanken über jn/etw machen 5. binden；fesseln

系²(係) xì 另见 jì
sein 确～实情 es ist wirklich die Wahrheit
系词 xìcí Kopula
系列 xìliè Serie；Reihe ～片 Fernsehserie
系数 xìshù Koeffizient
系统 xìtǒng 1. System 灌溉～ Bewässerungssystem 2. systematisch
系统工程 xìtǒng gōngchéng Systemtechnik

戏(戲、戱) xì 1. spielen；umherlaufen und spielen 2. scherzen；Spaß (Späße) machen；einen Scherz (Scherze) machen ～言 Scherzwort；etw zum Spaß

sagen 3. →戏剧 1
戏法 xìfǎ Zauberei; Zauberkunst; Taschenspielerei 变～ zaubern; Zauberkunststücke vorführen; Taschenspielertricks zeigen
戏剧 xìjù 1. Drama; Theater; Schauspiel ～工作者 Theaterschaffende(r) 2. Theaterstück; Bühnenstück
戏迷 xìmí Theaterfan
戏弄 xìnòng foppen; necken; jm einen Streich (Schabernack) spielen
戏曲 xìqǔ 1. traditionelle chinesische Oper ～学校 Lokalopernschule 2. Liedtext im Musikdrama
戏台 xìtái Bühne
戏谑 xìxuè foppen; necken
戏院 xìyuàn Theater
戏装 xìzhuāng Theaterkostüm

细 xì 1. dünn; schmal ～铅丝 dünner Eisendraht 2. fein; zart ～眉 feine Augenbrauen 3. fein; winzig; klein ～沙 feiner Sand 4. dünn, schwach 嗓音～ eine dünne Stimme haben 5. fein; äußerst sorgfältig ～瓷 feines (zartes) Porzellan 6. genau; sorgfältig; aufmerksam ～看 sich etw genau ansehen; besehen 7. →细小
细胞 xìbāo Zelle
细纺 xìfǎng feingesponnen
细节 xìjié Einzelheiten; Details 生活～ Kleinigkeiten des täglichen Lebens
细菌 xìjūn Bakterie ～武器 bakteriologische Waffen
细密 xìmì 1. fein und dicht 2. genau; sorgfältig; aufmerksam ～的分析 genaue Analyse
细腻 xìnì 1. fein und glatt 2. peinlich genau; umsichtig und sorgfältig
细巧 xìqiǎo fein; zart
细纱 xìshā Spinnfasergarn
细碎 xìsuì zerstückelt; zerhackt
细微 xìwēi fein; gering; winzig ～的变化 kleine Veränderungen
细小 xìxiǎo gering; fein; winzig ～的事情 unbedeutende Kleinigkeit; Lappalie; Futilität
细心 xìxīn sorgfältig; aufmerksam
细则 xìzé genaue Bestimmungen
细致 xìzhì fein; genau; minuziös

瞎 xiā 1. blind 右眼～了 das rechte Auge ist blind 2. blind; unüberlegt; blindlings ～花钱 planlos Geld zum Fenster hinauswerfen ～干 an etw herummurksen; ～忙 umsonst arbeiten; vergebliche Anstrengungen 3. nicht explodiertes Geschoss; Blindgänger 4. (Saat) nicht aufgegangen sein
瞎扯 xiāchě quatschen; faseln; sinnloses Geschwätz
瞎话 xiāhuà unwahre Aussage; Unwahrheit 说～ die Unwahrheit sagen
瞎说 xiāshuō Unsinn reden; faseln; schwätzen
瞎子 xiāzi Blinde(r) ～摸鱼 im Dunkeln (im Finstern) tappen

虾(蝦) xiā Garnele
虾米 xiāmi getrocknete Garnelen
虾仁 xiārén Garnelenfleisch

峡(峽) xiá Schlucht; Enge; Kluft
峡谷 xiágǔ Schlucht; Klamm; tiefes und enges Tal

侠(俠) xiá 1. →侠客 2. →侠义
侠客 xiákè Person, die aus Gerechtigkeitssinn Bösewichte (Despoten) bekämpft, um dem einfachen Volk zu helfen
侠义 xiáyì ritterlich; chevaleresk

狭(狹) xiá →狭窄
狭隘 xiá'ài 1 eng; schmal; von geringer Breite 2. engstirnig; kleinkariert; geistig beschränkt 见闻～ einen engen Horizont haben
狭长 xiácháng langgestreckt
狭义 xiáyì engerer Sinn
狭窄 xiázhǎi 1. eng; schmal; von sehr geringer Breite 2. engstirnig; borniert; geistig beschränkt 心地～ engherzig; kleinlich; nicht großzügig

辖(¹鎋、舝) xiá 1. Lünse; Achssplint 2. verwalten; zuständig sein 直～ regierungsunmittelbar

黠 xiá schlau; findig; verschlagen

匣 xiá →匣子
匣子 xiázi kleiner Kasten

狎 xiá sich auf Intimitäten einlassen
狎昵 xiánì allzu intim (vertraulich)

X

遐 xiá 1. fern；weit；entfernt 2. lange

遐迩 xiá'ěr fern und nah ～闻名 weit und breit bekannt sein；überall berühmt sein

遐想 xiáxiǎng Phantasie；entrückt sein

霞 xiá rötliche Färbung des Himmels bei Sonnenaufgang oder Sonnenuntergang 早～ Morgenrot

霞光 xiáguāng Lichtstrahlen der Morgen- oder Abendsonne ～万道 Myriaden Strahlen des Morgenrots

瑕 xiá 1. Makel an einem Jadestück 2. Fehler；Makel

瑕疵 xiácī Makel；Schandfleck；Mangel

暇 xiá Freizeit；Muße 公余之～ dienstfreie Zeit

下[1] xià 1. unter；unten 山～ am Bergfuß ～嘴唇 Unterlippe 2. niedrigstehend；niedrig；tiefstehend ～策 eine schlechte Taktik ～品 schlechte Qualität 3. nächst；folgend ～星期三 der nächste Mittwoch 4. (drückt aus, dass etw zu einem bestimmten Bereich gehört, dass etw unter bestimmten Umständen oder Bedingungen erfolgt)：在党的领导～ unter der Führung der Partei 在这种情况～ unter diesen Umständen；bei diesem Fall 5. (bezeichnet einen bestimmten Zeitpunkt bzw. Zeitabschnitt im Jahresablauf)：时～ im Augenblick；jetzt；zur Zeit 6. (bezeichnet einen bestimmten Aspekt oder eine bestimmte Himmelsrichtung)：往四～里看 sich umsehen (sich umblicken, sich umschauen)

下[2] xià 1. von oben nach unten ～山 bergab gehen；abwärts gehen ～火车 aus dem Zug steigen 2. fallen ～雨 es regnet ～雾 es ist neblig / es nebelt 3. erteilen；geben ～命令 einen Befehl erteilen 4. gehen；hingehen ～乡 aufs Land gehen ～馆子 eine Gaststätte besuchen 5. von der Bühne abtreten；abtreten 6. hineinlegen；hineintun ～本钱 Kapital anlegen (investieren) ～网捞鱼 ein Fischnetz auswerfen 7. spielen ～棋 Schach spielen 8. abnehmen；absetzen；abbauen ～货 die Ladung herunternehmen；Waren abladen (ausladen) 9. sich eine Meinung oder ein Urteil bilden ～结论 urteilen；ein Urteil fällen (abgeben) ～决心 einen Entschluss fassen；entschlossen sein 10. anwenden；in Gebrauch nehmen；gebrauchen ～工夫 für etw viel Zeit und Mühe verwenden ～毒药 Gift (Toxikum) geben；vergiften 11. legen；werfen 母猪～了八只小猪 die Sau hat acht Ferkel geworfen 母鸡每天～一只蛋 die Henne legt täglich ein Ei 12. einnehmen；im Sturm nehmen 我军连～数城 unsere Armee hat mehrere Städte nacheinander eingenommen 13. Zugeständnisse machen；nachgeben 相持不～ jeder hält an seiner Haltung fest 14. beenden；Schluss machen ～课 mit dem Unterricht Schluss machen 15. weniger als 不～三千人 nicht weniger als 3000 Personen 零～二度 2 Grad unter Null；minus 2 Grad

下[3] xià 1. Mal 钟打了两～ die Glocke hat zweimal geschlagen 2. können；tüchtig sein 他真有两～ er kann wirklich was / er hat's in sich

下[4] xià (hinter einem Verb stehen) 1. (zum Ausdruck „von oben nach unten")：坐～ sich setzen；Platz nehmen 2. fassen；beherbergen 这剧院能容～八百人 dieses Theater fasst 800 Leute 3. (zum Ausdruck der Vollendung einer Handlung oder eines Ergebnisses)：打～基础 eine Grundlage (Basis) schaffen

下巴 xiàba 1. Unterkiefer 2. Kinn

下摆 xiàbǎi Rockschoss；Hüftteil (mancher Kleidungsstücke)

下班 xiàbān Feierabend machen；Arbeitsschluss (Dienstschluss) haben；aus dem Geschäft kommen 下午五点钟～ um 17 Uhr ist bei uns Feierabend

下半旗 xià bànqí die Flagge halbmast (auf halbmast) setzen

下半天 xiàbàntiān →下午

下半夜 xiàbànyè zweite Hälfte der Nacht

下笔 xiàbǐ zu schreiben (zu malen) anfangen

下场 xiàchang Ende；Schluss；Ausgang 不会有好～ kein gutes Ende finden (nehmen) werden

下次 xiàcì das nächste Mal

下达 xiàdá Befehl oder Anweisung nach unten weiterleiten ～命令 einen Befehl

ausgeben
下蛋 xiàdàn Eier legen
下等 xiàděng niedrig; von geringer Qualität ～货 Waren von schlechter Qualität
下地 xiàdì 1. aufs Feld gehen ～劳动 zur Feldarbeit gehen 2. das Bett verlassen; aus dem Bett steigen 病人不能～ der Kranke muss das Bett hüten
下放 xiàfàng 1. Machtbefugnisse an untergeordnete Stellen übergeben 2. jn an die Basis schicken ～干部 an die Basis geschickter Kader
下风 xiàfēng 1. Lee; dem Wind abgekehrte Seite; Windschatten 2. unterlegen; schwächer; ungünstige Position 处在～ unterlegen sein
下颌 xiàhé Unterkiefer
下级 xiàjí untere Ebene ～机关 untergeordnete Instanzen
下贱 xiàjiàn niederträchtig; niedriggesinnt; hundsgemein
下降 xiàjiàng heruntergehen; abfallen; sinken 飞机～ das Flugzeug fällt ab 温度～ die Temperatur ist gesunken (gefallen)
下来 xiàlái herab; hernieder; herunter 从房顶上～ vom Dach herunterkommen
下来 xiàlái 1. (hinter einem Verb stehen): 把树上的苹果摘～ die Apfel vom Baum pflücken 坚持～ bis zum Ende ausharren; durchhalten 雨突然停了～ der Regen hat plötzlich aufgehört 2. (hinter einem Adjektiv stehen): 天色渐渐黑～ es wurde immer dunkler
下列 xiàliè folgend
下令 xiàlìng einen Befehl erteilen (erlassen, geben)
下流 xiàliú 1. →下游 2. gemein; infam; bübisch ～行为 gemeines Verhalten
下落 xiàluò 1. Verbleib ～不明 über js Verbleib ist nichts bekannt 2. →下降
下马 xiàmǎ 1. vom Pferd absteigen (absitzen) 2. (eine umfangreichere Tätigkeit) nicht fortsetzen; einstellen
下面 xiàmiàn 1. unten; unter 在桌子～ unter dem Tisch 2. folgend; nächst 这点将在～说到 wir werden noch darauf zu sprechen kommen 3. →下级
下坡路 xiàpōlù 1. Gefälle; Neigung 2. Verfall; Niedergang; Zugrundegehen 走～ im Untergang begriffen sein
下去 xiàqù nach unten gehen; hinabgehen 领导干部每月～几天 die führenden Kader gehen monatlich für einige Tage unter die Massen
下去 xiàqù 1. (hinter einem Verb stehen): 顺着这条路走～ diesen Weg entlang weitergehen 维持～ weiter aufrechterhalten 2. (hinter einem Adjektiv stehen): 身体一天天坏～ der Gesundheitszustand verschlechtert sich von Tag zu Tag
下身 xiàshēn 1. unterer Teil des Rumpfes; Unterleib 2. äußere Geschlechtsteile; Genitalien
下士 xiàshì Unteroffizier; Obermaat; Korporal
下手 xiàshǒu sich an etw machen; beginnen 不知从何～ nicht wissen, wie man die Sache anpacken soll
下水道 xiàshuǐdào Abwassersystem, Schmutzwassersystem, Kanalisation
下台 xiàtái 1. von der Bühne abtreten 2. abtreten; abdanken; entthronen; jn aus einer Machtposition entfernen 3. aus einem Dilemma herauskommen; sich aus einer Verlegenheit helfen 下不了台 sich nicht aus der Verlegenheit helfen können
下文 xiàwén 1. das Folgende; der folgende Abschnitt 2. Folge; Ergebnis; Nachwirkung 我托你的事怎么至今还没有～? ich habe dich doch beauftragt, es zu erledigen, wieso hast du denn die ganze Zeit über kein einziges Wort davon erwähnt?
下午 xiàwǔ Nachmittag; nachmittags
下乡 xiàxiāng aufs Land gehen
下旬 xiàxún die dritte Dekade eines Monats
下野 xiàyě zurücktreten; demissionieren
下意识 xiàyìshí Unterbewusstsein
下游 xiàyóu 1. Unterlauf; der untere Lauf eines Flusses 2. Rückständigkeit 不甘居～ nicht zurückbleiben wollen
下葬 xiàzàng beerdigen; beisetzen; bestatten
下肢 xiàzhī untere Gliedmaßen
下中农 xiàzhōngnóng untere Mittelbauern

吓(嚇) xià 另见 hè

schrecken; erschrecken; Angst (Furcht, Schrecken) einjagen ～得发抖 vor Schreck zittern
吓唬 xiàhu einschüchtern; jm Angst machen

夏 xià →夏季

夏季 xiàjì Sommer；Sommerzeit
夏令营 xiàlìngyíng Sommerlager
夏收 xiàshōu Sommerernte
夏天 xiàtiān Sommer
夏至 xiàzhì Sommersonnenwende；Sommersanfang
夏装 xiàzhuāng Sommerkleidung；Sommeranzug

罅 xià Riss；Ritz；Spalt（Spalte）石～ Felsspalte

籼（秈） xiān
籼稻 xiāndào langkörniger Reis
籼米 xiānmǐ polierter langkörniger Reis

仙（僊） xiān →仙人
仙女 xiānnǚ Fee；Nymphe；Najade
仙人 xiānrén Unsterbliche(r)；Gottheit
仙人球 xiānrénqiú Kugelkaktus；Igelkaktus
仙人掌 xiānrénzhǎng Kaktus

氙 xiān Xenon（Xe）

祆 xiān
祆教 Xiānjiào Feueranbetertum；Mazdaismus

先 xiān 1. zuerst；voraus；eher ～难后易 zuerst das Schwierige，dann das Leichte 2. →先辈 3. selig；verstorben ～父 mein seliger Vater；mein Vater selig 4. →先前
先辈 xiānbèi Vorfahren；Vorläufer；ältere Generationen
先锋 xiānfēng Vorhut；Vortrupp ～队 Vorhut；Avantgarde
先后 xiānhòu 1. der Reihe nach 问题的解决应有个～ die Probleme müssen in einer bestimmten Reihenfolge gelöst werden 2. nacheinander；hintereinander；einer nach dem anderen
先见之明 xiān jiàn zhī míng weise Voraussicht（Berechnung）；Weitsicht；weitblickend
先进 *xiānjìn fortschrittlich；fortgeschritten*；progressiv ～思想 fortschrittliche Gedanken ～工作者 fortgeschrittener Arbeiter；Bestarbeiter
先决 xiānjué vorausgesetzt；zugrunde gelegen；zur Voraussetzung gemacht ～条件 Voraussetzung；Vorbedingung
先例 xiānlì Präzedenzfall；Musterfall 史无～ nie dagewesen；beispiellos；in der Geschichte nicht seinesgleichen haben
先烈 xiānliè Märtyrer；Blutzeuge
先令 xiānlìng 1. Schilling（Währungseinheit in Österreich） 2. Shilling（Währungseinheit in Großbritannien）
先期 xiānqī zuvor；vorher；vorzeitig
先前 xiānqián früher；vorher；ehemals
先遣 xiānqiǎn vorgeschickt ～部队 Vortrupp；Avantgarde；Vorausabteilung
先人 xiānrén 1. Vorfahr；Voreltern 2. mein verstorbener Vater
先生 xiānsheng 1. Lehrer 2. Herr 3. Herr（Ehemann） 4. Arzt；Doktor 5.（früher）Buchhalter；Rechnungsführer
先天 xiāntiān 1. von Natur aus；angeboren；von Geburt an ～不足 angeborene Schwäche；von schwacher Konstitution sein ～性心脏病 angeborene Herzkrankheit 2. Apriori；a priori；apriorisch
先头 xiāntóu 1. vorder；voran ～部队 Vorhut；Vortrupp 2. vorher；zuvor 3. vor；vorn
先行 xiānxíng 1. vorgehen；vorausgehen；Vortritt ～者 Vorgänger；Vorläufer 2. im Voraus ～通知 etw im Voraus mitteilen
先验论 xiānyànlùn Apriorismus
先兆 xiānzhào Vorzeichen；Anzeichen；Auspizium
先知 xiānzhī 1. eine Person mit weiser Voraussicht 2. Prophet；Seher；Weissager

鲜 xiān 另见 xiǎn
1. frisch ～鱼 frischer Fisch；Frischfisch 2. →鲜明 1 3. →鲜美 4. frische Wasserprodukte 海～ frische Meeresprodukte
鲜果 xiānguǒ frisches Obst
鲜红 xiānhóng blutrot；leuchtend rot
鲜花 xiānhuā frische Blumen 一束～ ein Strauß Blumen
鲜美 xiānměi delikat；appetitlich；köstlich
鲜明 xiānmíng 1. hell；leuchtend 2. deutlich；klar ～的对比 ein krasser Kontrast ～的立场 ein klarer Standpunkt
鲜血 xiānxuè Blut
鲜艳 xiānyàn bunt；farbenfreudig ～夺目 in leuchtenden Farben；auffallend leuchtend；blendende Brillanz

掀 xiān 1. hochheben；nach oben heben

～盖子 den Deckel abheben 2. →掀起 2

掀起 xiānqǐ 1. →掀 2. （Wellen）schlagen 大海～了波涛 das Meer schlägt mächtige（große）Wellen 3. etw in Gang bringen（setzen）～生产高潮 einen neuen Aufschwung in der Produktion herbeiführen

锨（枚、栿） xiān Spaten；Schaufel

纤（纖） xiān 另见 qiàn

→纤细

纤尘 xiānchén Stäubchen；feiner Staub ～不染 staubfrei；von keinem einzigen Staubkorn beschmutzt

纤弱 xiānruò zart und schwächlich

纤维 xiānwéi Faser；Fiber；Zasel（Zaser）人造～ Chemiefaser；Kunstfaser 玻璃～ Glasfaser

纤维板 xiānwéibǎn Holzfaserplatte；Faserplatte

纤细 xiānxì Feinheit；haarfein；hauchfein

舷 xián Bord

舷窗 xiánchuāng Bullauge；Ochsenauge

舷梯 xiántī Gangway；Fallreep

弦（² 絃） xián 1. Sehne；Bogensehne；Bezug 2. Saite；Bezug 3.（in der Geometrie）Sehne

弦外之音 xián wài zhī yīn Beiklang；Unterton

弦乐队 xiányuèduì Streichorchester

弦乐器 xiányuèqì Saiteninstrument；Streichinstrument

闲（閒） xián‘閒’另见 jiān‘间’；jiàn‘间’

1. untätig；unbeschäftigt；müßig ～着没事 ohnehin Zeit und Muße haben；müßig sein 2. frei；ungenutzt（ungenützt）；unbenutzt 机器～着 die Maschine ist ungenutzt 3. →闲空 4. plaudern；Plauderei

闲扯 xiánchě →闲谈

闲工夫 xiángōngfu Muße；arbeitsfreie Zeit

闲逛 xiánguàng bummeln；gemütlich spazieren gehen；umherschlendern

闲话 xiánhuà 1. Abschweifung；überflüssige Worte 2. Getratsch（e）；Nachrede 3. →闲谈

闲空 xiánkòng Muße；Freizeit；frei verfügbare Zeit

闲人 xiánrén 1. Unbeschäftigte（r）2. Unbefugte（r）～免进 Unbefugten ist der Eintritt verboten

闲散 xiánsǎn 1. müßig；unbeschäftigt；untätig 2. ungenutzt；nicht genutzt ～人员 unbeschäftigte Person

闲事 xiánshì fremde Angelegenheiten 管～ sich in fremde Angelegenheiten mischen；seine Nase in jeden Dreck（Quark）stecken（hängen）

闲谈 xiántán Plauderei；plaudern；schwatzen（schwätzen）

闲暇 xiánxiá →闲空

闲置 xiánzhì brachliegen；brachlegen

娴（嫺） xián 1. →娴雅 2. →娴熟 ～于辞令 redegewandt；gewandt im Reden

娴静 xiánjìng kultiviert und zurückhaltend

娴熟 xiánshú gewandt；geübt；erfahren 技术～ große Fertigkeit

娴雅 xiányǎ anmutig und vornehm

嫌 xián 1. →嫌疑 2. Groll；Unzufriedenheit 3. →嫌恶

嫌弃 xiánqì Abneigung gegen jn empfinden（haben，fühlen）

嫌恶 xiánwù verabscheuen；Abscheu empfinden（hegen）

嫌疑 xiányí Verdacht；Argwohn ～犯 Verdächtige（r）

贤（賢） xián 1. tugendhaft；sittlich；pflichtgetreu und fähig 2. sittliche und rechtschaffende Person；fähiger Mensch 求～ pflichtgetreue und fähige Personen suchen 3.（höfliche Anredeform gegenüber einer jüngeren Person）lieb；teuer ～弟 mein jüngerer Freund；mein jüngerer Bruder

贤达 xiándá prominente Personen；Prominenz 社会～ Prominenz；berühmte Persönlichkeiten des öffentlichen Lebens

贤惠 xiánhuì tugendhaft；sittsam

贤明 xiánmíng weise und befähigt；salomonisch

贤人 xiánrén Weise（r）

咸[1] xián all 老少～宜 gut für Jung und Alt

咸[2]（鹹） xián salzig；gesalzen ～鱼 gesalzener Fisch

咸菜 xiáncài gesalzenes Gemüse；Salzgemüse

咸肉 xiánròu gesalzenes Fleisch；Salzfleisch

涎 xián →涎水

涎水 xiánshuǐ Speichel

衔[1]（啣） xián 1. etw im Mund halten (haben) 2. hegen；tragen ～恨 Groll (Hass) hegen；von Hass erfüllt sein 3. →衔接

衔[2] xián Titel；Rang 授予上校～ jm den militärischen Dienstgrad „Oberst" verleihen

衔接 xiánjiē verbinden；koppeln

显（顯） xiǎn 1. →显明 ～而易见 etw ist mit Händen zu greifen；das liegt auf der Hand 2. →显示；显露

显得 xiǎnde aussehen；sich bezeigen；scheinen

显贵 xiǎnguì 1. in hoher Beamtenstellung 2. hoher Beamter；Würdenträger

显赫 xiǎnhè einflussreich；erlaucht；machtvoll 声势～ große Macht ausüben

显见 xiǎnjiàn sichtbar；offensichtlich；merklich

显露 xiǎnlù zeigen；deuten；hervortreten

显明 xiǎnmíng klar；auffallend；merkbar ～的对照 ein krasser Kontrast

显然 xiǎnrán offenbar；offensichtlich；sichtlich

显示 xiǎnshì zeigen；deuten；demonstrieren

显微镜 xiǎnwēijìng Mikroskop

显现 xiǎnxiàn zum Vorschein kommen；emportauchen；auftauchen

显像管 xiǎnxiàngguǎn Fernsehbildröhre 彩色～ Farbfernsehbildröhre

显眼 xiǎnyǎn auffallend；auffällig；augenfällig

显影 xiǎnyǐng entwickeln；Entwicklung ～剂 Entwicklerflüssigkeit；Entwicklungsmittel

显著 xiǎnzhù beträchtlich；bemerkenswert；sichtbar

铣 xiǎn 另见 xǐ

铣铁 xiǎntiě Gusseisen

鲜（尟、尠） xiǎn 另见 xiān

selten；rar；kaum vorkommend ～见 verhältnismäßig wenig vorkommen (auftreten)

藓 xiǎn Laubmoose

险（險） xiǎn 1. →险地 2. Gefahr；Risiko；Gefährlichkeit

险地 xiǎndì 1. schwer passierbare Stelle 2. gefährliche Situation；kritische Lage

险恶 xiǎn'è gefährlich；Gefahf bringend；boshaft 处境～ sich in einer gefährlichen Situation befinden

险些 xiǎnxiē beinahe；fast；bald 他～摔倒 beinahe wäre er gefallen / er wäre bald hingefallen

险要 xiǎnyào schwer passierbar und strategisch wichtig

险阻 xiǎnzǔ schwer zugänglich und gefährlich；gefährliche Klippen

宪（憲） xiàn →宪法

宪兵 xiànbīng Gendarm；Militärpolizist ～队 Gendarmerie；Militärpolizei

宪法 xiànfǎ Verfassung；Grundgesetz ～大纲 Grundriss der Verfassung

宪章 xiànzhāng 1. Vorschrift；Satzung 2. Charta 联合国～ Charta der Vereinten Nationen

羡（羨） xiàn →羡慕

羡慕 xiànmù neiden；beneiden；eifersüchtig sein 令人～ beneidenswert

霰 xiàn

Graupel

霰弹 xiàndàn Schrapnell；Kartätsche

献（獻） xiàn 1. etw höflich überreichen；widmen；dedizieren ～花 jm Blumen überreichen 把青春～给祖国 seine Jugend dem Vaterland widmen (weihen) 2. zeigen ～殷勤 hofieren；karessieren；jm Schmeicheleien sagen

献宝 xiànbǎo 1. jm eine Kostbarkeit zuteil werden 2. jm einen Erfahrungsbericht geben 3. seine Künste zeigen；das, was einem neuartig (ungewöhnlich) vorkommt, zeigen

献策 xiàncè Ratschläge unterbreiten (geben, erteilen)；Vorschläge machen；Rat geben (erteilen)

献词 xiàncí Grußbotschaft；Dedikation；Widmung 新年～ Neujahrsbotschaft

献计 xiànjì Ratschläge unterbreiten (geben, erteilen)；Rat geben (erteilen)

献礼 xiànlǐ jm ein Geschenk überreichen

献媚 xiànmèi hofieren；sich einschmeicheln

相关 xiāngguān in Beziehung stehen; zusammenhängen; tangieren 密切～ mit etw in einem unmittelbaren (engen) Zusammenhang stehen
相互 xiānghù gegenseitig; einander ～谅解 sich miteinander verständigen; gegenseitiges Verständnis
相继 xiāngjì hintereinander; nacheinander; aufeinander folgen
相近 xiāngjìn 1. nahebei; in der Nähe; anliegend 2. ähnlich 见解～ verwandte Anschauungen
相距 xiāngjù entfernt sein; Abstand ～不远 nicht weit voneinander entfernt sein
相连 xiānglián miteinander verbunden sein
相扑 xiāngpú Sumo
相劝 xiāngquàn zureden; überreden; beschwichtigen
相容 xiāngróng gegeneinander duldsam sein
相识 xiāngshí 1. miteinander bekannt sein; Bekanntschaft schließen 从小～ sich von klein auf kennen 2. Bekanntschaft; Bekannte(r) 老～ alter Bekannter
相思 xiāngsī (von einem Liebes- oder Ehepaar) verzehrende Sehnsucht nacheinander fühlen 单～ unerwiderte Liebe; einseitige Zuneigung ～病 Liebeskummer
相似 xiāngsì ähnlich; ähneln; gleichen ～形 ähnliche Figuren
相提并论 xiāng tí bìng lùn jn/etw mit jm/etw auf eine Stufe stellen; gleichsetzen
相同 xiāngtóng gleich; übereinstimmend; unterschiedlos ～点 das Gleiche
相投 xiāngtóu zueinander passend; gleichgesinnt; seelenverwandt 气味～ gleiche Ansichten und Interessen haben
相像 xiāngxiàng →相仿
相信 xiāngxìn glauben; vertrauen; sich auf jn/etw verlassen ～群众 den Massen vertrauen
相应 xiāngyìng entsprechend; passend 采取～的步骤 entsprechende Maßnahmen treffen (ergreifen)

湘 xiāng 1. Xiangjiang-Fluss (in Hunan) 2. Hunan (Hunan wird auch Xiang genannt)
湘菜 xiāng cài Xiang-Spezialitäten
湘妃竹 xiāngfēizhú gefleckter Bambus

厢(廂) xiāng 1. →厢房 2. Abteil; abgetrennter Raum
厢房 xiāngfáng Seitenbau; Seitenraum; Flügelzimmer

箱 xiāng →箱子 手提～ Handkoffer 弹药～ Munitionskasten
箱子 xiāngzi Koffer; Kasten; Kiste

香 xiāng 1. gut riechend; wohlriechend; aromatisch 2. zum Essen anregend; Appetit anregend; lecker schmecken 3. einen guten Appetit haben 4. tief; fest (schlafen) 他睡得正～ er schläft sehr fest 5. beliebt; begehrt 这种货物在农村很～ diese Waren sind auf dem Lande stark gefragt 6. →香料 7. Räucherwerk; Räucherstäbchen
香槟酒 xiāngbīnjiǔ Champagner; Sekt
香波 xiāngbō Shampoo
香肠 xiāngcháng Wurst
香椿 xiāngchūn 1. Chinesischer Surenbaum 2. zarte Blätter vom Surenbaum
香榧 xiāngfěi Große Nusseibe
香菇 xiānggū *Xianggu*-Pilz; Pasaniapilz
香蕉 xiāngjiāo Banane
香精 xiāngjīng Essenz; Aroma
香料 xiāngliào Aromastoff; Duftstoff
香炉 xiānglú Räuchergefäß; Räucherfass; Weihrauchfass
香水 xiāngshuǐ Parfüm
香甜 xiāngtián 1. duftend und süß 2. tief; fest (schlafen)
香烟 xiāngyān Zigarette 抽～ Zigarette rauchen ～头 Zigarettenstummel
香皂 xiāngzào Toilettenseife
香烛 xiāngzhú Weihrauchstäbchen und Kerzen

乡(鄉) xiāng 1. →乡村 下～ aufs Land gehen 2. Heimat; Heimatdorf; Heimatort 回～ ins Heimatdorf zurückkehren 3. Gemeinde
乡村 xiāngcūn Dorf; ländliches Gebiet
乡亲 xiāngqīn 1. Landsleute 2. Dorfbewohner
乡思 xiāngsī Heimweh; Sehnsucht nach daheim
乡土 xiāngtǔ Heimaterde; Heimatland ～观念 Lokalpatriotismus; Provinzialismus
乡下 xiāngxia auf dem Lande
乡音 xiāngyīn örtlicher Akzent; Heimatdialekt

详 xiáng 1. →详细 ～谈 ausführlich (eingehend) über etw sprechen 2. erschöpfende Darstellung 余容后～ Näheres später 3. Bescheid wissen 内容不～ der Inhalt ist unbekannt

详尽 xiángjìn ausführlich; eingehend; detailliert

详情 xiángqíng Einzelheiten

详细 xiángxì ausführlich; detailliert; genau 详详细细 ganz genau; Punkt für Punkt

祥 xiáng glücklich; glückversprechend ～瑞 gutes (günstiges) Vorzeichen

翔 xiáng in der Luft kreisen

翔实 xiángshí ausführlich und glaubwürdig; detailliert und authentisch

降 xiáng 另见 jiàng

1. kapitulieren; sich ergeben 2. →降伏

降伏 xiángfú zähmen; bezwingen; überwältigen

享 xiǎng →享受

享福 xiǎngfú wie in Abrahams Schoß leben; ein glückliches Leben führen

享乐 xiǎnglè Genuss; das Leben genießen ～思想 Verlangen nach den Genüssen des Lebens

享受 xiǎngshòu genießen; in den Genuss von etw kommen ～养老金 in den Genuss der ihm zustehenden Rente kommen

享有 xiǎngyǒu sich einer Sache erfreuen; genießen ～很高的威信 in hohem Ansehen stehen; ein hohes Ansehen genießen

想 xiǎng 1. denken; nachdenken ～方设法 nichts unversucht lassen; Mittel und Wege suchen; Himmel und Hölle in Bewegung setzen 2. annehmen; vermuten; glauben 我～我们必须通知他 ich denke, wir müssen ihn benachrichtigen 3. möchten; wollen; beabsichtigen ～当飞行员 Pilot (Flieger) werden wollen 4. *sich nach jm/etw sehnen*; an jn/etw denken ～家 Heimweh haben; die Heimat vermissen; es zieht jn heim

想必 xiǎngbì sicher; gewiss 这事～他忘了 er hat es sicher vergessen

想不到 xiǎng bu dào unverhofft; unvermutet; unerwartet 谁也～他会来 niemand hat mit ihm gerechnet

想到 xiǎngdào auf einen Gedanken kommen; sich an etw/jn erinnern

想法 xiǎngfǎ versuchen; nach Möglichkeiten suchen; Mittel ersinnen ～克服困难 versuchen, die Schwierigkeiten zu überwinden

想法 xiǎngfa Gedanke, Idee; Meinung

想来 xiǎnglái wahrscheinlich; vermutlich; mutmaßlich

想念 xiǎngniàn an jn/etw denken; sich nach jm/etw sehnen; sich nach jm/etw bangen ～亲人 Familienangehörige (Blutsverwandte) vermissen

想入非非 xiǎng rù fēi fēi nach den Sternen greifen; Luftschlösser bauen; ins Blaue hinein (mit offenen Augen) träumen

想望 xiǎngwàng 1. wünschen; einen Wunsch haben; wollen 2. zu jm aufschauen; respektieren; bewundern

想像 xiǎngxiàng 1. Imagination; Einbildung 缺乏～力 Mangel an Einbildungskraft (Vorstellungskraft) 2. sich vorstellen; sich ein Bild von etw machen; annehmen

响(響) xiǎng 1. Echo 2. erklingen; erschallen; ertönen 电话铃在～ das Telephon klingelt 3. →响亮

响动 xiǎngdong durch etwas in Bewegung Befindliches verursachtes Geräusch

响亮 xiǎngliàng hell; klangvoll; laut und klar

响声 xiǎngsheng Laut; Geräusch; Ton

响尾蛇 xiǎngwěishé Klapperschlange

响应 xiǎngyìng Folge leisten; Echo finden ～党的号召 dem Aufruf der Partei folgen

饷 xiǎng 1. bewirten; seinen Gästen Speisen und Getränke vorsetzen 2. Sold; Wehrsold 关～ Sold auszahlen

飨(饗) xiǎng jn mit Speise und Trank bewirten ～客 Gäste bewirten

项[1] xiàng Genick; Nacken

项[2] xiàng 1. (Zähleinheitswort): 五～原则 fünf Prinzipien 2. Geldsumme; Geldbetrag 用～ Geld ausgeben; Ausgabe; Ausgabeposten 3. Glied

项链 xiàngliàn Halskette; Halsschmuck; Kollier 珍珠～ Perlenkollier

项目 xiàngmù Projekt; Punkt; Nummer 建

设～ Bauprojekt
项圈 xiàngquān Halsreifen; Kette
巷 xiàng 另见 hàng
Gasse
巷战 xiàngzhàn Straßenkampf; Kampf in den Straßen
相 xiàng 另见 xiāng
1. Aussehen; Äußere 可怜～ mitleiderregendes Aussehen; Duldermiene 2. Stellung des Körpers 3. →相位 4. nach dem Erscheinungsbild urteilen ～马 den Wert eines Pferdes nach seinem Äußeren beurteilen
相机[1] xiàngjī Fotoapparat; Kamera
相机[2] xiàngjī den Umständen entsprechend ～行事 sich nach den gegebenen Umständen richten
相貌 xiàngmào Aussehen; Antlitz; Gesichtszüge ～端正 regelmäßig geschnittenes Gesicht
相面 xiàngmiàn aus den Gesichtszügen eines Menschen wahrsagen
相片 xiàngpiàn Foto; Bild; Aufnahme
相亲 xiàngqīn (Im alten China veranlassten die Eltern der zukünftigen Ehepartner, dass diese zusammenkamen.) (um) einander in Augenschein (zu) nehmen und fest(zu)stellen, ob sie gut zusammenpassen (würden.)
相声 xiàngsheng komischer Dialog; lustiges Wechselgespräch
相位 xiàngwèi Phase
向[1] ([12] 嚮) xiàng 1. Richtung; Orientierung 风～ Windrichtung 2. gerichtet auf; in Richtung auf 窗子～南 *das Fenster geht nach Süden* 3. für jn voreingenommen sein; für jn Partei nehmen; parteiisch (eingenommen) für jn sein ～理不～人 hinter (zu) dem stehen, der Recht hat 4. (zum Ausdruck der Richtung der Handlung): ～东走 ostwärts gehen ～人民负责 für das Volk verantwortlich sein
向[2] xiàng →向来
向导 xiàngdǎo 1. führen; durch Mitgehen den Weg zeigen; geleiten 2. Führer; Wegweiser
向来 xiànglái seit je; seit eh und je; von (seit) jeher ～如此 es verhielt sich schon immer so
向日葵 xiàngrìkuí Sonnenblume
向往 xiàngwǎng von Sehnsucht erfüllt sein; Sehnsucht haben; sich nach etw sehnen ～未来 der Zukunft erwartungsvoll entgegensehen
向心力 xiàngxīnlì Zentripetalkraft
向阳 xiàngyáng zur Sonne hin; nach Süden
向隅 xiàngyú sich vernachlässigt (übergangen, hintangesetzt) fühlen; nicht beachtet (berücksichtigt) sein ～而泣 sich zurückziehen und vor sich hin jammern
象[1] xiàng Elefant
象[2] ([345] 像) xiàng 1. Gestalt; Erscheinung 2. nachahmen; imitieren; etw/jn zum Muster (Vorbild) nehmen 3. ähnlich sein; jm nachschlagen 儿子～母亲 der Sohn schlägt seiner Mutter nach/der Sohn sieht seiner Mutter ähnlich aus 4. scheinen; dem Anschein nach ～要下雨了 es sieht nach Regen aus / es scheint zu regnen 5. wie ～他那样的人不太多 Leute wie ihn gibt es nicht viele / Menschen wie er sind nicht viele
象棋 xiàngqí Schach; Schachspiel 中国～ chinesisches Schachspiel
象声词 xiàngshēngcí Schallwort
象形 xiàngxíng Piktogramm; Bildsymbol ～文字 Hieroglyphenschrift; Piktographie
象牙 xiàngyá Elfenbein ～雕刻 Elfenbeinschnitzerei; Elfenbeinarbeit
象征 xiàngzhēng 1. symbolisieren; versinnbildlichen; sinnbildlich darstellen 2. Sinnbild; Symbol
橡 xiàng 1. Eiche 2. →橡胶树
橡胶 xiàngjiāo Kautschuk; Gummi; Rubber 合成～ synthetischer Kautschuk
橡胶树 xiàngjiāoshù Kautschukbaum
橡皮 xiàngpí 1. Gummi ～船 Schlauchboot; Floßboot ～膏 Heftpflaster ～筋 Gummiband; Gummiring 2. Radiergummi
橡皮糖 xiàngpítáng Kaugummi
像 xiàng 1. Porträt; Bild; Abbild 2. →象[2] (xiàng) 3, 4, 5
像章 xiàngzhāng Abzeichen mit js Porträt (Bildnis)

哓（嘵）xiāo

哓哓不休 xiāoxiāo bù xiū ununterbrochen streiten；zu unablässigen Auseinandersetzungen kommen

骁（驍）xiāo →骁勇

骁勇 xiāoyǒng tapfer；kühn；wagemutig

消 xiāo 1．→消失 红肿已～ die Schwellung ist zurückgegangen 2．→消除 借酒～愁 seine Sorgen（seinen Kummer）in（im）Alkohol ersäufen（ertränken）3．die Zeit verbringen；verleben ～夏 den Sommer auf angenehme Weise verbringen；auf Sommerfrische sein

消沉 xiāochén versauern；deprimiert（entmutigt）sein；in gedrückter Stimmung 意志～ niedergeschlagen；mutlos；verzagt

消除 xiāochú beseitigen；entfernen；vertreiben ～分歧 Meinungsverschiedenheiten beseitigen

消毒 xiāodú 1．desinfizieren；sterilisieren；pasteurisieren；～剂 Desinfektionsmittel ～牛奶 pasteurisierte Milch 2．schädliche Faktoren restlos ausmerzen；giftigen Einfluss beseitigen

消防 xiāofáng Feuerbekämpfung；Feuerschutz ～队 Feuerwehr；Feuerlöschmannschaft；Löschzug ～水龙 Feuerwehrschlauch

消费 xiāofèi verbrauchen；konsumieren；verkonsumieren ～品 Verbrauchsgüter；Konsumgüter ～资料 Konsumgüter

消耗 xiāohào verbrauchen；zermürben；erschöpfen 劳动力的～ Aufwand an Arbeitskräften ～敌人的有生力量 feindliche Kampfkräfte zermürben

消化 xiāohuà 1．verdauen；Verdauung ～不良 Verdauungsstörung；Magenverstimmung；Dyspepsie 2．（das Gelernte）verdauen

消极 xiāojí 1．negativ ～因素 negativer Faktor 2．passiv；inaktiv ～抵抗 passiver Widerstand ～情绪 deprimiert（mutlos）sein

消灭 xiāomiè 1．verschwinden；zugrunde gehen 2．vernichten；abschaffen；beseitigen ～害虫 die Schädlinge beseitigen

消磨 xiāomó 1．zermürben；aufzehren ～意志 den Willen zermürben 2．vergeuden；verschwenden；ungenutzt vorübergehen lassen ～岁月 die Zeit vertrödeln

消遣 xiāoqiǎn sich zerstreuen；sich die Zeit vertreiben；sich Unterhaltung schaffen

消散 xiāosàn sich auflösen；verfliegen；verrauchen

消声器 xiāoshēngqì Schalldämpfer

消失 xiāoshī verschwinden；vergehen；sich verlieren

消瘦 xiāoshòu abmagern；abnehmen；abzehren 面容～ ein abgemagertes Gesicht；abgemagert aussehen

消亡 xiāowáng zugrunde gehen；untergehen

消息 xiāoxi 1．Nachricht；Information 可靠～ eine zuverlässige Nachricht 2．Nachricht；Lebenszeichen 杳无～ verschollen（spurlos verschwunden）sein

消闲 xiāoxián sich die freie Zeit vertreiben

消炎 xiāoyán eine Entzündung beseitigen ～剂 Antiphlogistikum

宵 xiāo Nacht；mitten in der Nacht 良～ eine schöne（angenehme）Nacht

宵禁 xiāojìn nächtliches Ausgehverbot

逍 xiāo

逍遥 xiāoyáo frei und sorglos；ungehindert；geruhsam ～法外 auf freiem Fuß sein

霄 xiāo Firmament；Himmel；Äther

霄汉 xiāohàn Firmament；Himmel

霄壤 xiāorǎng Himmel und Erde ～之别 ein Unterschied wie Tag und Nacht；ein himmelweiter Unterschied

硝 xiāo 1．→硝石 2．gerben ～皮 Häute（Felle）gerben

硝石 xiāoshí Salpeter

硝酸 xiāosuān Salpetersäure

削 xiāo 另见 xuē

abschälen；schälen；durch Schälen entfernen ～铅笔 einen Bleistift spitzen ～苹果 einen Apfel schälen

销[1] xiāo 1．schmelzen；verschmelzen 2．→销售 ～货 Waren（Güter）verkaufen（absetzen）3．Geldausgabe

销[2] xiāo 1．→销子 2．verriegeln；abschließen

销毁 xiāohuǐ vernichten；etw verschwinden

lassen ～文件 Akten vernichten; Akten verschwinden lassen

销假 xiāojià sich nach einem Urlaub (bei dem zuständigen Organ oder bei dem Vorgesetzten) zurückmelden

销路 xiāolù Absatz; Verkauf; Umsatz ～很广 guten Absatz finden (haben)

销声匿迹 xiāo shēng nì jì ganz spurlos (von der Bildfläche) verschwinden

销售 xiāoshòu Verkauf; Absatz; verkaufen; ～额 Umsatz; Absatzvolumen

销子 xiāozi Bolzen; Riegel

哮 xiāo 1. keuchen; schnaufen 2. brüllen

哮喘 xiāochuǎn Asthma; Atemnot

嚣（囂） xiāo lärmen; Lärm

嚣张 xiāozhāng ungezügelt; aggressiv; anmaßend

枭（梟） xiāo 1. Kauz; Eule 2. kämpferisch und unerschrocken ～将 tapferer Heerführer

枭雄 xiāoxióng heimtückischer Gewaltmensch

潇（瀟） xiāo (Gewässer) tief und klar

潇洒 xiāosǎ frei und ungehemmt; unbefangen

萧（蕭） xiāo →萧条

萧瑟 xiāosè 1. rauschen; rascheln 2. trostlos; trübselig; desolat

萧条 xiāotiáo 1. verwüstet; öde 2. Depression; Stagnation; Baisse 经济～ wirtschaftliche Depression

箫（簫） xiāo Längsflöte (aus einem Bambusrohr)

淆 xiáo vermischen; zusammenmischen

淆惑 xiáohuò verwirren; irreführen; verwechseln ～视听 die öffentliche Meinung (die Öffentlichkeit) verwirren

小 xiǎo 1. klein; winzig; unbedeutend ～桥 kleine Brücke 这鞋我穿嫌～ dieses Paar Schuhe ist (sind) mir zu eng 2. eine kurze Weile; kurze Zeit ～坐 bei jm hereinschauen; einen kurzen Besuch machen 3. jüngst ～儿子 der jüngste Sohn 我的～弟弟 mein jüngster Bruder 4. jung 一家大～ die ganze Familie; mit Kind und Kegel 5. Nebenfrau; Konkubine 6. (zum Ausdruck der Bescheidenheit): ～女 meine Tochter ～儿 mein Sohn

小百货 xiǎobǎihuò kleine Dinge des täglichen Bedarfs; kleine Gegenstände für den täglichen Gebrauch

小辈 xiǎobèi jüngere Generation; Angehörige(r), die (der) zur jüngeren Generation in der Familie gehört

小便 xiǎobiàn 1. urinieren; Wasser lassen; ein kleines Geschäft machen; pinkeln 2. Urin; Harn 3. Penis

小辫子 xiǎobiànzi 1. Zöpfchen 2. Angriffsfläche; Angriffspunkt; Handhabe 抓～ an js Fehlern herumnörgeln

小菜 xiǎocài 1. eingesalzenes Gemüse 2. Gerichte (aus Fisch, Fleisch, Gemüse u. ä.)

小产 xiǎochǎn Fehlgeburt; Abgang der Leibesfrucht

小肠 xiǎocháng Dünndarm

小车 xiǎochē 1. Schubkarre; Handkarre; Handwagen 2. Auto; Personenwagen

小吃 xiǎochī 1. preiswerte Gerichte in kleiner Portion 2. kleiner Imbiss; Bissen 3. kalte Platte; Vorgericht

小丑 xiǎochǒu Spaßmacher; Clown; Hanswurst; der dumme August

小聪明 xiǎocōngming Gewitztheit; Schlauheit; Gerissenheit 耍～ seine Gewitztheit (Pfiffigkeit) zeigen

小道 xiǎodào 1. →小径 羊肠～ ein gewundener Pfad 2. inoffiziell; halbamtlich; nichtamtlich ～消息 Gerücht; Flüsterpropaganda; Hörensagen

小调 xiǎodiào Volksweise; dem Volkslied ähnliche Melodie

小动作 xiǎodòngzuò Kunstgriff; Trick; Kniff 搞～ kleinliche Tricks anwenden; etw im Schilde führen

小队 xiǎoduì Gruppe; Team; ～长 Gruppenälteste; Gruppenführer

小儿 xiǎo ér 另见 xiǎor

1. Kinder ～科 Abteilung für Kinderkrankheiten; Pädiatrie 2. mein Sohn

小贩 xiǎofàn Kleinhändler; Einzelhändler; Straßenhändler

小费 xiǎofèi Trinkgeld 给～ Trinkgeld geben

小腹 xiǎofù Unterleib

小工 xiǎogōng Handlanger; ungelernter

Arbeiter
小姑 xiǎogū jüngere Schwester des Ehemannes
小鬼 xiǎoguǐ 1. kleiner Teufel; Gnom; Kobold 2. Teufelchen; Kleinchen
小孩儿 xiǎoháir Kind
小寒 xiǎohán „Mäßige Kälte" (Bezeichnung für den 5., 6. oder 7. Januar)
小号 xiǎohào Trompete
小伙子 xiǎohuǒzi Junge; junger Bursche; Geselle 毛头～ ein unvorsichtiger (unerfahrener, nachlässiger) Junge
小集团 xiǎojítuán Clique; Fraktion; Koterie
小节 xiǎojié 1. Geringfügigkeiten; belanglose Dinge 不拘～ alles nicht allzu genau nehmen 2. Takt
小结 xiǎojié 1. Kurzzusammenfassung; kurzer Überblick 2. kurz zusammenfassen; eine kurze Zusammenfassung machen
小径 xiǎojìng Pfad; Fußweg; Gehweg
小舅子 xiǎojiùzi jüngerer Bruder der Ehefrau
小楷 xiǎokǎi 1. kleine chinesische Pinselschrift; kleine Schriftzeichen der Normalschrift (in der chinesischen Kalligraphie) 2. Kleinbuchstabe
小看 xiǎokàn verachten; geringschätzen; missachten
小康 xiǎokāng bescheidener Wohlstand; beginnender Wohlstand 过着～生活 ein gesichertes Leben führen
小两口 xiǎoliǎngkǒu junges Ehepaar; die beiden jungen Leute
小麦 xiǎomài Weizen
小卖部 xiǎomàibù Kiosk; kleiner Laden; Büffet
小满 xiǎomǎn „Ährenbildung" (Bezeichnung für den 20., 21. oder 22. Mai)
小猫熊 xiǎomāoxióng kleiner Panda; Katzenbär
小米 xiǎomǐ Hirse
小脑 xiǎonǎo Kleinhirn
小农 xiǎonóng Kleinbauer; Einzelbauer ～经济 Kleinbauernwirtschaft; Parzellenwirtschaft
小品 xiǎopǐn Skizze; kleine literarische Arbeiten 电视～ kleine literarische Arbeiten fürs Fernsehen; Fernsehfeuilleton
小品文 xiǎopǐnwén Feuilleton; Essay
小气 xiǎoqi knauserig; geizig; knickerig ～鬼 Knauser; Geizhals; Krämer
小巧 xiǎoqiǎo klein aber fein
小区 xiǎoqū Wohnblock
小曲儿 xiǎoqǔr kleines (kurzes, einfaches) Lied; Liedchen
小圈子 xiǎoquānzi 1. kleiner, begrenzter Umfang (Bereich) 2. kleiner Kreis; Clique 搞～ eine Clique bilden
小儿 xiǎor 另见 xiǎo'ér
1. Kindheit; frühes Kindesalter 从～ von Kindheit an 2. männlicher Säugling; Bubi 胖～ dicker Bubi
小人 xiǎorén 1. ein Mann von niedrigem Stand 2. Schurke; Lump; gemeiner (niederträchtiger) Mensch
小商品 xiǎoshāngpǐn kleine Gebrauchsgüter (Gebrauchsgegenstände) ～经济 kleine Warenwirtschaft
小生 xiǎoshēng Rolle des jungen Mannes in traditionellen chinesischen Opern
小生产 xiǎoshēngchǎn Kleinproduktion; Kleinbetrieb ～者 Kleinproduzent
小时 xiǎoshí Stunde 八～工作制 Achtstundentag; achtstündiger Arbeitstag
小市民 xiǎoshìmín Kleinbürger; Spießbürger; Pfahlbürger
小手工业者 xiǎoshǒugōngyèzhě Kleinhandwerker
小叔子 xiǎoshūzi jüngerer Bruder des Ehemannes
小暑 xiǎoshǔ „Mäßige Hitze" (Bezeichnung für den 6., 7. oder 8. Juli)
小数 xiǎoshù Dezimale; dezimal ～点 Komma (bei einem Dezimalbruch)
小说 xiǎoshuō Prosaerzählung 长篇～ Roman 中篇～ Novelle 短篇～ Erzählung
小苏打 xiǎosūdá Bullrichsalz; Natriumhydrogenkarbonat
小提琴 xiǎotíqín Geige; Violine ～手 Geiger; Violinist
小题大做 xiǎo tí dà zuò eine Kleinigkeit (unnötig) aufbauschen; von einer Sache viel Redens machen; mit Kanonen nach (auf) Spatzen schießen
小偷 xiǎotōu Dieb; Stehler; Langfinger
小腿 xiǎotuǐ Unterschenkel
小五金 xiǎowǔjīn Metallwaren
小写 xiǎoxiě 1. übliche Schreibweise chinesischer Zahlen 2. Kleinbuchstabe ～字母 kleine Buchstaben
小心 xiǎoxīn achtsam; behutsam; vorsichtig ～着凉 pass auf, dass du dich nicht

erkältest ～翼翼 einen Eiertanz aufführen; äußerst vorsichtig
小心眼儿 xiǎoxīnyǎnr kleinlich; engherzig
小型 xiǎoxíng kleiner Typ; kleine Bauart; in kleinem Maßstab ～车床 Kleindrehbank; Kleindrehmaschine
小学 xiǎoxué Grundschule; Elementarschule ～生 Grundschüler; Schüler; Schulkind
小雪 xiǎoxuě „Etwas Schnee" (Bezeichnung für den 22. oder 23. November)
小业主 xiǎoyèzhǔ Kleinunternehmer; kleiner Fabrikant (Ladenbesitzer)
小夜曲 xiǎoyèqǔ Serenade; Ständchen
小姨子 xiǎoyízi jüngere Schwester der Ehefrau
小指 xiǎozhǐ Kleinfinger; Kleine Zehe
小传 xiǎozhuàn Kurzbiographie
小资产阶级 xiǎo zīchǎn jiējí Kleinbürgertum
小组 xiǎozǔ Gruppe; Team ～长 Gruppenführer; Gruppenälteste(r) 文学～ literarische Gruppe

晓(曉) xiǎo 1. dämmern; grauen; Tagesanbruch 2. →晓得 家喻户～ überall bekannt; allbekannt; allgemein bekannt 3. jm etw zur Kenntnis bringen 揭～ bekanntmachen; ankündigen
晓得 xiǎode wissen; kennen

校[1] xiào Schule

校[2] xiào 另见 jiào
→校官
校官 xiàoguān Stabsoffizier
校规 xiàoguī Schulordnung
校徽 xiàohuī Schulabzeichen
校刊 xiàokān Schulzeitschrift; Hochschulschrift
校友 xiàoyǒu ehemaliger Schüler oder Student
校园 xiàoyuán Campus; Universitätsgelände
校长 xiàozhǎng Schuldirektor; Direktor (einer Grundschule oder einer Mittelschule); Rektor (einer Hochschule)

效[1] xiào →效果 1;效力 2

效[2](傚) xiào jn nachmachen; nachahmen; imitieren

效[3](効) xiào →效劳
效法 xiàofǎ sich jn zum Vorbild nehmen; js Beispiel folgen; sich an jm/etw ein Beispiel nehmen
效果 xiàoguǒ 1. Wirkung; Ergebnis; Effekt 产生～ Effekt machen; Wirkung hervorrufen 2. Klangwirkung; Klangeffekte 音响～ akustische Effekte; Klangwirkung
效劳 xiàoláo jm zur Verfügung stehen; sich für andere einsetzen; jm seinen Dienst (seine Dienste) anbieten
效力 xiàolì 1. →效劳 2. Wirkung (Effekt) haben; wirksam; effektiv 发生～ Effekt machen; wirken
效率 xiàolǜ Leistungsfähigkeit; Leistung; Wirkungsgrad 工作～ Arbeitsleistung
效能 xiàonéng Brauchbarkeit; Wirksamkeit; Funktion
效益 xiàoyì Nutzeffekt; Nutzleistung; Wirkungsgrad 经济～ wirtschaftliche Effizienz
效应 xiàoyìng Effekt; Wirkung 光电～ photoelektrischer Effekt; Photoelektrizitätseffekt
效用 xiàoyòng Wirksamkeit; Nützlichkeit
效忠 xiàozhōng jm Treue schwören; jm / einer Sache treu dienen

孝 xiào 1. →孝顺 尽～ seine Kindespflicht tun 2. Bräuche, die vor Ablauf der Trauer um Angehörige älterer Generation eingehalten werden sollen 守～ vor Ablauf der Trauer um Angehörige älterer Generation bestimmte Bräuche einhalten 3. →孝衣
孝敬 xiàojìng jm etw ehrerbietig zum Geschenk machen
孝顺 xiàoshùn Pietät den Eltern gegenüber
孝衣 xiàoyī Trauerkleidung; Trauer
孝子 xiàozǐ 1. Sohn, der den Eltern gegenüber seine Kindespflicht erfüllt 2. Sohn, der Trauer trägt ～贤孙 getreue Nachkommen

肖 xiào ähneln; ähnlich aussehen
肖像 xiàoxiàng Porträt; Bildnis ～画 Porträtmalerei; Bildniskunst

笑 xiào 1. lachen; in Lachen (in Gelächter) ausbrechen 大～ laut lachen 冷～ höhnisch grinsen; hämisch lachen 2. über jn spotten; hohnlachen; sich über jn lustig machen
笑柄 xiàobǐng Gegenstand des Gelächters;

Stoff zum Gelächter；成为～ zum Gespött werden；zum Gegenstand des Gelächters werden
笑话 xiàohua 1. Witz；Scherz 说～ Spaß machen；Witze erzählen 2. verlachen；auslachen
笑容 xiàoróng lächelndes Gesicht；heitere (freundliche) Miene ～满面 ein fröhliches Gesicht；über das ganze Gesicht strahlen
笑嘻嘻 xiàoxīxī fröhlich lächelnd
笑靥 xiàoyè Grübchen
啸（嘯、歗） xiào 1. pfeifen 2. brüllen；heulen 虎～ Tigergebrüll
楔 xiē →楔子 1,2
楔子 xiēzi 1. Keil；Pflock 2. hölzerner Bolzen；Bambusnagel 3. Vorspiel oder Zwischenaufzug eines Musikdramas aus der Zeit der Yuan-Dynastie；Prolog eines Romans
些 xiē 1. einige；eine Anzahl von 前～日子 vor einigen Tagen 有～人没有来 einige Leute sind nicht gekommen 2. etwas；ein bisschen 简单～ etwas einfacher
些微 xiēwēi 1. ein klein bisschen；ein klein wenig 我感到～的凉意 ich fühle mich ein bisschen kühl / mir ist es ein bisschen kühl 2. etwas；ein wenig ～有点儿痛 leichte Schmerzen haben (empfinden)
蝎（蠍） xiē →蝎子
蝎子 xiēzi Skorpion
歇 xiē 1. →歇息 1 2. aufhören；stoppen；etw ruhen lassen
歇工 xiēgōng einen Ruhetag einlegen
歇后语 xiēhòuyǔ zweiteilige Redensart，deren erster Teil sinnbildlich darstellt，was der zweite besagt
歇脚 xiējiǎo Rast machen；rasten；unterwegs zukehren
歇晌 xiēshǎng ein Mittagsschläfchen (Mittagspause) machen
歇手 xiēshǒu mit einer Tätigkeit aufhören；von etw ablassen
歇斯底里 xiēsīdǐlǐ 1. Hysterie 2. hysterisch；übertrieben leicht erregbar 战争～ Kriegshysterie
歇宿 xiēsù übernachten；logieren
歇息 xiēxi 1. Rast machen；Pause machen；sich ausruhen 2. →歇宿
歇业 xiēyè ein Geschäft aufgeben；einen Betrieb stillegen；Geschäftsauflösung
鞋 xié Schuh 布～ Stoffschuhe 拖～ Pantoffel
鞋拔子 xiébázi Schuhanzieher；Schuhlöffel
鞋匠 xiéjiang Schuhmacher；Schuster
鞋油 xiéyóu Schuhcreme；Schuhpaste；Schuhwichse
挟（挾） xié 另见 jiā '夹'
1. etw unter dem Arm halten 2. →挟制
挟持 xiéchí 1. jn an beiden Armen packen 2. jn mit Gewalt zwingen，sich zu unterwerfen
挟嫌 xiéxián gegen jn Groll hegen；von Hass erfüllt sein ～报复 Groll auf jn haben und Rache an ihm nehmen
挟制 xiézhì jm seinen Willen aufzwingen；jn durch Drohungen gefügig machen
谐 xié 1. →谐和 2. eine Vereinbarung treffen；etw vereinbaren；mit jm übereinkommen 3. scherzhaft；humorvoll；witzig
谐和 xiéhé harmonisch；übereinstimmend；Harmonie
谐音 xiéyīn gleichklingend；im Wortlaut übereinstimmend；gleichlautend
谐振 xiézhèn Resonanz ～器 Resonator
偕 xié zusammen mit；begleiten ～行 mit jm zusammen eine Reise machen
偕老 xiélǎo (von eimem Ehepaar) gemeinsam ihren Lebensabend verbringen 白头～ einträchtig bis ins hohe Alter zusammenleben
偕同 xiétóng zusammen mit；begleiten
邪 xié 1. nicht recht；übel；falsch 改～归正 den alten Adam ausziehen；seine Fehler überwinden und ein neuer Mensch werden 2. unsauber；nicht anständig；schmutzig 3. vermeintliches Werk des Teufels 中～ von einem Dämon besessen sein
邪道 xiédào Abweg；Irrweg；Nebenweg
邪恶 xié'è tückisch；sündhaft；böse
邪念 xiéniàn übler Gedanke；tückische Idee
邪气 xiéqì ungesunde Tendenzen；schädliche (giftige) Atmosphäre
邪说 xiéshuō Irrlehre；falsche Glaubensleh-

re; Afterlehre

携（攜、擕） xié 1. →携带 2. jn an der Hand halten

携带 xiédài mitnehmen; mithaben; mitschleppen

携手 xiéshǒu Hand in Hand ～合作 Hand in Hand arbeiten; Hand-in-Hand-Arbeiten

斜 xié schräg; schief; krumm ～线 schräge Linie ～倚着栏干 sich an eine Balustrade (ein Geländer) lehnen

斜坡 xiépō Hang; schräge Fläche im Gelände; Abhang

斜视 xiéshì 1. Strabismus; Schielauge 2. schielen; von der Seite her blicken; schräg gucken

斜纹 xiéwén Köper; Köperbindung ～布 Drillich; Zwillich; geköperter Stoff

斜眼 xiéyǎn 1. →斜视 1 2. Schielauge; schielendes Auge 3. Schieler

协（協） xié 1. →协同 2. →协助

协定 xiédìng Abkommen; Vertrag; Vereinbarung 贸易～ Handelsabkommen

协会 xiéhuì Verein; Gesellschaft; Organisation 作家～ Schriftstellerverband

协理 xiélǐ 1. assistieren; beistehen; helfen 2. stellvertretender Direktor

协力 xiélì sich gemeinsam bemühen; gemeinsame Anstrengungen machen (unternehmen)

协商 xiéshāng konsultieren; beraten; verhandeln 民主～ demokratische Konsultation

协调 xiétiáo koordinieren; einstimmen; mit etw harmonieren ～一致 die Aktionen *koordinieren*; (Leute, Meinungen u. ä.) unter einen Hut bringen

协同 xiétóng zusammenwirken; zusammenarbeiten; mit vereinten Kräften ～作战 in Koordination (koordiniertem Zusammenwirken) einen Kampf führen

协议 xiéyì 1. →协商 2. Übereinkommen; Übereinkunft; Vereinbarung 达成～ Übereinstimmung erreichen (erzielen); mit jm übereinkommen; sich mit jm ins Benehmen setzen

协助 xiézhù helfen; assistieren; handlangern

协奏曲 xiézòuqǔ Konzert 钢琴～ Klavierkonzert

协作 xiézuò zusammenwirken; kooperieren 互相～ kooperieren

胁（脅、脋） xié 1. Seite; Brustkorbseite 2. →胁迫

胁从 xiécóng unter einem fremden Zwang mitlaufen; zum Mitmachen gezwungen werden ～分子 unfreiwilliger Mitläufer

胁迫 xiépò jm das Messer an die Kehle setzen; jm mit Gewalt drohen

写（寫） xiě 1. schreiben 2. →写作 1 3. beschreiben; darstellen; schildern ～景 eine Landschaft schildern 4. malen; zeichnen

写生 xiěshēng nach der Natur malen; etw naturgetreu zeichnen 静物～ Stillleben; bildliche Darstellung unbewegter Gegenstände

写实 xiěshí im Sinne des Realismus schreiben; lebenswahr beschreiben (darstellen)

写照 xiězhào Abbild; Wiedergabe

写真 xiězhēn 1. porträtieren; malen 2. gemaltes Porträt; Bildnis 3. etw lebenswahr beschreiben (darstellen)

写字台 xiězìtái Schreibtisch

写作 xiězuò 1. Artikel schreiben 2. Schriftstellerei ～技巧 Schreibfertigkeit

血 xiě 另见 xuè Blut

血淋淋 xiělínlín blutig; blutüberströmt

亵（褻） xiè respektlos behandeln; herabwürdigen; vernachlässigen 2. unzüchtig; pornographisch

亵渎 xièdú lästern; profanieren; entwürdigen

泻（瀉） xiè 1. herabströmen; schnell fließen 2. →泻肚

泻肚 xièdù Durchfall; Diarrhöe

泻药 xièyào Abführmittel; abführende Arzneien; Purgiermittel

械 xiè 1. Werkzeug; Gerät 2. Waffe

械斗 xièdòu bewaffnete Zusammenstöße von zwei feindlichen Gruppen

泄（洩） xiè 1. ableiten; ausströmen; herausströmen 2. →泄露 3. auslassen; Luft machen

泄底 xièdǐ ein Geheimnis preisgeben; den

X

Schleier (des Geheimnisses) lüften
泄愤 xièfèn seine Animosität an jm abreagieren; seinen Zorn an jm auslassen
泄露 xièlòu verraten; offenbaren; preisgeben
泄密 xièmì ein Geheimnis verraten; das Amtsgeheimnis verletzen (brechen)
泄气 xièqì 1. den Mut sinken lassen; entmutigt (verzagt) sein 2. unfähig; untauglich; enttäuschend

薤 xiè Chinesischer Lauch

卸 xiè 1. ausladen; entladen; abladen ～货 Waren abladen; Güter löschen 2. ein Zugtier ausspannen (ausschirren) 3. demontieren; abmontieren; zerlegen ～零件 Maschinenteile abbauen 4. jn von etw frei machen; sich entziehen ～责 die Verantwortung von sich abwälzen
卸车 xièchē einen Wagen ausladen (entladen)
卸任 xièrèn von seinem Amt zurücktreten
卸装 xièzhuāng sich abschminken und das Kostüm ablegen

谢 xiè 1. danken; Dank sagen; sich bedanken 2. sich entschuldigen; jn um Verzeihung bitten; seine Fehler bekennen 3. höflich ablehnen; mit Dank ablehnen 4. (Blumen, Blätter) verblühen; verwelken
谢词 xiècí Dankesworte
谢绝 xièjué jm dankend absagen; etw dankend ablehnen; mit Dank ablehnen ～参观 Besuche sind unerwünscht
谢幕 xièmù vor den Vorhang treten
谢谢 xièxie jm Dank aussprechen (sagen); vielen Dank; danke schön
谢罪 xièzuì jn um Verzeihung bitten; jm (bei jm) Abbitte tun (leisten)

懈 xiè locker; schlaff 坚持不～ in seinen Bemühungen (Anstrengungen) nicht nachlassen
懈怠 xièdài faul; träge; arbeitsunlustig

邂 xiè
邂逅 xièhòu jm unerwartet begegnen; eine zufällige Begegnung

蟹 (蠏) xiè Krabbe; Krebs
蟹青 xièqīng graugrün

屑 xiè 1. Krume; Raspel; sehr kleines Stückchen 面包～ Brösel; Brotkrümel 2. trivial; geringfügig; belanglos

心 xīn 1. Herz 2. Sinn; Gefühl 一～一意 von ganzem Herzen; mit Leib und Seele 3. Mitte; Zentrum; Kern 湖～ Mitte des Sees; im Herzen des Sees
心爱 xīn'ài herzlieb; geliebt; viellieb ～的人 Geliebte(r); Liebling; Darling
心安理得 xīn ān lǐ dé ein gutes (reines, ruhiges) Gewissen haben; mit ruhigem (gutem) Gewissen
心病 xīnbìng 1. Besorgnis; Sorge 2. verborgene Qual; geheimer Schmerz
心不在焉 xīn bù zài yān mit offenen Augen (ins Blaue hinein) träumen; nicht recht bei der Sache sein; geistig weggetreten sein
心肠 xīncháng 1. Vorsatz ～好 gutherzig; ein gutes Herz haben; gutmütig 2. Mitgefühl; Gemüt ～软 weichherzig; butterweich; js Herz ist weich wie Butter 3. Interesse; Lust 没有～去看戏 keine Lust haben, ins Theater zu gehen
心潮 xīncháo Gemütserregung; aufwallendes Gefühl ～澎湃 die Wogen der Begeisterung gehen hoch
心得 xīndé aufschlussreiche Eindrücke 读书～ Lesefrüchte; durch Lesen erworbene Kenntnisse
心电图 xīndiàntú Elektrokardiogramm; Kardiogramm; EkG
心烦 xīnfán beunruhigt sein; in Unruhe geraten
心房 xīnfáng Herzvorhof; Atrium; Vorkammer
心腹 xīnfù 1. treuer Anhänger; Gefolgsmann; Vertrauensmann 2. verborgen; geheim; vertraulich ～话 vertrauliche Worte
心甘情愿 xīn gān qíng yuàn von ganzem Herzen bereit sein; sich bereit zeigen; aus freiem Willen
心肝 xīngān 1. Gewissen; innere Stimme 没～ gewissenlos; herzlos; undankbar 2. Liebste(r); Goldchen; Herzblättchen
心狠 xīn hěn hartherzig; mitleidlos; unbarmherzig
心怀 xīn huái hegen; in sich tragen (bewahren) ～叵测 etwas Böses im Schilde

führen; etwas Böses tun wollen; heimtückisch
心怀 xīnhuái →心意;心情
心慌 xīnhuāng unruhig; vor etw Angst haben ～意乱 aus der Ruhe kommen; außer Fassung geraten
心迹 xīnjì wahre Gemütsverfassung; wahre Gefühle 表明～ seine wahren Gefühle zum Ausdruck bringen (verraten)
心急 xīnjí ungeduldig; übereilt
心计 xīnjì Kalkulation; Berechnung; Schlauheit 工于～ berechnend vorgehen
心悸 xīnjì 1. Palpitation; Herzklopfen 2. Angst bekommen (haben) 令人～ jm Angst einjagen; jn beängstigen
心焦 xīnjiāo unruhig; ungeduldig
心绞痛 xīnjiǎotòng Angina pectoris; Herzkrampf; Stenokardie
心惊胆战 xīn jīng dǎn zhàn große Angst haben; von panischer Angst (Furcht) erfüllt
心境 xīnjìng →心情 ～不好 schlechter Laune sein; nicht in Stimmung sein; schlechtgelaunt
心坎 xīnkǎn 1. Herzgrube; Magengrube 2. Innerstes; Tiefe (Grund) des Herzens 他的话打中了我的～ seine Worte sind mir aus dem Herzen gesprochen
心口 xīnkǒu Herzgrube; Magengrube
心旷神怡 xīn kuàng shén yí sich neu belebt fühlen
心理 xīnlǐ Psyche; seelisch-geistiges Leben; Gefühlswelt ～教练 Mentaltrainer ～学 Psychologie ～现象 psychische Erscheinung 儿童～ Psychologie von Kindern; kindliches Gemüt
心里 xīnli 1. in der Brust ～发疼 Herzbeklemmung; unter Herzbeklemmung leiden 2. auf dem Herzen; im Kopf ～话 etw, was jd denkt 记在～ jn/etw im Kopf behalten; sich etw einprägen
心灵 xīn líng gescheit; klug ～手巧 intelligent und fingerfertig
心灵 xīnlíng Herz; Geist; Seele ～深处 im tiefsten Herzen
心满意足 xīn mǎn yì zú wunschlos glücklich sein; voll und ganz befriedigt sein
心目 xīnmù 1. inneres Auge 2. Gedanke; Meinung
心平气和 xīn píng qì hé in aller Seelenruhe; Seelenfrieden; sehr sachlich sein
心情 xīnqíng Gemütslage; Gefühlslage; Stimmung ～舒畅 jm ist wohl ums Herz ～沉重 jm ist das Herz schwer; schweren (traurigen) Herzens
心软 xīnruǎn ein weiches Herz haben; jm ist weich ums Herz
心神 xīnshén Seelenzustand; psychische Verfassung ～不定 ruhelos; unruhig; geistesabwesend
心室 xīnshì Herzkammer
心事 xīnshì Sorge; Herzensqual ～重重 den Kopf voll haben; vom Kummer verzehrt; von Sorgen gequält
心思 xīnsi 1. Gedanke; Einfall 坏～ böse Idee (Absicht) 2. Denken; Überlegung 白费～ seinen Geist umsonst anstrengen; sich umsonst Gedanken machen 3. →心情
心酸 xīnsuān Herzweh; tiefer Kummer; traurig
心算 xīnsuàn Kopfrechnen; im Kopf rechnen
心疼 xīnténg jn liebhaben; es nicht übers Herz bringen, etw zu tun; jm wehtun
心跳 xīntiào Herzklopfen; Palpitation; das Herz schlägt
心弦 xīnxián Saite in js Herzen 动人～ eine Saite bei jm anschlagen; das Gemüt bewegen
心胸 xīnxiōng 1. Duldsamkeit; Großmut ～狭窄 philisterhaft; engstirnig; illiberal 2. Ehrgeiz; Bestreben
心虚 xīn xū 1. ein schlechtes Gewissen haben 2. kein Selbstvertrauen haben; sich nichts zutrauen
心血 xīnxuè viel Mühe; viel Schweiß; Anstrengung ～来潮 Anwandlung; Gedankenblitz; aus einer Laune heraus
心眼儿 xīnyǎnr 1. Herz 打～里高兴 sich von Herzen (herzlich) freuen 2. Absicht; Vorsatz ～好 gutmütig; warmherzig; gütig 3. Klugheit; Wendigkeit 缺个～ achtlos; dumm 4. unnötiges Bedenken ～太多 überempfindlich; nur auf den eigenen Vorteil bedacht 5. Nachsicht; Weitherzigkeit; Toleranz ～小 engherzig; kleinlich
心意 xīnyì 1. Zuneigung; guter Wille 2. Absicht; Intention
心硬 xīnyìng hartherzig; mitleidlos; unbarmherzig
心愿 xīnyuàn Wunsch; Herzensbedürfnis
心脏 xīnzàng Herz ～病 Herzkrankheit ～

起搏器 Herzschrittmacher
心中 xīnzhōng im Herzen; in der Brust; auf dem Herzen ～无数 keine Vorstellung von etw haben; sich nicht zurechtfinden; sich seiner Sache nicht so sicher sein
馨 xīn intensiver Wohlgeruch (Duft)
馨香 xīnxiāng 1. Duft; Aroma 2. Weihrauchgeruch
辛[1] xīn 1. scharf 2. →辛苦 1 3. Leid; Qual; Seelenschmerz
辛[2] xīn der achte Himmelsstamm
辛迪加 xīndíjiā Syndikat
辛苦 xīnkǔ 1. mühsam; mühevoll; mühselig 辛辛苦苦 mit (großer) Mühe; anstrengend; sich anstrengen 2. sich (um eine schwierige Sache) kümmern
辛辣 xīnlà scharf; satirisch; spöttisch
辛勤 xīnqín arbeitsam; unermüdlich ～劳动 hart und fleißig arbeiten
辛酸 xīnsuān bitter; schmerzlich; Leiden 历尽～ viel Schmerzliches (Bitteres) erlebt haben; allerhand durchgemacht haben
锌 xīn Zink (zn)
锌版 xīnbǎn Zinkplatte
新 xīn 1. neu ～事物 neue Dinge; Neues ～生活 neues Leben 2. kürzlich; vor kurzer Zeit ～成立的机构 neu errichtete Institution 3. neuvermählt
新陈代谢 xīn chén dài xiè 1. Stoffwechsel 2. das ewige Stirb und Werde
新词 xīncí Neologismus; Neubildung
新大陆 Xīn Dàlù die Neue Welt
新房 xīnfáng Brautkammer
新婚 xīnhūn jung (neu) vermählt; seit kurzem verheiratet
新纪元 xīnjìyuán neues Zeitalter; neue Ära
新教 xīnjiào Protestantismus; Luthertum ～徒 Protestant; Lutheraner
新近 xīnjìn kürzlich; vor kurzem; vor kurzer Zeit
新居 xīnjū neue Wohnung; neues Wohnhaus
新郎 xīnláng Bräutigam
新能源 xīn néngyuán Alternativenergie
新年 xīnnián Neujahr; Jahreswechsel
新娘 xīnniáng Braut
新奇 xīnqí neu; originell
新人 xīnrén 1. Menschen neuen Typs ～新事 neue Menschen und neue Dinge 2. neue Persönlichkeit 3. Neuvermählte
新生[1] xīnshēng 1. Neugeburt; neugeboren ～力量 Nachwuchs; Nachwuchskraft 2. neues Leben; Renaissance 获得～ neu aufgelebt; wiedergeboren
新生[2] xīnshēng neuer Schüler (Student); Studienanfänger
新生儿 xīnshēng'ér neugeborenes Kind; Baby; Ankömmling
新式 xīnshì neuartig; modern ～机床 moderne Werkzeugmaschine; Maschinenbank von neuem Typ
新手 xīnshǒu Neuling; Anfänger
新书 xīnshū 1. neues Buch 2. Neuerscheinung
新闻 xīnwén Nachricht, Neuigkeit ～公报 Pressekommuniqué 电视～ Fernsehnachrichten; Tagesschau ～检查 Pressezensur ～人物 jd, der im Mittelpunkt der Presse steht
新鲜 xīnxiān 1. frisch; jung ～的肉 frisches Fleisch; Frischfleisch ～蔬菜 frisches Gemüse; Frischgemüse 呼吸～空气 frische Luft atmen 2. neu; ungewöhnlich; wunderlich ～事儿 Seltenheit; Seltsamkeit; seltenes Vorkommnis
新兴 xīnxīng aufstrebend; aufblühend ～力量 aufstrebende Kräfte
新秀 xīnxiù vielversprechende Nachwuchskraft
新颖 xīnyǐng neuartig; neu und originell; Neuheit 样式～ in neuen Mustern; neuer Stil
新月 xīnyuè 1. Mondsichel 一弯～ eine Mondsichel 2. Neumond
新针疗法 xīn zhēnliáofǎ neue Akupunkturtherapie
薪 xīn 1. Brennholz 2. →薪水
薪水 xīnshui Gehalt; Besoldung; Bezüge
欣(訢) xīn erfreut; heiter; glücklich ～逢佳节 ein Fest aus einem freudigen Anlass feiern
欣然 xīnrán mit Vergnügen; gern; erfreut
欣赏 xīnshǎng 1. sich an einer Sache erfreuen; genießen 2. bewundern; jn/etw für gut halten; mögen 自我～ Selbstbewunderung
欣慰 xīnwèi erfreut und zufrieden sein
欣喜 xīnxǐ von Freude erfüllt sein; erfreut

～若狂 vor Freude außer Rand und Band geraten (sein); sich närrisch freuen; hocherfreut sein
欣欣 xīnxīn 1. erfreulich; froh; freudig 2. blühend; gedeihend; üppig ～向荣 starken Auftrieb erhalten; einen Aufschwung nehmen (erleben); erblühen

寻(尋) xín 另见 xún
suchen; auf der Suche nach etw sein
寻死 xínsǐ Selbstmord begehen; einen Selbstmordversuch machen
寻思 xínsi auf etw sinnen; über etw nachdenken

芯(信) xìn
芯片 xìnpiàn Chip
芯子 xìnzi Docht

信[1] xìn 1. wahr; wahrhaft; glaubhaft ～史 authentische Geschichte; wahrheitsgetreue historische Aufzeichnungen 2. →信用 1 言而有～ sein Wort halten; sein Versprechen einlösen (erfüllen) 3. glauben; Glauben schenken; etw für wahr halten ～以为真 etw für bare Münze nehmen 4. →信奉 1 5. Brief; Schreiben 送～ einen Brief austragen 6. →信息 7. →芯 (xìn)

信[2] xìn →信石
信步 xìnbù bummeln; spazieren gehen
信贷 xìndài Kredit; Darlehen ～业务 Kreditgeschäfte
信风 xìnfēng Passat; Passatwind
信封 xìnfēng Briefumschlag
信奉 xìnfèng 1. sich zu einem Glauben bekennen (bekehren) ～上帝 an Gott glauben 2. an etw glauben und es in die Tat umsetzen
信服 xìnfú überzeugt; Überzeugung
信鸽 xìngē Brieftaube
信管 xìnguǎn Zünder
信号 xìnhào Signal; Zeichen ～灯 Signallampe; Kontrollampe; Kennlicht ～弹 Leuchtkugel ～联络 signalisieren
信件 xìnjiàn Post; Brief 航空～ Luftpost
信口开河 xìn kǒu kāi hé Geschwafel; unbesonnen dummes Zeug reden
信赖 xìnlài auf jn/etw rechnen; jm/etw trauen; sich auf jn/ etw verlassen
信念 xìnniàn Glaube; Gläubigkeit 政治～ politischer Glaube
信任 xìnrèn jm vertrauen; Vertrauen zu jm haben ～群众 sich auf die Massen verlassen
信石 xìnshí Arsenik
信使 xìnshǐ Kurier; Bote
信守 xìnshǒu etw strikt einhalten; an etw festhalten ～誓言 sein Versprechen einhalten; zu seinem Versprechen stehen; bei seinem Wort bleiben
信天翁 xìntiānwēng Albatros
信条 xìntiáo Glaubensartikel; Dogma
信筒 xìntǒng Briefkasten
信徒 xìntú Jünger; Anhänger; Verehrer
信托 xìntuō 1. anvertrauen; jm etw in Obhut geben; jm etw zu treuen Händen überlassen 2. Treubandschaft; Treuhand ～公司 Treuhandgesellschaft
信物 xìnwù Unterpfand
信息 xìnxī 1. Nachricht 2. Information ～处理 Informationsverarbeitung 3. Information ～库 Informationsbank ～论 Informationstheorie; Nachrichtentheorie ～学 Informatik ～技术 IT; Informationstechnologien
信箱 xìnxiāng Briefkasten; Postfach; Box
信心 xìnxīn Zuversicht 满怀～ voller Zuversicht sein
信仰 xìnyǎng Bekenntnis; Glaube; sich zu etw bekennen ～自由 Glaubensfreiheit 政治～ politische Überzeugung
信用 xìnyòng 1. Zuverlässigkeit; vertrauenswürdiges Wesen 讲～ Gewicht auf Zuverlässigkeit legen 2. Darlehen; Kredit ～贷款 Kredit leihen; offener Kredit ～合作社 Kreditgenossenschaft ～卡 Kreditkarte
信纸 xìnzhǐ Briefpapier

衅(釁) xìn Streitigkeit; Konflikt; Zank
衅端 xìnduān Grund (Anlass, Ursache) eines Streits

囟(顖) xìn Fontanelle
囟门 xìnmén Fontanelle

兴(興) xīng 另见 xìng
1. →兴盛 新～城市 neue Stadt 2. unterstützen; fördern; begünstigen ～利除弊 Nützliches fördern und Schädliches beseitigen; Nützliches unterstützen, mit Schädlichem brechen
兴办 xīngbàn einrichten; gründen; errich-

X

ten

兴奋 xīngfèn 1. erregt; aufgeregt; unruhig ～的心情 voller Begeisterung; begeistert 2. Reiz 3. jn in Begeisterung bringen (versetzen); das Blut in Wallung bringen; mitreißen ～剂 Anregungsmittel; Stimulans; Belebungsmittel; Doping

兴建 xīngjiàn mit einem Bau beginnen; errichten

兴隆 xīnglóng →兴盛 生意～ das Geschäft geht gut / der Handel floriert

兴起 xīngqǐ 1. entstehen 2. sich voller Begeisterung erheben 闻风～ in Aktion treten, sobald man von etw Wind bekommen hat; sofort einem Aufruf folgen

兴盛 xīngshèng in Schwung sein; in Blüte stehen; gedeihen 国家～ Aufstieg des Staates

兴旺 xīngwàng →兴盛 市场～ der Markt floriert

兴修 xīngxiū mit einem Bau beginnen ～水利 Wasserbauten errichten (anlegen)

星

xīng 1. Stern 2. Himmelskörper; Gestirn 3. Stückchen; Winziges 火～儿 Funke

星火[1] xīnghuǒ Funke ～燎原 ein Funke kann die Steppe in Brand setzen

星火[2] xīnghuǒ Sternschnuppe 急如～ in aller Eile; äußerst eilig

星际 xīngjì zwischen den Planeten; interplanetarisch ～站 interplanetarische Station ～旅行 Weltraumflug

星空 xīngkōng Sternhimmel; gestirnter Himmel

星罗棋布 xīng luó qí bù in großer Zahl mit etw bedeckt sein; mit etw übersät sein

星期 xīngqī 1. Woche 上～ vorige (letzte) Woche; vergangene Woche 今天～几? Welcher Tag ist heute? 2. →星期日 ～日休息 sonntag ist arbeitsfrei / am Sonntag hat man frei

星期二 xīngqī'èr Dienstag

星期六 xīngqīliù Samstag; Sonnabend

星期日 xīngqīrì Sonntag

星期三 xīngqīsān Mittwoch

星期四 xīngqīsì Donnerstag

星期五 xīngqīwǔ Freitag

星期一 xīngqīyī Montag

星球 xīngqiú Himmelskörper; Gestirn ～大战 SDI

星星 xīngxīng Pünktchen 一～薄云也没有 wolkenloser Himmel

星星 xīngxing → 星 1 小～ Sternchen; kleiner Stern

星座 xīngzuò Sternbild; Zeichen

惺

xīng

惺忪 xīngsōng schläfrig; schlafbedürftig; müde 睡眼～ noch halb im Schlafe; mit schläfrigen Augen

腥

xīng →腥气

腥气 xīngqi 1. Geruch nach Fischen, Krabben u. a. 有鱼～ es gibt Fischgeruch 2. Fischgeruch haben; schlecht riechend

猩

xīng →猩猩

猩红热 xīnghóngrè Scharlach

猩猩 xīngxing Orang-Utan

刑

xíng 1. →刑罚 ～满释放 nach der Strafverbüßung entlassen werden 2. Folter 受～ gefoltert werden; der Folter unterworfen sein

刑场 xíngchǎng Gerichtsstätte; Richtplatz; Richtstätte

刑罚 xíngfá gerichtliche Strafe; Bestrafung

刑法 xíngfǎ Strafgesetz; Strafrecht ～典 Strafgesetzbuch

刑期 xíngqī Haftzeit

刑事 xíngshì kriminell; strafrechtlich ～犯 Kriminelle(r) ～诉讼 Strafprozess

刑讯 xíngxùn Verhör, bei dem Folter angewendet wird ～室 Folterkammer

型

xíng 1. Gussform 2. Typ; Modell 新～拖拉机 Traktor neuen Typs

型钢 xínggāng Formeisen; Profileisen; Profil aus Stahl

型号 xínghào Typ; Modell 产品～ Typ (Modell) des Produkts

形

xíng 1. →形状 圆～ rund; kugelförmig 2. →形体 1 3. zum Vorschein kommen; in Erscheinung treten 喜～于色 sehr glücklich aussehend; freudig 4. einen Vergleich ziehen; gegenüberstellen 相～见绌 im Vergleich von jm übertroffen werden; durch einen Vergleich in den Schatten gestellt werden

形成 xíngchéng sich herausbilden; sich entwickeln (gestalten); sich formen

形而上学 xíng'érshàngxué Metaphysik; metaphysisch

形迹 xíngjì 1. Verhalten ～可疑 sich verdächtig machen 2. Höflichkeit 不拘～ keine Rücksicht auf sein Benehmen nehmen

形容 xíngróng 1. äußere Erscheinung (eines Menschen); Aussehen ～憔悴 abgemagert und blass aussehen 2. darstellen; schildern; in Worte fassen 非笔墨所能～ unbeschreiblich; etw spottet jeder Beschreibung

形容词 xíngróngcí Adjektiv; Eigenschaftswort

形式 xíngshì Form; Formung 组织～ Organisationsform ～主义 Formalismus

形势 xíngshì 1. topographische Lage ～险要 strategisch wichtige Gegend 2. Lage; Situation 国际～ internationale Lage 国内～大好 die Lage im Inland ist ausgezeichnet

形似 xíngsì eine ähnliche Form haben; äußerlich ähneln

形态 xíngtài 1. Form; Erscheinungsbild 意识～ Ideologie 2. die äußere Form des Lebewesens ～结构 Struktur der äußeren Form

形体 xíngtǐ 1. Körperbau; Gestalt 2. Form und Struktur

形象 xíngxiàng 1. Gestalt 英雄～ heroische Gestalt ～化 plastisch; anschaulich; eidetisch 2. Gestalt (Figur) in Literatur und Kunst 塑造～ eine Gestalt porträtieren

形形色色 xíng xíng sè sè allerhand; jederlei; mannigfach

形影不离 xíng yǐng bù lí wie Pech und Schwefel zusammenhalten

形状 xíngzhuàng Form; Äußerlichkeit; Aussehen

行 xíng 另见 háng

1. →行走 徒步而～ zu Fuß gehen; wandern 2. Reise; Besuch 北京之～ Beijing-Reise 3. herumwandernd ～商 Hausierer 4. durchführbar; realisierbar; ausführbar ～得通 es geht; das lässt sich machen ～不通 es geht nicht; undurchführbar 5. (steht meist vor einem Verb, das aus zwei Schriftzeichen besteht, und bedeutet, dass eine Tätigkeit ausgeübt wird): 另～通知 etw gesondert mitteilen 6. → 行为 言～ Wort und Tat 7. machen; tun; treiben 举～ veranstalten; abhalten 实～ praktizieren; durchführen ～之有效 bewährt; in der Praxis wirksam 8. fähig; geschickt; anstellig 这年轻人真～ der junge Mann ist wirklich tüchtig 9. bald; in Kürze; in kurzer Zeit ～将结束 bald zu Ende gehen

行程 xíngchéng 1. Fahrt 2. Verlauf; Gang; Lauf 历史发展～ Lauf der geschichtlichen Entwicklung

行刺 xíngcì einen Anschlag (ein Attentat) auf jn verüben (ausführen)

行道树 xíngdàoshù Straßenbaum

行动 xíngdòng 1. →行走 ～不便 beim Gehen behindert sein 2. handeln; tun ～纲领 Aktionsprogramm 付诸～ etw in die Tat umsetzen 3. Verhalten; Betragen; Handlung

行宫 xínggōng Pfalz

行好 xínghǎo jm eine Gnade (Wohltat) erweisen

行贿 xínghuì bestechen; Korruption; Bestechung

行进 xíngjìn Marsch; marschieren; vorrücken ～路线 Marschroute

行径 xíngjìng → 行为 罪恶～ verbrecherische Tat; Verbrechen

行军 xíngjūn marschieren; Marsch 强～ Geschwindmarsch; Gewaltmarsch; forcierter Marsch ～床 Feldbett; Campingbett

行乐 xínglè sich vergnügen; sich zerstreuen; sich unterhalten

行礼 xínglǐ grüßen; salutieren

行李 xíngli Gepäck; Reisegepäck ～袋 Reisetasche

行乞 xíngqǐ betteln gehen; um Almosen bitten

行窃 xíngqiè einen Diebstahl begehen (verüben); stehlen

行人 xíngrén Fußgänger

行善 xíngshàn Barmherzigkeit üben; jm eine Wohltat erweisen

行使 xíngshǐ ausüben; ausführen ～职权 seines Amtes walten; fungieren

行驶 xíngshǐ fahren ～执照 Führerschein

行署 xíngshǔ Bezirksverwaltung

行为 xíngwéi Handlung; Verhalten; Tat

行销 xíngxiāo verkaufen; zum Verkauf bringen; (Waren) absetzen ～全国 im ganzen Land guten Absatz haben

行星 xíngxīng Planet ～际飞行 interplanetarischer Flug

行凶 xíngxiōng eine Gewalttat verüben

行医 xíngyī eine Arztpraxis ausüben; als Arzt arbeiten
行政 xíngzhèng Verwaltung ～机关 Verwaltungsorgan; Behörde
行装 xíngzhuāng Reisegepäck; Reiseausrüstung 整理～ sein Gepäck herrichten; sich reisefertig machen
行踪 xíngzōng Aufenthalt ～不定 keinen ständigen Wohnsitz haben
行走 xíngzǒu Gang; gehen

醒 xǐng 1. wieder zu sich kommen; das Bewusstsein wiedergewinnen; aus seinem Rausch aufwachen 2. aufwachen; wach sein; wach werden 3. →醒悟 猛～ etw plötzlich begreifen; schnell seinen Fehler einsehen
醒酒 xǐngjiǔ jn ernüchtern; jn vom Rausch befreien
醒目 xǐngmù ins Auge fallen; auffallen; auffällig ～的标题 Schlagzeile; hervorgehobene Überschrift
醒悟 xǐngwù zur Einsicht (Erkenntnis) kommen; ernüchtern

擤(揞) xǐng sich die Nase putzen ～鼻涕 sich die Nase schnauben (wischen)

省 xǐng 另见 shěng
1. Selbstkritik üben; sein Gewissen erforschen 2. (ältere Leute) besuchen ～亲 in die Heimat zurückkehren oder eine weite Reise machen, um Eltern oder ältere Verwandte zu besuchen 3. sich über etw klar werden; etw in seiner vollen Bedeutung erkennen; erwachen 不～人事 bewusstlos werden; in Ohnmacht sinken; das Bewusstsein verlieren

兴(興) xìng 另见 xīng
→兴趣
兴冲冲 xìngchōngchōng in froher Stimmung; wohlgemut; beschwingt
兴高采烈 xìng gāo cǎi liè Hochgefühl; sprühender Laune sein; sehr begeistert
兴趣 xìngqù Interesse; Lust 不感～ kein Interesse für etw haben (zeigen); sich für etw nicht interessieren
兴致 xìngzhì →兴趣

幸(⁵倖) xìng 1. →幸福 2. glücklich sein; sich freuen ～灾乐祸 sich über den Schaden eines anderen freuen; schadenfroh sein; über js Missgeschick frohlocken 3. ich habe den Wunsch; ich hoffe ～勿推却 ich hoffe, Sie werden es nicht ablehnen 4. →幸亏 5. Wohlwollen; Gnade 得～ bei jm in Gunst stehen; js Gunst erlangen
幸存 xìngcún entkommen; überleben; am Leben bleiben
幸福 xìngfú 1. Glück; Wohlergehen 2. glücklich; selig; glückselig ～生活 glückliches Leben
幸亏 xìngkuī glücklicherweise; erfreulicherweise; zum Glück
幸免 xìngmiǎn mit genauer (knapper) Not entgehen ～于难 überleben; ein Unglück überstehen; mit dem Leben davonkommen
幸运 xìngyùn 1. Glück; Heil ～儿 Schoßkind des Glücks; Liebling der Götter; Glückspilz 2. völlig zufriedengestellt; überglücklich; vergnügt

悻 xìng
悻悻 xìngxìng missmutig; verärgert; ～而去 sich trollen; mürrisch weggehen

杏 xìng Aprikose ～仁 Mandel

性 xìng 1. →性格 2. Eigenschaft; Eigenart 药～ Eigenschaften der Medizin (Arznei) 3. (dient als Nachsilbe zur Bezeichnung von Eigenschaft, Art und Weise u. a.): 民族～ Volkstum 批评～的意见 kritische Meinung 4. Geschlecht; Sexualität ～生活 Geschlechtsleben; Sexualleben 5. →性别 6. Genus; Geschlecht 阳～ Maskulinum; männliches Geschlecht
性别 xìngbié Geschlecht; Sexus
性病 xìngbìng Geschlechtskrankheit
性感 xìnggǎn sexy; sexuell anziehend
性格 xìnggé Charakter; Temperament; Wesensart
性教育 xìngjiàoyù Sexualaufklärung
性急 xìngjí ungeduldig; rasch aufbrausend; hitzköpfig
性交 xìngjiāo Geschlechtsverkehr; Begattung; Kopulation
性命 xìngmìng Leben
性能 xìngnéng Leistungsvermögen; Funktion
性情 xìngqíng →性格
性欲 xìngyù Geschlechtstrieb; Sexualität;

Sexualtrieb

性质 xìngzhì Wesen; Natur; bestimmende Eigenschaften

姓 xìng 1. Familienname 贵～? Wie ist Ihr Name bitte? / Wie heißen Sie? 2. heißen 我～王 ich heiße Wang / mein Name ist Wang

姓名 xìngmíng Familien- und Vorname; Name

兄 xiōng 1. älterer Bruder 2. älterer Verwandter derselben Generation

兄弟 xiōngdì Brüder; Gebrüder ～般的友谊 brüderliche Freundschaft

兄弟 xiōngdi 1. jüngerer Bruder 2. vertrauliche Anrede für einen jüngeren Mann

凶（345 兇） xiōng 1. unheilbringend; unheilschwanger ～事 Unglück; Unglücksfall 2. schlechte Ernte; Missernte ～年 Missjahr; Jahr mit einer Missernte 3. → 凶恶 4. schlimm; stark; heftig 病势很～ schwere Krankheit 5. Gewalttat; Mord; Bluttat 行～ Gewalttätigkeiten begehen; eine Gewalttat verüben

凶暴 xiōngbào grausam; brutal; unmenschlich

凶恶 xiōng'è böse; satanisch; arg

凶狠 xiōnghěn 1. bitterböse; martialisch 2. wild und heftig; stürmisch und wuchtig

凶猛 xiōngměng reißend; blutdürstig

凶器 xiōngqì Mordwaffe

凶杀 xiōngshā Mord; Ermordung ～案 Mordfall

凶手 xiōngshǒu Mörder; Gewalttäter

凶兆 xiōngzhào böses (schlechtes) Vorzeichen; böses Omen; Menetekel

汹（洶） xiōng

汹汹 xiōngxiōng 1. brausen 江涛～ die Wogen branden und brausen 2. angriffslustig; bedrohlich 气势～ äußerst wild und aufbrausend; wütend und aggressiv 3. turbulent; wild 议论～ eine erregte Debatte ist im Gang

汹涌 xiōngyǒng brausen; branden; toben

匈 xiōng

匈奴 xiōngnú Hunne

胸（胷） xiōng 1. Brust; Busen 2. im Herzen; innerlich ～有成竹 einen wohldurchdachten Plan haben, bevor man etwas unternimmt

胸骨 xiōnggǔ Brustbein

胸怀 xiōnghuái in sich bewahren; hegen ～大志 große Ambitionen haben; vom Ehrgeiz besessen (beseelt) sein

胸怀 xiōnghuái → 胸襟 ～狭窄 engherzig; einseitig; beschränkt

胸襟 xiōngjīn geistiger Horizont ～开阔 aufgeschlossen; tolerant; einen weiten Horizont haben

胸口 xiōngkǒu Magengrube ～痛 die Magengrube tut weh

胸膜 xiōngmó Rippenfell; Pleura ～炎 Brustfellentzündung

胸脯 xiōngpú Brust; Busen

胸腔 xiōngqiāng Brusthöhle; Brustkorb

胸饰 xiōngshì Busennadel; Vorstecknadel; Gewandnadel

胸像 xiōngxiàng Brustbild

胸罩 xiōngzhào Büstenhalter (BH)

雄 xióng 1. männlich ～鸡 Hahn 2. → 雄伟 ～姿 imposantes Aussehen; großartiger Anblick 3. → 雄壮 ～兵 starke Armee 4. gewichtige Persönlichkeit; einflussreicher Staat 称～ sich als Souverän aufspielen

雄辩 xióngbiàn 1. Beredsamkeit; überzeugendes Argumentieren 事实胜于～ Tatsachen sind überzeugender als Worte 2. stichhaltig; überzeugend; triftig 最～的莫过于事实 nichts ist unbestrittener als die Tatsache

雄蜂 xióngfēng männliche Biene; Drohne

雄厚 xiónghòu reichlich vorhanden

雄浑 xiónghún stark und gehaltreich 笔力～ kraftvolle Pinselführung (Striche)

雄健 xióngjiàn kräftig ～的步伐 kräftige Schritte

雄赳赳 xióngjiūjiū heldenhaft; tapfer; forsch

雄伟 xióngwěi majestätisch; monumental; stattlich ～的场面 grandioser Anblick

雄心 xióngxīn Ehrgeiz; Bestrebung; Ambition ～壮志 von großem Ehrgeiz beseelt (besessen) sein; hochstrebende Pläne haben

雄壮 xióngzhuàng kraftvoll; energiegeladen

熊 xióng Bär

熊猫 xióngmāo Panda；Pandabär
熊熊 xióngxióng lodernd；flammend；lichterloh brennend ～烈火 lodernde Flamme；loderndes Feuer

羞 xiū 1. Scham；sich schämen；sich genieren ～红了脸 schamrot werden；vor Scham erglühen；jm steigt das Blut vor Scham ins Gesicht（in den Kopf） 2. Scham bereiten；beschämen；demütigen 3. →羞耻
羞耻 xiūchǐ Scham；Schande 不知～ schamlos；unverschämt；ohne Schamgefühl
羞愧 xiūkuì sich schämen；beschämt und reuevoll
羞怯 xiūqiè scheu；ängstlich；schüchtern
羞辱 xiūrǔ 1. Schande；Schmach；Erniedrigung 2. jm Schande bringen；jn beleidigen

休 xiū 1. beenden；mit etw aufhören 争论不～ Zankerei；der Streit nimmt kein Ende 2. →休息 3. nicht ～要取笑 Mach dich darüber nicht lustig！/ Spaß beiseite！
休会 xiūhuì eine Tagung unterbrechen ～一星期 die Tagung ist für eine Woche unterbrochen
休假 xiūjià Ferien haben；Urlaub machen（nehmen）
休克 xiūkè 1. Schock 2. einen Schock erleiden
休眠 xiūmián Ruhe；Schlaf
休戚相关 xiū qī xiāng guān sich zusammengehörig fühlen；auf Gedeih und Verderb verbunden sein
休息 xiūxi eine Pause（Rast）machen；sich erholen；sich ausruhen 幕间～ Zwischenpause（im Theater）～室 Vorhalle；Foyer
休闲 xiūxián brachliegen ～地 Brache；Brachland ～文化 Freizeitkultur
休学 xiūxué die Schule（das Studium）unterbrechen
休养 xiūyǎng 1. sich erholen；ruhen；sich ausspannen 2. die Wirtschaft eines Staates wiederherstellen und weiterentwickeln ～生息（nach sozialen Umwälzungen）die dem Volk aufgebürdete Last erleichtern und die Produktion wiederherstellen
休业 xiūyè 1. ein Geschäft für eine bestimmte Zeit schließen 2. einen Lehrgang abschließen
休战 xiūzhàn Waffenruhe；Kampfruhe
休整 xiūzhěng sich ausruhen und reorganisieren

修[1] xiū 1. →修饰 2. →修理 ～机器 eine Maschine reparieren 3. zusammenstellen；～史 Geschichte schreiben 4. →修业 5. →修建 ～水库 einen Stausee bauen 6. beschneiden；scheren ～指甲 Fingernägel schneiden

修[2] xiū →修长 ～竹 hochgewachsener Bambus
修补 xiūbǔ 1. ausbessern；etw wieder instand setzen（bringen）；reparieren 2. regenerieren
修长 xiūcháng gerstenschlank；rank und schlank；sehr schlank 身材～的人 eine gerstenschlanke Person；eine grazile Person
修辞 xiūcí stilistisch gut formulieren；stilvoll gestalten ～格 Stilmittel ～学 Stilistik
修道院 xiūdàoyuàn Kloster
修订 xiūdìng verbessern；revidieren；berichtigen ～合同 einen Vertrag abändern ～本 neu bearbeitete Auflage；berichtigte（überarbeitete）Auflage
修复 xiūfù 1. restaurieren；renovieren ～古迹 historische Denkmäler restaurieren 2. regenerieren
修改 xiūgǎi revidieren；berichtigen；verbessern ～章程 ein Statut abändern
修剪 xiūjiǎn zurechtstutzen；stutzen；schneiden
修建 xiūjiàn bauen；errichten ～铁路 eine Eisenbahn bauen
修理 xiūlǐ reparieren；instand setzen；in Ordnung bringen
修女 xiūnǚ Nonne；Schwester
修配 xiūpèi reparieren und Ersatzteile einbauen ～站 Reparaturwerkstatt
修缮 xiūshàn renovieren；erneuern；wiederherstellen ～工程 Renovierungsprojekt
修士 xiūshì Zönobit；Frater
修饰 xiūshì 1. schmücken；verzieren ～一新 festlich geschmückt sein 2. sich herausputzen；frisieren；sich schönmachen 对镜～ sich vor dem Spiegel zurechtma-

chen 3. feilen; durchfeilen; stilistisch verbessern ～文章 an einem Aufsatz feilen; einen Aufsatz durchfeilen

修养 xiūyǎng 1. wissenschaftliche Kenntnisse; Bildung; gebildet sein 语言～ sprachliche Kenntnisse 2. wohlerzogen; kultiviert 他很有～ er ist ein kultivierter Mensch / er ist wohlerzogen

修业 xiūyè Schulbildung; Studium

修正 xiūzhèng 1. revidieren; modifizieren; richtigstellen ～案 Abänderungsantrag 2. (den Marxismus-Leninismus) revidieren ～主义 Revisionismus

修筑 xiūzhù bauen ～机场 einen Flughafen anlegen

宿 xiǔ 另见 sù; xiù
(Zähleinheitswort): 住了一～ für eine Nacht untergekommen sein

朽 xiǔ 1. verfallen; faul ～木 verfaultes Holz; faules Holz 2. gebrechlich; altersschwach

宿 xiù 另见 sù; xiǔ
alte Bezeichnung für Sternbilder

袖 xiù 1. →袖子 短～ kurzer Ärmel 2. im Ärmel vergraben (stecken) ～着手 mit verschränkten Händen; untätig bleiben

袖口 xiùkǒu Ärmelstulpe

袖手旁观 xiù shǒu páng guān untätig zusehen; mit verschränkten Armen dabeistehen

袖套 xiùtào Ärmelschoner; Ärmling

袖章 xiùzhāng Armbinde

袖珍 xiùzhēn im Taschenformat; handlich ～*词典* *Taschenwörterbuch* ～电视机 Minifernseher

袖子 xiùzi Ärmel

秀[1] xiù →秀穗

秀[2] xiù 1. →秀丽 眉清目～ hübsches Gesicht 2. ausgezeichnet; hervorragend 后起之～ ausgezeichnete Nachwuchskraft; junges Talent

秀才 xiùcai 1. Studierende(r) an der Lehranstalt auf Kreis- bzw. Bezirksebene (in der Ming- und Qing-Dynastie) 2. Gelehrte(r); Intellektuelle(r)

秀丽 xiùlì schön; lieblich; graziös

秀气 xiùqi 1. hübsch; niedlich 2. vornehm; nobel 3. klein und handlich; fein; zierlich

秀穗 xiùsuì Ähren treiben

锈(鏽) xiù 1. Rost 2. verrosten; rostig werden 3. →锈病

锈病 xiùbìng Rost

绣(繡) xiù 1. sticken 2. Stickerei 苏～ Suzhou-Stickerei

绣房 xiùfáng (in der alten Zeit) Mädchenschlafkammer

绣花 xiùhuā sticken ～被 bestickte Bettdecke ～针 Sticknadel

绣鞋 xiùxié bestickte Stoffschuhe

臭 xiù 另见 chòu
1. Geruch 2. →嗅 (xiù)

溴 xiù Brom (Br)

嗅 xiù beschnuppern; beriechen; an etw riechen

嗅觉 xiùjué 1. Geruchsinn; 2. Spürsinn ～灵敏 einen scharfen Geruchsinn haben; eine feine (gute) Nase für etw haben 政治～ politisches Fingerspitzengefühl haben

需 xū →需要

需求 xūqiú Nachfrage; Bedarf; Bedürfnis 满足～ den Bedarf decken; Bedürfnisse befriedigen

需要 xūyào 1 brauchen; jn/etw in Anspruch nehmen; erfordern 病人～安静 die Patienten brauchen Ruhe / der Kranke bedarf der Ruhe 2. Bedürfnis; Verlangen 精神上的～ geistige Bedürfnisse

圩(墟) xū 另见 wéi
Dorfmarkt 赶～ zum Dorfmarkt gehen

吁 xū 另见 yù
1. tief und hörbar ein- und ausatmen; seufzen 长～短叹 Gejammer; Lamentation 2. ach; oh; hoho

吁吁 xūxū (Schallwort): 气喘～ kurzen Atem haben; stoßweise atmen

须[1] xū →须要 ～作充分准备 gute Vorbereitungen zu treffen haben; sich für (auf) etw sorgfältig vorbereiten müssen

须[2] xū warten; abwarten

须[3]（鬚）xū 1. Bart 2. →须子

须要 xūyào müssen; etw gezwungenermaßen tun ～采取紧急措施 dringende Maßnahmen zu etw treffen müssen

须臾 xūyú Moment; Augenblick ～之间 im Handumdrehen; sehr schnell; im Nu

须知 xūzhī 1. Merkblatt 参观～ Hinweise zur Besichtigung 2. sich einer Sache bewusst sein müssen

须子 xūzi （Tier） Tasthaar; Taster; （Pflanze） Narbenfäden

戌 xū der elfte Erdzweig

虚 xū 1. leer 2. unbesetzt; frei; offen 3. zaghaft; mutlos; unentschlossen 4. nicht von Erfolg gekrönt; umsonst; vergeblich 不～此行 die Reise nicht umsonst gemacht haben 5. →虚假 ～名 den Ruf nicht verdienen 6. →虚心 7. →虚弱 血～ Blutarmut 8. politisch-ideologische Richtlinien 务～ sich mit politisch-ideologischen Grundsatzfragen befassen （auseinandersetzen）

虚报 xūbào einen nicht wahrheitsgetreuen Bericht vorlegen; falsche Angaben machen ～数字 falsche Zahlenangaben machen; falsche Zahlen angeben

虚词 xūcí Füllwort; Flickwort

虚度 xūdù mit nutzlosen Dingen verbringen; vertun; verbummeln ～一生 sein Leben nicht sinnvoll gestalten; sein ganzes Leben nutzlos verstreichen lassen

虚构 xūgòu erfinden; ersinnen; fabeln 凭空～ frei erfinden （ersinnen）; aus der Luft gegriffen sein

虚汗 xūhàn Schweißausbruch infolge einer Krankheit oder der Körperschwäche 出～ wegen einer Krankheit oder der Körperschwäche schwitzen

虚幻 xūhuàn scheinbar; illusorisch; trügerisch

虚假 xūjiǎ gefälscht; scheinbar; verlogen

虚惊 xūjīng blinder Alarm; Schreckschuss

虚夸 xūkuā übertreiben; dramatisieren

虚拟 xūnǐ virtuell

虚胖 xūpàng schwammig; aufgeschwemmt

虚荣 xūróng eitel; gefallsüchtig ～心 Eitelkeit; Selbstgefälligkeit

虚弱 xūruò 1. schwach; matt; schwächlich 身体～ schwächlich sein 2. schwach 兵力～ knapp an Streitkräften

虚设 xūshè Scheinexistenz; dem Scheine nach vorhanden sein 形同～ etw ist in Wirklichkeit nicht vorhanden

虚数 xūshù 1. imaginäre Zahl 2. nicht wahrheitsgetreue Zahlenangaben

虚岁 xūsuì Alter nach traditioneller chinesischer Rechnung（，nach der man bereits am Tage seiner Geburt ein Jahr zählt）

虚脱 xūtuō 1. Kollaps; Zusammenbruch 2. kollabieren; vom Kollaps getroffen werden

虚伪 xūwěi doppelzüngig; heuchlerisch

虚无 xūwú Nichts ～缥缈 irreal; unwirklich; schattenhaft ～主义 Nihilismus

虚线 xūxiàn Punktlinie

虚心 xūxīn bescheiden ～听取群众意见 Meinungen oder Vorschläge anderer ernst anhören

虚张声势 xū zhāng shēng shì durch prahlerische Behauptungen Stärke vortäuschen

墟 xū 1. Trümmer; Ruinen 2. →圩（xū）

嘘 xū 另见 shī

1. langsam ausatmen; hauchen ～口气 Atem langsam ausstoßen 2. einen Seufzer ausstoßen; aufstöhnen

徐 xú →徐徐 ～步 langsam gehen

徐徐 xúxú langsam; gemächlich

许 xǔ 1. loben; rühmen; würdigen 2. →许诺 以身～国 sein Leben dem Vaterland widmen 3. →许配 4. →许可 特～ Sondererlaubnis; Sondergenehmigung 5. möglicherweise; vielleicht

许多 xǔduō eine große Anzahl; viel; Haufen

许久 xǔjiǔ lange Zeit

许可 xǔkě erlauben; zustimmen; genehmigen 得到～ eine Genehmigung erhalten; Zustimmung finden; gebilligt werden

许诺 xǔnuò Zusage; Versprechen; zusagende Äußerung

许配 xǔpèi （die Tochter） mit jm verloben

许愿 xǔyuàn 1. ein Gelübde ablegen 2. jm Vorteile versprechen

栩 xǔ

栩栩 xǔxǔ lebendig ～如生 lebensecht; wie es leibt und lebt

畜 xù 另见 chù
→畜养
畜产品 xùchǎnpǐn Produkte der Viehzucht; tierische Produkte
畜牧 xùmù Viehzucht ～场 Viehfarm; Viehweide
畜养 xùyǎng züchten; halten ～牲口 Vieh züchten; Viehzucht

蓄 xù 1. lagern; horten; speichern 2. (Haar, Bart) wachsen lassen ～须 sich den Bart wachsen (stehen) lassen; einen Bart haben (tragen) 3. hegen; sich mit etw tragen ～意 einen Vorsatz fassen; wissentlich; vorsätzlich
蓄电池 xùdiànchí Speicherbatterie; Akkumulator
蓄谋 xùmóu heimlich beabsichtigen; böse Absichten haben ～已久 etw von langer Hand vorbereitet haben
蓄水池 xùshuǐchí Sammelbecken; Wasserreservoir

酗 xù
酗酒 xùjiǔ alkoholische Exzesse; saufen; trunksüchtig

叙(敘、敍) xù 1. →叙述 ～家常 sich über familiäre Dinge unterhalten 2. beurteilen; begutachten ～功 js Verdienste bewerten
叙旧 xùjiù (mit Verwandten oder Freunden) über gemeinsame Erlebnisse reden
叙事 xùshì erzählen; darstellen ～诗 Ballade; Epos
叙述 xùshù erzählen; beschreiben; schildern ～体 Erzählweise
叙谈 xùtán sich zwanglos unterhalten; plaudern

恤(卹、賉) xù jm eine finanzielle Unterstützung geben
恤金 xùjīn Hinterbliebenengeld; Hinterbliebenenrente

旭 xù Strahlen der aufgehenden Sonne
旭日 xùrì aufgehende Sonne ～东升 die Sonne geht im Osten auf

序 xù 1. Reihenfolge; Aneinanderreihung 以姓氏笔划为～ in der Reihenfolge nach der Anzahl der Striche, aus denen der jeweilige Familienname besteht 2. →序文
序列 xùliè Aufeinanderfolge; Abfolge
序幕 xùmù 1. Prolog; Vorspiel 2. Auftakt; Vorspiel; Präludium
序曲 xùqǔ 1. Ouvertüre; Vorspiel 2. Vorspiel; Auftakt
序数 xùshù Ordinalzahl; Ordnungszahl
序文 xùwén Vorwort; Einleitung; Prolog
序言 xùyán Vorwort; Einleitung; Prolog

絮 xù 1. Watte 2. Watteähnliches; Flocke 柳～ Weidenkätzchen 3. wattieren ～被窝 eine Steppdecke wattieren
絮叨 xùdao weitschweifig reden; breittreten; geschwätzig
絮棉 xùmián Watte
絮语 xùyǔ 1. schwatzen; sich umständlich ausdrücken 2. Geschwätz; Gerede; Rederei

婿(壻) xù 1. Schwiegersohn 2. Ehemann 妹～ Ehemann der jüngeren Schwester; Schwager

绪 xù 1. Anfang einer Seidenfaser; Anfang einer Angelegenheit 事已就～ das ist schon vorbereitet / das ist in Ordnung 2. Stimmung; Gemütslage
绪论 xùlùn Prolegomenon; Einleitung; Einführung

续(續) xù 1. fortsetzen; weiterführen ～编 Fortsetzung (eines Buches); Hörfolge; Folge 2. hinzufügen; zulegen; dazutun ～煤 Kohlen dazutun
续假 xùjià seinen Urlaub verlängern lassen
续弦 xùxián nach dem Tode der Ehefrau wieder heiraten

宣 xuān 1. →宣布 2. entwässern
宣布 xuānbù ankündigen; verkünden; erklären ～独立 die Unabhängigkeit proklamieren
宣传 xuānchuán propagieren; für etw Reklame machen; für etw werben ～品 Prospekt ～员 Propagandist; Agitator
宣读 xuāndú verlesen
宣告 xuāngào →宣布 ～无效 etw für ungültig (nichtig) erklären; annullieren; nullifizieren
宣讲 xuānjiǎng propagieren und erklären
宣判 xuānpàn Urteilsverkündung; ein

Urteil aussprechen (verkünden)
宣誓 xuānshì einen Eid schwören (ablegen) 举手～ mit erhobener Hand schwören
宣泄 xuānxiè 1. entwässern; abfließen lassen 2. sein von Kummer (Sorge) erfülltes Herz ausschütten ～怒气 seinen Zorn auslassen
宣言 xuānyán 1. Erklärung; Deklaration 2. →宣布
宣扬 xuānyáng von jm (sich, etw) hermachen; posaunen; propagieren
宣战 xuānzhàn Kriegserklärung; (einem Land) den Krieg erklären

煊 xuān Sonnenwärme
煊赫 xuānhè prominent und einflussreich

揎 xuān die Ärmel aufkrempeln ～拳捋袖 sich die Ärmel hochkrempeln

喧(諠) xuān →喧哗; 喧闹 锣鼓～天 lautes Getöse von Gongs und Trommeln
喧哗 xuānhuá 1. Krach machen; lärmen 2. →喧嚷 请勿～ Ruhe bitte!
喧闹 xuānnào Spektakel; Lärm
喧嚷 xuānrǎng Geschrei; Getöse 人声～ es herrscht ein Getümmel
喧嚣 xuānxiāo 1. →喧闹 2. →喧嚷 ～一时 eine Zeitlang großes Aufsehen erregen; eine Zeitlang große Aufregungen auslösen

轩 xuān hoch ～然大波 großer Wirbel; öffentliche Ruhestörung
轩昂 xuān'áng stattlich aussehen 气宇～ imponierende Erscheinung sein

旋 xuán 另见 xuàn
1. →旋转 2. zurückkommen; zurückkehren ～里 in die Heimat zurückkehren 3. Kreis; Zirkel; Runde 4. schnell; sofort; gleich 入场券～即发完 die Eintrittskarten sind schnell ausgeteilt
旋律 xuánlǜ Melodie
旋涡 xuánwō 1. Strudel 2. Sog; Strudel der Ereignisse 生活的～ der Strudel des Lebens
旋转 xuánzhuǎn kreisen; herumgehen; wirbeln ～餐厅 Drehrestaurant ～木马 Karussell

玄 xuán 1. schwarz 2. schwerverständlich; tiefsinnig; gedankentief 3. →玄虚 这话真～ das klingt unglaubhaft
玄妙 xuánmiào rätselhaft; geheimnisvoll
玄孙 xuánsūn Ururenkel ～女 Ururenkelin
玄武岩 xuánwǔyán Basalt
玄虚 xuánxū Täuschung; Blendwerk 故弄～ etw absichtlich mystisch (geheimnisvoll) machen; aufbauschen
玄学 xuánxué 1. philosophische Strömung, bei der der Taoismus und der Konfuzianismus miteinander verbunden sind, während der Wei-Dynastie (220-265) und der Jin-Dynastie (265-420) 2. Metaphysik

悬(懸) xuán 1. →悬挂 倒～ mit dem Kopf nach unten hängen; Not und Leid ertragen 2. heben; aufheben; hochheben ～腕 (kalligraphieren oder malen) ohne das Ellbogengelenk bzw. den Unterarm aufzusetzen 3. ohne Erreichung des gesteckten Zieles; ohne Ergebnis ～而未决 ungelöst; schwebend; offengeblieben 4. →悬念 5. →悬殊
悬案 xuán'àn 1. schwebender Prozess; Rechtsstreit 2. ungelöstes Problem
悬浮 xuánfú suspendieren; aufschlämmen ～体 Schwebeteilchen
悬挂 xuánguà hängen ～国旗 eine Nationalflagge hängen
悬空 xuánkōng in der Luft hängen
悬梁 xuánliáng sich (an einem Balken) aufhängen ～自尽 sich erhängen; zum Strick greifen
悬铃木 xuánlíngmù Platane
悬念 xuánniàn 1. sich Sorgen um jn machen; um jn besorgt sein 2. Spannung
悬赏 xuánshǎng einen Preis auf etw aussetzen; ausloben ～缉拿罪犯 eine Belohnung zur Festnahme eines verfolgten Verbrechers aussetzen
悬殊 xuánshū großer Unterschied; sehr unterschiedlich 力量～ großer Unterschied im Kräfteverhältnis
悬想 xuánxiǎng sich unrealistisch vorstellen; phantasieren; mutmaßen
悬崖 xuányá Bergwand; Felsenabsturz; Steilhang ～勒马 kehrtmachen, bevor es zu spät ist; im letzten Augenblick einhalten

癣 xuǎn Hautflechte; Flechte

选(選) xuǎn 1. →选择 ～衣料 einen Kleiderstoff aussuchen 2. wählen; Wahl 补～ Nachwahl; kooptieren 3. gewählt werden 当～ gewählt werden; eine Wahl gewinnen 4.→选集 民歌～ Sammlung von Volksliedern

选拔 xuǎnbá Auswahl; auswählen ～赛 Ausscheidungskampf; Ausscheidungsspiel

选购 xuǎngòu auswählen und kaufen

选集 xuǎnjí ausgewählte Werke

选举 xuǎnjǔ Wahl; wählen ～权 Wahlrecht

选美 xuǎnměi Schönheitswettbewerb

选民 xuǎnmín Wähler ～证 Wählerkarte

选派 xuǎnpài jn auswählen und schicken ～留学生 Studenten auswählen und ins Ausland zum Studium senden

选票 xuǎnpiào Stimmzettel

选区 xuǎnqū Wahlbezirk; Wahlkreis

选手 xuǎnshǒu Sportler, der zur Teilnahme am Wettkampf ausgewählt ist 种子～ gesetzter Spieler

选修 xuǎnxiū etw als Wahlfach lernen oder studieren ～科 Wahlfach

选择 xuǎnzé eine Entscheidung treffen; auswählen; Wahl ～职业 einen Beruf auswählen

选种 xuǎnzhǒng Zuchtwahl; Samenauslese

选中 xuǎnzhòng ausgewählt werden; die Wahl fällt auf jn

渲 xuàn →渲染 1

渲染 xuànrǎn 1. verdünnte Tusche oder Wasserfarben auf die Bildfläche auftragen, um etw hervorzuheben 2. hochspielen; übertreiben

楦(楥) xuàn 1.→楦子 2. ausweiten

楦子 xuànzi Ausweiter; Spanner

旋¹(²鏇) xuàn 另见 xuán

1. drehend; wirbelnd ～风 Wirbelwind, Trombe 2. drehen; drechseln

旋床 xuànchuáng Drehbank; Drehmaschine

泫 xuàn tropfen

泫然 xuànrán (Tränen) fließen ～泪下 die Tränen rollen jm über die Wangen; Tränen vergießen

炫(²衒) xuàn 1. blenden; glänzend; grell 光彩～目 glänzend; leuchtend 2.→炫耀

炫耀 xuànyào 1. scheinen; strahlen; erleuchten 2. sich rühmen; prahlen; bramarbasieren ～武力 seine militärische Stärke demonstrieren

眩 xuàn 1. (von Augen) trübe; verschwommen 头晕目～ jm ist schwindlig; taumelig sein 2. von etw geblendet werden ～于名利 von Ruhm und Reichtum geblendet

眩晕 xuànyùn Taumel; Schwindel; schwindeln

绚 xuàn bunt; farbenprächtig

绚烂 xuànlàn in allen Farben schillernd

绚丽 xuànlì prächtig; herrlich ～的民间艺术 glänzende Volkskunst

靴(鞾) xuē →靴子

靴子 xuēzi Stiefel

削 xuē 另见 xiāo

schälen; schnitzen

削壁 xuēbì steile Bergwand; schroff abfallende Felswand; jäher Abhang

削价 xuējià (vom Preis) ablassen; den Preis herabsetzen ～商品 im Preis herabgesetzte Waren

削减 xuējiǎn reduzieren; vermindern; abbauen ～开支 Ausgaben verringern

削弱 xuēruò schwächen

削足适履 xuē zú shì lǚ etw in ein Schema pressen (zwängen)

学(學、斈) xué 1.→学习 ～手艺 ein Handwerk lernen 2. nachmachen; gleichtun ～时髦 der Mode folgen; jede Mode mitmachen 3.→学问 4.→学科 5.→学校

学报 xuébào Fachzeitschrift einer wissenschaftlichen Institution oder Hochschule 北京大学～ Fachzeitschrift der Beijing-Universität

学潮 xuécháo Studentenbewegung; Studentenunruhen

学费 xuéfèi 1. Schulgeld; Studiengebühr 2. Kosten für die Schulbildung; Kosten fürs Studium

学府 xuéfǔ Hochschule 最高～ Universität

学会¹ xuéhuì erlernen; erwerben ～游泳 das Schwimmen erlernen

学会² xuéhuì (wissenschaftliche) Gesellschaft; (wissenschaftlicher) Verein

学究 xuéjiū Pedant; Stubengelehrte(r) ～气 Pedanterie; Scholastik

学科 xuékē 1. wissenschaftliches Fach; Disziplin 2. Lehrgang
学历 xuélì Bildungsgang
学龄 xuélíng schulpflichtiges Alter ～儿童 schulpflichtige Kinder
学名 xuémíng 1. Fachbezeichnung 2. offizieller Name in der Schule
学年 xuénián Schuljahr; Studienjahr ～考试 Schuljahrabschlussprüfung; Studienjahrabschlussprüfung
学派 xuépài Schule
学期 xuéqī Semester
学舌 xuéshé 1. nachplappern 鹦鹉～ wie ein Papagei nachplappern 2. ein loses Mundwerk haben
学生 xuésheng 1. Schüler; Student 2. Schüler; Anhänger
学识 xuéshí →学问 2 ～渊博 hochgelehrt; von großer Belesenheit
学士 xuéshì Bachelor; Bakkalaureus
学术 xuéshù Wissenschaft ～界 Fachwelt ～讨论会 Symposium ～性刊物 Fachzeitschrift
学说 xuéshuō Lehre; Theorie 剩余价值～ die Lehre vom Mehrwert
学徒 xuétú Lehrling
学位 xuéwèi akademischer Grad (Titel) 博士～ Doktorgrad
学问 xuéwen 1. Wissenschaftsgebiet 2. Wissen; Kenntnisse 有～的人 Gelehrte(r)
学习 xuéxí lernen; studieren ～外语 eine Fremdsprache lernen ～先进经验 von fortgeschrittenen Erfahrungen lernen
学衔 xuéxián akademischer Rang (Grad)
学校 xuéxiào Schule; Lehranstalt ～教育 Schulbildung; Schulerziehung
学业 xuéyè Lernen; Studium ～成绩 Schulleistung; Studienleistung
学员 xuéyuán Teilnehmer eines Kurses (Seminars)
学院 xuéyuàn Institut; Hochschule 师范～ pädagogische Hochschule
学者 xuézhě Wissenschaftler; Gelehrte(r)
学制 xuézhì Studiendauer; Ausbildungsdauer

穴 xué 1. Loch; Höhle 2. Grab 3. →穴位
穴位 xuéwèi Akupunkturpunkt

踅 xué hin und her gehen; hin- und zurückgehen

噱 xué lachen
噱头 xuétóu 1. Drolerie; Drolligkeit; Pointe 2. Trick; Kunstgriff 摆～ Tricks anwenden 3. komisch; spaßhaft; grotesk

雪¹ xuě Schnee 下～ es schneit / es fällt Schnee

雪² xuě (eine Schande) tilgen; Vergeltung üben ～耻 eine zugefügte Schmach tilgen
雪白 xuěbái schneeweiß
雪崩 xuěbēng Lawine
雪花 xuěhuā Schneeflocken
雪花膏 xuěhuāgāo Hautcreme
雪茄 xuějiā Zigarre
雪亮 xuěliàng hellleuchtend
雪片 xuěpiàn Schneeflocke
雪橇 xuěqiāo Schlitten
雪青 xuěqīng lila
雪球 xuěqiú Schneeball 掷～ Schneebälle werfen
雪人 xuěrén Schneemann 堆～ einen Schneemann machen
雪山 xuěshān Schneeberg
雪松 xuěsōng Zeder
雪冤 xuěyuān sich / jn von einer Schuld reinigen
雪中送炭 xuě zhōng sòng tàn Hilfe in der höchsten Not; jm in der höchsten Not beistehen

鳕 xuě Kabeljau

谑 xuè foppen; necken

血 xuè 另见 xiě
1. Blut 出～ bluten 2. →血统
血案 xuè'àn Bluttat; Mord
血管 xuèguǎn Blutgefäß; Ader
血汗 xuèhàn Blut und Schweiß; harte Arbeit
血红 xuèhóng blutrot ～蛋白 Blutfarbstoff; Hämoglobin
血迹 xuèjì Blutspur ～斑斑 blutbefleckt
血浆 xuèjiāng Blutplasma; Plasma
血口喷人 xuè kǒu pēn rén jn boshaft beleidigen; jn böswillig schmähen
血库 xuèkù Blutbank
血淋淋 xuèlínlín von Blut verschmutzt; mit Blut bedeckt; blutbefleckt
血泡 xuèpào Blutblase 手上磨起了～ er

hat sich an den Händen Blutblasen gerieben
血泊 xuèpō Blutlache; Bäche von Blut 他倒在～中 er lag in seinem Blut
血气 xuèqì 1. Lebenskraft; Vitalität ～方刚的青年 Jugendliche mit voller Lebenskraft 2. →血性
血亲 xuèqīn Blutsverwandte(r) ～关系 Blutsverwandtschaft; die Bande des Blutes
血清 xuèqīng Blutserum
血球 xuèqiú Blutkörperchen
血肉 xuèròu 1. Fleisch und Blut ～模糊 zermalmter Körper (Körperteil) einer Person 2. enge Beziehung ～相连 aufs Engste verbunden sein wie Fleisch und Blut
血色 xuèsè gesunde Gesichts- oder Hautfarbe 她脸上又有了～ ihr Gesicht bekommt wieder Farbe
血色素 xuèsèsù Blutfarbstoff; Hämoglobin
血书 xuèshū mit dem eigenen Blut geschriebener Brief (darin kommt Entschlossenheit, Hass oder Protest gegen ungerechte Behandlung zum Ausdruck)
血栓 xuèshuān Blutkuchen; Embolus; Thrombus
血糖 xuètáng Blutzucker
血统 xuètǒng Abstammung; Geblüt ～关系 Filiation; die Bande des Blutes ～论 Familienabkunftstheorie ～学 Genealogie
血吸虫 xuèxīchóng Schistosoma ～病 Schistosomiasis; Bilharziose
血腥 xuèxīng nach Blut riechend; brutal ～气 Blutgeruch 起义被～镇压下去 der Aufstand wurde in einem Blutbad erstickt
血型 xuèxíng Blutgruppe
血性 xuèxìng Charakterfestigkeit 有～的人 Mann mit solidem Charakter
血循环 xuèxúnhuán Blutkreislauf
血压 xuèyā Blutdruck ～高 Hypertension Bluthochdruck ～计 Blutdruckmesser Sphygmomanometer
血液 xuèyè 1. Blut; Geblüt 2. Lebensnerv 石油是工业的～ das Erdöl ist der Lebensnerv der Industrie
血衣 xuèyī blutgefleckte Kleidung
血缘 xuèyuán Blutsverwandtschaft
血债 xuèzhài Blutschuld 有～ eine Blutschuld auf sich laden
血战 xuèzhàn blutiger Kampf ～到底 bis zum letzten Blutstropfen (Atemzug) kämpfen
血肿 xuèzhǒng Bluterguss

勋(勳) xūn →勋劳
勋爵 xūnjué 1. einer verdienstvollen Person verliehener Adelstitel 2. Lord
勋劳 xūnláo Verdienste; anerkennenswerte Tat
勋章 xūnzhāng Auszeichnung; Orden; Ehrenzeichen 荣获～ einen Orden verliehen bekommen

熏([1,2]燻) xūn 1. (vom Rauch oder Geruch) anwehen 2. →熏制 ～火腿 geräucherter Schinken 3. angenehm; mild ～风 angenehmer, warmer Südwind
熏染 xūnrǎn jn nach und nach negativ beeinflussen
熏陶 xūntáo einen allmählichen positiven Einfluss auf jn ausüben
熏制 xūnzhì in den Rauch hängen; räuchern

驯 xún 1. →驯服 1 2. →驯服 2 ～虎 einen Tiger zähmen (dressieren)
驯服 xúnfú 1. zahm; gehorsam 2. bändigen; dressieren; zahm machen
驯化 xúnhuà domestizieren; (wilde Tiere) zu Haustieren machen
驯养 xúnyǎng zähmen und züchten

循 xún gemäß; in Übereinstimmung mit ～例 nach dem üblichen Verfahren; etw tun, wie man es üblich macht
循规蹈矩 xún guī dǎo jǔ auf der schmalen Straße des Rechts gehen; sittenstreng
循环 xúnhuán Turnus; Zirkulation; Kreislauf ～赛 Rundenspiele; Turnier ～小数 periodischer Dezimalbruch 恶性～ Teufelskreis
循序 xúnxù der Reihe nach; nach der Reihenfolge ～渐进 Schritt für Schritt vorankommen
循循善诱 xún xún shàn yòu verstehen, die anderen Schritt für Schritt zu etw anzuleiten

旬 xún 1. Dekade des Monats 上～ die erste Dekade des Monats 中～ die zweite Dekade des Monats 2. Lebensjahrzehnt 八～老母 achtzigjährige Mutter

询 xún →询问
询问 xúnwèn sich nach etw erkundigen; eine Auskunft über etw erbitten

巡(廵) xún 1. →巡查; 巡视 ～夜

X

nächtliche Rundgänge machen; Runde gehen; seine nächtliche Runde machen 2. eine Runde 酒过三～ drei Runden Wein (Schnaps) wurden ausgegeben
巡查 xúnchá patrouillieren; revieren; einen Inspektionsrundgang machen
巡航 xúnháng Kreuzfahrt; kreuzen ～导弹 Cruise-Missile
巡回 xúnhuí auf Tournee sein (gehen); wandern ～展览 Wanderausstellung ～演出 Tournee; Gastspiel; gastieren
巡逻 xúnluó patrouillieren; streifen ～队 Patrouille; Streife
巡视 xúnshì visitieren; inspizieren; einen Inspektionsrundgang machen
巡洋舰 xúnyángjiàn Kreuzer

寻(尋) xún 另见 xín →寻找
寻常 xúncháng gewöhnlich; alltäglich 异乎～ außergewöhnlich
寻根究底 xún gēn jiū dǐ einer Sache auf den Grund kommen; eine Sache bis an ihren Ursprung zurückverfolgen
寻衅 xúnxìn sich mit jm anlegen; jn provozieren; einen Streit mit jm anfangen
寻找 xúnzhǎo suchen ～失物 nach einem verlorenen Gegenstand suchen ～机会 eine Gelegenheit suchen

浔(潯) xún Gestade 江～ Flussgestade

鲟(鱘、鱏) xún Stör

荨 xún 另见 qián
荨麻疹 xúnmázhěn Nesselfieber; Nesselausschlag; Urtikaria

蕈 xùn höhere Pilze

训 xùn 1. belehren; lehren ～了他一顿 man hat sich ihn vorgenommen 2. Lehre 家～ Familienlehre 3. Regel; Richtmaß; Richtsatz 不足为～ nicht als Maßregel dienen können
训斥 xùnchì jm eine Rüge erteilen; jn heftig tadeln
训导 xùndǎo in lehrhaftem Ton sprechen; dozieren; belehren
训诂 xùngǔ Erläuterung der Wörter bzw. Sätze in alten Texten
训话 xùnhuà schulmeistern; belehren
训诫 xùnjiè 1. jn belehren und zur Ordnung rufen; mit Nachdruck etw zu tun verlangen 2. strenger Verweis
训练 xùnliàn trainieren; üben 军事～ Militärtraining; militärische Ausbildung ～班 Kurs; Lehrgang
训令 xùnlìng Anordnung; Direktive

汛 xùn Hochwasser; Flut; Überschwemmung 桃花～ Frühlingshochwasser; Flutzeit im Frühling
汛期 xùnqī Hochwasserperiode

讯 xùn 1. →讯问 2 2. Nachricht; Information; Auskunft 新华社～ Meldung der Xinhua-Agentur
讯问 xùnwèn 1. eine Auskunft einholen; jm eine Frage stellen; fragen 2. vernehmen; jn einem Verhör unterziehen; befragen ～被告 einen Angeklagten verhören

迅 xùn →迅速
迅即 xùnjí sofort; unverzüglich
迅猛 xùnměng rapid; ungestüm; stürmisch
迅速 xùnsù rasch; geschwind; rapid ～前进 schnell vorwärts marschieren

殉(²徇) xùn 1. →殉葬 2. das Leben für etw opfern
殉国 xùnguó sein Leben für das Vaterland (die Heimat) opfern
殉教 xùnjiào Martyrium
殉节 xùnjié 1. sich nach der Niederlage des Krieges oder nach dem Untergang des Staates das Leben nehmen, um nicht vor den Feinden zu kapitulieren 2. (von Frauen im alten China) ihr Leben für die Keuschheit hingeben 3. (von Frauen im alten China) sich nach dem Tod ihres Ehemannes das Leben nehmen
殉难 xùnnàn Märtyrertum
殉葬 xùnzàng mit einem Toten lebendig mitbegraben werden; etw als Beigabe ins Grab legen
殉职 xùnzhí in Ausübung seines Berufs (Amtes) sterben

徇(狥) xùn 1. gehorchen; sich fügen 2. →殉 (xùn) 2
徇私 xùnsī im Interesse der Verwandten bzw. Freunde Unrechtmäßigkeiten begehen

逊(遜) xùn 1. (vom Kaiser) abdanken；zurücktreten ～位 auf den Thron verzichten；abdanken；Renunziation 2. bescheiden 出言不～ eine beleidigende Bemerkung machen；eine anmaßende Äußerung tun 3. →逊色

逊色 xùnsè verblassen；verbleichen；nicht gleichkommen 毫无～ ebenbürtig sein；sich mit jm messen können

X

Y

丫 yā Abzweigung

丫头 yātou 1. Mädchen; die Kleine 2. Dienstmädchen

桠(椏、枒) yā →桠杈

桠杈 yāchà 1. Astgabel; Astgabelung 2. verzweigt sein

压(壓) yā 另见 yà

1. drücken; pressen ～碎 zerdrücken; zermalmen; zerquetschen 2. ruhig machen; beruhigen; beschwichtigen ～着火儿 seine Wut unterdrücken; seinen Zorn beherrschen 3. →压制[1] 4. sich nähern 5. etw liegen lassen; etw nicht bearbeiten (behandeln) 把事情～下 eine Sache unerledigt lassen

压倒 yādǎo überwältigen; niederwerfen ～的优势 erdrückende Übermacht

压低 yādī drücken; herabsetzen; unterdrücken ～声音 mit gedämpfter (verhaltener) Stimme ～价格 den Preis drücken

压服 yāfú jn zwingen; etw durch Zwang erreichen

压惊 yājīng den Schreck überwinden (unterdrücken)

压境 yājìng sich der Grenze nähern; bis an die Grenze vorrücken 强敌～ starke feindliche Truppen stehen unmittelbar vor der Grenze

压力 yālì 1. Druck ～表 Druckzähler; Manometer ～锅 Schnellkocher 2. Druck; Zwang 在舆论的～下 unter dem Druck der öffentlichen Meinungen

压路机 yālùjī Straßenroller; Straßenwalze

压迫 yāpò 1. unterdrücken; Unterdrückung 民族～ nationale Unterdrückung ～阶级与被～阶级 unterdrückende Klasse und unterdrückte Klasse 2. drücken (im Körper)

压强 yāqiáng Spannung; Druckstärke

压岁钱 yāsuìqián Geldgeschenk für Kinder zum Jahreswechsel nach dem chinesischen Mondkalender

压缩 yāsuō 1. pressen; komprimieren; zusammendrängen ～空气 Druckluft ～饼干 Schiffszwieback 2. verringern; schmälern; vermindern ～开支 Ausgaben verringern (beschränken)

压痛 yātòng 1. Druckschmerz; Schmerz durch Druck 2. Druckempfindlichkeit

压蔓 yāmàn (bei Kletterpflanzen) absenken

压延 yāyán walzen ; auswalzen

压抑 yāyì niedergeschlagen; niedergedrückt

压榨 yāzhà 1. auspressen; ausdrücken 2. ausbeuten; auspressen; auspowern

压制[1] yāzhì unterdrücken; niederhalten; bezwingen ～积极性 die Initiative drosseln

压制[2] yāzhì pressen

呀 yā 另见 ya

1. oh; ah; ach ～, 下雪了! Oh, es schneit! 2. knarren; ächzen 门～的一声开了 die Tür geht quietschend auf

鸦(鴉) yā Krähe; Rabe

鸦片 yāpiàn Opium 吸～ Opium rauchen

鸦雀无声 yā què wú shēng atemlose Stille; mäuschenstill; kein Laut ist zu hören

押[1] yā

1. verpfänden 2. jn in Haft nehmen 在～ in Haft sitzen; sich in Haft (Gewahrsam) befinden 3. →押送; 押运

押[2] yā

1. unterschreiben; unterzeichnen 2. Unterschrift; Namenszug

押解 yājiè →押送 1

押金 yājīn Kaution 交～ eine Kaution zahlen (hinterlegen, leisten)

押款 yākuǎn 1. von jm Geld auf Pfand leihen 2. Darlehen auf Pfand gewähren

押送 yāsòng 1. (Sträflinge) verschicken 2. →押运

押运 yāyùn unter Bewachung transportieren

押韵 yāyùn (sich) reimen

押账 yāzhàng beim Geldborgen etw als

Pfand geben
押租 yāzū Kaution；Mietkaution
鸭 yā Ente 公～ Enterich ～蛋 Entenei
鸭绒 yāróng Entendaunen ～被 Daunenbett
鸭舌帽 yāshémào Schirmmütze
鸭嘴笔 yāzuǐbǐ Ausziehfeder；Reißfeder；Rundfeder
鸭嘴兽 yāzuǐshòu Schnabeltier
崖(厓、崕) yá überhängende oder steil abfallende Felswand；Felsklippe
牙 yá 1. →牙齿 2. elfenbeinern；Elfenbein ～筷 Essstäbchen aus Elfenbein
牙齿 yáchǐ Zahn
牙床 yáchuáng Zahnbett
牙雕 yádiāo Elfenbeinschnitzerei
牙粉 yáfěn Zahnpulver
牙膏 yágāo Zahnpaste（Zahnpasta）
牙垢 yágòu Zahnstein
牙关 yáguān Kiefergelenk 咬紧～ die Zähne zusammenbeißen
牙签 yáqiān Zahnstocher
牙刷 yáshuā Zahnbürste
牙牙 yáyá babbeln；plappern ～学语（von kleinen Kindern）fehlerhaft sprechen；babbeln；plappern
牙医 yáyī Zahnarzt
芽 yá junge Triebe；Sprössling 种子发～了 die Saat geht auf / der Samen keimt (treibt)
蚜 yá →蚜虫
蚜虫 yáchóng Blattlaus
衙 yá →衙门
衙门 yámen Amtsgebäude（im feudalen China）
衙役 yáyi Dienstbote
哑(啞) yǎ 1. stumm；ohne die Fähigkeit des Sprechens 2. heiser；rau；fast klanglos sprechen ～嗓子 raue (heisere) Stimme 3. nicht explodieren ～弹 Ausbläser
哑巴 yǎba Stumme(r)
哑剧 yǎjù Pantomime；stummes Spiel
哑口无言 yǎ kǒu wú yán etw verschlägt jm die Rede；kleinlaut werden
哑铃 yǎlíng Hantel
哑谜 yǎmí Rätsel 打～ jm (ein) Rätsel aufgeben
雅 yǎ 1. normgerecht；dem Standard entsprechend 2. nobel；vornehm；fein 3. (Höflichkeitsformel) Ihr ～意 Ihre Liebenswürdigkeit ～号 Ihr werter Vorname
雅观 yǎguān vornehm distinguiert；elegant
雅皮士 yǎpíshì Yuppies
雅兴 yǎxìng feiner Geschmack an etw 无此～ keine Lust dazu haben
雅致 yǎzhi schick；geschmackvoll；Eleganz
雅座 yǎzuò Séparée
亚¹(亞) yà 1. relativ schwach 不～于任何人 nicht schwächer als irgendein anderer 2. zweitklassig ～热带 Subtropen 3. mindere Atomizität ～硝酸 salpetrige Säure
亚²(亞) Yà Asien
亚军 yàjūn zweiter Platz
亚麻 yàmá Flachs ～布 Leinenstoff
氩(氬) yà Argon (Ar)
压(壓) yà 另见 yā
压根儿 yàgēnr durchaus；überhaupt ～没有这回事 das ist völlig aus der Luft gegriffen
揠 yà durch Reißen entfernen；herausziehen
揠苗助长 yà miáo zhù zhǎng gegen die Natur schnelles Wachstum erzwingen wollen；blinder Eifer schadet nur
轧¹ yà 另见 gá，zhá
1. walzen ～棉花 Baumwolle egrenieren 2. verdrängen；beiseite schieben 倾～ sich gegenseitig zu verdrängen suchen
轧² yà 另见 gá；zhá
(Schallwort) 机声～～ die Maschine rattert (lärmt)
轧花机 yàhuājī Egreniermaschine
呀 ya 另见 yā
(Hilfswort) 快来～ Komm doch schnell! / Beeil dich doch!
恹(懨、懕) yān
恹恹 yānyān kränklich；matt；schlapp 病～ schwach und matt infolge einer Krankheit

Y

嫣 yān hübsch；schön
嫣红 yānhóng knallrot
淹（¹渰）yān 1. →淹没 ～死 ertrinken；in den Fluten umkommen 2. durch Schwitzen verursachte unangenehme Empfindung von Schmerz oder Jucken
淹没 yānmò überschwemmen；befluten；unter Wasser stehen
阉 yān 1. →阉割 1 ～鸡 Kapaun 2. Eunuch
阉割 yāngē 1. kastrieren；entmannen 2. eine Theorie entkräften oder entstellen ～马克思主义的革命灵魂 dem Marxismus die revolutionäre Essenz nehmen
腌（醃）yān 另见 ā
einsalzen ～鱼 eingesalzener Fisch
湮 yān 另见 yīn '洇'
1. →湮没 2. verstopfen
湮灭 yānmiè untergehen
湮没 yānmò vergessen werden；vernachlässigt werden ～无闻 in Vergessenheit geraten
烟（煙、⁴菸）yān 1. Rauch 浓～ dicker Rauch；Qualm 2. →烟雾 3.（Rauch）in die Augen beißen ～了眼睛 der Rauch beißt jm in die Augen 4. →烟草 5. Zigarette 戒～ sich das Rauchen abgewöhnen 6. Opium 禁～ Opiumverbot
烟草 yāncǎo Tabak
烟囱 yāncōng Schlot；Kamin；Schornstein
烟袋 yāndài Tabakspfeife（mit kleinem Kopf und langem Rohr）～锅 Pfeifenkopf
烟斗 yāndǒu Tabakspfeife ～丝 Krüllschnitt
烟盒 yānhé Tabaksdose；Zigarettenetui；Zigarettenschachtel
烟灰 yānhuī Tabak-，Zigarren- oder Zigarettenasche ～缸 Aschenbecher
烟火 yānhuǒ 1. Rauchen und Feuer 严禁～ Rauchen und Feueranzünden streng verboten 2. gekochtes Essen
烟火 yānhuo Feuerwerk 放～ ein Feuerwerk abbrennen
烟卷儿 yānjuǎnr Zigarette
烟煤 yānméi Steinkohle
烟幕 yānmù 1. Rauchvorhang ～弹 Rauchbombe；Nebelgranate 放～ einen Rauchvorhang legen 2. Täuschungsmanöver
烟丝 yānsī Pfeifentabak
烟筒 yāntong Rauchabzug
烟头 yāntóu Zigarettenstummel
烟土 yāntǔ Rohopium
烟雾 yānwù Wolke；Rauch；Nebel ～腾腾 qualmig；dunstig；voller Rauch
烟消云散 yān xiāo yún sàn verpufft sein；sich in nichts auflösen
烟叶 yānyè Tabakblätter
烟子 yānzi Ruß
烟嘴儿 yānzuǐr Mundstück；Zigarettenspitze
咽 yān 另见 yàn
Rachen；Kehle
咽喉 yānhóu 1. Gurgel；Rachen 2. Engpass ～要地 strategisch wichtiger Engpass
咽峡炎 yānxiáyán Halsentzündung；Angina
胭（臙）yān
胭脂 yānzhi Schminke；Rouge 脸上搽～ Schminke auftragen；Rouge auflegen
殷 yān 另见 yīn
dunkelrot
殷红 yānhóng dunkelrot；purpurn
颜 yán 1. Gesicht；Gesichtsausdruck 2. →颜面 2 无～见人 aus Scham andere meiden 3. →颜色 1 五～六色 bunt；in allen Farben
颜料 yánliào Farbstoff
颜面 yánmiàn 1. Gesicht 2. Ruf；Ansehen 顾全～ das Gesicht wahren
颜色 yánsè 1. Farbe 上～ Farben auftragen；färben 2. Gesichtsausdruck 给他点～看看 ihn scharf zurechtweisen；ihm eine Lektion geben
言 yán 1. Wort；Rede 一～不发 kein einziges Wort geben；schweigen；nichts sagen 2. sagen；reden；sprechen 换～之 mit anderen Worten；anders gesagt 3. ein chinesisches Schriftzeichen
言不由衷 yán bù yóu zhōng unaufrichtige Worte reden；nicht offen reden
言传身教 yán chuán shēn jiào jm mit Worten und Taten ein gutes Beispiel geben
言辞 yáncí Worte ～恳切 aufrichtig sprechen

言过其实 yán guò qí shí aus einer Mücke einen Elefanten machen; etw übertreiben; dick (stark) auftragen
言和 yánhé sich mit jm aussöhnen; einen Streit beilegen 停战～ Kriegshandlungen einstellen und Frieden schließen
言论 yánlùn Rede; Meinung; Äußerung ～自由 Meinungsfreiheit; Redefreiheit
言情 yánqíng über die Liebe sprechen ～小说 Liebesroman
言谈 yántán Rede und Redeweise ～举止 Sprechweise und Verhaltensweise
言下之意 yán xià zhī yì das bedeutet; das heißt
言行 yánxíng Wort und Tat ～不一 keine Tat dem Wort folgen lassen
言语 yányǔ Sprache; Rede ～粗鲁 grobe Worte gebrauchen
言语 yányu sagen; antworten

阎 yán Gassentor
阎罗 Yánluó Yama; König des Totenreichs
阎王 Yánwang 1. →阎罗 2. böse Person; Satan; Teufel ～帐 Zinswucher

炎 yán 1. →炎热 ～夏 heißer Sommer 2. →炎症
炎黄子孙 yánhuángzǐsūn Volksmassen aller Nationalitäten Chinas
炎凉 yánliáng abwechselnd warm und kühl 世态～ Gefühlskälte und Eigennützigkeit im Umgang mit Menschen
炎热 yánrè sehr heiß ～的日子 heißer Tag
炎症 yánzhèng Entzündung

研(研) yán 1. →研磨 ～成粉末 etw zu Pulver (zu Staub) reiben; pulverisieren 2. →研究
研究 yánjiū 1. studieren; nachforschen; erforschen ～员 Wissenschaftsrat ～生 Postgraduierte(r) ～生院 Graduiertenschule ～所 Forschungsinstitut 2. beraten; besprechen
研磨 yánmó 1. etw zu Pulver zerkleinern; zerreiben 2. ausschleifen; polieren; läppen
研讨会 yántǎohuì Workshop

妍(妍) yán schön 百花争～ hundert Blumen wetteifern an Pracht miteinander

盐(鹽) yán 1. Salz 粗～ grobes Salz 2. (in der Chemie) Salz 复～ Doppelsalz
盐场 yánchǎng Saline; Salzsiederei
盐肤木 yánfūmù Chinesischer Sumach
盐湖 yánhú Salzsee
盐碱地 yánjiǎndì Salz-Alkali-Ackerland
盐井 yánjǐng Salzquelle; Salzbrunnen
盐卤 yánlǔ Salzsole
盐民 yánmín Salzsieder
盐汽水 yánqìshuǐ salzhaltiges Sodawasser
盐霜 yánshuāng Salzeffloreszenz
盐酸 yánsuān Salzsäure
盐田 yántián Salzgarten; Salzpfanne

严(嚴) yán 1. dicht; fest; undurchdringlich 把盖子盖～ Schließ den Deckel gut! 2. streng; scharf; hart ～守中立 eine neutrale Haltung einnehmen; sich neutral verhalten 3. Vater 家～ mein Vater
严惩 yánchéng jn streng bestrafen
严词 yáncí scharfe Rede; in ernstem Ton ～拒绝 in scharfem Ton ablehnen
严防 yánfáng sich vor etw/jm hüten; strenge Vorsichtsmaßnahmen treffen ～失火 einen Brand verhüten; Vorsichtsmaßnahmen gegen Brandfälle treffen
严格 yángé streng; schonungslos ～要求自己 hohe Anforderungen an sich stellen
严寒 yánhán schauderhafte (furchtbare) Kälte; bitterer (strenger) Frost
严谨 yánjǐn Strenge; gewissenhaft; genau
严禁 yánjìn etw streng verbieten ～入内 Verbotener Eingang!
严峻 yánjùn ernst; hart ～的考验 schwere Probe; Zerreißprobe; harte Prüfung
严酷 yánkù 1. hart; bitter ～的事实 raue Wirklichkeit 2. unbarmherzig; grausam; rigoros ～的剥削 erbarmungslose Ausbeutung
严厉 yánlì hart; scharf
严密 yánmì 1. dicht; fest; undurchdringlich 2. umsichtig; rücksichtsvoll; aufmerksam ～的计划 wohldurchdachter Plan
严明 yánmíng streng 纪律～ gut diszipliniert sein; die Disziplin ist straff
严肃 yánsù 1. ernst; ernstlich 他是个～的人 er ist ein ernster Mensch 2. ernst; gewissenhaft; genau ～认真 ernst und gewissenhaft 3. ernste Einstellung nehmen ～纪律 strenge Disziplin aufrechterhalten
严正 yánzhèng fest und gerecht; in allem

Y

(vollem) Ernst ～的警告 jn nachdrücklich warnen

严重 yánzhòng kritisch; ernsthaft; schwerwiegend ～的后果 schwerwiegende Folgen 局势～ ernste Lage; kritische Situation

檐(簷) yán 1. Dachvorsprung; Dachplatte 2. Rand 帽～ Hutrand

岩(巖、嵒) yán →岩石

岩洞 yándòng Grotte; Felsenhöhle

岩浆 yánjiāng Magma ～岩 magmatisches Gestein

岩石 yánshí Fels; Stein

岩心 yánxīn Kern

岩羊 yányáng Blauschaf

延 yán 1. →延长 ～年益寿 das Leben verlängern 2. →延期 3. →延聘 ～医 einen Arzt holen

延长 yáncháng verlängern; hinausziehen; ausdehnen ～期限 eine Frist ausdehnen (verlängern)

延迟 yánchí verschieben; verzögern ～婚期 den Hochzeitstag verschieben

延搁 yángē aufschieben und versäumen

延缓 yánhuǎn →延迟 ～执行 etw später durchführen; die Vollstreckung (Vollziehung) aufschieben

延聘 yánpìn anstellen; jn bitten, einen Posten zu übernehmen

延期 yánqī einen Termin verschieben (verlegen)

延烧 yánshāo der Brand greift um sich

延伸 yánshēn sich ziehen; sich dehnen

延误 yánwù verschieben und versäumen; verpassen ～良机 eine gute Gelegenheit versäumen

延续 yánxù dauern; fortdauern; währen

蜒 yán

蜒蚰 yányóu Nacktschnecke

筵 yán →筵席 寿～ Geburtstagsschmaus

筵席 yánxí Bankett; Festessen; Festtafel

沿(㳂) yán 另见 yàn

1. entlang ～着河边走 das Ufer entlang gehen 2. →沿袭 世代相～ von einer Generation auf die nächste übergehen 3. →沿边儿 4. Rand 床～ Bettrand

沿岸 yán'àn das Ufer (die Küste) entlang; an der Küste; am Ufer

沿边儿 yánbiānr mit einem Saum versehen; säumen

沿革 yángé Entwicklungsverlauf 历史～ Verlauf der geschichtlichen Entwicklung

沿海 yánhǎi das Meer entlang; an der Küste ～国 Anliegerstaat; Küstenstaat

沿路 yánlù die Straße entlang; unterwegs

沿途 yántú auf dem Weg; auf der Reise ～的村庄 Dörfer an der Reiseroute

沿袭 yánxí nach alten Traditionen; herkömmlich

沿线 yánxiàn entlang einer Linie

沿用 yányòng (Methode, Bezeichnung, Ordnung usw.) weiter gebrauchen

演 yǎn 1. →演变 2. schauspielerisch darstellen; aufführen 演员～得不错 die Schauspieler haben gut gespielt

演变 yǎnbiàn sich verändern; Evolution 和平～ friedliche Evolution (Rückentwicklung vom Sozialismus zum Kapitalismus)

演唱 yǎnchàng vorsingen

演出 yǎnchū aufführen; vorführen; Aufführung 登台～ auf die Bühne treten

演化 yǎnhuà →演变

演技 yǎnjì schauspielerisches Können

演讲 yǎnjiǎng →演说

演说 yǎnshuō Rede; eine Rede halten ～家 Redner; Rhetoriker ～词 Rede

演算 yǎnsuàn rechnen

演武 yǎnwǔ traditionelle Kampfkunst üben

演习 yǎnxí ein Manöver durchführen (abhalten); manövrieren 军事～ (militärisches) Manöver

演戏 yǎnxì Theater spielen; ein Drama auf die Bühne bringen

演义 yǎnyì historischer Roman

演绎 yǎnyì deduzieren ～法 Deduktion

演员 yǎnyuán Schauspieler; Darsteller; Akteur 杂技～ Artist; Akrobat

演奏 yǎnzòu spielen

偃 yǎn 1. sich auf den Rücken hinlegen 2. beenden; einstellen ～武修文 mit Kriegshandlungen aufhören und der Kultur und Erziehung nachgehen

偃旗息鼓 yǎn qí xī gǔ 1. unauffällig marschieren 2. mit Kampfhandlungen (Angriffen) aufhören

奄 yǎn →奄忽

奄忽 yǎnhū plötzlich; auf einmal

奄奄一息 yǎn yǎn yī xī in den letzten Zügen liegen; mit dem Tod ringen

掩（揜） yǎn 1. bedecken; zudecken ～口而笑 hinter der vorgehaltenen Hand lachen 2. zumachen; zuschließen ～卷 ein Buch schließen

掩蔽 yǎnbì 1. schützen; beschützen ～部 Unterstand 2. Deckung; Abschirmung

掩盖 yǎngài 1. eindecken; verhüllen 2. verbergen; nicht zeigen; verdecken ～矛盾 Widersprüche verbergen

掩护 yǎnhù 1. Schutz gewähren; eskortieren; beschützen 在夜色～下 bei Nacht und Nebel 2. Deckung nehmen; jm seinen Schutz angedeihen lassen 打～ jn/etw in Schutz nehmen; decken; etw mit Vorwänden verschleiern 3. Befestigungsanlage

掩埋 yǎnmái vergraben

掩饰 yǎnshì vertuschen; verdunkeln; bemänteln ～缺点 Fehler vermänteln

掩体 yǎntǐ Bunker; Unterstand

掩映 yǎnyìng sich abheben; gegeneinander abstechen

眼 yǎn 1. →眼睛 亲～看见 etw mit eigenen Augen sehen 2. Loch; kleine Öffnung 针～ Nadelöhr 3. Pointe; springender Punkt 节骨～ Pointe; entscheidender Augenblick 4. (Zähleinheitswort): 一～井 ein Brunnen

眼巴巴 yǎnbābā 1. etw ungeduldig erwarten 2. hilflos zusehen, dass etwas Unangenehmes geschieht

眼白 yǎnbái das Weiße im Auge

眼眵 yǎnchī Augensekret

眼光 yǎnguāng 1. Blick 2. Urteilsfähigkeit 老～ alter Urteilsmaßstab ～短浅 kurzsichtig; engherzig

眼红 yǎnhóng 1. neidisch auf jn/etw sein 见钱～ geldgierig; Sucht nach Geld 2. wütend; aufgebracht

眼花 yǎnhuā nicht deutlich sehen können es flimmert jm vor den Augen ～缭乱 von etw geblendet sein; verwirrend

眼尖 yǎnjiān scharfsichtig; einen scharfen Blick haben

眼睑 yǎnjiǎn Augenlid

眼角 yǎnjiǎo Augenwinkel

眼睫毛 yǎnjiémáo Wimper

眼界 yǎnjiè Blickfeld; Horizont ～宽广 einen weiten Horizont haben

眼睛 yǎnjing Auge

眼镜 yǎnjìng Brille 戴～ eine Brille tragen

眼镜蛇 yǎnjìngshé Brillenschlange; Kobra

眼看 yǎnkàn 1. sofort; sogleich; bald ～冬天就到了 der Winter kommt bald 2. hilflos zusehen 不能～他落后 wir dürfen nicht untätig zusehen, wenn er zurückbleibt

眼科 yǎnkē Abteilung für Augenkrankheiten

眼眶 yǎnkuàng Augenhöhle

眼泪 yǎnlèi Träne 流～ Tränen vergießen (weinen)

眼力 yǎnlì 1. Sehkraft; Sehvermögen ～好 scharfe Augen haben 2. Einsicht; Urteilsfähigkeit

眼泡 yǎnpāo Oberlid

眼皮 yǎnpí →眼睑

眼前 yǎnqián 1. vor Augen 近在～ zum Greifen nahe; ganz in der Nähe; nur ein Katzensprung 2. im Augenblick; zur Zeit; gegenwärtig ～利益 momentane Interessen

眼球 yǎnqiú Augapfel

眼圈 yǎnquān →眼眶 ～乌黑 dunkle Ringe um die Augen haben

眼色 yǎnsè Augenwink; Augensprache 使～ jm einen Augenwink geben

眼神 yǎnshén 1. Augensprache; Gefühlsausdruck in den Augen 2. →眼力 1

眼生 yǎnshēng fremd (unbekannt) erscheinen

眼熟 yǎnshú bekannt vorkommen

眼窝 yǎnwō Augenhöhle

眼线 yǎnxiàn Ausspäher; Spitzel

眼药水 yǎnyàoshuǐ Augentropfen 滴～ Augenarznei tropfen

眼中钉 yǎnzhōngdīng Dorn im Auge 被看作～ jm ein Dorn im Auge sein

俨（儼） yǎn →俨然 1

俨然 yǎnrán 1. feierlich 2. gut angeordnet 屋舍～ die Häuser stehen ausgerichtet 3. sehr ähnlich; beinahe wie ～以救世主自居 sich für einen Erlöser halten; den Erlöser spielen

鼹（鼴） yǎn →鼹鼠

鼹鼠 yǎnshǔ Maulwurf

衍 yǎn 1. entfalten 2. überflüssig ～文 überflüssige Textstelle

Y

衍变 yǎnbiàn entwickeln；evolvieren
衍射 yǎnshè Beugung；Strahlenbrechung
衍生 yǎnshēng Derivation ～物 Derivat

堰 yàn Staumauer；Stauwerk

谚 yàn →谚语 古～ altes Sprichwort；alter Spruch
谚语 yànyǔ Sprichwort；sprichwörtliche Redensart

唁 yàn jm zu etw kondolieren；sein Beileid aussprechen ～电 Beileidstelegramm

艳（艷、豔） yàn 1. →艳丽 2. eine Liebschaft betreffend ～遇 Liebesabenteuer
艳丽 yànlì prächtig ～夺目 glänzend und schön；prachtvoll
艳情 yànqíng Liebschaft；Liebelei
艳羡 yànxiàn sehr beneiden
艳阳 yànyáng sonnig ～天 sonniger Frühlingstag

燕（鷰） yàn Schwalbe
燕麦 yànmài Hafer ～片 Haferflocken
燕雀 yànquè Fink
燕尾服 yànwěifú Frack；Schwalbenschwanz
燕窝 yànwō Schwalbennester
燕子 yànzi →燕

酽（釅） yàn stark

厌（厭） yàn 1. satt 贪得无～ habgierig；habsüchtig 2. →厌烦 百看不～ sich an etw nicht satt sehen könnhen 3. →厌恶
厌烦 yànfán jn/etw leid sein；jm auf die Nerven gehen；etw dick haben
厌倦 yànjuàn etw satt haben；einer Sache müde sein
厌弃 yànqì jn nicht mehr mögen und im Stich lassen
厌世 yànshì mit sich und mit der Welt zerfallen sein；lebensüberdrüssig
厌恶 yànwù Abscheu vor jm/etw haben 令人～ abscheuerregend；ekelhaft；jm Abscheu einflößen
厌战 yànzhàn kriegsmüde ～情绪 Kriegsmüdigkeit

雁（鴈） yàn Wildgans
雁行 yànháng 1. Formation der Wildgänse beim Flug 2. Gebrüder ～折翼 einen Bruder verlieren

赝（贗） yàn gefälscht；unecht ～币 Falschgeld
赝品 yànpǐn Nachahmung；Fälschung；Dublette

宴 yàn 1. jn zum Essen einladen ～客 Gäste zum Essen einladen 2. →宴会 设～ ein Bankett geben
宴会 yànhuì Bankett；Festmahl
宴请 yànqǐng jn zu einem Festessen einladen
宴席 yànxí Festessen；Festtafel

咽（嚥） yàn 另见 yān
verschlucken ～唾沫 Speichel schlucken
咽气 yànqì seine Seele aushauchen；den letzten Hauch von sich geben

砚 yàn →砚台 笔～ Schreibpinsel und Tuschstein
砚台 yàntai Tuschstein

焰（燄） yàn Feuerzunge；Flamme
焰火 yànhuǒ Feuerwerk 放～ ein Feuerwerk abbrennen
焰心 yànxīn Flammenkern

验（驗、騐） yàn 1. kontrollieren；prüfen ～货 eine Ware prüfen 2. die gewünschte（erhoffte）Wirkung erzielen 3. die gewünschte（erhoffte）Wirkung
验光 yànguāng Messung der Sehkraft
验尸 yànshī Leichenschau；Autopsie ～所 Autopsiestation
验收 yànshōu abnehmen；Abnahme
验证 yànzhèng bestätigen；verifizieren

沿（㳂） yàn 另见 yán
Ufer 河～ Flussufer

央[1] yāng →央求
央求 yāngqiú um etw flehen（betteln）

央[2] yāng Zentrum；Mitte

泱 yāng
泱泱 yāngyāng 1. großes Gewässer 2. großartig；riesig ～大国 großartiges Land

殃 yāng 1. Unheil 遭～ von einem Unheil betroffen werden 2. jm Unheil bringen

秧 yāng 1. Sämling; aufschießende Saat 白菜～儿 Chinakohltrieb 2. Reissetzling 3.（von manchen Pflanzen）Stengel 瓜～ Gurkentrieb 4.（von manchen gezüchteten Tieren）Jungtier 鱼～ Setzling; junger Fisch

秧歌 yāngge in Nordchina beheimateter Bauerntanz

秧鸡 yāngjī Wasserralle

秧苗 yāngmiáo Reissetzling

秧田 yāngtián Reissaatbeet

羊 yáng Schaf

羊肠小道 yáng cháng xiǎo dào gewundener Pfad

羊羔 yánggāo Schäfchen; Schäflein; Lamm

羊倌 yángguān Schafhirt

羊毫 yángháo Pinsel aus Schafhaaren

羊圈 yángjuàn Schafstall; Pferch

羊毛 yángmáo Wollschafwolle; Schurwolle ～衫 Strickjacke; Wollpullover

羊皮 yángpí Schaffell; Schafpelz; Kid ～袄 mit Schaffell gefütterte Jacke

羊肉 yángròu Hammelfleisch

羊痫风 yángxiánfēng Epilepsie

洋 yáng 1. endlos; reichhaltig 2. Ozean 太平～ Stiller Ozean; Pazifik 3. ausländisch; fremdländisch ～货 ausländische Ware 4. modern 土～结合 traditionelle und moderne Methoden miteinander verbinden 5. →洋钱

洋葱 yángcōng Zwiebel

洋行 yángháng ausländische Firma（in China vor 1949）; private Außenhandelsfirma（in China vor 1949）

洋红 yánghóng Koschenille

洋槐 yánghuái Scheinakazie; Falsche Akazie

洋奴 yángnú Ausländerlakai ～思想 sklavische Denkweise gegenüber den Imperialisten

洋片 yángpiàn Diorama

洋钱 yángqián Silberdollar

洋人 yángrén Ausländer

洋娃娃 yángwáwa Puppe

洋洋 yángyáng 1. viel; zahlreich ～万言 gut zehntausend Schriftzeichen; ein langer Text 2. jubelnd; triumphierend; stolz 喜气～ voller Freude; freudestrahlend

洋溢 yángyì überwallen; von etw erfüllt sein 热情～ in überwallender Begeisterung

佯 yáng heucheln; jm etw vorspiegeln; vortäuschen ～死 sich totstellen

佯攻 yánggōng fingierter（blinder）Angriff; Ablenkungsmanöver

阳（陽） yáng 1. das positive Prinzip（in der alten chinesischen Philosophie）2. Sonne 3. südlich eines Berges oder nördlich eines Flusses 4. konvex ～文 Reliefschrift 5 offen; nicht zugeschlossen ～沟 offener Abflussgraben 6. positiv ～电子 Positron 7. männliche Geschlechtsteile

阳春 yángchūn Frühling

阳电 yángdiàn positive Elektrizität; positivelektrisch

阳奉阴违 yáng fèng yīn wéi Gefügigkeit vortäuschen; nach außen hin parieren, aber jm insgeheim Widerstand entgegensetzen; ein doppeltes Spiel treiben（spielen）

阳光 yángguāng Sonnenschein; Sonnenlicht

阳极 yángjí Pluspol; Anode; positiver Pol

阳历 yánglì Sonnenkalender; Gregorianischer Kalender

阳台 yángtái Balkon; Terrasse

阳性 yángxìng 1. positiv ～反应 positive Reaktion 2. maskulin; männlich; Maskulinum

杨（楊） yáng Pappel

杨柳 yángliǔ 1. Pappel und Weide 2. Weide

杨梅 yángméi Erdbeere

扬（揚、敭） yáng 1. hochheben; hissen ～手 die Hand heben 2. worfeln; in die Höhe werfen ～谷物 Getreide worfeln 3. sich verbreiten; bekannt werden 名～全国 im ganzen Land einen guten Ruf genießen

扬场 yángcháng worfeln

扬帆 yángfān die Segel hissen

扬名 yángmíng sich einen Namen machen ～于天下 weltweit einen guten Ruf genießen; weltberühmt werden; weit und breit berühmt sein

扬琴 yángqín Hackbrett ～手 Hackbrettspieler

扬声器 yángshēngqì Lautsprecher; Schall-

trichter
扬言 yángyán offen behaupten
扬扬 yángyáng triumphierend; übermütig ～得意 außer sich vor Freude sein

痒(癢) yǎng jucken; kitzlig sein 搔～ sich / jn kratzen; sich jucken

养(養) yǎng 1. ernähren; unterhalten ～家活口 die Familie ernähren 2. züchten ～鸡 Hühner halten (züchten) ～花 Blumen ziehen 3. gebären; jn zur Welt bringen 4. adoptiert ～子 Adoptivsohn ～母 Adoptivmutter 5. beibringen; erziehen; pflegen ～成一种习惯 eine Gewohnheit annehmen; jm / sich etw angewöhnen 6. sich erholen; sich regenerieren; wieder zu Kräften kommen 7. →养护 ～路 Instandhaltung von Verkehrswegen 8. Haare wachsen lassen ～胡髭 sich einen Bart stehen (wachsen) lassen
养病 yǎngbìng sich von einer Krankheit erholen; eine Kurmachen
养分 yǎngfèn Nährstoff 吸收～ Nährstoff aufnehmen
养护 yǎnghù warten; instand setzen (halten) ～房屋 ein Haus instand halten
养活 yǎnghuo 1. unterhalten; ernähren 2. züchten; füttern
养精蓄锐 yǎng jīng xù ruì wieder Kräfte sammeln; sich ausruhen, um neue Kräfte zu sammeln
养老 yǎnglǎo 1. für einen alten Menschen sorgen 2. im Ruhestand leben ～金 Rente; Pension; Altersversorgung ～院 Altenheim; Altersheim; Pflegeheim
养料 yǎngliào Nährstoff
养伤 yǎngshāng sich von einer Verwundung (Verletzung) erholen; eine Kur machen
养神 yǎngshén sich ausruhen; sich entspannen 闭目～ sich mit geschlossenen Augen ausruhen
养育 yǎngyù ernähren und erziehen

氧 yǎng →氧气
氧化 yǎnghuà Oxydation; oxydieren
氧气 yǎngqì Sauerstoff; Oxygenium ～瓶 Sauerstoffflasche

仰 yǎng 1. mit dem Gesicht nach oben ～起头来 den Kopf zurückwerfen 2. →仰慕 久～大名 ich habe schon lange von Ihnen gehört
仰角 yǎngjiǎo Elevationswinkel; Erhöhungswinkel
仰慕 yǎngmù bewundern; vor jm großen Respekt haben
仰望 yǎngwàng 1. aufsehen; aufschauen 2. zu jm aufsehen; jn respektieren
仰泳 yǎngyǒng Rückenschwimmen; auf dem Rücken schwimmen,
仰仗 yǎngzhàng mit Hilfe von jm/etw; sich auf jn/etw stützen ～大力 dank Ihrer großen Hilfe

漾 yàng 1. (Wasseroberfläche) sich kräuseln 2. über den Gefäßrand treten; überlaufen 脸上～出了笑容 über das ganze Gesicht lächeln

恙 yàng Krankheit 别来无～? Wie geht es Ihnen gesundheitlich?

样(樣) yàng 1. →样子 1 他还是那个～儿 er hat sich nicht verändert / sein Aussehen ist nicht verändert 2. →样子 3 货～ Warenmuster 3. (Zähleinheitswort): 买几～东西 einige Besorgungen machen
样板 yàngbǎn Muster ～田 Musterfeld
样品 yàngpǐn Warenprobe; Musterstück
样式 yàngshì Modell; Stil; Zuschnitt 时兴～ Mode; modischer Zuschnitt
样子 yàngzi 1. Form; Zuschnitt 2. Gesichtsausdruck 高高兴兴的～ fröhlich aussehen 3. Muster; Vorlage 做个～ ein Beispiel geben 4. Anschein 看～ anscheinend; es hat den Anschein; als ob

怏 yàng
怏怏 yàngyàng unzufrieden; enttäuscht ～不乐 mürrisch; übellaunig

要 yāo 另见 yào
1. →要求 1 2. drohen; Druck ausüben
要求 yāoqiú 1. auffordern; erfordern; verlangen ～答复 um eine Antwort bitten 2. Forderung; Verlangen; Anspruch 满足他的～ seinen Wunsch erfüllen; seinen Forderungen nachkommen
要挟 yāoxié erpressen

腰 yāo 1. Taille; Hüfte ～酸 kreuzlahm 2. Hosenbund 3. →腰包 4. Mitte 山～ halbe Höhe des Berges

腰包 yāobāo Geldkatze 掏～ Geld aus der Tasche nehmen; in die Tasche greifen
腰带 yāodài Gürtel; Riemen 束～ den Gürtel schnallen
腰杆子 yāogǎnzi 1. Taille; Rücken 挺着～ den Rücken durchdrücken (geradehalten) 2. Rückhalt ～硬 einen starken Rückhalt an jm haben
腰鼓 yāogǔ Hüfttrommel
腰身 yāoshēn Taille; Taillenweite ～太肥 eine plumpe Taille haben
腰椎 yāozhuī Lendenwirbel
腰子 yāozi Niere

夭(殀) yāo →夭折
夭折 yāozhé 1. im zarten Jahr sterben; früh (jung) sterben; ein frühes Grab finden 2. auf halbem Weg scheitern; nicht an sein Ziel kommen

妖 yāo 1. →妖怪 2. boshaft und verführerisch ～术 Hexenkunst; Hexerei 3. (von Frauen) sich auffallend kleiden und sich unanständig benehmen ～里～气 liederlich angezogen sein; sich lasziv bewegen
妖风 yāofēng ungesunde Tendenzen
妖怪 yāoguài Gespenst; Dämon; Popanz
妖精 yāojing 1. →妖怪 2. Sirene; Hexe
妖娆 yāoráo wunderschön; entzückend; charmant
妖言 yāoyán Irrlehre ～惑众 mit Schönredereien andere irreführen
妖艳 yāoyàn übermäßig aufgeputzt

邀 yāo 1. →邀请 特～代表 speziell eingeladener Delegierter 2. bitten; nachsuchen ～准 um eine Erlaubnis (Genehmigung) bitten
邀功 yāogōng Verdienste eines anderen für sich in Anspruch nehmen ～请赏 Verdienste eines anderen für sich in Anspruch nehmen und um eine Belohnung nachsuchen
邀集 yāojí viele Menschen zum Treffen einladen
邀请 yāoqǐng einladen ～赛 Einladungsturnier; Einladungsspiel

吆(吆) yāo
吆喝 yāohe schreien; laut rufen; Schreierei

约 yāo 另见 yuē wiegen 给我～一斤肉 bitte, wiegen Sie mir ein Pfund Fleisch ab

肴(餚) yáo Fleisch- und Fischgericht
肴馔 yáozhuàn reichliches (üppiges) Essen

窑(窯、窰) yáo 1. Brennerei 砖～ Ziegelbrennerei 2. kleine, einfache Schacht 3. →窑洞
窑洞 yáodòng Wohnhöhle

谣 yáo 1. Lied; Ballade 2. →谣言
谣传 yáochuán 1. als Gerücht verbreiten; das Gerücht ist in Umlauf, dass 2. verbreitetes Gerücht
谣言 yáoyán Gerücht; Munkelei 制造～ ein Gerücht in Umlauf bringen

遥 yáo →遥远 ～望 in die Weite blicken
遥测 yáocè fernmessen; telemetrieren; Fernmessung
遥控 yáokòng fernsteuern; Fernbedienung; Fernsteuerung
遥遥 yáoyáo 1. große Entfernung; großer Abstand ～领先 mit Abstand führen 2. in ferner Zukunft ～无期 auf unabsehbare Zeit
遥远 yáoyuǎn weit entfernt; fern; Ferne; 路途～ weiter Weg; der Weg ist weit

摇 yáo →摇摆; 摇动 1 ～摇篮 die Wiege schaukeln
摇摆 yáobǎi wiegen; wanken; schunkeln ～舞 Rock and Roll 迎风～ sich im Wind wiegen
摇船 yáochuán ein Boot rudern
摇荡 yáodàng sich schwingen
摇动 yáodòng 1. hin- und herbewegen; schlenkern 2. →摇摆
摇滚乐 yáogǔnyuè Rockmusik
摇晃 yáohuang →摇摆
摇篮 yáolán 1. Wiege ～曲 Wiegenlied; Schlummerlied 2. Ursprungsort; Quelle; Anfangsstelle 中国文化的～ die Wiege der chinesischen Kultur
摇手[1] yáoshǒu mit der Hand abwinken
摇手[2] yáoshǒu Schwengel; Kurbel
摇头 yáotóu den Kopf schütteln ～摆尾 vor Freude oder Selbstzufriedenheit den Kopf hin- und herbewegen
摇尾乞怜 yáo wěi qǐ lián schweifwedeln; in hündischer Unterwürfigkeit Erbarmen erflehen

摇蚊 yáowén Zuckmücke
摇摇欲坠 yáo yáo yù zhuì wackeln; es knistert im Gebälk
摇曳 yáoyè flackern 烛光～ das Kerzenlicht flackert
摇椅 yáoyǐ Schaukelstuhl

徭（傜） yáo
徭役 yáoyì Frondienst; Spanndienst; Fronarbeit

窈 yǎo
窈窕 yǎotiǎo 1. graziös; anmutig; zierlich 2. tief und ruhig

杳 yǎo spurlos ～无音信 nichts mehr von sich hören lassen; keine Nachricht von jm bekommen

咬（齩、骹） yǎo 1. beißen ～了一口面包 in ein Brot beißen 2. sich einhaken; ineinander greifen; fassen 3. bellen 4. Unschuldige in einen Streit (Rechtsfall) verwickeln 乱～好人 andere zu Unrecht beschuldigen
咬耳朵 yǎo ěrduo jm ein paar Worte ins Ohr flüstern
咬文嚼字 yǎo wén jiáo zì sich zu sehr an den Buchstaben halten; Worte klauben; Wortklauberei
咬牙 yǎoyá 1. die Zähne zusammenbeißen 恨得直～切齿 vor Hass mit den Zähnen knirschen 2. im Schlaf mit den Zähnen knirschen
咬字眼儿 yǎo zìyǎnr nörgelnde Kritik an der Formulierung üben; an Wörtern und Ausdrücken herumnörgeln

舀 yǎo schöpfen ～一些水 etwas Wasser schöpfen
舀子 yǎozi Schöpflöffel

药（藥） yào 1. Arzneimittel; Medikament; Medizin 止咳～ Hustenmittel 2. durch Gift töten; vergiften ～老鼠 Ratten durch Gift töten
药材 yàocái Grundstoffe für die Zubereitung der Arzneimittel
药草 yàocǎo Heilkräuter; Heilpflanze
药方 yàofāng Rezept 开～ jm ein Rezept schreiben; Medikamente verschreiben
药房 yàofáng Apotheke
药粉 yàofěn Arzneipulver; Pulver
药膏 yàogāo Paste; Heilsalbe
药剂 yàojì Arzneimittel; Präparat; Mittel ～师 Apotheker; Pharmazeut; Drogist
药酒 yàojiǔ Kräuterwein; Medizinalwein
药力 yàolì Wirkung der Arznei
药棉 yàomián Watte; Wundwatte
药片 yàopiàn Tablette
药品 yàopǐn Heilmittel; Arzneimittel
药水 yàoshuǐ in Wasser gelöstes Arzneimittel; Liquor 外用～ externer Liquor
药丸 yàowán Pille
药物 yàowù Droge; Arzneimittel
药皂 yàozào medizinische Seife

要1 yào 另见 yāo
1. wichtig; bedeutend ～事 wichtige Angelegenheit 2. →要点 1

要2 yào 另见 yāo
1. wollen 他～一枝钢笔 er will einen Federhalter haben 2. fordern; beanspruchen 你给我～点儿纸来! Besorge mir ein paar Stück Papier! 3. bitten 他～我替他写信 er lässt mich einen Brief für ihn schreiben 4. mögen 我～跟他谈谈 ich möchte ihn sprechen 5. müssen 这～有决心 dazu gehört Entschlossenheit 6. werden 快～下雨了 es droht zu regnen

要3 yào 另见 yāo
1. →要是 2. →要么
要隘 yào'ài Passstraße; strategisch wichtiger Pass
要不 yàobù oder; andernfalls 快跑，～就迟到了 beeil dich, sonst werden wir verspätet sein
要冲 yàochōng (militärisch oder im Verkehrsnetz) wichtiger Ort
要道 yàodào wichtige Straße 交通～ wichtige Verkehrsstraße
要地 yàodì militärisch wichtiger Ort 战略～ strategisch wichtiger Ort
要点 yàodiǎn 1. Hauptinhalt; der springende Punkt; Pointe 2. wichtiger Stützpunkt
要饭 yàofàn betteln
要害 yàohài 1. Lebensnerv 击中～ ins Schwarze treffen; den Nagel auf den Kopf treffen 2. der Kern einer Sache; Kernpunkt
要好 yàohǎo 1. jm nahestehen; mit jm vertraut (befreundet) sein 2. strebsam; nach Fortschritten trachten

要价 yàojià (einen Preis) anrechnen; jn einen Preis berechnen 漫天～ zu hohe (überhöhte) Preise fordern; überteuern

要津 yàojīn verantwortungsvolle und einflussreiche Stellung 位居～ eine verantwortungsvolle und einflussreiche Stellung innehaben

要紧 yàojǐn 1. wichtig; bedeutend 2. ernsthaft; schlimm 不～ das macht nichts / wenn schon / das stört nicht

要领 yàolǐng 1. Pointe; Kernpunkt; das Wichtigste 不得～ den springenden Punkt (einer Sache) nicht kennen; nicht erfassen, worum es sich handelt 2. Hauptforderung (an Bewegungen in militärischen und sportlichen Übungen) 掌握～ Hauptforderungen erfüllen

要么 yàome oder

要命 yàomìng 1. jn töten (umbringen) 2. furchtbar; unheimlich; unglaublich 疲倦得～ furchtbar müde; todmüde 3. (dient zum Ausdruck von Beschwerden): 真～! Das fehlt gerade noch! / das geht mir wirklich auf die Nerven / Verdammt!

要强 yàoqiáng ehrgeizig sein; immer alles besser wissen wollen

要人 yàorén Persönlichkeit; Prominente 社会～ Prominenz

要塞 yàosài Festung

要是 yàoshi wenn; falls ～来不及怎么办? Was machen wir, wenn die Zeit nicht reicht?

要素 yàosù Faktor; Element; Moment

要员 yàoyuán hoher Beamter

鹞 yào Weih

钥(鑰) yào Schlüssel

钥匙 yàoshi Schlüssel

耀 yào 1. blenden; hell leuchten 光芒～眼 die Lichtstrahlen blenden die Augen 2. mit etw prahlen (prunken) ～武扬威 seine militärische Stärke drohend demonstrieren

耶 yē 另见 yé

耶稣 yēsū Jesus

耶稣教 yēsūjiào Protestantismus

椰 yē Kokospalme

椰丝 yēsi Kokosnussraspel

椰子 yēzi Kokosnuss

掖 yē 另见 yè hineinstecken

噎 yē 1. Gewürge; an einem Bissen würgen 2. (bei starkem Gegenwind) mühsam atmen

耶 yé 另见 yē (dient als Modalpartikel im Fragesatz): 是～非～? Ist das richtig oder falsch?

揶 yé

揶揄 yéyú verspotten; persiflieren

爷(爺) yé 1. Vater ～娘 Vater und Mutter; Eltern 2. Großvater 3. (respektvolle Anrede für einen älteren Mann) Onkel

爷爷 yéye 1. Großvater väterlicherseits 2. (respektvolle Anrede für einen Mann von der Generation seines Großvaters) Opa

冶 yě →冶炼

冶金 yějīn Metallgewinnung und -verarbeitung ～工业 Hüttenindustrie

冶炼 yěliàn verhütten; verschmelzen

野(埜) yě 1. →野外 2. wild; ungezähmt; nicht angebaut ～兔 Hase ～草 Unkraut

野菜 yěcài Wildgemüse

野餐 yěcān 1. Picknick machen 2. Picknick

野火 yěhuǒ Lauffeuer; Bodenfeuer 放～ Buschfeuer anzünden

野鸡 yějī 1. Fasan 2. Hure; Straßenmädchen

野蛮 yěmán 1. unzivilisiert; kulturlos; barbarisch ～人 Wilder; Barbar 2. kannibalisch; grausam ～的行为 Barbarei; Roheit; Unkultur

野生 yěshēng wild; wildlebend; wildwachsend ～动物 wildlebendes Tier

野兽 yěshòu Wild; Bestie

野外 yěwài Feld; im Freien ～工作 Feldarbeit; im Freien arbeiten

野味 yěwèi Wildbret

野心 yěxīn Ambition; Ehrgeiz; Karrierismus ～勃勃 brennender Ehrgeiz; vom Ehrgeiz besessen sein; ambitiös ～家 Karrierist; Postenjäger

野营 yěyíng campen; Camping; Feldlager

～训练 Geländeübung
野战 yězhàn Feldschlacht ～军 Feldarmee
野猪 yězhū Wildschwein

也[1] yě 1. (dient zum Ausdruck eines Urteils oder einer Erklärung)：孔子，鲁人～ Konfuzius stammte aus Shandong 2. (dient als Modalpartikel im Fragesatz)：何许人～? Was war das für ein Mann (eine Dame)?

也[2] yě 1. auch 他学习好，工作～好 er lernt gut，arbeitet auch gut 2. (bei Doppelgebrauch zum Ausdruck，dass zwei Dinge gleichgestellt sind)：～有好的，～有坏的 es gibt Gutes，es gibt auch Schlechtes 3. (bei Doppelgebrauch zum Ausdruck，dass eine Sache nichts voraussetzt)：我左想～不对，右想～不对 ich ließ es mir durch den Kopf gehen，fand es aber immer nicht richtig 4. (steht im Konzessivsatz)：即使你不说我～会知道 auch wenn du davon nichts sprichst，ich werde es schon erfahren 5. (dient zum euphemistischen Ausdruck)：～只好如此 es geht auch nicht anders / es kann nicht anders werden 6. (dient zur Betonung)：他一点～不会 er kann gar nichts
也罢[1] yěbà schon gut；na gut
也罢[2] yěbà ganz egal，ob ... oder ... 你去～，我去～，反正是一样 es ist ganz gleich，ob du hingehst oder ich hingehe
也许 yěxǔ vielleicht；möglicherweise

夜（亱） yè Nacht 深～ tiefe Nacht；tief in der Nacht
夜班 yèbān Nachtschicht 值～ Nachtdienst haben
夜场 yèchǎng Abendvorstellung
夜车 yèchē 1. Nachtzug 2. nächtliche Überstunden 开～ eine Nachtschicht einlegen；nächtliche Überstunden machen；bis spät in die Nacht arbeiten
夜大学 yèdàxué Abendhochschule
夜蛾 yè'é Nachtfalter
夜工 yègōng Nachtarbeit 做～ in der Nacht arbeiten
夜光表 yèguāngbiǎo Leuchtuhr
夜里 yèli in der Nacht；nachts
夜盲 yèmáng Nachtblindheit；nachtblind
夜幕 yèmù die Hülle der Nacht；die Fittiche der Nacht ～降临 es nachtet / die Nacht bricht herein
夜生活 yèshēnghuó Nachtleben
夜市 yèshì abendlicher Markt
夜晚 yèwǎn 1. → 夜里 2. Abend
夜宵 yèxiāo Imbiss am Spätabend 吃～ am Spätabend einen Imbiss einnehmen
夜校 yèxiào Abendschule
夜莺 yèyīng Nachtigall
夜总会 yèzǒnghuì Nachtklub

液 yè →液体
液化 yèhuà verflüssigen；Verflüssigung ～气体 verflüssigtes Gas
液体 yètǐ Flüssigkeit

掖 yè 另见 yē
jn am Arm nehmen (packen，ziehen)；jm unter die Arme greifen

腋 yè 1. Achselhöhle ～下夹着一本书 sich ein Buch unter den Arm klemmen 2. Achsel；Blattachsel ～芽 Axillarknospe；Achselknospe

谒 yè →谒见
谒见 yèjiàn bei jm Audienz haben；bei einem Höhergestellten vorsprechen

靥（靨） yè Grübchen 笑～ Grübchen

页（頁、葉、篥） yè 1. Blatt 2. Seite
页码 yèmǎ Seitenzahl
页岩 yèyán Schiefer

业[1]（業） yè 1. Branche 各行各～ alle Wirtschaftszweige 2. Beruf；Job 就～ einen Arbeitsplatz (Job) bekommen 3. Kurs；Studium 4. Werk；Sache 未竟之～ unvollendete Sache 5. Besitz；Eigentum 家～ Hab und Gut 6. einen Beruf ausüben ～商 Kaufmann von Beruf sein；als Kaufmann tätig sein

业[2]（業） yè →业已
业绩 yèjī anerkennenswerte Taten；ausgezeichnete Leistungen
业务 yèwù berufliche Tätigkeit ～能力 berufliche Fähigkeit 经营～ Geschäfte führen；wirtschaften
业已 yèyǐ schon；bereits
业余 yèyú 1. Freizeit ～教育 Freizeitausbildung ～大学 Volkshochschule 2. nebenberuflich；Laien-；Amateur- ～画

家 Sonntagsmaler ～剧团 Amateurensemble；Amateurschauspieltrupp
业主 yèzhǔ Firmeninhaber；Besitzer eines Hauses oder einer Wohnung 小～ Kleinbesitzer
叶[1]（葉）yè 1. →叶子 桑～ Blätter vom Maulbeerbaum 2. blattförmiges Ding 3. →页（yè）
叶[2]（葉）yè längerer Zeitraum 20 世纪初～ Anfang des 20. Jahrhunderts
叶绿素 yèlǜsù Blattgrün；Chlorophyll
叶轮 yèlún Kreiselrad；Treibrad；Laufrad
叶片 yèpiàn 1. Lamina；Blattspreite 2. Schaufel
叶子 yèzi Blatt
曳（拽、抴）yè schleifen；schleppen
曳光弹 yèguāngdàn Leuchtspurmunition
衣 yī 1. →衣服 ～不蔽体 keinen ganzen Faden auf dem Leibe haben；dürftig（in Fetzen）gekleidet sein 3. Hülle；Schale；Überzug 笋～ Bambussprossenschale
衣钵 yībō Erbe 继承～ das Erbe antreten
衣橱 yīchú Kleiderschrank
衣服 yīfu Kleidung；Kleidungsstück 穿～ sich anziehen
衣架 yījià Kleiderbügel；Kleiderständer
衣料 yīliào Kleiderstoff；Mantelstoff；Anzugstoff
衣帽间 yīmàojiān Garderobe
衣食 yīshí Kleidung und Nahrung ～住行 Lebensunterhalt；existenzielle Grundbedürfnisse
衣物 yīwù Siebensachen
衣着 yīzhuó Bekleidung
铱 yī Iridium（Ir）～金笔 Füller mit Iridiumspitze
依 yī 1. →依靠 1 2. nachgiebig sein；auf jn hören 3. nach；gemäß ～我看 nach meiner Ansicht；meiner Meinung（Auffassung）nach ～法惩处 jn gesetzmäßig bestrafen
依次 yīcì eins nach dem anderen；nach der Reihe；nacheinander ～上车 einer nach dem anderen（in den Bus）einsteigen
依从 yīcóng fügsam；nachgeben
依存 yīcún etw existiert in Abhängigkeit von etw
依旧 yījiù wie früher
依据 yījù 1. entsprechend；gemäß；in Anlehnung an etw ～文件精神 im Geiste des Dokuments 2. Grundlage 理论～ theoretische Grundlage
依靠 yīkào 1. sich auf jn/etw stützen ～人民群众 sich auf die Volksmassen stützen 2. Halt；Stütze
依赖 yīlài 1. auf jn/etw angewiesen sein；von jm/etw abhängig sein ～别人为生 von anderen leben 2. Abhängigkeit 互相～ voneinander abhängig sein；gegenseitige Abhängigkeit；Interdependenz
依恋 yīliàn an jm/etw hängen ～故土 es fällt jm schwer，seine Heimat zu verlassen
依然 yīrán wie früher noch ～如故 nach wie vor；unverändert bleiben；bleiben，wie es war
依偎 yīwēi sich zärtlich an jn lehnen
依稀 yīxī nicht deutlich（klar）genug；vage；verschwommen ～记得 eine verschwommene Erinnerung an etw haben
依依 yīyī jn/etw ungern verlassen wollen；sich nur widerstrebend von jm/etw trennen ～惜别 traurigen Herzens Abschied nehmen
依仗 yīzhàng sich auf jn/etw stützen；gestützt auf jn/etw；in Anlehnung an etw/jn
依照 yīzhào gemäß；nach ～法律规定 entsprechend gesetzlichen Bestimmungen
一 yī 1. eins 2. derselbe（dieselbe；dasselbe）这不是～码事 das ist eine andere Sache / das ist nicht ein und dasselbe 3. anders 长江～名扬子江 der Changjiang-Fluss auch Yangtse genannt 4. ganz；voll 我～夜没睡 die ganze Nacht habe ich nicht geschlafen 5. kurz；ein wenig 闻～闻 riech mal 6. sofort；gleich 他～有时间就来 er kommt，sobald er Zeit hat
一把抓 yī bǎ zhuā 1. alles im Griff haben 2. bei der Arbeit keine Prioritäten setzen；alles gleichzeitig anpacken
一百 yībǎi einhundert
一败涂地 yī bài tú dì eine vernichtende Niederlage erleben（erleiden）；einen totalen Misserfolg haben（erleiden）
一般 yībān 1. genauso；gleichermaßen 像

亲人～ wie Verwandte(r) 2. allgemein; durchschnittlich; mittelmäßig ～地说 im Allgemeinen; im Ganzen genommen ～化 nichts Besonderes; generell; formelhaft

一半 yībàn Hälfte; halb 少～ auf die Hälfte reduziert

一本正经 yī běn zhèng jīng seriös; todernst; feierlich

一笔勾销 yī bǐ gōu xiāo einen Strich unter etw machen (ziehen); etw durch einen Federstrich auslöschen; etw mit einem Federstrich aus der Welt schaffen

一边 yībiān 1. eine Seite 向阳的～ Sonnenseite 2. beiseite; an (auf) der Seite 把顾虑丢在～ js Bedenken zerstreuen 3. während; zur gleichen Zeit; synchron ～跑,～喊 schreiend laufen

一并 yībìng zusammen mit; pauschal

一场空 yī cháng kōng der erhoffte Erfolg bleibt aus / Wasser mit einem (in ein) Sieb schöpfen 落得～ ohne jegliches Ergebnis; sich in nichts auflösen; es zu nichts bringen

一尘不染 yī chén bù rǎn 1. moralisch einwandfrei sein; auf dem Pfad der Tugend wandeln 2. pieksauber

一筹莫展 yī chóu mò zhǎn sich keinen Ausweg wissen; völlig ratlos sein; weder aus noch ein wissen

一次性针筒 yīcìxìng zhentǒng Einwegspritze

一旦 yīdàn 1. innerhalb kurzer Zeit 2. unvorhergesehen und überraschend; auf einmal; mit einem Mal 3. wenn; sobald ～时机成熟 sobald sich eine Gelegenheit ergibt; wenn dafür die Zeit reif ist

一刀两断 yī dāo liǎng duàn mit jm Schluss machen; das Tischtuch zwischen sich und jm entzweischneiden

一刀切 yī dāo qiē alle(s) über einen Kamm scheren; alles über einen Leisten schlagen

一点儿 yīdiǎnr ein bisschen; ein wenig 有～好处 ein wenig vorteilhaft ～也不像 *gar nicht* ähnlich; nicht im Geringsten ähnlich

一定 yīdìng 1. festgelegt; vorgeschrieben; bestimmt 每天的工作和休息都有～的时间 die Zeit der Arbeit und Ruhe an jedem Tag ist festgesetzt 2. beständig; feststehend; zwangsläufig 3. bestimmt; sicher; unbedingt 他～来 er kommt bestimmt 4. gewiss; bestimmt 在～的条件下 unter gewissen Bedingungen 5. ziemlich 起了～的作用 eine Rolle gespielt haben

一度 yī dù 1. einmal 一年～ einmal im Jahr; jedes Jahr einmal 2. eine Zeitlang; zeitweilig 产量～下降 die Produktion sank eine Zeitlang

一二 yī'èr ein paar; wenige 略知～ nur etwas von einer Sache wissen; etw flüchtig kennen

一帆风顺 yī fān fēng shùn gut vorangehen; glatt vonstatten gehen; bei jm hat es geflutscht

一概 yīgài allesamt; alles zusammen; ausnahmslos ～否定 das Kind mit dem Bade ausschütten ～而论 alles unterschiedslos behandeln; alles über einen Kamm scheren

一共 yīgòng zusammen; pauschal; insgesamt

一贯 yīguàn immer; seit jeher; konsequent

一会儿 yīhuìr 1. Moment; Augenblick; Weile 你稍等～ Warte einen Moment! 2. sofort; gleich 我～就完 ich bin gleich fertig 3. mal ... mal ... 天气～晴～阴 mal scheint die Sonne, mal ist es bewölkt

一国两制 yī guó liǎng zhì ein Land mit zwei Systemen

一箭双雕 yī jiàn shuāng diāo zwei Fliegen auf einen (mit einem) Schlag treffen; zwei Fliegen mit einer Klappe schlagen

一览表 yīlǎnbiǎo gedrängte Übersicht; Tabelle

一揽子 yīlǎnzi Paket ～建议 Junktim ～要求 ein Paket von Forderungen

一劳永逸 yī láo yǒng yì ein für allemal

一连 yīlián ohne Unterbrechung; aufeinander folgend ～几天 ein paar Tage hintereinander

一连串 yīliánchuàn eine ganze Reihe; ein Sturzbach von ～的问题 ein Sturzbach von Fragen; eine Reihe von Fragen

一路货 yīlùhuò eine Wichse; von gleichem Schlage

一律 yīlǜ 1. Uniformität; einheitlich; uniform ～看待 alles in einen Topf werfen 2. ohne Ausnahme; alle 各民族～平等 alle Nationalitäten sind gleichgestellt

一面 yī miàn 1. Seite 2. Aspekt; Hinsicht ～倒 sich zu einer Seite neigen; sich auf eine Seite stellen ～之词 Behauptung der einen Seite 3. während; zur gleichen Zeit

～走，～唱 singend gehen；während des Gehens singen

一模一样 yī mú yī yàng jm / sich wie ein Ei dem anderen gleichen；jm wie aus dem Augen geschnitten sein；wie jd leibt und lebt

一目了然 yī mù liǎo rán augenfällig；übersehbar；übersichtlich

一贫如洗 yī pín rú xǐ arm wie eine Kirchenmaus sein；von allen Mitteln entblößt sein；es herrscht bittere Armut

一齐 yīqí zugleich；zusammen ～动手 mit Hand anlegen

一起 yīqǐ 1. beisammen 坐在～ beisammen sitzen 2. mit jm zusammen；mit；gemeinsam ～行动 gemeinsame Aktion zusammen handeln；mit in Aktion treten

一千 yīqiān eintausend；Tausend

一窍不通 yī qiào bù tōng nicht die geringste Ahnung von etw haben；etw ist jm ein Buch mit sieben Siegeln；weder gicks noch gacks wissen (verstehen)

一切 yīqiè 1. all 团结～可以团结的力量 sich mit allen Kräften zusammenschließen，mit denen ein Zusammenschluss möglich ist 2. alles 不惜牺牲～ keine Opfer scheuen；alles für etw opfern

一清早 yīqīngzǎo in aller Frühe；am frühen Morgen；frühmorgens

一丘之貉 yī qiū zhī hé (von üblen Elementen) gleichgeartet sein

一如既往 yī rú jì wǎng wie eh und je；nach wie vor

一生 yīshēng das ganze Leben；von der Wiege bis zur Bahre；zeitlebens

一视同仁 yī shì tóng rén jn/etw mit jm/etw in Parallele setzen (stellen)；alles ohne *Unterschied behandeln；ohne Ansehen* der Person

一丝不苟 yī sī bù gǒu bis auf den I-Punkt sorgfältig und exakt；stracks

一天 yī tiān 1. ein Tag 2. am Tag tagsüber ～到晚 vom Morgen bis zum Abend；den ganzen Tag (hindurch) 3. (in der Vergangenheit)：einmal；eines Tages ～我向他问及此事 eines Tages fragte ich ihn danach

一条龙 yītiáolóng 1. Kolonne；Reihe 排成～ Schlange stehen 2. eng zusammengehören

一条心 yī tiáo xīn am gleichen Strang ziehen；das gleiche erstreben

一同 yītóng beisammen；zusammen；miteinander

一团和气 yī tuán hé qì sich ohne Prinzipien mit allen Leuten gut vertragen

一团糟 yītuánzāo heillose Unordnung；dichtes Durcheinander

一万 yīwàn zehntausend

一往无前 yī wǎng wú qián unbeirrt vorwärts schreiten

一望无际 yī wàng wú jì sich endlos hinziehen；unendliche (endlose) Weite

一味 yīwèi immer wieder ～迁就 jm etw immer wieder nachsehen；jm immer wieder Zugeständnisse machen

一无 yīwú gar kein；gar nichts ～所有 vor dem (einem) Nichts stehen；nur die vier nackten Wände um sich halben；aller Mittel entblößt sein ～是处 in jeder Hinsicht unrecht haben

一系列 yīxìliè eine ganze Reihe

一下 yī xià mal 看～ schau mal；sieh mal

一下 yīxià im Nu；auf einmal；über Nacht 问题～就解决了 die Probleme sind mit einem Mal gelöst

一向 yī xiàng 1. neulich；vor kurzem 前～雨水多 in der letzten Zeit hat es viel geregnet 2. seit eh und jeh；von Ewigkeiten her ～如此 seit eh und jeh ist es so

一些 yīxiē ein paar；manche；etliche 只有这～了 davon ist nur noch so viel übrig geblieben

一心 yīxīn 1. mit Leib und Seele ～为公 jm liegt das Wohl des Volkes im Herzen；sich den Interessen des Staates widmen 2. ein Herz und eine Seele sein 万众～ mit vereinten Kräften

一行 yīxíng eine Reisegruppe

一样 yīyàng gleich；einerlei；ebenso 大小～ gleiche Größe

一一 yīyī einzeln ～看过 eins nach dem anderen gesehen haben

一意孤行 yī yì gū xíng ungeachtet Mahnungen der anderen seinen eigenen Willen zu erfüllen suchen

一元一次方程 yī yuán yī cì fāngchéng Gleichung ersten Grades mit einer Unbekannten

一元论 yīyuánlùn Monismus

一月 yīyuè Januar

一再 yīzài immer wieder；wiederholt；mehrfach 我～劝他 ich habe ihm wieder-

holt zugeredet
一早 yīzǎo in aller Frühe
一长制 yīzhǎngzhì System der Einzelleitung
一针见血 yī zhēn jiàn xiě ins Schwarze treffen
一阵 yīzhèn ein Schwung; ein Stoß ～哄堂大笑 eine Salve von Gelächter ～心酸 von Traurigkeit befallen werden
一知半解 yī zhī bàn jiě etw nicht gründlich kennen; etw nur halb verstehen
一直 yīzhí 1. geradeaus ～走 geradeaus gehen 2. ununterbrochen; andauernd; durchgehend ～工作到深夜 bis in die tiefe Nacht arbeiten
一致 yīzhì identisch; einig; mit etw übereinstimmen ～决定 etw einstimmig beschließen 意见不～ verschiedener Meinung sein; uneins sein

医(醫、毉) yī 1. →医生 2. →医学 学～ Medizin studieren 3. →医治
医科 yīkē Medizin ～大学 medizinische Hochschule
医疗 yīliáo ärztliche Behandlung; ärztliche Hilfe; heilen ～卫生机构 Einrichtung der medizinischen Betreuung und Gesundheitsfürsorge 公费～ freie medizinische Versorgung
医生 yīshēng Arzt; Doktor 外科～ Chirurg 主任～ Chefarzt
医师 yīshī Arzt
医士 yīshì Arzthelfer
医务 yīwù medizinische Angelegenheit ～室 Sprechzimmer ～工作者 Mediziner
医学 yīxué Medizin ～院 medizinische Hochschule
医药 yīyào Medikament; Arzneimittel ～费 Kosten der ärztlichen Behandlung und der Arznei
医院 yīyuàn Hospital; Krankenhaus; Klinik
医治 yīzhì heilen ～战争的创伤 die Wunden des Krieges heilen
医嘱 yīzhǔ ärztliche Verordnung; Vorschrift des Arztes

揖 yī jn mit zusammengelegten Händen begrüßen
揖让 yīràng Höflichkeitsform, bei der der Gastgeber und sein Gast einander mit vor der Brust gefalteten Händen begrüßen und den Vorrang lassen

伊 yī er; sie
伊甸园 yīdiànyuán Garten Eden; Paradies
伊斯兰教 Yīsīlánjiào Islam; die mohammedanische Religion ～徒 Mohammedaner; Moslem
伊蚊 yīwén Gelbfiebermücke

咿(吚) yī
咿呀 yīyā Geplapper; Geknarre ～学语 plappern; babbeln

宜 yí 1. geeignet; passend; schicklich 2. sollen; dürfen 事不～迟 die Angelegenheit duldet (gestattet) keinen Aufschub
宜人 yírén gelind(e); erfreulich; wohltuend 景物～ erfreulicher Anblick; liebliche Landschaft

夷[1] yí 1. eben sicher 化险为～ eine Gefahr abwenden 2. völlig zerstören ～为平地 etw dem Erdboden gleichmachen 3. ausrotten; vernichten

夷[2] yí 1. historische Bezeichnung für die Volksstämme im Osten China 2. Ausland; Ausländer

痍 yí Wunde

咦 yí ah; aha; oh ～,这是怎么回事? ah, was ist denn los?

胰 yí Bauchspeicheldrüse; Pankreas
胰岛素 yídǎosù Insulin
胰腺 yíxiàn →胰

姨 yí 1. →姨母 2. Schwester der Ehefrau 小～子 jüngere Schwester der Ehefrau
姨表 yíbiǎo Kinder der Schwester der Mutter; Vetter und Base ～亲 Verwandte mütterlicherseits
姨夫 yífu Onkel; Ehemann der Schwester der Mutter
姨母 yímǔ Tante; Schwester der Mutter

颐[1] yí Wange 支～ den Kopf auf die Hand (in die Hände) stützen

颐[2] yí →颐养
颐养 yíyǎng sich gesund erhalten; fit bleiben ～精神 sich ausruhen

遗 yí 1. →遗失 2. verlorene Gegenstände 路不拾～ niemand nimmt

das, was auf der Straße liegen gelassen wurde, in Besitz 3. →遗漏 4. hinterlassen; zurücklassen; nachlassen ～著 hinterlassenes Werk; postumes Werk

遗产 yíchǎn 1. Erbe; Erbgut; Hinterlassenschaft 继承～ ein Erbe antreten erben 2. Erbe 文化～ das kulturelle Erbe

遗传 yíchuán sich vererben; Vererbung; Heredität ～工程 Gentechnik ～学 Genetik; Vererbungslehre

遗憾 yíhàn 1. →遗恨 2. bedauern; jm Leid tun; schade 未能相见，十分～ ich bedauere sehr, dass wir uns nicht wiedersehen konnten

遗恨 yíhèn ewiges Bedauern 死无～ ohne jegliches Bedauern sterben

遗迹 yíjì Relikte; Altertümer 历史～ Spuren der Geschichte

遗精 yíjīng Pollution; unwillkürlicher Samenfluss

遗老 yílǎo 1. Anhänger der letzten Dynastie 2. alte Menschen, die gewaltige soziale Umwälzungen erlebt haben

遗留 yíliú hinterlassen; zurücklassen; überkommen

遗漏 yílòu versehentlich fortlassen; auslassen; überspringen

遗尿 yíniào Bettnässen; Enurese

遗弃 yíqì 1. wegwerfen 敌军～辎重无数 die Feinde haben viele Trosse zurückgelassen 2. treulos verlassen; im Stich lassen; (ein Kind) aussetzen ～家庭 seine Familie im Stich lassen

遗缺 yíquē freie Arbeitsstelle; unbesetzter Posten

遗容 yíróng 1. Gesicht eines Verstorbenen ～瞻仰 *die sterblichen Überreste eines* Verstorbenen ehrfürchtig betrachten 2. →遗像

遗失 yíshī verlieren; verloren gehen ～声明 Verlustanzeige

遗书 yíshū 1. postume Werke 2. Vermächtnis

遗体 yítǐ 1. sterbliche Überreste; sterbliche Hülle; Leichnam 向～告别 einem Verstorbenen die letzte Ehre erweisen 2. Tierleiche; Pflanzenüberreste

遗忘 yíwàng vergessen; entfallen; nicht im Gedächtnis (Kopf) behalten

遗物 yíwù Relikt; Nachlass; hinterlassene Gegenstände

遗像 yíxiàng Foto (Porträt) eines Verstorbenen

遗训 yíxùn Vermächtnis

遗言 yíyán letztwillige Verfügung; Kodizill

遗址 yízhǐ Ruine

遗嘱 yízhǔ 1. letzter Wille 2. Testament; Vermächtnis 立～ sein Testament machen

仪¹(儀) yí 1. →仪表 1 2. →仪式 葬～ Bestattung; Begräbnis; Leichenbegängnis 3. Geschenk 贺～ Gratulationsgeschenk

仪²(儀) yí →仪器

仪表¹ yíbiǎo Aussehen; Erscheinung; Gestalt ～堂堂 imposante Gestalt; stattliche Erscheinung

仪表² yíbiǎo Messinstrument; Armatur; Messgerät

仪器 yíqì Apparat; Instrument

仪式 yíshì Feier; Feierlichkeit; Zeremonie 签字～ Unterzeichnungsakt 宗教～ religiöse Riten

仪仗队 yízhàngduì 1. Ehrengarde 检阅～ eine Ehrengarde abschreiten 2. vorderer Umzugsteil, der aus Fahnen, Transparente u. a. tragenden Personen besteht

移 yí 1. →移动 2. ändern; verändern ～风易俗 alte Sitten und Gebräuche ändern

移动 yídòng sich bewegen; versetzen

移行 yíháng Silbentrennung am Ende einer Zeile ～符号 Trennungsstrich

移交 yíjiāo 1. übergeben; weitergeben 2. einem anderen seinen Posten übergeben

移居 yíjū übersiedeln; den Wohnsitz ändern

移民 yímín 1. Bevölkerung ein- oder auswandern lassen; Bevölkerung umsiedeln 2. Ein- oder Auswanderer; Umsiedler ～区 Einwanderergebiet; Umsiedlergebiet

移植 yízhí 1. umpflanzen; umsetzen 2. transplantieren; Transplantation 角膜～ Hornhauttransplantation

疑 yí 1. →疑惑 ～信参半 nur halb überzeugt sein; mit einiger Skepsis 2. unfeststellbar; unlösbar ～案 unaufgeklärter Fall

疑惑 yíhuò zweifeln; Zweifel hegen; Bedenken haben

疑虑 yílǜ Bedenken; Zweifel; das Wenn und Aber

Y

疑难 yínán problematisch；schwierig ～杂症 schwierige bzw. komplizierte Krankheitsfälle

疑团 yítuán Zweifel；Verdacht 打消～ Zweifel (Verdacht) vertreiben

疑问 yíwèn Frage；Zweifel ～句 Fragesatz；Interrogativsatz 毫无～ ohne Zweifel；zweifellos；zweifelsohne

疑心 yíxīn 1. Argwohn；Misstrauen；Verdacht 起～ stutzig (misstrauisch, skeptisch) werden 2. vermuten；annehmen ～病 krankhafter Argwohn；krankhaftes Misstrauen

怡 yí fröhlich；gutgelaunt；heiter

怡然 yírán froh；glücklich ～自得 frohgestimmt und zufrieden sein

贻 yí 1. schenken 2. hinterlassen

贻害 yíhài Übelstände hinterlassen ～无穷 unzählige Übelstände hinterlassen

贻误 yíwù beeinträchtigen；versäumen

贻笑大方 yí xiào dà fāng sich vor einem Fachmann blamieren

饴 yí →饴糖

饴糖 yítáng Maltose；Malzzucker

旖 yǐ

旖旎 yǐnǐ zärtlich；liebreizend und sanft 风光～ bezaubernde Landschaft

椅 yǐ →椅子 软～ Polsterstuhl

椅子 yǐzi Stuhl

倚 yǐ 1. sich anlehnen ～门而望 sich an die Tür lehnen und nach draußen blicken 2. →倚仗 ～老卖老 auf sein höheres Alter (auf sein höheres Dienstalter) pochen

倚仗 yǐzhàng sich verlassen；sich stützen；sich an jn anlehnen

倚重 yǐzhòng jn hochschätzen und sich auf ihn verlassen

蚁（蟻、螘） yǐ Ameise ～穴 Ameisennest

乙[1] yǐ der zweite der zehn Himmelsstämme

乙[2] yǐ zweite(r, s) zweitens

乙炔 yǐquē Azetylen

乙种粒子 yǐzhǒng lìzǐ Betateilchen

乙种射线 yǐzhǒng shèxiàn Betastrahl

钇 yǐ Yttrium (Y)

以[1] yǐ 1. mit；mittels；durch ～理服人 jn mit Argumenten überzeugen 2. nach；gemäß ～次就座 der Reihe nach Platz nehmen 3. wegen；aus dem Grund ... 何～知之? Woher weißt du das? 4. →以便 ～壮声势 um den Schwung hochzutreiben；um eine machtvolle Stimmung zu schaffen

以[2] yǐ (zur Bezeichnung der zeitlichen, räumlichen und zahlenmäßigen Begrenzung)：长江～南 südlich des Changjiang-Flusses

以便 yǐbiàn damit；um zu；zwecks

以讹传讹 yǐ é chuán é Unwahrheiten verbreiten

以防万一 yǐ fáng wànyī für alle Fälle；vorsichtshalber；auf das Schlimmste gefasst sein

以后 yǐhòu nach；später；nachher 两小时～ in (nach) zwei Stunden；zwei Stunden später 下班～ nach Feierabend

以及 yǐjí und；sowie；wie

以己度人 yǐ jǐ duó rén von sich selbst auf andere schließen；jn nach eigenem Gutdünken beurteilen

以来 yǐlái seit；seitdem 自古～ seit jeher；von alters her 建国～ seit der Gründung der Volksrepublik China；seit der Staatsgründung

以卵投石 yǐ luǎn tóu shí Eier gegen Steine werfen；sich mit einem weitaus Stärkeren messen und dadurch zugrunde gehen

以免 yǐmiǎn um etw zu vermeiden；damit etw nicht geschieht ～误会 um Missverständnisse zu vermeiden

以内 yǐnèi innerhalb；binnen 本省～ innerhalb der Provinz 十五年～ innerhalb von 15 Jahren

以前 yǐqián vor；früher 很早～ vor langer Zeit 一年～ vor einem Jahr

以上 yǐshàng 1. über；mehr als 五年～ mehr als fünf Jahre 一吨～ über eine Tonne 2. oben ～所述 das Obenerwähnte；das Obengenannte；das Obenstehende

以身作则 yǐ shēn zuò zé mit gutem Beispiel vorangehen

以外 yǐwài außerhalb; außer 在市区～ außerhalb der Stadtbezirke 除此～ außerdem; darüber hinaus
以往 yǐwǎng früher; zuvor; einst; ehemals 回忆～的事情 sich an die Vergangenheit erinnern
以为 yǐwéi meinen; glauben; denken 你～如何? Was meinst du? / Was hältst du davon?
以下 yǐxià 1. unter; weniger als 气温在零度～ die Temperatur liegt unter Null 2. das Folgende; im Folgenden; im Nachstehenden ～所说的 das Folgende
以至 yǐzhì 1. bis zu 2. so dass
以致 yǐzhì so dass; als Folge von etw; infolgedessen

苡 yǐ →薏苡

苡米 yǐmǐ →薏米 (yìmǐ)

矣 yǐ (Hilfswort, am Ende des Satzes stehen): 悔之晚～ die Reue kommt zu spät

已 yǐ 1. zu Ende gehen; aufhören; zum Schluss kommen 争论不～ die Debatte nimmt kein Ende 2. →已经 问题～解决 das Problem ist schon gelöst
已婚 yǐhūn verheiratet sein
已经 yǐjing schon; bereits
已知数 yǐzhīshù bekannte Zahl

尾 yǐ 另见 wěi
1. Haar des Pferdeschwanzes 2. Haarartiges am Hinterleib der Grille

迤(迆) yǐ in Richtung auf 河流～西 westlich des Flusses
迤逦 yǐlǐ in Windungen verlaufend

意 yì 1. →意思 2 你～下如何? Was meinst du? 2. →意愿 Wunsch; Verlangen; Wille 他并无此～ er hat es doch nicht so gemeint 3. →意料 出其不～ überraschen; überfallen; unerwartet
意会 yìhuì Gespür haben; spüren; begreifen
意见 yìjian 1. Meinung; Auffassung; Ansicht 发表～ seine Meinung sagen (äußern, zum Ausdruck bringen) 征求～ js Meinung (Rat) erbitten; Meinungsumfrage 2. Unzufriedenheit; Beschwerde; Einwand 他对你有～ er ist mit dir unzufrieden / er beklagt sich über dich
意料 yìliào erwarten; mit etw rechnen 出乎～ unerwartet; unverhofft; überraschend
意念 yìniàn Idee; Gedanke
意气 yìqì 1. Wille und geistige Haltung ～风发 energisch und zuversichtlich sein; in Hochstimmung sein 2. Gesinnung; Gemütsart ～相投 gleichgestimmt; gleichgesinnt; verwandte Seelen sein 3. Laune; launenhaftes Wesen 闹～ schmollen; in der Schmollecke sitzen ～用事 gefühlsbetont handeln
意识 yìshí 1. Bewusstsein ～流 Bewusstseinsstrom ～形态 Ideologie 2. sich einer Sache bewusst werden (sein) ～到自己的错误 sich seiner Fehler bewusst sein
意思 yìsi 1. Bedeutung; Gedankeninhalt 这是什么～ Was soll das? 2. Meinung; Ansicht 3. Wunsch 4. Geschenk als ein Zeichen der Freundschaft; Zuneigung, Hochachtung u. ä 这不过是我的一点～ das ist nur eine kleine Aufmerksamkeit von mir 5. Anzeichen; Vorzeichen 天有点下雨的～ es sieht nach Regen aus 6. vornehmer Geschmack; Spaß; Interesse
意图 yìtú Absicht; Intention; Vorhaben
意外 yìwài 1. unerwartet; unvermutet; zufällig 我感到非常～ ich bin völlig überrascht. 2. Unfall; Unglück 以免发生～ um einen Unfall zu verhüten (vermeiden)
意味 yìwèi 1. Bedeutung; Sinn ～深长 bedeutsam; bedeutungsvoll; sinnreich 2. vornehmer Geschmack; Sinn 富于文学～ mit literarischem Gepräge
意味着 yìwèizhe bedeuten; heißen
意向 yìxiàng Absicht; Vorhaben ～书 Absichtserklärung
意兴 yìxìng Lust; Interesse; Spaß ～索然 keine Lust (kein Interesse) haben
意义 yìyì 1. Bedeutung; Sinn 字面～ wörtliche Bedeutung 2. Wichtigkeit; Tragweite; Bedeutung 现实～ aktuelle Bedeutung
意译 yìyì 1. sinngemäß übersetzen; paraphrasieren; frei übersetzen 2. Lehnübersetzung
意愿 yìyuàn Wunsch; Wollen
意旨 yìzhǐ Absicht; Vornehmen 违背～ etw läuft seiner Absicht entgegen
意志 yìzhì Wille ～坚定 willensstark; unerschütterlicher Wille ～薄弱 willenlos; willensschwach

癔 yì
癔病 yìbìng Hysterie
薏 yì
薏米 yìmǐ Samen der Hiobsträne
薏苡 yìyǐ Hiobsträne
镱 yì Ytterbium (Yb)
臆(肊) yì 1. Brust 2. subjektiv
臆测 yìcè vermeinen; wähnen
臆断 yìduàn auf Grund bloßer Vermutungen feststellen
臆造 yìzào erdenken; erdichten; erfinden
亦 yì auch; ebenfalls 如此～佳 so ist es auch gut
亦步亦趋 yì bù yì qū jm auf Schritt und Tritt folgen; in js Kielwasser segeln (schwimmen)
奕 yì
奕奕 yìyì voller Lebenskraft 神采～ gesund und frisch
弈 yì 1. Go 2. Schach spielen
裔 yì Nachkomme 华～ chinesische Abstammung
益[1] yì 1. Vorteil; Nutzen; Interessen 于事有～ für die Sache vorteilhaft (nützlich) sein 2. vorteilhaft; nützlich ～友 guter Freund; Mentor
益[2] yì 1. erhöhen; vermehren 延年～寿 gut für die Gesundheit; das Leben verlängern 2. noch mehr 多多～善 je mehr, desto besser
益虫 yìchóng Nutzinsekt
益处 yìchu Vorteil; Nutzen; Profit
益鸟 yìniǎo Nutzvogel
溢 yì überlaufen; überfließen 河水四～ der Fluss trat über seine Ufer
溢洪道 yìhóngdào Überlauf
溢美 yìměi jn/etw über den grünen Klee loben; übertriebenes Lob
缢 yì jn mit einem Strick erwürgen (erdrosseln); jn aufhängen 自～ sich aufhängen; sich erhängen

谊 yì Freundschaft; Kameradschaft
抑 yì →抑制
抑扬顿挫 yì yáng dùn cuò melodisch klingend; melodienreich
抑郁 yìyù depressiv; trübsinnig ～不欢 melancholisch; schwermütig; in bedrückter Stimmung sein
抑制 yìzhì 1. Inhibition; Hemmung; Hinderung 2. unterdrücken; kontrollieren; beherrschen ～住激动的心情 seine Aufregung unterdrücken
易[1] yì 1. leicht ～熔合金 leichtschmelzbare (leichtschmelzende) Legierung 得来不～ nicht leicht zu erlangen sein 2. freundlich 平～近人 leutselig; zugänglich; jovial
易[2] yì 1. ändern; wechseln ～地以处 Ortswechsel 2. austauschen; tauschen ～货协定 Abkommen über Warenaustausch; Tauschabkommen
易如反掌 yì rú fǎn zhǎng etw geht jm leicht von der Hand; etw aus dem Ärmel schütteln; kinderleicht
悒 yì beklommen; sorgenvoll ～～不乐 trüben Gedanken nachhängen; missgestimmt sein
义[1]**(義)** yì 1. Gerechtigkeit ～不容辞 eine unabweisliche (selbstverständliche) Pflicht 2. gerecht; nützlich für die Allgemeinheit ～举 Tat zu Wohltätigkeitszwecken; Tat für das Gemeinwohl 3. Freundschaft; Verbundenheit 有情有～ das Gefühl enger Zusammengehörigkeit haben (hegen) 4. adoptiert; Adoptiv- ～父 Adoptivvater ～女 Adoptivtochter
义[2]**(義)** yì Bedeutung; Sinn 词～ Wortsinn; Wortbedeutung
义齿 yìchǐ künstlicher (falscher) Zahn; Zahnersatz
义愤 yìfèn Empörung über ungerechte Sachen ～填膺 ein gerechter (heiliger) Zorn packt jn
义卖 yìmài Verkauf zu Wohltätigkeitszwecken; Wohltätigkeitsbasar
义气 yìqi Brüderschaft; treue Freundschaft

江湖～ Kumpanei; Fraternität
义务 yìwù 1. Pflicht; Verpflichtung; Verbindlichkeit ～教育 Schulpflicht ～兵役制 Wehrpflicht 2. sittliche Aufgabe; Pflicht; Obliegenheit 国际主义～ internationalistische Pflicht 尽～ seine Pflicht erfüllen (tun) 3. unentgeltlich ～劳动 freiwillige Arbeit
义演 yìyǎn Benefizvorstellung
义勇军 yìyǒngjūn Freikorps; Freiwilligentruppe
义正词严 yì zhèng cí yán mit Strenge und voller Überzeugungskraft
义肢 yìzhī Gliedersatz; Prothese; künstliches Glied

议(議) yì 1. Meinung; Rede 2. diskutieren; besprechen ～而不决 vieles Reden ohne Entschluss; Hin-und-her-Gerede; Reden um nichts
议案 yì'àn Antrag; Vorlage 提出～ einen Antrag einbringen
议程 yìchéng Tagesordnung; Programm 提到～上 etw auf die Tagesordnung setzen
议定书 yìdìngshū Protokoll 换货～ Protokoll über den Warenaustausch
议和 yìhé Friedensverhandlungen führen; über die Beendigung eines Krieges verhandeln
议会 yìhuì Parlament; Abgeordnetenhaus; Abgeordnetenkammer 国民～ Nationalrat; Natoinalversammlung ～制 Parlamentarismus
议价 yìjià 1. über den Preis verhandeln 2. vereinbarter Preis
议论 yìlùn 1. über jn/etw reden; von jm/etw sprechen; besprechen ～纷纷 in aller Leute Munde sein; lebhaft diskutieren 2. *Meinung; Ansicht* 发表～ Meinungen äußern
议事 yìshì Dienstangelegenheiten besprechen 列入～日程 etw auf die Tagesordnung setzen
议席 yìxí Mandat
议员 yìyuán Abgeordnete(r)
议院 yìyuàn →议会
议长 yìzhǎng Parlamentspräsident

刈 yì mähen; schneiden ～草机 Rasenmäher; Mähmaschine

屹 yì 另见 gē
屹立 yìlì emporragen ～不动 fest und aufrecht stehen

逸 yì 1. Muße; Geruhsamkeit; beschauliche Ruhe 2. fliehen; davonlaufen; flüchten 3. vermisst; abhanden kommen 其书已～ seine Werke sind abhanden gekommen
逸事 yìshì Anekdote
逸闻 yìwén Legende

肄 yì →肄业
肄业 yìyè Schulbesuch oder Studium (ohne Abschluss)

毅 yì entschlossen
毅力 yìlì Ausdauer
毅然 yìrán fest entschlossen; resolut

疫 yì →疫病
疫病 yìbìng epidemische Krankheit; Seuche; Epidemie
疫苗 yìmiáo Impfstoff; Vakzine

役 yì 1. Arbeit; Tätigkeit 劳～ Fronarbeit; Frondienst 2. Wehrdienst; Militärdienst 现～ aktiver Militärdienst 3. →役使 4. Diener
役畜 yìchù Arbeitstier; Zugtier
役龄 yìlíng Dienstalter
役使 yìshǐ (ein Tier) arbeiten lassen; jn zur Arbeit zwingen

忆(憶) yì sich erinnern; zurückdenken; zurückblicken

亿(億) yì hundert Millionen
亿万 yìwàn Hunderte Millionen ～人民 Hunderte Millionen von Menschen

艺(藝) yì 1. Können 2. →艺术
艺人 yìrén 1. Schauspieler; Sänger; Artist 2. Kunsthandwerker
艺术 yìshù 1. Kunst ～作品 Kunstwerk ～家 Künstler ～节 Festspiele 2. schöpferische Arbeitsweise 领导～ Geschick bei der leitenden Arbeit

呓(囈、讛) yì →呓语
呓语 yìyǔ Worte im Schlaf 说～ im Traum sprechen

译(譯) yì übersetzen 口～ dolmetschen; mündliche Übersetzung ～密码电报 chiffriertes Telegramm in Nor-

Y

malschrift umsetzen
译电员 yìdiànyuán Chiffreur
译码员 yìmǎyuán Dechiffreur
译名 yìmíng übersetzte Bezeichnung
译文 yìwén übersetzter Text; Übersetzung
译意风 yìyìfēng Kopfhörer für Simultanübersetzung
译音 yìyīn lautliche Übertragung; Transkription
译员 yìyuán Dolmetscher
译制 yìzhì synchronisieren ～片 synchronisierter Film; Film in (z. B. chinesischer) Bearbeitung

驿(驛) yì →驿站 ～道 Postweg
驿站 yìzhàn Ausspann; Relais

翌 yì (vom Jahr, Tag u. ä.) nächst ～晨 der nächste Morgen ～日 der nächste Tag

熠 yì
熠熠 yìyì glänzend; leuchtend 光彩～ farbenprächtig; in vielen Farben leuchtend; in vollem Glanz erstrahlen

异(異) yì 1. unterschiedlich; verschieden ～中有同 gewisse Übereinstimmung trotz vieler Differenzen 2. besonder(s); außergewöhnlich ～乎寻常 ungewöhnlich; außergewöhnlich; auffallend 3. erstaunt; überrascht 深以为～ äußerst erstaunt sein 4. ander ～日 ein anderer Tag
异彩 yìcǎi 1. wunderbarer Glanz 2. hervorragend; glänzend 大放～ im höchsten Glanz erstrahlen; allgemeine Bewunderung erregen
异常 yìcháng 1. abnorm; anormal; außergewöhnlich 2. äußerst; höchst; besonders ～艰巨 äußerst schwierig (mühselig)
异地 yìdì Fremde
异端 yìduān Irrglaube(n); Ketzerei ～邪说 Ketzerei; Heterodoxie
异国 yìguó fremdes Land; Ausland ～风味 *Exotik; exotisch*
异化 yìhuà 1. Entähnlichung 2. Entfremdung 3. Dissimilation
异己 yìjǐ andersdenkend ～思想 der offiziellen Lehrmeinung abweichende Ideen ～分子 Andersdenkende(r); das schwarze Schaf
异教徒 yìjiàotú Häretiker; Heide; Kafir; Ketzer
异口同声 yì kǒu tóng shēng wie aus einem Munde; einhellig (einstimmig) sagen
异曲同工 yì qǔ tóng gōng Werke von verschiedenen Autoren (Künstlern) sind gleich gut / verschiedene Vorgehensweisen *führen zum gleichen Ergebnis*
异体字 yìtǐzì (von der Schreibweise) Variante eines chinesischen Schriftzeichens
异乡 yìxiāng →异地 ～人 Fremde(r)
异想天开 yì xiǎng tiān kāi komischer (verstiegener) Gedanke; die Sterne vom Himmel holen wollen; eine wuchernde Phantasie
异性 yìxìng 1. das andere Geschlecht 2. gegensätzlich; gegenteilig; antagonistisch
异言 yìyán abweichende Äußerung 毫无～ ohne jeglichen Einwand
异样 yìyàng 1. Unterschied; Abweichung; Differenz 2. fremdartig; seltsam sonderbar
异议 yìyì entgegengesetzte Meinung; Einspruch; Einwand 持～ anderer Meinung sein; dissentieren
异族 yìzú fremder Stamm ～人 Angehöriger eines fremden Stamms

翼 yì 1. Flügel 鸟～ Vogelflügel 机～ Flugzeugflügel 2. →翼侧
翼侧 yìcè Flanke

音 yīn 1. Laut; Ton 2. Nachricht; Botschaft 佳～ gute Nachricht
音标 yīnbiāo Lautzeichen; Aussprachebezeichnung 国际～ internationale Aussprachezeichen
音带 yīndài Tonband; Gassette
音调 yīndiào Intonation
音符 yīnfú Note; Tonzeichen
音阶 yīnjiē Tonskala; Tonleiter
音节 yīnjié Silbe ～文字 Silbenschrift
音量 yīnliàng Lautstärke
音强 yīnqiáng Lautstärke
音色 yīnsè Klangfarbe; Timbre; Kolorit
音素 yīnsù Phonem; Laut
音位 yīnwèi Phonem ～学 Phonologie; Phonemik
音箱 yīnxiāng Lautsprecher-Box
音响 yīnxiǎng Akustik; Geräuschkulisse ～系统 Hi-Fi-Anlage ～效果 Klangwirkung; Akustik
音像 yīnxiàng Ton und Bild; audiovisuell

音信 yīnxìn Brief; Post; Nachricht 杳无～ kein Lebenszeichen von jm erhalten nichts von sich hören lassen
音讯 yīnxùn →音信
音译 yīnyì lautliche Übersetzung
音乐 yīnyuè Musik ～茶座 Musik-Café ～会 Konzert ～家 Musiker ～厅 Konzerthalle; Konzertsaal; Philharmonie
音韵学 yīnyùnxué Phonologie

喑(瘖) yīn →喑哑
喑哑 yīnyǎ stumm

因 yīn 1. →因循 2. gemäß; entsprechend; aufgrund ～地制宜 den örtlichen Verhältnissen entsprechend vorgehen sich den lokalen Gegebenheiten anpassen 3. →因由 事出有～ das hat so seine Gründe / kein Rauch ohne Flamme 4. →因为 ～病请假 sich aus Gesundheitsgründen beurlauben lassen
因材施教 yīn cái shī jiào je nach der Begabung (je nach dem Aufnahmevermögen der Schüler oder Studenten den Unterricht gestalten
因此 yīncǐ deshalb; deswegen; daher
因而 yīn'ér daher; darum; demnach
因果 yīnguǒ 1. Ursache und Wirkung ～关系 kausaler Zusammenhang; Kausalität das Verhältnis von Ursache und Wirkung 2. Karman
因式 yīnshì Faktor
因数 yīnshù Faktor
因素 yīnsù 1. bestimmendes Element; Faktor 2. Faktor 决定～ entscheidende Faktor
因特网 yīntèwǎng Internet
因为 yīnwèi denn; da; weil
因袭 yīnxí am Hergebrachten hängen ～前人 einen Vorgänger nachahmen
因循 yīnxún 1. alles beim Alten bleiben lassen ～旧习 auf ausgetretenen Pfaden wandeln; ausgetretene Wege gehen 2. verzögern; eine Sache auf die lange Bank schieben ～误事 etw scheitert am Aufschub
因噎废食 yīn yē fèi shí aus Furcht vor einem eventuellen Misserfolg nichts unternehmen
因由 yīnyóu Grund; Ursache
因缘 yīnyuán 1. Haupt- und Nebenursachen 2. Schicksalsfügung für zwischenmenschliche Zuneigung oder für den Hang eines Menschen zu einer Sache
因子 yīnzǐ 1. →因数 2. →因式

洇(湮) yīn '湮'另见 yān klecksen

茵(裀) yīn Matratze 绿草如～ der grüne Teppich der Wiesen

铟 yīn Indium (In)

氤 yīn
氤氲 yīnyūn dunstig 云烟～ in Wolken und Dunst gehüllt

姻(婣) yīn Ehe; Heirat 联～ durch die Heirat der Kinder in Verwandtschaftsbeziehungen zu jm treten
姻亲 yīnqīn angeheiratete Verwandte (Verwandtschaft)
姻缘 yīnyuán Schicksalsfügung für die Ehe

殷 yīn 另见 yān
1. reichlich; reich; üppich 2. fiebrig; heiß 期望甚～ viel Gutes von jm erwarten 3. →殷勤
殷切 yīnqiè sehnlich; sehnsüchtig; inbrünstig
殷勤 yīnqín aufmerksam; bereitwillig; entgegenkommend ～招待 jn liebenswürdig bewirten; gastfreundliche Aufnahme
殷实 yīnshí wohlhabend; reich

阴(陰、隂) yīn 1. das negative Prinzip (in der alten chinesischen Philosophie) 2. Mond 3. bewölkt; wolkig 天～ der Himmel ist bedeckt 4. Schatten 树～ Baumschatten 5. nördlich eines Berges oder südlich eines Flusses 6. Rückseite 碑～ Rückseite einer Stele 7. hohl; vertieft eingeschnitten ～文 eingekratzte Schriftzeichen 8. →阴险 9. →阴间 10. negativ ～电极 negativer Pol; Minuspol
阴暗 yīn'àn dunkel; düster; finster ～的角落 finstere Ecke
阴沉 yīnchén →阴暗 天色～ der Himmel ist trübe (düster)
阴道 yīndào Scheide; Vagina
阴电 yīndiàn negative Elektrizität
阴干 yīngān im Schatten trocknen
阴沟 yīngōu Dole; Durchlass; Kloake
阴魂 yīnhún Geist; Gespenst

Y

阴极 yīnjí Kathode
阴间 yīnjiān Hölle；Jenseits；Unterwelt
阴茎 yīnjīng männliches Glied；Penis
阴历 yīnlì Mondkalender
阴凉 yīnliáng 1. schattig；kühl 2. schattiger Platz
阴谋 yīnmóu 1. Böses anzetteln；Ränke schmieden；sich verschwören 2. Intrige；Machenschaft；Komplott ～活动 Verschwöreraktivität ～家 Intrigant；Ränkeschmied；Verschwörer
阴森 yīnsēn unheimlich；gespensterhaft；finster
阴私 yīnsī verborgene Übeltat
阴险 yīnxiǎn heimtückisch；hinterlistig；hinterhältig ～毒辣 hinterlistig und grausam
阴性 yīnxìng 1. ohne Befund（o. B.）；negativ ～反应 negative Reaktion 2. feminin；weiblich；Femininum
阴影 yīnyǐng Schatten
阴雨 yīnyǔ bedeckt und regnerisch ～连绵 sich einregnen；übermäßiger Dauerregen ～天 regnerisches Wetter
阴云 yīnyún dunkle Wolken ～密布 der Himmel hat sich umwölkt / der Himmel ist mit dunklen Wolken bedeckt

荫（蔭） yīn 另见 yìn
Schatten
荫蔽 yīnbì 1. durch Laubwerk verdeckt 2.（sich）verbergen（verstecken）；（sich）verborgen（versteckt）halten

淫（²婬） yín 1. übermäßig；zu viel ～雨 übermäßiger Regen 2. →淫乱
淫荡 yíndàng lüstern；unkeusch；unzüchtig
淫妇 yínfù liederliches Frauenzimmer
淫棍 yíngùn lüsterner Mann
淫秽 yínhuì 1. →淫乱 2. sittenloses Verhalten
淫乱 yínluàn unzüchtig；Unzucht；Hurerei
淫书 yínshū Pornographie；Porno
淫威 yínwēi Machtmissbrauch

寅 yín der dritte der zwölf Erdzweige
寅吃卯粮 yín chī mǎo liáng die Ausgaben überschreiten die Einnahmen

吟（唫） yín →吟咏 ～诗 ein Gedicht rezitieren
吟咏 yínyǒng rezitieren；vortragen

龈 yín 另见 kěn‘啃’
Zahnfleisch

银 yín 1. Silber（Ag）～质奖章 Silbermedaille 2. silberfarbig；silbrig；silbern ～须 silberner Bart
银白 yínbái silberweiß
银本位 yínběnwèi Silberwährung
银币 yínbì Silbermünze
银耳 yín'ěr tangförmiger Zitterpilz
银根 yíngēn Geldmarkt；Umlaufgeld
银行 yínháng Bank ～家 Bankier
银河 yínhé Milchstraße；Galaxis ～系 Milchstraßensystem；galaktisches System
银灰 yínhuī silbergrau；perlgrau
银匠 yínjiàng Silberschmied
银矿 yínkuàng Silberbergwerk；Silbererz
银楼 yínlóu Schmuckwarengeschäft
银幕 yínmù Leinwand；Bildfläche；Bildwand 宽～ Breitwand
银器 yínqì Silberzeug；Silberwaren
银钱 yínqián Geld
银色 yínsè silberfarbig；silbrig；silberfarben
银鼠 yínshǔ Hermelin ～皮 Hermelin；Hermelinpelz
银杏 yínxìng Ginkgobaum；Ginkgo
银鱼 yínyú Silberfisch
银元 yínyuán Silbermünze
银子 yínzi Silber

饮 yǐn 另见 yìn
1. trinken ～酒 Alkohol trinken 2. →饮料 冷～ kaltes Getränk 3. hegen；in sich bewahren（tragen）～恨 Hass（Groll）hegen
饮料 yǐnliào Getränk
饮片 yǐnpiàn Heilkräuter zur Absudherstellung
饮泣 yǐnqì in Tränen schwimmen（zerfließen）～吞声 seine Tränen hinunterschlucken
饮食 yǐnshí essen und trinken；Speise und Trank 注意～卫生 der Nahrungsmittelhygiene Aufmerksamkeit schenken
饮水 yǐnshuǐ Trinkwasser

引 yǐn 1. ziehen ～弓 einen Bogen spannen 2. →引导 ～上正路 jn auf den rechten Weg bringen 3. strecken；recken ～颈而望 einen langen Hals machen 4. →引起 ～人注目 etw fällt jm ins Auge（in die Augen）；auffallen 5. →引证 ～鲁迅

的话 Lu Xun zitieren 6. ein Längenmaß (= 33 1/3 Meter)
引爆 yǐnbào etw zur Detonation bringen
引柴 yǐnchái Anzündholz; Feueranzünder
引导 yǐndǎo 1. führen; geleiten 2. führen; leiten 党～我们由胜利走向胜利 die Partei führt uns von Sieg zu Sieg
引渡 yǐndù ausliefern
引航 yǐnháng lotsen ～员 Lotse
引号 yǐnhào Anführungszeichen; Gänsefüßchen 打上～ in Anführungszeichen setzen
引火烧身 yǐn huǒ shāo shēn 1. sich selbst Schwierigkeiten bereiten 2. Selbstkritik machen, um andere zur Kritik anzuregen
引见 yǐnjiàn jn einführen
引进 yǐnjìn 1. jn empfehlen 2. einführen; importieren ～外国先进技术 fortgeschrittene Technologien aus dem Ausland einführen
引经据典 yǐn jīng jù diǎn sich auf klassische Werke berufen
引狼入室 yǐn láng rù shì dem Feind (einem Bösewicht) Tür und Tor öffnen
引力 yǐnlì Anziehungskraft 地球～ Anziehungskraft der Erde
引路 yǐnlù vorangehen
引起 yǐnqǐ hervorrufen; auslösen; verursachen ～注意 Aufmerksamkeit (Aufsehen) erregen; etw fällt ins Auge (in die Augen) ～争执 einen Streit hervorrufen
引桥 yǐnqiáo Brückenauffahrt
引擎 yǐnqíng Motor
引人入胜 yǐn rén rù shèng fesselnd; interessant; entzückend
引申 yǐnshēn übertragen; figürlich 词的～意义 übertragene Bedeutung eines Wortes
引退 yǐntuì vom Amt abtreten (zurücktreten); Rücktritt
引文 yǐnwén Zitat
引线 yǐnxiàn 1. Ableitung; Zuleitung 2. Vermittler; Mittelsperson
引信 yǐnxìn Brandröhre; Zünder
引用 yǐnyòng 1. zitieren; ein Zitat entnehmen; anführen 2. anstellen; empfehlen ～私人 eigene Leute einsetzen
引诱 yǐnyòu verlocken; verführen; verleiten
引证 yǐnzhèng sich auf etw als Beweis berufen; etw als Beweis anführen
引子 yǐnzi 1. einleitende Worte eines Schauspielers in chinesischen Opern (bei seinem ersten Auftritt) 2. Introduktion; Ouvertüre 3. Einführung; Einleitung

隐(隱) yǐn 1. verbergen; verstecken 2. latent; verborgen; versteckt ～情 verheimlichte Tatsachen (Gründe)
隐蔽 yǐnbì sich verbergen
隐藏 yǐncáng sich verstecken; sich verbergen
隐患 yǐnhuàn latente Gefahr 消除～ eine latente Gefahr abwenden
隐讳 yǐnhuì verhehlen; verschweigen
隐疾 yǐnjí nicht zu erwähnende Krankheit
隐居 yǐnjū ein Einsiedlerleben führen; im verborgenen bleiben
隐瞒 yǐnmán vertuschen; verhehlen; verheimlichen ～真相 den wahren Sachverhalt verschweigen; die Wahrheit verhehlen
隐秘 yǐnmì Geheimnis; Heimlichkeit 揭人～ Geheimnisse eines anderen lüften
隐射 yǐnshè einen versteckten Hinweis geben; andeuten; auf etw anspielen
隐士 yǐnshì Einsiedler; Anachoret; Eremit
隐私 yǐnsī persönliches Geheimnis
隐形眼镜 yǐnxíng yǎnjìng Kontaktschale; Kontaktlinse; Kontaktglas
隐约 yǐnyuē unklar; undeutlich; verschwommen ～记得 sich nur noch schwach erinnern
隐衷 yǐnzhōng geheimer Kummer

瘾(癮) yǐn 1. Sucht 烟～ Sucht nach Tabak 2. großes Interesse; Manie; Vorliebe 书看上了～ Lesewut; ganz auf Bücher versessen sein

窨 yìn Keller
窨井 yìnjǐng Kontrollschacht

荫(蔭、²廕) yìn 另见 yīn
1. schattig; kühl und feucht 2. →荫庇
荫庇 yìnbì (von Älteren, Höherstehenden, Vorfahren) beschützen; behüten
荫凉 yìnliáng kühler Schatten

印 yìn 1. Stempel; Siegel 盖～ stempeln; einen Stempel auf etw drücken 2. →印子 脚～ Fußspur; Fußstapfen 3. drucken; kopieren ～相片 Fotos abziehen lassen
印第安人 Yìndì'ānrén Indianer
印度教 Yìndùjiào Hinduismus ～徒 Hindu
印花[1] yìnhuā 1. Marke 2. einen Stoff mit Mustern bedrucken ～布 bedruckter Baumwollstoff

Y

印花² yìnhuā Steuermarke ～税 Stempelsteuer
印鉴 yìnjiàn Stempelmuster（bei der Bank aufbewahrter Originalabdruck）
印泥 yìnní Stempelfarbe
印染 yìnrǎn Drucken und Färben von Textilien
印刷 yìnshuā Abdruck；abdrucken ～品 Drucksachen ～电路 gedruckte Schaltung
印台 yìntái Stempelkissen
印象 yìnxiàng Eindruck；Impression；Erinnerung
印证 yìnzhèng 1. bestätigen 2. Verifikation
印子 yìnzi Abdruck；Spur

饮 yìn 另见 yǐn
tränken ～马 ein Pferd tränken

应¹（應） yīng 另见 yìng
1. antworten；erwidern 2. versprechen；annehmen 这事是我～下来的 diese Angelegenheit habe ich übernommen

应²（應） yīng 另见 yìng
→应该 ～有尽有 es gibt alles，was man braucht
应当 yīngdāng →应该
应该 yīnggāi sollen；müssen
应届 yīngjiè diesjährig ～毕业生 diesjähriger Schul- oder Hochschulabsolvent
应允 yīngyǔn zusagen；auf etw eingehen；einer Sache Folge leisten

膺¹ yīng Brust 义愤填～ ein gerechter Zorn packt jn

膺² yīng annehmen 荣～勋章 einen Orden verliehen bekommen

鹰 yīng Adler；Falke
鹰派 yīngpài Falken ～人物 Falke
鹰犬 yīngquǎn 1. Falke und Hund 2. Lakaie；Helfershelfer；Handlanger

英¹ yīng 1. Blume；Blüte 落～ abgefallene *Blumenblätter* 2. hervorragende Persönlichkeit；Geist

英² Yīng England
英镑 yīngbàng Pfund；Sterling
英尺 yīngchǐ Fuß（= 0,3048 Meter）
英国人 Yīngguórén Engländer；Brite
英豪 yīngháo Held；Geist 一代～ führende Geister der Zeit
英俊 yīngjùn 1. hochbegabt；sehr intelligent 2. hübsch und voller Lebenskraft
英里 yīnglǐ Meile（= 1,609 km）
英灵 yīnglíng 1. Seele eines Verstorbenen，der zu seiner Lebzeit verehrt wurde 2. Geist；Hochbegabte(r)
英烈 yīngliè hervorragender Märtyrer
英明 yīngmíng weise
英雄 yīngxióng 1. Held；Heros ～好汉 tapferer Held 2. Mensch，der hart und selbstlos für das Wohl des Volkes arbeitet；Held ～业绩 heldenhafte Verdienste 劳动～ Arbeitsheld 3. Eigenschaften eines Helden besitzend
英勇 yīngyǒng tapfer；heldenhaft ～牺牲 den Heldentod sterben
英语 yīngyǔ Englisch；englische Sprache

莺（鶯、鸎） yīng Chinesischer Pirol

罂（罌） yīng bauchige Kruke mit schmaler Öffnung
罂粟 yīngsù Mohn

婴 yīng →婴儿
婴儿 yīng'ér Säugling；Baby

樱 yīng 1. →樱桃 2. →樱花
樱花 yīnghuā Blütenkirsche
樱桃 yīngtáo Kirsche；Kirschbaum

鹦 yīng
鹦鹉 yīngwǔ Papagei ～学舌 wie ein Papagei nachplappern；gedankenlos nachsprechen；nachschwatzen

缨 yīng →缨子 红～枪 Lanze mit roter Quaste
缨子 yīngzi 1. Band 帽～ Hutband 2. Troddel；Quaste；Klunker 胡萝卜～ Mohrrübenblätter

赢 yíng 1.（im Spiel）siegen；（ein Spiel）gewinnen；jn schachmatt setzen 2. Gewinn；Profit
赢得 yíngdé gewinnen；sich（Ruhm）erwerben；（js Vertrauen）erringen ～时间 Zeit gewinnen；Zeitgewinn
赢利 yínglì 1. Rentabilität 2. Gewinn erzielen（schlagen）；sich rentieren

荧（熒） yíng schwach leuchtend 一灯

～然 eine Lampe leuchtet nur schwach
荧光 yíngguāng Phosphoreszenz; Fluoreszenz ～灯 Leuchtstofflampe ～屏 Leuchtschirm; Fluoreszenzschirm
荧屏广告 yíngpíng guǎnggào Fernsehwerbung
荧荧 yíngyíng flimmern 明星～ helle Sterne glimmern

萤(螢) yíng Glühwürmchen; Leuchtkäfer; Johanniskäfer
萤火虫 yínghuǒchóng →萤

营¹(營) yíng 1. nach etw trachten erstreben 2. bewirtschaften; managen verwalten 公私合～ halbstaatlich; privater Betrieb mit staatlicher Beteiligung

营²(營) yíng 1. Lager; Kaserne Quartier 安～ Quartier machen; lagern ein Lager aufschlagen 2. Bataillon 步兵～ Infanteriebataillon 炮兵～ Artilleriebataillon
营地 yíngdì Revier; Lagerplatz; Garnison
营房 yíngfáng Kaserne
营火 yínghuǒ Lagerfeuer ～会 Lagerfeuertreffen
营救 yíngjiù bergen; retten; Rettung
营垒 yínglěi 1. Kaserne mit Schutzwall 2 Lager 革命～ revolutionäres Lager
营私 yíngsī persönliche Vorteile für sich herausschlagen ～舞弊 Korruption; Unterschlagungen begehen
营养 yíngyǎng 1. ernähren; nähren 2 Nährstoff; Nutrition 增加～ dem Körperhaushalt mehr Nährstoffe zuführen ～不足 Unterernährung; Hypotrophie
营业 yíngyè Geschäft; Business ～额 Umsatz ～员 kaufmännischer Angestellter; Verkäufer ～时间 Geschäftszeit
营造 yíngzào 1. Bau 2. aufforsten ～森林 Wald anpflanzen (anlegen)
营帐 yíngzhàng Zelt

萦(縈) yíng verwickeln; anhaltend belästigen 琐事～身 unbedeutende Angelegenheiten nicht loswerden können
萦怀 yínghuái sich Gedanken über etw (Sorgen um etw) machen
萦回 yínghuí etw geht jm nach; etw im Ohr haben; etw geht jm im Kopf herum

蝇(蠅) yíng Fliege ～拍 Fliegenklatsche; Klappe

盈 yíng 1. gefüllt; voll; erfüllt 热泪～眶 vor innerer Bewegung die Augen voll Tränen haben
盈亏 yíngkuī 1. Zu- und Abnahme des Mondes 2. Gewinn und Verlust 自负～ die Selbstverantwortung für Gewinn und Verlust tragen
盈余 yíngyú 1. Restbetrag; Überschuss 2. Gewinn; Profit

迎 yíng 1. →迎接 ～新年 das Neujahr begrüßen 2. entgegen ～着朝霞 dem Morgenrot entgegen
迎宾馆 yíngbīnguǎn Gästehaus
迎宾曲 yíngbīnqǔ Begrüßungsmusik
迎春 yíngchūn Winterjasmin
迎风 yíngfēng 1. gegen den Wind; dem Wind entgegen 2. mit (nach) dem Wind; im Wind 红旗～招展 die rote Fahne flattert im Wind
迎合 yínghé jm zu gefallen suchen; jm entgegenkommen; sich auf jn/etw einstellen
迎候 yínghòu js Ankunft erwarten
迎击 yíngjī (der Feind) frontal angreifen; (dem Feind) entgegentreten
迎接 yíngjiē begrüßen; einholen; empfangen
迎面 yíngmiàn frontal
迎刃而解 yíng rèn ér jiě ist das Hauptproblem gelöst, lassen sich die mit ihm zusammenhängenden Probleme leicht lösen
迎头 yíngtóu →迎面 ～赶上 sich bemühen, um jn einzuholen ～痛击 jm eins vor den Latz knallen; jm harte Schläge erteilen
迎新 yíngxīn neue Kollegen (Studenten) begrüßen
迎战 yíngzhàn zum Gegenangriff antreten

影 yǐng 1. →影子 1 树～ Baumschatten 2. →影子 2 3. →影子 3 4. Foto; Lichtbild; Aufnahme 合～ Gruppenbild 5. →影片 2 ～评 Filmkritik; Filmrezension
影集 yǐngjí Fotoalbum
影迷 yǐngmí Filmfan; begeisterter Filmzuschauer; Cineast
影片 yǐngpiàn 1 Filmstreifen 2. Film
影射 yǐngshè andeuten; anspielen; Anspie-

lung
影视圈 yǐngshìquān Film- und Fernsehkreise
影响 yǐngxiǎng 1. beeinflussen; sich auswirken; einwirken; beeinträchtigen 2. Einfluss; Fluidum; Geltung 国际～ internationaler Einfluss; Weltgeltung 3. unbegründet 模糊～之谈 unbegründete Behauptung
影星 yǐngxīng Filmstar
影印 yǐngyìn ablichten; Reproduktion ～本 Reproduktion
影院 yǐngyuàn Kino; Filmtheater
影子 yǐngzi 1. Schatten 2. Widerspiegelung; Spiegelbild; Spiegelung 3. verschwommene Umrisse 他连一点儿～也不见了 von ihm ist nicht eine Spur zu finden

颖 yǐng →颖慧
颖慧 yǐnghuì klug; gescheit; gelehrig

应(應) yìng 另见 yīng
1. antworten; erwidern 2. annehmen; befriedigen ～政府邀请 auf Einladung der Regierung 3. →应付
应变¹ yìngbiàn mit einem unerwarteten Ereignis fertig werden 随机～ wendig; die Situation schnell erfassen und ausnutzen; den neuen Umständen entsprechend handeln
应变² yìngbiàn Deformation; Verformung
应酬 yìngchou 1. Umgang; mit jm umgehen; jn höflich behandeln ～话 Höflichkeiten; höfliche Worte sagen 2. Tischgesellschaft; Essenseinladung
应答 yìngdá antworten ～如流 rasch und gewandt antworten; schlagfertig sein
应敌 yìngdí dem Feind entgegentreten
应付 yìngfù 1. einer Sache begegnen; mit etw fertig werden; mit jm umgehen ～经济困难 mit wirtschaftlichen Schwierigkeiten fertig werden 2. flüchtig arbeiten; jn kurz abfertigen 3. mit etw auskommen (durchkommen) 今年可以～得过去 in diesem Jahr kann ich noch durchkommen
应急 yìngjí behelfen ～计划 Notbehelfsplan
应接不暇 yìng jiē bù xiá mit etw überfordert sein
应考 yìngkǎo eine Prüfung ablegen (machen)
应力 yìnglì Spannung; Beanspruchung
应聘 yìngpìn eine Anstellung annehmen
应时 yìngshí 1. saisonweise; für eine Saison; während einer Saison ～果品 Saisonfrüchte 2. sofort; gleich danach
应验 yìngyàn sich bestätigen; in Erfüllung gehen; eintreffen
应邀 yìngyāo auf Einladung; eingeladen werden
应用 yìngyòng 1. anwenden; verwenden 2. angewandt ～科学 angewandte Wissenschaft ～文 stilgerechte Schriftstücke im Alltagsschriftverkehr
应招女郎 yìngzhāo nǚláng Callgirl
应战 yìngzhàn 1. sich zum Kampf stellen; einem Angriff begegnen 2. eine Herausforderung annehmen; den Handschuh aufnehmen
应诊 yìngzhěn einen Patienten zur Behandlung aufnehmen
应征 yìngzhēng 1. sich zum Militärdienst melden 2. an einer öffentlichen Ausschreibung teilnehmen (sich beteiligen)

硬 yìng 1. hart; fest; starr ～木 Hartholz; Eisenholz 2. charakterfest; entschieden; hartnäckig ～汉 charakterfester Mann 他～要我答应 er will unbedingt, dass ich es ihm verspreche 3. sich zu sehr anstrengen; sich überwinden, etw zu tun ～撑 sich übernehmen 4. besonders fähig; von guter Qualität 货色～ hochwertige Ware
硬币 yìngbì Hartgeld; Münze; Metallgeld
硬度 yìngdù Härte; Härtegrad
硬腭 yìng'è harter Gaumen
硬骨头 yìnggútou standhafter (unnachgiebiger, unbeugsamer) Mensch
硬化 yìnghuà 1. verhärten 血管～ Gefäßverkalkung 2. (geistig) verknöchert sein
硬件 yìngjiàn Hardware
硬结 yìngjié 1. verhärten; verharschen (Schnee) 2. Sklerose; Induration
硬朗 yìnglang rüstig; rege
硬水 yìngshuǐ hartes Wasser
硬席 yìngxí Nichtpolsterklasse ～卧铺 nicht gepolsterter Liegeplatz
硬性 yìngxìng unabänderlich; unflexibel ～规定 Vorschriften, die keine Abweichung (Ausnahme) zulassen
硬仗 yìngzhàng schweres Gefecht 打～ dem Feind ein hartes Gefecht liefern

映 yìng widerspiegeln; spiegeln 月光～入窗户 der Mond scheint durchs Fenster
映衬 yìngchèn sich von etw abheben; gegen (von) etw abstechen
映山红 yìngshānhóng Azalee
映射 yìngshè bescheinen; anscheinen; bestrahlen

哟 yō 另见 yo
～,你踩我脚了 oh, du bist mir auf den Fuß getreten

哟 yo 另见 yō
(am Satzende als Hilfswort zum Ausdruck der Aufforderung): 大家快来～! Kommt alle schnell her!

庸[1] yōng →庸碌;庸俗

庸[2] yōng (in negierten Sätzen) nötig; brauchen 毋～讳言 man braucht nicht zu verhehlen, dass ...
庸才 yōngcái mittelmäßiger (nicht befähigter) Mensch
庸碌 yōnglù träge und nicht strebsam ～无能 mittelmäßig und arbeitsunwillig
庸人 yōngrén Spießbürger; Kummeltürke; Dutzendmensch ～自扰 sich ohne Grund beunruhigen; sich unnötige Sorgen machen
庸俗 yōngsú philisterhaft; vulgär; spießbürgerlich ～作风 Philistertum; Spießbürgertum ～化 vulgarisieren
庸医 yōngyī Kurpfuscher; Quacksalber

鳙 yōng Dickkopffisch

雍 *yōng Harmonie*
雍容 yōngróng fein, schicklich und ausgeglichen ～华贵 vornehm und würdevoll

壅 yōng 1. →壅塞 2. →壅土
壅塞 yōngsè verstopfen
壅土 yōngtǔ (um eine Pflanze) Erde häufeln

臃 yōng
臃肿 yōngzhǒng 1. plump; dick und ungeschickt 2. personell überbesetzt 机构～ personell überbesetzter Verwaltungsapparat

痈(癰) yōng Karbunkel; Anthrax

拥(擁) yōng 1. umfassen; umfangen; umschließen 2. umgeben; umringen 3. sich drängen; strömen 一～而入 in Scharen hineinströmen 4. →拥护
拥抱 yōngbào umarmen; sich jm in die Arme (an den Hals) werfen; jm um den Hals fallen
拥护 yōnghù unterstützen; für etw eintreten; Für
拥挤 yōngjǐ 1. drängen; drängeln; Andrang 2. Gedränge; Gewimmel; Beengtheit 入口处很～ am Eingang herrscht ein großes Gedränge
拥有 yōngyǒu haben; etw aufzuweisen haben; im Besitz einer Sache (von etw) sein

佣(傭) yōng 另见 yòng
1. einstellen; dingen 2. Diener
佣工 yōnggōng Lohnarbeiter; Knecht

永 yǒng ewig; allzeit ～无止境 endlos; nicht enden wollend
永别 yǒngbié Abschied auf Nimmerwiedersehen; für immer Abschied nehmen
永垂不朽 yǒng chuí bù xiǔ ewiges Leben; ewiger Ruhm; unsterblich
永恒 yǒnghéng ewig; unvergänglich; zeitlos
永久 yǒngjiǔ für immer; auf immer; bleibend
永生 yǒngshēng unsterblich; das ewige Heil; fortleben
永远 yǒngyuǎn ein für alle Male; für Ewigkeit; für alle Zeiten

泳 yǒng schwimmen

咏(詠) yǒng 1. in Rezitationston singen ～诗 ein Gedicht rezitieren 2. in Versen erzählen
咏叹调 yǒngtàndiào Arie

甬 yǒng
甬道 yǒngdào 1. mit Ziegeln oder Steinen belegter Weg (zu einer Halle, einem Grab o. ä) 2. Flur; Korridor

涌 yǒng 1. strömen; sprudeln; quellen 血从伤口往外～ Blut quillt aus der Wunde 2. (aus dem Wasser oder aus den Wolken) herauskommen 脸上～出了笑容 ein Lächeln huscht übers Gesicht / um

Y

seine Lippen spielt ein Lächeln
涌现 yǒngxiàn in Massen auftauchen (hervortreten)

蛹 yǒng Puppe

踊(踴) yǒng →踊跃 1 ～身一跳 einen Sprung machen; mit einem gewaltigen Satz springen
踊跃 yǒngyuè 1. springen; hüpfen ～欢呼 vor Freude jauchzen und hüpfen 2. begeistert; nicht hinter anderen zurückbleiben wollend ～参加 eifrig teilnehmen

俑 yǒng Ton- oder Holzfigur (als Grabbeigabe) 陶～ Tonfigur

勇 yǒng →勇敢
勇敢 yǒnggǎn tapfer; mutig; heldenhaft
勇猛 yǒngměng tapfer und heftig; tollkühn
勇气 yǒngqì Mut; Courage; Kühnheit 鼓起～ Mut aufbringen (fassen); das Herz in die Hand nehmen
勇士 yǒngshì Held; Haudegen; mutiger Kämpfer
勇于 yǒngyú mutig sein, etw zu tun; den Mut haben, etw zu tun ～承认错误 seine Fehler mutig zugeben

用 yòng 1. benutzen; verwenden 2. Ausgaben; Aufwendung; Geldaufwand 家～ Haushaltskosten 3. →用处 一点～也没有 unbrauchbar; nichts nützen (taugen) 4. (zumeist in negierten Sätzen) brauchen; nötig 你不～担心 du brauchst dir keine Sorgen zu machen 5. essen; trinken 请～茶 Bitte, trinken Sie Tee!
用兵 yòngbīng Truppen einsetzen
用处 yòngchu Zweck; Verwendung; Anwendungsmöglichkeit ～不大 keine allgemeine Verwendung finden
用功 yònggōng 1. fleißig lernen (studieren); pauken 2. fleißig; lernbegierig; lerneifrig
用户 yònghù Verbraucher; Kunde; Kundschaft 电话～ Fernsprechteilnehmer
用具 yòngjù Utensilien; Zeug; Gerät 绘图～ Zeichenutensilien
用力 yònglì Kraft verwenden; mit Kraft (Wucht)
用品 yòngpǐn Gebrauchsartikel; Gebrauchsgegenstand 生活～ Dinge (Güter) des täglichen Bedarfs; Bedarfsartikel
用人 yòngrén 1. jn anstellen; Personal einsetzen; jn beschäftigen ～不当 eine ungeeignete Person mit einer Arbeit betrauen 2. Personal anfordern; Arbeitskräfte brauchen
用人 yòngren Diener; Bedienung
用途 yòngtú →用处
用心 yòngxīn 1. aufmerksam; konzentriert ～听讲 aufmerksam zuhören; (einem Vortrag, dem Unterricht) aufmerksam folgen 2. Absicht ～良苦 sich den Kopf zerbrechen
用意 yòngyì →用心 2 ～不良 böse Absicht
用语 yòngyǔ 1. ausdrücken; formulieren ～不当 nicht den passenden Ausdruck gebrauchen 2. Fachsprache; Terminologie 职业～ Berufssprache; Jargon

佣 yòng 另见 yōng →佣金
佣金 yòngjīn Kommissionsgebühr; Provision; Vermittlungsgebühr

忧(憂) yōu 1. →忧愁 2. Sorge; Besorgnis; Befürchtung
忧愁 yōuchóu sich um jn/etw sorgen; in Sorgen um jn/etw sein; sich über etw (wegen js) beunruhigen
忧患 yōuhuàn Leiden; Drangsale 饱经～ ein schweres Schicksal hinter sich haben; viel durchgemacht haben
忧虑 yōulǜ Befürchtung; Bekümmernis; beunruhigt
忧伤 yōushāng Gram; Kummer; wehmütig
忧心 yōuxīn Sorge; Unruhe; Kümmernis ～忡忡 sich abgrämen; in Unruhe sein; sorgenvoll
忧郁 yōuyù betrübt; wehmütig; grämlich ～症 Gemütskrankheit

优[1](優) yōu →优良 ～等 ausgezeichnet; hervorragend; vorzüglich

优[2](優) yōu →优伶
优待 yōudài 1. begünstigen; bevorteilen; Vergünstigung ～券 Freikarte; Rabattmarke 2. Vorzugsbehandlung; bevorzugte Behandlung 受到特别～ eine Vorzugsbehandlung genießen; bevorzugt behandelt werden
优点 yōudiǎn Tugend; Vorteil; Vorzug
优化组合 yōuhuà zǔhé optimale Gruppierung

优惠 yōuhuì Vergünstigung; Priorität; Privileg ～贷款 Vorzugskredit ～待遇 Vorzugsbehandlung
优良 yōuliáng hervorragend; edel; trefflich
优伶 yōulíng (alte Berufsbezeichnung) Schauspieler (der traditionellen chinesischen Opern)
优美 yōuměi bezaubernd; wunderschön; graziös 风景～ die Landschaft ist herrlich
优柔寡断 yōu róu guǎ duàn schwankend in seinen Entschlüssen sein; mit Entschlüssen zögern
优生 yōushēng erbgesunder und erbtüchtiger Nachwuchs ～学 Eugenik
优胜 yōushèng Sieg; überlegen ～红旗 roter Siegerwimpel
优势 yōushì Überlegenheit; Dominanz; Oberhand 压倒～ erdrückende Übermacht 占～ dominieren; die Oberhand (Übermacht) haben; eine Machtstellung innehaben
优先 yōuxiān bevorzugt; vorrangig; Präferenz ～权 Vorrecht; Priorität ～录用 jn bei der Anstellung vorziehen
优秀 yōuxiù ausgezeichnet; trefflich; exquisit
优选法 yōuxuǎnfǎ Optimierung
优异 yōuyì besonders gut; hervorragend
优越 yōuyuè →优胜; 优良 ～性 Überlegenheit ～感 Eigendünkel; Standesdünkel
优质 yōuzhì gute Qualität ～钢 Edelstahl Qualitätsstahl

呦

yōu (als Ausrufewort zum Ausdruck des Erstaunens): ～, 你来干什么? Oh, wozu bist du denn gekommen?

幽

yōu 1. →幽静; 幽深 2. →幽禁
幽暗 yōu'àn finster; dunkel
幽会 yōuhuì Rendezvous; Stelldichein
幽禁 yōujìn jn in Arrest nehmen; jn einsperren
幽静 yōujìng still und einsam
幽灵 yōulíng Geist; Gespenst; Schemen
幽默 yōumò Humor; humorig; humorvoll ～作品 Humoreske
幽深 yōushēn (von Bergen, Wäldern, Palästen u. a.) tief und still
幽思 yōusī 1. in Gedanken versunken sein; nachsinnen 2. seine geheimsten Gedanken
幽雅 yōuyǎ ruhig und vornehm 景致～ (von einer Gegend) ruhig und lieblich
幽怨 yōuyuàn verheimlichter Liebeskummer (einer jungen Frau)

悠[1]

yōu 1. →悠久 2. →悠闲

悠[2]

yōu →悠荡
悠长 yōucháng lang; lang dauernd ～的岁月 lange Zeit
悠荡 yōudàng pendeln; baumeln; schwingen
悠久 yōujiǔ lange Zeit; alt 历史～ eine lange Geschichte haben
悠闲 yōuxián sorgenfrei; beschaulich; gemächlich
悠扬 yōuyáng melodiös; melodisch
悠远 yōuyuǎn 1. lange Zeit her; in früher Vergangenheit liegend; in weit zurückliegender Zeit 2. weit entfernt; fern; in der Ferne

游

yóu 1. schwimmen 仰～ Rückenschwimmen 2. →游逛; 游览 ～山 eine Bergtour machen 3. Abschnitt eines Flusses 上～ Oberlauf
游荡 yóudàng müßig umhergehen; herumlungern
游逛 yóuguàng besichtigen; bummeln
游击 yóujī einen Partisanenkampf führen ～队 Partisan; Guerilla ～战 Partisanenkrieg; Guerillakrieg
游记 yóujì Reisebeschreibung; Reisebilder
游客 yóukè Tourist; Besucher
游览 yóulǎn besichtigen; einen Rundgang (eine Rundfahrt) machen
游离 yóulí 1. Freiheit; Befreiung; frei ～电子 freies Elektron 2. sich trennen ～分子 Person, die sich vom Kollektiv losgelöst hat
游牧 yóumù nomadisieren ～民族 Hirtenvolk; Nomadenvolk
游禽 yóuqín Schwimmvogel
游手好闲 yóu shǒu hào xián auf der faulen Haut liegen; faulenzen; müßiggehen
游说 yóushuì Lobbyismus; überall seine politischen Ansichten verbreiten
游艇 yóutǐng Jacht
游玩 yóuwán 1 →游戏 2. →游逛
游戏 yóuxì 1. Spiel 2. spielen
游行 yóuxíng 1. umherstreifen 2. Aufzug; Umzug; Demonstration ～队伍 Demonstrationszug; Aufzug

游移 yóuyí zwischen etw und etw schwanken
游艺 yóuyì Vergnügung；Belustigung ～场 Rummelplatz；Vergnügungsstätte ～会 Vergnügungsveranstaltung
游泳 yóuyǒng 1. schwimmen；baden 2. Schwimmen ～池 Schwimmbad；Swimming-pool ～衣 Badeanzug；Badetrikot；Schwimmanzug
游园会 yóuyuánhuì Parkveranstaltung；Gartenfest；Gartenparty
游资 yóuzī unproduktives Kapital
游子 yóuzǐ einer，der schon lange in der Fremde lebt

尤[1]（尢） yóu 1. außergewöhnlich；hervorragend 无耻之～ beispiellose Unverschämtheit 2. →尤其

尤[2]（尢） yóu 1. Fehler；Missgriff；Vergehen 2. jm grollen；sich über etw/jn ärgern；unzufrieden sein；übelnehmen
尤其 yóuqí vor allem；insbesondere；namentlich；vornehmlich

疣（肬） yóu Warze

犹（猶） yóu 1. →犹如 2. noch；noch immer；immer noch 记忆～新 etw noch frisch im Gedächtnis haben
犹大 Yóudà Judas
犹如 yóurú wie；gleich；gleichen
犹太教 Yóutàijiào Judaismus；Judentum ～徒 Jude
犹太人 Yóutàirén Jude
犹豫 yóuyù zögern；säumen；mit sich uneins sein

由 yóu 1. Grund；Ursache 2. →由于 3. von；durch 他是～海道去的 er hat den Seeweg genommen 4. entscheiden lassen；überlassen 去不去～你 es steht ganz in deinem Belieben，ob du hingehst 5. etw fällt jm zu；zuteil werden 一切责任～我负担 ich übernehme (trage) alle Verantwortung dafür 6. mittels；mit Hilfe ～此可见 daraus kann man ersehen，dass ...；daran kann man erkennen，dass ... 7. von etw aus；von etw ausgehend ～浅入深 von der Oberfläche in die Tiefe gehen；vom Leichten zum Schwierigen übergehen ～东往西 von Ost nach West
由来 yóulái 1. seit dem Anfang ～已久 von Ewigkeiten her；seit langem 2. Herkunft；Ursprung 分歧的～ Ursprung der Differenzen
由于 yóuyú wegen；infolge；weil
由衷 yóuzhōng von ganzem Herzen；aus tiefstem Herzen ～之言 aufrichtige Worte

油 yóu 1. Öl；Schmalz 动物～ Schmalz 植物～ Pflanzenöl 2. mit Tungöl beschmieren ～窗户 Fenster streichen 3. mit Öl oder Fett befleckt sein 4. →油滑
油泵 yóubèng Ölpumpe
油饼[1] yóubǐng Ölkuchen als Futter od. Dünger
油饼[2] yóubǐng Pfannkuchen；Fritüre
油布 yóubù Öltuch；Wachstuch
油彩 yóucǎi Bühnenschminke；Theaterschminke；Schminke für Schauspieler
油菜 yóucài 1. Raps 2. eine Grünkohlart
油层 yóucéng Ölschicht
油茶 yóuchá Teeölbaum
油船 yóuchuán Tanker；Tankschiff
油灯 yóudēng Öllampe
油葫芦 yóuhulǔ eine Feldgrillenart
油滑 yóuhuá mit allen Wassern gewaschen sein；ölig；schmierig
油画 yóuhuà Ölgemälde；Ölmalerei
油灰 yóuhuī Kitt；Scheibenkleister
油井 yóujǐng Ölbohrloch
油矿 yóukuàng 1. Ölvorkommen 2. Ölfeld
油亮 yóuliàng blank；glänzend
油料作物 yóuliào zuòwù Ölpflanzen
油轮 yóulún Tanker
油毛毡 yóumáozhān Teerpappe；Asphaltpappe
油门 yóumén Drosselklappe；Gashebel 开足～ Vollgas geben
油墨 yóumò Fetttusche
油腻 yóunì 1. fett；ölig；speckig 2. fette Kost
油漆 yóuqī 1. Ölanstrich；Lackfarbe 2. anstreichen；lackieren
油水 yóushui 1. Fett 2. Geschäftchen
油松 yóusōng Chinesische Kiefer
油酥 yóusū mürbe；blätterig
油田 yóutián Ölfeld
油条 yóutiáo fritierte Hefeteigstange
油桐 yóutóng Tungbaum
油箱 yóuxiāng Öltank
油烟 yóuyān Lampenruß
油印 yóuyìn vervielfältigen；abziehen ～机

Vervielfältigungsapparat
油渣 yóuzhā Fettrückstand; Ölrückstand
油脂 yóuzhī Sammelbezeichnung für Öl und Fett
油纸 yóuzhǐ Ölpapier
油棕 yóuzōng Ölpalme
油嘴 yóuzuǐ 1. glattzüngig; ein freches Mundwerk haben 2. schmieriger Kerl; Redegewandte(r)

柚 yóu 另见 yòu
柚木 yóumù 1. Teakbaum 2. Teakholz

蚰 yóu
蚰蜒 yóuyán Spinnenassel

铀 yóu Uran (U)

邮(郵) yóu 1. →邮寄;邮汇 2. postalisch 军~ Feldpost
邮包 yóubāo Paket; Postgut; Postsack
邮戳 yóuchuō Poststempel
邮递 yóudì Postzustellung ~员 Briefträger
邮电 yóudiàn Post- und Fernmeldewesen ~局 Post- und Telegraphenamt
邮购 yóugòu 1. Warenbestellung und -versand auf dem Postweg 2. Postversand
邮汇 yóuhuì Postanweisung
邮寄 yóujì etw per Post schicken (senden)
邮件 yóujiàn Post; Postsachen 快递~ Eilzustellung
邮局 yóujú Post; Postamt
邮票 yóupiào Briefmarke; Postwertzeichen; Postmarke 纪念~ Gedenkbriefmarke
邮筒 yóutǒng Briefkasten in Säulenform
邮箱 yóuxiāng Briefkasten
邮政编码 yóuzhèng biānmǎ Postleitzahl
*邮政储蓄 yóuzhèng chǔxù Postsparkassen*dienst
邮资 yóuzī Porto; Postgebühr ~已付 frankiert; freigemacht; franko

莠 yǒu 1. Grüne Borstenhirse 2. schlechter Mensch 良~不齐 es gibt gute und schlechte Menschen

酉 yǒu der zehnte Erdzweig

有 yǒu 1. haben; besitzen; innehaben ~健康的体格 eine gesunde Natur haben; einen kräftigen Körperbau haben 他~一副好嗓子 er hat eine schöne Stimme 2. existieren; es gibt 厂里共~五千工人 in dieser Fabrik gibt es insgesamt 5 000 Arbeiter / diese Fabrik beschäftigt insgesamt 5 000 Arbeiter 3. schätzungsweise; vergleichend 可能会~新的困难 es könnten neue Probleme auftauchen 4. gewisse(r, s) ~一天晚上 eines Abends 5. manche ~人 manche Leute; man
有病 yǒubìng krank sein; an einer Krankheit leiden
有待 yǒudài warten müssen; erfordern 工作~改进 die Arbeit muss noch verbessert werden
有的 yǒude manche ~时候 manchmal; gelegentlich; zuweilen
有底 yǒudǐ über eine Sache gut Bescheid wissen und sie daher meistern können
有的放矢 yǒu dì fàng shǐ gezielt; ein klares Ziel vor Augen haben
有点 yǒudiǎn 1. eine kleine Menge; einiges; ein bisschen 我还~时间 ich habe noch ein bisschen Zeit 2. einigermaßen; etwas 我~累了 ich bin etwas müde
有关 yǒuguān 1. mit etw zu tun haben; betreffend 各~方面 betreffende Seiten 2. sich beziehen; bezüglich; hinsichtlich 商量~工作的问题 Probleme in Bezug auf die Arbeit besprechen
有机 yǒujī 1. organisch ~玻璃 Plexiglas ~化学 organische Chemie 2. gesetzmäßig geordnet; organisch ~联系 organischer Zusammenhang
有价证券 yǒujià zhèngquàn Wertpapier, Brief; Effekten
有奖储蓄 yǒujiǎng chǔxù Prämiensparen
有空 yǒukòng Zeit haben; frei haben; frei sein 你~吗? Hast du Zeit?
有口皆碑 yǒu kǒu jiē bēi ein allgemeines Lob verdienen (ernten); eine allgemeine Anerkennung finden
有赖 yǒulài von etw abhängen; etw steht und fällt mit jm/etw; auf etw angewiesen sein
有劳 yǒuláo Tun Sie mir den Gefallen! / seien Sie so gut und ...
有理 yǒulǐ 1. Recht haben 2. rational ~数 rationale Zahl
有力 yǒulì kräftig; tatkräftig; energisch
有利 yǒulì günstig; nützlich ~因素 günstiger Faktor ~可图 rentabel; vorteilhaft; gewinnbringend
有名 yǒumíng bekannt; namhaft; berühmt

Y

世界～ weltbekannt；weltberühmt
有目共睹 yǒu mù gòng dǔ offensichtlich；das liegt auf der Hand
有期徒刑 yǒuqī túxíng Freiheitsstrafe
有气无力 yǒu qì wú lì lasch；kraftlos
有钱 yǒuqián reich；begütert；wohlhabend
有趣 yǒuqù interessant；amüsant；heiter
有色 yǒusè farbig；chromatisch ～金属 Buntmetall；Nichteisenmetall ～人种 Farbige(r) ～眼镜 gefärbte Brille
有神论 yǒushénlùn Theismus
有生力量 yǒushēng lìliàng kampffähige Truppen；einsatzfähige Soldaten
有生以来 yǒushēng yǐlái von Geburt an；vom Mutterleibe an
有声读物 yǒushēng dùwù Lektüre auf Kassette oder CD
有声有色 yǒu shēng yǒu sè farbig；lebendig；anschaulich
有时 yǒushí ab und zu；manchmal；zuweilen
有始有终 yǒu shǐ yǒu zhōng eine Arbeit beharrlich zu Ende bringen (führen)
有数 yǒushù1. →有底 心中～ sich durchfinden；sich in etw zurechtfinden；über etw im Bild sein 2. nicht viel；einige wenige 只剩下～的几天了 es sind nur noch einige wenige Tage übrig
有条不紊 yǒu tiáo bù wěn ordnungsmäßig；systematisch；planmäßig
有望 yǒuwàng hoffnungsvoll；aussichtsreich；vielversprechend 丰收～ eine reiche Ernte ist zu erwarten / eine gute Ernte steht in Aussicht
有为 yǒuwéi viel Erfolg versprechend 年轻～ jung und vielversprechend
有限 yǒuxiàn begrenzt；beschränkt；limited ～公司 Gesellschaft mit beschränkter Haftung (GmbH) 资金～ man verfügt nur über geringe Geldmittel
有线广播 yǒuxiàn guǎngbō Drahtfunk
有效 yǒuxiào gelten；gültig；effektiv ～期 Gültigkeitsdauer；Haltbarkeitsdauer ～措施 wirksame Maßnahme
有些 yǒuxiē 1. manche；einige ～地区 manche Gebiete 2. →有点
有心 yǒuxīn1. →有意 1 ～人 Mensch, der einen festen Willen hat und nachdenklich ist；zielbewusster Mensch 2. →有意 2
有形 yǒuxíng sichtbar；greifbar；material
有血有肉 yǒu xuè yǒu ròu von (aus) Fleisch und Blut；lebendig；und anschaulich；realistisch
有益 yǒuyì nützlich；dienlich；nutzbringend ～于健康 gut für die Gesundheit sein；gesund；heilsam
有意 yǒuyì 1. gewillt sein；gesonnen sein；eine Absicht haben 2. absichtlich；geflissentlich；willentlich 这话是～说的 das ist mit Absicht gesagt worden
有意识 yǒu yìshi bewusst；mit Absicht；vorsätzlich
有意思 yǒu yìsi 1. sinnvoll 2. →有趣
有用 yǒuyòng nützlich；brauchbar；tauglich ～的人 hilfreicher Mensch
有余 yǒuyú 1. Überfluss；Überschuss 绰绰～ reichlich；einen Überschuss an etw haben；etw in Hülle und Fülle haben (besitzen) 2. mehr als；über 十年～ mehr als zehn Jahre
有孕 yǒuyùn schwanger sein；ein Kind erwarten；in anderen Umständen sein
有朝一日 yǒu zhāo yī rì eines schönen Tages；früher oder später
有罪 yǒuzuì sündhaft；mit Schuld beladen sein

铕

yǒu Europium (Eu)

友

yǒu 1. Freund 好～ guter Freund 2. befreundet ～邦 befreundeter Staat；Bruderland
友爱 yǒu'ài brüderlich；freundlich；Freundlichkeit 团结～ einig und brüderlich
友好 yǒuhǎo 1. guter (intimer) Freund 2. freundlich；Freundschaft；Wohlwollen ～关系 freundschaftliche Beziehungen
友情 yǒuqíng Freundschaft；Freundesbrust
友人 yǒurén Freund
友谊 yǒuyì Freundschaft；Kameradschaft ～赛 Freundschaftsspiel

黝

yǒu
黝黑 yǒuhēi 1. schwarz 2. dunkel；finster；düster

又

yòu 1. wieder；abermals；erneut；noch einmal 天～下雨了 es begann wieder zu regnen 一次～一次 aber und abermals；immer wieder；wiederholt 2. und auch；sowohl ... als auch ...；nicht nur ... sondern auch ... ～便宜～好 nicht nur billig, sondern auch gut 3. außerdem；darüber hinaus 他年纪大，～有病 er ist ziemlich alt, zudem noch krank 4. zusätzlich 5. (es wird gebraucht, wenn einer ganzen Zahl eine Bruchzahl hinzugefügt wird): 一～三分之二 einzweidrittel 6. aber 想说,～忘了 ich wollte was sagen, habe es aber vergessen 7. (zur Betonung): 我～不是故意的 ich habe es doch nicht mit Absicht getan

右 yòu 1. Rechts ～手 rechte Hand 向～转 rechts abbiegen (fahren); Rechts um! 2. →右派,右倾

右边 yòubian rechte Seite; rechts

右派 yòupài 1. rechter Flügel; Rechte 2. rechte Elemente

右倾 yòuqīng rechtsgerichtet ～机会主义 Rechtsopportunismus

右翼 yòuyì 1. rechte Flanke 2. rechter Flügel; Rechte

囿 yòu 1. Gehege 鹿～ Hirschgehege 2. in etw befangen sein; beschränkt ～于成见 in Vorurteilen befangen sein

柚 yòu 另见 yóu 1. Pampelmusenbaum 2. Pampelmuse

柚子 yòuzi →柚

釉 yòu Glasur 上～ glasieren

鼬 yòu Wiesel

幼 yòu 1. →幼小 ～鸟 Nestjüngstes 2. →幼儿 妇～卫生 Hygiene für Frauen und Kleinkinder

幼虫 yòuchóng Lärvchen

幼儿 yòu'ér Kleinkind ～园 Kindergarten ～教育 Kindererziehung

幼苗 *yòumiáo Keimling; Pflänzling;* Sämling

幼年 yòunián Kindheit

幼小 yòuxiǎo minderjährig; jung; klein

幼稚 yòuzhì 1. klein; jung 2. kindisch; unreif; naiv ～可笑 kindisch; albern; js Einfalt ist zum Lachen

幼子 yòuzǐ der jüngste Sohn

诱 yòu 1. →诱导 1 循循善～ jn mit guten Methoden anleiten 2. jn verlocken ～敌深入 den Feind ins Innere des eigenen Gebietes hereinlocken; den Feind in einen Hinterhalt locken

诱导 yòudǎo 1. anregen 2. induzieren

诱饵 yòu'ěr Köder; Lockmittel; Körnung

诱拐 yòuguǎi kidnappen; entführen

诱惑 yòuhuò 1 verführen; auf Abwege bringen; in Versuchung führen 2. bezaubern; anziehen; attraktiv sein

诱骗 yòupiàn entführen; ablocken; verführen

诱降 yòuxiáng jn zur Kapitulation verleiten (anstiften)

淤(³瘀) yū 1. →淤积 2. →淤泥 3. Blutstockung; Blutstauung

淤积 yūjī verschlammen; anschwemmen; sich mit Schlamm füllen

淤泥 yūní Schlamm

淤塞 yūsè schlicken; versanden; verschlammen

淤血 yūxuè Blutstauung

迂 yū 1. →迂回 1 2. →迂腐 ～夫子 Pedant

迂腐 yūfǔ in überholten Regeln befangen sein; Pedanterie

迂回 yūhuí 1. gewunden ～曲折的道路 Weg voller Windungen und Wendungen 2. in einer Flanke oder hinterrücks umgehen

于(於) yú (Verhältniswort) 1. (zur Angabe der Zeitspanne, des Ortes oder Bereiches): ～十个月之间 innerhalb zehn Monate 2. (zur Angabe des Ziels einer Handlung): 求救～人 jn um Hilfe bitten 3. (nach Verben zum Ausdruck der Abgabe oder Übergabe): 嫁祸～人 jm die Schuld zuschieben 4. (zur Bezeichnung der Beziehung zu einer Person oder Sache): ～人有益 für jn nützlich sein 5. (zur Angabe des Ausgangspunktes): 出～自愿 aus freiem Willen; unaufgefordert; freiwillig 6. (zur Angabe des Vergleichs): 人民的利益高～一切 die Interessen des Volkes gehen über alles

于是 yúshì dann; danach; daher

盂 yú Geschirr; Napf 水～ Wassernapf

Y

舆 yú 1. Fahrzeug 2. Sänfte

舆论 yúlùn öffentliche (allgemeine) Meinung; Volksstimme 世界～ Weltöffentlichkeit

虞 yú 1. vermuten; voraussehen 2.

Sorge; Bedenken; Befürchtung 无冻馁之～ ohne Sorgen um Hunger und Kälte 3. betrügen; übers Ohr hauen 尔～我诈 einander misstrauen und betrügen

娱 yú 1. jm Spaß machen; unterhalten; belustigen 2. Vergnügen; Zerstreuung; Unterhaltung

娱乐 yúlè sich vergnügen; Vergnügung; Lustbarkeit ～圈 Unterhaltungskünstlerkreise ～业 Vergnügungsbranche

愚 yú 1. →愚笨 ～人 Dummkopf; Tor 2. →愚弄 3. meine Wenigkeit ～见 meine persönliche Meinung

愚笨 yúbèn dumm; schwachköpfig; einfältig

愚蠢 yúchǔn →愚笨

愚公移山 Yúgōng yí shān Yugong versetzt Berge / eine äußerst schwierige Aufgabe zielstrebig angehen

愚昧 yúmèi Unwissenheit; Ignoranz ～无知的人 Ignorant

愚民政策 yúmín zhèngcè Politik der Volksverdummung; Obskurantismus

愚弄 yúnòng hereinlegen; übertölpeln; jn zum Affen halten

隅 yú 1. Ecke; Winkel 一～之地 Eckplatz 2. Randgebiet 海～ Meeresküste

愉 yú →愉快

愉快 yúkuài fröhlich; froh; vergnügt; 心情～ gutgelaunt sein; rosiger Laune sein; frohgemut

逾(¹踰) yú 1. überschreiten; übertreffen 2. noch mehr

逾期 yúqī überfällig; Überfälligkeit ～未付 nicht zum festgesetzten Termin zahlen; keine Zahlung vor dem Fälligkeitstermin; den Zahlungstermin versäumen

逾越 yúyuè überschreiten; übertreten ～常规 mit Konventionen brechen; sich über Konventionen hinwegsetzen

榆 yú Ulme

余¹ yú ich

余²(餘) yú 1. übrig; restlich ～钱 restliches Geld 2. Rest einer großen Zahl oder Maßeinheit 一百～人 über ein hundert Menschen 3. außer; nach 工作之～ nach Feierabend; in seiner Freizeit

余波 yúbō Nachwirkung

余党 yúdǎng restliche Anhänger einer reaktionären Clique

余地 yúdì Spielraum; Raum; Bewegungsfreiheit 留有～ Spielraum lassen; einer Sache Raum geben

余额 yú'é 1. freie Stelle 2. Restbetrag; Restsumme; Saldo

余割 yúgē Kosekans

余悸 yújì nachwirkende Furcht (Angst) 犹有～ der Schreck sitzt einem noch in den Knochen (Gliedern)

余烬 yújìn glühende Asche; Verbrennungsrückstände 劫后～ rauchende Trümmer nach einer Brandschatzung

余款 yúkuǎn Restbetrag; Restsumme

余粮 yúliáng nach Eigenverbrauch übriggebliebenes Getreide

余孽 yúniè übriggebliebene asoziale Elemente oder finstere Mächte 封建～ überlebendes Feudalgesindel

余切 yúqiē Kotangens

余生 yúshēng 1. Lebensabend 2. Leben einer Person, die einer tödlichen Gefahr mit knapper Not entgangen ist 虎口～ ein großes Unheil überleben

余数 yúshù Rest; Residuum

余弦 yúxián Kosinus

余兴 yúxìng 1. js fröhliche Stimmung, die nach einer unterhaltsamen Veranstaltung immer noch nicht verflogen ist 2. kulturelle Veranstaltung im Anschluss an eine Versammlung oder ein Bankett

鱼(魚) yú Fisch ～汤 Fischsuppe ～塘 Fischteich

鱼鳔 yúbiào Fischblase

鱼翅 yúchì Haifischflosse

鱼饵 yú'ěr Fischköder; Aas

鱼竿 yúgān Angelrute

鱼肝油 yúgānyóu Lebertran

鱼贯 yúguàn hintereinander; einer nach dem anderen ～而行 hintereinander gehen

鱼胶 yújiāo Fischleim

鱼雷 yúléi Torpedo ～艇 Torpedoboot

鱼鳞 yúlín Fischschuppen

鱼苗 yúmiáo junger Fisch; Setzling

鱼目混珠 yú mù hùn zhū Falsches als Richtiges ausgeben

鱼漂 yúpiāo Flöße; Schwimmer; Flott
鱼肉 yúròu unterdrücken und ausbeuten ～百姓 die Bevölkerung unterdrücken und ausbeuten
鱼松 yúsōng Fasern gedörrter Fische
鱼网 yúwǎng Fischnetz
鱼鲜 yúxiān essbare Fische und Schalentiere
鱼汛 yúxùn Fischfangsaison
鱼子 yúzǐ Fischrogen

渔(漁) yú 1. fischen; Fischfang ～翁 alter Fischer 2. nach etwas, was einem nicht gebührt, streben
渔产 yúchǎn Fischereiprodukte
渔场 yúchǎng Fischfanggebiet
渔船 yúchuán Fischerboot
渔具 yújù Fischergerät; Angelgerät
渔利 yúlì 1. auf unehrliche Weise Profit schlagen 从中～ eine Chance ausnutzen, um einen persönlichen Vorteil für sich herauszuschlagen 2. rechtswidriger Gewinn (Vorteil) 坐收～ der lachende Dritte sein
渔轮 yúlún Fischdampfer; Kutter
渔民 yúmín Fischer
渔业 yúyè Fischerei

予 yú 另见 yǔ
ich

宇 yǔ 1. Dachrinne; Dachtraufe 2. Haus 3. Weltall; Kosmos; Welt ～内 in der Welt
宇航 yǔháng 1. Raumfahrt 2. die Raumfahrt betreffend ～员 Kosmonaut; Raumfahrer; Astronaut
宇宙 yǔzhòu 1. Kosmos; Weltall ～空间 Weltraum; Leere des Weltalls ～飞船 Raumschiff ～火箭 Weltraumrakete 2. Welt ～观 Weltanschauung

语 yǔ 1. Sprache 本国～ Muttersprache 2. sprechen 低～ leise, ohne Stimme reden; flüstern 3. Redensart; Sprichwort 4. (als Kommunikationsmittel dienend) Signal; Zeichen 灯～ Leuchtsignal
语病 yǔbìng verunglückter Ausdruck (Ausspruch); Stilblüte
语调 yǔdiào Satzmelodie; Intonation
语法 yǔfǎ 1. Grammatik ～规则 Grammatikregel; Sprachregel 2. Sprachlehre; Grammatik 历史～ historische Grammatik
语汇 yǔhuì Wortschatz; Vokabular; Sprachgut
语句 yǔjù Satz
语录 yǔlù Zitat; ausgezeichneter Ausspruch
语气 yǔqì 1. Ton; Art des Sprechens ～冷淡 teilnahmsloser Ton 2. Modus ～词 Modalpartikel
语文 yǔwén 1. Sprache und Schrift ～程度 Kompetenz 2. Sprache und Literatur ～学 Philologie
语无伦次 yǔ wú lún cì durcheinander reden; wirres Zeug reden; zusammenhanglos sprechen
语言 yǔyán Sprache ～修养 Sprachfähigkeit ～学 Sprachwissenschaft; Linguistik
语义 yǔyì Bedeutung der Wörter ～学 Semantik
语音 yǔyīn Laut ～学 Phonetik
语源 yǔyuán Herkunft der Wörter ～学 Etymologie

雨 yǔ Regen 下～ der Regen fällt / es regnet
雨点 yǔdiǎn Regentropfen
雨后春笋 yǔ hòu chūn sǔn wie Pilze aus der Erde schießen
雨季 yǔjì Regenzeit
雨具 yǔjù Regenschutz (Sammelbezeichnung für Regenschirme, Regenmäntel u. a.)
雨量 yǔliàng Regenmenge; Niederschlagsmenge ～中等 mäßiger Regen; mittelmäßige Niederschlagsmenge
雨伞 yǔsǎn Regenschirm
雨水[1] yǔshuǐ Regenwasser
雨水[2] yǔshuǐ „Regenwasser" (Bezeichnung für den 18., 19. oder 20. Februar)
雨天 yǔtiān Regentag
雨鞋 yǔxié Gummischuhe; Gummistiefel; Galoschen
雨衣 yǔyī Regenmantel

与[1](與) yǔ 另见 yù
1. geben; zuteil werden ～人方便 jm etw erleichtern; anderen Hilfe anbieten (leisten); entgegenkommend 2. in Beziehungen stehend; befreundet ～国 befreundeter Staat 3. zustimmen; unterstützen ～人为善 jm wohlwollend gegenüberstehen

与[2](歟) yǔ 另见 yù
1. (Verhältniswort): ～此同时 zugleich; gleichzeitig; zur gleichen Zeit ～

Y

日俱增 mit jedem Tag zunehmen; Tag für Tag steigen 2. und 批评～自我批评 Kritik und Selbstkritik

与其 yǔqí (zum Ausdruck des Verzichtes auf eine der beiden Möglichkeiten, zwischen denen man sich entscheidet): ～…,不如… ... sollten nicht ..., als vielmehr ...; lieber ... als ...

与世长辞 yǔ shì cháng cí die Augen für immer schließen; die ewige Ruhe finden; aus dem Leben scheiden

伛(傴) yǔ

伛偻 yǔlǚ mit krummem Rücken; bucklig

羽 yǔ →羽毛

羽冠 yǔguān Federbusch

羽毛 yǔmáo 1. Feder; Gefieder 2. Haarkleid von Tieren 3. Ruhm

羽毛球 yǔmáoqiú 1. Badminton; Federballspiel ～运动员 Federballspieler 2. Federball

羽纱 yǔshā Kamelott

羽翼 yǔyì Helfer; hilfskraft

予 yǔ 另见 yú

geben; verleihen ～人口实 anderen eine Handhabe geben (bieten) vorzuwerfen

予以 yǔyǐ geben; gewähren ～协助 helfen ～批评 kritisieren; Kritik an jm/etw üben

育 yù 1. gebären; ～龄 gebährfähiges Alter 2. ernähren; großziehen; züchten 3. erziehen

育苗 yùmiáo Setzlinge ziehen

育种 yùzhǒng Saatzucht; Samen züchten; Samenbau ～场 Saatkamp

玉 yù 1. Jade ～镯 Jadearmreif 2. hübsch 3. (Höflichkeitsformel) Ihr ～体 Ihre Gesundheit; Ihre werte Person

玉雕 yùdiāo Jadeschnitzerei

玉兰 yùlán 1. Chinesischer Magnolienbaum 2. Magnolie

玉米 yùmǐ Mais ～面 Maismehl

玉器 yùqì Jadeartikel

玉蜀黍 yùshǔshǔ Mais

玉簪 yùzān Haarspange aus Jade

芋 yù →芋艿

芋艿 yùnǎi Taro

吁(籲) yù 另见 xū

anrufen; aufrufen

吁请 yùqǐng Anrufung; anrufen

域 yù Gebiet; Territorium ～外 außerhalb des Territoriums; Ausland; Fremde

郁[1] yù stark duftend

郁[2](鬱) yù 1. (von einer Vegetation) üppig 2. (von Sorge, Zorn usw.) nicht auslassend

郁结 yùjié schwelen

郁金香 yùjīnxiāng Tulpe

郁闷 yùmèn Verdrießlichkeit; Freudlosigkeit 心情～ deprimiert sein; Trübsal blasen

郁郁 yùyù 1. üppig 一片～葱葱的树林 dichter Wald 2. depressiv; niedergeschlagen ～寡欢 schwarzen Gedanken nachhängen

与(與) yù 另见 yǔ

teilnehmen; sich beteiligen ～会国 Teilnehmerstaat

誉(譽) yù 1. Ruhm; Ruf ～满全国 einen guten Ruf im ganzen Land genießen 2. loben; rühmen; würdigen

寓(庽) yù 1. wohnen 2. →寓所 3. inhärieren; innewohnen; mitenthalten ～有深意 ein tiefer Sinn wohnt ... inne

寓居 yùjū (meist als Zuzügler) ansässig werden; seinen Wohnsitz aufschlagen

寓所 yùsuǒ Wohnhaus; Wohnung

寓言 yùyán 1. Allegorie; Anspielung 2. Fabel; Parabel

寓意 yùyì versteckter Hinweis; Sinn

遇 yù 1. begegnen; treffen ～雨 vom Regen überrascht werden ～事与群众商量 bei auftauchenden Problemen sich mit den Massen beraten 2. behandeln 优～ Vorzugsbehandlung; bevorzugen 3. Chance; Gelegenheit

遇害 yùhài ermordet werden

遇见 yùjiàn begegnen; treffen

遇救 yùjiù gerettet (geborgen) werden

遇难 yùnàn tödlich verunglücken; einer Verfolgung zum Opfer fallen; bei einem Unfall ums Leben kommen

遇险 yùxiǎn in Gefahr (Not) kommen (sein)

浴 yù baden; ein Bad nehmen 冷水～ ein kaltes Bad nehmen
浴场 yùchǎng Freibad 海滨～ Strandbad
浴池 yùchí 1. Badebecken 2. Badehaus
浴缸 yùgāng Badewanne
浴室 yùshì Badezimmer; Duschecke
浴血 yùxuè blutig; Blutbad ～奋战 blutige Kämpfe führen
浴衣 yùyī Bademantel

裕 yù reich; reichlich; sich bereichern
裕如 yùrú mühelos; mit Leichtigkeit

欲（[1]慾）yù 1. →欲望 求知～ Lernbegierde; Wissensdurst; Wissensdrang 2. wollen; beabsichtigen ～罢不能 eine fortgesetzte Tätigkeit aufgeben wollen, es aber nicht können 3. werden 东方～晓 es dämmert im Osten
欲盖弥彰 yù gài mí zhāng man versucht die Wahrheit (meist von etwas Schlechtem) zu verschleiern, aber im Endeffekt offenbart sie sich
欲速则不达 yù sù zé bù dá Übereilung führt zu keinem Erfolg; Eile mit Weile
欲望 yùwàng Drang; Begierde; Wunsch

谕 yù anweisen; anordnen 面～ jm persönlich einen Auftrag geben

愈[1]（瘉、癒）yù genesen; gesunden 病～ von einer Krankheit genesen; gesunden

愈[2] yù je ..., desto ... ～多～好 je mehr, desto (um so) besser

喻 yù 1. erklären; informieren 不可理～ kein Argument kann jn zur Einsicht bringen; jd verschließt sich allen Argumenten 2. verstehen; bekannt sein 不言而～ selbstverständlich; das versteht sich von selbst 3. Beispiel; Gleichnis

御[1] yù 1. einen Pferdewagen lenken ～者 Rosselenker; Kutscher 2. kaiserlich ～赐 Geschenk vom Kaiser

御[2]（禦）yù abhalten; abwehren ～寒 Kälte abhalten ～敌 den Feind abhalten; dem Feind Widerstand leisten
御用 yùyòng 1. dem Kaiser dienend 2. von den herrschenden Kreisen gedungen ～文人 von den herrschenden Kreisen bezahlter Schreiberling

狱（獄）yù 1. Gefängnis; Zuchthaus 入～ ins Gefängnis kommen 2. Prozess; Fall 冤～ Unrechtmäßigkeit; Unrechtsprozess Unrechtsurteil
狱卒 yùzú Gefängniswärter

预 yù →预先 ～选 Vorwahl
预报 yùbào prophezeien; voraussagen; vorhersagen 天气～ Wettervorhersage; Wetterbericht
预备 yùbèi vorbereiten ～役 Reservedienst ～会议 Vorbereitungskonferenz; Vorkonferenz ～党员 Kandidat der Partei
预测 yùcè hochrechnen; prognostizieren; eine Prognose stellen
预定 yùdìng vorherbestimmen; vorsehen; vereinbaren ～时间 einen Termin vereinbaren
预订 yùdìng vorbestellen; reservieren; buchen
预防 yùfáng vorbeugen; verhüten ～措施 vorbeugende Maßnahme; Vorsorge; Präventivmaßnahme
预感 yùgǎn 1. ahnen; vorausahnen 2. Ahnung; Vorahnung; Vorgefühl 不祥的～ Vorahnung drohender Gefahr
预告 yùgào 1. ankündigen; ansagen 2. Ankündigung Voranzeige; Vorhersage 新片～ Filmvorschau
预计 yùjì vorausberechnen; ansetzen; schätzen; Vorkalkulation
预见 yùjiàn 1. vorausnehmen; voraussehen; vorhersehen 2. Weitblick; Voraussschau; Voraussicht 科学的～ wissenschaftliche Weitsicht
预料 yùliào 1. voraussehen; vorausahnen; erwarten 2. Erwartung; Voraussicht; Antizipation
预谋 yùmóu vorsätzlich; abkarten
预算 yùsuàn Haushalt; Etat
预习 yùxí vorbereiten
预先 yùxiān vorher; im Voraus; pränumerando ～通知 vorher Bescheid sagen
预言 yùyán 1. prophezeien; voraussagen 2. Prophezeiung; Voraussage
预约 yùyuē sich voranmelden; vereinbaren ～挂号 Voranmeldung

预兆 yùzhào 1. Anzeichen; Vorzeichen; Vorbedeutung 2. verheißen; versprechen
预支 yùzhī 1. Vorwegleistung; Vorschuss 2. einen Vorschuss erhalten ～工资 das Gehalt (den Lohn) im Voraus ausgezahlt bekommen
预制板 yùzhìbǎn vorfabrizierte Betonplatte

鹬 yù Schnepfe

熨 yù 另见 yùn

熨贴 yùtiē 1. passend; treffend 用词～ treffend formulieren; treffende Wortwahl; sich gewählt ausdrücken 2. beruhigt sein

妪(嫗) yù alte Frau

驭 yù (einen Pferdewagen) lenken

驭手 yùshǒu Lasttiertreiber in der Armee

渊(淵) yuān 1. tiefes Wasser 深～ tiefes Wasser; Tiefe; Abgrund 2. tief ～泉 tiefe Quelle

渊博 yuānbó beschlagen; gebildet; belesen 学识～ reiche Kenntnisse (profundes Wissen) besitzen
渊源 yuānyuán Ursprung; Herkunft 历史～ historische Herkunft

冤(寃) yuān 1. →冤枉 2. →冤仇 3. →冤枉 3

冤案 yuān'àn Unrechtmäßigkeit; Unrechtsprozess
冤仇 yuānchóu Hass; Feindschaft
冤家 yuānjiā Feind; Gegner; Widersacher ～对头 unversöhnlicher Gegner
冤枉 yuānwang 1. zu Unrecht beschuldigt werden; ungerecht behandelt werden; Unrecht erleiden 受～ unrecht bekommen; jm geschieht ein Unrecht 2. jn zu Unrecht beschuldigen; jn ungerecht behandeln; jm Unrecht zufügen ～好人 einen Unschuldigen reinhängen 3. vergeblich; umsonst; zwecklos 这钱花得真～ es hat sich nicht gelohnt, das Geld auszugeben / das Geld wurde umsonst ausgegeben

鸢 yuān Gabelweihe

鸳 yuān

鸳鸯 yuānyāng 1. Männchen und Weibchen der Mandarinente 2. glückliches Ehepaar

元¹ yuán 1. Anfang; erste (r, s) 2. Haupt-; Ober- ～凶 Hauptverbrecher

元² yuán Yuan

元宝 yuánbǎo Gold- oder Silberbarren in schuhähnlicher Form
元旦 Yuándàn Neujahr; erster Tag des Jahres
元件 yuánjiàn Bauelement; Element; Bauteil
元老 yuánlǎo Vater; Veteran
元年 yuánnián erstes Regierungsjahr eines Kaisers oder Fürsten; erstes Jahr einer Zeitrechnung; erstes Amtsjahr einer Regierung
元气 yuánqì Lebenskraft; Vitalität 恢复～ (von Menschen) die Gesundheit wiederherstellen; (einen Staat, eine Organisation) wieder ins rechte Gleis bringen
元首 yuánshǒu Führer; Oberhaupt 国家～ Staatsoberhaupt
元帅 yuánshuài Marschall
元素 yuánsù Element; Grundbestandteil 放射性～ radioaktives Element
元宵节 Yuánxiāo jié Laternenfest (am 15. des ersten Monats nach dem chinesischen Mondkalender)
元勋 yuánxūn verdienstvolle Person; Vorkämpfer
元音 yuányīn Vokal
元月 yuányuè der erste Monat nach dem chinesischen Mondkalender; Januar

园(園) yuán 1. gärtnerische Anlage; Garten; Plantage 2. Park; Garten

园地 yuándì 1. →园 1 2. Bereich; Welt 文艺～ Bereich der Literatur und Kunst
园丁 yuándīng 1. Gärtner 2. Lehrer
园林 yuánlín Gartenanlage; Parkanlage; Park; Garten ～艺术 Gartenkunst
园艺 yuányì Gartenwirtschaft; Gärtnerei; Gartenbau

鼋(黿) yuán →鼋鱼

鼋鱼 yuányú Weichschildkröte

辕 yuán Deichsel

猿(猨) yuán Affe

猿人 yuánrén Affenmensch 北京～ Peking-mensch

垣 yuán 1. Mauer 城～ Stadtmauer 2. Stadt

原[1] yuán 1. →原始 1 2. →原来 1 ～定计划 ursprünglicher Plan 3. unverarbeitet；roh ～汁 eigener (reiner) Saft

原[2] yuán →原谅

原版 yuánbǎn Archetyp；Originalausgabe ～片 Originalfilm

原地 yuándì an derselben Stelle；an Ort und Stelle ～踏步 auf der Stelle treten

原动力 yuándònglì Antriebskraft；Dynamik

原封 yuánfēng ungeöffnet；unverändert ～不动 etw beim alten belassen；es dabei belassen

原稿 yuángǎo Manuskript；Original；Urschrift

原告 yuángào Kläger；Ankläger

原籍 yuánjí Heimatort der Vorfahren

原来 yuánlái 1. früher 2. (zum Ausdruck des Verstehens)：～如此！Aha！/ Ach so！

原理 yuánlǐ Grundsatz；Lehrsatz；Leitsatz

原谅 yuánliàng entschuldigen；verzeihen

原料 yuánliào Rohstoff；Rohmaterial；Grundstoff

原煤 yuánméi Förderkohle；Grobkohle

原配 yuánpèi erste Ehefrau

原声带 yuánshēngdài Originalkassette

原始 yuánshǐ 1. den Anfang oder das erste bezeichnend；aus erster Hand ～资料 Material aus erster Hand (Quelle) ～积累 Urakkumulation 2. uralt；unerschlossen ～社会 Urgesellschaft

原委 yuánwěi von A bis Z；ganze Geschichte；alles 说明～ den Hergang von etw erzählen

原文 yuánwén 1. Originaltext；Urschrift；Urtext 2. Quelle

原先 yuánxiān früher；ursprünglich

原形 yuánxíng ursprüngliche Form；wahres Gesicht ～毕露 sich in seiner wahren Gestalt zeigen；sich entpuppen (entlarven)

原型 yuánxíng Archetyp；Prototyp；Urtyp

原野 yuányě weites Feld；offenes Gelände

原意 yuányì eigentlicher Sinn；ursprüngliche Bedeutung

原因 yuányīn Grund；Ursache；Wurzel ～何在？Wo liegt die Ursache？/ Woran liegt es？

原则 yuánzé Prinzip；Grundsatz ～上我同意 im Prinzip stimme ich zu

原主 yuánzhǔ Besitzer；Eigentümer 物归～ etw seinem rechtmäßigen Eigentümer zurückgeben；Rückfall

原著 yuánzhù Original；Primärliteratur

原状 yuánzhuàng Urzustand；Status quo ante 维持～ den Status quo ante aufrechterhalten

原子 yuánzǐ Atom ～弹 Atombombe；A-Bombe ～能 Kernenergie ～反应堆 Kernreaktor

源 yuán 1. Ursprung；Quelle 河～ Ursprung eines Flusses 2. Herkunft；Quelle；Wurzel 病～ Ursache einer Krankheit

源泉 yuánquán Quelle 知识的～ Quelle des Wissens

源源 yuányuán ohne Unterbrechung (Unterlass) ～不绝 ununterbrochen；ständig

员 yuán 1. Person, die einem Beruf nachgeht oder Kenntnisse (Fertigkeiten) erwirbt 2. Mitglied 党～ Parteimitglied

员额 yuán'é festgelegte Kopfzahl；Stellenplan

员工 yuángōng Angestellte und Arbeiter；Belegschaft

圆 yuán 1. rund ～月 Vollmond 2. →圆周 3. vollkommen；umsichtig 话说得很～ diese Bemerkungen hat man taktvoll gemacht 4. abrunden；rechtfertigen

圆场 yuánchǎng vermitteln；begütigen 打～ einen Streit schlichten

圆规 yuánguī Zirkel；Stellzirkel

圆滑 yuánhuá diplomatisch；taktvoll；ausweichend；aalglatt

圆寂 yuánjì Nirwana

圆满 yuánmǎn vollendet；zufriedenstellend

圆圈 yuánquān Kreis；Ring

圆舞曲 yuánwǔqǔ Walzer

圆心 yuánxīn Mittelpunkt eines Kreises ～角 Zentriwinkel

圆周 yuánzhōu Umkreis；Peripherie；Kreisumfang ～率 Pi；Ludolfsche Zahl

圆珠笔 yuánzhūbǐ Kugelschreiber；Kuli

圆柱体 yuánzhùtǐ Zylinder；Walze

圆锥 yuánzhuī Konus

圆桌 yuánzhuō runder Tisch ～会议 Konferenz am runden Tisch

圆子 yuánzi Klößchen aus klebrigem Reismehl mit Füllung；Kloß aus Fleisch (Fisch o. ä.)

援 yuán 1. sich mit den Händen nach oben ziehen 2. →援引 ～例 ein Beispiel anführen 3. helfen; unterstützen ～外 Auslandshilfe

援救 yuánjiù retten; bergen

援军 yuánjūn Entsatz; Zuzug

援引 yuányǐn 1. sich auf etw/jn berufen (beziehen); zitieren 2. seinen Bekannten empfehlen oder anstellen

援助 yuánzhù Hilfe; helfen

缘 yuán 1. →缘故 无～无故 ohne jeden Grund 2. →缘分 3. entlang ～水而行 den Bach entlang gehen

缘分 yuánfèn günstiger Zufall, der Menschen zusammenführt

缘故 yuángù Grund; Ursache

缘由 yuányóu →缘故

远(遠) yuǎn 1. weit; entfernt; fern ～处 Ferne; Entfernung 为时不～ in naher Zukunft 2. entfernt; weitläufig ～亲 entfernter (weitläufiger) Verwandter 3. bei weitem; weit; lange 我～不如他 ich bin ihm weit unterlegen / ich kann ihm nicht das Wasser reichen 4. sich distanzieren 敬而～之 die gebührende Distanz von (zu) jm wahren

远程 yuǎnchéng weitreichend ～导弹 Langstreckenrakete

远大 yuǎndà groß und weitreichend; zukunftsträchtig 前程～ eine große Zukunft haben

远道 yuǎndào langer Weg; weite Reise ～而来 von weither kommen

远东 yuǎndōng der Ferne Osten; Fernost

远方 yuǎnfāng Ferne

远古 yuǎngǔ Uralter

远见 yuǎnjiàn Voraussicht; Weitblick; Weitsicht ～卓识 weise Voraussicht

远景 yuǎnjǐng 1. Fernsicht; Fernblick; Perspektive 2. zukunftsträchtig ～规划 zukunftsträchtiger Plan; Perspektivplan

远视 yuǎnshì Weitsichtigkeit; Hypermetropie ～眼镜 Weitsichtigkeitsbrille

远行 yuǎnxíng eine weite (lange, große) Reise machen

远征 yuǎnzhēng Expedition; Feldzug ～军 Expeditionstruppe

远足 yuǎnzú Ausflug; Wanderung; Tour; Exkursion

院 yuàn 1. →院子 2. Bezeichnung für Regierungsorgane oder öffentliche Einrichtungen 学～ Hochschule; Institut 法～ Gerichtshof

院士 yuànshì Akademiemitglied 通讯～ korrespondierendes Akademiemitglied

院子 yuànzi Hof

愿(願) yuàn 1. Wunsch; Belieben; Hoffnung 2. →愿意 非我所～ das habe ich nicht gewollt / das war nicht meine Absicht

愿望 yuànwàng Wunsch; Hoffnung 主观～ subjektiver Wunsch

愿意 yuànyì 1. wollen; bereit sein 2. hoffen; wünschen 我不～见他 ich will ihn nicht sehen

怨 yuàn 1. →怨恨 私～ persönlicher Hass 2. tadeln; übelnehmen 死而无～ ohne Groll sterben

怨恨 yuànhèn 1. hassen; grollen 2. Hass; Groll; Unmut

怨气 yuànqì Unzufriedenheit; Widerwille

怨天尤人 yuàn tiān yóu rén mit Gott hadern; miesepetrig sein; Miesmacherei

怨言 yuànyán Klage 口出～ sich beklagen; nörgeln

苑 yuàn 1. Gehege; Wildpark 鹿～ Hirschgehege 2. Zentrum 文～ Zentrum der Literatur

曰 yuē 1. sagen 2. heißen; der Name ist ...

约 yuē 另见 yāo
1. →约定 2. →约请 3. Vereinbarung; Vertrag 立～ einen Vertrag schließen 4. →约束 5. ungefähr; etwa; ca. ～五公斤重 ungefähr fünf Kilo schwer 6. →约分

约定 yuēdìng verabreden; vereinbaren; ausmachen ～俗成 durch häufigen Gebrauch verbindlich geworden sein

约法 yuēfǎ provisorische Verfassung

约分 yuēfēn einen Bruch kürzen

约会 yuēhuì 1. sich verabreden; einen Termin vereinbaren 2. Verabredung; Rendezvous; Treffen 赴～ zur Verabredung gehen

约计 yuējì etwa betragen; grob schätzen

约略 yuēlüè annähernd; ungefähr
约期 yuēqī 1. einen Termin vereinbaren (festsetzen) ～会谈 einen Termin für ein Gespräch vereinbaren (ausmachen) 2. Termin 误了～ einen Termin versäumen 3. Frist eines Vertrags ～已满 der Vertrag ist abgelaufen
约请 yuēqǐng einladen; jn bestellen
约束 yuēshù jm/etw Zügel anlegen; an etw/jn gebunden sein; zügeln ～力 Verbindlichkeit
约数 yuēshù 1. ungefähre Summe 2. Divisor; Teiler 最大公～ größter Teiler (Divisor)

悦 yuè 1. froh; fröhlich 2. Freude bereiten; erfreuen; beglücken ～目 einen angenehmen Anblick bietend
悦耳 yuè'ěr wohlklingend; euphonisch

阅 yuè 1. →阅读 2. besichtigen
阅兵 yuèbīng eine Parade abnehmen; Truppenschau; Revue ～典礼 Paradezeremonie
阅读 yuèdú lesen
阅卷 yuèjuàn Prüfungsaufgaben korrigieren und benoten
阅览 yuèlǎn →阅读 ～室 Lesesaal
阅历 yuèlì 1. erleben 2. Erfahrung; Erlebnis ～很深 sehr erfahren sein

越[1] yuè 1. →越过 ～墙 über eine Mauer klettern 2. eine Stufe überspringen; Grenzen überschreiten

越[2] yuè je ..., desto ... ～早～好 je früher, desto (um so) besser ～干～有劲 der Arbeitseifer nimmt ständig zu
越冬 yuèdōng durchwintern; Winterschlaf halten ～作物 Wintergetreide
越发 yuèfā erst recht; noch mehr 天气～冷了 es wird immer kälter
越轨 yuèguǐ eine Vorschrift überschreiten; kontravenieren ～行为 Kontravention; mutwilliger Streich; Seitensprung
越过 yuèguò überschreiten; passieren; durchqueren ～国界 die Staatsgrenze überschreiten
越级 yuèjí die unmittelbar vorgesetzte Stelle überspringen
越境 yuèjìng illegaler Grenzübertritt
越权 yuèquán seine Befugnisse überschreiten
越野赛跑 yuèyě sàipǎo Geländelauf; Cross-Country-Lauf
越狱 yuèyù aus dem Gefängnis fliehen
越俎代庖 yuè zǔ dài páo jm ins Handwerk pfuschen

钺(戉) yuè Barte; Hellebarde; Streitaxt

跃(躍) yuè springen
跃进 yuèjìn 1. vorwärtsspringen 2. Sprung nach vorn
跃跃欲试 yuè yuè yù shì den dringenden Wunsch haben, etw zu tun

岳([1]嶽) yuè 1. hoher Berg 2. Eltern der Ehefrau oder Onkel der Ehefrau
岳父 yuèfù Schwiegervater
岳母 yuèmǔ Schwiegermutter

月 yuè 1. →月球; 月亮 新～ Neumond 2. Monat 3. monatlich ～产量 monatliche Produktion
月半 yuèbàn der 15. Tag eines Monats; Monatsmitte
月饼 yuèbing Mondkuchen (zum Mondfest am 15. Tag des 8. Monats nach dem chinesischen Mondkalender)
月初 yuèchū Anfang des Monats
月底 yuèdǐ Ende des Monats
月份 yuèfèn Monat ～牌 Kalender
月光 yuèguāng Mondschein; Mondlicht
月桂树 yuèguìshù Lorbeerbaum
月季 yuèjì 1. Monatsrosengewächs 2. Monatsrosen
月经 yuèjīng Menstruation; Monatsblutung; Regelblutung ～带 Monatsbinde
月刊 yuèkān Monatsschrift
月历 yuèlì Monatskalender
月亮 yuèliang Mond
月票 yuèpiào Monatskarte
月琴 yuèqín Mondgitarre (ein drei- oder viersaitiges Zupfinstrument mit rundem Resonanzkasten)
月球 yuèqiú Mond ～仪 Mondkugel
月食 yuèshí Mondfinsternis
月台 yuètái Bahnsteig ～票 Bahnsteigkarte
月下老人 yuè xià lǎo rén Ehestifter
月牙 yuèyá Mondsichel
月夜 yuèyè Mondnacht
月中 yuèzhōng Monatsmitte
月子 yuèzi der erste Monat nach der Ent-

bindung 坐～ im Wochenbett liegen 2. die Zeit der Niederkunft ～病 Wochenbettfieber

乐(樂) yuè 另见 lè
Musik
乐池 yuèchí Orchestergraben
乐队 yuèduì Orchester；Kapelle 民族～ Nationalinstrumentenorchester
乐谱 yuèpǔ Notenblatt；Musiknoten
乐器 yuèqì Musikinstrument
乐曲 yuèqǔ Musikstück；Tondichtung
乐团 yuètuán Orchester 交响～ Sinfonieorchester；Philharmonie

晕 yūn 另见 yùn
1. schwindlig 2. →晕倒
晕倒 yūndǎo ohnmächtig umsinken；in Ohnmacht fallen；synkopieren
晕头转向 yūn tóu zhuàn xiàng nicht wissen，was oben und was unten ist；durchgedreht sein；jm vergeht Hören und Sehen

云¹ yún sagen

云²(雲) yún Wolke 乌～ dunkle Wolke
云层 yúncéng Wolkenbank
云海 yúnhǎi Wolkenmeer
云集 yúnjí in großer Anzahl zusammenkommen（sich versammeln）
云母 yúnmǔ Glimmer
云雀 yúnquè Lerche
云梯 yúntī 1. Feuerwehrleiter 2. Sturmleiter
云霄 yúnxiāo Himmel 直上～ zum Himmel emporsteigen
云云 yúnyún（drückt aus，dass eine angeführte Aussage damit schließt，oder dass man dabei einiges fortfallen lässt）und so weiter；unter anderem

耘 yún jäten

芸 yún →芸薹
芸豆 yúndòu Gartenbohne
芸薹 yúntái Raps
芸香 yúnxiāng Raute
芸芸 yúnyún massenhaft；in Massen；in großen Mengen ～众生 alle Lebewesen；alle Sterblichen

纭 yún
纭纭 yúnyún bunt durcheinander

匀 yún 1. gleichmäßig 2. gleichmachen；ausgleichen 3. etw von etw an jn abgeben；einen Teil von etw anderweit verwenden
匀称 yúnchèn ebenmäßig；proportioniert；wohlgeformt
匀整 yúnzhěng gleichmäßig und sauber

殒 yǔn umkommen
殒命 yǔnmìng ums Leben kommen；zu Tode kommen

陨 yǔn →陨落
陨落 yǔnluò aus dem Himmelsraum fallen
陨石 yǔnshí Meteorit；Meteorstein ～雨 Meteoritenschauer
陨星 yǔnxīng Meteor

允¹ yǔn →允许

允² yǔn gerecht；unparteiisch
允诺 yǔnnuò versprechen；willigen；zusagen
允许 yǔnxǔ erlauben；gestatten；zulassen

晕 yùn 另见 yūn
1. schwindlig；drehend 头昏眼～ schwindlig sein；an Schwindelgefühl leiden 2. Lichthof
晕车 yùnchē Reisekrankheit；das Autofahren nicht vertragen können
晕船 yùnchuán Reisekrankheit；Seekrankheit；seekrank

运¹(運) yùn 1. →运动 1 2. →运输 空～ Beförderung per Luft 3. →运用 ～笔 den Pinsel führen；Pinselführung

运²(運) yùn →运气 恶～ Verhängnis
运筹 yùnchóu Strategien ausarbeiten；wohldurchdacht planen ～学 Unternehmensforschung；Operationsforschung ～帷幄 im Führungsstab strategische Pläne ausarbeiten
运动 yùndòng 1. sich bewegen；Bewegung 2. Sport；Körperkultur ～会 Sportfest；Spiele ～员 Sportler；Spieler 冬季～ Wintersport 3. Bewegung 整风～ Ausrichtungsbewegung
运动 yùndòng seine Beziehungen spielen lassen，um sich Vorteile zu verschaffen

运费 yùnfèi Beförderungskosten; Frachtgeld; Transportkosten
运河 yùnhé Kanal
运气 yùnqi 1. Glück; Los 好～ das große Los ziehen 2. seine inneren Kräfte auf einen bestimmten Körperteil konzentrieren
运输 yùnshū befördern; transportieren; verfrachten ～工具 Transportmittel
运送 yùnsòng befördern; spedieren; transportieren ～旅客 Fahrgäste befördern
运算 yùnsuàn rechnen
运行 yùnxíng sich bewegen; laufen; umlaufen 列车～图 Fahrplan
运用 yùnyòng anwenden; handhaben; praktizieren
运载 yùnzài führen; tragen ～火箭 Trägerrakete; Lastrakete
运转 yùnzhuàn 1. kreisen; Kreisbewegungen machen 2. laufen; in Betrieb sein

酝（醞） yùn
酝酿 yùnniàng brauen; gären; sich zusammenbrauen; sich über etw beraten

愠 yùn verdrießlich; verdrossen; verbissen 面有～色 ein verdrießliches Gesicht machen

蕴 yùn in sich bergen
蕴藏 yùncáng in sich bergen; etw schlummert in jm/etw 石油～量 Erdölvorkommen

韵（韻） yùn 1. Wohlklang; wohllaut 2. →韵母
韵脚 yùnjiǎo Reim
韵律 yùnlǜ Metrum; Rhythmik
韵母 yùnmǔ Vokal (einer chinesischen Silbe)
韵味 yùnwèi impliziter Sinn 别有～ einen besonderen, nachhaltigen; ästhetischen Reiz haben

孕 yùn 1. in sich tragen 2. schwanger sein; guter Hoffnung sein 有～ ein Kind erwarten; in anderen Umständen sein
孕妇 yùnfù Schwangere
孕育 yùnyù in sich tragen; mit sich bringen

熨 yùn 另见 yù
bügeln; plätten
熨斗 yùndǒu Bügeleisen

Z

扎（紥、紮） zā 另见 zhā
festbinden; bündeln; schnüren ～鞋带 die Schuhbänder binden ～辫子 das Haar in Zöpfe flechten; einen Zopf tragen

匝（帀） zā 1. Kreis 2. dicht; voll

咂 zā 1. (von einem Getränk oder einer Speise) nippen 2. →咂嘴 3. abschmecken; den Geschmack prüfen

咂嘴 zāzuǐ mit der Zunge schnalzen (als Ausdruck von Anerkennung, Bewunderung, Erstaunen usw.)

砸 zá 1. schlagen; herunterfallen 2. zerschlagen; zerbrechen ～个稀巴烂 etw kurz und klein schlagen

杂（亲、雜、襍） zá
1. vielfältig; verschiedenartig 2. vermischt

杂拌儿 zábànr 1. Mischung von eingezuckerten Trockenfrüchten 2. Allerlei; Gemisch

杂草 zácǎo Unkraut ～丛生 das Unkraut wuchert

杂费 záfèi 1. Unkosten; Nebenausgaben 2. Gebühren für Sonderzwecke (in der Schule)

杂感 zágǎn 1. einzelne Eindrücke 2. Notizen über einzelne Eindrücke; Miszellen

杂烩 záhuì 1. Allerlei; Labskaus; Eintopf 2. Sammelsurium; Potpourri

杂货 záhuò Kramwaren ～店 Kramladen; Drugstore

杂技 zájì Akrobatik ～演员 Akrobat; Artist; Jongleur

杂交 zájiāo kreuzen; Kreuzung; Promiskuität

杂粮 záliáng Getreidearten außer Reis und Weizen

杂乱 záluàn durcheinander; ungeordnet; chaotisch ～无章 kunterbunt durcheinander; regelloses (wirres) Durcheinander; Unordnung

杂色 zásè scheckig; bunt; verschiedenfarbig

杂碎 zásui gekochte und kleingeschnittene Innereien von Rind oder Hammel

杂文 záwén Essay

杂务 záwù außerberufliche (nebensächliche) Dienste ～工 Hausdiener; Hausmeister

杂志 zázhì 1. Zeitschrift; Magazin; Revue 2. Notiz

杂质 zázhì Beimischung; Einschluss; Fremdkörper

杂种 zázhǒng 1. Bastard; Hybride; Kreuzung 2. Schweinehund

咋（怎） zǎ 另见 zhā
wie; warum ～办 Was soll man machen?

灾（災） zāi 1. →灾害 防～ Katastrophenvorsorge 2. Unglück; Not

灾害 zāihài Katastrophe 自然～ Naturkatastrophe

灾荒 zāihuāng Hungersnot 闹～ von einer Hungersnot heimgesucht werden

灾民 zāimín von der Katastrophe (von dem Unglück) Betroffene

灾难 zāinàn Plage; Unheil; Katastrophe

灾情 zāiqíng Ausmaß des von Naturkatastrophen angerichteten Schadens

灾区 zāiqū Katastrophengebiet

栽¹ zāi 1. →栽种 ～花 Blumen pflanzen 2. setzen; hinstellen ～电线杆 einen Leitungsmast aufstellen 3. unterstellen; aufbürden ～上罪名 jm die Schuld an etw geben

栽² zāi →栽倒

栽倒 zāidǎo fallen; purzeln; hinfallen; umfallen

栽跟头 zāi gēntou 1. →栽倒 2. misslingen; scheitern

栽培 zāipéi 1. pflanzen; pflegen; ziehen

2. erziehen; heranbilden ～人才 Begabte fördern; Fachkräfte heranbilden 3. protegieren; fördern
栽赃 zāizāng einem anderen Diebesgut unterschieben, um ihn damit zu belasten
栽种 zāizhòng anbauen; pflanzen

宰[1] zǎi regieren

宰[2] zǎi →宰杀
宰割 zǎigē angreifen, unterdrücken und ausbeuten 任人～ js Willkür ausgesetzt sein
宰杀 zǎishā schlachten; (Geflügel) abkehlen; (Schweine, Rinder) stechen
宰相 zǎixiàng Kanzler

载[1] zǎi 另见 zài
Jahr

载[2] zǎi 另见 zài
registrieren; eintragen ～入史册 in die Geschichte eingehen

崽(仔) zǎi '仔' 另见 zǐ
1. Sohn 2. →崽子
崽子 zǎizi Jungtier; Junge

载 zài 另见 zǎi
1. laden; tragen 2. voll; ganz 风雪～途 überall auf der Wegstrecke herrschte Schneefegen
载波 zàibō Trägerwelle ～电话 Trägerstromfernsprechen
载体 zàitǐ Träger; Überträger
载重 zàizhòng Belastung ～汽车 Lastkraftwagen; Laster ～量 Ladegewicht

再 *zài 1. noch einmal; nochmals; zum* zweiten Mal ～等几天 noch einige Tage abwarten 2. noch mehr 必须～快一些 es muss noch etwas schneller vorgehen 3. wenn es so bleibt, dann ... ～不走就要赶不上火车了 wenn du dich nicht gleich auf den Weg machst, erreichst du deinen Zug nicht mehr 4. danach; und dann 工作一会儿～走 vor dem Weggang eine Weile arbeiten
再版 zàibǎn (ein Buch) neu auflegen; im Neudruck erscheinen; Neuauflage; Wiederabdruck ～本 Neudruck; Neuauflage
再会 zàihuì →再见
再婚 zàihūn wieder heiraten; in zweiter Ehe verheiratet sein; Wiederverheiratung
再见 zàijiàn Auf Wiedersehen! / Tschüs! / Bis bald! 明天～ Bis morgen!
再接再厉 zài jiē zài lì unermüdlich Anstrengungen machen
再三 zàisān immer wieder; wieder und wieder ～挽留 jn immer wieder zum Bleiben zu überreden versuchen
再生 zàishēng 1. (vom Tode) auferstehen; wiedergeboren 2. Neubildung; Regeneration
再生产 zàishēngchǎn Reproduktion
再现 zàixiàn wiedererscheinen; wiederkehren; wiederkommen

在 zài 1. existieren; leben 精神永～ js Geist bleibt ewig jung 2. (zur Bildung einer Ortsangabe): 他～不～厂里? Ist er in der Fabrik? 3. →在于 2 4. (zur Bildung der Angabe von Zeit, Ort, Umständen o. ä.): ～屋子里 im Zimmer sein 展览会将～下周开幕 die Ausstellung wird nächste Woche eröffnet 5. bei etw sein; dabei sein, etw zu tun 他～晒太阳 er sonnt sich gerade
在场 zàichǎng da sein; zugegen sein; dabei sein; anwesend sein
在行 zàiháng mit etw vertraut sein; in einem Fachgebiet Bescheid wissen; fachkundig
在即 zàijí vor der Tür stehen; sich bald ereignen 行期～ die Abreise rückt näher
在家 zàijiā 1. zu Hause sein 2. Laie (Nichtgeistlicher) sein
在教 zàijiào 1. sich zu einer Religion bekennen 2. sich zum Islam bekennen
在世 zàishì leben; am Leben sein
在逃 zàitáo auf der Flucht sein; auf freiem Fuß sein; flüchtig
在望 zàiwàng 1. in Sicht sein (kommen); aufkommen 2. in Aussicht stehen; zu erwarten sein 胜利～ der Sieg steht in Aussicht
在位 zàiwèi auf dem Thron sitzen
在线 zàixiàn online; online sein
在押 zàiyā sich in Haft befinden; inhaftiert sein
在野 zàiyě nicht im Amt sein; nicht an der Macht sein ～党 Oppositionspartei
在意 zàiyì sich etw zu Herzen nehmen; aufpassen 毫不～ einer Sache keine Aufmerksamkeit schenken; über etw er-

Z

haben sein
在于 zàiyú 1. in etw bestehen; in etw liegen 问题～… das Problem liegt darin, dass ... 2. von jm/etw abhängen; etw liegt bei jm 成败全～我们自己 ob die Sache gelingt oder scheitert, hängt von uns selbst ab
在职 zàizhí im Amt sein; im Berufsleben stehen ～干部 im Amt befindlicher Funktionär ～进修 Weiterbildung, bei der die Arbeitsstelle oder das Amt des Fortzubildenden beibehalten ist
在座 zàizuò anwesend; zugegen

簪 zān 1. →簪子 2. ins Haar stecken; im Haar tragen ～花 Blumen ins Haar stecken
簪子 zānzi Haarpfeil; Haarspange

咱(喒、偺) zán 1. →咱们 2. ich
咱们 zánmen 1. wir ～商量一下 darüber wollen wir mal sprechen 2. ich; du

攒(儹) zǎn 另见 cuán
sparen; zurücklegen ～钱 Geld sparen (zusammenhalten)

暂 zàn 1. kurze Zeit 2. →暂时 ～借 für eine kurze Zeit leihen
暂且 zànqiě bis auf weiteres; vorderhand; vorläufig
暂时 zànshí einstweilig; vorübergehend; provisorisch
暂行 zànxíng vorläufig; provisorisch ～条例 Übergangsbestimmung

錾 zàn 1. gravieren; ziselieren; stechen ～金 Gold ziselieren 2. →錾子;錾刀
錾刀 zàndāo Meißel; Stichel
錾子 zànzi Stechbeitel; Meißel

赞(賛、²讚) zàn 1. helfen; unterstützen 2. →赞许;赞美 ～不绝口 des Lobes voll über jn/etw sein
赞成 zànchéng jm/etw beistimmen; für jn/etw eintreten; für jn sprechen
赞歌 zàngē Loblied; Hymne; Hohelied
赞美 zànměi besingen; lobpreisen; rühmen ～诗 Kirchenlied; Hymne; Lobspruch
赞赏 zànshǎng bewundern; anerkennen; würdigen
赞叹 zàntàn bestaunen; anstaunen 令人～ staunenswert; jn zur Bewunderung hinreißen
赞同 zàntóng →赞成
赞许 zànxǔ anerkennen; würdigen; Beifall äußern
赞扬 zànyáng rühmen; preisen; loben
赞助 zànzhù finanziell unterstützen; sponsern ～人 Sponsor

赃(贜、贓) zāng →赃物 退～ Diebesgut an seinen Eigentümer zurückgeben
赃款 zāngkuǎn unterschlagenes (gestohlenes) Geld
赃物 zāngwù Diebesgut; Beute; Bestechungsgelder 窝藏～ Diebesgut hehlen (verbergen)

脏(髒) zāng 另见 zàng
schmutzig; beschmutzt 把书弄～了 Bücher schmutzig machen

葬 zàng 1. beerdigen; begraben 2. (andere Bestattungsarten): 海～ Seebestattung 火～ Feuerbestattung; Einäscherung
葬礼 zànglǐ Beisetzung; Trauerfeier; Totenfeier
葬送 zàngsòng zugrunde richten; ins Verderben bringen

藏[1] zàng 另见 cáng
1. Lager; Speicher 2. buddhistische oder taoistische Schriften

藏[2] Zàng 另见 cáng
→藏族
藏青 zàngqīng dunkelblau
藏族 Zàngzú tibetische Nationalität

脏(臟) zàng 另见 zāng
Eingeweide 肾～ Nieren
脏器 zàngqì innere Organe

糟 zāo 1. Schlempe 2. in gewürzten Salz-Reiswein-Aufguss einlegen ～肉 in gewürzten Salz-Reiswein-Aufguss eingelegtes Fleisch 3. →糟糕
糟糕 zāogāo im Argen liegen; geliefert sein 真～ das ist fatal / da haben wir den Salat
糟粕 zāopò Geläger; Wertloses 弃其～，取其精华 die Spreu vom Weizen trennen (sondern); Schlechtes vom Guten trennen

糟蹋 zāotà 1. verschwenden; vergeuden; beschädigen ～身体 mit seiner Gesundheit Schindluder treiben 白白～粮食 Getreide vergeuden 2. beleidigen; vergewaltigen; mit Füßen treten

遭[1] zāo →遭受; 遭遇 1 必～失败 zum Scheitern verurteilt werden; zwangsläufig eine Niederlage erleiden

遭[2] zāo 1. Mal 2. Kreis; Runde

遭劫 zāojié von einer Katastrophe heimgesucht werden

遭受 zāoshòu erleiden; durchmachen; davontragen ～打击 einen Schlag bekommen ～挫折 einen Fehlschlag erleiden

遭殃 zāoyāng von einem Unheil heimgesucht werden

遭遇 zāoyù 1. etw passiert (widerfährt) jm; etw stößt jm zu ～不幸 von einem Unglück betroffen werden; jm stößt ein Unglück zu 2. bitteres Los; unglückliche Erlebnisse

凿(鑿) záo 另见 zuò 1. →凿子 2. bohren; graben ～井 einen Brunnen bohren

凿子 záozi Bossiereisen; Meißel; Stechbeitel

枣(棗) zǎo 1. Chinesische Dattel; Brustbeere 2. Dattel

枣红 zǎohóng dattelrot

枣泥 zǎoní Dattelpüree

早 zǎo 1. →早晨 从～到晚 von morgens bis abends 2. längst; vor langer Zeit 他～走了 er ist längst weg 3. früh ～稻 Frühreis 4. etwas früher ～睡～起 früher ins Bett gehen und früher aufstehen 5. Guten Morgen!

早安 zǎo'ān Guten Morgen!

早班 zǎobān Frühschicht

早操 zǎocāo Morgengymnastik

早茶 zǎochá Morgentee

早产 zǎochǎn Frühgeburt; vorzeitig gebären ～儿 zu früh geborenes Kind; Frühgeburt

早晨 zǎochen Morgen

早春 zǎochūn Vorfrühling

早点 zǎodiǎn Frühstück

早饭 zǎofàn Frühstück 吃～ frühstücken; sein Frühstück verzehren

早婚 zǎohūn frühe Heirat; früh verheiratet sein

早期 zǎoqī Frühzeit; früh

早日 zǎorì bald; vorzeitig

早熟 zǎoshú 1. Frühreife; Prämaturität; frühreif 2. frühreif

早衰 zǎoshuāi Frühvergreisung; vorzeitig altern

早退 zǎotuì den Unterrichts-, Sitzungs- oder Arbeitsraum vorzeitig (vor Ablauf der Unterrichtsstunde, Sitzung oder Arbeitsschicht) verlassen

早晚 zǎowǎn 1. morgens und abends 2. früher oder später; über kurz oder lang

早先 zǎoxiān früher; vorher

澡 zǎo baden; ein Bad nehmen

澡盆 zǎopén Badewanne

澡堂 zǎotáng Badeanstalt

藻 zǎo →藻类植物

藻类植物 zǎolèi zhíwù Alge

蚤 zǎo Floh

灶(竈) zào 1. Küchenherd 煤气～ Gasherd 2. Küche

灶神 zàoshén Küchengott

燥 zào trocken ～热 föhnig; trocken und warm; trockene Hitze

噪(²譟) zào 1. pfeifen; zwitschern; zirpen 2. Lärm; Geschrei; starkes Geräusch

噪声 zàoshēng →噪音

噪音 zàoyīn Geräusch; Lärm; Nebengeräusch

躁 zào unruhig; hektisch 戒骄戒～ sich vor Überheblichkeit und Unbesonnenheit hüten

造[1] zào 1. bauen; herstellen; schaffen ～船 ein Schiff bauen ～机器 eine Maschine herstellen 2. zusammenstellen; (Verzeichnis) anlegen; aufstellen ～名册 eine Namenliste zusammenstellen ～预算 den Haushalt aufstellen 3. andichten; erdenken; erlügen

造[2] zào Partner eines Vertrages; einer der beiden Gegner im Rechtsstreit 两～ beide Parteien

Z

造[3] zào ausbilden; erziehen; fördern 可～之才 potentielles Talent; eine vielversprechende Person
造反 zàofǎn Meuterei; Rebellion; rebellieren
造访 zàofǎng einen Besuch abstatten; jn aufsuchen (besuchen)
造福 zàofú jm Glück bringen 为人民～ dem Wohl des Volkes dienen
造化 zàohuà Schöpfer; Natur
造化 zàohua Glück
造价 zàojià Baukosten; Herstellungskosten
造就 zàojiù 1. ausbilden; heranbilden; qualifizieren ～人才 Fachkräfte ausbilden 2. →造诣
造句 zàojù einen Satz bilden
造林 zàolín aufforsten; Waldbau
造型 zàoxíng 1. formen; Formgebung ～艺术 bildende Kunst 2. Form; Gestalt 3. eine Sandform machen
造谣 zàoyáo ein Gerücht erfinden (verbreiten)
造诣 zàoyì wissenschaftliches oder künstlerisches Niveau ～很高 hochgelehrt sein; Meisterschaft erlangen

皂(阜) zào 1. schwarz 2. Seife
皂荚 zàojiá 1. Gleditschiebaum 2. Gleditschie
皂片 zàopiàn kleines Seifenstück

责 zé 1. →责任 2. verlangen; fordern ～已从严 hohe Anforderungen an sich stellen 3. →责问 4. →责备
责备 zébèi tadeln; vorwerfen; jm wegen etw einen Vorwurf machen ～的目光 vorwurfsvoller Blick
责成 zéchéng jn zu etw verpflichten
责怪 zéguài jm etw verargen (verdenken)
责任 zérèn 1. Pflicht 尽～ seine Pflicht erfüllen (tun) ～心 Pflichteifer; Pflichtbewusstsein 2. Verantwortung ～事故 durch Unverantwortlichkeit verursachter Unfall 追究～ jn für etw zur Verantwortung ziehen
责问 zéwèn vorwurfsvoll fragen; jn zur Rechenschaft ziehen
责无旁贷 zé wú páng dài sich seinen Pflichten nicht entziehen können; schuldigermaßen; obligatorisch

啧 zé mit der Zunge schnalzen
啧啧 zézé mit der Zunge schnalzen ～称羡 vor Bewunderung mit der Zunge schnalzen

则[1] zé 1. Norm; Richtschnur 2. Regel 3. (als Zähleinheitswort für eine Texteinheit): 新闻两～ zwei Pressenotizen (Presseberichte)

则[2] zé 1. (zum Ausdruck des zeitlichen Aufeinanderfolgens zweier Dinge): 每一巨弹堕地,～火光冲天 ist eine große Bombe auf den Boden gefallen, lodert gleich das Feuer zum Himmel 2. (zum Ausdruck der Kausalität oder Folgerichtigkeit): 饥～食 man isst, wenn man Hunger hat 3. (zum Ausdruck eines Gegensatzes): 今～不然 heute ist es aber anders 4. (zum Ausdruck der Aufzählung): 一～…,二～… erstens ..., zweitens ...; einerseits ..., andererseits ...

咋 zé 另见 zǎ
etw mit den Zähnen festhalten
咋舌 zéshé das Wort bleibt jm in der Kehle stecken

泽(澤) zé 1. Wasseransammlung 2. Glanz 3. Gnade; Wohlwollen
泽国 zéguó 1. Gegend (Gebiet) mit vielen Seen und Flüssen 2. überschwemmte Gegend

择(擇) zé 另见 zhái
wählen; auswählen
择交 zéjiāo Freunde wählen

贼 zéi 1. Dieb; Langfinger; Stehler 2. Verbrecher; Verräter 卖国～ Landesverräter 3. unredlich; unehrlich ～头～脑 sich verstohlen umschauen; diebisch 4. schlau; verschlagen
贼赃 zéizāng Diebesgut; Diebesbeute

怎 zěn →怎么
怎么 zěnme 1. (Fragepronomen der Ursache, Art, Eigenschaft oder der Umstände): ～办? Was nun? / Was sollen wir nun tun? 2. (allgemeine Bezeichnung für Eigenschaft, Art und Weise oder Umstände): 你们愿意～办就～办 ihr könnt tun, was ihr wollt 3. (in Ver-

bindung mit der Negation zum Ausdruck eines ungenügenden Maßes)：他唱得不～好 er singt nicht so gut
怎么样 zěnmeyàng 1. →怎样 2.（nur in Verbindung mit der Negation：euphemistischer Ausdruck für eine Tätigkeit oder einen Zustand)：他画得也并不～ er ist kein großer Maler / er malt auch nicht besonders gut
怎样 zěnyàng 1.（zur Bildung einer Frage nach Eigenschaft，Art und Weise oder Zustand）你们的戏排得～了？Wie gut habt ihr das Theaterstück geprobt？ 2.（allgemeine Bezeichnung für Eigenschaft，Zustand，Art und Weise)：不知该～做才好 ich weiß nicht，wie ich es machen soll

谮 zèn diffamieren；verleumden；zu Unrecht beschuldigen
谮言 zènyán Diffamie； Verleumdung；falsche Anzeige（Anschuldigung）

曾 zēng 另见 céng
Ur- ～孙 Urenkel ～祖 Urgroßvater

憎 zēng →憎恨
憎恨 zēnghèn hassen；zürnen；Hass gegen（auf）jn/etw haben

增 zēng →增加
增补 zēngbǔ ergänzen；nachtragen ～本 Supplementband
增产 zēngchǎn die Produktion erhöhen；Produktionssteigerung；Ertragssteigerung ～节约 Produktionssteigerung und Sparsamkeit
增订 zēngdìng überarbeiten ～本 überarbeitete Ausgabe
增光 zēngguāng jm Ehre machen；jm Ruhm einbringen
增加 zēngjiā steigern；steigen；zunehmen ～工资 den Lohn（das Gehalt）erhöhen；Lohnerhöhung ～信心 die Zuversicht heben
增进 zēngjìn fördern；vorwärtsbringen；vertiefen ～健康 die Gesundheit fördern ～食欲 den Appetit anregen
增刊 zēngkān Beiblatt；Beilage；Sondernummer
增强 zēngqiáng verstärken；intensivieren；verdoppeln ～团结 die Einigkeit stärken
增生 zēngshēng Hyperplasie；Wucherung
增添 zēngtiān →增加 ～麻烦 jm zu schaffen machen；jm eine Laus in den Pelz setzen
增援 zēngyuán Verstärkung； Ersatz；Nachschub ～部队 Verstärkungstruppen
增长 zēngzhǎng wachsen；zunehmen；steigen ～才干 seine Leistungsfähigkeit steigern

甑 zèng 1. →甑子 2. Retorte
甑子 zèngzi Reisdämpfer（aus Ton）

赠 zèng →赠送
赠品 zèngpǐn Geschenk；Gabe
赠送 zèngsòng schenken；Geschenke machen；beschenken
赠言 zèngyán ermunternde Worte（gute Ratschläge）beim Abschied 临别～ Abschiedsworte；Ratschläge beim Abschied

锃 zèng glänzend；blank；blinkend
锃亮 zèngliàng glänzend；blinkend；blank

渣 zhā 1. →渣滓 1 豆～ Bohnentrester 2. Krume；Krümchen；Krümel 面包～ Brotkrume；Bröckchen
渣滓 zhāzǐ 1. Abschaum；Rest；Rückstand 2. Abschaum；Abhub；Auswurf 社会～ Abhub（Abschaum）der Gesellschaft

喳 zhā 另见 chā
（Schallwort)：小鸟～～地叫 die Vögelchen zwitschern

扎（³紥、紮）zhā 另见 zā
1. stechen 2. sich stürzen；hineintauchen 3. stationieren；sich einquartieren
扎根 zhāgēn Wurzeln schlagen；verwurzeln
扎实 zhāshi 1. gesund；stark 他身体很～ er ist stark und kräftig 2. solide；gründlich；gewissenhaft
扎手 zhāshǒu 1. sich in den Finger（in die Hand）stechen 2. heikel；kitzelig；beschwerlich
扎营 zhāyíng ein Zeltlager aufschlagen
扎针 zhāzhēn jn mit der Akupunktur-Nadel in den Muskel stechen；akupunktieren

闸（牐）zhá 1. Schleuse 2. Wasser stauen；Wasser am Weiterfließen hindern 3. Bremse 手～ Handbremse 4. Hebelschalter
闸门 zhámén Schleusentor；Klappe

铡 zhá 1. →铡刀 2. mit dem Häckselmesser schneiden ～草 Heu schneiden (zerkleinern)
铡刀 zhádāo Häckselmesser

炸(煠) zhá 另见 zhà
in Öl braten ～牛排 fritiertes Beefsteak

札 zhá 1. Holztäfelchen zum Schreiben (in alter Zeit) 2. Brief
札记 zhájì Aufzeichnungen; Notizen 做～ Aufzeichnungen (Notizen) machen

轧 zhá 另见 gá; yà
walzen
轧钢 zhágāng 1. Stahl walzen ～机 Walzwerk 2. Walzstahl

眨 zhǎ blinzeln; zwinkern; blinkern
眨眼 zhǎyǎn 1. mit den Augen blinzeln 2. Augenblick; sehr kurze Zeit ～间 in einem Augenblick

砟 zhǎ →砟子 煤～ kleine Kohlenstücke
砟子 zhǎzi Bruchstücke von Stein, Kohle o. ä.

拃(搩) zhǎ 1. etw mit auseinandergespannten Fingern abmessen 2. Spanne 三～宽 drei Spannen breit

栅(柵) zhà 另见 shān
→栅栏 铁～ Eisengitter
栅栏 zhàlan Gitter; Zaun; Gatter

乍 zhà 1. anfangs; am Anfang; zu Beginn ～一看 auf den ersten Blick 2. plötzlich; unerwartet; auf einmal ～冷～热 mal kalt, mal warm; bald kalt, bald warm

炸 zhà 另见 zhá
1. zerspringen; platzen; in die Luft gehen 2. zersprengen; bombardieren; mit Sprengstoff zerstören ～碉堡 einen Festungsturm sprengen 3. vor Wut platzen (bersten)
炸弹 zhàdàn Bombe 定时～ Zeitbombe
炸药 zhàyào Sprengstoff ～包 Sprengladung; Sprengkörper

诈 zhà 1. →诈骗 2. sich verstellen; vortäuschen; so tun, als ob ～死 sich tot stellen 3. etw aus jm hervorlocken (herauslocken)
诈骗 zhàpiàn täuschen; betrügen; beschwindeln ～行为 Betrügerei
诈降 zhàxiáng Kapitulation vortäuschen; sich zum Schein ergeben

榨(¹搾) zhà 1. pressen; quetschen ～柠檬汁 Zitronen auspressen; den Saft aus einer Zitrone quetschen 2. Presse ～油 Öl pressen
榨菜 zhàcài 1. Sichuan-Senf 2. pikante, eingelegte Sichuan-Senf-Knollen
榨取 zhàqǔ 1. pressen 2. auspressen; ausbeuten; aussaugen ～钱财 Geld erpressen; Geld aus jm herausholen

蚱 zhà
蚱蜢 zhàměng Heuschrecke

斋¹(齋) zhāi 1. →斋戒 2. vegetarisches Essen; pflanzliche Nahrungsmittel 吃～ vegetarisch essen

斋²(齋) zhāi Stube; Kammer
斋戒 zhāijiè fasten; Abstinenz ～日 Fasttag
斋月 zhāiyuè Fastenmonat

摘 zhāi 1. abnehmen; pflücken ～花 Blumen pflücken 2. auswählen; herausziehen
摘记 zhāijì Wichtiges notieren; summarische Aufzeichnungen
摘录 zhāilù 1. →摘 2 2. Auszug; Aufzeichnung
摘要 zhāiyào 1. Auszüge machen; herausziehen ～发表 auszugsweise veröffentlichen 2. Auszug; Exzerpt 报告～ Auszüge aus einem Bericht

宅 zhái Wohnung; Haus 住～ Wohnung; Wohnhaus; Behausung
宅院 zháiyuàn Wohnhaus mit einem Innenhof

择(擇) zhái 另见 zé
auslesen; wählen; auswählen ～菜 Gemüse putzen (säubern)

窄 zhǎi 1. eng; schmal; wenig Raum lassend 路太～ der Weg ist zu schmal 2. engherzig; nicht großzügig 眼界～ enger Gesichtskreis 3. nicht in guten

Verhältnissen lebend; finanziell bedrängt sein 手头～ wenig Geld haben; knapp bei Kasse sein

寨 zhài 1. Gitter; Palisadenzaun 2. Feldlager 3. Bergfestung; befestigtes Bergdorf 4. →寨子 2

寨子 zhàizi 1. →寨 1 2. vom Palisadenzaun umgebenes Dorf; umzäuntes Dorf

债 zhài Schuld ～台高筑 tief in Schulden stecken; über und über verschuldet sein; das Wasser steht jm bis zum Halse

债户 zhàihù Schuldner

债权 zhàiquán Schuldforderung; Forderung ～国 Gläubigerland ～人 Kreditgeber; Kreditor; Gläubiger

债券 zhàiquàn 1. Staatsanleihepapiere 2. Schuldschein; Effekten; Obligation

债务 zhàiwù Schulden; Verbindlichkeiten; Passiva ～国 Schuldnerstaat ～人 Debitor; Schuldner

债主 zhàizhǔ Gläubiger; Kreditgeber

占 zhān 另见 zhàn →占卜

占卜 zhānbǔ wahrsagen; prophezeien; Schicksalsdeutung

沾（[12] 霑）zhān 1. anfeuchten; befeuchten; nass machen 2. besudelt; befleckt 衣服上～了点泥 das Kleid ist mit Schlamm beschmutzt 3. berühren; betasten 脚不～地 ohne dass die Füße den Boden berühren 4. an etw beteiligt sein; von etw mitprofitieren ～点便宜 auf kleine Vorteile (Gewinne) aus sein; sich einen kleinen Vorteil schaffen

沾光 *zhānguāng von* etw mitprofitieren; an einem Vorteil beteiligt sein 这都是沾你的光 das ist deinem Ansehen (deiner Beliebtheit) zu verdanken

沾染 zhānrǎn 1. angesteckt werden; infiziert werden ～细菌 von Bakterien infiziert sein 2. anstecken; annehmen; infizieren ～坏习惯 schlechte Angewohnheiten annehmen

沾沾自喜 zhān zhān zì xǐ Selbstgefälligkeit; in eigenem Tun beglückt

粘 zhān 另见 nián 1. kleben; haften 2. mit Klebstoff haften machen ～信封 Briefumschlag zukleben

粘连 zhānlián Adhäsion 肠～ Darmadhäsion

粘贴 zhāntiē ankleben; festkleben; haften

毡（氈、氊）zhān Filz ～靴 Filzstiefel

毡房 zhānfáng Filzzelt; Jurte

谵 zhān phantasieren; delirieren ～语 Phantasien; Delirien

谵妄 zhānwàng Delirium; Fieberphantasie

瞻 zhān →瞻望

瞻望 zhānwàng in die Ferne (die Zukunft) blicken ～未来 in die Zukunft schauen; den Blick in die Zukunft richten

瞻仰 zhānyǎng mit Hochachtung zu jm aufsehen; voller Achtung (Respekt) betrachten ～遗容 einem Verstorbenen Ehrerbietung erweisen

盏（盞）zhǎn 1. kleines Trinkgefäß; kleiner Becher 2. (Zähleinheitswort): 一～电灯 eine elektrische Lampe

斩 zhǎn abhacken; abhauen; fällen ～首 enthaupten; köpfen

斩草除根 zhǎn cǎo chú gēn ein Übel an der Wurzel packen

斩钉截铁 zhǎn dīng jié tiě fest entschlossen sein; mit aller Entschiedenheit; resolut

崭 zhǎn hoch und steil; erhaben

崭新 zhǎnxīn funkelnagelneu; brandneu; allerneu(e)st

展 zhǎn 1. →展开 1 2. voll entwickeln; zu voller Geltung bringen 大～经纶 seine staatsmännischen Fähigkeiten zur vollen Geltung bringen 3. verschieben; verzögern ～限 eine Frist verlängern; Aufschub gewähren 4. →展览 画～ Gemäldeausstellung; Bildergalerie

展翅 zhǎnchì die Flügel ausbreiten ～高飞 mit den Flügeln schlagen und sich in die Höhe erheben

展开 zhǎnkāi 1. entfalten; ausbreiten 2. ausführen; durchführen ～社会主义竞赛 einen sozialistischen Wettbewerb durchführen

展览 zhǎnlǎn ausstellen ～会 Ausstellung ～馆 Ausstellungspavillon; Ausstellungshalle

展品 zhǎnpǐn Ausstellungsstück; Exponat;

Z

Schaustück
展期 zhǎnqī 1. eine Frist verlängern; Dilation ～一个月 um einen Monat verlängern 2. Ausstellungszeit
展示 zhǎnshì zeigen; vorführen; darstellen
展望 zhǎnwàng 1. in die Zukunft blicken; in die Weite schauen (blicken) 2. Aussicht; Perspektive ～国际形势 Perspektiven für die internationale Lage
展销 zhǎnxiāo etw zum Verkauf ausstellen; etw auf den Markt einführen ～会 Verkaufsausstellung

搌 zhǎn Feuchtigkeit aufsaugen (aufnehmen)
搌布 zhǎnbù Putzlappen; Wischlappen; Scheuertuch

辗 zhǎn 另见 niǎn '碾'
辗转 zhǎnzhuǎn 1. sich herumwerfen; sich hin und her wälzen ～反侧 sich schlaflos (unruhig) herumwerfen; sich im Bett von einer Seite auf die andere wälzen 2. von Ort zu Ort ziehen; indirekt

湛 zhàn 1. tief; tiefgründig 2. klar; durchsichtig
湛蓝 zhànlán azurblau; tiefblau

蘸 zhàn tunken; dippen ～墨水 die Feder ins Tintenfass tunken

栈（棧） zhàn 1. Holzgatter; Zaun; Palisade 羊～ Schafpferch 2. →栈房
栈房 zhànfáng 1. Lagerhaus; Schuppen 2. Gasthaus; Herberge
栈桥 zhànqiáo Landungsbrücke

占（佔） zhàn 另见 zhān
1. →占据 2. →占有 2 ～优势 die Trümpfe in der Hand haben (halten) ～多数 die Mehrheit besitzen; in der Majorität sein
占据 zhànjù besetzen; in Besitz nehmen; erobern
占领 zhànlǐng besetzen; erobern 军事～ militärische Besetzung
占便宜 zhàn piányi 1. bevorteilen; übervorteilen 2. im Vorteil sein
占先 zhànxiān den Vorrang haben; an der Spitze stehen
占用 zhànyòng belegen; etw in Anspruch nehmen
占有 zhànyǒu 1. besitzen; haben 非法～ unerlaubter Besitz ～权 Besitzrecht 2. ausmachen; einnehmen ～重要地位 eine wichtige Stelle einnehmen 3. beherrschen; sich etw zu eigen machen ～大量材料 eine große Menge von Materialien haben

站[1] zhàn stehen ～一会儿 eine kurze Weile stehen ～在人民的立场上 auf dem Standpunkt des Volkes stehen

站[2] zhàn 1. →站住 1, 2 2. Station; Haltestelle 公共汽车～ Bushaltestelle 3. Station; Stelle 保健～ Sanitätsstation
站队 zhànduì sich anstellen; in Reih und Glied stehen
站岗 zhàngǎng Wache halten; Posten stehen; Wache schieben
站柜台 zhàn guìtái hinter dem Ladentisch (der Theke) stehen; die Käufer (Kunden) bedienen
站台 zhàntái Bahnsteig; Perron ～票 Bahnsteigkarte
站住 zhànzhù 1. stehenbleiben; haltmachen 2. fest stehen; standfest sein 3. wohlbegründet; stichhaltig; sich im Sattel halten 没有一个站得住的理由 es gibt keine stichhaltige Begründung

战[1]**（戰）** zhàn 1. →战争; 战斗 世界大～ Weltkrieg 2. Krieg führen; Kampf führen 百～百胜 in allen Schlachten siegen; unbesiegbar 3. kämpfen

战[2]**（戰）** zhàn →战抖
战败 zhànbài 1. besiegt werden ～国 Verliererstaat 2. besiegen; den Sieg erringen
战报 zhànbào Heeresbericht; Kriegsbericht
战场 zhànchǎng Schlachtfeld; Kampfplatz; Kriegsschauplatz 上～ an die Front gehen
战抖 zhàndǒu zittern; schauern; frösteln
战斗 zhàndòu 1. kämpfen; Kampf führen ～机 Kampfflugzeug; Jagdflugzeug ～英雄 Kampfheld; Kriegsheld 2. kämpferisch 致以～的敬礼 mit Kampfesgrüßen (kämpferischen Grüßen)
战犯 zhànfàn Kriegsverbrecher
战俘 zhànfú Kriegsgefangene(r)
战功 zhàngōng Kriegsverdienst 立～ sich Kriegsverdienste erwerben
战果 zhànguǒ Kriegsergebnis; Kriegsgewinn; Kampferfolg ～辉煌 glänzender

Kampferfolg; ruhmvoller militärischer Sieg
战壕 zhànháo Schützengraben; Schanze
战火 zhànhuǒ die Brandfackel des Krieges; Kriegsfeuer ～纷飞 die Flammen des Kriegs loderten
战舰 zhànjiàn Kriegsschiff
战利品 zhànlìpǐn Kriegsbeute; Trophäe
战列舰 zhànlièjiàn Schlachtschiff
战略 zhànlüè Strategie ～部署 strategischer Plan ～物资 strategische Güter
战区 zhànqū Kriegsgebiet; Kampfgebiet
战胜 zhànshèng besiegen; einen Sieg erringen ～敌人 den Feind besiegen ～困难 Schwierigkeiten überwinden ～国 Siegerland
战士 zhànshì 1. Soldat 前线～ Frontsoldat; Frontkämpfer 2. Kämpfer 共产主义～ kommunistischer Kämpfer
战术 zhànshù Taktik
战线 zhànxiàn Front; Linie; Schlachtlinie 缩短～ eine Kampflinie verkürzen 经济～ die Front der Wirtschaft
战役 zhànyì Schlacht; großes Gefecht
战友 zhànyǒu Kampfgefährte; Mitkämpfer 亲密～ enger Kampfgefährte
战战兢兢 zhàn zhàn jīng jīng 1. mit Zittern und Zagen; bebend vor Angst 2. ganz vorsichtig; sehr behutsam
战争 zhànzhēng Krieg 民族解放～ nationaler Befreiungskrieg ～贩子 Kriegstreiber; Kriegshetzer; Marschierer

绽 zhàn aufplatzen; rissig werden; aufspringen

章[1] zhāng 1. Kapitel 2. Paragraph; Klausel 3. klare Struktur; ordentlicher Zustand 4. →章程 违～ gegen Vorschriften verstoßen

章[2] zhāng 1. Stempel; Siegel 私～ Privatsiegel 2. Abzeichen; Emblem 臂～ Armbinde; Ärmelabzeichen
章程 zhāngchéng Statut; Satzung
章节 zhāngjié Kapitel und Abschnitte
章鱼 zhāngyú Krake; Oktopode

樟 zhāng Kampferbaum
樟脑 zhāngnǎo Kampfer ～丸 Mottenkugeln

蟑 zhāng
蟑螂 zhāngláng Schabe; Kakerlak

彰 zhāng 1. klar; deutlich; sichtbar 2. auszeichnen; lobend erwähnen

獐(麞) zhāng →獐子
獐子 zhāngzi Wasserreh

张(張) zhāng 1. →张开 ～嘴 den Mund aufmachen (öffnen) 2. →张望 3. die Geschäftstätigkeit beginnen 开～ ein Geschäft eröffnen; ein Unternehmen gründen 4. (Zähleinheitswort): 一～嘴 ein Mundwerk 两～纸 zwei Bogen Papier
张冠李戴 Zhāng guān Lǐ dài verkehrt machen; verwechseln
张皇 zhānghuáng bestürzt; erschrocken; beunruhigt ～失措 vor Schreck den Kopf verlieren; in Panik und Verwirrung geraten; vor Schrecken ratlos sein
张开 zhāngkāi öffnen; ausbreiten; spannen ～双臂 die Arme ausbreiten
张口结舌 zhāng kǒu jié shé jm bleibt die Spucke weg; etw verschlägt (raubt) jm die Sprache
张罗 zhāngluo 1. besorgen; ausführen; erledigen 2. planen und vorbereiten; beschaffen 3. bedienen; bewirten; aufwarten
张贴 zhāngtiē kleben; ankleben; aufkleben ～广告 Plakate ankleben (anschlagen)
张望 zhāngwàng lugen; spähen; ausgucken
张牙舞爪 zhāng yá wǔ zhǎo anmaßend auftreten; mit dem Säbel rasseln
张扬 zhāngyáng etw überall laut erzählen; ausposaunen 四处～ etw in alle Welt posaunen

掌 zhǎng 1 Handfläche; Handteller 2. →掌管，掌握 3. Fußsohle 熊～ Bärentatze 4. Hufeisen 5. Sohlleder 钉鞋～ die Schuhe besohlen
掌舵 zhǎngduò 1. steuern; am Steuer stehen; das Ruder führen 2. Steuerer; Steuermann
掌故 zhǎnggù historische Aufzeichnungen (Denkwürdigkeiten)
掌管 zhǎngguǎn verwalten; leiten
掌柜 zhǎngguì Ladeninhaber; Geschäftsinhaber
掌权 zhǎngquán an der Macht sein; die Macht haben
掌声 zhǎngshēng Beifall; Händeklatschen

～雷动 donnernder (tosender) Beifall
掌握 zhǎngwò 1. meistern; beherrschen; in etw bewandert sein ～知识 sich Kenntnisse (Wissen) erwerben ～原则 Prinzipien einhalten 2. kontrollieren; etw in die Hand nehmen ～主动权 Initiative haben (besitzen) ～分寸 das rechte (richtige) Maß halten
掌心 zhǎngxīn 1. Handfläche; Handteller 2. in js Händen liegen; unter js Kontrolle stehen 逃不出人民的～ dem Volk ins Netz gehen werden

长[1] (長) zhǎng 另见 cháng
1. älter 他比我～两岁 er ist zwei Jahre älter als ich 2. Älteste(r) ～兄 ältester Bruder 3. ältere Generation 4. Leiter; Vorsteher; Vorgesetzte(r)

长[2] (長) zhǎng 另见 cháng
1. bekommen; entstehen ～锈 Rost setzt sich an / Rost bildet sich 2. wachsen 3. fördern; weiterentwickeln; vermehren ～知识 Kenntnisse erweitern (ausbauen) ～见识 seinen Horizont erweitern; Erfahrungen sammeln
长辈 zhǎngbèi ältere Generation; Senior
长大 zhǎngdà heranwachsen; aufwachsen ～成人 erwachsen sein; aus den Kinderschuhen herauswachsen
长官 zhǎngguān Vorsteher; Vorgesetzte(r); Präfekt
长机 zhǎngjī Führungsflugzeug
长进 zhǎngjìn Fortschritte machen; besser werden; bessere Leistungen zeigen
长老 zhǎnglǎo 1. Alte(r); Greis 2. Anredeform gegenüber einem alten buddhistischen Mönch
长相 zhǎngxiàng Aussehen; Äußere ～难看 nicht schön aussehen; hässliches Aussehen
长子 zhǎngzǐ ältester Sohn; Stammhalter

涨 (漲) zhǎng 另见 zhàng
steigen; höher werden 物价～了 die *Preise sind* gestiegen
涨潮 zhǎngcháo Flut; Steigen der Flut

瘴 zhàng →瘴气
瘴疠 zhànglì subtropische Krankheiten
瘴气 zhàngqì Miasma

嶂 zhàng steiler Gipfel

幛 zhàng →幛子 寿～ Geburtstagsgeschenktuch
幛子 zhàngzi ein breiter und langer Streifen Seidenstoff, der mit einer Aufschrift zur Gratulation oder Kondolenz versehen ist

障 zhàng 1. hindern; abhalten 2. Hindernis; Barriere
障碍 zhàng'ài 1. hindern; versperren; aufhalten ～物 Absperrung; Hindernis; Barriere 2. Hindernis; Sperre 排除～ ein Hindernis beseitigen (wegräumen) ～赛跑 Hürdenlauf; Hindernisrennen
障眼法 zhàngyǎnfǎ Täuschung; Tarnmanöver; Schwindel

丈[1] zhàng 1. *Zhang* (chinesisches Längenmaß; 3 1/3 Meter) 2. →大量

丈[2] zhàng 1. Anrede für einen alten Mann in alten Zeiten 2. Anrede für einen männlichen verschwägerten Verwandten 姐～ Ehemann einer älteren Schwester; Schwager
丈夫 zhàngfū Ehemann; erwachsene Person männlichen Geschlechts 大～ ein ganzer (mutiger) Mann
丈夫 zhàngfu Ehemann; Mann
丈量 zhàngliáng vermessen; genau ausmessen
丈母 zhàngmu Mutter der Ehefrau; Schwiegermutter
丈人 zhàngren Vater der Ehefrau; Schwiegervater

杖 zhàng 1. Stock; Krückstock; Wanderstab 2. Stock; Stange; Knüppel

仗[1] zhàng 1. Waffen; Kampfgeräte; Kriegswerkzeuge 2. halten; in der Hand haben ～剑 das Schwert halten (ergreifen) 3. sich auf etw/jn stützen; sich auf jn/etw verlassen ～势欺人 gestützt auf seine Macht andere tyrannisieren

仗[2] zhàng Krieg; Kampf; Schlacht 不打无准备之～ man soll sich auf keine Schlacht einlassen, ohne alles dafür vorbereitet zu haben

涨 (漲) zhàng 另见 zhǎng
1. quellen; aufquellen 2. Blutandrang;

jm steigt das Blut in den Kopf ～红了脸 einen roten Kopf bekommen; rot anlaufen

帐[1]**(帳)** zhàng →帐子;帐篷

帐[2]**(帳、賬)** zhàng 1. Rechnung; Konto 2. →帐簿 3. Schulden 欠～ Schulden haben (machen); unbezahlte Rechnungen

帐簿 zhàngbù Rechnungsbuch; Kontobuch

帐单 zhàngdān Rechnung 开～ eine Rechnung ausstellen (schreiben)

帐房 zhàngfáng 1. Kasse 2. Rechnungsführer

帐户 zhànghù Konto 往来～ laufendes (offenes) Konto; laufende Rechnung; Kontokorrent

帐目 zhàngmù Rechnung; Buchung

帐篷 zhàngpeng Zelt; Gezelt 搭～ ein Zelt aufschlagen

帐子 zhàngzi Moskitonetz

胀(脹) zhàng 1. sich ausdehnen; sich ausbreiten; expandieren 2. anschwellen; Schwellung 肚子发～ ein unangenehmes Völlegefühl haben

着(招) zhāo 另见 zháo, zhe, zhuó 1. Schachzug; Zug im Schachspiel 妙～ ein kluger (ausgezeichneter) Zug 2. Trick; List; Kunstgriff 使出最后的一～ zum letzten Mittel greifen

朝 zhāo 另见 cháo 1. Morgen 2. Tag

朝令夕改 zhāo lìng xī gǎi die Anordnungen (Anweisungen) immer wieder ändern; rin in die Kartoffeln, raus aus den Kartoffeln

朝气 zhāoqì Jugendfrische; Lebenskraft ～蓬勃 voller Lebenskraft (Lebensfrische); jugendfrisch

招[1] zhāo 1. →招手 2. anwerben 3. →招致 ～灾 Unheil heraufbeschwören 4. reizen; ärgern 你别～他生气 Mach ihm keinen Ärger!

招[2] zhāo →招认

招[3] zhāo →着(zhāo)

招安 zhāo'ān einen Anführer der Rebellen durch Straferlass und Postenangebot zur Kapitulation auffordern

招标 zhāobiāo ausschreiben; Ausschreibung

招待 zhāodài bewirten; empfangen ～会 Empfang ～所 Gästehaus; Herberge; Hospiz

招供 zhāogòng ein Bekenntnis (ein Geständnis) ablegen; sich schuldig bekennen

招股 zhāogǔ Aktienkapital beschaffen (aufbringen); Aktionäre suchen

招呼 zhāohu 1. rufen; aufrufen 2. grüßen 打～ jn grüßen 3. mitteilen; Bescheid sagen; anweisen 4. für jn sorgen; betreuen; pflegen ～病人 einen Kranken pflegen (betreuen)

招架 zhāojià abwehren; sich wehren; widerstehen ～不住 sich nicht wehren können

招考 zhāokǎo Aufnahmeprüfung ausschreiben ～技术员 einen Prüfungswettbewerb für Techniker ausschreiben

招揽 zhāolǎn werben; anziehen; anlocken

招领 zhāolǐng Bekanntgabe von Fundgegenständen ～失物 Fundgegenstände; Fundsachen; verlorene Sachen können abgeholt werden

招募 zhāomù anwerben; rekrutieren

招女婿 zhāo nǚxu den Schwiegersohn als Familienangehörigen bei sich aufnehmen; Schwiegersohn suchen, der in die Familie einheiratet

招牌 zhāopai Aushängeschild; Ladenschild

招盘 zhāopán ein Geschäft oder eine Fabrik zum Verkauf anbieten

招聘 zhāopìn anwerben; Stellenangebot

招认 zhāorèn gestehen; eine Schuld (ein Vergehen) zugeben

招生 zhāoshēng neue Schüler oder Studenten aufnehmen ～简章 allgemeine Bestimmungen über die Aufnahme von neuen Schülern bzw. Studenten

招收 zhāoshōu aufnehmen; einstellen

招手 zhāoshǒu mit der Hand winken

招贴 zhāotiē Plakat; Aushang; Anschlag ～画 Plakat

招摇 zhāoyáo sich auffallend benehmen; sich den Anschein geben ～撞骗 sich durchschwindeln; sich mit unsauberen Geschäften befassen

招展 zhāozhǎn flattern 红旗～ rote Fahnen flattern (im Wind)

Z

招致 zhāozhì hervorrufen; verursachen ～失败 zu einer Niederlage führen
招租 zhāozū zu vermieten sein

昭 zhāo klar; offensichtlich; erkennbar
昭示 zhāoshì etw öffentlich bekannt machen; etw klar ankündigen
昭雪 zhāoxuě (von einer ungerechten Anschuldigung) reinwaschen; rehabilitieren
昭彰 zhāozhāng offenbar; offenkundig; klar 罪恶～ wegen seiner schaurigen Verbrechen berüchtigt

着 zháo 另见 zhāo, zhe, zhuó
1. berühren 2. fühlen; an etw leiden ～凉 sich erkälten; sich verkühlen 3. brennen; Feuer fangen 4. (nach Verben zum Ausdruck des Resultats): 睡～了 eingeschlafen sein; in Schlaf versunken sein
着慌 zháohuāng bestürzt sein; in Sorge sein
着火 zháohuǒ Feuer fangen; ein Brand bricht aus
着急 zháojí besorgt sein; sich Sorgen machen
着凉 zháoliáng sich erkälten; sich verkühlen
着迷 zháomí von etw fasziniert (entzückt) sein

沼 zhǎo Teich
沼气 zhǎoqì Sumpfgas; Methan; Faulgas
沼泽 zhǎozé Sumpf; Moor ～地 Sumpf; Sumpfland

找[1] zhǎo suchen; zu finden versuchen ～工作 sich Arbeit suchen; sich nach Arbeit umsehen ～原因 einer Ursache nachgehen

找[2] zhǎo herausgeben; Wechselgeld zurückgeben
找茬儿 zhǎochár querulieren; mäkeln; herumkritteln; an allem etw auszusetzen haben
找钱 zhǎoqián →找[2]
找头 zhǎotou Wechselgeld; Restgeld
找寻 zhǎoxún →寻找

爪 zhǎo 另见 zhuǎ
1. Zehennagel 2. Klaue; Kralle
爪牙 zhǎoyá Helfershelfer; Schergen

肇(肈) zhào 1. beginnen; anfangen 2. verursachen; veranlassen; hervorrufen ～祸 einen Unfall verursachen
肇事 zhàoshì Unheil anrichten (stiften) ～人 Friedensstörer; Unruhestifter

罩 zhào 1. bedecken; überziehen 2. →罩子 灯～ Lampenschirm 3. →罩衣
罩衣 zhàoyī Kittel; Überwurf
罩子 zhàozi Deckel; Kappe

笊 zhào
笊篱 zhàolí Küchensieb mit Stiel

兆[1] zhào 1. Omen; Zeichen; Vorzeichen 不吉之～ böses Omen; schlechtes (böses) Vorzeichen 2. verkünden; verheißen 瑞雪～丰年 rechtzeitiger Schnee bringt gute Ernte

兆[2] zhào 1. Million 2. eine Million Millionen; eine Billion; Mega-
兆头 zhàotou → 兆[1] 好～ gutes Omen; gutes (günstiges) Vorzeichen
兆周 zhàozhōu Megahertz

召 zhào →召唤 ～之即来 zu jeder Zeit abrufbereit sein; auf js Aufforderung (Befehl) hin herbeieilen
召唤 zhàohuàn rufen; aufrufen
召集 zhàojí zusammenrufen; versammeln; einberufen
召见 zhàojiàn jn zu sich beordern (rufen)
召开 zhàokāi einberufen; zusammenrufen

诏 zhào →诏书
诏书 zhàoshū kaiserlicher Erlass

照 zhào 1. →照射 2. sich spiegeln; widerspiegeln ～镜子 sich im Spiegel betrachten (besehen); in den Spiegel sehen (schauen, gucken) 3. photographieren; eine Aufnahme machen 这张相片～得很好 diese Aufnahme ist geglückt 4. →照片 5. Lizenz; Genehmigung; Bescheinigung 车～ Fahrerlaubnis; Führerschein 6. gegen ... hin; nach ... hin; entgegen ～这个方向走 in diese Richtung gehen 7. gemäß; entsprechend; nach ～章办事 nach Vorschriften handeln
照办 zhàobàn es wie festgesetzt tun; sich nach etw richten
照常 zhàocháng wie gewöhnlich; wie immer 一切～ die Dinge gehen ihren gewohnten Gang

照顾 zhàogù berücksichtigen; erwägen; Aufmerksamkeit auf etw lenken ～全局 Berücksichtigung der Gesamtlage

照管 zhàoguǎn →照料

照会 zhàohuì 1. jm eine Note überreichen (schicken) 2. diplomatische Note 递交～ eine Note überreichen

照旧 zhàojiù wie immer; wie früher; nach wie vor

照看 zhàokàn auf jn/etw achten; achtgeben; beaufsichtigen ～孩子 auf die Kinder Acht geben; Kinder beaufsichtigen

照例 zhàolì gewöhnlich; in der Regel

照料 zhàoliào besorgen; betreuen; pflegen ～病人 einen Kranken besorgen (betreuen)

照明 zhàomíng beleuchten; erleuchten; erhellen ～弹 Leuchtkugel; Leuchtbombe ～设备 Beleuchtungsanlage

照片 zhàopiàn Photo; Bild; Aufnahme

照射 zhàoshè bestrahlen; bescheinen

照相 zhàoxiàng fotografieren; eine Aufnahme machen ～机 Fotoapparat; Kamera ～馆 Fotoatelier; Fotostudio

照样 zhàoyàng 1. nach einem Muster 2. →照旧

照耀 zhàoyào scheinen; strahlen; bestrahlen

照应 zhàoyìng zueinander passen; aufeinander abstimmen

照应 zhàoying für jn sorgen; betreuen

遮 zhē 1. verdecken; vor etw schützen 2. versperren; blockieren; aufhalten 3. bedecken; zudecken; verhüllen ～人耳目 die Leute hinters Licht führen; jm Sand in die Augen streuen

遮挡 zhēdǎng 1. verdecken; versperren; abhalten ～寒风 den eisigen Wind abhalten 2. Schutz; Schutzvorrichtung 草原上没有什么～ in der Steppe gibt es nichts, was als Schutz dient

遮盖 zhēgài 1. bedecken; zudecken 2. →遮掩 2

遮羞 zhēxiū einen bestimmten Körperteil zudecken ～布 Feigenblatt; Schamtuch 2. seine Schande verbergen; sich vor einer Blamage bewahren ～解嘲 die Blamage durch Ausreden überspielen

遮掩 zhēyǎn 1. →遮 1; 遮盖 1 2. bemänteln; verbergen; kaschieren ～工作中的缺点 Unzulänglichkeiten (Mängel) in der Arbeit kaschieren

遮阳 zhēyáng Sonnenschutz

折 zhē 另见 shé, zhé

1. umschlagen; umdrehen ～了个跟头 einen Purzelbaum machen (schlagen schießen) 2. hin und her gießen

折腾 zhēteng 1. sich herumwälzen; sich von einer Seite auf die andere wälzen 凑合着睡一会儿，别来回～了 wälz dich doch nicht hin und her, du wirst schon noch Schlaf finden 2. etw wiederholt tun; überflüssige Arbeit machen 他把这个破机器拆了又安，安了又拆，～了几十回 zigmal zerlegte er die reparaturbedürftige Maschine und baute sie wieder zusammen 3. quälen; peinigen; umtreiben 慢性病～人 die chronische Krankheit ist quälend

蜇 zhē stechen; etw schmerzt beißend

谪 (讁) zhé 1. (einen hohen Beamten) degradieren und vom Kaiserhof verbannen 2. tadeln; vorwerfen; jm Vorwürfe machen 众人交～ im Kreuzfeuer der öffentlichen Meinung stehen

折[1] zhé 另见 shé, zhē

1. brechen; abbrechen; einknicken 骨～ Knochenbruch; sich die Knochen brechen 2. Verlust; verlieren 损兵～将 große Truppenverluste hinnehmen (erleiden) 3. →折回 4. →折服 5. →折合 6. →折扣 打八～出售 zwanzig Prozent (20%) Rabatt geben (gewähren)

折[2] (摺) zhé 另见 shé, zhē

1. →折叠 把信～好 einen Briefbogen zusammenlegen (falten) 2. →折子 存～ Sparbuch; Kontobuch

折叠 zhédié falten; zusammenlegen; zusammenknicken ～伞 Taschenschirm; Knirps

折兑 zhéduì konvertieren; in andere Währung umtauschen; umwechseln

折服 zhéfú 1. überreden; unterwerfen; beugen 2. überzeugt sein 大为～ tief (sehr) überzeugt sein

折光 zhéguāng Lichtbrechung

折合 zhéhé umrechnen

折回 zhéhuí auf halbem Wege umkehren (zurückkehren) 半路～ auf halbem Wege umkehren (zurückkehren)

折价 zhéjià etw in Geld umrechnen
折旧 zhéjiù Verschleißabschreibung ～费 Abschreibung; Amortisationskosten
折扣 zhékòu Rabatt; Preisnachlass 打～ Rabatt geben (gewähren)
折磨 zhémo quälen; peinigen; Leid zufügen
折扇 zhéshàn Faltfächer; Klappfächer
折射 zhéshè Lichtbrechung; Schallbrechung; Refraktion ～线 gebrochenes Licht
折账 zhézhàng Schulden mit Naturalien zahlen
折纸 zhézhǐ Papierspielzeug durch Falten fertigen
折中 zhézhōng Kompromiss; eklektisch ～主义 Eklektizismus
折子 zhézi zusammengefaltetes Rechnungsbuch

哲(喆) zhé 1. weise; klug und einsichtig; intelligent 2. →哲人
哲理 zhélǐ Philosophie; philosophische Lehre
哲人 zhérén Weise(r)
哲学 zhéxué Philosophie ～家 Philosoph

蛰(蟄) zhé Winterschlaf halten (machen)
蛰伏 zhéfú 1. Winterschlaf 2. →蛰居
蛰居 zhéjū abgeschieden leben; ein zurückgezogenes Leben führen; wie ein Einsiedler leben

辙 zhé 1. Wagenspur; Radspur; Fahrspur 2. markierte Fahrbahn

辄(輒) zhé stets; immer 动～得咎 es jm nie Recht machen können

褶(襵) zhě →褶子
褶子 zhězi 1. Falte; Plissee 2. Falte; Kniff; Bruch 3. Falte; Furche; Runzel

者(者) zhě 1. (nach einem Adjektiv oder einem Verb zur Kennzeichnung der Person oder Sache): 强～ Starke(r) 读～ Leser 医务工作～ medizinischer (ärztlicher) Mitarbeiter 2. (nach Numeralien wie „zwei, drei" oder nach dem unbestimmten Zahlwort „einige" zur Bezeichnung der obenerwähnten Gegenstände bzw. Fälle): 二～必居其一 entweder das eine oder das andere; es gibt nur ein Entweder-Oder

赭 zhě rotbraun; sienafarben; Siena
赭石 zhěshí Ocker

锗 zhě Germanium (Ge)

这(這) zhè 1. dieser (diese, dieses); dies; das ～孩子 dieses Kind ～几天 in diesen paar Tagen 2. jetzt; nun ～已经晚了 es ist schon spät
这个 zhège 1. dieser (diese, dieses) 2. dieses Ding; diese Sache 你问～吗? Das möchtest du wissen?
这里 zhèlǐ hier; an diesem Ort
这么 zhème so; auf diese Weise 大家都～说 das ist die allgemeine Meinung ～些人这里坐不下 für so viele Leute reichen die Sitzplätze ja nicht aus
这时 zhèshí in diesem Augenblick
这些 zhèxiē diese
这样 zhèyàng so; auf diese Art (Weise)

蔗 zhè Zuckerrohr
蔗糖 zhètáng 1. Saccharose 2. Rohrzucker

鹧 zhè
鹧鸪 zhègū Rebhuhn

柘 zhè Seidenwurmdorn

着(著) zhe 另见 zhāo, zháo, zhuó; '著'另见 zhù
1. (zum Ausdruck der Fortdauer einer Tätigkeit oder eines Zustandes): 他们正谈～话呢 sie führen (haben) gerade ein Gespräch 2. (zur Verstärkung eines Befehls oder einer Ermahnung): 你听～ Hör mal zu!

蓁 zhēn
蓁蓁 zhēnzhēn 1. üppig (blühend) gedeihen 2. (dicht nebeneinander) üppig wachsen

榛 zhēn 1. Haselnussgewächse 2. Haselnuss; Haselnussstrauch
榛子 zhēnzi →榛

臻 zhēn erreichen; gelangen 使～于完善 etw allmählich vervollkommnen

斟 zhēn einschenken; eingießen ～一杯酒 ein Glas Wein einschenken (eingießen)

斟酌 zhēnzhuó erwägen; abwägen; etw in Rechnung stellen (ziehen) ～字句 jedes Wort auf die Goldwaage legen; seine Worte genau abwägen

砧(碪) zhēn Amboss

砧板 zhēnbǎn Hackbrett; Fleischklotz; Hackklotz

甄 zhēn →甄别

甄别 zhēnbié 1. prüfen und unterscheiden 2. überprüfen und bewerten (begutachten)

真 zhēn 1. echt; wahr; real ～面目 wahres Gesicht 2. wirklich; tatsächlich 你～的不知道? Weißt du es wirklich nicht? 你～走运! Du hast aber wirklich Schwein gehabt! 3. →真切 看得～ deutlich sehen

真诚 zhēnchéng aufrichtig; ehrlich; ohne Falsch ～悔过 aufrichtige Reue

真分数 zhēnfēnshù ein echter Bruch

真菌 zhēnjūn Fungus

真空 zhēnkōng 1. Vakuum ～管 Vakuumröhre; Elektronenröhre 2. Vakuum; Leere; luftleerer Raum

真理 zhēnlǐ Wahrheit

真凭实据 zhēn píng shí jù unwiderlegbarer (stichhaltiger, überzeugender) Beweis

真切 zhēnqiè lebenswahr; der Wirklichkeit entsprechend; deutlich

真情 zhēnqíng 1. wirkliche Umstände; wahrer Sachverhalt 我不了解～ ich habe keine klare Vorstellung von dem wahren Sachverhalt 2. wahres (echtes) Gefühl 流露～ seine wahren Gefühle offenbaren

真实 zhēnshí wahrhaft; wirklich; aufrichtig *～情况 wirkliche Situation; wahre Umstände*

真相 zhēnxiàng Wahrheit; Sachverhalt; Tatsache ～大白 die Wahrheit ist ans Tageslicht gekommen (getreten) / die Sonne bringt es an den Tag

真心 zhēnxīn aufrichtig; von Herzen; ernstgemeint ～话 aufrichtige Worte

真正 zhēnzhèng 1. wahr; echt ～的人 wahrer (echter) Mann 2. wirklich; tatsächlich

真知灼见 zhēn zhī zhuó jiàn treffendes Urteil; tiefschürfende Analyse

真挚 zhēnzhì →真诚

真主 zhēnzhǔ Allah

贞 zhēn →贞节

贞操 zhēncāo →贞节

贞节 zhēnjié 1. Treue; moralische Integrität 2. Keuschheit; sittliche Reinheit; Unberührtheit

侦 zhēn aufklären; erkunden

侦察 zhēnchá auskundschaften; aufklären; Erkundung ～兵 Aufklärer; Späher; Auskundschafter ～机 Aufklärungsflugzeug; Aufklärer 火力～ Feueraufklärung

侦查 zhēnchá Nachforschungen anstellen; nachspüren

侦探 zhēntàn 1. auskundschaften ～小说 Krimi; Kriminalroman 2. Kundschafter; Detektiv; Späher

侦听 zhēntīng abhören ～器 Abhörapparat; Abhörgerät; Wanze

箴 zhēn ermahnen; belehren

箴言 zhēnyán Ermahnung; ermahnende Worte

针(鍼) zhēn 1. Nadel 缝纫～ Nähnadel 2. etwas, was lang und dünn wie eine Nadel ist; nadelförmige Gegenstände 毛线～ Stricknadel 时～ Stundenzeiger; Uhrzeiger 3. →针剂

针鼻儿 zhēnbír Nadelöhr

针刺麻醉 zhēncì mázuì Akupunkturanästhesie

针对 zhēnduì auf etw/jn abzielen; gegen (auf) etw/jn gerichtet sein 这话是～你说的 diese Bemerkung zielt auf dich / diese Bemerkung ist auf dich gemünzt

针锋相对 zhēn fēng xiāng duì jeden Schlag des Feindes erwidern; jm nichts schuldig bleiben; *Gleiches mit Gleichem vergelten*

针箍 zhēngū Fingerhut

针剂 zhēnjì Injektion; Einspritzung

针灸 zhēnjiǔ Akupunktur

针头 zhēntóu Kanüle; Einspritznadel

针线 zhēnxian Nadelarbeit; Näharbeit; Näherei ～活儿 Nadelarbeit; Näharbeit

针眼 zhēnyǎn 1. →针鼻儿 2. Nadelstich

针眼 zhēnyan Gerstenkorn

针叶树 zhēnyèshù Nadelbaum

针织品 zhēnzhīpǐn Gewirke; Strickwaren; Wirkwaren

珍(珎) zhēn 1. →珍品; 珍宝 2. →珍贵 3. →珍重

珍宝 zhēnbǎo Schatz; Kleinodien; Kostbarkeiten
珍本 zhēnběn Rara; seltenes Buch; wertvolle Ausgabe
珍藏 zhēncáng etwas Kostbares sammeln und aufbewahren
珍贵 zhēnguì wertvoll; teuer ～的资料 wertvolles Material
珍品 zhēnpǐn Kuriosität; Rarität; Kostbarkeit
珍惜 zhēnxī hochschätzen; würdigen; wertschätzen ～劳动成果 die Früchte der Arbeit hochhalten
珍馐 zhēnxiū Leckerbissen; Delikatesse; Schleck
珍重 zhēnzhòng 1. hochschätzen; achten ～人格 die Menschenwürde achten (respektieren) 2. sich schonen; auf sich selbst achthaben 互道～ einander bitten, Rücksicht auf die Gesundheit zu nehmen
珍珠 zhēnzhū Perle

胗 zhēn Muskelmagen 鸭～儿 Magen der Enten

缜(稹) zhěn
缜密 zhěnmì genau; wohl durchdacht; sorgfältig

枕 zhěn 1. →枕头 2. den Kopf auf etw legen; sich auf ein Kissen legen
枕戈待旦 zhěn gē dài dàn Gewehr bei Fuß stehen; angriffsbereit stehen
枕骨 zhěngǔ Hinterhauptbein
枕巾 zhěnjīn Frottiertuch (Frotteetuch) auf einem Kopfkissen
枕木 zhěnmù Eisenbahnschwelle
枕套 zhěntào Kissenbezug
枕头 zhěntou Kopfkissen; Ruhekissen
枕席 zhěnxí 1. Bett; Liege 2. Kissenmatte
枕心 zhěnxīn Kissen ohne Bezug

疹 zhěn Hautausschlag; Effloreszenz
疹子 zhěnzi Masern

诊 zhěn →诊察
诊察 zhěnchá (einen Patienten) ärztlich beobachten; untersuchen; Autopsie
诊断 zhěnduàn Diagnose; Befund; Ergebnis einer Untersuchung
诊疗 zhěnliáo diagnostizieren und behandeln ～室 Sprechzimmer
诊所 zhěnsuǒ Klinik; Arztpraxis
诊治 zhěnzhì diagnostizieren und behandeln

鸩(²³酖) zhèn 1. sagenhafter Vogel mit giftigen Federn 2. Gifttrank; Giftwein 3. jm Gifttrank geben; jn mit Giftwein töten

震 zhèn 1. →震动 ～耳欲聋 ohrenbetäubend; überlaut 2. →震惊
震荡 zhèndàng →震动 1
震动 zhèndòng 1. beben; zittern; erschüttern 2. in Aufregung versetzen; erschüttern ～全世界 die ganze Welt erschüttern
震级 zhènjí Magnitude; Erdbebenskala
震惊 zhènjīng 1. schockieren; in Entrüstung versetzen ～世界的成就 welterschütternder (weltbewegender) Erfolg 2. sich entsetzen; bestürzt (baff, verblüfft) sein 令人～ bestürzend; schrecklich
震怒 zhènnù zornig; wütend 大为～ richtig wütend; voller Zorn sein; sehr entrüstet sein
震慑 zhènshè einschüchtern; in Schrecken (Angst) versetzen; jm Angst machen ～敌人 die Feinde in Furcht versetzen
震中 zhènzhōng Epizentrum

振 zhèn 1. schwenken; schütteln ～翅 mit den Flügeln schlagen (fächeln); Flügelschlag 2. →振奋; 振作
振臂 zhènbì den Arm heben (hochhalten) ～高呼 den Arm heben und laut rufen
振动 zhèndòng Vibration; Schwingung; Zittern ～频率 Schwingungsfrequenz
振奋 zhènfèn 1. sich aufraffen; sich zusammenreißen 精神～ sich aufraffen; sich ermannen; seinen Eifer neu beleben 2. begeistern; jn munter machen ～人心 bei den Massen große Begeisterung erregen
振兴 zhènxīng etw in die Höhe bringen; jm/etw Aufschwung geben ～工业 die Industrie in die Höhe bringen; die Industrie tatkräftig entwickeln
振振有辞 zhèn zhèn yǒu cí ohne triftige Gründe daherreden
振作 zhènzuò sich zusammenraffen; sich zusammenreißen ～精神 sich zusammenraffen; sich aufraffen; den Kopf oben behalten

赈 zhèn →赈济

赈济 zhènjì (Bedürftigen) helfen; (Bedürftige) unterstützen; jm in der Not Beistand leisten

赈灾 zhènzāi Katastrophengeschädigte unterstützen; Katastrophenhilfe leisten (bringen)

镇 zhèn 1. unterdrücken; nicht aufkommen lassen; zurückhalten ～纸 Beschwerer; Briefbeschwerer ～痛 den Schmerz betäuben (stillen) 2. →镇守 3. Standort; Aufenthaltsort (von Truppen) 军事重～ Ort von strategischer Bedeutung 4. Marktflecken; Gemeinde 5. etw mit Eis kühlen; etw kalt machen

镇定 zhèndìng sich fassen; gleichmütig; beherrscht ～自若 beherrscht sein; ruhig und gelassen bleiben

镇静 zhènjìng gelassen; beherrscht; gefasst ～剂 Beruhigungsmittel; Sedativum

镇守 zhènshǒu verteidigen; bewachen; garnisonieren

镇压 zhènyā 1. unterdrücken ～反革命 die Konterrevolution unterdrücken 2. hinrichten; exekutieren; eine Todesstrafe vollziehen

朕[1] zhèn ich (der Kaiser)

朕[2] zhèn →朕兆

朕兆 zhènzhào Omen; Vorzeichen; Zeichen

阵[1] zhèn 1. →阵势 1 2. Stellung; Position 败下～来 aus dem Feld geschlagen werden

阵[2] zhèn 1. eine Zeitlang; eine Weile 这～儿 zu dieser Zeit 2. (Zähleinheitswort): 一～风 ein Windstoß

阵地 zhèndì Stellung; Frontstellung 坚守～ die Stellung halten 文艺～ literarisch-künstlerischer Bereich

阵容 zhènróng 1. Erscheinungsbild einer Truppe 2. Aufstellung; Besetzung ～整齐 die Aufstellung ist wohlausgewogen

阵势 zhènshì 1. Gefechtsordnung; Aufstellung der Truppen zum Kampf 2. Lage; Situation

阵亡 zhènwáng im Krieg (an der Front) fallen

阵线 zhènxiàn Front; Frontlinie; Kampflinie 人民～ Volksfront

阵营 zhènyíng Lager

阵雨 zhènyǔ Regenschauer; Platzregen

正 zhēng 另见 zhèng →正月

正月 zhēngyuè der erste Monat des chinesischen Mondkalenders

症 (癥) zhēng 另见 zhèng

症结 zhēngjié der springende Punkt; Knoten

怔 zhēng

怔忪 zhēngzhōng von panischer Angst gepackt (erfüllt); voll panischen Schreckens

征[1] zhēng 1. sich auf eine lange Reise machen; eine weite Reise antreten 2. →征讨 出～ einen Feldzug unternehmen; in die Schlacht gehen

征[2] **(徵)** zhēng 1. →征召 2. →征收 ～税 besteuern; Steuern erheben (einziehen, eintreiben) 3. →征求 ～文 um Beiträge für eine Zeitung oder Zeitschrift bitten (ersuchen)

征[3] **(徵)** zhēng →证明 有实物可～ erdrückendes Beweismaterial vorlegen

征兵 zhēngbīng Einziehung zum Wehrdienst; Einberufung; Aufgebot

征调 zhēngdiào requirieren ～车辆 Fahrzeuge requirieren

征伐 zhēngfá einen Feldzug unternehmen; eine Strafexpedition starten

征服 zhēngfú unterwerfen; bezwingen; besiegen

征购 zhēnggòu staatlicher Ankauf (Aufkauf)

征集 zhēngjí sammeln

征聘 zhēngpìn (durch Anzeigen) Personal anwerben; (in der Zeitung) Stellen ausschreiben

征求 zhēngqiú erbitten; einholen ～意见 js Meinung einholen; sich bei jm Rat holen

征收 zhēngshōu einziehen; erheben; eintreiben ～商业税 Handelssteuern erheben (einziehen, eintreiben)

征途 zhēngtú Reise; Reiseweg 踏上～ eine weite Reise antreten; ins Feld ziehen

征象 zhēngxiàng →征兆

征询 zhēngxún konsultieren; sich bei jm Rat holen; jn um Rat fragen

征用 zhēngyòng beschlagnahmen；requirieren

征召 zhēngzhào 1. rekrutieren；einberufen ～入伍 jn zu den Waffen rufen；jn zum Militärdienst einberufen；zu den Fahnen berufen 2. jn in ein Amt einsetzen（berufen）

征兆 zhēngzhào Omen；Zeichen；Vorzeichen

争（爭） zhēng 1. →争夺；争先 分秒必～ um jede Minute ringen；keine Minute verlieren（vergeuden）人人～先进 jeder will ein fortgeschrittener Arbeiter werden 2. →争执；争论 不要再～了 Lasst doch das ewige Streiten!

争辩 zhēngbiàn debattieren；über etw streiten 无可～ unbestreitbar；unwiderlegbar；einwandfrei

争吵 zhēngchǎo sich streiten；sich zanken

争端 zhēngduān Konfliktstoff；Streitfall 国际～ internationaler Streitfall；internationale Streitigkeiten

争夺 zhēngduó um etw ringen；sich um etw schlagen ～领导权 um die Führung kämpfen（ringen）；die Führung an sich zu reißen suchen ～冠军 um die Meisterschaft kämpfen

争光 zhēngguāng jm Ehre machen；jm Anerkennung einbringen

争论 zhēnglùn Disput；Kontroverse；Auseinandersetzung

争气 zhēngqì Ehre erwerben；nicht（hinter anderen）zurückstehen wollen；nicht nachhinken wollen

争取 zhēngqǔ 1. gewinnen；nach etw ringen ～主动 alles tun, um die Initiative zu ergreifen；die Initiative gewinnen ～大多数 die große Mehrheit auf seine Seite bringen（ziehen）2. nach etw streben；nach etw trachten；zu erreichen suchen ～入党 nach der Parteimitgliedschaft streben

争先 zhēngxiān etw als erster tun wollen；zuvorkommen ～恐后 miteinander wetteifern, etw zu tun；versuchen, etw vor jm zu erreichen

争执 zhēngzhí Disput；Kontroverse

挣 zhēng 另见 zhèng

挣扎 zhēngzhá sich abmühen；mit großer Mühe 垂死～ bis zuletzt einen Verzweiflungskampf führen

睁 zhēng öffnen；aufmachen ～开眼睛 die Augen aufschlagen（aufmachen）

峥 zhēng

峥嵘 zhēngróng 1. hoch und steil 怪石～ schroffe Felsen 2. überragend；über das Gewöhnliche hinausgehend 头角～ hochbegabt；hervorragend；vielversprechend

筝 zhēng 1. *Zheng*（ein vielsaitiges Instrument）2. Drachen

铮 zhēng

铮铮 zhēngzhēng metallischer Ton；klirren；scheppern

狰 zhēng

狰狞 zhēngníng böse；boshaft；grausam 面目～ grausame（greuliche）Fratze

蒸 zhēng 1. →蒸发 2. dämpfen ～馒头 Brötchen dämpfen

蒸发 zhēngfā verdampfen；verdunsten；evaporieren

蒸锅 zhēngguō Dampfkochtopf；Dämpfer

蒸饺 zhēngjiǎo gedämpftes halbmondförmiges Teigtäschchen mit Fleisch- oder Gemüsefüllung

蒸馏 zhēngliú Destillation ～水 destilliertes Wasser

蒸笼 zhēnglóng Bambusbehälter zum Dämpfen von Speisen；Dämpfkorb

蒸气 zhēngqì Dampf 水～ Wasserdampf

蒸汽 zhēngqì Wasserdampf；Dampf ～机 Dampfmaschine；Lokomobile

蒸蒸日上 zhēng zhēng rì shàng mit jedem Tag aufblühen；es geht immer mehr aufwärts

整 zhěng 1. ganz；voll；vollständig ～天 den ganzen Tag 三点～ Punkt drei Uhr 化～为零 ein Ganzes in einzelne Stücke aufteilen（zerteilen, aufspalten）2. →整齐 ～然有序 in bester Ordnung；wohlgeordnet 3. →整理；整顿 ～党 Konsolidierung（Ausrichtung）der Partei 4. →整修 ～旧如新 etw reparieren, so dass es wieder wie neu aussieht 5. →整治 2

整编 zhěngbiān reorganisieren；neuordnen

整地 zhěngdì Ackerbestellung

整顿 zhěngdùn etw in Ordnung bringen；

etw wieder ins Gleis bringen ～工作作风 Arbeitsstil verbessern
整风 zhěngfēng den Arbeitsstil verbessern
整改 zhěnggǎi korrigieren (konsolidieren) und reformieren
整个 zhěnggè ganz; gesamt ～世界 die ganze Welt
整洁 zhěngjié sauber und ordentlich
整理 zhěnglǐ etw in Ordnung bringen; ordnen ～资料 Material ordnen
整流器 zhěngliúqì Gleichrichter; Stromrichter
整齐 zhěngqí 1. ordentlich; geordnet ～的步伐 gleichmäßige Schritte; im gleichen Schritt 2. gleichmäßig; ebenmäßig; gleich
整容 zhěngróng 1. sich schminken; sich zurechtmachen 2. Kosmetik ～医师 Kosmetiker
整数 zhěngshù 1. ganze Zahl; Integral 2. runde Zahl
整体 zhěngtǐ Ganzheit; das Ganze; Gesamtheit
整形 zhěngxíng Plastik ～手术 plastische Operation
整修 zhěngxiū renovieren; herrichten; instand setzen ～水利工程 Wasserbauten (Bewässerungsanlagen) herrichten
整整 zhěngzhěng ganz; voll
整治 zhěngzhì 1. renovieren; regulieren reparieren 2. jn bestrafen; jm eine Strafe geben
整装待发 zhěng zhuāng dài fā sich zur Abreise rüsten; sich zum Abmarsch bereithalten

拯 zhěng →拯救
拯救 zhěngjiù erlösen; erretten; retten

郑(鄭) zhèng
郑重 zhèngzhòng ernst; feierlich; ernstlich ～声明 feierlich erklären (proklamieren)

正 zhèng 另见 zhēng
1. aufrecht; gerade ～南 genau nach Süden; genau der Süden 2. in der Mitte; Mittel-; zentral ～门 Haupttor 3. Punkt 十点～ Punkt zehn Uhr 4. →正面 2 5. →正直 6. rein; echt; lauter 味儿不～ etw schmeckt nicht so, wie es sein sollte 7. hauptsächlich; wesentlich ～角儿 Hauptrolle 8. regelmäßig; gleichmäßig ～方形 Quadrat 9. positiv; größer als Nul ～数 positive Zahl 10. positiv ～电 positive Elektrizität 11. etw an die richtige (rechte) Stelle setzen (rücken) ～～帽子 seinen Hut zurechtsetzen (zurechtrücken) 12. berichtigen; korrigieren; verbessern ～音 die Aussprache berichtigen (korrigieren) 13. gerade; genau ～中目标 gerade das Ziel treffen 14. →正在
正本 zhèngběn 1. Originalexemplar 2. Original
正比 zhèngbǐ direktes Verhältnis
正比例 zhèngbǐlì direktes Verhältnis
正步 zhèngbù Stechschritt; Paradeschritt
正常 zhèngcháng normal; regulär ～化 Normalisierung
正当 zhèngdāng gerade als ～秋收之时 gerade zur Zeit der Herbsternte
正当 zhèngdàng 1. gerecht; legal; gerechtfertigt ～的要求 berechtigte (gerechte) Forderung 2. solide; anständig; einwandfrei
正道 zhèngdào rechter Weg; richtiger Lebensweg 引上～ jn auf den rechten Weg bringen
正点 zhèngdiǎn fahrplanmäßig; fahrplangemäß; pünktlich
正法 zhèngfǎ das Todesurteil vollstrecken 就地～ auf der Stelle die Todesstrafe vollziehen
正告 zhènggào jn mit allem Ernst ermahnen; jn ernsthaft warnen
正割 zhènggē Sekans
正规 zhèngguī regulär; normal ～军 reguläre Truppen; Linientruppen
正轨 zhèngguǐ rechte Bahn; rechtes Gleis 走上～ wieder ins rechte Gleis kommen
正好 zhènghǎo 1. gerade zur rechten Zeit; gerade recht 我～要找你 du kommst wie gerufen 2. zufällig geschehen; wie es sich gerade trifft 既然他来了,～当面问他 frag ihn selbst, er ist ja schon da
正教 zhèngjiào Orthodoxie; orthodoxe Kirche
正经 zhèngjing 1. anständig; einwandfrei ～人 ein anständiger (rechtschaffener) Mensch 2. →正当 (zhèngdàng) 1 3. →正式
正楷 zhèngkǎi Normalschrift (in der chinesischen Kalligraphie)
正路 zhènglù rechter Weg; richtiger Lebensweg 走～ auf dem rechten Weg sein

Z

正门 zhèngmén Haupttor
正面 zhèngmiàn 1. Vorderseite; Front; Avers ～图 Aufriss 2. rechte Seite 料子的～ rechte Seite eines Stoffes 3. positiv ～人物 positive Figur 4. direkt 避免～答复 einer direkten Antwort ausweichen
正派 zhèngpài anständig; aufrecht; ehrenhaft 作风～ sich sittlich einwandfrei führen
正气 zhèngqì Rechtschaffenheit; moralische Integrität ～凛然 rückhaltlose Redlichkeit
正巧 zhèngqiǎo →正好 1
正切 zhèngqiē Tangens
正确 zhèngquè richtig; korrekt; den Tatsachen entsprechend
正式 zhèngshì offiziell; amtlich; ordentlich ～会员 Vollmitglied ～声明 offizielle Erklärung
正视 zhèngshì einer Sache ins Auge sehen (blicken); einer Sache mutig entgegentreten ～现实 der Wirklichkeit ins Auge sehen
正厅 zhèngtīng Hauptsaal
正统 zhèngtǒng 1. Legitimismus 2. orthodox ～观点 orthodoxe Ideen
正文 zhèngwén eigentlicher Text; Text; Haupttext
正午 zhèngwǔ Mittag
正误 zhèngwù Druckfehler berichtigen ～表 Korrigenda; Druckfehlerverzeichnis
正弦 zhèngxián Sinus
正义 zhèngyì 1. Gerechtigkeit 伸张～ für Gerechtigkeit eintreten ～感 Gerechtigkeitssinn; Rechtsempfinden; Rechtsgefühl 2. gerecht ～的战争 gerechter Krieg
正在 zhèngzài im Gang sein 会议～进行 die Sitzung ist im Gang
正直 zhèngzhí aufrichtig; ehrlich; rechtschaffen
正中 zhèngzhōng Mitte; Mittelpunkt
正字法 zhèngzìfǎ Orthographie; Rechtschreibung
正宗 zhèngzōng orthodoxe Schule (Richtung); rechtgläubig
正座 zhèngzuò Vorderplatz im Parkett

症(證) zhèng 另见 zhēng
Krankheit 不治之～ unheilbare Krankheit
症状 zhèngzhuàng Symptom; Krankheitszeichen; Anzeichen

证(證) zhèng 1. →证明 1 2. →证据;证件 工作～ Arbeitsausweis
证婚人 zhènghūnrén Trauzeuge; Beistand
证件 zhèngjiàn Ausweis; Bescheinigung; Ausweispapiere
证据 zhèngjù Beweis; Nachweis; Beweisstück
证明 zhèngmíng 1. bestätigen; beweisen ～信 Bescheinigung 2. →证书
证券 zhèngquàn Wertpapiere; Effekten; Valoren ～交易所 Effektenbörse; Wertpapierbörse
证人 zhèngren Zeuge
证实 zhèngshí bestätigen; beweisen; Glaubhaftmachung
证书 zhèngshū Zeugnis; Zertifikat 毕业～ Abschlusszeugnis; Reifezeugnis; Diplom 结婚～ Heiratsurkunde; Trauschein
证章 zhèngzhāng Abzeichen; Plakette

政 zhèng 1. →政治 2. Angelegenheiten von einer staatlichen Verwaltung
政变 zhèngbiàn Staatsstreich; Putsch
政策 zhèngcè Politik; politische Richtlinie 外交～ Außenpolitik
政党 zhèngdǎng Partei
政府 zhèngfǔ Regierung ～机关 Regierungsorgane; Regierungsstelle
政见 zhèngjiàn politische Ansicht 持不同～ anderer politischer Ansicht sein; andersdenkend
政局 zhèngjú politische Lage (Situation)
政客 zhèngkè Politiker (negativer Ausdruck für Berufspolitiker); intriganter Politiker; Bonze
政论 zhènglùn politischer Kommentar ～家 politischer Kommentator
政权 zhèngquán 1. Macht; Staatsmacht; Staatsgewalt; Regime 2. Staatsorgane; Machtorgane
政委 zhèngwěi Politkommissar
政务 zhèngwù Staatsangelegenheiten ～院 Staatsverwaltungsrat
政协 zhèngxié die Politische Konsultativkonferenz des Chinesischen Volkes ～委员 Mitglied der Politischen Konsultativkonferenz des Chinesischen Volkes
政治 zhèngzhì Politik ～犯 politischer Gefangener; Staatsgefangener; politischer Häftling ～家 Staatsmann; Politiker ～局

Politbüro

帧 zhèng (Zähleinheitswort): 这～画 dieses Bild

诤 zhèng ermahnen ～言 Ermahnung; ermahnende Worte

挣[1] zhèng 另见 zhēng
sich von etw losreißen; abschütteln ～脱枷锁 das Joch abschütteln; die Fessel abwerfen

挣[2] zhèng 另见 zhēng
verdienen; durch Arbeit erwerben 多～钱 mehr Geld verdienen

挣脱 zhèngtuō sich befreien; sich entringen; sich losreißen ～殖民主义的枷锁 sich von den Fesseln des Kolonialismus befreien; das Joch des Kolonialismus abwerfen (sprengen)

汁 zhī Saft; Brühe 橘子～ Orangensaft

之[1] zhī sich begeben (nach, in) 由京～沪 von Beijing nach Shanghai fahren (fliegen)

之[2] zhī 1. (Schriftzeichen, das für eine Person oder eine Sache als Objekt steht): 求～不得 das ist ein gefundenes Fressen für jn; gerade das Richtige sein; jm sehr willkommen sein 2. (Leerwort): 久而久～ nach und nach; im Laufe der Zeit

之[3] zhī 1. (zur Bezeichnung der Zugehörigkeit): 奉指挥员～命 auf Befehl des Kommandanten 2. (zur näheren Bestimmung): 光荣～家 ehrenwerte Familie

之后 zhīhòu 1. nach; hinter; nachdem 三天～ nach (in) drei Tagen 2. dann; danach; nachher

之前 zhīqián vor; bevor; vorher 动身～ vor der Abreise; bevor jd sich auf den Weg macht

芝 zhī

芝麻 zhīma 1. Sesam 2. Sesamsamen ～酱 Sesampaste

支[1] zhī 1. →支撑 ～帐篷 ein Zelt aufbauen (aufschlagen) 2. aufsetzen; hochrichten; hervorstrecken ～起耳朵听 die Ohren spitzen 3. →支持 ～农 die Landwirtschaft unterstützen 体力不～ körperlich abbauen 4. →支使 5. →支付 支取

支[2] zhī 1. Zweig-; Neben-; Seiten- 2. (Zähleinheitswort): 一～军队 eine Armee 两～铅笔 zwei Bleistifte 3. (Zähleinheitswort): 六十～光的灯炮 eine 60-Watt-Birne; eine Birne zu 60 Watt

支部 zhībù Zelle ～书记 Sekretär einer Parteizelle ～委员会 Komitee einer Parteizelle

支撑 zhīchēng 1. stützen; absteifen; unterstützen 2. sich mühsam aufrichten oder durchschlagen

支持 zhīchí 1 aushalten 2. unterstützen; den Rücken stärken; fördern

支出 zhīchū 1. →支付 2. Ausgabe; Kosten

支点 zhīdiǎn Angelpunkt; Drehpunkt

支付 zhīfù bezahlen; ausgeben; bestreiten

支架 zhījià Gestell; Stütze; Träger

支解 zhījiě zerteilen; zerstückeln; verstümmeln

支离破碎 zhī lí pò suì abbrüchig; bruchstückhaft; aus den Fugen gehen

支流 zhīliú 1. Nebenfluss; Zufluss 2. Nebensache Nebensächlichkeit

支配 zhīpèi 1. disponieren; einteilen; einsetzen 2. bestimmen; kontrollieren; regieren ～地立 dominierende Stellung

支票 zhīpiào Scheck 开～ einen Scheck ausfertigen (ausfüllen, ausstellen)

支气管 zhīqìguǎn Bronchien ～炎 Bronchitis

支取 zhīqǔ abheben ～存款 Spargelder abheben

支使 zhīshi befehlen; anordnen; über jn verfügen

支书 zhīshū Sekretär einer Parteizelle; Sekretär einer Jugendverbandzelle

支吾 zhīwu herumdrucksen ～其词 nicht mit der Sprache herausrücken; lange mit der Antwort zögern

支援 zhīyuán beistehen; jm zur Hand gehen; unterstützen 互相～ einander unterstützen

支柱 zhīzhù 1. Pfeiler; Säule; Stütze 2. Hauptstütze

枝 zhī 1. →枝条 柳～儿 Weidenrute 2.

(als Zähleinheitswort)：一～花 ein Blütenzweig 一～枪 ein Gewehr
枝节 zhījié 1. Nebensächlichkeit；Nebensache 2. Komplikation；unangenehme Begleiterscheinung 横生～ das bereitet unerwartet Unannehmlichkeiten
枝条 zhītiáo Rute；Zweig

吱 zhī 另见 zī
(Schallwort)：嘎～ knarren；knirschen

肢 zhī Extremität；Glied 下～ untere Extremitäten；untere Glieder
肢体 zhītǐ Extremität；Glied；vier Glieder und Rumpf

只(隻) zhī 另见 zhǐ
1. allein；einzig ～字不提 über jn/etw kein Wort fallenlassen；davon nichts (kein Wort) erwähnen 2. (Zähleinheitswort)：两～船 zwei Boote (Schiffe)
只身 zhīshēn allein

织(織) zhī 1. weben ～布工人 Weber；Tuchmacher 2. stricken；häkeln ～网 ein Netz knüpfen
织补 zhībǔ kunststopfen；repassieren
织锦 zhījǐn Brokat
织女星 zhīnǚxīng Wega
织物 zhīwù Gewebe；Stoff；Tuch

知 zhī 1. →知道 据我所～ soviel ich weiß 2. →知识 求～ nach Wissen (Kenntnissen) streben
知道 zhīdao (Bescheid) wissen；kennen
知府 zhīfǔ Präfekt
知己 zhījǐ 1. familiär；intim；vertraut ～话 intime Worte 2. Busenfreund；intimer Freund；vertrauter Freund
知交 zhījiāo Seelenfreund
知觉 zhījué 1. Wahrnehmung；Empfindung 2. Bewusstsein；Besinnung 失去～ ohnmächtig (bewusstlos) werden
知了 zhīliǎo Zikade
知名 zhīmíng prominent；bekannt ～度 Bekanntheitsgrad ～人士 Prominenz；Berühmtheit
知情 zhīqíng Mitwissenschaft ～人 Mitwisser；Eingeweihte(r)
知趣 zhīqù taktvoll；rücksichtsvoll；einfühlsam
知识 zhīshi Wissen；Kenntnis；Rüstzeug ～分子 Intellektuelle(r)；Intelligenz ～产权 geistiges Eigentum ～库 Wissensbank ～社会 Wissensgesellschaft
知县 zhīxiàn Kreisvorsteher
知心 zhīxīn →知己 1 ～朋友 Duzbruder；Herzensfreund；intimer (vertrauter) Freund
知音 zhīyīn →知己 2
知足 zhīzú Anspruchlosigkeit；Genügsamkeit；sich begnügen

蜘 zhī
蜘蛛 zhīzhū Spinne ～网 Spinnennetz

栀(梔) zhī
栀子 zhīzi Gardenie

指 zhī 另见 zhí, zhǐ
指甲 zhījia Nagel ～油 Nagellack

脂 zhī 1. →脂肪 2. Schminke
脂肪 zhīfáng Fett；Speck；Talg
脂粉 zhīfěn Schminke und Puder；Frau ～气 weibisch

蹠 zhí 1. Mittelfuß 2. Fußsohle
蹠骨 zhígǔ Mittelfußknochen

职(職) zhí 1. →职务 2. →职位 恢复原～ seinen früheren Posten wieder innehaben；Comeback
职称 zhíchēng dienstliche Rangbezeichnung
职工 zhígōng Belegschaft；Angestellte und Arbeiter
职能 zhínéng Funktion
职权 zhíquán Amtsbefugnis；Amtsgewalt；Machtbefugnis 滥用～ Amtsanmaßung；Amtsmissbrauch；sein Amt missbrauchen
职位 zhíwèi Amt；Position；Posten
职务 zhíwù Amt；Funktion；Posten
职业 zhíyè Beruf；Gewerbe ～病 Berufskrankheit；Gewerbekrankheit ～外交家 Berufsdiplomat
职员 zhíyuán Angestellte(r)
职责 zhízé Amtspflicht；Berufspflicht；Obliegenheit

直 zhí 1. gerade；geradlinig 2. senkrecht；vertikal 3. von oben nach unten；von vorn nach hinten 4. gerade richten；gerade machen ～起腰来 den Rücken durchdrücken；sich (aus seiner gebückten Haltung) aufrichten 5. rechtschaffen；

gerecht 理～气壮 mit vollem Recht; mit Fug und Recht 6. → 直爽; 直截 7. direkt; durchgehend 8. ununterbrochen; ständig
直播 zhíbō Livesendung; live übertragen
直肠 zhícháng Enddarm; Mastdarm; Rektum
直达 zhídá durchfahren; durchgehend ～车 durchgehender Zug
直到 zhídào bis ～晚上 bis abends
直观 zhíguān anschaulich; intuitiv ～教具 visuelle Lehrmittel
直角 zhíjiǎo Rechtwinkel ～三角形 rechtwinkliges Dreieck
直接 zhíjiē direkt; unmittelbar
直截 zhíjié geradewegs; unumwunden ～了当 ohne Umschweife; ohne viel Federlesens; frank und frei
直径 zhíjìng Durchmesser; Diameter; Kaliber
直觉 zhíjué Anschauung; Intuition
直流电 zhíliúdiàn Gleichstrom
直升机 zhíshēngjī Hubschrauber; Helikopter
直属 zhíshǔ 1. direkt unterstehen 2. unmittelbar unterstehend (untergeordnet) ～机关 unmittelbar unterstehende Behörden
直率 zhíshuài →直爽 ～地说 offen gesagt; unumwunden sagen
直爽 zhíshuǎng offen; geradeaus; frei von der Leber weg
直系亲属 zhíxì qīnshǔ direkte Bluts- und angeheiratete Verwandtschaft
直辖 zhíxiá unmittelbar regieren; regierungsunmittelbar ～市 regierungsunmittelbare Stadt
直线 zhíxiàn Gerade; gerade Linie; geradlinig
直言 zhíyán unverhohlen; frank und frei ～不讳 kein Blatt vor den Mund nehmen; jm etw ins Gesicht sagen; freiheraus reden
直译 zhíyì wörtlich übersetzen; wortgetreue (wörtliche) Übersetzung

植 zhí pflanzen; anbauen ～树 einen Baum pflanzen
植皮 zhípí Hautplastik; Dermoplastik; Hauttransplantation
植物 zhíwù Gewächs; Pflanze; Flora ～人 Komatöse(r) ～园 botanischer Garten ～学 Botanik ～油 Pflanzenöl

殖 zhí fortpflanzen; sich vermehren
殖民 zhímín ansiedeln; kolonisieren; Kolonisation ～地 Kolonie; Niederlassung ～主义 Kolonialismus

值 zhí 1. Wert 2. gelten; kosten ～多少钱? Wie viel (was) kostet das? 3. Wert 绝对～ Absolutwert 4. →值得 不～一提 nicht der Rede wert sein 5. gerade zu der Zeit 正～国庆 auf den Nationalfeiertag fallen 6. (abwechselnd) Dienst haben
值班 zhíbān Dienst haben; Bereitschaftsdienst ～室 Dienstzimmer; Wachstube
值得 zhíde sich lohnen; -wert; -würdig ～注意 beachtenswert; Beachtung verdienen
值钱 zhíqián wertvoll; viel wert
值日 zhírì Tagesdienst; Dienst haben ～生 Klassenordnungdienst habender Schüler oder Student

执(執) zhí 1. halten; in der Hand haben 2. →执掌 3. →执意 各～一词 jeder besteht auf seiner Meinung 4. Quittung; Schein 回～ Rückschein; Empfangsbescheinigung
执笔 zhíbǐ schreiben; verfassen
执法 zhífǎ Recht sprechen; Gerichtsurteile fällen ～如山 Gesetze strikt durchführen
执迷不悟 zhí mí bù wù aus Eigensinn an einem Fehler (Irrtum) festhalten
执拗 zhíniù eigenwillig; trotzig; dickköpfig
执勤 zhíqín Dienst haben
执行 zhíxíng durchführen; exekutieren ～命令 einen Befehl ausführen ～主席 den Vorsitz führendes Präsidiumsmitglied
执意 zhíyì auf seiner Meinung bestehen; sich von seinem Entschluss nicht abbringen lassen
执掌 zhízhǎng innehaben; führen; regieren ～大权 die Macht innehaben
执照 zhízhào Lizenz; Schein 驾驶～ Führerschein
执政 zhízhèng regieren; das Ruder der Regierung führen (halten) ～党 Regierungspartei; herrschende Partei

指 zhí 另见 zhī, zhǐ
指头 zhítou Finger; Zehe

踯(躑) zhí
踯躅 zhízhú hin und her gehen

侄(姪) zhí →侄子

侄女 zhínǚ Nichte ～婿 Ehemann der Nichte

侄孙 zhísūn Großneffe ～女 Großnichte

侄子 zhízi Neffe

止 zhǐ 1. stoppen; aufhören; enden 血流不～ es blutet immer noch / die Blutungen sind unstillbar 2. verhindern; stillen ～渴 den Durst löschen ～咳 den Husten stillen (lindern) 3. bis (zu) 从四日起到十日～ vom 4. bis (zum) 10. 4. nur; bloß; ausschließlich

止步 zhǐbù haltmachen; stehenbleiben 闲人～ Kein Zutritt! / Unbefugten ist das Betreten (der Eintritt) verboten!

止境 zhǐjìng Ende; Grenze 学无～ man lernt nie aus

址(阯) zhǐ Ort; Sitz 厂～ Fabriksitz

趾 zhǐ Zehe

趾高气扬 zhǐ gāo qì yáng sich spreizen; auf Stelzen gehen; sich stolz blähen

趾骨 zhǐgǔ Zehenknochen; Phalanx

趾甲 zhǐjiǎ Zehennagel

只(祇、衹) zhǐ 另见 zhī

只得 zhǐdé müssen; nicht umhinkönnen (etw zu tun); notgedrungen ～如此 nicht anders können; keine andere Wahl haben

只是 zhǐshì 1. nur; ausschließlich; lediglich; ～嘴上说说而已 das ist ein bloßes Lippenbekenntnis / etw nur im Munde führen 2. (zur Betonung, dass sich eine Tätigkeit nur auf einen bestimmten Umstand oder Umfang beschränkt): 不管怎样追问,他～不开口 wie sehr man ihn auch darüber ausfragte, er machte den Mund nicht auf 3. aber; allerdings 我本想去,～天下雨出不了门 ich wollte eigentlich hingehen, aber der Regen hat mich daran gehindert

只要 zhǐyào nur wenn; insofern; sofern ～工夫深,铁杵磨成针 wo ein Wille ist, da ist auch ein Weg

只有 zhǐyǒu nur wenn

枳 zhǐ Dreiblättrige Zitrone

咫 zhǐ

咫尺 zhǐchǐ ganz in der Nähe ～天涯 einander kaum oder nicht sehen können, obwohl man sich ganz nahe beieinander befindet

纸(帋) zhǐ 1. Papier 一张～ ein Blatt Papier 2. Blatt; Stück 一～家书 ein Brief von Zuhause oder nach Hause

纸包 zhǐbāo Tüte; Papierverpackung

纸币 zhǐbì Banknote; Geldschein

纸袋 zhǐdài Tüte (aus Papier)

纸浆 zhǐjiāng Papierbrei

纸巾 zhǐjīn Tempotaschentuch

纸老虎 zhǐlǎohǔ Papiertiger

纸牌 zhǐpái Spielkarte

纸烟 zhǐyān Zigarette

纸鸢 zhǐyuān Papierdrachen

纸张 zhǐzhāng Papier

纸醉金迷 zhǐ zuì jīn mí Luxus treiben; in Saus und Braus leben; auf großem Fuße leben

旨(恉) zhǐ Ziel; Absicht; Sinn

旨意 zhǐyì Dekret; Anweisung; Befehl

酯 zhǐ Ester

指 zhǐ 另见 zhī,zhí

1. Finger 中～ Mittelfinger 2. Fingerbreit; fingerbreit 两～宽的纸条 zwei Finger breiter Papierstreifen 3. zeigen; weisen 用手一～ mit dem Finger zeigen 4. →指点 1 ～出缺点 auf Fehler hinweisen 5. meinen 你～的是谁? Wen meinst du? 6. →指靠

指标 zhǐbiāo Vorgabe; Soll; Plansoll; Norm 生产～ Produktionsplanziffer

指导 zhǐdǎo anleiten, anweisen; einführen ～员 politischer Instrukteur ～思想 Leitgedanke

指点 zhǐdiǎn 1. zeigen; anweisen; jm auf die Sprünge helfen 2. kritteln; nörgelnde Kritik üben

指定 zhǐdìng bestimmen; designieren; festlegen

指骨 zhǐgǔ Fingerknochen; Phalanx

指环 zhǐhuán Fingerring

指挥 zhǐhuī 1. kommandieren; dirigieren; befehlen ～员 Befehlshaber ～棒 Signalstab; Taktstock ～乐队 ein Orchester dirigieren 2. Kommandant; Kommandeur; Dirigent 乐队～ Dirigent

指教 zhǐjiào jm eine Belehrung über etw geben; Ratschläge geben 请你～ deine

Verbesserungsvorschläge sind sehr erwünscht / ich bitte um Rat
指靠 zhǐkào auf jn/etw angewiesen sein
指控 zhǐkòng anschuldigen; anzeigen; beschuldigen; anklagen
指令 zhǐlìng 1. befehlen; Order erteilen (geben) 2. Befehl; Order; Weisung
指鹿为马 zhǐ lù wéi mǎ aus Schwarz Weiß machen
指南 zhǐnán Anleitung; Führer; Wegweiser 旅行～ Reiseführer; Wegweiser ～针 Kompass
指派 zhǐpài beiordnen; ernennen; zuweisen
指使 zhǐshǐ heißen; jn zu etw anstiften 受人～ von einem anderen beauftragt (aufgehetzt)
指示 zhǐshì 1. zeigen; weisen ～代词 Demonstrativpronomen 2. anordnen; dekretieren; verordnen 3. Anordnung; Anweisung; Direktive
指手画脚 zhǐ shǒu huà jiǎo 1. mit den Händen reden; mit Händen und Füßen reden; gestikulieren 2. anmaßende und leichtsinnige Kritik üben
指数 zhǐshù 1. Exponent; Hochzahl 2. Messzahl; Messziffer; Indexziffer 物价～ Preisindex
指望 zhǐwang 1. erwarten; mit etw rechnen; hoffen 2. Aussicht; Hoffnung 他的病还有～ es besteht noch Aussicht, seine Krankheit zu heilen
指纹 zhǐwén Fingerabdruck
指引 zhǐyǐn leiten; weisen
指印 zhǐyìn Fingerspuren
指责 zhǐzé an jm/etw aussetzen; tadeln; verweisen
指战员 zhǐzhànyuán Offiziere und Soldaten
指针 zhǐzhēn 1. Zeiger; Anzeiger; Weiser 2. Richtlinie
指正 zhǐzhèng Fehler aufzeigen; auf Fehler hinweisen 请大家～ ich bitte Sie alle um Kritik

滞(滯)

zhì stehen bleiben; stocken; stagnieren
滞留 zhìliú feststecken; stagnieren
滞销 zhìxiāo schwer verkaufen; liegen bleiben ～货 Restant; Überhang; schwer verkäufliche Ware

治

zhì 1. →治理 ～家 Haushalt führen 2. heilen ～病救人 die Krankheit heilen und den Patienten retten 3. vernichten; ausrotten ～蝗 Heuschrecken ausrotten 4. strafen; bestrafen
治安 zhì'ān öffentliche Sicherheit; öffentliche Ordnung 维持～ die öffentliche Sicherheit wahren
治本 zhìběn eine Sache von Grund auf (von Grund aus) anpacken
治标 zhìbiāo bei Behandlung eines Problems nur an der Oberfläche haften
治理 zhìlǐ 1. regieren; verwalten; herrschen 2. regulieren
治疗 zhìliáo ärztlich behandeln 住院～ stationäre Behandlung
治丧 zhìsāng eine Trauerfeier abhalten ～委员会 Begräbniskomitee; Trauerkomitee
治外法权 zhìwài fǎquán Exterritorialität
治学 zhìxué Studien betreiben
治罪 zhìzuì jn für seine Tat (wegen seiner Tat) bestrafen

志[1]

zhì →志向;志愿 人各有～ jeder hat seinen eigenen Willen

志[2](誌)

zhì 1. im Kopf (im Gedächtnis) behalten 2. Aufzeichnung 县～ Kreisannalen
志气 zhìqì Ehrgeiz 有～ ehrgeizig sein; Ehrgeiz haben
志趣 zhìqù Gesinnung und Interesse
志士 zhìshì Person von edler (hochherziger) Gesinnung 爱国～ patriotisch und erhaben gesinnte Persönlichkeit
志同道合 zhì tóng dào hé gleichgesinnt; in dieselbe Kerbe hauen (schlagen)
志向 zhìxiàng Ambition; Bestrebung
志愿 zhìyuàn 1. Wunsch 2. freiwillig ～军 Freiwilligenkorps; Freiwillige(r)

痣

zhì Muttermal

痔

zhì →痔疮
痔疮 zhìchuāng Hämorrhoiden

栉(櫛)

zhì 1. Kamm 2. kämmen; hecheln
栉比 zhìbǐ dicht nebeneinander geordnet sein

至

zhì 1. bis; bis zu; nach 自始～终 von Anfang bis Ende 2. →至于 3. äußerst; höchst 感激之～ voller Dankbarkeit;

äußerst dankbar sein
至宝 zhìbǎo äußerst kostbarer Schatz 如获～ von einer so großen Freude erfüllt sein, als habe man einen kostbaren Schatz ausgegraben
至多 zhìduō höchstens; maximal; im besten Fall
至交 zhìjiāo bester (vertrauter, intimer) Freund
至今 zhìjīn bis heute; bisher
至亲 zhìqīn Blutsverwandte(r); nächste(r) Verwandte(r) ～好友 Verwandte und Freunde
至少 zhìshǎo mindestens; zumindest; wenigstens
至于 zhìyú 1. dahin kommen; so weit sein 2. was ... anbelangt; was ... anbetrifft ～详细情况，谁都不知道 Näheres darüber weiß niemand / was Näheres darüber betrifft, kann es niemand sagen

窒 zhì verstopfen
窒息 zhìxī Atemnot; Atemstillstand; Apnoe

桎 zhì
桎梏 zhìgù 1. Fessel; Joch; Kette 2. Fessel; Zwang

致[1] zhì 1. senden; schicken; zollen ～函 ein Schreiben (einen Brief) senden ～欢迎词 eine Begrüßungsansprache halten ～各界的公开信 offener Brief an alle sozialen Kreise 2. →致使

致[2]（緻） zhì →致密
致辞 zhìcí eine Rede (Ansprache) halten
致敬 zhìjìng grüßen; salutieren; jm seine Huldigung darbringen
致力 zhìlì sich einsetzen; sich befassen; sich einer Sache widmen
致密 zhìmì sorgfältig und genau
致命 zhìmìng tödlich; letal; lebensgefährlich ～伤 eine tödliche Verletzung ～的弱点 verhängnisvolle Schwäche
致使 zhìshǐ auslösen; so dass
致死 zhìsǐ tödlich; zum Tode führen
致谢 zhìxiè sich bedanken; jm seinen Dank ausdrücken (aussprechen, erweisen)
致意 zhìyì jm einen Gruß entbieten 请代向同志们～ Richten Sie bitten den Genossen meine Grüße aus! / Übermitteln Sie den Genossen meine Grüße!

掷（擲） zhì werfen ～铁饼 Diskuswerfen
掷弹筒 zhìdàntǒng Granatwerfer

挚（摯） zhì aufrichtig
挚友 zhìyǒu vertrauter Freund

置 zhì 1. setzen; stellen 2. anschaffen; kaufen ～一身衣服 sich eine Kleidungsgarnitur kaufen
置办 zhìbàn beschaffen; besorgen
置身 zhìshēn sich versetzen; sich befinden ～事外 sich einer Sache fernhalten; mit einer Sache nicht zu tun haben wollen; sich (aus einer Sache) heraushalten
置信 zhìxìn glauben; Glauben schenken; für wahr halten 难以～ unglaublich; nicht zu glauben sein; unwahrscheinlich
置疑 zhìyí zweifeln 不容～ an einer Sache ist nicht zu zweifeln; etw ist außer allem Zweifel
置之度外 zhì zhī dù wài sich über etw hinwegsetzen; etw bewusst außer Acht lassen

制（[1] 製） zhì 1. →制造 1 2. →制订 3. →制度 供给～ System für Zuteilung von lebensnotwendigen Gütern
制版 zhìbǎn eine Druckform (Druckplatte) herstellen
制裁 zhìcái ahnden; strafen; Sanktion 依法～ nach dem Gesetz über jn eine Strafe verhängen
制定 zhìdìng ausarbeiten; konstituieren; aufstellen ～宪法 eine Verfassung ausarbeiten
制订 zhìdìng ausarbeiten; formulieren ～计划 einen Plan ausarbeiten (schmieden, machen)
制动器 zhìdòngqì Bremsbacke; Bremse; Hemmschuh
制度 zhìdù 1. Vorschrift; Bestimmung 财政～ Finanzsystem 2. Ordnung; System 社会～ Gesellschaftsordnung 社会主义～ sozialistisches System
制伏 zhìfú jn kampfunfähig machen; niederkämpfen; jm den Fuß in den Nacken setzen
制服 zhìfú Uniform
制高点 zhìgāodiǎn Kommandohöhe
制剂 zhìjì Präparat; Droge
制冷 zhìlěng kühlen ～机 Kühler
制品 zhìpǐn Produkt; Erzeugnis 塑料～

Plasterzeugnisse
制胜 zhìshèng Sieg erringen (erkämpfen); besiegen
制式 zhìshì System; Typ; Modell
制图 zhìtú zeichnen; planzeichnen ～员 Zeichner; Kartograph ～仪器 Zeichengerät
制约 zhìyuē bedingen 互相～ gegenseitig bedingen; korrespektiv
制造 zhìzào 1. herstellen; fabrizieren; bauen 2. anstiften; säen; schaffen ～谣言 ein Gerücht verbreiten ～纠纷 Unfrieden stiften; Zwietracht säen; Streit entfachen
制止 zhìzhǐ einen Damm gegen etw aufbauen; jm / einer Sache Einhalt gebieten (tun); verhindern ～军备竞赛 dem Wettrüsten Einhalt gebieten
制作 zhìzuò →制造 1

秩¹ zhì Ordnung

秩² zhì zehn Jahre 七～大庆 siebzigstes Jubiläum
秩序 zhìxù Ordnung; Reihenfolge 遵守～ die Reihenfolge einhalten

智 zhì 1. intelligent; klug 2. →智慧 ～勇双全 sowohl intelligent als auch tapfer sein
智慧 zhìhuì Weisheit; Intelligenz
智力 zhìlì Intellekt; Verstand ～测验 Intelligenzprüfung; Intelligenztest
智谋 zhìmóu Einfallsreichtum; Findigkeit; Schlauheit
智囊 zhìnáng Berater ～团 Brain-Trust; Gehirntrust
智能 zhìnéng Potential der Intelligenz
智商 zhìshāng Intelligenzquotient (IQ)
智育 zhìyù geistige Bildung

雉 zhì Fasan
雉鸠 zhìjiū Turteltaube

稚(穉) zhì klein; kindlich; jung ～子 argloses Kind
稚气 zhìqì Kindlichkeit

质¹(質) zhì 1. Eigenschaft; Wesen ～的变化 qualitative Veränderung 2. →质量 2 3. Material; Stoff

质²(質) zhì →质问

质³(質) zhì 1. verpfänden; zum Pfand geben 2. Pfand 以手表为～ eine Armbanduhr als (zum) Pfand geben (nehmen)
质变 zhìbiàn qualitative Veränderung
质地 zhìdì 1. Qualität; Struktur 2. Eigenschaft; Begabung
质量 zhìliàng 1. Masse 2. Qualität; Güte 教学～ Unterrichtsqualität
质朴 zhìpǔ schlicht
质数 zhìshù Primzahl; goldene Zahl
质问 zhìwèn jn wegen etw zur Rede stellen; eine Anfrage einbringen (vorbringen)
质疑 zhìyí eine Frage stellen; befragen
质子 zhìzǐ Proton

炙 zhì 1. braten 2. Braten
炙手可热 zhì shǒu kě rè große Macht haben und sich furchtbar aufspielen

中 zhōng 另见 zhòng
1. Mitte; Zentrum 2. China ～文 die chinesische Sprache 3. in 家～ zu Hause 心～ im Herzen 4. →中间 3 5. →中等 6. →中人
中饱 zhōngbǎo (Geld) unterschlagen; in die eigene Tasche wirtschaften
中波 zhōngbō Mittelwelle ～波段 Mittelwellenbereich
中部 zhōngbù Mitte; Zentrum
中餐 zhōngcān chinesische Küche; chinesisches Essen
中等 zhōngděng mittel; mittelmäßig; Mittelmaß ～教育 Mittelschulbildung ～发达的国家 mittelmäßig entwickeltes Land 2. mittelgroß ～个儿 mittlere Körpergröße; von mittelgroßem Wuchs
中东 zhōngdōng Mittelosten; Mittlerer Osten
中断 zhōngduàn unterbrechen; stilllegen; einstellen
中队 zhōngduì 1. Detachement; Sonderkommando ～长 Leiter eines Detachements 2. der Kompanie vergleichbare Truppe 飞行～ Staffel
中耳 zhōng'ěr Mittelohr ～炎 Mittelohrentzündung
中饭 zhōngfàn Mittagessen 吃～ zu Mittag essen; das Mittagessen haben
中锋 zhōngfēng Mittelstürmer
中耕 zhōnggēng während der mittleren Wachstumsperiode grubbern ～机 Kulti-

vator
中国人 zhōngguórén Chinese; Chinesin
中和 zhōnghé 1. Neutralisation 2. neutralisieren
中华 Zhōnghuá China ～民族 Chinesische Nation ～人民共和国 Volksrepublik China
中级 zhōngjí Mittelstufe; mittlere Ebene ～人民法院 mittleres Volksgericht
中坚 zhōngjiān Kern ～力量 den Kern bildende Kraft
中间 zhōngjiān 1. unter 朋友～ unter Freunden 2. →中心 1 3. Mitte; zentral; zwischen zwei Polen ～派 Anhänger des Mittelwegs 取缔～剥削 die Ausbeutung der Zwischenhändler verbieten
中将 zhōngjiàng Generalleutnant
中介 zhōngjiè Vermittlung
中看 zhōngkàn schön aussehend
中立 zhōnglì Neutralität ～国 neutraler Staat; nichtkriegführender Staat; Schutzmacht ～政策 Neutralitätspolitik
中流 zhōngliú Mitte eines Stroms ～砥柱 wie ein Fels mitten im reißenden Strom
中年 zhōngnián mittleres Alter ～妇女 Frau mittleren Alters; Mittelaltrige
中篇小说 zhōngpiān xiǎoshuō Novelle
中期 zhōngqī Mittelphase; Mitte; Zwischen-
中秋 Zhōngqiū Mondfest (der 15. des 8. Monats nach dem chinesischen Mondkalender)
中人 zhōngrén Vertrauensmann; Vermittler
中式 zhōngshì chinesischer Stil ～服装 Kleidung im traditionellen chinesischen Stil
中士 zhōngshì Feldwebel; Bootsmann; Wachtmeister
中世纪 zhōngshìjì Mittelalter
中枢 zhōngshū Zentrum 交通～ Verkehrsknotenpunkt ～神经系统 Zentralnervensystem
中提琴 zhōngtíqín Bratsche; Viola
中听 zhōngtīng angenehm klingend; einschmeichelnd
中途 zhōngtú unterwegs; auf halbem Weg ～返回 auf halbem Weg die Rückreise antreten
中外 zhōngwài China und das Ausland; In- und Ausland 驰名～ im In-und Ausland bekannt sein; weltbekannt; weltberühmt
中尉 zhōngwèi Oberleutnant
中文 Zhōngwén Chinesisch; die chinesische Sprache
中午 zhōngwǔ Mittag
中校 zhōngxiào Oberstleutnant; Fregattenkapitän
中心 zhōngxīn 1. Mitte; Zentrum 市～ Stadtzentrum; Stadtmitte 2. Hauptteil; Kern ～任务 Hauptaufgabe ～思想 Hauptgedanke; Quintessenz 3. Zentrum 文化～ Kulturzentrum
中兴 zhōngxīng Wiederaufblühen (eines Staates)
中型 zhōngxíng mittelgroß ～机床 mittelgroße Werkzeugmaschine
中性 zhōngxìng 1. neutral ～溶液 neutrale Lösung 2. Neutrum; neutral; sächlich
中学 zhōngxué Mittelschule ～生 Mittelschüler
中旬 zhōngxún zweite Dekade eines Monats
中央 zhōngyāng 1. Mitte; Zentrum 2. Zentrale 党～ Zentralkomitee der Partei
中药 zhōngyào traditionelle chinesische Arznei
中叶 zhōngyè mittlerer Zeitraum 19世纪～ Mitte des 19. Jahrhunderts
中医 zhōngyī 1. traditionelle chinesische Medizin 2. Arzt der traditionellen chinesischen Medizin
中庸 zhōngyōng goldene Mitte ～之道 goldener Mittelweg
中用 zhōngyòng taugen; tauglich; brauchbar 不～ untauglich sein; nichts taugen
中游 zhōngyóu 1. Mittellauf 2. mittelmäßig; durchschnittlich 居～ mäßige Leistungen haben
中止 zhōngzhǐ abbrechen; einstellen; aufhören
中指 zhōngzhǐ Mittelfinger
中装 zhōngzhuāng traditionelle chinesische Kleidung
中子 zhōngzǐ Neutron ～弹 Neutronenbombe

衷 zhōng im Herzen; im Inneren 无动于～ sein Desinteresse an einer Sache zeigen; ungerührt bleiben; teilnahmslos
衷肠 zhōngcháng Worte aus tiefstem Herzen; herzliche Worte 略叙～ sich mit jm einigermaßen aussprechen
衷情 zhōngqíng inniges Gefühl 互诉～ einander ihr Herz ausschütten

衷心 zhōngxīn herzlich，von ganzem Herzen ～感谢 sich herzlich bedanken；herzlichen Dank aussprechen

忠 zhōng →忠诚；忠心

忠臣 zhōngchén kaisertreuer Beamter

忠诚 zhōngchéng treu；ergeben；anhänglich

忠告 zhōnggào 1. raten；jn im Guten ermahnen 2. wohlgemeinter Rat；wohlmeinende Ermahnung

忠厚 zhōnghòu ehrlich und tolerant；aufrichtig und großherzig

忠实 zhōngshí 1. treu；getreulich 2. wortgetreu；treu ～的记录 wortgetreues Protokoll

忠心 zhōngxīn Treue；loyal ～耿耿 unerschütterliche Treue；jm treu dienen (bleiben)

忠于 zhōngyú jm/einer Sache treu sein (bleiben)；zu jm treu halten ～人民 dem Volk treu bleiben；dem Volk treu dienen

忠贞 zhōngzhēn in Treue beharren ～不屈 treu und unbeugsam

盅 zhōng Schälchen；Becher 酒～ Schnapsglas

钟（鐘） zhōng 1. Glocke 鸣～ eine Glocke läuten 2. Uhr 3. →钟点 十分～ zehn Minuten

钟摆 zhōngbǎi Uhrpendel

钟表 zhōngbiǎo Uhr ～店 Uhrengeschäft

钟点 zhōngdiǎn 1. Uhrzeit 按～付钱 stundenweise zahlen 2. →钟头

钟楼 zhōnglóu 1. Glockenturm 2. Turmuhr eines höheren Baus

钟乳石 zhōngrǔshí Tropfstein；Stalaktit

钟头 zhōngtóu Stunde

螽 zhōng

螽斯 zhōngsī Laubheuschrecke

终 zhōng 1. Ende；Schluss；Abschluss 年～ Jahresende；Ende des Jahres 2. Tod 3. →终归 ～有一天 der Tag wird schon noch kommen 4. ganze Zeit ～夜 die ganze Nacht

终点 zhōngdiǎn 1. Endziel ～站 Endstation 2. Ziel ～冲刺 Spurt vor dem Ziel

终归 zhōngguī letzten Endes；immerhin；schließlich

终结 zhōngjié Abschluss；Ende

终究 zhōngjiū endlich；letzten Endes；zu guter Letzt

终了 zhōngliǎo enden；Ende

终日 zhōngrì den ganzen Tag

终身 zhōngshēn Lebenszeit；zeitlebens；lebenslang ～制 System der lebenslangen Amtsdauer

终于 zhōngyú endlich；zum Schluss；zuletzt

终止 zhōngzhǐ beenden；abschließen；aufhören

冢（塚） zhǒng Grab

种（種） zhǒng 另见 zhòng

1. Art；Spezies；Sorte 2. Rasse 黄～ gelbe Rasse 3. Samen 麦～ Weizensamen；Weizensaatgut ～马 Körhengst；Zuchthengst 4. Mut；Wagnis 有～ den Mut haben；etw wagen 5. Typ；Sorte 各～商品 verschiedene Waren；Waren in allen Sorten 这有两～可能 dafür gibt es zwei Möglichkeiten

种畜 zhǒngchù Zuchtvieh

种类 zhǒnglèi Sortiment；Sorte；Gattung

种种 zhǒngzhǒng allerhand；allerlei；alles mögliche 用～方法 mit allen möglichen Methoden

种子 zhǒngzi 1. Saat；Saatgut；Samen 2. gesetzt ～选手 gesetzter Spieler

种族 zhǒngzú Rasse；Volksstamm ～歧视 Rassendiskriminierung ～主义 Rassismus

肿（腫） zhǒng anschwellen 眼睛～了 die Augen sind geschwollen

肿瘤 zhǒngliú Geschwulst；Tumor；Anschwellung 恶性～ bösartige Geschwulst；Krebs 良性～ gutartige Geschwulst

踵 zhǒng 1. Ferse 2. folgen；nachkommen；hinterhergehen

中 zhòng 另见 zhōng

1. treffen 说～ den Nagel auf den Kopf treffen；das Richtige treffen 三枪都打～了目标 alle drei Schüsse haben das Ziel getroffen 2. von etw getroffen sein ～圈套 in eine Falle geraten；jm ins Garn gehen 他～了子弹 er ist von einer Kugel getroffen

中的 zhòngdì ins Schwarze treffen；das Richtige treffen

中毒 zhòngdú sich vergiften；vergiftet werden；Vergiftung 煤气～ Gasvergiftung

中风 zhòngfēng Gehirnschlag; Schlaganfall; vom Schlage getroffen werden
中奖 zhòngjiǎng in der Lotterie gewinnen; auf sein Los gewinnen
中肯 zhòngkěn schlagend; treffend
中伤 zhòngshāng diffamieren; üble Nachreden über jn verbreiten; verleumden
中暑 zhòngshǔ Hitzschlag; Insolation; sich einen Sonnenstich holen
中意 zhòngyì gefallen; behagen; jm recht sein

种（種） zhòng 另见 zhǒng →种植 ～庄稼 Getreide anbauen
种地 zhòngdì das Feld bebauen (bestellen)
种痘 zhòngdòu (gegen Pocken) impfen (vakzinieren); Impfung (Vakzination) (gegen Pocken)
种植 zhòngzhí anbauen; anpflanzen; pflanzen ～园 Plantage

仲 zhòng 1. Mitte; in der Mitte stehend; Mittelstellung 2. der zweite Monat einer Jahreszeit ～夏 Hochsommer; Mittsommer 3. Zweitältester unter Brüdern ～兄 zweitältester Bruder
仲裁 zhòngcái einen Schiedsspruch fällen; schiedsrichtern ～委员会 Schiedskommission

众（衆） zhòng →众多
众多 zhòngduō sehr viel; massenhaft 人口～ große Bevölkerung; bevölkerungsreich
众人 zhòngrén alle; Alt und Jung; alle Leute
众矢之的 zhòng shǐ zhī dì die Zielscheibe der scharfen Kritik von allen sein
众所周知 zhòng suǒ zhōu zhī es ist allen bekannt, dass ...; allbekannt; sprichwörtlich
众望 zhòngwàng Hoffnungen (Erwartungen) aller Menschen ～所归 auf jn sind alle Hoffnungen gesetzt
众议院 zhòngyìyuàn Repräsentantenhaus; Abgeordnetenhaus
众志成诚 zhòng zhì chéng chéng Einigkeit macht stark

重 zhòng 另见 chóng
1. Gewicht 2. schwer 工作～ mit viel Arbeit überhäuft sein 3. tief; schwer 病势很～ schwerkrank sein 4. →重要 以国家利益为～ die Interessen des Staates an erste Stelle setzen 5. →重视 ～男轻女 Hochschätzung des Mannes oder des Sohnes und Geringschätzung der Frau oder der Tochter
重兵 zhòngbīng besonders kampffähige und gut ausgerüstete Truppen
重大 zhòngdà wichtig; bedeutend; entscheidend ～变化 bedeutende (große) Veränderung
重担 zhòngdàn Bürde; Last 挑起～ sich eine schwere Last auferlegen (aufbürden); eine schwere Aufgabe übernehmen
重地 zhòngdì wichtiger Ort 军事～ militärisch wichtiger Ort
重点 zhòngdiǎn 1. Massenmittelpunkt; Schwerpunkt 2. Schwerpunkt; Hauptgewicht ～工程 Schwerpunkt-Bauprojekt 3. schwerpunktmäßig ～进攻 schwerpunktmäßig unternommener Angriff
重工业 zhònggōngyè Schwerindustrie
重活 zhònghuó schwere Arbeit; Pferdearbeit
重机关枪 zhòngjīguānqiāng schweres Maschinengewehr
重金属 zhòngjīnshǔ Schwermetall
重量 zhòngliàng Gewicht
重任 zhòngrèn wichtige Aufgabe; große Verantwortung
重伤 zhòngshāng schwer verwundet werden
重视 zhòngshì Wert (Gewicht) auf etw legen; einer Sache / jm Aufmerksamkeit schenken; einer Sache Bedeutung beimessen; beachten
重水 zhòngshuǐ schweres Wasser
重听 zhòngtīng schwerhörig
重心 zhòngxīn Schwerpunkt; Baryzentrum; Mittelpunkt 工作～ Schwerpunkt einer Arbeit
重型 zhòngxíng schwer ～坦克 schwerer Panzer
重要 zhòngyào wichtig; bedeutsam; bedeutungsvoll
重音 zhòngyīn Akzent; Betonung; Hochton
重用 zhòngyòng jm einen wichtigen Posten anweisen; jn mit einer wichtigen Arbeit (mit einem verantwortungsvollen Amt) betrauen
重油 zhòngyóu Schweröl; Heizöl; Masut
重元素 zhòngyuánsù schweres Element
重镇 zhòngzhèn militärisch oder wirtschaftlich wichtige Stadt oder Ortschaft

州 zhōu autonomer Bezirk

洲 zhōu 1. Kontinent ～际导弹 Interkontinentalrakete 2. kleine Insel im Fluss

舟 zhōu Boot ～车劳顿 Reisestrapazen; strapaziert durch die Reise sein

周¹（週） zhōu 1. Kreis 2. →周围 屋子四～ rund um das Haus; um das Haus herum 3. ganz; vollständig; alle ～身 ganzer Körper; von Kopf bis Fuß 4. →周到 5. Woche 下～ nächste Woche 6. →周波

周²（賙） zhōu →周济

周波 zhōubō Hertz (Hz)

周到 zhōudao aufmerksam; sorgfältig 考虑～ gut durchdacht; wohlüberlegt

周济 zhōujì (Notleidenden) helfen

周刊 zhōukān Wochenblatt; Wochenschrift; Revue

周密 zhōumì wohldurchdacht; gründlich

周末 zhōumò Wochenende; Ende der Woche ～晚会 Festabend am Wochenende

周年 zhōunián Jahrestag 20～纪念日 20. Jubiläum

周期 zhōuqī Periode; Zyklus; Taktzeit 生产～ Produktionsperiode

周岁 zhōusuì vollendetes Lebensjahr 我已经32～了 ich bin schon 32 Jahre alt

周围 zhōuwéi um ... herum; ringsum ～环境 Umwelt

周旋 zhōuxuán 1. Kreise ziehen 2. mit jm umgehen (verkehren) 3. mit jm kämpfen; kriegerische Auseinandersetzung

周游 zhōuyóu durchreisen; umreisen; eine Rundfahrt (einen Rundgang) durch etw machen ～世界 in der Welt herumreisen; die Welt durchreisen

周折 zhōuzhé Mühe; Umstände; Misserfolg

周转 zhōuzhuǎn Zirkulation; Umlauf 资金～ Kapitalumschlag

啁 zhōu

啁啾 zhōujiū trillern; zwitschern; tirilieren

粥 zhōu Brei

轴 zhóu 1. Achse; Spindel; Welle 2. Rolle; Spule 线～ Nähfadenspule 3. (Zähleinheitswort): 一～画 ein Rollbild

轴承 zhóuchéng Lager 滚珠～ Kugellager

轴心 zhóuxīn Achse

妯 zhóu

妯娌 zhóuli Ehefrauen der Brüder

肘 zhǒu Ellbogen

肘窝 zhǒuwō Armbeuge

帚（箒） zhǒu Besen

咒（呪） zhòu 1. →咒语 2. beschimpfen; verwünschen; schmähen

咒骂 zhòumà fluchen; verdammen; verfluchen

咒语 zhòuyǔ Beschwörung; Zaubermittel; Zauberspruch

皱（皺） zhòu 1. →皱纹 2. furchen; knittern; runzeln ～眉头 die Stirn falten (runzeln); die Augenbrauen zusammenziehen 衣服～了 die Kleider sind knitterig

皱纹 zhòuwén Falte; Kniff; Runzel ～纸 Kreppapier

绉（縐） zhòu →绉纱

绉纱 zhòushā Krepp

昼（晝） zhòu Tag

昼夜 zhòuyè Tag und Nacht 不分～ rund um die Uhr; Tag und Nacht

骤 zhòu plötzlich; schlagartig 天气～变 Wetterumschlag; Wettersturz

朱（²硃） zhū 1. →朱红 2. →朱砂

朱顶 zhūdǐng Eluthänfling

朱红 zhūhóng karmesinrot; vermeil; zinnoberrot

朱雀 zhūquè Gimpel

朱砂 zhūshā Zinnober; Vermillon

诛 zhū (einen Verbrecher) hinrichten 罪不容～ ein Verbrechen auch mit dem Tod nicht sühnen können

珠 zhū 1. →珠子 1 2. Kügelchen; Tropfen 露～ Tautropfen

珠宝 zhūbǎo Juwel; Schmuckgegenstand; Kleinodien ～商 Juwelier

珠算 zhūsuàn Rechnen mit dem Abakus

珠子 zhūzi Perle

株 zhū 1. Baumstamm 2. Pflanze ～距 Pflanzenabstand 3. (Zähleinheitswort): 两～树 zwei Bäume
株连 zhūlián Sippenhaftung; einen Unschuldigen mitbestrafen

蛛 zhū Spinne
蛛网 zhūwǎng Spinnennetz

侏 zhū klein
侏儒 zhūrú Zwerg; Liliputaner; Homunkulus

诸¹ zhū alle ～君 meine Herrschaften

诸² zhū 付～实施 etw in die Tat umsetzen
诸侯 zhūhóu Fürst
诸如 zhūrú wie zum Beispiel ～此类 und dergleichen(mehr)
诸位 zhūwèi meine Damen und Herren

猪(豬) zhū Schwein 公～ Eber 小～ Ferkel
猪倌 zhūguān Schweinehirt
猪圈 zhūjuàn Schweinestall; Schweinekofen
猪排 zhūpái Schweinekotelett; Schweineschnitzel
猪肉 zhūròu Schweinefleisch
猪食 zhūshí Schweinemast
猪瘟 zhūwēn Schweinepest
猪鬃 zhūzōng Schweinsborsten

烛(燭) zhú 1. Kerze 2. →烛照 火光～天 die Flammen beleuchten den nächtlichen Himmel 3. →烛光
烛光 zhúguāng Kerzenstärke; Candela
烛台 zhútái Kerzenleuchter; Kerzenständer
烛照 zhúzhào erleuchten, hell machen

逐 zhú 1. nachjagen; verfolgen 2. vertreiben; davonjagen ～出家门 jn aus dem Haus vertreiben (fortjagen) 3. der Reihe nach; nach der Reihe ～段讲解 abschnittsweise (Abschnitt für Abschnitt) erklären
逐步 zhúbù allmählich; Schritt für Schritt ～推广 schrittweise einführen (popularisieren)
逐个 zhúgè einzeln; stückweise; der Reihe nach
逐渐 zhújiàn nach und nach; allmählich; sukzessiv
逐年 zhúnián von Jahr zu Jahr; mit jedem Jahr
逐日 zhúrì mit jedem Tag; von Tag zu Tag

竹 zhú →竹子 ～椅 Stuhl aus Bambus
竹竿 zhúgān Bambusstange; Bambusrohr
竹林 zhúlín Bambushain; Bambuswald
竹马 zhúmǎ Bambuspferd (Kinderspielzeug aus einer Bambusstange als Steckenpferd)
竹器 zhúqì Bambuswaren; Bambusmöbel
竹笋 zhúsǔn Bambusspross
竹叶青 zhúyèqīng Lanzenotter
竹子 zhúzi Bambus

主 zhǔ 1. →主人 1 宾～ Gast und Gastgeber 2. →主人 3 车～ Eigentümer des Wagens; Halter 3. →主子 ～仆 Herr und Diener 4. Betreffende(r) 5. →主要 6. →主持 7. →主张 ～和 für den Frieden eintreten; den Frieden befürworten 8. andeuten; ankündigen; voraussagen
主办 zhǔbàn veranstalten; ausrichten ～展览会 eine Ausstellung veranstalten
主编 zhǔbiān 1. eine Redaktion leiten 2. Chefredakteur; Schriftleiter
主持 zhǔchí 1. leiten; vorsitzen 2. für etw eintreten; wahren ～正义 Gerechtigkeit üben 3. moderieren ～人 Moderator
主次 zhǔcì Haupt- und Nebensache 分清～ einen Unterschied zwischen der Haupt- und der Nebensache machen; Wichtiges von Unwichtigem unterscheiden
主导 zhǔdǎo 1. führend; leitend; dominierend ～思想 Leitgedanke; Leitfaden 2. führender Faktor; führende Kraft
主动 zhǔdòng 1. aktiv 2. Initiative ～权 Initiative 掌握～ Initiative haben (besitzen)
主犯 zhǔfàn Haupttäter
主妇 zhǔfù Hausfrau
主攻 zhǔgōng Hauptangriff
主顾 zhǔgù Kunde; Ankäufer
主观 zhǔguān 1. subjektiv ～能动性 subjektive Aktivität 2. unsachlich; von persönlichen Auffassungen ausgehend ～主义 Subjektivismus
主管 zhǔguǎn 1. für etw zuständig (verantwortlich) sein ～机关 zuständige Behörde 2. Chef; Bearbeiter; Verwalter
主机 zhǔjī Hauptmaschine

主见 zhǔjiàn eigene Meinung (Ansicht)
主将 zhǔjiàng Heerführer; Oberkommandierender
主教 zhǔjiào Bischof; geistlicher Fürst 红衣～ Kardinal
主句 zhǔjù Hauptsatz
主角 zhǔjué 1. Hauptrolle; Hauptdarsteller 演～ die Hauptrolle spielen 2. Hauptperson
主考 zhǔkǎo 1. examinieren; eine Prüfung abnehmen 2. Prüfer; Examinator
主力 zhǔlì Gros ～军 Hauptmacht; Hauptkraft ～舰 Schlachtschiff
主流 zhǔliú 1. Hauptstrom 2. Haupttendenz; Hauptströmung 时代的～ Hauptströmung des Zeitalters
主谋 zhǔmóu 1. →主使 2. Anstifter; Initiator; Macher
主权 zhǔquán Hoheitsrecht; Souveränität ～国家 souveräner Staat
主人 zhǔren 1. Gastgeber 2. →主子 3. Eigentümer
主人公 zhǔréngōng Held; Hauptperson
主任 zhǔrèn Direktor; Chef; Vorsteher 办公室～ Bürovorsteher
主食 zhǔshí Grundnahrungsmittel; Hauptnahrung
主使 zhǔshǐ anstiften; anzetteln
主题 zhǔtí Grundthema; Leitmotiv; Subjekt 以…为～ unter dem Motto ...
主体 zhǔtǐ 1. Hauptteil; Masse; Körper 2. Subjekt
主席 zhǔxí 1. Präsident ～团 Präsidium 2. Vorsitzender; Präsident; Obmann
主演 zhǔyǎn Hauptrolle
主要 zhǔyào essentiell; hauptsächlich; überwiegend
主义 zhǔyì Doktrin; Ismus 现实～ Realismus
主意 zhǔyi 1. →主见 2. Idee 这～不错 diese Idee ist nicht schlecht
主语 zhǔyǔ Subjekt
主宰 zhǔzǎi 1. über etw herrschen (gebieten); beherrschen ～世界 die Herrschaft über die Welt ausüben 2. Macht, die über jn oder eine Sache gebietet
主张 zhǔzhāng 1. für etw eintreten (plädieren); befürworten 2. Behauptung; Meinung 政治～ politische Meinungen
主子 zhǔzi Herr

拄 zhǔ sich auf etw stützen ～着拐棍儿走 am Stock gehen

煮 zhǔ kochen 饭还没～熟 der Reis ist noch nicht fertig gekocht

属（屬） zhǔ 另见 shǔ verbinden; etw in Zusammenhang bringen 前后相～ beide Texteinheiten haben einen gedanklichen Zusammenhang
属望 zhǔwàng Erwartung; Hoffnung
属意 zhǔyì ein Auge auf jn werfen

嘱（囑） zhǔ →嘱咐
嘱咐 zhǔfù anbefehlen; dringend raten

瞩（矚） zhǔ →瞩目
瞩目 zhǔmù jn/etw im Auge behalten; beobachten; zusehen

苎（苧） zhù 另见 níng
苎麻 zhùmá 1. Ramie 2. Ramiefaser

贮（貯） zhù →贮藏; 贮存
贮藏 zhùcáng lagern; speichern
贮存 zhùcún aufbewahren; speichern; einen Vorrat anlegen

伫（佇、竚） zhù →伫立
伫候 zhùhòu (stehend) warten ～佳音 auf eine gute Nachricht warten
伫立 zhùlì lange dastehen

注¹ zhù 1. eingießen 大雨如～ es gießt 2. aufmerksam; konzentriert 3. Einsatz; Spielgeld; Einschuss 下～ Spielgeld einsetzen

注²（註） zhù →注解
注册 zhùcè einschreiben; eintragen; registrieren ～商标 eingetragenes Warenzeichen; gesetzlich geschützte Marke
注定 zhùdìng zu etw verurteilt sein 命中～ zu (für) etw prädestiniert sein; vorherbestimmt sein
注解 zhùjiě 1. erklären; auslegen; erläutern 2. Erläuterung; Anmerkung
注目 zhùmù ansehen; Augenmerk auf jn/etw richten 引人～ Blicke der anderen anziehen; etw fällt jm ins Auge
注射 zhùshè einspritzen; spritzen; Injektion ～器 Spritze; Injektionsspritze
注视 zhùshì zusehen; verfolgen
注释 zhùshì →注解

注销 zhùxiāo abbuchen; abmelden; exmatrikulieren

注意 zhùyì achten; aufpassen; merken 集中～力 sich konzentrieren

注音 zhùyīn Aussprachebezeichnung ～字母 chinesische Lautumschrift

注重 zhùzhòng achten; jm / einer Sache Beachtung schenken; berücksichtigen

炷 zhù 1. Docht 2. (Zähleinheitswort): 一～香 ein brennendes Weihrauchstäbchen

柱 zhù 1. →柱子 2. etwas, was gerade emporsteigt; Säule 水～ Wassersäule

柱石 zhùshí 1. Säule; Pfeiler 2. Hauptstütze; Pfeiler; Eckstein 国家～ Säulen des Staates

柱子 zhùzi Säule; Pfosten

蛀 zhù 1. →蛀虫 2. vermottet; zerfressen

蛀虫 zhùchóng Motte

住 zhù 1. →住宿 2. aufhören; anhalten 雨～了 es regnet nicht mehr / es hat aufgehört zu regnen 3. (als Ergänzung zu einem Verb): 站～别动 Rühr dich nicht von der Stelle! / Bleib stehen!

住房 zhùfáng →住宅

住户 zhùhù Bewohner; Einwohner 新～ neuer Bewohner

住口 zhùkǒu den Mund halten (zumachen)

住手 zhùshǒu mit etw aufhören; eine Handbewegung stoppen; Halt!; Hände weg!

住宿 zhùsù wohnen; übernachten; unterkommen

住所 zhùsuǒ Wohnhaus; Wohnung; Obdach

住院 zhùyuàn Krankenhausaufenthalt ～病人 Krankenhauspatient; Stationspatient

住宅 zhùzhái Wohnhaus; Wohnung; Domizil

住址 zhùzhǐ Anschrift; Adresse

驻 zhù 1. nicht weiterkommen; sich aufhalten 2. stationieren ～华使节 diplomatischer Vertreter eines Landes in China

驻地 zhùdì Sitz; Standort; Garnison

驻军 zhùjūn stationierte Truppen; Garnison

驻守 zhùshǒu garnisonieren; in Garnison liegen

驻扎 zhùzhā quartieren; stationieren; in Quartier liegen

祝 zhù wünschen ～你成功 ich wünsche dir viel Erfolg / ich drücke dir den Daumen

祝词 zhùcí 1. Opfergebet 2. Festrede; Toast 新年～ Neujahrswunsch

祝福 zhùfú Segenswunsch; Segnung; jm Glück und Segen wünschen

祝贺 zhùhè beglückwünschen; gratulieren 致电～ ein Gratulationstelegramm schicken (senden)

祝酒 zhùjiǔ einen Trinkspruch (Toast) auf jn ausbringen ～词 Trinkspruch; Tischrede

祝寿 zhùshòu einem Senior zum Geburtstag gratulieren

祝愿 zhùyuàn wünschen

著 zhù 另见 zhe, zhuó '着'
1. beträchtlich; deutlich 2. sich zeigen 颇～成效 Früchte zeitigen 3. schreiben ～书 ein Buch schreiben 4. →著作 2 名～ berühmtes Werk

著名 zhùmíng bekannt; berühmt; namhaft

著作 zhùzuò 1. schreiben 2. Werk; Schaffen; Schriftwerk ～权 Autorrecht; Copyright; Urheberrecht

箸(筯) zhù Essstäbchen

助 zhù helfen ～一臂之力 jm helfen; jm durchhelfen

助产士 zhùchǎnshì Geburtshelferin; Hebamme

助词 zhùcí Hilfswort

助动词 zhùdòngcí Hilfsverb

助攻 zhùgōng Nebenangriff

助教 zhùjiào Assistent

助理 zhùlǐ Assistent ～工程师 Assistenzingenieur

助手 zhùshǒu Assistent; Gehilfe; Helfer

助听器 zhùtīngqì Hörgerät; Hörhilfe; Otophon; Audiphon

助威 zhùwēi anfeuern; jm Mut zusprechen

助学金 zhùxuéjīn Stipendium; Studienbeihilfe; Erziehungsbeihilfe

助战 zhùzhàn 1. bei einem Gefecht mitkämpfen 2. →助威

助长 zhùzhǎng jm / einer Sache Vorschub leisten; nähren ～声势 eine machtvolle Stimmung schaffen

筑(築) zhù bauen; errichten ～堤

einen Damm bauen (aufschütten)

铸(鑄) zhù →铸造

铸工 zhùgōng 1. Gussarbeit 2. Gießer

铸铁 zhùtiě Eisenguss; Gusseisen

铸造 zhùzào gießen; Guss ～车间 Gießerei

抓 zhuā 1. greifen; fassen 2. kratzen ～痒痒 sich kratzen; einen Juckreiz befriedigen 3. fangen; fassen ～特务 einen Geheimagenten fangen (fassen) 4. anpacken ～重点 Nachdruck auf den Schwerpunkt legen 5. js Aufmerksamkeit erregen; jn in js Bann ziehen; fesseln 演员的表演～住了观众 die Aufführung zog das Publikum in ihren Bann

抓紧 zhuājǐn festhalten; etw energisch anpacken ～时间 die Zeit gut ausnutzen

抓阄儿 zhuājiūr losen; ein Los ziehen; durch das Los bestimmen

抓瞎 zhuāxiā in Eile kaum mehr wissen, wo jm der Kopf steht

爪 zhuǎ 另见 zhǎo

爪子 zhuǎzi Klaue; Pfote; Kralle 猫～ Katzenpfote

拽(㧬) zhuài 见 yè '曳' ziehen

专(專、耑) zhuān konzentriert; speziell; Sonder-

专案 zhuān'àn speziell zu behandelnder Fall

专长 zhuāncháng Kennerschaft; Spezialität

专车 zhuānchē 1. Sonderzug; Sonderbus 2. für eine Institution oder eine Person bestimmter Bus bzw. Zug

专程 zhuānchéng extra eine Reise machen ～来访 extra eine Reise machen, um jn *zu besuchen*

专电 zhuāndiàn Spezialtelegramm

专断 zhuānduàn willkürlich (selbstherrlich)entscheiden 个人～ sich allein ohne Rücksicht auf Meinungen der anderen entscheiden

专横 zhuānhèng despotisch; diktatorisch; eigenmächtig

专机 zhuānjī 1. Sondermaschine; Sonderflugzeug 2. für eine Person bestimmtes Flugzeug

专家 zhuānjiā Spezialist; Experte; Fachmann

专刊 zhuānkān Sondernummer; Extraausgabe; Extrablatt

专科 zhuānkē Spezialfach ～学校 Fachschule

专款 zhuānkuǎn zweckgebundene Geldsumme

专栏 zhuānlán Rubrik; Spalte

专利 zhuānlì Patent ～权 Patent

专卖 zhuānmài Alleinhandel ～品 Alleinhandelsware

专门 zhuānmén 1. spezial; speziell; extra 我～为此事而来 ich bin extra dafür gekommen 2. auf etw spezialisiert ～人才 Fachmann; Spezialist 3. →专长

专名 zhuānmíng Eigenname

专区 zhuānqū Verwaltungsbezirk, der aus einigen Kreisen und Städten besteht

专权 zhuānquán die Macht monopolisieren

专人 zhuānrén 1. Sachbearbeiter 2. Sonderbeauftragte(r)

专题 zhuāntí Thema für Fachstudien oder für eine Fachdiskussion ～讲座 Vorlesungsreihe über bestimmte Themen

专线 zhuānxiàn 1. eigene Eisenbahnlinie (der großen Industriewerke) 2. Sondertelephonkabel

专心 zhuānxīn Aufmerksamkeit; Konzentration ～致志 sich in etw versenken; sich auf etw konzentrieren; in etw ganz drin sein

专修 zhuānxiū sich auf ein Studienfach spezialisieren ～科 Spezialkurs

专业 zhuānyè Fachrichtung; Fachbereich; Fach ～学校 Berufsschule ～水平 fachliches Niveau

专一 zhuānyī konzentriert

专用 zhuānyòng zur besonderen Verwendung; zweckgebunden; Sonder- ～贷款 Sonderkredit

专员 zhuānyuán 1. Vorsteher eines Verwaltungsbezirks, der aus einigen Kreisen und Städten besteht ～公署 Behörde eines Verwaltungbezirks 2. Attaché; Beauftragte(r); Kommissar

专政 zhuānzhèng Diktatur

专职 zhuānzhí Hauptamt; hauptamtlich ～人员 Sachbearbeiter

专制 zhuānzhì 1. Alleinherrschaft; Autokratie; Despotismus ～政体 Absolutismus 2. willkürlich; despotisch; autokratisch

专注 zhuānzhù konzentriert; Konzentration

专著 zhuānzhù Monographie

砖(磚、甎、塼) zhuān

1. Backstein；Ziegelstein 耐火～ Schamottestein；Schamotteziegel 2. ziegelsteinförmiges Ding 煤～ Brikett；Presskohle
砖坯 zhuānpī ungebrannter Ziegel
砖窑 zhuānyáo Ziegelei

转（轉）zhuǎn 另见 zhuàn

1. drehen；wenden 向左～ links um 2. →转交；转达
转变 zhuǎnbiàn verändern；umwandeln；Wandel 思想～ umdenken
转播 zhuǎnbō übertragen 实况～ Live-Übertragung
转车 zhuǎnchē umsteigen
转达 zhuǎndá übermitteln；ausrichten；bestellen
转动 zhuǎndòng 另见 zhuàndòng drehen；wenden
转化 zhuǎnhuà 1. →转变 2. sich verwandeln；sich ins Gegenteil verkehren；übergehen 量到质的～ Übergang von quantitativer zu qualitativer Veränderung
转换 zhuǎnhuàn wechseln；umstellen；umwandeln ～话题 das Gesprächsthema wechseln；das Gespräch auf ein anderes Thema bringen；sich beim Gespräch einem anderen Thema zuwenden
转机 zhuǎnjī Wendung zum Bessern；Silberstreifen am Horizont；neue positive Entwicklung 事情有了～ in dieser Sache ist eine Wende eingetreten
转交 zhuǎnjiāo übergeben；weiterleiten；weitergeben
转角 zhuǎnjiǎo Biegung；Eck
转脸 zhuǎnliǎn 1. das Gesicht abwenden 2. →转眼
转让 zhuǎnràng überlassen；begeben；entäußern；transferieren
转身 zhuǎnshēn sich umdrehen；sich umkehren
转手 zhuǎnshǒu 1. überbringen；weitergeben 2. verschieben
转述 zhuǎnshù wiedergeben
转弯 zhuǎnwān einen Bogen machen；abbiegen ～抹角 gewunden；kurvenreich；periphrasieren；Umschweife machen
转向 zhuǎnxiàng 另见 zhuànxiàng 1. die Richtung wechseln（ändern）；umorientieren 2. seinen politischen Standpunkt wechseln（ändern）
转学 zhuǎnxué eine Schule wechseln；Schulwechsel
转眼 zhuǎnyǎn im Nu；im Handumdrehen；ehe man die Hand umdreht（umkehrt）
转业 zhuǎnyè einen Beruf wechseln；aus dem Wehrdienst entlassen ～军人 in einen zivilen Beruf übergewechselter Offizier
转移 zhuǎnyí verlagern；verlegen；umlegen ～目标 jn vom Ziel ablenken
转义 zhuǎnyì übertragene Bedeutung；figürlicher Sinn
转战 zhuǎnzhàn nacheinander auf verschiedenen Kriegsschauplätzen kämpfen
转账 zhuǎnzhàng bargeldloser Zahlungsverkehr；Giroverkehr；überweisen
转折 zhuǎnzhé 1. Wende；Wendung；Wandel ～点 Wendepunkt 2. gedanklicher Übergang（eines Artikels）；disjunktiv
转正 zhuǎnzhèng ordentliches Mitglied einer Organisation werden

转（轉）zhuàn 另见 zhuǎn

1. rotieren；sich drehen；Drehung 2. umkreisen；umlaufen
转动 zhuàndòng 另见 zhuǎndòng drehen；um eine Achse oder einen Punkt bewegen ～把手 einen Griff drehen
转炉 zhuànlú Konverter
转轮手枪 zhuànlún shǒuqiāng Revolver
转向 zhuànxiàng 另见 zhuǎnxiàng die Richtung verlieren 晕头～ jm vergeht Hören und Sehen；nicht wissen, was oben und was unten ist；ins Schwimmen kommen（geraten）
转椅 zhuànyǐ Drehstuhl
转悠 zhuànyou 1. drehen 2. spazieren gehen
转子 zhuànzi Rotor；Läufer

传（傳）zhuàn 另见 chuán →传记

传记 zhuànjì Biographie
传略 zhuànlüè kurze（gekürzte）Biographie

赚 zhuàn

1. Profit（Gewinn）machen ～钱 Gewinn（Profit）machen 2. →赚头 3. verdienen
赚头 zhuàntou Gewinn；Profit

篆 zhuàn Siegel

篆刻 zhuànkè ein Siegel schnitzen

撰 zhuàn schreiben ～稿 einen Beitrag schreiben

妆（妝、粧） zhuāng 1. sich schminken 2. Schmuck; Kostüm (der Schauspieler) 3. →妆奁
妆奁 zhuānglián Brautausstattung; Mitgift
妆饰 zhuāngshì 1. sich herausputzen; sich zurechtmachen 2. äußere Erscheinung (nach dem Herausputzen)

装[1]（裝） zhuāng 1. →装扮 2. Kleidung 冬～ Winterkleidung 3. Kostüm und Schminke der Schauspieler 4. heucheln; vorspiegeln; Theater spielen ～病 eine Krankheit vorspiegeln (vortäuschen); sich krank stellen; simulieren

装[2]（裝） zhuāng 1. etw in etw packen (füllen); aufladen ～进口袋 etw in die Tasche hineintun 2. →装配
装扮 zhuāngbàn 1. sich schminken; schmücken 2. sich verkleiden
装备 zhuāngbèi 1. ausrüsten; bewaffnen; staffieren 2. Ausstattung; Ausrüstung; Rüstung 军事～ Rüstung
装订 zhuāngdìng binden; heften
装糊涂 zhuānghútu so tun, als wüsste er nichts davon
装潢 zhuānghuáng 1. aufmachen; dekorieren; verzieren ～门面 Potemkinsche Dörfer; etw zum Schein tun, um jm etw vorzutäuschen 2. Verpackung; Verzierung; Aufmachung
装甲 zhuāngjiǎ 1. gepanzert ～车 Panzerwagen ～部队 Panzertruppe 2. Panzerplatte
装假 zhuāngjiǎ so tun, als ob …; vortäuschen; blenden
装模作样 zhuāng mú zuò yàng vornehm tun; *Theater spielen; Wichtigtuerei*
装配 zhuāngpèi montieren; zusammensetzen; zusammenbauen ～工 Monteur
装腔作势 zhuāng qiāng zuò shì sich affektiert benehmen; sich als … aufspielen; wichtig tun
装饰 zhuāngshì 1. garnieren; schmücken; aufputzen 2. Dekoration; Garnierung; Schmuck
装束 zhuāngshù Kleidung; Aufmachung ～入时 modisch gekleidet sein
装卸 zhuāngxiè verladen ～工 Verlader ～工作 Verladearbeit
装修 zhuāngxiū 1. verputzen und installieren 2. Verputz und Installation
装运 zhuāngyùn verfrachten; spedieren
装载 zhuāngzài laden; beladen
装帧 zhuāngzhēn aufmachen
装置 zhuāngzhì 1. installieren; anbringen 2. Anlage; Vorrichtung 动力～ Ausrüstungen für die Energieerzeugung

庄[1]（莊） zhuāng 1. Dorf 2. →庄园 3. Laden 布～ Textilienhandlung 4. →庄家

庄[2]（莊） zhuāng →庄重
庄家 zhuāngjia Bankhalter
庄稼 zhuāngjia Getreide; Korn ～地 Kornfeld ～汉 Bauer ～活儿 Landarbeit; Feldarbeit
庄严 zhuāngyán feierlich; erhaben; majestätisch
庄园 zhuāngyuán Gut; Landgut
庄重 zhuāngzhòng würdevoll; ernst; seriös; gravitätisch

桩（樁） zhuāng 1. →桩子 桥～ Brückenpfeilerkopf 2. (als Zähleinheitswort): 这～事 diese Angelegenheit
桩子 zhuāngzi Pfahl; Pflock

撞 zhuàng 1. anprallen; stoßen; zusammenprallen ～钟 eine Glocke läuten ～到门上 sich an der Tür stoßen 2. →撞见 3. versuchen ～～运气 sein Glück versuchen 4. unbesonnen handeln; sich durchschlagen
撞车 zhuàngchē Wagenzusammenstoß; zwei Wagen stoßen zusammen
撞击 zhuàngjī stoßen; prallen
撞见 zhuàngjiàn zufällig begegnen (treffen)
撞骗 zhuàngpiàn Betrügereien begehen

幢 zhuàng 另见 chuáng (als Zähleinheitswort): 一～房子 ein Haus

戆 zhuàng 另见 gàng →戆直
戆直 zhuàngzhí gutmütig und unbiegsam

壮（壯） zhuàng 1. stark; kräftig 2. verstärken; stärken 以～声势 mehr Schwung in eine Sache bringen; machtvolle Atmosphäre schaffen
壮大 zhuàngdà 1. erstarken; stark

(kräftig) werden 2. verstärken; stärker machen
壮胆 zhuàngdǎn ermutigen; Mut verleihen
壮丁 zhuàngdīng wehrfähiger (kriegsdienstfähiger) Mann 抽～ jn zum Wehrdienst zwingen; junge Männer zwangsrekrutieren
壮观 zhuàngguān 1. Pracht; Prunk 2. festlich; grandios; splendid
壮举 zhuàngjǔ Heldentat; Großtat
壮阔 zhuàngkuò 1. überwältigend; mächtig 波澜～ breit (groß) angelegt 2. großartig; herrlich; grandios 规模～ weittragend; großen Umfang (Ausmaß) habend; von großem Ausmaß
壮烈 zhuàngliè heldenhaft; heroisch ～牺牲 einen Heldentod sterben
壮年 zhuàngnián die besten Jahre; Sommer des Lebens
壮实 zhuàngshi kräftig; stramm; gesund
壮士 zhuàngshì Held
壮志 zhuàngzhì hohes Ideal; hochfliegende Pläne; hohes Ziel ～凌云 nach hohen Zielen streben; hochfliegende Pläne haben

状(狀) zhuàng 1. Form; Gestalt 2. →状况 病～ Krankheitszustand 3. →状子
状况 zhuàngkuàng Zustand; Stand; Kondition 家庭～ Familienverhältnisse 健康～ Gesundheitszustand
状态 zhuàngtài Lage; Konstellation; Status 紧急～ Notstand; Ausnahmezustand 心理～ Geisteshaltung; Gemütsverfassung
状语 zhuàngyǔ Adverbiale; Adverbialbestimmung; adverbiale Bestimmung
状元 zhuàngyuan 1. der Erste der erfolgreichen Teilnehmer am kaiserlichen Palastexamen 2. Bester in einem Beruf
状子 zhuàngzi Anklageschrift; Klageschrift

椎 zhuī 另见 chuí →椎骨
椎骨 zhuīgǔ Wirbelknochen

锥 zhuī 1. →锥子 2. bohren
锥子 zhuīzi Ahle

追 zhuī 1. →追赶 你～我赶 wetteifern 2. →追究 3. →追求
追逼 zhuībī 1. nachdringen; drängend folgen 2. abzwingen; abtrotzen ～欠款 Schulden eintreiben
追捕 zhuībǔ nach jm fahnden; jm nachjagen; verfolgen ～逃犯 einen geflüchteten Verbrecher (Ausbrecher) verfolgen
追查 zhuīchá nachgehen ～责任 jn für etw zur Rechenschaft ziehen (fordern); jn für etw verantwortlich machen
追悼 zhuīdào js in Trauer gedenken ～会 Trauerfeier
追肥 zhuīféi 1. in der Vegetationsperiode düngen 2. Düngemittel für die Vegetationsperiode
追赶 zhuīgǎn hetzen; nacheilen; herjagen
追悔 zhuīhuǐ bereuen
追击 zhuījī einen Verfolgungsangriff unternehmen
追究 zhuījiū einer Sache auf den Grund gehen ～原因 einer Ursache nachgehen; nach der Ursache von etw forschen
追求 zhuīqiú 1. sich um etw bemühen; nach etw streben ～真理 nach Wahrheit streben 2. um js Liebe werben
追认 zhuīrèn 1. nachträglich zustimmen; Indemnität 2. js Wunsch, Mitglied einer Partei zu werden, postum erfüllen
追随 zhuīsuí folgen; in js Kielwasser schwimmen ～者 Gefolgschaft; Anhänger; Tross
追问 zhuīwèn jn ins Kreuzverhör nehmen; ausfragen; ausquetschen
追忆 zhuīyì sich erinnern; nacherleben; nachhängen; zurückdenken ～往事 auf die Vergangenheit zurückblicken; früheren Erlebnissen nachhängen
追赃 zhuīzāng das Diebesgut zurückfordern (zurückverlangen)
追逐 zhuīzhú 1. →追赶 2. →追求
追踪 zhuīzōng eine Spur verfolgen; nachspüren; nachjagen; abspüren

惴 zhuì
惴惴不安 zhuì zhuì bù 'ān beklommen; bange; besorgt

赘 zhuì 1. überflüssig; müßig; nutzlos 2. Einheirat in die Familie der Ehefrau
赘婿 zhuìxù eingeheirateter Schwiegersohn
赘言 zhuìyán überflüssige Worte machen

缒 zhuì herablassen

缀 zhuì 1. zusammennähen; zustopfen 2. in Worte fassen; formulieren ～字成文 einen Aufsatz schreiben (abfassen)

坠（墜）zhuì 1. →坠落 ～马 vom Pferd stürzen（fallen） 2. herabhängen; niederdrücken 3. Angelblei 耳～儿 Ohrgehänge
坠落 zhuìluò abstürzen; abfallen

谆 zhūn
谆谆 zhūnzhūn aufrichtig und eindringlich ～教导 jn aufrichtig und eindringlich unterweisen

肫 zhūn Magen der Vögel; Muskelmagen 鸭～ Entenmagen

准¹ zhǔn →准许 ～假 jm Urlaub genehmigen

准²（準）zhǔn 1. →准则 2. →准确 ～时到达 pünktlich ankommen 3. bestimmt; sicher 他明天～来 er kommt morgen bestimmt
准备 zhǔnbèi 1. sich vorbereiten; Anstalten machen; sich rüsten 思想～ sich auf etw gefasst machen 2. vorhaben; die Absicht haben, etw zu tun
准将 zhǔnjiàng Brigadier; Brigadegeneral
准确 zhǔnquè genau; exakt
准绳 zhǔnshéng Richtschnur; Gradmesser
准尉 zhǔnwèi Unterleutnant
准许 zhǔnxǔ genehmigen; erlauben; zulassen
准则 zhǔnzé Maßstab; Richtlinie; Gesetz 道德～ Moralgesetz

捉 zhuō 1. anfassen;（in der Hand）halten 2. fangen; ertappen; fassen ～贼 einen Dieb halten（ertappen）
捉襟见肘 zhuō jīn jiàn zhǒu einer Unmenge von Schwierigkeiten gegenüberstehen, so dass man nicht weiß, was zu tun ist; ein Loch mit dem anderen zustopfen
捉迷藏 zhuō mícáng 1. Versteckspiel; Blindekuh spielen 2. jn irreführen; jn im Ungewissen lassen; mit jm Verstecken spielen
捉摸 zhuōmō berechnen; voraussehen 不可～ unberechenbar; imponderabel; launisch
捉弄 zhuōnòng über jn/etw spötteln; jm einen Streich spielen; mit jm Fang spielen

拙 zhuō 1. dumm; tölpelhaft; unbeholfen ～于言辞 sich ungeschickt（plump）ausdrücken 2.（Ausdruck der Bescheidenheit）: ～见 meine unbedeutende（unmaßgebliche）Ansicht
拙劣 zhuōliè schlecht; stümperhaft; kitschig

卓 zhuō →卓越 ～有成效 erfolgreich; von Erfolg gekrönt
卓见 zhuōjiàn weise Bemerkung
卓绝 zhuōjué äußerst; außerordentlich; höchst 英勇～ sehr tapfer; beispiellose Tapferkeit
卓越 zhuōyuè ausgezeichnet; hervorragend; unübertrefflich; glänzend
卓著 zhuōzhù hervorragend; vorzüglich; meisterhaft 声誉～ besten Ruf genießen

桌 zhuō 1. →桌子 2（Zähleinheitswort）: 三～客人 ein Essen mit drei Tischen für die Gäste
桌布 zhuōbù Tischdecke
桌面 zhuōmiàn Tischplatte
桌子 zhuōzi Tisch

着¹（著）zhuó 另见 zhāo, zháo, zhe; '著'另见 zhù
1. sich kleiden 吃～不愁 sich satt essen und warm anziehen können; sich keine Sorgen um Essen und Kleidung zu machen brauchen 2 berühren; anhaften 3. →着落 经费无～ die Geldmittel kann man immer noch nicht aufbringen

着²（著）zhuó 另见 zhāo, zháo, zhe; '著'另见 zhù
1. schicken; senden ～人前来 jn herschicken 2.（zum Ausdruck des imperativen Tons）: ～即施行 etw ist sofort durchzuführen; etw unverzüglich zur Durchführung bringen
着力 zhuólì Kraft anwenden; sich bemühen; sich hingeben
着陆 zhuólù landen
着落 zhuóluò 1. Verbleib 遗失的东西已经有～了 die verlorengegangenen Sachen sind schon gefunden 2. verlässliche Quelle 这笔钱还没有～ die Geldquelle für diese Ausgaben ist noch unsicher / wie Geldmittel für diesen Zweck aufzubringen sind, ist noch ungewiss
着色 zhuósè färben; kolorieren; bemalen
着实 zhuóshí 1. wirklich; echt; tatsächlich 2. nachdrücklich; kräftig
着手 zhuóshǒu anfangen; an etw herange-

hen; etw in die Wege leiten ～工作 sich über die Arbeit hermachen; mit einer Arbeit beginnen

着想 zhuóxiǎng (im Interesse einer Person oder Sache) Überlegungen anstellen

着眼 zhuóyǎn es auf jn/etw anlegen; etw im Auge behalten 大处～ vom Wesentlichen einer Sache ausgehen

着重 zhuózhòng Akzente setzen; Nachdruck auf etw legen ～号 Betonungszeichen ～点 Hauptpunkt; Schwerpunkt; wichtiger Inhaltspunkt

琢 zhuó 另见 zuó schnitzen

琢磨 zhuómó 另见 zuómo 1. Jade schnitzen und schleifen; Schliff 2. einer Sache den letzten Schliff geben; einen Text ausfeilen

啄 zhuó picken; hacken 鸡～米 die Hühner picken Reiskörner

啄木鸟 zhuómùniǎo Specht

浊（濁） zhuó 1. trübe; unklar; schmutzig 2. tief; dumpf 说话～声～气 mit tiefer Stimme sprechen 3. chaotisch; durcheinander ～世 finstere (chaotische) Zeiten

浊辅音 zhuófǔyīn stimmhafter Konsonant

镯（鐲） zhuó →镯子

镯子 zhuózi Armreifen

灼 zhuó 1. brennen; glühen 阳光～人 die Sonne brennt (sengt) 2. hell; funkeln 目光～～ leuchtende Augen

灼见 zhuójiàn tiefgründige Auffassung

灼热 zhuórè glühend heiß; sengende (glühende) Hitze

酌 zhuó 1. (Alkohol) einfüllen; trinken 对～ zu zweit trinken 2. →酌量 ～定 nach den Umständen entscheiden (bestimmen)

酌量 zhuóliáng erwägen; prüfen; abwägen

酌情 zhuóqíng nach (entsprechend, gemäß) den Umständen ～办理 nach Ermessen handeln

斫 zhuó mit einem Beil o. ä. hacken

濯 zhuó sich waschen

擢 zhuó 1. ausreißen; ausraufen 2. befördern

擢发难数 zhuó fà nán shǔ zu viele Verbrechen, als dass man sie aufzählen kann; (von Verbrechen) zahlreich; unzählig

擢升 zhuóshēng in einen höheren Dienstgrad aufsteigen (aufrücken) lassen; befördern

茁 zhuó →茁长

茁长 zhuózhǎng gedeihen

茁壮 zhuózhuàng (Tier, Pflanze) kräftig; fett; (Kind, Bursche) gesund und stark ～成长 gesund heranwachsen

趑（趦） zī

趑趄 zījū 1. mühsam gehen; sich mit Mühe fortbewegen 2. zögern ～不前 zögern, vorwärtszukommen

咨（[1]諮） zī 1. →咨询 2. →咨文

咨文 zīwén 1. amtliches Schreiben; Dokument 2. Botschaft des Präsidenten an das Parlament 国情～ Botschaft zur Lage der Nation

咨询 zīxún sich bei jm über (nach) etw befragen; jn konsultieren ～机关 beratendes Organ

资[1] zī 1. Geld; Kosten 合～购买 für eine Anschaffung Geld zusammenlegen 2. →资助 3. dienen 可～借鉴 aus den Erfahrungen des anderen lernen

资[2] zī 1. →资质 2. →资格

资本 zīběn Kapital ～家 Kapitalist ～主义 Kapitalismus

资财 zīcái Geld und Güter

资产 zīchǎn 1. Vermögen 2. Kapital ～阶级 Bourgeoisie; Bürgertum 3. Aktiva ～负债表 Bilanz

资方 zīfāng Kapital; Arbeitgeber

资格 zīgé 1. Qualifikation; Befähigung 比赛～ Qualifikation für ein Spiel 2. höheres Dienstalter 摆老～ sein höheres Dienstalter einem anderen gegenüber ausspielen; mit seinem Dienstalter angeben

资金 zījīn Geldmittel 流动～ Umlaufmittel; liquide Gelder; heißes Geld

资历 zīlì Dienstalter

资料 zīliào 1. Gebrauchsmittel 生活～

Verbrauchsgüter 2. Information; Materialien ～室 Bücherei 参考～ Materialien zum Nachschlagen
资源 zīyuán Ressourcen 水力～ Wasserkraftressourcen
资质 zīzhì Intelligenz; Anlage; Artung
资助 zīzhù (finanziell) unterstützen; subventionieren; zuschießen

姿 zī 1. →姿容 2. →姿势 舞～ Tanzbewegung
姿容 zīróng Äußeres; Aussehen
姿色 zīsè hübsches Gesicht (einer Frau)
姿势 zīshì Körperhaltung; Körperstellung; Pose 纠正～ eine Haltung (Stellung) korrigieren
姿态 zītài 1. →姿势 2. Einstellung; Verhalten 以主人翁的～ sich wie sein eigener Herr verhalten

兹(茲) zī 1. das; dies 2. hiermit ～委托… hiermit beauftrage ich ...

滋 zī →滋生
滋补 zībǔ kräftigen; tonisieren ～剂 Tonikum; stärkendes Mittel
滋润 zīrùn 1. feucht 皮肤～ zarte Haut 2. benetzen; anfeuchten
滋生 zīshēng 1. sich vermehren 2. auslösen; verursachen; entfachen ～事端 einen Streit entfachen; einen Konflikt heraufbeschwören
滋味 zīwèi Geschmack 吃得很有～ schmausen; mit Genuss und Appetit essen
滋养 zīyǎng 1. nähren ～品 nährende Kost; Nährpräparat 2. Nährstoff
滋长 zīzhǎng ins Kraut schießen

孳 zī →孳生
孳生 zīshēng sich fortpflanzen

吱 zī 另见 zhī
quiek

髭 zī Schnurbart

龇(呲) zī (Zähne) bloßlegen ～牙咧嘴 die Zähne (mit den Zähnen) fletschen

孜 zī
孜孜 zīzī emsig; unverdrossen ～不倦 unermüdlich; rastlos

辎 zī Wagen in alter Zeit
辎重 zīzhòng Tross; Bagage ～部队 Tross

梓 zǐ 1. Trompetenbaum 2. Druckplatten anfertigen

紫 zǐ purpurn; violett
紫菜 zǐcài Purpurtang
紫癜 zǐdiàn Purpurausschlag
紫貂 zǐdiāo Zobel
紫红 zǐhóng braurot; purpurrot
紫罗兰 zǐluólán Veilchen; Levkoje
紫檀 zǐtán rotes Sandelholz
紫铜 zǐtóng Rotkupfer
紫外线 zǐwàixiàn UV-Strahlen; Uviol
紫血斑 zǐxuèbān blutunterlaufen
紫药水 zǐyàoshuǐ Gentianaviolett
紫竹 zǐzhú Schwarzer Bambus

姊 zǐ ältere Schwester ～妹 Schwestern

子[1] zǐ 1. Kind; Sohn 2. Samen 西瓜～儿 Wassermelonenkern 3. Ei 鸡～儿 Hühnerei 4. →子畜 ～猪 Ferkel 5. kleines, hartes Stückchen oder Kügelchen 石头～儿 Steinchen 6. Kupfermünze 一个～儿也不值 keinen Deut wert sein; keinen Schuss Pulver wert sein 7. (Zähleinheitswort): 一～儿挂面 ein Bündel Nudeln

子[2] zǐ →子爵
子畜 zǐchù junges Vieh; Jungvieh
子弹 zǐdàn Kugel; Patrone
子弟 zǐdì jüngere Brüder, Söhne und Neffen; Kinder ～兵 Armee aus Söhnen des Volkes 工农～ Arbeiter- und Bauernkinder
子宫 zǐgōng Gebärmutter; Mutterleib
子爵 zǐjué Baron; Freiherr
子棉 zǐmián unentkörnte Baumwolle
子母弹 zǐmǔdàn Schrapnell
子母扣儿 zǐmǔkòur Druckknopf
子女 zǐnǚ Kinder; Ehesegen 多～ kinderreich
子实 zǐshí Samen
子孙 zǐsūn Söhne und Enkel; Nachkommen ～后代 Nachkommenschaft; Nachkomme; Nachkömmling
子午线 zǐ wǔ xiàn Meridian; Mittagslinie
子夜 zǐyè Mitternacht
子音 zǐyīn Konsonant

子[2] zǐ der erste der zwölf Erdzweige

籽 zǐ Samen

籽棉 zǐmián unentkörnte Baumwolle

仔 zǐ 另见 zǎi '崽'

(von Vieh und Geflügel) jung ～鸡 Küken

仔细 zǐxì 1. Sorgfalt; sorgfältig 2. Vorsicht; vorsichtig ～点儿,别摔倒了! Gib Acht, dass du nicht fällst!

字 zì 1. Schriftzeichen; Wort 常用～ gebräuchliches Wort (Schriftzeichen) 2. Aussprache 3. kalligraphisches Werk ～画 Kalligraphie und Gemälde 4. →字眼 5. →字据 6. anderer Name 孙文～逸仙 Sun Wen alias Yatsen; Sun Wen, auch Yatsen genannt

字典 zìdiǎn Wörterbuch

字号 zìhao Name (Bezeichnung) eines Geschäfts oder einer Firma

字迹 zìjì Handschrift

字节 zìjié Byte

字句 zìjù Wörter und Sätze; Wortlaut ～通顺 verständliche Formulierung

字据 zìjù schriftliche Bestätigung; Quittung; Beweisstück

字里行间 zì lǐ háng jiān zwischen den Zeilen

字谜 zìmí Worträtsel; Schriftzeichenrätsel 猜～ ein Worträtsel raten

字面 zìmiàn buchstäblich; wörtlich ～意义 wörtliche Bedeutung

字母 zìmǔ Buchstabe 大写～ großgeschriebener Buchstabe; Großbuchstabe; Versalbuchstabe ～表 Alphabet; ABC

字幕 zìmù Zwischentext (im Film); an die Bühnenseiten projizierter Operntext

字体 zìtǐ 1. Schriftart 2. Stilrichtung der Kalligraphie

字条 zìtiáo beschriebener Zettel

字帖 zìtiè Schriftmuster

字眼 zìyǎn Wort; Ausdruck; Vokabel 抠～ nach dem Buchstaben gehen; am Buchstaben kleben; sich an den Buchstaben halten

字纸 zìzhǐ Altpapier ～篓儿 Papierkorb

恣 zì →恣意

恣意 zìyì willkürlich; beliebig; eigenmächtig ～妄为 nach eigenem Gutdünken schalten und walten

眦(眥) zì Augenwinkel

自[1] zì 1. →自己 1 ～不量力 seine Kräfte (Fähigkeiten) überschätzen; etw tun, was über seine Kräfte geht 2. →自然 ～不待言 etw braucht nicht erwähnt zu werden; etw versteht sich von selbst; etw ist selbstverständlich

自[2] zì von; aus; seit ～上而下 von oben nach unten ～今日起 von heute an; ab heute

自爱 zì'ài sich schonen; Selbstachtung

自拔 zìbá sich aus etw heraushelfen 不能～ sich nicht aus einer unangenehmen Situation helfen können; nicht in der Lage sein, aus etw herauszukommen

自白 zìbái ein Selbstbekenntnis ablegen; sich offenbaren; sich oder seine Ansichten zu erkennen geben ～书 schriftliches Bekenntnis

自暴自弃 zì bào zì qì Selbstaufgabe; sich mit dem Nachbleiben (der Verkommenheit) abfinden; sich selbst aufgeben

自卑 zìbēi kein Selbstvertrauen haben; sich inferior fühlen ～感 Minderwertigkeitsgefühl; Inferioritätskomplex

自便 zìbiàn was jm recht ist; wie es jm passt 听其～ jd kann tun, was ihm recht ist (was ihm beliebt ist)

自吹自擂 zì chuī zì léi sich selbst beweihräuchern; große Töne reden; sich aufblasen

自从 zìcóng seitdem; von ... an (auf)

自大 zìdà sich einbilden; hochmütig; eingebildet ～狂 Größenwahn

自得 zìdé selbstzufrieden; mit sich selbst zufrieden sein 洋洋～ von sich selbst hochbeglückt sein

自动 zìdòng 1. freiwillig; spontan; aus eigenem Antrieb ～参加 sich freiwillig an etw beteiligen (teilnehmen) 2. selbsttätig; automatisch ～化 Automatisierung; Automation ～步枪 Mehrlader; Sturmgewehr ～控制 Automatik; selbsttätige Steuerung

自发 zìfā spontan 小资产阶级的～势力 spontane Kräfte der Kleinbourgeoisie

自费 zìfèi die Kosten selbst übernehmen (tragen); aus der eigenen Tasche bezahlen ～旅行 Reise auf eigene Kosten

自焚 zìfén Selbstverbrennung

自负¹ zìfù selbst die Verantwortung tragen；Selbstverantwortung ～盈亏 die Verantwortung für Gewinn und Verlust selbst tragen

自负² zìfù sich einbilden；sich überheben；eingebildet

自高自大 zì gāo zì dà von sich eingenommen sein；die Nase hochtragen；Selbstüberhebung

自告奋勇 zì gào fèn yǒng sich erbieten，etw zu tun；sich anheischig machen，etw zu tun

自供 zìgòng sich bekennen ～状 Bekenntnisschrift

自古 zìgǔ von alters her；seit alters ～以来 von alters her；seit alters；seit (von) je her

自豪 zìháo stolz auf etw/jn sein；sich rühmen ～感 Stolz

自己 zìjǐ 1. selbst；selber；Ich ～动手 selber tun；selbst machen 2. vertraulich；vertraut ～人 Vertraute(r)；die eigenen Leute

自给 zìjǐ den Eigenbedarf decken ～自足 Autarkie；autark

自尽 zìjìn →自杀

自救 zìjiù Selbsthilfe；sich aus einer Notlage heraushelfen 生产～ Selbsthilfe durch eigene Produktion

自居 zìjū sich als etw aufspielen；sich zu etw aufschwingen (werfen) 以功臣～ sich als verdienstvolle Person aufspielen

自决 zìjué Selbstbestimmung 民族～权 nationales Selbstbestimmungsrecht

自觉 zìjué 1. selbst spüren (fühlen) 2. bewusst；Bewusstheit ～自愿 freiwillig；unaufgefordert；aus freiem Willen 劳动～性 Arbeitsmoral

自绝 zìjué sich abkapseln；sich isolieren ～于人民 sich vom Volk isolieren (abwenden)

自夸 zìkuā sich brüsten；sich einer Sache rühmen；großtun；Selbstlob

自来水 zìláishuǐ 1. Wasserversorgungsanlage ～龙头 Wasserhahn 2. Leitungswasser；fließendes Wasser

自来水笔 zìláishuǐbǐ Füller；Füllfederhalter

自理 zìlǐ selbst übernehmen；für sich sorgen 车费～ die Fahrkosten selbst tragen

自力更生 zì lì gēng shēng auf eigenen Füßen stehen；Vertrauen auf die eigene Kraft；sich auf die eigene Kraft stützen

自立 zìlì auf eigenen Beinen (Füßen) stehen；selbstständig 子女尚未～ die Kinder haben sich noch nicht selbstständig gemacht

自流 zìliú 1. von selbst fließen ～灌溉 artesische Bewässerung 2. sich frei (ohne Einfluss von außen) entwickeln 任其～ etw dem Selbstlauf überlassen；den Dingen freien Lauf lassen

自留地 zìliúdì Privatparzelle

自满 zìmǎn selbstgefällig；sich in seinem Erfolg sonnen

自命 zìmìng sich zu etw aufwerfen ～不凡 sich dünken；auf dem hohen Pferd sitzen；blasiert

自馁 zìněi Selbstvertrauen verlieren；deprimiert sein

自强不息 zì qiáng bù xī immerfort vorwärtsstreben

自然 zìrán 1. Natur ～现象 Naturerscheinung ～科学 Naturwissenschaft 2. Selbstlauf ～免疫 natürliche Immunität 听其～ einer Sache ihren freien Lauf lassen 3. selbstverständlich

自然 zìran natürlich；gelöst；unbefangen 笑得很～ ungezwungen lächeln

自燃 zìrán Selbstentzündung

自如 zìrú ungehemmt；geschickt 呼吸～ normal atmen

自若 zìruò ruhig und gelassen；gefasst 神态～ gelassene Miene

自杀 zìshā sich töten；Selbstmord begehen (verüben)；sich umbringen；freiwillig aus dem Leben scheiden

自食其果 zì shí qí guǒ sich ins eigene Fleisch schneiden；die Suppe auslöffeln，die man sich eingebrockt hat

自食其力 zì shí qí lì von seiner Hände Arbeit leben；sich von (mit) seiner Hände Arbeit nähren；auf sich selbst angewiesen sein

自始至终 zì shǐ zhì zhōng von Anfang bis Ende

自首 zìshǒu Selbstanzeige；sich stellen

自私 zìsī egoistisch ～自利 eigennützig；ichsüchtig；nur auf eigenen Nutz bedacht

自卫 zìwèi Selbstschutz；Selbstverteidigung；sich wehren ～反击 einen Gegenstoß zur Selbstverteidigung führen

自慰 zìwèi sich mit etw trösten

自刎 zìwěn sich die Kehle abschneiden

自问 zìwèn sich fragen 反躬～ sich selbst

fragen
自我 zìwǒ Ich；Selbst ～表现 sich hervordrängen；sich in den Vordergrund drängen ～牺牲 Selbstaufopferung ～批评 Selbstkritik
自习 zìxí Selbststudium
自新 zìxīn sich bessern；umkehren 悔过～ sich von seinem bisherigen Leben abkehren und ein besseres beginnen；sich bessern und ein neues Leben anfangen
自信 zìxìn selbstbewusst；an sich selbst glauben ～心 Selbstvertrauen
自行 zìxíng 1. selbst（tun）；aus eigener Macht ～处理 selbst regeln；selber erledigen 2. →自动 1
自行车 zìxíngchē Fahrrad
自修 zìxiū 1. →自习 2. 自学
自诩 zìxǔ →自夸
自选市场 zìxuǎn shìchǎng Supermarkt
自学 zìxué Selbststudium；sich durch Selbstunterricht bilden
自以为是 zì yǐ wéi shì immer recht behalten wollen；rechthaberisch；selbstgerecht
自缢 zìyì sich erhängen；den Strick nehmen
自由 zìyóu 1. Freiheit；frei ～化 Liberalisierung ～职业 freie Berufe ～贸易 Freihandel ～贸易区 Freihandelszone 行动～ Bewegungsfreiheit 2. Freiheit ～王国 Reich der Freiheit
自由主义 zìyóu zhǔyì Liberalismus
自愿 zìyuàn freiwillig；unaufgefordert 出于～ aus eigenem Antrieb；aus eigenem Willen
自在 zìzài frei；unbefangen；zwanglos
自在 zìzai wohl；behaglich；angenehm 心里不～ sich unbehaglich fühlen
自知之明 zì zhī zhī míng Selbsterkenntnis；sich selbst erkennen
自治 zìzhì Autonomie ～区 autonomes Gebiet ～机关 autonomes Organ；Selbstverwaltungsorgan
自制[1] zìzhì selbst herstellen；Eigenproduktion
自制[2] zìzhì Selbstkontrolle；Selbstüberwindung；sich beherrschen
自重[1] zìzhòng Selbstachtung
自重[2] zìzhòng Eigengewicht；totes Gewicht
自主 zìzhǔ selbstständig；souverän；autonomisch 独立～ Unabhängigkeit und Selbstständigkeit ～权 Selbstbestimmungsrecht
自助餐厅 zìzhù cāntīng Selbstbedienungsrestaurant
自传 zìzhuàn Autobiographie；Lebenserinnerungen
自转 zìzhuàn Rotation
自尊 zìzūn Selbstachtung；Ehrgefühl；Selbstgefühl；Eigenliebe
自作自受 zì zuō zì shòu was man sich eingebrockt hat，das muss man auch ausessen / sich ins eigene Fleisch schneiden

渍 zì 1. beflecken；durchfeuchten 2. Flecken；Klecks

宗 zōng 1. Urahn；Ureltern；Vorfahr 2. →宗族 3. →宗旨 4. Vorbild 5.（Zähleinheitswort）：大～货物 große Menge（Masse）Güter
宗祠 zōngcí Ahnentempel
宗法 zōngfǎ patriarchalisch ～制度 patriarchalisches System
宗教 zōngjiào Religion ～信仰 Glaube；Religionsbekenntnis ～界 geistlicher Stand
宗派 zōngpài Clique；Fraktion；Sekte ～活动 sektiererische Aktivität ～主义 Sektierertum
宗师 zōngshī großer Lehrmeister
宗旨 zōngzhǐ Hauptziel；Zielsetzung
宗主国 zōngzhǔguó Suzerän
宗主权 zōngzhǔquán Suzeränität
宗族 zōngzú 1. Sippe；Geschlecht 2. Angehörige(r) einer Sippe

棕（椶） zōng 1. →棕榈 2. →棕毛 ～绳 Palmenfaserseil
棕榈 zōnglǘ Palme
棕毛 zōngmáo Palmenfaser
棕色 zōngsè braun
棕熊 zōngxióng Braunbär

鬃 zōng Mähne；Borste 马～ Pferdemähne ～刷 Borstenbürste；Borstenbesen

踪（蹤） zōng →踪迹
踪迹 zōngjì Spur；Fährte；Stapfen
踪影 zōngyǐng Spur 毫无～ spurlos；ohne Spuren zu hinterlassen

综 zōng →综合 ～上所述 alles in allem；kurzum
综合 zōnghé 1. Synthese ～法 Synthese；synthetische Methode 2. zusam-

mensetzen; zusammenfassen ～大学 Universität ～利用 Mehrzwecknutzung ～治理 umfassende Wirtschaftssanierung

综括 zōngkuò zusammennehmen

总(總、總) zǒng 1. →总括 ～起来说 zusammengefasst; im Großen und Ganzen; alles in allem 2. ganz; allseitig; gesamt ～收入 Bruttoeinkommen; Gesamteinnahmen ～的印象 Gesamteindruck 3. Haupt-; Chef-; General- ～工程师 Chefingenieur 4. immer; stets; regelmäßig 他～是忙着 er ist immer beschäftigt 5. →总归 ～有一天 früher oder später

总部 zǒngbù Hauptquartier; Zentrale

总得 zǒngděi müssen; jedenfalls

总动员 zǒngdòngyuán Generalmobilmachung

总督 zǒngdū Statthalter; Generalgouverneur

总额 zǒng'é Endsumme; Gesamtsumme 存款～ Gesamtersparnis

总而言之 zǒng ér yán zhī kurz und gut; kurzum; mit einem Wort

总纲 zǒnggāng allgemeiner Grundsatz; Generalprogramm

总共 zǒnggòng →总计

总归 zǒngguī ohnehin; sowieso

总和 zǒnghé Gesamtheit; Ganzheit; Gesamtsumme 人类知识的～ Gesamtheit des menschlichen Wissens

总汇 zǒnghuì 1. zusammenfließen 2. Zusammenfassung; Zusammenfluss 力量的～ Zusammenfluss aller Kräfte

总计 zǒngjì insgesamt; pauschalisieren; totalisieren ～花了七十元 insgesamt hat man 70 Yuan ausgegeben / insgesamt hat es 70 Yuan gekostet

总结 zǒngjié 1. resümieren; zusammenfassen ～经验 Erfahrungen zusammenfassen 2. Bilanz

总括 zǒngkuò zusammennehmen

总理 zǒnglǐ Ministerpräsident; Premier; Kanzler

总路线 zǒnglùxiàn Generallinie

总数 zǒngshù Gesamtzahl; Endsumme 学生～ Gesamtzahl der Studenten

总司令 zǒngsīlìng Oberbefehlshaber; Oberkommandierende(r)

总算 zǒngsuàn 1. schließlich; endlich 2. im Großen und Ganzen

总体 zǒngtǐ gesamt; Komplex ～规划 komplexe Planung

总统 zǒngtǒng Staatspräsident 副～ Vizepräsident

总务 zǒngwù 1. allgemeine Angelegenheiten ～处 Abteilung für allgemeine Angelegenheiten 2. Personal für allgemeine Angelegenheiten

总则 zǒngzé Präambel; Einleitung

总账 zǒngzhàng Hauptbuch

总之 zǒngzhī kurz und gut; mit einem Wort

总支部 zǒngzhībù Hauptzelle (der Partei)

粽(糉) zòng →粽子

粽子 zòngzi zylinderförmige Pastete aus in Bambus- oder Schilfblätter eingewickeltem Klebreis

纵[1](縱) zòng ～剖面 Längenprofil; Längenschnitt; Profil

纵[2](縱) zòng 1. jn auf freien Fuß setzen; frei lassen ～虎归山 einen festgenommenen Bösewicht wieder auf freien Fuß setzen, was schwere Folgen für jn mit sich bringt 2. sich gehen lassen; jm / einer Sache freien Lauf lassen 3. →纵身

纵[3](縱) zòng →纵然

纵队 zòngduì Kolonne; Säule 四路～ in vier Säulen (Kolonnen)

纵横 zònghéng 1. kreuz und quer ～交错 von etw durchzogen sein; etw verläuft kreuz und quer; kreuzweise 2. (vom Schreibstil) gewandt; schwungvoll; lebhaft 3. wuchtig durchziehen

纵火 zònghuǒ Feuer anlegen; Brand stiften; Brandstiftung ～犯 Brandstifter

纵目 zòngmù sehen, soweit der Blick reicht ～四望 sich weit umschauen (umblicken)

纵情 zòngqíng übermütig; nach Lust und Laune ～欢乐 sich nach Herzenslust vergnügen

纵然 zòngrán obschon; obgleich ～如此 trotzdem

纵容 zòngróng einer Sache Vorschub leisten

纵身 zòngshēn in die Höhe springen; aufschnellen ～上马 sich aufs Pferd schwingen

纵深 zòngshēn Tiefe

走 zǒu 1. gehen ～出房间 aus dem Zimmer gehen; das Zimmer verlassen 2.

laufen 钟不～了 die Uhr geht nicht mehr / die Uhr steht 3. verlassen; weggehen 他刚～ er ist gerade weggegangen 4. besuchen ～亲戚 einen Verwandten besuchen

走道 zǒudào Gang; Flur; Bürgersteig

走电 zǒudiàn Stromverlust

走动 zǒudòng 1. sich fortbewegen 2. besuchen

走读 zǒudú als Externe(r) eine Schule besuchen ～生 externer Schüler (Student); Externe(r)

走访 zǒufǎng besuchen; jm einen Besuch abstatten; vorsprechen

走风 zǒufēng ein Geheimnis verraten

走钢丝 zǒu gāngsī auf dem Seil tanzen; Seiltanz

走狗 zǒugǒu Kettenhund; Lakai

走红 zǒuhóng sich großer Beliebheit erfreuen

走后门 zǒu hòumén gute Beziehungen ausnutzen

走火 zǒuhuǒ 1. ein Gewehr versehentlich abfeuern; abschießen 2. in einer Behauptung zu weit gehen

走廊 zǒuláng Gang; Korridor; Veranda

走漏 zǒulòu verraten; ausplaudern ～消息 ein Geheimnis verraten

走路 zǒulù →走 1

走马看花 zǒu mǎ kàn huā etw oberflächlich (flüchtig) betrachten

走俏 zǒuqiào stark gefragt; sehr begehrt

走失 zǒushī 1. sich verirren 2. vom Urstand (Original) abweichen

走兽 zǒushòu vierbeiniges Tier; Vierbeiner 飞禽～ Vögel und Vierbeiner

走私 zǒusī schmuggeln; schieben

走投无路 zǒu tóu wú lù sich in eine Sackgasse verrennen; sich nicht rühren können; sich in einer ausweglosen Lage befinden

走味儿 zǒuwèir den ursprünglichen Geschmack oder das Aroma verlieren

走穴 zǒuxué außer Engagement arbeiten

走样 zǒuyàng aus der Form geraten; sich verziehen

走运 zǒuyùn Glück haben; das große Los ziehen; das Glück ist jm hold

走卒 zǒuzú Handlanger

走嘴 zǒuzuǐ versehentlich ausplaudern

奏 zòu 1. spielen ～国歌 die Nationalhymne spielen; die Platte mit der Nationalhymne abspielen 2. erzielen; gewinnen 大～奇功 außergewöhnliche Erfolge erzielen 3. dem Kaiser einen Bericht vorlegen

奏捷 zòujié siegen; einen Sieg erringen

奏鸣曲 zòumíngqǔ Sonate

奏效 zòuxiào wirken; zur Wirkung kommen; funktionieren

奏乐 zòuyuè ein Musikstück spielen

揍 zòu verprügeln; schlagen; jm Prügel geben

租 zū 1. →租赁 1 ～地 ein Grundstück pachten ～房间 ein Zimmer mieten 2. →租赁 2 3. →租金 房～ Zimmermiete

租佃 zūdiàn Land verpachten

租户 zūhù Mieter

租界 zūjiè Konzession; Niederlassung

租借 zūjiè →租赁

租金 zūjīn Miete

租赁 zūlìn 1. mieten; pachten 2. vermieten; verpachten

租用 zūyòng →租赁 ～家具 Möbel mieten

租约 zūyuē Mietvertrag; Pacht

租子 zūzi Pachtzins

卒[1] zú 另见 cù

Soldat 无名小～ ein Mann ohne Rang und Namen; ein Niemand

卒[2] zú 另见 cù

1. beenden; abschließen ～业 die Schule oder das Studium abschließen 2. schließlich; endlich 3. sterben; Tod 病～ an einer Krankheit sterben

族 zú 1. Sippe 2. Nationalität 汉～ Han-Nationalität 3. Gruppe

族人 zúrén Angehörige(r) einer Sippe

族长 zúzhǎng Altvater; Patriarch; Scheich

足[1] zú 1. Fuß ～不出户 zu Hause bleiben 2. Bein

足[2] zú 1. ausreichend; genug 睡～ ausschlafen 干劲～ großer Elan 2. voll; gut ～有两公斤 gut zwei Kilo 孩子已七～岁了 das Kind hat sein 7. Lebensjahr vollendet 3. wert; gelten 不～为凭 nicht als Beleg gelten

足够 zúgòu ausreichend; genügen 这～一冬

之用 das reicht für einen Winter
足迹 zújì Fußspur
足见 zújiàn aus etw kann man etw ersehen; an etw kann man etw erkennen 由此～一般 man kann hiervon auf das Allgemeine schließen
足金 zújīn reines Gold
足球 zúqiú 1. Fußball ～赛 Fußballspiel 2. Fußball
足以 zúyǐ reichen; berechtigt sein ～自豪 js Stolz ist berechtigt
足月 zúyuè ein Kind austragen 不～的孩子 früh geborenes Kind

诅 zǔ →诅咒
诅咒 zǔzhòu verfluchen; verdammen; Fluch

祖 zǔ 1. →祖宗 2. →祖师
祖辈 zǔbèi →祖宗
祖产 zǔchǎn erbeigene Habe
祖传 zǔchuán angestammt; ererbt; geerbt ～秘方 von eigenen Vorfahren überliefertes Geheimrezept
祖坟 zǔfén Ahnenfriedhof; Ahnengrab
祖父 zǔfù Großvater; Opa
祖国 zǔguó Vaterland
祖籍 zǔjí Herkunftsort der Familie
祖母 zǔmǔ Großmutter; Oma
祖师 zǔshī 1. Begründer einer wissenschaftlichen oder technischen Schule 2. Begründer einer buddhistischen oder taoistischen Sekte
祖先 zǔxiān 1. →祖宗 2. Urlebewesen
祖宗 zǔzong Stammeltern; Urahn; Ureltern

俎 zǔ Opfergefäß oder Hackblock im Altertum
俎上肉 zǔshàngròu eine Person, die gegen Unterdrückung machtlos ist; ein Land, das der Fremdherrschaft ausgeliefert ist

阻 zǔ →阻挡; 阻碍
阻碍 zǔ'ài 1. etw verhindern; jn an etw hindern ～交通 den Verkehr behindern 2. Hindernis; Hemmnis; Hemmung 遇到～ auf Hindernisse stoßen
阻挡 zǔdǎng aufhalten; abwehren; eindämmen
阻隔 zǔgé trennen; teilen 山川～ durch Berge und Flüsse getrennt sein
阻击 zǔjī aufhalten; blockieren ～战 Behinderungskampf
阻拦 zǔlán →阻挡
阻力 zǔlì 1. Widerstand 2. Hindernis 冲破重重～ Hindernisse überwinden
阻挠 zǔnáo →阻碍 1
阻塞 zǔsè sich stauen; verstopfen 交通～ Verkehrsstau; Verkehrsstockung
阻止 zǔzhǐ stoppen; verhindern; jm in den Arm fallen

组 zǔ 1. 组织 1 2. Gruppe ～员 Mitglied einer Gruppe 互助～ Gruppe der gegenseitigen Hilfe 3. (Zähleinheitswort) Satz 一～图画 ein Satz Bilder
组成 zǔchéng aus etw bestehen; sich aus etw zusammensetzen ～部分 Bestandteil; Komponente
组稿 zǔgǎo um einen Beitrag bitten; bei jm einen Beitrag in Auftrag geben
组歌 zǔgē Liederfolge
组阁 zǔgé Kabinettsbildung; ein Kabinett bilden
组合 zǔhé 1 zusammensetzen; zusammenbauen; zusammenstellen 2. Zusammensetzung; Zusammenschluss 农业劳动～ landwirtschaftliche Produktionsgenossenschaft 3. Kombination; Komplexion
组合家具 zǔhé jiāju Möbel-Set; Aufbaumöbel
组曲 zǔqǔ Suite
组织 zǔzhī 1. organisieren; gestalten ～货源 Belieferungsquellen erschließen 把群众～起来 die Volksmassen mobilisieren 2. System ～严密 vollkommen organisiert 加强～性 die Organisiertheit verstärken 3. Textur 斜纹～ Diagonalgewebe; Diagonal 4. Gewebe ～疗法 Gewebstherapie 5. Organisation 群众～ Massenorganisation ～生活 Organisationsleben; Vereinsleben
组装 zǔzhuāng montieren; zusammenbauen; zusammensetzen

钻（鑽） zuān 另见 zuàn
1. bohren; drillen ～个眼儿 ein Loch bohren 2. durchschlüpfen; eindringen ～过铁丝网 durch ein Drahtgeflecht durchschlüpfen 3. →钻研
钻空子 zuān kòngzi eine Lücke in etw ausnutzen
钻牛角尖 zuān niújiǎojiān unnötig tüfteln; tüftelig

钻探 zuāntàn bohren；Bohrung ～机 Bohrmaschine
钻研 zuānyán sich durch etw durcharbeiten；sich in etw hineinarbeiten；eingehend studieren ～问题 sich eingehend mit etw befassen；sich mit etw auseinandersetzen
钻营 zuānyíng durch Schmeichelei Vorteile für sich herausschlagen

纂 zuǎn zusammenstellen；verfassen

攥 zuàn anfassen；umfassen ～紧拳头 die Faust ballen

钻（鑽） zuàn 另见 zuān
1. Bohrer 2. →钻石
钻床 zuànchuáng Bohrmaschine
钻机 zuànjī Bohrer；Bohrmaschine
钻戒 zuànjiè Diamantring
钻井 zuànjǐng Bohrloch ～平台 Bohrinsel
钻石 zuànshí 1. Diamant 2. Steine fürs Uhrwerk
钻塔 zuàntǎ Bohrturm
钻头 zuàntóu Bohrer；Bohrkopf

嘴 zuǐ 1. Mund 2. Öffnung 茶壶～ Schnabel der Teekanne
嘴巴 zuǐba Mund 打～ jm eine Ohrfeige geben
嘴笨 zuǐbèn wortkarg；schweigsam；eine schwere Zunge haben
嘴唇 zuǐchún Lippe
嘴尖 zuǐ jiān eine scharfe Zunge haben；bissig reden
嘴紧 zuǐ jǐn reinen Mund halten；seine Zunge im Zaum halten
嘴快 zuǐ kuài eine lose Zunge haben
嘴脸 zuǐliǎn Visage；Fratze 丑恶～ hässliche Fratze
嘴碎 zuǐ suì schwatzen；dauernd reden
嘴甜 zuǐ tián schönrednerisch；jm zu Gefallen reden
嘴硬 zuǐ yìng Fehler einsehen，aber nicht offen bekennen wollen

醉 zuì betrunken sein；trunken sein ～话 im Rausch gesprochene Worte ～态 Betrunkenheit；Besäufnis
醉鬼 zuìguǐ Alkoholiker；Trunkenbold
醉生梦死 zuì shēng mèng sǐ in den Tag hineinleben
醉心 zuìxīn für etw schwärmen；in etw ganz weg sein；auf etw versessen sein
醉意 zuìyì Rausch 有三分～ leicht betrunken

最 zuì höchst；äußerst；Super- ～好 best；am besten ～快要一年 dazu gehört wenigstens ein Jahr
最初 zuìchū anfänglich；primär；ursprünglich ～的印象 erster Eindruck
最后 zuìhòu allerletzt；zu guter Letzt；zuletzt；endgültig ～胜利 Endsieg ～通牒 Ultimatum ～一幕 Schlussakt
最惠国待遇 zuìhuìguó dàiyù Meistbegünstigung
最近 zuìjìn in nächster（letzter）Zeit；bald；kürzlich；vor kurzem 他～要到上海来 er kommt bald nach Shanghai

槜（檇） zuì
槜李 zuìlǐ 1. eine Art Pflaumenbaum 2. Pflaume

罪（辠） zuì 1. →罪行 ～大恶极 äußerst schwere Verbrechen（begehen）；Todsünde 2. →罪过 3. jm die Schuld an etw zuschieben（zuschreiben，geben）～己 die Schuld an etw auf sich nehmen
罪恶 zuì'è Verbrechen；Sünde ～活动 Missetat；böse Tat
罪犯 zuìfàn Verbrecher；Missetäter
罪过 zuìguo Schuld
罪魁 zuìkuí Hauptverbrecher ～祸首 Hauptverbrecher；Hauptschuldige（r）
罪名 zuìmíng Punkt der Anklage；Verbrechen；Täterschaft 莫须有的～ falsche Beschuldigung
罪孽 zuìniè Sünde 犯下～ eine Sünde begehen（tun）
罪人 zuìrén 1. →罪犯 2. Sünder
罪行 zuìxíng Verbrechen；Untat；Übeltat
罪证 zuìzhèng Schuldbeweis；Beweisstück eines Verbrechens ～俱在 die Beweisstücke liegen vor
罪状 zuìzhuàng Tatbestand；Täterschaft

尊 zūn 1. →尊敬；尊重 1 2. Ihr ～姓？ Wie ist Ihr Name，bitte？ 3.（Zähleinheitswort）：一～炮 eine Kanone
尊称 zūnchēng 1. jn höflich（respektvoll）anreden 2. höfliche Anrede
尊贵 zūnguì wert；gnädig；erhaben
尊敬 zūnjìng verehren；jm mit Ehrerbietung begegnen 受到大家的～ allgemeine

Achtung genießen

尊严 zūnyán Würde；Ehrwürdigkeit；Hoheit 国家的～ Würde des Staates

尊长 zūnzhǎng höherstehende ältere Person

尊重 zūnzhòng 1. respektieren；achten ～事实 der Wahrheit die Ehre geben；Tatsachen respektieren 2. würdevoll 放～些！Benehmen Sie sich anständig!

遵 zūn →遵照

遵从 zūncóng befolgen；gehorchen

遵命 zūnmìng Zu Befehl! Zu dienen!

遵守 zūnshǒu einhalten ～秩序 der öffentlichen Ordnung Beachtung schenken ～时间 pünktlich sein；einen Termin einhalten

遵行 zūnxíng etw gemäß etw durchführen (ausführen)

遵循 zūnxún folgen；sich an einer Sache orientieren

遵照 zūnzhào nach；gemäß；entsprechend

樽（罇） zūn Weingefäß im Altertum

鳟 zūn Forelle

嘬 zuō saugen ～奶 an der Mutterbrust saugen

作 zuō 另见 zuó，zuò

→作坊 洗衣～ Wäscherei

作坊 zuōfang Werkstatt；Werkstätte

作弄 zuōnòng jm eins auswischen；mit jm Fang spielen

作揖 zuōyī jn mit vor der Brust gefalteten Händen begrüßen

琢 zuó 另见 zhuó

琢磨 zuómo 另见 zhuómó

sich etw überlegen；sich über etw Gedanken machen

昨 zuó 1. →昨天 2. früher

昨天 zuótiān gestern

怍 zuó 另见 zuō，zuò

怍践 zuójian herunterwirtschaften；misshandeln；verschludern

怍料 zuóliao Gewürz

左 zuǒ 1. links ～岸 linkes Ufer 从～到右 von links nach rechts 2. wunderlich；merkwürdig ～脾气 launisch 3. falsch 想～了 da irrst du dich / da bist du im falschen Glauben 4. gegenteilig；entgegengesetzt；antithetisch 意见相～ gegensätzliche Meinungen 5. 左倾 1

左边 zuǒbian links；auf der linken Seite；zur linken Hand

左近 zuǒjìn nahe；in der Nähe

左轮 zuǒlún Revolver

左面 zuǒmiàn →左边

左派 zuǒpài Linke

左撇子 zuǒpiězi Linkshändige(r)；Linkshänder

左倾 zuǒqīng 1. linksgerichtet 2. „Links"-abweichung '左'倾机会主义 „Links"-Opportunismus

左手 zuǒshǒu 1. linke Hand 2. →左边

左翼 zuǒyì 1. linke Flanke 2. linker Flügel ～党派 Linkspartei

左右 zuǒyòu 1. rechts und links ～为难 in der Klemme sein；sich in bedrängter Lage befinden 2. Gefolge；Begleitung；Gefolgschaft 3. jn an der Leine halten；jn um den Finger wickeln；etw unter Kontrolle haben ～局势 Herr über die Lage sein 4. ungefähr；etwa 五公里～ ca. fünf Kilometer

左证 zuǒzhèng Beweisstück；Beweismittel

佐 zuǒ →佐理

佐理 zuǒlǐ assistieren；beistehen；helfen ～人员 Assistent；Berater；Mitarbeiter

撮 zuǒ 另见 cuō

(Zähleinheitswort)：一～头发 ein Haarbüsche

凿[1]（鑿） zuò 另见 záo

tatsächlich；sicher 言之～～ was er sagt, ist wahr / seine Behauptung ist unbestreitbar

凿[2]（鑿） zuò 另见 záo

Zapfenloch

坐 zuò 1. sich setzen；sitzen 请～ Bitte, nehmen Sie Platz! / Bitte, setzen Sie sich! 2. ein Verkehrsmittel nehmen ～飞机 fliegen；das Flugzeug (die Maschine) benutzen 3. (vom Haus) mit der Rückseite nach ... 大楼～北朝南 das Gebäude geht (liegt) nach Süden 4. (den Topf) aufsetzen 把锅子～在炉火上 den Topf auf den Herd stellen 5. →座 1

坐标 zuòbiāo Koordinaten

坐等 zuòděng ersitzen
坐垫 zuòdiàn Polster
坐骨 zuògǔ Sitzbein ～神经 Hüftnerv; Ischiasnerv
坐井观天 zuò jǐng guān tiān js Blickfeld ist begrenzt; einen beschränkten Horizont haben
坐牢 zuòláo im Gefängnis sitzen; hinter Schloss und Riegel sitzen; eine Freiheitsstrafe verbüßen
坐力 zuòlì Rücklauf; Rückschlag; Rückstoß
坐立不安 zuò lì bù ān wie auf Nadeln (Nesseln) sitzen; zappelig sein
坐落 zuòluò sich befinden; liegen; sitzen
坐骑 zuòqí Reitpferd
坐山雕 zuòshāndiāo Mönchsgeier
坐视 zuòshì tatenlos zusehen
坐探 zuòtàn feindlicher Spion (Spitzel) in den eigenen Reihen
坐享其成 zuò xiǎng qí chéng sich ins gemachte Bett legen; die Früchte der Arbeit von anderen genießen
坐药 zuòyào Suppositorium; Stuhlzäpfchen
坐镇 zuòzhèn an Ort und Stelle das Kommando führen

座(¹坐) zuò 1. →座位 客～教授 Gastprofessor 2. Untersetzer; Set 茶碗～儿 Teeschalenuntersetzer 3. Sternbild 4. (Zähleinheitswort): 两～桥 zwei Brücken
座次 zuòcì Sitzordnung
座谈 zuòtán frei (ungezwungen) Meinungen austauschen ～会 Aussprache; Diskussion
座位 zuòwèi Platz; Sitzplatz; Sitz
座无虚席 zuò wú xū xí bis auf den letzten Platz besetzt sein; alle Plätze sind belegt
座右铭 zuòyòumíng Maxime; Sinnspruch; Devise
座钟 zuòzhōng Tischuhr

柞 zuò Eiche
柞蚕 zuòcán Eichenspinner; Tussahspinner
柞丝绸 zuòsīchóu Tussahseide; Bastseide

作 zuò 另见 zuō, zuó
1. aufstehen 日出而～ aufstehen, wenn es hell wird; bei Tagesanbruch aufstehen 2. schreiben; verfassen ～书 einen Brief schreiben 3. →作品 佳～ ausgezeichnetes (hervorragendes) Werk 4. →作为²
作案 zuò'àn ein Delikt (Verbrechen) begehen
作罢 zuòbà unterlassen; sein lassen
作弊 zuòbì Betrug (Betrügerei) begehen; etw von (bei) jm abgucken
作对 zuòduì jm Widerpart geben (halten); sich einer Sache / jm widersetzen
作恶 zuò'è sündig werden; eine Untat begehen ～多端 viele Verbrechen verüben
作废 zuòfèi entwerten; verfallen; ungültig werden 声明～ etw für ungültig erklären
作风 zuòfēng Stil; Weise ～正派 sich anständig verhalten 命令主义～ gebieterischer Arbeitsstil
作梗 zuògěng jm Steine in den Weg legen; jn behindern; jm Schwierigkeiten machen
作怪 zuòguài →作祟
作家 zuòjiā Schriftsteller; Dichter
作假 zuòjiǎ 1. fälschen; verfälschen; falsifizieren 2. falschspielen; mogeln ～骗人 einen Betrug verüben 3. sich zieren; geziertes Benehmen; sich gespreizt benehmen
作价 zuòjià valutieren; anrechnen ～赔偿 Geldentschädigung nach Sachschaden
作茧自缚 zuò jiǎn zì fù sich im eigenen Netz (in den eigenen Netzen) verstricken
作客 zuòkè bei jm als Gast verweilen ～他乡 sich in der Fremde aufhalten
作乐 zuòlè 另见 zuòyuè sich belustigen
作乱 zuòluàn einen bewaffneten Aufstand inszenieren
作孽 zuòniè sich versündigen; eine Sünde begehen
作呕 zuò'ǒu Brechreiz; anwidern; Widerwillen erregen 令人～ Abscheu erregen; abscheulich; ekelhaft
作陪 zuòpéi jm Gesellschaft leisten
作品 zuòpǐn Werk; Schöpfung 经典～ klassisches Werk
作曲 zuòqǔ komponieren; vertonen ～家 Komponist
作数 zuòshù zählen; gelten
作祟 zuòsuì (von bösen Geistern) spuken; mit jm seinen Schabernack treiben
作态 zuòtài sich gekünstelt benehmen 扭怩～ sich affektiert verhalten
作威作福 zuò wēi zuò fú seine Macht missbrauchen; tyrannisieren
作为¹ zuòwéi 1. Tun und Treiben; Tun; Tat 2. eine Leistung vollbringen 有所～ etw geleistet (geschaffen) haben; etw

zustande bringen

作为² zuòwéi 1. etw als etw betrachten ~例子 etw als Beispiel anführen 2. als 我~朋友要劝你几句 ich möchte dir als dein Freund zureden / ich als dein Freund will es dir raten

作文 zuòwén 1. einen Aufsatz schreiben 2. Aufsatz

作物 zuòwù Feldfrucht; (landwirtschaftliche) Kultur 秋收~ Herbstfeldfrucht

作息 zuòxī Arbeit und Ruhe; arbeiten und ruhen ~制度 Ordnung für den Tagesablauf; Arbeitsplan; Stundenplan

作业 zuòyè 1. Schulaufgabe; Arbeit 家庭~ Hausaufgabe 2. 野外~ Feldarbeit; Felddienst; auf freiem Feld arbeiten (trainieren)

作用 zuòyòng 1. sich auf etw auswirken; auf etw/jn einwirken 2. Funktion; Wirkung 化学~ chemische Wirkung 3. Effekt; Fluidum; Rolle 发挥~ eine Rolle spielen 4. Absicht 他说的那些话是有~的 aus seinen Worten hört man seine Absicht heraus

作乐 zuòyuè 另见 zuòlè Musik machen

作战 zuòzhàn einen Krieg führen

作者 zuòzhě Autor; Verfasser; Schreiber

作证 zuòzhèng bekunden; bezeugen; zeugen

做(作) zuò 1. herstellen; machen; verfertigen ~衣服 ein Kleidungsstück anfertigen (machen) 2. schreiben ~诗 ein Gedicht schreiben; dichten; Verse machen 3. arbeiten; eine Tätigkeit ausüben ~功课 Schulaufgaben machen ~买卖 Handel treiben 4. (im Familienkreis) feiern ~生日 js Geburtstag feiern 5. sein ~教员 *als Lehrer tätig sein* 6. als etw dienen; etw als etw gebrauchen 这可以~教材用 das kann man als Lehrmaterial gebrauchen

做伴 zuòbàn begleiten; jm Gesellschaft leisten; jn betreuen

做法 zuòfǎ Methode; Praktik; Vorgehensweise

做工¹ zuògōng arbeiten

做工² zuògōng schauspielerische Vorführung; Gestik und Mimik (des Schauspielers); Spiel

做鬼 zuòguǐ manipulieren; jm übel mitspielen

做客 zuòkè bei jm zu Gast sein

做媒 zuòméi Heiratsvermittlung; eine Ehe vermitteln

做梦 zuòmèng 1. träumen; einen Traum haben 2. Illusion; Phantasie; Wachtraum 白日~ phantasieren; Wachtraum

做人 zuòrén 1. sich anderen Menschen gegenüber verhalten; Umgangsformen 会~ gute Umgangsformen haben; im Verkehr mit Menschen geschickt sein 2. wohlerzogener Mensch 重新~ ein neuer Mensch werden; ein neues Leben anfangen

做声 zuòshēng einen Laut hervorbringen (von sich geben)

做事 zuòshì 1. arbeiten; eine Arbeit verrichten (ausführen) ~认真 gewissenhaft arbeiten; eine Arbeit sorgfältig ausführen 2. einen Beruf ausüben; berufstätig sein; angestellt sein 在邮局~ bei der Post arbeiten; bei der Post angestellt sein

做寿 zuòshòu den Geburtstag (einer älteren Person) feiern

做主 zuòzhǔ eine Entscheidung über eine Sache treffen 人民当家~ das Volk ist sein eigener Herr

做作 zuòzuo sich unnatürlich (geziert, affektiert) benehmen

附 录（Anhang）

I 不规则动词变化表

（Die Konjugation der unregelmäßigen Verben）

Infinitiv	Indikativ Präsens			Indikativ Präteritum	Zweites Partizip
backen	backe	bäckst(backst)	bäckt(backt)	backte(buk)	gebacken
befehlen	befehle	befiehlst	befiehlt	befahl	befohlen
beginnen	beginne	beginnst	beginnt	begann	begonnen
beißen	beiße	beißt	beißt	biss	gebissen
bergen	berge	birgst	birgt	barg	geborgen
* bersten	berste	birst	birst	barst	geborsten
bewegen（= *veranlassen*）	bewege	bewegst	bewegt	bewog	bewogen
（= *fortbewegen*；*erregen*）*schwach konjugiert*					
** biegen	biege	biegst	biegt	bog	gebogen
bieten	biete	bietest	bietet	bot	geboten
binden	binde	bindest	bindet	band	gebunden
bitten	bitte	bittest	bittet	bat	gebeten
blasen	blase	bläst	bläst	blies	geblasen
* bleiben	bleibe	bleibst	bleibt	blieb	geblieben
** bleichen *vi*	bleiche	bleichst	bleicht	bleichte（blich）	gebleicht（geblichen）
vt schwach konjugiert					
braten	brate	brätst	brät	briet	gebraten
** brechen	breche	brichst	bricht	brach	gebrochen
brennen	brenne	brennst	brennt	brannte	gebrannt
bringen	bringe	bringst	bringt	brachte	gebracht
denken	denke	denkst	denkt	dachte	gedacht
dingen	dinge	dingst	dingt	dingte（dang）	gedingt（gedungen）
dreschen	dresche	drischst	drischt	drosch	gedroschen
** dringen	dringe	dringst	dringt	drang	gedrungen
dünken	mich *od* mir		dünkt（deucht）	dünkte（deuchte）	gedünkt（gedeucht）
dürfen	darf	darfst	darf	durfte	gedurft
empfehlen	empfehle	empfiehlst	empfiehlt	empfahl	empfohlen
* erlöschen	erlösche	erlischst	erlischt	erlosch	erloschen
** erschrecken *vi*	erschrecke	erschrickst	erschrickt	erschrak	erschrocken
vt schwach konjugiert					
essen	esse	isst	isst	aß	gegessen
** fahren	fahre	fährst	fährt	fuhr	gefahren
* fallen	falle	fällst	fällt	fiel	gefallen
fangen	fange	fängst	fängt	fing	gefangen
fechten	fechte	fichtst	ficht	focht	gefochten
finden	finde	findest	findet	fand	gefunden
flechten	flechte	flichtst	flicht	flocht	geflochten
** fliegen	fliege	fliegst	fliegt	flog	geflogen

续前表

Infinitiv	Indikativ Präsens			Indikativ Präteritum	Zweites Partizip
** fliehen	fliehe	fliehst	flieht	floh	geflohen
* fließen	fließe	fließt	fließt	floss	geflossen
fressen	fresse	frisst	frisst	fraß	gefressen
frieren	friere	frierst	friert	fror	gefroren
** gären	gäre	gärst	gärt	gor	gegoren
übtr schwach konjugiert				(gärte)	(gegärt)
gebären	gebäre	gebierst (gebärst)	gebiert (gebärt)	gebar	geboren
geben	gebe	gibst	gibt	gab	gegeben
* gedeihen	gedeihe	gedeihst	gedeiht	gedieh	gediehen
** gehen	gehe	gehst	geht	ging	gegangen
* gelingen			es gelingt	gelang	gelungen
gelten	gelte	giltst	gilt	galt	gegolten
* genesen	genese	genest	genest	genas	genesen
genießen	genieße	genießt	genießt	genoss	genossen
* geschehen			es geschieht	geschah	geschehen
gewinnen	gewinne	gewinnst	gewinnt	gewann	gewonnen
gießen	gieße	gießt	gießt	goss	gegossen
gleichen	gleiche	gleichst	gleicht	glich	geglichen
gleißen	gleiße	gleißt	gleißt	gleißte (gliss)	gegleißt (geglissen)
* gleiten	gleite	gleitest	gleitet	glitt	geglitten
glimmen	glimme	glimmst	glimmt	glomm (glimmte)	geglommen (geglimmt)
graben	grabe	gräbst	gräbt	grub	gegraben
greifen	greife	greifst	greift	griff	gegriffen
haben	habe	hast	hat	hatte	gehabt
halten	halte	hältst	hält	hielt	gehalten
hängen *vi*	hänge	hängst	hängt	hing	gehangen
vt schwach konjugiert					
hauen	haue	haust	haut	hieb(haute)	gehauen
heben	hebe	hebst	hebt	hob	gehoben
heißen	heiße	heißt	heißt	hieß	geheißen
helfen	helfe	hilfst	hilft	half	geholfen
kennen	kenne	kennst	kennt	kannte	gekannt
* klimmen	klimme	klimmst	klimmt	klomm (klimmte)	geklommen (geklimmt)
klingen	klinge	klingst	klingt	klang	geklungen
kneifen	kneife	kneifst	kneift	kniff	gekniffen
kneipen(= *kneifen*)	kneipe	kneipst	kneipt	kneipte (knipp)	gekneipt (geknippen)
kneipen(= *zechen*) *schwach konjugiert*					
* kommen	komme	kommst	kommt	kam	gekommen
können	kann	kannst	kann	konnte	gekonnt
* kriechen	krieche	kriechst	kriecht	kroch	gekrochen
laden(= *aufladen*) (= *zum Kommen auffordern*)	lade	lädst	lädt	lud	geladen

续前表

Infinitiv	Indikativ Präsens			Indikativ Präteritum	Zweites Partizip
	lade	lädst	lädt	lud	geladen
		(ladest)	(ladet)		
lassen	lasse	lässt	lässt	ließ	gelassen
** laufen	laufe	läufst	läuft	lief	gelaufen
leiden	leide	leidest	leidet	litt	gelitten
leihen	leihe	leihst	leiht	lieh	geliehen
lesen	lese	liest	liest	las	gelesen
** liegen	liege	liegst	liegt	lag	gelegen
lügen	lüge	lügst	lügt	log	gelogen
mahlen	mahle	mahlst	mahlt	mahlte	gemahlen
meiden	meide	meidest	meidet	mied	gemieden
melken	melke	melkst	melkt	melkte	gemolken
				(molk)	(gemelkt)
messen	messe	misst	misst	maß	gemessen
* misslingen			es misslingt	misslang	misslungen
mögen	mag	magst	mag	mochte	gemocht
müssen	muss	musst	muss	musste	gemusst
nehmen	nehme	nimmst	nimmt	nahm	genommen
nennen	nenne	nennst	nennt	nannte	genannt
pfeifen	pfeife	pfeifst	pfeift	pfiff	gepfiffen
pflegen	pflege	pflegst	pflegt	pflegte	gepflegt
	in altertümlichen Wendungen:			pflog	gepflogen
preisen	preise	preist	preist	pries	gepriesen
* quellen *vi*	quelle	quillst	quillt	quoll	gequollen
vt schwach konjugiert					
raten	rate	rätst	rät	riet	geraten
reiben	reibe	reibst	reibt	rieb	gerieben
reißen	reiße	reißt	reißt	riß	gerissen
** reiten	reite	reitest	reitet	ritt	geritten
** rennen	renne	rennst	rennt	rannte	gerannt
riechen	rieche	riechst	riecht	roch	gerochen
ringen	ringe	ringst	ringt	rang	gerungen
* rinnen	rinne	rinnst	rinnt	rann	geronnen
rufen	rufe	rufst	ruft	rief	gerufen
salzen	salze	salzt	salzt	salzte	gesalzen
					(gesalzt)
saufen	saufe	säufst	säuft	soff	gesoffen
saugen	sauge	saugst	saugt	sog	gesogen
				(saugte)	(gesaugt)
schaffen	(= *hervorbringen*)				
	schaffe	schaffst	schafft	schuf	geschaffen
	(= *arbeiten*) *schwach konjugiert*				
schallen	schalle	schallst	schallt	schallte(scholl)	geschallt
scheiben	scheibe	scheibst	scheibt	schob	geschoben
** scheiden	scheide	scheidest	scheidet	schied	geschieden
scheinen	scheine	scheinst	scheint	schien	geschienen
scheißen	scheiße	scheißt	scheißt	schiss	geschissen
schelten	schelte	schiltst	schilt	schalt	gescholten

续前表

Infinitiv	Indikativ Präsens			Indikativ Präteritum	Zweites Partizip
scheren	(= *abschneiden*)				
	schere	schierst	schiert	schor	geschoren
	(= *kümmern*; *weggehen*) *schwach konjugiert*				
schieben	schiebe	schiebst	schiebt	schob	geschoben
schießen	schieße	schießt	schießt	schoss	geschossen
schinden	schinde	schindest	schindet	schund	geschunden
schlafen	schlafe	schläfst	schläft	schlief	geschlafen
schlagen	schlage	schlägst	schlägt	schlug	geschlagen
**schleichen	schleiche	schleichst	schleicht	schlich	geschlichen
schleifen	(= *schärfen*)				
	schleife	schleifst	schleift	schliff	geschliffen
	(= *über den Boden ziehen*; *zerstören*) *schwach konjugiert*				
schleißen *vi*	schleiße	schleißt	schleißt	schliss	geschlissen
vt	schleiße	schleißt	schleißt	schliss (schleißte)	geschlissen (geschleißt)
schließen	schließe	schließt	schließt	schloss	geschlossen
schlingen	schlinge	schlingst	schlingt	schlang	geschlungen
schmeißen	schmeiße	schmeißt	schmeißt	schmiss	geschmissen
**schmelzen	schmelze	schmilzt	schmilzt	schmolz	geschmolzen
schnauben	schnaube	schnaubst	schnaubt	schnaubte (schnob)	geschnaubt (geschnoben)
schneiden	schneide	schneidest	schneidet	schnitt	geschnitten
**schrecken *vi*	schrecke	schrickst	schrickt	schrak	geschrocken
vt schwach konjugiert		(schreckst)	(schreckt)	(schreckte)	(geschreckt)
schreiben	schreibe	schreibst	schreibt	schrieb	geschrieben
schreien	schreie	schreist	schreit	schrie	geschrie(e)n
*schreiten	schreite	schreitest	schreitet	schritt	geschritten
schweigen	schweige	schweigst	schweigt	schwieg	geschwiegen
**schwellen *vi*	schwelle	schwillst	schwillt	schwoll	geschwollen
vt schwach konjugiert		(schwellst)	(schwellt)	(schwellte)	(geschwellt)
**schwimmen	schwimme	schwimmst	schwimmt	schwamm	geschwommen
*schwinden	schwinde	schwindest	schwindet	schwand	geschwunden
schwingen	schwinge	sckwingst	schwingt	schwang	geschwungen
schwören	schwöre	schwörst	schwört	schwor (schwur)	geschworen
sehen	sehe	siehst	sieht	sah	gesehen
*sein	bin, bist, ist; sind, seid, sind			war	gewesen
senden	sende	sendest	sendet	sandte (sendete)	gesandt (gesendet)
sieden	siede	siedest	siedet	siedete (sott)	gesiedet (gesotten)
singen	singe	singst	singt	sang	gesungen
*sinken	sinke	sinkst	sinkt	sank	gesunken
sinnen	sinne	sinnst	sinnt	sann	gesonnen
sitzen	sitze	sitzt	sitzt	saß	gesessen
sollen	soll	sollst	soll	sollte	gesollt
spalten	spalte	spaltest	spaltet	spaltete	gespalten (gespaltet)

续前表

Infinitiv	Indikativ Präsens			Indikativ Präteritum	Zweites Partizip
speien	speie	speist	speit	spie	gespie(e)n
spinnen	spinne	spinnst	spinnt	spann	gesponnen
sprechen	spreche	sprichst	spricht	sprach	gesprochen
*sprießen	sprieße	sprießt	sprießt	spross	gesprossen
**springen	springe	springst	springt	sprang	gesprungen
stechen	steche	stichst	sticht	stach	gestochen
stecken *vi*	stecke	steckst	steckt	stak	gesteckt
vt schwach konjugiert				(steckte)	
**stehen	stehe	stehst	steht	stand	gestanden
stehlen	stehle	stiehlst	stiehlt	stahl	gestohlen
**steigen	steige	steigst	steigt	stieg	gestiegen
*sterben	sterbe	stirbst	stirbt	starb	gestorben
**stieben	stiebe	stiebst	stiebt	stob	gestoben
				(stiebte)	(gestiebt)
stinken	stinke	stinkst	stinkt	stank	gestunken
**stoßen	stoße	stößt	stößt	stieß	gestoßen
streichen	streiche	streichst	streicht	strich	gestrichen
streiten	streite	streitest	streitet	stritt	gestritten
tragen	trage	trägst	trägt	trug	getragen
treffen	treffe	triffst	trifft	traf	getroffen
**treiben	treibe	treibst	triebt	trieb	getrieben
**treten	trete	trittst	tritt	trat	getreten
triefen	triefe	triefst	trieft	triefte	getrieft
				(troff)	(getroffen)
trinken	trinke	trinkst	trinkt	trank	getrunken
trügen	trüge	trügst	trügt	trog	getrogen
tun	tue, tust, tut;	tun, tut, tun		tat	getan
**verderben	verderbe	verdirbst	verdirbt	verdarb	verdorben
verdrießen	verdrieße	verdrießt	verdrießt	verdross	verdrossen
vergessen	vergesse	vergisst	vergisst	vergaß	vergessen
verlieren	verliere	verlierst	verliert	verlor	verloren
*wachsen	wachse	wächst	wächst	wuchs	gewachsen
wägen	wäge	wägst	wägt	wog	gewogen
				(wägte)	(gewägt)
waschen	wasche	wäschst	wäscht	wusch	gewaschen
weben	webe	webst	webt	wob	gewoben
				(webte)	(gewebt)
kkr: meist schwach konjugiert; übtr: meist stark konjugiert					
weichen	weiche	weichst	weicht	wich	gewichen
weisen	weise	weist	weist	wies	gewiesen
wenden	wende	wendest	wendet	wandte	gewandt
				(wendete)	(gewendet)
werben	werbe	wirbst	wirbt	warb	geworben
*werden	werde	wirst	wird	wurde	geworden
				(*dichtr*: *ward*)	
werfen	werfe	wirfst	wirft	warf	geworfen
wiegen	wiege	wiegst	wiegt	wog	gewogen
winden	winde	windest	windet	wand	gewunden

续前表

Infinitiv	Indikativ Präsens			Indikativ Präteritum	Zweites Partizip
wissen	weiß	weißt	weiß	wusste	gewusst
wollen	will	willst	will	wollte	gewollt
wringen	wringe	wringst	wringt	wrang	gewrungen
zeihen	zeihe	zeihst	zeiht	zieh	geziehen
** ziehen	ziehe	ziehst	zieht	zog	gezogen
zwingen	zwinge	zwingst	zwingt	zwang	gezwungen

注　词前标有 * 者，构成完成时，助动词用 sein；标 ** 者，构成完成时，助动词用 sein 或 haben

II 德语新正字法

（Die neue deutsche Rechtschreibung）

1996年7月1日德、奥、瑞士和列支敦士登四国及比、意、罗、匈等国的德语区代表于维也纳在“德语正字法改革书”上签字，一致决定最迟于1998年8月启用“新正字法”。从而1901年沿用至今的“德语正字法”将渐被取代，在七年过渡期后，自2005年8月起“新正字法”为官方认可的惟一德语正字法。按新规则修订的第21版“杜登正字法词典”（Duden — Die deutsche Rechtschreibung）已于1996年7月发行。德语新正字法包括以下六个方面*：

1. 音和字母（Laute und Buchstaben）

——强调“词干原则”（das Stammprinzip），同词族词的词干书写应一致：

旧正字法	新正字法
behende	behände（zu Hand）
belemmert	belämmert（heute zu Lamm）
Bendel	Bändel（zu Band）
Gemse	Gämse（zu Gams）
Quentchen	Quäntchen（heute zu Quantum）
schneuzen	schnäuzen（zu Schnauze，großschnäuzig）
Stengel	Stängel（zu Stange）
überschwenglich	überschwänglich（zu Überschwang）
verbleuen	verbläuen（heute zu blau）
aufwendig	aufwendig（zu aufwenden）oder aufwändig（zu Aufwand）
Schenke	Schenke（zu ausschenken）oder Schänke（zu Ausschank）
Karamel	Karamell（zu Karamelle）
numerieren	nummerieren（zu Nummer）
plazieren（placieren）	platzieren（zu Platz）
Stukkateur	Stuckateur（zu Stuck）
Tolpatsch	Tollpatsch（heute zu toll）

——在长元音和复合元音后为ß，短元音后为ss：

旧正字法	新正字法
hassen - Haß	hassen - Hass

续前表

旧正字法	新正字法
küssen - Kuß, sie küßten sich	küssen - Kuss, sie küssten sich
lassen - er läßt	lassen - er lässt
müssen - er muß	müssen - er muss
wässerig - wäßrig	wässerig - wässrig
daß	dass

——复合词中,相同字母相遇,保留原字母:

旧正字法	新正字法
Flanellappen	Flanelllappen
Flußsand	Flusssand
Ballettänzer	Balletttänzer
Stoffetzen	Stofffetzen

* 若三元音相遇,中间可加连字号,以便于发音:See-Elefant

——辅音字母有时重复,以识别前为短元音:

旧正字法	新正字法
As	Ass
Mop	Mopp
Mesner	Messner

——进入德语词汇的外来词,通常保留其原书写:Photographie,随着外来词词性弱化,人们习惯于相应的德语书写:Fotografie,从而形成书写变体,两种书写并存,在完成德语化(Eindeutschung)后,仅存德语书写,即是一个传统书写由主为副,德语书写由副为主渐进的过程。

旧正字法	新正字法
ai	ai oder ä
Frigidaire	Frigidaire / Frigidär
Necessaire	Necessaire / Nessessär
ph	ph oder f
quadrophon	quadrophon / quadrofon
Photometrie	Photometrie / Fotometrie
Geographie	Geographie / Geografie

续前表

旧正字法	新正字法
Graphologe	Graphologe / Grafologe
Orthographie	Orthographie / Orthografie
Megaphon	Megaphon / Megafon
Delphin	Delphin / Delfin
gh	gh oder g
Joghurt	Joghurt / Jogurt
Spaghetti	Spaghetti / Spagetti
é und ée	é / ée oder ee
Bouclé	Bouclé / Buklee
Exposé	Exposé/ Exposee
Kommuniqué	Kommuniqué / Kommunikee
Varieté	Varieté/ Varietee
Chicorée	Chicorée / Schikoree
qu	k
Kommuniqué	Kommuniqué/ Kommunikee
ou	ou oder u
Bouclé	Bouclé/ Buklee
ch	ch oder sch
Ketchup	Ketchup / Ketschup
Chicorée	Chicorée / Schikoree
rh	rh oder r
Katarrh	Katarrh / Katarr
Myrrhe	Myrrhe / Myrre
Hämorrhoiden	Hämorrhoiden / Hämorriden
c	c oder ss
Facette	Facette / Fassette
Necessaire	Necessaire / Nessessär
th	th oder t
Panther	Panther / Panter
Thunfisch	Thunfisch / Tunfisch

2. 大小写（Groß- und Kleinschreibung）

名词：

名词及名词化的其他词类基本上大写。新正字法再现这一原则，且有扩大大写范围的趋势。

——在名词与介词及动词的组合结构中，名词大写：

旧正字法	新正字法
in bezug auf	in Bezug auf（wie mit Bezug auf）
radfahren	Rad fahren（wie Auto fahren）
angst（und bange）machen	Angst（und Bange）machen（wie Angst haben）
schuld geben	Schuld geben
pleite gehen	Pleite gehen

——序数词，指示代词及固定词组中的形容词作名词用时均大写：

旧正字法	新正字法
der，die，das letzte	der，die，das Letzte
der nächste，bitte	der Nächste，bitte
alles übrige	alles Übrige
nicht das geringste	nicht das Geringste

旧正字法	新正字法
im großen und ganzen	im Großen und Ganzen
des näheren	des Näheren
im allgemeinen	im Allgemeinen
auf dem trockenen sitzen	auf dem Trockenen sitzen
den kürzeren ziehen	den Kürzeren ziehen

形容词：

· 与 heute，（vor）gestern，（über）morgern 一起表述时间的副词大写：

旧正字法	新正字法
heute mittag	heute Mittag
gestern abend	gestern Abend
vorgestern morgen	vorgestern Morgen
am Sonntag abend	am Sonntagabend

· 表示颜色、语言的形容词与介词构成的词组大写：

旧正字法	新正字法
auf deutsch	auf Deutsch
aus schwarz weiß machen	aus Schwarz Weiß machen

· 无词尾变化形容词构成的对偶词组(Paar-formel)大写:

旧正字法	新正字法
groß und klein	Groß und Klein
jung und alt	Jung und Alt

· 与 aufs 组成的最高级也可大写:

旧正字法	新正字法
aufs beste	aufs beste / aufs Beste
aufs herzlichste	aufs herzlichste / aufs Herzlichste

· 在形容词与名词的固定词组中,形容词(包括由专有名词派生的形容词)一般小写:

旧正字法	新正字法
das Schwarze Brett	das schwarze Brett
der Weiße Tod	der weiße Tod
die Erste Hilfe	die erste Hilfe
das Ohmsche Gesetz	das ohmsche Gesetz

涉及专有名词(指特有的称谓:官衔、生物学中分类标识等)及历史上重大事件、日子时,形容词才大写:der Stille Ozean(太平洋),Regierender Bürgermeister(现任市长),Roter Milan(鸢),Heiliger Abend(圣诞前夜)及 der Westfälische Friede(威斯特法伦和约)等。

3. 分、合写(Getrennt- und Zusammenschreibung)

新规定以分写为主,即一般情况下分写,便于识别。词义区别不必一定借助分合写,从上下文(语境)也可区别词义:

旧正字法	新正字法
sitzenbleiben	sitzen bleiben
übrigbleiben	übrig bleiben
haltmachen	Halt machen
abwärtsgehen	abwärts gehen
gefangennehmen	gefangen nehmen

4. 连字符(Bindestrich)的书写

连字符可使多成分结构明朗化。新规则有较大灵活性,连字符使用分两层次:① 必

用连字符(例证 I),② 选用性修辞手段(例证 II),尤其当三个同样字母连续出现时用连字符以便于阅读:

	旧正字法	新正字法
I	Ichform	Ichform / Ich-Form
	Ichsucht	Ichsucht / Ich-Sucht
	17 jährig	17-jährig
	3 tonner	3-Tonner
	2 pfünder	2-Pfünder
	100-prozentig	100-prozentig
	4 silbig	4-silbig
II	Kaffee-Ersatz	Kaffeeersatz / Kaffee-Ersatz
	Zoo-Orchester	Zooorchester / Zoo-Orchester
	Balletttruppe	Balletttruppe / Ballett-Truppe
	Flußsand	Flusssand / Fluss-Sand

5. 标点符号(Zeichensetzung)

新规则再现较大灵活性,在表述脉胳清楚前提下简化原规则。

und, oder, wie, sowie 等连词连结并列主句,句间不一定非得用逗号分开:

旧正字法	新正字法
Der Schnee schmolz dahin, und bald ließen sich die ersten Blumen sehen, und die Vögel stimmten ihr Lied an.	Der Schnee schmolz dahin und bald ließen sich die ersten Blumen sehen und die Vögel stimmten ihr Lied an.

——若是已表述清楚,不定式词组及分词词组前或后,原则上可不用逗号:

旧正字法	新正字法
Sie hatte geplant, ins Kino zu gehen.	Sie hatte geplant ins Kino zu gehen.
Vor Anstrengungen heftig keuchend, kam er die Treppe herauf.	Vor Anstrengungen heftig keuchend kam er die Treppe herauf.
Er kam, vor Anstrengungen heftig keuchend, die Treppe herauf.	Er kam vor Anstrengungen heftig keuchend die Treppe herauf.

6. 移行(Worttrennung am Zeilenende)

原有规则有明显的历史痕迹,繁琐难以习得,如移行时 st 不可分,ck 写成 kk,有些外来词(希腊、拉丁词)则按其构词移行等等。新规则现作如下改动:

st 同 sp (Wes-pe), sk (Kas-ko)移行时可分写:

旧正字法	新正字法
Ka-sten	Kas-ten
Mu-ster	Mus-ter
We-ste	Wes-te

——ck 同 ch，sch 作为一整体，移行时不可分：

旧正字法	新正字法
Zuk-ker	Zu-cker
lek-ken	le-cken
Bak-ke	Ba-cke

——外来词除保留原移行规则外，也允许按人们习惯的分音节规则移行：

旧正字法	新正字法
Chir-urg	Chir-urg / Chi-rurg
Si-gnal	Si-gnal / Sig-nal
Päd-ago-gik	Päd-ago-gik / Pä-da-go-gik
par-al-lel	par-al-lel / pa-ral-lel
He-li-ko-pter	He-li-ko-pter / He-li-kop-ter

——词首单元音也可移行：

旧正字法	新正字法
Ufer	U-fer
Ofen	O-fen

——外来词中与 r，l 的组合及 gn，kn 字母组合也可以移行：

旧正字法	新正字法
Qua-drat	Quad-rat
mö-bliert	möb-liert
Indu-strie	Indust-rie
Ma-gnet	Mag-net
py-knisch	pyk-nisch

* 参阅：Klaus Heller：„Rechtschreibreform“，Sprach-Report，IDS Mannheim 1996

III 德语正字法新旧字形变更表

（Von der alten zur neuen Rechtschreibung）

ALT / 旧	NEU / 新
Abfluß	Abfluss
Abguß	Abguss
Abschluß	Abschluss
Abschlußbilanz	Abschlussbilanz
Abschlußfeier	Abschlussfeier
Abschlußkurs	Abschlusskurs
Abschlußprüfung	Abschlussprüfung
Abschuß	Abschuss
Abschußrampe	Abschussrampe
Abszeß	Abszess
achtgeben	Acht geben
Adreßbuch	Adressbuch
alleinstehend	allein stehend
allgemeingültig	allgemein gültig
allzuoft	allzu oft
allzuviel	allzu viel
Amboß	Amboss
Amtsanschluß	Amtsanschluss
aneinandergeraten	aneinander geraten
aneinanderreihen	aneinander reihen
Anlaß	Anlass
anläßlich	anlässlich
Anschluß	Anschluss
Anschlußflug	Anschlussflug
aufeinanderfolgen	aufeinander folgen
aufeinanderfolgend	aufeinander folgend
aufeinanderlegen	aufeinander legen
aufeinanderprallen	aufeinander prallen
Aufschluß	Aufschluss
aufschlußreich	aufschlussreich
auseinanderbrechen	auseinander brechen
auseinanderbringen	auseinander bringen
auseinanderfallen	auseinander fallen
auseinanderfalten	auseinander falten
auseinandergehen	auseinander gehen
auseinanderhalten	auseinander halten
auseinandernehmen	auseinander nehmen
auseinandersetzen	auseinander setzen
Ausfluß	Ausfluss
Ausguß	Ausguss
Auslaß	Auslass
Ausschluß	Ausschluss
Ausschuß	Ausschuss
Ausschuß(artikel)	Ausschuss(artikel)
aussein	aus sein

ALT / 旧	NEU / 新
Autobiographie	Autobiographie
	或 Autobiografie
Ballettänzer(in)	Balletttänzer(in)
	或 Ballett-Tänzer(in)
Baß	Bass
Baßstimme	Bassstimme
	或 Bass-Stimme
beeinflußbar	beeinflussbar
beiseitelegen	beiseite legen
bekanntgeben	bekannt geben
bekanntmachen	bekannt machen
Beschluß	Beschluss
Beschuß	Beschuss
Bettuch	Betttuch
	或 Bett-Tuch
(Bevölkerungs)überschuß	(Bevölkerungs)überschuss
bewußt	bewusst
bewußtlos	bewusstlos
Bewußtlosigkeit	Bewusstlosigkeit
Bewußtsein	Bewusstsein
in bezug auf	in Bezug auf
Bibliographie	Bibliographie
	或 Bibliografie
Biographie	Biographie
	或 Biografie
Biß	Biss
biß	biss
bißchen	bisschen
blaß	blass
bläßlich	blässlich
bleibenlassen	bleiben lassen
bloß	bloss
Blöße	Blösse
Bluterguß	Bluterguss
Boß	Boss
braungebrannt	braun gebrannt
breitmachen	breit machen
Brennessel	Brennnessel
	或 Brenn-Nessel
Büroschluß	Büroschluss
dabeisein	dabei sein
dafürkönnen	dafür können
dahinterkommen	dahinter kommen
darauffolgend	darauf folgend
dasein	da sein
daß	dass
Delphin	Delphin
	或 Delfin
dessenungeachtet	dessen ungeachtet
dichtbevölkert	dicht bevölkert

ALT / 旧	NEU / 新
diensthabend	Dienst habend
differential	differential
	或 differenzial
Differentialrechnung	Differentialrechnung
	或 Differenzialrechnung
dreiviertel	drei Viertel
durcheinanderbringen	durcheinander bringen
durcheinanderreden	durcheinander reden
durcheinanderwerfen	durcheinander werfen
durchnumerieren	durchnummerieren
Einfluß	Einfluss
Einflußbereich	Einflussbereich
einflußreich	einflussreich
einigemal	einige Mal
einiggehen	einig gehen
Einlaß	Einlass
ekelerregend	Ekel erregend
Elsaß	Elsass
Engpaß	Engpass
Entschluß	Entschluss
entschlußfreudig	entschlussfreudig
Entschlußkraft	Entschlusskraft
epochemachend	Epoche machend
Erdgeschoß	Erdgeschoss
Erdnuß	Erdnuss
Erdnußbutter	Erdnussbutter
Erguß	Erguss
Erlaß	Erlass
ernstgemeint	ernst gemeint
Eß-	Ess-
eßbar	essbar
Eßbesteck	Essbesteck
Eßecke	Essecke
Eßgeschirr	Essgeschirr
Eßkastanie	Esskastanie
Eßlöffel	Esslöffel
Eßlöffel(voll)	Esslöffel(voll)
(Eß)stäbchen	(Ess)stäbchen
	或 (Ess-)stäbchen
Eßtisch	Esstisch
Eßwaren	Esswaren
Eßzimmer	Esszimmer
Expreß	Express
Expreß-	Express-
Expreßgut	Expressgut
Expreßzug	Expresszug
Exzeß	Exzess
Fährenanschluß	Fährenanschluss
Fairneß	Fairness
fallenlassen	fallen lassen

ALT / 旧	NEU / 新
Faß	Fass
faßbar	fassbar
Fehlschuß	Fehlschuss
fernhalten	fern halten
fertigbringen	fertig bringen
fertigmachen	fertig machen
fertigstellen	fertig stellen
fertigwerden	fertig werden
Fitneß	Fitness
fleischfressend	Fleisch fressend
floß	floss
Fluß	Fluss
Fluß-	Fluss-
flußabwärts	flussabwärts
Flußbarsch	Flussbarsch
Flußbett	Flussbett
Flußdiagramm	Flussdiagramm
flüssigmachen	flüssig machen
Flußufer	Flussufer
Fön ® (als Warenzeichen)	Fön ®
	Föhn (als Gerät)
fönen	föhnen
Friedensschluß	Friedensschluss
frißt	frisst
Gebiß	Gebiss
Gebührenerlaß	Gebührenerlass
gefangen(gehalten)	gefangen (gehalten)
gefangenhalten	gefangen halten
gefangennehmen	gefangen nehmen
gefaßt	gefasst
geheimhalten	geheim halten
gehenlassen	gehen lassen
Gemse	Gämse
gemußt	gemusst
genaugenommen	genau genommen
Genuß	Genuss
genüßlich	genüsslich
Genußmittel	Genussmittel
Geograph	Geograph
	或 Geograf
Geographie	Geographie
	或 Geografie
geographisch	geographisch
	或 geografisch
geringachten	gering achten
Geschäftsschluß	Geschäftsschluss
Geschoß	Geschoss
gewinnbringend	Gewinn bringend
gewiß	gewiss
Gewißheit	Gewissheit

ALT / 旧	NEU / 新
gewußt	gewusst
glattstreichen	glatt streichen
gleichbleibend	gleich bleibend
gleichgesinnt	gleich gesinnt
Grammophon	Grammophon
	或 Grammofon
(Grammophon)nadel	(Grammophon)nadel
	或 (Grammofon)nadel
Graphiker(in)	Graphiker(in)
	或 Grafiker(in)
graphisch	graphisch
	或 grafisch
gräßlich	grässlich
Greuel	Gräuel
greulich	gräulich
Grundriß	Grundriss
Guß	Guss
Gußeisen	Gusseisen
gutaussehend	gut aussehend
gutgehen	gut gehen
gutgehend	gut gehend
gutgemeint	gut gemeint
guttun	gut tun
haftenbleiben	haften bleiben
halboffen	halb offen
haltmachen	Halt machen
Handvoll	Hand voll
hängenbleiben	hängen bleiben
hängenlassen	hängen lassen
hartgekocht	hart gekocht
Haß	Hass
häßlich	hässlich
Häßlichkeit	Hässlichkeit
haushalten	haushalten
	或 Haus halten
Hexenschuß	Hexenschuss
hierbehalten	hier behalten
hierbleiben	hier bleiben
hierlassen	hier lassen
hierzulande	hierzulande
	或 hier zu Lande
hochachten	hoch achten
hochbegabt	hoch begabt
hochentwickelt	hoch entwickelt
(hoch)geschätzt	(hoch) geschätzt
(hoch)schätzen	(hoch) schätzen
Imbiß	Imbiss
Imbißhalle	Imbisshalle
Imbißraum	Imbissraum

ALT / 旧	NEU / 新
Imbißstube	Imbissstube
	或 Imbiss-Stube
immerwährend	immer während
imstande	imstande
	或 im Stande
ineinandergreifen	ineinander greifen
ineinanderschieben	ineinander schieben
Intercity-Expreßzug	Intercity-Expresszug
ißt	isst
Jahresabschluß	Jahresabschluss
jedesmal	jedes Mal
Joghurt	Joghurt
	或 Jogurt
Känguruh	Känguru
Kellergeschoß	Kellergeschoss
kennenlernen	kennen lernen
klarsehen	klar sehen
klarwerden	klar werden
klassenbewußt	klassenbewusst
Klassenbewußtsein	Klassenbewusstsein
kleinhacken	klein hacken
kleinschneiden	klein schneiden
Kokosnuß	Kokosnuss
Koloß	Koloss
Kommuniqué	Kommuniqué
	或 Kommunikee
Kompaß	Kompass
Kompromiß	Kompromiss
kompromißbereit	kompromissbereit
kompromißlos	kompromisslos
Kompromißlösung	Kompromisslösung
Kongreß	Kongress
Kongreßzentrum	Kongresszentrum
Kontrabaß	Kontrabass
kraß	krass
Kreppapier	Krepppapier
	或 Krepp-Papier
kriegführend	Krieg führend
krummnehmen	krumm nehmen
Kurzbiographie	Kurzbiographie
	或 Kurzbiografie
kurzhalten	kurz halten
Kurzschluß	Kurzschluss
Kuß	Kuss
Ladenschluß	Ladenschluss
Laufpaß	Laufpass
leerlaufen	leer laufen
leerstehend	leer stehend
leichtfallen	leicht fallen
leichtmachen	leicht machen

ALT / 旧	NEU / 新
das letztemal	das letzte Mal
zum letztenmal	zum letzten Mal
liebgewinnen	lieb gewinnen
liebhaben	lieb haben
liegenbleiben	liegen bleiben
liegenlassen	liegen lassen
Litfaßsäule	Litfasssäule
	或 Litfass-Säule
Lithographie	Lithographie
	或 Lithografie
Luftschloß	Luftschloss
maschineschreiben	Maschine schreiben
maßhalten	Maß halten
Megaphon	Megaphon
	或 Megafon
Meldeschluß	Meldeschluss
meßbar	messbar
Meßbecher	Messbecher
Meßgerät	Messgerät
Mikrophon	Mikrophon
	或 Mikrofon
Miß-	Miss-
mißachten	missachten
Mißachtung	Missachtung
Mißbehagen	Missbehagen
Mißbildung	Missbildung
mißbilligen	missbilligen
Mißbilligung	Missbilligung
Mißbrauch	Missbrauch
mißbrauchen	missbrauchen
Mißerfolg	Misserfolg
mißfallen	missfallen
Mißgeburt	Missgeburt
Mißgeschick	Missgeschick
mißglücken	missglücken
mißgönnen	missgönnen
Mißgriff	Missgriff
Mißgunst	Missgunst
mißgünstig	missgünstig
mißhandeln	misshandeln
Mißhandlung	Misshandlung
Mißklang	Missklang
Mißkredit	Misskredit
mißlich	misslich
mißlingen	misslingen
Mißmut	Missmut
mißmutig	missmutig
Mißstand	Missstand
	或 Miss-Stand
Mißtrauen	Misstrauen

ALT / 旧	NEU / 新
mißtrauen	misstrauen
mißtrauisch	misstrauisch
Mißverhältnis	Missverhältnis
Mißverständnis	Missverständnis
mißverstehen	missverstehen
mittag	Mittag
Mop	Mopp
Muß	Muss
muß	muss
mußte	musste
Nachlaß	Nachlass
nahegehen	nahe gehen
nahekommen	nahe kommen
nahelegen	nahe legen
naheliegen	nahe liegen
naheliegend	nahe liegend
näherkommen	näher kommen
nahestehen	nahe stehen
nahestehend	nahe stehend
nahetreten	nahe treten
naß	nass
naßkalt	nasskalt
Nebenanschluß	Nebenanschluss
nebeneinanderlegen	nebeneinander legen
nebeneinanderstellen	nebeneinander stellen
Nebenfluß	Nebenfluss
Necessaire	Necessaire
	或 Nessessär
nichtsahnend	nichts ahnend
nichtssagend	nichts sagend
Nonstop-	Nonstop-
	或 Non-Stop-
notleidend	Not leidend
numerieren	nummerieren
Nuß	Nuss
Nußbaum	Nussbaum
Nußknacker	Nussknacker
Nußschale	Nussschale
	或 Nuss-Schale
obenerwähnt	oben erwähnt
obengenannt	oben genannt
Obergeschoß	Obergeschoss
offenbleiben	offen bleiben
offenhalten	offen halten
offenlassen	offen lassen
offenstehen	offen stehen
Orthographie	Orthographie
	或 Orthografie
orthographisch	orthographisch
	或 orthografisch

ALT / 旧	NEU / 新
paarmal	paar Mal
Panther	Panther
	或 Panter
Paragraph	Paragraph
	或 Paragraf
Paß	Pass
Paß-	Pass-
Paßamt	Passamt
Paßbild	Passbild
Paßkontrolle	Parsskontrolle
Paßstelle	Passstelle
	或 Pass-Stelle
Paßstraße	Passstraße
	或 Pass-Straße
pflichtbewußt	pflichtbewusst
Phantasie	Phantasie
	或 Fantasie
Phantasie-	Phantasie-
	或 Fantasie-
phantasielos	phantasielos
	或 fantasielos
phantasiereich	phantasiereich
	或 fantasiereich
phantasieren	phantasieren
	或 fantasieren
phantasievoll	phantasievoll
	或 fantasievoll
phantastisch	phantastisch
	或 fantastisch
Pornographie	Pornographie
	或 Pornografie
pornographisch	pornographisch
	或 pornografisch
Potential	Potential
	或 Potenzial
potentiell	potentiell
	或 potenziell
Preßluft	Pressluft
Preßluftbohrer	Pressluftbohrer
Preßlufthammer	Presslufthammer
Prozeß	Prozess
Prüfungsausschuß	Prüfungsausschuss
radfahren	Rad fahren
(Raketen)abschuß	(Raketen)abschuss
Rassenhaß	Rassenhass
rauh	rau
Rauhreif	Raureif
Raumschiffahrt	Raumschifffahrt
	或 Raumschiff-Fahrt
Rechnungsabschluß	Rechnungsabschluss

ALT / 旧	NEU / 新
reinwaschen	rein waschen
Reisepaß	Reisepass
Reißverschluß	Reißverschluss
richtigstellen	richtig stellen
Riß	Riss
Roß	Ross
Roßkastanie	Rosskastanie
rotglühend	rot glühend
Rußland	Russland
sauberhalten	sauber halten
saubermachen	sauber machen
Saxophon	Saxophon
	或 Saxofon
Schattenriß	Schattenriss
schiefgehen	schief gehen
Schiffahrt	Schifffahrt
	或 Schiff-Fahrt
Schiffahrtslinie	Schifffahrtslinie
Schlangenbiß	Schlangenbiss
schlechtgehen	schlecht gehen
schlechtmachen	schlecht machen
Schlegel	Schlägel
Schloß	Schloss
schloß	schloss
Schluß	Schluss
Schluß-(Schluß)folgerung	Schluss-(Schluss)folgerung
Schlußlicht	Schlusslicht
Schlußrunde	Schlussrunde
Schlußverkauf	Schlussverkauf
Schmiß	Schmiss
Schnappschloß	Schnappschloss
Schnappschuß	Schnappschuss
Schnellimbiß	Schnellimbiss
schneuzen	schnäuzen
schoß	schoss
Schößling	Schössling
Schuß	Schuss
Schußbereich	Schussbereich
Schußlinie	Schusslinie
Schußverletzung	Schussverletzung
Schußwaffe	Schusswaffe
Schußweite	Schussweite
schwerfallen	schwer fallen
schwermachen	schwer machen
schwernehmen	schwer nehmen
schwerverletzt	schwer verletzt
selbständig	selbständig
	或 *selbstständig*
Selbständigkeit	Selbständigkeit

ALT / 旧	NEU / 新
	或 Selbstständigkeit
selbstbewußt	Selbstbewusst
Selbstbewußtsein	Selbstbewusstsein
selbstgemacht	selbst gemacht
selbstverständlich	selbst verständlich
selbstverwaltet	selbst verwaltet
seßhaft	sesshaft
Showbusineß	Showbusiness
Sicherheitsschloß	Sicherheitsschloss
sitzenbleiben	sitzen bleiben
sitzenlassen	sitzen lassen
sogenannt	so genannt
Sommerschlußverkauf	Sommerschlussverkauf
sonstjemand	sonst jemand
sonstwo	sonst wo
sonstwoher	sonst woher
sonstwohin	sonst wohin
spazierenfahren	spazieren fahren
spazierengehen	spazieren gehen
Sprößling	Sprössling
steckenbleiben	stecken bleiben
steckenlassen	stecken lassen
stehenbleiben	stehen bleiben
stehenlassen	stehen lassen
Stengel	Stängel
Stenographie	Stenographie
	或 Stenografie
stenographieren	stenographieren
	或 stenografieren
Stenograph(in)	Stenograph(in)
	或 Stenograf(in)
stereophonisch	stereophonisch
	或 stereofonisch
Stewardeß	Stewardess
Stilleben	Stillleben
	或 Still-Leben
stillegen	stilllegen
strenggenommen	streng genommen
Streß	Stress
telegraphieren	telegraphieren
	或 telegrafieren
Thunfisch	Thunfisch
	或 Tunfisch
tiefausgeschnitten	tief ausgeschnitten
tiefgehend	tief gehend
tiefgekühlt	tief gekühlt
tiefgreifend	tief greifend
tiefschürfend	tief schürfend
Tip	Tipp
totenblaß	totenblass

ALT / 旧	NEU / 新
totgeboren	tot geboren
Trugschluß	Trugschluss
tschüs	tschüs
	或 tschüss
übelgelaunt	übel gelaunt
übelnehmen	übel nehmen
übelriechend	übel riechend
Überdruß	Überdruss
übereinanderlegen	übereinander legen
Überfluß	Überfluss
Überschuß	Überschuss
übrigbleiben	übrig bleiben
übriggeblieben	übrig geblieben
übriglassen	übrig lassen
Umriß	Umriss
unbewußt	unbewusst
Unbewußte	Unbewusste
unfaßbar	unfassbar
ungewiß	ungewiss
Ungewißheit	Ungewissheit
unpäßlich	unpässlich
unselbständig	unselbständig
	或 unselbstständig
unterbewußt	unterbewusst
Unterbewußte	Unterbewusste
Unterbewußtsein	Unterbewusstsein
Untersuchungsausschuß	Untersuchungsausschuss
unvergeßlich	unvergesslich
Verdruß	Verdruss
vergeßlich	vergesslich
Vergeßlichkeit	Vergesslichkeit
vergißt	vergisst
verhaßt	verhasst
Verlaß	Verlass
verläßlich	verlässlich
verlorengehen	verloren gehen
Verschluß	Verschluss
vielsagend	viel sagend
vielversprechend	viel versprechend
vollstopfen	voll stopfen
volltanken	voll tanken
vorgefaßt	vorgefasst
im vorhinein	im Vorhinein
vorliebnehmen	vorlieb nehmen
Vorschuß	Vorschuss
vorwärtsbewegen	vorwärts bewegen
vorwärtsdrängen	vorwärts drängen
vorwärtsgehen	vorwärts gehen
vorwärtskommen	vorwärts kommen
Waggon	Waggon

ALT / 旧	NEU / 新
	或 Wagon
Walnuß	Walnuss
Walroß	Walross
wäßrig	wässrig
Weißrußland	Weißrussland
weitblickend	weitblickend
	或 weit blickend
weitreichend	weitreichend
	或 weit reichend
weitverbreitet	weitverbreitet
	或 weit verbreitet
wiederaufbauen	wieder aufbauen
wiederaufnehmen	wieder aufnehmen
wiederbeleben	wieder beleben
wiedereinsetzen	wieder einsetzen
wiedererkennen	wieder erkennen
wiedergutmachen	wieder gutmachen
wiedergutzumachen	wieder gutzumachen
wiederherstellen	wieder herstellen
wiedersehen	wieder sehen
wiedervereinigen	wieder vereinigen
wieviel	wie viel
Wißbegier(de)	Wissbegier(de)
wißbegierig	wissbegierig
wohltun	wohl tun
wußte	wusste
Xylophon	Xylophon
	或 Xylofon
Zahlenschloß	Zahlenschloss
Zeitlang	Zeit lang
zielbewußt	zielbewusst
zufriedengeben	zufrieden geben
zufriedenstellen	zufrieden stellen
zufriedenstellend	zufrieden stellend
zugrunde	zugrunde
	或 zu Grunde
zugunsten	zugunsten
	或 zu Gunsten
zuleide	zuleide
	或 zu Leide
zumute	zumute
	或 zu Mute
zunutze	zunutze
	或 zu Nutze
Zusammenschluß	Zusammenschluss
Zuschuß	Zuschuss
zustande	zustande
	或 zu Stande
zustande bringen	zustande bringen
	或 zu Stande bringen

ALT / 旧	NEU / 新
zustande kommen	zustande kommen
	或 zu Stande kommen
zutage	zutage
	或 zu Tage
zuviel	zu viel
zuwege	zuwege
	或 zu Wege
zuwenig	zu wenig